中华泰山文库·古籍书系

泰山风景名胜区管理委员会 编

〔清〕唐仲冕　辑
张玉胜　点校

岱览（上）

山东人民出版社·济南

图书在版编目（CIP）数据

岱览 / (清)唐仲冕辑；张玉胜点校 .— 济南：山东人民出版社，2023.12

（中华泰山文库 · 古籍书系）

ISBN 978-7-209-14605-0

Ⅰ. ①岱… Ⅱ. ①唐… ②张… Ⅲ. ①泰山－地方史 ②《岱览》－研究 Ⅳ. ①K928.3

中国国家版本馆CIP数据核字（2023）第182396号

项目统筹　胡长青
责任编辑　张艳艳　李　涛　吕士远
制　　图　刘天然
装帧设计　武　斌　王园园
项目完成　文化艺术编辑室

岱览
DAILAN
〔清〕唐仲冕　辑　张玉胜　点校

主管单位　山东出版传媒股份有限公司
出版发行　山东人民出版社
出 版 人　胡长青
社　　址　济南市市中区舜耕路517号
邮　　编　250003
电　　话　总编室（0531）82098914
　　　　　市场部（0531）82098027
网　　址　http://www.sd-book.com.cn
印　　装　山东新华印务有限公司
经　　销　新华书店

规　　格　16开（210mm×285mm）
印　　张　107.75
字　　数　1435千字
版　　次　2023年12月第1版
印　　次　2023年12月第1次
印　　数　1—1000
ISBN 978-7-209-14605-0
定　　价　1100.00元（全三册）

《中华泰山文库》编委会

立岱宗之弘毅

——序《中华泰山文库》

一生中能与泰山结缘，是我的幸福。

泰山在中国人民生活中有着广泛而深远的影响，人们常说“重于泰山”“泰山北斗”“有眼不识泰山”……在中国人心目中，泰山几乎是“伟大”“崇高”的同义语。秉持泰山文化，传承泰山文化，简而言之，主要就是学做人，以德树人，以仁化人，归于“天人合德”的崇高境界。

自1979年到现在，我先后登临岱顶46次，涵盖自己中年到老年的生命进程。在这漫长岁月里，纵情山水之间，求索天人之际，以泰山为师，仰之弥高，探之弥深。从泰山文化的博大精深中，感悟到“生有涯，学泰山无涯”。

我学习泰山文化，经历了一个由美学考察到哲学探索的过程。美学考察是其开端。记得在20世纪80年代，为给泰山申报世界文化与自然遗产做准备，许多专家学者对泰山的文化与自然价值进行了考察评价。当时，北京大学有部分专家教授包括我在内参加了这一工作。按分工，我研究泰山的美学价值，撰写了《泰山美学考察》一文，对泰山的壮美——阳刚之美的自然特征、精神内涵以及对审美主体的重要作用，有了较深的体悟。除了理论上的探索，我还创作了三十多首有关泰山的诗作，如《泰山颂》：

高而可登，雄而可亲。
松石为骨，清泉为心。
呼吸宇宙，吐纳风云。
海天之怀，华夏之魂。

这是我对泰山的基本感受和认识。这首诗先后刻在了泰山的朝阳洞与天外村。

我认为泰山的最大魅力在于激发人的生命活力。我对泰山文化的学习，开端于美学，深化在哲学。两者往往交融在一起。在攀登泰山时，既有审美的享受，又有哲学的启迪（泰山自然景观和人文景观的结合，体现了一种天人合一的艺术境界）。对泰山的审美离不开形象、直觉，哲学的探索则比较抽象。哲学关乎世界观，在文化体系中处于核心地位，对人的精神影响更为深沉而持久。有朋友问我：能否用一个词来概括泰山对自己的最深刻的影响？我回答：这个词应该是生命的“生”。可以说，泰山文化是以生命为中心的天人之学，其内涵非常丰富，可谓中国文化史的一个缩影。泰山文化包容儒释道，但起主导作用的是儒家文化，与孔子思想有千丝万缕的联系。《周易·系辞下》中讲“天地之大德曰生”，天地生育万物，既不图回报，也不居功，广大无私，包容万物，这是一种大德。天生人，人就应当秉承这种德行，对于人的生命来说，德是其灵魂。品德体现了如何做人。品德可以决定一个人的人生方向、道路乃至生命质量。人的价值和意义离开德便无从谈起。蔡元培先生讲：“德育实为完全人格之本，若无德，则虽体魄智力发达，适足助其为恶，无益也。”

“天行健，君子以自强不息；地势坤，君子以厚德载物。”这两句话深刻地体现了“天人合德”的思想。学习泰山文化要与时代精神相结合。泰山文化中“生”的精神对我影响很大，近四十年，我好像上了一次人生大学，感到生生不已，日新又新，这种精神感召自己奋斗、攀登，为人民事业做奉献。虽然我已经97岁，但生活仍然过得充实愉快，是泰山给了我新的生命。

泰山文化是中华民族优秀传统文化的主要象征之一，是我们民族文化的瑰宝。在这方面，历史为我们留下了浩瀚的资料，亟待整理。挖掘、整理泰山文化，是推动中华优秀文化遗产的创造性转化、创新性发展的迫切需要。

日前，泰山风景名胜区管理委员会的同志来舍下，告知他们正在编纂《中华泰山文库》。丛书分为古籍、著述、外文及口述影像四大书系，拟定120卷本，洋洋五千万言，计划三到五年完成。我听了非常振奋！这是关乎泰山文化的一件大事，惠及当今，功在后世，是一项了不起的文化工程。我对泰山风景名胜区管理委员会领导同志的文化眼光、文化自觉、文化胆识和文化担当，表示由衷钦佩；对丛书的编纂，表示赞成。我认为，编纂《中华泰山文库》丛书，将其作为一个新的文化平台，重要意义在于：

首先，对于泰山文化的集成，善莫大焉。关于泰山的文献，正所谓“经典沉深，载籍浩瀚”（刘勰《文心雕龙》）。从大汶口文化时期的象形符号，到文字记载的《诗经》，再到二十五史，直至今天，在各个历史阶段都不曾缺项。一座山留下如此完整、系统、海量的资料，这是任何山岳都无法与其比肩的，在世界范围内也具有唯一性。《中华泰山文库》的编纂，进一步开拓了泰山文化的深度和广度，对于古今中外泰山文化资料及研究成果的发掘、整理、集成、保存，都具有无与伦比的综合性、优越性和权威性，可谓集之大成；同时，作为文化平台，其建设有利于文化资源和遗产共享。

其次，对于泰山文化的研究，善莫大焉。文献资料是知识的积累，是前人智慧的结晶，是文化、文明的成果。任何研究离开资料，都是无米之炊。任何研究成果都是建立在资料的基础上。同时，每当新的资料出现，都会给研究带来质的变化。《中华泰山文库》囊括了典籍志书、学术著述、外文译著、口述影像多个门类，一方面为学术研究提供了所必需的文献资料，大大方便了研究者的工作；另一方面，宏富的文献资料便于研究者海选、检索、取舍、勘校，将其应用于研究，以利于更好地去伪存真、去粗取精，提高研究效率和研究质量。

再次，对于泰山文化的创新，善莫大焉。文化唯有创新，才会具有更强大的生命力。所以说，文化创新工作永远在路上。新时代泰山文化的创新，质言之，泰山文化如何引领新时代的精神文明，服务于新时代的精神文明建设，是一个重大课题。就其创新而言，《中华泰山文库》丛书的编纂本身就是一种立意高远的文化创新。它有目的、有计划、有系统地广泛征集、融汇泰山文献资料，集腋成裘，聚沙成塔，夯实了泰山文化的基础，成为泰山文化创新的里程碑。另外，外文书籍的编纂，开阔了泰山走向世界、世界了解泰山的窗口，对于泰山更好地走向世界、融入世界，具有重要的现实意义。而口述泰山的编纂，则是首开先河，把音频、影像等鲜活的泰山文化资料呈现给世人。《中华泰山文库》的富藏，为深入研究泰山的文化自然遗产，提供了坚实的物质保障。

最后，对于泰山文化的传承，善莫大焉。从文化的视角着眼，随着经济社会的发展变革，亟须深化对优秀传统文化重要性的认识，以进一步增强文化自觉和文化自信；通过深入挖掘优秀传统文化价值内涵，进一步激发其生机与活力；着力构建优秀传统文化传承发展体系，使人民群众得到深厚的文化滋养，不断提高文化素养，以增强文化软实力。毋庸讳言，《中华泰山文库》负载的正是这样一个优秀传统文化传承发展体系。如上所述，集成、研究、创新的最终目的，就是为了增强泰山文化的生命力，祖祖辈辈传承下去，延续、共享这一人类文明的文化成果。这是一个民族兴旺发达的源泉所在。《中华泰山文库》定会秉承本初，薪火相传，继往开来。

更为可喜的是，泰山自然学科资料的整理和研究，也是《中华泰山文库》的重要组成部分，无论是地质的还是动植物的，同样是珍贵的世界遗产。

中国共产党第十九次全国代表大会报告中指出：“文化自信是一个国家、一个民族发展中更基本、更深沉、更持久的力量。必须坚持马克思主义，牢固树立共产主义远大理想和中国特色社会主义共同理想，培育和践行社会主义核心价值观，不断增强意识形态领域主导权和话语权，推动中华优秀传统文化创造性转化、创新性发展，继承革命文化，发展社会主义先进文化，不忘本来、吸收外来、面向未来，更好构筑中国精神、中国价值、中国力量，为人民提供精神指引。”这是我们编纂《中华泰山文库》丛书工作的指南。

编纂《中华泰山文库》丛书是一项浩繁的文化系统工程，要充分考虑到它的难度、强度和长度。既要有气魄，又要有毅力；既要正视困难，又要增强信心。行百里者半于九十，知难而进，迎难而上，才能善始善终地完成这项工作。这也是我的一点要求和希望。

值此《中华泰山文库》即将付梓之际，泰山风景名胜区管理委员会的同志嘱我为之作序，却之不恭，写下了以上文字。我晚年的座右铭是：“品日月之光辉，悟天地之美德，立岱宗之弘毅，得荷花之尚洁。”所谓“弘毅”，曾子有曰：“士不可以不弘毅，任重而道远。仁以为己任，不亦重乎？死而后已，不亦远乎？”故而，名序为：立岱宗之弘毅。

杨辛

2018年7月

目　录

立岱宗之弘毅——序《中华泰山文库》…… 杨　辛 001

岱览序 …… 001

英和序 …… 001

岱览目录 …… 001

岱览卷目 …… 002

金石录要 …… 029

艺文总录 …… 038

征引书目 …… 041

首编（一之七）…… 068

岱览首编一 …… 069

岱览首编二 …… 075

岱览首编三 …… 076

岱览首编四 …… 127

岱览首编五 …… 132

岱览首编六 …… 138

岱览首编七 …… 142

岱览卷第一

总览一（卷一之卷二）…… 149
原岱上…… 150

岱览卷第二

总览一…… 170
原岱下…… 170

岱览卷第三

总览二（卷三之卷五）…… 205
岱礼上…… 206

岱览卷第四

总览二…… 231
岱礼中…… 231

岱览卷第五

总览二…… 261
岱礼下…… 261

岱览卷第六

总览三（卷六之卷七）…… 297

岱庙上…… 298

岱览卷第七

总览三 …… 325

岱庙下…… 325

岱览卷第八

分览一（卷八之卷十）…… 363

岱顶上…… 364

岱览卷第九

分览一 …… 390

岱顶中…… 390

岱览卷第十

分览一 …… 423

岱顶下…… 423

岱览卷第十一

分览二（卷十一之卷十三）……459
岱阳上……460

岱览卷第十二

分览二……496
岱阳中……496

岱览卷第十三

分览二……531
岱阳下……531

岱览卷第十四

分览三（卷十四）……580
岱阳之东……581

岱览卷第十五

分览四（卷十五之卷十六）……595
岱阳之西上……596

岱览卷第十六

分览四 …… 629
岱阳之西下 …… 629

岱览卷第十七

分览五（卷十七） …… 653
岱阴 …… 654

岱览卷第十八

分览六（卷十八） …… 667
岱阴之东 …… 668

岱览卷第十九

分览七（卷十九） …… 688
岱阴之西 …… 689

岱览卷第二十

附览一（卷二十） …… 700
岱麓 …… 701

岱览卷第二十一

附览二（卷二十一）……737
汶水……738

岱览卷第二十二

附览三（卷二十二）……762
徂徕山……763

岱览卷第二十三

附览四（卷二十三）……799
新甫山……800

岱览卷第二十四

附览五（卷二十四之卷二十六）……812
灵岩上……813

岱览卷第二十五

附览五……845
灵岩中……845

岱览卷第二十六

附览五 ······ 885
灵岩下 ······ 885

岱览卷第二十七

附览六（卷二十七） ······ 938
昆瑞山 ······ 939

岱览卷第二十八

博览一（卷二十八） ······ 961

岱览卷第二十九

博览二（卷二十九） ······ 974

岱览卷第三十

博览三（卷三十） ······ 1018

岱览卷第三十一

博览四（卷三十一） ······ 1025

岱览卷第三十二

叙览一（卷三十二）…… 1039
陶山 …… 1040

岱览附录

诗 …… 1070
序 …… 1076
评 …… 1077

点校后记 …… 1078

《岱览》刻本影印 …… 1079

岱览序

夫五岳之图，《十洲》之记，荒哉邈矣。其后慧远《庐山》、冲昭《南岳》，方袍羽裳之士，芒屩藤杖之游，践履烟霞，绵旷寒暑，单辞只简，仅而得传。若夫东方曰生，为交泰之所，万物相代，当报德之维。岩岩者，其惟泰山乎！乃古皇之迹，管仲有不知；第伯之书，道元莫能益。

余尝有事东国，祗谒名山，赍粮三日，振衣千仞。齐鲁所接，混为一青，云雨倏生，合而通白。虽亦因缘文字，涂饰草木，涯略莫究忸怩而已。今观陶山《岱览》一书，则生面让其独开，山灵惊为知己矣。今夫纯钩、湛卢，至宝也，然不极万辟千灌则不成；珧华、黎绿，奇珍也，然不经抽沦掇潜则不得。若陶山者，情耽济胜，能鼓其屐齿；步恋踏陈，不疲于驴背。其与兹山为缘者，盖有四焉。游仙一枕，先到蓬山，学御三年，得授秋驾。薜萝纷其在眼，云霞宛乎入抱。卒之神乡，克践胜迹。悉符如遇故人，不为生客。其权舆于梦兆者一也。先公作镇海岱，正在总角之年，太史留滞周南，适当反见之日。是以纵情丘壑，则撰杖以从；命名山川，则掩口而对。家钵传于岩户，庭诰受于苔席。其象承于从侍者二也。且山之西麓，太夫人之墓在焉。仰遵伯楚之训，俯泣叔才之庐。朝斯夕斯，难忘其哀慕。松耶柏耶，如闻其叹息。每当寒日欲落，白云孤飞，至性所流，大文以显。藏山之业，自定千秋。誓墓之文，早期他日。其感发于孝思者三也。既而，学市传经，缁帷授讲，景怡剡中，开馆常近百人。维东衡岳，聚从始称山长。月旦之评多暇，铅椠之功益劬。读摩崖之碑，是正文字。考封禅之说，能知鬼神。其甄获于讲习者四也。而且，具模山范水之奇，历扪葛攀萝之险，亲履岱畎，旁及《齐谐》。

真形蓬蓬，若峙于方寸。群岫落落，多得之一览。是以体势测其深远，气象穷其高大。百川奔赴，咸识海王之归。广乐具张，方知帝所之乐。为之吉蠲启牍，盥祓披文。神光合离，灵气倏忽。如画重累人于纸上，似罗七二家于几间。习其铿锵而鸾鹤响答，按其象设而星辰烂然。美矣哉！古来志地理者，诚未有奥博如斯者也。方今官寄海隅，州如斗大。念盘旋之失意，觉磅礴之在胸。梦境虽遥，萝情未冷。爰辱双鱼之寄，将谋老马之导。余谓大夫登高能赋，君子赠人以言。亦愿不浊之泉，出山弥洁；为霖之雨，崇朝可兴。他日移孝之愿成，泽民之心慰。然后归依丙舍，重表泷冈，学山而至于山，幸毋视仆辈为丘垤也。

乙丑冬十月年

愚弟吴锡麒拜撰

英和序

凡不身临其境而拟议之，纵极尽形容之妙，识者不免贻讥于优孟衣冠。必也登其峰，造其极，然后见诸言，则言非空言矣。此和之欲序《岱览》，迟迟未着笔者也。陶山师幼侍尊甫石岭先生，寓泰安有年，继又主泰山书院讲席。岱岳之烟霞，收入几席间者，不知凡几，每以记载阙如为憾。博考掌故，参以亲历，辑为成书，共三十二卷，名之曰《岱览》。而索序于和，和不敢辞，亦不敢诺，于今十稔矣。丁卯初夏，奉命赴南河，道出梁父。时正望泽，使者虽无守土之责，而不能致甘雨随车，亦可愧也。因斋三日，乃登泰山绝顶，以祷焉。山樏所至，一名一物，辄为流连。恍然知向之所读《岱览》一书，其言皆信而有征。既知其有征，仍以不文谢之而不为之志，负壮游即负师意。乌乎！可客馆挑灯，聊识其缘起如此，非敢以为序也。后之览者，不以空言目之，则幸甚矣！至于先生之政事、文学，久昭于大江南北，读其书可想见其人。奚俟和言！

嘉庆十二年六月十三日并书于袁浦

受业英和

岱览目录

泰山书院院长陶山唐仲冕六幕辑

目录

岱览图

岱览卷目

金石录要

艺文总录

征引书目

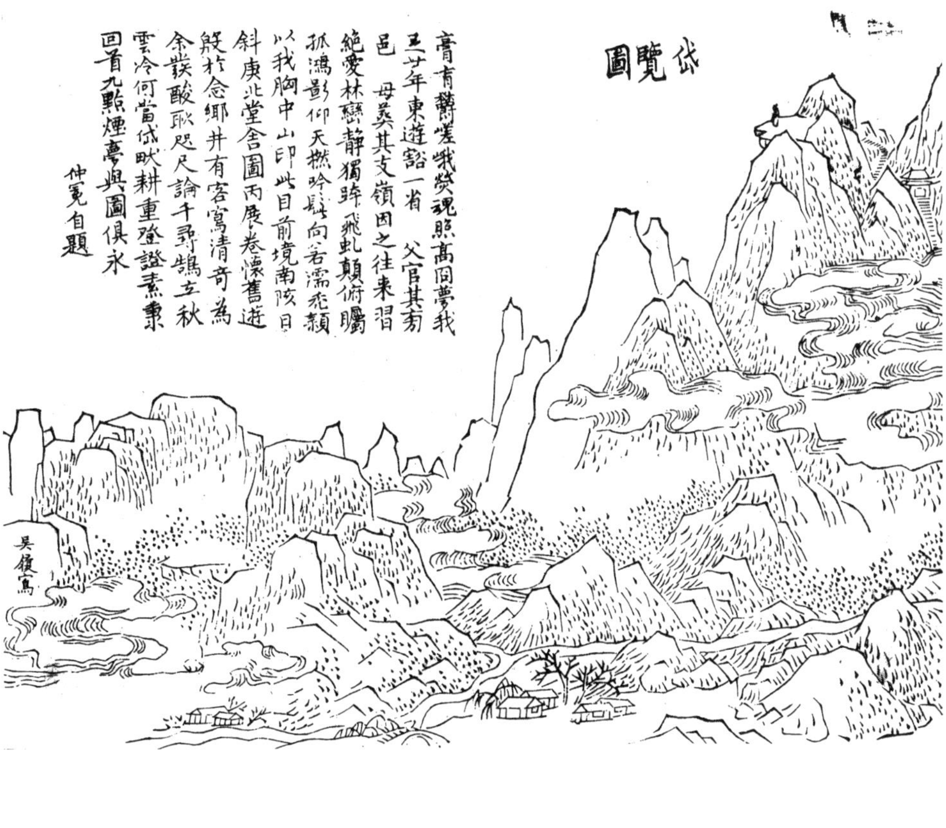

岱览卷目

首编七恭录

天章

诏旨

祝文

仪注

颁赐

目　录

岱览图

岱览卷目

首编　目录　卷第一至卷第三十二

金石录要

秦一　汉三　晋二　东魏二　北齐四　唐二十七　后梁一　后唐一

后晋一　宋五十　伪齐一　金三十五　元三十一　明十九　国朝十

艺文总录

汉二十三篇　三国六篇　晋十一篇　南朝六篇　北朝七篇

唐七十八篇　宋七十四篇　金六篇　元二十六篇　明三百三十九篇

国朝百八十九篇

征引书目

经类九十七种　史类百二十三种　子类二百七种　集类百八十一种

续录四十七种

卷第一　总览一

岱阳全图

岱阴全图

原岱上

释名　星野　脉络　地里　沿革　高广　山水名目　金石文　篇章
登览　总论　赋

卷第二　总览一

原岱下

诗　传　辨　录　记

卷第三　总览二

行宫图

岱礼上

宗　巡守　柴　望　血祭　旅　国朝盛典　前代封禅　前代巡守祭告
前代望祀　遣官祭告　有司岁时之祭　总论

卷第四　总览二

岱礼中

金石刻　册牒　赋　乐章　诗　诏告　表疏

卷第五　总览二

岱礼下

奏对　议驳　颂　赞　符命　篇论　记　跋　纪　祭文

卷第六　总览三

岱庙图

岱庙上

庙城　峻极殿　淑明宫　披衷柏　扶桑石　寄生柏　香井　神器库
古石幢　仁安门　配天门　三灵侯殿　炳灵宫　汉柏　三茅殿
驻跸亭　延禧殿　唐槐　环咏亭　藏经堂　雨花道院　鲁般殿

遥参亭　修建始末　奉祠职掌　总论　宋金金石刻

卷第七　总览三

岱庙下

元以来石刻　神词　诗　策　论　记　祭文

卷第八　分览一

岱顶图

岱顶上

太平顶

玉皇顶

天柱峰　玉帝观　古登封台　瑞云亭　无字碑　石刻　诗

平顶峰

乾坤亭　石刻　诗

日观峰

古封禅坛　观海亭　探海石　石刻　赋　诗　记

东天门

伏虎门　鹰愁涧　空明山　诗

爱身崖

瞻鲁台　仙人桥　观海石　宝藏岭　狮子崖　石刻　诗　记

东神霄山

影翠石　九龙峪　云河　清静石屋

五花崖

试心石　遥观洞　神泉　石刻

卷第九　分览一

岱顶中

大观峰

唐磨崖碑　悬鼓石　东岳庙　桃花洞　云峰　泰山石　石刻　诗

德星岩

宋磨崖碑　石刻

堆秀岩

碧霞元君祠　圣水泉　玉女池　莲花峰　金石刻　诗　记

蜕仙岩

王老石屋　突秀峰

卷第十　分览一

岱顶下

秦观峰

青帝宫　碧天泉　独石　石刻

望吴峰

吴观　孔子庙　登仙台　石刻　诗　论　议　祝文

振衣冈

鲁班洞　北斗坛　珍珠泉　凤皇山　蓬元洞　象山　石刻

围屏峰

虎头崖　避风崖　御香亭　石刻

白云洞

云窝　白云轩　百丈崖　砧子石　石刻　赋　诗　说

南天门

三天门　摩空阁　天街　唐苏源明读书处　万福泉　避人厂　石刻　诗

西神霄山

卧马峰

周观峰

石马山　回车岩

西天门

西阙　上桃峪　君子峰　石刻

月观峰

仙人石闾　石刻

丈人峰

碾陀泉　石刻　诗

北天门

玄武门

鹤山

诗

岱顶论

赋　诗　记

卷第十一　分览二

岱阳图

岱阳上

石壁峪

飞龙岩　翔凤岭　十八盘　升仙坊　石刻　诗

大龙口

雁翎峰　新盘口　度天桥　诗

大龙峪

鸡冠峰　龙王庙　龙门　石刻　诗

对松山

圣水桥　大悲殿　云门　石刻　诗

朝阳洞

御风岩　万丈碑　处士松　元君殿　驻跸亭　凌虚阁　石刻　诗

拦住山

弄月岩　半山亭　潜龙涧　诗

小天门

五大夫松　飞来石　望驾石　老人寨　朗然子洞　三叉沟　诗　记
御帐坪
飞瀑岩　护驾泉　三磴崖　雪花桥　石刻　诗
小龙峪
小龙口石　回龙桥　跨虹桥　龙文石　增福庙　石刻
快活三
玉液泉　倒三盘　二虎庙　二天门　石刻　诗
黄现岭
中溪山　十二莲盘　步天桥　三大士殿　金星亭　诗
回马岭
瑞仙岩　天关　九峰山　十峰岭　鹰石沟　玉皇殿　元君殿
壶天阁　倚山亭　圣水泉　诗　记
歇马崖
三字崖　登仙桥　石刻　诗
水帘洞
天绅岩　住水流桥　岩岩亭　炮高岭　漱玉桥　石刻　诗
经石峪
石经谷　试剑石　高山流水亭　听泉枕　栲栳崮　石刻　诗
龙泉峰
龙泉　高老桥　人祖庙　斗姥宫　蕴亭　石刻　诗　记
桃源峪
桃花涧　樱桃园　万仙楼　隐真洞　黑石埠　石刻　诗
小洞天
柳条湾　饮马湾　石峡湾　箭竿峪　石马湾　吕仙祠　大藏岭　诗
红门
垂刀山　酆都峪　诗

一天门

观音阁　更衣亭　元君庙　孔子登临处　合云亭　关帝庙　石刻　诗

卷第十二　分览二

岱阳中

王母池

飞虬岭　后土殿　涤尘泉　岱岳观　老君堂　群玉庵　观澜亭

梳洗河　飞鸾泉　吕公洞　虬在湾　瑶池　小蓬莱　虎山　东眼光殿

石刻　诗

白鹤泉

玉皇阁　白鹤泉亭　北斗殿　人祖殿　金龙四大王庙　升元观

三皇庙　石刻　诗

金山

西眼光殿　眼光泉　青帝观　清静轩　石刻　诗

岱宗坊

酆都庙　飞来柏　行宫　凤皇台　白云观　梳妆院　石刻　诗　诏

卷第十三　分览二

岱阳下

岱岳镇

泰安府城　冥福寺　会真宫　张仙祠　鲁两先生祠　和圣祠

长春观　金石刻　诗　祭文

宋封祀坛址

九宫贵神坛　阴字碑　寿昌殿　御香亭　石刻　诗　序

唐封祀坛址

舞鹤台　白骡冢　奉符故城　石刻　诗

岱阳论

诗

卷第十四　分览三

岱阳之东图

岱阳之东

松岩

娄子洞　马鞍山　祝鸡寨　悬淙泉　双沟　肝华石　石练陁　诗

延坡岭

东溪　艾峪　栗子峪　杨老园

摩天岭

争云峰　屏风岩　堰岭河　金牛湾　青龙泉　四阳庵　福泉

回龙峪　笔架石　诗

小津口

椒山　蚕滋峪　沙沟　杏山　餐霞洞　王老峪　水泉峪　椒子峪

杏园　石舟　诗

谢过城

龟阴步　龟山　圣塔　汉博县故城　天封寺　石刻　琴操　诗

明堂泉

汉明堂址　十里河　诗　议

鹁鸽崖

卧龙峪　风门　中陵山　水牛步　凌汉寨　绣彩湾　白家河　红亭

故县村

奉高城址　齐博邑址　季札兒冢　大云寺　石刻　诗

岱阳之东论

卷第十五　分览四

岱阳之西图

岱阳之西上

五陀岩

红叶岭　硖石沟　石后山　西溪　九女寨　三尖山　辘轳冈　诗

仙趾峪

马趼洼　鸡瑚岭　丹穴岭　凤皇山　马蹄湾　八里沟

竹林西河

竹林寺　石刻　诗

云头埠

白杨洞　碧油湾

凌汉峰

金泉　振铎岭　黑虎峪　新泉　子午桥　普照寺　六朝松　荷花荡

卧象石　石刻　诗

投书涧

香水峪　泰山上书院　三贤祠　授经台　讲书台　景贤石　侍立石

考槃亭　石刻　诗

全真崖

三阳观　天外　木末亭　三阳洞　石刻　诗

傲来峰

寨门　归云洞　三透天　天胜寨　狮子峰　悬刀峰　扇子崖

无梁殿　青桐涧　壶瓶崖　刘盆子洞　火焰山　观音洞　石屏峪

水音寨　石刻　诗

仙影崖

飞鸦峰　仙人影　诗

百丈崖

天绅泉　黑龙潭　忽雷湾　水帘泉　招军岭　萃美亭　石刻　诗

白龙池

元圭石　三元石　渊济公祠　锣鼓湾　耀星湾　弄水岩　鸡笼峰

鳟泉　石鼓　石刻　诗

卷第十六　分览四

岱阳之西下

大峪

剑匣石　试剑石　仙影石　大石峡　小石峡　诗

元泰安王神道

大冢　擂鼓石　石刻

汶阳桥

天书观　灵液亭　醴泉　元君殿　九莲殿　智上殿　石刻　诗　记

灵芝街

诗

青岩书院

泰山书院　石刻　诗　记

渿河桥

灵派侯庙　石刻　诗

大埠岭

大佛寺　天平山　蟠龙山　跨虎山　宝金山　双龙峪　羽父山

云溪观　金牛山　云泉庵　赤犊寨　金牛洞　龙山　荆山　玉皇山

石刻

嶅山

会仙洞　嶅阳寨　望鲁山　鼋鲁山　玉女山　精礼寺　温凉泉

岱阳之西论

诗

卷第十七　分览五

岱阴图

岱阴

摩云岭

八仙洞　石室　乱石沟　避尘桥　洗鹤湾　石刻
双凤岭
两牛心石
独足盘
黄花栈　笋城　石刻
天空山
元君庙　万松亭　蔚然阁　尧观台　黄华洞　来鹤泉　莲花洞
石乳　后石屋　元君墓　三官殿　坳山　仙人寨　金石刻　诗　记
九龙冈
鉴池　玉女洗头盆　旋螺峪　凤皇池　饮虎池　磨山　五女圈石
张远寨
明月嶂
采芝庵　懒张石屋　孤山　诗
冰牢峪
凌冰洞　眺平台　半边山　冰阱
岱阴论
诗
卷第十八　分览六
岱阴之东图
岱阴之东
天烛山
溪里峪　风魔峪　埽帚峪　分水岭　李家泉　观星岭
巉碌峪
大津口　山蚕厂　竹子园
周明堂址
天津河　明家滩　大现山　黑山　赋　诗　论

谷山

定南针　黑阏石屋　金丝洞　莲花峰　恩谷岭　雁岭河　天井湾

石刻

佛峪

玉泉寺　七佛阁　返倒山　青冈峪　石刻

仙台岭

长城　南拱北拱台　玉皇岭　莎草泉　牛阑口　药园　千户厅

龙门山　鹿町山　黄伯阳洞　诗

青山

望仙台　皇姑庵　麻搭河　仁育庵

仙源岭

津洪河　石釜　门家墅　会仙观　方井　石刻

雨金山

伏金石　大小卢山　岩洸河　转山　石坞寨　黄阪村　槲埠岭

摘星岩　青阳谷

祝山

狼虎谷　九顶山　西金井　东金井　杨丘山

九阪岭

九曲峪　雨砧崖　渌池　旁山　石窟山

堑汶河

静安镇　育英书院

岱阴之东论

卷第十九　分览七

岱阴之西图

岱阴之西

上桃峪

船石　看月岩　沐龟沟　李子沟　老虎窝　快活三　夕阳洞
上石屋　头陀岩　混元池　鹰窝崖
清风岭
龙湾　碧花池　黄石崖　映霞峰　香泉　斗虎沟　花园
青天岭
分水溪　泮河　诗
长城岭
注
河上林
大海眼　白草峪　幞头岩　老鸦峰　碧峰寺　石刻
秋千山
桂师庵　白云洞　下石屋　小海眼　石艑　西神库
桃花峪
中军坪　大小养鱼池　襁负山　镜石　台子地　元君庙　铁佛殿
红雨川　诗
十字峰
大倒沟
青岚岭
丁香峪　思乡岭　小倒沟　南顶　胡桃园　梯子山　石棚沟
透明山
摩耳石　东神库
龙山
姜倪寨　真人峰　黄石岩　白姑庵　车道岩　笔架山　雕窝山
羊阑坡　燕支坡
猴愁峪
白练石屋　水闼石屋　诗

拔山

雁飞岭　回雁峰　燕窝石　水铃山　乌龙潭　坛子涧

五峰顶

松楼　黄姑庵　风门　迎风岭　枯石河

西横岭

黄金口　海棠峪　脐子沟　刺楸山　土绵山　骆驼岭　藏峰寺

蓑草泉　稽谷　石刻

三缩山

龙驹寺　甘溜泉　黄山　延庆院

岱阴之西论

诗

卷第二十　附览一

岱麓诸山图

岱麓

社首山

降禅坛　相公庙　辞香岭　灵应宫金阙　对岱亭　阎罗殿　石刻　诗

高里山

森罗殿　玉仙石　鬼仙洞　石刻

介石山

介丘山　诗

石闾山

寻真洞

亭亭山

广禅侯庙　钜平故城　文姜台　石刻

梁父山

菟裘聚　地主祠　石都寨　张仙山　卧牛山　诗

云云山

柴城　云云亭　五云山　羽林坡　甘露村　贾氏书院　白石山　石刻

肃然山

宿岩

长山

放城镇　崇礼乡　考

布山

大云寺　爷娘庙　石刻　诗

岱麓诸山论

长白　凡山　东泰山　配林

卷第二十一　附览二

大汶图

附诸泉

汶水

岱山诸水

大汶口

大汶

石汶

牟汶二

嬴汶二

北汶

泮汶

柴汶

小汶　淄水　注

大汶桥

鲁道　曲池　蛇渊囿　汶阳故城　堽城坝　戴村坝　大清河

汶水故道　石刻　诗

泉源

六十七泉　疏

大汶论

注　记

卷第二十二　附览三

徂徕山图

徂徕山

尤崃

太平顶

感应侯祠　李源寨　自来泉　石刻

万松岭

石屋　澹崖　羊公河

贵人峰

于仙冢　诗　记

礤石峪

小普陀岩　隐仙观　玉帝阁　三清观　隔尘桥　桃花峪　升仙台

炼丹石屋　石刻　诗

清风岭

卧石山　天平前寨

三岭崮

独秀峰　九龙宫　玉皇庙　女智崮　石刻　记

风门口

西别谷　钓鱼台　玉梁湾　崨山　樱桃园　演马岭　东别谷　团瓢

三皇庙　寨山

薤山

蓝溪　光化寺　圆瓦岩　大悲庵　石刻　诗

映佛岩

黑山　松山　松岩洞　霌蒙山　两埠山　石刻

竹溪

乳山　二圣堂　三清殿　贫乐岩　演易斋　鲁斋　箪瓢洞　毛姑庵

响水河　日新池　石刻　诗　记

悬珠山

卧云庵　九龙岭　八道沟　桨池　药山　聚泉庵　北顶　广长岭

团山

四禅寺　上峪　沧浪沟　晒缨台　望山　老君洞　石刻

他山

白莲泉　谷积山　顺河　法云寺　独山　石刻

芍药峪

无盐山　铁牛山　铁牛庙

紫源池

长春岭

徂徕书院　读易堂　天平后寨　龙溪　燕子石屋　跃龙湾　四里河

凤鸣山

黄峪　仙霞坞　虎穴山　牛山　大藏峪　下庵

中军障

三清殿　招军石　坞旺泉　大峪　花坡　金鱼石　石刻

玲珑山

野人洞　石刻

角山

秋千架　大寨口　鹰愁涧　石匣湾　白鹤湾　石刻

攒石崮

竹溪庵　转山　曲水河　屏风岩　石刻

崂岣山

吴山　石守道墓　石刻　墓志

徂徕山论

笔架山　函山　影山　大鹿山　金鸡山　云头山　白马山　诗　记

卷第二十三　附览四

新甫山图

新甫山

宫山　莲花山

小泰山

九柏　大士殿　观音岩　白衣岩

云衢岫

南天门　甘露庙

灵宝山

天台山

麻塔崮

白云庵　老虎窝　水寨溪　挂斗岩　人祖庙　白云洞　天河水

千人涧

朱霞岭

朝阳洞　春榜沟　仙人洞　仙人桥　上中下三圈　末子坊

义山

黄岭　龙蟠洞　师旷墓　石刻

兴云洞

长生池　汉五丈夫松　莲花坪　石梁　快活三　初天门　球杖壑

东西候城　汉武帝庙　石刻

望仙台

云孤寺　石秋千架　张庄原　石刻　诗
新甫山论
具山　敖山　孚泽庙　青云山　五峰山　诗　记
卷第二十四　附览五
灵岩图
灵岩上
方山　玉符山　十里松
功德顶
证明龛　石窟寺　悬星岩　石刻　诗
白云洞
驻跸亭　石刻
小石厂
可公床　大石厂　半室崖　石刻
绝景亭
石龟泉　行宫爱山楼　千岁檀
甘露泉
甘露亭　石刻　诗
铁袈裟亭
印池　函云洞　石刻　诗
仙人岩
面壁斋　石刻　诗
灵岩寺
石刻　诗
虎溪桥
聚善桥　接引桥　钟鼓楼　天王殿　石刻
大雄殿

转轮藏　观音堂　韦驮殿　石刻
五花阁
摩顶松　弥勒岩　石刻

卷第二十五　附览五

灵岩中
鲁班洞
巨和洞　十王殿　石刻
卓锡泉
镜池　卓锡亭　汉柏　石刻　诗
双鹤泉
立鹤泉
千佛殿
石刻
御书阁
超然亭　石刻　诗
后土殿
定公殿　石刻
般舟殿
石刻
辟支塔
藏经殿　倚翠亭　松风阁　朝元殿　石刻
方山神祠
伽蓝殿　石刻
饮马沟
北溪　明空桥　崇兴桥　龟背石　石刻

卷第二十六　附览五

灵岩下

佛日岩

小西天　饮虎池　方泉　虎窝池　积翠岩

巢鹤岩

晾经台　踯狮岩　云窝　观音洞　无生地　石刻　诗

香霏岩

绣球山　朝元洞　圆光洞　石厂　石刻

神宝泉

渍米峪　神宝寺　石刻

宝山

玉皇庙　神谷　黄尖山　梯子崖　醴泌泉　石坞峪　巢屿　石刻

灵辟峰

狮尾峰　小天门　华岩泉　黄家峪　野老村

朗公山

朗公石　九曲峪　朗公泉　灵带河　诗

如来顶

快活岩　卧象岭　珠山　野沟　东西磨山　三叉口　红蒿峪

明孔山

灵光亭　诗

雨花岩

水屋　凌霄峰　诗

黄茅冈

南溪　中川

黄现山

虎窝　擒宝峪　迟贤亭

鸡鸣山

麻衣洞　大溪

灵岩论

石刻　诗　记

卷第二十七　附览六

昆瑞山图

昆瑞山

金舆山　朗公谷　昆瑞溪

金庐山

金驴洞　黑风洞　西龙洞山　神通寺　汝泉　白龙池　石刻　诗

四门塔

九顶柏　青龙峡　三坛寺窣堵波　染池泉　石刻　诗

龙洞泉

通圣桥　石刻

朗公塔

石刻

千佛岩

石刻

黑风寨

红鹤崖　季兒寨　泉子峪　青牛寨　通天峪　仙人桥

海螺峪

青龙冈　锡杖泉　须弥塔　石刻

锦阳川

玉水　仙龙潭　龙集寺　齐王寨　诗

涌泉

龙池　独孤泉　永兴观　涌泉桥　涌泉庵　石刻　诗

屏风山

天齐庙　石刻

琴泉

交战峰　云洞　蚖洪峪　苦苣峪

灵鹫山

云谷　九塔寺　石刻　诗

冰泉

秋千台　龙峡　印度泉

瓦子岭

齐城峪　茶白河　试茶泉　康泉　白石崖　段华泉

梨峪

潮音洞　三角河

柏崖

青冈岭　透明洞

扶山

子房洞　熨斗泉　石刻　诗

都泉

开元塔　木梨寨　总度口

锦云川

南川　东西棋子岭　百花泉　魏花寨

圆通山

普门寺　方山寨　瓢峰　法云寺

康王山

太甲陵　醴泉寺

中宫镇

悬泉　柳泉　车泉　洪福寺　石刻　诗

锦绣川

北川　梯子山　桃花岭　南泉寺　林泉观　香菸山　稻池　石刻　诗

卧虎山

月牙岭

黄山

玉符山

渴马崖

石固寨

昆瑞山论

东龙洞山　玉函山　鲍山　佛慧山　历山　华不注　鹊山　鞍山

匡山　趵突泉

卷第二十八　博览一

岳牧

前代守令诸官附石刻碑文书　前代征伐附志考记　礼俗　总论

卷第二十九　博览二

文献

圣贤附石刻诗　经学　节行附墓表赞　理学附诸序墓志

隐逸附制赞　侨寓附墓表　仙释附诗　记志附传序

图画附石刻赋诗　总论

卷第三十　博览三

虞衡

金石附石刻疏　材木附赋　蔬果　药草　花卉　鸟兽附赞　虫鱼

总论

卷第三十一　博览四

齐谐

祥祲附疏篇　神异　物怪　总论

卷第三十二　叙览一

陶山图

陶山

鸱夷山

翔鸾台　天池　春晖岩　迎日洞　黄华洞　明月嶂　夕阳洞

璎络冈　盘鹘洞　接引岩　玄武洞　象鼻洞　卧牛峡　饭牛洞

师子岩　菩萨洞　飞泉洞　金草洞　丹砂洞　丹屏峰　慈云洞

钟乳洞　车盖峰　归云洞　望乡台　纺车洞　伏虎冈　蟋蟀洞

挂灯岩　垒石山　印峰　卓笔峰　螭首峰　积水洞　鼓台　响鼓洞

乳羊坪　青梯关　石屋洞　展旗冈　燕泥洞　淡竹叶洞　上水石洞

囷峰　猫儿洞　黄山　白藏洞　金蛇洞　牧羊洞　乳罗山　水洞

东崦

青霞峡　青霞洞　蝙蝠洞　横石嶂　攒洞岭　通樵洞　舞鹤洞

木公洞　团圞洞　东三尖洞　柿子冈　丹水洞　凤味峰　丹穴洞

墨涛洞　团瓢谷　柏坡　天王万岁寺　石刻

报恩岩

白姑洞　黄姑洞　柏香洞　关帝庙　报恩宫　东泉洞　十二重楼

淅米洞　小日观　小泰山　石庙　碧云洞　金牛洞　五福观

鹿游洞　九芝洞

西崦

仙人岩　西施洞　牛女嶂　罗汉洞　采石洞　宝藏冈　黄金洞

黑金洞　弥勒洞　五湖山　西三尖洞　包山洞　幽栖岩　竹林寺

无影洞　瀑布崖　藏真洞　石刻

幽栖寺

少伯祠墓　石刻　诗

望湖岩

大溪　流泉洞　泛舟洞　神鱼洞　缆船桩　青松洞　忠智岩
铸金洞　曼陀岩　朝阳洞　梳妆台　石楼　啸猢谷　白猿洞
孝福岭　穿云洞　莽牛山　百泉洞　小华山　莲花洞　西王母洞
泌水
大涧　肥河　衡鱼河
涧北庄
天和观　晒书台　石刻
翔鸾驿
句窳亭
长沙唐氏新阡
记　赋
自叙
赞二十一首

凡览图先而记载次之，终之以论。金石、艺文，各从其山川建置之所在而分隶之。唯总览，则概系于论后。兹特挈纲析目，缕载于录，庶览者，可按籍而稽焉。

金石录要

秦

始皇二世刻石　详总览二

汉

武帝立石　详分览一

太始鼎铭　详总览二

师旷墓画象　详附览四

汉家历数鼎　《鼎录》云：蔡伯喈为侍中，封高阳侯，作一鼎，记汉家历数。邕自书，藏于泰山。

晋

任城羊太守妻孙氏墓碑　详附览四

泰山君改高楼碑　升平三年六月，见赵明诚《金石录》及《墨池编》。今佚。

东魏

胡元方造象记　详分览三

杨显叔造象记　详附览六

北齐

大般若经石刻

佛号石刻

波罗密经石刻　并详附览三

金刚经石刻　详分览二

唐

千佛岩造象记二十则　详附览六

幽栖寺佛象碑记　详叙览一

老君堂鸳鸯碑　详分览二

登封纪号文　《金石录》云：高宗乾封元年二月御制，并行书，额飞白书，碑侧有楷书，在泰山顶。又有小字碑，在泰山下，亦高宗撰，行书，额飞白书，有碑阴。今并佚。

登封降禅朝觐颂碑

刘仁愿题名

奉敕投龙壁题记　并详分览一

神通寺僧无畏造象记　详附览六

王仁恭祭岳颂　《金石录》云：长寿二年六月岩浚序，邢令均颂，杜行均八分书。今佚。

修封禅坛记　《金石录》云：贾膺福撰并楷书。景云二年八月初，余得膺福八分书《大云寺记》。爱其笔法，又得此记。字为小楷，尤工妙，可喜。今佚。

封禅坛残碑　陆坚八分书，见《金石录目》。今佚。

纪太山铭

从封诸侯王从臣题名　并详分览一

泰山石阙题名　并碑侧见《金石录目》。今佚。

造泰山御碑记　《金石录》云：开元十四年十一月，孙文庆撰，真书，有碑阴。今佚。

岱岳天齐王灵应碑　万宾书，见郑樵《通志》。今佚。《宝刻类编》作荀同况撰，开元二十二年立石。

董灵宝题名　详分览一

齐州神宝寺碑

灵岩寺颂　并详附览五

太一真武二象碑记　详分览二

造舍利函记　天宝十一载，梁升卿真书，在灵岩。见《金石文字记》。今佚。

李白泰山吟诗刻　篆书，在山上。见明孙克宏《碑目》。今佚。

独秀峰三大字　详附览三

王大使等题名　详分览二

功德顶佛座题名

修方山证明功德记　并详附览五

陁罗尼经幢　详叙览一

后梁

小蓬莱题名六则　详分览二

后唐

冥福院地土牒碑　详分览二

后晋

金刚经幢　详分览二

渿河将军庙堂记　详分览四

临淄县囗生幢

冥福寺写经碑

普安社刻经幢

陁罗尼经幢　并详分览二

总持咒幢　详附览一

宋

天仙玉印　详分览一

珣公塔铭　详附览五

登泰山谢天书铭　详分览二

封祭广禅侯敕祝碑　详附览一

青帝赞告碑　详分览二

封祀坛颂

朝觐坛颂　并详分览二

社首坛颂　详附览一

天贶殿碑

天齐仁圣帝碑

种放诗题跋　并详总览三
石氏墓表　详附览三
宋禧诗石
王母池题名十则　并详分览二
辟支塔题名十石
千佛殿碑并碑阴　并详附览五
白龙池题名三十一则　详分览四
张掞诗刻
朝官送详禅师诗刻
灵岩寺敕牒碑
韦骧等题名　并详附览五
李忠信墓表　详博览二
振衣冈题名五则　详分览一
相公庙建竿记　详附览一
盛陶等诗启题名三则
灵岩道场四大字碑　并详附览五
灵派侯庙木帐记　详分览四
修汉武帝庙碑　详附览四
桃源峪题名六则　详分览二
回翁留题　详分览二
圆通经石刻　详附览五
大观峰题名九则　详分览一
二铁桶记　详总览三
吴栻诗刻
崇兴桥碑　并详附览五
郑秉德等题名　详附览六

曹韩氏题记 详附览五

邓永年题名 详分览一

巢鹤岩题名八则

张励题记

王唤饭僧记 并详附览五

升元观牒碑 详分览二

避风岩题名七则 详分览一

陶山竹林寺磨崖图记 详叙览一

刘宗等题名 详附览六

朱济道诗刻

海会塔记 并详附览五

青帝观真君殿记 详分览二

重修东岳庙碑 详总览三

五百罗汉记 详附览五

伪齐

崇法院公据碑 详分览二

金

定光塔铭

妙空诗赞

傅大士梵相碑

任瀛诗刻

观音托相并序碑

面壁象记

康渊诗刻

灵岩界至图碑

张汝为题记 并详附览五

张汝为题名　详叙览一
法云寺牒记碑　详附览三
普照寺牒碑　详分览四
华藏世界海图并敕牒碑　详附览五
石震题记　详附览三
大觉寺牒碑　详分览三
石柱题名八则
重修幽栖寺大殿碑　并详叙览一
释惠才诗刻　详附览五
重修东岳庙碑　详总览三
鲁两先生祠堂记　详分览二
天封寺碑　详分览三
德星岩题名四则　详分览一
石塔小记　详分览三
安升卿题记　详分览四
安升卿孔端肃题名　并详附览三
王珩路伯达诗刻
灵岩寺田园记
十方灵岩寺碑
元好问题名　并详附览五
谷山寺碑　详分览六
补塑佛象断碑　详分览二
玉泉寺牒碑　详分览六
谷山登览诗刻　详分览二
修山题名　详分览四
供石题名　详总览三

元

贫乐岩二圣宫碑

重修光化寺碑

杜仁杰题名　并详附览三

长春观碑　详分览二

天门铭　详分览一

张宣慰登泰山记　详总览三

贫乐岩铭　详附览三

重修灵派侯庙碑　详分览四

徐世隆诗刻　详总览三

七佛阁碑　详分览六

王恽汉柏诗刻　详总览三

重修高里山祠记　详附览一

重修朝元观碑　详分览二

天和观碑　详叙览一

竹林宝峰寺碑　详分览四

竹溪庵记　详附览三

振衣冈题名四则　详分览一

冥福院钟题识　详分览二

灵岩寺执照碑　详附览五

泰安王神道碑　详分览二

展氏先茔碑　详博览二

创建藏峰寺碑　详分览七

重修天王寺碑　详叙览一

何约张鹏霄诗刻

创建龙藏殿记

大灵岩寺四大字　并详附览五

贾鲁诗刻　详总览三

张士明诗刻

傅亨诗刻　并详附览五

桃源峪题名二则　详分览二

王野人诗刻　详附览三

明

洪武东岳去封号文

重修东岳庙碑　并详总览三

贾宣诗刻　详分览四

鲁两先生祠记　详分览二

五岳真形图碑　详博览二

金鱼石题识　详附览三

重修通圣桥记　详附览六

般颂诗跋　详分览二

重修酆都庙碑

高山流水亭记　并详分览二

涌泉桥记　详附览六

白龙池赞　详分览四

重修高里神祠记　详附览一

重修三阳观碑　详分览四

张寿朋题名　详分览一

御香殿铜钟赞　详分览五

敕建金阙二铜碑　详分览一

重修幽栖寺地藏殿碑　详叙览一

汉柏图赞　详总览三

国朝

重修鲁两先生祠碑

重修柳下大夫祠碑　并详分览二

重建陶公幽栖寺诗记　详叙览一

重建三贤祠碑　详分览四

磜石峪赡田碑　详附览三

高孝本纪游　详分览一

重建泰山书院碑　详分览四

泰山图赞

环咏亭诗刻　并详总览三

二天门诗刻　详分览二

案：岱之金石刻甚富，搜录各览，颇为详密，兹撷其尤雅者著之。金元以后，裁择维岩为其近也。佚者，载于览而不列于目。唯自唐以上名目见他书，而今不知所在者，亦并识焉，以备考。

艺文总录

（凡七百六十五篇）

赋十五篇

唐五　宋一　元一　明六　国朝二

乐章神词琴操四十八篇

唐乐章琴操二十三　宋乐章神词十八　明告庙神词七

古近体诗五百五十六篇

汉一　三国五　晋四　六朝二　唐二十七　宋三十　金五

元二十二　明二百九十八　国朝百六十二

诏诰制十五篇

汉诏诰四　唐制诏九　宋制二

表疏七篇

六朝表一　唐表二　宋疏一　明疏二　国朝疏一

奏对九篇

汉奏二　三国奏一　晋奏二　六朝奏一　北齐对一　唐奏二

议驳八篇

六朝议一　唐议驳六　明议一

状策二篇

宋状一　元策一

书一篇

宋一

序十一篇

宋二　明五　国朝四

颂四篇

汉四

赞七篇

晋三　北周一　宋二　明一

符命二篇

汉一　唐一

传注考六篇

汉传一　北魏注三　南唐传一　国朝考二

论篇辨说觚二十篇

汉论篇七　晋论一　六朝篇一　唐论说二　宋论五　明论一

国朝辨说觚三

记志纪录随笔跋三十四篇

汉记一　宋录随笔跋三　金记一　元记二　明记纪志十六

国朝记纪十二

碑文一篇

汉一

墓志二篇

宋一　国朝一

祭祝告谢文十五篇

北魏祭文二　宋祝祭祷谢文八　明祝告文三　国朝祭文二

案：艺文分附各览，悉依文选次第，以赋为首而诗次之。乐章、神词、琴操、雅颂之遗，故列诗前。诰制同于诏，疏同于表，奏、对比于上书，议、驳类于启事，策、状近于笺记。封禅文本符命之篇，而以骆宾王文附之。传、注、考拟于史，论、篇、辨、说、觚亦论类也。记志、纪录、随笔、跋，选无其体，今于论后别为一类。若铭牒、牌记及诸体之磨崖勒石者，录之艺文之先。俾治金石文者有所考，唯孔宙碑非岱石，故存碑文一体焉。祝告、祷谢，皆祭文之属，亦以类相从。凡艺文之选，但就所见编集，甄而著之，存者弗录，然已不胜其冗长矣。盖贲山为文不能割爱耳，唯自论赞所为作者之意，不列于目。

征引书目

经

御纂周易折中

钦定书经传说汇纂

钦定诗经传说汇纂

钦定周官义疏

钦定仪礼义疏

钦定礼记义疏

钦定春秋传说汇纂

御纂孝经集注

御纂律吕正义后编

御定康熙字典

周易郑康成注 〔宋〕王应麟编

周易正义 〔魏〕王弼 〔晋〕韩康伯注 〔唐〕孔颖达疏

周易乾凿度

易纬稽览图

易纬辨终备

易纬通卦验

易纬是类谋

易纬坤灵图

尚书正义 （旧题）〔汉〕孔安国传 〔唐〕孔颖达疏

尚书全解 〔宋〕林之奇撰

禹贡指南 〔宋〕毛晃撰

禹贡论 〔宋〕程大昌撰

山川地理图　同上

禹贡说断　〔宋〕傅寅撰

书集传　〔宋〕蔡沈撰

禹贡长笺　〔国朝〕朱鹤龄撰

禹贡锥指　〔国朝〕胡渭撰

尚书解义　〔国朝〕李光地撰

尚书地理今释　〔国朝〕蒋廷锡撰

禹贡会笺　〔国朝〕徐文靖撰

尚书大传　（旧题）〔汉〕伏胜撰

禹贡山川郡邑考　〔明〕王鉴撰

禹贡汇疏　〔明〕茅瑞徵撰

禹贡备遗增注　〔明〕胡瓒撰　其曾孙宗绪增

尚书质疑　〔国朝〕顾栋高撰

诗序

毛诗正义　〔汉〕毛亨传　郑玄笺　〔唐〕孔颖达疏

毛诗草木鸟兽虫鱼疏　〔吴〕陆玑撰

诗集传　〔宋〕朱子撰

诗考　〔宋〕王应麟撰

诗地理考　同上

韩诗外传　〔汉〕韩婴撰

鲁诗世学　〔明〕丰坊撰

诗说　（旧题）〔汉〕申培撰

周礼注疏　〔汉〕郑玄注　〔唐〕贾公彦疏

周官总义　〔宋〕易祓撰

周礼注疏删翼　〔明〕王志长撰

周官集注　〔国朝〕方苞撰

周礼集传　〔国朝〕李文炤撰

仪礼注疏　〔汉〕郑玄注　〔唐〕贾公彦疏

礼记正义　〔汉〕郑玄注　〔唐〕孔颖达疏

大戴礼记　〔汉〕戴德撰

三礼图集注　〔宋〕聂崇义撰

礼书　〔宋〕陈祥道撰

仪礼经传通解　〔宋〕朱子撰

五礼通考　〔国朝〕秦蕙田撰

明堂问　〔国朝〕毛奇龄撰

春秋左传正义　〔晋〕杜预注　〔唐〕孔颖达疏

春秋公羊传注疏　〔汉〕何休诂　〔唐〕徐彦疏

春秋穀梁传注疏　〔晋〕范宁集解　〔唐〕杨士勋疏

春秋集传纂例　〔唐〕陆淳撰

春秋微旨　同上

春秋集传辨疑　同上

春秋尊王发微　〔宋〕孙复撰

春秋传　〔宋〕刘敞撰

春秋五礼例宗　〔宋〕张大亨撰

春秋详说　〔宋〕家铉翁撰

春秋大事表　〔国朝〕顾栋高撰

春秋地理考实　〔国朝〕江永撰

春秋繁露　〔汉〕董仲舒撰

孝经正义　唐明皇御注　〔宋〕邢昺疏

古微书　〔明〕孙瑴编

孟子正义　〔汉〕赵岐注　〔宋〕孙奭疏

论语义疏　〔魏〕何晏注　〔梁〕皇侃疏

论语正义　〔魏〕何晏注　〔宋〕邢昺疏

论语集注考证　〔宋〕金履祥撰

孟子集注考证　同上

四书通证　〔元〕张存中撰

大学古本说　〔国朝〕李光地撰

四书释地　〔国朝〕阎若璩撰

乐书　〔宋〕陈旸撰

尔雅注疏　〔晋〕郭璞注　〔宋〕邢昺疏

尔雅注　〔宋〕郑樵撰

释名　〔汉〕刘熙撰

广雅　〔魏〕张揖撰

尔雅翼　〔宋〕罗愿撰　〔元〕洪焱祖音释

小尔雅　〔明〕崔铣撰

说文解字　〔汉〕许慎撰　〔宋〕徐铉等补注

说文系传　〔南唐〕徐锴撰

重修玉篇　〔梁〕顾野王撰　〔宋〕陈彭年等重修

汉隶字源　〔宋〕娄机撰

六书统　〔元〕杨桓撰

周秦刻石释音　〔元〕吾邱衍撰

隶辨　〔国朝〕顾蔼吉撰

重修广韵　〔宋〕陈彭年等重修

集韵　〔宋〕丁度等撰

古今韵会举要　〔元〕熊忠撰

史

御批通鉴纲目

御批通鉴辑览

钦定辽金元三史国语解

钦定大清会典

钦定续文献通考

史记 〔汉〕司马迁撰 褚少孙补

史记集解 〔宋〕裴骃撰

史记索隐 〔唐〕司马贞撰

史记正义 〔唐〕张守节撰

汉书 〔汉〕班固撰 其妹昭续 〔唐〕颜师古注

后汉书 〔晋〕司马彪 〔宋〕范蔚宗撰 〔梁〕刘昭 〔唐〕李贤注

三国志 〔晋〕陈寿撰 〔宋〕裴松之注

晋书 〔唐〕房乔等撰

宋书 〔梁〕沈约撰

南齐书 〔梁〕萧子显撰

梁书 〔唐〕姚思廉撰

陈书 同上

魏书 〔北齐〕魏收撰

北齐书 〔唐〕李百药撰

周书 〔唐〕令狐德棻等撰

隋书 〔唐〕魏徵等撰

南史 〔唐〕李延寿撰

北史 同上

旧唐书 〔晋〕刘昫等撰

新唐书 〔宋〕欧阳修 宋祁撰

旧五代史 〔宋〕薛居正等撰

新五代史 〔宋〕欧阳修撰

宋史 〔元〕托克托等撰

辽史　同上

金史　同上

元史　〔明〕宋濂等撰

明史　〔国朝〕张廷玉等奉敕撰

竹书纪年

汉纪　〔汉〕荀悦撰

后汉纪　〔晋〕袁宏撰

元经　（旧题）〔隋〕王通撰　〔唐〕薛收续传

资治通鉴　〔宋〕司马光撰

通鉴地理通释　〔宋〕王应麟撰

通鉴外纪　〔宋〕刘恕撰

皇王大纪　〔宋〕胡宏撰

续资治通鉴长编　〔宋〕李焘撰

大事记　〔宋〕吕祖谦撰

通鉴前编　〔元〕金履祥撰

资治通鉴后编　〔国朝〕徐乾学撰

宋元资治通鉴　〔明〕薛应旂撰

通鉴纪事本末　〔宋〕袁枢撰

宋史纪事本末　〔明〕陈邦瞻撰

绎史　〔国朝〕马骕撰

逸周书

东观汉记　（旧题）〔汉〕刘珍等撰

古史　〔宋〕苏辙撰

通志　〔宋〕郑樵撰

东都事略　〔宋〕王偁撰

路史　〔宋〕罗泌撰

国语　〔吴〕韦昭注
战国策校注　〔元〕吴师道撰
唐大诏令　〔宋〕宋敏求编
两汉诏令　〔宋〕林虑　楼昉编
晏子春秋
魏郑公谏录　〔唐〕王方庆撰
高士传　〔晋〕皇甫谧撰
孔子世家补　〔宋〕欧阳士秀撰
三迁志　〔明〕吕元善撰　又〔国朝〕孟衍泰等撰
广卓异记　〔宋〕乐史撰
贫士传　〔明〕黄姬水撰
东祀录　〔明〕李东阳撰
海岱日记　〔国朝〕张榕端撰
东游纪略　〔国朝〕张体乾撰
吴越春秋　〔汉〕赵煜撰
越绝书　〔汉〕袁康撰
十六国春秋　（旧题）〔魏〕崔鸿撰
十国春秋　〔国朝〕吴任臣撰
元和郡县志　〔唐〕李吉甫撰
太平寰宇记　〔宋〕乐史撰
元丰九域志　〔宋〕王存等奉敕撰
舆地广记　〔宋〕欧阳忞撰
方舆胜览　〔宋〕祝穆撰
明一统志　〔明〕李贤等奉敕撰
大清一统志
齐乘　〔元〕于钦撰

山东通志　〔国朝〕岳濬等撰
水经注　〔后魏〕郦道元撰
居济一得　〔国朝〕张伯行撰
行水金鉴　〔国朝〕傅泽洪撰
水道提纲　〔国朝〕齐召南撰
舆地名胜志　〔明〕曹学佺撰
天下郡国利病书　〔国朝〕顾炎武撰
增订广舆记　〔国朝〕蔡方炳撰
山东通志　〔明〕陆釴撰
泉河史　〔明〕胡瓒撰
山东全河备考　〔国朝〕叶方恒撰
今水经　〔国朝〕黄宗羲撰
泰山纪事　〔明〕宋焘撰
泰山道里记　〔国朝〕聂鈫撰
山东考古录　〔国朝〕顾炎武撰
谲觚　同上
古今游名山记　〔明〕何镗撰
名山游记　〔明〕王世懋撰
五岳游草　〔明〕王士性撰
纪游稿　〔明〕王衡撰
泰山纪胜　〔国朝〕孔贞瑄撰
唐六典　唐明皇御撰　李林甫奉敕注
通典　〔唐〕杜佑撰
唐会要　〔宋〕王溥撰
两汉会要　〔宋〕徐天麟撰
文献通考　〔元〕马端临撰

明会典　〔明〕徐溥等奉敕撰

汉官旧仪　〔汉〕卫宏撰

大唐开元礼　〔唐〕萧嵩等奉敕撰

明朝典汇　〔明〕徐学聚撰

经义考　〔国朝〕朱彝尊撰

读书敏求记　〔国朝〕钱曾撰

集古录　〔宋〕欧阳修撰

金石录　〔宋〕赵明诚撰

宝刻丛编　〔宋〕陈思撰

舆地碑目　〔宋〕王象之撰

宝刻类编　南宋人撰

金薤琳琅　〔明〕都穆撰

石墨镌华　〔明〕赵崡撰

金石史　〔明〕郭宗昌撰

金石文字记　〔国朝〕顾炎武撰

金石经眼录　〔国朝〕褚峻摹图　牛运震补说

碑目　〔明〕孙克宏撰

子

钦定仪象考成

钦定数理精蕴

钦定佩文斋书画谱

御定广群芳谱

御定渊鉴类函

御定子史精华

御定佩文韵府

孔子家语　〔魏〕王肃注

荀子　〔周〕荀况撰

孔丛子　（旧题）孔鲋撰

监铁论　〔汉〕桓宽撰

说苑　〔汉〕刘向撰

法言　〔汉〕杨雄撰　〔宋〕司马光注

潜夫论　〔汉〕王符撰

申鉴　〔汉〕荀悦撰

中论　〔汉〕徐幹撰

中说　（旧题）〔隋〕王通撰

孔子集语　〔宋〕薛据编

大学衍义补　〔明〕丘濬撰

枫山语录　〔明〕章懋撰

管子　（旧题）〔唐〕房玄龄注

韩子　〔周〕韩非撰

齐民要术　〔后魏〕贾思勰撰

证类本草　〔宋〕唐慎微撰

本草纲目　〔明〕李时珍撰

星经　〔汉〕甘公　石申撰

步天歌　无撰名

九章算术　无撰名

术数记遗　（旧题）〔汉〕徐岳撰　〔北周〕甄鸾注

太玄经　〔汉〕杨雄撰　〔晋〕范望注

皇极经世　〔宋〕邵雍撰

易林　〔汉〕焦延寿撰

清类天文分野之书　〔明〕刘基撰

礼纬含文嘉

书断　〔唐〕张怀瓘撰

述书赋　〔唐〕窦泉撰

墨池编　〔宋〕朱长文撰

宣和书谱　无撰名

广川书跋　〔宋〕董逌撰

六艺之一录　〔国朝〕倪涛撰

乐府杂录　〔唐〕段安节撰

学古编　〔元〕吾邱衍撰

弇州山人题跋　〔明〕王世贞撰

古今刀剑录　（旧题）〔梁〕陶弘景撰

鼎录　〔陈〕虞荔撰

宣和博古图　〔宋〕王黼撰

云林石谱　〔宋〕杜绾撰

水品　〔明〕徐献忠撰

竹谱　〔晋〕戴凯之撰

群芳谱　〔明〕王象晋撰

子华子　（旧题）〔晋〕程本撰

吕氏春秋　〔秦〕吕不韦撰

淮南子　〔汉〕刘安撰

天禄阁外史　（旧题）〔汉〕黄宪撰

郁离子　〔明〕刘基撰

笔尘　〔明〕于慎行撰

白虎通义　〔汉〕班固撰

独断　〔汉〕蔡邕撰

资暇集　〔唐〕李匡乂撰

东观余论　〔宋〕黄伯思撰

能改斋漫录　〔宋〕吴曾撰

云谷杂记　〔宋〕张淏撰

容斋随笔　〔宋〕洪迈撰　又有续笔　三笔　四笔　五笔

野客丛书　〔宋〕王楙撰

困学记闻　〔宋〕王应麟撰

丹铅总录　〔明〕杨慎撰

通雅　〔明〕方以智撰

日知录　〔国朝〕顾炎武撰

潜邱札记　〔国朝〕阎若璩撰

论衡　〔汉〕王充撰

风俗通义　〔汉〕应劭撰

封氏闻见记　〔唐〕封演撰

春明退朝录　〔宋〕宋敏求撰

笔记　〔宋〕宋祁撰

文昌杂录　〔宋〕庞元英撰

梦溪笔谈　〔宋〕沈括撰

冷斋夜话　〔宋〕僧惠洪撰

春渚纪闻　〔宋〕何薳撰

石林燕语　〔宋〕叶梦得撰

却埽编　〔宋〕徐度撰

墨庄漫录　〔宋〕张邦基撰

云麓漫抄　〔宋〕赵彦卫撰

老学庵笔记　〔宋〕陆游撰

愧郯录　〔宋〕岳珂撰

鹤林玉露　〔宋〕罗大经撰

贵耳集　〔宋〕张端义撰

齐东野语　〔宋〕周密撰
隐居通义　〔元〕刘埙撰
闲居录　〔元〕吾邱衍撰
震泽长语　〔明〕王鏊撰
画禅室随笔　〔明〕董其昌撰
物理小识　〔明〕方以智撰
居易录　〔国朝〕王士祯撰
池北偶谈　同上
香祖笔记　同上
洞天清录　〔宋〕赵希鹄撰
云烟过眼录　〔宋〕周密撰
自警编　〔宋〕赵善璙撰
说郛　〔明〕陶宗仪编
扪虱新话　〔宋〕陈善撰
涌幢小品　〔明〕朱国桢撰
说储　〔明〕陈禹谟撰
物类相感志　（旧题）〔宋〕苏轼撰
都氏铁纲珊瑚　〔明〕都穆撰
诸子汇函　（旧题）〔明〕归有光撰
历代小史　无撰名
尧山堂外纪　〔明〕蒋一葵撰
津逮秘书　〔明〕毛晋编
秘书廿一种　〔国朝〕汪士汉编
艺文类聚　〔唐〕欧阳询等撰
北堂书钞　〔唐〕虞世南撰
初学记　〔唐〕徐坚等奉敕撰

白孔六帖　〔唐〕白居易　〔宋〕孔传撰

太平御览　〔宋〕李昉等奉敕撰

册府元龟　〔宋〕王钦若　杨亿等奉敕撰

海录碎事　〔宋〕叶廷珪撰

帝王经世图谱　〔宋〕唐仲友撰

锦绣万花谷　无撰名

事文类聚　〔宋〕祝穆　〔元〕富大用　祝渊撰

山堂考索　〔宋〕章如愚撰

玉海　〔宋〕王应麟撰

韵府群玉　〔元〕阴时夫撰　弟中夫注

荆川稗编　〔明〕唐顺之编

经济类编　〔明〕冯琦编

山堂肆考　〔明〕彭大翼撰

格致镜原　〔国朝〕陈元龙撰

读书纪数略　〔国朝〕宫梦仁撰

刘氏类山　〔明〕刘嗣昌撰

五车韵瑞　〔明〕凌稚隆撰

西京杂记　（旧题）〔晋〕葛洪撰

世说新语　〔宋〕刘义庆撰　〔梁〕刘孝标注

朝野佥载　（旧题）〔唐〕张鷟撰

大唐新语　〔唐〕刘肃撰

因话录　〔唐〕赵璘撰

云溪友议　〔唐〕范摅撰

云仙杂记　（旧题）〔唐〕冯贽撰

唐摭言　〔五代〕王定保撰

开元天宝遗事　〔五代〕王仁裕撰

北梦琐言　〔宋〕孙光宪撰
涑水纪闻　〔宋〕司马光撰
归田录　〔宋〕欧阳修撰
东斋记事　〔宋〕范镇撰
青箱杂记　〔宋〕吴处厚撰
画墁录　〔宋〕张舜民撰
侯鲭录　〔宋〕赵令畤撰
东轩笔录　〔宋〕魏泰撰
泊宅编　〔宋〕方勺撰
铁围山丛谈　〔宋〕蔡绦撰
闻见前录　〔宋〕邵伯温撰
闻见后录　〔宋〕邵博撰
桯史　〔宋〕岳珂撰
何氏语林　〔明〕何良俊撰
山海经　〔晋〕郭璞注
神异经　（旧题）〔汉〕东方朔撰
海内十洲记　同上
汉武故事　（旧题）〔汉〕班固撰
汉武帝内传　同上
汉武洞冥记　（旧题）〔汉〕郭宪撰
拾遗记　〔秦〕王嘉撰
搜神记　（旧题）〔晋〕干宝撰
搜神后记　（旧题）〔晋〕陶潜撰
异苑　〔宋〕刘敬叔撰
续齐谐记　〔梁〕吴均撰
集异记　〔唐〕薛用弱撰

博异记 （旧题）〔唐〕谷神子撰

杜阳杂编 〔唐〕苏鹗撰

前定录 〔唐〕钟辂撰

宣室志 〔唐〕张读撰

开天传信记 〔唐〕郑綮撰

太平广记 〔宋〕李昉等奉敕监修

陶朱新录 〔宋〕马纯撰

夷坚支志 〔宋〕洪迈撰

博物志 （旧题）〔晋〕张华撰

述异记 （旧题）〔梁〕任昉撰

酉阳杂俎 〔唐〕段成式撰

清异录 〔宋〕陶谷撰

续博物志 （旧题）〔晋〕李石撰

谈薮 （旧题）〔宋〕庞元英撰

明纪略 〔明〕皇甫录撰

独异志 〔唐〕李冗撰

录异记 〔蜀〕杜光庭撰

括异志 （旧题）〔宋〕张师正撰

续夷坚志 〔金〕元好问撰

谈纂 〔明〕都穆撰

冥报录 〔国朝〕陆圻撰

述异记 （旧题）东轩主人撰

法苑珠林 〔唐〕释道世撰

高僧传 〔梁〕释惠敏 慧皎撰

续高僧传 〔唐〕释道宣撰

宋高僧传 〔宋〕释赞宁撰

神僧传　无撰名

列子　（旧题）〔周〕列御寇撰

庄子注　〔晋〕郭象撰

文子　老子弟子撰

列仙传　（旧题）〔汉〕刘向撰

抱朴子内外篇　〔晋〕葛洪撰

神仙传　同上

真诰　〔梁〕陶弘景撰

亢仓子　〔唐〕王士元撰

云笈七签　〔宋〕张君房撰

道藏目录详注　〔明〕白云霁撰

枕中书　（旧题）〔晋〕葛洪撰

真灵位业图　（旧题）〔梁〕陶弘景撰

洞天福地岳渎名山记　〔蜀〕杜光庭撰

集仙传　无撰名

翊圣保德传　〔宋〕王钦若撰

甘水仙源录　〔元〕道士李道谦撰

集

圣祖仁皇帝御制文集

世宗宪皇帝御制文集

御制乐善堂全集定本

御制文初集

御制诗初集　二集　三集

御选古文渊鉴

御定历代赋汇

御定全唐诗

御定佩文斋咏物诗选

御定四朝诗

御定全金诗

扬子云集　〔汉〕杨雄撰

蔡中郎集　〔汉〕蔡邕撰

曹子建集　〔魏〕曹植撰

陆士龙集　〔晋〕陆云撰

鲍参军集　〔宋〕鲍照撰

庾开府集　周庾信撰

卢升之集　〔唐〕卢照邻撰

骆丞集　〔唐〕骆宾王撰

陈拾遗集　〔唐〕陈子昂撰

张燕公集　〔唐〕张说撰

李北海集　〔唐〕李邕撰

李太白集　〔唐〕李白撰

集千家注杜诗　〔元〕高楚芳编

颜鲁公集　〔唐〕颜真卿撰

宗元集　〔唐〕吴筠撰

刘随州集　〔唐〕刘长卿撰

毗陵集　〔唐〕独孤及撰

钱仲文集　〔唐〕钱起撰

韩文考异　〔唐〕韩愈撰　〔宋〕朱子考异　王伯大编

东雅堂韩昌黎集注　〔宋〕廖莹中撰

刘宾客文集　〔唐〕刘禹锡撰

吕衡州集　〔唐〕吕温撰

张司业集　〔唐〕张籍撰

麟角集　〔唐〕王棨撰

咸平集　〔宋〕田锡撰

武夷新集　〔宋〕杨亿撰

和靖诗集　〔宋〕林逋撰

晏元献遗文　〔宋〕晏殊撰

东观集　〔宋〕魏野撰

孙明复小集　〔宋〕孙复撰

徂徕集　〔宋〕石介撰

苏学士集　〔宋〕苏舜钦撰

盱江集　〔宋〕李觏撰

公是集　〔宋〕刘敞撰

元丰类稿　〔宋〕曾巩撰

宛陵集　〔宋〕梅尧臣撰

文忠集　〔宋〕欧阳修撰

临川集　〔宋〕王安石撰

东坡全集　〔宋〕苏轼撰

栾城集　〔宋〕苏辙撰

山谷内外别集　〔宋〕黄庭坚撰

画墁集　〔宋〕张舜民撰

鸡肋集　〔宋〕晁补之撰

学易集　〔宋〕刘跂撰

斐然集　〔宋〕胡寅撰

晦庵集　〔宋〕朱子撰

拙斋文集　〔宋〕林之奇撰

北溪大全集　〔宋〕陈淳撰

文山集　〔宋〕文天祥撰

汶阳端平诗隽　〔宋〕周弼撰　李龏编

则堂集　〔宋〕家铉翁撰

滹南遗老集　〔金〕王若虚撰

遗山集　〔金〕元好问撰

陵川集　〔元〕郝经撰

归田类稿　〔元〕张养浩撰

巴西文集　〔元〕邓文原撰

玉斗山人集　〔元〕王奕撰

鲁斋遗书　〔元〕许衡撰

秋涧集　〔元〕王恽撰

牧庵文集　〔元〕姚燧撰

兰轩集　〔元〕王旭撰

渊颖集　〔元〕吴莱撰

圭斋集　〔元〕欧阳玄撰

夷白斋稿　〔元〕陈基撰

宋学士全集　〔明〕宋濂撰

诚意伯文集　〔明〕刘基撰

凤池吟稿　〔明〕汪广洋撰

大全集　〔明〕高启撰

逊志斋集　〔明〕方孝孺撰

古廉集　〔明〕李时勉撰

薛文清集　〔明〕薛瑄撰

武功集　〔明〕徐有贞撰

彭惠安集　〔明〕彭韶撰

重编琼台会稿　〔明〕丘濬撰

谦斋文录　〔明〕徐溥撰

怀麓堂集　〔明〕李东阳撰

枫山集　〔明〕章懋撰

家藏集　〔明〕吴宽撰

空同集　〔明〕李梦阳撰

华泉集　〔明〕边贡撰

王文成全书　〔明〕王守仁撰

大复集　〔明〕何景明撰

迪功集　〔明〕徐祯卿撰

洞麓堂集　〔明〕尹台撰

沧溟集　〔明〕李攀龙撰

杨忠愍集　〔明〕杨继盛撰

弇州山人四部稿　〔明〕王世贞撰

四溟集　〔明〕谢榛撰

谷城山房诗集　〔明〕于慎行撰

学余堂集　〔国朝〕施闰章撰

精华录　〔国朝〕王士祯撰

曝书亭集　〔国朝〕朱彝尊撰

西河文集　〔国朝〕毛奇龄撰

莲洋诗钞　〔国朝〕吴雯撰

古欢堂集　〔国朝〕田雯撰

榕村集　〔国朝〕李光地撰

因园集　〔国朝〕赵执信撰

敬业堂集　〔国朝〕查慎行撰

存砚楼集　〔国朝〕储大文撰

诸葛丞相集　〔国朝〕朱璘编

东坡外集

太平金镜策　〔元〕赵天麟撰

黄介庵集　〔明〕黄淮撰

西墅集　〔明〕曾棨撰

鸟鼠山人集　〔明〕胡缵宗撰

棠陵集　〔明〕方豪撰

胥台集　〔明〕袁帙撰

五岳山人集　〔明〕黄省曾撰

自知堂集　〔明〕蔡汝楠撰

许水部稿　〔明〕许应元撰

高文襄公集　〔明〕高拱撰

白雪楼诗集　〔明〕李攀龙撰

金舆山房稿　〔明〕殷士儋撰

东岱山房稿　〔明〕李先芳撰

居来山房集　〔明〕张佳允撰

天目山堂集　〔明〕徐中行撰

鲁望集　〔明〕袁尊尼撰

天池草　〔明〕王宏诲撰

石盂集　〔明〕汪坦撰

谷城山房文集　〔明〕于慎行撰

庞眉生集　〔明〕于慎思撰

程幼博集　〔明〕程大约撰

来禽馆集　〔明〕邢侗撰

场居集　〔明〕李化龙撰

容台诗集　〔明〕董其昌撰

小草斋诗集　〔明〕谢肇淛撰

缑山集　〔明〕王衡撰

白榆集　〔明〕屠隆撰
文太青文集　〔明〕文翔凤撰
栖云阁诗集　〔国朝〕高珩撰
聪山集　〔国朝〕申涵光撰
志壑堂诗集　〔国朝〕唐梦赉撰
乐圃诗集　〔国朝〕颜光敏撰
司勋五种集　〔国朝〕王士禄撰
渔洋诗集续集　〔国朝〕王士祯撰
聊园全集　〔国朝〕孔贞瑄撰
丁野鹤诗钞　〔国朝〕丁耀亢撰
白石山房稿　〔国朝〕李振裕撰
通志堂集　〔国朝〕纳喇性德撰
宝菌堂遗诗　〔国朝〕赵执端撰
蓼村集　〔国朝〕王苹撰
桑弢甫集　〔国朝〕桑调元撰
绿筠轩诗集　〔国朝〕张元撰
隐拙斋集　〔国朝〕沈廷芳撰
文选注　〔梁〕萧统撰　〔唐〕李善注
唐四僧诗
文苑英华　〔宋〕李昉等奉敕编
唐文粹　〔宋〕姚铉编
乐府诗集　〔宋〕郭茂倩编
宋文鉴　〔宋〕吕祖谦编
中州集　〔金〕元好问编
元文类　〔元〕苏天爵编
明文衡　〔明〕程敏政编

诗纪 〔明〕冯惟讷撰

汉魏六朝百三家集 〔明〕张溥编

明文海 〔国朝〕黄宗羲编

明诗综 〔国朝〕朱彝尊编

宋诗钞 〔国朝〕吴之振编

金石古文 〔明〕杨慎撰

泰山搜玉集 〔明〕袁稽撰

诗所 〔明〕臧懋循撰

诗归 〔明〕钟惺 谭元春编

山左明诗钞 〔国朝〕宋弼编

文心雕龙 〔梁〕刘勰撰

珊瑚钩诗话 〔宋〕张表臣撰

金石例 〔元〕潘昂霄撰

金石要例 〔国朝〕黄宗羲撰

历代诗话 〔国朝〕吴景旭撰

渔洋诗话 〔国朝〕王士祯撰

乐府古题要解 （旧题）〔唐〕吴兢撰

续录

御制诗四集 五集

钦定四库全书总目

通志堂经解 纳喇性德编

尔雅正义 邵晋涵撰

四书古本 先公石岭先生注

续宋元资治通鉴 毕沅撰

纪年经纬考 胡虔 马绍基本

廿二史考异 钱大昕撰

读史方舆纪要　顾祖禹撰

三国疆域志　洪亮吉撰

东晋疆域志　洪亮吉撰

十六国疆域志　洪亮吉撰

泰安府志　颜希深撰

泰安县志　黄钤撰

新泰县志

莱芜县志

肥城县志

平阴县志

历城县志　李文藻撰

长清县志

泰山志　〔明〕汪子卿撰

岱史　〔明〕查志隆修

岱史　〔明〕刘敕撰

泰山小史　〔明〕萧协中撰

泰山辑瑞集　林杭学撰

灵岩志　李兴祖撰

岱宗小史　徐祖望撰

御路古迹　刘其旋撰

泰山纪略　同上

泰山胜概　成城撰

泰山图志　朱孝纯撰

近游草　赵国麟撰

潜研堂金石文跋尾　钱大昕撰

泰山金石考　聂鈫撰

经训堂丛书　毕沅编

知不足斋丛书　鲍廷博刊

群书拾补　卢文弨撰

国朝山左诗钞

竹溪集　〔金〕党怀英撰

还璞心声　〔明〕李钦撰

青岩居草　〔明〕宋焘撰

酝檀集　〔明〕萧协中撰

石堂集　释祖珍撰

云月砚轩藏稿　赵国麟撰

蒙泉集　宋弼撰

归愚集　沈德潜撰

石岭全集　先公石岭先生撰

案：泰山之说，散见群书，或累牍连篇，或单词只义，不可枚举。所辑诸览，首尾联贯，各成一章。中间援引载籍，不能备举书名，属辞之体使然也。爰于目录，就家藏外借见闻所及之书，谨依《钦定四库全书总目》次弟分录，以志来历。其续出之书，未入《全书总目》者，附录于后。若《晋太康地记》《括地记》《从征记》《述征记》，诸书见于《史》《汉》注。《水经注》虽引为证佐，向无原本，不敢以耳为目。其中或有征据、简策、杂采、艺文，亦不详目录者，皆从旧志袭钞，更不敢以稗贩，冒淹洽之名也。

右《岱览》，自首编目录而外，凡三十二卷，吾师陶山先生为泰山书院院长时所著也。嘉庆乙丑春正月，谒先生于海州官廨。先生出以见示，庚受而读之。于模山范水之中，见经经纬史之学，而其要归于仁孝。盖先生以弱冠葬太夫人于岱西陶山之上，因以陶山为氏，及主泰山讲席，熟于岱，故登览考证，纂为是书。由陶山而述泰山，即藉泰山以存陶山，其志良苦，其用意独深。然其博极群书，必衷诸道，为从来志岱所未有。谓夫述泰山者，苟未精详，即所以存陶山者弗固也。其书与《史》《汉》相表里，首编如《本纪》，目录如《表》，总览如《书》《志》，分览、附览如《列传》，博览如《循吏》《儒林》《游侠》《货殖》诸篇。叙览则太史公之《自叙》，班孟坚之《叙传》矣。先生自言托始于乾隆之四十七年，成于通籍展墓之时，为乾隆之五十八年。故凡典章、事迹、文艺，皆以是年为断。阅十年，为嘉庆九年，始付梓。凡历宰荆溪、吴江、奉贤、吴县，为政之暇，辄加删订，则用力之勤，而成书之不易也。先生笃于人伦，务为经世之业，政声所至，吏畏民怀。生平著述《易》《礼》《春秋》及《诗》，古文辞甚富，不肯轻以行世。独殚精萃力于兹编者，为陶山也。庚来值剞劂方殷，得与校雠。因志其缘起如此，读者慎勿徒视为游览之书可耳。

受业汪庚谨识

岱览目录终

首编（一之七）

天章（一之三）

圣祖仁皇帝御制诗文

世宗宪皇帝御制诗

今上皇帝御制诗文

右上帙

诏旨（四）

祝文（五）

仪注（六）

颁赐（七）

右下帙

臣闻：岱于五岳为长。汉儒之说“升中”也，谓因山加峻，冀近神灵。臣以为：精意不足上禋，将梯阶于乔岳，其与几何。我朝陋封，峦秩方望，纶翰典章，发育峻极，即“岩岩”者。且因之而益尊，与《白虎通义》所称：高者加高，厚者加厚，异矣。臣谨效钞胥，脐之册端，以明今日之岱尊，且高于往昔之岱者，盖有由也。

岱览首编一

天章

圣祖仁皇帝御制诗文

东巡出都

阊阖来天风，玉仗排双凤。乔岳耸高标，巡方翠华动。

登岱

岩岩岱岳高无极，攀陟遥登最上头。路转天门青霭合，峰回日观白云浮。振衣巀嵲凌千仞，骋目苍茫辨九州。欲与臣邻崇实政，金泥玉检不须留。

百丈崖观瀑

悬崖千尺响奔湍，涧道嶒嵘动石澜。仿佛青天有风雨，松阴漠漠逼人寒。

岱顶对月

夜宿乔岳巅，缥缈近云阙。孤高绝尘翳，天外见明月。不闻城市喧，惟听空籁发。开轩肆遐览，万象争突兀。对此心悠然，清梦自超越。

汶水吟

汶水潺潺清似玉，石涧萦纡行踯躅。连山百里入莱芜，松柏绵蒙冬尚绿。

经泰山之麓

曩于甲子冬日，登泰山之巅，览秦汉以来故迹，俯眺寰区，凭临沧海。今兹南巡，复税驾山麓，因望岱宗而展礼焉。

耸巘高峰记昔攀，春回瀑水响潺潺。万层石级云霄上，千里烟村缥缈间。暂驻犹然思往事，凭陵直欲小人寰。朱旗翠葆疏林外，已见巍巍俯众山。

夜登泰山

日斜登泰岱，岭腹隔层霄。深夜回銮处，便忘石磴遥。

见泰安等数州县饥民亟命设法赈济

东路行辇到，人食正荐饥。呼庚儿女盼，宸游众所依。村中皆菜色，散去掩柴扉。救荒先发谷，转漕迅如飞。两旬无多日，有司报民归。地丁既已贷，私派务全希。尽心专邦本，留意欲国肥。麦秋犹可望，黎民其庶几。

望岱忆旧

青天竦峙翠云浓，端立船头眺岱宗。忆上崇隆最高顶，非探芝检效东封。

泰山龙脉论

古今论九州山脉，但言华山为虎，泰山为龙。地理家亦仅云泰山特起东方，张左右翼为障，总未根究泰山之龙于何处发脉。朕细考形势，深究地络，遣人航海测量，知泰山实发龙于长白山也。长白绵亘乌喇之南，山之四围，百泉奔注，为松花、鸭绿、土门三大江之源。其南麓分为二干，一干西南指者，东至鸭绿，西至通加，大抵高丽诸山，皆其支裔也。其一干自西而北，至纳禄窝集，复分二支。北支至盛京，为天柱、隆业山，折而西为医巫闾山。西支入兴京门，为开运山。蜿蜒而南，磅礴起顿，峦岭重叠。至金州旅顺口之铁山，而龙脊时俯时现。海中皇成、鼍矶诸岛，皆其发露处也。接而为山东登州之福山、丹崖山，海中伏龙。于是乎陆起西南行八百余里，结而为泰山，穹崇盘屈，为五岳首。此论虽古人所未及，而形理有确然可据者。或以界海为疑。夫山势联属，而喻之曰“龙”，以其形气无不到也。班固曰：形与气为首尾。今风水家有过峡，有界水，渤海者，泰山之大过峡尔。宋魏校《地理说》曰：傅乎江，放乎海。则长白山之龙，放海而为泰山也固宜。且以泰山体位证之，面西南而背东北，若云自函谷而尽泰山，岂有龙从西来而面反西向乎？是又理之明白易晓者也。

南巡笔记

康熙甲子春日，有以时值上元，请行封禅及巡狩、燔柴诸典礼者。夫朕凉德菲躬，临御海宇，迩年以来，水旱兵戈，民亦劳止。虽邀天庇佑，四海荡平，万姓乐业，实未有丰功伟烈，足以昭示来兹。何敢效法前人，铭功纪德。至于巡狩，古天子所以周省侯国，使诸侯肆觐明堂，考其政绩。今天下之权统一于内，督抚之贤不肖，朕皆得而知之，又无事于巡狩之名也。惟是近畿郡邑，屡经巡幸，补助时施，而东南黎民风俗，尚未周知。乃于秋九月，陈请两宫，暂违定省。

二十八日，出京师，经河间、过德州，阅济南城，观趵突泉，题曰“激湍”。百姓遮拜马首，户口繁盛，比屋可封。昔称临淄之间，肩相摩、毂相击者，今尚有遗风焉。

十一日，至泰山，石径峻嶒，缓步登陟四十里。御帐崖瀑水悬流，五大夫枯松犹在岩畔，或亦后人继植者。入南天门，扪秦时无字碑，至孔子小天下处，真可收罗宇宙，畅豁襟怀。题“普照乾坤云峰”诸字。宿泰山巅，月色清朗，赋诗遣兴。来日，登日观峰，看扶桑日出。下山，祀于岳

庙。岳为五方之长，发生万物，故躬祀之，为苍生祈福。十三日，雨雪，驻蒙阴县。侍臣云：明日小雪，喜其应候。诘朝，雪霁，望蒙山峰顶，半入云雾，或隐或现。其上石衣，土人攀缒取之，名蒙山顶上茶。尝考四川雅州，有蒙山五峰，极高峻，上产甘露茶，世所传者，或雅州之蒙山也。渡沂水，取鱼，既多且鲜，因遣使驰进两宫，以志思恋之怀。�花铺青淮之界，居人辐辏。十八日发宿迁县，阅黄河北堤岸一百八十里，频年水患，工役浩繁，民俗罢敝，不若山左之庶饶。渡河过清浦、淮安府，商贾往来，舟楫如织。宝应县、高邮州、邵伯镇，皆以湖水泛滥，未复故道。居人草屋临流，床灶半在水中，朕甚悯焉。登岸步行十余里，亲察水势。召集耆老秀才，细访其故。皆云自海口壅塞，水无所归，二十年来，田亩已成巨浸。赋诗纪事，思所以拯济之。

二十三日，抵维扬，市肆繁华，园亭相望。游平山堂、天宁寺，百姓持香夹道，意甚诚敬。平山堂乃宋臣欧阳修所建，修以文学侍从之臣出知扬州，为政之暇，优游谈宴，传为佳话，故朕诗有“文章太守心偏忆”之句。

二十四日，将游仪真，幸江宁府，忽遇顺风，可以速达京口。遂乘沙船，顺流而下，波恬浪静，瞬息七十里。沙船，江中战舰也。自岳州、长沙用兵以来，多得其力。今河海清宴，当时战具，仅供渡江之用。然安不忘危，朕于此时，未尝不念艰难用武之际。次早登金山，孤峦隐岫，屹峙大江中，飞阁流丹，金碧照灼。更有一峰离立，曰善才石。郭璞墓在其西，上有妙高台、留云亭、朝阳洞，下有中泠水，称天下第一泉。朕率扈从诸臣，一一探眺，纵目千里，题“江天一览”四字，并赋二诗。竹林禅院在镇江府城南五里。曲径逶迤，茂林修竹，高者四五丈，大者围尺，青叶碧枝，阴森崖谷，实北地之所未有。晚而登舟，扬帆丹阳县、常州府、无锡县，俱未及泊。一昼夜行三百六十余里，达姑苏。舟人云：从无如此之速者。

二十七日，由枫桥入阊门，登城阅视，士民观瞻，莫不抃舞，有献赋颂者。是日，驻跸城中，念执事人役辛勤远来，遍赏白金，听其各带方物，以示体恤。

二十八日，回銮，过虎丘，山不甚高，亭榭阑槛，布满其上。千人石，高下可容千人，传为生公讲经处，故旁有点头石。剑池，在夹崖中，殊可观。平远堂俯瞰虎丘之背，田畴林木，望若错锦，苏民仍列酒坊茶肆，各安生业，管弦竞奏，觉有升平景象。然从事纷奢，罔知务本，未若东北风俗之朴实耳。夜坐舟中，与侍臣高士奇探论古今兴废之迹，或读《尚书》《左传》及先秦两汉文数篇，或谈《周易》，或赋一诗，每至漏下三十刻不倦，日以为常。盖诗书意味深长，不似耳目之好，易于烦厌也。舟过无锡县，游锡山，观惠泉，石甃八角池，水色渟泓，味较玉泉远不相及，不知前人何以称之为第二泉。

二十九日，由丹阳县陆行。

初一日，过句容县，蜿蜒石堤数十里，抵江宁府。雨花台在城南，登之，则江山城郭历历可见。报恩寺规制宏壮，宝塔九级，金碧琉璃，尽镂梵相。结构之巧，殆竭人工，非前人代内帑所修不能至此。城中阛阓充实，烟火万家，景物太平，昔称六朝佳丽，今亦不减大都也。明日，祭明洪武陵，见其颓废，敕地方官禁护之。过明故宫，仅存遗址，不禁慨然，作《过金陵论》，并赋一诗。登观星台，望后湖，题“旷观”二字。又明日，再遣使进两宫方物，阅镇将射于教场，颁赐扈从诸臣币帛，督抚御衣。初四日，发江宁府，泊燕子矶，峭壁临江，亦有胜致。初十日，阅高家堰堤工，望洪泽湖，汪洋千顷。复由河南岸行一百八十里，过桃源县。

十一日，渡河至宿迁。次日，驻跸蒁花铺。自郯沂州取道东兖，渡沂、济，访汶、泗诸水。泗水出陪尾山下泉林寺侧，石穴吐水，众泉俱导，古树成林，有石碑刻：子在川上处。然《阙里志》载孔子观川亭在尼山宣圣庙侧，未知孰是。

十六日，长至节，天气晴暖，无朔风祁寒，扈从诸人莫不欣喜。

十七日，过少昊陵、颜子林，驻跸曲阜县南。

十八日，黎明，于阙里斋心穆穆，若有所见。礼毕，坐诗礼堂，命孔氏子孙讲《周易》《大学》，遍观车服礼器及汉唐碑版。桧树在大成门内，古干苍然，苔藓润泽，真灵迹也。敬想至圣道冠百王，前代留金银器具，皆人力可办，独以仗前曲柄龙盖留庙中，并书"万世师表"四字、《过阙里诗》《古桧赋》。出北门，酾酒孔子墓下。伯鱼墓在孔子墓东十余步，子思墓在其前，西有子贡庐墓之所，左有宋真宗驻跸亭。林中奇树葱郁，未可计数。行三十里，驻跸兖州府。杜甫所谓"浮云连海岱，平野入青徐"是也。念周公制礼作乐，道接文武，顷过曲阜，未得躬谒庙庭，特制祭文，遣亲藩代祀之。遂由汶上、东阿、高唐至德州，亟欲定省两宫，兼程而归。是行也，往返数旬。所历山东、江南诸郡县，日以周谘民隐，体察吏治为首务。行道之顷，复得览其山川，凭吊古迹。至于地方利弊，则将有以斟酌损益焉。率笔记之，示朕之不徒事游豫也。

岱览首编二

天章

世宗宪皇帝御制诗

望岱

芙蓉万仞插丹梯，海上群峰莫与齐。九点青烟看野马，五更红日候天鸡。云封峭壁松多古，藓积残碑字未迷。冉冉岭头笙鹤下，仙坛曾此降金泥。

碧霞祠题宝幡步虚词二首

宝阁冰帘紫霭笼，仙风袅袅拂幡红。扇开日月飞双凤，座绕星辰列九宫。子视群蒙敷惠泽，母临率土荷帡幪。敬将玉帛当庭献，愿普慈光遍域中。

琼宇璇宫日月长，奇花瑶草总飘香。琉璃作殿苍龙卫，云雾裁帷青鸟翔。拂露霓旌珠灿烂，御风鸾驾玉铿锵。常将天福人间锡，奖孝褒忠佑万方。

岱览首编三

天章

皇上御制诗文

李世倬自孔庙视礼器回路便图泰山一峰以献因题其一

景行积悃望宫墙，视礼先期命太常。讵为嘉陵驰去传，却携泰岳入归装。天关虎豹常严肃，松磴虬龙镇郁苍。便是明年登眺处，好教云日仰仁皇。

见岳麓（戊辰）

朝曦驻扶桑，天际微茫分。东来紫翠光，隐隐滃飞云。知是岱岳麓，初见意已欣。杜甫有佳句，果然符所云。指日陟其顶，一破苍穹雰。

少岱

晓起望岱宗，尚远数百里。平郊午跸停，少岱在尺咫。已据拔地势，特因近岳尔。广陆半月行，见山心早喜。斧斤岂能禁，山木忆尝美。峭壁余孤松，堳壿孙枝起。樵苏所不到，于险得安只。

渡汶河

滑笏春波浴翠凫，遥源萦缪接莱芜。风光一带分齐鲁，支派千流汇港湖。跸路乍看横蝃蝀，舟鲛曾未守萑蒲。行来文献邦知近，户有弦歌学有儒。

汶水吟恭依皇祖原韵

肆覲东后修五玉，神尧家法遗轨躅。鲁疆初历俯汶川，春烟淡荡波摇绿。

望岱宗

百里齐南路，巍然望岱宗。乾坤惟一大，造物不双钟。特地扶摇上，倚天紫翠重。峛崺多已见，气象未全逢。变化真难测，形容杳莫从。早看肤寸合，希泽有孚颙。

渡汶水

过汶诣阙里，事毕渡汶回。因流溯其源，萦带何悠哉。郓讙龟阴田，每每河之隈。曾闻润百里，胡乃腾尘埃。麦陇虽青青，望泽久萦怀。调幕惭无术，发粟讵遍该。嗟哉此土民，疾苦经识来。

汉明堂遗址

制自周人创，名传汉帝都。尊卑因以序，玉帛此来趋。遗址规犹壮，崇台草半芜。徒闻公王带[1]，道左献新图。

望徂徕

徂徕亦云巍，千秋镇齐鲁。北望比岱宗，拳石如培塿（叶）。马上看山色，云生山四宇。松年想何若，画意乃尔许。六逸怀竹溪，高风迷处所。

戏题投书涧

宋胡瑗讲学泰山，十年不归。见家问有“平安”字，即投之涧中，不复

① “公王带”，原作“公玉带”，误，今改。

展读，故名“投书涧”云。

报来尺素见平安，投涧传称人所难。诚使此心无系恋，平安两字不须看。

祀岱庙

释奠回銮礼岱宗，绳先不为事登封。地灵自是神凭宇，庙古还看黛蔚松。阶下崎崟临介石（俗名扶桑石），殿中肃穆仰苍容。已躬那更求多福，祈岁心殷惠我农。

祀视三公旧典行，配天生物镇苍精。崇朝所冀云蒸雨，大德应符震出亨。寝殿端居帝偕后，仙坛配享弟随兄。泰山林放如相拟，久矣禋宗不易明。

环咏亭

仙宫西侧创云轩，春昼阴笼花木繁。访道不须期碧海，忘言真可驻高奔。幽偏事业三闲足，今古风华四面存（四面刻古今登岱诸作于壁，故名“环咏”云）。砚净瓯香闲点笔，岂争工拙壁间论。

汉柏

殿角阴森翠影拿，蒙蒙常自护云霞。子房学得赤松术，风度而今见汉家。

唐槐

兔目当年李氏槐，枒槎老干倚春阶。何当绿叶生齐日，高枕羲皇梦亦佳。

合云亭

一天门里步天阶，圣迹依然此勒崖。记取岱宗初入路，荡胸云已净尘怀。

小阁三间梵宇西，偶来临眺独拈题。白云晻蔼亭边合，应是桃花洞口迷。

壶天阁

策马上丹梯，据床憩紫阁。既狭乃开豁，俯畅临碧落。山灵知我来，为我搴云幕。壶天蕴万象，揽结难依著。岳麓未及半，得未曾有乐。极顶纵吟眸，兴会当何若。

回马岭

曈昽日照紫芙蕖，石磴盘纡路转徐。传是真宗回马处，当年来为奠天书。

五大夫松

何人补署大夫名，五老须眉宛笑迎。即此今兮即此昔，抑为辱也抑为荣。盘盘欲学苍龙舞，谡谡时闻清籁声。记取一枝偏称意，他年为挂月轮明。

朝阳洞

回峦抱深凹，曦光每独受。所以朝阳名，名山率常有。是处辟云关，坦区得数亩。结构寄幽偏，潇洒开窗牖。历险欣就夷，稍憩复进走。即景悟为学，无穷戒株守。

对松山

岱岳最佳处，对松真绝奇。古心谁得貌，变态不容思。万丈惟全碧，四时无改枝。依稀佺羡辈，倚树劚灵芝。

白云洞

封里出英英，长空几缕横。所希肤寸合，利我万民耕。

登封台

轩辕远矣不可知，七十二代皆一律。金泥玉检敬用陈，锦绛石函封以密。我来岱顶探遐踪，凝眸聊寄凌云笔。亦非谦牧图终吉，两言定论由中出。便使尧舜至今存，迄无可告成功日。

恭颂皇祖勒崖云峰二大字

骊珠双颗勒云峰，占断岩岩万景重。不似磨崖千许字，开元惟用诩东封。

恭依皇祖登岱诗韵

丹梯纡陟穿云脚，翠观平临待日头。地迥顿教尘虑净，瞰空惟觉幻身浮。果然万古宗天下，讵独千秋镇兖州。大慰平生景仰志，可无警句半岩留。

天齐才上天居上，进步竿寻百尺头。众皱峰如能变化，太空云与共沈浮[①]。岂缘乘兴凌千仞，敬识凭高御九州。继述何能覆敢不，乾坤亭里久延留（乾坤亭在岱顶，以奉皇祖御书“普照乾坤”四大字处也）。

① “沈”，原碑作“作”。

夜宿岱顶

攀跻凌岳顶，仆役亦已劳。行宫恰数宇，旧筑山之坳。迥与天为邻，滃然云作巢。依栏俯岱松，凭窗眄齐郊。于焉此休息，意外得所遭。恭诵对月诗（皇祖有《岱顶对月诗》），徘徊惜清宵。

傍晚云雾收，近霄星斗朗。天籁下笙竽，松花入帷幌。神心相妙达，今古一俯仰。始遇有宿缘，初地惬真赏。清梦不可得，求仙果痴想。

云巢

岱顶有行宫数宇，偶为夜宿，诗云“滃然云作巢”，辄以名之。

云以山为体，山以云为衣。始悟云山境，元气相因依。言二固不可，云一亦何为。结宇贮云采，开窗纳山姿。踞榻灵根动，褰幔有渰萋。下云为我舆，上云为我帷。题壁带云书，云兮初不知。

日观峰

天柱既孤高，日观乃并峻。峥嵘成左幛，嵂崒凌千仞。破晓登丹梯，尘衣为一振。卧牛车盖状，传言殊未信。海水讵涌金，朝云刚染晕。无烦夸父追，却忆童子问。寄兴在寥阔，摛词亦腾奋。

奉皇太后登岱麓

十八盘前候大安，天门双辟倚阑干。万年王母会仙母，此日和鸾接彩鸾。云看吐吞成幄幔，辇教扶掖度巑岏。南山献寿无须比，宝算崇齐泰岳端。

别岳

登岳快晴明，别岳遇风雨。此事亦偶然，何足陈谀语。况兹遍郊麦，青青二寸许。待泽正斯时，渴望愁农父。狂风惯吹云，细雨未沾土。彭怒不肯让，如膏亦奚补。连年水旱灾，偏萃于齐鲁。纵发帑粟施，岂救流离苦。哀哉茕独民，惭为汝父母（叶）。

过泰山恭依皇祖诗韵[①]（辛未）

才看积雪消峰脚，又觉轻云翳日头。岂是山灵邀客住，故教岚气作烟浮。赓吟尚忆尧登顶，结揽遐思禹画州。阿那天门门左侧，云巢三日我曾留（云巢，岱顶行宫名）。

石路盘旋出塞口，岱宗俯视众峰头。试思前度游如昨，了识百年梦亦浮。稍喜省方近吴会，岂辞问路自齐州。若云此地山川景，只合驱车不合留。

望岱庙

自有苍精协震亨，崇祠像设始谁成。灵趋汉县群黎赤，事纪茅家三弟兄。香和岱云千仞合，钟传汶水十分清。凭舆竭尔驰遥睐，鳞绣郊原渐可耕。

寄题汉柏

遥阶汉柏盘童童，柏下吟情想像中。不及同时嵩岳树，受名曾共颍川冯。

微雪

肤寸英英傍晚浓，天花几点下峣峰。山灵都解标神异，况是巍巍数岱宗。勾萌未发验稊杨，春旱田功雪未妨。独虑扈行羽林众，岂无寒者薄衣裳。天衣簁玉白皑皑，合是合云亭里来（合云亭在泰山之麓）。著树缤纷开且落，先传消息隔江梅。

① “恭”，原碑作“再”。

渡汶水

汶水虹桥冻合津，纽芽宿麦迟抽新。心期邓尉村前景，背拍天孙云外皴。往事总堪愁渺渺，无生底必滞尘尘。未忘只有勤民念，余概空花付夙因。

新甫山

传闻新甫易宫山，汉武求仙遇此间。何事长生无大药，茂陵秋树锁孱颜。

少岱（丙子）

少岱泰山之右臂，起伏蜿蜒数百里。以少于岱因得名，元方季方兄弟比。平原旷望行半月，罨目真教见山喜。寻脉东瞻乃不穷，堂堂霍霍依稀是。或为乾辟或坤阖，半倚天边半云里。朕寸因之希崇朝，处处祈年心未已。

渡汶河

湛湛复沄沄，长虹亘两濆。山川千里互，齐鲁一渠分。济运常资是，成盟旧所闻。道元称博览，已见数名纷。

源出仙台岭，依稀石汶真。春寒勒萑苇，雨过涨涟沦。公王汉奇士，白英明老人。徐行抚澄晏，惟是廑观民。

驻跸方山（丁丑）

济北名山驻玉符，欣于始遇畅清娱。梵宫高下罗诸岫，行殿朴淳别一区。容膝已安谓多矣，奇观何限讵穷乎。润州此去栖霞揽，吉甫均标十道图。

灵岩寺

方山亦有灵岩寺，吴下灵岩不独灵。立字安名由个个，今来古往镇亭亭。砌瓴塔尚干云矗，卓锡泉常注窦渟。希有佛曾出现地，既云希有现何形。

题灵岩寺八景

巢鹤岩

法定开山有鹤瑞，羽衣皓皓驻云峰。至今月白风清夕，仿佛东坡梦所逢。

甘露亭

泉疏甘露淙淙注，亭子因仍甘露名。用汲谁工注爻象，马迁曾是叹王明。

卓锡泉

泉临卓锡一亭幽，万壑千岩景毕收。最喜东南缥缈处，澄公常共朗公游。

摩顶松

高松西指为求经，般若真诠泯色形。假使虬枝解更向，定知糟粕是清宁。

铁袈裟

片铁为衣状水田，沧桑几阅镇精坚。谁云五叶一花止，试看伽梨万古传。

白云洞

霭霭英英相后先，穿云忽上白云巅。春郊方待一犁雨，便可为霖润大田。

雨花岩

峰枝涧叶未芬芳，只有天花扑鼻香。底事坐来都不著，维摩室里即斯床。

爱山楼

萦青缭白相氤氲，无色声天大块文。著个横楼真恰当，四时佳气与平分。

灵岩寺西入石路用唐刘长卿韵

峰雪全皴白，蹊春未点苔。寒钟云表落，溅瀑涧边回。游目无暇接，悦心初度来。佛原不碍古，士亦得称开。境自符秦辟，松犹玄奘栽。石泉信清冽，便可试茶杯。

幡影标今揭，碑痕载古苔。金绳重（去声）轮奂，贝叶镇昭回。偶步长卿韵，兼思太白来。峰形皆内抱，谷口独西开。石路夤缘人，春翘次第栽。应真渡何代，鸥鸟不惊杯。

过泰山再依皇祖诗韵[①]

方山一宿停清跸，泰岱岩岩见举头。南指遥程春晓发，东来紫气马前浮。圣踪永古并崇岳，恺泽于今在九州。经是瞠乎嗟莫及[②]，觐扬敢不意深留。

灵岩石路盘山脚，齐甸春光动陌头。案衍遥从西峪度，巃嵸不碍晓烟浮。瓣香寸意驰仙阙，舆地千年镇兖州。忧乐向来何处著，思量习结岂应留[③]。

望岱庙寄题

泉林取路向西移，敬仰崇祠一念驰。作镇配天首五岳（庙中皇祖御书匾

---

① “再”，原碑作“三”。

② “经”，原碑作“纵”。

③ “习结”，原碑作“结习”。

曰“配天作镇”），居方出震佑嘉师。唐槐汉柏应依旧，秋月春风又几时。香帛太常依例遣（车驾经山东境，礼官奏遣大臣，赍香帛告祭岱宗，修故事也），祈年惟是祷无私。

渡汶河

三汶兹为大，千秋带鲁郊。原山溯源出，济水汇流交。冻解迟蒲刺，波清下鹭抓。方春生养候，未拟网罛抛。

谒岱庙六韵

春巡限定程，望岳寄遥情。用趁回途便，一申肃拜诚。震方惟帝出，寅德肇人生。仰载无私祷，祈年有屏营。英云笼宝殿，佳气护曾城。退憩寻环咏（环咏亭在庙西侧，四壁刻历代游人诗），诗裁不易评。

登泰山作

合云亭度栈萦纡，旬岁重教履巘途。昔日今时浑不隔，登封降禅总无须。倘来忧乐亦多矣，试问山川略异乎。昂首天门三万尺，到因步步积工夫。

壶天阁

迴阁昔经坐，今来无复登。攀跻缘未暇，揽结识吾曾。碧水自深涧，白云指上层。勒崖多旧句，历历可明征。

回马岭

昔人回马地，进步跋岩扃。夫子有明训，功毋一篑停。

朝阳洞

当年题句处，洒扫备延停。云栈犹翘白，岱峰未改青。不教镇留憩，缘是旧曾经。率以劳为逸，天门即叩扃。

十八盘

犹记昔登十八盘，坦途高架丈余宽。曾因过费饬方伯，率为趋平奉大安（戊辰恭奉皇太后安舆登岱。有司架木为栈道，险峻皆成坦途。兹来，朕策马以登，不令架木）。今度挥鞭吟马上，不教仿栈辟云端。石梯拾级千层迴，却喜峣峰本色看。

恭依皇祖登岱诗韵

春月南巡程限迫，题诗兴寄碧峰头。设如两度皆空过（辛未及今丁丑），终觉一心太率浮。谒圣才辞曲阜县，登山遂至泰安州。乾坤普照天襟朗，景仰奎章万古留。

瞬息十春岩电影，年来忧乐忆从头。谁能石上三生认，且看烟中九点浮。幻矣仙踪谢蓬海，悯哉民瘼指徐州。云巢若问前巡事（岱顶行宫名。戊辰三月，孝贤皇后得病实于此），泪洒空庭不忍留。

西峪

又问灵岩路，言从西峪途。林阴入夏密，峰翠较春殊。诗意常思李，画情讵让吴。时存勤政念，一宿岂妨乎。

登玉符最高峰得四百字

春巡气尚寒，有兴未登眺。清和兹返辔，日长况早到。宇宙最奇处，空过山灵诮。设如逢炎暄，挥汗亦何要。时景值佳会，况鲜几务告。邂逅不可失，一畅智仁乐。园北启便门，不必命旌纛。肩舆陟崇椒，林鸟为前导。摧崣罗疏峰，威纡列层峤。陡壁若无路，一线穿林徼。或如田见龙，或如雾隐豹。或雄以狰狞，或深以窅窱。或秀若丹青，或庄若廊庙。树抱石为胎，泉飞峡成调。山花霏细芳，山禽递幽噪。历历所揽结，朗朗开怀抱。舍舆还进步，何藉筇屐趠。初至半室岩，厜㕒似棚窖。方床俨维摩，不著天花落（叶）。为想诗僧逸，顿息尘缘闹。蹑险扪烟萝，洞有白云号。肤寸一脉起，泽应三农祷。证盟功德顶，调御真古貌。巢鹤最高处，胎仙宛可召。应接乃无暇，奇观供四照。南瞻日观峰，是我昨所造。北睇鹊华翠，云中辨隐豹。其东朗公近，疑听锡声标。惟西乃豁开，来路盘崖隩。已觉鲜其匹，便欲观其窍。设匪片时劳，安识无穷妙。苍然日色暮，归路寻蒨峭。忆昔可公辈，别传西竺教。想亦巢许流，林泉寄笑傲。侵寻事庄严，逐末吁可笑。其师若有知，弗许头应掉。有为法终幻，成坏像相诏。犹然冀施檀，云有福田报。松坞坐静观，万缘信谁觉。忘物我未能，吟怀且推敲。

题李白泰山观日图（壬午）

供奉沈香亭，遣调若钟铣。意在讽色荒，不独词华擅。五岳峙胸中，磈礧难消遣。长啸登泰山，日观峰当面。东望沧溟洲，坳堂杯水转。阳乌浴未干，鱼龙乘曼衍。扶桑已三竿，犹不闻鸡犬。遐观小宇宙，形势天下选。咫尺大罗天，天帝端衮冕。叩阍谒通明，从容陪玉辇。醉踏青芙蓉，岂以佯狂免。骑龙恣天游，白云共舒展。帝女赐锦裳，闻说冰蚕茧。长鲸不复回，奇传类诡辨。何人写丹青，壁上袅香篆。披时泰岳雄，收处沧波卷。即此当卧游，悠然兴不浅。

灵岩寺西入石路仍用唐刘长卿韵

入山全展画，问径每梯苔。鬘相应须礼，肩舆可漫回。图经谁说创，刺史此曾来。泰岳秀分得，符秦境早开。云皆依嶂吐，松不藉人栽。甘露泉犹渫，禅房重举杯。

前岁镌岩句，今看亦隐苔。可知无住相，胜处且迟回。花雨当春落，山容识我来。钟声几杵静，经帙大乘开。忍草庭中茁，禅枝道者栽。长城信佳作，谁得议琼杯。

灵岩寺叠前韵

玉符祇苑由来久，岩有佛居合号灵。岂必吴中八面塔，请看历下五花亭。松因摩顶今听法，泉自渡杯古泻渟。别馆近旁堪一宿，清虚端足谧神形。

卓锡泉上作

古寺礼灵岩，春泉憩卓锡。泉上自有亭，左倚千寻壁。松盖密密张，孔窦淙淙滴[1]。眉目于焉朗，心神一以涤。志乘谁所作，咄咄夸妙迹。锡如能昭昭，泉即所历历。便实有其事，临济与棒吃。

驻跸方山叠旧作韵

谁向丹阳借宋符（江南上元县有方山。宋元嘉时，何尚之退居处，其地为丹阳郡所辖。案《山东志》载：方山在长清县界，虽名同“上元”，实即《水经注》之玉符山也），佳谈一例助游娱。何须此是彼非论，不异水流山峙区。行馆数间堪驻耳，好峰几叠试登乎。前年已是携图去，今日居然身在图。

朗公石歌并为图

灵岩山侧，一峰兀立，状如僧伽。相传为晋竺僧朗说法处，因以“朗公石”称之。壬午春，驻跸于此，点笔为图，并系以歌，画禅合相，翠岩或

① “孔”，原碑作“乳”。

当印可。

玉符东麓卓立峰，图志犹称是朗公。人尽云然胡独不，飘飘合掌行虚空。又如达摩面岩壁，复传曾有点头石。一之为甚可再乎，初祖生公笑可惜。兴来为写朗公貌，三鬣何曾求曲肖。眉毛拖地至今然，海月团团镜光照。

柳阴垂钓篷头偶记

山青气爽九秋天，黄菊红茱满泛船。千里结言宁有后，群贤毕至猥居前。杜郎闲客今焉是，谢守风流古所传。独把秋英缘底事，老来情味向诗偏。

臣张照敬临米芾诗帖

张照书扇，向配以俗画，甚觉不伦。因交苏州拆去，易以佳纸。适驿致方山行馆，乘兴写此留馆中。王谷祥画册中有柳阴垂钓小景，颇得清旷之致。因于篷头一橅其意，并参以石田画柳法，尤觉摆脱凡蹊。不似之似，只宜与个中人道耳。

再题灵岩寺八景

巢鹤岩

羽客本来瑶岛种，何因瑞相兆开山。应缘命命同飞去，安养道场听法还。

甘露亭

甘露泉头甘露亭，瀹泉洗钵茁莲青。无端津逮阇黎口，说法犹当字字馨。

卓锡泉

都大缁流也好奇，锡传乳窦注山陂。玉泉第一惠泉二，问尔神僧卓者谁。

摩顶松

长安辞阙求西竺，摩顶松何在鲁东。迁固犹然有踳驳，稗官奚怪语多空。

铁袈裟

铁铸袈裟图久住，谁能著得自元超。蒲牢设拟鲸鱼发，也似钟声披七条。

白云洞

天半嵌岩名白云，晴空无雨亦氤氲。前春忆得探奇到，路自英英蔚处分。

雨花岩

维摩室里文殊问，那是如来不二门。付与层岩雨花者，更无人说默无言。

爱山楼

洁治行宫备豫巡，高楼纳得好山皴。设云仁者有同乐，便拟当春泽物均。

方山夕景

雪积有余寒，山高易为暮。松梢落暝色，忽失苍松处。行斋倚岩半，谡谡仙风御。神谧息外营，景清契始遇。然此不可著，明当清跸去。

望岱庙

岱岳崇隆百里瞻，答阳岱庙佪精严。礼官肃祀仪虽备（巡跸将经岱宗，遣官告祀如礼），恭已忻翘敬倍添。居震德宏六子率，配天泽厚万方沾。心驰未觉云山隔，敢曰诚通冀福谦。

过泰山五依皇祖诗韵

灵岩谓是高无比，更有高峰在上头。瞻鲁象曾诗里想，青齐色忽路前浮。禅封玉帛秦兮汉，襟带耕桑郡复州。保泰惟斯躬所勉，况荣若彼志毋留。两度天门亲拾级，剩碑捧读忆从头。戊辰年事那堪道，丁丑春巡过似浮。不改旰宵勤庶政，惟期乐利永齐州。省方继武一心切，讵是无端七字留。

望徂徕作

徂徕松早似牛山，孟子名言絜矩间。只有竹溪传六逸，不妨傲士此高闲。

过汶河

灵源远溯出莱芜，行地横陈齐鲁都。是日轻舆复经过，春风野彴自清殊。昔今不异观民切，来往宁因问景纡。分水北南胥济运，古人相土有良模。

羊祜城

桑梓犹传仆射城，岘山堕泪感舆情。由来仁胜功远矣，元凯沈碑空好名。

谒岱庙

时巡指江国，致祀遣春官。兹取回程近，亲瞻祭席单。大生功配帝，如在貌临坛。肃拜无私祷，抒诚心始安。

戏题环咏亭

庙旁精舍小逡巡，瞬息流阴十四春（自戊辰题句至今，阅十四年矣）。

环壁苔华泐群咏，几成五色目迷人（粗阅数首，无一佳者）。

题汉柏

遥望嵩山结昆仲（嵩阳书院汉柏，昔曾为图），近临西院是云仍（庙西院有唐槐）。大椿岁月犹虚拟，万古埢垣永瑞凝。

登泰山作

欲笑相如逢汉武，更非张说谀唐明。却因瞻彼岩岩象，便以畅兹坦坦情。或马或舆遵栈路，宜诗宜画入仙京。齐州九点烟中辨，益切忧怀保泰平。

登泰山六依皇祖诗韵①

春巡南国孤纡跸，案辔高山仰马头。可匹何曾昊岭见，既成乃复大江浮。便教一问峰兮谷，未许多劳郡与州。清晓载登午言降，那因胜处恣耽留。

五岳之中宗首出，谁能昆脚与皆头。神传杜句真称独，象拟韩文信不浮。结揽圣情昭泰麓，照临民隐遍齐州。继绳今日伊余责②，敢不聪听一意留。

登玉符山极顶作歌

初春昼短景易阑，复虑高处不胜寒。即今清和驻跸早，有山罢登孤素抱。内竖肩舆攀巘萝，更弗松下鸣梢诃。绝顶放眼一千里，犁云锄雨何其多。东山小鲁泰山小天下，我则何敢凛乎御六马。惟有祈年意非假，与民

① “六”，原碑作“五”。
② “余”，原碑作“予”。

休息孜孜者。雄辩那须夸炙輠，返吾勤政延儒雅。

灵岩寺西入石路三用唐刘长卿韵（乙酉）

例必由西入，石蹊皴绿苔。今朝暂彼宿，明日率斯回。僧自不他去，佛原识我来。秦符境已辟，唐李法重开。梵贝分筵演，刹竿当户栽。名泉试甘露，洒雪一浮杯。

路遵道林石，碑古麓山苔（二语隐括刘诗题意）。两寺今千载，三年又一回。因怀长卿昔，曾访法崇来。胜会久寥寂，禅关自阖开。老兵呼已得，司马祸谁栽。望古兴遥集，何妨为酹杯。

灵岩寺再叠前韵

烟霞朝暮传心印，泉石古今惬性灵。不二殿旁法松郁（摩顶松相传玄奘植），成双门外刹竿亭。风来檐角虚铃语，春入山根新水渟。此是色空无著处，作么更觅梵王形。

再题灵岩寺八景

巢鹤岩

瑞迹原因法定开，胎仙那识去兮来。层岩或见翙翙者，莫认当年丁令回。

甘露亭

一例回回山下泉，名称甘露岂徒然。法王解灌群生顶，会否原来在海边。

卓锡泉

泉如为所锡为能，有卓应非最上乘。藉问阿谁留此迹，依稀云是佛图澄。

摩顶松

法师西域返关中，宏福译经阐梵风。何涉殿旁摩顶树，真成野语述齐东。

铁袈裟

铸钟弗就袈裟就，孰是幻兮孰是常。或曰石坚如铁耳，难持一切问荣将。

白云洞

昔年回跸忆登峰，疑见仙人驭鹿踪。春晓尚寒且无暇，白云洞口任他封。

雨花岩

弗随冬谢逐春芳，满意清凉满鼻香。更不分疏著与否，较于天女散犹强。

爱山楼

高低七景围山寺，独喜书楼在小园。更不安名征故事，包涵无尽意中存。

方山歌

久行广甸思见山，侵寻行入众山里。行山未若宿山逸，宿山况是山最美。山方宛似碧玉符，帝付东皇俾掌此。熊熊奕奕镇齐疆，蕴写灵泉为玉水。是时峰顶春云起，雰雯叆叇流成绮。羃松铺谷乍有无，岩斋响像难容拟。为霖信好雪亦佳，麦陇祟朝润千里。

驻跸方山再叠前韵

南北灵岩若合符，一般佛宇足遨娱。由来在此即言此，何必分区有定区。计里而行堪驻矣，辟斋以待岂宜乎。壁间相映朗公石，却是前巡手自图。

写摩顶松放歌纪事

《大唐新话》称：摩顶松在灵岩寺，为玄奘遗迹。夫唐时建都长安，玄奘发轫自必由彼。而取经回，译经于宏福寺，亦今西安地，志乘班班，可证于此地无涉。或玄奘由此诣长安译经，事毕仍来居此；或长安亦有灵岩寺，均不可知，此当俆考耳。然松既以“摩顶”称，即予屡经吟咏，何尝不人谓之松而亦松之？兹欲写其形，则知是柏非松。名或可以假藉，实难可与迁就。竭尔成咏，其亦有戒于斯夫！

玄奘取经摩松顶，谓曰将归当东指。因之新话传灵岩，今看是柏松非是。设云后人所傅会，种松亦易何为尔。人谓之松亦松之，几度拈吟不可否（叶）。斯地斯事其然乎？姑且置焉俆证耳。虬枝东指则诚信，佛殿边旁特孤峙。千年以上岁斯历，玉节金幢入画理。我欲写形知是柏，顾名为松面先泚。松之与柏实易辨，尚致淆讹有如此。贤否万状目前陈，吁嗟鉴别真难矣。

写摩顶松图成复走笔赋此

松以玄奘传古迹，柏忽居之主逊客。谓柏即松松又非，却有指东枝历历。谓松即柏柏故是，那见五针可假借。以讹传真真已讹，真讹是非更滋惑。复思太古始制字，柏谓之松松谓柏。是非真讹究何辨，名循至竟奚实责。掷笔大笑有是哉，拘墟戏论终无益。

方山夕景

苍（去声）苍落屏山，冥冥暗柏关。莲檠一室静，梅缶万几间。近见疏星缀，遥闻幽涧潺。今宵有清梦，亦只在民间。

望岱庙有作

翕河乔岳例驰香，告祀涓辰遣太常。讵止一时修故典，都缘万姓吁明庆。配天作镇钦神德（庙中皇祖御书匾曰“配天作镇”），与地无疆祝懿祥。汉柏轮囷嘉荫下，春风曾忆小徜徉。

过泰山七依皇祖诗韵

祇合登山小天下，便当观海悉源头。已看岳岳云霞俯，未了青青齐鲁浮。岭别阴阳分作郡，星明角亢照为州。逮今六度赓元韵，为有峰巅圣迹留。

大岭隆崇自参汉，众峰拱揖若骈头。春朝又睹神霄矗，佳气忽来马首浮。忆昔豫游臻上界，至今乐利遍东州。千秋欲问登临者，几个能如杜句留。

四贤祠行馆作

平阳弗愧先生席（孙复），守道愿居弟子行（石介）。原鲁雅钦曾造第（孔道辅），翼之不合竟同堂（胡瑗）。威仪一代巾将履，俎豆千秋梓与桑。何必于旁行馆筑，斯之未信只徬徨。

过汶河

冰解中流细，春初两岸高。原山派亘野，济水会资漕。丽日虹翻影，轻风縠不涛。黔黎迎跸路，情更切前遭。

灵岩寺西入石路四用唐刘长卿韵（辛卯）

忽吟遗集句，难觅断碑苔。俊逸昔五字，巡游今四回。齐郊突平起，岱岳秀分来。山寺东犹远，石蹊西向开。春芜自为吐，古树是谁栽。放眼青天外，芥舟斯胶（去声）杯。

此路行原惯，前踪想印苔。泉源碧波落，树杪白云回。法侣故居在，诗人访友来（长卿诗《因过法崇禅师故居作》）。老兵呼宋得，邑尉谮吴

（仲儒）开。运否天难问，才多祸自栽。和惟惭覆瓮，玷那拟珍杯。

灵岩寺三叠前韵

难穷匣玉藏符玉（即方山事，又名玉符山），且置南灵（谓吴中灵岩）礼北灵。千载松仍笼古殿，一溪水自绕岩亭。闲云不系心同淡，法乳无根性与渟。山鸟山花解传偈，何妨色色复形形。

灵岩寺礼佛作

绅衿处处设经坛，祝嘏同钦是所欢。绞缚黄棚称茂庆，便宜白社得施檀。泉因卓锡春犹喷，松为（去声）取经东向攒（二景皆在寺中）。安辇奉行益康健，瑞征彤史得希看。

驻跸方山三叠前韵

山两岩双似契符（上元有方山，吴县有灵岩），不妨随处供（去声）巡娱。助休一例皆廑念，疆界何须定执区。行馆无过信宿耳，层岚有待咏歌乎。咏歌亦只消几暇，察吏安民是本图。

夕

夙喜宿山中，山中气真静。凉生松下风，曦隐谷上岭。万树忽苍苍，一水犹泂泂。泂泂望复失，夜斋书檠炳。芸编有至趣，何谓无人领。

晓

山鸟噪瓦檐，却识山将晓。宁藉自鸣钟，偷天炫人巧。吾已觉眠晏，内侍谓起早。停跸复无事，何不睡以饱。去去非汝知，吾有吾之道。

登玉符最高处

玉符高处未恒登，兹以停跸余几暇。肩舆迤逦梯青云，十步一憩依松架。戢舂晻溘莫得辨，亦有亩平厓屡下。可公床与白云洞，时见微泉滴石罅。牝穴一线弗易入，细磴行踪光却砑。其中或住地行仙，拟欲问之转复罢。更进乃造功德顶，石凿相好非虚借。把笔拈吟那可得，心凝形释泯万化。是宜原付可公辈，与木石居此结夏。返吾行馆勤吾政，道不同焉不相假。

四题灵岩八景

巢鹤岩

胎仙来去本无心，何系开山便驻林。以此因缘为瑞相，释迦迦叶笑难禁。

甘露亭

四柱虚亭俯石泉，法王甘露法如然。所欣恒在山中住，不向人间诩瑞编。

卓锡泉

清跸方山复此过，高僧往事忆如何。寻常消得石勒拜，卓锡于兹又作么。

摩顶松

是柏谓松松攘柏，谓松非柏柏成松。是非称谓诚何定，一笑真教辨莫从。摩顶松本柏也，而皆谓之松。向曾图其形，并放歌纪事。

铁袈裟

祖衣作铁底须惊，七字因之为定评。当是铸钟昔未就，袈裟略似故传名。袈裟以形似得名。抚视之，铁模宛然。盖铸钟而未成者，或以为石，误也。

白云洞

绝顶岧峣趣转奇，忽然牝洞穴岩披。春云每自封中出，讶是画家留白为。

雨花岩

未见飞空天女散，落来岩际尽天花。似嬴梵帙相问答，岂默然时便不差。

爱山楼

行馆依山更有楼，偶然拾级畅吟眸。峰姿岭态寻常好，不及春耕意所留。

至泰安白鹤泉行馆作

出谷缘山跸路延，花村柳墅望相连。观民缓迈青郊道，行馆新成白鹤泉（在岱宗坊之北）。只以娱慈用允尔，设云适已实惭焉。八旬圣母扶瞻岳，更祝如斯亿万年。

体元堂

五岳岱宗尊，东方生物原。虞巡秩仲月，鲁颂寿堂萱。是日临行馆，体元额朴轩。祝釐申笃悃，施惠沛殊恩。展义无非事，余闲有咏言。长人法乾德，即境勉心存。

谒岱庙六韵

亿祀神庥永，百年庙貌新（岁庚寅、辛卯，国家叠逢庆典。预期遣内务府大臣刘浩赴泰山。缮葺各工，至是落成，神庙倍增轮奂）。佐天生万物，护国福烝民。庆落卜良日，展诚恰仲春。扶桑石突兀，炎汉柏轮囷。肃拜经九载，慈宁值八旬。抒忱颙有吁，介寿愿重申。

拟子建飞龙篇

巍巍泰山，兖州镇崇。非惟兖州，五岳是宗。灵气所宅，生物所始。柴望肇禋，宜必自此。陈思芝童，太白鹤仙。胥别意托，我何有焉。七十二君，登封降禅。惜乎岩石，磨泐以遍。至哉重华，二月东巡。五礼五器，无非为民。

题汉柏

汉柏曾经手自图（在壬午年，今泐石，以亭覆之），郁葱映照翠阴扶。殿旁亭里相望（平声）近，名实主宾谁是乎。

环咏亭

小屋三间岳殿西，亭欤非也昔难稽（是处称亭而实屋，亦不知始自何年。四壁皆嵌诗版）。古今岁月一时阅，长短诗篇四壁题。磬折予心孰李杜（壁间殊少佳作），翘瞻汉柏是夷齐。忘言更复言奚必，欲笑庄周筌与蹄。

登泰山即事言志八韵

岱庙及岱顶，万年镇兖青。生方惟物育，佑国沛神灵。历久需修葺，落成荐洁馨。仲春乃巡狩，八帙以慈宁[①]。那举升中礼（多有引“升中”语，为幸泰山数典者。不知升中乃燔柴告天，即为封禅之说。所自昉向尝斥为不经，是以前者两陟岱顶及此次登岳祝釐，不过瓣香展敬，并无所谓升中之事，其误不可不正），缘殷祝大龄。奉钦瞻宝殿，弗敢掖安軿（泰山巍峻，登陟为劳。圣母高年，起居宜臻安适。祗奉瞻礼岱庙，未敢掖辇登山）。诘旦亲登陟，摅诚谒闬庭。降原回望处，天近老人星。

---

① “帙”，当作“秩”。

登泰山八依皇祖诗韵

豫游本拟当敛迹（乙酉南巡回銮，以皇太后圣寿日增，曾谕各督抚毋庸复请扶辇远莅。昨春，抚臣富明安至天津迎觐。因新葺泰山祠庙蒇工，适逢慈闱八旬大庆。奏请胪欢祝釐，且称往返俱由水程，登陆不过数日，仍可奉养颐安。诚恳至再，随为转奏圣母，蒙谕欲亲诣岱庙，虔致瓣香，忻俞所请。因颁旨，于今春复举东巡），轮奂新歌重叩头。志养亦惟体虔敬，躬巡岂是动轻浮。愿言遐算如高岳，讵曰登封俯下州。万级天门攀不易，行宫清洁足安留（地方吏于岱麓添葺行馆，先期谕令一切务从俭约，洁缮数楹，足供憩息，毋缀亭台水石及供顿铺张，致耗物力）。岩象崇崇忽对面，奎文朗朗正当头（岳顶有皇祖御书“普照乾坤”四大字）。齐烟九点遥胥括，匹练三吴近若浮。锡羡八旬开宝帙，耀灵万古镇神州。再来此后知何日，欲去不期步为（去声）留。

五大夫松[①]

五松列峙泰山道，祖龙经锡大夫号（叶）。后世因以称秦松，其实嬴秦时已老。疾风暴雨何时无，何时郁菀何时枯。曩日司工人补植（戊辰过此时，不知何人补种，故有“何人补署大夫名”之句。后廉知为雍正年间内务府总管丁皂保监修泰山时所种），兹看磊砢龙鳞粗。异哉名实谁宾主，实以名存今即古。何不谓之舜五臣，肆覲于斯同律度（叶）。

无字碑[②]

本意欲焚书，立碑故无字。虽云以身先，大是不经事。

---

① “五”，原碑文作“咏”。

② “无”字前，原碑文有“咏”字。

登岱杂咏

合云亭

石是云根云石衣，云容石态蔚相依。游心设拟承祯语，合漠由来吾所希。

莲花洞

乳窦溶溶迸石泉，细淙洞口注成川。漫言未是莲花候，四面峰形岂不然。

壶天阁

仰观极顶尚隆崇，俯视居然造半空。放眼碧天以外看，孰非游此一壶中。

桃花峪

春到桃花无处无，峪名盖学武陵乎。五株不见苍松老，半点何曾受污涂。

回马岭

崇椒越上越嵚崎，传说真宗回马斯。若论天书来致奠，到斯回马已为迟。

飞来石

无翼飞来自何处，凌空欲坠倚崚嶒。诗书齐鲁斯为镇，梵志借誉似不应。

朝阳洞

崱屴于兹得亩平，崖坳牝洞受曦明。三间精舍颇清洁，稍憩旋教进步行。

对松山

古干今枝郁相（入声）扶，正看侧眄总堪图。个中尽有羲皇种，当得儿孙五大夫。

白云洞

氤氲触石气成蒸，此意当知别有应。一片常教封洞口，金泥玉检未容登。

丈人峰

仙人对博寄幽托，岂实凌虚上玉京。立字是谁称博古，居然移置蜀山名。

日观峰

居高揽远理无疑，峰顶常先见晓曦。设使海边立沮洳，虽卑应更早于斯。

登封台

云衢盘陟造天门，果是岩岩气象尊。逮此崇台仰三度，登封降禅未曾言。

赋得泰山不让土壤（得容字八韵）

分野奎娄次，降祥齐鲁封。三公崇视秩，五岳卓为宗。徒仰岩岩象，谁知荡荡容。廓哉德乃大，受也众胥供。聚壤斯成钜，接天孰比踪。有臣如一介，据地压千峰。杜句吟真独，李书譬岂庸。何当肤寸合，时雨利吾农。

汉明堂遗址

废迹遗踪辨有无，谁云公王带曾图。设非麟趾关雎意，便建明堂费亦徒。

羊祜城

伐吴功弗就垂成，荐预终能江左平。为谷为陵碑总失，至今人尚识羊城。

四贤祠行馆叠旧作韵

了知行馆当东道，识得迎门柳几行。孙（复）石（介）气求永声应，孔（道辅）胡（瑗）异辙并升堂。讵图玩景轩还榭，所切观民耕与桑。企古多遗目今者，默思缘此益徊徨。

过汶河叠壬午旧作韵

莱芜不是广陵芜，汶水源长带大都。礼岳寿康绵有祝，渡河今昔景无殊。长民范冉贫何碍，守学嬴公术不纡。曾此北南分水处（乙酉南巡回銮，舟经南旺，阅视汶水分流，实因天地自然之势。所云“白衣老父不过能识其势，而众人不识耳”，曾有诗纪事），原因地势岂人橅。

灵岩寺西入石路咏事（丙申）

长卿谪宦本湘楚，石路入西韵数酬。昔每断章因取义，今知非实笑重由（前以灵岩寺西入石路用刘长卿韵，凡四叠。今细检刘诗，题为《道林麓山寺》，诗中复有“湘水”语，知在楚南所作。向日借用，盖因由西山石路断章取义。兹既考正，不可复沿其讹而叠韵矣）。虽然总此一天下，何必区分四部洲。李贺梦游真卓识，春烟九点自齐州。

灵岩寺四叠前韵

空色由来一归幻，北南何碍两称灵。虽无负钵千秋迹（用吴下灵岩寺事），却有指松十丈亭。岩是雨花耸垒嶵，泉犹卓锡贮澄渟。山僧纵不通禅教，解读金经便换形。

驻跸方山作

匼匝方山此五来，几间行馆称清陪。松无今古青还绿，泉有筑琴往复回。率欲题诗仍郑重，因艰佳句辄徘徊。于斯结习终难置，纪实抒怀戒逞材。

方山夜宿

水宿莫非舟，陆宿莫非屋。妙哉方山夜，其宿胜水陆。倚岩构几架，窈深复幽曲。林海漾碧波，云关护硕轴。两兼舟屋美，有过无不足。因缘欣所遇，神谧如新沐。独我宵衣人，久耽恐非淑。拟告无事者，于此消清福。

五题灵岩八景

巢鹤岩

闻说开山有鹤来，千年佳话汾崔嵬。无心羽客间翔翥，何系高僧此驻哉。

甘露亭

石罅淙泉清且冷，观澜每至小徜徉。设云此即是甘露，一滴曹溪谁果尝。

卓锡泉

卓锡休论今有无，实边名在两非孤。试观树石丹青者，尽是雪溪礼佛图（秘殿珠林，有钱选画石勒礼澄图）。

摩顶松

或传东指验僧归，此日此言仍弗违。却看乔枝已四出，指何无定昔今非。

铁袈裟

割烦恼故服消受，一具犹然此路蹊。项背设非真铁汉，亦谁能著此伽梨。

白云洞

洞易在低难在高，何来极顶穴居遭。东郊正此需春雨，咨尔白云莫漫韬。

雨花岩

深处入云衣履湿，天花终古落婆娑。设云此即维摩室，问答其间已属多。

爱山楼

只有山楼行馆中（七景皆在行馆外），今春拾级昔年同。林峦纳景犹其次，满眼民艰望莫穷。

谒岱庙六韵

庆落当辛卯，来瞻兹丙申。安舆欣莅止，古庙展诚纯。即此康强吉，孰非锡羡仁。东方生众物，万祀佑斯民。松柏那论旧，丹青尚若新。所希绵懿寿，命驾岂辞频。

汉柏口号题壬午碑图后

历劫那知菀与枯，谓犹多事写形吾。不禁笑指碑图问，久后还能似此无。

环咏亭

四面回廊环古屋，题诗嵌壁满其间。不须品第咏而去，否恐虚今番往还。

体元堂六韵

泰麓仍前馆，体元我所名。春风此重莅，圣母奉同行。既惬承欢志，还申介寿诚。庭轩过容膝，信宿愧怡情。插架芸编在，开函藻鉴明。如云对时义，善长训犹精。

登泰山九依皇祖诗韵

八旬五母仍康步，六十六儿微白头。上瑞古今真此罕，后言是否听其浮。惟知养志以天下，况是祝釐般九州。岱庙已瞻申懿悃，高峰欲陟吁停留。

玄黄以判万古峙，伯仲之间五岳头。入目景无非缋画，荡胸云有若沈浮。天章讵止垂永世，圣意昭然照下州。设以九赓喻九仞，十全有待再吟留。

五大夫松

郁葱盘道周，厥貌已入古。谓斯补古者，古不知几补。南苑双柳树，我曾赋其故（叶）。斯盖遥与同，弗复重絮语。天数及地数，各得成于五。人岂必不然，大夫人之伍。参立岱岩阿，万劫宜所处。

登岱杂咏

合云亭

峰环峦抱势萦包，夕霭朝岚气接交。设果循名合肤寸，为霖真是利东郊。

莲花洞

本来原自象峰名，久假因之洞以成。石窦洼樽渟洞泌，夏时合有濯其清。

壶天阁

中观（去声）已升廿里遥，天关仰尚白云标。一壶漫谓观（平声）止矣，为学进吾往训昭。

桃花峪

绛桃花及青松树，一例由人入话提。却是松桃付不识，识惟灼灼与萋萋。

回马岭

为奠天书策马来，崎岖难进遂因回。泰山何弗如林放，不受祥符捷径开。

飞来石

磈石无根寄石上，似翔又似翥而飞。底须灵隐名假借（西湖灵隐寺有飞来石），石设有知应未依。

朝阳洞

南东其向剧岩隈，穴处宛堪憩往来。万仞峰头标日观，朝阳此处笑重佁。

对松山

对松初不称孰对，万古之山万古松。面目本来正如是，小哉人世诩嬴封。

白云洞

山中何有有白云，出谷封陵氤复氲。太古以来绝人世，幸他八伯未曾闻。

丈人峰

丈人五岳自青城，岱顶何来假借名。却是世人知此惯，谁因杜老句详评（杜甫《丈人山诗》，系在蜀时作。山在益州青城县，以黄帝青城山为五岳丈人得名。今人但知泰山之丈人峰，不知其假借也）。

日观峰

天鸡唱晓上扶桑，一片大红海水光。此景只宜出想像，那能中夜陟峰偿。

登封台

台畔登封繄我思，万几日理在勤为。便当尧舜至今在，亦乏成功可告时。

泰安县四贤祠行馆作

背指岱宗峻，虔登已祝鳌。吉行五十里，驻傍四贤祠。惟愧所无逸，而犹默有思。诸人高蹈者，未必肯于斯。

灵岩寺五叠前韵（庚子）

事用长卿后知误（向以刘长卿灵岩寺西入石路为即此处，曾用长卿韵，凡四叠。丙申春驻此，偶检刘诗，题乃《过林麓山寺》，诗中复有“湘水”语，知在楚南所作。前此以其亦系西入石路，遂致沿讹，因作《咏事诗》辨订之），迹传玄奘昔称灵。原由西入非其路（长卿），尚自右存是此亭（玄奘）。院柏又经三载别（丙申东巡曾驻此），山泉仍俯一泓渟。今宵小驻明朝去，无暇呼僧参色形。

六题灵岩八景

巢鹤岩

高士此山当日开，巢居云有鹤相陪。方山本异辽东境，丁令知他何事来。

甘露亭

小亭泉上俯石窦，甘露为名乐泌洋。不涉世间称瑞事，皇山应笑米襄阳。

卓锡泉

卓锡犹传经佛图，六神通越世间无。虽然更有欲咨者，四句金刚亦识乎（谓《金刚经》色见声求四句偈）。

摩顶松

西枝东指是谁为，僧自归来松岂知。设以此传玄奘异，质之玄奘定遭嗤。

铁袈裟

铁否石乎半信疑，伽梨路畔是谁遗。朗公设向澄公问，一笑还成两不知。

白云洞

牝洞偏居绝顶峰，肆然小坐膝堪容。攀跻早是人艰到，漫倩白云一片封。

雨花岩

维摩室里文殊问，曰致曼陀落雨如。有著者还无著者，天花未免涉分疏。

爱山楼

七景错罗行馆外，一楼迥据石墙中。爱山原括其余矣，却以凭窗静会通。

宿方山

我宿方山率有诗，此来七字可无之。承欢侍笑嗟非昔，抹月批风又一时。胜处忘忧那能忘（去声），个中宜咏信相宜。历年旧作联新句，补阙聊因勉缀词。

方山雨景

余闲陟山顶，四野暮云披。莫莫藏峰黛，纤纤落雨丝。湿衣看不见，蓄眼静含思。诗格于何是，惟应韦氏宜。

策马

夜雨雯雯傍晓晴，未成泥亦弗尘生。早凉廿里轻舆度，午暖一时按辔行。幼挈老扶恣瞻觐，肩摩踵接递将迎。细观爱意胜于畏，我喜为田是此情。

诣岱庙瞻礼

前岁（丙申）维新奉祝釐，何当独谒值今斯。代天出震惟生物，行令巡南致叩寅。汉柏唐槐都好在，佑民福国赖延禧。于心更复无他吁，所吁屡绥暘雨时。

体元堂叠丙申韵

书堂仍此驻，责实愧循名。本是承欢处，云何成独行。对其景如昨，咎我祝非诚（旧作有“还申介寿诚”之句）。触绪无佳会，摛词多戚情。便程宿此夕，启驾定于明。设论体元义，羲经训已精。

过泰山十依皇祖诗韵

六十一年君道焕，高如泰岱孰齐头。仁心仁政恒垂永，实行（去声）实言务去浮。峻极至今存七字，鸿庥万古被诸州。不禁即境增钻仰，从实末由意迟（去声）留。

十全今果酬前愿（丙申登泰山，有“十全有待再吟留”之句。今果十依皇祖元韵，惟彼时作诗之意，弗获如愿，不堪追忆，亦不忍仰瞻耳），睨弗视之只俯头。岂谓祝釐诚未久，旋成永别幻如浮。徒因民愿巡吴郡，便以途遵过岳州。四字赓来各已廿，再经不拟重（去声）词留。

四贤祠行馆

逐程行馆足盘旋，傍有丛祠祀四贤。恰喜昭苏方孟月，忽惊俯仰异当年。称其石（介）孔（道辅）应声耳，略彼孙（复）胡（瑗）异趣焉。论古由来戒深索，欲长善善此思旃。

羊祜城

土堆沙埂半榛荆，遗迹偏牵吊古情。杜预谷陵都变尽，至今羊祜尚传城。

渡汶河再叠壬午旧作韵

夹岸葫青有嫩芜，方春酝酿未云都。长桥犹是卧波接，两界何曾隔省殊。迎跸民情亲且切，鸣鞭途景直非纡。西流分水各南北，济运真资奕世橅。

灵岩寺六叠前韵

东西路径原一路，南北灵岩有二灵（向因刘长卿《西入石路》诗名，与此处同，曾四叠其韵。丙申春驻此，细检其诗，知道林麓山寺乃在楚南，因作《咏事诗》，辨正其讹，遂不复叠其韵）。岂必长卿重赓句，依然玄奘尚留亭。漫云逝水如其往，试看石泉镇此渟。调御丈夫独无语，由他色色与形形。

七题灵岩八景

巢鹤岩

隐士高僧率爱鹤，盖难屈指数（上声）其踪。胎仙最是性孤介，未必人间愿屡逢。

甘露亭

上方自合有灵泉，甘露佳名亭额传。一字纵诠三乘义，那如无字广长宣。

卓锡泉

杖锡原从天竺来，适然小驻此崔嵬。六通得谓神奇矣，四句金刚可识哉。

摩顶松

求经去实自长安，松树焉能摩顶看。却笑千秋耳食辈，弗如斯者转应难。

铁袈裟

铁铸袈裟千百斤，谁能披得七条纹。可看平石擎崖路，不识分疏不用勤。

白云洞

有暇无妨山路寻，崇椒石洞窈而深。白云霭霭洞中出，山上犹晴山下阴。

雨花岩

方山岩与秣陵台，都说讲经花雨来。试谓天花知厌否，那禁人世屡重儓。

爱山楼

园墙内倚爱山楼，近远奇观向牖投。间凭纱疏聊骋目，方山七景一时收。

题自写仿王谷祥柳阴垂钓箑头

仿王因配张（行宫内有张照临米诗帖扇，其一面未画，壬午岁曾仿王谷祥柳阴垂钓意，并题以补之），置此岁壬午。今来逾古希，一笑故人睹。

朗公石

灵岩西路远瞻东，石丈魁然见朗公。谁辨是一还是二，漫云非色亦非空。无妨雪积彻骨冷（自潘村至灵岩跸，途所经山谷间，尚有积雪未化，麦苗亦菁葱可爱，不似德州一带觉旱），也识春回满面融。云表如闻可公语，于斯疑似可能同（石以朗公得名，可公亦此开山者，故戏及之）。

宿方山

行馆傍花宫，林峦益致静。山游薄暮归，篝灯夜方永。定钟近宵声，弗霜亦含警。安禅付彼僧，我自娱清省。

诣岱庙瞻礼

古纪三公贵，今惟五岳尊。路经当肃谒，国佑永希恩。震位夷天德，神功生物原。丙申祝釐愿，默忆独无言。

体元堂再叠丙申韵

白鹤泉行馆，书堂有旧名。体元勤君德，展义以时行。诸吏扈陪谨，庶民瞻就诚。于斯无别好，即此可怡情。摘句春窗暇，观书夜烛明。南瞻阙里近，释奠致寅精。

四贤祠行馆咏古

四贤乡祀事非诬，石（介）孔（道辅）斯诚无间吾。枘凿何当有瑗复，方圜夫岂不程苏。从来门户清流祸，祇为（去声）擅芗时辈殊。君子小人近著论，界明迹慎尚思乎？

昨曾著君子小人论，以为其界不可不明，而其迹不可不慎。尧舜之时，未尝分别君子小人，是以庶绩咸熙。后世为上者，固不能明其界，而为下者益显其迹，以致门户朋党小人之害。君子不必言，而君子且操室中之戈。汉唐宋明之祸，延及国家，是盖其界太明，而大不慎其迹之所致耳。四贤如孙复，在太学与胡瑗不合；石介以斥夏竦，致为中伤；孔道辅坐朋党，大臣出谪。益晓然于君子小人之界，不可不明，而其迹不可不慎。因过四贤祠，咏古并识如右。

羊祜城

功名那似德名长，好（去声）是民心各具良。杜氏谷陵今总失，荒城此日尚存羊。

渡汶河三叠壬午旧作韵

二汶出由牟与芜，合流入济带齐都（《汉书·地理志·泰山郡》：莱芜县原山汶水出，西南入济。又《水经注》：汶出牟县故城西南阜下。俗谓为牟汶，又右合北汶水，径汶阳县云云。二水合流入济，又《一统志》：今大清河，即济水故道云）。岱宗北指青未了，吴会南巡景不殊。亲切舆情三载阅，助休王政六骢纡。宣防闸坝畴咨慎（上年，何裕城奏请，于汶河之戴村坝添建闸座。因命大学士阿桂于豫工合龙后，会同查勘。嗣据会勘具奏：戴村坝系明臣宋礼所建，所以截汶助运。坝高于汶河五尺，水弱时，由南旺分水口蓄水济运；水旺时，坝身不高，即可漫入大清河归海。何裕城之意，以戴村坝水挟沙行，每汶水盛涨，易致淤垫。与其每岁挑挖，不如改建闸座，以资蓄洩。兹阿桂之意，则以为闸座虽随时启闭，但沙随水入，即使建闸后，南旺岁挑仍未可停。况建闸后，汶水由盐河、大清河入海，年年开放，盐河是否能容。东平各处民田是否无碍？均宜逐一详慎察看。请俟东省运河堤坝各工告竣，经历汛水一两次后，另行请旨办理。朕以为阿桂之奏，为慎重永久起见，因俞所请命，姑待今秋再勘），莫匪因民求善橅。

以寿登八旬，恭拜二陵，遂巡山东，祭岱宗、阙里，是日起程。长句六韵（有序）

年八十，耄征笃念于《箕畴》。岁二月，东礼举巡于《舜典》。允臣民之请，秋弧庆伫于称觞；承祖考之庥，春露惕深于瞻鼎。敢曰：报眷贻之厚，尚久持孜亹之衷矢，抱蜀之宜勤，迩岁期周中祀，矧升香之可，即顺涂便诣灵区。维岳宗司万物之发生，而圣撰实百王之师表。于焉修礼，陋《迁书》封禨之夸；足以体仁，验《鲁论》乐山之寿。登福舻于济水，程印前言；驻日驭于瀛津，巡经隔岁。抚齐甸丰盈之豫，胪群黎瞻就之欢。昨接疆吏之封章，年穰谷贱；甫下元辰之恩诏，民足赋蠲。寿宇万氓，凭舆若拊循赤子；朝家五代，迓跸亦提抱童孙。溯冒茆东国廿年，愉情蔼若；忆执徐南巡六度，爰景依然。里记车安，台登春乐。月维初吉，三朝过玄鸟之分（初五日春分）；谷乃用成，先日卜社公之雨（初七日春社）。初程发轫，长句排签。

八十干支天眷锡，二陵风雨圣恩延。何修而遇诚徼幸，不息以强勉惕乾。中祀一心期备举（定例，中祀惟即位一亲行，余皆遣官，载在《会典》。予五十余年，亲诣致祭者，屡矣。去岁，曾谕以归政前，当举行一周，以昭重祭之义。今时巡而升秩岱宗，展仪阙里，犹此义也），岱宗阙里例应然。书称二月东巡日，礼庆中秋庚戌年。展敬自当叩先鼎，撰良遂以发行旃。甲辰风景夫何异，瞥眼流阴五载迁（自甲辰南巡曾过泰山，祀阙里，阅今五载矣）。

灵岩寺七叠前韵（庚戌）

叠韵每宗玉局法，输他落笔句称灵。道林继考远别域，僧寺原吟一个亭（向以石路由西而入，因刘长卿有《自道林寺西入石路》之作，曾四叠其韵。丙申驻此，细检长卿诗中有湘江语，是在楚南，非齐东也。已于《咏事诗》辩订其讹，不复叠韵）。东指老松仍此峙（土人因玄奘摩松东指验归之说，以此当之，盖亦芗其名耳），重来乳窦镇斯渟。光阴五载一睫眼，作么（上声）生为色与形（戏用禅语）。

八题灵岩八景叠甲辰韵

巢鹤岩

朗公岂是逋翁侣，破戒留斯妻鹤踪（僧家无妻，故戏及之）。我自闲情寄岩顶，胎仙飞去那期逢。

甘露亭

滃然石罅吐幽泉，借问声传是色传。甘露昔曾领真味，笑兹何事发多宣。

卓锡泉

五年隔复偶斯来，不改青山崔与嵬。信宿便当催辔去，谓他卓锡涉多哉。

摩顶松

顶自称摩松自安，底须唐史检重看（玄奘西去自由长安，与此寺何涉，实出附会。向题此松有“长安辞阙求西竺，摩顶松何在鲁东”之句）。佛无来去人岂易，玄奘试询想答难。

铁袈裟

一领净衣那论斤，法身披祇当丝纹（以禅语通之）。铸钟想以不成废，置此半途徒费勤（此处铁袈裟，盖以形似名之。谛视铁廡宛然，想系铸钟未成，遂假为胜迹耳。辛卯即有“当是铸钟昔未就，袈裟略似故传名”之句）。

白云洞

岂是张华空洞寻，秘书仙箓庋藏深。写才一缕浮岩白，山下旋成铺谷阴。

雨花岩

维摩室与讲经台（见《名胜志》），都说散花天女来。为甚一之岂可再，笑兹不厌重（去声）为儓。

爱山楼

居山更有爱山楼，意气翻嫌太相（入声）投。何必多因思杜老，不过诗本几篇收。

再题自写仿王谷祥柳阴垂钓箑头不能蝇头命董诰代书

壬午为图题甲辰，即今又阅六年春。输他恒守方山者，无语柳阴垂钓人（此箑偶然寄兴，即留行馆。兹重来展阅，流阴瞥眼，惟柳阴垂钓之闲人，方能恒在兹山烟霭中也）。

宿方山

寺则灵岩寺，山实古方山。寺名同姑苏，山号如田盘（寺名与姑苏灵岩山寺相合，而田盘，一名四正山，亦有方山之号，又与此同。二处袭称已久，究竟孰真孰假，不必生分别相也）。究应属之谁，真假辩为难。在兹合言兹，趣况性所安。窈深廓有容，缭曲往复还。游穷半日力，大略亦毕观。薄暮归寝室，清宵静以闲。向者林泉佳，勿留方寸间。

谒岱庙瞻礼

来因瞻岱宗，岱庙谒城恭（予以寿跻八旬，世臻安阜，恭谒岱宗、祭阙里，用申虔谢。以路便先至泰安，即恭诣城中岱庙，先行瞻礼）。封禅事无我，阜安祈为（去声）农。代天敷物育，福国锡时雍。九叩申虔谢，八旬实罕逢。

体元堂三叠丙申韵

山阳行馆在，堂额丙申名。不忍初番忆，即今三度行（丙申，初名是堂，恭奉慈宁至此，承欢介寿。自庚子甲辰及今，三度经行斯地，荏苒流阴，感慕之情，其何能已）。只因瞻岱恳，空缅祝鳌诚。颐豫都成梦，低徊那尽情。几余绳榻凭，遣闷纸窗明。设论对时义，体元勉契精。

登岱杂咏

合云亭

名山无不解生云，肤寸况经古所云。设使为霖渥三寸，东郊举趾正兴耘。

莲花洞

峰可拟莲洞难拟，洞和峰却不相离。譬之太华开十丈，也自相资玉井池。

壶天阁

壶天阁据路之中，于是传餐足憩躬。便可轻舆徐以进，未能策马愧于衷。

桃花峪

石栈崎岖陟峻层，几枝灼朵倚崇崚。落英不付东流水，那许人间认武陵。

回马岭

天书上下腆颜为，鄙甚三呼称不知（用汉武呼嵩事）。中道弗前回马返，岳灵应实愧难欺。

飞来石

叠石原非土作根，飞来遂致有谰言。似兹屈指难为数，奚必重儓灵隐存。

朝阳洞

翠微洼处数间屋，陟降人兹憩以常。日观高峰应早见，底须幽洞诩朝阳。

对松山

对松自是人称谓，问彼童童者岂知。却惜五株永其号，非荣之也实卑之。

白云洞

春云为喜夏为惧，可识人殊无定情。喜惧之中吾老矣，不曾一许颂其卿。

丈人峰

高峰何有丈人称，谁向青城故事征（蜀之青城县有丈人山，以黄帝封青城山为五岳丈人得名，知此地之丈人峰为齐东野语也）。缩地齐东蜀西号，千年野语任相应。

日观峰

少海初阳拥赤霓，铜钲一照众峰低。欲观旸谷初升际，半夜由旬里孰跻（佛家以四十里为一由旬，自山下至岱顶约四十余里）。

登封台

登封降禅古来传，总属夸为可鄙旃。造极至今凡六次，无他只谢愧心虔。

岱庙三咏

右环咏亭

明当发驾指泉林，再叩频申方寸忱。环咏亭中聊徙倚，片时万古一般心。

右汉柏

既成图画复吟诗，汉柏精神那尽之。碑堵却空留一面（向年过此，写汉柏图，后两题句，镌碑石。今碑石右侧面尚留空），待兹来补岂非奇。

右唐槐

柏槐根本不相同（柏历年久，槐则不及），他植较来品又崇（较于榆柳桃杏，则槐又为经久矣）。院各东西世唐汉，忘年友意在其中。

四贤祠咏事

四贤同异向曾论，大约因分户与门。迹慎固当防厥始，界明所戒引其源。应知皎皎非忘世，可识星星致燎原。幸我国家无此事，绩熙亦足福黎元。

人君于用人之际，孰不欲进君子而退小人。惟不慎其迹，则且启党同伐异之习。迨至门户既分，在真为君子者，亦不能不各尚气习，初非果于忘世；而小人转相附丽、相倾轧，既各逞其欲，遂成不可向迩之势。然亦因人君未慎其源有以导之耳。汉唐宋明，鉴戒昭然。我朝百数十年，纪纲整饬，并无所谓孰为君子而进之，孰为小人而退之。乡闾之间，读书求仕，并无所谓结社讲学，务虚名而乏实济者。然亦何尝无名臣循吏以承宣布惠，俾民受福，且免清流之祸哉！盖其微不可不预防，其患不可不时惕。惟当常慎其迹，斯国家亿万斯年之福也。向著《君子小人论》，意正为此。甲辰过斯祠，感四贤之事，于诗后识其大略，兹因成是什而复申其说如此。

送五弟奉命往祭阙里文庙序

雍正八年冬，新修阙里文庙告成。殿庑门陛，黄瓦丹雘，既宏既隆。圭瓒、俎豆、尊罍之器，颁自上方。圣天子亲书“大成殿大成门”匾额，复命良工重摹。圣祖御制文庙碑文，孝思继述，重道崇儒，兼备于此。既成，例宜遣官祭告。皇父特重其礼，命皇五子斋居洁诚，治装减从以行。余与吾弟夙夜之与俱，饮食之与共，讲习讨论之日亲，至于今二十年。兹往千里之外，能无依依系恋而不忍舍。顾思人自孩提以至于老大，读孔子之书，未必能志希贤圣，穷理探源，以至于知孔子之道也。幸而知之矣，而私累之未捐，精进之不勇，则鲜能行之。既行矣，未有不心慕孔子，欲登其堂而入其室者。吾弟力学敦修，不敢自懈于圣人之道者，有年矣。今奉命往祭阙里，瞻宫墙之数仞，则欲得其门而入，以见宗庙百官之美富也。对圣貌之巍巍，则思温厉恭安，如在其上，而自省其躬修也。游礼乐之区，想见金声玉振之气象，是行也。不益以增其向往服行之心，而为有生一大快乎？皇父犹有后命，吾弟祭阙里毕，既往致祭岱宗，吾弟往哉。昔孔子尝登泰山而小天下，孟子述之。盖谓得登圣人之堂与，闻圣人之精深广大，则诸子百家群言皆小也。犹之登泰山之高者，得观嵚岑峻极，则茒箎培塿，皆不足言也。吾弟既登圣人之堂，又登泰山之高，诚敬之日积，仰止之日深，视瞻之广阔，胸次之豁然。古文人学士所谓游名山大川以助其文思笔力者，又乌足云哉！

重建泰山神庙碑文

国家秩祀之典，方望实惟最重。而泰山为五岳宗长，功用显彰，为德尤盛[①]。庙貌之在山巅者，历有年所，敻乎邈矣，郁攸不戒，宜用鼎新。粤以乾隆六年，特遣专官，董建灵宇。殿庭、廊庑、门序、观阙，崇闳壮丽。鸟斯革，翚斯飞，眈眈翼翼，琉璃丹碧，辉映日星，黼座、璇题、像设、神御穆然，其容范金惟肖。山半为香亭，宝鼎中峙，覆以重檐，载陟斯憩，兴仰止焉。鸠役庀材，胥出内帑，公旬不劳，经费不损，凡土木之工若干，阅期有六旬而竣。朕惟岱为方岳，仿于《虞书》[②]，列于《禹贡》，纪于《周

① “尢”，《泰山志·天章》作“犹”。
② “仿”，《泰山志·天章》作“昉”。

官》，详于《春秋传》。盖河、泲、淮、海，川渎环汇，扶舆积高之气，磅礴蕴结，灵淑钟萃，蔚为神皋。奠坤维而翊天縡，方位属震，盛德在木，得造化生生之元。故触石出云，不崇朝而遍雨天下，功至神也，泽至溥也。我列祖抚一海宇，怀保烝黎，一体天地大生广生之心。为神人主，明德馨香，神庥昭格。予一人寅承基绪，夙夜兢兢，事神保民，罔不祇肃。彼登封告成、刻石纪号、金泥玉检，往牒所夸矫诬侈大之事，繄寡昧所不敢知。而乂宁方夏，阜殖群生，俾庶而富，俾寿而臧。尚其惠，邀嘉贶，锡羡介祉，以笃我国家无疆之庆，则所以崇礼展敬，揭虔妥灵，其何敢后焉。爰勒词琬琰，昭示永永。

系以铭曰：岩岩泰山，峻极于天。有虞肆觐，肇祀用虔。牲币祝号，秩视三公。匪僭匪渎，曰以报功。伊神之功，霖雨万国。载生载殖，食我神力。春也其时，仁也其德。体乾之元，以立坤极。奕奕新庙，穹峙层霄。易陶以金，以御刚飚。云生桂栋，雨挟松涛。依瞰榑桑[1]，日观岧峣。雕甍珠网，铺金瑊玉。紫殿靓深，黼衮端穆。月驭星骈，林霏馥郁。灵贶孔时，锡兹介福。降神毓秀，贤哲克生。时旸时雨，百谷以成。陋彼陟封，七十二代。成民致神，往训是佩。肸蠁斯通，鉴格斯在。祇荐明禋，于万千载。

乾隆六年岁次辛酉冬十二月既望，御笔。

重修岱庙碑记

泰山位长群岳[2]，称宗最古，表望最尊。而有其秩之举莫敢废，所系于正经亦最钜[3]。逖稽诗书，首纪有虞。成周之世，弥文懿烁隆茂，大要非巡狩述职，穆穆皇皇。未闻轻议展采错事，数典特为严重。陵夷汔乎霸国，

① “依”，《泰山志·天章》作“俯”。

② “山”，原碑作“岱”。

③ “正”，原碑作“政”。

觊觎三五，妄希受命告功，其臣犹知设词以靳之。然自七十二家之说兴，而昭姓考瑞，大号显名。铺陈极乎迁之书、相如之文，世世封土作礲，瑑玉成牒[①]。甚者以上山恐伤木石[②]，以遇风雨为德未至，以举火辄应为得行秘祠。盖由柴望一变为封禅，由封禅再变为神仙，而汰侈益无等矣。我朝监于成宪，祇慎明禋。洪惟皇祖圣祖仁皇帝康熙二十三年甲子，廷臣有援“黄帝上元封峦勒成”之说为请者，圣谕特下九卿等议驳，甚盛典也，甚盛心也。朕寅承永怀，彝训时式，每逢时巡盛仪[③]，即躬祀岳庙，洁蠲将事。而于登封台纪事诸什，时复长言申谕，所谓“便使尧舜至今存，讫无可告成功日”者，其义庶几质诸古皇而不易耳。夫戾经者，不可以不斥；则准经者，不可以不修。方曲恧闻之士，猥言易坛墠而庙庭，而象设，疑乎踵事非制。故吴澄以五岳之麓各立一庙，谓始自唐时。及考郦道元引《从征记》称：岱庙有三，今屹峙南麓者，实即昔之下庙。又称庙有汉柏，庙库藏汉时神车乐器。则祀岳于此自汉已然，所从来甚远。且巡狩述职，特祀也。国有令典，遣官赍祝策来告，常祀也。是皆于庙有专飨，而又何泥古之云。

乃者，岁庚寅为朕六十庆辰，至辛卯，恭逢圣母皇太后八旬万寿，于时九宇胪欢，百灵介祉。维岱大生，秉苍精化醇之气，用克推演鸿釐，绥祚我皇极。而重闬周阓，岁渝弗饬，灵承曷副焉。爰诹将作，扩而新之，其岁月详《岳顶记》中。以是庙为太常宿县之所，因为迎神送神歌，俾主者肄而落之。其辞云：遥参亭兮置顿，帝乘青阳兮出震。会东后兮前驱，标天齐兮作镇。焫萧兮醖醇，传芭兮遝晋。霱云童童兮起肤寸，睇肃然其神来兮肸蠁献（右迎神）。何九皇兮六十四民，升中颂德兮欲云云。罗封坎兮葅席，藉禺车兮蒲轮。江茅鄗黍兮纷效，珍神安格兮顾歆。曰：予正祀兮荐䜣訚，榑桑晁采兮告庆韡。泰符在握兮与物为春，嗞嗞乎根一而衍万兮，

① “瑑”，原碑作“琢”。
② “恐”字前，原碑有“为”字。
③ “逢”，原碑作“举”。

翊我昌辰（右送神）。

乾隆三十五年岁在庚寅孟冬月之吉，御笔。

重修碧霞元君庙碑记

缘岱麓磴梯而上，険盘道者五十，然后玒天门，扪日观，岧岧嵉嵉，纬星列槛，垂芒若引手可摘，其地正应积高神明之隩。有庙焉，范金涂雘，晃赩庆霄。稽《水经注》所载：岳顶上庙，兹其故址矣。而神祎、翟、珈、笄，孔睟孔愉。耇鲐、妇竖，擎芗捧萁。厥角徕镂，相与喁喁请命，则曰碧霞元君。说者以谓黄帝所遣玉女，或以谓是即泰山神女，往往偭背不合。核之志乘，元君封号肇自有宋大中祥符间。真宗有事东封，以上顶有玉女池，乃易池旁石象为玉，龛而祭之。顾考刘禹锡《送张炼师还东岳》诗有"久事元君住翠微"之句，是唐以前故有元君之名，不自宋始。彼《道藏》及诸家所征姓氏世系，庸足深辩哉。古者治神人，和上下，设教不为戾俗，求其指归，亦曰"礼由义起，实以名章"而已尔。

《易》曰：乾，天也，故称乎父；坤，地也，故称乎母。汉《郊祀歌》于后土夫人曰富媪，又曰媪神。张晏云：媪者，老母之称。坤为地，故名媪。《记》言：地秉阴，窍于山川。而泰山者，万物之始，阴阳之交，众岳之宗。以是证之，太乙青元实惟其所宜乎。有生之属斋心祇祓，愿揭其虔于元君，而元君亦将忞其勤而锡之羡。然则国家秩祭泰山之神，与亿兆人奔走奉事碧霞元君之神，其为翼綷元化，二乎一乎！在《周官·大宗伯》有"各因其方"之语，在《鲁论》有"祭神如在"之文。"如在"云者，讵惟是肹蠁荒忽，不可端倪。于山仅见若堂、若霍，于草木仅见维夭、维乔之谓乎！亦将因其声容，得其精爽，而后著之目而成之心，神人之道可接也。且岳视三公，特自其秩言之，今之肖象炳灵者，则既蔽旒秉圭矣，又安知旼旼穆穆其对越乎。祎、翟、珈、笄者，不诚二而一乎！以是比类而推，北如玄冥，南如祝融，西如颢灵，应具有其主名正位，犁然食报于方望，此物此志也。朕荷穹昊垂庥，叠逢国庆，嘉荐普淖，夙事宜周。是庙自辛酉鼎新，距今垂三十载，因敕工官，往会所司，支内帑金，庀材增葺，闳垲完致，所以答神贶，所以祈神禧，胥于是焉。在其经始，则己丑季春。其蒇成，则庚寅孟冬也。

乾隆三十五年岁在庚寅孟冬月之吉，御笔。

臣谨案：升中肇于史皇，泐石始于无怀。字初萌芽，荒哉邈矣。稽古虞舜，纳大麓，柴岱宗，纪刻亦无传焉。后王侈陈封禅，雕琢曼辞，不足观也。我朝列圣相承，敷天裒对，巡守望秩，补助之典，隆于仁庙。圣有谟训，帝庸作歌，仰之弥高，垂之无穷。至今皇帝尤勤展义之举，寿跻耄耋，尚法健行，文思作述，云汉昭回，被于穹巅峭壁矣。臣不揣愚贱，编辑《岱览》，恭录康熙以来至乾隆之五十有五年奎章、宸翰，系于乔岳者，都为一帙。冠诸简端，以正图纬，以袭帝典。俾万世常戴巍巍而履翼翼也。臣不胜抃舞悚息之至。

癸丑进士分发江苏知县臣唐仲冕谨记。

岱览首编四

诏旨

康熙二十三年九月十九日诏曰：

帝王诞膺景命，统御万邦，道重观民，政先求瘼。是以虞廷肆觐，肇举省方，周室怀柔，式歌时迈，诗书具在，典制丕昭。朕仰荷天庥，缵承祖烈，抚兹兆庶，期底时雍。夙夜孜孜，懋求至理，以富以教，靡敢怠遑。犹虑蔀屋艰难，罔由上达，故于直隶郡县，周览巡幸，勤施补助。更念山左等处，土宜俗尚，不加循省，曷克真知。矧历逢甲子，世际升平。聿图泰运之恒新，在措芸生于豫大，乘时命驾，咨彼民依。但乐利祇慰夫一方，而德泽未敷于九有，朕心歉焉。用是特昭公普以宏仁，庶奏诚和之盛治。

一江南、浙江、江西、湖、广省分，自用兵以来，供应繁苦，宜加恩恤。康熙二十四年所运漕粮，著免三分之一。

一自康熙十三年起至二十二年拖欠漕项钱粮，著自康熙二十三年起，每年带征一年，以免小民一时并征之累。东巡经过地方，宜俱加恩恤，著将康熙二十四年应征丁银，尽行蠲免。

一泰山经过致祭，其四岳四渎等祀，应遣官致祭，察例举行。

一凡官吏、兵民人等，有犯除十恶等罪不赦外，其余自康熙二十三年九月二十四日昧爽以前，死罪、军罪以下，已发觉、未发觉，已结正、未结正，咸赦除之。有以赦前事告讦者，以其罪罪之。

一直隶各省，修理文庙银两，照旧存留，以供整葺。

一直隶各省，解费脚价银两，仍复存留，照额支给。

一祭祀行香习仪，及祈晴祈雨，乡饮酒礼等项银两，仍复存留，以供支用。

一岳镇四渎，庙宇倾颓者，该地方官设法修葺，以昭诚敬。

一内外文武官员，现应议处者，俱著宽免。

一内外文武大小各官，除各以现在品级已得封赠外，凡授职升级及改任者，著照新衔封赠。

一各处孤贫口粮，已复存留，经管地方务须从实给散，以赡穷独。

於戏！时臻熙皞，弥隆宽恤之恩；户乐清宁，丕笃绵长之庆。

布告天下，咸使闻知。

康熙二十三年十月十一日，大学士明珠、王熙奉谕旨：朕夙夜孜孜，勤求至理；深宫宁处，轸念闾阎。诹吉时巡，省观民隐。经行所至，登于泰山。至圣遗迹，缅然如睹。一览众山，登眺九有。洵足揽天下之胜，察造化之奇。援笔濡豪，书成"普照乾坤"四字，可于"孔子小天下"处，建亭悬额。复书"云峰"二字，可于极顶处磨崖勒石。其本年香税免解该部，用以鸠工庀材，虔修泰山顶上各庙。应行事宜，尔会同该抚确拟具奏。

康熙二十八年正月上谕：朕巡历所至，再经岱麓，重瞻祠宇。询其庙祝，知香火荒凉，日用难给。岱顶诸庙，亦复如之。念泰山为五岳之长，载在祀典，有功社稷，不宜使之渐就寥落。合将每岁香税钱粮内量给数百金，使上下岳庙与元君诸祠守祀者，得有资赖，晓夜尽心，兼可时加修葺，以壮往来观瞻，示朕崇祀之意。尔诸臣即与山东巡抚藩臬会议以闻。钦此。

雍正七年上谕：山东泰安州神庙，奉祀东岳泰山之神，历代相传。灵显昭著，佑庇万民，俾国家享升平之福者，明神之功德，其来久矣。远近人民，感荷默佑之恩，焚香顶礼，罔不虔肃。其庙宇重修于康熙十二年，距今五十余年矣。兹据署巡抚费金吾奏称：庙宇盘道，有倾圮颓坏之处，应加缮葺。山路亦当修整。著发内帑银两，命内务府郎中丁皂保、赫达塞前往督工，敬谨修理。务使庙貌辉煌，工程坚固，速行告竣，以副朕为民报享之至意。特谕，钦此。

雍正十三年十二月上谕：自古山川，有能出云雨者，天子秩而祀之。

而五岳之礼尤重，非有朝命不得致祠。然王立大社，而州党又各有社禜之祭。则春秋祷赛，庶民各就其所，敬信而竭诚焉，亦礼俗之可以情假者也。泰山旧有碧霞灵应宫，远近瞻礼者，轨迹相望。必先输香税于泰安州，然后许其登山，税约岁万金。自前明以来，相沿未革。朕思东方物之所生，天地盛德之气之所发也，故《传》称：触石而起，肤寸而合，不崇朝而遍雨乎天下者，惟泰山。则春祈秋报，黎庶辐辏，在国家亦宜顺达其情。若使力艰于输税，而不得登山，非所以从民之欲也。其富民乐施，多寡任意。准守祠人存贮，以修葺舍宇，平治道涂，有司不得干预。谕到即镌石树祠，用垂永久。特谕。钦此。

乾隆十二年六月上谕：朕幼颂简编，心仪先圣，一言一动，无不奉圣训为法程。御极以来，觉世牖民，式型至道。愿学之切，如见羹墙，辟雍钟鼓，躬亲殷荐，而未登阙里之堂，观车服礼器，心甚歉焉。仰惟皇祖圣祖仁皇帝巡幸东鲁，亲奠孔林，盛典传于奕祀。皇考世宗宪皇帝崇圣加封，重新庙貌。尝遣朕弟和亲王恭代展祀，未以命朕，意者其或有待欤？朕寅绍丕基，抚兹熙洽，思以来年春孟月东巡狩，因溯洙泗，陟杏坛，瞻仰宫墙，申景行之夙志。复奉圣母皇太后懿旨：泰山灵岳，坤德资生，近在鲁邦，宜崇报飨。朕不敢违。爰遵慈训，亲奉銮舆，秩于岱宗，用答鸿贶。旋跸青齐，观风布泽，以昭崇圣法祖，教孝省方钜典。有所应行典礼，大学士会同该部稽考旧章，详悉具议以闻。其应预备之各衙门，查察事宜，先期请旨。至行在一切所需，悉出公帑。毋得指称供顿，储偫丝毫，贻累闾阎。羽林卫士、内府人役等，各该管大臣，严行稽查约束。并令扈跸文武臣僚，严饬傔从，毋得侵践田畴，致妨宿麦。如有骚扰地方，指名需索者，立即参奏，从重治罪。通行晓谕知之。钦此。

乾隆十二年十一月上谕：朕尊崇先圣，仰止宫墙。已降旨于来岁孟春，躬谒孔林。嗣因东省秋潦成灾，虽经赈恤，恐一时民气未复。若改俟秋间前往，未知于民情，实在若何，在该地方业经动帑预备，迟至秋间，不免又多一番劳费。踊跃望幸，自属舆情。但巡幸大典，所期于闾阎，实有裨益。是以特召巡抚阿里衮来京，面加咨询，或春或秋，何者为便？据该抚奏称，东省被灾州县，俱已抚绥得所，其经行道路营盘，俱经预备。若春月前往，春麦虽不能补种，而秋田即可及时耕作，以待秋成。若迟至秋间，则既误麦收，并妨秋稼，即在地秋禾，亦须早获，转于民间岁计未便，等语。看此情节，则改至秋间，仍不如乘春前往为宜。但正月尚寒，著定于二月初四日，恭奉皇太后銮舆起程。钦此。

乾隆二十二年二月上谕：朕回銮渡黄后，由顺河集至徐州，阅视河工。朕即由徐州至曲阜，展谒孔林，途经泰安，登岱拈香，本日仍回大营驻跸。可传谕鹤年，预行备办。其登山路径，但须略为扫除，足供行走。即有窄狭之处，或乘马，或用山步舆，即缓步徐行，亦何不可者。且皇太后銮舆并不登山，切不可搭架天桥，致多竭蹶。皇太后銮舆仍由顺河集旧路，先至灵岩驻跸，可一并传谕知之。钦此。

乾隆三十五年四月上谕：前以富明安面奏，山左臣民，情殷望幸。且泰安岱庙及碧霞祠宇，俱重经修理落成。明岁正届圣母八旬圣寿，慈意亦欲亲诣拈香。因允其所请，并谕令富明安，一切务遵俭约，断不可稍事华饰糜费，谅该抚自当体会朕意，善为经理。惟入山东境内，前往泰山、曲阜，陆程尚有数日，前经富明安奏明，添设行宫数处，以供顿宿。因念圣母年高，瓦屋较毡庐更为安适，且可省运带行营城分之繁，姑允所请。然所经不过一宿憩留，但期墙宇粗完，扫除洁净足矣，断不必点缀水石，布置亭台，徒致耗费物力。再泰山径路，陡峻萦纡，将来圣母临幸时，但诣岱麓神祠瞻礼，并不远跻崇岳，毋庸于山顶另建行宫。至朕登岱经由道路，只须就现成山径，略为除治，足资策骑，总不得仿照从前搭盖天桥，重劳工作。著传谕该抚，务须遵旨，撙节妥办，不得稍涉踵事增华，以副朕意。钦此。

乾隆三十六年二月十五日，内阁奉上谕：朕俯顺舆情，祇奉皇太后安舆，恭诣泰岱，祝嘏延禧。并登阙里之堂，躬行释奠。辇路所经，推恩优渥。而泰安、曲阜为驻跸之地，尤宜广敷惠泽，用溥隆施。著将该二县乾隆辛卯年应征地丁钱粮，全行蠲免。该部即遵谕行。钦此。

乾隆四十一年三月初六日，内阁奉上谕：朕因两金川全境荡平，祗奉皇太后安舆，恭诣泰岱，祝嘏延禧。并登阙里之堂，告功释奠。辇路所经，加恩优渥。而泰安、曲阜为驻跸之地，尤宜广敷恩泽，用溥隆施。著将该二县乾隆丙申年应征地丁钱粮，全行蠲免。该部即遵谕行。钦此。

岱览首编五

祝文

顺治八年四月初七日，皇帝遣都察院右都御史刘昌，致祭于东岳泰山之神曰：惟神天门挺秀，日观昭灵，吐纳风云，育成品物。朕诞膺天命，祇荷神庥，特遣专官，用申殷荐，惟神鉴焉。

顺治十八年八月初一日，皇帝遣翰林院侍读学士左敬祖，致祭于东岳泰山之神曰：惟神天门挺秀，日观昭灵，吐纳风云，育成品物。朕诞膺天命，祇荷神庥，特遣专官，用申殷荐，惟神鉴焉。

康熙六年八月十七日，皇帝遣内秘书院学士刘芳躅，致祭于东岳泰山之神曰：惟神天门挺秀，日观昭灵，德沛青阳，育成品物。朕躬亲政务，祇荷神庥，特遣专官，用申殷荐，惟神鉴焉。

康熙十五年二月初七日，皇帝遣宗人府府丞马汝骥，致祭于东岳泰山之神曰：惟神天门挺秀，日观昭灵，德沛青阳，育成品物。朕祇荷神佑，懋建元储，特遣专官，用申殷荐，惟神鉴焉。

康熙二十一年三月初四日，皇帝遣宗人府府丞李廷松致祭于东岳泰山之神曰：惟神天门挺秀，日观昭灵，德沛青阳，育成品物。朕祇承神佑，疆宇荡平，特遣专官，用申殷荐，惟神鉴焉。

康熙二十三年十月，皇帝躬祀东岳泰山之神曰：朕惟五岳视三公，而泰岱为之长。古帝王巡行时迈，所过名山大川，必案图职方，敬修祀事，昭垂典礼，自昔为隆。是以《虞史》著望秩之文，《周书》有怀柔之颂。朕荷天眷命，罔敢宁居，省俗观风，勤求民隐。爰以良月至于岱宗。惟神屹峙东方，育成庶类。天齐巨镇，功开万物之先；日观崇标，尊为百灵之府。吉蠲用享，虔事惟诚。宣气布和，遍神庥而沛泽；始元启泰，翊景运以征祥。祇荐馨香，神其歆鉴。

康熙二十七年十二月十七日，皇帝遣内阁学士兼礼部侍郎李振裕，致祭于东岳泰山之神曰：惟神灵昭青帝，秀启天孙，庶品资生，群方仰盛。朕缵承祖宗丕基，虔恭明祀。兹以皇祖妣孝庄仁宣诚宪恭懿翊天启圣文皇后神主，升祔太庙，礼成，特遣专官，用申秩祭，惟神鉴焉。

康熙三十五年正月二十七日，皇帝遣内阁学士兼礼部侍郎张榕端，致祭于东岳泰山之神曰：惟神岱岳称宗，青阳奠位，诞敷灵泽，发育群生。朕勤恤民依，永期殷阜。迩年以来，郡县水旱间告，年谷歉登。早夜孜孜，深切轸念。用是专官秩祀，为民祈福，冀雨旸之时若，庶稼穑之屡丰。惟神鉴焉。

康熙三十六年八月初三日，皇帝遣日讲官起居注侍读学士傅伸，致祭于东岳泰山之神曰：惟神耸峙东邦，品物资始，灵昭德懋，允合称宗。朕以剿除狡寇，三履遐荒，期扫边尘，乂安中外。今者，祇承神佑，塞北永清，用告成功，专官秩祀，惟神鉴焉。

康熙四十二年，皇帝南巡至泰安州，登岱。遣内阁侍读赵世芳，致祭于东岳泰山之神曰：惟神名著岱宗，功齐青帝，广敷膏泽，发育群生。朕祇承休命，统驭寰区，夙夜勤劳，殚思上理，历兹四十余载。今者，适届五旬，海宇升平，民生乐业。见舆情之爱戴，沛下土之恩膏，特遣专官，虔申秩祀。尚凭灵贶，益锡蕃禧，佑我国家，共登仁寿。神其鉴焉。

康熙五十二年五月二十五日，皇帝遣吏部侍郎孙柱，致祭于东岳泰山之神曰：惟神名著岱宗，位尊乔岳，发生庶类，膏泽东维。朕缵受鸿图，抚临区宇，殚思上理，夙夜勤求，惟日孜孜，不遑暇逸。兹御极五十余年，适当六旬初届。所幸四方宁谧，百姓乂和，稼穑岁登，风雨时若，维庶征之协应，爰群祀之备虔。特遣专官，式循旧典，冀益赞雍熙之运，尚永贻仁寿之庥。俯鉴精诚，用垂歆格。

康熙五十八年二月，皇帝遣内阁侍读学士兼参领朱汝锠，致祭于东岳泰山之神曰：惟神秩尊群岳，位峙东维，百代增高，崇朝遍泽。朕缵承祖宗丕基，虔恭明祀。兹以皇妣孝惠仁宪端懿纯德顺天翼圣章皇后神主，升祔太庙，礼成。特遣专官，用申秩祭，惟神鉴焉。

雍正元年正月二十四日，皇帝遣宗人府府丞吴梁，致祭于东岳泰山之神曰：惟神名著岱宗，位尊乔岳，发生庶类，膏泽东维。朕缵受丕基，新承景命。窃念皇考膺图以来，百灵效顺，四海从风，坐享升平，六十余载。兹当嗣位之始，宜隆祀享之仪。特遣专官，虔申昭告。惟冀时和岁稔，物阜民安，淳风遍洽乎寰区，厚德长敷于率土。尚其歆格，鉴此精诚。

雍正十三年十二月初五日，皇帝遣翰林院侍讲学士伊尔敦，致祭于东岳泰山之神曰：惟神秀峙天门，明昭日观，位尊五岳，泽沛群生。朕缵承大统，仰绍前徽。伏念皇考临御以来，敬礼明神，肃将禋祀，灵祇孚应，昭受鸿庥，清晏奠安，茂登上理。兹当嗣位之始，宜隆望秩之仪。特遣专官，虔申告祭。惟冀雨旸时若，年谷顺成，万方蒙乐育之庥，兆姓荷帡幪之德。尚其歆格，鉴此精诚。

乾隆十四年六月初三日，皇帝遣内阁侍读学士明德，致祭于东岳泰山之神曰：惟神上应奎娄，下临渤海，震方表极，万汇资生。兹以边徼敉宁，中宫摄位，慈宁晋号，庆洽神人。敬遣专官，用申殷荐，神其鉴焉。

乾隆十五年十月初一日，皇帝遣三品以上大臣归宣光，致祭于东岳泰山之神曰：惟神上应奎娄，下临渤海，震方表极，万汇资生。兹以正位中宫，鸿仪懋举，慈宁晋号，庆洽神人。敬遣专官，用申殷荐，神其鉴焉。

乾隆十六年正月二十七日，皇帝遣太仆寺卿伊拉齐，致祭于东岳泰山之神曰：惟神作镇东方，肇生庶类，视三公而比秩，长群岳以称宗。日观天门，是惟神府；金床玉几，实曰仙闾。朕时迈江南，道经齐鲁。祠前汉柏，想翠盖之依然；岩畔秦松，仰贞枝而在目。宜行望祭，用遣专官，洁笾豆于司存，极齐明于如在。神其昭格，鉴此明禋。

乾隆十七年正月十一日，皇帝遣翰林院侍读学士洙兰泰，致祭于东岳泰山之神曰：惟神上应奎娄，下临渤海，震方表极，万汇资生。兹以慈宁万寿，懋举鸿仪，敬晋徽称，神人庆洽，爰申殷荐。特遣专官，神其鉴焉。

乾隆二十年七月二十八日，皇帝遣内阁侍读学士龚学海，致祭于东岳泰山之神曰：惟神挺秀天门，尊临渤海，肇生品物，德沛青阳。兹以平定准噶尔，大功告成。加上皇太后徽号，神人洽庆，中外蒙庥。敬遣专官，用申秩祭。惟神鉴焉。

乾隆二十二年正月二十五日，皇帝遣礼部左侍郎介福，致祭于东岳泰山之神曰：惟神造化钟灵，奎娄应象。览众山而莫并，气盖坤维；冠五岳以称尊，位符震始。风云吐纳，崇朝彰布濩之功；神秀氤氲，庶类荷育成之德。朕省方南土，驻跸东邦。挹瑞霭于天门，曾登峻极；望祥光于日观，式赖洪庥。用遣专官，载申致祭。神其来格，尚克歆承。

乾隆二十四年十二月十五日，皇帝遣吏部右侍郎五福，致祭于东岳泰山之神曰：惟神撰协青阳，尊临东夏。代成两大，肇品物以资生；宗长四方，普行施而无外。赫赫之灵威共仰，岩岩之气象同瞻。兹以逆回荡平，大功厎定。望天门之崔崒，灵佑遥承；表日观之崇隆，鸿庥永赖。敬举告功之典，用申秩祀之文，式荐馨香，伏惟昭鉴。

乾隆二十七年正月十二日，皇帝遣吏部右侍郎恩丕，致祭于东岳泰山之神曰：惟神瑞协青阳，位崇东土。山势旁临乎邹峄，松涛近接乎徂徕。迎爰景以东升，扶桑日出；不崇朝而泽遍，岱石云生。兹以慈闱万寿，懋举鸿仪，敬晋徽称，神人庆洽。仰灵祇于泰岳，虔奉明禋；奉鲁望于名山，聿修懿典。尚其鉴格，歆此苾芬。

乾隆二十七年正月二十五日，皇帝遣协辨大学士武毅谋勇公兆惠，致祭于东岳岱宗之神曰：惟神位镇东方，望隆群岳。根盘地轴，环九点之青山；气接天门，捧一轮之赤驭。焕星文于日观，玉检瑶函；披翠色于仙闾，秦松汉柏。是非特出云降雨，常仰神功；抑亦惟毓秀钟灵，首称巨镇。朕省方吴会，取道青齐。念前此之时巡，又六年而一过，稽古来之望秩，刚二月之将临。特遣专官，用申虔祀。神其来格，式此居歆。

乾隆三十年正月三十日，皇帝遣御前侍卫工部右侍郎五福，致祭于东岳岱宗之神曰：惟神位崇五岳，秩视三公。星应奎娄，表东方以作镇；雄连齐鲁，司太昊而效灵。气接九霄，照耀丽方升之日；润滋千里，絪缊流肤寸之云。仰神府之崔嵬，秀钟造化；纪仙闾之秘奥，道协阴阳。朕时迈南邦，道经东土。省方屡举，卅年承奠丽之庥；秩祀爰颁，二月练阳春之吉。敬陈殷荐，用遣专官，神其降临，感此芬苾。

乾隆三十六年二月二十四日，皇帝遣经筵讲官礼部侍郎德福，致祭于东岳泰山之神曰：惟神钟灵震位，立极坤维。冠五岳以称尊，势雄青兖；齐两仪而永固，象应奎娄。元气絪缊，庶类荷发生之德；雨膏溥渥，崇朝彰敷润之功。朕祇奉安舆，言登乔岳。挹天门之瑞霭，方申祝椒之诚；瞻灵宇之崇闳，正届落成之候。显位视三公之秩，义在报功；时巡遵二月之文，礼先方望。仰高标之峻极，知灵贶之孔时。特遣专官，用陈明祀，神其昭格，鉴此馨香。

乾隆三十七年正月二十五日，皇帝遣吏部右侍郎曹秀先，致祭于东岳泰山之神曰：惟神灵钟青兖，宿应奎娄。荣光上烛乎天门，瑞气遥连夫蓬岛。体阳春而用事，茂成始物之能；隆柴望以报功，蔚为群岳之长。兹以慈闱万寿，懋举鸿仪，敬晋徽称，神人庆洽。仰灵祇于泰岳，日观扬辉。秩鲁望于名山，东皇齐福。神其来格，享此苾芬。

乾隆四十一年三月十五日，皇帝遣和硕庄亲王永瑺，致祭于东岳泰山之神曰：惟神公珪视望，震宅函灵。浴溟升日出之华，扶桑暾接。触石应兴云之侯，芃黍膏滋。朕蒇事金川，敉宁玉垒。稽古而修在泮之典，遵途而经维岳之区。碧巘霞飞瞻绵亘，孰云百里；金萱景绚祝蕃釐，惟曰万年。敕遣专官，虔将明祀。神其歆格，鉴此苾芬。

乾隆四十一年七月十一日，皇帝遣内阁学士汪廷玙，致祭于东岳泰山之神曰：惟神奠位东藩，表雄左海。瞻岩作镇，首隆五岳之封；触石为霖，广沛崇朝之泽。宗长之灵威无外，巍峨之气象弥尊。兹以两金川小丑削平，大功底定。振郊台之朱鹭，远荷宠庥。分躔野于苍龙，益滋鸿贶。谒岱既申夫典礼，告成再展夫明禋。荐此馨香，伏惟昭鉴。

乾隆四十五年正月二十六日，皇帝遣礼部右侍郎达椿，致祭于东岳泰山之神曰：惟神冠岳形尊，视公秩峻。襟环瀛渤，遥分长白之支；宿应奎娄，永作大东之镇。合油云于片石，千里甘滋；升旭日于扶桑，三霄景丽。朕丕膺嘉贶，式迓蕃釐。溯祇事于巡方，仪循四度；追告功而展敬，瞬阅五年。兹时迈乎南邦，用虔修夫望祀。专官是遣，灵爽来歆。

三月二十九日，皇帝遣内阁学士达敏，致祭于东岳泰山之神曰：惟神灵钟木德，象协台躔。烛荣光而瑞启登封，沛渥泽而功神触石。著宗盟于群祀，高迈嵩衡；瞻杰观于层霄，青连齐鲁。兹以朕七旬展庆，九有胪欢。懋举崇仪，特申昭告。考省方之典礼既修，望秩于名山；仰表海之声灵载迓，蕃釐于洁荐。神其来格，歆此芬苾。

乾隆五十五年三月，皇帝遣内阁学士图敏，致告于东岳泰山之神曰：惟神功隆作镇，瑞启登封。通灵气于天门，烛荣光于日观。遍群神而先望，万物资生；卓五岳以称宗，三公视秩。地临左海，因名山而致升中；泽媲上穹，不崇朝而遍天下。兹以朕八旬展庆，万国胪欢，懋举崇仪，特申昭告。高山是仰，鲁邦所詹。虞巡狩至岱宗，允矣亲修望秩。《周·职方》曰：兖镇于焉，载迓蕃釐。洁笾豆于司存，荐馨香于神在。庶其昭鉴，式是居歆。

乾隆五十五年三月，皇上遣皇十一子成亲王永瑆，致祭于东岳泰山之神曰：惟神钟灵震位，擅胜坤舆。冠五岳以称宗，势雄青兖；配两仪而立极，象应奎娄。德沛崇朝，六合仰和甘之赐；功昭薄海，百昌资长养之能。赞元气于鸿钧，声灵赫濯；报宏施于乔岳，秩祀崇隆。朕受箓延洪，抚辰行庆。春祺锡羡胪欢，而典洽时巡。寿域凝釐展义，则礼先方望。天门日观，瞻邃宇以告虔；阴鲁阳齐，眷名区而受福。仰高标之峻极，知嘉贶之孔时。特展隆仪，用陈洁荐。神其歆格，鉴此明禋。

岱览首编六

仪注

康熙二十三年，圣祖仁皇帝躬祀东岳仪：

凡经过地方，各有加恩。自亲王以下，宗室觉罗、内大臣侍卫、内务府、武备院、上驷院、銮仪卫各官、各旗护军统领、前锋统领等官，至各衙门、扈从官及各执事人员，俱预行派出，节次随行。驾发京师日，卤簿大驾，陈设如常仪。随从不随从，王以下文武各官，各跪送随行如常仪。所过鸿胪寺，官先期传知百里以内，地方官率本地乡绅士民，迎于十里之外。本地镇守、满汉军，整队伍迎于十里之外。分文武东西候驾，至跪迎送如常仪。十月壬寅，至于岱宗。前期太常寺用白纸糊版，黄纸镶边，墨书祝版，不书御名。太常寺官具补服捧送庙中，安设祝案上。其神位前，陈设礼神制：帛一（青色）、圆降真炷香一炷、黄速香一斤、白磁爵三、牛一、羊一、豕一、登一、铏二、簠二、簋二、笾十、豆十、酒一尊、烛二对、灯十盏。

陈设毕，礼部太常寺堂官奏请皇帝，俱礼服升辇，仪仗全设。扈从王以下内大臣侍卫、文武官三品以上，及地方文官知府以上，武官副将以上，俱朝服陪祀。其余文武各官，俱于行宫前两旁，朝服跪送。皇帝入庙，至二门，降辇。赞引官、对引官恭导皇帝入殿中门，至拜位前，立。典仪唱：执事官各司其事。赞引官奏：就位。皇帝就拜位，立。典仪唱：迎神。赞引官恭导皇帝诣香案前，立，司香官捧香盒跪进于皇帝右。赞引官奏：上香。皇帝举炷香上炉内，又三上瓣香，毕。赞引官奏：旋位。皇帝旋位，立。赞引官奏：跪，叩，兴。皇帝行二跪六叩头礼。陪祀王以下各官，俱随行礼，兴。典仪唱：奠帛，行初献礼。捧帛官至神位前，奠帛，三叩头，退次。捧爵官至神位前，立，献爵，毕。次读祝官至祝案前，一跪三叩头，捧祝版跪案旁祗候。赞引官奏：跪。皇帝跪，王以下各官俱跪。赞引官赞：读祝。读祝官读祝，毕，捧祝文至神位前，跪，安帛匣内，三叩头，退。赞引官奏：叩，兴。皇帝行三叩头礼，兴。王以下各官俱随行礼，毕。典仪唱：行亚献礼。捧爵官献爵于左，如初献仪。典仪唱：行终献礼。捧爵官献爵于右，如亚献仪。典仪唱：送神。赞引官奏：跪，叩，兴。皇帝行二跪六叩头礼，王以下各官俱随行礼，兴。典仪唱：捧祝帛，恭诣燎位。捧祝帛官至神位前，跪，捧祝帛，三叩头。司香官跪捧炷香，不叩，依次捧送燎位。皇帝转立东旁，候祝帛香过，还位，立。祝帛焚半，赞引官奏：礼毕。皇帝升辇，还行宫，不陪祀文武各官，俱于行宫前排班跪迎，候驾过，各退。

乾隆十三年二月，皇帝躬祀岱庙仪：先期太常寺官一员，赴行宫奏。皇上御龙袍补服，乘舆出行宫，入庙大门，至配天门，降舆。赞引官、对引官恭导皇上入配天门，至黄幄次内少憩。皇上出幄次，盥手毕。赞引官、对引官恭导皇上进仁安门，由殿中门入，诣拜褥前，立。典仪官唱：乐舞生就位，执事官各司其事。赞引官奏：就位。皇上升拜褥上，立。典仪官唱：迎神。司香官捧香盒至香案右旁，立。唱乐官唱：迎神，乐奏祈丰之章。乐作，赞引官恭导皇上诣香案前，立。司香官跪，赞引官奏：上香。皇上立，举炷香，安香靠内，次三上瓣香，毕。赞引官奏：旋位。恭导皇上旋位，立。赞引官赞：跪，叩，兴。皇上行二跪六叩礼，乐止。典仪官唱：奠帛爵，行初献礼。献帛爵官捧帛爵就神位前，立。唱乐官唱：初献，乐奏华丰之章。乐作，献帛官跪，献帛于案上正中，三叩头，退。献爵官立，献于爵垫正中，退。读祝官就祝案前，一跪三叩头，捧祝文至案前，跪，乐止。赞引官奏：跪。皇上跪。赞：读祝。读祝官读祝毕，捧祝版至神位前，跪，安帛匣内，三叩头，退。乐作，赞引官奏：叩，兴。皇上行三叩礼，兴，乐止。典仪官唱：行亚献礼。献爵官捧爵就神位左旁，立。唱乐官唱：亚献，乐奏兴丰之章。乐作，献爵官立，献爵于爵垫左，退，乐止。典仪官唱：行终献礼。献爵官捧爵就神位右旁，立。唱乐官唱：终献，乐奏仪丰之章。乐作，献爵官立，献爵于爵垫右，退，乐止。典仪官唱：彻馔。唱乐官唱：彻馔，乐奏和丰之章。乐作，毕。典仪官唱：送神。唱乐官唱：送神，乐奏锡丰之章。乐作，赞引官奏：跪，叩，兴。皇上行二跪六叩礼，兴，乐止。典仪官唱：祝帛馔，恭送燎位。捧祝香帛馔官至神位前，跪，捧香馔官不叩，捧祝帛官三叩头，各捧起，依次送往燎炉。时赞引官恭导，皇上转立东旁，铺拜褥官起，彻拜褥，俟祝帛馔香过毕，铺拜褥官仍铺拜褥，赞引官恭导皇上还位，立，乐作。数帛官数帛，赞引官奏：礼毕。同对引官恭导皇上出，乘舆还行宫。

顺治八年，题准每年恭遇万寿圣节，遣官致祭东岳仪：一、前期礼部题请，遣太常寺堂官一员行礼，今由太常寺。一祝版，白纸墨书，黄纸镶边。前期太常寺官捧送庙内安设，如常仪。一陈设礼神制帛一（青色）、白磁爵三、牛一、羊一、豕一、果品五（核桃、荔枝、圆眼、枣、栗各一盘）、酒一、尊一。祭日，陈设毕，教坊司作乐。赞引官引承祭官至盥洗所，盥洗毕，引至殿内行礼处，立。典仪唱：执事官各司其事。赞引官赞：就位。承祭官就位，立。典仪唱：迎神。司香官捧香盒跪香炉左。赞引官引承祭官就炉前，立。赞：上香。承祭官上炷香炉内，又三上块香，毕。赞引官赞：复位。承祭官复位，立。赞引官赞：跪，叩，兴。承祭官行三跪九叩头礼，兴。典仪唱：奠帛，行初献礼。捧帛官跪献毕，三叩头，退。执爵官，立，献爵于案上正中，退。读祝官至祝案前，一跪三叩头，捧起祝文，立。赞引官赞：跪。承祭官及读祝官俱跪。赞：读祝。读祝官读毕，捧祝文跪安案上；捧帛官捧帛匣上，三叩头，退。赞引官赞：叩，兴。承祭官行三叩头礼，兴。典仪唱：行亚献礼。执爵官献爵如初献仪，献于案左，退。典仪唱：行终献礼。执爵官献爵如亚献仪，献于案右，退。典仪唱：送神。赞引官赞：跪，叩，兴。承祭官行三跪九叩头礼，兴。典仪唱：捧祝帛官恭诣燎位。捧祝帛官至案前，行一跪三叩头礼，捧起祝帛，司香官跪捧不叩，依次送至燎炉。承祭官转立西旁，候祝帛过，仍复拜位，立。赞引官赞：诣望燎位。承祭官至燎所，祝帛焚半，赞引官赞：礼毕，退。

祝文：维年岁次月日，皇帝遣官致祭于东岳泰山之神曰：兹朕诞辰，惟神永远默佑。谨以牲醴庶品之仪致祭，尚飨（按：国家有大典礼，差官致祭，俱用此仪）。

岱览首编七

颁赐

雍正八年

御赐金九锭，每锭重九钱。银九锭，每锭重九两。

乾隆七年

御赐金九锭，每锭重一两。银九锭，每锭重十两。

乾隆十三年

御供敕印匣一个，内恭贮圣祖仁皇帝御书“普照乾坤”匾式。铜砚一件，铜笔二枝，铜笔架一件。

皇太后、皇后赐银十锭，共重八十三两。碎银二锭又十二件，共重十两零八分。

御赐碧霞神祠欢门三架。金九锭，每锭重一两。银九锭，每锭重十两。

乾隆二十二年

御赐锦袍一身，镜子一面，镶嵌铜边缎袍五身。

乾隆二十四年

御赐小黄袍一身，真青绿古铜镜一面，小铜钹一副，金丝幡一对，共六条（系金线织造），幡杆并座。玻璃樽一件，有盖，楠木座。磁香炉一座，并铜香筒、香档，楠木座。洋磁瓶一对，楠木座。灵芝花一对，楠木座。磁供器五件，磁花插一对，磁烛台一对，楠木座。金龙点油灯一对，大洋磁瓶一对，小洋磁瓶一对。

乾隆二十五年

御赐金丝幡一对（金线织造），幡杆并象幡座。金镶炉一个，金花座一个。洋磁瓶一对，楠木座。金轮花牌一对。

乾隆二十七年

御赐玉磬一件，楠木架。沉香狮子一对，降香座。女儿香盒十个，小洋磁瓶一对，楠木座。洋瓶一对，上带牙花。葫芦小磁瓶一对，楠木座。

乾隆二十九年

御赐银法琅炉一个，有铜香靠楠木座。银法琅烛台一对，有木烛一对，楠木座。银法琅瓶一对，有花一对，楠木座。铜镀金满达一个，有座。铜镀金轮一对，洋磁瓶一对，有座。银马一件（七珍），银将军一件，银象一件，银轮一件，银男一件，银女一件，银三宝珠一件。银盖一件（八宝），银鱼一件，银罐一件，银花一件，银螺一件，银肠一件，银伞一件，银轮一件。

乾隆三十三年

御赐蓝玻璃香炉一件，内有铜镀金胆。蓝玻璃烛台一对。蓝玻璃花瓶一对。铜镀金轮一件。白玻璃盏一对，楠木高座。官釉锦带瓶一对，紫檀木座。烧料穿珠幡一对，黑漆杆座。

乾隆三十四年

御赐广法琅长方鼎炉一对，紫檀木座。亮白玻璃法盏一对，楠木高座。烧料穿珠幡一对，漆挑杆座。

乾隆三十六年

皇太后赐镀金满达一个；镀金七珍八宝十五件；镀金轮一个。御赐磁鼎炉一件；磁提梁卣一对；文竹四方花瓶一对（外有牙花）；琉璃幡一对，幡杆连座；大玉圭一件，长三尺五寸，宽八寸，名温凉玉，半暖半寒。

乾隆三十七年

御赐铜鼎一对，楠木座。铜炉一个，上有铜丝罩。白磁瓶一对，楠木座。琉璃幡一对，漆挑杆座。

乾隆三十八年

御赐玻璃海灯一件，有罩。双耳磁瓶一对，有座。双耳玛瑙瓶一件，有座。法琅蹚炉一对。烧料穿珠幡一对，有杆座。

乾隆三十九年

御赐九江磁轮一件，洋磁蹚炉一对，楠木匣。九江描金磁瓶一对，有盖，楠木座。烧料穿珠幡一对，洋漆杆座。

乾隆四十年

御赐烧料穿珠幡一对，三羊座。小香牌一对，楠木杆座。九江蓝磁瓶一对，楠木座。铜蹚炉一对。

乾隆四十一年

御赐五彩磁供器一分，随铜灵芝花一对，木雕龙蜡一对。烧料穿珠幡一对，漆挑杆座。纬丝香带挂络一对，木挑杆座。翡翠磁瓶二件，随木座。磁轮一件。

皇太后赐法琅八宝吉祥一分，盖、鱼、罐、花、轮、螺、伞、肠八件。

乾隆四十二年

御赐绣黄缎金龙净十团袍三身，蓝田石大红鞓带三围。

乾隆四十三年

御赐烧料穿珠幡一对，木葫芦架座。蓝磁瓶一对。铜镀金轮一件。鹤鹿同春灯式香襆一对。鸣凤献瑞四方小挑杆一对，连座。

乾隆四十四年

御赐磁轮一对。磁挑杆一对。蓝玻璃净水瓶一对，楠木座。

乾隆四十五年

御赐蓝磁花浇双件，连座。古铜炉一件，有盖，连座。广法琅炉瓶三设，连座。

乾隆四十六年

御赐镀金藏佛塔一座。磁轮一对，连座。洋磁瓶一对，连座。烧料穿珠幡一对，漆挑杆座。

乾隆四十七年

御赐五彩磁罐一对，连座。五彩磁炉瓶三设一分，连座。磁镀金轮一对，连座。烧料穿珠幡一对，漆挑杆座。

乾隆四十八年

御赐纬丝香带挂络一对，连杆座。蓝磁轮一件。广法琅蹚炉一对。烧料穿珠幡一对，漆杆座。

乾隆四十九年

御赐楠木铜镶紫檀轮一件。法琅香匣一对。穿琉璃珠扁幡一对，连杆座。香襆一对。绿纱扇一把。

乾隆四十九年

御赐竹如意一只。玳瑁边藤掌扇一对。鹤鹿同春挑杆一对。

乾隆五十年

御赐海灯一件。五彩磁瓶一对，连座。挑杆纬丝香牌一对。琉璃幡一对，黑漆杆一对，象幡座一对。

乾隆五十一年

御赐铜镀金轮一个。净水盏二个。香挑杆一对。琉璃珠幡一对，黑漆杆座。

乾隆五十二年

御赐琉璃穿珠幡一对，连杆座。纬丝香带挑杆一对。蓝花黄地葫芦磁瓶一对，有盖，连座。蓝花铜镀金轮一件。

乾隆五十三年

御赐穿琉璃珠大挑幡一对。汉文凤头赤虎幡杆一对。挑灯一对。文竹净瓶一对，内里各注吉磬如意二件。铜法琅把灯一件。

乾隆五十四年

御赐穿琉璃珠大挑幡一对。紫檀凤头幡杆一对，紫檀双狮抱瓶座。小桌挑灯一对。小铜提炉一对。文竹香筒一个。

乾隆五十五年

御赐铜掐丝法琅海灯一件。青花白地磬铃靶碗一对，随铜罩。法琅花穿琉璃珠扁幡一对，随挑杆座。小香襥一对。

乾隆五十六年

御赐龙柱香筒一对。法琅炉一件，随木座。挑杆小香圆灯一对。穿珠幡一对，随杆座。

乾隆五十七年

御赐五彩磁轮一对，红木座。磁靶盅一对，铜罩。法琅花小挑杆灯笼一对。穿琉璃幡一对，随杆座。

乾隆五十八年

御赐磁奔靶瓶一个。广法琅香筒一对，有盖，连座。香挑杆一对，连杆座。穿琉璃珠扁幡一对，黑漆杆座。

乾隆五年六月二十四日，山顶碧霞祠灾，从煨烬拾出十八件，列后：

碎金四小件，共重一钱三分。银娃八个，内有镀金娃三个，共重二十九两七钱。银一锭，重三十九两三钱。银一锭，重三十八两二钱。碎银十六锭又五件，共重二十两四钱五分。银一锭，重三两三钱。藏佛一尊。银牌一个。银灯一件。镀金银镯一对，重二两六钱八分。银坠一双。银钱二个。银环一副。残缺银钗、银凤、银花，不全贴金银花，共重十七两三钱。烧毁碎玉带一包。烧毁碎玉带版十四块。烧毁碎玉带版二十四块。破损石印一颗，篆刻“天仙照鉴”四字。

臣伏读列朝诏书，责于乔岳者，仁孝恭俭之旨，光溢六幽，亦既沦肤浃髓矣。其遣祭祝告，皆国家大礼、大庆、大功之成。与夫时巡所过，用申望秩，无有私祈。洵矣！献享之精，交神积和之气，塞明也。昔先臣焕，作令岱下，于乾隆三十有五年，幸供驰道洒扫之役。臣仲冕往来齐鲁，与童叟生儒就瞻云日，歌咏羲轩者二十余年。谨依道左文石，庙中丰碑，录而登之天章之次。至于奠享有仪，著于太常，供献多品，颁自大内，皆足增名山景铄也。

高文典册，谨备载以垂不朽。

乾隆五十有八年癸丑秋八月，臣唐仲冕恭录。

岱览卷第一

总览一（卷一之卷二）

岱阳全图

岱阴全图

原岱上

　释名　星野　脉络　地理　沿革　高广　山水名目　金石文

　篇章　登览　总论　赋

原岱下

　诗　传　辨　录　记

原岱上

岱，泰山也。坐镇青齐，横障渤澥，近毓尼防，遥拱畿甸，领报德之维，占确功之首，谓之东岳。天地之产物也，云雨之宣气也，五行之含魄也，皆于是乎始，故帝王必先有事焉。《虞书》曰：岱宗。《禹贡》曰：岱。《周礼·职方》曰：岱山。《诗·周颂》言：乔岳。传云：乔，高也。高岳，岱宗也。《鲁颂》《春秋传》皆曰：泰山。《尔雅》曰：泰山为东岳。疏案：《诗》《传》言四岳之名，东岳，岱。此及诸经传多云泰山为东岳，盖山有二名也。又曰：河东岱。注云：在东河之东。又曰：中有岱岳。《疏》云：此言中国也。《公羊传》云：触石而出，肤寸而合，不崇朝而遍雨乎天下，唯泰山尔。

《战国策》云：泰山不让土壤，故能成其大。《五经通义》云：岱者，代也。《三礼义宗》云：代谢之意。阳春用事，除故生新，万物更相，生代之道，故名岱也。《风俗通》云：泰山，山之尊者。岱，始也。宗，长也。万物之始，阴阳交代，故为五岳之长。《白虎通》云：岱，言万物更相代于东方。《汉书·眭宏传》云：泰山，岱宗之岳。王者易姓，告代之处。袁宏《后汉纪》云：东方者，万物之所始；山岳者，灵气之所宅。《文献通考》云：岱宗东岳，以其处东北，居寅丑之间，万物终始之地，阴阳交泰之所，为众山之所宗主也。《子华子》曰：泰山之高，非一石之积也。扬子云：五岳宗山。又云：升东岳而知众山之岃嶐也，况介丘乎?《淮南子》曰：中央之美者，有岱岳，以生五谷桑麻，鱼盐出焉。又云：泰山之容，巍巍然高。焦氏《易林》云：嵩高岱宗，峻直且神。《尸子》曰：泰山中有神房、阿阁。《帝王录》《博物志》云：泰山一曰天孙，言为天帝孙也。《博闻录》云：泰山，名蓬元太空洞天，岳帝所居。《环宇记》引《茅君内传》云：泰山名三宫空洞之天，三十六洞天之一也。《史记》注引道书《福地记》云：泰山下有洞天，鬼神之府。盖道家者流因其灵异而神之耳。

蒙案：《尔雅》言，右陵泰丘。盖丘以右为泰，山以左为泰。西方成物而物丰。泰由东方生物，而物亨泰也。高者亲天，故生之。庳者亲地，故成之。说者以为天地泰和之气发舒东方，故自南正达西正，得云汉升气。自北正达东正，得云汉降气。山东当山河之会，得升降之中，岱为之也，此山之性也。

星野于五纬为岁星所主，于列宿应苍龙之角，于十二次介降娄、玄枵间。《春秋文耀钩》云：布度定记分州，系象三河雷泽，东至海岱，以北兖州、青州属机星。《史记·天官书》：角、亢、氐，兖州。虚、危，青州。奎、娄、胃，徐州。自婺女八度至危十六度，曰玄枵之次，齐分野。自奎五度至胃六度，曰降娄之次，鲁分野。前汉《地理志》曰：齐地，虚、危之分野也，南有泰山。《王莽传》云：岁星司肃，东岳太师典致时雨。后汉《天文志》注《星经》曰：岁星主泰山、徐州、青州、兖州。玉衡第五星主兖州，常以五辰日候之。戊辰为山阳、泰山。魏太史令陈卓曰：泰山角六度。《晋书·天文志·州郡躔次》：泰山八角十二度[①]。《唐书·天文志》云：自北河下流，南距岱山为三齐。自南河下流，北距岱山为邹鲁。又云：自析木纪天汉而南曰大火，得明堂生气，天市之都在焉。其分野，自钜野岱宗，西至陈留，北负河、济，南及淮，皆和气之所布也。又云：降娄、玄枵。初，须女五度。中，虚九度。终，危十二度。其分野，自济北东逾济水，涉平阴，至于山茌，循岱岳众山之阴。其地得娵訾之下流。其象著为天津，绝云汉之阳。凡司人之星与群臣之录，皆主虚、危，故岱宗为十二诸侯受命之府。奎、娄，降娄也。初，奎二度。中，奎一度。终，胃三度。自蛇丘、肥城，南屈钜野，东达梁父，循岱岳众山之阳。奎为大泽，在娵訾下流，娄、胃之墟，东北负山，盖中国膏腴地，百谷之所阜也。

《宋史·天文志》曰：岁星为东方，为春，为木，主泰山。《礼志》云：案《天文志》角、亢为泰山之根，果符上封之应，望于亲郊日，特置周伯星位于亢、宿间。《文献通考》云：宋中兴《天文志》石氏云，东宫青帝，其精苍龙七宿，司东岳主东方。《明史·天文志》：女二度至危十二度，玄枵之次也。泰安州虚、危分。

蒙案：星有岁差，山无改易。因地分天，甘、石之说，昔人以为迂。观西法地球图，中夏亦一隅耳，安得尽配列宿？然分野详于左氏[②]，岱宗实长东方，折衷前史，疑者阙焉。考泰山地平北极，出地三十六度四分度之一，京师偏东不及一度。

山之脉形家言：自昆仑来为中干龙所聚。《通典》云：山面西南。明于慎行《记》云：北纪诸山，负地络之阴，并太行、王屋，东逾常山至医巫闾而止。南纪诸山，负地络之阳，连桐柏、熊耳，入于瓯越，江、淮、

① “八”应为“入”。

② “左”字，应为“石”字之误。甘、石，即甘德、石申，战国时期天文学家。甘著有《天文星占》，石著有《天文》，被后人誉为《甘氏星经》《石氏星经》，合一又称作《甘石星经》。

河、济，所由东下，如建瓴矣。岱宗立海上，西向而揖群山，汶、洸、沂、泗出其支麓，旋之如带，以入于海，若负扆然。我朝康熙中，遣官航海测量，得其东祖长白，状由海中皇成、龟矶诸岛为登州福山、丹崖山，陆行八百余里始为泰山。圣祖仁皇帝御制《泰山龙脉论》，范水模山，大启群蒙矣。

《禹贡》李光地注云：岱为岳宗，自营州跨海而来，与扬州之山，左绕右卫，为九州藩蔽。盖发源远，结体崇，翼抱乃大也。《山东通志·总论》：岱脉由辽左旅顺口渡海入蓬莱县境，左翼为栖霞之翠屏山，至之罘海口为之罘山。右翼为栖霞之蚕山，至黄河营海口为姆屺岛。其中为正脉，居东北而达西南。自丹崖山而西南入栖霞县境为艾山，又西南为招远、黄、莱阳、掖等县诸山。又南为分水岭，分水岭之西北则为莱州郡城，城北濒海结为三山岛。自分水岭折而东南为马鞍山、大泽山，岱脉之所聚也。又南为明堂山。自此地旷水分中隆为脊，东南至胶莱河，河中有分水岭。渡河而南入胶州境为五弩山。又南为长城岭。又西南入诸城县境，有回头山，岱脉之所回也。自此折而西为雷石山，为马耳山，有黄草关。又西南入莒州境，为高柘山、卧牛山。又西入沂水县境，为大弁山，有穆陵关。又西入临朐县境，为沂山，古所谓东泰山也，实为岱脉结顶之处，列为东镇与岱埒尊。雷石山、黄草关、卧牛山、大弁山皆长城所经。又西由博山入莱芜县境，为原山，岱脉之要枢也。又西入章丘县境，为长城岭。又西南入历城县界，循长城而西为梯子山，领络群峰，为岱宗北障。其西南为长城岭、仙台岭，为鹤山，为孤山，为九龙冈。又南为泰山，其最高处世谓之“玉皇顶”也。岱顶以东则为秦观、日观、独秀峰、雕窝峰、东神霄山、青山、升仙岭。岱顶以西则为周观、月观、丈人峰、回雁峰、西神霄山、百丈崖、傲来山、凌汉峰。岱顶以南则为三天门、二天门、一天门、黄岘、御帐坪、红门。其罗列于岱阳者，有高里山、石闾山、介石山、亭亭山、云云山、徂徕山、梁父山，此则泰山之大结也。

泰山左卫自栖霞之翠屏山，分支而东为宁海、文登诸山。又东为成山，濒于海。自栖霞之艾山，分支而东南为大方山，入海阳县为三驾山，濒于海。又分支而西南为小方山。又南为莱阳县诸山。又西南为即墨县诸山，又南为大崂山、小崂山，濒于海。群峰耸峙，为岱脉之东南障。自诸城之回头山，分支而南为琅琊台。循海而西南为日照县安东卫境诸山。又南为笔峰山，左濒于海，右入江南赣榆县境。自莒州高柘山分支而南，又西南入兰山县为马陵山，绵亘数百里，经郯城入江南宿迁，濒于黄河。自临朐之沂山，分支南入沂水县境，西南入蒙阴县境为蒙山，有云蒙、中蒙、龟蒙之异名，绵亘数百里。自沂河以西，小汶河以东，凡左卫岱岳诸山皆由蒙山发脉，分支而东南为费兰山，滕、峄诸县山。西南为泗水县之陪尾山，邹县之尼山、昌平山、峄山。西为新泰县之龟山。又西南为宁阳县之灵山。又南为九仙山，圣林之所凭也。自莱芜原山分支而南折，而西为新甫山。又西为徂徕山，濒于汶。

泰山右卫自胶州五弩山，分支而西北为诸城、安丘、潍、昌乐、寿光诸山，濒于海。自沂山分支而西，北为益都、新城诸山。又自沂山分支，一由北而西为博山、淄川诸山。一西北入长山县境，为长白山。连峰罗列，拱护西南，实为岱岳之后扆，昔人有副岳之目焉。自章丘之长城岭，分支而北为历城县东龙洞山，又西北为历山，又北为华不注山，濒于济。自泰山北麓，分支而西为分水岭，北为长清县之长城岭，又西为肥城县之五道岭，又西为孝堂山，为平阴县之云门山，东阿县之黄崖、天池等山。又西北为碻磝山，东平州之安民山、梁山，由郓城、嘉祥入金乡县，濒于昭阳湖。自肥城五道岭，分支而西南为牛山，为陶山，入平阴县为紫盖、赤沟等山。又南为东平州之芦泉山，又东南为龙山，濒于汶。其以岛屿卫列沿海者，岱脉自北而南，自南而西，捍外卫内，重在东南。是以循长山岛而卫于右者，至莱郡之芙蓉岛而止。而东南诸岛，笏拱标联。东则有沙门、崆峒诸岛，西则有苏山、田横诸岛。至于莺游门入江南海洋，抵云梯关为南济，合河、淮出海之处，皆岱宗海外之左卫也。

地理沿革，断自虞夏。《书》称：东巡守，至于岱宗。未言所隶何州。《禹贡》：海、岱惟青州。《传》云：东至海，北至岱。《地理今释》：泰安州北境。海、岱及淮惟徐州。《传》云：东北据海，西南距岱。《地理今释》：泰安州南境。《尔雅·释地》：齐曰营州。注：自岱东至海，此盖殷制。《周礼》：河东曰兖州，其山镇曰岱山。注：岱山在博。《禹贡锥指》《尔雅》：济、河间曰兖州。《注》云：自河东至济。《周礼》：河东曰兖州。而贾疏以为侵《禹贡》青、徐之地者，盖以其山镇为岱，泽薮曰大野知之，殷之兖州，自河东至济，与《禹贡》同。其徐州自济东至海，亦与《禹贡》同。而《周》则言河不言济，盖其境越济而东得岱矣。岱南为徐，岱北为青。徐州曰大野既猪，是知侵《禹贡》青、徐之地也。《鲁颂》：泰山岩岩，鲁邦所詹。《传》云：詹，至也。《疏》云：泰山在齐、鲁之界，言“所詹”，见其不全属鲁也。《王制》云：诸侯祭名山大川之在其地者。《注》云：鲁人祭泰山，晋人祭河是也。是由鲁境至于泰山，故得望而祭之。《礼器》云：齐人将有事于泰山。是齐境亦及之矣。由其泰山广长，故二国皆以为望也。《博物志》云：齐南有长城巨防阳关之险，北有河、济，足以为固，越海而东通于九夷。西界岱岳，配林之峻坂，险之国也。鲁前有淮水，后有岱岳，蒙、羽之向，洙、泗之流。《史记》云：泰山之阳则鲁，其阴则齐。又云：吾适齐，自太山属之琅邪，东至于海。《论语·正义》云：泰山在鲁封内。《孟子》疏云：鲁尝为齐所伐，故齐南有泰山。《太山志》云：秦属齐郡。

《史记》言：元狩元年，济北王献太山及其旁邑，天子以他县偿之。《汉书·地理志》注：太山郡，高帝置。奉高有明堂，在西南四里，武帝元封二年造。博有泰山庙，岱山在西北求山下（钱大昕云：“求山下”三字，当是“兖州山”之讹）。《太平御览》称：丘渊之《齐记》云，泰山，嬴、博二县共界。汉武封禅割置此县，以供祀泰山，故曰奉高。治，岳东北四十里。《后汉·郡国志》云：奉高有明堂，武帝造。博有泰山庙。岱山在西北。

有龟山、龙乡城。《晋书·地理志》略同。郭璞《山海经》注：泰山，今在泰山郡，奉高县西北。《艺文类聚》称：《太康地记》云，奉高者，以事东岳，帝王禅代之处也。故明堂在县南四里，汉武立太坛于东山以祭天，示增高。《十六国疆域志》（洪亮吉辑）：后赵泰山郡领县十，奉高有泰山、金舆谷。博、嬴、南武城、梁父、山茌、南武阳、莱芜、东平、钜平，皆汉旧县。前燕亦然，南燕无东平。《寰宇记》云：北魏改博为博平。《隋书·地理志》：开皇六年改奉高曰岱山。十六年改博平曰汶阳，寻改曰博城。大业时，并北齐所置岱山县。依徂徕山者，废入博城，有岱山、玉符山。治，岳东南二十五里，属鲁郡。《唐书·地理志》：兖州鲁郡，乾封。注：本博城，武德五年以博城、梁父、嬴置东泰州，并置肥城、岱二县。贞观元年，州废，省梁父、嬴、肥城、岱，入博城。乾封元年，更名乾封。总章元年，又曰博城。神龙元年，复曰乾封。有泰山，有东岳祠，有梁父山、亭亭山、奕奕山、云云山、社首山、肃然山、石闾山、蒿里山。郑樵《通志》：泰山，一名岱山，在兖州乾封县。《宋史·地理志》：鲁郡奉符。注：本乾封，开宝五年，移治岱岳镇。大中祥符年改。《太山志》云：旧有岱岳镇，使都虞侯。又有岳令、庙令。及移治就岳，始以邑令兼摄焉。其城即今郡城矣。大中祥符元年，改曰奉符，隶袭庆府，筑新城于城之东南三十里。考《文献通考》云：泰山，今鲁郡界。《元丰九域志》：大都督府兖州鲁郡、泰宁军节度，治瑕丘县，奉符在州东北一百八十里，有泰山、社首山、龟山、徂徕山、亭亭山、汶水，未言隶袭庆也。《通志》：考政和八年，改兖州为袭庆府。岳麓《升元观石刻》：政和八年六月，尚书省敕牒内尚云：兖州泰宁军奉符县。盖六月以后方改。宣和己亥石刻则书“袭庆”矣。《禹贡》蔡沈注：泰山在今袭庆府奉符县西北三十里是也。

旧《州志》云：为齐阜昌改府为军，曰泰安。《金史·地理志》：泰安州奉符。注有泰山、社首山、龟山、徂徕山、亭亭山。有汶水、梁水。《太山志》云：大定二十三年改军为州，属山东西路，治奉符城，还岱岳镇，复开宝之旧。《元史·地理志》：泰安州奉符县，东岳泰山在焉，属东平路。《明史·地理志》：泰安州，元直隶中书省。洪武初来属，以州治奉符县省入。注：北有泰山，即岱宗也，亦曰东岳，汶水出焉。下流至汶上县，合大清河。又东南有徂徕山，南有梁父山。又城西有泰安巡检司。州隶济南府，国朝因之。《尚书地理今释》：岱宗，在今山东济南府泰安州北五里。《山东通志》云：雍正二年改为直隶州，十三年升州为泰安府，设泰安县治焉。泰安之名，盖取天下之安如泰山而四维之意。《通志》又云：岱为五岳之宗，冠诸峰而表镇。汶有四源之会，敛众水以资漕。画社分坰，实青、徐之根柢。设邮置堠，乃南朔之枢机。自虞巡周狩以来，卓哉灵府，在阳鲁阴，齐之地，屹矣长城。《泰安府志》云：兼《禹贡》，兖、青、徐；分《春秋》，齐、鲁、宋。泰山绵亘于东北，汶水合流于西南。太乙神明之区，中原要害之地。右瞰运河，则千艘并骛。旁连列郡，若高屋建瓴。

出郡城北门外三里至岳麓。由麓陟巅，为步五千一百二十有奇，为里十有四而强。其高三百六十八丈三尺四寸，周百六十里。《史记正义》引道书《福地记》云：泰山高四千九百丈二尺，周回二千里。《博闻录》谓：高四千丈，环一千里。《茅君内传》谓：周回三千里者，大言也。明沁水张五典衡缩上下量之法，用立竿长丈刻尺寸，其上端有环。横竿长亦如之，二分其长而环，其中系以绳贯于立竿之环，引之使可上下。每得平地，五尺为一步，此以量其远近也。若遇高陂，则横竿前著地，后悬空，即于立竿上，视所悬至地尺寸，此以量其高下也。又置一册，每页作三百六十阑，量一步或平或高如干，辄注一阑，尽一页为一里，其高亦即累所注计之，故得尺寸不爽如此。考晋刘徽《九章算术序》云：徽寻九数有重差之名。凡望极高，测绝深而兼知其远者必用重差。辄造重差，并为注解，以究古人之意，缀于勾股之下。度高者重表，测深者累矩，偭离者三望，离而又旁求者四望。今泰西测量高远之法即重差法也，视张五典按步记量更为捷径，更为密率矣。《汉官仪》云：从盘道屈曲而上，凡五十余盘。自下至古封禅处四十里至天门。古

《太山记》亦云：《汉书》注如淳曰，泰山从南面直上，步道三十里，车道百里。郭璞《山海经》注云：从山下至顶四十八里三百步。《唐六典》、徐坚《初学记》、元好问《东游略记》皆言：高四十余里，或云二十五里。《道藏》书亦云：泰山周回百六十里畸五十步，方面各四十里。盖山路峻折，记里当倍于平地耳。伍缉之《从征记》云：泰山于所经诸山非最高，而岑崿轩举，陵跨众阜，云霞草木，蔼然灵异。呜呼！此岱之所以为高与。

山名以岳为尊。《诗》曰：崧高维岳，峻极于天。《传》云：岳，四岳也。东岱，南霍，西华，北恒。《说文系传》云：《白虎通》，岳，确也。王者巡守确功德也。岳各有七十二峰，实不尽称峰也。巍然高且大者曰山，极天曰顶，蟠地曰盘，突兀上锐曰峰，肩领曰岭，屏幛曰嶂。悬而绝，外甗而内屋者，为岩、为崖、为厂。横脊为冈，前后断以续为峡，左右岑蔚而环之为坞。峛崺通原为坡，如步曰埠，如罍曰寨。峻以辟者，奇为壁，偶为门。椭隘为关，方坦为坪，圆峭为峀，哆上夷下为口。台可眺，洞谽谺可入，窝可栖匿。石最巨者，名其山。水首汶。汶，紊也。五得其二次三溪。注川曰溪，注溪曰谷，注谷曰沟，沟梢河洒，河水汇大于川。两山夹流曰涧，自下而上为泉，自上而下为瀑布。两山夹之，中有林泉曰峪，谷言容，峪言裕也。渟泓为池，潆洄为湾，澄靓无氏为潭。井亦泉，泉通井。穷凡山之属，二十有五；水之属，十有三；见于分览者无虑数百，而嵬磼难名者，不与焉。林园、亭阁、观寺、桥坊、村墅之类，各隶其所。盖称名之博，亦足以征其广大矣。肖岳者曰：泰山如坐，华山如立，衡山如行，恒山如蹲，嵩山如卧。文翔凤云：岱之阳，汶、泗为津，邹、鲁其门庭。岱之阴，济、漯为津，东达登、莱之间。其幽奥处也，将令筋脉颠尻，罔弗彪分胪列乎？则安得发石闾金箧而读之！

於乎！名山之藏，犹存什一，亦惟赖树石、镂金于千载之上。为治古文者，广搜而切证焉。《路史》云：仓帝史皇氏升封于介丘，纪文字以昭异世。无怀氏升中泰山以宗天，禅云云以复地，仂石昭示，而天下益趋于文矣。《管子》云：无怀氏封泰山，刻石纪功。《庄子》云：封禅七十二代，其有形兆垠堮勒石千八百余所。《书》正义云：《韩诗外传》称，古封太山禅梁甫者万余人，仲尼观焉，不能尽识。《礼器》郑注引《孝经》说：刻石纪号。《疏》云：谓刻石为文，纪录当代号谥。《桓谭新论》言：太山之有刻石，凡千八百余处，而可识知者七十有二。许慎《说文·序》云：著于竹帛谓之书。书者，如也。以迄五帝三王之世，改易殊体，封于泰山者七十有二代，靡有同焉。刘勰云：古皇纪号，立石埤岳。宋祁《笔记》：孔子登岱观七十二家，字皆蔑有存矣。汉《艺文志》：春秋家秦《奏事》二十篇。秦时大臣奏事，及刻石名山文。刘勰又云：始皇勒岳，政暴而文泽。自宋以来独称秦篆，今又亡于郁攸。汉氏有石无文，若《洞冥记》：元狩三年，起陵霞观高九十丈，累白玉为壁，以八分篆写羲皇来封禅事，所谓登壁文，并不可考。今为嗜古家所球图者，开元铭耳。祥符纪勒，则赵峄已讥之矣。然有唐前后碑版、题名，时复获之。缒险穷幽悬崖断壁间，亦多可珍者，何必邃古。虽欧阳永叔、赵德甫、郑渔仲所录半就销蚀。而若北齐石刻之《金刚般若经》，分书径尺。师宜之遗不可拓而可玩也。唐自《磨崖》外有《老君堂》《神宝寺》等碑。后梁《小蓬莱》题名、宋《天贶》《封祀》《朝觐》诸碑，种明逸《诗跋》、蔡卞《圆通经》以及金元党赵遗迹，往往为亭林、竹垞诸老先生鉴赏。书虽小道，抑亦兹山之宝藏也。

昔者，孔子作《丘陵之歌》曰：登彼丘陵，峛崺其阪。仁道在迩，求之若远。遂迷不复，自婴屯蹇。喟然回顾，题彼泰山。郁确其高，梁甫回连。枳棘充路，陟之无缘。将伐无柯，患滋蔓延。惟以永叹，涕霣潺湲。盖伤道之不行也。《古乐府》楚调五曲，二曰《泰山吟行》，三曰《梁甫吟行》。其器有笙、笛弄、节、琵琶、瑟七种[①]，惟其音不惟其辞，似亦非近代所能知矣。自汉以来，若司马相如、兒宽、司马迁、应劭、班固、崔骃、马融、

① “节”字后，《乐府诗集》有“琴、筝”二字。

张衡，魏曹植，晋陆机，宋谢灵运，唐骆宾王、卢照邻、李义府、苏颋、张说、源乾曜、李白、杜甫、丁春泽、刘禹锡，宋梅圣俞、石介、杨亿、晁迥、王旦、陈尧叟、尹熙古、种放、钱伯言、范致冲、邵伯温，金党怀英、元好问，元姚燧、王奕、杜仁杰、郝经、徐世隆、王恽、李简，明宋濂、方孝孺、薛瑄、李时勉、王守仁，以下不可胜数。或以纪封秩而通讽谕，或以标名胜而抒性情。登高作赋，别裁伪体，亦风雅之林也。盖搜辑者千有余篇，分录于各览中，裒然庸成之册，宛委之函矣。

蒙尝穷笠屐，按图经诹掌故，足不能至者，目与耳能至之。自红门北登，皆缘涧为磴，西掠傲来，东望摩天，群峰拱揖，杂树纷罗。中溪左右逢原，不数里辄得楼阁，憩坐皆可俯瞰平芜，黄现[①]、石关，岱阳一大关键也。而中阪胜境，必以对松、御帐为最。十八盘而上，天门寥豁，罡风引之，飘然而超绝顶矣。三观通周、秦、吴越。嵩华河海之振载，榑桑崦嵫，日月之所出入。上穷六幕，下际八埏，其在斯乎！黄华、石屋，岱北奥区，独足盘亦一关键也。夫岱阳以轩举胜，岱阴以幽异胜，其大较也。东南麓厜峨深旷，东溪之源十里河出焉。摩天岭、屏风岩亦一关键。凭高东望，其城址齐景之所“谢过”也。其明堂址，汉武从公王带所作也[②]，皆在其下。西南麓自黄现迤西，西溪出焉。水多瀵潏悬泻，山尤秀削。凌汉峰下，百泉奔注，林木蔚然，名贤栖止，风规可挹。傲来峰芙蓉怒发，仙的神嚣，西南一大关键也。竹林、龙池之胜，自宋已然矣。

汶之源岱者，曰石、曰泮。石汶出东北麓升仙岭，归堑汶。其山自九龙天烛而来，连峰沓谷，周明堂、汉仙台诸迹在其间，而青山、谷山其关键也。西北麓分水峪泮汶所出，碧花池、红雨川称绝胜焉。青天岭、青岚岭，前后相望亦关键也。其山多峭巇孱颜，巨石奇丽，流泉演涵，松楸古

① 黄现：“现”即“岘”，云“黄岘岭”。下同。

② 王，原文误作“玉”，今改。下同。

木相亚，白练飞鸣，丁香花发，令人有幽芳空谷之思。长城岭绵亘嵚崟，则岱北一大关键也。

又尝倚天柱而旷览焉。北依斗极，仰瞻神京，山灵之所拥卫。其下燕、赵之间，九河故道，尝所涉历。近则鹊华、明湖，弱冠时客游地也。东望汶、淄诸水，原、蒙、新甫诸山，近在眉睫，远则蓬莱海岛。昔登东莱城，恍惚遇之在岳南者云亭、梁父、徂徕、峄诸山，沂、泗诸水，历落可数。远之非吴越之交，衡庐之境乎？熊湘岳麓，桑梓之邦，若或有见，愀然有怀乡之感焉。西则秦晋，太华、昆仑、河源，遥为指拟。近之为灵岩，为郁葱、鸱夷诸山，为防门、光里。先君子之桐乡也，先慈氏之宰木也。眷言顾之，潸焉盈眦。非山之高深绵邈，曷为使予四顾，傍徨而不能自已也。后之览者其亦别有怀抱哉。

论曰：岱出艮而峙震。艮，东北之卦，山之质也，仁之体也。万物之所成。终而所成，始也。万物出乎震。震，东方也。其象为复，复者仁也。东方者春，春亦仁也。春之初为泰，故东岳为泰山。太昊执权以生万物，启静之钥，辟仁之门。在《易·艮》之象曰：艮，其背。韩愈以为太山之象。艮之上曰：敦艮，言培之厚也。非深根宁极，奚由有岱？泰大象为天地交？九二曰：包荒，诂者曰：包荒，仁也。仁育庶物，岱之所以峻极于天也。余登泰山得仁之方焉。

泰山赋

〔元〕郝经

粤大荒之播气，肇天一而为水。滓沉澄而浊凝，柔洞荡而刚峙。故水载乎地，地载乎山。柢艮茁震，冠海而起。为万物之始终，藏八索之首尾。堪舆之骨壮，真宰之形似。人皇九头，俶载于祀；禹凿益焚，神力是试。条而为三，别而为九，祀而为四。中维岱宗，独尊而雄。盘踞万古，莫与比隆。衡固阜丽，瘴海极炽。融飙赫赫，物毁其锐。华固秀拔，金天肃杀。

一翠横秋，万化搴握。恒亦宏富，天地阖户。玄都幽府，固阴寒冱。

粤惟兹山，首出庶岳。其顶则呀突乾维，其足则亘抐坤络。奄东国之全势，孕日出之鸿爔。作帝孙而奕大，混天胎而不凿。为有生之司命，权天地之橐籥。露太初之面目，慑巨灵之狞恶。鳌六脊而矫首，龙七襄而奋角。障大海使不流。俾降丘以登作。拒洪河之奔湍，俾回翔而北却。三州得以完厚，万民得以土著。

瞰临冀、魏，轩轾恒、赵。背左燕、辽，夹右瀛、鄗。擘青、徐之疆畛，包兖、豫之封略。压吴头而益重，捽楚尾而欲割。拉琅邪而横骛，控龟蒙而回跃。瀹济漯以为襟，带汶沂以为约。猪大霈于雷夏，泄厖泽于洙泺。

秦观可以窥长安，周观可以窥汴洛。合沓九州之半，覆压数千余里。重觉鲁强，不为齐弱。岂无他山，高蹈磊落。剑门则擅其重闭，石楼则肆其超卓。天台则郁其诡谲，太行则亘其磅礴。各据地势，偃蹇岞崿。如草昧之崛起，据偏方而骄跋。恃区区之险固，微制外之封爵。孰如兹山？中华正朔。建极启元，衣冠礼乐。天宇夷而皞皞，王道裕而绰绰。岂无群山纷纭交错？或缭绖之蛇结，或垂巘之鹫啄。或刀岩之栉叠，或断壁之牙遏。或青莲之天开，或苍屏之玉削。如夸徒与宵民，极其力而相较。客气鼓其余勇，冶容盛其涂抹。孰如兹山？衮冕黻珽，朱弦疏越。纯粹中正，崇高溥博。大哉乎！联延九重，郁如深宫，峭其中峰，见天子之雍容。前列如却，后列如剥，拱捧旋躩，见百工之致恪。云云、亭亭众星北辰，石闾、社首百鸷一鹗。既熢涌而丰隆，复旷豁而绵邈。扶青帝之宫观，缔玄台之楼阁。瀛州邃其幽深，蓬壶敞其寥廓。飞仙飘兮遨游，抱日月而遂乐。采玉芝之芳润，探先天之希阔。御绝顶之长风，眇天地于目末。阅扶桑之菌蠢，幻鱼龙之镠镐。卵长鲸于云根，巢阳乌于日脚。苍筤分其霁色，铄红金于碧落。羲和起其龙驭，骇万国以开觉。耆贶蓄而奕奕，昭灵贮而灼灼。岂徒云乎高大，乃与世而落莫。岂呈奇而露异，等寻常之岩壑哉！

若夫触石而云，肤寸而合。崇朝一雨，暵旱弭虐。卷舒阴阳，杳不可度。有如是之神，储膏溢泽，蒸为桑土。衣被天下，民无寒苦。播为阳春，狐纩天宇。发育万物，勾芒汇庶。信屈起伏，如妪如煦。有如是之仁，既高而大，又神而仁。乃于岳麓，笃生圣人。续太皞之统，萃奎壁之真。太极再造，四时复春。蕴而为道，发而为文。膏泽其民，尧舜其君。德与山高，名与山尊。六经垂天，与不死者存。则又与夫育兰茝，囿松椿，出器车，生凤麟。羡金锡之利，蕴珠璧之珍者，不既大矣乎！宜乎，唐虞盛典，周汉极制。巍巍堂堂，殷秩缛事。后王后帝，崇德报施，继继承承，垂于万世！

岱山赋（有序）

〔明〕苏志乾

泰山，五岳之东岳也，天帝之孙，群灵之府，主召人魂魄、世界贵贱、修短之事。又为岱宗，群岳之长。王者膺受符命，报告成功，必秩而祭之。七十二君尝有事焉。日月之所隐避，云雨之所郁蒸。帝王之所升封，圣哲之所钟孕。亿兆之所奔走，品汇万有之所蕃滋。功化宏矣，胜概具焉！余以计偕，绁马山椒，纵目眺览。五色炫辉，四时翕备。遂为之赋，以叩山灵。

粤稽灵岳，岹嵲阴阳。璇玑齐政，角离伊疆。晃煜玄枵，岁星位彰。青、徐、兖镇，嵫厘东方。岩岩矗矗，以临徬徨。荷天衢以拓宇，恢地纮而张皇。宣雍和之浏协，霭絪缊之淳光。其状则嵬崛岃崱，嵧嵲敞落。嶙嶒巃嵸，灵巘嶲㠕。其旷洞绵邈，则寥廓轇轕。歙赩骧腾，嵌岢駊娑，窈窕嶒崚，亘以百六十里，纡以五十余盘。谲块圠而偞纷，纠礧硠而巑岏。族云气幻，宫阙盍合，肤翛霹滓，梁父、长白罗以为辅，济、河齐偬骩以为臬。三宫空洞，帝座蓬玄。胚胎元命，兼总群仙。府神阈鬼，石室辽悬。灵真九万，崷崒四千。封云云者霞蔚，禅亭亭者云联。丹房阿阁，金床玉几。宝策瑛图，虫绿蝌紫。出震奠卯，木德王青。玉绳上显，倒景下经。五祠三庙，璠墄绮棂。金铺献曜，觚棱衺茎。驾景福之爣阆，陋灵光之岿形。碧霞掇敹其翚暎，青帝奕翥而轩亭。爌琛壁与塗墍，翼璹玟而玱玎。雕薨磊砢而鳞焕，朱楹熠爚以髹彤。枅栌戢曶而璀璨，楠柱杈枒而绚翰。雵峥嵘以俶傥，衈懿濞以罨藏。龁甜𩒳而奋噬，蹲躨跜而肮脏。

于是，日观岳峙，则夜半天鸡叫，玉鸡鸣。出于旸谷，浴金漾精。微茫掣电，岛屿惊瞪。扶桑拂景，车轮红晶。蕊渊出血，阳乌炎明。发皇耳目，披荡心神。天柱昂霄，碧落撑擎。长剑直倚天外，鳌极永藉弗倾。开颢湃于参寥，垂文虹于苍垠。月朏庚方，观自西成。三壶县圭，八鸿萦襟。瓠子带衍，沧海杯呈。其山则凤凰、石闾、徂徕、嵾㠓、石马、象鹿、青黄缅转。峰有丈人、周、秦互弁，莲花、芙蓉、屹屼连卷。石有试剑、龙蟠、虎践、胭脂、红门、硉矹屹㨢。昆仑不足比，阆风不足恋。其洞则水帘、迎阳、黄华，窈窕其纡余。崖则仙影、御帐、鹁鸽，婵媛其枝旃。岭有青岚、黄岘，十芴络琝，岩峪嵣㟞。仙址如如，金陀椒子，峛崺趑趄。弄月、锁云、弥高、仙闾。走峪窗于杳淼，轧蓊蒙而崎岖。拱台、登仙峙其限，凤凰、瞻鲁踞其侧。天门、玄武之瑰琦，醴泉、碾驼之漻洫。漆、泮、梳洗溅喝以砏洋；药园、仙寨棋布而绣织。桥，步天以漱玉；湾，饮马而忽雷。井𩰫馨以渟泓，涧汇溪而汊洄。大龙、十八之盘诘，迎天、升中之徘徊。瑶草琪花之烂漫，奇禽怪兽之㹶焞。秦松、汉柏之蚴蟉，大夫、处士之哄㕱。爰有梨、栗、枣、柿、樱、梅、林禽、中黄、文冠，翼翼繁阴。石榴、银杏、芍药、玉簪、紫薇、牡丹，吐芳耀珍。萱、葵、兰、蕙，芬披层嵚。青芝、赤箭、远志、长卿、太一余粮、钟乳、人参、黍、稷、稻、麦，黄茂绿菁。胡麻、巨胜，种各异名，绵绵虋葛；桐芽苔清，石焦黄白，宝藏骈臻。莺、鸨、鸳、鹭，鹂、鹜、鹯、鹰，翡翠、布谷、巧妇、山僧，獐、狪、獾、兔，斑文凝冰。

探之而靡竭，按之而弥深。天地帲幪其籧篨，日月升沉其户牖。烟霞玩弄其几席，风雨洒扫其墟薮。超然而远凝，旷然周览。入无而出有，挟仙飞羽。浴日御风，问天而搔首。握震旦于弹丸，吞云梦者八九。瞰青畴于获麟之野，连翠屺于辨马之峰。祥洽五云之太甲，茅开三脊之丰茸。北里鄗上，彧彧蓬蓬。苍麟赤凤，鲽鲽鹣鹣。不求而自足，不召而咸从。搜河图赤符之纬谶，讨玉牒石检之元踪。觅金泥银绳之诰箓，演峄亭云甫之登封。郕有荣期之歌，侧无苛虎之哭。何逃声于霖雨崩山之音，亦兆符于岩岩坠云之覆。稷丘濯质而炼形，老父服术而绝谷。散神楼安期之匕，宝崔文赤丸之馥。餐芝饵石者，安道于永嘉。林檎系裙者，列籍于仙族。

元气浩瀚，太虚无倪。虎豹九关，阊阖上梯。白榆析木，挥手允挤。玉京玄阙，清微弗迷，蕣华菱彩，荫霞逼霓。金波素舒，飞壁净奎。游河射目，聚井霅题。金翘红蕊，戬叆朝脐。播景风之习习，霪紫露之穰穰。蒙蒙乎渗膏龙泽，皑皑乎玉马银獐。投蚬则化玉流彩，齐鹫则披锦盉光。生烟漠漠，湔雾零霜。泰阶玉烛，六气调襄。訇訇乎坤轴乾门，瀺灂乎祝融参岭。硉矹乎嵩华二室，洊淀乎恒藩霍屏。又何八海之瀿瀷，十岳之蹬骋。恍惝乎气马尻轮，岑晕乎九垓八极。滥觞乎员峤壶岭，斟酌乎神瀵水碧。

魁梧长者，颀皙大人。白毫金粟，法流化津。蔚蓝瑶水，征侨隐沦。雾光龙威，烟客羽臣。凌空栩栩，扶摇踬踬。戴胜而出尊，吉量以延辰。祝余迷谷，鹿蜀狰訑。鸁辇鹦鷗，鹧鸺羬脂，鸾鸟载敁，玗琈陆离。婴玉瑾瑜，红光是司。莫不辐辏而沓遝，蜂午而充驰。飘飘乎矫列缺以轻举，罥罥乎，泛磅礴于云螭。此亦天下之玮丽壮观也。尔其皇风载融，帝道郅理。鄂煜乎云官，缉熙乎鸟纪。滴泙烽绝，狼胥望已，有铭鼎粪车之醇，无白云黄竹之靡。八骏弢骅骥之乘，谐媚杜蒯际之呰。屈秩生庭，蓂荚挺吧。莲蒲风摇，瑞芝华起。鲑觽驺虞，循陆游沚。龙盈孔沼之流，乌骈三足之踦。穆穆蔼蔼，清宁康泰。埒造化而受功，德二仪而跻大。一人有庆，兆民共赖。皇哉皇哉，猗欤休哉！是泰山靡记而梁甫靡几？管仲之所不必谏，长卿之所不必书者也。

乱曰：玄玄黠闳，廓上真兮。黼芾焜煌，散澄凝兮。奂奏黔界，展庨豁兮。㵘駩邋遼，终觝驓兮。会心爽垲，凿形骸兮。洸洸荡荡，豁我怀兮。时圣道韪，盛孰涯兮。

岱宗赋

〔明〕释慧秀

惟大东之灵岳，跨齐鲁之上疆。应天星于角亢，分带砺于徐方。配高明而作则，司人命之短长。实九垓之巨镇，禀清气于少阳。考虞巡以称首，历周狩而弥光。秩视三公，位居长子。佐青帝以发春，御苍龙而经始。尔其浑沦磅礴，赫赫岩岩。含精布化，蓄宝出潜。拓址绵邈，四方是詹。仰绝云汉，俯穷荒裔。渤澥杯浮，碣石芥峙。丸泥启于函谷，匹练悬于吴会。鸡鸣出日，鸟宿没景。极宇宙之壮观，肆心神于独骋。

若夫妙幻恍惚，甫阴欻阳。轰雷车于下界，张鸟翅于崇冈。叆叇则湱从肤合，霡霂则润及要荒。霞明雾晦，集霰飞霜。红芳脱而绿茂，嘤鸣逝而鸷扬。固无物而不备，亦何序而不臧。其上则神霄、玉女、日观、天门、丈人、君子，巀嵲居尊。凤凰、石马、雕窝、鹤巢，思乡分水，青岚昼消。三字、五花、傲来、仙影、锁云、弄月，回雁孤挺。悲愚俗之舍身，念仙闾之莫拯。其下则徂徕、高里、梁甫、云亭，莲华岞崿，狮子峥嵘。御幛当前，马棚侍右。仙台远举，长城迤后。飞鸦、伏象、负褓、悬刀，呼名不一，送目匪遥。靡不纡青贯紫，吐瑞擎霄。列仙班于庑下，群拱玉以来朝。石则羊阑、虎阜、牛心、龙口、大悬、小悬，舟屋形取。若涂胭脂于落照，试干将而中剖。织女用以支机，生公喜其肯首。泉则飞鸾、白鹤、护驾、涤尘、瑶池、水帘、玉醴、天绅，碾驼周于石屋，圣泉泻于云根。泛桃李兮出谷，渍云药兮轻身。洞则白云、黄华、鬼仙、金母，想引蛇于五丁，异藏书之二酉。峪则大龙、小龙、石经、石壁，问椒子于阳坡，识仙人之履迹。至若东西二汉，虬在、鹰愁、投书、饮马，雷鼓喧流。王母之池，封家之汇，或下溹河，或趋汶水。取仁智之能兼，岂江湖之是侈。

尔乃夭乔并丽，飞走咸若。松却秦官，柏膺汉爵。椿、梧、梓、桧、榆、柳、桑、柞、楸、槲、榕、栾、杨、楝群木，皆土所宜，取用斯绰。卉则辛夷、长春、凌霄、夜合、莺粟、鸡冠、蔷薇、芍药、山丹、月季，五色的烁。

紫藤、黄萱，尤堪馈馌。果则梨、栗、枣、柿、梅、李、杏、桃、林檎、石榴，笾实充饶。朱樱夏熟，柴柰秋摇。可以黍雪，可以冰调。雕筵是荐，辟暑蠲痟。药则青芝、赤箭、太乙、长卿，鬼见须愁。王不留行，车前之穗，马兜之铃。黎卢、泽泻、山查、地丁，鸳鸯之蕊，枸杞之英。金石沙土，载在图经。克瘳厥疾，匪若眩瞑。鸟则红娘、巧妇、白练、黄鹂、鸠雀、莺鸰、鸦鹊、雉鸡、提壶、布谷、野鹜、鸬鹚，声如唱佛。种似画眉、鹌鹑、飞翠，时或有之。兽则獐、麂、獾、鹿、苍狐、白狼，两足跃兔，三色羱羊，戴珠之狪，披黄之鼠，奔蹩投崖，昼伏夜起。匪曰山珍，备物乃纪。溪涧之水，易涸易盈，游鳞不产，奚贵空名。谷有稷、黍、稻、麦、菽、粟、胡麻、巨胜，民用恒足。豆兼黑、白、青、黄、赤、绿，香闻九里，岁惟二获。野茧缫丝，木棉选荸。有枲有麻，以供常服。坚冰在阴，积雪在谷。少暑多飙，陶旊不蓄。太古之风，淳朴之俗。穴处巢居，如豕如鹿。是曰山氓，迷宠就辱。

若夫葆光抱一，吸景餐霞。拥琴而留帝跸，授枕而驻春华。崔文卖丸，安期施散，皆托迹于名山，岂东都之所产？亦有断言离相，晏坐经行。拥旃檀之海，传日月之灯。心空浩劫，境现化城。疏青鸳于椒轴，来白马于西京。莫不志超元阃，道合法程。然而正智罕修，诡习易启。核鬼神，稽稗史，标元号于碧霞，肖天孙而庙祀。冠裳信其耳食，估贩遵其遝趾。役蠢庸，倾妇寺，望云封以叩心，首奉高而委积。靡不思灵璈之一奏，镜翠葆之乍临。群谋翕集，千里同心。乃俾东皇逊烈，震位避尊。无怀之禅既阙，轩辕之鞅不臻。玉检淼茫，金泥销缩。墟秦汉之遗踪，悼登封之弗续。茂陵所以兴怀，蚕室虚其叙录。抑未谂夫降精孕淑，诞孔生颜。孟表乘云之梦，曾歌雨雪之田。泱泱大风，巍巍雅操。一圣三贤，皆钟元造。发二仪之秘藏，开百王之道奥。寤群昏于长野，振千秋之文教。此四岳甘心乎殿绩，而九山弗矜其微效者也。

乱曰：天作高山，岱惟宗只。终始万物，位则崇只。油云沛雨，但常丰只。笃生圣贤，福无穷只。民之昭昭，繄厥功只。匪孔及孟，世皆朦只。

七十二君，道则彰只。封不加尊，德有常只。彼秦与汉，仪既详只。六师皇皇，民事妨只。鸿惟我明，秩号当只。遣造以时，国运昌只。我赋且歌，思不忘只！

泰山赋（以措天下于泰山之安为韵）

〔国朝〕周藩

惟岳渎之成形，视公侯之分措。水顺流而朝宗，山常峙而巩固。望北极之崚嶒，自浑源而飞渡。瞻南陆之岧峣，翳祝融其孤露。削三峰于太华，绝龙岭之依附。列二室于中嵩，凭女几而回顾。是宜作镇以居方，莫不效灵而绵祚。若乃调元出震，宰物参天。疆分鲁室，星曜角躔。冠群岳而称宗，扶舆郁积；筦芸生而迭代，造化司权。结轮囷之福地，吐奇秀于层巅。扳跻则盘磴数十，绕匝亦步武盈千。石偃蹇而堆阜，洞潺湲而流泉。池一泓而清浅，峪万态之阿卷。当峰回而路转，临绝壁于深渊。甫倚云于岭上，寻骋目于祠前。久推灵府，厥号蓬元。尔其正位当阳，升高自下。仙影如迎，德星不夜。秦碑无字以搘撑，玉女乘风而羽化。狻猊卓立而扬威，猛虎狰狞而恐吓。云锁卷舒以自成，水帘滴沥而珠泻。飞龙夭矫而虬藏，翔凤雍喈而鹤哑。五花三字，扪手有棱。流水高山，暴经无榭。时拊石以试心，还避风而抵罅。既凌汉而弥高，亦朝阳而望驾。斯则御幛之岩壑皆奇，而邀封之大夫堪诧者也。

他如神霄分列，翠影相于。顾瞻左右，遍历崎岖。探巀嶪之雕窝，启邃幽于仙闾。望海若之澎湃，观星宿之乘除。吴门渺以阒寂，洛邑化为丘墟。日甫出而曈曈，雁倦飞而徐徐。数三尖之默默，揽独秀而鱼鱼。乍凭空以挝鼓，思临渊而投书。将授经而卒业，宁藏剑以沦胥。石景贤其特立，台可止而何居。彼君子兮，方高蹇而迈俗；有丈人者，若矗起而招予。

爰是策藤杖，卸篮舆，蹑游屐，飘仙裾，发金丝之响，陟石马之砠。怖虎饮之饕餮，感猴愁而欷歔。明月嶂前阴翳，桃花洞里泥淤。朗然子归乌有，黄伯阳属子虚。亦何事向懒张而问道，临黑闼以踌躇。则且管窥博物，钞青小谞，一灵布濩，万象萝与。仙茗香远而轧茁，巧妇韵清而栖庐。山僧赞佛而不辍，天麻滴泪而堪锄。练拖红白而熠耀，英餐紫赤而常储。参抽四叶而种别，兔蹶两足而技疏。狪狪仅志于神禹，斑斑偶似夫王馀。是特标奇之末节，而为他山所弗如。矧槐自唐而枝茂，柏从汉而条舒。经风霜之剥蚀，穆然想见乎古初。懿夫上下，交地天泰。麟凤游，车书会。以时巡，方春霭。载青旂，张翠盖。动法官，鸾声哕。坐明堂，恩膏沛。一人庆，兆民赖。歌四国之是皇，告三时之不害。是其省方也，务使宣德达情；而其望祀也，不过燔柴沃酹。王心无逸以作所，穆穆尔容。神灵申命而用休，绵绵其赉！夫何七十二代之君，陋习相沿。上封下禅，徒喜功而好大。曰云云与亭亭，侈规模之无外。若天书与灵芝，尤伎俩之狡狯。聿有景行前哲，仰止高山。藐六合于指掌，梯九仞而难扳。叹苛政而心恻，望匹练而鬓斑。云飘飘而鸣咽，殚子职于宽闲。象岩岩以笃生，看云气之往还。怀尔音于霖雨，志吾过于郊关。析春秋之奥旨，堪砭订夫愚顽。若烟霞之锢疾，驻大药于朱颜。或完真而蜕故，伤寂寞之维艰。或留芳而表异，要象数之素娴。神已游乎方外，世不类乎人间。苟传疑而多阙，讵仙籍之可删。至若登皋以啸者，有味乎言之。丘陵发兴与宣圣，篆籀勒石于李斯。子建之才高七步，张衡之韵叶四思。李、杜之气体高迈，陆、谢之句法参差。相如留札于身后，洪迈撰记于当时。燕国公落墨自大，回道人琢句生姿。宛陵以穷考而弥工，髯苏以壮游而恢奇。铭天门而气冲宵汉，赋日观而彩映瀛池。凡夫萃美，宣和之制，磨崖阴字之碑，罔不彪彪而炳炳，信大文之在乎兹！因作歌曰：发岱岳兮，望长安。辉宸翰兮，陋紫坛。卿云缦缦兮，零溥溥。山光勃发兮，庙貌殊观。纪翠华之驻跸兮，来舞鹤与骖鸾。惟明德之荐馨兮，极上际而下蟠。元君聿彰其丕应兮，万年厌而百福攒。何高厚之不择土壤兮，占鸿雁之渐磐。思成民以致力兮，惧蚊负而旷厥官。抒长言以向往兮，灵踊跃于豪端。

岱览卷第二

总览一

原岱下

四愁诗

〔汉〕张衡

一思曰：我所思兮在泰山，欲往从之梁父艰，侧身东望涕沾翰。美人赠我金错刀，何以报之英琼瑶。路远莫致倚逍遥，何为怀忧心烦劳。

飞龙篇

〔魏〕曹植

晨游泰山，云雾窈窕。忽逢二童，颜色鲜好。乘彼白鹿，手翳芝草。我知真人，长跪问道。西登玉堂，金楼复道。授我仙药，神皇所造。教我服食，还精补脑。寿同金石，永世难老。

驱车篇

驱车挥驽马，东到奉高城。神哉彼泰山，五岳专其名。隆高贯云霓，嵯峨出太清。周流二六候，间置一二亭。上有涌醴泉，玉石扬华英。东北望吴野，西眺观日精。魂神所系属，逝者感斯征。王者以归天，效厥元功成。历代无不遵，礼记有品程。探策或长短，惟德亨利贞。封者七十帝，轩皇元独灵。餐霞漱沆瀣，毛羽被身形。发举蹈虚廓，径庭升窈冥。同寿东父年，旷代永长生。

仙人篇

仙人揽六箸，对博太山隅。湘娥拊琴瑟，秦女吹笙竽。玉樽盈桂酒，河伯献神鱼。四海一何局，九州安所如。韩终与王乔，邀我于天衢。万里不足步，轻举凌太虚。飞腾逾景云，高风吹我躯。回驾观紫微，与帝合灵符。阊阖自嵯峨，双阙万丈余。玉树扶道生，白虎夹门枢。驱风游四海，东过王母庐。俯观五岳间，人生如寄居。潜光养羽翼，进趋且徐徐。不见轩辕氏，乘龙出鼎湖。徘徊九天上，与尔长相须。

泰山梁甫行

八方各异气，千里殊风雨。剧哉边海民，寄身于草野。妻子象禽兽，行止依林阻。柴门何萧条，狐兔翔我宇。

泰山吟

〔晋〕陆机

太山一何高，迢迢造天庭。峻极周已远，层云郁冥冥。梁甫亦有馆，蒿里亦有亭。幽岑延万鬼，神房集百灵。长吟太山侧，慷慨激楚声。

登山诗

谢道韫

峨峨东岳高，秀极冲青天。岩中间虚宇，寂寞幽以玄。非工复非匠，云构发自然。气象尔何物？遂令我屡迁。逝将宅斯宇，可以尽天年。

泰山吟

〔宋〕谢灵运

泰山秀维岳，崔崒刺云天。岞崿既崄巇，触石辄迁绵。登封瘗崇坛，降禅藏肃然。石闾何晻蔼，明堂秘灵篇。

太山吟六首

〔唐〕李太白

四月上泰山，石平御道开。六龙过万壑，涧谷随萦回。马迹绕碧峰，于今满苍苔。飞流洒绝巘，水急松声哀。北眺崿嶂奇，倾崖向东摧。洞门闭石扇，地底兴云雷。登高望蓬瀛，想象金银台。天门一长啸，万里清风来。玉女四五人，飘摇下九垓。含笑引素手，遗我流霞杯。稽首再拜之，自愧非仙才。旷然小宇宙，弃世何悠哉。

清晓骑白鹿，直上天门山。山际逢羽人，方瞳好容颜。扪萝欲就语，却掩青云关。遗我鸟迹书，飘然落岩间。其字乃上古，读之了不闲。感此三叹息，从师方未还。

平明登日观，举首开云关。精神四飞扬，如出天地间。黄河从西来，窈窕入远山。凭崖望八极，目尽长空闲。偶然值青童，绿发双云鬟。叹我晚学仙，蹉跎凋朱颜。踌躇忽不见，浩荡难追攀。

清斋三千日，裂素写道经。吟诵有所得，众神卫我形。云行信长风，飒若羽翼生。攀崖上日观，伏槛窥东溟。海色动远山，天鸡已先鸣。银台出倒景，白浪翻长鲸。安得不死药，高飞向蓬瀛。

日观东南倾，两崖夹双石。海水落眼前，天光摇空碧。千峰争攒聚，万壑绝凌历。缅彼鹤上仙，去无云中迹。长松入云汉，远望不盈尺。山花异人间，五月雪中白。终当遇安期，于此炼玉液。

朝饮王母池，暝投天门关。独抱绿绮琴，夜行青山月。山明月露白，夜静松风歇。仙人游碧峰，处处笙歌发。寂听娱清晖，玉真连翠微。想象鸾凤舞，飘飖龙门衣。扪天摘匏瓜，恍惚不忆归。举手弄清浅，误攀织女机。明晨坐相失，但见五云飞。

望岳

杜甫

岱宗夫如何，齐鲁青未了。造化钟神秀，阴阳割昏晓。荡胸生层云，决眦入归鸟。会当凌绝顶，一览众山小。

泰山

〔宋〕石介

七百里鲁望，北瞻何岩岩。诸山知峻极。五岳独尊严。寰宇登来小，龟蒙视觉凡。此为群物祖，草木莫锄芟。

岳色

春近满鲁分，雨余堆汶河。浓云映不尽，残照射来多。高与天临县，闲同月上坡。特开西北户，爱此郁嵯峨。

和子由韩太祝送游太山

苏轼

偶作郊原十日游，未应回首厌笼囚。但教尘土驱驰足，终把云山烂漫酬。闻道逢春思濯锦，便须到处觅菟裘。恨君不上东封顶，夜看金轮出九幽。

岳下

苏辙

东来亦何求，聊欲观海岱。海西尚千里，将行勇还退。岱阴即齐疆，南往曾历块。春深草木长，山暖冰雪溃。中巷无居人，南亩释耕耒。车徒八方至，尘坌百里内。牛马汗淋漓，绮纨声綷縩。喧阗六师合，汹涌众流汇。无复问谁何，但自舍耽爱。龙鸾画车服，贝玉饰冠珮。骅骝蹴腾骞，幡旆飞晻暧。腥膻及鱼鳖，琐细或蒲莱。游惰愧无赍，技巧穷殊态。纵观睲未已，精意殚一酹。出门青山屯，绕郭遗迹昧。登封尚坛壝，古观写旗队。戈矛认豪末，舒卷分向背。雍容太平业，磊落丰碑在。往事半蓬蒿，遗氓但悲慨。回瞻最高峰，远谢徂徕对。欲将有限力，一放目所迨。天门四十里，预恐双足废。三宿遂徘徊，归来欲谁怼。前年道环辕，直上嵩岭背。中休强饮食，莫宿时盥颒。稍知天宇宽，不觉人寰秽。岁时未云久，筋骸老难再。山林无不容，疲尔坐自碍。自知俗缘深，毕老守阛阓。何当御清风，不用车马载。

次韵韩宗弼太祝送游太山

羡君官局最优游，笑我区区学问囚。今日登临成独往，终年勤苦粗相酬。春深绿野初开绣，云解青山半脱裘。回首红尘读书处，煮茶留客小亭幽。

登岱

〔金〕元好问

泰山天壤间，屹如郁萧台。厥初造化手，办此何雄哉。天门一何高，天险若可阶。积苏与累块，分明见九垓。扶摇九万里，未可诬齐谐。秦皇？憺威灵，茂陵亦雄才。翠华行不归，石坛满苍苔。古今一俯仰，感极令人哀。是时春夏交，红绿无边涯。奇探忘（去声）登顿，意惬自迟回。惜无赏心人，欢然尽余杯。夜宿玉女祠，崩奔涌云雷。山灵见光怪，似喜诗人来。鸡鸣登日观，四望无氛霾。六龙出扶桑，翻动青霞堆。平生华嵩游，兹山未忘怀。十年望齐鲁，登临负吟鞋。孤云拂层崖，青壁落落云间开。眼前有句道不得，但觉胸次高崔嵬。徂徕山头唤李白，吾欲从此观蓬莱。

登岱

〔元〕李简

三峰突兀与天齐，天门未到劳攀跻。层层石磴出林杪，萦回百折青云梯。盘石暂憩舒清眺，涧壑风来号万窍。水声俄在树梢头，疑有于菟天外啸。向晓才登日观峰，手披云雾开鸿蒙。火轮欲上海波赤，金霞翻动苍龙宫。黄河一线几千里，吴越山川真地底。为数齐州九点青，更将伏槛窥东溟。李白不遇安期生，安得羽翼飞蓬瀛。

泰山

王奕

扆齐机鲁辟天关，左右微垣列两班。大展明堂俱翕受，黄河东畔少游山。

泰山喜雨

张志

岱宗天下秀，霖雨遍人间。高卧今何在？东山似此山。

泰山高寄陈彦正

吴莱

泰山一何高，高哉极青天。世人欲上不可上，层岩峭壁徒攀缘。望中绝顶路一断，石穴上出，铁锁下絚，历趚相钩连。谁欤爱奇者，步步喜若颠。一心不顾死，双手捩长烟。毛群惊回少虎豹，羽族跕堕多乌鸢。浩气刚风，抟结虚空作世界。蜚龙捷鬼，凿开混沌巢神仙。道逢四五叟，含笑使来前。黄冠皓发傲几榻，野菜素粥铺盘筵。自非尔愿力，何计此留连。当知仰叩，暧昧云霄有顶处；得不俯蹑，崭岩箐栈无穷渊。嗟兹大凡夫，行尸走肉真腥膻。段翳思家最可惜，李绅恋俗终难镌。举头告神人，苦乏风马与电鞭。藤萝束缚即缒下，但见松柏槠椮数万仞。石棱突兀横戈铤。古来秦汉东封不到此，惟问梁父并肃然。日观嵯峨恍在下，蓬莱浩渺空楼船。彼云鲸可射，此谓狗能牵。安期羡门一往不复返，文成五利受宠骤贵祈长年。仙人自有真，至道何由传。逖焉龙汉延康纪，去授金铛玉佩篇。

登岱

〔明〕宋濂

岧峣泰岳柱苍穹，万壑千岩一径通。象纬平临青帝观，灵光长绕碧霞宫。凌晨云幔天涯白，子夜晴摇海日红。玉露金茎应咫尺，举头霄汉思偏雄。

夏月登岱

方孝孺

振衣千仞思悠悠，泰岱于今惬胜游。秦汉旧封悬碧落，乾坤胜概点浮沤。海明日观三更晓，风动天门九夏秋。更上云端频极目，紫微光电闪昊钧。（集无此诗，此本《岱史》）

茌平早行望岳

曾棨

我欲登泰山，凭高望八极。浪迹十二年，蹉跎竟难得。今晨马上忽见之，屹立东南半空碧。想当洪蒙时，二气相郁蟠。大块戏黄土，莫能识其端。圆灵降崖崿，坤后孕峰峦。一朝天地划开辟，但见千丈万丈高巑岏。乃知造化神，置此奠坤轴。巨灵枕其巅，六鳌戴其足。愚公不能移，长房不能缩。天工经营鬼斧凿，削出千数百峰青立玉。自从上古来，南风吹不平。日月出华彩，星宿扬光晶。寒崖积冰雪，阴壑驰风霆。云霞炫明晦，草木发精英。上浮金银气，下潜魑魅形。岩岩鲁所瞻，作镇朝百灵。昆仑以为父，四岳以为兄。匡庐峨嵋乃其子，此外培嵝皆云仍。齐鲁青未了，此语何足凭。其上万里天，亦借兹山青。秦皇汉武巡游遍，玉检金函重封禅。风雨莓苔往日碑，烟云松柏当时殿。由来五岳秩三公，况尔巨镇山之宗。钟灵毓秀杳莫测，磅礴下土专其雄。我皇御天生有圣德，广彰仁化诞布恩泽。一举平安南，再举清漠北。车驾时巡过泰山，望祭筑坛陈玉帛。小臣幸此奉宸游，一见兹山爱山色。虽无涓尘补河岳，颇有词气填胸臆。他年载笔颂神功，刻尽泰山山上石。

过泰山偶赋

汪广洋

七十二神州，淋漓紫气浮。天低众山小，星拱一峰秋。云翳成龙虎，岚光薄斗牛。岱宗与恒岳，引领日东头。

登泰山

徐有贞

岂厌丹崖步步迎，眼前灵景变阴晴。马从万丈松边驻，人在九重天上行。朝见白云山半起，夜看红日海东生。还知恋阙心无远，直此分明是帝京。

泰山

夏寅

东方为岱众山宗，万域人心仰止同。七十二君封禅后，数千年事渺茫中。鲲游北海云长黑，鸡验中宵日已红。弱水蓬莱在何处，群仙初别大明宫。

登岱四首

王守仁

晓望泰山道，行行入烟霏。阳光散岩壑，秋容澹相辉。云梯挂青壁，仰见蛛丝微。长风吹海色，飘飖送天衣。峰顶动笙乐，青童两相依。振衣将往从，凌云忽高飞。挥手若相待，丹霞闪余晖。凡躯无健羽，怅望不能归。

天门何崔嵬，下有青云浮。泱漭绝人世，迥豁高天秋。暝色从地起，夜宿天上楼。天鸡鸣半夜，日出东海头。隐约蓬壶树，缥缈扶桑洲。浩歌落青冥，遗响入沧流。唐虞变楚汉，灭没如风沤。藐矣鹤山仙，秦皇岂堪求。金砂费日月，颓颜竟难留。吾意在庞古，泠然驭凉飕。相期广成子，太虚共遨游。枯槁向岩谷，黄绮不足俦。

穹崖不可极，飞步凌烟虹。危泉泻石道，空影垂云松。千峰互攒簇，掩映青芙蓉。高台倚巉削，倾侧临崆峒。失足随烟雾，碎骨颠崖中。下愚竟难晓，摧折纷相从。吾方坐日观，披云笑天风。赤水问轩后，苍梧叫重瞳。隐隐落天语，阊阖开玲珑。去去勿复道，浊世将焉穷。

尘网苦羁縻，富贵直露草。不如骑白鹿，东游入蓬岛。朝登泰山望，洪涛隔缥缈。阳辉出海云，来作天门晓。遥见碧霞君，翩翩起员峤。玉女紫鸾笙，双吹入晴昊。举首望不及，下拜风浩浩。掷我玉虚篇，读之殊未了。傍有长眉翁，一一能指道。从此炼金砂，人间迹如埽。

泰山高

欧生诚楚人，但识庐山高。庐山之高犹可计寻丈，若夫泰山仰视恍惚，吾不知其尚在青天之下，其色直出青天上。我欲仿拟试作《泰山高》，但恐丘垤之见，未能测识高大，笔底难具状。

扶舆磅礴元气钟，突兀半遮天地东。南衡北恒西有华，俯视伛偻谁雌雄？人寰茫昧乍隐见，雷雨初解开鸿蒙。绣壁丹梯，烟霏霭霸。海日初涌，照耀苍翠。平麓远抱沧海湾，日观正与扶桑对。听涛声之下泻，知百川之东会。天门石扇，豁然中开；幽崖邃谷，聚积隐埋。中有遁世之流，龟潜雌伏，餐霞吸秀于其间，往往怪谲多仙才。上有百丈之飞湍，悬空络石，穿云而直下，其源疑自青天来。岩头肤寸出烟雾，须臾滂沱遍九垓。古来登封，七十二主；后来相效，纷纷如雨。玉检金函无不为，只今埋没知何许？但见白云犹复起封中，断碑无字，天外日日磨刚风。飞尘过眼倏超忽，飘荡岂复留其踪？天空翠华远，落日辞千峰。鲁郊获麟，岐阳会凤。明堂既毁，闷宫兴颂。宣尼曳杖，逍遥一去不复来。幽泉呜咽而含悲，群峦拱揖如相送。俯仰宇宙，千载相望。墮山乔岳，尚被其光。峻极配天，无敢颉颃。嗟予瞻眺门墙外，何能仿佛窥室堂？也来攀附蹑遗迹，三千之下，不知亦许再拜占末行。吁嗟乎！泰山之高，其高不可极。忽然回首，此身不觉已在东斗傍。

登岱四首

边贡

岱宗山秀百灵屯，壁立烟霄万古存。幽府化机盘地轴，上清真气接天门。霞标日观青松丽，春透龙池碧水温。薄暮振衣峰顶石，蓬莱东眺海云昏。

北上天门日未斜，刚风吹我度谽谺。仙人洞古留丹鼎，玉女祠高护碧霞。深涧千年犹冻雪，阴崖四月始桃花。秦封汉禅俱牢落，细读穹碑感岁华。

玉皇祠畔一凭阑，绝顶风高夏亦寒。北去尘沙通瀚海，西来天地是长安。青云迥隔三千界，白日平临十八盘。似有飞仙度幽壑，凤笙声袅珮珊珊。

岩嶂崔嵬云雾升，泰山灵秀古今称。百千万地岂重有，三十八年才一登。贝殿深春来供客，松崖落日下樵僧。中天夕磬泠泠发，知在烟峦第几层。

登岳二首

乔宇

五岳谁争长，东皇万物先。晦明分日月，呼吸变云烟。厚脉中盘地，神功上配天。云亭问封禅，千古竟茫然。

百灵朝拱处，空籁听琅璈。地据中原胜，天临下界高。云山双老眼，江海一秋毫。欲访蓬瀛去，从谁借六鳌。

登岳二首

赵鹤

分明苍秀拔云开，谁凿当年混沌胎。山压星辰从下看，海浮天地自东回。一时岱狩雍容礼，千古崧高制作材。载说皇朝称祀诏，始知神哲奠三才（自注云：革前代渎加封号）。

一上遥岑万丈苍，天风应为袭衣裳。鸡鸣往往看东日，人语时时到下方。云暗钟声连海树，春浮花气入山堂。四时未歇登游兴，翻说崖禽唤客忙。

望岳

李东阳

偶上奎文阁，来观泰岳峰。半空翻碧浪，平陆走苍龙。紫爱沾岚湿，青怜泼黛浓。长源随迤逦，高树助蒙茸。幢节迎还送，戈矛击更冲。烟霞变明晦，云雨验丰凶。混沌天初辟，精灵地所钟。分疆书禹贡，肇域纪尧封。挹浅临沧澥，凭虚极华嵩。行尊宜作丈，名重合称宗。外敛神无迹，中涵德有容。庙严王者象，植古大夫松。北阙身长系，东轺境暂逢。崖跻愁日观，谷啸想风从。圣主斋心切，儒臣乐事慵。饔飧惭驿廪，舆从悯官佣。岁旱当忧国，民劳恐病农。我方颐一笏，谁共手双筇。日月蹉跎易，溪湖限隔重。奋飞输鸟翼，飘泊信萍踪。濯热思晞发，凌秋忆荡胸。酒阑多爽气，凉思晚惺松[①]。

问郑生登岱二首

李梦阳

昨汝登东岳，何峰是绝峰？有无丈人石？几许大夫松？海日低波鸟，岩雷起窟龙。谁言天下小，化外亦王封。

俯首无齐鲁，东瞻海似杯。斗然一峰上，不信万山开。日抱扶桑跃，天横碣石来。君看秦政后，仍有汉王台。

仰五岳歌之一

我所仰兮在泰山。侧身东望阻齐关，南有龟蒙东肃然。仙人赠我绿琼丹，招我东游扶桑间。我欲从之途路艰，东望河济涕潺湲。

登岱

杨祜

兹山何峻极？盘礴亘百里。鸟道五丁开，云标三观起。雪涧无冬春，烟岚互苍紫。星垂崖户外，人度青天里。阳枝晞日华，阴谷飞霞绮。仙灵此窟宅，幽异讵能纪。

望岳二首

廖道南

岱宗高巃嵸，群峰凌紫穹。日观影扶桑，月嶂烟朦胧。飞泉走其下，

① “松”，当作“忪”。

宛然双白龙。上有玉女池，银河泻长虹。玉女散天花，万朵青芙蓉。仙人王子乔，绛节朝上宫。遗我金检书，期我遥相从。我欲从之游，云路险且重。何当谢尘鞅，晞发咸池东。

咸池有仙国，乃在帝座旁。紫虚悬玉榜，绛阙辉琳琅。曲琼挂绮疏，晻霭摇星潢。祥烟袅丛林，葳垂花树香。安期与韩众，双骑丹凤凰。采采金光草，和彼紫霞浆。朝翔天门关，夕息帝女桑。俯视浊世士，奔走驹隙光。愿言凌飞涛，遨游东海洋。

登岳二首

高诲

翠削芙蓉万朵开，瑞烟缭绕护仙台。瑶池宴罢金虬去，明月屏空紫凤来。雨霁归云栖树杪，夜深日出见蓬莱。向时未到天门上，九点齐州祇浪猜。

踏碎芙蓉万壑秋，无端造物与心游。斗联西北天枢近，海坼东南地轴浮。凉影月窥云外榻，寒声风满雁边楼。胸中尘土都消却，一枕清泉不断流。

梦游泰山歌

袁袠

我闻泰岳五岳之所宗，巍乎高哉拔起摩苍穹。天门日月相避隐，势压九服何其雄。扶桑竭石眇在下，安论凫绎连龟蒙。宵梦凭陵骑六龙，足蹑列缺驱泠风。扪参历井上日观，飘飘直谒元君宫。白榆赤桂夹御道，中有颜如桃花，肤莹玉雪，绿发皓齿，十五双金童。手持灵诀授我读，科斗奇字殊难通。凡胎俗骨不可换，觉来相失沧溟东。朝逢海上青鸟使，邀我远游登岱宗。开缄长跪读数过，星文云篆恍与梦寐同。向平婚嫁未毕累，长卿卧病还书空。何当白日生羽翼，飞上泰岱绝顶第一之高峰。

登岱六首

王世贞

绀宇虚无岱色边，岧峣飞磴界苍烟。峰回嶂壑纷相拱，石坼松萝袅自悬。过雨双龙争玉峡，擘云孤鹫拄青天。平生故有峥嵘意，识尔应从太始前。

翘首精神欲奋扬，几从开阖见阴阳。千崖忽蔽中原日，六月长飞使者霜。在昔钧天青帝座，即今封地白云乡。远应五岳都游遍，乞取安期火枣尝。

奔崖瀑落拥晴雷，策石驱龙辇道开。匹练天萦吴观出，金泥日射汉封回。河流挟雨俄千带，海色摇空仅一杯。莫向封坛论王气，只应尘世有仙才。

尚忆秦松帝跸留，至今风雨未全收。天门倒泻银河水，日观翻悬碧海流。欲转千盘迷积气，谁从九点辩齐州。人间处处襄城辙，矫首苍茫迥自愁。

幞衣吾欲卧天门，中夜凭栏起自论。半割乾坤悬对抱，低垂星斗乱堪扪。狂呼六博仙人箸，渴问三浆玉女盆。为道昆仑更奇绝，还从博望访河源。

壁立芙蓉万古看，削成松桧隐高盘。中峰翠压徂徕色，绝顶青收碣石寒。梁甫吟成还自和，茂陵书就欲谁干。依微倘有吴阊在，欲向秋风问羽翰。

怀泰山

李攀龙

域内名山有岱宗，侧身东望一相从。河流晓挂天门树，海色秋高日观峰。金箧何人探汉策，白云千载护秦封。向来信宿藤萝外，杖底西风万壑钟。

赠殷太史正甫登太山二首

明堂天子昔登坛，御道风流拥汉官。海色迴临三观动，春阴不散五松寒。白云忽向封中出，玉牒谁从箧里看。此日满朝求禅草，相如早晚入长安。

上宫春色自何年，阿阁神房几洞天。囊里定携三秀草，怀中曾拟四愁篇。射牛汉迹今犹在，系马吴门似杳然。七十二家论祀典，还朝可奏圣人前。

和魏使君扶侍游太山

中天詄荡敞天门，上帝楼台拱帝孙。五马并临吴观重，诸峰独让丈人尊。秦松忽借苍颜驻，海日遥衔紫气屯。可道黄河看似带，须知西北是昆仑。

登泰山

杨继盛

志欲小天下，特来登泰山。仰观绝顶上，犹有白云还。

登岱为亲祈寿

谢榛

岱岳初登眺，秦松不可攀。欲将千古色，长比二亲颜。心切云相倚，行迟鹤共还。仙童授芝草，灵秀到庭间。

登泰山二首

潘桢

大翼垂云须九万，天游今日殆忘还。千年谁更观沧海，老脚吾方到泰山。雨过春岩龙自戏，松生太古鹤常闲。题诗不尽孤高意，起立中峰看世寰。

神仙鹤背也超然，泰岳朝骑凌紫烟。山压东溟盘大地，路横北斗到青天。手中日月谁同弄，象外风光我得先。一笑人间空万古，太清聊倚兴无边。

望泰山

胡缵宗

山下秋日正皓皓，山上秋雨还冥冥。夜来岩畔挂星斗，晓起涧底兴雷霆。阴阳变幻倏忽异，天地阊阖苍茫灵。何当结庐向山住，朝朝吟对芙蓉青。

登岱

黄哲

今年初出承明班，折腰从政青徐间。神州二月新雨霁，我来万里观名山。名山泰岱连云上，邹峄徂徕郁相望。晨霞仿佛见丹崖，旭日曈昽射青嶂。羽服逍遥山际行，垂萝盘石争回萦。乔树千章寒谷秀，阴泉百道晓虹明。天都太古瑶坛在，石室丹炉长不改。中林迢递蹑天门，五色芙蓉辉光彩。东极群真鸣佩环，招摇玉女开金关。苍龙飞去溟海阔，黄鹤下唳清风还。奎壁祥光生缥缈，日观扶桑擘昏晓。登临今日九州同，顾视宁论万山小。名岳齐天天不知，斋宫虔洁闷灵祇。宝鼎椒兰腾馥郁，芝楹华盖仰葳蕤。祠宫祝厘朝击鼓，玉童吹笙双凤舞。鲁祊秦祀变浮云，后土精灵夜相语。功成世世来登封，明堂骏奔朝岱宗。翠华行处入归鸟，樛木尽亚随飞龙。微茫玉检无人识，绿云阴洞秋声急。但问松乔遗素书，我欲因之蜕凡骨。绝顶元芝应再生，神游早愿抛尘缨。笑骑苍蜺骖太乙，稽首银台超上清。

望岱

董其昌

百里看山眼，迢遥岱色分。应为天下雨，不断封中云。汉简千秋秘，秦松万壑闻。何当驰匹练，高揖碧霞君。

登岱

高拱

岱宗神岳势峥嵘，东镇齐封百二城。云卷洞门时欲润，日华旸谷晓偏明。虞廷首望仍今古，尼父崇登著姓名。我欲御风凌绝顶，手提星斗运玑衡。

登泰山

吴岳

嵚崟叠嶂逼苍穹，深谷回岩烟雾通。挂壁寒泉飞涧白，拂云秋树入霜红。秦松化石龙鳞古，汉碣沉苔鸟篆空。绝顶振衣思太始，偶看朝日见鸿蒙。

东平道中望岳四首

尹台

巨岳盘东上，高穹碍列星。鸿蒙标地纪，峻极抗天庭。辑瑞虞巡肇，刊山夏载经。灵仙遗蜕迹，岩户莫长扃。

结发怀幽尚，名山思遍寻。久传梁甫曲，还忆泰山吟。荣启丘中好，安期海上心。九州多狭径，此地可投簪。

长风吹羽腋，吾欲上天门。躧履丈人石，晞衣玉女盆。乾坤睨阖辟，日月玩朝昏。归访巢居子，深情未可论。

岱宗千里色，鲁甸接胶齐。海日扶桑近，天风若木低。东皇衣任把，北斗杓堪提。举手招仙侣，碧霞听晓鸡。

赴南都登东岳二首

杨巍

驻马登东岳，凭高辨四溟。始知人世小，不断此山青。楼阁秋孤出，川原昼杳冥。将寻孙复隐，忽忘有严程。

梁甫名仍在，登封事不磨。逢人寻古迹，览胜欲狂歌。匹练吴门近，丰碑汉代多。还能舒老眼，万里见沧波。

登岱四首

张佳允[①]

张衡曾赋四愁诗，东望相从及此时。翠壁千盘随杖转，丹梯一线自天垂。瑶函偶拾神人字，绛节高居玉女祠。囊里按图分五岳，真形微被地灵窥。

青空寒露滴芙蓉，拄颊天门倚岱宗。汉草相传司马笔，秦官犹寄大夫松。参差三观疲双目，巀嶪千岩藉短筇。方内名山探欲遍，晚年始遇丈人峰。

天鸡听罢曙将分，剑倚峰头接斗文。仿佛白知山下水，升腾红放海东云。烟霄身拥三千丈，封禅书传七十君。怪底衣裾常五色，由来岳气已氤氲。

日月双从岱顶悬，每依帝座挽青烟。秦碑突兀青天上，仙岛微茫大海前。寓目好看吴苑马，俯身那辨汶阳田。山中纵失襄城驾，犹胜风尘在市廛。

① “允”，当作“胤”。因避讳雍正皇帝（胤禛）而作“允”，下同。

岱宗吟

王宏诲

我寻青帝问真源，至人邀我登天门。天门高高在何许？乃在咸池之阳，岱宗之址。石磴悬纡十八盘，云根磅礴九百里。厥初浑沌谁为凿，二仪中分列五岳。帝遣太皞奠此方，岩岩巨镇雄寥廓。洞天福地倚崔嵬，层霄万叠芙蓉开。黄河如带，渤海一杯。半夜见晓日，中岭兴云雷。齐州九点，苍茫若可辨；吴阊匹练，指碧空而惊猜。噫，吁嚱！泰山之高，其不可极也如此。使人登之，飘飘乎，若御泠风而超尘埃。忆昔登封七十二氏，厥有虞周其名最著，秦汉以还此义微。金泥玉检纷兹瘗，只今作者知何地？树亦不能为之留，碑亦不能为之记。惟有岩前倏忽变幻之白云，领略兴衰千古意。悠悠往事难具陈，振衣聊此朝群真。遥见玉女池前香馥郁，仙人洞里气氤氲。霓旌绛节交缤纷，云是玉青大帝、碧霞元君，使人对此摇精魂。斋宫祝厘，祠官秩礼。嬴女吹箫，冯夷击鼓，灵之来兮锡予祉，望而不见兮逍遥容与。傍有青鸟使，授予黄庭经。览之殊未了，倏忽还空冥。踌躇胜览意何已，鞅掌尘踪未停轨。何当晞发长兹游，回头看谢朗然子。

登岱八首

于慎行

终古名山奠大东，每从云汉望穹崇。千峰明灭天高下，万壑晴阴气郁葱。星土盘回元化转，仙闾缭绕百神通。真游五岳还应遍，首蹑烟萝上碧空。

玉阙朱楼万仞端，六龙辇道倚巑岏。悬崖翠磴云中转，叠嶂红泉树杪看。海色曈昽三观晓，秋声萧瑟五松寒。天门只尺君应见，比似人间路更难。

忽出尘寰赋壮游，试从九点辨神州。浮云直上千峰色，落日长悬万里秋。紫塞东临沧海断，黄河北滚大荒流。秦封汉禅成丘土，留与人间不尽秋。

倚杖高临万玉峰，氤氲陆海散芙蓉。寒声半落天中雨，瞑色低催涧底钟。金检谁探秦帝策，白云犹起汉时封。君看十二侯王地，能出神宫第几重。

绝顶秋高上帝宫，茫茫一气俯寰中。地盘河济三州尽，天入秦吴万里空。玉阙光连星斗上，丹峰影落海门东。亦知真宰多相籍，许倚烟霄两剑雄。

万仞瑶坛冷夕曛，斗边三十六天分。仙人洞府悬双阙，玉女神房切五云。游客自成梁父叹，词臣不草茂陵文。东皇旧握群生纪，海国河山翊圣君。

三峰东望亦雄哉，海色遥看万里开。三岛春波涵日月，五城仙气吐楼台。酒边影吸金银动，杖底云飞紫翠来。烟水茫茫徐福去，至今不见报书回。

上宫夜色冷漫漫，月转层霄十二栏。大地河山银作海，中天楼阁玉为坛。虚无灵境箫声断，缥缈秋光练影寒。仙掌芙蓉看欲近，转从北斗识长安。

登岱二首

徐中行

浩荡天门日月开，削成丹壁拥崔嵬。河宗泰岳翻西绕，山拱神京自北回。黯淡春阴收碣石，霏微佳气接蓬莱。更闻玉女三浆在，愿上君王万寿杯。

东岳峥嵘迥不群，中峰瑞霭更氤氲。天门雪尽河流合，日观春晴海色分。风起秦松常似雨，气蒸汉检欲成云。千秋霸迹终销歇，犹说相如封禅文。

登岱歌

龚勉

我适登太山，三月春欲暮。万里来长风，当空卷云雾。须臾雾尽见山色，苍翠参天与天逼。层层石磴蹑云升，万壑千厓转奇特。御道萦回六龙翥，峭壁飞泉挂瀑布。遥看一坞桃花红，却疑又入桃源路。大夫松，何落落；无字碑，何巍巍。秦皇汉帝今安在？唯有此松此碑无倾颓。巑岏怪石满山立，磨崖字久苍苔浥。灵踪秘迹不可穷，深岩时有蛟龙蛰。振衣再陟最高峰，大地山河一望中。眼空不啻小天下，独超太古窥洪蒙。东向蓬瀛但咫尺，西顾昆仑近可蹐。赤城王屋眉睫间，烟霞缭绕登山屐。胜游至此何快哉，排空大叫天门开。云端玉女两两下，招我直上金银台。顾我自愧尘凡质，稽首群仙谢非及。唯愿投簪学向平，遍游名山栖少室。

登岱八首

李化龙

崔嵬岱岳倚苍穹，百转丹梯一线通。吐吸风云天上下，周回日月地西东。青童驾鹤归灵府，玉女鞭龙起帝宫。万里壮游谁复羡，直从太始问鸿蒙。

阿阁神房不记年，由来世外有山川。祥光自吐仙人掌，灵液常飞帝女泉。风卷松涛千嶂雨，日蒸丹洞万峰烟。凌空欲逐安期去，知在虚无第几天。

风定神鳌静不游，振衣东望海云悠。谁凭日驭穷三界，独倚天门见十洲。波吐金银仙观晓，烟沈紫翠帝京秋。乘风寄问无生客，底是蓬壶第一流。

玉检金泥几劫灰，尚留遗迹至今猜。白云捧日封中出，青鸟衔书海上来。辇道苍苍秦树晚，云屏矗矗汉宫开。徐生自是饶仙骨，一入东溟更不回。

陆海春涛万里看，泠泠清啸五云端。飞流倒泻三千尺，峭壁中分十八盘。风细幡幢朝贝阙，月明鸾鹤下星坛。寻仙吾欲成长往，天柱峰头好挂冠。

中天岚翠郁沈沈，积气抟空冷不禁。金殿分明悬碧落，银河清浅挂瑶岑。天鸡夜唱扶桑晓，海鹤晴盘琪树阴。七十二君无觅处，只余冠剑影森森。

千盘鸟道转云萝，徒倚层霄发浩歌。北走峰阴凌紫塞，西来练影落黄河。诸天回薄星辰近，下界苍茫风雨多。眼底殊庭君自见，九还未就奈人何。

中峰自合小殊方，绝顶真疑出上苍。八极风沙尘漠漠，五城烟雾水茫茫。笙箫半入钧天奏，杖履平分北斗光。彩笔只今干象纬，拟将仙露奉君王。

太山吟二首

宋焘

太极辟灵秘，神霄此境开。岧峣薄云汉，石磴几纡回。扪萝读鸟篆，摩挲古苍苔。飞瀑垂虹落，九天鹤唳哀。斗衡西北指，渤澥东南摧。红日烺绝顶，下界起风雷。古来七十主，空有登封台。玉检今沦没，白云自往来。六合元芥子，万物纷秭垓。足踏青芙蓉，河流渡一杯。誓将脱泥滓，藐尔参三才。餐霞吾已矣，翀举亦奇哉。

湿云封洞窍，急流穿岩石。远眺琪树林，霜华凝绀碧。拚兹十日游，奇僻穷阅历。绝涧跨飞桥，仿佛见仙迹。层崖不可攀，悠悠愧七尺。浮生拟泡影，瞥眼头颅白。何日礼金仙，绝粒咽灵液。

我思泰山高

丹壑疑仙境，中多佳树阴。蓊郁蔽白石，微风荡灵襟。幽绝罕人迹，相对啼山禽。兴来邀夕阳，一尊聊自斟。但觉市廛远，不知萝葛深。醉眠独枕石，涧底听鸣琴。

登岱

刘应宾

望岱青未了，登岱白云聚。古雪藏深岩，苔藓碑难句。舜封已终古，前代烦记注。但见旧时松，飞流挂瀑澍。置身霄汉中，呼吸帝可遇。山上正夕阳，半天雷雨霔。晚风吹殿猛，官舍借一住。云临月忽翳，风返神来顾。闻道登岱客，时遭风雨妒。慈颜霁金阙，殊惬中心悟。曙色鸡鸣开，红轮海底露。朱霞荡几席，鸣潮如奏濩。喜从天上看，不记尘凡路。

登泰山

郑怀魁

石溜淙淙下二龙，盘桓犹辨大夫松。天窗有路窥疑小，人趾升云画似重。绀殿布金新祷祀，明堂执玉旧朝宗。登坛待听神鸡唤，看到东南第几峰。

登泰山

彭宗孟

高高环道挂苍霓，路入重关绝马蹄。天辟三门通碧落，地盘千里压青齐。缘崖士女披云上，缀壁人烟杂鸟栖。指点列仙灵异迹，扶桑东畔阆风西。

泰山朝望

萧协中

晓风吹净海云平，入户青山更有情。从树遥梳仙女髻，长川斜挂丈人缨。鹤惊远笛冲烟起，芝傍幽岩带露生。忽讶黄金满空际，羲和拥上火龙行。

望岳

〔国朝〕颜光敏

岱宗俯群山，万叠朝苍龙。絪缊肇元化，物象含冲融。云气朝四塞，倏忽高天空。天门如覆盖，两壁来松风。邦祀不敢渎，旷代无登封。胡为御道间，社鼓声逢逢。石闾覆萝薜，经春益青葱。何时陟峻嵦，目尽扶桑东。

过泰山

魏麟徵

我昨登天门，驻足起烟雾。欲呼赤松子，携我云中去。侧见五大夫，枝披回辇路。植节非不坚，岂为秦官误。壁立磨崖碑，千载永不仆。风霆走其下，气与神灵聚。荣名安足宝，眷此盘石固。

登岱四首

施闰章

岱宗万仞气苍苍，杖策层巅尽八荒。列岫儿孙争拱立，诸天旌节郁相望。丹霞白雾分阴霁，玉简金绒入混茫。欲小神州重极目，丈人峰畔一褰裳。

夕岚夜雨万山迷，忽有天鸡阊阖啼。帝许登临扪日月，人从指顾走虹霓。扶桑灼烁沧溟畔，太华微茫碣石西。七十二君空驻跸，何如筇杖遍丹梯。

群仙冉冉下青峰，回合虚无紫气重。日出天门当汉畤，云深御帐失秦松。双崖石裂惊龙斗，四月桃开积雪封。辇道荒芜民力尽，相如禅草且从容。

日观晴光傍午开，茫茫东见海为杯。九州积气峰前合，万里浮云杖底来。邹鲁山灵真莽荡，吴阊练影漫徘徊。昆仑不到终遗憾，欲驾苍龙首重回。

泰山梁父吟

山高多烈风，郁郁少松柏。侧足凌天门，浮云蔽碣石。辛勤纪封禅，茫昧探玉策。攘攘七十君，一逝无陈迹。上为群仙居，下为万鬼宅。言当采芝食，使我生羽翮。揽裳不及餐，白石何促迫[①]。生非孔颜徒，百年亦何益？何况蒿阴里，空埋壮士魄。

泰山

高珩

扶舆元气在，浩劫尚蒙蒙。独立沧溟岸，高盘青帝宫。千峰五岳长，一雨九州同。漫说昆仑大，穷荒故易雄。

望岳二首

王士禄

扳华提嵩见总持，背齐襟鲁肃形仪。氤氲了指云霞异，亏蔽从知日月卑。封阅嬴刘时冉冉，观分秦越景离离。剧怜灵境频来往，潦倒才成望岳诗。

行子驱车青岳阳，欲行复止心旁皇。莲花桃花总缥缈，亢父梁父皆微茫。应劭旧文语最古，李斯巨篆书尤苍。安得振衣上高顶，坐看海日升扶桑。

① “石”，当作“日”。

岳下作

王士正

岳路清和候，氤氲望不稀。林园收宿雨，石濑溅人衣。班马红亭渡，溪禽白练飞。买山随处好，终日恋晴晖。

望岱

查慎行

山形陡然来，其势乃易量。孤根虽秀拔，群岫或争抗。泰岱四岳宗，宇宙虞隘妨。大麓起沂州，鳞鳞叠峦嶂。客程穷五日，日日陂陀上。不知去平地，已是几千丈。渐觉所历高，纵眼快前向。昨经新泰郊，突兀方示象。将开意忽会，在远神弥王。霞气举之升，隔天树屏幛。龟蒙挟凫绎，连络走相傍。徂徕亦儿孙，未可侪辈行。其他况培塿，倚伏同一状。今朝及山趾，耳目嗒焉丧。便思蹑芒屩，去倚扶桑杖。天门泬寥开，万里詄荡荡。仰瞻星汉逼，下埽云海涨。鸡鸣日观峰，倒影出摩荡。惜哉身未到，只用穷想像。秦松汉代柏，盘攫尚无恙。碑忆磨崖镌，亭思驻跸创。贤君七十二，踵事规模壮。如何太史文，隐跃时近谤。谁陈封禅颂，体格要有当。游踪触目记，即事语敢放。览眺存古怀，终期慰遐畅。

泰山下作

赵执信

昨行泰山东，白云翳天门。但疑霄汉近，岂谓冈峦尊。今晨路南转，北面朝丈人。秋风生西极，万里开朝暾。披豁盛大容，摆簸雷雨痕。洒然耳目前，赫矣神灵存。两观耀日月，指顾引越秦。三溪郁参差，秀色相吐吞。左映万碧瓦，松柏晴犹昏。右拥千寻壁，瀑布悬天绅。喷薄冰玉碎，腾攫蛟龙伸。谁掬沧海波，濯此青嶙峋。匡庐抱银河，失意空南奔。渺兹峄与蒙，亭亭复云云。我如蓬藁士，意外睹九阍。崴嵬但睨视，虎豹无轻嗔。平生几緉屐，咫尺惭逡巡。终当结茅宇，长与神房邻。

泰山吟

储大文

岱宗东邦镇，峻极干天庭。觞石乃泛濩，登岳亮沈冥。望秩虞典肇，秘祠汉仪成。聿开古明堂，肃肃朝万灵。

韩诗外传

〔汉〕

问曰：仁者何以乐夫山也？曰：夫山者，万民之所瞻仰也。草木生焉，万物植焉，飞鸟集焉，走兽休焉，四方盖取与焉。出云道风，嵷乎天地之间。天地以成，国家以宁。此仁者所以乐于山也。诗曰：太山岩岩，鲁邦所瞻。乐山之谓也。

鲁地为古徐州辨

〔国朝〕顾炎武

《晋书·天文志》所载分野，全不足信。其云：角、亢、氐，郑，兖州。又云：太山入角十二度。济北入亢五度。按：太山在春秋时为鲁境上，济北郡治卢，在春秋时为齐邑。《史记》：泰山之阳则鲁，其阴则齐。《唐书·天文志》：岱岳众山之阴为女、虚、危，岱岳众山之阳为奎、娄。其说甚当。《禹贡》：徐州之北，青州之西，南皆距岱，太山郡乃古徐州之地。古之兖州在济、河之间。《晋志》不辨，而以今之兖州为古之兖州，遂以应角、亢之分以合于《史记·天官书》之记，洪氏讥其不知地理，信矣。

闻见录[1]

〔宋〕邵伯温

客云：昔罢兖曹[2]，与一二友祠岱岳。因登绝顶，行四十里，宿野人之庐。前有药灶，地多鬼箭、天麻、玄参之类。

将五鼓初，各杖策而东，仅一二里，至太平顶。丛木中有真宗东封坛遗址。拥褐而坐，以伺日出。久之，星斗渐稀，东望如平地，天际已明，其下则暗。又久之，明处有山数峰，如卧牛、车盖之状。星斗尽不见，其下尚暗，初意日当自明处出。又久之，自大暗中，日轮涌出，正红色，腾起数十丈，半至明处，却半有光，全至明处，却全有光，其下亦尚暗。日渐高，渐变色，度五更三四点也。

经真庙帐宿之地，石上方柱窠甚多。又经龙口泉，大石有罅，如龙哆其口，水自中出。又经天门十八盘，峰尤秀耸[3]。北眺青齐，诸山可指数。信天下伟观也。

东游记略

〔金〕元好问

丙申三月二十有一日，冠氏赵侯，将会行台公于泰安。侯以予宿，尚游观，拉之偕行。凡三十日，往复千里，而在鞍者八日，故所历不能从容。然亦愈于未尝至焉者，因略记之，以备遗忘。

郭巨庙，在长清西南四十里所，路旁小山之上。齐武平中，齐州胡仆射所造，石室在焉。所刻人物、舟车、马象，三壁皆满。衣冠之制，绝与今世不同。有如沈存中所记幞头，但不展脚耳。西壁外，胡仆射刻《颂》，规制如磨崖状，字作隶书，文齐梁体，而苦不佳。后题云：居士

① 该文出自《邵氏闻见后录》卷二十六（邵博撰）。

② 该句，《邵氏闻见后录》作“昔罢兖州掾曹”。

③ 该句，《邵氏闻见后录》作“尤耸秀”。

慧朗侍从至。朗能草隶书，世谓“朗公书”者是也。予意此《颂》必朗公所书，故题字云然。又有开元二十一年题字，并长清尉李皋祭文。

隔马祠，在长清马山之南，距县八九十里所。大观三年，东平陈彦元《庙记》云：卢城圮，涧中得唐中和二年义昌节度押衙、国子祭酒兼御史大夫李公瞻作庙县中时石刻，载：齐师为晋所败，杀马隘道，晋师不得过，谓以是得名。字当为“格”，而今为“隔”焉，疑与左氏不合。又谓里俗相传：景德中契丹寇兖郓，马山之神，阴障戎马，使不得南，以是得名。以予观之，古今祠庙不能考其所从来，而妄为立名号者多矣。杀马隘道，神何预焉，而祠之。至于阴障戎马，则又齐东野人语也。记又云：知县事晁端肃，祷雨而应，将以封爵，请于朝。今榜云丰施侯庙者，岂端肃遂得所请耶？

灵岩寺，亦长清东南百里所。寺旁近有山，曰鸡鸣，曰明孔。寺后有方山，泉曰双鹤，曰锡杖。寺先有宋日御书，今亡矣。绝景亭，在方山之下，绝类嵩山法王。党承旨世杰《寺记》云：寺本希有如来出世道场，后魏正光初，梵僧法定拨土立之。定之来，青蛇导前，双虎负经。景德中赐今名。予按大观中《石桥记》云：寺是正光初重建，然则党承旨亦未尝遍考耶。梁县《香山寺记》说，寺初建时，一胡僧自西域来，云此地山川，甚似彼方香山。今人遂谓梁县香山，真是大悲化现之所。予意前所云希有道场者，岂亦此类者，抑党有所据而言也。寺壁石刻甚多，有张掞叔文，苏辙子由、吴拭、顾道诗。余人不能悉记。

太山，旧说高四十三里，今云四十五里，又有言二十五里者。出州北门，经水帘、马棚、回马岭、御帐、护驾泉而上，遂登天门。岳顶四峰，曰秦观，曰越观，曰周观[①]。秦观有封禅坛，坛之下有秦李斯[②]，唐、

① 脱“曰日观”三字。

② 脱“刻石”二字。

宋磨崖。太史公谓：太山鸡一鸣，日出三丈。而予登日观，平明见日出，疑是太史公夸辞。问之州人，云：尝有抱鸡宿山上者，鸡鸣而日始出。盖岱宗高出天半，昏晓与平地异，故山上平明，而四十里之下才昧爽间耳。此语似亦有理，故录之。

岳祠在城中，大定十九年被焚，二十一年新庙成。又三十年毁于贞祐之兵，今惟客省及诚享殿在耳。此殿是贮御香及御署祝版之所。城四周有岱岳、青帝、乾元、升元四观。青帝观有唐大中岁金龙石刻，“大圣祖无上大道金阙玄元天皇大帝”之号见于此。岱岳观有汉柏，柯叶甚茂。东有岩岩亭，山水自溪涧而下，就两崖为壁，如香山石楼，上以亭压之。北望天门，屹然如立屏，而瀑流出几席之下，真太山绝胜处也。

州门南道，左有宋封祀坛，合祀五方帝及九宫贵神坛。坛南有碑，碑阴载献官姓名，驸马、都尉二人，摄司徒、司空，充黑帝、青帝献官。九宫贵神合祀官右谏议大夫种放，其余知名，如魏庠辈又三四人。近城有真宗御制御书并篆《登太山谢天书述二圣功德铭》。碑石坚整，若三山巘风然。道旁又有宋封禅朝觐坛，坛亦有颂。坛西南四五里所，有高里山。山坡陀地，中如大冢墓，石坛在其上。宋禅社首碑，在山下祠中。宋以大中祥符元年七月二十七日封太山碑刻，皆王钦若、陈尧叟、钱惟演、杨亿撰述，然字画多剥落，不能完读矣。太山上书院，元是周朴所居，宋太山孙先生明复居之。州学有鲁两先生祠堂，党承旨作记。两先生者，明复与徂徕先生石守道也。

龙泉寺，在平阴东南四十里，齐天统中建。下寺有石刻，刘豫阜昌三年，皇子皇弟符改甲乙院，亦有碑。又阜昌中题名最多。佛像古雅，皆数百年物。上方大佛与龙泉观音，非晚唐人不能造也。此行游太山者五日，灵岩、龙泉皆一宿而去，得诗凡十首云。

登泰山记

〔明〕王思任

曾谓泰山不如林放乎？儿时问先生，遂结一碧痞。十二岁从盱江还，驴上见峄山，是矣非是？而痞乃痛。既以姑孰令两附辑圭，走兖道仅宿舂耳。终不我即，去来鞅鞅，青未了也。丙辰之冬，岱入梦，意恶之。丁巳，左官齐幕开府李公酉卿，修年好。予还，亟觞之。谓泰山色且落子马首，幸以所得来而直指毕公，又申之以嘉命。今日无筊篝之愁，明日有顺风之纵。少伯才出石室，得夷光而入洞庭也。景日俱贺矣。乃以六月廿四日至博邑，寅漏，饭家力汰弱奖健。

肩舆出登封，至红门改腰笋，看泰山易与耳。吾家秦望，兄弟也。两记室朱储言：将毋同。至一天门，嶅石郁确。历斗姥殿、高老桥，折涧潺潺，幽雌靡定。数里为水帘洞，晴卷不下，而意可会也。又数里为马棚崖，言崖可屋马也。又数里为回马岭，蹄至此不可使为缘也。又数里为黄岘岭，名以色。此泰山转伏转起之脉也。傲来一峰，尝向人前雄诞，谓不让泰山，至此羞涩称妇子。十步一休，五步一徊，苦甚而得快活三。对岸诸峰，赪纹苍点，披麻皴，戟起数折，而憩玉皇阁，以为至矣。举首天丝杳杳，犹然更衣亭也。两记室曰：夥颐！泰山之高沈沈者，秦望到那许。隐殷响中见红沫者，二天门乎？且摩蛟龙石，蜿蜒而游也。越数里，飞瀑砰下，高山流水，子牙鼓于此乎？御帐崖，宋跸之以是。秦人所蔽风雨也，何物？墓傍松奄奄一息，而犹忍大夫辱为。又数里，上朝阳洞，登振衣亭。望傲来，畏怯逡巡，已甘臣仆。下所谓百丈崖、大小龙峪者，尽夹壁天穿，仙巢灵窟，铁结磈礧，止许五丁削一缝与人也。自十八盘以上，松益瘘瘦，树坚黑，苔绣或苍或白。路梯立，终无横人，岂特不舆，膝其颏两相支而已。距跃三百，舆人不我戒，级半回首，几吓废，而目与胆大怖！蓬蓬猎猎者即来破肉，生平雪三伏之仇，亦一快事。

自三天门内，逶迤数里，如入小村，顶在股掌矣。予意先谒青帝，而道士第知有元君。考元君之始，黄帝封岱，遣七女，云冠羽衣迎昆仑真人，元君其一也。而祠前载西牛国石氏之女，得曹仙指入天空山，为碧霞君。则又不知何据？金壁轮奂，灵爽赫然。而岳宫之圮，反有遗溲者，岂岳帝似土官而元君为置吏耶？元君走四方如骛，岁投金钱数万计，士女香灯，丐啼呗诵，雷吼谷摇。有堕踏至死者，而是日仅来一二辈，得飨净游之福，甚恬之。

日小午，雾蒸蒸起，道士以为顷刻海市，则又甚虞公羊氏之说。乃饭罢，天浣如碧，得礼青帝宫。右行而登玉皇殿，后有石壁廿丈，明皇纪泰山铭。字俱掌大，八分古劲，当是仿韩择木笔。有桃花泉题：雨余云海。傍即苏颋东封颂，而林焯以忠孝廉节镵盖之。焯家堂中物，强以诏泰山，此岂可令乃祖林放见耶？遇每一岩，字面赘字，何处不可垩？而共欲黥泰山为！亟去，看无字碑，丈许，滑玉若幂覆然，绝非此山物，不知何以鞭来。祖龙欲无字，今儒欲有字，蒲车葅秸，幸不为所坑耳，焚书有远识哉。乃上登封台，泰山之极诣，呼吸通帝座矣。下视茫茫，野马也？絪缊也？月蠕引数湾，或明或动者，潹耶？泮耶？汶耶？而猿蹲几下者，又徂来耶？如鼠拱，如龟伏者，梁父、长白诸山耶？七十二君之所封也，孔颜之所语也，曹、谢、李、杜诸老之所羡咏也，此也！望后嶂一围，其左肩更矗，石黄蒨翠，染突而成，何当吴闾、石田辈来此肩一峰去。以余所目，万雅飞至，青有三十余层，俱翼弱不前。前曰济南，华不注一乳粽尔。若此阁得付一炬，吾当盘礴仰空，以天为纸，濡墨北海，书一大字，投笔可矣。

而道士又为予言，黄华洞幽绝也。则从丈人峰取径，抉荒耐怪，十五里不闻鸟声，蛇行而得亭焉。万松枝阁，望其下黑翠毵毵，洞即天空山也，不甚广。迹元君拇指，饮其泉，两腋毛冷。欲取桃峪尚远，还。经回雁峰下，股不佞目矣，乃少卧署中。以日西，莅五花冈，观周观，酌玉女泉洌之。扪李斯篆，念九字，昧、死、请，凡两出，泰谄，何栗也？然非天子不考文，岂得人诵泰山哉！即李斯一画，今人未曾梦见，而反芜之。垣尻棘首，时官学不师古矣。左行而下，为礼斗台、鲁班洞。而白云洞，凡几谺。杨侍郎书“雨天下”三字差可人。乃上月观，指点州城，亩余方幄，而穹窿之岳宇，棋枰白杪而已。道士言：某峰火焰，某凌汉，某神霄，某寨天胜刘盆子。俱返照中影旆，不大悉，归路暝矣。沮寒，入夜尽集暑，具守腹背，犹不支。起看檐头，万星如斗欲滴，又如目睛动闭，月去宫鸱尺五也。相与爇松，走日观，过汉武玉检碑，不见白云封起，但有奇鬼搏人。久之，黑中一带，血融融然，俄而茁，逾两时而盛。人齿战击，尽保亭中。已辨字，而山半寂无鸡喔，视下方漆昧，正人世寝酣时也。海气不清，煜煜金荡者，有物黯之，云耶？山耶？不可知。亦无赤丸可探，不如吾乡越峥早望，反得跳快。道士以为非秋不见，则日观此来误寒多许人矣。吕叔简之解，不道学也。从望海石，履仙人桥。窥舍身崖，有大人先生以《孝经》作法律，巨书于石。死之人愚而挺，劝之人古而迂。年年无禁者，何似神道设教，见梦于元君之易从乎。

乃别岳归，下南天门。一瞬顿，不知吾何以上舆，股溜甚，以予身荡之，两手据竿，侥幸不振落耳。仍观石经峪，盘似虎丘，乃元人书佛经一派。活泉铺过，而明人遂刻《大学》一章，以敌之。苦极，此辈至山麓，日已逾午，不及看汉柏。

第回仰数十里，壁立万仞，又霭霭云气中也，生中国或不能见泰山，见泰山或不能游，游矣或不能尽，尽矣或不能两日之内毫无所蔽，无人而独领，吾乃知岳游有夙缘，畴昔之梦非妖也。王思任曰：吾登月观，日落如车，有日之观。吾登日观，月挂如船，有月之观。虽不两得，亦未两失也。秦观入鸟，吴观无马，则断断兮矣，庶几周观之东乎？泰山丑寅交代之地，万物怒生，于此首建，元气磅礴，形即壮焉，宜其父昆仑而弟四岳焉。人身七尺，眼仅寸余，所见者百里，而域泰山有丈目，即可以通万里，乃其躯四千丈，当如何视由旬耶？维天东柱，障大海、镇中原、钟贤圣、兴云物、润兆民、府神鬼，变化无方，奇不在一泉、一石间也。此不可以游赏而可以观，善观者，观其气而已矣。登泰山孔氏意也，小天下则孟氏意也。若予之意，止在泰山一片青也。今而后，予之腹，其空洞矣乎！（案：明人游记，见于《何镗名山记》者，摘著于各览中，此记颇隽折，故备录之。）

岱畎图经记

于慎行

岱宗之山，周回三千里。命曰：三宫空洞之天，古帝王所告成也。其上有日观之峰，有玉女之坛。其阪有秦人之松，有汉人之柏。其麓有岳帝之宫。其阴有黄华之洞，玉女是焉修真。

岱宗之北六十里为玉符之山，上多栝柏，多椒，下为朗公之谷。是有金仙之宇，命曰：灵岩。又北百二十里，为玉函之山，尝有玉函其上，汉帝启之，化为白鸟，是为王母所使。亦曰：千佛之岩。其下齐州在焉，中为湖水，多荷芙蕖。西为泺水之源，涌出若轮，北流入于泲水。泲水之北为金舆之山，史谓之华不注，孤峰亭立，状如青莲，厥有华阳之馆，是为北纪。

岱宗之南四十里，为徂徕之山，汶水经之。又东百里为龟蒙。龟蒙之前不足百里，为陪尾之山，泗渊之水出焉。泉如列星，其石五色，汇而西流，过五老之峰是为尼山。又西三十里径轩辕之丘，会于阙里，其别为洙渎。又南六十里为邹峄之山，其山积石，孔洞状如累丸，上有白云之宫，秦人于此立石为之书门。郳娄之国在其山阳，是为南纪。

岱宗之西，为仙闾之岩，羽人居之，命曰：三阳观。其阴多五色芝，多赤箭，服之已人风疾。又四十里为傲来之山。其山巉峣万仞，有石壁

焉，黑质而白文，如人东向立。其名曰：仙人景。其下悬流百丈，汇而为渊，命曰：白龙之湫，出为�水。又西三十里为云台之山。其壤多黄，亦曰黄山，多枣栗之实。有泉出其巅，垂如白虹，流而入于汶水。又西三十里为金牛之山，上有龙渊，下有肥子之国。又西二十里为陶山。山有二峗，左曰东幽，右曰西幽，上多洞穴，下有池水，谓是种鱼之陂。志曰：陶之朱公，浮海至齐，止此居之。其野皆沃民也。又西南六十里，为大嵁之山，厥高千仞，状如观阙。其下狼水出焉。又四十里，为云翠之山，其巅有石焉，削成而四方，谓之天柱。多术黄精，服之不死。其坳有玉帝之阁，是为西纪。

云翠之北，有洪范之渊。北流入于狼水，出于谷城，是为管子之邑。城北有山，上多文石，经曰：缟羝之首。北望谷城之山是也，秦时老父是授留侯素书。其西为虎窟之峰，下临汶水，北为香水，其上多蕨，有梵帝之阁。是邑也，万山环之，其中有畸人焉。厥状徐徐于于，岩石是栖，蓬藋之田是食。

命曰：悬解之民，其处善卧，其出善游，游于岱宗之野。三登日观之峰，以望沧海。北至于沸，南至于峄，无不周也。其游与若士为偶，左手操杯，右手操管，其止恒饮，其醉恒歌。歌声中金石之音，楮氏之子默而传之，藏诸奚氏之室。是曰：岱畎行吟。

万历阏逢敦牂之岁十月既望，有是先生自题。

岱览卷第三

总览二（卷三之卷五）

行宫图

岱礼上

宗　巡守　柴　望　血祭　旅　国朝盛典　前代封禅

前代巡守祭告　前代望祀　遣官祭告　有司岁时之祭　总论

岱礼中

金石刻　册牒　赋　乐章　诗　诏诰　表疏

岱礼下

奏对　议驳　颂　赞　符命　篇论　记　跋　纪　祭告文

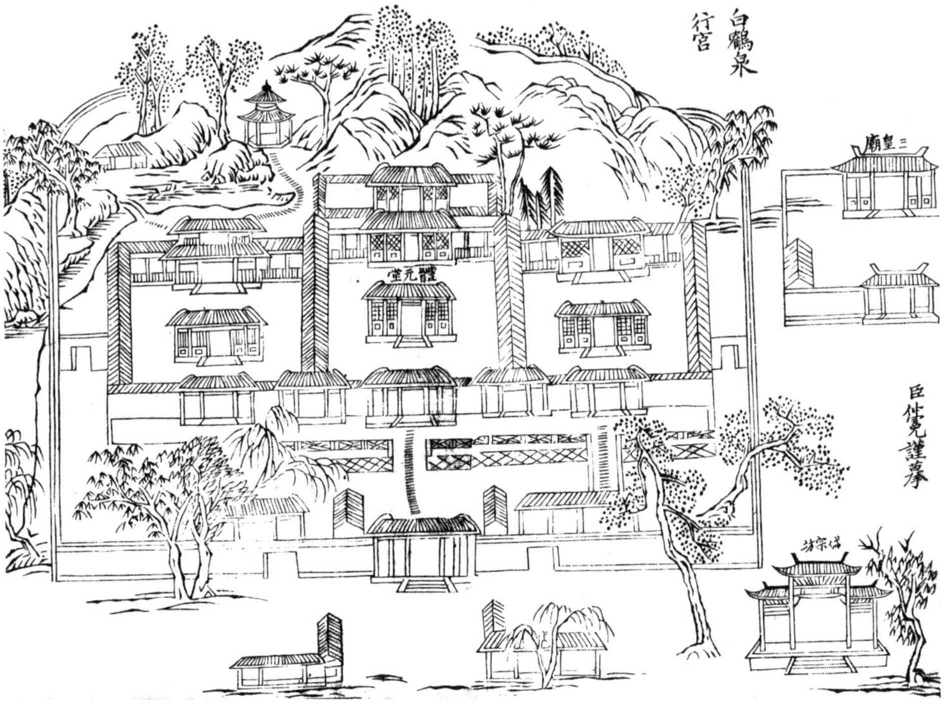

岱礼上

王者有事于泰山，其典有六：曰宗，曰巡守，曰祡，曰望，曰血祭，曰旅，而封禅不与焉。

《虞书》：禋于六宗。贾逵谓：日宗、月宗、星宗、岱宗、海宗、河宗也。《春秋》说：鲁郊祭三望，鲁下天子六宗，祇祀其三。而伏生、马融以天地四时为六宗。欧阳和伯、夏侯建谓：在天地四方中间，助阴阳变化之神。郑康成谓：星辰、司中、司命、风师、雨师。孔安国及王肃取《戴记》及《孔丛》所载，祭时、寒暑、日、月、星、水旱之说。刘歆以为水、火、雷、风、山、泽，《易》六子之卦。晋司马绍统皆驳之。张髦以为三昭三穆，吴商驳之。虞喜《别论》：六为地数，当是祭地。汉安帝因用李郃议，礼比大社。刘昭遂谓：禋为埋祭，不亦舛乎？案：黄图载《元始仪》曰：元始四年奏六宗：日、月、星、山、川、海。星则北辰，川即河，山岱宗。为周道郊营之外，广九步，营六。北辰于南门外；日、月、海东门之外；河北门之外；岱宗西门之外。光武即位，采用元始中郊祭故事，六宗群神皆从。岱之称宗，由来尚矣。

《虞书》：岁二月，东巡守，至于岱宗。《传》谓：诸侯为天子守土，故[①]，巡行之。既班瑞之，明月乃顺，春，东巡岱宗。《王制》：天子五年一巡守。疏谓：《舜典》，五载一巡守，唐虞之制，夏殷依。《郑志》：当六年一巡守。《周礼》：十有二岁，王巡守殷国。案《白虎通》云：所以不岁巡守，何为？太烦过。五年为其太疏。因天道三年一闰，天道小备。五岁再闰，天道大备。故五年一巡守，以此言之。夏殷六岁者，取半。一岁之律吕也，周十二岁者，象岁星一周也。又谓：岁二月，东巡守者，皆以夏之仲月，律历当得其中也。至于岱宗。注谓：岱宗，东岳。正义曰：岳之为言桷也。桷，功德也。必先

① “故”字后，《十三经注疏》有“称守”二字。

于此。岱山者，万物皆相代于东方。宗者，尊也。岱为五岳之首，故为尊也。觐诸侯，疏谓：见东方诸侯。案：《觐礼》云：诸侯觐于天子。为宫，方三百步，四门，坛十有二寻，深四尺。郑注云：王巡守，至于方岳之下，诸侯会之，亦为此宫以见之是也。《觐礼》又云：天子乘龙，载大旂，拜日于东门之外，反祀方明。郑注引《朝事仪》曰：天子冕而执镇圭，帅诸侯而朝日于东郊，所以教尊尊也，退而朝诸侯。由此言之，已祀方明，乃以会同之礼，见诸侯也。王升立于坛上，南面。诸公，中阶之前，北面。诸侯，东阶之东，西面。诸伯，西阶之西，东面。诸子，门东，北面。诸男，门西，北面。王降阶，南面而见之，三揖。既升坛，使诸侯升，公拜于上等，侯伯于中等，子男于下等。见诸侯讫，若有不协，更加方明于坛上，诸侯俱北面，戎右，传敦血以授歃者。司盟主其职，故《司盟》云：掌其盟约之载及其礼仪，北面诏明神。于时王立，无文，不可与诸侯同北面，当于阼阶上，西面，此见诸侯之礼也。《诗·时迈》疏谓：诸侯为王者守土，专制一国，告从令行，而王者垂帷端拱，深居高视。一日二日庶事万机，耳目不达于远方，神明不照于幽僻。或将强以凌弱，恃众以侵寡。拥遏上命，冤不上闻，而使远道细民受枉。圣世圣王知其如是，故制为巡守之礼。时自省之。大司马职云：及师，大合军，以行禁令，以救无辜，伐有罪。注云：师，谓巡守，若会同，是巡守之礼，有伐罪正民之事也。《尧典》说：巡守之礼，协时月正日，同律度量衡。《王制》说：巡守之礼，陈诗纳贾，削地黜爵，加地进律，是其事也。《般诗疏》谓注言：高岳岱宗者，以巡守之礼，必始于东方，故以岱宗言之。其实理兼四岳。《序》言巡守，而祀四岳、河海是也。《春秋左氏传》云：郑伯请释泰山之祀而祀周公，以泰山之祊易许田。三月，郑伯使宛来归祊，不祀泰山也。注谓：成王营王城，赐周公许田，以为鲁朝宿之邑，后世因而立周公别庙焉。郑桓公封郑，有助祭泰山，汤沐之邑在祊。郑以天子不复巡守，故欲以祊易许田。各从本国所近之宜。《公羊传》：郑伯使宛来归邴。邴者何？郑汤沐之邑也。天子有事于泰山，诸侯皆从泰山之下，诸侯皆有汤沐之邑焉。注谓：有事者，巡守祭天告至之礼也。当沐浴洁斋，以致其敬，故谓之汤沐邑，所以尊待诸侯而共其费也。王者所以必巡守者，天下虽平，自不亲见，犹恐远方独有不得其所，故三年一使，三公绌陟，五年亲自巡守。亦不可国至人见为烦扰，故至四岳，足以知四方之政而已。《穀梁传》云：许田，鲁朝宿之邑。邴者，郑伯之所受命而祭泰山之邑，用见鲁之不朝于周，而郑之不祭泰山也。注谓：泰山非郑竟内，从天王巡守，受命而祭也。王室微弱，无复方岳之会。诸侯骄慢，亦废朝觐之事。故郑以汤沐之邑，易鲁朝宿之田也。《孟子》注谓：泰山下明堂，本周天子东巡守朝诸侯处。《尚书质疑》云：帝王巡守，必不能一岁而至四岳，惟泰山为天子亲至，余皆不至其地。泰山独有明堂可以为证。华山、恒山、衡山久在晋楚境内，若有明堂而为晋楚所毁，列国宜何如问罪?《春秋》宜何如大书特书? 此说则近于固矣。

《虞书》：柴，望秩于山川。《传》谓：泰山为四岳所宗，燔柴祭天，告至东岳。诸侯境内，名山大川，如其秩次望祭之。谓：五岳视三公，四渎视诸侯，其余视伯、子、男。《王制音义》：柴，依字作祡。正义谓：所祭之天则苍帝，灵威仰也。疏谓：祀方明之时，祭天，则燔柴也。天谓日也，与此岱宗柴，所用事别。《觐礼》云：祭天，燔柴，谓天子之盟也。祭地，瘗，谓王官之伯盟也。祭山丘陵升及祭川沈者，是诸侯之盟也。此是巡守及诸侯之盟祭也。故注云：升沈必就祭者也。祭天，柴，谓祭日也。祭地，瘗，祭月也。王巡守之盟，其神主日，诸侯之盟，其神主山川，则王官之伯会诸侯而盟，其神主月，与今此《王制》所主岱宗柴者，谓祭天告至。而《觐礼》注引《王制》云：王巡守至于岱宗，柴。是王巡守之盟其神主日，又以柴为盟，之所用不同者，告至与盟，必非一事。郑意证巡守，盟时有柴，故引岱宗以证之，其实别也。《觐礼》云：为宫即言加方明，经文相连。郑注云：王巡守至于方岳之下，诸侯会之，亦为此宫。则亦有方明，但文不具耳。故巡守祭天燔柴，祭地瘗埋，皆是祭方明也。故郑于方明，设六玉之下。注云：上宜以苍璧，下宜以黄琮。而不以者，则上下之神，非天地之至贵者也。以此言之，明天子巡守之祭，有方明也。《郊特牲》云：天子适四方，先柴。《诗序·时迈》：巡守，祭告，柴望也。疏谓：王者代天理民，亦既为天，远行所至，不可不告。五岳，地之贵神。今既来至其旁，又不可无礼，是故燔柴以告天。《白虎通》云：巡守为祭天，何本？巡守为天所告至也。蒙按：《仪礼》云：祭天燔柴。《周礼》云：以实柴祀日月星辰，谓燔柴，为其神主日犹可，谓瘗为其神主月则不合，当以祭天告至为正。《后汉书》注：范宁云：祭山曰燔柴，积柴加薪于其上而燔之也。郑康成注《书》云：柴者，考绩燎也。虽本《孝经·钩命决》"封于泰山，考绩燔燎"之语，与《书》所言"敷奏明试"之义合矣。

《周礼·小宗伯》：兆五帝于四郊，四望、四类亦如之。注：四望五岳，四镇、四窦。疏：天子四望，诸侯三望境内山川。先郑云：四望日、月、星、海。后郑必知望祭中无天神者。案：《左传》：江、汉、睢、漳、楚、之望。《尔雅》：梁山晋望，则知望祭无天神。若日月之等，当入四类之内也。若然《尚书》云：望于山川，必知四望非山川，是五岳四渎。以其下云，兆山川丘陵之等。山川既在下，故知此四望是五岳之属山川之大者也。《礼记》：五献察，疏谓：祭，四望山川，其神既尊，神灵明察。《通典》曰：其祭之岳镇，则升血为始，次荐豆笾及焰肉，为朝践。大祭用腥，则次祀用焰也。时王酌盎齐以献，所谓朝践之献。大宗伯亚献亦以盎齐。至熟，王酌清酒以献尸，亚者亦清酒，所谓馈食之献。通前四献也。尸食讫，王又酌清酒以酳尸，此五献也。《公羊传》云：天子有方望之事，无所不通。诸侯山川有不在其封内者，则不祭也。注：方望，谓郊时所望祭四方群神，日、月、星、辰、风伯、雨师、五岳四渎及余山川，凡三十六所。《传》又云：三望者何？望祭也。然则曷祭？祭太山河海。山川，有能润于百里者，天子秩而祭之。注：此皆助天宣气布功，故祭天及之。秩者，随其大小尊卑高下所宜。《礼》：祭天，牲角茧栗；社稷宗庙，角握；六宗五岳四渎，角尺；其余山川视卿大夫。天燎，地瘗，日月星辰，布山县水，沈风磔雨。

升燎者，取俎上七体与其珪宝，在辨中置于柴上烧之。《左传》注：三望分野之星，国中山川皆郊祀，望而祭之。疏：襄九年。传曰：辰为商星，参为晋星。楚语云：天子遍祀群神品物；诸侯、二王后祀天地、三辰及其土地之山川。注《国语》者皆云三辰日、月、星也，非二王后祀分野星辰山川也。《穀梁传》注：郑君曰：望者，祭山川之名也。谓：海也，岱也，淮也。非其疆界则不祭。《禹贡》曰：海岱及淮惟徐州。徐，鲁地。疏：《公羊》以为三望太山、河、海。贾逵、服虔、杜预之徒注《左氏》者，皆以为分野，星国中山川，今范宁同郑玄之说，取《禹贡》之文，以为淮、海、岱也。陈氏《礼书》云：望祀，其兆四郊，其牲各放其方之色，其乐姑洗南吕，其玉，两圭有邸，其服毳冕，其位茆以辨之，而植表于其中。《周礼》所谓旁招以茆。《晋语》所谓置茆蕝设望表是也。《白虎通》谓：以召公为尸，其言无所经见。蒙按：《左氏》曰：望郊之细。又曰：望郊之属也。《典瑞》四望与山川异玉，《大司乐》四望与山川异乐，则知望重于山川矣。《小宗伯》：若军将有事，则与祭有司将事于四望。《大祝》：国将有事于四望，及军归，献于社，则前祝。盖祭告之所必先也。

《周礼》：以血祭祭社稷、五祀、五岳。注谓：阴祀自血起，贵气臭也。以埋沈祭山林、川泽。注谓：祭山林曰埋，祭川泽曰沈，顺其性之含藏。疏谓：五岳歆神，虽与社稷同用血，五岳、四渎、山川之类亦当埋沈也。《尔雅》：祭山曰庋县者，或异代法耳。若然庋县既非周法，而校人云：凡将事于四海山川，则饰黄驹。注云：王巡守过大山，则有杀驹以祈沈礼与?《玉人》云：天子以巡守，宗祝以前马。注云：其祈沈以马，宗祝亦执爵以先之。彼亦言祈沈者，祈沈虽非周法，引以况义无嫌也。《尔雅》注：郭氏曰：或庋或县，置之于山。李氏曰：祭山以黄玉及璧，庋置几上，遥遥而视之若县，故曰庋县。孙氏曰：埋于山足曰庋，埋于山上曰县。蒙案：《周礼·牧人》：望祀，各以其方之色牲，毛之。肆师立次，祝用牲币。所谓庋县即瘗也，不必为异代法。

《周礼·大宗伯》：国有大故，则旅上帝及四望。注：旅，陈也，陈其祭事以祈焉。礼不如祀之备也。《典瑞》：两圭有邸以祀地旅四望。《论语》：季氏旅于泰山。注谓：祭山曰旅。马曰：旅，祭名。《礼》：诸侯祭山川在其封内者。今陪臣祭泰山，非礼也。包曰：神不享非礼。林放尚知问礼，泰山之神反不如林放耶？欲诬而祭之。《史记·封禅书》以为成王之封禅，则近之矣。其后陪臣执政，季氏旅于泰山，孔子讥之。《汉书·叙传》亦云：昔在上圣，昭事百神。类帝禋宗，望秩山川。季末大夫胪岱，侯伯僭畤。放诞之徒，缘间而起。正谓此也。

自封禅说起，虞巡周迈之典，旷绝不行。盖非车书一统，游豫为度。以叙官方，以恤民隐。虽肸蠁丰于介丘无当也。我朝稽古定制，岱宗列于中祀。国家有大典礼及征伐奏凯、河渠祈祷之事。或巡幸经过，皆命重臣致祭。盖六宗四望，旅陈祭告，与夫《周礼·太祝》所谓过大山川则用事者，咸秩无文。洪惟圣祖仁皇帝康熙二十有三年，时清兴一统，已四十余年矣。三孽既平，台湾归化。廓清无外，声教覃敷。编修曹禾，援黄帝上元甲子，景运适协，请封禅以告成功。而给事中王承祖请仿行虞帝之制，巡幸东方。察闾阎利病，设祭方岳，以祈年丰。诏以九卿詹事科道会议，从承祖疏。秋九月壬午，诞布德音，肆赦天下，蠲所过地方明年地丁银。冬十月壬寅，至于岱宗，躬祀东岳庙。祝版白纸墨书，黄纸镶边，不书御名。设礼神制帛一，青色，圆降真炷香一炷，黄速香一炷，白磁爵三，牛一，羊一，豕一，登一，铏一，簠二，簋二，笾十，豆十，酒一尊，烛二对，灯十盏。皇帝礼服三献，行二跪六叩首礼。登岱顶，题“普照乾坤”四字，勒“云峰”二字于崖。而虞、周巡守、方望之旷典，至是始臻极盛，一洗数千年封峦勒成之陋。二十有八年，再经岱麓，重瞻祠宇，谕每岁量给香税，修岱上下祠庙。四十有二年，驾南巡阅河，至泰安州。登泰山，于时民物恬熙，海岱之间，莫不望属车之清尘，而齐歌夏谚也。

世宗宪皇帝雍正七年，发帑修葺岳庙山路，为民报享。皇上御极之始，蠲除香税岁万金，听民祷赛。乾隆十有二年夏六月，诏以来岁法祖省方，是年东省秋潦，赈恤有加。十有三年春二月，奉皇太后东巡至岱，躬祀岱庙，如康熙时礼。皇上御龙袍补服迎神，乐奏《祈丰》之章。初献奏《华丰》，亚献奏《兴丰》，终献奏《仪丰》，彻馔奏《和丰》，送神奏《锡丰》，礼成还行宫。

皇上奉安舆登岱岳，祇效灵慈寿洪。羡皇上以孝治天下子万民，而巡省之，顺东方生物之义，布泽行惠，德至渥也。十有六年夏四月，南巡回銮过岱，谒岱庙。二十有二年夏四月，驾自徐州阅河，回銮至泰安，谒岱庙。登岱，祀碧霞元君。驻跸灵岩，登玉符最高峰。二十有七年、三十年亦如之。三十有六年奉皇太后东巡，诏登山道不得设浮桥。初建行宫于岱阳之白鹤泉。观民肆觐，古明堂遗制也。《泰山图志》云：依岳为屏，天然图画。百雉山城，万家烟火，近接几席。石间、徂徕、云亭诸山，皆蒲伏北向，俨然辰居星拱矣。宫门外设梐枑再重，左右为朝房，门内为二宫，门东西为便门。内有池环绕，上有平桥。桥北为殿，御题“体元”堂额及诗。殿后为寝宫，其西为天章阁，阁后有池，有茅亭、山子、略彴。垂柳古松相掩映，游鱼鸣鸟，上下飞跃，亦优游弥性之卷阿也。茶膳、车辇房在大宫门东。是年春二月，驻跸行宫，谒岱庙。登岱，祀元君，还行宫。召见从臣亶吏，行庆施惠，后率以为常。四十有一年，因两金川平，奉皇太后诣岱，祝嘏延厘。春三月，至岱，谒岱庙。登岱，祀元君。四十有五年、四十有九年，南巡阅浙江海塘，经幸泰安，皆躬诣遥参亭，谒岱庙。凡所以为民祈福者，不惮频。御六龙，肇称殷礼。五十有五年，皇上八旬万寿矣，犹复法天行健。以是年春三月，东巡至泰安，谒岱庙。登岱，祀元君。将行复躬谒岱庙，宴群臣，各赏赉有差。康衢华封之谣，遍宇内矣。凡翠华所经，蠲租赐复者，动以钜万计。随时补助，史不胜书。典懋乎乔宗，泽溥乎函夏，然犹业业焉持盈保泰，无倦于勤。御制登岱诗有云：便使尧舜至今存，讫无可告成功日。皇哉圣谟，洵足绍姚轶姬，垂万年有道之洪庥矣。前代厝火小康，辄纪泰山加梁父，岂足道哉！

封禅之说，本诸郊社而神之也。封近郊，禅近社，即燔柴瘗埋之典。第由受命而符瑞，由符瑞而神仙，附会经义，迎合人主之侈心，显违天命民碞，严恭寅畏之道，故其说夸诞不经，而不可信也。《诗·时迈·序》笺谓：巡守告祭者，天子巡行邦国，至于方岳之下而封禅也。疏谓：封禅者，惟岱宗而已，余岳不封禅也。聚土曰封，除地曰墠，变墠言禅，神之也。封禅必因巡守，而巡守不必封禅。何则？虽未太平，王者观民风俗而可以巡守。其封禅必太平功成，乃告成于天，非太平不可也。又，封禅者，每一代则一封而已。其巡守则唐、虞五载一巡守，周则十二年一巡守，以为常，非直一巡而已，此其所以异也。封禅之见于经者，《周礼·大宗伯》云：王大封，则先告后土。以外更无封文也。《礼器》云：因名山，升中于天，而凤凰降，龟龙假。虽不言封，亦是封禅之事。故注云：升，上也；中，犹成也。谓巡守至于方岳，而燔柴祭天，告以诸侯之成功而太平，阴阳和而致象物。是则功成瑞至，然后可以升中。明未太平，必不可也。若然，巡守不必封禅，封禅必待太平。则武王之时，未封禅矣。此《诗》述武王之事，而笺云封禅者，广解巡守所为之事。言封禅者，亦因巡守为之，非言武王得封禅也。《史记·封禅书》：管仲唯言成王封泰山，禅社首。是武必不封禅，其巡守则武王为之。以《左传》之文参之，此《诗》是武王巡守矣。《白虎通》曰：何以知太平乃巡守？以武王不巡守，至成王乃巡守，其言违《诗》及《传》所说，非也。《王制》疏：亦谓封禅者必因巡守，太平乃始为之。故《中候准谶哲》云：桓公欲封禅，管仲曰：昔圣王功成、道洽、符出，乃封泰山，今皆不至。凤皇不臻，麒麟逃遁，未可以封。又，《礼器》云：升中于天，凤皇降，龟龙假。又，《钩命决》云：刑罚藏，颂声作，凤皇至，麒麟应，封泰山，禅梁甫。是太平祥瑞总至，乃得封禅也。《管子·封禅篇》言：齐桓公既霸，会诸侯于葵丘，而欲封禅。管仲曰：古者封泰山禅梁父者七十二家，而夷吾所记者，十有二焉。昔无怀氏封泰山，禅云云。虑羲封泰山，禅云云。神农封泰山，禅云云。炎帝封泰山，禅云云。黄帝封泰山，禅亭亭。颛顼封泰山，禅云云。帝喾封泰山，禅云云。尧封泰山，禅云云。舜封泰山，禅云云。禹封泰山，禅会稽。汤封泰山，禅云云。周成王封泰山，禅社首。皆受命然后得封禅。桓公曰：寡人北伐山戎过孤竹，西伐大夏涉流沙，束马悬车，上卑耳之山。南伐至召陵，登熊耳山以望江汉。兵车之会三，而乘车之会六，九合诸侯，一匡天下。诸侯莫违我，昔三代受命，亦何以异乎？于是管仲睹桓公不可穷以辞，因设之以事。曰古之封禅，鄗上之黍，北里之禾，所以为盛。江淮之间，一茅三脊，所以为藉也。东海致比目之鱼，西海致比翼之鸟，然后物有不召而自至者，十有五焉。今凤皇、麒麟不来，嘉谷不生，而蓬蒿藜莠茂，鸱枭数至，而欲封禅，毋乃不可乎？于是桓公乃止。蒙按：此齐桓拜上之萌，妄思郊社也。《春秋传》所谓葵丘之会，桓公振而矜之，叛者九国，故管仲设以事而止之。然而符瑞之说，由此起矣。《管子》又云：天子封禅，号令天下诸侯曰：诸从天子封于泰山，禅于梁父者，必抱菁茅一束，以为禅藉，不如令者不得从，此即责苞茅不入之意也。自《大戴礼》《韩诗外传》言，孔子升泰山，观易姓而王。封泰山禅梁父，昭姓考瑞者，七十余氏，不可得而数者万数。而俎豆之礼不章，盖难言之。墨子、管子并宗其说。司马迁尤郑重其礼，其自叙云：受命而王，封禅之符罕用，用则万灵，罔不禋祀，追本诸神，名山大川礼，作《封禅书第六》，以为自古帝王受命，曷尝不封禅？盖有无其应而用事者矣，未有睹符瑞见而不臻乎泰山者也。虽受命而功不至，至梁父矣而德不洽，洽矣而日有不暇给，是以即事用希。然微言冷刺，世谓谤书，则所谓封禅为不死之名，与夫方士祠官之议，皆非太史公之所许也。考《周礼·肆师》，封于大神则为位。注：封谓坛；大神，社及方岳。郑锷曰：封者，累土增高，非山川之大神，则无累土为坛以封崇之礼。非常祭，故为之位。此殆封禅家说之所本也。而《诗舍神雾》云：五岳视三公，岱宗为之长，封禅往焉。《河图真记》云：王者封禅，易姓奉度，继典崇功者，七十有二君。《孝经钩命决》云：封乎太山，考绩燔燎。禅乎梁甫，刻石纪号。焕炳巍巍，教化显著。王充《论衡》：百王太平，升封泰山。泰山之上，封可见者七十有二。《汉书》注服虔云：封者，增天之高，归功于天。禅，阐也，广土地也。《礼记》卢植注曰：封泰山，告太平，升中和之气于天。张宴曰：天高不可及，于泰山上立封，又禅而祭之，冀近神灵也。之数说者，犹未涉于荒怪。自秦汉，诸儒不能辨明封禅事，又牵于《诗》《书》古文而不得骋。于是礼祥方术诬天黩神之事，日益荒不可胜道矣。

《孔丛子》云：子思适齐，与陈庄伯登泰山，而观古天子巡守之铭。陈子曰：我生独不及帝王封禅之世。子思曰：子不欲尔。今周室卑微，诸侯无伯。假以齐连邻国，辅文武子孙之有德者，则齐桓、晋文之事，不足言也。遂告以圣帝明王巡守、黜陟之典，无所谓封禅也。《文中子》曰：封禅非古也，其秦汉之侈心乎！斯言得之矣。而自《管子》以来，百家多言羲轩，其文不雅驯。迄于唐宋之世，《焦氏易林》云：黄帝出游，驾龙乘马。东上泰山，南望齐鲁，邦国咸喜。王嘉《拾遗记》云：黄帝诏使百辟，群臣受德教者，先列珪玉于兰蒲席上，燃沈榆之香，舂杂宝为屑，以沈榆之胶，和之为泥以涂地，分别尊卑中外之位也。注云：事出《封禅记》，所谓百家言黄帝也。《白虎通》云：三皇禅于绎绎之山，五帝禅于亭亭之山，三王禅于梁甫之山，与《管子》不同。孔颖达谓：异人之说，未知孰是？而《路史》云：禅，通九。是谓十有八姓。《纪史》：皇氏之通封禅者，十有八姓也。中皇氏，封禅之帝也。轩辕氏在黄帝氏之前，封禅文识有轩辕氏，而又有黄帝氏。又葛天氏封泰山，且谓《庄子》所称庸成氏、大庭氏、柏皇氏皆封禅之君，亦至荒远无稽矣。《大戴礼记》成王选太公为师，周公为傅，此前有与计而后有与虑也。是以封泰山而禅梁父，朝诸侯而一天下，史称成王之封禅为近之，亦不见于六籍。《尚书中侯》曰：昔者圣王，功成、道洽、符出，乃封泰山。《汉书》注孟康曰：王者功成治定，告成功于天。封，崇也，助天之高也。刻石纪号，有金策、石函、金泥、玉检之封焉。然其初，若《史记》载秦儒生所议，为蒲车，恶伤山之土石草木。埽地而祭，席用葅秸，尚合古者陶匏牲犊之义。晋《太康地记》云：为坛于泰山以祭天，示增高也。为墠于梁父以祭地，示增广也。祭尚玄酒而俎鱼。墠皆广长十二丈，坛高三尺，阶三等，犹约而易遵也。自秦始皇绌诸儒，除车道，自泰山阳至巅，立石颂德，从阴道下，禅于梁父，其礼颇采太祝之祀。雍上帝所用，而封藏皆秘之。盖自明其得封，追轶七十二君，而入海求神仙，益侈心浩大矣。二世踵而行之，刻勒始皇所立石书旁，以章始皇之功德。近传李斯残篆二十有九字，是也。然始皇封禅后，十二岁秦亡。诸儒生疾秦焚诗书，诛僇文学，百姓怨畔，皆讹曰：始皇上泰山为暴风雨所击，不得封禅焉。

至汉武帝，得公孙卿所上申公鼎书，言：汉兴复当黄帝之时。曰：汉之圣者，在高祖之孙，且曾孙也。宝鼎出而与神通，封禅。封禅七十二王，惟黄帝得上泰山封。汉主亦当上封，上封则能仙登天。齐人丁公曰：封禅者，合不死之名也。秦皇帝不得上封。陛下必欲上，稍上，即无风雨，遂上封矣。先是文帝使博士诸生剌六经中作王制，谋议巡守封禅事。武帝又令诸儒习射牛，草封禅仪。及闻方士言，黄帝以上封禅皆致怪物与神通，欲放黄帝以上接神仙人蓬莱，高世比德于九皇，而颇采儒术以文之。尽罢诸儒不用。《汉书》云：司马相如有遗书，颂功德，言符瑞，足以封泰山。上奇其书，以问兒宽，宽对曰：陛下躬发圣德，统楫群元（师古曰："辑楫"与"集"并同），宗祀天地，荐礼百神。精神所乡，征兆必报。天地并应，符瑞昭明。其封泰山，禅梁父，昭姓考瑞，帝王之盛节也。然享荐之义，不著于经，以为封禅告成，合祛于天地神祇，祇戒精专以接神明。总百官之职，各称事宜而为之节文。惟圣主所繇，制定其当，非群臣之所能列。今将举大事，优游数年，使群臣得人自尽，终莫能成。唯天子建中和之极，兼综条贯，金声而玉振之，以顺成天庆，垂万世之基。上然之，乃自制仪。考宽文学治行称于汉史，乃傅会经术，徇孝武侈欲如此，愧汲长孺多矣。

《史记》：元鼎六年三月，东上泰山。泰山之草木叶未生，乃令人上石，立之太山巅。《通志略》云：石高二丈一尺，方博皆三尺。今玉皇顶俗称无字碑是也。语详分览之一。四月，由海上至奉高。乙卯，令侍中儒者皮弁荐绅，射牛行事。封泰山下东方，如郊祠太一之礼。封广丈二尺，高九尺（胥绳武案：《通志略》：坛及埠皆广长十二丈，增高三尺），其下有玉牒书，书秘。天子独与侍中、奉车子侯（霍去病子）上泰山，亦有封，皆禁。应劭云：刻石纪绩也。立石三丈一尺，辞曰：事天以礼，立身以义。事亲以孝，育民以仁。四守之内，莫不为郡县。四夷八蛮，咸来贡职。与天亡极，人民蕃息。天禄永得，此古制也。武帝则有滕书秘语（绳武案：《通志略》以为始皇文。《汉书》注：于上石立之太山巅，下引《风俗通》云：石高二丈一尺，"事亲"亦作"事父"，"育民"作"成民"，"四守"作"四海"）。明日，下阴道。禅山下趾东北肃然山，如祭后土礼。天子皆亲拜见，衣上黄，而尽用乐焉。江、淮间一茅三脊为神藉，五色土益杂封，纵远方奇兽蜚禽及白雉诸物，颇以加礼。兕牛、犀、象之属不用。皆至泰山，祭后土。封禅祠其夜若有光，昼有白云起封中。天子从禅还，坐明堂，群臣更上寿。于是制诏御史，赐民百户，牛一，酒十石，加年八十孤寡，布帛二匹。复博、奉高、蛇丘、历城无出今年租税。有司言，以今年十月为元封元年（绳武案：《封禅书》"无出今年税"下作"其大赦"云云，至"上自辽西北边，五月反至甘泉。有司言，以今年为元封元年"）。

元封五年夏四月，至奉高，修封。从公王带上黄帝时明堂图，作明堂汶上。及五年修封，则祠太一、五帝于明堂上坐，令高皇帝祠坐对之。祠后土于下房，以二十太牢。天子始拜明堂，如郊礼。礼毕，燎堂下。而上又上泰山，自有秘祠其巅。而泰山下祠五帝，各如其方，黄帝并赤帝，而有司侍祠焉。山上举火，下悉应之。今案：明堂遗址在岱阳之东，详分览之三。《汉书》云：元封二年秋，作明堂于泰山下。五年春二月，至泰山，增封。甲子祀高祖于明堂，以配上帝。因朝诸侯王、列侯，受郡国计。夏四月，诏曰：朕巡荆扬，辑江淮物，会大海气，以合泰山。上天见象，增修封禅，其赦天下。所幸县毋出今年租赋。赐鳏、寡、孤、独帛，贫穷者粟。太初元年冬十月，行幸泰山。十一月甲子朔旦，冬至，祀上帝于明堂。十二月禅高里。三年四月，修封泰山，袒石闾。天汉三年三月，行幸泰山，修封，祀明堂，因受计。太始四年春三月，行幸泰山。壬午，祀高祖于明堂，以配上帝，因受计。癸未，祀孝景皇帝于明堂。甲申，修封。丙戌袒石闾。征和四年三月幸泰山，修封。庚寅，祀于明堂，癸巳，袒石闾。帝既建汉家封禅，行幸泰山者凡七，修封者五。使能祗昊勚黎，仿古帝王巡望以从事，不亦善乎！乃好大喜功，冀遇不死之药，使非轮台一诏，其不夷于秦政者几希？

《后汉书》及《东观书》载：光武建武三十年，太尉赵熹上言：陛下拨乱中兴，功成治定。群司礼官，咸以为宜登封岱宗。诏云：即位三十年，百姓怨气满腹，吾谁欺？欺天乎！曾谓泰山不如林放，何事污七十二代之编录？桓公欲封，管仲非之。若郡县遣吏上寿，盛称虚美，必髡，兼令屯田。三十二年正月，上斋，夜读《河图会昌符》曰：赤刘之九，会命岱宗。乃诏梁松等。案：索《河》《雒》谶文，言汉九世封禅事者，梁松等列奏：言登封告成，为民报德，百王所同。陛下辄拒绝不许，臣下不敢颂功述德发[1]。《河》《雒》谶书，赤汉九世，当巡封泰山，凡三十六事，传奏左帷。陛下遂以仲月今辰[2]，遵岱岳之正礼，奉《图》《雒》之明文，以和灵瑞，以为兆民。上犹未许，群臣复奏。与博士充等议，以为殷统未绝，黎庶继命。高宗久劳，犹为中兴。武王因父，受命之列，据三代郊天。因孔子甚美其功，后世谓之圣王。

汉统中绝，王莽盗位，一民莫非其臣，尺土靡不其有，宗庙不祀，十

① “发”，《后汉书·祭祀》作“业”。

② “今”，《后汉书·祭祀》作“令”。

有八年。陛下无十室之资，奋振于匹夫，除残去贼，兴复祖宗，集就天下，海内治平。远方慕义，功德盛于高宗、武王。宜封禅为百姓祈福，请亲定刻石纪号文，太常奏仪制。诏曰：许。昔小白欲封，夷吾难之；季氏欲旅，仲尼非焉。盖齐诸侯，季氏大夫，皆无事于泰山！今予小子，巡祭封禅，德薄而任重，一则以喜，一则以惧。喜于得承鸿业，帝尧善及子孙之余赏，恭应图录，当得是当。惧于过差，执德不宏，信道不笃，为议者所诱进，后世知吾罪深矣。乃求元封故事，议封禅所施用。有司奏：用方石再累置坛中，皆方五尺，厚一尺，用玉牒书藏方石。牒厚五寸，长尺三寸，广五寸，有玉检。又用石检十枚，列于石旁。东西各三，南北各二，皆长三尺，广一尺，厚七寸。检中刻三处，深四寸，方五寸，有盖。检用金缕五周，以水银和金以为泥。玉玺二，其一方寸二分，其一方五寸（绳武案：《通志》作“方三寸”）。方石四角又有距石，皆再累。枚长一丈，厚一尺，广二尺，皆在圆坛上。其下用距石十八枚，皆高三尺，厚一尺，广二尺，如小碑，环坛立之，去坛三步。距石下皆有石跗，入地四尺。又用石碑，高九尺，广三尺五寸，厚尺二寸。立坛之丙地，去坛三丈以上，以刻书。帝以用石功难，又欲及二月封禅，欲因故封石空检，更加封而已。松上书争之，以为受命中兴，奉图书之瑞，尤宜显著。若因旧封，窜寄玉牒故石下，非重命之义。遂使泰山郡及鲁趣石工，宜取完青石，无必五色。命印工刻《玉牒书》，书秘刻方石中，命容玉牒。

二月，帝至奉高，遣侍御史与兰台令史，将工先上山刻石。辛卯晨，燎，祭天于泰山下南方，以高祖配，群神皆从祀，用乐如南郊。诸王、王者后、二公、孔子后褒成君皆助祭位事也。事毕，将升封，或曰泰山虽已后食于柴祭，今亲升告功，宜有礼祭。于是，使谒者以一特牲于常祠泰山处。告祠泰山，如亲耕、貙刘、先祠、先农、先虞故事。至食时，御辇升山，日中后到山上更衣。早晡时，即位于坛北面，群臣以次陈后，西上毕位升坛。尚书令奉玉牒、检，皇帝以寸二分玺亲封之。讫，太常令人发坛上石，尚书令藏玉牒。已，复石覆讫，尚书令以五寸印封石检。事毕，皇帝再拜，群臣称万岁，令人立所刻石碑。乃复道下。甲午，禅，祭地于梁阴，以高后配，山川群神从，如元始中北郊故事。四月己卯，大赦。改元建武中元元年，复博、奉高、嬴勿出元年租、刍藁，以吉日刻玉牒书，函藏金匮，玺印封之。乙酉，使太尉奉，以告高庙，藏于庙室。其意视孝武求仙意颇殊，然亦以是蒙讥矣。

《晋书·礼志》：魏明帝时，中护军蒋济请封禅。诏曰：闻蒋济斯言，使吾汗出流足。自开辟以来，封禅者七十余君尔，故太史公曰：虽有受命之君，而功有未洽，是以中间旷远者千有余年，近者数百载，其仪阙不可得记。吾何德之修，敢庶兹乎！济岂谓世无管仲，以吾有桓公登泰山之志乎！吾不敢欺天也。济之所言，华则华矣，非助我者也。公卿、侍中、尚书省之而已，勿复有所议，亦不须答诏也。帝虽拒济议，而实使高堂隆草仪，以天下未一，不欲便行大礼，会隆卒不行。晋武帝平吴，太康元年，卫瓘、山涛、魏舒、刘实、张华等以混一区宇，奏请登封泰山。帝以为盛德事，未可议。瓘等奏至再三，诏报绝之。

《宋书》：文帝元嘉末，袁淑奏请鸣銮中岳，疾卷赵魏，检玉岱宗，愿上封禅书一篇。帝笑不敢当，而遣使履行太山旧道。诏学士山谦之草封禅仪，属魏师南逼，乃止。孝武太明元年，江夏王义恭表请封禅，帝以文轨未一，不从。呜呼，神州陆沈，方望沦徙，犹欲耀功告成，亦可丑已。

《隋书》：文帝开皇九年，平陈。朝野请封禅。诏曰：岂可命一将军除一小国，遐迩注意，便为太平？以薄德而封名山，用虚言而干上帝，非朕攸闻。兖州刺史薛胄遣博士登泰山，观古迹，撰封禅图及仪上之，帝谦让不许。十四年，百官抗表固请，帝命有司草仪注。于是，牛宏、辛彦之、许善心、姚察、虞世基等创定其礼，奏之。帝逡巡其事，曰：此事体大，朕何德以堪之？但当东狩，因拜岱山耳！盖犹未敢侈然为之也。

封禅惟唐代为最炽，考《唐书》及《册府元龟》：太宗实倡之，虽屡请屡却，尝使杜正伦行泰山，上七十二帝坛迹，因两河水潦而寝。十四年，乃命颜师古、朱子奢集议，不能决。房玄龄、魏徵、杨师道奏上，燔柴告至、望秩群神之礼。明年，将东幸，彗星见，乃止。二十一年，有来岁东巡之诏，以泉州海溢，停封。《容斋随笔》云：汉光武、唐太宗皆不世出盛德之主，灼知封禅之非，形诸诏诰，可谓著明。然不能几时，自为翻覆。光武惑于谶记，太宗好大喜名。以今观之，盖所以累善政耳。高宗麟德元年七月，诏以三年正月，有事于岱宗。所司详求茂典，以从折衷。二年十月丁卯，帝发东都，从驾文武兵士及仪仗法物，相继数百里。列营置幕，弥互郊原。突厥、于阗、波斯、天竺、罽宾、乌苌、昆仑、倭国及新罗、百济、高丽等诸番酋长，各率其属扈从，穹庐毡帐及牛羊驼马，填候道路。是时，频岁丰稔，斗米五钱。议者以为古来帝王封禅，未有若斯之盛者也。十二月，至齐州，丙辰发灵岩，顿至于泰岳下。庚申，帝御行宫牙帐，以朝群臣。初议仪注，封泰山，为圆坛，山南四里，如圜丘，三壝，坛上饰以青，四方如其色，号封祀坛。玉策三，以玉为简，长一尺二寸，广一寸二分，厚三分，刻而金文。玉匮一，长一尺三寸，以藏上帝之册。金匮三，以藏配帝之册。缠以金绳五周，金泥玉玺，玺方一寸二分，文如受命玺。石䃭以方石再累，皆方五尺，厚一尺，刻方其中，以容玉匮。䃭旁施检，刻深三寸三分，阔一尺。当绳，刻深三分，阔一寸五分。石检十枚，以检石䃭，皆长三尺，阔一尺，厚七分。印齿三道，皆深四寸。当玺，方五寸。当绳，阔一寸五分。检立于䃭旁，南方北方皆三，东西各二，去䃭隅皆一尺。䃭缠以金绳五周，封以石泥。距石十二分，距䃭隅，皆再累，皆阔二尺，长一丈，斜刻其首，令与䃭隅相应。又为坛于山上，广五丈，高九尺，四出陛，一壝，号登封坛。玉牒，玉检，石䃭，石距，玉匮，石检皆如之。为降禅坛于社首山上，八隅、一成、八陛，如方丘，三壝。上饰以黄，四方如其色，其余皆如登封。其议略定。而天子诏曰：古今之制，文质不同。今封禅以玉牒、金绳，而瓦尊、匏爵、秸席，宜改从文。于是，昊天上帝褥以苍，地衹褥以黄，配褥皆以紫，而尊爵皆更焉。

乾封元年正月戊辰朔，亲祀昊天上帝于山下封祀坛，以高祖、太宗配，如圜丘礼。亲封玉册，置石𥒞，聚五色土封之，径一丈二尺，高九尺。己巳，升山，封玉册于登封坛。庚午，祀皇地衹于社首山之降禅坛，如方丘礼。以太穆皇后、文德皇后配，而以皇后武氏为亚献，越国太妃燕氏为终献，率六宫以登。群臣多窃笑之。辛未，御朝觐坛，以朝群臣，如元日礼。壬申，大赦天下，改元为乾封。诏立登封、降禅、朝觐之碑，名封祀坛曰舞鹤台，登封坛曰万岁台，降禅坛曰景云台，以纪瑞焉。先是祭皇地衹，皆以公卿行事，以武后表，令后妃奠献，渎乱礼经，牝鸡之晨，著于此矣。

玄宗开元十二年，张说等固请封禅，乃下制，以十三年有事于泰山。说与徐坚等议礼，当先奠璧，后燔柴。祭皇地衹，仍不用皇后亚献。立圆台于山上，广五丈，高九尺。又于圆台上起方坛，广一丈二尺，高九尺，其坛台四面为一阶。又，积柴为燎坛于圆台之东南，量地之宜。柴高一丈二尺，方一丈，开。上，南出户六尺。又为圆坛于山下，三成，十二阶，如圜丘之制。又，积柴于坛南为燎坛，如山上。又，为玉册、玉匮、石𥒞，俱如高宗之制。十三年十一月丙戌，至泰山。去山距五里，西去社首山三里（绳武案：《通志》作“十里”）。丁亥，帝服衮冕于行宫，致斋于供帐前殿。己丑日，南至，大备法驾，至山下。上御马而登，侍臣从。为大次于中道，止休三刻，而后升。帝以灵山清洁，不欲多人。上，召礼官学士贺知章等入，讲仪注，乃敕祀昊天上帝，三献皆于山上坛行事。其五方帝及百神，群臣于山下坛行事。示诸臣玉牒文，以明无私请。庚寅，祀昊天上帝于登封台之前坛，高祖配享。帝冕裘升坛，奉珪璧奠献，邠王守礼亚献，宁王宪终献。命有司享五帝、诸神于山下坛。礼毕，帝乃饮福酒。中书令张说进称：赐皇帝太一，终而复始，永绥兆民。帝拜稽首。山上圆台四阶，谓之封祀坛。台上有方石，谓之石𥒞。玉牒、玉册刻玉填金为字，各盛以玉匮，缄以金绳，封以金泥。皇帝以受命宝印之，纳玉匮二于𥒞中，金泥𥒞际，以“天下同文”之印封之。

然后燔柴，群臣称万岁。辛卯，祀皇地祇于社首之泰折坛，睿宗配享，藏玉册如封祀仪。壬辰，帝御朝觐坛之帐殿，朝群臣，大赦天下，赐酺七日。御制《纪泰山铭》，亲札于山顶右壁，今大观峰磨崖碑是也。张说撰《封祀坛颂》（绳武案：《张燕公集》题作《大唐祀封禅颂》）。侍中源乾曜撰《社首坛颂》。礼部尚书苏颋撰《朝觐坛颂》。其卜日告天及庙社，大驾所经及告至，问百年朝觐，皆如巡守之礼。开元礼酌古御今，于封禅尤备，盖其仪与其文足观矣。惜乎，侈心之萌，终兆天宝之乱也。

宋世封禅，启于太宗。考《宋史·本纪》《礼志》及《文献通考》，太宗雍熙元年，诏以十一月东封，命扈蒙等定仪。已而乾元、文明二殿灾，罢之。真宗朝，契丹既通好，乃用王钦若言，力继父志，而以天书自愚。时大中祥符元年春正月，天书降，大赦，改元。三月，臣民诣阙，请封禅者二万余人。四月甲午，诏以十月行事。乙未，以知枢密院事王钦若、参知政事赵安仁为封禅经度制置使。丙申，以王旦为封神大礼使，冯拯、陈尧叟分掌礼仪使（绳武案：《礼志》云：以王旦为大礼使，王钦若为礼仪使，参知政事冯拯为仪仗使，知枢密院陈尧叟为卤簿使，赵安仁为桥道递顿使，较《本纪》为详）。六月甲午，天书降于泰山醴泉北。壬寅，迎于含芳园。九月乙酉，亲习封禅仪于崇德殿。十月戊子，御蔬食，禁行礼前用乐。有司奏坛壝册检之制，与唐代略同。朝觐坛在行宫南，方九丈六尺，高九尺，四陛。陛南面两陛，余三面各一陛。一壝，二分在南，一分在北。其圜台上设登歌、钟、磬各一具。封祀坛宫架二十虡，四隅立建鼓二舞。社首坛设登歌如圜坛，坛下宫架二舞如封祀坛。朝觐坛宫架二十虡，不用熊罴十二案。币各从其方色，牲牲自正坐、配坐，五方帝，日、月、神州俱用犊。又案：开宝礼，燔燎毕，封册。开元故事，则封禠后燔燎。今俟终献毕，皇帝升坛，封玉匮，禠印讫，饮福，送神，举燎火，次天书降，次金匮降。皇帝还大次。俟封禠毕，皇帝再升坛，省视。请前祀七日，遣官致祭。《汉书》：八神及历代封禅帝皇，以太牢祠泰山，少牢祠社首。又请登封日，圜台立黄麾仗，至山下坛，设爟火。将行礼，然炬相属，又出朱字漆牌，传付山下。牌至，公卿就位。皇帝就望燎位，山上传呼万岁，下即举燎。皇帝还大次。解严，又传呼而下，祀官始退。社首瘗坎，亦设爟火三准。遣司天以漏壶先设山之上下，以日晷覆校坛侧，击版相应。自太平顶、天门、黄现、岱岳观，各以长竿揭灯笼下照，参候不愆其节。辛卯，车驾发京师，扶持使奉天书先道。戊戌，许、郓、齐等州长吏赴泰山陪位。丁未，次奉高宫。戊申，斋于穆清殿。庚戌，上服通天冠、绛纱袍，乘金辂，法驾，至山门幄次，改服靴袍，乘步辇登山。黄麾仗、卫士、亲从卒，自山址盘道至太平顶，两步一人，彩绣相间，树当道者，令勿伐。路峻隘，上必降辇徒步。导从者或至疲顿，而上辞气益庄。至回马岭，以天门斗绝，给从官横版。亲从卒推引而上（版长二尺许，两端施采帛。上则施于背，下则施于臆）。卫士皆给钉鞋。上至卫幄，召近臣观玉女泉及古碑。辛亥，享昊天上帝于圜台，陈天书于左，以太祖太宗配。上衮冕垂白珠十有二，黝衣纁裳十二章，升台奠献。中书侍郎读玉牒文，命群臣享五方帝诸神于山下封祀坛。上饮福酒，摄中书令王旦跪称曰：天赐皇帝，太一神策，周而复始，永绥兆民。即日，仗还奉高宫。壬子，禅祭皇地祇于社首，如封祀仪。癸丑，御封禅坛上之寿昌殿，受群臣朝贺，大赦天下，改“乾封县”曰“奉符”。升封之日，紫气蒙坛，黄光如帛，绕天书匣。及还行宫，日重轮，五色云见，改“奉高宫”曰“会真宫”。十一月丁丑，还京。明年五月戊午，内出御制书《登泰山谢天书述二圣功德铭》示宰相，命内史赍付泰山刻之。诏王旦撰《封祀坛颂》，王钦若撰《社首坛颂》，陈尧叟撰《朝觐坛颂》。上之巡祭也，往返四十七日，未尝遇雨雪，祥应纷委，咸以为昭假所致，而孙奭谏曰：国家土木之功，累年不息。水旱作沴，饥馑居多。劳民事神，神其享之乎？又曰：奸臣以先帝尝欲封禅，故赞陛下以继志。先帝尝欲北平幽朔，西取继迁，则未尝献一谋、画一策，可叹恨也。徽宗政和中，蔡京欲东封，以文太平，预具金绳玉检及他物甚备，迄不行。明成祖永乐十四年，尚书吕震请封禅。上曰：四方多水旱疾疫，安敢自谓太平！且六经无封禅之文，事不师古，甚无谓也。胡广因作《却封禅颂》，抑自祥符以来，人知封禅之非经矣。然胜代中叶，习于宴安，巡守朝觐之礼废，卒以不振，则又安可尽咎封禅也？

乐奏声诗之可考者，《韩非子》云：黄帝合群神于泰山上，驾象车而六蛟龙，毕方并辖。蚩尤居前，风伯进扫，雨师洒道。虎狼在前，鬼神在后。螣蛇伏地，凤凰覆上，作为《清角》。《文献通考》亦云：黄帝于泰山作清角之音，似两凤双鸣，二龙齐吟。丹蛇绕首，雄虹带天。《尚书大传》云：元祀代泰山，贡两伯之乐焉。阳伯之乐，舞侏离，其歌声比余谣，名曰《晳阳》。仪伯之乐，舞鼚哉，其歌声比大谣，名曰《南阳》。皆俶远无稽矣。《周礼・大司乐》：乃奏姑洗，歌南吕，舞大磬，以祀四望。古乐云亡，新声竞起。倪宽所谓六律五声、神乐四合者，其辞不传。《古诗纪》注：汉明帝东巡泰山，有鸟飞鸣，乘舆上，虎贲射中之，作《射鸟辞》，帝赐钱百万。不知于义何当也。《文献通考》：唐贞观十一年，议太常旧仪，封禅降神乐歌，并用郊祀之辞。韦安仁驳之曰：夫祭天作乐，本谓神听高远，声臭难接。所以歌咏文辞，依倚弦管。涤荡宣畅，冀其来格。今瘗玉、燔柴于岱宗之下，播声昭告，请降圜丘之上。夫神听聪明，不可滥假。如依乐声，应临国内。而泰山之下，其神可得祀乎？又，《毛诗・周颂》郊祀歌《昊天》、封禅歌《时迈》二篇各别，足是证明。谓宜采《周颂》，创新篇，告精诚与上天，请皇灵于东岳，于事合古。《唐书・礼乐志》：开元十三年张说撰《封泰山祀天乐章》十二，仿函钟为宫，黄钟为角，大簇为征，姑洗为羽。送文舞，迎武舞，乃用商调。贺知章撰《禅社首祭地祇乐章》凡八，皆以和为节。《宋史・乐志》：真宗将行封禅，改酌昊天上帝禧安之乐为《封安》，皇地祇禧安之乐为《禅安》。饮福禧安之乐为《祺安》。别制《天书乐章》，《瑞文》《灵文》二曲，每亲行礼用之。又作《醴泉》《神芝》《庆云》《灵鹊》《瑞木》五曲，并施于朝会宴享，以纪瑞应。此与汉武《天马歌》奚异？礼慝而乐淫，理固然已。

然则巡守、柴望、祭告之礼，往代遂无有行之者乎？《史记》：黄帝披山通道，未尝宁居。东至于海，登丸山及岱宗。《竹书纪年》：帝尧五年，初巡守四岳。《通志·五帝纪》：尧巡守告成，周流五岳，存鳏寡，赈荒札。《通鉴》前编：武王十有五年，巡守方岳，祀百神，朝诸侯。《竹书纪年》：成王十九年，王巡守侯甸、方岳。此三代以上之巡守也。《史记》：秦始皇帝即帝位三年，东巡海上。行礼祠八神，二曰地主，祠泰山、梁父。二世皇帝元年，东巡碣石，历泰山，皆礼祠之。汉武帝元狩四年，始巡郡县，寝寻于泰山。元鼎六年四月，至奉高梁父，礼祠地主。元封元年，诏曰：古者天子，五载一巡守，用事泰山。诸侯有朝宿地，其令诸侯各治邸泰山下。此名为巡守，其实封禅也。《后汉书》：光武帝建武三十年三月，幸鲁，过泰山，去太守以上过故[①]，承诏祭泰山及梁父。时方却封禅而修省方，惜乎其终惑于图谶也。中元元年二月己卯，幸鲁，进幸泰山。北海王兴、齐王石朝于东岳，则为登封来矣。章帝元和二年二月，东巡守，至泰山，修光武山南坛，兆。辛未，柴祭天地群神如故事。壬申，宗祀五帝于孝武所作汶水明堂，光武帝配。癸酉，更告祠高祖、太宗、世宗、中宗、世祖、显宗于明堂，各一太牢。卒事遂觐东后，飨赐王侯群臣。因行郡国，下诏大赦天下，复博、奉高、嬴是年田租刍槁。其时、儒馆献歌，戎亭虚候。虽冒修封之迹，亦备典文之懿矣。安帝延光三年二月，东巡守。辛卯，幸太山。齐王无忌、北海王普、乐安王延来朝，柴告岱宗。壬辰，宗祀五帝于汶上明堂。癸巳，告祀二祖、六宗。赐郡县，复作乐，亦修祖宗故事。然令出房闱，柴望皆虚文也。《晋书》云：魏明帝凡三东巡守，所过存问高年，恤疾苦或赐谷帛，有古巡守风焉。《册府元龟》云：北魏太武帝太平真君十一年十一月，帝南征过岱宗，祀以太牢。隋文帝开皇十五年春正月壬

① “去”，《后汉书·祭祀》作“告”。

戌，车驾次齐州。丙寅，旅玉符山。行幸兖州，庚午，祠泰山，次岱岳，为坛如南郊。又，壝外为柴坛，饰神庙，展宫悬于庭。为埋坎二于南门外，陈乐设位于青帝坛，如南郊。帝服衮冕，乘金辂，备法驾而行。礼毕，遂诣青帝坛而祭。三月己未，至自东巡守，望祭五岳。此盖以封禅为钜典，抑而从巡望之事。《唐开元礼》云：将巡守，所司承制，先颁告于东方诸州，曰：皇帝二月东巡守，各修平乃守，考乃职事，毋敢不敬戒？国有大刑，告圜丘、宗庙、社稷，祭所过山川。至则于泰山下，修圜坛，燔柴告至。明日，望秩山川。又明日，肆觐考制度，其仪甚详。宋《开宝礼》亦然。然皆备而不用，重封禅也。明《典汇》云：成祖永乐七年三月，车驾巡守，驻跸东平，望祭泰山。顾侍臣曰：昔舜巡狩至泰山，举祀礼，觐诸侯，一正朔，考制度而已，盖欲使天下同风。后来，秦皇、汉武皆有侈心，登封泰山，荐道德功，以夸示后世，终不免后世之非议。太祖一天下，立法制，五六十年，国不异政，家不殊俗。朕谨遵成宪，此行亦惟欲亲巡抚，使军民各得其所耳。明《礼仪志》凡遇天子巡守，经过岳渎，礼部预期奏闻，或亲祭，或遣官。然其后竟无能行。《白虎通》云：巡者，循也。守者，收也。为天子循行，守土收民，道德太平。恐远近不同化，幽隐不得其所者，故必亲自行之，谦敬重民之至也。前代之行是礼者，其果得此义也与？

望祀及遣官祭告，凡岳镇海渎，皆有之，史不胜书。如魏文帝以即阼燎祭五岳，又祀岳渎，瘗沈珪璧。晋成帝立北郊，五岳从祀。北魏明元帝立五岳庙于桑乾水阴，准古望秩。后齐方泽夏至之日，禘昆仑皇地祇，其神州之神，岱岳、云云山、亭亭山等，并从祀。宋太宗以旱祀五岳，御书祝版。神宗以集贤校理陈侗请，以周建四望坛于四郊，以祭五岳、四镇、四渎。高宗以太常博士黄积厚言，以四立日分祭，如祭五方帝礼。金章宗以祈雨晴，望祀岳渎。又遣官望祭于北郊，又雩祷报祀之。宣宗亦以旱灾遣官望祭。明太祖以岳渎诸神合祀南郊，未有专祀。又，享祀之所，屋而不坛，非尊神之道，宜别为一坛。春秋专祀，以清明、霜降。皇帝躬行，三献礼。《会典》云：洪武三年，合祀东岳于山川坛。此皆祭于京都，非祭于岳也。汉世，太山属侯国，武帝时，济北王献其地，始领于天子之祠官。宣帝有使者持节祀岳渎之礼。隋制，行幸所过名山大川，则有司致祭岳渎以太牢。又各依五時迎气日，遣使就其所，祭之以太牢。北齐文宣帝分遣使致祭五岳。唐玄宗诏岳渎，各命郡县逐处设祭，又以尚书省诸曹郎分往诸州祭焉。又命有司择日就祭五岳。又以多雨，命高品官祭五岳。又诏五岳所在长官，以礼致祭，以得灵符。加封四渎及上尊号，皆诏所在长官致祭五岳。又命宗正卿褒信、郡王璆等分祭五岳。又以岁稔，命郡县秋后醮祭，代宗亦命所管致祭，又委中书门下分使致祭。德宗诏太常卿裴郁等十人，各就方镇祭岳渎。顺宗、宪宗以册皇太子，诏五岳委所在长吏量加祭祀。穆宗受册尊号，文宗大赦，亦如之。

后晋高祖诏以正位，差官祭告五岳，又命使祠五岳。宋太祖遣使祈雨岳渎者再。太宗以大雨遣使以祈雨，遣中使祷五岳。真宗以白敏中等为五岳奉册使。仁宗以春夏不雨，遣使祷于岳渎，又御大庆殿受朝命，诸州长吏致祭。英宗以疾未平以久雨，神宗、哲宗以祈雨，皆遣使分祷元岳镇海渎之祭，使者奉玺书即其处行事，曰代祀。自中统二年，凡十有九处，分五道。后乃以东岳、东海、东镇、北镇为东道，道遣使二人。集贤院奏遣汉官，翰林院奏遣蒙古官，出玺书给驿以行。中统初，遣道士或副以汉官。世祖加岳渎封号，各遣官诣祠致告。成宗时，诸王伊尔根遣使乘驿祀五岳，命追其驿券，仍切责之。明太祖洪武二年，命都督孙遇仙等分祭岳渎。上服皮弁服，御奉天殿，躬署御名祝文以授使者。香用黄金盒，牲用太牢，币各从其方色。凡此，亦皆统言之，非专祀东岳者也。

《汉书》：王莽授诸侯茅土于明堂，曰：予亲设文石之平，陈菁茅四色之土，钦告于岱宗，则适足以污岱宗耳。唯北魏献文帝皇兴二年二月，以青、徐既平，遣中书令兼太常高允，奉玉币祀于东岳。孝文帝太和十九年四月己未，行幸瑕丘，遣使以太牢祀岱岳。唐玄宗开元二十五年十月戊申，敕礼部尚书杜暹祭东岳。天宝元年十二月乙亥，命光禄卿嗣郑王希言，三载四月丙辰，命太子詹事嗣许王瓘，十载二月己亥，遣嗣吴王祗祭东岳。后周太祖广顺二年五月，亲征兖州，遣翰林学士窦仪祭东岳庙。宋太祖建隆元年六月，平泽潞遣官祭泰山庙。真宗大中祥符元年，加号太山为仁圣天齐王。遣职方郎中沈维宗致告。四年加上东岳帝号。十月戊申，御朝元殿，发册使，十一月戊戌，加东岳帝后号，遣官祭告。《玉海》云：七年十月十九日，上亲制东岳醮告文。金章宗承安元年三月丁未，以不雨遣使就祈于东岳。十一月癸卯，遣官祈雪于东岳。太和四年二月丁酉，诏祈雨东、北二岳。元成宗大德四年二月乙卯，遣使祀东岳。明太祖洪武十年八月，以天下宁谧，遣曹国公李文忠、道士吴永舆、邓子方代祀泰山。诏自今以后，岁以仲秋诣祠致祭。二十八年讨龙州赵宗寿，遣神乐观道士乐本然、国子监生王济祭告泰山。三十年九月，以用师西南夷，遣道士朱铎如、监生高翥祭告。成祖永乐四年七月，师讨安南，遣道士严士安、监生马武祭告。五年复遣道士复生、监生张礼祭告。《续文献通考》：隆庆三年三月，遣太常寺官祭东岳泰山之神。以洪水为患，命巡抚山东都御史姜廷颐祭东岳泰山、东镇沂山之神。盖自宣宗以后，继统、祈雨、水旱灾祲、河决、地震，或遣朝官卿贰，或命巡抚、布政、泰安知州行事，几无虚岁。见于庙碑，载在岱史者，近而易详也。蒙案：《汉书》载，五利将军栾大使不敢入海，乃之泰山祠。上使人随验，遂诛之。《皇明纪略》载：伶官臧贤为武宗所眷，尝奉敕祠于泰山。摄卿而行，卒为朱宁中伤，杖死。赫赫岱宗，殆非诞妄憸邪之所得有事焉，神其殛之矣。

若夫有司岁时之祭，《史记·封禅书》云：秦祠官所常奉名山祠，一曰泰山，春以酺酒为岁祠，因泮冻，秋涸冻，冬赛祠，其牲用牛犊各一，牢具珪币各异。《汉书》：宣帝神爵元年，制诏太常，五岳皆有常礼。祀东岳泰山于博，使者持节侍祠。唯泰山及河岁五祠，余皆三祠。《风俗通》曰：十月日合冻，腊月日涸冻，正月日解冻，皆太守侍祠，若有秽疾，代行事法，七十万五千，三牲燔柴上，福脯三十朐，县次传送京师。《明史》云：自魏及隋，岳镇海渎，即其地立祠，有司致祭。《隋书》：晋元帝建武元年，令郡国有五岳者，置宰祝三人，以孟春、仲冬祠之。《文献通考》：唐武德贞观之制，以东郊迎气日祭东岳岱山于兖州，牲用太牢，祀官以当界都督刺史充。《开元礼》：迎气之祭，其祝文曰：惟某年岁次月朔日，某嗣天子某，谨遣某官某，敢昭告于东岳岱宗。维神资养万品，作镇一方，式因春始，谨以玉币、牺牲、粢盛、庶品，朝荐于东岳岱宗，尚享。《通考》云：宋开宝五年，诏自今五岳各以本县令兼庙令、尉兼庙丞，专掌祀事。县近庙者，迁治所就之。《宋史》：太宗淳化二年，秘书监李至，请遵旧礼，祭于所隶之州。长吏以次为献官，后以立春日祀东岳于兖州。《金史》：世宗大定四年，诏以立春祭东岳于泰安州。《岱史》云：金，每岁御署祝版，命守臣侍祠。《元史》：世祖至元三年定制，正月祀东岳、镇、海渎，土王日，祀泰山于泰安州。《泰山志》云：明，以春秋二仲月先上丁一日，泰安知州行事。

国朝仪同山川坛，皆常祀，故不具录。

论曰：《文中子》云：如有用我者，当处于泰山矣。注谓：泰山，黄帝有合宫在其下，可以立明堂之制焉。夫明堂者，王者以巡守，朝诸侯，施仁政。汉武所作，未知于黄帝有合否？然其本已失矣，我国家监于成宪，陟其高山，五三六经载籍之传，昭然揭日月而行，谨具图岱麓行宫，以著合宫。明堂、巡省式序之典，因论次经、传、义、疏，列史所载，正以今之法度，俾治礼议岱制者，知所折衷焉。

岱览卷第四

总览二

岱礼中

秦始皇帝刻石

文曰："皇帝临位，作制明法，臣下修饬。廿有六年，初并天下，罔不宾服。亲巡远黎，登兹泰山，周览东极。从臣思迹，本原事业，祗诵功德。治道运行，诸产得宜，皆有法式。大义著明[①]，陲于后嗣，顺承勿革。皇帝躬听[②]，既平天下，不懈于治。夙兴夜寐，建设长利，专隆教诲。训经宣达，远近毕礼，咸承圣志。贵贱分明，男女体顺，慎遵职事。昭隔内外，靡不清净，施于昆嗣[③]。化及无穷，遵奉遗诏，永承重戒。"（绳武云案：《通志略》载文曰："事天以礼，立身以义，事父以孝，成人以仁。四守之内，莫不郡县，四属八蛮，咸来贡职。民庶蕃息，天禄永得。"注云：出晋《太康郡国志》，与此不同，"四夷"作"四属"，应是近刻之讹。）

二世皇帝刻始皇石旁

文曰：皇帝曰：金石刻尽始皇帝所为也。今袭号而金石刻辞不称始皇帝，其于久远也，如后嗣为之者，不称成功盛德。丞相臣斯、臣去疾、御史大夫臣德昧死言：臣请具刻诏书金石刻[④]，因明白矣。臣昧死请。制曰：可。

① "著"，《史记·秦始皇本纪》作"休"。
② "听"，《史记·秦始皇本纪》作"圣"。
③ "昆"，《史记·秦始皇本纪》作"后"。
④ "石刻"，《史记·秦始皇本纪第六》作"刻石"。

《史记索隐》云：始皇刻石铭，其词每三句为韵，凡十二韵。又《史记集解》：臣去疾。徐广曰：姓冯。宋欧阳修《跋》案：《史记》：秦始皇帝行幸天下，凡六刻石。及二世立，又刻诏书于其旁，今皆亡矣。独泰山顶上二世诏仅在，所存数十字尔。今俗传峄山碑者，《史记》不载。又，其字体差大，不类泰山存者。余友江邻几谪官于奉符，常自至泰山顶上，视秦所刻石处，云：石顽不可镌凿，不知当时何以刻也。然而四面皆无草木，而野火不及，故能存此数十字。比今俗传峄山碑本，特为真者尔。

刘跂《秦篆谱》：世传泰山篆字，可读者惟二世诏五十许字，而始皇刻辞，皆谓已亡，莫可复见。宋丞相莒公镇东平，遣工就泰山模得墨本，以庆历戊子岁，别刻新石，亲作后序，止有四十八字。欧阳文忠公《集古录》亦云。余以大观春，从二三乡人登泰山，宿绝顶，首访秦篆。徘徊碑下，其石埋植土中，高不过四五尺，形制似方而非方，四面广狭皆不等，因其自然，不加磨砻。所谓五十许字者，在南面稍平处，人常所为拓，故士大夫多得见之。其三面尤残缺蔽暗，人不措意。余审观之，隐若有字痕，刮磨垢蚀，试令模以纸墨，渐若可辨。自此益使加工模之，然终意其未也。政和三年秋，复宿岳上，亲以毡椎从事，校之他本，始为完善。盖四面周围悉有刻字，总二十二行，行十二字。字从西南起，以北、东、南为次，西面六行，北面三行，东面六行，南面七行。其末有“制曰：可”三字，复转在西南棱上。每行字数同，而每面行数乃不同。如此广狭不等，居然可见。其十二行，是始皇辞。其十行，二世辞。以《史记》证之，文意皆具。计其缺处字数，适同于泰山之篆，遂成完篇。宋、欧、江三公初未尝到，惟凭工匠所说，无足怪。人多以三公为信，故亦不复详阅。余既得墨本，并得碑之形象制度以归。亲旧闻之，多来访问。倦于屡报，乃为此谱。大凡篆字二百二十有二，其可读者，尚百四十有六。今亦作篆字书之，其毁缺及漫灭不可见者七十有六，以《史记》文足之，注其下。谱成，揭壁间，久幽沉晦之迹，今遂历然。秦至无义不足论，然李斯小篆，古今所师。

经千三百有余岁而复彰，兹可尚也。如“亲巡远黎”，《史》作“亲巡远方黎民”；“金石刻”作“刻石”；“著”作“休”；“嗣”作“世”；“听”作“圣”；“陲”作“垂”；“体”作“礼”；“昆”作“后”。则又史家差误，皆当以碑为正。其曰御史夫夫者，大夫也。庄子曰：且而属之大夫。卫宏曰：古文一字两名，因就注之。《史记》于《琅琊台刻石》，备列从臣名氏，余家所收琅琊残字亦有五“夫”字。然则夫从一大，故不复重欤！

董逌《广川书跋》：泰山篆，庆历庚子岁，宋莒公惜其残剥，摹石于东平郡。凡四十七字。江邻几治奉符，患四方求者日至，厌于供命，则又刻其字于县廨。案：其文，秦二世诏也。《史记》载：始皇上泰山，立石，封，祠。下，禅梁父，刻所立石诏书。其叙巡狩以时，不书封禅事，立石书诏，非缘封禅发之。疑《史记》自误。二世元年，东行郡县，刻始皇所立石旁，著大臣从者名。如此，则泰山刻石，始皇帝所立。始皇诏书刻其三面，二世诏宜在其阴。今石南为二世诏书，始皇帝刻诏书乃在北西东三面。盖石仆，而后人起立植之。以其一面稍完，故立之南向，此其故也。余至泰山，就视其石，高才八九尺，方面二尺余，以乱石培其下。昔所建立，盖凿石为穴，下寝其中，岁久摧仆，则后人累石固其趾以存，至字则止，此未可以久远期也。又曰：昭隔内外，或谓为融，古字相借，不然，则“格”与“隔”不兼用也。“陲”为“边陲”，若“垂后世”则当作“巫”。《说文》甚辨，慎不应尔。见泰山篆字，疑其字误，慎书杂以古字论检押也。元吾丘衍《周秦刻石释音》本宋淳熙中杨文昺书，不收琅琊碑，以《石鼓》、《诅楚文》、泰山、峄山石刻共为一卷，列诸家音注书评于后焉。

明吴同春《游泰山记》：读秦篆碑与刘跂所记，稍不券合。苦三面嵌壁，不能尽辨。令数力士出诸壁，乃知仅存刘所云云之半。刘谓正面七行，今止此石畔三行，而其三面欲就岩安置，各加凿削，俱非当时之旧矣。涤洗拓摹，字形隐隐莫辨，第得石之真面目，与无字碑莹泽无异已。令数力士复嵌于壁，恐数千年物又损坏自今也。

国朝褚峻、牛运震《金石图说》：石刻高三尺五寸，围四尺二寸，字径一寸七分，在泰山顶碧霞元君宫之东庑。志古者好言周秦，然多翻摹转效之为。近传会岣嵝、铜盘铭，皆精鉴之士所不敢道。孰与是刻以真秦古文，处太乙神明之巅，历千百年疾雷烈风怪雨，而不摧灭，为可宝贵也。《潜研堂金石文跋尾》云：《秦篆谱》"既平天下"句与史合。《金薤琳琅》曰："既天下"，于"既"字下不注阙文，殊为疏略矣。《泰山图志》：始皇刻石及二世诏书，本在一石，郑樵《通志》分而为二。明万历吴同春犹云：存刘跂所谱之半，至国朝顾炎武《金石文字记》则云：谨存"臣斯、臣去疾"以下二十九字而已。石旧在岱顶玉女池上，雍正八年，郎中丁皂保移置碧霞祠东庑。乾隆五年六月，庙毁后重修碧霞祠，不知瘗置何所。于是秦篆遂亡。又，宋江邻几有重刻四十八字，明申旞有补篆本，今并佚。存者惟岱庙及泰安县署土地祠二十九字，未知何时所摹刻也。

蒙案：聂剑光鈫为余言，泰山古碑毁于修工者，不知凡几？若宋钱伯言《纪游碑》、元杜仁杰《天门铭》、明王锡爵《碧霞宫碑》其最著者。而秦篆亦以石坚致琢，为令辟以礨垣。又言，曾弆秦篆，断拓本，末刻八分书，跋字差小。云：岱史载秦篆碑，仅存此二十九字。余至泰山顶，从榛莽中得之，恐致湮没，因揭之壁间，以识往古之遗迹云。北平许□乃百年前物也。册后刘其旋、成城题识。邑宰程志隆刻意借览，遂归休宁矣。其在岱庙、土地祠者，无万一之似。《金石文跋尾》云：此真秦刻也。视岳庙重刻本，如优孟之见楚相矣，吾子孙其永宝之。

蒙尝见萧儒林翰宾藏本四十余字，颇胜，意者其江刻欤！原石虽劖断，如果尚在垣间，安知不如石鼓重出乎？然既经烈焚，又遭铲削，虽复出，而二十九字存者几所。《石墨镌华》云：汉《西岳碑》，嘉靖中犹在，一县令修岳庙石门，视殿上碑题皆当时显者，恐获责罚，以汉碑年久，遂碎为砌石。秦汉间物，往往坏于若辈，可胜惜哉！又，《岱史》《辑瑞集》以应劭《汉书注》古刻石文，冠此刻文之首，考《史记》及刘跋谱，知其误也。此石在秦时，不知立顶上何所。赵明诚《金石录》云：真宗东封，兖州太守模本以献。而《册府元龟》有上观玉女泉及古碑之文，则祥符时已在玉女池矣。今石既佚，无可附存，详志于此，以竢好古者考焉。

汉武帝鼎铭

文曰：登于泰山，万寿无疆。四海宁谧，神鼎传芳。

虞荔《鼎录》：武帝封泰山，铸一鼎。高四尺，铜银为之，其形如瓮，有三足，太始四年造。文大篆书，今不知所在。

东汉光武帝刻石

文曰：维建武三十有二年二月，皇帝东巡守，至于岱宗，柴，望秩于山川，班于群神，遂觐东后。从臣太尉熹、行司徒事特进高密侯禹等。汉宾二王之后在位。孔子之后褒成侯，序在东后，蕃王十二，咸来助祭。《河图赤伏符》曰：“刘秀发兵捕不道，四夷云集龙斗野，四七之际火为主。”《河图会昌符》曰：“赤帝九世，巡省得中，治平则封，诚合帝道孔矩，则天文灵出，地祇瑞兴。帝刘之九，会命岱宗，诚善用之，奸伪不萌。赤汉德兴，九世会昌，巡岱皆当。天地扶九，崇经之常。汉大兴之，道在九世之王。封于泰山，刻石著纪，禅于梁父，退省考五。”《河图合古篇》曰：“帝刘之秀，九名之世，帝行德，封刻政。”《河图提刘子》曰：“九世之帝，方明圣，持衡矩，九州平，天下子。”（绳武案：“天下子”，《后汉书》作“天下予”，考证云：“予”本或作“子”。）《洛书甄曜度》曰：“赤三德，昌九世，会修符，合帝际，勉刻封。”《孝经钩命决》曰：“予谁行，赤刘用帝，三建孝，九会修，专兹竭行封岱青。”《河》《洛》命后，经谶所传。昔在帝尧，聪明密微，让与舜，庶后裔握机。王莽以舅后之家，三司鼎足冢宰之权势，依托周公、霍光辅幼归政之义，遂以篡叛，僭号自立。宗庙堕坏，社稷丧亡，不得血食，十有八年。扬[①]、徐、青三州首乱，兵革横行，延及荆州，豪杰并兼，百里屯聚，往往僭号。北夷作寇，千里无烟，无鸡鸣犬吠之声。皇天眷顾皇帝，以匹庶受命中兴，年二十八载兴兵，起是以中次诛讨，十有余年，罪人则斯得。黎庶得居尔田，安尔宅。书同文，车同轨，人同伦。舟舆所通，人迹所至，靡不贡职。建明堂，立辟雍，起灵台，设庠序。同律、度、量、衡。修五礼，五玉，三帛，二生[②]，一死，贽。吏各修职，复于旧典。在位三十有二年，年六十二。乾乾日昃，不敢荒宁，涉危历险，亲巡黎元，恭肃神祇，惠恤耆老，理庶遵古，聪允明恕。皇帝唯慎《河图》《雒书》正文，是月辛卯，柴，登封泰山。甲午，禅于梁阴。以承灵瑞，以为兆民，永滋一宇，垂于后昆。百僚从臣，郡守师尹，咸蒙祉祐（绳武案：《后汉书》"祐"作"福"），永永无极。

考《后汉书》，此石当在山上，今佚。《后汉书》"永永无极"之下，有"秦相李斯燔诗书，乐堕礼坏[③]。建武元年以前，文书散正[④]，旧典不具，不能明经文，以章句细微相况八十一卷，明者为验，又其十卷，皆不昭晰。子贡欲去告朔之饩羊，子曰：'赐也。尔爱其羊，我爱其礼。'后有圣人，正失误"等语，方云刻石讫，似与刻石文相属，莫详其义。

唐高宗玉牒

文曰：有唐嗣天子臣某[⑤]，敢昭告于昊天上帝：有隋运属颠危[⑥]，数穷否

---

① "扬"，《后汉书·礼仪》作"杨"。
② "生"，《后汉书·礼仪》作"牲"。
③ "堕"，《后汉书·礼仪》作"崩"。
④ "正"，《后汉书·礼仪》作"亡"。
⑤ "某"，《全唐文》作"治"。
⑥ "属"，《全唐文》作"极"。

塞[①]，生灵涂炭，鼎祚沦亡。高祖仗黄钺而救黎元，锡元圭而拯沈溺。太宗功宏炼石，定区宇于再麾。业壮断鳌[②]，饮沧海而一息[③]。臣忝奉余绪，恭承积庆[④]，遂得昆山寝燎，炎海澄波[⑤]。虽乃业茂宗祧，斯实降灵穹昊[⑥]。今谨告成东岳，归功上元。大宝先隆[⑦]，鸿基永固。凝薰万姓，陶化八纮。

玄宗玉牒

文曰：有唐嗣天子臣某，敢昭告于昊天上帝：天启李氏，运兴土德。高祖太宗，受命立极。高宗升中，六合殷盛。中宗绍复，继体不定[⑧]。上帝眷祐，锡臣忠武。底绥内难，推戴圣父。恭承大宝，十有三年。敬若天意[⑨]，四海晏然。封祀东[⑩]，谢成于天。子孙百禄，苍生受福。

宋真宗登封玉册

文曰：维大中祥符元年，岁次戊申十月戊子朔二十四日辛亥。嗣天子臣赵恒，敢昭告于昊天上帝：臣嗣膺景命，昭事元穹。昔太祖揖让兴邦，太宗忧勤政治。廓清寰海，混一车书，而固抑升中，猥延积庆。今元符锡祚，众宝效祥，异域咸怀，丰年屡应。虔修封祀，祈福黎元。谨以玉帛、牺牲、粢盛、庶品，备兹禋燎，式荐至诚。太祖启运立极英武圣文神德元功大孝皇帝、太宗至仁应道神功圣德文武大明广孝皇帝侑神作主。尚飨（绳

① 该句，《全唐文》作“天数穷否”。
② “壮”，《全唐文》作“比”。
③ “海”，《全唐文》作“溟”。
④ “恭承”，《全唐文》作“承威”。
⑤ “澄”，《全唐文》作“韬”。
⑥ “斯实”，《全唐文》作“寔”。
⑦ “先”，《全唐文》作“克”。
⑧ “不”，《全唐文》作“丕”。
⑨ “敬”，《全唐文》作“钦”。
⑩ “东”，《全唐文》作“岱”。

武案：史载《玉册文》前无年、月、日，“元穹”作“上穹”，“兴邦”作“兴基”，“政治”作“致治”，“寰海”作“寰宇”，“固抑”上无“而”字，“猥延”作“以延”，“元符”上无“今”字，末太祖、太宗无徽称，止云“皇伯考太祖皇帝，皇考太宗皇帝，配神作主。尚享”）。

玉牒

文曰：运启大同，惟宋受命，太祖开阶，功成治定；太宗应图，重熙累盛。粤惟冲人，丕承列圣。一纪于兹，四隩来暨。丕贶殊尤，元符章示。储庆发祥，清净可致。时和年丰，群生咸遂。佥议大礼，聿申昭事。躬陟乔岳，对越上元。祈福逮下，侑神奉先。天禄无疆，灵休允迪。万叶其昌，永保纯锡（绳武案：史载玉牒文首有“有宋嗣天子臣某，敢告于昊天上帝”；“开阶”作“肇基”；“丕承列圣”下有“寅恭奉天，忧勤听政”二句；“群生咸遂”下有“仰荷顾怀，敢忘继志”二句；“大礼”作“大封”；“躬涉”作“躬陟”；“上元”作“上天”，下有“率礼祇肃，备物吉蠲。以仁守位，以孝奉先”四句；“侑神奉先”作“侑神昭德”；下有“惠绥黎元，懋建皇极”二句）。

禅社首玉册

文曰：嗣天子臣某，敢昭告于皇地祇：无私垂佑，有宋肇基。命惟天启，庆赖坤仪。太祖神武，威震万宇。太宗圣文，德绥九土。臣恭膺宝命，纂承丕绪。穹昊降祥，灵符下付。景祚延鸿，秘文昭著。八表以宁，五兵不试。九谷丰穰，百姓亲比。方舆所资，凉德是愧。溥率同词，搢绅协议。因以时巡，亦既肆类。躬承典礼，祇事厚载。致孝祖宗，洁诚严配。以伸大报，聿修明祀。本支百世，黎元受祉。谨以玉帛、牺牲、粢盛、庶品，备兹瘗瘗，式荐至诚。皇伯考太祖皇帝，皇考太宗皇帝配作神主，尚飨。

案：《宋史》：大中祥符元年五月丙寅，命王旦、冯拯、赵安仁等分撰玉牒、玉册文。凡唐、宋封禅册牒，未能悬指所在，故录于此。

阙里诸生望东封赋

〔唐〕王棨

鲁国诸生，欣逢圣明。咸西向以迎睇，望东封而勤诚。习礼空劳日日，而徒瞻岳色。凝旒何处年年，而尚郁人情。岂不以兵偃三边，尘清万邑。欲行登禅之事，犹执劳谦之德。是使想黄屋以心倾，敛青襟而目极。乃相谓曰：自古帝王，功成业昌，尽皆增博厚，报穹苍。所以山呈瑞应，水出荣光。国泰财阜，时丰俗康。固合陈俎豆，捧珪璋，高践天坛之上，遥升日观之旁。而乃阙其仪，寝其议，盖九重之凤诏缺敷，四海之鸿恩未被。空令汉史愿陪检玉之行，更切孔徒渴见泥金之事。莫不引领延伫，凝情尽思。未遂相如之请，空吟叔宝之诗。夫子坛边，恐云龙之会晚。颜生巷里，忧日月以来迟。况可后示百王，前观万姓。三千徒兮，今日期恳。七十君兮，当时称盛。潜斯山下，得闻万岁之呼。每想封中，获仰千年之圣。嗟夫！迹居洙泗，魂断咸秦。俟南面之鸾驾，问西来之路人。当河清海晏之时，宜遵古典，是率土普天之幸，岂但素臣。近虽下国枭鸣，边夷鼠盗，既有征而无战，尽摧凶而翦暴。宜允儒者之心，登泰山而昭告。

泰山父老望登封赋

〔宋〕田锡

吾皇帝厚德比于坤元，至仁侔于穹昊。伊岱宗之父老，望皇华以外告。倾心精意，向天阙以虔恭；顿首敛容，冀纶言之布诰。岂不以思深寝育，惠感生成；桑榆之景方暮，葵藿之心迭倾。检玉高峰，思睹登封之礼。鸣鸾近甸，伫谐延望之诚。咸曰：帝嗣洪图，寰区晏如。纳生灵于寿域，侔至化于华胥。北天山而南越裳，争输职贡。右流沙而左沧海，正混车书。

莫不天意与人心交泰，民情与物性相于。斯乃运方契于千年，德冥符于昊天。雅颂溢路人之采，祥经盈太史之编。泳鳞翔鹈，已效灵于郊薮。灵茅秬黍，宜荐羞于上元。臣等幸以期髦之身，为太平之民；生籍寄龟蒙之下，先畴迩洙泗之滨。七十二君，古常称于茂典。三千年后，今正逢于圣人。愿陛下采古义于前书，命择仪于良相。敕宗伯修壝宫之礼，诏太常建黄麾之仗。卤簿、钟鼓、圭瓒、秬鬯，展仪于梁甫之下，禋祭于灵峰之上。虞君颂瑞，愿谐方伯之心。汉帝射牛，宜慰老臣之望。鹤发儿齿，精诚不已。俯躬如就燥之焰，注意比朝宗之水。朝跻云彩，谅龙德以堪从。口比山呼，冀鸾车之戾止。《易》曰：先天弗违。《书》曰：肆觐群后。思古礼以犹缺，郁众心而是候。泥金报天德之高，封土增坤灵之厚。协探策之冥数，荐如山之万寿。小臣亦能著封禅之书，向皇风而拜手。

封泰山祀天乐章（一十四首）

〔唐〕

降神用豫和六变

款泰坛，柴泰清。受天命，报天成。竦皇心，荐乐声。志上达，歆下迎。

亿上帝，临下庭。骑日月，陪列星。嘉祝信，大糦馨。澹神心，醉皇灵。

相百辟，贡八荒。九歌叙，万舞翔。肃振振，锵皇皇。帝欣欣，福穰穰。

高在上，道光明。物资始，德难名。承眷命，牧苍生。寰宇谧，太阶平。

天道无亲，至诚与邻。山川遍礼，宫徵惟新。玉帛非盛，聪明会真。正斯一德，通乎百神。

飨帝飨亲，维孝维圣。缉熙懿德，敷扬成命。华夷志同，笙镛礼盛。

明灵降止，感此诚敬。

迎送皇帝用太和　孝敬中发，和容外彰。腾华照宇，如升太阳。珍璧就奠，元灵垂光。礼乐具举，济济洋洋。

登歌奠玉帛用肃和　奠祖配天，承天享帝。百灵咸秩，四海来祭。植我苍璧，布我元制。华日徘徊，神烟容裔。

迎俎入用雍和　俎豆布馝，絜粢丰盛。亦有和羹，既戒既平。鼓钟管磬，肃唱和明。皇皇后祖，赉我思成。

酌献用寿和　蒸蒸我后，享献惟寅。躬酌郁鬯，跪奠明神。孝莫孝乎，配上帝于亲。敬莫敬乎，教天下为臣。

皇帝饮福酒用寿和　皇祖严配，配享皇天。皇皇降嘏，天子万年。

送文舞出迎武舞八用舒和　六钟翕协六变成，八佾徜徉八风生。乐九韶兮人神感，美七德兮天地清。

亚献终献用凯安　烈祖顺三灵，文宗威四海。黄钺诛群盗，朱旗埽多罪。戢兵天下安，约法人心改。大哉干羽意，长见风云在。

送神用豫和　礼乐终，禋燎上。怀灵惠，结皇想。归风疾，回天爽。百福来，众神往。

右中书令张说制辞。

禅社首祭地祇乐章（八首）

迎神用顺和　至哉合柔德，万物资以生。恒顺称厚载，流谦通变盈。圣心事能察，增广陈厥诚。黄祇僾如在，泰折俟咸享。

皇帝行用太和　肃我成命，于昭黄祇。裘冕而祀，陟降在斯。五音克备，八变聿施。缉熙肆靖，厥心匪离。

登歌奠玉帛用肃和　黄祇是祇，我其夙夜。寅畏诚洁，匪遑宁舍。礼以琮玉，荐厥茅藉。念兹降康，胡宁克暇。

迎俎用雍和　夙夜宥密，不敢宁晏。五齐既陈，八音在县。粢盛以洁，房俎斯荐。明德惟馨，尚兹克遍。

皇帝初献用寿和　惟以明发，有怀载殷。乐盈而返，礼顺其禋。立清以献，荐欲是亲。于穆不已，裒对斯臻。

皇帝饮福用福和　穆穆天子，告成岱宗。大裘如濡，执珽有颙。乐以平志，礼以和容。上帝临我，云胡肃邕。

皇帝还宫用太和　昭昭有唐，天俾万国。列祖应命，四宗顺则。申锡无疆，宗我同德。曾孙继绪，享神配极。

右太常少卿贺知章制辞。

送神用灵具醉代顺和　灵具醉，杳熙熙。灵将往，眇禗禗。愿明德，吐正辞。烂遗光，流祯祺。

右侍中源乾曜制辞。

大中祥符封禅乐章（十首）

〔宋〕

山上圜台降神高安　岩岩泰山，配德于天。奉符展栗，翼翼乾乾。涤濯静嘉，罔有弗蠲。上帝顾禔，冷风肃然。

昊天上帝坐酌献奉安　皇天上帝，阴骘下民。道崇广覆，化洽鸿钧。灵文诞锡，宝命惟新。增高钦事，式奉严禋。

太祖配坐酌献封安　于穆圣祖，肇开鸿业。我武惟扬，皇威有煜。四隩混同，百灵震叠。陟配高穹，明灵是接。

太宗配坐酌献封安　祗若封祀，神宗配天。礼乐明备，奠献精虔。景灵来格，休祥蔼然。于昭垂庆，亿万斯年。

亚献恭安　因高定位，礼修物备。荐鬯卜牲，虔恭寅畏。八音克谐，天神咸暨。降福穰穰，永锡尔类。

终献顺安　浩浩元精，无臭无声。临下有赫，得一以清。备物致享，荐兹至诚。泰尊奠献，夙夜齐明。

社首坛降神靖安　至哉坤元，资生伊始。博厚称德，沈潜柔止。降禅方位，聿修明祀。寅恭吉蠲，永锡蕃祉。

皇地祇坐酌献禅安　坤德直方，博厚无疆。秉阴得一，静而有常。宝藏以发，乃育百昌。肃祇禅祭，锡祉穰穰。

太祖配坐酌献禅安　皇矣圣祖，丕赫神武。秉运宅中，威加九土。德厚功崇，颂声载路。陟配方祇，对天之祜。

太宗配坐酌献禅安　毖祀柔祇，报功厚载。思文太宗，侑神严配。钟石斯和，笾豆咸在。永锡坤珍，资生为大。

祗奉天书乐章

泰山社首坛升降瑞文　玄穹眷怀，宝符申锡。垂露腾文，粲然灵迹。发祥吉图，纯熙舄奕。登荐钦崇，式昭天历。

大中祥符五岳加帝号祭告乐章

酌献东岳嘉安　节彼岱宗，有严庙貌。惟辟奉天，依神设教。帝典焜煌，嘉荐普淖。至灵格思，殊祥是效。

绍兴祀岳镇海渎乐章

东岳位酌献成安　岩岩天齐，自古在昔。肤寸之云，四方其泽。惟时东作，祀事乃饬。惠我无疆，恩沾动植。

真宗封禅鼓吹（四首）[①]

导引　民康俗阜，万国乐升平，庆海晏河清。唐尧虞舜垂衣化，讵比我皇明！九天宝命垂丕贶，云物效祥英。星罗羽卫，登乔岳，亲告禅云亭。我皇垂拱，惠化洽文明，

① “禅”字后，《宋史·志第九十三》无“鼓吹”二字。

盛礼庆重行。登封降禅燔柴毕，天仗入神京。云雷布泽遍寰瀛，遐迩振欢情①。巍巍圣寿南山固，千载贺承平。

六州　良夜永，玉漏正迟迟。丹禁肃，周庐列，羽卫绕皇闱。严鼓动，画角声齐。金管飘雅韵，远逐轻飔。荐嘉玉，躬祀神祇②，祈动为黔黎③。升中盛礼，增高益厚，登封检玉，《时迈》合《周诗》。玄文锡，庆云五色相随。甘露降，醴泉涌，三秀发灵芝。皇猷播，史册光耀④。受鸿禧，万年永固丕基。吾君德，荡荡巍巍，迈尧、舜文思。从今寰宇，休牛归马，耕田凿井，鼓腹乐昌期。

十二时　圣明代，海县澄清，惠化洽寰瀛。时康岁足，治定功成⑤，遐迩升平⑥。嘉坛上，昭事神灵。荐明诚，报本禅云亭。俎豆列牺牲，宸心蠲洁，明德荐惟馨。纪鸿名，千载播天声。燔柴毕，云罕回仙仗，庆銮辂还京。八神扈跸，四隩来庭，嘉气覆重城。殊常礼，旷古难行，遇文明。仁恩苏品汇，沛泽被簪缨。祥符锡祚，武库永销兵。育群生，景运保千龄。

告庙导引　明明我后，至德合高穹，祇翼励精衷。上真紫殿回飙驭，示圣胄延鸿。躬承宝训表钦崇，庆泽布寰中。告虔备物朝清庙，荷景福来同。

登封喜雪

〔唐〕明皇

日观卜先征，时巡顺物情。风行未备礼，云密遽飘霙。委树寒花发，萦空落絮轻。朝如玉已会，庭似月犹明。既睹肤先合，还欣尺有盈。登封何以报，因此谢功成。

---

① “情”，《宋史·志第九十三》作“声”。
② “祇”，《宋史·志第九十三》作“祇”。
③ “动”，《宋史·志第九十三》作“福”。
④ “耀”，《宋史·志第九十三》作“辉”。
⑤ “功”，《宋史·志第九十三》作“武”。
⑥ “迩”字后，《宋史·志第九十三》有“贺”字。

登封大酺歌

卢照邻

日观仙云随凤辇，天门瑞雪照龙衣。繁筵绮席方终夜，妙舞清歌欢未归。

在隽州遥叙封禅诗

李义府

天齐标巨镇，日观启崇期。岧峣临渤海，隐嶙控河沂。眺迥分吴乘，凌高属汉祠。建岳诚为长，升功良在兹。帝猷符广运，元范畅文思。飞声总地络，载化抚乾维。瑞策开珍凤，祯图荐宝龟。创封超昔夏，修禅掩前姬。东后方肆觐，西都导六师。肃驾移星苑，扬罕驭风司。沸鼓喧平陆，凝跸静通逵。汶阳驰月羽，蒙阴警电辎。岩花飘曙辇，峰叶荡春旗。石闾环藻卫，金坛映黼帏。仙阶溢秘箓，灵检耀祥芝。张乐分韶濩，观礼纵华夷。佳气浮丹谷，荣光泛绿坻。三始贻遐贶，万岁受重厘。菲质陶恩奖，趋迹奉轩墀。触网沦幽裔，乘徼限明时。周南昔已叹，邛西今复悲。

奉和展礼岱宗

萧楚材

拂汉星旗转，分霄日羽明。将追会昌迹，更勒岱宗铭。林戈咽济岸，兽鼓震河庭。叶箭凌寒矫，乌弓望晓惊。已降汾水作，仍深迎渭情。

奉和展礼岱宗

薛克构

龙图冠胥六，凤驾指云亭。绯烟泛济浦，绿字启河汀。画裳晨应月，文戟曙分星。四田巡揖礼，三驱道契经。行欣奉万岁，窃抃偶千龄。

观开元皇帝东封图

马异

俨若翠华举，登封图乍开。冕旒明主立，冠剑侍臣陪。迹类飞仙去，光同拜日来。粉痕疑检玉，黛色讶生苔。挂壁云将起，凌风仗若回。何年复东幸，鲁叟望悠哉。

送卢大理、赵侍御祭东岳兼寄孟兖州

韩翃

东岳昔有事，两臣朝望归。驿亭开岁酒，斋舍著新衣。上客钟大理，主人陶武威。仍随御史马，山路满光辉。

登泰山

〔宋〕王钦若

四顾无云道路开，黄麾迎从六龙来。三神合祭光千古，万旅传呼动九垓。幽鸟似通昆阆信，贞松深隐栋梁材。已知身世非常事，曾到天门十二回。

太平顶读秦碑

〔元〕郝经

岱宗太平顶，磨崖与天齐。左刻则天颂，右列张说辞。文采与书法，不离近代规。汉封宛在周观东，秦碑迥出绝顶西。坛前圆平值中峰，突兀上有始皇碑。年深雨渍百裂余，析作两峰蹲半规。面阳数字仍可辨，隙缝重衔苔藓皮。中间隐约见“制可”，完好可辨惟“臣斯”。拳如钗股直如筋，屈铁碾玉秀且奇。千年瘦劲益飞动，回视诸家肥更痴。当时风雨有余怒，岂容夸石独在兹。祇应神明爱尤物，不肯轰击常护持。昔年韩文公，曾赋《岣嵝诗》。字青石赤皆传闻，漫为咨嗟涕涟洏。何如亲登泰山日观峰，光怪时见绛气缠金虹。摩挲细读秦相碑，天门高咏来清风。乃知山灵不相负，夜宿天边不忍去，醉依云窗重回顾。

秦畤

〔明〕刘孝

梁父东巡地，青鸾翊翠华。露盘萦蔓草，丹灶委涎涡。晓日追风骑，秋空泛海槎。深幽询往迹，石表半泥沙。

泰山

李攀龙

大东有神岳，专名为岱宗。日精摄海气，吴野控其峰。明堂朝列后，金策纪元功。维昔七十家，轩辕此登封。云霞自窈窕，石室何青葱。仙人揽玉树，须发生清风。灵液飞潺湲，芝草如蒿蓬。惟帝拥灵符，千载一升中。愿言与问道，乘龙举太空（此诗专言登封，故录于此）。

奉和扈从登封应制（二首）

〔国朝〕毛奇龄

幛殿重重倚嶂开，山呼相应似鸣雷。九旗总向岭边出，万乘疑从天半来。升气下窥青检合，禋河西眺白龙回。盛朝功德真难纪，勒石惭无作颂才。

东方雄镇护神京，豫日宸游减禁兵。霜绕幔城严未启，花开辇路笑相迎。晴看御马林间度，夜听天鸡海外鸣。九点齐烟浑一望，可知六宇正澄清。

武帝改元元封诏

〔汉〕

联以眇身承至尊，兢兢焉维德菲薄，不明于礼乐，故用事八神。遭天地况施，著见景象，屑然如有闻。震于怪物，欲止不敢，遂登封泰山，至于梁父，然后升禅肃然。自新，嘉与士大夫更始，其以十月为元封元年。行所巡至博、奉高、蛇丘、历城、梁父，民田租逋赋贷已除。加年七十以上孤寡帛，人二匹。四县无出今年算（原注自博至梁父，凡五县。今云四县，奉高素以供禅，非算限）。赐天下民爵一级，女子百户牛酒。

章帝元和二年东巡诏

〔东汉〕

朕巡狩岱宗，柴望山川，告祀明堂，以章先勋。其二王之后，先师之裔，东后蕃卫，伯父伯兄，仲叔季弟，幼子童孙，百僚从臣。宗室众子，要荒四裔。沙漠之北，葱岭之西，冒彨之类，跋涉悬渡，陵践阻绝，骏奔郊畤，咸来助祭。祖宗功德，延及朕躬。予一人空虚多疚，纂承尊明。盥洗享荐，惭愧祇栗。诗不云乎：君子如祉，乱庶遄已。历数既从，灵燿著明。亦欲与士大夫同心自新，其大赦天下，诸犯罪不当得赦者，皆除之。复博、奉高、嬴，无出今年田租、刍藁。

东巡诰

〔东汉〕张衡

惟二月初吉，帝将狩于岱岳。展义省方，观民设教。丙寅朏，率群宾，备法驾，以祖于东门，届于灵宫。是日也，有凤双集于台。壬辰，祀上帝于明堂。帝曰：咨予不材，为天地主。栗栗翘翘，百僚万几。心之谓矣，孰朕之劳。上帝有灵，不替朕命。诞敢不祗，承凡庶与。祭于坛墠之位者，曰：怀尔邦君，实愿先帝，载厥大宗以左右朕躬，群臣曰：帝道横被，旁行海表。一人有題，万民赖之。从巡助祭者，兹惟嘉瑞。乃歌曰：皇皇者凤，通元知时。萃于山趾，与帝邀期。吉事有祥，惟汉之祺。帝曰：朕不敢当，亦不敢蔽，天之吉命。

太宗谢赵郡王孝恭等手诏

〔唐〕

省表具怀。自有隋失道，四海横流，百王之弊，于斯为甚。朕提剑鞠旅，首启戎行。扶翼兴运，克成鸿业。遂荷慈眷，恭承大宝。每日昃思治，弗敢康宁。兢兢夕惕，用忘兴寝。履薄驭朽，不足为喻。赖三灵显命，百辟同心。海外无尘，远夷慕义。但流遁永久，凋残未复。田畴多旷，仓廪犹虚。家给人足，尚怀多愧。岂可遽追前代，取讥虚美？所望恂恂济济，叶力尽诚。辅其不逮，致之王道。如得雅颂，形于金石，菽粟同于水火，反朴还淳，当如来议。

贞观十五年四月辛卯朔将行封禅诏

肇有蒸庶，树之司牧。载籍所纪，风烈犹存。至于道洽品物，功成宇县。天眷彰于符瑞，人事表于隆平，莫不增封岱宗，广禅梁甫。荣镜六合，对越三神。前圣所以垂其尊名，后王所以仰其休烈，盖由此也。自火德既衰，三光分裂。金行失御，九鼎沈沦。诸华竞逐，彝伦大坏。周室削平赵魏，隋氏混一文轨。而金革之事未戢于封疆，雅颂之音弗闻于朝廷。遂使至教阙如，淳风莫反，齐郊绝类帝之礼，日观缺升中之仪，其已久矣。朕丕膺景命，嗣守洪基，承大乱之余，当率土之责。负扆兴惕，纳隍在虑。上凭宗社之灵，下资士庶之力。草昧伊始，援干戈以靖乱；区夏既平，引礼乐以纬俗[①]。尉候无警，菑畲有年。比屋咸保其欢，含气不违其性。殊方异域，尽地界而来庭；应图合牒，殚天符而表瑞。缅怀前载，详求诸己。岂伊寡德，能致此乎？固乃上玄所叶赞也。而群公卿士，百辟庶僚，固陈人祇之意[②]，请遵封禅之典。推而不居，至于数四。文武之情弥切，内外之

① “引”，《唐会要》作“宏”。

② “固”，《唐会要》作“因”。

议日闻。诚请频繁，淹历年载。朕继迹百王，因心万物。上奉苍昊，义在荐功。下抚黎元，方祈厚福。既迫兹理，敢不祗从？猥以眇身，齐美上代，永言夙志，凛乎增惕。可以来年二月，有事泰山。所司宜与公卿并诸儒士及朝臣有学业者，详定其仪，博考圣贤之旨，以允古今之中，务尽诚敬，称朕意焉。

贞观十五年六月丙辰停封禅诏

自古皇王，受天之命，建显号于封禅，扬洪名于竹帛者，莫不功济夷夏，道叶人祇，然后登泰山之高，刊梁甫之石。未有七德靡记，九部寂寥，而欲齐声于圣哲，垂美于篆籀者也。朕承宗庙之重，当区宇之责，寅畏三灵，忧勤万姓。虽戡翦祸乱，克定遐荒；而至教犹郁，刑典未厝。胜残之化，未洽于率土；和平之风，多惭于往烈。是以览经籍而自失，想坛场而增惧。亟寝缙绅之奏，屡拒公卿之请。逡巡大典，荏苒历载。近者，文武百僚，州县庶尹，频繁抗表，殷勤固陈。咸以为两仪交泰，四夷宾服，礼让兴行[①]，年谷丰稔。苍昊呈符于上，灵符不可以久替；黎献协心于下，众欲不可以固拒。朕迫兹群议，敢不敬从？欲荐功上玄，大报后土，升中之仪已具，省方之期有日。今太史奏，有彗星出于西方，朕抚躬自省，深以战栗。良繇功业之被六合，犹有未著；德化之覃八表，尚多所阙。遂使神祇垂佑，警戒昭然。朕畏天之威，寝兴靡措。且旷代盛典，礼数非一。行途之间，劳费不少。冬夏凋弊，多未克复。将送仪仗，转运粮储。虽存节省之义，终烦黎庶之力。非唯上亏天意，亦恐下失人心。解而更张，抑有故实。前以来年二月有事太山，宜停。庶夙夜自修，遂其罪己之志。勤恤匪懈，申其纳隍之情。倘蒙灵祇回眷宗社，介福朝廷，同于大道，风俗归于朴素，告成之美，更思其宜。仍命所司，泰山有前代帝王，因封禅立碑

① “让”，《唐会要》作“乐”。

及石函玉检之类，往遭离乱，被贼毁发，并修立瘗藏之。

贞观二十年十二月己丑答长孙无忌等诏

朕遐观哲王，唤在方册。功既成矣，咸礼备以升中；道既行焉，必奉符而告禅。所以发挥天命，昭报上灵[①]，其有建显号以创鸿徽，施尊名而腾茂烈者，莫不扬辉于镂玉，绚景于涂金。昭昭然，丽三辰而并运；滔滔焉，播四溟而极深。朕诚寡德，良深景慕。曩者氓俗凋弊，国步甫安，勉致隆平，日不暇给。而槐卿守阙，请继美于云亭；岳牧叩阍，祈踵武于梁岱。自惟菲薄，至道未凝。抗礼皞穹，实怀疑惧。缅寻幼齿，运钟交丧，忘其家以徇天下，委其体以济寰中。翊戴先皇，削平诸夏。出于万死，首导五横之源；不顾一生，光锡兆人之命。越自炉炭，获返营魂。拔于鬼录，并登仁寿。窃惟天地之大德，存于施生。朕以径寸之怀，小心袭于造育。降期体泰，谅或繇兹。不然者，何能致于此也？遂得池隍象浦，苑囿龙沙。置一候于鹈林，同六爻于鰈水。实资天眷，贲以咸亨。岂朕微庸，而能及此？今兹列辟卿士，鸿生硕德，各述灵征，累陈丹款，既迫群议，当事敬从。乃诏有司，广召缙绅先生，议方石圆坛之制，草封禅射牛之礼，修造羽仪辇辂，并送之雒阳宫。

贞观二十一年正月丁酉将行封禅诏

朕闻天高地大，首播黎方，娲皇、燧人，肇恭玄箓。是知施生为德，处崇高而不言；亭毒攸资，委钦明以司契。洎乎三正迭建，五运相迁。休烈存乎《典》《坟》，至道流乎《雅》《颂》。其有仰齐七政，俯会百神。察灵眷于祥符，报玄功于昭告，莫不罄情梁岱，继踵云亭。对越两仪，尽先圣之能事；扬蕤三统，垂曩哲之尊名。悬镜天衢，罔不由于此也。自中阳

① “报”《唐会要》作“格”。

绝组，堙白水于穷流；宫孽绍兴，阻黄星于天堑。永嘉东播，化金马以为牛；道武南徂，飞苍鹅以登祚[①]。周吞岳裔，逮三叶而巢倾；隋并舜后，及二帝而舟覆。莫不以凶易乱，以暴代昏，各肆巨壑之心，规享上灵之佑，却行求进，其可得乎？由是寂寥千祀，无怀之风不嗣；泯弃七经，子长之言殆绝。遂使成山日观，久阙升中之仪。汶上明堂，畴闻类帝之义。顾瞻礼乐，深有可嗟。朕幼践危机，愍斯穷运，上同负翼，下靡息肩，负荷休徵，投旗鞠旅。肃恭储社，吟云跃鳞，顺朱鸟以行诛，骞丹凤而遐举。射九乌而悬日月，区品物以煦阳和。练五石以造乾坤，济摧角以全眉寿[②]。于是尊奉先帝，凝旒于庙堂。躬履兵锋，忧勤于燮辅。既而仰逼威命，俯顺乐推。越自唐侯，言膺下武。深惟忧责之重，自勖若厉之怀。遂致灵贶无涯，翦旄头而降锡[③]。游魂削衽，尽穷发以开疆。东苑蟠桃，西池昧谷，咸覃正朔，并充和气。较凝祯于往代，穷今古而罕闻。考光泽于前皇，罄练缃而莫睹[④]。岂朕眇身，勤劳所逮，谅由高明垂鉴，祚此隆平。今兹三事大夫，百僚庶尹，各述天人之意，请蹑封禅之踪。顾惟寡薄，推而不有。杜绝群言，至于数四。中外之情尤切，企伫之望逾深。朕又详思，荷财成于穹昊[⑤]。自古贤哲，并归功于太帝[⑥]。迫斯至理，弗获固辞，展礼上玄，实增惭惧。可以贞观二十有二载仲春之月，式遵故实，有事于太山。诸内外具僚，岳牧卿士，既相敦喻，将事告成。各罄乃心，无亏政道，恪居职务，以协时邕。所司宜与缙绅先生、载笔圆冠之士，详求通典，裁其折中，深加严敬，称朕意焉。

① “祚”，《唐会要》作“阼”。
② “摧”，《唐会要》作“崩”。
③ “旄”，《唐会要》作“毛”。
④ “练”，《唐会要》作“缥”。
⑤ “财”，《唐会要》作“裁”。
⑥ “太”，《唐会要》作“大”。

贞观二十一年八月壬戌停封禅诏

朕闻探玄颐者[1]，先实而后宾，体至公者，本仁而末礼。名归于己，往哲存而弗务。德利于仁[2]，前圣徇而为急。是用范围天地，权轻重以会时宜，取则阴阳，适通变以从众欲。繇古之封禅，无夺事机，所谓奉天，咸资务隙。朕仰窥前志，历选哲王，无怀、有巢，缅逾绳契之末，龟文凤纪，越在俎豆之先。叩寂寞以传疑，故可略而言也。至如三元立统，百物正名，步骤之轨非遥，损益之源可挹。虽尧心广运，局疆域于流沙；禹迹遐宣，限堤封于碣石。犹且先引即叙，次展玉帛之仪；首创宾门，方备云亭之典。告成之义，罔弗由兹。况朕奄有方舆，阈域该于千古。仰承灵眷，降福超于百王。巨海所环，莫非臣妾；长河攸括，并入封疆。日者夷夏同文，祯符狎至，谓可鸣銮日观，勒牒仙闾。许以来春，亲行告禅。而今延陁一姓，流窜西陲，控弦万计，初归正朔。新就絷维，又以公卿庶僚，各陈诚请，遂有翠微之役，非无版筑之劳[3]。既而山谷阻深，朝宗有碍，重披丹恳，请建玉华。且复频有兴造，恐致劳烦，兼闻河北数州，颇伤淹涝。朕为人父母，思济黎元，顺动升中，理无兼遂。其介丘之礼，宜且权停。其玉华宫制度，务从菲薄，更令卑陋，庶免风雨，称朕意焉。

明皇开元十二年闰十二月辛酉却封禅手诏

自中朝有故，国步艰难。天祚我唐，大命集于圣真皇帝。朕承奉丕业，十有余年。德未加于百姓，化未覃于四海。将何以拟洪烈于先帝，报成功于上玄。至若尧、舜、禹、汤之茂躅，轩后、周文之懿范，非朕之能逮也。其有日月之瑞，风云之祥，则宗庙社稷之余庆也。天平地成，人和岁稔，则群公卿士之任职也。抚躬内省，朕何有焉？难为兆庶之情，未议封

① “颐”，《唐会要》作“赜”。

② “仁”，《唐会要》作“人”。

③ “非无”，《唐会要》作“无非”。

崇之礼。

开元十二年闰十二月丁卯将行封禅诏

自古受命而王者，曷尝不封泰山，禅梁父，答厚德，告成功！三代之前，率繇斯义。自魏、晋已降，迄至周、隋，帝典阙而大道隐，王纲弛而旧章缺。千载寂寥，封崇莫嗣。物极而复，天祚我唐。武、文二后，应图受箓[①]。洎于高宗，重光累盛，承至理，登介丘，怀百神，震六合，绍殷、周之统，接虞、夏之风。中宗宏懿铄之休，睿宗穆粹清之道[②]，巍巍荡荡，无得而称者也。朕昔戡多难，禀略先朝，虔奉慈旨，嗣膺丕业。是用创九庙以申孝敬，礼二郊以展严禋，宝菽粟于水火，捐珠玉于山谷。兢兢业业，非敢追美前王。日慎一日，实以奉遵遗训。至于巡狩大典，封禅鸿名，顾惟寡薄，未遑时迈，十四载于兹矣。今百谷有年，五材无眚，刑罚不用，礼义兴行，和气氤氲，淳风淡泊。蛮夷戎狄，殊方异类，重译而至者，日月于阙庭[③]。奇兽神禽，甘露醴泉，穷祥极瑞者，朝夕于林籞。王公卿士，罄乃诚于中；鸿生硕儒，献其书于外。莫不神祇合契[④]，亿兆同心。斯皆烈祖圣考，垂裕余庆。故朕得荷皇天之景祐，赖祖庙之介福[⑤]，敢以眇身，而颛其让。是以敬承群议，宏此大猷，以光我高祖之丕图，以绍我太宗之鸿业。永言陟配，祇感载深。可以开元十三年十一月十日，式遵故实，有事泰山。所司与公卿诸儒，详择典礼，预为备具，勿广劳人，务存节约，以称朕意。所缘封禅仪注，兵马陪集，并皆条奏，布告遐迩。

---

① “应”，《唐会要》作“膺”。

② “穆粹”，《唐会要》作“粹穆”。

③ “庭”，《唐会要》作“廷”。

④ “不”字后，《唐会要》有“以”字。

⑤ “庙”，《唐会要》作“宗”。

为八座江夏王请封禅表

〔宋〕谢庄

惟皇天崇称大道，始行揖让。迄于有晋，虽聿修前绪，而迹沦言废，蔑记于竹素者，焉可单书。绍乾维，建徽号，流风声，被丝管，自无怀以来，可传而不朽者，七十有四君。罔仁厚而道灭，鲜义浇而德宣。钟律之先，旷世绵绝，难得而闻。《丘》《索》著明者，尚有遗炳。故《易》称先天弗违，后天奉时。盖陶唐、姚姒、商姬、之主，莫不由斯道也。是以风化大洽，光熙于后。炎汉二帝，亦踵曩则。因百姓之心，听舆人之颂。龙驾帝服，镂玉梁甫，昌言明称，告成上灵。况大宋表祥唐虞，受终素德，山龙启符，金玉显瑞；异采腾于轸墟，紫烟蔼于邦甸；锡冕兆九五之征，文豹赴天历之会。诚二祖之幽庆，圣后之冥休。道冠轩、尧，惠深亭毒，而犹执冲约，未言封禅之事，四海窃以恧焉。臣闻惟皇配极，惟帝祀天，故能上稽乾式，照临黔首，协和穹昊，膺兹多福。高祖武皇帝，明并日月，光振八区；拯已溺之晋，济横流之世；拨乱宁民，应天受命；鸿徽洽于海表，威棱震乎沙外。太祖文皇帝，体圣履仁，述业兴礼，正乐颂，作象历，明达通于神祇，玄泽被乎上下。仁孝命世，睿武英挺，遭运屯否，三才湮灭。乃龙飞五州，凤翔九江。身先八百之期，断出人鬼之表。庆烟应高牙之建，风耀符发迹之辰。亲翦凶逆，躬清昏壒。天地革始，夫妇更造。岂与彼承业继绪，拓复禹迹，车一其轨，书罔异文者，同年而议哉！今龙麟已至，凤凰已仪，比李已实，灵茅已茂。雕气降雾于宫榭，珍灵呈味于禁林，嘉禾积穗于殿甍，连理合干于园籞，皆耀质离宫，植根兰圃。至夫霜毫玄文，素翮赪羽，泉河山岳之瑞，草木金石之祥，方畿憬涂之谒，抗驿绝祖之奏，彪炳杂沓，粤不可胜言。太平之应，兹焉富矣。宜其从天人之诚，遵先王之则，备万乘，整法驾，修封泰山，瘗玉岱趾。延乔松于东序，诏韩岐于西厢。麾天阍，使启关，谒紫宫，朝太一，奏《钧天》，咏《云门》，赞扬幽奥，超声前古，岂不盛哉！伏愿时命宗伯，具兹典度。

赵王元景等请封禅表

〔唐〕

夫功成道合，古今以为隆平；登封降禅，圣贤谓之大典。是以出震则天之后，革夏变商之君，继韶夏而施尊名，崇号谥而广符瑞。顾迟迟焉，群臣区区，诚为此也。原夫大始云构，生灵厥萌，黎庶布乎穹壤，皇王司其右契。遐哉上古，以迄于兹，历选休征，未有如今日之盛也。所以敢罄窥管，无惧触鳞；沥胆披肝，言亦备矣；援天引圣，辞亦殚矣。幸蒙亭育之泽，降以听览之恩。大赉虽敷，犹申后命，未便涣汗，方事逡巡。怀生之徒，不遑宁处。

伏乞皇帝陛下，则天成务，应物为心，协三才之会昌，乃霈然而动色；遂万姓之延首，俯凝旒而改容。虽复龙图告征，龟书袭吉，尚谘诹于四岳，建明谟于兆人。欲使六合之中，沃心通于朝野；八纮之内，下问甲于华戎[①]。凡在人灵，畴无抃跃。今兹百辟咸集，九有攸同，并执玉以来庭，俱式歌而且舞。远则重译佥议，近则端笏参谋。欣睹增天之高，愿逢加地之厚。绝域忘生而越险，华发忍死而争趋。中外之心克谐，愚智之情允睦。掌故事者，草登封而待期；执羁勒者[②]，俨车徒而俟命。庶官率职，三事夙兴，远迩昌言，明灵幽赞。莫不倾视俯听[③]，希陪肆觐之礼；效祉呈祥，钦承告成之庆。山称万岁，企和銮而发奇；云浮五彩，伫华盖而交荫。两仪之情转迫，万国之望愈深。臣又闻之，屈己从众，至人所以称仁；丝言显发[④]，哲王以之敷信[⑤]。昨奉明诏，许以试之，实降皇情，俯同人欲。宽仁之利斯博，示信之道宜宏。即日庶尹驰心，咸奉章而守阙；列藩翘足，各

---

① “甲”，《全唐文·服制议》作“浃”。

② “勒”，《唐会要》作“靮”。

③ “俯”，《全唐文·服制议》作“储”。

④ “丝”，《全唐文·服制议》作“线”。

⑤ “以之”，《全唐文·服制议》作“所以”。

伏地以祈恩。所冀天慈，深加昭察。制可群僚之奏，冠以发轸之期[①]。颁示普天，申明绝典。使夫一时之士，欣独高于万代；八荒之酋，荷周露于再造[②]。则臣等死日，犹生之年，不任诚恳之至。谨与连率方牧等，奉表诣阙，固请以闻。

长孙无忌等请封禅表

臣闻阴阳不测，陶冶生灵之谓神；道德玄通，仁育黎元之谓圣。圣也者，自天之攸纵也；神也者，代天之理物也。是以惟天称辟，灵心作其会昌。惟辟奉天，至诚表其封禅。升中之道，抑斯之谓欤？由是先王急焉，当仁不让，景中必彗，时至则行，务在告于成功[③]，故无俟于终日。伏见纶旨，辞远役之初宁，缓此嘉期，托俟人之逸豫。岂容前歌拔拒，戢武之后辞劳，拓境开疆，太平之秋有倦。诚如睿虑，未昭百姓之心。假此空言，实乖千里之应。臣等伏膺麟阁，纵观太始之初，沈研鳥文，历选橧巢之上。悠悠栗陆，未辨牺牲，淼淼大庭，孰知樽俎。衮衣为饰，尚报太帝之功[④]，茹毛充荐，轻展介丘之礼。西叙穷乎积石，东渐迫乎沧江。化未覃于九夷，贡有阙于三脊。犹且范围天地，干运羲舒，扬翠旌于奉高，抚朱弦于岱岳。迓百神而宾上帝，契三灵而谒大坛。玉牍灵文，飞英华于万古；金绳秘检，腾清辉于八埏。是知纪号垂名，崇高莫加于肆类；推功辑瑞，广厚莫大于登封。若乃灵贶所集，人谋允洽，虽固执于扮谦，谅无得而辞也。伏惟皇帝陛下，研精探赜，神无不炤。唯几所鉴，洞出象帝之初，先天成则，超贯混元之际。由是大明扬彩，丽雕轩以再中。景宿腾辉，藻璇题以霄映。奔山车而叠轸，促日驭之鸣銮，跃泽马而相趋，征天驷之徐轫。烟川清野，

---

① “冠”，《唐会要》作“尅”。

② “露”，《唐会要》作“霑”。

③ “于”，《唐会要》作“其”。

④ “太”，《唐会要》作“大”。

蓄洩于奕奕之阿；薰风警途，扇荡于云云之峤。其冥兆也如彼，其显应也若斯。而陛下因事逡巡，方稽大典，使尊名显号，韬光于翠碑[①]。绝异殊尤，沮绚于琼简。孰谓畏天之命，顺人之欲者欤？率土凄凄，深所未喻。臣又闻之，游海若者，冯夷之宫为陋；登太山者，鲁侯之邦盖小。是知绛霄不极，九垓网络于胸中；赤县无涯，四海括囊于度内。何者？升山巢睫，窃比所以悬殊；朝菌灵椿，长短自然相度也。若夫太乐云替[②]，封豨盗钟，大礼既湮，长鲸裂冕。酌扶石于无体，均天之响郁兴。采扫地于无形，禋宗之道逾劭。则女希惭其创制，轩后归其正名矣。至若比屋见诛，农夫化为京观，禀噍无类，刍牧穷于染锷。重兴粒食，颂栖亩之余粮，首建骖騑，咏徒行之兼乘。则农皇贬于推谷，羲氏退以扶轮矣。既而凝旒阐化，中外禔福，负扆胜残，飞沈遂性。亭育侔于宇宙，就望体于云日，荷其德以难名，用其功而无谢。故乃邈高辛之顺义，孕颛顼之疏通矣。加以刑清政肃，委金科而罔施，毁犴空图，设画衣而莫犯。通关梁于夐服，共苑囿于黎蒸。击壤而谣，传清音于戎狄，耕田而食，建可封于皂隶。外户设而不扃，神兽驯而靡触，故以光融伊帝，景焕虞庭[③]。至于卑宫菲膳，孝享通于鬼神，大路越席，致敬极于严配。黄屋建三辰之旂，垂范裕于千祀；元冔垂九旒之藻，设法悬于万代。小正调其玉烛，应祥冥而不亏，中天朗其金镜，与真明而同晷。则文命以是伏膺，玄王于兹负笈矣。洎乎翦商除害，夷项垦灾，戳冀野而复皇猷，诛畤华而清帝道。提倚天之长剑，拯涂炭于游魂；挥驻日之雕戈，畅怀生于仁寿。则竑文武之仍代，吞高光之累叶矣。诠彼数君[④]，时闻一善，能兼之者，实归仁圣。若乃提封海外，总一寰中，日域

① “翠”，《唐会要》作“琰”。
② “太”，《唐会要》作“大”。
③ “庭”，《唐会要》作“廷”。
④ “诠”，《唐会要》作“论”。

穷芳华之津，月窟跨蒙波之表。颙颙面内[①]，并为冠带之伦；飘飘驾风，总萃王庭之会。贶北辰之明月[②]，物天府以摛光[③]，筐南州之火毛，翿旗亭而吐曜。龙伯钓鳌之旅，咸编列于武臣，凤洲君子之渠，各委质于文吏。斯乃书契之所未睹，超古先而绝类矣。窃惟域中三大，义均一体，感通由乎影响，弥纶切乎交际。是知德逾厚者贶逾深，功尤高者祥尤著。当今皞穹储祉，浃天纮以宅心，后土锡符，总坤维而服化。由是百官累息，万国耸神，佥发叩阍之请，伫副上灵之望。伏愿时纡睿绂，远振天声。征鸿儒，聘鲵齿，考逸义，缉遗编，摭秦煨之逸文，采鲁壁之余蠹，酌《云经》而定议，宪《河图》而缮仪。然后玉露乘春，金镳肃景，五牛翻其折羽[④]，六龙辉其镂锡。鼓丰隆而警翠微，振列缺而清绿野。疑笳发岫，合万岁于山言，飞盖登峦，错五松于林秀。登圜坛而接武，降曜魄而齐尊[⑤]。俾夫一代衣冠，置其名于册府，四方夷狄，凿其窍于灵宫。则普天欣赖，怀生再造，朝闻夕死，抃若登仙。臣等深荷玉成，不胜至愿，重竭愚瞽，昧死以闻。

论天书疏

〔宋〕孙奭

臣窃见朱能者，奸憸小人，妄言详瑞，而陛下崇信之，屈至尊以迎拜，归秘殿以奉安[⑥]。上自朝廷，下及闾巷，靡不痛心疾首，反唇腹非，而无敢言者。

---

① 该句，《唐会要》作“喁喁向内”。
② “辰”，《唐会要》作“荒”。
③ “物”，《唐会要》作“牣”。
④ “折”，《唐会要》作“析”。
⑤ “降”，《唐会要》作“隆”。
⑥ “安”，《宋史·儒林传》作“膊”。

昔汉文成将军，以帛书饭牛，阳言牛腹中有奇书[①]，杀视得之[②]，天子识其手迹。又有五利将军妄言，多方不仇[③]，二人皆坐诛。先帝时，有侯莫陈利用者，以方术暴得宠用，一旦发其奸，诛于郑州。汉武可谓雄才，先帝可谓英断。唐明皇得《灵宝符》《上清护国经》《宝券》等，皆王鉷、田同秀等所为，明皇不能显戮，怵于邪说，自谓德实动天，神必福我。夫老君，圣人也。傥实降语，固宜不妄，而唐自安史乱离，乘舆播越，两都荡覆，四海沸腾，岂天下太平乎？明皇虽仅得归阙[④]，复为李辅国劫迁，卒以馁终[⑤]，岂圣寿无疆，长生久视乎？夫以明皇之英睿[⑥]，祸患猥至曾不知者[⑦]，良由在位既久，骄亢成性，谓人莫已若，谓谏不足听。心玩居常之安，耳熟导谀之说，内惑宠嬖，外任奸回，曲奉鬼神，过崇妖妄。今日见老君于阁上，明日见老君于山中。大臣厂禄以将迎，端士畏威而缄默。既惑左道，即紊政经[⑧]。民心用离，变起仓卒。当是之时，老君宁肯御兵，宝符安能排难邪？

今朱能所为，或类于此。愿陛下思汉武之雄材，法先帝之英断，鉴明皇之召祸[⑨]，庶几灾害不生，祸乱不作。

---

① “阳”，《宋史·儒林传》作“既而”。
② “之”，《宋史·儒林传》作“书”。
③ “多方”，《宋史·儒林传》作“方多”。
④ “仅”，《宋史·儒林传》作“况”。
⑤ “馁”，《宋史·儒林传》作“忧”。
⑥ “以”字前，《宋史·儒林传》无“夫”字。
⑦ “祸”字前，《宋史·儒林传》有“而”字。
⑧ “即”，《宋史·儒林传》作“既”。
⑨ “召”，《宋史·儒林传》作“踪”。

岱览卷第五

总览二

岱礼下

请封禅奏

〔东汉〕张纯

自古受命而帝，治世之隆，必有封禅，以告成功焉。《乐动声仪》曰：以《雅》治人，《风》成于《颂》。有周之盛，成康之间，郊配封禅，皆可见也。《书》曰：岁二月，东巡狩，至于岱宗，则封禅之义也。臣伏见陛下受中兴之命，平海内之乱，修复祖宗，抚存万姓，天下旷然，咸蒙更生，恩德云行，惠泽雨施，黎元安命[①]，夷狄慕义。《诗》云：受天之祜，四方来贺。今摄提之岁，苍龙甲寅，德在东宫。宜及嘉时，遵唐帝之典，继孝武之业，以二月东巡狩，封于岱宗。明中兴，勒功勋，复宗统[②]，报天神，禅梁父，祠地祇[③]，传祚子孙，万世之基也。

从东巡奏

丁鸿

臣闻古之帝王，统治天下，五载巡狩，至于岱宗，柴祭于天，望秩于山川。协时月正日，角斗斛权衡[④]，使人不争。陛下尊履蒸蒸，奉承鸿业[⑤]，

---

① “命”，《后汉书·张纯传》作“宁”。
② “宗”，《后汉书·张纯传》作“族”。
③ “祠”，《后汉书·张纯传》作“祀”。
④ “角”，《后汉书·丁鸿传》作“同”。
⑤ “鸿”，《后汉书·丁鸿传》作“弘”。

祀五帝于明堂，配以光武，二祖四宗，咸有告祀。瞻望太山，嘉泽降澍，柴祭之日，白气上升，兴燎烟合[①]，黄鹄群翔，所谓神人以和，答飨之休符也[②]。

请封禅奏

〔魏〕蒋济

夫帝王大礼，巡狩为先。昭祖扬祢，封禅为首。是以自古革命受符，未有不蹈梁父，登太山，刊无竟之名，纪天人之际者也。故司马相如谓：有文以来，七十二君，或顺所由于前，谨遗教于后。太史公曰：主上有圣明而不宣布，有司之过也。然则元功懿德，不刊梁山之石，无以显帝王之功，示兆庶不朽之观也。语曰：当君而叹尧舜之美，譬犹人子对厥亲而誉他人之父[③]。今大魏乘百王之弊乱[④]，拯流遁之艰危，接千载之衰绪，继百代之废业。自武文[⑤]，至于圣躬，所以参成天地之道，纲维人神之化。上天报应，嘉瑞显祥，以比往古，无所取喻。至于历世迄今，未废大礼。虽志在扫尽残盗，荡涤余秽，未遑斯事。若而，三苗倔强于江海[⑥]，大舜当废东巡之仪；徐夷跳梁于淮泗，周成当止岱岳之礼。且去岁破吴虏于江汉，今兹屠蜀贼于陇右，其震荡内溃，在不复淹，无累于封禅之事也。此议久废[⑦]，非仓卒所定。宜下公卿，广撰其礼，卜年考时，昭告上帝，以副天下之望。臣待罪军旅，不胜大愿，冒死以闻。

---

① “兴”，《后汉书·丁鸿传》作“与”。
② “飨”，《后汉书·丁鸿传》作“响”。
③ “亲”，《晋书·礼》作“所生”。
④ “乘”，《晋书·礼》作“承”。
⑤ “自”字前，《晋书·礼》有“始”字。
⑥ “倔”，《晋书·礼》作“屈”。
⑦ “议”，《晋书·礼》作“仪”。

请封禅奏

〔晋〕卫瓘　山涛等

臣闻肇自生灵，则有后辟，年载之数，莫之能纪。立德济世，挥扬仁风，以登封泰山者，七十有四家。其谥号可知者，十有四焉。沈沦寂寞，曾无遗声者，不可胜记。大晋之德，始自重黎，实佐颛顼，至于夏商，世序天地。其在于周，不失其绪。金德将升，世济明圣，外平蜀汉，海内归心，武功之盛，实由文德。至于陛下，受命践祚，宏建大业，群生仰流。惟独江湖，沅湘之表，凶桀负固，历代不宾。神谋独断，命将出讨，兵威暂加，数旬荡定。羁其鲸鲵，赦其罪逆，云覆雨施，八方来同，声教所被，达于四极。虽黄轩之征，大禹远略，周之奕世，何以尚今！若夫玄石素文，底号前载，象以数表，言以事告，虽古《河图》《洛书》之征，不是过也。宜宣大典，礼中岳，封泰山，禅梁父，发德号，明至尊，享天休，笃黎庶。勒千载之表[①]，播流后之声。俾百世之下，莫不兴起。斯帝王之盛业，天人之至望也。

王公有司又奏

自古圣明，光泽四海[②]，封禅名山，著于史籍，作者七十四君矣。舜禹之有天下也，巡狩四岳，躬行其道。《易》著观俗省方，《礼》有升中于天，《诗·颂》陟其高山，皆载在方策。文王为西伯，以服事殷，周公以鲁藩，列于诸侯，或享于岐山，或有事太山。徒以圣德，犹得为其事。自是以来，功薄而僭其仪者，不可胜数。号谥不泯，以至于今，况高祖宣皇帝肇开王业，海外有截。世宗景皇帝济以大功，辑宁区夏。太祖文皇帝受命造晋，荡定蜀汉。陛下应期龙兴，混一六合，泽被群生，威震无外。昔汉氏失统，吴蜀鼎峙，兵兴以来，近将百年，地险俗殊，人望绝塞。今不羁之寇，二

---

① “勒”，《晋书·志第十一》为“勤”。

② “泽”，《晋书·礼志》作“宅”。

代而平。非聪明神武，先天弗违，孰能巍巍其成功若兹者欤[①]！臣等幸以千载，得遭运会，亲服大化，目睹太平，至公至美，谁与为让！宜祖述先明[②]，宪章古昔，勒功岱岳，登封告成。宏礼乐之制，正三雍之典，扬名万世，以显祖宗。是以不胜大愿，敢昧死以闻。请告太常，具礼仪[③]。

上封禅仪注奏

〔宋〕谢庄

臣闻崇号极建[④]，必观俗以树教；正位居体，必采世以立言。是以重代列圣，咸由厥道。玄勋上烈，融章未分，鸣光委绪，歇而罔臧。若其显谥腾轨，则系缀声采，征略闻听。爰洎姬汉，风流尚存。遗芬余荣，绵映纪纬。虽年绝世祀，代革精华，可得腾金彩，奏玉润，镂迹以熏今，镌德以丽远。而四望埋禋歌之礼，日观弛修封之容，岂非神明之业难崇，功基之迹易泯！

自兹以降，讫于季末，莫不欲英宏徽位，详固洪声。岂徒深默修文，渊幽驭世而已。谅以滕非虚奏，书匪妄埋。击雨恕神，淳荫复树。安得紫坛肃祇，竹宫载伫。散火投郊，流星奔座。宝纬初基，厌灵命历。德振弛维，功济沦象。玄浸纷流，华液幽润。规存永驭，思详树远。

太祖文皇帝以启遘泰运，景望震凝。采乐调风，集礼宣度。祖宗相映，轨迹重辉。圣上韫箓蕃河，伫翔衡汉，金波掩照，华耀停明，运动时来，跃飞风举，澄氛海岱，开景中区，歇神还灵，颓天重耀。储正凝位于兼明，衮岳蕃华于元列。故以祥应昌基，系发篆素。重以班朝待典，饰令详仪，纂综沦芜，搒腾委逸。奏玉郊宫，禋珪玄畤。景集天庙，脉壤祥农，

---

① “其”后，《晋书·礼志》存“有”字。

② “明”，《晋书·礼志》作“朝”。

③ 该句后，《晋书·礼志》有“上复”二字。

④ “极建”，《宋书·礼志》作“建极”。

节至昕阳，川丘夙礼。网威巡驱，表绥中甸。史流其咏，民挹其风。于是涵迹视阴，振声威响。历代之渠，沈于望内。安侯之长，贤王入侍。殊生诡气，奉俗还乡。羽族卉仪，怀音革状。边帛绝书，权光弛烛。天岱发灵，宗河开宝。崇丘沦鼎，振采泗渊。云皇王岳，摛藻云汉。并角即音，栖翔禁籞。衮甲霜味，翾舞川肆。荣泉流镜，后昭河源。故以波沸外关，云蒸内泽。若其雪趾青毳，玄文朱彩，日月郊甸，择木弄音。重以荣露腾轩，萧云掩阁，镐颖孳萌，移华渊禁。山舆伫衡，云鹣竦翼，海鲽泳流，江茅吐荫。校书之列，仰笔以饰辞，济、代之蕃，献邑以待礼。岂非神魏气昌，物瑞云照，蒲轩龟轸，□泉淳芳。

太宰江夏王臣义恭咀道遵英，抽奇丽古，该润图史，施详阏载。表以功懋往初，德耀炎、昊，升文中岱，登牒天关，耀冠荣名，摛振声号。而道谦称首，礼以虚挹。将使玄祇缺观，幽瑞乖期。梁甫无盛德之容，介丘靡升闻之响。加穷泉之野，献八代之驷。交木之乡，奠绝金之楛。肃灵重表，珍符兼贶。伏惟陛下谟详渊载，衍属休章，依征圣灵，润色声业，诹辰稽古，肃齐警列。儒僚展采，礼官相仪，悬蕤动音，洪钟竦节，阳路整卫，正途清禁。于是绩环佩，端玉藻，鸣凤伫律，腾驾流文。间彩比象之容，昭明纪数之服。徽焯天阵，容藻神行。翠盖怀阴，羽华列照。乃诏联事掌祭，宾客赞仪，金支宿县，镛石润响。命五神以相列，辟九关以集灵。惊卫兵而开云，先雨祇以洒路。霞凝生阙，烟起成宫，台冠丹光，坛浮素霭。而乃临中坛，备盛礼，天降祥锡，寿固皇根，谷动神音，山传称响。然后辨年问老，陈诗观俗，归荐告神，奉遗清庙。光美之盛，彰乎万古。渊祥之烈，溢乎无穷。岂不盛欤！

臣等生接昌辰，肃懋明世，東教管闻，未足言道。且章志湮微，代往沦绝，钩采遗文[①]，辩明训诂，□□□□，遴访邹、鲁，草滕书堙玉之礼，

① “钩”，《宋书·礼》作“拘”。

具竦石绳金之仪。和芝润瑛，镌玺乾封。惧弗轨属上徽，烊当王则。谨奉仪注以闻。

请封东岳奏

〔唐〕源乾曜　张说等

臣闻自古受天命、居大宝者，必登崇高之丘，行封禅之事。所以展诚敬，报神祇，三、五迄今，未之阙也。是以高宗因武文之业，盛岱亭之礼。方册所记，虞、夏同风。圣移三朝，年经五纪，封崇之典，缺而未修，山川望幸，属在今日。陛下靖多难，尊先朝，天所启也。承大统，临万邦，天所命也。焉可不陟东岳，禅云、亭，报上元之灵恩，绍高宗之洪烈？则天地之意，宗庙之心，将何以克厌哉？且陛下即位以来，十有四载，创九庙，礼三郊，大舜之孝敬也。敦九族，友弟兄，文王之慈惠也。卑宫室，菲饮食，夏禹之恭俭也。道稽古，德日新，帝尧之文思也。怜黔首，惠苍生，成汤之深仁也。化元漠，风太和，轩皇之至理也。至如日月星辰，山河草木，羽毛鳞介，穷祥极瑞，盖以荐至而为常，众多而不录。正以天平地成，人和岁稔，可以报于神明矣。鸿生硕儒，上章奏而请封禅者，前后千百。圣情㧑挹，天鉴未回。臣等仰考神心，傍采众望，封峦展礼，时不可抑。陛下纵不欲以成功告天，岂不可以天休报德？臣等昧死上请以闻。

驳封禅议

〔梁〕许懋

臣案：舜幸岱宗，是为巡狩。而郑引《孝经·钩命决》云：封于太山，考绩柴燎，禅乎梁甫，刻石纪号。此纬书之曲说，非正经之通义也。依《白虎通》云，封者，言附广也。禅者，言成功相传也。若以禅授为义，则禹不应传启至桀十七世也，汤又不应传外丙至纣三十七世也。又《礼记》云：三皇禅奕奕，谓盛德也。五帝禅亭亭，特立独起于身也。三王禅梁甫，连延不绝，父没子继也。若谓禅奕奕为盛德者，古义以伏羲、神农、黄帝，是为三皇。伏羲封太山，禅云云，黄帝封太山，禅亭亭，皆不禅奕奕，而云盛德，则无所寄矣。若谓五帝禅亭亭，特立独起于身者，颛顼封泰山、禅云云，帝喾封泰山、禅云云，尧封泰山、禅云云，舜封泰山、禅云云，亦不禅亭亭。若合黄帝以为五帝者，少昊即黄帝子，又非独立之义矣。若谓三王禅梁甫，连延不绝，父没子继者，禹封太山、禅云云，周成王封太山、禅社首，旧书如此，异乎《礼》说，皆道听所得，失其本文。假使三王皆封太山，禅梁甫者，是为封太山，则有传世之义，禅梁甫则有揖让之怀。或欲禅位，或欲传子，义既矛盾，理必不然。

又七十二君，夷吾所记。此中世数，裁可得二十余主：伏羲、神农、女娲、大庭、柏皇、中央、栗陆、骊连、赫胥、尊卢、混沌、昊英、有巢、朱襄、葛天、阴康、无怀、黄帝、少昊、颛顼、高辛、尧、舜、禹、汤、文、武。中间乃有共工，霸有九州，非帝之数。云何得有七十二君封禅之事？且燧人以前至周之世，未有君臣，人心淳朴，不应金泥玉检，升中刻石。燧人、伏羲、神农三皇结绳而治，书契未有作，未应有镌文告成。且无怀氏，伏羲后第十六主，云何得在伏羲前封太山禅云云？

夷吾又曰：惟受命之君，然后得封禅。周成王非受命君，云何得而封太山、禅社首？神农与炎帝是为一主，而云神农封太山、禅云云，炎帝封太山、禅云云，分为二人，妄亦甚矣！若是圣主，不须封禅，若是凡主，不应封禅。当是齐桓欲行此事，管仲知其不可，故举怪物以屈之也。

秦始皇登太山，中坂，风雨暴至，休松树下，封为五大夫，而事不遂。汉武帝宗信方士，广召儒生，皮弁搢绅，射牛行事，独与霍嬗俱上。既而子侯暴卒，厥足用伤。至魏明使高堂隆撰其礼仪，闻隆没，叹息曰：天不成吾事，高生舍我亡也。晋武太始中欲封禅，乃至太康议犹不定，竟不果行。孙皓遣兼司空董朝、兼太常周处至阳羡封禅国山。此朝君臣，有何功德？不思古道而欲封禅，皆是主好名于上，臣阿旨于下也。

夫封禅者，不出正经，惟《左传》说：禹会诸侯于涂山，执玉帛者万国。亦不谓为封禅。郑玄有参柴之风，不能推寻正经，专信纬侯之书，斯为谬矣。盖《礼》云：因名山升中于天，燔柴岱宗，即因山之谓矣。《舜典》有：岁二月，东巡狩，至于岱宗。夏南，秋西，冬北，五年一周，若为封禅，何其数也！

升中纪号对

〔北齐〕樊逊

臣闻巡岳之礼，勒在《虞书》，省方之义，著于《易象》。往帝前王，匪唯一姓，封金刊玉，亿有余人。仲尼之观梁甫，不能尽识。夷吾之对齐桓，所存未几。然盛德之事，必待太平，苟非其人，更贻灵谴。秦皇无道，致风雨之灾。汉武奢淫，有奉车之害。及文叔受命，炎精更辉，四海安流，天下辑睦，剑赐骑士，马驾鼓车，乃用张纯之文，始从伯阳之说。至于魏、晋，虽各有君，量德而处，莫能拟议。蒋济上言于前，徒秽纸墨。袁准发论于后，终未施行。世历三朝，年将十祀。启圣之期，兹为昌会。然自水德不竞，函谷封涂，天马息歌，包茅绝贡。我太祖收宝鸡之瑞，握凤凰之书，体一德以匡朝，屈三分而事主，荡此妖寇，易如沃雪。但昌既受命，发乃行诛，虽太白出高，中国宜战，置之度外，望其迁善。伏惟陛下以神武之姿，天然之略，马多冀北，将异山西。凉风至，白露下，北上太行，东临碣石。方欲吞巴蜀而扫崤函，苑长洲而池江汉，复恐迎风纵火，芝艾共焚。案此六军，未申九伐。夫周发牙璋，汉驰竹使，义在济民，非闻好战。至如投鼠忌器之说，盖是常谈。文德怀远之言，岂识权道。今三台令子，六郡良家，蓄锐须时，裹粮待诏。未若龙驾虎服，先收陇右之民，电转雷惊，因取荆南之地。昔秦举长平，金精食昴，楚攻钜鹿，枉矢霄流。况我威灵，能无协赞。但使彼之百姓，一睹六军，似见周王，若逢司隶。然后除其苛令，与其约法，振旅而还，止戈为武。标金南海，勒石东山，纪天地之奇功，被风声于千载。若令马儿不死，子阳尚在，便欲案明堂之图，草射牛之礼，七德论功，多惭往列。升中告禅，臣用有疑。

封禅议

〔唐〕颜师古

将封先祭，义在告神。且备款谒之仪，方展庆成之礼。固当为坛下距①，预申斋洁。赞飨已毕，然后登封。既表慎重之深②，兼示行事有渐。今请祭于山下③，封于山上，四出开坛④，道场通议⑤，南面入升，于事为允。今请山上圆坛，广五尺，高九尺，用五色土为之。四面各设一陛。御位在坛南⑥，升自南陛，而就行事。旧藏玉牒，止用石函，亦犹书盛箧笥⑦，所以或呼为石箧。然其形大质重，转徙非易。岱宗倘无此石，皆应取自他山，所以不为混成。累辑而作，大要在于周固，稽其缜密⑧。而近代仪注，更名"石礮"。"礮"非稽古之文，本无义训可寻。赢缩之间，贵在折中。不烦纷议，更增疑惑。今请方石三枚，以为再累。其十枚石检，刻方石四边而立之，缠以金绳，用备检约。凡言封者，皆是积土之名，利建分封，亦以班社立号，谓之封禅，厥义可知。今且置牒坛上⑨，止因累石，不加缮筑，即以为封。匪惟严秘之道，有如简率，亦乃名实不副，理恐乖爽。今请于圆坛之上，安置方石，封印既讫，加五色土，筑以为封。高一丈二尺，而广二丈。金玉重宝，质性坚贞，宗祀严禋，皆充器币，岂嫌华靡，实贵精确。

① "距"，《全唐文》卷一四七作"阯"。
② "慎重"，《全唐文》卷一四七作"重慎"。
③ "祭"，《全唐文》卷一四七作"察"。
④ "坛"，《全唐文》卷一四七作"道"。
⑤ "道"，《全唐文》卷一四七作"坛"。
⑥ "南"，《全唐文》卷一四七作"前"。
⑦ "犹"，《全唐文》卷一四七作"用"。
⑧ "稽"，《全唐文》卷一四七作"藉"。
⑨ "且"，《全唐文》卷一四七作"若"。

况三神壮观[1]，万代鸿名，礼极殷崇，事资藻缛。玉牒玉检，式韫灵琦，传之无穷，永存不朽。至于广袤之数，足以载文辞。缄束之方，务在申胶固。今宜立制，随时损益。丰功厚德，既以跨蹑前踪。盛典宏规，无劳一遵曩式。今请玉牒长一尺二寸，广厚各五寸，玉检厚二寸。其印齿疏密，随印大小。距石之设，意取牢固。本资实用，岂云巧饰。今既积土厚封，更无差动，天长地久，宁假支持？斜设横安，请并弗置。勒石纪号，垂裕后昆，美盛德之形容，阐后王之休烈，其义远矣，其事尚焉。我皇声畅九垓，威横八极，灵祇不爱其宝，兆广无得而稽[2]。但当赞述希夷，以摅臣下之志。其祭坛之例[3]，登封之所，肆觐万国，受记百神，固宜刻颂，显扬功业。至如小距环坛，石阙别树，事非经据，无益礼仪，烦而非要，请从减省。神灵玺宝而弗用，由来无所施行。其六玺虽以封书，莫不披于群下。受命之玺，登封则用，昭事上玄，表兹介福，休征纬兆，岂因常贯。又封检之玺，分寸不同，即事而言，请并更造。既顺肃虔之理，永垂创制之名。禅坛制度，请从新礼。行事仪式，亦并依之。自外委细，不载于文者，职在所司，随事量定。诏旨集公卿及儒生、学士议登封事，谨依访闻，具件如右。

请以高祖太宗俱配昊天上帝议

李绩等

臣闻殷荐上帝，事有明文。祖宗并列，抑惟通轨。虽三五以降，损益不同，汉魏以还，沿革殊致。至于帝郊严配之仪，尊祖敬宗之典，固以因心宏范，缘情作则，孝思圣敬，迥冠往初。茂实宏规，遂高终古。伏惟高祖、太祖皇帝，改物创业，拨乱反正，受终明三统之历，执兢隆七百之基。御极垂衣，称物平施，随山静稽天之浸，授首扑燎原之灾。元功畅于六虚，

① “况”字后，《全唐文》卷一四七有“乎”字。

② “广”，《全唐文》卷一四七作“庶”。

③ “其”，《全唐文》卷一四七作“具”。

圣绩覃于四海。巍巍荡荡，无得而称。太宗文皇帝，凿乾履度，括地提衡。翦修蛇于洞庭，戮蚩尤于中冀。戡召雨追风之孽，轶断鳌练石之勤。微禹之功，用轸宣尼之叹；曰文之德，实符姬旦之时。睿智神武，含宏光大。深居高视，怀日月以照临；刚健柔明，体乾坤之博厚。求贤劳于宵梦，拜善急于朝餐。总宇宙以弥纶，运阴阳而陶铸。变浇伪于华胥之俗，还淳朴于大庭之辰。九译同文，八荒顺轨。人神以令，祥瑞毕臻。巢凤下窥，游麟易扰。山车泽马，远服瑶池之驾；醴泉甘露，近充上寿之尊。优游垂拱，制礼作乐。远镜百王，独为称首。再造区夏，重安宸极。昊天成命，二帝受之。升降节文，不宜差别。而肃恭禋祀，缀兆分位。升中告禅，天地别飨。乖严父配天之文，失尊亲加隆之数。今归功中岳，请以二帝并配。窃以太穆皇后，造舟备礼，爰定厥祥。处人伦之经，居风化之始。追踪文母，播美周嫄。文德皇后，俔天作合。曾沙表庆，功侔十乱，化被二南。两圣既已配封，则二后应须配禅。申宸思淳深之极，宏圣朝敬爱之旨。自我作古，闻之往策。周制所定，夫何足云？斯乃振扬休烈，昭宣懿范。请存乎不刊，永贻来叶。

先奠璧后燔柴议

张说　徐坚等

臣等谨案：明庆年礼部尚书许敬宗[1]，因修礼奏改燔柴在于祭前，状称“祭祀之礼，必先降神。周人尚臭，祭天则燔柴”者。臣等案礼，迎神之义，乐六变而天神降，八变而地祇出，九变则人鬼可得而礼矣[2]。则神降以乐，《周礼》正文，非谓燔柴以降神也。案尚臭之义，不为燔之先后。假如周人尚臭，祭天则燔柴，则殷人尚声[3]，何声可燔，先迎神乎？又案明庆中无忌

① “明”应为“显”，下同。

② “人鬼”，《唐会要》作“鬼神”。

③ “则”字前，《唐会要》有“然”字。

等奏[①]“晋氏之前，犹遵古礼。周、魏以降，妄为损益”者，今案：郭璞《晋南郊赋》及注《尔雅》：“祭后方燔。”又案《宋志》所论，亦祭后方燔。又检南齐、北齐及梁郊祀，亦饮福酒讫燔[②]。又检后周及隋郊祀，亦先祭后燔。据此，周遵后燔[③]，晋不先燔[④]。无忌之言，事乃相乖[⑤]。又案：《周礼·大宗伯》职：“以王作六器[⑥]，以礼天地四方。”注云：“礼谓始告神时，荐于神座也。”又文云[⑦]：“以苍璧礼天，以黄琮礼地，皆有牲币，各于其器之色。”又《礼器》云：“有以少为贵者，祭天特牲。”是知苍璧之与苍牲，俱合奠之神座[⑧]，理即不惑[⑨]。又云：“四圭有邸，以祀天、旅上帝。”即明祀昊天上帝之时，以旅五方天地明矣[⑩]。其青圭、赤璋、白琥、玄璜，以立春[⑪]、立夏、立秋、立冬日，各于其方迎气，所用自分别矣。今案：显庆所改新礼，以苍璧与苍牲、币俱用[⑫]，先燔苍璧；既已燔矣，所以遂加四圭有邸，奠之神座。苍牲既燔矣，所以更加骍牲，充其实俎。混昊天于五帝，同用四圭；失特牲之明文，加为二犊。深乖礼意，事乃无凭。

驳奏旧封禅礼

施敬本

其略曰：旧礼，侍中跪取匜沃盥，非礼也。夫盥手、洗爵，人君将致

---

① “奏”字后，《唐会要》有“称”字。
② “讫”，《唐会要》作“后方”。
③ “周”字前，《唐会要》有“即”字。
④ “燔”，《唐会要》作“燎”。
⑤ “事”，《唐会要》作“义”。
⑥ “王”，《唐会要》作“玉”。
⑦ “又”，《唐会要》作“下”。
⑧ “合”，《唐会要》作“各”。
⑨ “即”，《唐会要》作“节”。
⑩ “天地”，《唐会要》作“上帝”。
⑪ “以”，《唐会要》作“自是”。
⑫ “币”字前，《唐会要》有“苍”字。

洁而尊神，故小臣为之[①]。今侍中，大臣也，而沃盥于人君；太祝，小臣也，反诏祝于天神。是接天神以小臣，奉人君以大臣，故非礼[②]。案《周礼·大宗伯》曰："郁人、下士二人，祼事"则沃盥[③]，此职也。汉承秦制，则无郁人之职[④]，故使近臣为之。魏晋至今，因而不改。然则汉礼侍中行之则可矣，今以侍中为之，则非也。汉侍中，其始也微，高帝时籍儒为之，惠帝时闳儒为之，留侯子辟疆年十五为之。至后汉，楼坚以议郎拜侍中，邵阖自侍中迁步兵校尉，其秩千石，少府卿之官属也[⑤]。少府卿秩二千石，丞秩千石，侍中与少府丞班同[⑥]。魏代苏则为之。旧侍中亲省起居，故谓之执兽子。吉茂见则嘲之曰[⑦]"仕进不止执兽子"，是言其为亵臣也。今侍中，名则古宦[⑧]，人非昔任，掌同燮理，寄实盐梅，非复汉魏执兽子之班，异乎《周礼》郁人之职。行舟不息，坠剑方遥，验刻而求，可谓谬矣。夫祝以传命，通主人之意以荐于神明，非贱职也。故两君相见，则卿为上傧。况天人之际，其肃恭之礼，以两君为喻，不亦大哉！今太宰太祝[⑨]，下士也，非所以重命而尊神之义也。然则汉太祝[⑩]，是礼矣。何者？案《周礼·大宗伯》曰："太祝，下大夫二人，上士四人，掌六祝之祠[⑪]。"大宗伯为上卿，今礼部尚书，太常卿比也；小宗伯中大夫，今侍郎、少卿比也；太祝，下大夫，今郎中、太常丞比也；上士四人，今员外郎、太常博士比也。故可以处天人

---

① "故"字后，《唐会要》有"使"字。
② "故"，《唐会要》作"为"。
③ "祼事"前，《唐会要》有"赞"字。
④ "无"字前，《唐会要》无"则"字。
⑤ "之"后，《唐会要》无"官"字。
⑥ "丞"，《唐会要》作"卿"。
⑦ "则嘲"，《唐会要》作"谓"。
⑧ "宦"，《唐会要》作"官"。
⑨ 该句，《唐会要》中无"太宰"二字。
⑩ "汉"字前，《唐会要》有"周"字；"太"，《周礼·大宗伯》为"大"。
⑪ "祠"，《唐会要》作"辞"。

之际，致尊极之词矣。又汉太祝，令秩六百石，与太常博士同班。梁太祝令，与南台御史同班。今太祝下士之卑，而居古下大夫之职，斯又刻舟之论，不殊于前矣①。

又曰：旧礼，谒者引太尉升坛亚献，非礼也。谒者已贱，升坛已重，是征名用之欲合于古②，而不知戾于古而变于今也③。案：《汉官仪》，尚书御史台官属，有谒者仆射一人，秩六百石，铜印青绶；谒者三十五人，以郎中满岁称给事，未满岁称权谒者。又案：《汉·百官公卿表》④，光禄勋官属有郎中员⑤，秩比二千石；有谒者，掌兵赞受事员七十人，秩比六百石。则古之谒者，秩异等，今谒者班微，以之从事，可谓疏矣。又曰："旧礼，尚书令奉玉牒，今无其官，请以中书令从事。又案汉武帝时，张安世为尚书令，游宴⑥，从官以宦者一人出入，帝命改为中书谒者。令至，成帝罢宦者，用士人。魏黄初，改秘书署中书监令⑦。旧尚书拜掌制诰⑧，既置中书官，而制诰枢密皆掌焉。则自魏以来，中书是汉朝尚书之职，今尚书令奉玉牒，是用汉礼，其官既阙，故以中书令主之⑨。"

东封颂

〔汉〕兒宽

臣闻三代改制，属象相因。间者圣统废纪⑩，陛下发愤，合指天地，祖

① "殊"，《唐会要》作"异"。
② 该句，《唐会要》作"是微者用之于古"。
③ 该句，《唐会要》作"而大体实变于今也"。
④ "汉"字后，《唐会要》有"书"字。
⑤ "员"字后，《唐会要》有"外"字。
⑥ 该句后，《唐会要》有"后宫"二字。
⑦ "署"，《唐会要》作"置"。
⑧ "拜"，《唐会要》作"并"。
⑨ "故"字前，《唐会要》有"可"字。
⑩ "纪"，《汉书·兒宽传》作"绝"。

立明堂辟雍，宗祀太一，六律五声，幽赞圣意，神乐四合，各有方象，以承嘉祀，为万世则，天下幸甚。将建大元本瑞，登告岱宗，发祉闿门，以候景至。癸亥宗祀，日宣重光；上元甲子，肃邕永享。光辉允塞，天文粲然，见象曰昭，报降符应。臣宽奉觞再拜，上千岁寿[①]。制曰：敬举君之觞。（绳武案《汉书》止云“宽上寿曰”，无“东封颂”之名。“太一”作“泰山”，“以承”作“以丞”，“允塞”作“充塞”，“曰昭”作“日昭”。）

东巡颂（有序）

〔东汉〕班固

窃见巡狩岱宗，柴望山虞[②]，宗祀明堂[③]。上稽帝尧，中述世宗，遵奉世祖。礼仪备具，动自圣心。是以明神屡应，休征仍降，不胜狂简之情。谨上《岱宗颂》一篇：曰若稽古，在汉迪哲，聿修阙德，宪章丕烈。翻六龙，较五辂。齐百僚，陶质素。命南重以司历，厥中月之六辰。备天官之列卫，盛舆服而东巡。（《艺文类聚》及《古文苑》载之，而旧刻《蔡中郎集》亦载是篇。）

东巡颂

崔骃

伊汉中兴三叶，于皇维烈，允迪厥伦。矩坤度以范物，规乾则以陶钧。于是考上帝以质中，总列宿于北辰。开太微，敞禁庭，延儒林以咨询岱岳之事。于是典司耆耇[④]，载华抱实。逌尔而造曰：盛乎大汉，既重雍而袭

① 该句，《汉书·兒宽传》作“上千万岁寿”。

② 《艺文类聚·礼部》无此句。

③ 《艺文类聚·礼部》无此句。

④ “是”，《艺文类聚·礼部》作“时”。

熙[①]，世增其德。唯斯岳礼久而不修[②]，此神人之所望幸[③]，海内之所想思。颂有乔山之征，典有徂岳之巡。时迈其邦，民斯攸勤，不亦宜哉！乃命太仆，训六驺，娴路马[④]，戒师徒。于是乘舆登天灵之威路，驾太一之象车，升九龙之华旗，建扫霓之旌旄，哀胡耇之元老，赏孝行之畯农。（阙）：三军霆激，羽骑火烈。天动雷霆，隐隐辚辚。躬东作之上务，始八正于南行（一作“傅毅”。《古文苑》“厥伦”下有“缵王命，允汉兴”句。“民”作“人”，“训”作“驯”，“驺”作“辔”）。

东巡颂

马融

允迪在昔，绍烈陶唐。殷天衷，克摇光。若时则，运琼衡。敷六典，经八成。肆类乎上帝，实柴乎三辰，禋祀乎六宗，祇燎乎群神。遂发号群司，申戒百工，卜筮称吉，蓍龟袭从。南征北伐，冯相告祥。清夷道而后行，曜四国而扬光。展圣义于巡守，喜圻畤而咏八荒。指宗岳以为期，固岱神之所望。散斋既毕，越翼良辰，棫槱增构，烈火燔燃。晖光四炀，焱烂薄天。萧香肆升，清烟冒云。珪璋峨峨，牺牲洁纯。郁鬯宗彝，明水玄樽。空桑孤竹，咸池云门。六八匝变，神祇并存。（《太平御览》“经八成”下有“变和万殊，总领神明”二句）

史记封禅书赞

〔晋〕司马贞

《礼》载“升中”，《书》称“肆类”。古今盛典，皇王能事。登封报

① 《艺文类聚·礼部》无此句。

② 《艺文类聚·礼部》无此句。

③ “望”，《艺文类聚·礼部》作“庶”。

④ “娴”，《艺文类聚·礼部》作“闲”。

天，降禅除地。飞英腾实，金泥石记。汉承遗绪，斯道不坠。仙閭、肃然，扬休勒志。

封禅书

〔汉〕司马相如

伊上古之初肇，自颢穹生民。历选列辟，以迄于秦。率迩者踵武，听逖者风声。纷纶葳蕤，湮灭而不称者，不可胜数。继韶夏，崇号谥，略可道者七十有二君。罔若淑而不昌，畴逆失而能存？

轩辕之前，遐哉邈乎，其详不可得闻已。五三六经，载籍之传，维风可观也。《书》曰："元首明哉！股肱良哉！"因斯以谈，君莫盛于唐尧，臣莫贤于后稷。后稷创业于唐，公刘发迹于西戎。文王改制，爰周郅隆，大行越成[1]，而后陵迟衰微，千载亡声，岂不善始善终哉！然无异端，慎所由于前，谨遗教于后耳。故轨迹夷易，易遵也；湛恩庞鸿，易丰也；宪度著明，易则也；垂统理顺，易继也。是以业隆于襁褓，而崇冠于二后。揆厥所元，终都攸率，未有殊尤绝迹可考于今者也。然犹蹑梁父，登泰山，建显号，施尊名。大汉之德，逢涌原泉，沕潏曼羡，旁魄四塞，云布雾散，上畅九垓，下溯八埏。怀生之类，沾濡浸润。协气横流，武节猋逝。迩陿游原，遐阔泳沫。首恶郁没，晻昧昭晰。昆虫闿泽，回首面内，然后囿驺虞之珍群，徼麋鹿之怪兽，导一茎六穗于庖，牺双角共柢之兽，获周余珍放龟于岐，招翠黄乘龙于沼。鬼神接灵圉，宾于闲馆。奇物谲诡，俶傥穷变。钦哉，符瑞臻兹，犹以为德薄，不敢道封禅。盖周跃鱼陨航，休之以燎。微夫此之为符也，以登介丘，不亦恧乎！进让之道，何其爽欤？

于是大司马进曰："陛下仁育群生，义征不憓，诸夏乐贡，百蛮执贽，德侔往初，功无与二，休烈浃洽，符瑞众变，期应绍至，不特创见。意泰

① "越"，《汉书·司马相如传》作"厥"。

山、梁父设坛场望幸，盖号以况荣，上帝垂恩储祉，将以庆成，陛下嗛让而弗发。挈三神之欢，缺王道之仪，群臣恧焉。或曰且天为质暗，示珍符固不可辞。若然辞之，是泰山靡记，而梁父罔几也。亦各并时而荣，咸济厥世而屈，说者尚何称于后，而云七十二君哉？夫修德以锡符，奉命以行事，不为进越也。故圣王不替，而修礼地祇，谒款天神，勒功中岳，以彰至尊，舒盛德，发荣号，受厚福，以浸黎民。皇皇哉斯事，天下之壮观，王者之卒业，不可贬也。愿陛下全之。而后因杂缙绅先生之略术，使获曜日月之末光绝炎，以展寀错事。犹兼正列其义，祓饰阙文，作《春秋》一艺。将袭旧六为七，摅之无穷，俾万世得激清流、扬微波、蜚英声、腾茂实，前圣之所以永保鸿名而常为称首者用此。宜命掌故，悉奏其仪而览焉。”

于是天子沛然改容曰：“俞乎，朕其试哉！”乃迁思回虑，总公卿之议，询封禅之事，诗大泽之博，广符瑞之富。遂作颂曰：

自我天覆，云之油油。甘露时雨，厥壤可游。滋液渗漉，何生不育！嘉谷六穗，我穑何蓄？

匪唯雨之，又润泽之；匪唯遍之，我泛布护之；万物熙熙，怀而慕思。名山显位，望君之来。君兮君兮，侯不迈哉！

般般之兽，乐我君囿；白质黑章，其仪可嘉；旼旼穆穆，君子之态。盖闻其声，今亲其来，厥涂靡从，天瑞之征。兹尔于舜，虞氏以兴。

濯濯之麟，游彼云畤。孟冬十月，君徂郊祀。驰我君舆，帝用享祉。三代之前，盖未尝有。

宛宛黄龙，兴德而升；采色炫耀，熿炳辉煌。正阳显见，觉寤黎蒸。于传载之，云受命所乘。

厥之有章，不必谆谆。依类托寓，谕以封峦。披蓺观之，天人之际。已交上下，相发允答。圣王之德，兢兢翼翼。

故曰：于兴必虑衰，安必思危。是以汤武至尊严，不失肃祇，舜在假典，顾省阙遗，此之谓也。

（绳武案：《史记》于“昊穹”下多一“兮”字，似首句，至“肇”字断句。

“历选”，《史记》作“历撰”。

“听逖”，《史》《选》皆作“逖听”。

《史》《汉》于“胜数”下皆有“也”字；“纶”，《汉书》作“轮”。

“继昭夏”，《史》作“续昭夏”，《选》作“继韶夏”。

“闻已”，《史》作“闻也”。

“维风”，《史》《汉》皆作“维见”。

“唐尧”，《汉》无“唐”字。

“厖鸿”，《汉》作“厖洪”，《史》作“蒙涌”。

“逢涌”，《史》作“烽涌”；“曼羡”，《史》作“漫衍”。

“猋”，《史》作“飘”，《汉》作“焱”。

“愜”，《史》作“陕”，《汉》《选》作“陿”；“遐”，《史》作“迥”，《汉》作“回”。

“郁”，《史》作“湮”；“晻”，《史》作“暗”。

“珍放”，《汉》《选》皆无“珍”字，《史》作“珍收”。

“德薄”，《史》《汉》皆无“德”字。

“航”，《史》《汉》皆作“杭”。

“此”，《史》《汉》皆作“斯”。

“何其”，《史》作“其何”。

“谌”，《史》作“憓”。

“侔”，《汉》作“牟”。

“意”，《史》《汉》皆作“意者”。

“庆”，《史》作“荐”。

“弗发”下，《史》《汉》皆有“也”字。

“或曰”，《史》《汉》皆作“或谓”。

“示珍符”，《史》无“示”字。

“厥世”，《史》无“厥”字。

“君哉”，《史》作“君乎”。

“奉命”，《史》《汉》皆作“奉符”，句末《史》无“也”字。

“黎民”，《选》作“黎元”，《史》多“也”字。

“斯事”，《选》作“此”，连下句读；“卒”，《史》作“丕”。

“宲”，《史》《汉》作“采”。

“祓饰”，《史》作“挍饬”。

“之所以”，《选》无“之”字。

“仪”，《史》作“义”。

“沛然”，《选》作“俙然”。

“俞”，《史》作“愉”。

“遍之”，《史》作“濡之”，《汉》作“遍我”，无“之”字。

“布”，《史》作“专”。

“护”，《史》作“濩”。

“慕思”，《汉》作“慕之”。

“君兮”，《史》《选》皆作“君乎”。

“囿”，《汉》《选》作“圃”。

“嘉”，《汉》作“喜”。

“穆”，《史》作“睦”；“态”作“能”。

“亲”，《史》作“观”，《汉》作“视”。

“从”，《史》作“踪”。

“尔”，《史》《选》俱作“亦”。

“熿炳”，《汉》作“炳炳”；“煌”，《史》作“湟”。

“蒸”，《史》《汉》作“烝”。

“翼翼”下《史》有“也”字。

“故曰于”，《史》无“于”字。

“阙遗”，《史》《汉》俱作“厥遗”。）

为齐州父老请陪封禅文

〔唐〕骆宾王

圆天列象，紫宫通北极之尊；大帝凝图，玄猷畅东巡之礼①。是知光隆先泽②，既辑玉于云台；业绍禋宗，必涂金于日观。伏惟皇上③，乘乾握纪，纂三统之重光；御极登枢④，应千灵之累圣。故得河浮五老，启赤文于帝期；海荐四神，奉丹书于王会。瑞开三脊，祥洽五云。既而缉总章之旧文⑤，绍辟雍之故事。非烟翼戟⑥，移玉辇于梁阴；若月承轮，秘金绳于岱岳。臣等质均刍狗，阴谢桑榆。幸属尧镜多辉，昭余光于连石⑦；轩图广运⑧，追盛礼于枞金。然而邹鲁旧邦，临淄遗俗，俱沐二周之化，咸称一变之封⑨。境接青畴，俯瞰获麟之野；山开翠屺，斜连辨马之峰。岂可使稷下遗甿⑩，顿隔陪封之礼，淹中故老，独奏告成之仪⑪！是用就日披丹，仰璧轮而三舍；望云纾素⑫，叫天阍于九重。倘允微诚，许陪大礼，则梦琼余息，玩仙闾以相欢⑬；就木残魂，游岱宗而载跃。

① “玄”，《全唐文》作“宏”。
② “光隆先泽”，《全唐文》作“道隆光宅”。
③ 该句，《全唐文》作“陛下”。
④ “极”，《全唐文》作“辩”。
⑤ “缉”，《全唐文》作“辑”。
⑥ “戟”，《全唐文》作“驭”。
⑦ “昭”，《全唐文》作“照”。
⑧ “广运”，《全唐文》作“光耀”。
⑨ “封”，《全唐文》作“风”。
⑩ “下”，《全唐文》作“山”。
⑪ “奏”，《全唐文》作“奉”。
⑫ “纾”，《全唐文》作“抒”。
⑬ 该句，《全唐文》作“仰仙闾以交欢”。

白虎通·封禅篇

〔汉〕班固

王者易姓而起，必升封泰山何？报告之义也。始受命之日，改制应天，天下太平，功成封禅，以告太平也。所以必于泰山何？万物之始交代之处也。必于其上何？因高告高，顺其类也。故升封者，增高也；下禅梁甫之基，广厚也。皆刻石纪号者，著己之功迹以自效也。天以高为尊，地以厚为德。故增泰山之高以报天，附梁甫之基以报地。明天之所命，功成事就，有益于天地，若高者加高，厚者加厚矣。或曰封者金泥银绳，或曰石泥金绳，封之以印玺。故孔子曰：升泰山，观易姓之王，可得而数者七十有余君。封者，广也。言禅者，明以成功相传也。梁甫者，泰山旁山名，正于梁甫何？以三皇禅于绎绎之山，明已成功而去，有德者居之。绎绎者，无穷之意也。五帝禅于亭亭之山，亭亭者，制度审谛，道德著明也。三皇禅于梁甫之山，梁者，信也，甫者，辅也，信辅天地之道而行之也。太平乃封，知告于天。必也于岱宗何？明知易姓也，刻石纪号，知自纪于百王也。燎，祭天报之义也。望，祭山川祀群神也。《诗》云："于皇时周，陟其高山。"言周太平，封泰山也。又曰："嶞山乔岳，允犹翕河。"言望祭山川百神来归也（文后言符瑞节入《齐谐》）。

外史·封禅篇

黄宪

齐王将进泰山，问于征君曰：敝邑有封禅之山，非天子不能举也。秦始以诸侯之国而举之，非僭与？征君对曰：宪也闻之，古者天子巡狩，朝诸侯于明堂，祀群神于岱岳，观民风以布王政，未闻有封禅之举也，不经孰甚矣！天子一日有万务，其勤惕也如是，岂能懈其万务，率之以臣庶，旷之以时月，而侈心于封禅，勒功德于无知之石哉！自古迄于秦，好为封禅者，有七十有二。然茫昧而不可述，大抵皆侈心之主也。炎汉重离，我二祖光耀前后，丰功令德，不能殚纪其盛。然亦未尝蹈前王之陋规而举封禅。文景绍厥休烈，海内几刑措之风，固盛王素主也，至于封禅则耻之。及孝武即极，玩武佳兵，倾海内之命，运府库之积，而肆伐匈奴，使百姓去家室之乐，而身显功烈之名。致符瑞，求神仙，茂举封禅，以建荣号。是以汉祚中替，卒不能休隆于前也。历至于今，谭封禅之事者，犹昌而未熄，岂非贻谋之虑与？若秦之始皇，又何道哉！今以大王之贤，而光济王室，可以跨秦而登周也，诚能偃泰山之碑，摧梁父之碣，毁云梦之铭，修明堂之典，以临天皇而招八国之诸侯，是王之显功逾于桓文也。何必慕狂秦之侈心，追七十二君之陋轨哉！齐王曰：先生幸教不谷，美矣！骏矣！雅矣！玄矣！乃命左右纪之。

论衡·道虚篇

王充

载太山之上者，七十有二君，皆劳情苦思，忧念王事，然后功成事立，致治太平。太平则天下和安，乃升太山而封禅焉。夫修道求仙与忧职勤事不同，心思道则忘事，忧事则害性。世称尧若腊，舜若腒，心愁忧苦，形体羸癯。使黄帝致太平乎，则其形体宜如尧、舜。尧、舜不得道，黄帝升天，非其实也。使黄帝废事修道，则心意调和，形体肥劲，是与尧、舜异也，异则功不同矣。功不同，天下未太平，而升封，又非实也。

续汉书·祭祀论

〔晋〕司马彪

臧文仲祀爰居，而孔子以为不知。《汉书·郊祀志》著自秦以来，讫今王莽[①]，典祀或有未修，而爰居之类众焉。世祖中兴，蠲除非常，修复旧祀，

① “今”，《后汉书·祭祀》作“于”。

方之前事邈殊矣。尝闻儒言，三皇无文，结绳以治，自五帝始有书契。至于三王，俗化雕文，诈伪渐兴，始有印玺以检奸萌，然而未有金玉银铜之器也。自上皇以来，封泰山者，至周七十二代。封者，谓封土为坛，柴祭告天，代兴成功也。《礼记》所谓“因名山升中于天”者也。易姓则改封者，著一代之始，明不相袭也。继世之王巡狩，则修封以祭而已。自秦始皇、孝武帝封泰山，本由好仙信方士之言，造为石检印封之事也。所闻如此。虽诚天道难可度知，然其大较犹有本要。天道质诚，约而不费者也。故牲有犊，器用陶匏，殆将无事于检封之间，而乐难攻之石也。且唯封为改代，故曰岱宗。夏康、周宣，由废复兴，不闻改封。世祖欲因孝武故封，实继祖宗之道也。而梁松固争，以为必改。乃当夫既封之后，未有福，而松卒被诛死。虽罪由身，盖亦诬神之咎也。且帝王所以能大显于后者，实在其德加于民，不闻其在封矣。言天地者莫大于《易》，《易》无六宗在中之象。若信为天地四方所宗，是至大也。而比太社，又为失所，难以为诚矣！

后汉纪·封禅论

袁宏

夫天地者，万物之宫府；山川者，云气之丘墟[①]。万物之生遂，则宫府之功大；云雨施其润，则丘墟之德厚。故化洽天下，则功配于天地；泽流一国，则德合于山川。是以王者经略，必以天地为本；诸侯述职，必以山川为主。体而象之，取其陶育；礼而告之，归其宗本。《书》云：“东巡狩，至于岱宗，柴。”《传》曰：“郊祀后稷，以祈农事。”夫巡狩观化之常事，祈农抚民之定业，犹洁诚殷荐，以告昊天，况创制改物，人神易听者乎！夫揖让受终，必有至德于万物[②]；是故王者初基[③]，则有封禅之事，盖以其成功

① “气”，《后汉书·祭祀》作“雨”。

② “万物”，《后汉书·祭祀》作“天下”。

③ 该句前，《后汉书·祭祀》有“征伐革命，则有大功于万物”。

告于神明者也。夫东方者，万物之所始；山岳者，灵气之所宅。故求之物本，必于其始；取其所通，必于所宅。崇其坛场，则谓之封；明其代兴，则谓之禅。然则封禅者，王者开务之大体也。德不周洽，不得辄议斯事；功不宏济，不得仿佛斯礼。旷代一有，其道至高。故自黄帝、尧、舜至于三代，各一封禅[①]，未有中修其礼者也。虽继体之君，时有功德，此盖率复旧业，增修前政，不得仰齐造国，同符改物者也。夫神道贞一，其用不烦；天地易简，其礼尚质。故藉用白茅，贵其诚素；器用陶匏，取其易从。则封禅之礼，简易可也。若夫石函玉牒，非天地之性也。

文心雕龙封禅篇

〔梁〕刘勰

夫正位北辰，向明南面，所以运天枢，毓黎献者，何尝不经道纬德，以勒皇迹者哉！《绿图》曰："潬潬嗃嗃，棼棼雉雉，万物尽化。"言至德所被也。《丹书》曰："义胜欲则从，欲胜义则凶。"戒慎之至也。则戒慎以崇其德，至德以凝其化，七十有二君，所以封禅矣。

昔黄帝神灵，克膺鸿瑞，勒功乔岳，铸鼎荆山。大舜巡岳，显乎《虞典》。成康封禅，闻之《乐纬》。及齐桓之霸，爰窥王迹，夷吾谲陈，距以怪物。固知玉牒金镂，专在帝皇也。然则西鹣东鲽，南茅北黍，空谈非征，勋德而已。是史迁《八书》，述封禅者[②]，固禋祀之殊礼，名号之秘祝，祀天之壮观矣。

秦皇铭岱，文自李斯，法家辞气，体乏宏润[③]。然疏而能壮，亦彼时之绝采也。铺观两汉隆盛，孝武禅号于肃然，光武巡封于梁父，诵德铭勋，乃鸿笔耳。观相如《封禅》，蔚为唱首。尔其表权舆，序皇王，炳元符，镜

① "一"字后，《后汉书·祭祀》有"得"字。

② "述"字前，《文心雕龙》有"明"字。

③ "宏"，《文心雕龙》作"弘"。

鸿业，驱前古于当今之下，腾休明于列圣之上；歌之以祯瑞，赞之以介邱，绝笔兹文，固维新之作也。及光武勒碑，则文自张纯，首允典谟[①]，末同祝辞，引钩谶，叙离乱，计武功，述文德，事核理举，华不足而实有余矣。凡此二家，并岱宗实迹也。

及扬雄《剧秦》，班固《典引》，事非镌石，而体因纪禅。观《剧秦》为文，影写长卿，诡言遁辞，故兼包神怪。然骨掣靡密，辞贯圆通，自称极思，无遗力矣。《典引》所叙，雅有懿乎[②]，历鉴前作，能执厥中，其致义会文，斐然余巧。故称《封禅》丽而不典，《剧秦》典而不实，岂非追观易为明，循势易为力欤！至于邯郸《受命》，攀响前声，风末力寡，辑韵成颂，虽文理顺序，而不能奋飞。陈思《魏德》，假论客主，问答迂缓，且已千言，劳深绩寡，飙焰缺焉。

兹文为用，盖一代之典章也。构位之始，宜明大体，树骨于训典之区，选言于宏富之路；使意古而不晦于深，文今而不坠于浅；义吐光芒，辞成廉锷，则为伟矣。虽复道极数殚，终然相袭，而日新其采者，必超前辙焉。

赞曰：封勒帝绩，对越天休。逖听高岳，声英克彪。树石九旻，泥金八幽。鸿律蟠采，如龙如虬。

汉武封禅论

〔唐〕林简言

圣人以季氏旅于泰山为僭[③]，汉武封泰山非僭欤[④]？抑闻无其位无其德为事，僭也，有其位无其德为事，亦僭也。又闻封泰山，报成功也，斯皆德称乎位者为之。若伏羲、神农者也，若轩辕、颛顼者也，若尧、舜、禹、

① “允”，《文心雕龙》作“胤”。

② “乎”，《文心雕龙》作“采”。

③ “圣人”，《全唐文》作“仲尼”。

④ “非”，《全唐文》作“为”。

汤者也。汉武封禅奚慕哉？秦乎？伏羲乎？尧舜乎？秦封禅二代而秦灭，固不可慕也。若以伏羲、尧、舜为心，亦宜行伏羲尧舜之道欤[①]？以所行之道[②]，侔之乎？不侔之乎？彼茅茨不翦，而木不呈材，岂曰侔哉！彼舞干两阶[③]，而黩武穷边，岂曰侔哉！彼用夔典乐，而李延年进，岂曰侔哉！彼设谤木，而捕人非者死，岂曰侔哉！凡所举虽厮养之人，亦知不侔矣。在汉武诸宜罢去不侔[④]，行其侔者。已行之，则卿大夫行之。卿大夫行之，则国人行之。夫如是，虽不封禅，而伏羲尧舜之德之美，自至矣。奈何不遵此道，取司马相如谀佞遗草，内欺于方寸，外欺于千古。矫名窃德，冒烟云，蹑凌兢，封泰山，禅梁父。好商辛夏癸之好，迹伏羲尧舜之迹，季氏之僭，安可逃乎！昔齐桓公议封禅，管夷吾用他辞以罢之，以其无帝王位故也。无德与无位相去几何？傥汉朝有人如管夷吾，应用三脊茅以藉口[⑤]，不使其君与季氏等。

礼论

〔宋〕李觏

曰：封泰山禅梁父，前世之大典也，吾子以为不经之言，何如？曰：所谓经者，二帝三王之事，而孔子述之者也。六籍是矣，而封禅之文安在哉？独司马迁《封禅书》称，古受命帝王，曷尝不封禅，盖有无其应而用事者矣，未有睹符瑞见而不臻乎泰山者也。于是引《尚书·舜》岁二月，东巡守，至于岱宗，柴。似以此为封禅事。斯礼也，盖系巡狩矣。天子巡守，至于方岳，祭天告至，爰及名山大川，皆以其秩望祭之，乃事鬼神之常道，

① “行”，《全唐文》作“访”。

② “以所”，《全唐文》作“所以”。

③ “干”，《全唐文》作“于”。

④ “诸”，《全唐文》作“计”。

⑤ “口”，《全唐文》作“固”。

非封禅之谓也。且舜自正月上日受终于文祖，孔氏谓：上日，朔日也。后至辑五瑞，既月，乃日觐四岳群牧，班瑞于群后。孔氏谓：尽以正月中日，日见四岳及九州牧监，还其瑞。岁二月，东巡守，至于岱宗。孔氏谓：既班瑞之明月，乃顺春东巡，至于岱宗。若是，则舜摄帝位，才期月耳，德未必遽洽于人也，功未必遽济于世也，符瑞之见未必如此之速也，况又未真即帝位，则将何辞以封禅哉！五载一巡守，巡守而封禅，则舜之在位凡几年，凡几封禅，其礼仪必有可采，何以不广记之，乃独言柴而已乎。封禅之礼，固不止于柴也，夫贽见生死之物，盖其微者，犹列之于后，矧封禅之盛，乃得略之乎！其不然必矣。又称齐桓公既霸，会诸侯于葵丘，而欲封禅。管仲曰：古者封泰山禅梁父者七十一家，而夷吾何记者十有二焉：曰无怀氏、曰伏羲、曰神农、曰炎帝、曰黄帝、曰颛顼、曰帝喾、曰尧、曰舜、曰禹、曰汤、曰周成王，夷吾此言，亦无所证。孔子修六经，祖述尧舜，宪章文武，岂前世有封禅之言，管氏闻之而孔子不得闻乎！虽诚有之，孔子削而不书，是亦不足取也。予必谓称古帝王封禅者，皆妄也。未知此说，根于何时？至秦始皇遂举而行之。逮孝武即位，又议封禅事，齐人公孙卿称其师申公书曰：封禅七十二王，唯黄帝得上封。又称申公之言曰：汉主亦得上封，上封则能仙登天。孝武后乃登封，无风雨灾，于是自喜幸，庶几遇神仙矣。吁：可怪哉！文中子曰：封禅之费非古也，以夸天下，其秦汉之侈心乎？是诚知言矣。

中皇氏论

罗泌

封禅有矣，古者五载一巡狩，而每姓一封禅。封禅，帝王易姓告代之大典也。一箪之饎，鞠人之养也，受之于旅，且犹有谢，而况得天下乎？然则历世而来，开山命历握河登纪者，之所以攀嵩缘岱，而对越乎清极，岂苟然耶？固所以告成功也。是故皇非创业，则巡告而不展，三代八十四王，历年千九百三十，其行之者，禹汤成王而已，他君曾未之行，武宗中宗宣王，亦未之行，岂惟惩国度戒诬渎哉！继世守成，顾无得而谢也。一自夷吾设祥瑞之说距齐君，诸儒为必俟泰平之言难秦帝，而后中材之主误其美称，不原其本，苟存华观，至一代而数封，中间妄引昌辉，假称蓂蓂，鹭肃然，除蒿里，以诬渎乎清宁者，武接于中馗矣。孽臣艳后，秽挺嵩岱，先王之礼，意果安在邪？咄哉！末世之君，不知夫礼而必欲行封，拘儒议者，不知夫礼而必曰勿封，奚必尔邪！创业之辟，苟当平世，讲礼戢费，行其所谓代一之举，则嗣君无事于袭为矣。君欲行之，则盍反其本乎，惟毋致羊皮杂貂裘之讥可也。不然，无重发陈庄伯之叹。

封禅论

胡寅

纬书本原于五经而失之者也，而尤紊于鬼神之理、幽明之故。夫鬼神幽明之故，非知道者不能识。断国论者，诚能一决以圣人之经，经所以载道，虽有纬书谶记，屏而不用，则庶乎其不谬于理矣！登封之事，原于柴燔而失之者也。《诗》《书》纪巡狩，而柴者记所谓祭天也。至岱宗陟其高山云者，记所谓因名山也。有山则因以为高，无则于郊而坛，其义类一也。又有大事而告于上帝者，武王克商始有天下，故柴望而告也。舍此则渎矣！记以飨帝于郊与升中于天为二事，则传者之失也。然则七十二君之编录，《诗》《书》《礼》《典》略不经见。审有是事，乃天下国家之盛举，尧、舜、禹、汤、文、武、成、康、昭、宣皆身致太平，安得阙而弗讲？故前贤论登封者，莫善于许懋，惜乎世祖之臣，智不及此，陷其君于过，举而不得闻也！封禅之事，汉、唐之君往往行之，曾无一人建议明白如许懋者。贤哉懋乎！其学可谓正矣。汉、唐以来，纬书行而经学弛，重以郑玄博闻寡要，不知折衷于圣人，而惟纬书之信，世无稽古之言以袪群惑，遂使有天下者于无事时肆其侈心。千乘万骑，巡狩侈费，登山琢石，夸大功德，或有秘祝以祈不死，取笑当代，贻讥后来。彼梁武之资，未必如汉光武之英也，一闻懋言，遂遏欲行之意，推广其义以答请者，则贤于光武远矣。使其举措每如此，则金瓯之业何缺坏之有！

封禅论

章俊卿

以封禅为非古者，王仲淹也；以封禅为不经者，李泰伯也；以封禅为不足信者，苏子由也。夫六经无封禅之文，帝王无封禅之事。著是文者，管仲疏其源，史迁浚其流，季仲推其波，张说助其澜。侈是事者，祖龙嘘其烟，孝武封其烬，隋帝炽其膏，玄宗烈其焰。是封禅之典，惟以肆情示夸也。证之以六经之明文，质之以帝王之实迹，则后世之惑滋甚。且云云一山也，或以为在东山，或以为在蒙阴；亭亭一名也，或以为在平阴，或以为在钜平；社首一地也，或以为在钜平，或以为在博县；则服虔、晋灼、应劭之论不同。既曰伏羲、神农禅云云，又曰三皇禅绎绎；既曰帝喾、尧、舜禅云云，又曰五帝禅亭亭；既曰禹禅会稽、汤禅云云，又曰三王禅梁甫；则管仲、孔颖达之说为不一，纷纷异议，迄无订证。唐、虞三代果有是乎？七十二君果足信乎？设有是事，六经遗文岂应不载？吁！安得仲淹、泰伯、子由与之议封禅之非哉！

封禅论

〔明〕丘濬

封禅之说，《诗》《书》《礼》《典》，略不经见。审有是事，乃天下国家之盛举。尧、舜、禹、汤、文、武、成、康，皆身致太平，安得阙而弗讲？所谓七十二君者，果何代何人哉？先儒有言：养生至于长生不死，为国至于祈天永命，皆有是理。然人未有能为之者，纵为之，然亦不出乎身心日用之间，非必由乎服食药物、徼求鬼神而后致之也。是故明君永年，莫若寡欲，延国祚莫若爱民。寡欲而至于全其天，爱民而至于过其历。诚有是理，亦诚有是事。呜呼！世主所以甘心于不赀之费，而行封禅之礼者，以有秘祝之求也。诚知此礼，反之于心，知其必无验之于古，知其无效，则自不为矣。

汉官马第伯封禅仪记

〔东汉〕应劭

车驾正月二十八日发雒阳宫，二月九日到鲁，遣守谒者郭坚伯将徒五百人治泰山道。十日，鲁遣宗室诸刘及孔氏、瑕丘丁氏上寿受赐，皆诣孔氏宅，赐酒肉。十一日发，十二日宿奉高。是日遣虎贲郎将先上山，三案行。还，益治道徒千人。十五日，始斋。国家居太守府舍，诸王居府中，诸侯在县庭中斋。诸卿、校尉、将军、大夫、黄门郎、百官及宋公、卫公、褒成侯、东方诸侯、雒中小侯斋城外汶水上。太尉、太常斋山虞。马第伯自云，某等七十人先之山虞，观登山坛及故明堂宫郎官等郊肆处[①]。入其幕府，观治石。石二枚，状博平，圆九尺，此坛上石也。其一石，武帝时石也。时用五车不能上也，因置山下为屋，号五车石。四维距石长丈二，广二尺，厚尺半所，四枚。检石长三尺，广六寸，状如封箧。长检十枚。一纪号石，高丈二尺，广三尺，厚尺二寸，名曰立石。一枚，刻文字，纪功德。是朝上山骑行，往往道峻峭，不骑，步牵马，乍步乍骑，且相半，至中观留马。去平地二十里，南向极望无不睹。仰望天关，如从谷底仰观抗峰。其为高也，如视浮云。其峻也，石壁窅窱，如无道径。遥望其人，端如行朽兀，或为白石或雪，久之白者移过树，乃知是人也。殊不可上，四布僵卧石上，有顷复苏。亦赖赍酒脯，处处有泉水，目辄为之明。复勉强相将行，到天关，自以已至也，问道中人，言尚十余里。其道旁山胁，大

① “登”，《后汉书·祭祀》作“祭”。

者广八九尺，狭者五六尺。仰视岩石松树，郁郁苍苍，若在云中。俯视溪谷，碌碌不可见丈尺。遂至天门之下。仰视天门，窔辽如从穴中视天。直上七里，赖其羊肠逶迤，名曰环道，往往有絙索，可得而登也。两从者扶掖，前人相牵，后人见前人履底，前人见后人顶，如画重累人矣。所谓磨胸舁石，扪天之难也。

初上此道，行十余步一休，稍疲，咽唇焦，五六步一休。蹀蹀据顿，地不嫌湿暗，前有燥地，目视而两脚不随。早食上，晡后到天门。郭使者得铜物。铜物形状如钟，又方柄有孔，莫能识，疑封禅具也。得之者汝南召陵人，姓杨名通[①]。东上一里余，得木甲。木甲者，武帝时神也。东北百余步，得封所，始皇立石及阙在南方，汉武在其北。二十余步得北垂圆台，高九尺，方圆三丈所，有两陛。人不得从上从东陛上。台上有坛，方一丈二尺所，上有方石，四维有距石，四面有阙。向坛再拜谒，人多置钱物坛上，亦不扫除。国家上见之，则诏书所谓酢梨酸枣狼籍，散钱处数百，币帛具，道是武帝封禅至泰山下，未及上，百官为先上跪拜，置梨枣钱于道以求福，即此也。东山名曰日观，日观者，鸡一鸣时，见日始欲出，长三丈所。秦观者，望见长安。吴观者，望见会稽。周观者，望见齐西。北有石室。坛以南有玉盘，中有玉龟。山南胁神泉，饮之极清美利人。日入下去，行数环。日暮时颇雨，不见其道，一人居其前，先知蹈有人，乃举足随之。比至天门下，夜人定矣。

车驾十九日之山虞，国家居亭，百官布野。此日山上云气成宫阙，百官并见之。二十一日夕牲时，白气广一丈，东南极望致浓厚。时天清和无云。《瑞命篇》：岱岳之瑞，以日为应也。二十二日晨，燎祭天于泰山下，晨祭也。日高三丈所，燔燎，烟正上也[②]。百官各以次上。郡储辇三百，为

① “杨”，《后汉书·祭祀》作“阳”。
② “上”，《后汉书·祭祀》作“北”。

贵臣、诸公、王、侯，卿、大夫、百官皆步上，少用辇。国家御首辇，人挽升山。至中观休，须臾复上。

日中后到山上更衣。须臾，群臣毕就位。早晡时即位于坛。国家台上北面，虎贲陛戟台下。尚书令奉玉牒检，皇帝以寸二分玺亲封之，讫。驺骑二千余人，发坛上方石。尚书令藏玉牒已，复石覆讫，尚书令以五寸印封石检。以金为绳，以石三检，东方西方各三检。检中石泥及坛上[①]，色赤白黑，各依如其方色。

礼毕群臣称万岁。称万岁，音动山谷。有气属天，遥望不见山巅，山巅人在气中，不知也。

封毕有顷，诏百官以次下，国家随后。数百人维持行，相逢推，百官连延二十余里。道多迫小，深溪高岸数百丈。步从匍匐邪上，起近炬火，止亦络绎。步从触击大石，石声正欢，但欢石见相应和者。肠不能已，口不能默。夜半后到，百官明日乃讫。其中老者气劣不能行，卧岩石下。明日早，太医令复遵问起居。国家云："昨上下山，欲行迫前，欲休则后人所蹈，道峻危险，恐不能度。国家不劳，百官以下露卧水饮，无一人蹉跌，无一人疾病，岂非天耶！"泰山率多暴雨，如今上直下柴望封登，清宴温和。明日上寿，赐百官省事。事毕发，暮宿奉高三十里。明日发，至梁父九十里夕牲。二十五日，禅，祭地于梁阴。功效如彼，天应如此，群臣上寿，国家不听。

右记，录自《后汉书》注，本非完篇，今分段处，悉仍其旧。其文义与《后汉书》正文相属者，录正文而阑以别之。

容斋随笔

〔宋〕洪迈

应劭《汉官仪》载，建武封禅事，每称天子为国家，其叙山势峭险，登

---

① "上"，《后汉书·祭祀》作"土"。

陟劳困之状，极工，予喜诵之。其略云：是朝上山骑行，往往道峻峭，下骑，步牵马，乍步乍骑，且相半。至中观，留马。仰望天关，如从谷底仰观抗峰。其为高也，如视浮云。其峻也，石壁窅窱，如无道径。遥望其人，端如行杇兀，或为白石，或如雪。久之，白者移过树，乃知是人也。殊不可上，四布僵卧石上。亦赖赍酒脯，处处有泉水。复勉强相将行到天关，自谓已至也，问道中人，言尚十余里。其道旁山胁，仰视岩石松树，郁郁苍苍，若在云中。俯视溪谷，碌碌不可见丈尺。直上七里，赖其羊肠逶迤，名曰环道。往往絙索，可得而登也。两从者扶掖，前人相牵，后人见前人履底，前人见后人顶，如画重累人。初上此道，行十余步一休。稍疲，咽唇焦，五六步一休。牒牒遽顿，地不避燥湿，前有燥地，目视而脚不随。又云：封毕，诏百官，以次下，国家随后。明日，太医令问起居。国家云：昨上下山，欲行，迫前人，欲休，则后人所蹈，道峻危险，国家不劳。又云：东山名曰日观，鸡一鸣时，见日欲出三丈所。秦观者，望见长安。吴观者，望见会稽。周观者，望见嵩山。凡记文之工悉如此，而未尝见称于昔贤，秦、吴、周三观，亦无曾用之者。今应劭书脱略，惟刘昭补注，《东汉志》仅有之，亦非全篇也。

东巡盛典恭纪

〔国朝〕刘其旋

岱宗，古巡狩域，虞、夏、周之盛，未尝不至于岱宗。秦以还，封禅事起。从事者六君，侈心一辙，旷典莫举。洪惟我圣祖仁皇帝，康熙二十三年，采用科臣之议，省方至岱宗，祀先师于阙里。稽古攸行，度越前代，用使盛王巡守遗法，煌煌奕奕，昭垂到今。我皇上御极，十有二年，遐览遗文，穆怀盛事。若曰：皇皇我祖，实惟弗敢暇逸，以绥靖我海宇，予其可怠。爰诏群僚，定典礼，大戒东国，将有事于时巡。逾年春二月戊午，皇帝恭奉圣母皇太后銮舆发京师，浃旬至于境，东省大吏各以职待境上，有诏随营进奏。其微臣与有供役之劳，各赐爵一级。遂观风而南，丁丑抵曲阜，释奠于先师。礼成，推恩宴四氏子孙，广学额。是时，百姓正供已蠲，又灾赈新起，抚恤纷纭繁费。朝廷恩纶，最优渥矣。皇帝曰：犹未可，以苏吾民。其令截漕赈贷，并饬所过地方，毋出明年租税。庚辰，发曲阜。后三日壬午，至于岱宗。翼日，将事于岱庙，寻登山。山路新平治不险，其险处设浮梁，易登陟。皇帝骑而上，诸王侍臣，或骑，或肩舆从。过玉皇庙、朝阳洞，小憩，至极顶驻跸行宫。明日，侍皇太后祀山上。又明日，偕下。凡岱庙以上庙之属十有六，亭之属三，行宫之属三，遍题额。又朝阳洞至巅，胜地四，并洒宸翰，命磨崖以纪。是日，射虎于山南之麓，肆宴群臣，各赏赉有差。时小旱，丙戌，遣官致祭于白龙池。旋跸幸济南。既至，大蒐，登城北门，观明湖之胜，宴群臣于行宫。壬辰，遂发守土之臣，相率赴德州恭送，诏遣归。是月己亥，驾还京师。是役也，经德、恩、平、高，茌、阿、东、汶，滋、曲、宁、泰，历长、齐、禹三州十三县之境。行宫四，大营二十，尖营三十三，往返四十有二日。所经山川、城池、庙宇、名胜、桥梁、道路，以递宿顿供张，驿站、夫役、饮宴、祭享之所宜，纤悉备举，而闾阎不知。于以丕显诒谋，光昭古先王成烈，猗与盛哉。于是巡抚臣衮、监运使臣渭、督粮道臣克、济东道臣诺、知济南府臣德、郎中臣贵，先道率属。凡厥臣工奉教令唯谨。而知泰安府臣槎，知泰安县臣任，备员岱麓，黾勉修平，实克与观乎典礼。用敢勒诸永久，与岱亡极。

跋泰山秦篆谱

〔宋〕朱熹

乾道丁亥，予访张敬夫于长沙。一日，相与谒刘子驹丈，阅其先世所藏法书名刻，及近世诸公往来书帖，竟日不能遍。因出《泰山秦篆谱》曰：此虽墨本，然旧藏，仅存此纸。顷岁有欲取以入石者，顾手泽所在，不忍坏，遂已。独《学易》《养性》二篇，乃重刻本，因取以见遗，予受藏之。

后累年乃得篆谱新本于汪季路，不知其何从得本以刻也。因后二书通为一卷，追省前事，如宿昔也。刘丈多闻强记，清贫苦节，少仕州县。遇熙丰故家子孙，辄引避，饘粥不继，或龛卧终日，而处之泰然。相见时已老，尚能谈说往事，衮衮不休，气貌淳古自然，有前辈风度，今不复有斯人矣。去岁守潭，俯仰昔游，几阅一世。刘丈与敬夫逝去皆已久，而刘氏子侄无欲无咎，独能闭门忍穷，谨守家法，又足令人感慨太息云。明年，庆元改号，岁在乙卯，五月丁未，病中读《养性》语，因记其后。

遣高允祭岱岳文

〔北魏〕献文帝

维皇兴二年，敢昭告于岱宗之灵，正趾神元，作镇东夏，齐二仪以永固，崇至德以配天。故能资元气以造物，协阴阳而变化。若其岩岭峭峙，川谷幽深，怪神谲诡，倏忽百灵，吐纳风云，育成万品，摄生之所归焉，祯祥之所萃焉。是以历代帝王之崇封禅，铭功以告其成。七十二君，咸在兹焉。自非功侔造化，应同自然，孰能若此者哉！自我国家肃恭禋祀，怀柔百神，邦域之内，罔不咸秩。往以王路未平，虽望祭有在，今大化既同，奄有淮岱。谨荐于岳宗之灵。尚飨。

遣使祭岱岳文

孝文帝

维太和十九年，敢昭告于泰山东岳之灵：造化氛氲，是生二仪。玄黄既辟，山川以离。四流含灵，五岳苞祇。并兼万象，出纳望羲。岱宗穹崇，梁甫盘窟。青丘崎巇，春址郁律，肇生庶类，启光品物，上敷神工，下融灵秩，载协化文，四气以溢。百王镌成，莫不兹室。

岱览卷第六

总览三（卷六之卷七）

岱庙图

岱庙上

峻极殿　淑明宫　披衷柏　扶桑石　香井　古石幢　仁安门　配天门

三灵侯殿　炳灵宫　三茅殿　延禧殿　唐槐　环咏亭　藏经堂

雨花道院　鲁般殿　遥参亭　修建始末　奉祠职掌　总论

宋金两朝金石刻

岱庙下

元以来石刻　神辞　诗　策　论　记　祭告文

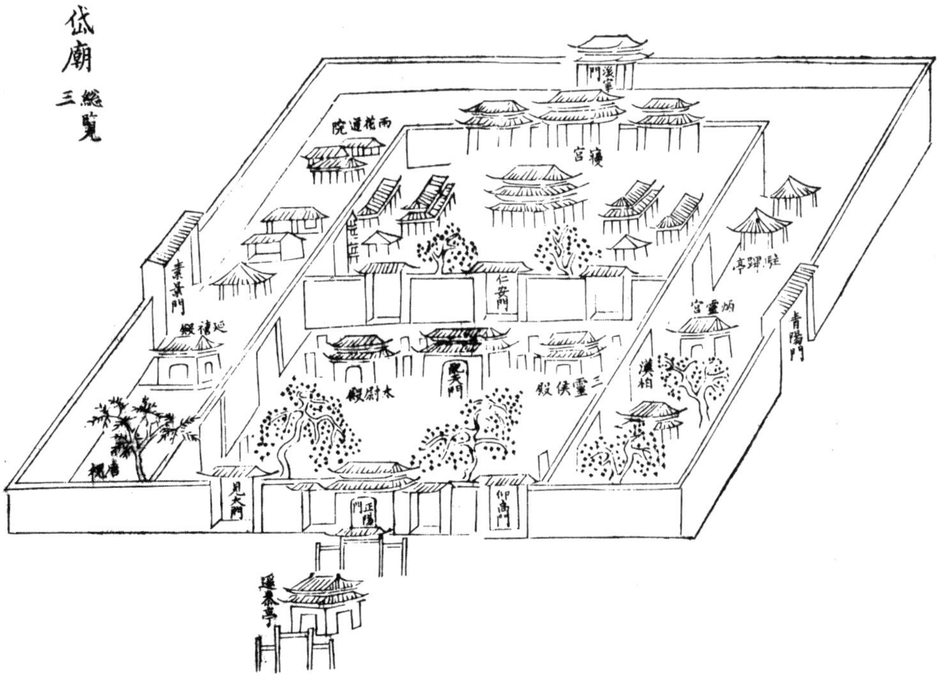

岱庙上

岱庙，在郡城内西北，缭以雉堞，周三里，高三堵。凡八门，南五，东西北各一，如宫禁之制。中曰正阳，左右两掖。又左为仰高，又右为见大。东华门曰青阳，西华门曰素景，后宰门曰鲁瞻。门阿及城之巽、艮、坤、乾四隅，皆有楼。伍缉之《从征记》云：泰山有上中下庙，此盖下庙也。又云：门阁三重，楼榭四所，三层坛一所，高丈余，广八尺，墙阙严整。今特崇丽矣。

巍然中宅者，曰峻极殿。明《泰山志》曰仁安殿。《泰山图志》云，即宋之天贶殿。殿九楹，广十二筵，修裲三之一，四阿重笼，觚棱浮思，亦五门。丹柱绘垣，栾栌叠耸，上覆黄瓦，中祠泰山之神，像设如帝者。《庄子》云：肩吾得之，以处泰山。《龙鱼河图》云：泰山神姓圆，名常龙。泰山君，元丘目睡[①]。泰山将军，唐巨。《五岳真形图》云：姓岁，名崇。陶贞白《真灵位业图》云：五岳君，五百年而一替。泰山君秦颛，字景倩。《道经》云：五岳之神，分掌世界人物，各有攸属。岱，太山，乃天帝之孙，群灵之府，主世界人民官职、生死、贵贱等事。皆缪悠无稽，荐绅者不道。

《戴记》云：五岳视三公，礼也。《册府元龟》云：唐开元十三年，诏封泰山神为天齐王，礼秩加三公一等，令所管崇饬祠庙。《宋史》：大中祥符元年，加号为仁圣天齐王。四年五月乙未，加上东岳为天齐仁圣帝。《元史》：至元二十八年，加封天齐大生仁圣帝。明太祖洪武三年，制曰：磅礴东海之西，中国之东，参穹灵秀，生同天地，形势巍然。古帝王登之[②]，观沧海，察地利，以安民生。祀曰[③]：泰山于敬则致，于礼则宜。自唐始加神之封号，历代相因至今。曩者，元君失驭，海内鼎沸，生民涂炭。余起

---

① “睡”，《重修纬书集成》卷六《龙鱼河图》作“陆”。

② “古”字后，原碑有“昔”字。

③ “祀”，原碑作“祝”。

布衣[1]，承上天后土之命，百神阴佑，削平暴乱，正位称职，当奉天地，享鬼神，以依时统一人民，法当式古。今寰宇既清，特修祀仪，因神有历代封号[2]，余起寒微[3]，详之再三，畏不敢效。盖神与穹壤同始[4]，灵镇东方[5]，必受命于上天后土[6]。为人君者，何敢预焉。惧不敢加号，特以东岳泰山名其神[7]，依时祭神[8]。

国朝因之，冕旒章服如故。昔郁离子观于岳祠，叹形其神而配以妃，为非古。然《洞渊集》云：太昊为青帝，治东岳，主万物发生。盖即《周官》五行之帝之一。《易》曰：王用享于帝。王辅嗣注云：帝者，生物之主，兴益之宗，出震而齐巽者也。吴云所谓：帝出乎震，人生于寅。协诸于义，宜从气类。自古帝王巡守方岳，躬祠对越，肸蠁是昭，虽不必崇以封号，絜以公尸，燕宁式示具瞻。自非神而人之，垂邃延而被龙卷。祭神如在，其将曷所凭依？考《隋书》，开皇十四年，将祠泰山，令使者致石像神祠之所。《宋史》：太祖建隆四年，诏制岳神衣冠剑履。真宗命翰林礼官，详定冕服制度，崇饰神像之礼，玉册衮冕备极崇奉。《金史·舆服志》：东岳旗，青质，赤火焰脚，绘神人，冠七梁冠，黄襕，青袍，绿裳，白中单素蔽膝，执圭。

我朝康熙二十三年，赐额曰：配天作镇。雍正九年，赐额曰：岱封锡福。乾隆十三年，赐额曰：大德曰生。又榜其楹曰：青社开封峙者宗山称岳长，苍精降德圣惟产物与天齐。乾隆三十六年，钦赐苍玉圭，长三尺五寸，杼上八之一，博八寸，厚二寸，有圻鄂瑑山。文曰：乾隆年制。其瑑

---

① “余”，原碑作“予”。
② “代”字后，原碑有“之”字。
③ “余”，原碑作“予”。
④ “壤”，原碑无此字。
⑤ “东”，原碑作“一”。
⑥ 该句前原碑有“其来不知岁月几何，神之所以灵，人莫能。则其职”句；原碑无“必”字。
⑦ 该句，原碑作“特以东岳之神名其名”。
⑧ 该句后，原碑有“惟神鉴之”四字。

协镇圭，其度如搢珽而强，其色则《周官》所谓以青圭礼东方也。其玉半寒半暖，名温凉玉。又尝锡以锦袍、黄袍、龙袍、鞓带、七珍、八宝、海趟炉，满达尊、卣、瓶、鼎、壶、碗、香盒、烛台、磁轮、珠幡、竹如意之属，及汉时金镜以为供，道纪司谨藏之。

殿北为寝宫，广如殿九之五，祀东岳淑明后。宋大中祥符四年十一月戊戌，加上东岳帝后曰：淑明。遣使祭告。考《风俗通》云：太守祀讫，取泰山君夫人座前脯二十朐[1]，拜章，传送洛阳。是东汉时已兼祀夫人矣。宋加帝号，故称后。若《广异记》谢元卿，见金光草于东岳夫人所者，妄也。乾隆十三年，赐额曰：权舆造化。榜其楹曰：震出泰亨，万物广生推圣德；云蒸雨降，八方甘泽遍崇朝。

峻极殿前左右亭，御制诗碑。陀下，露台再成，令辟祴。当督一柏，披衷北向，曰孤衷柏。一石曰：扶桑石。硱磳曲第，如巘如岫。台前石栏内外，供石玲珑凡九。明王世懋云：视其题刻，皆宋元间浮海来献者。台左右桧柏数十，《从征记》云：庙中柏树夹两阶，大二十余围，盖汉武所植也。赤眉尝斫一树，见血而止，斧创犹存。《初学记》亦云：山南有庙，汉武种柏千株。此殆其孙枝与，右有寄生柏，缀柯垂根如巢，康熙丁未修庙时植。《记》又云：树前有大井，极香冷，异于凡水，不知何代所掘，不常浚渫而水旱不减。今台东西各一井，西尤甘洌。明李钦尝为之《记》。又有宋时铁桶二，容可数十石。

两廊周回，图冥司因果，状而栏之。鼓楼、钟楼值其中，东西相望。钟楼后旧有神器库。《从征记》云：库中有汉时故乐器及神车木禺，皆靡密巧丽。又有石勒建武十三年，永贵侯张余上金马一匹，高二尺余，形制并精。今并亡。

两廊前碑亭二：东御制重修庙碑，西明洪武去封号制碑。碑台四：宋

---

① “二”，《风俗通义·山泽》作“三”。

天贶、金修庙及祭告各碑分列焉。西南台上，石幢，制甚古，八棱，礨剥无字。盖再重，亦刓蚀。仅存跗若础而累者三，承幢者大如车轮，而穹其下。傅地者穹其上，大倍之。其间如皋陶，皆离娄鞸鞢，文斑驳可玩。童童然，高将二丈，跗得弱半焉。

南为仁安门，门外祭告等碑，左右笏立。又南为配天门，门东为三灵侯殿。三灵侯者，周谏官唐宸、葛雍、周武也。宋真宗登封，见于南天门，因加封。西为太尉殿，祀豳公杜琮，见朱佐前《定录补》。

灵侯殿东为炳灵宫。《文献通考》云：炳灵公庙在泰山下。后唐长兴三年，诏以泰山三郎为威雄将军。宋祥符元年十月，封禅毕，亲幸加封，令兖州增葺祠宇。王钦若自言尝梦睹神，又于庙北堧建亭，名曰：灵感。肖像一男一女，亭圮，像移后寝宫。今建祀祠于此。考《集异记》，贞元初，李纳病笃，遣押衙王祐祷岱，遥见山下四五人，衣碧污衫半臂，路人止，祐下车，言此三郎子、七郎子也。《补搜神记》引《唐会要》：泰山有五子，其三曰至圣炳灵王，配永泰夫人。此与干宝《搜神记》胡毋班，为泰山府君，致书于女婿河伯。《列异传》记蔡支事，以天帝为泰山神之外孙。《魏书》段承根，父晖，师事欧阳汤，同学童子自云泰山府君子，奉敕游学，乘木马腾空。皆不经之甚者。

宫前汉柏六。《太平御览》引《太山记》云：太山庙在山南，悉种柏树千株，大者十五、十六围。长长老传曰[①]：汉武种。阶右一株，节目连卷，根侧葡萄窜入柏腹，藤出其上大如碗，与树轮相纠。西北一株为连理，双杆披郁，御制图诗勒于亭。其南故柏林地也。《齐乘》云：泰山庙有柏千株。金党承旨怀英云：孙石两先生讲学旧馆为庙所并，犹名柏林地。岁分施钱，为养士之费即此。

宫北旧为迎宾堂，有司候王人之所。康熙间增建三茅殿。乾隆庚寅改

① “长长”，《太平御览》卷三十九作“父”。

驻跸亭，移祀三茅于延禧殿。《集仙传》：东岳上卿汉茅盈及弟固、衷，故祀之。考《史记》注《太原真人茅盈内纪》曰：始皇三十一年九月庚子，盈曾祖父蒙，乃于华山之中乘龙驾云，白日升天。先是其邑谣歌曰：神仙得者茅初成，驾龙上升入太清。时下玄洲戏赤城，继世而往在我盈。帝若学之腊嘉平。始皇闻谣歌而问其故，父老具对，此仙人之谣歌，劝帝求长生之术。据此则盈似秦时人，然其曾祖当始皇三十一年始飞升，盈不当同时。要之，神仙荒怪之说，亦难定其时代也。《野客丛书》沿梁孙文韬碑，以为汉人，讥其以庙讳为名，则近于固矣。《真灵位业图》云：司命东岳上真卿太元真人茅君。大茅君讳盈，字叔申。《宋史》：真宗登封，九天司命上卿加号保生天尊。六年，改号东岳司命上卿祐圣真君。其祀非经有，其举之不敢废也。《泰山图志》云：琳宇嵯峨，高出林表，老松古桧，郁然苍然。其中万碑圭植，九石星罗，抠衣拾级，如入清禁。工臣于青阳门内，恭建行殿，爰辟西扉，以通岱庙焉。

延禧殿在太尉殿西，祀延禧真人。《文献通考》：开元时，天台道士司马承祯言：今五岳神祠，是山林之神也，非正真之神也。五岳皆有洞府，有上清真人降任其职。山川风雨，阴阳气序，是所理焉。冠冕服章，佐从神仙，皆有名数，请别立斋祠之所。上奇其说，因敕五岳各立真君祠一所。殿前中阶，老槐空腹皵裂，乔枝炕叶，荫广数弓。明甘一骥勒题：唐槐。

殿北，旧有御香亭、诚明堂，久废。迤西为环咏亭，周垣嵌历代诗刻，有韩、范、欧、梅手迹，万历间桑东阳重建，国朝乾隆丁卯拓新之，御制诗三首勒亭壁。北为藏经堂。又北为雨花道院，以馆宾。堂东为鲁般殿，乾隆庚寅工竣，立碑于此。

配天门外，铜狻猊二，蹲踞阶涂。宋祥符、宣和二丰碑对峙。翠柏茷骫，上出埤堄间。庙城宏敞，每当祈赛云集，布幕连肆，百剧杂陈，僩嚣喧豗，肩摩趾错者数月。旧传三月廿八日为岳神诞辰，是日尤盛。《宋史》：真宗诏兖州长吏，以天书降泰山日，诣天贶殿，建道场设醮，以其日为天贶节。案：天书降泰山之醴泉为六月甲午，今以三月，盖不用宋天贶节也。

正阳门，绛阁金题，内勒：宸翰副墨。南有石绰楔，施天裔建。绰楔南为遥参亭，原名：草参，疑不敬，易之。凡有事岳庙，必先拜于亭。自明像元君亭中，始不可通辇路矣。乾隆四十五年，御题额曰：资生普润。亭南亦有绰楔，额亭名。其前，则宋真宗警跸地也。

考庙祀所从来远。《风俗通》云：岱宗庙，在博县西北三十里，山虞长守之。《太平御览》引《太山记》云：庙及东西房三十余间，并高楼三处。春秋飨祀泰山君，常在此坛。旧岱岳观有至元碑，谓岳庙在岳南麓，岱岳、升元二观前，当为汉址。则天改今地，或云宋改。盖建徙亦靡不可考矣。增置宰祝，修葺颓毁，魏晋已然。而构饰嶕峣，则断自开元始。《宋史》：艺祖建隆九年，命修岳祠。祥符以封禅，创天贶殿。明《泰山志》云：天贶殿在岳顶，宋真宗得天书建。学士杨亿撰碑铭，殿今废，碑存岳祠。蒙绎碑文云：爰就灵区，茂建清宇。又云：镇阿阁神房之麓。又云：周爰溥览，以届于兹。似非造于山巅者。《玉海》云：哲宗元符三年修东岳庙，命曾肇为碑。为殿三，曰嘉宁、蕃祉、储祐。迨徽宗宣和而极盛，后灾于金之大定戊戌，再灾于明之嘉靖丁未，其时皆复修建。明世修庙经费，恒取给香贮，惟弘治发帑八千余金。见孝宗御制碑文耳。

我朝康熙六年、十七年皆修治之。至雍正七年己酉，命内务府郎中丁皂保、赫达赛，赍帑督修并及盘道等工，越九年辛亥乃竣。乾隆三十五年庚寅，颁帑十有九万四千有奇，工部侍郎刘浩董其事，役不烦民而制臻大壮，俨然仙阙帝廷哉。

历代岳祠之祀，皆以太守、牧宰主之。汉太山太守应劭云：余承乏东岳，忝素六载，数聘祈祠。而《开元礼》云：祭前一日，岳令清埽内外。又云：祭日，岳令帅其属入诣坛东陛，升设岳神座于坛上。是奉祠有专官也。

《文献通考》云：宋开宝五年，诏以本县令兼庙令，尉兼庙丞，专掌祀事，常加案视，务于蠲洁，仍籍其庙宇祭器之数，受代交以相付。本州长吏，每月一诣庙察举，今庙中器物，悉付庙祝收掌。守、令自春秋侍祠外，综核其数，犹前制也。

蒙寓藏经堂东轇小治者，近一载，瞻仰宎桷，敬展彝器，摩挲柏石碑版，详著于篇。

论曰：《春秋传》云：周公祭太山，召公为尸。《白虎通义》云：是三公之类也。又云：《凫鹥》诗五章，每章有公尸。郑康成以初章为宗庙，其二为四方百物，其三为天地，其四为社稷山川，其五为七祀。《史记集解》云，如淳曰：但祭不立尸为乾封。后世易公尸而像设，即不得不易坛壝而庙宇矣。我皇上御制复古说，明公尸之非礼。谓《白虎通》竟云周公祭泰山用召公，《石渠论》谓周公祭天用太公，此诚呓语，不已亵渎神明而诬周公之大礼乎！又御制像设说云：像设之义，予以为贤于公尸。何言之？盖像者，金木土皆可为之。金木土则无知者也。公尸以人为之，人则有知者也。以有知肖无知，彼亦一知也，此亦一知也，如水之与火，其能合一乎？以无知肖有知，则其所祭有知之灵，或附于无知之像设，而享其祭，尚可谓之求于恍惚思慕、僾闻忾见已耳。然总不如神版书位之为得正。大哉圣人议礼之精，可以质诸鬼神而无疑矣。

宋天贶殿碑

文曰：大宋天贶殿碑铭（并序）。

翰林学士、中大夫、行尚书兵部员外郎、知制诰、同修国史、制史馆事、柱国、南阳郡开国侯、食邑二千一百户、赐紫金鱼袋臣杨亿奉敕撰，翰林待诏、朝散大夫、国子博士、同正骑都尉臣尹熙古奉敕书并篆额。

臣闻：玄天之覆物也，阴骘而无私；上帝之临下也，高明而有赫。秉阳而健[①]，垂象于日星；得一以清，成章于云汉。东壁列位，主图书之秘文；魄宝沦精，握河洛之命纪。

三五之世[②]，德化醇茂，故伏羲受龙图以作八卦，轩辕得龟篆以朝万灵，放勋获玉泥金绳之文[③]，帝舜膺赤文绿错之瑞。夏商以降，绩用昭明，故大禹梦苍水之符，帝乙拜玄玉之字，西伯之赤雀止户，武王之白鱼入舟。皆盛烈通于神祇，茂勋格于穹厚。由是奇物谲诡以效质，珍图彪炳以告休[④]。宜纯禧而奋景炎，形宝训而示灵眷。斯岂非运契于中和之极，兆发乎至治之期者哉[⑤]！

崇文广武仪天尊道宝应章感圣明仁孝皇帝陛下之御天下，十有二载也。纂二圣之丕基，竖八纮之鸿绪。中道底定，庶邦协和，玉烛阳明，珠缠轨道，颂声载路，协气横流。皇上方瑞居穆清之中[⑥]，独运陶甄之表。执粹精而思道，宅清明而在躬。极深研几，渊默雷震。金玉其度[⑦]，追琢而惟精。云日之表，就望而无极。当其夏景长至，阴魄下弦，斗城靓深，虎闱窅寱。方将凝神于蠖濩[⑧]，宁体于清闲，静虑合于希夷，嘉应通于肸蚃。甫及乙夜，

① 该句前，原碑有“倬昭回而成体，其听孔卑；杳寂寞以希声，厥应如响。故周《书》纪其辅德，羲《易》载其益谦。百禄咸宜，于以隆其永命；庶征时若，于以降乎嘉生。斯皆我民而聪明，表其道之贞观者也。至仍”之文。

② 该句前，原碑有“盖乾之蕴至显矣，天之文有烂矣。眇觌太古，铺观往牒”四句。

③ “金”，原碑作“青”。

④ “彪炳”，原碑作“炳焕”。

⑤ “斯岂非运契于中和之极，兆发乎至治之期者哉！”二句，原碑作：“斯固殊尤绝迹，旷千载而罕逢；卓异倜傥，为百祥之称首。不然者，又何以运契于中和之极，兆发乎至治之期？杂霸已还，寂寥而无纪；合符之盛，启迪而必先者哉。”

⑥ 该句前，原碑有“百工维时，五兵不试。仁风衍于无外，洪化驰而若神。品物茂遂而而由仪，群黎富庶击知教。徽缠之刑几措，弦诵之声相闻。人自谓于羲皇，家悉为于邹鲁。行苇勿践，忠厚之性成；天网弥疏，宽大之德著。淳源载复，治具毕张”诸句。

⑦ 该句前，原碑有“扬蕤绚景，辉光日新。固已浚哲之懿升闻，惨怛之爱敦洽”四句。

⑧ 该句前，原碑有“建章万户，管口之有严；卫尉千屯，谁何而载肃？银汉左界，玉绳西倾，挈壶之漏屡移，膝席之对云罢”八句。

閬乎严扃。灿发灵光①，皎若白昼。乃有真灵，降乎霄极。胪语示乎休徵，将求衣而趋迎②，忽乘飚而灭迹。天子于是申以斋戒，致其精明。爰及献岁发春之初，祇发大中祥符之锡。九宾宿设，亲拜于广庭；八神前驱，奉引于黄道。乃复肆眚于绵宇③，易号于初元，惠赉浃于九畿④，爵秩加乎群后，均合饮之泽以尚齿，推给复之典以贵农。皇明诞敷，纯嘏均被。繇是效东人之勤请⑤，考乾封之旧章，将以陟介丘，禅社首，奉符而行事，刻号以告成。扬二圣之休光，为天下之壮观。列城除道，有司讲仪，龟策告犹，云气呈瑞。而灵心昭答⑥，玄应沓臻。以为庶人靡常，犹毕星之好雨，群小多辟，或夏虫之疑冰，虽况施之殊伦，舆情之□□。犹复先甲而申告，以儆予清衷，方将应期而绍至，以彰乎绝瑞。

惟元年仲夏，既望之后夕，上复梦神人，谕以谆谆之意，期以来月，锡符于泰山。于是浚发德音，申儆执事，有依类托□之异⑦，疾置飞驰以闻。惟兹岩岩之峰⑧，荐发穰穰之瑞。祥光夜烛，成十辉之姿；卿霭朝济，结九苞之状。粤有梓匠⑨，晨诣灵液亭，给斤斸之役，草露□渥，人迹罕至，忽得黄素于灌莽之上。其文有“皇帝崇孝育民，寿历遐岁”之言。词章震骇，魂思飞越⑩，亟白引进使曹利用⑪、宣政使李神福，即共捧持，以诣封禅经度制置使臣钦若、臣安仁，缄縢载严，骑置来献。皇上周旋钦翼，夙夜斋明，

① “灿”，原碑作“焕”。
② “迎”，原碑作“对”。
③ 该句前，原碑有“置之恭馆，藏于东序”二句。
④ “九畿”，原碑作“五管”。
⑤ “效”，原碑作“徇”。
⑥ 该句前，原碑有“宜象物之咸若，奚我后以来苏。三神眷怀，万邦和会”四句。
⑦ “□”，碑文作“寓”。
⑧ 该句前，原碑有“粤勒钟纪铭，铸浑叶度，肇自初吉，以及生明”四句。
⑨ 该句前，原碑有“是月之六日也”句。
⑩ “思”，原碑作“守”。
⑪ “白”，原碑作“以”字。

醰粹内充，典章兼举。命廊庙之元宰，暨左右之信臣，分授使前，奉导灵贶，驿传云至①，诏跸出迎，羽卫星陈，官师景从。弁冕端委，亲拜授于苑中；玄图秘文，复遍示于群下。

先是阴云待族，大雨濯枝，需泥治道之是艰，沾服废礼之为惧。是日也，悬宇澄霁，佳气郁葱。五弦之风载薰②，九光之霞成绮。神人胥悦，戬谷来同。矧乃绵蕞之仪素已草具，翠葆之驾乃先启行。既备物以吉蠲，俾有司而翊卫。载以威辂，入于应门。星旄先驱，金奏并作。天子方复弭鸾旂而税龙驭，抚毡案而坐帷宫。穆穆皇皇，以俟夫元符之至也。既而步自阊阖，率先群司，纳之殊庭，是为秘宝。复念辉景下烛③，秦既作畤；珍瑞云获，汉亦起宫。其后因轨迹而增崇，建名称而不朽者，非可以悉数也。

乃诏鲁郡，申饬攸司，爰就灵区，茂建清宇。法大壮而取象④，曾不日以克成。直寒门□□之庭，镇阿阁神房之麓。云封崛起，迥对于轩櫩；泉流洌清，载环于阶瑊。祇若天贶，表以徽名。慎择灵辰⑤，揭之题榜。及亲封泥检⑥，载扬烟燎。降自阴道，禅于方丘。会朝明堂，肆觐东后。灵泽及于四海，神化驰于六幽。天子方抚节盘桓⑦，凭轼游豫，周爰溥览，以届于兹。瞻堂构以改容，临清流而发叹。旋轸饮至⑧，天成地平。因时计功，金相玉振。且以为古之哲后，褒纪瑞命。方牍所述，踵武可征。至若甘露黄龙，标于年历，《芝房》《朱雁》，播于乐章。或作绘以彰施，或缉经以论

---

① “驿”，原碑作“驲”。

② 该句前，原碑有“杲杲之驭上跻，光华在旦；丛丛之姿迭媚，纷郁垂文”四句。

③ “复念”，原碑无此二字，并在该句前有“且复讨论前载，追求遗范”二句。

④ 该句前，原碑有“授规于哲匠，董役以廷臣，朴斫前施，塈涂咸备”四句。

⑤ 该句前，原碑有“既而”二字。

⑥ 该句前，原碑有“乃有玄鹤集于雕甍，清唳引之，坠羽而去。斯又九皋之仙质，千岁之纯精，挺胎化之姿，告寿昌之兆者也”诸句。

⑦ “方”，原碑作“乃”。

⑧ 该句前，原碑有“金炉朱火，修潜德以升闻；羽盖清尘，彰建行之不息”四句。

著，皆所以昭答报降，垂示将来[1]。爰诏下臣，颁兹徽烈[2]，恭惟紫书秘牒，荐锡于玉宸[3]，福应之大者也。灵宫真宇，列峙于坰野，制作之盛者也。非有迁、雄之博物通达，崔、蔡之发篇清丽，邹、枚之辩论[4]，曹、王之气质，又曷能敷陈景铄，述宣鸿明，著之金石之刻，流乎亿万之祀？如臣肤浅，岂能演畅。拜命之下，燥吻惟勤。伏纸怔忡[5]，将□□□。

铭曰：太始权舆，邃古之初。结绳而治，斯文阙如。三五迭兴，受命合祛。河洛开奥，乃出图书。岐周发祥，凤止高冈。火流于屋，鱼跃于航。灵眷谆谆，赤文煌煌。金策之赐，翦殷启疆。卯刀□撰，□□□□。秘图玄契，旷绝靡常。惟皇建极，与天合德。有开必先，神休叵测。清夜戒期，圣容斯觌，旭日朝脐，真符云获。节彼崇巘，天帝之孙。刺经定议，发祉阊□。惠风毖涌，和景晏温。元文申锡，明灵有赫。云篆腾晶，冰纨襞积。殊类响答，奇应山沓。樵蒸礼成，蓼萧庆洽。邃宇翚飞，揭榜雕楣。建兹显号，式昭鸿禧。□□□□，翠□扬□。福应之盛，辉光在兹。鲁邦奕奕，秦观巍巍。封云荟蔚，浪井涟漪。岿然鸿构[6]，永镇方祇。

大中祥符二年十一月十七日。

右行书，额篆：大宋天贶殿碑。碑连额高一丈，广四尺四寸。额六字、二行，字径四寸五分。文三十二行，行八十一字，字径八分。在西廊外碑台。明刻薛瑄修庙文于碑阴，转置东向，而此文西向矣。

加封帝号碑

文曰：大宋东岳天齐仁圣帝碑铭（并序）。

---

① “将”，原碑作“方”。

② “颁”，原碑作“颂”。

③ “宸”，原碑作“晨”。

④ “辩论”，原碑作“论辩”。

⑤ 该句前，原碑有“颂叹游扬，虽豁于素蕴；博约温润，宁企于前修”四句。

⑥ “鸿”，原碑作“宏”。

翰林学士、中散大夫、守尚书工部侍郎、知制诰、同修国史、制昭文馆事、护军、南安郡开国侯、食邑一千五百户、食实封贰伯户①、赐紫金鱼袋臣晁迥奉敕撰。翰林待诏、朝散大夫、守司农少卿、同□上骑都尉、赐紫金鱼袋臣尹熙古奉敕书并篆额。

臣闻：结萃为山，丽无疆之厚载；升名曰岳，表奠服之崇丘。至若根一气以混成，媲四时而首出，作镇东夏，实惟岱宗。辩乎五方，设位冠配天之大。画为八卦，建标当出震之区。邃深连空洞之宫，翕习号神灵之府。夫其魁甲艮象，握制坤轴②，巉嶙碕礒，穹崇岧峣。天门路界于郁苍，日观势临于杲曜。列仙遁迹，存栖真之石閤。永命储休，闷与龄之金箧。滋殖百卉，函育庶类，畜泄雷雨，吐纳风云。封之所以合元符，登之所以小天下。近缀梁社，远瞩秦吴。控压海沂，襟带洙泗。邹人所仰，鲁邦是詹。肇生物之化权，盖颐真之寿域也。

古先哲后，诞膺骏命。披皇图，稽帝文，告成功，申大报。昭姓考瑞，刻石纪号，自无怀氏迄唐明皇，登封展采，布在方册者③，罔不于兹矣。开元十三年，始封神曰：天齐王。礼秩加三公一等。绵历五代，寂寥无闻。爰暨皇朝，勃兴嘉运。叶百姓与能之望，应真人革命之秋。太祖皇帝总揽英雄，鞭挞宇宙，勤劳四征，削平多垒，方混一于寰中。太宗皇帝纂隆鸿绪，懋建皇极，斟酌道德，统和天人，乃绥怀于海外。然而艰难创业，缊畜贻谋④。勒崇奋炎，将底绩而未暇；开先遗大，知奕世而有归。粤惟崇文广武感天尊道应真佑德钦明上圣仁孝皇帝陛下，承鼎定之基，格孟安之世，显仁以育物，广孝以奉先。宣洽重熙，财成庶政，弭息戎旅，抚柔要荒。乘国步之密清，宅天衷于醇粹。因之以丰懋，加之以阜康。席庆宗庙之重，游

① “伯”，原碑作“佰”。
② “握”，原碑作“扼”。
③ “册”，原碑作“策”。
④ “贻”，原碑作“诒”。

心帝王之术。长辔远御，大道坦彝。天衢于是乎嘉亨，德教于是乎渐被。戴日戴斗，聿遵朝聘之期；太平太蒙，尽入车书之域。垂衣在上，击壤在下。得以畴咨俊茂，博访幽隐，讲求典礼，包举艺文。接千岁之统，可炳仪于封祀；当万物之盛，宜昭告于神明。然犹务谦尊而益光，体健行而不息。冲晦藏用，渊默思道。俄而天休震动，上帝顾怀，真箓荐臻，灵心有怿，总集峻命，觉悟蒸黎。逾金检玉字之文[①]，等河图洛书之宝。承是秘检，发为蕃釐，霈泽开荣，普天受赐。新建元之号，易通邑之名。茂昭降祥，耸动群听。是时东土耆老，辏阙廷以上书。南司宰辅，率官师以抗表。愿循考古之道，焕发升中之仪。弗获固辞，乃徇勤请，且以增覆载之高厚，扬祖宗之纯懿也。储峙供亿，悉出于县官；经启营缮，不烦于民力。

大中祥符元年冬十月，具仪制，严仗卫，陈属御，济介丘。斋心服形，奉符行事。群司奔走，百礼修明。集巉岩之巅，凌颢英之气。坛壝清肃，牲器纯备，玉帛式叙[②]，樽彝在列，奠献克谨，皦绎用张。晏娭交三神之欢，陟配崇二圣之位。举爟火[③]，升高烟，示瑶牍以环观，见云台而特起。社首之礼，抑又次焉。咸秩无文，奉行故事，朝会赦宥，涵濡荡涤。采舆诵，求民瘼，旌前列[④]，衍徽章。参用王制，著明皇绩。大献克集，神实幽赞。故自始及未，光象日昭[⑤]。史氏之笔，殆不停缀。则有非烟纷郁，太阳晏温。仙芝无根，菌蠢以含秀；醴泉无源，嶷涌而善利。灵辉休气，嘉谷奇木。鳞介之宗长，翔游之品类。表异骈出，旷世绝伦。岂非受职修贡，发祥介福之征乎？人谓是山[⑥]，崇冠群岳。功侔造化，斯不诬矣。国家稽《虞书》，四巡之首，原汉氏五祠之重，述宣邦典，申严祭法。奉正直聪明之德，罄

① “检”，原碑作“简”。
② “帛”，原碑作“币”。
③ “爟”，原碑作“权”。
④ “列”，原碑作“烈”。
⑤ “光”，原碑作“日”。
⑥ “山”字后，原碑有“也”字。

精虔嘉粟之诚，为民祈福，于国均庆。封峦之后，复增懿号曰：仁圣天齐王，盖以形容灵造举褒之礼也。名称之义大矣哉！化工生物之谓仁[1]，至神妙用之谓圣，登隆显赫，亦云至矣。复思严饬庙貌，彰灼威灵。责大匠之职，议惟新之制。于是命使属役，协辰僝功，庀卒徒，给材用，兴云锸，运风斤，程土物以致期，分国工而骋艺。规画尽妙，乐劝忘劳，逾年而成，不愆于素。栋宇加宏丽之状，像设贲端庄之容。凡所对越，肃恭逾至。

四年春，举汾阴后土之祀，成天地合答之礼。宪章明备，上下交感。纯嘏既锡，大赉施及。圆首方足，式歌且舞。猗欤！间岁顺动，焜煌景烁，而皆拟圣明之述作，从英茂以飞腾。灼叙庆灵，奉扬殊贶，纪诸盛节，悉以命篇。布日星之华，配云雨之润，并刊凤藻，散跱龟趺，播洋溢之颂声，垂极蟠之能事。而志求象罔，顺拜崆峒，辟众妙之门，广列真之宇。非止卜永年于郏鄏，是将纳雅俗于华胥者也。又以太一五佐本乎天，太宁五镇本乎地。其位参两，鸿名可齐，特尊列岳，咸加帝号。由是奉升泰山之神曰：天齐仁圣帝。乃命案驰道之东偏，直宸居之巽位，辟地经始，别建五岳帝宫，以申崇尚之礼焉。

御制《奉神述》，诏中书，召侍从之臣，谕以制作之本意。观夫圣文之梗概，以为岱镇之大，辅于柔祇，动植之所蕃息，泉源之所滋液。至灵允宅，阴骘攸司，钟戬谷而有征，繄黎元之是赖，旧史俱载，前王式瞻。著册封之典，严祀祠之礼，增奉邑之数，申樵苏之禁，皆以仰不测之明威，显无方之妙迹也。方今兵革偃戢，华彝会同，岁获顺成，物无疵疠，率由丕应，冥助永图。固当极彼前闻[2]，进其尊称。谓乎唐虞曰帝，商周曰王。夫商周之王，爵人臣而有素。唐虞之帝，奉神道而何疑？况其荣卫等威，冠裳制度，极徽数以宿备，宜名体以相符，因而成之，礼无违者。愿延景

---

① “工”，原碑作“功”。

② “极”，原碑作“稽”。

祐，普及含生。至乎哉！鼓动睿辞，无私广大，坦然明白之理，沛然利泽之德，曲成司牧，俾臻富寿，有以见圣人之情矣。遂志勒石，遍立于五岳庙庭，从近臣之议也。是岁冬，并命使介，分诣诸岳，定吉日，饬有司，皇帝被法服，御朝元殿，礼行乐作，而临遣之。持节受册，衮冕相继，次序而出[①]，观者如堵。且叹文物声名之盛[②]，未尝有也。使者奉诏讫事，率叶素期，于穆宏观，夐超千古矣。越明年，诏五臣撰辞，各建碑于岳庙。而臣浸渍皇泽，涵泳清徽，偶集凫雁之行，遂尘龙凤之署。预承纶旨，强叩芜音，曷胜眷奖，且以庆幸。宣明盛礼，叨奉册于秦城；润色贞珉，玷弥文于鲁岳。荷辉荣之稠叠，愧才学之空虚。燥吻濡毫，谨为铭曰：

节彼泰山，蟠亘大东。一气凝神，五岳推雄。势并凫绎，秀出龟蒙。崛起海表，目为天中。高摩霄极，俯瞰旸谷。神策斯秘，昌图可卜。物性钟仁，民居获福。鲁邦是常，盛德在木。百灵渊府，三宫洞天。稷丘真隐，芝童列仙。白鹿方驾，飞龙命篇。宅其胜境，几乎大年。岳长曰宗，岁交曰岱。仰止巉岩，奠兹持载。寿域既优，神聪有赉。祷祀诞隆，寅威如在。千载兴运，八纮开基。武功荡定，文教缉熙。封禅缛典，祖宗制宜。逮夫圣嗣，方毕宏规。惟帝奉符，惟神祐德。茂绩其凝，皇猷允塞。嘉应沓臻，鸿祯靡测。芃芃丰衍，元元滋息。于赫灵庙，控带名区。有诏改作，俾受全模。协心董役，丰资庀徒。技殚功被[③]，雷动星敷。大厦咸新，群黎改观。窗寮靓深，峥嵘轮奂。肃穆威容，洁清几案。钦修允宜，肸蠁攸赞。功懋天作，泽从云游。式谐民望，诏报神休。殊号斯荐，前古匪俦。庶安亿兆，岂止怀柔。天帝之孙，复升以帝。出乎震宫，临乎日际。事固莫京，理亦潜契。树此翠碑，腾芳百世。

大中祥符六年岁次癸丑六月辛酉朔十四日甲戌建。

① “序”，原碑作“叙”。
② “名”，原碑作“明”。
③ “被”，原碑作“倍”。

中书省玉册官御书院祇侯潘进并谢望之刻。

右行书，额篆：大宋东岳天齐仁圣帝碑。碑连额高二丈一尺，广六尺二寸。额十字二行，字径五寸。文三十四行，行八十字，字径寸二分。在延禧殿门外，南向。

案《宋史·晁迥传》：由右谏议大夫进翰林学士、知审官院、同修国史，封泰山，祀汾阴，司大常，详定仪注，累迁尚书工部侍郎。其判昭文馆，及碑所称奉册秦城，奉敕撰文，皆史所未载也。碑阴为明万历丙申十月，巡抚固安张允济、巡按太原王立贤题“五岳独宗”四大字，楷书，字径二尺五寸。

种放会真宫诗题跋

文曰：

胡宗回观子义修（真书）。

翰林学士李宗谔曾看（行书）。

余向游西洛，访号崇真张大师白于嵩阳山斋，爱其幽寂，款留数日。因语及予有泰山之游，遂出种明逸题《会真宫诗笔》一轴授予曰：隐君昔书此诗，留吾山斋，子其因往，可为模石于泰山乎？尝然其请。后到绛数载，慵于登涉，未能副深托之意。且会真在皇上未封祀前有“太平”之号，至回跸始贶今额。而隐君之诗，周旋气概，分明物象，盖尝陪祀，于此得其详矣。观其笔势壮重，辞意脱洒，实一代无儗伦耳。纸尾复数君题名，又可尚也。它日模刻翠珉，留藏真馆，为天下之观耶。

稷山逸民韩退题后（行书）。

李孝昌伯衍观（行书）。

集贤校理宋绶览（行书）。

山人林逋题（真书）。

曼卿秘演观，宝元三年正月二十五日（真书）。

邵悚瘳观（隶书）。

唐异（行书）。

庆历二年正月四日，武功苏子美观（行书）。

两江方元同观（行书）。

海岳黄有观（行书）。

嘉靖丙午谒岱庙，得观先文正公题墨有感，济大夫惟一识（真书）。

钱塘詹山览（行书）。

玉峰王珍观（真书）。

古杭李奎观（真书）。

权监东岳庙济人程正观（草书）。

嘉靖十九年四月，陈仲录观（真书）。

览大谏诗笔，因题绝句。

魏闲。

文如吐凤笔如龙，珍重华笺墨尚浓。清气已销名迹在，世间谁复继仙翁。

草堂东牖题（草书）。

古吴周同观（真书）。

姑苏端□观（真书）。

嘉靖丁酉春，胶东李学博观（行书）。

高平范仲淹题（真书）。

关咏清风楼览（行书）。

嘉靖元年三月七日，衢方豪获观（行书）。

斯书冠世入妙，千古亡对，所谓尽善尽美耶。庆历六年四月廿七日越题（草书）。

杭詹山阅（行书）。

笔势精丽，真墨宝也，殊可爱。卞翁书（草书）。

皇祐元年夏，王洙观（飞白书）。

笔力劲健，叹爱无已。皇祐甲午季春□识（草书）。

古杭李奎阅（行书）。

平湖百岁翁陆卿允同涛渭两孙阅（真书）[1]。

永丰欧阳修（真书）。

嘉祐五年三月四日，莆阳蔡襄阅（真书）。

襄复观（飞白书）。

戊戌孟秋，琴川苏祖荫观（真书）。

程戡识（行书）。

两泉刘一桂（隶书）。

□人江□□同观（行书）。

苏台周同阅（行书）。

平度李学诗观（真书）。

宛陵梅尧臣览（隶书）。

韩琦观（真书）。

沈遘文通观（真书）。

莱人蓝田玉父（隶书）。

越人陈仲录览（隶书）。

姑苏□□览（行书）。

宣城施闰章观（真书）。

吴郡张伯玉恭观（行书）。

戊戌孟夏，苏祖荫睹（真书）。

广渊尝看（真书）。

不疑观（篆书）。

① “允”，原碑作“胤”。

莆王正之（行书）。

无为杨杰观（隶书）。

明逸先生诗笔，因进士谭逑家藏出示，予作诗题于后。

大梁皇甫遘。

先生清气已朝元，流落精英万古传。习习仙风人不觉，瑶华琼草本无根（行书）。

徐端朝、孙㦸、王仲康伏览。元符庚辰重阳日（行书）。

熙宁辛亥春，仆游长安，谒李先生丕祐。因与仆论书，遂出大谏种先生《纪泰山会真诗》墨迹一轴，俾蒙阅之。卷后有钜卿显人亲题之迹，复为留诗甚众。爱其笔势，真□遒丽，恳借临模。藏诸□□，屡欲凿石，流置四方，忽忽莫能如吾意。丙辰年，侍家君官邑之榷，首访是宫。穷览梁壁间，独无此诗，因语主宫王君希显，且先生盛德与大名，犹□□之炳太清，而烂然国史，暴闻于天下者久矣，固不复言也。共词翰雄逸，世未多有，人或罕见。虑其拟本，岁久湮灭，兹可惜哉！曰愿刻石，以信永永□传于不磨也。子其为摸勒，毋辞！因可其请，未涉月而工告毕，即龛于斋厅之西壁。益见先生乐推君美，而难乎主宫之勤，显其贤也如是。读其诗，则其人之所存可知耳。十年岁丁巳月丙午日壬戌，廪延谭逑叙，庞绶之刊（真书）。

东海朱孝纯观（篆书）。

玩谭逑《叙》知种诗并诸跋，于熙宁间始刻石，不识何时乃佚去。原诗或云会真宫，后改泰山书院，塑天地诸神像。万历甲子八月，柱内火作，殿宇毕烬，种诗石殆毁于是时也。今二跋石分嵌环咏亭东西壁间，各高一尺八寸，广三尺五寸。自“胡宗回”起至“方豪获观”为一石。韩退跋中“陪祀”，“祀”字添注于旁。“曼卿”，石延年。“秘演”，则曼卿之友而僧者也。自“斯书冠世”至“朱孝纯观”为一石。“越”，盖周越，见金张天锡《草书韵会》。蔡君谟，尝学其书。“⺊”字上“⺀”当是重可爱意，“⺊”即“才”也。“才翁”，苏舜元，昔人称苏才翁，笔法妙天下，观此良然。“季春□识”，“□”本名款，钤盖图章曰“公高之裔”，径寸七分，而字画为印文所乱，故不可辨。“广渊”者，王广渊也。“不疑”者，邵必也。宋贤题跋，皆未刻石，以前墨迹，后与种诗同勒者。自明人妄加窜杂，亦云“观”题，则只是指此跋石言矣。姑循碑文，录以备览。其中如两“周同”字，两“姑苏”下二字及“两泉刘一桂”“□人江□□”“戊戌孟夏苏祖荫睹”等字，皆有镵削痕，似欲灭其迹者。又有两处隐约“云间□览”四字，盖非名犯当世之禁，则其见仇者所刊去也。

赵合炜施石柱记

元祐二年七月，真书，在旧三茅殿东。记左有西头供奉官新剑州兵马监押赵合炜题名。亦云施行廊石柱，乞保父右金吾卫大将军衡州防御使世朏、母寿安，郡君丁氏，增延福算。建中靖国元年重阳日。记今并佚。

二铁桶记

文曰：大宋国兖州奉符县献铁桶，会首李谅。右，谅窃以神功默运，潜持祸福之权；妙用无私，密握生成之造。伏见国家尊崇庙貌，百物鼎新，而圣帝庙前阙水桶二只[①]。今纠到敬神之家[②]，共结良缘。具姓名如后（未录）。右众会人，特发虔心，谨舍净财，共成胜缘。伏望圣慈，俯赐照察。建中靖国元年五月吉日。会首李谅等献。

右桶制各高三尺八寸，周阔一丈八尺，厚寸。上哆下隘如甗。通体作两层，上层横字四段，每段间以花纹。下层为螭文绕缭，夹缝处施狮。纽四，俱有孔，相对。文并真书，自“大宋”起，至“良缘”止为第一段。李谅等六人为第二段。周信等六人为第三段[③]。安成等七人为第四段。此东桶

① “阙”字后，原《桶铭》有“少”字。

② “家”，原《桶铭》作“众”。

③ “周”，原《桶铭》作“陶”。

也。又樊竫等四人、袁德等四人、董房等七人、贾助教一人，迄年月亦分四段。此西桶也。题名凡三十五人，内有王助教妻贾氏、孙向母张氏二妇人。施钱自李谅二十贯外，余俱五贯。二桶计共钱一百六十五贯。莱芜监钥舍冶李冕铸[①]，列贾助教上。案《字汇补》："竫"，音净，人名。宋有刘竫，《篇韵》：与"竫"同。灵岩辟支塔题名有傅竫、张纯竫。北宋人多以是字命名也。助教，官名，考《宋史·职官志》，唯合班之制，有诸助教之称，殆诸参军助教也。又宋《地理志》，袭庆府注云：莱芜监铁冶，此"钥"字类"铜"字，岂当时亦有监铜者耶？金上阳文字难工，以历年久存之。

钱伯言游览记

文曰：宣和己亥九月廿四日，面奉玉音，至奉符催视岳祠。后一月，伯言至自兖。明日，具香烛以告上旨。已而，罢醮于会真宫，独登瑞云亭。早饭于行馆，遂同令寇庠、丞吕光问、祠官曹钦承、莱芜令韩僖、道士苏彦弼谒岱岳观，留连池上，复自金母洞，过青帝观，观文僖丞相遗刻。遂游白龙潭，奠御苑玉芽于水中。爱其泉石之胜，乃相与策杖散步，还过鸡笼峰，始复肩舆。躬走社首山，视禅坛，访遗迹。晚入乾元观，小饭翠阴亭而归。

右行书。在殿西墀下南，字大如掌，碑阴有篆额曰：袭庆钱守纪游碑。《金石文字记》作"钱伯言题名"。云：旧在宋天书观，后人移之州城内岳庙中墀古松下。又云：伯言《宋史》无传。此有云"过青帝观，观文僖丞相遗刻"，当亦吴越王之后矣。文僖尝语人曰："吾平生不足者，惟不得于黄纸上押字耳。"言未入中书也。此称丞相者，宋制节度使加中书门下平章事，谓之使相。侍中尚书令、中书令虽不恒除，亦真宰相也。文僖生为使

① "钥舍"，原《桶铭》作"铜务"。

相，没赠侍中，亦得通称丞相矣。又嘉靖二十四年，邹宏文跋，方元同行书，文字并佳，今毁佚。

重修泰岳庙碑

文曰：宣和重修泰岳庙碑[①]。

翰林学士承旨、正奉大夫、知制诰、兼侍讲、修国史、南阳郡开国侯、食邑一千五百户、食实封一百户臣宇文粹中奉敕撰；朝散大夫、充徽猷阁待制、知袭庆军事[②]、管勾神霄玉清万寿宫、兼管内劝农使、兼提举济单州兵马巡检公事、陈留县开国男、食邑三百户、赐紫金鱼袋臣张漴奉敕书篆。

宣和四年九月，有司以泰岳宫庙完成奏功，制诏学士承旨宇文粹中纪其岁月。臣粹中辞不获命，退而移文有司，尽得营建修崇诏旨本末与庀工鸠材因旧增新之数，谨再拜稽首而言曰：臣闻自昔受命而帝者，咸有显德，著在天庭，合四海九州之欢心，以为天地社稷百神之主。故有坛场圭币以象其物，有宫室祠宇以奠其居，有牲牢酒醴以荐其洁，有祝册号嘏以导其诚。其漠然而意可求，僾然而诚可格，殆与人情无以异。是以黄帝建万国而神灵之封七千。虞夏商周，文质迭捄[③]。虽所尚不同，而事神以保民，其归一揆。故其言曰[④]：望于山川，遍于群神。又曰：山川鬼神，亦莫不宁。其诗曰：怀柔百神，及河乔岳。又曰：堕山乔岳，允犹翕河。河东曰兖州，其山镇曰岱山。自开辟以来，尊称东岳。其穹崇盘礴，虽号为一方之镇，而触石肤寸，不崇朝而利及天下。是以历代人君，昭姓考瑞，盛登封之礼。告祭柴望，五载一巡守，必以岱宗为首。而神灵烜赫，光景震耀，载在书史，接于耳目者，奕奕相属也。

---

① “碑”，原碑作“记”。

② “军”字后，原碑有“俯”字。

③ “捄”，原碑作“救”。

④ “言”，原碑作“书”。

宋受天命，建都于汴，东倚神岳，远不十驿。章圣皇帝，肇修封祀，盖尝躬款祠下，钦惟神灵飨答之异[①]。念唐开元始封王爵，礼加三公一等，未足以对扬休应，遂偕五岳，咸升帝号。自是宫庙加修，荐献加厚，四方万里，士民奔凑，奠享祈报者，盖日益而岁新也。皇帝聪明仁孝，光于上下，神动天随，德施周溥，既以跻斯民于富寿[②]。乃申敕中外，凡所以礼神祇，崇显祀，尽志备物，毕用其至。岁在辛巳，迄于壬寅，诏命屡降，增治宫宇。缭垣外周[③]，罘罳分翼，岿然如清都紫极，望之者知其为神灵所宅。凡为殿寝、堂阁、门亭、库馆、楼观、廊庑，合八百一十有三楹。财不取于赋调，役不假于追呼，而屹然崇成，若天造地设。灵祇燕豫，福应如响。呜呼！真盛德之事也。

惟古圣王，先成民而后致力于神，故奉牲以告曰：博硕肥腯，谓民力之普存也。奉盛以告曰：洁粢丰盛，谓三时不害而民和年丰也。奉酒醴以告曰：嘉栗旨酒，谓上下皆有嘉德而无违心也。臣窃观皇帝陛下临御以来，夙宵之念无一不在于民者。发号施令[④]，以诫以告；颁恩施惠，以生以育；设官择人，以长以治；制法垂宪，以道以翼，以训以齐。政成化孚，中外宁谧。于是国有暇日，以修典礼；民有余力，以事神祇。咸秩无文，周遍群祀，自古所建，上下远迩。灵祠告祝，于今莫不毕举。观是宫庙，土木文采，轮奂崇丽，则知郡邑之富庶。帷帐荧煌，衮冕璀璨，则知丝枲之盈溢。牲牷充庭，醪醴日御，则知耕牧之登衍。箫鼓填衢[⑤]，歌呼满道[⑥]，则知风俗之和平[⑦]。神之听之，乃祇陈于上，帝用降鉴，锡兹祉福，则社稷之安固，历数

① “飨”，原碑作“响”。
② “以”，原碑作“已”。
③ “垣”，原碑作“墙”。
④ “施”，原碑作“出”。
⑤ “衢”，原碑作“咽”。
⑥ “满”，原碑作“系”。
⑦ “风”，原碑作“气”。

之绵远，盖方兴而未艾也。臣既书其事，又再拜稽首而献颂曰：

于皇上帝，监观九有。孰赞天载，山川封守。帝欲富民，俾阜货财。溥润泽之，俾司风雷。东方岱宗，是为天孙。体仁乘震，生化之门。昔在章圣，崇以帝号，发册大庭，五云前导。施于子孙，格是神保。岁在摄提，新宫载考。皇帝慈俭，爱民自衷。不侮鳏寡，不废困穷。神鉴其仁，锡之屡丰。皇帝神武，赫然外攘。驯服悍戾，以蕃善良。神予其义，助之安强。仁义既洽，民有余力。还以报神，神居是饬。峨峨神居，作镇于东。有来毕作，庶民所同。惟此庶民，惟皇作极。丕应徯志，遍为尔德。祝皇之寿，泰山同久。握图秉箓，历箕旋斗。祝皇之祚，泰山等固。镇安二仪，混同万宇。下逮群黎，遍敷锡之。亿载万年，惟神是依。匪神独依，惟天无私。有谣康衢，述是声诗。

宣和六年岁次甲辰三月己酉朔十八日丙寅建，胡宁刊。

右真书，勒炳灵宫门外南向。额同题奉敕书篆、书文、篆额也。碑连额高一丈九尺，广六尺。额八字二行，字径七寸。文二十六行，行七十四字，字径二寸。碑阴刻庙官姓名，二十行，字径八分，前十五行宋刻。后五行有东平路宣差怯里焉赤等名目，元人续刻也。碑制周刻方夔，镌勒完致。碑阴为明万历戊子夏，巡抚中州李戴、巡按清源吴龙徵题：万代瞻仰。田东作书，字大径二尺五寸。宋时又有东岳庙御祝文，高冢宰篆书，见明《孙克宏碑目》。今不存矣。

重修东岳庙碑

〔金〕

文曰：大金重修东岳庙碑。

翰林侍讲学士、少中大夫、知制诰、兼左谏议大夫、礼部侍郎、护军、宏农郡开国侯、食邑一千户、食实封一百户、赐紫金鱼袋臣杨伯仁奉敕撰；中宪大夫、充翰林待制、同知制诰、上骑都尉、江夏县开国子、食邑五百户、赐紫金鱼袋臣黄久约奉敕书；承务郎、应奉翰林文字、同知制诰、兼充国史院编修官、武骑尉、赐绯鱼袋臣党怀英奉敕篆额。

臣闻：嗜欲将至，有开必先，天降时雨，山川出云，明神之所以昭圣德也。隮山乔岳，允犹翕河，敷天之下，裒时之对，圣人之所以昭神功也。岂非幽显之感通，报施之明验欤？昔我始祖景元皇帝，肇基王迹，遂荒大东。迄我太祖，仁兵一举，爰革辽命。及我太宗，继伐徂□，奄定华夏。我主上亦由东郡□纂大统，绍开中兴，皆符帝出乎震之义也。乃眷岱宗之神，乘震秉箓，实司东方。东方者，万物之始，故为群岳之长。我国家受命之攸在，虽德自天启，亦惟神之阴相哉。主上在位之十有□年，内外宴清，礼乐修举，□帝于郊而百神受职。民和物丰，靡有灾害。凡岳镇海渎，名山大川，率命有司，崇饰其庙貌，严寅其祀事。岁□亲署，祝版遣驿，命守臣侍祠，皆首于岱宗。

大定十八年，岁在戊戌春，岳庙灾，虽门墙俨若，而堂室荡然。主上闻之，震悼不已，俾治有司不戒之罪。既而叹曰：神其或者以宫庙故弊，欲作新者乎？乃敕庀工度材以闻。明年，以同知河北西路转运使事徐伟，就迁□泰□□□领其事，彰德军节度判官王元忠佐之，皆选能也。命驰驿以图来上，入受训诫，示之期约，且择尚方良工，偕往营之。出内帑钱以贯计者□有□□，黄金以两计者，二百四十有六，及民之愿出资以助者，几十万千，且运南都之材以足之。复诏：其工役勿烦吾民，给以佣直。故皆悦而忘劳矣。二十一年辛丑冬告成，凡殿寝、门闼、亭观、廊庑、斋库，虽仍旧制，加壮丽焉。诏谓：格神之道，所贵致洁。其当阳之像，毋用漆塑，以涿郡白玉石为之。殿楹高敞，勿事□障，殿阈□□，设为储胥。俾四方士民，远致奠献者，皆遂其瞻祷之心，而无亵渎之意[①]。庙之西园隅，旧设舍馆，宾客往来皆止焉，郡吏时率倡乐以娱之，因为（缺十字）。洞

① “意”，原碑作“息”。

启，或终夜欢哗。诏以：神灵静谧之宅，岂可使之汙嫚如此。即其地更置庙库，俾门禁加严，盖所以崇肃敬也。自三观而下，十里□于（缺七字）。二年四月，制诰翰林侍讲学士杨伯仁纪其事。臣伯仁承乏禁林，职在赞扬圣德，岂敢以鄙陋辞，谨书诏旨之始末，与其经费之多寡。□□拜手稽首而作颂曰：

东方曰仁，万宝资始。神惟岱宗，爰主张是。鸡鸣见日，其高岩岩。兖州之镇，鲁邦是詹。触石生云，合于肤寸。□□□朝，天下膏润。无怀而下，七十二君。咸登兹山，告厥成勋。于皇时金，声迹东土[①]。诞膺□□，实受神祜。我后中兴，出震应辰。禋祀上帝，怀柔百神。无文咸秩，矧此乔岳。□□制度，天子礼乐。灾之所生，乃在不虞[②]。旧或未舍，新何以图。洪惟圣明，监此神意。亲授规摹，选能兴事。宸衷简在，民愿攸同。不愆于素，案图奏功。台门将将，如鸟斯革。广殿巍巍，增陛以级。牲酒圭币，荐羞以时。敢献善祝，神之听之。圣人之德，圣人之寿。泰山之高，泰山之久。圣人之业，圣人之基。泰山之固，泰山之维。神居孔安，□飨是格。生甫及申，蕃宣方国。神无不答[③]，神罔是恫[④]。于万斯年，福禄来崇。

右真书，额文同题，勒东廊外碑台西向。碑连额高一丈四尺，广六尺。额篆九字三行，字径六寸五分。文二十七行，行六十一字，字径一寸五分。建碑年月不具，文中亦缺此数字。案：碑文云大定十八年庙灾，明年兴建，二十一年告成。缺字下有：二年四月，制诏杨伯仁纪其事，当是大定二十二年，立石亦当在是年矣。《金史·列传》：杨伯仁，字安道，真定藁城人，仕世宗朝，由滨州刺史入为左谏议大夫，迁侍讲、兼礼部侍

① “声”，原碑作“肇”。
② “乃”，原碑作“然”。
③ “神”，原碑作“礼”。
④ “罔”，原碑作“网”。

郎，久在翰林，文词典丽。黄久约，字弥大，东平须城人，擢进士第，调郓城主簿，累迁礼部员外郎、兼翰林修撰升待制。党怀英，字世杰，冯翊人，由汝阴县尹，除国史院编修官应奉翰林，文字工篆籀，当时称为第一。唯久约善书，史不载，今观是碑，书笔秀逸，实为金源一代金石之冠。

供石题勒

文曰：

大安元年八月二十日，宣武□□泰安州奉符县令吴衎同母王氏谨献（真书，西台石上）。

扶桑石，吴兴沈应龙题（八分书）。

岱岳分奇，吴晃题（篆书，并在扶桑石上）。

层云（真书，中台东北石上）。

古皖玉峰，王珍观（真书，中台前左石上）。

古皖心田，王梦龙至（真书，中台前右石上）。

玉山高并两峰寒，吴晃题（隶书，东台左石上）。

右十石，惟中台东南、西南、西北三石及东台右石无字。亦有漫灭特甚者，故不录。诸题字多明人笔，而王世懋以为皆宋元间浮海来献，今无可证。以有金大安一则，因并附列于此。

岱览卷第七

总览三

岱庙下

祀东岳记

〔元〕

文略曰：维岳奠兹东土，骏极于天，为国巨屏。其方生气之所在，天地大德之所属也。故于时为春，于五行为木，于五常为仁，发祥效灵自昔已然。肤寸而云，不崇朝而雨天下，它盖莫之与京也。七十二君之事，虽无从考，然而享明禋，受嘉荐，其来尚矣。

右碑见明汪子卿《泰山志》云：元统三年，学士张起岩撰，欧阳元书，勒延禧殿前。今不知所在。“元统”当是“中统”。

东平张宣慰登泰山记

文曰：东平府路宣慰张公登泰山记

奉高晚进王祯书篆

皇帝中统元载[①]，擢用宿儒，宣抚十道，公首与其选。公治河东，考为天下最。上亲召，劳以卮酒，至以字呼，朝野荣之。越四年，上复命为东平宣慰使[②]。尝曰[③]：曲阜实夫子祖庭，泰山为中原神岳[④]，皆在境内，所当亲

① “统”字后，原碑有“之”字。

② “命”字后，原碑有“公”字。

③ 该句前，原碑有“不期岁，吏循其囗，民服其囗”句。

④ “为”，原碑作“实”，“原”字后，原碑有“之”字。

祀[1]。以至元重九前三日，办严以行。由沂州门出，时天宇晦冥[2]。翼日[3]，至林庙[4]，拜三圣墓，雨气犹未艾[5]，信宿抵岳祠。

明旦，登西华门。云则载阴载旸，雨则间作间止，咫尺三观在水墨泼染间，刹那千百其变。公谓所亲曰[6]：登顶之约，盖不敢定，苟晴矣乃行，否则恐劳而人。既而五鼓将作，阴为之解驳；三唱未终，星为之芒错。于是州刺史张汝霖、奉符令张佺、司户王天挺及从者三百，指具肩舆，辇公而上。已而，过黄现[7]，饭于护驾泉，次御帐少憩，去天门犹不啻十五里[8]。路渐隘[9]，林树四合，就其罅望之，天光凝碧如绀珠。薄莫至绝顶，由东以望，见山影黕黑，偃卧无际。顷观李斯碑，仅得数字，其余漫不可识。下自登封坛，皆历代磨崖，亦复剥裂[10]。惟唐明皇御制《纪泰山铭》，其字大如碗，深几寸，泥金错落，犹有存者。日没少顷，寒气已逼人，如仲冬时，从者燎薪围坐以待旦。参甫中，公起[11]，步自玉女池，登日观峰。六合褰开，肃然纤滓[12]。待蒸黍时[13]，东方昽昽，乍离乍合。不移晷，日露强半[14]，恍然如入无量金色界中。凡在行者，莫不叹诧。

及回，又得西影，直抵昧谷，若与昆仑争长雄。公辄奋髯惊则曰[15]：吾

① 该句，原碑作“官所当亲祀之者也”句。
② 该句后，原碑有“左右更谏不能止”句。
③ “翼”，原碑作“翌”。
④ “至”，原碑作“到”。
⑤ “雨”，字前，原碑尚有一字，残不可识，疑为“竟”字。
⑥ 该句，原碑作“公喜甚，沾醉而下，醒谓所亲曰”句。
⑦ “现”，原碑作“岘”。
⑧ “啻”，原碑作“翅”。
⑨ “隘”，原碑作“狭隘”。
⑩ 该句后，原碑有“殆尽”二字。
⑪ 该句，原碑作“公起坐，盥洗毕”。
⑫ “然”字后，原碑有一残字，似“无”。
⑬ 该句前，原碑作“立”字。
⑭ 该句后，原碑有“边许”二字。
⑮ “则”，原碑作“叫”。

此行，凡三见岱宗面目，吾愿足矣。噫！予自壬辰北渡三十余年，凡九来，未尝睹此奇事，虽欲勿纪得乎？古者有天人之辨，谓人无所不至[①]，惟天不容伪，真知言哉。公纯诚人也，盖无往而不协，无动而不孚[②]，无祷而不应，是行之异，乃一节耳[③]。虽然天下之事，固有邂逅相合者多矣。昔卫旱伐邢，师兴而雨，或者谓适与雨会[④]，则非也。此特纯归之天，乌在所谓由人乎哉？至于挥剑成河，变昼为夜，或有此理。如韩吏部开衡山之云，苏端明借海藏之春，皆吾辈之余事，安用诧为？因公此来[⑤]，书诸石[⑥]，以示来者。济南杜仁杰记。

至元二年二月望日，副宫范居正，知宫王志朗，栖真大师、副提点侯志崇，保和大师、东岳庙副提点刘诩从，崇真明道圆融大师、泰安州道门提点、东岳庙住持宗主张志伟，同刺史张汝霖立石。高又玄刊。

右真书，额篆似隶，文同题。碑连额高四尺，广二尺三寸。额十二字三行，字径二寸八分。文二十五行，行三十五字，字径七分。碑称张公，不书其名字，以史考之：张德辉，字辉卿，冀宁交城人，世祖在潜邸召见，问对甚详。德辉得告将还，陛辞陈先务七事，世祖以字呼之，赐坐，赐赉优渥。及即位起，德辉为河东南北路宣抚使，二年考绩为十路最，帝劳之，迁东平路宣慰使，春旱祷太山而雨。至元三年秋，参议中书省事。碑文所称，与史传同，即其人也。盖张公登岱在至元元年九月，碑立于二年二月，迨三年则入为中书参议矣。旧在延禧殿，今移县署土地祠。碑阴有《五岳真形图》，洪武十一年十月勒。又有《东岳图碑》，成化十九年王以宾模，亦由庙移祠。

---

① 该句前，原碑有“以”字。

② “孚”，原碑作“吉”。

③ 该句后，原碑后有“平生如此者，盖每每也”句。

④ “谓”字前，原碑有一残字，似“以”。

⑤ 该句后，原碑有“盖不得不辩”句。

⑥ 该句前，原碑有“故”字。

徐世隆诗刻

文曰：记梦五言。

我梦天倪子，同登日观峰。骨强清似鹤，步健老犹龙。方外无官府，堂中有岱宗。仙闾真福地，杖屦会相从。

翰林集贤学士、正议大夫、知制诰、同修国史徐世隆书。

复斋送天倪子还泰山

九十行年发未华，道人风骨饱烟霞。洞天福地三千里，神府仙闾弟一家。牛膝药灵斟美醖，兔毫盏净啜芳芽。隐居自爱陶弘景，莫作山中宰相夸。

右石高一尺七寸，广一尺九寸。诗凡二首：其一，八行，行十一字，径一寸四分；其一，五行，行十四五字，字径八分，并正书，嵌环咏亭壁。案：《泰安县志·金石》不列是碑。《元史·徐世隆传》：世隆，字威卿，陈州西华人。弱冠，登金正大四年进士。癸巳，奉母北渡河，严实招致东平幕府，俾掌书记。元世祖在潜邸，召见于日月山。欲留之，以母老辞。实子忠济，以为东平行台经历。中统元年，擢燕京等路宣抚使。三年，宣抚司罢，还东平，除太常卿兼提举本路学校事。至元元年，迁翰林侍讲学士，俄兼户部侍郎。七年，迁吏部尚书。九年，补外为东昌路总管。十四年起，为山东提刑按察使。十五年，移淮东。十七年，召为翰林学士，又召为集贤学士，皆以疾辞，年八十卒。此世隆历官之始末也。此碑结衔云：翰林集贤学士、知制诰、同修国史，《传》无制诰、国史之职，而翰林集贤学士当在至元十七年。虽以疾辞，犹列其衔也。《传》不载其号“复斋”。碑云《复斋送天倪子还泰山》，《泰安县志》录此诗于《艺文》，作《徐世隆送天倪子归布山》，则复斋为世隆号，而“泰山布山”又互异也。以时考之，碑刻二诗，皆在至元十七年后至二十二年所作。其时方辞官，必就陈州家居，此盖书于其家。而所称天倪子者，刻于泰山不著年月也。天倪子，未著其名。据元遗山有《呈布山天倪子真人》诗，王奕和之，则道士而姓张也。又证以《朝元观碑》，知为张志纯。

王恽汉柏诗刻

文曰：汉柏。

苍柏无城拥汉陵，闷宫遗树郁峥嵘。崔嵬不植明堂础，造化还通岳顶灵。万壑烟霏封杰干，半空风雨撼秋声。白头会见东封日，秀映鸾旂一色青。

至元二十一年五月己酉朔，中议大夫、山东东西道提刑按察副大使汲郡王恽题。

右真书，嵌环咏亭壁。《潜研堂金石文跋尾续》云：按恽所历官，详见其子公孺所撰《神道碑》。其转中议大夫，碑亦未之载也。次行之下，又有数字，云“还”，一作“潜”字；“秀”一作“照”字。此后人据《秋涧大全集》本，校其同异而附注之者。

东岳庙圣旨碑

右凡二碑：一为泰定元年；一为至正四年。《金石文字记》云：案《元史·泰定帝本纪》有即位一《诏》，与此相类。鄙谚之语，播之王言，传之史册，贻笑后人。然其曰：每年烧香的上头，得来的香钱物件，只教先生每收掌者。则是时香钱固未尝入官也。《潜研堂金石文跋尾续》云：文称成吉思皇帝、月古台皇帝、薛禅皇帝、完泽笃皇帝、曲律皇帝、普贤都皇帝、怯坚皇帝。后题泰定元年鼠儿年十月二十三日。又一碑文称：成吉思皇帝、月古台皇帝、薛禅皇帝、完者都皇帝、曲律皇帝、普颜都皇帝、格坚皇帝、忽都秃皇帝、亦怜真班皇帝。后题至正四年猴儿年九月二十九日。案成吉思，太祖尊号也。薛禅、完泽笃、曲律、普颜都、格坚、忽都秃，则世祖、成宗、武宗、仁宗、英宗、明宗之谥，身后所追上也。太宗、宁宗未有国语谥号，故称其名。泰定即位《诏书》称英宗曰：硕德八剌皇帝，其时尚未有国语谥也。文宗国言曰：札牙笃皇帝。《至正碑》不及者，以其与于弑逆，黜之也。定宗、宪宗、泰定帝，皆继世之君，当世叙诸帝略不及焉。太庙七室之制，则太宗亦不预重本生，而轻正统，礼臣亦未有援古义以争之者。明嘉靖之议大礼，实滥觞于此矣。"月古台"，《元史》作"窝阔台"。"普颜都"，《史》作"普颜笃"。"忽都秃"，《史》作"忽都笃"，亦作"护都笃"。"亦怜真班"，《史》作"懿邻质班"。又如："完泽笃"之为"完者都"，格坚之为"怯坚"，两碑亦互异。盖译音本无定字，当时播诸王言，亦未尽画一也。

蒙案：谨遵钦定《元史国语解》，成吉思，当为"青吉斯"。窝阔台，当为"谔格德依"。"薛禅"，当为"色辰"。"完泽笃"，当为"鄂勒哲"。"图曲律"，当为"库鲁克"。"普颜笃"，当为"布延图"。"格坚"，当为"格根"。又"硕德八剌"，当为"硕迪巴拉"。"札牙笃"，当为"济雅尔"。碑向在泰安府岳庙西偏延禧殿前，近岁修庙者磨去其文为他用。泰安人聂鈫云。

贾鲁登泰山诗刻

文曰：登泰山　贾鲁

岱宗何崔嵬，群山无与比。使者久尘嚣，望之不胜喜。无缘凌绝顶，诣祠聊致謁。夫何一殿存，千间暴遗圮。人言遭劫火，金源乱兵里。感此废昔年，伤今未能理。飞奏入彤庭，经营良在迩。奈何齐鲁饥，百姓餐糠粃。神兮愿效灵，穰穰多乐祀。行当复故宫，金碧荡瞻视。

至正五年正月。

右行书，嵌环咏亭壁间。

东岳别殿重修堂庑碑

文略曰：岱宗有祠，实自唐始。宋大中祥符，肇建今祠。大其制一如王者居。其殿宇、门观、长廊、回阁，总八百一十有二楹[①]。其内城西南隅，有殿曰：延禧，有堂曰：诚明。缭以回廊，别以庖湢，以侍天子行人衔王命以代祀者，至则奠香币于殿，退斋于堂。垂思储精，卜日涓吉，乃有事于东岳天齐大生仁圣帝，示弗敢亵也。

三百年来，岳祠再废再作。金季俶扰，复毁于寇，唯斯殿与堂独存。我世祖皇帝践祚之七年，创构仁安殿，以妥岳灵，其他则未遑。然岁时既深，日就摧压，堂陛廊庑，咸非昔若。至正丁亥岁，值覃怀范君德清来提点庙祀，则曰：国家为社稷生灵计，岁遣近臣代祀，其所以涓洁精诚者在是，今乃摧毁弗治，可乎？遂疏谒诸好礼者，捐廪挥金，咸乐施弗爱。于是抡材召工，未阅岁而殿堂、廊庑灿然一新。又创为新堂五楹，前轩后闼，高明虚敞，以待宾客。西为神库，以藏天子赐物。复辟东廊，设以轩榻，高其陛阯，以待诸官府有事岳祠者，总计若干楹。噫！若范君者，可不谓勤于其职者哉！诸好礼者，姓名附载碑阴云。

右长山尹杜翱撰，周公贞真书并篆额。至正十三年四月，勒延禧殿前，今仆毁。

洪武东岳去封号文碑

〔明〕

洪武三年六月二十日。文见前。

东岳祝文碑

文曰：朕荷上天后土之眷命，蒙神之效灵，以致平群雄，息祸乱，主

① “二”，宋宣和重修碑文作“三”。

黔黎于华夏[①]，统控蛮夷，于今十年，中国康宁。然于神之祀，若以上古之君言之，则君为民而祷，岁有春祈秋报之礼。于斯之际，有望于神而祭者，有巡守于所在而燎瘗者。今予自建国以来，十年于兹，国为新造，民为初安，是不得亲临所在而祀神也。特遣开国忠臣李文忠、道士吴永舆、邓子方以代予行，奉牺牲玉帛于祠下[②]，以报效灵。自今以后，岁以仲秋诣祠致祭，惟神鉴之[③]。

洪武十年八月。

右真书，勒西廊外碑台。

重修东岳神庙碑

文曰：东岳泰山之神庙重修碑。

赐进士、通议大夫、礼部左侍郎兼翰林学士致仕、河东薛瑄撰文，赐进士、中奉大夫、山东等处承宣布政司左布政、罗浮李颙篆额，赐进士、中宪大夫、前兵部职方主事、济南府知府成皋陈铨书丹。

东岳泰山之神，故有庙在山之阳。朝廷有大典礼、大政务，则遣使告焉。庙屋历年既久，类多圮漏弗治，先是守臣尝奏请修建而弗克底完[④]。天顺己卯，泰安州复以其事达之济南府，因以上请，诏允修葺。于时，都宪年公富方议兴役而去，左副都御史贾公铨继来巡抚，乃洎巡按藩臬协议，既择有干幕职以董其役，复俾济南府知府陈铨月一往，以综理焉。铨始至泰安，谓修葺岳庙，固所以祗若朝命，致谨大神，然尤当以省民财、重民力为本。财匮民劳，事亦非可。因询及守庙者，具言数十年所积，礼神之物甚富。遂遣人持市木之巨细，与其他修屋之不可缺者，及既合。而匠役

① 该句前，原碑有“君”字。
② “玉”，原碑作“祝”。
③ 该句后，原碑有“尚飨”二字。
④ “弗”，原碑作“未”。

皆在官之人，农氓不知有役[①]。铨既综理有法，董役者亦用其意，不疾不徐[②]，工日就绪。始事于天顺庚辰秋七月，次年辛巳夏五月讫工。殿宇、周廊、门观、缭垣，悉皆完治，不陋于前，不侈于后。咸愿刻石，以纪其事。山西按察使王允，济南人也，因以书来，求文于瑄。

惟孔子有曰：必也正名乎！盖明则有礼乐，幽则有鬼神，其理一也。然则事神之道，其可不以正名为先乎？如岳镇海渎，在古帝王之世，皆以名山川称之，初无封号之加。盖以其为天地储形萃秀，神气流通，能兴云雨以泽物，能出财利以济民[③]。古虽载在祀典[④]，而不可加以封号。自前季以来，道学不传，幽明之理，不明于天下，邪诞谄妄之说日作。于是有封五岳为王、为帝者，有封五镇为公者，有封四海四渎为公为王者，而又各加以美号。夫岳镇海渎，其形峙而流，其气神而灵。古礼：五岳视三公，四渎视诸侯。而乃崇其等人，其神名既失正，神岂顾享？洪惟我太祖高皇帝，定有天下之初，即稽古祀神之典，乃颁大明诏旨于岳镇海渎诸神，曰：考诸祀典，知五岳、五镇、四海、四渎之封，起自唐世，崇名美号，历代有加，渎礼不经，莫此为甚。今依古定制，凡岳镇海渎，并去前代所封名号，止以山水本名称其神。仰惟诏旨所载，隆复古制，大洗前讹。其所以达幽明之理，定上下之分[⑤]，允宜表正斯世，垂法将来，而为万古不易之大典。孔子所谓正名者，于斯见之。

猗欤盛哉！东岳泰山之神，为诸岳冠。圣朝既正其名，秩其祀，而庙弗治，又俾所司以时修葺。而巡抚宪臣洎藩臬得综理其事[⑥]，如铨者不竭民之

① 该句前，原碑有“而”字。
② “疾”，原碑作“亟”。
③ “利”，原碑作“用”。
④ “古”，原碑作“故”。
⑤ “定”，原碑作“严”。
⑥ “事”，原碑作“役”。

财力，而克底完新，皆可谓祗若朝廷，丕扬显命[①]，而致谨于大神者矣。遂序其事而铭之曰：

一理宰斡，二气互根。清浮无际，浊坠斯存。柔行刚峙，川洪岳尊。惟此泰山，造化钟萃。巃嵸太虚，磅礴厚地。匪鲁邦詹，实众岳最。其蓄罔测，其施靡量。玄云寸石，甘雨八荒。功既载溥，厥报宜彰。有庙在阳，奉命新葺。重臣是承，守臣是职。民不匮劳，事底完集。殿宇廊观，耸卓萦回。高下中度，不骞不卑。神气郁郁，流通在兹。昔古山川，明祀有体。夫何前季，封号荐起。侪岳于天，紊三公礼。逮我圣世，道复古隆。斥绝僭诞，率由大中。岳镇海渎，悉正其名。惟岱宗神，神称允格。迄兹有役，咸愿刻石[②]。述理继辞，以示无极。

巡抚山东监察御史康骥、李胜。山东布政司右布政使曾翚，左参政柳春，右参政李赞、黄宗，左参议梅森，右参议贾恪。山东按察司按察使王越，副使张穆、徐朝宗、李悰[③]，佥事王琬、庄昇、刘进、徐毅。山东都司都指挥同知朱昇、陈信，佥事狄巘、陈忠、吴勣、谷昶。济南卫指挥使刘智、马凯，监运司运使董昱，同知刘濬，副使姜伦，判官宁文。济南府同知杨必贵，通判吴宗庆。泰安州知州李琪（修正殿），同知冯骥（修钟鼓楼、廊房），判官成谊、孔希昇（修三门、四角楼），吏目张杰，儒学训导王纶、李钦。巡检岳贤大使俞珏，阴阳官刘泽。董工经历王政，董工知事段稽，董工照磨李仪，董工案牍赵智，董工长清县主簿陈相。

大明天顺五年岁次辛巳冬月吉日，济南府推官雁门齐鲁立石，济南程春、程暋、程恂、程纪、程习，奉高孟昭镌。

右真书，额文同题，勒《宋天贶殿碑》阴，东向。即此亦足见省财重力之一端云。凡录明碑，衔名多不具为其近也。兹以得附文清鸿笔之末，故

① “扬”，原碑作“休”。
② “刻石”，原碑作“石刻”。
③ “悰”，原碑作“琮”。

备载以彰不朽。案李贤《修庙记》云：经始天顺四年八月廿六日，落成于五年九月初一日，与此略同。未详碑所在，意当时未勒石与。

孝宗御制重修东岳庙记

文曰：朕闻自古天子报祀鬼神之礼，载在典册。自郊祀天地而下，复有名山大川之祭。盖名山大川，两间物形之最巨者，形巨则气之所钟亦巨，而神必依之。于是有雨泽之润，有财货之生，有年谷水旱之祈祷焉。以利生人，此报祀之所由起也。惟泰山在古兖州，于方为东，故称东岳。于时为春，春主生，万物之始，群岳之长，又称岱宗。古者天子巡狩秩祭之所先，而东方诸侯，在其封内，亦得以祭。然其礼视三公，盖以别于天地。降及后世乃崇以美号，至于帝王，则与天地无别矣。我圣祖高皇帝，有天下之初，诏定祀典，始复其号曰：东岳泰山之神。礼严报祀，著令至今。大圣人超卓之见，盖出寻常万万，岂特朕所当恪守？虽万世子孙，莫之能易也。

东岳之庙，今遍于天下。其在泰山者为专祀，历代所重，故庙之规制甲于他方，香火特盛。我祖宗列圣，自国初以来，报祀惟谨，庙宇亦屡加修葺。然历岁既久，风侵雨剥，栋宇榱桷，盖瓦级砖与夫丹雘藻绘之饰，未免倾圮漫漶。弘治己未冬，敬承祖宗礼神之意，发内帑银八千余两，并在庙积贮香钱，命山东镇巡等官葺之。自壬戌冬，越明年夏乃就讫。自三殿而下，若廊庑、若门垣等，凡倾者以易，圮者以完，漫漶者以鲜以洁。金碧晖映，庙貌深严。泰岳明灵，既尊且安。自是而往，阴佑显相。我国家之福祚，一方之生灵，益有赖于无穷矣。宜有述以示后，爰识颠末，并系之诗曰：

鸿蒙未判，一气浑然。清升浊降，始肇乾坤。赋形之大，惟山与川。气随形钟，神乃在焉。巍巍泰山，高入云烟。群岳宗之，靡或与肩。自古天子，秩祭孔虔。礼视三公，祀典攸传。降及唐宋，缛礼相沿。殊名美号，益谨益专。于惟我祖，志复古先。秩祀有诏，功迈前编。朕承先烈，精诚弥坚。祀事载修，庙貌增妍。神心鉴悦，降福绵延。寿我国祚，光我化甄。

荡荡平平，亿万斯年。

右碑弘治癸亥年，勒庙中。

正德告文碑

正德五年四月初一日，遣户部侍郎乔宇祭岳神。文篆书，并额“御告文”三字。在金大定碑右。

大观峰碑

右“大观峰”三大字，嘉靖十一年，杨抚真书，在配天门外东侧，西向。

观海碑

右张钦真书“观海”二大字。两旁有嘉靖乙未年叶份跋。在《大观碑》南，西向，碑阴有秦篆二十九字，不知谁所橅也。

重修东岳庙碑

右碑李钦撰，安科真书，萧大亨篆额。嘉靖四十二年六月，勒仁安门内西侧，今佚。时嘉靖丁未庙灾，仅存寝宫及炳灵、延禧二宫。越十五年壬戌始兴修，凡十数月告成，经费皆藉香帛。董其事者济南同知翟涛，《岱史》所具碑略如此。又有参政许天赠《重修记略》言：万历甲申庙渐圮，因督修之，告成于乙酉八月，济南通判张世臣、州吏目苏天寿董其役。盖即黄克缵，所谓小有修葺也。

飞龙岩碑

右隆庆元年，刘翾真书“飞龙岩”三大字。在配天门外西侧，东向。

翔凤岭碑

右碑同上二碑并《大观峰》，皆拟立山上不果，因置此。

重修东岳庙碑

文曰：古者有事山川，皆除地为坛。岳庙之建，或曰唐人为之，然开元勒铭，犹云设坛场于山下，躬封燎于山上，则未有庙也。至宋大中祥符间，肇修封祀，躬款祠下。念唐封王爵，未足对扬休应，遂偕五岳咸升帝号，大修庙祀。宣和因之，益宏厥制。明兴，高皇帝正五岳之神号，文皇帝却封禅之谀说，大圣人作为，高出千古。而岳庙特仍其旧，时遣祠官致祭，坏则新之。若曰：泰山兴云致雨，泽及苍生，庙以祀神，有所举之，莫敢废也。嘉靖丁未，毁于回禄，犹请修于朝。议者以泰山灵异，四方瞻仰，走珪币而礼神者，岁收其余利，足以沾溉军民。而有司不能推神之有，以新其庙宇乎？于是聚材鸠工，积十余年，乃复旧观。从此小有修葺，不复请水衡钱矣。岁己亥，榷使纷出，缵为藩长，始议以泰山税钱割一万六千缗与中涓，进之大内，至今未罢，而经费始诎。适庙貌年久不葺，将至大坏，所需四千九百五十余金，有司不能办也。乃谋于参政徐君梦麟，搜赎锾济边之羡，得一千二百两有奇。道府胥吏先侵冒今扣偿者，可得九百金有奇，其余取给于神贶焉。爰令泰安州同知贺昌、临朐县丞吴复金专董其役，采石山麓，市木河滨，设埏陶甓，计值召傭，凡垣墙栋宇之圮者、颓者，蠹而折者，穿且漏者，悉易而新之。计所缮治，为正殿者一，为宫者三，为小殿者二，为楼者七，为亭者二，为门者十一，为城者百堞，以及斋房、步檐、神祠、客舍，罔不修饰。金碧耀日，觚棱拂云，而庙貌灿然改观焉。经始于乙巳十月，落成于丁未十二月。厥费颇巨，不可不纪其始末，以示将来。黄克缵曰：予以戊戌夏入齐，尝祗谒岳庙，登绝顶云。俯仰兹山，盖以苍天为旷宇，坤维为厚址，峰峦为栋梁，洞壑为门户，云烟为楼台，雷霆为钟鼓，云亭、梁父为几席，河济汶泗为沟池。而其所为神者，仿佛乎降娄、玄枵之间，呼吸之气，通于帝座，此真神灵之所宅也。若乃岱麓之庙，人以己居居神，神果居之乎？虽然以人事神，非壮其宫室，严其阶陛，丹青以饰之，钟鼓以乐之，馨香以荐之，何以申报赛而昭明德哉？是役也，协力经营，共襄厥役，自巡按以下凡十七人，皆有劳，例得书。

右碑万历三十六年正月黄克缵撰。久佚。

穆光允诗碑

右石四方。南勒万历四十八年光允《登岱》七律四首。东勒天启三年黄掲七律一首、五言排律一首。西勒掲七律一首，麻一凤七律一首。北勒一凤七律三首，杨炳“星辰可摘”四大字，并行书，在仁安门外西侧。

刘元琬诗碑

右《登岱》七律一首，行书，在东廊外碑台。

汉柏图赞碑

文曰：有菀者柏，蟠株灵宇。植之何年？云自汉武。形寄青峦，巍峙崇阶。兄彼秦松，弟乃唐槐。飞润流津，函云漏月。乔柯孤引，修干高揭。亭亭偃盖，蔽芾侯甸。镇厥东土，荫兹下民。我来其下，徘徊徙倚。图以携之，昕夕仰止。

晋濩泽道庄陈昌言题。

崇祯十五年壬午秋七月，关中耀州左漆左佩玹篆。

右真书，勒图左方。额篆：汉柏图赞。在炳灵宫阶右柏下，南向，郡邑志失载。余与其四世从孙秉灼游，甚洽，秉灼以告，阅之佳，因录。

国朝重修泰安州东岳庙碑

文曰：礼山川之祀以望，其既祭也则以牲玉，庋而悬之于林，沈于水，未有升高祀者。其后易坛壝为庙，而五岳皆于山下。恒山祠上，曲阳远在数百里外，犹不失古望祀之义焉。东岳庙，在泰安州治西北隅，实岳之南麓。前三门，门三涂，楼峙其前，神之居在五重，端冕秉圭，一如帝者之仪。议者谓：五岳视三公。然《周礼》有兆五帝之文，宰五行，配五色。后盖分祀五方，而青帝得祀于岱，章服之盛，非僭也。《书》：岁二月，东巡守，至于岱宗。《尔雅·释山》曰：河东岱。应劭曰：岱，始也；宗，长也。万物之始，阴阳交代，故谓五岳之长。相传神掌死生之籍，故曰：齐度游四方，各登泰山箓。盖自九皇六十四氏以来，秩祀不改。彼嵩、华、恒、霍，特庙祀一方而已。神则祠宇遍天下，生民之奔走威福者，疑神崇标峻极是处。由是山椒岳顶，各饰神祠，金碧焜煌于松栝之表。至州城之庙，载诸祀典，祈报者或未之过焉。惟朝廷有大典礼，特命使臣祠告外，则州之有司春秋致祭，一洒扫而已，庙以是久不治。呜呼！抑知百神受天子职，必祠官祀典所载，乃其所以凭依也欤。

皇帝践祚之六年，躬揽大政，告于海内名山大川。爰命秘书院学士宛平刘公修岱宗之祀使，旋寻奉命抚东土。既至，檄知州事林君修治。于是三司以下，靡不率钱为助。采大木于江淮，由运河辇于庙，明年竣事。城之雉堞，殿之垣墉，户之枨枢，土者为台，木者为榭。鼓钟之楼，斋湢之所，宋廇粢椟，瓴甋罘罳，莫不毕治。穹碑断碣，踣者复立。鬼物青红，夹门左右。州之男女，远方之人咸来观。小大稽首，爰砻贞石，以书岁月。公授简彝尊曰：斯文也，非子不可。彝尊伏念岱宗，为先王省方之地，观民设教，于是乎在，有孚颙若，惟神是依。治神人以和上下，建神示以保邦国，观化之理一也。万物出乎震，妙万物者莫如神，天地之盛德，仁气备焉。神之灵爽，既妥百物，以谐四时，以序协乎先王望祀之义，将遐迩之祈报者，不于彼而于此焉，庶无戾于古矣。乃作诗曰：

万汇之生，孰秉其权？阴阳相代，有化必迁。岩岩乔岳，善气所宣。降娄之躔，天柱左海。群山是宗，莫之与等。惟神司职，克配真宰。陈书于虞，考礼于周。鲁公三望，纪于春秋。百王之祀，岂其崇丘。嗟世之人，不稽祀典。键此重扃，峦磴是践。神房寝地，覆之苔藓。穆穆天子，既亲万几。使告于岱，诞及海沂。亲臣代祀，叩神之扉。帝有恩言，爰抚青社。小东大东，绥此劳瘴。有淑者旗，有犫者马。乃巡于野，乃舍于郊。乃诹司牧，爰暨庶寮。浮木于江，斫石于嶅。公来奉符，五宿山麓。新门有伉，四阿重屋。亦有寝宫，陈其牲玉。有苍者壁，帝晬其容。百灵来会，尔侯尔公。奕奕者庙，神罔时恫。郁郁唐槐，丸丸汉柏。树以丰碑，昭神之德。使山如砺，报祀不忒。

右碑康熙七年朱彝尊撰，八分书，并篆额，在仁安门外。今佚。

重修遥参亭碑

右碑康熙十五年，朱麟兆撰，真书，在遥参亭前。

重修东岳庙碑

右碑康熙十七年四月，施天裔撰，真书，碑阴有题名，在西廊外碑台。

御墨亭碑记

右碑康熙二十四年七月，徐旭龄恭撰，真书，在东廊外碑台。

奉命祭告东岳庙碑

文曰：天之下穹然峙者，惟岳乎！五岳视三公，而泰山居东方生物之地，能出云雨，以润天下，故于五岳为长。王者膺图受命，必禋祀以告代焉。《虞书》：东巡狩，至于岱宗。柴，望秩于山川。《传》所谓：因名山升中于天也。《周颂》：《时迈》《般》二篇皆云乔岳。《序》以为巡狩告祭之时，不过行虞氏柴望之礼而已。自《管子》称封禅七十二家，而遂举成王封泰山禅社首，以实其说，秦汉以后，间一行之。司马迁作《书》，以讽武帝，事不经见，明主弗为也。其春秋常祀，诏领于有司，国家有大政事、大典礼，则特遣贵臣祭告，历代相沿，以为永制。

我皇上盛德在躬，百行兼备，首隆孝治，格于神人，其事两宫，所以尊养。而显扬之者无不至，视舜之大孝，武之达孝，先后一揆焉。推之以仁民爱物，物靡不得其所。东方生物之气，因是以流盎亭毒，浃于函夏，而皇上顾崇谦让之德，向者驻跸奉高，力排群议，肇称殷礼。独见之明，超轶秦汉万万，与虞周争烈矣。今康熙二十七年冬十月，恭遇太皇、太后升祔之期，皇上恭请，谥于南郊。又以其事，告宗庙社稷，礼毕，凡祀典所当举者，分遣臣寮奉册祭告。而臣振裕任东方之役，泰山、东海、沂山，三致礼焉。岁十二月，驱车至奉高。越明年春正月癸酉，始有事于泰山。先期斋戒，澄心息虑，省牲之夕，申命有司，恪恭执事，罔或怠缺。祭之日，庙宫肃然，游氛高褰，四宇清朗，祝币具列，牲肥酒清，降登荐祼。谨奉仪式，竣事而退。仰瞩岱顶，天门巀嶪，轩豁呈露，矞云捧日，祥飙荡空，翠柏苍松，粲焉可数，用见我皇上至德要道，协两仪而怀百神，惟岳有灵，景福肸蠁，故其征应如此。臣振裕文采固陋，窃尝考之《诗》《书》，参之今昔，盖礼莫重于祭。而圣人之德，无以加于孝。皇上孝治天下，而典礼所行，适当首春之吉。秩祀兹土，则渐民以仁，育物以慈，使天下熙然歌咏于虞周之世者，实见于此。而神之大享默佑，以佐我圣天子好生之德，固将绵亿万年而未已。臣幸得备员祭告，而不克揄扬盛典，非肃将君命、敬共明神之义也。遂拜手稽首而为文，以勒诸石。

右，康熙二十八年正月，李振裕撰，真书，在露台西。

汉柏　唐槐二诗碑

张鹏翮

右并康熙四十九年，行书，各识其处。

重修岳庙碑记

文曰：皇上端拱万方，镕铸六合。威灵震叠，膏泽汪濊。无往不宾，有来斯格。如天之覆，粒我烝民。如日之升，烛于率土。荡荡巍巍之德，上轶唐虞；赫赫濯濯之勋，远隆汤武。康熙五十二年，恭逢皇上六十万寿之期，即亿万年万寿之始。臣蒋陈锡仰承简命，保厘东郊。蒙圣主股肱之寄，未能上竭涓埃犬马之诚，冀得少伸万一。恭惟泰安东岳尊神，天帝之孙，群灵之府。东方为万物之始，震位居五岳之尊。朝廷有大礼大政，则遣使告焉。故崇宫胜宇，自昔备极壮观。迨岁月既深，丹雘漶漫，金碧剥落，栋宇倾颓，墙垣毁圮甚非。所以祗告朝廷，丕承休命，而致谨于神人者也。随与藩臬道府各官，共议修葺而鼎新之。协力捐俸，共襄盛事，并不捐及州县等官，官亦不轻用民间一砖一瓦，一木一石。并严禁有司，不得借修岳庙之名，派毫发于闾里。倘奉行不实，即飞章纠参，是以官奉法，民欢趋，云蒸霞蔚，雷动风行。乃命泰安州牧张五福，鸠工庀材，若殿若宇，若堂若庑，若舍若寮，木者、石者、陶者、钖者，丹垩而髹者，百度咸集。可仍仍之，否则易之。甚者彻而增之。经始于五十一年十月，毕工于五十二年三月。自麓至顶，莫不焕然一新。计工费所需，共捐俸银四千三百八十两零。落成之日，正值皇上万寿。届期，臣谨率僚属，恭谒岳庙，虔修醮典，为圣天子灵长之祝。但觉珠宫耀彩，宝像腾辉，万姓观瞻，天人欢悦。灵光照瞩，淑气絪缊，默相阴佑，雨旸时若。频年夏麦秋禾，两岐九穗，遍于齐鲁之郊。从兹万邦屡丰，民气和乐，永保我国家无疆之庆。明神之功，固与天地共垂不朽矣！抑臣闻之，自古受命帝王，曷尝不封禅？我皇上文武圣神，事天礼祇，竭诚尽敬，当祯祥协应，休瑞绍臻，犹谦让未遑，陋七十二君之仪，不敢蹈封禅之迹。圣天子之超越百王，真自古所未有也。岁甲午，为皇上万寿本命之年，臣复率僚属，恭诣岳庙，建醮十有九日。张牧具贞珉，请余记其事，以示永久，乃薰沐而书之。

右，康熙五十三年三月，蒋陈锡撰，真书，在仁安门外。碑阴有题名。

环咏亭石刻

〔汉〕张衡《四思篇》之一。

〔魏〕曹植《飞龙篇》。

〔晋〕陆机《泰山吟》。

〔宋〕谢灵运《泰山吟》(并篆书，后人补刻)。

〔明〕吴憪《泰山十四咏》(真书，吴云补刻)。

吴江《登泰山》诗(草书)。

徐仲麟《泰山》诗。

黄恕次、徐佥宪《泰山》韵(并真书，已上景泰年)。

普晖《登泰山书院》诗(真书，天顺年)。

张盛《登泰山》一首,《杂咏》十首。

张文《泰山》诗及《大夫松》三首。

杨勛《登绝顶》二首。

王弼《登岱》诗。

邹文盛《泰山》诗二首。

张岫《登泰山》诗(并真书，已上成化年)。

赵鹤龄《登泰山》诗二首(草书)。

卢濬《游灵岩》诗。

胡瑄《游徂徕》联句。

潘鉴《登泰山》诗(并真书)。

戴珊《谒东岳祠》诗二首(行书)。

周津《泰山八景》诗八首。

王从鼎《泰山》诗三首(并真书)。

周纮《登岱》诗。

高可升《舍身台》诗(并草书)。

缪觐《登泰山》诗三首(行书)。

刘良辅《登顶》诗。

王守仁《御帐坪》诗（并真书）。

陈璧《谒岱宗祠》诗（行书）。

王雰《登泰山》及《途中偶成》各一首（真书，已上弘治年）。

胡节《望岳》诗（草书）。

乔宇《登岱》诗二首（篆书）。

张濬《登泰山》诗及《五松》诗二首。

陈琳《登岳》诗二首。

柴奇《登岱》及《竹林寺》诗。

赵鹤《登泰山》诗十首。

朱寅步、陈方伯《登岱》诗二首。

戴经《泰山八景》诗八首。

王讴《登泰山》诗二首，又《无字碑》诗。

孙纪《登岳》步边华泉韵二首。

吴堂《游竹林寺》诗。

张宇《御帐遗迹》诗（并真书，已上正德年）。

陈凤梧静斋《祭岳》诗（行书）。

朱节《登岳》次范苏山韵。

张衮《谒元君》诗。

潘埙《岱麓》诗。

胡伸《登泰山》诗三首。

萧璆《秦松》诗（并草书）。

孙璋《登泰山》诗。

章忱《登泰山》诗（并真书）。

刘淑相《快活三》诗。

张衍庆《登泰山》诗（并草书）。

陈子直《登岱宗》诗二首（行书）。

廖自显《陟岱纪事》诗。

詹宽《登泰山》诗二首。

胡经《登泰山》诗、《观五松》诗。

许应元《岱宗》诗（并草书）。

张鲲《登泰山杂咏》六首（草书），又《泰山顶》诗（篆书）。

郑威《登泰山》诗二首、《回马岭》一首。

周相《登泰山》诗。

马驺《登泰岳》及《御帐》诗。

邵经济《登岱》诗四首。

乔瑞《登岱》诗二首。

刘焘《从桂峰侍御登岱阻雪》诗。

陈仲录《登泰山》诗及《泰山吟》五首。

吴九经《登泰山》诗二首。

方元同《泰山》诗（并草书）。

汪子卿《同方两江登岱联句》二首（真书）。

李先芳《登岳》诗，又《日观峰》诗。

丁懋儒《登泰岳》诗三首（并草书）。

曹金《竹林寺》诗。

徐文通《陪段侍御登岱》及《岱宗》诗八首（并行书，已上嘉靖年）。

李戴《登日观峰》诗。

徐贞明《登岱雪望》及《秦松》诗（并真书）。又《杂咏》九首（行书）。

毛在《环咏堂记》（真书）。

赵志皋《登岱》八首，又《杂咏》五首。

董光《登泰山》及《高里山》诗（并草书）。

魏永贞《泰山杂咏》五首。

李化龙《登岱》八首。

郭棐《登岱》八首。

郭守方《泰山诸景》二首（皆真书）。

俞汝为《登岱》八首及《无字碑》《日观峰》诗。

毕懋康《登岱》诗二首（并行书）。

罗文炜《望岳怀毕使君》诗（草书，已上万历年）。

王应修《岱庙》诗《古柏》赋、王辉集右军《圣教序》书二石合勒，今佚前段（天启年）。

徐冠《登泰山》三首（行书）。

吴大山《登岱》二首（草书）。

张衔《游灵岩》三首（真书）、《登岱篇》（草书，已上无年代）。

〔国朝〕贺运清《登岱》诗（行书，顺治年）。

杨霖《岱顶圣殿记》。

吴云《圣殿记》。

孔贞瑄《圣殿记》（并真书）。

杨霖《环咏堂记》。

吴云《环咏堂记》，又《诗》（并草书）。

金古良《游岱记》，又《诗》二首。

施镰《跋》。

施其信《诗》。

施德裕《诗》。

施复《诗》（并真书，已上康熙年）。

方嵋书《东岳圣帝垂训》（真书）。

明德《望岱纪略》（蔡应彪行书，已上乾隆年）。

右，并元徐世隆、王恽、贾鲁三刻，共九十五碣，合《种明逸诗题跋》二石，并勒亭之周垣。其诗篇之佳者，分载各览。

泰山图赞碑[1]

文曰：盖泰山者[2]，上应角亢之精，下据青兖之封。综万物而交代，冠五岳以独宗，繄一元之肇始，兼二气而成终。其体磅礴，其势穹隆，根昆仑以迤北，跨渤澥而遂东。象葱茏其在木，形夭矫以犹龙。乃谓震男，厥神青帝。性本乾刚，心则神粹[3]。辟群萌以必先，含众生之所际。迎日月之鲜华，蕴风雷而蔚萃。晴则广宇被其光辉[4]，雨则寰区资其湛濊。粤古帝王，克媲天地，对时茂以峥嵘，布春温而蔼晬。指青郊而肆巡，驾苍龙以言迈。景明堂之威仪[5]，钦群后之旆哕。远播德音，高标道谊。民尽熙和[6]，物无疵疠。益君王之遐龄，宏国家之普利。皆山之灵，神之惠也。恭惟圣代，秩祀式敦。省方讫于南国，凭轼首于东藩。倡万邦以履始，视四岳而居尊。仿虞周而徽典，辞封禅之谶文。咨闾阎之疾苦，率官吏以清勤。占云物于日观，洒翰墨于天门。斯皇古所希觏，岂晚近之足论。

孝纯世忝簪缨，情怡山水，昔叨西蜀之分符，今守东鲁之旧址。惧宠命之难膺，忻名山其在迩。仰岱峰之千寻，邻岳麓者数里。排天阙其如屏，抚郡城而若几。是故入庙则俨其崇隆，登山则觇其焜炜。幸年岁之屡丰，锡民人以繁祉。既积厚以承高，爰扬灵而志美。乃作赞曰：

于赫东岳，嵚崎岞崿。出震宣扬，先天所作。青帝宅宫，表海于东。兴云施雨，其泽鸿蒙。自昔天子，或封或祀。玉帛斯陈，降以嘉祉。惟我圣朝，河广岳乔。莫不怀柔，百神孔昭。矧近畿辅，春巡是举。五岳夙临，万物载睹。洪衍龙文，烂然星陈。雕金镂石，郁郁纷纷。奉守东郡，瞻言肆觐。夙夜靖共，祗天子命。实惟岳神，曰圣曰仁。承天百福，

① 该句，原碑作“泰山赞并序”。

② “盖”，字后，原碑有“夫”字。

③ “神”，原碑作“仁”。

④ “晴”，原碑作“青”；该句前原碑有“是以”二字。

⑤ 该句前，原碑有“莫不”二字。

⑥ 该句前，原碑有“故”字。

佑我民人。贻我甘雨，茂我稷黍。屡有丰年，宁我邦宇。山高无倾，民众无争。邹鲁文学，有骏其声。使臣稽首，戴高履厚。愿比嵩呼，天子万寿。

右碑乾隆四十年五月[①]，知府朱孝纯撰赞并叙，八分书。勒配天门外西侧，东向。碑阴有《泰山图》。

岳神辞[②]

〔宋〕鲜于侁

云蓊蔚兮山之巅，瞻岳灵兮望青天。崭岩峭崒兮磅礴无垠，巃嵸崒勃兮宁一以为仁。草木杂而罗生兮，人不可名；鸟兽蕃而走集兮，虞不能知。因高错事兮，道此跻升；登岱勒成兮，胡为而七十二君！齐余心兮不外，高余冠兮甚伟。撷芳杜兮为衣，掇紫芝兮作佩。柏实兮松华，石髓兮兰英。惠肴陈兮玉案，明水湛兮清尊。诚拳拳兮不解，寐接神兮恍若有言。嵩高峻极兮生甫与申，周道将明兮宣以中兴。水旱不常兮虫螟以灾，稼穑卒荒兮民生流离。劳来安集兮之子之功，祐此下民兮宁遗神羞。

新庙告成诗五章

〔明〕李东阳

岩岩岱岳，新庙有作。爰经爰度，唯旧规是若。载增载拓，以光于前略。

新庙既构，其辉孔炤。如辐斯辏，如樾斯茂。若绘若绣，惟功之懋，厥有加于旧。

惟天降灾，郁攸是崇。惟斯文之恫，惟帝降命。有严厥工，唯中丞之

① 该句前，原碑有"大清乾隆四十年岁次乙未夏五月，泰安府知府东海朱孝纯拜手恭撰并书"句。

② "辞"，《皇朝文鉴》作"诵"。

风，监司之功。

庙祀伊俶，帝命孔肃。曰此大事，我其可弗告。粢牲册祝，予辅臣是属。臣拜稽首，曷敢弗恪。

庙既新止，礼既因止。圣灵降监，飨吉蠲止。天右斯文，实亨厥屯。如贞斯元，如冬斯春。惟国有明，祀于千万年。

迎神辞

张铎

雨滂滂兮风飔飔，望神君兮驾赤螭。魂恍恍兮远徂驰，峻坂兮陟长岐。望舒为御兮霞为裳，丰隆前导兮电为旗。迢遥戾止山东涯，苍虬元豹何纷披。神驹宝马森相随，琼琚络珮声累累。凤凰衔珠光陆离，纷屡舞、献瑶卮，坎坎击鼓扬巫师。愿镇坤维兮，祀事孔时。

送神辞

雨忽散兮云英英，送神君兮驾太清。天衢缥缈兮不可挹，忽侘傺兮心惊。龙翼辅兮骈阗，虎服箱兮纵横。驰驱海岳返瑶京，霓裳霞帔俨同行。玻璃流光照空明，玉童时罢云和笙。琼宫宝宇寂无声，歌万福、受瑶觥，陶陶嬉舞欢相迎。愿灵去而来兮，奠此群生。

谒岳祠即事

〔宋〕晁补之

泽南三百里，极望横天云。云端色凝黛，谛视初可分。峥嵘介丘像，澒洞玄气屯。顷刻有变化，惨澹殊明昏。天行帝出震，其位生物元。不周偾西北，川乃东南奔。宁知六鳌死，竟使二山沦。不有是难倾，孰维大块根。尝闻周官说，实维天帝孙。神灵所镇守，民物斯茈存。幽明吻一理，有道惟常尊。不觉下马拜，僮奴亦遵循。乃知正直理，足使冥顽敦。三王有损益，商人所尊神。明法或不惧，夜行安得逡。以此传世教，庶几驱骜民。暮宿太平驿，不眠虑丝棼。明朝好天色，万象开胚浑。势横恒碣尽，支压齐鲁蹲。五色冒日观，一握通帝阍。恢拓下摧崔，青苍上氤氲。泉石竞沮洳，烟岚互纷纶。高举踏风海，深蟠跆火轮。波涛转堆阜，一一溟渤吞。棋枰视井邑，匕箸藏松椿。碧瓦峙双阙，红墙缭长阓。愿瞻岩冏容，内涤邪垢魂。赐臣登绝顶，一览神秀原。万坚射窈窕，三坛矗嶙峋。莽不睹项领，何能穷脏根。稍稍指凫绎，依依数亭云。松列大夫爵，骡识将军坟。琐屑涧花丽，霏微崖药薰。广大良有以，奇险安足论。瑰诡有形上，颓然德弥惇。得无希夷子，傲世逃深榛。亦有黄冠士，相对如麋麐。此曹啮草木，语道良未闻。解榻坐中观，洗心驰大钧。形气要得一，不然随物泯。是事亦姑置，幽寻聊可勤。初疑无字碑，莹洁谁能文。又怪玉女井，高绝何由渊。俯窥斗仙岩，鸟下天壁垠。侧度五贤堂，熊经背逡巡。剑石危素履，女萝柔屦扪。挥斥八极远，风来袂轩轩。寥廓自无梯，犹疑天可宾。阴谷不可视，恐落魑魅群。安得遂独往，身如黄鹄翻。周流遍五岳，采掇芝英繁。即欲憩圆峤，或当止昆仑。众真迎我语，一笑颜玉温。是中差可乐，子胡恋尘樊。答此太遗物，身闲犹事君。重华迹已远，秦汉事方烦。成功属吾宋，五礼垂后昆。皇帝二载春，臣备太史员。紬绎自帝典，颇识康哉言。泥金白玉字，愿颂无前勋。有志类韩愈，无书愧文园。臣发将雪素，臣心犹日暾。今此在林薮，跳身同攫猿。徒观众山小，愁绝下天门。

汉柏诗

〔元〕王奕

肤剥心枯岁月深，孙枝已解作龙吟。烈风吹起孤高韵，犹作峰头梁甫音。

岳庙四首

〔明〕王元坤

地开神府自鸿蒙，作表群灵控大东。万国朝宗瞻巨镇，二仪生物藉元功。青旂晓转光华丽，苍璧时陈礼制隆。陟降有严廉陛迥，满空甘雨飒天风。

飞楼层堞启星门，五岳推先品位尊。帝出震隅通象纬，灵昭木德奠乾坤。百王秩祀崇遗典，万类瞻依肃骏奔。鸾鹤去来天路近，广庭钟鼓自朝昏。

灵区虚旷枕兰皋，台殿浮空踞六鳌。鸟下雕题岚气湿，云披金榜日华高。龙文凤字延苍藓，汉柏唐槐拂翠涛。对越自能通肸蠁，却惭千里荐溪毛。

西风岳麓动萧森，穆穆天孙洞府深。背岭台隍延暮色，偃空旍盖下秋阴。露寒古砌花仍发，人去缭垣鸟自吟。更欲投钱问香井，隔林霞彩度青岑。

东岳庙

萧协中

寰海名山尊五岳，岱主天孙帝天角。春德生人冠百灵，燔柴秩祀原超卓。爰有神居体势崇，巍峨竦拔疑云中。高城百雉围金碧，殿阁千里卧蝃蝀。朱门轮奂辉金榜，黄屋翚飞足宏敞。两两廊庑翼寝宫，明神赫奕昭英爽。美哉香火百千年，辐辏轮蹄祀事虔。经声帝号炉烟里，膜拜嵩呼玉殿前。殿前松柏龙腾跃，吐雾吞云尽阴幕。谁荦他山九石奇，蹲狮伏豹纷拏攫。我瞻庙貌神有灵，肃然祗拜神中庭。愿乘震德亨中土，帝社皇图亿万龄。

香井

凿石分流细，芬芳濬脉长。岭梅寒漱液，岩桂夜澄浆。鼻观闻初异，泉痕嗅自香。茶铛闲煮月，应共老僧尝。

汉柏唐槐

汉唐英主侈东封，并植灵柯古色浓。柏叶傲霜迎翠葆，槐枝结夏荫苍龙。虚疑神物同千载，自是仙根托九重。安得虎头携绢素，纵横仿佛写奇踪。

汉柏

〔国朝〕施闰章

根不必踞绝壁，枝不必摩苍天。婆娑岳庙眼前树，轮囷屈曲几千年。龙文蛇腹复猿臂，铁干蟠空少根蒂。岱宗玉女旌旗翻，百灵半夜风雨会。韦偃毕宏画不得，神物旁观空叹息。春暮天空鹳鹤悲，阴霞绕树沈云黑。崔嵬祠庙已频灾，唐槐灰烬秦松摧。武皇六龙逝不回，嗟尔古柏胡为乎在哉！令我哀歌矫首心徘徊。

谒岳祠

沈德潜

閟殿崇东国，惟神配极闻。钟沉汶源水，香和泰山云。桧柏森灵气，碑铭辨古文。升阶肃瞻拜，万虑静纷纭。

环咏亭

严长明

林扉闲敞殿西偏，春昼来过草色芊。翠壁阴浓疑有雨，古槐根断忽生泉。吟边韵落铮纵铎，劫外碑横片段烟。到此可无题字在，筼筜特地拣匀圆。

谒岳庙

太微执斗临紫宫，元精合撰呈卑崇。灵威仰尤爱所钟，职诸岱使专厥雄。维帝出震开东封，垂旒仿佛君云中。日章月采昌以丰，外表严毅中抱蛊。金舆山立壁两轓，苍麟夹侍摇青鬃。先以大角仓精龙，眂天察地横复纵。歕海欱漠如长洪，莫原阙始要厥终。周三千里境未穷，高四千丈廓有容。天关上下开梯冲，左日右月惊发矇。太清宫碧扉则彤，云亭社首卫若墉。玉符琨瑞垤附崧，配以太华恒衡嵩。亹闻精气相周通，象若侯甸男卫从。扶舆匪特以自丰，德之博者功亦隆。

稽古颛顼居空峒，奉火为祖金为宗。禺强佐之殚靖共，导率玄武行蹱蹤。穷蛇冠珥追厥踪，倚烛龙烛山曰钟。阴火灼冰冰弗融，鸟兽希革草失芃。维灵頫眂忧心忡，少皞于召来东蒙。唐臣陆吾若不逢，明威圣者天所工。负甲背虎持六穜，阳门倒挂榑桑弓。窍凿大块嘘协风，生气涌出如奔虹。吹万无复夭札凶，谷气不痹林不癃。时叶光纪心维恫，斥弃舆马兼仆僮。上之帝所陈鞠讻，天庭忽荒神罔恫。缩身潜喘夔魖同，下奔委羽栖其躬。因是六幕交和冲，灵乃䜣合孚若颙。麾箕舒猋毕降冻，凝膏液若乳酪醲。以昌万汇绥九农，奔走唱于复唱喁。天子时迈嘉乃庸，高居祓饰金碧重。五礼六乐罔不供，奠以苍璧妃青琮。天池酒汁萼溶溶，奎章下贲光维熊。辉增群岳丽烛空，讵等封禅夸成功。七十二代交汹汹，滕书堙玉欺瞀懵。岂惟麟凤来景慵，黍禾茅亦生不丛。嗟余八翼惭氄毦，兹何意向天门翀。挈才自愧成牛蝓，含辞欲吐道弗充。回卢惊见贞石砻，重若球贝陈三雍。披唫未已泪落胸，公如天柱颓中峰。元神陟降应在穹，帝宸左右鸣珩璁。曷归乎来牖我衷，阖闾东望云曈昽。

东平布衣赵天麟上策

〔元〕

臣闻：天子祭天地及天下之名山大川，诸侯祭社稷及名山大川之在其地者，大夫祭五祀，士祭宗庙，庶人祭祖考于寝。上得兼下，下不得僭上，皆有制以节之。

今国家称秩元，祀咸秩无文，既有礼部及太常司、侍仪司以备其节文，又诏令所在官司，岁时致祭五岳四渎名山大川。历代圣帝明王，忠臣节士之载在祀典者，皆其宜也。窃见方今小民不安常典，妄事神明，其类甚多，不可枚举。夫东岳者，太平天子告成之地，东方藩侯当祀之山。今乃有倡优戏谑之徒，货殖屠沽之子，每年春，四方云聚，有不远千里而来者，有提挈全家而至者，干越邦典，渫渎神明，停废产业，耗损食货，亦已甚矣！昔季氏鲁国之上卿，旅于泰山，孔子犹欲其宰救之，况小民之贱乎？大人之教，不以名器分之，则将紊矣！小民之心，不以名器绳之，则将恣矣！况淫祀者事神之诚极寡，希福之贪甚多。且父慈子孝，何用焚香？上安下顺，何须楮币？不然则虽竭天下之香，继炉而焚之，罄天下之楮，为币而爇之，臣知其断无益矣。然而圣人立祀礼者，报其当然之本，行吾当然之义也。

伏望陛下，申明前诏，使天下郡县官，各祭名山大川。圣帝明王、忠臣节士之在其地者，凡下民当祭之神，如祖考及门庭户灶等听之。凡非典所当祀而祀之者，禁之。无令妄渎！凡祈神赛社，浆酒藿肉，饰立神像，泥金镂木者，禁之，无令妄费！如是，则使巫风浸消，抑亦富民一助。

陈淳论

〔宋〕

泰山曰“天齐仁圣帝”。在唐为“天齐王”，至本朝以东方主生，加“仁圣”二字，封帝。帝只一上帝而已，安有山而谓之帝？令立庙，俨然人形貌，垂旒端冕，衣裳而坐。又立后殿于其后，不知又是何山可以当其配而为夫妇耶？据泰山鲁封内，惟鲁公可以祭。今隔一江一淮，与南方地脉绝不相干涉，而在在州县皆立东岳行祠，亦失于讲明之故。

邱濬论

〔明〕

有此天地，即有此山川，有此山川，即有所以主之者，是则所谓神也。世俗乃以三月二十八日，为岳神初度之辰。呜呼！自天一生水，凝而为山，其所以凝而成形也，亦有时日耶，此无稽之甚也。甚者惑于释氏地狱之说，谓人死，其魂皆必经岳祠考掠，而有二十四案之像。其说尤为不经，乞下有司屏除，毋俾得以惑世欺民。

代祀东岳记

〔元〕田文举

望秩山川，怀柔百神，此虞周之盛典也。历代以来，至于我元，岁举殷礼，崇尚祀典，复古之制也。甲申闰二月丁卯，皇上端拱九重，齐明盛服，敬授内八府宰相臣塔剌海、臣冲真明远元静真人张德隆，以名香、银盒，白金壹锭、锦幡一盒，驰驿以至岱宗祠下。是月二十七日，臣塔剌海等，斋沐昭告，守土之官，戮力协心，敬趋厥职。越二十九日己丑，致祭于“东岳天齐大生仁圣帝”。焚香祝颂，恪恭荐祼，三献肃雍，礼成而退。神之格歆，不崇朝而雨，田畴足润，年丰有望，实神岳之灵以应天子敬恭明神之佳兆也。猗欤休哉！谨记。

代祀东岳记

李绣

五岳在天地间，含泽宣气，裨赞化育。自昔为有国者所崇奉，而岱宗于次为尤，尊且贵焉。圣元岁一遣使致祀，惟谨祝称：嗣天子敬遣某官某事，可谓严且重矣。至正十年庚寅月正元日，上御正朝，中书省臣奏，得旨以宣政院副使臣桑哥、秘书少监臣贺方代祀东岳，既而以事不果。行省臣复奏，以翰林国史院应奉臣李绣易方，越十又四日己巳，臣桑哥等偕诸道代祀官十人，入见明仁殿，皇上亲举香函，致敬以授使臣者。臣桑哥、绣乃捧香帛祝，自京驰八乘传，即日就道。二十有二日丁丑，抵祠下。翼日葳祀，牲用少牢，酒果庶羞，精洁备具。将事之夕，端倪轩豁，万象呈露，小大执事，罔不阊怿。呜呼！神之歆此毖祀，锡羡降康，以答圣天子之至诚者，谅必有在。将命小臣，其何敢知？姑识岁月，以谂来者（案：“桑哥”当作“僧格”）。

代祀灵应记

〔明〕习嘉言

去年秋不雨，冬亦不雪。今春妨东作麦，乃不有秋，皇上忧惕。四月癸卯，遣近臣十有七人，赍香帛，祷祠岳镇海渎暨钟山，宸衷尤惓切焉。嘉言忝遣首得代祀东岳，时驰驿诣山东者三人，彼以沂山、东海也。比至，三司率官属远迓香帛，为礼甚恭。予语以祷祠之意，议分职助祷，于是宪使张君鹏偕行。五月壬子，宿祠下。翼旦，祗谒。予默祷曰：亢旱久矣，圣天子遣一介臣，祷祠于神，神宜有所昭答焉。退，偕张君，令有司召民之出大牢及蔬果者，听自言其直，给以所赍钞，人人喜出望外。是日午，雨。乙卯，雨如注。丁巳，又雨。戊午四鼓，序列祭具，星月如昼，既举三献礼，仰瞻神灵，若响若答。礼成，云倏以起，雨大作，移时方止。州之父老助祷者欢呼，言雨三日为霖，兹既幸见，奚可多得哉？遂再拜曰：皇帝子我，恒矜悯我，既旱祷以雨我，使我播种以不饥困，恩德何其至哉！又曰：神利泽我者多矣。旱而有祷，辄雨矣；使旱不为灾，惠莫加矣。又曰：是雨也，固宸衷感通所致，良由神之克效。夫灵应也，顾无所于报，愿皇帝寿万万年，神得禋祀于无穷也。时济郡守陈君安、泰安州守施守正，暨寮属助祷者，谓灵应斯臻，盍属记于予？惟神以尊冠五岳，发育群物，灵应往日者岂少耶？殆未若今之捷于影响也，诚足副上意而慰民望矣。虽然是岁之旱，奚翅一方？焉得所谓不崇朝而雨天下者，予尤有所冀也（正统九年五月）。

祷雨有感记

陆瑜

天地之大德曰生，泰山奠于东土，体乾含元，为五岳之宗。有虞柴望，于是历代登封，于是唐宋以来建庙加号，礼极崇重，行祠遍宇内。圣朝酌准古制，凡岳镇海渎之神，命所在守长祠事。京师列坛于郊，以隆望典。有事特遣使谒告，称神去号，礼从中正，惟东岳行祠在天下者独盛。景泰乙亥春二月至夏五月，山东郡县不雨，麦谷将槁。先是济、兖诸郡，连年被灾，兼以河决漕阻，民役久疲，上命刑部尚书括苍薛公往临之。复值兹旱，公忧形于色，戒所司曰：上天降灾，厥有攸征，循咎自予，于民何辜？乃斋沐择吉，祷于济南泰山行祠。是夕，雨而沾被不远。公叹曰：弗虔也！此去泰山百余里，盍往祷焉？命瑜偕按察使刘孜等从。既就道，烈日烁石，炎飚扬埃。次灵岩，望泰山绝顶，俄有片云，玉叶光洁，乘风不动。夜二鼓，公将至州。须臾，顶云布阴，鼓雷闪电，雨意油然，将下复止，若迓焉者。迨旦，公谒祠，焚香恳款，退斋愈恭。明旦致祷，重阴蔽山，雷电交作。公率众升礼，而大雨如注。午及晚，三升坛，皆如之，观者叹异。是夜，霶霈不止，六郡沾渥，百物勃然，漕道以通，岁臻大稔，兵农安堵，歌咏公德。非公之精诚，不足以格泰山之神，非泰山之神，奚致感应之速若此哉！昔殷圣责躬，而大雨方数千里。后世值旱，或禜门、或渍龙、或舞巫而应，或释冤而雨。若公之诚，所以格乎泰山者，鲜矣！瑜愿志诸石，以彰敬神惠民之嘉迹，庶几将来者知所则。

重修环咏亭记

毛在

岱庙西偏曰御香亭，折而右，旧有亭，名环咏，志古今闻人诗刻也。

其间最著者，如张平子、曹子建，韩、范、欧阳诸公，流辉千古，不可磨灭。代更亭废，故址几夷，诸石刻埋没不可见。往贰转运，今兵备天津查君志隆，奉檄修《岱志》，搜诸名胜。余辄檄所司计工，度其费可百金。其地南北仅数丈许，广如之，周以基垣取旧制，拂拭之，胪列于其上。中创亭一楹，仍扁“环咏”。四视玲珑虫书鸟篆，争效奇焉，斯亦岱下一大观已。属所司工报竣，余观风济上，祠岱宗，一探其奇。览壁间题咏，若断若读，词调豪宕，笔法殊绝，低回不能去者久之。余惟岱宗称雄五岳，而历代闻人题咏亦最盛。今是亭距庙西不数武，乃竟陆沈于荒烟芜莽之间，使人想识其胜而不可得。况夫寰宇之内，崇崖幽谷，残碣断简，湮没者何可胜数？其废兴傥亦有数存耶！因有感于中，遂援笔书之，以俟将来。

宋元祐祈雨祝文

维元祐五年岁次庚午月朔日，皇帝名谨遣左朝散郎、充集贤校理、守尚书礼部郎中崔公度，敢昭荐于东岳天齐仁圣帝：伏以君德不修，天泽弗应。自冬涉夏，困于常旸。失麦与禾，何以卒岁？率土之广，匪神孰依？虽或政令之失宜，嗟彼烝庶之何罪？尚祈甘雨，克畀丰年。众之所同，神罔终弃。尚飨。

谢雨祝文

维元祐五年岁次庚午月朔日，皇帝名谨遣左朝散郎、充集贤校理、守尚书礼部郎中崔公度，敢昭赛于东岳天齐仁圣帝：伏以自冬历春，雨雪弗效，由近及远，麦禾可忧。惧成凶年，病我赤子。神明昭答，膏泽普加。力回大旱之余，卒致有秋之喜。不腆之荐，诚意斯存。尚飨。

右二文见《苏辙栾城集》。

祭东岳文

欧阳修

修[1]，比者获解郡章，许还里闬。方巾车而即路，属暑雨之时行。辄以愚诚，仰干大造。蒙神之惠，赐以不违。吹清飙而散阴，暴秋阳以涸辙。遂无道路之阻，得返草茅之居。荷德之深，不知为报。一觞之洁，谨用荐衷[2]。

齐州祷雨太山文

苏辙

某摄守济南，适丁旱灾。自秋徂冬，迄此春莫，菽粟不登，麦不得种。秋田既耕，种不入土。公私匮竭，食将不继。官吏震惧，并走祠望。精诚不格，报不时至，暴风振扬，云合辄解。嗷嗷相视，知陨沟壑。粤兹耆艾，稽首来告：曰惟此土，西附岱麓，蒙神之休，常以有年。云兴肤寸，实雨天下。矧伊我邦，而或弃遗？神不遗我，我则不告。是用祇具牲酒，请命有神。吏之不虔，无所逃罪。民知归神，神岂弃之。兹诚不妄，甘雨时至。迨秋有成，民免于死。将戴神之功，展其四支。以永事神无斁。尚飨。

告岱祈雨文三首

曾巩

去岁之旱，有请于神。蒙异嘉泽，田则大稔。今春河役，发民二万。更迭赍送，众又倍之。盖此齐人，出者几半，迨其反室，维夏之初。劳费既深，又违穑事。夫民数岁乃遇一稔，敝之如此。今二麦方苞，而亢阳为虐。吏任其咎所不敢逃，惟民何辜。赖神终惠，能致云雨，则实在神，尚其念之。敢告。

---

① “修”，《欧阳文忠公集》作“某”。

② 该句后，《欧阳文忠公集》有“尚飨”二字。

惟神含德体仁，镇兹东夏。兴云致雨，泽施八纮。今此齐邦，近在山趾。方夏久旱，麦苗将萎。吏思其由，奔走群望。而人微言贱，不能上动。频阴复散，忽已兼旬。念此疲民，弊于征敛。方岁之富，食常不足，一遇灾害，必捐沟壑。惟神威烈，覆被群生。顾此比州，宜先蒙赐。岂伊灵眷，独忍遗之？是用饬遣士民①，布诚祠下，情穷词急，冀获哀矜。使一雨霈然，则倒悬可解。尚其降鉴，无作神羞。

维泰山，历古至今，有天下者，巡狩封禅，勒成告代，莫不之焉。或企足动容，卒莫能至。实卓伟殊尤，神明之地，故天下宗焉。二典所记，其光灵威烈，焯示万世，夫岂他山可得而视！维齐鲁②，获仰而事，粒食缕衣，莫匪阴施。今邦不雨③，自四月以迄于兹，积水之泽，尘起冥冥。粟将槁死，蝗亦滋生。虽政或不良，足以致此，而百姓何罪？宜蒙哀矜。彼撮土之山，勺水之川，尚能与民为福，锡之有年。岂如泰山，朝出一云，暮泽天下。其势之易，易于转圆，而比近托丽，顾不能怜。殆莫之或告，告或不虔。夫民之生，盖亦艰矣。无储与藏，重敛烦使，岁一不登，多滨于死。奸强无知，或起乘时，聚为盗攘，以取诛夷。循理安业，田间之民，亦与俱亡，奚可不伤！巩受命天子，守藩于东，敢齐以严④，告于灵宫。惟神闵人之病，助岁之功，霈然下雨，变沴为丰。尚俾斯民，以牛羊黍稷，得承事于无穷。

又谢雨文

臣愚，行为时之所背，言为时之所轻。寡俦少和，眇眇茕茕，奇于人而如此，敢望信于冥冥？属东辕而进谒，托斯文而荐诚。眷齐鲁之旧邦，

① 该句前，《元丰类稿》有“今”字。
② “齐”字后，《元丰类稿》有“与”字。
③ “今”字后，《元丰类稿》有“二”字。
④ “齐”，《元丰类稿》作“斋”。

依大镇之峥嵘。若旱魃之方骄，忧岁事之不登。民且瘠于沟壑，或椎埋而死兵。冀聪明之响答，霈膏雨之霄零。言丁宁以上诉[①]，心憋恍而潜惊，顾不能以谐世，将何以动夫威灵！乃不知夫神与道而为徒，虽窅默而难明。其虚心也，物有来而必应；其公听也，无憎爱之常情。彼大虽自大，小虽谓小，吾与善而已矣，常一视而持平。故微衷得以上彻，利泽为之旁行。或噫为风，或震为霆，隐然雷出，霭然云蒸。洒甘霖以兼夕[②]，灭灾气于无形[③]。盖西极于甸服，东属乎沧溟。人盈其望，物遂其生。黍芃芃而擢秀，粟薿薿而敷荣。使时沴遂熄，年功可成。人食丰乎钟鬴，神祀衍乎粢盛。民相安于田里，吏无用于威刑。信大恩之莫报，而至德之难名。愚所以意激而感深者，方涉世之零丁。荷降监之不昧[④]，知忠信之可凭。敢因辞以进谢，愧抽思之匪精[⑤]。

为都御史端廷赦告岳文

〔明〕杨博

茫茫后土，五岳盘礴。神为之宗，威灵铄铄。上扶乾纲，风雨时若。下握坤轴，是耕是获。恢我皇度，灵长有托。庇我烝人，湛渊寥廓。凡此神功，振古如昨。廷赦奉命抚兹，礼当谒神。谒神之初，敢干神政。匪诞匪私，为民请命。夏涝为灾，冬旱复甚。阳侵阴伏，实行春令。二麦若槁，斯民之病。惟神依民，惟民依食。胡忍视民，以至此极。将神之怒，抚臣之失。罪在抚臣，民则何慝？伏望阴翊化工，昭锡灵贶。兴云降雪，慰兹渴望。如有佚罚，抚臣甘之。毋使斯民，横言罹之。式号以呼，神其听之。尚飨。

---

① “以”，《元丰类稿》作“而”。

② “霖”，《元丰类稿》作“霪”。

③ “灾”，《元丰类稿》作“害”。

④ “监”，《元丰类稿》作“鉴”。

⑤ “匪”，《元丰类稿》作“非”。

告岳文

盛楷

伏睹万物发生，四海仰德，凡此下民，至诚供献，惟恐不及。而珠玉、香帛、金缗、牛马，恒以万亿计，以裨邦国，以宽疲民。其余以颁羽人，使给衣食，是皆神之贶也。凡我司委积者，其或从而侵渔之，攘窃之，衣冠之盗，有甚于穿窬之盗也。嗟乎！民则施之，官则攘之，见利忘义，不过为肥家计耳。《记》曰：君子不家于丧，矧吾民之奉神者，而忍攘窃乎？是可忍也，孰不可忍也！夫窃民之供献者，近作身孽，远作子孙，殃神其殛，杀之无赦。夫攘神明之物与窃牲牷者，又何别乎？楷敬爇瓣香，敢与神誓，如静言庸违，蚤加阴谴。俾不生还乡土，以为永戒。谨告（嘉靖二十五年正月）。

祭岳庙文

〔国朝〕施闰章

惟岱为五岳之长，惟神为岱宗之君。自古帝王，祭告封禅，及海内外士女，重趼响臻者无算，盖万物之权舆也。闰章视学此邦，日夜震恐，惧不得贤才，报天子休命。夫贤才者，岳之所生，神之所依也。其有伏而不出者，岂神之靳惜与？抑求之未尽其道也，惟神其启佑之。俾终厥事，以无坠厥职。敢告。

岱览卷第八

分览一（卷八之卷十）

岱顶图

岱顶上

太平顶　玉皇顶　平顶峰　日观峰　东天门　爱身崖　东神霄山

五花崖

岱顶中

大观峰　德星岩　堆秀岩　蜕仙岩

岱顶下

秦观峰　望吴峰　振衣冈　围屏峰　白云洞　南天门　西神霄山

周观峰　西天门　月观峰　丈人峰　北天门　鹤山　总论

岱顶上

登者，自卑升高，览者，自上揽下。登以足从地，览以目从山。故由城北郭之岱宗坊至一天门为初地，历二天门得程之半，上三天门乃极岱顶，《道里记》之所详也。所谓自卑升高也，若夫仰山体之巍峨，指众峦之环拱。居高临下，必自主峰始。盖自南天门，东抵日观，西抵月观，讫北天门，唐双碑称为太平顶。《文献通考》云：宋祥符时，诏改云天平岭，今通谓之岱顶，全岱之主峰也。其极巅曰：玉皇顶。

玉皇顶，首出万峰，呼吸通帝座。王婴《古今通论》云：泰山上为天门值户。户为明堂，圣帝受天官之宫也。上有玉帝观，古称绝顶，今名以观。故《泰山图志》云：即天柱峰是也。《泰山小史》谓“天柱峰”，勒玉女池西偏巨石。夫柱石天东，品当冠绝群伦。彼人非肩吾，辄敢敚宰衡之权，加之殷辅哉！《史记正义》引郭璞云：从泰山下至山头，百四十八里三百步。顶有盘石，方丈，色黎黄，轮囷擎突，如冠切云。

玉帝观，古太清宫也，旧冒其上。明成化十九年，中使以内帑重建。济南知府蔡晟记云：易梁以枣，易柱以石，冶铁为瓴甓，将以垂永久也。隆庆六年，督河南昌万恭，迁于石北。国朝乾隆十三年，御题额曰：妙运无穷。榜其楹曰：统驭群灵端紫极，絪缊真宰肇元功。石右有碣，题“古登封台”。《史记集解》服虔曰：增天之高，归功于天。张晏曰：天高不可及，于泰山上封祭之。冀近神灵也。臣瓒曰：积土为封，谓负土石于泰山上，为坛而祭之。

考《汉官仪》记，秦篆刻石东北百余步，得始皇封所。汉武在其北二十余步，得北垂圆台。台上有坛，当即此。《史记正义》引伍缉之《从征记》曰：汉武封坛，广丈三尺，高丈一尺。下有玉箓书，以金银为镂，封以玺。《集解》引文颖曰：武帝登泰山，祭太一，并祭名山于泰坛，西南开八通鬼道，故云八神也。一曰八方之神。《淮南子》云：登泰山，履石封，以望八荒。视天都若盖，江河若带，其在斯乎！

观为殿三楹，两翼室如之，门三而缭垣，巅石宫其中。明高海《记》云：延伫四望，沧溟东泝[①]，而汶水汤汤，只环一线。西南万山伏地如米堆。吴同春《记》亦云：由秦观峰登玉皇祠，盖岱宗绝顶矣。踞顶南视，阁道垂垂，下至山麓。梁父、蒙、峄、云亭、尼丘咸作培塿。唯徂徕、鞍牛为山趾所掩，不露顶颅。东则大陵蜿蜒，由长城故址达海。西侧灵岩、鳌山至于太行。若华不注、长白诸岭，横拖历城左右，环拱于北。真所谓蓬玄奥区，天空绝境也。顶旁为秦封台，顶石森露。余即石旁题“元岳穹巅”四字。是尔时殆有观而无垣也。不然者，蹑巅石则蔽不见寻丈，何论八极？此踵事增华者之过也。

谢肇淛云：山巅纵目，当令无所不届，恶用祠为。今祠朽且圮，俟数年后，圮尽来游。洵知游者，殿东侧为迎旭亭。凭轩高瞩，可尽东北两面，稍侵西隅。《泰山图志》云：玉皇祠艮隅，去天尺五，下临无际。俯瞰东北诸山，横岭侧峰，龙跳虎卧，洵乎凌绝顶而小众山矣！

抚臣建亭其中，以备宸眺。额曰：“浴日养云。”《玉海》云：祥符东封，有黄白云如幢盖，龙凤状，起太平顶。命辅臣登亭，焚香再拜。云变五色。后有云如桥梁，紫云复之，久而不散。遂名其亭曰瑞云。当在此地。于慎行《记》云：绕玉皇宫之后，倚栏而顾。俯见四面群山，蝼蛇蜿蟺，如盘龙走蛇，绕七十二峰之下。其支脉首尾，历历可指数，以至于海。而桃花、明月、石屋诸洞，在岳之背。《列仙》所纪金床玉几之胜，若将睹焉！《记》曰：天孙岱岳，周回三千里。以今观之，嵚碒乎三州之半矣。

《泰山小史》云：岱顶刚及半亩。而群顶矗矗，不下数十，然皆让高，只有天在上耳。旧勒曰“即天”。《纪胜》云：岱岳极顶北望，群山万层，扈从拱扶。或若星罗，或若棋布，或若连营，或若聚幕，鸟兽龟龙，剑盾矛戟之形无不备具。堪舆家谓之“祖山聚讲”，有以哉。又云：山上下，阴

① “泝”，《岱史》作“拆”。

晴气候不同。盛夏苦寒，御夹单衣，不免拥炉。时微雨新霁，红日丽空，残云满地。俯视茫茫，如陆海堆絮积雪，不知其几千万顷。客指示顾余曰，其下人家方阴也。

观门外丰碑矗立。高丈五尺五寸，广三尺六寸，厚三之二。盖如幢首，趺瘗于地。或曰石表，或曰神主石，或曰函封禅文，或曰下有金书玉简。以为镇也。《史记正义》引《晋太康地记》云：树石太山之上。高三丈一尺，广三尺，秦之刻石云。殆非此石？郑樵《通志》云：泰山上有秦时无字碑。《考古录》云：岳顶无字碑，世传为秦始皇立。

案：秦碑在玉女池上。李斯篆书。高不过四五尺，而铭文并二世诏书咸具，不当又立此大碑也。

考之，宋以前亦无此说。因取《史记》反复读之，知为汉武帝所立也。《史记·秦始皇本纪》云：上泰山。立石。封。祠祀。其下云：刻所立石。是秦石有文字之证。今李斯碑是也。《封禅书》云：东上泰山。泰山之草叶木未生。乃令人上石，立泰山巅。上遂东巡海上。四月还至奉高。上泰山封而不言刻石，是汉石无文字之证。此碑是也。《后汉书·祭祀志》亦云：上东上泰山。乃上石，立之泰山巅。然则此无字碑明为汉武帝所立，而后之不读史者误以为秦耳！

始皇刻石之处，《史记》书之甚明。于邹峄山，则上云立石，下云刻石颂秦德。于太山，则上云立石，下云刻所立石。于之罘，则二十八年云立石，二十九年云刻石。于琅琊，则云立石刻颂秦德。于会稽，则亦云立石颂秦德。无不先言立，后言刻者。惟于碣石，则云刻碣石门。门自是石，不须立也。古人作史，文字之密如此。使秦皇别立此石，秦史焉得不纪？使汉武有文刻石，汉史又安得不录乎？左证甚辨。人皆知汉武石矣。

然《潜丘札记》云：案《后汉·祭祀志》，乃上石，立之泰山巅。注引《风俗通》曰：石高二丈一尺。刻曰“事天以礼，立身以义”云云。又《张纯传上》：元封旧仪及刻石文，即事天以礼等语也。且诸志谓石色坚莹非岱产。蒙摩挲久之，窃谓与巅石无异，意就当时石笋，划劙而成，以表泰山。故屹屹不可震撼，古称石表者近之。明杨时乔谓，居人频见有光，如飞虹掣电，多在夜下，当韫玉。《泰山小史》云：时见金赮射目，有大篆数字恍惚莫辨，即之则无。《纪胜》云：一巡方恶其疑天下，令撤之。甫动盖，雷雨骤作。其说大都近诞矣。

武帝立石

〔汉〕

右即无字碑。考见前。

孙何《碑解》云：管子称无怀氏封泰山，刻石纪功，出自寓言。宣王石鼓，或曰猎碣。延陵墓表，俗目为夫子十字碑。其事皆不经见。始皇刻石颂德，亦无勒碑之说。古之为碑，以识日景，节宾、揖丽、祭牲。则无字碑之称为不典矣。是石在山绝顶登封坛下。上微隘于下。顶别复以石。四棱稍磬折。石色明净可鉴。立于何代？顾氏引史书所载，似有依据。或云考其广狭长短制度，与琅琊刻石相符，或亦是始皇立而未刻者。果是汉石，何以毫厘与秦碑不爽。但遥遥数千载，秦欤？汉欤？安得起山灵而问之！石西南棱下，有行书一“帝”字。笔法在唐宋之间，未知谁所为也。

表泰山之巅碑

〔明〕

略曰：隆庆壬申，黄河功成。天子怿豫，命恭若曰：汝其东禋。于是臣恭以八月禋泰山，报成绩也。余乃历巉岩，逾绝险，抚秦碑，登日观。已乃陟山巅，谒天宫。忽缁衣蹁跹，目瞪足践，招余言曰：是泰山巅石也。余异之，视其上，室如锢也。视其下，砌如砥也。而恶知夫泰山之巅，而又恶知夫泰山之巅之石？余喟然叹曰：夫泰山擅四岳之尊，而兹巅石又擅泰山之尊。乃从而屋之，又从而夷之，又从而践履之。令尊贵不扬发，灵异不表见，余过也。亟命济倅王之纲，撤太清宫，徙于后方。命之曰：第掘地而出巅，毋刓方，毋毁圆，毋斫天成，返泰山之真已矣。倅乃撤土出之。巅石博十有一尺，厚十四尺有奇，耸三尺，戴活石焉。东博二尺五寸，厚一尺三寸。西博一尺八寸，长八尺有五寸。夫约泰山而束之巅，已奇甚矣！又摩顶而戴之石，斯上界之绝颅，青帝之元冠也。余倚活石览观万里，俯仰八荒。远视，则扶桑之日曜其东，昆仑之风吹其西。近睇，则秦碑若正笏，从石如群圭。而齐鲁诸阜，圆者似金，直者似木，曲者似水，锐者似火，方者似土。枕青阳之绛阙，俯元君之幽宫，而六极之大观，备矣！彼巅石不表见者几千万年矣。今出之，始返泰山之真，而全其尊。后来览观者，尚毋刓、毋毁、毋斫天成。务万世令返其真而全其尊，以毋得罪于泰山之神。其缁衣蹁跹意乎？缁衣，余问何许人，何所受而告余？默而不答。噫！我知之矣。盖缁衣受之碧霞，碧霞受之太君，太君受之上清，上清受之元始，元始受之寥冥之祖。

右隆庆六年南昌万恭撰并真书。碑阳大书泰山之巅四字。文勒碑阴。在顶石旁。乾隆十二年佚。

张铨诗刻

文曰：莽荡天风万里吹，玉函金检至今疑。袖携五色如椽笔，来补秦皇无字碑。

右诗碑行书。万历四十五年勒汉武立石左。

顶南题勒

文曰：

一览众山小（汤任八分书）。

天路非遥（刘廷锡真书）。

无能名焉。

俯视一切。

擎天捧日。

最上一峰。

乾坤指掌（皆真书，失名）。

绝然高大。

青云可接（皆行书，失名）。

天岳同青（张开东真书）。

茂陵封禅坛

〔元〕王奕

祥符天子旧明堂，秦汉丰碑宿草荒。人世已非坛尚在，摩挲老泪湿斜阳。

登岳

〔明〕陈沂

飞轩临绝顶，悬磴更岧峣。谷响松风接，天空海雾消。琳宫环紫极，玉节下青霄。路指天门外，来迎笙磬遥。

登岱

刘敕

岩岩一片石，上与白云齐。不知高若何，但觉青天低。疑为苍玉柱，藉以支全齐。安得庐其巅，百年向此栖。

登岱

梅守德

玉皇巅上倚危栏，万顷烟霞入壮观。仙乐似闻霓羽奏，天风时拂斗牛寒。九霄雪护秦坛古，千载苔封汉碣残。岁暮登临多感慨，不敢回首望长安。

玉皇顶

仲言永

危阁倚层霄，山河入望遥。天横关塞雁，日抱海门潮。雾露开朱旆，云霞度碧萧。自然幽赏处，不用社僧招。

无字碑

邹德溥

绝巘植空碑，古人如有意。由来最上乘，原不立文字。

玉皇顶

陈效忠

蔚蓝天外最高峰，累土为封历代同。七十二君今已矣，白云满地玉函空。

登泰山

徐绅

曾闻天上玉皇宫，绛节星坛向此逢。半夜日光摇海色，四时香雾卷天风。金函玉检通群帝，五岳三山第一峰。回首下方城郭在，不知人世几重重。

石表歌

胡汝桂

天门崔嵬云缥缈，翠巘重迭争奇巧。千崖万壑骇人目，竟日看山山未了。夜半举手摩星辰，高歌日观看日晓。山巅独有一柱石，浑浑莹洁插天表。藏锋敛锷若太拙，震摧风雷无倾倒。旁人妄说秦时碑，熟视空空益窅窅。到此胸中一字无，翻见磨刻尽潦草。至人从来貌若愚，安得繁藻一清埽。太乙留此秘玄机，拄杖乾坤永不老。

修玉帝观三首

蔡晟

吾皇一念与天通，瑞雪翔鸾满太空。灵贶分明昭帝德，小臣拜舞效华封。

函香捧玉自天来，百里宁辞一骑偕。陟尽巅峰凝望处，五云旋绕是蓬莱？

轮奂翚飞翠霭笼，玉皇台殿倚层空。登临亦有宣尼兴，俯仰乾坤一望中。

登绝顶

祁承煠

大观何止尽东封，六合都归极目中。呼吸已知通帝座，山河原不碍虚空。雁飞二月危崖雪，鹤唳三更绝壑风。万仞峰头刚一枕，朗然长啸间疏钟。

登封台

萧协中

巉岩万仞天中起，上有高台烟雾里。历代相传汉武皇，燔柴秩祀崇坛壝。玉检金书不可求，穹碑矗立东山头。由来七十二君事，千年冷落同山丘。几度登坛寻遗迹，缥缈孤高尘世隔。岂是山灵呵护奇，深藏秘检云生白。白云摇曳绕坛前，呼吸犹疑动九天。欲效相如请封禅，君王已自卜长年。

玉皇庙

岱宗高出苍烟杪，齐鲁茫茫青未了。上有琳宫祀玉皇，倚栏呼吸通天表。四顾峰峦争缭垣，虎攫狮蹲龙夭矫。突兀尊前一几横，烟霞俯视徂徕小。邹峄培嵝沧海遐，汶泮分流盆与沼。松障云屏屏几层，高居绛节朝昏杳。簇簇群峰拱护齐，琼瑶纳陛金榱题。经声梵诵纷天乐，幡影炉烟日色迷。红尘不到俗情远，下隔浊世千云泥。长生有缘帝有感，篷莱何处寻丹梯。

天柱峰次楚望兄韵

〔国朝〕沈廷芳

五岳群推长，平生此大观。荡胸罗万象，纵目极三韩。海日清宵迥，天风白昼寒。联笻得康乐，蹑顶好同看。

恭和御制登封台元韵

沈起元

秦皇汉武气何张，多以矫诬文法律。二典三谟日月悬，金检玉绳偏秘密。文人有文若无识，马谈恨让李斯笔。岂知七十二君后，数千余年尧舜出。圣言一语埽纷拏，封中无云峰有日。

登封台

成城

绛节朝天走万灵，登封台畔雾冥冥。却嫌鸟迹虫书世，绝顶来时不勒铭。

岱顶玉皇阁

郁志文

巍巍高阁起崇冈，岱岳峰头辟九阊。日月观分丹灶色，川原望合御炉香。下临万派泉流碧，俯瞰千山叶落黄。心静杳然遗世事，不知身在白云乡。

顶南下东迤为平顶峰。冠石砥夷，旷若无地。峰阳“乾坤亭”，明“挟仙宫”故址也。旧勒“孔子小天下处”。康熙甲子，圣祖仁皇帝登岱，赐额：普照乾坤。因建亭而名之。雍正十年，抚臣岳濬重修。乾隆十三年，皇上继题曰：独尊宇宙。又勒御制诗碑。两朝宸翰，上烛奎光。斯峰踞乾坤绝胜矣。

东稍南为日观。

圣祖御题匾额记碑

文曰：泰山为五岳之宗，孔子为万世之师。至圣临至高，周览入遐，表里洞澈。孟子曰：孔子登泰山而小天下。信而有征也。我圣祖仁皇帝，圣神文武，冠轶百王，而道统丕承，尤于先师相符契，兼综条贯，金声而玉振之。盖所感通者，微矣。康熙二十三年十月，圣祖东巡狩至于岱宗，历级而登。有碑曰：孔子小天下处。乃亲洒宸翰，题“普照乾坤”四字，刊成匾额，建亭而悬其中。大哉王言，昭示来许。

至三十七年，亭为雨潦，匾亦损失而未复。我皇上嗣登大宝。绍述文谟，追慕圣祖遗迹。修废举坠，崇奉惟虔。臣浚忝抚二东。周咨境内，悉泰山御题始末，具折奏闻。旋奉诏旨，由内府敬摹墨本，颁发御匾。即于旧址恢基构宇，涓吉重悬。盖雍正十年十月之朔日也。

伏惟圣圣传心。先后同揆，牖迪后学者，师道也。怙冒群生者，君道也。而敬仰先烈，则子道存焉。溯厥本源，一以贯之而已。孔子湛虚之体，遇圣祖而益彰。圣祖钦明之怀，得皇上而弥显。遂使天门倍峻，日观增辉。泰山岩岩，标峙终古。视夫金绳玉牒，矜虚美于七十二封之后者，相去何啻霄壤哉！

臣浚不揣弇鄙，谨拜手而为之记。

右雍正十一年山东巡府臣岳浚撰。今佚。

孔子小天下处碑（颜继祖真书）。

天颜咫尺碑（耿焞真书）。

巍巍荡荡碑（佛伦真书）。

雄峙天东碑（王国昌真书）。

已上四碑并勒亭后峰头。

亭侧题勒

文曰：

长伴白云居（王德华）。

我对青松云作伴（卧龙山樵子题）。

东观日本，西望河原（杨彩并真书）。

雨霁会饮挟仙宫

〔明〕詹仰庇

凌霄披翠八窗开，冠盖疑从天上来。座绕山光摇剑戟，雨余霁色动楼台。还将石溜调歌管，更摘峰霞入酒杯。壮观生平今更几，坐升海日共徘徊。

孔子小天下处

王在晋

置身最高处，扶舆开广厦。入眼既空明，横襟亦潇洒。山川在几席，沧海入尊斝。洪蒙恍开辟，阴阳本陶冶。浮沉看飞鸢，氤氲骤野马。广漠测地遥，平明见天泻。于焉发浩歌，超然小天下。

登孔子小天下处

〔国朝〕程瑞祊

云霄许我同翱翔，身登天阙之庙廊。帝座可通只呼吸，下视九州真茫茫。洙泗自是钟灵地，天生岱岳镇东方。浑沦绵亘蕴元气，帝出乎震物乃昌。杏坛杖履偶到此，只今芳躅传千霜。秦观越观原在望，星辰可摘房与张。万里方舆归眼底，乾坤忽小惊羲皇。回环周视遍八极，今古不易惟三光。我来登此适春半，五大夫松青且苍。封禅七十二君后，乱石巉岩荦道旁。

日观峰，高耸微让绝顶，而轩旷可穷三面。《太山记》曰：东岩名日观者，鸡一鸣时，见日始欲出，长三丈许也。夜半登眺，弥望天东，如铺金者，海也。绿色微茫中若掣电者，海岛、溪山相间也。金光四射，红轮跃出，如大赤瑛盘者，日也。

《闻见录》云：将五鼓初，至太平顶。从木中有真宗东封坛遗址。拥褐而坐，以伺日出。久之，星斗渐希，东望如平地。天际已明，其下则暗。又久之，明处有山数峰，如卧牛、车盖之状，星斗尽不见，其下尚暗。初意日当自明处出。又久之，自大暗中日轮涌出，正红色，腾起数十丈。半至明处，却半有光。全至明处，却全有光。其下亦尚暗。日渐高，渐变色，度五鼓三四点也。

《东游略记》云[①]：太史公谓，泰山鸡一鸣，日出三丈。而予登日观，平明见日出，疑是太史公夸辞。问之州人，言尝有抱鸡宿山上，鸡鸣而日始出。盖岱宗高出天半，昏晓与平地异故。山上平明，而四十里之下，才昧爽间耳。又云：岳顶四峰，曰秦观、日观、越观、周观。而明王世贞谓观日出则为日观，西望见秦则为秦观，南望见越则为越观。王衡亦谓秦观、周观、吴观皆在焉。《道里记》谓即《汉官仪》及《泰山记》所云，山顶东岩为介丘也。

峰西勒“古封禅坛”。俗云宝藏库，以瘗金缄玉简故。于慎行云：顶东里所，汉之封坛在焉。石碧腻屋覆其上，白云矈晶处也。吴同春以为宋

① “略记”，清乾隆三十九年《泰山图志》卷五下作“记略”。

封台。《岱史》因之。明乔宇《记》云：玉皇殿中有宋真宗石匣，内藏玉检十六。成化间曾入御览，验为祀泰山后土文。

考成化十八年，日观峰下雨水冲出玉册。会中使有事东藩，驰以献。命仍瘗旧所。非藏之殿中也。乾隆十二年，工人于峰侧凿石得玉匣二，各缄以绳检。启视，其一为祥符玉册。共十七简，简字一行。外用黄缦折迭裹之。其一未启，简度悉如《宋史》所载，巡抚阿里衮献于朝。则为宋封无疑。即邵伯温所谓真宗东封坛址也。而《道里记》据《唐书·礼乐志》：乾封立登封坛于山上，旋名万岁坛。开元于山上立圆台。又于其上起方坛。以为此盖唐时筑也。要之前代登封大率在此，而坛壝亡矣。

峰巅有亭。故望海楼址也。少陵诗云：穷秋立日观，矫首望八荒。朱崖着毫发，碧海吹衣裳。其在斯乎！明初建日照观。嘉靖间复置观海亭，楼在其北。今并圮。恭亭，乾隆御制诗碑焉。

亭北一石，长二丈余，博四之一，剡其首，昂指东溟，如人秉笏而拜者，曰探海石。蒙尝观日出，因乘兴登之，如驾鼍梁。将以榑桑若木为彼岸，如乘仙楂宝筏，凭虚御风，思解缆而泛篷瀛，晞发咸池也，又何探之足云。石脊古勒“船石岩”。其东为东天门。

晓日观沧海残刻

文曰：（缺数字）晓日观沧海（缺）船☐拱（缺数十字）石作（缺）丙寅（下缺）。

右真书，勒探海石上。甚古。不知何代人笔。

谢东山题名

〔明〕

文曰：皇明都御使射洪谢东山以按部至。登日观峰，观日出。嘉靖四十一年五月二十日。

右真书。在探海石脊。

峰上题勒

文曰：

天下名山第一（蔡叔逵）。

海日奇观（吴同春）。

翛然振衣处（左佩玹并真书）。

日观峰赋（以斜对杳冥中宵见日为韵）

〔唐〕丁春泽

泰岳东南，峰开一室。旁接天路，低临晓日。阴霾玉兔，动霄汉之微明。晓报天鸡，越氛埃之迥出。初，其暝色葱笼，悬崖倚空。独出清虚之外，遥分苍莽之中。隐雾犹白，经天渐红。披草树以灯乱，耀波涛而血融。及夫林岭寒消，烟云色变，星河寥落以初没，峰峦逦迤而徐见。火动山巅，轮移水面。穿暗隙以飞镜[1]，历幽窗而走电。至若门宇萧条，霜空泬寥。暗开曙景[2]，暖入残宵。扬晶彩以艳艳，散芒角而飘飘。露洒交凝，风牵影摇。望极天涯，生从地表。升若木以历历，出阴山之杳杳。万壑收暝，千岩送晓。消古砌之晴雪，动寒庭之宿鸟。遥空冷滑，伤寸晷之难留。碧嶂岧峣，望孤光而渐小[3]。凌霄色丽，腾空影斜。气乱山烧，光分水花。绝壁孤危[4]，觉灵槎之津狭[5]。炎辉咫尺，信长安之路赊。既而背阳春以齐来[6]，泛圆灵之

① “暗”，清乾隆二十五年《泰安府志》作“晴”。下同。

② “暗”，明万历《岱史》作“凉”。

③ “孤”，明万历《岱史》作“轮”。

④ “绝”，明万历《岱史》作“石”。

⑤ “槎”，明万历《岱史》作“槎”。

⑥ “背阳春”“齐”，明万历《岱史》作“皆焜耀”“徐”。

不碍。蒙水气以珠暗，露松阴而碧碎[①]。霞色收锦，天风敛黛。披云阙以斜视[②]，豁天门而俯对。依崖乍吐，威生齐鲁之间。过岭逾明，照及草茅之内。由是远挂寥落，高辞绝瞑。万象焜煌而毕照，六龙夭矫以无宁。安得足踏耸峭[③]，手扶青冥，陈白昼之苦短，愿阳乌之暂停。

又赋[④]（以千载之统、平上去入为韵）

日之生也，浴海而丽天。岳之峻也，切汉而临边。登高者以致九霄之上，爱景者欲在万人之先。其所惟一，其仞惟千。伊风灵之有载，彼日观之存焉。夫其夜刻未终，曙色犹昧。彼穷高而极远[⑤]，此有进而无退。未辨昏明，斯分覆载。屡闻鸣雁，犹阴沈而不睹。忽听晨鸡，即曈昽而可爱。于是渐出旸谷，将离地维。岩峦既秀，草树生姿。气则赫艳，人皆仰之。其望也如烛，其照也无私。昔者帝王御宇，立极垂统。封禅及此成功，巡狩应其春仲。莫不登兹绝顶，遐烛大明。思煦妪之义，穷造化之精。以为日象一人之德，岳是三台之名[⑥]。信王侯之设险，俾裔翟之来平[⑦]。方今一德无为，三光有象。动植昭泰，神祇肸蠁。千岩瑞色，思效祉以爰升。万壑春云，欲入封而空上。客有才乏羽仪，心思骞翥。每积聚萤之志，难登望日之处。引领终夕，含情达曙。知照烛之有期，故踌躇而不去。

重曰：日有观兮，绝代独立。登之望兮，无远不及。何太阳之至精，莫不专于出入。

---

① “碧”，明万历《岱史》作“壁”。

② “阙”“斜视”，清乾隆《泰安府志》作“际”“辉天”。

③ “耸”，清乾隆《泰安府志》作“嶅”，明《岱史》作“声”。

④ 清嘉庆《全唐文》中,《赋》与《又赋》次序颠倒。

⑤ “而”，清嘉庆《全唐文》作“之”。

⑥ “台”，清嘉庆《全唐文》作“公”。

⑦ “裔翟”，清嘉庆《全唐文》作“夷狄”。

日观赋

〔明〕唐肃

汉征和之四年，帝亲耕钜定，返驾泰山。封禅既毕，还朝甘泉。于是东方大夫上千万寿，已而言曰：臣等昨奉国家，告成岱宗，因得览观于岩之东，臣询其名，是曰日观。其高莫穷，上薄云汉。当宵分之未几，瞰沧溟之有烂，浴初日于咸池，诧人世之未旦。盖兹岳之华精，实天下之奇玩也。帝曰：嘻！若是则高矣！极矣！大矣！特矣！壮矣！赫矣！骇矣！惑矣！子能抽秘思，骋妍辞，想象仿佛，为余赋之乎？大夫乃置触肃衽，修辞而对曰：臣闻玄黄肇分，清浊殊位。元精峙结，限隔风气。山惟岳尊，岳惟东最。矧斯岩之旁出，奠巽隅而特异。东介丘之近连，西石门之迥对。眺地坛之不遥，俯天关之犹坠。缘絙道之百盘，犹可仰而未至。其为体也，嵚崟崱屴，巀嶪岧峣。若铲五丁，若戴六鳌。矗乾运而莫极，镇坤维而不摇。亩，孰料其延广；仞，孰测其崇高。云烟在下，羲娥可招，宿星辰于廉隅，吐风雨于岩嶅。飞猱之臂不得而陟，巨鹏之翼不能以超。盖将吞西华，压南衡，驾中嵩，轶北恒。微九河其线委，小七泽其杯盈，彼王屋、太行，终南、五老、岷嶓、雁荡之秀拔，天台、会稽之奇峭。不啻塠阜之争雄，培塿之呈巧。斯俊伟以绝伦，谅形容之莫表。若乃夜气正寂，阴魄既沦，万籁绝响，六合同昏。悄漏刻之既平，忽灵鸡之一鸣。睇东方之渐豁，窥赤曜之上腾。丹毂微露，赪盘欲呈。踆乌刷翮以习飞，烛龙衔光而迅征。走神丹于宝鼎，拥玉帐于金钲。尔其吐旸谷，拂扶桑，沸鲸波，荡洪荒。图规闪烁以上下，列彩绚烂而周章。一沐而水府为之震摇，再颒而蛟龙为之遁藏。沦重光而益晃，澡五色而逾光。赫赩璀璨，曈昽昱煌。势将历九阿以朏明，越曾桑而载骧。当是时也，九州未明，万国犹晦。群动尚戢，众象莫会。匪是山之独高，曷斯睹之为快。宜命名之有义，昭灵异于纪载。且臣闻，日者众阳之宗，大君之象。出入以时，昕夕靡爽。故能烛万物而发生，齐天地而弥朗。况居至高者，见理于未形；据太上者观下于至深。彼处庳而混浊，孰先睹夫大明。故臣愿于国家陈焉。帝闻之曰：善哉，大夫之辞！信览物足以知道，因寓目可以契心。故宣尼有小鲁之叹，孟轲示观澜之箴。苟惟游观之是乐，夫岂圣哲之所任。乃喜而赋日观之诗曰：日观穹窿太山东兮，未曙而日览阳德兮。居高察卑我其几兮，由暗处侧岂人极兮。大夫乃赓歌曰：帝出震兮东方，破曾阴兮奠元苍。登日观兮民乐康，帝之德兮如陵如冈。歌竟，天颜悦怡，圣衷攸启。悟至道之昭晰，念前行之或昧。乃诏郡国，询政理。培一德以隆基，明四听以广视。收远讨之疲兵，罢求仙之淫祀。大开明堂，垂拱而治。

日观峰

〔宋〕范致冲

岱岳东南第一观，青天高耸碧巑岏。若教飞上峰头立，应见阳乌浴未干。

登日观

梅圣俞

晨登日观峰，海水黄金镕。浴出车轮光，随天行无踪。正是刺我目，攒集如剑锋。照耀万物兴，磨灭万物凶。草木既无命，必问石间松。当时一避雨，安得大夫封。人而苟不遇，抱简诵六龙。

题李白泰山观日出图

〔元〕段辅

岱宗郁郁天下雄，谪仙落落人中龙。兹山兹人乃相从，气夺真宰愁丰隆。玉堂一任云雾封，长啸飞度秦皇松。夜呼日出沧海东，再为斯世开鸿蒙。钧天帝居深九重，醉舞踏碎青芙蓉。天孙玉女为敛容，却视五岳秋毫同。长鲸一去不复逢，乾坤万里号秋虫。当年咳唾留绝峰，至今树石生香风。我欲追之杳无踪，不意邂逅会此中，屋梁落月依然空。

咏日观

〔明〕廖道南

元化无停机，阳明自周始。纤纤残月没，炯炯曙星起。宿雾沈江干，朝霞覆坛畤。羊胛征东夷，鹑首占内史。乾象涵真精，人文焕新美。扶英散葳蕤，若华纷旖旎。河伯乘无鲸，山祇驾苍兕。潭影惊蛟螭，林光宠兰芷。重轮羡丹雯，迭玦瞻黄珥。丰蔀匪所宜，离烜乃其理。赤手扶羲轮，丹心贯天纪。愿为双飞虬，乘云驾千里。

日观峰歌

于慎行

岱岳峰头一片石，天光杳杳摇空碧①。我来夜埽石上云，未明看见水中日②。日出海东几千里，茫茫不辨云与水。天鸡啁喔海上啼，东方霞气半边紫。忽然潋滟玻璃翻，一泓捧出赤玉盘。长绳斜挽不得上，半时方到扶桑巅。扶桑枝叶成五色，海水明灭一线白。日东云气如连山，日中欲识鲛人国③。平明日高海水干，满天翕艳红气团。三山金阙流安在，六鳌背骨秋霜寒。忆昔秦帝东封年，欲浮海水游灵仙。驱石作桥不可涉，金枝翠羽空西旋④。几时得见，海中出日三千丈，脱屣妻子如浮烟。眼前朱生信豪士，侧帽大叫石上眠。我亦欲取巨石填东海，挥戈且止羲和鞭。六龙不停日如矢，仰天呜呜酒热耳。

---

① “摇”，明万历《岱史》作“遥”。
② “水”，明万历《岱史》作“海”。
③ “日”，明万历《岱史》作“目”。
④ “枝”，明万历《岱史》作“支”。

日观

程云

闻道篷莱不可期，眼前沧海小如卮。清秋一片桃花色，玉女投凡半夜时。

登日观

邹德溥

我凌千仞冈，纵目乾坤外。长风吹海色，泠然袭衣带。

观日出

文翔凤

乍作丹丘不善圆，徘徊似待彩绳牵。半轮欲上如中却，想见初生太古前。

探海石①

萧协中

苍崖晴望迥，一石独崔嵬。面海日初出，凌风潮欲来。女娲锤未炼，秦帝铎空催。不尽乘危惧，微茫首重回。

日观峰

〔国朝〕王苹

日上岳势尊，罗列芙蓉绿。群峰纷来朝，苍蔼如膏沐。引领乱峰头，抗策移晴旭。藻景含林岑，叠叠春波縠。余霞正卷舒，朝霏忽断续。万壑响寒音，松花落巾幅。

---

① “探”，明萧协中《泰山小史》作“望”。

登岱

殷岳

石磴蹑高危，仰见日观峰。赤丸涌沧海，星河淡遥空。天鸡登先唱，声落野鸡中。俯视群山巅，风色何溟蒙。

登日观峰

李成鹏

矗矗东岳高，四溟回一望。杖策陟其巅，凭眺日观上。举头天可扪，俯视何浑漭。侧身临东海，扶桑在滉漾。忽尔波心红，闪烁不可状。腷膊鸡初鸣，群宿尚环亮。谁知天枢转，羲轮已震荡。愿乘万里风，扶摇视所向。

记一则

〔明〕于慎行

往闻人言，山以夜半观日出。访之羽人，五六月间平明乃出，五更可往也。于是坐而至五鼓，秉烛披裘以登。顾见山中云气，从涧壑吐出，如一缕烟。稍上而大，东西聚散，车驰马奔。倏然往来，顷刻灭没。于是朱可大大呼，以为平生未有，从者尽欢，东方作矣！回而东望，有山数峰，如卧牛车盖之状，而又渐没。赤霞半天，光色媚丽，间以碧绿熠耀五色，直射衣袂。顷之，平地涌出赤盘，状如莲花，荡漾波面而爚炜不可名状，以为日耶。已，又一赤盘大倍于先所见，侧立其上。若两长绳，左右汲挽。食顷乃定。羽人告：日升矣。盖先所见如莲花者，乃海中日影，非日也。日且高舂，赤霞与影皆没。而下微见一线白，滉漾明灭。羽人曰：海也。又顷之，日左黑气隐隐一抹，如连山长城。可大示予，此真六鳌所戴矣。羽人曰：云也。可大一噱。走望海石上，取酒浮白，醉而熟寐。从者咸慄且呼，予睨而心壮之。

纪胜

〔国朝〕孔贞瑄

天地氛氲，泬漻瀣沆之气，以息相吹。野马耶？尘埃耶？茫茫无所止极矣。况于微风、淡雾、密雨、浓云皆足障远。而欲穷千里之目，迎初日，观海水，其数往而不获一觏也，则宜秋深冬初。星皎云浮，夜色空蒙如縠，天鸡鸣，微晕生。凝睇久待，苦日不至。才一转睫，倏露半体。若月弦就望，厥色殷红。韬光不曜，轮腾而上。少顷，日中忽如一灯吐焰，次如炬，次如瓶，次如罍樽，次如葫芦。上黄白，下紫赤，类薄蚀状。又次如葫芦、罍瓶之倒置。最后如炬灯之烬。盖其初为海气所蒙。蝉蜕既尽，然后全体昭融，瞔芒四射。趯踊前却，若危船簸浪，震荡心目，神体为之不宁。日下，积雾色正黑。俄而重雾之下，忽出白练，长可竟天。与客相顾，错愕惊叹曰：是非海水耶，古之人不予欺也！

东天门，两崖划辟，遥接海壖。浴日初升，双扉煜爚。明王衡以为绝胜。南天门，惜无阶梯，仅为鼪鼯雉兔之窟巢耳。又东为伏虎门，则东天门之重键矣。峡口陗隘，下深渊不可测，为鹰愁涧。水东北会鹤山北之洗鹤湾。

东天门右为空明山。北俯鹰愁，南仰神霄。岫穴中通，空光透入，照彻玲珑。故名。顶东不尽东天门，而其近接绝顶者，备此也。

登日观峰观日出归后题诗伏虎门壁

〔国朝〕严长明

清晨盼天门，得上已昏黑。古殿闭虚皇，神灯黯无色。斋心丙夜目不窥，倏惊窗纸红离离。空中似闻海波溢，耳畔如有天鸡啼。瞷然走向幡竿石，东望立同楷木直。不知咸池去此路几千，但觉海水群飞入胸臆。初时色漭泱，有若新磨铜。须臾势隆起，一线缘长虹。咄哉，长虹曷由起复止，南亘鱼头北鱼尾。拂天谁奋羲和鞭，敲折玻璃万条紫。散成朵朵金芙蓉，贴向沧波吹不起。少焉风动蓬山根，播荡溟渤如翻盆。就中团出火一轮，计里远以三千论。左歒南离，右欱北戒，大象焉藏，太空焉系。何龙烛而明，何麟斗而晦。胡弃策而莫追，胡挥戈而遽退。安能御六辨，指阳门，郅缥盖，曳绯帣。足踏绀鸦背，飞上搏桑巅。远引木公袂，高拍青童肩。亲从黄道诉真宰。一证古今叩槃扪籥之谰言。狂歌未了冲飚起，倏见云来若鹏徙。两翼飞遮万里光，一时贲育咸披靡。东牟道士刘孟容，自言卅载居山中，曾经五度见朝采。皆与此夕神光同。鼍矶忽报更筹浅，观壮如斯志应满。归来奋笔写龙蛇，惟见两眼金光不停闪。

其在顶东南者，日观峰南为爱身崖。三面陡削，绝无尾径。蚩氓轻生以求冥福，故旧名舍身。明巡抚何起鸣缭垣厉禁。始碣今名。然迄今投崖者，岁有人焉。可怪叹也。《纪胜》云：崖奇险。以石投之，移时及地。微闻豬然之声，乃其下树石间，常有骼胔撑拄[1]。不知何为[2]。或曰墨氏之教也。夫墨氏兼爱，其流弊乃至不仁。其身悲夫。上颇夷旷，有柱础迹。《闻见录》所谓经真庙帐宿之地[3]。石上方柱窠甚多也。中石高丈所，曰瞻鲁台。一曰幡竿石。有题凤翔冈者。有勒孝经身体发肤数语者。倚石南眺，足豁远眸。旁有可止台。稍南有方正石，端莹如碑制。崖西两壁中断者丈许。三石丸博尺有咫，梯絫而桥焉。望之一略彴耳。然下临绝涧，非飞仙不能度也。故曰仙人桥。明有散发道人者，自言洛人，尝趺坐桥上。苦行十五年，衲衣跣足，步崖间如飞，不知所终。桥畔石笋南茁，阔仅尺许。三面深堑，洞黑无底。蛇行匍伏，始克登。睨左右，头目辄瞢腾，而高旷殆埒日观，极目可至溟渤，是为观海石。其西为宝藏岭。介五花崖、碧霞宫间。上一石类狻猊，故又名狮子崖。其东为东神霄山。

---

① “骼胔”，《泰山纪胜》作“遗骸”。

② “为”，《泰山纪胜》作“取”。

③ “真”，《闻见录》作“增”。

邓永年题名

〔宋〕

文曰：临川邓永年天明登顶，访古，因观日出。时政和癸巳四月二十九日□

右真书勒崖上石坪。

瞻鲁台题勒

〔明〕

文曰：以孝经作法律（王□）。

哀愚（思道并真书）。

观海石题勒

文曰：双流翼注（林古度真书）。

修舍身崖墙碑

〔国朝〕

文曰：日观之东有崖焉。陡绝万仞，望而目眩心掉者，久之。俗名为舍身崖。村鄙小民，其计穷无可复之者，往往甘心糜烂，欲以幸来生福利其始也。不知创自何人，后遂沿以成习，岁或一二见。州同知张君，愍然伤之。丁酉冬，君奉檄监岳顶税。未匝月，以舍身者凡三人。君益惨恻不自安，因筑垣以阻其径。其长余三百尺，高十有五尺。募山之践更者守之，有徘徊垣下及逾垣而跳者，则诘其所由来，为之宽譬而遣之。自是阅五岁，不闻有舍身者。君虑垣日久浸以颓毁，守者亦因以懈怠，后之人不能继其志也。请余为文勒诸石，以垂不朽。呜呼，自一命而上，凡有斯民之职者，其孰不当留心于民事。况视无辜之民至于碎肌肤，折筋骸以死，而能漠然无所动其心也哉！君非欲夸大其事，自以为功也。然余独怪山之神，岁奔走有事者以亿万计，而不能牖民以全其生，岂适当其数有莫得而逃者欤！然自君设是法，免民于死者已历有五年。则凡杳冥荒诞之说，举不足道。而有心民瘼者，诚宜有事补救。不得听之适然之数也。审矣！后之君子，其亦有慨然感于中，而益以推广张君之志于勿替也欤！张君名奇逢，浙之石门人。

右记，林之濬撰。真书。勒崖上。

舍身崖诗

〔明〕张衮

舍身崖，崖深万丈真祸阶。人间儿女痴且愚，往往投葬生前骸。父母提携岂不爱，忍心割置三年怀。白日羽翰既茫昧，四方缘业空而乖。哀愚勒石方思道，聋俗回聪知有教。民彝天理本自然，曷不为臣死忠，子死孝？

舍身崖歌

张位

人生实难胡乐死，子欲报亲亲念子。养老送终若无托，大是不孝灭天理。或有无聊祈后身，更望莲花佛会人。富贵多忧乐是苦，见身清净更登真[①]。万仞身轻一鸟落，骨肉为泥魂渺漠。女愧成名清风崖，男非丧魄天禄阁。东岳苍苍德好生，谁哉作俑诬神明。乘云托世转相诳，千秋万祀坑愚民。我今作歌劝来者，神人梦授语非假。泰山鸿毛当自思[②]，珍重此身莫轻舍。

① “更”，明万历《岱史》作“便”。
② “当”，明万历《岱史》作“宜”。

仙人桥

刘应时

夹石双悬万仞渊，千钧一发引青天。见愁弱水无舟渡，道是昆仑有栈连。轻举拟将凫作舄，高飞思与鹤联翩。还须直造金银阙，秘授轩辕太史篇。

仙人桥

〔国朝〕吴南岱

谁将数石缀虚空，石断云连路不穷。笑我一身轻似羽，好风扶送过桥东。

舍身崖

于振翀

崔嵬复崔嵬，奇峰突怒青山排，神崖万仞悬空黑。令人意想心胆摧，况复攀跻飞坠生悲哀。圣贤垂明训，登高在所慎。青帝生人不杀人，宁教投崖以身殉。去年中秋辰，某某来殉殒身！今年上元日，捐縻又一人。父兮母兮，偎干就湿，三年怀哺，颜凋骨立，所望男儿当门户，岂忍弃掷绝壑无收摄。或冀愚诚感鬼神，那见莲花半空接。白额虎，毫尾狼，磨牙吮血充饥肠，蹲踞俟汝南山旁。

记一则

〔明〕于慎行

舍身台，一峰斗出。其平处可数尺，而下临千丈。以三石撑抵，谓之仙桥。过桥而席于台。日光西沉，霞色在壁。风吹冠衣，声如裂石。于是，与客相对大觞。望见西南有千家之聚，横以大堤，黖黑无际。谛视之，云也。盖云如烟火，下博上锐。平地视云见其端。此见其杪。顷之，月出。羽人吹笙，和以歌音，醉饮良久。月光荧荧，星斗可拂。俯视万壑，烟云一气。茫茫银波玉海，不可遍识。所谓三宫空洞之天也。

东神霄山距绝顶十里，悬崖巉壑。自瞻鲁台东，崒翠壁青霄，逼人眉宇。望之辄吁骇曰："吓。"故俗呼"吓人峰"。南岩东西有影翠石。其下为九龙峪，纳诸岩涧东南流。《方舆纪要》云：下有东溪，神庙水北折，绕神霄东出而过。辨为"云河"。云河者，水濛漾如云也。东北注鹰愁涧。北岩有清静石屋，元女冠孙清静修真处。石洞深僻。度容数几床榻，丹灶宛然。中有泉，涓涓澄洌，幽奥绝尘。清静，宁海县人。卒，得道去。俗呼为仙人场。

五花崖，北障宝藏岭，西带莲花峰。鄂不四睒而危崖万仞。顶南诸峰皆逊之。山麓仰视，不见极巅，崖蔽之也。《道里记》云：俯视盘道中人，往来杂遝如蚁。故俗呼望人峰。其巅二石，钩连而上锐，下临千寻之渊，蹑之，足二分垂在外，辄动摇，曰：试心石。《纪胜》云：常有道士，鹄立其上索钱，过者骇且笑，谓是以命贸财者。夫以命贸财，岂独一道士哉。崖阳有遥观洞，颇幽旷，游者憩焉。俗称昭真库。下有神泉，即《汉官仪》记：南胁神泉。饮之极清美利人者。水南流达涤虑溪，西注龙峪。于慎行《记》云：临五花崖，冈峦纠纷，含溪怀古；云树宫宇，俯在目底。下视郡城，蕣菖庵蔼。汶洸如线，环之数周。川原回合，提封百万，不盈一瞩。自平顶峰至此，皆顶之左颏也。顶如颅囟。大观峰、堆秀岩、莲花峰迤南至三天门倘所谓天庭。司空中正乎！而西南诸峰其右颏。日观、月观，斯其日月角矣。

徐伟等题名

〔金〕

文曰：大定戊戌知泰安军事徐伟，彰德军判官王元忠奉诏重修岳庙。辛丑冬告成。得以屡游泰山，历览古迹于千岩万壑间也。长至后谨题。

右真书。勒崖北。案：岱庙有大定重修庙碑。戊戌为大定十八年。庙灾，明年以徐伟、王元忠领修庙事。此云：戊戌奉诏，盖原其始事而书之也。徐伟，衔在修庙碑，缺数字。以题名证之，字数适合。当是由同知河北西路转运使迁知泰安军事也。王元忠，彰德军节度判官。题名不言节度，省文。

岱览卷第九

分览一

岱顶中

大观峰当绝顶之南。上勒分书“弥高”，亦曰：弥高岩。岩壁平削，南向。唐开元勒隶书御制《纪太山铭》。世称摩崖碑。高二丈九尺，广丈六尺七寸。额高三尺九寸，广四尺。铭字径五寸。额字径尺有九寸。《玉海》云：宋太宗时，宋白知兖州，召还。泰山有唐玄宗刻铭，白摹本以献。且述承平东人望幸之意，即此碑也。

岩颠有大小悬鼓石，以状名。碑前左东岳庙。《从征记》所谓太山上庙也。元张志纯拓建，明嘉靖间巡抚曾铣重修。今皇上赐额“资始惟元”，又曰：“上摩苍昊。”廊檐东偏，有明万历甲寅年所刻五岳真形图碑。右桃花洞裂天泉、云水池夹之。泉甘澹，异于诸泉。

西壁连岩曰：云峰。故明林焯毁唐朝觐颂残碑也。康熙甲子，恭勒御题“云峰”。下方及西侧摩勒今皇上御制诗三章。峰上峙一石高丈所。阳勒“一拳石”，阴勒“聪明正直”。窿洼类真形图所肖东岳。俗谓之“真泰山”。

大观峰东壁西南向，宋摩崖残碑在焉。今为德星岩。

登封降禅朝觐颂碑

〔唐〕

右碑乾封元年李安期撰。行书。在今云峰上。明州牧林焯以“忠孝廉节”四大字镵毁。犹存“波扰五岳，尘飞深入，反陷重围，动想神京。结阵则浮云未巢王元吉委镇策，而地置州县，兼神初基，未遑西略，悬拘两开玉帐，杨魏窥玉神玺，规亨笼霄之碧，建德旌累捷而致双擒。眇六年间，未方劳誓，牧冠九天，志清八表，英威迅其尝舍于弊俗，于龙英玉帛樽”百字。旁有“嘉靖元年三月七日衢”。九字，盖明方豪题名也。今并此亦佚矣。诸志称林焞毁苏颋《东封颂》。然此百字皆非颋语。拓本存。聂鈫则又未知颋颂谁毁也。

蒙按：《唐·车鼻可汉传》，高宗既遣高偘车鼻可汉，裂其地为郡县，以酋长为都督、刺史。帝封禅，都督葛逻禄叱利等二十余人皆从至太山下。已封。请勒名于封禅碑。《会要》云：突厥于阗等十一蕃长扈从。又高丽王高藏，遣子男从封泰山。又《流鬼传》有僋罪者，麟德中酋长来朝，从封。又契丹酋长邵固与诸蕃长皆从行在。此碑大约叙述武功，诸蕃夷当并列名于后也。

刘仁愿题名

文曰：□□卫将军鲁城县开国公上柱国刘仁愿，颍川郡夫人陈□□□出身□□二男怀瓒，任宏文馆学士。女一人。新妇窦二。新妇，于乾封元年二月十九日□记。

右真书。勒今云峰西侧。上有嘉靖癸丑吴天寿题名大书掩刻，致有损泐。

奉敕投龙璧题名

右乾封元年二月勒桃花洞口，东向。字本模糊。加之右方有明嘉靖二年，龙池高诲刻字掩其上。仅可得其年月及职官姓名之可辨者。有“宫府寺丞检校、造封禅行宫门整备大使”等官。又有“行内府主簿王知敬、西台主书王行贞”。后有“奉敕投龙璧于介丘”。盖当时从封诸臣设醮山顶，有投龙瘗璧之事。即所谓祭山川曰“埋沉”也。《新唐书·王友贞传》云：父知敬善隶书。武后时仕为麟府少监。盖即此题名之王知敬也。又《职官志》：龙翔改中书省为西台。其属中书舍人。下有主书四人。即此西台主书也。

纪太山摩崖碑

文曰：纪太山铭　御制御书

朕宅帝位，十有四载。顾惟不德，懵于至道。任夫难任，安夫难安。兹朕未知获戾于上下，心之浩荡，若涉于大川。赖上帝垂休，先后储庆，宰衡庶尹，交修皇极。四海会同，五典敷畅。岁云嘉熟，人用大和。百辟佥谋，唱予封禅[①]。谓孝莫大于严父，谓礼莫尊于告天。天符既至，人望既积。固请不已，固辞不获。肆余与夫二三臣，稽虞典，绎汉制。张皇六师，震叠九寓[②]。旌旗有列，士马无哗。肃肃邕邕，翼翼溶溶。以至于岱宗。顺也。

《尔雅》曰：泰山为东岳。《周官》曰：兖州之镇山。实惟天帝之孙，群灵之府。其方处万物之始，故称岱焉；其位居五岳之伯，故称宗焉。自昔王者受命易姓，于是乎启天地，荐成功，序图箓[③]，纪氏号。朕统承先生[④]。兹率厥典，实欲报玄天之眷命，为苍生之祈福，岂敢高视千古，自比九皇哉！故设坛场于山下，受群方之助祭，躬封燎于山上，冀一献之通神。斯亦因高崇天、就增广地之义也[⑤]。

乃仲冬庚寅，有事东岳，类于上帝，配我高祖。在天之神，罔不毕降。粤翼日[⑥]，禅于社首。侑我圣考，祀于皇祇，在地之神，罔不咸举。

暨壬辰，觐群后，上公进曰：天子膺天符，纳介福。群臣拜稽首，

① “予”，唐《纪泰山铭》作“余”。
② “寓”，唐《纪泰山铭》作“宇”。
③ “箓”，唐《纪泰山铭》作“录”。
④ “生”，唐《纪泰山铭》作“王”。
⑤ “增广”，唐《纪泰山铭》作“广增”。
⑥ “翼”，唐《纪泰山铭》作“翌”。

千万岁。庆答欢同，陈诚以德。大浑叶度，彝伦攸叙，三事百揆，时乃之功。万物由庚，兆人允殖，列牧众宰，时乃之功。一二兄弟，笃行孝友，锡类万国，时惟休哉！我儒制礼，我史作乐。天地扰顺，时惟休哉！蛮夷戎狄，重译来贡。累圣之化，朕何慕焉。五灵百宝，日来月集，会昌之运，朕何感焉。凡今而后，儆乃在位，一王度，齐象法，摧旧章，补缺政，存易简，去烦苛。思立人极，乃见天则。

於戏！天生蒸人，惟后时乂，能以美利利天下，事天明矣。地德载物，惟后时相，能以厚生生万人，事地察矣。天地明察，鬼神著矣。惟我艺祖文考，精爽在天。其曰：懿余幼孙，克享上帝。惟帝时若，馨香其下，丕乃曰：有唐氏文武之曾孙隆基，诞锡新命，缵戎旧业，永保天禄，子孙其承之。余小子敢对扬上帝之休命，则亦与百执事尚绥兆人，将多于前功，而毖彼后患。一夫不获，万方其罪予。一心有终，上天其知我。朕惟实行三德，曰慈、俭、谦。慈者，覆无疆之名；俭者，崇将来之训；自满者人损，自谦者天益。苟如是，则轨迹易遵[①]，基构易守。磨石壁，刻金记。后之人听词而见心，观本而知末[②]。

铭曰：惟天生人[③]，立君以理，惟君受命[④]，奉天为子。代去不留，人来无已。德凉者灭，道高斯起。赫赫高祖，明明太宗，爰革随政，奄有万邦。罄天张宇，尽地开封。武称有截，文表时邕。高宗稽古，德施周溥，茫茫九夷，削平一鼓。礼备封禅，功齐舜禹。岩岩岱宗，衔我神主。中宗绍运，旧邦维新[⑤]。睿宗继明，天下归仁。恭己南面，氤氲化醇，告成之礼，留诸后人。缅余小子，重基五圣，匪功伐高，匪德矜盛。钦若祀典，丕承永命，

① “遵”，唐《纪泰山铭》作“循”。

② “本”“末”，唐《纪泰山铭》作“末”“本”。

③ “惟”，唐《纪泰山铭》作“维”。

④ “惟”，唐《纪泰山铭》作“维”。

⑤ “维”，唐《纪泰山铭》作“惟”。

至诚动天，福我万姓。古封太山，七十二君，或禅奕奕，或禅云云。其迹不见，其名可闻，祗遹文祖，光照旧勋[①]。方士虚诞，儒生龌龊[②]，佚后求仙，诬神检玉。秦灾风雨，汉污编录，德未合天，或承之辱。道在观政，名非从欲，铭心绝岩，播告群岳。

大唐开元十四年，岁在庚寅九月乙亥朔十二日景戌建。

右碑额同题并八分书。惟"御制御书"四字及年月字真书差小。王世贞记云：穹崖造天铭书，若鸾凤翔舞于云烟之表，为之色飞。《石墨镌华》云：文词雅驯而分隶遒逸、婉润，最为得意之笔。朱彝尊《跋》云：庄周称易姓而王，封泰山者七十二家，勒石千八百余处。历千万祺而石礦玉牒，后莫得见其形兆，果明神为之守护邪？祖龙肇始立碑，久已埽迹。两汉讫唐间，世一修时迈之典。

唐开元天子允文武百寮之请，于十三年冬十一月，式遵故实，有事于泰山。诏中书令张说、右散骑常侍徐坚、太常少卿韦绦、秘书少监康子元、国子博士侯行果于集贤院撰仪注。已丑日，南至法驾，诣山下。御马以登，行升中之礼。天子制《纪太山铭》，亲札勒于山顶之石。以十四年九月景戌告成。

于是中书令张说撰《封祀坛颂》。侍中源乾曜撰《社首坛颂》。礼部尚书苏颋撰《朝觐坛颂》。赵明诚《金石录目》载泰山铭侧有题名三列。今已亡之。而颋颂授梁升卿书，刊御制铭右。明有俗吏以"忠孝廉节"四大字镵其上，颂文毁去者半，可憾也。

碑铭典雅，或是燕许手笔。而御书遒劲，若怒猊渴骥，羁束安闲。不比孝经，多肉少骨。若唐隶尽如此，何惭汉碑碣乎。

---

① "照"，唐《纪泰山铭》作"昭"。

② "生"，唐《纪泰山铭》作"书"。

山高四千九百丈二尺。行旅出于涂者，车前马首仰视略可睹。岁在己酉，五宿兹山之麓。未克叩天关、陟环道。手模其文，询之野老，必架木缘絙而上，然后椎拓可施。又山高多风，兼虑日暴纸幅易裂，若是其难也。

曩者先后装界三本。悉为好事者所夺。己丑夏，同里沈秀才翼能分书，获此本于白下。虽有阙文，乃百年以前旧塌。爰审定而书其本末于册尾。铭书“隋”作“随”，“绎绎”作“奕奕”。有曰：“自今而后，儆乃在位。将多于前功而毙彼后患。”岂意天宝之乱，近在目前也乎！

《泰山图志》云：碑刻旧填金泥。元时错落，犹有存者，见杜仁杰记。今虽历久残缺，然每当晴朗时，自南数十步外望之，犹若字里行间，光彩照灼也。

武虚谷云：《旧唐书·礼仪志》玄宗制《纪泰山铭》御书勒于山顶石壁之上者，是也。今以其文与志参校；“朕宅位十有四载”，碑作“宅帝位”；若“涉大川”，碑“涉”字下多“于”字。“宰相庶尹”，碑“相”作“衡”。“礼莫盛于告”，碑“礼”字上多“谓”字，“告”字下多“天”字。“震砻九寓”，碑作“震疊”。“以至岱宗”，碑“至”下多“于”字。“实万物之始”，碑作“实惟天帝之孙，群灵之府。其方处万物之始”；“为苍生而祈福”，碑“而”作“之”。“呼万岁”，碑“呼”作“千”。“庆合欢同”，碑“合”作“答”。“乃陈诚以德”，碑无“乃”字。“懿尔幼孙”，碑“尔”作“余”。“刻金石”，碑“石”作“记”。“冀后人之听词而见心”，碑无“冀”字。又作“后之人”“卫我神主”，碑“卫”作“衎”。“中宗绍运，旧邦惟新”，碑于此下多“睿宗继明，天下归仁”二句。“或禅亭亭”，碑“亭亭”作“奕奕”。“儒书不足”，碑“不足”作“龌龊”。

按：文之异者，容所据见，或有不同。若铭列祖，独遗睿宗，则下文“恭己无为”，正以睿宗禅位为词。若接属中宗，义便不相属。又“儒书龌龊”，盖指议封禅儒生所录，故以“龌龊”鄙之。作史者嫌其过诋儒书，遂删易以“不足”当之。斯不达其旨矣。铭后题“开元十四年”，叙文又作

“十四载”。年载通称互文。非如天宝元年改年为载，始有专名也。

蒙按：碑共二十五行。每行五十一栏。“上帝”字别起平上。他如“先后艺祖”等字，空六栏至三四栏不等。顾炎武谓“唐碑遇帝号空三格”亦未尽然矣。又“我高祖我圣考我艺祖”，空格皆“我”字连下。以其意义相属也。今世则以为谬矣。

其第三行至第二十三行，每行近地六七字，形似小异且泐损。《王世贞》云：其下三尺许，为埸碑者冬月篝火蚀之，遂不全。旧《济南府志》云：碑下截剥落，叶彬补书百八字。又乾隆初，邑人大学士赵国麟以旧本重摹补之，然其神理则少逊矣。全祖望《鲒埼亭碑跋》云：开元《纪太山铭》摩崖刻之。前明俗吏更以“忠孝廉节”四大字镵其上，旧文为所毁者半。余求得范侍郎天一阁所藏完本，岂非百朋之珍乎！

今按：碑尚完好，明俗吏镵者非此碑。谢山固未曾亲至崖下耳。

从封诸王从臣题名

右小字八分书。在《纪泰山铭》西侧。

武虚谷云：题名石刻，向未经人著录，故流传绝少。前明嘉靖间，数妄人镌刻大字，横贯交错。唐刻遂湮蚀，仅有存矣。择其可识者，有“臣宪”字，另行有“歧王臣范”字。下空一格有“太子”字，依稀有“业”字、“司空邠”字。另行“王臣洽”字、“冫”字。另行有“臣清”字，“延王臣因”字。另行有“王臣沐”字，“永王臣泽”字，“太子□□事员外”字。另行有“正员嗣韩王讷”字，“宗正卿员外置同正员”字。另行有“王臣”字。另行有“军嗣冫王臣”字，“嗣□臣”字。另行“正卿员外置同正员嗣郑王”字。另行有“员外置”字。余不可见。今以《旧唐书》传纪证之：宪，睿宗长子让皇帝宪也。歧王臣范者，睿宗第四子。本名隆范，后避玄宗，连名改单称范。睿宗践祚，进封歧王。“太子”下空五格是“业”字。业，睿宗第五子，本名隆业，后单名业。睿宗即位。进封薛王。开元八年迁太子太保。是空处当作“太保薛王臣”也。司空邠，按：章怀第二子，名守礼。神龙中遗诏，进封邠王。先天二年迁司空，后以开元二十九年薨。是“司空邠”字。官封虽残未全见，知为守礼也。据《玄宗纪》，开元十三年二月丙子改豳州为邠州。此刻于十四年作，邠字从新改为文。王臣洽，十三年三月鄫王嗣真改名洽，即其人。臣清，玄宗第十八男。清封为寿王也。延王臣下残字，按：玄宗第二十男洄，封为延王。《新唐书》亦作洄。延王本传作涸。据石刻残字“因”当从“涸”。为定王臣沐，玄宗第二十一男沐，封为盛王。是“王”字上缺文当作“盛”也。永王臣泽，玄宗第十六男泽，封为永王。皆以十三年封。金石刻所记与史合。嗣韩王臣讷，《宗室世袭表》有“嗣韩王太仆卿讷”。嗣郑王下缺，表有“小郑王房嗣王，遂州刺史璥”。后于明大字题名内钻空，见一“臣卢毓秀”名。蒙古字内存一“开国□李仁德”名。又有“书门下□□事上柱国臣李元□”，又有“陆去泰、刘崇熙、刘大雅、王敬之”诸名。

按：李元下缺字，当作“纮”。《纪》：“于十四年四月丁巳，户部侍郎李元纮同中书门下平章事”，本传及宰相表并同。今石刻有“书门下□□事”字，正其“同中书门下事”时也。元纮衔已至四月，可知刻石又当后于此矣。

东封朝觐坛颂碑

文曰：封祀之山，五在中国，泰岳首之。昊穹之命，再集巨唐，皇帝受之。临位十四年，考虞氏岁巡之义，讽周王时迈之什[①]，十月辛酉，步自有洛。十一月景戌[②]，帐殿斋于岳趾。渊默以清，绎思而照。将纪功布度，顺斗承天精享也。已丑，宏观轶区宇，盛仪振开辟。高临建凤，万队张惶

① “讽”，清嘉庆《全唐文》作“颂”。

② “景”，清嘉庆《全唐文》作“戊”。

以烛山；上御飞龙，百神翕习以扶道。国台二，藩后四，髦士、密侍、信臣高位，扈封台，列升陛，不下五十。以圣言冲邈，瑶牒宝书，誓之旨曰：朕护守丕业，恐不克骏命。惟上帝储休，锡苍生无疆之庆，朕之庆也。古则秘之，何哉？属寒驰迅飙，露清终夕，若扫若锄，晏然而已。庚寅，天官次箓，王制协时，严高祖以配之，嗣高宗以陟之。冕裘立，圭璧序，洁罍俎，调钟吕。倨勾于簨虡，戛击乎柷敔。实骈瑞兮物焜煌[1]，空薄霄兮音容与。则纤尘不动，和气充塞，日在于观。天为之门，扬日大光，谓小天下。昭以抱戴，见之卿霭，郁郁纷纷，喜气烟煴[2]。当芝检，引紫熏，太紫洞而三辰接，郁苍摇而万岁闻。自下达上徯吾君，君之来兮望如云。端兮睟圣之门。至于辛卯[3]，有事于社首。以泰圻如泰坛[4]，于穆我睿宗侑而作主。奠献鸣咽，天子之孝也。佥以金匮，归勋于祖祢。石礳藏美于乾坤，戒咸秩则司存。癸巳，载大旗，合大乐，三陔崛[5]，以惟抗。四亚锵而辂止。朝群牧，揆千官，底邦赋，数庭实。华虫辨等，车马来觐。周人随人，二王之滨，戎狄蛮貊，万里重驿，必拱于著。执贽奉璋，颙颙印印，靡敢怠遑。乃建鸡竿，伐鼍鼓。帝命出，皇恩溥，扬巽风，作解雨，施舍之，荡涤之。宥法罪，除颇类颡，澒涌洋溢，周流黕霸。不崇朝而遍者，与此山俱。畴翳而不拔，胡微而不铺也。亦既称寿，申命宗伯咨尔颂焉，效古之刻石。

臣颋稽首再拜而言曰：臣闻昔在帝尧，臣惟咎由：聪明之谓圣，迈种之谓德。天若曰：依于巨唐，易姓者李，王于中华，崇功者唐，圣之泽，德之浸也。我唐祚之兴，昌符诞膺，两仪动，六业承，皇帝宣高祖四宗之景烈，肇开元神武之明号。广矣，大矣，莫有不宁，罔有不俾。咸一德之

---

① “实”，清嘉庆《全唐文》作“宝”。

② “烟煴”，清嘉庆《全唐文》作“絪缊”。

③ “于”，清嘉庆《全唐文》作“尊”。

④ “圻”，清嘉庆《全唐文》作“折”。

⑤ “崛”，清嘉庆《全唐文》作“崌”。

辅，不二心之臣。群臣抗词曰[①]：臣闻先王，因天事天，因地事地，因名山升中于天。陛下得天之经，得地之义，得人之行，行也者，孝莫大焉。兼三才以为政，政也者，仁莫大焉。含万物以为性，今三才贞，万物亨，六典平，九功成，官不慆[②]，狱不放，至于刑清，良有以也。因斯而谈，清明在躬，志气如神之睿者，君也；四国于藩，四方于宣之美者，臣也。有物有则，军臣保乂之。原所由于前，设其教于后尔。往岁邦危中否！天讨内难，陛下提三尺之剑，狃閶阖，绝勾陈，趋北军，正北辰。然后翼翼乾乾，尊尊亲亲，立我烝人。圣考所以付天下之公器，蹈汾阳之清尘。唐虽旧邦，其命维新。古者振兵释旅，祠土祈谷，先事也。我是以幸太原，祭汾脽，擢金甲[③]，肃边鄙，虏马耆而不敢南向，解严京师。获宝鼎，献宗庙。戍人归而尽务东作，报福京坻。于是乎爰佐五畤，郊天以奉时。爰崇九室，祫祖而敬思。昭格迟迟，神人允厘。无何，藉三脊，盛六穗，不召斯至。拥休之类，如山则委，曷月而秘，岂非享物降嘉司火也，立浑同度在璇也。陛下姑谓之薄臣所未谕，且管氏诧齐，帝王凡八十九，湮沦郁没，孰若致美我高宗，勒岱甲子正六十，肸蠁葳蕤，故能应期我神武。惟继代奉业，增高保鸿，缺乎中，何也？即先后以权，暂阻于运，二宗绍复，未遑厥功，神暗之契，不在诸子。而当圣躬固不可辞者，审矣。帝曰：俞畏德之不称，而左辅右弼，杂缙绅鸿硕之伦，抱菴怀书，蒸云吐雾，方集贤内殿，讲义前席以论之。《传》不云乎：君子勤礼，敬之至也。《易》不云乎：先王作乐，豫以动也。慎矣哉！礼乐之为用，故执礼者具，删弊则质，宜之自我。变乐者理，去商何害，谦以为臣，二者洽而三让之。制曰：可。

始严卤簿，腾七萃，启禁关，迥九重。以听乎鸾声之雍雍。匪疾匪徐，

① “臣”，清嘉庆《全唐文》、《泰山图志》作“后”。

② “慆”，清嘉庆《全唐文》、《泰山图志》作“滔”。

③ “擢”，清嘉庆《全唐文》作“耀”。

物有其容。动植赞，华夷观，骈阗总撙[①]，羡漫半散。出成皋，逾荥波，凭滑台，眺洪河，遂并昆吾之墟，倘佯乎大舜之泽。溯四渎二济入于兖，径九一三齐乔于岱，惟二旬有六而顿行在，莫不皤皤华皓，如藿倾阳，或牵以饩，或捧之觞，伛偻乎康庄，一似伸神武之今日[②]。一以感乾坤之旧章。乃饩归之，觞举之，慈且惠而与之欢。沸渭颉颃。矧国邹鲁，家洙泗，乘汶野而图记可知，指泮林而颂声不坠。以周公之故，将孔子之后，翘然希王者之属车，圣人之清跸。则久及信宿之应，岩岩所瞻。宗神曰“天齐王”，加一等于三事，户二十，供王祀，环十里，禁人樵，报也大禋。旅之数重衮成之禄，抚遗氓，赐之复。帝曰：吁！夫艰难系王业，休咎牵人事，况天监之，殊祥也，殊典也，不自满而虔巩于位。朕宝臣曰：乾曜洎说，有初有终，时乃风，钦哉。汝作朕左右丞相，繄汝忠，益以嘉猷，补衮之阙。罔或怠，遂宏天封，焕天章，篆介邱而旋德阳，大飨乎群方。程后代，美其律，声其实，坟作四而籍言七也。

臣颋不敏，继伯夷之直清，微太史之留滞，聆金奏，同百兽之舞，振木铎，采万人之诗。敢陈诗以颂曰：天子圣兮天孙崇，登以封兮报以功。受命再，惟皇代，天之赉，人所载。士马山嵥，戈矛山沓。祯符山杂，灵响山答。天与人合，我铺衍兮长粹清。太玄册兮太一精，休光光我之庆成，舜四朝而禹万国，莫之我京。

右碑开元十四年，苏颋撰，梁升卿行书。勒李安期碑侧。今悉砻治矣。唐《崔融传》云，梁升卿工八分书，《东封朝觐碑》为时绝笔。今相传为行书，未知孰是。《金石文字记》称林焞开府山东，毁颂文十之三四。已辨李安期碑下。至以“焊”为“焞”，以“知州”为“开府”，则文笔之小误也。

---

① “撙”，清嘉庆《全唐文》清乾隆、《泰山图志》作“耀”。

② “似”，清嘉庆《全唐文》清乾隆、《泰山图志》作“以”。

董灵宝题名

文曰：莫州从龙观道士董灵宝为国投龙设醮。开元二十三年七月一日。

右真书。勒《纪太山铭》侧。左读。

颜真卿题名

右真书。在《纪太山铭》侧。见《金石录》。今佚。

王世贞“记”云：东封颂旁有颜鲁公题名，损于方元同诗[①]，是也。

孙懈等题名九则

〔宋〕

文曰：元符三年九月二十三日，孙懈、杨景、李尧臣、李敏能同登三顶，观历代遗迹。左读。

建中靖国元年三月二十四日，杨顺宾、李子仪、赵公立、吕君礼同游。

郝槱年、田国才、许逊、程康崇宁初元季春念六日登岱三峰（左读）。

王宜，崇宁元年。

赵子和、赵君安、□□源，崇宁四年乙酉季秋同登泰山三峰，刻石磨峰侧。

行宫。至十月宣令权且停罢。宣到，岳高昆监修东岳。兴国七年。

太原王贻公□与天水赵明诚德父，政和三年闰正月八日同登。

清河张大受、河南褚完善、昌黎韩通叟政和五年九月六日同登。

广州董尧问，峰峦秀，祗恐黄筌画不成。

以上九刻皆正书，在《纪太山铭》东侧。为明嘉靖年题名所毁，致多残损。行宫一则尤漫灭不可读。董尧问一则后半是诗，仅存末句矣。

① “同”，《岱史·登览志》作“焕”。

高益富等题名

〔金〕

文曰：盘陁挑儿高益富、吕小陇奉母聂阿稔与笙博士花小奴同登。

右真书在云峰西岩，刘仁愿题名后。未详何代。疑为金源间笔，故仍《图志》所载列于金代。

徐世隆题名

〔元〕

文曰：东平参议王玉汝，经历汝上张昉，知事柯亭李滋，济南杜仁杰，须昌孟谦，从大行台严公以□己酉七月中浣礼岳祠竟，是日遂登绝顶。陈人徐世隆题。

右磨崖，四行，真书，左读，勒云峰西侧。己酉为定宗崩后之次年。严公即东平路行军万户严实也。

张佺题名

县尹张佺，偕寿阳路大中登泰观海，及于古封禅所，访秦篆、唐隶诸迹。中统元年九月三日记。

右真书，勒云峰侧。

重修东岳庙碑

〔明〕

右碑在岳庙内。嘉靖年布政史陈儒撰文，见《岱史》，今佚。

翁大立题名

右题名，嘉靖三十八年四月，真书，勒《纪太山铭》侧。

杨祜等题名

文曰：明杨祜、蒋瑜来。

右八分书，在《纪太山铭》首行空处。

施闰章题名

〔国朝〕

文曰：宣城施闰章重登。

右真书在《纪太山铭》侧。

高孝本题名

文曰：康熙丙申九月望日，嘉兴高孝本大立、石门顾法汝周、无锡华启昌子辅、吴江许运昌三英、周振业右序、龙藻汉荀、陈沂震狷亭、沂配文山，同游泰山，留宿庙下。五更登日观峰，俟日出而归。时大立侄端质、狷亭子士任侍行。

右八分书，勒云峰西侧。

岩上题勒

文曰：

置身霄汉（李树德真书）。

至此奇绝（马一龙行书）。

天根云窟。

壁立万仞。

山静泉清。

一尘不染万境皆空。

青壁丹崖。

雨余云海。

蹑云捧日（并真书，失名）。

太山石

〔唐〕李德裕

鸡鸣日观望，远与扶桑对。沧海似镕金，众山如点黛。遥知碧峰首，独立烟岚内。此石依五松，苍苍几千载。

桃花洞

〔明〕苏眉山

雪窦云岑玉洞新，桃花红胜武林春[①]。仙槎直泛蓬壶里，何事渔郎复问津。

桃花洞[②]

邹德溥

峻壁凌穹苍[③]，洌泉贯其趾。不知天地间，清绝更谁似。

磨崖碑

〔国朝〕沈心

封题遥历几驿亭，有弟遗我磨崖铭。巠帚衍波异结构，书门挹雾含精灵。岱宗位尊五岳长，白云殿阙通天庭。稽古柴望崇秩典，织乌营室占缠星。明皇冲寒驰万骑，秦汉封禅追仪型。辑瑞圭璧几筵肃，致虔黍稷神明馨。河海清晏雨旸若，为民请命长盈宁。危岩嵯峨斗数仞，粗沙砻治鸠千丁。文成深刻纪功德，侈心谁复规朝廷。大夫松畔掞丽藻，计传万祀留东

---

① “林”，《岱史·登览志》作“陵”。

② “洞”，《岱史·登览志》作“峪”。

③ “峻”，《岱史·登览志》作“峭”。

溟。自是开元全盛际，边徼静谧间辎軿。太真道士入进掖，霓裳法曲翻诸伶。铁券威贻猪腹害，麋服谣验龙漦腥。马嵬云辰争看袜，蚕从雨降悲淋铃。天子蒙尘急焉倚，金泥玉检何渺冥。自付兴歌重惆怅，宫女闲说含愁听。理贵尤勤戒逸乐，同念初政阳光荧。七十二家迹尽扫，片玉高倚群仙扃。八分法妙祖篆籀，综美大翮随飞停。离奇芝英变体笔，诡乖米囤妨眸钉。讵若此书整且劲，怒猊渴骥差堪行。茅齐首夏清画永，哉生魄后凋阶蓂。摩娑翠墨发幽思，隔溪斜照窥疏棂。汗编治乱鉴不远，浯溪镌颂苍波渟。日观峰高从想象，九点烟幻寒霞青。圣贤垂则曷身佩，秘殿当时写孝经。

唐明皇泰山封禅碑

沈德潜

有客经行泰山归，示我明皇封禅摩崖碑。高文典册俪姚姒，涂改点窜辞瑰奇。铺张五圣佑万祀，合撰两大周八维。御书古隶体苍劲，光和苦县相攀追。箕张昴萃势向背，龙蟠蛟走形蹬踞。吾闻圣王为民请命福宇内，恭俭力行屏骄泰。建极凭王心，不在祯符仰神赉。有虞摄位勤东巡，燔柴祀天首泰岱。七十二君封禅具荒唐，玉检金泥付茫昧。开元初政媲太宗，勤政务本光深宫。诏焚珠玉定服御，禁奏祥瑞书年丰。而何侈心忽萌动，张说耸恿来东封。汾阴已见答后土，泰山直欲通玄穹。百宫扈跸四夷侍，万国表贺昭丰功。君道贵谦忌盈满，天宝秕政早已觇凶终。宫中王母落日留，虾蟆忽变长黄虬。雄狐腹剑称伊周，更议封禅凝天休。西岳祠火停宸游，渔阳鼙鼓惊延秋。青骡苍昆奔益州，回望岱岳云悠悠。升中秘册仍探不？灵武征兵时倥偬。诸将攀龙还附凤，华夷并力收两京。纪功崖石烦磨砻，漫郎老笔颜公书，中兴更勒浯溪颂。

德星岩者，明汝南人翟涛权州牧，奉当事僚友同游，引汉陈荀故事自为题名，大书“德星岩”三字，铲盖宋磨崖上，因名。考《宋真宗登泰山铭》一勒此岩，一勒山麓城南。其在城南者，所谓《阴字碑》也。勒岩者高二丈八尺，广丈二尺六寸。铭字径二寸，额高二尺八寸，广五尺五寸，字径八寸。嘉靖间鄞人汪坦，即其上勒东安邵鸣歧等题名一则，并翟涛刊毁。每行约损三四十字。下截尚可读，共得字二百有奇。惟额篆“登泰山谢天书述二圣功德之铭”十三字完好如初。《东游略记》云：岳顶封禅坛下有唐宋磨崖。乃后人第知宋有《阴字碑》，而不复知有此碑矣。

蒙按：《文献通考》：王钦若言，唐高宗、玄宗二碑之东，石壁南向平峭，欲即崖成碑，以勒圣制。上曰：朕之功德，固无所纪。若须撰述，不过谢上天敷佑，叙祖宗盛美耳。命勒石北向，以答天眷。《玉海》云：祥符二年十一月壬子朔，泰山太平顶磨崖刊圣制毕。三年正月丙子，知枢密院陈尧叟上《泰山封禅圣制颂》，诏答之。上又以其词有规劝之意，作歌以赐。戊寅上作《观新制泰山铭纪周备书怀》五言诗，赐王旦等属和。观此，则真宗之于磨崖，亦似无所推让也。孔贞瑄谓只成其额，殆未审其下残文耳。《石墨镌华》云：帝既侈言天书之妄，复为太山之封，而作此铭，述太祖太宗以及其身。语多浮夸，文亦拖沓。真书仅能方正，无少钩磔。想帝亦不能办此，或王旦辈为之润色，而尹熙古之流握管耳。碑方广几埒，开元太山铭，字减小不能强半，而文笔手腕则不啻泰山之于邹峄矣。而《鲒琦亭题跋》云：真书绝佳，予得之。丰城学士万卷桥、元文贞、公遗山，亲至岱宗顾未及见。予得见之幸矣，取以配唐开元太山石本，谁曰不宜。然论其书法，当以《石墨镌华》之说为当。

登泰山谢天书述二圣功德铭

〔宋〕

大中祥符元年十月御制并真书篆额。文详分览二。

张泱等题名

文曰：青社张泱和甫，开封钱慎无咎、弟悟颖达，中山刘濈子容，政和甲午季冬四日同登绝顶，观封禅坛，看日出，步顶还邑。

右真书，勒岩西，今漫灭。

王安石题名

文曰：政和七年四月十九日，临川王安石介甫与南阳郑居中□□同登访□奉符尹郑温恭偕行。

右真书，勒岩东，今漫灭。

贾洵题名

文曰：政和八年春，先公任京东西路提点刑狱公事，游岱岳下，刻石于先祖题字旁。是时，洵以干留汶上。后二十三年，洵自□北移山东西路转运副使大夫。庚申仲夏，以职事至奉符。登此，恭览先祖、先公留题，不胜感怆。但岁月攸久，风雨剥落，犹存仿佛耳。乃摸刻并书岱巅□平贾洵识。

右真书，勒岩西。

《泰山金石考》云：贾洵题名已灭，有旧藏拓本可考。自政和八年戊戌迄庚申，凡二十三年，是为南宋高宗绍兴十年，金熙宗天眷三年也。

徐铎题名

〔金〕

文曰：石城徐铎被符度修诸祠工费，因登绝顶，周览而还。大定丙午三月十七日。同游蒲阴赵七斤，男郑和尚侍。

右真书，在宋《登太山铭》西侧，就崖铲石为一方格内题字，五行，行九字，大小不等。大者径二寸，小径一寸。按：郡城东岳庙奉敕重建。以大定二十一年落成。二十二年敕杨伯仁撰文立石。而其工费则徐伟领其事，王元忠佐之。至是工毕，乃符调徐铎来度之也。当时宣圣庙亦同敕修，言诸祠者不止东岳一庙也。侍，当是徐铎之男，而名之曰郑和尚，可笑。方格右上角有“崇宁”二字，左上角有“顶拜于”三字。盖宋人题名残蚀之余。按：“七斤”当为“齐锦”。

姚亨会题名

文曰：郡首朝请姚亨会暇日来游，男楷侍行。同□县□□事王宗儒、主薄完武孛术鲁埽出、县尉武功没燃木里也、司侯忠武蒲察么里哥、酒政承信马洪基、大定己酉夏初一日。

右真书，勒宋《登太山铭》西侧。按：“孛术鲁”当为“富珠哩”，“埽出”当为“萨珠”，“没撚”当为“穆延”，“木里也”当为“特尔额”，“蒲察”当为“富察”，“哥”当为“格”。

濮国长公主题名

文曰：皇姑濮国大长公主□□□□同驸马浚州防御蒲察敬诣岱岳，焚香致礼毕，明日遂登绝顶，拜于玉仙祠下。时明昌元年三月十二日。

右正书，勒宋《登泰山铭》西侧。

按：妇人出门祷祀，非礼也，况王姬乎！题名岩石，亦可耻矣。《金石文字记》录灵岩诗，有元至治年，忽都虎郡王太夫人八达氏诗二句，云：岩前松桧时时绿，殿上君王岁岁春。大字刻之，尤堪一噱。

郭俣等题名

文曰：濩泽郭俣、绛阳李思、古滕完颜从，泰和八年八月二十三日同登。

右正书，勒宋《登泰山铭》西侧。三行，行八字，字径二寸。

郭俣，金史有传云：字伯有，泽州人，大定二十二年进士，泰和七年迁山东安抚副使。题名正为副使时也。

岩上题勒

文曰：

超然尘表。

天柱东维（并真书，失名）。

堆秀岩，在大观峰之南。奇石璀璨，秀色葳蕤。北倚穹巅，日月观峙其左右，莲花，围屏诸峰，若列屏戟。幽以霐窲，明以爣朗，仙灵之所凭也。

其阳有碧霞元君祠，是为元君上庙。《文献通考》：宋真宗于玉女池得石象，颇摧折，诏皇城使刘承珪易以玉。既成，上与近臣临观，遣使砻石为龛，奉置旧所。令王钦若致祭，上为作记，因建昭真祠。《玉海》云：先是泰山有石像，在崖岩间，颇多顽缺。帝登封见之，因命修琢，易旧象，置内庭。祥符三年正月二十八日戊寅，帝至资政殿，出圣制《泰山重修圣象记》示辅臣。又云：祥符二年五月戊午，对辅臣于后苑出御制《泰山铭赞》《玉女象记》示之。按：三年正月示观者，盖其刻成者也。

金为昭真祠。洪武时重修，弘治中更名“灵应”。嘉靖朝大内施万金拓建，额曰“碧霞灵佑宫”。万历年修葺，又为慈圣太后禳目眚，乃镀金为元君象，范铜殿居之，号曰“金阙”。《泰山小史》云：中官董事，制仿武当，突兀凌霄，辉煌映日。然时值大祲，白骨沟渠，而锱铢以入，泥沙以出。谅聪明正直者，不以金灵也。今徙山麓社首东矣。

我朝康雍间，遣官修岱上下祠宇，皆新之。乾隆庚申毁，命内务府员外郎江都重建，庚寅重修。悬栋结阿、云楶星棁之丽，拟于彤宫璇室矣。

祠正殿五楹。中祠天仙玉女碧霞元君，范铜为象，步摇翘凤，锦帔飞龙，七宝庄严，备极崇奉。盖瓦、鸱吻、檐铃之属亦以铜，高揭孽以搴云，上歙赩而丽日。殿东室曰东宝库，西室曰西宝库，皆加栏槛，用储诸混施钱。盖四方士女，招梗禬禳，投施金钱，岁不下千数，他衣物称是。汉应劭《记》：酢梨酸枣狼籍，散钱处亦不扫除。则由来尚矣。明宏治后尝遣大臣中官致祭。

国朝仁庙赐额曰“坤元叶应”，宪庙曰“福绥海宇”，皇上曰“震维灵岳”，又曰“赞化东皇”。楹帖曰：“碧落高居金台传妙诀；苍生溥佑木德仰慈恩。”又曰：“三素云英扶绛节；九光霞缬丽青坛。”自乾隆二十四年以来，每遇四月十八日，遣内大臣赍香帛进谒以为常。

御赐彝器炉鼎瓶盏，多晶玉金磁之宝。东西庑设眼光、子孙二神母像，瓦皆铁冶，御罡风也。中唐有香亭，即万历建金阙处。谒款者拜舞于此，乃投施殿室焉。

阶前旧有铜鼓、鼎及铁碑，东庑有自玉女池移置之秦篆石，以庚申庙火，铜铁融烁为液，而秦篆石乃毁于傴履工役之手，惟玉印独完。玉印，传自祥符时，与玉象并制。文篆“天仙照鉴”，螭纽绀色。从煨烬得之，一角少损，今弃弆邑库矣。玉象则未审失于何时也。

东西碑亭各一，恭勒御制重修碧霞宫文及戊辰登岱诗。石莹润，人称玉碑。先是万历天启铜碑，经火不烁，称金碑，故以玉碑尊之云。

南为重门，旧额“神秀”。门前台三成，棹楔三。台前，左雍正七年重修碑，右雍正十三年十二月奉旨裁革香税碑。考香税自明正德十三年，从镇守珰臣言始，设总巡官一人，分理官三人。一在遥参亭，一在玄武门，一在碧霞宫。每进香一人纳税镪八分，通一岁解部镪二万有奇，而藩禄工筑之取给不与焉。混施钱亦解省。如是者二百余年。皇上初政，涣汗除之，勒石永禁。混施则郡守每年春秋亲至启殿捡校，概付庙祝，供修缮资。二碑阴勒辛未后御制登岱诗。

东鼓楼、西钟楼。南大门旧额金阙。顺治时，知州曲允斌增葺歌舞楼，东西各建石阁。门外火池，以焚楮币。汉《盐铁论》云：古者庶人鱼菽之祭，士一庙，大夫三，以时有事五祀，无出门之祭。今富者祈五岳，望山川。椎牛击鼓，戏倡物象。则出门进香之俗，已自西京而有之矣。第四方士女，不远数千里，祈祷报赛，必先有事于元君，而后及于他庙也。

祠东有圣水泉，西有玉女池。《文献通考》：玉女池，泉源素壅而浊。宋真宗东封，先营顿置。泉湍涌，上徙升山，其流自广，清泚可鉴毛发[①]，味甚甘美。经度制置使王钦若请浚治之。《存砚楼杂著》引《稗史》：汉时天齐仁圣帝前，有石琢金童玉女。至五代，殿北石像仆。至唐，童泐尽，女沦于池。至宋真宗封泰山，还次御帐，涤手池内，一石人浮出水面，出而涤之，玉女也。命有司建小祠安奉，号为圣帝之女，封天仙玉女碧霞元君。《道里记》云：古玉女池属大辟祠基，掩于正殿龛座下[②]。

祠西北为后寝宫，明称神憩宫，制如祠之。两庑设元君卧象。皇上额曰："德溥坤舆。"

东石阁外为驻跸亭，国家谒祠更衣之所。《岱史》称"东公署"，总巡香税官所居即此，其曰"碧霞宫"。西为西公署，额"仰止亭"者，今废。

祠南为莲花峰，数峰攒簇如绿茄翠房。颇见窋窡，若供养元君者。《纪胜》云：花靥宽平，又绝类莲实，游人多坐饮焉。五花崖，鞞鞢在其东，有菡萏高洁之状。又南，迤西为蜕仙岩。

宋玉印文

右印方三寸五分，四边阑各阔四分，每字方一寸三分半。文类缪篆，近符箓。相传能辟邪。印者多亦渐漫漶矣。

修碧霞灵应宫碑

〔明〕

略曰：昭真祠，在泰山绝顶，世传谓天仙玉女碧霞元君之祠。圣天子御极十有五年，命太监陈喜来修祀事。明年诏修是祠，即故址增饰之。祠

① "毛发"，《泰山道里记》无二字。

② 该句前《泰山道里记》有"适"字。

殿为间者五，以奉元君。左右回廊各三间，则护从之神居焉。神道有门，钟鼓有楼。恐凌空壁立，易为风雨所剥蚀，故陶土为砖，冶铁为瓦，覆仰比次，务为坚确。黝垩丹漆，金碧交辉，视昔有加焉。其肖像，左石右铜，中以沉香为之。雕龛石座，霞帔凤冠，于赫穆清。而其所费一家，输财于神，贮之帑藏，以充其用，而毫芒不取于民。自经始以来，纲维其事者，大参文安邢表，佥宪卫辉刘璋，下至义士耆宿，罔不奔走事事，所以重上命敬神明也。夫泰山雄镇东方，为五岳之尊。历代有封禅之典。维我列圣，每遇登极，必遣廷臣以祀方岳。又时命中贵，有事于祠。或金帛朋贝以将其诚，或冠帔旌幢以拂其象。盖神之灵贶感人，实有以致之。尝观州志，昔有猛虎为害，祷之而远去；飞蝗为灾，祷之而自死。以致于民之若旱、若涝，祈之历有其验。故每岁之春，远近众庶，拜瞻之顷，灵风飒然。知者敦其诚，愚者启其敬，忠者坚其志，奸者沮其谋。善心以之生，欲心以之窒。吁！休矣哉，其神之惠乎！

右尹龙撰，今佚。

重修碧霞宫碑

略曰：太极判动静，生阴阳。山镇坤维，体静阴也。水生天一，体动阳也。岱宗摩空，峰峦拔起，去地数千丈。绝顶出泉，流注石池，清滋泚可鉴。盖阳根阴之象，泉以玉女名，必有所稽。地志失载。《记》曰：山林、川谷、丘岭，能出云为风雨，见怪物，皆谓之神。岱岳毓神，上通乾象，降灵下土。坤道成女，天仙玉女之号，意以是与？碧霞元君之称，则后世加封之典。神庙在兹，揖日月之峰，拥层峦之秀。左则岳顶之峻极，右则天门之开朗，历选名胜之所，无逾此境之妙意者。神或受皇天后土之命，俾权舆造化之机于此。不然，何威神显赫如是之大，殆不可以易而测也！历代遵奉已久，逮我朝，崇重之典尤盛，有宝香异品之颁，有华冠锦袍之锡。岁时遣官致祭，以致奔走。天下豪杰及女士商贾之类，皆斋心戒誓，道路间关，岁进香帛者，恒以亿万计。金镪缗钱，川臻云至，溢于公帑。资岁用，赈岁饥，皆于是乎取给。孔子以鬼神能使天下之人齐明盛服，以承祭祀，其斯之谓与。嘉靖甲申，都宪王公尧封，奉圣天子明命，来抚东藩，诣神祠展谒。顾瞻祠宇敝坏，慨然兴叹，遂下营缮之令。经始于嘉靖乙酉十月己未，落成于嘉靖丁亥九月丙子。规模壮丽，丹漆晃耀，突出烟霞之上，巍乎岱宗之间。斗柄之南，一奇观也，而神亦宁矣！夫神宁于上，人安于下，幽明协赞，和气熏蒸，雨旸时若。由是庶草蕃庑，百谷用成，朝廷无四顾之忧。安知不自王公一念之诚，有以感之哉！

右嘉靖丁亥，崔文奎撰，碑不知所在。又有刘定之记，碑皆无考。而徐溥《记》在水廉洞者，尝亟称刘《记》云。

铜鼓记

文曰：子寅长右辖熙台潘先生，政暇尝登斯山。感献遗之物而惧其殄也，乃白诸巡抚大中丞南皋王先生，铸铜鼓，四窍其心，置橐钥焉。以象四时，鼓万物生长收藏。又为之鼎，附之瓶。以达絪缊之气。其知所谓鼓之舞之以尽神者与？犹未也！又欲显道神德行，各识以铭。其鼓文云：元气鼓，万物春，差尔岱，神乎神。气再鼓，丽朱夏，品物亨，乃神化。孰鼓舞，秋乃收。物之府，神之休。消而息，尔鼓尔。物归根，元资始。其《鼎文》云：大德曰生，瓣香维诚。人在洪炉，左右和平。其《瓶文》云：不平者情，不私者平，神冯人哉。神冯人哉！吁！渊乎微矣，可以幽赞于神明矣。予故为之记，示后世有考已矣。

右郭诏撰。铜鼓一、鼎一、瓶二，旧在碧霞祠内。乾隆庚申铄于火。

碧霞宫祝厘碑

右碑为万历二十一年九月，大学士太仓王锡爵撰，中书舍人饶阳田应璧真书，定国公凤阳徐文篆额。碑阴有太后、妃主、皇子、侍臣题名。在碧霞殿前，为乾隆庚寅修工所斫碑。本内监吕进朝等建，高丈三尺，广四尺，厚一尺有奇。丰坚莹丽，极其工巧。亦劳费之甚者，存之足为炯戒。卒与秦篆同失，亦足惜也。

泰安州进香题名记铁碑

右碑，乃编修方从哲为内侍郝相进香撰文，中书舍人汤同真书，侍起居中书鲍佐篆额。万历甲午仲冬勒元君殿西侧。亦烁于火。

重修碧霞灵应宫碑

文曰：盖闻之孔子云，质有余者，不受饰也。碧霞宫，何以修也？又闻之德弥盛者，文弥缛，中弥理者，文弥章。碧霞宫，何以弗修也？夫太室不营，春秋致贬，华山加缮，光和见述。张宠以二千祠尧，史晨用王谷表圣，东溟标嶶乎桓相，淮源归勋于郭守。沿经举废，自昔然已。岱宗爰长诸岳，冠以帝称。庙貌崇闳，雄峙州治。而碧霞元君灵宫则巍然托址，抗擢岱椒。其列在《集仙》《搜神》《道箓》等编，未究元君之始，宁袭耳食之谬！惟是四岳避峻，九山推烈，碧霞于斯宫焉。要之，人天允叶，精响合答，则下臣仿佛可得而言。无怀之所税鞅，昆帝有虞之所驻跸。三代以降，迄乎秦汉，胪禅纷如，广心竞设乎坛陔，中貇厚集乎瑄玉，浸寻无已，辉烁若何！昭代列皇。重廑遣告，幸福陋赞策之罔，竭禋酌刻牒之绪，以故明祇惠以丰楙，下土逭夫谷嗛，盖有马谈弢其册典，宽舒戢其颁颒者矣。厥有冠带之侪，布衣之丑，估贩之魁，帷闼之侣，靡不指奉高以首路，望云峰而膝地。珤则珠松徽尾，萌鍎鐕师比。帛则春草鸡翘，黎单毪毲。币则杨迈朱提，鲛文白撰。供则盎缇醋醲，腂臡宫脂。器则雕纂黄目，盗鼜碗嶡。乐则云和别柎柎，丁宁埒竿。仪则金支翠葆，徽章星施。焚燎绛天，于喁震地，蝉匷画毂，木禺龙驷，殷辚万状，不可胜穷。百千亿兆，跆藉杂遝。或遥揽乎榑木之采，或下瞰乎治邸之庭，或依稀乎白马之宇，或隐见乎明堂之虚。群情翕赴亦已极矣。岳灵忞穆能无应乎！窃见降瑞锡祉，调风布霖，肤寸泽夫遐表，弥天饱其至德，所谓遒谷嗛而被丰楙，则又惟一人之所暨及也。元元之众，则有疾疠觊愈，愚蒙思牖，年寿匄延，子孙祈伙，水火希远，离睽求聚，休嘉启寤，各副所怀。亦有梁父、云亭，敛焉听命，共驱族炊族糜之属，益广金银链铜之用。凡此有位，可无报旃，睹杰构之少渝，乃鸠僝而不懈。藻井连茄，会遘脊茅之地。飞云丽日，若开宝鸡之天。席葺苴秸，典还岳畤。子来者可念，行筑者云劳。溯惟画议之先，实出尊明之断。方诸前哲，今古同符。则此碧霞宫者，胡可以不修也，胡可以不纪也。是役也，合岱庙计费四千九百五十金有奇。抚中丞、今晋右司马晋江黄公名克缵主议。前左布政使、今抚河南吴江沈公名季文，前参政、今按察使宜城徐公名梦麟，议协金乃办。而今左布政使昆山李公名同芳续用输核。起工岁月，具岱庙记中。提衡振饬，则前案部侍御无锡严公名一鹏，后案部侍御海澄温公名如璋，今案部侍御燕山萧公名淳，前案鹾侍御泾县业公名永盛，今案鹾侍御内江李公名应魁，若前左布政使安庆刘公名尚志，今右布政使章公名邦翰，督粮道参政潜山徐公名尧莘，分守济南道参政白河柴公名应干，提学道、前副使晋江李公名叔元，今副使尉氏靳公名于中，驿传道副使南宫韩公名策，分巡济南道、前副使固始文公名球，今副使颍川张公名鹤鸣，武德道副使永年杜公名縻，济南知府，今升副使莆田俞公名维宇，今济南府知府归安丁公名浚，皆与有先后督率。劳泰安知州歙县江君湛然，以职守终始厥事，例宜书。州同知贺本昌，临朐县丞吴复金承委克竣，宜附书岱庙记。

先抚黄公作侗，以萤烛嗣光，碑当有辞。辞曰：泰山岩岩，万物伊始。帝册帝孙，侻元君是。呼吸上通，仅尺有咫。肤寸八荒，人事甚迩。四岳苞祇，四流遵轨。唯岱是宗，靡敢抗垒。先民有言，神怪谲诡。我仪图之，佑善殄否。万方玉帛，走不停跬。孰云奉高，有道如矢。巍然仙居，栋厦宜庀。畴新兹宫，我抚则以。灵篇载韬，神司其匦。发函烛霄，皇乃受址。

右碑万历三十六年佥事临邑邢侗撰。行书。勒祠内。今佚。

铜钟宏济经

文曰：太上老君说，天仙玉女碧霞护世宏济妙经（经未录）。督修金殿等太监（名未录）。万历甲寅年造。

右真书。在后寝宫铜钟上，阳文。

敕建泰山金阙记铜碑

右碑为万历四十三年正月，大学士方从哲奉敕撰。礼部郎中汪民孜书丹。额题：敕建泰山天仙金阙碑记。碑阴亦有额，曰：圣孝圣诚，永垂亿世。并真书。在香亭左，与天启铜碑俱磨灭。不可读。

灵佑宫金碑记

文曰：钦修泰岳，大工告成。赐灵佑宫金碑记。赐进士出身、陕西布政使司左布政使、分守甘肃道、赐一品服、俸（缺数字）撰文。赐进士出身、广西布政使司右布政使（缺数字）书丹。赐进士出身、贵州按察司分巡普静道兵备副使李思恭篆额（文未录）。天启五年岁次乙丑六月朔日（督工太监及各官未录）。

右碑与前碑式略同。额云：敕建泰山灵佑宫记。碑阴额曰：圣德神功，永垂亿载。并真书。在香亭右。俗谓二碑磨钱，佩之可却病。故下截刓损特甚。《泰山金石考》云：家藏旧墨本尚可读。然所录亦多缺文。

祠前题勒

文曰：万代瞻仰。

为善如登（并真书，失名）。

玉女池

〔明〕龚勉

山池水碧澄，可照芙蓉面。玉女时往来，彩云飞片片。

玉女歌

程拱辰

英英白云端，神女驾紫鸾。素姿净浴天池水，扶桑日闪玉容丹。朝餐明霞暮吸露，芙蓉制服电为冠。我闻黄帝女，修真生羽翰。载传汉玉叶，石屋炼金丸。西向瑶池礼王母，鸣珰杂佩声珊珊。白日飞挟曹仙去，空留丹灶镇苍峦。黄花古洞真人迹，女指纤纤印苍石[①]。更有一片雨花床，千年指作蒲围席。银灯悬斗旁，灿若七星奕。炉烟绕岩廊，袅袅吐雾碧。天花不卷水珠帘，甘泉迸出白玉液。乍闻万壑松籁鸣，疑是经声喧喈喈。曾颂李白句，飘飘下九垓。载闻宋真宗[②]，东封紫观开[③]。宝磬声落天空外，玉箫吹集凤凰台。卿云绚烂扶舆下，朱幡五采驾山来[④]。巍巍岱宗奠东土，赫赫元君何神哉。惟山有神增灵异[⑤]，寰区千古仰崔嵬。我也生前怀仰止[⑥]，今日东山着屐齿。十八危盘石参差，万丈云梯空中视。乘风上天门，振衣蹑星纪。仙乐云中迎，身如霄汉里。金莲顶上紫气腾，稽首风前荐香芷。素手授我朱砂杯，须臾饵以白石髓。揖予更上日观峰，天鸡初叫朱曦起。西望昆仑雪花明，玉池直接天河水。夜梦石函玉虚篇，傍有羽衣亲点指。从此觅却紫芝依碧霞，人世浮名一扫如风靡。

① “苍”，明万历《岱史·登览志》作“苔”。
② “宗”，明万历《岱史·登览志》作“主”。
③ “封”，明万历《岱史·登览志》作“来”。
④ “山”，明万历《岱史·登览志》作“上”。
⑤ “惟”，明万历《岱史·登览志》作“维”。
⑥ “生前”，明万历《岱史·登览志》作“平生”。

玉女池

萧协中

琳宫高揭碧山岑，祠畔灵池岁月深。藻色绿萦元女发，镜光清澈道人心。翻疑借液银河近，肯信涵虚玉露浸。恍惚水云飞白篆，泠泠清况起长吟。

金殿

八宝世所珍，五金神不贵。玉女自清虚，安用重耗费。岁祲殍沟渠，蓬蓬乱如卉。朘民筑金楼，圣慈何所慰。

碧霞宫

刘策

一嶂凌霄汉，中藏玉女家。仙幡摇碧落，宝殿拥朱霞。映日裁云锦，随风散雨花。登临多少客，不惜路途赊。

朝岱

〔国朝〕高珩

岁云暮矣当丰年，香火逐群礼泰山。半夜鸣金催社侣，踏星靡靡霜花斑。千声一佛潮音吼，甲马咸云神掖走。闺中严属戒腥荤，梵宇琳宫遍稽首。上山竭蹶下山轻，三百青蚨沽一斗。归遗儿女买同钲，千里秦松犹在手。泰山满腹夸乡人，鞭声霹雳天门神。

唐人小说

吴女盈盈，善歌舞，姿容都冶。一夕梦红裳美人，手一纸，曰：玉女命汝掌奏牍。及觉，泣以白母，曰：儿不能久居人间矣。异日，当访我碧霞峰头。其日竟卒。后诗客王山闻之，登岱绝顶。徘徊玉女池畔，为二诗以吊之。既归，梦二女奴召至一溪洞。更有碧衣短鬟者迎入宫殿。上有女子玉冠绛衣，拥云幢宝扇。山不敢仰视。俄，女使持一简授山。上书一诗曰：绛阙琳宫锁乱霞，长生未晚弃年华。断无方朔人间信，远阻麻姑洞里家。历劫遥翻沧海水，浓香难谢碧桃花[1]。紫台树隐瑶池阔，凤懒龙娇日又斜。寻寤。明日追寻，不得其处。

考古录

〔国朝〕顾炎武

泰山碧霞元君，宋真宗所封。世人多以为泰山之女。后之文人知其说之不经，而撰为黄帝遣玉女之事以附会之。不知当日所以褒封，固真以为泰山之女也。今考封号，虽自宋时，而泰山女之说，则晋时已有之。张华《博物志》：文王以太公为灌坛令，期年风不鸣条。文王梦见有一妇人当道而哭，问其故。曰：我东海泰山神女嫁为西海妇，欲东归。灌坛令当我道。太公有德，吾不敢以暴风骤雨过也。文王梦觉，明日召太公。三日三夕果有疾风骤雨自西来也。文王乃拜太公为大司马。此一事也。干宝《搜神记》：后汉胡母班，尝至泰山之侧，为泰山府所召。令致书于女婿河伯云：至河中流，叩舟呼青衣，当自有取书者。果得达。复为河伯致书府君。此二事也。《列异传》记蔡支事，又以天帝为泰山之外孙。自汉以来不明乎天神、地祇、人鬼之别，一以人道事之。于是封岳神为王，则立寝殿为王夫人。有夫人则有女。而女有婿又有外孙矣。唐宋之时，但言灵应即加封号。不如今之君子，必求其人以实之也。又考，泰山不惟有女，亦又有儿。《魏书·段承根传》：父晖，师事欧阳汤。有一童子与晖同学。后二年辞归。从晖请马，晖戏作木马与之。童子甚悦。谢晖曰，吾泰山府君子，奉敕游学。今将归，烦子厚赠，无以报德。子后至常伯封侯。非报也，且以为好。言

① “香”，清乾隆三十九《泰山图志》作“春”。

讫，乘马腾虚而去。《集异记》言：贞元初，李纳病笃，遣押衙王祐祷岱岳。遥见山上有四五人，衣碧汗衫半臂，路人止，祐下车，言此三郎子、七郎子也。《文献通考》：后唐长兴三年，诏以泰山三郎为雄威将军。宋大中祥符元年十月封禅毕，亲幸加封丙灵公。夫封其子为将军、为公，则封其女为君，正一时之事尔。又考元刘遵鲁《汉岛记》曰：庙中神妃相传为东海广德王第七女。夫海有女则山亦有女，曷足怪乎！

元君记

韩锡胙

统古今天下神祇，首东岳。而东岳祀事之盛，首碧霞元君。元君者泰山玉女，元君其封号也。庙在泰山顶。自京师以南，河淮以北，男妇日千万人。奉牲牢香币，喃喃泥首阶下。前代设官征税充度支。陶允宜诗云：自是神人，同爱国，岁输百万助升平。我皇上御极，诏永免其税。于是，遐迩来礼元君者，风雨相续，其众多什伯前时云。

夫玉女何神也？《道藏》云：金虹太乙定父女也。盖东岳为天孙，《天宫书》织女也为天孙。因其名曰孙，遂撰金虹以为之父。因织女天孙为女，并东岳亦牵合而为女也。《瑶池编》云：黄帝会西昆仑真人，遣女七人，云冠羽衣，往泰山迓之。玉女乃七人中一人，彼六人者又何往乎？《玉女卷》云：玉女姓金名玉叶，西牛国孙宁府奉符县石守道妻也。汉明帝中元七年四月十八日生，年十四，入天空山黄华洞修道，天空山，即泰山也。考李斯从始皇发封，出玉女于岱宗之巅。因祀之，称为神州老姥。是玉女早见于秦时，何有汉明帝时降生事？况中华无西牛国，或即浮屠家所云四大部洲之西牛贺洲者。果尔，亦当在身毒国西，相距不知几千万里。无论西牛国无郡县之制，泰山郡无孙宁之号，而强以彼地天空山指为中华泰山。且谓玉女有夫也，渎亦甚矣。《文献通考》云：泰山顶有玉女池。池水苦浊则山已有玉女名。宋真宗登封命王钦若先行顿置。池中清泉涌出。诏易池旁石刻女象以玉，奉以石龛而祭之。则前此山固有玉女象。唐刘禹锡《送女道士张炼师归东岳诗》云：久事元君住翠微。则唐以前已有元君神号。而明杨时乔乃谓宋真宗授天书特假元君名，俾五方易于信从。胡臆断若此欤？近世佞佛者云，观世音千百亿化身，在南为海神天后，封碧霞元君。在北为泰山玉女，亦封碧霞元君，皆一人也。首《楞严》诋十种仙为卑，华严举山林昼夜诸神，悉属诸护法听经之列。顾艳玉女、天后二神之灵，而胥实以观世音。又有刻《洞宾集》者载：洞宾与梓童具授记佛前，俚鄙诞幻，无稽不经，不足辩也。

然者元君何神也？泰山在鲁境。鲁赐天子礼乐，得郊禘，郊该社，郊圆丘，上帝社。方泽，地祇也。齐桓公九合诸侯。自以为帝王受命不过此，欲并鲁用郊禘。然方以尊周室为名，因托言欲封禅。封禅，郊社之变名也。管仲知不可，穷以辞。亦托言符瑞未臻以阻之，故郊社一歧而封禅，而封禅再歧而符瑞，封禅又歧而神仙也。祭义圆丘称泰坛，方泽称泰圻。说者云：泰坛鲁郊，泰圻鲁社，皆在泰山左右也。泰坛事上帝，以人像之，则冕旒王者。泰圻事地祇，以人像之则翟袆后夫人。又汉时，祭泰圻亦以后夫人主祀。从其类而格之也。又汉武封禅，禅石闾。当时以为仙人之闾，礼如祀后土。即后世所附会黄花洞石屋也。然则元君地祇也。且夫父严而母慈。胞孕乳哺出于母，而其出之者，母不自知之。天尊而地亲，五材百货产于地，而其产之者，地不自明之，所谓神也。

今千万男妇欲祈年免病，求嗣保寿，日跻崇峦，猿攀蚁接，泥首元君前，皆人世吉祥应有之事。而神即如其意佑之，非若金泥玉检，冀长生不死，为人世不应有之事，神不能违天以予之也。孔子曰：祭神如神在，则必洞乎如见其形焉，欻乎如闻其声焉。以情推之，朝日夕月。其所谓如在者，将如日之圆而烈，月之盈而亏乎？祭门、巷、灶、中溜，其如在者，亦将如门之阖辟，如巷之逶迤，如灶之曲突，与夫中溜之滴沥乎？抑别有冠裳坐立之容，似以肸蠁而陟降者乎？易泰圻而宫室之，貌地祇而珈佩之，是灵爽之集，百福之综也，谓非天下之正神乎！敬以告后之君子，俾有所取信焉。

蜕仙岩，在遥观洞南。石壁崒嵂，疑有白玉棺存焉。下有王老石屋，可容几榻。《岱史》云：翰林王从之踋趺化此。考从之，名若虚，藁城人，金源学士。金亡，盖挂冠修真云。《泰山纪事》云：王老者郇居慕道。有老道士造之，留月余。忽徧体疮疡，谓王老得酒数斛，浸之即愈。王如命。道士坐酒瓮中。三日出，须发皆黑，颜如童子。谓王老饮此可仙去。王全家饮之皆醉。忽风动云蒸，同时超举。未知孰是。

稍东为涤虑溪。水沸渭西南流。中有突秀峰。《泰山小史》云：碧霞祠火池南，一径逶迤，下临深壑，数里许，始得坦途。约自岳顶西南七八里①，忽开一石，平如砥，可十亩②。中突一石笱，笱三成，高七十尺。其巅一松，挺盖，枝叶横盘。水环石流，四壁藏云献媚，叆叇离奇，真壶天之别境也。今松无存。石笋即突秀峰也。顶南诸峰，如簪花戴胜，翩翩欲飞，舞而势稍西驰，浸寻于南天门矣。

① “岳”，明《泰山小史》作“岱”；该句后有“间”字。

② “十”字后，明《泰山小史》有“余”字。

岱览卷第十

分览一

岱顶下

顶南迤西为秦观峰。《汉官仪》云：东南名秦观。秦观者，望见长安。《东游略记》云：秦观有封禅坛。坛下有秦李斯，唐、宋磨崖。殆谓绝顶也。萧协中诗云：西瞻紫气满函关，百二山河指顾间。得其状矣。

青帝宫在其阳。《通志》云：山高四十余里。凡十八盘，由南天门历东西二天门至绝顶。其祠曰：青帝。顾炎武谓即月令，其帝太昊。《史记·封禅书》：秦宣公作密畤于渭南，祭青帝。《唐书·王玙传》：请置春坛，祀青帝于国东郊者也。若郑康成《述春秋纬说》：苍帝灵威仰；赤帝赤熛怒；黄帝含枢纽；白帝白招拒；黑帝叶光纪。则王子雍所排驳。后世虽存五帝之祀，亦不遵用其名矣。明巡抚李戴重修。今皇上额曰：慈天广佑。东有碧天泉，涸。门外巨石踣卧，曰独石。又西南为望吴峰。

登岱诗碑

〔明〕张天祚

右，行书。勒青帝宫中。

泰山记

王之纲

文曰：泰山，东岳山也，是为岱宗。《尔雅》：丘右陵曰“泰”。《郡志》：万物交代故称岱，群岳之长故称宗焉。天应角躔，地分鲁域。宋元前隶兖东平路，今隶济南泰安郡。《道藏》书云：泰山周回一百六十里奇五十步，方面各四十里。郭璞云：从泰山自下至顶四十八里三百步。《汉官仪》云：盘道屈曲而上，凡五十余盘。《茅君传》云：泰山周回三千余里。《博闻录》云：泰山名蓬元，高四千丈，环一千里。《福地记》云：泰山洞天，周回三千里。其言高广远迩，固人人异。以今考之，由岱宗坊而左，周回至其坊下。凡一百七十里百九十七步。其称一百六十里奇五十步者近是。自郡城登岳坊三里至一天门。而上礌砢陀坂，循溪入谷。度高老桥、水帘洞、回马岭、黄现岭、二天门、小龙峪、九龙峪、十八盘、三天门，至岳顶四十五里。其称四十八里者，是也。至其峰、山、岭、峪、洞、石、岩、崖、亭、台、观、宇，支麓蜿蜒，不可殚纪。

盖尝即其著者而言，最高为岳顶古登封台，今表其巅，为玉帝太清宫。宫前秦无字碑，碑前秦观峰，可望长安。下为青帝宫、碧霞宫、东岳庙。顶以北由丈人峰[①]，石马山而上，为尧观台。台之北为拗山、磨山、仙台岭、黄伯阳洞、金丝洞、莲花峰，佛寺峪即谷山寺，寺址即周明堂。中有峪泉，下为天津河。山谷联属岳顶，盖四十里。台之东北为凤皇池、会仙庵、肃然山。台之南为鹤山、玉女山，山半有黄华洞，洞即后石屋玉女修真处。下有饮虎池、大烛山、小烛山、仙鹤湾、天井湾，西转为明月嶂。台之西北有北拱台、南拱台、北天门、狮子峰、船石、分金石、石后山、方正石、土岭头、老鸭尖、懒张石屋、黑闼石屋、清天岭。自老鸭尖西下为上石屋（即云台庵）、下石屋（即桂师庵）、青龙宫、黄石崖，直至禚山、思乡岭、长城岭、铁佛寺、傅老庵、桃花洞。自禚山南而突起者为雕窝峰、猴愁峪、西风门峪、桃花峪、黄山。中有白练石屋。皆属岳之北[②]。近之为历山，为长白。远之非燕赵太行之间乎？

岳顶以北[③]，由太平顶、汉登封台而左，为日观峰。日观峰，鸡鸣时，

① “由”，清乾隆《泰山图志·艺文》作“山”。
② “北”字后，清乾隆《泰山图志·艺文》有“者”字。
③ “北”，清乾隆《泰山图志·艺文》作“东”。

见日出于海，高三丈。汉登封台，或云宋者，非云禅者，误。俗名宝藏库。峰之东为雕窝峰、独秀峰、东神霄山、望海石、伏虎门、鹁鸽崖。峰之南为舍身崖、可止台、东天门、幡杆石、娄子洞。崖西下有遥观洞（即昭真库）、蜕仙岩（即王老石屋）、水仙寨、朗然子洞、药园、千户厅、中岭山、水牛埠、艾窝、观星峪。东南十八里为汉明堂，旁有谢过城。夹谷会后，齐人归鲁龟阴田以谢过处。岳东南地，曰谷里（即夹谷），皆属岳之东者。近之为汶阳之田，汶河、淄河诸水，远之非青登蓬莱海岛之间乎？

岳顶以南由玉女池、德星岩而前，为周观峰。周观峰，可望洛邑。峰之东为仙人桥、试心石、东影翠石、狮子崖、五花崖。崖西有避风崖、虎头崖、白云洞、锁云岩、三灵侯庙、南天门（即三天门）。门左有上清界坊、弥高岩、朝阳洞（即古迎阳洞），洞上有半山亭、宋真宗晒袍松、龙泉峰、九龙峪、小龙峪、飞龙岩。洞下为拦住山、御帐坪。坪上有秦封五大夫松，始皇、真宗尝驻此。又下为望驾石、护驾石、快活山、蛟龙石、黄岘岭、回马岭。中有玉皇庙、登仙台、十峰岭、翔凤岭、古云岩、歇马崖、三字崖、凌汉寨、云头埠、白羊坊、水帘洞、大藏岭、炮高岭、石经峪。中有石经台、高山流水亭、万两溪公《石壁记》、水帘崖、曝经石。下为杨老坞、分水岭、东溪山、箭杆峪。峪东升仙岭、青山、南擒虎山、东岱道庵、西岩岩亭、虬在湾、饮马庵、王母池、飞鸾泉、涤尘泉、吕公洞、后土殿、老君堂（即古岱岳观），中有汉柏、唐鸳鸯碑。下为三皇庙、酆都庙。转北为一天门坊、孔子登临坊、天阶坊、飞云阁、中溪山、斗母殿。而转西为人祖殿、升元观、白鹤泉、酆都峪、眼光殿、青帝观、岱麓书院。又转而南为凤凰台，汉宣帝时凤凰集处。郡城中为岱岳庙，中有唐槐、古柏。西为长春观，东为先师庙，南为会真宫、鲁两先生祠。城外南有升中古迹阴字碑亭。西为天书观、醴泉亭、高里山、鬼仙洞、社首坛，中有环翠亭。再转而南为宋封祀坛、朝觐坛、舞鹤台，皆属岳之南者。近之为云亭、梁父、徂徕、峄诸山，沂、泗诸水。远之非吴越之交衡庐之胜乎？

岳顶以西为吴观峰，吴观峰可望吴门，孔子望吴阊门指示颜子处。下为君子峰。右为越观峰，越观峰可望会稽[①]。一名月观，谓与日观相对云。峰之东为仙闾岩、西影翠石。峰之西为西天门，延至青岚岭、两峰岩、西神霄山、三尖山，以南九女寨、回雁峰（即雁飞岭）、火焰山、仙人掌、傲来山、刘盆子寨、天胜寨、鸡笼、悬刀、芙蓉、飞雅[②]、凌汉诸峰。下连马蹄峪、观音洞、白鹤洞、凤凰山、竹林寺、西北百丈崖、天绅泉、仙影崖、白龙池、西溪山、元圭石、忽雷湾、耀星湾、锣鼓湾、普照寺、周朴庵（今仰德堂）[③]、三阳庵、胡安定公投书涧、孙泰山公读书授经诸台，石徂徕公侍立、景贤诸石。南下大峪口，又有大石匣、小石匣、藏剑匣、试剑石、三元石、擂鼓石，皆属岳之西者。近之为灵岩，为长城钜防[④]。远之非秦、晋、河源、昆仑、太华之胜乎？

以此而言，则其称至四千里者，殆又不足以尽之。大抵传记所载，未必悉合。或极夫蹯亙而侈言之，或即夫柴望之地而约言之。不越以纪其形胜耳。及考其当时，巡守则唐虞天子五载一巡守。岁二月，东巡守至于岱宗，夏后氏因之。周制十二年一巡守。岁二月，东巡守，至岱宗，觐诸侯于明堂。自是而汉之光武[⑤]、孝章、孝安，魏之明帝，隋之文帝，唐之高宗，亦莫不因焉。

望祭，则《王制》：岁二月东巡守，柴，望祀山川。《周礼·小宗伯》：四望五岳。《鲁世家》：周公封鲁伯禽为鲁侯，遂得主泰山之祀。自是鲁僖公、宣公之犹三望。汉宣帝之岁五祀。章帝之幸祀泰山。魏文帝、晋成帝、后魏景穆帝、唐高祖、太宗、德宗、宋祖、金、元亦皆有望。

---

① “越观峰”，清乾隆《泰山图志·艺文》无此三字。
② “雅”，清乾隆《泰山图志·艺文》作“鸦”。
③ “朴”，清乾隆《泰山图志·艺文》作“仆”。
④ “防”，清乾隆《泰山图志·艺文》作“岭”。
⑤ 清乾隆《泰山图志·艺文》“武”后有“帝”字。

封禅，则无怀氏封泰山，禅云云。伏羲、神农并因之。黄帝禅亭亭，颛顼帝、喾帝、尧帝、舜复禅云云。禹禅会稽。汤复禅云云。其所封皆于泰山焉。周成王封泰山，禅社首。秦始皇封泰山，禅梁父。汉武帝封泰山，禅肃然。光武封泰山，禅梁父。唐高宗、玄宗，宋真宗皆封泰山，禅社首。

若乃登览，则孔子游泰山叹苛政猛于虎；颜渊从孔子辨系练于吴门；曾参歌梁山以力耕；孟轲感覆云以彰瑞；伯牙善音于霖雨之操；延陵合礼于嬴博之封；孙明复叹春秋之微；石守道笃侍师之敬；胡瑗置书而投涧；许衡寓鲁以名斋。

云游，则安期生授少君神楼之剂；稷邱君识汉武升高之危；巨和著安道之名；纯阳留憩洞之迹；张仙系林檎以示异；长春演真教以称仙；张志纯悟道于天倪；徐世隆辨才于三子；王从之化蹦跌而仙岩蜕故；成兴公通玄秘而泰顶完真。

赞述，则刻石铭篆诸李斯；封禅书遗诸相如；磨崖碑勒于唐玄宗；阴字碑书于宋真宗；张说颂舞鹤之台；晁迥铭天齐之号；王钦若有社首颂；陈尧叟有朝觐文；王旦颂于封祀坛；杨亿序于天贶殿；洪迈记于泰山[1]；杨柏仁纪夫岱庙；宇文子有宣和之制；杜翱有延禧之述；徐炎记萃美之亭[2]；党怀英撰谷山之刻。

题咏，则仲尼《丘陵》之歌；张衡《四思》之什；曹植有《飞龙》之篇；陆机有《泰山》之咏；谢灵运、李白之《吟泰山》；张养浩、李简之《咏登岱》；王奕、王恽有《汉柏》之句；范致冲、王旭有《竹林》之作；杜甫之《望岳》；卢照邻之《登封》；刘禹锡遗诗炼师；萧楚材赓和展礼；丁春泽为《日观赋》；杜仁杰为《天门铭》；王钦若纪登泰山；李义府遥叙封禅；梅圣俞之《登岱岳》；苏轼之《游灵岩》；洞宾挥句于金母池；张志

① “于”，清乾隆《泰山图志·艺文》作“乎”。

② “徐炎”当作“徐琰”，著有《萃美亭记》等。

纯览胜于桃花峪。凡夫省方而答贶，览胜以穷奇，宣幽而发秘者，亦率于是焉。是皆不可以无纪者。

内史氏纲曰：余读《鲁颂》：泰山岩岩，鲁邦所詹。及《孟子》云孔子登泰山而小天下，未尝不叹其形之胜也。至读《舜典》封山之文，《戴记》升中之语，则又未尝不叹此之足以为民病也。迨读《文中子》有曰：舜一岁巡五岳，国不费而民不劳者，兵卫少而征求寡也。后世少兵卫，则不足以防窥伺之奸；寡征求，则不足以备羁靮之用。然后知封告之非能以病民，而时有不可举之适足以为民病也。国朝，名山大川但因本称而未有封号，岁时遣祭不废，卒未尝举封狩之典。说者以为度越千古，其在兹也。岂不信哉！岂不信哉！矧其制作之盛，如圣祖泰山高之赋，列圣遣祭之文昭回天地。而文臣贤士，羽客骚人，若薛瑄、王守仁、李梦阳、李东阳辈，品题不辍，又有以备一代之文章，固有不待封而崇者矣。登览者岂独以其形之胜已哉？是用记之，以告来者。万历九年癸酉岁春王月之吉。

右记。真书。勒《张天祚诗刻》碑阴。

望吴峰，勒孔子崖。《汉官仪》云：吴观者，望见会稽。《韩诗外传》：孔子与颜子望吴门。颜子以为白练，孔子曰：马也。相传登此峰，因以名崖。考《春秋传》，鲁东门曰雩门，雩吴音近，或者其鲁东门与？然《论衡》《日知录》则已辨之详矣。《泰山小史》云：孔子崖庙，在岳顶玉皇庙西下半里，孔子小天下处，或此地也。有朱晦翁石迹。明建过化亭，圮。嘉靖间，朱尚书衡创议建孔子庙。万历间，郝推官大猷修正殿三楹，缭垣，南为门。谭侍御耀、毛侍御在、查运使志隆，奉至圣铜像及四配像，如学宫制。增修两庑，置庙祝焉。后知州秦懋约以非礼撤去。康熙十五年吴云、杨霖重建，砻石为像。乾隆三十五年，改建旧基之南。皇上额曰：因高喻大。前有坊。李树德题：望吴圣迹。《泰山志》云：越观峰下为孔子崖。王士性云：越观以望吴门匹练。然则，吴也越也，皆可揽之兹峰耶？庙西崇冈，兀兀可凭。传为吕纯阳仙之所登也，曰：登仙台。

稍东南为斗仙岩。

重建岳顶圣庙碑

〔国朝〕

文曰：岱宗圣庙，厥迹最古，见于《岱史》及碑碣可考者，在日观、越观诸峰间。屡迁旋圮。神罔攸憩。杨公玉峰，近自转运迁秩驻节泰安，礼岱访圣迹而慨之，寻入京。其同里吴君舫翁，时为公之长子师，谋复圣庙，驰书于公。公曰：予志也。遂专力成之。余同舫翁及公子登岳，相地卜基于德星之岩，与岳庙邻。定基三楹，刻期完工，聿观厥成焉。窃惟岱宗禋祀，奔走天下。盛矣！然士大夫侈游观之乐，愚夫亦且竭终岁之奉，期得歆格天若，将有所飨答于厥躬。今于风奔云驰之余，忽睹所谓圣人者，曰：是纲常之宗，名教之准也。君臣、父子、夫妇、朋友、兄弟之伦，不外知能行习，惠逆之故捷于影响，庶几憬然有所感发而返求于乃心。是亦振蒙觉感之功，有大助于人心者也，岂但补岱祀之典哉？小子忝末裔，窃微禄于兹土，快睹公之能振于吾道也。于是乎记。

右孔贞瑄撰。今佚。

孔子崖题勒

文曰：

泰山乔岳（吴谦）。

嵩河一览，华岳遥瞻（刘若水）。

过化亭（因柱。俱真书）。

登仙台

〔明〕杜文同

危磴上缘云汉，高台迥绝尘嚣。夜半月明青嶂，疑闻笙鹤山椒。

岱顶孔子庙落成志喜兼呈州司马石门张公

〔国朝〕赵国麟

岱宗镇青方，长男出乎帝。胡为崇阴祀，楮币走海内。

或云轩辕女，荒诞误后世。讵知岳降灵，实为圣贤地。

岩岩鲁邦瞻，尼父独登莅。敻绝天下小，练马颜渊侍。

千秋钦过化，人与兹山配。有识谋禋享，孔吴称同志。

石像创舫翁（本朝岱顶建殿，始于豫章吴舫翁、阙里孔璧六两先生），恳恳不朽计。忆余少年时，匍匐拜阶砌。

殿庑尚肃整，门屏严启闭。颓圮二十春，风雨不能蔽。

触目伤心神，太息继流涕。檇李来张公，吾道重有系。

经营圣人居，下土劳寤寐。一年新泮宫，三载复庙制。

隆栋耸层霄，丹碧映苍翠。拾级俨升天，登堂立云际。

庙貌虽已新，释奠礼未备。大圣坐庑下，四配纷委弃。

瞻拜喜复悲，对之不忍视。更恐刚风烈，摧毁亦甚易。

再拜祷太山，盛事愿有继。石固不得崩，木坚不得脆。

人存道自兴，绳绳千万岁。

论衡·书虚篇

〔汉〕王充

《传》书或言：颜渊与孔子俱上鲁太山。孔子东南望，吴阊门外有系白马，引颜渊指以示之曰：若见吴阊门乎？颜渊曰：见之。孔子曰：门外何有？曰：有如系练之状。孔子抚其目而正之，因与俱下。而颜渊发白齿落[1]，遂以病死。盖以精神不能若孔子，强力自极，精华竭尽，故早夭死。世俗闻之，皆以为然。如实论之，殆虚言也。案《论语》之文，不见此言。

① 该句前，《诸子集成·王充〈论衡〉》有“下”字。

考六经之传，亦无此语。夫颜渊能见千里之外，与圣人同。孔子诸子，何讳不言？盖人目之所见，不过十里。过此不见，非所明察远也。《传》曰：太山之高巍然，去之百里，不见蛭螺。远也。案：鲁去吴千有余里，使离朱望之，终不能见，况使颜渊何能审之？如果庶几者[①]，明目异于人，则世宜称亚圣，不宜言离朱。人目之视也。物大者易察，小者难审，使颜渊处阊门之外，望太山之形，终不能见。况从太山之上，察白马之色，色不能见，明矣。非颜渊不能见，孔子亦不能见也。何以验之？耳目之用，均也，目不能百里[②]，则耳亦不能闻也。陆贾曰：离娄之明，不能察帷薄之内；师旷之聪，不能闻百里之外。阊门之与太山，非直帷薄之内、百里之外也。秦武王与孟说举鼎，不任，绝脉而死。举鼎用力，力由筋脉，筋脉不堪，绝伤而死，道理宜也。今颜渊用目望远，目睛不任[③]，宜盲眇，发白齿落，非其致也；发白齿落，用精于学。勤力不休，气力竭尽，故致于死[④]。伯奇放流，首发早白。《诗》云：惟忧用老。伯奇用忧，而颜渊用睛，暂望仓卒，安能致此？

岱顶修建孔庙议

〔明〕查志隆

窃以圣之有孔子，犹山之有泰岳也。岂惟诞育，降自岳神。乃其里居，尤为密迩。想辙环之日，师弟子相从登高揽胜者，屡矣。故孟子则云：孔子登太山而小天下。《礼记·檀弓》则云：孔子过太山侧。问妇人之哭，而叹苛政猛于虎。《列子》则云：孔子游于太山，问荣启期之三乐，而善其能自宽。《韩诗外传》则云：颜子从孔子上太山，望吴阊门之系白马，而颜子

① “果”，《诸子集成·王充〈论衡〉》作“才”。
② “能”字后，《诸子集成·王充〈论衡〉》有“见”字。
③ 该句前，《诸子集成·王充〈论衡〉》有“望远”二字。
④ “致”，《诸子集成·王充〈论衡〉》作“至”。

对以有如系练。《孝实录》则云：曾子耕太山下，思其父母而作《梁山歌》。凡此故实，凿凿可据。若孟子生时，则其母梦神人乘云自太山来，覆于其居。而宋儒称之曰：泰山岩岩气象。其言岂无稽哉？由斯以观，则太山胜迹，孔子称首，而颜、曾、孟三贤，皆踵其芳躅者也。夫何时世变迁，踪迹泯灭。惟孔子崖铜像仅存，残毁者半。而颜、曾、孟，杳然无可考见。夫老佛之宫，广袤山谷，灿烂丹青，固无庸论。即宋儒孙明复、石守道两先生，犹然俎豆泰岳之麓。而圣如孔子，贤如颜、如曾、如孟，生平固其涉历之地，没后独无栖神之所。临风吊古，宁不感凄！案：岳顶玉帝观之西，有空殿三间，盖先任济南府推官郝大猷创议营构，原为崇奉孔子，继以迁任，未竟始谋。当因其旧贯，加以缮修。于殿内设孔子神座，神主正中南向。而东西配以颜、曾、孟，并入子思。各神座、神主东西相向。一如学宫之制，春秋丁祭。每岁管香税官备办祭品，照州县释菜果肴，各神座前一桌。其特牲则总共猪一口，羊一口。本官如期致奠。仍于殿旁构道房三间，责令本山道士二名常住看守。报名在官，以便稽查。及孔子崖铜像、亭宇，一并修整，仍于旧址供奉。则圣贤遗迹，足慰万世之瞻仰矣。以此纪载简编，不亦辉奕也哉！

谲觚

〔国朝〕顾炎武

来札，孔子虽圣亦人耳，何能泰巅一千八百里外观吴门之马？足下未深思，故有此疑。曲阜城有吴门，直吴，如苏州北门曰齐门之类是也。鄙著无此一事。今之曲阜并无吴门，古之鲁城亦不载有此。李君何以知之？且此事本出王充《论衡》，云：书或言颜渊与孔子俱上鲁泰山。孔子东南望吴阊门外有系白马，引颜渊指以示之。曰：若见吴阊门乎？颜曰[1]：见之。

① “颜”字后，《诸子集成·王充〈论衡〉》有“渊”字。

孔子曰：门外何有？曰：有如系练之状。孔子抚其目而正之，因与俱下，下而颜渊发白齿落，遂以病死。今详其文，于泰山则系以鲁，于阊门则系以吴。古人之文不苟如此，安得谓是鲁城之门？又云：人目见不过十里。鲁去吴千有余里。使离朱望之，终不能见。况使颜渊何能审之？此又《论衡》之言。而非仆之言也。

岳顶至圣庙春秋上丁祝文

〔明〕毛在

维圣天纵，惟岳降神。大哉孔子，优圣绝伦。乾坤化育[①]，帝王经纶。岱宗仰止，振衣登临。一时过化，万载洪钧[②]。肃瞻庙貌，吾道常新。涓兹（春秋）仲，敬荐明禋。

振衣冈，故斗仙岩也，多宋、元题名。明人大书"振衣冈"三字，镵蚀过半。吁！林焯之毁唐颂，翟涛之毁宋碑，明人好夸大，务名求盖古人，大率类此。岩上有鲁班洞。稍北有北斗坛，万历时筑。其下门四达，上平台设文石二，云辅、弼星，盖取泰山北斗之义。又东，危石高耸，苍然若鼎彝，上勒"天柱峰"，亦明人名之，语辨"玉皇顶"。东北崖，石罅涓滴如贯珠，曰珍珠泉。一昼夜可得斛所，味殊淡永。

又西南，为凤皇山，有长离拂羽之状。旧有"蓬元坊"。《名山洞天福地记》：第二洞东岳泰山，周回一千里，名蓬元太空洞天。故明人题此坊，今圮。南为象山。亦以状名。其阳有白云洞、凤皇山。迤东为围屏峰。

---

① "化育"，《岱史·灵宇记》作"参赞"。

② "万载洪钧"，《岱史·灵宇记》作"万古流声"。

马熙题名

〔宋〕

文曰：新兖守、尚书外郎马熙，自仙源来谒帝祠。是日登岳，遍游东西绝顶。新宿州掌岳掾林会从。大宋熙宁八年二月二十四日。

右真书，勒天柱峰石上。高广二尺许，分七行，字径二寸。左读。

刘衮题名

文曰：兖海守刘衮，奉诏祈雪。次谒玉女祠。率巡山刘孟、邑令林会登二绝顶，临四观，遍览胜概。元佑丁卯孟春三日。

右真书，勒崖。纵广二尺，横广三尺，凡八行，字径三寸。与马熙题名同一石。

案《宋史》：哲宗元佑元年十二月戊申，诏以冬温无雪，决系囚。是以二年正月三日，有兖守祈雪太山之诏也。林会前为掌岳掾，越十二年乃为邑令，殆即奉符县令也。

上官均题名

文曰：京兆上官均，以使事抵奉高。同靖恭、杨升游岳顶，观日出，览历代遗迹。绍圣二年十月七日。

右真书，勒斗仙岩。凡五行，字径寸五分。《宋史》：上官均，邵武人，绍圣初拜右正言，以章惇怒，迁工部员外，寻提点京东淮东刑狱。此云使事，当是提点刑狱。唯云京兆，与史不合。

赵令绯题名

文曰：开封赵令绯，绍圣改元，济南从事罢官。敬谒帝祠。时穷冬，不能游岱宗，怏恨而去。明年，为东鲁别驾，复得以职事，思造祠下，遂登绝顶。东望日出，遍观古迹。巡山张佖、邑尉刘迹同行。绍圣三年四月朔。

右真书，勒斗仙岩。凡十行，字径寸五分。

张佖等题名

文曰：开封张佖、宛陵梅昌术同登太平顶。介下老虞侍。丙子四月十七日。

右真书，勒斗仙岩上。五行，左读，字径二寸。丙子即绍圣三年也。

商挺题名

〔元〕

文曰：岁在己酉三月二十八日，与上谷刘诩，原武精□炜同登。曹南商挺题并书。

右真书，勒斗仙岩侧。

礼岳祠记

严实

右刻，己酉七月，杜仁杰撰文，商挺真书。在斗仙岩。为振衣冈三大字所掩。

刘询等题名二则

文曰：长乐刘询、鄱阳程振、程迈同登太平顶，观日出。时元□壬辰四月（左读）。

岁己酉十一月初五日，泰安州刺史张郁，建立大行台严公磨崖二碑，摸勒。乡贡进士王天定，吏目梁弼、徐升、王坦，石匠高政男、高源、楚太、周仙，王成监修。司侯判官范元谨题。

右二则，并真书，勒斗仙岩侧。前则五行在上段，后则八行在下段。

前则“时元□壬辰四月”七字旁注“观日出”之下。考岁己酉，为蒙古定宗之四年，壬辰当在其前，为金哀宗天兴元年。“元”下或是“年”字，或“元”字似“天”字，未可臆决。姑并列于元初。

围屏峰，《志》称悬石峰，旧有老君堂，圮。东偏为虎头崖，巨石状若虎也。南迤东为避风崖，石厂深靓向阳，宋人题刻殆遍。东北有万寿殿址，亦曰御香亭，万历四十二年建，祀九莲菩萨。造大铜钟，上有御制《钟赞》。崇祯十四年增祀智上菩萨，殿圮，移像青帝宫，置钟后石屋矣。盖两朝太后祔庙时，先后以菩萨建祀岱巅并祀山麓天书观。语详分览四中。

晁补之等题名

〔宋〕

文曰：补之、及之、贯道，自绝顶回，歇此岩下。

右真书，勒避风崖东。补之即晁无咎也。

张进等题名六则

文曰：饶阳镇田完同、史赛、李千游岱顶。庚子三月六日记。张进□。

磁州左□扬式、王立、杨玟、曹涣，宣和次岁三月□日游此。

保顺军安立，同妻牟氏并男□奴、外生魏琦，宣和次岁三月六日，登顶游此记。

千乘县十河店陈文钜，宣和二年游顶记。

沂州沂水县张买奴游顶。宣和二年三月十日记。严青□。

钜野簿文叔、刘子□、张恭文游顶回。宣和庚子三月十五日。

右六则，并真书。勒避风崖西。为天街庐市所掩。宣和二年岁在庚子。张进题名虽未书宣和，玩其词笔，自是同时所勒。

金绍裕诗刻

〔明〕

文曰：丹崖翠壁接晴空，万里湖山入望中。回首扶桑天咫尺，满身香雾立空蒙。

右行书，勒避风崖上。

峰上题勒

文曰：日近云低（崔应骐，真书）。

白云洞，在象山南崖。又为锁云崖，又曰云窝。《汉书》：武帝封禅。祠。其夜若有光，昼有白云起封中。洞在封禅台南下，云从洞出，郁纷上腾，望之自封中起也。明王衡《记》云：洞巉岩多窍，云出如线。蓊匌满山，四驰而缕结为一，即为雨媒。《泰山小史》云：由蓬元坊南行数武，石磴陡绝近百级①，洞势深窈②，人不能到。居民占云以卜晴雨。洞顶东北夷旷，明巡抚李戴建白云轩。上有坊，亦颜“白云”。今并圮。皇上《御制白云洞诗》勒壁。洞南深谷陡削，或称百丈崖。水西南流入石壁峪。折而东为砧子石。迤西为南天门。

白云轩碑

〔明〕

文曰：今岁夏，余祇奉上命，填抚东土。时苦旱魃为灾，未及受代，辄祷于泰山之神，为元元乞一旦之命。窃私念《公羊传》所称，不崇朝而雨天下者，泰山之云也。今安得为云为雨，即符所祷哉？已而，见白云臯臯，布濩山谷，自白云洞中出也。因往蹑之，则在凤凰山之阳，石磴陡绝而下。

① “近”，《泰山小史》作“下可”。

② “窈”，《泰山小史》作“坳”。

洞高丈许，广亦称是。中有石窍，广二尺，深仅尺许。而洞之下，陡峻深谷不可测[①]，所谓百丈崖者是也。洞中石窍，四时水常溢注，其来无形，不知所自。夏月愈盛[②]，沛然旁达。故相传为龙洞甘霖，又曰“云根雨脉”云。余于此，益信雨天下之言不诬也。图所以标其胜[③]，宜无如斯言者。一日，以语盐台谭惺常侍御，则手笔“雨天下”三字。勒石洞门。余檄有司树之坊，坊稍北构亭一楹，亭稍北构轩三楹。而轩之宅胜最奇，背负石壁如屏，左右如翼，独开一面，甚闳旷。凭槛俯视，大小龙峪，如苍龙喷水。而山麓行人，摩肩接踵，杂遝如蚁。近眺，则徂来当其左[④]，傲来当其右[⑤]。远眺，则云云、亭亭、尼丘、梁父，环列星罗[⑥]，毕献奇伟。噫，斯天下之大观[⑦]！陟斯洞，憩斯轩者，宁无霖雨天下之思乎哉？奚但选胜揽秀云尔。有司谒余记之。是举也，前案台韩西元侍御与其议，今案台毛文源侍御会其成。其余有司执事，勒之碑阴。

右记，万历十四年，巡抚李戴撰并书。今与轩俱佚。

张寿朋题识

文曰：卧云。万历戊子腊，南昌张寿朋书于白云洞之石梁。

右卧云二大字并后小字皆八分书，勒洞内。

三峰题识

文曰：姬周墨客羽化三峰。回公题。三峰旧主述。

---

① “谷”字后，《泰山图志·祠宇一》有“又”字。

② “月”字后，《泰山图志·祠宇一》有“则其势”三字。

③ “以”，《泰山图志·祠宇一》作“为”。

④ “来”字后，《泰山图志·祠宇一》有“山”字。

⑤ “来”字后，《泰山图志·祠宇一》有“山”字。

⑥ 该句前，《泰山图志·祠宇一》有“又”字。

⑦ 该句后，《泰山图志·祠宇一》有“也”字。

右行书，勒洞外左壁。《泰山金石考》云：三峰即辽东张君宝，号三丰者。未知是否？刻无年代，语亦俶诡。姑录于此。

崖上题勒

文曰：

五岳独宗（张元济）

雨天下（谭耀）

山河一览（失名。俱真书）

洞内题勒

文曰：白云深处

锁云（俱真书。失名）

白云起封中赋（以皇汉施德介丘告成为韵[①]）

〔唐〕高孚

客有遭逢汉昌，从武帝而登岱。睹白云之效祥，曰：此盖非常，不飘不扬。初起封中，方都都以呈象[②]。稍浮山上，乍英英而有光。原初出之义也，告成我皇。我皇德以静人[③]，威以平难。廓清诸夏，光启大汉。俗既和兮考时巡，礼既备兮登日观。惟天辅圣，无雨则其明征。惟岳通元，出云所以幽赞。不然者，山有四岳，胡独兴于此？地有四极，胡不普而施？观耀质以流彩，若无心而有知。无心者何随车而动息，有知者何表圣之功德。帝穆清以修祠，云故清其容。帝贞白以为心，云故白其色。岂徒然也，君为万国所仰，岳乃众云所届。其垂思储精，登封俯拜，亦庶乎！明神斯答，

① 《泰山图志·封禅一》无此句。

② “都都”，《泰山图志·封禅一》作“郁郁”。

③ 该句前，《泰山图志·封禅一》无“我”字。

景福攸介。故夫是云也，乘元气而出，冠灵坛而浮。不漠漠以四散[①]，直亭亭于上头。祥光内朗，瑞色旁流。既表庆于兹日，复增华于介丘。此可以见其无疆之休者也。且夫刻石者，所以纪号；泥金者，所以昭告。必元德之已升，乃兹山之可造。若齐桓僭侈，秦帝骄暴。纵倾国以修封，岂嘉祥之云报。美矣哉！昼日斯清，瑞云孔明。氤氲萧索，下应一人之感。仿佛影响，旁闻万岁之声。彼入房彰于殷帝，浮河表于周成，岂可与兹而名哉！

白云起封中

〔唐〕吕温

封开白云起，汉帝坐斋宫。望在泥金上，疑生秘玉中。攒柯初缭绕，布叶渐蒙笼。日观祥光合，天门瑞气通。无心还出岫，有势欲凌风。倘遣成膏泽，从兹遍太空。

白云起封中

李正辞

千年泰山顶，云起汉皇封。不作奇峰状，宁分触石容。为霖虽易得，表圣自难逢。冉冉排空上，依依叠影重[②]。素光非曳练，灵贶是从龙。岂学无心出，东西任听从。

白云洞

〔国朝〕赵国麟

出洞本无心，入洞亦无意。洞中贮白云，崇朝满天地。不过肤寸耳，宁知莫思议。雨遍天下归，白云仍此寄。

---

① “以”，《泰山图志·封禅一》作“而”。

② “叠”，《泰山图志·封禅一》作“迭”。

南天门即三天门，距绝顶五里，登顶者必由焉。《汉官仪记》云：早食上，晡后到天门。郭使者得铜物，状如钟，方柄有孔，疑封禅具。即此地。《闻见录》云：经天门、十八盘，峰尤耸。北眺青、齐，诸山可指数，信天下伟观也。《泰山小史》云：三天门在十八盘上。高插霄汉，两山对峙。万仞中、鸟道百折，危级千盘。松声云气[①]，迷离耳目、衣袂之间。俯视下界[②]，则山伏若龟，河环如蚓。天空地阔，无可名状。《泰山图志》云：磴道盘空，一关独启，而朝天有路矣[③]。上有阁，曰“摩空”。门内旧祀三灵侯。《通志》云：宋真宗见三神人于天门，因加封建祀。后改置凤皇山。今圮。移凤皇山之关帝庙于此。皇上额曰：乾坤正气。庙东北旧有石坊，题“升中”，圮。

东为天街。庐而市者余三十家。东接避风崖。《道里记》谓即应劭所云东上一里，得木甲地也。木甲，汉武时神。迤北为御题云巢行宫，乾隆十三年建。今改建山麓白鹤泉。故址为唐苏源明读书处。杜甫诗：武功少也孤，徒步客徐兖。读书东岳中，十载考《坟》《典》。旧有五贤堂，祀孟、荀、杨、王、韩五子。又有肩吾轩，石林馆，皆漼瀼无考矣。

西为万福泉。石穴中甘泉如瀵。万历时建万寿宫，泉从石罅涌出。中官汲以羞上，赐是名。游人多掬以涤目。

稍北为避人厂，幽僻可栖。其西为西神霄山。

天门铭

〔元〕

文曰：泰山天门，无室宇尚矣，布山张炼师为之经构，累岁乃成。可谓破天荒者也。齐人杜仁杰于是乎铭之：

① “松”，《泰山小史注》作“风”。

② 该句前，《泰山小史》有“往有铁索，为游人所依，今皆断坏，铁柱犹存”句。

③ “而”，《泰山图志·山水一》作“自是”。

元气裂，两仪具。五岳峙，真形露。惟岱宗，俨箕踞。仰弥高，屹天柱。浩千劫，窒来去。谁为凿，起天虑。匪斤斧，及祝诅[①]。一窍开，达底处。十八盘，盘千步。荠初吐，抱围树。日车仄[②]，惨曦驭。六龙颓，莽回顾[③]。踖此往，嘉无数。无怀下，兵刑措。七十君，接銮辂。圣道息[④]，彝伦斁。揖让歇，篡夺屡。忽焉阖，梗无路。象纬森，敕呵护。朝百灵，由兹户。金璀璨，朱间布。九虎蹲，万夫怖。我欲叩，阍者怒。辟何时，坦如故。对冕旒，获控诉。豁蒙蔽，泄尘雾。刮政疵，剔民蠹。上得情，下安作。额血殚，帝聪悟。崖不靡，苍壁竖。刻我铭，期孔固。垂万世，正王度。

东平路总管严忠范书。中统五年正月望日。泰安州刺史张汝霖勒石。渊静大师、岱岳观主刘德源、昭真观主翟庆真同立。高又玄刊。东莱蓝田至。

右本，《泰山金石考》云：三天门外，西侧东向，有自然碑。高六尺三寸，阔四尺八寸，厚七寸。坚润色淡赭，形制天然，不加磨砻，勒天门铭。字十八行，行二十一字，字径二寸。铭辞古雅，楷法端严，一佳刻也。"东莱"下五字，篆于右方之上。今即其地筑台，而是碑遂损且瘗矣。幸存有拓本可证。

南天门

〔明〕陈沂

望入天门十二重，敻然飞舞半虚空。千寻不假钩梯上，一窍惟容箭筈通。风气荡摩鹏翮外，日光摇漾海波中。欲求阊阖无人问，但拟彤云是帝宫。

---

① "及"，原刻石作"乃"。

② "仄"，原刻石作"昃"。

③ "顾"，原刻石作"互"。

④ "息"，原刻石作"熄"。

登天门

李学道

石磴层层破紫气，半空飞翠洒衣裙。烟迷下界群仙渺，虹跨寒霄两壁分。无数琳宫依绝巘，有时元鹤傍轻云。蓬莱高处风微动，隐隐钟声天外闻。

三天门

袁宗泗

攀萝经御帐，驻马憩秦松。直劈峰双立，斜盘级万重。山腰惊雨过，峪口乱云从。自此天阊叩，方知第一峰。

万福泉

萧协中

新祠开万寿，地脉细流通。斟酌饶璚液[①]，芬馨福闷宫[②]。灶瓻烹石白，花径劚泉红[③]。蠲疾非关橘，传香或隐龙。爽罂劳驿置，调鼎契宸衷[④]。赐额来云外，祥光彻涧中。涓涓邀锡祉，潋潋兆年丰。澌咽仙韶并，甘醇沆瀣同。玉盘澄霁月，溪谷皱轻风。元贶酬难竭，重湫浚不穷。琳腴山献瑞[⑤]，石罅鬼输工。倚杖流连久，尘缘一洗空。

三天门

十八盘中仰碧峣，隐通金阙峙玄霄。云横鸟道松声沸，日转天门殿

① “饶璚液”，《泰山小史》作“疏灵礼”。

② “芬馨”，《泰山小史》作“渊源”。

③ “径”，《泰山小史》作“边”。

④ “鼎”，《泰山小史》作“羹”。

⑤ “琳”，《泰山小史》作“痕”。

影摇。断铁千寻游屐滑，扪天尺五俗氛消。大观世界浑无极，衣惹香蘼风送遥。

南天门

〔国朝〕成城

山势两崖立，天门一线通。手攀危磴上，人在乱云中。杳蔼空诸界，艰危摄寸衷。平生搔首意，今日叩高穹。

西神霄山，双峦峭拔，或谓之两峰岩。与东神霄山相望，峡口有卧马峰，状以石。峡水南流至对松山，东注龙峪。《方舆纪要》云：下有西溪神庙，今圮。顶之在西南隅者，较东南尤萦青缭白，外与天际。由是而西，以北差避隐，益奥郁矣。

顶迄西为周观峰。《太山记》所谓望见齐者也。

又西为石马山，在避人厂西北，游岱阴黄华洞道也。明吕坤题其岩曰：回车。云：自丈人峰东趾，下陂陵五六里，犹可车。至乱石沟、独足盘，则悬崖蹇产，大石崚嶒，足令王阳动色。

又西为西天门。西天门，石自门焉。两壁如削，象魏天成。广容乘车二个。高四，广一，上横石如楣而北断。明林古度勒曰：西阙。其下为上桃峪，西北麓桃花峪源也。中一石卓立，为君子峰，其南为月观。

钟惺题识

〔明〕

文曰：立石如扉，下视楂枒。忽忆白帝城望江中滟预石时也。钟惺。

右真书，勒西天门右，南向。

月观峰，西天门之南，南天门之西也。《泰山小史》云：与日观峰对峙，而危耸更甚。以月朏庚方，故名。讹曰越观，因秦观、吴观而称之。西偏，怪石谽谺。《道里记》谓即《泰山记》所云，山顶西岩为仙人石闾也。未知是否？月霸于是乎载营。意者，其月窟欤？

钟惺等题识

〔明〕

文曰：楚钟惺、歙吴惟明挈孙勖念、闽林古度，万历丙辰十月五日至西天门。烟定风归，目恬新霁。古度复题“西阙”二字。

右真书。勒峰西北，近西天门。

顶西稍北，为丈人峰。峭石勒峰名。色如冻黎，状如台背。《酉阳杂俎》云：玄宗封禅泰山，张说为封禅使，女婿郑镒本九品官。封禅后因说就迁五品，兼赐绯服。玄宗见镒官位腾耀，怪而问之。黄幡绰曰：此泰山之力也。俗称外舅曰泰山，曰丈人，本诸此。元《黄氏笔记》云：俗呼妇翁曰泰山，说者以为泰山有丈人峰。然古者通谓尊长曰“丈人”，非特妇翁也。或又引张说东封事，其说尤凿。案汉《郊祀志》：大山川有岳山，小山川有岳婿山。岳而有婿，则岳可谓之妇翁矣。世俗称谓当以是。或又因东岳有丈人峰而专指泰山耳。蒙案：丈人峰在顶畔诸峰中为最高，下视层岭叠嶂，皆如儿孙罗列。诸峰云起上腾，抑于刚风，垂而广被，弥纶所极，群峭尽失，都成巨海。丈人独出云表，此峰之所以尊也。上勒皇上御制诗。下有碾砣泉，天将雨，泉乃沸。峰北迤东为北天门。

峰壁题勒

文曰：

东柱。

中天独立。

凌霄峻极。

天下第一山（并真书。失名）。

丈人峰

〔明〕刘应时

丈人石上望群山，吴越周秦指顾间。过去青牛追不极，飞来白鹤杳难攀。东皇细削芙蓉阙，玉女深居虎豹关。咫尺蓬莱天路隔，寻仙不遇只空还。

丈人峰

杜文同

远势巑岏几案，诸峰罗列儿孙。丈人挺挺独立，欲排阊阖天门。

丈人峰

萧协中

试问此丈人，岱宗何所起？脉出昆仑巅，泉通沧海底。造化毓阴阳，死生在蒿里。玉检总难凭，金书未足侈。虞封犹可馨，秦禅能无滓。国步有天司，功德非山纪。岂其七十君，可已而不已。愿破千古疑，尔我证元始。

北天门，回车岩北。旧有石坊，额玄武门。设香税分理官，税由阴道登谒者，今并废。北天门、南天门倚坤乾之位，非坎离分户。盖山势西驰也。

其在顶东北者，惟鹤山。距顶七里，高差亚顶，松敷崖畔，胎禽巢焉。有跫然足音，斯惊翼摩空、高唳云表矣。自绝顶以西而北，山势悬断，峰峦颇疏，若更崄于前茅，则后劲之奇也。要其拔地倚天，大都皆出绝顶下矣。

鹤山

〔明〕萧协中

疏泉白石树清幽，来往灵禽最上头。声彻岳云宵警露，飞凌海月羽横秋。王乔一去仙踪远，华表重归世路悠。争似此山栖啄稳，梦魂何必绕丹邱。

论曰:《太平御览》引《汉官仪》及《太山记》云：泰山盘道屈曲而上，凡五十余盘。经小天门、大天门，仰视天门，如从穴中视天窗矣。自下至古封禅处，凡四十里。山顶西岩为仙人石间。东岩名日观者，鸡一鸣见日出。又东南名秦观。秦观者望见长安，吴观者望见会稽，周观者望见齐。黄河去泰山二百余里，于祠所瞻，黄河如带。若在山南，亦足以状兹山之峻且远矣。少陵诗云“齐鲁青未了”，又曰“一览众山小”，非置身嶕峣之上，乌足以知之!

登泰山赋

〔明〕陈琏

巍乎高哉，岱宗之为山也！嵚岑磅礴，峻极高崇。为齐鲁之巨镇，奠后土之庞鸿。盖扶舆清淑之气，至此凝而不散。乾坤阖辟之机，由此蕴而无穷。此其纪名载籍，为群山之宗者乎？宜乎广也无朋，高也无匹。东蒙逊其森秀，徂徕让其纡郁。夹以梁父，辅以长白。巍巍之高，四万余尺。齐州九点，视犹蚁蛭。阴阳缪镐，日月出没。烟霞岚霭，吞吐郁勃。神奇灵异，变化莫测。揆耳目之听观，曾不究其万一。所以表七十二君封禅之坛，为三千余里鬼神之宅也。

时余典司桂籍，旆旆瑶京，行寻洙、泗，思访祖庭。招白云而径进，乘飚轮而迅征。既载临于社首，遂弭节乎岩扃。于焉披榛莽，陟峥嵘。虽一冒于垂堂，偿夙愿于平生。信飞步之自然，履崄巇而如平。喜上跻于天门，纷鸾鹤之来迎。遂登绝顶，以纵大观。东临日观之峰，西陟月华之峦。肃瞻岱宗之主，行寻封禅之坛。玉牒何在，金泥已干。望仙山兮延伫，抚秦松兮盘桓。振尘衣兮岩际，舒长啸兮云端。

维时季秋，金气始肃。天风号寒，响振林木。倏阳光之熹微，渐华星之爚煜。嬉游已契乎夙心，栖息喜安乎幽独。爰假榻于洞房，喜清梦之方熟。俨群真之下临，来麾幢之联属。骖以青鸾，导以白鹿。招我乎琼台，宴我乎瑶屋。擘麟脯以荐霞觞，歌洞章而鸣丝竹。从而遗以玄圃之芝，赠以昆仑之玉。语以象外之言，授以长生之箓。嘉会未终，归兴何速！倏焉壁月西流，天鸡咿喔。琪林飞鸟，玉关控鹤。怅仙驭之迢迢，梦蘧蘧而如觉。是知仙可遇而不可求，道可悟而不可学。孰能违正理、越天常，而超冥漠也邪？

爰念岱宗，钟灵厚地。望祭之名，始于虞氏。历代因之，礼有常祀。夫何封禅之名，盛于秦汉诸帝？灿珪璧之有光，纷坛墠之有制。玉检金书，期存永世。岂知时有盛衰，运有隆替。睹遗迹之荒凉，悼流光之易逝。坛壝荒兮绿草积，碑碣老兮紫苔翳。因登山兮吊古，增余心兮歔欷。

登岱

〔宋〕查道

凌空叠嶂绝凡埃，青帝高居绛节开。捧出海天红日近，迓将蓬岛碧霞来。石间闪烁迎阳洞，玉简光华封禅台。一自祥符禋祀后，太平顶上最崔巍。

登泰山

〔元〕张养浩

风云一举到天关，快意平生有此观。万古齐州烟九点，五更沧海日三竿。向来井处方知隘，今后巢居亦觉宽。笑拍洪崖咏新作，满空笙鹤下高寒。

乙卯秋月十九日登太平顶

郝经

穷秋老雨四十日，坤轴欲烂阳霾缠。我来方作泰山游，玉虹一夜收云烟。山灵奕奕生喜色，突兀撑裂青罗天。轻裾飘飘过黄岘，乘舆直到三峰前[①]。霜余灌木出秋色，万叠红锦幪椒巅。泓澄寒溜浸太古，翠壁红泻珠巩圆[②]。当时秦汉极侈丽，未必如此皆天然。天门中断两屹立，箭筈一磴蛇蜿蜒。凌层绝顶肆崇峻[③]，伫立矫首望八埏。长天沆沆入西极，九州却在东海边。冲风惨淡万里来，海窟劲刮鲲鲸涎。须臾白云生岳麓，脚底泱茫无山川。秦坛周观觉浮动，满地覆冒兜罗绵。忽疑山移入海中，白浪四汹虚涛掀。山阴瑰诡光怪出，赤气翠晕相钩连。下从谷底上碧落，宝塔万级高蟠旋。遂登日观叱日驭，六龙倒著珊瑚鞭。玉鳞剥落金甲坼[④]，九芒迸绮生血鲜。三山摇落海水沸[⑤]，蓬壶缥缈来飞仙。为言此色与此界，君自固有非尘缘。恍然记悟复无语，把手一笑三千年。

登岱

〔明〕曹大同

岳磴盘空高造天，翻从下界见云烟。登封汉跸余风景，表记秦碑空岁年。绛节香飘龙虎驭，玄坛寒切斗牛躔。微茫八表浮元气，较似身游太古前。

登岱四首

谢肇淛

独立苍茫黯自愁，天边落木正逢秋。片云长自依孤阙，一气谁能辨九州。马向吴门摇匹练，蜃从沧海起层楼。山河指点东南尽，咫尺应同万里游。

① “舆”，《泰山图志·艺文》作“兴”。
② “红”，《泰山图志·艺文》作“细”。
③ “凌层”，《泰山图志·艺文》作“崚嶒”。
④ “坼”，《泰山图志·艺文》作“拆”。
⑤ “落”，《泰山图志·艺文》作“荡”。

中天飞阁俯崔嵬，吴越诸峰面面开。错落山形皆北拱，微茫海气自东来。秦皇驱石原无字，汉代祈灵漫有台。七十二君多胜事，只今泉石照苍苔①。

绀殿朱宫敞碧霞②，楼台缥缈玉真家。鸾骖夜绕三珠树，羽盖朝迎七宝车。天外金门驯虎豹，云中绛节动龙蛇。朝元归去瑶池冷，落尽冰桃万树花。

半空星斗落前楹，月色霜华千里平。四壁烟岚寒枕簟，几家灯火隐山城。封中白见秋云起，海底红看夜日升。自分身如王子晋，平峰顶上坐吹笙。

登岱二首

王在晋

上帝高居接大罗，百灵呵护日鸣珂。籀文胜有秦人笔，古柏犹存汉武柯。一自神峰连海峤，却疑支石泻银河。相从欲柱卢敖杖，丹灶云烟冷碧阿。

攀萝绝磴望三齐，洞口云深去路迷。海角日痕千尺线，天门晓刻一声鸡。露盘仙掌骞铜柱，月窟灵根驾彩霓。五色文成聊展翰，峰头的烁明青藜。

登岱

牛冲紫

老年最爱丈人峰，倔强来登不拄筇。将陟三千余仞上，遍探七十二家封。瀑飞绝巘无非练，松拂层云宛似龙。四顾河山天浩渺，拥青叠翠

① “泉石”，《泰山图志·艺文》作“斜日”。

② “朱”，《泰山图志·艺文》作“珠”。

识朝宗。

登岱顶

钟惺

朝登泰岳望蓬莱，晚带斜阳兴未回。一路草香都是药，千林树老尽生苔。浮云似水流将去，怪石如人立起来。不是此生君国有，探奇直上舍身台。

岳顶纪游

王元坤

雨歇丹梯转翠微，残虹明灭乱泉飞。池边玉女骖鸾过，桥畔仙人驾鹤归。上界灵光摇绝壁，中原秋色澹斜晖。吴门练影凭谁见，满路天香拂客衣。

岱巅夜雨

〔国朝〕施闰章

寒星看掌上，暮雨忽尊前。积气无岩壑，秋声划海天。万松飞瀑里，三观乱云边。恍惚身何在，真从象纬眠。

登泰山绝顶

刘侒

青天乱插玉芙蓉，何处云迷旧汉封。石磴人来遥似鸟，丹崖松老总如龙。还随潦倒平生意，复上东南若个峰。万里茫茫周一气，吴门欲辨更无从。

登岱

孙廷铨

骀宕天门立岱宗，碧霄秋净洗芙蓉。石坛金节虚难问，雷壑霜钟晚欲从。到海山情终让岳，起封云气自飞龙。夕阳涧户清阴满，谁辨秦官旧五松。

登泰山

张元

岱岳之山何巑岏，千峰万峰罗当前。恒华嵩霍那足数，崚嶒突兀撑空天。我昔望见失登陟，自时懊恼怜缘悭。弹指流光二十载，于今始得穷追攀。仰见南天门，缥缈有无间。云遮雾拥侵空际，颇疑超越惟飞仙。何年造物起灵闷，铜崖铁壁劳镌剜。雷鸣山破划崩豁，才容一线通人寰。我来蹑云蹬，云蹬何盘盘。前行更逆折，横断复钩连。梯空架危三千丈，然后飞身直上万仞之层巅。云茫茫兮灭没，风浩浩兮高寒。踌躇四顾，中心茫然。我闻古者登封七十有二代，金泥玉检留空山。又闻少昊玉女列仙班，神房阿阁锁苍烟。愿言寻之愁无缘。但见重峦复岭互钩带，苍然一气争回旋。练挂吴门白，日涌海波翻。邹峄若锥沦培塿，黄河如带蟠蜿蜒。自非造化钟神秀，何由五岳尊独专？世人见小不见大，如蚁缘块惊岩峦。到来绝顶期汗漫，始知浩荡开心颜。逝将结茅屋，寄迹临天关。科头荫长松，举手挹飞泉。等闲独立云霄外，笑看日月跳双丸。

登岱

张遗

汶河如带绕山根，一索为男气自尊。每以儿孙视凫绎，遥传伯仲有昆仑。澄怀但觉天无际，放眼时窥海一痕。汉帝乾坤秦帝雨，高台突兀自黄昏。

登泰山歌

沈廷芳

五岳巨镇推岱宗，插天万仞青芙蓉。荡空层云浩如海，夜半日跃扶桑红[①]。初经回马岭，路转山腹行虚空。旋过水帘洞，倒悬雪练喷长风。石磴盘盘历尽十八曲，始觉扪参抚井，呼吸上与天关通。左招碧霞君，右叩青帝宫。羽衣金节飘飘下半空，邀我游戏秦吴两观东西峰。其间秦松汉柏雷雨已摧朽，焉辨七十二代玉简金泥封。扨身绝顶，高攀云松。摩崖剔古篆，剥蚀如烂铜。独有无字碑，屹立寒云中。我欲大书补其阙，恐惊山鬼驱虬龙。还寻祖龙避雨地，更访天宝盘游踪。祈天符命理无据，矧以纵欲希神功。粤稽重华事柴望，肆觐群后昭协同。周王时迈陟乔岳，明堂敷对来球共。东巡自古有典礼，讵尚封山刻石跨豪雄[②]。吾闻泰山之云肤寸合，氤氲倏欻弥苍穹。化为霖雨泽万国，神灵酬秩宜三公。默赞我后效燮理，永禳旱潦销兵戎。和平作颂觊神听，多黍多稌歌年丰。

偕周子静函登岱之作

韩锡胙

圆穹无停轮，往古去不已。谁立空蒙外，浩浩阅终始。恭惟岱岳尊，上应青帝纪。高碍河汉流，深根地轴底。崇巃冠八极，柴类延百氏。贤圣与神仙，恍惚随所指。夙昔访石林，暴雨却游履。遥青马首来，十载空仰止。结伴晨鸡唱，取道严关启。令公馈舆夫，况复壮我趾（程蕴山明府送山轿）。汉碣直如笏，秦松枯未死。天梯垂巍巍，石磴叠齿齿。攀崖蟹仄行，移肩龙掉尾。回顾身浮空，吾生宁有几。帝阍豁阊阖，绝顶耀丹紫。上下俱苍苍，焉能辨聚米。目力君如何，匹练何方是。鸾鹤倘可乘，蓬瀛近在

① “跃”，《泰山图志·艺文》作“耀”。

② “跨”，《泰山图志·艺文》作“夸”。

戺。羽人请信宿，晓日荡天水。长歌归路迷，袖中白云起。

登泰山绝顶二首

桑调元

盘盘磴道铲崎嵚，高下亭台映石林。直上天门与天语，侧闻龙洞有龙吟。泥金事杳笼青气，观日峰高照赤心。忽听传声动岩壑，秋空长啸快登临。

秋晴日出气葱茏，御墨高镌第一峰。碧落天开青帝宅，白茅人误汉皇封。傍岩松憩千年鹤，迎辇云成五色龙。当代圣明超万古，虞周典礼继前踪。

登泰山

宋弼

群山尽回伏，巍然见岱宗。苍茫元气合，积厚极高穹。夙昔怀名岳，愿言入仙峰。灵祇扈鸾御，辇路悬长虹。晨兴命杖屦，飒飒凌天风。俯视信所慓，仰眺弥难穷。齐鲁昔建国，兹焉亘其中。阴阳分向背，作镇岂颁封。巡守觐方岳，明堂廓有容。至今怀古客[①]，不问秦王松。奇绝御帐崖，千仞削芙蓉。县流下素练[②]，碧涧相激冲。龙蛇栖绝壁，封禅何王踪。纪载七十二，诞夸非所崇。跻险气愈厉，仄足行相从。迥出万松上，遂与天门通。徂徕已邱垤，何况绎与蒙。叠叠赴沧海，目力穷天东。昔人一登眺，六宇成樊笼。信兹非虚语，万古拓心胸。夜宿星辰大，宵瞰海日红。天鸡鸣喔喔，梦寐方瞳翁。羡门将安期，明发或可逢。逝乞金丹术，葆此尘世躬。他时重陟历，济胜将无同。质言纪游迹，聊以明吾衷。千秋李杜在，称诗谁能雄。

---

① “今”，《泰山图志·艺文》作“于”。

② “县”，《泰山图志·艺文》作“悬”。

登岱顶

严长明

酌蠡者不可以测海，坐井者不可以观天。半生学鸠鷃，抢在枋榆间。

一朝飞上大鹏背，始信卢敖、邹衍非狂言。前身禽夏夸轻矫，记向蓬元事幽讨。初由金阙望吴阊，继转瑶台拾仙草。风雨惊从足下生，方州顿向眉间小。进步力加猛，四顾神飞扬。凌虚但一气，正色同苍苍。欲知大地形何似？九点烟环一杯水。遥空更复举头看，一圆笠覆双跳丸。右倾西北，左阙东南。六鳌之足尚坚硬，五色之石犹斒斓。因思灵门当日奏奇绩，原从此度轮广规方圆。道人引我升元圃，礼罢心同一铢黍。前有千秋兮后万古，往不可闻兮来不可睹。中间岁月能几时，更没黄尘复何补。吁嗟乎！人与溟涬非同科，春风恨少秋霜多。举手便是北斗柄，何因作我金叵罗。金叵罗，酌桂酒，誓与兹山长不朽。拍茅许之吟，肩启张刘之笑口。歌成一曲随东风，天上人间两回首。

游泰山记

〔明〕王世贞

余自戊午、己未间，有事于泰山者三。而其稍可纪者，第二游也。其初游为正月晦，自清源谒台返，与海道宋丈大武偕，夜浴于使院。三鼓起，启堂之北扉而望，若曳匹练者，自山址上至绝顶，又似聚萤数万斛囊中，光熠耀不定。问之，乃以兹时士女礼元君，灯鱼贯而上者也。其颂祝，亦隐隐可听云。以黎明入山即阴晦，浮云出没背际，十步外不辨物。第觉舆人之后趾高，而余前偻而已。即绝顶，亦无所睹见，且寒甚。宋丈迫欲返，还憩酆都宫。趣觞举者数，而后肤不粟也。甚悔之。

至六月朔，偕御史段君案部泰安，段君约以三日登，而诸道从者众。度不任舆马，余乃与参议徐君文通请以二日先，段君许之。至夕而大雨，其次日雨止。出泰安可二里所，即入山。时禾麦甫熟，黄绿间错如绣，拂拂作饼饵香。树杪浓阴晕之，意甚适。而至，无掌故可询者。自是皆诘曲逶迤而上。峰势巀嶭若相噬，而旁多溪涧，泉流硍礌间，作悲鸣，与笳吹相应。久之，至回马岭。乃却肩舆，改从腰笋。又四里，抵御障岩，一曰御仗，宋永定陵东封止仗卫处。其前为巨涧，涧底白石砥平如玉色。而岩陡上，庙其岭[①]，颇宽，嘉树荫之，好鸟喈喈可爱。又行可三里，抵黄岘。黄岘者，不知其所繇名。有松五，即所谓五大夫者也[②]。以厄于石不能茂，而稍具虬虺状，当是二三百余年物，亡。何为百丈崖？崖凹深如屋，旁有石洞[③]，槎口而下黑，其究叵测。已度石壁峪，为十八盘。应劭所谓"两从者扶掖，前人相牵，后人见前人履底，前人见后人顶，如画重累"者，非此地也耶？而今道益饰治，且有舁者，所谓"五六步一休，蹀蹀遽顿地，不避燥湿。前有燥地，目视而两脚不随"，且幸免矣。自是为十八盘者三，而穿中窦曰天门。既上，罡风蓬蓬然，吹帽欲堕。道士衣羽奉乐而迎，出没云气中，亦一奇观也。行可里许，为元君祠。元君者，不知其所由始，或曰即华山玉女也。天下之祝釐祈福者趣焉。祠宇颇瑰伟，而岁所入香缗以万计，用供县官匪颁。其右为御史所栖。后一石，三尺许，刻李斯篆，二行。一石池，纵广及深俱二尺许，亦曰玉女洗头盆也。自是左折而上里许，曰岳帝祠。陋不能胜香火。其后峭壁造天，左为开元帝《纪泰山铭》，唐隶，径可二寸而赢，势若飞动。惜其下三尺许，为拓碑者冬月构火蚀之。遂不全。右为苏颋《东封颂》。字形颇秀媚，尚可辨，而损于闽人林焯"忠孝廉节"四大字。又有颜鲁公题名，损于方元焕诗。固不若苔土埋翳之，尚可洗而有也。自是益北上数百武[④]，为绝顶，曰"玉皇祠"。祠之前有石柱，方而色黄，理亦细，可丈许。所谓秦皇无字碑也。其石非山所有，或曰中有碑石冒之。案李太宰裕《记》云：石埋

---

① "岭"，《泰山图志·艺文》作"巅"。

② "夫"字后，《泰山图志·艺文》有"松"字。

③ "洞"，《岱史·登览志》作"涧"。

④ "百"，《岱史·登览志》作"十"。

植土中。似方非方，四面广狭不等。细观之，总十二行，行各十二字，多不可识。今殊不然。然李公以为在开元铭东十数步，则非此石明矣。恨曩时不于其地一访拓，使先迹泯泯也。复折而东。稍一百步，复上百步，石室冠之。高如玉皇祠。中有黎色石盖，方丈，莹润可鉴。云汉武帝所藏金泥玉检地也。《传》云“白云起封中”者，是已。其前地稍辟，即所称日观、秦观、越观诸峰者。盖五鼓而起，观日出则为日观。西望而见秦，则为秦观。南望而见越，则为越观耳。其后人所指某峰某峰，皆妄也。时雾气重，不可久憩。又亡所睹见如春时，怏怏而下。适徐君至，呼酒谈诗甚乐，三鼓而寝。约以五鼓起观日出[①]，然其寝皆以甘甚，醒则高春矣。意恍恍不自得。强与徐君扶杖而寻昨所游。时天初霁，日益弄色。其东南尽目力，微白而晃漾者，以为海耶？直北而西，隐隐一抹苍碧，若长城之堞者，则意以为太行、恒、嵩之类耳。至稍远而淄、渑、济、泗，千流叠带。近而诸山，皆若培塿。独徂徕稍尊，居然一衡几，瞪眺久之。因与徐君语，《传》所称吴门白马，固未敢信。即“小天下”，岂欺我哉！俄而，诸山各出白云一缕，若冢中起，稍上大如席。凡数百道，则狂驰而遇辄合，其起无尽，其狂驰而遇亦如之。顷刻遂遍成白玉地，而仰视则空青莹然，上下异色。呼酒与徐君酌，自以为生平之创目。所谓野马氤氲，信也。俄而报段君至，从行者参政张丈希举、副使李君嵩、佥事王君遴、张君师价。因置酒于其署，移席三皇祠南柏树下，《记》云：汉武所种千株，大者十五六围，今不能十之一而小，疑即其孙枝也。酒小间，散步至舍身崖。其缺处可三尺，而下临杳蔼数千仞。张丈足缩不敢前，而王君席间慷慨谈兵事，乃亦缩弗前。张丈顾而曰：君扼腕而谈兵，毋敢抗者。乃亦弗前耶！余笑曰：此自兵法，诸君弗察耳。夫无进生而有退生，此王君所以弗前也。王君亦大笑，乃别。段君约以次日缘寻山诸胜，乃下。五鼓复大雨。雨连日夕不休。余始与徐君同舍。而张丈、王君舍圮漏，乃移就

① “鼓”，《岱史·登览志》作“更”。

余。而舍中水亦将二尺。因布长几，置枕簟其上。小吏裸而行酒炙所，剧谈六合内外。张丈又时时以雅谑杂之。凡四日，雨始小息。夜卧倦甚，王君苦吟若寒蝉。又时时提余耳告以所得句，余不胜奸，强起顾视，天碧净如浣，而大星百余，巨于杯，历历檐角，殆可仰而摘也。质明复大雨，州供业已尽。乃行，辞段君与诸君偕发。时寒甚，衣绢素至五重不解。亦有乞道士木绵裘者。下天门，雨止，日出。每十八盘竟辄去一衣，至御障岩，衣去且尽。时岩傍飞瀑争下，凡二十余丈。涛翻雪溃，若斗龙吐蛰[①]，玉鳞四飞，珠沫群唾。余兴发，不可遏，跣立盘石流泉中。呼酒数大白辄釂，长歌振林樾，诸君皆壮之。有和者，有就取饮者。移时而报段君至，相与之酆都宫，为小宴别。

其明年之四月朔，以行部道出莱芜。会家大人有边事，事甫定，乃乞灵于太岳，以间登焉。将五鼓，杖策日观峰。顷之，东方色微辨，而顾余及从者衣，洞赤已，睹石室及诸碑碣，尽赤。乃见一线赤从东黯霿中起[②]，顾山之背则犹昏然，鸡盖三喔也。又顷之，日轮徐上。云君霓师，金支翠旂，彷佛扈从。于是诸城郭尽现，而山之观与世同矣。

余三登而始毕其胜，然目境耳。其峰之为回雁，为鸡笼，为莲花，为明月，为丈人，为独秀，为东西神霄；崖之为百丈，为马棚，为鹁鸽；峪之为石经，为桃花，为马蹄；石之为牛心，为龙口，为试剑，为龙纹、虎阜；洞之为吕公，为白云，为遥观；泉之为白鹤，为水帘，为白龙。诸用怪伟称者，固未及一二探也。夫以封禅告成之主，凡七十二，而结绳者半之。天地之人文郁，而后世之博识者，不能举其略，辞之不可以已也如此哉！

去余兹役十有七年矣，而所经睹，若夙夕会。至自太和，有所撰述。因并记之。

---

① “若”，《岱史·登览志》作“如”。

② “黯”，《岱史·登览志》作“暗”。

岱览卷第十一

分览二（卷十一之卷十三）

岱阳图

岱阳上

石壁峪　大龙口　大龙峪　对松山　朝阳洞　拦住山　小天门

御帐坪　小龙峪　快活三　黄岘岭　回马岭　歇马崖　水帘洞

经石峪　龙泉峰　桃源峪　小洞天　红　门　一天门

岱阳中

王母池　白鹤泉　金山　岱宗坊

岱阳下

岱岳镇　宋封祀坛址　唐封祀坛址　总论

岱阳上

岱以西南为襟，而登岱者道出其南，故先详岱阳焉。自南天门而下，其南为石壁峪。两峰插天，掇削壁立。东曰飞龙岩，西曰翔凤岭。中通一线，石蹬鳞次，为十八盘。远望如梯，悬倚山罅。《汉官仪记》云：羊肠逶迤，名曰环道，往往有絙索可得而登。今盘皆密级，每磴高及腓，而仅容足之半。凡数十若百余磴，始得平地数武。仰视天光凝碧，罡风蓬蓬袭人。其下，岩谷千寻，游目辄惴栗，如缒一发。旁缀铁锁为栏，不可扳引。应劭所云"摩胸捬石，扪天之难"，今犹昔也。

皇上御制诗三章，勒飞龙岩。其下，束峡处有升仙坊。

岩壁题勒

文曰：

首出万山（脱镐，真书）。

至此愈奇（马一龙）。

天门长啸（失名，二并行书）。

天地交泰（何有炳，真书）。

十八盘

〔明〕祁承㸁

拔地五千丈，冲霄十八盘。径从穷处见，天向隙中观。重累行如画，孤悬峻若竿。生平饶胜具，此日骨犹寒。

登天门

何鉴

小龙口，大龙口，万丈悬崖如壁陡。世人只道天门不可登，那知云路分明有。

石壁峪

〔国朝〕释元玉

层岩对峙夹苍烟，绝处金绳象外悬。到此已观云是地，凌空肯藉管窥天。香侵衫袖松风满，雾拥篮舆瀑雨连。是险是夷人其历，复谁幽兴胜前贤。

升仙坊

徐恕

绝似登山两脚僧，千层万级走崚嶒。已知仙路原非远，不信天阶亦可升。岭外黑风惊伏虎，云中白雾起飞鹏。悬崖未敢辞辛苦，一宿丹寮一盏灯。

飞龙岩稍东为大龙口。《闻见录》所谓：大石有罅，如龙哆其口，水自口出也。有泉滃然，喷云喝雾。其南为雁翎峰，峭锐如翎，莲花峰下址也。峰东南为新盘口。明藩参吕坤叔简因进香人众，旧盘难容，辟火池以西为新石盘。令登顶者上从东，而下从西，以免挤踏。有度天桥，今并圮。《纪胜》云：东上入新盘，俯视群山，错叠如绮。历雁刀、五老诸峰，上臻于崖，度天桥皆幽折可盘薄。尝谓旧盘似直臣，新盘似韵士。一则磊落光大，严峻不可屈挠，是冠裳入朝气象。一则绵邈萧疏，蕴藉风流，隐逸君子之所珍也。盘尽，仰望宫殿嵯峨，不知人间天上。

大龙口

〔元〕王恽

峰峦重叠水潺湲，石磴萦回不易攀。独倚长空频纵目，始知身在白云间。

翔凤岭南岩为鸡冠峰。片石悬峙，若绛帻然。东南为大龙峪，承石壁峪之下，众水归峡。飞泉若泻。南经飞瀑岩、小龙峪，西注黄西河。旧有龙王庙，上有金母殿址。峪西有坊，旧额峪名，今曰“龙门”。《近游草》云“下天门”。同人不知大龙峪处，至第三十八盘下，盘东石崖万仞，浑如铁瓮。近涧底横裂一线。长止尺，津津外润。旱不竭，雨不溢。予指之曰，此龙口涎也。南迤西为对松山。

峪上题勒

文曰：上天梯（李建功，真书）。

大龙峪

〔明〕张位

浮云万里结秋阴，飞瀑千寻度远林。每怪登临风雨骤，芙蓉匣里作龙吟。

对松山，亦曰万松山。两峰翼径，敷岩被壑，无杂树，唯虬髯龙甲，对舞交吟于风涛云海之中，不知其几千万重也。《记》传山顶柏树，汉武所种千株，大数十围。今则童矣。独此苍崖翠粒，增乔岳之奇秀，南天门外第一佳胜也。松在栈巅，求高名之丽者不及焉。故望若拱把，近睇之，皆可合抱。《符子》云：登乎泰山，下临千仞之渊。上荫百仞之松。萧萧然，神王乎？一丘矣！《纪胜》云：冒雨行对松山。云填涧谷皆平，眼前斜飞若轻縠积棉，推挽可动。仰视两山，黑云压顶。上与松树融结，神合无间。忽悟松树乃云苗所种，感泉石之气而生也。风动微露鬐鬣，若怪龙藏云雾中，瞰人欲搏。

左有圣水桥，东崖勒皇上御制诗二首。稍北，旧有大悲殿，皇上额曰“莲界慈航”。西有乾坤楼，明洪朝选建，圮。近改新盘于桥西高阜上，或谓之“云门”。山前跨道有坊，额“对松山”。南下四里为朝阳洞。

山岩题勒

文曰：

千叶石莲（宋炳奎）。

至此又奇（马一龙）。

风涛云壑（伊介夫）。

月明松翠（赵纶）。

荡胸生层云（李树德）。

苍松翠靄。

松风泉韵。

振衣千仞。

石面迸出水，松头穿破云（四并失名。已上具行书）。

对松山

〔国朝〕朱浑玨

数里闻松涛，两崖屹相向。春云护药苗，灵禽栖其上。

万松山歌

喻成龙

郁葱葱，青蒙蒙，千株万株插芙蓉。芙蓉直上九千仞，披襟长啸吹天风。晴光荡漾摇碧空，仙姿肯傍尘埃中。以此可爱不可近，郁郁耻受秦皇封。屈铁参天浮黛色，倒影下映龙池黑。发秀钟灵自有神，孤高得气本正直。虬干霜皮宛然在，鹤来鹤去知何代。幽意岂独擅容谷[1]，苍翠犹能化聋瞶。昨夜绳床冷如铁，空涛万壑流云结。起视冰翼烛天白，口吃新诗吟不得。回首遥忆青琅玕，我心明月含清光。怀人稠叠复落莫，身凝江海思茫

① “容”，《泰山图志·山水一》作“空”。

茫。他年终觊结茅宇，衔环箕踞歌梁父。泉石以为友，苓实可充脯。对之能使心神清，食之又令颜色古。胡不任达永栖托，却向寰中叹辛苦。

对松山

田同之

寒松韵空山，千株万株寄。对峙绿云停，摇曳蚪鳞坠。飞泉下峰顶，遥光破苍翠。

对松山

成城

郁郁岩间松，终古不盈丈。其旁无丛木，其下无片壤。枝撑翠壁幽，势逼青冥上。稍成虬龙形，忽作笙筑响。舆人怯攀跻，至此首频仰。顾盼谁能穷，双崖互争长。秀气沾我衣，仙镜落我掌。恍从偓佺游，飘然动遐想。

朝阳洞，窈窕如厦而南辟，旧名迎阳，亦名云阳。明朱衡更今名。《泰山小史》云：深如巨屋，可容二十人，旁树扶疏，近塑元君象于内。《纪胜》云：洞中澄泉甘洌，硼上滴露如悬珠。道士以器承之，命曰石乳。西偏，石屏碨礧，有奇致。万历己未，米待诏万钟勒篆：云根，绝佳，今毁。东北为御风岩。勒皇上御制朝阳洞诗，字径三尺，因名万丈碑。又御制诗二首，勒洞东石壁。

洞北，旧有处士松，以秦封五大夫者在其下，故署“处士”别异之。明钟宇淳云：此翁苍颜素发，傲睨冰雪崖石间，无论不辱秦，即处士，于翁何有亮哉？乃方元同题曰：独立大夫。刘宗岱云：余自嘉靖己酉始登泰山，见秦所封五大夫松耸而立。又北里许，一松偃蹇如盖，曰“处士松”。隆庆戊辰，再登泰山，五大夫已亡其三。而处士松依然无恙。不知谁氏改“处士”为“独立大夫”，疑若曾受秦封者。呜呼！五大夫之存亡不足惜，余独惜夫“处士”何不幸而多斯名也，噫!《泰山小史》云：万历三十一年，一夕风雨失其树。惟碣存焉。

洞南，为元君殿，皇上额曰：灵府慈光。又西为驻跸亭，御题：胜览方舆。迤东为凌虚阁址，别构望松亭。寻亦圮。

朝阳洞坊在其西南，又西南为拦住山，又南为小天门。

涂泽民题刻

〔明〕

文曰：松不在五大夫中，乃其虬屈苍劲，有君子中立不倚之操，书此以表孤节。嘉靖岁在壬戌，广汉任斋涂泽民题。翟涛立石。

右，真书。勒处士松侧。后方元同改题“独立大夫”四字。

牟志夔等题名

文曰：明万历乙卯，鹾使安溪牟志夔，宪副吴文显同游。

右，隶书。勒朝阳洞西崖，南向。

处士松侧题勒

文曰：

松云绝壑（下三畏）[①]。

仙阊灵府。

耸壑昂霄（失名。俱真书）。

朝阳洞侧题勒

文曰：

乐葵（失名）。

① “壑”，原刻石作“壁”。

维天东柱（法敏并真书）。

朝阳洞

〔明〕王在晋

云根凿一窍，石罅通万灵。白云任去来，洞门常不扃。

处士松

祁承㸁

处自称远志，出则为小草。青青涧上松，肯被浮名扰。

拦住山横抵朝阳洞，下为盘道，一重一掩。其上弄月岩，有半山亭故址。《泰山小史》云：山腰横耸一峦，似悬似系。构亭其上。颜曰“半山”。左有大夫松，凌凌风表。右则苍石若削，壁立千仞。每登临则耳畔风生，梵音、钟韵，交从天下。盖稍上为古兰，若汶水襟其前。明灭练光，大豁尘眼。又云：亭下有李斯小篆，人争摩拓，今不可考矣。下为潜龙涧，水西南流，入黄西河。

憩半山亭

〔明〕米万钟

遥转辟烟关，高亭得半山。不须凌巘外，已自出人间。青霭相上下，白云时往还。岱巅凭侧望，憩此复跻攀。

小天门，故诚意门。明王衡《记》云：上小天门，群峭巀嶭[①]，卑相附，高相摩，四周无所不际。而左壑磈磊受水荡，眦作云母绿玉色[②]，山面缺，泱漭当其前，令人叫绝。今坊额“五大夫松”。五大夫松，秦始皇之所从蔽

① “峭”，《岱史·登览志》作“削”。

② “眦”，《岱史·登览志》作“皆”。

风雨也。《史记·秦始皇本纪》：上泰山。立石。封。祠祀。下，风雨暴至。休于树下，因封其树为五大夫。《汉书》：始皇之上泰山，中阪遇暴雨，休于大树下。诸儒既黜，不得与封禅。闻始皇遇风雨，则讥之。皆云树，不云松也。《独异志》：秦始皇二十八年登泰山。至半，忽大风雨雷电。路旁有松，荫翳数亩。乃封为五大夫。闻松上有人言曰：无道德、无仁、无礼而得天下，妄受帝命！何以封？左右咸闻，始皇不乐而归。《初学记》引《汉官仪》及《泰山记》云：小天门有秦时五大夫松。现在。盖汉人实见其松也。《泰山纪事》云：松旧有二株，苍秀参天，四围碧石栏。根无土，蟠于石上。万历三十年，泰山起蛟，遂失所在。以为化龙去。《泰山小史》云：旧传松有五，今止遗一株。拳曲苍古，有老龙欲飞之势。范宗吴勒石表之。考五大夫，秦第九爵。昔人辨之详矣。然唐陆贽已有“不羡五株封”之句，则传讹已久。今补植者不知凡几辈，率已“五”云。坊侧飞来石。《泰山小史》云：五松、御帐之间，片石坦焉，而瀑布倒泻若河。万历癸卯，一夕风雨，有石如丸，大可数屋，飞堕于此。泰山原无此石。其五丁挟而置之耶？有柯绍皋题识。西崖勒皇上御制飞来石诗。《岱史》云：诚意门，西为公署，东为五松亭，又名憩客亭，明人重建。题“御帐遗迹”。今俱亡。其东有石，如人拱立，曰望驾石。五松北，故明单仙亭址，亭名犹篆崖上。两崖夹径，勒御制五大夫松诗。其东为老人寨，虬松附石，攫拏舞云。望之如廉将军、马伏波披甲据鞍时。下有朗然子洞。元初，刘道士朗然修真于此，故名。洞容可二十人。下为三叉沟，会双沟而西南流。小天门南为御帐坪。

五大夫松

〔明〕王闻修

若个庭中言鹿马，何人境上识鱼书。当时不负君王意，只有山头五大夫。

小天门值雨

陈万言

武帝登封旧有台，灵湫时见白龙回。天风倒卷帘泉水，犹有游人冒雨来。

五大夫松

吴节

曾与秦皇托旧恩，昂霄耸壑露盘根。可怜二世空尘土，不及寒松有子孙。

五松歌二首

姚奎

黑龙潭中蛇母出，霜鳞剥落腥云湿。毵毵长髯十两针，挺挺直骨三千尺。神灵呵护元气钟，驱霆战雨摇苍空。坚钢节操振今古，滥爵肯受秦王封。波涛满地阴风起，万籁飕飕成律吕。材堪柱国苦弗试，萧然遗弃空山里。青青颜色无秋冬，吞冰吐雪经磨砻。工师一日如相逢，终当献入蓬莱宫。

蒙恬大将扶苏子，万里策勋封不与。却将官爵授五松，祖龙颠倒乃如此。咸阳一火二世亡，五松留得摩穹苍。真宗六龙昔巡幸，亦名御帐扬休光。猗欤松兮遇知己，伤哉处世多奇士。负才抗节竟沉沦，不及寒松反多矣。我来几度坐清影，绿阴满地苍烟冷。抚摩长顾发哀歌，空山落日愁奈何。

五大夫松

邹德溥

尔本抱劲节，秦官何及之。乘风发长啸，如羡商山芝[①]。

---

① “山”，《岱史·登览志》作“岩”。

飞来石

萧协中

松亭亭，石砣砣[①]，偃盖万古青，坚确千年历。故乘风雨夜飞来，不是秦皇鞭策激。

东齐纪事[②]

〔宋〕许观

秦始皇下泰山，风雨暴至，休大树下，因封其树为五大夫。初不言其为何树也，后汉应劭作《汉官仪》，始言为松。盖松在泰山小天门，至应劭时犹存，故知其为松也。五大夫，盖秦爵第九级，如曹参赐爵七大夫，迁为五大夫，是也。后人不解，遂为松之封大夫者五[③]。唐人松诗有“不羡五株封”之句，盖循习不考之过也。绍兴上虞县有村市曰“五夫”。故老云：有焦氏墓于此。后五子皆至大夫，因而得名。近世好事者，或异其说，曰：此秦封松为五大夫之地也。绍兴间，王十朋为郡幕官，采访所闻，作《会稽风俗赋》，得此，遂以为然。故赋有“松挺千丈，爵封五夫”之句。疏于下云：上虞有地名五夫，始皇封松为五大夫处[④]。盖越人但知始皇尝上会稽，刻石颂德。不知封松乃在泰山时，非在会稽时也。

泰山纪胜

〔国朝〕孔贞瑄

始皇东巡，五大夫以捍卫受封[⑤]。不知后祖龙几年而没，或者非甘棠遗

---

① “砣砣”，《泰山小史·飞来石》作“屹屹”。
② “齐”，《泰山图志·杂缀》作“斋”。
③ “为”，《泰山图志·杂缀》作“谓”。
④ “夫”字后，《泰山图志·杂缀》有“之”字。
⑤ “卫”字后，《泰山纪胜》有“功”字。

爱，土人不复拥护之。幸后王宽仁，不夺其爵。迄今“十八公”犹袭名号。未详是其苗裔否？其别族有“独立大夫”，亦就衰朽矣[①]。

记一则

赵国麟

检《弇州游记》读之，所谓有松五，具虬虺状，当是二三百余年物，今惟枯干一株，屹立石上。又检卧游道人《岱宗图说》云：嶂前双松，老干拳曲，势欲飞舞。道人《图说》出万历之季。去弇州时，不数十年，已失其三，何况今日。惟是《记》中所云：百丈崖，凹深如屋，旁有石洞，槎口而下黑，其究叵测。今洞外有屋而无崖，下亦砥平如出地上。此则人为之斫天巧，非若植物之出于气数也。

御帐坪在五大夫松稍东，石夷衍可张数幄，有柱础迹，为宋永定陵登封帐宿行在所。李裕所谓：嘉木樛榛，繁阴布地；前即深涧，黛蓄膏渟；水光映天，巉石错杂；如断腭也。坪南，悬崖飞瀑，银涛雪浪，上应松风。过之，辄有汗漫九垓之想。午夜，烟水月色相冲激，波光迸落，声叶竽籁，恍如泛查银汉闻仙乐也。古称百丈崖，今曰飞瀑岩，曰护驾泉，亦曰银河。仁庙御制百丈崖观瀑诗，盖曾邀睿赏矣。瀑右为三磴崖，其下为雪花桥。瀑所经桥，名以瀑状。蒙登岱数矣，尝自谓沈涔尘渫，不宜辄诣神灵之府。幸于此倚雁齿，听飞涛，荡涤耳目，澡雪胸胃，使其渣滓销融，豁然与造物者游。而后可以躐天门、谒玉阙而上青冥，此殆山灵换骨洗心丹也。其南为小龙峪。

① “朽”，《泰山纪胜》作“拉”。

施砌题识

〔金〕张悯

文曰：悯伏见此御帐之下，回转窄隘，登陟艰难。同妻刘氏办心命工叠砌，庶得易为上下者。天眷元年八月十五日。寄居泰安军新街张悯谨施砌。

右真书。勒御帐岩西。今泐。

祷雨灵应歌刻

〔明〕

右歌，参政东浙徐用检撰并真书。万历戊子六月为督漕查壁星颂。勒三磴崖石上。东北向。

飞瀑岩题勒

文曰：

御帐岩。

呼吸帝座。

直与天齐（三并失名）。

云衢（周祚）。

银河落九天（王安舜）。

太古清音（准泰）。

月色泉声（方攸绩）。

洗心（李□，以上皆真书）。

快活天。

泉响云飞（二并失名）。

绝巘飞流（吴同春）。

至此始奇（马一龙。以上皆行书）。

百丈崖

〔明〕陈凤梧

百丈崖高锁翠烟，半空垂下玉龙涎。天晴六月长飞雨，风静三更自奏弦。苍水佩悬云片片，珠帘洞织月娟娟。晚山倒著肩舆下，回首斜阳景更妍。

御帐坪

查约

宋皇临御日，此地足游观①。花下停双辇，松间拜百官。云常依宝座，月自照瑶坛。寂寞仙桥路，惟余古木寒。

御帐坪

吴节

几度天书降紫清，宋皇曾此驻龙旌。野花啼鸟年年换，犹有人传御帐坪。

御帐坪

边贡

白日天门近，青云御帐空②。亭虚从眺览，树古自登封。过鸟层霄上③，鸣泉万壑中。翠华春不返，惆怅昔人踪。

御帐崖

萧协中

片石云中出，苍崖俯大观。旌旗余草绿，帐幄染枫丹。鹤唳山风冷，湍流夜月寒。只今凭吊问，松影露漙漙。

---

① “足”，《岱史·登览志》作“数”。

② “云”，《岱史·登览志》作“山”。

③ “霄”，《岱史·登览志》作“空”。

五松下看流泉

〔国朝〕施闰章

我寻古松树，爱此岩下泉。横泻珠帘静，斜飞瀑布悬。积寒生石发，落日动山烟。辇道余荒草，长悲封禅年。

御帐坪

赵国麟

绝壁临大壑，飞流千尺下。松涛与水涛，喧寂不相假。石色漾月影，寒飙涤炎夏。坐久风雨来，松花任飘洒。

小龙峪在拦住山东南，石峡飞流。东崖两石呀张，清泉涬瀜，曰小龙口石。《泰山小史》云：峪为泉水所归。而飞泉喷泻，若自龙口出者。其前有小龙峪坊，圮。南为回龙桥。又南跨虹桥，龙文石在其北。石理蠖略蕤绥，一曰蛟龙石。其西旧有迎天坊，圮。有增福庙，为元君殿。

两崖题勒

文曰：

人间天上（稽瓒）[①]。

龙跃云津（陆涛）。

造化钟神秀（赵之均）。

疎松隔水奏笙簧。

若登天然（二并失名。以上皆真书）。

跨虹桥南为快活三，路凡三里，差不磊确，为登者快也。或刻快活山于岩。明吴同春曰：此平处三里，其北又复嵚崎，呼三为是。旁有玉液泉，石穴迸水可掬。其南为倒三盘。明王衡《记》云：由回马至黄岘，舆人前距

① “稽”，原刻石作“嵇”。

高，而余偻就之，苦�踔甚。至此颇宽坦[1]，而树与壑更奇。余始得纳手于袖，掉头吟啸而有之，真一快事。《纪胜》云：北陟双庙，西眺扇子崖，如相拱揖。倒盘而下，路皆平阔，野花与草树杂发，点缀茅舍竹篱间，绝似平楚村落，无复岩岩气象。譬如接严宾之后，忽遇好友，坦怀笑语。遥望对松山，另开一幅图画矣。倒三盘南上为二虎庙，神祠黑虎。旁有虎伏石，蹲踞类虎。其南有坊，额二天门，则登岱之半也。《泰山小史》云：凌云穿洞，上有玉皇阁。俯仰上下，景随步转，竟与人世两界也。而云横烟锁，山危水泻之状[2]，至此领略大半。又南为黄岘。

陶山居士诗刻

〔国朝〕

文曰：左萦环水分黄岘，前引松荫入翠微。从此云衢堪快步，跨虹桥畔彩霞飞。

癸卯小春题二天门。陶山居士。

右八分书。勒倒三盘东崖。

二天门

〔明〕袁天泗

再上天门望，烟云满素衣。陡崖三面削，峭壁一泉飞。排戟峰逾蹙，通天路转微。凉风吹傲骨，五月凛寒威。

---

① “颇”，《岱史·登览志》作“稍”。

② “状”，《泰山小史》作“趣”。

二天门

肖协中

危梯百磴入旻苍，宫阙崔巍俯大荒。云锁洞门飘细细，烟生壁水起茫茫。山情似欲呈人媚，客袂偏宜袭草香。辗转纵观忘世虑，不知杖屦到何方①。

快活三

李学诗

人情轻便宜，世路重艰难。不走巉岩路，谁知快活三。

至快活三里坐树下回望西峰

〔国朝〕刘倓

西峰迤逦郁蓝开，空翠沉沉扑面来。若遇虎头应画我，看山人傍一株槐。

快活三

释元玉

岭岭径崔嵬，峰峰路崒嵂。险极势欲旋，坦道从危得。从危得坦道，其意复如何。仍向层霄步，云中乃笑歌。

黄现岭，土黄赫异它山。《泰山小史》云：众山耸立，危磴之险甚于他处。土色亦他处所无。过此，则径平坦，树木森列。纵观诸山，如在洞中，一名中溪山。《泰山图志》云：山迤东，谷水涌流，为中溪发源。南流经回马岭，西会水帘洞、石经峪诸水，至王母池为梳洗河。东南绕郡城，又南经封祀坛东，伏流出木头沟，入泮归汶。旧有黄岘岭坊，圮。案：黄岘，

① “到”“方”，《泰山小史》作“属”“郎”。

见《文献通考》。宋真宗登封，自太平顶、天门、黄现、岱岳观，皆以长竿揭笼灯。明人始称黄岘。考谢灵运《岭溪行》迢递陟陉岘。注：岭，小高也。《韵会》云：岘，本作现。《一统志》有南现，在沭州。《集韵》云：山小而险。一曰岭，上平也。今仍宋名。南下为十二莲盘。步天桥在其西南。东折为三大士殿、金星亭。又南为回马岭。

黄现岭

〔明〕萧协中

戟剑锋攒山乱头[①]，层层丹磴挟云浮。翠林转入平如砥，一曲鸣禽韵更幽。

回马岭，一曰瑞仙岩。重峦叠嶂，旧名石关。《汉官仪记》所谓天关也。唐《乐壤记》云：各携茶果，徂候于回马岭。盖登者至此，不得不解铁獭而扶青猿矣。明李裕《记》云：自山麓抵回马岭，十余里，群峰对峙，巀嶭峥嵘，势相噬啮。中央溪流，转腾澈洌。触崖石，激堆埼，其声澎湃。濶濶浤浤，萦迂数里。又有巨石，大者如轮，小者如瓮。硉矹硍碣，偃卧路径，难以数计。策马单行，崎岖至岭下。是岭岌嶪陡绝，车骑不可前驰。少憩石上，饮茗。易肩舆，穿深林，蹑大石而行。皇上御制诗三首，东西勒崖。迤西为九峰山，折而东为十峰岭。峰峦重沓不可枚数，望若夏云之多奇也。《泰山志》称，古云岩下为鹰石沟，旁一石，状鹰立，耩水南流至石经峪。《纪胜》云：山回路转，屐齿甫通突，而重山横亘。转仄向东南，梯云御风而上。盖山腹中脉络盘纡，至此又一大折云。岭阳为玉皇殿，御额“紫垣凝命”。其前元君殿，御额“琼霄珠照”。南有阁，跨道矗立，明嘉靖升仙阁故址，乾隆丁卯拓建。御题“壶天阁”。又御制诗三首，勒东北崖。阁西偏为倚山亭，南有圣水泉，又南为歇马崖。

---

① “锋”，《泰山小史》作“峰”。

回马岭

〔明〕边贡

回马岭前春日西，涧花岩草郁萋萋。上方钟落不知处，惟见白云岩畔栖。

玉皇庙

〔国朝〕赵国麟

劫后新亭倚半山，松杉犹自护云关。当年几度休游屐，曾拥笙歌听小蛮。

记一则

〔明〕谢肇淛

入山渐深，但觉白云黄叶，左右飞积。至高老桥，水沍且涸。既水帘洞，亦涓涓如蹄涔，无奇也。由水帘洞折而东，又折而北，道始峻削难行。吾游山多矣，虽绝地插天，亦必迤逦迂回而上，或舆或步，咸得袖手骋目。独泰山不然，其坦不能十武，辄就石磴，磴皆悬空斗削。高者百余级，小以十数。舆中五管在上，胸膝相摩，手挽足抵，头岑岑也。加以狭崖夹障，耳目涂塞，如道委巷中，意甚苦之。至玉皇阁，下舆回望，始见徂徕一峰，独当南面，扼塞汶水，萦若衣带，为注目移时。又上为回马岭，顾从者自高老桥时，骑已不前。

歇马崖，故名马棚崖，言崖可屋马也。亦曰三字崖，言吕仙墨书三画，风雨不灭也。今崖倾岸落，非其旧矣。明吴维岳勒“歇马崖”三字仅存。南下迤西为登仙桥、水帘洞。

陆涛题识

〔明〕

文曰：贤母智顶真仙升天石幢。己亥清明日，平湖陆涛，字寿□，同弟□肩、陆□，奉先□□人像进香。感□□勒石。

右刻作两层。上层横书"贤母"下十字。下层字差小。则"己亥"以下题识也。并真书。勒崖北石上。西向。

马棚崖

〔明〕萧协中

礼岳登山路几盘，穹然棚石倚云攒。不堪俊骥藏虚壁，自有苍霓挂碧湍。铁笔勒崖仙迹异，墨痕翻袖阆风寒。只今揽胜神游远，岭雾横披态未阑。

歇马崖

〔国朝〕赵国麟

一涧空中落，双崖势欲连。巨灵不惜力，勒石使之县。何年倦游者，盘礴一周旋。嗒焉天地小，长歌起暮烟。

水帘洞，有坊，在登仙桥南。其水自西北天绅岩际，槛泉觱沸，蔽崖壁千仞而下绝壑，如银蒜方垂，湘纹未卷，曰水帘泉。洞口藏帘中。水斁时，隐约可见。钟惺铭其侧曰：晴雨所覆，白云之上。冬爱其原，厥流斯养[①]。石穹其中，俟时而响[②]。岱实为之，劝登宏奖。水东南注中溪，距岩里许。石梁跨涧，为住水流桥。洞东旧有岩岩亭，明成化时，参政张盛自飞虬岭移建于此，今废。折而东为炮高岭。有漱玉桥，圮。其东为经石峪。

① "斯"，原刻石作"遵"。

② "俟"，原刻石作"候"。

刘仲平题名

〔宋〕

文曰：元祐六年，刘仲平游，岱岳观主张舜民同来。二月七日。

右真书。勒水帘洞侧。

岩岩亭碑

〔金〕

略曰：夫观游，大率有二。或嗜之以快，佚乐之心。或托之以寓，超迈之意。快心者，未免损于人，人避损则惮随之。寓意者，必将益于民，民望益则欣奉之。贤不贤之分，损益而已也。泰山岩岩，鲁邦所詹。即山之阳，距军城三里，有观曰岱岳。观之东，凌危跨险，百步而近，有亭曰岩岩，旧矣。正隆之季，盗贼蜂起，附近者剽取材具，厥亭毁焉。大定十有九禩，岱祠告灾。明天子恤神无居，亟为兴复，畴咨可属者。庙堂佥以徐公为能，上俞所举。俾之就守是邦。公下车后，政通人和。越明年，庙功鸠僝，规模宏丽，倍百于昔。其余废者具兴，仆者毕振。或有一遗，朝夕思念，懔如也。因访所谓岩岩亭故迹，委知观道士田信言新之。于是，佣夫召匠，指划经构。伐恶木，薙奥草。基砖柱础，壁石檐云。毕能事于浃旬间。虚深亢爽，不户不牖。豁然上视泰山，尊严广固，垂兰散黛于莽苍之间。左右诸山，峰峦缭绕，不召而俱至。却立延望，则幽蹊曲径，樵担僧锡，去住断续，历可指数。至于数百里之景，仿佛溟蒙杳霭外，举目尽得。西溪之泉，喷霜噀雪，泠泠然锵环佩声。其清凉淋溧，虽三伏际，不知蕴隆虫虫者，为炎酷也。凡客游观于天下者，有不屈伏退让以推高是亭乎。适以重五日，公率僚吏落之，建荣获预末坐，因语道士曰：今之境界，向之境界也，而景物异矣。山葩野卉，红妆紫润，奇石森然，争出而效技，乃前日苍烟白露之荆棘也。高甍巨桷，翚飞萦映，云容日景，浮光而上下，乃前日颓垣坏址之荒墟也。佳辰令节，州人士女，啸歌弦管，乃前日风雨晦冥鼯鸟之乖音也。今其美哉！大为君子之壮观。偶然耶，抑有时耶？不然，何其一废二十年，而不早谋振起之乎？

右记，姚建荣撰。见《泰山志》。今与亭具佚。

游泰山记碑

〔明〕

右，成化年，尚䌹撰，勒岩岩亭。嘉靖九年，棠陵子题其旁曰：方豪由泰山绝顶回，观尚少参游记。山川如故，英烈何存。快哉！伤哉！后十五年，方子之友见之，则又如方子之悲尚子也。今亭废。碑并佚。

重修碧霞灵应宫碑

右碑，大学士东海徐溥撰文，吏部尚书致仕济南尹旻真书并篆额。弘治十年十月勒水帘洞左。今佚。

洞石题勒

文曰：入山深处（王之艮，真书）。

钟惺题名

文见前。真书。勒水帘洞侧。

岩岩亭送陈参政归山

〔明〕李时勉

岱宗磅礴不可拟，翠色横秋几千里。峭石巉岩倚天外，孤亭屹立当山址。亭前芳草没路歧，古砌荒凉苔鲜滋。幽花拂槛无人采，独鸟时鸣听者稀。晨霞浴日千峰紫，一杯遥见沧溟水。升元观里晓钟闻，岱岳祠前白云起。圣贤大道谁不由，乾坤阖辟同周流。泰山气象难为喻，谁遣名亭独此留。君去薇垣有闲日，随处登临访遗迹。想得凭阑一望余，怀古清吟兴何极。

水帘洞

王元坤

百丈双崖分巨壑，泉引天绅向空落。洞门长日耀珠花，披拂灵风护烟幕。沉沉玉蛛挂飞流，洞古帘垂映月钩。鹿饮涧边秋草湿，鹤鸣帘外水云浮。水净山空深洞杳，影共银河堕林杪。忽惊洞里玉妃还，波纹不卷东峰晓。

水帘洞

萧协中

寻真欲问碧云宫，竹杖芒鞋好御风。洞里有仙疑睡稳，故将珠水挂帘栊。

水帘洞

〔国朝〕赵国麟

银河西泻散珠房，东涧镌经满石梁。遥忆匡庐千尺瀑，何人为筑读书堂。

经石峪，宋时称石经谷。石经者，镌隶体《金刚经》于石坡，字大如斗，随石所之，经尽而止。石仰负天，顶踵于泉，泉枕履之，便其腹以受经。明人呼为经台峪。《纪胜》云：涧东有乳山，倒垂锐若茁笋，左峰肱抱中，石陂斜平如掌，方数亩许，遍镌梵经，相传为晒经石。上有小瀑布，横阔若短帘，浸蚀经字，半剥落矣。

案：石经，旧传右军书。《道里记》云：北齐武平时，梁父令王子椿好内典。尝于徂徕山刻石经二，俱隶书。字法古劲，与此如出一手，是经当亦子椿书。明人或刻大学圣经于上端。康熙间，犹有存者，今佚。峪西，石壁划然中分，曰仙峡石，亦曰试剑石。依岩白石亭，明万恭建，颜以“高山流水亭”。北有听泉枕石，西上为听雨轩址。明钟宇淳云：西岩古梅数株，疏影横斜。今特杂树野卉，罗罗清疏而已。峪水来龙泉峰后，上接三叉沟。绕峰而出，西南注中溪矣。吴同春《记》云：穷泉之源，北行里许，石滑不任足。而泉自乱石中泠泠出，巨细相间，时作笙簧音。林木深茂，鸟雀喧呼，令人会心。龙泉峰，一名梼柂崮。在峪东。

金刚经石刻

〔北齐〕

右，八分书。在石坪上，纵横数十亩，作棋局纹。字大方尺许，波磔古宕，气体雄奇。浸淫乎汉氏矣。明华亭孙克宏《古今石刻碑帖目》云：泰岳之阳，刻金刚经，大尺许，相传为王右军书。今考其笔法，实与邹县北齐韦子深刻经同出一手，其亦为韦氏作无疑。明王世懋《纪游》云：此书不能定唐、宋、元人笔耳。然观陈国瑞题名，则北宋人已叹赞为神。盖其结构、气味，必非宋、元人所能到。孙克宏以为韦子深，聂鈫以为王子椿，虽皆比拟之词，聂说近之。唯石面为泉所泻，渐靡之久，剥蚀殊多。今存字不满二百。过此以往，未之或知也。

陈国瑞题名

〔宋〕

文曰：莆阳陈国瑞子玉校学奉高，游石经谷，熟视笔画，字径尺余，非人所能。历千百年曾不磨灭，岂非神力护持，以遗观者。政和丁酉春余一日题。承议郎知县事郑温恭勒石。

右，真书。勒石经峪。今漫灭。

般颂诗跋刻

〔明〕

文曰：泰山之麓，平石纵横数十丈，刻佛家语，呼为经石。余为书《诗·般》一章刻之。案《虞书·舜典》：岁二月，东巡守，至于岱宗，柴望。五月至于南岳。八月至于西岳。十有一月至于北岳。《王制》：天子五年一巡守。二月东巡守，至于岱宗，柴而望。其至于南、于西、于北，其时皆如《舜典》。则谓是诗为登岱而颂无不可，而刻之于此。固无不宜，则夫经石之名，其有称也夫。

右《般颂》一章，较金刚经字差小，跋字尤小，并真书。勒石经左上。跋末题“壬戌之秋七月既望”，而无朝代名氏。《县志》云：《汪玉文论》其子坦书，楷法整饬，与此实出一手。且年月相符，止距十数日。意此亦坦书也。

汪玉文论刻

文未录。

默休居士汪玉著。不肖男坦书。孙礼约摩勒登石。明嘉靖壬戌岁仲秋朔日。

右，并真书。勒经石峪左石坪上。

高山流水亭记刻

文曰：余既表泰山之巅，掠泰麓而南下，则憩晒经之石。石广可数亩，遍刻梵经，皆八分书，大如斗，不知何代所为。近有好奇者，则刻《大学》圣经于上端以胜之。余乃大书“暴经石”。字皆博可六七尺，刻深三寸，垂不磨，以助其胜。北耸石岩，皆斩截而成[1]。涧泉漫石而下，以悬于空，岩

① “皆”，原刻石作“石若”。

若垂万珠焉。余辄大书“水帘”，字深刻之。水澌澌淅字上，字隐隐匿水中，斯泰山之至奇观也。已乃穿涧水而西，得石壁，高约十五尺，广约四十尺，夷出天成，下拥石基。余东向而立，则水帘之泉，泠泠出其左[①]；而桃柳数十株，蔚蔚绕其右。余遂依石壁为之亭。亭悉以石，石柱四，直入石基，其深尺有咫。上覆以石板，令永久。登泰山者得憩息万祀焉。余嗜鼓琴，辄顾从者曰：夫是依泰麓之壁也。斯不亦高山乎？夫是临水帘之泉也。斯不亦流水乎？为子援琴而弦之，邀泰山之神，聆广陵之散，若将巍巍乎志在高山也。又洋洋乎志在流水也。是谓神品，亦谓神解。从者悦，遂命之曰：高山流水之亭。

右，隆庆六年冬督河南昌万恭撰，额曰“高山流水”，并真书。李逢旸勒亭西石壁。

崔应骐诗刻

文曰：晒经石上水帘泉，谁挽银河落半天。残月控钩朝挂玉，长风吹浪夜凝烟。梵音溅沫高还下，曲涧流云断复连。选胜具觞恣幽赏，题诗愧乏笔如椽。

右，万历辛卯崔应骐撰，草书，勒石壁“万恭记”左。

于可久题名

文曰：山之胜全在石经峪与黄华洞。旷远清幽，各极其至，观者多低回不能去。虽余五斗吏，俗冗作，苦无济胜之具，而时从诸名人一欣赏，当不令山灵笑否。天启乙丑季春，州刺史晋人于可久题。

右，八分书，勒亭东北巨石，南向。

① “泠泠”，原刻石作“冷冷”。

石经峪题勒

文曰：

水帘。

暴经石（万恭擘窠书）。

枕流漱石。

源头活水（二并失名）。

泠然清韵（孔闻诗）[①]。

万颗明珠（连标）。

清磬（于徐子）。

跳珠溅玉（何起瑞）。

铭心淘虑（释守训）。

经正（李邦珍）。

人不点头空设法，石能暴腹也传经（张有光）。

听泉枕（王审）。

濯缨处（姜镜。已上并真书）。

暴经石即景二首

〔明〕李养正

大石突如云，小石平如掌。不见人行迹，但听泉流响。

一个白石亭，团团如玉阙。待我夜来时，独坐看新月。

暴经石

于慎行

朝下天门阙，夕憩暴经石。此石自何年，斜倚万仞壁。叠嶂洒飞流，

① “泠”，原刻石作“冷”。

匹练千余尺[①]。水底玉篆分，了然成鸟迹。其文乃上古，读之茫不识。水参雪窦禅，未示金仙迹[②]。绿迟低宝树[③]，宛见祥河出。兀坐听潮音，洗耳心方寂。

晒经石

刘勅

暴经自何年，经文蚀欲半。拂苔聊一读，苔痕不可辨。把酒坐其间，片片昙华乱。苦海漫无涯，何时识彼岸。

石经峪

萧协中

石面何年凿，漫山尽梵经。烟迷荒藓积，云逐乱流停。说法嫌多事，无生托有形。三车虽载去，留以施山灵。

石经峪

杜文同

贝叶翻来石上，天花雨自云中。妙解无言可解，无言乃见真空。

石经峪

〔国朝〕丁耀亢

石腹濯寒溪，划然青裂帛。随地展方棱，高下界玉格。黝然无字初，势已成鸟迹。方圆有异相，圭珽杂殳戟。钻凿古人心，精神动仙释。苔痕泼墨沈，平如布经席。灵蛟拳秃尾，铁鹰制健翮。钩分乱石皴，影落寒潭

① “千”，《岱史·登览志》作“十”。

② “未”，《岱史·登览志》作“永”。

③ “绿”，《岱史·登览志》作“禄”。

碧。呵护有天龙，山鬼皆辟易。漱齿读金经，泠然竦魂魄。

经石峪坐高山流水亭酌山泉

赵国麟

好事凿山腹，金经字如斗。何人刻圣训，角胜冠厥首。吁嗟嗜奇者，建亭谋不朽。援琴鼓成连，怡情对花柳。我来访遗迹，濯濯无所有。水剥石上字，分隶成蝌蚪。变灭感今昔，金石宁云寿（余二十时游此，见《大学》字径三寸余，尚可读。今无一画矣）。烹茶汲水泉，慨想鲁中叟。

经石峪

黄镣

众壑应看此最深，岱宗直下数千寻。谁题梵字深溪里。故使溪声作梵音。

龙泉峰，下有龙泉，在水帘洞南三里。上有高老桥，盘道所经。其水从西北山峡过此，东注中溪。桥名，识创始人也。重修者，明嘉靖三十九年副使高捷，亦其姓也。《泰山小史》云：桥接两崖，下鸣涧水，四旁杂以樱桃诸树。上有悬崖百丈，飞瀑千寻。稍纡径而旁，则茂竹满山，合围古木不知其几矣。南有坊，题桥名。桥北，山势突起，明置人祖殿，今改三官庙。《考古录》云：泰山上有人祖庙，不知何取。《三秦记》：骊山巅有人祖庙，不斋戒而往，即风雨迷道。《长安志》曰：即秦始皇祠。盖本《史记》所云，祖龙者，人之先也。今《临潼志》以始皇不应祀典，改为三皇庙。噫！虐政至中阪为暴风雨所击，不得上封。百世下，淫昏之鬼，反能风雨迷人耶！改祠三官，虽符箓缪悠之神，犹无害义矣。坊南有斗姥宫，古龙泉观也。明嘉靖时德藩重建。中溪径其东轩，又南为顺治时所建蕴亭故址。又南为桃源峪。

重修斗姥宫碑

〔明〕

右记，嘉靖二十一年济南陈鯛撰，真书，勒斗姥宫内。

高老桥

〔明〕萧协中

泻崖喷壑响冲瀜，琪树朱桃绿间红。高老无由稽故迹，云端千古见长虹。

高老桥

〔国朝〕徐恕

浮岚暖翠耸层霄，蹑屐人过高老桥。两岸溪声流鹤涧，一峰嶂影澹鲛绡。飞云夜宿仙人石，野鸟晴穿羽客寮。依约龙泉水西北，中溪东注雨萧萧。

游岱杂记

先公石岭先生

泰山石经峪西有三官庙，故人祖殿也。《岱记》：人祖即祖龙，谓秦始皇。宫里村又有汉武庙，秦皇、汉武而有祠，淫矣！今秦皇庙既改道观，而汉武庙犹频修，儿子仲冕辑邑志，因命列其祠寺观中，尽刊其碑记不录。且于金石卷末著其义焉。阅《居易录》所引《会稽旧记》：秦政与大禹仝庙，王朗除之。又楚州祠孙皓，蔡州祠吴元济，常山狄道祠董卓，杭州祠秦桧，郎州祠梁松，邺祠石虎，华容祠朱泚，无为和祠魏武。又澧州有欢兜庙，石室存焉。噫！何其多也！凶人之所怵者，身后耳。乱贼残忍之鬼而不馁，是生而蠹民，没犹美报，人心不澌灭殆尽哉！作俑创建者，其皆草泽剧贼乎？乃考孙皓祠，实宋孝宗乾道四年敕封，亦谬甚矣。狄梁公《移项羽檄》，柳柳州《毁鼻亭》记：高常侍适《毁贼臣董卓庙议》。真文之足翼教化者。《居易录》又云：某郡有盗跖庙。今泰山下有庙，不知何神。相传以为蹠也。余每至岱城，观和圣祠灌圮颓落，狼藉苓通，未尝不泣然流涕。

桃源峪，一名桃花涧。明钟宇淳云：二三月时，岩谷间著花如绮。游者疑为武陵桃源。涧水萦纡，汇为碧泉。夹涧多樱桃、绿竹，曰樱桃园。每当清泉洌、朱樱然、翠篁攒，白袷四五人，携榼而来，席草而坐。挥觞剧饮，弥日不倦。夹岸杂树蔚然，竹篱鸡犬，成小聚落。山头落英缤纷如红雨。自十八盘而下，对松山以幽峻胜，御帐飞瀑以奇丽胜，水帘洞、经石峪以奥隽胜。然皆嵁岩渊谷。若眼前脚底，芳菲杂缀，水石参差，亦复清绝，斯称桃源峪矣。南为万仙楼，道出其下，旧称望仙。明万历四十八年建。上祀王母、列仙，中祀元君。皇上额曰：景会群真。下有隐真洞。《纪胜》云：一天门历万仙楼，山折涧绕，树木葱然。望之如重堂邃阁，上通瑶府。虽万仞初步，知其蕴藉独深也。峪南稍东，为黑石埠。草木岑蔚。中溪迳其西，小洞天辟焉。

王大使等题名

〔唐〕

文曰：大历八年，王大使因拜岳，与韩补阙，前建安□太守同游。张炼师、房道士、卜□□记。时十月十□日。

右，真书。勒桃源峪北石崖上。左读。宋人从其右之空处题名，连及左方，遂为所掩。然细审之，则泐者仅四字耳。《泰安县志》《泰山图志》皆云张炼师题名者，以刘禹锡有送“东岳张炼师”诗，时代相符，当即其人，故特表而出之。玩其文义，自当以王大使为主。

张邦茂等题名六则

〔宋〕

文曰：朝奉郎张邦茂、宣德郎张、道观主刘子谅宗，绍圣二年十二月十三日同游，刘太和书（真书）。

刘康叟绍圣丙子五月二十八日观（真书）。

□孺具酒约文叔端夫子方应之□回甄甫，辛卯季夏十二日同游（真书）。

赵茂实、曹世隆徒步到此，政和甲午季夏十一日（真书）。

长清董元康政和甲午仲秋日访泉石，因携家饮此，质赘责侍行（行书，左读）。

董元康游，甲午仲秋日（真书。左读）。

右题名并勒桃源峪东壁。惟“□孺具酒”及“董元康”二则字稍大。辛卯盖徽宗改元政和之年也。

杨世瑛题名

〔元〕

文曰：大元至正十八年二月初八日，因为红巾占据泰安州，调遣淮南府□元帅杨世瑛统兵一十七府□□，万户张田玉等将至□名山□□，游观到于泰山岩内泉石之下，古迹可人，□□笔姓名于石。万户张田玉、李谅，万户李玉□，知事胡长孙、方回、张荣祖。

右，真书。勒桃源峪东壁。

胡一龙诗碑

〔明〕

右碑，崇祯元年，草书。碑阳、碑阴各勒《泰山绝顶》诗一首。在万仙楼下右侧。

峪石题勒

文曰：

渐入佳境（韩镐）。

中流砥柱（陈甘雨。二并真书）。

万仙楼二首

〔国朝〕赵国麟

樱桃正熟时，萧鼓喧清昼。游人集万仙，山灵若驰骤。仙人厌繁嚣，隐约栖岩窦。泠泠石上淙，终古弹清奏。

丹楼倚山椒，云是仙居处。涧水通瑶池，青鸟自来去。

小洞天者，《泰山小史》云：西崖十丈[①]，为游人必经之路。凡欲临此，必循径而下[②]。一壑曲绕[③]，茂林涧草，森森蔓蔓。仰视崖上人，趋走终日不辍。真别有洞天矣。溪内片石如几。明甘应甲勒“小洞天”三字。其下有柳条湾、饮马湾、石峡湾，皆流水之审为渊也。东为箭竿峪，水南流，径虎山北，又东南绕明尚书萧大亨先茔侧，汇为石马湾，过岱道村、吕仙桥入梳洗河。村中有吕仙祠，明万历时，羽人心元子所建也。心元，韩姓，弃家学道，结茆于此。司训胡光宇更修。侍御宋焘记焉。小洞天西南为大藏岭，其巅寷窌可屋，故名。其东趾亦有如之。岭阳为红门。

小洞天

〔明〕萧协中

未闻兜率至，不见蕊珠来。水石丝簧奏，茵花锦绣开。空中浮殿阁，

① “崖”字前，《泰山小史》无“西”字；“崖”字后，《泰山小史》有“高”字。

② “循”，《泰山小史》作“依”。

③ “绕”字后，《泰山小史》有“方石有片，而”句。

物外净烟霾。此即真蓬苑，低徊俗念灰[1]。

红门，在万仙楼南。即大藏岭之丹崖南辟者也。由南天门下，一折为小天门，再折为二天门，三折为天关，四折而为红门。皆相距数里若十余里，其中回互无数，殿宇林峦相望也。至红门而南，则尤花团锦簇，旌旆飞扬矣。然即苍翠中双观嵔立，糊赫壤以飞文。回顾天门之上，云中宫阙，层出际天，赫然彤庭丹陛哉！《拾遗记》云：魏明帝初，泰山下有连理文石，高十二丈，状如柏树。其文色彪发似雕镂，自上而下皆合而中开，广六尺。父老云：秦末二石相去百余步，芜没无径，及魏帝之始，稍觉相近如双阙也。殆谓是与！《泰山小史》云：岱之南址，苍翠层叠中有片石，其形似门而色赤，历世不磨。迤西为垂刀山。《通志》云：宋大中祥符元年六月乙未，泰山西南垂刀山上，有红紫云气，渐成华盖，至地而散。其日，得天书于醴泉亭北，在天书观右。垂刀，以山石峭厉名。西南酆都峪，俗名鬼儿峪。元窅幽森，朝曦罕到。水南流，径金山北，又西南入渿河。其源委，详岱阳之西。

红门东南为一天门。

酆都峪

〔元〕李简

石洞荒凉树影孤，州人相语是酆都。古碑犹说韩擒虎，为问于今尚有无。

红门

〔明〕萧协中

睠彼岱之阳，奇迹婺其麓。怪石翳鲜苔，赭霞凝户牖。岂其秘宝函，

① “低徊”，《泰山小史》作“登临”。

或以封仙箓。胜地洵神房，幢旆纷相逐。愿得此门开，浮生无碌碌。

红门三首

〔国朝〕赵国麟

出郭四五里，岳云当面来。一水出巨壑，双峰豁然开。西峰悬丹户，石洞扃云隈。定有餐霞人，长年卧绿苔。

凌晨登红门，霁色明朝旭。俯视万家烟，平畴尽新绿。

雨后青山入眼明，晨光乍启翠微生。半人济胜抛筇杖，腰笋初登郭索行。

红门

沈德潜

到顶五十盘，红门起初步。回头看下方，已在云中住。

一天门者，自红门迤东为观音阁，旧名飞云。皇上赐题曰“普门圆应”。其东为弥勒院，故更衣亭也。士夫登岱至此，易袍屐焉。今亭在其南。观音阁南，为元君庙。《道里记》：元君有上、中、下庙[①]，此其中庙也。旁有且止亭，明天启六年僧兴旺拓建。康熙间建红门坊，颜曰“瞻岩初步”。庙南为天阶坊，明巡按高应芳题。又南一坊，罗洪先题“孔子登临处”。其西为合云亭，雍正三年知州吴曙建，皇上赐亭额。又南为一天门坊，明参政龙光题，康熙丁酉巡抚李树德重建。此入盘道发轫所也。为坊跨道者四，为亭者二，为阁者一，为庙、院者各一，皆夹门左右。岩关峻扃，飞甍画栋。下拥丹麓，上抱重霄。如游钧天阊阖，不待历甲第堂皇而已。戺眙于金铺玉戺间也。明王在晋《记》云：上一天门，回眸下盼，犇绿成畦，田分龟背，半空云荡，万井烟蒙，山根牛马，皆成黑子矣。

---

① “下”字后，《泰山道里记》有“三”字。

稍下，道西为关帝庙。皇上额曰“神威巨镇”。庙东偏有憩亭及露井。登者乘笋舆始此。舆如竹兜，长仅六尺许，穹其坐处若弓。柎置络，两柎间坐之。舁夫以韦悬两把，负韦握把，侧足横行磴上，乘者无梚俯仰之苦。虽薛汰飔飐，登且疾于徒手，下则如飞矣。由一天门南下，折而东为王母池。池北有小蓬莱，亦胜境也。

第一山碑

〔明〕

右，真书“第一山”三大字。旁云：巡按山东监察御史李复初，偕参政吴章、张臬，副使张意、吴道南，佥事崔三畏，登岱岳之巅书。在一天门右，南向。《泰山金石考》云：复初，嘉靖间洪洞人。书法得颜、柳之秘。碑阴“入云有路”四字，隆庆时张□书，盖云篆也，近怪。

重建一天门碧霞元君行宫碑

右碑，于可久撰文，洪邦基真书，范广篆额，天启六年三月。勒元君殿东。

一天门侧题勒

文曰：天下奇观（杨可大）。

登高必自（翟濯。二并真书）。

一天门

〔明〕袁宗泗

一入红门界，青崖杳霭中。轻舆人倒挽，绝磴路悬空。直上山疑尽，萦回岫不穷。岩岩频在望，今日始天通。

一天门

萧协中

天门初步路非遥，城郭人民似可招。自是登仙无委巷[①]，野袍山屐任翛翛。

① “仙”，《泰山小史》作“山”。

岱览卷第十二

分览二

岱阳中

王母池在飞虬岭下，自盘道东墙口入，历后土殿、老君堂、群玉庵而抵焉。后土殿门外有井，曰：涤尘泉。其前为施方伯天裔祖茔。老君堂在其东，古岱岳观之一隅也。《从征记》曰：中庙去下庙五里，屋宇又崇丽于下庙。庙东西夹涧，是岱岳观，即东岳中庙也。杜光庭《灵验记》云：天皇东封，鹤集其坛，使诸州为老氏筑宫，号以“白鹤”。此盖仍旧观而增饰之。自高宗以下，六帝一后修斋建醮，皆于此，有“双碑”在焉。今仅小殿三楹，祠老子，前有银杏一株。迤南，堧基敞衍，皆观故地。《水经注》云：古帝升封设舍，所跨处石窍尚存。今观南址犹可仿佛。《岱史》云：观内古松柏十余树[1]。赵孟頫题勒“汉柏”二字，则与树俱亡矣。东，群玉庵，祠王母。西厢为药王殿，东厢为观澜亭。辟东牖，梳洗河潺湲其下。庵前有幡杆石，上有宋人题名。重门外，石礿丈所。下临方塘一鉴，中蓄紫鳞，喁喁荇藻。庵前有“飞鸾泉”。东跨涧古有王母桥，今废。

东崖为吕公洞，唐韦洪谓之“发生洞”，宋钱伯言谓之“金母洞”。方广容十许人，内有吕仙石像，以绍圣、政和年仙尝题诗于此故。洞上旧有松亭，今亭废，松尚遒然。东上为飞虬岭。《泰山纪事》云：昔吕公题诗石壁，有虬常对诗顶礼。一夕吕公复至，挥笔点其额，遂化龙飞去。岭上旧有“岩岩亭”，金大定十九年修。《东游纪略》云：山水自溪涧而下，就两崖为壁，如香山石楼，上以亭压之。北望天门，屹然如立屏，而清流出几

① “树”，《岱史》卷九作“株”。

席之下，真泰山绝胜处。明时移置水帘洞。吕公洞北为虬在湾，深广可胜小艇，即王母池，一曰瑶池。《水经注》：古者帝王升封，咸憩此水。双碑亦有拜访瑶池之语，由来已久。宋李谔有《瑶池记碑》，今佚。明李裕《记》云：瀵沸潾灖，不竭不溢，取水禜雨颇验。《泰山志》云：当涧截谷，设为池馆。今为王母楼，俗称梳洗楼。其水为中溪所径，名“梳洗河”。详黄岘岭下，虬在湾北，石场森阴，溪水澹濙环绕，所谓小蓬莱也。《酝檀集》已有《宴小蓬莱》之作。《道里记》谓名自《纪胜》者误。至《纪胜》所云涧东清湍迅激，岩石若倾盖。盛夏，布几中流，垒石蹲坐，浮觞避暑。下有寒潭，引溪风作飕飗声，顿觉转炎为凉，诚会心者。近颇为攻石者所毁。跛道人曰：歇马崖倾，天之数；小蓬莱毁，人之过。飞虬岭东，为虎山，上有东眼光殿，雍正八年建。

显庆造像记

〔唐〕

文曰：显庆六年二月廿二日，敕使东岳先生郭行真、弟子陈兰茂、杜知古、马知止，奉为皇帝、皇后七日行道，并造素像一躯，二真人夹侍。

老君堂前，有碑二，高六尺所，各方二尺，上施石盖，合而束之，俗呼“鸳鸯碑”。其字每面作四五层，每层文一首或二首，皆真书。此记，在西碑北面第一层。

仪凤画像记

文曰：仪凤三年三月三日，大洞三景法师叶法善等，奉敕于此东岳修斋，设河图大醮。所有镇彩等物，敬造壁画元始天尊、万福天尊两铺。功德既毕，勒石纪年。

祇承官朝散郎行兖州都督府参军事摄功曹房希圣，祇承官登仕郎行兖州都督府录事刘怀□。

右记，在西碑北面第二层。

天授造像记

伪周①

文曰：大周（造字天授）二（年）岁次辛卯二（月）癸卯朔十（日）壬子，金台观主中岳先生马元贞，将弟子杨景（初）、郭希元，内品官杨君尚、欧阳智琮，奉圣神皇帝敕，缘大周革命，令元贞往五岳四渎投龙作功德。元贞于此东岳行道，章醮投龙，作功德一十二（日）夜。又奉敕敬造石元始天尊像一铺，并二真人夹侍，永此岱岳观中供养。

祇承官宣德郎行兖州都督府仓曹参军事李叔度。

右记，在东碑北面第一层。

万岁通天造像记

文曰：大周万岁通（天）贰（年）岁次丁酉，东明观三洞道士孙文俊，奉（天）册金轮（圣）神皇帝肆（月）伍（日）敕，将侍者姚钦元诣此岳观，祈请行道。事毕，敬造石（天）尊像壹躯，并贰真人夹侍，庶兹景福，永集（圣）躬②。聊纪其年，用传不朽。

专检校博城县主簿关彦博、录事张则上、护军涂雨钧。

右记在西碑北面第一层。

圣历造像记

文曰：大周（圣）历元（年）岁次戊戌腊（月）癸巳朔贰（日）甲午，大宏道观主桓道彦、弟子晁自揣，奉敕于此东岳设金录宝斋，河图大醮。漆

---

① “伪”，原碑作“大”。

② “集”，原碑作“奉”。

（日）行道，两度投龙，遂感庆云叁见，□斋醮物，奉为（天）册金轮（圣）神皇帝敬造等身老君像壹躯，并贰真人夹侍。兖州团练使都虞侯银，青光禄大夫试卫尉卿上柱国高晃，兖州团练使押牙忠武将军守左武卫大将军上柱国赵俊，专当官博城县尉李嘉应。

右记，在西碑南面第一层。兖州团练以下左读。《金石文字记》云：碑字凡大周年者天作𠀑，地作埊，人作𤯔，圣作𨲵，年作𠡦，月作𠥱亦作匨，日作㊐，星作〇，正作𠀧，授作𥠢，初作𡔈。凡数字作壹贰叁肆捌玖等字，皆武后所改及自制字。其云大醮漆㊐，桼古七字。《太元经·玄摛》曰：运诸桼政，元棿曰棿拟之二桼。《方言》曰：吴有桼娥之台。王莽《侯钲铭》：候钲重五十桼斤是也。后人不知，妄于左旁添凿三点，浅而大又稍偏，知非一笔。

久视斋醮记

文曰：久视二𠡦太岁辛丑正匨乙卯朔二㊐丙辰[1]，神都青元观主麻慈力，亲承𨲵旨，内赍龙璧、御词、缯帛及香等物，诣此观中斋醮。功毕，伏愿我皇万福，宝业恒隆。敬勒昌龄，冀同砺而无朽。侍者道士麻宏倩。

右记在西碑北面第二层。

马友麾诗刻

文曰：早春陪敕使麻先生祭岳。行博城县令马友麾。

我皇盛文物，道化天地先。鞭挞走神鬼，玉帛礼山川。忽下玄洲使，来游紫洞前。青阳得处所[2]，白鹤怪时年。虔恳飞龙记，昭彰化鸟篇。岩风半山水，垆气总云烟。光抱升中日，霞明五色天。山横翠微外，室在绿潭

① “辰”，原碑作“子”。

② “处”，《泰山述记》作“年”。

边。缇幕灰初暖[①]，焚林火欲然。年光著草树，春色换山泉。伊水来何日，嵩岩去几千。山疑小天下，人是会神仙。叶令乘凫入，浮丘驾鹤旋。麻姑几年岁，三见海成田。

右诗在东碑侧第一层。题上有“五言”二字。朱彝尊《跋》云：马令诗，其名剥蚀，题曰敕使麻先生者，即久视二年记文称“神都青元观主麻慈力”也。神都即东都，故有伊水、嵩岩之句。厐盖金轮十三字之一，音义未详。亡友顾炎武、宁人吴任臣志伊均疑为应字，想当然矣。（绳武按：《曝书亭集》厐字作厐厂下从丨从支，不从皮。）按：诗中无厐字，而友麾名亦尚可辨。跋语盖未审也。

长安造像记

文曰：长安元年岁次辛丑十二月已亥朔廿十三日辛酉，道士金台观主赵敬同、侍者道士刘守真、王怀亮等，奉十一月七日敕，于此泰山岱岳观灵坛，修金箓宝斋三日三夜，又于观侧灵场之所设五岳一百廿槃醮礼，金龙玉璧并投山讫。又用镇彩纹缯敬造东方玉宝皇上天尊一铺，并二真人仙童玉女等夹侍，□□□□供养。其日，祥风暂息，瑞雪便停，香烟氤氲[②]，日、月明朗，神灵降祉吉祥。事毕，故刻石记时勒石题日[③]。

都检校官承议郎兖州□都督府户曹参军王杲，专当官宣议郎行博城县丞公孙杲，专当斋并检校像官博城县主簿登仕郎董仁智。

右记在东碑北面第二层。长安上书一“舛”字，官名后书一“詹”字，未知何谓。

---

① “暖”，《泰山述记》《泰安府志》作“应”。

② “烟”，原碑作“烛”。

③ “石”，原碑作“名”。

公孙杲诗刻

文曰：赠诸法师。宣义郎行博城县丞公孙杲。

驾鹤排□雾，乘鸾入紫烟。凌晨味谭菊，薄暮玩峰莲。玉叶低梁下，金飈列窗前。啸傲云霞际，留情鳞羽年。

右诗，在西碑侧第四层。题上有“五言”二字。谭疑潭字之讹。

长安斋醮记

文曰：大周长安四年岁次甲辰玖月甲申朔捌日辛卯，敕使内供奉、襄州神武县云表观主、玄都大洞叁景弟子、中岳先生周元度，并将弟子贰人，金州西城县玄宫观道士梁悟玄奉叁月贰拾玖日敕令，自于名山大川投龙璧①，修无上高玄金玄玉清九转金房度命斋，叁日叁夜行道，陈设醮礼，用能天、地清和，风云静默，神灵效祉，表圣寿之无穷者也。

专当官朝散郎行参军燉煌张浚并书。专当官文林郎守博城县主薄韩仁忠，专当官宣德郎行□□□刘玄机。

右记在西碑南面第二层。

长安造像写经记

文曰：大周长安四年岁次甲辰十一月癸未朔十五日丁酉，大宏道观威仪师邢虚应、法师阮孝波，承议郎行宫□丞刘怀悊、邵□□等，奉敕于东岳岱岳观中建金箓大斋卌九日，行道设醮，奏章投龙荐璧，以本命镇彩物，奉为皇帝敬造石玉宝皇上天尊一铺十事，并壁画天尊一铺十三事，敬写《本际经》一部、《度人经》十卷，以兹功德，奉福圣躬。其月四日已前行道之时，忽见日彩扬光，加以抱戴。俄倾之际，云色稍殊，遂有紫霞间起，黄云顿兴，遍覆坛场，并成舆盖。睹斯嘉瑞，敢不书之？斋醮既终，勒文

① “璧”，原碑作“壁”。

于石。

专当官宣德郎行兖州都督府参军事王处广，专当官岳令刘元机，专当官文林郎守博城县主簿韩仁忠，岱岳观主伦虚白。

右记在西碑北面第三层。

神龙造像记

〔唐〕

文曰：大唐神龙元年岁次乙巳三月庚辰朔廿八日丁未，大宏道观法师阮孝波、道士刘思礼，品官杨嘉福、李立本等，奉敕于岱岳观建金箓宝斋卌九人九日九夜，行道并设醮投龙。功德既毕，以本命镇彩等物，奉为皇帝皇后，敬造石玄真万福天尊像一铺。

给事郎试太子中允刘秀良书。

右记在东碑北面第三层。

景龙造像记并颂

文曰：大唐景龙二年，岁在戊申二月甲子朔十二日乙亥，大龙兴观□□□□□，奉敕往东岳陈章醮荐龙璧。以其月廿七日辛卯于岱岳观并□□□□□设金箓行道九日九夜，烧香燃灯□□，并设五岳名山河图等醮□三座□。功德事毕，奉用本命纹缯及余镇彩敬造镇国□□□铺。□□皇猷永固，与灵岳而恒安，国祚长隆，等元都而自久。

朝议郎行兖州□□□军事王干，朝散郎行兖州都督府参军□□，上柱国兼直安乐公主府□□□□，乾封县令上柱国张怀贞，儒林郎行乾封县主簿骑都尉韩仁忠等，恭承睿旨，沐浴身心，虔拜灵坛，勤亦至矣。稽首无上而为之颂曰：太山岩岩兮凌紫氛，中有群仙兮乘白云，陈金荐璧兮□□□。

右记，在东碑北面第四层。

景龙斋醮记

文曰：大唐景龙三年，岁次己酉三月戊午朔十九日景子，奉敕令豨州龙兴观主杜太素、蒲州丹崖观监斋吕皓仙、京景龙观大德曹正一等三人，于此泰山岱岳观建金箓大斋，报赛前恩，追济、兖等州大德。卌九人，七日七夜，转经行道，设河图大醮，更祈后福，以申告请。七日之中，遂呈四瑞：白鹤腾辉，拂霞庄而矫色；黄云覆彩，映岩穴以通光；丝雨飞祯，家示九年之蓄；乌曦抱戴，寿延千载之君。纪时日于青郊，勒奇工于翠□[①]。夹纻像一铺十一事二圣。本命镇彩修造。户曹卢延□、县令张怀贞、主簿韩仁忠。

右记在东碑北面第一层。

景云遣道士供养岳灵文

文曰：景云二年六月二十三日，皇帝敬凭太清观道士杨太希，于名山所烧香供养，惟灵蕴秘凝真，含幽综妙。类高旻之亭毒[②]，同厚载之陶钧。蓄泄烟云，蔽亏日月。五芝标秀，八桂流芳。翠岭万寻，青溪千刃。霓裳戾止，恒当碧落之庭[③]；鹤驾来游，即是玉京之域。百祥覃于远迩，五福被于黎元。往帝所以驰心，前王由其载想。朕恭膺宝位，嗣守昌图，恐百姓之不宁，虑八方之未泰。式陈香荐，用表深衷，实冀明灵[④]，降兹祉福[⑤]。所愿从今以后，浃寓常安。朕躬男女六姻，永保如山之寿。国朝官僚万姓，长符击壤之欢。鱼鸟遂性于飞沈，夷狄归心于边徼。实希灵鉴，用副翘诚，今因练师遣此，不悉。

---

① “□”，原碑作“琰”。

② “毒”，原碑作“育”。

③ “当”，原碑作“为”。

④ “冀”，原碑作“异”。

⑤ “祉福”，原碑作“休祉”。

右文在东碑南面第二层。《金石文字记》云："刃"当作"仞"。

景云斋醮记

文曰：大唐景云二年岁次辛亥八月癸卯朔十四日景辰，蒲州丹崖观上坐吕皓仙，奉今年闰六月十九日敕，往东岳及莱州东海投龙，并道次灵迹修功德，将弟子二人，蒲州灵仙观道士杜含光、丹崖观道士王元度[①]、道士孙藏晖，于此三日三夜，卌九人金箓行道，设斋醮并投龙□□□。朝议郎行仓曹参军陆大鹩、朝议郎行兵曹参军高岋、通直郎行参军袁干时、宣义郎行瑕邱县丞裴遇等，奉都督齐国公崔处分，令此起居吕尊师。时属仲秋，谨题斯记。

右记，在西碑南面第三层。案西碑侧第三层有户曹参军魏嘉礼，捡校斋观主赵元，监斋许林、王瑶、王希峤，似与上文相属。又有"解"字、张"寰"字、"齐"字散置，其末书一"舛"字，盖指字行错乱也。"解、张寰"三字又与宋人题名内渤海高晖等笔法相类。附识于此。

开元兴造记

文曰：岁□月，我皇有意于神仙，敕使正议大夫内给事梁思陀、寺伯俱玄明等，与道士任无名，于东岳泰山投龙合练，宠以紫綍，送以緍钱。皇皇焉，济济焉，乘传而来矣。都督韦君，仰祗帝命，远挹使车，爰择干明，式经构葺。朝议郎行功曹盖寡疑、宣德郎行参军李烈，恭行郡命，届岱岭[②]，因太山之木[③]，用近土之人，凿碧岩，垒丹灶，列星柱，亘虹梁，匠无宿舂，农不下垄，尝未浃日，厥功已成，栋宇已来，莫筹其速。乾封主簿赵慎，持剧务以应诺，总群事而趋走，恪勤匪懈，不遑自宁。息徒庀工，

① "度"，原碑作"庆"。

② 原碑"届"后有"兹"字。

③ "因"，原碑作"回"。

刻词贞石。于时开元八年岁次庚申七月壬子朔廿日辛未，毕此功也。瑕邱尉摄此县卢昊。

右记在东碑南面第三层。此开元盛时也，犹复为此，盖唐氏崇信老子习使然耳。记首云：我皇有意于神仙，殆托讽与。

开元修斋记

文曰：开元十九年十一月，都大宏道观主张游雾、京景龙观大德杨琬，建立真君。于此修斋三日三夜。

专当官朝散郎曲阜主簿上官宾、登仕郎乾封县尉王去非。

右记，在东碑南面第二层。

敕使胡寂等题名

文曰：开元廿年二月□日，敕使内侍省内谒者监胡寂、判官掖庭局监作宁君爱、□上骑都尉王元湛、专知官登仕郎行乾封县尉王去非。

右记，左读，在东碑南面第四层。

大历斋醮记

文曰：大唐大历七年太岁壬子正月癸未朔廿三日乙巳，奉敕于岱岳观修金箓斋醮，及于瑶池投告，事毕，故题记修功德。

中使内侍魏成信，判官文林郎守内府丞刘元载，判官掖庭局丞杨彦环[①]，小使掖庭局丞魏贵珍，使内供奉道士申升玄，使翰林供奉道士王端静，山人王昌宇，弟子道士李曰荣、骆真运，大叔法澄，行官陈□同[②]，勾当官朝议郎行乾封县尉郭璆，专知斋醮检校官朝议郎行兖府参军王楚典、李□

① “局”，原碑作“居”。

② “□”，原碑作“颙”。

晟、张守珪，行官郭元光、刘仙蜺。

大历七年正月廿三日，捡□文乘记。

右记，在西碑南面第四层，后十四字转入碑侧。“山人王昌宇、大叔法澄”九字，笔法小异。

刘难陁等题名

文曰：乾封县令刘难□，守郓州卢县丞权知岱岳令毕从劝、羊希俊，天师下行官边阿秀、张友朝，大道弟子郑仙芝，岱岳观主道士赵昌元，使下行刘伯川、石□潘，仙观万岁观主道士□□□，上清玄都大洞三景弟子□□微，真君庙院主捡校道门道士卜皓然，岱岳观三洞法师尹澹□。

右题名，在西碑侧第五层，似与前记相属，陁字缺。以下《造碑记》知之。《县志》及《泰山图志》作“拖”字，误。

大历造碑记

文曰：大历八年岁次癸丑九月癸酉朔廿八日庚子，修功德。中使正议大夫守内侍□内侍员外同正员上柱国魏诚信，判官文林郎守内府丞刘元信，小使文林郎守掖庭丞魏贵珍，内供奉道士申升玄，翰林供奉道士王端静等，奉八年六月□日敕，于东岳修金箓行道七日七夜。及□□□□□□□□□高宗、玄宗修封纪号，□□并造碑楼六所，并因此记。

专知官昭武校尉左金吾卫□□□，专知捡挍醮祭官文林郎兖州瑕邱县尉□□，同捡挍官宣义郎行乾封县尉□□□，承奉郎守乾封县令刘难陁，上柱国□□□，山人刘曰济，山人王昌宇，随使修碑□□□。

右记，左读，在西碑北面第四层。

王圆等题名

文曰：淄州刺史王圆，□□□冯珣，山人王昌宇，大历十四年二月廿七日同登泰岳，时真君道士卜皓然，万岁道士郭紫微，各携茶果，徂候于回马岭，因憩于王母池，登临之兴，无所不至。驱使官乐瑰题记。

右记，在东碑南面第四层。《金石文字记》云：凡唐人纪游题名，皆就旧碑之阴及两旁书之。前人已题，后人即于空处插入，大小高下俱无定准，宋初亦然。自大中祥符以后，题名者乃别求一石刻之，字体始得舒纵，亦不与旧文相乱。然石小易于搬取，故题名愈多，而存者愈少。今之沟渠碾磨之间皆是物矣。

又案：荼荈之“荼”与荼苦之“荼”本是一字。古时未分，麻韵，荼、荈字亦只读为徒，东汉以下，乃音宅加反，而加字音居何反，犹在歌戈韵。梁以下，始有今音，又妄减一画为茶字。此碑两见“荼”字，皆从草，从余。可见唐时字体尚未变。《尔雅》槚，苦荼。《广韵》有荼字又有茶字，注曰：俗是也。

敬謇等题名

文曰：平卢淄青度支判官中大夫检校尚书工部郎中、兼侍御史敬謇，节度押牙中大夫试殿中监冯珣，文林郎守兖府兵曹参军田浩，朝散大夫行任城县令权知乾封县令杨序，节度驱使官朝散郎试光禄寺主簿明干，文林郎任城县尉高锽，山人吕滔。唐建中元年二月廿九日登岱岳，因访瑶池故志之。

右记，在东碑侧第二层。

建中祭岳题名

文曰：鸿胪□□□偃□、祭岳使驱使官左□、率府兵曹参军□门下令□□奭，节度逐要官太□事舍人郭□，山人王昌寓、左金吾，兵曹参军□□，太常卿李□超，祭岳使给□□□，亚献，观察□□□，终献。礼部□□□，侍御史兖州刺史□□，节度押牙殿中侍□□，节度都游奕使

□□事□□，济□□□兖州司马高萧，团练判官前章□□。建中元年（缺数字）。

右题名，在西碑南面及东碑南面第五层，文多剥落。

贞元祭岳题名

文曰：检校尚书驾部郎中使持节都督兖州诸军事兼兖州刺史侍御史充本州团练使任要，贞元十四年正月十一日立春祭岳，遂登太平顶宿。其年十二月廿一日立春，再来致祭，荼宴于兹[①]。同游诗客京兆韦洪，押牙王迁运，乾封县令王怦、尉邵程，岳令元置，造车十将程日升后到，续题。

右题名，左读，在东碑北面第三层。考唐制，以东郊迎气日，祭岱山于兖州，此则刺史亲来致祭也。云荼宴者，朱彝尊云：唐时祭毕犹不用酒，故宴以荼也。

任要、韦洪诗刻

文曰：腊月中，与韦户曹游发生洞。徘徊之际，见双白蝙蝠三飞洞门，时多异之，同为口号。

任要：

山翠幂灵洞，洞深元想微。一双白蝙蝠，三度向明□[②]。虽言有两翅，了自无毛衣。若非饱石髓，那得凌□□[③]。偶见归堪说，殊胜不见归。

同前　韦洪：

欲验发生洞，先开冰雪行。窥临见二翼，色素飞无声。状类白蝙蝠，幽感腾化精。应知五马来，启蛰游春荣。露冕□之久[④]，鸣驺还慰情。

---

① “荼”，古通“茶”，下同。

② “向明□”，《泰山述记》卷七、《泰山府志》卷二十一俱作“回洞飞”。

③ “凌□□”，《泰山述记》卷七、《泰安府志》卷二十一俱作“凌霜威”。

④ “冕”，《泰山述记》作“阙”。

右诗，左读。在东碑北面第四层《景龙造像记》后。朱彝尊《跋》云：张嘉贞、任要、韦洪、公孙杲诗，俱刻于岱岳观碑侧，而编《岱史》者不录。任、韦、公孙三人《新·旧唐书》无考。案碑中无张嘉贞，有张怀贞，亦无诗。虽有颂三句，未专指为怀贞作。反遗马友麾诗，殆未详阅也。《金石文字记》云：此碑凡二十余，则书法不一。惟中二侧面无字。唐碑存于泰山者唯此及玄宗《纪泰山铭》、苏颋《朝觐颂》，二文皆磨崖，刻于山上。而此碑在山下，以小而双束，故不仆。书非名笔，故摹拓者少，而独完至今。因叹唐时六帝一后修斋建醮，凡二十许，共此一碑，亦异乎近代之每岁一碑，以劳人而灾石者矣。但不知赵德甫《金石录》何以不收，恐古人碑记失传者正多耳！碑下为积土所壅，予来游数四，最后募人发地二尺下而观之，乃得其全文。《泰山图志》云：书非名笔，赵德甫《金石录》不收，自属有见。即亭林《金石记》亦只存名目。蒙案：德甫距此碑时颇未远，故别裁不录，犹今人之遴明刻也。今已千二百年矣，官名、事迹多可采。不及此时录之，恐日益剥蚀，非徒贵远贱近耳。好古者于宋人题识，犹摩挲不置，而反弃此，何也？

龚四能等题名六则

〔后梁〕

文曰：运局龚四能、巡山李元英、主簿颜志道、县尉陈圣微同观。辛未改元后二日题（真书，左读）。

巡山李元英、钜鹿簿张伯扬、济阳椽张君猷同观主张义之游此（真书）。

壬申秋社日，主簿颜志道、尉杨子章同观主张义之到是峪，水声寒玉，山色迷霭，深得仁智之趣，睹夕阳忘归。是日，济北王仲文题（真书，左读）。

巡山孙明叔、法椽杨子平、弟尉子章，同观瀑浪。癸酉六月十三日颜志道题（八分书，左读）。

兰陵束元伯与江子正、蔺思道、马济叔、韩公权、张义之同游。甲戌孟秋望日题（真书，左读）。

泰山江子正、□邱翟公肃□□。七月晦日（真书）。

以上六则，并勒小蓬莱石崖，东向。案题名皆有甲子而无年号。考宋、金、元无辛未改元者，惟朱梁太祖开平五年辛未改元乾化。王仲文已下，皆相继而书，故并录于此。甲戌则末帝乾化四年也。

宋禧题名

〔宋〕

文曰：转运使尚书工部郎中宋禧，因巡历游岱岳观。皇祐四年三月二十有二日题。时奉符宰殿省丞张周偕行。

右，真书，勒老君堂双碑盖北面。宋禧，详青帝观。

李陟题名

文曰：州从事李陟，因干事至邑，率巡山供奉何怀智、前巡山侍禁李安、龚邱簿胡稷臣，符离进士张琡屡游。时皇祐壬辰仲夏月十有一日陟题石，观主王归德，道正李若清。

右，真书，勒双碑盖东面。

李若清等题名

文曰：道正赐紫李若清、前观主赐紫高归道、观主赐紫王归德、上座赐紫李茂之、掌文籍赐紫蒋茂周、掌文籍赐紫庞龟蒙。大宋皇祐五年岁次癸巳四月一日庚午记。

右真书，左读，勒石在群玉庵重门之右。《泰安县志》误为右读，故云庞归蒙等题名也。

重修王母殿题识

文曰：元祐八年，岱岳观重修王母殿及砌垒山子，创置花园一所。

右，真书，与李若清等题名并刻一石，无姓名。

回回翁诗刻

文曰：昔日曾游此，如今九十春。红尘多少客，谁是识予人。

回回翁题。绍圣戊寅三月二十一日留题。□□□上。

昔年留字识曾来，事满华夷遍九垓。无赖蛟虬知我字，故留踪迹不沈埋。

回公再书。政和丙申六月十八日题于王母池北[1]。

右碑，高二尺七寸，广一尺七寸半，勒吕公洞壁。碑分上下二方，前段上方真书，后段下方行书。再书二字类押状。末缀“大定二十一年”六字，甚小。《岱史》云：回翁即吕嵒。好事者摹其真迹于会真宫。乃行草书。今在郡治南关帝庙内。此殆从会真宫重摹者也。

刘晦叔等题名

右，元符三年。真书，在小蓬莱石上。

郭异等题名

文曰：郭异世英奉使京东□按部过此，刘朋无党同游，男左侍行。崇宁壬午十一月晦日书。

右，真书，勒虬在湾北石上。今佚。

① “于”，原碑无此字。

范致君题名

文曰：武夷范致君，久慕仙风，自楚之鲁，遂登泰山，以望八极之表。有宋大观元年正月廿三日记于是碑。后土圣母殿□□□□□□□上石。

右石，高广尺五寸，真书，七行，行六字，字径二寸。勒后土殿壁间。末有“后土圣母殿”五字，差小。碑下截刓毁不完。

平原人等题名

右，大观□年，真书，在小蓬莱石上。残缺。

景禧等题名

右，政和改元十一月，真书，在小蓬莱石上。残缺。

董元康题名

文曰：长清董元康权宰奉高，受代将归，同王彦文游。政和甲午重九日，崇道继至。

右，真书，左读，在双碑西侧第一层。《金石文字记》云：余既读唐碑，往返数四，道士谓予曰：昨发地得石刻二，请观之。其文亦可采。盖一又为董元康石刻，一为盛勋石刻。皆政和戊戌年。又云：戊戌乃政和八年。其年十一月改元重和。其曰：决狱者谳而决之，古无仲夏决囚之事也。今二石俱佚。

高季良等题名

文曰：徂来山人高季良、岱岳山人王寓、渤海高晖、岱岳观上座董太虚、岱岳寺主良素。

右，真书，在双碑西侧第二层，与董元康题名相类。附此。

无咎等题名

文曰：无咎颖达侍亲游此。政和乙未孟冬十六日。

右，真书，勒吕公洞北。案无咎颖达，见德星岩张浃等题名。

安隆等题名

文曰：保义郎前辰州□安隆，同巡检韩□，先受差使，任满得替，谨发□躬，诣祠下拜，祝果□□。大宋政和戊戌□月二日谨题。

右，真书，勒王母殿前幡竿石上。又有庆历六年及崇宁年残刻，不可读。

王母池禁约刻

〔元〕

文曰：该奉州官台旨禁约：诸人无得于池上下作秽，如违，决杖八十。当职准此，合行榜谕禁约。至元二十九年九月日。

右，勒王母池上，今泐。

吕公洞

〔宋〕范致冲[①]

朝游北海暮瀛州，仙佩何年到此游。安得相从问丹诀，春风同醉岳阳楼。

王母池

〔明〕刘应时

西母谁迎到此巅，轩皇亲遣碧霞仙。掬来星宿河中水[②]，泻作蓬元洞口泉。白鹤尚栖梳洗侧，飞鸾自舞玉环前。平生剩有云霄意，便欲乘槎

① “范致冲”，《泰山述记》卷七作“范致中”。

② “河”，《岱史》卷十七作“湖”。

上九天。

饮王母池二首

李养正

携榼踏秋遍，瑶池景更幽。水澄清似玉，松老曲如虬。乍冷依山足，高眠枕石头。忽闻青鸟唳，仿佛到昆邱。

酒醉犹能酌，日斜故不归。已拚尘世弃，渐觉足音稀。风静鱼争出，秋深蟹正肥。薜萝山尽老，吾欲剪为衣。

吕公洞

杜文同

古洞嶮岈白石，衡门羃历青苔。黄鹤仙人已去，碧桃花为谁开。

梳洗河

萧协中

蕊宫原不珥明珰，楼废波澄映夕阳[1]。轻抹霁烟迎岱色，嫩萦河芷带天香。瑶池沁液风生晕[2]，岳麓分泉月浸凉。欲借双成问王母，恐随时局亦新妆[3]。

虬在湾

萧协中

澄澄注一湾，知有虬龙在。得遇题诗翁，相携去无碍。扰扰路傍人，

---

① “废”，《泰山小史》作“去”。

② “生晕”，《泰山小史》作“寒冷”。

③ “状”，《泰山小史》作“装”。

昏昏云叆叇。虬去池空存[1]，波光清于黛。

游王母池吕公洞

林守芳

几年飞梦向瑶池，此日何缘得一跻。屐到仙桥无犬吠，云侵丹洞有莺啼。松间炊黍眠初觉，石上看棋日未低。望里尘寰归路杳，居然不异武陵迷。

游王母池二首

〔国朝〕毕海珖

一径螺髻旋，悬崖得楼阁。不有此中人，何处寻邱壑。

荷叶媚清池，鸣蝉动高柳。人语磬声中，稽首西王母。

王母池

萧儒林

风吹阆苑水涟漪，座饮瑶台绿一卮。青鸟书回波镜彻，碧桃花暖洞春迟。石栏月上残钟后，竹砌风来细雨时。谁炼丹砂消世累，灵虬飞处更题诗。

一天门南下一里，为白鹤泉。宋创郡城，疏泉绕隍北开水道，经岱庙东南流，折而西南为渠，可泛舟。今城内尚有运舟街。水至城西南出，会溙、入泮、归汶。明嘉靖时，封尚章领乡荐，建别墅于泉侧，引水为池。一时轩盖盛集，比习池焉。尚章物故，其家厌苦之，乃以巨釜封泉，立阁其上，而池醮泉瘗矣。明《一统志》云：悬崖泻出，宛如垂练。《岱史》云：泉洌味甘，以他泉秤较之，轻重亦迥异。自泉瘗后，州中科目渐衰，形家

① “空存”，《泰山小史注》作“犹空”。

辄以为言。宋焘绎田倡浚治，不果。大雨时，犹砰鍧若雷。西南有泉一泓，颇清美，盖其支流耳。

万历八年建“玉皇阁”，临道有坊，额阁名。乾隆年知县冯光宿树白鹤泉坊。西偏一亭，知县程志隆拓建。《纪略》曰：阁西偏，源泉一泓，清洌而甘[①]。相传昔有数白鹤止于泉畔，遂名泉。故有亭，久废，惟存老屋三间，制甚湫隘。名迹灵区，几至湮没。地当登岱始基，朝谒者无虚日。苟游踪初憩，问所谓亭，而漠乎无有，不几与柳州铁炉之步[②]，同一寄慨乎！于其旧地建亭一所，构榭五楹。亭成，千峰屏蔽于后，九陌棋布于前。城郭井里，历历在目，而徂徕、高里诸山遥列几案，并可时挹其空翠焉[③]。

西为“北斗殿”，隆庆间建。亦有“人祖殿”，近改“痘神祠”。北为“金龙四大王庙”。康熙初，祠河神，祠前有像设，狞恶者或曰盗跖也。庄子云：孔子往见盗跖，盗跖乃方休卒徒太山之阳，脍人肝而餔之。盖鲁人设祠以为襘禳，如祭蚩尤及方相之意。

玉皇阁东，为“升元观”。《县志》云：自岱宗坊西徙建者，故名“建封院”。宋政和赐今额。元至元年张志纯重修，名“朝元”，神祀东华帝君，道家谓之东岳福神。今案重修碑文，但云为群臣之贺正，不言所祀为东华帝君也。碑又云：“朝元”之建，未详始于何代，似改额“朝元”，亦不自此时始也。明嘉靖间重修，仍额“升元观”。南为“三皇庙”，配八蜡、先医。有明弘治遣中官致祭祝文碑，今为郡人蜡祭所。阁西稍北为金山。

赐升元观牒碑

〔宋〕

文曰：尚书省牒泰宁军奉符县升元观。

---

① “甘”，《泰山图志》作“旨”。

② “步”，《泰山图志》作“阜”。

③ “焉”，《泰山图志》无“焉”字。

泰宁军状，据兖州仪曹掾、兼兵曹娄寅亮状称契，勘兖州奉符县泰山之下有古洞天，周三十里，名曰“三宫空洞之天”，载在《图经》是实。即目宫观，并无名额，却有“建封院”一所，逼连岳庙之后。殿屋完备，田产颇多，只一村僧占据住持，任从民间安攒邱墓，秽恶不蠲，深虑触渎真仙不便，欲乞备申朝廷改为道观。州司看详本院，委合改充前件洞天道观，伏候指挥。

牒，奉敕宜赐“升元观”为额。牒至准敕，故牒。

政和八年六月十四日牒。

起复大中大夫守左丞王彦，特进少宰冎，起复少保太宰臣，太师鲁国公不押。

政和八年闰九月廿一日。龚庆府管内都道正、兼权措置知“升元观”事、洞元大师、赐紫道士李冲寂立石。

右碑，连额高四尺六寸五分，阔二尺，字大小八行，每行长短不齐，额曰“升元观”。“敕”柳叶篆，字径三寸。“牒奉敕以下”十六字行书，字径四寸许，书颇遒劲，不知何人笔，余并真书。首“尚书省牒”一行字，扁而阔，三寸许。“泰宁军状”以下，字径六分。年月官衔及押字，径一寸。《金石文字记》云：考《宋史·娄寅亮传》，但云政和二年进士，为上虞丞，不言历官兖州，亦可以此碑补史之阙。其曰太师鲁国公，则蔡京也。《泰安县志》云：特进少宰者，刘正夫也；起复少保太宰者，郑居中也。《金石文跋尾》云：起复大中大夫守左丞王者，王黼也。特进少宰者，余深也。又云：徽宗以政和八年十一月改元“重和”，故六月闰九月仍称“政和”。又案《徽宗纪》，是年八月乙亥，升兖州为袭庆府，故牒前称兖州，后称袭庆府矣。又云：陆游《老学庵笔记》：自唐至本朝，中书门下出敕，其敕字皆平正浑厚。元丰后，敕出尚书省，亦然。崇宁间，蔡京临平寺额，作险劲体，来长而力短，省吏始效之相夸尚，谓之“司空敕”，亦曰“蔡家敕”，盖妖言也。京败，言者数其朝，京退送及公主改帝姬之类，偶不及“蔡家敕”，故至今敕字蔡体尚在。此碑敕字正所谓蔡体也。案此碑自旧观移置今观中，南向，尚完整，备录之，以见当日牒状之式。

重修朝元观碑

〔元〕

文曰：岳阳重修朝元观记。

翰林集贤学士、正议大夫、知制诰、同修国史徐世隆撰。古□刘惟一篆。郡人高又玄镌。

岱宗者何？众岳之长也。岳阳者何？四方之南也。朝元者何？两仪资生、万物居泰、群臣之贺正也。故道家取象，名其观曰“朝元”。朝元之建，未详始于何代。东平严公南征恺还之日，径趋泰山祠焉，礼也。盖昔者诸侯得祭境内山川。将登绝顶，遥望古殿檐楹损坏，栋宇摧仆，遣人视之，果如所见。命道侣住持，剋期修理。会公薨逝，嗣相踵行其事，夤缘掌教洞明真人属天倪子张志纯。志纯，原名志伟，遇圣上知识遂改今名。天倪子以岳庙事重，辞焉，真人乃下拜不起。天倪承命，遂鸠工抡材。虽时经凶年，亦勉力成之。其费皆出会真常住岳顶香资，掌教所助净财，支用殆尽。呜呼！俚语云：与人不足，劝人为屋。矧栋梁之材、丹雘之工物也邪！虽然，泰山者，蓬玄之洞天。洞天三十六，福地七十二，即其一也。故其门曰“天门”，其观曰“日观”，其风也来万里，其雨也遍九州，其星曰“岁星”，其帝曰“青帝”。既为众山之长，又为万物之宗。其兴与废，必有灵祇司之，岂有不为神物所护持者哉！废而兴之，宜矣。虽然，古人为命，裨谌草创，世叔讨论，子羽修饰，子产润色。区区一辞令之微，尚经四贤而能之。若此祠也，先公倡之，嗣相继之，真人助之，天倪终之，岂有不兴者乎！翰林集贤学士又为之记。且叙之以诗云：

严公南伐恺歌归，曾过朝元古殿基。已立城池从众守，未完宫观择师为。丹青绘出神仙像，玉石镌成仁圣姿。纪德歌功翰林事，步虚正要七言词。

大元至元二十二年岁乙酉三月十有七日。知观门事、泰安州都目高渊，从事郎、泰安州推官张翔[1]，承务郎、同知泰安州事徐汝嘉，武德将军、泰安州知州兼诸军奥鲁粘合玮，武德将军、泰安州达鲁花赤兼诸军奥鲁八合秃，宣授冲虚至德通元大师、东岳监修提点、充东平路道门提点张志纯重修[2]。鲁国武惠公嗣孙、奉训大夫、沂州知州兼诸军奥鲁严度立石。

右碑，连额高八尺五寸，广三尺。额文同题八字二行，字径三寸半，籀文。文二十行，行四十六字，字径寸二分，小篆书。在今升元观内，西向。志纯原名志伟，号天倪子。东平严公者，名实，字武叔，长清人。初宋取益都，以实为济南治中，实知宋不足恃，乃谒穆呼哩于军门，甲午朝太宗于和林，授东平路行军万户，此所谓东平严公也，庚子年卒。中统二年，追封实为鲁国公，谥“武惠”。其子孙之见于史传者，子曰忠贞、忠济、忠嗣、忠范、忠杰、忠裕、忠祐，孙曰瑜，乃忠济之子。此碑云：鲁国武惠公嗣孙严度，当是金紫光禄大夫忠贞之子也。达鲁花赤当为达噜噶齐。

建金龙四大王庙碑

〔国朝〕

右，王纪撰，曲允斌真书，赵宏文篆额。康熙元年十一月勒庙内。

白鹤亭记

右，知县程志隆撰，行书。乾隆三十七年八月勒亭西壁间。

---

① “事”“推”，金棨《泰山志·金石记四》作“仕”“判”。

② “充”，金棨《泰山志·金石记四》作“兗”。

封家池

〔明〕萧协中

山翁频醉习池头，此地名园亦胜游。赖有灵泉通浩荡，且邻白鹤倍清幽。一泓势可倾千里，百折期将到十洲。歌管每邀岩际月，芙渠纷集水中鸥。游人耐可酬嘉赏，地主无端厌拍浮。消歇繁华宁物理，搜寻遗迹待人谋。可堪舍筑凭然诺，暗惜雷声隐洑流。愿得深心似余切，不妨疏凿自悠悠。

金山与虎山对峙，上有西眼光殿，故宋高真院也。《泰山小史》云：山路渐高，望之烟云迷离，而距城稍近，游人不苦于登眺也。殿西有眼光泉，病目者趋焉。南为青帝观，《隋书·礼乐志》：开皇十五年春，行幸兖州，遂次岱岳，为坛，如南郊，又陈乐设位于青帝坛，如南郊。帝服衮冕，乘金辂，备法驾行。礼毕，遂诣青帝坛祭焉。时犹坛而不屋也。观，创始无考。《文献通考》：大中祥符元年，加青帝懿号为广生帝君，重修神宇，因名曰广生殿。《泰山小史》谓：基址高耸，殿廷宏丽，俨若帝居，祷祠者辄应云。观内东南隅，为宋清静轩故址。金山东南为岱宗坊。

造太一真武二像碑

〔唐〕

文曰：使朝请大夫行内谒者监上柱国□□□，敬造太一天尊（缺数字）。泰水之阳，汶水之北，中有（缺）应南（缺）蒿里（缺）是（缺）大（缺）上（缺）故（缺）圆（缺）证四（缺），上升□□气□存致果于无（缺）合家，并同沾此福（缺）。天宝六载岁次丁亥四月景午朔□日景午建立。

右，真书，勒碑下方。上方窊石为二龛，内像隆起，与碑面平。太一天尊居左，立莲花上；真武居右，坐重台，足屈右垂左，皆有圆光，其上皆有宝盖。碑两侧各上下二像。左侧上像，合掌垂足坐，下持莲花拱立。上题夫人供养，下题傔人赵进超一心供养。右侧上像，笼手垂足坐，下亦拱立。上题父供养，下题傔人刘令仙一心供养。有宋政和题名镌盖其上。碑坌观内垣间，隙坏泥落，聂鈫见其碑阴有宋宋禧题名，发出读之，乃唐时物也。招余往观，虽阉珰所作不足取，然像刻工致，书亦方整，堪与鸳鸯碑并存，惜记文多刓蚀耳。同时出者《宋广生帝君赞》残碑。明俞俊《古栝诗》并详后。时乙巳岁谷雨日也。鈫命工共垒一台，树之观重门内左侧，西向。蒙有《赠鈫诗》云：

剑光老人金石癖，毡椎常随几两屐。年望荣期目几眚，岱下碑版手不释。泰山神君怜其勤，来献千载上物供蒐择。高真院下树峥嵘，清静轩旁屋偪窄。那知短垣瓴甓间，久藏盛唐题勒迹。忽然得见同琛球，急令拭涤出础磶。上貌太一端拱元武坐，一冠切云一界额。华盖童童缀珠璎，羽衣翩翩化襞积。下识天宝丁亥建，记文刓损吁可惜。但看剞劂殊巧致，何妨谒监等臧获。其侧四真夹侍傔人供，后来谁志居中效安石。因从摩挲辨毫发，并详制度纪寸尺。磨崖铭外仅双碑，得此更足备考核。碑阴还有宋题名，残碣别收御祝册。一时堙晦尽显彰，为叟好古资探索。我旅山麓垂十年，铅椠重觅子云宅。仙闾掌故互检订，赖存什一于千百。知叟甘餐紫石英，笑我痛饮青田核。叟以网罗放佚作菟裘，局脚玉床应可席。秦篆如存虽斫劚，犹当复出远胜会稽峄。

金龙石刻

《东游纪略》云：犹有大圣祖无上大道金阙、玄元天皇大帝之号，及大中年等事。今石久佚，不可考矣。

青帝赞碑

〔宋〕

文曰：青帝广生帝君赞（并序）。

御制御书并篆额。

若夫典治乔岳，表正灵祇，司生发于东方，佐聪明于上帝，宜乎名冠仙籍，德被蒸民，飨祀典于萧芗，镂徽称于金石者也。属以虔修封礼，恭答神休，荐显号以致诚，述斯文而颂美。赞曰：

节彼岱宗，奠兹东土，生育之地，灵仙之府。爰有高真，允司明命，至神不测，虔诚斯应。茂实克昭，储祥是系[①]，式奉嘉名，用伸精意[②]。

大中祥符元年十月二十七日，御书院模勒刻石[③]。

右碑，见《金石文字记》。自乾隆丁卯年，碑石糜碎无存。乙巳春，聂鈫于青帝观内道院隙地得其一角，仅存"青帝广生帝君御制若夫典治上帝"共十四字。碑阴存"克举上"三字。盖御祝文也，并真书。顾宁人不载碑阴祝文，岂略之耶。

青帝告文

文曰：惟大中祥符元年岁次戊申十一月戊午朔四日辛酉，崇文广武圣明仁孝皇帝谨遣尚书兵部员外郎邵晔，告于青帝广生帝君：伏以峻工丕显，诞彰阴骘之仁；神化无方，实主发生之宇。惟高真之攸馆，乃乔岳之灵区。属以祗奉元符，躬陈大报。仰繄景贶，克举上仪。式彰昭代之称，以表钦崇之礼。合伸致告，用达虔诚。谨告。

右，真书，勒青帝赞碑阴。

加青帝懿号诏碑

文曰：敕中书门下。名岳配天，乃众山之雄长[④]；盛德在木，实万物之

① "系"，明汪子卿《泰山志·灵宇》作"翳"。

② "伸"，《全宋文》卷二六三作"申"。

③ "模"，明汪子卿《泰山志》作"摸"。

④ "雄"，《全宋文》卷二三四、明汪子卿《泰山志》卷二俱作"推"。

资生[①]。惟真宰之斯存，盖灵篇之攸纪。青帝真君[②]，职司煦育，道叶冲虚。赞元化于高明，庇群生于溥率。真祠夙建，方志可征。属严驾以时巡，爰秘封之成礼。式瞻神馆[③]，冀沐冥休[④]。祇举典章，载扬懿美。奉萧芗而昭荐[⑤]，旌至德于无方[⑥]。用表钦崇，永绥福祉。宜尊懿号曰"青帝广生帝君"，观宇特加修饰。故兹昭示，想宜知悉[⑦]。

右，大中祥符元年十月，御制御书。勒青帝观中，今佚。

宋禧诗刻

文曰：巡历属部游青帝观留题。

转运使尚书工部郎中宋禧。

按部到天孙，因过清静轩。山尖覆云盖，石罅迸松根。危蹬关河路，远林桑柘村。闲邀羽人话，洞究五千言。

皇祐四年三月二十二日题。

青帝观主赐紫道士郭永昌，朝奉郎守殿中丞知县兼兵马都监及管勾宫庙公事赐绯鱼袋张周，同至立石，朱演刊。

右，额云诗石，并真书。勒唐太一真武二像碑阴。考《宋史》禧以庆历八年二月同知谏院，五月出为转运使，盖由荆湖北路转京东路。皇祐四年，距庆历八年，五年也。禧有"宋罗江"之目，其人不足称矣。

① "万"，《全宋文》卷二三四作"品"。
② "帝"，《全宋文》卷二三四作"天"。
③ "馆"，清《泰山志》卷十六作"观"。
④ "沐"，《全宋文》卷二三四作"笃"。
⑤ "萧芗"，《全宋文》卷二三四作"徽名"。
⑥ "至"，《全宋文》卷二三四作"玄"。
⑦ "想"，《泰山图志·祠宇一》作"恳"。

居中题名

文曰：居中效安石游，政和丁酉四月二十一日。

右，题名二行，前六字字径二寸，后十字字径寸，镌盖唐造像碑右侧像上。案：居中，即郑居中。安石，即王安石。

政和丁酉即政和七年，与德星岩题名相同。详分览之一。

青帝观真君殿碑

文曰：东岳青帝观真君殿之记。

总镇居士周显灵撰[①]，补□校正、御前文籍□□人张振书丹，□林郎李保存篆。

於戏！魁乎伟乎！举六合于太虚之内者，元气之力也。包总晦明，维持终古而不复坠者[②]，至神之功也。神无方，而有方者赖焉。神无名，而有名者□焉。神也者，妙万物而为言；圣也者，大而化之之称。至精者为至粗者所归，至妙者为至显者所持。凡囿于名教之域，莫不皆神之所主。圣人郊禋泽瘗，各从其类。致其礼，彰其用，岁暮腊蜡，合万物而索享之。无一物之精不求，而报其主物之功。然时有用舍，名有高下，而神之所□，又有贵贱、刚柔之别。

五行之尊者，在天为五帝，在地为五岳，在人为五常，在身为五藏，在物为五事，未尝不各从其类而有所主。火为文，见于离明之方，而帝与万物相见，于是乎在水为武，潜于幽朔之位，万物至是而坚凝伏藏。惟其坚凝，是以毅然不可犯，可得而犯者所恃焉。惟其伏藏，是以出而应物，则天下无敌。龙为五虫，水类之长，水之至精所生。方其伏于混茫，潜于纤芥。其质也，极天下之至微；其气也，□天下之至妙；其神也，游天下

① “镇”，清金棨《泰山志·金石记三》作“真”。

② “复”，清金棨《泰山志·金石记三》作“覆”。

之至幽。及其风云既会，出而布四海之泽，则雷雨之动，盈于九区。其体之广，其气之雄，蔽塞宇宙矣。此水德沈潜之郊也[1]。乾为八卦之君，处西北至阳阖辟之方，其六爻□致则成亢龙，于象又为寒冷[2]，此水德刚健之功也。水为五行之祖，与土同王于坎宫。四象万物资之以始生，故玄武之状，具金木二体，而水火之色存焉。乃四象所会，而归根抱元，以守其宗。惟其能以至柔□□□之至刚，使不能有所犯，是以四象归之，以禀其生，以全其养，若婴孺之怀二亲也。非大道至真，何以及此。坎之中，有阳□焉，以一阳□乎群阴之中，使昭昭之论[3]，由此以成始成终。非不怒而威，不战而服，何以及此？我北方作圣真武灵应真君，俛金阙真尊之圣，抚有伦孩慕之诚，统玄天无鞅之猛，获亿相包育之群。十极内外，人奸魑魅[4]，凡为幽显害者，莫不慑惧□光，闻风震骇。□□并仰，溥济无涯，久沐德庇，获蒙师礼，密齿学徒之列，积有年矣。平生于□宗之道，□瀹警悟，披沸迷□，皆睿意所感而遂通之。晚□于修真，久视之理，薄造渊奥，多古今简籍之所罕载，隐沦之所未窥者。举目会心，默而识之，非智德洞彻于灵府，无以与于斯也。今且饬身炼行，崇建三圣之教，总会一真之境，仰答宏贶。往年祈斗中七，元君上达帝聪，愿以护师之称，冒干□□。已而，圣威告以允旨。今以冤魔所戾，屯坎万状。正拟摅诚沥恳，以俟哀援。俾圣导所能[5]，遽成实绩。

属大梁□□、李□□捐资购工，独创真祠于泰岳青帝观后金山之端。托以记文，庶传永久。殿为南北五架，东西四楹，重檐羽揭，绮观翚飞，丹□□拱，势纠云汉，中凝睟俨，灵卫肃然。香烛华实之奉，藻荇荐燎之

---

① “郊”，清金棨《泰山志·金石记三》作“效”。
② “冷”，清金棨《泰山志·金石记三》作“冰”。
③ “论”，清金棨《泰山志·金石记三》作“伦”。
④ “人”，清金棨《泰山志·金石记三》作“神”。
⑤ “导”，清金棨《泰山志·金石记三》作“道”。

供，悉李氏具焉。仰瞻岱宗之峻极，俯镇万壑之深注，所以来冲驭而驻倒景。恍乎其仪，冷乎其应，将以崇国祚、济亿兆于千万斯年。其庆李氏之耄□，释意外之愆尤。俾流于世世者，方马□毫之力尔！若夫甦□□于困蒙，成真仙修炼之业，实亦寤寐不忘于大旱布云霓，惟洪造鉴而矜之。殿始治于宣和壬寅五月□□日，落成于六月十八日，奉安于七月十八日。稽首再拜，作颂三章，章八句，曰：

沧波浩渺，惟水之明。雄威渊默，惟□之灵。静滋众汇，动应八瀛。我真潜妙，我武振亨。于皇紫极，实为辰枢。乾关是斡，坤□是扶。阳虚焰炽，阴厄靖纾。至刚莫犯，至柔所怃。桓桓无上，滔滔至精。破万魔胆，灭千妖形。□□□□，御□之勍。俨兹焕宇，永护四生。

大宋宣和五年岁次癸卯十二月□日立石。（缺）监修道士吕善、（缺）尚修殿同知观李、赐紫道士张、（缺）观道士李。

右碑，高三尺四寸，广尺七寸。篆额：青帝观真君殿之记，八字四行，字径三寸。文三十二行，行五十二字，字径五分，真书。在青帝观重门内西墙门。

俞俊诗刻

〔明〕

七律一首，前缺八字，末云：右青帝观，古栝俞俊和，时宏治癸亥孟春之吉也。横石，草书，绝佳。云和，必有唱者。或石尚阔，垒垣者斫其大半，未可知也。勒处见前。

游青帝观

〔明〕吴岳

洞门梵宇秋云细，青帝离宫烟树齐。虚谷人声飘翠壁，寒空雁影落丹梯。穷探仙迹荒坛隐，深入禅林野径迷。清赏不违幽兴远，欲寻石室伴僧栖。

高真观[1]

萧协中

香林栖碧宇，旷古事高真。岚翠空中色，昙华象外身。径危悬石细，松老得枝新。城市仍非远，宁辞蜡屐频。

岱宗坊，在玉皇阁南，登岱始此。《道里记》云：岱宗坊四里至一天门，又五里至高老桥，又三里至水帘洞，又七里至回马岭。五里至二天门，得平处三里至御帐坪，又五里至对松山，又四里至龙门，又五里历十八盘至南天门，凡四十余里。从旧说，非如张五典所量也。坊创明隆庆间巡抚姜廷颐。雍正八年郎中丁皂保重建，篆坊额。

坊东为丰都庙，神称丰都大帝，配以冥府十王。皇上额曰“现因果法”。墀下，古柏寄生桧，曰“飞来柏”。庙始于明弘治十四年太监李瑾，嘉靖末重修。坊西，旧为“升元观”址。乾隆三十五年，抚臣富明安恭建白鹤泉行宫，详《总览》之二。四十五年颁铜释迦、文殊、观音三像，皆袒立者，供设行殿。四十七年，颁藏《兰亭流觞曲水图》刻。

岱宗坊，西南为凤凰台。《汉书》宣帝元康元年，凤凰集泰山。后因其地为台，覆以亭，废。犹存丘阜石柱遗迹，今悉平治矣。又西南为白云观，近城西北隅，明万历时周藩奉国将军勤鲲建，祀王母，后增祀元君。今为楼三，各三重，飞阁雕栏，称“梳妆院”。其东为乾隆三十五年“驻跸亭”。

岱宗坊南下一里为郡城。

① “观”，《泰山小史》作“院”。

重修丰都庙碑

〔明〕

文曰：尝稽道经所载，丰都者，阴气之主，九地之枢机，考罚罪鬼死魂之所也[①]。十王之中其七曰泰山。故陆机《泰山吟》有曰：蒿里亦有亭，幽岑集万鬼，盖蒿里去泰山仅数百武耳。白乐天诗亦曰：东岳前后魂，北邙新旧骨。诚如是，则丰都之为庙，夫岂岳麓之所可少者哉！虽然俗传收捕追逮，出入死生之说，固儒者所不道也。然昔吴道子画地狱变相于成都[②]，民咸惧罪，市之屠沽鱼肉者不集。而况崇之以殿陛，列之以案牍，肖之以神鬼[③]，严之以剉烧舂磨之刑，使人入则肃然、凛然，出则悚然，将自知去恶以求免刑戮之弗遑[④]。其神道设教之意，顾有复善于此者哉。庙创于弘治时，历岁既久[⑤]，渐就倾圮[⑥]。嘉靖壬戌春，济南守安阳翟公涛[⑦]，以两台委督岳庙大工[⑧]，既获砥绩，乃复以檄请重修此庙[⑨]。卜日兴事，赀费取给于香税，而于农民秋毫无所干扰。经始于癸亥秋七月，讫工于冬十月。殿宇周廊，门观缭垣，悉皆完治[⑩]。鬼神像皆重涅塑[⑪]，赫然一新[⑫]。余惟天以

---

① “考”，《岱史》作“栲”。

② “昔”字后，有“者”字。

③ “神”，《岱史》作“人”。

④ “遑”字后，《岱史》有“也”字。

⑤ 该句，《岱史》作“庙创始于太监李僮时，弘治十四年也，至今历岁既久”。

⑥ 该句后，《岱史》作“风雨所侵剥，栋宇榱桷，盖瓦级砖，与夫丹雘藻绘之饬，未免倾圮漶漫”句。

⑦ 该句，《岱史》作“济南二守安阳弘斋翟公涛”。

⑧ “台”字后，《岱史》有“专”字；“委”字后有“来”字。

⑨ 该句，《岱史》作“请为重修丰都之举，两台亟为嘉允”。

⑩ “皆”，《岱史》作“加”。

⑪ “神”字后，《岱史》有“之”字；“重”字后有“为”字。

⑫ “赫”，《岱史》作“焕”；该句后，有“庙西登岳之路，复建岱宗坊三楹，自此以至岳顶，地方凡八，又皆立坊，以表其名。而各揭联以壮其景。全（金）碧煌炜，映照山河，由是泰山之伟观愈益增矣。郡人士咸愿刻石以纪其事”句。

春生万物，止之以秋。圣人法天，以政养万民[①]，肃之以刑。故曰：父母之于子，鞠育而遂字之，仁也；鞭扑而告戒之[②]，亦仁也。上之于民也，政教以抚绥之，仁也；刑罚以砻励之[③]，亦仁也。岱岳于方为东，于时为春，兴致云雨，发育万物。而北阴丰都之府，所司者秋杀之权也。公来本以岳庙为事，而其余力又有及于斯者，无乃所以警劝下愚，而启其迁善敏德之机耶！公两视郡篆，其为政也，宽严并济，恩威宏施，春生秋杀，兼而有之。则于二庙之神，固有一理之相为感通者矣。是用书之，以垂不朽云。

右，李钦撰，真书，时年九十。嘉靖四十二年十月勒庙门右。碑阴，录助工人姓氏。

白云观新建王母阁碑

右碑，额曰：周府碑记。题曰：河南周府命长史周国庠谨撰《新建王母阁碑记》。

万历三十七年。真书。勒梳妆楼东。

凤凰台

〔明〕萧协中

台上曾闻集凤凰，时和应自兆祯祥。汉臣不似宋臣媚，浪撷灵芝奏未央。

酆都庙

森严庙貌昼长阴，风雨遥闻笞扑音[④]。莫道游人争却步，满墀密树断鸣禽。

---

① “万”，《岱史》无此字。

② “扑”，《岱史》作“朴”。

③ “励”，《岱史》作“砺”。

④ “扑”，《泰山小史》作“杖”。

元康元年三月诏

〔汉〕

乃者，凤凰集泰山、陈留，甘露降未央宫。朕未能章先帝休烈，协宁百姓，承天顺地，调序四时。获蒙嘉瑞，赐兹祉福，夙夜兢兢，靡有骄色，内省匪懈，永惟罔极。《书》不云乎："凤凰来仪，庶尹允谐。"其赦天下徒，赐勤事吏中二千石以下至六百石，爵自中郎吏至五大夫，佐史以上二级，民一级，女子百户牛酒，加赐鳏寡孤独、三老、孝弟力田帛，所振贷勿收。

中华泰山文库·古籍书系

泰山风景名胜区管理委员会　编

〔清〕唐仲冕 辑
张玉胜 点校

岱览（中）

山东人民出版社·济南

岱览卷第十三

分览二

岱阳下

岱岳镇，即泰安府城也。宋开宝时始迁治就岳庙，金大定时创此城，语详总览之一。城在明嘉靖时始为石墉，周七里有奇，凡四门：东曰静封，今名迎暄；西曰望封，今名岳晏；南曰乾封，今名泰安；北曰登封，今名仰圣。岱庙在治乾方，旧登封门内，别为总览三矣。岱庙东南为冥福寺，唐开元时创建，后唐释智顺、后晋志隆相继增修。伪齐时，海岩重建，改名崇法。金邑人党文献怀英断碑云：旧为岳祠奥区，释迦佛像主伴，凡五位，并迁置于赐书阁之废基。有乡老赵璠以正殿旷久，始就绪重新之，其曰“赐书阁”，则藏历代敕牒及御书、经文、典诰处，今悉灌瀿矣。

又东南为关帝庙，故会真宫也，即古奉高宫。考《宋史》：真宗东封，斋于奉高宫之穆清殿，享昊天上帝于山上圆台，庆云绕坛，月有黄辉；禅祭皇地祇于社首，天宇澄霁，紫气蒙坛。法驾还奉高宫，日重轮，五色云见，鼓吹振作，观者塞路，欢呼动天地。诏以奉高宫为会真宫，以宴群臣父老。宫有玉皇殿，成化十八年重修。任式《记》云：宫创建不可考。观宋祥符间有《颂二圣功德碑》，在宫南百步许，《朝觐碑》在宫南里许。传者谓真宗封泰山驻跸于此。金大定间，徙奉符县为泰安州。故宫居州城之巽隅，兴替靡常，所存者仅玉皇殿三间，堧基卑下。上遣中使进香帛于方岳，行瞻是祠。从众望，并以岳顶昭真祠上闻，欲更新之。上可其奏，即下命所司，时岁在庚子也。辛丑，昭真观既作，壬寅，玉皇殿告成。泰山、徂徕相映前后，奇花吐而玉座芬芳，白云飞而瑶坛空静，亦一时鼎新矣。万历二十二年八月七日毁于火，后改祠关帝，为今武庙，内附张仙祠。张仙者，不知何许人，开元中与李某同至泰山学道。久之，李辞归，仕至大理丞。属安禄山乱，携家襄阳。寻奉使扬州，途觏张，邀同宿，门庭壮丽，傧从璀璨。李视女妓中有持筝者，酷似其妻。及罢，张呼持筝者，以林檎系裙带上，各散去。明日李复至门馆，茂秽无人迹。询邻人曰：此刘道元宅，已十余年无居者。寻还襄阳，索其妻裙带，果得林檎。问其故云：一夕梦五六人追，云张仙唤挡筝，临别以林檎系裙上。于是知张已得仙矣。

南为鲁两先生祠，祠孙明复、石守道两贤。初，金大定十九年，建祠于岳庙大门之左，后为庙所并。元改建岳麓，后废为寺。明初，附祠州学。成化二十三年，州牧胡瑄言于巡抚，而请于朝，得礼部议，建此祠。每岁仲春，祀以羊一豕一，秩为常典。复选二氏裔孙入学充弟子员奉祠。天启元年州牧侯应瑜、国朝顺治十年学道施闰章，皆重修，今名二贤祠。

西北为和圣祠，明万历四十五年侯应瑜建。国朝顺治三年少参毕振姬、乾隆十九年县令冯光宿重修。二祠。有司皆以春秋致祭。而和圣祠敝漏奥渫，不能任奠献，亦守土者之过也。和圣，柳下惠，邑境有柳里村，又有柳下季垄，因祠。

岱庙西北，为长春观，元初州牧张郁建，金乡女冠訾守慎嗣法于燕京长春国师，后修真于此，赐号妙真。长春国师者，邱处机也。今圮。城中祠宇林立，之数者重关岱故，故详。

诗刻

〔唐〕李白

《泰山吟》六首，《送范山人归泰山诗》一首。《岱史》云：碑四面皆古篆，在会真宫内，后与宫俱灾。

冥福院地土牒碑

〔后唐〕

文曰：敕中书门下，宣赐冥福禅院产业地土。

第一段：在岳庙东，其地南至街，北至马司徒，东至姜二郎、李子园为隔；东南至槐树，东北至张中舍。

第二段：西斛斗市近北街东面东北，东北至卞二郎，北至卞二郎，南至官省房，西至街。

第三段：清酒务西，南至街，西南二至灵派侯庙，西至渿河岸，北至路，东北二至街，东至酒务界墙。内有霍二□郎、王庙今，临街有税地，相至霍二郎宅，南至本院地，东至大郓州街，南自至，西至小郓州街。

第四段：寨西门里，有街南里裹角地一阙。

第五段：大寨内，有地藏院所居地基并拐子地，计三亩捌分叁厘叁毫，并系冥福禅院地基。

第六段：大寨里，本院东菜园一座，计地玖亩大。

第七段：寨城东，东北路菜园一座，计地三亩大。路南拐子地一角，计地壹亩大，东至翟家，南至道，西至成家，北至南宫地。

第八段：本院庄上菜园一座，计地五亩大，四面自至。

第九段：宣赐冥福禅院税户□，在昭告亭东，有庄，计地壹拾贰顷大，东至沙河，南至张中舍，西至王官人，北至成三郎。内有短头地，身在北边西北角，东北角至韩五郎、赵二伯。庄南一段，肆拾肆亩大，东至张八郎，南自至，西至张二郎，北自至。雍家庄后有地一段，南至张教书，西至古道，北至东北角二自至。

第十段：泰山下本院所止地基，南北长陆拾叁步，阔伍拾陆步陆分；及殿后拐子地，东西长肆拾壹步□分，阔伍步陆分，约地壹拾伍亩大，并系赐到院地基。

右付冥福禅院，准此。长兴四年九月二十三日（月日上钤盖印一）。枢密使捡校太傅平章事驸马都尉赵（有押盖印）、枢密使捡校太傅平章事范（有押盖印）、枢密使捡校太傅平章事范（空）封（有印三盖邮筒也）。中书门下牒冥福禅院（印二，印文曰：中书门下之印，即通行大篆文）。赐紫法僧实相、主僧智顺、监院从幽。

右碑，在冥福寺正殿西墀下，南向，高五尺二寸，广二尺八寸。碑凡上下两层，此牒在其上层，额曰：特赐冥福禅院地土之记，真书，字径二寸。牒文共二十二行，真、行大小相间。敕中书门下，行书。宣赐冥福禅院产业地土，真书，字皆径一寸。地十段，字十四行，真书，字径五分。右付冥福禅院准此，长兴四年九月二十三日，一行，真书，字径六分。衔姓三行，真书，字径一寸。中书门下牒，行书；冥福禅院，真书；皆字径一寸，印径二寸。赐紫以下皆真书，字径五分。牒中，枢密使赵，为赵延寿，范为范延光。《金石文字记》云：二人无押盖，为印文所乱，视未审耳。《金石文》跋尾云：长兴牒赵、范两衔，字大于首行。范衔枢密，字高二格者，延光先入枢密故也。牒外之封识，独以班首一人列衔。当时文书之式略可见矣。方是时，冯道、李愚、刘煦官同中书门下平章事，乃真宰相之职。延光、延寿特以枢密使加平章事耳。此牒出于中书门下，而押行者，惟范、赵二人，道等皆不与盖。五代之际，政由枢密。其居相位者，无过顽钝、伴食之流，朝政不由己出。虽寻常文书，亦不复关白。名为宰辅，实同庶僚。李愚所谓：吾君延访，鲜及吾辈者是也。《五代史·范延光传》《辽史·赵延寿传》俱不云为捡校、太傅、平章事，略之也。牒署九月二十三日，又明日延寿罢枢密，至十月延光亦去。二人方握政柄，故惧家难之作，而乞出镇以避之。如冯道辈，虽在政府，绝不奉行文书，何避之有！然千载而下，非见此牒，乌能知当时情事？石刻之有裨于知人论世如此。下层为伪齐时奉符县给崇法院僧海岩公据。其时，冥福已易名“崇法”矣。然至今犹称冥福院。《泰山金石考》云：是碑当为阜昌时，僧海岩摹勒。公据因取“长兴牒”勒之上方也。公据别录于后。

金刚经幢

〔后晋〕

右石幢，在冥福寺天王殿东，南向。高六尺余，座埋土中。幢上下两段，各八面，面阔六寸五分，字各九行，真书。下段却是经首，周环读之，犹未尽也。一刻“金刚经”，题天福二年三月，姓氏残缺；一刻“婆罗门”，僧云云题。天福六年岁次辛丑正月辛酉朔二十五日乙酉。捡校太保使、持节密州诸军事行密州刺史兼御史大夫、上柱国清河郡开国侯（缺）。反在上段，盖因旧幢断仆，后复攒整，致倒置耳。

青州临淄县□生幢[①]

右幢，真书，在冥福寺天王殿西。文甚残缺，有天福七年等字。

冥福禅院新写藏经碑

文曰：东岳冥福禅院新写藏经之碑。

朝议大夫行殿中侍御史柱国周元休撰。

述夫元黄判而清浊分，三才叙而万汇育。散乎元素，简易之体犹存；降□中庸，浇□之风益扇[②]。虽群分类聚，上智下愚，靡不恶其死而爱其生，□其得而□乎丧。缅维盘古，爰及当今，咸欲致身于常乐之乡，立名于无疆之域。而嗜欲窒性，好尚由心。□苦海而□回，蹈迷途而继踵。竟致恶而必得，爱而必忘。浩浩洋洋，犹百川之滔滔，过者莫可得而言也。至于用慈俭□□□，体冲虚而为质；驾□□鸾之侣，俯仰八纮；餐□御气之流[③]，逍遥六合；或丹丘暂别，或羽化俄归，亦不能忘情于生死之源，绝迹于□夷之境。降兹以往，何足道哉！洎乎西域诞灵，耀列星而应瑞；汉

① “幢”，原碑作“憧”；“憧”字后有“子”字。

② “□”，《全唐文》作“薄”。

③ “餐□”，《全唐文》作“餐霞”。

廷入梦，挺金质以呈祥。法被寰中，□超象外[①]；远究天人之际，广开方便之门；现无生而不死之□[②]，□有相□无形之域[③]；修正真之□□□□能□□□□之至明[④]。暗室皆晓，触类斯长，无幽不通。元化普洽而不穷，虚谷有声而必应，□矣哉[⑤]！总万法而为方，即绝迹出尘，无如佛者。夫□道也[⑥]，大慈广运，宏济无方，辟□□□□元关[⑦]，□启导一乘之教，觉路难登，寂灭虚空，真如绵邈，窈冥莫测，识智难量。是知翥长空者，必假以羽翰；济巨浪者，须资于舟楫。将欲以言观法，以法观心，窥解脱之门，究□□□□□是者，即莫□乎经。夫其要也，始则□以一音[⑧]，次则偈于四句，变卷石为千峰之秀[⑨]，导勺水为万流之源[⑩]。

于是贝叶缇缃，流行斯广，龙宫宝藏，□□攸繁。莫不指示迷方，津梁□□[⑪]，使□□珠者必求罔象，涉丽水者果获祥金。披文则万象皆呈，得意则一言以蔽。能宏是者，其维释门之达士哉！即今经藏主隐公，是其人也。公生于镇州灵寿县，俗姓裴氏，法名志隐，出家于奉恩寺，受戒光华寺[⑫]。初幼无童心，长有佛性，名山胜境，靡不经游。先止于徂徕山光华寺，修行二十余载，剃度三十余人，远迩倾依，缁俗瞻仰。是院先有主者僧顺公，本贯定州深泽县人也，俗姓李氏，法名智顺，出家于本州开元寺，受业于法华院。后因巡礼，遂至山门。与先院主僧道言相继住持六十余载，

---

① “□超”，《全唐文》作“言超”。
② “而”，《全唐文》作“为”。
③ “□有相□”，《全唐文》作“示有相入”。
④ “□能□”，《全唐文》作“纲能除”。
⑤ “□矣哉”，《全唐文》作“至矣哉”。
⑥ “夫□”，《全唐文》作“夫其”。
⑦ “辟□□”，《全唐文》作“避众妙”。
⑧ “□”，《全唐文》作“演”。
⑨ “卷”，《全唐文》作“拳”。
⑩ “流”，《全唐文》作“派”。
⑪ “□□”，《全唐文》作“彼岸”。
⑫ “寺”，原文无此字。

剃度二十余人。条崇院寺[①]，□德佛事[②]，并已周圆[③]。濮阳化召得施主李彦章等，特建钟楼经藏。虽斤斧丹青，焕乎毕备，而经文典诰，咸且阙诸。遂乃坚请主持，假其缘化。既从请托遂果，岁时莫不募修信心[④]，资乎敏手，坚比移山之志，勤同复匮之功。仅越十年，始就前愿。凡写藏内经律论及圣贤传记等，共五千四百八十卷。并新纸墨，咸得精详。永用缄藏，是图悠久。今院主僧行□、供养主僧行感、典座僧行隐，并禅林擢秀，□水澄波，获戒珠而如握灵蛇，传祖印而非关坠鹊。三千世界，不染六尘；八万法门，皆归一念。身居五浊，莲花生于淤泥；心燃百灯，太阳入于暗室。住持□境[⑤]，炳焕释宗。况方岳之中，岱宗为首，地临齐鲁，境压淮沂，玉几、金床，宛留胜迹。天门、日观，下瞰长空。爰属盛明，即期封禅。方今千年启运，四境无尘；缁徒虽荫于法门，野老咸知其帝力。府□太师相公[⑥]，勋高社稷，□列山河；下车而比户咸苏，出令而连营尽肃；论兵玉帐，谋深起、翦之流；礼士金台，价重邹、枚之选。故得时康俗阜，气淑年和，成此庄严，□□风教；遂释子归依之愿，契如来付属之言[⑦]，得不备以良因，记之贞石。元休功亏力学，敏谢生知。幸见托于斯□[⑧]，实怀□于染翰[⑨]，□扬功德[⑩]。乃述铭云：

浩浩浮生，茫茫旷劫；恶积祸胎，福生善业。觉路难寻，爱河易涉[⑪]；

① “条”“寺”，《全唐文》卷八百五十作“修”“宇”。
② “□”，《全唐文》作“功”。
③ “圆”，《全唐文》作“图”。
④ 该句，《全唐文》作“成□□□募彼”。
⑤ “□”，《全唐文》作“真”。
⑥ “□”，《全唐文》作“主”。
⑦ “属”，《全唐文》作“嘱”。
⑧ “□”，《全唐文》作“文”。
⑨ “□”，《全唐文》作“惭”。
⑩ “□”，《全唐文》作“式”。
⑪ “爱”，《泰山金石志》作“受”。

瞻彼波澜，□□舟楫。爰昔大士[①]，百亿化身；戒珠不类，□镜□尘[②]。演兹妙法，□□蒸民[③]；门辟觉路，指示迷津。妙旨幽深，微言秘奥；窅窅灵源，茫茫元造。孰究真宗，孰探法宝？欲究欲探，必资经诰。猗欤经典，列圣徽猷；一音□□[④]，百□斯流[⑤]。雕金镂玉，贝叶缇紬；将来佛性[⑥]，舍此何求！伟哉达士，成此至功；□乎宝藏，宛若龙宫。生虽有岸，法本无□；天长地久，永播真风。

大晋天福八年岁次癸卯五月戊寅朔十五日壬辰建。

兴帮佐命忠亮功臣泰宁军节度兖沂密等州观察处置等使捡校太师同中书门下平章事，使持节都督兖州诸军事行兖州刺史武威郡开国公食邑□□户，食实封三百户□□审信；节度行军司马银青光禄大夫捡校户部尚书兼御史大夫轻车都尉田文进；节度副使金紫光禄大夫捡校尚书左仆射兼御史大夫上柱国冀从实；节度判官朝议郎捡校尚书金部郎中兼侍御史赐紫金鱼袋王琯；观察判官将仕郎捡校尚书职方员外郎兼侍御史赐紫金鱼袋刘彦融；节度掌书记将仕郎试大理司直兼侍御史赐绯鱼袋申光逊；观察支使将仕郎试大理评事兼监察御史朱谿；节度推官将仕郎试大理评事李光□；观察推官将仕郎试祕书省校书郎阎翥；节度巡官儒林郎试大理评事兼监察御史李□□；登仕郎前守太子通事舍人守录事参军张□；将仕郎守户曹参军于用章；将仕郎守法曹参军李泛；文林郎试大理评事守乾封县令张□[⑦]；修职郎守乾封县主簿贾全翼；前泰宁军节度副使光禄大夫捡校司空兼御史大夫上柱国安定县开国子食邑五百户席全威；院主僧行仙师翁元；起置院和尚法

① “昔”，《全唐文》作“有”。
② “□尘”，《全唐文》作“无尘”。
③ “□□”，《全唐文》作“济彼”。
④ “□□”，《全唐文》作“□演”。
⑤ “百□”，《全唐文》作“万法”。
⑥ “来”，《全唐文》作“求”。
⑦ “□”，《泰山金石志》卷十六作“鏳”。

号从幽（俗姓刁氏）；藏经功德主僧志隐先师（本贯镇州灵寿县人）；本州奉恩寺主僧道恭；藏经周备刊石。标题同学行□等二十余人。前摄龚邱县主簿张□□。都料作头白景，男知信、知远。

右，真书，额同题。在冥福寺天王殿东偏，南向。碑连额高九尺二寸，广三尺二寸，额字径二寸。文二十九行，行七十余字，字径六分。此为写藏经数千卷，立碑列官累累，可见佞佛之盛。官名亦足备考。席以前节度副使列主簿后，又前摄主簿列僧人后，自是尔时风气。碑阴更有题名，悉漫漶。《金石文跋尾》云：周元休撰文，骈丽可诵，在五代时足称作者。其以覆篑为覆匮，与虞伯施《孔子庙堂碑》同，碑末列衔者十余人。安审信者，金全之从子也。《五代史》不为立传，又未附见于《金全传》。惟《晋·本纪》天福八年，泰宁军节度使安审信捕蝗于中都，即立碑之年也。《唐·本纪》清泰三年，先锋指挥使安审信叛降于石敬塘。《通鉴》亦云：张敬达奏，西北先锋马军、都指挥使安审信叛奔晋阳。此兴邦佐命功臣之号所由赐欤！五代之际，名爵冗滥，藩镇加公师、宰相衔者多矣，史家不能悉载。王溥《会要》载：晋出帝朝使相二十八人，审信居其一。此碑署衔云：同中书门下平章事正与《会要》合，其称捡校太师，则他书所未言也。

普安社刻经幢

右，真书，在冥福寺殿西，文多缺。上截存社人一百三十三名，无年号可稽。以与前后经幢相类，并识于此。

佛顶尊胜陁罗尼经幢

右幢，高八尺八寸，四石直接。每石八面，面阔尺一寸四分，字各九行，行十三字，字径寸，真书，类柳诚悬。经文从第一石南面起，至第四石东南面止。顶高六尺所，座高四尺，与写经碑对峙。缘无年代、姓名，姑附五季之末。

崇法院公据碑

〔伪齐〕

文曰：县户案据崇法院主僧海岩状。于去年二月内，有群贼李仅等入县，浩荡了本院坊郭、岱岳保两户方田文账，并宣降敕牒，出公据。寻行勘会，并召保。去后，招到保刘皓、公弼，并取到邻人等。姜宝、张珉、翟庆状供本院，浩荡了本院坊田文账等文字。下项须至指挥（有盖印一）。

一、坊郭地三段。

第一段：东至姜三郎李子园，西至岳庙，东至街[①]，北至张中舍。

第二段：西斛斗市近北街东面，东北至卞二郎，北至卞二郎，南至官□[②]，西至街。

第三段：东至酒务界墙，南至街，西至渿河，北至大街。

一、岱岳保。

第一段：东至沙河，东北角至韩五郎，西南、南至成家。

第二段：东至张八郎，西至张七郎，南至道，北至雍家。

第三段：西至古道，南至翟官人，北至王官人，东自至。

第四段：寨城东菜园一座，约二亩半大，并路南拐子地约一亩大。东至翟家，南至道，西至成家，北至南宫地（二三段有印一）。

一、宣降敕牒。

一后唐长兴四年九月廿三日，有赵枢密使捡校太傅平章事驸马都尉，及范枢密使捡校太傅平章事等押。付到特赐田产物业敕牒一道。

一祖师实相大师住持敕宣牒一道。一童行看掌御书阁敕牒一道。

右给公据，付崇法禅院收执照会，准此。

阜昌二年二月初一日给（月日上钤盖印一，印文曰：奉符县印）。文林

---

① “东”，清金棨《泰山志》卷十七作“南”。

② “官”，清金棨《泰山志》卷十七作“宫”。

郎签书判官厅公事兼县事刘（缺）。修职郎主簿专一管勾劝农事高玊。承信郎县尉专一管勾劝农事张㔾。院主僧海岩住持。赐紫僧宝□踵继拨赐。受业僧海瓌、僧绍臻、僧惠宽。

右刻《后唐冥福院地土牒》碑。下层真书，三十一行，字径五、六、七分不等。“县户案”三字最大。文内左读者二十六行，长短不齐。印识者三处，印径一寸五分。

鲁两先生祠碑

〔金〕

文曰：鲁两先生祠记。

党怀英撰并书篆额（衔同大定修岳庙碑）。

文略曰：鲁两先生，曰孙明复、石守道氏。宋祥符、天圣间，以仁义忠孝之道，发于文章，为诸儒倡。当世大儒，如文忠欧阳公、文正王公，皆尊礼之。故其没也，欧阳公为志其墓，盖比之孟轲、韩愈之流。其羽翼圣道，立朝行己，治行始终，伟如也。初，两先生筑室泰山下，以为学馆，属大辟岳祠，堧基甫迫，乃北徙山麓。而以旧馆为柏林地，岁分施钱为养士之费，学者至今赖之。而乡人指以为上书院者，则其所徙地也。大定间，岳祠火。越明年，有诏营建，乃命更新庙学。已而，诸生相与言曰：昔两先生宦学汶上，汶学祀之不衰[1]，吾侪居其乡，食其德，乃可遂已乎！于是两先生诸孙闻其言，更出所有，作为祠堂于大门之左，以成学者之意。石先生之孙震，使其侄翊走京师，属其门婿党怀英书其本末，将刻诸石。怀英曰：两先生之道，垂于后世，炳如日星，奚患无传？虽然，有一言焉。方孙先生以《春秋》之学教于鲁，石先生盖师事之。时给事孔公道辅闻其名，自兖来谒。孙先生既出应客，而石先生执仗屦侍其左右，升降拜伏皆

① “衰”，明汪子卿《泰山志》作“忘”。

扶之，其往谢也亦然。由是，鲁人始识师弟子之礼，士风为之一变。近世，士尚剽窃，以从师、亲友为耻，忠厚之道不著久矣。国家尊经养士，将使人人为邹鲁，固当师承鸿硕，因文以入道德之奥，而后游两先生祠下而食其余庇，可以无愧矣。

大定二十三年岁在癸卯十月之吉。

右，隶书，勒祠中。祠废，碑亦佚。《泰山金石考》云：邑人金枚仲家藏旧拓，有碑阴，并可珍玩。

补塑释迦佛旧像断碑

右碑，仅存上截，连额高四尺，广二尺四寸。额篆“新补塑释迦佛旧像记”九字，字径三寸，分三行。文十七行，行存二十三四字，字径寸，八分书。旧勒冥福寺，今移嵌县署土地祠西壁，犹存字二百七十有三。有党怀英衔名及泰和六年四月十四日，为立碑年月，尚可辨也。

道士谷山诗刻

文曰：道士谷山春日登览。

淡荡春风暖，暄和晓日迟。褰裳登诘屈，绝顶慨幽奇。北海洪涛阔，南山大泽危。东峰青鸟下，西岭白云垂。眼界空蒙极，烟光缥缈随。精神何洒落，道德自扶持。仿佛丹霄外，参差碧汉涯。那须采芝术，直赴上仙期。

泰和丁卯中秋后刊。长春子书。

右刻，在故长春观，今移县治。高七尺六寸，广三尺四寸。诗六行，行二十字，字径三寸许，真书。

元长春观碑

文曰：长春观记。

寿阳路大中书丹、篆额。□阳高政刊。

窃以教非道不立，人非教不修。凡以道为宗，以神为教者，岂徒然哉！盖有以也，莫不剖瞶抉瞽[1]，拯沈照昏，跻人于长生之域。呜呼！世或有闻而未悟者，然闻而悟者，是旦暮一遇之幸也。近代，幸我师祖设教，七真开天，性相近，习相远。而上智下愚，咸使知之。道与貌，天与形，男修女学，悉为证矣。全真之道，杳然难言哉！其教也微妙，玄通广大，悉备在人，贤者识其大，不贤者识其小。大抵绝贪去欲，返朴还淳，屈己从人，懋功崇德，则为游藩之渐。若乃游心于淡，合气于漠，不以是非好恶内伤其生，可以探其堂奥矣。尝□以修学论之，性性相拘[2]，惑之以为异，达之道、通为一。所以壮栋宇、严像设，利物接人者有之。致虚极、守静笃，顺□□□者□□。□学今学，先觉后觉，以其蜕形□滓。男簪仙果去者，比比其人，而女冠簪神人易迁者，亦不灭。墉城所载，神道设教，□□□□□□真人，七真之一也。道充德□，□用无方，门徒越中分鲁，唯圆明之师。偏得圆明之上足，有妙真大师訾守慎，族氏出金乡，乃女冠耆宿，度门弟子甚众。大朝癸未秋，闻长春国师应诏回，故诚恳道迎数舍，自尔置观住于燕。每得亲炙师度[3]，省心玄训。师敬承特旨，岁丙申，有镇抚王友省差傅乂奉先行台公命，许此，令妙真住持。况岱宗乃神仙之府，奉高实仁义之邦，□□以□使张郁、宣差阿里儿及州之诸官共为功德外护，遂自兴焉。与居为之，使□胏鞅掌十余指。时赵守渊主观事，王守志□□□□。一唱一和，积累修缉，寒暑饿渴，极其作务。岁月既久，始成伦叙。前有殿以祀圣真，后有堂以振礼诵，左有寮以酬接待，右有室以供庖厨，沈沈洞洞，轮奂一新。足以肃晨香昏灯，上祝圣寿无疆，下荐士民之福，不其韪欤！

---

① “瞶”，原碑作“聩”。

② “拘”，原碑作“相”。

③ “度”，原碑作“席”。

是观自经始至落成，前后凡二十余年。岂其妙真维持有□，亦惟赵守渊、王守志辅翼之勤也。强圉大荒落之上春，余自梁父回，过忘年萧然子于东华，承介□以文碑之。余自愧螗螂之才弗克当，拒辙之，任请□□□□□者也。彼嘱之愈切，弗获已，则曰：妙真修学无间然矣，傥来不为得，傥去不为失，不悦生，不恶死。冲而用之，厥心不震，则天地晦冥，而朗日自照。霰雪交集，而阳春自舒，此得性之功也。动与阳同波，静于阴同德。寝无梦，觉无忧，虚而待也。其生乃全听之于心，冲气以为和，息之以踵谷，神而自不死，此保命之效也。予景仰久矣，今幸睹芝眉，年已长而色若孺子。闻所言，如闻天籁于隐几，使予之意也消，以此而论，不唯识得修学之效如彼，抑知立营建之功如此。故宜书之，用刊翠□[1]，庶寿其传。是月下弦后三日，元和子谨述。

中统二年七月十五日建。

东平路府判兼权榷课税所官张郁。

右碑，连额高五尺五寸，广二尺四寸。额篆“长春观记”四字二行，字径四寸。文二十三行，行五十字，字径八分，真书。碑阴，题名尽漫灭。在观故址，南向。碑云：大朝癸未者，乃太祖建国之十八年。岁丙申，则太宗嗣位之八年。强圉大荒落者，丁巳岁，宪宗嗣位之七年，其时未有国号纪元，至立碑之年始纪元为中统之二年也。《泰山金石考》云：长春观旧有邱神仙牒及成吉思皇帝敕旨碑。《金石文字记》有元丁亥年碑，今俱佚。邱神仙即邱处机。成吉思当作青吉斯，元太祖尊号也。丁亥，则至元二十四年矣。

圣旨焚毁诸路伪道藏经碑

右碑，为唐方、杨文郁、王构、赵与栗、李谦、阎复、李涛、李槃、

① “□”，原碑作“琰”。

王磐九人奉敕撰。粘合玮正书。八合秃撰额。至元二十二年五月勒冥福殿前，西偏，南向。案：粘合玮，当为钮祜禄玮；八合秃，当为巴哈图。

冥福院钟题识

右，大德九年，真书，阳文。有“皇帝万岁，太子千秋”等字。在冥福寺。

张志纯遗世颂刻

文曰：宣授东岳提点监修官张君，寿期九十六岁。四月二十五日降诞，八月十二日升霞。乃作遗世颂曰：

脱下娘生皮袋，此际乐然轻快。百尺竿头进步，蓬玄洞府去来。去来前去世宿德医僧，今作道门小才。山野拙颂，启上奉高贤者。

保贞大师会真宫提举王若祯敬立二石。大元延祐四年二月二十九日郡人张贞书。万历甲午秋，会真宫灾，刻无所附。余因杨道士请，移置关帝庙壁云。乙巳夏，郡人吴希孔识。右石，纵广尺四寸，横二尺一寸。颂款共十四行，行八字，字径寸许，并真书。明吴希孔题字二行，差小。在关帝庙大门右壁间，北向。然碑云：王若祯敬立二石，当必更有一石，今佚矣。

建鲁两先生祠碑

〔明〕

文曰：鲁两先生者，为宋泰山先生孙公明复、徂徕先生石公守道也。祠始建于今泰安州治之西，而邻于岳庙，金源时遂为庙并。元改建于岳麓，已而复为浮屠氏据。入国朝，乃附祠于州学，而规制狭隘，祀事简率，无以慰鲁人之思。至是，州守前进士德清胡君瑄言于巡抚山东左副都御史无锡盛公。公谓其事系于风化[①]，慨然奏请于朝[②]，事下礼部议，从之。仍俾有司每岁仲春祀以羊一、豕一[③]，秩为常典。于是，胡公复请于藩臬诸公[④]，择地得于州治之东南，以成化十三年八月建祠焉[⑤]。工未毕，盛公以请老去。而眉山吴公来代，益重其事，趣成之。他日，胡君以书来请记于予[⑥]。大人君子[⑦]，所以能使人人追崇者[⑧]，非区区末学所知。顾请之之意，坚不可已也。惟两先生生宋盛时，泰山来自平阳，而寓于鲁，其学长于《春秋》，著《尊王发微》，简易公平，多得经之本意。一时名公贤士高其学行，至妻以女，或就见之。范公、富公交荐其贤，始授官，官止殿中丞。徂徕则生于鲁者，当孙公退居泰山之时[⑨]，实师事之。其为人，好善嫉恶。尝著《怪说》《中国论》及《唐鉴》，以为世戒。而《庆历圣德诗》，尤为人所传颂。常以经术教授于乡，后在太学，益以师道自居，太学自此而兴。初举进士甲科，官止太子中允。盖两先生平生，见于欧阳文忠公墓志，而国史取以为传者，其大略如此。案其言论世[⑩]，信其为大贤君子，卓然出乎流俗，而表为一方之望者也[⑪]。故在当时，并为人所尊仰，至即其所居山称之，以配其德，可谓至矣。泰山虽尝被荐，而人亦嫉之，不得尽其用。若徂徕之刚直，既没而祸忽作[⑫]，几不能保其遗骸而庇其妻子。盖小人之不相容，亦势之所必至

① 该句后，明汪子卿《泰山志》、查志隆《岱史》有“甚重”二字。

② 该句前，明汪子卿《泰山志》、查志隆《岱史》无“慨然奏”三字。

③ “仲春”，明汪子卿《泰山志》、查志隆《岱史》均作“春仲”。

④ “公”，明汪子卿《泰山志》、查志隆《岱史》均作“君”。

⑤ “化”字后，明汪子卿《泰山志》、查志隆《岱史》均有“二”字。

⑥ 该句前，明汪子卿《泰山志》、查志隆《岱史》无“他日”二字；“君”字后有“乃”字；“予”作“石”字。

⑦ “人”，明汪子卿《泰山志》、查志隆《岱史》作“贤”。

⑧ “人”，字后，明汪子卿《泰山志》、查志隆《岱史》有“久久”二字。

⑨ “公”字后，明汪子卿《泰山志》、查志隆《岱史》无“退”字。

⑩ “论”字后，明汪子卿《泰山志》、查志隆《岱史》有“其”字。

⑪ “表”，明汪子卿《泰山志》、查志隆《岱史》作“裒然”。

⑫ “忽”，明汪子卿《泰山志》、查志隆《岱史》作“患”。

者也。今去之六百年，虽天下知有两先生，而鲁为所寓、所产之地，道德之风，蔼然犹存，宜人尤尊仰之。祠像焕焉，而不至于卒废，人心之公，不能自已如此。而欧阳公所谓发先生之光者，今则愈久而愈光矣。两先生葬处，守臣又推朝廷尊贤之意，既加护封唯谨[①]。且二氏幸皆有后，而石差繁，复选其人入学充弟子员。鲁人之思，庶几慰之。因并载其事，俾刻之祠下云。

右碑，左庶子长洲吴宽撰。吏部郎中永嘉姜立纲真书。中书舍人豫章王琎篆额。成化二十三年八月，勒祠门西南，东向。碑阴勒祭两先生文，末有管工、义官二人名。

重修冥福寺碑

右，任文献撰，王龙真书。正德十三年三月，勒大雄殿墀下。

重修关王庙碑

右，张寿朋撰，真书。万历十七年三月，勒庙门东。碑阴有题名。

吴道子关帝行像赞

文曰：扶炎汉之鼎，挫吴魏之锋。英声义勇，亮节孤忠。三分割据，志业未终。夫是以灵爽益昭于异代，人心向慕于无穷，岂曰威武之容。

右，凌志魁真书，范广摸刊。万历三十三年七月，勒关帝庙壁。

重修鲁两先生祠碑

略曰：祠在州治西南隅，公署东偏露台之上。碑记尚存，摩洗读之，似借神宇以崇祀者。前为殿，后为寝，各三楹，颓废不蔽风雨，春秋秩祀

① “护封”，明汪子卿《泰山志》、查志隆《岱史》作“封护”。

设于草莽之间，而二先生遗像俨然，且与荆棘伍矣。不佞愀然动念，涓吉重修。榱桷之缺者补之，埏埴之废者增之，丹垩之漶者饰之。又为祭库、神厨者三，各二楹，左右翼之。自庚申三月至明年辛酉五月，厥工告竣。嗟夫！二先生明正学，崇师弟之礼，而士风为之一变。今之学者能不睹庙貌而兴起，一化忮懻傲惰之习乎？然则祠之修也，独新耳目之观已哉！

右，知州侯应瑜撰，戊午举人范广真书，赵宏文篆额。天启元年五月勒祠前。

重修鲁两先生祠碑

〔国朝〕

文曰：往读欧阳氏所谓孙明复、石守道两先生墓志铭，伟其文，嗟异其人久之。过泰安州，有两先生祠，知为先生游息讲业之所，因为文以祭之。入其祠，颓檐漏瓦，门垣不饬，几筵不具，而两先生像独存。其儒衣冠，上坐者孙先生也，侍坐者石先生也。孙先生晋州平阳人，举进士不第，退居泰山之阳。鲁人石先生辄师事之，杖屦必侍，登降必扶，执弟子礼甚恭。鲁人观者，皆叹息兴起。今观其像如生时，余不觉流涕。夫两先生学成行立，传于后世，无可哀者。余独念两先生躬耕力行，居泰山、徂徕之间。虽尝官于朝，而不久其位，不大伸其志，卒为奸人所嫉谤。石先生作“庆历诗”褒讥大臣，尤中奇祸。至困踣身死，几不免发棺，可谓厄矣。然当时鲁人尊之，太学诸生从之，宰相卿大夫折节下之，以荐于天子。天子加礼。盖行修于身，而不可掩也。自宋迄今六百余年，祠祀春秋不废，鲁人无贤不肖，皆称曰泰山孙先生、徂徕石先生，而不敢名泰山、徂徕，两山遂若为两先生所独有。而向之奸人乘权嫉谤者，影响俱泯，且不得与草木等。太史公云[①]：富贵而名磨灭，不可胜纪，惟倜傥非常之人称焉。后之

① “云”，《泰山图志·艺文一》作“曰”。

有志于道者，其毋昧于利，而怯于义。毋兢刀锥之末，而失邱山之重，亦可以自壮矣。而吾侪承先生之训，游圣贤之乡，不敢为不肖，而窃恐其未逮，不免与草木同腐①，此后人之所以可哀也。既撤祭，召先生之裔为存恤②，惟石氏有奉祀生承基。问其遗书，已不存。会理问苏君署州事，予出四十缗，俾新其祠。侍御赵公宏文倡为之助。苏君既谋始，而州守曲君允斌至，又踵治之，属武举张子所存董其成，乃讫工。夫闻先生之风者，思见其人，谒祠而见其像如生，俎豆肃然，感兴者必众。况泰安壤接阙里，尤近圣人之居者哉！乃刻石告诸生，且将以自励焉。

右，施闰章撰，真书。顺治十年勒祠内。今佚。

修柳下大夫祠碑

右，戴京曾撰，陈爌跋并行书。顺治十三年五月勒和圣祠壁。

泰山杂咏诗刻

吴南岱

凡十四首，草书。顺治十七年十一月勒和圣祠壁。

重修两先生祠碑

右，刘谦吉撰，石维岩真书。康熙三十九年九月勒祠门东南。

重修和圣祠碑

右，冯光宿撰，真书。乾隆十九年四月勒祠内壁间。

---

① “腐”，《泰山图志·艺文一》作“尽”。

② “召”字后，《泰山图志·艺文一》有“两”字。

二贤祠

〔元〕王奕

师生高占二山名，千载谁云道义轻。岳府柏林风雨夜，琅然犹带读书声。

鲁两先生祠

〔明〕萧协中

徂徕高耸泰山南，迭起名贤列具瞻。万古春秋心共契，千年庙貌德同龛。椒浆苾茀留云暖[1]，松柏阴森系日酣。肃拜登阶聊一问，近来祠位可容三。

祭和圣祠文

〔国朝〕施闰章

泰山岩岩，汶水汤汤，蜿蜒蟠郁，不知其几千里，而作镇乎鲁国之傍。圣哲于焉挺生，亘古今而相望。伊展大夫之令德，依隐玩世而以和自将。当臧孙之窃位，谓申椒曰不芳。乃弗党同而伐异，甘逍遥以相羊。羌直道而自处，虽三黜其何伤。夫固终其身徘徊于父母之国，未尝历九州以翱翔。胡大名之垂宇宙，遂齐声乎莘野与首阳。当其生也，蒙耻救民，片言却强齐之侵疆；及其殁也，贤愚同哀，显谥不妨出乎帷房。行人为之叹息，樵采过而悲凉。夫何一死士之垄，而灵爽或过乎生王。斯固孟子所谓圣人百世之师，而闻者莫不兴起而傍徨。夫是以采溪荪而陈醴，敬荐乎先生之祠堂。

城南门外，迤东为宋封祀坛故址，有王旦所撰《封祀坛碑》。《东游纪略》云：宋封祀坛合祀五方帝。坛南有碑，碑阴载献官姓名。驸马都尉

① “茀”，《泰山小史》作“芇”。

二人，摄司徒、司空充黑帝、青帝、献官九宫贵神合祀宫右谏议大夫种放。其余知名如魏庠辈又三四人，惜今漫蚀殆尽矣。又有九宫贵神坛，久废。九宫贵神者，太乙、摄提、轩辕、招摇、天符、青龙、咸池、太阴、天一，见《方舆胜览》。

坛西北近城壕，上有碑曰《阴字碑》，宋《登泰山铭》也。《玉海》云：祥符二年五月戊午，对辅臣于后苑，出御制御书《登泰山谢天书述二圣功德铭》示之。六月丙午，内臣言圣制《泰山铭》已刻石于太平顶，别刊于会真宫。又进封祀、社首、朝觐三颂，立石之所，具图以闻。十月丙午，遣内侍以御制《泰山铭赞》九轴赐丁谓等，寻分赐近臣。十二月辛卯，出圣制《会真宫碑》示王旦等。晏殊作《东封圣制颂》碑。以五石合列若屏，额及趺盖两旁皆琢云龙字画，与德星岩残碑无异。以圜坛在山顶，故碑字北向。《岱史》云：或曰金字碑，谓当时饰字以金。或曰禋祀，以精意享祀言也。考碑横当会真宫阳，而镌其阴，俗称“阴字”为是。但今中隔以城，故鲜有知者。《纪胜》谓之“雁字碑”，特状其形制耳。《东轩笔录》云：吕升卿为京东察访，游泰山题名于真宗御制封禅碑之阴，刊刻拓本传于四方。后二年，升卿判国子监，会蔡承禧为御史，言其题名事，以为大不恭，遂罢升卿判监。阴，谓碑背，无字处，实碑阳也。其题名想寻磨治矣。明吴从宪篆其上曰：《泰阴碑》，字径三尺六寸，篆法颇伟。而泰阴之义未安，《泰山纪事》讥之，良然。从宪又于碑北筑亭浚沼，揭其亭曰：昭事上帝，门曰：升中古迹，并圮。

阴字碑南，为宋朝觐坛故址。坛上旧有寿昌殿，真宗所以朝百官也。又有御香亭，今为山川坛。

登泰山铭碑

〔宋〕

文曰：登泰山谢天书述二圣功德之铭。

御制御书并篆额

朕闻一区宇而恢德教，安品物而致升平，此邦家之大业也；考茂典而荐至诚，登乔岳而答纯锡，此王者之昭事也。结绳而往[①]，茫茫而莫知；方册所存，章章而可辩。罔不开先流福，累洽储休，长发其祥，永锡尔类。故能禋祀上帝，肆觐群后，追八九之遐躅，徇亿兆之欢心。是以武王剿独夫、集大统，而成王以之东巡；高帝平三猾、启天禄，而武帝以之上封。曩以五代陵夷，四方分裂，嗷嗷九域，顾影而求存；喁喁万民[②]，吁天而仰诉。不有神武，多难何以戡？不有文明，至治何以复？恭惟太祖启运立极英武圣文神德玄功大孝皇帝，积庆自始，受命无疆，历试于艰难，终陟于元后，威灵震叠，元泽汪翔，无往不宾，有来斯应。济民于涂炭，登物于春台。俾乂万邦，成汤之甚盛。咸宣九德，文王之有声。启运于前，垂裕于后。太宗至仁应道神功圣德文武大明广孝皇帝，洪基载绍，景贶诞膺，如日之升，烛于率土；如天之广，覆于群生。人文化成，神道设教，尊贤尚德，下武后刑。金石之音，明灵是格；玉帛之礼，蛮貊来同，书轨毕臻，典仪无阙[③]。上玄降鉴，虞舜之温恭；庶民不知，唐尧之于变。重熙之盛，冠绝于古先；增高之文，已颁乎成命。逡巡其事，谦莫大焉。肆余冲人，获守丕构，其德不类，其志不明，弗克嗣兴，罔识攸济。属以阳春届节，灵文锡庆。由是济河耆老，邹鲁诸生，启予以神休，邀余以封祀，不远千里，来至阙庭。朕惕然而莫当，彼确乎而莫止。俄而王公藩牧，卿士列校，献封者五上，伏阁者万余。以为景命惟新，珍符纷委，不可辞者天意，不可拒者群心。天意苟违，何以谓之顺道？群心苟郁，何以谓之从人？是宜登介邱，成大礼，敦谕虽至，勤请弥固。窃念乾坤垂祐，宗社储

① “而”，清金棨《泰山志·金石记二》、朱孝纯《泰山图志·封禅二》均作“已”。

② “喁喁”，《全宋文》卷二六二作“容容”。

③ “仪”，《全宋文》卷二六二作“彝”。

祉[①]，导扬嘉气，仅洽小康。俾夫疆场以宁[②]，干戈以息，风雨以顺，稼穑以登，无震无惊，既庶既富，皆天之赐也，岂朕之功欤！虽则告成功、纪徽号，非凉德之克堪也；然而序图箓、答殊祯，非渺躬之敢让也[③]。天孙日观，梁甫仙闾，五岳之宗，万物之始，升中燔燎，旧章斯在。继绳先志[④]，懿范遵已定之规[⑤]；祇事圜坛[⑥]，严配肃因心之孝。于是诏辅臣以经置，命群儒而讲习。给祠祀者，罔有不至；供朕身者，无必求丰。故玉币牺牲，朕之所勤也；羽仪服御，朕之所简也。精意笃志，夙兴夕惕，诚明洞达，显应还彰。自天垂恩，正真亲临于云驭；奉符行事，子育敢怠于政经！粤以暮秋之初，恭享清庙，告以陟配。孟冬之吉，虔登岱宗，伸乎对越。奉宝箓于座左，升祖宗以并侑，礼之正也，孝之始也。乃禅社首，厥制咸若。于时天神毕降，地祇毕登，肸蠁可期，奠献如睹。其荐也虽惭乎明德，其感也实在乎至诚。亦复酌鄠宫之前闻，进甘泉之受计[⑦]。百辟委佩，五等奉璋；肆眚施仁[⑧]，举善劝治；稽考制度，采摭风谣。文物声明，所以扬二圣之洪烈；欢娱庆赐，所以慰百姓之来思。盖又两仪之纯嘏，七庙之余庆，邦家之盛美，蒸黎之介福[⑨]，岂予寡昧所可致焉！唯当寤寐寅畏，夙夜惕励[⑩]，不自满假，不自逸豫。宠绥庶国，茂育群伦，以答穹昊之眷命焉。勒铭山阿，用垂永世。

---

① “祉”，《全宋文》卷二六二作“祐”。

② “俾”，《全宋文》卷二六二、清金棨《泰山志·金石记二》均作“唯”。

③ “渺”，《全宋文》卷二六二、清金棨《泰山志·金石记二》、朱孝纯《泰山图志·封禅二》均作“眇”。

④ “绳”，《全宋文》卷二六二作“承”、清金棨《泰山志·金石记二》作“成”。

⑤ “规”，《全宋文》卷二六二、清金棨《泰山志·金石记二》均作“经”。

⑥ “坛”，《全宋文》卷二六二、清金棨《泰山志·金石记二》均作“邱”。

⑦ “进”，《全宋文》卷二六二、清金棨《泰山志·金石记二》、朱孝纯《泰山图志·封禅二》均作“遵”。

⑧ “眚”，《全宋文》卷二六二作“青”。

⑨ “烝”，清金棨《泰山志·金石记二》、朱孝纯《泰山图志·封禅二》均作“蒸”。

⑩ “励”，《全宋文》卷二六二作“厘”。

铭曰：

节彼岱岳，岿然东方。庶物伊始，玄感其彰。自昔受命，反始穹苍，燔柴于此，七十六王。顾惟寡薄，恭嗣洪猷。乾乾栗栗，虽休勿休。元符昭锡，余庆遐流。群情所迫，盛则爰修。前王丕显，是曰告成。伊予冲眇，无德而名。永怀眷佑，祗答景灵[①]。聿崇严祀，用达精诚。殊祥叠委，寓县奔驰。礼无违者，神实格思。藏封石累，刻字山嵋。蒸民永泰，繁祉常垂。

大中祥符元年十月二十七日。御书院摹勒。

右阴字碑，并真书，额篆同题。碑以五石合成，通广二丈三尺二寸，高九尺。第一石，广三尺，字八行；第二石，广四尺五寸，字十二行；第三石，广五尺一寸，字十四行；第四石，广四尺五寸，字十二行；第五石，广三尺，字八行。共字五十四行，行二十八字，字径二寸。额覆第三石之上，高二尺八寸，广四尺八寸，字径八寸。

封祀坛颂碑

文曰：大宋封祀坛颂（并序）。

天书仪卫使、封禅大礼使、推忠协谋同德佐理功臣、金紫光禄大夫、中书侍郎兼刑部尚书、同中书门下平章事、集贤殿大学士、监修国史、上柱国、太原郡开国公、食邑四千七百户、食实封贰千壹佰户、臣王旦奉敕撰。

臣闻天地之文，著明含章，焜焕于庶物[②]；礼乐之用，象功崇德[③]，昭格于至神。王者宣淳耀之烈，建中和之极。于是锡天瑞，出坤珍，觉悟于蒸民；鲜不登泰山、蹑梁父，聿崇于明德[④]。盖天地之文阂，下民何以法象

① “祗”，清金棨《泰山志·金石记二》作“祐”。

② “焕”，朱孝纯《泰山图志·封禅二》作“耀”。

③ “崇”，朱孝纯《泰山图志·封禅二》、清金棨《泰山志·金石记二》均作“成”。

④ “聿”，《全宋文》卷一六一作“幸”。

乎？礼乐之兴废[①]，后世所以祖述焉？是知勒皇绩，腾茂实，交三神之欢，著一王之法；述符命，继昭夏，申乎大报，示于无穷；极典章之备物，真帝王之盛节者也。

粤自遂初，始造书契。增高益厚，载九皇之德，朴略而难名。时迈省方，□六经之文[②]，䌷绎而可举。沿袭之规浸广，巡狩之仪□□[③]；五载际于虞典，一纪因乎周制；所以彰善瘅恶，观民设教者矣。自后[④]，道非下济，德异升闻。或缄秘祝之辞，或黜诸儒之议，先治兵而释旅。乃肆□□□□□顺□□□□行殊，为民祈福之义。光武纪号，□石磃于故封；开元陈信[⑤]，□玉牒之不祕。典章斯在，风烈可观。□□难行，礼从兹绝。洎四方之俶扰[⑥]，属五代之陵夷，但恣寻戈，不遑置器，俎豆之事，扫地将尽；涂炭之俗，吁天无辜。阴骘下民，诞（缺十六字）圣，光启丕运。

皇宋三叶[⑦]，在□天下五十载矣[⑧]。太祖启运立极英武圣文神德玄功大孝皇帝之创鸿业也，名膺帝箓，运契天飞，微轵道之降[⑨]，鄙牧野之誓，以帝轩之神武，□汉（缺九字）号[⑩]，陟元后，集大勋，望风而海外骏奔，端扆而天下宁宴[⑪]。太宗至仁应道神功圣德文武大明广孝皇帝之恢宝图也，天纵多能，体膺上圣。徇齐浚哲，居质以成德；文明中正，开物以成务。凝神（缺六字）及策贤良，率土致覆盂之安，丕基成磐石之固。崇文广武仪天尊道宝

① “兴”，《全宋文》卷一六一作“用”。

② “□”，明汪子卿《泰山志》卷二、《全宋文》卷一六一均作“垂”。

③ “□□”，明汪子卿《泰山志》卷二作“始行”。

④ “自”，原碑拓片、《全宋文》卷一六一均作“尔”。

⑤ “信”，朱孝纯《泰山图志·封禅二》作“仁”。

⑥ “俶扰”，原碑作“俶授”。

⑦ “三”，《全宋文》卷一六一作“王”。

⑧ “□”，明《泰山志》卷二作“宥”。

⑨ “轵”，《全宋文》卷一六一作“帜”。

⑩ “号”前，明《泰山志》卷二作“高之宽大□□泽发国号”。

⑪ “宴”，原碑拓片作“昊”。

应章感圣明仁孝皇帝，圣道日跻，大明继照。尹京邑也，神明之政，四方是则；践承华也，元良之德，万国以贞。图□□理[①]，讼□咸格[②]。遵顾命而主神器，极孺慕而纂宗祊。守（缺六字），冠于百王。熙庶政，叙彝伦，智周于万物。□爵出禄[③]，褒德念功，若临照之代明，法云雷之作解。继志述事，树经久之规；弛禁省官，布宽大之令。□张文理[④]，荐视学于上庠；振举武经，（缺五字）甸[⑤]。厚时风而敦世教，训戒昭而数军实。尔者，边吏致告，时巡（缺七字）檄飙□[⑥]。杨大声[⑦]，秉武节，惇□□□□民继好[⑧]。一介交聘，靡宣金革之威；六师不阵，还于衽席之上。缓带噎哺，而式和民则，弢弓□刃，而止严武备。于是修坠典，缉遗文，命秩宗讲三王之礼，训奉常考六代之乐。渴谠议，则下周爰□诏[⑨]，□□□则申□□□□，□□狱讼，申饬理官，简孚而用平刑，□□而行轻典。敦叙公族，并建戚藩。犬牙之制是崇，《麟趾》之咏斯洽。设猕狩之礼，止于从时；修宴射之仪，于以观德。劳身焦思，有文命之忧勤；革履弋绨，迈汉文之恭俭。卜郊定位，案历上陵，□□极之□，□久废之礼[⑩]。易脂泽而哀恸，入石室而涕洟。至性感于人神，玄德格于上下。紫宸议政，励精于日昃；金华侍讲，不寐于宵分。校正兰台之书，增建石渠之阁，规模广于丽正，典籍备于宣明，深味道腴，以资治本。帝尧稽古，虞舜好问，以声身而为律度，执规矩以定（缺

① “图□□理”，明《泰山志》卷二作“图箓允钟”。
② “□”，明《泰山志》卷二作“狱”。
③ “□”，明《泰山志》卷二作“封”。
④ “□”，明《泰山志》卷二作“恢”。
⑤ “甸”字前，明《泰山志》卷二作“乃大蒐于近甸”。
⑥ 该句，明《泰山志》作“时巡饬驾□□□□教檄猋”。
⑦ “大”，明《泰山志》作“天”。
⑧ 明《泰山志》“继”后有“好”字。
⑨ “□”，明《泰山志》卷二作“之”。
⑩ “□”，明《泰山志》卷二作“修”。

六字)[①]，推恩而逮下；万方有罪，引咎而在予。德教被于无垠，皇明烛于有截。兵偃刑措，道茂化醇，百嘉阜昌，庶萌乐育。独运陶甄之上，丕阐鸿钧之祚。访崆峒之道，采康衢之谣。夷夏大和，天人交感，必彰嘉应，以□玄通[②]。门号承天，节临献岁。真官奉其丕□[③]，□以先期[④]；秘检焕于灵文，降□清旭[⑤]。受厘宣室，躬□丹书[⑥]，锡无疆之休，谕大中之理。由是覃如春之泽，易纪年之号。且斯文未作，伏羲氏观象以画八卦，有神马负图之瑞；洪水方割，夏后氏底绩以导百川，受玄夷使者之命。比□相庆[⑦]，异代同符。(缺五字)氓[⑧]，讴谣于外；鸿笔丽藻之彦，颂美于内。

于是，东土耆艾，阙里诸生，连袂而来，抗章以请。洎思皇之士，即序之戎[⑨]，藩岳大臣，缁黄众品，伏阁叩首请封禅者，无虚日矣。佥以为祥瑞杂沓，天意也；中外倾瞩，人事也。牂牁、越嶲、朱崖、象郡之地，俱入于提封矣；□□、东县、江□、鄗黍之类，悉从于班贡矣。群情悃愊，式伫于庆成；上帝顾怀，不可以谦拒。书上者至于五，上不得已而俞之。诞告庶邦，载形明昭，将以奉扬先烈，非谓告厥成功。申命辅弼之臣，谕以简易之道，经始勿亟，无扰于民。且山为岳镇之宗，地□□礼之国[⑩]。周孔垂教，乃始封载诞之邦；阴阳相代，是育粹炳灵之府。当僝工之际，蒇事之初，明诚以孚，玄鉴先答。应龙有翼，蜿蜒而下垂；醴泉无源，瀵沸而自涌。芝含三秀，帀地而罗生；日丽九华，得天而绚采。鳞介之细，草

① 该句，明《泰山志》卷二作“执规矩以定圆方百姓为心”。

② “以”，明《泰山志》卷二作“四”。

③ “□”，明《泰山志》卷二作“命”。

④ “□”，明《泰山志》卷二作“苦”。

⑤ “□”，明《泰山志》卷二作“乎”。

⑥ “□”，明《泰山志》卷二作“拜”。

⑦ “□”，明《泰山志》卷二作“屋”。

⑧ “□□□□□氓”，明《泰山志》卷二作“庞眉皓首之氓”。

⑨ “序”，朱孝纯《泰山图志·封禅二》作“叙”。

⑩ “□□”，明《泰山志》卷二作“为守”。

木之微，□异効奇[①]，纷纶叠委，而□□心粹清[②]，凝思玄牝。乃因华胥之梦，再觌姑射之神。告以玉书，降于神房之麓；著之黄素，得于季夏之初。揆日奉迎，备礼祗若。爰畴咨于封祀，固吻合于穹旻。亟命□司[③]，草定大典，采摭清议，讨论旧章。即事用希，其礼多阙，酌义训以革正，参制度以折中。古文逸礼之靡记，议郎博士之未达。上资玄览，洞析于精微；无望清光，悉臻于体要。穆卜涓日，掌鼓奏仪，申必告之诚。躬祠清庙，以就盈之月。有事介邱，先斋紫宸，载止禁御。屏箫韶之备乐，以极静专；却大官之常膳，以御菲薄。清畿式道，云会星□[④]，□□跸之启行[⑤]，奉天书以先路。备设仪卫，增置官属，极恭肃而遵天贶也。采章之盛，藻缛原隰；武卫之雄，震叠区宇。八方述职，万旅腾装。让途而行，外庐不闭[⑥]。奔走会同之际，端肃而无哗；觱发栗烈之时，融和而可爱。民绝札瘥之患，物有蕃庑之咏。供帐不移而□[⑦]，储供不戒而备。历东郡之属邑，抵澶渊之□□。军国异名，修文事而有武备；土诵夹侍，掌方志而道地图。风伯清尘，招摇参乘。周览临濮，少留汶阳。戒誓庶官，申严执事，靖恭尔位，恪谨攸司。羽卫具陈，乘舆乃出。垂翠緌而鸣寒玉，载琼□而拥云罕[⑧]。天□景从[⑨]，禁旅前驱；八神齐奔，万物咸睹。卿云待族，仙禽成侣，俯法从而交荫，览德辉而翔泽。□光下烛，抱□腾芒，观云式瞻，奏牍狎至。溢简编而不可载，考图牒而未始闻。下诏肃祗，柴望而告至；储精蠖濩，渊默而斋居。

① “□”，明《泰山志》卷二作“表”。
② “□□”，《全宋文》卷一六一作“复迹”。
③ “□”，明《泰山志》卷二作“有”。
④ “□”，明《泰山志》卷二作“辰”。
⑤ “□□”，明《泰山志》卷二作“□严”。
⑥ “闭”，原碑拓片作“闲”。
⑦ “□”，明《泰山志》卷二作“具”。
⑧ “□”，明《泰山志》卷二作“镀”。
⑨ “□”，明《泰山志》卷二作“当”。

祀前一日，未质明，备法驾至于山趾，更衣于帷殿。上乃乘轻舆，陟绝巘，跻日观，出天门。筑圜台于山上，度地宜而循古制也。升山之前夕，层云蔚兴，严飙暴起，达曙振野而未已，有司失职而是忧。洎宝箓先登，华盖徐至，焚轮止息，寥泬清霁，若胚浑之初判[①]，状群灵之先置。辛亥，祀昊天上帝，设天书位于左次，登歌乐作，奉应就位，显奉符而错事也。二圣严配，定位侧向，以申恭事，表继志而奉天也；亚献终献，作之乐章，以为礼节，一其仪而申昭事也。祝史正辞秘刻勿用，黎元蒙福，孚佑是祈，克其己而厚勤恤也。衮冕俯偻，金石铿越，捧圭币，奠牺象，络金绳而斯毕，飞紫燎而上达。舒迟暨礼，陟降尽恭。明德之馨，至诚之感，苾芬以荐，肸蠁如答。通帝乡之岑寂，接云汉之昭回。协气上浮，纤罗不动，神策锡灵长之祚，日卿奏殊尤之瑞。垂绅委佩，蹈舞斋室之前；鳌抃山呼，声震层霄之外。山下设坛四成，如圜丘之制，乃命茂亲，以承大祭。崇□□□以斯□[②]，洁粢丰盛而在列。万灵咸秩，四隩来同。九宫贵神，实司水旱，吾民是以，动系惨舒，厥职尤重。命筑坛于山下封祀坛东，率礼吉蠲，诏大僚以尸其事。壬子，祀皇地祇于社首，百司承戒，慎之至也；三献尽诚，礼无违者。翌日，朝觐坛觐群后，辑五瑞，千品成列，万国胥洎。英茎韶夏以遍作，僸佅兜离而次设。风行赦令，雷动欢声，祝网之仁普沾，《蓼萧》之泽遐被。大明之照，遍烛于蔀家；崇朝之润，周济于天下。昭示圣作，以志元封。日星炳其天章，鸾龙奋其仙翰。感祚德之玄贶，遂光表之鸿猷。金玉其相，与典坟而并骛；神灵是保，揭日月以长新。

复有道济生民，名在祀典，功德兼茂。迹用尤著者，焕乎睿文，特形赞□[③]，刊于翠□[④]，贻厥方来。而乃祀乔岳之灵，幸列真之宇，俾加贲饰，

① “判”，朱孝纯《泰山图志·封禅二》作“制”。
② “崇□□□以斯□”，明《泰山志》卷二作“崇牙树羽以斯具”。
③ “□”，明《泰山志》卷二作“成”。
④ “□”，原碑作“琰”。

用极褒崇。养老申合饮之私，劳□推□复之惠。命市纳贾[①]，采诗观风，聘有道而省高年，平权衡而考制度。官克用乂，黜幽之典靡行；化洽可封，归厚之民咸若。茕嫠攸恤，幽隐咸达。乃翠华之旋轸，临曲阜之故墟，升讲肄之堂，屈顺风之拜。徘徊设奠，眷想遗风。褒圣之礼有加，恤后之恩弥渥。以经（缺四字）载（缺四字）邦。周公旦启真王之封，太公望进昭烈之号。咸建庙貌，领于祠官。按节回銮，式闾表墓[②]，遍走群望，罔不遗灵。河济之区，海岱之壤，南暨淮汉，北际常赵，梯航万国，冠带诸酋，四远云来，千里星属。听清跸（缺五字），得跻仁寿之□，□觐睹作□□事扶老（缺六字）。六龙回御，七萃解严。太史撰辰，近臣奉祀。藏侑神之金匮，上加谥之宝册。举归格艺祖之礼，亲飨太宫；考饮至策勋之典，惠绥列辟。尽圣人之能事，成天下之壮观。

前□所记[③]，才十二□；□仪斯废，仅三百载。（缺四字）天命（缺四字），实惟其时。烈祖造新邦，臻大定，经制而未遑；神宗求至理，致升平，业成而中罢。遗兹景铄，属在钦明，丕显诒谋，奉成先□，□□大号，永□□名[④]。□□昭姓考瑞，□大统也[⑤]，勒石垂□[⑥]，昭茂功也。人神以和，礼□□备[⑦]，盛德也；□□定位，祖考严配，大孝也。报本穹昊，归功宗祏，谦尊而从众欲，礼毕而受徽称，克让之风，高视于前古矣。下尺一之诏，严禁止之□[⑧]，□□行苇，靡□□□[⑨]，好生之德，□于群心矣[⑩]。

① “市”，原碑拓片作“方”。
② “式”，原碑拓片作“轼”。
③ “□”，明《泰山志》卷二作“书”。
④ 明《泰山志》卷二作“永中□□”。
⑤ “□”，明《泰山志》卷二作“接”。
⑥ “□”，明《泰山志》卷二作“鸿”。
⑦ “礼□□备”，明《泰山志》卷二作“礼乐大备”。
⑧ “□”，明《泰山志》作“条”。
⑨ “靡□□□”，明《泰山志》卷二作“靡麛卵□□□”。
⑩ “□”，明《泰山志》卷二作“遍及”。

服纯衣而在□[①]，御□□□数□[②]，则别谢□□[③]，致美黻冕，减乘舆服御之物，罢周庐次舍之制，则惟新礼器，增饰坛壝。故翼翼之心，精意以享，有典有则，必躬必亲，寅恭天至也。既如彼苍苍之意，惟德（缺五字）事□□□瑞报况神速也。□□此宜乎[④]？拥鸿休，介繁祉，后天而老，象日之升，垂万世之耿光，为百王之称首者也。臣位冠台衡，亲逢旦暮，承上公之乏，相盛德之事，与夫茂陵草遗忠之奏，《周南》兴留滞之叹，非可同年而语矣。矧又恭膺（缺五字）获，当□述兹，所以绍帝皇之坟素，表金石之篆刻，嗣丕天之大律，□□世之鸿范者也[⑤]。寡韦、平之经术，无燕、许之才笔，大惧梼昧，不能发挥，徒踯躅于燥吻，实僶俛而塞诏。赓歌舜德，曷继皋陶；纪颂汉巡，有愧于亭伯。贻之来裔，以阐丕□[⑥]。共辞曰：

增高益厚，王者上仪，制礼作乐，莫大于斯。应运接统，垂鸿逆厘，兹事体大，惟圣难之。岱宗炳灵，岩岩峻峙，和鸾响绝，牲瑄礼驰。缺其神欢，邈逾星纪，乃圣挺生，乘时斯起。惟宋肇兴，受天顾諟，尽黜苛政，式叙彝伦。以洗污俗，乃吊匪民，革其不逮，被以至仁。威灵有赫，轨迹易遵，与民更始，其命惟新。宝历日隆，神武不测，厥角献琛，水耆陆□。惠泽滂流，皇猷允塞，阴骘下民，懋建皇极。照彼陆幽，化行蛮貊，累盛重光，乾乾翼翼。展议省方，观风耀德，偃伯灵台，跻民寿域。宝鼎增重，永协大同，正符荐锡，告厥成功。谕乎至理，迪彼玄风，保邦清净，锡祚□□[⑦]。化洽无外，道惟大中，百度以贞，六符斯正。倾输群心，称述瑞命，

① “□”，明《泰山志》卷二作“道”。
② “御□□□数□”，明《泰山志》卷二作“御非食而数旬”。
③ “则别谢□□”，明《泰山志》卷二作“则别涤牲牷”。
④ “□□此宜乎”，明《泰山志》卷二作“又如此宜乎”。
⑤ “□□世”，明《泰山志》卷二作“为永世”。
⑥ “丕□”，明《泰山志》卷二作“大猷”。
⑦ “锡祚□□”，明《泰山志》卷二作“锡祚庞鸿”。

佥议勒封，以期升侑。休烈日彰，神策天授，徇民从欲，展采告成。属车时迈，法从天行，济济鹓序，哕哕鸾声。星言汶上，云会岱亭，穹崇绝巘，密迩圆灵。躬陟上封，聿申昭事，祖考来格，礼乐明备。感以至诚，享其精意，款谒归功，谦谦益至。严配克诚，蒸蒸不匮，柔祇昭报，毖祀聿修。二仪欣合，百神怀柔，帝容载穆，灵贶殊尤。肆觐辑瑞，端冕凝旒[①]，万国以朝，四夷接武。《行苇》之仁兮敦洽，《蓼萧》之泽兮周溥。茂遂群生，浸渍万宇，庆集丕图，风还邃古。腾茂飞英，超三迈五，赫赫显号，穰穰鸿禧。百禄是荷，万寿无期，遂及黎庶，永洽淳熙。法昊穹兮，刚健不息，踵黄轩兮，清净无为。自天之锡，百世承之。

大中祥符二年七月十五日立。

翰林待诏、朝散大夫、国子博士、同正骑都尉臣裴瑀奉敕书并篆额。

右碑，连额高一丈一尺，广四尺四寸，额篆同题。额六字二行，字径四寸。文行书，共四十三行，行一百字，字径八分。勒坛故址，南向。天书仪卫使，《宋史》作天书仪仗使。太原郡开国公传，亦不载。《潜丘札记》云：序称列祖造新邦，神宗求至理，是以宋太祖为烈祖，太宗为神宗，亦古人之通称也。

朝觐坛颂碑

文曰：大宋封禅朝觐坛颂（并序）。

封禅卤簿使、推忠协谋佐理功臣、金紫光禄大夫、行尚书左丞、知枢密院事、修国史兼群牧制置使、上柱国、颍川郡开国公、食邑二千三百户、食实封八百户臣陈尧叟奉敕撰。

臣闻配侑尊严，王者所以敦其孝也；朝宗觐遇，圣人所以明其礼也。又若因名山而遂封，焕先业而迹著。踵七十二君之遐武，永万八千岁之丕

① “冕”，原碑拓片作“委”。

□[1]。□辑五玉[2]，坛宾诸侯，巍巍煌煌，事之大者。非命夫通博之士，绎蓬□□□□□之学[3]，□□□□□□重九经之思[4]，又安可藻润功德，流播徽懿。臣颛蒙寡闻，黯浅无取，禀诏涤虑[5]，拜手而扬言曰："宋受天命，帝六合，子万姓，以圣继圣，垂五十载。稽神道而设教，感民生之归厚。烈祖神考，耀武振德，罄乾维而张宇，尽坤倪而画野。夷暴削垒，黜僭荡伪，怀生胥□，滋液玄化。上帝降鉴，昌大洪绪。崇文广武、仪天尊道、宝应章感、圣明仁孝皇帝之御天下也。三业嗣统，重离继明。恭敏而克仁，徇齐而允迪。青宫主鬯，承天序而寅畏；黄屋正位，奉先志而夕惕。若乃敷乎要道，刑于率土。始则谨色养□□匮，□□□□□□□□[6]，孝之至也。□□郊丘者三，竭精□□□献[7]，朝□□□者一[8]，郁凄感于霜露，祀之大也。六御宸陛，精较□□，振滞淹于韦布，罄逋潜于岩穴，文教之隆也。再驾革辂，观省朔野，贞师律以威亮，□戎人以礼乐，武经之著。（缺十二字）绛，轨物（缺四字）实，情达幽仄，钦恤之深也。体玄功之藏用，为而勿有；推赤心而与物，坦然无间，诚明之广也。友于天族，敦乎教也；惠绥耆年，勉夫养也。斫雕复朴，必始于宫室；劭农禁□[9]，率先乎稼穑，昭夫俭也。黄□一□□□□□□□[10]勖编□□室务得□而□□□，谨乎授也。六职交乂，百揆时序，犹复访古无怠。论学弥益，逖览乎九皇之道，毕讲乎三代之训。□厖

---

① "永""□"，明《泰山志》卷二作"承""绪"。

② "□"，明《泰山志》卷二作"辑"。

③ "蓬□"，明《泰山志》作"蓬山"。

④ "□重"，明《泰山志》卷二作"阙里"。

⑤ "禀诏涤虑"，明《泰山志》卷二作"□诏所虑"。

⑥ "谨色养□□匮，□□□□□□□□"，明《泰山志》卷二作"谨色养而罔匮，终则恪因心而过制"。

⑦ "竭精□□□献"，明《泰山志》卷二作"竭精意以祼献"。

⑧ "朝□□□者一"，明《泰山志》卷二作"朝阙者一"。

⑨ "劭农禁□"，《泰山图志》卷二作"劝农禁末"。

⑩ "黄□一□□□□□□□"，明《泰山志》卷二及《泰山图志》卷二俱作"黄绶一□□临□□□"。

黎献[①]，勤凭方毂。蒸蒸之德，既格于神明；生生之仁，终达于麛卵。太和遂布于景气，灵台遽偃于师节。混一文□[②]，敉载疆场，□□□□□易战□□□措兵者也。于是河海夷晏，岩廊穆宣，莹玄览□宅衷[③]，操斗极而播宪。□天帝[④]，立民经。清净之乡，御乃六气之辩；富寿之域，隆乎三登之祥。四隩纳诚，五纬遵轨，日星荐祉而䜣合，草木效灵而始见。千品万类，□纶□□□□□[⑤]□□矜□□□□□□□天意。若曰：振古绝德，敻无与让，轶世灵契，允宜曰答。由是真介来仪，宝命申锡！抒三篇渊默之训，启万祀绵长之兆。普天罄世，靡不欣戴。惟苍旻登□之祐[⑥]，乃□而垂鸿之庆。流乌之祥，祇载其异；雨□□贶[⑦]，何□□□□[⑧]。斯□□□□自天之秘，实获御邦之缊。于是洙泗诸生，龟蒙群彦，发咏叹于庠塾，□讴吟于衢路[⑨]。掎裳连襼，波属鳞萃。既而宰衡帏幄之辅，熊罴羔雁之列，迨于千夫长、百夫长，黄冠、缁衣，台背儿齿，相与不约而信，不谋而同。伏观□□□□□[⑩]封□□□□□□陛下系纂圣统，光阐丕业，立隆以为极，执契而司会。□斯成矣，□□平矣，□□和矣[⑪]，昆虫草木，罔不孚矣。所宜铺鸿藻而熙帝载，飞英蕤而振绝礼。遵昊天之成命，慰东鲁之徯后。观风□□□之业[⑫]，

---

① “□”，明《泰山志》卷二作“敦”。

② “□”，明《泰山志》卷二作“轨”。

③ “□”，明《泰山志》卷二作“而”。

④ “□天帝”，明《泰山志》卷二作“恢天常”。

⑤ “□纶□□□□□”，明《泰山志》作“纷纶葳蕤□□冲”。

⑥ “□”，明《泰山志》卷二作“假”。

⑦ “□贶”，明《泰山志》卷二作“之贶”。

⑧ “何□”，明《泰山志》作“何补”。

⑨ “□”，《全宋文》卷一八三作“动”。

⑩ “伏观□□□□□”，明《泰山志》卷二作“伏观□之下□□”。

⑪ “□斯成矣，□□平矣，□□和矣”，明《泰山志》卷二作“天斯成矣，地斯平矣，人斯和矣”。

⑫ “观风□□□之业”，明《泰山志》卷二作“观风省四民之业”。

展□□□侯之□[①]。允谓□德□□□□锡符[②]，奉符以行事，□□之请[③]，不为进越。

皇帝虔巩敦谕，四让不获。既而垂旒深念，前席而言曰："惟我二圣，付以大宝，海内海外，悉主悉治，□怀锡羡之庆[④]，丕冒诒翼之教。一变□□[⑤]，朕何有焉！又敢款介□□告成功□□□□□扬耿光，奉遗懿，宣景铄，报嘉瑞。斯事□体[⑥]，乃朕之志。且夫无怀已降，夷吾所记，追建武之仪，开元之制，绵蕝草具，宜削其靡，无烦民，无黩神。恭朕之礼，罔惮薄；奉禋之容，姑务丰大□□有□□锡厥职[⑦]。"由是，□□□□□□□□□□□□□□□之说[⑧]，绸汉室优游之议。顺以创制，阅嘉言于既往；侈而不典[⑨]，黜空文之无谓。既历古而肄习，乃折衷于睿圣。辅臣先事而祇命，崇岳骈日而荐瑞。醴泉毖涌，神龙倏见。灵芝三秀而络野，嘉谷合颖而充亩。星弁□掖忽恍□□□□□□□□□□□，寥泬之书再降，既告庙而成礼。□□□□戒吉[⑩]。卿云先后而触布，辽鹤翩翻而旅集。玄贶益重，坤珍愈出。月孟冬，日辛卯，皇帝乃辟宸居，清康衢，俨金舆璁衡之御，肃寝兕弥龙之制，都人山立而辰抃，□□□□□□□神检先路，真士前道。九葩之盖，蔽寥廓以徘徊；十极之音，含正始而容与。俄而常伯陪乘，大丙弭节，千官扈跸而星拱，九龙效驾而飚举。万骑杂沓，汹汹兮海运；九旗缤纷，烈烈兮云布。历河沂，荣光湛乎百丈；戾岳趾，爱□□

① "展□□□侯之□"，明《泰山志》卷二作"展亲□诸侯之□"。

② "□德"，明《泰山志》作"俗德"。

③ "□□"，明《泰山志》卷二、《泰山图志》卷二均作"颙颙"。

④ "□"，明《泰山志》卷二作"率"。

⑤ "□□"，明《泰山志》卷二作"至道"。

⑥ "斯事□体"，清《泰山志》作"斯□之体"。

⑦ "丰大□□"，明《泰山志》作"丰士凡□"。

⑧ 该句，明《泰山志》卷二作"□□□□□□□□□究周家时迈"。

⑨ "侈而不典"，《全宋文》卷一八三作"修绍丕典"。

⑩ "□□□□戒吉"，明《泰山志》卷二作"将铄軷而戒吉"。

乎四彗[①]。猛士□□□□□□玄[②]髦翏镝而弥隰。周庐微道，植铩悬旆。既□辟斋宫之靖冥[③]，涤清衷于蠖濩。云罕俨路，钩陈扶鏊。奉宝符而先置，俨宸仗而延属。大风示异，当□石而遽止[④]；寒谷应感，将裂肤而俄燠。倏忽之变，阴阳不测。皇帝于是登乔岳，升天□，□玉辇，步岩隥，俯曜灵于渤澥，观众山之培塿。崇台冠空而崛岉，翠旌周阿而捷猎。辛亥昒爽，即事灵阙，登太祖以配天，奉太宗而侑飨。大圆轩豁，悬寓澄爽。列宿照烂于浮景，盛礼登降于□□□□肃□□□□□□□音谐而大乐六变，百神降而元酒三献。萧□□用，爟火高举。圭壁之序，严紫霄而有容；金石之文，凝绛烟而无际。秩众灵而在下，命群官而分飨。备物之盛，实列万国；锡年之祥，乃过亿世。既即次而燎币，旋复□而检玉。肸蠁□□□□□□□于鸿明之报。白云起封，始氛氲于肤寸；神光□礲[⑤]，实炳蔚而五色。

翼日：回鸣銮，禅社首，礼遂毕于登降，诚乃格于上下。复本反始，二仪之气斯和；执圭奉璋，肆觐之礼攸举。且夫坛壝三成，盖大□小之制[⑥]；侯氏□□[⑦]，□君劳臣□□[⑧]。由是，□□□次，掌舍设梐，司仪辨等，车马具礼。始眂馆而穆穆，俄观旗而济济。皇帝乃登清坛，翳云芝，负斧扆，明章施。胪句□□而交达[⑨]，琛赆述职而□平[⑩]。九仪栉比，万□麕至[⑪]，航海告传圭之符，毛□庆干吕之瑞[⑫]。巍□□□□□穹隆□□□虎之

① “□□”，明《泰山志》卷二作“日融”。
② “□□□□□玄”，明《泰山志》卷二作“鬐■□□□玄”。
③ “□”，明《泰山志》卷二作“而”。
④ “当□”，明《泰山志》卷二作“常厌”。
⑤ “□”，明《泰山志》卷二作“发”。
⑥ “□”，明《泰山志》卷二作“适”。
⑦ “□□”，明《泰山志》卷二作“四傧”。
⑧ “□君劳臣□□”，明《泰山志》卷二作“乃君劳臣之典”。
⑨ “□□”，明《泰山志》卷二作“□命”。
⑩ “□平”，明《泰山志》卷二作“骈萃”。
⑪ “万”，《全宋文》卷一八三作“荐”。
⑫ “□”，明《泰山志》卷二作“车”。

□□□□□业[①]，鸡竿竚施。籥歌以咏德，佾舞而象事，礼宪备成，讫无遗者。既而王公庶尹，岳牧群长胥进而言曰："夫祚德者天，合符者圣。陛下以大业钜封，对越景命，区域竦化，人祇协庆。礼物具八方之产，祀□□千□□盛[②]。□何山郭□□□□献海鲽之充贡哉[③]！父天母地之孝，于以之备，君临子事之义，于是乎尽。洋洋乎，荡荡乎，民无得而称焉。谨伏坛□[④]，上千万寿。"

帝曰："异□[⑤]！豆笾静嘉，器之文也；牲牷肥腯，祭之饬也。非朕所以请上，上帝临下，民之意也。惟朕□荐[⑥]，荐于□□；□神之□[⑦]，享于惟馨。庶乎尽物首义，用缶纳□□旨[⑧]，无以异矣。"又曰："咨尔有方之众，明听予诰：先王克谨天戒，臣人克有常宪。肆朕祇畏，荷□贶施[⑨]。尔其慎厥，终一乃心。弼予夙夜之治，□□元元之命[⑩]。罔忽厥□，□速于戾[⑪]。"□□□□九垓。□润[⑫]，既礼止而乐阕，遽雷作而雨解。涣汗兮大号，丕休兮茂典。罝罦聿空，圄犴斯弛，执热者濯，居穷者遂。在逸者复，处幽者贲。圆首方足，悉已□□[⑬]；蠕动翾飞，罔不□跂[⑭]。逸祥禽于空阔，遂

① "巍□□□□□穹隆□□□"，明《泰山志》卷二作"巍乎幄□□之穹隆□乎□"。

② "千□□盛"，明《泰山志》卷二作"千年之盛"。

③ "□何山郭□□□□献海鲽之充贡哉"，明《泰山志》卷二作"又何山鄗□□□献海鲽之克贡哉"，《泰山图志》卷二作"□何止耶□□□□献流鲽之充贡哉"。

④ "□"，明《泰山志》卷二作"次"。

⑤ "□"，明《泰山志》卷二作"哉"。

⑥ "□"，明《泰山志》卷二作"之"。

⑦ "荐于□□；□神之□"，明《泰山志》卷二作"荐于维诚；维神之享"。

⑧ "纳□□旨"，明《泰山志》卷二作"纳约之旨"。

⑨ "荷□贶施"，《全宋文》卷一八三作"荷兹□施"。

⑩ "□□元元"，明《泰山志》卷二作"遂□元元"。

⑪ "罔忽厥□，□速于戾"，明《泰山志》卷二作"罔忽厥心，以速于戾"。

⑫ "□润"，明《泰山志》卷二作"日润万□"。

⑬ "□□"，明《泰山志》卷二作"涵濡"。

⑭ "□"，明《泰山志》卷二及《泰山图志》卷二俱作"颙"。

珍兽于遐□[①]。集百灵而□职，与□□而更始[②]。所谓□□□□景福[③]，云行雨施，不崇朝而遍天下者也。觐之明日，摭彝章，□先古[④]。太常陈诗而观俗，典礼同律而考度，正班爵之上下，阅市器之良窳。励守屏以□□[⑤]，章教条而咸举。既而振皇仪而旋轸，访儒宫而□□[⑥]，侵仁泽于遗□[⑦]，合凯□于下国。欢声□□溢[⑧]，□□□载扬。嘉气郁葱，拥宸舆兮归格。策勋饮至，霈□乐胥[⑨]。昭德垂休，邈乎无极。皇帝于是敷睿藻，纪云阙。始则推□□□纯锡[⑩]，终则让祖宗之显烈。羲画增丽，尧文浚发，□天经而昭布[⑪]，表日□而高扬。至于□□□之□□，□祀典之清芬。上则教尊于世，次而功施于民。形褒议而流永，增徽称而益振。焕乎宸制，镂之贞珉。信阙典而咸秩，垂圣范而□□□□哉[⑫]！怀庭之道，旷而复属；盘维之基，亘而弥远。□乎人和年登，而神降□告[⑬]。倪宽所谓帝王之盛节，抑亦天下之壮观。圣作物睹，不其伟乎！太史臣曰："主□有圣明而不宣布[⑭]，有司之过也。臣虔奉咫尺，参侍□□[⑮]，□□揭厉[⑯]，窃谓万一，虽不足究宣骏德，光大隆业，盖□

---

① "□"，明《泰山志》卷二作"邃"。
② "□□"，明《泰山志》卷二作"万物"。
③ "所谓□□□□"，明《泰山志》卷二作"所谓□□介尔"。
④ "摭彝章，□先古"，明《泰山志》卷二作"摭彝意，宪先古"。
⑤ "□□"，明《泰山志》卷二作"钦率"。
⑥ "□□"，明《泰山志》作"释奠"。
⑦ "□"，明《泰山志》卷二作"耆"。
⑧ "□溢"，明《泰山志》卷二作"洋溢"。
⑨ "□"，明《泰山志》卷二作"霑"。
⑩ "推□□□"，明《泰山志》卷二作"推后帝之"。
⑪ "□"，明《泰山志》卷二作"式"。
⑫ "而□□□□哉"，明《泰山志》卷二作"而惟新大矣哉"。
⑬ "□告"，明《泰山志》卷二作"之吉"。
⑭ "□"，明《泰山志》卷二作"上"。
⑮ "参侍□□"，明《泰山志》卷二作"恭侍圭币"。
⑯ "□□揭厉"，《全宋文》卷一八三作"礼容揭厉"。

尊□□辞[①]，炳灼于无穷□□[②]。□□□敢谨为颂曰[③]：

于穆我宋，受天明命。烈祖造邦，神宗继圣。灵旗指麾，洪基保定。神教诞敷，民德丕正。明明我后，集庆□□[④]。稽古立训，惟俭是宜。群方允迪，庶汇缉熙。天纵至圣，日用焉知。上天降鉴，□□□□。双觡恭□，□□□□。周伯□□，老人效灵。乾符坤珍，溢于祥经。上德不德，谦而益光。寅奉祖考，肃祇玄黄。天迪其德，盛历洪长。真介荐至，元符屡彰。济济多士，蚩蚩蒸民。填衢溢郛，集于紫宸。□启伊□，武功至仁。□□伊何，□□□□。□让不获，玄章□□。□命有位[⑤]，蒇事岱宗。虞巡效驾，周迈宣风。八极四海，云蒸霞从。岩岩鲁瞻，高轶乾宇。既祓既登，以禋以旅。二圣克配，三辰攸处。六变成文，□灵□□。苍璧玄酒，□□斋栗。肸蠁禋燎，飘飖钟律。翼日降□[⑥]。皇祇是出。允犹翕河，百神咸秩。禅之明日，乃严坛壝。于是肆覲，毖以陈仪。栓楯载列，虡业攸施[⑦]。俨尔珪组，翼乎熊罴。王公庶尹，再拜稽首。罄□□□[⑧]，上千万寿。□□钦哉[⑨]，一德斯懋。元首股肱，惟尔佐佑。庆泽遂敷，宥民赦狱。涣汗涵濡，滋液渗漉。洗涤颇类，□挥亭毒。施及夭胎，罔不生育。乃程律度，乃齐日时。升擢方谷，惩艾不祇。凡百有位，以悦以随。大礼克举，□□□□□乎哉！登灵封兮报玄功，禅厚地兮荐清衷。揭方明兮车服以庸，覃庆泽兮罘纲遂空，惟圣宋之光宅兮，与黄比崇。宜乎金声之，玉振之，万斯年兮无穷！

---

① “盖□尊□□辞”，明《泰山志》作“盖□□□尊石信辞”。

② “□□”，明《泰山志》卷二作“者也”。

③ “□□□敢”，明《泰山志》卷二作“臣尧叟”。

④ “□□”，明《泰山志》卷二作“重离”。

⑤ “□”，明《泰山志》卷二作“天”。

⑥ “□”，明《泰山志》卷二作“禅”。

⑦ “虡业”，明《泰山志》卷二、《泰山图志》卷二俱作“笋簴”，清《泰山金石志》作“簴簴”。

⑧ “罄□”，明《泰山志》卷二作“罄亿”。

⑨ “□□钦哉”，明《泰山志》卷二作“□日□哉”。

大中祥符二年七月十五日立。

翰林待诏、朝散大夫、国子博士、同正骑都尉臣尹熙古奉敕书并篆额。

右碑，连额高一丈一尺，广四尺四寸。额篆同题，八字，二行，字径四寸。碑文行书，共三十八行，行五十四字，字径一寸。勒坛基前，南向。碑断踣已久，乾隆癸酉邑令冯光宿复植之。孝廉李成鹏跋。其碑阴，案陈尧叟结衔，有颍川郡开国公，《宋史》不见于本传。尹熙古衔与裴瑀同，书法如出一手。

泰阴碑题名

〔明〕

文曰：钦差总理河道提督军务兵部左侍郎兼都察院右佥都御史万恭，钦差巡抚山东等处地方兼督理营田都察院右佥都御史傅希挚，巡按山东监察御史吴从宪题。

山东布政使司左布政使施笃臣，左参政刘孝、龙光，左参议蔡应阳，右布政使曹科，右参政鲍承阴、潘允瑞，右参议佘立，山东按察司按察使秦钫，副使李汶、刘庠、郭文和、王宗舜、何子寿、徐节、袁尊尼，佥事谢东阳、郭良、刘世赏、栗在庭，济南府知府平康裕，同知许际可，通判王之纲，推官谢廷采，泰安州知州李逢阳刻石。隆庆六年孟冬吉旦。

右，真书，勒阴字碑南面，吴从宪题。以上在泰阴碑三大篆之左，余俱在其右。监司参佥至数十人，亦足见明代设官之冗。吴从宪又有泰阴亭记碑，今与亭俱佚。

朝觐坛

〔元〕李简

朝觐当年筑此坛，旌旗影里簇仙班。只今惟有青山在，日暮孤云自往还。

会真宫

〔明〕萧协中

建礼栖真境，君王一驻骖。帐烟凝岱色，殿晓拂晴岚。翰墨留蝌蚪，宸游叩郁蓝。如何渐消歇，仙路杳重探。

东封圣制颂序

〔宋〕晏殊

皇帝御极之十二载，受灵贶，对休命。龙鸾丽藻，封勒于宝文；黼黻作绘，彰施于翠玉[①]。日中丽乎王字，天下布乎尧言，真圣明之述作也。有司稽铭岳之典，讲勒成之旧，寅威宝命，丕显祖烈，于是有《登泰山谢天书述二圣功德之铭》。神灵之府，肇建福庭，发生之宇，增闳严祀，于是有《九天司命青帝广生之赞》。鲁瞻为群岳之长，禹迹播千里之润，加隆徽号，彰明视秩，于是有《天齐王灵源之赞》。旌霸王之辅，畴制作之功，于是有《昭烈武成文宪王》之赞。怀柔百神，登秩群望，于是有《玉女泉石像之记》。几深极乎，《系》《象》《训》《诰》，示乎轨范。垂之日月，以宣景耀，刻于金石，以为表经。矧复仙毫炳蔚，鸿笔辉润，风云动色，造化为工。温珉华玉，镂若飞之翰；石壁金记，垂不朽之制。所为躬列辟之能事矣。古者縢书秘语，纪号专美，而陛下顺命昭孝；古者金箧玉策[②]，迎年探寿，而陛下祈福庇民。彼西弇纪名，之罘刻颂，风声逖听，不其恧欤。

山川坛东南，为唐封祀坛故址，即唐乾封元年封太山为圜坛于山南四里，号封祀坛，旋名舞鹤台。开元时，亦坛于此。坛北旧有白骡冢。《开天传信记》：上将登封泰山，益州进白骡。洁朗丰润，权奇伟异，上遂亲乘之，柔习安便，不知登降之倦也。告成礼毕，复乘而下。才下山坳，休息

① “玉”，《全宋文》卷三九八作“琰”。

② “箧”，《全宋文》卷三九八作“縢”。

未久，而有司言白骡无疾而渍。上叹异之，谥曰“白骡将军”。命有司具槥椟、叠石为墓，在封祀坛北一里许，于今存焉。《泰山小史》谓：在岳阳，碑记冢迹尚存。旧《县志》云：今在红门东。然《道里记》云：红门东有丰碑断踣，趺下磨灭无字。惟碑额棱上有“垂拱元年月廿五造二年五月”十二字。碑侧犹存宋人题识：“当日东封安在哉，茫茫今古泯尘埃。”字句可读。覆视碑底有行书，字影差小，隐隐莫辨。意即《金石录》所云：高宗登封纪号文，行书小字，立碑山下者，其曰垂拱，或又武后补刻，然断非《白骡冢记》也。未审萧协中所指即此碑不？要以《传信记》证之。白骡冢当在城东南，失其处矣。城东南三里，为奉符故城。

祀封禅颂碑[①]

〔唐〕

文曰：皇帝六叶，开元神武皇帝再受命，致太平，乃封岱宗，禅社首，凿石纪号。天文焕发，儒臣志美。立碣祠坛，曰：厥初生人，俶者君臣。其道茫昧，其风朴略。因时而欻起，兴运而纷落，泯泯没没无闻焉。尔后代圣人取法象，立名位，衣裳以等之，甲兵以怛之[②]，于是礼乐出而书记存矣。反其源，致敬乎天地；报其本，致美乎鬼神。则封禅者，帝王受天命告成功之为也。阅曩圣之奥训，考列辟之通术，畴若天而不成，曷背道而靡失。由此推之，封禅之义有三，帝王之略有七。七者何？传不云[③]：“道德仁义礼智信”乎！顺之称圣哲，逆之号狂悖。三者[④]：一，位当五行图录之序；二，时会四海升平之运；三，德具钦明文思之美。是谓与天合符，名不死矣。有一不足，而云封禅，人且未许，其如天何！

---

① “祀封”，《全唐文》卷二百二十一作“封祀”。

② “怛”，明《泰山志》卷二、《岱史》卷八俱作“垣”。

③ “云”字后，《全唐文》卷二百二十一有“乎”字。

④ “者”字后，《全唐文》卷二百二十一有“何”字。

言旧史者，君莫道于陶唐虞舜，臣莫德于皋陶稷卨。三臣降德[①]，皆有天下。仲尼叙帝王之书，系周秦之誓[②]，明鲁祀周公用王礼，秦承伯益接周统。孔圣微旨，不其效欤！然秦定天下之功高，享天禄之日浅，天而未忘庭坚之德也。故大命复集于皇家，天之赞唐不惟旧哉！其兴之也，元灵启迪，黄祇顾怀，应归运以义举，抚来苏以利见。汤也[③]，无放夏之惭；武也，无伐殷之战。高祖创业，四宗重光，德有格天漏泉[④]，蒸云濡露，菌蠢滋育，氤氲涵煦。若天地之覆载，日月之照临。溥有形而归景[⑤]，罄无外而宅心，百有八年于兹矣。皇帝攘内难而启新命，戴睿宗而缵旧服。宇宙更辟，朝廷始位，盖羲轩氏之造皇图也。九族敦序，百姓昭明，万邦咸和，黎人于变。立土圭以步历，革铜浑以正天，盖唐虞氏之张帝道也。天地四时，六官著礼，井田三壤，五圻成赋，广九庙以尊祖，定六律以和神，盖三代之设王制也。武纬之，文经之，圣谟之，神化之，然犹战战兢兢，日慎一日。纳规诲以进德，遂忠良以代工。讲习乎无为之书，讨论乎集贤之殿。宠勇爵，贵经明，翼乎鹓鸾之列在廷，毅乎貔豹之师居鄙。人和旁感，神宝沓至。乾符坤珍，千品万类。超图溢牒，未始闻记。我后以人瑞为心，不以物瑞为意。王公卿士，俨然进曰：休哉陛下，孝至于天，政合乎道。前年祈后土，人获天穰[⑥]；间岁祀圆丘，日不奄朔。感祥以祈圣，因事以观天，天人交合，其则不远。意者乔丘扫路望翠华之来[⑦]，上帝储恩，俟苍璧之礼久矣，焉可专让而废旧勋？群臣固言[⑧]，至于再，至于三。帝乃挹之曰：钦

① “降”，《全唐文》卷二百二十一作“备”。
② “周”，《全唐文》卷二百二十一、《泰山述记》卷六俱作“鲁”。
③ “汤”，《全唐文》卷二百二十一作“濩”。
④ “德有”，《全唐文》卷二百二十一作“有德”。
⑤ “归”，《全唐文》卷二百二十一作“希”。
⑥ “天”，《全唐文》卷二百二十一作“大”。
⑦ “丘”，《全唐文》卷二百二十一作“岳”。
⑧ 《全唐文》卷二百二十一句后有“勤帝知罪”四字。

崇天道，俯率嘉话，恐德不类，敢惮于勤，其撰巡狩之仪，求封禅之故。既而礼官不戒而备，军政不谋而辑。天姥练日，雨师洒道，六甲案队，八阵警跸。孟冬仲旬，乘舆乃出，千旗云引，万戟林行，霍濩磷烂[①]，飞焰扬精，原野为之震动，草木为之风生。历郡县，省谣俗，问百年，举百祀，兴坠典，葺阙政。攸徂之人，室家相庆，万方纵观，千里如堵，城邑连欢，邱陵聚舞。其中垂白之老，乐过以泣，不图蒿里之魂，复见乾封之事。尧云往，舜日还，神华灵郁，烂漫乎穹壤之间。是月来至于岱[②]，祇祓斋宫，涤濯精室，凝神元览，将款泰一[③]。

议夫泰山者，圣帝受天官之宫，天孙总人灵之符[④]，自昔立国莫知万数。克升中而建号，惟七十而有五。我高宗六之，而今七矣。非夫尊位盛时，明德旷代，辽阔难并之甚哉！先时将臻夫大封也，累封疆于高岗，筑泰坛于阳趾。夫其天坛三袭，辰陛十二，咸秩众灵，列坐有次，崇牙树羽，管磬镛鼓，宫县于重壝之内；干戚殳殳，钩戟戣戳，周位于四门之外。伐国重器，传代绝瑞，旅之于中庭；玉辇金毂，翠冒黄屋，夹之于端路。庶官百辟，羌彝蛮貊，褒成之后，让王之客，序立于礼神之场。髦头弩牙，铁马金族[⑤]，介胄如雪，旗帜如火，远匝于清禁之野。于是乎，以天正上元，法驾徐进。屯千乘于平路，留群臣于谷口[⑥]。皇帝御六龙，陟万仞，独与一二元老执事之人，出天门，临日观，次沆瀣，宿巉岩，赤霄可接，白云在下。庚寅，祀高祖于上封，以配上帝；命众官于下位，以享众神。皇帝冕裘登坛，奠献俯偻。叶金奏，佾羽舞，撞黄钟，歌大吕，开阊

① “磷”，《岱史》《泰山金石志》俱作“灿”。
② “岱”字后，《全唐文》卷二百二十一有“宗”字。
③ “一”，《全唐文》卷二百二十一作“乙”。
④ “符”，《全唐文》卷二百二十一作“府”。
⑤ “族”，《全唐文》卷二百二十一作“镞”。
⑥ “口”，《全唐文》卷二百二十一作“口”。

阖，与天语。清将信公，奉斗布度，懋建皇极，勤恤苍生。昭嘏乎未兆[1]，禳灾乎未萌。上下传节，而礼成乐遍；福寿同归，而帝赐神策。乃检玉牒于中顶，扬柴燎于高天。庶忠诚之上达，若凭焰而驾烟。日辔方旋，神心余眷。五色云起，拂马以随人；万岁山呼，从天而至地。越翼日，尊睿宗，侑地祇而礼社首，遂张大乐，觐东后。国风惟旧，无黜幽削爵之诛；王泽惟新，有眚灾大赉之庆。不浃日，至化洽于人心；不崇朝，景福遍于天下。然后藏金匮于祏室，回玉鸾于上都。煌煌乎，真圣朝之能事，而高代之盛节者也。于斯之时，华戎殊俗，异音同叹曰：兵和多雨，山峻多云，岂有大举百万之师，克期千里之外。及行事之日，则天无点翳，地无纤尘，严冬变为韶景[2]，寒风郁为和气[3]，非至德其孰能动天如此其顺者乎！昔人云：自西自东，自南自北，无思不服。今信知圣人作而万物睹，其心服之之谓矣。或曰祭泰折主先后，非礼欤。曰是礼也，非宜也。王者父事天，母事地，侑神崇孝，无嫌可也。且夫柴瘗外事，帝王主之；蒸尝内事，后妃助之。是开元正人伦，革弊礼，起百王之法也。故令千载睋末光，聆绝韵，咀甘实，漱芳润，烁元妙之至精，流不已之淑声。臣说作颂，告于神明。四皇坟而六帝典，虽吉甫以莫能名。徒采彼舆人之诗曰：大矣哉，维天为大，惟皇则之。率我万国，受天之祺。子孙百代，人神共保，绥之云尔而已矣。

开元十四年张说撰。《岱史》云在城南四里舞鹤台。今佚。

奉符故城

〔国朝〕王士正

我行奉符城，不见昆仑迹。何处仙人闾，青山绕长陌。惟闻党竹溪，

① “嘏”，《全唐文》卷二百二十一作“假”。
② “景”，《全唐文》卷二百二十一作“熹”。
③ “风”，《全唐文》卷二百二十一作“谷”。

仿佛南村宅。

论曰：蒙尝步循环道，下谛泉源，玩岩壁诸胜。观小龙峪以北水皆入黄西河，而中溪梳洗河，且汇东南麓之堰岭河，知岱固枕艮而履坤矣。下黄岘，中溪乃夹道左右，助林峦奇俊。读《山海经》：环水出泰山下，南流入江。《水经注》：环水出泰山南，溪南流，历中庙两阶间。中溪，盖环水也。今城东郊中溪经流有环水桥，为明孝廉张虎所建云。

登泰山杂诗四首

〔明〕张鲲

岩岩亭上聊容与，崖岫光摇楚客袍[①]。何处仙人吹铁笛，隔溪童子荐樱桃。

世上夭桃开二月，出门争道看花迟。白云洞口桃花树，晚节开花人不知。

玉虚宫殿元孤秀，夜半探奇独自行。玄鹤遥闻乘月度，白云近见与沙平。

山灵近带千峰雨，海水遥分万里风。将向海门观海市，竟辞仙碣下仙宫。

泰山雪后

姚奎

晓天红日放高晴，小坐山舆踏雪行。冻树裹花春有迹，寒溪结玉水无声。烟销绝顶群峰露，风度虚岩万籁生。老衲云深知我过，数声清磬出松迎。

---

① “崖”，明汪子卿《泰山志·登览》作“岩”。

泰山道中

于慎行

地僻尘踪少，山深石路斜。雨中过佛院，云里见人家。雊雉飞春麦，啼莺绕落花。流亡今欲尽，几处有桑麻。

下岱

刘敕

不浅登临兴，千峰任意攀。黄花明古戍，红树点秋山。野色供诗料，村沽破客颜。莫言行李尽，满载岱云还。

泰山道中晓行

谭性教

灯火照山扃，云霞朝岱灵。河缠梁父白，月落丈人青。烟井迷春树，冰澌乱晓星。钟声佛寺远，犹喜隔林听。

晚晴过岱下

〔国朝〕赵执信

烟披岳麓翠帷张，雨浥春畴细草香。人带断霞过小渡，鸟衔飞絮入斜阳。鞭丝帽影垂垂远①，日观天门望望长。岭半桃花陇头麦，肯输物色与江乡。（自注：时将之江南）

泰山道中遇雨

余寒和晓色，客路转氛氲②。五汶入春雨，千山行岱云。尘消容马健，

---

① “丝”，朱孝纯《泰山图志·艺文二》作“系”。

② “氛”，朱孝纯《泰山图志·艺文二》作“氤”。

绿净向天分。未拟成归梦，今宵遮莫闻。

云中望岱[①]

施闰章

碧海烟归尽，晴峰雪半残。冰泉悬众壑，云路郁千盘。影落燕齐白，光连天地寒。秦碑凌绝壑[②]，杖策好谁看。

泰安道中

吴象弼

肤寸瞻何处，苍茫合暮烟。秋声秦爵树，沙路鲁归田。闻说徂徕宅，犹存庆历年。停车正东望，凭吊一流连。

过岱

唐芳第

石棱荦确车欲倾，黄头奴子扶轮行。绿树丛中残月落，青山缺处朝曦生。一片白云恣荡漾，须臾岩壑呈万状。当年浪指出封中，山灵大笑层霄上。神房远摄绛节朝，灵风一度松萧萧。我支短筇临绝顶，霞空缥缈闻仙璈。今来驱车使东去，山怜我老留莫住。红桂花繁不寄书，青娥玉女归何处。荒邈空传七十君，眼前登陟徒纷纷。白头未上东封颂[③]，秋雨销沈碧简文。

曾登岳麓一首

冯溥

曾登岳麓宴天门[④]，缥缈霓裳醒梦魂。跨鹤仙人传玉斝，骖鸾侍女奉

① 该句，朱孝纯《泰山图志·艺文二》作“雪中望岱岳”。
② “壑”，朱孝纯《泰山图志·艺文二》作“壁”。
③ “未”，朱孝纯《泰山图志·艺文二》作“懒”。
④ “宴”，《泰山图志》作“燕”。

金根。秦松龙蜕鳞含雨，汉碣苔封篆有痕。欲溯沧桑寻往事，海波澎湃涌朝暾。

泰安道中晓雾

朱彝尊

苦雾滴成雨，平林翳作峰。不知岩际寺，恰送马头钟。汶水已争渡，泰山犹未逢。忽惊初日跃，远近碧芙蓉。

望岳

沈德潜

大造爱奇崛，产兹东海间。五方群长岱，九宇总无山。青帝灵难接，天门路可攀。何须凌绝顶，胸已隘尘寰。

岱路中作

吴雯

入山不五里，景色凄以繁。泉绕汉祠外，雪明秦树根。凉飔晓藤落，斜日溪禽暄。悠悠游子心，对之转忘言。时序既以殊，宁不感乡园。马上重叹息，带暝投孤村。

泰安道中

孔传枞

东风拂面柳枝低，宛转溪山路欲迷。十里桃花新遇雨，夕阳遥映鲁门西。

岱览卷第十四

分览三（卷十四）

岱阳之东图

岱阳之东

松岩　延坡岭　摩天岭　小津口　谢过城　明堂泉　鹁鸽崖

故县村　总论

岱阳之东

岱可分乎？曰：不可。此何以分？综阴阳四隅而划为六也。自南天门而南，既分为岱阳矣。其东之分，何始乎尔？曰：自松岩始。曷为自松岩始？岳势上锐下博，对松山而北无分支。松岩者，对松山之东岭也。老松盘郁，硉嵂临绝壑。西北有娄子洞，危险深僻。娄子者何？传为汉“脱挽辂”之娄敬隐是。《泰山小史》又有娄敬洞，云在岳顶西百里，盖传述之异也。

南为马鞍山，两峰翘起如鞍。祝鸡寨在其西南，西与岱阳老人寨接，石嶂从衡六七里，古有翀鸡老人栖此，盖不减尸乡翁矣。寨颠洼处如凿，泉濆沸而出，旋折而下，奔泻数十丈，曰悬淙，南流入双沟。其南五里，巨石紫润，曰肝华石。又南为石练陁，碕盘曲磴。上有飞湍，下则双沟夹之，南流。偶扶楖栗来，坐盘陁，令人忆中泠南畔也。双沟者，东溪之滥觞也。东南为东溪山。

娄敬洞

〔明〕萧协中

西都定鼎君谋远，公主和亲汉策非。却喜封侯身便隐，洞门云去鹤同归。

东溪山，一名延坡岭。延坡者何？横倚如案，曲阿曼延。延坡则何以岭名？土迤而势峻也。《管子·形势篇》云：太山，山之高者。虽有小隈，无以为深。又曰：太山之隈，奚有于深？故坡而亦岭也。曷为谓之东溪？双沟挟岭北诸谷水，东南流注艾峪，又注栗子峪。相距四五里，至栗子峪乃南流，与堰岭河入中溪者别。岭南为杨老坞，《岱史》称杨老园，岭崖岌嶪，而上衍沃可圃。《酝檀集》诗所云“山径仄石欹，荒圃晴烟曙”也。杨老，不知何许人，昔尝避地于此。

又南为摩天岭。摩天岭何以名？自松岩逶迤而下，独厓峨耸立，迥凌碧穹，云叶分飞，腾霄赴壑，势无停机，故一名争云峰。又南为屏风岩，参差排比，望之如屏。岭岩之间，横沟涌流，东导南折，径凌汉寨。西曰堰岭河，河腹双泉溃泏，汇为金牛湾。东南至凤皇村东，青龙泉自北会之，又西南入中溪梳洗河。《府志》云：其地水泉甚多，惟青龙泉有石刻三字可记。岩西有四阳庵，一名潜仙，旧址在其西南。明万历初，萧尚书大亨为道士柴慧庵移建于此。庵南石窍滴乳，曰福泉。《泰山小史》云：山势嶒嶙，石情陡削，与三阳庵相峙，莱蒙诸峰[①]，一盼可收[②]。《纪胜》云：岱麓左腋，幽静萧瑟，为黄冠烧炼之所。游览者舍旃弗顾，僻故也。惟僻故胜，南望徂徕，若几案可凭式，庶几竹溪六君子之遗风，犹有存焉。又南为回龙峪，水东南流，回缭笔架石，径岱道村入堰岭河。《宋焘记》云：叠嶂环列，一水潆曲，大有武陵风景。笔架石者，状如扈班，故名。自松岩至此，皆以次而南矣。

四阳庵

〔明〕萧协中

莱蒙遥望覆青霞，万井千峦点暮鸦。虽无林樾妆生色[③]，鲜绿苔苍遍地花。

堰岭河，非东溪而列东麓，何？水注中溪，山峙巽岨也。然则东溪之注栗子峪者，何所汇？曰南径小津口，东西两椒山夹之。《记》所谓两山之间，必有川焉。水东南流入蚕滋峪，又南至沙沟入汶。延坡岭之东南分者，自是讫于明堂泉也。距椒山东八里为杏山，满山花发，烂如赤城，故有餐霞洞。下为王老峪，土阜高旷。又西南为水泉峪，入沙沟。椒山西南为椒子峪，有杏园。艾、栗、椒、杏所在多有，何以名？《周礼》：丘陵，植物宜核。兹以所宜草木名也。其南为傅家村，旁有巨石，上浮如舫，曰石舟。

① “峰”，《泰山小史·四阳庵》作“景”。

② “盼”，《泰山小史·四阳庵》作“眄”。

③ “虽”，《泰山小史·四阳庵》作“庵”。

较白龙池之石舟，更为完具。又南为谢过城故址。

石舟

〔明〕萧协中

火里开金莲，岩前驻石舫。藏壑事更奇，叩舷发深想。鼓浪蹙崩沙，停桡牵宿莽。千载谁扬舲，我欲附攸往。泛览周五湖，青冥恣滉漾。乘风归去来，飘然谢尘鞅。

谢过城者何？宋刘敞云：颊谷之会，圣人相之，齐人震惧，归地谢过，城名盖本此。则未知其为鲁所筑与？齐所筑与？杜预云：齐人服义而归鲁田。家铉翁云：《春秋》书取不言归，以其仗大国而得归，如取济西、取汶阳是也。书归不言来归，以其请之而后得，如归济西，归讙及阐是也。惟郓、讙、龟阴之归，书齐人来归，言自以故地来归，非假兵力，智计而得之。圣人道化所感，强暴为之革心，有莫知其然而然者。左氏所载，兹无还之对，陋矣。赵匡、黄仲炎辈皆极辨莱人兵劫，无还揖盟之诬，以为非绥动神化气象。夫圣人化暴为仁焉，用筑城以章邻过。意者，齐景深悔侵伐，力敦信睦，而藉委土为师保乎。今雉堞全隳，台隍无迹。过其虚者，虽樵牧皆能言之。盖圣人德化，千载如一日矣。然则归田安在？曰郓、讙稍缅，龟阴伊迩。

今郡城东南二十二里，有横步，类灵蠵，曰龟阴埠。曷为谓之龟阴？《水经注》：博县北有龟山，山北即龟阴之田是也。孔子《龟山操》云：我欲望鲁兮，龟山蔽之。手无斧柯，奈龟山何？盖痛季氏之擅鲁也。今此山直部娄耳，亦濯濯矣，不见蔽亏之势。西南石浮屠五级，曰圣塔。盖遇旱干水溢，祷辄应。金明昌时，村人李德元等建。博县者何？汉所置邑，非鲁哀公会吴伐齐所克之博也。龟山南三里有城基，相传汉博县故城。《汉书·地理志》：博，有泰山庙，岱山在西北。《后汉·郡国志》：博有龟山。《左传》定十年：齐归龟阴之田。杜预曰：田在西北。《春秋大事表》云：杜注阐、讙、龟阴皆汶阳田。泰山博县北有龟山。案：博为今之泰安府，龟山在新泰县之西南，泗水县之东北，与泰安府境相接。其东有天封寺，旧号郭头寺，宋祥符始额“天封”，金大定时重修。夹谷，即今莱芜夹谷峪。《名胜志》以为齐鲁所会，并附识以备考。谢过城迤东里所，为汉明堂，有明堂泉。

重修天封寺碑

〔金〕

文曰：泰安东南三十里，得故废县，曰古博城。在唐为乾封，宋开宝间移治岳祠下，居民从之，而县废焉。城西南隅，有寺，号郭头，地故沮湿，诸僧乘其闲旷而迁之今地。祥符有事泰山，更以“天封”为额。季末丧乱，毁撤荡然，仅存其殿像。皇朝既定山东，寺僧曰道先，始还其下，结茅数楹，以奉香火。埽除而修旧，起废之力未给也。皇统赐度，而先之徒受具者凡七人，其名法越者，则先之上足也。先既老，乃以寺事付越主之。越幼乐事佛，父母不能夺，听其出家。能攻苦食淡，以庄严作佛事，衣盂之资，一钱无所蓄。自其斯时[①]，日营月葺，积所得材以为讲堂，为僧居，为厨库，与夫夏腊朝夕，器用之宜有者悉具。又以前殿规模故狭[②]，不足以称，乃更度为高广，尽撤其旧，并与像设皆新之。越既以淳质精苦为乡人信向，凡杖锡所至，魔皆为檀，瑰章钜材，无不乐施。有资者助财，有力者致功。更舍所有，不远而至者相属也。于是回檐四合，不日崇起，落成于明年。越属余妇翁石震抵书京师，求文以为记。余昔家徂徕之下，而游于所谓天封者旧矣。盖尝下第归过而托宿焉。醉卧僧榻上，夜半，若有人掖余者三，且言曰：前路通矣，何为醉且眠？殆梦也[③]，寤而甚异之。是时，

① “斯”，原碑作“师”。

② “又”字前，原碑有“既”字。

③ “梦”字后，原碑有“而非梦”三字。

独一老僧宿东庑下，诘旦，告以其故。老僧笑曰：是伽蓝神也。异时神甚灵，寺之僧童有不力者，神必以疾痛苦之，至悔谢乃已。间亦警人以来事，子其或者为神警乎？审如神言，子固非久滞者，行矣勉之！余亦漠然未之信也。其后余登科第，始记神言有征。欲书其事于石，以答神意，盖久而不果。今幸得以附见于记，其尚何辞！故书以遗之。又并告之曰：凡有为之法，其废兴成坏，固自有数。然其兴而成之，则必在人。今越之于兹，缘用心既专，致力既勤，故能废者复兴，而坏者复成。盖专则一，勤则精，精一而可以入道，况其余乎！诚进而不已，于其道未可量也[①]。后之人能如是之专且勤[②]，守其已成而无使弊坏，则善矣。不然，其不为神所苦者幸焉，况其道乎？呜呼！佛之所以为佛，亦曰“精进”而已哉！殿之役，始于大定十七年夏，而成于十八年之秋，像之工，则复七年而后毕焉。助缘□力者：乡人李元、王桐、王法、景云、越族徐氏，盖其里人也。

二十四年冬十有一月初三日记。

右碑，为党怀英撰并八分书，勒旧县村天封寺中。

石塔记

文曰：古博城北三里许，有横埠隆隆亘于东南。状类龟伏，而禾塍周之，《传》称“龟阴之田”即此。上建小塔五级，人曰“圣塔”。由来莫考，盖必前民旱干、水溢，祈而辄应之所也。塔旧造以瓦，今甃以石。工费之资，悉出于合乡之解橐破囊者。人心好施，无非圣塔之灵感。继自今而往，凡荷锄负耒播种于斯埠者，庶咸知勿翦而勿败云。

时明昌三年三月十有六日，泰山三溪逸人安升卿记。

右，真书，勒石塔壁间。记后有建塔人李德元等姓名。

① “于其”，原碑作“其于”。

② “是”，原碑作“越”。

龟山操

〔唐〕韩愈

龟之气兮，不能为雨。龟之枿兮，不中梁柱。龟之大兮，祇以奄鲁。知将隳兮，哀莫予在。周公有鬼兮，嗟余归辅。

汶阳田

〔明〕萧协中

赐履分茅事可稽，何缘归鲁复归齐。纷纷予夺迷蕉鹿，此日平畴雨一犁。

泉曷为以明堂名？艾峪水自北来，汇汉明堂遗址侧，西折而南流，因名。曷为谓之汉明堂？别于周明堂也。《汉书·地理志》：奉高，有明堂，在西南四里，武帝元封二年造。《史记》：泰山东北址，古时有明堂，处崄不敞。上欲治明堂于奉高旁，未晓其制。济南人公王带上黄帝时明堂图，图中一殿，四面无壁，以茅盖之。通水，环宫垣。为复道，上有楼，从西南入，名曰昆仑。天子从之入，以拜祀上帝焉。于是上令奉高作明堂于汶水，如带图。及五年修封，则祠太一、五帝于明堂上坐，令高皇帝坐对之。祠后土于下房，以二十太牢。天子从昆仑道入，拜明堂，如郊礼。礼毕，燎堂下。而上又上泰山，自有秘祠其巅。而泰山下祠五帝，各如其方，黄帝并赤帝，而有司侍祠焉。山上举火，下悉应之。其后二岁，十一月甲子朔旦冬至，推历者以本统，天子亲至泰山。以十一月甲子朔旦冬至日，祠上帝明堂，毋修封禅，其赞飨曰：天增授皇帝太元神策，周而复始，皇帝敬拜太一。《后汉书》：章帝元和二年，东巡至泰山，宗祀五帝于汶上明堂，光武帝配。明日，告祠二祖、四宗于明堂，各一太牢。安帝延光三年亦如之，皆在于此。

案：《吕氏春秋》曰：周明堂，茅茨、蒿柱，土阶三等，以见俭节也。蔡邕《明堂篇》曰：水环四周，言王者动作法天地，德广及四海，方此水也。《东京赋》云：复庙重屋，八达九房。薛综注云：八达，谓室有八窗，堂后有九室，所以异于周制。王隆《汉官篇》曰：是古者清庙茅屋。胡广曰：古之清庙，以茅盖屋，所以示俭也。今之明堂，茅盖之，乃加瓦其上，不忘古也。然则带所上图，亦犹行古之道与！宋章俊卿论云：汉武时，公王带所上明堂图，杨氏《祭礼·明堂篇》以其不经见而削之。然其所言“茅盖、通水”与《大戴礼》所记略同。又《考工记》所言：夏后世室，殷人重屋。周人明堂，其制大概由质而趋于文，由狭而趋于广也。由是推之，黄帝时无明堂则已，苟有之，则一殿无壁，盖之以茅，正太古俭朴之制。

又案：武帝欲求仙延年，方士之谬诞者，多假设黄帝之事以售其说。如所谓修五城、十二楼、封名山，栖万灵于明廷，采首山铜铸鼎之类，皆矫诬夸大，以迎合时主之侈心。独公王带所上明堂之制，乃简朴如此。虽不经见，然亦可以稽千门万户之失。固未可以其言之并出于封禅求仙时，而例黜之也。汉距今数千年矣，遗迹犹有存焉者乎？曰：有。《水经注》云：古引水为壁雍处，基渎存焉。《岱史》云：其地舒衍，突起石冈，巅平。高四丈许，周约三亩。后枕岳麓，支山如扆障，左右如卫从。溪水潆洄，南会于汶。遥望徂徕诸山，如列屏案，当时朝会之规宛在。元人题刻“明堂故基”四字，今佚。乾隆辛卯御制《汉明堂诗》勒碑其上。

明堂泉奚所注？曰：经流为十里河，总名东溪。由泮归汶，泉之所注也。

汉明堂

〔明〕萧协中

汉室东巡帝，明堂肇有虞。天开新礼乐，地擅胜规模。玉砌风云壮，雕梁日月扶。万方徵瑞合，四海缀凫趋。鲁俗临轩问，华封借岱呼。岂知穷岁月，争惜渐榛芜。绝壑水空碧，荒壇石蔓枯[1]。重来已千载，遗构记雄图。

---

① “石蔓”，《泰山小史》作“蔓石”。

东溪

闲看罨画水澄溪，岳色西倾树影低。流出前村幽赏足，一湾春晓碧琉璃[①]。

明堂议

〔唐〕孔颖达

臣伏寻前敕，依礼部尚书刘伯庄等议[②]，以为从昆仑道上层祭天。又寻后敕云：为左右阁道，登楼设祭。臣检六艺群书、百家诸史，皆未闻台观重楼之上而有堂名[③]。《孝经》云：宗祀文王于明堂。不云明楼、明观，其宜一也[④]。又明堂法天，圣王示俭。或有翦蒿为柱，葺茅作盖。虽复古今兴制[⑤]，不可恒然，犹依大典，徵于朴素[⑥]。是以席惟藁秸，器上陶匏[⑦]。用茧栗以贵诚，服大裘以训俭。今若飞楼架迥[⑧]，绮阁凌云，考古之文，实堪疑虑。案《郊祀志》：汉武明堂之制，四面无壁，上覆以茅。祀五帝于上座，祀后土于下房。臣以上座正谓台上，下房惟是台下。即云无四壁，未审伯庄如何上层祭神[⑨]、下有五室。且汉武所为，多用方士之说，违经背正，不可师祖。又卢宽等议云：上层祭天，下堂布政，欲使人神位别，事不相干。臣以古者敬重大事，与接神相似。以朝觐祭祀[⑩]，皆在庙堂，岂有楼上祭祖、

① “晓”，《泰山小史》作“绕”。
② “书”字后，《旧唐书·礼仪志》有“卢宽国子助教”六字。
③ 该句，《旧唐书·礼仪志》作“皆名基上曰堂，楼上曰观，未闻重楼之上而有堂名”。
④ “宜”，《旧唐书·礼仪志》作“义”。
⑤ “兴”，《旧唐书·礼仪志》作“异”。
⑥ “徵于”，《旧唐书·礼仪志》作“惟在”。
⑦ “上”，《旧唐书·礼仪志》作“尚”。
⑧ “迥”，《旧唐书·礼仪志》作“道”。
⑨ “如何”，《旧唐书·礼仪志》作“以何知”。
⑩ “以”字前，《旧唐书·礼仪志》有“是”字。

楼下视朝？阁道升楼，路便窄隘。乘辇相仪[①]，接神不敬[②]。步往，则劳曳圣躬。侍卫在傍，有司供奉，求之典诰，全无此理。臣非敢固执愚见，以求已长。伏以国之大典，不可不慎。乞以臣言下群臣详议。

明堂议

魏徵

明堂之作，其所由来远矣。爰自轩唐，逮乎秦汉。有损有益，或异或同。记述参差，莫能详究。今稽诸诂训，参以旧图。其上圆下方，复庙重屋。百虑一致，异轸同归。洎当涂膺箓，未遑斯礼。典午聿兴，无所取则。裴顾以诸儒持论[③]，异端蜂起，是非舛互，靡所适从。遂乃以人废言，止为一殿。宋、齐即仍其旧，梁、陈遵而不改。虽严配有所，祭享不匮，求之典则，道实未宏[④]。何者？夏禹哲王，致美于祭服。周公大孝，备物于宗祀。圣人之教，夫岂徒哉？然则身处卑宫，神居重屋，斯岂苟求壮丽，崇饰华侈？固亦致之，尊亲之道，因高事大之义，求其远趣，非无深旨。盖以神本虚元，无声无臭。视之不见，听之不闻。既杳冥而莫测，故广袤之度罔知。夫孝因心生，礼缘情立。心不可极，故备物以表其诚。情无以尽，故饰宫以扩其敬[⑤]。宣尼美意，其在兹乎！自五帝迄今，代有损益。宫室制度，每越旧章。重屋规模，独亏前典。文祖过土阶之俭，世室逾卑宫之陋。配天致极，理必未安。伏惟陛下，以上圣之英灵，承皇天之眷命，一六合而光宅，得万国之欢心。九译之贡既陈，明堂之位仍阙。永言殷荐，诚感自中。臣等亲奉德音，令参大议。思竭尘露，微增山海。凡圣人有作，义重

① “相仪”，《旧唐书·礼仪志》无此二字。
② 该句前，《旧唐书·礼仪志》无“则”字。
③ “顾”，《旧唐书·礼仪志》第二作“頠”。
④ “宏”，《旧唐书·礼仪志》第二作“弘”。
⑤ “扩”，《旧唐书·礼仪志》第二作“广”。

随时。万物斯睹，事资通变。若据蔡邕之说，则至理失于文繁；若依裴顾所为[①]，则大体又伤于质略。求之情理，未允厥中。今之所议，非无用舍。请为五室重屋，上圆下方，既体有则象，又事多故实。下室备布政之居，上堂为祭天之所。人神不杂，礼亦宜之。其高下广袤之规，几筵尺丈之制，则并随时立法，因事制宜。自我而作，何必师古。廓千载之疑议，为百王之懿范。不使泰山之下，惟闻黄帝之法。汶水之上，独称汉武之图。则通乎神明，庶几可俟。子来经始，成之不日。谨议。

明堂议

颜师古

明堂之制，爰自古昔，求之简牍，全文莫睹。肇起黄帝，降及有虞，弥历夏殷，迄于周代。各立名号，别创规模，众说舛驳，互执所见。巨儒硕学，莫有详通，斐然成章，不知裁断。究其指要，实布政之宫。徒以战国纵横，典籍废弃。暴秦酷烈，经礼湮亡。今之所存，传记杂说。用为准的，实亦无昧。然《周书》之叙明堂，纪其四面，则有应门、雉门。据此一途涂[②]，固是王者之常居耳。其青阳、总章、元堂、太庙及左个、右个，与四时之次相用[③]，则路寝之义，足为明证。《文王居明堂》篇：带以弓韣，礼于高禖，九门磔攘以御疾疫，置梁除道以利农夫，令国有酒以合三族。凡一事等[④]，皆合《月令》之文。观其所为，皆在路寝者也。《戴礼》：昔周公朝诸侯于明堂之位，天子负斧扆南向而立。明堂者，明诸侯之尊卑也。《周官》又云：周人明堂，度九尺之筵，东西九筵，堂一筵。据其制度，即大

① “顾”，《旧唐书·礼仪志》第二作“颇”。

② “涂”，《旧唐书·礼仪志》第二作“堂”。

③ “用”，《旧唐书·礼仪志》第二作“同”。

④ “凡一事等”，《旧唐书·礼仪志》第二作“凡此等事”。

寝也。亦曰[1]：黄帝曰“合宫”，有虞氏曰“总章”，殷曰“阳馆”，周曰“明堂”，斯皆路寝之徵，知非别处。《大戴》所说，初有近郊之言，复称文王之庙，进退无据，自为矛盾。原夫负扆受朝，常居出入，既在皋库之内，亦何云于郊野哉?《孝经传》云：在国之阳，又无里数。汉武有怀创造，询于搢绅，言论纷然，终无定据，乃立于汶水之上而宗祀焉。明其不拘远近，亦无方面[2]。孝成之代，表行城南，虽有其文，厥功靡立。平帝元始四年，大议营创。孔牢等乃以为明堂、辟雍、大学，其实一也，而有三名。金裒等又称经传无文[3]，不能分别同异。中兴之后，蔡邕作论，复云明堂、太庙，一物二名。郑玄则[4]：在国之阳，三里之外。七里之内[5]，景巳之地。颖容《释例》亦云：明堂、太庙，凡有八名，其体一也。苟立同异，竟为巧说。并出乎胸怀，曾无师祖。审夫功成作乐，治定制礼[6]，草创从宜，质文递变。旌旗冠冕，今古不同。律度权衡，前后不一。随时之义，断可知矣。假如周公旧章，犹当择其可否。宣尼彝则，尚或补其阙漏。况郑氏臆说，淳于谀闻，匪异守株，何殊胶柱?愚谓不出墉雉，迩接宫闼[7]。实允事宜，谅无所惑。但当上遵天旨，祇奉德音，作皇代之明堂，永贻范于来叶。区区碎议，皆略而不论。

东溪何不与中溪合?曰：摩天岭界之也。摩天岭东四里，为鹁鸽崖。峭壁多巢，野鸽翩飞无怖，若在佛顶，清现光中。其南为卧龙峪，一名五龙峪，言峪水深曲也。又东峡口怒风，曰风门。又东中陵山。又东有步，类鸟犍，曰水牛埠。皆相距二里，东北即小津口村也。东南为凌汉砦，西

① 该句前,《旧唐书·礼仪志》第二有“尸子”二字。
② “亦无”,《旧唐书·礼仪志》第二作“无择”。
③ “裒”,《旧唐书·礼仪志》作“褒”。
④ “则”字后,《旧唐书·礼仪志》有“曰”字。
⑤ 该句前,《旧唐书·礼仪志》第二有“淳于登又云三里之外”九字。
⑥ “治”,《旧唐书·礼仪志》第二作“理”。
⑦ “闼”,《旧唐书·礼仪志》第二作“闱”。

临回龙峪，岧碚入云。又东，为绣彩湾，其水纡折，有绮绾绣错之文。东南流经白家河，入十里河。河东四里，有红亭遗址。红亭者何？《春秋》：昭公八年，大蒐于红。杜注：红，鲁地。《郡国志》：红亭，在奉高县西北。王阮亭诗所谓“班马红亭渡”也。向有土丘，今讹称红庙村矣。其地“高原广野茸母绿，雉子肥歌艾如张”。想见当年艾兰为防、置旃为辕之规制云。

红亭东南，遂无足览者乎？曰：有。有则何以不书？曰：地多魁陵坟衍。自汉明堂东北二十七里，有城址，今称故县村。则未知其为博与？奉高与？《后汉·郡国志》：奉高，有明堂。注云：前书曰在县西南四里。《左传》：大蒐于红，至于商、卫。红亭，在县西北。晋《太康地记》云：奉高者，有事岱岳，帝王禅祀之处。故有明堂，在县西南。汉武立大壇于东山以祭天，示增高也。《水经注》：奉高县，汉元封元年立。以奉泰山，郡治。《汉光武纪》注云：嬴、博、梁父、奉高四县，属泰山郡，故城在今兖州博城县界。《道里记》序云：古奉高，在今泰安石汶东。故古登封入奉高境，西行度环水，而北至天门，历尽环道，跻岱巅，乃得封所。殆奉高城与？其东南八里台头村，又有古城遗址，盖春秋时齐之博邑也。

东北七里，北禅村旁有大冢，则未知谁氏墓也。《檀弓》：延陵季子适齐，于其返也。其长子死，葬于嬴博之间。孔子曰：延陵季子，吴之习于礼者也。往而观其葬焉。《水经注》云：县北吴季札子墓，在汶水南曲中。《从征记》云：嬴县西六十里，有季札儿冢，冢圆，其高可隐也。前有石铭一所，汉末奉高令所立。无所述叙，标志而已。碑石糜碎，惟趺存焉。今铭趺俱佚。而嬴邑故城在莱芜境，惟《方舆纪要》谓嬴城在州东南五十里，北魏始改置于废莱芜城，即今莱芜县治。是冢东距嬴故城数十里，或即札所葬儿乎？陵谷靡常，传闻异说，宜多踳驳不合也。奉高城旁有大云禅寺，旧名古云台寺，金重建。有大定四年闰十一月牒，明弘治五年重修。

胡元方等造像记

〔东魏〕

右，真书，刻在大云寺西墀下石柱上。四面佛像，文已剥蚀。仅存有“大魏”字、“兴”字、“二”字、“庚申”字，当为东魏兴和二年庚申岁也。余惟“胡元方”等数人名可识。

华藏世界海图并敕牒碑

〔金〕

右碑，大定五年九月立。在大云寺殿东墀。碑阳刻图并序，碑阴刻敕牒。连额高六尺，广二尺四寸。图额横题“依大华严经录华藏世介海图”，篆书，“介”即“界”字。中绘小佛像，列二十层，上平下锐，锐处佛像一，至平顶列象二十，渐减而下，至底以大莲座承之。左右各有题字。碑阴额题“大云禅寺敕黄碑记”①，篆书八字，横列于上。下为敕牒公据②。再下为当寺诸僧名，文繁不具录。

案：《泰安县志》载此碑，只云敕牒，而不及碑阳之《华藏世界海图》，则志之略也。此图刻镂极工，不独为山左诸碑所仅有，即问诸释氏，亦多为闻见所未及者。图下有法圆序记。本作于宋元祐八年至大定五年，寺僧慧宗模刻，盖给赐敕牒在大定四年，而立石在明年也。此图在元祐时，为驸马都尉李玮刻于东京觉严禅院。李玮者，宋章懿皇太后弟，李用和之子，尚兖国公主也。此碑大约从觉严禅院拓本重摹，然《觉严石刻》亦不见于金石著录。则以释氏之言，每为人所略也。空名敕牒，从礼部颁发，各路转运司填名发卖。有官管勾谓之发卖所。每买一牒，给钱三百贯，文省。他寺敕牒公据，皆未详其制。独此碑可见金时寺额给牒之法。金时，以军兴

---

① “题”，清金棨《泰山志·金石记》无此字。

② “为”，清金棨《泰山志·金石记》作“是”。

需费卖额。牒文公据，皆称益都府定慧禅院者，益都府官卖名额故也。下镌度僧名数：第一代海定，度僧二十一名。第二代慧宗，度僧十四名。

案：《金史·百官志》：凡设僧[1]、尼、道、女冠，三年一次，限度八十人。试之经卷[2]，皆以诵成句，依音释[3]。中选者试官给据，以名报有司。其额限如此，此碑为刻给据，故并度僧名列之也。序及牒文并真书。

大觉寺牒碑

右碑，在古城村大觉寺。大定十四年十月王庆真书，额篆“大觉寺牒”四字。

嬴城

〔明〕萧协中

憩望芊绵绿草平，轻车遥过听莺声。延陵马鬣知何处，不是嬴城是博城。

论曰：孟子云“一战胜齐，遂有南阳”。赵岐注：山南曰阳，岱山之南，谓之南阳也。阎若璩谓：必齐之地，深插入鲁界中者。今案：春秋嬴、博、龟阴之田，皆有遗址。又《后汉·郡国志》：博，有龙乡城。注云：《左传》：成二年，齐围龙。杜预曰：在县西南。《史记》作“隆”。其地殆亦相近也。斯其所谓南阳与？

① “设”，《金史·百官志》作“试”。

② “之”字后，清金棨《泰山志·金石记》有“以”字。

③ “释”字后，《金史·百官志》有“为通”二字。

岱览卷第十五

分览四（卷十五之卷十六）

岱阳之西图

岱阳之西上

五陀岩　仙趾峪　竹林西河　云头埠　凌汉峰　投书涧　全真岩

傲来峰　仙人岩　百丈岩　白龙池

岱阳之西下

大峪　元泰安王神道　汶阳桥　灵芝街　青岩书院　滦河桥

大埠岭　嶅山　总论

岱阳之西上

岱莫畅于南麓，亦莫奥于西溪。自对松山而西南，为五陀岩，圆椒错落，如星而五。稍西，为红叶岭。岭多乌桕，望秋先红。岭岩之间，为硖石沟，水入西溪。又西南为石后山，距对松山四里。《岱史》云：山前多巨石，故名。《道里记》"后"作"缑"。蒙案：山如斥候，当为石候，此西溪山也。西溪，上纳龙峪之水，经黄现西，因名黄西河。其西为九女寨，奇石攒簇若花跗，上有废垒。《岱史》云：昔有九女避兵于此。《纪胜》云：孤峰绝磵，深藤密菁。废宇封尘，空庭落叶。明月清风，自作来往。鼠翻丹灶，蠹蚀秘诠。忽闻松柏谡谡，恍疑空谷足音[①]。地多石英，白者如晶，有淡紫者，莹澈五棱。《魏书》：景初元年，增崇宫殿，凿泰山之石英[②]，殆谓此也。又西为三尖山，天外三峰，锐如卓笔。西胁有石厂，下为辘轳冈，冈专而长，若置井縻然。黄西河径其南，仙趾峪之水，自东北来会之。

九女寨

〔明〕萧协中

千峰攒峭接青云，虚寨曾回九女裙。不独避兵还避世，花香草绿自氛氲[③]。

仙趾峪，在回马岭右，九峰山之西。有仙人蒯扉迹，长尺所，故名。羽客游踪，几同李广射虎之镞，《居易录》所讥往往而有也。又有马跗洼，径五寸，名马蹄峪。考《汉武纪》"获汗血马"，注称：汗血，一日千里，踏石有迹。又，帝尝于缑氏城观大人迹。意者，茂陵修封，曾乘天马经此，而所谓仙者，固不独示狳于缑氏耶。蹄涔耳，而得二异迹，亦好奇者所艳

① "恍疑"，《泰山纪胜》作"矍然"。

② 《泰山》《三国志·魏书》作"太行"。

③ "氛"，《泰山小史》作"氤"。

称矣。

西南为鸡坶岭，东与祝鸡寨相望。群石错杂，大小昂伏，咸类德禽。其南为丹穴岭，黄壤赭石，上颇舒衍。西下为八里沟，水南流入西溪。又南，为凤皇山。望若九苞，翔于千仞。桐花十里，映带丹山。其西南有马蹄湾，以马蹄峪水汇此名。黄西河，径丹穴岭东凤皇山，北受八里沟，亦汇于此。而径竹林寺西，为竹林西河矣。

竹林西河，名以竹林寺。寺在百丈崖北，自唐迄今，屡兴替。元元贞初，固陵僧法海重修。明永乐间，高丽僧满空拓建。《泰山小史》云：小径沿山，清流夹道，朱樱满地，四木参天。传古寺在石壁洞前，寺遭回禄，佛入石洞，门闭不可寻。烟雨中，犹遥见旧日楼台。异哉!《纪胜》云：雨后瞛温覆寺[1]，日彩薄之，寺影辄悬云中如蜃楼。又云：诵唐诗“殷勤竹林寺，又得几回过”，怅然增感。寺既废，尚多箖箊。又二银杏，大数十围。今并为有势力者所戕伐，与寺俱荡然矣。

竹林宝峰寺碑

〔元〕

文曰：重修竹林宝峰禅寺之记[2]。

前翰林侍讲学士、朝请大夫、知制诰、同修国史野斋李谦撰。外护都功德主、忠显校尉、泰安州达鲁花赤、兼诸军奥鲁事哈剌不花篆额。圆融双照大师、讲诸经疏传法嗣祖沙门福门书。

泰山竹林禅寺者，名冠天下。询诸萌肇，莫知其所由。自唐迄金，屡经兴替，讵可云哉。及兵息之后，有先受业僧珍公都纲、钦公阇黎、鉴公僧录、廷公僧判、监公主事、连公讲主等而相谓曰：“有先师所居竹林旧

① “瞛温”，《泰山纪胜》作“异云”。

② “之”，清金棨《泰山志·金石记》无此字。

基，木场故址，我侪等力不能赡。今闻东原海公菩萨，声名盖代，数处建立精舍。何无礼请其人，住持修盖，永远剃度，光显吾门，不亦可乎？”众皆云“然”。于时敬修书疏及以施状，恭请海公上人维持修盖。师虽允悦，谦而谓曰：“窊隆有数，非力能然。”师讳法海，姓于氏，光州固陵人也。祖尝任光化军节度使，祖、父、昆季，咸居贵显，家赀巨万，值大兵而离散。师年弱冠，遁迹于魏博间。至馆陶东北舍余地，得招提，故基曰“白佛堂”。榛莽蒙蔽，师乃芟而除之，结茅而处，得念佛三昧。昼夜寒暑，不为变易。

岁在甲辰二月，囗遇师披剃，始蒙出世，如宝珠出泥，光溢众目。于是缁俗听信，志力是愿，相与住持，逾六十晦。中起演法之堂、斋僧之室，方丈海会，香积库囷，以次俱新，揭其额曰“净土院”。时中书右丞严公总管东平，乃具书疏请诣本府之四禅寺，徒众云聚，亦复如是。乃创为绘，塑大雄萨埵、护法神将百有余尊，光灿具足，迄今显然。岁次丁未，僧录云公，同众比丘请住持在城大开元寺。自是法缘洪振，众悉归依，人人咸以菩萨称之。居无几何，东振齐鲁，北抵幽燕，西逾赵魏，南距大河，莫不闻风趋赴。其送施者，朝暮不绝，以资贿衣物积如丘阜。于是乃重修雷音堂、文殊殿、方丈寮舍、钟楼、廊庑百有余间，四方下院三百余处，剃度小师千有余人。俗素豪士受持三归者，莫知其数，前后斋僧几千百万。给缯纩以赈单贫，设糜粥以饲饥馁，慈悲方便，靡所不至。国师海云，闻师道价，特赐号曰“明慧大师”。

一日宴居，语诸徒曰：“所施下院三百余区，吾欲韬光待终，宜何而处？”有近侍僧夏志成、通从容而作对曰：“有泰山竹林之古所，诚甲于余地，山水佳丽，人境幽僻，可以作终焉之计。”师闻之告，密而窃记。异日，弗辞，只影曳杖，独跨宝峰，达斯古础。折草为庐，苟避风雨。宴坐习禅，方遂雅怀。于时岩花争秀，野鸟声喈。云山以之变色，幽谷为之生春。未及旬日，门徒缁素，蹑踵相觅，愿奉衣飧者，继日不辍。从兹奉高一郡，谁不归崇？居之未久，云徒既众，欲广其厦，奄示维庥。召诸弟子，付以衣盂而告之曰："吾缘尽矣，树此兰若功输，尔辈勿忘我嘱。"言讫移时，溘然而逝。春秋三十有九，僧夏一十有七。荼毗送终者，僧俗亿万指，无不哀恸尔。随起塔于灵台，立真堂于数处，仍遵梵仪，大事终矣。是后，小师志成、志通、志从，嫡孙定峰、定广、定玉、定果、定聚，重孙正元、正演、正顺等，于斯竹林，相继住持。排肩戮力，几五世矣。方始见成，能仁有殿，祖真有堂，云宾有舍，庖食有厨，三门挟库及下院木场所宜用者，悉皆备①。以余力②，树乔松而塞户，植修竹以封窗。又抉以川流，萦纡而通诸庭宇，沧浪而贯诸阶除。漱石砌汲，烹肴馔，灌蔬圃，生口菜茹。漩归大壑，复入湍流，瀑作水帘，崖悬百丈，浍集龙池，湛碧千寻。逼之则毛寒，过之则胆战，真所为遁世之桃源，栖心之福地矣。兹有住持小师定玉、正元、正顺等，缅想诸公历历勤苦，恐后世湮没无闻，欲立石传之久远，特状其始末。托迁公僧判，不远而来，求予以文。予因而谓曰："泰山之尊，天下孰不望之？竹林之名，率土孰不闻之？菩萨之化，方今孰不遵之？复何假以辞饰？"随命孺子代笔，勉拙来情，从其状而书为记焉。

外护功德主、照口校尉、泰安州达鲁花赤兼诸军奥鲁劝农事忽都。外护功德主、奉议大夫、泰安州知州兼诸军奥鲁劝农事杜天禄。外护功德主、从仕郎、泰安州判官唐世英。承务郎、同知泰安州事兼诸军奥鲁劝农张师谔。外护功德主、泰安州僧判旺吉祥。承事郎、奉符县尹郜汝舟。进议校尉、奉符县达花赤忙古歹③。

元贞元年岁次乙未九月下弦日，完福大师、泰安州僧判定玉，提点正元、正演，山主正顺、福就、福秀立石。周顺男、周琼刊④。

---

① "备"字后，清金棨《泰山志·金石记》有"矣"字。

② "以"字前，清金棨《泰山志·金石记》有"复"字。

③ "达花赤"，当为"达鲁花赤"。

④ "男"，清金棨《泰山志·金石记》作"勇"字。

右碑连额高五尺六寸，广二尺八寸。额篆同题，十字五行，字径二寸。文三十行，行五十五字，字径六分，真书。在寺故址。末书各官姓名及年月、僧众，俱左读。案："达鲁花赤"当为"达噜噶齐"，"奥鲁"当为"鄂啰"，"哈剌不花"当为"哈喇布哈"，"忙古歹"当为"蒙古岱"。

重修竹林寺碑

〔明〕

右记，新安吴维城撰并真书、篆额。万历三十年季冬勒寺中。

竹林寺

〔宋〕范致冲

竹林深处有招提，静掩禅关过客稀[①]。薝卜花开春欲暮[②]，泠泠钟磬白云低。

竹林寺

〔元〕王旭

石径俯云壑，竹林开幽境。寺古僧徒稀，山深岚气冷。闲游未终兴[③]，红日忽倒影。曳杖投暝烟[④]，长歌下前岭。

泰山竹林寺与陈大参、杨佥宪同游

〔明〕李杰

陟险千万盘，未识寺门处。一涧委蛇来，齿齿乱石聚。飞梁忽横亘，

① "静"，明汪子卿《泰山志·登览》作"深"。
② "卜"，明汪子卿《泰山志·登览》作"葡"。
③ "闲"，《岱史·登览志》卷十五、明《泰山志》卷三、《泰安府志》卷二十一均作"待"。
④ "投"，《岱史·登览志》卷十五作"披"。

清泉下奔注。其间有灵湫，蛟龙所蟠据。时经不测溪，心动发毛竖。肩舆尺寸进，仆夫汗如雨。我欲飞步登，崖倾足难驻。青鞋与布袜，惜不携此具。贪奇不知止，竟忘垂堂虑。缅怀得一乐，未足偿千惧。峰回见林薄，飘然发佳趣。古殿三两楹，满庭荫高树。百果经秋霜，甘美皆可茹。同行得二妙，把酒劝酬屡。酒酣陟巑岏，冀与仙灵遇。高寒觉衣单，俯视飞鸟去。白云出岩阿，英英若春絮。登临兴无限，日暮归何遽。摹写讵能穷，率尔成短句。

竹林寺二绝句

宋焘

多时不访竹林僧，茅径荒芜乱野藤。此日探奇来坐久，一龛香雨对青灯。

野叟山村太古风，山樵鬓插野花红。树阴歇担说山鬼，笑指峰门有路通。

竹林寺

〔明〕萧协中

一步一流连，无生觅老禅。攒峰阴覆地，乔木势参天。钟磬犹堪赏，幻泡何可传①。只今雨烟日②，榱桷影中悬。

竹林寺

〔国朝〕田同之

竹林何窈窕，招提占绝境。鸟鸣林壑幽，泉溜云霞冷。雨后更奇绝，

① “何可”，《泰山小史》作“未能”。

② “雨烟”，《泰山小史》作“烟雨”。

半天悬寺影。

竹林寺

孙宝侗

山意静如此，竹林古寺幽。嘉树叶冥冥，客为清阴留。涧道左右流，水石相环周。阳阿犹炎蒸，不知风物秋。我心欲静观，群动纷未收。起视日亭午，伫立还夷犹。

游竹林寺

徐祖望

谁将一幅李营丘，引我来从画里游。红叶没崖和雪积，白云带石过溪流。马蹄欲滑苔痕冻，樵径将开草色愁。僧老寺荒人不到，探奇偶尔一寻幽。

过竹林寺西河

孙岳巘

中峰留偈处，精舍竹间遮。半夜滴山雨，一篱开槿花。叶垂知鸟立，草动见蛇斜。欲共深公语，禅心隔水涯。

竹林西河

陆峻

暝色连芳草，荆扉晚暂开。夕阳林外尽，涧水竹边来。牧竖驱羊返，山僧洗钵回。吟余幽兴惬，日暮更迟徊。

仙趾峪南为云头堆。在回马岭西北，巑岏堆众皴，云气结构中，人立虎蹲难备状。其南，多白杨，曰白杨坊。石厂幽霭，额“白杨洞”，供石弥勒。中有洑池，水浛瀁西南流，过凌汉峰阴，汇诸山涧，为碧油湾。水碧于油，俗呼香油湾，入竹林西河。又南，为凌汉峰。

凌汉峰，有泉如金，一名金泉峰。李相国光地诗所谓“岱宗天下望，峰有号金泉”也。丹嶂凌空，势欲孤骞。凌汉寨在其北，容可数百人。峰南振铎岭，竹树森蔚，未风先鸣，时闻云中铃铎，或曰禅宗语也。有黑虎峪，水南下汇为新泉，西折过子午桥而注。桥北普照寺，盖古刹。金大定间奉敕重建，赐今额。寺藏深垭，沓岭遮逻。明永乐时僧满空、国朝康熙初僧元玉，先后卓锡于此。佛殿后，倚山为阁。阁旁禅房花木，皆郡守朱孝纯修辟。烟萝涧竹中，清磬缥缈。一时步屧寻幽，觉明漪绝底，淡不可收。《泰山小史》云：两山环抱，一涧低流，密坞樱桃，红珠缀绿。每初夏时，游人载酒，环聚如蚁。虽继日赏之，曾无厌态。寺中古松童童，称六朝松。寺东，有元玉别构石堂，人称荷花荡。《纪胜》云：溪壑幽胜，排涧流而注之[①]。僧祖珍筑室其冲[②]，岩阿种菊皆遍，命曰菊圃。导流南注，为石塘九曲。莳荷焉，辅以茨蒲。清夜孤往，临池取月，坐石邀风，不知僧之非我，我之非僧也。祖珍，即元玉，有《菊圃百咏》，中有“秋水半潭涵瘦影，疏香一圃宕寒烟”之句，其人可想。旁有元玉塔，寺西南有满空塔。塔北，为明鲁相田时耕墓。西北，有卧象石。又西北，为投书涧。

普照寺牒碑

〔金〕

右碑，高二尺，广三尺四寸。大定五年五月，真书。勒寺殿壁右，南向。

---

① “注”，《泰山纪胜》作“东”。

② “室”，《泰山纪胜》作“堂”。

普照寺经幢

〔元〕

右中统二年四月真书，勒寺大殿前。

龙溪田先生墓碑

〔明〕

右碑，郑豸撰文并真书。嘉靖二十九年二月勒墓前。碑略言：先生讳时耕，字舜夫。以廪士任西江茂邑丞，擢鲁藩相，至赣而卒。

释元玉述怀偈跋刻

〔国朝〕

右，元玉撰，真书。康熙九年勒普照寺西崖。

石堂铭

右，元玉撰，真书。康熙十年勒石堂东南石上。

又有十二景，曰：石堂、飞来厂、眺远台、翠屏石、友松石、水云洞、梯云盘[①]、慈航石、涤砚溪、白莲池、玲珑岩、振铎岭各题句。又咏竹三首，皆勒石堂旁。

八散人记刻[②]

文曰：八散人者，三释五儒。祖珍，师也；象乾、岳止，徒也，俱石堂主人。州广文孔君字壁六，缙绅范君字靖赤，文学张君字方平，淮叟江君字山民，越叟赵君字临若。此五君每相聚谈及石堂，则足栩栩然动，不

① “梯云盘”，原刻石作“盘云梯”。

② 此文删节过多，兹不补，参见《岱粹抄存》。

计日之蚤莫，辄同往访。至则剥芋煨枣，烹雪煮云。或坐竹阴，或立松畔，或咿吾于菊圃之侧，或逍遥于莲池之上。远望之，不啻画图中神仙焉。虽“商山四皓”“竹林七贤”，何以过此？

右，张四教撰，真书。勒寺殿壁。

塔铭

释元玉

右，塔铭并序，翰林编修唐梦赉撰，真书。康熙五十二年勒塔旁。

九日游普照寺感怀

〔明〕李杰

半林残日映崔嵬，上有孙公旧讲台。竹帛销沈书院废，鼓钟鞺鞳梵宫开。酒倾秋露浮杯满，曲送春声入座来。清景留人归路晚，碧云红叶拥山隈。

步前韵

邵贤

招提隐隐倚崔嵬，绀宇周环般若台①。斜日短筇山径曲，石桥流水寺门开。浮屠证果真成幻，儒道渊源有自来。千载清风仰孙石，独遗堂址向岩隈。

普照寺

〔国朝〕释奚林

门前几曲流水，寺后千寻碧峰。鸟语溪声断续，山光云影玲珑。

① “环”，《岱史·登览志》作“寰”。

秋坐东溪磐石

释元玉

岁月值残暮，庭中风露清。岩栖寡生计，曳杖东溪行。藓径依花入，烟林苍霭盈。转步向高柳，喓喓草虫鸣。溪头多磐石，坦如几榻平。下映寒泉水，潺潺流有声。偶从石上坐，萧然寡所营。野景怡幽意，浩歌抒素情。樵人不我顾，伐木远丁丁。日夕携筇返，云根影与并。

秋日闲居

夕以筇为伴，逍遥晻霭中。路同幽鸟入，心并暮云空。野岸芦花白，山村薜荔红。韶光嗟去易，翻笑昔飘蓬。

小春望前三日，趣园邀同人游普照石堂，因寻胡安定公投书涧遗迹

赵国麟

小春布暄和，冬气仍骀荡。有客携蜡屐，岩壑招同往。出郭眺寒林，心寄层峦上。路转入招提，山空松籁响。野竹沿溪青，枯藤络石长。摩挲苔藓字，前哲结遐想。胜迹探不厌，书涧指接壤。振衣受经台，万象资俯仰。庆历有三贤，芳徽景吾党。草没侍立碑，高望多慨慷。夕阳不忍归，长歌度林莽。

普照寺

赵元昌

松风桥畔旧山僧，犹记新诗说上乘。三笑溪头人去后，石堂踪迹一遗灯。

同赵仁圃游石堂

徐祖望

我欲寻良友，君还选胜游。鸡声才报午，落叶尚鸣秋。石乳茶三碗，松花饭一瓯。清谈应不厌，逸兴两人幽。

题普照禅林

孙岳崃

刈茅覆浅屋，编竹护颓墙。清磬度流水，寒山空夕阳。莓苔纷古色，花鸟悦清光。尽日僧无事，安禅坐昼长。

投书涧，宋赵善璙《自警篇》云：安定胡侍讲布衣时，与孙明复、石守道读书泰山，攻苦食淡，终夜不寝，十年不归。得家问，见上有“平安”二字，即投之涧中，不复展读。涧上潘允端题碣曰：宋胡安定先生投书处。涧水南下，东受新泉，西南入香水峪。涧西为泰山上书院，孙石学馆自岳祠徙此者也。元好问曰：上书院，唐诗人周朴所居，宋孙明复居之。案：周朴，即唐四僧之一，曰清塞，后返初服者也。明嘉靖时，佥事卢问之建仰德堂，祠两先生。后又合祀安定，为三贤祠。有司以春秋仲致祭。国朝康熙庚寅年，学使黄叔琳重建。乾隆己未，郡守蒋尚思重修。祠前攒柏二丛，各十数株。明蔡汝楠诗云：影接馨香近，声摇户牖清。祠后石台高可数丈，方坦亦数十笏，明邹善题“授经台”。上有老藤挂古松，又有石题“讲书台”“景贤石”“侍立石”。流风余韵，虽泉石亦赖以传。每当清和时，桐芭初拂，紫藤花数百本，烂熳岩谷，尤足清赏。

乾隆癸卯，周学博桐倡建亭涧上，余为颜以考槃。东偏，故友竹亭，明高士徐竹窗读书之所，今废。《县志》云：竹窗，莫识其名，旧有墓在白鹤泉南半里许。碣题“竹窗徐先生”，盖其门人所署也。今坟已夷，碣亦佚矣。宋焘《青岩草》有《燕山送徐竹窗文学南还》诗[①]。考其同时有二徐：一为教授来聘，字楚和，曾跋焘集。一为孝廉楠，皆殉流寇难。竹窗岂其别号欤？抑别一人欤？要之必佳士矣！

迤西，为香水峪。上接投书涧诸水，西南流会西溪。

泰山书院记

〔宋〕

自周以上，观之贤人之达者，皋陶、傅说、伊尹、吕望、召公、毕公是也。自周以下，观之贤人之穷者，孟子、杨子[②]、文中子、吏部是也。然较其功业德行，穷不必易达。吏部后三百年，贤人之穷者，又有泰山先生。孟子、杨子、文中子、吏部皆以其道授弟子。既授弟子，复传之于书。其书大行，其道大耀。先生亦以其道授弟子，既授之弟子，又将传之于书[③]，将使其书大行，其道大耀。乃于泰山之阳，起学舍、讲堂[④]，聚先圣之书满屋，与群弟子居之。当时从游之贵者，孟子则有梁惠王、齐宣王、滕文公之属；杨子则亦有刘歆、桓谭之属；文中子则有越公之属；吏部则有裴晋公、郑相国、张仆射之属。门人之高弟者，孟则有乐克、万章、公孙丑之徒[⑤]；杨则有侯芭、刘棻之徒；文中子则有董常、程元、薛收、李靖、杜如晦、房、魏之徒；吏部则有李观、李翱、李汉、张籍、皇甫湜之徒[⑥]。今先生游从之贵者，故王沂公、蔡贰卿、李泰州[⑦]、孔中丞，今李丞相、范经略、明子京、张安道、士熙道、祖择之。门人之高弟者，石介、刘牧、姜潜、

① “《青岩草》”，当为“《青岩居草》”。

② “杨”，《徂徕石先生文集》、朱孝纯《泰山图志》、清金棨《泰山志》均作“扬”。

③ “又”，朱孝纯《泰山图志》、清金棨《泰山志》均作“亦”。

④ “讲”，朱孝纯《泰山图志》、清金棨《泰山志》均作“构”。

⑤ “乐克”，朱孝纯《泰山图志》、清金棨《泰山志》均在“公孙丑”之后。

⑥ “甫”，朱孝纯《泰山图志》、清金棨《泰山志》均作“浦”。

⑦ “泰”，《徂徕石先生文集》卷十四作“秦”。

张洞[①]、李缊，足以相望于千百年之间矣！孰谓先生穷乎？大哉！圣贤之道无屯泰，孟子、杨子、文中子、吏部皆屯于无位与小官，而孟子泰于七篇，杨子泰于《法言》《太玄》，文中子泰于《续经》《中说》，吏部泰于《原道》《论佛骨表》十余万言。先生尝以为，尽孔子之心者《大易》，尽孔子之用者《春秋》。是二大经，圣人之极笔也，治世之大法也，故作《易说》六十四篇，《春秋尊王发微》十七卷[②]。疑四凶之不法，十六相之不举，故作《尧权》。防后世之篡夺，诸侯之僭逼，故作《舜制》。辩注家之误，正世子之名，故作《正名解》。美出处之得，明传嗣之嫡，故作《四皓论》。先生述作，上宗周孔，下拟韩孟，是亦为泰先生[③]，孰少之哉！介乐先生之道，大先生之为，请以此说刊之石，陷于讲堂之西壁。

康定元年七月十八日记。

右石介撰，见《徂徕集》，碑佚。

重建三贤祠碑

〔国朝〕

右，学使黄叔琳撰，并真书。康熙五十一年三月勒祠东。

三贤祠诗刻

韩伯端诗（真书），徐肇显诗、王玜诗、任宏业诗、徐祖望诗、鲍铃诗（并行书），赵国治诗（隶书），李朴诗、胡楷诗、徐钦祉诗、赵国安诗、赵国麟诗（并行书），张镠赞（真书）。（已上皆勒石祠壁）

---

① “洞”，《徂徕石先生文集》卷十四作“洞”。

② “七”，《宋史・艺文志》《徂徕石先生文集》卷十四作“二”。

③ “泰”字后，《徂徕石先生文集》有“山”字。

重修三贤祠碑

右记，宋弼撰，真书。乾隆二十四年勒祠门垣间。

涧石题勒

文曰：

山高水长（陈昌言八分书）。

千秋道岸（李雨霑真书）。

胡安定公读书处（李果八分书）。

过孙、石二先生读书处

〔明〕宋焘

寻幽度危岭，远眺出青林。上有孙石台，芳草一何深。晴烟披藓壁，流水若弹琴。清泠听不厌，悠悠契我心。当年青紫客，身世已销沈。却羡深山者，独留太古音。

读书台

萧协中

度壑寻遗迹，台平翳藓多。古人读书处，吾辈漫相过。断简云来续，长吟鸟和歌。穷经他日事，世道正嵯峨。

三贤祠诗为昆圃黄先生作

〔国朝〕李克敬

泰山孙先生，求志非隐沦。麟经穷搜讨，千载契圣真。糠秕视众论，不屑苟同人。旷代得元赏，独有唐陆淳。尊王以发微，岱宗并嶙峋。韩范荐其学，李相愿结姻。就家写所著，装池藏玉宸。居官虽不久，位诎而道伸。守道何慷慨，风教卓然树。炳炳唐鉴文，足使乱贼惧。作诗论诏书，祸福非所顾。力葬七十丧，五世免暴露。一时诸士人，景从纷如雾。乃为孙明复，奉册执杖屦。高义薄层云，吾道之砥柱。千古推师范，海陵胡太常。励士以行谊，又授之文章。天子取其法，悬式示胶庠。虽与孙直讲，太学暂乖张。古人适不合，不肯苟毁方。及其水乳融，芝兰谢馨香。叹息斯人往，斯道久苍茫。耿耿三贤人，相去各千里。慕义成盍簪，光照东岳址。鲁儒钦其德，一堂合禋祀。庙貌久倾颓，今复轮奂美。借问修者谁，燕山黄夫子。夫子时名贤，来校齐鲁士。泰州之教法，泰山之经旨。直毅如徂徕，臭味总相似。是以三贤祠，不忍听摧圮。我作四贤诗，来者思芳轨。

重修三贤祠二首

王吉武

执义山难动，精心石不泯。狂澜真可挽，谤焰独何人。师道追洙泗，儒宗启洛闽。流风余讲院，忍见委荆榛。

岳色轩楹外，云岚几席边。采风过齐鲁，览古空山川。软熟嗟时俗，崚嶒慕昔贤。灵祠芬俎豆，已足起衰颠。

重修三贤祠

孔尚忻

东岳之麓古祠堂，三贤离立若三光。石公原家徂徕旁，躬耕自葬七十丧。以易教授于其乡，学者鱼鱼来四方。明复孙公产平阳，来隐泰山著尊王。春秋一编自研详，徂徕岳岳鲁乡望。一见执经侍门墙，师道微灭自此昌。经师人师谁并行，复有海陵胡太常。湖州师范天下良，太学左右僦舍房。三贤同德喜相将，鲁人合祀苹蘩芳。岁久庙貌委榛荒，谁其修之学使黄。我公今古两颉颃，名与三贤无低昂。

投书涧

毕海珖

石上苍松影倒垂，流云带雨洒清池。悬崖几点飘红叶，好拨青苔读断碑。

凌汉峰之右肩，为全真崖。由三贤祠北上，与云头埠、仙趾峪相次也。崖左，有三阳观，以羽士王三阳得名。石级斗绝而上，曰天外，祠元君。东南有木末亭。东有石厂，曰三阳洞，一名胜禅。《纪胜》云：庵与普照寺共一罗城，乳峰双络，投书涧为之限带。由书院螺旋而上五里许，抵山门。青松落阴，云物泠泠，层峦断壁，积翠欲流。殿宇数十楹，各有攸祀。其左殿龛下，龙口吐泉，承以曲池。潜行出香积，手掬注釜，煮粳蔬，皆香洌殊常。缘丹梯转，上界多炼坐幽洞，道人往往解蝉蜕者。蒙谓迩岳阳而高旷者，全真为最。山多松、楸、槲、橡，风声云影，萧槭陆离。时闻幽鸟相呼，令人有落落元宗之想。西北，为傲来山。

建立三阳庵碑

〔明〕

右记，隆庆四年仲春，郡人萧大亨撰。万历元年仲春，钱唐张天祚真书。勒庵内玉帝阁东侧，南向。碑阴有德府承奉典宝、典膳、典服及诸内官名。

重修三阳观碑

文曰：岱宗之阳，有凌汉峰①，其下曰香水峪。山坳平壤，坛衍如砥②，俯临溪谷，杂树蓊蔚，泉石铿訇，盖岳之奥区也。而僻在嵚崟岝崿之间，

① “有”，原碑作“为”。
② “砥”，原碑作“坻”。

游客居人，无能至者[①]。嘉靖辛亥，东平道士三阳王公[②]，华阴云山昝公辈，周爰相度，得是地而乐之，伐木雉草，凿石为窟以居。德藩二三常侍，嘉其苦行，捐资相助。稍稍营葺庐居。庄严神宇未竣，而云山承之。广结众缘，大兴缔造，弥历三纪，结瑶构琼，辉映岩壑。四方道俗，香火醮祝，岁无虚月[③]。万历壬辰，予尝从二三客子，蹑屐东游，降自岳麓[④]。由孙、石书台之后，陟峻岭三里，转而北行，遂至观下。入门三重，得磴道而上，有殿有阁[⑤]。又左为客寮四楹，以待游鑣。阶下有泉，汇而为池，羽人饮焉。阁后有洞，方广丈许，命曰朝元，昝公居之。由阁左上，磴道数曲，茅亭三五，棋置松间。葱蒨欑槮，不秋而栗[⑥]。峰之半壁，孤亭出焉，颜曰“木末”。登是而望，忽若飘撇上腾，以临云霓。神霄、芙蓉诸峰，环之如扆，青入天倪。南俯川陆，势尽数百里，徂徕、梁父拱挹左右，以朝于岳。汶水出其下，茫茫如练，蒸为浮烟。长天平野，混以返照。丹翠异色，褭褭啸歌，暮不得下。顷之，月出东峰，风林飒飒。凭栏上下，浩气回合。如泛银海，肌骨悚栗，不可以留。信乎！仙圣之秘境，寰宇之大观也。嗟夫！以是地之名胜，列在三宫空洞之天，历数千百年，莫有知者。而云山之流，乃能得其奇而出之，使荒榛灌莽之墟，化为丹台紫府，肸蛮蠁四方。岂山川之迹，亦待人而兴与？吾曹逐逐利名[⑦]，汩没白草，进而羁于风尘，退而牵于家累，曾不能探奇选异，自卜菟裘于烟霞窈窕之境，徒游而心慕之。视云山之流，其亦可愧也。夫泰山下址，故多列真之迹，如传所称稷丘君、安期生尤其著者。云山之流，岂尝受其宝诀而有所得与？三阳名阳

① 该句后，原碑有“樵牧之处而禽鹿之栖不知岁矣”句。
② 该句后，原碑有“穷游四域，遍历名山，将归而隐于岳麓，乃携其徒”句。
③ 该句后，原碑有“而是观之胜，几与岳帝之宫比雄而埒胜焉，可谓非常之创述矣”句。
④ “麓”，原碑作“顶”。
⑤ 该句后，原碑有“以奉□□，命曰混元，三官、玄武二殿翊其左右”句。
⑥ 该句后，原碑有“鸟鸣云飞，凛如异境”句。
⑦ “利名”，原碑作“名利”。

辉，云山名复明。观旧以庵名，予为更之，俾重修山门以恢厥制[①]，复度其徒张守香为东道主，若将从而栖焉，姑因其请而记之[②]。

万历二十三年仲秋，礼部尚书于慎行撰，郡人王应星书[③]。

右，真书，勒观内真武殿前，南向。

于慎行诗刻

右诗，凡九首，并行书，勒观内壁间。

观前石上题勒

文曰：

救苦台。

龙脉高居（并真书，失名）。

三阳庵

〔明〕刘敕

日暮下山去，还过道士家。肩舆黄草没，石磴白云斜。遥见千峰树，恍疑二月花。天台不可觅，向此卧烟霞。

下泰山游三阳观

于慎行

半岭通仙界，萦回岳麓西。已看三观迥，犹觉万峰低。暮雨瑶华落，春云玉洞迷。游情浑未减，缥缈望丹梯。

① “俾”字后，原碑有“其”字。

② “之”字后，原碑有“云”字。

③ 此句原碑文为：“赐进士出身、资政大夫、礼部尚书兼翰林院学士、经筵日讲国史副总裁官、鲁国于慎行撰文，泰山后学王应星书。万历二十三年岁次己未仲秋吉旦。”

饮三阳观绝顶对月

孤亭堪倚啸，一醉斗牛边。袖拍千峰月，觞飞万树烟。花前鸾吹度，海上鹤书传。借问三宫路，今当几洞天。

三阳庵

〔国朝〕赵元昌

道院行厨净玉钟，照人山色话偏浓。斜阳未肯寻归径，更上青山天外峰。

傲来峰脉与丹穴岭接，礫卓瘦削，凌铄兀奡。有宝锷莹鹈，锋棱四射之状。芙蓉，剑名，故一名芙蓉峰。路自竹林寺西南入隘谷，人必单行，攀萝附葛而上，有石窦可通，曰寨门。山巅，石池沸渭，虽盛暵，冱寒不竭，曰归云洞。西旁一洞，曰三透天。中有三罅，可窥天也，俗呼玉皇洞。南为天胜寨，夷阔可容千人，井灶樵汲甚便。寨前中断，撤去浮梁，则人不可渡。《岱史》云：汉刘盆子等聚兵于上，犹有演武场、张旗石及杜窝、碓硙遗迹。《泰山纪事》云：考琅琊人樊崇，起兵于莒，转入泰山后，兵数十万，鼓行而西。乃议立汉宗室刘盆子，则盆子固未尝据此。特以崇归盆子部下名耳。《泰山小史》云：寨巅，苍松数围，危然物表。元初，恩州僧行全建兰若焉。山尖东北狮子峰，状若奔猊。上有悬石通明，行全弟子德友曾居此。北有若葛党出房者，曰悬刀峰。东如便面，以青笺为承萼者，曰扇子崖，一曰仙人掌，皆名其状也。

《道里记》云：明季州举人王无欲，筑室崖巅，复结茅其下，曰西山别业。其时樱桃夹径，松槲盘纡，今濯濯矣。仅存石庙，曰无梁殿，供玉皇。下为石阁，阁洞四虚，上供元始天尊①，并无欲建，碑在焉②。东有仙桃石，

① “供”，《泰山道里记》作“祀”。

② “碑”字后，《泰山道里记》有“记”字。

巨石嵌空如桃。东南有会仙庵，圮。涧水东注百丈崖[①]。扇子崖北，旧多青桐，水循崖东流，入竹林西河者，曰青桐涧。《纪胜》云：由竹林逾溪[②]，陟西山，荆棘蒙茸，险涩无径，拨茅寻樵子履踪，取道转突崖悬栈，达玉皇洞。闻犬吠云中，鸡鸣天半，滃然色喜。案行刘盆子营垒，宽平宜寺。旋登二岭，始抵崖前[③]。列嶂皆犀利棘矜，傲岸不俯，似欲抗衡岱宗，而力不逮者，遂号傲来。西南峰底，洞藏巨蛇，常就道士丐食[④]，忘机不惊。青桐涧北，为壶瓶崖，危崖凸出，兀若鼎彝。上方而下圆，外石而中空，意海中壶峤无异状也。其阳有刘盆子洞，上下悬绝，石门南向，若有揵杜者。《纪胜》云：傲来山阴洞极阔，容数百人，中有碾硙、几榻，可以避世。盆子常窃踞其上[⑤]，俗呼牛王洞，殆"牛""刘"声误耳。西北有火焰山，赤若秃鬝，熏若柴槱。南崖一洞，颇幽邃，曰观音洞，俗称魔王洞。下为石屏峪，西有水音寨，亦平广容千人。水西南径岱阴西麓黄金口，别入泮，不与竹林西河合，壶瓶崖界之也。崖东南，为仙影崖。

修山题名

〔金〕

文曰：公府东至大滩寨，部领人夫勾当，使委差修完山。贞祐三年七月日。

右，真书，勒天胜寨北冈。

---

① "注"字后，《泰山道里记》有"西"字。

② "溪"，《泰山纪胜》作"涧"。

③ 该句后，《泰山纪胜》有"峰，如扇面障空，因以得名"句。

④ "士"，《泰山纪胜》作"人"。

⑤ "常"，《泰山纪胜》作"曾"。

傲来峰

〔明〕刘应时

独秀西南数傲来，天门洞宇镇蒿莱。竹林曲抱青峰出[①]，月嶂高悬碧涧开。石壁峪中云散去，仙人掌上鹤飞回。登临不尽平生兴，对景惭无作赋才。

天胜寨

萧协中

绝壑危峰磴石荒，天开雉堞俨金汤。旌旗据胜空称汉，符命兴刘业有王。歇尽霸图云昼黯，尚留余恨月昏黄。只今残铁山樵觅，风雨虬枝洗翠苍。

扇子崖

〔国朝〕孙宝侗

剑峰怒刺天，积铁拔千仞。阴崖辟断崿，攲侧恐重偾。俯临鬼谷幽，旁倚丈人峻。望来方骨惊，栖者先足振。石屋依崖悬，断壁垂绠进。造物既设幻，斯人亦好遁。何年寻猿栖，此日欲鹏运。矫首望青冥，浩然已神奋。

仙影崖，本名飞鸦峰。在扇子崖东，石色如鸦。南崖有仙人影，黑质白文，若两人端拱相对。须眉宛然，颜帢深衣，飘飘有凌云之意。西影衣白，故显。东影衣赭，颇微。然即之，则皆杳矣。孔贞瑄铭曰：天地辟，寅会昌。万八百，形影张。神生象，化流光。去不息，显若藏。造物功，妙难量。若有人，山之阳。薜萝衣，云霞裳。发西极，凌东荒。立岱阿，指扶桑。丹药成，形凋伤。赖影在，劫不戕。人间世，日促忙。嗟终古，自徜徉。

---

① “曲”，查志隆《岱史·登览志》作“屈”。

迤北而东，为百丈崖。

仙影崖

〔明〕萧协中

面壁禅宫异，仙崖镜石莹。不劳人拂拭，瞥睹影分明。衣染古烟碧①，神凝秋水清。何时肯握手②，崖际试班荆。

百丈崖，有东、西二崖。东，飞瀑若垂绥，曰天绅泉。泉水由岳顶西溪流至崖巅，倒泻下注黑龙潭。绿沈阴闷，湛澍无底，盖神物所蟠窟也。《淮南子》云：牺牛粹毛，宜于宗庙③。于此致雨④，不若黑蜧。故雩祷者多捷应焉。四壁如鬼斧劈铲，临之悚息，毛发痒竖。韩诗“泉绅拖修白，石剑攒高青”，如写此状。稍西南为忽雷湾，天将雨，雷霆迅发，砰訇顿起，若岩鼓奔轮。又西，为西百丈崖，与东崖相去约三百步，高殆十倍过之。悬流铺练若湘纹，亦曰水帘泉。东崖南向，西崖东向。《纪胜》云：西丈崖，由会仙庵过仙人影，峻若建瓴。而北丈崖如悬修橐，喷万斛珠玑⑤，望之⑥，似双龙下饮涧水⑦，奔跃来会⑧。崖东上为招军岭，因天胜寨而名也。旧有石坞庵，又有萃美亭，金知州姚建荣建，元奉符尹王悟重修，今圮。崖水南下，注白龙池。

---

① 该句前，《泰山小史》有“岳帝留形幻，山灵寄爽英。飘摇凭日观，端拱俨天成”句。

② 该句前，《泰山小史》有“虚无乍隐现，远近失将迎。意适终难拟，光摇恍复惊。涉空瀹妙理，着有滞无生。天宇澄澄阔，沧波渺渺平”句。

③ “宗庙”，上海书店版《诸子集成·淮南子·齐俗训》作“庙牲”。

④ “于此”，上海书店版《诸子集成·淮南子·齐俗训》作“其于以”。

⑤ “珠玑”，孔贞瑄《泰山纪胜》作“真珠”。

⑥ 该句前，孔贞瑄《泰山纪胜》有“奔跃来会。遥”句。

⑦ “下”“水”，孔贞瑄《泰山纪胜》无此二字。

⑧ 该句，孔贞瑄《泰山纪胜》无此句。

重修萃美亭碑

〔元〕

文略曰：泰山胜境，窈然而深。蔚然而秀者，西溪而已。溪居岱宗之右麓，延袤数十里。树林阴翳，磴道崎岖，清泉奇石，瑰玮万状。行愈远而山愈奇，境愈胜。极溪之所穷，巅崖百丈，悬流下掷，望若垂练，天绅泉也。天绅之西，有巨峑焉。一水自天胜岩落，为盘石所散漫，泻于峑之上，檐若建瓴然，水帘洞也。而又芙蓉、悬刀、飞鸦、狮子诸峰，削翠其上。黑螏、白龙、神潭、水府，潜珍其下。云烟吐吞，晦明变灭，跳珠溅沫，轰雷掣电，顾接有所不暇，真山水之窟宅，天壤之奥区也。金大定间，泰安太守姚公，面水帘而瞰天绅，创构一亭。樽俎不移，而诸景咸会，因榜之曰“萃美”。坡诗有云：“江山虽有余，亭榭著难稳[①]。登临不得要，万象各偃蹇。”吾不知世间得登临之要，有如此亭者乎？

右，廉访使徐琰撰，真书。亭废，记石移置文庙，今亦佚。

百丈崖

〔国朝〕周亮工

雷耕石骨劈嶕峣，波诡云腾百丈高。竞道春飞花五色，那堪雪绽玉千条。支分泰岱山容阔，势接蓬莱海气骄。白日增寒人影肃，空岩木叶响萧萧。

百丈崖

赵国治

峭壁谁倾万斛珠，探奇人到但狂呼。空传庐岳千寻练，得与飞涛仿佛无。

① “著”，《苏轼诗集》卷五作“苦”。

黑龙潭

孙宝侗

龙池幽且清，上潭更奇丽。我来日暮时，凛然风雨势。峡口委悬溜，苍崖尽雨际。其中为深潭，寻丈难意计。空碧众象涵，荡漾清光逝。流沫上噌吰，潜形中摇曳。清泠绿波沈，蜿蜒白痕细。山气霭苍茫，谷风振飉飉。恍若神物腾，猛气难自制。霓旌闲云车，驾驭迟青帝。

白龙池，碧湫皑石，莹洁澹溶。池北有石，曰玄圭。午贯水坻，颇似巨艇，《岱史》谓之“石舟”。《考古录》云：悬崖绝壑，殆非人境。石壁平，广廿余丈，旁多宋人题名。池东为三元石，前为渊济公祠。《岱史》云：宋元丰五年，封白龙神为渊济公，始建祠。今圮，方坛存焉。白龙神，《泰山纪事》云：古传白龙化美丈夫，为岱南田家佣，且赘为倩。善灌园，每夜田畦皆满，绝不闻辘轳声。邻人异之，从垣隙窥视，乃见白龙长数丈，银鳞万点，寒光夺目，入井吸水，吐盈数畦。其人惊仆，龙知事泄，乃辞去。语其室曰：家在傲来峰百丈崖下。今白龙池是也。《泰山小史》云：万历癸卯，一夕大水，漂溺数百家，池为沙石所塞，水亦随涸。今则浚发如故。

乾隆十三年，车驾东巡，时小旱，遣官祭池，即雨。《纪胜》云：祷雨辄应，岁有常飨。白石灿烂，沙水澄鲜，石鳞鱼产焉。池上，有元祐建栏遗迹。池南，为锣鼓湾，水石激搏，窾坎镗鞈，如钲鼓声。《岱史》谓：独中元夜闻之，以志怪。又南为耀星湾，水光滚滚，与珠斗相辉映。西崖平削，勒“弄水岩”。旁有数人名，不可辨识。又南一石嶷立，勒“鸡笼峰”。又南，为大峪。《道里记》云：天胜寨西南为弄水岩，双峰矗起。又南为鸡笼峰，圆垂如笼，即宋钱伯言《纪游》所指处。其下有罅，泉水自傲来山西飞瀑而下，中有石鼓，东南流入泮。

李舜举等题名三十一则

〔宋〕

文曰：内供奉官李舜举[①]，被命祷祀帝岳，奉香胜概于寿圣节日。先款青帝宫，次诣白龙潭。治平四年题，书吏李恭侍行[②]。（勒玄圭石，原录）

府管嵇景华、邑尉安中立，同游白龙池[③]。熙宁甲寅三月二十一日题[④]。（左读，勒三元石，续录）

兖守刘衮，奉诏祈雪于岱宗，登绝顶。翼日[⑤]，谒白龙之祠[⑥]。大宋元祐丁卯孟春初四日[⑦]，奉符令林会题。（勒玄圭石，原录）

贯道建栏于此，以便游者。元祐丁卯正月八日。（勒玄圭石，原录）

元祐二年孟春之初，晁补之及之，观岱宗遗迹，谒白龙祠。俄顷，山市变幻，奇遇也，故志之。（勒三元石，续录）

山阳龚无党，被漕檄权宰奉高，因率儿侄辈游此。元祐庚午仲冬十一日[⑧]。（同上）

汴阳无永居士任绍承祖朝岳罢[⑨]，同青帝观主杨若冲游太平顶。回，瞻视白龙池胜迹[⑩]。时大宋绍圣三年二月十五日，谨记。（同上）

范阳正辅游岱宗访此。时丁丑正月既望题。（同上）

范阳正辅再游，同鲁国景元至。丁丑三月廿六日。（勒玄圭石，原录）

---

① “内”字前，原题刻有“入”字。

② “侍”，原题刻作“从”。

③ “同”，原题刻无此字。

④ “题”，原题刻无此字。

⑤ “翼”，原题刻作“翌”。

⑥ “白龙”字后，原题刻有“池”字。

⑦ “大宋”，原题刻无此二字。

⑧ “元祐”字前，原题刻有“时”字。

⑨ “永”，原题刻作“水”。

⑩ “胜”，原题刻作“圣”。

德充、忠玉、国宝、文仲。绍圣丁丑三月[①]。（左读，勒三元石，续录）

元符庚辰七月晦，赵习之、徐安国、弟居仁、孙正中同游[②]。（左读，勒玄圭石，原录）

韩存中点检岳祠修造，同王济之一游。庚辰十月二十七日。（左读，勒三元石，续录）

元符三年十月一日奉高人石匠吕全[③]、周道同游。（勒三元石，后录）

古丰任良、孙嵩，同□古沛邵礼同游[④]。建中靖国元年季春仲旬日。（勒三元石，续录）

皇甫偁、徐端朝、孙懒同游。建中靖国元年三月廿六日题。（左读，勒玄圭石，原录）

奉府令李珪，因捕蝗恭谒白龙祠，男彙侍行。崇宁壬午孟秋初七日。（同上）

长清董元康，弟元发、元济、元肃，男质，友人李胜之同游。崇宁元年壬午季春旦日，新监海门税董直书。（勒三元石，续录）

清邑刘纯叔，同李无悔。崇宁癸未四月二十五日游此。（同上）

诚中、君实[⑤]、德升，崇宁二年八月廿六日自王母池来访此。（左读，勒玄圭石，原录）

政和甲午仲秋七日，东明刘子晋、鄄城李冲季，游白龙潭，观百丈崖，还憩于此。（左读，勒三元石，续录）

董元康政和甲午重九日，携家来游，质贽责侍行。（勒玄圭石，原录）

政和乙未季春十八日，游白龙池上，偕普侯□始范显道、南阳邓公序、

---

① “三月”字后，原题刻有“九日”。

② “中”，原题刻作“仲”。

③ “全”，原题刻作“仝”。

④ “□”，原题刻作“陪”。

⑤ “实”，原题刻作“宝”。

临安钱无咎、冯翊党子山、平昌、世达、中山刘子容、山人刘和仲、宋正之、张子祥、张子明、阎杰之、鹿珍、郝伯洪。（勒三元石，续录）

政和乙未囗囗十七日，来游白龙池上，偕普济范显道、邓公序、钱无咎、孟世夫、党子山、刘子荣、刘和仲、宋正之、张子祥、张子明、阎杰之、郝伯洪。（同上）

长清董自恭谒白龙之祠罢，酌泉石上。时乙未孟冬中浣日。（左读，勒三元石，续录）

自恭观元康兄留字。政和乙未孟冬二十日。（左读，勒玄圭石，原录）

莆阳陈国瑞、子玉恭谒白龙池祠，俯涧酌泉，小憩而迈[①]。政和丁酉夏前二日。（同上）

姜子正、子方、李晋道、刘言可、刁文叔同来。庚子四月[②]。（左读，同上）

李显道、张公美、王仲与、张去尘，庚子孟夏十九日同游池上。（左读，同上）

鄄城李僙、弟倰、侄赣随侍游此。癸卯季春廿八日。（同上）

米芾观。（勒三元石，续录，无年月）

弡子观水于池。十三年春三月。（左读，勒玄圭石，原录）

右，题名三十一则，俱真书，惟弡子题名篆书。《金石文字记》云：刘原父“弡仲医铭”，释“弡”为“张”，以为张仲之器。欧阳永叔从之，赵明诚疑之，黄长睿《东观余论》则云：“弡”，仲勿反，非“张”字。考之《玉篇》，信然。此云“弡子”则为“张子”无疑。盖宋人之好奇者，据原父、永叔所定之字而用之耳。宣和《博古图》亦有周弡伯匜。又云：宋朝纪年无至十三年者，若曰金、元，又不合一代全无题名，止此一人也。又曰：

① “迈”，原题刻作“还”。

② “四月”字后，原题刻有“一日”二字。

宋人题名，录之得十五首。自治平迄宣和六十年间人名字，亦可以想见当日太平之盛。而金元之际，洊遭兵火，名山奥区，委之榛莽，无复有题名者矣。

蒙案：顾氏原录所未及，又续录十五则，又后录一则，并次其年月著之。

渊济公庙碑

文略曰：泰岳西南隅有灵泉，曰白龙池。岸古石峻，渊然罔穷。大顶巍然而作簪髻，大峪环然而为郛郭。峨峨而蔚者，悬刀秀于上；湍湍而鸣者，百丈溢于中。秋朝夏暮[①]，霭呈波面而为瑞；异花灵草，艳罗岸径以争香。萦流天转，涵漾峰回，乃一方雄胜之地。登而莅之者，无不嘉而骇焉。自汉唐已来，至于我宋，每岁投金龙玉简御香为之祷矣。盖龙克云克雨，浃洽万汇，阜成元元。近者，春夏不雨，骄阳颇僭。贤宰大夫杨镠躬率县吏民庶，祈雨于白龙之神。幸龙之明德，不越夕而甘雨降，应如影响。稼穑以之而兴，县境自是而苏焉。邑民霍直等白于大夫曰：今众庶感龙之惠，愿各持宝货，创龙堂一所，以答神休。乃选材饬工，约而中度，丽而不奢。经之营之，不逾月而欢乐成之。大夫特牒上司，敷奏天庭，乞赐嘉号，庶旌龙之效矣[②]。

右，赵合撰，元丰五年勒祠中，今佚。

填池灵异记刻

〔元〕

文略曰：渊济公之号始于宋。其庙于兵乱间为金东莒公燕宁所毁，不

① “秋朝夏暮”，清金棨《泰山志·金石记》作“夏暮秋朝”。

② “效”字后，清金棨《泰山志·金石记》有“耳。元丰五年”句。

数月而宁卒。岁在丙戌，元帅莱芜刘瑀权知泰安州事，守天胜，以久旱祷雨于龙池之侧。时有小白蛇出，戏于香鼎上，刘以为神龙所变，再拜祝之曰："三日之内有雨，则我将为神修庙。"卜之，吉，一军欢呼罗拜。经数日无雨，刘怒曰："神许我雨，今既无雨，则无神矣。"命诸隶卒揭西崖之石填之[①]。池将满，雷雨暴至如倾，雹大如鸡卵，众惶怖惊走。既晴，视之，池中石[②]，尽为湍流冲出[③]，皆骇异，拜谢服罪。即今庙貌，刘帅为创始。此事士人往往有亲见之者，权府张侯谈之甚详，并为之记[④]。

右，王天挺撰并真书，勒祠中，今佚。曰：岁在丙戌者，至元二十三年也。

张天益题名

文曰：清河张天益尝谒岩公于此。

右，真书，勒白龙池石上。

感泽记碑

右，至元二十五年六月，为监郡任重太守路希尹祷雨获应，勒石祠中。今漫漶。

谢雨文碑

右，州倅李简撰，延祐七年二月勒祠中。今佚。

---

① "之"，清金棨《泰山志·金石记》作"其池"。

② "池中石"，清金棨《泰山志·金石记》作"其池中所填之石"。

③ "尽"，清金棨《泰山志·金石记》作"悉"。

④ 该句前，清金棨《泰山志·金石记》有"因"字。

感雨记碑

〔明〕

夏靖撰并书，景泰甲戌年勒石祠中。今佚。

贾宣诗刻

文曰：昔人曾作此栏干[①]，今日何妨取次看。百丈悬崖春草绿，白龙身卧碧潭寒。

二月二日，予念东作将兴，偕僚属谒白龙祠。礼成后，见石上有栏干旧迹，盖元祐年所作[②]，以便观览者也。有感赋此，记岁月云。时在斯者：同知富平王翰、州判泾阳魏桢、宝应郑寿、吏目金山黄泰、学正慈溪任式、训导海宁杨安、汝州许亨也。

成化壬寅，泰安州知州封邱贾宣识。

右，真书，勒白龙池石壁。

白龙池赞刻

文曰：时万历七年七月，不雨，予忧之，祈雨于潭[③]。次日雨[④]，三日后又大雨，龙之为灵昭昭也。故赞以镌石，用彰神龙之功，当永祀云。

白龙之潭，渊渊莫测。有祷则应，沛降甘泽。粒食生民，四境既宅。灵承神休，永祀功德。

知泰安州荆人袁稽识。

右，真书，勒玄圭石。

---

① “作此”，原题刻作“此作”。

② “年”字后，原题刻有“间”字。

③ “祈雨”字后，原题刻有“取水”二字。

④ “次日”字后，原题刻有“即”字。

白龙池题勒

文曰：玄圭石（杨抚）、霖源（黄鳌）、霖雨苍生、云生处（失名，皆真书）。

闻安季子话白龙池之胜

〔明〕李养正

传闻池上好，秋水白泠泠。纡曲穿山谷，纵横照日星。雨晴龟曝背，风软鹤梳翎。吾欲寻珠去，白龙醒未醒？

白龙池

王元坤

傲来山下泉千尺，洒落平池贮澄碧。池中当日白龙游，风来并卷池中石。龙去池空几夕曛，惟余古庙妥龙君。须臾四野飞霖雨，还自池头一片云。

白龙池

萧协中

白龙有池龙自灵，池塞龙去蜚冥冥。澄潭不复鸥鹭下，崩岸只有蛟涎腥。纵横乱石隘空碧，蒙茸蔓草浮烟青。灵脉涓涓蔓涧去①，神祠落落凌晨扃。蛙声不卜水与旱，马鬣徒叹风兼霆。由来地胜赖人杰，可使龙神但听经。

① “蔓”，《泰山小史》作“蓦”。

龙池飞瀑

〔国朝〕萧儒林

溪来百丈瀑空悬，挂出冰绡媚远天。练锁秋深银鹤舞，雷惊石破玉龙旋。白榆倒影残星碎，丹桂浮香皓魄圆。雨后遥看浑不厌，明霞几缕送樵烟。

游白龙池

徐钦祉

傲来东下秀且奇，丹崖翠嶂色迷离。况有古涧飞流澌，银河倒落溅珠玑。声响如雷影崩欹，下而汇作白龙池[1]。白龙曾作白衣儿[2]，坦腹东床聘异姿。旱魃为虐民苦饥，润泽生民神所司。我来游此喜如痴，欲拜神龙献一卮[3]。深潭变动不敢窥[4]，顿看波浪起如堆[5]。作霖作雨世所期，或潜或见谁能推。龙乎龙乎系我思，我思云从天上时。

游白龙池

赵国治

知君行雨未归山，余此灵池瀑一湾。我到长歌还寄问，乘云争似卧云间。

① 朱孝纯《泰山图志·山水》句后有“白龙池为谁名之，遥指前村黄发知”句。
② “作”，朱孝纯《泰山图志·山水》作“化”。
③ 该句后，朱孝纯《泰山图志·山水》有“何事潜在深潭为？”句。
④ 该句后，朱孝纯《泰山图志·山水》有“忽而清澈照须眉”句。
⑤ “顿看”，朱孝纯《泰山图志·山水》作“忽而”；该句后有“若爱客来言在兹”句。

岱览卷第十六

分览四

岱阳之西下

大峪者，自黄西河为竹林西河，挟百丈崖、经龙潭、龙池至此为西溪总汇。谷口西，有石，如方函。相传函中三尺水，一昔风雨，为仙掣去者，剑匣石也。前有巨石，中劈若剑劀半仆地者，试剑石也。旁一石，莹滑有人影，冠巾仗剑，伸一足而坐者，仙影石也。或云剑仙取匣中龙渊，断石如泥，乃箕踞而坐，留影迹焉。又南有大石峡、小石峡，以峡口广隘分。西溪自此溁辟东折，径元泰安武穆王神道北，称潀河。

西溪

〔元〕王旭

我爱西溪好，披云屡往来。一川烟景合，三面画屏开。薄俗无高隐，清时有逸才。近岩多隙地，松竹更须栽。

仙影石

〔明〕萧协中

仙服翛翛坐翠微，蒯缑时逐野云飞。衹今氛焰销难尽[1]，肯借鱼肠振远威。

---

① “氛”，《泰山小史》作“逆”。

剑匣石

谁人刻琢石函方，中有青蛇夜吐光。一自神仙携去后，至今风雨绕潇湘。

由大峪入西溪

〔国朝〕释元玉

朝折云中柳，为扫云中露。独往寻芳草，影入云深处。时当三月际，桃李花满树。莺啼燕更语，春光教莫负。听之使心恻，岁月不我驻。徘徊清溪曲，花落谁亲悟。旧屐印苍苔，又向层岩步。移筇转幽径，行到峰顶住。怀人心易远，途长悲日暮。

元泰安王神道，在郡治西北三里许，故校场南。泰安王者，莽果博尔欢也。有丰碑，螭首龟趺，穹高屹立。碑北里许有大冢，俗称土公土母坟。府、县志皆谓博罗欢墓。考碑文云：公以大德庚子五月二十有二日，薨于临安寓舍，以其年七月八日葬檀州西北太行山。此地安得有墓？墓，好事者为之也。大冢西，有擂鼓石。渿水折而南流，东受广生泉，泉出广生殿侧，故名。自是绕郡城西，径古汶阳桥而南下矣。

莽果博尔欢神道碑

〔元〕

文曰：圣元故光禄夫[①]、上柱国、江浙等处行中书省平章政事忙兀公彰德表勋碑铭（并序）。中奉夫[②]、江西等处行中书省参知政事姚燧撰并书。

当大德癸卯，燧持宪节使江之东三年，光禄大夫、上柱国、江浙行省平章政事公之三子，内□□太宫宿卫浑都，与江东建康道肃政廉访副使伯

① 录文于“光禄夫”“中奉夫”后标注“＝”。

② 录文于“光禄夫”“中奉夫”后标注“＝”。

都，及行河省参知政事野仙帖穆而[1]，谱其系，状其事，以请曰："先公三宿坟莽矣。其忠以事国，孝以绳家，光大而雄伟者，不及今焉镵之金石，将日远日忘，奚以示遗胄于无穷？敢属笔子。"燧以与宪副联事，此道义不可辞。乃序之曰[2]：公忙兀氏，讳博罗欢。畏答而公之曾孙，蘸木曷公之孙，琐鲁大都公之子。始畏答而与兄畏翼俱事太祖，时太畴盛彊，畏翼谋往归之。畏答而苦之曰[3]："帝何负汝而为是？"竟去。追又不复，雪泣而归，请独宣力。帝贰之曰："汝兄与众皆往，独留何为？"无以自明，乃折矢誓曰："所不忠事帝者，有如此矢。"帝感其诚，易名"屑廛"，约为按答。盖明炳几先，与友同死生之称。

帝后与王罕陈于曷剌真，彼众我寡，剌兀鲁一军先发，其将兀徹带玩鞭马鬣不应[4]。屑廛请曰："战犹凿也，匪斧不入。我先为凿。请君斧继。"顾帝诀曰；"臣万一不还，三黄头儿将轸圣虑者。"辰入疾战，大败其军，晡犹逐北，敕使止之，乃旋师。免胄为殿，脑中流矢。帝伤之曰："朕戒卿早休兵，竟创而归。"亲为傅药，寝与同帐，逾月而卒。帝曰："曩只里吉为敌将，实御屑廛。其以只里吉民百户属屑廛子，世世岁赐，勿绝其族。"散亡者收完之，即封北方万家[5]。太宗以其子忙各为郡王，又俾贵臣忽都忽大料汉民，分城邑以封功臣，割泰安州民万家封郡王，归奏。帝问："忙兀之民何如是少[6]？"对曰："臣今差次，惟视太祖之旧，旧多亦多，旧少亦少。"帝曰："不然，旧民少而战绩则多，其增封为二万[7]，与十功臣同为诸

① "河"字后，原碑有"南"字。
② "序"，原碑作"叙"。
③ "之"，原碑作"止"。
④ "兀徹"，原碑作"木澈"。
⑤ "即"，原碑作"郎"。
⑥ "是"，原碑作"之"。
⑦ "二万"字后，原碑有"户"字。

侯者，民异其编。”兀鲁争之：“忙兀旧兵不及臣半，今封固多于臣[①]。”帝曰：“汝忘而先玩鞭马鬣事邪？”后诸侯王与十功臣既有土地、人民，凡事干其城者，各遣断事官，自司听直于朝，公年十六为断事官。

世祖正宸极，以从征叛王阿里不各功，赐其军騼马四百匹[②]，金银币帛称是。寻诏入宿卫，晓近臣曰：“是勋阀诸孙，从其出入禁闼，无辄谁何？”李璮反，诏将忙兀一军围济南，钞益都、莱州，贼平。决狱燕南，人称明允，赐衣一袭。云南王虎各赤为其省臣宝合丁辈毒杀，事闻，敕中书择可治其狱者凡四，奏人[③]，皆不当旨[④]。丞相先真举公，且言：“败事臣请从坐。”帝曰：“之人则可。”公辞：“臣不爱死，第年少目不知书。”帝曰：“朕方恃卿求皇子死，尚书别帖兀而知书，惟可使之簿责其事，是否一委自卿，明日慎无归咎辅行也，且闻卿不善饮，彼地多瘴，宜少饮敌之。”未至四五驿所，宝合丁遣人负金六籯来迓。公曰：“云南去朝廷辽邈，省臣握兵，不安其心，将惧而变。”乃好为语，遣之。既至，尽以金归省，而竟其狱，得置毒情，杀之而还。奏，可。顾先真曰：“卿举得人，赐兼金为两五十[⑤]。”武备寺奏：“今凡忙兀事无大细[⑥]，如札剌而事，统丞相安童者，悉统于博罗欢。”

八年，受昭勇大将军、右卫军都指挥使虎符[⑦]，大都则专右卫，上都则三卫兼总。十一年，授金吾卫上将军、中书右丞。太师南伐，分军为两，制曰：“其右授丞相伯颜、阿术节度，左悉委卿。”指一犯法臣曰：“如别急烈述失，朕不责也。”俄授兼淮东都元帅，军于下邳，公策诸将曰：“清河

---

① “固”，原碑作“顾”。

② “百”，《元史·博罗欢传》作“十”。

③ “人”，《元史·博罗欢传》作“上”。

④ “当”，《元史·博罗欢传》作“称”。

⑤ “兼”，《元史·博罗欢传》作“黄”。

⑥ 该句前，原碑有“今入筋角惟忙兀以时伙于常岁帝曰其报赐之自”句。

⑦ “右卫”字后，《元史·博罗欢传》有“亲”字。

居宋北鄙，城小而固，与泗州、昭信、淮安实相犄角，当水陆冲，未易卒拔，可顿大兵为疑。海州、东海、石湫，违此数百里，其守必懈，吾将轻兵倍程而东，其守臣可袭虏也。”师至海州，丁安抚果下，石湫、东海随下，清河史安抚闻之，亦下。不一月而下四城。宋主既降，而淮东诸州犹城守，故太傅伯颜入觐，还，密诏以公进兵。拔淮安南堡，战白马湖及宝应，弃高邮不攻，由西小河达漕河，据湾头堡，断通、泰援，竟投扬州，斩其制帅李庭芝，淮东诸州悉下。赐西域药及葡萄酒、介胄、弓矢、鞍勒，会分江南诸州隶诸侯王及十功臣，又益封桂阳州。

十四年，遣平叛王只里干带于应昌，赐以鞶带、币帛，与博罗同署枢密院事。未久，授北京右丞，既至，召还。会南土多反者，诏募民能从大军进讨者，俾自为军，其百夫、千夫惟听其万夫长节度，不役他军，制命符节，一与正同。已行矣，公疾，不能自陈，令董司徒文忠入言：“今者日所出入胜兵，何啻百万，何假此曹无赖侥幸之徒以壮军威？臣恐一践南土，肆为贪虐，斩伐平民，妾其妇女，橐其货财，民畏且仇，反将滋众，非便。”召舆疾入，帝视其色瘁然，赐坐与语，重陈董奏，可之。适常德入诉唐兀带一军残暴其境，如公所策，敕斩以徇，诸是军皆罢之。十六年，曷剌斯、博罗斯、干罗汉、薛连干，皆强宗也，势不相一，求遣大臣来莅。诏令公往，凡居是二年。十八年，以右丞行省甘肃。时大军驻西北，仰哺省者十数万人。自陕西陇右，河湟皆不可舟，惟车辇而畜负之，途费之余，十石不能致一，米石至百缗。公经画得方，供亿不乏，贼不敢窥边者二年。

廿有一年，授龙虎卫上将军、御史大夫、江南诸道行御史台事。黄华反，征内地戍兵进讨，未能平贼，多奴良民以归。公令监察御史、提刑按察司随在纠核，皆止，还之。以疾归。会诸侯王乃颜反，帝欲自将征之。公曰：“始太祖分东封诸侯王及侯，其地与户，臣如知之。以二十率之，彼得其九，忙兀、兀鲁、札剌而、宏吉烈、亦其烈斯五诸侯得其十一。彼力滋多，吾力滋多；吾有衰耗，彼亦衰耗。然要其归五侯之力，终多彼二，惟责征兵五侯，自足当之，何烦乘舆？臣昔疾今愈，请事东征。”制：“可。”赐介胄、弓矢、鞍勒，命公董是五诸侯兵以行。与乃牙接战，屡摧其锋。再与其党一王塔不带战，霪雨不止，军以乏食求却。公曰：“两阵之间，勿作事先。”已而彼军先动，公悉众乘之，逐北二日，身中三矢，擒塔不带，斩忽伦辈。后与月列鲁太师合力，始诛之。赐银为两四百五十，币帛九百。不再月，其党一王哈丹复叛，公再请往，诏与诸侯王乃马带讨之。公狃于屡胜，一日不虞，贼游兵卒至，止从三骑返走。有绝壑前，广二丈，深加广半，追兵且及，独公策马能越，三人后者皆见杀，人以为天相忠义。后逐北，极于东海之壖，哈丹自引焚，获其二妃，斩其子老底于陈。凡战四年，所俘金银，悉散将士，以故人致死力。贼平，敕一妃赐乃马带，一妃赐公。陈金银器延春阁，召东征诸侯王及公至，将分赐之。问公：“卿家是器几何？鞶带有无？”公曰：“以陛下威德，奉身之物亦毕备矣。”帝曰：“朕出此，本以酬卿曹之劳，在人则伐其能，以幸多取，朕问犹曰既有，可谓谦挹不眩于货者，岂令其徒手归？姑赐是器五百两。”

二十八年，改河南宣慰司为行中书省，求可首是省平章者，凡三奏皆不允。末乃及公则可，授荣禄大夫、平章政事。淮盐为引，岁六十五万，前政多逋，至公如额而集，赐异币一。开封监县帖兀而告：廉访使胡某不戢其民，昏集曙散，县簿陈绩置巡屋器械于村，又周刘光店为墙四，其门扃鐍，司夜出入。诏公案之，皆诬，杖而徙戍南边。河水迁流无常，民讼：“退滩连岁不绝，或以其地投献诸侯王，求为田民自蔽。”公奏正之，仍著为令。河后泛滥，堤埽横溃，归德、睢州、汴梁，水及城下，漭为巨浸，公亲行水，督有司捍完之。

皇上元贞二年，迁公平章陕西，未行而改，复为河南。入觐奏：“忙兀一军戍北岁久，衣率故弊，请以臣泰安州五户岁入丝一斤，积四千斤，尽输内帑，易为匹帛，分赉诸军。”上以为益。敕递车送达军中，赐银为两百五十，币帛三。陛辞之日，上谕之曰：“卿今白须，世祖德音，实足听闻，事更加慎。”中书平剌真、宣政院使大食蛮合奏：“始者伐宋，始祖分军为两，右则属之伯颜、阿术，左属之博罗欢。今伯颜、阿术皆有田民，而博罗欢独不可后。”上曰：“何久不言？岂彼耻自白邪？其于淮东所尝战地高邮，已籍之民赐五百户，以上、中、下率之，上一而中、下各二。”及圈背银倚，比再至汴，逾年，凡流外官、久滞不铨、旅食道宫者，旬月皆出之。大德之元，叛王岳术忽而、兀鲁速不华来归。公遣使驿闻：“始是诸王叛由其父，是辈小弱，若无与知，今焉来归，宜弃前恶，以劝未至。”上曰：“是奏深契朕衷。”改平章湖广，赐金鞍勒。至汝宁，合福建省于江浙，授公光禄大夫、上柱国、江浙等处行中书省平章政事，赐玉带。夏大旱，随祷而雨。杭之豪民十家，入赂于官，大为酿务，高其估而专其利，酒日漓恶，公变其法，改省四，凭其富蓄，凌轹府县，肆为奸利，自刻木牌，与交钞杂行民间，实侵货币，与国争利。又盗堤海之石，墙其私居。公欲斩之，而中书刑曹当以杖，然亦由是大姓，始知重足立矣。以大德庚子五月二十有二日薨于临安寓舍，年六十有三，以其年七月八日葬于檀州西北太行山，不封。

最其平生，典兵则右卫都指挥使，都元帅、枢密院。风纪则御史大夫，宰相则三为右丞，四为平章。与夫四十七年，马足所及，西南、云南，西北金山，东北海隅，东高句骊，东南吴闽。再讨叛臣，四征叛王。其间，事平而疾，闻变请行，惟以有国，艰虞为忧，视转斗乎万里之远，历岁之久，若堂奥之朝夕焉。虽风雪皲瘃其肤，锋矢交集其躬，饮食饥渴不时，其口体皆不避恤，必致寇首戏下，归报终事而止。真凛凛有曾考风，上尤眷重之。若世祖身御櫜鞬、弓矢，皆万世传宝，不以赐臣下者，惟以赐公。海东青鹘杂，先朝多或十赐。至白鹘觜爪玉如，圣语晓曰：“是禽惟朕及鹰师所鞴，以卿世臣诸孙宣力之多，日桑榆矣，无以娱心。河南治地，平衍而远，且多陂泽，鹅鹳所集，时出纵之，使民得见昭代春秋蒐田之盛，不敢萌启邪心。”皆殊锡也。夫人兀怯烈氏、□案檀氏、□札剌而，皆前公卒。今夫人札剌而氏、王氏、案檀氏、宏吉烈氏。男□人，太宫宪副参政博罗公于庭臣居家，最名有法，夜分不寐，诸子列侍其前，听谈祖宗故实，毋敢或归私室。燕奉樽俎，迭歌舞以娱宾，亦无有酒失者。女六，长适国戚卜伯，次适薛彻干平章子佥书枢密院事完者，次适国王弟孛兰肸，次适月赤察而太师弟怯烈出，次适山东宣慰使必宰牙，幼在室。男女孙如干。

铭曰：皇矣太祖，肇造方夏。右之左之，惟十臣者。公之曾考，展一其中。折矢沥告，帝视友同。敌陈来加，挺戈而出。大崩其军，免胄而入。五兵之长，无矢不仁。由贼叩轮，懋功是创。帝恻其心，百俘偿死。顾成嘉止，既王其子。逮分茅土，帝自等差。国以泰安，二万其家。公祖王季，勤勚克类。再传而公，世祖之事。勋阀遗苗，帝植以培。而独于公，尝誉其材。听于禁闼，无止入出。翼翼其心，弥谨自律。随遇而安，利患靡干。承命即往，奚远奚难。东北海邦，西南南诏。瓯闽炎陬，金山遐徼。闻有艰虞，必请赴趋。大狱叛藩，无一漏诛。人臣宪宪，曰名台院。平章大夫，有密钧践。先圣今圣，赉予优优。良驷天闲，豪隼御鞲。橐鞬介胄，鞍带衣裘。黄白之金，委家如丘。皇矣太祖，于疆于理。惟公曾考，实成其始。遗厥大艰，畀之神孙。神孙世祖，辟乾翕坤。考其皇舆，南北犹判。孰是浙右，羸鬼歆祼。大兴师征，巀嶪百城。罔不箪壶，竭蹶义声。传其国都，孱王衔璧。蕞尔淮东，诸州犹壁。诏公进攻，荡歼渠凶。九域攸同，公焉成终。将天之意，悠悠或至。成始之孙，宜际斯会。益封桂阳，江岭外内。于乃先烈，克光以大。尝闻古先，誓侯功臣。泰山如砺，国以永存。嗟公王孙，国泰山下。权舆砺如，其自今也。

延祐四年四月廿日，男翰林学士承旨、开府仪同三司、知制诰事、修国史野仙帖穆而建。

右碑，连额高一丈六尺六寸，广五尺六寸。额篆“大元太师泰安武穆王神道之碑铭”十四字，字径六尺[①]。“大元”二字横列于顶，“太师”以下十二字，三行，列于下。文起碑阳，转碑阴，两面各三十七行，行九十九字，字径八分。八分书。燧，元代能文者。苏天爵《元文类》载燧是篇，与碑文率相同。案《事祖广记》：晋宋之世，始有神道碑。天子及诸侯皆有之。其初由立之于葬兆之东南。地理家言以东南为神道，故以名碑。《金石例》云：后汉中山简王薨，诏为之修冢茔，开神道。注云：墓前开道，建石柱以为标，谓之神道。是则神道之名自汉已有之，晋宋始易以碑刻也。《墓铭举例》云：神道碑，其题有二：有碑额之题，有碑文之题。碑额之题简，碑文之题详。此碑文额异题，文中未言爵谥，补题于额，第额题神道，合在墓左，是以《县志》以墓为真，而疑其迁葬。然与碑文不合，且无桃拔辟邪。（大昕案：忙兀氏分地在泰安，故立碑于此，以纪勋惠。碑铭云“嗟公王孙，国泰山下”正指分地而言，非有迁葬之事也。）或谓此即古先德昭先等碑，意尔时其子若孙，既国于岱，必建寝庙而碑其前。今庙圮碑存，大冢类陵阜，殆营建时之积土耳！然潘苍崖云：先茔先德昭先等碑，与神道墓表不同，亦未见其当立庙前，况庙固无据乎！钱宫詹大昕云：承询及博罗欢神道碑事，古人立碑神道，本以表墓而名，后来立碑，则有不必拘者。寒家所藏南宋石刻，有曾文节公三聘神道碑，在广西省城之龙隐岩。三聘墓本在江西，其子宏正任广西转运判官时，镵之崖石。三聘尝除广西提刑，未赴任，亦不闻有立祠粤西事。度宋元以后，似此者必多，不独泰安武穆一人也。元时诸王功臣有分地者，不过收其户税，初未尝就封于此，史亦未见有立寝庙之证，或说诚未足据，谨以奉复。

案：铭内“由贼叩轮”与上句“无矢不仁”叶韵，自当于下句“懋功是创”倒互。《泰安县志》载此文已改正，今仍碑文之旧，而辨其误于此。博罗欢及其曾祖畏答而，《元史》皆有传，碑与传大致皆同。所不同者，碑

① “尺”，按原碑尺寸当作“寸”。

作“畏答而”，史作“畏答儿”。碑云“易名屑廛，约为按答，盖明炳几先，与友同生死之称”，史云“更名薛禅，约为按达。薛禅者，聪明之谓也。按达者，定交不易之谓也”。碑云“曷剌真”，史作“哈剌真”。碑云“兀徹带”，史作“术徹台”。碑云“只里吉”，史作“只里吉实”。碑云“忙各”，史作“忙哥”。碑云“博罗驩”，史作“博罗欢”。碑云“阿里不各”，史作“阿里不哥”。碑云赐騋马“四百匹”，史作“四十匹”。碑云“虎各赤”，史作“爱哥赤”。碑云“先真”，史作“线真”。碑云“别帖兀而”，史作“别帖术儿”。碑云“石湫”，史作“石秋”。碑云“益封桂阳州”，史云“益封桂阳、德庆二万一千户”。碑云“只里干带”，史云“只里干台”。碑云“应昌”，史作“德昌”。碑云“曷剌斯、博罗斯、干罗罕、薛连干”，史作“哈剌斯、博罗思、斡罗罕”，而无“薛连干”。碑云“月列鲁”，史作“月鲁那演”。碑云“老底”，史作“老的”。碑云“岳术忽而”，史作“药术忽儿”。又史载公“累赠推忠宣力赞运功臣、太师、开府仪同三司、上柱国、加封泰安王，谥武穆”，而碑悉略而不书。碑中“男□人”，《泰安志》则云“四人”。然以碑与史中前后文核之，只浑都、伯都、野仙帖穆而三人，非四人，恐《志》误也。公以大德庚子薨于临安寓舍，即以其年七月葬檀州太行山。庚子，是大德四年。姚燧作墓志在癸卯岁，是大德七年。其立碑在延祐四年，距公之葬又十五年矣。意者，当时野仙帖穆而以其先人封泰安郡王，故立碑于泰山下，以显扬其功烈于封号之地也。

谨案：钦定《元史·国语解》：“忙兀”当为“莽果”。“博罗驩”为“博尔欢”。“浑都”当为“昆都”。“伯都”当为“巴图”。“野仙帖穆而”当为“额森特穆尔”。“畏答而”当为“鄂约达勒”。“蘸木曷”当为“察木哈”。“克琐鲁火都”当为“苏噜克图”。“畏翼”当为“乌页”。“太畴”当为“岱酬”。“薛禅”当为“色辰”。“按荅”当为“谙达”。“曷剌真”当为“哈喇沁”。“兀鲁”当为“乌噜”。“术徹台”当为“珠鲁卜齐岱”。

"只里吉实"当为"济勒济沙"。"忙各"当为"孟克"。"忽都忽"当为"呼图克"。"阿里不各"当为"额呼布格"。"虎各赤"当为"呼格齐"。"宝合丁"当为"保赫鼎"。"先真"当为"乌珍"。"别帖兀而"当为"拜特穆尔"。"札剌而"当为"萨喇尔"。"安童"当为"安图"。"伯颜"当为"巴延"。"阿术"当为"阿珠"。"别急烈迷失"当为"锡奇里密实"。"只里干带"当为"珠尔噶带"。"唐兀带"当为"唐古特"。"曷剌斯"当为"海拉苏"。"博罗斯"当为"布尔噶苏"。"干罗汉"当为"鄂喇昆"。"乃颜"当为"纳延"。"宏吉烈"当为"鸿吉哩"。"亦其烈斯"当为"伊奇喇斯"。"塔不带"当为"塔布岱"。"忽伦"当为"和抡"。"月鲁那演"当为"伊噜诺延"。"哈丹"当为"哈坦"。"乃马带"当为"柰曼岱"。"老底"当为"罗丹"。"兀怯烈"当为"奇味"。"按檀"当为"阿勒坦"。"岳术忽而"当为"永和尔"。"兀鲁速不华"当为"乌噜斯布哈"。"薛徹干"当为"色徹肯"。"完者"当为"谔勒哲"。"孛兰肸"当为"布哷齐"。"月赤察而"当为"伊徹察喇"。"必宰牙"当为"宾咱雅"。

汶阳桥，西溪渿水所经。西山险峻，水势悍猛，桥以约之，创建无考。桥北，为天书观，旧名乾元。门阁三重，殿庑三所。《宋史・礼志》：大中祥符元年，真宗将封禅。王钦若言：木工董祚于灵液亭北，见黄素书曳林木之上，有字不能识，言于皇城使王居正，居正睹上有御名，驰告钦若。遂迎至官舍，授中使捧诣阙。因于得《天书》处建此观。《天书》云："汝崇孝奉吾（绳武案：《宋史》无"吾"字[①]），育民广福。锡尔嘉瑞，黎庶咸知。秘守斯言，善解吾意。国祚延永，寿历遐岁。"见《三朝符瑞志》。至庸妄语也。尔时君臣矫诬，亦已甚矣！

灵液亭者，《文献通考》云：乾封县民王用田中，有童儿掊土，得小青钱数十，争取之，钱坠石罅，因发石，有涌泉二十四眼，味极甘美。又枯

① 《宋史・乐志》有"吾"字。

石河有涌泉二十五眼，又一眼出层阜之上，信宿势加倍[①]。又别引数派，双鱼跃其中。有果实流出，似李而小，味甚甘，及古今钱百余。封禅经度制置使王钦若贮水驰驿以献，分赐近臣。诏设栏路[②]，谨护之。六月，诏建亭，以“灵液”为额。今观大门内，有井勒“醴泉”。旧有亭，久圮。宋焘云：余童时，犹见观内泉出石崖，下注，有垂杨数株，大二十围，盖祥符时所植。今树既乌有，而泉又凿深为池，非其旧矣。考《尔雅》：甘露时降，万物以嘉，谓之醴泉。醴泉，即甘露也。汉儒《记礼》有“地出醴泉”之文。王充尝非之，使从地出，《尔雅》何不列《释水章》？乃居《四时章》乎！据此，则甘泉非祥，而勒石者未审耳。《法苑珠林》云：泰山之东，有醴泉焉。其形如井，本体皆石。欲取饮者，皆洗心跪而挹之，则泉出如流；若或污慢，则泉缩焉。盖有神明以宰之也。泉侧，铁浮图十三级，明嘉靖十二年造。正德间，即其中为元君殿，尝遣中官致祭。殿后为九莲殿，万历间孝定皇太后祔庙，尊为九莲菩萨。命中使建，改观额为“圣慈天庆宫”。详岱顶天启五年金碑。又后为智上殿，崇祯末，追崇孝纯皇太后为智上菩萨。详副使左佩玹碑记。像设，皆范铜为之。乾隆十一年，观大门楼灾。其西，有宋翠阴亭故址。渿水自桥南行，至灵芝街西，南为渿河桥。

御制碧霞元君告文碑

〔明〕

右碑，真书。正德二年闰正月勒观内元君殿东壁。

碧霞元君造像记碑

右碑，周府永宁王撰并正书。嘉靖十二年十月勒天书观内元君殿西壁。

---

① “信”，《文献通考·物异考》作“经”。

② “路”，《文献通考·物异考》作“格”。

敕建智上菩萨宝刹碑

右记，按察使关中左佩玹撰，知州朱万钦篆额，举人徐楠真书。崇祯十七年三月勒智上殿前东侧，南向。碑阴有《义输赡田记》，亦佩玹撰文，万钦篆额，宋之尤书丹。

天书观

〔明〕萧协中

绛节回风玉陛遥，竭来瞻对忆前朝。人多妄想邀灵异，天有何书下泬寥。千载法幢云篆古，一泓仙醴墨花娇。圣慈宠锡悬新榜，添得名蓝擅胜标。

醴泉

宋德何堪纪，琳宫涌醴泉。自缘臣献媚，却使瑞空传。味不烦筵设，清还倩缶煎。天书同一辙，青史笑千年。

圣慈天庆宫记

〔国朝〕顾炎武

泰山之西南麓，有宋天书观。大中祥符年间建，后废为碧霞元君之宫。前一殿奉元君，万历中，尊孝定皇太后为九莲菩萨，构一殿于元君之后奉之。崇祯中，尊孝纯皇太后为智上菩萨，复构一殿于后奉之。乃更名曰“圣慈天庆宫”，而按察使左佩玹为之碑。宫成于十七年之三月，神京沦丧即此月也。窃惟经传之言曰：为之宗庙，以鬼享之。又曰：为天子父，尊之至也。孔子论政，必也正名。昔自明太祖皇帝之有天下也，命岳渎神祇并革前代之封，正其称号。而及其末世，至以天子之母、太后之尊，若不足重，而必假西域菩萨之号以为崇，岂非所谓“国将亡，而听于神者”邪？以其事为国史之所不及载，故序而论之，俾后之人有以览焉。

灵芝街，在城西门外之南。《宋史》：大中祥符元年十月“丁未，法驾入乾封县奉高宫。戊申，王钦若等献泰山芝草三万八千余本”。《符瑞志》云：有并五、并三连理，五色重晕，如意宝盖，上下相连带。瓦石、草木、五谷如宝山、神仙、灵禽、瑞兽之象者，六百四十二。诏令封禅日，列于天书辇前。《泰山纪事》云：街名本此。灿灿紫芝与萧艾蒿莱等，又足贵哉！先公解组后，羁于岱麓，僦屋街西。日游林壑，归则莳花种竹，觞咏自如，年余乃返故里。经今廿载，曳杖已悲。蒙偶经过，追寻手泽。但见颓垣荒榛、寒烟寂历，为之踟蹰，为之欷歔矣。

街东有青岩书院故址。

栽竹

先公石岭先生

石岭先生性爱竹，到处寻栽傍墙屋。红黄满砌叱不录，此君品格别凡族。风朝月夕新薰沐，悠然妙韵融沕穆。十载京邸驱柴毂，贳来埽我愁万斛。箨龙解箨猗猗绿，卧吟其下诗满轴。榆山城外前贤躅，菁菁一似苍筤谷。半移衙偏杂花木，岁长千竿数更仆。都昌碱坟如霜镞，四野枣棘只矐目。郁陶思君困西塾，冀君化龙泰岳麓。余亦化云上下逐，系此屡月屑榆粥。为君留连辄信宿，老奴导余过平陆。步屧扶杖路转曲，逢君山隈溪淫鬻。努力拔取十五六，旬日赫赫曦阳暴。默祷天公降余福，一夜凉风吹霡霂。晨起循视其叶沃，私心对君喜不蹙。新梢乱吐生意足，伫予俟之青郁郁。瞬眼严寒不局缩，惟我知君耐雌伏，与君终古盟幽独！

尽日

尽日无一事，呼奴锄花畦。瓦盆贳三五，实以新红泥。村邻有佳菊，许我频频移。竹篱缀疏密，石砌随高低。海棠与秋罗，杂莳以间之。朝暮叠灌溉，出入成径蹊。觅花不必远，种花不必奇。奚为向深山，仆仆掇丹荑。少倦卧石床，放意无差池。用此过驹隙，悠然忘筌蹄。

子夜梦中得“霓散满天霞”之句，意雨后晴占也，因续成之

几日霏霏雨，新晴映落花。岩吞千丈雾，霓散满天霞。放眼穷无际，倾觞破有涯。乾坤随地阔，怜杀夜啼鸦。

青岩书院，旧为青岩社，明宋焘岱倪甫讲学地也。康熙中赵国麟仁圃甫继兴，巡抚蒋陈锡檄知州石键增葺，易名书院。乾隆二十九年郡守姚立德改置汶阳桥西，名泰山书院。四十六年，蒙为主讲。讲院故有三贤祠，因增祀宋、赵两先生，示不忘所自也。堂后有斋命曰“柬理”，取荀卿《修身篇》“安燕而血气不惰”为柬理之义。斋庭虚旷，梧竹蔚椮，与诸生游息其中者三年矣。友人何星田赠以诗云：嶂抱青岩路，山斋鹳护扉。红鳞惊客影，绿笋碍人衣。芳径嘤鸣合，尘阛辙迹稀。摊书吟邵子，演易瓣香微。又云：午唤双鸠雨，云阴暗竹房。絮飞沾蕙带，花入点琴囊。杯蘸青螺重，亭生白帢凉。晚晴钩露幔，岱色满斜阳。

尔时酬唱成帙，偶记二诗，录之以志友朋之好。

青岩书院宋先生祠堂碑

〔国朝〕

右记赵国麟撰并真书，康熙五十□年勒书院。今堂废，碣亦佚。

重修青岩书院碑

右，知府王一夔撰，真书。乾隆六年五月勒旧讲堂前。

重修泰山书院碑

右，知县程志隆撰，李品镐真书。乾隆三十年七月勒今书院大门内。

青岩居（四首）

〔明〕宋焘

僻性耽闲旷，依山启静扉。方知尘事远，况与世情违。月白烟萝径，风清薜荔衣。短墙垂柳绿，常荫钓鱼矶。

岩栖谁借买山钱，满径蓬蒿此地偏。投粟虚庭看斗雀，脱巾深树听吟蝉。年来已自成书癖，醉后从人唤酒仙。为爱溪声冷襟抱，石床移向水亭眠。

编篱种豆绿萋萋，人似桃源路不迷。日暮酒醒新月上，扶筇又过画桥西。

昨宵溪水长潮痕，烟雨霏霏昼掩门。隔岸几家芳树绿，分明城市有江村。

渿河桥，在灵芝街南。渿水引城濠水，西受金星泉，径桥下南流入泮汶。《考古录》云：蒿里山左，有渿河桥，世传人死，魂不得过，而曰“奈何”！此如汉高帝云“柏人者，迫于人也”。灵派侯庙在桥侧，后晋天福六年建。旧称渿河将军，又曰通泉侯。宋真宗东封，泉已㬮，俄有清流涌发，赐封“灵派”。元至正间重修。三溪以渿为巨浸，昔年涨溢，坏民田庐无算。爰备述其源委，庶职是水者省焉。

渿河将军庙堂碑[①]

〔后晋〕

文曰：太岳渿河将军庙堂石记铭。[②]

乡贡进士刘光度撰，岳祝史福如书。

《诗》云：太山岩岩，惟鲁所瞻。标群岳之首，隐众灵之府。灵者，神

① “渿”，原碑作“奈”。

② “渿”，原碑作“奈”；“铭”字后，有“并序”二字。

也。神生于无神之神，阴阳不测而为神，日月照耀而为明。无神之神者，至道也。《道德经》云：杳杳冥冥，于中有精。恍恍忽忽，于中有物。此之谓也。天福六年三月十七日，新澶州岳社头郭肇等[①]，皆以金门贡艺，玉署呈才，风云雅作于二龙，奋跃素高于双骥。副社头郭肇□[②]，清涵珠海[③]，鉴澈冰潭。贮茂异以盈怀，抱才实而锲志。因乘暇豫[④]，同慕胜游。面彼南原，共观槁舸。饮酒酣畅，而相与言，胡不闻贾谊云：生之也若浮生，死之也若休。庄周云：生之也道行，死之也物化。人修短分定，岂不在乎神明哉？遂乃拱志修崇，归心祀享。结集岳社，化彼邑人。不暮月间，总四十户。至天福元年三月十日，社众西自新州，东之太岳。远备牢醴，克置羞荐。无愧叨僭，惟竭至诚。但有遗旷，庶几增建。窃见宫宇怲悗[⑤]，峰峦回合。尊神众列，侍者星繁。唯奈河□，元非灵庙，是以历览林薮，履蹈河壖。东望则天之坛，西临鬼仙之洞；叠障重岩倚其后，飞云流水枕其前。得此一方，实为殊胜，是以擘画砂砾，□□□□，任便裁基，随宜创迹。召公输于鲁甸，招匠石于郢郊。截岨崃之花松，断新甫之挺柏。奇材异石，穷神役思以蕴崇；碧瓦铜砖，尽心毕力以骈集。□运斤秉斫，争工不异于雷震；劆木飞绳，竞巧可同于电捷。天福三年五月十日，建就堂一所三间，四下椽周回行。墙二十四堵，门楼一所。悉以粉饰藻绘，秀丽精华。取金碧于十洲，运丹青三岛。香窦绮井，返植莲苛。画栋雕梁，高横蝃蝀。翠檐朱网，亭亭而日丽九光；复道重阶，落落而露凝五色。天福五年三月九日，迎入将军、夫人真形两座，厮儿、妮子两人，夜叉一对。郭肇等命以巫者告厥成功[⑥]，酾酒焚香，虔诚启仰。忻然应变。但觉酡颜回风绕坛，实谓神

① “等”，原碑作“専”。
② “□”，原碑作“専”。
③ “清”，原碑作“精”。
④ “豫”，原碑做“预”。
⑤ “怲”，原碑作“炳”。
⑥ “等”，原碑作“専”。

降。此则天意人事，圣道合符，体乎元元，不可穷纪。光度学输，钟会才谢，邱迟坚让不从[1]，辄敢承请。是以凝玄叩寂[2]，□简□豪[3]。力课短怀，用旌刊饰。

铭曰：瞻彼柰河，泉泻清清。噫彼逝人，魂飞冥冥。善恶斯作，祸福随情。应业受分，靡迹厥灵。将军英灵，祠堂窈窕。一气散化，万神应兆。事有克彰，物无不照。辅赞天孙，宗室岩峭。优游高士，放旷清人。预构阴德，思振芳尘。物景代谢，事迹相仍。成此庙貌，永司其津。

天福六年岁次辛丑三月辛酉朔十七日己丑。

谨具录元立社纠首及头副样、勾当人姓名。

天福元年充纠首石徽、赵勋，次充头副样陶凝、赵勋，次充头嗣样王光庭[4]、程罕、李训、李嗣，次充头副样张翰、傅赟、赵勋、聂召，次充头副样郭召、邵超、奇宾、邵规，□□人赵勋、颜温、李近嗣、邵进、刘铎、聂召、王进、孟景、张翰、张素、毕佺、韩勋、王朗、王韬、赵作[5]、杨捷、宋安、许儒、程罕、宋颙、马唐、李温、李晖、□召[6]、聂铢、胡琼、王丰、刘祚、刘训、孙罕、傅赟、石徽、王延□、刘□[7]、尚遂、聂进、张太、王勋、李训，勾当副样邵规、奇宾，□□副样郭肇、邵超、陶凝、陈唐、马温、宋美、成赟、王福、王知训、岳规。都料匠尉迟练、夏侯知远镌，范彦钊、李□同造。

右碑，高四尺九寸，广一尺六寸。额曰“澶州建柰河将军庙堂记”[8]。

---

① “邱”，原碑作“丘”。
② “叩”，原碑作“扣”。
③ “豪”，原碑作“毫”。
④ “嗣”，原碑作“副”。
⑤ “作”，原碑作“祚”。
⑥ “□召”，原碑作“徐□”。
⑦ “□”，原碑作“诲”。
⑧ “柰”，原碑额作“奈”。

额字径二寸。记文二十四行，行五十五字，字径七分，并真书，在灵派侯庙堂前，南向。

全祖望《鲒埼亭题跋》云：济南七十二泉，皆发于泰山之麓，独未闻所云柰河者。石晋天福二年[1]，有泰山柰河将军碑，乡贡进士刘元之之文也。其文不工，书亦拙。柰河之神而曰将军，又有夫人，真不典之祀也。以五代石墨之希，故存之。

朱文藻云：碑中字多别体，“灵”作“靈”，“冥”作“寞”，“炳焕”作“怲悗”，“毕力”作“罼力”，“役”作“伇”，“迎”作“迎”，“嗣”作“嗣”，“翰”作“翰”，皆随意增减，不合六书。“王韬”应是“王韬”，“杨捷”应是“杨挺”，“刘圳”应是“刘训”，或以形似致伪。“其生若浮，其死若休”语出庄子，今引贾谊语，而“浮”字下衍“生”字。“不暮月间”依文义当是“期月”之讹。“返植莲苛”似即“莲荷”，谓“香窦绮井”，周刻翻覆莲也。《汉书·郦食其传》：“握？好荷礼。”是以“荷”为“苛”，此则以“苛”为“荷”。“运丹青三岛”，“丹青”下当有“于”字。“应业受分”碑实是“分”字，聂氏《金石考》释作“受戮”，似未确也。碑称“立社纠首”，“糺”同“纠”，谓敛钱之首也。同预会，建庙为同社，郭肇是社首也。头副样、勾当人，是当时在庙经理之名目，犹言正副也，其名创见此碑。额题“澶州建奈何将军庙堂”又称“新澶州”，五代周时曹州谓之澶州。此庙在泰安而云澶州建，所未详也。庙称将军，不详为何神？所掌何事？今据碑序，首言生死阴阳之理，而铭词又有辅赞天孙之语。《博物志》云：泰山一曰天孙，言为天帝之孙也。将军殆亦辅佐泰山之神，与高里神祠相为左右。今释氏功德画有过奈河桥之事，其源殆出于此。至其“真形”，有“夫人”，有“厮儿”“妮子”，有“夜叉一对”，后世神庙像设之盛，亦滥觞于此矣。

[1] “二”，原碑作“六”。

王绅题名

〔宋〕

文曰：再谒灵派神祠，请雨故也。熙宁甲寅秋八月，右珰王绅、衮仪父题。

右，真书，勒庙堂记碑阴。方广尺许，共五行，行五字，字径寸半。文言“再谒”，当已曾来。甲寅为熙宁七年，《宋史》载是年旱蝗，九月戊戌以时雨降，劝民趋耕。碑云八月再谒请雨，则以前之来祷可知。

重修灵派侯庙木帐碑

文曰：东岳灵派侯庙重修木帐记。

岱宗镇东方，为岳之伯。其山实万物之始，而其神主生气。天子告祭，柴望以礼。而庶人奔走，飨献以诚。故灾沴不作，休祉来应。然所主者，岱宗之神，而左右附于神者，司掌不一。所以各建其祠，而存夫像也。山麓之右，有水派而南，耆耋相传曰渿河。河湄之东有祠焉，表以“将军”之号，见于旧碣。昔尝闻道微大师索文湛曰：祥符初，章圣东巡，法驾顺动。侍臣卫士洎蛮貊来朝者，无虑百余万人。皆泊于山下，须水以供饮濯。方患河之已涸，而转盼之间，渊泉复溥，源源不竭。由是蠲渴涤垒，上下获济，此皆尸河者之灵应也。升中礼毕，天子嘉其功，封以侯爵。尔后益利及四方之民无穷。近岁，邑人笃于信神者，多梦渿河之神警以祸福，俾其人避恶而趋善，示神之化也。

噫！神之至幽，所职或迁，而于祸福之权有所兼，固不可致诘。而严其祠事，以答灵贶，宜矣。祠堂中有木帐，久而蠹弊，不足以护神像。邑人王文知神之不可不钦，而钦之之诚无以至，遂首出钱十五缗，又得乐从者共力以资助。乃命良工购楩楠，易而新之，亦见其钦神之诚至也。《书》曰：至诚感神。然事神者，以诚之至，而不祈其报，孰谓不获其报者哉？方饬材之初，于祠之内外植柏七十株，培壅灌溉，以致悦茂，翼其永久也。

功休，求为之记，或以邑人之志书云。

时大宋元丰八年岁次乙丑六月四日，前进士王彧撰[①]，泰山魏实书，历山王补之篆，吕口刻石。

右碑，高三尺六寸，广一尺七寸。凡十八行，行三十二字，真书，字径五分。额篆“重修灵派侯木帐记”八字，四行，字径寸七分。碑已断，嵌庙内火池壁东面。

重修灵派侯庙碑

〔元〕

文曰：泰安重修灵派侯庙记。

州教授王祯撰并书篆[②]。

泰山有三溪，独西溪雄秘莫测。盖其源来自上方，下为瀑布，直注山根。洄洑龙湫而出，高深委折，渊而复流者。至郡城之西，百举武而近，居民饮濯之，而呼曰漆。漆之东湄，地形若穹龟然，庙其上。曰灵派侯者，宋真宗大中祥符元年，有事泰山，驻跸于此。始患水泉涸绝，俄而涌涨，嘉其神异，而封建之也。兴作始末，文石具在。每岁春，远近献芗，骈肩累迹，不可胜数。郡民云：丐诸神者，每对所祷，亦尝有所凭托，而宣其威烈。故祈谢之徒，刲羊豕而焚楮镪者，略无虚日。一日，泰安监司唉撒、州尹孙公民献，暨僚属同谒祠下[③]，悯其殿像摧压，颇蓄兴修之志。已而，庙壖为奔流所啮，祝之[④]，水复折而西。二公耳神之灵既孰，而又目睹其验，遂亲董其役，更其庙而新之，以崇其祀。凡土木瓴甓，绘塑之须，一出本

① “撰”，清金棨《泰山志·金石记》作“记”。

② 该句后，清金棨《泰山志·金石记》有“高又元刊”句。

③ “暨”字后，清金棨《泰山志·金石记》有“诸”字。

④ “祝之”字后，清金棨《泰山志·金石记》有“之际”二字。

庙香火之费[①]，皆二公规度之力也。落成之日，嘱仆为记。窃闻之：山林川谷[②]，有能利于人者，则秩而祀之。惟岱为镇岳，实发生之所。肤寸兴云，不崇朝而雨者，其流泽又能滋于民物，复及万乘，功用显白，神而祀之[③]，宜矣！其有感于死生，胶于向背，徼福而逃祸，求利而避害，皆非神之所职。兹因及之，以惩后之谄妄者云。乃作迎送神之词，俾歌之以侑其祭。词曰：

我侯兮何在？山之麓兮水唯渿。山幽兮水鸣，具我侯兮形声。侯之游兮委蛇，风为驭兮云为衣。冯夷兮击鼓，水妃兮歌舞，侯之乐兮来止。徒御雍雍兮，赤乌几几，我民承事兮，既多受祉。侯之去兮悠哉，忽惨变兮隐霾。来或去兮叵测，千秋万岁兮愈钦灵德。

武德将军、泰安州达鲁花赤兼诸军奥鲁啖撒；奉议大夫、泰安州知州兼诸军奥鲁孙民献；承务郎、同知泰安州事并铁冶同提举储企范；从仕郎、泰安州判官郭敏。

大元至元十三年岁次丙子十月二十五日，泰安州知房赵尚中，都目陈瑀、贾祐立石。

右碑，连额高三尺七寸半，广尺七寸半，额篆“重修灵派侯庙之记”八字，四行，字径二寸半。文二十行，行三十七字，字径半寸，真书。在灵派侯庙二门东壁，南向。

渿河

〔明〕萧协中

溪水南流驶，晴烟水面浮。逗岩深浴鹭[④]，濬脉远通舟。古渡苹花冷，横津蔓草幽。脩然归汶上，此去总悠悠。

---

① “庙”，清金棨《泰山志·金石记》作“朝”。

② “谷”，清金棨《泰山志·金石记》作“泽”。

③ “祀”，清金棨《泰山志·金石记》作“祠”。

④ “逗”，《泰山小史》作“逼”。

傲来山西，为大埠岭。有大佛寺，范铜为象，高丈余。又西，为天平山、蟠龙山、跨虎山。其南，为宝金山，中有双龙峪。西为羽父山，有云溪观。金牛山有云泉庵、赤犊寨、金牛洞。《泰山小史》云：金牛山，在治西南三十余里[①]。脉出泰山，环拥遥护徂、傲两山之外[②]，挺立雄飞，惟金牛者。含烟凝翠，映日飘黄，则又诸山所不逮。其东南有龙山、荆山，山势拱揖，松桧缨带。西北为玉皇山。自大埠岭以下，皆在数十里，若百里内外，其势与傲来相属也。

云溪观碑

〔元〕

右记，李述祖撰，张志纯真书。至元二十四年二月，勒羽父山云溪观中。

大佛寺捐田施茶碑

〔国朝〕

右，赵国麟撰并真书。康熙五十一年勒大埠岭大佛寺中。

傲来山西南五十里，有嶅山。孱颜峭削，其颠稍平。东岩石疊天成，峡口涌流，曰渠水，绕注山阳。北岩石窟，流泉不竭。南岩有朝阳洞、会仙洞，磴道陡上，为玉帝观。东偏有嶅阳寨故址，今为下张寨。金贞祐之变，元镇国大将军、右副元帅李仪守泰山天胜寨，立嶅阳为保障。元世设巡检，明废。又西南为望鲁山，毗连肥城崀鲁山，为入东平阴道。又西南为玉女山，有精礼寺。寺侧温、凉二泉，南流入汶。

论曰：西南麓，岱之右臂也。又当秸禬之间，如曲肱回抱。高者杰立环峙，争为奇横。下者蔚然其林，滮然其泉。无不侠献交引，郁有余情，

① “在”，《泰山小史》无此字。

② “拥遥”，《泰山小史》作“为拥”。

龙文凤采之贤，悠其涵泳矣。泰山书院与上书院，前后相望数里。蒙既僭讲席时，得从四三友人，携壶觞，访泉石，辄至西山，往往缥黄乱色、月影徘徊乃归。悬涧断岩，屐穷目习，斯语焉而详矣。然念“授经”“投书”诸名迹，芳型宛在，过之未尝不汗浃也。

西山纪游

〔国朝〕李素

西山深处奇，不知何年辟。孤峰插天际，突兀阅今昔[①]。策马入苍峡，曲曲小径窄[②]。俄惊飞涛落，崖高丈许百[③]。遥指会仙庵，疑比藐姑射。下马憩竹林，喜悟弥天释[④]。须臾渡河西，乱藤萦水碛。著屐踏白云，崎岖路转僻。行入傲来门，坐踞仙桃石[⑤]。乃见扇子崖，犹存巨灵擘。峭壁不可上，虎牙险且剧。悬梯升绝顶，广平似安宅。北临青桐涧，幽渺深千尺。西望仙人洞，长锁烟霞碧。石鱼喷灵气，野鹿遗仙迹[⑥]。别寻小茅屋，清闲坐羽客。开窗峦作障，欹枕云铺席。岩前花馥馥，溪畔鸟啧啧。采芝茹金茎，酌泉饮琼液[⑦]。任彼沧桑变，旷然乐朝夕。但得山中趣[⑧]，名利俱可掷。

---

① 该句后，清金棨《泰山志·岱志》、朱孝纯《泰山图志·山水》有“闲来时一游，携手得莫逆”句。

② 该句后，清金棨《泰山志·岱志》、朱孝纯《泰山图志·山水》有“经过白龙池，仙人影如画”句。

③ “许”，清金棨《泰山志·岱志》、朱孝纯《泰山图志·山水》作“计”。

④ “悟”，清金棨《泰山志·岱志》、朱孝纯《泰山图志·山水》作“晤”。

⑤ 该句后，清金棨《泰山志·岱志》、朱孝纯《泰山图志·山水》有“渐登高广处，轩豁令人怿”句。

⑥ 该句后，清金棨《泰山志·岱志》、朱孝纯《泰山图志·山水》有“巍巍元始殿，气象鸟斯革。瑶几藏宝箓，瑯函秘玉册”句。

⑦ 该句后，清金棨《泰山志·岱志》、朱孝纯《泰山图志·山水》有“如闻子晋笙，拟看王乔舄”句。

⑧ “得”，清金棨《泰山志·岱志》、朱孝纯《泰山图志·山水》作“闻”。

岱览卷第十七

分览五（卷十七）

岱阴图

岱阴

摩云岭　双凤岭　独足盘　天空山　九龙冈　明月嶂　冰牢峪

总论

岱阴

阴道以北天门为隘。其北为摩云岭，穹嶂入云，苍苍隐天。岭东有八仙洞，危若鹘栖，《道里记》谓即马第伯所云“石室”也。明钟惺《记》云：石壁百仞，松腋之左，左而半[①]，上得八仙洞。《纪胜》云：鸟道一线，松阿，结茅屋数椽。点尘不到，若或有隐君子焉。乱石沟在其下，水南流，过避尘桥，东折，径鹤山北，又东，汇为洗鹤湾。夹岸斗绝，苍松欹卧如梁，水潆漩东北注，达溪里峪。峪在天烛山下，详岱阴之东。洗鹤湾北，为双凤岭。

乱石沟题勒

文曰：空翠难强名（钟惺真书）。

双凤岭，两峰团矗，旧称大、小牛心石，亦曰大、小蜡烛峰。吴同春《记》云：岭在两山间，直上五里，而两峰回翔若凤。问山人，无名。余大书“双凤岭”于崖。崖西南为独足盘。

独足盘，岱阴环道也。栈磴甚险隘，游者几躄而后行。明万历时辟，林古度题勒“黄花栈”北崖，崖环列若埤堄，其上松石相支亚。钟惺《记》云：对而壁者，有若庙、若寝、若垣、若林者焉。数折视之，皆石也。茂之寄题曰“笋城”。中阙有豁石[②]，万其峰错以松[③]。松聚则涛，不以风也。其中烟霏所荡，层峦听之，偃仰牵拂，不能自止。飞流自日观下者，望齐冰雪。大要泉被于崖，日被于泉，松被于日，风被于松。仰日观诸峰，如坐朝阳洞时也。度其处，又当为岱之半矣。其北为天空山。

---

① “左”，清金棨《泰山志·岱志》作“右”。

② “有”，钟惺《岱记》作“为”。

③ “万”，钟惺《岱记》无此字。

朱孔章等题名

〔明〕

文曰：朱孔章、张少庵（缺）万历二十四年三月廿五日书，故城县（缺）。

右，真书，勒黄花栈壁。

钟惺题名

文曰：岱不无松，松至此始涛焉。泉壑映蔚，奇为幽豁，悦秀恋响，意满难名。取《水经》语“青松饰崖”四字示吴康虞、林茂之，遂以勒石。有明万历丙辰七月六日，钟伯敬记。

右，真书。勒黄花栈，东向。

独足盘题勒

文曰：

松籁云壑（李元鼒行书）。

亘古丹丘（莫栋）。

岱岳钟灵（任巩并真书）。

天空山，一名玉女山。澒洞修洁，若藐姑射之娇首尘冥外也。左右云髻烟鬟，迥如修蛾浓黛，皆不作人间上清。山阳有元君庙，内有万松亭，后改弥勒殿。东上为蔚然阁，下祀吕仙。明隆庆六年，胙城辅国将军睦榹建，有禁约碑。州人徐灵哉、王平子读书于此。明冯时可《记》云：登蔚然阁，三面皆万仞削壁，色如积铁，重重相抱。绝顶诸峰，森峙于左，夕阳掩映，紫翠相间，泰山幽胜，无逾于此。山巅夷旷宜台，为尧观台。《泰山小史》云：玉女山顶，平坦若台，尧封禅时登此。台前黄华洞，在蔚然阁旁，以环洞多黄花，故名。洞高可拂冠，广容一几。石罅氿出成汧，曰来鹤泉。清邃绝尘，相传玉女修真处。东一洞，石芽瓣瓣，倒茁如菡萏，出水悬溜，沃流积冰，如玉柱。洞曰“莲花”，泉曰“石乳”，所谓后石屋也。《列仙真人传》云：岱宗石室，上下悬绝，重岩深隐，去地千余丈，其中金床玉几，乃人迹所不能至。皇上御制《莲花洞诗》勒壁。钟亭下别有石屋，由地道可通蔚然阁。有元君墓，吾闻天仙不蜕，今有墓何也？自黄花栈至此，为松云最深处。后石坞所由名与？或曰坞当为屋，以石屋名也。或曰由南天门下，阴道凡十五里，为“后十五”也。《纪胜》云：石屋与八仙洞相连，然无径可通。涧石如垒卵，攀藤附葛而下，行五六里始达。云路逶折，缘山跨涧，岚气与松风相激薄，沾染襟袖，眉宇为之浸绿。既至，峭壁围空，率千百仞，皆神工削成。展若列屏，曲若卷蛩。松生岩阿间，撑云蔽日，上不见天。涧下松棚，如积雾蔀屋，亦不见地。转侧入黄华、莲花二洞，掬泉水饮之，觉惠泉中冷，犹是人间亵味也。此为岱阴第一洞天。徘徊弥日，喟然观止。蒙尝从先公夜游于此，诸天在藤萝之外，孤月逐筇屐而生，树石变形，猿鹤闷响，谷神元牝，意在斯乎！其东高阜，有万历大钟，自岱顶御香殿徙置者。北为三官殿址。又北为坳山，埠圆秀拔，微见峪岈。下为仙人寨，广可容千人。

御制铜钟赞

〔明〕

文曰：御制泰山金顶御香宝殿铜钟赞文。

天地定位，阴阳协和。星辰顺度，日月昭明。寒暑应候，雨旸以时。山川靖谧，河海澄清。草木蕃庶，鱼鳖咸若。家和户宁，衣食充足。礼让兴行，教化修明。风俗敦厚，刑法不用。华夏归仁，四夷宾服。邦国巩固，宗社奠安。万寿隆长，本支亿世。灾异不生，祯祥备至。

大明皇帝，建极中和。仁义礼乐，治物齐民。宇内乂安，华夷永定。神人胥庆，海岳效灵。五岳名山，国家正祀。东岳泰山，实为岳宗。遣官致祭，岁报神庥。圣孝圣诚，尊养圣母。慈躬违和，祈神保泰。借寿代灾，悬输孝悃。应祈万安，昭答神贶。

差官修理泰山工程金顶大工：玉皇宝殿、天仙宝殿、神憩宫殿、青帝宝殿、东岳宝殿、南天门等。上下盘路，八处牌坊，修工就绪。恭于天仙宫西，修理御香宝殿、万寿宝殿，以供御香，宣布圣诚。祭器有库，诵经有堂。钦造铜钟、神鼓，特建钟楼、鼓楼。恭悬神乐，以谐神人。协和上下，迎祥消灾。永传太和之音，昭扬明治之盛。万载鸣宣，天人共仰。

万历甲寅年七月吉日造。

右铜钟，高五尺，围八尺许，其式："钟乳"上为一层，"天地"以下为御赞，"大明"以下盖颂语也。乳下为一层，督工太监各官及道士姓名，至年月讫。各姓名未录。每层各分四段，并真书。金文难佳，录以备考。

龙拂父题名

文曰：（缺）古淄龙拂父题。天启丁巳夏，同徐灵哉、□纯、王□、期庆（缺）。

右，真书。勒元君庙山门外垣间。

后石坞题勒

文曰：

岱岳奥区（吴同春）。

从翠（吴献台）。

云根灵液。

古莲花洞（并失名）。

雪巘云凝（武廷适）。

作出世想（赵伦）。

灵山玉柱（蒋陈锡）。

已上皆真书。

黄花洞

〔明〕刘敕

苍松郁草阁，十里岱山阴。萝径穿云杳，苍岩俯洞深。月明双鹤舞，风细老龙吟。久欲凌虚去，烟霞快此心。

黄花洞

祁承㸁

洞门深锁苔痕碧，玉露泠泠琪树湿。真人蜕骨是何年，满径闲云堆白日。

石屋

仙源路深邃，阒寂无人迹。攀崖临险湍，取径履岩隙。泠泠涧底泉，齿齿石中屐。境界既迥殊，烦襟亦洗涤。自笑风尘人，乃得烟霞息。愿言招王乔，相与坐盘石。

降自孔子崖循黄华洞止焉

钟惺

山有挟而胜，不专在高寒。粲粲黄华洞，声光夕阳间。万松裹泉石，往复多其端。泉不壁而瀑，松不风而湍。层峦或漾之，偃仰生微澜。岩壁不自主，烟日静而安。萝石相磴栈，屈曲自绊蟠。虽无人上下，其势若牵攀。以其处山半，末力厥维艰。游者曰登岱，遂不复降观。

玉女山

萧协中

碧萝翳丹磴，千盘不可数。玄猿援树啼，苍鹤伴崖舞[1]。一径小门通，

---

① “崖”，《泰山小史》作“岩”。

别入神仙府[①]。灵液泻云根，饮之清肺腑。偃盖横山腰，结之惊风雨。人传蓬苑奇，此或堪匹伍。优游忘身世，俯仰怀今古。玉女能修道，追日效夸父。愿得假长年[②]，从容振六羽。

后石坞

〔国朝〕周在建

丈人峰下过，青翠万山迷。仄磴泉流滑，轻阴鸟语低。山深无客至，石古有人题。坐爱莲花洞，归云好共栖。

后石屋

田同之

四围峭壁空，何来一石屋。转侧入黄华[③]，古洞藏深竹[④]。峦影薄松风，眉宇净寒绿。

游黄花洞二首[⑤]

张元

昨日已登泰岱巅[⑥]，今朝更访黄华洞。缒险百折转山阴[⑦]，连峰东去摩虚空。悬崖一线盘秋毫，攀援颇讶容猿猱。努力策杖事登顿，扪萝蹩躄缘岧峣。振衣飒飒天风冷，倏忽已造清虚境。灵扃一叩双扉开，入门潇洒珠宫静。丹甍碧瓦架巑岏，玲珑窈窕森高寒。仙人一去丹炉渺，至今崖窾藏灵

① “别”，《泰山小史》作“另”。
② “长年”，《泰山小史》作“年长”。
③ “华”，《泰山图志·山水》作“花”。
④ “藏深”，《泰山图志·山水》作“深藏”。
⑤ “华”，清金棨《泰山志·岱志》作“花”。
⑥ “岱”，清金棨《泰山志·岱志》作“山”。
⑦ “转山”，清金棨《泰山志·岱志》作“山转”。

泉。琮琤滴沥珠源浚，清磬泠泠杂幽韵。一掬天浆净客魂，茫茫尘世何须问？竭来四顾转傍徨，岚光灭没沾衣裳[①]。龙鳞虎牙交参错，冥蒙一气回青苍。须臾崦嵫颓羲驭，仙源无分空归去。金庭却望无寻处，一坞白云如堆絮。

黄华古洞倚巑岏，为叩幽扃取次看。仙阙玲珑开妙丽，灵泉淅沥滴清寒。千峰云影移琳馆，万壑松枝扫石坛。复岭层峦岚翠合，振衣天际独凭栏。

后石坞

赵国麟

岱岳之奇在天门，万仞壁立一线扪。岱岳之奇在日观，火珠三涌合复散。苍岩云岛钟此坞，灵境更属神仙府。绝顶北折绕涧行，削壁悬崖似廊庑。一路苍松万壑涛，盘礴石罅无寸土[②]。干霄直欲与山齐[③]，岭颠更有虬龙舞。洞名黄花冽清泉，六月寒冰坚玉柱。疑是石髓自空流，倒泻岩穴成石乳。我来探奇今已三，兹行更值沐新雨。东南几峰青芙蓉，插空翠黛将轩举。山灵忽欲幻游人，烟耶云耶失其处。少焉微见两三峰，转瞬上下成淇洪蒙。身世不知寄何所，变乱恍惚心恍恍。人生百年行雾里，清明片刻见山松。玉女修真形莫测，吴门练马空叹息。古人所至如春风，山川反为增颜色。同人此游悟者谁，飞升妄意无终极。安期妙药渺难求，御风仙术不可惑。收尽山前万壑云[④]，天门归路始可得。

① “灭”，清金棨《泰山志·岱志》作“来”。

② “盘”，清金棨《泰山志·岱志》、朱孝纯《泰山图志·山水》均作“磐”。

③ “干”，清金棨《泰山志·岱志》、朱孝纯《泰山图志·山水》均作“千”。

④ “壑”，清金棨《泰山志·岱志》、朱孝纯《泰山图志·山水》均作“岭”。

游黄华洞

任侠

青遮黛拥烟峦众，紫迓红迎霜叶动。路转松阴绝壁间，白云送入黄华洞。水沉香尽博山开，玉笙缥缈声如梦。洞边乞取石田耕，我来试觅胡麻种。

石坞松涛

萧儒林

石坞松围万顷阴，纡回鹤径入萧森。凌晨海雾平青涧，向夜江涛卷碧岑。脂落悬崖收圃药，响连幽洞听鸣琴。耳根何幸尘缘洗，谡谡犹闻太古音。

游石屋记

〔明〕姚奎

泰山东数里许，有石屋，世传碧霞元君炼真之所，予公暇，欲往观焉。从者曰：径隘不可舆。乃易服帽，以韦带结腰，短策芒鞋，命道士刘教宏为前导[①]。行三、四里，无复蹊径，披蒙茸，攀巉岩，伛偻而上[②]。愈进愈险。下瞰巅崖，惊汗浃背。又三里，盘旋转一岗，而石屋在望矣。

有羽士四人，瞿然而迓予青松绝壑间，前牵后拥，乃获济焉。瞠目纵眺，上有削铁奇峰千朵，前有夷地可半亩。入其中，窈然而深、朗而虚明[③]。石窦涓涓，凝结玉柱，大十围，高丈余，晶莹可鉴。崖有元君手印，

① “宏”，明汪子卿《泰山志·登览》、清金棨《泰山志·岱志》、朱孝纯《泰山图志·山水》均作“弘”。

② “伛”，明汪子卿《泰山志·登览》作“偃”。

③ “朗”字后，明汪子卿《泰山志·登览》、清金棨《泰山志·岱志》、朱孝纯《泰山图志·山水》有“然”字。

玉指宛然。后有石床，则元君偃息处。左偏一窍，透绝顶。顶有石楼，可坐三、四人。冰滑不能升跻，攀数蹬而下。力疲卧石床，毛骨洒洒。旁有圣水池，清洌而甘，不盈不涸。下有石，曰牛心，甚奇怪。又下有洗鹤湾，深不可测。一鹤鸣于上，似与人声相应[①]。实真仙境界，与尘宇迥绝。

人之游泰山者，每以道左日穷为画，于斯罕到，孰知石屋之多奇乃尔哉！石屋于予，惜乎遇之晚也。嗟夫！世之豪杰士，固有终身未之遇者，遇矣而晚，奚病焉！

玉女山小记

萧协中

山[②]，在岳顶东北十里许，传为玉女修真处，即旧黄华洞也。曲径委蛇，圭门清闷[③]。松挂悬崖，泉飞古洞。更有岑楼凌汉，石磴穿霄，风声鹤唳，俗骨浑忘，断缘住此，安得不仙？崖下一窟，冷水涓涓，饮之心肺自凉。题曰“云根灵液”。

天空山，东为九龙冈。其体堕，其数九，其状龙也。上有鉴池，清泚可析毫末，为玉女洗头盆，与华山名同。东下为旋螺峪，深圆而下广。北为凤凰池。东北为饮虎池，皆以水胜。冈东北为磨山，距天空山八里，有五女圈石。《岱史》云：夜闻邪许相力之声，诘朝，巨石垒成圈，盖五仙女为之。旁有张远寨。自双凤岭至此，势尽东驰，次乱石沟。而北者，其明月嶂乎。

明月嶂，群峰秀列若屏。旧有采芝庵，宋政和间，道士张景岩于嶂上得紫芝一本，以名其庵。《纪事》云：景岩餐松咽苓，逍遥尘外，类有道者。

① “应”字后，明汪子卿《泰山志·登览》、清金棨《泰山志·岱志》、朱孝纯《泰山图志·山水》有“和”字。

② 《泰山小史》“山”字前有“玉女”二字。

③ “闷”，《泰山小史》作“雅”。

旁有焉支石，以色名。懒张石屋在嶂北，明张三丰炼真处。三丰，名君实，金辽东人，力能移塔，人称“张拉塔”，或云“邋遢”，尝修炼于岱，至明尚存，见《明史》。其西南一峰，峥嵘特起者，曰孤山。空诸依傍，不云而阴，山背诸峰，此为竦杰。

懒张石屋

〔明〕萧协中

懒张道人椽数庑，争传此室挎六羽。铅龙汞虎无处寻，草色莺声相媚妩。

明月嶂，东北为冰牢峪。距嶂五里，曰小冰牢峪。幽壑层冰，固阴冱寒，盛夏有未解者，曰凌冰洞，一曰天牢。《泰山小史》云：四山高险，中壑阴暗，为天日所不经之地[①]。水东北流，入天井湾。北为眺平台，旧宜华木。《天地运度经》：太山北有桂树七十株，其实赤，如橘也。西里许，为扬子峪，崖岸深陡。又西十里所，为半边山，仄崖横削，似有巨灵擘去其半者。眺平台西北六里，为大冰牢峪，四山竦立，石洼深广，曰冰阱。视冰洞尤危险。水东北流，会冰洞，入天井。天井即雁岭河，详岱阴之东。

论曰：《列子》云：伯牙游于泰山之阴，卒逢暴雨，止于岩下，援琴而鼓之，为霖雨之音，更造崩山之音。曲每奏，钟子期辄穷其趣。伯牙乃舍琴而叹曰：善哉！子之听也。非惟绝响幽通，抑亦冰崖雪壑发其奇郁，然世无子期，虽奏幼眇于空山，谁能听之？

偶得岱阴一石置于池竹之间

〔明〕王若之

奇石钟灵自可珍，片峰岱削独嶙峋。移来近使临秋水，看去偏宜映

---

① “所”，《泰山小史》无此字。

绿筠。半似风翔惊翼鸟，浑如玉立谪仙人。高斋神秀欢相对，下拜频频肃笏绅。

泰山纪游（并引）

〔国朝〕赵国麟

辛卯四月十一日，同金子枚仲、韩子公度、门人侯长麓、张汉张、黄子壮、黄健庵登岱，宿登封台。十二日，遍游岱顶，下后石坞①。十三日，登九龙冈至大烛山，仍宿后石坞。十四日，由伏虎门下仙鹤湾、至艾窝而归。作诗百韵纪事。

我家泰山下，赋性耽岩谷。晨夕对不厌，春秋时往复。兹晨值首夏，高兴倍畴昔。童冠六七人，登临岂辞数。髯翁同予癖，加以长顾陆（枚中作图）。退之偕籍喜，能诗兼撰录（公度作记，长麓、汉张作诗倡和）。江夏大小阮（子壮、健庵为从父子），携琴致不俗。杖履发青岩，后先步趑趄。列嶂悬青霄，锦屏映晴旭。层阁耸山腰，丹扉带支麓。出郭尚陂陀，入云自兹俶。回睇见徂徕②，罗罗指边幅。过访白骡冢，流览万仙阁。茅茨高下安，樱桃参差熟。迤逦度水帘，纡折历云壑。遥望白石亭，金经镌山腹（欲游经石峪，不果）。何人歇马崖，长风撼古木。憩足登仙台，玉虚宫殿肃。路转逾黄岘，一屏障全岳。芙蓉插云端，始见真面目。峰云互吐吞，松石争盘礴。怪袘呈形模，移步换头角。或若髻旋螺，或若笠覆箬。或若巾岸帻，或若冠铁幞。或奋若翼张，或怒若爪攫。静或若狮蹲，动或若龙跃。翩或若鸿惊，从或若蜎缩。或离而欲奔，或聚而欲触。升者云为阶，坠者云为络。立者云为带，卧者云为幄。奇幻劳应接，徘徊恣领略。振衣弥高岩，罡风吹谡谡。一线通天门，何年巨灵凿。双岩蔽日月，仰窥天一束。

① “坞”，朱孝纯《泰山图志·艺文》作“屋”。
② “睇”，朱孝纯《泰山图志·艺文》作“瞬”。

崔嵬叠壁垒，巉峭森剑锷。斧劈与刀皴，披麻连解索。寸肤不著土[①]，万仞皆刀斫。其阳盛瑶葩，其阴积冰雹。倏忽异气候，烈日不能虐。铁锁云中垂，猿攀额频颇。前趾后目睹，后冠前履蹴。望迩行弥远，身进足反却。屏气慎登陟，忽若出囊橐。直凌登封台，浩歌震列宿。诗追太白篇（是夜共得宿登封台，诗五首），图仿叔明轴（枚仲作水帘洞、回马岭二图）。豪饮吸川鲸，高谈炙车毂。醉看月蟾沉，卧听天鸡喔。晓起失万山，空蒙雨霡霂。须臾土囊来，荡漾云雾廓。东登日观峰，扶桑逗光昱。海水映远岫，晶盘盛碧球。南上仙人桥，三石鬼工斫。众山势汹涌，翠浪长空泊。西到西天门，立石无倚著[②]。云气成苔藓，飞白鸿都垩。北立玉皇巅，群峰总臣仆。此山帝王尊，万乘纷驰逐。摩挲无字碑，叹息开元作。铭德并纪功，函泥更缄玉。金石志绸缪，风雨半残剥。更陟吴观峰，练马终渺邈。弥殷仰止情，倚杖思孔卓。举头已天外，万古胸怀拓。凌虚与倒景，神仙焉可学。探幽且尽奇，莫使山灵噱。阴洞名黄花，灵区富蕴蓄。缘涧挹空翠，满路闻异馥。到门钟磬静，依山楼阁簇。石窦滴琼浆，羽冠献芝粥。云收皓魄回，天空沆瀣濯。枯桐鼓杳淼，灵籁答肃穆（玉皇顶风高不得鼓琴，是夜云收月皎，公度松下[③]，一弹再鼓，万山俱静，真移我情）。夜色沈幽梦，晨光换新局。蔚蓝浸青葱，翠微染黛绿。千松与万松，小烛共大烛。照天松作焰，插地山为托。既览九龙胜，更寻双凤乐。苍髯张偃盖（九龙冈松下饮酒绘图），珠蕊结璎珞（大烛山丁香盛开，各采插满头，作散花之戏）。山川供品题（是日，枚仲作后石坞图），天地任啸谑。旷怀古今空，遐览尘世促。一宿使神凝，再宿使神足。何时结云栖，长此蠲荣辱。归兴贾余勇，桃源问津错（欲下艾窝，问道者，云由南涧，遂入险途。遇石洞，有水流出，枚仲题为“桃源洞”，而健庵自此迷道相失）。匍匐逾伏虎，战兢过仙

---

① “著”，朱孝纯《泰山图志·艺文》作“着”。

② “著”，朱孝纯《泰山图志·艺文》作“着”。

③ “度”字后，朱孝纯《泰山图志·艺文》有“坐”字。

鹤。上登愁跛牂，下度惧猱玃。乱山鸟兽寂，深涧峰峦矗。攀崖掷琪草（异花不知名者甚多[①]，各采满把至伏虎门，皆弃掷，不暇惜），失路冒丛朴。季后心彷徨，阮迷行彳亍。樵子度蜀道（健庵迷道，由伏虎门逾乱山先至艾窝，使樵子来迎予，牵衣猿附，始得度仙鹤湾），同人会淇澳（宗人子文英如皆在艾窝相候。艾窝多水竹，故名）。搜奇四日游，讵比谢公躅。吁嗟归路难，颇似昌黎哭。高步防倾危[②]，悲乐恒倚伏。乃知造物心，所忌畅吾欲。向平志虽赊，兹游亦陵铄。回首望巃嵸，烟霞染佩服。称宗镇青方，乡土信所独。到庐意拳拳，赋诗酒重酌。忽梦九天游，阊阖闻仙乐。齐州几点烟，俯视不盈握。岂惟天下小，泰山止一粟。启户瞻岩岩，恍然似有觉。

① “多”，朱孝纯《泰山图志·艺文》作“众”。
② “步防”，朱孝纯《泰山图志·艺文》作“声步”。

岱览卷第十八

分览六（卷十八）

岱阴之东图

岱阴之东

天烛山　巉碌峪　周明堂址　谷山　佛峪　仙台岭　青山　仙源岭

雨金山　祝山　九阪岭　堑汶河　总论

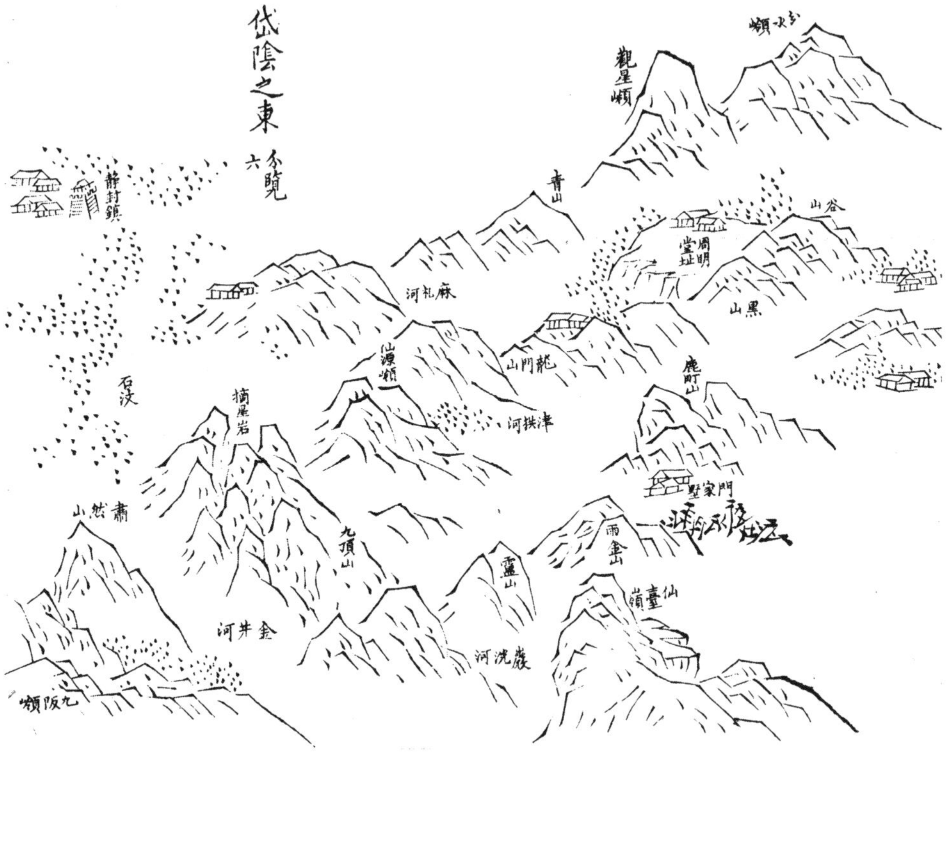

岱阴之东

东天门迤北，为天烛山，在九龙冈东。两峰色焰郁攸，若烛龙含炬而对耀。吴同春《记》云：山高数百仞，泰山左介丘、右石闾，此即所谓介丘者也。坐山半，望周明堂及山以东诸峰峦，如在几席。南下深穴槛泉，为溪里峪、鹰愁涧、洗鹤湾之所汇也。又名风魔峪。东南流入埽帚峪。山东为分水岭，岭南有埽帚峪、李家泉诸水。岭北有旋螺峪、冰牢峪诸水，皆循岭分流。又东为观星岭，言冢峷可测象纬也。李家泉出其下之东北，南流入栗子峪，详岱阳之东。又东为嶱碌峪。

嶱碌峪，石泉迸发，漾为涧溪。中有村，曰大津口，产楂栗。东北多槲林，土人谓之山蚕厂。北五里为竹子园。潘岳《笙赋》：邹鲁之珍，有汶阳之孤筱焉。而古诗亦云：冉冉孤生竹，托根泰山阿。今岱实罕竹，自竹林寺荡废，存者仅此耳。其西，则周明堂故基也。

周明堂，址阜夷敞，林木蓊蔚，群峰环拱，天津河潆绕交流，盖周天子巡守朝诸侯之所，即田齐所欲毁者。《孟子》曰：夫明堂者，王者之堂也。王欲行王政，则勿毁之矣。疏案：《礼记·明堂位》云：明堂者，明诸侯之尊卑。昔殷纣乱天下，周公相武王伐纣，武王崩，成王幼弱，周公践天子之位，六年，朝诸侯于明堂，七年，致政于成王。成王封周公于曲阜，令鲁世世祀周公以天子之礼乐。然则，泰山下明堂，即周公朝诸侯之处。盖鲁封内有泰山，后常为齐所伐，故《地里志》云：齐南有泰山。案周制明堂云，周人明堂，度九尺之筵。东西九筵，南北七筵，堂崇一筵。五室，凡室二筵。贾释云：明堂者，明政教之堂。又：夏度以步，殷度以寻，周度以筵，是王者明政也。周堂高九尺，殷三尺，以一相参之数而卑。宫室则夏堂高一尺矣。又上注云：堂上为五室，象五行。以宗庙制，如明堂。明堂中有五天帝、五人神之座，皆法五行。以五行先起于东方，故东北之堂为木，其实兼水矣。东南火室矣，兼木。西南金室，兼火。西北水室，兼金。以中央太室有四堂，四角之室亦皆有堂，乃知义然也。贾释《太史》闰月下义云：明堂、路寝及宗庙，皆有五室十二堂门是也。四角之堂，皆于太室外接四角为之，则五室南北止有二筵，东西各二筵有六尺，乃得其度，若听朝，皆于时之堂，不于木火等室居。若闰月，则阖门左扉，立其中而听朔焉。《尸子》云：黄帝曰合宫，虞曰总章，商曰阳馆，周曰明堂。《孝经·援神契》曰：明堂上圆下方，八窗四达，布政之宫，在国之阳。《晏子春秋》曰：明堂之制，下之温湿，不能及也。上之寒暑，不能入也。木工不镂，示民知节也。《新论》曰：天称明，故命曰明堂。上圆法天，下方法地，八窗法八风，四达法四时，九室法九州，十二坐法十二月，三十六户法三十六雨，七十二牖法七十二风。蔡邕《明堂篇》曰：其制，度数各有所法：堂方百四十四尺，坤之策也。屋圆，屋径二百一十六尺，乾之策也。太庙明堂，方三十六丈，通天屋径九丈，阴阳九六之变，且圆盖方载，六九之道也。八闼以象八卦，九室以象九州，十二宫以应辰，三十六户，七十二牖，以四户八牖乘九室之数也。户皆外设而不闭，示天下不藏也。通天屋高八十一尺，黄钟九九之实也。二十八柱列于四方，亦七宿之象也。堂高三丈，亦应三统，四乡五色者，象五行，外广二十四丈，应一岁二十四气。四周以水，象四海。王者之大礼也。意当时制亦宜尔，今遗址犹旷如也。《史记》：汉武封泰山，降坐明堂于山之东北址。又云：泰山东北址，古时有明堂处，处险不敞。《汉书注》臣瓒曰：《郊祀志》初，天子封太山，太山东北址有古明堂，则此所坐者也。明年秋，乃作明堂。今案：周明堂基旁有废址，殆汉武降坐之所，人称明家滩，语音之转耳。党怀英《记》云：天津河，环地余百顷，山势四围，盖汉之明堂在山之东北址，此其地也。道左二里许，耕垦之余，瓦砾被之。与沈存中说“高丽制度，瓦皆有纹”者合。亦举汉武降坐者言，若所令奉高作明堂于汶水，如公王带图者，在岱东南，去此且三十里矣。天津河，即石汶，自天井湾纳诸谷水，东南流绕周明堂侧，又东南右会旋螺峪水，迳竹子园南，右会溪里峪水，又东南径大津口村北而东流。明堂南为大岘山，西南为黑山。党怀英所谓泰山南向而东骛，由东迤北曰大小岘也。西北为谷山。

明堂赋（并序）

〔唐〕李白

昔在天皇，告成岱宗，改元乾封。经始明堂，年纪总章。时缔构之未缉[①]，痛威灵之遐迈。天后继作，中宗成之。因兆人之子来，崇万祀之丕业。盖天皇先天，中宗奉天。累圣纂就，鸿勋克宣，臣白美颂，恭惟述焉。

其辞曰：

伊皇唐之革天创元也，我高祖乃仗大顺，赫然雷发以首之[②]，于是横八荒、漂九阳、扫叛涣、开混茫。景星耀而太阶平[③]，虹霓灭而日月张。

钦若太宗，继明重光。廓区宇以立极，缀苍昊之颓纲。淳风沕穆，鸿恩滂洋。武义烜赫于有截，仁声駇沓乎无疆。若乃高宗绍兴，拓统锡羡，神休傍臻[④]，瑞物咸荐。元符剖兮地珍见，既应天以顺人，遂登封而降禅。将欲考有洛，崇明堂。惟厥功之未缉兮[⑤]，乘白云于帝乡。天后勤劳辅政兮，中宗以钦明克昌。遵先轨以继作兮，扬列圣之耿光。则使轩辕草图，羲和练日。经之营之，不彩不质。因子来于四方（一作人），岂殚税于万室。乃准水臬攒云梁，罄玉石于陇坂[⑥]，空瑰材于潇湘。巧夺神鬼，高穷昊苍。听天语之察察，拟帝居之锵锵。虽暂劳而永固兮，贻圣谟于我皇[⑦]。

观夫明堂之宏壮也，则突兀曈昽，乍明乍蒙，像大古元气之结空。巃

---

① “缉”，朱孝纯《泰山图志·山水》载李白《明堂赋》作“辑”。

② “雷”，《全唐文》卷三四七、朱孝纯《泰山图志·山水》载李白《明堂赋》作“电”。

③ “太”，朱孝纯《泰山图志·山水》载李白《明堂赋》作“泰”。

④ “傍”，朱孝纯《泰山图志·山水》载李白《明堂赋》作“旁”。

⑤ “缉”，朱孝纯《泰山图志·山水》载李白《明堂赋》作“辑”。

⑥ “罄”，朱孝纯《泰山图志·山水》载李白《明堂赋》作“謦”。

⑦ “贻”，《全唐文》卷三四七作“始”；“谟”，《全唐文》卷三四七作“谋”。

嵸颓沓，若嵬若嶪，似天阙地门之开阖尔！乃划岝峉以岳立，郁穷崇而鸿纷。冠百王而垂勋，烛万象而腾文。寥恍惚以洞豁，呼嵌岩而旁分。又比乎昆山之天柱，矗九霄而垂云。

于是乎结构乎黄道，岧峣乎紫微。络勾陈以缭垣，辟閶阖而启扉。峥嵘嶒嶷，粲宇宙之光耀①；崔嵬赫奕，张天地之神威。

夫其背泓黄河，垠漱清洛。太行却立，通谷前廓。远则标熊耳以作揭，豁龙门以开关。点翠彩于洪荒，洞清阴乎群山。及乎烟云卷舒，忽出乍没。岌嵩喷伊，倚日薄月。雷霆之所鼓荡，星斗之所伭扢②，拏金龙之蟠蜿，挂天珠之硉矶。

势拔五岳，形张四维。轧地轴以盘根，摩天倪而创规。楼台崛岉以奔附③，城阙嵚崟而蔽亏④。珍树翠草，含华扬蕤。目瑶井之荧荧，拖玉绳之离离，撽华盖以傥漭，仰太微之参差。

拥以禁扃，横以武库。献房心而开凿⑤，瞻少阳而举措。采殷制，酌夏步。杂以代室重屋之名，括以辰次火木之数。壮不及奢，丽不及素。层檐屹其霞矫，广厦郁以云布。掩日道，遏风路。阳乌转影而翻飞，大鹏横霄而侧度⑥。

近则万木森下，千宫对出。熠乎光碧之堂⑦，炅乎琼华之室。锦烂霞驳，星错波沏⑧。飒萧寥以飕飗，窅阴郁以栉密。含佳气之青葱，吐祥烟之郁律。

九室窈窕，五闱联绵。飞楹磊砢，走栱夤缘。云楣立岌以横绮，采桷

① “耀”，《全唐文》卷三四七、朱孝纯《泰山图志·山水》载李白《明堂赋》作“辉”。
② “扢”，《全唐文》卷三四七作“仡”。
③ “附”，《全唐文》卷三四七作“赴”。
④ “而”，《全唐文》卷三四七作“以”。
⑤ “而”，朱孝纯《泰山图志·山水》载李白《明堂赋》作“以”。
⑥ “而”，朱孝纯《泰山图志·山水》载李白《明堂赋》作“以”。
⑦ “光碧”，朱孝纯《泰山图志·山水》载李白《明堂赋》作“碧光”。
⑧ “沏”，朱孝纯《泰山图志·山水》载李白《明堂赋》作“沏”。

攒栾而仰天。皓壁昼朗[①]，朱甍晴鲜。赩栏各落，偃蹇霄汉。翠楹回合，蝉联汗漫。

沓苍穹之绝垠，跨皇居之太半[②]。远而望之，赫煌煌以辉辉，忽天旋而云昏；迫而察之，粲炳焕以照烂，倏山讹而晷换。跨蓬壶之海楼，吞岱宗之日观。

猛虎夹道[③]，潜虬登梯[④]。经通天而直上，俯长河而下低。玉女攀星于网户，金娥纳月于璇题。藻井彩错以舒莲，天窗赩翼而衔霓。扶标川而罔足[⑤]，拟跟绖而罣跻。要离欻矐而外丧，精视冰背而中迷。

亘以复道，接乎宫掖。坌入西楼，实为昆仑。前承后疑[⑥]，正仪躅以出入；九夷五狄，顺方面而来奔。

其左右也，则丹陛崿崿，彤庭煌煌，列宝鼎，敞金光[⑦]。流辟雍之滔滔，像环海之汤汤。辟青阳而启总章，廓明台而布玄堂。俨以太庙，处乎中央，发号施令，采时顺方。

其阃域也，三十六户，七十二牖，度筵列位，西八东九[⑧]。白虎列序而蹲踞，青龙承隅而蚴蟉。

其深沉奥密也，则赤熛掌火，招拒司金。灵威制阳，叶光推阴[⑨]。坤斗主土，据乎其心。

若乃熠耀五色，张皇万殊，人物禽兽，奇形异模。势若飞动，瞪眄睢

---

① “壁”，《全唐文》卷三四七、朱孝纯《泰山图志·山水》《明堂赋》作“大”。

② “太”，朱孝纯《泰山图志·山水》载李白《明堂赋》坐“壁”。

③ “夹道”，《全唐文》卷三四七、朱孝纯《泰山图志·山水》载李白《明堂赋》作“失道”。

④ “登”，《全唐文》卷三四七、朱孝纯《泰山图志·山水》载李白《明堂赋》作“蟠”。

⑤ “罔”，《全唐文》卷三四七作“失”。

⑥ “前承后疑”，朱孝纯《泰山图志·山水》载李白《明堂赋》作“三事庶尹”。

⑦ “敞”，朱孝纯《泰山图志·山水》载李白《明堂赋》作“敲”。

⑧ “西八东九”，《全唐文》卷三四七作“南七西九”。

⑨ “推”，《全唐文》卷三四七、朱孝纯《泰山图志·山水》载李白《明堂赋》作“权”。

盱。明君暗主，忠臣烈夫。威政兴灭，表贤示愚。

于是天正孟月[①]，朝阳发曦[②]。天子乃施苍玉，辔苍螭，临乎青阳左个，方御瑶瑟而弹鸣丝。展乎国容，辉乎皇仪。傍瞻神台，顺观云之轨；俯对清庙，崇配天之规。钦若肸蠁，惟清缉熙，崇牙树羽，荧煌葳蕤。纳六服之贡[③]，受万邦之籍。张龙旗与虹旌，攒金戟与玉戚。延五更，进百辟，奉珪瓒，献琛帛。颙卬俯偻[④]，俨容叠迹。乃洁俎醢，修粢盛，奠三牺，荐五牲，享于神灵。太祝正辞，庶官精诚。鼓大武之隐辚，张钧天之铿訇。孤竹合奏，空桑和鸣。尽六变，齐九成，群神来兮降明庭。盖圣主之所以孝治天下而享祀窅冥也。

然后临辟雍，宴群后，阴阳为庖，造化为宰。餐元气，酌太和，千里鼓舞，百寮赓歌。于斯之时，云油雨霈，恩鸿溶兮泽汪濊，四海归兮八荒会。哤聒乎区宇，骈阗乎阙外。群臣醉德，揖让而退。而圣主犹夕惕若厉，惧人未安。乃目极于天，耳下于泉。飞聪驰明，无远不察，考鬼神之奥，推阴阳之荒。下明诏，班旧章，振穷乏，散敖仓。毁玉沉珠，卑宫颓墙。使山泽无间，往来相望。帝躬乎天田，后亲于郊桑。弃末兮反本，人和兮时康。建翠华兮萋萋，鸣玉銮之铁铁。游乎升平之圃，憩乎穆清之堂。天欣欣兮瑞穰穰，巡陵于鹑首之野，讲武于骊山之旁。封岱宗而祀后土兮，掩栗陆而包陶唐[⑤]。遨游乎崆峒之上，汾水之阳。渴饮沆瀣之元精[⑥]，黜滋味之馨香。贵理国其若梦，游华胥之故乡。于是元元淡澹然，不知所在。若群云从龙，众水奔海。此真所谓我大君登明堂之政化也。

岂比夫秦、赵、吴、楚，争高竞奢，结阿房与丛台，建姑苏及章华。

---

① “天”，《全唐文》卷三四七、朱孝纯《泰山图志·山水》载李白《明堂赋》作“王”。

② “发”，《全唐文》卷三四七作“登”。

③ “六”，《全唐文》卷三四七作“五”。

④ “颙卬”，《全唐文》卷三四七作“周旋”。

⑤ “包”，朱孝纯《泰山图志·山水》载李白《明堂赋》作“苞”。

⑥ 该句，《全唐文》卷三四七作“吸沆瀣之精英”。

非享祀与严配，徒掩月而凌霞。由此观之，不足称也。况瑶台之巨丽，复安可以语哉！

敢扬国美，遂作辞曰：

穹崇明堂，倚天开兮，巃嵸鸿蒙，构瑰材兮，偃蹇坱莽，邈崔嵬兮。周流辟雍，岌灵台兮。赫奕日星喷风雷，宗祀肸蠁王化恢。镇八极兮通九垓[①]，四门启兮万国来，考休征兮进贤才。俨若皇居而作固，穷千祀兮悠哉！

明堂

〔明〕毕瑜

黍离诗自咏东周，翠辇无因此地游。朝聘不闻来束帛，会盟谁识有诸侯。圣贤述作光千古，王霸兴亡付一丘。莫向高台寻旧迹，断碑残砾不胜愁。

明堂故址

〔国朝〕林杭学

城南城北草绵芊，周汉明堂尽野田。扆障青山犹此地，銮舆黄屋已当年。盖茅通水轩皇后，检玉泥金虞帝先。欲觅旧图王会远，只今惟有绕溪泉。

明堂论

〔汉〕蔡邕

明堂者，天子太庙，所以崇礼其祖，以配上帝者也。夏后氏曰“世室”，殷人曰“重屋”，周人曰“明堂”。东曰青阳，南曰明堂，西曰总

---

① “极”，《全唐文》卷三四七作“荒”。

章，北曰玄堂，中曰太室。《易》曰：离也者，明也，南方之卦也。圣人南面而听天下，向明而治，人君之位，莫正于此焉。故虽有五名而主以明堂也。其正中焉，皆曰太庙，谨承天随时之令，昭令德宗祀之礼，明前功百辟之劳，起尊老敬长之义，显教幼诲稚之学，朝诸侯、选造士于其中，以制度。生者乘其能而至，死者论其功而祭。故为大教之宫，而四学具焉，官司备焉。譬如北辰，居其所而众星拱之，万象翼之。教之所由生，专受作之所自来，明一统也。故言明堂，事之大义之深也。取其宗祀之清貌，则曰清庙；取其正室之貌，则曰太庙；取其尊崇矣，则曰太室；取其堂，则曰明堂；取其四门之学，则曰太学；取其四面周水圆如璧，则曰辟雍。异名而同事，其实一也。《春秋》：因鲁取宋之奸赂，则显之太庙，以明圣王建清庙、明堂之义。《经》曰：取郜大鼎于宋，纳于太庙。《传》曰：非礼也。君人者将昭德塞违，故昭令德以示子孙。是以清庙茅屋，昭其俭也。夫德，俭而有度，升降有数，文物以纪之，声明以发之，以照临百官。百官于是戒惧，而不敢易纪律。所以大明教也。以周清庙论曰，鲁太庙皆明堂也。鲁禘祀周公于太庙明堂，犹周宗祀文王于清庙明堂也。《礼记·檀弓》曰：王齐禘于清庙明堂也。《孝经》曰：宗祀文王于明堂。《礼记·明堂位》曰：太庙，天子曰明堂。又曰：成王幼弱，周公践天子位，以治天下，朝诸侯于明堂，制礼作乐，颁度量，而天下大服。成王以周公为有勋劳于天下，命鲁公世世禘祀周公于太庙，以天子礼乐。升歌清庙，下管象舞，所以异鲁于天下。取周清庙之歌，歌于鲁太庙。明堂鲁之庙，犹周清庙也，皆所以昭文王、周公之德，以示子孙者也。《易传·太初篇》曰：太子旦入东学，昼入南学，暮入西学，在中央曰太学，天子之所自学也。《礼记·保傅篇》曰：帝入东学，上亲而贵仁。入西学，上贤而贵德。入南学，上齿而贵信。入北学，上贵而尊爵。承师而问道。与《易传》同。魏文侯《孝经传》曰：太学者，中学明堂之位也。《礼记·古大明堂之礼》曰：膳夫是相礼，日中出南闱，见九侯门子。日侧出西闱，视五国之事。日暗出北闱，视帝节。犹《尔雅》曰：宫中之门谓之闱。王居明堂之礼，又别阴阳门，南门称门，西门称闱，故周官有门闱之学。师氏教以三德，守王门；保氏教以六艺，守王闱。然则师氏居东门、南门，保氏居西门、北门也。知掌教国子与易传、保传，王居明堂之礼，参相发明为四学焉。《文王世子篇》曰：凡大合乐，则遂养老。天子至，乃命有司行事，兴秩节，祭先师先圣焉。始之养也，适东序，释莫于先老，遂设三老位焉。春夏学干戈，秋冬学羽籥，皆于东序。凡祭与养老、乞言、合语之礼，皆小乐正诏之于东序。又曰：大司成论说在东序。然则诏学皆在东序。东序，东之堂也，学者诏焉，故称太学。仲夏之月令，祀百辟卿士之有德于民者。《礼记·太学志》曰：礼，士大夫学于圣人、善人，祭于明堂，其无位者，祭于太学。《礼记·昭穆篇》曰：祀先贤于西学，所以教诸侯之德也。即所以显行国礼之处也。太学，明堂之东序也，皆在明堂辟雍之内。《月令记》曰：明堂者，所以明天气、统万物。明堂上通于天，象日辰，故下十二宫象日辰。水环四周，言王者动作法天地，德广及四海，方此水也。名曰辟雍。《王制》曰：天子出征，执有罪，反舍奠于学，以讯馘告。《乐记》曰：武王伐殷，为俘馘于京太室。《诗·鲁颂》云：矫矫虎臣，在泮献馘。京，镐京也。太室，辟雍之中明堂太室也。与诸侯泮宫俱献馘焉，即《王制》所谓“以讯馘告”者也。《礼记》曰：祀乎明堂，所以教诸侯之孝也。《孝经》曰：孝悌之至，通于神明，光于四海，无所不通。《诗》云：自西自东，自南自北，无思不服。言行孝者则曰明堂，行悌者则曰太学。故《孝经》合以为一义，而称镐京之诗以明之。凡此皆明堂、太室、辟雍、太学事通合之义也。

谷山，嶕崒冠诸峰，秀骨苍容，不借林泉以为隽。其颠，孤松特茂，虬枝横出，直指离明，俗名定南针。颠西南一洞，石门如黔，曰黑闼石屋，或曰刘黑达尝居之。西北有金矿洞二，其右，悬崖上下二穴，水自崖顶下注。左一穴最黤黮，泉涓涓流，人不能入。洞外石纹十裂，结紫石英，即《岱史》金丝洞也。元初邱处机尝焚炼于此。东北为莲花峰，西北为恩谷岭，两山对峙，峡水涌流，为雁岭河。东流，汇为天井湾，即天津河源也。两山之北为佛峪。

安升卿题名

〔金〕

文曰：曲阜孔端肃与徂徕石德润、王赓谒岱岳观，遂登太平顶，历介丘岩、仙闾岩，次到谷山，下观天津河，盘旋古明堂基，达于汶。明昌三年九月晦，泰山三溪居士安升卿记。

右，真书，勒谷山绝壁。

佛峪，亦曰佛谷，土人得阿罗汉像于石隩，故名。上有精蓝，额“谷山玉泉禅寺”，金时僧善宁建。内有平仲树，大几百围。本匝十七穴，每穴如屋，足容数人。寺东古井，水紫黑渟涵，党怀英分书题碣曰：玉泉。东北上为七佛阁，元僧普谨建，久圮。吴同春云：寺在深山中，路不险仄，境则幽绝。有大壑，雨过则𨺗隤作声，晴则诸泉亦泠泠出石罅间，差与黄华等。又北，为返倒山，山势逆行。水为青冈峪，东南流，入天井。又北，为仙台岭。

谷山寺碑

〔金〕

文曰：谷山寺记。

前翰林学士承旨、中大夫、知制诰、上护军、冯翊郡开国侯、食邑一千户、食实封一佰户、致仕党怀英撰并书篆额。

佛法自西方来，天下名山胜境化为道场。兴废因缘，自有时运。尝读元魏《高僧传》，得僧意胜迹之详而异之。意之寂也，以天地之召[①]，及期遂行，此其余缘，当有复兴之日矣。泰山南向而东骛，由东迤北曰大小岘，

① “地”，原碑作“帝”。

其下曰天津河，环地百有余顷。山势四围，盖汉之明堂在山之东北址，此其地也。道左二里许，耕垦之余，瓦砾被之，与沈存中之说“高丽制度，瓦皆有纹”者合。又西北行六七里，山光丛丛，高下隐见，一峰嶷然秀拔而下圜，曰谷山也。沿涧少北，今寺基矣。尝有猎人行猎莲花峰侧，遇罗汉像而终日无所获，每遇之必然。猎夫怒，积薪将焚之。明日迁坐于高险，薪燎不可及，猎夫愕而悔谢。是夕，山下老稚三四，同梦异僧久隐莲花峰，有猎者之厄，或问为谁，盖曰“意”云。耆老十余辈，更相诱率，凡一再行，当石掩奥处，果访得之，乃扶舆而下。至今所，忽重不可动，而峰岭重复掩抱，可兴寺场，众悟遂止焉。粤自兵乱，荒山重泽，残扰殆遍。废置始末，不可详究。惟土人名之曰“佛谷”者，旧矣。盖意之逝也，有灵感之异，土人以是命名。继有僧善宁，远涉荒梗，首至谷山旧址。破屋废圮[1]，独山色如旧，出没起伏，益远而益秀。善宁独喜，雅契宿心，于是日趋山下，丐菽粟，携火具，结茅而休焉。往来山坂无难色，暇日畚筑溪涧，勤苦作劳而无怠意，短褐芒屦，从事如初。自是涧隈山胁，稍可种艺，植栗数千株，迨于今充岁用焉。斋粥所须，日益办具，凡卅余年，则谷山初祖也。天眷二年四月间，诣官言寺之旧地，东至于黑山分水岭，南至于恩谷岭，西至于张远寨，稍北至于返倒山岭。有司可其请。其后僧法朗继之，锄理荒险，不避寒暑，经营成就，复卅余年，则谷山第二祖矣。今崇公寺缘契合，四方有识，翕然归向。工役趋作，日盈百数。殿基琢石，高逾数丈。若是者三四焉，采塑图饰不与也。州城之东隅曰柴水院，惟许存上院积贮之物，其余住持、摄度、申理、徒弟皆不许也。崇公经画作劳，能继二祖，此寺当兴，时矣。盖意之去来也皆异，则其诚也必闳，其久也必振。今谷山寺尚仍旧名，计其岁月，盖七百有余岁矣，是复兴之数云。呜呼，异哉！泰和元年五月九日记。

---

① 该句后，原碑有“而已”二字。

劝缘住持沙门智崇立石。度僧九人：广琳、广靖、广玮、广宝、广颢、广兴、广纯、广敏、广彬，各办化缘执役寺事。宣祕大德等故法兄三人：智思、智源、智照。度僧八人：祖显、祖正、祖了、广佐①、广琛、广安、祖义、广珍。古任李绅刻。

右碑，高六尺二寸，广三尺四寸，篆“谷山寺记”四字，二行，字径四寸。文十八行，行五十一字，字径八分，八分书。勒谷山寺内西偏，南向。

谷山寺记碑阴

文曰：玉泉禅寺勤迹檀那记②。都功德主（衔同碑阳）竹溪老人党篆额。

为报四恩，普导檀那。求生净土，应办化缘。建置修造，进纳所费。同计点常住库司事副寺僧广颢、路□下勤迹檀那如后③（姓名未录）。都劝缘建置修造进纳，承买□牒，并寺额改“古谷山寺”作“玉泉禅寺”。第三代住持沙门智崇。泰和七年十一月初五日立石，泰安东海郡蒋经书丹。历山贾祐刻。

右，碑阴额文同题，字径寸半，篆书。题名正书，四十四行，行九十字。姓名千余人，中称某翁、某婆、某公、某母、某姥、某伯、某叔、某伯母、某老爷、某老娘、某姑、某姨、某姑夫、某姨夫、某舅、某兄、某哥、某嫂、某郎、某姐、某先生、某官人、某善友、某解元、某孔目、某都料、某评事、某内奉，又有都监郎君、校尉郎君、军人、船户、某居士、某道人、某和尚家，各色俱备，其以亲属相呼，盖各劝缘者所书，沙门即连属勒石也。其书名者，不过数人，内有夹古二官人、夹古四官人、夹古七官人。夹古，姓，史作“夹谷”，今当作“瓜勒佳”。

---

① “佐”，清金棨《泰山志·金石记》作“佑”。

② “迹”“记”，原碑作“绩”“铭”。

③ “迹”，原碑作“绩”。

谷山寺牒碑

文曰：尚书礼部封（部封二字间空，封下钤印一）。尚书礼部（下有洪百廿五号左偏，钤印右偏）。泰安州奉符县第一乡，泰山佛峪谷山寺受业第三代住持勤僧尊□僧智崇，自办于沂州纳米准钱，承买到洪字第一百廿五号寺额一道[①]，乞书填作“玉泉禅寺”者（内钤印八）。牒奉：敕可。特赐“玉泉禅寺”，牒至准敕，故牒。

泰和六年十一月日。令史丁价桂[②]、主事韩玠（内钤印四）。承德郎、守员外郎、兼左补阙孙（空）；朝散大夫、郎中、兼国子监丞王（空）；承德郎、试礼部侍郎、兼□□□秘书少监乔（空）；中奉大夫、礼部尚书、兼翰林学士、知制诰、同修国史□□□□张㕑。寺额付僧智崇（僧智间钤印一）。

右碑高五尺六寸，广二尺九寸，分二层。上层刻此牒，字二十四行，大小不一。牒文行书，字径五分。衔真书，字径寸许。张衔独扁，而有押首。尚书衔二列及牒奉敕以下十六字，字径二寸许，真行相兼，遒丽特异。印径二寸二分，文曰：尚书礼部之印，即通行大篆文，“尚书礼部封”五字，盖封皮也。

香岩寺牒碑

文曰：尚书礼部封（同上）。尚书礼部（下有院额目六十一号，偏左，印偏右）。泰安州奉符县佛峪谷山玉泉禅寺住持僧智崇，于大安元年三月，内赴泰安州仓，纳讫白米贰拾叁硕壹斛贰升肆合，承买到□字第六十一号院额壹道。今将本寺在城常住柴水下院，其地东至城大巷，西至街，南至李官人，北至刘善友，乞书填作香岩禅院名额者（内钤印八）。

---

① “廿”，原碑作“二十”。

② “价”，原碑作“介”。

牒奉敕可。特赐香岩禅院，牒至准敕，故牒。

大安元年三月日。令史王□，主事崔昌言（内钤印四）；奉直大夫、翰林修撰、同知制诰、权员外郎赵（空）；朝议大夫、礼部员外郎纳兰（空）；中宪大夫、礼部郎中、兼国子监丞王（空）；翰林学士□□□□、知制诰□□□、同修国史□□□□张怙；皇弟开府仪同三司判、礼部尚书韩王（空）。付僧邱智崇（邱字上钤印一）。

右勒前碑下层，牒式同前，旧在谷山寺大门内，今移置佛殿壁左，南向。案《金石文字记》：采岱下牒文凡四，冥福寺、升元观、普照寺、长春观是也，独遗此二牒，盖探访未及也，备录之，以资博览。

谷山寺碑

〔元〕

略曰：凡选树道场，必去人境远者为胜，必依山之名而尊者为胜。然山水面南观[①]，虽拔地倚天，其氛翠变态，终不至奇邃，必之于其阴，又绝胜也。是刹焉，乃在泰山之北，及讯诸居者曰，殊不类尘世。吁，异哉！可谓具此三美者焉。非有大福惠，孰能选是？非有大志力，孰能继而树是？初，寺之未基也，维意以荒之；既基矣，维宁以庐之；既庐矣，维朗增而广之；既广矣，维崇又文而宏之。厥后以拏兵日久，主者不□其心，而稍复灌莽之天，惜哉！今僧谨，夏腊不满三旬许，嶷嶷然迥出伦辈，诚法中龙象，人天之具瞻也。居无几，疏海目以泉，可饭可溉；室坤漏以园，可蔬可果；夷天险以田，可麦可禾。度其工，疑有神物阴佐其役，不然则胡人能胜其天也，如此哉！后之来者，有能如谨兴废继绝，葺旧辟新，即是谷山第一祖也，又何必重以老少先后次第分别为？一日，谨来拉予以游所谓谷山寺者，至则恍连兜率，不盈尺，阆风玄圃，盖不数也。尝谓世之

① "水"，原碑作"作"。

为浮屠者，例置精舍于城府阛阓间，政使上乘居之，几何其不淆为下愚反首迷途者哉[①]！如欲立超三界，一到谷山便知喧静移人淹速之度何如也。若夫山川之光怪，寺缘之隆替，有竹溪翁之文石具在，故不复云。

右记，杜仁杰撰，见《泰山志》。碑不知所在，文颇佳，故录之。

七佛阁记碑

文曰：药师七佛阁记。

太子左谕德李谦书。翰林学士承旨、中奉大夫、知制诰、兼修国史、领集贤院事王盘题额。泰安州教授时震摹勒。

天有七曜而四时行，地有七泽而九土宁，人有七情而善恶生。惟金轮氏立教，洞贯三才，包括万类。所谓药师七佛，象数之妙，得无契于是乎。按经之所载，法界凡七，界居一佛。其光明遍照，惠泽普及，在浮图法中，犹玄天之有日星焉，百川之有江湖焉，故为其属者，奉之惟谨。岱宗之阴，曰谷山道场。岩峦回抱，林树亏蔽，盖云山之都会，烟霞之堀宅也。谨公上人，兴滞补敝，于劫火废坠之余，疏凿而泉，种艺而园，垦塥而田，斋庖之众，无虑数百，指既殿中央以居大雄法象，谓七佛之坛，不可不严，于是辟层崖而阁焉。一日，上人赴京师，杖锡踵门，请为是阁作记。问诸兴造之迹，曰：吾因山以为基，故不假覆篑而高；伐木以为材，故不烦市易而足；以愿力为役，故不待鼛鼓而集。问阁之大小及为役几何时。曰：揭櫓为三，列楹为五，其高九仞有奇。经始于至元十七年春，落成于今年之秋。又问谷山兴置始末，曰：自元魏高僧意师现化之后，曰宁、曰朗、曰崇、曰靖，凡四传，而寺缘益大，竹溪党公文石具在也。复谓上人曰：惟阁之役，若寺之缘，既闻命矣。敢问谷山之阳，自历劫以来，有无上宝阁，以连峰为楹，以蟠冈为础，以云虹为飞栋，以烟霞为浮藻，以

① “哉”，原碑作“矣”。

万象为法身，视今所作为何如也？上人曰：不然，吾闻天地之外，复有覆载；阴阳之外，复有造化。故自其大者而观之，须弥一芥子也，大千一枣叶也，曾何泰山之足云！自其细者而观之，大空之一尘，恒河之一沙，中间自有佛国在，仁者无用妄生分别，且为我作《七佛阁记》。予曰：即如上问答语，予为若作记。已竟，请归而摹诸石。上人曰：唯唯。时至元癸未十一月二日也。上人，鱼台人，俗姓蔡氏，从玮师祝发此寺。壮岁游方，始参陶山仁公，再礼紫盖晖公，卒得法于普照鉴公。行业为众所推，录泰安僧司事凡数十年，与当世名士杜徵君仲梁辈从游甚款，其好贤乐善，盖有本云。

翰林集贤侍讲学士、中顺大夫、知制诰阎复记。嘉议大夫、中书礼部尚书刘果实赞成之。

至元二十一年岁次甲申正月望日，承事郎、前建康道宣慰司都事宇敬祖立石。都劝缘主持嗣祖沙门英悟大禅师普谨同立石。

泰安州都料匠郭安仁构，石匠作头周顺、高成刊。

右碑，连额高六尺二寸，广三尺二寸，额篆“药师七佛阁记”六字三行，字径四寸。文二十三行，行四十一字，字径寸，八分书。在谷山寺中东偏，南向。阎复，自弱冠能文，即为元好问所选，与李谦等齐名，谦隶书亦健而整。碑阴有杜仁杰《佛峪寺疏文》二，阎复《七佛阁疏文》一，并时震真书。

仙台岭，即长城岭，详岱阴之西。岭上石台二，曰南拱、北拱，皆天然三成，遥相望。《山东通志》谓：汉武帝于此望祀蓬莱，故云。逾岭而北，为玉皇岭，则历城、长清界，灵岩、昆瑞东西分峙矣。岭南下有马跑泉，又名莎草泉。水南流，径牛栏口西，又南入天津河。《泰山纪事》云：万历辛卯，余与刘文学斌，以里选赴省会。我两人雅好探奇，闻泰山后有山径，景趣幽僻，策藜偕往。所经扫帚峪、牛栏口、玉皇岭，终日不逢一人①。但闻山鸟乱啼，涧流潺潺，响出石罅中②。危桥断岸，叠嶂青林，山花蒙密，都碍人行。东十里有隰皋，曰药园。《岱史》云：昔有修真之士种药于此。又有千户厅，见王之纲《记》。东三里为龙门山，双壁列峙，沟水出其中，东南流入麻搭河。东北为鹿町山，距龙门山五里。山腰有平旷地，为町疃鹿场。山阳一洞，传战国时黄伯阳隐此，因名。自巉碌峪至此，皆在分水岭北。青山而往，则渐东矣。

黄伯阳洞

〔明〕萧协中

古洞烟霞迥，高人嗜隐偏。厌时矜舌辨，独此契元诠。黄鹤宁同姓，苍崖共纪年。悠悠行路者，肯为憩吟鞭。

青山，距大津口五里，积翠上侵蔚蓝，绝顶巨石如冠。《汉书》：昭帝元凤三年正月，太山大石起立，高丈五尺，有白鸟数千集其旁，即此。南为望仙台，《岱史》云汉武帝筑。山石峭削，而上平可登，高可见海。茂陵欲接神仙蓬莱，七至岱。从方士言，楼殿土木穷高极侈，《岱史》所云，非诬也。东南有皇姑庵，《皇明纪略》云：长城堡有皇姑寺。姑姓吕氏，正统间，宛平县西黄村保明寺民，谏阻土木之行，不听。及还辕复辟，念之，建寺赐额，人称为皇姑寺。嘉靖卅八年碑记尚存。麻搭河在山北，天津河由大津口北汇。北四里，有仁育庵。又东流，左纳龙门沟水，东北会津拱河。青山东四里升仙岭，东南为石汶，天津诸河所汇。青山东北为仙源岭。

仙源岭，与鹿町山相望，中为津拱河。刘氏《类山》云：陡岸深凹，晋张忠所凿石釜也，今尚存。每骤雨，如闻辘釜声。忠，中山人，永嘉之难，

① “一”，《泰山纪胜》无此字。

② “出”，《泰山纪胜》无此字、“罅”作“窍”。

隐于泰山，常穴居，清虚服气，后以苻坚强征至长安，辞，还山，至华山而卒，谥安道。见崔鸿《秦书》。津拱河，东北流，左会岩洸河，又东而南入石汶。东北门家墅，在津拱河北八里，有会仙观故址。元道士孟养浩重建，旁有方井，其中四穴，渊泓莫测。北为雨金山。

会仙观碑

〔元〕

文曰：

岩岩泰山，形势雄厚，位诸岳之宗，资生成之始，含元精而秘，神灵之奥府，均造化而隐仙真之洞天。所以古之帝王，例皆焚柴望秩，行封禅之礼，告厥成功者，自兹山始。山之东北四十余里，有聚落，曰门家墅。缭以群山，若无路之可入。汇以双溪，虽久旱而不竭。又有崇冈峻坂，映带左右，丛菅灌莽，蔽亏无罅。其地形蜿蜒若睡龙，然龙之首平而可居者，仅数亩。西南而望，岱宗诸峰如指立，千鬟万髻，秀峙于风尘之表，真绝观也。间有识者尝至而谓曰：是岂凡民所可家焉？直使得道者宅之为称耳。及讯诸耆艾，曰：此盖会仙观故基也。岁壬辰有道士孟养浩、韩抱一、王若虚、李道诚四人者，因游历过此，遂慨然有卜居终隐之志，且承居者段德辈恳留，乃驻锡焉。自是诛礀茆，刊山木，经始数岁，乃有土木金碧之渐。泰安刺史张侯，一日政隙，抚视农民，信马过此，方解鞍少憩间，养浩辈语其向之，耆艾所谓会仙兴废之由。侯喜而谓曰：诸公果有意乎？我为公倡之。四子曰：唯。于是卜日揆地，鸠工庀材，百役具举。凡所缺乏者，侯皆裨助之。由是，乡邻远迩，莫不响应，富者以财，贫者以力，日构月缔，年不逾纪，三清有殿，七真有堂，斋有厨、贮有库、客有寮，至于蔬圃、井硙，无一不备。舆议以谓，非文石无以寿其传，养浩以岁月经营之始末，谒予于徂徕，以记见托。予谓兴废系乎数，勤惰在乎人，虽然纯归之数，则是犹不耕不种，望年之丰，古今宁有是理耶？是故归于数者轻，责于人者重，斯可矣。天下之事，勤而不成者有矣夫！未有惰而能成者也。《传》有之：二人同心，其利断金。诚知言哉！而况四子者，谋则一心，言则一口，力则一手。加之外护有郡侯，多助有居民。呜呼！人众乃能胜天。明□观甫成，抱一、若虚、道诚相继仙去，独养浩守之，亹亹然左补右苴如故。自今以始，凡隶而为黄冠，束手仰成，张颐待哺者，闻四子之风，盍亦兴起云。

右碑，鹿森撰。王天挺真书并篆额。至元五年正月勒观中。

雨金山，传昔大雨冲岩，得金矿焉，上有伏金石。东北六里为大卢山，东南三里为小卢山，皆黔石绀岩。岩洸河径其中，西南流入津拱河。西北十三里为转山，山形旋折回顾，有石坞寨。王少农度、范进士惟粹故居也。其下有黄坂村。度，字平子，恤刑江南，多所平反，累官仓场总督致仕。惟粹，字完白，宰江西新城，有贤声。东北为槲埠岭，距卢山三十里，迫长城岭，槲林尤茂。又东北为摘星岩，下有青阳谷，岩洸河源也。小卢山东八里，为祝山。

祝山，单椒圆麓，赵侍御宏文墓在焉。宏文，字朴菴，明末进士。甲申流寇据城，倡义诛伪官。国朝召为广东道御史。山东五里为狼虎谷，《五代史》：黄巢死于泰山狼虎谷。《闻见后录》：巢为尚让所急，陷泰山狼虎谷，乃自髡为僧，因得脱。谷水南流入石汶。祝山东北三里为九顶山，南有大冢，俗称黄巢墓。金井河绕山东南，折而西南流。西涘曰西金井，人或淘金于此。东金井在东涘莱芜境。《山海经》云：泰山上多玉，下多金。《岱史》又载：岳西桃花峪，常有人采白金矿，今则无矣。河水西南径汶里村，东入石汶。其东为肃然山，详附览之一。九顶山东有杨邱山，其东有小陵，舒畅崛起，地名王许保，属莱芜治。其北为九阪岭。

九阪岭，在祝山东北二十里，回銮复岭，奥崄如九折阪。水亦磬折从之，故其下为九曲峪。西流径雨砧崖，有石如砧。又会渌池，南折至九顶山后，东汇金井湾。东南为旁山，曼衍而昂其脊，溪水浚深，上有数穴若朵颐，亦名石窟山。或称肃然者，误。其水会金井河，入石汶归堑汶河。

堑汶河，古静封镇，亦曰静安镇。《书经·地理今释》：汶水合流于泰安州之静安镇，谓之大汶，其经流发源莱芜县原山之阳。《汉书·地理志》：莱芜原山，甾水所出，东至博昌入泲，幽州浸。又《禹贡》：汶水出西南入泲。汶水，桑钦所言《后汉·郡国志》茌侯国，莱芜有原山，潘水出。杜预曰：汶水出。《水经注》《从征记》云：汶水入莱芜谷，夹路连山百数里也。西流径泰安梭村，至故奉高城东，西南流，右合石汶。石汶由升仙岭东南，南流径崖下村，东有育英书院，明州人李乡贤汝桂讲学处。又南有汝桂墓。汝桂，字少崖，钦之子也。钦，字北崖，饬躬范俗，称“一代文献”。汝桂益刻苦敦行继其学，笃孝纯诚，深契良知慎独之旨，从之者尝数百人，时称“海岱儒宗”。仕献县教谕，辄以养辞归，父子皆年近期颐。石汶又南径山口村，东抵古奉高西。自天井湾至此，委折九十余里，合大汶，过古博邑城北，西南流，会诸涧泉为堑汶河。余详附览之二。

论曰：岱东北麓，为河者六，为峪、为谷者数十，皆自北而东南，流归堑汶，绕出岱阳。叙山则自近顶者渐极东北，率循委而讨源。考订《水经》《岱志》诸书，盖其详哉。《拾遗记》云：岱舆山东有员渊十里，夏月水腾沸，以金石投之，烂如土。冬月稍焦涸，中有黄色烟，从地中出，起数丈，烟色万变。山人掘之，入地数尺，得焦石如炭。今岩洸、金井诸河水颇阔，相传有探石矿而遇火者。王子年所言，固海外东岳也。兹何绝相似也！

岱览卷第十九

分览七（卷十九）

岱阴之西图

岱阴之西

上桃峪　清风岭　青天岭　长城岭　河上林　秋千山　桃花峪

十字峰　青岚岭　透明山　龙山　猴愁峪　拔山　五峰顶　西横岭

三绾山　总论

岱阴之西

西天门下，为上桃峪，北汶源也。其北为船石，在避人厂西北，层崖平阔，若万斛舟。又西北，为看月岩，以与月观相属名。其下深池，为沐龟沟，西北流经李子沟，至老虎窝入桃峪。岩北，地坦衍，亦曰快活三，有云台庵故址。其后石厂窈窱，西辟曰夕阳洞，所谓上石屋也。船石北为头陀岩，桃峪水径其南，折而西北，为混元池，周岸石皆黧色，中央独白，如月印澄潭，圆灵水镜。又西北流三汊涧，自西来入之。西北为鹰窝崖，石壁峻绝，征鸟聚而巢焉。桃峪径其西，其北为清风岭。

清风岭，延亘突兀，凿磴磊错。下为老虎窝，石穴深暗，中有泉。其东，石棚最渊敞，有隙可通。旁有玄都观，圮。西北为龙湾，水萦缭，中有峦阜如岛屿。其下碧花池，翠石碧纹，天然池甃。又西北为黄石崖，桃峪径其南。《道里记》云：稍西，林木匝里许，中有野人之庐[①]。又西北，为映霞峰，旧有傅老庵，下为香泉。桃峪自黄石崖折而北三里，至是西北流，香泉南流注之。又西北，为斗虎沟，在重岭之下，桃峪径焉，旁有花园。又西北为青天岭。

青天岭，横峙西北，其东北则长城岭。两岭夹涧，涧水一源两分，即《水经注》所云分水溪也。一西北流，由青天岭西南至长清界首，过濬川桥，折而西北，其经流曰中川，循长城铺达崮山，左纳灵岩诸谷水而注。一东南流，绕青天岭东麓，南折左会斗虎沟水，过海眼、桃花峪，再折而东南，其经流曰北汶，与中川分流各半，故名泮河。《泰山纪事》谓绕州黉而名泮，《府志》谓从桃花峪始分流，皆失实。

① “有”，《泰山道里记》作“为”。

泮河

〔明〕萧协中

泮溪春水绿于苔[①]，曾向渔郎渡口来。水面桃花红片片，令人翘首忆天台。

长城岭，俗呼大岭，古长城所经，《战国策》所谓齐有长城巨防也。《史记·六国年表》：齐威王十一年，赵取我长城。《楚世家》：还，盖长城以为防。《正义》引《太山郡记》云：太山西北有长城，缘河径太山千余里，至琅琊台入海。又《齐记》云：齐宣王乘山岭之上筑长城，东至海，西至济州，千余里，以备楚。今《太山郡记》《齐记》皆不可见。而《竹书纪年》谓：周显王十八年，齐筑防以为长城，其时，盖齐威王之二十八年。然《管子》云：长城之阳，鲁也；长城之阴，齐也。则春秋时已有长城矣。《水经注》京相璠曰：平阴齐地，在济北卢县故城西南十里。南有长城，东至海，西至济。《括地志》云：长城，西北起济州平阴县，缘河历泰山北冈上，经齐州淄川，东至密州琅邪台入海。《元和志》云：故长城，首起平阴北二十九里。《通典》云：卢县有长城，东至海。《寰宇记》云：诸城县南四十里有长城，东南自海，迤逦上大朱山，尽州南界二百五十里。今案：齐长城横绝泰山，绵亘千余里，起平阴之防门，即巨防也。东历肥城县北、长清县南、泰安县西北六十里，即此岭也。又东经莱芜县北、淄川县南、沂水县北九十五里，临朐县南、莒州北、诸城县南七十里，皆有故址。琅邪台，在诸城县东南百四十里琅邪山上。大朱山在胶州海中，南距琅邪台六十里，长城至此始竟。说本《禹贡锥指》。

① “溪”，《泰山小史》作“河”。

水经注

〔魏〕郦道元

汶水，出朱虚县。泰山山上有长城，西接岱，东达琅邪巨海，千有余里，盖田氏之所造也。《竹书纪年》：梁惠成王二十年，齐筑防以为长城。《竹书》又云：晋烈公十二年，王命韩景子、赵烈侯及我师伐齐，入长城。《史记》所谓齐威王、越、赵侵伐我长城者也。泰山，东泰山也，亦名小泰山，在临朐县南百里。朱虚故城，在县东。

斗虎沟南，为河上林村，木多。桃峪水又西南曲，中有石窟，深莫测，曰大海眼。白草峪水自西注之。吴同春《记》云：至海眼，投石水中，声殷殷不绝。西南为幞头岩，在白草峪南，状如岸帻。又西南为老鸦峰，山若翼飞，色深积铁，俗名老鸦尖。东南旧有碧峰寺，圮。又西南为秋千山。

重修碧峰寺碑

〔明〕

右记，孙绪撰并真书。隆庆五年勒寺中。

秋千山，下为秋千峪，有桂师庵故址。吴同春《记》云：至桂师庵，万松连云，奥踞岩半，且行且饮，下观虎穴。题“岱西佳处”于岩。西崖，一洞深窅，《志》称：白云洞，所谓下石屋也。龟湾在其南，桃峪所汇，南达小海眼。湾中长石如梁，欹倚午贯，曰：石艃。《博雅》艈艃，舟也。又西南为西神库，巨石朗润含辉，硿㟅若韫椟跻之稠叕，或云中有宝藏。其南，桃花峪。

桃花峪，在中军坪南，坪有巨石平广，文采蔚然。桃峪至此南注大、小养鱼池。迤西为襁负山，以大山负小山若襁子状，俗呼降福山。山半有镜儿石，径丈余，莹削如鉴。东南，有地夷衍近百弓，俗呼台子地，为古云台庵。明正德间，释道转重建三教堂，今废。西南，为元君庙，内有玉皇殿及铁佛殿，铁佛移自碧峰寺，鱼池南为红雨川，即桃花峪。汇诸涧谷，旧多桃花，丹英饰涧，碧镜飞霞，幽奥之区，独饶清绮。皇上御制《桃花峪》诗勒北崖。水西南出峪口，再折而东，径新庄，达二十里铺，又东南径高里山南，又东至城南，西溪渿水南流注之。又至城东，中溪环水西南注之。又东南至夏村南，东溪十里河亦西南注之。又东南径全标店东，总名泮河。自分水溪而来，倾折八十余里，上纳三溪之水，合于大汶。其由头陀岩迤西而北、而西南至降福山，皆桃峪右岸。由十字峰西北而南，左接傲来西界肥邑，则其左岸矣。

桃花峪

〔元〕张志纯

流水来天洞，人间一脉通。桃源知不远，流出落花红。

桃花峪

〔明〕吴同春

桃树千重带水涯，灵岩百折倚山斜[①]。秋高瑶圃日为实，雨过天门浪作花。方朔频须贻汉主，渔郎何处觅仙家。我来不及春风晚，杖履翩翩度彩霞[②]。

桃花峪

祁承㸁

曲曲云梯步步斜，为寻西崦问仙家。方来姑射餐琼雪，一夕春风万树花。

① “倚”，《岱史·登览志》作《傍》。

② “履”，《岱史·登览志》作《屦》。

褓山

萧协中

真假何须辨，形似尚可名。石山如有意，骨肉忍无情。

桃花峪

萧协中

一径逶迤绝世喧，红霞灿烂迎朝暾。回环疑别一乾坤，玉洞天桃千树繁。春来妖冶迷香魂，花飞或是武陵源。卜居得住此山村，看花更得对芳樽。颓然醉枕花影翻，醒来何羡过高轩。天倪真人古道存，相传汉代留侯孙。高隐山中布衲温，闲摘桃实当朝飧。因兹悟彻五千言，超忽白日登天门。我来久憩觅仙痕，龙銮鹤驭难攀援。倘得真人有后昆，晤言一解心忧烦。

十字峰与右鹰窝崖对峙。西北有大倒沟，东流入桃峪。沟西为青龙宫故址。西北为青岚岭。

青岚岭，山色岚光，常作空现佛头青。西为丁香峪，花结枝垫，红碧次比，如入薝蔔林中。又西北为思乡岭，《岱史》云：人死魂归于此。而思乡语近诞。小倒沟在其西，稍北亦东流入桃峪。又西北为南顶，在小倒沟北，峰峦突起。顶西南为胡桃园。南为梯子山，如云梯百级。其下，石棚沟。沟西有玲珑石，沟言悬厂、石言嵌空也。其西南为透明山。

透明山，峭岩穿岫。北拱老鸦峰，宛如几案。南有摩耳石。吴同春云：自姜倪寨数里，由摩耳石至铁佛寺，酒数行。旷然乐其幽峻。摩耳石接褓负山，中隔小海眼。耳东南，为东神库，与西神库相望，石若垂帘，藓痕不上，亦时见光采闪烁云。其东为龙山。

龙山，巅为姜倪寨。南一石，若人疑立，曰真人峰。吴同春云：至桃花峪，两旁皆山，人行峪中。复从东北行数里，至姜倪寨。绛山导吾左，傲山翼吾右，云台、石棚如拱如揖，招余而前，唯中军坪与吾舆相背而驰。

路曲溪水，逶迤如蚓如螺。绛山，盖即降福山，《岱史》谓之䃼山也。西南为黄石岩，与在龙湾西北者绝相似。岩南，有白姑庵。南为车道岩，北有双沟如辙，故名。其西为笔架山，五峰排列，崖崿倒垂，鹘隼多巢其上，即《岱史》雕窝山也。瑟飒西风，养成健翮，亦地所宜矣。山北为羊阑坡，李斯所谓“泰山之高百仞，而跛羊牧其上”也。《岱史》谓：“仙人牧地。”巨石周遭，颇类羝触、跪乳诸状，安得邀黄初平叱而起之。山南多燕支，为燕支坡。青岚岭以下，皆循桃峪左岸，再折至此。其南崖有峪，曰猴愁。

猴愁峪，最深阔，难度越，犹《山海经》所谓“猨翼”也。西为白练石屋。白练者，鸟如野鹊，尾长而白，若拖白练。王阮亭诗云：“溪禽白练飞。”其尾红者曰拖红练。西南为水闼石屋，洞辟如屋，水出其门。其南为拔山。

白练石屋

〔国朝〕孙鲲化

绝壁何人启石扉，曾闻群鸟此忘机。相逢偏是云生候，不见岩前白练飞。

拔山，视诸峰差高，《岱史》谓之雁飞岭，鸿雁南翔多集于此。云东一石，削出如圭，曰回雁峰。东北一石，研然为瓯臾，曰燕窝石。又南为水铃山，水激石声如铃也。乌龙潭湛澍，集涧泉在其东南，坛子涧在其西。拔山西为五峰顶。

五峰顶，中边各一峰。东岩苍松丛郁，俗呼松楼。东北有黄姑庵。《古乐府》：东飞伯劳西飞燕，黄姑织女时相见。黄姑，河鼓转音，即牵牛。然织女天孙，岱宗亦天帝之孙，不祀织女而祀牵牛，何也？拔山、五峰之间曰风门，深谷畏佳，直扶摇广莫之阊阖矣。其南为迎风岭。吴同春云：由迎风岭经云台，路益峻绝。又十里达顶，其下有枯石河东流，经龙潭南折，过大埠岭东入泮。又南为西横岭。

西横岭，盘亘二十余里，西自桃花峪，东迄乌龙潭。岭西上为黄金口，岱阳之西石屏峪水，径此入枯石河。西北有峪，多垂丝海棠，高三四赤[①]，夏日即开，曰海棠峪。脐子沟在其西，南流，溪泉旋绕，秀石中突，为脐子峰。西为刺楸山，宜刺楸。又西为土绵山，四岩垠堮，而巅独旷衍，得黑坟十八亩。西南为骆驼岭，状如封驼，有藏峰寺。其东有蘘草泉，南流入泮。穑谷，其西涧也。禾不实，谓之穑。西为三绾山。

藏峰寺碑

〔元〕

文曰：创建藏峰寺碑记[②]。

泰山下所建招提，无虑以十数，如佛峪之玉泉、竹林之宝峰、灵岩之十方禅寺，皆名刹也。山之西有聚落，曰：新庄。新庄之北十里有奇[③]：藏峰寺，亦其一焉。寺之周围，岩峦耸秀，林木茂密，中有隙地十余亩[④]，并有泉泓澄[⑤]，虽大旱不涸。初乡先生耿公定远之侄曰偁、曰佺，辟此以避兵厄。迨皇元抚有天下，偁等复安旧业。恒谓地脉之奇，他日必有人建名刹，以遗乎后[⑥]。一日，宝峰寺僧定禄过所居[⑦]，偁与语曰[⑧]：吾有兹地[⑨]，烟霞窟也，尔能驻锡于此否[⑩]？禄环视喜曰：真福田也，舍此焉往。爰卜日[⑪]，结

① “赤”，当作“尺”。
② 该句后，原碑有“将士郎、泰安州新泰县主簿刘绂撰并书”句。
③ “奇”字后，原碑有“曰”字。
④ “中有”，原碑文作“得”。
⑤ “并”，原碑无此字。
⑥ 该句，原碑作“更相谓曰：兹地之奇，必遗乎后，不可旷也”句。
⑦ “过所居”，原碑作“过偁所居田里”句。
⑧ “偁与语曰”，原碑作“因谓禄曰”。
⑨ “兹地”，原碑作“地焉”。
⑩ 该句，原碑作“实烟霞之窟也，汝能驻锡于此乎？”句。
⑪ “卜”字后，原碑有“吉”字。

庵而居，意欲作广大。缘未几病殁[①]，嗣守者偷安惰窳，荆榛芜没[②]，大德癸卯秋，定远公之孙士恭[③]、婿王衡叹曰：寺地吾家所施[④]，荒废日甚[⑤]，兴复岂伊无人[⑥]。与乡老谋之，爰敦请僧福岩主焉[⑦]。岩，本泉州惠远县人[⑧]，年二十始学浮屠，来居泰山竹林寺[⑨]，操守清慎雅，为远迩向信[⑩]。既受请来栖，尝愀然曰[⑪]：我辈辞亲出家，幸依名山[⑫]，朝廷隆优复之典[⑬]，檀越普敬信之施[⑭]，乃茅茨仅足以庇身[⑮]，庄严无足以供佛[⑯]，将何以祈遐福而祝我君父[⑰]。勇以兴建[⑱]，自任日率三两人，持刀执斧，先于丛莽之拥蔽者[⑲]，伐而刈之[⑳]。复嫌地基迫隘，恢扩其址[㉑]，凿石堙谷，铲高叠洼，启其

① “未几”，原碑作“会”字。
② 该句前，原碑有“不知增葺”四字，句后有“积年于兹矣”句。
③ “孙”字后，原碑有“名”字。
④ “施”字后，原碑有“也”字。
⑤ “日甚”，原碑作“若是”。
⑥ 该句，原碑作“兴复者岂无人□”句。
⑦ 该二句，原碑作“荒芜若是，兴复者岂无□□。□与耆老□钦、黄仁辈，敦请福岩主之”。
⑧ 该句，原碑作“福岩本泉州惠安县人，俗姓杨氏”。
⑨ 该句，原碑作“□年薄□□，方至泰山之竹林寺”。
⑩ 该句，原碑作“爱其云水之胜而止焉，礼寺僧□进为师，操守清特雅，为远迩信向”。
⑪ 该句，原碑文作“既受请，每为言曰”。
⑫ 该句，原碑文作“辞亲出家，而得依于名山胜境，不既幸乎况”。
⑬ “隆”，原碑文作“有”。
⑭ 该句，原碑文作“士民有喜舍之施”。
⑮ 该句，原碑文作“□所居仅庇其身”。
⑯ 该句，原碑文作“无佛屋□修香火之供”。
⑰ 该句，原碑文作“□以祝君父万万寿”。
⑱ “勇”，原碑文作“即”。
⑲ “先于”，原碑文作“凡”字。
⑳ “刈”，原碑文作“除”字。
㉑ 该句，原碑文作“□东偏益广其地”。

私橐[①]，构佛殿于上[②]。殿之左右，翼以两配[③]，又东为香积[④]，西为云堂，寮舍、库厩、碓硙、蔬圃[⑤]，罔不悉备[⑥]，更置田三十五亩[⑦]，以膳徒众[⑧]。士恭历览，欣然而谓余曰[⑨]：二十年来，福岩经营缔造，克就厥绪。若斯匪文诸石，无以传后[⑩]。余曰：噫嘻！竺乾之道，流于东土，剃除须发而为沙门者，比比皆是。其克宏宣圣教、崇构祠宇者，曾不一二觏[⑪]。如福岩其人，内无所参，外无所求，身处深山穷谷，而甘心创立，永为焚修，较彼燧臂灼顶，朝乞暮丐，至老死而不能竖一椽、覆一瓦者，又奚若哉[⑫]。自兹断爱灭欲，觉性常圆，是不必九年面壁而已，早证如来上乘者也。士恭与岩向余稽手曰：敬闻教，请以斯语勒诸石[⑬]。

元延祐六年六月二日。

---

① 该句，原碑文作“手足胼胝而不怠于是。发私箧所存，市材雇工”。

② 该句，原碑文作“构殿于其上。塑弥陀佛及护法神鬼像主伴，凡一十位。宝座华鬘，彩色炳耀”。

③ “两配”，原碑文作“二室”。

④ “香积”，原碑文作“积香”。

⑤ 该句，原碑文作“且涂以丹雘，轮焉奂焉，巍然临群木之杪下，迨寮舍、库厩、碓硙之类，果竹之圃”。

⑥ “悉”，原碑文作“具”。

⑦ “更置”，原碑文作“仍买”。

⑧ “以”后，原碑有“给”字。

⑨ 该句，原碑文作“工既毕，耿君士恭谓予曰”。

⑩ “福岩……无以传后”该段原碑文作“福岩莅此山凡二十年，经营缔构，克就其绪。匪文诸石，将何以谂后人，欲执事者记其岁月，则所愿也”。

⑪ “余曰……不曾一二觏”，该段原碑文作“余曰：噫！竺乾之道流入东土，人心敬慕，深入骨髓，故剃须发而为沙门，摩肩接踵，比比皆是。然而有能宏宣政教，崇构祠宇者，盖可一二数也”。

⑫ “如福岩其人……又奚若哉”，该段原碑文作“如福岩者，内无所得，外无所求，处深山邃谷，建立道场，永为焚诵之所，视其功绩，岂不伟欤！与夫燃臂灼顶，朝乞暮丐，以至于老死竟不能覆一瓦者，宁可同日而语哉”。

⑬ “自兹……语勒诸石”，该段原碑文作“若能爱欲断灭，觉性圆满，光严主持，清净境界，修习善道，成就信等诸根，则亦无忝于法门矣。又奚必崇饰壮严，区区徼无量之福耶。福岩曰：敬闻命矣，请刻于石”。

右碑，为刘绂撰并真书。在藏峰寺内。

重修藏峰寺碑

〔明〕

右记，张琏撰并真书，成化十五年勒寺中。

三缩山，距骆驼岭二十余里，三峰鼎峙。有龙驹寺，明时重建，寺前古木参天，有泉曰甘溜，东流入泮。又西为黄山，距三缩十二里，氿泉泌瀄。古有延庆院，宋海定禅师重建，元明皆重修之，额亦曰“云台寺”，州人周冕记焉。《岱畎图经记》云：云台之山，其壤多黄，有泉发其颠，垂如白虹，流而入于汶水。

论曰：人自京省来岱者，道出岱西，北抵店台，东南行趋桃花峪，上下山阪者十数至焉。又四十里达顶，路省山前三之一，特荦确甚。人率山前往，亦山前返，鲜间行者。蒙尝蹑西天门，望迤西诸峰，历落驰矗，群水走峡，自北绕出其南，未尝不思一搜探之。三缩、黄山、西南山皆冠石横历，其尾注而首蟠者，则肥城之陶山，慈氏兆域在焉。别录篇终，以志《岱览》之所由作云。

行泰山谷中，宿山腰人家

〔明〕傅国

泰山谷，千树栗。林深路迷不见人，秋风果落声瑟瑟。日暮无粮稚子饥，摘食一颗甜如密。行行渐至桃花东，一线斗然马不通。两人度我入虚空，不高不下足凭凭。一举如凌万壑风。鸟霏霏兮在下，日杳杳兮岩丛。渐闻溪声来足底，满谷喷薄雷风起。浪花滚滚吹过头，松涛细细清入髓。须臾天黑溪路穷，铁锁漠漠石垒垒。一攒云树郁半天，人家住在半天里。正对双标明月峰，直挂一道银河水。明月朝朝含飞舞，银河夜夜杂风雨。不知甲子今几更，但云居此已三祖。只身常穿虎豹群，一壶惯作白云主。春秋时集槲叶衣，儿女半戴黄精羽。不解撷裳与种田，风气深深犹太古。繄余半世风尘客，到此惊嗟一动魄。俯视人间但苍苍，自怜吾得生羽翮。此夜盘薄象纬间，不脱衣裳卧云席。一襟清风空驭寒，万里高秋玉露白。垂足一洗天汉波，俯身欲拾支机石。苍茫之间见群峰，天然七十二芙蓉。秦封汉检俱冥漠，怪石冲天亦形恶。不知玉策付何人，青鸟不来金字落。我欲探之豁心愁，念此有无转萧索。兴酣大叫蛟龙吼，群帝兴衰我何有。黯澹忽如天地回，狂风怒驱山石走。叱咤一时百灵奔，沧海潆渟一杯酒。平生壮游此其最，溯流巧与高歌会。明朝更排九重关，直跨飞龙出天外。

岱览卷第二十

附览一（卷二十）

岱麓图

岱麓诸山

社首山　高里山　介石山　石闾山　亭亭山　梁父山　云云山

肃然山　长山　布山　总论

岱麓

岱之览备矣。其支麓起伏，若耳孙之环鼻祖，不可殚述。惟经前代禅祀及称名胜者，岱阳三里为社首山，迤西为高里山，又南四十里为介石山，又二里为石闾山，又三里为亭亭山。其南五十里为梁父山，又十五里为云云山。岱东北七十里为肃然山。郡城东南百八十里为长山，西南八十里为布山。凡九山为一览[①]。大汶口亦在岱南，五汶之经流也。徂来在岱东南。新甫在岱东。长清之灵岩、历城之昆瑞在岱阴，皆名山也。各为一览。疏其源委及其岩壑之美，以著岱之广大焉。

社首山，西联高里，庳若部娄。《史记》：周成王封泰山，禅社首。《汉书》注应劭曰：山名，在博县。晋灼曰：在钜平南十二里[②]。师古曰：晋说是也。《通鉴地理通释》云：在奉符县西北二十六里。《南燕录》云：德遂北登社首山。《册府元龟》云：唐贞观二十一年，房玄龄等议云，梁甫、社首二山，并是古昔禅祭之所。去十五年，议奏请禅梁甫，今更奉诏详议。梁甫去泰山七十里，又在东南，至于行事，未为稳便。社首去泰山五里，是周家禅处。臣等详参，请禅社首。诏从之。

《唐书》：高宗乾封元年，先为降禅坛于社首山上。八隅、一成、八陛，如方丘，三壝。上饰以黄，四方如其色。正月庚午，祀皇地祇于降禅坛，如方丘礼。以太穆皇后、文德皇后配，而以皇后武氏为亚献，越国太妃燕氏为终献。率六宫以登，群臣多窃笑之。壬申，改名降禅坛为景云台。玄宗开元十三年十一月辛卯，祀地祇于社首之泰折坛，睿宗配享，藏玉册，如封祀仪。命侍中源乾曜撰《社首坛颂》。《宋史》：真宗大中祥符元年十月壬子，禅社首如封祀仪，诏王钦若撰《社首坛颂》。先是太平兴国中，有

① “九”，按所列各山当为“十”。

② “十二里”，《汉书·封禅书》晋灼注作“十三里”。

得唐玄宗禅社首玉册苍璧，至是，令瘗于旧所。二年五月，知兖州朱巽上言：太山修封毕。社首坛增高丈六尺，广五十尺。诏奖之。《玉海》云：二年六月，诏《社首坛颂》立石更衣所。《府志》云：明洪武初，居民于山中得玉匣，内有玉简十六，有司献于朝，验其刻，乃宋真宗《祀后土文》也（绳武案:《广舆记》“山中”作“高里”，误）。

顾炎武云：社首，高仅四五丈，于岳旁诸山最卑小。意者，封于高，欲其近天；禅于下，欲其近地。且山卑而附岳址，便于将事。初陟高山之后，不欲更劳民力耶！上立相公庙，神称高里，为东岳辅相。《泰山纪事》云：赵韩王祠，或是宋人所为。

东为辞香岭，明张邦纪云：四方朝山士庶，无不至此辞香者。旧有天仙祠，元君下庙也。明万历三十九年，奉敕拓建，赐额“灵应宫”。前后殿庑崇丽，回廊周密。中为崇台，下门四达，上设铜楼，亦万历时造，号金阙，栋宇、栏楯、象设皆范铜镀金为之。自岱顶移遥参亭，后迁此。西北为对岱亭，明李戴、毛在建。《泰山小史》云：一峰突起，平如棋局[①]，构亭其上[②]，与岳相对。泰山诸景，色映襟裾，城郭井户[③]，鳞集在望，今废。西南有环翠亭故址，近改阎罗殿，下有石晋时石幢。《泰山小史》云：登亭四眺[④]，泰山屏其后，金牛、徂徕诸山列其前，山岚翠霭相接。亭下有石柱，俗名望乡台。四面如削，上刻佛像，高可丈余。

禅社首坛颂碑

〔唐〕

右颂，为开元十四年源乾曜撰，勒社首山上。今佚。

---

① 该句前，《泰山小史》有“顶”字。

② 该句，《泰山小史》作“因其势稍加工力构一亭于上”。

③ “城郭”，《泰山小史》作“州城”。

④ “亭”，《泰山小史》作“此”。

总持咒幢

〔后晋〕

右幢八棱，高六尺五寸，顶高四尺，趺高五尺，勒总持咒。为天福九年，僧归仁真书，字多磨灭。《府志》云：楷类欧阳率更书法。后书东京同力会人某某、郓州同力会人某某、兖州同力会人某某、濮州同力会人某某。内有天平军节度押衙、前齐州都商税使、银青光禄大夫、检校太子宾客、殿中侍御史、云骑尉韩知训，泰宁军押衙、银青光禄大夫、检校太子宾客兼殿中侍御史、武骑尉刘□□，节度押衙、前岱岳镇使□□，节度副使、前察固镇副兵马使、充岱岳镇都虞侯王训，滑州别驾孙近徽，前亳州别驾刘崇友，前摄齐州司马赵宏嗣。又无官名者数十人，官名漫漶不可辨识者数人。

社首坛颂碑

〔宋〕

文曰：禅社首坛颂(并序)。

天书仪卫副使、封禅礼仪经度制置等使、推忠协谋佐理功臣、金紫光禄大夫、礼部尚书、知枢密院事、修国史、上柱国、太原郡开国公、食邑三千五百户、食实封一千四百户臣王钦若奉敕撰。

涒滩御岁，应钟旅月，国家建号之四十九祀，皇帝绍统之十有二载。燔柴乔岳，成礼于勒封；回跸方丘，荐诚于厚载。人神交感，禄祉来宜。爰命下臣，式扬嘉颂。粤自圣明御极，寰宇大和。民知教而措刑，俗致理而偃武。熙熙庶汇，如陟于春台；惕惕宸心，若临于秋驾。玄德上达，乾文下垂。方纯嘏以诞膺，故至神而合赞。见于乙夜，同日星之扬辉；告以先期，若寒暑之不忒。履端之月，成魄之辰。昼漏初传，朝暾未耀。仰苍龙之内阙，睹黄素之奇文。岂必玄龟负图而出洛，何须赤雀衔书以及丰。

上冲厉内增，寅恭外积，克勤精意，仰答灵心。感应宜符[①]，祯祥不绝[②]。云成五色，表嘉瑞于太平；星见离方，荐殊征于万寿。由是索前王之令躅，秩祀典之无文。思大飨于季秋，用昭告于上帝。咨尔之诏，将戒于有司；徯予之谣，爰兴于东土。邹鲁之士，海岱之民，竭乃一心，若律吕之相召。来于千里，如符契之不愆。述盛礼于元封，献露草于魏阙[③]。以为有唐之季，天步艰难。朱梁已还，宇县离析。蒸黎涂炭，兵甲日寻。荐绅无仁义之谈，𫓧钺肆虔刘之患。上天悔祸，肇启于昌期；百姓与能，勃兴于明主。太祖启运立极英武圣文神德玄功大孝皇帝，炎灵应统，绿错膺图。奉唐侯之固辞，避阳城而罔获。克安九服，成不战之功[④]。祇事百灵，受无疆之福。太宗至仁应道神功圣德文武大明广孝皇帝，大明继世，至德在人。文告以怀柔，武威而震耆。宪章号令，俯洽于殊方；文物声明，仰逾于往古。崇文广武仪天尊道宝应章感圣明仁孝皇帝，禀粹二仪，钟灵五运。绍成基于累盛，荷景贶于重熙。通于神明锡类之孝，格于上下广覆之仁。若乃弋绨为衮，书囊为帐，恭俭之至也；泣罪于市，扇暍于途，慈惠之隆也；仄席抡才，反支受讼，听政之勤也；斋居议刑，弛悬决狱，慎罚之深也。至若恭默思道，励翼求贤。振恤茕嫠，谘询谠直。昚徽五典，昭明百官。礼无大而不扬，情无小而不达。道弥高而思弥下，业愈盛而志愈微。故得鸟兽可窥，水火不夺。万民以治，五教在宽。天降之祥，物安其所。所谓集玄黄之景祐[⑤]，揽步骤之上仪者也。

夫登岱宗、禅梁甫，对越天地，严配祖宗。揆玉以礼神，刻石而纪号。千八百后，其道皆同。七十六君，其迹可视。矧夫盛德大业，巍乎

① "宜"，原碑作"冥"。
② "祯"，原碑作"祺"。
③ "草"，原碑作"章"。
④ "战"，原碑作"阵"。
⑤ "祐"，原碑作"佑"。

若斯。天瑞人谋，昭然如彼。诚宜答三灵之祐，顺九域之心。考时日于历官，询制度于宗伯。肆觐群后，怀柔百神。苍璧以祀天，黝犊以祭地。发维新之大号，受不已之庬褫。岂独一方区区之诚，实亦六合□□之望[①]。上于是临法座而延见，命谒者而谕旨，嘉其将顺之心，示以惕厉之意。以为祯祥申锡[②]，但荷于洪庥[③]；封禅告成，难居于盛美；故当徐议，无复过谈。莫不瞻珠旒，伏文石，期于得请，然后□从。克让之诏虽行，敦执之言益固。于是钧衡之元辅，帷幄之硕儒。三台之具臣，五营之列校，郡国之上计，庠序之横经，班白缁黄之俦，椎髻文身之众，相与集阊阖、趋钩陈，述庶民徯后之谈，叙历代不刊之训。且曰：天高地下，大礼生其中；君令臣行，百度遵其治；罔蹈道而无福，罔失政而无祸。道莫大于奉明神，政莫隆于兴茂典。故遂古而下，方册所标，未有长发真源，永孚休命，历数在己，美利及人，而不宗祀昊穹，昭配祖祢，奉符东岱，展采仙闾者也。而况巡狩之文，毛举于《虞典》；登封之义，囊括于周《诗》。《六经》著其谠言，百王以为盛则。衰世思之而罔克，治世避之而不能。□□武隋文，其让也正；世祖玄宗，其修也宜。陛下高迈羲农，俯视舜禹。天鉴厥德，赤伏之符既膺。后来其苏，东人之念方积。观民展义，今也其时。错事增高，辞之岂获。虽复舆情可却，宸虑难回，其如三神之景命何？二圣之盛烈何？优诏不许者四，封章固请者五。于是答玄穹之顾諟，徇黔首之勤求。俯而从之，盖不获已。乃颁明命，戒有司曰：自天之休，既钟于烈圣；累洽之庆，复属于冲人。若乃登名山、朝万国。虽盛德之事，其何以当？而率土之情，复无以拒。盖将申于大报，敢云告厥成功？咨尔有位之臣，暨于蒇役之□[④]。牺牲玉

① “合”字后，原碑有“颙颙”二字。

② “祥”，原碑作“详”。

③ “庥”，原碑作“休”。

④ “之”字后，原碑有“者”字。

帛礼于神，则极其□；□辂旂常奉于吾，则从其俭。委枢近之佐以先置，密授其成谋；聚文儒之士以撰仪，洞稽乎旧制。其令也至当，故下无以干；其工也不繁，故众思自励。德音一发，民望如春，诚感上通，神心若契。

至乎圣贤之祖述，礼乐之沿袭，或有旧史失传，精意莫续[①]。群臣极虑，靡究其端。睿旨发□，□尽其理。凡所刊正，二十余条，于是奉常遵为彝训。又若秘牒有一，信册有六。燔禋俯□，追琢难成。将以贞珉，代乎温玉。虽复有司固请，俞诏勉从。在乎宸心，惕然罔措。果于内府，访得其真。盖往日之所营，仅期月而乃就。取之琢刻，用于神祇。克集厥功，靡愆于素。足以见先圣有开□□，吾君善继之孝者也。且夫天之临也不贰，天之鉴也至明。听之□声，吉凶见乎象。敦而降命，善恶基乎人。盛德之兴，巍巍乎其莫述；鸿休之至，纷纷乎其无穷。当夫揆日有期，鸠工在始。地不爱宝，吐素液以流甘；龙飞在天，腾卿云而绚彩。神葩焜耀，挺秀而朝敷；瑞气□□，扬辉而晨映。眈目鸷兽，匿迹空山；螫手毒虫，潜形蛰户。在井之鲋，粲百炼以成鳞；绕树之禽，凝六出而挺质。沃日涨海，既遏其惊波；航苇巨河，复遵其故道。九穗两岐之秀，四犊一角之奇。或骈实而共枝，或先秋而告稔。斑虎衮丈之茧，灵云共蒂之瓜。玄鹤群臻，听笙镛而自若；慈乌独□，□畚锸而有常。瀼瀼沆瀣以如饴，趯趯明视而呈素。中天之月露，焕发之重轮；曲沼之泉澄，相鲜之丽色。一封使者，告庆交驰；六艺书生，颂美载路。盖已无德而喻也[②]，矧又有甚于斯焉[③]。昔者，五老告期，但闻一至；两骑爱职[④]，岂复重来。未有眷佑弥昭，殊休再降。巍然岱岳，密迩蕊泉。颁绿字之文，述苍元之意。于是备时乘之驾，

① “意”，原碑作“义”。

② “德”“喻”，原碑作“得”“逾”。

③ “有”，原碑无此字。

④ “职”，原碑作“臆”。

迎宝命之符。

是月，大雨滂沱，密云葱郁，润甫田而虽洽，治驰道以方勤。及乎瑞牒爰来，乘舆将出。则烦阴并散，杲曜徐升。紫气覆于离宫，白云映乎广殿。时亿之福岂易测乎！于万斯年必可保也[①]。瞻言南域，旧产灵茅，方志虽存，郡人罕识。及夫诏书采撷，耆老营求。绝世之珍，故蕃殖而久废；不贡之责，方寤寐以为忧。遽生三脊之奇，用资五天之藉。夷吾曩记，斯实同符；开元旧文，谅多愧色。既而协良日，荐虔诚，寅奉灵文，祗见祖庙。谢会昌之纯锡，告配侑之崇名。于时人集八方，尘飞九陌。斋明之夕，澍雨以清皇衢。祼鬯之辰，矞云以覆世室。非烟烛野，瑞日流空。肃肃金飚，袭星罕而徐转；翩翩玉羽，扈河图而群嬉。二后在天，降鉴于至治；百世观德，协庆于无垠。犹谓斯礼不行，其来已久，虽盛蒐于阙典[②]，虑未尽于至诚。乃复屈黄屋之崇高，习泰坛之荐享。恭畏之色，罔异于奉祠；阙疑之文，并从于折衷。官师笋励，神鉴益歆。既而令旦戒辰，鸣銮遵路，百工承式，七萃启行。八校止齐，闻萧萧之鸣马；九斿时动，见习习之祥风。鼓吹不喧，率由旧则；金石咸寝，肇自圣谋。至若念封礼之方陈，矜严是务；虑有司之弗给，简易为先。乃损属车，别鸣銮[③]。虚大辂以安秘箓，见奉天之诚；御步辇以出国都，形爱民之志。连甍感抃，接壤歌谣[④]。四望则衣袂成帷，中涂□壶浆若市。岂资谏诤，已罢乎从畋；何待讨论，动归乎至迹。荤茹咸却，诚玉食以斋心；草木不伤，法蒲车而育物。若乃次舍所设，菲薄攸安。栋宇之基，未尝改作，闬闳之势，罔或增新。唯玄幕以环周，或下□而躬处。颂祇之庭在迩，接神之册储灵。属夜漏之未央，视荣光之欻见。瑞逾沈璧，祥协超□。至乃命庶官，走群望，专印后土，别

① “斯”，原碑作“之”。

② “盛”，原碑作“感”。

③ “銮”字后，原碑有“驾”字。

④ “歌”，原碑作“欢”。

祀九宫。礼濒海之诸神，飨射牛之列帝。所谓阐皇猷于罄宇，昭上德于亿年者也。

暨夫届广鲁，临岱宗。庶民奉迎，罔不率舞。东后来觐，靡有后期[①]。八表之民，骏奔竞至。未名之宝，栉比咸臻。坛壝以陈，簠簋以具。申诫于百执，必信而必诚；昭感乎万灵，有严而有翼。越以孟冬之月，庚戌之朝，望秦之高峰，昧爽而陟。比黄之大典，次日而修。其或俯层崖[②]，履危登，虑人之劳也，乃降辇焉。及乎款云封，望斋室，想神之在也，亦躧步焉。徒御继登，罔逢乎骤雨；羽卫成列，俄息乎终风。平视太虚[③]，下观旭景。静将地接，动与天偕。澄宸虑以杳冥，望法象而仿佛。于是被玄衮，搢大圭，神六变而来思，色三献而弥厉。侑以宗祖，焕乎天经。丹书载陈，表储休于上帝；玉牒不秘，示无私于下民。而又飨彼群神，于兹山下，准圜□之式[④]，伸遍祀之心。谨晷度以合时，望烟燎而交影。衣冠在列，笙磬同音。是夕也，天门之巅，士虞载渴，甘醴忽涌，无源自澄，侁侁奉宸，饮之而不竭。日观之上，人莫能升，明神斯临，有仪可象，济济在列，睹之而相目。此又感召之章灼，休嘉之殊尤也。翼日[⑤]，礼皇祇，禅社首。方泽之形泰折，广乐之音八成。象其色则黄牲，昭乎絜则玄酒。岳镇海渎，靡不格思。坟衍邮畷，罔不咸在。眷乃坤元之德，配乎柔克之尊。生植群伦，包函方夏。广大博厚，所以养材。流谦居贞，于焉载物。伸兹大报，在乎至虔。肃若奠献之仪，祗率穹昊之制。勤恭励翼，盛典由是无违；杂沓纷纶，柔灵以之荐祉。清跸将至，倏振惊飚。冕服才升，俄为霁景。爟火之影，邈在云宵；登歌之声，散于垧野。唯诚明而是竭，忘陟降之为劳。

① “期”，原碑作“其”。
② “层”，原碑作“曾”。
③ “平”，原碑作“乎”。
④ “圜”字后，原碑有“丘”字。
⑤ “翼”，原碑作“翌”。

于是昭仁心，从物性。楚夏所贡羽毛之众，莫不出于苑囿，放之郊原。次复诏秩宗，修勤礼。三帛二牲，执贽以见。右贤左戚，辨等而居。玄冠苍佩者充庭，鱼甲贝胄者列侍。宸颜穆若，安可望其清辉；能事巍乎，徒得观于洪烈。

既而布大令，均渥恩，礼高年，修坠典。幽蛰咸振，密纲并蠲。霈庆赐而春行，覃徽铄而日丽。采诗察俗，远协于夏《书》；纳贾观风，式遵于《王制》。兴廉举孝，崇德报功，鳏寡茕独之流，罔不咸恤。律度量衡之法，由是得中。复除之恩，浃于四极。酺醵之惠，际于九围。当其御郡楼，宴乡老，有在沼之介族，附游童之衣裙[①]。色夺金英，状微榆荚。寿盖逾于千载，祥实冠于四灵。昔者闻韶而凤来，拊石而兽舞，言其善应，岂复殊涂！罢莱芜之铁官，贳龟阴之旷土。襁负相属，菑畬尽开。至于邈想古贤，缅怀神道，增文宪、昭烈之称谓，伸仁圣、炳灵之封崇。以为列上清而监观者真仙，故加"保生""广生"之号；育良材而利用者叠嶂，故修灵岩、广禅之祠。惠洽于人，虽小不舍，新玉女之像是也；福流于物，虽大必营，创会真之宫是也。犹且枉星旆，降玉轪，幸阙里，祀孔堂。琬□之刊[②]，载扬芬德。玺绶之荐，用益徽名。祓饰庙廷[③]，增修礼器。出币帛以赐宗党，颁经史以聚学徒。下自诸生，咸膺其进爵；上暨先正，肇荷其追封。好贤之心，周于百世；尊儒之道，形于万方。岂止序门人以陪祀[④]，蠲齐甿而给役也。昔天宝以治平在运，崇五庙之洪名；大中以恢复成功，加二宗之尊谥。而皇上孝思不匮，至德潜符，展礼太宫，归尊伟号，始以宝册，亲授三公，拜手而遣，肃祗之至也。复以萧芗，躬谢六室，涕洟而进，追慕之积也。足以荐乾坤之佑，增宗祏之美。慰昊天罔极之感，伸明发不寐之怀。

---

① "裙"，原碑作"裾"。
② "琬"字后，原碑有"琰"字。
③ "廷"，原碑作"庭"。
④ "祀"，原碑作"祠"。

既而王公协辞，夷夏同志，遵顺美之前训，增可久之徽称。始固守而不从，旋曲成而俯受。懿夫法乾刚而覆下，是谓“仪天”；用玄默以居中，故为“尊道”。叶吉而图书开奥，宝应攸昭；上封而河岳效祥，章感斯著。典礼备举，简册载光。轩曰“徇齐”，彼何尚也。汤云“圣武”[①]，兹岂远而犹复！纪锡符之辰，建覃庆之节；郡国清醮，以答于明威；士庶纵游，用乐乎神运。生成则禁乎屠宰，隐恻则止乎刑辟。古今之盛节殚矣，皇王之休声备矣。

臣学乎旧史，偶乎昌辰，敢商榷于前修，俟揄扬于景铄[②]。窃再拜而言曰：在昔帝妫，其臣有五。夏兴于禹，商始于卨。宗周建邦，本于后稷。有唐命氏，肇于庭坚。而伯益既典朕虞，亦佐禹绩。秦德不竞，天禄未穷。故我圣朝集兹大统，宜乎比隆于三代，垂裕于万龄者焉。洪惟陛下，纂承宝图，建用皇极。含道德之甘实，具慈俭之馨香。煦然发荣，可得而述。昔者河流载湛，里社方鸣。列纬集于降娄，三统在乎单阏。暨夫再岁，果诞真人。盖奎为鲁分之星，乃司文物；泰实兖州之镇，爰主发生。岂非运属文明，化符生育。法从临于洙泗，祀典修于云亭之应乎？此盖受命之殊贶也！御辨之初，维藩之域。绿龟荐瑞，元辅矢谟。以为至柔者毛，至刚者介，今则以至柔之物，附至刚之姿。天何言哉，民胥效矣！必将武事休偃，文德怀柔。是时也，戈甲方驰，封疆尚耸。既而玉帛继好，书轨大同，罢尉侯之官，成建橐之治，此又嗣统之丕祥也。夫感人心而致和平，莫先于孝；兴王道而致雅颂，无尚于仁。昔者，主器震方，辞宫臣之常礼，则成帝之避驰道也。宅忧倚庐，终三年之通制，则高宗之在谅暗也。案元辰之历，行哭而朝陵，则显宗之伸永慕也。览后庭之籍，动容而出娉，则文皇之召至和也。宽一成附重之刑，制三

① “圣”，原碑作“甚”。
② “揄扬”，原碑作“榆杨”。

流惟轻之典，则高帝之约法也。升北辰魄宝之座，创先蚕、寿星之祭，则孝文之重祀也。修前代之园寝，访功臣之子孙，则武王下车之事也。绝番禺之药矢，毁尚方之猎具，则成汤祝网之心也[①]。再驾戎辂，则周宣之治兵也。三郊吉士，则虞舜之肆类也。顺时令，阅车徒，因三时之闲，习五申之法，神武之用也。临便座，幸上庠，较艺以抡才，谈经以兴学，时文之化也。蓬阁翚飞，牙签云矗，宝南风之圣作，聚东壁之群书，聿修之美也。亲视簨虡，躬听笙竽，新甲令以募工师，制升歌以咏诒训，述作之大也。绝域之民，留滞未返，恻然轸虑[②]，丰给而遣，仁及于怀土也。司货之吏，掊克为能，涣乎出令，宽政为先，道济于溥天也。纪祥符之宝，历元狩之故事也。新仪卫之庶僚，太徽之彝制也[③]。明照于前古，睹其失而不扬，德之盛也。辞高于往代，有其善而不伐，谦之至也。孝德著矣，仁声洽矣。积是纯懿，发为茂功，则巨礼之行，殊祯之应，由天意也，非人力也。矧复两汉而来，建都于雍，五岳之地，皆在于东。居既异于辨方[④]，理且殊于师古[⑤]。

今国家宅梁宋之域，当穹壤之中，礼得其宜，事归于正。故可以仰遵五典，高继九皇。抑又嬴秦上登，仅至中路，天有所不佑也。汉武秘祝，不示群臣，道有所未广也。光武欲其速成，将窜封于玉检，力有所未丰也。高宗黩兹巨典，接神以椒房，礼有所不肃也。玄宗建议在初，辅臣殊志，出爵伊始，庶尹兴言，人有所未允也。若乃笃天祐，迓神厘，远迩协心，上下交泰，唯精唯一，尽善尽美，未若今日之备也。又不以功成而自大，治定而自矜。炳乾文，号神岳，仰怀天贶，不敢以怠遑。俯

① “则”，原碑无此字。
② “恻”，原碑作“测”。
③ “徽”，原碑作“微”。
④ “既”，原碑无此字。
⑤ “理”字前，原碑有“方”字。

述世功，用归乎德美，此实历代之所未有，上圣之所独臻也。下臣不佞，恭献颂云：

惟天祐圣，惟圣奉天，宝命隆兮！惟辟治民，惟民戴辟，万国同兮！祖武宗文，重规叠矩，建大中兮！奉符错事，登封降禅，告成功兮！报本反始，为民祈福，示至公兮！洪猷盛德，高视古昔，垂无穷兮！

右碑，在相公庙左神厩中。碑高五尺九寸，广二尺五寸，字五十一行，行百十一字，字径五分。额曰：大宋禅社首坛之颂。字径八寸，并真书。文凡四千六百余言，尚完整，盖无人摹拓故也。碑尾别无年月，以《玉海》考之，当与《封祀》《朝覲》二碑同为祥符二年六月以后立也，但无书人姓名耳。《金石文》跋尾云：王钦若衔称天书仪卫副使、封禅礼仪经度制置等使、礼部尚书知枢密院事，与《宋史》本传合。其封太原郡开国公，传所未载也。碑文首云：涒滩御岁，应钟旅月。国家建号之四十九祀，皇帝肇统之十有二载。真宗以至道三年丁酉即位，至大中祥符元年戊申，实十二岁。上距太祖建隆元年庚申，盖四十九岁矣。又云：履端之月，成魄之辰。仰苍龙之内阙，睹黄素之奇文。谓是年正月三日，天书降左承天门也。又云：巍然岱岳，密迩崈泉。颁绿字之文，述苍元之意。谓六月乙未，天书再降于泰山醴泉北也。又云：升北辰魄宝之座，创先蚕寿星之祭。案本传：钦若尝请置先蚕并寿星祠，升天皇北极帝，坐于郊坛第一龛，故述其事于碑刻也。

相公庙建竿碑

文曰：东岳高里山相公庙新创长脚竿记。

兖之奉高，北有岱山焉，乃天下之巨镇也。尊之曰：东岳神，即天齐仁圣帝也。自秦汉而下，沿巨唐，逮我本朝，封禅之礼备焉。庙貌威崇，殿宇显敞，一如上方制度，俾至者加其恭肃。噫，聪明正直，神之德也；福善祸淫，神之职也。幽而罔测，显而有灵，则四方之民，咸归仰之。在帝庙之西，有高里山之祠，即圣帝辅相之神也[①]。其庙貌[②]，本汉封爵也。领袖群司，掌判阴籍，光载祀典[③]，灵威不泯。今有古沛张平者，即长河之舟贾也。乃集社聚缗，岁赛于祠下。睹其神像，虔启愿心，立长竿于庙庭。由是选梓木以为之材，砻翠□以为之硖[④]。耸而上直，表著其坛。功毕告成，故书其始。刻之于石，以永其传。

时大宋元丰三年庚申岁三月。

泗州船户纠首王政、男钦[⑤]，徐州沛县留城镇都纠首张平立石厂[⑥]。东平进士胡元资撰，徐民裴耸书，将仕郎、守东岳令□守德篆额，张希白刻。

右，真书，额同题，在庙大门左壁，西向。碑高四尺二寸，广一尺九寸。分上下二层，上层刻记文十八行，行二十字，字径五分。额字径二寸三分，籀篆。下方刻《修斋建醮之记》，多徐州等处船户姓名，字小，残缺不可读。

重修灵应宫碑

〔明〕

文曰：重修泰山灵应宫碑记。

右赞善古燕张邦纪撰，太常寺少卿成纪胡忻书，英国公古瀛张惟贤篆（记未录）。万历三十九年岁次辛亥孟夏十八日立。

右，真书，额文同题，在灵应宫殿前，南向。《县志》云：字体颇类欧、虞。

① “相”，清金棨《泰山志·金石记》无此字。
② “貌”，原碑、清金棨《泰山志·金石记》作“号”。
③ “祀”，清金棨《泰山志·金石记》作“礼”。
④ “翠”字后，原碑有“琰”字。
⑤ “户”字后，原碑、清金棨《泰山志·金石记》有“同”字。
⑥ “厂”，原碑、清金棨《泰山志·金石记》无此字。

同蔡行人登环翠亭

许应元

沓骑青林驻，登台翠甸新。云山存吏隐，词藻待王臣。花日初停午，兰标欲丽春。怜君竹溪兴，竟夕对清真。

同许泰安登环翠亭[①]

蔡汝楠

蒿里亭元胜，风花春载柔[②]。还陪仙吏躅，得共白云游。仗剑莲华净，传杯竹叶浮。如何葛洪宅，星座俯芝丘。

对岱亭

萧协中

峰顶平如棋局方，危亭相对岳苍苍。草袦醉雨千畦绿[③]，麦浪翻风四月黄。

环翠亭

孤亭高杳倚中天[④]，不断群山槛外连。树列翠屏环汉埤，烟横青嶂度齐川。香台飒沓疑风撼[⑤]，法柱灵威伴月悬。勿问幽冥增幻想，一尊清啸草芊芊。

---

① 该句，《岱史》卷十六作“同许泰安登蒿里环翠亭”，《泰安县志》卷十二作“同许明府登环翠亭”。

② “花”，清金棨《泰山志·支山记》作“光”。

③ “袦”，《泰山小史》作“茵”。

④ “杳”，《泰山小史》作“渺”。

⑤ “沓”，《泰山小史》作“杳”。

铜楼歌

〔国朝〕沈廷芳

泰安城外古道院[①]，殿宇插汉何清幽。入门老树互撑拄，中有突兀缥缈之飞楼。楼高丈余广袤称，轩窗栏楯工雕锼。上作元君道真相，铢衣璎珞垂鞋旒。童男姹女傍双鹤，楣榜楹帖蟠蛟虬。是皆欙谷铜所铸，工致与古六氏侔。腾光耀采射烈日，观者莫敢张两眸。不知何代始制此，群言胜国宫掖祈。神庥初安太清宫，穹碑并列峨峰头。继遘兵燹祸远自，山顶舁至城西陬。邪许费尽万人力，移置高垒如崇丘。我来登临览四周，摩挲铜狄慨叹五百秋。昔闻夏氏铸鼎象物怪，始用贡金遍九州。前王制度利民用，施用定可成嘉猷。后世作事恒逞欲，仙阶邀福徒营求。金人十二肇秦始，佛塔应真创自钱娑留。即如明初武当殿，滇南鹨鹉堪匹俦。方其盛时尚过举，矧在中叶末造无远谋[②]。我欲镕之玨泉府，重是旧物还夷犹。作诗书壁示炯鉴，日斜风紧旌旆愁。吁嗟乎！金泥玉简典礼尽虚幻，兹楼微物，曷足重怀千古忧。

高里山，为鲜为蜀，状如蛇蟠龟伏。《史记集解》伏俨曰：高里，山名，在泰山下。《泰山纪事》云：《汉书》太初元年十二月甲午朔，武帝亲禅高里，祠后土。师古注曰：此高字，自作高下之高。而死人之里，谓之蒿里，字为蓬蒿之“蒿”。或者见泰山神灵之府，而高里山又在其旁，故误以高里为蒿里，陆士衡尚不免，况余人乎？今流俗《汉书》本，有作“蒿”字者，妄增耳。《岱史》云：一名亭禅山。案：后汉《郡国志》：钜平侯国，有亭禅山。即古所禅亭亭者也，殆非高里。高里、社首之间，为高里山神祠，额曰：森罗殿。《史记正义》引道书《福地记》云：泰山有地狱六，曰鬼神之府。从西上，下有洞天，周回三千里，鬼神考谪之府。《纪事》云：

① “安”，朱孝纯《泰山图志·祠宇》、清金棨《泰山志·祠庙志》均作“山”。

② 该句，《泰山述记》卷八、《泰山图志》卷四均作“矧在中叶乃纵祷祀无疆谋”。

自古登封，多禅社首，以祭地衹，则地府之灵，实萃于此。人死，体魄归于地，此处疑即其总司，乃当时建祠之意。而《考古录》谓：自昔陆机《泰山吟》始，以梁父、蒿里并列，而后之言鬼者因之。遂令古昔帝王降禅之坛，一变而为阎王鬼伯之祠，亦已固矣。盖“蒿里”见于古挽歌，不言其地。《汉书·武五子传》：蒿里召兮郭门闳[①]。师古曰：蒿里，死人里。此不得与高里混同为一，至《泰山鬼录》，见于《博物志》。而陆机所云“幽岑延万鬼”者，相传必久，故白居易判云：虽有游岱之魂，焉能事鬼。《老学庵笔记》杨文公云：岂期游岱之魂，遂协生桑之梦。则治鬼之祠，诚如《纪事》所云，其创建殆非近代事也。元至元间重修，明万历时奉敕重建。山阳有玉仙石，片石莹洁。阴有鬼仙洞，《泰山小史》云：洞深暗，往余同好奇友穷之。笼火种，入，始尚宽，稍入，则隘，乃得一窟，如眢井而浅，跃身下，路亦宽，且隘，如是者再。则四壁皆山，洞若窔厦，可容三十余人。石床一，石磴二，登床扪其顶，亦一窟，巨石塞之，旁无所通。虽阴森袭人，然微有氛氲气。风涛声不知何来，或水由地中行耶。

重修高里山祠碑

〔元〕

文曰：重修东岳蒿里山神祠记。

翰林集贤学士、正议大夫、知制诰、同修国史徐世隆撰，承务郎、同知泰安州事徐汝嘉书丹，济宁路儒学教授杨桓篆额。

《蒿里》者，古之挽章之名，出于田横门人，感而成歌[②]。汉李延年分为二曲，《薤露》送王公贵人，《蒿里》送士大夫庶人。后代以为人死精魂归于蒿里。其山有神主之，因立七十五司，以为追逮、收捕、出入、死生之所

① “闳”，《汉书·武五子传》卷六十三作“阌”。

② “感”，原碑作“伤”。

也[①]。故张华《博物志》、陆机《泰山序》皆云[②]：人死其魂拘于蒿里。白乐天诗曰：东岳前后魂，北邙新旧骨。樊殿直《修庙记》亦言：人生受命于蒿里，其卒归于社首。今东岳，山有地府，府各有官，官各有局，皆所以追死注生。冥冥之中，岂无所宰而然耶！其祠，距泰岳庙之西南五里许[③]，建于社首坛之左。自唐至宋，香火不绝。望之者，入则肃然，近则威然，出则怖然。若有追之者，岂非世人如见真鬼神而然欤！吴道子画《地狱变相》后，成都人来观，咸惧罪修福田，两市屠沽鱼肉不集。况此祠司局之多，鬼神之众，囹圄之深幽，其不寒心而骇目者，鲜矣。金季兵烽四起，玉焚石烬，向之所谓像教者，又堕之劫灰矣。行台严武惠公治东平，民怀吏畏，政如神明，特敬天倪子提点道教张志伟。张初名志伟，后遭遇上知，赐名曰“志纯”。议起庙像如初，未完而公薨。嗣相能爵天倪子鸠工者，又数年，既申省部，始许修理。圣上即位，怀柔百神，无文咸秩，诏海内名山大川、岳渎诸祠，听所在修完游会。玄门掌教宗师管领诸路道教洞明真人祁志诚，与天倪子意契，遂竭力以成。旧祠百二十楹，近已完缮，次第落成。其塑像辉耀，比旧有加焉。余待罪翰林，方作泰山庙碑，未竟。天倪子曰：岱宗碑成，此特碑之一事耳。若不足劳执事，执事文如流出，第令门生执笔代书则足矣。余谓：蒿里者，社首之禅址犹在，亦唐代受厘之地，使老夫不腆之文，得挂名其上，固所愿也，非所敢望也，故附语而为之记。若夫无怀氏封禅之君，有虞氏巡守之代，略而不书，尊泰山也。

宣授冲虚至德通玄大师、东岳提点监修官，兼东平路道教都提点张志纯同建。太师国王嗣孙、大中大夫[④]、东平路达鲁花赤、兼本路诸军奥鲁总管土卜申立石。

---

① “死生”，原碑作“生死”。

② “《泰山序》”，当作“《泰山吟》”。

③ “泰”，原碑作“太”。

④ “大”，原碑作“太”。

大元至元二十一年岁次甲申十月乙巳朔十五日己未，岱麓高又玄刊。

右碑，高六尺一寸，广三尺，额高尺八寸，广尺。篆额如题，字径二寸七分。文二十行，行四十六字，字径寸，真书。在森罗殿后西偏，南向。

高里七十五司碑

右碑，至元二十一年，真书，在高里山神祠后殿西。碑高四尺二寸，广二尺八寸。分上下二层，上层二十四行。题云：蒿里七十五司信士姓名于左。

奉训大夫、沂州尹严庆管官员司。汶上县尹武瑛、同吏李简管天曹、地府二司。东原录事司宗法祖管□□、□□、投生、风雨四司。杨赞善管僧道、勾原[①]、医药三司。轩圆贵管举意、水府、四生三司。陈氏管看经、土地、速报三司。冀州信都县獾獐寨曹斌管举善司。王元安管长寿、法汗、走兽三司。白福玉管平等、山神、注福三司。本州周祐妻顾氏、男瑞童管水造像，赵成管子孙、注生二司。尹果信管□□、□神二司。邢□□管烧香、照证二司。王氏管注禄、五道二司。李熙□管还魂、忠孝二司。张永善管城隍司。刘□管孝顺司。齐二姐管斋戒司。□妙谦管修庙司。□妙真管山林司。张福正管杀生司。梁栋妻贾氏管推问司。张宅徐氏管六道司。本州马县尉名国宝□塑土，开州仆阳县晋阳乡土井村李□诚、妻张庙善尔、张玉童管陈状司[②]。伏以灵像威严，神房叙列，判人间之祸福，注尘世之吉凶。伏愿信士之家，长幼平□，□□清吉。上愿皇基永固，圣寿延长云云[③]。

至元二十一年岁次□申[④]。下阙。

其下层分三项。在庙姓名前一项[⑤]，□侍人员十三人，分五列。后一

---

① “原”，清金棨《泰山志·金石志》作“愿”。

② “尔”，原碑作“女”。

③ 该句后，原碑有“四边不战来王□□□□□然愿十方界一切含……”等字。

④ “一”，原碑作“二”。

⑤ “在庙”，清金棨《泰山志·金石志》无此二字。

项，在庙洒扫户姓氏十五人，首一人，曰庙长。又十六人，首一人，曰庙典，分四列。并真书。案：《泰安县志》不载此碑。其立碑之年，与徐世隆撰《重修高里山神祠碑》同，则此碑因重修神祠时，募塑七十五司神像，遂记其姓氏也。神有七十五司，碑立其数，只四十二司，余未见其名目。所列各司，皆主吉凶祸福，分理冥府之事，盖东岳辅相所驱使之神也。

高里七十五司神房志碑

右碑，在高里神祠后殿西。连额高七尺，广三尺八寸。篆额题“东岳蒿里山参司六案七十五司神房志”十六字，径三寸五分，分四行。碑分六层，并真书。右碑总叙二行，有云：天网恢恢[①]，疏而不□。积善降之百祥，积不善降之百殃。为善降祥，为恶降殃。善恶之报，其在斯焉。第一层三行，曰：判所隶司、判磨勘司、判都察司，是为三司。第二层六行，曰：判闵众案、判苦楚案、判□□案、判保刑案、判功德案、判注生案，是为六案。

以下四层，分列七十五司，曰：判孤魂司，姓□氏[②]，□州人。判地狱司，姓□氏[③]，□州人[④]。判疾病司，姓□氏，汉州人。判昧心司，姓□氏[⑤]，楚州人。判土地司，姓□氏，同州人。判财帛司，姓柴氏，亳州人。判□□司[⑥]，姓宋氏[⑦]，沁州人[⑧]。判□□司，姓□氏，楚州人。判□□司，

① 该句前，原碑有“夫六合内外，尽万物洪纤。大无不□，细无不入。有情无情，有识无识”句。

② “□”，原碑作“吴”。

③ “□”，原碑作“袁”。

④ “□”，原碑作“新”。

⑤ “□”，原碑作“陈”。

⑥ “□□”，原碑作“僧道”。

⑦ “宋”，原碑作“梁”。

⑧ “沁”，原碑作“亳”。

姓□氏，磁州人。判天□司[①]，姓□氏，□州人。判□□司[②]，姓□氏，□州人。判□□司[③]，姓□氏[④]，□州人[⑤]。判速报司，姓包氏，闾州人。判□□司[⑥]，姓何氏，□州人。判□□司[⑦]，姓任氏，金州人。判□□司[⑧]，姓□氏，□州人。判□□司[⑨]，姓钱氏，□州人。判注死司，姓杨氏，□州人[⑩]。判恶报司，姓□氏[⑪]，池州人。判法仗司，姓□氏[⑫]，□州人。判四生司，姓□氏，陈州人，判□淫司[⑬]，姓尹氏，□州人。判曹吏司，姓田氏，新州人。判长寿司，姓文氏，唐州人。判斋戒司，姓宋氏，徐州人。判注禄司，姓王氏，华州人。判官员司，姓成氏，蔡州人。判子孙司，姓李氏，郑州人。判风雨司，姓左氏，路州人。判鬼魅司，姓张氏，耿州人。判枉死司，姓楚氏，肇州人。判陈状司，姓都氏，邓州人。判索命司，姓秦氏，滑州人。判□问司[⑭]，姓□氏，相州人。判平等司，姓宋氏，金州人。判□□司，姓侯氏，汲州人。判走兽司，姓繁氏，湖州人。判□□司[⑮]，姓□氏，□州人。判校量司[⑯]，姓雷氏，开州人。判勾愿司，姓勾氏，□州人[⑰]。判功德司，姓

---

① “□”，原碑作“曹”。
② “□□”，原碑作“地府”。
③ “□□”，原碑作“举意”。
④ “□”，原碑作“关”。
⑤ “□”，原碑作“解”。
⑥ “判□”，原碑作“判刑”。
⑦ “□□”，原碑作“阴谋”。
⑧ “□□”，原碑作“还魂”。
⑨ “□□”，原碑作“发汗”。
⑩ “□”，原碑作“降”。
⑪ “□”，原碑作“元”。
⑫ “□”，原碑作“林”字。
⑬ “□淫”，原碑作“城隍”。
⑭ “□”，原碑作“推”。
⑮ “□□”，原碑作“门神”。
⑯ 该句前，原碑有“判五□司姓□□邓州人，判□穷司姓杨氏威州人”句。
⑰ “□”，原碑作“密”。

□氏[1]，田州人。判医药司，姓范氏，泗州人。判烧香司，姓柳氏，海州人。判五谷司，姓张氏，莱州人。判放生司，姓宋氏，兆州人。判看经司，姓牟氏，秦州人。判水府司，姓郝氏，单州人。判注福司，姓薛氏，棣州人。判贵贱司，姓张氏，龙州人。判掠剩司，姓李氏，均州人。判水怪司，姓曹氏，石州人。判山神司，姓邱氏，宣州人。判促寿司，姓张氏，代州人。判照证司，姓宋氏，金州人。判毒药司，姓张氏，定州人。判奸邪司，姓张氏，皇州人。判注祸司，姓金氏，耀州人。判失魂司，姓何氏，易州人。判山林司，姓杜氏，定州人。判孝顺司，姓王氏，新州人。判修庙司，姓王氏，信州人。判杀生司，姓张氏，渭州人。判六道司，姓陈氏，卢州人。判还魂司，姓史氏，光州人。判忠直司，姓王氏，齐州人。判驿客司，姓马氏，延州人。判飞禽司，姓宋氏，卫州人。判精怪司，姓李氏，青州人。判堕胎司，姓东氏，祈州人。判盗贼司，姓马氏，陕州人。判冤枉司，姓郑氏，许州人。判减福司，姓闵氏，建州人。判送病司，姓关氏，宜州人。

其第六层中间，空处有曰：生为上柱国[2]，死作阎罗王。年直使者，月直使者，日直使者，时直使者。左边题云：大元至元二十年岁次乙酉甲戌朔上元后六日[3]，□庙王致坚[4]。盖立石年月也。案：《泰安县志》不载此碑，殆以其出于不经，无足录也。陶贞白《真灵位业图》云：鬼官有七十五职，名显者凡百一十九人，殆即七十五司之缘起。又“生为上柱国，死作阎罗王”二语，出《隋书·韩擒虎传》至善恶庆殃之说，大率寓劝惩之旨，以警蚩氓，因详述之。

---

① “□”，原碑作“许”。

② 第六层中间空处，原碑有“唐”字。

③ “二十年”，原碑作“二十二季”，句后原碑有“甲午”二字。

④ 该句后原碑有“晋陆机《泰山吟》云：幽涂延万鬼，神房集百灵。神房者，明矣。《大易》云：积善之家必有余庆，积不善之家必有余殃，天□子时□耋耄谨志”。

重修高里山神祠碑

〔明〕

文曰：大明重修蒿里山神祠记。

礼部左侍郎致仕东鲁许彬道中撰文。左布政使阳城原杰子英书丹。按察使豫章李裕资德篆（记未录）。巡按展毓、李益、朱皑、贾奭，右布政使李赞、雷复，参政叶冕、陈云鹏，参议江玭、吕铎、周豪、茂彪，副使张穆、李琮、庄歙，佥事庄升、徐毅、王辂，济南府知府杨必贵，同知王璟，通判陈瓒，推官齐鲁，泰安州知州李琪，同知戴绍，判官许棠。

成化三年岁次丙戌夏五月朔日立石，董工官泰安州判官安详。

右，真书，额同题，在森罗殿后亭中，南向。碑莹润如镜，俗呼“透明碑”。

方豪题名

文曰：嘉靖元年三月初八日，刑部员外郎方豪，奉命审录山东罪囚，道经蒿里。一叩森罗殿：余刑于明，尔刑于幽。余有偏私，尔其鉴诸。时泰安同知刘霁，判官卢会，吏目陈大辂，新泰知县施恩侍行。早饭于环翠亭，乃指长清而发。

右，真书，勒许彬碑阴上方，下方勒蔡汝楠《同许使君、马明府登蒿里诗》，草书。

祀泰山高里祠碑

右碑，刘大武撰，刘衍洛真书，万历十一年三月，勒祠前。

重修高里山神祠碑

右碑，李邦珍撰，安科真书，万历十九年，勒祠前。

供祀泰山高里祠碑

右碑，朱之蕃撰，并真书，万历三十一年，勒祠前。

已上各碑，“高里”皆仍讹作“蒿里”。

介石山，屹然孤标，石为之介。《岱史》宋真宗祥符元年禅此，未知何据。《方舆纪要》作介丘山。

介石山

〔明〕萧协中

明须明如镜，坚须坚于石。石坚不可转，镜明不可翳。庸主爱祥禧，态臣争谐媚。瑞气产灵芝，安能百千蒂[①]。初请旨不俞，而尔未工计。要之以厌兵，片言事已济。嗟哉不可期，变幻无涯际。爱尔屹屹山，贞确阅运世。

石闾山，《史记》云：在泰山下址南方，方士多言此仙人之闾也。太初三年，武帝修封泰山，禅石闾。太始四年、征和四年修封，皆禅焉。《后汉书》云：石闾在南岩下。山阳有寻真洞，幽旷可宅，倘所谓闾耶！

亭亭山，名以状。《封禅书》：黄帝封泰山，禅亭亭。《白虎通》云：五帝禅于亭亭者，制度审谛，德著明也。《史记》注徐广曰：亭亭山在钜平。骃案：服虔曰，亭亭山在牟阴。索隐曰应劭云：在钜平北十余里。伏虔谓：在牟阴，非也。正义曰《括地志》云：亭亭山在兖州博城县西南三十里也。《汉书·地理志》：泰山郡钜平注，有亭亭山祠。《水经注》：汶水又西南，径亭亭山东，山上有石门，旧分水下溉处也。《元丰九域志》：奉符有亭亭山，山有神庙。宋真宗祥符元年，封山神为广禅侯。元知州张郁、知县张佺重修。钜平，汉县。晋武帝以封羊祜为侯。《水经注》：汶水南径钜平县故城东，而西南流。城东有鲁道，《诗》所谓“鲁道有荡，齐子由归”者也。

① “千”，《泰山小史》作“十”。

汶上夹水有文姜台，宋王应麟《诗经地里考》：钜平，省入兖州博城，今袭庆府奉符县。案：故城基无存，以诸书考之，当在汶西，亭亭东南矣。

封祭广禅侯敕祝碑

〔宋〕

文曰：封号敕。

敕亭亭山庙，惟彼灵祠，载于祀典。导长源而倍利[①]，耸峻（缺六字）上封，礼崇咸秩，俾疏荣于侯爵，用介祉于烝民[②]，可封广禅侯。

祭告文

维大中祥符元年岁次戊申十一月戊午越四日辛酉[③]，皇帝遣秘书丞、直史馆姜屿，致祭于广禅侯：

朕奉若元符，升中乔岳。惟神爵职[④]，幽赞成功。特加封爵之美称，用答储祥之休应。仍令致奠，以达深诚。尚飨。

右并行书，勒祠大门右，东向，额损坏。《泰山金石考》云：碑高二尺许，阔尺九寸。字与《天贶殿碑铭》笔法无异，或亦尹熙古书耶。

广禅侯祠碑

〔元〕

右碑，在祠中，知州张郁撰，并真书。

---

① “倍”，清金棨《泰山志·金石志》卷一作“善”。
② “烝”，清金棨《泰山志·金石志》卷一作“蒸”。
③ “越”，清金棨《泰山志·金石志》卷一作“朔”。
④ “爵”，清金棨《泰山志·金石志》卷一作“夤”。

重修广禅侯祠碑

〔明〕

右碑，州同知无锡浦祯撰，并真书。嘉靖九年十月，勒祠内，南向。

梁父山，隆起平皋，微见突兀，泰山下一小山也。汉《地里志》：“泰山郡：梁父。”师古曰：以山名县也。《后汉郡国志》：梁甫，侯国，有菟裘聚。《括地志》云：梁父山，在兖州泗水县北八十里。《元和郡县志》云：在泗水县北八十里，西接徂来山。《一统志》云：在府南一百十里，新泰县西四十里。《泰安府志》云：徂来西南，距城九十余里。《泰安县志》云：在县东南九十里，汶水之阳。《水经注》云：梁父县北有梁父山。今汉故城址犹在山阳也。《白虎通》云：三王禅于梁甫之山者[①]。梁[②]，信也；甫[③]，辅也，辅天地之道而行之也。又曰：增泰山之高以放天[④]，附梁父之基以报地[⑤]。考古谈封禅者，皆以泰山、梁父并称。管仲曰：古之封泰山禅梁父者，七十有二家，而夷吾所记者十有二焉。然称禅云云者九，禅亭亭者一，禅会稽者一，禅社首者一，无禅梁父者。又：秦始皇从阴道下，禅于梁父。此山不在岱阴也。《泰安县志》谓：梁父虽有专山，亦岱下小山之总名。孔子《丘陵歌》所谓“梁父回连”是也。《新泰县志》称云云山亦曰梁父，殆以是与？或谓之梁山，《水经注》云：济水北径梁山东。袁宏《北征赋》“背梁山截汶波”，即此处也。刘澂之引是山以证梁父，为不近情矣。山上旧有地主祠，《史记》：八神，二曰地主，祠泰山梁父。盖天好阴，祠之必于高山之下，小山之上，命曰“畤”。《说文》：天地五帝所基址，祭地也。索隐注：

---

① “者”，清金棨《泰山志·封禅志》载班固《白虎通》无此字。

② “梁”字后，清金棨《泰山志·封禅志》载班固《白虎通》有“者”字。

③ “甫”字后，清金棨《泰山志·封禅志》载班固《白虎通》有“者”字。

④ “放”，清金棨《泰山志·封禅志》载班固《白虎通》作“报”。

⑤ “父”，清金棨《泰山志·封禅志》载班固《白虎通》作“甫”。

畤，址也，神灵之所依止也。《汉书》师古注：如种韭畦之形于畦中，各为一土封，祠之必于高山之下。是则凡土高处，皆曰“畤”也。《史记集解》瓒曰：古者圣王，封泰山，禅亭亭或梁父，皆泰山下小山。除地为墠，祭于梁父，后改“墠”曰“禅”。《汉书》：武帝元封元年，上至梁父，礼祠地主。《后汉书》：光武建武中元元年二月二十五日甲午，禅，祭地于梁阴，以高后配，山川群神从，如元始中北郊故事。《文献通考》云：唐贞观十一年，房玄龄等议梁甫，是谓梁阴。近代设礼坛于山上，乃乖处阴之义。今定坛位于山北，盖其畤壝皆无存也。《遁甲开山图》云：太山在左，亢父在右，亢父主生，梁甫主死。《蜀志》：诸葛孔明幼从父珪，为梁父尉，寻迁泰山郡丞。父卒，徙居南阳，好为《梁父吟》。《陈武传》：武，字国本，休屠人，常骑驴牧羊。诸家牧竖数十人，或有知歌谣者，武遂学泰山《梁父吟》之属。汉魏《乐府》音节不传，杰作相承，虽非专赋此山，亦当附见。山下为石都寨。梁父山东为张仙山，俗称邋遢张示异处。又东为卧牛山，相距远矣。

梁父吟

〔汉〕诸葛亮

步出齐城门，遥望荡阴里。里中有三坟，累累正相似。问是谁家坟？田疆古冶子。力能排南山，文能绝地纪。一朝被谗言，二桃杀三士。谁能为此谋？相国齐晏子。

梁甫吟

〔晋〕陆机

玉衡既已骖，羲和若飞凌。四运循环转，寒暑自相承[①]。冉冉年时暮，迢迢天路征。招摇东北指，天汉西南升。悲风无绝响，玄云互相仍。丰水

① “承”，《泰安县志》卷十二、《泰山志·支山志》卷八、《泰安府志》卷二十一俱作“惩”。

凭川结，霜露弥天凝。年命时相逝，庆云鲜克乘。履信多愆期，思顺焉足凭。忾忾临川响，非此孰为兴？哀吟梁父巅，慷慨独抚膺。

梁父吟

〔梁〕沈约

龙驾有驰策，日御不停阴。星籥极回变①，气化坐盈侵。寒光稍眇眇，秋塞日沈沈。高窗仄余火②，倾河驾腾参。飙风折暮草，惊箨陨层林。时云霭空远，渊水结清深。奔枢岂易纽③，殊庭不可临④。怀仁每多意，履顺孰能禁？露清一唯促，缓志且移心。高歌步梁父，叹绝有遗音。

梁甫吟

〔陈〕陆琼

临淄佳丽地，年少习名倡。似笑唇朱动，非愁眉翠扬。掩抑随竽转，和柔会瑟张。轻扇屡回指，飞尘亟绕梁。寄言诸葛相，此曲作难忘。

梁甫吟

〔唐〕李白

长啸梁甫吟，何时见阳春。君不见朝歌屠叟辞棘津，八十西来钓渭滨。宁羞白发照清水⑤，逢时吐气思经纶⑥。广张三千六百钓⑦，风期暗与文王亲。

① “极”，《泰安县志》卷十二、《泰山述记》卷七均作“亟”。
② “仄”，清金棨《泰山志·支山志》卷八、《泰山述记》卷七均作“灰”。
③ “纽”，清金棨《泰山志·支山志》卷八、《泰山述记》卷七、《泰安县志》卷十二均作“细”。
④ “殊”，清金棨《泰山志·支山志》卷八、《泰山述记》卷七、《泰安县志》卷十二俱作“珠”。
⑤ “清”，《李太白全集》卷三作“渌”。
⑥ “吐”，清王琦《李太白文集辑注》卷三作“壮”。
⑦ “钓”，清金棨《泰山志·支山志》卷八、《李太白全集》卷三均作“钧”，清王琦《李太白文集辑注》卷三作“钩”。

大贤虎变愚不测，当年颇似寻常人。君不见高阳酒徒起草中，长揖山东隆准公。入门不拜骋雄辨，两女辍洗如趋风[①]。东下齐城七十二，指挥楚汉如旋篷。狂客落魄尚如此[②]，何况壮士当群雄。我欲攀龙见明主，雷公砰訇震天鼓，帝傍投壶多玉女[③]。三时大笑开电光，倏烁晦冥起风雨。阊阖九门不可通，以额叩关阍者怒。白日不照吾精诚，杞国无事忧天倾。猰貐磨牙竞人肉，驺虞不折生草茎。手接飞猱搏雕虎，侧足焦原未言苦。智者可卷愚者豪，世人见我轻鸿毛。力排南山三壮士，齐相杀之费二桃。吴楚弄兵无剧孟，亚夫咍尔为徒劳。梁甫吟[④]，声正悲，张公两龙剑，神物合有时。风云感会起屠钓，大人嵲屼当安之。

梁甫吟

〔明〕何景明

君不见，泰山高高梁甫在其半，古来封坛禅地无宫馆。崖崩壁坼铁锁断，秦碑汉碣何人看。自从生人开九州，九十六帝行权谋，虎豹啖食龙蛇忧。朝翻暮覆作云雨，立谈坐笑生戈矛。君不见，田疆论功争二桃，齐门三丘蘼野蒿。又不见，鲁连辞赏轻千金，却秦救赵何雄豪。眼前无人辨曲直，身后声名更何益。拂袖空怜蹈海心，护车枉负排山力。梁生五噫歌莫哀，东绝梁甫观蓬莱。千年云开锦绣壁，五色日抱金银台。瀛洲方丈列仙占，文成五利何能验。徐生入岛竟不回，博士儒生尽坑堑。我吟梁父君振衣，世俗崎岖多是非[⑤]。琅玕芝草海岱曲，钓竿拄杖从今归。

---

① “如”，清金棨《泰山志·支山志》卷八、《李太白全集》卷三、清王琦《李太白文集辑注》卷三均作“来”。

② “客”，清金棨《泰山志·支山志》卷八作“生”；“魄”《李太白全集》卷三作“拓”。

③ “傍”，《李太白全集》卷三作“旁”。

④ 该句后《李太白全集》卷三重复有“梁甫吟”三字。

⑤ 俗”，清金棨《泰山志·志山志》卷八、清康熙《明诗综》卷三十、《泰安县志》卷十二均作“路”。

石都寨

〔明〕张纲孙

南走千余里，始登梁父山。高下溪谷深，石角向我攒。往往路绝踪，竟日断炊烟。但逢逃亡人，徒走流水间。瘦妻前拄杖，枯柳相攀牵。弱女布裹头，两足赤不缠。见客生羞涩，忽露桃花颜。小儿卧竹筐，其父高挑肩。行李芦叶席，寒暖不弃捐。既无糗粮备，又苦木皮干。前后迹踵至，倦坐依沙滩。告我秋大水，国课不得完。县令日鞭责，谁惜行路难。去住总填壑，此夕偷苟安。我闻黯然悲，行行泪如泉。目惨石都寨，肠断小西关。居者八九家，颓墙无门阑。招我入土室，版扉坐已穿。食我夏麦粥，未及久熬煎。豆芽代蕨薇，荒茅当屋椽。虽为困苦剧，腹饱亦便便。众人颓倚睡，我独听潺湲。反覆思所遇，不得终晏眠。

梁父吟（有序）

〔国朝〕沈德潜

曾子耕泰山之下，值天大雨雪，不得归，思念其母，作《梁父吟》以见志。今《乐苑》载其事，亡其辞。予欲传孝子心也，拟古辞以补之，共五解：

力农于野，泰山之侧。雪闭川原，欲归不得（一解）。眷归不得[①]，欲念我母[②]。我母念我，怅望陇亩。诚通境隔，中心何有（二解）。禄养由命，色养由人。岂因贫贱，莫侍饔飧（三解）。小鸟反哺，往来深树。嗟我人兮，而不如微羽（四解）。昊天明明乎，其知我心伤乎（五解）！

云云山，在古柴城东，圆伏如高里而小。《史记》：自无怀氏以下禅此者九。李奇注：山在梁父东。《汉书》注服虔曰：云云在梁父东，山名也。

① “眷”，《泰安府志·卷二十三》作“欲”。

② “欲”，《泰安府志·卷二十三》作“眷”。

晋灼曰：云云山在蒙阴县故城东，此下有云云亭。《史记正义》：《括地志》云，云云山在兖州博城县西南二十里也[1]，旧有云云亭，圮，俗称五云山。其北有羽林坡、甘露村，意皆自昔时封禅得名者。西下一石，勒“贾氏书院”，传为元贾进士读书处，失其名。东南有白石山，石多晶莹可玩。

朱珪题名

〔元〕

右，大德四年三月，真书，勒云云山石壁。其南，沈于村有大德四年二月《朱珪先茔记碑》，陈应奎撰，并真书。

肃然山，汉武所禅也。山势崭绝，望之肃然，今称宿岩山。《史记正义》云，《括地志》：肃然山，在博城县东六十里。晋《太康地志》：肃然，泰山趾东北，山名也。《通鉴辑览》注：肃然，泰山东麓，今山东泰安府莱芜县东北[2]。《考古录》云：《史记》：武帝禅泰山下址东北肃然山。注服虔云：肃然山在梁父。案：梁父县旧在兖州府泗水县境，是泰山之南，与本文不合。《酉阳杂俎》云：长白山，古肃然也。亦非。案：《史记》帝以乙卯封泰山，明日，下阴道。丙辰，禅泰山下址东北肃然山。明日，即丙辰也，本日下山，本日行礼，必在三五十里之内，不当远至长白山也。《魏书·崔光传》：弟敬友，尝置逆旅于肃然山南，大路之北，设食以供行者。今泰安州东关往北七十里，地名王许保。其北有山，碑云：古宿岩山。恐即肃然山也。又案：光武以二月二十二日辛卯封泰山，夜下山。明日，百官上寿，暮宿奉高，三十里。明日发，至梁父，九十里。二十五日甲午，禅梁父，则谓肃然在梁父者，亦非。

长山，在泰安县东南，崇礼乡放城镇之北，冈阜绵延。下为先贤林放

---

① “二”，《史记·封禅书》所引《括地志》作“三”。

② 莱芜县东北，《读史方舆纪要》卷三十曰：（肃然山）东南即莱芜县。是山应在莱芜县西北。

故里，宋封长山侯。以此，镇曰放城、乡曰崇礼，皆所以志贤躅也。林放问礼之本，子曰：大哉问！礼，与其奢也，宁俭。季氏旅于泰山，子曰：呜呼！曾谓泰山不如林放乎？使后世封禅诸君深省此义，亦何至以荒诞诒讥哉？

林放故里考

〔国朝〕颜希深

孔子弟子，见于《家语》《史记》者，皆无林放姓名，惟《蜀礼殿图》有之。王应麟以为文翁所记，如林放、遽伯玉、申枨、申堂，皆后人增益，不可考。然自成都画壁而后，唐开元二十七年，追赠放清河伯。宋大中祥符元年，追封长山侯，并从祀孔子庙廷，所从来久远。明嘉靖九年，辅臣张璁言：林放虽尝问礼，然《家语》、《史记》、邢昺《注疏》、《朱子集注》，俱不载诸弟子之列，乞祀放于鲁，附祭本处乡贤祠，仍其旧爵。至本朝雍正二年，礼臣议以“林放问礼之本，子曰：大哉问！”应请复祀，诏从之。此其封爵从祀之大略也。而所称祀于鲁者，则鲁地阔远，不能确指其乡之所在。以经传、注疏及《国语》《史记》《水经注》《括地志》诸书证之，大约东至沂水、费县，西极鱼台、嘉祥，南尽邹峄，北抵泰山，广袤数百里，皆在鲁封域之内。今《阙里志》但言：放，字子丘，鲁人。《山东通志》因之。《兖州志》并佚其姓名，不可谓非遗憾。考泰安崇礼乡之放城集，相传为林放故里，旧志及它书皆不载。予独谓其可信者三：宋真宗命廷臣撰《孔子弟子赞》，主客郎中刁衎赞林放云：东岳称美，长山表封。一记其所生之地，一记其所封之地，其可信者一也。《论语》曾谓泰山不如林放乎？意！孔子并时，列国名卿大夫及鲁多君子，知礼者盖不乏人，何独取例于放？当时必就其近者言之耳，其可信者二也。乾隆己卯秋，土人掘地得古碑，字画俱已磨灭，惟隐隐见“林放”及“唐太和二年”数字，此则千年以上之物[①]，尤可据以为信。予恐后人不察，妄生疑议，谓放鲁人，不必定隶泰安境者，则请更从而求其乡之所在焉[②]，可矣。

布山，在玉泉山西二十里许，人称布金山，亦曰埠山。岑林翳蔚，称幽栖焉。唐王山人隐此。元张志纯，习黄白术，仙去。志纯，布山人，号天倪子，后常居会真宫。郡人王天挺赞云：冰霜外洁，日星内炳。山上有大云禅寺，创于唐，重修于金、元、明。山南为布上店，有爷娘庙，盖古刹也。乾隆庚子冬，余以事旅于山村，友人何星田亦以事赴东平之安民山，过留数日。安民距布金，二日程。既别，吟瓢往复匝三月，至今不忘，故书之。

重修三皇庙碑

〔元〕

文曰：重修伏牺圣祖之庙记。

竹林后人毕子麟天祥撰，门弟张仲宽济卿书丹，并篆额。

古之于今，圣明之主，忠正之臣，载于文典，祭于殿堂者，耳闻目见，岂能尽言哉！普天之下，环海之中，京府州县，山村野店，人居之处，佛寺道观，峻宇雕梁，金碧晃耀，装饰之盛，费用之大，不啻万金，犹能兴成，必假众人之财之力，而能为之也。今岱岳之西有山[③]，曰布金。山之南有店，曰埠上。店之南，街之北，有前人所兴祈福之地一方，约伍分。其地之中，正北面南，右曰：伏牺圣祖之庙。左曰：观音之堂。正东面西，中曰：南岳昭惠灵显真君。右曰：刘十八郎。左曰：法汗司。正西面东，曰：义勇武安王庙。以观音之堂，与东、西二庙，壮丽新鲜。除香火祭祀之余，别无用意。惟伏牺圣祖之一庙，历年深远，雨渍风吹，材木朽烂，

① “千”字后，清金棨《泰山志·人物志》有“百”字。

② “从而”，清金棨《泰山志·人物志》无此二字。

③ “今”字后，清金棨《泰山志·金石志》有“夫”字。

墙壁倾斜。人见之，不无修补之心。思其费用之大，莫之能为，徒胆寒目惜而已。异日，有本乡社长张安德思之，有父母之遗命，欲行修盖，不果而下世。哀恸其心，如神所使，特口敬心礼，备香酒，祭祀庙前，再拜而誓之曰：以安德之身，为人微浅，诚意重修，恐独力难办，愿神加祐焉。即日归家，置办筵馔酒果。请问亲旧、老长、伯叔、弟兄、朋友、好事之人，不限远近多寡，与安德同志，肯付于会[①]，见面是幸。乡人闻之，递相劝勉，忻喜云集，或材木砖石，工匠人力，饮食破用，一问而足，不同而成。欲立斯石，记其姓名于碑之阴，固请子麟为文，辞之不免，以己之所闻所见而言之也。世俗谓之爷娘庙者，古任之东南有山，曰爷娘山。山下有庙，曰爷娘庙，至今存焉。《易》之《序卦》云：有天地，然后有万物；有万物，然后有男女；有男女，然后有夫妇；有夫妇，然后有父子；有父子，然后有君臣；有君臣，然后有上下；有上下，然后礼义有所错[②]。爷娘之为称者，是有夫妇、父子、人伦之道也。《书·序》曰：古者伏牺氏之王天下也，造书契以代结绳之政，由是文籍生焉。以伏牺之为尊号者，见于《尚书·序》者也。又《易·系辞》曰：昔者包牺氏之王天下也，仰则观象于天，俯则观法于地，观鸟兽之文与地之宜。近取诸身，远取诸物。于是始作八卦，以通神明之德，以类万物之情。作结绳而为网罟，以佃以渔，盖取诸《离》。《书》曰：伏牺，《易》曰包牺，然字异义同也。自五帝之上[③]，号曰三皇。又曰轩辕、神农之上[④]，号曰伏牺圣祖，尊之至也。后之君子，见其殿宇纤毫隳废，早为修理，何难之有？斯立石之意也，不亦宜乎！记曰：伏牺圣祖，道化流传；居五帝上，在三皇先。始画八卦，观象于天；代结绳政，文籍生焉。作为网罟，以渔以佃；其谁立庙，布金山前。

① “付”，清金棨《泰山志·金石志》作“赴”。
② “后”字后，清金棨《泰山志·金石志》有“有”字。
③ “之”，清金棨《泰山志·金石志》作“以”。
④ “曰”，清金棨《泰山志·金石志》作“自”。

埠上古店，地秀人贤；张氏之子，罕与齐肩。父亡母化，志继心专；会合众力，时再新鲜。斯石之立，期于万年。

天圣寨元帅、兖州节度使、镇国上将军张男，修武校尉张士表，安录府判官张士彧，洪沌万户显武将军张斌，宣授冲虚至德通元大师、东岳提点监修官、兼东平等路道门都提点张志纯重修，补塑维那张青。时大元至大三年孟春下旬，□□张安德、弟张安仁同立石。奉高王端福、侄王忠干。

右碑，连额高六尺五寸，广二尺二寸。额作蒙古篆，二行，行径二寸。文二十二行，行五十五字，字径寸，真书。在埠上店三皇庙中，即爷娘庙也。

送王山人归布山

〔唐〕李白

王子析道论，微言破秋毫。还归布山隐，兴入天云高。尔去安可迟，瑶草恐衰歇。我心亦怀归，屡梦松上月。傲然遂独往，长啸开岩扉。林壑久已芜[①]，石道生蔷薇。愿言弄笙鹤，岁晚来相依。

送天倪子归布山

〔金〕元好问

太白诗笔布山头，布袜青鞋欠一游。拟欲高人参药镜，却嫌凡骨比丹丘。云间茅屋鸡犬静，物外烟霞风露秋。后日天门重登览，蜕仙岩下幸迟留（绳武案：此诗不见本集，此本《岱史》）。

① “芜”，《泰山述记》卷七、《泰安府志》卷二十一俱作“莽”。

和元遗山呈泰山天倪布山张真人

〔元〕王奕

江右书生枉白头，杖藜始得此山游。手摩红日登三观，袖拂黄埃看九州。

北仇村道中望布金山

〔国朝〕萧令柳

迢迢烟村村外路，违不十里即名山。春星秋月何匆苍，驱车曾未一跻攀。俄从驴背北翘首，翻来晴翠扑眉间。东联羽父西望鲁，中峰沓蔼表尘寰。上耸餐芝驯鹤之阆苑，下辟链魔习静之禅关。银杏苍松，参差鹿场多馥郁；危岩绝壑，崎岖鸟道几弯环。君不见凌空无碍云跌宕，穿磵有声波潺湲。又不闻丹霞坟前石磦砢，谪仙碑上字斓斑。何时蜡我游屐游其中，得遇天倪话幽闲。探奇选胜三五朝，鬓霜定变好容颜。吁嗟！烦嚣一避便是人生长年术，宁需炉火丹九还。

论曰：《潜确类书》云：罗浮、括苍为佐命，蒙山、东山为佐理。王士正诗：岱宗趋肃然。自注云：吾乡长白，即《史记》所谓禅泰山下址东北肃然山，亦曰副岳。说本《酉阳杂俎》虽顾炎武曾辨其非肃然，而长白之为副岳，自昔已云。夫罗浮、括苍，固辽绝难纪，若蒙山、东山、长白以及尼防、邹峄，岱脉所属，南不尽云亭，北不尽灵岩、昆瑞也。独志此数者，以其近岱而名也。《汉书·郊祀志》云：公王带曰：黄帝时，虽封泰山，然风后、封钜、岐伯令黄帝封东泰山，禅凡山，合符，然后不死。武帝既令设祠具[1]，至东泰山，东泰山卑小，不称其声，乃令祠官礼之，而不封焉。《册府元龟》注云：东泰山，在琅琊朱虚界，中有小泰山。是凡山在

① “武帝”，《汉书·天文志》作“天子”。

朱虚县。《寰宇记》：凡山在青之益都。《白虎通》云：三皇禅于绎绎之山。莫知所在，或者其峄山乎？《后汉书》云：梁松等议：《记》曰："齐将有事泰山，先有事配林。"盖诸侯之礼也。河岳视公侯，王者祭焉。宜无即事之渐，不祭配林。卢植注曰：配林，小山林麓配泰山者也，谓诸侯不郊天，泰山巡省所考五岳之宗，故有事将祀之，先即其渐，天子则否[①]。《风俗通》云：林，树木之所聚生也，配林在泰山西南五六里，子前临郡[②]，因侍祀之行，故往观之。树木盖不足言，由七八百载[③]，间有衰索乎？今以其地考之，殆即社首、高里间欤。自古帝王降禅，必于岱下小山，是以介丘、石闾、亭亭、梁父、云云、肃然，连类而书。要为礼之变而非经，故正之以长山，而以凤曾游寓之布山附焉。

① 该句后，《后汉书·志第七》有"矣"字。

② "子"，《风俗通·卷十》作"予"。

③ "由"，《风俗通·卷十》作"犹"。

岱览卷第二十一

附览二（卷二十一）

大汶图（附诸泉）

汶水

岱山诸水　大汶口　大汶　石汶　牟汶　嬴汶　北汶　柴汶

大汶砎　泉源六十七所　总论

汶水

岱之水，依山而见。而汶著于《禹贡》《春秋》，详于《水经》，不可以不纪也。《述征记》云：泰山郡水皆名曰汶。今案：岱顶有神泉、玉女池、珍珠泉、裂天泉、云水池、碧天泉、万福泉、碾砣泉、涤虑溪、百丈崖、卧马峡。岱阳有大龙口、大龙峪、三义沟、潜龙涧、飞瀑岩、小龙峪、玉液泉、圣水泉。中为中溪，则有水帘泉、石经峪、鹰石沟、龙泉、柳条湾、饮马湾、石峡湾、箭竿峪、堰岭河、金牛湾、青龙泉、回龙峪、福泉、飞龙泉，汇为梳洗河。岱东南为东溪，则有悬淙泉、双沟、艾峪、栗子峪、小津口、蚕滋峪、沙沟、水泉峪、绣彩湾、明堂泉，汇为十里河。岱西南为西溪，则有仙趾峪、马蹄湾、八里沟、竹林西河、洑池、碧油湾、新泉、投书涧、香水峪、青桐涧、黑龙潭、忽雷湾、东西两百丈崖、白龙池、锣鼓湾、耀星湾、大峪、丰都峪、广生泉、金星泉，汇为渿河。岱麓又有白鹤泉、眼光泉、涤尘泉、罅泉、醴泉。岱阴为九龙峪，则有云河、鹰愁涧、乱石沟、洗鹤湾、来鹤泉、黄华洞、石乳泉、鉴池、旋螺峪、凤皇池、饮虎池、大小冰牢峪、天井湾、溪里峪、埽帚峪、嵋碌峪、大津口，汇而东为天津河；则有佛峪、马跑泉、玉泉、青岗峪、麻搭河、津拱河、青阳谷、岩洸河、狼虎谷、金井河，归于堑汶河。岱阴西为桃花峪，则有沐龟沟、李子沟、混元池、龙湾、香泉、斗虎沟、分水溪、中川、虎沟、大小海眼、白草峪、养鱼池、三汊涧、大小倒沟、石厂沟、乌龙潭、坛子涧、枯石河、石屏峪、黄金口、脐子沟、蓑草泉、穞谷、甘霤泉、氿泉，汇为泮河。皆详于分览中，其泉或涸或溢，其为河则皆入于汶矣。

大汶口，在岱南六十里，五汶合流处也。五汶者，《水经注》有牟汶、北汶、石汶、柴汶。《寰宇记》引《述征记》云：五汶为北汶、嬴汶、牟汶、柴汶、浯汶，皆原别而流同，《元和郡县志》亦云。《禹贡锥指》云：汶水有五，北汶、嬴汶、柴汶、牟汶，其一则经流也。今案：水无浯汶，而有石汶，与牟、嬴、北、柴为五，大汶独为经流矣。《方舆纪要》云：汶水，州南六十里，源出岳北仙台岭，合诸溪谷之水，经州东四十里，谓之堑汶。又西南，经徂徕山北，复南会别源诸水，南流三十里，至静封镇。而莱芜县境之汶水，分二源而四注，经徂徕山南，至此合流，所谓大汶口也。《书经地里今释》云：汶水合流于泰安之静安镇，谓之大汶。

大汶，发源于莱芜县原山之阳。《汉书》注云：泰山郡，汶水出莱母[①]，西入济。又云：莱芜原山，甾水所出，东至博昌，入泲，幽州浸。又《禹贡》：汶水出莱芜入泲。汶水，桑钦所言。今案：原山在县东北七十里，与淄川接界。一名马耳山，旧有马耳山关，亦曰：马耳谷。魏收曰：嬴县有马耳山，汶水出焉。《莱芜志》谓之北汶，以其横行县北，非《水经注》之北汶，为岱之泮河也。《从征记》云：汶水出县西南，流入莱芜谷，夹路连山百数里。《元和郡县志》云：汶水，源出乾封县东北原山，西南流经县理，南去县三里。考莱芜汉县，本鲁莱柞，后魏改置嬴县。唐长安四年，废嬴，置莱芜。元和十五年，并入乾封。太和初，复置。汶水挟莱芜之大舟山、长城岭诸水泉西流，合新兴泉，入泰安境。过梭村北，径台头村、史家庄，至谷家庄，折西南径北禅村西。汶曲中有季札子冢。又径故县东而西南流，右合石汶。

石汶，出泰山东北天井湾。上接仙台岭下之雁岭河诸谷，东南流，绕周明堂侧，曰天津河。东过青山北，曰麻搭河。津拱河西南流注之。又南，介祝阳村、山口集间，岩洸河西南流注之。东南至南北两石汶村，又南径故县西至岔河，入大汶。范家湾、鲤鱼沟诸泉西南流注之。《莱芜志》谓之柴汶，不知柴汶乃小汶也。《泰山道里记》云：自天井湾至此，逶折九十余里。左受莱芜原山之水，过古博邑城北，合为堑汶。西南流左与莱芜之牟、

① “母”，《汉书·地理志第八上》作“毋”，颜师古注曰：“毋”与“无同”，当作“芜”。

嬴二汶会[1]。

牟汶，有二。《泰安府志》云：一自莱芜县东南寨子村海眼泉发源，合湖眼、莲花等泉，西流径颜庄至盘龙庄。一出莱芜县东二十里，古牟城西南。《水经注》云：汶出牟县故城西南阜下胡卢堆，俗谓是水为牟汶也。《莱芜志》云：自响水湾发源，会鹏山、赵家诸泉，西南流至盘龙庄，二水合流；又西，有孝义河入之；又西，至滤马河，合于嬴汶。《禹贡锥指》云：近志指寨子村水为浯汶。据《汉志》：琅琊灵门县有高柘山，浯水所出，东北入潍。许氏《说文》：水出灵门山，世谓之浯汶。在今莒州界，与莱芜涉。

嬴汶亦有二。《泰安府志》云：一自莱芜县南宫山之阴，石漏河发源，北流径安仙寺，至滤马河会牟汶，又西径县城南坡草洼，至嘶马河。一自莱芜县东北大小龙湾发源，西流合西北诸泉，南流入嘶马河。《泰安县志》云：嘶马河出莱芜东北大屋山，西流南折，至是汇四汶、挟诸泉，西流入泰安境，至崅峪北。岳锡灵泉自东南注之；东会河、挟顺河、北滚诸泉，自西南注之。板桥湾泉自北来，至沙际，伏流地中。汶水又西流四十余里，径焦家林南至堑汶河村入大汶，古静封镇也。又西南合流，径崔家庄北，徂来东西两桃河自南而西注之。又南径逯家庄。又西南径颜张村，清泉、铁佛堂等泉自北注之。又西南径博县故城南。《水经注》云：南径博县故城东。即今旧县镇也。水自溪而东，浚彼注壑，东南流，径龟阴之田，右合北汶。

北汶，即泮河，自泰山西北分水溪分流，至桃花峪。《水经注》云：北汶水出分水溪，源与中川分。《禹贡锥指》云：北汶即泮水，源出泰山分水岭，非《莱芜志》所云北汶也。今案：分水溪，一源两分，西南流者，径界首通西桥，入长清县之中川，达于清河。东南流者，由桃花峪口，径新庄

① “流左”，《泰山道里记》无此二字。

东北火楼庄、粥店，至高里山南。又径旧镇南，又东至城南，西溪、�河南流注之。又东至城东，中溪环水西南流注之。又东南至夏村南，东溪诸水亦西南注之。又东南径全标店东，入大汶。又西南合流，东径南、北望村，徂来西麓诸泉注之。又南抵阳关城西。《水经注》云：钜平县之阳关亭。《春秋传》：逆臧纥自阳关，阳虎据之以叛，伐之，虎焚莱门，而奔齐者也。又西南流，右合柴汶。

柴汶，一名小汶，即《水经注》之淄水也。《水经注》云：淄水出太山梁父县东，西南流。径菟裘城北，又径梁父县故城南，又西南径柴县故城北，世谓之柴汶矣。柴汶，源出新泰县龙堂山，西南流。《方舆纪要》云：小汶河，在县东北三十里，源出东北龙池，在龙亭山下，西南流百里，入于汶，东河、泥河、广平河皆入焉。柴汶又西南，至泰安安驾庄，径古岱山城。《寰宇记》：岱山县，北齐置，在乾封县东南六十里，依徂徕山。隋大业二年，废，入博城。今镇里村，尚有城址。柴汶至此，左受浊河诸泉水，如沤菅，故名淄水。《淮南子》云：淄水出饴山。《方舆纪要》谓：即原山别名也。《文献通考》云：淄水。杜云：出泰山梁父县西，入汶。案：梁父，今隶兖州奉符。班云：出莱芜县原山，东至博昌入济。案：博昌，今青州博兴。桑钦云：出莱芜原山东北，入海。当以杜说为正。《齐乘》云：太山南亦有淄水，即此。《禹贡·备遗增注》云：《禹贡》之淄，入海不入济。考《左传》：昭公二十六年，成人伐齐师之饮马于淄者。杜预注云：出泰山梁父县，此乃淄汶。郑樵误会其文，遂据此谓潍淄之淄，为入汶不入海，固为牵合。蔡传云：淄水东入济。亦不知通淄水之间，乃汉时事，有《河渠书》可证也。《禹贡锥指》谓：柴汶，在泰安州东三十五里，俗名司马河。以地形考之，司马河即嘶马河，乃嬴汶，非柴汶也。柴汶又西，径羊祜城南，柴城西北。羊祜城，古南城，晋羊太傅封邑。金于城内建大觉禅院，有大定三年三月敕牒碑。城西有村，曰羊舍，俗以为羊氏鹅鸭厂也。柴汶，循徂徕南麓，纳诸溪。又西南径梁父村。《水经注》所谓：梁父县故城北有梁父山也。又径龙乡故城南，入大汶，西南合流为大汶口。《水经注》云：南径钜平县故城东，今城基在大汶口东北矣。

水经注

〔魏〕郦道元

淄水出泰山莱芜县原山。

淄水出县西南山下，世谓之原泉。《地理志》曰：原山，淄水所出。故《经》有原山之论矣。《淮南子》曰：水出自饴山，盖山别名也。东北流，经莱芜谷，屈而西北流，经其县故城南。《从征记》曰：城在莱芜谷，当路岨绝两山间，道由南北门。汉末，有范史云为莱芜令，言莱芜在齐，非鲁所得。引旧说云：齐灵公灭莱，莱民播流此谷，邑落荒芜，故曰莱芜。《禹贡》所谓莱夷也。夹谷之会，齐侯使莱人以兵劫鲁侯。宣尼称"夷不乱华"是也。余案：太无、莱柞，并山名也，郡县取目焉，汉高祖置。《左传》曰：与之无山及莱柞是也。应劭《十三州记》曰：太山莱芜县，鲁之莱柞邑。淄水又西北转，径城西，又东北流，与一水合。水出县东南，俗谓之家桑谷水。《从征记》名曰：圣水。《列仙传》曰：鹿皮公者，淄川人也。少为府小吏，才巧，举手成器。岑山上有神象[①]，人不能到。小吏白府君，请木工斤斧三十人，作转轮，造县阁，意思横生。数十日，梯道成，上其巅，作祠屋，留止其旁，其二间以自固。食芝草，饮神泉，七十余年。淄水来山下，呼宗族得六十余人，命上山半，水出尽漂一郡，没者万计。小吏辞遣家室，令下山。著鹿皮衣，升阁而去。后百余年，下，卖药齐市也。其水，西北流，注淄水。淄水，又北出山，谓之莱芜口，东北流者也。

大汶口有钜硚[②]，为南北通衢，殆鲁道也。《水经注》之文姜台当在此。

① "岑山""象"，谭属春《水经注》点校本作"山岑""泉"。

② "硚"，当作"桥"。

汶水又西南流，径汶阳城南砖舍集。《水经注》云：鲁国汶阳县，王莽之汶亭也。春秋，公会杞侯莒子于曲池。杜预曰：鲁国汶阳县北有曲水亭。汉章帝元和三年[①]，东巡太山，立行宫于汶阳。执金吾耿恭屯城门于汶水，基堑存焉，世谓之阙陵城也。汶水径汶阳县故城北而注。《泰山道里记》云：郡城西南七十里[②]，有蛇丘故城[③]，今楼上村是也。有汇河，即《左传》所谓蛇渊囿，《水经注》之浊须水。又西南三十里许[④]，城上村，即汶阳故城。楼上汇河之门[⑤]，有土丘，传为曲水亭址。汶水径汶阳城南，不在其北也。城上村南七里，为阙陵故城，后人立元君庙，圮。蒙按：《道里记》谓汶水径汶阳县故城南，所谓水以北为阳也。《山东通志》以汶阳、阙陵为一城，并曲池载入宁阳。则又与《水经注》所云：蛇水出太山西南，流径汶阳之田，自汶之北，平畅极目之说，大相矛盾，何龃龉若是哉？盖古今水道变迁，湮堑壅防，历数十年而茫如，况千载上乎？至谓晋时水亭之址，至今尚存，尤为难据。汶水西南抵高淤村南，右纳西汇河诸泉，又西南过堽城坝桥，石沟河即小西会河，合诸泉南流注之。又西径张侯、栾任南，会肥城之沙河，至道沟入东平境。径坎河之戴村坝西北，与大清河会，此汶水故道也。济汶合流于此。《文献通考》云：汶水出莱芜县西南，经济北，至东平、寿张县入济是也。其经流，折而西南，至汶上县南旺湖分流，入运河。蒙案：运河，故会通河，元时开。自安民山至临清，共二百五十里，为会通河。其自任城至安民山，共一百五十里，则初开之济州河也。明时，重加疏浚，始统以“会通”目之。而自临清至德州之卫河口，自李家口至南阳闸之新河，自黄林庄至李家口之泇河，亦皆谓之运河矣。汶水旧由宁阳

---

① “三”，《后汉书·肃宗孝章帝纪第三》作“二”。

② “郡”，《泰山道里记》无此字。

③ 该句前，《泰山道里记》有“而”字。

④ “三”字后，《泰山道里记》无“十”字。

⑤ “门”，《泰山道里记》作“间”。

堽城坝，流至东平会坎河，入大清河。明永乐中，开会通河，始筑戴村坝，于西遏汶南流，过官桥、席桥。桥在东平城东五十里，相传宋时东封辇路也。由是而南，径汶上城北，西流入于南旺湖，而归运河。其入大清河者，自戴村坝而西北流，径阳谷、东阿，为今盐河者也。大清河，即济水，故曰汶水故道。

渡大汶记

〔明〕乔宇

文曰：季夏三日，冒雨南行十里，岚气切衣。又五十里，至大汶口，中央有峻石巍峙，水落颠露，始敢以渡。时河水泛涨怀冒，因留宿小寺。依依古树，环接墟野，遂留诗于壁。汶河之源有二，发于泰山旁仙台岭，暨莱芜原山之阳寨子村，至州静封镇合焉，名曰堑汶河。西南注，流入济，奔放湍急，南北岸相距一里。明日，循水浒而东一里许，登筏，乘上流顺而西下。其筏缚八木为之，系大口瓮，合二于四隅，四方又缀胡卢各四枚，以浮筏上，荆编藉焉，毡席肆焉，设椅坐，余于上。用水工善浮者八人，各腰葫卢，肩负而过。中流倾涛驶波，汹涌而来，筏大摇动，余颇有戒心。南望曲阜，九峰偃伏于前。回顾泰山，耸拔于后，又复怏怅。登岸，饭于歇马岭。暮至泗水，仍以筏而渡。

右，乔宇撰，并真书，立石大汶口。今佚。

重修汶河堤工碑

〔国朝〕

文曰：汶水之源，自新泰来者，为小汶河。自莱芜挟岱麓东北诸泉来者，为大汶河。两河环抱徂徕而汇于大汶口，如燕尾。自大汶口西流数十里，而浊河又汇之。于是岱麓西北及南面诸泉，无不毕收，汶之流至是益大。西注东平之戴村坝，截流而南，出分水口，入漕河，以济运。总计州境，东自黄庄，西迄栾任，绵亘二百余里。每值夏秋之交，河水骤发，洪涛奔啮，浩漫沸腾。濒河之民，所恃以无恐者，旧有堤一道，可资捍御。迄今，年久残缺，堤身卑薄。汛小则水自循轨，潦发则陆可沈舟。庚戌夏，霪雨浃旬，河流怒涨，堤口半冲决，近水村庄，一望无际。等版图于泽国，易禾黍为泥沙。室鲜宿舂，而野有菜色。幸赖皇恩，赐蠲赐赈。截漕米，发仓谷，减价以粜，得不挤于沟壑。然害弗永除，不数载，或复以垫溺告，惴惴然阽危是虞，膺抚御之责者，宁无恫瘝。惟大中丞岳公，念切恫瘝，具其情形入奏，乞发帑，量给食米，俾重建河堤，垂诸无穷。既得俞旨，于是委员查勘，及早兴修。统计新修堤五千一百六十丈六尺，土方六万五千三百八十六方四分，共用人夫十九万六千一百五十九工，内折给食米钱，凡九万二千三百六十九工，共用银一千三百四十一两四钱二厘，俱于司库存公项下领给。夫以本处之民力，修本处之堤工，保其村庐，护其田亩，孰不子来趋事！而复加以格外之宏恩，既无枵腹供役之苦，又得泰山盘石之安，宜其互相劝勉，争先恐后也。第恐斯民，玩愒成风，不思随时补葺，以致贻将来之害，爰捐薄俸，勒石河干，以垂永久。自今偶有坍塌，即依立定界址，分段修筑。务使高者倍高，坚者倍坚，庶桑田永无沧海之虞，闾阎常享含哺之庆。而国家维正之供，胥裕于此矣。

右记，知州纪迈宜撰，真书，雍正九年，勒大汶口。

过汶河

〔宋〕文天祥

中原方万里，明日是重阳。桑枣人家近，蓬蒿客路长。引弓虚射雁，失马为寻獐。见说今年旱，青青麦又秧。

汶阳路遇雨[①]

积雨不肯霁，行路如涉川。青毡缭我后[②]，白毡覆我前。我欲正衣冠，两手如纠缠。飞沫流被面，代我泣涕涟。鸿雁分南翔，游子入北燕[③]。平楚渺四极，雪风迷远天。昔闻济上军，又说汶阳田。我今履其地，吊古苍苍烟[④]。男儿欲了事，长虹射寒泉。

大汶口

〔明〕乔宇

九峰南望碧嵯峨，汶水平添一丈波。渡口客来休便过，北溪山雨正滂沱。

汶河古渡

戴经

五汶潆洄一脉深，巡崖转壑下千寻。飞流画鹢波光动，界道长虹草色侵。曲水亭边云漠漠，文姜台畔雨冥冥。渡头凭吊当年事，却羡渔舟傍绿浔。

晓渡汶河神祠小憩

〔国朝〕高珩

白发抽簪起每迟，宵征又喜见朝曦。葑田水路通樵径，野墅云深失酒旗。细雨黄垆三日醉，微风青柳万条丝。神祠回首人惆怅，四十年前驻马时。

---

① 该句，清光绪《文信公文集》卷十四作《汶阳道中》。
② “缭”，清光绪《文信公文集》卷十四作“纩”。
③ “入北”，清光绪《文信公文集》卷十四作“北入”。
④ “苍苍”，清光绪《文信公文集》卷十四作“怆苍”。

汶水

孙宝侗

汶水河边沙雪白，沙水连天天一色。两岸才辨牛马形，日射波明绝目力。忆昔神禹披河图，导汶下与清济俱。青州之牧作方贡，万里朝宗来冀都。即今陵谷几迁改，此水更作官漕须。南合洸泗入南旺，岁漕钜万充天储。今年大旱几千里，百川断流漕道枯。都水尚书驰上奏，章下切责臣言诬。爰遣牲帛祷神岳，特诏六部蠲全租。帝德好生天立应，雷雨作解宏沾濡。百川下灌漕道满，万艘鳞次捷飞凫。即看国计庆丰豫，六军宿饱腾貔貅。我来七月潦已落，微风增波沙漠漠。远势欲吞徂来根，平沙如带宁阳郭。到来一上水边亭，水上群山无数青。揽辔欲成班史志，按图先索郦元经。

大汶口

王苹

沙岸行人少，长桥断壑东。一行寒鹭白，半岭夕阳红。负米年华里，为儒道路中。那能驱款段，临水已成翁。

过汶水有感

程云

二十八泉入汶流，清波西去日悠悠。平沙曲岸参差出，黄叶青苔次第浮。客路断桥前夜雨，人家返照旧时秋。只今风景看无异，江北江南迥自愁。

大汶口

张元

晚抵大汶口，停鞭愁独看。危桥通断岸，怪石插惊湍。漠漠平沙远，荒荒落日寒。浦风摇落叶[①]，随地扑征鞍。

渡汶河

薄暮临荒渡，滔滔汶水流。平沙迟落雁，细雨送行舟。枫叶千林暗，芦花两岸秋。南来重回首，天际岱云浮。

晚抵汶河同梅溪佑存月下小酌

明月下长川，移尊断岸边。远村微见火，极浦淡浮烟。何处疏钟起，悠然到客前。临风取薄醉，惆怅未能还。

汶以山泉汇流，而大泉之在岱下者，《方舆纪要》云：铁佛寺泉，泰安州东二十五里。又龙湾泉，在州南八里。张家泉，在州西南五里。州境凡二十八泉，多由平地上石中涌出[②]，俱入汶水，达于运河。又州西境有谢过城等五泉，万历中，新导之泉流也。蒙案：自明洳河既开，汶水济运。泰山为川泉之薮，特加疏导，凡六十七泉。设官理之，置泉夫一百二十名，浚治之。考课属之通判、县丞，亦綦重矣。余为诸泉之产于岱，而归于汶，即纪山川者，所不得遗也。因录方志所载，以备览焉。

坡里泉，郡城东北六十里，长二十八步，南入大汶。

云台泉，城东五十里，长二里，南入大汶。

皂泥沟泉，城东四十里，长三里，南入大汶。

凤皇泉，城东四十里，长一里，南入大汶。

清泉，城东三十里，长十五里，南入大汶。

① “摇”，清金棨《泰山志·川泉志》作“卷”。

② “上”，《读史方舆纪要》作“土”。

利运泉、广济泉，城东三十里，长半里，入清泉。

铁佛堂泉，城东二十五里，长二十里，由会河南入大汶。

周家湾泉，城东二十五里，长十里，由会河入大汶。

风雨泉，城东南二十五里，长三里，南入大汶。

马儿沟泉，城东南二十五里，长十里，南入大汶。

泰应泉，城东南二十五里，长一里，入马儿沟。

右十二泉，皆在郡城之东，大汶之北。

明堂泉，城东十五里，长三十里，西南流入泮。

梁子沟泉，城南二十里，长三里，入明堂泉。

木头沟泉，城南十五里，长七里，南入泮。

右三泉，在郡城东南夏村入泮，归大汶。

广生泉，城西北二里，长十二里，为西溪下源，南流入泮。

金星泉，城西长一里，南流合广生泉。

张家泉，城南五里，长三里，东北流入泮。

龙湾泉，城东南十八里，长三里，东流入泮。

右四泉，由泮至全标店东南归大汶。

梁家泉，城东南三十里，长八里，独流东南入大汶。

上泉，城西南五十里，长二十里，西入汇河。

灵应泉，城西南五十里，长五十步，西南入汇河。

马蹄泉，城西南五十里，长二里，南入汇河。

臭泉，城西南五十里，长三里，南入汇河。

溯港沟泉，城西南五十五里，长二里，南入汇河。

狗跑泉，城西南五十里，长十四里，南入汇河。

报恩泉，在城西四十五里，报恩寺下，长十五步，径狗跑泉，入汇河。

陷湾泉，城西南五十里，长一里，入狗跑泉。

水磨泉，城西南五十里，长十五里，西南入汇河。

新泉，城南五十里，长六步，入上泉。

右十泉，由汇河至西李家店河汊口入大汶。

马黄沟泉，城西南九十里，长二十里，南径三汊口，独流入大汶。

龙王泉，城西南九十五里，长十五里，东南入小会河。

坤温泉，城西南百二十里，长三里，东南入小会河。

凉泉与坤温同。

右三泉，由小会河西南流，入大汶。

大兴桥泉，城东六十里，上源莱芜，下源自泰安县境起，长二十里，西流入大汶。

鲤鱼沟泉，城东五十里，长二百步，由大兴桥入大汶。

范家湾泉，城东五十里，长八里，由大兴桥入大汶。

板桥湾泉，城东六十里，长八里，西北入大汶。

北滚泉，城东六十里，长五里，西北由东会河入大汶。

搬倒井泉，城东南六十里，长十五步，西北由东会河入大汶。

会泉，城东南六十里，长二里，西北由东会河入大汶。

顺河泉，城东六十里，长二里，西北由东会河入大汶。

右八泉，在县东大汶之东南。

岳锡灵泉，城东六十里，泉坡村东，长二里，独北流入大汶。

吴山沟泉，城东南四十里，长十里，西南入大汶。

沧浪沟泉，城东南四十五里，长十里，西南入大汶。

右二泉，出徂徕西麓。

斜沟泉，城东南百里，长三里，西南入小汶。

水泉，城东南九十里，长三里，南入小汶。

羊舍泉，城东南九十里，出羊祜故城，长五里，南入小汶。

新兴泉，城东南九十里，长三里，南入小汶。

白土崖泉，城东南七十里，长十里，西南入小汶。

龙堂泉，城东南六十里，长十里，西南入小汶。

乡城泉，城东南七十里，古龙乡城，长半里，西南入小汶。

右七泉，在小汶之北，大汶口之东。

浊河泉，即淄水，城东南百里，长十里，西北入小汶。

斗泉，城东南百里，长一里，入浊河。

针沟泉，城东南百里，长一里，入浊河。

力沟泉，城东南八十五里，长十三里，西南入小汶。

二柳泉，城东南百里，即柳溪，长十里，西北入小汶。

黑虎泉、神泉、海润泉、海旺泉、小柳泉，俱北汇二柳泉，入小汶。

石缝泉，城东南百里，长一里，北入小汶。

水泊泉，城东南百里，长八里，北流西折入小汶。

皮狐泉，城东南百里，长八里，西北入小汶。

韩家庄泉，城东南百里，长六里，北入小汶。

梁父泉，城东南九十里，长五十步，北入小汶。

右十五泉，在小汶之南，大汶口之东南。

查理漕河疏

〔明〕常居敬

一浚泉源，以资灌注。会通河，南北千里，尽赖十八州县，百八十余泉之流，分为五派。至于新泰、莱芜、平阴、汶上、蒙阴、宁阳等九州县，入南旺者，为分水派；泗水、曲阜等四县，入济宁者，为天井派，最大，其所需尤甚切也。夫藉泉以资运，则涓滴当惜，必使源流充溢，庶于漕渠有济。若养身者，气血周流无滞，始无壅遏之患也。乃平昔之疏浚既疏，天时之亢旱又久，是以泉政多弛，通流无几。近据新浚出泰安州谢过城等六泉，新泰县刘官庄等五泉，莱芜县韩家庄等五泉，东平州源头泉一处，曲阜县新跑泉一处，发源颇盛，导入汶河，堪以接济。则自此之外，安知无湮没于沙砾，而散漫于草莽者乎？但浚泉虽易，治汶实难。盖河广沙深，屈曲之流，不足以润久渴之吻。臣等亲见龙湾等泉，源源而来，至汶则一吸而尽，犹无泉也。必督令捞浅等夫，择其积沙淤漫者，浚为河泓。俾深五尺，阔一丈，则水得所归，而趋壑亦易矣。

论曰：齐有三汶，曰：堑汶、徐汶、青汶。堑汶，入济，《禹贡》云：浮于汶，达于济。又济东北会于汶。《论语》：必在汶上。书传谓之北汶，即今大清河，其经流为大汶也。徐汶，入沂，《水经注》所谓：叟崮水东经蒙阴县，注桑泉水，又东北流入于沂者也。青汶，入潍，《淮南子》：汶出弗其。高诱注云：弗其山，在朱虚县。东汉《地里志》：琅琊郡朱虚县东，泰山汶水所出，东至安丘入潍是也。三汶以清河为大，以其发源太山故耳。学者但知有汶，皆在齐疆，或牵混而不能辨。《汉书》注师古曰：前言汶水出莱芜入济，今此又言出朱虚入潍，将桑钦所说有异，或者有二汶水乎？师古且然，况余人乎？入济之汶，又有五，而浯为入潍之汶，不知者亦谓与牟、嬴诸水，源别而流同也。蒙修《泰安县志》，以水道为州郡之要领，溯流讨源，视前志为得，实唯详于县境，而略于他邑，则方志之体也。然大汶经流，总汇五汶，合诸河泉，东自梭村，西至栾任，径六百余里，皆在县境。即因岱而述汶，亦宁有加焉。

水经注·汶水

〔魏〕郦道元

汶水出太山莱芜县原山西南，过嬴县南[①]。

莱芜县在齐城西南，原山又在县西南六十许里。《地理志》：汶水与淄水俱出原山西南，入泲。故不得过其县南也。《从征记》曰：汶水出县西南流。又言：自入莱芜谷，夹路连山百数里，水隍多行石涧中。出草药，饶松柏，林藿绵蒙，崖壁相望。或倾岑阻径，或回岩绝谷，清风鸣条，山壑俱响。凌高降深[②]，兼惴栗之惧。危蹊绝径[③]，过悬度之艰。未出谷十余里，有别谷在孤山。谷有清泉，泉上数丈有石穴二，口容人行。入穴丈余，高九尺许，广四五丈。言是昔人居山之处，薪爨烟墨犹存。谷中林木致密，行人鲜有能至矣。又有少许山田，引灌之踪尚存。出谷有平丘，面山旁水，土人悉以种麦，云此丘不宜殖黍稷而宜麦。齐人相承以殖之，意谓麦丘所栖愚公谷也，何其深沈幽翳，可以托业怡生如此也。余时径此，为之踟蹰，为之屡眷矣。余案：麦丘愚公，在齐不在鲁，川谷犹传其名，盖志者之谬耳[④]。汶水又西南，径嬴县故城南。《春秋左传》：桓公三年，公会齐侯于嬴，成婚于齐也。

又东南[⑤]，过奉高县北。

奉高县，汉武帝元封元年立，以奉太山郡治也[⑥]。县北有吴季札子墓，

① “嬴”，清乾隆曲阜孔氏刊本《戴氏遗书·水经注·汶水》作“其”。

② “凌”，清乾隆曲阜孔氏刊本《戴氏遗书·水经注·汶水》作“陵”。

③ “绝”，清乾隆曲阜孔氏刊本《戴氏遗书·水经注·汶水》作“断”。

④ “麦丘”数句，清乾隆曲阜孔氏刊本《戴氏遗书·水经注·汶水》作“麦邱愚公，在齐，川谷犹传其名，不在鲁，盖志者之谬耳”。

⑤ “东”，清乾隆曲阜孔氏刊本《戴氏遗书·水经注·汶水》作“西”。

⑥ “奉”字后，清乾隆曲阜孔氏刊本《戴氏遗书·水经注·汶水》有“泰山之祀”四字。

在汶水南曲中。季札之聘上国也，丧子于嬴、博之间，即此处也。《从征记》曰：嬴县西六十里，有季札儿冢，冢圆，其高可隐也。前有石铭一所，汉末奉高令所立，无所述叙，标志而已。自昔恒蠲民户洒扫之，今不能然，碑石糜碎，靡有遗矣，唯趺存焉。

屈从县西南流。

汶出牟县故城西南阜下，俗谓之胡卢堆。《淮南子》曰：汶出弗其。高诱曰：山名也，或斯阜也。牟县故城在东北，古牟国也。春秋时，牟人朝鲁，故应劭曰：鲁附庸也。俗谓是水为牟汶也。又西南径奉高县故城，而西南流注于汶[①]。汶水又南，右合北汶[②]，水出分水溪，源与中川分水，东南流，径太山东，右天门下溪水[③]，水出太山天门下谷，东流。古者帝王升封，咸憩此水，水上往往有石窍存焉，盖古设舍所跨处也。马第伯书云：光武封太山，第伯从登，山去平地二十里，南向极望无不睹。其为高也，如视浮云。其峻（当有“也”字），石壁窅窱。仰视岩石松树，郁郁苍苍，如在云中。俯视溪谷碌碌，不可丈尺[④]。直上七十里天门，仰视天门，如从穴中视天矣（今《封禅仪记》曰：不可丈尺，遂至天门之下，仰视天门窔辽，如从穴中视天。直上七里，赖其羊肠逶迤，名曰环道。往往有絙索，可得而登也）。应劭《汉官仪》云：太山东南山顶，名曰日观者，鸡一鸣时，见日始欲出，长三丈许，故以名焉。其水自溪而东，浚波注壑，东南流径龟阴之田。龟山，在博县北一十五里，昔夫子伤政道之陵迟，故望山而怀操，故《琴操》有《龟山操》焉。山北即龟阴之田也。《春秋》：定公十年，齐人来归龟阴之田是也。又合环水，水出太山南溪，南流，历中阶两庙间[⑤]。

① “而”，清乾隆曲阜孔氏刊本《戴氏遗书·水经注·汶水》作“西”。
② “汶”字后，清乾隆曲阜孔氏刊本《戴氏遗书·水经注·汶水》有“水”。
③ “右”，清乾隆曲阜孔氏刊本《戴氏遗书·水经注·汶水》作“又合”。
④ “可”字后，谭属春《水经注》点校本、《泰山道里记》均有“见”字。
⑤ “阶”，清乾隆曲阜孔氏刊本《戴氏遗书·水经注·汶水》作“下”。

《从征记》曰：太山有下、中、上三庙，墙阙严整，庙中柏树夹两阶，大二十余围，盖汉武所植也。赤眉尝斫一树，见血而止，今斧创犹存。门阁三重，楼榭四所，三层坛一所，高丈余，广八尺。树前有大井，极香冷，异于凡水，不知何代所掘，不常浚渫，而水旱不减。库中有汉时故乐器，及神车、木偶，皆靡密巧丽。又有石勒建武十三年，永贵侯张余，上金马一匹，高二尺余，形制甚精。中庙去下庙五里，屋宇又崇丽于下庙，庙东西夹涧。上庙在山顶，即封禅处也。其水又屈而东流，入于汶水。又东南流，径南明堂下。汉武帝元封元年，封太山，降坐明堂于山之东北址。武帝以古处崄狭而不显也，欲治明堂于奉高旁，而未晓其制。济南人公王带上黄帝时明堂图，图中有一殿，四面无壁，以茅盖之，通水，圜宫垣为复道，上有楼，从西南入，名曰昆仑，天子从之入，以拜祀上帝焉。于是上令奉高作明堂于汶水，如带图也。古引水为壁雍处[①]，基渎存焉。世谓此水为石汶。《山海经》曰：环水出泰山，东流注于江，即此水也。环水又左入于汶水，汶水又西南流[②]，径徂来山西。山多松柏，《诗》所谓“徂来之松”也。《广雅》曰：道梓松也。《抱朴子》称，《玉策记》曰：千岁之松，中有物，或如青牛，或如青犬，或如人，皆寿万岁。又称天陵有偃盖之松也，所谓楼松也。鲁连子曰：松枞高千仞而无枝，非忧王室之无柱也。《尔雅》曰：松叶柏身曰枞。《邹山记》曰：徂崍山在梁甫、奉高、博三县界，犹有美松，亦曰尤崍之山也。赤眉渠帅樊崇所堡也，故崇自号“尤崍三老”矣。山东，巢父庙，山高十里，山下有陂水，方百许步，三道流注。一水东北沿溪而下，屈径县南，西北流入于汶。一水北流，历涧西流入于汶。一水南流，径阳关亭南。《春秋》：襄公十七年，逆臧纥自阳关者也。又西流入于汶水也。

① “壁”，清乾隆曲阜孔氏刊本《戴氏遗书·水经注·汶水》、谭属春《水经注》点校本俱作“辟”。

② “水”字后，清乾隆曲阜孔氏刊本《戴氏遗书·水经注·汶水》有“数川合注”四字。

过博县西北。

汶水南径博县故城东。《春秋》：哀公十一年，会吴伐博者也[①]，灌婴破田横于城下。屈从其城南西流，不在西北也。汶水又西南径龙乡故城南。《春秋》：成公二年，齐侯围龙，龙囚，顷公嬖人卢蒲就（《左传》作“卢蒲就魁”）杀而膊诸城上，齐侯亲鼓取龙者也。汉高帝八年，封谒者陈署为侯国。汶水又西南，径亭亭山东，黄帝所禅也。山有神庙，水上有石门，旧分水下溉处也。汶水又西南，径阳关故城西，本钜平县之阳关亭矣。《春秋》：襄公十七年，逆臧纥自阳关者矣。阳虎据之（旧本作“居之”）以叛，伐之，虎焚莱门而奔齐者也。汶水又南，左会淄水。水出太山梁父县东，西南流径菟裘城北。《春秋》：隐公十一年营之，公谓羽父曰：吾将归老焉。故《郡国志》曰：梁父有菟裘聚。淄水又径梁父县故城南，县北有梁父山。《开山图》曰：太山在左，亢父在右，亢父知生，梁甫主死。王者封太山，禅梁甫，故县取名焉。淄水又西南径柴县故城北。《地理志》曰：太山之属县也。世谓之柴汶矣。淄水又径郕北。汉高帝六年，封董渫为侯国。《春秋》：齐师围郕，郕人伐齐，饮马于斯水也。昔孔子行于郕之野，遇荣启期，于是衣鹿裘被发琴歌三乐之欢，夫子善其能宽矣（《列子》荣启期曰：天生万物，惟人为贵，吾得为人，一乐也。男女之别，男尊女卑，吾得为男，二乐也。人生有不见日月，不免襁褓者，吾行年九十矣，是三乐也）。淄水又西，径阳关城南，西流注于汶水。汶水又南，径钜平县故城东，而西南流。城东有鲁道，《诗》所谓“鲁道有荡，齐子由归”者也。今汶上夹水有文姜台。汶水又西南流，《诗》云“汶水滔滔”矣。《淮南子》曰：貉渡汶则死。天地之性，倚伏难寻，固不可以情理穷也。汶水又西南，径鲁国汶阳县北，王莽之汶亭也。县北有曲水池亭，《春秋》：桓公十二年，经书

① “伐博”，清乾隆曲阜孔氏刊本《戴氏遗书·水经注·汶水》作“伐齐取博”。

公会杞侯、莒子于曲池[①]。《左传》曰：平杞，莒也。故杜预曰：鲁国，汶阳县北，有曲水亭。汉章帝元和三年[②]，东巡泰山，立行宫于汶阳。执金吾耿恭屯城门于汶上，基堑存焉[③]，世谓之阙陵城也。汶水又西，径汶阳县故城北而注。

又西南，过蛇丘县南。

汶水又西，洸水注焉。又西，径蛇丘县南，县冶铸乡故城[④]。《春秋左传》：宣叔娶于铸者也。杜预曰：济北，蛇丘县所冶铸乡城者也。

又西南，过冈县北[⑤]。

《地理志》：乡[⑥]，故阐也，王莽更之曰柔也。应劭曰：《春秋》经书：齐人取讙及阐亭是也[⑦]。杜预《春秋释地》曰：阐，在冈县北，冈城东有一小亭，今冈县治，俗人又谓之关亭[⑧]。京相璠曰：冈县西四十里有阐亭，未知孰是。汶水又西，蛇水注之。水出县东北太山，西南流，径汶阳之田，齐所侵也。自汶之北，平畅极目，僖公以赐季友。蛇水又西南，径铸城西，《左传》所谓蛇渊囿也。故京相璠曰：今济北有蛇丘城，城下有水，鲁囿也，俗谓之浊须水，非矣。蛇水又西南，径夏晖城南，经书公会齐侯于下讙是也。今俗谓之夏晖城，盖《春秋左传》：桓公三年，公子翚如齐，齐侯送姜氏于下讙，非礼是也，世有夏晖之名矣。蛇水又西南入汶，汶水又西，沟水注之，水出东北马山，西南流径棘亭南。《春秋》：成公三年经书，秋，叔孙侨如帅师围棘。《左传》曰：取汶阳之田，棘不服，围之，南去汶水八十

---

① “子”字后，清乾隆曲阜孔氏刊本《戴氏遗书·水经注·汶水》有“盟”字。

② “三”，当为“二”之误。

③ 该句，谭属春《水经注》点校本作“屯于汶上，城门基堑存焉”。

④ “冶”，王国维《水经注》点校本、谭属春《水经注》点校本俱作“治”，下同。

⑤ “冈”，谭属春《水经注》点校本、清乾隆曲阜孔氏刊本《戴氏遗书·水经注·汶水》均作“刚”，下同。

⑥ “乡”，《汉书·地理志》作“刚”。

⑦ “阐”字后，谭属春《水经注》点校本有“今阐”二字。

⑧ “关”，清乾隆曲阜孔氏刊本《戴氏遗书·水经注·汶水》作“阐”。

里。又西南径遂城东。《地理志》曰：蛇丘隧乡，故隧国也。《春秋》：庄公十三年，齐灭遂而戍之者也。京相璠曰：隧在蛇丘东北十里。杜预亦以为然，然县东北无城，以拟之。今城在蛇丘西北，盖杜预传疑之非也。又西，径下讙城西而入汶水。汶水又西径春亭北，考古无春名，唯平陆县有崇阳亭，然是东去冈城四十里[①]，进（一作"推"）璠所注则符，并所未详也。

又西南，过平章县南[②]。

《地理志》曰：东平国，故梁也。景帝中和六年，别为济东国。武帝元鼎元年，为大河郡。宣帝甘露二年，为东平国。王莽之有盐城也。章县，案《世本》任姓之国也，齐人降章者也，故在无盐城东北五十里。汶水又西南，有泌水注之。水出肥县东北，自源西南流[③]，径肥城县故城南。乐正子春谓其弟子曰：子适齐过肥，肥有君子焉。左径句窳亭北。章帝元和二年，凤皇集肥城句窳亭，复其租而巡太山，即是亭也。泌水又西南，径富城县故城西，王莽之成富也（旧本作"城富"）。其水又西南流注于汶。汶水又西南径桃乡县故城西，王莽之鄣亭也。世以此为鄣城，非，盖因巨新之故目耳[④]。

又西南，过无盐县南，又西南过寿张县北，又西南至安民亭，入于济。

汶水自桃乡四分，当其派别之处，谓之四汶口。其左，二水双流，西南至无盐县之郈乡城南，鲁叔孙昭伯之故邑也[⑤]，祸及斗鸡矣[⑥]。《春秋左传》：定公十二年，叔孙氏堕郈。今其城无南面。汶水又西南，径东平陆县故城北，应劭曰：古厥也[⑦]，今有厥亭。汶水又西，径危山南，世谓之

---

① "是"字后，清乾隆曲阜孔氏刊本《戴氏遗书·水经注·汶水》有"亭"字。

② "过"字后，清乾隆曲阜孔氏刊本《戴氏遗书·水经注·汶水》有"东"字。

③ "自源"，清乾隆曲阜孔氏刊本《戴氏遗书·水经注·汶水》作"白原"。

④ "巨"，清乾隆曲阜孔氏刊本《戴氏遗书·水经注·汶水》作"亡"。

⑤ "鲁叔孙"，清乾隆曲阜孔氏刊本《戴氏遗书·水经注·汶水》作"郈"。

⑥ "及"，清乾隆曲阜孔氏刊本《戴氏遗书·水经注·汶水》作"起"。

⑦ "厥"字后，谭属春《水经注》点校本、清乾隆曲阜孔氏刊本《戴氏遗书·水经注·汶水》均有"国"字。

龙山也。《汉书·五行志》曰[①]：哀帝时，无盐危山土自起，覆草如驰道状。又瓠山石转立。晋灼曰：《汉注》作报山，山胁石一丈（《汉书》作“一枚”），转侧起立，高九尺六寸，旁行一丈，高（《汉书》作“广”）四尺。东平王云及后谒自之石所，祭治石象，报山立石，束倍草，并祠之。建平三年，息夫躬告之[②]，王自杀后谒弃市，国除。《汉书》：石立，宣帝起之象也[③]。汶水又西，合为一水，西南入茂都淀。淀，陂水之异名也。淀水西南出，谓之巨野沟。又西南，径致密城南。《郡国志》曰：须昌县有致密城，古中都城，即夫子所宰之邑也。制养生送死之节，长幼男女之礼，路不拾遗，器不雕伪矣。巨野沟又西南入桓公河北，水西出淀，谓之臣（一作“巨”）。良水，西南径致密城北，西南流，注洪渎。次一汶，西径郈亭北，又西至寿张故城东，遂为泽渚。初平三年，曹公击黄巾于寿张东，鲍信战死于此。其右一汶，西流，径无盐县之故城南，旧宿国也。齐宣后之故邑，所谓无盐丑女也。汉武帝元朔四年，封城阳，其王子刘庆为东平侯，即此邑也。王莽更名之曰有盐亭。汶水又西，径洽乡城南。《地里志》曰：所谓无盐有洽乡者也。汶水西南流，径寿张县故城北，《春秋》之良县也。县有寿聚，汉曰寿良。应劭曰：世祖叔母名良[④]，故光武改曰寿张也。建武十五年，世祖封樊宏为侯国。汶水又西南，长直沟水注之，水出须昌城东北谷阳山，南径须昌城东，又南，漆沟水注焉。水出无盐城东北五里阜山下，西径无盐县故城北，水侧有东平宪王苍冢，碑阙存焉。元和三年[⑤]，章帝幸东平，祀以太牢，亲拜祠坐，赐御剑于陵前。其水又西流，注长直沟。沟水奇分为二，一水西径须昌城南入浦，一水南流注于汶。汶水又西流入浦，

① “《汉书·五行志》”，当为“《汉书·宣元六王传》”之误。

② “躬”字后，《汉书·宣元六王传》有“孙宠等共因幸臣董贤之”十字。

③ “象”，《汉书·宣元六王传》作“表”。

④ “叔母”当为“叔父”，据“《后汉书·宗室四王三侯列传第四》光武帝叔父赵孝王名良”改。

⑤ “三”，当为“二”。

故《淮南子》曰：汶出弗其，西流合浦（今《淮南子》云：汶出弗其，流合于济）。高诱云：弗其，山名，在朱虚县东。余案：诱说，是乃东汶，非《经》所谓入沸者也，盖其误证耳。

读史方舆纪要

〔明〕顾祖禹

汶水，出济南府泰安州莱芜县东北七十二里原山之南，《水经》所谓北汶也。又有汶水出县东南寨子村，俱流经州东南徂来山阳。又一源出岳北仙台岭，会诸山谷之水①，经州东四十里，曰堑汶。西南流经徂来山之阴，又南流三十里，曰大汶口，而与莱芜之汶水合流（又有小汶水，在新泰县东北三十里，出泰山之龙池。西南流百余里，亦合于汶水）。自州西南流经宁阳县北堽城坝，分二流，其正流西经平阴县南，过东平州界，又西南流至汶上县东北，合白马湖、鹅湖诸水②，凡八十里，入南旺湖。南北分流为分水闸，即今会通河也。支流为洸河，自宁阳县西南，流达兖州府城西，合沂、泗二水，凡百余里，至济宁州南，天井闸东，合于分水。南流之汶，亦运道所经也。《运河记》：汶水自泰安州，经宁阳、汶上县界，又西至东平州，注济水，此故道也。元宪宗七年，济倅毕辅国，始于汶阴堽城之左作斗门一，遏汶南流，至任城，合泗水，以饷宿、蕲戍边之众，谓之引汶入泗。而汶始南通于泗。至元二十年③，以江淮水运不通，自任城开渠，达于须城安山，为一闸于奉符（即堽城闸，时宁阳县废，其地属奉符县也），以导汶入洸；为一闸于兖州（今府城东，金口闸是也），以导泗、沂会洸；合而至会源闸，南北分流。二十六年，又用寿张尹韩仲晖等言④，复

① 该句前，《读史方舆纪要》卷三十有“岭”字。
② “湖”，《读史方舆纪要》卷三十作“河”。
③ “元”字后，《读史方舆纪要》卷三十有“间”字。
④ “等”，《读史方舆纪要》卷三十无此字。

自安山西开河，由寿张西北至临清，直属卫漳[①]，谓之引汶绝济，而汶始北通于漳。国朝永乐九年，时以北京为行在，济宁州同知潘叔正言：故会通河四百五十余里，其污者三之一，可浚之，以通漕。乃命廷臣宋礼等往治，筑坝于东平州之戴村，横亘五里，遏汶水西南流，令尽出于南旺（见汶上县），至分水龙王庙，分为二支，四分南流以接徐沛，六分北流以接临清。盖运河之源委，全藉汶河也。《禹贡》：浮于汶，达于济。《诗》：汶水洋洋[②]。《史记·河渠书》：泰山下引汶水，穿渠溉田万余顷，汶水之为大川，由来旧矣。

① “由寿张西北至临清，直属卫漳”句，《读史方舆纪要》卷三十作“由寿张西北属卫漳”。
② “洋洋”，《诗经·齐风·载驱》作“汤汤”。

岱览卷第二十二

附览三（卷二十二）

徂徕山图

徂徕山

太平顶　万松岭　贵人峰　礤石峪　清风岭　三岭崮　风门口

薤山　映佛岩　竹溪　悬珠山　他山　芍药峪　紫源池　长春岭

中军嶂　玲珑山　角山　攒石崮　嵝岣山　总论

徂徕山

徂来山，在泰山东南四十里，一名尤崃。《水经注》引《邹山记》云：山在梁父、奉高、博三县界。赤眉渠帅樊崇所堡，故崇自号尤崃三老。《后汉书》：桓帝延熹四年，博尤来山判解。山，专属博。后魏《地形志》：太山郡梁父县，有徂来山，在北。《舆地广记》：唐省梁父入博城。《元和郡国志》云：在兖州乾封县。《元丰·九域志》：兖州奉符县，有徂来山。元、明属泰安州，今隶泰安县。其东北稍连莱芜，东接新泰耳。《纪胜》云：徂徕居群山之中，祖泰岱，昆新甫，金斗、青云、石门、九仙，子孙俨列；凤仙[①]、笔峰[②]、东蒙、金牛，迭为宾主[③]。双汶络其西背，汇于西南，如带结于襟。峰峦嵯峨[④]，星体具备，四面开嶂，砂水相缪。龙脉自泰山傲来而下，为金牛、龙山蜿蜒东注，由水音堂逾汶，盘结于此。周百六十里[⑤]，由巽掠震，过女智崮[⑥]，入礤石峪，进若卷荷，退若剥蕉，逾西溪溯流而北，山形始畅，另辟洞天。由山腹趋二圣宫，洞壑嶙峋，不通屐齿，或垒石表其往来之向。跨三岭崮而北，下深谷而西[⑦]，出二圣宫之背[⑧]，如颖脱囊底外[⑨]。有转珠山当谷口，关阑严密，闷然风迴水渟矣。

距太平顶三十里为徂来绝巅。西南十六峪，从太平顶落脉，正对汶水，与东北赵州庵[⑩]，据山之坤、艮，为两别谷。《蒙阴县志》云：脉当自泰山左

① “凤仙”，《泰山纪胜·徂徕山》作“尼防”。

② “笔峰”，《泰山纪胜·徂徕山》作“括苍”。

③ “迭”，《泰山纪胜·徂徕山》作“遥”。

④ 该句前，《泰山纪胜·徂徕山》有“山”字。

⑤ 该句前，《泰山纪胜·徂徕山》有“山”字。

⑥ 《泰山纪胜·徂徕山》无此句。

⑦ “谷”，《泰山纪胜·徂徕山》作“峪”。

⑧ “宫”，《泰山纪胜·徂徕山》无此字。

⑨ “外”，《泰山纪胜·徂徕山》无此字。

⑩ 该句后，《泰山纪胜·徂徕山》有“遥相呼应”四字。

卫络绎而来，为莱芜之原山、新泰之新甫、冠山。西折入泰安境，而为徂来。大小汶夹之西流，至西麓交会。山水脉络，显然可见。安有山自西而东，水反自东而西者乎？与孔说左。盖本之《山东通志》也。或曰：山名有往来之义，孔说为长，精形家言者，必能辨之。兹特胪列山顶及阴阳四隅，如纪岱之例而从略焉，以明主臣之分云尔。

徂来极巅，亦曰：太平顶。两岩相嵌，西巅颇平，上故有感应侯祠。金明昌元年，封山神为护国感应侯。今祠基无存。徂来广袤如一，太平顶居中独高，四山环之。《水经注》所云：山高十里也。西岩紫霞洞，贯受夕阳，攒红散紫，下为李源砦。泉流泚沸，曰：自来泉。

王野人诗刻

〔元〕

文曰：徂来山下是吾家，吸露嘘风卧紫霞。

几百年来无个事，朝朝坐对老松花。

翠满竹溪云满山，晨钟暮鼓叠烟环。

天光一线开丹嶂，独坐松篁杳霭间。

王野人笔，至正二十五年八月十四日，留题感应侯祠。

《泰山金石考》云：感应祠故址，巨石屹立，隐隐有字形，为苔藓所蔽，刮涤斑垢，行书，甚古致，殆王希夷笔也。至正下十七字，楷书差小。径蹊危绝，游人罕有至者，故不显。案：希夷，唐隐士，详后野人洞，此盖叶笔。

聂贞题名

〔明〕

文曰：永乐十五年仲冬，徂阴聂贞览。

右，真书，勒诗刻旁。

顶南为万松岭，距顶十里，《诗》所谓徂来之松也。然亦仅有存者，不能万也。下有石屋，中洌甘泉。又南八里，为澹崖，羊公河出焉。河逶折西南流，经羊祜厅北，又西南注于小汶。

顶东南，为贵人峰，卓然云表，有秉圭执璧之容，秀骨天成。诸峰若为环卫，望而知非凡品也。泰山之丈人，徂来之贵人，皆以人视山，而德分攸分矣。其西有于仙葬衣冠冢。于仙者，明汶上道士于蚖虚也。《纪事》云：万历间辟室隐仙观，栖神玄默，寿八十。尸解后一月，有路某遇之汶上，赤一足，携一履，云将往南京。先是，宁阳徐梦觉、徐斐然十余人，自南海归，路由金陵，见蚖虚市中，与语移时，及旋里，闻蚖虚已卒。计在南京之日，即遇于汶上之次日也。峰南二里，有隐仙观、礤石峪，皆在小普陀岩。

纪一则

〔国朝〕赵国麟

遥望贵人峰，孤秀刺天，上下如削。西剡其首，有同半圭，戏谓诸子曰：此贵人乃王钦若，戴侧注冠，闭门修斋者也。不然，胡不吾儒是孕毓，而乃钟灵琳宫仙侣耶！众为大笑。及抵峰下，云端一柱，几欲擎天，定有仙人琼馆，设青精石乳以待，但不能化猱玃，腾身直上耳。

小普陀岩东，为礤石峪，其南为隐仙观。园椒秀岑，中藏精舍。《水经注》：山东有巢父庙，其隐仙所由名乎。今祀吕纯阳。迤东为玉帝阁，石栏出树杪。北为三清殿，观门外竹木夹径，春宜桃杏丁香，夏宜朱樱安榴，秋宜君迁木瓜，冬宜蜡梅冬青，莫不饶产。观东侧悬室倚崖，枕流错石，涧泉绕出其南，跨涧为桥，曰：隔尘。《纪胜》所谓殿宇隐松楸之中，溪流藏藤葛之下也。西南二里，为桃花峪，溪流春泛，落英缤纷。迤南为升仙台，峙嵤拱观。观东为陈抟睡处。其北为炼丹石屋，皆天生石洞、石门、石床、石枕、石炷、石鼎、石炉，云徒羽客，往往栖心托迹矣。礤石峪在石屋东，石陂广数亩，悬岩飞瀑，溅沫跳珠，据全山之胜景。《纪胜》云：林木葱郁，溪水淙灇。因势导为鱼沼莲塘，灌园种竹，随处皆宜，过者有桃源元圃之目。水西南流，至观南，与西涧合流，绕天平前寨，又西南注羊公河。

王天定题识

〔元〕

文曰：磐溪·徂阳□□旷□有贵人峰、清风顶、石室、桃花峪诸奇，双流交会，大书曰磐溪□绝观。□时□□己酉五月，王天定识。

右，并真书，勒礤石峪壁间，今残缺。旧以己酉为至大二年，当是定宗崩后之次年也。

徂来礤石峪赡田碑

〔国朝〕

右，赵国麟撰书，康熙五十三年，勒隐仙观前，杂篆、隶、真三体。

游徂来山记碑

右，成城撰，真书，乾隆二十四年十月，勒隔尘桥北。

隐仙观题勒

文曰：徂来第一。桃源深处（赵国麟并真书）。

石屋题勒

文曰：炼丹炉（赵国麟真书）。

礤石峪

〔国朝〕徐德谦

苍黄变丛树，殿阁出峥嵘。仰面孤峰插，回头嶂叠更。马登岩险径，人到石梁平。山犬当关起，唁唁吠履声。

宿隐仙观西堂①

行李投崖畔，云根迫近床。四山寒叶响，一枕急流凉。客思清如许，秋宵永不妨。鸡声惊晓梦，历历出松篁。

记一则

〔国朝〕赵国麟

出观门外②，西溪流水从大石下，引过门左，穿竹根浸灌畦圃③。由圃东上岭，游陈抟酣睡处。侧身而入为门，直身而上为洞④，鞠身而登为楼，转身而临为台，耸身而上，直凌其顶为峰。皆大石磊磊，自相倚著，疑有巨灵负而叠之。循岭北半里许，为炼丹炉，石更大于陈抟睡处。夏屋轩广⑤，中有天然丹灶。东有诸峰，轩轩霞举，皆具飞升之势。惜未携葫芦来，由醉乡入睡乡，一尝希夷黑甜滋味。作半日洞中仙，当不知人间世，黄粱几熟矣。

隐仙观南二里，为清风岭，高可却暑。下为卧石山，《近游草》谓之叱羊山。奇石络绎，自巅及趾，如羊数百群。西三里，为天平前寨，赤眉所堡即此。地极畅衍，累石为台，基址尤存。

---

① 该句后，清金棨《泰山志·支山志》有“记”字。

② “观”，朱孝纯《泰山图志·艺文》无此字。

③ “灌”字后，朱孝纯《泰山图志·艺文》有“蔬”字；该句后有“外古树弥望，黄叶半脱，微间丹碧”句。

④ “上”，朱孝纯《泰山图志·艺文》作“立”。

⑤ 该句，朱孝纯《泰山图志·艺文》作“渠渠夏屋，深广轩豁”。

天平前寨西南为三岭崮，一名三台山。突兀鼎峙，黔丽入云。若勒水军，横截谷口。皆玄常①、玄旗、黑甲、乌羽之矰，望之如墨。北岩曰独秀峰，奇郁孤标，函三为一。上为九龙宫，中为玉皇庙，明崇祯间重修。其下亦有感应侯祠，圮，松柏存焉。东六里为女智崮，一峰锐削，黮黰稽天，亦无为军蓝本也。而群山四断，突绝徂阳，直如先驱，奋勇夺势，坚不可撼。

李白题崖

〔唐〕

文曰：独秀峰。

右，真书，勒三岭崮北，相传为李青莲笔。

石震题名

〔金〕

文曰：徂来居士石震过独秀峰，览太白遗刻有感，题识于后。婿党怀英偕行。庚寅长至日。

右，真书，勒独秀峰北崖。庚寅，盖大定十年也。

独秀峰

〔明〕萧协中

徂来山翠郁回盘，望里孤峰秀可餐。迥出断烟撑日月，高标清汉插阑干。亭亭每作芙蓉态，挺挺时将拄笏看。到此游人偏著眼②，漫题名姓附岩峦。

---

① “常”，疑为“裳”之误。

② “偏”，清金棨《泰山志》作“遍”。

贵人峰东四里为风门口，双崖为门，水出其间，曰西别谷。东南里许，有钓鱼台、玉梁湾，石可垂钓，水有横杠也。东南三里为崨山，连延崨嶭。其南朱樱夹岸，曰樱桃园。东二里为演马岭，广可驰骑。下有飞湍，东别谷出焉。西南流五里与西别谷合，南注小汶。岭上旧有赵州庵，仅存吕仙阁。中为北斗殿，俗呼团瓢。下为三皇庙，人称徂徕七十二观寺，此其尤者。而野树疏罗，荒亭颓刹，徒增今昔之感。南五里为寨山，峭石为藩，岩栖者之险固也。

薤山，在寨山东八里，下为兰溪，水如柳汁。东南流过镇里村，西南入小汶。其上有光化禅寺，创于元魏，宋祥符年赐号崇庆。元初，时节度珍重修。成城《记》云：寺当山奥，左右两峰如抱。前望诸山，如翠屏遥列。寺后有泉，由山径引入庭院，瀰瀰循除鸣。东南里许，巨石如数屋，南壁有北齐王子椿隶书《大般若经》，字径五寸。东壁亦有字。薤山东北有大悲庵，在圆瓦崖。

大般若经石刻

〔北齐〕

右刻，八分书，文多剥蚀，仅存“曰空有无”十余字，隐隐可辨。后书冠军将军梁父县令王子椿，余犹有数“道”字及“僧真造”诸字。

佛号石刻

右刻，八分书，在般若经石刻东面，其“弥勒佛、阿弥陀佛、观世音菩萨、大空王佛”字尚完好。后有“中正胡宾武平元年”八字。武平改元，北齐后主纬之天统六年，庚寅岁也。

重修光化寺碑

〔元〕

文曰：重修光化禅寺之记。

宣差东平路万户总管府掌书记益津高翿书丹并篆额。

徂徕光化寺者，其来远矣。始创基于后魏，至隋朝而有光化之名。唐有天下，三百余年，衣钵相传，宗派不泯。继以五代之乱，寺从而废。赵宋开国，迨及祥符七年，复赐号崇庆，而与明孔山之灵岩相为甲乙。无何，贞祐之变，殿宇堂庑尽为灰烬，靡有孑遗。呜呼！名山胜概，福田善境，何难成易坏也。如此，盖废者兴之本，盛者衰之因，此物理之常，自然之道也。

我左副元帅，前泰定军节度使时侯，当纷拏之际，卜寨天保，以忠诚义气，力戡大难，保完老幼。事甫底定，又以凶荒饿馑为先备之计，务劝课农桑，使民力本，积劳累功，衣食粗足。时侯意谓，向时大兵之下，我一方生齿不冒矢石，不入汤火，不转沟壑，岂非吾乡中有善人大君子，素积德行，有以感之者邪？不然，何皇天眷佑如此之重也。若不革心惕虑，力行忠信诚悫，焉能应之。眷我光化名刹，真种福香火之宫，不得具眼目人，殆能劝善宏教。遂敦请晖公长老住持，载振瀚音，行缘未尽，以老退堂。方法嗣高弟味□重继祖镫，公以谦退避，游沂水，久而不还。时侯虚法席，使为善耆老士庶，无所归依。复遣人致书远迎，公不能拒，振锡而来。遂夷荒划秽，支倾起废，意在兴崇。

袭爵节度使时侯政暇之日，命仆来访方丈。参礼之余，四顾寺基，周览形势。又见作新法堂，僧众谨严。顾谓仆曰：大人元帅节使致仕休闲，堂下受戒，经营此地，无一日暂忘。金碧之像，力犹未到。尚冀年登，民有余力，以为后图。大人之心与味公之心一也。又语仆曰：父有德，子不述，非孝也。人有善，外不称，非忠也。敢屈雅意，序其行事，可乎？仆恭诺承命，谨采摭始终之迹，刻诸琬□，用劝来者。大矣哉！如来之教！

遍满三千大千世界，乃散在一切诸有含生之类。如来闵念众生，皆有本来之性。为阎浮洲中有大点巨奸六贼，往来纵恣，诳诞众生，造诸妄缘乱想，使迷执不归。如来是故喻之以善恶，明之以因果。恐未悟，复诱以天堂，晓以地狱，为善必升，为恶必堕。谆谆切切，唯恐一物之失，乃至劫火焚烧，非法雨无以息业风；苦海沉溺，非慈航不能济骇浪。噫嘻！非如来大慈悲功德不可思议，尚谁能极于此力乎。其无生之理，唯了心见性者得之。仆以固陋无学，安敢以胸臆妄论之矣。

岁次丙午夏四月有六日，前进士益津高诩记。

武略将军、都巡检段钦，军民副弹压、提控薛寰，武略将军，总领军民都弹压夏进，详义官郑居常，宣武将军、兵马都总领、兖州观察判官时遇，镇国上将军、承袭泰安军节度使时宥立石。楚太刊。

右碑，连额高六尺，广二尺八寸，额篆仝题，八字四行，字径四寸。文二十行，行五十字，字径八分，八分书。在寺内壁间，东南向。考《元史·地理志》，兖州金改泰定军，元初复为兖州。节度使之官，元初已易。此碑时宥犹仍金制，自是蒙古草创之时。丙午为定宗即位之元年，其时尚未建国号年号，故但书甲子也。

宿光化寺

〔国朝〕成城

山近失浓翠，精庐返照明。到门千树合，过涧一僧迎。水石澄寒色，松风起梵声。此时尘鞅客，心迹亦双清。

映佛岩，在圆瓦崖东南三里，壁高丈余。勒隶书“般若波罗密经，冠军将军梁父县令王子椿”十七字。下方宽平若台，勒经文，字径尺及七八寸不等，盖因石为之。东一里为黑山，松山在黑山东五里，层松茂柏，倾岑荫渚，有松岩洞。东南一里为需蒙山，常有兴云作雨之势。其山两穴可通，曰需蒙洞。又南里许，为两埠山，两山对峙如岸。

般若波罗蜜经石刻

〔北齐〕

文可识者："文殊师利曰：佛言世尊何故名般若波罗蜜？佛言般若波罗密无□无□无名无相非□□无皈依无洲□无□无福无□无□如凡界无古今□亦无（缺三十二字）普忆武平元年僧斋大众造。"后有四字，类押状，不可识。

顶西南为竹溪，在乳山下，丰峦擎突，林藿绵蒙，旧饶竹。溪水绕出山阳而西注。金安升卿勒"竹溪佳境"于岩，字径尺。其下二圣宫，即六逸遗址也。六逸者，唐开宝间孔巢父、李白、韩准、裴政、陶沔、张叔明隐此，号"竹溪六逸"。二圣宫祀孔子、老聃，创于元初时珍。后增建玉皇阁、王母殿、三清殿，今堂圮。三清殿侧贫乐岩，元人鹿善森茂之，以儒隐于黄冠之所。由岩折而北，为演易斋，许衡避世居此，得王辅嗣易演之，扁其室曰：鲁斋。后人识其芳躅焉。稍西北，石洞南辟，仅容五六人，赵国麟颜曰：箪瓢。乳山西二里，旧有毛姑庵。元初，毛女冠居此修持，既化，时宥为表其墓，因称其地为毛媪谷，曰毛老谷，误也。乳山北为响水河，汇诸谷水澎湃西导，曰：日新池。南达毛媪谷，过茅茨村南，西入大汶。《水经注》云：山下有陂水，方百许步，三道流注。盖谓此也。

二圣堂碑

〔元〕

文曰：贫乐岩二圣碑记。

宣圣五十一世孙袭封衍圣公孔元措篆额，宣差东平路万户总管府掌书记益津高翿书丹。

盖闻大道混冥，老氏□以启其□，异端□□，孔子□以行其说，乃立言垂训，广大悉备，包含万类，一以贯之，为无穷不朽之教，永作成法，大矣哉！非二圣人者出，其孰能兴之。故老氏以道德□□□□有三：究元气之祖者，则曰：有物浑成，先天地生，寂兮廖兮，独立而不□，□行而不殆，可以□天下母。又曰：道生一，一生二，二生三，三□□□□焉□□□之术者，则曰道。常无为而无不为，□□□□守万物将自化。又曰：我无为而民自化，我无事而民自当，我好静而民自正，我无欲而民自□。立修身之旨者，则曰：明道若昧，进□□□，为道日损，知足不辱，知止不殆。戒以刚强，守之柔弱。此道德发用之余蕴，而元妙之大，无有□□，□万世无老氏道几于息矣。夫孔子之道，尧、舜、禹、汤、文、武、周公之道也。故祖述宪章，发明盛德，大业流风，善政美化，嘉泽至□□美□试□□□□□□于六经之中，灿然靡所不载。是知孔子之德，为人伦之标准，作王道之纪纲。用之久治，□之□□，诚百王不易之道。世□□□□□□□道，天地也，日月也，无得而名焉。呜呼！三代而下，乱国相继，正道不行，是犹天地不能无否，忽泰则□；日月不能无晦，忽开则明。圣人之道□□□□□□则亨。故老子之教，塞于周秦，而见于汉之文景，崇于两晋，盛于有唐。孔子之道厄于□□□□于大汉，又昏于魏晋，久息于宋、齐、梁、陈、隋，□□□唐则大振。吾二圣人之教，俱伸于此时，一谥帝号，一册王爵，天下万事之公论定焉。愚故曰：为无穷不朽之教者，此其效欤。厥后游圣人之门，宗□其道者，世有其人。今我鹿公先生近之矣。公北豳襄溪人，善森其名，茂之其字也。素业儒书，尤深于《易》。仆□向日从事环庆，得识眉宇。兵乱之后，垂五十余载，今□复与公相会，公语仆曰：善森先师同里铁李真人，师事□□□□子郭凤仙几三十年，得诀了悟。真人未尝读书，经史之言，问无不知。或□□□时数处应请。一日，善森与二三友人，讲《易》于刘氏宅，真人忽至，□谓众人曰：大易神变不测，岂庸俗能探赜幽□乎？□□元旨一坐倾听，从来未之闻也。复谓善森曰：以尔学道，若不屏聪蔽明，黜华□□，□□□于今之世矣。因感悟斯言，它日断发毁形，敬□师前叩头请教。乃锡旨训曰：戒之、戒之，道以德为本，德以孝为基，尔终亲□□□□。善森□□母以寿终老，虽屡涉艰险，常惕□□，不忘初□。岁在癸巳，来寓钜平，后改蔀徂徕，不悔入道之晚，务在力行。语既，仆服膺此言，以□其事公□□□指语默动静，无非道也。公□□孔子□□□□老氏之教。又谓昔者，孔子适周，问礼于老氏，以尊先进，因立二像于一堂，□□□□并坐□□友徒□□□瞻礼。可谓不负所学，而知所□□□。

尝读后汉文，见孔文举幼谒李膺之言而曰：先君孔子，与君之先人李老君，同□□义而相师友，融与□累世通家焉。□于□□又知孔、老以圣接圣，同时行教，其名虽殊，理则一也。此公之作堂本意岂私也哉！

泰定军节度使时侯父子，崇信教□□□下□德望□若公之志行，宜其见重。仆忝于公有旧，因拜圣容，礼成而后，不能无言。谨取公始终出入之义，及公□□行迹，□□之言，以序而□之，用刻贞珉，□之久远。休哉！风化之行，使为儒为道者，皆敦朴忠信之人，公之力也。其尊师重道，护持名教，为牧民司事之本者，又见时侯贤父子之功德宏大，默膺荫祐，谅不浅矣。

前进士益津高诩记，岁次丙午夏四月庚申朔四日癸亥，镇国上将军、左副元帅、前泰安军节度使兼兖州管内观察使、陇西郡开国侯、食邑一千户致仕时珍，袭爵男时宥立石。

右碑，连额高六尺，广二尺八寸。额篆“贫乐岩二圣堂之记”，字径三寸。文二十四行，行五十五字，字径九分，八分书。勒岩前，南向。《泰山金石考》云：孔元措在蒙古太宗时袭封，丙午乃定宗贵由元年，诸志皆云大德十年，误。

王天定题识

文曰：许鲁斋读书处。岁己酉夏五泰山后学王天定谨识。

右并真书，勒乳山下。

贫乐岩铭

右中统元年七月杜仁杰撰，严忠范真书，勒岩上，文多缺损。

山岩题勒

文曰：贫乐岩（篆勒岩石）。演易斋（篆勒贫乐岩左山下，皆失名）。

送韩准、裴政、孔巢父还山

〔唐〕李白

猎客张兔罝，不能挂龙虎。所以青云人，高歌在岩户。
韩生信英彦，裴子含清真。孔侯复秀出，俱与云霞亲。
峻节凌远松，同衾卧盘石。斧冰漱寒泉，三子同二屐。
时时或乘兴，往往云无心。出山揖牧伯，长啸轻衣簪。
昨宵梦里还，云弄竹溪月。今晨鲁东门，帐饮与君别。
雪崖滑去马，萝径迷归人。相思若烟草，历乱天冬春。

题竹溪六逸图

〔明〕邱璿

徂来之山竹满溪，溪中流水清漪漪。
昔人已往不可见，至今陈迹犹依稀。
酣歌狂饮者六子，就中最豪孔与李。
为龙为蛇谁豫知，白也逃生巢父死。

竹溪怀古

〔国朝〕尹乐孔

徂来山色好，苍秀满林邱。
劲节寒柯耸，澄心碧浪流。

眼中空海岱，天外寄蜉蝣。

六逸草堂在，高风千古留。

记一则

赵国麟

由毛老谷小溪而北，两山渐狭，大石障其前，几无所见。从石东转上[①]，忽现一境，青松红树，参差上下。依山为阁，茅屋数椽，从篁绕之。门前石梁横亘，流水潺湲。其上一幅王摩诘、董北苑图画，昔见其似，今睹其真。渡石梁，至阁下，遥瞻阁上两像并坐，东为老子，西为孔子，此二圣宫所由名也。坐老聃于左，岂惑于史迁问礼之说欤？抑尊神道尚右之说与？吾姑未暇辨，谨拜于西偏，以明惟知有吾孔子而已矣。由阁东拾级而上，为三清殿。其下贫乐岩[②]，为元鹿茂之隐居处[③]。杜仁杰撰铭碑[④]，碎为十余段。道士作乱石砌屋壁，残剥不可读。人生非金石，安得长寿？考此碑，才四百年已如此。彼杜元凯岘山之上，大江之下，真痴想耳！然则，金石亦不足恃，而人固有寿于金石者。所谓不藉器而存，不随形而尽。此固吾夫子所不言，而老氏道德五千言之宗旨也。隐士当年，其有见于此不？

乳山西十里，为悬珠山。有石，圆广数丈，倚缀东岩，牵藤络葛。望之，恒有落势。康熙间高卧云沙居此，立卧云庵，圮。山之枝峰，迭嶂蜿蟺腾拏，曰：九龙岭。其下为八道沟，众流分坞，云木冥缅，酾为十六峪，或云石溜峪。汇为浆池，随地涌波如蠢浆也。南流会响水河。悬珠山西三里，为药山，林馨泉盎，有聚泉庵，俗称大庵。西五里为北顶，亦有仁祠。

---

① 该句前，朱孝纯《泰山图志·艺文》有“下骑步行”句。

② “下”字后，朱孝纯《泰山图志·艺文》有“为”字。

③ “元”字后，朱孝纯《泰山图志·艺文》有“人”字。

④ 该句前，朱孝纯《泰山图志·艺文》有“鹿以儒隐于黄冠”句。

明弘治间僧文原重建，州人徐鉴记之。又西为广长岭，为团山。

团山，在广长岭西五里，岩崿四围，樵蹊纡折。其巅有古四禅寺，北齐河清二年建，金大定二年奉敕重建，赐额：法云。僧法润、福灯相继住持。元至元间，高峰禅师重修。乾隆三十四年七月四日大雨，山裂，泉横溢，寺基荡然。山南为上峪，水西流，曰沧浪沟。中一石屹特，曰晒缨台。又西南入大汶。西南里所为望山，言望而难即也。有石屋，曰老君洞。

四禅寺牒记碑

〔金〕

上层文曰：尚书礼部牒·尚书礼部牒·泰安军奉符县天封寺僧法润、东平府普照寺受业僧普汶、太平镇庆成院受业僧义政，状告见住本□□□□□□□四禅庵。本庵房屋系五十间，已上自来别无名额。依奉上畔，已经本军军资库纳讫，合有钱数，乞立寺额，须至给赐者，牒奉敕可，特赐法云禅寺，牒至准敕，故牒，大定二年二月□□令史向升（押），主事安（押）、中宪大夫行员外郎李（无押），宣威将军郎中耶律（无押），侍郎、正奉大夫、礼部尚书、兼翰林学士承旨、知制诰修国史王（押）。

下层文曰：徂徕山之西路有寺基，相传曰古四禅寺。数代老宿结庵居之，仅就绪矣。大定二年冬，有住持法润等，经官纳钱，赐额法云。（缺五字）檀越乃命福灯（缺五字）窃见形势峻侧，山水冲注，难以修盖（缺十字）故址瓦砾犹在，因欲兴见，遂具状告官，许令移徙今所建之地（缺十七字）恐后（缺三字）不知其由，谨将寺敕勒诸贞石，为远久之传云。时大定岁次壬辰庚戌月甲午日纪。

南王村维那首韩□、耿法林、蒋法莹、韩友、韩通、蒋竹、杨宥、皇明常，西朱村维那首张明宽、高法元、毕政、王琮、张清、任成、□仙，东莱马□书。劝缘住持沙门福灯立石，西王□木匠王真、石匠王永模刊。

右碑，高二尺七寸，广二尺四寸。作二层，上层敕牒有礼部衔二列，一真书，字径二寸；一行书微小，敕牒三列，行书字径二寸，惟奉敕字独大。泰安军一段及年月下姓名，皆真书，字径五分。其用印处有三印，径二寸，篆文曰：尚书礼部之印。后三衔，字径一寸五分。末行字阔二寸四分，甚扁。下层记文三十行，行十一字，字径五分，皆真书。碑立寺中，今与寺俱佚矣，此从旧拓本录之。

望山南五里为他山，断而复起，埼岸前横，白莲泉发源。其西南有谷积山，圆锐若堆粟。泉经其南，西南流，其经流曰顺河，入大汶。泉源北羊栏村，有法云禅寺，僧福灯建。其南曰独山，一峰特起，回拱梵宇，泉泠泠然，濬为池。盖岩峦交荫涧壑，怀烟浮响，亦祇洹之幽境矣。

重修法云寺碑

〔金〕

文曰：重修法云禅寺之记[①]。

徂徕山南羊栏村，有四禅寺废基。石佛、断碑尚存，创建于北齐河清二年。今有僧福灯者，兖州曲阜人也，俗姓屈氏，爰从妙龄，慕善出家，为童行。时云游济南，投开元寺普贤院。安居日久，礼僧赐紫真教大师善慧为门人，受业披剃。厥后，出入起居，事师之礼，□罔不循。一日语福灯曰：人能宏道，非道宏人。佛道至妙，苟非我辈，孰能阐扬？汝其念之，当择有缘之地，以回胜事。他日，福灯飞锡北来，故照此所有大因缘，与僧法润等，结庵上峪。或迎送约束，或求化僧储，往来维行斯地。观其四禅古迹，未尝不恻然动怀。屡见檀越，高年硕德，具说修建之意，翕然喜从。有西朱村《华严经》藏主张明宽，南王村韩法圆，俱受五戒，自后酒肉荤腥，特不濡唇。二公同志悦清静、慕山林，凡百正己，惠贫放物，仁义兼行，为里人所重。举事推诚，住持僧福灯坚请明宽等为□首，虽义不获，

① “之”，清金棨《泰山志》无此字。

已退省毕抑[1]，不惟不敢自擅，亦叹独力不暇给也。遂专见众村耆艾，说其修建缘事，靡不允合。即约同陪入山，临四禅古基之次，□徨周览[2]。少顷，灯公谓诸公曰：此废败之地，不可荐修寺宇，当别卜善地而兴创之。佥曰：然。于是，去古基北数百步间，选地数亩，形势爽垲，宜建佛宫之地。当年二月差收谷，且辟荒榛，起磐石，修□址，人皆不惮服勤之劳。新□既成，遂乃鸠公集役，遴选材木，以经以营。富者输财，贫者效力，修成法堂、方丈、僧房，各五楹八椽，寝堂三楹八椽。栋宇雄壮，檐殿高揭，窗牖疏明。经始于大定辛卯仲春，庆成于丙申孟秋。其笆瓦材木，阶砌石局，工师日食之费，约用钱五千余贯。蒙檀越厚助，俾衣钵有资。既而堂宇功毕，灯公与众纠首共□，幸遇昭代，圣□复起，□大定之初，天下鸿宁，释教大兴。□□□住庵僧润公等，与善知识数□□大发□意，裒集钱叁百贯，依奉上畔，经本军军资库纳讫钱数，乞示寺额。伏蒙朝廷特赐法云禅寺。

噫！寺之名额尚矣，堂殿佛像，廊庑次焉。若不刻于石，永为废毁之忧[3]。命莘夫以纪岁月，垂诸不朽。梵刹之侧，诸山环拱，屹然而起者，东曰他山，西曰谷积山也。蔚然而秀者，南曰独山也。潺潺乎泻于两峰之间者，方丈之后溪也。三门之前，泠然清濬，注焉而不盈，酌焉而不竭者，白莲泉也。其余林木溪壑，尤美不胜言[4]。异日，老宿大德，若闻而知之，接袂连驭，自他方而来，栖迟于此间也。愚虽颛蒙，窃闻法云禅寺檀越四远，乡村繁阜，风俗协和，礼义相睦，纯质而厚，简约而廉。贫居豪室，慕善之心，□皆有之。每当春冬农隙之时，或于精蓝，或就私第，举莲社，广斋供，延僧流，赞诵梵音，讲究贝书，瞻礼圣像，□兴（缺五字）

① “毕抑”，清金棨《泰山志》作“卑狎”。

② “□”，清金棨《泰山志》作“彷”。

③ “为”，清金棨《泰山志》作“怀”。

④ “不”字后，清金棨《泰山志》有“可”字。

勤，是知佛教不可思议。住持僧福灯，自天德二年、贞元元年，两次经本军陈□□乞存留余□公据二本，带请到绕三山栏地土，（缺五字）南至谷积山，（缺六字）西至□山高家崮，（缺十二字）内据称，除出石栅阔礓礎□焦砂岭外，合输□□□。至大定八年，又经本县告状，出给公据，令福灯毁坼翻移，□□□□屋宇材木砖瓦一□修建施行，是为可书。自度肤浅，故不敢述文，姑遮其实以志之[①]。

大定丙申仲秋晦日，故济州司录孙张莘夫谨记。田茂刊。劝缘住持福灯立石。

右碑，亦分上下二层，上层刻敕牒与四禅寺牒文皆同，惟牒文见住本下“军奉符县羊栏村”七字未损，及“拾贰月”与四禅寺牒云“二月”者稍异耳。此碑高四尺四寸，广二尺五寸，上层字较彼碑差小。下层记文二十八行，行四十五字，字径五分，并真书。在寺中殿前，南向。

顶北为芍药峪，距顶二里。春婪花发，如翦刻彤云，敷被岩涧。而游玩者希，真空谷丽人，芳艳自赏矣。又北为无盐山，汶水迳其西北，俗呼为无影山。又北为铁牛山，山伏天宝寨，地中露脊如铁，山上有广生殿，人呼铁牛庙。顶东北四里为紫源池，一曰紫砚；一曰紫滟。波池相辉如茜，水最渊阔，产菖蒲及玲珑草。芍药峪汇此，东北流径天平后砦，东至沙沟河，北折过西庄，西北入大汶。池北为长春岭。

长春岭，黄壤秀异，周延约十里。宋石介卜筑其下，多从游者，世谓之徂来书院。今遗址犹称讲书堂。介，字守道，奉符人。勇于行义，师事泰山孙明复。力举七十丧，以荐起官，终太子中允。学者称为徂来先生，著有《徂来文集》。明归有光采入《诸子汇函》，谓之长春子。旁有姜潜别墅，曰读易堂。石介在蜀寄潜诗：连云栈外四千里，读易堂中一卷书。潜，字至之，石门高弟，为陈留令，以不行新法罢归。北为天平后寨，亦樊崇

---

① “遮”，清金棨《泰山志》作“摭”。

啸聚之所。有演武场、柱窝遗迹。寨东有龙溪，东北有燕子石屋，水径其侧，峻陵飞湍，下注回渊，曰跃龙湾。崖上凸起三画，宛若蠼蜒故云。北导西折为四里河，绕徂来北麓，又西南流入大汶。凤鸣山在天平寨东北，若归昌昂首味然。下为黄峪，东西两仙霞坞，蔚起崖崿。又东为虎穴山，为牛山，皆以状受名。有峪，极静深，曰：大藏。西下有庵。

顶西北五里为中军幛，当徂来中，垒石班部如营落。去天平后寨颇近，樊崇尝窃据之。康熙间建三清殿，前有地道深杳。西为招军石，周多舂臼。旁有坞旺泉，邃谷涌流，下注大峪，西流入鹰愁涧。南二里为花坡，东南距芍药峪二里。幛东二里，为金鱼石，相传岩石中藏神鱼。一昔风雨，石自剖裂而踣其半，鱼乃跃去。今壁上横坳为半鱼状，长数赤丁丙，鳞鬣毕具，金屑灿然。踣石仰卧，亦有坳具半体，长短宽狭可符合也。又有石高数十仞，其上傳一剑，仅露镡首，茎长四寸，可握。拔之，见腊之锈者二寸许，坚不可出矣。或谓剑仙劀石而取金鱼，留此以示狯也。其信然耶。《水经注》所载“日南王范文鳢鱼化石，冶刀斫幛”之事，此与略同。抑亦奇矣。

时震题识

〔元〕

文曰：观涛。

大德四年岁在庚子仲冬之初，泰安州儒学教授时震题并书。

右，真书，勒坞旺泉石壁。

许应元题识

〔明〕

文曰：金鱼石。泰山封尚章、张虎有徂徕之游，至中军帐，忽雷雨大作，东□□峭崖□□欹卧□□两石，鱼痕如一，赤黄莹然，意者石□化龙去，题曰金鱼石。聊以记异云耳。时嘉靖十二年六月三日也。□□许应元□□。

右，真书，勒金鱼石上。

中军幛北五里，为玲珑山，隐岬漏日，穷岫泄云。黄绮之俦，于焉偃息。有野人洞，唐王希夷尝隐此。希夷，徐州人。好道，居徂来山中，与道士刘元博为栖遁之友。玄宗东巡，敕州县以礼征至驾前，年九十六，上访以道义，甚悦。制以处士王希夷为朝散大夫、守国子博士，听致仕还山。州县春秋致束帛酒肉。寻寿终。

孔端肃题名

〔金〕

文曰：明昌三年秋，孔端肃自阙里之徂来，访石君德润山斋，游览名胜，历万松岭，登绝巅，礼神祠。北下林壑更幽，一山岣嵝特异，名曰玲珑岩。古洞深敞，传唐王希夷尝栖此，书之以识遗迹云。

右，行书，勒野人洞壁。

中军幛西四里，为角山，两峰尖峭若茧栗。上有三石支撑若衣桁，曰：秋千架。其西崔嵬，上正为大寨，□迤东，斗岸幽壑，则鹰愁涧也。水北流，经石匣沟，汇为白鹤湾。又东北会四里河。大寨□西北三里，为攒石崮。

杜仁杰题名

〔元〕

文曰：长清杜仁杰与严忠范游徂来，观水于白鹤湾，松崖临壑，高深难量，□□鹤回翔□□，时中统元年七月也。

右，真书，勒白鹤湾东崖。

攒石崮，峭石星罗，乱若抽笋，嵲若注炙。北崖篆刻“竹溪”二字，盖党承旨怀英笔。溪水西北流，夹岸支竹丛生，杂以楸桐。北有竹溪庵，怀英读书处。西北有转山，水绕其下，汇曲水河入大汶。怀英，字世杰，官终翰林学士承旨，谥文献。博洽善属文，尤工篆籀，时人以东平赵沨配之，号曰党赵。著有《竹溪集》行世。庵久废，康熙间建玉帝阁。北为屏风岩，石横崖壁，为竹溪北障，上有题名。

安升卿题名

〔金〕

文曰：岱下安升卿与徂阳王赓、姜孝仪游徂来，探古迹。溪谷碌碌，松柏森森。得"冠军石经"于佛谷，访"竹溪六逸"于乳山。遂登绝顶，拜感应侯祠，憩于紫霞洞。次临紫滟池、白鹤湾。过徂来书院，至竹溪庵小饮。跻北岩而望岱宗，心游天外也。

明昌壬子孟夏记。

右，真书，勒屏风岩石上。

竹溪庵碑

〔元〕

文曰：竹溪庵记。

泰安州儒学教授时震撰，泰安州儒学教授刘绂书。

竹溪旧为名区也尚矣。粤自隋唐辽宋，贤士大夫欣慕歌咏之作，所以志其盛者，不为不备。及乎名姓刻列于碑阴，世失其旧，剥落而不存者多。金□□党公，一时修举，犹多□灭，不能完复，可胜叹哉！其兴废之由，固有关必无□□不可数计。亦由夫宏继者，或非其人，安措失宜，张而复弛，卒无成效者有耳。此得庵主□道源□□□李之高弟[1]，李公尝以宾道□重其能，

① "此"，清金棨《泰山志·金石记》作"比"。

道源洎进徒刘进童，踵成其事。二师皆性行修洁，志务勤苦，已不□□难强人，深为远迩敬信，故当初弊，难祈更兴。□积数年间，虽未能复还旧基，而殿廊斋舍，抑次第而合时完矣。其不坠徂徕芳游者，夫岂偶然哉？越大德戊戌岁□□刘公学而爱敬之，由上考来，为奉符尹。公久于国政，克勤吏职，受任伊始，量时敷治，境内赖安一时。行旅过此，追忆是庵为移时之留。因□二师辅□□军居此，晨夕起奉香火，凡耗灭，无一不复焉。即其所恢拓书社，振起文明，为此境镇（缺七字）且告以成败之由，毅然为之倡首。从而助之者，皆不惮□□。刘公喜而和之，愈靡已焉。□□匠会，未阅月，工已告厥成矣。而□于是，择吉日，会乡老，升堂共治成之。二师既感其诚，不吝有所乐施者众，苟非刻石以志，将毋以助施□。遂征文于仆，任□□职，义难固辞，乃总其始末，并编次助施姓名，庸纪是岁月云。

大德四年十月己卯日。

右，碑文与额及碑阴并真书，漫漶过半，在今玉帝阁旁。

访竹溪呈孟节有怀熙道

〔宋〕石介

到头泉石是吾家，坐石听泉日已斜。一片青衫非富贵，千竿绿竹好生涯。君曾揽照头皆雪，我试看书眼亦花。更好结为山伴侣，教他夔益佐勋华。

转山西为岣嵝山，山巅有伛偻之状，不能拟衡岳也。又西为吴山，峰峦特秀，涧水西南流入大汶。其北三里为宋石氏茔域，守道先生墓在其西。元遗山《续夷坚志》云：太和中墓崩，诸孙具棺葬骸骨，独其心如合两手，已化为石，此殆其迁葬与！《北归志》云：徂来有石守道故居，地曰：北王村，祠墓尚在，有司春秋祀焉。石氏于金元末造，最豪强，石珪父子乘变握兵，为方乡雄。时人为之语曰：先有石家林，后有徂徕山。若得石氏败，山倒汶河干。盖以讽也。而守道先生之遗泽，亦稍陵迟矣。

石氏先茔墓表

〔宋〕

文曰：石氏之先，出于卫康叔之后。康叔，文王之子、周公之母弟，然则石姬姓矣。案《本记》云：卫静伯生公叔，公叔生显伯，显伯孙挚生。何为石氏？《春秋·左氏传》：隐三年有石碏，碏子厚。庄十二年有石祁子。成二年有石稷。襄十七年、十九年有石买。二十七年、二十八年，有石恶。襄二十八年、哀十七年，有石圃。哀十三年，有石曼姑。哀十五年，有石乞。十七年，有石魋。《礼记·檀弓》注：有石骀仲。庄八年，又有齐小臣石之纷如。十九年，又有周士石速。僖三十年，又有郑大夫石申父。文十七年，有石楚。成十年，有石首。襄十一年、十三年，有太宰石奂。昭三十二年，周又有石张。定十四年，又有天子之士石尚。定十年，又有宋卿石驱。六国时，有石奢，尝相楚国。汉有万石君父子，晋有石苞、石统、石乔、石崇、石朴，又有石鉴。唐有石抱忠，则天朝为天官侍郎。石雄为将。石演芳著忠义□□。六世祖自沧洲乐陵县迁焉，令为兖州人也。吾祖初迁而南，得邑曰：乾封（后改奉符）。乡曰梁甫，里曰云亭，村曰商王。负太山，挟徂徕，有二大山之镇。且汶水注其后，经其西，遂筑居焉。仁者乐山，智者乐水，吾祖其近仁智者欤！

吾祖之初来，既鲜兄弟，亦无族姻。有田百亩，专以农为业。久之，始生高祖逵。高祖乃生曾祖七人，石氏于是遂蕃。长曾祖性严毅，善于治家，每晨起，令诸子弟毕先趋田亩，群子弟无敢后者，故石氏富于粟。且当五代兵寇之时，中原用兵，诸祖又皆敏有材力，习战尚勇，骑射格斗，豪于乡里。赵将军者，巨盗也，众数千人，张旗鸣鼓，攻掠郡县，其锋甚盛。尝过吾里中，不敢为寇。遣使乞具一饭，诸祖诺之。行人更其辞，贼愤，乃来战，遂阵于南门之外。我不素备，犹杀贼数百人。方战时，遇力疲则憩于门内，苏而后战。贼势已削，将引去，未得，尚酣战。三曾祖鞋系断，投门，门内有奸，闭门不纳，遂败。是以长曾祖、七曾祖、大祖父、二祖父、四祖父、七祖父皆没于阵。三曾祖善战，既败，贼入门升堂阶，又斩贼副（□□□□花头）。乃攀堂檐而□□出里余，息于栗林西数十步，渴，就沟水饮，眼皆血出，滴水上，苦战如此，然竟免。呜呼！石氏之迁，其当唐季乎！战之，岁在晋开运三年也。后五年，慕容氏反兖州，即□□祖广顺四年也。贼□□二年，石氏乃分。曾祖第六房无嗣，与第五房合为一院。凡六院。后第四房嗣亦绝，为五院。今第一院分六院，第二院分三院，第五院分四院，第七院分二院，□十六院。然皆出于七曾祖，□叙其略。第一院曾祖，讳路坚，娶颜张单，生大祖父、二祖父。大祖父娶秦氏，无子，女二人，长适西王张氏，次适南颜张丁让。二祖父娶侯村郑氏，生长伯父明，二伯父□。长伯父娶阳关朱氏，无嗣，一女适刘聚，湘筠其甥也（伯父□□□乡里□通传）。二伯父娶淳于桑氏，生六男，曰用、曰诚、曰元吉、曰政、曰峰、曰宣；三女，长适旧县陈隐，次适下村张氏，次适下村赵氏。用二男，曰峦、曰福，一女适聂氏。福生圭，峦生先。福哥先生大眼。诚一男，曰澡；三女适寇氏、郝氏、韩氏。澡生翁儿。元吉一男，曰涧；一女，适夏氏。涧生王儿。政一男，曰简；二女，适周氏、李氏。简生□□□□三男，曰友谅、曰友直、曰友□；三女，皆适张氏。宣三男，曰全、曰师恭、曰师让；二女，长适富氏，次在室。第二院曾祖，讳路钊，娶刘氏，生四祖父洪，十一祖父环瑰。一女，适李氏□□□□□□□□□□□伯父□五伯父娶李氏，二男，曰坦、曰荣。一女，适□氏。坦生师睦、师和、师厚。一女适晏氏。师睦生课儿。荣生师哲、师敏（四祖父尝为桑令公厅头，故乡人呼牵笼）。十一祖父娶西张戴氏，生四伯父匀；二女，适刘氏、张氏。四伯父娶神氏，生宽，宽生修己、黑牛。一女，适成氏。修己生杨七。第三院曾祖，讳路宾，娶乾封黄氏，生九祖父文杲，十四祖父。九祖父娶屈沟□氏，生八叔父谦。二女，适耿氏、葛氏。八叔父娶下村马氏，一男，曰亨。二女，适丁氏、刘九皋。十四祖父无子。第四院曾祖，讳路严，娶赵氏，事安太师、赵侍慕容相公索太保，天福七年补御前子弟，九年补猎务□□，三年补中□猎射务都头。乾祐三年、广顺二年，为讨击副，无嗣。一女，适戚澄。第五院曾祖，讳路真，娶柏子赵氏，生十二祖父钦，一女，适太子中舍刘阅。十二祖父娶南王王氏，生我烈考及仲父□□。仲父扆，季父居化。二女，适西朱刘氏、百子赵氏。我曾祖笃勤农、乐田野，终身不游市郭，然喜衣冠。尝嘱我烈考于乡先生，愿授以经，因语□□□□□□□□□□乡□□儒名吾家，吾老死足矣。烈考果登第，列东宫官如其志（先是乡人以曾祖行呼吾家）。祖父乡里称长者，乡人乏必贷之，果知其不能偿，即取券焚之。善处乡党，恂恂然无竞。今吾院视他院稍益，二祖之德也。我烈考，讳丙，娶郭夫人、马夫人、刘夫人、杨夫人。后刘夫人专三家春秋学。大中祥符五年，真宗章圣皇祖御前擢第，仕至太子中舍。生我兄□□及介、企、会、合与吾姊，吾姊适举子孙周。吾兄生师愚、师通、师曧、师晦、师默。女三人，长适进士姜潜，次适进士高枢，三在室。介生彭哥、□哥、徕哥，女□人俱幼。企生师廉。女三人，俱未嫁。会与合未娶。师愚生鼎，孙女一人，方四岁。二仲父娶颜谢段氏，生屺、怀玉、怀德。女一人，适举子郭师颜。屺二女。怀玉生师格、师贤，一女。怀德生师果、师毅、师□。伯惜二女。三叔娶阳关薛氏，女二人，长适伸村姜文，次适进士卢淑。姜甥鉴、镯、锡、社哥。女二人，一适士孙廓，一在室。二婿擅文□，甥宿学，不为无后。四叔父娶伸村姜氏、□高唐氏，生佥。女二人，长适王氏，次适任氏。第六院曾祖，讳□，娶杨氏，无嗣，女二人，长适西张鞠乂，次适大吴刘乂。第七院曾祖，讳□，娶戚氏，生八祖父文密，十祖父文秀，十三祖父女二人，长适石固王氏，次适颜谢商氏。八祖父娶□氏，生五伯父遂、九叔父庆、十二叔父、十三叔父、十四叔父。五伯父娶乾封寇氏，生□□□□。四女，适王氏、杨氏、马氏、杜氏。九叔父娶大吴吴氏，生士元。十二叔父娶刘氏，二女，适张氏、王氏。高祖之五女，长适颜张许氏，次适乾封张氏，次适上高郭氏，次适侯村□氏，次适□□翁氏。石氏始祖一人，高祖一人，曾祖七人，王父十人，诸考十四人，吾辈二十一人。自我而下，诜诜未见其止也。若作厥室，始祖基之，高祖堂之，曾祖构之，王父□之，诸考落成之。吾辈歌于下，饮食于下，于于如也。然不敢怠逸，谨保堂构而已。吾诸子若孙，既材而孝，其必能大。石氏基斯厚矣，堂斯峻矣，构斯崇矣，石氏斯传万世矣。呜呼！石氏食此田，百有五十年矣。葬此地，九十有年矣。至始祖至圭八世，能不失故田，能奉祭祀。今举曾王父而降，为三十二圹，用康定二年辛巳八月丁丑八日甲申，归于大茔，以附始祖、高祖、曾祖，岁时则与十六院大合祭焉。《诗》曰：孝子不匮。又曰：无忝尔祖。《语》曰：死，葬之以礼，祭之以礼。石氏子孙其庶几矣乎。茔域南北长四百八尺，东西广三百六十尺，合一十七亩。大□一百三十株，槲树一千七百五十株，合一千八百八十株。石氏子孙贤也，茔阙固焉，宅兆安焉，树植茂焉，祭祀时焉。苟不肖也，何所不至。戒哉！

右《石氏先茔记》，石介撰，士建中真书，孔彦辅篆额。康定二年八月立墓前，墓在汶河南岸。案《徂徕先生集》中有《拜扫堂记》云：石高五尺，广二尺三寸，厚一尺，列辞二千三百六十八字。今堂已圮，碑文多缺。其始祖以下三十二圹，皆有石碣，亦仅有存者矣。《金石文跋尾》云：欧阳公撰介墓表，称父丙官至太堂博士，而此表云仕至太子中舍，与欧表异。欧表介有子师讷，此云介生彭哥、川哥、徕哥，盖各举其小字，未审谁为师讷也。孙明复《寄范天章书》云："今有大名府魏县校书郎士建中、南京留守推官石介，二人者，其能知舜、禹、文、武、周公、孔子之道者也。非止知之，又能揭而行之者也。执事若上言于天子，次言于执政，必能恢张舜、禹、周公、孔子之道。以左右执事，教育国子，丕变于今之世矣。"建中学行，与介齐名，当亦奇士。而学于明复者，仕至兵部员外郎，史不为立传，后世无述焉。验其笔法，亦自不俗。

建徂徕先生神道碑

〔明〕

文曰：宋太子中允徂徕石先生神道。

明山西太原府平定州州判宋焘题。

右碑，在汶水南岸道旁。《近游草》云：此宋绎田先生劾阉党被黜时也，殆感庆历圣德轶事而题此碑乎？噫！薰莸不同器，忠佞不同朝。屈于一时，伸于千古。旷代相感，先后同揆，其两先生之谓与。

徂徕先生墓志铭

〔宋〕欧阳修

徂徕先生，姓石氏，名介，字守道，兖州奉符人也。徂徕，鲁东山，而先生非隐者也。其仕，尝位于朝矣。鲁之人不称其官而称其德，以为徂徕鲁之望，先生鲁人之所尊，故因其所居之山以配其有德之称。曰徂徕先生者，鲁人之志也。先生貌厚而气充，学笃而志大，虽在畎亩，不忘天下之忧，以为时无不可为，为之无不至。不在其位，则行其言，吾言用，功利施于天下，不必出乎己；吾言不用，虽获祸咎，至死而不悔。其遇事发愤作为，文章极陈古今治乱成败，以指切当世贤愚善恶，是是非非，无所讳忌。世俗颇骇其言，由是，谤议喧然，而小人尤嫉恶之，相与出力，必挤之死。先生安然，不惑不变，曰："吾道固如是，吾勇过孟轲矣。"不幸遇疾以卒。既卒，而奸人有欲以奇祸中伤大臣者，犹指先生以起事，谓其诈死而北走契丹矣，请发棺以验。赖天子仁圣，察其诬，得不发棺，而保全其妻子。

先生世为农家，父讳丙，始以仕进，官至太常博士。先生年二十六，举进士甲科，为郓州观察推官、南京留守推官，御史台辟主簿，未至，以上书论赦，罢不召。秩满，迁某军节度掌书记。代其父官于蜀，为嘉州军事判官。丁内外艰，去官，垢面跣足，躬耕徂徕之下，葬其五世未葬者七十。丧服除，召入国子监直讲。是时，兵讨元昊，久无功，海内重困。天子奋然思欲振起威德，而进退二三大臣，增置谏官御史，所以求治之意甚锐。先生跃然喜曰：此盛事也！雅颂吾职其可已乎？乃作《庆历盛德诗》，以褒贬大臣，分别邪正，累数百言。诗出，泰山孙明复曰：“子祸始于此矣。”明复，先生之师友也。其后所谓奸人作奇祸者，乃诗之所斥也。先生自闲居徂徕，后官于南京，常以经术教授。及在太学，益以师道自居，门人弟子从之者甚众。太学之兴，自先生始。其所为文章曰某集者若干卷，其斥佛老时文，则有《怪说》《中国论》，曰去此三者，然后可以有为。其戒奸臣宦女，则有《唐鉴》，曰吾非为一时鉴也。其余喜怒哀乐，必见于文，其辞博辩雄伟，而忧思深远。其为言曰：“学者，学为仁义也。惟忠能忘其身，而笃于自信者，乃可以力行也。”以是行于己，亦以是教于人。所谓尧、舜、禹、汤、文、武、周公、孔子、孟轲、杨雄、韩愈氏者，未尝一日不诵于口。思与天下之士，皆为周孔之徒，以致其君为尧、舜之君，民为尧、舜之民，亦未尝一日少忘于心。至其违世惊众，人或笑之，则曰：“吾非狂痴者也。”是以君子察其行而信其言，推其用心而哀其志。先生直讲岁余，杜祁公荐之天子，拜太子中允。今丞相韩公，又荐之，乃直集贤院。又岁余，始去太学，通判濮州。方待次于徂徕。以庆历五年七月某日，卒于家。享年四十有一。

友人庐陵欧阳修哭之以诗，以谓待彼谤焰熄，然后先生之道明矣。先生既没，妻子冻馁不自胜，今丞相韩公与河阳富公，分俸买田以活之。后二十一年，其家始克，葬先生于某所。将葬，其子师讷与其门人姜潜、杜默、徐遁等来告曰：谤焰熄矣，可以发先生之光矣，敢请铭。某曰：吾诗不云乎，子道自能久也，何必吾铭？遁等曰：虽然，鲁人之欲也。乃为之铭曰：徂徕之岩岩与子之德兮，鲁人之所瞻；汶水之汤汤与子之道兮，逾远而弥长。道之难行兮，孔孟遑遑；一世之迍兮，万世之光。曰吾不有命兮，安在乎桓魋与臧仓；自古圣贤皆然兮，噫，子虽毁其何伤！

右，欧阳修撰，见《庐陵集》。

论曰：徂来山，村民呼为驼来山，名不雅驯，而状则近似。及游其中，山色水光，奥折蕴藉，往者忘归。泰山如世室明堂，祖社市朝，巘巘奕奕，令人不可亵视。徂来则如曲亭回榭，花槛竹埤，引人入胜矣。山南有笔架山、尧山，为山远。案函山、影山、大鹿山、金鸡山、云头山、白马山，相距数十里，皆在山东南。登太平顶，历落可数。为其远，故不详。

徂徕山斋熟寝，家童报征西府从事田集贤元均、张著作叔文、赵推官庶明书至，开缄读之，因题书后

〔宋〕石介

满径蓬蒿懒自锄，何人日午叩茅庐。徂徕山下一枕睡，经略府中三纸书。兵谋贵胜纵横出，海鸟忘机饮啄余。唯有淮夷雅宜作，文章兼不让黄初。

村居

幽居一亩枕溪棱，阶下松杉缠古藤。常爱园林深似隐，不嫌门户冷如僧。麦宜过社犹催种，山近经秋却懒登。已把壮心闲顿置，少年莫要苦相憎。

望徂徕山

〔国朝〕王士禄

晚步石桥上，南眺徂徕山。委蛇露苍蔚，翛然眉睫间。余雪一以映，宛如好女颜。缅昔孔裴辈，偕弄竹溪月。啸咏集杂渔钓，风俗亦清绝。又闻石先生，读书山之阳。父老尚能言，余韵何洋洋[①]。余既辞世网，雅思侣

① “余”，朱孝纯《泰山图志》作“遗”。

猿鹤。逝将营一椽，于兹永栖托。眷言野踟蹰，远烟生漠漠。

徂徕山

王士正

云阴移徂徕，影覆汶河水。下有贤人居，清风被田里。一抔讵能容，千秋今庙祀。

徂徕怀古二首

徂徕林壑美，复爱竹溪清。应有云霞侣，幽居远世情。钓竿想巢父，酒态忆长庚。寂寞空山道，寥寥千载名。

当年石守道，卜筑亦于斯。时际升平日，人传庆历诗。子孙留伏腊，水石映茅茨。直道今谁继，凄然汶水湄。

徂徕山下田家

行行空翠里，明晦更多姿。碧树通村落，青山向岳祠。林深鸡犬静，雨足陇苗滋。他日龟阴稼，躬耕亦不迟。

徂徕

程云

不争岱岳尊，所隔犹尺咫。面面成一方，百有六十里。五汶夹之流，不然滔天起。孙石读书堂，岩崿不容趾。至今竹溪存，千载思高轨。矧其对衡门，朝夕互青紫。或言采昌阳，可以延年纪[①]。饮酒不暇仙，终焉聊复尔。

① “纪”，清金棨《泰山志》、朱孝纯《泰山图志》均作“祀”。

徂徕道中

赵执端

万叠峰峦里，犹存守道祠。清风半山竹，遗迹断桥碑。云与泰山接，泉临汶水湄。逝将弃尘俗，来此构茅茨。

入兖州境望徂徕山[①]

查慎行

青山雅淡如故人，何可经时不相见。我行久与故人别，转向青山增眷恋。来从燕赵历齐邦，千里平沙黄一片。眼前俗物压勃塞[②]，物外心期失葱蒨。朝来双眼豁然开，已报汶流通鲁甸。日高螺髻矗诸峰，天远修眉浮半面。含姿献态各自媚，一老峨峨耸冠弁。兹山洵属鲁之望，指点儿童悉能辨。犹传有道石先生，六一垂名抵佳传。圣人已远道仅存，此事终应赖狂狷。景行并作高山仰，恍惚风流觌前彦。白杨风急不少留，片帆忽过东阿县。

己卯重阳前一日[③]，程蕴山明府邀同颜太守游徂徕山，信宿而归

成城

泰山之下难为山，惟有徂徕岿兀堪追攀。翠微一带东南际，令我隔城遥望开心颜。程侯妙解山水趣，农事方登少机务。开筵峰顶作重阳，郑重前期戒供俱。太守风流澹荡人，翩翩五马出郊闉。软舆络绎不知数，莲花幕里来嘉宾。宾朋尽是江南客，我亦生平爱泉石。悠悠泮汶渡行人，斜日一鞭山影碧。山中有寺名光华，横峰侧岭纷相遮。不知泉声活活出何许，但

① 该句，清金棨《泰山志》、朱孝纯《泰山图志》均无“入兖州境”四字。

② “压”，清金棨《泰山志》、朱孝纯《泰山图志》均作“厌”。

③ 该句，清金棨《泰山志》无“重阳”二字。

见丹黄照眼秋叶浓于花。明日来过礤石峪，步步看山看不足。谁能脱巾高坐云涛堆，静对西风相与扫尘俗。兹游乘兴为清娱，崎岖历落任人扶。芒鞋到处游仙图，一宿再宿成须臾。我闻徂徕七十有二寺，梵刹荒凉半委弃。又闻竹溪名与唐贤著，六逸高踪无觅处。世间万事浮云驰，红树青山属阿谁？徂徕先生不可作，茫茫俛仰空怀思。掉头一笑趁归路，奚囊懒就登高赋。我将独上泰山缥缈之峰头，阿阁神房千秋万岁住。

游徂徕山记

〔国朝〕赵国麟

徂徕列太山前，犹老人几，太山坐而凭之，尚伛其背，若将俯焉。以故藐徂徕者殊众。然松径竹溪，名藉甚典册中，心窃疑其必有异。每欲邀同人游，荏苒几十五年不克遂。康熙癸卯九月，徂徕道者邱师，以木瓜三枚馈，大倍常品，色深黄，幽馥内蕴。问所由产，曰：树生礤石峪石罅中，岁可得数十枚。予曰：异哉！因与邱师约。

二十二日丙寅[①]，同内兄黄子徵野、门人张子汉、张金子，与参往游焉。行三十里，小顿于团瓢。至汶河，沙平水浅，一望无际。隔岸诸峰，翠黛扑人眉宇。渡河数百武，道旁丰碑大书：宋太子中允徂徕石先生神道。乃太史宋绎田先生所建者[②]。缘山西行数里。一峰崯岈崒嵂，势欲飞坠。邱曰：此攒石崮也，竹溪六逸堂在其下。又数里，山隈丛树森郁，殿宇廊舍，若人冠巾帻，杂立其中。邱曰：此四禅寺也。又十余里至茅茨，薄暮矣。山巅野烧明灭，如云月隐现。邱指山半绀碧相间，若树若石者曰：其中为十六峪。转而东行五六里，至山阳高子静远家，叩门登堂，菊英绕屋，亭轩甚幽。主人篝灯放酒，纵谈徂徕之胜，以二圣宫、礤石峪为最。廿三日，饭于高子孟兄希

① 该句，清金棨《泰山志》、朱孝纯《泰山图志》均作“廿二日”。

② 该句后，清金棨《泰山志》、朱孝纯《泰山图志》均有“衔书‘山西太原平定州判’，此先生劾阉党被黜时也。殆感庆历圣德轶事而题此碑乎？”句。

程家。高子昆仲具肴榼，以葫芦盛酒，使小奚肩之。出村未半里，东北一峰郁确上锐，张左右翼，中权奋勇争先，渴骥奔猊，势不可犯。峰前去巅不数咫，殿阁皆露鸱吻，苍松数与石色相乱[①]。高子曰："土人名此峰为三岭崮。其东北为礤石峪，其西北为二圣宫，请先从西北入。"予曰："诺。"行二三里，甫入山，道上怪石星罗棋布，支麓起伏，皆作峰峦，回环映带，步移形换。沿溪行里许，西北一山，端严静正。三泉出山趾，汇而为池，清鉴毛发。渡大溪，北望诸山，层峦迭嶂，相争相让。而出其最高者，为太平顶。其西为桃花峪，其南为毛老谷。又循小溪而北[②]，依山为阁[③]。阁上两像并坐，东为老子，西为孔子，此二圣宫所由名也[④]。由阁东拾级而上，为三清殿。其下贫乐岩[⑤]，为元人鹿茂之隐居处。鹿以儒隐于黄冠。杜仁杰撰铭碑，残剥不可读。由贫乐岩转而北，为演易斋，大刻篆书三字于石。稍南，草堂三楹，为希程读书小斋。启西窗，千岩万壑，奔赴窗下，夕阳绘影，众山皆紫。希程又引穿竹攀崖而上，有大石方广数丈，如岸碛投地[⑥]。南向为洞，俯而入中，可坐五六人。希程请题名[⑦]，予颜曰：箪瓢。所以继隐士之志也。希程设酒脯小酌，问礤石峪于道者，曰[⑧]：途东岭可十余里，骑不得上，由前山途颇坦，殊远。因亟命仆，同邱师持襆被，驱骑出山，期见星而会。

予与徵野等各持藜杖，倩山中樵子作向导。登东山，樵子指道中狼迹，

---

① "数"字后，清金棨《泰山志》、朱孝纯《泰山图志》有"株"字。

② 该句后，清金棨《泰山志》、朱孝纯《泰山图志》均有"两山渐狭，大石障其前，几无所见，下骑步行，从石东转上，忽现一境，青松红树，参差上下"句。

③ 该句后，清金棨《泰山志》、朱孝纯《泰山图志》均有"茅屋数椽，丛篁绕之，门前石梁横亘，流水潺湲其上，同人皆惊叹为仙境。渡石梁，至阁下，遥瞻"句。

④ 该句后，清金棨《泰山志》、朱孝纯《泰山图志》均有"坐老聃于左，岂惑于史迁问礼之说欤？抑尊神道尚右之说欤？"句。

⑤ "下"字后，清金棨《泰山志》、朱孝纯《泰山图志》均有"为"字。

⑥ "碛投"，清金棨《泰山志》、朱孝纯《泰山图志》均作"帻堕"。

⑦ "题"字后，清金棨《泰山志》、朱孝纯《泰山图志》均有"洞"字。

⑧ "曰"字前，清金棨《泰山志》、朱孝纯《泰山图志》均有"道者"二字。

大寸许，同人皆有戒心。转而南，忽见一峰，突兀傲岸，迎面而出，即之甚迩，似乘堙相窥者。樵子曰：此三岭凿背面也。逾岭望之，欲在天际。其东岭如人、如兽，如列几筵，如陈簠簋，如建幢，如树帜，肖形赋物，不一而足。东行至一岭，石皆蛙形，俯仰向背，跳跃聚散，大小数百头。下岭北行，至风门口，曛黑无所见。忽闻群狼嗥鸣，悲惨激烈，颠发上指。樵子大声疾呼，同人叱咤，继之响震岩壑。过风门口东下，又听犬声四起，与人声、狼声咿哑叫啸，嗷嘈喧豗，山鸣谷应。樵子曰：将至矣。稍前，人声渐近，道童来迎。予左手拍道童肩，右手持藜杖，行落叶中，索索有声。屐滑将仆者数[①]。下视涧中，树石查砑，虎豹蹲踞，虬龙怒拏，罗刹变相，倏忽万端，下险不可测。

将下岭，树中火光熠耀，道人持燎相迎。从树下渡溪到院中，惝恍梦幻，似不从人间来也。炼师解纯一，邹平人。深情古貌，少习黄石家言。设山中蔬果饭客，言开山于仙尸解事，娓娓可听。久之，邱师来，秉烛引同人，从屋后缘古藤梯石而下。木瓜竹树丛生石中。石巅倚崖为茅屋，屋东上为纯阳阁，阁东南上又为玉帝阁。阁前砌石为栏，火光中见诸树杪尽出阁下。阁东曲室，解师丹榻也。予曰：今晚当借蒲团一片地矣。就寝，梦中犹陟危峰，不得上，数惊觉。残月入窗，狼声远来，枕上凄清欲绝。披衣起坐，视窗外，月光渐白。昧爽启户，阅昨夜诸境，恍如隔世事。所寝曲室，在悬崖绝壁之上，古柏之巅，乃知身卧鹤巢猿窟中也。从院中遥望贵人峰，孤秀刺天，上下如削[②]。出门外[③]，由圃东上岭，游陈抟酣睡处[④]。

---

① “屐”，清金棨《泰山志》、朱孝纯《泰山图志》作“履”。

② 该句后，清金棨《泰山志》、朱孝纯《泰山图志》均有“西刻其首，有同半圭”句。

③ 该句后，清金棨《泰山志》、朱孝纯《泰山图志》均有“西溪流水从大石下引过门左，穿竹根浸灌蔬畦。圃外古树弥望，黄叶半脱，微间丹壁”句。

④ 该句后，清金棨《泰山志》、朱孝纯《泰山图志》均有“侧身而入为门，直身而立为洞，鞠身而登为楼，转身而临为台，耸身而上，直凌其顶为峰。皆大石磊磊，自相倚着，疑有巨灵负而叠之”句。

循岭北半里许，为炼丹炉，石更大于陈抟睡处[①]。下岭到涧中，老树怪石，触目皆东坡蓝本。登南山小普陀岩，正拱贵人峰。下岩过小涧，登西山。山中田父，携鸡酒来，助道人供客，同人游兴愈豪。饭后登纯阳阁[②]，转而西，观于仙葬衣冠处。下大小石梁，选大石，倚崖环坐四望，峪中旷如奥如，兼擅其胜。浮大白，话山中鸡犬桑麻，大类桃源人说避秦事，不复知外间尚有魏晋。同人皆神怡心旷，乐而忘返。

解曰：立夏三日，则樱桃熟，赤珠映日，火齐万树，百鸟飞鸣，声中箫管。坐盘石，餐丹砂，吸寒露，沁人心脾。尔时，先生肯来游乎？予曰：来。解曰：深秋岩壑尽变，枫林霞烘云染，丹朱万状，猩血浸入袍袖，眩目醉心。尔时，先生肯来游乎？予曰：来。解曰：峪东为光化寺，又东为大悲庵，西北为中军幛，又西为紫源池，皆徂徕幽境也，先生肯遍游乎？予曰：总俟樱桃红叶时[③]，当办几量屐，踏尽徂徕万壑云耳。

时日已暮[④]，希程、静远同田父俱去，予与诸子复留山中。晚登西岭，寻来时路，问诸峰名于解师，为作游记张本。廿五日，辞解师出山，过遥瞻门，渡隔尘桥，行两山间，奇石络绎，令人应接不暇。将出谷口，西偏一山，自巅及趾，如羊数千头，立者、卧者、跪者、触者、啮者、乳者、舐者、负者、奔者、登者、坠者，大者如羝，小者如羔。予谓徵野曰：此君家初平叱余之石也。稍南，为女智崮。转西行二三里，至天保庄[⑤]。遂乘骑经三岭崮前麓，山川映发，标新领异。无一来时旧境。廿六日，别高氏

① 该句后，清金棨《泰山志》、朱孝纯《泰山图志》均有“渠渠夏屋，深广轩豁，中有天然丹炉。东南诸峰，轩轩霞举，皆具飞升之势”句。

② 该句后，清金棨《泰山志》、朱孝纯《泰山图志》均有“从阁下至贵人峰下，仰视巉削，云端一柱，几欲擎天，定有仙人琼阁，设青精石乳以待，但不能化作猱玃腾身直上耳”句。

③ “俟”，清金棨《泰山志》、朱孝纯《泰山图志》作“候”。

④ “暮”，清金棨《泰山志》、朱孝纯《泰山图志》作“下春”。

⑤ “保”，清金棨《泰山志》、朱孝纯《泰山图志》作“宝”。

昆仲，一路望徂徕诸峰，如逢故人矣。

三十里至汶河南岸，拜徂徕先生墓，观先生所作先茔墓表①，为孔彦辅书②。惜堂已圮③，石已泐，字已阙，且始祖以下三十二坟碑，多湮没，存者仅碑额数字而已。予读《徂徕集》，孔孟仁义之言未尝离口，其文嶙峋硉矹，磥砢历落，而浩然之气布濩行间，真具体子舆氏之气象者。夫山之奇，以石④。

泰山岩岩，藏万仞之石，而不以石显；徂徕峨峨，分泰山一支，而遂以石著，此泰山与徂徕之分，即大圣大贤与贤人之分也。低徊不忍去者久之⑤，归而为之记。

① 该句，清金棨《泰山志》、朱孝纯《泰山图志》无“先茔”二字。

② 该句后，清金棨《泰山志》、朱孝纯《泰山图志》均有“先生集中有《拜扫堂记》，云：石高五尺，广二尺三寸，厚一尺，列辞二千三百六十八字。信然”句。

③ “惜”，清金棨《泰山志》、朱孝纯《泰山图志》作“然”。

④ 该句前，清金棨《泰山志》、朱孝纯《泰山图志》有“奇”字。

⑤ “低”，清金棨《泰山志》、朱孝纯《泰山图志》作“低”。

岱览卷第二十三

附览四（卷二十三）

新甫山图

新甫山

小泰山　云衢岫　灵宝山　麻塔崮　朱霞岭　义山　兴云洞

望仙台　总论

新甫山

新甫山，在泰山东百三十里，隶新泰县。县本鲁平阳，汉东平阳，属太山郡，后汉省。《水经注》云：春秋宣公八年冬，城平阳。杜预谓：今泰山平阳县是也。河东有平阳，故此加东矣。晋武帝元康九年，改为新泰县也。晋《太康地志》云：泰始中，镇南将军羊祜，以县人表改置新泰县，仍属泰山郡。晋惠帝割属东安郡。后魏属东太山郡。隋属琅邪郡。唐武德中，改属莒州。贞观八年，仍属沂州。金改属泰安州。今州升为府，县仍属之。山在县西北四十里，连莱芜界。《诗》曰：新甫之柏。王伯厚《困学纪闻》云：传注不言所在，惟后魏《地形志》鲁郡汶阳县有新甫山。《通典》：汉汶阳故城，在兖州泗水县东南。考新泰名县，以新甫、泰山得名。北魏汶阳，非汉汶阳也，兹山为新甫无疑。《山东通志》云：嬴汶北流，梁庄、羊流等河西流。明谭性教《记》云：泰山东百余里，杰峙若左辅者，为新甫山。新甫南扆新泰，北屏莱芜。《府志》云：高峰插天，盘结百余里，为泰山左翼，旧名小泰山。蒙案：今名宫山，盖以《尔雅》大山宫小山，亦犹庐山有宫亭之称，不必一由宫室也。宋常鲁《记》云：汉武帝易小泰山为宫山，封三峰为义山。未知何据。《尔雅·释山》注：宫，谓围绕之。《礼记》曰：君为庐宫之是也。九峰如莲，俗又呼为莲花山。

新甫绝顶，为九峰之主峰，曰小泰山。奇峰凌汉，群嶂倚霄，苍翠若画屏。百里外望之，空青缥缈，层叠不尽。上有古柏九株，轮囷蟠裂，盖所谓鲁侯之柏。说者谓其数应九峰也。峰端因石为基，构大士殿。雕题斫桷，有飞云卷雨之势。祈祷者，趾相错也。观音、白衣两岩，雄杰夭矫，有天然石屏风为之间厕。若东西分陕，八峰如八索，坎高、离明、震下空而兑上缺，四隅，参差错落，各肖卦体。又如八阵图，风、云、鱼、鸟、箕、翕、翼、舒，疑有天工位置，非直鬼斧开通。主峰端严不倚，群峰向背有情。即西南一峰，若欲离而去者，行不数里即回睇转抱东北诸峰。杈枒驰骤，若不相能，皆如兰锜排列，万马奔赴，一尘不惊。此宫山之所以为宫也。

中峰有岫，曰云衢。云气往来，时有车马旌旆之状，翠柏苍松相掩映，最为奇观。其前为南天门，登顶者由悬径转上界，断桥绝堑，回隔尘寰。旁有铁练牵引，猿跳雀跃，而后可过而升也。《府志》：汉武帝以甘露降，建甘露庙于南天门。今改建县城东。

中峰左为灵宝山，右为天台山，峥嵘崱屴，翠色可餐，皆回巧献秀于中峰。张相汉《记》所云：拱揖环抱，皈礼大士也。

中峰迤西，为麻塔崮，高亚于顶，而险隘过之。有道人结茅舍，为白云庵。其上有老虎窝，其下有水寨溪。溪水渟泓，由五云涧出，蒸汽如云。西北为挂斗岩，斗杓东指，横斜天半，有人祖庙，祀三皇。庙西有白云洞，上有池，为天河水源。藏云根泻若银汉，下有曲沼承之，注而不倾。其下有千人涧，深广不可测。

中峰迤东，为朱霞岭，丹崖绀壁，中有洞曰朝阳。虚受暾旭，隆冬不寒。其下有春榜沟，沟上削壁如横榜。苔藓春深，若有文字。其东南有仙人洞，洞中石榻、瓦枕及几案、炷鬲之属皆备焉。由春榜沟而来，路甚险奥。仙人桥，天然两石横架绝壑间，非定静者恒愕眙而不能上也。崖间有上中下三圈，悬流飞瀑，直达春榜沟。闻春榜沟诸洞天，嵌空玲珑，俯见流泉，仰见日月，乱时人多入之，近如武陵之迷径矣。其前有末子坊。

云衢岫北三峰为义山，嵯峨削成，得天地严凝之气。又北为黄岭，荆关画本也。其下有蟠龙洞，深窅无底。东北有师旷墓。

师旷墓画像石刻

右刻四面，无年月，作车轮蛇龙之状，最奇古。在山麓师旷墓前。《县志》云：有籀文十三行，奇奥不可读。

新建师旷墓表[1]

〔国朝〕

文曰：新泰县治东北二十里许南师店，有旷墓碑表，无复存者。旁有废土基并石台，高二尺许，别无可得。考诸传志：旷字子野，鲁平阳人，为晋乐师，后为平公少傅。其所论述，志载之详，故不暇深论。考周封禽父于鲁，锡之礼乐，较诸他国，称大备焉。生兹土者，其于乐，咸能明其精意，而绍其微传，如师挚、师襄辈。其兴雅正乐之功，千古莫及。是皆与宣圣同时。

案：《左氏传》，而师旷之生，又前于宣圣，其论卫出君，则在成公十四年。余初疑旷既为鲁国之良，何不用鲁而用晋？或者三桓僭乐，成襄之世已兆其端，旷早见及，宁以身托异国，必不甘首屈私庭，其即师挚适齐，师襄入海之意，而行诸未然之先欤！且旷之心，尤有千世未经发明者。周室即东，齐晋更霸，而齐非同姓，晋实宗邦。故曰：周之东迁，晋郑是依。以晋平之贤，尊士乐道，固可与有为。是旷之去鲁适晋者，不止以去鲁者存鲁，而并以仕晋者宗周，其用意深微，正与春秋之旨有合。至其始终不忍忘鲁之心，于其归葬兹土而益见。虽首丘之义，古人所重，然旷之仕晋，得君不为不盛。汾阳安邑之墟，讵无抔土瘗其遗骨，奈何恋恋故土，求归葬之为安耶！明平生之用晋者，非不欲为鲁用，正恐鲁不能用，而反为三家用。死之葬鲁者，终以身为鲁有，固不独三家不能有，而并晋亦不得有。余于旷生仕死葬之际，而识从古圣贤，用意忠厚。其不为人所测者，往往如此也。

右，卢紘撰，真书，勒墓前。

云衢岫南，为兴云洞，外狭中阔，可布几席。夏秋云从洞出，滴露如

---

① 本“墓表”与“新太县志”所录，稍有删节。

雨，便成小渠。引之沙石间，瀌瀌有声。又南为长生池，上下两塘，潜通暗注，中间相距百弓。下塘游鳞，或洑行出上塘，往来呴沫，鬐鬣可数。又南，为汉五丈夫松，虬枝螭干，支离郁盘，不羡五株封也。新甫又不仅以柏名矣。又南，为莲花坪，石磴平广，万石攒簇。东崖有石梁，飞瀑漱玉溅珠，岩辉川媚，横腰如带，既束复解，挂壁若帘，半卷半垂。盖清旷不及御帐崖，而峭奥有加焉。其下亦为快活三，登山者得平下，下山者得上登，皆可节劳而改观，故快活也。又南为初天门，两崖中豁，云为之关。其下有球杖壑，流水潆洄，杂树葱蒨，致为幽胜。山东西有两侯城，故堞存焉。《方舆纪要》云：两侯城东西相接，汉武所筑。逦冈侠巇，埤堄周环。层苍迭翠，包裹严密。九峰在望，莲蕙中攒，外则荷茄纷披。游者屡进不穷，如剥蕉笋。及上天门，乃登芙蓉之国，菡萏之乡。又如五城十二楼中，直造珠宫贝阙也。初至侯城，念不到此山之最有含蓄者，所谓宫也。侯城西下，有汉武帝庙。《汉书》：武帝巡狩所幸郡国，凡四十九，皆立庙。此殆其一也。今废，残碑尚在。

修汉武帝庙碑

〔宋〕

《县志》云：汉武帝碑在宫山西，陆地，声类磬。为樵牧石子所击，遍成圆凹，深阔皆三寸许，字无一存，惟额上有“汉武皇帝之碑”六字。《志》又云：汉武帝庙在新甫山，今废。

蒙案：碑文真书，碑连额高六尺，广二尺，字径七分，文漫灭，行字皆不可计。唯碑下段每行存二三字者，十六行中有“元丰”二字可识，盖宋刻也。

山阳为望仙台，有古招提曰云孤寺。《志》云：秦始皇封禅东巡，驻跸于此。汉武帝亦幸此山，见仙人迹石上，因建离宫，筑望仙台。世以为宫山之所由名也。台旁有石秋千架，双柱如琢，苔藓斑驳。传自汉时，至今存焉。其下为张庄原。

任城羊太守妻孙氏墓碑

〔晋〕

文曰：晋任城太原夫人孙氏之碑。

夫人，济南孙氏之中女也。实曰□姬。其□与齐同姓，□别闾，族遂以为氏。父列卿光禄大夫，建德亭侯，以儒雅称，世济其休。夫人少有淑质，纯静不□，宽仁足以容众，明敏足以辩物。九岁丧母，少为父所见慈抚。终丧哀毁，坐不易位。□有隐括傅母之训，罔以加焉。父时未有继室，长沙人桓伯序有寡妻伏氏，魏文帝以用妻之。伏氏柔少，有国色，然非所好，而顾违尊命，莫之能定。夫人谓父曰：何不以尝同僚辞之？父意乃悟。文帝诏报之，曰：生，敬其人；死，辞其室。追远敬终，违而得道者也。父悦，入谓之曰：昔臧武仲先犯齐壮，不令与己邑。今我不犯尊，而蒙优诏，同归殊途尔。其□代伯序为侍中，父为侍郎，此为同僚，故夫人□□。父为渤海太守十余年，政化大行，孤宣（缺五字）意。时夫人□□在家，止□令□而谓之□□，威而退，虽天之□。然事君不怼，□能□俭闻。□□□为吏部尚书，多用老成先帝旧臣，举□□从，必不忘君，□而□举为侍中。夫人□而□过，穷理尽情，为父所异，皆此类也。夫人在羊氏，次第有□度，承上接下，众皆悦之。任城非夫□□□，夫人由此相帅孝□，加之谦勤，战战临深，唯恐不逮。是以舅姑嘉其淑婉，娣姒宗其德音。□□人为妇四十余载，言无□过，□无怨恶，故也。□□且感慈（缺五字），下惟诗人刑于之言，瞻前□后，率由弗违，以御于家邦，终始以孝闻，□□夫人之（缺七字）。二□小子宏明、宏哲，皆□□不幸早亡。子孙皆仁厚，振振有麟止之化，皆是义形（缺十一字）八年□月庚寅□，十二月甲申□，嗣子迅哀怀永绝，□□罔极，追惟（缺九字），力不肃之训，□□叹曰：古者钟鼎制铭，所以章君父之令德也。又有号谥（缺九字），我先妣立言、立德，同之不朽，可没而无称哉！于是，乃追而纪□，为之辞曰：奂乎文母，于我夫人，潜神内识，罔不弥纶。和乐色养，（缺十字）是勤。昧旦□□，□问日新，丧难宏多，仍罹□□，翼翼小心。惟忧用老，（缺十一字）惟，（缺四字），忉忉遗孤，辟踊靡及。曰古（缺六字）。何以（缺四字），告哀□□。

右碑，隶额隶书，在新甫山麓张庄原上。高七尺，广三尺，圭首，额下有穿，额文同题十一字，作三行，字大四寸。碑文共二十行，行卅七字，字大寸二、三分。笔势谨严，文词古雅，犹存两汉遗意。武亿曰：案《魏志·列传》，桓阶字伯绪，长沙临湘人。碑以绪为序，字本相通。《阶传》言刘表辟为从事祭酒，欲妻以妻妹蔡氏。阶自陈已结婚，拒而不受，因辞疾告退，是当为阶元配。此碑载：伏氏年少，似是其继室也。阶身没而遗事可见，又如此碑言，伯序为侍中，父为侍郎，此为同僚。案《阶传》，魏国初建，为虎贲中郎将侍中，而夫人之父官侍郎，亦同其时。其后父历官侍郎、渤海太守、吏部尚书、侍郎，则位亦显矣。然史不为立传，碑亦不书名。案《卢毓传》：文帝以毓为吏部尚书，使毓自选代，为举阮武、孙邕，帝于是用邕。案碑言“父为吏部尚书”，其时正与相近。疑其父为孙邕也。碑云夫人在羊氏，案：羊氏当晋时泰山南城门阀最著，任城太守为羊氏之族。今惜碑不见其名。殆莫可稽也。《晋书·职官志》，王国改太守为内史。以《宗室传》证之，景王陵泰始三年，转封任城王之国。然则，任城为王国，不宜称太守。盖当云内史，而淆乱往往相易，不可遽数。如桓彝见于《武帝纪》，称宣城内史，及案《桓温传》，则亦称太守，皆此类也。桂馥曰：案《魏志·管宁传》，侍中孙邕荐宁，邕历官与碑同，疑即夫人之父。魏文帝《典论》：光和中，北海王和平，亦好道术，自以当仙，济南孙邕少事之。据此，则邕为济南人，益可证。《鲍勋传》：帝屯陈留郡界，太守孙邕见。案碑言：渤海太守，不及陈留，或邕历二郡，碑但举其一尔。碑又云，长沙人桓伯序。《魏志·桓阶传》作伯绪。案：阶，陛也；序，东西墙也，当为序。碑又云，昔臧武仲先犯齐壮，不令与己邑。考《左氏传》：齐庄公将为武仲田，与之，言伐晋。武仲以鼠为喻，遂不与田。碑指此事。谥法武而不遂，曰“庄”。此“庄”字本作“壮”。晋时《左传》本尚作“壮”，后改为“庄”。汉赵充国、蜀汉关羽、魏曹休、桓阶、许褚、庞德、徐晃、文聘、州泰，并谥壮侯，可证也。朱文藻曰：案碑不见年号，碑中有年月可辨者，惟八年十二月甲申等字。八年上漫漶莫辨。夫人父仕魏文帝朝，其时夫人年初长，自文帝初元，迄元帝禅晋，共在位四十六年，夫人当已六旬，则入晋历年不久。终西晋之世有八年者，惟武帝之太始、太康，惠帝之元康。元康八年距晋初已三十六年，计夫人有九十余岁。碑文无一语颂及高年，断不逮此。今以《资治通鉴·目录》追考之，元康八年十二月戊戌朔，则甲申在十一月，其非元康八年无疑矣。太康八年十二月壬寅朔甲申，亦在十一月十二日，其非太康八年无疑矣。惟太始八年十二月庚午朔甲申，是十五日，遂定此碑为太始八年。然则夫人之寿垂七十年矣。又案：甲申下阙一字，庚寅下阙一字，庚寅上有“月”字，月字上阙，微存一似系“十”字，此上乃有“八年”字，碑似云八年十月庚寅卒，十二月甲申葬也。

望仙台

〔国朝〕施闰章

崔嵬新甫山，蜿蜒百余里。连峰障日寒，翠柏参天起。窅窅岩洞深，津津流石髓。遥见羽衣人，青霞随玉趾。借问此为谁？云是洪崖子。汉武非仙才，登望亦徒尔。觌面不相识，延颈睇海水。千载郁萧条，荒台蔓葛藟。

论曰：徂来、新甫，并著《鲁颂》。人艳徂徕，而遗新甫，以其距岱稍远而游跖鲜经故也。查慎行诗，疑其小而不称。但指路旁山口，立牓小阜而言，其于莲花诸峰，直眯而未之见耳。新甫东五十里许，有具山、敖山，左氏所谓“先君献武废二山”是也。敖山，在宋宣和二年以祷雨辄应，敕祀庙，额曰孚泽，封溥灵侯。一名青云山，与泰岱、灵岩、五峰、莲花称五山，祷祀最盛。今亦不见记载矣。五峰，在敖山之北。莲花，即新甫也。

新甫山怀古

〔明〕王应修

新甫传闻久，登临始见奇。悬崖高巇嵲，断石迥参差。空翠群峰湿，微茫一径危。攀藤云拂袖，藉草露沾肌。斤尽鲁侯柏，苔残汉武碑。山僧聊共话，谷鸟暗相窥。壁古龙蛇剥，林深麋鹿驰。汲泉供茗椀，敲火爇松枝。寂寞探元意，凄凉吊古诗。苍桑不可问，丘壑有余思。

春日登新甫山

赵希抃

春山春望郁葱葱，矫首层峦切太空。向俗久传秦禅地，逢人争道汉离宫。三峰时吐嵯峨月，万木长交澹荡风。最是凭凌情不厌，尊前青眼更谁同?

晴望宫山

谭其志

苔老石翻润，云荒峰自奇。平畴遥可辨，危径到还疑。天地知何意，山川产若私。江南造所历，灵幻未如斯。

新甫雄关

张纲孙

夜出见山火，煜煜石间岗。急走新泰邑，汉之东平阳。迢迢隅泗水，霜坂五里长。虽然水泽涸，其流还汤汤。逐波经古道，衰柳凄成行。萧萧北风生，冢墓吹白杨。石虎与石马，迹是尚书郎。始经新甫关，蹀躞崔家庄。人烟湿颓壁，饥鸟窜空梁。崖脚苦不高，潭水溅我裳。何以慰行路，仰视天苍苍。（路有兵部尚书王长公墓）

登新甫

孙述

满谷西风满目秋，登临胜概白云留。秦皇旧迹烟霞锁，汉帝遗宫草木愁。绿水鸣弦随涧曲，碧峰排戟插天幽。深山深处无过此，未审征徭可避不？

宫山怀古

杨继芳

秋色满山岩，行云湿古树。相唤谷鸟鸣，闻声藏其羽。深洞有龙蟠，岩光若带雨。夕阳隐西峰，寒烟流复聚。离宫何日废，荒草埋石路。归屐印莓苔，转盼生余慕。

新甫山

〔国朝〕王士禄

徂徕既环瑰玮，新甫亦郁秀。苍苍百里间，与岱相辐辏。拄颊望嵚崟，复踏森蹴骤。朱霞耀晨岭，白云滃夕岫。辗转无定姿，晦明相荡漱。定有灵异栖，或是仙人囿。汉武此筑宫，未必方士谬。我行快瞻瞩，恨不蹑岩窦。为咏闷宫诗，遥集破儒陋。

登新甫

程云

窈窕攀林杪，空蒙极望收。野泉偏受雨，禾木易知秋。近拥青徐出，高凭海岱游。廿年丘壑志，今日一沧洲。

过西岭数里许，土冈微起，道旁新立木榜，署古新甫山，五年前经此未尝有也

查慎行

南眺东蒙峰，北瞻泰岱巅。相望三百里，徂徕处其间。新甫特土壤，居然亦名山。石老松不生，荒榛互绵延。文人好夸大，后世事或然。曼硕告寝成，煌煌郊庙篇。移风继周颂，孔子经手删。不应阙宫什，失实载简编。鲁邦岩岫多，高峙争孱颜。今闻非昔指，彼此揣度悬。年往事易讹，况加附会牵。我欲正此谬，诗成恐难传。

偕友人游莲花山

周䢺

我怀古新甫，涉彼汶水湄。行行尽南陌，山谷何逶迤。遵路渐深入，前望多险巇。升降须臾间，我马亦已疲。休誓巉岩侧，梯霞相追随。不觉致身远，但见群山卑。大风拔云根，神悸心转危。手扶两仆夫，木强足难移。俯临万仞下，鸟道空如丝。攀缘更数峰，灿然豁支提。庄严奉医王，丹青间罘罳。历阶遍瞻仰，长跪礼大慈。忽逢羽衣人，捧袂前致词。谓予良辛苦，蹈险穷幽奇。是山称莲华，叶叶交撑持。洞府秘灵妙，天作仙人居。潜真总度世，知名独安期。当年汉武皇，访道亲来斯。至今西崦上，犹是离宫基。闻此长太息，恨不生同时。向读方士传，往往参信疑。或云燕齐俗，怪迂恒相师。岂知践神境，异迹还累累。陋哉彼夏虫，语冰徒见嗤。

春日同友人游新甫山

叶方恒

岳东古新甫，其形作莲花。俗以因之名，齐鲁相矜夸。立石插穹昊，叶叶纷交加。回环结奥区，中有神仙家。凭虚敞南望，平野耕桑麻。绵延汉时宫，曾映朱明斜。庄严起梵宇，奔走来穷遐。安期不可见，石洞流春霞。

游新甫山记（一名宫山，又名莲花山）

孔贞瑄

汉武东巡，其雄心阔目，固将倾泄四海，踔塌五岳，乃独眷眷于此建离宫，何居？曰：彼有取尔也。新甫志于《鲁颂》，以离宫故更今名，九峰如莲，因号焉。世祀大士，香火极盛，士大夫游者轮蹄。顾寡名山，湮郁如跅弛之士，不遇知己，使孤标自赏，不亦惜乎！山东西有两侯城，逻冈复岭，蜿蜿蜒蜒。远山环卫，势如登机。北眺九峰攒翠，莲靥半吐，如天水蔚蓝，精华在隐见之间。及山麓，诸胜皆敛不露，转讶亢直，不惬所望。陟天门，忽开异境。始知大美中涵，层峦曲涧，百折不穷。过快活三，登莲花坪，观石梁飞瀑，叹为奇绝。盖山腹结穴要地，仿佛御帐崖，而深险过之。及汉五大夫松，虬枝螭干，龙鳍蛟髯，若欲与秦松争衡者。长生池，上下两塘，潜相灌注，下塘金鲫，或泝行出上塘，颇有禹门登龙之意。其上兴云洞，外狭中阔，可布几席。夏秋云从洞出，滴露如雨。开小渠引洞外，澈流有声。观音、白衣两岩，万嶂插天，离奇夭矫。有天然石屏隔座，如同宫异院。其腰络突峰，如乳、如鼻、如腭、如脐、如龟、如麟、如凤，峙如龙蹲，皆锦叠绣错有层次。而云溪风隧中，怪砂带水，枝脚横生，如豕牙、如噬嗑、如锥、如戟、如梗、如榷，如虹饮涧，如鼠寻穴，如枘投凿，如杵入臼，皆棘矜趺宕，作钩距闪扑之形。盖其山皆抱胎，水知恋源，立则有怀，去乃不骤，所谓直而不倨，曲而不偻，极窈窕贵矜之至矣。西北天河水，源藏云根，曲沼承之，若净瓶。白云洞、人祖殿、挂斗岩，缥缈天半。由悬径转上界，断桥深堑，隔绝尘缘。牵铁练，猿跳而过，达新甫绝顶，峰类鹦嘴，百里外望之，空青不尽。杜诗齐鲁青未了，岂独望岳云尔乎！山四周有朝阳洞、仙人桥、仙人洞、老虎窝、麻塔崮、白云庵、春榜沟、末子坊、三圈悬流之胜概。离宫在山之阳，秋千石柱犹存，雨后或得遗钿。谛观新甫，宛肖岱宗，非比肩之兄弟，定继体之宗子。但泰山古穆，新甫秀丽。品其骨相，盖具体而微者欤！

岱览卷第二十四

附览五（卷二十四之卷二十六）

灵岩图

灵岩上

功德顶　白云洞　石厂　绝景亭　甘露泉　铁袈裟亭　仙人岩

灵岩寺　虎溪桥

灵岩中

鲁班洞　卓锡泉　双鹤泉　御书阁　辟支塔　饮马沟

灵岩下

佛日岩　巢鹤岩　香霏岩　神宝泉　宝山　灵辟峰　朗公山

如来顶　明孔山　雨花岩　黄茅冈　黄现山　鸡鸣山　总论

灵岩上

灵岩，古方山也，在岱西北四十余里。《水经注》谓之玉符山，《齐乘》谓之十里松，以山饶松桧也。东晋竺僧朗，事佛图澄，硕学渊通，降锡昆瑞山，尝往来于此说法。猛兽降伏，顽石点头，人以告朗，朗曰：此山灵也，因名灵岩。旧属泰山郡，唐隶齐州山茌县。山茌废为丰济镇，归长清，属济州。长清故城在今县东南三十里，宋至道二年始移今治。元属泰安州，明隶济南府，今为长清县境，在县东南九十里。山自泰山西北仙台岭、长城岭，经西棋子岭，又西而北为朗公山东天门，蜿蜒而入。北倚南向，左右如环，雉堞周回六十里。宋张公亮《记》云：泰山西北阯，群山拥翼，连属百余里。摩空干云，秀拔万状，曲如列屏，削如立壁，矗如攒剑，锐如植圭。炜熀掩映，城堡环绕，虎兕奔突，龙蛇盘曲，崟为岩谷，岈为洞穴，断为溪涧，引为林麓。峰卓岭耸，峦跳巘叠，翠木荫蔚，飞泉激越。中有川焉，厥土衍沃，齐鲁通道出于其间。山阿丛林，为宋四大刹之一。自北魏孝文帝太和三年起灵泉殿，思远佛寺于方山，遂屡幸焉。正光初，法定禅师复兴拓建，曰灵岩寺。旧址在甘露泉西，今寺东南。唐贞观时，徙于西南麓。宋熙宁间，始移建今寺。历代修葺加隆，层柏饰崖，刹灵之图既壮；仙陀转法，昙云之教弥尊。故灵岩寺之名，甲于齐州。其曰灵岩川者，以诸泉汇中川，达清、济也。《金石文字记》云：山距府九十里，南接泰山，北带龙洞。《齐乘》以为疑即《水经注》之玉符山，而《魏书》所云朗公谷者，在其东南。自前代称为胜境，宋、金、元人题字最多。山巅为功德顶，迤南为白云洞、小石厂、绝景亭、甘露泉、铁袈裟亭、仙人岩、鲁班洞、卓锡泉、双鹤泉、辟支塔、饮马沟，寺在沟北。自功德顶西分者，拂日岩、巢鹤岩、香霏岩。稍北为神宝泉、宝山。由白云洞而东南，则有灵辟峰、朗公山、如来顶、明孔山。由饮马沟而西南，则有黄茅冈、凌霄峰、雨花岩。山口则右黄现、左鸡鸣，对峙为门户，游轩必由焉。此灵岩之梗概也。

功德顶，青壁四削如印，上平如砥、如方罫，方山所由名也。其阳，天然龛座为证明龛，龛内释迦偏袒跏坐，高丈余。旁有四行者像，皆因石为之。史称北魏孝文帝太和三年，于方山起文石室。五年，建永固石室于山上，立碑于石室之庭。八年，幸方山石窟寺。盖谓此也。《考古录》云：昔时，帝王巡守东岳，大氐自兖州而东，惟唐高宗自齐州而南。《旧唐书·本纪》：麟德二年十二月丙辰发，灵岩顿，三年正月戊辰至泰山是也。然建寺临幸，则自元魏始矣。今皇上六龙时巡，云罕蜺旌，屡邀焜耀，霞章奎翰，叠赐昭回，此诚旷代之龙光也。倚龛南眺，冈岭四合，周如城郭。狮王为纲领，卧象巢鹤，蹲踞氋氃。东山孱颜，若毗卢帽，若应真锡，若韦驮杵。西山若金幢宝幡，童童导引。下视岩麓祇陀林，佛日慈云，映彻圆满，真无量金色琉璃界。龛西为悬星岩，巨石磊落，星光荧煌，唐宋题刻约略可辨。

长庆题名

〔唐〕

右，真书，在石龛佛座上。字尽漫灭，有“长庆元年”四字可识。

修证明功德记刻[①]

文曰：修方山证明功德记。乡贡进士牟珰撰。

此山前面有石龛，龛有石像，从弥勒佛并侍卫、菩萨至神兽等，计九躯。案，《寺记》云：唐初有一童儿，名善子，十岁已下，自相魏间来于此山舍身，决求无上正真之理。□启首□，四体遂堕，未及半虚，五云封之，西去。其音乐□□，天风错□，毕寺缁白，无不瞻听。乃凿此山成龛，立像旌之，曰：证明功德。暨乎会昌五年，毁去佛□，天下大同，凡有额寺

① “修”字后，清金棨《泰山志·金石记》有“方山”二字。

五千余所，兰若三万余所，丽名僧尼廿六万七百余人。所奉驱除，略无遗子，惟此龛佛像俨□，微有□残[①]。大中五年，奉旨许于旧踪再启精舍，寺主僧从心闻于州县，起立此寺。有杭州盐官县人僧子儒，俗姓董氏，不远江湖，访寻名迹，至六年五月七日得度，既果前言，□□恳诚，金采装饰方山证明功德，兼□□□神及狮子各二只，□金彩色手功价□□□五十贯文，施主二百余人，□□一镌姓名□□左。其山龛在寺之艮，直上可四里，下思人□井，以□处星端，旁际□沧溟，有同蓬岛。□龛石□，有泉不□来源，从细窦泄□石盆（缺六字）而已。玉液金浆，莫得□其甘美；□□香山，□□质乎香□。子儒公明山峦之□□□固，敬石之像长牢，冀贤劫尽而同尽，自□□外，胡可倾移哉！

大唐大中八年四月八日镌记。

寺主僧从惠，大中五年奉皇恩远降，许令漆饰旧基，先度僧考□主持，□月廿八日，经长清县陈状，四月十三日，门（缺六字）来□。六月廿日，□□□度独（缺七字）祝□心□后□工，北临圣堂，□是此等（缺六字）一景界。夜至三更，先见二僧，一僧面西而立，一僧面东而（缺四字），亡妣□身（缺十三字）先□□□集随月而（缺六字）去来□□有五□四□□赤□大袖□衣，头上冠笄，□执笏，中有一女，身（缺九字）头□双鬟，手中执□□老□□去（缺六字）余□忽然不见，明□□至齐州，□□□此□祥瑞□□七月廿八日呈上。刺史刘将军遂唤入见，问其由，八月一日得度，九月一日八[②]，（缺四字）尚住会□□□度使（缺四字）侍□□官（缺十七字）上闻，明敕所□□宜依□。大中八年四月廿日记。

右刻二则，在石龛佛座下正面。石纵广一尺五寸，横广九尺。中刻小佛像，前后刻记，小字楷书。前一则后有寺僧及施人姓氏，不具录。内有

① “□”，清金棨《泰山志·金石记》作“董”。
② “八”，清金棨《泰山志·金石记》作“入”。

鹿继宗、李可言镌等字，杂乎其中。记刻之上，多为宋人题名所毁。然唐时佛龛，废兴之由，亦略可睹矣。

僧智璋等题名

〔后唐〕

右，清泰三年，真书。勒石龛佛座上。

王揆等题名

〔宋〕

文曰：元祐三年戊辰，长清王揆。苏永叔、李行父、庾祐之三人题（左读）。永叔曾游。丁巳三年十月，颍水李颜、庐山李宪。丙子仲春十四日齐幕仲。

右，并真书，在《修证明记》刻上。凡五则，笔法并是宋人题刻。由戊辰逆推之，丁巳当是熙宁十年。由戊辰顺数之，丙子当是绍圣三年，中间相距二十年也。

周忠范等题名

右，天禧五年，真书。勒石龛佛座上。

张励题记

文曰：灵岩观音道场。

灵岩山观音菩萨，昔所化现天□之□迹，维时四大□政和岁在丁酉首春甲午。朝请□□充右文殿修□□乐张励来守济南，为题峰□著□名，以彰其实。

右，勒悬星岩上，高一丈，广五尺。前六字字大，径二尺许，记三行，行径一尺，并真书。多漫漶。

何亭玉等题名二则

右，并真书，石龛上。前一则四行，仅存“封十蕴资游观三月二十三日”十二字。后一则三行，云：“何亭玉、唐□仪来游，宣和元年三月廿五日。”（左读）余不可辨。

赵邦美等题名二则

文曰：

长清宰赵邦美、子相□拉杨叔应、李充道同游金仙。靖康丁未正月廿二日。礼同恭拜（缺）曹积李流瞳□□王斌□昌□游记。二年二月三十日。

右，题名二则，皆真书。前则四行，后则分上下二截，上截仅存“礼同恭拜”四字，下截姓名泐者四字，在石龛内。皆似旧有磨崖而掩刻之。

杨博题勒

〔明〕

文曰：象岭狮峰。隆庆□年（缺），杨博（缺）。

右，并真书。勒证盟龛。

证盟龛

〔国朝〕韩章

洞屿当阳护翠松，许人攀仰继高踪。证明得至无无尽，即是千岩最上峰。

白云洞，豁辟向阳，由证盟龛南下，过转山东折至焉。洞如突奥，修百弓，广九之一。入其中，则东北隅有门，甚黯，仅容一人行。秉烛而入，登降者数。有巨堑，深数丈，风涛震荡，瘁痍不可下矣。皇上御题白云洞额。御制诗四首，勒洞壁，旁有驻跸亭。

洞西崖题勒

文曰：

最上。

日观近可攀（二并失名）。

蓬莱（叶梦熊并真书）。

小石厂，在白云洞下。东南峭壁如削，崖畔天然石榻二成，上广六赤，下倍之，曰可公床。明释真可入定处。

皇上御制《登玉符山诗》二首勒壁。东为大石厂，容可数十人。登之若倚层台，通望周博，一名半室崖。

朗公传刻

〔宋〕

右磨崖，在可公床壁上，纵四尺，横一丈五尺。文四十行，行九字至十二字不等。字径三寸许，并行书。前书东晋《朗公传》，本梁慧皎撰文。不具录。末题“戊子岁秋七月廿七日，僧如晓谨书”。无年号。如晓，宋僧，故系于宋。

小石厂西壁题勒

文曰：

留云。

拂石岩（二并失名）。

更上（石九奏，皆行书）。

小石厂题勒

文曰：

灵山一派。

青壁千寻。（陶钦皋，并真书）。

大石厂题勒

文曰：名山石室（真书，失名）。

绝景亭在小石厂南下，一名抱灵亭，宋释仁钦建。竹柏饰乎层部，绣薄丛于芳泉，远混迩延，毕集亭畔。《东游略记》云：亭在方山之下，绝类嵩山法王。前为行宫，乾隆二十一年建。中有爱山楼，御书“巡方揽秀”额。其西崖构观花亭，与抱灵对列。

行宫大门内迤西，旧有石龟泉，涸。其地为金陈寿恺、元杜仁杰隐处，即《志》所载观音、朝元、达摩各殿故址。寿恺，济南人，志高尚，精内典，卜居于此。三十年不出山，寿九十有五。仁杰字仲梁，长清人，德行文章称于时。以翰林承旨征不起，游灵岩、五峰间以终老。武宗追谥曰“文穆”。崖间古木盘郁，多老檀，磊砢若虬龙，《志》称千岁檀云。

甘露泉，出绝景亭东崖趾。明熊相《记》云：泠然有声，如弦磬。掬以烹茗，色味类金焦。西流绕甘露亭北，又西过御河桥下，北折入御花园，汇鱼池，洑行而南，灵岩第一名泉也。苍崖碧藓中，触处逢源，涓涓数泓，渟演为池。白石清泉与虬松翠粒相映荫。皇上御题“甘露泉”三字勒崖，复摹上石，建亭。御制诗四首，勒碑阴、侧及额。

泉上题勒

文曰：

活水源头（彭黯）。

灵岩第一泉（失名，俱真书）。

甘露泉

〔明〕刘亮采

甘露泉头石，偏宜月上凭。云归山一色，水落涧多层。幽壑栖灵物，长林散佛灯。吾生有结习，每欲作诗僧。

铁袈裟，在甘露泉南，高六尺所，阔杀。其一背偻而磥砢，襟方坳为水田纹，若级缕襞积其上，旅自肩贯胸，隆起若折痕者三。传法定时自地涌出。明人篆勒“铁袈裟”三字其上，旧在甘露泉之达摩殿，移置于此，覆以亭。乾隆丁丑，御题“铁袈裟”三字于石旁。有印池，水出函云洞，绕亭西注，又北洑行会彩泉。泉在接引佛殿址东北，溪源也。西流入饮马沟。

“龙藏”二大字刻

〔明〕

右，万历中聊城九岁童子傅尔庚真书。在袈裟亭西。

铁袈裟

〔宋〕张舜

线蹊针孔费掺掺，铁作袈裟信不凡。大庾岭头提不起，岂知千古付灵岩。

咏铁袈裟

〔国朝〕杨涵

红炉不记是何辰，长短谁能量此身。莫怪至今披不起，祇求竖得脊梁人[1]。

① “祇”，清金棨《泰山志·金石记》作“只”。

仙人岩，在印池西南。石壁峭特，上有亭，明嘉靖中隐士李松勒岩名石上。然禅栖道场，似未宜杂，以黄冠名目，意者其善眼仙乎！岩东，故有白衣殿、星月楼及维摩庵，并圮。庵为明刘亮采读书地，颜其室曰：面壁斋。亮采，子公岩，济南进士，官户部主事。告归，爱灵岩泉石，因斋于此，诗酒自愉以终。

达摩面壁像刻

〔明〕

右碑，前后刻达摩背像、面像各一。万历中刘亮采画，勒面壁斋址。

灵岩过公岩面壁斋，公岩遣人供酒，壁挂素琴，为一再鼓，爱赋二律寄兴

〔明〕张鹤鸣

面壁斋头峰影高，山中卜宅远尘嚣。丹禽自绕千株树，碧涧遥分几石桥。洞里清泉堪煮茗，松间明月待吹箫。主人不到空乘兴，一曲潇湘酒一瓢。

壁上瑶琴床上书，刘郎真个爱山居。纸窗迸竹云初碎，石屋鸣泉玉不如。为羡灵岩增胜地，愿分甘露结吾庐。随君也著登临屐，千树梅花手自锄。

灵岩寺，在仙人岩西，广袤三里。宋张公亮《记》云：苍岩下绀殿崛起，峻塔贯云，宝楼结瑶，高门嵯峨，长廊连延，远望若画图中物。案《图经》，本希有佛出现之地，后魏正光元年，法定师始置寺。有青蛇、白兔、双鹤、二虎之异，我朝景德中方锡今额。先是旧制质略，率意缔构，因地任材，行列不次。景祐中，主僧琼环者，即众堂东架殿两层，龟首四出。南向安观音像，文楣藻拱，颇极精丽，设虡刻鲸，以警昏晓。后主事者复植殿之两楹，辟正门，垒石填涧为回廊，庭除显敞，乃为大壮。《东游

略记》云：党承旨世杰《记》，寺为元魏梵僧法定拨土立之。蒙案：大观中《石桥记》云：正光初重建，然则党承旨亦未尝遍考耳！盖寺之由来尚矣。《考古录》云：《金史·侯挚传》：挚行省事于东平，权本路兵马都总管，请驻兵于长清之灵岩寺，有屋三百余间，且连接泰安之天胜寨。《元史·严实传》：泰安张汝楫据灵岩，遣别将攻长清，实破走之。则又亟经兵燹也。今山川奠宁，士民以其余力为布金园，视宋、明尤恢拓，翼棘参差，骞翥嵬崿，可谓缨山带阜矣。乾隆丁丑已来，每遇东巡，辄邀车驾临幸。

御制灵岩礼佛诗五首，恭勒大门外东崖。

灵岩寺颂

〔唐〕

其断文曰：灵昌郡太守邕，以法有因福□□得真僧戾止，神人告祥，宜或真空以悟圣，或密□以接凡，□谓之灵岩允矣真。晋、宋之际，有法定禅师者，景城郡人也，尝行兰若。若是者历年，禅师□劳一人，逝将辞去，忽有二居士建立僧坊，宏宣佛法，识者以为山神耳。因夫山者，土之至厚；谷者，墟之至深；水者，因定而清。林贝叶之经衡，廓莲花之独人，存法立事，著名扬空。矧乎辟支佛牙，灰骨起塔，海龙王意，贸金仍旧。昔者，州将厚具，邑吏孔威，广□支保，多借器物而送之，仍施绢五十匹。□若武□阿阁，仪凤堵波光堂。大悲之修，舍利之□，□身之造，禅祖之崇，山□□增□□□□也。云霞炳焕于丹霄，即而察之，日月照明，□□□二□□客，植之不生，泛于草间，秽于垄上，职由律住持入慧之境，□繁文字，□笔杪于连章，□广间遗刻。上座僧元景、都惟那僧□详、□主安禅，或上首□空，或出等永言悟入，大启津梁咸高梯，有□胜公自照，仍依俗谛天长。其词曰：倬彼上人，巍乎曾岭，冥立福地，神宫岁寺。建置，今古齐同。磴道逦迤，霞阁玲珑。（其二）岳，寺台之国，岱之北阜。蒲之要陉，是人依法，□事联声哉。传觉以极斯万。（其五）大唐天宝元年次任（下缺）。

右颂，李邕撰并行书，见《金石录》，今佚。钱唐黄易小松有藏旧本，亦多残阙，不可读，姑仍其装册，而录之于右。笔法奇宕，当是北海得意书。

饭僧记碑

〔宋〕王唤

文曰：王唤被旨特许，因职事到济南，营治亡妣丧事。小祥前八日，恭诣灵岩道场，观世音[①]，预设僧供，请如老升座。饭毕出山。刘材、韩洵、夏侯不群同行[②]。政和八年六月廿有七日。

右刻，高尺五寸，广二尺。记十一行，行八字，字径寸许，行书。在寺内壁间。如老，当即宋齐古《施罗汉记》中住持净如也。

海会碑塔

文曰：有魏正光，迄今圣宋，绵历年余八百，寺号之更迁，人物之臧否，以致隆窳不可悉数。逮夫规式皭然，缁侣云委，土木备举，殿阁一新，无如今日。堂头妙空禅师，唱导之间，独念当山，从来先亡后化，积骨遗骸，有力则叠石累茔，星分坴亩。孤穷者暴露坑涧，灰烬狼藉，殊无以表从林义聚之义。宣和癸卯寒食，师躬率众，飨祭祖师窣堵之左，忽恻然为怀。即日，芟草定基，揆作海会之塔。庶几，聚其散殢，以合为一，且便后来顺寂有归[③]。于是举众欢然，叹喜师勇于有为，而作利益事，乃佥请醵金[④]，请助其费。六月初一，基土为穴，作圹[⑤]，圹分为三，中安住持，东安

---

① 该句前，清金棨《泰山志·金石记》有“礼”字。

② 该句前，清金棨《泰山志·金石记》有“王永”二字。

③ “便”，原塔铭作“使”。

④ “请”，原塔铭作“议”。

⑤ 该句前，原塔铭有“甃穴”二字。

僧徒，西安童行。七月十五告成，预令报谕，徒季收敛弃掷。二十日，营办供食，严持香烛，与合寺之众，作种种佛事，迎而葬之。已往者既获安其地，后来者亦乃均其利，举家靡不相庆[1]。曰：吾侪像教，独善其身，为目前计者倒指皆是。今堂上老师，作利益事，以垂永久。非愿力广大，悲智圆融，何以能此？咸请书其岁月，监寺比邱祖英谨题。

右刻石，纵尺五寸，横三尺许。文二十八行，行十三字，真书。明孙克宏《碑目》有《灵岩寺普同塔铭》，疑即此碑。

康渊诗刻

〔金〕

文曰：赠灵岩西堂坚公禅师。武安康渊。

萦回绿水绕春山，蝶舞莺啼白昼闲。谁似西堂知解脱，不教忧色到朱颜。

伏睹甲兄都运观察赠西堂禅师佳什，言超物外，奇逸清高。如闲淡烟云，萦岩映岫，自生光彩耳。谨命工刊诸琬□，用久其传。

皇统戊辰五月初十日，住持法云立石。

右刻，诗七行，行八字，字径寸。跋四行，字径五分，并真书。在灵岩寺。考武安是冀州之称，跋云“都运观察”，盖渊尝为广运使，证之《宝公塔铭》，亦称运公，是也。

寿公施财修寺记碑

〔元〕

右碑，高二尺四寸，广只一尺。存字十行，行二十五字，字径八分，真书。在灵岩寺壁，仅露后半。言寿公施中统宝钞三千缗修大殿，又施宝

① “家”，原塔铭作“众”。

钞壹千伍百缗修西三门，可谓不私己财者矣。泰定三年岁丙寅三月立石。

举公提点施财记碑

文曰：举公提点勤绩施财记。清亭李克坚刊。

闻隆替有数，贤鄙在人，中兴上祖丛林，全赖出伦释子。恭惟举公提点者，祝发于足庵门下，施功于方岭会中。散一襟之和气，与物为春；澄千顷之洪波，于人无间。三钦皇恩特旨，惊外道以魂飞；一奉潜邸纶言，斥邪宗而胆丧。既得田园，周备诸处，建立庄严，博饭种田，栽桑接果，创建真堂方丈，重修香积库司。前殿观音妆塑，后堂大像妆塑，施为立落，动止非常。受帝师法旨护持，奉总所公文加号。由是悟六尘无我，知五蕴是空。布施齐僧[①]，看经礼忏。谨以典买到四项地土，计中统钞柒千两正，施常住永远为主。

开坐如后：

一、姚家前典到活业南北畛带桑地一段，约十五亩，该钞贰阡壹佰肆拾两。

二、买到庄西王马驹带桑菜园壹所，钞壹阡壹佰伍拾两。

三、买吉二带桑菜园壹所，钞贰阡贰佰两。

四、买刘三带桑菜园壹所，钞陆佰两。

用报四恩，永资三有。余希法轮恒转，祖道兴隆，岁稔时丰，远安迩肃。

时天历二年岁次己巳正月下旬吉日。当山住持古渊野衲智久记。提点思让、监寺思川、提点子贞、官门觉文、维那子廉、副寺妙酬、典座觉[②]、直岁惟胜、首座思泉、书记恒勇、教读思亨、藏主思岑、知客觉道、钱帛

---

① “齐”，清金棨《泰山志·金石记》作“斋”。

② 该句后，清金棨《泰山志·金石记》有“亮”字。

思檀、外库惟缘、殿主思虔上石。

右碑，高三尺六寸，广二尺四寸。文二十二行，行二十七字，真书，径九分。案：此碑乃灵岩寺提点智举施钞买地充寺产，而住持智久为之撰记刻石也。中统钞七千两买地四所，中统钞每两不知比今所直几何。而以其典姚家前活业一段计之，地约十五亩，该钞二千一百四十两，是每亩价直百四十两有奇矣。以今之南北地价较之，大约中产每亩十余金，是中统钞只直今十之一耳。然尚是活业，若买到者又不知增直几何也。

大灵岩寺碑

右碑，高七尺，广二尺二寸。中幅题“大灵岩寺”四字，真书，径一尺七寸。右题衔名一行，云“奉直大夫山东东西道肃政廉访副使文书讷双泉书”。左题年月一行，云“至正四年四月十有九日立”。并真书，径一寸。案：文书讷，史志皆不详其人。笔法整严，神采秀劲，可以想见其为人。碑北向山门，其阳有运使僧嘉努跋（本作家奴）。

李杰诗刻

文曰：宿灵岩寺。

一榻借禅房，窗虚风露凉。诗魔催梦醒，王事促行忙。人阖东西户，僧房上下方[①]。山中无刻漏，倍觉此宵长。

翰林李杰书，当山住持妙恭立石。

右刻，在大门外。诗九行，行六字，字径八分，行书。

---

① “房”，清金棨《泰山志·金石记》作“归”。

千崖万壑二碑

〔明〕

右，嘉靖时张钦大书，在山门外左右。

游灵岩寺

〔唐〕司空曙

春山古寺绕烟波，石磴盘空鸟道过。百丈金身开翠壁，万龛灯焰隔烟萝。云生客到侵衣湿，花落僧禅覆地多。不与方袍同结足，下归尘世竟如何。

游灵岩寺

〔宋〕孔舜

忽从平地出尘笼，亲到诸天释梵宫。却悟冗官长役物，争如大士日谈空。山横青壁千屏合，泉迸丹崖一线通。幽鸟静啼人外境，疏钟不坠世间风。目无可欲猿猱伏，心绝微尘水鉴融。自恨无缘陪晏坐，他生愿效种松翁。

游灵岩题壁

〔元〕赵文昌

路入藤荫石径凉，马头遥认赞公房。兜罗天近云烟湿，婆律风清草木香。红鹤飞来山隐隐，玄猿啼罢月苍苍。穷探自是平生病，拄杖真须到上方。

游灵岩寺

李岳

上方重阁喜登临，山气霏微向夕阴。栖鸟伴云归宝塔，落花随雨散香林。清泉脉脉流名古，苍柏森森阅岁深。一叩禅关观众妙，更须何地豁幽襟。

游灵岩寺二首

〔明〕徐毅

山霭霏微石径斜，上方台殿寂无哗。春深尚有残红迹，知是优昙第几华。

四面山开翡翠屏，碧梧修竹两亭亭。老僧定起推窗坐，自启琅函诵贝经。

灵岩寺和苏颍滨韵

王守仁

客途亦幽寻，窅窱穿谷底。尘土填胸臆，到此乃一洗。仰视剑戟锋，巑岏𪩘如泚。俯窥蛟龙窟，匍伏首若稽。异境固灵秘，兹游实天启。梵宇过岩壑，檐牙相角觗。山僧出延客，经营设酒醴。导引入云雾，峻陟历堂陛。石田惟种椒，晚炊乃有米。临灯坐小轩，矮榻便倦体。清幽感畴昔，陈李两兄弟。侵晨访遗迹，碑碣多荒荠。

别灵岩寺

王应鹏

落日青天迥，登楼面壁峰。片云翻绝壁，疏雨过深松。塔自空中突，泉于树杪重。吾师如惠远，脱屣即相从。

游灵岩寺

徐中行

列岫围丹壑，诸天出翠微。云霞明客路，薜荔暗禅扉。御墨金为榜，神僧铁作衣。塔窥青汉上，钟袅白云飞。挥尘深玄理，忘筌学息机。乍如逢慧远，日暮憺忘归。

宿灵岩寺二首

傅国

祇林全失日，鹫岭暗生云。珠翠春常在，香花午不分。风摇金塔影，雨绣铁袈纹。不用愁供给，松间坠露芬。

灯寒开贝叶，夜静掩松扉。清磬闻林杪，幽人语翠微。饼飧婆利净[①]，茶挹露花馡。坐久诸天冷，香云落客衣。

寺大门内凡三桥：中曰聚善，东曰虎溪，西曰接引。明嘉靖中重建。寺内外诸水皆汇桥下，西注饮马沟，今并堙，水由寺外入沟矣。东西为钟、鼓楼，其南为天王殿。

灵岩千佛殿碑

〔宋〕

文曰：齐州灵岩寺千佛殿记。

朝散大夫、尚书工部郎中、提举管勾兖州仙源县景灵宫太极观公事、护军、赐紫金鱼袋王逵撰。京兆府普净禅院、赐紫沙门神俊书并题额。

《释典》谓：昔有金人生西方，同名号者逾乎千百万亿，则了性悟空以成道者，非不广矣。自白马来东土，建寺院者几乎百千万所，则示形出相以化人者，非不多矣。其间烜赫中夏，辉映诸蓝，得四绝之伟者，则有荆之玉泉、润之栖霞、台之国清，洎兹灵岩是也。案《地志》：后魏正光中，有僧法定者，倡首揆土以兴焉[②]。炎宋景德岁，始赐此额。噫！绝之伙且有

① “飧”，清金棨《泰山志·祠庙记》作“餐”。

② “揆”，清金棨《泰山志·金石记》作“拔”。

四种义，不越乎高倚青山，府临寒泉，茂林修竹，厌瘱户牖，奇花异石，罗列庭楹。或景趣果如是，则为地望之绝也，岂忝矣！至若黄金涂像，碧瓦凌空，回廊大殿，莹然尘外，层楼峻塔，倬彼霄际，傥缔构果如是，则为庄严之绝也，不诬矣！又若千里辐辏，群类子来，珍货希宝，□向喜舍，香顶艾臂，男女日至，耐诱掖果如是，则为供施之绝也，诚韪矣！设若割慈父母，脱躧□孥，貌渐心顿，相本生灭，表动内寂，洞澈正觉，笃行愿果如是，则为精进之绝也，真奇矣！矧其左，有泰山岣峋，与天为邻，生物则洒天下之雨，告瑞则吐封中之云，持阳和启蛰之柄，膺覆焘司命之神，如先帝泥金检玉者，七□二□。□右则有洪河辉辉[1]，厚地偕奔，葱岭马颊，雷惊电翻，迴贯银汉之浪，险经禹凿之门。遇本朝□年□清者，有上中下源，其前则有邹鲁大国，洙泗钜防。阐君臣父子之教，辟仁义礼乐之乡，循之者昌，悖之者亡。其后则燕赵二御，山川四驰，限尔戎翟[2]，壮斯藩离。自甲胄干戈之息，俾士庶羊马之肥，欢好爰结，恩威□绥，□其雄重也。则既如此，谈其封略也复如彼，则千佛中处膺大雄氏，不其宜矣！加之野有良田，可以封万户；□有华屋，可以荫万夫；帑有羡资，可以苏万民；僧有方便，可以化万心，不甚盛与！仁宗皇帝、章圣皇帝，悉以御书为锡命焉。皇帝陛下降以御篆飞白以嗣之。厥后，有僧琼环者，次第以轮奂焉。其如土木之华，绘塑之美，泉石之丽，草木之秀，森森然棋布前后。远者咸以耳闻之，近者咸以目击之。于千佛之旨，何啻乎！形影之外，譬喻其□邈也。善相万万明矣，故略而不述也。仆被诏司泰宁军宫观，下车伊迩，有住持赐紫僧重净贻书请识，因用直书，以塞其颛也。时庚子年春王三月望日记。嘉祐六年辛丑岁六月望日，景德灵岩寺住持讲经、赐紫沙门重净建立，真定府郭庆、郭庠镌字。

① “辉辉”，清金棨《泰山志·金石记》作“浑浑”。

② “翟”，清金棨《泰山志·金石记》作“狄”。

右碑，高七尺二寸，广三尺五寸。文二十三行，行四十二字，字径寸二分。额文同题，字径六寸，并真书。在桥西，东向。

千佛殿碑阴题名

文曰：

相饯将行，叙别寺下，亲过此辱，季成中美。魏国王摭粹公侍。元祐戊辰九月廿三日。

陈留赵令，佳邦美宰，长清□漕，檄走四郡，因行灵岩，遍游胜景，息□□同来。靖康丁未正月廿二日书。延平（缺五字）杨膺叔应继而至。

碑阴，列嘉祐六年施钱姓名，并有职掌僧众。其字二十七行，行五十余字，字径六分。右题名二则，在其上空处，并真书。

灵岩寺敕牒碑

文曰：敕赐十方灵岩寺牒碑[①]。

中书门下牒。开封府奏，先准中书札子、京东转运司奏据齐州申准开封府牒，据僧永义状，经府披诉，情愿（下缺）[②]。送供人施利至多，诸处浮浪聚集，兼本寺庄田不少，全藉有心力僧人住持主管。今访闻得僧（下缺）[③]。切辨认觉察，止绝浮浪之人，不得彼处聚集，去讫，伏乞朝廷下左右街僧司，别选差有德行心（下缺）[④]。寺院住持勾当，所贵同心协力，住

① “牒”，原碑无此字。

② “下缺”，原碑作“状退灵岩寺主勘会齐州灵岩寺在山谷去州县遥远有僧行一二百人逐年四方烧香”等字。

③ “下缺”，原碑作“永义只是一向修行诚行经开封府有状吐退难为住持山门本寺虽已指挥本州县常”等字。

④ “下缺”，原碑作“力僧一名充寺主及许令于在京或外处指摘僧五七人共同前来充百寺长事依拾方”等字。

得山门，伏候敕旨。奉圣旨依奏，札付开封府，寻札付左（下缺）[①]。僧司结罪保明申府，回据左右街僧录智林等状，申智林等依前项府札子内、中书札子内（下缺）[②]。当住持，乃取到本院主鉴文保明[③]，行详有行止，稍有心力，即日别无过犯[④]，委是得人诣实结罪。（下缺）[⑤]。得上命指挥差本僧讫，却令指摘别具状申上，次乞指挥府司，寻出给公据，付僧行详收执。仰（下缺）[⑥]。掌事依十方寺院住持勾当，具寺院法名申僧司，令申府仍立便起发前去，至齐州住持灵岩（下缺）[⑦]。去充本寺掌事，具寺院法名申府，便发遣僧行详等起发前去，往彼住持齐州灵岩至今[⑧]。左（下缺）详[⑨]。近蒙僧录司选定，依准录降圣旨指挥保明，住持齐州灵岩寺。行详属以衰老多病，已（下缺）[⑩]。据僧录司保明，定差令指摘掌事僧五七人前去。行详既承上命敦遣，固亦不敢辞避，辄有诚（下缺）纲纪[⑪]。今既再烦圣旨选差，则与州郡差请特异。伏见润州金山寺，每差住持人，并从朝廷特（下缺）

① "下缺"，原碑作"右街僧录司依详前项中书劄子内圣旨指挥施行仍具寺院法名及三纲主首并"等字。

② "下缺"，原碑作"圣旨指挥同共定到左街定力禅院讲圆觉经赐紫僧行详一名充齐州灵岩寺主勾"等字。

③ "乃"，原碑作"及"。

④ "日"，原碑作"目"。

⑤ "下缺"，原碑作"文状智林等保明行详勘差赴灵岩寺住持如后异同甘受重罪不辞所是掌事僧人候"等字。

⑥ "下缺"，原碑作"详前项中书札子内圣旨指挥许令在京或外处指摘僧五七人同共前去充本寺"等字。

⑦ "下缺"，原碑作"寺并劄付左右街僧录司亦仰详此勒令僧行详于在京或外处指摘僧五七人同共前"等字。

⑧ "岩"字后，原碑有"寺"字。

⑨ "下缺"，原碑作"右街僧录司未申到闻今据寄住左街定力祥院讲圆觉京此紫沙门行祥陈状窃以行"等字。

⑩ "下缺"，原碑作"废心力必恐难为住持寻曾有状陈免至今年初二日准开封府差人降到公据一道已"等字。

⑪ "下缺"，原碑作"恳披告乞敷奏者一行祥窃闻灵岩寺僻在山谷徒众颇盛累因住持人不振遂致废隳"等字。

去[1]。所贵有以弹服远人，废寺易为兴葺，积集功德，上赞圣祚。行详窃闻，灵岩寺旧是甲（下缺）[2]，乙住持创新，降敕改为十方。敕语内明言，院中受业徒弟，并不得作知事勾当，欲乞据此体例（下缺）[3]。七次住持不得，虽今来许令指摘掌事僧五七人，亦虑难为照顾。行详欲乞持度随身童行十（下缺）[4]。牒奉敕行详，依奏宜差充齐州（缺）不得差作知事勾当[5]，所乞度（缺）敕故牒[6]。熙宁（缺）[7]。右谏议大夫、参知政事王石。吏部侍郎参知政事韩假[8]。

右碑，在天王殿内，左方，西向。下截为神座掩瘗，犹存上截。高三尺六寸，广三尺七寸。有额，高二尺，广一尺三寸半。额文同题，真书。牒文皆真书，字径一寸，凡十五行。惟“中书门下牒”及“牒奉敕至敕故牒”六行，行楷相兼，字径三四寸不等。末二衔字甚扁，有年号，而无岁月。考《宋史·宰辅表》，王安石以熙宁二年二月庚子，自翰林学士工部侍郎兼侍讲，除右谏议大夫参知政事。韩绛以三年四月己卯自枢密副使，除兼参知政事，至是年十二月，二人皆同平章事。此碑当立于熙宁三年四月以后，十二月以前。惟韩于治平四年，自吏部侍郎除枢密副使，熙宁三年，以枢副兼参政，非吏侍也。碑与表有异同，自当以碑为正。

---

① “下缺”，原碑作“降付身宣命行详欲乞据此体例乞赐敷奏特乞给一为国焚修传教住持宣札付身前”等字。

② “下缺”，原碑作“乙住持昨虽改为十方缘未曾有十方敕旨窃见西京龙门山宝应寺奉先寺旧亦是甲”等字。

③ “下缺”，原碑作“特降敕牒约束付身前去住持行祥窃闻灵岩寺素来最是凶恶浮浪聚集前后之六”等字。

④ “持”，原碑作“特”。“下缺”，原碑作“人贵得以为心手照顾指使焚修免有疏虞府司所据行祥状陈乞事件伏候敕旨”等字。

⑤ “缺”，原碑作“灵岩寺主乃在寺徒弟并”等字。

⑥ “缺”，原碑作“行者不行牒至准”等字。

⑦ “缺”，原碑作“三年八月日牒”等字。

⑧ 该句后，原碑有“礼部尚书陈假左仆射□□□□”等字。

请涤公开堂疏碑

〔金〕

文曰：山门知客僧宗秀、道璘立石，僧义瑄书。

左平章政事，今请涤公长老住持济南府十方灵岩禅寺，为国焚修，开堂演法，祝延圣寿者。□以达摩不西来，执能荐祖，卢公既南度，始见分枝。虽无毫发示人，要在乘风取证[①]，例开法施，各踞名坊。厥有济南灵岩佛寺，利洽邹齐，襟吞兖鲁，一百年丛林浩浩，三千里香火憧憧。飞阁莲宫，粹容金界，不期伟匠，焉振宏纲。伏惟涤公长老，守文三代，接武四禅，应历下之机缘，续方山之胜蹈。遂使白莲真迹，无根而郁郁腾芳；青社余光，不镜而绵绵照世。正好高提祖印，独步大方。祝吾皇万载之昌图，继古佛一乘之慧寿。谨疏。

大定二十三年九月日疏。

金紫光禄大夫、平章政事、宗国公蒲察通。

右碑，在桥西，东向。连额高六尺二寸，广三尺。额篆“开堂疏”三字，径五寸，横列于上。文十三行，行三十一字，真书，径一寸五分。案：皇统九年《宝公开堂疏》，请者为济南府尹，此疏独为左平章政事所请，则其礼愈隆矣。月日中间有平章政事之印，篆文，方二寸五分，他碑所无也。末行署“金紫光禄大夫、平章政事蒲察通”。平章上不加“左”字，与首行异。《金史·蒲察通传》：大定十七年拜尚书右丞转左丞。阅三岁，进平章政事，封任国公。与此碑宗国公不同，而平章上亦无“左”字。《百官志》：尚书省、尚书令一员，左丞相、右丞相各一员，平章政事二员，亦不加“左”“右”字。案《金史·百官志》，封号小国三十，内有莱，云旧为宗，以避讳改。据是，则通封宗国，其后避睿宗讳，易号任国耳。前题左平章政事者，左丞异名也。左丞为宰相之贰，故当时亦云左平章政事也。始请

① “乘”，清金棨《泰山志·金石记》作“承”。

涤公或在二十三年之前，及疏文立石，实为二十三年九月，故前有“左”字，后无“左”字，其官序可案如此。“蒲察”当为“富察”。

灵岩寺田园记碑

文曰：十方灵岩禅寺田园记。

乡贡进士周驰撰，承务郎、守秘书丞、兼尚书礼部员外郎、骁骑尉、赐绯鱼袋赵沨书，翰林学士、朝散大夫、兼同修国史[①]、护军、冯翊郡开国侯、食邑一千户、食实封壹佰户、赐紫金鱼袋党怀英篆额。

济南灵岩，自法定禅师肇建道场，于今几千载矣。峰峦奇秀，祠宇雄丽，号“天下四绝”之一。比邱恒二百余众，虽四方布施者源源而来，然其衣食之用，出于寺之田园者，盖三之二，其地实亡宋□德间所赐也。逮天圣初，稍为人侵冒，主持者不克申理[②]，但刻石以纪其当时所得顷亩界畔而已。其后绍圣间，掌事者稍怠，左右□□遂伺隙而取之。时长老妙空者，虽讼于有司，其地未之能归也[③]。至废齐时，始征天圣石记，悉归所侵地。然石记字画已皆驳缺，寺僧□其岁久，愈不可考。因请于所司，□令主首故老与夫近邻，共立界至。迄今，阜昌碑石存焉。圣朝天德间，复有指寺之山栏为东岳火路地者。既而省部委官验视，考之阜昌碑文，不得遂其诈。因符移府司，府司乃印署文帖给付焉[④]。大定六年，朝廷推恩，驰天下山泽以赐贫民。由是，诸山林旧所固护者，莫敢为主。樵者薪之，匠者材焉。凡森郁丛茂之处，皆濯濯如也。惟灵岩山林，以其有得地之本末，故独保完。明昌三年，提刑司援他山例，许民采伐。由是长老广琛诉于部、于省，才得地之十一二也。五年，琛复走京师，诣登闻院陈词，蒙奏断用

① 该句前，原碑有“知制诰”三字。

② “持”，原碑作“寺”，清金棨《泰山志·金石记》亦作“寺”。

③ 清金棨《泰山志·金石记》无“其”字。

④ 清金棨《泰山志·金石记》无“府司”二字。

皁昌、天德所给文字为准，尽付旧地。省符既下，于是，□事僧悟宝陈于府，再给公帖矣。将复刻石，以为后人之信，遂丐文历下周驰[①]，乃为序，其终始之实而书之。或曰，世人所以不能脱世网而逃死生者，以其贪爱为病也。如来有药，为之对治，止于一“舍”而已。故深于道者，视躯命犹视外物，况外物乎！见众生饥饿，虽刲割支体，了无靳惜。今琛公以土地之故，至取必于朝廷而后已，斯无乃□于其教欤！愚应之曰：不然。夫刲割支体，以噉众生，则可矣；若刲割众生支体，以噉众生，岂理也哉！抑尝闻客有捐万□□□以遣累者[②]，盖初无难色，及有人托守斗粟，则不敢纵鸟雀耗□一龠，何则？自为、为他之理，异也。且夫寺之常住，所以赡养十方□□□也，渠盖不得已而为众主持□尔，非所私有也。如视其湮没而弗与保护，因而绝大众日用之资。乃曰：吾能以“舍”为心，然则所“舍”者□谁物耶？知是理则知琛公之□□违佛教矣！或者释然。因并书其言，以告来者，使谨守焉。

明昌六年十月二十有三日记。

首座僧悟伦、书记僧普迁、智藏僧广藏[③]、智阁僧蕴奥[④]、殿主僧宗坚、监寺僧宗微、副寺僧广仲、维那僧悟宝、典座僧正演、直岁僧志巧、库头僧觉允、当山住持传法嗣祖沙门广琛立石。

右碑，在桥东，南向。连额高六尺五寸，广二尺八寸。篆额题“灵岩寺田园记”六字，径四寸，分三行。文二十六行，行五十一字，真书，径六分。案：周驰，见《中州集》。云：字仲才，济南人，大定中住太学。屡以策论魁天下，私试亦频中监元。贞佑之兵，济南陷，不肯降，携二孙赴井死，乡人葬之宅后之寿乐堂。辽东人吴子英，尝从仲才学，能记其所著

① “文”字后，清金棨《泰山志·金石记》有“于”字。
② “遣”，清金棨《泰山志·金石记》作“遗”。
③ “智”，原碑作“知”。
④ “智”，原碑作“知”，该句前原碑有“知客僧祖清”等字。

《亚父撞玉斗赋》及他文数篇。今得此《田园记》，又于仲才遗文获其一矣。碑书“骁”字，右旁“尧”字缺笔，应是避讳。

灵岩寺记碑

文曰：十方灵岩寺记。

翰林学士、朝散大夫、知制诰兼同修国史、上护军、冯翊郡开国侯、食邑一千户、食实封壹百户、赐紫金鱼袋党怀英撰并书篆。

名山胜境，天地所以储灵蓄秀，非福力浅薄者所能栖止，必待仙佛异人，建大功德以为众生无量福田。泰山为诸岳之宗，其峰峦拱揖，溪麓回抱，神秀之气，尤钟于西北，而西北之胜，莫胜于方山。昔人相传，以为希有如来于此成道，今灵岩是其处也。后魏正光初，有梵僧曰法定，杖锡而至，经营基构，始建道场。定之至也，盖有青蛇前导，两虎负经，四众惊异，檀施云集，于是空崖绝谷，化为宝坊。历隋至宋，土木丹绘之功，日增月葺，庄严为天下之冠。四方礼谒，委金帛以祈福者，岁无虑千万人。佛事□兴，而居者益众，分而为院者，凡卅有六。趣向既异，遂生分别。主僧永义，律行孤介，以接物应务为劳，力辞寺事。时开封僧行□方以圜觉密理，讲示后学，众共推举，可以住持。乃更命详，实来代义，仍改甲乙以居十方之众，实熙宁庚戌岁也。越三年癸丑，仰天玄公禅师以云门之宗，始来唱道，自是禅学兴行，丛林改观，是为灵岩初祖。尔后，法席或虚，则请名德以主之，而不专□宗，暨今琛公禅师廿代矣，其传则临际裔也。师至之日，属山门魔起，规夺寺田，四垣之外皆为魔境，大众不安其居。师为道力猛，卒以道力摧伏群魔。山门之旧，一旦还复，众遂安焉。师以书属怀英曰：吾寺之名，著于诸方，旧矣！繇希有至于定公，则不□计其岁月。繇定至于今几七百年，中更衰叔，历朝刊纪，断泐磨灭，荡然无余。而佛祖之因地建置之本末，与夫禅律之改□□派之承传，后来者鲜或知之。念无以起信心、镇魔事。虽然，佛法坚固与虚空等，而魔者如浮云，浮云弹指变灭，而虚空无有□尽，何有乎魔事？惟是著述，铭勒佛事门中，旧所不废，子无以有为谯我，幸为我一言。余报之曰：诺。已乃叙师之所欲言者，书□遗之，若夫山川光怪，灵迹示现，山中老宿皆能指其所而详之，此不复道也。明昌七年秋九月十有九日记。

首座僧即敏、书记僧普置、知藏僧蕴奥、知客僧宗彻、知阁僧广仲、殿主僧宗坚、监寺僧法叙、副寺僧普迁、维那僧悟宝、典座僧普守、直岁僧志巧、库头僧觉允。明昌七年十月十四日，当山住持传法嗣祖沙门广琛立石。历山贾德摸并刊。

右碑，在桥西，南向。连额高七尺五寸，广三尺二寸。额篆“十方灵岩寺记”六字，字径五寸，分三行。文十九行，行四十八字，字径寸，八分书。文中以“临济”为“临际”者，避卫绍王允济讳也。

灵岩寺记碑阴

文曰：游灵岩留题。

天下三岩自古传，灵岩的是梵王天。群峰环寺连丛柏，双鹤盘空涌二泉。此日登临惊绝景，当年经构仰良缘。停云为忆寥休子，好伴真游（方公禅师）社白莲。

丙辰冬至日，蓬山刘德渊识。监寺净善、维那净悦、典座正宁、直岁善全、住持清安、野叟提点行实、都纲普谨命工刊。冠氏帅赵侯、济河帅刘侯，率将佐来游，好问与焉。丙申三月廿五日题。

右碑阴，刘诗并立石。僧名共十行，行十一字，真书，杂古篆，字径二寸。冠氏帅以下五行，行书，字径二寸，当是元好问题名，书法劲逸。案：丙申为蒙古太宗之七年，于时金亡三年矣。赵侯者，案《遗山集》冠氏赵侯先茔碑称：冠氏帅赵天锡，字受之，今为东平左副元帅兼分治大名府路同知兵马都总管事、宣授将军十户者，即此题赵侯也。遗山尝客冠氏，又与赵侯铭其先人，宜其陪此胜游耳。

圣旨执照碑

〔元〕

文曰：皇帝圣旨里。泰安州长清县承奉泰安使州指挥来申，据灵岩禅寺僧人陈思让当官告称，累累被前煽炼人等，于本寺山场内搔扰不安，诚恐已后引惹事端，告乞施行。得此，县司参详。如蒙出榜禁治，诚为便益，申乞照详事。得此，照得先据灵岩禅寺僧人陈思让状告，本寺即系与国家祝延祈福大禅寺，经今千有余年，全凭本寺地土山场四至内诸树，修理殿宇房廊，养赡僧家，已有累降圣旨事意、四至碑文为验。皇庆元年三月初二日，本寺钦受御宝圣旨："节该泰安州长清县有的灵岩禅寺，为头寺里住持的桂庵长老，提点监寺为头的和尚每根底执把著行的圣旨与了也。这的每寺院里房舍里，使臣休安下者，铺马祗应休拿者，商税地税休与者，寺院里休断人者，官粮休顿放者，不拣是谁占着的，田地交回付与者。但属寺家的，并下院田地、水土、园林、碾磨、竹子、山场、解典库、浴房、店铺，不拣甚么他的拣的是谁，休侵夺要者。这和尚每道有圣旨么道无体例勾当休做者。钦此。"除钦遵外，于延祐二年二月初一日，有长清县赍到文字壹纸，令本寺僧人前去中隖店听读圣旨。思让与本寺长老大小人等前到本店，有内史府差来官李忠显等，向思让言道：俺赍擎御宝圣旨前来，开读讫，除钦遵外，其本官对思让等言，道为您这寺九曲峪内，有银铁洞冶，起立银铁冶便要吐退，准伏文状。思让回道：元奉圣旨交您无违碍。地内这九曲峪，是俺寺家四至地内赡寺常住山场地土，自来为土，不曾有人侵夺。道罢，本官前去长清县，令本县官司行发信牌，将思让等勾扰不安，告乞施行。得此，为恐不实，行据本县申照得除外，遵依移牒本县主簿札木赤进义，不妨本职亲诣灵岩寺九曲峪，照勘踏觑前项银铁洞冶，是否本寺山场四至内地土，明白保结牒来。去后，回准牒，该备奉泰安州指挥，为灵岩寺陈思让告地土，请不妨本职亲诣九曲峪踏觑，前项银铁洞冶，不见是否山场四至内地土。为此，唤到剜底保见役社长鲁进状结：年七十三岁，系本保生长人氏。自记事以来，知得灵岩寺山场，东至仙台岭，南至青尖山，并大峪分水河曲屈为界，西至老婆山，北至方山棋子岭。目今九曲峪兴煽银洞冶，委是灵岩寺山场四至内地土，外别不知其余事因。如官已后体究得银洞冶，却不系本寺山场四至内地土，进情愿甘当诳官罪犯无词。得此，又唤到聂提领，转委头目段昌状称，即与鲁进词理相同。文状在官，却行前到灵岩寺抄录，到明昌五年镌凿碑阴界至，照勘得亦与鲁进所责无异。及唤到本寺监寺陈思让，彩画到四至图本，粘连保结牒来请照验事。准此。县司今将彩画到四至图本，钞录到碑阴界至，保结申乞照验事。得此，申奉到中书兵部，仰已经备阙，内史府照勘依例施行。奉此，行下本县依上施行去讫。今据见申使州除外，合下仰照钦验依累降圣旨事意，依上禁治施行。奉此，除外，合行出给执照，付灵岩寺收执，钦依施行，须至出给者。执照。右付灵岩禅寺收执，准此。延祐贰年玖月（印）日。

右碑，连额高八尺，广二尺八寸。篆额题“宣赐灵岩圣旨之碑”八字，径三寸，分二行。文二十六行，行六十字。内惟延祐年月日字扁阔一寸五分，余俱方径七分。月日中间方印一颗，方一寸八分，蒙古篆文。此行直下，有二押。碑阴额题“泰安州申准热照之碑”九字，真书，径三寸。横列于上。下分三层：上层刻“延祐五年三月执照”，十九行，行二十二字，真书，径八分；中层刻“至顺元年十一月执照”，十五行，行十四字，真书，径六分；下层刻“至顺元年十二月执照”，二十五行，行十字，真书，径七分。俱有印押。延祐五年者，寺产为侯得山占据，告状断回，因给执照。至顺元年者，寺僧贞提点买得官地，官给二照：一为泰安州所给，一为奉符县所给。遂合刻于碑阴，大指如此，文不具录。当时买官地，须由社长陈请官壕寨打量，然后缴价给照，元制于此可见。照有云以一分六厘地，而价直中统钞十定，则地价重而钞直轻矣。

碑在桥西，南向。碑侧有至正四年察罕普华书“唵嘛呢巴弥吽”汉字一行，蒙古字一行，长二尺许，广八寸。

圣旨碑

〔明〕

右碑凡五：二在桥东，三在桥西。

重建五花殿记碑

文曰：灵岩寺重建五花殿记。

赐进士出身、中顺大夫、山东等处提刑按察司副使、前监察御史、临川王裕撰。昭勇将军、山东都指挥使司、都指挥佥事、云中李进书。儒林郎行在、翰林院修撰、同修国史、东鲁许彬篆（记未录）。正统五年龙集庚申秋九月望日，沙门至昂立石。

右，真书，额文同题。碑阴有题名，在桥东。考永乐迁都北平，百官皆署行在，示不忘南都也。成化已后，不复称矣。

灵岩寺感应记碑

右，德府纪善艾俊撰，按察使周晟真书，参政唐虞篆额。成化十年正月。碑阴列山阳界至及僧众名，勒桥西。

泰山进香记碑（灵岩寺）

右，焦竑撰文，吴继爵篆额，刘世隆真书。万历廿一年四月，太监张禄等立石，在桥东。案：焦弱侯雅擅文章，而记中宫婆云云，鄙俚实甚。至所载吴继爵，虽官至宫保恭顺侯，犹武将也。乃刘世隆诰敕舍人，字极陋劣，不可耐，题额亦舛缪，盖皆群珰群秃嫁名者也。

佛岫仙峰碑

右，四大字，真书，失名。在天王殿前。

桥北为大雄殿，本宋献堂。今殿七楹，供观音、文殊、普贤，明正德间鲁藩增置。乾隆丁丑御赐额曰“卓锡名蓝”，榜其楹曰“奇松尔日犹回向，诡石何心忽点头”。两翼斋庑，东为韦驮殿，西为观音堂，由甘露泉迁此。韦驮殿东为转轮藏，明德藩修建。内为孔雀佛殿址，近改行署。又东达摩殿，亦迁自甘露泉。

韦骧等题名

〔宋〕

文曰：秘书丞韦骧、著作佐郎张谔、衢州判官杨于从、谏院舍人邓公、察访东州，便道游灵岩，过夜遂宿。熙宁六年十月中休。

右题名，在韦驮殿石柱上。行书，分五行，字径二寸。案：韦骧本名让，避濮王讳，改名骧，钱唐人，皇祐五年登第，元符初累官知四明，其官秘书丞则无考。邓公当是邓润甫，《宋史》：润甫，字温伯，霆昌人，熙宁中除集贤校理直舍人院，改知谏院。又《神宗本纪》：熙宁五年闰七月，遣中书检正官章惇察访荆湖北路，邓公察访之使虽未载，当亦同此差遣。“中休”盖即“中澣”之变文，澣，本休沐之义，若张衡《赋》所云：过钟山而中休，则与过宿意复，殆非引用衡《赋》也。

观音托相圣迹序碑

〔金〕

文曰：济南府灵岩寺祖师观音菩萨托相圣迹序。

云公禅师住持灵岩寺未越三岁，宗风大振，向风而远近归之。一日，谓济滨老人陈寿恺曰：夫灵岩大刹，昔自祖师观音菩萨托相梵僧曰，法定禅师于后魏正光元年始建道场，兴梵宫，居天下四绝，境中称最，而世鲜知其由。我祖师其始西来，欲兴道场于兹也。前有二虎负经，青蛇引路，扪萝策杖，穷绝壁而不可登，乃徘徊于南山之颠，面石之久。感日射巅，峰成，穴透红光于数里。师乃躅光而下，美其山林秀蔚，可居千众。道遇村人，亦异人也。顾师而言曰：师岂有意于兹，患其无水耶？回指东向，不数里间，可得之矣。师既徐行，则有黄猴顾步，白兔前跃。俄惊双鹤飞鸣，其下涓涓，果得二泉。又击山泐随锡杖，飞瀑迸涌，遂兴寺宇。逮今八百余载，凡祈求应感，而福生民，莫可胜纪。然为我祖师发扬显圣迹之状，蔑闻其人，良可太息。乃命工敬图其像，而刊诸石，庶广其传，普劝遐迩，永同供养。皇统七年孟秋旦日，济滨老人陈寿恺序，并书。住持传法沙门法云募工立石。洛阳雍简画。鲁人胡宁镌。

右碑，上截有法定禅师像，右手持锡，左右各一虎；背有鞯，上有双鹤飞鸣状；前有蛇引路，一猿捧果回顾；有樵翁对立，东指，畚插置地。下截为序文，凡二十七行，行十四字，字径四分，并真书。序中称观音托迹，即法定禅师也。在观音堂僧舍西壁，东向。《金石文字记》又有皇统七年云公禅师像刻，今不知所在。

大雄殿北，为五花阁，上供三大士，下供圆通菩萨。阁四面，各五楹，门四，曲廊绕之。宋嘉祐中琼环长老建。琼环，重净号也。明正德中至珍重修，国朝乾隆十一年性端重建。西有古柏一株，干枯如铁，其东由檗菀茂护以石栏。皇上御题“摩顶松”三大字，碑阴勒御制诗。又一碑勒御制图诗，并建亭。《大唐新话》玄奘法师西域取经，手摩灵岩寺松曰：吾西去，汝可西向；若归，即东向。及去，果西向。一年，枝忽向东，弟子曰：吾师归矣。果然。号摩顶松，今则柏也。御制图诗，辨之详矣。其西为弥勒岩。

张邦教诗刻

〔明〕

右，诗凡六首，真书。嘉靖十五年八月勒摩顶松台，北向。

史国珍玉皇像记碑

右记，后附诗三首，并真书。在摩顶松台，南向。

苏演诗刻

右，绝句五首，万历壬午年，草书。导驾应教二首，万历十五年三月，真书。碑末刘敕诗一首，万历丁亥春，真书。在摩顶松台，南向。

徐琳等诗刻

右诗，凡四人各一首，徐琳、周道南、朱明时、光庐也。万历庚寅正月，周道南行书。碑缺首行，末有“万历乙未清源汪大年游”十字。在摩顶松台，北向。

沈正宗诗刻

右，崇祯十一年季春，草书。在摩顶松台，南向。

摩顶松台题勒

文曰：

珠树莲台。

名山胜水（张鹏并嘉靖时真书）。

岱览卷第二十五

附览五

灵岩中

鲁班洞，在弥勒殿西，窟穴哕冥，一曰巨和洞。巨和子，东晋隐士张忠也，《水经注》称其好穴居云。明王世懋《记》曰：洞上缘倾崖，周甃以石而成。二石门内，揵不可入，似为开山僧埋骨地。《灵岩志》谓：即朗公墓。幽室无识，非所详也。洞上，有十王殿。

五百罗汉记碑

〔宋〕

文曰：

施五百罗汉记。承节郎张克卞书。

梵语阿罗汉，此云应受世间妙供养，盖具六神通，得八解脱，善超诸有，严净毗尼，真可以受世间之妙供矣。矧兹五百大阿罗汉者，亲受佛戒，荷护法轮，拔济未来，不入灭度。诚苦海之津梁，暗涂之灯炬也。惟应真示化，灵迹至多，故貌像庄严，崇信愈众。济南，京东大都也[①]，灵岩巨刹，佛事最胜。而五百罗汉之像，未观其杰，齐古窃有志于是久矣！政和之初，得官闽中，闽俗伎巧，甲于诸路，而造像之工，尤为精致。于是，随月所入，留食用外，尽以付工人，洎乎终更，而五百之像成矣。端严妙严[②]，奇庬古怪，颦笑观听，俯仰动静，无一不尽其态。自闽而北，历水陆几五千

① “都”，原碑作“郡”。

② 句尾“严”，原碑作“丽”。

里，而后至于齐之灵岩。齐人作礼，叹未曾有。噫！岂无因相生信，因信生悟者耶？齐古自少游学，及窃禄仕，踪迹萍梗，几半天下。投老倦游，将欲屏迹闾里，为终焉之计。筇杖芒鞋，一巾一钵，可以日奉香火，澡涤妄缘。普及见闻，同超觉路[①]，此予之夙志也。虽然如是，内辨其质，果非雕木，外睹其饰，尽是明金[②]。然则，五百尊者，今在甚处？若也迷□□数，显是徒劳，苟为舍像求真，却成孤负。离此二涂如何，则是不见道。金鸡解衔一粒粟，供养十方罗汉僧。

奉议郎、赐绯鱼袋宋齐古谨施。

宣和六年中秋，住持妙空大师净如上石。

右碑，高三尺，宽二尺九寸。凡二十三行，行十九字，字径寸，并真书。惟书人姓名极小，在十王殿大门外，北向。齐古，史传无考，而以官闽塑像远致灵岩，其奉佛可谓勤矣。

卓锡泉，在五花阁东北，苍崖之阳，一名锡杖泉。世传佛图澄至此卓锡，涌泉。泉西流三四步，汇为镜池，亦曰功德池，苾众汲饮之所。《纪胜》云：佛堂中凿池得源[③]，砌以文石，泓然渊莹，中县琉璃灯映之，洞见九渊，掬饮，肌骨皆冷，心尘顿尽。亭前引为曲水分注，时有松蕊流出。皇上御题“卓锡泉”三大字，御制诗二章，勒崖。旧有龙王庙，今改卓锡亭。迤西南为弥勒殿旧基，乾隆二十一年建驻跸亭。内有古柏盘郁。明王之士碣曰：汉柏[④]。周垣列前人题咏，如岱庙环咏亭。

① “超”，原碑作“趋”。

② “尽”，原碑作“盖”。

③ “池”，《泰山纪胜》作“地”。

④ 该句后，原碑有“纪”字。

苏轼黄茅冈诗刻

〔宋〕

右，系后人补刻，仿坡公草书。在驻跸亭西垣，东向。《金石文字记》云：子瞻徐州一歌，误刻于此。

吴拭诗刻

文曰：余赴治历下，谨拜香于灵岩道场。灵岩，固东州胜绝处，余闻之旧矣，然不知与武夷“升真洞天”相若也。余既幸供佛饭僧，又经行宴坐之地，了了然如家山间。住山仁钦师初不与余接，问之，盖乡人也。因作三小诗以志其事：

丹峰翠壑一重重，香火因缘古寺钟。若有金龙随玉简，武夷溪上幔亭峰。

一麾邂逅得东秦，忆别家山六度春。何意眼看毛竹洞，主人仍是故乡人。

大士分身石罅开，轻烟微雨证明台。洒然一觉乡关梦，换骨岩高好在哉。

崇宁五年丙戌夏四月甲戌，建安吴拭顾道题。

右，真书，凡十六行，序以十二字为一行，诗以十六字为一行，字径寸，各界方格，最为秀整。在亭垣之西。碑末有明嘉靖戊子正月胡缵宗、高奎题名。

朱济道诗刻

文曰：

二年催遣向东州，见尽东州水石幽。不把寻常费心眼，灵岩消得少迟留。（右一）

东州山水亦堪游，及至灵岩分外幽。会有定师能指示，直须行到宝峰

头。（右二）

宣和五年二月初九日，朱济道偶书，呈如公妙空禅师。□魏法定禅师乃观音化身，初居灵岩□□神宝峰，作释迦石像，良有深旨。

右，并篆书。碑高二尺二寸，广四尺。诗款共十四行，行六字，字径三寸，末二十九字，字径一寸。在西垣。

邵贤诗刻

〔明〕

右，诗凡五首，行书。弘治己未九月四日勒。南垣，西北向。

王应鹏诗刻

右，诗四首，行书。在西垣。

张鹤鸣面壁斋诗刻

右，诗二首，行书。万历己酉王之士立。石在门东南垣，北向。诗采入面壁斋后。

胡一龙和仁钦十二景诗刻

右，郗大成行书。崇祯元年二月勒。西垣。

施闰章灵岩行诗刻

〔国朝〕

右，草书，顺治己亥勒。南垣，东北向。诗采入《览》后。

锡杖泉

〔宋〕蔡安持

畏涂暑溽汗挥流，暂记灵岩物外游。山绕禅扃泉漱玉，新秋气候似穷秋。

双鹤泉，在卓锡泉迤东，二井相通。陈寿恺《记》云：法定建寺患其无水，忽双鹤飞鸣，其下涓涓，果得二泉。今一泉眢矣。《齐乘》谓之立鹤泉。水入卓锡。

镜池西北，为千佛殿。殿七楹，中供毗卢佛，髹藤为之。配药师、弥陀，皆铜像。左右小佛千余，即唐贞观中僧慧崇所移建者。宋拓修之，明嘉靖间重建，万历时德藩、国朝康熙时僧净意皆重修。

妙空禅师颂赞碑

〔宋〕

文曰：拙颂奉别知事头首，兼云堂诸禅众，住山净如拜呈。

七年林下冷相依，自愧铅刀利用微。聚散莫云千里远，轮天一月共同晖。慈书记写予真求赞，谩书此以塞来意。

眉不修疏头突兀，鼻罍垂兮颧无骨。长怜百丑兼且讷，慈禅慈禅不我拙，名兮邈兮水里月。咄!

宣和五年八月初三，方山老拙书。

妙空老师嗣法，荐福英和尚出于大宗师门下，两坐道场，仅四十载。凡示徒，贵机用，唯棒喝，可语言。知客道德，获此二颂，囊之久矣。即今示寂，命工摹石，益传不朽。皇统三年中秋日，监寺僧义由谨记。

右碑，高二尺，广一尺八寸。颂赞共十一行，行十三字，字径寸。跋三行，字径五六分，并行书。在殿东，南向。

请宝公开堂疏碑

〔金〕

文曰：济南府今请灵岩禅寺宝公长老开堂演法，为国焚修，祝延圣寿者。窃以丈室驻锡，便知祖道之兴。诸天雨花，喜遇禅林之伯。判殽讹之公案，举最上之因缘，不有能仁，难安胜境。伏惟宝公堂头和尚，早具锻金之炉鞴，妙传出世之津梁。枯木寒灰，宴坐于千峰影里；腾蛟起凤，进步于百尺竿头。兹缘缁素之依归，有请省廷而允可。唱少林之曲调，踞灵岩之道场，信堂堂龙象之姿，赴肃肃人天之会。白云堆里，不妨依旧径行[①]；碧眼胡边，无惜斩新拈出。永洪睿算，广震潮音。谨疏。

皇统九年八月（有印）日疏。

特进行济南府尹、上柱国、巩国公完颜笃化叔、安远大将军、同知济南尹事、南阳县开国伯、食邑七伯户韩为股，宣威将军、济南府少尹完颜没良虎，府判官（阙）承事郎、济南府推官、权判官李德恭。征事郎、济南府录事夏绰书。山门监寺僧宗安立石[②]。

右碑，连额高五尺二寸，广二尺八寸。额曰“开堂疏”三字，字径五寸，横列于上。文共十八行，行二十八字，字径寸二分，并真书。印文篆“济南府印”。“特进”以下列官皆左读，“征事郎”以下在首行空处。勒殿外东壁，南向。案：大定年“宝公塔铭”，下截缺损不能考。“宝公”之上一字塔铭云：师姓武氏，相州里人，灵岩虚席。府尹韩公为股，运使。康公渊保申行省，即此疏所云：有请省廷，而允可也。

---

① “径”，原碑作“经”。

② 该句后，原碑有“李彦刊字”四字。

国师法旨碑

〔元〕

文曰：皇帝圣旨里管著儿咸藏。

大元国师法旨里，军官每根底，军人每根底，断事官每根底，来往使臣每根底，管城子达鲁花赤官人每根底，本面官人每根底[①]，来往收检、和尚、俗人、百姓每根底，省谕的法旨。泰安州长清县大灵岩寺住坐的僧人定岩长老，端与上位，祝延圣寿。依体例里住坐者在前，但属寺家的田地、水土、园林、碾磨、店铺、解典库、浴堂、人口头匹等物，不拣是谁，休倚力气夺要者[②]，休谩昧欺付者，休推是故取问要东西者，交他安稳住坐者，执把行的法旨与了也，见了法旨别了呵。依着圣旨体例里，恁不怕那是么，这的每有法旨么，道无体例的勾当休做者。蛇儿年三月二十三日，高良河大护国仁王寺里，有时分写来。

右碑，额篆“大元国师法旨”。碑高四尺四寸，广二尺三寸。碑分上下二层，上层刻“西僧梵书”，凡十二例，横读。字如钩丝下垂。下层刻“法旨”二十五行，行十四字，真书，径六分。即上层西僧书，而以汉文译之。

案《泰山道里记》称：灵岩寺千佛殿前后壁勒宋、元、明碑，有元蛇儿年国师法旨碑，蒙古字。今验此碑是西僧梵书，云“蒙古字”者，非也。碑云“大灵岩寺住坐的僧人定岩长老”，据《提点贞公塔铭》是定岩撰。其碑立于至正元年，则定岩之住持灵岩，自属至正元年以前之事。又《举公提点塔铭》亦定岩书，已称当代住持。其碑立于后至元二年，则是时定岩已住持矣。文称：举公于大德丁未诣朝廷，陈告钦赍圣旨，还民占僧田，回付本寺。又奉皇太子令旨，帝师法旨护持山门云云，似即此碑所刻之圣旨、法旨也。但大德丁未非蛇年，或陈告在大德丁未，赍领法旨又在巳年。又

---

① “本”字后，原碑有“地”字。

② “力气”，原碑作“气力”。

或国师法旨旧文是蛇年所发，当举公陈告时，国师即取已前法旨写付之，皆未可知。

在殿外，东壁，西向。

尹淳诗刻

〔明〕

右，诗三首，行书。成化壬辰春勒。殿外，北壁，南向。

袁镐诗刻

右，诗二首，郭瑄重书。成化丙申正月廿六勒。殿前，西壁，南向。

灵岩寺造像记碑

右，儒士和阳李爕远撰，并行书。成化十一年六月僧理然上石。在殿后，东壁，西向。

游灵岩寺记碑

右，熊相撰，行书。正德庚辰五月，黄昭道立石。在殿后，东壁，西向。

乔瑞、刘涛诗刻

右，诗各二首，行书。嘉靖辛丑六月八日。在殿北壁，南向。

重修千佛殿碑

右，御史傅光宅撰，太仆少卿于鲸篆额，员外郎潘子云真书。万历十八年十月十七日勒。殿前，南向。

千佛殿东北崖上有御书阁。《灵岩志》云：唐贞观三年陈玄奘译经于此。

文皇赐以手敕，因建阁以奉之。至宋太宗、真宗、仁宗、徽宗，皆赐有御书。金贞祐中，寺遘兵燹，书尽毁，惟空阁存焉。明万历中，寺僧塑大悲像于内，崇祯时改塑玉皇。额为宋大观时仁钦篆，万历间重刊。云“贞观御笔”者，误也。北上有超然亭，圮，今为方丈。

杜尧臣诗刻

〔宋〕

右，天圣□年，真书。在御书阁前，多漫漶。

盛陶启诗刻

文曰：

陶启京师之别，忽忽岁晏。怀思道论，何待言悉。递中得书，知以众请住灵岩山林之迹，一日振发，既不为朝廷勘破，又得贤太守眼目了然。聚徒三百，竦动一方，甚善甚善。陶一官塞上，绝少知识，思与吾暗叟元康会公汉东时，道论终日，所不可得也。时寒，自重自重。陶启上灵岩长老确公大师，奉寄灵岩长老大师。东里盛陶上。

适见随州住，谁教复在齐。君看历山北，何似善光西（确公旧住随州仙城山善光寺）。

传法仙城后，流名上国高。游方缘渐契，无亦太忉忉。

灵岩山下草，今古几回春。不有开堂客，焉知卷席人。

元丰元年十月廿五日，高阳郡斋书。吕如海模，康永新刊。

右，真书。秀挺类玉局一流。在阁北壁，北向。

李公颜题名[1]

文曰：

治平中，家君判官还□永嘉，道过钱唐。僧惠从来，告曰：庐舍金像成矣，欲归齐之灵岩，而未有托也，愿附舟而北。家君从之。后十五年，余□其寺，徘徊瞻仰，因识其事。元丰庚申孟冬，李公颜才甫题。

右碑，高一尺五寸，广二尺。其前为李公颜题名，真书，七行。其后为明嘉靖元年三月五日，刑部员外郎方豪题，行书，九行。住持刊字题名于末。在阁洞内，西壁，东向。

蔡安持诗刻

文曰：

四绝之中处最先，山围宫殿锁云烟。当年鹤驭归何处，世上犹传锡杖泉。

元祐壬申十月中浣，睢阳蔡安持资中题。北安刘德亨安礼携家之泗水，住饭僧于此。正隆二年三月十有七日书。

右碑，高三尺五寸，广二尺。诗三行，在右，年月、姓名三行，在左，并行楷，字径三寸。年月三行之上空处，为刘德亨题名。碑在阁前壁，南向。

圆通经并楞严偈刻

文曰：

《圆通经》（文未录）。元符二年十二月十三日，莆阳蔡卞书。凝寒笔冻，殊不能工也。《楞严偈》（未录）。建中靖国元年冬十一月五日，池阳慧日院南轩续此《偈》（皆行书）。崇宁元年十一月，鄱阳齐迅施刻于灵岩寺，

① “题名”，清金棨《泰山志·金石记》作“金像记”。

住持传法净照大师、赐紫仁钦立石，匠人牛诚刊（真书）。嘉靖元年三月六日，棠陵方豪再观。呜呼！君子可以人废书乎（行书）。清源张振采观（真书）。胡缵宗、高奎观。明石九奏观（并行书）。

右刻共四石，各高一尺四寸，广五寸。《经》占三石，四分石之一《偈》，《跋》在其后。嵌阁前左右壁，南向。方豪题名在《经》后空处，其余观者刻《偈》《跋》空处。卞入《宋史·奸臣传》。元符二年方为尚书左丞，史称专托绍述，中伤善类之时也。建中靖国元年十一月，乃贬少府少监分司池州之时，逾年改元崇宁，至十一月则已知枢密院矣。卞所书《经》《偈》，与此山无涉。仁钦刻石，盖山僧鄙俗，藉以为荣。而字画完善至今，岂真不以人废书乎？《灵岩志》误为蔡京书。

朝询三人题记

右，政和□年，真书。在阁东壁，漫漶难读。

陈恬诗刻

文曰：奉送南禅和尚，承诏旨东迁灵岩。西水陈恬。

万方刹境一珠辉，稽首如空无所依。汝浦共瞻云独往，灵岩遥伫锡东飞。烟霞隐见青莲峙，龙象欢呼白拂挥。多谢禅耆来访我，双林风月静相违。（余时旅寓弥勒）

右，行书。绝类南宫一派，盖宋人笔也。碑后似有断缺。在阁洞内东壁，西向。

王珩、路伯达诗刻

〔金〕

文曰：巡按诣灵岩名刹，礼佛焚香，憩坐于超然亭。览堂头琛公佳制，谩继严韵。山东路提刑王珩。

钟山英秀草堂灵，林下相逢话愈清。闻道谋身宜勇退，得闲何必待功成。

明昌五年十月十五日，十方灵岩禅寺住持、传法沙门广琛立石。济南梁宗诚同李坚摸刊。琛公堂头和尚有题超然亭颂，因次其韵，冀州节使路伯达。

六合空明现此亭，本来无垢物华清。客来便与团圞坐，万偈何妨信手成。

明昌五年二月十五日，十方灵岩禅寺住持、传法沙门广琛立石。济南梁宗诚同李坚摸刊。

右刻，在阁洞内西壁，东向。纵一尺三寸，横二尺八寸。诗二首，分刻左右，四周以花纹界隔之。前诗九行，真书。后书七行，行书，并径寸许。广琛立石一行，真书，径四分。摹刊一行，真书，径二分，前后并同。案：明昌六年周驰撰《灵岩寺田园记》云：明昌三年，提刑司援他山例，许民采伐。由是长老广琛诉于部省。五年，琛复走京师，诣登闻院陈词，蒙奏，断用阜昌、天德所给文字为准，尽付旧地云云。据此，则琛公自明昌三年以迨六年，皆住持灵岩也。当明昌三年时，许民采伐之提刑，不知何人。假使即此和诗之王珩，则不应纵民采伐，致琛公有奔告跋涉之苦矣。若王珩是别一提刑，亦当为琛公理其直也。二诗，一刻于明昌五年二月十五日，一为十月十五日，不知琛公走京师又在何月。琛公原倡亦无考矣。路伯达，见《中州集》云：仲显，字伯达，冀州人，正隆五年进士，明昌初授武安军节度使，乡人荣之。据《金史》本传：伯达，字仲显，与《中州集》称字伯达者异。今碑刻为自题，不宜署字，是名伯达无疑。本传称改镇安武，宋朝事实冀州，庆历八年升安武军节度，金盖依其旧名，而《中州集》作武安，为倒讹也。伯达诗为遗山所采。

山门五庄记碑

〔元〕

文曰：自元贞年间，于塔宝峪口选吉地，创建新庄一所，曰北庄也。建佛殿三间，内塑自在观音一堂，全珈□堂一所，内塑关王。全西□房三间，穿井一眼。绕庄开荒地数顷有余，尽在寺家山场界至内。遂作一偈，出示诸人。偈曰：置罢南庄置北庄，春秋普请好开荒。休辜壮志琛公老，祖父田园要主张。独鹤泉宜开旧地，曰中庄也。水屋头开地栽桑，曰东庄也。覆井坡可盖新房，曰南庄。中鄔店西，曰西庄也。已上这五庄，只在灵岩产业界至内起建，永远赡济常住，供给众僧，不为无益，以示来者。他日百千年后，使诸人共知，山门外有五庄在。

大元皇庆二年，岁次癸丑季冬望日，当山传法住持、嗣祖桂庵野衲记。

守座思教、书记思圆、知藏智正、教读思亨、钱帛思海、提点智举、提点思宗、监寺思让、前监寺思川、官门思角、维那智运、副寺思班、典座子谦、直岁思粟、殿主思子、副寺思宣、直岁惟鉴、直岁思酉、直岁子严、殿主洪望、外库思柳、知客惟香、东庄主思癸、南庄主惟坚、西庄主惟山、北庄主子吉、中庄主子益、圆头思圃、侍者德慧，山门众知事同立石。锦川夏中兴门人王庭玉刊。

右碑，连额高二尺四寸，广三尺二寸。额篆《灵岩山门五庄之记》，字径二寸半，横列于上。文二十四行，行十五字，字径寸，真书。在御书阁内。碑文中“野衲”之下，“记”字之上，有篆文“觉达”二字名印，他碑所无。

张淑诗刻

文曰：奉赠让公上人（诗未录）。虔约张淑书，至顺癸酉仲春末旬七日，沙门义让立石。

绝顶松风洒醉颜，潘舆鹤发忆平安。十年留得题名在，泪湿秋云不忍看。

复游于寺，至元廿四年冬至二日，文昌堕泪书。予爱是诗，故录于此。息庵上石。

右并行书。在阁西壁，西向。

傅亨诗刻

文曰：至正乙未秋九月，因公赴山东，游灵岩禅寺。

秋晚登临上岱宗，扶筇来此谒崆峒。闲云送雨过深洞，老鹤将雏度远空。白石清泉心未了，黄花红叶思无穷。携云归隐知何日，坐想青山入梦中。

灵岩山房寻同年长清县尹张君德昭，不遇。

慈恩塔上题名后，京国分携十四年。梦想故人诗句里，坐看黄叶酒杯边[①]。停云蔼蔼秋容澹，落叶萧萧客恨偏。独倚禅房重搔首，又鞭归骑过前川。

丙申春三月，海岳降香回[②]，重游灵岩，次赵明叔诗韵。

石径穿云雨意凉，乘轺重过老僧房。门前古柏凝新翠，岩畔幽花散异香。鹤舞双泉春水渌，龙归深洞暮山苍。禅心久矣无拘碍，笑我狂游去远方。

前进士、应奉翰林文字承事郎、同知制诰、兼国史院编修官傅亨题。时弟益、男文炳侍行云。

右刻，在阁中。二十六行，行十二字，字径六分，真书。

---

① “叶”，清金棨《泰山志·金石记》作“菊”。

② “降”字后，清金棨《泰山志·金石记》有“御”字。

陈豫诗刻

〔明〕

右，真书。天顺四年三月六日，僧至瑄上石。案：豫，官镇守临清、节制山东平江侯。诗内徽宗御书俱抬头意，僧误。在阁前壁，南向。

孙瑜诗刻

右，诗凡十二首，真书。成化十三年七月廿四日。勒阁洞内东壁，西向。

黄道、张元忭题名

文曰：江阴黄道、山阴张元忭。自济宁登陆，过曲阜，荐溪毛于孔林，酌清泉于颜巷，乃涉洙泗，登泰山，排御帐，叩天门，振衣绝顶。怅海日之云迷，慨秦碑之苔没，徘徊四望，乾坤何小！已而下，循山麓，逾长城岭，游于灵岩。探白云之洞，穷证盟之龛。观览既周，幽怀交畅。黄子南旋，张子北上，临歧书此，以记胜游。时隆庆庚午三月三十日。

右，行书，末有张继业跋，辛未十月望日，亦行书。在阁洞西壁，东向。

张元忭诗刻

右，草书。万历元年九月廿五。勒阁洞内东壁，西向。

丁致祥诗刻

右，诗三首。末书“夫椒山人丁致祥书，癸酉八月”。勒阁西壁，南向。颇漫漶，未审何时笔也。

黄景象诗刻

右，诗二首，草书。万历己亥，勒阁后壁，东北向。诗咏抱龙台，今未知台所在也。

邵□诗刻

右，行书，甚佳。末云："癸巳暮过灵岩寺，赠山僧一元，邵□□。"在阁东，踣卧。

汪应蛟诗刻

右，真书。万历癸巳九月。勒阁后壁，西北向。

王安舜诗刻

右，诗二首，行书。壬子年，勒阁北壁，北向。

题灵岩方丈

〔宋〕曾巩

法定禅房临峭谷，辟支灵塔冠层峦。轩窗势耸云林合，钟磬声高鸟道盘。白鹤已飞泉自漫，青龙无迹洞常寒。更闻雷远相从乐，性道尘嚣岂可干。

御书阁东为后土殿，宋时重建，明嘉靖时释洪霓重修。又东为定公殿址，北为玉皇殿。

郭圣泽题名

文曰：郭圣泽因设水陆到此。丙申孟冬十七日题，男□侍行。

右，真书，左读。石在后土殿东，嵌墙内。字兼行体，分三行，大径寸。笔法类宋人，因无年号，姑录于此。

释圆照诗刻

〔元〕

文曰：中统二年六月旦日，重游方山，少林复庵圆照敬题。

再到灵岩古道场，俨然乔木蔽云房。十分山色四时好，一味松风六月凉。老树挂藤侵石壁，落花随水入池塘。主人乞与禅床卧，萝里如闻天上香。

复庵老衲游山漫兴，谨赋拙偈。至元十八年清明后十日题。

年来乘兴一闲游，直拟寻山山尽头。之字水从斜磵出，羊肠路到断崖休。古藤依倚岩前树，老木侵欹涧下流。啼鸟催归日将暮，林阴扑翠湿衣裘。

至元三十一年孟冬下旬三日，桂庵野衲觉达立石。锦川夏中兴刊。

右，真书。在后土殿东，踣。

塑妆祖师记碑

〔明〕

右，真书，嘉靖乙卯仲春望日，翼城王四好书。有印，方四寸，曰“翼城王章押”。髯僧悟重立石，在定公殿址，踣。

东游记碑

右，王宗沐撰，真书。隆庆五年八月中秋。在后土殿前，南向。

御书阁西，为般舟殿。释祖居重修，周垣嵌历代石刻。

张掞诗刻

〔宋〕

文曰：留题灵岩寺。

龙图阁直学士、尚书、兵部郎中、充真定府路都部署兼安抚使、知成德军府事张揆。

再见祇园树[①]，流光二十年。依然山水地，况是雪霜天。阁影移寒日，钟声出暝烟。粗官奔走苦，一宿亦前缘。

嘉祐六年辛丑岁七月一日，齐州灵岩寺主讲[②]、赐紫沙门重净上石。京兆府普净、赐紫沙门神俊书[③]。真定府郭庆刊字。

右碑，高二尺八寸，广一尺五寸。诗字径二寸，前后题衔款识，字径五分，并真书，端整有法。题下空处有“胶东李学诗来”六字，行书。在殿大门内。

朝官送详禅师诗刻

文曰：诗送灵岩法师　安石。

灵岩开辟自何年，草木神奇鸟兽仙。一路紫苔通窈窕，千崖青霭落潺湲。山祇啸聚荒禅室，象众低摧想法筵。雪足莫辞重趼往，东人香火有因缘。

诗送灵岩法师　充。

战士长歌赴荔原，谋臣献册庙堂间。吾师倜傥浮屠隐，不事王侯事经论。两街推许住灵岩，百鸟衔花待师信。清风一振海潮音，旷劫曾蒙祖师印。穷秋别我欲何言，珍重详师指一弹。

诗送详禅师住灵岩

尚书司封员外郎、直史馆、同修起居注、直舍人院兼同知审官东院蔡延庆。

灵岩川上白云深，十里青松昼自阴。远寺幽佳传已古，名山胜绝冠于今。群峰环翠凝秋色，危壁飞泉泻暮音。此景去为风月主，五湖应不

---

① “祇”，清金棨《泰山志·金石记》作“祇”。

② 该句后，清金棨《泰山志·金石记》有“经”字。

③ “沙门”，清金棨《泰山志·金石记》作“僧”。

起归心。

诗送灵岩道光大师

尚书祠部郎中、新知饶州蔡冠卿。

僧读儒书举世稀，惟师精学出尘机。上都香火安禅久，东国林泉徇众归。道在莫从形相索，身闲都觉利名非。灵岩到日秋应晚，还写新诗遍翠微。

熙宁庚戌仲秋十六日，元辅。

清晨叩（缺）倏然振（缺）萦带生（缺）不待春（缺）安隐谁（缺）师得向（缺）莫锁溪云（缺）奉送（缺）清晨门外（缺）程自说（缺）度众生（缺）痿羸似（缺）北山它日（缺）。

右碑，额题“宋朝贤赠行诗”六字，真书。分三行，字径三寸。碑连额高三尺二寸，广一尺九寸。分三层，凡四诗，每二诗为一层，真行兼之。下层残缺，每行存三、四字，不可读。上层“安石”“充”皆不书衔姓，以其时考之，安石，当是荆公，方为参政。充，当是俞公达，官都水丞。《宋史》称茂州羌寇边，充上《御戎十策》，盖喜言兵事者。故诗有“战士长戈”“谋臣献册”之语，当即其人。两街者，释氏有左街、右街，犹言东序、西序也。中层冠卿诗称“道光”，当即详公之字。诗后一行题年月，署“元辅”，当亦即冠卿之字也。碑在殿大门壁，北向。

游灵岩诗刻

李迪

文曰：大丞相文定公游灵岩诗。

灵岩山势异，金地景难穷。塔影遮层汉，钟声落半空。千寻罗雉堞（山如城壁之状），万仞耸屏风。飞鹤来清窦（有双鹤泉），刳鱼挂古桐。名曾参四绝，封合亚三公（在泰山后）。势彻河壖远，形差岳镇雄。仙闾邻峻极，日观伴穹崇。邃洞连蓬岛，重峦凿梵宫（山面有证明功德嵌）。望应销俗虑，登喜出尘笼。献寿嵩衡并，分茅海岱同。艮方标出震，午位对升中。岚滴晴烟碧，崖铺夕照红。巍峨齐太华，奇胜敌崆峒。炼句供诗客，摸真怯画工。天孙分怪状，神化结全功。唫赏慵回首，云泉兴愈隆。

先丞相天圣间，尝留诗寺壁，后主僧刻石。逮今岁久，字画刓缺，因命工再刊于石。绍圣五年三月中浣日，姪曾孙、新滑州白马县主簿李侃敬书。正监寺讲经论沙门□□□。

右，并真书，勒殿大门壁外，南向。大丞相以下分十八行，行十字，字径一寸二分。先丞相以下四行，行十五、六字，字径七分。《金石文字记》云：迪谥文定、前后三知兖州。其再任，乃仁宗天圣中也。又云：宋刻年月次序，以此为首。今案：跋称补刊，自当列为绍圣时刻。

五苦颂碑

文曰：

窃观三界之内，唯有五种苦事，世人罕知，辄书此颂奉勉，幸希省觉。住灵岩释仁钦述：

生来从四大，假合依六尘。妄识投胎鷇，执情为我身。几回劳父母，恩爱强分亲。出没河时了[①]，谁知自苦辛（生苦）。

心欲行千里，区区不到头。祗随声色转，怎肯向身忧。面皱眉如雪，贪尘尚勿休[②]。可怜无智者，一似恋枝猴（老苦）。

结托空劳力，追陪枉用心。一朝床枕上，苦痛自呻吟。满目妻儿女，空生烦恼深。此时难替代，惟独自孤衾（病苦）。

闭眼从神识，魂灵往那方。目前如暗室，背后没星光。纵有堆金玉，寻思何处藏。孤然无伴侣，恐怖自惶惶（死苦）。

---

① “河”，当作“何”。

② “尘”，清金棨《泰山志·金石记》作“程”。

杳杳随长夜，凄凄实可伤。平生冤枉事，酬对直须偿。唯有修心好，前程果自昌。劝君早回首，免此五般殃（苦苦）。

大观四年八月朔日，当寺比邱海补立石。侍者道岩书。济南徐仪刊。

右碑，高四尺二寸，广二尺。凡十二行，首行三十三字，余二十五字为一行，真书，径寸。颂上横书“五苦之颂”四字，字径二寸，并真书。在殿内南壁，东向。《金石文字记》载，仁钦有大观三年篆《心经》、大观四年《十二时歌》、政和元年《十二景诗》，今并佚。

曹韩氏题名

文曰：太宁夫人韩氏朝拜东岳，回游灵岩观音道场。四绝之所，崇峰列翠，宛若屏围。而北，主峰崣然，五里之耸，两肩有殿，号曰“证明”。谓其如来化迹，祈应如响。于是，发精确志，不惧巇崄，乘兴而步其上，仰瞻绀像，欣敬不已。及观岩麓，木怪石奇，景与世别。眺寓移时，顿忘尘虑。若非圣力所加，从心之年，焉能至此？于内自省，尤为之幸，仍知名山胜概[①]，传不诬矣。时政和改元季春廿五日，孙男左侍禁曹洙、三班奉职深、右班殿直泾侍行，使女憙、奴孙倩、奴乔（缺数字）张憙、奴祝美、奴杨蕊、奴朱采、奴薛珍、奴张望，奴董从行。洙奉命题纪岩石，徐仪刊。

右碑，高二尺二寸，广尺八寸。记十二行，行十八字，字径寸，行书。在殿大门西，南向。

净照和尚诫小师诗刻

文曰：住灵岩净照和尚诫小师。

吾来住此，不觉十载。为国焚修，稍成次第。今为年老衰迈，精力劳倦，难以久居。又忽见秋风落叶，意思阑散。孤月寥天，寒岩萧索。感怀

① “仍”，当作“乃”。

情动，顿起休心，欲慕退闲，偷安养拙，不免与诸子别离。古者云：父子虽亲，其路各别。自此以往，汝等诸人，各自努力进修，切莫虚度时光。一刹那间，便是它生异世。勤持行业，慕道为心，报答四恩三有。出家之子，义聚沙门，但且上和下穆，兄恭弟顺。一师之下，百岁同条。若以逆诤相违，自然不能安处。顺吾言者，是吾弟子；背吾言者，非吾弟子。临行相别，聊书此偈。付汝安怀，各纸委悉。

物外翛然获自由，殷勤诸子送佗州。白云暂驻无方所，明月相随到处优。岩谷乍拖终勿思，林泉幽景岂回眸。吾今此去聊相别，汝且和光混众流。

政和元年孟秋月十有八日寄。济郡东禅西轩书，付诫小师。

右碑，高三尺五寸，广二尺。凡十七行，行三十字，行书。后列诸徒五十九人名，同立石。诸徒皆以“道”字为行辈，惟首一人曰海润，末有“徐仪刊”三字。在殿南壁，西北向。案：净照即仁钦，时已退居济州之东禅寺矣。

谢雨记碑

赵子明

文曰：政和乙未，经春不雨，百姓咨嗟，思欲祷于法定圣像。诚心一启，甘泽随降。遂涓吉辰，诣灵光致谢。因览诸泉，经日而还。向子、千涓同至。县令赵子明。孟夏二十一日，监寺僧昭戒立石。

右，行书，碑高二尺，广三尺许。记十一行，行六字，字径二寸。在殿大门外壁，西南向。

王渊题名

文曰：方渠王渊，几道缘职事，访如师和尚，遍观灵岩圣迹，当日回历下。宣和乙巳六月十二日书。

右，行书，勒殿内东南壁，北向。末有明人题名二则：一云明参政胡缵宗、郎中高奎记，驿吏苏恩侍，草书。一云明苏台小池周同、钱唐珠山李奎雪、湖詹山偕览，行书。

傅大士十劝并梵相碑

〔金〕

右碑，高二尺一寸，广一尺三寸。分上下二层：上有像，道冠笼发露簪，导长髭髯，披袈裟，叉手跏坐胡床，双履置踏凳前。有高几，炉香袅烟。后有童，背胡庐、捧册。下题云：婺州双林傅大士十劝及梵相。十劝偈，不具录。末云：皇统岁次丙寅八月中秋日，济南十方灵岩禅寺住持、嗣祖沙门法云募工刻石。山门书记僧义由书，洛阳雍简画，鲁人胡宁镌。凡十四行，行二十四字，字径五分，行楷兼之。在殿大门外西壁，西向。案：傅大士名翕，梁时人，居金华义乌县之云横山。金华，即婺州也。观所画，疑是居士相，不尽是梵相也。

达摩面壁像记碑

文曰：禅之始祖圜觉老师[①]，始自天竺来，居嵩高少林道场，盖面壁者九年。大祖禅师断臂立雪，世举知之，而昧其处。自少林行殿而西，林篁荫郁，千步而近，度密越阻，群山四临。前则少室诸峰，嵱嵷连属。后则五乳崒兀，拥掩如举手内向。中峰之下，乃其故处，有泉泠然。始至无水，以杖剑刺地[②]，随举而涌，引而东出，世因号以锡杖。而丛榛族棘，荒秽翳塞，兔蹊雉域，蛇鼯所舍，樵牧避焉。元祐二年，留守简翼张公求而得之，始往过焉。使作亭以识其处，除地得趾，层甓宛然。后十有余年，知登封

---

① “始”，原碑作“初”。

② “剑”，原碑无此字。

县楼君异，复往过之，谓长老清江：襄棘开道，使有人声马迹，再至则治矣。盍复其故？对曰：下南山之木，出西谷之竹，伐薪以陶，率少而役，可立具，其所乏者，财尔。异请任之，于时，众治泰陵休于次，异敬以请，自监司与百局之执事，及群县之令丞佐尉，下逮工贾、庶役，不挽而同。于是，智者谋，仁者施，壮效其力，工献其伎，为堂为室，图像陈焉。守卫有次，门庑有列，盖一朝而具，既月以成。而林出芝十有二本，花各异色，茎如漆饰。甘露雨于泉池，夜有光气，四起属天，合为大练，东西数十里。呜呼！其兴可量也耶？夫道一，而今之教者三。三家之役，相与诋訾。盖世异则教异，教异则说异；尽己之道，则人之道可尽；究其说，则他说亦究，其相訾也固宜。三圣之道非异，其传与不传也耶！子孔氏之门，颜、闵、冉皆无传。仲弓之后，则有荀卿。曾舆之后，则有孟车。端木贡之后，则有庄休。而荀、孟、庄之后无传焉。李氏之传关尹，尹之传，复无闻焉。释自能仁，二十八世而为初祖，初祖之东六世[1]，而为曹溪，曹溪至于今，又十有五世矣。而儒老子之徒，欲与校其源委，误矣！呜呼！道之传盖始于此。历岁千百，逮今而兴，岂有待于异耶！

建中靖国元年九月十八日，居士陈师道撰。

大金皇统七年岁次丁卯十二月晦日，济南府十方灵岩禅寺住持、传法沙门法云募工重立石。山门维那僧宗安书，兖人胡宁刊。

右碑，上有达摩面壁像，一头陀合掌其后。下为记文，凡二十四行，行二十八字，字径五分，真书。在殿内南壁，北向。

双林坐像记碑

右，皇统□年，真书。在般舟殿壁，文多缺蚀。

---

① “初”，原碑无此字。

灵岩山场界至图记碑

文曰：昨，岳庙妄争山场，蒙尚书户部准法，断还□寺。今将纪略古碑，并阜昌公，据四至照验，画图刻石，庶使后人若观诸掌然。山门皆十方僧，兼住持长老，去留不定。其界至稍远，少有到者。凡差直岁，当一巡之，以为常例，不可忽焉。天德三年冬至日，十方灵岩禅寺传法住持圆悟、佛日大师裕显书。

右碑，纵二尺，横二尺八寸。上横题“灵岩山场界至之图”八字，真书。中绘山川屋宇，图中有云棋子岭至仙台岭，次至燕子山南大岭，各分水为界。下段记文，小字，真书。在殿东南壁，北向。

游灵岩记碑

文曰：余素好林泉之清胜，久闻灵岩名山，乃自昔祖师之道场也。所嫌尘缘衮衮，未获游览。比虽守官汶上，邻封咫尺，亦无由一到。兹因被檄赏劳徐、宿、邳州屯守军兵，还，登岱宗，故不惮迂远行役之劳，惠然而来。周览上方胜概，峰峦峭拔，殿阁壮古，森天乔木，是处流泉。憩于秀岩绝景之亭，清风时至，了不知暑。惟闻啼鸟之声，幽邃清奇，迥出嚣凡，信四绝之一也。顿息尘虑，以消平昔景仰之意。□□忘归，忆唐李涉诗，有云“因过竹院逢僧话，又得浮生半日闲”，正此之谓也。时携家偕游，正隆丙子岁仲夏初七日，同知东平总尹、辽阳张汝为仲宣题。监寺沙门法告立石。东平张诚刊。

右，刻记十八行，行十二字，字径寸，行书。立石、刊石二行，字径五分，真书。在门外东墙，南向。考此记，《金石文字记》载其目，而《灵岩志》《道里记》俱遗之，盖嵌墙内而为垩墁所掩故也。蒙游此，见隙坏处隐隐有字，刮而读之，笔札颇佳，因具录之。武虚谷云：《金史·张浩传》子汝为即其人。浩籍辽阳渤海，故汝为云“辽阳”，举其郡名也。《中州集》称为河北东路转运使，未知其曾为东平总尹也。《地理志》：东平府以府尹兼总管。今称总尹者，并二官为一名也。蒙案：汝为更有陶山幽栖寺题名，具详缘览。

释迦宗派图碑

右碑，在殿垣内，高三尺六寸，广一尺八寸五分。额题“释迦宗派图”五字，八分书，横列于上。次总叙宗派，列说于上层。次列宗派世系，始自《众集》，置大转轮王，一传为大须弥、小转轮王，再传为真生粟散王，三传为茅草王，四传为甘蔗王，五传为别成王，六传为拘庐王，七传为瞿拘庐，八传为师子额王，九传为净饭王，十传为悉达多，十一传为释迦牟尼，世系止于是。下层正中画牟尼佛像。正立，两足，下各承莲花，佛左手下垂，右手拊胸，胸有卍字，两肩佛光，上覆火焰，绕光而上，刻画皆完好。右边一行云：西京嵩岳少室山少林禅寺洒埽比邱惠初，宣和二年九月晦编集。左边一行云：正隆元年八月旦日，济南府长清县十方灵岩禅寺住持、传法沙门法琛立石。盖此宗派图，为宋宣和年少林惠初据《本行经》所编集，而灵岩法琛刻以传世者也。

释惠才山居吟刻

文曰：方山野人，因乐道自兴作《山居吟》，示诸禅者。当山监寺首座焚香礼求上石，余不能伏笔。灵岩方丈惠才书。

山僧乐道无拘束，破衣坏衲临溪谷。或歌或咏任情足，僻爱林泉伴麋鹿。水泠泠兮漱寒玉，风清清兮动疏竹。闲身悦唱无生曲，石鼎微烟香馥郁。幽居免被繁华逐，赢得萧条兴林麓。大道无涯光溢目，大用无私鬼神伏。知音与我同相续，免落尘寰受荣辱。浮生梦觉黄粱熟，何得驱驱重名禄。大定十八年六月旦日，当山监寺僧祖童、首座僧宗元立石。

右，刻诗十二行，行书，字径寸许。末立石一行，真书，字径七分。在殿大门内西壁，西向。

管勾平公勤迹铭

〔元〕

文曰：灵岩平公管勾勤迹之铭。

本寺书记思圆书。当山前住持、嗣祖沙门桂庵野衲觉达撰。

夫深山里，钁头边，经营产业，开拓山门，辅弼丛林，护惜常住，运先觉觉后之心，行自利利他之行者，其孰能究欤？唯管勾名体相称耳。公讳净平，济南邹平县九湖里马氏之子，长年十有九岁，不甘处俗。闻止庵老人道价峥嵘，名振山东，径造灵岩丈室，始为落发。习经业之后，受具戒已来，公心贞性古，言无妆饰，所禀天性也。自此闲暇之际，发上品忠心，施功向前。三门之左，凿石开路，使车马直彻院庭，人皆翕然。更栽接梨、柿诸杂果树伍伯余株，绕寺诸处，及梨峪栽竹垒石墙，遮护看守，忠心为最。时有鞍山月泉作诗上寿赞云：管勾多年苦用心，栽培松竹出云青，老僧无可为添寿，只指松筠作寿龄。知人之鉴，良可为证。不可掩人之德，以示来者，使后进发“见贤思齐”之志，不为无益。不负平公开山路、垒石墙、栽接之初心焉。余录公之实迹，信笔而书，使后世播无穷之苦行耶，仍惠之以铭：

其铭曰：灵岩勤迹厚，施功独占先。心贞兼志壮，德性自天然。何时尝出寺，甚日下平川。凿石开大路，车马彻庭前。接成梨柿树，栽竹更心坚。梨柿并竹子，年年货卖钱。高低石墙起，可羡老平禅。行满功成处，广种福无边。止庵门下子，昆仲少齐肩。苦行千年播，佳名万古传。

大德十年三月二十七日，山门监寺思川立石。当山传法住持、嗣祖沙门古岩野衲福就劝缘，清亭方茂典刊。

右碑，高二尺四寸，广二尺六寸。文二十五行，行二十四字，字径八分，真书。管勾者，僧职也，犹道观之提点。在殿大门内，南壁，西北向。

何约、张鹏霄诗刻

文曰：天下名蓝称四绝，方山雄与岱宗连。古渊堂上凭阑处，似在栖霞太华边。

泰定五年正月[①]，中宪大夫、前山东东西道肃政廉访副使、河东何约留题。承直郎、前江东等道肃政廉访司经历张鹏霄同来留题。

灵岩古佛刹，雄暎泰山巅。环抱岚光里，沉涵月照边。禅房森木荫，梵宇众星联。一到绝尘俗，幽栖信有缘。

当山住持沙门古渊、提点思让、监寺思川同立石，书记恒勇书，李克坚刊。

右碑，高尺六寸，广三尺三寸。共十七行，行十一字，字径寸，真书。在殿西壁，东向。

塑像题名碑

文曰：管妆塑圣像施主花名如后：

管塑当阳释迦如来，施主待诏僧子工。

全管妆銮当阳圣像一堂，施主提点智举。

管塑文殊、普贤二大士，施主提点思让。

管周围妆塑三十二尊罗汉，施主院主思善。

管供床镜面油漆，施主监寺思川。

管背坐妆塑观音圣像，施主副寺子贞。

管三面大镜，施主书记恒勇。

大元致和元年八月望日，当山传法住持、嗣祖沙门智久谨志。

右碑，高三尺四寸，广一尺八寸。题名十行，真书，径一寸。案：碑立于致和元年八月，是年二月，泰定帝始改元致和。七月，泰定帝崩，九

---

① 该句后，清金棨《泰山志·金石记》有“下旬日”三字。

月壬申文宗即位，改元天历。碑立于八月望日，故仍称致和也。寺中塑象居中为释迦如来，左右为文殊、普贤。又有圣象一堂，不计位数，当在殿之左右列，与如来俱南向，故谓之当阳也。罗汉有十六尊者，有十尊者[①]，此是三十二尊，必左右列，东西相向也。观音圣象在佛殿之后背坐者，北向也。三面大镜必是如来、文殊、普贤之佛光。供床即佛前供案也。施主皆寺中僧职，有所谓待诏僧者，创见此碑。圣象一堂，不曰妆塑，而曰妆銮，所未详也。《泰山道里记》云：大雄殿七间，祀观音、文殊、普贤。此殿即宋之献堂及山门，本无象设，皆明正德间鲁藩所增置也。今以此碑考之，则元时已有象设，鲁藩特更新而增易之耳。标题“花名”二字，他碑未见。

绝俗持戒二刻

〔明〕

右，隆庆年，李复初真书。嵌门外东、西壁。

重修般舟殿碑

〔国朝〕

右，顺治中施闰章撰，真书。在殿西，东向。

辟支塔，在御书阁西南，九级。每级门四、窗六，砖石为之。唐天宝中建，宋嘉祐重修，元、明相继修之。西偏为藏经殿，乾隆十四年毁。其后为倚翠亭，西北为松风阁。《灵岩志》云：卧佛堂在塔北崖，上颇幽雅，不亚甘泉之胜。堂前小阁，守道王纪游此，爱之，题曰“松风”。稍西为朝元殿，由甘露泉移此。南下为关帝庙，寺中殿阁、楼亭、浮图、精舍，与山高下，凡数十所，悉列如右。名泉、嘉树，并志焉。

---

① “十”字后，清金棨《泰山志·金石记》有“八”字。

尊胜经幢

〔宋〕

右，幢凡二，皆真书。一为景德四年，在藏经殿前；一为天圣三年，在塔院中。

建辟支塔题名十石

右，十石，各高一尺八寸五分，广二尺二寸。字径五分，并真书。嘉祐二年三月，在塔上墙间。

朱文藻曰：辟支者，《释氏要览》云：梵云“辟勒支底迦”，唐言“独行”也。《翻译名义集》作“毕勒支底迦”，“辟”与“毕”声近而异也。其以“辟支”名佛者，见《水经注》。云：于阗国刹利寺有石靴，石上有辟支佛足迹。又，《酉阳杂俎》亦云：于阗国赞摩寺有辟支佛靴。此以辟支名塔者，殆塔上供辟支佛也。灵岩寺辟支塔，稽之《长清县志》，不详其兴建之由，即宋张亮《重修寺记》，亦只云辟支塔从古制，而不言建自何年。以臆度之，盖亦魏正光中法定禅师所建也。宋景祐中，主僧琼环修寺而不修塔，至嘉祐二年，乃合众力，为修塔之举，而因有此题名也。题名十石，所载男妇子女约三千人，其州县乡村寨社之名，可备《志乘》考证。所载各社有社头、社官、社长、社政、社司、社录、社副录、社举、副社举、点检、勾当、知客、都排、副都排诸名目，而散者为社人，不知此等是在官者，抑是私举者。因忆昔读《三朝北盟会编》，于靖康年间，颇有山东寨主结连乡兵，各保本社，抵御金兵者，要皆社官等之后效也。当时行疏劝缘[①]，远连郡县，有所谓十人头、百人头、千人头者。碑载三千人，皆自劝钱[②]，修塔姓名不详，所助若干。独夏津县李若冲夫妇各施石二尺，大书特书。碑为修塔而刻，而亦兼及铸铁人、铁銈之事。《玉篇》：銈，送死

① “缘”，清金棨《泰山志·金石记》作“录”。

② “自劝”，清金棨《泰山志·金石记》作“是助”。

人之具也。此铁鉒不知是何器，而与铁人同铸，又值修塔之时，或即塔前供用之器？然不详其重若干。计碑中载施铁之数，则赵金舍铁五斤，赵政施铁三十斤，陈元施铁五斤，凡铁四十五斤。不知八事之重只此，抑或尚有施铁人而不备书耶？又，不可解者，修塔助缘皆属河北[①]、山东，而舍铁铸器，独远及于淮南、楚州、宝应人，何也？助缘之人，市户最多，想是市易之行户。居官者惟靖顺之一人，登仕郎官，封州司理参军也。又有乡贡进士一人，乡贡学究一人，处士一人。其称谓之别者，有男弟子、女弟子。有名其子为菩萨留，将军留者。名其女为哥、为儿者，书其父名为十郎者，称其母为大娘，又有称三母者。又今俗称祖母为婆，外祖母为外婆，妻母为丈母，师之妻为师母，并见此碑。其姓之少见者，则有司、逯、咸、皇、扈、似、封、商、索、剧、苑、曲、闾、夹、凤、葺、刑、蹇、栗、竹、俗、荣、东、靖。其称谓之异文，则女婿为女妖，外甥为夥甠，孙女为大鄉子、三鄉子。

任瀛诗刻

〔金〕

文曰：济南府推任公诗。诗呈堂头云禅师[②]，瀛上。

放开尘眼顿超凡，便觉栖真悟泐潭。碧嶂排空千仞矗，清泉漱颊十分甘。五花殿里师因果，百法堂中问指南。若道为官太拘束，三年三得到精蓝。

皇统丁卯三月二十八日，监寺比邱子方上石，兖人胡宁刊。

右，诗十行，行书，年月二行，真书。在松风阁南壁，北向。

① “缘”字后，清金棨《泰山志·金石记》有“者”字。

② 该句后，清金棨《泰山志·金石记》有“营”字。

创建龙藏殿记碑

〔元〕

文曰：大元泰山灵岩禅寺创建龙藏之记。

正奉大夫、侍御史、燕南河北道肃政廉访使张起岩撰并篆额，中奉大夫、岭北等处行中书省、参知政事张蒙古台书。

天下佛宇，以岩名者，则泰山灵岩为之冠。以境属中土[①]，占岱宗右腋，面势环抱，当秀绝处。前乎此，未有识其胜概以据有者。殆天造地设，神灵珍藏，以待夫雄尊崇大者处之，然后为称也耶！盖岩之巅东，如列屏，如窣堵，波献奇骈，秀矗乎云表。北如连城，截然展拓，高出千仞，俯临真境，若向若护。东岩南引而左拱，与北岩子午相直。其上有穴洞明，望之若月。元魏正光间，法定禅师驻锡于此。睹其形胜，兀坐独处，德风所扇，慧照所加，灵怪敛避，虎兽驯伏。复有泉涌，于窦泓而为池，土俗目其神异，为构丈室，延居其中，演教授徒，是为开山初祖。历隋暨唐，殿堂斋寮，日新以盛。宋太平兴国、天禧、景德，遍以其号锡宇内寺院，故寺尝号“景德”。寺之千佛[②]、五花殿，构于其时。石刻具在，迄今广宇周廊，遗制尚存。皇元崇奉释教，视前代为有加。泰安分土王邸，于是寺外护尊礼，尤切注意。至元二十四年丁亥，第三十代住持宝峰顺禅师，以为名山大刹，大众云集。受学之人，必资讲诵，我佛之教，其言传于世者为经，历代高识，发扬翼成者曰律、曰论、曰疏，增衍广大，至五千万卷。今版本在江浙、在闽。于是专普觉大师提点广往购至杭，则普宁寺已具《经律论》完本，遂购而航致之。浮江、绝淮、踰河，抵郡之阴河镇，以二十六年三月十八日，具法师作礼迎致，权置寺之五花殿。后四十五年，当至元后元乙亥，息庵让禅师图建外三门，方具材庀役，俄受少林之请。

① “以”字后，清金棨《泰山志·金石记》有“其”字。

② 该句后，清金棨《泰山志·金石记》有“殿”字。

佛智明悟通理大禅师定岩慧公嗣主法席，乃相旧轮藏之基，规模故在也。谓宜起废，庶琅函宝笈贮阁有所。谘于广智大师、提点川明德大师、监寺贞等，度为藏殿三楹，辍三门材为之。寺之耆德法属闻是语已，欣然出衣、盂资，以助以倡，邻郡济南达宦善士之乐施者相继也。经始于至元后二年冬十月，毕工于六年夏四月。宏敞虚静，位置崇整，匾其额曰“龙藏”。中为龛帐，以庥像设，以覆藏函。供张器皿，殿所宜有，种种备具。金碧绚烂，芗灯芬灼，装严佛界，观者起敬。总其所用，为楮泉二万三千余缗。师偕提点贞、监寺挥等，来请记于予。予惟大雄氏之教，肇自东汉，流传震旦。其为言说，普令一切世间，识原达本，发无上玅心，如良药疗众疾，如慈航济苦海，如慧烛破幽暗。以之开迷惑颠倒，以之释贪著爱欲。人之求其法者，舍是经何以哉？知有是经而不能读，读而不能思，思而不能从，是与未尝见闻者无以异也。夫采药疗疾，取米救饥，而药与米究竟有尽。惟是经也，取而读诵，思惟其义，开觉发悟[①]，深造自得，利己利人，普蒙福惠。于是经也，复无所损，义益明畅。如清净水，洗涤尘垢，水亦还洁。如大宝月，照彻昏暗，月自明朗。然则学者舍此弗究，可乎？师张姓，世为保定完州人，居州之南檀山，年八岁，礼古唐甘露禅院诠公为师，得法于灵岩桂庵达禅师。至元后丙子，得锡今号，是为住山四十代师云。至正元年二月望日记。

山门提点子贞、提点子廉、监寺子挥、监寺子洪、修造思柳、维那维智[②]、副寺思霭、典座子时、副寺子泰、子可、维宽、觉喜、净心、直岁、子路、觉昌、觉宗、觉千。耆宿首座思让、首座子英、书记思岑、藏主思周、知客子全、仓主子敞、钱帛子庆、库主觉初、浴主思洪、外库觉增、侍者戒信、殿主子延等。

---

① “觉发”，清金棨《泰山志·金石记》作“发觉”。

② “那”字后，清金棨《泰山志·金石记》无“维”字。

十方灵岩禅寺住持传法嗣祖沙门佛智、明悟通理大禅师定岩、野衲德慧立石。石工张克让、苏亨刊。

右碑，连额高八尺五寸，广三尺五寸。篆额题“大元泰山灵岩禅寺龙藏殿记”十二字，径三寸，分三行。文二十四行，行五十五字，字径九分，并真书。碑阴刻施钞人名二十六行，字径八分。案：杭州普宁寺印经一大藏，系世祖至元二十六年事，详见《广公提点寿碑》。至是顺帝至元元年始建龙藏殿，盖越四十七年矣。碑文为张起岩撰，起岩之官中台侍御史，转燕南廉访使，史不详其何年。以此碑证之，则至正元年二月，而碑阴在是年十月，盖刻文在毕工之初，碑阴则俟施钞之数已定而后刻也。碑阴列诸寺职，有所谓“铸泻”者，不知所职何事，识以俟考。在藏经殿故基前，东向。

彭梦祖诗刻

〔明〕

右，诗二首，丙戌初冬，行书。在松风阁南壁，北向。诗采入《览》后。

李逊学诗刻

右，诗二首，真书。正德四年五月，僧悟悦立石。在阁南壁，北向。

张鹤鸣诗刻

右，诗二首，行书。在阁南壁，北向。

寺门外端，南为方山神祠，东南有伽蓝殿，明宏（弘）治时，僧慧海重修。西南为地藏庵，东南为药师佛殿、思议佛殿。并圮。

张掞诗刻

〔宋〕

文曰：诗送新灵岩寺主义公上人。龙图阁直学士、尚书工部侍郎、群牧使张掞上。

峨峨日观出云层，西麓灵庵寄佛乘。金地阙人安大众，玉京选士得高僧。霜刀断腕群魔伏，钿轴存心奥义增。顾我旧山泉石美[①]，湔除诸恶赖贤能。

熙宁二年己酉岁中元日。

诗送敕差灵岩寺主大师详公赴寺，朝散大夫、书户部侍郎、致仕张掞上。

黄纸除书下九天，岱宗西麓镇金田。鹫峰肃肃臻多士，兰杜熙熙抚众贤。像室光华辉晓日，禅心清净擢秋莲。山泉自此增高洁，云集十方结胜缘。

熙宁三年白虎直岁，九月十三日。

右，并真书，在方山祠南壁，南向。元遗山《济南行记》：岣山道南有宋龙图张侍郎掞读书堂。“读书堂”三字，东坡所书。掞，字叔文，有文誉。蒙案《宋史·掞传》，掞举进士，知益都县，明道中，知掖县，通判永兴军为集贤校理，四迁为龙图阁直学士，知成德军、入判太常司农寺，累官户部侍郎致仕。熙宁七年卒，年八十。前诗“再见祇园树，流光二十年”，当是知掖县时一至灵岩，知成德军时再至也。此诗则二年尚居官，三年已致仕，其年七十五六矣。而工部侍郎群牧使，传所未载。碑中“耉”字是“守尚”二字。白虎直岁，考其年为庚戌，盖以庚为白虎也。

① “顾”，清金棨《泰山志·金石记》作“愿”。

李尧文题名

文曰：山阳李尧文自汶以事至东武，由奉高祠岳过灵岩，瞻礼观音像，登证明龛，尽得游览之胜。政和六年闰正月十九日。

右，行书，六行，字径寸半。在伽蓝殿外西墙，西向。

苏辙诗刻

文曰：灵岩寺。苏辙。

青山何重重，行尽土囊底。岩高日气薄，秀色如新洗。入门尘虑息，盥漱得清泚。升堂见真人，不觉手自稽。祖师古禅伯，荆棘昔亲启。人迹尚萧条，豺狼夜相抵。白鹤导清泉，甘芳胜醇醴。声鸣青龙口，光照白石陛。尚可满畦塍，岂惟濯蔬米。居僧三百人，饮食安四体。一念但清凉，四方尽兄弟。何言庇华屋，食苦当如荠。

辙昔在济南，以事至太山下，过灵岩寺，为此诗，寺僧不知也。其后见转运使中山鲜于公于南都，公尝作此诗，并使辙书旧篇以付寺僧。元丰二年正月五日题。

苏子由从事于齐日，有题灵岩诗，鲜于子骏后漕京东刊石，顷失之。妙空被命而来，寺之敝陋更新，尽以诸公题栉比于中间两壁，恨亡苏诗也。靖康初，偶得墨本于茌平李时升家，再摹石。空明居士跋。

右诗，真书，跋行书，差小。在祠南壁，南向。

张士明诗刻

〔元〕

文曰：至正癸巳三月吉日，梦游山寺。是岁七月到任，九月劝农至此，恍然如梦中所见。因赋鄙语，录呈灵岩方丈。前进士紫金山张士明题。

清亭忝民牧，倏尔两月余。垦恻理辞讼，仓皇行简书。深秋劝农事，东驰岱宗途。有山忽北转，宛然梵王居。云萝隔烟树，经阁参浮图。林峦类拱抱，涧壑如交趋。松风振岩谷，石泉溜庖厨。峭壁龙蛇窟，悬崖虎豹区。野猿啼町疃，海鹤舞庭除。僧闲看贝叶，客至翦新蔬。胜景跻寿域，禅房列周庐。山前回首望，一梦恍相符。

至正十五年正月，当山住持嗣祖沙门灵泉野衲谨书立石。

右，真书，二十行，行十字，字径八分。在祠东壁。

滕季达诗刻

〔明〕

右，诗为和宋谏议滕涉原韵，万历十一年十月望日。后有沈自邠、屠隆、徐应雷、范允临、郑林跋语五则，并李承资真书。乙酉上元勒石。在祠前壁，东向。

饮马沟即北溪，在方山神祠西南。《灵岩志》云：宋徽宗幸灵岩，御马见沟中流水，衔勒骄嘶，控者解鞍卸辔以饮之。马方入水，则见水中一青螭，鼓鬣而游，识者以为马之精状云。案：徽宗幸灵岩，不见史书。上有新石桥，明天启中，释圆桂建。东纳彩泉诸水，经三空桥下，淤沮伏流，至此复见，屈而西南，黄龙泉自南来入之。又西过雨花岩，大小横沟之水，双抵谷间，各从北来入之。其下曰涤思峪，又西与南溪交流。小横沟自饮虎池来，至饮马沟。西有明空桥，俗呼“小石桥”，明时重建。桥东有龟背石，大横沟自北峪来，至小石桥。西有崇兴桥，俗呼“大石桥”。宋大观时释仁钦修，明嘉靖年重修，更名通灵桥。

灵岩道场碑

〔宋〕

文曰：灵岩道场。

元丰庚申，尚书兵部郎中、直昭文馆知军州事、上柱国王临毡笔。

右，“灵岩道场”四大字，飞白书，径二尺。年号衔名在其左，真行书。

《宋史》：王临，字大观，大名成安人，起进士。元丰初，自皇城使擢兵部郎中，直昭文馆，知齐州。庚申为元丰三年，正官齐州时也。案：飞白书起于蔡邕，见《垩笔成字》。此云毡笔者，《摭言》云：李纾放举人榜，未及填礼部贡院字，值令使醉，以毡笔染，不能加墨。追明，方觉浓淡相间，反致其妍。临盖谦言，不敢自谓飞白也。碑勒崇兴桥西。大观时刻桥记于碑阴，转置南向，而此字乃北向矣。

崇兴桥碑

文曰：齐州灵岩崇兴桥记。

朝奉郎、新差权通判、岷州军州管勾学事、兼管内劝农事、兼管勾给地牧马事、云骑都尉[①]、赐绯鱼袋、河阳郭思撰[②]。承议郎、知南外都水丞公事、专切提举、广武雄武埽、济南王高篆。

灵岩胜境，仙圣所居，金石可见。自后魏正光中，法定师复兴是寺，迄今已六百年。至吾宋熙宁始，正名为“十方”，以容召天下大名德、大长老为住持主。而中间去来化灭，寺主数易，权摄非人，缁旅既来，多失所望。四方瞻礼，因亦衰减。下逮于山租、田课、僧用、佛供、寺屋，略皆荒落，称是。今上嗣位齐州，众求海内高德，得建州净照大师仁钦，以闻之朝，即有诏以仁钦为灵岩住持主。钦公至寺之一年，寺境清；二年，学人来；三年，佛法明；四年，天下四方知灵岩有人，而岁时香火、供事，遂再盛。钦公曰：灵门宗旨，虽以寂灭为究，而像教住世，亦必以庄严为助。于是，起献堂以处供士，建后阁以护禅席。□□泉轩，以燕见善知识，完绝景亭，以憩适游观。再新证明、功德殿，以快四方礼谒，为供养□。惟是山门大路十六七里达寺庭，正西□宾旅所由。而中路有大溪横道，霪

① 原碑无“都”字。

② “郭”字后，清金棨《泰山志·金石记》有“阳”字。

雨暴水，岁费修塞，人甚厌苦。访之耆旧，皆曰石桥峪。而石桥名峪，名存迹灭。钦公曰：桥于此□所宜，古之名岂虚得哉。日者，寺务百施，况此桥梁之外。先是，钦公构献殿，四方信悦，布施云委。今桥以献殿羡余支其费。丈尺□，访桥材，即于旁崖，良石取足。于是，诸檀越乐公劝化，竞相资助，桥用以给，桥议遂定。库司所备，工人哺啜而已。于是，钦公曰：国家设道场、广利益，一以增阐善因，二以资佑国福。方今钦崇祖宗，以本仁孝，吾知国恩者也。愿吾桥成，以“崇兴”为名。即以大观改元十月起役，役至次年九月，桥遂成。桥长六十二尺，阔二十五尺，自溪底，出溪上高三十五尺。上施屋五楹，旁辟栏楯，编石架空，如砑如豁。翠岩之前，绿阴之下，虹蜿虬屈，若竞若拏。童不岁劳，客不时病，行不履阽[①]，道不涉迂。以善利济人，以直路指人，以不谢之功施人，以不朽之事遗人。钦公于胜境结胜缘，如此哉！余被恩倅岷南，以是月顶礼菩萨至桥下，钦公一见，谓：如平生闻其一言半偈，即便醒然，心眼开大。谛观此一日之悟，乃深信公长年之益，其能主持名山，明畅大教固宜。属令书桥成岁月。桥费金钱，以缗计者千有奇，石以条段计者千有奇，人匠以工计者九千有奇。管勾、董设[②]，僧道传造作桥。在明孔山西、灵光亭北。于嚱！钦公指迷说幻，将大悟人于正路，以为大导师，况此一路径事乎！救患拔殃，广度人于苦海，以为大法桥，况此一溪涧事乎！春秋新，一门一厩，圣人必谨书之，以见举措之当否。此桥利益，安得无辞？于是，退而书之，命小子升卿书丹以寄。大观二年岁次戊子九月壬子晦。

齐州灵岩禅寺净照大师、住持传法释仁钦立石。

守本州助教杨若拙并妻刘氏，同发心施钱三拾阡，乞保家眷平安，增延福寿。

---

① “阽”，原碑作“帖”。

② “设”，原碑作“役”。

长清县蕉大夫宅杨氏儿，谨施钱伍拾阡，充买桥亭上柱一十二根，所求利益，伏为自身与合家眷属，保庆平安，增延禄寿。

监寺赐紫僧道口、副寺僧宝月、维那赐紫僧慧敷、典座僧智恢、库主僧惠旻、直岁僧道通、首座赐紫僧道举、知客僧玄素、经堂主僧净泉、侍者僧道岩、开基监造僧道传[①]、监作行者僧道彬、缘化头陀刘道储。

历下牛诚、徐仪摹刻。

右碑，连额高七尺五寸，宽三尺六寸。字二十八行，行五十字，字径八分，行书。额篆“崇兴桥记”，字径三寸许。自第二行至十三行，每行下缺一字，余详前碑。

重修通灵桥碑

〔明〕

右，林琼撰，行书。嘉靖年勒桥西。

饮马沟北崖题勒

文曰：十里松。刘亮采。行书。

① “造”字后，原碑有“桥”字。

岱览卷第二十六

附览五

灵岩下

佛日岩，在功德顶西，两峰夹陉如雄关，一名小西天。北有饮虎池，西北流，中汇方泉。东崖有虎窝池，池水西径积翠岩南，又西南流，小横沟源也。

巢鹤岩，在佛日岩南，石坪轩豁，俗呼晾经台。皇上御书“巢鹤岩”三大字。御制诗四，书并勒一碑，建亭。《灵岩志》云：一名蹲狮岩。《道里记》云：前为蹲狮岩，或曰盘石也。东谷口有云窝，其南悬崖有观音洞。三门相通，内有应真像栈朽不可即[1]。东南多宋人题名，漫漶[2]。又东南，平冈延袤数亩，四围翳荟，而此独童阜，曰无生地。释以无生为上乘，故名。《纪胜》云：灵岩，峰峦作百兽率舞，其最肖者卧象、行狮，天钟之奇。象作朝应，狮为主山，厥形左顾，首尾鬐鬣，遒然生动，令人怪叹化工之巧。狮口衔兰，若下临石棚，鸟雀皆驯，老僧拨饭食之，百鸟喧争，飞集肩背。始知李白居徂来山中，鸟雀皆可呼，而弄之于掌，非虚也。

皇沂等题名

〔宋〕

右，大观三年，真书。在观音洞壁。

---

① 该句，《泰山道里记》作“内有石佛像”。

② “漫漶”，《泰山道里记》作“勒崖”。

开封人等题名

右，大观□年，真书。在观音洞壁。

沈邦杰等题名八则

文曰：杜绾、裴秀回、刘永、施经里、仲寿、沈邦杰、僧广先、智思，登证明回惕道傍。政和癸巳季秋十九日，邦杰书（左读）。

东平宋安中同张远来游览山景。□季春下旬。

大名朱元宜、张应之庚子同登。

颍州□奇虢琮游。

博州高唐刘生同妻索氏游顶回。

宣和二年三月十九日税户孙东元（左读）。

□邑县□安同宋□，江南歙州程□。济州□□□，为亡妣存□如□。

□峭壁屏□屏□至道□郎、前守棣州厌次、□州蔡礼题。

右，题名真书，大小不一，在巢鹤岩下盘路石壁。政和癸巳，盖三年也。其无年月者，玩其笔法，自是先后同时。其左与牟珰《修方山功德记》相接。

崔大防等题名三则

文曰：博州崔大防、周君度同登证明，□到游汉仙洞。时政和丁酉岁三月十四日题（左读）。

博州杨升同杨善到此。政和七年（缺）。

汶阳梁西均挈家同游，适潘女悟通侍行。政和丁酉孟夏旦（左读）。

右，崔大防题名四行，其右有字，不能辨。后二则各二行，并真书。在观音洞壁。

李唐臣等题名

文曰：

清平李唐臣、范庭□、郑伯温、王秀姬、田汝霖游此。宣和四年四月三日。

右，题名三行，真书，左读。在观音洞石壁。

盘石题勒

文曰：

别是乾坤。鲁海春。真书。

巢鹤蹲师。八分书。失名。

巢鹤岩

〔国朝〕于绍舜

尘踪长是羡飞鸿，巢鹤岩巅恰御风。十里松阴晴亦雨[①]，千重烟霭色还空。列屏山似居连舍，放眼人如鸟脱笼。不用凭虚更搔首，恐耽诗句负青葱。

狮山[②]

狮峰雄踞出崔嵬，乌弋谁将缩地来。怒吼松涛驱虎豹，闲排云阵鼓风雷。西归欲逼星河去，东望疑从泰岱回。闻说空王降怪兽，狰狞亦上雨花台。

香霏岩，在巢鹤岩西，俗呼绣球山。迤南有唐天宝僧慧崇塔及宋以来诸窣堵。西北里许，北峪之水南流，经朝元洞、圆光洞东而注，大横沟源

---

① “阴”，清金棨《泰山志·支山记》作“荫”。

② “狮山”，清金棨《泰山志·支山记》作“蹲狮岩”。

也。北峪北有石崖，中一窟，如井。

珦公塔铭

〔宋〕

文曰：灵岩寺禅师珦公塔铭。

夫日中则昃，月□乃亏。喻生灭之不停，等轮回之无定。是知数有蹇足，天无皂白。一真之境未臻，四天之躯何息？即有殁而不朽者，其兹谓与！上人俗姓张氏，法讳延珦，家自全齐，生□历下。幼而迥异，长而复英，意舍□□□□□空慧，依灵岩山寺主僧志雅，以为亲教。方袍圆顶，禀戒持心，而后迁入郡城，别居莲宇。为佛地之栋梁，作金田之纲纪。□徒作德，士庶钦风，转□□经一□，诵《维摩经》一千卷，课《金刚经》五万卷。由是广神庆赞，大集人天，胜善克敷，良缘是植。享年六十六，非□□疾而奄□矣！门人琼因等，师资义重，法乳情深，念训诲以有成，在孝思之无替。建兹卯塔，使灵骨以有归；述彼嘉猷，表华门之不坠。刊此贞珉之石，□不昧于千龄；旌其咸德之名，冀扬芳于天□。时大宋咸平二年岁次己亥九月庚辰朔十八日建。寺主讲上生经本寺、大云寺主僧、开元人□主僧、小师念法华□。

右，真书。在香霏岩南峪。

妙空塔铭

〔金〕

右碑，仅存半截，凡二十七行，行存十九字，字径八分，真书。额题“妙空禅师塔铭”六字，蝌蚪篆。每字径五寸，分三行。文内一行有云：皇统元年六月二十八日，管勾济南府十方灵岩。末行又有“皇统二”等字，此碑当立于皇统二年也。文之可考者有云：师讳净如，俗姓陈氏，福州侯官人。余详《千佛殿中颂赞》合刻碑。

定光塔铭

文曰：济南府十方灵岩禅寺第九代定光禅师塔铭[①]。

濮阳李鲁撰，济南高鲤书，儒林郎、行台、大理寺丞韩洤篆额。

皇统壬戌中秋，定兄侍者走书于鲁[②]，曰：先师顷自普照来住灵岩道场，锄垦荒芜，爰立规矩。不幸席未暖，遽示寂灭。智月忝出门下，荷润特深，报効蔑闻，弥增惕惧。遂躬率诸门人，营建梵□[③]，□功告成[④]，铭志未备。共念先师畴昔交契之厚，谁如公者！今辄以昌黎韩淘通仕所叙行状，请铭于公，能无意乎！鲁始错愕，顾陋学无以表其高风。既而曰：乐道人之善，圣人之训也，尚何让□□[⑤]。道询俗姓周，扬州天长义城人也。世为乡里大姓，产业雄一方，岁入不赀。幼孤，事祖母，以孝闻。及长，性豪迈，姿貌伟[⑥]。喜施与，好鹰犬，驰骋田猎，割鲜染轮，不忘旦旦。乡人畏爱，以任侠处□□无何[⑦]，臂鹰牵黄过故人家，见读方册，师挺前夺取欲视，故人曰：是岂公所能知？师气慑，徐更读之，乃智望禅师《十二时歌》也。阅未竟，面热汗下，叹曰：报应若此，可奈何？故人曰：审如是，早是□□[⑧]。师茫然谢归，放黜鹰犬游猎之具，杜门饭脱粟，布衣芒屩，体肤饿悴，而祝发之念萌芽胸府矣。家人以为狂，初加诃禁，师志益坚。竟礼本县兴教寺常住院首座僧德安为师，纳戒于本州，实政和改元之岁也[⑨]。师在众持头陀行，精严斋戒，平治心地。其师召谓之曰：怀与安实败名，汝器识远大，未可量也，盍游方以广学问。

---

① “代”字后，原塔铭有“住持”二字。

② “兄”，原塔铭作“光”。

③ “□”，原塔铭作“塔”。

④ “□”，原塔铭作“厥”。

⑤ “□□”，原塔铭作“师讳”。

⑥ “貌”字后，原塔铭有“魁”字。

⑦ “□□”，原塔铭作“之居”。

⑧ “□□”，原塔铭作“自为计”。

⑨ 该句前，原塔铭有“开元”二字。

师即诣本州建隆寺依住[1]，因禅师为侍者。未几，参□□室[2]，颇领玄妙。建隆语师曰：汝将腾趠万里，讵可于此久淹？当务遍参，以卒远业。师禀命至龟山，见慈禅师坐禅，次闻静版有省[3]，以颂投龟山，深蒙印可，遂入舒州。见甘露卓禅师，卓识师根□□常谓曰[4]：《法华》言禅师为一时郢匠，盍往谒焉？师忻然领命。及一见，师资道契，驻锡四稔，举作座元。因为师小，参举二祖觅心，了不可得。马祖即心，是佛机缘。于是，彻证传心之旨，太湖真乘□□人诸禅举师名德[5]，郡委县令赍牒劝请。师谢曰：吾始舍缘，私自为盟，不愿住持。矧兹末法。祖道榛棘，宜得吾门龙象，提宗印以振衰坠，庶几有益。讵可妄欲，以此事付田家子，是犹资越□□[6]，甫计亦左矣。因固辞，令请益坚，师计穷，碎牒投诸地。令骇曰：斯罪也，奈法何！众以师厉志纯一，本无慢心，祷令得不白州，听举自代者，因得遁去。师以名迹为众指目，乃归义城。距祖第数□□[7]，得佳泉石处，曰冶山。构精舍，号定光庵，将终老焉。乡里子弟执侍瓶锡，愿度为弟子者五千余人[8]。

建炎二年，大军渡淮，寻陷天长，师处仓卒无挠色。太尉薛公异之，入白统军，迎置军中□□□养[9]，且下令曰：尔等当善护持，勿致失所。洎旋军至沂，听师自便。名士刘郊子机，雅闻其名，虚怀接纳，一叩真机，定交方外。寻于泗水灵光山，卜筑自晦。阜昌六年，济南普照虚席，府帅

① 该句后，原塔铭有“持”字。
② “□□”，原塔铭作“问入”。
③ “版”，原塔铭作“板”。
④ “□□”，原塔铭作“器非”。
⑤ “□□”，原塔铭作“寺乏”。
⑥ “□□”，原塔铭作“人以章”。
⑦ “□□”，原塔铭作“十里”。
⑧ “千”，原塔铭作“十”。
⑨ “□□□”，原塔铭作“日办供”。

刘□□□嗣事者众[①]，以师应选，乃给帖驰疏敦请，师确守前誓，专使荐来。势不获已，以五月十三日到寺，首请惟素禅师为座元，希踪□丈[②]，一切以清规从事，晨参夕请，钟鼓一新。其于诲导，尤示慈□□子[③]，仰之为指南。既暇，即徐视殿宇，圮毁者，改建完葺，侈不逾旧，俭而中礼。道力所摄，人自乐施。皇统元年，住灵岩妙空净如禅师示寂，府帅都运刘公谓，一时尊宿，德行纯备，无如师者。为□□府属[④]，寄居、士夫僧正纲维诣寺劝请。师谓灵岩巨刹，未易遽治。府帅曰：师负重名，当暂屈一往，不劳指顾，众自悦服。师犹形谦让，府帅恳请，久乃应命。以九月五日开堂演法，渐欲树立□□□于府曰[⑤]：常住拨赐田土，亲力播殖，所得仅足饱。耕夫又供僧岁费，无虑三千万。丐依旧例，原免科役，庶获饭僧福田，上报国恩，实远久之大利益也。府可其请，师乃推择十方勤旧□□事喻之曰[⑥]：世间万事，欲一一如法，即无有是处。至于处丛林，掌常住钱谷，要当先自洁己，锱铢不欺，非惟目下明白，抑亦过后得力。众化其德，无不尽心。

师玄学渊深，勤于接物，初机请□[⑦]，□□忘倦[⑧]。于是，四方翕然。谓获宗匠学者，向慕道风，踵至筹室。自兵火以来，未之有也。明年春，师至府求退，且曰：昔黄龙心禅师云，马祖百丈已前，无住持事，道人相求于空闲寂寞之滨，其□□□住持皆王臣[⑨]，尊礼为人天师。今则不然，挂名官府，遂同编氓，是岂久寓之地耶！援引至理，词义切当。府帅喻之曰：非意相干，可以理遣，师当还坐道场，勿恤也。又时迫近结制，师乃强留，

① “□□□”，原塔铭作“公择可”。
② “□”，原塔铭作“百”。
③ “□□”，原塔铭作“悲衲”。
④ “为□□”，原塔铭作“遂亲率”。
⑤ “□□□”，原塔铭作“纪纲请”。
⑥ “□□”，原塔铭作“以充执”。
⑦ “□”，原塔铭作“益”。
⑧ “□□”，原塔铭作“循循”。
⑨ “□□□”，原塔铭作“后虽有”。

□□□曰[1]：汝等勉之，吾将逝矣，因日为众普说，入室勤劬，不替者弥月，众亦莫测。俄有野蜂集于寝堂，鸦鹊百数，悲鸣下上，识者异焉。夏六月二十三日，粥罢，顾谓侍者，收钵置方丈，即令挝鼓，□□□座垂语[2]，词旨哀切，特异常日。既下座[3]，示有疾，众咸怖惴。而师神色恬然，屡欲趺坐。众悲泣，救药不克，如志。有问疾来者，但目视之。岂非叶落归根，来时无□独提全提之旨者乎[4]？第后学□□□之领也[5]。二十四日，右胁而化，时暑气炎猛，居六日，如始逝。二十九日，以遗命荼毗，得五色舍利百余粒。翼日[6]，瘗灵骨于当山后兴塔之右，即其上示窣堵焉[7]。阅世五十七，坐夏三十二，门□□□有余人[8]，传道于四方，以名著者十余人。有《示众广语》《游方勘辩》《颂古偈赞》流通于世。

师先在淮甸，尝膺椹服之赐，及师名禅定。洎北来，绝口不言，唯号定光庵主。自临济义玄禅师，凡十□□□[9]，出黄龙慧南，南出照觉常总，总出广鉴行瑛，瑛出舒州法华证道禅寺，住持永言，言即师嗣法师也。师常叹：今时，传法绍嗣者，往往开堂有横费，及居普照，因上堂，便为法华和尚拈香，□□□饭堂众酬法乳而已[10]。性不积财，住灵岩才十月，所得书付常住，为供僧用。特喜宾客，一时名卿巨公慕其道行，莫不愿为友，至千里走介问安否。师待人以诚，不视贵贱高下。其心恤□□□动推恻

① “□□□”，原塔铭作“每语众”。
② “□□□”，原塔铭作“集众升”。
③ “既”，原塔铭作“洎”。
④ “独提”，原塔铭作“独振”。
⑤ “□□□”，原塔铭作“浅涉末”。
⑥ “翼”，原塔铭作“翌”。
⑦ “示”，原塔铭作“树”。
⑧ “□□□”，原塔铭作“弟子百”。
⑨ “□□□”，原塔铭作“二世系”。
⑩ “□□□”，原塔铭作“出衣盂”。

隐[①]，数于道路解衣以遗寒者，噤冻而归。又好储诸良药，拯救患难，见有疾苦，如出诸已。于是，感恩怀惠，与其参学问法者相半，所至交口称誉，出于自然。闻者劝喜[②]，愿居门下，奔□□□[③]，唯恐其后。可谓道重一时，名高四远者矣。趣寂之日，远迩莫不哀叹。师故人孙力智彦周，闻师示灭，亟走诸山，宿中道，梦师若平生。来告曰：山僧两来灵岩矣。即指其瘗骨所在，惊悟见□□□光粲然[④]，移时方灭。既抵寺，僧或告寺有故延珣禅师塔，其铭文有"意舍浮华，情耽定慧"之语，良符彦周之梦。是知师应迹世间，岂偶然哉。

铭曰：饥鹰摩空，得肉乃饱；韩卢待嗾，志厉霜草。追飞逐走，聊以自娱；陷心溃脑，衣袖为朱。定光老人，少年如此；猛勇悔悟，是真佛子。一瓶一钵，誓坚志愿；石头路滑，请益无倦。传心得妙，为众□□[⑤]；□迹空谷[⑥]，人不我遗。两坐道场，接物利生；事有固然，逃名得名。众仰其德，罔不自厉；压以至诚，不严而治。优游请退，从吾所好；使君眷厚，竟莫之报。死生常事，戏剧有情；于我何有，摆手便□[⑦]。□□万仞[⑧]，灵塔百尺；山低塔高，不俟他日。

淄州崇胜禅院住持、嗣法小师庆悟，徂徕崇庆禅寺住持[⑨]、嗣法小师惟□[⑩]。

皇统二年岁次壬戌十月庚申朔初十日己巳，起复昭武大将军、陕西诸

---

① "□□□"，原塔铭作"贫周急"。
② "劝"，原塔铭作"欢"。
③ "□□□"，原塔铭作"走清风"。
④ "□□□"，原塔铭作"空中佛"。
⑤ "□□"，原塔铭作"所窥"。
⑥ "□"，原塔铭作"遁"。
⑦ "□"，原塔铭作"行"。
⑧ "□□"，原塔铭作"苍山"。
⑨ "徕"字后，原塔铭有"山"字。
⑩ "惟"字后，原塔铭有"素"字。

路转运使刘益立石。历山任升刊。

右碑，连额高六尺二寸，广三尺四寸。额篆“定公塔铭”，字径五寸，横列于上。文三十四行，行七十三字，字径七分，并真书。下截近趺处，每行缺二三字。李鲁、高鲤名不著，而文体赡达，书法遒上，寺中佳刻也。

云禅师塔铭

文曰：济南府灵岩山省差住持传法第十代云禅师塔铭。

云巢比丘正观撰文，无闻比丘□□书丹，括苍比丘义诏篆额。

师讳法云，字巨济，世居泉州同安县西林，林氏之子。氏族甲于泉南，其祖讳益。宋元丰间，天子知其人，以谏议大夫除任。（下阙）率相继[①]，惟师自襁褓中闻钟磬声，则合掌抵额，或问以善言，则应对无滞，皆与经语暗合。至□六岁，屡请于父母，欲出家，（下阙）释氏教[②]，受业于当县化度禅院，礼尊宿德新以为师。不喜群居，卜庵于院之侧，榜其庵曰“寂照”。晏坐自如，修习禅定。德璇（下阙）神驹尔[③]，左提右挈，朝夕警诲，千里之行，始于此也。后至大伦山梵天禅寺孜禅师会下，孜□见而奇之，遂许入室。叩请甚（下阙）者甚众[④]，不知师出何语，惟闻孜大笑。厉声曰：子到不疑之地，正要保任。师掩耳而出，自兹囊锥颖露，云水之士，皆愿从之。（下阙）嗣大相国寺智海禅院清禅师[⑤]，清嗣云居祐禅师，祐嗣黄龙□禅师。师每与同参论道，相约曰：虽然佛法只者是，然名山（下阙）不访[⑥]，遂率诸道友遍历祖席，航海而至密州。密人扶老携幼相迎于途者，无虑数

① “下阙”，原塔铭作“□垣师之伯仲齿于□绅者世”。
② “下阙”，原塔铭作“父母□其惠不可□□舍令从”。
③ “下阙”，原塔铭作“禅师每语人曰云□真释氏之”。
④ “下阙”，原塔铭作“勤师一日入室□□立待次”。
⑤ “下阙”，原塔铭作“游师后出世而所嗣者孜也孜”。
⑥ “下阙”，原塔铭作“大刹不可不游□师硕德不可”。

千人。日加尊敬，择幽隐以处之。时兖州（下阙）公闻师之名[①]，向师之道。请居普照六年，大辟禅关，俾一方之众，知有此道者，师之化也。后灵岩虚席，朝廷遴选其人主之。而谢銮公移守济南，公采摭舆论，以师名申省，三请而后从。绍□□□□迄悦慕，当途公（下阙）转运使康公尤为知遇[②]。凡事之有益于常住者，兴之；事之有损于常住者，革之。

居四年，而殿宇□□□然以新。忽语其徒（下阙）可以久居[③]，意欲脱然高应，而有事于远游也。众虽疑之，而不知其所以然尔。前八月十六日，师密遣人诣府陈状，求（下阙）遂止[④]。越十有四日，告疾，众召医治之。师曰：因缘至此，医者奚用为？在疾五日，书《颂》以别众。曰：秋八月兮，船回波，头日卓（下阙）有何无[⑤]。倒骑铁马兮，何宾何主。撒手清风满四维，凝眸皓月超千古。颂毕，焚香端坐，不言不□不饵。至闰八月初八日，跏（下阙）有志于退休[⑥]，未几而示寂，岂不自知当然者耶！议者惜其未尽所蕴而天厄其寿。悲夫！

立塔于寺之西北隅祖塔之侧。寿（下阙）子十有一人[⑦]，皆质直守道，无闻于时。师有同参僧祖刁，自师出世，辅之翼之，使师之道行于世者，刁与有力焉。刁执师行（下阙）[⑧]，蒙师之奖激，感刁之高义，而不敢辞。乃为之铭曰：授法温陵，播道东齐。维兹爰始，引导群迷。宗门圣箭，释氏神驹。一音演唱，（下阙）禅侣辐辏[⑨]，是则是仪。解粘去缚，为世大医。

---

① “下阙”，原塔铭作“普照禅寺住持阙人兖守谢銮”。
② “下阙”，原塔铭作“卿皆尽外护之力而”。
③ “下阙”，原塔铭作“曰世谛之事阳焰何殊此□不”。
④ “下阙”，原塔铭作“退抵府门而知事僧追及”。
⑤ “下阙”，原塔铭作“午兮雷兴云坞横牵玉象兮何”。
⑥ “下阙”，原塔铭作“趺而化观师而建立无倦而忽”。
⑦ “下阙”，原塔铭作“年四十有七僧腊三十一度弟”。
⑧ “下阙”，原塔铭作“状求铭于云巢比丘正观”。
⑨ “下阙”，原塔铭作“两易梵居”。

嗟乎！蕴奥未尽施，为临行一句，（下阙）跏趺□灭[①]，拂袖西归。方山之侧，窣堵巍巍。仰怀其德，祗敬其师。式示来者（下阙）[②]。

皇统己巳五月初一日。宣武将军、知山东东路转运使、上轻车都尉、京兆县开国伯、食邑七百户（下阙）[③]。

右碑，阙下截数字。额篆“寂照禅师塔铭”六字，三行，字径五寸。文二十四行，行存四十六字，字径八分，真书。结衔当是立石人姓名，阙不可知。文中称：运使康公尤为知遇，则所阙者，当即康渊也。

宝禅师塔铭

右碑，额题“宝公禅师塔铭”六字，篆书，径四寸，横列于上。文二十六行，下截为土所没，行存三十八字，字径八分，真书。大定十四年七月，相州林虑县仙岩梅轩居士翟炳撰文，忠显校尉、真定府醋同监阎崧书丹[④]。考《金史·百官志》：税醋使司设都监、同监各一员，此称醋同监，即是职也。

才禅师塔铭

右碑，额篆“才公禅师塔铭”六字，字径四寸，横列于上。文二十九行，行存三十五字，字径八分，真书。下截没土者半，无从得才公之事迹。才公之名，碑已不见，以《山居吟诗》刻证之，乃惠才也。诗刻于大定十八年，其时惠才正居方丈，自号方山野人。至是二十七年，乃示寂于兴化矣。才公住灵岩为第十七代，见此碑首行。碑有云：皇统壬戌，恩赉普度。壬戌为皇统二年，稽之《熙宗本纪》，不书度僧之事。

---

① “下阙”，原塔铭作“妙偈四驰”。

② “下阙”，原塔铭作“刻文斯碑”。

③ “下阙”，原塔铭作“康渊立石刊石巩在”。

④ “书丹”，原塔铭作“篆额”。

清安禅师塔铭

〔元〕

右碑，连额高五尺许，广三尺。额篆“清安禅师方公塔铭”八字，四行，字径四寸半。文三十行，行存四十二字，下截阙数字。文有云：“天兵南牧，数岁干戈。”当是太祖即位称帝之十余年间，丁丑以来数岁。其时方公初出家，至至元辛巳示疾，清安距出家五十余年。铭词云“七十余年”者，正谓方公世寿也。末行云“至元十有九年岁次壬午六月十（下阙）”[①]，此是立碑年月。

福禅师塔铭

右碑，连额高五尺许，广二尺八寸。额曰“福公禅师塔铭”六字，三行，字径四寸。文二十三行，行存三十五字，字径寸，并真书。下截缺数字，末题至元十有九年岁次壬午十月日，是立碑年月。

新禅师塔铭

右碑，连额高六尺，广三尺。额篆“新公禅师塔铭”六字，径三寸五分，分三行。文三十行，行存六十二字，真书，径五分。尚阙数字。撰文者进士雷复亨，书丹篆额者嘉议大夫、山东东西道提刑按察使漆水耶律希逸。文云：师讳新同[②]，字仲益，月泉，其号也，姓郭氏。父曰双明居士，代为燕之奉先神宁太平里人。其生平事迹，不独禅行精深，即诗法炼句，亦多新颖。元之诗僧如公者，亦无几家。惟“气宇冲霄大丈夫”句颇觉粗豪。盖其时年少气盛，诗法佛法皆初入门，未免以血气用事者也。《耶律希逸碑》称：相门世胄也。左丞相薨于京，公奔丧去，师遂示寂，实至元

---

① “下阙”，原塔铭作“有五日”。

② “新同”，原塔铭作“同新”。

二十二年五月一日。案：《元史·列传》：希逸为中书令，耶律楚材之孙，左丞相耶律铸之子。故云相门世胄。《传》载铸卒于至元二十二年，而不言何月，以此碑证之，知在五月以前也。《传》称“希逸官淮东宣慰使”，盖是最后所居之官。不载“山东东西道提刑按察使”者，史文从略也。碑末云“至元二十二年岁次乙酉十二月二十六日”，是立石岁月。

肃禅师道行碑

文曰：灵岩足庵肃公禅师道行碑。

大都报恩禅寺传法住持、嗣祖林泉老衲从伦撰，并书丹篆额。

青州法祖渡江已来，至朔方居万寿，立曹洞一宗，与圣安竹林、晦堂佛日而鼎峙焉。故三派渊源，于今愈盛。青州之下，四传而得万松，光映丛林，声传四海，天下指为祖道中兴。复嗣雪庭裕，裕嗣足庵肃。其余龙象，硕大光明，表表可纪。观肃之学业、道德，亦四科十哲之一数尔。公名净肃，号足庵，金台永平张家里孙氏子。祖居满城之西，以陇云耕月而立其家。经四世而生公，其父见异常童，有出尘之格，携归唐县，礼香山明公。落发给侍之余，令阅梵文，目击千言，娓娓成诵。后闻云峰亨公，走依座右，日复一日，于槌拂之下，发明大事。虽秘传密授，不满初心，深自韬晦。遍参名宿，谒三阳广仰山，通报恩资，皆蒙许可。后雪庭掌天下僧权而主万寿，才学博赡，道德丰盈，遐迩云臻，慨然辐辏。公亦袖香，径造其室，一见，心奇之，针芥之缘，不差毫忽，遂以衣法而并付之。诘旦，卷衣去，依赵好乳峰禅伯禀受外典。未及食新果、造幽微，复参东山微九峰信。信命嗣续东山之道，公掉臂弗受，遁燕之万安。寄傲南窗，闭关却扫，杜绝人迹。当是时，嵩少阙人，就命开法于万寿之堂。越明年，宣授河南府僧尼都提领，居九祀，革故鼎新，未尝少息。创建方丈二十四楹，古未之有也。当修营之际，辇土般石，必先其力，上下悚然，莫不服膺，争先为之。次主灵岩八载，广阁大厦，椽梠差脱，人不堪其忧，公为之一新。其余僧舍，增新者百有余间。自来修营缔构，无出其右。会万寿虚席，命补其处。一到，增修廊庑，翕然称善。此公居三巨刹，立丛林，弘祖道，兴福之大概也。偶四大违和，退居香山寿圣故刹，寿及耳顺，而归寂焉。阇维后，收灵骨而归塔矣。小师智锦，不远千里求铭于予，予以叔侄之义，不辞鄙陋，而为铭曰：

曹溪汹涌几多年，洪波浩渺知无边。饵云钩月咸争先，龙门一跳胜飞仙。三居大刹光先贤，行藏取舍通精研。墨华现瑞非无缘[①]，壶天美景恒非迁。包容万象摅云笺，雄雄气象摩青天。遍参名宿机盘旋，纵横妙用钻弥坚。涅槃心印实堪传，足庵承受忘其年。根深蒂固荣恩田，枝枝叶叶郁茂祈联绵。

至元三十年岁次癸巳重阳[②]，小师监寺智锦等立石，灵岩传法住持、嗣祖桂庵觉达同立。锦川匠人夏中兴刊。

右碑连额高六尺七寸，广三尺五寸。额篆“肃公禅师道行之碑”八字，字径寸半，横列于上。文二十三行，行四十五字，字径九分，真书。碑有云“阇维”者，荼毗也，释以身后火化为荼毗。

广提点寿碑

文曰：普觉禅师广公提点寿碑。

将仕佐郎、棣州儒学教授、南宫左思忠撰，灵岩传法住持、嗣祖沙门桂庵野衲觉达书丹并题额。

夫达理山禅，通方野衲，或院居受业，或锡挂诸方。扶持法道，法道兴行；辅弼丛林，丛林茂盛。经祁寒暑雨，忘重苦大劳。护法不避丧躯，安僧那知有己！将无作有，补短绝长。一僧之寒，犹己之寒；一僧之馁，

①“墨”，原碑作“昙”。

②该句后，原碑有“日”字。

犹己之馁。赤心似旧，白头如新。寺僧获优足之宜，常住享丰荣之庆，如斯之德，今谁有乎？仆于普觉大禅师见之矣。师姓夏氏，名正广，字济川，扬州江都县人也。年十岁[1]，天兵南下，国破家亡，身无定在。有辅国上将军、枢密副使、合坦官人引至江北之清平，乃师先祖之故乡，聊为住坐。当时是也，见师好善，心慕佛乘。年十四送入灵岩，投为出家，拜住持清安老人为师。披剃之后，登坛受具，日往月来，委当院门，一了百当，其为人权变如此。会至元四年八月二十八日，荣受宣命，保护院门，总统诸师。知师多能，给付副身，俾为本寺东西两架都提点，又赐普觉大禅师之号。语云：量材受职，其在兹乎！师尝自警曰：天下三岩，灵岩为最。寺僧虽有，藏教殊无，其如法众看念何？其如云侣检阅何？至二十六年，与住持宝峰长老并众知事商略曰：道离文字者禅，不离文字者教。奈教自禅来，禅从教入。使失者得，而迷者悟。遂领本寺数人，前往杭州南山普宁寺。印经一大藏，渡江而北，龛于灵岩。虽玄奘重来，只是这个。师又念曰：哀哀父母，生我劬劳，欲报之德，昊天罔极。随挈祖父母、父母灵骨抵于泰安之长清。既月乃日，植松楸、立坟陇，重新棺椁，再整衣衾，营葬于县之南一乡静默峪。春秋祭祀，以时思之，其为僧孝亲之心，于兹可见。度落发小师伯余人。其高弟一人，曰思金等，蒙师之恩，报师之德，建寿塔、立寿碑，不远千里，出示始末，求文于余。刻诸贞石，传无穷之名，播无穷之美。余不愧辞荒笔谬、识短才疏，因而为铭。其铭曰：

灵岩名刹古道场，丛林人物皆诸方。出类拔萃谁非常，阿师头角独轩昂。圣朝平土收封疆，慕膻随蚁归吾皇。灵岩剃发十岁强，清安门下兰生香。天书一札受十行，院门威护增威光。东西两架僧主张，有条不紊归权纲。大师普觉心清凉，寒灰枯木为肝肠。取经一藏从苏杭，众心闲静师心忙。祖先灵骨俱携将，归来卜葬南一乡。功成名遂难掩藏，建碑

① “十岁”，原碑作“七岁”。

立塔为昭彰。思金求文来我旁，恨无健笔为发扬。愿师寿算等无量，名与方山同久长。

至元三十一年仲夏重午日，门人庵主思金等立石。当山传法住持、嗣祖沙门桂庵野衲觉达劝缘。锦川族人石匠夏友、夏明刊。

右碑，连额高七尺五寸，广三尺二寸。额题“广公提点寿碑”六字，真书，径四寸，分三行。文二十四行，行五十字，真书，径九分。案：碑不详广公世寿几何？据铭序云：年十岁，天兵南下，国破家亡。乃指甲午年金亡之事。其时，扬州虽属宋，而为李全所攻，干戈扰攘，广公是以身无定在也。今碑立于至元三十一年甲午岁，是可知广公寿七十矣。碑云“当时是也”，当作“当是时也”，乃书碑时偶倒互耳。

达禅师道行碑

文曰：灵岩禅寺第三十一代桂庵达公禅师道行之碑。

将仕佐郎、广平路永年县主簿、圆通居士南宫左思忠撰。本寺正闲□[①]。

有道山僧，无尘野衲，家风冷淡，活计清贫，纸袄麻衣，芒鞋竹杖。坐则寒灰枯木，行则野鹤孤云。洒落心目[②]，宽洪眼界，脚根点地，鼻孔撩天。把住放行，只由自己，□□纵去[③]，不倩他人。心似挂台之镜，明皎皎然；性如走盘之珠，活碌碌地。超今越古，视死如生。傲富贵若浮云，轻功名如草芥。先觉觉后，自利利他。如斯识量，今□□□[④]，仆于桂庵和尚见之矣。师讳觉达，字彦通，桂庵，其自号也。生为汴梁尉氏县七里店李

① “寺”字后，原碑有“僧”字；“□”，原碑作“书”。

② “目”，原碑作“田”。

③ “□□”，原碑作“収来”。

④ “□□□”，原碑作“有乎□”。

氏子，幼而颖悟，长而端严，口不茹膻荤，心不思荣贵。每闻诵□□[①]，谛听而喜形于色。父母相谓曰：此子终非在家子，为出家儿则可也。遂许为佛子，年甫十二三，礼龙门山宝应寺崧岩和尚为师。披剃之后，登坛受具，□□□气有老成心[②]，遂于本师告香入室。其师授以本色钳鎚，似有入路，其聪明有如是乎。师尝劝谓曰：男子生世，不远走高飞天涯海角，参师访道，终是自家□□□外寻觅[③]，如管中窥豹，时见一斑耳！遂辞师云游讲肄。闻南京温公讲主明唯识海义，遂师听学，一通百了，遂得法师之名，非为妄说。

师尝自警曰：道离□□□禅[④]，不离文字者教。今既学道，可不离文字而入道乎？罗笼不住，呼唤不回，遂为复参。闻琚山和尚名传天下，声动人间，始为参叩。未几，闻邢州资戒大会，□□□阳[⑤]，问本师崧岩曰：赴会之余，其行藏云何？其依止云何？崧岩曰：削发在洞下之前，成名于曹山之后，他宗异派，不可外寻。又闻燕京遂后有资戒大会，□□□和尚住持万寿[⑥]，为曹洞宗师，舍是而他参，犹之秦而适齐矣！其依止不可胜用也。遂造燕京之万寿，复庵一见，待若故人，遂授以衣钵掌之。三五年间，求□□□句之教[⑦]。复庵退离万寿，隐至齐河之西庵。因缘未至，时节未来，复还燕京，参林泉大和尚。心清目冷，室奥门深，屏退红尘，消残白日，百煅千炼，刮垢磨□[⑧]，□□露影[⑨]，林泉付以衣颂，始为罢参。会至元二十二年，有奉圣州椴谷山龙岩禅寺书疏，礼请出世开堂。师于是日开大

① “□□”，原碑作“佛书辄”。
② “□□□”，原碑作“无童行”。
③ “□□□”，原碑作“伎俩不”。
④ “□□□”，原碑作“文字者”。
⑤ “□□□”，原碑作“复还洛”。
⑥ “□□□”，原碑作“□复庵”。
⑦ “□□□”，原碑作“一言半”。
⑧ “□”，原碑作“光”。
⑨ “□□”，原碑作“囊锋”。

□谈禅，拈宝香祝寿，虽复庵、林泉只是这个。尔复整顿丛林[①]，寺僧得优足之宜，常住享丰荣之庆。

住持四载，师自念曰：急流终勇退，打闹处抽身，方是衲僧。退为退院[②]，复还燕□[③]，□□林泉，请住药师小刹，乃衣钵所也。粥鱼有序，斋鼓依时，寒谷生春，烬灰发焰，慨然一曲，唱起还乡。其省亲之心，于兹可见。布衣芒鞋，腰包顶笠，杖挑明月，袖□□□[④]，径造汴梁之尉氏。乘行之际，憩作于齐河之西庵。灵岩诸师闻师到此，请看《转藏经》，其留连如此。日来月往，宝峰退院，灵岩虚席，遽疏礼请师，辞让再三，诸师□□□粥饭因缘[⑤]，行藏时节，不可逃躲。师知不获免，灰心住持，殷勤六载，常住事产，无者有之，旧者新之，破者完之，地土窄隘者宽阔之，园林斫伐者，告纶言护持之。师遂退院，渡河而南，至于法王，暂为小隐。有洛京龙潭小刹古道[⑥]，闻师在此，请为永远剃度住持。当是时，有香山普门禅寺虚席，乃大悲□□□□[⑦]，大小知事云集，法侣遽疏礼请，复为住持。与前代住持海公禅师从旧至新，勤无二迹，先圣后圣，其揆则一，其此之谓欤！

灵岩旧住落发小师留有数□[⑧]，□□□曰[⑨]：思岩等，想师道业，念师功行，若不刻铭立石，使后世百千年以来，十数辈之后，几于无闻。乃持状出示始末，托兴公不远千里求文于余。况桂庵□□□□死生之契[⑩]，义不可

① “复”，原碑作“后”。
② “退为”，原碑作“遂为”。
③ “□”，原碑作“京”。
④ “□□□”，原碑作“挽清风”。
⑤ “□□□”，原碑作“稽首曰”。
⑥ 该句后，原碑有“场也”二字。
⑦ “□□□□”，原碑作“证果处□”。
⑧ “□”，原碑作“人”。
⑨ “□□□”，原碑作“其一人”。
⑩ “□□□□”，原碑作“与思忠有”。

辞。摭其实，以次序之，因而为铭。其铭曰：

桂庵我许为和尚，枯木寒灰为两样。脚跟鼻孔高下分，点地撩天不虚诳。半生过教与参禅，头角轩昂一龙象。劳神焦思叩禅关，始得禅门了宗匠。林泉林下立功名，三派宗风独自唱。开堂出世椴谷山，往往群邪俱扫荡。归来都下住药师，不起狂波与风浪。道人活计一钵囊，明月长担在肩上。幡然退为省亲行，尉氏汴梁为去向。何期灵岩请住持，三载阅穷经一藏。天涯海角衲僧家，又住香山得名望。大悲要分正手眼，一喝瞎为根本相。扬名后世是思岩，千里求文远相访。师徒烜赫两生光，耀古腾今长万丈。

大德五年三月旦日，小师思舍、思遵、思训等①，住持灵岩禅寺月庵长老福海劝缘。锦川匠人夏中兴。

右碑，连额高七尺二寸，广三尺二寸。额篆“达公禅师道行之碑”八字，四行，字径四寸。文二十七行，行六十三字，字径八分，并真书。

海禅师道行碑

文曰：十方大灵岩禅寺第三十二代普耀月庵海公禅师道行碑（并序）。观物道人怿斋孙荣孚撰，大灵岩禅寺传法住持、嗣祖桂庵觉达书丹并篆额。

集贤大学士陈荣禄邻于京城万寿寺，予由是亦往来其间。方灵峰禅师退夹山席，弃穴于此。予每见读洪觉范《林间录》，其书间引用儒之经史子②，文体彬蔚浏亮，良鲜俦匹。而□□求虚无③，叩寂寞，责有穷音，抑又一觉范出，惜乎不为陋学所知。及典法万寿山《东川铭》，予始受知灵峰。皇庆癸丑夏四月甲子诘旦，灵峰偕比丘数辈，携普耀法嗣思然，至大二年

① 该句后，原碑有“立石”二字。
② 该句后，原碑有“集”字。
③ “□□”，原碑作“灵峰”。

□□十二日[①]，行实于愚，为普耀请铭。愚遽曰：东川铭序，不通句读，碌碌之诮，幸息于包羞，其可再！灵峰曰：伯阳父不云乎，下士闻道，大笑之，不笑不足以为道。果复有韩柳二蔡，王官麻□□出[②]，则当趋走下风，镜中尘乌，能为明害？辞不获已，勉阅理其状。

师号普耀，讳福海，自称月庵，翼城杨氏季子。生而异光照室，稚而性好浮图。里闬寺曰：香云每戏，往则累日忘归，处□□室[③]。父母二兄忖其志不可夺，至丙午，仅五稔，乃为行童[④]，于香云讲主成公，诵读不再，略无遗忘。岁戊午，披剃受具戒。罄获成公平昔之业，有龙象称。乃纳履而西入安西伯达禅师□□究无懈[⑤]。久之，伯达讶其聪敏，以赵州柏树子检量，师机锋劲捷，辞理明晢。蒙记莂云：他日祖道，必赖此子宏扬。常自度云，虽达毗庐界，宣修普贤行，闻宝应嵩岩禅师与复庵，重足□□[⑥]，器量沉雅，禅风大振。存诚敬谒，遂入嵩岩室。参访之暇，思留翰墨，《重九》有“赖有黄花封岳顶，又添红叶壮嵩阳”之句。嵩岩闻之云：海维那，异日当为嵩山法主。至元丙子，闻复庵受□□万寿寺疏[⑦]，遂北上，入复庵室。以师虽不若杨岐，会从游久，见其颖悟特达，即以衣颂付之。及复庵退席居齐河，以书召之，俾应嵩山法王请，果符嵩岩之兆。

至元庚辰，开演于法，□□纲颓[⑧]，载振纽绝，复维丛席。规矩之余，台门堂殿，一切所须檐宇，无不具者。尚冀瞻盼壮丽[⑨]，乃凿西堂堧垣，后崖广基，以起海会，延十方云侣，金碧灿烂，奂然一新，实嵩阳之胜迹也。

---

① “□□”，原碑作“四月”。
② “□□”，原碑作“革辈”。
③ “□□”，原碑作“如己”。
④ “行童”，原碑作“童行”。
⑤ “□□”，原碑作“参究”。
⑥ “□□”，原碑作“一迹”。
⑦ “□□”，原碑作“大都”。
⑧ “□□”，原碑作“王座”。
⑨ “盼”，原碑作“盻”。

□□丙戌夏[①]，龙门宝应、汝阳香山，二疏交至。师去龙门就香山者，钦纶命也。师自指门登座，至大德丁酉，凡一十二腊。其创者四：围石寺基、正门、丈室二。涌路水击莱棼之具，厥三所焉。寺处山颠，唯雨水是赖，师以己资僦运给用，十二腊始终如一。□□僧室[②]，弊者补，阙者增，功与法王等，传诵不怠，度苾蒭千余指。大德戊戌，领疏移席于灵岩禅寺。师至则曰：危哉岩乎，名非妄得。遽命遼师錾凿广平，隆殿堂于久替，新丈室三十余□[③]，□栋宇无一不备[④]。大德壬寅，以己资饭僧万起。退席念率尔受疏，挂锡南阳丹霞山。古迹成烬，府北丛竹广袤三顷，常住也。比丘众野处其中，师倾囊鸠功作堑，深广成寻，以御诸畜□□鱼灶釜于瓦砾之余[⑤]，手足胼胝，不辞劳苦，竹利遂归日用。谚曰：师之身，馁虎欲得而食之，师亦舍之矣。大德癸卯，香山比丘众退思久积，勤旧毕至，泣哭以请丹霞，乌能伉俪哉！师□□果拒[⑥]，返锡香山。未及期，大德甲辰，大都万寿禅寺具疏恳请。冬十月庚寅登座，当是供费，事见东川碑。大德乙巳，钦蒙敕赐元宝万五千缗，王公通施亦二万缗。以之作僦柜纳质赢羡计焉。东庑等三十余楹，创为西庑，偶驵验列，肆之增繁，文则近俚。

至大己酉春正月戊戌，以疾示寂。茶毗灵骨□□寿始余[⑦]，分于灵岩、香山、法王、丹霞者，皆寿塔焉。嗣法者二十余，比丘度出时辈者三百。寿六十有八，为僧五十一腊，其于无上正等正觉之道，确乎其不可拔。于文殊、普贤、观音，门□□声色而偏动[⑧]，用观始终之际，则可知已。书不

---

① “□□”，原碑作“至元”。

② “□□”，原碑作“殿宇”。

③ “□”，原碑作“楹”。

④ “□”，原碑作“诸”。

⑤ “□□”，原碑作“创钟”。

⑥ “□□”，原碑作“亦弗”。

⑦ “□□”，原碑作“自万”。

⑧ “□□”，原碑作“中略”。

云乎：知人则哲，惟帝其难。而欲斠浅深于沧海，穷涯际于太虚，况视听之所不暨，四空之所厖昧，不生不灭者哉！以是知摩竭提寂灭道□[1]，毗邪离不二法门，形乎彼岸矣。夫彼岸者，名言不可得，随迎不可见，师岂不得其蕴乎？是其可铭也已。词曰：乾乾梵师，乃眷中土；繄西四七，实为东祖。道本于一，离而乃五；派分世异，昭牒著谱。青州崛起，用彰曹洞；巍乎万松，当代纪统。爰及午月，纂复衣颂；大觉冥契，讵乖妙用。五启玄阙[2]，返锡者一；修普贤行，厥功克即。六通洞彻，枢机固必；语及有无，默究愈悉。唯此灵区，敢侔名字；桁梧上叠，榱桷下俯。高甍嵲嵲，周原膴膴；气耸泰颠，势起梁父[3]。凭轩广陆，极目沃流；离朱至精，莫测迥修。去彼祇树，来此少留；其徒佥曰，师实罕俦。刊铭贞石，永扬厥休。

大元皇庆二年岁次癸丑八月旦日，小师思轧等同立石。大灵岩禅寺传法住持、嗣祖沙门桂庵觉达劝缘。青亭苏克珉等刊。

右碑，连额高八尺，广三尺二寸。额篆“海公禅师道行之碑”八字，四行，字径三寸半。文二十八行，行七十字，字径寸，真书。

就禅师道行碑

文曰：灵岩禅寺第三十三代古岩就公禅师道行之碑。

灵岩禅寺传法住持、嗣祖沙门桂庵野老觉达撰、书丹[4]。

西乾四七，东□□三，莫不名高天下。盖为根深蒂固，源远流长，心心相印，祖祖相传，故曹洞渊源，于今愈盛。青州之□万松[5]，建立丛林，光扬祖道[6]，声传四海，天下指为祖道中兴。复嗣□□裕，裕嗣足庵肃，肃

① “□”，原碑作“场”。
② “阙”，原碑作“关”。
③ “起”，原碑作“超”。
④ 该句后，原碑有“并篆额”三字。
⑤ “□”，原碑作“下四传而得”。
⑥ 该句后，原碑有“德严冷”三字。

嗣古岩就。观就之学业道□，脚根点地，鼻孔辽天，诸方敬仰，岂虚言哉！古岩禅师名实相符矣。公讳普就，古岩，其晚年自号也。真定在城刘氏子，幼[1]，□食茹荤[2]，长年十有五岁，厌俗境，好慕空门。径往封龙山禅房山[3]，礼赞公山主为师。落发亲炙，博通经业，令登坛受具。闻□禅师道行超迈[4]，诲人不倦，即往依栖。次谒林裳宝积云峰禅伯[5]，体妙穷玄，南询之兴，日益加矣。又闻鹊里崇孝，清安老□[6]，前一□大事因缘[7]，为汝日复一日，槌拂之下，发明此事。虽秘传密授，不满初心，深自韬光，遍参宿[8]，谒灵岩足庵，肃朝□头然[9]。依栖八载，迨至元十三年，赴顺德、大都两处登坛受具，蒙赐度牒。

及至元十八年，当是时，万寿虚席，命足庵住持。公亦惮驱驰[10]，结绝不了的公案。幸遇本分钳锤，百锻千炼，故□无窒碍矣[11]。遂以衣颂而付之曰：质朴真纯有古风，将来足可振吾宗。若逢才器须传受，历代相承继后踪。复还宝积闲□十年[12]，诣于灵岩充座元位。大德六年月庵海公退堂，即时，本寺具疏，请开堂住持。大德丁未，荣受皇太子令旨，又受圣旨，护持山门产业，前后一新。蒙总统所赐妙严宏法大禅师之号，日往月来，匡持七载。大刹不可久居，退隐灵栖庵。守道□龙山禅房之命[13]，住持二载。

---

① “幼”字后，原碑有“亡其父母”四字。
② “□”，原碑作“不”。
③ “山”，原碑作“寺”。
④ “□”，原碑作“顺德净土成”。
⑤ “裳”，原碑作“棠”。
⑥ “□”，原碑作“人”。
⑦ 该句前，原碑有“将□劫巳”四字。
⑧ “参”字后，原碑有“名”字。
⑨ “□”，原碑作“闻道如救”。
⑩ “亦”字后，原碑有“不”字。
⑪ “□”，原碑作“于金锁玄开”。
⑫ “□”，原碑作“居及至元三”。
⑬ “□”，原碑作“而已又受封”。

皇庆元年仲冬，复还灵栖庵。此时，祖庭少林阙人，本寺知事持疏不远千里而来，谨请接□续佛[①]，慧命接物利生平足矣[②]！

灵岩受业小师数十余辈，其一人曰子贞等，想师道业，念师□行，若不刻铭立石，□年以来[③]，十数辈之后，几于无闻。乃持师行状出示始末，求文于余。余不愧辞荒笔谬，摭其实而为铭曰：达磨面壁，自离西天。余提正令[④]，密付单传。青州之下，四传万松。中兴祖道，大□□□[⑤]。雪庭亲孙，足庵嫡嗣。质朴真纯，常行二利。大哉古岩，面目严冷。接物利生，提□□□[⑥]。灵岩影里，幸受皇宣。功成名遂，绝后光先。灵栖寓舍[⑦]，不可潜身。禅房莫住，玩少林春。三花□□[⑧]，五乳峰前。末后一著[⑨]，心月孤□[⑩]。门资众等，不辞劳苦。树此丰碑，铭传万古。

大元延祐元年岁次甲寅九月望日，小师子彬、子谦等[⑪]，当山传法住持、嗣祖沙门桂庵野老觉达劝缘[⑫]。

右碑，连额高六尺许，广三尺二寸。额篆“就公禅师道行之碑”八字，四行，字径三寸。文二十七行，行四十六字，字径九分，真书。

举提点寿塔铭

文曰：诸路释教都总统所，照得泰安州灵岩禅寺监寺僧智举，胜心广

① “□”，原碑作“续住持当可”。
② “平”字后，原碑有“生”字。
③ “□”，原碑作“使后世百千”。
④ “余”，原碑作“全”。
⑤ “□□□”，原碑作“振宗风”。
⑥ “□□□”，原碑作“纲振领”。
⑦ “寓”，原碑作“蜗”。
⑧ “□□”，原碑作“树下”。
⑨ “著”，原碑作“着”。
⑩ “□”，原碑作“圆”。
⑪ 该句后，原碑有“同立石”三字。
⑫ 该句后，原碑有“清亭苏克珉等刊”七字。

运，院务繁兴。容众尊贤，上和下睦。具斯美德，宜赠佳名，可曰“圆明广照大师”。南阳香山住持桂庵野衲，为灵岩举公监寺，荷负丛林，领略常住，积有年矣。乃足庵门资，既称智举，可字彦高，遂作俚语，以为赠之：头角峥嵘接九皋，襟怀洒落绝纤毫。扶持大刹宁辞倦，辅翼丛林不惮劳。心固厚、志坚牢，足庵门下最英豪。而今战退奸邪辈，不负灵岩举彦高。

大元延祐元年季秋望日，小师子津等同立石。

右碑，连额高三尺六寸，广一尺六寸。额题“举公提点寿塔”六字，真书，径二寸许，分三行。文十一行，行十九字，真书，径一寸。案：此碑乃灵岩寺提点举公自造寿塔，立石塔前。碑额之上刻咒语，上“唵么抳钵讷铭吽”七字以护持之。前刻都总统加号语，后刻桂庵赠字彦高赞颂语，而以《鹧鸪天》词一阕缀于末。

泉首座寿塔铭

文曰：大灵岩禅寺泉公首座勤绩记。

书记海昌书，首座子周口[①]，昭文馆大学士、荣禄大夫万山司徒佳号。

慈济大禅师，讳思泉，姓何氏，象元人。早丧父母，年十六岁，礼宝峰顺和尚为师。志气不凡，习学经业，随问随答，大惬师意。四方外礼，首谒燕京报恩林泉老师，烧香数载。又往万寿东川总统室内，依栖二载。机缘不契，别行一路。博通医书，大都、上都依经作法，舍施妙药。盘桓数拾稔，厌京事冗，直诣山东灵岩充首座职。遍山栽树，到处施功，广种杏桃，创修园果。不惜囊赀，依元施药。小师惟德、惟河等垒寿塔，请铭偈曰：

头角峥嵘慈济泉，报恩万寿曾参元。为思方领宜修道，直造灵岩结善缘。栽园果种福田，四方设药施无偏。而今寿塔小师垒，延永谷城劫石坚。

① “口”，原塔铭无此字。

时大元至顺二年岁次辛未季夏上旬吉日，当山住持沙门智久记。李克坚刊。

右碑，连额高三尺四寸，广二尺。额题“泉公首座寿塔”六字，真书，径一寸。案：碑称思泉首座，号慈济大禅师，为万山司徒所佳号。佳，即加也。元僧加号或请于朝廷，或出于国师，而此乃出于达官，是又一例也。

亨首座寿塔记碑[①]

文曰：大灵岩禅寺亨公首座道行勤绩寿塔记。小师惟通、惟中等立。

首座讳思亨，姓赵，爱凌人。蚤丧父母，容貌魁伟，意气豪迈，周游僧寺。年十六岁礼宝峰顺公和尚为师，受具披度。后担簦负笈，游学讲肄，博通诸经。又以其余力，兼读儒典《广韵》，悦《大藏经》诸路释教。都总统所赞，道高貌古，德厚人钦。明三藏而彻底穷源，讲五经而精通要妙。佳号“圆明慈觉大师”，又昭文馆大学士、荣禄大夫、佳号“明宗广教大师”。遍游诸大禅会，首造燕京万寿，充教读，僧众美爱。观音院，请为宗师，立功立事。通玄关，结识檀越。成美成仁，从长舍短，僧俗敬仰。燕都事冗，诣山东大灵岩寺充教读，又充首座。扶宗立法，树正摧邪，塑佛斋僧，妆严花果等事，无不舍施。年高，施陪堂钞壹仟贯。又全管僧堂，舍钞肆拾余锭。移寿塔，布施钞肆拾锭。与常住作长生供，通前施钞伍仟贯。种种舍施，垂裕后昆。见贤思齐，不可无言，以俚语《鹧鸪天》：气象轩昂忠政多，轻财重事无如他。僧堂全管数千贯，移塔舍钱念百过。无缝罅，妙禅和，佳声浩浩占高科。旌明行业人称赞，延永芥城拂劫波。

时大元至顺二年岁次辛未孟秋，当山住持古渊野衲智久记。

右碑，连额高三尺六寸，广一尺八寸。额题“亨公首座寿塔”六字，真书，径二寸五分，横列于上。文十七行，行二十八字，真书，径七分。碑

① “亨”字后，原碑有“公”字；“记碑”，原碑无此二字。

文义甚俚俗，以其为元刻，既录出，聊存之。

慧禅师塔铭

文曰：灵岩禅寺第三十四代慧公禅师寿碑塔铭。

嵩山法王禅寺西堂无庵长老觉亮撰，当山主持、传法嗣祖古渊长老智久劝缘，书记恒勇。

师讳智慧，道号涌泉，袁州人，出于大姓李氏，宿有善缘。既长，年十六，耻为世俗之所埋没，遂决志□家[①]。礼泰安州长清方山灵岩禅寺住持足庵肃公长老为师，落发受具，为大比丘。于是，随众习□五大部经[②]，告香请益禅宗奥典，杂勘公案。其间微省，足庵退席。至元二十年，复请安山月泉和尚住持。师巾瓶三载，随众参学。二十二年，直月泉圆寂[③]。于二十三年，遂请宝峰顺公长老接续住□[④]，师亦乃随众参叩。一日，室中过三祖大师《信心铭》，至“言语道断，非去来今”处，豁然颖脱，遂成一偈曰：“言词尽净绝机关，凡圣情忘造者难。木马穿云消息断，依前绿水对青山。”宝峰忻然称赏，遂即为□道之偈[⑤]。遂以衣颂付之，令续佛慧命，永传不朽。乃为清安嫡孙，宝峰之子，既了大事[⑥]。了毕，奋然兴□淘汰[⑦]，诸方名师宿德，无不参叩，皆蒙许可。师秉性聪敏，博览群书，所以人皆称赏。由是一日，有昭□明[⑧]，具疏敬请开堂出世，住持济宁路泗水安山禅院，为国焚修，祝延圣寿。

---

① “□”，原塔铭作“出”。
② “□”，原塔铭作“学”。
③ “直”，原塔铭作“值”。
④ “□”，原塔铭作“持”。
⑤ “□”，原塔铭作“明”。
⑥ “了”，原塔铭作“然”。
⑦ “□”，原塔铭作“志”。
⑧ “□”，原塔铭作“子”。

至大元年，严侯七衙公子具书疏，敦请住持鹊里崇孝禅寺。数载，值灵岩桂庵退席，众知事□□疏[①]，敦请接踵住持灵岩禅师[②]。数载，师厌住持事烦，名山大刹，不可久居，遂退居云台养道，为终身□计[③]。未几，至顺元年，有肥城县空杏禅寺宗主贤公具疏，敦请住持本寺。师凡据五处名蓝，皆有勤□可观[④]。享寿七十余年，僧腊五十有五，尚健无恙。于是，有小师住持东平普济，惟昌庵主状师实行□礼[⑤]，乞求寿碑塔铭，用传百年之后不朽之计。辞不获已，老拙然不敏，嘉其孝道之心，谨依来状，乃□寿碑塔铭[⑥]。铭曰：

开法安山，名出尘寰。高提祖印，大振禅关。次主崇孝，严侯祖林。七衙公子，礼无不钦。迁住灵岩，与迷指南。咸归正道，令悟玄谈。退居云台，山境奇哉。四海禅侣，向化而来。老归空杏，贤宰愿心。鼎新革故，永作禅林。小师惟昌，碑塔报恩。扬名后世，千载常存。

时大元至顺二年岁次辛未孟冬上旬有五日，小师惟闻、惟俊、惟功等立石。清亭李克坚□[⑦]。提点思让、监寺思川、提点子贞、官门觉文、维那子廉、副寺子挥、典座子时、直岁惟端、首座思亨、书记恒勇、藏主思泉、教读思岑、知客思霭、钱帛惟山、修造思柳、侍者子英等助□[⑧]。

右碑，连额高三尺六寸，广三尺二寸。额题“慧公禅师碑铭”六字，真书，径三寸五分，黑文凸起，分三行。文二十五行，行三十九字，真书，径七分。案：碑文为嵩山僧觉亮撰。慧公，袁州人，其投灵岩寺，礼足庵

---

① “□□”，原塔铭作“具书”。
② “师”，原塔铭作“寺”。
③ “□”，原塔铭作“之”。
④ “□”，原塔铭作“绩”。
⑤ “□”，原塔铭作“以”。
⑥ “□”，原塔铭作“为”。
⑦ “□”，原塔铭作“刊”。
⑧ “□”，原塔铭作“缘”。

肃公，落发时年仅十六。肃公之住灵岩，在至元二十年以前，则慧公之生年，当在世祖嗣位之初。其时，袁州尚属宋疆，不知慧公以十六岁之弱龄，何能间关数千里，径得入灵岩也。要必有携挈之因缘，碑未能详及耳。严侯七衙公子者，不知何许人，必是世家阀阅之子孙。观其寺名崇孝，而铭词内又称为"严侯祖林"，则是建香火院于严氏之祖茔。额题"崇孝"，而请慧公住持也。其严氏之孝，必有可纪者，碑乃不详，而徒夸张其称曰"七衙公子"，以为慧公荣。庸僧涉笔为文，不知体要类如此。

举提点塔铭

右碑，下截阙失[①]，上截存者连额高三尺三寸，广二尺四寸。额题"举公提点塔铭"六字，真书，径三寸，分三行。文二十六行，行存二十五字，真书，径七分。标云"圆明广照大师举公提点勤绩塔铭"。前住持传法沙门古渊撰，当代住持嗣祖沙门灵岩书。

文云：公讳智举，字彦高，姓胡氏，晋太平人。蚤丧父母，秉性英拔，落发习肄经书。遂参月庵海公，不惮寒暑，意融心会。名山巨刹，无不参谒。后还灵岩，首充典座；次充官门，后充监寺。□张店铺，兴解典库，庄院六所，随处殿宇，圣象一新。大德丁未，诣朝廷陈告，钦赍圣旨，还民占僧田，回付本寺。又奉皇太子令旨，帝师法旨，护持山门。时诸路释教都总统所佳其德业，敬赐"圆明广照大师"号。报龄六十有九，僧腊五十有五。子津、子挥、子聪、子敞等三十余人俗受戒。门徒四人，奉灵骨归祖□。至元二年岁次丙子孟夏望。

文之可见者如此。

---

① 此塔铭现存灵岩寺墓塔林，保存较好。因当时"下截阙失"，故录文不是原文，并多有意会猜测之处，在此不再作校注。

容禅师塔铭

右碑，连额高六尺许，广三尺二寸。篆额题“无为容公禅师塔铭”八字，径四寸，分四行。文三十二行，行存四十五字，并真书，径九分。下截阙失，读无全文。案：碑立于至元戊寅，元代有两至元，皆有戊寅。据文云，后至元丁丑，则戊寅为顺帝至元四年无疑。且容公住持在至治二年，有劝请疏文石刻，且知事诸人又皆为至正二年，龙藏殿碑中所有，皆可证也。其云季春“姑朔”日，甚不可解，或是“姑洗”之省文。文称容公主名刹之多，谓为天下之法将，未免措辞近于夸大。“薙度”作“雉度”，“其向”作“其响”，则书碑之误也。

挥提点塔铭

右碑，只见上半截。连额高二尺三寸，广二尺四寸。篆额题“挥公提点塔记”六字，径三寸，横列于上。文二十三行，行存十八九字，并真书，径八分。碑首行云：通宗英德大师辅成堂提点挥公碑记。末云：至元戊寅仲夏月朔。余皆读无全文。戊寅为顺帝后至元四年。至正元年《龙藏殿记》碑阴：子挥施钞二千四百两，其时僧职为监守，此碑则职提点也。

让禅师道行碑

文曰：灵岩禅寺第三十九代息庵让公禅师道行之碑。

日本国山阴道但州正法禅师住持、沙门印元撰并书。中奉大夫、前管领大开元一宗诸□都宗摄、圆照普门光显大禅师益吉祥篆额。

大万松两国师下，有□□总统三世，而继其灯者，息庵也。师真定人，讳义让，姓李氏，生而颖异，志气不群。丱岁礼本府华□□□阇黎为师[①]。

① “□□□”，原碑作“严寺相”。

薙落受□[①]，□□遍于讲肆，听习《华严》，而深造毗卢□海。厥后，遂周游燕、赵之间，遍参宗匠。末后往风龙山，扣古岩□□之室[②]，古岩一见，甚称□□。未几，老□应灵岩之举，师乃侍往。皇庆中，古岩却少林之请，师又邃之巾侍数载。晨昏参请，机缘□□[③]，乃密付衣（缺十字）书记。复游南阳，领纪纲于香岩，司记室于香山。又归嵩阳，首象于法王。至治年间，开堂□□之天庆[④]，次迁（缺八字）之灵岩。凡所住之处，皆革故鼎新，百废俱举。至元丙子秋，适嵩之少林虚席，本山知事□□□请匡[⑤]，率五（缺九字）学徒云臻，师傅道扬化之余，以庄严法□为心，故□丹青妆銮殿宇，祖刹为之改观。加之□□廊庑[⑥]、仓库，并庄园水磨，所有□宇，悉皆修整。仓库之畜十倍于常[⑦]，苟非宿殖之力，焉有如此盛者欤！

庚辰之夏，遘疾弥留，乃□□人曰[⑧]：斯疾不可起也，□往必矣。急须营塔。至五月十二日，窣堵毕功。其日，师召知事门人等，付□于后事[⑨]。遂索笔书偈曰[⑩]：来时本静，去亦□□。虚作舞□[⑪]，意乃优游。至十四日阇维。门人分灵骨，重塔于灵岩，世寿五十七，僧腊三十六。门弟□□有余人[⑫]，嗣法者一十三人。□□七月，参学小师胜安携师行实，不远千里，来乞文于我，而我乃日本之产，又非陈良去楚，而□□周孔之道也[⑬]。然不获

---

① “□”，原碑作“戒”。

② “□□”，原碑作“宗师”。

③ “□□”，原碑作“相契”。

④ “□□”，原碑作“于洛”。

⑤ “□□□”，原碑作“赍疏迓”。

⑥ “□□”，原碑作“寺内”。

⑦ “库”，原碑作“廪”。

⑧ “□□”，原碑作“命门”。

⑨ “□”，原碑作“于”。

⑩ “书”字后，原碑有“偈讫右胁而游”等字。

⑪ “□”，原碑作“任”。

⑫ “□□”，原碑作“子百”。

⑬ “□□”，原碑作“□悦”。

厥中华之鲁奈公，再三辞，不得已而诺之，以应平实于说。他日有荆舒，而我之以膺者，子如何哉[①]？虽文□□[②]，盖口耳也，亦不甚难，而须次第之实。

且息庵师，乃大宗匠而道价超伦之人也。以至□自脱俗，师相公后锡飞寰海学，历名□□之续达□□后之灯[③]，以之契吾祖不传之旨，正偏兼举了，惟自纵横黑白未分也。许谁得妙？由是论之，师平昔梳风镂月，斫□□金[④]，乃其续□□何奇特焉。师平日贵乎洒落，为道而自在不拘，凡游戏三昧，而纵放取舍，随流稳当。虽不拘于文字，而亦不□□偏枯[⑤]。然所居之处，存亡进退而不乖于其时，又非得失而动于其心也。自我万松大宗师去后，天下禅林而道风鼓舞二□□者[⑥]，惟师也。于是，师之生世，幼而至于壮，壮而至于老，皆道丰时盛，而得遂其志。以至嫡嗣古岩大和尚，而天下禅老，谁能出□□右乎[⑦]！主于灵岩，天下名刹，谁闻而不仰其风欤！终于少林，天下宗风，谁敢不偃于其草欤！今分塔于兹灵岩，可谓至矣。觉□[⑧]，□甲终焉之计矣[⑨]。吁！虽我拙，而弗敢作之文。故盥涤焚香稽首，辍染短翰系之铭。铭曰：新丰一曲，回□追寻。格外玄□[⑩]，罕逢知音。雪庭间出，续焰少林。五乳峰下，凤翔龙吟。近代相继，以心传心。惟息庵师，耀古腾今。吹无□□[⑪]，弹没弦琴。妙旨回互，暗度金针。四尸望刹，

---

① “子”，原碑作“予”。
② “□□”，原碑作“不美”。
③ “名□□”，原碑作“名山以”。
④ “□□”，原碑作“玉陶”。
⑤ “□□”，原碑作“情于”。
⑥ “□□”，原碑作“严获”。
⑦ “□□”，原碑作“于其”。
⑧ “□”，原碑作“矣”。
⑨ “□”，原碑作“而”。
⑩ “□”，原碑作“旨”。
⑪ “□□”，原碑作“孔笛”。

接物随宜。举唱定□，不落□时。末后一着，不劳伫思。踏翻□□[①]，趯倒须弥。劫石可碎，泰华可夷。师道师德，万世不衰。

至正元年仲冬之新复日，小师觉宗、觉际、觉迁、觉彰、觉猷、觉栋等立石。清亭石匠张克让等镌。

右碑，连额高六尺，广二尺四寸。篆额题“息庵禅师道行碑记”八字，径二寸，分四行。文二十六行，行四十九字，行书，径八分。文为日本僧印元撰书，中奉大夫、圆照普门光显大禅师益吉祥篆额。中奉大夫乃文散官，从二品阶。僧职之有官阶者，仅见此碑。日本在宋时，屡以僧来通贡，元世祖至元间，尝遣使持国书往，讽其来朝，不应，加之以兵，丧师而还。成宗大德三年，遣僧宁一山者，加妙慈宏济大师，附商舶往使日本，而日本人竟不至，史传所纪止此。则是终元之世，未尝有日本僧来也。自大德三年至至正元年，越四十三年矣。此印元僧或自慕中华释教之盛，附舶访道而来，非奉国王使命也。然既驻锡中土，自必上闻于朝，史何以不书其事？盖无关国典之重，不登于记载。则后之作史者，无从考稽矣！印元之住山阴道但州正法禅寺，自系日本之旧刹，其在中国不知住何刹宇。文不自叙其所住之处，但云小师胜安不远千里乞文，大约不出大都燕京诸处也。海夷方外，不必论文字之工拙，书尚流动有法。仲冬新复日，盖冬至也。

贞提点塔铭

右碑，连额高五尺许，广二尺四寸。篆额题“明德大师贞公塔铭”八字，径二寸，分四行。文二十五行，行存三十七字，行书，径七分。下截阙失，读无全文。首题明德大师辅成堂提点贞吉祥碑记，十方大灵岩寺僧法住持、嗣祖沙门定岩撰，前灵岩禅寺记室福广野云书。

文云：公博陵茌山十寨，土俗郭姓，大族之家。明德号，吉甫之字

① “□□”，原碑作“大海”。

也。末云至正元年仲冬月新复之日，小师觉山、觉善、觉昌、觉才、觉尚等立石。

案：此碑与让公道行碑同为至正元年仲冬新复日所立。彼碑为日本沙门印元书，此碑为福广野云书，两碑笔迹如出一手。且贞公与让公同为古岩就公付法受具之弟子，立石之小师又皆觉字同辈。两碑文气又颇相同，疑皆两公之小师彼此商略而为之。然则彼碑之称印元撰书者，或皆托名也。文云：近年顺德路大开元宗摄、所损庵大和尚，似即让公。篆额之中奉大夫、前管领大开元一宗诸□都宗摄、圆昭普门光显大禅师益吉祥也。益吉祥署阶中奉大夫，此碑称北溪长老，为大司空。又云：以大司空银印号公，岂当时僧制有官有印耶？损庵称益吉祥，此碑标题称贞吉祥，子贞其名也，吉甫其字也。云贞吉祥者何居？恐与益公之吉祥又属释氏之佳号矣。

慧禅师道行碑

右碑，连额高六尺许，广二尺八寸。额题“慧公禅师道行之碑”八字，真书，径三寸，黑文凸起，分四行。文二十九行，行存六十字。下趺缺失，读之不全，真书，径八分。首题皇元泰安州十方灵岩禅寺第四十代住持、佛智明悟通理大禅师定岩慧公道行之碑，大都大竹林寺、前住持英悟正印宗慧大禅师雪涧法祯撰。末云：大元至正十一年岁次辛卯十月十五日，当山传法住持佛性圆通妙应大禅师、方山野衲思璧书丹题额并劝缘。

案：碑文纪慧公之道行，而历叙其所至之功业，于炫烂之中，得平淡之旨。如曰：吾出家本以生死事大，今拖犁曳耙，与俗人能置家者无异，是可为究竟耶！此语非见道有得者不能言也。住山而谓之视篆，与后世居官摄印者同称，岂当时住持亦有印信相授受耶？主报恩手段异诸方，“手段”二字创见此碑。

神宝泉，在石厂西北二里山石间，近小寺庄。《志》云：土人凿井不得水，于泉源开池潴蓄。遇秋泉旺，则溢成溪。下为渍米峪，言水仅可淅也。

北流西折注中川，中川详岱阴之西，北魏正光初，定公建神宝寺于泉东上，今废。《金石文跋尾续》云：本沙门明公驻锡之所，唐时改今名，以寺北有宝山，东有神峪故也。

神宝寺碑

〔唐〕

题云：大唐齐州神宝寺记①。(缺)子寰纂兼书②。

观夫三皇五帝氏王，夏殷周汉氏作，淳源竭而不流。浇俗纷其方扇，虽□门将圣老氏谷神，游龙之道德西浮，叹凤之诗书东□，竟不能庇交丧，拯□远，驱彼利俗③，登兹仁寿，徒存紫气之言，终绝素王之笔。曷若金□□迹，超十地而孤尊；宝树应期，乘四轮而广运。大雄有已，见郡生溺之苦海，于是虏横宝筏而济之；大雄有已，见诸子迷之朽宅，于是虏驾舟航而出之。视之以五蕴皆空，明之以诸漏以尽。洎玉毫腾彩，现贤力之象位；金仪入□，现神通之日月。经传白马，眇阁崛以移来；刹起青龙，□阎浮而错峙。遂令有国有家者，得其道而四海以宁，元元□□者，得其门而六尘高谢，岂与夫向时之三教同日而言焉④。

神宝寺者，宝山□面，岱宗北阴。冈峦□□，而石壁万寻。林薮蒙茏，而□□千仞。貔豹踯躅，人绝登临。虺蟒纵横，鸟道飞路⑤。粤有沙门讳朗⑥，不知何许人也。禅师德隆四辈，名优六通。僧徒具归，郡生宗仰。晨□棘□，四念经□⑦，夜宿榛□，六时礼敬。貔豹枕膝，禅心寂而不惊；虺

① “记”，原碑作“之碣”。

② “纂兼”，原碑作“撰并”。

③ “驱”，原碑作“驭”。

④ “三”，原碑作“二”。

⑤ “道”，原碑作“通”。

⑥ “朗”，原碑作“明”。

⑦ “□”，原碑作“行”。

蟒萦身，戒定澄而不乱。水瓶朝满，羽仗夜来，事迹非凡，故非凡测。亲题□记，自叙因由曰：明以正光元年，象运仲秋，于时振锡登临，思同鹫岭，徘徊引望，想若鸡□[①]，欻弹指法声[②]，此为福地。遂表请国主，驰策人神，立此伽蓝，以静□为号[③]。自梁齐已来，不易题榜。

属隋季经纶，生人版荡，革鼎推变，真俗各虚，今之所存，殆将半矣。至我大唐御宇，重迁九鼎，再修二仪，四海廓清，万邦壹统。用光正道，建三宝以传灯；化洽垂衣，统□生于寿域。乃格命天下。有因废伽蓝先有额者，并使屯修。于时，有乡人王□应答州县申闻[④]，以此寺北有宝山，东有神谷，因改为神宝寺尔。其寺也，望鲁开基，临齐作镇，堂宇宏壮，楼阁岧峣。砌□□璜，阶涂金碧。□容有晬，揣相无违。发妙彩于天金，罄奇遗于龙石。手轮含字，临□缀而披纲；眉宇舒毫，鉴璧珰而上月。寺内有石浮图两所，各十一级，舍利塔一所，众宝庄严。胡门洞启，石户交晖，返宇锵锵，飞檐巘巘。半天鹏起，遥遥烟雾之容；一地龙盘，宛宛丹青之色。挹朝霞之旷旷，濯夜月之湛湛[⑤]。风雨则宝铎枪枪[⑥]，日照则花盆皛皛。迢迢亭亭，郁郁青青，皓皓旰旰，焕焕烂烂。远而望之，炳若初日照灼皎扶桑；近而察之，□似素云霮霸度夕阳。方之雁塔，有似飞来，辟以化城，还疑踊出。实瞻仰之形胜，是归依之福田。寺内先代大德僧明干，提智惠灯，被无明暗。僧彦休，护惜浮囊，微尘不犯。僧元质，积行勤苦，轨范僧伦。僧神解，□树论幢，摧诸憍子。僧弘哲，持经得验，舍利犹存。僧惠冲，殷念西方，期心安□，所造功德，触类滋多。僧景淳，禅户纲宗，玄门枢纽。僧贞固，□心弘护，结志修营。僧法将，龆龀出家，童颜落彩，

① “□”，原碑作“峰”。
② “法”，原碑作“发”。
③ “□”，原碑作“默”。
④ “□”，原碑作“部”。
⑤ “濯”，原碑作“湛”；“湛湛”，原碑作“濯濯”。
⑥ “雨”，原碑作“牵”。

三齐负笈，独标麟角之先。九洛□□，迥出牛毛之外。并共沐圣恩，佥成道器。忽鹤□风急，鹿苑霜飞，早谢传灯，空归锡影。现在诸大德寺主僧慧珍，戒珠□月，道骨含星，提忍作衣，法空成座，六时礼命，胁不至床，一食摽□，□不再饮，是慈悲父，是良福田，广济苍生，普心供养。前□维那僧惠沿，摽松千仞，崖岸万重[①]，吐□云于唇吻[②]，纳山岳于心胸。纵横道门，□达无碍。上座僧尘外，戒香纷馥，有宾头卢之轨仪。都维那僧敬祥，惠剑如霜，维舍利佛之谈说。僧敬崇，柰菀良材，横爱河而济群溺。僧智山，祇园杞梓，敞法宇而庇苍生，并腾麟俊薮，矫凤□□，饰厚柱于春台，抚定轮于秋驾。□烟飞□，来游欢喜之园；宴坐经行，实名和合之众。故同镌宝碣，高旌福门。大唐开元神武皇帝陛下，朝宗万国，□顿八宏，金镜含七曜之晖，玉烛和四时之气。庆云澄彩，瑞日呈祥，仁动上玄，力侔大造。瀚海天山之地，尽入堤封，龙庭鸟穴之乡，咸沾□化。封金岱岭，刻玉仙闾。藻镜乾坤，光华日月。刺史卢讳全□，门有卿相，家袭银璜，强干则不发私书，清肃则遽然官烛，矜孤恤寡，爱士崇贤。故得咏入来□，歌登至晚。山茌县□令梁曰大受，干局贞□，神情警悟。风琴写韵，则瑞雉争驯；冰镜澄清，则祥鸾自舞。诚梵王之福地，真释帝之名区尔。其涧户深沈，山庭窈窕[③]。玉床溜乳，问《抱朴》而犹疑；石壁錾经，访岩遵而不识。奇卉怪木，如窥须达之园；瑞药仙苗，似入提伽之院。象王献果，下甘露于珠盘；凤女持花，拂灵香于宝帐。迦陵频伽之鸟，百转间关；优昙钵罗之花，九光凌乱。汉皋游女，对玉洞以倾心；季梁贤臣，仰琼堂而顿首。庶使文殊过去，忆妙说之清尘。弥勒再生，见神功于贞石。式镌宝碣而为颂云：

大雄降迹，葱山本元。□有三界，非无二门。不生不灭，若亡若存。

① “重”，原碑作“里”。

② “□云”，原碑作“妙□”。

③ “庭”，原碑作“扉”。

遍看郡有，无如我尊。

雁门惠远，罽宾罗什。明公继兹，伽蓝此立。俗户易窥，真门难入。道□龙象，前后相及。大唐受命，当宇握镜。化洽万邦，功齐七政。绿图舒卷，紫云回暎。惠日再晖，熏风在咏。

门庭华敞，房宇轮奂。莲台画阁，危楼飞观。竹韵宫商，花然灼烂。僧众虔仰，士女称叹。

亭亭妙刹，灼灼精庐。雕盘瞰壄，镂槛凌虚。珠悬日净，峰回风□。□甍栖凤，到井衔蕖。

峨峨宝碣，落落神轩。邪山整岫，苦海澄源。锦云霞烈，绶雾风翻。此中何地，给孤独园。

开元廿四年岁次景子十月丁未朔五日辛亥树刻工毕[①]。（缺）僧普解、僧法海、僧惠深、僧□□、僧法□。

右，大德等并名，继此寺□□迁神，勒之在铭，纪于来代。

右，八分书，额篆“大唐齐州神宝寺之碣”。勒寺址，倚壁，南向。高六尺五寸，广四尺。记文分三十五行，行五十四字，字径寸。额九字，三行，字三寸。文体炼雅，篆法方古，隶亦严劲，绝似汉《衡方》《鲁峻》等碑。石颇残缺，当勒碑时原未细加砻错，遇璺损处辄空一字。又，文内“大唐”上空六字，“圣恩”上空三字，“宴坐经行”四字，缩入三阑。每颂一首，空三字。加以班驳断裂，辨识维艰，初稿亦仅存其目。岁乙巳，侨岱庙，竟日兀兀。聂剑光作《泰山金石考》，以副本见示。阅之，疑其舛讹，乃取墨拓详校，稍为厘正。如篆额碣字，人多作碑字读之类。然撰书人姓名尚难辨，子寰，“寰”字颇似“褱”字，褱，即“怀”，未知孰是。又，“群生”“群”有作“郡”字，“涌”作“踴”，“将将”作“锵锵”，“八纮”作“八宏”，“提封”作“堤封”，皆可疑。“花盆”二字亦未审，若

① 该句首原碑有“维”字。

"黎"作"秎"，"乎"作"虖"，"寂"作"宋"，"瑚"作"胡"，"譬"作"辟"，"饮"作"歓"，"慧"作"惠"，"法"作"灋"，"倒"作"到"，则犹存汉法也。碑东侧勒《佛说蜜多心经》，行书，亦唐宋间名笔，惜无时代、款识，且漫灭几半矣。顾宁人载灵岩寺碑刻颇详，云：得唐一宋金各四十余，元以后不能悉数。唐刻为天宝十一载《造舍利函记》，文不工，不足录。乃遗此碑，盖地幽僻未及搜阅也。若所云《造舍利函记》，今又未知何在。《金石文跋尾续》云：右齐州神宝寺碑，李寰纂兼书，"李"字上半漫漶，或疑是"子"字。其上更有缺文，则其姓也。古人书丹于石，遇石缺陷处则空而不书，此碑及景龙《道德经》石刻皆然。又云：碑侧刻《佛说蜜多心经》一卷，行书，似怀仁《圣教序》。末一行残缺，不得书人姓名。

灵岩寺下院圣旨碑

〔元〕

文曰：皇帝圣旨里。

书记思圆书。清亭方茂典刊。

帝师下诸路释教都总统所①，据泰安州灵岩寺监寺僧思川状告②，有长清县南一乡净然神宝寺③，系灵岩寺下院，时常有一等不畏公法僧俗人等，往往于寺家山场内置立炭窑，斫伐树木，损坏常住产业，久而荒废，搔扰僧众，有碍念经、告天、祝延圣寿、祈福等事，乞详状禁治事。得此会验，钦奉圣旨，节该寺院房舍里，使臣休安下者，铺马只应休著者，税粮商税休要者，但有属寺院底地土、园林、碾磨、店铺、解典库，不拣什么休夺要者，钦此。今据见告，总所合行，出榜省谕诸人，钦依圣旨事意。如有

① "总"，清金棨《泰山之·金石记》无此字。

② "监寺"，清金棨《泰山之·金石记》无此二字。

③ "然"，清金棨《泰山之·金石记》作"默"。

违犯之人，仰所在官司，就便痛行治罪，施行须议榜示者。

大德十年岁次丙午四月八日。十方灵岩禅寺山门监寺思川等立石。

右碑，连额高三尺二寸，广一尺七寸。额云“皇帝圣旨”四字，真书，横列于上。文亦真书，十五行，行二十五字，字径八分。末行“八日”二字相距四寸所。有印方三寸，内方减十分之一。印文如“回”字，缪缠三行，殆蒙古篆也，下有三押。在神宝寺旧基，南向。

宝山，在神宝泉北，上立玉皇庙，东谷口曰神谷。又北二里为黄尖山，对壁如黄鹄竖翮，中有仄径可阶，俗呼梯子崖，亦曰双峰。其阳石窍韫泉，甘冷充漾，曰醴泌泉。过双峰西折而东北为石坞峪，层峦吐雾，清渚含烟，至为幽邃。又东北如巢屿，或称栖佛河。

重修玉皇庙碑

〔明〕

右，高奎撰，并真书。嘉靖年勒庙内。

灵辟峰，在白云洞南三里，狮尾峰之南。崴嵬峭拔，秀冠群峰，《志》称“灵山”也。东峡仅通一线，即小天门，亦曰东天门。东二里有华岩泉，北流入黄家峪，西折注于中川。北为华岩寺，圮。北五里为野老村，晋张忠隐此。

朗公山，在灵辟峰南，一名朗公寨，朗尝于此说法。西岩有朗公石，石高二丈许，望之酷类老僧，鎮頟伛背，倚杖而立。若从闻思修入者，殆与生公说法，顽石点头事同。迤南有九曲峪，朗公泉出焉。汇而北流，东折南下三里，注灵带河。

出灵岩遇雨望朗公山云

〔国朝〕于绍舜

灵岩西出雨漫漫，谁使阴云护法坛。洞为人归掩帘幕，山因客至拥衣冠。重峦积翠浓于酒，远树含青秀可餐。回首朗公呼不应，只今拟作画图看。

如来顶，在朗公石西南，蔚葱上际，蔼如頞顬，波罗结中，示青现也。又西南为快活岩，当寺东南，游者至此可憩，故名。又有岭类象卧，曰卧象岭。山涧之水入野沟，岭南为珠山，有野沟会纳支水，南溪源也。珠山东有东西磨山，在九曲峪西南，两峰盘旋如磨。中央芦沟，水东流，南折会棋子岭。西曲沟水曰三叉口，又西至武家村南，北接灵带河，南纳红蒿峪，汇为一河，西过长城铺，北注中川。

明孔山，在卧象岭西南。山腰一穴，大于轮，南北相望如户牖。雨中云气往来如棱，晴日贯注，瞩之若金在镕也，星牖月窗方兹蔑矣。由北勃窣而入，内有石佛，再入一窟，甚深。山巅有灵光亭，今废。

明孔山

〔明〕胡一龙

山精若个逞玲珑，空里生明明里空。参到白毫光满处，阎浮大地此些同。

明孔山

〔国朝〕韩章

何年凿辟见神工，嘉兆分明应朗公。宝刹既成人已去，犹留满月照山中。

明孔山

陈应诏

崨屼高峰翠接天，遥看云窦一轮圆。方袍衲子能知否，即是心头默照禅。

雨花岩，在大石桥西南。本名滴水岩，乾隆丁丑年御赐今名。前后临幸，御制诗四首，并勒一碑，建亭。崖泉激洒如雨，下汇饮马沟。西南上里所，有水屋，泉盎其中，流注石池，溢而北注上水石。澂泥如石，自具丘壑，泉石精华所凝聚也。蒙尝冬月往观，缘崖滴水，皆成冰柱，挂厂拄石，排次如笋。又如十二玉阑干，倒悬翠壁。流泉澹淹寒澈，倒影一鉴，如见水晶宫阙矣。凌霄峰，在岩东南，鄣壁横空，拒云概日，故亦名拂日岩。

滴水崖

〔国朝〕于绍舜

悬崖滴滴绝喧尘，杖履何辞远问津。石窦飞泉寒漱玉，溪花落水淡含春。斜攀曲径松为盖，倦枕清流草作茵。自是桃源仙隐地，可怜身世日因循。

黄茅冈，在雨花岩东，蒙荟岩硈，一小阜耳。以东坡《登徐州云龙山》诗内有“醉中走上黄茆冈”之句，因易其题，为奉命下齐州祀东岳至灵岩而刻于石，建亭冈上。考公年谱，并无奉命祀岳事。好事者第知引重东坡，而不知附会可笑也。南溪之水循冈东道折而南，会憩象泉而西，注至涤思峪，西南汇北溪诸水为大溪。又西石坞泉自南来入之，又西北注沙河，即《水经》所谓中川也。又西北过长清城东北，归大清河。

黄现山，在黄茅冈西，以色名。有崖曰“虎窝”。西北跨道为坊，额“灵岩胜境”，乾隆辛巳年建。又西为塔宝峪，立石如浮图而中空。又西北为宋靳八公故里，曰靳庄。八公弃家仙去，其妻哭追之，公题“号咷归别去，结彩变飞云”。乙丑年三月二十八日，熙庆留题。其字蜿蜒离奇，土人刻之石。明成化丙申移置迟贤亭。迟贤亭距寺十八里，旁有八公墓。仙去也，而复有墓，亦已诞矣。

鸡鸣山，在黄现山西南，距寺十里。《志》称：昔有群盗夜过此山，忽闻鸡鸣，奔回，夜尚未分，行而复回，如是者三。悟为山灵警觉，皆回心向善，故名。山巅巨石如冠，旁多窍穴囊土，望若蜂房。其下有台、有洞，西岩曰麻衣洞，元李坚所栖隐也。东北过大溪抵双槐树，为入灵岩路之会。《纪胜》云：岱西有长城钜防、娄敬洞。绕岱百余里，两山夹道，一水中流，潆洄百折，异鸟奇芳，足人耳目。中灵岩谷，虚中如瓠，路盘旋若磨，曲道断涧，怪石齿齿，似欲啮绝尘世轮蹄者。有石梁可渡，缘陲村落，彷佛辋川。蒙尝自是经柳里庄，遥望苍松翠柏，敷被岩麓，如恒河沙数幽秀逼人。而绀宇杂缀，隐见天然黄鹤石田画帧矣。证明龛孤悬碧落，云霭欻移，影落马首，为之神抃。

论曰：《灵岩旧志》详矣，然记寺独繁，而置寺殿名于宋，未述所在，默照堂、问竹堂、宝月楼俱遗之。今其存者，尚无虑数百楹。盖当宋元时，禅风最炽，而山若曾城，故布金填谷也。山在泰安、济南二郡之间，由泰安府城西北绕山西麓入九十里，径长清之湾堆村，东北至鸡鸣山。由济南府境东南入，径靳庄至黄现山，皆循两石桥入寺。蒙于癸卯之岁，自岱下往游，由湾堆路入。时值隆冬，幸无凄风苦雨作剧，搜奇揽胜，得未曾有。其明年为乾隆四十九年。车驾东巡之期，有司预缮廥阙，埽苔翳以待，非复荒岑颓刹，故其详可珥笔纪也。

齐州景德灵岩寺记刻

〔宋〕

文略曰：一山峙起曰鸡鸣，缘北麓绝涧循谷口上，东北走二十里，险尽地平，山势围抱，四面峭绝如堵墙。苍岩之下为寺，有石三门，千佛殿、般舟殿、辟支塔，皆古刹。塔西长松，状若偃盖。背有一峰，耸起百丈。北望正方，青壁削成如碧玉。中有石龛，金容俨然。西尖峰可登，下视深谷千仞。前有洞，东西南三门相通。西南望，一山壁穴如车轮。午达晴日在南，飞光透澈。讲堂东石壁下一泉，曰“锡杖”。又东五步二泉，曰“白鹤”，一见一伏。又东北二百步一泉，曰“甘露”。寺门西百步一泉，曰“黄龙”，皆为绝景。太宗章圣曾赐御书，琅函凤篆，晖映岩谷。皇上复降御篆飞白，为赐天文炳烺！云日相昭。寺之殿堂、廊庑、厨库、僧房间总五百四十，僧百，行童百有五十，举全数也。每岁孟春迄首夏，四向千里居民老幼匍匐而来，散财施宝，惟恐不及，岁入数千缗。斋粥之余，羡盈积多，以至计司筦榷，外台督责，寺僧纷扰，应接不暇。庆历、皇祐间荐饥，旧供者千百无一二至，僧徒解散，仅有存焉。职是官禁亦驰，虽财货所殖，非复曩时之盛，而方袍圆顶得以宴坐。噫！天其或者俾释氏，徒复其本欤？老氏谓：祸兮福所倚。斯可见矣。东北崖上土平处，古堂殿基宛然，石柱础、铁像下体尚存，盖法定始置于此，为后来者迁之也。今其屋尚在，僧之辟谷者、讲习者居之，以远喧杂。川中有一易之田，十夫屋千楹，岁租月僦以足经费。唐相李吉甫纂《十道图》，以润之栖霞、台之国清、荆之玉泉，合兹寺为四绝。庆历三年，予为长清尉，寺居封内，周览绝景，不知属餍。尔后十二年之官道复过寺，主僧重净以《记》见假。他日，因具道山水奇伟，经始肯构，盛衰本末，附勒于石。或摸之远方，俾未游者见之，一览如目击，且使知灵迹巨丽，信为一绝，得以校雄胜于三者云。

右，张公亮撰记，云勒石。今不知所在。

游灵岩记刻

文曰：齐有灵岩寺，居天下四绝之一。海岱间山水之秀，无出其右者。仆为郡从事，被檄屡到焉。长廊大厦，其制甚雄。击石鸣金，其徒甚众。断基坏址，古殿石阙，五季之遗迹，往往具在。山僧引导而悉观之。涉溪之东，双峰插天，巍然对峙，穹窿似可通行。山僧指之曰：此东天门也。天门之西，一峰特高，其平如席，寺之基址，正居其下，山僧指之曰：此方山也，有证明象焉。具杖屦而偏登之，羊肠鸟道，萦纡盘曲，且进且却，攀缘而上者，不知其几千仞也。既升绝顶，三峦之形[①]，尽可俯瞰，若断若续，若驻若驰，屏列栉比。周环四合，珍禽异兽，古木怪石，千类万状，靡不睹焉。心目恍然，殊不知居天地尘埃之间，而己之有躯也。山僧又指曰：东有朗公石，西南有明孔、鸡鸣二山，但能引望，非人迹可到者耳。由山之西，宛转而下，至半岩，得泉于石窦间，味甘如醴。停杯而激之，清韵琳琅，珠玑乱迸，坐待久之，醒人毛骨。山僧曰[②]：此甘露泉也。下有锡杖、白鹤二泉，举类此矣。顾谓同行者，取酒藉石以竟日。幽禽噪晚，烟霭四合，岩月亭亭，松云素素。山僧曰：可以还舍矣。山腰岩腹，幽亭奇榭，径从而尽览焉，其乐何可既耶？于乎！智者劳心，愚者劳形。劳心者殆，劳形者疲，曾不如云霞栖心息形，自在地也。仆方衮衮于簿书间，不能同苾蒭众诵贝叶文，优游周旋于此，良可愧怍。解后有期，心游目赏，殊未厌之。不知异日之来，又何时也！将出山，礲石而志之，庶几使劳形劳心者见此一悟云尔。

右，卞育撰。《记》云：礲石志之，今不知所在。案《金石文字记》有《唐造舍利函记》，盖即王在晋所云唐开元梁升卿碑，剥泐不可辨者也。又有宋田積、滕涉、祖无择、孔舜、张合宗、鲜于侁、冤亭卞、杜钦况等诗刻，大小不一。又靖康康年高直臣题名[③]，今并佚矣。

题灵岩寺泉池

〔唐〕李白

客来花雨际，秋水落金池。片石含青锦，疏松挂绿丝。高僧拂玉柄，童子献双梨。惜去爱佳景，烟萝欲暝时。

① “三”，清金棨《泰山志·支山志》作“山”。
② “僧”，清金棨《泰山志·支山志》作“人”。
③ “康康”，清金棨《泰山志·支山志》作“康”。

题灵岩诸峰

钱起

向山看霁色，步步豁幽性。返照乱流明，寒空千嶂净。石棚有余好，霞残月色映。上诣朗公庐①，孤峰悬一径。云里隔窗火，松间下石磬②。客到两忘言，猿心与禅定。

道出灵岩过题五言排律十韵

〔宋〕滕涉

半山旧招提，扪萝蹑石梯。佳名标四绝，胜境出三齐。殿古烟霞窟，庭深桧柏蹊。岳灵分地界，云险接天霓。香篆清风袅，松廊翠巘低。飞尘无路入，幽鸟隔岩啼。破梦泉声急，飘凉竹韵凄。微阳生顶上，残月落峰西。暂到犹尘虑，长居信觉迷。致君功业就，向此卜幽栖。

游灵岩

鲜于颉

松门十里苍山曲，宫殿参差倚岩腹。盘盘一径入云中，又登绝顶最高峰。石壁苍然起秋色，远溪深处时闻钟。磴道崎危达岩下，几派清泉在涧泻。月色朦胧出远山，忽惊星斗在檐前。倦客游来不知返，清光皎皎严霜寒。一出禅林复回顾，白云已满山头路。

留题灵岩寺

鲜于侁

马烦棰策车驰毂，终岁尘劳常碌碌。喜闻岩寺并山中，路转清溪入幽

① “朗”，清金棨《泰山志·支山志》作“远”。
② 该句，清金棨《泰山志·支山志》作“松下闻石磬”。

谷。乍行山口疑洞天，穷身一上翻平田。千层台殿隐林木，四面石壁生云烟。山僧迎门笑相揖，为语祖师存往迹。屈指于今八百年，已在西来达摩前。鹤鸣飞止黄金地，锡杖涌起清凉泉。境称四绝名天下，天台石桥乃其亚。千峰不改岁寒时，一水最怜秋月夜。半生游学颇艰辛，且向空山老此身。也知方丈安禅处，解笑东西南北人。

登览灵岩

宋逸

抖擞尘衣访古踪，扪萝陟崄彻灵峰。寒堆泰岳千层雪，清绕方山十里松。泉顶客回闻法鼓，云堂僧起动斋钟。如来元现因明处，直上人天第一重。

次鲜于颉韵

〔金〕劳堪

灵岩突兀方山曲，古殿般舟枕岩腹。石磴层盘林莽中，芙蓉面面罗青峰。菩提花散诸天雨，薝蔔风传万壑钟。元烟一鹤蹁跹下，岩自点头泉自泻。袈裟金藏不知年，飞锡犹在西来前。披襟向月聊放歌，声澈明河东壁寒[①]。闲云纷落如相顾，我欲乘之入天路。

游灵岩寺

郝经

岱宗西北驰，倒卷碧玉环。岳灵祕雄丽，势欲藏三山。初从谷口入，两崦争孱颜。渐疑下地底，细路深屈盘。仰视觉天窄，石井攒峰峦。陆海沙劫开，突兀仁王坛。桐鲸吼西风，栋宇横高寒。石龙喷清泉，洒落几案

① 该句，清金棨《泰山志·支山志》作“声彻东壁明河寒”。

间。修竹扫山色，莹绿穿云根。丹凤饥不来，寂寞青琅玕。上方在天上，下视无尘寰。空霏锁霜树，翠锦蒙朱殷。西日回清晖，轻金满烟寰。何时脱世网，挂席高盘桓。静境求初心，滞虑驱万端。向晚苍烟合，更欲穷跻攀。路断不得前，矫首重一看。

留题灵岩二首

〔明〕许彬

古刹幽深有路通，四围山拥绣芙蓉。昙花尚逐驼经席，灵雨常随听法龙。东涧水流西涧月，上方僧定下方钟。五花新殿凌霄汉，画拱雕甍几百重。

面面峰峦紫翠连，白云深处有人烟。落花泛泛流双涧，古塔巍巍出半天。胜地连山三百里，名师卓锡几千年。壮游不尽登临兴，挥笔成诗付大颠。

灵岩道上

薛瑄

路入山门景便幽，高风不断石林秋。照人霜叶红于烧，拂袖岚光翠欲流。几过野桥横绝磵，遥从古刹见高楼。北峰直与天相接，更拟攀萝到上头。

宿灵岩

梵宇深沈夜景迟，僧房禅榻更幽期。竹鸣虚籁风过处，霜落寒岩月上时。纸帐烛光团白玉，石炉香烬霭青丝。红尘马首明朝别，只恐山灵解勒移。

灵岩行

徐有贞

灵岩奇绝闻天下，我欲游之久无暇。年来治水功已成，导山过此聊停驾。手托天书登上方，上方金碧生辉光。回旌弭节祗树傍，问谁建此古道场。后踞狮子前象王，文殊普贤相颉颃。山开由法定，松偃自玄装（绳武案：玄奘，奘字从大，庄，去声，无平声，此作装，疑误）。法定安在哉，况彼希有之如来。既不见两虎驮经去，又不见双鹤随锡回。但见白云千万堆，欲动不动空徘徊。金色界中多宝塔，青莲社里九层台。九层多宝塔，曾经几尘劫。黄龙蟠伏钵盂水，碧苔绣尽袈裟铁。嘤鸣有鸟似频伽，步步香生薝蔔花。雨红风翠飞满路，路迷误入山人家。泉斟明月和流霞，茶烹蒙顶先春芽。中分三十六禅院，最好无如五花殿。图画天开当四面，面面奇观观不遍。属兹清和节，春物方骀荡。复多绣衣人，相从共清赏。主僧名至瑄，精进如惠朗。殷勤供香积，招邀到方丈。阴阴阏修竹，称我酒酣来此宿。西峰夜听天鸡唱，东崦朝窥海乌浴。可怜清赏殊未足，无奈尘缘苦羁束。何当了却公家忙，来与松子同翱翔。饥餐紫玉英，渴饮甘露浆，后天不老凋三光。即此便是无何乡，何必泛海求扶桑。

登灵岩

陈凤梧

玉符千载记方山，传得图澄卓锡缘。佛日岩光初霁雨，辟支塔势欲参天。繁松十里风涛静，立鹤孤泉月影妍。北望少林仝宝地[①]，满山空翠锁云烟。

① “仝”，清金棨《泰山志·支山志》作“金”。

再游灵岩十二韵

王世贞

为舍祇园竹，名山结愿偏。登临恍初地，徙倚更诸天。不改芙蓉色，微添薜荔烟。松云移叠嶂，花落助鸣泉。芒屩青从引，苔衣碧任穿。井犹双鹤浴，瀑似片虹悬。磬发僧归定，灯余客借传。新茶收月供，净氎割霞眠。未叩无生理，聊追有漏缘。空闻飞锡杖，不见布金田。尽劫终成幻，降心迈离禅[①]。只应何所住，一钵付流年。

重游灵岩

李化龙

揽秀山全胜，探奇客再寻。慈云开觉路，佛日上初林。净域三天晓，空门十里阴。忘机僧化石，种福地生金。高阁看人代，方池阅古今。铁衣留幻相，岩窦见禅心。峰合窥天小，台高贮月深。清泉双鹤舞，老桧万龙吟。阒寂消尘虑，清虚惬素襟。皈依欣有地，惭愧未抽簪。

灵岩行

毕懋康

危峰直削五千尺，中有一人当洞立。青苔作衣云作笠，今古不愁风雨湿。千岩万壑旷中藏，奇诡崄奥安可详。出穴虫蛇蟠白鹿，登山魍魉骑青羊。我有防身一宝剑，欲往斩之俱不见。仰空慷慨发高歌，不觉清空起雷电。

游灵岩二绝

彭梦祖

野草西风石路幽，半岩红树与云浮。偶来系马招提境，花里经声何

① “迈离”，清金棨《泰山志·支山志》作“恰悟”。

处楼。

四面岧峣锁上方，飘来黄叶绕衣裳。空山击鼓鹤飞去，惟有泉声到竹房。

灵岩行

〔国朝〕施闰章

灵岩开凿巨灵苦，万仞丹梯作环堵。已留天穴烂明星，更遗甘露泻石乳[①]。重林深翠来风雨，铁崖涌出袈裟古。土花错落镂金斑，水田细锈天为补。丹台飞嵌层岩巅，削成石屋居无椽。杖履直上八千尺[②]，手抚白鹤凌紫烟。朗公卓锡呼不应，庞眉十丈拱我前。遍视人间悲浩劫，谁知梵宇亦桑田。般舟宝殿金银摧，世尊尘埃龙象哀。唐碑宋碣纷断折，存者欹侧埋荒苔。灵迹摩挲恨未了，倦游一宿良草草。安能高枕卧空山，饱饭青精颜色好。

游灵岩记

〔明〕王在晋

方山南接岱宗，北带龙洞。山围绵亘，嵯峨伟拔，嶜岑对峙，郁垒周环。团如垣墉，坚如营堡，削如峭壁，丽如錝屏。龙蜒盘曲，狮象蹲伏。壑中一路，土囊撅壤，块圠通明。商飙未可漂山，谷风不能乘条，盖广莫之委巷，而昆岫之层城也。佛图澄飞锡之地，辟支塔存焉。塔高特孤骞，破云标霞，丰隆軿其霆震，列缺掖其照夜，龙昂鳌抃，泰山绝顶相与澄晖回景，觉天路之匪隔矣。岭之阿有殿，崇奉铁袈裟，生铁为衣，高五尺，缝纹如织。法定禅师兴构刹宇，袈裟自地涌出。或曰达摩西来，面壁九年，

① “露”，清金棨《泰山志·支山志》作“霖”。
② “履”，清金棨《泰山志·支山志》作“藜”。

道成而去，弃袈裟于此。循岭而上访六泉：曰石龟、曰独孤、曰黄龙、曰卓锡、曰双鹤、曰甘露。在灵岩寺东北，泉至甘，水从石龙口流绕各僧厨，由山门西沟出。盖是山为岱宗之析支，回龙结局，风气周密，景色间都，而寒泉湛澈渟泓，喷玉濴碧，有引池分席之胜。班荆列坐，流觞于穷石堆埼间，斜照崦嵫，山鸟傍人寻宿。而归云融泄，容容霄崿；宵露湛瀼，沾沾衣袂。于是，牵薜荔以下嶕峣，掩柴扉而对荒月。萧然一榻，于问竹亭之精舍。东方筤笪绝罕，而是山有竹，新笋迎风解箨，石傍高下参差。有此君相伴，可与共良宵。夜半，月移竹影，透入绮疏，风乱松涛，淅飒枕簟，消客愁而清尘梦，一片野心，任白云而飘泊矣。侵晨，绕佛堂、访绝景亭，无可觅。亭为宋僧仁钦所修，以寓观览，景有四：曰群峰献秀、曰甘泉漱玉、曰松舟挺翠、曰岩花啼鸟，今废矣。王元美云：灵岩是泰山背最幽胜处，游泰山不灵岩，不成游也。信哉！

岱览卷第二十七

附览六（卷二十七）

昆瑞山图

昆瑞山

金庐山　四门塔　龙洞泉　朗公塔　千佛岩　黑风寨　海螺峪

锦阳川　涌泉　屏风山　琴泉　灵鹫山　冰泉　瓦子岭　梨峪

柏崖　扶山　都泉　锦云川　圆通山　康王山　中宫镇　锦绣川

卧虎山　黄山　渴马崖　总论

昆瑞山

昆瑞山，在泰山东北四十五里，旧名金舆山（舆或作榆），又名崑嵛（云“崙”者误）。《历城志》曰：金庐山，从土人名也。《水经注》云：苻秦时竺僧朗居之，因名朗公谷。玉水环之，故名昆瑞溪。《方舆纪要》云：方山东南有昆瑞谷，亦曰朗公谷。释慧皎《高僧传》云：崑嵛山峰岫高崄，水石宏壮。谷中旧多虎灾，人多执仗结群而行。及朗立精舍于此，猛兽归伏，晨行夜往，道路无滞。奉高人至今犹呼金舆谷为朗公谷也。山自历山玉函来，面西南，周六十里，隶历城县，县为济南府治。本齐历下邑，晋永嘉初，自东平陵移治者也。《山东通志》云：岱脉由章邱黑牛岭入历城县界，循长城而西为梯子山，领络群峰，为岱宗北障。锦绣川西北流，川南则有屏风山、金庐山、龙集山、平头山、龙门山、瓦子岭。川北则康王山，迤至大佛顶诸山。《道里记》云：自泰安郡城东北[1]，逾长城岭，经玉皇岭，至百里。自历城县东南，经柳埠村，至八十五里。蒙案：山名著《水经》，明季沧溟诸君子尝游咏焉，然卒不甚显。正如幽人空谷，不以鹤书为荣也。聂鈫躡屩缀絙以求之，故记载特详。兹用采而辑之，俾知拥护震狱者，其枝峰蔓壑，皆非庸境矣。

金庐山，为昆瑞主峰，秀拔蟠亘，双流如带。《酉阳杂俎》名金驴山。其东有金驴洞，《志》称黑风洞，《齐乘》称西龙洞山。其西北有神通寺，旧称朗公寺。隋开皇三年，文帝以通征屡感，赐号“神通”。唐《三宝感通录》云：西晋泰山金舆谷朗公寺者，昔中原值乱，永嘉失驭，有沙门释僧朗者，姓李，冀人，西游东返，与湛、意两僧俱入东岳，卜西北岩，以为终焉之地。常有云荫，士俗咸异其祯感，声振殊国，端居卒业。于是，天下无主，英雄负图，秦、宋、燕、赵，莫不致书崇敬，割县租税，以崇福焉。

① “郡”，《泰山道里记》作“府”。

故有高丽、相国、胡国、女国、吴国、昆仑、北代七国所送金铜象。朗供事尽礼，每陈祥瑞，令居一堂，门牖常开焉。鸟雀莫践，咸敬而异之。其寺至今三百五十许岁，寺塔基构如其本焉。今制门阎两重，北为大雄殿，东伽蓝，西达摩。又北为千佛殿，圮。北为方丈，东为祖堂。又北为法堂，斋廊两翼。《齐乘》云：神通寺有汝泉。考今《历城县志》，寺内本无泉，惟方丈西有白龙池，或即汝泉！然又堙于僧舍下。东廊下有朗公所浚神异井，涸。寺西故藏经堂、转轮藏、钟鼓楼址也。

云禅师碑铭

〔元〕

文曰：通理妙明禅师淳愚长老云公碑铭（并序）。

前曹州教授智京撰，金舆海月圆明长老智澄巨源书丹，历山进士姚仁篆额（序铭未录）。大德十年岁舍丙午孟夏初吉（下列门人名）。

右，真书，额仝题。在大殿后，东向。碑阴，僧众题名。

兴禅师道德碑

文曰：敕赐神通寺祖师兴公菩萨道德碑。

承事郎河间路临邑县尹、兼管本县诸军奥鲁、劝农事邢天佑撰，将仕郎□□平阳路税务大使杜良书丹、篆额（记未录）。至治二年岁次壬戌仲冬吉旦，住持法孙德敬立石。

中奉大夫、山东东西道肃政廉访使、阔里不花护持功德□□者方茂实、李惠诚、王彬。

右，真书，额同题。在大殿西墀下，东向。碑阴上截云：护持功德主□□大将军、济南路总管府达鲁花赤、兼管本路诸军奥鲁、管内劝农事兰禧进义，副尉济南路历城县达鲁花赤、兼管诸军奥鲁、劝农事瓮吉兰，承务郎济南路历城县尹、兼管诸军奥鲁、劝农事靳郁，将仕郎、历城县主簿胡仲升，济南路历城县中宫镇巡检宋瑞，历城县典史邵温，护持功德奉训大夫、管领随路诸色等户、总管府达鲁花赤薛彻秃，承直郎、管领随路诸色等户达鲁花赤、总管府总管高不颜帖木儿，管领随路诸色等户达鲁花赤、总管府治中陈文真书。左读。下截皆僧众谱系，题宗枝派衍之图。案：达鲁花赤当为“达噜噶齐”。

神通寺外护记碑

〔明〕

右，成化十年十一月，僧太初撰，真书，壮深篆额。在大殿后，西向。碑阴有僧众施主题名。

重建伽蓝殿碑

右，成化十四年九月，安成、戴旻希同撰，真书。在伽蓝殿前，西向。碑阴僧众题名。

重建祖师殿碑

右，成化十四年九月，谷昶撰，真书。在寺前四天王殿后，西向。碑阴僧众题名。

重建七佛神通寺碑

右，字二十一层，皆历代佛祖宗派。其上两旁有字八行。在僧院中，北向。碑阴勒《证圆禅师牧牛诗图》。成化二十年九月，僧文勤真书。

重修神通寺碑

右，弘治十年秋，张天瑞撰，朱世准真书，王敕篆额。正德四年秋，勒大殿东墀下，西向。碑阴有题名。

重修千佛殿碑

右，嘉靖四年十二月，大云寺后学落魄子撰，维那自修真书，并额。在僧院中，北向。碑阴僧众题名。

李齐芳诗刻

右，嘉靖三十九年春，刘汝桂刻石，真书。在僧院中，南向。后有陶栋诗二首，刘汝桂诗二首，又联句一首，何九思诗一首。

赵公去思碑

右，诗十首，并序。万历二年三月刘汝桂真书，刘允裕篆额。在僧院，南向。考《历城志》云：赵以庄，字敬斋，河内人，历城主簿，万历初署知县事。有惠政，尝入南山询民疾苦，迁山西县丞。南山民思之，为诗纪其事，勒石神通寺中。

神通寺重修配殿碑

右，万历三十年冬，刘学经真书。后有题名十三列。在伽蓝殿前，西向。

创建藏经堂碑

右碑，末云：万历岁次阏逢大荒落中吕林钟中澣浮屠祖堂撰，僧圆清真书。在故堂壁，南向。案《尔雅》阏逢甲，大荒落巳，碑必有误，《礼记》中吕孟夏、林钟季夏并举，亦不可解。

重修达摩祖师堂碑

〔国朝〕

右，乾隆十九年嘉平月，姚光舜撰，俞龙池真书。在达摩殿前，东向，有碑阴。

神通寺二首

〔明〕许邦才

百里泰山阴，千年号宝林。诸天闻说法，初地问安心。古殿松声合，长廊月色深。梦酣禅榻寂，清磬下云岑。

寤寐东南胜，深秋更一过。青山过桥尽，黄叶拥川多。丈室因岩穴，经台上茑萝。同游仍抱病，试与问如何。

和殿卿神通寺见贻之作

李攀龙

花宫留妙唱，彩笔遍高僧。说法从初地，谈诗出上乘。五言争刻烛，一字了传灯。元度前身是，风流益可凭。

神通寺

相传精舍朗公开，千载金牛去不回。初地花开藏洞壑，诸天树杪出楼台。月高清梵西峰落，霜净疏钟下界来。岂谓投簪能避俗，将因卧病白云隈。

四门塔，在寺西南，白石为之，凡七级，四门八窗，皓曜玲珑。前有古柏一株，苍森九顶，传云汉植。释道宣《续高僧传》云：仁寿置塔，敕令法瓒送舍利于齐州泰山神通寺，即南燕主慕容德为朗禅师之所立也。燕主以三县民调用给于朗，并散营寺，上下诸院十有余所，长廊延袤，千有余间。三度废教无敢撤，欲有犯者，朗辄现形，以锡杖扮之。病困垂死，求悔先过，还差如初。井深五尺，由来不减，女人临之，即为枯竭。烧香忏求，还复如故。寺立以来四百余载，佛象鲜荣，色如新造。众禽不践，于今俨然。古号朗公寺，以其感应即日，故天下崇焉。开皇三年，文帝以通征屡感，故曰“神通”也。初至寺内，即放圆光，乍赤乍白，时沉时举，或如流星，人众同见。井水涌溢，酌而用之，下后还复。又感群鹿，自然至塔，虽鼓吹众闹，驯附无恐。又感鹅一只，从四月三日终于八日，恒来舆前，立听梵赞。恰至埋讫，迹绝不来，斯之感致，罕闻于古，赞具以闻。其东青龙峡有三坛寺，窣堵波因石凿成。又东有染池泉。

杨显叔造像记

〔东魏〕

文曰：武定二年□□乙卯朔十四日戊辰，冠军将军、司空府西阁祭酒、齐州骠骑大府、长流参军杨显叔，仰为亡考忌十四日，敬造石像四区，愿令亡者生常值佛。

右，真书，勒四门塔上。笔法清挺可观。

神通寺僧无畏造像记

〔唐〕

右，真书，勒四门塔上。

三坛寺窣堵波铭

〔宋〕

文曰：齐州历城县三坛寺阿弥陀佛窣堵波铭（并序）。

神通寺住持福胜、宝山、玉福、玉禄、玉祯、玉俊。补陀子潘卞撰，应乡贡进士冯睿书。

阿弥陀佛窣堵波者，比邱福林为父母所造也。福林俗姓郑，父讳朝宗，素学儒经，称为长者。元丰五年六月二十四日卒于俗舍，年七十五。时当溽暑，及敛浃旬，颜色如生，蝇蚊不近，良福善之所感也。母毕氏，持斋事佛，布施勤约。元祐六年前八月初四日，卒于俗舍，年七十六。老染微疴，虽修忏悔，良顺生所报也。福林姊福灯头陀，苦行大戒，卯斋荼毗，其骨负置于福林受业齐州历城县神通三坛寺，俾近四门石塔东北隅三十余步。就山凿石，成瘞坎以藏之，运盘石以覆之，起七级窣堵波以表之，龛阿弥陀佛以事之，求舍利以镇之。始于绍圣三年六月初三日，第三级功毕成，其年月日，皆悉资荐考妣，以求冥助也。补陀子潘卞尉于兹邑，福林者适当营建之，将成，哀恳求铭并序始末。既素与善之，又义其孝思，独力成办，乃为作铭，铭于塔曰：西方有佛，号无量寿；四十八愿，普度群有。罪灭□途，乐资无垢；福林建塔，上为父母。一善从心，千佛授手；劫火难焚，此塔不朽。

大宋绍圣五年二月初十日上石，李道刊。

右，真书。在石塔座上，南向。凡二十九行，行十五字，字径一寸。

染池

〔明〕晏璧

柳子当年记染溪，别分一派出东齐。忆从濯锦江边过，风漾晴澜五色迷。

龙洞泉，在寺东。洞门半掩，石龙半露，水自中出。经青龙冈通圣桥，西注玉水。

重建通圣桥碑

〔明〕

右，嘉靖三十六年四月，金城撰，魏希佐真书，韩一右篆额。在桥下，南向。碑阴有题名。

新建真武庙碑

右，万历四年长至前五日，于达真撰，于芳真书。在桥上，南向。碑阴有题名。

朗公塔，在寺西北隅，地势幽旷，塔制最古。元僧窣堵林立，其篆铭颇有可采者，不能尽录也。

进禅师塔铭

〔元〕

右，额题“故进公之塔”，旁书“唵么呢钵纳铭吽”。中统二年三月初十日，侄男郜重一立。

希禅师塔铭

右，额题“希公之塔”，右方书“兄刘百户、男李重”，左方书“南无阿弥陀佛”。中统三年九月初六日。案：诸塔称男侄者，多俗姓名，意当时义僧为父者也。此塔乃有称兄者，亦异。

定阇黎塔铭

右，额题“定公阇黎之塔”，至元五年二月十八日，小□智头建。

元禅师塔铭

右，额题“元公法师之塔”，至元五年二月三十日建。以上并真书。

宝禅师塔铭

右，额篆“普岩大师宝公塔”，铭文真书，僧智澄撰，智宽立。十德十一年九月。案：诸塔皆近朗公塔，惟此与兴公塔在寺东北隅。

云禅师塔铭

右，额同前碑铭，篆书。在寺北上。

晖讲主寿塔铭

右，额题“奉旨神通寺住持、明照大师讲经主晖公寿塔”，皇庆二年八月二十日，门人智明立，并真书。

敏监寺寿塔记碑

文曰：敕赐神通寺住持金舆长老智澄撰并书丹。

塔以旌名显德，由来尚矣。叙其所以，吾宗其明。昔我□□□无上天人师圆寂之后，宝塔是兴。或以澡瓶锡杖□□，则益伽黎顶骨齿牙爪发舍利，降生成道，转鸿轮，降魔外□神变般涅盘，如是处所，皆树立之。厥后，释子仿于上而效于下，各居一方，棋布星列，遍满真丹，或以师事。兹乃敏公监寺寿塔也，姓张氏，济南西郭人。幼抛尘累，乐慕释门，礼神通寺住持淳愚长老云公为师，法号智敏，课习经训。已而，为簦笈游履，讲肄归来，事师荷众，罔少懈倦。大德四年，钦受圣旨，护持山门，为监寺之目。历数稔，主宰华严院，暨任历城县都纲之职。恬然安静，既护善代，释教督总统所授以“广德大师”之号。又复住持采石山大圣院，周急饭众。今年过耳顺，安居祖庭。由是，慧川率诸昆季立寿塔于祖茔，以记为请。予嘉崇师报本之义，来告略迹，见闻事迹，姑塞来命云耳。将仕佐郎益都路滕州邹县尉孙男张玘。大元延祐六年岁次已未仲冬吉旦。门人慧川、慧岩、慧苑、慧峙、慧读、慧冀、□□等立。清亭方茂贯刊。

右刻，高二尺七寸五分，四面各宽尺五寸七分。自南面有篆额者起，东面为记文，记末题名，复转在南面棱上。记字十五行，行二十三字，字径七分，八分书。额篆“故敏公监寺寿塔记”，字径三寸许。

湛讲主塔铭

右，额题“扶宗兴教大师湛公讲主之塔”。金舆长老澄篆书。至治改元□月立。

兴禅师定慧塔铭

右，至治二年冬，僧智澄篆，德敬等立。凡八面，其一面篆“大神通寺祖师兴公菩萨定慧塔铭”。余七面刻“佛顶尊胜陀罗尼神咒”，后列僧众名。真书。

宽都纲塔铭

右，泰定二年十月，门人慧裕等立。今踣。

存库主塔铭

右，额题“元故存公库主之塔”，泰定二年，门人从勤立。真书。

敬山主塔铭

右，额题“清惠明德大师敬公山主寿塔”，泰定三年，智澄撰并篆，门人侯智政等立。东面真书“陀罗尼咒”。

凭监寺塔铭

右，额题“故凭监寺之塔”。元统二年孟冬望日立，男慧昭，监寺智室。

涌库主塔铭

右，额题“故涌库主之塔”。元统二年孟冬望日。

恩院主塔铭

右，额题“故恩院主之塔”。元统二年，孟冬望日。已上并真书。

千佛岩，在朗公塔西。崖壁隐霄，高广绝尘。上镌石佛大小千龛，望之真如诸天神人侧塞空中，而威仪齐整，器钵无声也。考其始建，盖魏齐及唐人所为矣。

造像记二十刻

〔唐〕

文曰：（缺）虔供（缺）有邻禅桑门僧沙栋（缺）响莫异（缺）在（缺）国书传记（缺）大唐武德（缺）厥年七十（缺）哉！陟之（缺）恩。

大唐贞观□八年，僧（缺）德知风烛难停炽（缺）追越竭衣钵净（缺）石像两躯上报（缺）识瞻颜礼（缺）罪名至心叹（缺）业报恐（缺）处（缺）变（缺）石记（缺）铭（缺）于后。

显庆二年，南平长公主为太宗文皇帝敬造像一躯。

大唐显庆二年九月十五日，齐州刺史、上柱国驸马都尉渝国公刘元意敬造像供养。

大唐显庆三年，行青州刺史、清信佛弟子赵王福，为太宗文皇帝敬造弥陀像一躯。愿四夷顺命，家国安宁，法界众生，普登佛道。

永淳二年六月，为天灾旱侧（缺）诸村史同王万元百余人等，于明（缺）遂蒙甘泽，设斋造像。

文明元年四月日，赵盰妻罗为父母敬造石佛一躯。

陵感敬造弥陀像一躯。

像主前旅师上骑都尉刘君操供养。

像主刘操亡妹顺妃供养。

像主王元亮被蛊魅得差，造像设斋，愿合宅平安，法界众生，咸同斯福。

像主清信女段婆为父母敬造一躯。

高道□为比丘尼真□沙弥感师敬造像一铺，普及法界众生，咸同斯福。

李树生敬造像一躯（缺）子（缺）。

□毛德供养，德妻田供养。

像主周世轨为父母敬（缺）。

□主陶□建为亡儿敬造像一躯。

恭礼圣像，张直方题。

僧慈荫为母（缺）元年记。

（缺）月廿二日（缺）是观为（缺）道场（缺）洞（缺）四禅寺登奉同弟天粹（缺）。济南阮君王平原（缺）。

右，并真书，勒崖上，字体方整，类颜平原法。《历城县志》云：记凡二十则，疑皆唐时刻也。其有年号者武德一，贞观一，显庆三，永淳一，文明一，余无年号，俱勒岩上佛像侧。而悬崖最高处，尚有题名，惜未得尽拓。《金石文跋尾》云：考《唐书·公主传》，太宗女南平公主下嫁王敬直，以累斥岭南，更嫁刘元意。又《刘政会传》，子元意袭爵，尚南平公主，与石刻合。唐制：帝姊称长公主，南平盖长于高宗矣。史称元意，高宗时为汝州刺史，不知其尝刺齐州也。又云："造"之为"艁"，从古文也。"国"字，《玉篇》《集韵》诸书皆无之，读此刻知以"國"为"国"，唐初已然矣。

郑秉德等题名

〔宋〕

文曰：平原郑秉德、济南沈君正同弟天粹，自四禅寺登奉春岩洞，诣灵岩道场处，天门东□是□。大观庚寅三月廿三日。

右题名，纵八寸，横一尺二寸。字九行，行五字，字径寸，真书。左读，其右尚有一行，残蚀不能辨。石在崖上，上平而下有斧凿痕。左右圆斜向内，居中尖起二寸，似器物盖顶。题字在上，平横列尖者，各分其半也。

黑风寨，在千佛岩西北，地危险。又西北为红鹤崖，峭壁凌云，洞心骇目。又西北为季儿寨，有泉子峪。青牛寨，有通天峪。两寨之间巨石悬卧如榷，曰仙人桥。

海螺峪，在青龙冈东三里，汇锡杖泉，西流注于玉水泉。侧有须弥塔，宋宣和间建。

刘宗题名

〔宋〕

文曰：济南府长清县天花中管和平乡税户刘宗、妻么氏、男助教，新妇大娘王氏、孙男小哥、新妇三娘耿氏、次男小二哥，合宅再修塔须弥座，伏保合宅吉庆，眷爱平安。上祝皇王圣寿，帝基永固。住持管勾僧净义，宣和三年四月十五日毕。匠人刘素、马友、刘江。

右，真书。刻海螺峪村西北砖塔石座上，南向。

锦阳川，即玉水，《道里记》云：水东南三十里为长城岭，岭南北水皆分流，《酉阳杂俎》谓之分流山。迤北为梯子山，谷水更多。东有仙人洞、云梯涧。西为仙龙潭，玉水源也。玉水以玉符山得名，见《水经》及《注》。《历城志》称锦阳川。纳诸水，逶迤西北流，左会矿洞沟水。又西北，经桃科岭东，左会枯泉之水。又西北径平头山东。迤东为龙集山[①]，上有玉泉寺，下为风门岭，为擘山[②]。又西北，左为龙门峪水[③]。又西北，径齐王寨南。又西径昆瑞山南，曰昆瑞溪。

龙集寺

〔明〕李攀龙

双林窥壑险，一径入云愁。峰落青莲色，灯悬白日幽。香台高枕出，涧水闭门流。闻道群龙集，明珠自可求。

---

① 该句前，《泰山道里记》有“平头”二字。

② “擘”，《泰山道里记》作“劈”。

③ “为”，《泰山道里记》作“汇”。

涌泉，在寺西里许，《记》云：梯子山，西为天麻峰，独孤泉北流。又西为松峰，下有龙池，亦玉水发源处。水西北流，迳窝铺峪，有永兴观。又北过双锁山、红山口西，右会三岔水。又西过金驴山南，又北与昆瑞溪合流，总名玉水也。左纳涌泉之水[①]，有涌泉桥，明万历间建。西偏为涌泉庵，千章古木，百尺飞流。隋开皇时已重修矣。

重修涌泉庵碑

〔明〕

右，嘉靖十五年九月段雄撰文额，皆真书。在庵中东墀下，西向。碑阴有题名。

建造涌泉桥碑

右，万历六年冬，郭邦云撰，郭东齐真书。在桥东，南向。碑阴有题名。

涌泉庵

〔明〕李攀龙

锦阳川上女僧家，红树萧萧白日斜。弟子如云人不见，可怜秋老玉莲花。

屏风山，在涌泉西。丹碧错落，与云霞乱采，宛若绣屏。石梯百十六级，上有天齐庙，中有黄巢庙，后人恶其凶也，以盘磴掩之。玉水西流径其南，又西径柳埠村南，中有紫微观，圮。

① “纳”，《泰山道里记》作“会”。

重修东岳庙碑

〔明〕

右，弘治甲子秋韩相撰，刘璟篆额，陈恭真书。在天齐庙中。

琴泉，《齐乘》谓：泉甲天下，韵琴筑而味肪醴也。《记》云：松峰西北为交战峰，山势突兀，顶有数穴，深不测，曰云洞。东为陡峪，多丹枫[①]。西为云谷，下有响泉。又西北为蚖洪峪，中有苦苣泉，为苦洪峪，为琴泉[②]。

灵鹫山，云谷诸水西北流，径其西，有九塔寺。一塔九顶，唐天宝大历间重修。内有观音殿，明正德、嘉靖时重修。马雄《记》云：历山之南，泰岳之北，于锦阳川左岐，川曰齐城，乡曰仙台。麓野之间，有寺曰观音。唐代宗时肇建此刹，主山曰灵鹫，面山曰畾尖。东有神通，西有灵岩，北近柳铺店，南近仙台山。左立观音碑，右建九顶塔。前有圣水泉，后有石佛龛。青松桧柏，古墓犹存，其山秀耸，而景最于群山矣。圣水泉，会云谷诸水，又北径回龙山，西入玉水。

重修观音寺碑

〔明〕

右，正德八年孟冬朔日，右中允滹沱马雄撰，副都御史历山张鼒篆额，前冀州教谕苏彪真书。在殿东墀下，南向。碑阴有题名。

重修九顶观音寺碑

右，嘉靖四十一年冬，许邦才撰，李攀龙真书。在殿西墀下，南向。碑阴有题名。

---

① “枫”字后,《泰山道里记》有“树”字。

② “为”,《泰山道里记》无此字。

九顶寺记碑

右，万历二十七年二月，邑人周继立真书。在大殿壁，南向。又刻神通寺张天瑞碑侧。

九塔寺观许右史碑

〔明〕李攀龙

名山谐夙好，况复近吾庐。岚影浮斜照，兹川锦不如。空林双树老，寒塔九华疏。一片头陀石，新文六代余。

冰泉在长城岭北，秋千台下。阴寒多积冰，经夏始解。其泉北经龙峡，入印度泉。

瓦子岭，在秋千台西，玉皇岭北。遍山瓦砾，《县志》云：故秦皇离宫也。北为齐城峪，茶臼河出焉。中有试茶泉，悬津飞泻，经康泉，右会勺泉峪水。又北过白石崖西，左会避暑泉水。又东北径虎头崖西，右会段华泉水，入玉水。

梨峪，在瓦子岭西。有潮音洞，上接印度泉水。经阎家河北流，右会石灰沟水。又东北，右会礤池水。又北经三角河东。又北，右会石厂谷水。又北经青冈岭东，入玉水。

柏崖，在青冈岭西。玉水西流经其北，上有透明洞，下为柏水湾。又西，右会石阑峪水。

扶山，在柏崖西。玉水经其北，有子房洞，深里许，池河伏流，金黄冠张元阳念一之所。人以拟之留侯，故名。东五里有子房庵，熨斗泉东北流。

元阳子坐化记碑

〔金〕

文曰：泰山元阳子张先生坐化记（记未录）。天眷元年岁次戊午仲冬上弦日，门生朱守默、李□蚁记。山主门生孟八郎妻□氏□□书，□真子李□立石，巩□刊。

右，真书，在子房庵东下墓西，南向。文内称其名字，皆漫缺，元阳，其号也。

白云洞题名碑

〔明〕

右，嘉靖四十五年十月，勒子房洞门外西上，南向。

洞门题勒

文曰：子房东隐仙洞。隆庆辛未孟春，道人谢真清题（真书）。

子房洞

〔明〕杨衍祚

野棠开处洞门闲，俯瞰中原指顾间。云锁瑶函黄石去，鹤鸣琪树赤松还。冲开碧落崖千尺，截断红尘水一湾。回首咸阳新日月，何如济上旧云山。

都泉，在子房庵北六里。溪抱村流，为岱北诸泉之总，故名。其上旧立皇姑庵，有石塔，隐约勒“开元”字，盖建塔年代也。水西注会水帘，又西径三尖峰南峰之西，曰木梨寨，曰龙洞峪。玉水又西北，径总度□，南接锦云川。

锦云川，一名南川，发源于玉皇岭之蔚沟。西南为拔山，为五女石山。沟水西北流，经东西棋子二岭中峡，会西棋子岭水，曰出山沟，又曰出泉沟。达于黑山寨，北有下安寺故址。屈从东北流，左会百花泉水。又北，左会双泉水。又西北，经杨广寨东。其西为火焰山、天麻寨，道沟峪出焉。林壑无际，内产朱樱。又北为魏花寨，宋指挥魏花故居也。

圆通山，在天麻寨北。有普门寺，元时建，明成化、崇祯间重修。门外亦有圣水池，旁为云水庵，圮。又北为方山寨，有白云寺。又北为九女寨，三石削立，宛如辫髻绣袿立云中。北为涝泉岭，为涝泉峪。岭西为隐士峪，有葫芦崖，即《志》所称瓢峰也。中有法云寺，唐永徽初建，久废。南川至此入玉水。

康王山，传即太甲陵。《历城志》引《皇览》云：陵在历山，岂此山亦通得“历”之名欤？玉水西流径其南，为黑水湾。山之西巨石伛立，曰老人峰。有醴泉寺，一名“四合”，元至正间重修。

中宫镇，《齐乘》称中宫。元设巡检，见《兴公道德碑》阴。东有悬泉、柳泉、车泉，皆入玉水。东半里有洪福寺。玉水又西径镇南，北接北川。

重修真君庙碑

〔明〕

右碑，题云：重修昭惠灵显真君庙碑。成化二十年三月，陈全、张雄立，高通真书并篆额。在洪福寺大门外，东南向。

重修洪福寺碑

右，弘治十二年冬，艾俊撰，王棠真书，陈文篆额。在寺东墀下，西向。

柳泉

〔明〕晏璧

杏花开遍柳垂丝，柳下清泉漾碧漪。莫折柔条留系马，绿阴深处听黄鹂。

悬泉

百尺深泉石上悬，龙归洞口散晴烟。曾从五老观飞瀑，倒挽银河落九天。

锦绣川，一名北川，发源于梯子山云梯涧。西北流，左会红泉峪水。又北，右会石坞峪水。又东北，左会燕支泉水。又东北，右会藕池水。又北经黄栌泉、禽寇峪，会云河水。又北经黄寨南，右会天井峪水。又西为大涧岭，有龙湾西南流。又西经桃花岭南，有桃源洞，右会大黑谷水。岭东有南泉寺。又北经青石崖东，又北，左会白云泉水。又西经林泉观南，观在吊枝山，唐建，明嘉靖时修。又西径昆瑞山北，左会荻子峪水，有朱老庵。又西，左纳马蹄峪水，有华严寺，元时建。又西北径香菰山南，又西径大佛寺，纳窦姑泉水。又西南，左纳稻池水，入玉水。《志》云：锦绣川延袤六十余里，泉石之胜，层现叠出。刘天民《函山集》，强半咏北川风物也。

重修南泉寺碑

〔明〕

文曰：南泉寺在省会南四十五里，中宫之东，山阴之半。寺迤南三四泓，冬夏不涸，故名。其昉盖久而不可详，但南崖巅有石刻“至元重修”字，乃知不始自元矣。至我朝正德间重修已，磨石未刻，而其人已不可考。及万历戊寅，予以老病，火驰求就阴之地以息，乃市寺僧房地一分，相度经营之宜，则殿宇颓敝，象设污残，长太息者久之。因语寺僧曰，是任将安诿哉！于是，命工鸠材，埏埴既禀，次第修葺。至己卯春正月告成，而寺视前改观矣。寺僧湛彻等募缘，远近善信多所施助。具有名氏，恐久而磨灭，先于南崖得石，请纪岁月。及岁之三月，来山村斋居，因为叙述，而缀数语于左方。词曰：东岱良趾，列刹相望；寺以泉名，其源盖长。始自王屋，汇为清济；经河伏地，纡回千里。乃于是中，泻为泉泌；自南暨北，七十有二。曰都曰醴，曰劳曰糠；在彼南山，实为滥觞。寺有废兴，泉无绝续；因泉名寺，实有攸旨。爰惟此役，有其囗之；我来匪暮，殆俟厥时。元度前身，安知无自；似于今日，了未了事。

右，万历七年，许邦才撰。今佚。

步入林泉观

〔明〕刘浦

到此繁华息，山围若法城。嶙峋千嶂落，清泠一津横。龙去云无际，经翻濑有声。转思王子晋，何处自调笙。

同许右史游南泉有天井寺

李攀龙

古寺马蹄前，荒山断复连。阶危孤石倒，崖响乱泉悬。乔木堪知午，回峰半隐天。不因许元度，那得此攀缘。

同于鳞游诸山初宿天井寺

许邦才

千峰寒色照霜裘，岁暮还堪载酒游。初宿南岩天井寺，便听一夜石泉流。

卧虎山，在中宫镇西。其东有坛口岭、月牙岭。玉水西北流，皆径其南。《志》云：岱北诸谷之水，至卧虎山下始合。论形胜者，以为三川之锁钥云。

黄山，在瓢峰西北。桀戟排连，周如城郭，玉水径其北。《方舆纪要》云：岱阴诸谷水，奔流至此，西汇为池，周数亩，不溢而伏流。《道里记》

云：疑即《水经注》之玉符山也。锦阳川经此[①]，故曰玉水[②]。《齐乘》谓灵岩与方山相连[③]，疑即玉符山。考灵岩前后之水源流[④]，与朗公谷水无与，则非玉符可知矣。今皆以灵岩为玉符，盖因《齐乘》而误云。

渴马崖，即梯子崖，在卧虎山西北。《方舆纪要》云：石固寨居其间，颇为险固。玉水至崖南，则泊然而止，洑流而东，发趵突泉。又北，曰泺水。又东，曰小清。然西北流者，至长清县橛山北复见。又西北，径猎山北。又西北，经齐河县界，入大清河。《水经注》谓之"济水会归"矣。

论曰：郦道元云：玉水导源太山朗公谷，谷旧名昆瑞溪。竺僧朗硕学渊通，尤明气纬，隐于此谷，因谓之朗公谷。故车频《秦书》云：苻坚时，竺僧朗尝从隐士张巨和游，巨和常穴居，而朗居昆瑞山，大起殿舍，连楼垒阁。虽素饰不同，并以静外致称，即此谷也。水，亦谓之昆瑞水也。其水西北流，径玉符山，又曰玉水。又西北，径猎山东，又西北，枕祝阿县故城东野井亭，西北流注于济。《道里记》援郦说，加之搜访，于锦阳、锦云、锦绣三川源流悉辨，至谓玉符非灵岩，亦少固矣。夫灵岩在昆瑞西北，玉水实西北流，未尝不遥径此山也。又云灵岩、昆瑞于泰山犹两背，然志岱者概置弗载，则泰山全体不备矣。桐城姚鼐为之《序》云：往昔在济南，秋霁登千佛山，望岱巅诸峰遥相接，窃谓历城以南诸山皆泰山[⑤]，后人多为之名耳。蒙弱冠时，客历下，窥舜井、探趵突泉，诵曾子固、赵子昂诗，一再和之。泛莲子湖，则《水经注》所谓：左右楸桐，负日俯仰，目对鱼鸟。极水木明瑟濠梁之性，物我无违者，悠然有会。登佛慧山，边华泉、施愚山，诸作琅然岩壁。其青崖翠发，望同点黛者，则单椒秀泽之华不注

① "经此"，《泰山道里记》作"所经"。

② "故"字后，《泰山道里记》有"又"字。

③ "谓"，《泰山道里记》作"云"。

④ "考"，《泰山道里记》作"按"。

⑤ 该句后，《泰山道里记》有"也"字。

矣。群峰桀峙，济泺濬源，非皆岱之居乎。今案：昆瑞北有禹登山，所谓东龙洞也。东城有大书“敕龙洞寿圣院”六字，颍滨有《祷雨文》，赵子昂、边、李诸子皆有作。其西为玉函山，尝有玉函其上，汉武启之，化为白鸟，是为王母所使，亦曰千佛岩。元遗山《济南行记》：函山长二十里，有九十谷，泰山之北麓也。泰山去城百里，而近特为函山所碍。天晴登北渚亭，则隐隐见之。桃花岭北有鲍山，有叔牙城，其东则东坡所云“行到龙山马足轻”也。佛慧山在禹登西北，又西北为历山，舜耕之所，或云即靡笄。断而复起，为华不注，在济南城东北十五里。其西北曰鹊山、鞍山、匡山。鹊以扁鹊墓，鞍即齐晋战所，匡则太白读书处也。《齐乘》名泉碑载，历下七十二泉，其见于昆瑞者，曰汝、曰龙门、曰染池、曰悬、曰都、曰柳、曰车、曰苦苣、曰熨斗、曰醴。又有曰独孤者，见灵岩。其最著者爆流，即趵突，金线、珍珠诸泉次之，大率环历城而汇泺口。曾子固云：“皆岱阴诸谷水洑流所发。”于钦诗云：“群山尾岱东走海，鹊华落星青照湖。”以余所见证所闻，姚君之说信有征矣。违岱既远，又各自有志，亦犹岱阳之蒙、峄连延，不容尽录。姑举其概，以明岱阴诸山，不自昆瑞止。

岱览卷第二十八

博览一（卷二十八）

岳牧

守令诸官　征战　礼俗　总论

《尚书传》云："四岳，即羲和之四子，分掌四岳之诸侯。"《疏》云："上列羲和所掌嵎夷朔方，言四子居治四方，主于外事。岳者，四方之大山。今王朝大臣，皆号称四岳，是与羲和所掌，其事为一。"《舜典》称："巡狩，至于岱宗，肆觐东后。"《周官》说巡狩之礼云："诸侯各朝于方岳"之下，是四方诸侯分属四岳也。《书》曰："肇十有二州，封十有二山。"《疏》云：如《周礼》兖州岱山为镇之类，盖十有二牧，分牧十二州。所谓内有四岳，外有州牧也。《国语》云："申吕虽衰，齐许犹在。"《史记》云：周公封伯禽于鲁，使主泰山之祀。盖齐四岳之裔，南有太山，鲁北枕太山，为兖州之牧伯。叙太山之岳牧，当自齐鲁始。而其见于《春秋》《史记》者，不可胜书。爰录汉以来守令之设，钜人长德足为名山主者，及其政教、礼俗、兵刑为一书，以备掌故，式具瞻焉。

考之史传，汉宣帝时，九江严望，传朱云学，为博士，后至太山太守，有能名。成帝时，兰陵萧望之子育，字次君，为泰山太守，刚正有父风。时京兆尹王章，泰山钜平人，以忠直为王凤所陷，妻子流合浦。会凤死，育疏请其妻子归故郡，赎还其田宅，朝论韪之。薛广德事王式，以博士论石渠授龚舍，舍字君倩，与龚胜友，为楚两龚。哀帝遣使者即楚，拜舍为太山太守，此与严望皆以经学显者也。建武中陈俊，南阳曲鄂人，为太山太守，行大将军事。张步结连太山郡盗，与俊战于嬴，俊大破之，追至济南，克复诸县，一郡悉平。顺帝时李固，字子坚，南郑人，为太山太守。盗贼屯聚，郡兵不能制，固悉罢兵归农，以恩信招绥之，群盗悉解散。杜乔巡察兖州，表固政为天下第一。桓帝时皇甫规，字威明，安定朝那人，为太山太守。大盗叔孙无忌，侵扰郡县，中郎将宗资讨之未服，规至，广设方略，寇患悉平。苑康字仲真，渤海重合人，为泰山太守。郡内豪猾多不法，闻康至，莫敢干犯，先所夺人田宅皆遽还之。山阳守张俭，杀中常侍侯览母，并按其宗党宾客，或有逃匿泰山界者，康皆收捕。览因迁怒，诬奏康诈上。贼降，坐徙日南，泰山羊陟等诣阙讼之，得还本郡。孔宙，鲁人，以泰山民多不靖，由元城令擢为泰山都尉，旬月之间，皆解甲服罪。抗徐，字伯徐，丹阳人，为泰山都尉，时公孙举等啸聚泰山，徐悉讨平之。灵帝时韩韶，颍川舞阳人，少仕郡辟司徒府，时泰山贼公孙举伪号历年，守令莫能制，多坐法。尚书选三府掾能理剧者，乃以韶为嬴长，贼相戒不入境。余县被寇，其流入县界求衣粮者甚众，韶开仓赈之，主者争谓不可，韶曰："长活沟壑之人，而以此伏罪，含笑入地矣。"太守素知韶诚德，竟无所坐。献帝时应劭，字冲远[①]，汝南南顿人，为太山太守。初平二年，黄巾三十万众入郡界，劭纠率文武连与贼战，前后斩首数千级，获老弱万余人，辎重三十两，贼皆退却，境内以安。周乘，字子居，汝南安城人，陈仲举以为治国之器，为太山太守，甚有惠政，见汝南《先贤传》。然《风俗通》谓其"治无异称"也。汉时太守尚有鲁人朱望、金迁、丁元，阳城杜密、张举，渤海任峻，封子衡四从子曼慈；都尉尚有韦贤次子宏、侯章、梁国蒙人夏恭；又有郡丞阳都人诸葛珪；或临郡未久，或无治绩，故不传耳。

① "冲远"，当作"仲远"。

泰山都尉孔宙碑

〔汉〕

文曰：君讳宙，字季将，孔子十九世之孙也。天资醇嘏，齐圣达道，省习家训，治《严氏春秋》，缉熙之业既就，而闺阈之行允恭。德音孔昭，遂举孝廉，除郎中都昌长。祗傅五教，尊贤养老，躬忠恕以及人，兼禹汤之罪己。故能兴朴素于凋敝，济宏功于易简。三载考绩，迁元城令。是时，东岳黔首猾夏不靖，衅鼓戢兵，遗畔未宁。乃擢君典戎，以文修之，旬月之间，莫不解甲服罪。载芟载耨，田畯喜于荒圃，商旅交乎险路。会鹿鸣于乐崩，复长幼于酬酢。□□□□会遭笃病，告困致休，得从所好。年六十一，延熹六年正月乙未遂卒。贵速朽之反真，慕宁俭之遗则。窀穸不华，明器不设，凡百印高，德音靡述。于是故吏门人，乃共陟名山，采嘉石，勒铭示后，俾有夷式。其辞曰：於显我君，懿德惟光。绍圣作儒，身立名彰。贡登王室，阁暗是更。夙夜匪懈，在公明明。乃绥二县，黎仪以康。于天时雍，抚兹岱方。翦彼凶人，覆俾□□。南亩孔饁，山有夷行。丰年多黍，称彼兕觥。帝赖其勋，民斯是皇。疾疢不复，乃委其荣。忠告殷勤，屡省乃听。恭俭自终，簠簋不陈。生播高誉，没垂令名。永矢不刊，亿载扬声。

右碑，在曲阜孔庙，未知何人撰书。

三国时，魏有薛悌，字孝威，东郡人，为泰山太守，练事为吏表。凉茂，昌邑人。泰山郡中多盗，民率流亡，茂为太守旬月，襁负而至者千余家。吕虔，任城人，仕魏，为太山太守。时郭祖等保山为寇，虔到郡，开示恩信，祖等皆降，简其强者补战士，泰山由是遂有精兵。济南黄巾徐和等，攻劫城邑，虔引兵击破之。胡烈，为太山太守，以奇兵五千，袭吴将朱异于都陆，焚异资粮，异不能战。糜竺，东海朐人，时泰山郡界广远，旧多轻悍，乃分五县为嬴郡，以竺领嬴郡太守，抚慰吏民，曹公表其素履忠贞，文武昭烈。又有涿郡卢珽，温人常时，琅邪诸葛绪，郢人唐台。晋有徐龛、阮抗，琅邪诸葛攸，太山羊迈，阳武毛泰、刘和胥、萧承之，南宋有申宣，皆太山太守。惟慕容隽以贾坚为太山太守，为民立小学、兴教化。晋将荀羡攻郡，坚逆战死之。宋申恬，元寿中泰山太守，都督鲁、东平、济北三郡，军事威惠并著。北魏裴叔义，河东闻喜人，为太守，政尚清静，吏民安之。若崔辑、刘研、绎幕、房三益、刘世雄、姑臧阴周达、武功苏祐、窦瑗、彭穆、魏伯成、毕闻慰，亦皆太山太守之可考者。羊侃于魏以东道行台领太山太守，因尔朱荣杀害朝士，率众归梁。北齐梁父县令王子椿，则仅见于刻石。按《隋书·地理志》“博城”注：“旧曰博，置泰山郡。后齐改郡曰东平，开皇初郡废。”东平郡不治太山，故凡东平太守不录焉。

《唐书》太山属乾封，不为郡治，故亦不著。太守、刺史以上。吏令、丞、簿、尉之存其名者，博城令马麾、刘元机，乾封令张怀贞、刘难拖、王怦，博城丞公孙杲，乾封尉韦安石、李至远、刘如璿、王去非、郭璆，博城主簿关彦、董仁智、韩仁忠，乾封主簿赵脊，博城尉李嘉应，大都得之刻石。惟韦安石，以政平操洁称焉。五代无稽。宋奉符令江休复、马寺丞、张周、林会、李珪、郑温恭、董元康、寇庠，亦见题名。江休复为有治行；马寺丞字永伯，为令；李缊字仲渊，为尉；皆师事孙复，为石介所称。马伸，字时中，东平人，受业伊川先生，尝为奉符丞，摄令事，方岁歉，朝廷行茶引，伸以病民力持不可，太守劾之，民争赴诉，达台省，事乃解。又尝掌市易，倅强以百缣令售之，伸曰：“予不敢以诈估官，直须伸去乃可。”可谓能守道者。又有奉符尉吕光问，余无闻焉。

与奉符知县书

〔宋〕石介

子游为武城宰，孔子曰：“子得人焉尔乎？”曰：“有澹台灭明者，行不由径，非公事未尝至于偃之室。”至哉子羽之慎，贤哉子游之容。由今言之，为慎易，为容难，慎以远嫌，容以避谤。嫌远谤不至，安身之道也，是为易。夫犁是国之田，食是国之谷，为是国之民，征赋教命，皆出是国。是国之君则不觐不谒，在礼近于傲与慢，容之为难。介为奉符民，前奉符大夫马君永伯，下车逾月，先就见介于徂徕草庐中。介惧得傲与慢之罪，不敢蹈子羽之节，因一谢马大夫于县。马曰："吾治君邑，吾闻君贤，且与君为天圣八年同门生。民之病，政之疵，君以告予、病予、疵予，是君以若病与疵遗我也。"自兹屡牵介过县，然介不能守子羽之节，岂不知足及公门，而嫌与谤辄随之。凡四五招，勉强一往焉。且以谓政虽出大夫而及于吾民，病虽在于民，苟有养民之心者，皆病。政之蠹、民之病，不敢不告。虽然，未及于私焉。有山阳道德之老孙明复先生，世不我用，退居草茅，阖扉著书，不接人事。马大夫尊之以师弟子礼，求传其道焉。太平镇进士姜睹，倜傥有奇节，马大夫重之，时引在坐，与讲论古今治乱得失。及马大夫陷于笼网，苛致其罪。怒马者，以为介三人尝与马公事，具以恶名加焉。噫！不能行子羽之节，时以足践公门，宜乎以为嫌也，宜乎被恶名也。诗曰："心苟无瑕，胡恤乎人言。"虽然，不可不慎也。执事临县，介因欲遂蹈子羽之节，不惟惧得傲与慢之罪，且诗人桑梓之敬，不可忘也。一拜执事于县之庭，得礼而退，然后愿守子羽之节终焉。惟执事容之。

金为泰安州奉符县，知泰安军则藁城杨伯渊有惠政。哈萨喇（旧作和速嘉）安礼守城殉难。刺史则图克坦绎（旧作徒单绎）以廉绩著。奉符令则青城董积躬有古循吏风。若泰安军节度使布萨欢塔（旧作仆散浑坦）、完颜畏可、孙邦（佑）、王福权、李元辅、徐文，副使完颜维镕，州刺史姚建荣，州同知张佺、张郁，司判辽东庞铸、张汝楫、徐升，奉符令吴衎，姓名犹可述。

元时，犹有燕人赵玉为奉符令，有善政，为民所思。他如泰安州等处行军千户之张斌，泰安州知州张汝霖、达噜噶齐（旧作达鲁花赤）之巴哈图（旧作八哈秃）、钮祜禄玮（旧作祜合玮），泰安州管内鄂啰（旧作奥鲁）长官之张邻，达噜噶齐之嗷撒，知州之孙民献、马骧、张允恭，达噜噶齐之额森布哈（旧作也先不花），额森呼图（旧作也先忽都）、叶里布哈，知州之靳文用，达噜噶齐之任重太安努，知州之周公贞、杜天禄、路希尹，达噜噶齐之哈剌布哈呼图（旧作哈剌不花忽都），州同知之储企范、徐汝嘉、索珠（旧作锁住），伊捏特穆尔（旧作帖木儿）、欢沙、张师谔，州判官之张翔、张亮、孔之岩、徐升、邓敏、暗都剌、唐世英、李简，泰安州都目之高渊、陈瑀、刘德谦、贾祐、尚扐，司狱之牛麟、尹义先，奉符县尹之张佺、郑宗尚、张凤举、郜汝舟、孙元献，达噜噶齐之伯努脱欢、蒙古岱（旧作忙古歹）、特穆尔布哈（旧作帖木儿不花），大笔且齐（旧作大必阇赤）之高翾、程知柔，奉符县丞之张戣，主簿之靳思诚、陈琪、张继、张义，县尉之哈的特穆尔、王文美，奉符巡检之董祐，典史之杨德明、焦信，其名尚存，安可湮没。至于州教授之时震、王天挺、王祯、尚毓德、颜之道、徐坚、张从仁，教谕之宋好德、田文举，孔希暹，学正之张仲良、姬荣，亦古文学博士，有其存之，不必废也。

明世最近，泰安为直隶州。设官有知州、同知、判官、吏目、巡检。州学有学正、训导，详载志乘，择其贤者录之。湘潭陈文祐，洪武初，由泰安同知擢知州，公勤廉慎。靖安熊以渊，知泰安州，廉静宽平。畅宣，洪熙中知州，以母忧去。民颂于副使，邝野以闻，宣德改元，宣服阕，上特命还仕，以孚民望。兰州李锐，由兖判知泰安；休宁施以正，由州判领知州；宛平陈以忠知泰安，皆有实政及民，而民思之。华亭葛鈇任州同知，廉而爱民，卒无以敛，州民悲恸，闻于台省，遣官护其丧归。北京锦衣卫高屿，正德中知泰安，时剧盗刘六、刘七、杨虎、齐彦明等，各有众数千，所过残破者十六七。先是，三月一日贼破泰安城，纵火，州长贰以罪去。四月，屿莅政于残破之余，简士卒，设守御，一城已圮，仓卒修缮，未完，贼复奄至，拥众攻城。屿督兵临御，有骁贼号“破城王”，率众登城，兵少却，屿怒骂曰：“平时养尔辈何为？予先死职。”引刀自刭，众抱持之，愿效死力。邓凤等奋激贾勇，杀“破城王”，余丑怖慑，乘胜击走之。八月，贼至堑汶河，屿发兵击之，追至玉儿庄，斩首七十，贼不敢复至。屿当寇至，躬擐甲胄，裁决机宜，谋画若素定，无疾言遽色。贼退，招流亡，视民如子，民赖以生全。嘉兴戴经，知泰安，不携妻孥，武庙将南巡，倅贰请敛民以备，经不可，被劾左迁。其莅郡时装有二箧，归亦如之，无所加。钱唐许应元，知泰安，以文雅饰吏事，修泰山书院，诸生连举科目。有豪右不法，赂显官请托，不听，竟杖杀之。曲沃常秉彝，为泰安训导，善课士，寒畯婚嫁则赒之。泰州王栋，师事阳明先生之门人王心斋，为泰安训导，惜诸生泥于词章，出所著《古大学解》及《一庵会语》十二卷，命诸生昕夕体验，久之，皆悦服。邢台侯师颜，知泰安，饮人以和，断狱有神明之称。怀远袁稔，知泰安，豪右屏迹，审户均田，豪无漏隐。郡有孳养种马四百匹，民苦重累，稔请于当道奏除之。捐俸贾牛三百余，开荒田七十八顷，创立官庄数十所，招抚流移一千八百余户，设法积贮，其善政养民类如此。万历间又有解州刘从仁，长治任宏烈，杞县侯应瑜，皆知泰安有宦迹。天启三年，闻香教贼据邹滕，应瑜侦之，设方略，擒贼党刘三，口口之详郡邑志。惟湖州王蒙，字叔明，洪武初官泰安知州，能诗文，以《岱宗密雪图》见称，亦足知其简于为政矣。

凡此诸君，或帅先以廉平，或缘饰以儒雅，或捍寇而除害，或厚生以正德，泽流汶泮，庸勒岩峦，固游览者所乐道也。

且夫嬴、博、岱、汶之区，古争战场也。《庄子》云：“天子之剑，以齐岱为锷。”戚继光《纪效新书》云：“襟带济河，控援魏博，舟车四达，屹为要津。”《方舆纪要》云：“泰安北阻泰山，南临汶水，介齐鲁之间，为中枢之地。山东形胜莫若泰山，泰山之形胜萃于泰安。由此纵横四出，埽定三齐，岂非建瓴之势哉！”方今海宇清平，深山穷谷，无烦刁斗，又何险之足云。稽往籍所载争据征伐之事，亦可以知天下之势，在德不在险也。

《春秋》《左传》："桓三年，公会齐侯于嬴。"哀十一年，"公会吴子伐齐，克博。及嬴"。十五年，"公孙宿以其兵甲入于嬴"。《国语》：吴王使公孙苟去周，曰"遵汶伐博"。

《史记》：汉三年，韩信袭破齐，田横走博阳。胡氏曰，博县之阳也。《汉书》作田横走博。又傅宽击破齐历下军，击田解属相国参残博。又灌婴败田横之师于嬴，追横至博。武帝天汉二年，泰山琅邪群盗徐勃等，阻山攻城，道路不通，遣直指使者暴胜之等，衣绣杖斧，分部逐捕，刺史郡守以下皆伏诛。

《后汉书》：陈俊讨张步，步结连太山群盗与俊战于嬴。又赤眉渠帅樊崇，保徂来山，自号尤崃三老。桓帝永兴二年冬，泰山琅邪贼公孙举等反叛，杀长史。永寿元年秋七月，初置泰山琅邪都尉官。注引《汉官仪》云：秦郡有尉一人，典兵禁，捕盗贼。景帝更名都尉。建武七年省，惟边郡往往置都尉，今二郡盗贼不息，故置。二年秋七月，太山贼公孙举等寇青、兖、徐三州，遣中郎将段讨破，斩之。延熹三年九月，太山琅琊贼劳丙等复叛，寇掠百姓，遣御史中丞赵某持节督州郡讨之。冬十一月，太山贼叔孙无忌攻杀都尉侯章。十二月，遣中郎将宗资讨破之。八年夏五月，罢太山都尉官。献帝初平二年冬十一月，青州黄巾寇泰山，太山太守应劭击破之。

泰山志

〔明〕汪子卿

天胜寨，在岳顶西南傲来山前，可容万人，刘盆子、赤眉所聚之地，其后贼叔孙无忌亦据此，上有招军岭、张旗石、碓磴之类[①]。

① "磴"，明汪子卿《泰山志》作"硙"。

泰山都尉考

〔国朝〕顾炎武

《后汉书·桓帝》①：永兴二年，泰山琅邪贼公孙举等反，杀长史。永寿元年七月，初置泰山琅邪都尉官。延熹五年八月己卯，罢琅邪都尉官。八年五月壬申，罢泰山都尉官。《金石录》载：泰山都尉《孔宙碑》云②：宙以延熹四年卒。盖卒后四年，官遂废矣。然泰山都尉，实不始此③，光武时曾置之。《文苑传》：夏恭，光武时拜郎中，再迁泰山都尉。又案《光武纪》④：建武六年初，罢郡国都尉官。恭之迁，盖在此年前也。又云：泰山自公孙举、东郭窦、劳丙、叔孙无忌相继叛乱，以是置都尉之官。以后官虽不设，而郡兵领于太守，其力素厚。故何进使府掾泰山，王匡东发其郡强弩，而应劭、夏侯渊亦以之破黄巾，可见汉代不废郡兵之效。而建安中曹公表曰：泰山郡界旷远，旧多轻悍，权时之宜，可分五县为嬴郡。则其时之习俗又可知矣。

《晋书》：元帝太兴二年，太山太守徐龛以郡叛，降于石勒。四年，又率众来降。永昌元年，石虎攻陷太山，执守将徐龛。穆帝升平三年，泰山太守诸葛攸，将水陆二万击燕，入自石门，屯于河渚。孝武帝太元十一年，太山太守张愿叛，以郡降于翟辽。十五年，刘牢之与张愿战于泰山，王师败绩。王通《元经》云：刘牢之及翟钊战于太山，走之。《晋书》又云：苻坚将张遇，遣兵击破金乡，围太山太守羊迈。

《通鉴》：张愿屯祝阿之瓮口，慕容垂遣慕容德等击之，至斗城，张愿脱身，保三布口，燕人进军至历城。案《图经》，三布口在肥城县东，与泰山相近。

---

① 该句后，清朱孝纯《泰山图志》有“纪”字。

② 该句前，清朱孝纯《泰山图志》有“汉”字。

③ “始”字后，清朱孝纯《泰山图志》有“于”字。

④ 清朱孝纯《泰山图志》无“案”字。

晋《地理志》云：慕荣德以兖州刺史镇梁父，《载记》：燕元年德以慕容法为兖州刺史，镇梁父。太上二年，慕荣超遣王凝等攻法，法奔魏。

《南燕录》：慕容德建平四年，妖贼王始聚众于太山莱芜谷，自称太平皇帝，慕容镇讨斩之，德遂北登社首。又云，太上二年，超遣慕容凝、韩范攻梁父，凝谋杀韩范，将袭广固，范知而攻之，凝奔梁父，范并其众攻梁父，克之，凝自梁父奔姚兴。

《通鉴》：宋泰始三年，王整、桓忻等守肥城，魏慕容白曜拔无盐，将攻肥城，司马郦范曰："肥城虽小，攻之引日，彼见无盐之破，飞书喻之，不降即散矣。"白曜从之，肥城果溃。

《隋书》：张须陁为齐郡丞，王薄聚众寇掠，须陁蹑之，及于岱山之下，薄众大溃。

《唐书》：黄巢陷京师，王处存勤王举义，迁检校司空。复出兵三千，属大将张公庆，会诸军捕巢太山，灭之。又云，中和四年，巢众仅千人走保太山。六月，时溥遣将陈景瑜与尚让追战狼虎谷。

《续资治通鉴》：宋开宝二年，帝征晋阳，命密州防御使马仁瑀率众巡边。明年，群盗周弼等起兖州，诏仁瑀掩击，仁瑀领仗下十数人入泰山禽弼，尽获其党。

《金史》：乌延胡里改哈兰（旧作曷赖），路星显水人也，尝讨泰山群盗，平之，毁其营栅。又云，崇庆元年，泰安刘二祖兵起，寇掠淄、沂二州。贞祐三年正月，山东安抚使布萨安贞等讨平之。又云，兴定元年，济南、泰安、滕、兖等州，土贼并起，侯挚遣棣州防御使完颜霆率兵讨之。诏遣挚行省于河北，挚言曰："臣拟驻兵于长清之灵岩寺，有屋三百余间，且连泰安之天圣寨，介于东平、益都之间，万一兵来，足相应援。"

《元史》：石珪，新泰人。金贞祐南渡，兵戈四起，珪与滕阳陈敬宗聚兵山东，破张都统、李霸王兵于龟蒙山。《方舆纪要》云："元初，泰安张汝楫据灵岩以拒蒙古之兵。"《县志》：严谨，"率乡民守徂徕之天平寨。黄山群盗来攻，谨讨而歼之。充山东招抚，守傲来天胜寨，为宋于江所攻”。迄明季鼎革，前后二十余年，寇盗充斥，遂为岩疆。我朝廓清以来，休养生息百有余年，措天下于泰山之安，俗所称“泰安神州”者，盖至今日而始见矣。

伪官据城记

〔国朝〕王度

明闯贼李自成陷燕京，明亡，僭称大顺。永昌元年，知州朱万钦，封印官库遽归去。四月初，伪知州史可保至，士民伏道远迎。越数日，伪防御使至，牌示道前，大书“军至军妻，军去民妻”八字，州人大惧。继而檄州逮大行朴庵赵公等下狱，将以新作非刑拷饷，伪知州未可，但羁縻州库中，寻释还家，俾各输饷。原任游击高桂、乡民许来春，纠抢手百余人，伏南城外，平旦夺门突入伪署，高桂当先，众呐喊齐进，伪防御惊避，刺中其臂，并其党数十人，执赴遥参亭前，声其罪而斩之，从者皆诛。伪知州俯伏待罪，绅士释之。次日，有郭伪将自南而北，闻伪防御见诛，攻陷州城。布衣冯魁轩，聚其妻及子女于一室，阖家自焚死。贼肆行杀戮，死者不知其数，许来春碎尸尤惨，游击高桂死之。复执赵、萧二公俘献，赵忠贞自矢，引刀自刎，血沾背，守者夺其刃，终不屈。萧亦大苦缧绁，及闻闯贼兵败西归，乃克生还。先是余在京师，三月十八日寇陷京城，五月初旬大清定鼎，闯贼西遁。伪知州史可保窜去，过肥城，为土兵所杀。余始南归，以前事访于朴菴赵公，公云：“甲申之祸，四月二十九日，是役也，始于防御使藉名捐助，酷烈百端，人人饮恨，未及发也。高桂武弁，素负血性，于此贼遂甘心焉，又恐发难后悔，惧祸潜逃，遂多方慰之。相与共守南门，萧启浚则分汛西门者，分派甫毕，贼郭升自兖州府而北矣。次日有数十骑至南关，居人韩宏教等争杀之。未几，大队至，约三千余骑，四面环攻，未破。高桂已射伤城头，自巳至申，贼为飞炮矢石所中者，约五百余人。方议撤围去，俄而城内哗，遂失守。时骂贼死于城头者，举人徐柟也；生员与贼巷战，为群贼射杀者，王德昌也；引颈就戮者，房伯龙、黄应瑞、刘孔训、萧献吉也。三日，与贼怒相争，分辩是非死者，杨应荐、胡会隆也。是日，弟圣文犹多方驾驭群贼，始知原任治中萧协中暨生员国铉以投井死。至初四日，余与圣文械系而东，圣文乃骂不绝口，至春牛庙以东，遂遇害。其不见者不敢列焉。”盖当日情景如此，遂为之记。

历年城守记

王度

城者，御暴保民之所。乃钧是城也，乐毅下齐七十余城，而弹丸即墨，乃能转败为功。唐安禄山之乱，大河以北无坚城，而颜真卿乃能以平原一隅扼其吭，守之义大矣哉！泰安依岱作城，岩险素著。自故明正德辛未，流寇刘六等残破之后，铃柝不事者百有余岁。逮崇祯末，饥馑荐臻，盗贼蜂起，至辛巳弥甚。三月，土寇阎松亭，纠众数千攻城，越三日弗克。四月，史东明以众十余万，分立营寨，四面环攻，守道左佩弦暨乡坤士民坚守十昼夜，各关厢分遣乡勇杀贼甚众。驰檄总镇刘泽清援兵至，乃解围去。先是简乡民有胆力者，宠以事权，分汛防御，名曰“义勇”。若辈狼子野心，贪横无忌。十月内，田得茂等二十余人，自城叛出，号召伏莽万余攻东门，将陷，韩守备兵至，击走之，犹胜国事也。岁甲申，大清定鼎，山左首入版图，威灵覃敷，守土者怠于设备。顺治四年十二月，内警报狎至，知州宋志犹延宾夜饮，马贼滕天凤等百余骑，三鼓至城下，架云梯自东北隅登，大开东门，率众入州衙，杀其宾于当筵，宋亦面中刀伤，遂肆行杀戮百有余人。前博平教谕徐来聘，被执不屈，遂遇害。贼直入囹圄取其家口，放狱囚，劫仓库，掠民财，焚公堂及民房百有余间。达旦，饱飏而去，莫知其向。逾岁戊子十月，土寇孙玉吾，窥城北郊无人，率众数千攻。时知州周承吉公出，州人仓皇守御。贼箭如雨发，城将陷，适余长子无欲甫领乡荐先一日自省归，闻急登城，当先力御，手执大石抛击，当者立仆，又用火罐烧死贼数十人，夺云梯十二架，贼乃知，夜遁去。鼎革前后二十年间，被寇者凡六次。而城之失守，实缘典守者之轻忽，非滕寇之强有力，而众之难为守也。至闯寇郭伪弁之变，其祸甚大，其事更惨，余于《伪官据城纪事》中，详厥颠末，兹不复述云。

由此观之，左氏所谓四岳为九州之险，此其尤钜者矣。长民者修其政德，以靖兵刑，而后名山大川，敦庞纯固之风，愈积而愈厚。《风俗通》载，河南尹泰山羊翩祖在家，平原相封子衡葬母，子衡故临泰山数十日，时翩祖去河南矣。子衡四从子曼慈，复为泰山士大夫，用此行者数百人，皆齐衰绖带。时与太尉府自劾归家，故侍御史胡母季皮，独过相候，求欲作衰，谓“君不为子衡作吏，何制服？”曰：“众人若此，不可独否。”又谓：“足下径行自可，今反相历，令子失礼，仆豫愆古者吊服，可依其制。”因为裁缟冠帻袍单衣，定大为同作所非。然颍川有识陈元方、韩元长、綦毋广明，咸嘉是焉。

谨案礼为旧君齐衰三月，谓策名委质为臣使者也。子衡临郡日浅，无他功惠，又非其身。翩祖位则亚卿，雅有令称，义当纲纪人伦，为之节文，而首倡导犯礼违制，使东岳一郡朦朦焉，岂不愍哉！由成人失兄子皋为之衰，虽失于子衡，归于曼慈者矣。蒙案：此一节，虽行礼而过，亦足见岱郡礼俗之厚，未可厚非也。

论曰：《戴记》：孔子过泰山侧，有妇人哭于墓者而哀，孔子式而听之，使子路问之曰：“子之哭也，壹似重有忧者。”而曰：“然，昔者吾舅死于虎，吾夫又死焉，今吾子又死焉。”曰：“何为不去也？”曰：“无苛政。”孔子曰：“小子识之，苛政猛于虎也。”《诗》曰：“节彼南山，维石岩岩。赫赫师尹，民具尔瞻。”位居岳牧者，瞻岩岩以瞻民，为山之麟，无为山之虎，其广生遍雨之功，不且与山齐量哉！

岱览卷第二十九

博览二（卷二十九）

文献

圣贤　经学　名臣　理学　隐逸　侨寓　仙释　记志　图画　总论

金箧玉策，赤文绿字，与日月烟霞、崖花涧草相掩映，泰山之文也。皇古以来七十二代，神圣接踵而至，泰山之献也。然荒远难稽，学者疑焉。夫登高作赋，可以为大夫，未足以言文献也。天降时雨，山川出云，维岳降神，生甫及申，文献之崛起于当时而昭垂于后世者，岂偶然哉！《山东通志》云：泰山之脉与济水相应。济自西南来，至曹郡之双河口，分南北流，南流由江南安东县入海，北流由东省利津县入海。泰山从丹崖起脉，蜿蜒西南而行，左右叠卫，会于金乡、鱼台之间。齐鲁诸山，无一非南北济之所包裹。济流顺趋，岱脉逆迓，山泽通气，阴阳互根，以之保合太和，发育万物。帝出乎震，是岂群岳之所得而跻焉者哉！夫其扶舆磅礴郁积之气，感而发之于人，亦必非大贤以下之所克当也。尝考泰山左卫，自蒙山分支，而西南连冈通阜，入泗水县为陪尾，西入曲阜为防山，西南入邹县为尼山、昌平山、峄山。其自新泰龟山，西南入宁阳县者，又南为九仙山，则圣林之所凭矣。麟绂肇祥，经天纬地，群贤景从，半毓龟蒙凫绎间，岱灵所钟，大文弥耀。高山仰止，景行行止，非至圣其孰能当之？

《列子》云：孔子游于泰山，见荣启期行年九十，鹿裘带索，鼓琴而歌。问曰："先生所以为乐者，何也？"对曰："吾乐甚多。天生万物，惟人为贵，吾得为人，一乐也；男尊女卑，吾得为男，二乐也；人生有不见日月，不免襁褓者，吾既行年九十矣，是三乐也。贫者，士之常；死者，人之终，处常得终，尚何忧哉！”孔子曰：“善乎！能自宽者也。”

荣期三乐赞

〔北周〕庚信

荣期三乐，惟人与年。夫子相遇，即以为贤。性灵造化，风云自然。雅琴虽古，独有鸣弦。

高士咏

〔唐〕吴筠

荣期信知止，带索无所求。外物非我尚，琴乐自优游。三乐通至道，一言醉尼丘。居常以待终，啸傲天何忧。

《孔丛子》云：“哀公使以币如卫，迎孔子，而不能赏，孔子作《邱陵歌》。”一作《邱公陵歌》。《琴操》云：季桓子受齐女乐，孔子欲谏不得，退而望鲁龟山，作《龟山操》以喻季氏之蔽鲁也。及其疾且卒也，歌曰：“泰山其颓乎！”子贡闻之则曰：吾将安仰，圣人固千古之泰岱也。

《琴操》又云：曾子耕泰山下，天雨雪冻，旬日不得归，思其父母，作《梁山吟》。圣躅贤踪，遗文逸义，犹令人读而思，思而感且泣也。其后孟子生，母梦神人自泰山来，止于峄。母凝视久之，忽片云坠而寤，时闾巷皆见五色云覆孟氏之居。详见《三迁志》。益信岩岩气象，实青岳所孕毓矣。

说者曰，山之落脉长，结体峻，则其搏聚必远，发越始盛。故岱诚钟灵圣哲，然皆在百里已外，而岱下虚无人焉。是亦不然，其前乎孔子者为柳下惠，鲁公族，展氏，名获，字季禽，食邑柳下，谥惠。《春秋左传》曰：齐孝公伐我北鄙，公使展喜犒师，使受命于展禽。《吕氏春秋》曰：齐攻鲁，求岑鼎，鲁君载他鼎以往，齐侯弗信而反之为非，使人告鲁侯曰：“柳下季以为是请，因受之鲁君请。”柳下季答曰：“君之赂以欲岑鼎也，以免国也。臣亦有国于此，破臣之国以免君之国，此臣之所难也。”于是鲁君乃以真岑鼎往。《春秋繁露》曰：昔者，鲁君问于柳下惠曰："我欲攻齐，何如？"柳下惠对曰："不可。"退而有忧色。曰："吾闻之也，谋伐国者，不问于仁人也，此何为至于我？"符子曰：邻人谓展禽曰："鲁聘夫子，夫子三黜无忧，何也？"禽曰："春风鼓，百草敷蔚，吾不知其茂；秋霜降，百草零落，吾不知其枯。枯茂非四时之悲欣，荣辱岂吾心之忧喜。"《列女传》曰：柳下既死，门人将诔之，妻曰："将诔夫子之德邪？则二三子不如妾知之也。"乃诔曰："夫子之不伐兮，夫子之不谒兮。夫子之信诚而与人无害兮，屈柔从容不强察兮。蒙耻救民德弥大兮，虽遇三黜终不蔽兮，恺悌君子永能厉兮。嗟呼惜哉乃下世兮，庶几遐年今遂逝兮。呜呼哀哉魂神泄兮，夫子之谥宜为惠兮。"门人从之以为诔。旧《泰安州志》云：柳下即治东南柳里村，有墓在焉，其高如陵。《国策》云：秦伐齐，令："有敢去柳下季垄五十步而樵采者，死无赦。"即此。案墓在汶河北郭家庄西北一里，方形，共四十步，墓中高，连顶六步。距墓六里为汶南西柳庄，有和圣祠。碑曰"和圣故里"，一曰"柳下书堂"。祠南一里，有和圣桥。墓西南十八里，有展氏先茔。

展氏先茔碑

〔元〕

文曰：

展氏先茔之记。

济南路录事司儒学教谕鹿思固撰。

夫展氏，鲁大夫无骇之后。《春秋·隐公八年》，□□□请谥与族，族氏□也。公以无骇出于公子展，遂命为展氏，礼法"诸侯以字"故也。公子展旺，逮其远裔也。世居鲁地徂徕之阳，汶水之阴，曰王家庄。枝蔓派分，世革时异，力田为业，世数显迹。自高祖以上不能道，曾祖讳开，曾祖妣封氏、孙氏，三子，长曰泰，配寇氏；次曰海，配田氏；次曰聚，娶孟氏。

女五人，长适管军百户时公，次适贾文卿。泰即公之考也，性刚勇，有胆略，束发从军，为千夫长。天保时侯□将[①]，适天兵取宋，随侯攻击襄樊，眠食坐作，左右恒在，以牌相属，甚见亲信，盖亦忠勤所致也[②]。屡权其职，享年七十八岁。某年某月某日，以疾卒于（缺），泰配寇氏先卒。二子，长曰兴，配杨氏，男三子，女三人。长世忠，娶薛氏；次世明，娶张氏；次世和，娶杨氏。长适徐辛，次适杨四，次适薛三，次即公也。女四人，长适柴城李温，次适赵进，次适刘三，次适张全。质纯性孝，治家勤俭。亲生则尽其敬养，终则尽其哀戚。晨昏启觐，醮祭追思。某年某月某日，将二亲藁殡合葬于先□□域，躬负土为坟台而高之，手胼肩赪，欢虞也。或有怜而助其力者，不听，砖其肤颠屋而闩焉。非为故勤于□[③]，乃尽其孝心而已。

嗟夫，后世不为沟渠道路所侵，权豪势力所夺者，于此见矣。其虑深长，甚有理。旺配□氏，□子名世贤，孝友俭勤，宛有父风，娶王氏，女三人，长适力里李忠，次适延东裴滑，三适本村朱提。于某年某月某日，四十三而卒。继室鲍氏，一子名世英，娶封氏。女一人，招配王整公惩。居田亩，不读书，祖宗世数不能知，名讳不能记，子孙贤否岂能必虑！恐将来亦犹今日也。台坟垂成，砻石以记之，庶或传远，俾后世子孙识而不忘。

予适送弟赘于朱氏，介前来属予，予美其虽居田亩，不□□，能尽养生送死之道，又垂范于其子孙，能子能父，诚可嘉尚，敬为之书。公年六十有五矣。延祐五年九月日，嗣子展旺立[④]，清亭李克公书丹、题额，清亭石匠李克公、高世在刊。

右碑，高四尺八寸，广二尺一寸，文二十行，行四十一字，真书。碑阴书展氏宗派，字模糊不可辨，仅有“嗣子展旺”四字可识。

---

① “口”，清金棨《泰山志·金石记》作“手”。

② “致”，清金棨《泰山志·金石记》作“至”。

③ “勤”，清金棨《泰山志·金石记》作“觐”。

④ 该句后，据清金棨《泰山志·金石记》有“石”字。

柳下惠墓

〔明〕萧协中

薄宦甘三黜，高名百世芳。佳城何处是，零落野烟荒。蕴藻征耆硕，褒崇缺典章。会须有优孟，和圣德难忘。

其为孔子弟子者，有若，鲁人，少孔子十三岁。孔子既没，弟子思慕。有若状似孔子，弟子相与并立为师，师之如夫子时也。唐赠下伯，宋追封平阴侯，墓在肥城。乾隆五十年，得宋时墓碣。五十三年，始以肥城七十二代孙有守业为五经博士承袭。肥城故平阴境，宋之封爵，皆昔贤所生之地。

公肩定，字子中，鲁人。《春秋繁露》云："仲尼之作《春秋》也[①]，子贡、闵子、公肩子，言其切而为国家资也。"唐赠新田伯，宋追封梁父侯。

林放，字子邱，鲁人，故里在今泰安县东南放城集。语详"附览一"。

先贤林放赞

宋真宗

子邱明哲，道洽素风。问礼之本，为儒所宗。东岳称美，长山表封。云亭告毕，庆泽荐隆。

先贤林放赞

高宗

礼之有本，子能启问。大哉斯言，光诏明训。德辉泰山，诬祭莫奋。崇兹祀典，盍云令闻。

---

① 该句后，《春秋繁露》卷六有"上探正天端，王公之位，万民之所欲。下明得失，起贤才，以待后圣，故引史记，理往事，正是非，见王公，史记十二公之间，皆衰世之事，故门人惑，孔子曰：吾因其行事，而加乎王心焉，以为见之空言，不如行事博深切明"句。

汉世传经，见于《汉书》者，有毛莫如，字少路，官常山太守，受田王孙易于琅琊鲁伯。栗丰、官刺史，自韩生婴以诗授受，四传至丰。冥都，官丞相史。初，胡毋生治《公羊春秋》，授东平嬴公，嬴授贡禹，禹授堂溪惠，惠授都，都复与琅琊筦路同受学于颜安乐，名为“筦冥之学”。毛、栗、冥，皆泰山人也。

其以节行著者，《风俗通》云：吴文章，泰山人，陈留太守，少孤。遭乱，与兄伯武相失别，二十年后会下邳。市争计共斗，伯武殴之，文章欲报，心恻凄，手不能举，投杖于地。观者咸唾笑，还相问，乃真兄弟也。《汉书》：“王章，字仲卿，泰山钜平人。”官京兆尹，以刚直为王凤所陷。《后汉书》：“羊陟，字嗣祖，泰山梁父人。”清直有学行，拜河南尹，豪右惮之。

“羊续，字兴祖，泰山平阳人。”“以忠臣子孙拜郎中。”“四迁为庐江太守。”破黄巾贼后，为南阳太守，击叛者赵慈，斩之。班宣政令，候民病利，百姓欢服。府丞献生鱼，受而悬于庭。灵帝欲以为太尉，不输东园礼钱，乃征为太常，未及行，卒，敕泰山守赙其家。

王匡，字公节，泰山人，以任侠为河内太守，罹董卓之难。

《汉名士录》云：胡母班，字季友，泰山人，名在八厨。谢承书云，班，王匡之妹夫。匡受袁绍旨，收班系狱，欲杀以徇军。班与匡书，略曰：“足下拘仆于狱，欲以衅鼓，此何悖暴无道之甚者也。仆与董卓何亲戚，义岂同恶。足下张虎狼之口，吐长蛇之毒，恚卓迁怒，何其酷哉！死者人之所难，然耻为狂夫所害。若亡者有灵，当诉足下于皇天。夫婚姻者，祸福之几，今日著矣，曩为一体，今为血仇。亡人二女则君之甥，身殁之后，慎勿令见尸骸。”匡得书抱班二子哭，班遂死于狱。

魏·鲍信，泰山平阳人，子勋，字叔业，皆以廉俭死节。高堂隆，字升平，泰山平阳人。高堂生后，泰山太守薛悌命为督邮，郡督军与悌争论，名悌而呵之。隆案剑叱曰：“昔鲁定见侮，仲尼历阶。赵弹秦筝，相如进缶。临臣名君，义之所讨也。”督军失色，悌惊起止之。后仕魏为散骑常侍，赐爵关内侯。青龙中大治殿舍及崇华殿，灾星孛淫雨之变，隆皆据引经典，上疏切谏，迁光禄勋，俾撰封禅礼仪，未成而卒。臧霸，字宣高，泰山华人，少救父，亡命东海，以勇壮闻。后讨黄巾，战孙权，累立功，封良成侯。孙观，字仲台，泰山人，与臧霸俱起平群盗，以功封昌都亭侯。

晋·羊祜，字叔子，续之孙，九世以清德闻。武帝受禅，以钜平子进爵为侯，都督荆州诸军事，官终征南大将军，开府仪同三司。卒襄阳。百姓于岘山建碑，望之流涕，名曰“堕泪碑”。

胡母辅之，字彦国，泰山奉高人。高祖班，汉执金吾。父原，练习兵马，山涛举为太尉长史。辅之少擅高名，有知人鉴，性嗜酒。后节酒自励，甚有能名。元帝时扬武将军、湘州刺史、假节。到州[①]。羊琇，字稚舒，官至中护军散骑常侍。羊曼，字延祖，加前将军，死苏峻之难。羊鉴，字景明，讨苏峻有功，封丰城县侯。羊昙，亦知名士，皆祜族也。

晋书·羊祜传赞

史臣曰：泰始之际，神祇呈贶，羊公起平吴之策，其见天地之心焉。昔齐有黔夫，燕人祭北门之鬼。赵有李牧，秦王罢东并之势。桑枝不竞，瓜润空惭。垂大信于南服，倾吴人于汉渚。江衢如砥，襁袂同归，而在乎成功弗居，幅巾穷巷落落焉，其有风飚者也。

六朝时，宋有羊欣，字敬元，泰山南城人，工书，官除中散大夫。羊元保，亦南城人，善奕，补宣城太守。廉素寡欲，频授名郡，终散骑常侍特进。羊璇之，字曜璠，泰山人，终临川内史。程邕之，泰山人，素依边荣，荣为张敬儿所执，邕之与之同死，人称义士。

北魏·羊祉，字灵祐，泰山钜平人，琇六世孙，袭爵钜平子，后为光

---

① “到州”后，《晋书》卷二十九有“未几卒，时年四十九”句。

禄大夫，加平北将军。羊深，字文渊，祉第二子，以忠烈著，为齐州刺史，为东魏军所破，死之。羊灵引，祉弟，死京兆王愉之难。子敦，字元礼，为广平太守，清俭有能名。刘业兴，泰山人，四世同居。

梁·羊侃，字祖忻，泰山梁父人，随父祉在魏，以平羌功遣使持节征东大将军，东道行台，领泰山太守，进爵钜平侯。因其父有南归之志，至建业授徐州刺史，封高昌县侯。后拒侯景，加侍中军师将军。子鹍，字子鹏，诛侯景，封昌国县公，后使持节信武将军，东晋州刺史，卒为侯瑱所害。羊鸦仁，字孝穆，泰山钜平人，自魏归国，封广晋县侯，为侯景所败，留之三年，出奔江陵，遇害。史臣曰："羊侃临危不挠，鸦仁守义陨命，可谓志等松筠，心均铁石。"

北齐·羊烈，字信卿，泰山钜平人。祉弟莹，字灵，珍之子，为平阳太守，有能名，蝗不入境，除骠骑将军，义州刺史，寻以老疾还乡。弟修，官尚书左丞。泰山羊氏为甲族，今新泰县有羊流店，为羊叔子故里。至唐，有羊士谔，泰山梁父人，以监察御史论李吉甫，出为资州刺史，有诗集行于世。士谔以后，无闻焉。

岱山形势巀嶫，汉晋以来，文章气节功名之士，可谓多矣。惟隋姚义，师事文中子，笃信好义，不忍舍道而干禄。文中子曰："确哉义也，难进而易退，庶几能行古之道者欤！"其后孟子数百年，而崛然有志学圣人之道者，为宋徂来先生石介。时崇尚浮屠氏，朝臣多选软学士，生儒为文章，俳比声律，相习成风。先生以道自任，与世龃龉，穷且死不悔。著《易解》五卷，《易经口义》十卷，《先朝政范》一卷，《唐鉴》一卷，《徂徕集》二十卷。欧阳文忠铭之备矣，语具"徂徕附览"中。

读徂徕集

〔宋〕欧阳修

徂徕东鲁山，石子居山阿。鲁人之所瞻，子与山嵯峨。今子其死矣，东山复谁过。精魄已埋没，文章岂能磨。寿命虽不长，所得固已多。旧稿偶自录，沧溟之一蠃。其余谁付与，散失存几何。存之警后世，古鉴照妖魔。子生诚多难，忧患靡不罹。宦学三十年，六经老研摩。问胡所专心，仁义邱与轲。扬雄韩愈氏，此外岂知他。尤勇攻佛老，奋笔如挥戈。不量敌众寡，胆大身幺麽。往年遭母丧，泣血走岷峨。垢面跣双足，锄犁事田坡。至今乡里化，孝悌勤蚕禾。昨者来太学，青衫踏朝靴。陈诗颂圣德，厥声续猗那。羔雁聘黄晞，晞惊走邻家。施为可怪骇，世俗安委蛇。谤口由此起，中之若飞梭。上赖天子明，不挂网者罗。忆在太学年，大雪如翻波。生徒日盈门，饥坐列雁鹅。弦诵聒邻里，唐虞赓咏歌。常续最高弟，骞游各名科。岂止学者师，谓宜国之皤。夭寿反仁鄙，谁尸此偏颇。不知诙諔者，又忍加诋诃。圣贤要久远，毁誉暂喧哗。生为举世疾，死也鲁人嗟。作诗遗鲁社，祠子以为歌。

重读徂徕集

欧阳修

我欲哭石子，夜开徂徕编。开编未及读，涕泗已连涟[①]。勉进三四章，收泪辄忻欢。切切善恶戒，丁宁仁义言。如闻子谈论，疑子立我前。乃知长在世，谓已沉重泉[②]。昔也人事乖，相从常苦艰。今而每思子，开卷子在颜。我欲贵子文，刻以金玉联。金可铄而销[③]，玉可碎非坚。不若书以纸，六经皆纸传。但当书百本，传百以为千。或落于四夷，或藏在深山。待彼谤焰熄，放此光芒悬。人生一世中，长短无百年。无穷在其后，万事在其先。得长多几何，得短未足怜。惟彼不可朽，名声文行然。谗诬不须辨，亦止百年间。百年后来者，憎爱不相缘。公议然后出，自然见媸妍。孔孟

---

① “连”，清金棨《泰山志》、朱孝纯《泰山图志》均作“涟”。

② 该句，清金棨《泰山志》、朱孝纯《泰山图志》均作“谁谓已沉泉”。

③ “铄”，清金棨《泰山志》作“炼”；“销”，朱孝纯《泰山图志》作“铄”。

困一生，毁逐遭百端。后世苟不公，至今无圣贤。所以忠义士，恃此死不难。当子病方革，谤辞正腾喧。众人皆欲杀，圣主独保全。已埋犹不信，仅免斫其棺。此事古未有，每思辄长叹。我欲犯众怒，为子记此冤。下纾冥冥忿，仰叫昭昭天。书于苍翠石，立彼崔嵬巅。询求子世家，恨子儿女顽。经岁不见报，有辞未能诠。忽开子遗文，使我心已宽。子道自能久，吾言岂须镌。

刻徂徕先生集序

〔国朝〕徐肇显

余少时，阅《庐陵集》，至《奉符石先生墓志》，称其“学笃志大，忧思深远，指切当世贤愚善恶，无所讳忌”。窃慨然慕其为人，思读其遗书而不可得。既而筮仕中州，逾十数载，而迁牧奉符，始获携屐徂徕，访先生之故址，凭而吊之。继又遇其十九代孙维岩来谒，出所藏旧集两卷示予。予观其文，慷慨激直，理达气充，以仁义忠信自勉，即以仁义忠信勉人。虽其功不见于世，而择之既精，语之复详，所为立德立言，卓乎无愧者也。予既喜是集之获心，而又惜其湮没不彰，无寿之梨枣者。因命长子祖望考校次第，正其鲁鱼亥豕之伪，锓而存之，以示来学。余思先生当五季纷争，圣道榛芜之后，独能寻坠绪，辟异端，以圣贤为可学，而至志不在子舆氏下矣。乃言不谐俗，行思矫世，一时众口嫉善谣诼。其后视之如寇仇，弃之如土梗，进不容其列于朝，退不容其息于野，生不容其达于时，死不容其安于土。虽以杜、韩、欧阳诸君子力为推刻，而卒抑郁以终其身，何其甚也！然而公论在人，历久自定，谤焰蔽天，忽与萤火俱灭。七百年来，自学士大夫以至田夫野老，莫不挹其风，传其姓氏，津津齿颊，欲使之齐泰岳而光日月。此固权贵之所不能抑，好事之所不能诬，佥夫宵小之所不能媒蘖而中伤之者也。嗟夫！存或抑之，殁或扬之，道或晦之，言或彰之。后之览斯集者，其亦可以慨然而兴矣。

刻徂徕先生全集序

石键

士生于乡，而道德足以振一时之风化，文章足以关一世之运会。虽功业未及建竖，而行方学正，使天下仰如泰山乔岳，祥麟威凤。至于指其所居之山川爵里以为号，而不敢斥其名，传之数百世后，皆尊信无异辞，此子舆氏所谓浩然之气塞天地、配道义，终古而不毁者也，岂一时名位之崇卑所得荣辱显晦者哉！徂徕先生当宋仁庙间，正君子小人互为消长之时，挺然以斯道为己任。师事孙明复先生，受经侍立，执弟子礼维谨，一时鲁人骎骎然知师儒德义之尊者，先生风化之力为多。至作为文章，皇皇炎炎，尊孔孟，辟异端，阐仁义，明目张胆，掉臂游行于范、韩、富、欧之间，为濂洛关闽诸儒嚆矢。而庆历一诗，分别忠佞，指斥当时，判若黑白，几贻身后之祸。其功何其伟，其识何其精，其气何其壮与！迄今诵其诗，读其书，灏灏落落，如黄河之发源昆仑，而一泻千里也；辉辉耀耀，如三辰列宿，经纬四维，而光景常新也；其忧时悯俗，扶世教正人心，勤勤恳恳之怀，如君臣师友谟诰训诫于一堂，而不惮其丁宁反覆也。非秉天地之正气，卓然自命为圣贤之徒者，乌克臻此哉！键忝为先生宗裔，来守是邦，登堂瞻象，慨焉景慕。未几，先生十九世奉祀孙维岩，捧前守徐公所刻徂徕诗文二册进见，且言有全集二十卷，得之渔洋书库者，徐公方谋剞劂，会内迁，遂不果。予亟索观，较徐刻数倍之，真可睹先生之全，而发先生之光矣。因割俸授梓以广其传，且进维岩而告之曰："呜呼！贤愚无两心，古今无二道，时不同而地同，人不同而理同。方先生师明复时，孙为布衣，先生为进士，退然俯首下之不为屈，此岂有势位名爵在其意中哉！望道之念切而外有所忘也。乃当时之人，亦皆不以为妄，而愚者化其梗，贤者致其诚，此彝秉之所同，触之而易动，感之而即应者也。由斯以观，先生自处于善，即与人以善，岂非成己成物之功哉！今之为士者，甫采一芹即傲然自足，谓世无孔子，不当在弟子之列。及考其言行，不齿于乡党宗族者，比比是也。人遂以为士虚声无实，甚且贱而恶之。此固两失之道，亦士不自克为善，有以招致之也。今子为先生嫡裔，而余为兹土司牧，愿以先生为法，交勉其难，使天下之读斯集者，不致议我两人为仅能刻先生之集者，斯幸矣。”因不辞僭逾而为之序。

《四库全书总目》：《徂徕集》二十卷，宋石介撰。介字守道，兖州奉符人，天圣八年进士及第，初授嘉州判官，后以直集贤院出通判濮州，事迹具《宋史》本传。初介尝躬耕徂徕山下，人以徂徕先生称之，因以名集。介深恶五季以后文格卑靡，故集中极推柳开之功，而复作《怪说》以排杨亿，其文章宗旨可以想见。虽主持太过，抑扬皆不得其平，要亦戛然自为者。王士祯《池北偶谈》称其“倔强劲质，有唐人风，较胜柳、穆二家，而终未脱草昧之气”，亦笃论也。欧阳修作介墓志称所为文章，曰某集者若干卷，又曰某集者若干卷。凡重言之，似原集当分为二部，此本统名《徂徕集》，殆后人所合编欤！第四卷内《寄元均》《叔仁》《读易堂》《永轩暂憩》四诗，有录无书。则传写脱佚，亦非尽其旧矣。介传孙复之学，毅然以天下是非为己任，然客气太深，名心太重，不免流于诡激。王偁《东都事略》记仁宗时罢吕夷简、夏竦，而进章得象、晏殊、贾昌朝、杜衍、范仲淹、韩琦、富弼、王素、欧阳修、余靖诸人。介时为国子直讲，因作《庆历圣德诗》以褒贬忠佞，其诗今载集中，盖仿韩愈《元和圣德诗》体。然唐宪宗削平淮蔡，功在社稷，愈仿《雅》《颂》以纪功，是其职也。至于贤奸黜陟，权在朝廷，非儒官所应议；且其人见在，非盖棺论定之时，迹涉嫌疑，尤不当播诸简牍，以分恩怨。厥后欧阳修、司马光朋党之祸屡兴，苏轼、黄庭坚文字之狱迭起，实介有以先导其波。又若太学诸生挟持朝局，北宋之末或至于脔割中使，南宋之末或至于驱逐宰执，由来者渐，亦介有以倡之。史称孙复见诗有“子祸始此”之语，是犹为一人言之，未及虑其大且远者也。虽当时以此诗得名，而其事实不可以训，故仍旧本存之，而附论其失如右。

当是时，师道废，经学芜杂。徂徕先生出，泰山先生孙复自晋州平阳来，安定先生胡瑗自泰州如皋来，相与师友切劘，极一时之盛。复，字明复，举进士不第，退居泰山学《春秋》，著《尊王发微》十二卷，《春秋总论》三卷。徂徕师事之，为执杖履，侍左右。既为学官，荐之于朝，官历国子监直讲，迩英殿说书，终殿中丞。著《睢阳子集》十卷，《今杂文》十九篇，诗三篇。聂敛梓行之。瑗，字翼之，在太学讲经，义颇与明复不合。瑗治经不如明复，而教育诸生过之。欧阳文忠称其为法严而信，为教久而遵。故岱人念三先生之教泽，至今尸祝俎豆之勿衰。

赠孙先生诗

〔宋〕石介

世无伯乐不识马，眼看骐骥如驽骀。先生今年四十四，才似皋夔胡为哉。泰山山下水照石，溪声濊濊白云堆。我居其间构茅屋，先生先生归去来。

南山篇·赠孙先生诗

石介

我来南山兴感悲，万物纭纭宰者谁。众材丛卑无奇姿，直辕曲轮皆所宜。大木磊磊节干奇，撑岩拄谷无处施。我愿天子修明堂，坐朝诸侯会四夷。柱要十围栋百尺，日责匠石搜访之。千人用斧万人拽，大根斫断山崩攲。五州追牛十县丁，载送上都天子怡。般输骇汗工倕走，有目未省会观窥[①]。黄帝合宫尧衢室，周制九筵虞总期。听政朝夕有攸处，阖门左右咸以时。天子拱手四辅立，坐致四海为雍熙。不用直弃用即大，短辕曲轮尔胡为。

① “会”，清金棨《泰山志》、朱孝纯《泰山图志》均作“曾”。

哭孙明复诗

梅圣俞

旧业居东岱，中年谒紫庭。要途无往迹，至死守残经。

国子监直讲青州千乘县主簿孙复可大理评事制

〔宋〕欧阳修

敕具官孙复，昔圣人之作《春秋》也，患乎空文之不足为，故著之于行事，以为万世之法。然学而执其经者，岂可徒诵其言哉！惟尔复，行足以为人师，学足以明人性，不徒诵其说，而必欲施于事。吾将见吾国子蔚然而有成，宜有嘉褒，以为学者之宠，可。

孙复可秘书省校书郎国子监直讲制

朕勤治体，喜贤俊，尝虑四方遗逸之善有不吾闻者，间属近列，屡腾荐章，以尔孙复深经术，茂德行，躬耕田亩，以给岁时，东州士人皆师尊之。吾命汝校文于书省，讲艺于胄序，不由乡举，不俟科选。汝姑直屏杂说，纯道粹经，使搢绅子弟闻仁义忠孝之乐，此吾所以待汝意，往钦哉、可。

举张问孙复状

右，臣伏睹赦书节文，一应天下隐逸之士，或淹下位，或滞草莱，委逐处具，事由闻奏。臣观国家居安思危，搜罗贤俊，以充庶位，使民受赐，此安邦之正体也。臣窃见试将作监主簿张问，文学履行，有名于时，前应茂材异等科，再考中式，以父丧不得就试。近上封事，始沾国恩，职不称才，众知沉落。臣观兖州仙源县寄居孙复，元是开封府进士，曾到御前，素负词业经术，今退隐泰山，著书不仕，心通圣奥，迹在穷谷。伏望朝廷依赦文采擢张问乞除一陕西藩镇职事官，孙复乞赐召试，特加甄奖，庶几圣朝涣汗被于幽滞。

春秋尊王发微后序

〔宋〕魏安行

六经皆先圣笔削，而志独在于《春秋》者，赏善罚恶，尊天子而已矣。奈何传注愈多，而圣人之意愈不明？平阳孙明复先生，奥学远识，屏置百家，自得褒贬之意，立为训传，名曰《尊王发微》，其辞简，其义明。惜流传既久，讹舛益多。安行假守，涤阳公余获与同僚校厘，正谬误凡一百一十九，释文二百一十四，命工镂版以授学官。若先生操履学问，则有范文正公《荐章》，欧阳文忠公《墓志铭》，载之详矣，此不复叙。绍兴辛未五月日，鄱阳魏安行书于卷末。

孙太山春秋尊王发微序

〔国朝〕纳喇性德

宋晋州孙明复先生，庆历间隐居太山，学《春秋》，著《尊王发微》十二篇，以教授弟子。范文正、富文忠两公言先生道德经术宜在朝廷，召拜校书郎国子监直讲，后官至殿中丞而卒。方先生卧病时，天子从韩忠献之言，命其门人祖无择就家录其书，藏于秘阁。案唐以前，诸为春秋说者，多本三传。至陆淳始别出新义，柳子厚所谓明章大中登露公器者也。先生之书，因淳意而多与先儒异，故当时杨安国谓其说戾先儒，而常秩亦言其失之刻。石林叶氏谓其不达经例，又不深礼学，议者殊纷纭。虽然，群言异同，必质诸大儒而论定。欧阳子言："先生治《春秋》，不惑传注，不为曲说以乱经，其言简易。于诸侯大夫功罪，以考时之盛衰，而推见王道之治乱，得经之义为多"。而朱子亦谓："近时言《春秋》者，如陆淳、孙明复，推言治道，凛凛可畏，终是得圣人意。"绎二子之言，以读先生是书，则《春秋》大义，诸家所不及者，先生独得之，又岂可以说之异同而妄议之也哉！

四库全书总目·《春秋尊王发微》十二卷

宋孙复撰。复，字明复，平阳人，事迹详《宋史·儒林传》。案李焘《续通鉴长编》曰："中丞国子监直讲孙复，治《春秋》不惑传注，其言简易，得经之本义。既被疾，枢密使韩琦言于上，选书史，给纸札，命其门人祖无择即复家录之，得书十五卷，藏祕阁。"然此书实十二卷。考《中兴书目》别有复《春秋总论》三卷，盖合之共为十五卷。尔今总论已佚，惟此书尚存。复之论，上祖陆淳，而下开胡安国，谓《春秋》有贬无褒，大抵以深刻为主。晁公武《读书志》载常秩之言曰："明复为《春秋》，犹商鞅之法，弃灰于道者有刑，步过六尺者有诛。"盖笃论也。而宋代诸儒，喜为苛议，顾相与推之，沿波不返，遂使孔庭笔削，变为罗织之经。夫知《春秋》者，莫如孟子，不过曰"《春秋》成而乱臣贼子惧"耳。使二百四十年中，无人非乱臣贼子，则复之说当矣。如不尽乱臣贼子，则圣人亦必有所节取，亦何至由天王以及诸侯大夫，无一人一事不加诛绝者乎！过于深求而反失《春秋》之本旨者，实自复始。虽其间辨名分，别嫌疑，于兴亡治乱之机，亦时有所发明，统而核之，究所谓功不补患者也。以后来说《春秋》者，深文锻炼之学，大抵用此书为根柢，故特录存之，以著履霜之渐，而具论其得失如右。程端学称其《尊王发微》《总论》二书外，又有《三传辨失解》，朱彝尊《经义考》因之。然其书史不著录，诸儒亦罕所称引。考《宋史·艺文志》及《中兴书目》均有王日休所撰《春秋孙复解三传辨失》四卷，或即日休之书，端学误以为复作欤？然则是驳复之书，非复所撰也。

孙明复小集一卷

宋孙复撰，复有《春秋尊王发微》，已著录。案《文献通考》，孙复《睢阳子集》十卷，《宋史·艺文志》亦同，此本出自泰安赵国麟家，仅文十九篇，诗三篇，附以欧阳修所作《墓志》一篇。盖从《宋文鉴》《宋文选》诸书钞撮而成，十不存一。然复集久佚，得此犹见其梗概。苏辙《欧阳修墓碑》载，修谓于文得尹师鲁、孙明复，而意犹不足。盖宋初承五代之弊，文体卑靡，穆修、柳开始追古格，复与尹洙继之，风气初开，菁华未盛，故修之言云尔。然复之文，根柢经术，谨严峭洁，卓然为儒者之言，与欧、苏、曾、王千变万化，务极文章之能事者，又别为一格，修之所言似未可概执也。至于扬雄过为溢美，谓其太玄之作，非以准易，乃以嫉莽。则白圭之玷，亦不必为复讳矣。

及泰山徂徕之门者，张续、李常、姜潜、杜默其尤也。续字禹功，常字遵道，皆濮人。徂徕先生尝曰："禹功藏用于神，得天下之几？遵道直道而行，明天下之治？"几近《易》治近《春秋》。潜字至之，从孙复学《春秋》，尝为国子监直讲。神宗访以治道，对曰："有尧舜二典在，顾陛下致之之道何如耳。"（余并详徂徕"附览"中）默字师雄，诗文踔厉英发，有集一卷。二子俱奉符人也。

三豪诗

〔宋〕石介

曼卿豪于诗，社坛高数层。永叔豪于辞，举世绝俦朋。师雄歌亦豪，三人宜同称。曼卿苦汩没，老死殿中丞。身虽埋黄泉，诗名长如冰。永叔亦连蹇，病鸾方骞腾。四海让独步，三馆最后登。师雄二十三，笔距犷如鹰。才格自天来，辞华非学能。回顾李贺辈，粗俗良可憎。玉川月蚀诗，犹欲相凭凌。曼卿苟不死，其才堪股肱。永叔气甚闳，用之王道兴。师雄子勉旃，勿便生骄矜。

赠徂徕先生门人杜默诗

欧阳修

南山有鸣凤，其音和且清。鸣于有道国，出则天下平。杜默东土秀，能吟凤凰声。作诗几百篇，长歌仍短行。携之入京邑，欲使众耳惊。来时上师堂，再拜辞先生。先生颔首遣，教以勿骄矜。赠之三豪篇，而我滥一名。杜子来访我，欲求相和鸣。顾我文字卑，未足当豪英。岂如子之辞，铿锽间镛笙。淫哇俗所乐，百鸟徒嘤嘤。杜子卷舌去，归袗翩以轻。京东聚群盗，河北点新兵。饥荒与愁苦，道路日以盈。子盍引其吭，发声通下情。上闻天子聪，次使宰相听。何必九苞禽，始能瑞尧庭。子诗何时作，我耳久已倾。愿以白玉琴，写之朱丝绳。

读张李二公文赠徂徕先生

先生三十年东鲁[①]，能使鲁人皆好学。其间张续与李常，剖琢珉石得天璞[②]。大圭虽不假雕琢[③]，但未磨砻去圭角。二生固是天下宝，岂与先生私褚囊。先生示我何矜夸，手携文编谓新作。得之数日未暇读，意欲百事先屏却[④]。夜归独坐南窗下，寒烛青荧如熠爚。病眸昏涩乍开缄，灿若日星明错落[⑤]。辞严义正质非俚[⑥]，古味虽淡醇不薄。千年佛老贼中国[⑦]，祸福依凭群党恶。拔根掘窟期必尽，有勇无前力何荦。乃知二子果可用，非独词坚由志确[⑧]。朝廷清明天子圣，阳德汇进群阴剥。大烹养贤有列鼎[⑨]，岂久师门共藜藿。予惭职谏未能荐，有酒且与先生酌[⑩]。

宋又有奉符姜屿、姜镐，皆有文章政事。屿终度支员外郎，镐终守尚书屯田郎中。李穆，历官尚书司勋郎。姜潜称其三建使者节，四治剧郡，

① “三”，《欧阳修全集·居士集》作“二”。

② “剖琢珉石”，《欧阳修全集·居士集》注曰：一作“剖珉石”，一作“如剖珉石”。

③ “琢”，《欧阳修全集·居士集》注曰：作“镌”。

④ “先”，《欧阳修全集·居士集》注曰：作“前”。

⑤ “日”，《欧阳修全集·居士集》作“月”。

⑥ “质非俚”，《欧阳修全集·居士集》注曰：作“高且简”。

⑦ “佛老”，《欧阳修全集·居士集》注曰：作“老佛”。

⑧ “词坚”，《欧阳修全集·居士集》注曰：作“持言”。

⑨ “列鼎”，《欧阳修全集·居士集》注曰：作“味别”。

⑩ “与”，《欧阳修全集·居士集》作“慰”。

名臣交章荐之。窦益，乾封人，合居五六世，有节行，大中祥符初，东封泰山，降诏褒美，优赐粟帛。李亘，字可大，乾封人，尚书郎官，建炎末为刘豫所害，谥愍忠。

故李侍郎墓表并序

〔宋〕

文曰：

天子以士大夫之贤，繇通籍于朝之上，其先不及以禄养，又不得序官列爵于位者，偕因国家有事于天地宗庙，咸追赐以官，又累而上之于高显，朝廷礼士大夫可为厚矣。欲使为人后者，深思先世所以教养之德，大君所以宠锡之命，以感激臣子忠孝之心也如此。泰山有笃行君子曰李公焉，以其子贵，追赠厥官，累之至于尚书兵部侍郎。公之嗣穆，具其行谍志实，而来请于潜曰："先子虽以嘉祐丁酉既克葬于奉高，有铭已纳于圹中，兹见于后世。又思得子之言，实之以文表显于墓道，然后为不朽。以穆尝学经于君之先大夫，知先子之行宜熟。"潜闻而嘉之。夫士人之孝，生而能养志，没而能尽礼，又能徒步起家，有位于朝，使其先君获受美官，既已为之志而犹为未足以光昭令德，复欲著懿实以表之。然则君之事亲，兹亦至矣。谨按公讳忠信，字景山，七世之祖尝家于营邱，后又从事于兖，又为兖人，所居偕以望族称。越三世，庭生评，评生公，公实讳庭之孙而讳评之子也。公姿质朴茂，襟量闳博，性敦而行洁，气完而节固，行己治家，动可仪法。通五经，尤长于诗礼，州郡再贡试于礼部，不中，遂晦迹含光，耽乐畎亩，亲执耕耨于太山之阳。有良田百亩，岁入丰羡，供伏腊外，悉以周族人之不能自存与其邻里乡党之匮乏者，至于竭尽，曾不之顾，鲁人尤以此义之。公既老，遂付家事于子孙，日惟放意于琴棋杯酒间，怡然得林泉逍遥物外之趣，而君子所谓自足者也。以天圣三年七月二十九日感疾，终于家，享年七十有一。夫人魏氏，后公五年而亡。生四男六女，偕得令族以归。男之长曰程、次曰積、次曰惟庆，季则曰穆也。穆以明经取高第，用材业进，所至称治。当世名臣，以吏能荐诸朝者，凡四十人。三建使者节，四治剧郡，今为尚书司勋郎中。孙十一人，文逸、文奭、宗谅、宗咏，偕惟庆之子也；宿宏、寿、师彦、公彦、敦彦、宗彦，偕穆之子也。宿宏早世，宏尝为试校书郎矣。寿前任江阴军判官。师彦、公彦为太庙斋郎，悉用司勋君之世赏也。曰子若孙，循守公之法度，孝谨善继，知者以谓李氏之后其未可量也。古人有言曰："善恶之报，不在其身，则在子孙。"岂李公之谓邪！公之善庆固知其远矣，姑立表以迟焉。乃为之辞曰：玉之在石兮，含华蕴光。木之秀林兮，怀材抱良。君子积行兮，不及发扬。身虽弗遇兮，后世克昌。有子承考兮，贵而为郎。孙之众多兮，芝兰益芳。漏泉之泽兮，有德以当。佳城永兮，千古所藏。贵名之起兮，孰可较量。泰山之高兮，汶水之长。愿言来裔兮，继之勿忘。次诗以实兮，表之墓旁。大宋熙宁五年岁次壬子八月丁丑朔丙戌日建，承奉郎守大理寺丞前知开封府陈留县事姜潜撰。

右表，真书，题曰"宋故李公侍郎墓表"。在岱城之西南乡。金·党怀英，冯翊人，父纯睦，官泰安军录事参军，不能归，因家焉。怀英能属文，工篆籀，官翰林学士承旨，卒谥文献。著《竹溪集》三十卷。

元有石珪，徂徕先生裔孙，金贞祐南渡，引兵弃妻子归穆呼哩（旧作木华黎），承制授金紫光禄大夫，卒以陷金死节。子天禄，袭爵东平路元帅，有战功。时珍，字国宝，徂徕人。金末盗起，珍率少壮守天保寨，卒归严实，以功授左副元帅，镇兖州，封陇西郡开国侯。子宥，孙栋，以次袭封。朱珪，字辅之，徂阳人，亦以父玉能守乡里，给札付，后为县尹，有廉声。此数人者，皆遭遇时变，以材勇取爵封，亦一时之雄也。明萧大亨，字夏卿。母梦岳神入室而生。总督宣大山西三镇，威信服边庭，人称福神，官终少保兵刑两部尚书。著有《今古文钞》《文章正宗》，从祀乡贤。子二：和中，太仆少卿，亦祀乡贤；协中，字公黼，以治中致仕，崇祯末殉流寇难，著有《绿远楼赋》《醖檀集》《泰山小史》，入忠义祠。

醖檀集序

〔明〕李维桢

数岁前，犁邱邢仲子示余以萧公黼《绿远楼赋》，钜丽妍藻，类汉晋人手笔，余不知为何氏，意必老于文学者。已而知为泰山人，年财十有八耳，心窃异之。数岁后，见公黼名已登籍。又间从坊刻得其诗文，读之掩卷叹曰，异哉公黼，何遂升作者之堂耶！繁缛之采，深沉之思，轩举之概，流利之致，词林耆宿无不骇服。昔济南终子云，少辨博、能属文，闻于郡中，年十八为博士弟子，作白麟奇木对。又请使匈奴，不果行，已使南越，功垂成而败。盖少年不胜伎俩，急于自骋。今公黼年少，而且以文章显，一意修文，其行事依仿绳尺，敛锋锐而归之雅驯，是非山东年少可例论也。其犹子应仕曰："叔氏雅慕公，公所期望后日者不浅进于大道，请以是言叙其集。"

继三贤而讲学者，明还璞先生李汝桂，青岩先生宋焘，皆潜心性命，为海岱儒宗。还璞家泰山之崖下村，卒年八十六，著有《还璞心声》《教言讲余录》。其徒王嘉宾，为广宁教授，治《春秋》《礼记》，多所发明。宋先生字绎田，万历间巡按应天时，刘天绪构乱，事觉捕治。先生上言："自采榷议兴，民不堪命，一夫振呼而从者响应。宜及时发内帑之金，停无艺之税，克诘戎兵，简练将帅，则内治顺而外防固矣。"时相朱赓不协清议，先生上言："大僚多缺，百职不熙，阉竖鸱张于内，边将凭陵于外。四方盗贼水旱，道殣相望。而九阍转隔，天听益高，贤才鳞集者不用，斥逐者不起，使其壮者老，老者死，士气奄奄殆尽矣。"又言："憸邪之辈，习于结纳，以软熟绕指为镇静。"其言侵击辅臣，攻赓者继起，赓乞罢，帝优诏慰留赓。先生因移疾乞归，途中疏救姜士昌，落职。乃筑室泰山之麓，曰青岩社，训迪后进，卒祀乡贤。著有《理学渊源》《时习要录》《幽洞元言》《泰山纪事》《岩居漫谈》《青岩居草》《落花全韵》。又百年，赵仁圃国麟，复讲学青岩书院，从游者尝数十百人，后官至大学士。著《书院口授讲义》《大学困知录》《小园杂记》《云月砚轩藏稿》《拙庵近稿》《近游草》。

赵赠君墓志铭

〔国朝〕方苞

赠君讳良，字维林，浙江绍兴府沥海所人。吾友赵国麟之父，临若公之子也。生有明崇祯丁丑，时寇贼交哄，未成童陷贼，匿舟底三日，勺饮不入。既脱归，庐舍已空。国初，东南未靖，人民流离，多糊口于北方，遂弃儒学医。至幽燕，东游齐鲁，遇族父于泰安州，以医自活，因庐旅焉。淮阴江翁亦寓岱下，以女妻之。而临若公倦游，无所合，困而归，闻其子既立室家，附舟北上，至则国麟之生已数月矣，时康熙癸丑年也。临若公入抱孙，出则与石堂诸散人游。赠君既左右无违，而江夫人力致鱼菽瓜蔬以忠养，久而安焉。虽居穷巷，远方畸人老宿多造门。豫章吴舫翁尝叹曰："临若之室仅容膝，可旋身而入其中，则旷如也。"临若公以康熙三十一年卒于泰安，赠君及江夫人相继殁。国麟贫不能葬，豫章戴君知地理，得吉兆以告，且探囊箧助营窀穸。又三十余年，国麟巡抚安徽，入谒世宗宪皇帝山陵，请假归里祭告。因葬故有缺，以书抵余，求补志铭，以列祠堂。观国麟所述，赠君自定家于岱，父归就养，一室之中，父父子子，夫夫妇妇者，凡二十年，富贵不足道，国麟之得列于君子之林也，岂偶然哉！临若公二弟卒于南中，老不能奔丧，命赠君归葬，独身以往，冒风云而归。其治疾者如疾在身，无贫富贵贱，必竭心力，享年五十有六。以乾隆元年覃恩诰赠安徽巡抚，都察院右副都御史。江氏为夫人，夫人先赠君一年卒，子二人，次国经，太学生，女四人，以康熙乙亥九月十一日葬于州西天平山。铭曰：族以乱而散，家以旅而行。成以艰而笃，志以殁而亨。岱畎有碑，沥海有田。恩纶孔赫，世祀其绵。有开自天，其□必先。

自和圣而下，道脉相承，宗仰斯在。或历阶纶扉，或终老蓬户，要以振衣千仞，道足为名岳重故也。非然者，显达若王楫、杜英、王育之在明，王度、施天裔之在本朝，政绩著于史乘，何可殚述。王度著有《恤刑题稿》，侍御赵宏文著有《朴庵诗稿》，其文亦足观也。其他若孝子悌弟，好义独行之士，与夫淑媛贞妇，皆分岩岩一石之奇，为其详于方志闾史，故弗备录。

若夫山林隐逸之士，则《贫士传》云："楚之交子，鲁之周子，齐之狂子[①]，日睹王纲之敉[②]，思欲绝景云表，濯志溟涬，相与居泰山之阳[③]，处环堵之室，荜户不扉，盖茨不翦，而高歌不辍，君子谓可方之。倪缺云。"

春秋三子赞

〔明〕黄姬水

殊方三子，同道一心。蜩视姬邦，凤远泰岑。作几举色，含和抱真。岂谓陋栖，废厥高吟。

《隋书》：徐鸿客，泰山人。李密取黎阳仓，鸿客献书，以为大众久聚，恐米尽人散，师老厌战，难以成功。劝密乘进取之机，因士马之锐，直指江都，执取独夫，号令天下。密壮其言，以书招之，竟不出，莫知所之。

唐有范山人，见《李太白集》。泰山老人，见《张文昌集》。

---

① 该句后，清金棨《泰山志·人物志》有"也"字。

② "日"，清金棨《泰山志·人物志》作"目"。

③ 该句前，清金棨《泰山志·人物志》有"乃"字。

送范山人归泰山诗

李白

鲁客抱白鹤，别余往泰山。初行若片云，杳在青崖间[①]。高高至天门[②]，日观近可攀。云山望不及，此去何时还。

泰山老人诗

张籍

日观东边幽客住[③]，葛巾藤带亦逢迎[④]。暗修黄箓无人见，深种胡麻共犬行。洞里仙家常独往，壶中灵药自为名。春泉四面绕茅屋，日日惟闻杵臼声。

《旧唐书》：王希夷，滕县人，居兖州徂徕山中，好读《易》及《老子》。刺史卢齐卿访以字人之术。希夷曰："孔子称：'己所不欲，勿施于人。'可以终身行之矣。"及玄宗东巡，敕以礼征，召至驾前，年已九十六。上令中书令张说访以道义，宦官扶入宫中，与语甚悦，以朝议大夫致仕还山。

开元十四年制

〔唐〕

处士王希夷，绝学弃智，抱一居贞，久谢嚣尘，独往林壑。朕为封峦展礼，侧席旌贤，贲然来思，克应嘉召。虽纡绮季之迹，已过伏生之年，宜命秩以尊儒，俾全高于尚齿，可朝散大夫、守国子博士，听致仕还山。

---

① "青"，《全唐诗》作"山"。

② "门"，《全唐诗》作"峰"。

③ "边"，《全唐诗》作"南"。

④ "葛"，《全唐诗》作"竹"。

《宋史》：秦辨，泰山隐士，大中祥符三年四月，赐号贞素先生，放还山。辨自言百三十岁，帝召至京与语，多言五代事，亦无他奇，但能服食至长年耳。

《金史》："王若虚，字从之，藁城人。"官直学士。崔立之变，翟奕召若虚作功德碑，以死争之。"金亡，微服北归，与浑源刘郁东游泰山，至黄岘峰，憩萃美亭，顾谓同游曰：'汩没尘土中一生，不意晚年乃造仙府，诚得终老此山，志愿毕矣。'乃令子忠先归，遣子恕同行视夷险，因垂足坐大石上，良久瞑目而逝，年七十。"案若虚所坐大石，至今犹曰"蜕仙岩"也。

呜呼！致身青云之上，浮游尘埃之外，士各有志，何代无贤。赋小山之丛桂，何必作北山之移文乎！然而隐居求志，行义达道，吾闻其语，未见其人，正未易与先贤林子、后贤还璞先生差肩也。

不宁惟是，苟其为名贤也，即偶尔迟遁，亦足千古。孙明复、胡翼之两先生外，前则唐孔巢父，字弱翁，少力学，隐徂来山，后游江东，却永王璘之聘。德宗时李怀光叛，欲屈巢父，死之，赠尚书左仆射，谥曰忠。著有《徂来集》。杜甫称之曰"泰山冥冥崒以高"。后则元许衡，字仲平，河内人，徂来"演易斋"，其遗迹也。教人以小学为先，笃行为要，学者宗之。卒赠司徒，谥文正。至若汉宜城王子山，尝之泰山从鲍子真学算，徐岳《数术记遗》云：于泰山见刘会稽，博识多闻，深于数术，余因受业会稽，言其术得之天目山中隐者。考《后汉志》注引袁山松书曰：刘洪，泰山蒙阴人，延熹中以校尉应太史征，拜朗中，后为会稽东郡都尉，迁丹阳太守。即其人也。又陈留蔡邕，往来依泰山羊氏者十二年；唐陇西李白与张叔明辈，沉饮竹溪；武功苏源明，读书东岳十载；元济南杜仁杰，隐灵岩；关中鹿森避居徂徕；国朝淮阴江天屿、上虞赵瑗、曲阜孔贞瑄，与石堂释祖珍相结，大抵文人高士亦足称也。

赵处士墓表

〔国朝〕方苞

处士姓赵氏，讳瑗，字临若。其先江南山阳人也，明洪武时以军功显。高祖清始迁浙江之沥海所，地分会稽、上虞二县，家世儒书。处士生万历末年，弱冠腾文誉。崇祯之季，山贼海寇叠起，田宅荡然。鼎革后聚教蒙童于墟里间，及老，独身行游四方。有子废学以医，方流寓泰安州，处士倦游乃就养焉。学释者元玉，淮安通州人也，开圃泰山之麓，名曰“石堂”，与其侪二人及州之老生四人游，闻处士至，愿与为友，暇则聚石堂，课灌溉，莳瓜蔬，终日危坐，讲诵经史。野人樵牧过者，望见皆肃恭，四方耆旧多倾向焉。而处士居堂，忽忽念坟墓，惧松楸之毁伤，其子方促促治饔飧，终不得返先人居年。七十有八，竟死岱下，葬州西三十里天平山。妻徐氏，久附祖茔，不敢迁葬，礼也。处士学识过人，能辨贤奸，知事势数变以后之利害，久皆征验，而未尝为书。先卒之二年，疾笃，作遗训以示子孙，皆家人语也。间为诗歌，不以示人，惟手录《春秋内外传》《史记》《汉书》及宋唐八家文各数十篇，授其孙国麟曰：“北方艰购书，守此文义可粗明，慎行其身，毋忘沥海而已。”其后国麟举于乡，及将仕，再归沥海展墓，以宁其祖妣。雍正五年擢福建布政使，至京师，与余造次相遇于郑御史宅，述祖德，请撰外碑。国麟与余会试同榜，至是始觌面，而其学行治法，在闻见中为可计数人，遂不辞而为之表。且系以辞曰：国麟与余相见，年近五十矣，起县令至监司，而言语气象尚似讲学于深山野外者。叩其师友，渊源所渐。泫然曰：“吾祖至岱之岁，麟始生，家窘空，保抱携持，数岁即随卧起，授章句，未尝有师也。”苞少从先君子，后见三楚吴越耆儒，多抱独以销其声。又其次，乃好议论，著气节，为文章。尚矣哉，其风教之所积乎！

右表，立天平山墓前。

尝读《唐书·安金藏传》，有诬皇嗣异谋者，武后使来俊臣问状，金藏大呼曰："公不信我言，请剖心以明皇嗣弗反也。"引佩刀自剚，腹中肠出被地，眩而仆。武后大惊，舆至禁中，命医之，阅夕而苏。景云时，明皇属其事于史官，诏铲其名于泰华二山，咸以为荣。人不必产于岱而名垂于岱，呜呼荣哉！

然吾尝疑五岳以岱为宗，岱宗之灵盘郁百千里外，神圣英贤相望，而栖其麓者，顾寥寥数人耳。昌黎云："意必有魁奇忠信才德之人生其间，无乃迷惑溺没于佛老之学而不出耶！"若然，则物外畸人，脱屣轩冕，正可于神房阿阁求之。

方佛法之未入中国也，《史记》云："华山、首山、太室、泰山、东莱，此五山，黄帝之所常游，与神会。"

《抱朴子》：案《仙经》可以精思合作乐者，有泰、华、霍、恒、嵩等山，皆是正神在其山中，其中或有地仙之人，上皆生芝草。《神仙传》云：泰山老父者，莫知姓字，汉武帝东巡狩，见老翁锄于道旁，头上白光高数尺，而有童子色。帝问："有何道术？"对曰：臣遇有道者，教臣绝谷，但服术饮水，并作神枕，枕中有三十二物。其三十二物中，有二十四物以当二十四气，八毒以应八风。臣行之，转老为少，日行三百里，臣今一百八十岁矣。帝受其方，赐玉帛。后入岱山中，每十年五年时还乡里，后三百余年乃不复还。又沛人刘冯，学道穆王子，服石桂英，三百岁容转少，后入泰山。《列仙传》云：稷邱君，泰山下道士，汉武东封，冠章甫，衣黄衣，拥琴迎拜，止帝勿上，上必伤足，果然。上还，为立祠。安期生在泰山，遇李少君采药，病困，与神楼散一匕而愈。崔文子，泰山人，作黄散赤丸，卖药都市，会大疫，拥朱幡以黄散济人，饮者立愈，所活万计。马明灵，临淄人，姓和，名君实，为吏，捕贼被伤濒死，太真夫人与药一丸如小豆，服之即愈。自号马明生，随入岱山石室，试以虎怪，不惧；挑以美女，不动。夫人曰："可教。"命安期生授以丹经，白日升举。

泰山老父诗

〔明〕萧协中

丹砂饵后驻童颜，偶踏红尘到泰山。纵使汉皇勤问道，不留名姓在人间。自元魏时，竺僧朗，隐于昆瑞、灵岩，与道士张忠游。张常穴居，而朗大起殿舍，虽素饰不同，并以静外致称。而泰山岩谷间，始并为缁黄薮矣。

《晋书》："张忠，字巨和，中山人。永嘉之乱，隐于泰山，清虚服气，餐芝饵石。"年在期颐而视听无爽。苻坚征至长安，以野服见。坚曰："先生独善之美有余，兼济之功未也，故远屈先生。"将任齐尚父，忠曰："昔因丧乱，避地泰山，与鸟兽为侣。尚父之况非敢窃拟，乞还余齿，归死岱宗。"坚以安车送之，及关而死，谥曰"安道先生"。后之学老者，则有隋之北海李清，为儿医，多奇效。唐之刘道合，为高宗东封驰传先行泰山，祈祓禳雨，辄霁。后作丹剂，成而蜕去。又有焦炼师，女冠张炼师。宋之密州张景岩，结茅于明月嶂。元之栖霞邱处机，天倪张志纯。处机为道家北宗王嚞七弟子之一，居泰山南址，赐号无为演道大宗师。志纯居会真宫，道行超群，赐号崇真保德大师。与天倪游者，翰林学士徐世隆，元季变姓名居岳祠，三稚子从学，一教习泅水超距，一授《汉书》，其一曰王圭授举子业，久之别去。后授《汉书》者目盲，赖说书以生。习泅者遇济南灌城之厄，以泅解危，以超距脱死，致爵赏。圭登科，致爵位。明天顺间，世隆复至泰山，惟升元观一老道士识之，容貌犹如儿时所见云。又有成兴公、刘朗然、张三丰、女冠孙清静、毛仙姑，并略见前览。明之徂来于蚖虚、东平王阳辉、昆山柴慧庵，各有遗迹。

国朝吉安吴云，《施愚山集》云：少为安成名士，明末自髡为僧，尝从青原药禅师游。《石室集》云：云字舫翁，号三堂居士，以黄冠读书岳麓，与阙里孔贞瑄建岳顶圣庙，著有《学舫》。此与徐世隆盖皆有托而逃者也。

赠东岳焦炼师

〔唐〕王维

先生千载余[1]，五岳遍曾居。遥识齐侯鼎，新过王母庐。不能师孔墨，何事问长沮。玉管时来凤，铜盘即钓鱼。竦身空里语，明目夜中书。自有还丹术，时论太素初。频蒙露版诏，特降款轮车[2]。山静泉逾响，松高枝转疏。支颐问樵客，世上复何如。

咏张志纯

〔明〕萧协中

桃花源水武陵同，中有仙翁御阆风。微露天倪窥妙道，至今人指会真宫。

《十六国春秋》云：竺朗，京兆人，少事佛图澄，硕学渊通，尤明气纬。隐于泰山东北之昆瑞谷，往来灵岩说法。元魏太祖遣使致书，赠以素旃罽银钵为礼。秦苻坚钦其德行。后燕慕容垂遗以书曰："皇帝敬问泰山朗和尚，澄神灵绪，慈荫百国，凡在含生，莫不蒙润。"慕容德师事之，居给两县租税。谷中旧多虎，朗居谷，虎患遂绝。同时学释者则有元魏之法定，详"灵岩"。僧意，住朗公谷，每登座讲说，辄天花下散。志湛，住泰山北人头山衔草寺，终时志公谓梁武曰："北方衔草寺须陀洹圣僧，今日灭度，既葬，发看，惟舌如故；立塔，鸟兽不敢践陵。"见《续高僧传》，云"与朗公同侣"。《法苑珠林》云："衔草寺，宋求那跋摩之所立也。"隋之法安，鹑觚人，开皇中驾幸泰山，遇渴，每以刀刺石引水给帝。后住神通寺，与晋王入谷，见一僧敝衣乘白驴来，王问："何人？"安曰："此朗公也。"终年九十八。齐州法瓒隐泰岳，文帝省方，访其清旷，延入京。唐之大行入

① "载"，《全唐诗》作"岁"。

② "特""款"，《全唐诗》作"明""软"。

泰山，草衣木食，行法华三昧，感普贤现身。后入宫赐号常精进菩萨，授开国公，乃示疾右胁而终。开元中，泰山灵岩寺有降魔师，大兴禅教，务于不寐，又不夕食，皆许其饮茶，人自怀挟，到处煮饮，从此转相仿效，遂成风俗。

元之海印，泰安州人，示幻于邹县之大明禅院。固陵东原海公，开竹林宝峰禅寺。清河行全，卓锡天胜、布山，寻还乡。徒德友，亦能抱节育道。明之高丽僧满空，建竹林、普照寺。叩头僧栖灵派祠，叩头劝善。我朝元玉，字祖珍，广陵崇川人，康熙中息影禅庐，聚经典数千卷，澄思密探，透悟真如，岳色溪声之间，翛然自远。孔贞瑄云："泽以烟霞，炼以风雨，澹以月露。其瀣沆漻泬之气，溢而为词，皆旨深而意远。"著《石堂集》十卷，《石堂近稿》一卷，《菊咏》百八首，及《华岩颂语录》等书。余闻珍公与人言，必依于孝弟礼让，读其文，忠孝仁义之言不绝于口，其释名而儒行者乎！

凡此诸子，粟视江河，幻游震旦，参方访道，固不必岱贯也，要皆绝类离伦者矣。使其返而求之六经贤圣之学，知必有大过人者，惜乎踸踔于二氏耳。夫金玉沙石，皆有以发岩峦之光；鱼龙蛟蜃，皆有以壮波涛之气。以阳鲁阴齐，文学天性之区，犹偻指诸子，为崇邱色。《说苑》云："泰山之高，非一石之积也，累卑然后高也。"此之谓也。

夫有德者必有言，往往勒成一书，藏之名山，然非尽泰山之掌故也。许慎《五经异义》论明堂，称《戴记》《礼说》《盛德记》，即明堂篇。《魏书·李谧传》《隋书·牛宏传》，俱称《盛德篇》，或称《泰山盛德记》，亦非纪岱之说。其在汉时，有《太山记》《太山郡记》，不见全书。《艺文志》有《古封禅群祀》二十二篇，武帝时《封禅议对》十九篇，《汉封禅群祀》三十六篇，《封禅方说》十八篇，亦仅存其目。《史记》：司马相如病且死，天子使人求其遗书，得《封禅书》一篇，上大奇之。《汉书》：枚皋作赋，善于东方朔，从封泰山。又云朔之文辞自《客难》《非有先生论》外，有《封泰山》等篇。刘向所录《后汉书》，张纯为司徒，奏帝宜封禅，中元元年上元，封旧仪及刻石文。肃宗巡守方岳，崔骃上《四巡颂》，辞甚典美，帝嗟叹之。安帝东巡岱宗，马融上《东巡颂》，帝奇其文，召拜郎中，文具“总览”二中。《玉海》云：汉章帝元和二年二月，东巡守，凤凰、黄龙并集。扬终赞颂嘉瑞，上述祖宗洪业十五章上之。魏高堂隆、宋山、谦之，皆草封禅仪，事既寝，书亦佚。《北史·魏收传》：收试为封禅书，下笔便就，文将千言，未著于集。《隋书·艺文志》有《封禅仪》六卷。《海岱志》二十卷，齐崔蔚祖撰。《舆驾东行记》一卷，薛泰撰。又薛胄为兖州刺史，以天下太平，登封告禅，帝王盛烈，遂遣博士登泰山、观古迹，撰《封禅图及仪》上之。《旧唐书·经籍志》又有《封禅录》十卷，孟利贞撰。《皇帝封禅仪》六卷，令狐德棻撰。《神岳封禅仪注》十卷，裴守贞撰。《皇太子方岳亚献仪》二卷。《新唐书》略同。有《洞元灵宝》《五岳朝仪经》《通志·艺文略·名山洞府》，内载《五岳诸山记》一卷。《文献通考》注陈氏曰，无名氏多鄙诞不经。《玉海》载唐《颜师古传》，师古奏，臣撰定《封禅仪注》，诸儒谓为适中。《谢偃传》，偃为宏文馆直学士，撰《玉牒真纪》，以劝封禅。开元十三年，诏康子元注解《东封仪注》以进，韦述传从封泰山，奏《东封记》。又志一卷仪注，类宋祥符元年十二月壬辰龙图阁待制陈彭年请自天书降至封禅毕编录，藏之秘府。诏李宗谔、丁谓、彭年等纂录，至三年十月书成，凡五十卷。皆先为记事，次列仪注，御制册祝、乐章、步虚词、御札、诏敕、德音、表、状、颂、碑、铭、记、赞，分门载之，帝为制序。又钱易东封上《殊祥录》，又王钦若著《五岳广闻记》。熙宁四年，右谏议沈立上《名山记》一百卷。政和五年十一月，李升进《登封告成录》一百卷。大抵封禅文饰之书，率多缺有间矣。其轶乃时见于他书，惟东汉应劭《汉官仪记》、袁稽《蒐玉集》、汪子卿《泰山志》、查志隆《岱史》、刘敕《岱史》、宋焘《泰山纪事》、萧协中《泰山小史》、林杭学《辑瑞集》、李兴祖《灵岩志》、孔贞瑄《泰山纪胜》、徐祖望《岱宗小史》、刘其旋《泰山纪略》《御路古迹》、成城《泰山胜概》、朱孝纯《泰山图志》、聂鈫《泰山道里记》《泰山金石考》，专述岱故者，凡十数种。或成于里居之记载，或出于輶轩之搜采，所谓文献足征者也，况经、史、子、集，可杂剌而左证者，难遍以疏举乎。

《说文》系传

〔南唐〕徐锴

碑，竖石纪功德，从石，卑声。臣锴案，古宗庙立碑以系牲耳，非石也，后人因于其上纪功德，则此石从卑字，秦以来制也。或难臣曰："古七十二家封禅勒石，便应有碑，何以言秦以来有碑？"臣应之曰："古虽七十二家封禅，勒石，不言碑。七十二家之言，起于管仲，不言碑。"《穆天子传》曰："天子乃为名迹，于弇兹石，上亦不言碑。"又难曰："刘熙《释名》何以言起于县棺之碑？"臣对曰："起于县棺者，盖今之神道碑；而铭勒功德，当始于宗庙丽牲之碑也。"

《泰山志》序

〔明〕洪章

《泰山志》四卷，明白野汪仲苏氏撰。仲苏氏名子卿，歙产也，倦游天目、钱塘之间，以文学行谊显吴越。吴越，故材艺薮泽，咸帖帖推毂，然数奇，射策有司，屡进屡报诎。仲苏氏孜孜自树，不少衰，声问益踔厉藉甚。既以经行为督学使臣所献，赴上都，发扬粤，溯淮泗，印孔林，登泰山，凌日观，摩穹苍，栖巉岩，探泉溜，扪悬崖，搜残碑，抉晦蚀，稽故牒。踪迹文字以来，帝王圣哲，瑰奇幽异，坛壝、台殿、楼观、亭障、府寺，鸟兽、虫鱼、药草、木石，上下数千百年，亡间微显[①]、存不、鸿

① "间"字后，明汪子卿《泰山志》有"于"字。

鲜，罔不毕志，斯以详矣。洪崖子章尝涉泰山之郊，顾瞻周回，神爽飞越。及得《志》读之，喟然叹曰：“大哉，巍巍乎！其天下之具瞻，而两间之巨镇乎！夫灏气挺灵，青曦凝质，五岳攸宗，万物伊始，其诸岱宗之所由名乎！是故王者钦崇，邦家望秩，上圣降神，名贤汇集，方物呈奇，幽明受职，宜也。虽然，古有登之小天下者矣。夫以泰山絜天下，天下非小也，然而登之以小天下，其诸日跻高明，则我大而物小者乎！复有称其非能有趾，而不能无趾者矣。夫积趾为麓，积麓为阜，积阜为陵，积陵为岑，积岑为嵩，积嵩为岳。不让土壤，不辞拳石，以成其崇，以极其峻。其诸君子以顺德积小以高大者乎？未也。泰山高矣，泰山而上，不属泰山，则畔援俱忘，拾级并废，小大皆空，崇高无极，将与太虚者游，而造物者一，茫不知其所由来，杳莫测其所际。噫！其至矣，其至矣！①

《岱史》序

于慎行

《岱史》者何？志岱宗也。志何以为史？岱者万物始生，五岳之长，古帝王之所受命告成，而东诸侯主焉。志之而曰史，以尊岱也。岱故无志乎？有而系诸州，且不备也。侍御岭南谭公，巡行考览，谋诸盐政大夫查公以为州不得有乎岱，故别而为史也。为史奈何？革旧而为新，因略以致详，旁搜遐考以备人文而标名胜，作者之志也。夫图经者，观察之符契也，恢而弁之，以为纲纪，故作《图考》。天之精曰星②，地之精曰山③，岳其大者也。降娄玄枵之次，岁星位焉，其应广矣，作《星野考》。岱

① 该句后，明汪子卿《泰山志》有“嘉靖三十有二年秋九月九日，新安洪章谨序”句。

② “精”，查志隆《岱史·岱史序》作“经”。

③ “精”，查志隆《岱史·岱史序》作“经”。

者，中条之所底也，河济不得无以障，青兖不得无以镇[1]，畿辅不得无以屏，故曰齐得十二焉，作《形胜考》。记曰，岱宗周回三千里，东方之山皆其裔也。然而绵亘二州，不可胜识，惟是七十二峰，岩壑泉石，神怪倏诡，化工备矣，作《山水表》。在古锡鲁，其后隶齐，更姓易制，画野分疆，躔分绮错[2]，名实相参，而岱犹故岱也，作《疆域表》。省方之后，乃修玉帛，暨乎明堂，王政攸布，安所云七十二家之封，而以奉秦皇汉武为乎！其失至我明然后一洒之，此亦古今得失之林也，作《狩典纪》。然自圣祖开基，厘正岳号，国有大庆，使使奉璧告焉，亦柴望之遗矣，作《望典纪》。介丘之胜久矣，城邑坛墠，或为墟莽，探奇怀古之士，有所感慨而踟蹰焉，作《遗迹纪》。夫山之守为神，三宫空洞之天，百灵之府也，神房阿阁，可谓侈丽矣，作《灵宇纪》。游屐之所登临，星轺之所陟降，有庐舍焉，作《宫室志》。夫岱，君子于是观土德也，芝草玉石，冥栖之侣耽焉，作《物产志》。夫自燕秦河洛之间，奔走奉祠，络绎殷赈，其丽不亿，洋洋乎神之为德也，有司稽其名数以备不常，又以当他赋焉[3]，作《香税志》。夫岱者，一州之镇也，然而吉凶之应，于国有关焉，作《灾祥志》。操觚之伦，原本山川，极命草木，于游得之，沨沨乎可以观也，作《登览志》。总之十有七卷，旁该寥廓，苞举珍瑰，缤纷浩侈，洞心溢目，闳哉博矣！故曰革旧而为新，因略以致详，旁搜遐考，以备人文，而标名胜，作者之志也。

於戏！天下之以山名者众矣，至于劖削刻画之趣，嵚崟窈窕之观，或具体于穹崇，若钟技于妙巧，亦皆标奇史牒，侈美声诗矣。况夫秩视王公，功侔造化，风云之所吐纳，万品之所育成者哉！何其宜有史而久未有也？岱得侍御公与大夫而后尊于史，岱尊于史，而公与大夫之名得以不朽于岱，

① “镇”，查志隆《岱史·岱史序》作“填”。
② “躔分”，查志隆《岱史·岱史序》作“缠纷”。
③ “他”，查志隆《岱史·岱史序》作“地”。

此宜金简玉策之藏[①]，而悬寓之钜观矣[②]，不亦盛哉！

大夫博雅有文，故为武林世家，以丙戌季夏月受书于侍御公[③]，纂述钩校，不数月而告成事，斯已勤矣。行不佞，家于岱畎，盖尝有意斯举，而力不能及。今也嘉侍御公与大夫之志，而幸岳之有以尊也，为叙诸简端如此[④]。

《岱史》自序

刘敕

岱之以史名，所以别于志也。志取备物已耳，史存褒贬之义焉。夫岱为五岳之长，史为传岱之书，乌所容其褒贬也。噫嘻！盖有之矣。岱为天之东柱，以发生万物为德，故寸云肤雨，时吐灵异。而世顾貌以人形，加以神号，称帝称王，恐山之灵弗耀也。岱本聪明正直，不享非礼之祭，故坛次陶匏，祀有定制。而世顾崇以云台，奉以瑶牍，检金绳玉，恐岱之神弗善也。岱为空洞之府，群仙所栖，故阿阁神房，杳然幽邃。而世顾践以壶觞，涂以翰墨，恐岱之色弗光也。且世主怀侈大之心，媚臣献封禅之说，六龙驾于祠坛，万骑匝于清野，而劳民病国，又莫此为甚矣。曩岭南谭侍御耀暨查鹾丞志隆、光孝廉之为史也，分星野，表形胜，纪灵迹，与夫赋税、灾祥，以及祭告、游览之文，岂不洒洒然备哉！其于历代封禅之得失，漫无短长，得不令龙门氏地下笑人乎！而后之劳民病国，行且阶之，俾赫赫青灵，反为民厉，则又载笔者之罪也。故星野、形胜、人物、灾祥，旧史所载者，惟稍稍考证，而特为之解岱宗，辨岳神，明祀典，斥累代之非，辨前人之妄，表我朝之盛美，以垂

① “宜”，查志隆《岱史·岱史序》作“亦”。

② “寓”，查志隆《岱史·岱史序》作“宇”。

③ “书”，查志隆《岱史·岱史序》作“画”。

④ 该句后，查志隆《岱史·岱史序》有“时万历丁亥正月上浣之吉”句。

百王之法戒。至若帝王卿相之祭告，游人骚士之题咏，亦不过补其缺漏，划其繁芜已耳。自丁卯冬受事以来，开馆列曹，分门别类，越一载而始竣。是役也，姑苏吕益公、司马宾首事檄下州剌史于君贞远，式余庐而请。而二三门士，李生联璧、赵生鳌、徐生万化，编次考订焉。书成，王素公司徒遂叙而梓之。

《泰山纪事》自序

宋焘

昔太史公足迹半天下，始有成书。上下数千百年，总括悉备，犹不敢自比于作者，曰“余所谓整齐其世传，非作也”。矧吾曹生泰山蓬蒿中，见囿方隅，识同井蛙，询及枌榆之故迹，业已茫然莫知，况六合内外，又何如矣？

维我岱宗[1]，自古号为名郡，无论守土之吏，扞牧拊循，有光竹素者，代不乏人。以至博雅清正之儒，葆真含和之士，抱芳完洁之贞，皆秀钟于山灵，行高于闾里。若彼缁黄者流，栖岳麓以全真，茹岱芝而自饱，徜徉方外，蝉蜕风尘，虽吾儒所不道，亦探奇者所必稽也。余乃遬览古牒，近参闻见，汇成一编。虽挂漏之诮在所不免，而千百什一之仅存，倘前事之不忘，后事之师耶！若曰会其大全，而要于至当，敬俟之博雅君子。

《泰山图志》自序

〔国朝〕朱孝纯

孝纯重被恩命，来守泰安。泰安古东鲁地，泰山在其封内，《诗》所称“泰山岩岩，鲁邦所詹”者也。顾惟庸虚，谬典名郡，实主七邑，

① “维”，宋焘《泰山纪事·自序》作“唯”。

早夜兢兢，思所以仰佐圣天子，理明治幽事万分之一。幸赖台府诸大吏仁贤，而僚属六七君子之交修而罔弃也。政洽人和，晏以无事，考图数典，乃喟然曰：是其所以为泰山者与！岱为岳宗，神曰青帝，帝出乎震，有长子之义焉。地居东方，大明生于东，又下上之所照临也[①]。出云降雨，既已仁体造化，而其雄威又足以驱役万灵，奔走一世，非第如四岳之静镇一方而已。天地定位，山泽通气，此是何等气象！作者猥欲以丸泥封函谷，人知其傎矣。盖府县旧各有志，语泰山事都不详。号专门者，则有明人查志隆《岱史》、孔贞瑄《泰山纪事》等书[②]。又率踳驳不中史法，以故泰山之面目终不显。夫扬榷古今，使封内名山不蚀简蠹，此真太守事也。爰求亡书，聘名士，同官协心，分曹授简，悉力搜剔，盖秉文者之研摩编削，凡阅岁余而始蒇厥事。勒为一书，命曰《泰山图志》。是役也，非敢遂儗诸纪泰山之牒，与赤文绿字相焜耀。然以观于上下四十余里中，隐辚郁律，延属施靡，星之繁然，井之划然，虽于岱宗大体势其一段，超鸿蒙，混希夷，朝晖夕阴，浑沦辟阖气象，仍是天地元气，不许漏泄。而其间觌缕根角，累累如贯，真可使万物皆相见乎离。《诗·鲁颂·闷宫》曰："孔曼且硕，万民是若。"先之以奚斯所作，斯志之成，岂徒以徼神贶。惟望秩之典，隆于庙享，而董正治官，设以方之奚斯，窃亦未肯多让。抑孝纯曩在蜀，尝游峨眉矣，峨眉高且倍泰山，时当冰横雪暗，独拔千寻之地，将倚尺五之天，颇自诩冠奇绝。今志泰山，弥复憬然。盖峨眉之高，逸而孤者也，孤则绝物，故惟道场占焉。泰山之高，廓其有容者也，有容斯能养人。嘻！此泰山之大，所以为群生托命。而发扬昭明，特迈诸岳，永跱亘古。乃至万乘降尊，百僚备列，玉瓒黄流，丰融肸蠁，苍帝之精，实苍生之福

① "所"字后，朱孝纯《泰山图志·序》有"以"字。

② 孔贞瑄"《泰山纪事》"应为"《泰山纪胜》"。

也。猗与盛哉！[①]

四库全书总目·《泰山纪事》三卷

明宋焘，字绎田，泰安州人，万历辛丑进士，官翰林院编修。此书一卷曰《天集》，记天神事；二卷曰《地集》，记古迹；三卷曰《人集》，记名宦人物。所言神鬼冥报，已涉荒诞。至泰山太守、泰安知州，为守土之官，柳下惠、王章、羊祜诸人，亦不过生长其乡，并未岩栖谷汲，乃概行摭入，不知于岱宗故事何涉也。

《泰山纪胜》一卷

国朝孔贞瑄撰。贞瑄有《大成乐律》已著录，是编乃其初官泰安教谕时，纪所游历而作也。大略仿《岱史》之旧，自万仙楼以下五十余则，每景各序其胜。其余诸山脉络与岱宗相属者，如尼山、防山、龟蒙、凫峄之类，亦咸入纪载。其舍身崖、社首、蒿里、封禅数条，持论颇不诡于正，然于封禅旧典，引据未能详洽。大抵议论多而考据少，其文格亦尚沿竟陵末派云。

《泰山道里记》一卷

国朝聂鈫撰。鈫字剑光，泰安人。是编前有自序，称生长泰山下，少为府胥，性嗜山水，每攀幽跻险，探稽往躅。因读刘其旋《泰山纪略》、成城《泰山胜概》，其中有一地两称，或名同地异，岩谷深阻，题刻为苔藓所蔽者，间遗而未录。近乃架梯刮磨垢蚀而求之，虽风雨寒暑弗惮其劳。又质之野老，参考群书，竭半生精力，汇成一编。提挈道里为纲领，分之为

① 该句后，朱孝纯《泰山图志·序》有“乾隆三十九年岁次甲午夏五月，泰安府知府、东海朱孝纯”句。

五，合之为一，曰《泰山道里记》。末有其从孙学文《跋》，称其搜讨金石之文，阅二十余年。凡诸记载所未详者，如：石经峪刻《金刚经》，据徂徕刻石辨为北齐王冠军书；唐《纪泰山铭》下截剥落，叶彬补书百八字；宋《述功德铭》，磨勒岱巅，铲毁原碑，字犹存；介邱岩、分水溪及古明堂，均失核蓄疑；又肃然山、奉高城、季札子墓与白骡冢，俱误指其地；汶泮三溪诸水，皆牵混源流；岱背昆瑞、灵岩诸山，因隶他县而未录；并逐加考验，辨讹补阙。盖以土居之人，竭平生之力，以考一山之迹，自与传闻者异矣。

抑周官地图，与地志埒重，而后之九朽一罢者，必藉名山水供卧游，则图宜考也。《宋史·艺文志》有《岳渎福地图》一卷，《五岳真形图》一卷，《五岳真形论》一卷。《通考》亦有《五岳图》一卷，《五岳记》一卷。考《汉武内传》，西王母与上元夫人降，汉武帝视其巾器中有小书，乞览。母曰："此《五岳真形图》也，乃三天太上所出，岂汝所宜佩乎！"帝乞不已，与之，藏柏梁台。《洞冥记》云：李充，冯翊人，自言三百岁，荷草畚负《五岳真形》而至，帝礼待之，号负图先生。《抱朴子》云："凡修道之士，栖隐山谷，须得此图佩之[①]，则鬼魅虫虎一切妖毒，皆莫能近。"又云："或佩之，渡江海、入山谷，或夜行宿凶房，邪魔魑魅罔两，悉皆隐遁。虔供居地，必获祯祥。"今其图具存，识所由异，而《抱朴子》谓其"峰峦起伏笔端，殆难测也"。《岱史》云：类古符篆，必有所自。又有《东岳图》，不知何人作。明成化时，王以宾并《真形图》重摹上石，旧立岱庙，今移置县土地祠。万历甲寅又刻石，今在岱顶青帝宫东廊，其图小异，未审即《宋史》所载否。

① "此"，《岱史·图考》作"五岳真形"。

岱廟五嶽真形圖

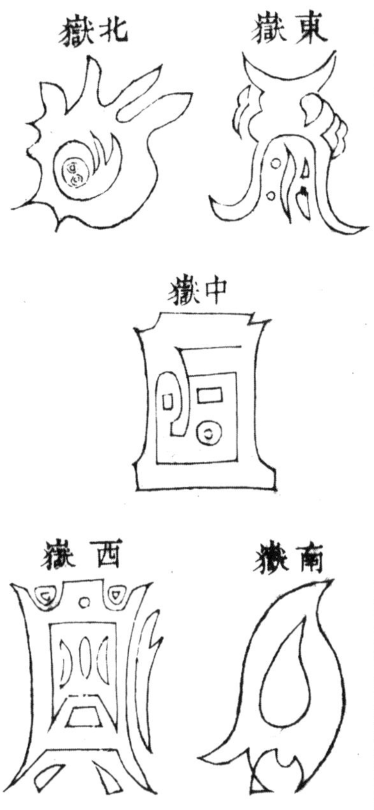

岱頂五嶽真形圖

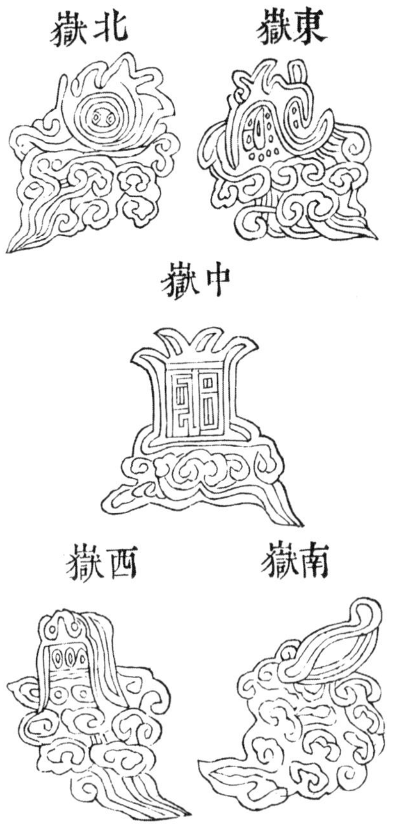

岱庙五岳真形图：

右图，勒元《张宣慰游泰山记》碑阴。

岱顶五岳真形图：

右图，为明万历甲寅刻石，与《岱史》小异。案《岱史》作于万历丁亥，在此碑之前二十八年。所绘《真形图》传世已久。而此碑摹勒，必非无据，因并绘缩本，以资互证。

五岳真形图歌

〔国朝〕施闰章

五岳足迹谁能遍，五岳真形谁所见。岱宗山下岳祠东，镌瑶刻玉穷鬼工。紫泥拓就珊瑚色，高堂日射扶桑红。璇宫银阙森仿佛，群仙玉女纷相从。禹鼎沉沦多不若，山林佩此百神却。丹灶思寻勾漏砂，灵岩定采天台药。陟岳寻仙思汉武，茂陵寂寥一抔土。倘许吾曹有仙骨，君现真形与君语。

封禅妄言图谶，故今亦不传。《史记》称，徐偃、周霸属图封禅事，上黜不用。又云，济南人公玉带，上黄帝时明堂图，今不可见。然所云盖茅通水，马端临以为近古也。《汉书》注："公玉，姓[①]；带[②]，名。《吕氏春秋》：齐有公玉丹，此盖其旧族，而说者读'公玉'为'宿'，非也。单姓玉者，后汉司徒玉况，自音宿耳。"《玉海》云：刘禹锡为裴相公进东封图表。臣谨案开元十三年，玄宗以天下太平，登封东岳，声明文物，振耀古今。伏唯陛下丕承景光，再阐鸿业，祖宗盛事，绍复有期，臣所以编成此图，辄敢上献。至于绘画躬自指挥，证史氏之文，纂礼容之要，山川气象悉拟真形，羽卫威仪咸稽故实。蒙案：此与韩公纪泰山之封，镂白玉之牒，皆因是时河朔阻命，劝成恢复，与从谀者有异。至于大中祥符初，夏侯晟上汉武封禅图，绘金匮、玉匮、石磏、石距之状，咸有注释及封禅日。张知白请以泰山瑞绘图秘府，传示不朽。祥符二年三月辛酉，王钦若上泰山花卉图二，凡二十种，请送昭应宫绘壁，从之。十二月辛丑，三司使丁谓、翰林学士李宗谔等，上泰山登封、社首降禅、朝覲图三，祥瑞图百五十二。昭宣使刘承珪又上天书仪仗图一，列于滋福殿。三年正月丁丑，内出封禅三坛及祥瑞图于朝堂示百官，则如小儿作剧，乃欲跻之大训天球，不亦诬乎！

《艮斋倦稿》云：黄鹤山樵王蒙叔明，洪武初牧泰安，厅事后有楼，面泰山，蒙张素绢于壁，兴至捉笔，三年图成。有陈汝言者，夙善画，一日过访，方展图，雪大作，欲改雪景而难于设色，沉思久之，为小弓夹粉笔

① "姓"字后，《汉书·郊祀志（下）》颜师古注有"也"字。
② "带"字后，《汉书·郊祀志（下）》颜师古注有"也"字。

张满弹之如飞舞。蒙遂叫绝曰："岱宗密雪图。"盖不可得矣（绳武案，陈汝言字惟允，时为济南经历都。元敬《谈纂》内述有此事）。

岱宗密雪图赋

〔明〕姚绶

猗与泰岱，维岳之宗，轶溟涬，超鸿蒙，走凫绎，奔龟蒙。干乾元而直上，奠坤维于大东。肆燔柴以致望，因吉土而升中。克禋严乎周礼，登禅卑乎汉封。既天下之为小，岂齐鲁之班隆。伊何参其崔嵬，抑孰擅其尊崇。曷征求于岣嵝，匪幻惑于崆峒。谷风扇而春绿，海日生而潮红。涧壑纷乎其争流，巑岏蔚乎其相通。披丰草之委翳，蔼嘉木之菁葱。故于景也，宜有密雪。云同一色，霰集维结。飙尔飘扬霏微，零乱激烈。颠崖扑簌，流泉明灭。仆夫旋其役车，室人寒其傍穴。尔乃牛羊下来，飞鸟回绝。乃冈乃巘，高平莹洁。乃纪乃堂，迂远昭晰。皎长风之玉树，凝大块之琼屑。若夫庙貌孔硕，朱甍飞翚。晃素光之玲珑，荡清景之依稀。羌若坠梨花于夜径，沾柳絮于春衣。金城澹而失色，银海眩而生辉。于斯时也，剡曲之舟未返，洛阳之枕方安。又岂知岱宗地位之若是其宽欤！盘旋起伏，崒嵂巑岏。仰止是图，行止斯干。嗟攀跻之罔由，托绘事以纵观。在昔黄鹤山樵，为州郎官。高古意趣，付之笔端。阅九寒暑，始克告完。由点染之神妙，度布置之艰难。前保有者，宛邱后人。什袭爱护，缣墨如新。洞物情之靡常，齐理数之屈信。慨楚弓之得失，扩襟抱于无垠。粤维云东，仙馆所峙。其中虚明，储古图史。壬寅卯月，爰记得此。喜而作赋，貂续先士。为岱宗以敷陈，寿作者于不死。乌乎！维岳降灵，生周申甫。屏翰于国，炜煜于古。笃生贤哲，世步其武。如樵隐沦，研颖是伍。发秘藏于庖牺，首履历于神禹。追辋川之逸驾，闯北苑之艺圃。故予睹天机之流动，惜良工之心苦。盖将自游艺而充广，收造化之众府。

国朝有金枚仲者，为赵仁圃宗伯作《岱宗邱壑图》十八帧，仁圃凡三题之。其后朱孝纯亦有《泰山图》勒石岱庙，语详“总览”之三。

题金枚仲全岳图

〔国朝〕赵国麟

鹤发老翁同余好，千岩万壑藏怀抱。长臂移来七二峰，矗立窗东青浩浩。下蟠坤轴镇地维，上拂羲驭映晴昊。西走昆仑势欲连，东趋溟渤影如倒。九龙飞舞天门左，丈人独立吴观表。崖松不涛六月寒，洞云未雨瀑垂缟。黄现西回凤翔下，石经亭子水云岛。吕公王母会瑶池，飞泉乱落水淼淼。傲来插天仙掌露，蔽亏西麓招提绕。当前古树抱楼台，山椒曲砌登山道。我昔垂髫捧杖时，追随陟降酬尼祷。渐长渐成山水癖，时结同人事幽讨。穿云醉踏青芙蓉，冒雨登峰拾瑶草。北窗坐对快怡神，贫儿暴富饥肠饱。十年不睹故人面，梦中犹自记了了。半人久乏济胜具，探奇选胜迹如扫。一旦床前可卧游，何当缩地逞神巧。金子金子公不愚，拍手大笑移山老。

题泰安赵相国泰山全图

颜肇维

元化宰天地，混茫既已分。扶疏孕灵气，四岳代为尊。德至则封禅，七十有二君。虞巡与周狩，大礼明堂陈。我昔壮年日，振衣升其巅。铁锁悬仄径，云流手可扪。破石开瀑布，白界青松痕。日观小天下，鸡鸣扶桑暾。东皇抱我宿，沆瀣相吐吞。东溟化朱海，万里金波掀。俯视辨汶泗，回瞰鲁北门。吴练渺何许，秦石犹复存。相传桐柏顶，不及兹山根。故知挟土壤，岂恃形嶙峋。自与梁父别，奄忽四十春。年来宦京邑，获接莲府宾。相公宋室胄，世为南城人。结庐山之阳，致君精鲁论。夙望瑚琏器，共推社稷臣。请君六合雨，未过肤寸云。尚闻出山日，郑重别南村。画山呼枚仲，下笔如有神。丹青十八叶，十年功始完。从此逐几杖，密于平生亲。载之过瀚海，载之历八闽。载之居皖江，载之上平津。衡华不敢拟，龟蒙尽儿孙。冉冉孤生竹，其节何巑岏。每当休沐出，时复怀故园。短歌以摅意，持示颇殷勤。何物鞭大石，卷缩不盈端。昔游未得半，今乃观其全。始知神灵宅，真遇诚为难。中有仙人桥，仿佛石梁悬。中有仙人影，仿佛石室颜。乞身倘更至，投策龙池边。青冥四万丈，惧非衰朽干。公为泰山主，高风迈三贤。我亦从之去，勿怪其痴顽。

论曰：符子云：登乎泰山，下临千仞之渊，上荫百丈之松，萧萧然神王一丘矣。言不出乎耒耜，心不过乎俗人，其犹木犬守户，瓦鸡司晨也。陈季方云：譬如桂树，生泰山之阿，上有万仞之高，下有不测之深，上为甘露所霑，下为渊泉所润。当斯之时，桂树焉知泰山之高，渊泉之深！况夫游息瞻瞩于其间，固宜以道德文章著者如前所述也。不然，居高而识卑，将如符子所讥矣。

岱览卷第三十

博览三（卷三十）

虞衡

金石　材木　蔬果　药草　花卉　鸟兽　虫鱼　总论

《山海经》：禹曰，天下名山，经五千三百七十山，六万四千五十六里，居地也。言其《五藏》[①]，盖其余小山甚众，不足记也[②]。天地之东西二万八千里，南北二万六千里。出水之山者八千里，受水者八千里，出铜之山四百六十七，出铁之山三千六百九十。此天地之所分壤树谷也，戈矛之所发也，刀铩之所起也。能者有余，拙者不足。封于太山，禅于梁父，七十二家，得失之数，皆在此内，是谓国用。《传》云：山林之木，衡鹿守之；泽之萑蒲，舟鲛守之；薮之薪蒸，虞候守之。泰山广袤百余里，络灵岩、徂来，且数百里，济、潍、汶、澜潦其间，非所谓高山大薮广川、能生良材者哉！

《禹贡》曰：岱畎，丝、枲、铅、松、怪石。孔颖达云：岱山之谷，有此五者，美于他方，故贡之也。陆德明云：怪石，碔砆之属。林氏曰：怪石可为器用之饰，非玩好也。《尔雅》云：中有岱岳与其五谷鱼盐生焉。注云：泰山有鱼盐之饶。疏言：五谷，黍、稷、麻、麦、豆也。泰山东近海。《禹贡》：海、岱惟青州，厥贡盐絺，海物惟错。言其饶多非一种。道书《福地记》曰：泰山多芝草、玉石。长津甘泉，信乎宝藏货殖之区也。

---

① “藏”，《山海经·中山经》作“臧”。

② “也”，《山海经·中山经》作“云”。

乃自今观之，石山鲜茂林，刚风罕宿羽，寒窟无群兽，危岩深涧，讵复有良玉、仙芝？盖在查志隆时已云然矣。即王弇州记玉皇顶，宋绎田记白鹤宫，皆有柏数百株，今悉童濯，此其故何哉？

《周礼》：山虞掌山林之禁令[①]，物为之厉，而为之守禁。泽虞、林衡亦如之。至于迹人、卝人、掌翮、掌葛，虽至纤悉，必有限制。故曰：山不槎蘖，泽不伐夭，鱼禁鲲鲕，兽长麑麌，鸟翼鷇卵，虫舍蚳蝝，蕃庶物也。他处且然，况泰山乎？

秦儒议封禅，犹云恶伤山之草木土石。始皇燀虐，除车道，甚且赭其山。汉以下，多为五岳禁刍牧采樵。史称唐开元十三年，去泰山十里禁樵采。后晋天福二年，诏断岳镇樵苏。宋祥符元年，诏泰山四面七里，并社首、徂来俱禁樵采。《从征记》云：苑囿神奇，故无螫虫猛兽。而汉武、宋真皆从远方所献珍禽奇兽，虽其事或不可训，亦足以明峻极发育之隆也。故汉有山虞长，五代有岱岳镇使、都虞候，宋有巡山侍禁、巡山供奉等职，见于记籍、碑铭。

金章宗时，山东多盗，潜匿泰山岩穴间，按察司请刊除林木，统军使曰：岱宗，王者受命，封禅告代。国家虽不行其事，山亦不可赭也。议遂寝。自是后，经兵燹，重以利民戕伐，工役镵毁，浸失其旧职，虞衡之官废故耳。

然以土会之法，辩五地之物生，虽今昔异宜，犹有可案籍稽者：一曰金石，二曰林木，三曰蔬果，四曰药草，五曰花卉，六曰鸟兽，七曰虫鱼。

《山海经》云：泰山，其上多玉，其下多石[②]。又云：环水下多水玉[③]。《汉书》云：泰山见黄金。《魏志·高堂隆传》云：凿泰山之石英[④]。《太平

① “禁”，《周礼·山虞》作“政”。

② “石”，《山海经·东山经》作“金”。

③ 该句，《山海经·东山经》作“环水出焉，东流注于江，其中多水玉”。

④ “泰山”，《三国志·魏书·高堂隆传》作“太行”。

御览》云：紫石英，自大岘至泰山皆有，泰山所出尤瑰玮。《名医别录》云：白石脂、赤石脂、遂石并生，泰山阴白石英大如指，长二、三寸，六面如削，白澈有光。《政和本草图经》云：兖州云母，一名云珠，色多赤；一名云华，五色具；一名云英，色多青；一名云液，色多白；一名云砂，色青黄；一名磷石，色正白；生太山山谷。又云：太乙余粮石、龙芮石、钟乳石、硫黄、滑石、长石、洛石，并产岱。玄石生泰山之阳，山阴有铜，白者雌，玄者雄。《池北偶谈》云：张华东公延登，崇祯丁丑三月游泰山，宿大汶口，偶行饭至水滨，见水中光芒特异，出之则一石，可尺许，背负一小蝠、一蚕，腹下蝠近百，飞者、伏者，肉羽如生。蚕右天然有小凹，可以受水，下方正受墨，因制为砚，名"多福砚"而铭之。《尔雅》：蝙蝠，服翼。郭璞：齐人呼为蟙蠌。故又名蟙蠌砚。公门人刘文正理顺、马文忠世奇、夏考功允彝诸公，皆有铭赞，亦奇物也。

《历城志》云：羊肝石，产仙台山，可以磨镜、磨针，石出交战峰。上水石，出袁洪峪及涌泉庵。有甘子土，出塔山及苦洪峪，可以和饧。《考古录》云：汉时济南为产铁之地。《后汉志》言：东平陵有铁，历城有铁。又《韩棱传》：肃宗赐陈宠宝剑，曰："济南椎成。"注：椎，直追反，汉官作锻成。是不惟产铁，又出名剑。今灵岩寺之铁袈裟，其精英发见于地上者也。《灵岩志》云：雨花岩产上水石。《道里记》云：金井河可采白金。而《东坡集》云：徂来珠子煤，自然有龙麝气。以水调匀，以刀圭服，能已鬲气、除痰饮。专用此一味，阿胶和之，捣数万杵，即为妙墨，不俟余法也。陈公弼在汶上作此墨，谓之"黑龙髓"。此皆金石之特产者也。

蟙蠌砚铭

〔明〕张延登

文曰：泰山所钟，汶水所浴；坚劲似铁，温莹如玉。化而为鼲，生生百族；不假雕饰，天然古绿。用以作砚，龙尾继躅；文字之祥，自求多福。

右铭砚，今未知所在。

请开煤窑疏

〔国朝〕赵国麟

窃以民生衣食之源，无事不上廑宸衷。凡可以遂民之生、利民之用者，多方筹画，逐一举行。而臣下一得之愚，苟有裨益于民用者，亦悉蒙采纳。臣以为，民非水火不生活，百钱之米，即需数十钱之薪，是薪、米二者相表里，而为养命之源者也。东南多山林之区，柴薪尚属易得。北方旱田，全籍菽米之秸为炊。苟或旱潦不齐，秫秸少收，其价即与五谷而并贵。是民间既艰于食，又艰于爨也。若煤，固天地自然之利，有不尽之藏，资生民无穷之用，大江以北所在多有。即臣籍泰安、莱芜、宁阳诸郡县，悉皆产煤，此臣所素知者。特以上无明示，地方有司恐聚众滋扰，相沿禁采，遂使万民坐失其利。臣窃见京师百万户，皆仰给于西山之煤，数百年于兹，未尝有匮乏之虞、聚众生事之处，何独不可行于各省乎？臣请敕下直省督抚行令各地方官查勘，凡产煤之处，无关城池龙脉及古昔帝王圣贤陵墓，并无碍堤岸、通衢处所，悉听民间自行开采，以供炊爨。照例完税，地方官严加稽查，如有豪强霸占，地棍阻扰，悉置于法。将见煤禁一驰，费值少、取用宏，民之获受利益永永无穷矣。为此，具折奏请，伏祈皇上睿鉴实行。

木以松为长。《诗》：徂来之松、新甫之柏。《博物志》云：松本石气，石裂而受沙，即产松。松三千年更化为石，泰山多松，亦以多石耳。又云：松脂沦入地中，千岁为茯苓，泰山有之。《水经注》云：《诗》谓徂来之松，《广雅》曰：道梓松也。《抱朴子》称：《玉策记》曰：千岁之松中有物，或如青牛，或如青犬，或如人，皆寿万岁。又称：天陵有偃盖之松，所谓楼松也。鲁连子曰：松枞高千仞而无枝，非忧王室之无柱也。《尔雅》曰：松叶柏身曰枞。《邹山记》曰：徂崃山犹有美松。《泰山图志》云：十八盘两峡口，各有松数百株，苍翠相掩，里人名为对松。自峪以上，松益老，他树殊不相敌。盖至此则玄云宿雾，孤寒不受春花矣。《从征记》云：泰山庙中，柏皆二十余围，夹两阶。赤眉尝斫一树，见血而止，今斧创犹在。《后汉书》云：蔡邕行泰山，见爨桐，闻爆声，曰：此良木也，取而为琴。又《山海经》云：泰山多贞木，一名冬青。《埤雅》云：柘宜山石，柘之从石，义取此。齐景公为弓，称泰山乌号之柘。《岱畎图经记》云：岱宗之阪，有秦人之松、汉人之柏。又云：玉符之山上多栝柏，多椒。《考古录》云：《乐毅报燕惠王书》：蓟邱之植，植于汶篁。潘岳《笙赋》：邹鲁之珍，有汶阳之孤筱焉。而《古诗》亦云：冉冉孤生竹，结根泰山阿。《灵岩志》云：灵岩多千岁檀，此并材木之足采者也。

徂徕之松赋

〔明〕程大约

惟灵山之嵯峨，挺贞松之蹇产。傲冱寒之雪霜，凌排空之崿巘。贯四运以不雕，历千年而长衍。条盘结而益密，枝纷披而弥远。形如鸾凤，势若虬龙。象亭云之霭霭，类偃盖之童童。抽纤茎以森竦，布芳颖之青葱。迎轻飔而发响，俨静夜之丝桐。上有翠实素髓，离离馥馥，偓佺食而养性，永籍名于仙箓。下有青牛紫苓，灵药异兽，探玉策之秘记，延万龄之长寿。然彼苍烟，以代漆书，陋魏台之石墨，超汉室之隃糜。

果之美者，则《酉阳杂俎》云：济南郡东南分流，山上多杏，大如梨，黄如橘，土人谓之汉帝杏，亦曰金杏。《岱史》云：山果有梨、栗、枣、柿、梅、杏、桃、李、柰、石榴、银杏、樱桃、林檎、核桃、葡萄、羊枣、文官果、无花果诸品，多植于岳址园林。其在岳者，多野生，曰山榴、弥桃、野棠。《岱畎图经记》云：黄山多枣橡之实。

《近游草》云：野人献木瓜，色香殊伦，询之产自徂来。蔬之莳于畦圃者，弗志。《岱史》云：野生曰荠、荼、藜、藿、蘧、芹、枸杞、椿、楝、榕、栾，芽俱可菹，香美并异，八麻树芽和糜粥亦佳。曰枸骨芽，曰蒡春，土人甘之。又云：茶，薄产岩谷间，山僧间有之，而城市则无也。山人采青桐芽，曰女儿茶。泉崖阴趾，茁如菠薐者，曰仙人茶。皆清香异南茗。黄芩，芽时为茶，亦佳。《本草图经》云：石蕊，生泰山石上，如花蕊，盖苔衣之属也，其味如茶。王隐《晋书》：唐褒入泰山，食木实饵，石蕊以代茗，遂得长年。《泰山纪事》云：宋政和中，赵鼎臣等遇张景岩，景岩袖中出茯苓、松药佐酒。此皆林峦之品味也。

若乃药草之著于《图经》者：远志、天门冬、千岁虆、徐长卿、草龙骨、松肪、柏实、茯苓、丹参、茵陈、茵芋、女菀、狼毒、连翘、藜芦、泽漆、瞿麦、香附子、元胡索、天麻一名赤箭，旧传竹林寺老僧种参化为天麻，故生竹林者尤良。又景天一名慎火，或盆养置于屋上，可以辟火。《闻见录》云：宿野人之庐，前有药灶，地多鬼箭、天麻、元参之类。于慎行亦云：岱宗之西多五色芝，多赤箭，服之已人风疾。《国策》云：求桔梗、柴胡于睪黍、梁父之阴，则却车而载。《纪胜》云：徂来生九节菖蒲，特异他产，刀圭效灵，悬壶者必求焉。

花卉，则《岱史》所录牡丹、芍药、紫薇、凌霄、夜合、辛夷、长春、栀子、玉簪、萱、葵、腊梅、蔷薇、鸡冠、莺粟、山丹、月季、兰蕙、茨菰、石竹、菊百余种。蔓生于树曰藤，花可蔬。鹿葱花，别名曰黄花菜，味美。虽皆恒有，足供赏玩。

鸟兽，博育于山谷，书史所详。则《山海经》云：泰山有兽[①]，状如豚而有珠[②]，名曰狪狪，其名自訆[③]。《玉篇》云：泰山兽，名犻，如牛，一角。《别录》云：英鸡，常食碎石英，故名。人服之最补，取英之功也。《岱史》

① 该句后，《山海经·东山经》有“焉”字。

② 该句前，《山海经·东山经》有“其”字。

③ “名”“訆”，《山海经·东山经》作“鸣”“詨”。

云：鸟，多野鸽，巢岩穴及岳祠，榱题多鸠雀，有莺、鸮、鹰、鹯、鸦、鹊，惟岳祠无鸦。曰山僧，声如念佛。曰红娘子，色如胭脂。曰拖红练、拖白练，皆以尾色名。有雉鸡、山鸡、野鸡、鹧鸪、黄鹂、鹌鹑、翡翠、布谷、画眉，有翠羽、褐衣如画眉者。汶有鸳鸯、鹭鸶、鸬鹚、鹡鸰、野鹜。兽有獐、狍、獾、兔。兔有两其足者，不能走，每跳一二丈许，曰跳兔。有黄鼠、苍狐。白狼在深山穷谷，而登封之地无之。此其可考者也。

狪狪赞

〔晋〕郭璞

蚌则含珠，兽胡不可。狪狪如豚，被褐怀祸。患难无繇，招之自我。

《图经》云：蛞蝓一名蜗牛，生泰山池泽。又云：石密多在泰山石窟中，有经一二年者，气味醇厚，入药良。《别录》云：伏翼即蝙蝠，生泰山川谷，食诸乳石精汁，皆千岁，纯白如雪。《县志》云：山蚕出泰山东北麓。石鳞鱼生石涧中，长四五寸许，色似银，多脂而骨柔，善惊匿，钓者常以暮夜。又有赤黑色者。石蟹，大于当三钱，杂溪石间绝多。此又虫鱼之可珍者也。

论曰：《周易·是类谋》云：泰山失金鸡。注：金鸡，泰山之精。则莫知为何物。而宋真宗封禅还，作乐章，纪五瑞：一曰醴泉，二曰神芝，三曰庆云，四曰灵鹤，五曰瑞木，则概由傅会。然不特此也，即记录诸产，案图索骥，讵可尽致乎！

我朝诏除香税后，每春秋，祈赛磨至，太守辄置一佐僚弹压泰山，以牒上之监司，而殿最之，亦古虞侯意也。使诚修其职，阜财蕃物，俾古人所谓山东富饶甲天下，利赖于泰山者，信而有征，非《周官》“九职任万民”之大端哉！

岱览卷第三十一

博览四（卷三十一）

齐谐

祥祲　神异　物怪　总论

和圣有言：山林、川谷、丘陵，能出云雨，见怪物，载于祀典者，谓之神。孔子亦曰：山川之神，足以纪纲天下者，其守为神。管仲曰：沈有履，灶有髻。户内之烦壤，雷霆处之；东北方之下者，倍阿蛙蠪跃之；西北方之下者，则泆阳处之。水有罔象，丘有峷，山有夔，野有彷徨，泽有委蛇。由斯以谈，宇宙间气化流行，真精聚散，兆而为吉凶，幻而为鬼物，皆其诚之不可掩，而足与人事修悖相感通，非探之杳而索之冥也。任昉《述异记》：俗说盘古氏头为东岳。《史记·天官书》望气经云，渤海碣岱之间，云气正黑色。世之巫史稗官者流，好为揎攘大言，以蹈语怪之戒，而局蹐寻尺者。至于皇极庶征之符，铸鼎备奸之用，亦疑为虚迂不敢道。蒙以为二者皆非也。夫古称望祀遍及山川，成周震叠，百神受职，是知凡巨渎名乔，莫不分司上帝，镇摄生灵。况泰山为四岳宗长，超鸿蒙、混希夷、妙变化而宏长育者乎？谨备述历史所载休咎之文，诸家所记冥感之迹，物类之奇、切于岱故者，俾考览者得以采择焉。

其征为祥祲者，《竹书记年》云：夏帝发之七年，泰山震，是年桀立。《述异记》云：桀时，太山山走石泣。先儒说：桀之将亡，泰山三日泣。今泰山石，远望之若人泣，盖是也。周武王谓周公曰：桀为不道，走山泣石。《拾遗记》：成王即位四年，旃涂国献凤雏，载以瑶华之车，驾赤象，至京师，育于灵禽之苑。及成王封太山、禅社首，文采炳耀中国，飞走之类不复喧鸣，咸服神禽之远。六年，燃丘之国献比翼鸟，雌雄各一，以玉为樊，使者皆拳头、尖鼻，衣云霞之布，如今朝霞，历百余国。十五年，乃至。成王封泰山、禅社首，比翼鸟多力，状如鹊，衔南海之丹泥，巢昆岑之玄木。遇圣则来集，以表周公辅圣之祥异也。《子华子》云：周公作，成周定鼎于郏鄏，修和周郊。于是吾之宗君，荐其所以为祥者，曰太山之器车也。《礼运》：山出器车。注谓：若银瓮丹甑也。《礼纬·斗威仪》：其政太平，山车垂钩。注云：山车，自然之车。垂钩，不揉治而自圆曲。《家语》注：象车也。《孝经援神契》：德至山，则山出木根车，应载万物。《汉武纪》：太始二年三月，诏：有司议曰：往者，朕郊见上帝，西登陇，首获白麟。渥洼水出天马，泰山见黄金，宜改故名。今更黄金为麟趾、褭袅蹄，以协瑞焉。《汉书·郊祀志》：有星孛于东井，后十余日，有星孛于三能，望气王朔言：后独见填星出如瓜，食顷，复入。有司皆言：陛下建汉家封禅，天其报德星云。《魏相传》云：元鼎二年，平原、渤海、太山、东郡，溥被灾害。《风俗通》云：孝武皇帝封，广丈二尺，高九尺，其享曰：皇帝敬拜泰灵，其夜有光如流星。柳宗元《贞符》云：汉用大度，克怀于有氓，兹其为符也。妄臣上引天光，增以驺虞神鼎，俾东之泰山石闾，作大号，谓之封禅。汉《眭宏传》：孝昭元凤三年春正月，泰山、莱芜、山南，匈匈有数千人声，民视之，有大石自立，高丈五尺，大四十八围，入地深八尺，三石为足。石立后，有白乌数千，下集其旁。刘向《封事》云：冠石立于泰山，而孝宣帝即位。臣瓒曰：三石为足，一石在上，故曰冠石也。《汉书》又云：宣帝元康元年三月，凤皇集泰山。三年春，神爵集泰山。赐诸侯王、丞相、将军、列侯、二千石，等帛有差。赐吏爵二级、民一级，女子百户牛酒，鳏、寡、孤、独、高年帛。成帝河平元年，泰山山桑谷，有鸢焚其巢。郡人孙通等闻山中群鸟鸢鹊声，往视，见巢爇，尽坠地，中有三鸢，鸢焚死。树大四围，巢去地五丈五尺。《易》曰：鸟焚其巢，旅人先笑后号咷。京房《易传》云：人主暴虐，鸟焚其巢。其后飞燕专宠，后宫有子者杀之，并杀其母。帝崩，后坐诛。此焚巢杀子后号咷之应也。《许皇后传》云：五月庚子，鸟焚其巢太山之域。王者处民上，如鸟之处巢，百姓畔而去之，若鸟之自焚也。《后汉书》：光武建武中元元年，泰山云气成宫阙，时方封禅。《汉官仪》云：世祖封禅，有白气一丈，东南极望正直，坛所有青气上与天属，遥望不见。此瑞命之符也。章帝元和二年二月己未，凤凰集肥城。辛未幸泰山，柴告岱宗，有黄鹄三十从西南来，经祠坛上东北过，于斋宫翱翔升降。至桓帝延熹四年六月庚子，岱山及博、尤来山并颓裂，未几而汉亡矣。

《拾遗记》云：魏明帝，太山下有连理文石，高十二丈，状如柏，上下合而中开，望若真树也。父老言，秦末二石相去百步，芜没无有蹊径，及魏帝之始，相近如双阙。土主阴类，魏为土德，斯为灵征。《晋书·五行志》：武帝泰始四年七月，泰山崩坠三里。京房《易传》云：自上下者为崩。泰山之石颠而下，厥应人君辱圣人受命。太康二年六月，泰山大水，荡析三百余家，溺死六十余人。（绳武案：《晋书通志》皆作流三百余家，杀六十余人，独《通考》作六千余人。以太始七年，河洛伊沁溢，流居人四千余家，杀二百余人例之，自当以六十为是。）时平吴后，王浚为元功而诋劾妄加，荀贾为无谋而并蒙重赏，收吴姬三千，纳之后宫，此其应也。成帝咸康八年，有石然于泰山，八日而灭。时赵石虎建武八年，后虎旋败。宋孝武帝大明元年，白雀见泰山。《魏书·灵征志》云：延昌三年八月辛巳，兖州上言：泰山崩，颓石涌水十七处。泰山，帝王告成封禅之所也，而山崩泉涌，阳黜而阴盛。岱又齐地也，天意若曰：当有继齐而兴受禅让者，齐代魏之征也。武定六年四月，泰山甘露降。凡祥异杂见，皆略与时事相征。《隋书·五行志》：后齐天统初，泰山封禅坛，玉璧自出，近白祥也。岱为王者易姓告代之所，玉璧所用之币而自出，将有易姓王者用币之象。其后齐亡，地入于周。及隋文受周禅，天下一统，焚柴泰山告祠之应也。然开皇十四年，将祀泰山，令使者致石像神祠，未至数里，野火欻起，烧像碎如小块。时帝颇信谗言，猜毁骨肉。滕王瓒失志而死，创业功臣多被夷灭，故天见变，而帝不悟，其后太子勇竟被废戮。

《唐书》：高宗永徽二年七月，泰山大水。玄宗开元十三年封禅。先是车驾至岳西来苏顿，有大风从东北来，自午至夕，裂幕折柱，众恐，张说倡言曰：此必海神来迎也。十一月戊子，雄雉驯飞泰山斋宫。《册府元龟》云：有雄野鸡飞入斋宫，驯而不去，久之，飞入仗卫，忽不见。邠王守礼等贺曰：臣谨案旧典，雌来者伯，雄来者王。又圣诞酉年，鸡主于酉，斯盖王道遐被，天命休祯。臣请宣付史馆，以昭灵贶，从之。夫封禅以告成功，祀事无重于此者。而野鸟驯飞，不忌禁卫，不祥实甚。天宝之乱，其基此矣。《寰宇记》云：玄宗登封之夕，凝氛昏晦，迅风激烈。皇帝出斋宫，露立以请，及明清霁，旗常不摇。事毕至山下，日光重戴，明曜五色，千官称贺，其日大赦。以灵岳昭感，封泰山神为天齐王，则符应之说也。《宋史·五行志》：艺祖乾德二年七月，泰山水，坏民庐舍数百区，牛畜死者甚众。《玉海》云：真宗大中祥符元年五月，王钦若奏泰山醴泉出。丁丑，王母池水变红紫色。六月乙未，天书见醴泉北。冬十月戊申，王钦若献泰山芝草三万八千五百本。十二月丁酉，内出泰山封祀上尊酒及玉女、白龙、王母池新醴泉，赐辅臣。三年正月壬戌，内出泰山芝草赐辅臣，人十本。四年，以泰山芝草装宝山二百，每山十一本。六年十月，泰山兴工，有鸟状乌，嘴趾皆赤。役夫稍憩，即飞鸣作起之声。众工见其来，畚锸争进。将晡而去，日以为常，目为催工鸟。

《宋史》云：时群臣数奏祥瑞，龙图阁待制孙奭上疏曰：五载巡狩，《虞书》常典，观民设教，义《易》明文。何须紫气黄云始能封岳？嘉禾异草然后省方？今野雕山鹿，并行奏简。秋旱冬雷，率皆称贺。将以欺上天，则上天不可欺；将以愚下民，则下民不可愚；将以欺后世，则后世必不信。腹诽窃笑，有识尽然。上玷圣明，不为细也。惟仁宗嘉佑三年七月，泰山上瑞麦五百本，一本凡五岐，以视祥符，时博设瑞物，以文饰太平者何如也？元世祖至元九年九月，泰山淫雨，河水溢。成宗元贞元年六月，泰山大水。武宗至大元年九月，亦如之。仁宗延佑元年三月，泰山大雨雪三日，陨霜杀桑。六月，大水害稼。文宗天历元年，顺帝元统元年，皆大水。至正六年二月，泰山地震七日。明宣宗宣德三年三月，泰山庙火。宪宗成化二十一年春，泰山屡震。王鏊《震泽记闻》云：成化中，梁芳、韦兴等言于昭德，劝上易储。会泰山震，内台奏曰：泰山东岳，应在东朝，得喜乃解。上曰：彼亦应天象乎？曰：陛下即上帝，东朝上帝之子也，何谓无应。上首肯，始诏为东朝选妃，不复易太子矣。武宗正德十六年三月，岱庙东廊火。世宗嘉靖十六年六月，泰山水，飘溺数百人。二十九年十二月，岱庙火。三十年六月，泰山大水，御帐坪决。神宗万历十四年四月，碧霞宫内香众践踏，死者六十一人。二十五年六月，泰山崩。三十年六月，水自大小龙口发，御帐冲毁，五大夫松仆，崖石崩，盘道尽为阻塞，民死以千计。四十八年正月初九日，岱庙配天门青龙神口喷火自焚。巡抚王在晋具《灾异疏》。夫五行志事相感召，昔人言之详矣，前代之可验于岱宗者历历也，讵得谓天道远哉！

陈岱庙青龙神口喷火自焚疏[①]

〔明〕王在晋

其略曰：夫神高二丈，则非人力攀跻；法象庄严，则非人情敢戏豫；巡逻警密[②]，则非人踪可潜匿。火从何来？乃炎炎忽从口出，可怪孰甚焉。青、济之墟，泰山为镇[③]。以山川宣泄之秘灵，为海岱休咎之先见。凡物情所格，政治所通，有响辄应。以今观齐事之艰难，如火之益热矣。冲棚在

① 该句，《岱史·附录》作“青龙神吐火疏”。
② “警”，《岱史·附录》作“严”。
③ 该句前，《岱史·附录》有“以”字。

野，而传烽守埤之无人；雕服从戎，而鸣镝流磻之未息：是焚林之灾也。闾阎括穷土之毛，加编至再；笞仗流凶年之血，叠比无休：是炊骨之征也。夺牛而存焦土，田畯罢耕；截流以系行舟，长年屏迹：是燃眉之急也。焚将及幕而不知其危，爇且加薪而不虞其燎，是厝火之危也。被发以求乡邻，不辞昏夜；闭户以疏同室，未见缨冠：是焦头烂额之情形也。且西方昆庐之佛，金碧辉煌；东方青帝之宫[①]，锱铢抽索。针头削铁，诛求及众；施之金钱，佛面刮金。饷兵藉十方之香火，官僚之供应于斯，军民之衣食于斯，凡典礼、工费等项，靡不取给于斯，而又科饷以为地方之卫也[②]。神不能分身以应，不难舍其身付之烈焰，以息无已之求。意者，神明有怫然欲吐之衷，勃然不平之愤，乃披露于口，以令人之悟乎[③]！青龙为震方之神，神火为离明之焰。山曰岱宗，门曰配天，所关讵鲜少哉。火主郁，郁而不宣，泄则酝酿以至于焚。今朝政之郁何如欤[④]？钦点之阁员，迁延数月，行取之科道，淹滞八年。九卿六垣之印信，半置尘封。连张累牍之奏闻，益高天听。泉石多沈沦之侣，庙廊悬虚旷之衔，在内之人情郁甚矣。九边之兵马半抽而折冲，上下之鱼书踵至。四海之刍粮再倍，而中泽哀鸣之鸿雁无归。轩蹄尽而无可望之菑畬，丁壮空而无可征之庸调[⑤]，在外之人情郁甚矣。肃杀盛庚辛之气，荒芜抛戊己之屯，珠犀充甲乙之帐，介胄为癸庚之呼，于是少舒其郁于丙丁。豺虎潜伏于深山，长蛇吐气于巨泽；羽林之佽飞不练，而勾陈之备虚；北门之锁钥犹悬，而玄武之权失，于是先示其变于青龙。自古国不用贤，则火焚庠序。岁有饥荒，则火焚库廪；师众莫救，则火焚军垒。神之吐火，其必有以感之矣。诚能敬天以勤民[⑥]，用人以图治，散财

① 该句前，《岱史·附录》有“而”字。
② “又”字后，《岱史·附录》有“以”字。
③ “之悟”，《岱史·附录》作“悟之”。
④ “欤”，《岱史·附录》无此字。
⑤ “壮”，《岱史·附录》作“户”。
⑥ “诚能”，《岱史·附录》作“莫先于”。

以得民，以此告之泰山之灵，定脉脉为之昭格焉。赫赫天威，万无以为寻常之灾异，而第责臣工青衣角带之修省也。

白虎通义·封禅篇

〔汉〕班固

天下太平，符瑞所以来至者，以为王者承天统理，调和阴阳。阴阳和，万物序。休气充塞，符瑞并臻，皆应德而至。德至天，则斗极明，日月光，甘露降。德至地，则嘉禾生，蓂荚起，秬鬯出，太平感。德至文表，则景星见，五纬顺轨。德至草木，朱草生，木连理。德至鸟兽，则凤凰翔，鸾鸟舞，麒麟臻，白虎到，狐九尾，白雉降，白鹿见，白鸟下。德至山陵，则景云出，芝实茂，陵出黑丹，阜出莲甫，山出器车，泽出神鼎。德至渊泉，则黄龙见，醴泉涌，河出龙图，洛出龟书，江出大贝，海出明珠。德至八方，则祥风至，佳气时喜，钟律调，音度施，四夷化，越裳贡。孝道至，则莲蒲生庖厨。莲蒲者，树名也，其叶大于门扇，不摇自扇，于饮食清凉，助供养也。继嗣平，则宾连生于房户。宾连者，木名，其状连叶相承，故生于房户，象继嗣也。日历得其分度，则蓂荚生于阶间。蓂荚，树名也，月一日生一荚，十五日毕至，十六日一荚去，故荚而阶生，以日月也。贤不肖，位不相逾，则平露生于庭。平露者，树名也。官位得其人则生，失其人则死。狐九尾何？狐死邱首，不忘本也。明安不忘危也。必九尾何？九妃得其所，子孙繁息也。于尾者何？子孙常盈也。景星者，大星也。月或不见，景星常见，可以夜作，有益于人民也。甘露者，美露也，降则物无不盛者也。朱草者，赤草也，可以染绛，别尊卑也。醴泉者，美泉也，状若醴酒，可以养老。嘉禾者，大禾，成王时有三苗异亩而生，同为一穟。大几盈车，长几充箱，民有得而上之者。成王访周公而问之，公曰：三苗为一穟，天下当和为一乎！后果有越裳氏重九译而来矣。

风俗通义·正失篇

应劭

俗说岱宗上有金箧玉策，能知人年寿修短。武帝探策得十八，因读曰：八十，其后果用耆长。武帝出玺印，石裁有兆朕，奉车子侯即没其印，乃止，武帝畏恶亦杀去之。《封禅书》说：黄帝升封太山，于是有龙垂胡髯下迎黄帝。黄帝上骑，群臣后宫从者七十余人，小臣独不得上，乃悉持龙髯，拔坠黄帝之弓。小臣百姓仰望黄帝不能复，乃抱其弓而号，故后世因曰“乌号弓”。孝武皇帝时，齐人公孙卿言汉之圣者，在高祖之孙。今历正值黄帝之日，圣主亦当上封，则能神仙矣。

谨案：《尚书》《礼》，天子巡守，岁二月，至于岱宗。孔子称封泰山、禅梁父可得而数七十有二。盖王受命易姓，改制应天，天下太平，功成封禅，以告平也。所以必于岱宗者，长万物之宗，阴阳交代，触石而出，肤寸而合，不崇朝遍雨天下，唯泰山乎？封者立石，高一丈二尺，尅之曰：事天以礼，立身以义，事父以孝，成名以仁。四守之内，莫不为郡县，四夷八蛮，咸来贡职。与天下无极，人民蕃息，天禄永得。祭上玄尊而俎生鱼，坛广十二丈，高三尺，阶三等。必于其上，示增高也，刻石纪号，著己绩也。或曰：金泥银绳印之玺。下禅梁父，礼祠地主，去事之杀，示增广也。禅为坛墠，当有所与也。三皇禅于绎绎，明己功成而去，德者居之。绎绎者，无所指斥也。五帝禅于亭亭，德不及于皇。亭亭名山，其身禅予圣人。三王禅于梁父者，信父者子，言父子相信与也。孝武皇帝封广丈二尺，高九尺。其下有玉牒书秘书，江淮间一茅三脊为神藉，五色土益杂封，纵远方奇兽飞禽及白雉，加祠兕牛犀象之属。其享曰：天增授皇帝泰元神箧，周而复始。皇帝敬拜泰灵，其夜有光如流星，昼有白云起封中，于是作明堂汶上，令诸侯各治邸。车驾前后五至祠，以元鼎六年告封，改为元封。武帝已年四十七矣，何缘反更十八也？就若所云，明神祸福，必有征应。权时倒读，安能诞招期乎！奉车子侯骖乘上，下臣不预封事，何因操印没石乃止，暴病而死，悼伤无已。又言：武帝与仙人对博，棋没石中，马蹄迹处，于今尚存。虚妄若此，非一事也。予以空伪承乏东岳，忝素六载，数聘祈祠，咨问长老贤通，上泰山者，云谓玺处尅石文，昧难知也，殊无有金箧玉牒探筹之事。《春秋》以为传闻不如亲见，见之人斯为审矣。《传》曰：五帝圣焉，死；三王仁焉，死；五伯智焉，死。其陨落崩薨之日，不能咸至百年。《诗》云：三后在天。《论语》曰：古皆没。太史记黄帝葬于桥山，骑龙升天，岂不怪乎！乌号弓者，柘桑之林，枝条畅茂，乌登其上，下垂著地，乌适飞去，后从拨杀，取以为弓，因名乌号耳。

其惊为神异者，亦有足为愚顽之棒喝、奸慝之铁钺、笃道信志之旗章者矣。《唐书·天文志》：岱宗为十二诸侯受命之府。道书《福地记》云：泰山多仙人室。《考古录》曰：左氏《国语》未有封禅之文，是知三代以上无仙论也。《史记》《汉书》未有考鬼之说，是知元成以上无鬼论也。《博物志》始云：泰山为天帝孙，主召人魂，知人生命短长。《后汉书·方术传》：许峻自云，尝笃病三年不愈，乃谒泰山请命。《乌桓传》：死者神灵归赤山。赤山在辽东西北数千里，如中国人死者魂神归泰山也。《三国志》：管辂谓其弟辰曰：但恐至泰山治鬼，不得治生人。而《古辞怨诗行》云：齐度游四方，各系泰山录。人间乐未央，忽然归东岳。陈思王《驱车篇》云：魂神所系属，逝者感斯征。刘桢《赠五官中郎将》诗曰：常恐游岱宗，不复见故人。应璩《百一诗》云：年命在桑榆，东岳与我期。然则鬼论之兴，其在东汉之世乎？盖虞初、诺皋之说，争衒其奇，或且不衷诸道矣。《博物志》云：齐景公伐宋，过泰山，梦二人怒，公谓泰山之神。晏子谓宋祖汤与伊尹也。《琴操》云：聂政父为韩王治剑，过期不成，王杀之。时政未生，壮问母，知之，乃上泰山，遇仙人，学鼓琴，七年琴成。漆身为厉，吞炭变音，以刀纳琴中，刺韩王。此则或以讽君，或以报父，虽谲与侠，犹为近理。

若《汉武内传》云：西王母谓东方朔，昔为太山上仙官令，擅弄雷电，遂谪人间。《刘氏类山》云：汉武时，有人骑白牛蹊人田。田父诃之，曰：

我北海使也，将观天子登封。遂乘牛上山，田父寻之，惟见牛迹，遗粪皆银。果何为乎？至《甄异传》云：沛国张伯远，年十岁暴卒，至泰山下，见有十余小儿，共推一大车，遂亦推之。俄风大起扬尘，伯远被吹，赖桑枝而止。闻家呼声遂苏，发中尚有沙尘。后年长过泰山，犹识桑如暴死时所见。《列异传》云：蒋济，字子通，楚国平阿人，仕魏，为领军将军。其妇梦亡儿泣曰：在地下为泰山伍伯所苦，今太庙西讴士孙阿，见召为泰山令，愿母为白侯，属阿，令转我得乐处。且言明日日中当发，具道阿形状。母寤以白济，济遣人诣太庙下推问孙阿，果得之，悉如儿言。因语其事，阿曰：若如节下言，阿之愿也，不知贤子欲得何职？济曰：随地下乐者与之。至日中，阿果亡。后月余，儿复来语母曰：已得转为录事矣。《搜神记》云：桓哲，字明期，居豫章时，梅元龙为太守，病，哲往省之，语梅曰：吾昨夜忽梦作卒，迎卿来作泰山府君。梅闻之，愕然曰：吾亦如君梦。经数日，复梦协云某日当拜。先一日晡时，桓遽亡，次日梅卒。《魏志》云：程昱少时梦上泰山，两手捧日。昱私异之，以语荀彧。及兖州反，赖昱得完三城。于是彧以昱梦白操，操曰：卿当终为吾心腹。昱本名立，操乃加日于立上，更名昱也。《太平广记》云：兖州张审通，为太山府君，召为词申天曹，乃取一耳安于额上。既寤，额涌一耳，更聪，曰“三耳秀才”。《侯鲭录》云：梅询尝从真宗东封，因卜命于岳神，梦三牛斗于庭。有称相公通谒者，虽异之，而不晓其兆。既而得濠梁守，有三石牛之数者，亦几诞矣。

裴松之注《三国志》，于《袁绍传》引《搜神记》胡毋班见太山府君及河伯事，于《蒋济传》引《列异传》孙阿事，识者讥其凿空语怪，非史法也。而《古史苑》所载：宋，马默，字处厚，单州城武人，知登州。先是沙门岛罪人，旧额给官粮者三百人，每溢额，则取其人投之海中。默建言朝廷，既贷其生矣，又驱之死地，非恤刑本意。乞选年深，至配所，不作过人，移登州。神宗深然之，诏：可，著为令。一夕，默独坐假寐，梦一人从空降，如世所画符使，挟男女各一至前，授默，大呼曰：我自东岳来，圣帝有命：奉天符，马默本无嗣，以移沙门岛罪人事，上帝特命赐汝子女。言毕，乘云去。后果生一男一女。《府志》云：李钦，平阴人。性至孝，早失父，奉母勉供甘旨。母病，医药不效，钦乃竭诚祷神。隆冬单衣舆母祈安于岱。既归，母梦白衣人至其榻，沥水于身，比觉，沉疴顿释。《泰山纪事》云：杜运副使者，杜汝标明经之父也。未仕时，梦谒郡守，其长官趋迎登堂，以上客礼之。既出，见阶下一女子，披发裸体，背受钉，公惊问，且意释之，曰：此花奴也，罪亦将满。命二役除钉，拽出之。越二载，宴于莱芜，主人呼妓侑觞，一妓私觑公，与同辈剌剌语，有梦中此君救我之言。公聆之，顿忆前梦，曰：前年梦中相遇，背上穿钉者，非尔耶？妓遂泣谢。盖二年前，此妓背疽，毙而复甦，梦中遇公救之。公生平志洁行高，感通神明如此。广平府杜和斋，庚。原任南京西城兵马，正直忠厚，人多称为杜佛。万历四十年七月廿七日，有二衣白者，到门请接诏，时公不病也，急出庭前，跽听。一人持白纸一幅，高声读：岱宗皇帝命曰，作善降祥，天赏不忒。曰失暨滥，衡鉴非人。兹福善司主者迁咨尔广平府杜庚，植性温良，绝情淫杀，命尔为福善司使，务查兆民之隐，慈用示三等之昭报，勿失良士，勿滥庸情。其以八月初一日任，迟乃降罚。读毕，公即呼其弟，前山东武德道副使名麐者，同观之。询以白衣之故，曰：取善人例如是。言讫不见。至期果卒，冥诏犹存其家。

《湖海搜奇》云：长州市民苻某，皈心道门。万历丙申六月，梦郡隶人曰：我东岳使者，屈公为某司祭酒，令且下，先遣某为通。数日又见吏卒告旧官来，请出迎。一白衣贵人乘肩舆至，揖入坐定，言：某久为祭酒，秩满，迁主天曹，知公心平才赡，举以相代，幸即赴任，无负天朝宠锡也。苻曰：某目不识丁，何以任官治事？幸公哀之，别选能者。贵人曰：吾昔为前官举用，亦不识字，治事久之，豁然通灵。曹司吏典甚多，无用劳扰，籍公坐镇雅俗耳。本司文簿及一鹰一犬，皆以交付。苻问：鹰犬何用？曰：察人善恶，日行千里，不可少也。语毕，命吏卒上参，贵人告去。居数日，沐浴更衣，无疾而逝。《说储》云：蒋济为泰山伯，荀顗为泰山君，刘聪须遮国王，韩擒虎、蔡襄并阎罗王，皆死而知后身者。蒙按：此则与羊叔子儿时能探金环于前生之家，萧夏卿为岳神降诞，皆所谓生有自来，没有所为者也。特利被有广狭，其精爽至于神明者，亦因为差等，理固然也。若其传为怪物者，亦有之。《物理小识》云：泰山之市，因雾而成，或月一见。尝于雾中见城阙旌旗，闻弦吹声，甚奇。《山海经》云：泰山有兽，状如牛，白首、一目、蛇尾，名曰蜚。所经枯竭，甚于鸩历，见则天下大疫。

陶弘景《古今刀剑录》：周昭王瑕，在位五十一年。以二年岁次壬午，铸五剑，各投五岳，铭曰"镇岳尚方"。古文篆书，长五尺。汉武帝彻在位五十四年，以元光五年岁次乙巳，铸八剑，长三尺六寸，铭曰"八服"，小篆书。嵩、恒、霍、华、太山五岳皆埋之。《洞冥记》云：帝封泰山，从者皆赐冰谷素叶之瓜，帝解鸣鸿之刀以赐朔，刀长三尺。朔曰：此刀，黄帝采首山之铜铸之，雄已飞去，雌者犹存。帝欲销之，刀已手中化为鹊，赤色，飞去云中。《列异传》云：仙人王方平，降陈节方家，以刀名"泰山宝环"者与节方曰：持此独卧，可使无鬼，入军不伤。《开天传信记》云：上封泰山，进次荥阳，旃然河上，见黑龙，命弧矢射之，矢发，龙潜灭。自尔，旃然伏流于今百余年矣。旃然即济神也。

《酉阳杂俎》云：济南郡有方山，相传有奂生得仙于此。南有明镜崖石，方三丈，魑魅形状，了了然在镜中。南燕时，镜上遂使漆焉。俗言山神恶其照物，遂漆之。又云：僧朗住金榆山。及卒，所乘驴上山，失之。时有人见者，乃金驴矣。樵者往往听其鸣响。土人言：金驴一鸣，天下太平。《梦溪笔谈》云：大驾玉辂，自唐显庆中传之，号显庆辂。迄今凡三至泰山登封，其它巡幸尤多，乘之犹安若山岳，措杯水其上而不摇。庆历中，尝别造玉辂，极天下良工为之，乘之摇动不安，竟废不用。元丰中，复造一辂，犹极工巧，未经进御，方陈于大廷，车屋适坏，遂压而碎。只用唐辂，其稳利坚久，历世不能窥其法，世传有神物护之。若行诸辂之后，则隐然有声。

《集异记》云：兖州徂来山，寺有习儒业者，坚心栖焉。夏日忽逢白衣美女，情款甚密，及去，以白玉指环遗之。目送白衣行，计百步许，奄然不见。乃识其处，寻见百合苗一枝，白花绝伟，因劚之，启其重跗，指环宛在其内。《泰山记事》云：姜潜从石先生读书，去家百里。每归省，随意登途，不问朝暮。一日夜半，乘马，佩弓矢，一童前导，睹林薄灯烛荧煌，悚怖不敢进。姜曰：鬼物耳！策马迫视，乃数人披发席地博簺。引弓一发，皆奔散，遗一碧石盆，莹然可爱，遂取之。又云：山中之精，如人，长九尺，衣裘戴笠，其名金累，遇之即死。《玉堂闲话》云：岱岳观楼殿，咸古制，年代浸远。一夕大风，有声轰然，响震山谷。及旦视，即经楼之陊也。楼屋徘徊之中，杂骨盈车，有老蛛在焉，形如矮腹五升之茶鼎。展其足，则周数尺之地矣。先是，侧近寺观或民家亡失小儿不计其数，盖悉罹其陷食也。多有网于其上，或遭其粘縻，绊不能自解而脱去，必遭其害矣。于是观主命薪以焚之，臭闻十余里。

《泰山小史》云：州署旧川堂东壁，一日云雾微生，有物如鳅鳝，飞出至半空，雷电轰掣，霖雨如注，太守因表其处曰“龙窝”。《府志》云：顺治二年三月，泰山之麓有兽，茹草，食田禾，状如豕，毛色似鹿，猎者莫知其名，土人谓之野猪。盖即《山海经》之狪狪也，惜当时无识者。

《说郛》云：凡阳宅冲处，率树小碣曰：“泰山石敢当。”石敢，乃五代时勇士。先是晋高祖自镇州朝京师，适愍帝出奔，止传舍。敢袖铁锥侍高祖，遇变，遂与左右格斗而死。稽《宅经》，须避方煞，故取“石敢当”耳。其曰“泰山”，则又镇宅之意也。蒙按：是说新奇，而文义不属，仍以泰山石连读为是。此碣，大河以北在在皆然，亦不知始于何时。人谋鬼谋，百姓与能。魑魅罔两，莫能逢之。殆以方书星辰门图郁垒之遗意也乎！

论曰：《风俗通义》引《孝经》云：圣不独立，智不独治。神不过天地，同灵造虚，由立五岳，设三台。泰山长岳配天，所以神也。然其神在于出云道风，长育群生，非符瑞以为征，幻怪以为异也。圣人在上，风雨节，寒暑时，民无札瘥，物无菑厉，斯即岱宗之神灵应而嘉祥备矣。《诗》所谓怀柔百神，及河乔岳者，讵不亮欤！

岱览卷第三十二

叙览一（卷三十二）

陶山图

陶山

鸱夷山　东崦　报恩岩　西崦　幽栖寺　望湖岩　泌水

涧北庄　翔鸾驿　长沙唐氏新阡　自叙

陶山

陶山，在岱西百二十里。自泰山而傲来峰而分水岭，入肥城为五道岭。分支而西南为牛山，由牛山中断而崛起者为陶山。冠石叠云，方棱四削，负阴抱阳，堂皇洞敞，左右环列如屏障。其下涧溪沟塍，果林牧地，皆沃壤平楚，畅衍极目。

《史记》称：范蠡浮海出齐，变姓名，为鸱夷子皮，又怀其重宝，间行以去，止于陶。父子耕畜，废居，候时转物，致赀累巨万。范蠡三徙，成名于天下，卒老死于陶，故世传曰：陶朱公。《正义》曰：《括地志》云，陶山在济州平阴县东三十五里，止此山之阳也。今山南五里，犹有朱公冢。《路史·国名记》：陶唐氏，后陶高辛封之。范蠡变姓名，间行止陶，今郓之平阴有陶山。考汉《地里志》：泰山郡肥城，应劭曰肥子国。后汉《郡国志》：济北国卢有平阴城。《元和郡县志》：河南道郓州平阴县西南，至州二十里，本汉肥城县地。陶山在县东三十五里，范蠡葬处。《元丰九域志》：县平阴，在郓州东北一百二十里，有郁葱山、鸱夷山。《方舆纪要》云：金牛山，一名郁葱山，宋真宗赐名。《太平御览》云：《齐地记》范蠡浮海出齐，变姓名自号鸱夷子，间行止于陶山，因号陶朱公。后改曰鸱夷山，在今平阴县东。蒙按：肥成汉县，属太山郡，东汉属济北国，寻省入卢县。刘宋时为济北郡治，后魏复置肥城县。孝昌三年，置东济北郡治焉。后齐郡废。后周置肥城郡。隋郡废，县属济州。唐武德五年以县属东泰州，贞观元年省入博城。五代时为乾封县地。宋改入平阴。金曰辛镇寨。元至元十二年于寨置肥城县，属济宁路。明属济南府，今属泰安府。

陶山在今肥城县西三十里，今平阴县东四十里，属肥城之北申社。山高五里有奇，周围九十里。有二崦，三十六峰，七十二洞。为道书七十二福地之一。案：《龟山白玉上经》谓陶山在温州瑞安县，陶贞白修药处。而金《赵沨碑记》指此山，且范少伯因山而号陶公。山名著于周末，灵异显灼，必非因贞白而得名者，所可疑也。

正中曰陶山，一曰鸱夷山。《尔雅》：再成为陶丘。山有重累之势，故名陶。范蠡止此，故称陶公，蠡号鸱夷子皮，故又名山为鸱夷也。山顶为翔鸾台，其体方峻，其势轩翥。陶山状若鸾停，两崦如舒左右翼，此翔鸾乡之所由名也。《府志》云：汉章帝时，有鸾鸟来集。考《汉·章帝纪》：元和二年，凤凰集肥城。诏又云：乃者，凤凰、黄龙、鸾鸟比集七郡，或一郡再见。《府志》盖本此。孙柔之瑞图曰：鸾鸟者，赤神之精，凤皇之佐。鸡身赤尾，色亦被五彩，鸣中五音。上有天池，一名陶山洞，见《肥城县志》。台东为春晖岩，有迎日洞，又有黄华洞，在悬崖峭壁间，樵者倒縋乃得入。洞口金花烂开，洞中深窈不可穷。有佛像刻石壁，若隐若现。有石床石几之属。岩下望之，时有神人出入。台西为明月嶂，有夕阳洞。台北为璎珞冈，俗呼鹰落冈，有盘鹘洞。又北接引岩，有玄武洞、象鼻洞。又北卧牛峡，有饭牛洞。台南为狮子岩，有菩萨洞，一名菩萨岩。相传隋开皇时，文殊大士现化岩端，久之，祥云冉冉入幽栖寺，万众咸睹。《泰安府志》云：山前七十二洞，其最著者菩萨洞、蝙蝠洞、西施洞。《肥城县志》云：菩萨洞，一名快哉洞，居山之半，高广数尺，人迹罕至。左有飞泉洞，一名三尖洞，洞泉常涌。右有金草洞、丹砂洞。又左为丹屏峰，赭石壁立如屏。有慈云洞，每亢阳望洞中云出，即雨矣。下有钟乳洞。又右为车盖峰，有归云洞与夕阳洞相接。突起一石，为望乡台。有纺车洞，在狮子岩西南。其南为伏虎冈，有蟋蟀洞。狮子岩南为挂灯岩，慈氏之兆在焉。其下为叠石山，右有巨石，曰印峰、曰卓笔峰。丹屏峰南下为螭首峰，圆椒戴土。下有积水洞。叠石山东南为鼓台，下圆而上平，有响鼓洞。叠石山南下为乳羊坪，坪南为青梯关，登山者必由之，有石屋洞。坪西南为展旗冈，陂陀蔓延。凡山坳稍平，山民皆犁为田。有燕泥洞、淡竹叶洞、上水石洞。鼓台南为困峰，形势圆峭，下有猫儿洞。展旗冈南为黄山，有白藏洞、金蛇洞，又有牧羊洞。青梯关南为乳罗山，有水洞四，皆挟陶阳诸壑之水，南出分流而汇入涧。《肥城县志》云：陶朱泉，在陶山下山岭间，向未开浚。即此。

东崦，自接引岩迤东为青霞峡，有青霞洞、蝙蝠洞。《肥城县志》云：在菩萨洞之东，门西向，深邃远透东岩，无止极处，中有蝙蝠盈万，大者如鸟。《水经注》引元中注云：蝙蝠百岁者倒悬，得而服之，使人神仙。今洞中飞鸣，亦如丹水石穴也。又东稍北为横石嶂，又东为攒洞岭。其下有通樵洞，可通人行。舞鹤洞、木公洞，皆有石象。团圞洞、东三尖洞，皆形似。又东为柿子冈，有丹水洞。又东为凤味峰，有丹穴洞。其下有墨涛洞，洞中有水，水中有石，皆黝而柔，良砚材也。采者铲洞口粗石，就浅水剥取之，出水便刚，砻以为砚，不减端溪。洞南为团瓢谷，有柏坡。其南有天王万岁寺，佛殿有大石柱四，皆明弘治十年村民所施，刻有姓名年月，制粗而字劣，不足录也。寺宇三重，古柏数株，今称东幽寺。《岱畎图经记》：陶山二崦，左曰东幽，右曰西幽，由来旧矣。

重修天王寺碑

〔元〕

文曰：重兴天王万岁寺记。

前堂邑县医学教谕李承杜篆额并书。

皇元德化远被，而奄有天下；儒、老、道大行，而佛道为尤甚。以为佛能福国家，寿人主，遂精构佛居，蔓曼广袤。由东汉而下迄宋、金，旧寺与今新建者，盖将经纬焉。佛道张大，蔑以加矣。然寺古僧老，用是芜废者，班班有之，若天王万岁寺者，其一也。寺在济宁肥城之北申里，面原而背冈，左右俱山，岚气朝暮可掬，实古者方外遁世脱俗之地也。殿舍倾坏，不可措手，佛像亦已圮毁。所余之舍，仅御风日，其僧卒无有能自振者。元统间，有僧曰惠祥暨住持圆果，慨然有兴旧之志。乃于邑中与夫田间愿成佛事者，鸠其金。既积而富，乃召工人以图其事。首建法堂一区，佛像称是。又为西僧舍，凡十楹。厨舍处其东，凡六楹。又为马明王二浪关王共为一堂，神皆有象。三门一座，迫寺之田，人遂不惜而愿为寺有，俾垦之以供佛用。种植诸木，错综千有余本。而凡在寺者，百废皆兴。若然，其亦佛之灵阴有以相之欤？夫事有巨细，而人有勤怠，勤者事无巨细，而克襄厥功；怠者事虽至细，未有能成之者。今天王万岁寺覆败几尽，人皆以为兴之难，不久而见殿宇佛象焕然一新。若惠祥并圆果者，可谓勤而有功者矣。古今寺不可胜算，而殿宇佛象之需，必有其人为之左右，使发廪库、给谷布，然后得以终其功。今惠祥、圆果兴废起旧，曾无一毫资于上，而若有资于上者，是盖能为其众人所不能为者已。然即其大小论之，此寺视诸地名寺，固不无孟季之间，而地之遐僻，又不与诸名寺密。而所以为国家延福祈寿，则未始有大小远近之别也。功德主王宗道言曰：以其事宜书于石。请余志之，故为之记，以塞来命。

前乡贡进士宁晋伯颜记。又从而歌之，其辞曰：大河之阳，肥城之垌。巍巍焕然，圮寺荐兴。宝殿华廊，次第而成。孰其能之，惠祥之僧。佛氏有灵，克寿国家。天道不息，地道永宁。祝我皇元，天地常经。

时大元至正三祀季冬末旬吉日立石。住持僧圆果、监寺圆辉、监寺圆进、授帝师法旨管领济宁路寺提点圆镜，工匠头董德林、男董上、董志、门人杜荣、门人王从政刊。搬载碑石，杜信同、周福、王遵礼、圆沼、待诏、胡荣祖。

右碑在佛殿东阶下西向，高五尺五寸，广二尺。额篆同题，文俱行书。碑首雕龙龟趺，制甚坚致。碑阴横题“谷山佛峪寺下院”。下书僧派系、寺四至及施人姓名。案：碑文虽非佳制，以其为元碑也，录之。碑中圆果字多被铲削，盖亦非良僧也，伯颜当作巴延。

重修天王万岁寺碑

〔明〕

右碑云：古肥陶阳三斋居易人乡进士张一鹏撰，刻字匠傅让并书，正德元年丙寅季春吉日立。在佛殿西阶下，南向，真书，额篆《重修天王万岁寺记》，文未录。

重修东幽寺碑

〔国朝〕

右碑云：刑部四川司郎中张嗣宗撰并书。乾隆十八年癸酉四月立。在元至正碑南，行书，额篆《重修东幽寺碑记》，文未录。

凤咮峰，迤南为报恩岩。岩北有白姑洞、黄姑洞。南有柏香洞，其下有关帝庙。庙南为报恩宫，奉元君。宫内古柏，皆数百年物，黄冠多植花木，予于乙未年，修墓寓焉。门前溪涧萦回，涧南有亭。亭左有泉，甚清洌，或曰东泉洞。宫西石甃，广数丈，瀑布飞泻。东崦之水于此南下，出陶山南会诸山溪，西南流为大涧。宫东南有十二重楼，明末镇守太监所筑，为母后祈福。旋经兵燹，仅存四重，四壁屹立，至今人犹称十二重楼也。楼东有淅米洞。报恩岩东南为小日观，上有二洞，不知其名。又南为小泰山，岑崿绝类岱顶。上有石庙，祠元君。每年六月六日，远近村民，祈赛于此。其阴亦有元君洞，下有碧云洞。其东北岩有金牛洞，与牛山洞相通，可二十里。昔有樵人，自牛山洞持獾膏矩勃窣行，穿金牛洞而出。下有逐狼洞。小泰山南下有五福观，观内古柏二株，大数抱，供洪范五福象。观门外古柏四株，小桥流水，至为清邃。观东南有鹿游洞、九芝洞。洞西北有精舍一区，依山为楼，甲午之夏，余从先公营葬事，假馆鸠工，盖李氏别墅也，今亦易主矣。

西崦，自卧牛峡而北，为仙人岩，有西施洞。《肥城县志》：高近绝顶，非梯攀不能至，相传西施同陶朱公隐此。又北有牛女嶂，有织女、牵牛二石。下有罗汉洞，又下有采石洞。其上有石柱峰，其石中栋楹之用，洞中石可作碑碣。又北迤西为宝藏冈，其下有黄金洞、黑金洞。有人于洞中得矿穴，然偶尔得之，缒而求之弗得也。其上有弥勒洞。又西为五湖山，有西三尖洞，下有包山洞。又西为幽栖岩，林木苍翠。南有竹林寺，俗呼无影寺。寺有石室三楹，在悬岩数仞间，辟磴层级，萝葛延缘。旁有井泉，曰无影洞。右有瀑布崖，崖壁有宋宣和刻字，颇剥蚀，下有藏真洞。

宣和竹林寺磨崖碑

〔宋〕

文曰：

夫东平府者，平阴之界，翔鸾之乡。（缺）山之景，（缺）堂院三代之孙杨（缺）名之义积之功，炼磨真性，通达妙（缺）弥勒之（缺）劝化一方之善（缺）菩提（缺）路。陶山幽栖寺广（缺）众仙（缺）岭上高僧，出岩崖险峻步（缺）行（缺）堂云集玩砌好（缺）文三门，远望悬空里钟楼经阁，耳声（缺）竹林一寺，水澄清滴（缺）青龙洞府神仙隐日光弇（缺）现红（缺）生骐狮子动（缺）山高峻岭步难行。罗汉洞中壬癸（缺）里面圣贤念经声（缺）祥现毫光万道，照天门窗（缺）闪灼（缺）莲花盆里行弥勒（缺）三代阿僧救万民累劫（缺）率内院结良因指一大（缺）化现真身，三人同（缺）远化他方，共四邻发愿，舍（缺）梁柱钱（缺）米绢珍。

（缺）宁（缺）宣（缺）谨舍净财镌佛（缺）施袈裟一套，后盖大殿清吉，家眷平安，各报生身（缺）亡（缺）报三（缺）遍（缺）法界众（缺）将来（缺）定超三（缺）长生求雨文竹林求雨（缺）林泉（缺）物滋容（缺）圣贤雨露洒成清（缺）无不感神，天旱后孛然苗（缺）冬苍（缺）暖（缺）太平年，龙隐深潭烟（缺）忽睹黑气吐白（缺）告来（缺）下万余（缺）宫为寺相公朝罢，万民权感谢皇恩（缺）宣改（缺）表（缺）德名额挂高迁德土（缺）见三（缺）同（缺）安宁，永作太平年，愿皇帝万岁（缺）臣千秋（缺）宜常居禄位。

宣和二年庚子岁仲冬乙酉日（缺）安撰（缺）书记石匠张全。

右记，勒崖壁，东向。记上横勒“竹林寺磨崖碑弥勒□□修大□之图供□记”十八字，记中近上有方阑，画弥勒佛象，记文环其前后及图下，前八行，图下八半行、后亦八行，行字多寡无定。图记外作一大阑，似加刻旧记之上者。其前尚余数行可辨，云：佛道汪洋录之（缺）永超生死方（缺）悟真心然时属未（缺）荒迷（缺）众（缺）德力（缺）薄二（缺）继（缺）良（缺）籍精（缺）众（缺）以传（缺）不舍施（缺）石（缺）殿墙基诸余缘事（缺）当请超法师（缺）钗子（缺）官力施（缺）悟法师钗子一只（缺）。又有一行，隐约施钱姓氏，有博士、行者等称。案：此记当在宣和之前，因无年月可考，并识于此。原阔三尺八寸，图记占三之二，高三尺。

重修竹林寺碑

〔国朝〕

右碑云：会首刘坤、男传世、名世、廪膳生员刘传世撰文，府学生员刘祖尧书丹。乾隆三十一年岁次丙戌二月立。

在石室前，西向，真书。记文未录。

竹林寺南里许，为幽栖寺，俗呼西幽寺。本陶公幽栖寺，为范少伯立也。唐时供佛，而祠少伯于其右。有贞观石碣，广明石幢。宋真宗尝驻跸焉。金大定时重修。殿奉如来、文殊、普贤，十八应真。栋宇崇丽，象设精严。殿有六棱石柱凡八，雕镂花纹，题刻姓名，甚工整，胜东幽寺多矣。佛殿前有十王殿，后有戒坛，亦花纹石柱，但无刻字，今并颓废。仅存中殿、山门，犹岿然古刹也。《肥城县志》云：寺有钟，声闻百里。少伯祠在佛殿西，祠以木主，屋三楹，缭垣为门，颇有槐榆古木，国初邑令史廷桂所葺。祠北半里，为少伯墓，墓前有碑，不著立人姓名。详见史廷桂诗碣。

贞观佛像记碑

〔唐〕

其残文曰：（缺）二千回（缺）了七觉（缺）南此大方便者，其有（缺）葺乎。曾植博随任德（缺）录事参军中庸布德请（缺）归位廉慎，为心宽平（缺）倍功效可尚声著闻天（缺）遂改授寿州钱塘县令（缺）性恭宽，为人简约。务前（缺）翦冀长淳和当官叹（缺）暮之途谢职恨攀辕（缺）祖信。唐贞观元年（缺）七日吏部授庐州孝感（缺）九毗百里抚赞一同合（缺）威恩闾里（缺）其仁和（缺）唐授上骑都蔚（缺）擅干戈横行静（缺）我直踢扫辽城之（缺）命赏克著畴庸（缺）爰有佛弟子赵怀相（缺）远照觉镜员明（缺）之余保想慈颜之（缺）。

右碑，在韦驮殿南墙下，高二尺五寸，阔三尺二寸，上半刻三佛像，残缺不完。案碑文义，似叙其祖父官勋。立碑年月无考，土人以有贞观字，呼为贞观碑，今仍之。

陶公墓碣

右碣，高三尺五寸，广二尺。阳刻佛象，下刻观世音经。佛象上横刻篆书："忠以事君，智以保身。千载而下，谁可比伦。"唐贞观元年四月二十日补刻。佛像右侧，刻秦李斯留题及青松子笑赞，并刘宋时盗墓事。阴刻"霸业朽，忠名在。此堆土，黄金块。传万古，人人爱。纲常维，宇宙赖"二十四字。案：此碑错杂无论，书亦近俗，以有贞观年号，姑识于此。

陁罗尼经幢

文曰：佛顶尊胜陁罗尼经序（经文未录）。

幽栖寺住持僧道坚、僧（缺）[1]。申家疃（缺），男重顺、重建[2]，男十二、女弟子邵氏、女弟子李氏、女四娘子、新妇刘氏、新妇李氏、孙男（缺）[3]。申家疃当疃后盖此寺[4]，或有所施（缺），无不（缺）其利[5]。施主冯良进、杨元、李皋、冯立、徐宗、徐乂、徐干、曹（缺）、汪（缺）、刘圆（缺）、邵元（缺）、樊亮、侯宽、樊庆、庐（缺）、张元信、王君则、宋素、潘元遂、李武、侯君则、张忠周、张敖、张忠简、张君庆[6]。杨元陟奉（缺）[7]，于天王堂内（缺）西方（缺）[8]。母尹氏[9]、弟元拱，兄元赏、元瞻、元宝、元敖，长兄新妇贾氏、次新妇马氏、侯氏、新妇李氏、侄男从章、从（缺）、从景、从周、从儒，男佛留、菩萨留（缺）沙门贞一、沙门继崇、沙门行悟、沙门（缺）紫盖（缺）汾水处尘赞，镌石幢子（缺）吴宏章。广明二年岁次辛丑二月己卯朔十五日癸巳建立。

右幢八棱，立于殿前阶台之东，高五尺二寸，有盖、有座，俱镂花纹。

张汝为题名

〔金〕

文曰：同知东平府尹辽阳张汝为仲宣，缘相验规措场务，道经陶山，暨平阴令汶上郭好问辩道，阳谷丞厌次张禋子诚，宿于幽栖寺。闻山主福

① “主持”，原碑文作“寺主”；“僧（缺）”，原碑文作“功德主僧惠照、僧满□、僧满业”。

② “重建”前，原碑文有“男”字。

③ “（缺）”，原碑文作“吾□”。

④ “后”，原碑文作“修”。

⑤ 以上两句，原碑文为：“或有所施根椽片瓦，并□□名于后，无不蒙其利。”

⑥ 原碑文姓名前都有“施主”二字。冯良进，原碑文“冯良才”。曹（缺），原碑文“曹武”。汪（缺），原碑文“王宝”。刘圆（缺）、邵元（缺），原碑文“刘因、施主苏广、施主牟皋、施主邵元晟、棘勤”。

⑦ 该句，原碑文为“施主杨元陟奉为亡父”。

⑧ 该句，原碑文为“于天王堂内进西方净土一铺。又于其前堂内进塑阿难、迦叶各一躯”。

⑨ “母”，原碑作“妻”。

超，不惮辛勤，用心化办，兴修一新，深可嘉尚。因以书之，庶激后来住持者。正隆改元岁次丙子闰十月廿有六日。正隆二岁仲春二十五日，住持僧惠演立石。

右碑，在殿前阶台西侧，南向，高二尺五寸，广三尺六寸，行书。

石柱题名

文曰：

本县安乐乡黑涡村进义校尉张定，妻焦氏，男张平、张明、张和、新妇杜氏、李氏、王氏、李氏，孙张琛、张进、张福、张勍、张彬、张全、润儿、喜儿，新妇孙氏、韩氏、刘氏、邓氏、许氏、翟氏，重孙张成、拾得狗儿、韩黑儿、马儿，合家四十口施石柱一条，愿家门清吉。大定十七年二月日。

榆城乡胡家屯李顺并妻赵氏，女二姐、次女六姐，合家施花锦石柱一条，愿合家随心如意吉祥者。大定十七年二月日记，里人张彦刊。

本县安乐乡赵家寨进义校尉朱平，同男朱免、次男朱乂、新妇孟氏、周氏、孙男六儿、八儿、三儿、十儿、孙女三十七，姑郝奴，合家共施花锦石柱一条，愿保合家清吉。大定十七年二月日记。

本县安乐乡故县村石用，并姐姐石氏、姊夫焦端，洎妻孙氏、男九儿、女田女、宜女，共施石柱一条，愿保家门清吉者。大定十七年二月日记。

本县大留村刘政，并妻张氏，女大姐姐刘氏，合家共施花锦石柱一条，保合家清吉。

大留村霍友，并妻周氏，同当村庞家门下靖氏，共施石柱一条，各家门清吉。

大留村进义校尉赵乂并妻刘氏、男赵珪、次男赵和，新妇吴氏、苗氏、孙男僧儿，六十二□□马儿，□□六儿、七儿，重孙宜春，□□新妇徐氏，共管柱一条，合家清吉。

北申村黄靓，并妻董氏、男定僧、洎男大犍、小犍、女喜娘、婿柴宁，外生、董娘、萧儿、翼儿、刘僧，合家共施花锦石柱一条，保家门清吉。

右八柱，柱皆六方，题名皆真书，各在一方。佛龛前四柱，题名皆东西向；后四柱，皆南向。后四柱虽无年月，自是一时并立者。

重修幽栖寺大殿碑

文曰：陶山幽栖寺重修大殿记。

将仕郎新授涿州军事判官赵沨撰，保义校尉前守徐州醋务同监郭大舆书并篆额。

自佛法入中国，天下名山大川，梵刹所居者十八九，至于千百载相传不绝。尝观自古贵为王侯，富可埒国，第宅过制者，往往气焰自取颠仆，或一传，或再传，荡析无余，其理安在？盖因为梵宇者以道得之，富贵者以力取之，固不可同日语也。昔世尊舍净饭国王之贵，逃于空山无人之境，备诸苦行，累年而后道成。唯以慈悲为本，于众生若有利益，虽头目髓脑，亦皆舍弃，视其身为何物，安肯自奉也。及其道著，故天下之人，唯恐奉之不至。此乃心悦诚服，匪由力取，非以其道得之者，安能如是哉！吾乡陶山幽栖寺，其来远矣。因陶朱公昔尝隐其中，由是得名。其寺废兴，载于前记。其山号为洞天一福地，奇踪异迹，遍满岩谷，是宜灵仙神龙之所居。台洞池泉，皆有仙圣之号。岁时水旱，乡人祈祷辄应。而文殊大士，似经过去劫于此山，有大因缘时现种种元相，惊人耳目，由是人益信向，奔走灵承之不暇。而寺宇制度甚古，往往土木朽腐，前人久欲更新而未果也。大定四年，惠沂上人嗣住持事，睹其室宇卑陋，辄欲更创。而复念工费浩博，未易轻议，姑累小成大，补弊增新。爰自三门、廊庑、夹室、讲位、祖师真堂洎大法厦，积岁累月，无不完缉。唯大殿尚仍旧贯，乃集其侣，别议更始。上下闻之，翕然乐从。四方檀越，亦皆愿施。方议择木于元隰，采石于涧壑，涓刚辰，庀工徒，斤筑雷动，响振崖谷，不日告成。

旧基才三尺，今则增而倍之；向来卑陋，今则崇大矣；向来黝暗，今则显敞矣；向来鄙朴，今则无遗巧矣。回视旧制，如椎轮之于五辂也。于是中设圣像，金碧光耀，恍若天成。所费无虑巨万，人皆乐施。自非沂上人行业信于乡国，智略妙于经画，未易办此。寺之始终，洎更创之故，虽已叙述，复有一转语，敢告诸众：如来远离世间一切诸有，而于无所住生心，岂以一室美恶易其道哉！虽然，弗藉于此，无以开一切信向之门。为其徒者，宜观田夫田妇，攻苦食坚，茅屋不庇风雨。而我以佛力故，居则崇基峻宇，食则香积妙馔，夏处清凉，冬居温密，受人天妙供，何以报佛恩德，答檀越信施哉！然彼以财施，而我以法施。财施者既尽心，则法施者，若非戒律坚持，通悟法眼，未易副彼所希利益之心耳。敢以此告，仍系以铭。辞曰：

炜炜煌煌，法中之王；具慈运悲，荫覆十方。深愍有情，苦海茫茫；谁为拯济，赖我法航。炎炎口宅，群子痴狂；方便诱掖，俾就清凉。三车取喻，牛鹿洎羊；为其徒者，心宜自量。蒙彼慈荫，得大吉祥；愿报佛恩，乌可口忘。戒律精持，勇猛坚刚；因戒生定，发智慧光。财施法施，利益交相；刻辞贞石，千载流芳。

大定二十二年岁次壬寅十月戊戌朔十五日壬子，东平府管内僧录判知教门事崇业大德、定德立石。

右碑，在佛殿前西墀，东向。额篆《幽栖寺重修大殿之记》，碑文行书。碑高六尺二寸，广三尺八寸，螭首龟趺。碑阴载施人姓名、钱数。

增塑十二王朝地藏碑

〔明〕

右碑云：登甲午乡进士前知山西寿阳县承事郎古肥赵缙撰文，儒学廪膳生员周旋书丹，生员周忠题额。大明宏治龙飞十三年，岁在庚申小春下浣六日吉时立石。

本县知县庆云张希达、县丞钱安、主簿郝文、典史李信、儒学教谕林贤、训导张玺、王德威并真书。额篆《幽栖寺增塑十二王朝地藏碑记》。在东墀下，记文未录。

幽栖寺重修大殿碑

右碑云：正德十年岁次乙亥孟冬月吉旦日，泰安州僧无暇撰，牛山寺僧兴谦书，知县唐卿、县丞毛玘、主簿姜备、典史刘廷章并真书。额篆《幽栖寺重修大殿碑记》。在西墀下，记文未录。

幽栖寺重塑佛象碑

右碑云：前邑庠生金斋张良辅撰，听选官刘岱书丹，大明嘉靖六年岁次丁亥仲冬吉立。肥城县知县进士王侑、县丞李应旸、主簿（缺）、典史（缺）、千户所掌印千户胡卫并行书。额篆《肥城县幽栖寺重新装塑佛像之记》。在东墀下，记文未录。

幽栖寺重修山门碑

右碑云：邑人省庵居士黄顺卿撰文，听选官刘岱书并篆，大明嘉靖十三年岁次甲午孟冬望日立。肥城县知县田助、县丞李遇时、主簿杨滋、典史江鲸、千御千户所胡卫助缘，施主胡思贵助德，施主刘景并行书。额篆《幽栖寺重修山门之记》。在东墀下，记文未录。

重修幽栖寺十王殿碑

右碑云：万历十一年九月吉日，四川六番招讨使司经历前德府审理副东山张继业谨撰，浙江东越山阴翼楼王文炳谨书，肥城县知县李思问、县丞周有人、主簿邹学诗并真书。额篆《重修陶山幽栖寺十王殿碑记》。在西墀下，记文未录。

重修幽栖寺地藏殿碑

右碑云：赐进士出身承德郎任户部河南山西清吏司主事奉敕总理宣抚镇粮储以中官参劾落职陶南逸民张梧顿首拜撰，崇祯九年岁次丙子仲春吉日立。文林郎知肥城县事朱光林、主簿饶九卿、典史白光文、儒官张桐、生员张灼如□、张滔如鼎、朱延修书，杨名世并真书。额篆《重修陶山幽栖寺大殿西配地藏殿落成记》。在西墀下，记文未录。

重建陶公幽栖祠诗刻（并记）

〔国朝〕

文曰：忆昔扁舟去，千年何所之。那知穷谷里，长此卧鸱夷。问山陶是姓，访洞则名施。桑枣屯湖水，缆船装欲攲。神通僧梦幻，古佛绣岩碑。三笑歌存汉，青松再子皮。虽云留白字，金穴总传疑。禅岱途经跸，幽栖寺占祠。野棠寒食路，落日照芜蘼。古迹无人到，藤花走鹿麋。我来瞻拜起，四顾立迟迟。樵牧先申禁，榱楹访故基。工鸠因俗豫，昭俭翦云茨。十日成三舍，馨香卜盛粢。越人奠齐酒，对此长相思。缘梦稽山暗，公应记旧时。功成不居霸，富以散而奇。金铸空余想，寒岚锁独知。胥江涛亦冷，湖舫月涟漪。为谢炎炎客，毋来此祝尸。

案：公自霸越后，扁舟至齐，止于陶，号陶朱公，即今肥之陶山是也。山内有缆船桩，山前有湖屯诸处，相传为古背山面湖之故基，而山麓公墓在焉。旧有祠，创于秦，在公之旧居处，名陶公幽栖祠。有篆碑曰：忠以事君，智以保身。千载而下，谁可比伦。后则系以斯从上封泰山，还，闻蠡墓在此，吊书。斯者，丞相李斯也。至汉，于祠前建佛殿，去陶公二字，改为幽栖寺，即于寺内立祠祀公。一日，有老人自称青松子，对冢三笑三点额，既而手指冢，口诵八言曰：霸业朽，忠名在。此堆土，黄金块。传万古，人人爱。纲常维，宇宙赖。诵毕化为香风不见，遂刻其语为汉赞。隋时，则移祠于冢右，以秦碣有“忠智”字，名曰“忠智幽栖祠”，即今之遗址是也。然秦碑、汉赞皆残断剥蚀，无复完好。至唐贞观元年四月二十日，有好事者重刻于石，并镌《鸱夷歌》于额，立之冢上。隋有一寺僧梦公语之云：尔于我冢上，泯其名。僧寤，遂刻佛象、佛经于碑阴，易面而立，以混其迹。今则依然以佛象、佛经为碑碣也。冢不甚高，闻刘裕时，有盗见《碑赞》"黄金"二字，夜开冢，视内有斗大四白字曰"某人不可"，其人见之惊走，终于冢南。旦视四大字傍有"某终冢南"四小字，视所终者，即其人也。嗣是人无敢犯，此事颇怪，得之破碣伏莽中。宋真宗封泰山，驻跸肥之金牛山，返而过此，瞻吊公墓，差称盛举。自后迄今，山僧野老间有修葺佛寺，而终无妥我神居者矣。

余于顺治乙未春，来令兹土，当兵燹之余，古迹虽存，山寺并圮。狐兔荆蓁，荒凉特甚。谒公墓而为之恻然。延至戊戌，山僧保性修理佛寺，募余首事。寺工既竣，汉额重新。余因得访隋时遗址，构寺三楹，溯从秦额曰"陶公幽栖祠"以祀公。寺与祠连，围墙廊舍，兀立空山，且封墓而高大之。敢谓此千百年仅事，而樵夫牧竖，则谓公为越相，而余以越人，故私之。抑知余之所以感慕乎公者，自有在也。祀之日，赋有短章，并归搜其逸事，以付之石。适邑文学田见龙会拜祠下，遂书以镌之。

顺治十六年九月中浣之吉，浙湘书岩史廷桂识。

右碑，真书，在少伯祠檐东壁，横长二尺，高一尺。

重建陶朱墓赞碑

文曰：陶山之阳，幽栖之侧。一冢屹然，千秋独立。传为越臣，于焉遗迹。缅想当年，为越良弼。败于会稽，困于石室。虽在颠沛，臣节不失。知足忠完，脱君险厄。念载图复，寝不安席。终能沼吴，霸业显赫。功成者退，日中则昃。长颈乌喙，早焉心恻。扁舟五湖，飘然遐逝。鸱夷子皮，变名自匿。更号陶朱，致富敌国。忠以事主，知以自庇。千载而下，谁可与匹。霸业虽朽，忠名不斁。□□黄金，此土是惜。纲常既维，宇宙扶掖。

乃至于今，沧桑几易。秦篆既杳，汉赞谁识。颓然荆榛，一片孤石。藓食文字，久莫可索。第见樵夫牧竖，踯躅而叹于其侧曰：此非越大夫之墓与？何碑字之模糊，觉今之非昔！时维乙未，春日熙熙。招侣携朋，于兹一适。凭今吊古，晨游竟夕。谒公之祠，寻公之迹。睹兹湮没，心焉恻恻。千秋芳躅，可听泯灭。兴废补弊，何惜千百。爰命匠石，创为再勒。非谓公之霸业于兹宜著。庶几青松子三笑三点额，指冢口诵之八言，不至于遂熄。

肥城县生员王琯撰文，平阴县监生张嗣宗书丹，平阴县岁贡张岳龄重建，大清康熙五十四年岁次乙未四月吉旦。

右碑，行书，在少伯墓南。案碑云：爰命匠石，创为再勒。盖墓前碑所称贞观补刻者，此时又重刊也。

重修陶山幽栖寺碑

右碑云：乾隆四年岁次乙未菊月上浣之吉。肥城县廪膳生员张景运撰文，儒学生员马振宗书丹。并真书。

在佛殿东墀下，记文未录。

登陶山寺

〔金〕刘仲杰

遗迹千年事恐诬，幽栖谁信为陶朱。不知古寺东山洞，曾与西施共隐无？

春日同王春元游幽栖寺

〔明〕李荫

连朝城郭染纷华，觉路追寻岂厌赊。拟向夜深还对月，独怜春早未逢花。倘来轩冕原无意，到处溪山浪作家。更喜吹笙偕子晋，不妨历览入烟霞。

幽栖岩西，为望湖岩，下为大溪。在幽栖寺左，有流泉洞、泛舟洞，旁有神鱼洞。西崦之水径此，南流而下，会于涧。流泉洞泉流数泓，祷雨辄应。望湖岩前有巨石为峰，曰“揽船桩”。土人言，周时山坳即湖，今则深谷为陵耳。上有青松洞，虬枝横出，山色具苍，或云即赞墓之青松子所居。又西稍南为忠智岩，有铸金洞，其下即少伯墓。又西南为曼陀岩，有朝阳洞。洞门南向，方可容车，广如堂室，为朝阳初洞。又登二十级亦如之，为朝阳中洞。又登二十级，深广倍于前洞，为朝阳上洞。三洞四壁皆刻诸佛法相，入洞阴黯，定睛视之，生动庄严，洞心騺目。夏月皆寒噤起粟，冬则温和如春熙矣。初洞之右有窍穴，上通上洞，旁入无底，疑有神物往来。元明之季，居民多避兵于此。明李攀龙《肥城城碑记》云：在昔陶山之役，动勤王师，余犹及见之。盖二崦天然石墉，外峻内奥，诸洞皆可受多人，固尝有负山为砠者矣。又西南有梳妆台，其西北又有西施洞，洞内有石楼，高峭不能上。又南为啸猢谷，有白猿洞。又南为孝福岭，二山相连。或云：孝福即啸猢，音相似也。上有穿云洞。又南为莽牛山，有百泉洞。洞水常流崖石间，如匹练也。又南为小华山，东有莲花洞，石瓣攒簇如莲。西岩有西王母洞，群鸦栖洞口短树，道者以为青鸟矣。

陶山，南为泌水。山下有大涧，发源于东崦。西南流，横过山前，山中及西崦之水皆会焉。入于肥水，西南会为白银河，归东平运河。《水经注》：汶水又西南，有泌水注之，水出肥县东北，自源西南流经肥城县故城南。乐正子春谓其弟子曰：子适齐过肥，肥有君子焉。左迳句窳亭北，章帝元和二年，凤凰集肥城句窳亭，复其租而巡太山，即是亭也。其水又西南流，注于汶。蒙案：肥水即蛇水。《水经注》：蛇水出蛇邱县东北大山，西南注于汶。今肥水出五道岭下，迳肥城东而西南流者，为康王河，会黄山下水为肥河。陶山南有衡鱼河，即泌水也。汇九泉，东西流，皆入于汶以济运。

当陶阳为涧北庄，在涧之北。聚三四百户，石庐枣篱，炊烟相接。田虽硗，而人勤耕牧，岁有薄收。无千金之家，亦无冻馁之人。年七八十以上者，往往不识冠盖。庄西有三官堂，古天和观也。又南为晒书台，《府志》云：相传孔子经游处。上有大成书院。

天和观碑

〔元〕

文曰：真大道天和观记。

赐紫清真大师教门知书赵清琳撰，崇教冲和大师前知书吴清顺篆额，浙右儒生教门徒弟周正谊书丹。

汲肥城之北申有观，曰“天和”。乃大道五祖太玄真人门弟悟真大师薛德悟之所成厥功也。是观群峰环立，四野平畴。东牛山而西孝福，北陶山而南乳罗。可以息羽流之栖隐，可以味道腴于耕桑。园圃丰秀以供盘飧，仓库足食以资口给。殿堂厨舍，小有可观者矣。夫大道玄门之始祖无忧子刘公，乃沧州乐陵人也。志气不凡，幼而博学。诵《道德》至于“虚心实腹”之句，颖然大悟，舍绝万缘，深造幽玄之理。大德既备，感得太上亲降，授以正法于燕齐之间，闻者莫不敬仰。教门徒以清净为本，以耕桑为务。断其五辛，去其六欲。救人疾苦，则不施针艾，不赖符药，祷于虚空，无不痊愈。梁子容有大风癞，求治，三日获安。赵大郎为妖狐所缠，诛之千数。然则神异多方，盖亦不可胜数也。大抵大道之教，无为清净，济生度死，本分农桑而供口体，使之可免饥寒。然后习圣人之大道以乐天真，将拯斯民，皆不堕于沦溺矣。惜乎师有其身，乃有大患。于大定庚子岁三月有七日，以法传于大通子陈君为二代，初祖于是月十五日坐脱登真。二祖阐行大教一十五年，立观度人，允同初祖。复有三祖纯阳张君继之，于四祖玄阳毛君，五祖太玄广慧真人郦君，代代杰出，无非天推见，一授一传，源源不已。六祖通玄真人孙君，大阐教风，誉振朝野。七祖颐真体道真人，继承宗教，始终不违。前师后师，其揆一也。已上七业，具已弃世。即今崇玄广化真人岳君掌教，有东平路举师冲和大师杜德顺敬诣茔下，告以立石，以纪其事，用显教风。乃奉命于玄师嘱予为文，不获拒辞，因为次第之。盖天和者，必有所自来矣。纯阳体乾，乾者天也，天乃道也。人之率性，授于天也，率性谓道。道者气也，气乃和也，人之养气，出于和也，出类拔萃是也。《语》云：君子和而不同，小人同而不和，礼之用和为贵。先王之道斯为美，小大由之，知和而和。《大学》云：中也者，天下之本也；和也者，天下之达道也。致中和，天地位焉，万物育焉。至于修身、齐家、治国、平天下，则左右逢其原，何莫由斯道也。故孟子有地利人和之旨，玄师有人和神睦之戒。造是道者，不可以恬淡而乐天真，纯素而养天和也哉！

至元二十三年腊月吉日，立石人薛德悟。

赐紫玄真大师济宁路曹州真大道都道判袁清志。赐紫玄寂大师济宁曹州等处真大道都道录孙德足。

忠翊校尉肥城县达鲁花赤兼管诸军奥鲁（名缺）、承事郎肥城县尹兼管本县诸军奥鲁孟显祖、将仕左郎肥城县主簿张（缺）、肥城县尉李（缺）。

本县匠人张信同、本郫匠人吴德兴镌。

右碑，真书，额篆“真大道天和观”六字，碑高六尺，广三尺二寸，螭首龟趺。在观前阶左。达鲁花赤当为达噜噶齐。忠翊校尉以下四官，系由左书右，惟记首汲字未详。

重修天和观碑

〔明〕

右碑云：本郡教读崔珪撰并书，明弘治岁次甲寅孟夏立。

右并真书，记文未录。

重修天和观碑

右碑云：本郡庠生王龙撰并书，肥城县知县（缺）、县丞李应旸、主簿（缺）、典史张排，嘉靖岁次丁亥仲秋立并真书。记文未录。

创修诸品佛碑

右碑云：本郡耆儒王龙书撰，明嘉靖岁次壬子仲春立并真书。记文未录。

天和观重修碑

右碑云：济南历下七十三岁处士许应元题，明崇祯七年岁次甲戌孟夏立并真书。记文未录。

以上四碑，俱立观前阶右。

山南大道为翔鸾驿。《宋史》：大中祥符元年十月壬辰，车驾驻跸郓州，知制诰朱巽言奉玉册至翔鸾驿，有神光起玉册上。丙午次翔鸾驿。驿盖因翔鸾乡而得名，鸾或曰銮，初真宗东封法驾，改用小驾仪仗，名曰鸾驾。山西南有凤皇山，下有凤山社，即句窳亭遗址。汉章帝元和二年，《东观记》云：凤皇见肥城句窳亭杨树上，是也。陶山，左壁傲来，右堑防门，长城屏其北，汶泌襟其南。冉子故里，先贤冉伯牛之所居也。孝堂山，汉孝子郭巨之所葬母也。皆在山前后，相距二三十里，气脉联注，而形体弗属，故不书。

长沙唐氏新阡，在陶山之阳，立于乾隆之三十有九年。谨案：唐氏之先与陶同姓，在夏为御龙，在商为豕韦，范氏亦其族也。吾祖系出晋阳，唐初为莒国公俭，宋为质肃公介。南宋迁于丰城，明客长沙，于善化长乐乡有田庐。万历时始墓于乡之师子山，入善化户。世有隐德，家饶于财，好施与，为闾里望。至先大父上舍棕舟公，尤称长者。始好学，属先公石岭府君于乡贤李朗轩先生之门，穷研性理，敦实行。先公乃深求三代为学之要，格物致知，忠恕一贯之指归。患汉宋以来烦言碎辞，支离穿凿，随声是非。其高明者，以扞御开悟，逃儒入墨。于是揭循礼体道，契性达天，切近渐积之功，于制义中深发明之。以为时文者，士子束发从事，先入为主，故其为文精括轩豁，使读之者可以通经，可以入道。每一义出，时论翕然。所著诗古文词，必衷诸道。

晚年客于岱麓，尝作《游泰山记》云：孔子登泰山而小天下，喻道也。而蹑屐而登，亦复不易。予登泰山者数矣，监籍混施钱，阅视祠宇程作，皆奔奏在公，安得言游？游乃自今日始。是时也，簪组既谢，风日正佳，体便攀跻，兴涉超隽。乃却舆撰仗，携儿子仲冕及两仆行。出北郭，遇一黄冠自劳山来，须眉尽绿，问之，云：崇祯七年生，避乱入山，今始出游。类有道者，步趾如飞，追之弗及。余乃历天门，狃万仙楼，酌护驾泉，观七十二君辇道，憩五大夫松，与儿子论巡望封禅事。且论且行，至十八盘，陡绝如应劭所记。勃窣蹒跚，不能纵步，然余行辄在儿子、两仆前，经数盘辄小住以待。度南天门，探白云洞，遂陟太平顶。凭养云轩，四顾敻豁，群山伏藏。上与造化者游，而河海形势，了然在目。因一一指示仲冕，使遍识焉。道士进青精饭，日下舂矣。闻后石坞特幽奥，即谒丈人峰，转西天门，下从北天门，荦确入天空山，世所称元君得道处也。怪石冷泉，灵踪诡异。疑有虎豹守关，猿鹤舞座。庵荒径僻，凛乎不可久留。乘月踏云，仍返穹巅，至则夜分矣。五更起，上日观，立东天门观日出。回，礼孔子崖。尚早，坐呼仲冕而告之曰：汝登山，汝亦知学山乎？泰山岩岩，树汝风骨；山之邃邈，宏汝器宇；山之广博，廓汝识量；晓日初生，汝养平旦；肤云乍合，汝作霖雨。积之以自卑，资之以深造。毋躁汝气，毋堕汝志。则至于山，且至泰岱矣。不然，是大山之麓，止而不能升也。小子勉之！仲冕拜受而兴。归途，纡道经石峪，石坪夷旷，泉瀑敷流。石刻北齐分书《金刚经》，字大如斗。上有明人刻《大学》百九十六言。仲冕素业古本《大学》，进而问曰：《大学》节邪？抑残缺邪？余慨然曰：此宋儒所谓经也，格致补传，与古本专责诚意者异。夫物有轨范，知当扩充。诚意者，格致之内功。格致者，诚意之实践。即如余年六十有四，一日之间，登岱四十里，往返后石坞，亦三十里，而筋力不惫者，游兴畅洽故也，诚意也。周览椒麓，则格致也。不宁惟是，山亦有然。其起伏向背者，格致之情状；其扶舆清淑、磅礴郁积者，诚意之端倪。故曰：不诚无物，此小子所宜沉潜，偶于登山焉发之。因书之以为记。居无何，还湘西老屋，乃注《今文尚书》、古本《大学》《中庸》《论语》《孟子》，年八十，犹手自录订注。《仪礼》未成，以属其子仲冕。仲冕幼稍通敏，父兄教之经，皆成诵。壮游四方，学殖将落，自惟孱昧，不克续成前书，别为《仪礼蒙求》十四篇，虽义本过庭，而辞入里耳矣。

先公以乾隆辛酉举于乡，戊子除平阴宰。平阴者，《水经注》云：春秋襄公十八年，晋侯济河会于鲁济，寻溴梁之盟，同伐齐，齐侯御诸平阴者也。京相璠曰：平阴，齐地。在济北卢县故城西南十里。平阴城南有长城，东至海，西至济。河道所由，名防门，去平阴三里，“齐侯堑防门”即此。今防门北有光里，齐人言“广”音与“光”同，即春秋所谓守之广里者也。又云：巫山在平阴东北，昔齐侯登望晋军，畏众而归。今巫山之上有石室，世谓之孝子堂也。平阴居万山中，地崄隘。草窃伏匿，为居民苦。先公至，则穷其根株，痛绳以法，三月而外户不闭。与民言慈、孝、友、恭之谊，讼者感泣，自毁其牒。进子弟之秀异者，亲为讲授。邑有云门山，石中阶碱，泰山将作檄采之，先公以累民，力争得寝，民至今讴思之。邑城久坏，修缮完固，民亡其劳。及甲午王伦之警，侍以无恐。

先公于庚寅腊月移官昌邑，而先母氏谭卒于平阴官舍。先是先公自邑之郡，辄经陶山，相其阴阳，指为瑕丘。后二年罢官，益贫，不克归母榇。先公曰：齐人爱我如父母，乃命殡于此山之阳。母氏事先大母彭最孝，大母性严肃，侍养者屏息不敢出声，母氏独能得其欢心。临终，谓先公曰：事亲如汝妇，可谓孝矣！母氏勤俭雍睦，族党式之，教子以义方，无姑息之爱。至官舍，日率妇婢纺绩不辍。其葬也，平阴、肥城两邑士民，相率助庸穿圹，负土成坟。圹在山上，山至崄峭，不可炊汲。从麓至圹，诘屈四五里。圹又石椁天成，坚整无罅，斤凿所入，仅得分寸。工徒登降传餐，日夕胼胝无怨色。椁当前和开一洞穴，绀砂中满，举锸除砂，适足容棺，推棺入穴，仍以凿石扃合如故。棺初上山，颇以攀陟为危，乃舁舆执绋者数百人，齐歌蒿里。蜂拥蚁附，登跻如云，无稍轩轾。非先公惠政，先母氏懿淑所感，曷由至此？而风俗敦庞，邻里匍匐，为人子者，能无雪涕稽颡于数百人之前乎？此甲午年夏四月事也。其秋，仲冕举京兆，窃自悲叹，生无毛义捧檄之荣，殁无却诜舆柩之力，徒怀蔡顺圆冢之泣，愧乏林攒作阙之祥。昔孔僖卒，葬临晋，其子长彦、季彦皆十余岁，曰：载柩而归，则违父命，舍墓而去，于心何忍，遂留华阴。仲冕愿附二稚之义，因以陶山为氏。岁在辛丑，守令生儒延主泰山讲院，乃得以束修所入，当涧北天和观之东，置宅一区，祭田三十六亩，葺茅屋三间，为“白云丙舍”，直挂灯岩之南，启北窗则望见兆域矣。然先公年七十余，犹教授里门，乃间岁一归省，营甘旨。至岁己酉即世，遗命若曰：汉袁贺早失母，其父伯楚病困，敕使留葬，侍卫先公。慎勿迎取汝母丧柩，如亡者有知，往来不难；如其无知，祇为烦耳。昔人以为清高，尔曹识之。因葬故乡之柳术塘。齐楚相违三千里，虽合葬非古，而展墓有期，至多乖隔。祖宗祠墓所在，兄若弟若诸子任之，仲冕当率妻子，躬耕陶山之阳，以终身焉。癸丑春成进士，释褐除令，将之吴中，惧由是拜扫之疏旷也。假道于肥，攀条设祭。《记》曰：父母既没，必求仁者之粟以礼之，此之谓礼终。他日沾禄糈、买山田，便当返吾初服，栖迟岱畎，守坟墓，莳松柏，与田更、野叟追话先公遗爱。岱下诸生复相从讲学，述先人之志业，于愿足矣。乃作《陶山赋》以见志，其词曰：

维济北之东郡，乃岱西之南支。越三布之崩岁，循五道之逶迤。郁葱度金牛之穴，句窳横威凤之枝。倚孝堂于郭巨，辟幽洞于鸱夷。盖县本肥而始建，山以陶为最奇也。昔范少伯佐越句践，沼吴计成，相齐名显，变姓间行，挈家重跰。谓地拥乎肥河，将物饶于岱畎。于焉制生，足资富产。养鱼有池，牧羊有栈。致赀百万，能聚能散。固计研之余术，实林泽之沃衍。是山也，岿然特起，峙于平陆。学岱宗之岩岩，环群峰之矗矗。小山为宫，大山为蜀。其上平天而冠整，其下蟠地而钟伏。石削成以横巅，土埴坟而附麓。七十二洞，窾窨缭曲。玉几金床，可凭可宿。东崦则十二重楼，夷光之糍台筑焉；西崦则幽栖古寺，朱公之佳城卜焉。泌水发其源，涧泉绕其足。济北贯而沦涟，汶南襟而波属。山峻川平，纵横极目。嘉禾遂生，岂惟畜牧？木则白榆、翠柏，果则文杏、绯桃。柿垂垂而叶赤，枣纂纂而香飘。春原肥苜蓿，秋架蔓葡萄。慈鸟鹡鸰，将翔将翱。仙禽时集，恶鸟无号。蝙蝠飞于岩穴，络纬鸣于堂坳。匪征异于物产，亦藉毓于土膏。左通横岭，右控榆山。长城为障，防门为关。自卢阿而达郡，恒经过而仰观日①。

吾先君之宰平阴也，戢贪暴，恤茕矜，锄稂莠，培芝兰。雉雊于野，犬牦于闲。寝工作于云石，靖繇役于墉垣。望兹山之旁魄，隐有合于形家之言。于后金萱乍凋，铜绶亦解，归榇无赀，表阡有待。大人乃谓牛眠可卜，马鬣斯在。邑之士民闻之，咸愿率钱负土，助我贫宰。破石得椁，起坟成嵬。惟予兄弟，深抱愆罪，千里窀穸，终身泣洒。越今二十年矣，终天复痛于椿庭，合葬难返于湘水。往来齐鲁之郊，却略荆楚之里。愧夏畦之有依，伤春晖之长已。守邱垄以难期，指松楸而至止。山崴嵲而风高，洞邃邈而云起。留恋绝壑，缅怀前轨。未尝不叹范子浮家徒为智士②，郭君葬母乃真孝子也。重曰：陶山之脉，祖泰岱兮。名自陶朱，善举废兮。家世儒素，躬负耒兮。幽穸是营，愁褦襶兮。石窆天成，异金穴兮。继世牵

① “日”，疑为“衍”字。

② “徒”，疑为“徙”字。

丝，守冰雪兮。展墓怆怀，辞鄙拙兮。少游有志，题峨嵲兮。

仲冕自徒跣葬母以来，往来岱下，前后余廿年。主泰山讲席者，三年。其时，泰安黄大令钤，属修邑志。名山大川，邑之望也。因与郡中学士大夫，诹访前哲遗文密籍、图册典章，证三观、七十二峰之名状，溯环、泮、渿三溪及大小汶之分合，下至云亭、梁父、社首、徂徕诸山，冈峦延属，疏其根节，颇为详密。志既成，深惜搜采之勤与登览之周，未能遍录，支山之在他邑者弗入焉，盖志邑体例宜尔也。忆儿时，屡梦登一大山，与熊湘间山绝不类。后随先公榆山任，泰山在其东百八十里，未能至，或望见之。岁在癸巳，先公解组游岱，得撰仗屦侍行，屐齿所涉，迥如宿游。一凌绝顶，宛然髫龄目中故物也。及居山斋，岳色近接窗几，兴至辄登。凡山之椒麓背腹，阴阳阖辟，支络断续，往往缒蹑幽险以求之。获昔人所未经，是不可以无传也。且慈氏窀穸之山，实为岱之右麓。辽绝乡关，恒惧失坠。张凭作诔，崔寔勒铭。顾惟梼昧，不任表章。庶几寄名岳为附庸，分日观之余照。林峦既显，阡垄亦存。虽然，经山脉水，邱索遗文，乔宗郁采，雅颂扬休。

蒙也于古作者无能为役，惟是征梦童龀，永怀明发。目所周览，手为追摹，记见证闻，命之曰“览”。敢云名山著作哉！扬子云云：泰山之高，不嶕峣则不能浡滃云而散歊蒸。且夫窥井牖者，不足以穷象纬；履旋敦者，不足以俯方州。岱为时迈所先，帝者之上仪，岂鲰生所能测！窃念臣为刺草，典重苞茅，虽不克胪击壤，随属车，犹得重趼跻攀，翘首云日之表。幸非盲眯，弥切就瞻。谨录天章及诏告仪物之昭垂者，冠于首编，以志庶民近光之忱。大观在上，众山皆小，煌煌乎，作睹之鸿烈，而非区区游览之美谈也。《说文》：览，观也，从见，监声。徐锴曰：监，临也，义取诸凭高而观下也。于是辑《原岱》《岱礼》《岱庙》为总览三；辑《岱顶》《岱阳》《岱阴》为分览七；辑《岱麓降禅诸山》《大汶》及《徂来》《新甫》《灵岩》《昆瑞》为附览六；辑《岳牧》《文献》《虞衡》《齐谐》为博览四；终之以《陶山》《自叙》为叙览一。皆溯源竟委，自上下下，旁及枝附，因以曼衍，而要其归于陶。且叙所以编纂之次曰：

跨海而来，岩峙北戒。群山称宗，万物相代。阳鲁阴齐，汶襟济背。峰崿参差，周罗无外。中阪郁盘，绝顶雄迈。东南邃邈，西北峭隘。金石千圭，诗章百琲。乾端坤倪，宣于泰岱。作总览一。

往昔虞巡，燔柴肆觐。成周怀柔，薄言远震。于皇我朝，重熙广运。有卷者阿，与山齐峻。吁惟秦汉，典礼淆紊。开元祥符，匪骄则吝。越数千年，皇极是训。考度求章，宣昭义问。作总览二。

礼视三公，德孚五帝。立庙负山，重阊扣砌。钦赐青圭，累膺告祭。淑明为宫，炳灵其裔。扶桑峥嵘，披衷茂翳。柏汉槐唐，列左右卫。遥参前荣，环咏别第。讵比灵光，漫夸瑰丽。作总览三。

天柱峰高，石如搢珽。日观月观，左右差等。碧霞灵幽，白云溟涬。爱身崎峨，望吴清迥。篆失李斯，文残苏颋。汉碣唐碑，蟠螭列鼎。石马南驰，丈人北挺。环四天门，曰太平顶。作分览一。

南天门下，飞龙翔凤。历对松山，望朝阳洞。御帐飞泉，烟深云冻。壶天足凭，石经可讽。维彼红门，云程初羾。岭看虬飞，泉招鹤控。山城百雉，迴殊市哄。南郊埠坛，经唐阅宋。作分览二。

松岩迤东，延坡横倚。东溪发源，势分梳洗。摩天屏风，鄣峦特起。堰岭西流，艾峪东驶。归田谢过，缅怀前轨。汉作明堂，荒烟遗址。涧渚环汇，河名十里。红亭奉高，往迹堪纪。作分览三。

水出石后，竹林西河。上接三尖，丹穴之阿。下竦凌汉，青嶂绿莎。投书香水，遗韵冲和。傲来峭桀，扇子嵯峨。龙池瀑练，仙影烟萝。石峡旸流，桥唤奈何。林壑明瑟，清景独多。作分览四。

北门厄塞，曰独足盘。岭翔双凤，台志尧观。黄华莲花，玉女瑶坛。笋城云暗，石屋松寒。洗头盆上，虎月龙蟠。懒张何在，明月团栾。大小冰峪，终古巑岏。幽人逸士，宜此盘桓。作分览五。

天烛双炳，分水两歧。惟周明堂，天津绕之。谷山玉泉，黑阏金丝。仙台长城，横亘北陲。青山翠积，黄阪星驰。石釜有底，金井无湄。津拱岩洸，堑汶之阪。古静封镇，著于丰碑。作分览六。

桃峪滥觞，其汶曰泮。分为中川，东流得半。红雨纷纷，碧花粲粲。清风岭旁，问元都观。襁负姜倪，雁行鱼贯。云台若拱，笔架如案。峻岭西横，长城北扞。翘首白云，墟墓生叹。作分览七。

禅祭小山，高里社首。介丘石间，恭承缩酒。亭亭广禅，石门水口。梁父梁阴，坛畤之薮。柴有云云，禅代凡九。肃然安在，东北大阜。长山有贤，典礼是守。我客布山，缅怀良友。作附览一。

汶源有五，其义曰紊。牟嬴北柴，合为大汶。旧由堽城，坎河流顺。明开会通，戴村置汛。遏而南流，旺湖济运。入大清河，故道可问。山下出泉，利宜疏浚。汶因岱传，弗及旁郡。作附览二。

尤来幽岨，祖泰昆新。竹溪凤尾，松岭龙鳞。峪称礤石，峰号贵人。映佛悬乳，隐仙隔尘。薤山光化，经石粼粼。六逸遗躅，清风乐贫。讲书读易，千古长春。惟党承旨，与石嶙峋。作附览三。

新甫为宫，花攒莲萼。两岩若屏，三峰似削。上云衢岫，下球仗壑。天门额敞，石梁腰络。孤寺柏横，双塘鱼跃。春榜渊涵，秋千索莫。望仙有台，茂岭所作。何如閟宫，万民是若。作附览四。

方山上平，曰证明龛。狮峰象岭，窣堵名蓝。泉因卓锡，灵纪瞿昙。松曾摩顶，石尚点颔。雨花暮霭，佛日晴岚。水田金缕，长傍茆庵。明孔山北，神宝寺南。幽胜何似，月映寒潭。作附览五。

昆瑞金舆，苍椒翠麓。环锦阳川，称朗公谷。寺表神通，浮图精矗。玉水琴泉，味醴声筑。峪涌海螺，山分灵鹫。锦绣锦云，带绕山腹。至渴马崖，瀐汋洄洑。为泺为济，岱之隈隩。作附览六。

尧让四岳，许由避辞。舜世八伯，曰阳曰仪。鲁南齐北，枕履分治。李固韩韶，守令之师。都尉虽罢，营垒犹遗。侯挚扼险，高屿定危。唯包孝肃，以令立祠。除而未涖，至今民思。作博览一。

维岳降神，首钟和圣。长山林子，知礼定命。越石徂来，学宗孔孟。师孙友胡，后先辉映。还朴清醇，青岩持正。亦有隐沦，墨名儒行。文献昭垂，于斯为盛。右史左图，并资考证。作博览二。

岱畎丝枲，铅松怪石。卝玉狪珠，空存载藉。墨龙堪宝，砚蝠谁擘。所可纪者，秦松汉柏。药自充笼，花应绕宅。白练红娘，山饶羽翮。珍奇不贵，牣满林泽。聊注鱼虫，用劳采择。作博览三。

岱为东镇，实叶休祥。石征兴废，火兆阴阳。即有神异，福善其常。府君祭酒，断属贤良。出云见怪，浩难测量。自古有之，萍实羵羊。蜚狪匿迹，刀镜潜光。允矣灵府，变化无方。作博览四。

昔在弱冠，葬母陶山。先公德感，父老涕潸。助成孤垄，近接层峦。云封在望，风木徒攀。亭瞻集凤，驿接翔鸾。墓门还往，讲席纂编。书传乔岳，志切荒阡。焚黄已晚，汗青多残。作叙览一。

凡《岱览》，尊圣制，纪秩宗。弁诸简，高有融。乃胎艮藏，神震育。上自巅，下至麓。阳閶温，阴翕肃。隅周四，体和六。妃显位，媵支川。摧闷颂，赘梵禅。丽者峻，美斯传。稽肆觐，备惇史。灵独钟，物难纪。德扬诩，词俶诡。词俶诡，意婉约。述终篇，感旁魄。篇之终，始所托。草创于壬寅岁之日南至，人事蹉跎，记载粗略。迄癸丑秋仲，岁一周矣。乃复依迟丙舍，辑校阙讹，猎微搜博。谨次首编七，目录四，览二十有一，图十有九。分缀金石刻七百七十六通，昔贤艺文七百六十五首。皆胥钞而不敢作。《吕氏春秋》云：伯牙鼓瑟，志在泰山。钟子期曰：巍巍乎，若泰山。蒙盖有志而未能似也。弃之箧衍，以俟中区元览君子要删焉。

男锳、鉴、镬校字。

跋

山有专书，见始六代。唐宋以降，撰述遂多。慧远之纪《庐山》，颇伤简略；冲昭之录《南岳》，微具规模。自变制于守约《赤松志》，而体例益哤。自取法于子正《寰宇记》，而艺文始滥。原其为弊，约有两端，或形原块阜而意逞邳张，或地居奥府而才谢淹highlight。夫纻絮三千，无挟纩之用；金台十二，非目巧所成。前者有百人舆瓢之讥，后者乃一坏塞江之见。等百代之副墨，类二失之莫逃。

桂林尝受吾师陶山先生所著《岱览》，读之，其钤键众有也，如海涵百渎而原委区分。其灌铸一气也，如星总万族而鸿蒙独运。窃叹为文字以来，开辟未有焉。请申其说，可得而详。夫厨厩亦营舍所需，而与寝庙并列则渎。篴互亦礼器所数，而与簠簋同陈则秽。乃历校前矩，鲜睹良规，挈领要则，如环无端，判门目则，顤若画一。甚至有主夺于客喧，本伤于末大者。兹则《总览》以表其统，《分览》以周其胜，《附览》以该其属，《博览》以存其征，终以叙览。原厥初志，纲维既显，巨细不淆。又其全书贯串而历稽于目，则脉络维明。群艺浩繁而分缀于篇，则词理互映。其建于例者精也。

且夫韎下非一弦之奏，华衮非只色之功。夫以登封七十二君，垠堮可识石刻千八百处。竹素所夸藉，非茂先卅乘载书。世叔五行并读，正恐胪列未遍，漏佚方多。兹则征引经籍六百五十五种，录次金石七百七十六通，冢刻山镵或往哲所未觏。酆文茂记，多旧乘所未闻，其酌于材者富也。然而钧天方奏兼舞，沐猴无当于广乐矣。大貐方行，忽登蜜唧，难夸为备物矣。故大昌《雍录》，失求石墨之镌。景升《黄海》，并述真仙之鉴。持平以絜，其过适均。兹则恢之弥广，择其尤雅。凡诸碑碣亦有等差，或已佚仍题，或见存弗载。尽斟酌之善，比郦、魏而更审，寓品别之权，视欧、赵而尤核。若《岳牧》《文献》，属之《博览》，如鸣凤之作，《桂故》辅《桂胜》以行，异绎田之编，《人集》与《地集》并峙。至录及《齐谐》，参以断制，则史官有事，固《隋志》所称。《订鬼》名篇，与王充同意。其裁于法者严也。

盖先生往来岱下积有年所，环道磨胸之路，曾奉篮舆，鳣堂都讲之秋，屡怀铅椠。丹崖碧涧，援葛幽寻。云客林徒，坐苔勤访。爰暨癸亥焚黄之岁，更穷七十二洞之奇。而讫甲子杀青之年，已阅二十四载之久。此岂善长说南中诸水，揣测于一隅。令举撰北山数篇，探讨于两月者所可望乎？且也年方绮岁，梦接神乡。为四海共仰之人，有五岳罗胸之气。故能状起伏于襟怀，文吐万牒；写烟云于悟寐，字直百金。觉程昱侈捧日之祥，厥应犹小。思任诧游岳之兆，其符甚微矣。又况成此鸿篇，皆根孝性。则岱西之麓，实贤母之阡。先生服官以来，恋慕无已。望亲舍之白云，不停于洵涕。荐魂楼之剆粥，或间于履霜。于是祓饰一艺，孤衷藉申。将使桓表千秋，乔山同寿。岩层岫衍，逐写其哀情。霜辛露酸，如闻其慨息。固非泛作绣鞶之业，虚谈蜡屐之豪焉。然桂林窃谓：先生因陶述岱，其旨甚远。以岱传陶，其辞实逊。先生处为儒者之宗，出为苍生之望，自必山以人传，人为山重，扬名显亲，莫此为大。其视却诜舆柩，颜乌庐墓，一节之行，敻乎尚矣！而先生纯挚之性，耿结于内。乌犍红杏，丙舍摹图。绀质苍颜，慈云供石。至情郁发，大文蔚起。读至终篇，低徊垄树。依依誓墓之辞，瞻望峦坳，勤勤趾耒之愿，未有不傫神怆，油然心动者也。

桂林受知既深，闻教有素。粗谙属笔之缘，猥荷抽毫之命，比于芨料，搜此蓬心。窃幸附丹铅之末光，为瓦石之在后焉。抑桂林尤有冀者，往岁国家排四部之书，采百家之策，山川一目，其著录于文渊阁者，七部一百十三卷，而岱阙焉。夫以我朝列圣，时巡叠举，睿藻频颁。洋洋上仪，烺烺天翰。金绳玉检，上不效夫无怀；木甲铜钟，下无取乎有汉。所宜铺张鸿业，昭示来许。编诸宝牒，贲我乔岳。而《岱览》成书，适当其会意天。特留岱以昌先生之文，亦特待先生以光岱之典。异日者，案崇文之目，访其阙遗。用陈农为使，求于天下，其可以备天府之琳琅，传岱宗之掌故者，非《岱览》谁属哉！

受业许桂林谨撰

岱览附录

诗

元和褚廷璋（筠心）

昔我经行过齐鲁，岩岩泰望云中睹。征尘催客不暂登，空映遥青眉色舞。兹晨开帙惬素愿，写象如凌天尺五。当前突兀卅六盘，绝顶何人俯寰宇。杖头日月早延伫，袖底烟霞频揽取。兴酣五字郁奇气，怙恃情悰传覙缕。著书十载当屐笻，决眦分明少陵甫。君家风雅推湘南，渊源坟籍供研覃。当时名区几游驻，缘悭迹左虚朋簪（余前于役楚南四载，未获借交）。自惭老去滞乡国，丹铅友教徒呫喃。缁衣好贤逢地主，缄视胜境凭高探。怅无腰脚踏层嶂，点笔已似驰风骖。梦回晴午卧游便，荒斋涛韵秦松添。

嘉定钱大昕（竹汀）

东岱寰中秀，图经手自编。群山收一览，五岳独居先。指点寅宾日，心依丙舍田。吴门天咫尺，白马望依然。

忆昔乘轺日，鸿泥倏卅秋。唐碑曾暗读，郦注亦旁搜。鬓发惊非昨，云烟不少留。荡胸豪气在，让尔画图收。

一览居然小众山，秦松汉柏有无间。只今匹练吴门路，犹似神霄策马还。

绝顶曾摩汉代碑（余于乙酉秋奉使浙中，道经泰安，曾登岱顶），衰年重到恐无期。卧游倘仿宗生例，便借斯编当一鸱。

善化张隽思（罗湖）

泰山巍巍群山雄，五岳宗长谁与同。儿时快读子舆语，小天下处拓双瞳。长年镇守子云宅，游不里门足不百。岂知胸罗文章人，果然足遍山水客。唐子髫龄意气奇，弱冠声名齐鲁知。趋庭桑梓席未暖，飘然八载岱颠垂。归来示我书觑觑，岱览谁知胜目览。孝先腹笥旧已便，谢客屐齿游亦敢。鸡鸣日观俯群峰，三天门与上清通。碧霞仙人相接引，白云桃花次第穷。漾漭更复携筇策，徂来玉符恣探陟。书成义例绝分明，状逾丹青好笔墨。山经水注为纲缕，体裁直与班范伍。荒唐疑误必检绳，叙论述赞非旁午。总分附后四篇赓，笑他桂海志虞衡。肩吾得子真良史，欲教前人避昔名。吁嗟乎！吾人半生丘壑雕虫敝，羡尔名山储盛事。老病将期抵卧游，龙钟谁复希编次？愿子蓄尔不羁之奇怀。殚尔不世之宏材，更从六千余年上下古。他日彤廷高文典册，非君孰与镇偻培。

山阴邵无恙（梦余）

赤日跃海危峦红，九土色破青蒙蒙。活云如虬踏双足，啸声吹堕松风中。碧天飞下白仙鹤，化为渌发青玉童。为言洪崖在绝顶，手携灵笈还崆峒。域内名山五千座，兹岳如海称朝宗。狮蹲虎伏不可数，牛眠鹊起多幽宫。山川图经久废蚀，几人笔力开鸿蒙。廿年冥想结崇巘，君梦所见将毋同。豁然顿悟振衣处，即此万仞苍嵱嵷。一支七尺披云筇，双两不借踏云棕。凌霞醉拂日观峰，袖间携满青芙蓉。释山自号陶山子，况近先垄悲楸松。著书聊写倚庐志，作图尚感前游踪。惜我五岳未登一，正思开拓层云胸。名山入手照两眼，径欲吹竹骑苍龙。三十六盘云几重，天门浩浩来天风。乞君奇书秦树东，手披或有仙人逢。

奉贤陈廷庆（古华）

千秋杜拾遗，争芒诗句里。一览小众山，突兀图中起。先生承前徽，政教举罔圮。余事寄邮笺，不置投函水。忆从扨岱巅，匹练极吴渎。趋庭比南楼，鸣琴怀治理。负土报春晖，居庐绝尘轨。志山即志墓，掌故赡坟史。孝行接曾闵，道绪绵孔李。兹来宰青林，簿领埽填委。今人可与居，古人以律己。登岱夫如何，观海近是矣。翻怅汗漫游，未上云亭垒（廷庆于己酉秋典试，山左徒殷，仰止之想）。何时五岳装，振衣霞散绮。

宁乡何奂（星田）

笠分海色红，衣拥秦树绿。独立俯平楚，莒薛渺如粟。每游辄招余，诗邮寄简牍（时陶山讲学泰山，余亦客岱）。客窗闷岱云，著书傍樗竹。万壑吟墨涛，秋声满林谷。螺痕生指掌，绵亘无遗瞩。齐鲁未了青，烟雨落尺幅。予归至潭西，阜罗养昏目。访旧泊松陵，豁然见图轴。如曾过眼书，十年忽重读。如携梦中屐，空翠落巾服。知登大罗天，来兹一延躅。故人忆乡关，待赋怀湘曲。

乌啼肥子城，雁回离骚国。亲舍互东南，云端寄呼噏。渺渺吟孤怀，沧波为之立。家住湘以西，传经富缃箧。手泽荫庭槐，故垄通食息。惟兹陶山巅，寒烟断襟北。脉络连岱趾，点图归金笈。袖书立天门，一览空苍色。非徒注山经，欲补南陔什。矫首陇阡头，杏花春雨湿（旧绘陶山《望杏图》）。余红满墓田，仆耕松楸域。他日赋遂初，筑舍青峦侧。孤鹤下华表，掠鬓风飒飒。（陶山《岱览》一书，凡三十卷。山之经纬始于岱宗，终于肥城之陶山，志山即以志墓也。书成于岱下癸卯之岁，图绘于松陵乙卯之秋。孺慕之思，久而弥笃，诗虽拙陋，聊述其颠末云尔。）

宁乡王人作（嵇峃）

平生壮游愿，突兀当华霍。岱宗长东方，发越何浩博。苍莽千里盘，积压坤轴弱。辽风吹海僵，飞沫溅石脚。七十二君庭，秦汉同寂寞。生逢辑瑞日，留滞伤沦落。茂宰富考征，图书纷排错。截山分面面，编帙述不作。请君著书志，指趣终何托。曰予有母氏，陶山昔安厝。授徒当负米，置田致俨恪。十年依恋私，寻源竟脉络。揽古延遐瞩，遇物悉详略。纪载遂以繁，必亲匪臆度。牵丝来江南，陟屺梦如昨。吴生笔擅场，挥翰费追索。图中览岱人，振衣凌岩崿。将书志永怀，披图想卓跞。肩拍天门仙，意健秋空鹤。何时从子去，一览天宇廓。

松江盛灏元

几辈谈岱宗，知有杜甫诗。一览小众山，孰与分疏之。先生起湘潭，俎豆离骚辞。一朝瞥东游，别出文字奇。间网郦注缺，隐抱陟屺悲。缥囊三十轴，灿烂芙蓉披。事往委云烟，念至图匣篋。飒然谢天风，吹送高崔嵬。手攀秦时松，口诵唐年碑。天鸡中夜鸣，金鸦浴咸池。飞光将片心，早挂啼乌枝。浩歌答四山，仿佛闻酸嘶。浅夫骇壮观，悠悠宁所思。

华亭程师羲

彩笔挟纵横，天门绝顶行。长风扶鹤翅，清啸作鸾声。一目尽元气，万山无主名。图经间点检，三十卷书成。

娄县张兴镛（远香）

三变飏流祖楚音，骚人为令韵于琴。兰征诗继皇华什（先生近著《兰征集》），岱览书传孝子心。讲学旧耽黄石隐，思亲弥望白云深。异时展省重登处，华表依依隔杏林（先生有陶山《望杏图》）。

奏赋行庐记昔年，尘踪未历泰山巅（庚戌春，镛留泰安浃旬。时届召试，未遑登览）。从知寰宇无双境，合让蓬莱第一仙。日观鸡声千嶂晓，春坛松色万家烟。即今宦迹移峰泖，总在吴门匹练边。

湘隐周锡渭

峥嵘意气小寰区，却说当年陟屺图。若木晓光明翠巘，枯叶秋影落坟隅。焚黄久驻林前骑，助祭时闻树杪乌。乘兴偶携烟九点，望云远复此踟蹰。

眼底名山夙愿乖，试凭清梦到崔嵬。仙人石室春云闭，地主祠坛夕照开。万里河流萦作带，一泓海水泻如杯。牵丝莫道吴门远，白马当年入望来。

新阳石文烇（楞缘）

学山至山本难摹，作史作志尤易诬。欲以志体状山嵎，匪病耳食口即嚅。而况岱宗雄九区，岩岩大东称遂帐。上应奎娄擎天枢，下蟠汶济络海舻。中跨齐鲁青模糊，旁涵日月景驰驱。德配青帝爵公孤，议礼云亭帝曰“俞”！往往神物示珍符，百灵守护万怪趋。聂《志》荒略何为乎？苏《文》残缺久矣夫。苟非典核穷雕镂，焉能景烁藉扬铺。先生行与曾闵徒，先生笔比燕许逾。自言家世依苍梧，橐笔趋庭客于榆。鲁恭方留棠荫娱，皋鱼忽感春晖徂。傲来峰前血泪枯，挂灯岩畔白杨芜。属圹负土口嗟吁，号风攀柏意踟蹰。新情旧梦纷郁纡，著书名山托简觚。足茧万穴不辞痡，手辑邑乘日忘晡。乃出全力规宏模，要使全岱供清胪。坐拥皋比仿鹅湖，甲乙分次丹黄涂。摄提赤奋岁纪渝，勤猎如警过隙驹。天章宸藻蟠龙趺，超盘越鼎冠圣谟。下黜秦汉尊姬虞，搜剔金石凝鸿都。且止行行陟坂途，自上下下历崎岖。天门下俯方瀛壶，日观平接周秦吴。椒麓面背左右隅，桥梁洞穴坡涧濆。五十余盘记松株，七十二址溯谷呼。寺迹废兴详窔栌，官制沿革稽郡郛。汶紊泮半水经诹，闾阳肃阴明堂敷。贤宰隐士及浮屠，金鸡石马或仙姝。奔历球仗上云衢，旁征丱玉兼狪珠。人灵物产争献输，摫鈲缒凿无遗逋。右为史兮左为图，画如聚米如辨竽。而其大笔所染濡，终归微旨念劳劬。平阴故城近于庐，郭巨新堂隶于巫。有屋三楹诛茆蒲，有田卅亩刈秫菰。要令慈乌旁曦乌，非关陶穴近陶朱。自古登陟戒仆夫，将友麋鹿啸麔鼯。寻一丘壑陋倪迂，蜡几两屐笑阮孚。孰若性情自冶炉，原本经术味道腴。矞皇典贵重琏瑚，汪洋浩淜涌岷泸。以将忠爱非导诀，以抒孝思非用愚。以备扬搉非墟拘，以核笺释非疏粗。即今宰吴更牧朐，已凛宣尼苛政无。他日霖雨洽羌禺，庭训匪遥指寸肤。我瞻岱岳峰岩䶥，岑嵦灵异疑神扶。我读《岱览》情怡愉，如登绝顶竦轻躯。雇乃执卷惭罢驽，述作不敢附泗洙。命名曰“览”意睢盱，自侪越吟与吴歈。元览不欲契昙瞿，流览何心任牧刍。不韦《吕览》秦钜儒，公意无乃舍是姑。我知作者怀物殊，一览山小少陵俱。

嘉兴王士端（端思）

我昔登西岳，芙蓉纷骇愕。突兀凌苍穹，黄河绕山脚。河声岳色荡心胸，俯瞰潼津如尺幅。何为再经泰岱间，欲践心期屡负约。今朝展卷豁尘襟，盘道屈曲堪领略。先生著作才，烟霞供挥霍。至性本天成，凄然感风木。牛眠卜吉陶山阳，冈峦起伏穷搜索。有时吟啸上绝顶，望云天半渺孤鹤。三十卷书当卧游，何时临风细读开心目。

吴县王信中（阅甫）

曾经走马万重山，日观天门不可攀。开帙烟云生袖底，荡胸意气小人间。卅年旧梦劳瞻望，数卷新书细讨删。他日高吟陟梁父，长空匹练认吴关。

四川何人鹤（鸣九）

忆昔登太山，放眼秋光冏。奉母壶天阁，游览万仙省。母老望西川，家园越风岭。归逢岁在酉，凄然风木静。君时居岱麓，天门蹑孤影。海日出九幽，云涛沸万顷。天池变墨池，浸渍管城颖。痛写蓼莪诗，染碧陶山境。于今思往昔，年光换甲丙（余与君甲辰冬分手岱麓，今年丙辰会于吴江）。旧事徒能说，如绠汲故井。先冢在天涯，同此心耿耿。展君岱览图，令我魂独冷。不材何所似，陇麦一遗秉。思归未得归，云栈极天永。

太原武廷选（兰圃）

归从万里罗施外，饱看西南丘壑奇（余初自黔中归）。旧雨乍欣听鼓共，层云忽觉荡胸披（小住海州官舍，得读《岱览》）。释山才大开文境，誓墓情哀本孝思。若向千秋论著述，郦中尉后得公迟。

海州许乔林（石华）

早岁侍篮舆，曾插天门脚（乔林于丁巳春，从先大夫登岱顶）。偶求聂鈫《记》，文核惜少略。此史之支流，体尊配丘索。《山经》与《水注》，落落成绝学。著录有专家，各诩灵蛇握。骄笔强嵬騃，史法究踳驳。吾师陶山公，志岱述兼作。初桄原孝思，元览极鸿博。以山之起伏，为文之脉络。菑畬经训深，程度史裁卓。名山传世业，宁藉乔岳托。况当全盛时，坤珍启灵橐。讲堂瞻云罘，亲见东人乐。乃以冠古才，载笔扬景铄。篇终诵清芬，人足重林壑。煌煌泷冈表，翠墨好镌琢。依依誓墓文，莫便理烟屩。棠阴遗泽存，赉志待公拓。勤攓岳顶云，斟酌天瓢渥。铨材预校字，过眼惊向若。因之思故綦，游迹感旁魄。平生五岳心，触槐动芒角。

序

湘潭张世法（鹤泉）

自古之尊泰山者，断自《诗》与《孟子》止。《诗》曰：泰山岩岩，鲁邦所詹。《孟子》曰：登泰山而小天下。皆言之善者也。然为其瞻也，率不如为其登。为其登也，又率不如为其览。瞻从于远，登从于高。览则并阴阳分合，而更穷其变态。吾读唐子《岱览》一书，而又叹为天下之善学泰山者，不但此一二言止也。噫！造物之无尽藏也久矣。卤莽而往之，则亦卤莽而应之。其于学也，何有焉？岱为天下之大宗。其地帝王封禅、神仙陟降、鬼物出没、精灵盘结，孔、老、释佛，翰林子墨，藏修憩迹之所。后之游者，问徂来之松，新甫之柏，考秦皇、汉武之碑，搜虫鸟之遗形，掘蛟鼍之断足，几于感愤欷嘘，摩挲欲绝。及与纵观海日风涛，野马匹练，飞岩瀑布，追想伯牙子期露雨崩山之音，则又心夷神愉，若英爽萃在咫尺，而皆于览焉。外得之唐子，生有夙缘，自少随其尊甫侍任榆山，继又葬其母太夫人于陶山之穴。不数载复客岱，主泰安之讲院。执杖屦，营窀穸，据皋比。忠孝文章发于性情，触于吟咏，宜其于岱，饱闻而饫见也。《岱览》一书，其深于学者乎，不然，天下亦大矣。五岳之在神州，岱其一也。环海之外，复有九州，神州又其一也。唐子岂能到处裹粮而从，执笔而为之者哉。吾于读《诗》与《孟子》后，悦唐子之善为其学也。故序之。

评

长沙余廷灿（存吾）

体例极正大，一洗志书沿习之陋。尤爱其每篇叙次处，提顿转折与山势为起伏。读之如蹑屐登临，心目俱迴。应仲远《汉官仪记》，此其嗣响矣！

长洲王芑孙（惕甫）

此书体大物博，极有郦道元笔意。虽作者谦以《岱览》名篇，若不过自托于游记之列，而实则山经、地志、八索、九丘之文，史之余体也。较之昔贤《洞霄》诸志，小小自名者，远过之无不及矣！

点校后记

《岱览》是泰山古籍文献书籍中的鸿篇巨制，可谓集大成者。

《岱览》由清人唐仲冕编撰而成。唐仲冕（1753—1827），字六枳，又字六幕，号陶山居士。原籍善化（今湖南长沙）人。

唐仲冕，对泰山的地理、名胜、历史、文献、宗教、掌故等知之甚详，了如指掌。清乾隆四十六年（1781），唐仲冕被聘为泰山书院院长，主讲泰山书院三年。乾隆四十七年（1782），唐仲冕着手编撰《岱览》，至乾隆五十八年（1793）初稿完成。后经十四年的修改、补充、删订，至嘉庆九（1804）年由果克山房刊印，嘉庆十二年（1807）始成面世。

《岱览》把纪传体通史的体例成功引入志山，开创了志山体例的先河。

《岱览》构建了大泰山的框架格局，《山东省志·泰山志》基本沿用《岱览》奠定的泰山体系。

《岱览》洋洋洒洒三十二卷，分首编、总览、分览、附览、博览、叙览、附录七大部分，近六十万字，涉猎广博，信而有征，为后人研究泰山奠定了坚实的基础。

本书点校底本为清嘉庆十二年果克山房刻本。现为国家图书馆珍藏（后附古籍影印本）。点校中异体字、俗体字、避讳字经改正字，不出校；繁简字一一对应者，用简化字，无对应者，用原字或相通字；本书与其他古籍异同者，不断正误，只作说明。点校中借鉴了孟昭水先生《岱览校点集注》，汤贵仁、刘慧主编的《泰山文献集成》，在此一并致谢！

受水平所限，点校中不正之处，敬请斧正！

张玉胜

二〇二〇年四月

中华泰山文库·古籍书系

泰山风景名胜区管理委员会　编

岱览（下）

〔清〕唐仲冕 辑
张玉胜 点校

山东人民出版社·济南

《岱览》刻本影印

岱覽序
夫五嶽之圖十洲之記荒哉邈矣其後慧遠
廬山沖昭南嶽方袍羽裳之士芒屩藤杖之
遊踐履煙霞綿曠寒暑單辭隻簡僅而得
傳若夫東方曰生為交泰之所萬物相代當
報德之維巖巖者其惟泰山乎乃古皇之蹟
管仲有不知第伯之書道元莫能益余嘗有

事東國祇謁名山齎糧三日振衣千仞齊魯
所接混為一青雲雨倏生合而通白雖亦曰緣
文字塗飾草木涯略莫究忸怩而已今觀陶
山岱覽一書則生面讓其獨開山靈鸞為知
已矣今夫純鉤湛盧至寶也然不極萬辟千
灌則不成珧華黎綠奇珎也然不經抽淪掇濳
則不得若陶山者情躭濟勝能鼓其屐齒步

戀踏陳不疲於驢背其與茲山為緣者蓋有
四焉遊仙一枕先到蓬山學御三年得授秋駕
薜蘿紛其在眼雲霞宛乎入抱卒之神鄉
克踐勝蹟悉符如遇故人不為生客其權輿
於夢兆者一也先公作鎮海岱正在總角之
年太史留滯周南適當反見之日是以繼情
邛壑則撰杖以從命名山川則掩口而對家

鉢傳於巖戶庭誥受於趨席其象承於
從侍者二也且山之西麓太夫人之墓在焉仰
遵伯楚之訓俯泣對卄之廬朝斯夕斯難
忘其哀慕松耶栢耶如聞其歎息每當
寒日欲落白雲孤飛至性所流大文以顯藏
山之業自定千秋揩墓之文早期他日其感
發於孝思者三也既而學市傳經緇帷授

講業怡刻中開館常近百人維東衡岳聚徒始稱山長月旦之許多暇鉛槧之功益勖讀摩崖之碑是正文字考封禪之說能知鬼神其甄擭於講習者四也而且具模山範水之奇歷捫葛攀蘿之險親履岱畎菊及齊諧真形蓬蓬若峙於方寸犖岫落落多得之一覽是以體勢測其深遠氣象窮其高大百川奔赴咸識海王之歸廣樂具張方知帝所之樂為之吉蠲啟櫝盥祓披文神光合離靈氣儵忽如畫重累人於紙上似羅七二家於几間習其鏗鏘而鸞鶴響答按其象設而星辰爛然美矣哉古來志地理者誠未有與博如斯者也方今宦寄海隅州如斗大念盤旋之失意覺磅礴之在胸夢境雖遥躋攀情

未洽爰辱僕魚之寄將謀老馬之導余謂大夫登高能賦君子贈人以言亦顧不濁之泉出山彌潔為霖之雨崇朝可興他日移孝之顛成澤氏之心慰然後歸依丙舍重表瀧岡學山而至於山幸毋視僕輩為邱垤也乙丑

冬十月年愚弟吳錫麒拜撰

凡不身臨其境而擬議之縱極盡形容之妙淺識者不免貽譏於優孟衣冠必也登其峯造其極然後見諸言則言非空言矣此和之欲序岱覽遲遲未着筆者陶山師易侍　苕甫石巖先生寓泰安有年總又主泰山書院講席

岱嶽之烟霞收入几席間者亦志乘每以記載闕如爲憾博考掌故參以親歷輯爲成書共三十二卷名之曰岱覽而索序於和和不敢辭然敢濡於今十稔矣丁卯初夏奉

命赴南河道出梁父時正聖澤使者雖無守土

之責而不能致甘雨隨
車亦可愧也因齋三日乃
登泰山絶頂以禱焉山
標所至一名一物輒為流
連悦然知向之所讀岱

覽一書其言皆信而有
徵既知其有徵仍以不
文為之而不為之志負
壯遊以負師焉烏乎
可容飯撫燈所識貫緣

起如此殆所以為序也
後之覽者不以空言目
之於韋甚矣至於先
生之政事文學久昭
於大江南北讀其書可

想見其人奚俟和言
嘉慶十二年六月十
三日並書於泰浦
受業英和

岱覽目錄

泰山書院院長陶山唐仲冕六幕輯

目錄
岱覽圖
岱覽卷目
金石錄要
藝文總錄
徵引書目

岱覽圖

青青鬱嵯峨熒魂照高岡夢我
五廿年東遊谿一省　父官其旁
邑　母葬其支嶺因之往來習
絕愛林巒静獨踦飛虬顛俯矚
孤鴻影仰天撫吟髭向若濡禿穎
以我胸中山印此目前境南陔日
斜庚北堂舍圖丙展卷懷舊遊
般於念鄉井有客寫清奇為
余裝酸瑊咫尺論千尋鵠立秋
雲冷何當岱畎耕重登謐素秉
回首九點煙夢與圖俱永

仲冕自題

岱覽卷目

一首編七恭錄
天章
詔旨
祝文
儀注
頒賜
目錄
岱覽圖　岱覽卷目首編　目錄　卷第一至卷第三
十二　金石錄要秦一　漢三　晉二　東魏二　北

齊四　唐二十七　後梁一　後唐一　後晉一　宋
五十　僞齊一　金三十五　元三十一　明十九
國朝十　藝文總錄漢二十三篇　三國六篇　晉十
一篇　南朝六篇　北朝七篇　唐七十八篇　宋七
十四篇　金六篇　元二十六篇　明三百三十九篇
國朝百八十九篇　徵引書目經類九十七種　史類
百二十三種　子類二百七種　集類百八十一種
續錄四十七種

卷第一　總覽一
岱陽全圖　岱陰全圖　原岱上釋名　星野　脉絡

地里　沿革　高廣　山水名目　金石文　篇章
登覽　總論　賦
卷第二　總覽一
原岱下詩　傳　辨　錄　記
二 卷第三　總覽二
行宫圖　岱禮上宗　巡守　祡　望　血祭　旅
國朝盛典　前代封禪　前代巡守祭告　前代望祀
遣官祭告　有司歲時之祭　總論
卷第四　總覽二
岱禮中金石刻　冊　牒　賦　樂章　詩　詔告　表
疏
卷第五　總覽二
岱禮下奏對　議駁　頌　贊　符命　篇論　記
跋　紀　祭文
卷第六　總覽三
岱廟圖　岱廟上廟城　峻極殿　淑明宮　披衷柏
扶桑石　寄生柏　香井　神器庫　古石幢　仁
安門　配天門　三靈侯殿　炳靈宮　漢柏　三茅
殿
駐蹕亭　延禧殿　唐槐　環咏亭　藏經堂　雨花道院

魯般殿　遥參亭　修建始末　奉祠職掌　總論
宋金金石刻
卷第七　總覽三
岱廟下元以來石刻　神祠　詩　策　論　記　祭
文
三 卷第八　分覽一
岱頂圖　岱頂上太平頂　玉皇頂天柱峯　玉帝
觀　古登封臺　瑞雲亭　無字碑　石刻　詩　平
頂峯乾坤亭　石刻　詩　日觀峯古封禪壇　觀海
亭　探海石　石刻　賦　詩　記　東天門伏虎門

鷹愁澗　空明山　詩　愛身崖瞻魯臺　仙人橋
觀海石　寶藏嶺　獅子崖　石刻　詩　記　東
神霄山影翠石　九龍峪　雲河　淸靜石屋　五花
崖試心石　遙觀洞　神泉　石刻

卷第九　分覽一

岱頂中　大觀峯唐磨崖碑　懸鼓石　東嶽廟　桃
花洞　雲峯　泰山石　石刻　詩　德星巖宋磨崖
碑　石刻　堆秀巖碧霞元君祠　聖水泉　玉女池
蓮花峯　金石刻　詩　記　蛻仙巖王老石屋
宊秀峯

卷第十　分覽一

岱頂下　秦觀峯青帝宮　碧天泉　獨石　石刻
望吳峯吳觀　孔子廟　登仙臺　石刻　詩　論
議　祝文　振衣岡魯班洞　北斗壇　珍珠泉　鳳
皇山　蓬元洞　象山　石刻　圍屏峯虎頭崖　避
風崖　御香亭　石刻　白雲洞雲窩　白雲軒　百
丈崖　砧子石　石刻　賦　詩　說　南天門三天
門　摩空閣　天街　唐蘇源明讀書處　萬福泉
避人丁　石刻　詩　西神霄山臥馬峯　周觀峯石
馬山　廻車巖　西天門西關　上桃峪　君子峯

石刻　月觀峯仙人石閭　石刻　丈人峯礙陀泉
石刻　詩　北天門元武門　鶴山　詩　岱頂論
賦　詩　記

卷第十一　分覽二

岱陽圖　岱陽上　石壁峪飛龍巖　翔鳳嶺　十八
盤　昇仙坊　石刻　詩　大龍口雁翎峯　新盤口
度天橋　詩　大龍峪雞冠峯　龍王廟　龍門
石刻　詩　對松山聖水橋　大悲殿　雲門　石刻
詩　朝陽洞御風巖　萬丈碑　處士松　元君殿
駐蹕亭　凌虛閣　石刻　詩　攔住山弄月巖　半山亭

潛龍澗　詩　小天門五大夫松　飛來石　望駕
石　老人砦　朗然子洞　三义溝　詩　記　御帳
坪　飛瀑巖　護駕泉　三磴崖　雪花橋　石刻　詩
小龍峪小龍口石　迴龍橋　跨虹橋　龍文石
增福廟　石刻　快活三玉液泉　倒三盤　二虎廟
二天門　石刻　詩　黃峴嶺中谿山　十二連盤
步天橋　三大士殿　金星亭　詩　迴馬嶺瑞仙
巖　天關　九峯山　十峯嶺　鷹石溝　玉皇殿
元君殿　壺天閣　倚山亭　聖水泉　詩　記　歇
馬崖三字崖　登仙橋　石刻　詩　水簾洞天紳巖

佳水流橋　巖巖亭　砲高嶺　漱玉橋　石刻
詩　經石峪石經谷　試劍石　高山流水亭　聽泉
枕　栲栳崮　石刻　詩　龍泉峯龍泉　高老橋
人祖廟　斗姥宮　蘊亭　石刻　詩　記　桃源峪
桃花澗　櫻桃園　萬仙樓　隱眞洞　黑石𡎚　石
刻　詩　小洞天柳條灣　飲馬灣　石峽灣　箭竿
峪　石馬灣　呂仙祠　大藏嶺　詩　紅門垂刀山
酆都峪　詩　一天門觀音閣　更衣亭　元君廟
孔子登臨處　合雲亭　關帝廟　石刻　詩

卷第十二　分覽二

岱陽中　王母池飛虬嶺　后土殿　滌塵泉　岱嶽
觀　老君堂　羣玉庵　觀瀾亭　梳洗河　飛鸞泉
呂公洞　虬在灣　瑤池　小蓬萊　虎山　東眼
光殿　石刻　詩　白鶴泉玉皇閣　白鶴泉亭　北
斗殿　人祖殿　金龍四大王廟　升元觀　三皇廟
石刻　詩　金山西眼光殿　眼光泉　青帝觀
淸靜軒　石刻　詩　岱宗坊酆都廟　飛來柏
行宮　鳳皇臺　白雲觀　梳粧院　石刻　詩　詔

四

卷第十三　分覽二

岱陽下　岱嶽鎭泰安府城　冥福寺　會眞宮　張

仙祠　魯兩先生祠　和聖祠　長春觀　金石刻
詩　祭文　宋封祀壇址九宮貴神壇　陰字碑　壽
昌殿　御香亭　石刻　詩　序　唐封祀壇址舞鶴
臺　白騾冢　奉符故城　石刻　詩　岱陽論　詩

卷第十四　分覽三

岱陽之東圖　岱陽之東　松巖婁子洞　馬鞍山
祝雞砦　懸淙泉　雙溝　肝華石　石練庵　詩
延坡嶺東谿　艾峪　栗子峪　楊老園　摩天嶺爭
雲峯　屏風巖　堰嶺河　金牛灣　青龍泉　四陽
庵　禧泉　迴龍峪　筆架石　詩　小津口椒山

蠶滋峪　沙溝　杏山　餐霞洞　王老峪　水泉峪
椒子峪　杏園　石舟　詩　謝過城龜陰步　龜
山　聖塔　漢博縣故城　天封寺　石刻　琴操
詩　明堂泉漢明堂址　十里河　詩　議　鶺鴒崖
臥龍峪　風門　中陵山　水牛步　淩漢砦　繡綵
灣　白家河　紅亭　故縣邨奉高城址　齊博邑址
季札兒冢　大雲寺　石刻　詩　岱陽之東論

卷第十五　分覽四

岱陽之西圖　岱陽之西上　五陀巖紅葉嶺　硤石
溝　石後山　西谿　九女砦　三尖山　轆轤岡

詩　仙趾峪馬趼窪　雞塒嶺　丹穴嶺　鳳皇山
馬蹄灣　八里溝　竹林西河竹林寺　石刻　詩
雲頭𡋯白楊洞　碧油灣　凌漢峯金泉　振鐸嶺
黑虎峪　新泉　子午橋　普照寺　六朝松　荷花
蕩　臥象石　石刻　詩　投書澗香水峪　泰山上
書院　三賢祠　授經臺　講書臺　景賢石　侍立
石　考槃亭　石刻　詩　全眞崖三陽觀　天外
木末亭　三陽洞　石刻　詩　傲來峯砦門　歸雲
洞　三透天　天勝砦　師子峯　懸刀峯　扇子崖
無梁殿　青桐澗　壺瓶崖　劉盆子洞　火餘山

觀音洞　石屛峪　水音砦　石刻　詩　仙影崖
飛鴟峯　仙人影　詩　百丈崖天紳泉　黑龍潭
忽雷灣　水簾泉　招軍嶺　萃美亭　石刻　詩
白龍池元圭石　三元石　淵濟公祠　鑼鼓灣
耀星灣　弄水巖　雞籠峯　罅泉　石皷　石刻
詩

卷第十六　分覽四

岱陽之西下　大峪劍匣石　試劍石　仙影石　大
石峽　小石峽　詩　元泰安王神道大冢　擂皷石
石刻　汶陽橋天書觀　靈液亭　醴泉　元君殿

九蓮殿　智上殿　石刻　詩　記　靈芝街　詩
青巖書院泰山書院　石刻　詩　記　漆河橋靈
派侯廟　石刻　詩　大𡋯嶺大佛寺　天平山　蝣
龍山　跨虎山　寶金山　雙龍峪　羽父山　雲谿
觀　金牛山　雲泉庵　赤幘砦　金牛洞　龍山
荆山　玉皇山　石刻　嶅山會仙洞　嶅陽寨　望
魯山　扈魯山　玉女山　精禮寺　溫涼泉　岱陽
之西論　詩

卷第十七　分覽五

岱陰圖　岱陰　摩雲嶺八仙洞　石室　亂石溝

避塵橋　洗鶴灣　石刻　雙鳳嶺兩牛心石　獨足
盤黃花棧　筍城　石刻　天空山元君廟　萬松亭
蔚然閣　堯觀臺　黃華洞　來鶴泉　蓮花洞
石乳　後石屋　元君墓　三官殿　坳山　仙人砦
金石刻　詩　記　九龍岡鑑池　玉女洗頭盆
旋螺峪　鳳皇池　飲虎池　磨山　五女圈石　張
遠砦　明月嶂采芝庵　懶張石屋　孤山　詩　冰
牢峪淩冰洞　眺平臺　半邊山　冰棄　岱陰論
詩

卷第十八　分覽六

岱陰之東圖　岱陰之東　天燭山谿里峪　風魔峪
埽帚峪　分水嶺　李家泉　觀星嶺　黿碌峪大
津口　山鑼廠　竹子園　周明堂阯天津河　明家
灘　大現山　黑山　賦　詩　論　谷山定南鋮
黑闥石屋　金絲洞　蓮花峯　恩谷嶺　鴈嶺河
天井灣　石刻　佛峪玉泉寺　七佛閣　返倒山
青岡峪　石刻　仙臺嶺長城　南拱北拱臺　玉皇
嶺　莎草泉　牛闞口　藥園　千戶廳　龍門山
鹿町山　黃伯陽洞　詩　青山望仙臺　皇姑庵
麻搭河　仁育庵　仙源嶺津洪河　石釜　門家墅

會仙觀　方井　石刻　雨金山伏金石　大小盧
山　巖洸河　轉山　石鳴砦　黃阪邨　槲埠嶺
摘星巖　青陽谷　祝山狼虎谷　九項山　西金井
東金井　楊邱山　九阪嶺九曲峪　雨砧崖　淥
池　旁山　石窟山　塹汶河靜安鎮　育英書院
岱陰之東論
卷第十九　分覽七
岱陰之西圖　岱陰之西　上桃峪船石　看月巖
沐龜溝　李子溝　老虎窩　快活三　夕陽洞　上
石屋　頭陀巖　混元池　鷹窩崖　清風嶺龍灣

碧花池　黃石崖　映霞峯　香泉　闞虎溝　花園
青天嶺分水谿　泮河　詩　長城嶺　注　河上
林大海眼　白草峪　幞頭巖　老鴰峯　碧峯寺
石刻　秋千山桂師庵　白雲洞　下石屋　小海眼
石艃　西神庫　桃花峪中軍坪　大小養魚池
襁負山　鏡石　臺子地　元君廟　鐵佛殿　紅雨
川　詩　十字峯大倒溝　青嵐嶺丁香峪　思鄉嶺
小倒溝　南項　胡桃園　梯子山　石棚溝　透
明山摩耳石　東神庫　龍山姜倪寨　眞人峯　黃
石巖　白姑庵　車道巖　筆架山　雕窩山　羊闞

坡　燕支坡　猴愁峪白練石屋　水闥石屋　詩
拔山鴈飛嶺　回鴈峯　燕窩石　水鈴山　烏龍潭
壇子澗　五峯頂松樓　黃姑庵　風門　迎風嶺
枯石河　西横嶺黃金口　海棠峪　臍子溝　刺
楸山　土縣山　駱駝嶺　藏峯寺　蓑草泉　稻谷
石刻　三縮山龍駒寺　甘露泉　黃山　延慶院
岱陰之西論　詩
五　卷第二十　附覽一
岱麓諸山圖　岱麓　社首山降禪壇　相公廟　辭
香嶺　靈應宮金闕　對岱亭　閻羅殿　石刻　詩

高里山森羅殿　玉仙石　鬼仙洞　石刻　介石
山介邱山　詩　石閭山尋眞洞　亭亭山廣禪侯廟
鉅平故城　文姜臺　石刻　梁父山菟裘聚　地
主祠　石都寨　張仙山　臥牛山　詩　云云山柴
城　云云亭　五雲山　羽林坡　甘露邨　賈氏書
院　白石山　石刻　肅然山宿巖　長山放城鎮
崇禮鄉　考　布山大雲寺　翁嬢廟　石刻　詩
岱麓諸山論長白　凡山　東泰山　配林

卷第二十一　附覽二

大汶圖附諸泉　汶水　岱山諸水　大汶口　大汶
石汶　牟汶二　嬴汶二　北汶泮汶　柴汶小汶
淄水　注　大汶橋魯道　曲池　蛇淵囿　汶陽
故城　堽城壩　戴邨壩　大清河　汶水故道　石
刻　詩　泉源六十七泉　疏　大汶論　注　記

卷第二十二　附覽三

徂徠山圖　徂徠山尤崍　太平頂感應侯祠　李源
砦　自來泉　石刻　萬松嶺石屋　澹崖　羊公河
貴人峯于仙冢　詩　記　礤石峪小普陀巖　隱
仙觀　玉帝閣　三清觀　隔塵橋　桃花峪　升仙
臺　煉丹石屋　石刻　詩　清風嶺臥石山　天平

前砦　三嶺崮　獨秀峯　九龍宮　玉皇廟　女智崮
石刻　記　風門口西別谷　釣魚臺　玉梁灣
崨山　櫻桃園　演馬嶺　東別谷　團瓢　三皇廟
砦山　薤山藍溪　光化寺　圓瓦岩　大悲庵
石刻　詩　暎佛巖黑山　松山　松巖洞　需蒙山
兩埠山　石刻　竹谿乳山　二聖堂　三清殿
貧樂巖　演易齋　魯齋　簞瓢洞　毛姑庵　響水
河　日新池　石刻　詩　記　懸珠山臥雲庵　九
龍嶺　八道溝　漿池　藥山　聚泉庵　北頂　廣
長嶺　團山四禪寺　上峪　滄浪溝　曬纓臺　望
山　老君洞　石刻　他山白蓮泉　穀積山　順河
法雲寺　獨山　石刻　芍藥峪無鹽山　鐵牛山
鐵牛廟　紫源池　長春嶺徂徠書院　讀易堂
天平後砦　龍谿　燕子石屋　躍龍灣　四里河
鳳鳴山黃峪　仙霞鳴　虎穴山　牛山　大藏峪
下庵　中軍障三清殿　招軍石　鳴旺泉　大峪
花坡　金魚石　石刻　玲瓏山埜人洞　石刻　角
山秋千架　大砦口　鷹愁澗　石匣灣　白鶴灣
石刻　攢石崮竹谿庵　轉山　曲水河　屏風巖
石刻　嶁岣山吳山　石守道墓　石刻　墓志　徂

徠山論筆架山　函山　彰山　大鹿山　金雞山
雲頭山　白馬山　詩　記
卷第二十三　附覽四
新甫山圖　新甫山宮山　蓮花山　小泰山九柏
大士殿　觀音巖　白衣巖　雲衢岫南天門　甘露
廟　靈寶山天臺山　廝塔峒白雲庵　老虎窩　水
寨溪　挂斗巖　人祖廟　白雲洞　天河水　千人
澗　朱霞嶺朝陽洞　春榜溝　仙人洞　仙人橋
上中下三圖　末子坊　義山黄嶺　龍蟠洞　師曠
墓　石刻　興雲洞長生池　漢五丈夫松　蓮花坪

石梁　快活三　初天門　毬杖壑　東西候城
漢武帝廟　石刻　望仙臺雲孤寺　石秋千架　張
莊原　石刻　詩　新甫山論具山　敖山　孚澤廟
青雲山　五峯山　詩　記
卷第二十四　附覽五
靈巖圖　靈巖上方山　玉符山　十里松　功德頂
證明龕　石窗寺　懸星巖　石刻　詩　白雲洞
駐趕亭　石刻　小石厂可公牀　大石厂　半宮厓　石
刻　絶景亭石龜泉
行宮愛山樓　千歲檀　甘露泉甘露亭　石刻　詩　鐵

袈裟亭印池　函雲洞　石刻　詩　仙人巖面壁齋
石刻　詩　靈巖寺石刻　詩　虎谿橋聚善橋
接引橋　鐘鼓樓　天王殿　石刻　大雄殿轉輪藏
觀音堂　韋馱殿　石刻　五花閣摩頂松　彌勒
巖　石刻
卷第二十五　附覽五
靈巖中　魯班洞巨和洞　十王殿　石刻　卓錫泉
鏡池　卓錫亭　漢柏　石刻　詩　雙鶴泉立鶴泉
千佛殿石刻　御書閣超然亭　石刻　詩　后土
殿定公殿　石刻　般舟殿石刻　辟支墖藏經殿

倚翠亭　松風閣　朝元殿　石刻　方山神祠伽藍
殿　石刻　飲馬溝北谿　明空橋　崇興橋　龜背
石　石刻
六卷第二十六　附覽五
靈巖下　佛日巖小西天　飲虎池　方泉　虎窩池
積翠巖　巢鶴巖晾經臺　鄉獅巖　雲窩　觀音
洞　無生地　石刻　詩　香霏巖繡毬山　朝元洞
圓光洞　石厂　石刻　神寶泉濟米峪　神瑫寺
石刻　寶山玉皇廟　神谷　黄尖山　梯子崖
醴泌泉　石鴿峪　巢嶼　石刻　靈關峯獅尾峯

小天門　華巖泉　黃家峪　野老郁　朗公山朗公
石　九曲峪　朗公泉　靈帶河　詩　如來頂快活
巖　臥象嶺　珠山　埜溝　東西磨山　三叉口
紅濤峪　明孔山靈光亭　詩　雨花巖水屋　凌霄
峯　詩　黃茅岡南溪　中川　黃峴山虎窩　墖寶
峪　遲賢亭　雞鳴山麻衣洞　大谿　靈巖論　石
刻　詩　記

卷第二十七　附覽六

琨瑞山圖　琨瑞山金輿山　朗公谷　琨瑞谿　金
盧山金驢洞　黑風洞　西龍洞山　神通寺　汝泉

白龍池　石刻　詩　四門墖九頂柏　青龍峽
三壇寺　窣堵波　染池泉　石刻　詩　龍洞泉通聖
橋　石刻　朗公墖　石刻　千佛巖　石刻　黑風
砦紅鶴崖　季兒砦　泉子峪　青牛砦　通天峪
仙人橋　海螺峪青龍岡　錫杖泉　須彌墖　石刻
錦陽川玉水　仙龍潭　龍集寺　齊王砦　詩
涌泉龍池　獨孤泉　永興觀　涌泉橋　涌泉庵
石刻　詩　屛風山天齊廟　石刻　琴泉交戰峯
雲洞　蚖洪峪　苦苣峪　靈鷲山雲谷　九墖寺
石刻　詩　冰泉秋千臺　龍峽　印度泉　瓦子嶺

齊城峪　茶臼河　試茶泉　康泉　白石崖　段華
泉　梨峪潮音洞　三角河　柏崖青岡嶺　透明洞
扶山子房洞　熨斗泉　石刻　詩　都泉開元墖
木梨砦　總度口　錦雲川南川　東西棊子嶺
百花泉　魏花砦　圓通山普門寺　方山砦　瓢峯
法雲寺　康王山太甲陵　醴泉寺　中宮鎮懸泉
柳泉　車泉　洪福寺　石刻　詩　錦繡川北川
梯子山　桃花嶺　南泉寺　林泉觀　香菰山
稻池　石刻　詩　臥虎山月牙嶺　黃山玉符山
渴馬崖石固寨　琨瑞山論東龍洞山　玉函山　鮑

山　佛慧山　歷山　華不注　鵲山　峯山　匡山
趵突泉

卷第二十八　博覽一

岳牧　前代守介諸官附石刻碑文書　前代征伐附
志攷記　禮俗　總論

卷第二十九　博覽二

文獻　聖賢附石刻詩　經學　節行附墓表贊　理
學附諸序墓志　隱逸附制贊　僑寓附墓表　仙釋
附詩　記志附傳序　圖畫附石刻賦詩　總論

卷第三十　博覽三

虞衡 金石附石刻疏 材木附賦 蔬果 藥草
花卉 鳥獸附贊 蟲魚 總論

卷第三十一 博覽四

齊諧 祥祲附疏篇 神異 物怪 總論

卷第三十二 敍覽一

陶山圖 陶山 鵰夷山 翔鸞臺 天池 春暉巖
迎日洞 黃華洞 明月嶂 夕陽洞 瓔珞岡 盤
鶻洞 接引巖 元武洞 象鼻洞 臥牛峽 飯牛
洞 師子巖 菩薩洞 飛泉洞 金草洞 丹砂洞
丹屏峯 慈雲洞 鍾乳洞 車蓋峯 歸雲洞

望鄉臺 紡車洞 伏虎岡 蟋蟀洞 挂燈巖 豐
石山 印峯 卓筆峯 螭首峯 積水洞 鼓臺
響鼓洞 乳羊坪 青梯關 石屋洞 展旗岡 燕
泥洞 淡竹葉洞 上水石洞 困峯 猫兒洞 黃
山 白藏洞 金蛇洞 牧羊洞 乳羅山 水洞
東崦 青霞峽 青霞洞 蝙蝠洞 橫石嶂 攢洞嶺
通樵洞 舞鶴洞 木公洞 團圞洞 東三尖洞
柟子岡 丹水洞 鳳味峯 丹穴洞 墨濤洞
團瓢谷 柏坡 天王萬歲寺 石刻 報恩巖 白姑
洞 黃姑洞 柏香洞 關帝廟 報恩宮 東泉洞

十二重樓 淅米洞 小日觀 小泰山 石廟
碧雲洞 金牛洞 五福觀 鹿遊洞 九芝洞 西
崦 仙人巖 西施洞 牛女嶂 羅漢洞 采石洞
寶藏岡 黃金洞 黑金洞 彌勒洞 五湖山 西
三尖洞 包山洞 幽棲巖 竹林寺 無影洞 瀑
布崖 藏眞洞 石刻 幽棲寺 少伯祠墓 石刻
詩 望湖巖 大谿 流泉洞 泛舟洞 神魚洞 纜
船樁 青松洞 忠智巖 鑄金洞 曼陀巖 朝陽
洞 梳粧臺 石樓 嘯猢谷 白猿洞 孝福嶺
穿雲洞 莽牛山 百泉洞 小華山 蓮花洞 西

王母洞 泌水 大澗 肥河 衡魚河 澗北莊 天和
觀 曬書臺 石刻 翔鸞驛 句窳亭 長沙唐氏新
阡 記 賦 自敍 贊二十一首

凡覽圖先而記載次之終之以論金石藝文各從其山川建置之所在而分隸之唯總覽則槩繫於論後茲特挈綱析目縷載於錄庶覽者可按籍而稽焉

金石錄要

秦始皇二世刻石 詳總覽二
漢武帝立石 詳分覽一 太始鼎銘 詳總覽二 師曠墓畫象
詳附覽四 漢家歷數鼎 鼎錄云蔡伯喈爲侍中封高陽

侯作一鼎記漢家歷數邕自書藏於泰山
晉任城羊太守妻孫氏墓碑詳附覽四泰山君改高樓碑
升平三年六月見趙明誠金石錄及墨池編今佚
東魏胡元方造象記詳分覽三楊顯叔造象記詳附覽六
北齊大般若經石刻 佛號石刻 波羅密經石刻竝詳
附覽三金剛經石刻詳分覽二
唐千佛巖艁象記二十則詳附覽六幽棲寺佛象碑記詳
敍覽一老君堂鴛鴦碑詳分覽二登封紀號文金石錄
云高宗乾封元年二月御製并行書額飛白書碑側有
楷書在泰山頂又有小字碑在泰山下亦高宗撰行書

額飛白書有碑陰今竝佚登封降禪朝覲頌碑 劉仁
願題名 奉勅投龍壁題記竝詳分覽一神通寺僧无
畏造象記詳附覽六王仁恭祭岳頌金石錄云長壽二
年六月嚴浚序邢令均頌杜行均八分書今佚修封禪
壇記金石錄云賈膺福撰并楷書景雲二年八月初余
得膺福八分書大雲寺記愛其筆法又得此記字爲小
楷尤工妙可喜今佚封禪壇殘碑陸堅八分書見金石
錄目今佚紀太山銘 從封諸侯王從臣題名竝詳分
覽一泰山石闕題名竝碑側見金石錄目今佚造泰山
御碑記金石錄云開元十四年十一月孫文慶撰與書

有碑陰今佚岱岳天齊王靈應碑萬賓書見鄭樵通志
今佚寶刻類編作荀同況撰開元二十二年立石章靈
寶題名詳分覽一齊州神寶寺碑 靈巖寺頌竝詳附
覽五太一眞武二象碑記詳分覽二造舍利函記天寶
十一載梁昇卿眞書在靈巖見金石文字記今佚李白
泰山吟詩刻篆書在山上見明孫克宏碑目今佚獨秀
峯三大字詳附覽三王大使等題名詳分覽二功德頂
佛座題名 修方山證明功德記竝詳附覽五陁羅尼
經幢詳敍覽一
後梁小蓬萊題名六則詳分覽二

後唐冥福院地土牒碑詳分覽二
後晉金剛經幢詳分覽二漆河將軍廟堂記詳分覽四臨
淄縣口生幢 冥福寺寫經碑 普安社刻經幢 陁
羅尼經幢竝詳分覽二總持咒幢詳附覽一
宋天仙玉印詳分覽一珣公墖銘詳附覽五登泰山謝天
書銘詳分覽二封祭廣禪侯勅祝碑詳附覽一青帝讚
告碑詳分覽二封祀壇頌 朝覲壇頌竝詳分覽二社
首壇頌詳附覽一天貺殿碑 天齊仁聖帝碑 种放
詩題跋竝詳總覽三石氏墓表詳附覽三宋禧詩石
王母池題名十則竝詳分覽二辟支墖題名十石 千

佛殿碑竝碑陰竝詳附覽五白龍池題名三十一則詳
分覽四張揆詩刻　朝官送詳禪師詩刻　靈巖寺勅
牒碑　韋驤等題名竝詳附覽五李忠信墓表詳博覽
二振衣岡題名五則詳分覽一相公廟建竿記詳附覽
一盛陶等詩啟題名三則　靈巖道場四大字碑竝詳
附覽五靈派侯廟木帳記詳分覽四修漢武帝廟碑詳
附覽四桃源峪題名六則詳分覽二回翁雷題詳分覽
二圓通經石刻詳附覽五大觀峯題名九則詳分覽一
二鐵桶記詳總覽三吳栻詩刻　崇興橋碑竝詳附覽
五鄭秉德等題名詳附覽六曹韓氏題記詳附覽五鄧

永年題名詳分覽一巢鶴巖題名八則　張勵題記
王喚飯僧記竝詳附覽五升元觀牒碑詳分覽二避風
巖題名七則詳分覽一陶山竹林寺磨厓圖記詳敍覽
一劉宗等題名詳附覽六朱濟道詩刻　海會塔記竝
詳附覽五青帝觀眞君殿記詳分覽二重修東嶽廟碑
詳總覽三五百羅漢記詳附覽五
僞齊崇法院公據碑詳分覽二
金定光墖銘　妙空詩讚　傅大士梵相碑　任瀛詩刻
觀音託相并序碑　面壁象記　康淵詩刻　靈巖
界至圖碑　張汝爲題記竝詳附覽五張汝爲題名詳

敍覽一法雲寺牒記碑詳附覽三普照寺牒碑詳分覽
四華藏世界海圖并勅牒碑詳附覽五石震題記詳附
覽三大覺寺牒碑詳分覽三石柱題名八則　重修幽
棲寺大殿碑竝詳敍覽一釋惠才詩刻詳附覽五重修
東岳廟碑詳總覽三魯兩先生祠堂記詳分覽二天封
寺碑詳分覽三德星巖題名四則詳分覽一石墖小記
詳分覽三安升卿題記詳分覽四安升卿孔端肅題名
竝詳附覽三王珩路伯達詩刻　靈巖寺田園記　十
方靈巖寺碑　元好問題名竝詳附覽五谷山寺碑詳
分覽六補塑佛象斷碑詳分覽二玉泉寺牒碑詳分覽

六谷山登覽詩刻詳分覽二修山題名詳分覽四供石
題名詳總覽三
元貧樂巖二聖宮碑　重修光化寺碑　杜仁傑題名竝
詳附覽三長春觀碑詳分覽二天門銘詳分覽一張宣
慰登泰山記詳總覽三貧樂巖銘詳附覽三重修靈派
侯廟碑詳分覽四徐世隆詩刻詳總覽三七佛閣碑詳
分覽六王惲漢柏詩刻詳總覽三重修高里山祠記詳
附覽一重修朝元觀碑詳分覽二天和觀碑詳敍覽一
竹林寶峯寺碑詳分覽四竹谿庵記詳附覽三振衣岡
題名四則詳分覽一冥福院鐘題識詳分覽二靈巖寺

執照碑詳附覽五泰安王神道碑詳分覽二展氏先塋
碑詳博覽二㓶建藏峯寺碑詳分覽七重修天王寺碑
詳敍覽一何約張鵬霄詩刻　㓶建龍藏殿記　大靈
巖寺四大字竝詳附覽五賈魯詩刻詳總覽三張士明
詩刻　傅亭詩刻竝詳附覽五桃源峪題名二則詳分
覽二王野人詩刻詳附覽三
明洪武東嶽去封號文　重修東嶽廟碑竝詳總覽三賈
宣詩刻詳分覽四魯兩先生祠記詳分覽二五嶽眞形
圖碑詳博覽二金魚石題識詳附覽三重修通聖橋記
詳附覽六般頌詩跋詳分覽二重修酆都廟碑　高山

流水亭記竝詳分覽二涌泉橋記詳附覽六白龍池贊
詳分覽四重修高里神祠記詳附覽一重修三陽觀碑
詳分覽四張壽朋題名詳分覽一御香殿銅鐘贊詳分
覽五勅建金闕二銅碑詳分覽一重修幽棲寺地藏殿
碑詳敍覽一漢柏圖贊詳總覽三
國朝重修魯兩先生祠碑　重修柳下大夫祠碑竝詳分
覽二重建陶公幽棲寺詩記詳敍覽一重建三賢祠碑
詳分覽四礤石峪贍田碑詳附覽三高孝本紀游詳分
覽一重建泰山書院碑詳分覽四泰山圖贊　環咏亭
詩刻竝詳總覽三二天門詩刻詳分覽二

案岱之金石刻甚富搜錄各覽頗爲詳密茲擿其尤
雅者著之金元以後裁擇維嚴爲其近也佚者載於
覽而不列於目唯自唐以上名目見他書而今不知
所在者亦竝識焉以備攷

藝文總錄凡七百六十五篇
賦十五篇唐五　宋一　元一　明六　國朝二
樂章神詞琴操四十八篇唐樂章琴操二十三　宋樂章
神詞十八　明告廟神詞七
古近體詩五百五十六篇漢一　三國五　晉四　六朝
二　唐二十七　宋三十　金五　元二十二　明二

百九十八　國朝百六十二
詔誥制十五篇漢詔誥四　唐制詔九　宋制二
表疏七篇六朝表一　唐表二　宋疏一　明疏二
國朝疏一
奏對九篇漢奏二　三國奏一　晉奏二　六朝奏一
北齊對一　唐奏二
議駁八篇六朝議一　唐議駁六　明議一
狀策二篇宋狀一　元策一
書一篇宋一
序十一篇宋二　明五　國朝四

頌四篇漢四
贊七篇晉三　北周一　宋二　明一
符命二篇漢一　唐一
傳注攷六篇漢傳一　北魏注三　南唐傳一　國朝攷
二
論篇辨說觚二十篇漢論篇七　晉論一　六朝篇一
唐論說二　宋論五　明論一　國朝辨說觚三
記志紀錄隨筆跋三十四篇漢記一　宋錄隨筆跋三
金記一　元記二　明記紀志十六　國朝記紀十二
碑文一篇漢一

墓志二篇宋一　國朝一
祭祝告謝文十五篇北魏祭文二　宋祝祭禱謝文八
明祝告文三　國朝祭文二

案藝文分附各覽悉依文選次第以賦爲首而詩次之樂章神詞琴操雅頌之遺故列詩前誥制同於詔疏同於表奏對比於上書議駮類於啟事策狀近於牋記封禪文本符命之篇而以駱賓王文附之傳注攷擬於史論篇辨說觚亦論類也記志紀錄隨筆跋選無其體今於論後別爲一類若銘牒牌記及諸體之磨崖勒石者錄之藝文之先俾治金石文者有所攷唯孔宙碑非岱石故存碑文一體焉祝告禱謝皆祭文之屬亦以類相從凡藝文之選但就所見編集甄而著之存者弗錄然已不勝其宂長矣盍賁山岱文不能割愛耳唯自論贊所爲作者之意不列於目

徵引書目

經

御纂周易折中
欽定書經傳說彙纂
欽定詩經傳說彙纂
欽定周官義疏

欽定儀禮義疏
欽定禮記義疏
欽定春秋傳說彙纂
御纂孝經集註
御纂律呂正義後編
御定康熙字典
周易鄭康成注宋王應麟編　周易正義魏王弼晉韓康伯注唐孔穎達疏
周易乾鑿度　易緯稽覽圖
易緯辨終備　易緯通卦驗
易緯是類謀　易緯坤靈圖

尚書正義 舊題漢孔安國傳唐孔穎達疏 尚書全解 宋林之奇撰
禹貢指南 宋毛晃撰 禹貢論 宋程大昌撰
山川地理圖 仝上 禹貢說斷 宋傅寅撰
書集傳 宋蔡沈撰 禹貢長箋 國朝朱鶴齡撰
禹貢錐指 國朝胡渭撰 尚書解義 國朝李光地撰
尚書地理今釋 國朝蔣廷錫撰 禹貢會箋 國朝徐文靖撰
尚書大傳 舊題漢伏勝撰 禹貢山川郡邑攷 明王鑑撰
禹貢匯疏 明茅瑞徵撰 禹貢備遺增注 明胡瓚撰其曾孫宗緒增
尚書質疑 國朝顧棟高撰 詩序
毛詩正義 漢毛亨傳鄭元箋唐孔穎達疏 毛詩草木鳥獸蟲魚疏 吳陸璣撰

詩集傳 宋朱子撰 詩攷 宋王應麟撰
詩地理攷 仝上 韓詩外傳 漢韓嬰撰
魯詩世學 明豐坊撰 詩說 舊題漢申培撰
周禮注疏 漢鄭元注唐賈公彥疏 周官總義 宋易祓撰
周禮注疏刪翼 明王志長撰 周官集注 國朝方苞撰
周禮集傳 國朝李文炤撰 儀禮注疏 漢鄭元注唐賈公彥疏
禮記正義 漢鄭元注唐孔穎達疏 大戴禮記 漢戴德撰
三禮圖集注 宋聶崇義撰 禮書 宋陳祥道撰
儀禮經傳通解 宋朱子撰 五禮通攷 國朝秦蕙田撰
明堂問 國朝毛奇齡撰 春秋左傳正義 晉杜預注唐孔穎達疏

春秋公羊傳注疏 漢何休詁唐徐彥疏
春秋穀梁傳注疏 晉范甯集解唐楊士勛疏
春秋集傳纂例 唐陸淳撰 春秋微旨 仝上
春秋集傳辨疑 仝上 春秋尊王發微 宋孫復撰
春秋傳 宋劉敞撰 春秋五禮例宗 宋張大亨撰
春秋詳說 宋家鉉翁撰 春秋大事表 國朝顧棟高撰
春秋地理攷實 國朝江永撰 春秋繁露 漢董仲舒撰
孝經正義 唐明皇御注宋邢昺疏 古微書 明孫瑴編
孟子正義 漢趙岐注宋孫奭疏 論語義疏 魏何晏注梁皇侃疏
論語正義 魏何晏注宋邢昺疏 論語集注攷證 宋金履祥撰

孟子集注攷證 仝上 四書通證 元張存中撰
大學古本說 國朝李光地撰 四書釋地 國朝閻若璩撰
樂書 宋陳暘撰 爾雅注疏 晉郭璞注宋邢昺疏
爾雅注 宋鄭樵撰 釋名 漢劉熙撰
廣雅 魏張揖撰 爾雅翼 宋羅願撰元洪焱祖音釋
小爾雅 明崔銑撰 說文解字 漢許慎撰宋徐鉉等補注
說文繫傳 南唐徐鍇撰 重修玉篇 梁顧野王撰宋陳彭年等重修
漢隸字源 宋婁機撰 六書統 元楊桓撰
周秦刻石釋音 元吾邱衍撰 隸辨 國朝顧藹吉撰
重修廣韻 宋陳彭年等重修 集韻 宋丁度等撰

古今韻會舉要元熊忠撰

史

御批通鑑綱目

御批通鑑輯覽

欽定遼金元三史國語解

欽定大清會典

欽定續文獻通攷

史記漢司馬遷撰褚少孫補　史記集解宋裴駰撰

史記索隱唐司馬貞撰　史記正義唐張守節撰

漢書漢班固撰其妹昭續唐顏師古注　後漢書晉司馬彪宋范蔚宗撰梁劉昭唐李賢注

三國志晉陳壽撰宋裴松之注　晉書唐房喬等撰

宋書梁沈約撰　南齊書梁蕭子顯撰

梁書唐姚思廉撰　陳書仝上

魏書北齊魏收撰　北齊書唐李百藥撰

周書唐令狐德棻等撰　隋書唐魏徵等撰

南史唐李延壽撰　北史仝上

舊唐書晉劉昫等撰　新唐書宋歐陽修宋祁撰

舊五代史宋薛居正等撰　新五代史宋歐陽修撰

宋史元托克托等撰　遼史仝上

金史仝上　元史明宋濂等撰

明史國朝張廷玉等奉勅撰　竹書紀年

漢紀漢荀悅撰　後漢紀晉袁宏撰

元經舊題隋王通撰唐薛收續傳　資治通鑑宋司馬光撰

通鑑地理通釋宋王應麟撰　通鑑外紀宋劉恕撰

皇王大紀宋胡宏撰　續資治通鑑長編宋李燾撰

大事記宋呂祖謙撰　通鑑前編元金履祥撰

資治通鑑後編國朝徐乾學撰　宋元資治通鑑明薛應旂撰

通鑑紀事本末宋袁樞撰　宋史紀事本末明陳邦瞻撰

繹史國朝馬驌撰　逸周書

東觀漢記舊題漢劉珍等撰　古史宋蘇轍撰

通志宋鄭樵撰　東都事略宋王偁撰

路史宋羅泌撰　國語吳韋昭注

戰國策校注元吳師道撰　唐大詔令宋宋敏求編

兩漢詔令宋林虙樓昉編　晏子春秋

魏鄭公諫錄唐王方慶撰　高士傳晉皇甫謐撰

孔子世家補宋歐陽士秀撰　三遷志明呂元善撰又國朝孟衍泰等撰

廣卓異記宋樂史撰　貧士傳明黃姬水撰

東祀錄明李東陽撰　海岱日記國朝張榕端撰

東遊紀畧國朝張體乾撰　吳越春秋漢趙煜撰

越絕書漢袁康撰　十六國春秋舊題魏崔鴻撰

十國春秋 國朝吳任臣撰　元和郡縣志 唐李吉甫撰
太平寰宇記 宋樂史撰　元豐九域志 宋王存等奉勅撰
輿地廣記 宋歐陽忞撰　方輿勝覽 宋祝穆撰
明一統志 明李賢等奉勅撰
大清一統志　齊乘 元于欽撰
山東通志 國朝岳濬等撰　水經注 後魏酈道元撰
居濟一得 國朝張伯行撰　行水金鑑 國朝傅澤洪撰
水道提綱 國朝齊召南撰　輿地名勝志 明曹學佺撰
天下郡國利病書 國朝顧炎武撰
增訂廣輿記 國朝蔡方炳撰　山東通志 明陸釴撰

泉河史 明胡瓚撰　山東全河備攷 國朝葉方恒撰
今水經 國朝黃宗羲撰　泰山紀事 明宋燾撰
泰山道里記 國朝聶鈫撰　山東攷古錄 國朝顧炎武撰
譎觚 仝上　古今遊名山記 明何鏜撰
名山遊記 明王世懋撰　五嶽遊草 明王士性撰
紀遊稾 明王衡撰　泰山紀勝 國朝孔貞瑄撰
唐六典 唐明皇御撰李林甫奉勅注　通典 唐杜佑撰
唐會要 宋王溥撰　兩漢會要 宋徐天麟撰
文獻通攷 元馬端臨撰　明會典 明徐溥等奉勅撰
漢官舊儀 漢衞宏撰　大唐開元禮 唐蕭嵩等奉勅撰

明朝典彙 明徐學聚撰　經義攷 國朝朱彝尊撰
讀書敏求記 國朝錢曾撰　集古錄 宋歐陽修撰
金石錄 宋趙明誠撰　寶刻叢編 宋陳思撰
輿地碑目 宋王象之撰　寶刻類編 南宋人撰
金薤琳琅 明都穆撰　石墨鐫華 明趙崡撰
金石史 明郭宗昌撰　金石文字記 國朝顧炎武撰
金石經眼錄 國朝褚峻摹圖牛運震補說
碑目 明孫克宏撰

子

欽定儀象攷成

欽定數理精蘊
欽定佩文齋書畫譜
御定廣羣芳譜
御定淵鑑類函
御定子史精華
御定佩文韻府
孔子家語 魏王肅注　荀子 周荀況撰
孔叢子 舊題孔鮒撰　鹽鐵論 漢桓寬撰
說苑 漢劉向撰　法言 漢楊雄撰宋司馬光注
潛夫論 漢王符撰　申鑒 漢荀悅撰

中論漢徐幹撰　中說舊題隋王通撰
孔子集語宋薛據編　大學衍義補明邱濬撰
楓山語錄明章懋撰　管子舊題唐房元齡注
韓子周韓非撰　齊民要術後魏賈思勰撰
證類本草宋唐慎微撰　本草綱目明李時珍撰
星經漢甘公石申撰　步天歌無撰名
九章算術無撰名　術數記遺舊題漢徐岳撰北周甄鸞注
太元經漢楊雄撰晉范望注　皇極經世宋邵雍撰
易林漢焦延壽撰　清類天文分野之書明劉基撰
禮緯含文嘉　書斷唐張懷瓘撰

述書賦唐竇臮撰　墨池編宋朱長文撰
宣和書譜無撰名　廣川書跋宋董逌撰
六藝之一錄國朝倪濤撰　樂府雜錄唐段安節撰
學古編元吾邱衍撰　弇州山人題跋明王世貞撰
古今刀劍錄舊題梁陶宏景撰　鼎錄陳虞荔撰
宣和博古圖宋王黼撰　雲林石譜宋杜綰撰
水品明徐獻忠撰　竹譜晉戴凱之撰
羣芳譜明王象晉撰　子華子舊題晉程本撰
呂氏春秋秦呂不韋撰　淮南子漢劉安撰
天祿閣外史舊題漢黃憲撰　郁離子明劉基撰

筆麈明于慎行撰　白虎通義漢班固撰
獨斷漢蔡邕撰　資暇集唐李匡乂撰
東觀餘論宋黃伯思撰　能改齋漫錄宋吳曾撰
雲谷雜記宋張淏撰　容齋隨筆宋洪邁撰又有續筆三筆四筆五筆
野客叢書宋王楙撰　困學記聞宋王應麟撰
丹鉛總錄明楊慎撰　通雅明方以智撰
日知錄國朝顧炎武撰　潛邱劄記國朝閻若璩撰
論衡漢王充撰　風俗通義漢應劭撰
封氏聞見記唐封演撰　春明退朝錄宋宋敏求撰
筆記宋宋祁撰　文昌雜錄宋龐元英撰

夢溪筆談宋沈括撰　冷齋夜話宋僧惠洪撰
春渚紀聞宋何薳撰　石林燕語宋葉夢得撰
卻埽編宋徐度撰　墨莊漫錄宋張邦基撰
雲麓漫抄宋趙彥衛撰　老學庵筆記宋陸游撰
愧郯錄宋岳珂撰　鶴林玉露宋羅大經撰
貴耳集宋張端義撰　齊東野語宋周密撰
隱居通義元劉壎撰　閒居錄元吾邱衍撰
震澤長語明王鏊撰　畫禪室隨筆明董其昌撰
物理小識明方以智撰　居易錄國朝王士禛撰
池北偶談仝上　香祖筆記仝上

洞天清錄宋趙希鵠撰　雲煙過眼錄宋周密撰
自警編宋趙善璙撰　說郛明陶宗儀編
捫蝨新話宋陳善撰　湧幢小品明朱國楨撰
說儲明陳禹謨撰　物類相感志舊題宋蘇軾撰
都氏鐵網珊瑚明都穆撰　諸子彙函舊題明歸有光撰
歷代小史無撰名　堯山堂外紀明蔣一葵撰
津逮祕書明毛晉編　祕書廿一種國朝汪士漢編
藝文類聚唐歐陽詢等撰　北堂書鈔唐虞世南撰
初學記唐徐堅等奉勅撰　白孔六帖唐白居易宋孔傳撰
太平御覽宋李昉等奉勅撰　冊府元龜宋王欽若楊億等奉勅撰

海錄碎事宋葉廷珪撰　帝王經世圖譜宋唐仲友撰
錦繡萬花谷無撰名　事文類聚宋祝穆元富大用祝淵撰
山堂攷索宋章如愚撰　玉海宋王應麟撰
韻府羣玉元陰時夫撰弟中夫注　荆川稗編明唐順之編
經濟類編明馮琦編　山堂肆攷明彭大翼撰
格致鏡原國朝陳元龍撰　讀書紀數畧國朝宮夢仁撰
劉氏類山明劉嗣昌撰　五車韻瑞明淩稚隆撰
西京雜記舊題晉葛洪撰　世說新語宋劉義慶撰梁劉孝標注
朝野僉載舊題唐張鷟撰　大唐新語唐劉肅撰
因話錄唐趙璘撰　雲谿友議唐范攄撰

雲仙雜記舊題唐馮贄撰　唐摭言五代王定保撰
開元天寶遺事五代王仁裕撰　北夢瑣言宋孫光憲撰
涑水紀聞宋司馬光撰　歸田錄宋歐陽修撰
東齋記事宋范鎮撰　青箱雜記宋吳處厚撰
畫墁錄宋張舜民撰　侯鯖錄宋趙令畤撰
東軒筆錄宋魏泰撰　泊宅編宋方勺撰
鐵圍山叢談宋蔡絛撰　聞見前錄宋邵伯溫撰
聞見後錄宋邵博撰　桯史宋岳珂撰
何氏語林明何良俊撰　山海經晉郭璞注
神異經舊題漢東方朔撰　海內十洲記仝上

漢武故事舊題漢班固撰　漢武帝內傳仝上
漢武洞冥記舊題漢郭憲撰　拾遺記秦王嘉撰
搜神記舊題晉干寶撰　搜神後記舊題晉陶潛撰
異苑宋劉敬叔撰　續齊諧記梁吳均撰
集異記唐薛用弱撰　博異記舊題唐谷神子撰
杜陽雜編唐蘇鶚撰　前定錄唐鍾輅撰
宣室志唐張讀撰　開天傳信記唐鄭綮撰
太平廣記宋李昉等奉勅監修　陶朱新錄宋馬純撰
夷堅支志宋洪邁撰　博物志舊題晉張華撰
述異記舊題梁任昉撰　酉陽雜俎唐段成式撰

清異錄宋陶穀撰　續博物志舊題晉李石撰
談藪舊題宋龐元英撰　明紀畧明皇甫錄撰
獨異志唐李冗撰　錄異記蜀杜光庭撰
括異志舊題宋張師正撰　續夷堅志金元好問撰
談纂明都穆撰　冥報錄　國朝陸圻撰
述異記舊題東軒主人撰　法苑珠林唐釋道世撰
高僧傳梁釋惠敏慧皎撰　續高僧傳唐釋道宣撰
宋高僧傳宋釋贊寧撰　神僧傳無撰名
列子舊題周列禦寇撰　莊子注晉郭象撰
文子老子弟子撰　列仙傳舊題漢劉向撰

抱朴子內外篇晉葛洪撰　神仙傳仝上
眞誥梁陶宏景撰　亢倉子唐王士元撰
雲笈七籤宋張君房撰　道藏目錄詳註明白雲霽撰
枕中書舊題晉葛洪撰　眞靈位業圖舊題梁陶宏景撰
洞天福地嶽瀆名山記蜀杜光庭撰
集仙傳無撰名　翊聖保德傳宋王欽若撰
甘水仙源錄元道士李道謙撰

集

聖祖仁皇帝御製文集
世宗憲皇帝御製文集
御製樂善堂全集定本
御製文初集
御製詩初集二集三集
御選古文淵鑒
御定歷代賦彙
御定全唐詩
御定佩文齋咏物詩選
御定四朝詩
御定全金詩
揚子雲集漢楊雄撰　蔡中郎集漢蔡邕撰

曹子建集魏曹植撰　陸士龍集晉陸雲撰
鮑參軍集宋鮑照撰　庾開府集周庾信撰
盧昇之集唐盧照鄰撰　駱丞集唐駱賓王撰
陳拾遺集唐陳子昂撰　張燕公集唐張說撰
李北海集唐李邕撰　李太白集唐李白撰
集千家注杜詩元高楚芳編　顏魯公集唐顏眞卿撰
宗元集唐吳筠撰　劉隨州集唐劉長卿撰
毘陵集唐獨孤及撰　錢仲文集唐錢起撰
韓文攷異唐韓愈撰宋朱子攷異王伯大編
東雅堂韓昌黎集注宋廖瑩中撰

劉賓客文集唐劉禹錫撰　呂衡州集唐呂溫撰
張司業集唐張籍撰　麟角集唐王棨撰
咸平集宋田錫撰　武夷新集宋楊億撰
和靖詩集宋林逋撰　晏元獻遺文宋晏殊撰
東觀集宋魏野撰　孫明復小集宋孫復撰
徂徠集宋石介撰　蘇學士集宋蘇舜欽撰
盱江集宋李覯撰　公是集宋劉敞撰
元豐類藁宋曾鞏撰　宛陵集宋梅堯臣撰
文忠集宋歐陽修撰　臨川集宋王安石撰
東坡全集宋蘇軾撰　欒城集宋蘇轍撰

山谷內外別集宋黃庭堅撰　書墁集宋張舜民撰
雞肋集宋晁補之撰　學易集宋劉跂撰
斐然集宋胡寅撰　晦庵集宋朱子撰
拙齋文集宋林之奇撰　北溪大全集宋陳淳撰
文山集宋文天祥撰　汶陽端平詩雋宋周弼撰李龏編
則堂集宋家鉉翁撰　滹南遺老集金王若虛撰
遺山集金元好問撰　陵川集元郝經撰
歸田類藁元張養浩撰　巴西文集元鄧文原撰
玉斗山人集元王奕撰　魯齋遺書元許衡撰
秋澗集元王惲撰　牧庵文集元姚燧撰

蘭軒集元王旭撰　淵穎集元吳萊撰
圭齋集元歐陽元撰　夷白齋藁元陳基撰
宋學士全集明宋濂撰　誠意伯文集明劉基撰
鳳池吟藁明汪廣洋撰　大全集明高啟撰
遜志齋集明方孝孺撰　古廉集明李時勉撰
薛文清集明薛瑄撰　武功集明徐有貞撰
彭惠安集明彭韶撰　重編瓊臺會藁明邱濬撰
謙齋文錄明徐溥撰　懷麓堂集明李東陽撰
楓山集明章懋撰　家藏集明吳寬撰
空同集明李夢陽撰　華泉集明邊貢撰

王文成全書明王守仁撰　大復集明何景明撰
迪功集明徐禎卿撰　洞麓堂集明尹臺撰
滄溟集明李攀龍撰　楊忠愍集明楊繼盛撰
弇州山人四部藁明王世貞撰　四溟集明謝榛撰
穀城山房詩集明于慎行撰　學餘堂集國朝施閏章撰
精華錄國朝王士禎撰　曝書亭集國朝朱彝尊撰
西河文集國朝毛奇齡撰　蓮洋詩鈔國朝吳雯撰
古懽堂集國朝田雯撰　榕邨集國朝李光地撰
因園集國朝趙執信撰　敬業堂集國朝查慎行撰
存硯樓集國朝儲大文撰　諸葛丞相集國朝朱璘編

東坡外集 太平金鏡策元趙天麟撰
黃介庵集明黃淮撰 西墅集明曾棨撰
烏鼠山人集明胡纘宗撰 棠陵集明方豪撰
胥臺集明袁袠撰 五嶽山人集明黃省曾撰
自知堂集明蔡汝楠撰 許水部稾明許應元撰
高文襄公集明高拱撰 白雪樓詩集明李攀龍撰
金輿山房稾明殷士儋撰 東岱山房稾明李先芳撰
居來山房集明張佳允撰 天目山堂集明徐中行撰
魯望集明袁尊尼撰 天池草明王宏誨撰
石盂集明汪坦撰 穀城山房文集明于慎行撰

麗牄生集明于慎思撰 程幼博集明程大約撰
來禽館集明邢侗撰 塲居集明李化龍撰
容臺詩集明董其昌撰 小草齋詩集明謝肇淛撰
緱山集明王衡撰 白榆集明屠隆撰
文太青文集明文翔鳳撰 棲雲閣詩集國朝高珩撰
聰山集國朝申涵光撰 志壑堂詩集國朝唐夢賚撰
樂圃詩集國朝顏光敏撰 司勳五種集國朝王士祿撰
漁洋詩集續集國朝王士禎撰 聊園全集國朝孔貞瑄撰
丁野鶴詩鈔國朝丁耀亢撰 白石山房稾國朝李振裕撰
通志堂集國朝納喇性德撰 寶菌堂遺詩國朝趙執端撰

蓼郇集國朝王苹撰 桑㢜甫集國朝桑調元撰
綠筠軒詩集國朝張元撰 隱拙齋集國朝沈廷芳撰
文選注梁蕭統撰唐李善注 唐四僧詩
文苑英華宋李昉等奉勅編 唐文粹宋姚鉉編
樂府詩集宋郭茂倩編 宋文鑑宋呂祖謙編
中州集金元好問編 元文類元蘇天爵編
明文衡明程敏政編 詩紀明馮惟訥撰
漢魏六朝百三家集明張溥編 明文海國朝黃宗羲編
明詩綜國朝朱彝尊編 宋詩鈔國朝吳之振編
金石古文明楊慎撰 泰山蒐玉集明袁稭撰

詩所明臧懋循撰 詩歸明鍾惺譚元春編
山左明詩鈔國朝宋弼編 文心雕龍梁劉勰撰
珊瑚鉤詩話宋張表臣撰 金石例元潘昂霄撰
金石要例國朝黃宗羲撰 歷代詩話國朝吳景旭撰
漁洋詩話國朝王士禎撰 樂府古題要解舊題唐吳兢撰

續錄

御製詩四集五集
欽定四庫全書總目
通志堂經解納喇性德編 爾雅正義邵晉涵撰
四書古本先公石嶺先生注 續宋元資治通鑑畢沅撰

紀年經緯攷 胡虔馬紹基本　廿二史攷異 錢大昕撰
讀史方輿紀要 顧祖禹撰　三國疆域志 洪亮吉撰
東晉疆域志 洪亮吉撰　十六國疆域志 洪亮吉撰
泰安府志 顏希深撰　泰安縣志 黃鈐撰
新泰縣志　萊蕪縣志
肥城縣志　平陰縣志
歷城縣志 李文藻撰　長清縣志
泰山志 明汪子卿撰　岱史 明查志隆修
岱史 明劉勅撰　泰山小史 明蕭協中撰
泰山輯瑞集 林杭學撰　靈巖志 李興祖撰

岱宗小史 徐祖望撰
御路古蹟 劉其旋撰　泰山紀畧 仝上
泰山勝槩 成城撰　泰山圖志 朱孝純撰
近遊草 趙國麟撰　潛研堂金石文跋尾 錢大昕撰
泰山金石攷 聶鈫撰　經訓堂叢書 畢沅編
知不足齋叢書 鮑廷博刊　羣書拾補 盧文弨撰
國朝山左詩鈔　竹谿集 金党懷英撰
還璞心聲 明李欽撰　青岩居草 明宋燾撰
醞櫝集 明蕭協中撰　石堂集 釋祖珍撰
雲月硯軒藏藁 趙國麟撰　蒙泉集 宋翃撰

歸愚集 沈德潛撰　石嶺全集 先公石嶺先生撰

案泰山之說散見羣書或累牘連篇或單詞隻義不可枚舉所輯諸覽首尾聯貫各成一章中間援引載籍不能備舉書名屬辭之體使然也爰於目錄就家藏外借見聞所及之書謹依

欽定四庫全書總目次弟分錄以志來歷其續出之書未入全書總目者附錄於後若晉太康地記括地記從征記述征記諸書見於史漢注水經注雖引為證佐向無原本不敢以耳為目其中或有徵据簡策雜采藝文亦不詳目錄者皆從舊志襲鈔更不敢以稗販冒

淹洽之名也

右岱覽自首編目錄而外凡三十二卷吾師陶山先生為泰山書院院長時所著也嘉慶乙丑春正月謁先生於海州官廨先生出以見示庚受而讀之於模山範水之中見經經緯史之學而其要歸於仁孝蓋先生以弱冠葬太夫人於岱西陶山之上因以陶山為氏及主泰山講席熟於岱故登覽攷證纂為是書由陶山而述泰山即藉泰山以存陶山其志良苦其用意獨深然其博極羣書必衷諸道為從來志岱所未有謂夫述泰山者苟未精詳即所以存陶山者弗固也其書與史漢相表裏首編如本紀目錄如

表總覽如書志分覽附覽如列傳博覽如循吏儒林游俠貨殖諸篇敘覽則太史公之自敘班孟堅之敘傳矣先生自言託始於乾隆之四十七年成於通籍展墓之時爲乾隆之五十八年故凡典章事蹟文藝皆以是年爲斷閱十年爲嘉慶九年始付梓凡歷宰荆溪吳江奉賢吳縣爲政之暇輒加删訂則用力之勤而成書之不易也先生篤於人倫務爲經世之業政聲所至吏畏民懷生平著述易禮春秋及詩古文辭甚富不肎輕以行世獨殫精萃力於茲編者爲陶山也庚來值剞劂方殷得與校讐因誌其緣起如此讀者慎勿徒視爲游覽之書可耳受業汪庚謹識

岱覽目錄終

岱覽首編

首編一之七　泰山書院院長臣唐仲冕恭錄

天章一之三
聖祖仁皇帝御製詩文
世宗憲皇帝御製詩
今上皇帝御製詩文
右上帙
詔旨四
祝文五
儀注六
頒賜七
右下帙

臣聞岱於五嶽爲長漢儒之說升中也謂因山加峻冀近神靈臣以爲精意不足上禋將梯階於喬嶽其與幾何我
朝陋封禪秩方望
綸翰典章發育峻極即巖巖者且因之而諡尊與白虎通義所稱高者加高厚者加厚異矣臣謹效鈔胥隮之冊端以明今日之岱尊且高於往昔之岱者蓋有由也

天章　岱覽首編一

聖祖仁皇帝御製詩文

東巡出都

閶闔來天風玉仗排雙鳳喬嶽聳高標巡方翠華動

登岱

巖巖岱嶽高無極攀躋遙登最上頭路轉天門青靄合峰回日觀白雲浮振衣截臬凌千仞騁目蒼茫辨九州欲與臣鄰崇實政金泥玉檢不須留

百丈崖觀瀑

懸崖千尺響奔湍礀道嶒崚動石瀾彷彿青天有風雨松陰漠漠逼人寒

岱頂對月

夜宿喬嶽巔縹緲近雲闕孤高絕塵翳天外見明月不聞城市喧惟聽空籟發開軒肆遐覽萬象爭突兀對此心悠然清夢自超越

汶水吟

汶水潺潺清似玉石磵縈紆行躑躅連山百里入萊蕪松柏緜蒙冬尚綠

經泰山之麓

曩于甲子冬日登泰山之巔覽秦漢以來故蹟俯眺寰區憑臨滄海今茲南巡復税駕山麓因望岱宗而展禮焉

聳巘高峰記昔攀春回瀑水響潺潺萬層石級雲霄上千里烟村縹緲間暫駐猶然思往事憑陵直欲小人寰朱旗翠葆疎林外已見巍巍俯衆山

夜登泰山

日斜登泰岱嶺腹隔層霄深夜迴鑾處便忘石磴遙

見泰安等數州縣饑民亟命設法賑濟

東路行鑾到人食正薦饑呼庚兒女盼宸遊衆所依村中皆菜色散去掩柴扉救荒先發穀轉漕迅如飛兩旬無多日有司報民歸地丁既已貸私派務全希盡心專邦本留意欲國肥麥秋猶可望黎民其庶幾

望岱憶舊

青天竦峙翠雲濃端立船頭眺岱宗憶上崇巔最高頂非探芝檢效東封

泰山龍脈論

古今論九州山脈但言華山爲虎泰山爲龍地理家亦僅云泰山特起東方張左右翼爲障總未根究泰山之龍於何處發脈朕細考形勢深究地絡遣人航海測量知泰山實發龍於長白山也長白綿亘烏喇之南山之四圍百泉奔注爲松

花鴨綠土門三大江之源其南麓分爲二幹一幹西南指者
東至鴨綠西至通加大抵高麗諸山皆其支裔也其一幹自
西而北至納祿窩集復分二支北支至盛京爲天柱隆業山
折而西爲醫巫閭山西支入興京門爲開運山蜿蜒而南磅
礴起頓巒嶺重疊至金州旅順口之鐵山而龍脊時俯時現
海中皇成鼉磯諸島皆其發露處也接而爲山東登州之福
山丹崖山海中伏龍於是乎陸起西南行八百餘里結而爲
泰山穹崇盤屈爲五嶽首此論雖古人所未及而形理有確
然可據者或以界海爲疑夫山勢聯屬而喻之曰龍以其形
氣無不到也班固曰形與氣爲首尾今風水家有過峽有界

水渤海者泰山之大過峽爾宋魏校地理說曰傳乎江放乎
海則長白山之龍放海而爲泰山也固宜且以泰山體位證
之面西南而背東北若云自函谷而盡泰山豈有龍從西來
而面反西向乎是又理之明白易曉者也

南巡筆記

康熙甲子春日有以時值上元請行封禪及巡狩燔柴諸典
禮者夫朕涼德菲躬臨御海寓邇年以來水旱兵戈民亦勞
止雖邀天庇佑四海蕩平萬姓樂業實未有豐功偉烈足以
昭示來兹何敢效法前人銘功紀德至于巡狩古天子所以
周省侯國使諸侯肆覲明堂考其政績今天下之權統一於

內督撫之賢不肖朕皆得而知之又無事於巡狩之名也惟
是近畿郡邑屢經巡幸補助時施而東南黎民風俗尚未周
知乃於秋九月陳請
兩宮暫違定省二十八日出京師經河間過德州閱濟南城
觀趵突泉題曰激湍百姓遮拜馬首戶口繁盛比屋可封昔
稱臨淄之間肩相摩轂相擊者今尚有遺風焉十一日至泰
山石徑崚嶒緩步登陟四十里御帳崖瀑水懸流五大夫枯
松猶在巖畔或亦後人繼植者入南天門捫泰時無字碑至
孔子小天下處眞可收羅宇宙暢豁襟懷題普照乾坤雲峰
諸字宿泰山巔月色淸朗賦詩遺興來日登日觀峯看扶桑

日出下山祀於嶽廟嶽爲五方之長發生萬物故躬祀之爲
蒼生祈福十三日雨雪駐蒙陰縣侍臣云明日小雪喜其應
候詰朝雪霽望蒙山峯頂半入雲霧或隱或現其上石衣土
人攀緣取之名蒙山頂上茶嘗考四川雅州有蒙山五峯極
高峻上產甘露樣世所傳者或雅州之蒙山也渡沂水取魚
既多且鮮因遣使馳進
兩宮以志思戀之懷漢花舖靑淮之界居人輻輳十八日發
宿遷縣閱黃河北隄岸一百八十里頻年水患工役浩繁民
俗罷敝不若山左之庶饒渡河過淸浦淮安府商賈往來舟
楫如織寶應縣高郵州邵伯鎮皆以湖水泛濫未復故道居

入草屋臨流牀竈半在水中朕甚憫焉登岸步行十餘里親察水勢召集耆老秀才細訪其故皆云自海口壅塞水無所歸二十年來田畞已成巨浸賦詩紀事思所以拯濟之二十三日抵維揚市肆繁華園亭相望遊平山堂天寧寺百姓持香夾道意甚誠敬平山堂乃宋臣歐陽修所建修以文學侍從之臣出知揚州爲政之暇優游談讌傳爲佳話故朕詩有文章太守心偏憶之句二十四日將游儀真幸江寧府忽遇順風可以速達京口遂乘沙船順流而下波恬浪靜瞬息七十里沙船江中戰艦也自岳州長沙用兵以來多得其力今河海清宴當時戰具僅供渡江之用然安不忘危朕於此時未嘗不念艱難用武之際次早登金山孤巒隱岫屹峙大江中飛閣流丹金碧照灼更有一峯離立曰善才石郭璞墓在其西上有妙高臺留雲亭朝陽洞下有中泠水稱天下第一泉朕率扈從諸臣一一探眺縱目千里題江天一覽四字并賦二詩竹林禪院在鎮江府城南五里曲徑透迤茂林修竹高者四五丈大者圍尺青葉碧枝陰森崖谷實北地之所未有晚而登舟揚帆丹陽縣常州府無錫縣俱未及泊一晝夜行三百六十餘里達姑蘇舟人云從無如此之速者二十七日由楓橋入閶門登城閱視士民觀瞻莫不抃舞有獻賦頌者是日駐蹕城中念執事人役辛勤遠來偏賞白金聽其各

帶方物以示體恤二十八日回鑾過虎邱山不甚高亭榭闌檻布滿其上千人石高下可容千人傳爲生公講經處故旁有點頭石劒池在夾崖中殊可觀平遠堂俯瞰虎邱之背田疇林木望若錯錦蘇民仍列酒坊棎肆各安生業管絃競奏覺有昇平景象然從事紛奢罔知務本未若東北風俗之樸實耳夜坐舟中與侍臣高士奇探論古今興廢之跡或讀尚書左傳及先秦兩漢文數篇或談周易或賦一詩每至漏下三十刻不倦日以爲常蓋詩書意味深長不似耳目之好易於煩厭也舟過無錫縣遊錫山觀惠泉石甃八角池水色渟泓味較玉泉遠不相及不知前人何以稱之爲第二泉二十九日由丹陽縣陸行初一日過句容縣蜿蜒石隄數十里抵江寧府雨花臺在城南登之則江山城郭歷歷可見報恩寺規制宏壯寶塔九級金碧琉璃盡鏤梵相結構之巧殆竭人工非前代內帑所修不能至此城中闤闠充實烟火萬家景物太平昔稱六朝佳麗今亦不減大都也明日祭明洪武陵見其頹廢勅地方官禁護之過明故宮僅存遺址不禁慨然作過金陵論并賦一詩登觀星臺望後湖題曠觀二字又明日再遣使進

兩宮方物閱鎮將射於教場頒賜扈從諸臣幣帛督撫御衣初四日發江寧府泊燕子磯峭壁臨江亦有勝致初十日閱

高家堰隄工望湛澤湖汪洋千頃復由河南岸行一百八十里過桃源縣十一日渡河至宿遷次日駐蹕漢花鋪自郯沂州取道東兗渡沂濟訪汶泗諸水泗水出陪尾山下泉林寺側石穴吐水衆泉俱導古樹成林有石碑刻子在川上處然闕里志載孔子觀川亭在尼山宣聖廟側未知孰是十六日長至節天氣晴暖無朔風祁寒扈從諸人莫不欣喜十七日過少昊陵顔子林駐蹕曲阜縣南十八日黎明祀於闕里齋心穆穆若有所見禮畢坐詩禮堂命孔氏子孫講周易大學徧觀車服禮器及漢唐碑版檜樹在大成門内古幹蒼然苔蘚潤澤眞靈蹟也敬想至聖道冠百王前代留金銀器具皆人力可辦獨以仗前曲柄龍蓋留廟中並書萬世師表四字過闕里詩古檜賦出北門釃酒孔子墓下伯魚墓在孔子墓東十餘步子思墓在其前西有子貢廬墓之所左有宋眞宗駐蹕亭林中奇樹蔥鬱未可計數行三十里駐蹕兗州府杜甫所謂浮雲連海岱平野入青徐是也念周公制禮作樂道接文武項過曲阜未得躬謁廟庭特製祭文遣親藩代祀之遂由汶上東阿高唐至德州亟欲定省

兩宮兼程而歸是行也往返數旬所歷山東江南諸郡縣日以周諮民隱體察吏治爲首務行道之頃復得覽其山川憑弔古蹟至於地方利弊則將有以斟酌損益焉率筆記之示

朕之不徒事遊豫也

天章

世宗憲皇帝御製詩

望岱

芙蓉萬仞插丹梯海上羣峰莫與齊九點青烟看野馬五更紅日候天雞雲封峭壁松多古蘚積殘碑字未迷冉冉嶺頭笙鶴下仙壇曾此降金泥

碧霞祠題寶旛步虛詞二首

寶閣冰簾紫靄籠仙風裊裊拂旛紅扇開日月飛雙鳳座繞星辰列九宮子覜羣蒙敷惠澤毋臨率土荷栟幪敬將玉帛

肅庭獻願普慈光遍域中

瓊宇璇宮日月長奇花瑤草總飄香琉璃作殿蒼龍衛雲霧栽帷青鳥翔拂露霓旌珠燦爛御風鸞駕玉鏗鏘常將天福人間錫奬孝褒忠佑萬方

天章

皇上御製詩文

孔廟視禮器同路便圖泰山一峯以獻因題其一

李世倬自

景行積悃望

宮牆視禮先期命太常詣為嘉陵馳去傳却攜泰嶽入歸裝天闕虎豹常嚴肅松磴虬龍鎮鬱蒼便是明年登眺處好教雲日仰

仁皇

見嶽麓 戊辰

朝曦駐扶桑天際微茫分東來紫翠光隱隱滃飛雲知是岱嶽麓初見意已欣杜甫有佳句果然符所云指日陟其頂一破蒼穹雰

少岱

曉起望岱宗尚遠數百里平郊午蹕停少岱在咫尺已擕拔地勢特因近嶽爾廣陸半月行見山心早喜斧斤豈能禁山木憶嘗美峭壁餘孤松堧壖孫枝起樵蘇所不到於險得安只

渡汶河

滑笏春波浴翠鳧遙源縈繆接蒹蒹風光一帶分齊魯支派千流匯港湖蹕路乍看橫蝃蝀舟鮫曾未守萑蒲行來文獻邦知近戶有弦歌學有儒

汶水吟恭依

皇祖原韻

肆覲東后修五玉神堯家法遺軌踰魯疆初歷俯汶川春煙淡蕩波搖綠

望岱宗

百里齊南路巍然望岱宗乾坤惟一大造物不雙鍾特地扶搖上倚天紫翠重菊施多已見氣象未全逢變化真難測形容杳莫從早看膚寸合希澤有孚顒

渡汶水

過汶詣闕里事畢渡汶迴因流溯其源縈帶何悠哉鄆讙龜陰田每每河之隈曾聞潤百里胡乃騰塵埃麥隴雖青青望澤久縈懷調劑慙無術發粟詎遍該嗟哉此士民疾苦經識來

漢明堂遺阯

制自周人創名傳漢帝都尊卑因以序玉帛此來趨遺阯規猶壯崇臺草半蕪徙聞公玉帶道左獻新圖

望徂徠

徂徠亦云巍千秋鎮齊魯北望比岱宗拳石如培塿叶馬上看山色雲生山四宇松年想何若畫意乃爾許六逸懷竹溪高風迷處所

戲題投書澗

宋胡瑗講學泰山十年不歸見家問有平安字即投之澗中不復展讀故名投書澗云

報來尺素見平安投澗傳稱人所難誠使此心無繫戀平安兩字不須看

祀岱廟

釋奠迴鑾禮

岱宗繩

先不爲事登封地靈自是神憑宇廟古還看鬱蔚松階下崎嵚臨介石俗名扶桑石殿中肅穆仰蒼容已躬挪更求多福祈歲心般惠我農

祀視三公舊典行配天生物鎮蒼精崇朝所冀雲蒸雨大德應符震出亭寢殿端居

帝偕后仙壇配享弟隨兄泰山林放如相擬久矣禮宗不易明

環詠亭

仙宮西側創雲軒春晝陰籠花木繁訪道不須期碧海忘言

眞可駐高奔幽偏事業三朙足今古風華四面存四面刻古今登岱諸名環詠云作於壁故硯淨甌香閒點筆豈爭工拙壁閒論

漢柏

殿角陰森翠影拏濛濛常自護雲霞子房學得赤松術風度而今見漢家

唐槐

舠目當年李氏槐柯槎老榦倚春階何當綠葉生齊日高枕羲皇夢亦佳

合雲亭

一天門裏步天階

聖蹟依然此勒崖記取岱宗初入路盪胷雲已淨塵懷

小閣三閒梵宇西偶來臨眺獨拈題白雲畹藹亭邊合應是桃花洞口迷

壺天閣

策馬上丹梯據牀憩紫閣既狹乃開豁俯暢臨碧落山靈知我來爲我搴雲幕壺天蘊萬象攬結難依著嶽麓未及半得未曾有樂極頂縱吟眸興會當何若

迴馬嶺

曈曨日照紫芙蕖石磴盤紆路轉徐傳是眞宗回馬處當年來爲奠天書

五大夫松

何人補署大夫名五老鬚眉宛笑迎卽此今兮卽此昔抑爲辱也抑爲榮盤盤欲學蒼龍舞謖謖時聞清籟聲記取一枝偏稱意他年爲挂月輪明

朝陽洞

迴巒抱深凹曦光每獨受所以朝陽名名山率常有是處闢雲關坦區得數畝結搆奇幽偏瀟灑開窗牖歷險欣就夷稍憩復進走卽景悟爲學無窮戒株守

對松山

岱嶽最佳處對松眞絕奇古心誰得貌變態不容思萬丈惟

全碧四時無改枝依稀佺羨輩倚樹斸靈芝

白雲洞

封裏出英英長空幾縷橫所希膚寸合利我萬民耕

登封臺

軒轅遠矣不可知七十二代皆一律金泥玉檢敬用陳錦縡石函封以密我來岱頂探遐蹤凝眸聊寄凌雲筆亦非謙牧圖終吉兩言定論由中出便使堯舜至今存迄無可告成功日

恭頌

皇祖勒崖雲峯二大字

驪珠雙顆勒雲峯占斷巖巖萬景重不似磨崖千許字開元
惟用詡東封

恭依
皇祖登岱詩韻

丹梯紆陟穿雲脚翠觀下臨待日頭地迴頓教塵慮淨瞰空
惟覺幻身浮果然萬古宗天下詎獨千秋鎮兗州大慰平生
景仰志可無警句半巖留

天齊纔上天居上進步竿尋百尺頭衆皺峯如能變化太空
雲與其沈浮豈緣乘輿凌千仞敬識憑高御九州繼述何能
覆敢不乾坤亭裏久延留（乾坤亭在岱頂以奉皇祖御書普照乾坤四大字處也）

夜宿岱頂

攀躋凌嶽頂僕役亦已勞行宮恰數宇舊築山之坳迴與天
爲鄰滃然雲作巢依欄俯岱松憑窗眄齊郊於焉此休息意
外得所遭恭誦對月詩（皇祖有岱頂對月詩）徘徊惜清宵
傍晚雲霧收近霄星斗朗天籟下笙竽松花入帷幌神心相
妙達今古一俯仰始遇有宿緣初地愜眞賞清夢不可得求
仙果癡想

雲巢

岱頂有行宮數宇偶爲夜宿詩云滃然雲作巢輒以
名之

雲以山爲體山以雲爲衣始悟雲山境元氣相因依言二固
不可云一亦何爲結宇貯雲来開牕納山姿踞榻靈根動搴
幔有滃霏下雲爲我輿上雲爲我帷題壁帶雲書雲兮初不
知

日觀峯

天柱旣孤高日觀乃竝峻崢嶸成左幛嵂崒凌千仞破曉登
丹梯塵衣爲一振臥牛車葢狀傳言殊未信海水詎湧金朝
雲剛染暈無煩夸父追却憶童子問寄興在寥闊摛詞亦騰
奮

奉

皇太后登岱麓

十八盤前候
大安天門雙闕倚闌干
萬年王母會仙母此日和鑾接彩鸞雲看吐吞成幄幔輦教
扶掖度巑岏南山獻壽無須比
寶算崇齊泰嶽端

別嶽

登嶽快晴明別嶽遇風雨此事亦偶然何足陳諛語況茲徧
郊麥青青二寸許待澤正斯時渴望愁農父狂風慣吹雲細
雨未霑土彭怒不肯讓如膏亦奚補連年水旱災偏萃於齊

魯縱發帑粟施豈救流離苦哀哉煢獨民慙爲汝父母叶

過泰山恭依

皇祖詩韻辛未

纔看積雪消峯脚又覺輕雲翳日頭豈是山靈邀客住故教嵐氣作煙浮賡吟尚憶堯登頂結攬遐思禹畫州阿那天門門左側雲巢三日我曾留雲巢岱頂行宮名石路盤旋出塞口岱宗俯視衆峯頭試思前度遊如昨了識百年夢亦浮稍喜省方近吳會豈辭問路自齊州若云此地山川景只合驅車不合留

望岱廟

自有蒼精協震亨崇祠像設始誰成靈趨漢縣羣黎赤事紀茅家三弟兄香和岱雲千仞合鐘傳汶水十分清憑輿揭爾馳遙睞鱗纚郊原漸可耕

寄題漢柏

遙階漢柏盤童童柏下吟情想像中不及同時嵩嶽樹受名曾共潁川馮

微雪

膚寸英英傍晩濃天花幾點下堯峯山靈都解標神異況是巍巍效岱宗

勾萌未發驗稊楊春旱田功雪未妨獨慮扈行羽林衆豈無寒者薄衣裳

天衣縰玉白皚皚合是合雲亭裏來合雲亭在泰山之麓著樹繽紛開且落先傳消息隔江梅

渡汶水

汶水虹橋湅合津紐芽宿麥遲抽新心期鄧尉邨前景背拍天孫雲外皺往事總堪愁渺渺無生底必滯塵塵未忘只有勤民念餘概空花付夙因

新甫山

傳聞新甫易宮山漢武求仙遇此閒何事長生無大藥茂陵秋樹鎖孱顏

少岱丙子

少岱泰山之右臂起伏蜿蜒數百里以少於岱因得名元方季方兄弟比平原曠望行半月豁目眞教見山喜尋脈東瞻乃不窮堂堂霍霍依稀是或爲乾闢或坤闔半倚天邊半雲裏膚寸因之希崇朝處處祈年心未已

渡汶河

湛湛復沄沄長虹亙兩濆山川千里互齊魯一渠分濟運常資是成盟舊所聞道元稱博覽已見數名紛

源出仙臺嶺依稀石汶眞春寒勒萑葦雨過漲漣淪公玉漢奇士白英明老人徐行撫澄晏惟是廑觀民

、

駐蹕方山丁丑

濟北名山駐玉符欣於始遇暢清娛梵宮高下羅諸岫行殿樸淳別一區容刱已安謂多矣奇觀何限詎窮乎潤州此去棲霞攬吉甫均標十道圖

靈巖寺

方山亦有靈巖寺吳下靈巖不獨靈立字安名由箇箇今來古往鎮亭亭砌甎塔尚干雲矗卓錫泉常注寶渟希有佛曾出現地旣云希有現何形

題靈巖寺八景

巢鶴巖

法定開山有鶴瑞羽衣皜皜駐雲峯至今月白風清夕彷彿東坡夢所逢

甘露亭

泉疏甘露淙淙注亭子因仍甘露名用汲誰工註爻象馬遷曾是歎王明

卓錫泉

泉臨卓錫一亭幽萬壑千巖景畢收最喜東南縹緲處澄公常共朗公遊

摩頂松

高松西指爲求經般若眞詮泯色形假使虬枝解更向定知

糟粕是清寧

鐵袈裟

片鐵爲衣狀水田滄桑幾閱鎮精堅誰云五葉一花止試看伽梨萬古傳

白雲洞

靄靄英英相後先穿雲忽上白雲巔春郊方待一犂雨便可爲霖潤大田

雨花巖

峯枝潤葉未芬芳祇有天花撲鼻香底事坐來都不著維摩室裏卽斯牀

愛山樓

縈青繚白相氤氳無色聲天大塊文著個橫樓眞恰當四時佳氣與平分

靈巖寺西入石路用唐劉長卿韻

峯雪全皴白蹊春未點苔寒鐘雲表落濺瀑澗邊回遊目無暇接悅心初度來佛原不礙古士亦得稱開境自符秦闢松猶元奘栽石泉信清冽便可試茶杯

旛影標今揭碑痕載古苔金繩重去聲輪奐貝葉鎮昭回偶步長卿韻兼思太白來峯形皆內抱谷口獨西開石路寅緣入春翅次第栽應眞渡何代鷗鳥不驚杯

過泰山再依
皇祖詩韻
方山一宿停淸蹕泰岱巖巖見舉頭南指遥程春曉發東來
紫氣馬前浮
聖蹤永古竝崇嶽
愷澤於今在九州經是瞠乎嗟莫及
覲揚敢不意深留
靈巖石路盤山腳齊甸春光動陌頭案衍遥從西峪度龍蹤
不礙曉煙浮瓣香寸意馳仙闕輿地千年鎭兗州憂樂向來
何處著思量習結豈應留
天章

望岱廟寄題
泉林取路向西移敬仰
崇祠一念馳作鎭配
天首五嶽（廟中皇祖御書匾曰配天作鎭）居方出震佑嘉師唐槐漢柏
應依舊秋月春風又幾時香帛太常依例遣（車駕經山東境禮官奏遣大臣賫香帛告祭岱宗修故事也）祈年惟是禱無私

渡汶河
三汶茲爲大千秋帶魯郊原山溯源出濟水匯流交凍解遲
蒲剌波濤下鷺抓方春生養候未擬網罛抛

謁岱廟六韻
春巡限定程望嶽寄遥情用趁迴途便一申肅拜誠震方惟
帝出寅德肇人生仰載無私禱祈年有屛營英雲籠寶殿佳
氣護曾城退憩尋環詠（環詠亭在廟西側四壁刻歷代遊人詩）詩裁不易評

登泰山作
合雲亭度棧縈紆旬歲重教履巘途昔日今時渾不隔登封
降禪總無須儻來憂樂亦多矣試問山川畧異乎昂首天門
三萬尺到因步步積工夫

壺天閣
迴閣昔經坐今來無復登攀躋緣未暇攬結識吾曾碧水自
深潤白雲指上層勒崖多舊句歷歷可明徵
天章

迴馬嶺
昔人迴馬地進步跋巖扃夫子有明訓功毋一簣停

朝陽洞
當年題句處灑埽備延停雲棧猶翻白岱峯未改青不教鎭
留憩緣是舊曾經率以勞爲逸天門卽叩扃

十八盤
猶記昔登十八盤坦途高架丈餘寬曾因過費飭方伯率爲
趨平奉
大安（戊辰恭奉皇太后安輿登岱有司架木爲棧道險峻皆成坦途茲來朕策馬以登不令架木）今度
揮鞭吟馬上不教做棧闢雲端石梯拾級千層迴却喜嶤峯

本色看

恭依

皇祖登岱詩韻

春月南巡程限迫題詩輿寄碧峯頭設如兩度皆空過辛未及今

丁丑終覺一心太牽浮謁聖纔辭曲阜縣登山遂至泰安州乾

坤普照天襟朗景仰奎章萬古留

瞬息十春巖電影年來憂樂憶從頭誰能石上三生認且看

煙中九點浮幻矣仙蹤謝蓬海憫哉民瘼指徐州雲巢若問

前巡事岱頂行宮名戊辰三月孝賢皇后得痾實於此淚灑空庭不忍留

西峪

又問靈巖路言從西峪途林陰入夏密峯翠較春殊詩意常

思李畫情詎讓吳時存勤政念一宿豈妨乎

登玉符最高峯得四百字

春巡氣尚寒有興未登眺清和玆返鑾日長況早到宇宙最

奇處空過山靈誚設如逢炎瞳揮汗亦何要時景值佳會況

鮮幾務告邂逅不可失一暢智仁樂園北啟便門不必命旌

纛肩輿陟崇椒林鳥為前導稚嵏羅疏峯威紆列層嶠陡壁

若無路一綫穿林徼或如田見龍或如霧隱豹或雄以猙獰

或深以窅窱或秀若丹青或莊若廊廟樹抱石爲胎泉飛峽

成調山花霏細芳山禽遞幽哢歷歷所攬結朗朗開懷抱含

輿還進步何藉筇屐趄初至半室巖屋巖似棚窨方牀儼維

摩不著天花落叶爲想詩僧逸頓息塵緣鬧躡險捫煙蘿洞

有白雲號膚寸一脈起澤應三農禱證盟功德頂調御真古

貌巢鶴最高處胎仙宛可召應接乃無暇奇觀供四照南瞻

日觀峯是我昨所造北睇鵲華翠雲中辨隱豹其東朗公近

疑聽錫聲摽惟西乃豁開來路盤崖隩已覺鮮其匹便欲觀

其竅設匪片時勞安識無窮妙蒼然日色暮歸路尋傳哨憶

昔可公輩別傳西竺教想亦巢許流林泉寄笑傲侵尋事莊

嚴逐末吁可笑其師若有知弗許頭應掉有爲法終幻成壞

像相詔猶然冀施檀云有福田報松鳴坐靜觀萬緣信誰覺

忘物我未能吟懷且推敲

題李白泰山觀日圖壬午

供奉沈香亭遣詞若鐘銑意在諷色荒不獨詞華擅五嶽峙

胷中磈礧難消遣長嘯登泰山日觀峯當面東望滄溟洲坳

堂杯水轉陽烏浴未乾魚龍乘曼衍扶桑已三竿猶不聞雞

犬遐觀小宇宙形勢天下選咫尺大羅天天帝端袞冕叩閽

謁通明從容陪玉輦醉踏青芙蓉豈以佯狂免騎龍恣天遊

白雲共舒展帝女賜錦裳聞說冰蠶繭長鯨不復回奇傳類

詭辨何人寫丹青壁上臭香篆披時泰嶽雄收處滄波卷卽

此當臥遊悠然興不淺

靈巖寺西入石路仍用唐劉長卿韻

入山全展畫問逕每梯苔蔓相應須禮肩輿可漫回圖經誰說翙刺史此曾來泰嶽秀分得符秦境早開雲皆依嶂吐松不藉人栽甘露泉猶渫禪房重舉杯

前歲鐫巖句今看亦隱苔可知無住相勝處且遲回花雨當春落山容識我來鐘聲幾杵靜經帙大乘開忍草庭中茁禪枝道者栽長城信佳作誰得議瓊杯

靈巖寺疊前韻

玉符祇苑由來久巖有佛居合號靈豈必吳中八面塔請看歷下五花亭松因摩頂今聽法泉自渡杯古瀉渟別館近旁

堪一宿清虛端足謐神形

卓錫泉上作

古寺禮靈巖春泉憩卓錫泉上自有亭左倚千尋壁松巀密密張孔竇淙淙滴簷目于焉朗心神一以滌志乘誰所作咄咄誇妙蹟錫如能昭昭泉卽所歷歷便實有其事臨濟與榛喫

駐蹕方山疊舊作韻

誰向丹陽借宋符江南上元縣有方山宋元嘉時何尚之退居處其地爲丹陽郡所轄案山東志載方山在長清縣界雖名同上元實卽水經注之玉符山也佳談一例助遊娛何須此是彼非論不異水流山峙區行館數閒堪駐耳好峯幾疊試登乎

前年已是擕圖去今日居然身在圖

朗公石歌竝爲圖

靈巖山側一峯兀立肰如僧伽相傳爲晉竺僧朗說法處因以朗公石稱之壬午春駐蹕於此點筆爲圖并系以歌畫禪合相翠巖或當印可

玉符東麓卓立峯圖志猶稱是朗公人盡云然胡獨不飄飄合掌行虛空又如達摩面巖壁復傳曾有點頭石一之爲甚可再乎初祖生公笑可惜與來爲寫朗公貌三髭何曾求曲肖髾毛拖地至今然海月團團鏡光照

柳陰垂釣箑頭偶記

山青氣爽九秋天黃菊紅茱滿泛船千里結言寧有後羣賢畢至猥居前杜郎閒客今焉是謝守風流古所傳獨把秋英緣底事老來情味向詩偏

臣張照敬臨米芾詩帖

張照書扇向配以俗畫甚覺不倫因交蘇州拆去易以佳紙適驛致方山行館乘興寫此酉館中王穀祥畫冊中有柳陰垂釣小景頗得清曠之致因於箑頭一橅其意竝參以石田畫柳法尢覺擺脫凡蹊不似之似祇宜與箇中人道乎

再題靈巖寺八景

巢鶴巖

羽客本來瑤島種，何因瑞相兆開山。應緣命命同飛去，安養道場聽法還。

甘露亭

甘露泉頭甘露亭，瀹泉洗鉢茁蓮青。無端津逮闍黎口，説法猶當字字馨。

卓錫泉

都大緇流也好奇，錫傳乳竇注山陂。玉泉第一惠泉二，問爾神僧卓者誰。

摩頂松

長安辭闕求西竺，摩頂松何在魯東。遷固猶然有蹟駁，稗官奚怪語多空。

鐵袈裟

鐵鑄袈裟圖久住，誰能著得白元超。蒲牢設擬鯨魚發，也似鐘聲披七條。

白雲洞

天半嵌巖名白雲，晴空無雨亦氤氲。前春憶得探奇到，路白英英蔚處分。

雨花巖

維摩室裏文殊問，那是如來不二門。付與層巖雨花者，更無人説默無言。

愛山樓

潔治行宮備豫巡，高樓納得好山皴。敢云仁者有同樂，便擬當春澤物均。

方山夕景

雪積有餘寒，山高易為暮。松梢落暝色，忽失蒼松處。行齋倚巖半，謖謖仙風御。神謐息外營，景清契始遇。然此不可著，明當清蹕去。

望

岱廟

岱嶽崇巒百里瞻杳陽

岱廟

岱廟血精嚴，禮官肅祀儀。雖備（巡蹕將經岱宗，遣官告祀如禮。）恭已忻趨敬倍添。居震德宏六子率，配天澤厚萬方霑。心馳未覺雲山隔，敢曰誠通冀福謙。

過泰山五依皇祖詩韻

靈巖謂是高無比，更有高峯在上頭。瞻魯象曾詩裏想，青齊色忽路前浮。禪封玉帛秦兮漢，襟帶耕桑郡復州。保泰惟斯躬所勉，況榮若彼志毋畱。兩度天門親拾級

羲碑捧讀憶從頭戊辰年事那堪道丁丑春巡過似浮不改
旰宵勤庶政惟期㮣利永齊州省方繼
武一心切詎是無端七字留

望徂徠作

徂徠松早似牛山孟子名言㮣矩閒只有竹溪傳六逸不妨
傲士此高閒

過汶河

靈源遠溯出萊蕪行地橫陳齊魯都是日輕輿復經過春風
野彴自淸殊昔今不異觀民切來往寧因問景紆分水北南
胥濟運古人相土有良橅

羊祜城

桑梓猶傳僕射城峴山墮淚感輿情由來仁勝功遠矣元凱
沈碑空好名

謁
岱廟

時巡指江國致
祀遣春官茲取迴程近親贈
祭席單大生功配
帝如在
貌臨壇肅拜無私禱抒誠心始安

戲題環詠亭

廟旁精舍小邃巡瞬息流陰十四春自戊辰題句至今閱十四年矣環壁茗
華𤀹羣詠幾成五色目迷人粗閱數首無一佳者

題漢柏

遙望嵩山結昆仲嵩陽書院漢柏昔曾爲圖近臨西院是雲仍廟西院有唐槐大
椿歲月猶虛擬萬古埢垣永瑞凝

登泰山作

欲笑相如逢漢武更非張說諛唐明却因瞻彼巖巖象便以
暢茲坦坦情或馬或輿遵棧路宜詩宜畫入仙京齊州九點
煙中辨諠切憂懷保泰平

登泰山六依
皇祖詩韻

春巡南國孤紆蹕案轡高山仰馬頭可匹何曾吳嶺見既成
乃復大江浮便教一問峯兮谷未許多勞郡與州淸曉載登
午言降那因勝處恣耽留

五嶽之中宗首出誰能昆脚與皆頭神傳杜句眞稱獨象擬
韓文信不浮結攬
聖情昭泰麓照臨民隱遍齊州繼繩今日伊余責敢不聰聽
一意留

登玉符山極頂作歌

初春晝短景易闌復慮高處不勝寒卽今清和駐蹕早有山罷登孤素抱內豎肩輿攀巘蘿更弗松下鳴梢訶絕頂放眼一千里猝雲鋤雨何其多東山小魯泰山小天下我則何敢凛乎御六馬惟有祈年意非假與民休息孜孜者雄辯挪須誇炙輠返吾勤政延儒雅

靈巖寺西入石路三用唐劉長卿韻 乙酉

例必由西入石蹊皴綠苔今朝暫彼宿明日率斯囘僧自不他去佛原識我來秦符境已闢唐李法重開梵貝分筵演刹竿當戶栽名泉試甘露漉雪一浮杯

路遵道林石碑古麓山苔二語檃括劉詩題意兩寺今千載三年又一

囘因懷長卿昔曾訪法祟來勝會久寥寂禪關自闔開老兵呼已得司馬禍誰栽望古興遥集何妨爲酹杯

靈巖寺再疊前韻

煙霞朝暮傳心印泉石古今愜性靈不二殿旁法松鬱摩頂松相傳元成雙門外刹竿亭風來簷角虛鈴語春入山根新水渟裝植此是色空無著處作麼更覓梵王形

再題靈巖寺八景

巢鶴巖

瑞跡原因法定開胎仙挪識去兮來層巖或見翽翽者莫認當年丁令迴

甘露亭

一例囘囘山下泉名稱甘露豈徒然法王解灌羣生頂會否原來在海邊

卓錫泉

泉如爲所錫爲能有卓應非最上乘藉問阿誰留此蹟依稀云是佛圖澄

摩頂松

法師西域返關中宏福譯經闡梵風何涉殿旁摩頂樹眞成野語述齊東

鐵袈裟

鑄鐘弗就袈裟就孰是幻兮孰是常或曰石堅如鐵耳難持一切問榮將

白雲洞

昔年迴蹕憶登峯疑見仙人馭鹿蹤春曉尚寒且無暇白雲洞口任他封

雨花巖

弗隨冬謝逐春芳滿意清涼滿鼻香更不分疏著與否較於天女散猶强

愛山樓

高低七景圍山寺獨喜書樓在小園更不安名徵故事包涵

無盡意中存

方山歌

久行廣甸思見山侵尋行入衆山裏行山未若宿山逸宿山況是山最美山方宛似碧玉符帝付東皇俾掌此熊熊奕奕鎭齊疆蘊爲靈泉爲玉水是時峯頂春雲起雰雯霴䨴流成綺纚松鋪谷乍有無巖齋嚮像難容擬爲霖信好雪亦佳麥隴祟朝潤千里

駐蹕方山再疊前韻

南北靈巖若合符一般佛宇足遨娛由來在此卽言此何必分區有定區計里而行堪駐矣闢齋以待豈宜乎壁閒相映

朗公石却是前巡手自圖

寫摩頂松放歌紀事

大唐新話稱摩頂松在靈巖寺爲元奘遺跡夫唐時建都長安元奘發軔自必由彼而取經回譯經於宏福寺亦今西安地誌乘班班可證於此地無涉或元奘由此詣長安譯經事畢仍來居此或長安亦有靈巖寺均不可知此當徐攷耳然松旣以摩頂稱卽予屢經吟詠何嘗不入謂之松而亦松之兹欲寫其形則知是柏非松名或可以假藉實難可與遷就揭爾成詠其亦有戒於斯夫

元奘取經摩松頂謂曰將歸當東指因之新話傳靈巖今看是柏松非是設云後人所傳會種松亦易何爲爾人謂之松亦松之幾度拈吟不可否叶斯地斯事其然乎姑且置焉徐證耳虬枝東指則誠信佛殿邊旁特孤峙千年以上歲斯歷玉節金幢入畫理我欲寫形知是柏顧名爲松面先泚松之與柏實易辨尚致淆訛有如此賢否萬狀目前陳吁嗟鑒別眞難矣

寫摩頂松圖成復走筆賦此

松以元奘傳古蹟柏忽居之主遜客謂柏卽松松又非却有指東枝歷歷謂松卽柏柏故是那見五鍼可假借以訛傳眞

眞已訛眞訛是非更滋惑復思太古始製字柏謂之松松謂柏是非眞訛究何辨名循至竟奚實責擲筆大笑有是哉拘墟戲論終無謚

方山夕景

蒼鬱蒼落屛山冥冥暗柏闢道藥一室靜梅缶萬幾閒近見疎星綴遥聞幽澗潺今宵有淸夢亦祗在民閒

望

岱廟有作

翕河喬嶽例馳香告祀涓辰遣太常詎止一時修故典都緣萬姓籲

明慶配
天作鎮欽
神德（廟中匾曰配）皇祖御書天作鎮與地無疆祝
懿祥漢柏輪囷嘉蔭下春風曾憶小徜徉
　過泰山七依
皇祖詩韻
祇合登山小天下便當觀海悉源頭已看嶽嶽雲霞俯未了
青青齊魯浮嶺別陰陽分作郡星明角亢照爲州遂今六度
賡
元韻爲有峯巔

聖蹟留
大嶺隆崇自參漢衆峯拱揖若駢頭春朝又覲神霄矗佳氣
忽來馬首浮憶昔
豫遊臻上界至今樂利遍東州千秋欲問登臨者幾箇能如
杜句留
　四賢祠行館作
平陽弗愧先生席（孫復）守道願居弟子行（石介）原魯雅欽曾造第
（孔道輔）翼之不合竟同堂（胡瑗）威儀一代巾將履俎豆千秋梓與
桑何必於旁行館築斯之未信祇徬徨
　過汶河

冰解中流細春初兩岸高原山派亙野濟水會資漕麗日虹
翻影輕風縠不濤黔黎迎蹕路情更切前遭
　靈巖寺西入石路四用唐劉長卿韻（辛卯）
忽吟遺集句難覓斷碑苔俊逸昔五字巡遊今四回齊郊突
平起岱嶽秀分來山寺東猶遠石蹊西向開春無自爲吐古
樹是誰栽放眼青天外芥舟斯膠（去聲）杯
此路行原慣前蹤想印苔泉源碧波落樹杪白雲回法侶故
居在詩人訪友來（長卿詩因過法崇禪師故居作）老兵呼宋得邑尉譜吳（仲儒）
開運否天難問才多禍自栽和惟慚覆甕玷挪擬珍杯
　靈巖寺三疊前韻

難窮匣玉藏符玉（郎方山事又名玉符山）且置南靈（謂吳中靈巖）禮北靈于
載松仍龍古殿一谿水自繞巖亭閒雲不斷心同淡法乳無
根性與淳山鳥山花解傳偈何妨色色復形形
　靈巖寺禮佛作
紳衿處處設經壇祝
嘏同欽是所歡紋縛黄棚稱茂慶便宜白社得施檀泉因卓
錫春猶噴松爲（去聲）取經東向攢（二景皆在寺中）
安輦奉行諠
康健瑞徵彤史得希看
　駐蹕方山三疊前韻

山兩巖雙似契符（上元有方山吳縣有靈巖）不妨隨處供（去聲）巡娛助休一
例皆廑念疆界何須定執區行館無過信宿耳層嵐有待詠
歌乎詠歌亦祇消幾暇察吏安民是本圖

夕

夙喜宿山中山中氣眞靜涼生松下風曦隱谷上嶺萬樹忽
蒼蒼一水猶洞洞洞洞望復失夜齋書檠炳芸編有至趣何
謂無人領

曉

山鳥噪瓦簷却識山將曉寧藉自鳴鐘倫天炫人巧吾已覺
眠晏內侍請起早停蹕復無事何不睡以飽去去非汝知吾

有吾之道

登玉符最高處

玉符高處未悭登茲以停蹕餘幾暇肩輿迤邐梯青雲十步
一憩依松架戢孴崦溘莫得辨亦有畝平屜屐下可公牀與
白雲洞時見微泉滴石鑄牝穴一線弗易入細磴行蹤光却
砑其中或住地行仙擬欲問之轉復罷更進乃造功德頂石
鑿相好非虛借把筆拈吟那可得心凝形釋泯萬化是宜原
付可公輩與木石居此結夏返吾行館勤吾政道不同焉不
相假

四題靈巖八景

巢鶴巖

胎仙來去本無心何繫開山便駐林以此因緣爲瑞相釋迦
迦葉笑難禁

甘露亭

四柱虛亭俯石泉法王甘露法如然所欣恒在山中住不向
人間詡瑞編

卓錫泉

清蹕方山復此過高僧往事憶如何尋常消得石勒拜卓錫
於茲又作麼

摩頂松

是柏謂松松攘柏謂松非柏柏成松是非稱謂誠何定一笑
眞教辨莫從

摩頂松本柏也而皆謂之松向曾圖其形並放歌紀事

鐵袈裟

祖衣作鐵底須驚七字因之爲定評當是鑄鐘昔未就袈裟
畧似故傳名

袈裟以形似得名撫視之鐵模宛然蓋鑄鐘而未成者或
以爲石誤也

白雲洞

絕頂岩嶢趣轉奇忽然牝洞穴巖披春雲每自封中出詎是

畫家留白寫

雨花巖

未見飛空天女散落來巖際盡天花似贏梵帙相問答豈默然時便不差

愛山樓

行館依山更有樓偶然拾級暢吟眸峯姿嶺態詩常好不及春耕意所留

至泰安白鶴泉行館作

出谷緣山蹕路延花邨柳墅望相連觀民緩邁青郊道行館新成白鶴泉（在岱宗坊之北）祇以娛

天章

慈用允爾設云適已實慙焉

八旬聖母扶瞻嶽更祝如斯億萬年

體元堂

五嶽岱宗尊東方生物原虞巡秩仲月魯頌壽

堂萱是日臨行館體元額櫟軒祝

釐申篤悃施惠沛殊恩展義無非事餘閒有詠言長人法乾

德卽境勉心存

謁

岱廟六韻

億禩

神庥永百年廟貌新（歲庚寅辛卯國家慶逢　慶典預期遣內務府大臣劉浩赴泰山繕葺各工至是落成神廟倍增輪奐）佐

天生萬物護國福烝民慶落卜良日展誠恰仲春扶桑石突兀炎漢柏輪囷肅拜經九載

慈寧値八旬抒忱顒有籲

介壽願重申

擬子建飛龍篇

巍巍泰山兗州鎭崇非惟兗州五嶽是宗靈氣所宅生物所始柴望肇禋宜必自此陳思芝童太白鶴仙胥別意託我何有焉七十二君登封降禪惜乎巖石磨泐以徧至哉重華二

天章

月東巡五禮五器無非爲民

題漢柏

漢柏曾經手自圖（在壬午年今泐石以亭覆之）鬱葱映照翠陰扶殿旁亭裏相望（平聲）近名實主賓誰是乎

環詠亭

小屋三間嶽殿西亭歟非也昔雖稽（是處稱亭而實屋亦不知始自何年四壁皆嵌詩版）古今歲月一時閱長短詩篇四壁題磬折予心孰李杜（壁間殊少佳作）翹瞻漢柏是夷齊忘言更復言奚必欲笑莊周筌與蹄

登泰山卽事言志八韻

岱廟及岱頂萬年鎭兗青生方惟物育佑國沛

神靈歷久需修葺落成薦潔馨仲春迺巡狩八袠以
慈寧邯舉升中禮多有引升中語爲幸泰山數典者不知升中乃燔柴告天卽爲封禪之說所自
昉向嘗斥爲不經是以前者兩陟岱頂及此次登嶽祝釐不過瓣香展敬竝無所謂升中之事其謬不可不正緣
殿祝
大齡奉欽瞻寶殿弗敢掖
安軿泰山巍峻登陟爲勞　聖母高年　起居宜臻安適祇奉　瞻禮岱廟未敢掖　輦登山
詰旦親登陟攄誠謁閶庭降原回望處
天近老人星

登泰山八依
皇祖詩韻
天章

豫遊本擬當斂跡乙酉南巡回鑾以　皇太后聖壽日增曾諭各督撫毋庸復請扶　輦遠莅昨
春撫臣富明安至天津迎覲因新葺泰山　祠廟蔵工適逢　慈闈八旬大慶奏請臚歡祝　釐且稱往返俱由
水程登陸不過數日仍可奉養　頤安誠懇至再隨爲轉奏　聖母蒙　諭欲親詣　岱廟虔致瓣香　祈俞
所請因頒旨於今春復舉東巡輪奐新歌重叩頭
志養亦惟體
虔敬躬巡豈是動輕浮願言
遐算如高嶽詎曰登封俯下州萬級天門攀不易行宮淸潔
足
安留地方吏於岱麓添葺行館先期諭令一切務從儉約潔禧數楹足供憩息毋綴亭臺水石及供頓鋪張致耗物
力

巖象崇崇忽對面
奎文朗朗正當頭嶽頂有　皇祖御書普照乾坤四大字齊煙九點遙胥括匹
練三吳近若浮錫羨
八旬開寶袠燿靈萬古鎮神州再來此後知何日欲去不期
步爲去聲留

五大夫松
五松列峙泰山道祖龍經錫大夫號叶後世因以稱秦松其
實嬴秦時已老疾風暴雨何時無何時鬱菀何時枯曩日司
工人補植戊辰過此時不知何人補種故有何人補署大夫名之句後廉知爲雍正年間內務府總管丁皁保監修泰山工時所種茲看磊砢龍鱗粗異哉名實誰賓主實以名存今
天章

卽古何不謂之舜五臣肆覲於斯同律度叶

無字碑
本意欲焚書立碑故無字雖云以身先大是不經事

登岱襍詠

合雲亭
石是雲根雲石衣雲容石態蔚相依游心設擬承禎語合漢
由來吾所希

蓮花洞
乳竇溶溶迸石泉細淙洞口注成川漫言未是蓮花候四面
峯形豈不然

壺天閣

仰觀極頂尚隆崇俯視居然造半空放眼碧天以外看孰非遊此一壺中

桃花峪

春到桃花無處無峪名盍學武陵乎五株不見蒼松老半點何曾受汚塗

迴馬嶺

崇椒越上越嶔奇傳說真宗迴馬斯若論天書來致奠到斯迴馬已爲遲

飛來石

無翼飛來自何處淩空欲墜倚峻嶒詩書齊魯斯爲鎮梵志借譽似不應

朝陽洞

前岁於茲得敞平崖坳牝洞受曦明三閑精舍頗清潔稍憩旋教進步行

對松山

古榦今枝鬱相樛入聲扶正看側眄總堪圖箇中儘有羲皇種當得兒孫五大夫

白雲洞

氤氳觸石氣成蒸此意嘗知別有應一片常教封洞口金泥

玉檢未容登

丈人峯

仙人對博奇幽託豈實凌虛上玉京立字是誰稱博古居然移置蜀山名

日觀峯

居高攬遠理無疑峯頂常先見曉曦設使海邊立沮洳雖早應更早於斯

登封臺

雲衢盤陟造天門果是巖巖氣象尊遠此崇臺仰三度登封降禪未曾言

賦得泰山不讓土壤 得容字八韻

分野奎婁次降祥齊魯封三公崇視秩五嶽卓爲宗徒仰巖巖象誰知蕩蕩容廓哉德乃大受也衆胥供聚壤斯成鉅接天孰比蹤有臣如一介據地壓千峯杜句吟眞獨李書譬豈庸何當膚寸合時雨利吾農

漢明堂遺阯

廢蹟遺蹤辨有無誰云公玉帶曾圖設非麟趾關雎意便建明堂費亦徒

羊祜城

伐吳功弗就垂成薦預終能江左平爲谷爲陵碑總失至今

入尚識羊城

四賢祠行館疊舊作韻

了知行館當東道識得迎門柳幾行孫(復)石(介)氣求永聲應孔(道輔)胡(瑗)異轍竝升堂詎圖玩景軒還榭所切觀民耕與桑企古多遺目今者默思緣此諡徊徨

過汶河疊壬午舊作韻

萊蕪不是廣陵蕪汶水源長帶大都禮獄壽康縣有祝渡河今昔景無殊長民范冉貧何礙守學嬴公術不紓曾至北南分水處(乙酉南巡同鑾舟經南旺閘視汶水分流實因天地自然之勢所云白衣老父不過能識其勢而衆人不識耳曾有詩紀事)原因地勢豈人橅

靈巖寺西入石路詠事(丙申)

長卿謫宦本湘楚石路入西韻數酬昔每斷章因取義今知非實笑重由(前以靈巖寺西入石路用劉長卿韻凡四疊今細檢劉詩題爲道林麓山寺詩中復有湘水語知在楚南所作向日借用蓋因由西山石路斷章取義茲既改正不可復沿其訛而疊韻矣)雖然總此一天下何必區分四部洲李賀夢遊眞卓識春煙九點自齊州

靈巖寺四疊前韻

空色由來一歸幻北南何礙兩稱靈雖無負鉢千秋蹟(用吳下靈巖寺事)却有指松十丈亭巖是雨花聳畾鼻泉猶卓錫貯澄渟山僧縱不通禪教解讀金經便換形

駐蹕方山作

逕亘方山此五夾幾閒行館稱清陪松無今古青還綠泉有筑琴往復迴率欲題詩仍鄭重因艱佳句輒徘徊於斯結習終難置紀實抒懷戒逞材

方山夜宿

水宿莫非舟陸宿莫非屋妙哉方山夜其宿勝水陸倚巖構幾架窈深復幽曲林海漾碧波雲關護碩軸兩兼舟屋美有過無不足因緣欣所遇神謐如新沐獨我宵衣人久耽恐非淑擬告無事者於此消清福

五題靈巖八景

巢鶴巖

聞說開山有鶴來千年佳話渺崔嵬無心羽客閒翔翥何數高僧此駐哉

甘露亭

石罅淙泉清且冷觀瀾每至小徜徉設云此卽是甘露一滴曹溪誰果嘗

卓錫泉

卓錫休論今有無實邊名在兩非孤試觀樹石丹青者盡是雲溪禮佛圖(祕殿珠林有錢選畫石勒禮澄圖)

摩頂松

或傳東指驗僧歸此日此言仍弗違却看喬枝已四出指何

無定昔今非

鐵袈裟

劉煩惱故服消受一具猶然此路蹊項背設非眞鐵漢亦誰能著此伽黎

白雲洞

洞易在低難在高何來極頂穴居遭東郊正此需春雨杳靄白雲莫漫韜

雨花巖

深處入雲衣履濕天花終古落婆娑設云此卽維摩室問答其閒已屬多

愛山樓

祗有山樓行館中七景皆在行館外今春拾級昔年同林巒納景猶其次滿眼民艱望莫窮

謁

岱廟六韻

慶落當辛卯來瞻兹丙申安輿欣莅止古廟展誠純卽此康彊吉孰非錫羡仁東方生衆物萬禩佑斯民松柏那論舊丹青尚若新

所希緜

懿壽命駕豈辭頻

漢柏口號題壬午碑圖後

歷劫那知蒐與枯謂猶多事寫形吾不禁笑指碑圖問久後還能似此無

環詠亭

四面迴廊環古屋題詩嵌壁滿其閒不須品第詠而去否恐虛今番往還

體元堂六韻

泰麓仍前館體元我所名春風此重莅

聖母奉

同行既慨承

歡志還申介

壽誠庭軒過容膝信宿愧怡情插架芸編在開函藻鑑明如云對時義善長訓猶精

登泰山九依

皇祖詩韻

八旬五母仍康步六十六兒微白頭上瑞古今眞此罕後言是否聽其浮惟知養志以天下況是祝

鼇殿九州岱廟已贍申
懿恫高峯欲陟籲停畱
元黃以判萬古峙伯仲之閒五嶽頭入目景無非繢畫盪胸
雲有若洸浮
天章詎止垂永世
聖意昭然照下州設以九嚴喻九仞十全有待再吟畱

五大夫松

鬱葱盤道周厥貌已入古謂斯補古者古不知幾補南苑雙
柳樹我曾賦其故叶斯蓋遙與同弗復重絮語天數及地數
各得成於五人豈必不然大夫人之伍參立岱巖阿萬劫宜
天章

所處

登岱襍詠

合雲亭

峯環巒抱勢縈包夕靄朝嵐氣接交設果循名合膚寸爲霖
眞是利東郊

蓮花洞

本來原自象峯名久假因之洞以成石竇窪樽渟洞泌夏時
合有濯其清

壺天閣

中觀去聲已升廿里遙天闕仰尚白雲標一壺漫謂觀平聲止矣

爲學進吾往訓昭

桃花峪

絳桃花及青松樹一例由人入話提却是松桃付不識識惟
灼灼與萋萋

迴馬嶺

爲眞天書策馬來崎嶇難進遂因迴泰山何弗如林放不受
祥符捷徑開

飛來石

磈石無根寄石上似翔又似翥而飛底須靈隱名假借西湖靈隱寺有飛來石
石設有知應未依
天章

朝陽洞

南東其向劇巖隈穴處宛堪憩往來萬仞峯頭標日觀朝陽
此處笑重僊

對松山

對松初不稱孰對萬古之山萬古松面目本來正如是小哉
人世詡嬴封

白雲洞

山中何有有白雲出谷封陵氤復氳太古以來絕人世幸他
八伯未曾聞

丈人峯

丈人五嶽自青城岱頂何來假借名却是世人知此慣誰因杜老句詳評（杜甫丈人山詩係在蜀時作山在灌州青城縣以黄帝青城山爲五嶽丈人得名今人但知泰山之丈人峯不知其假借也）

日觀峯

天雞唱曉上扶桑一片大紅海水光此景祇宜出想像那能中夜陟峯償

登封臺

臺晒登封繄我思萬幾日理在勤爲便當堯舜至今在亦之成功可告時

泰安縣四賢祠行館作

背指岱宗峻處登已祝鞶吉行五十里駐傍四賢祠惟愧所無逸而猶默有思諸人高蹈者未必肯於斯

靈巖寺五疊前韻 庚子

事用長卿後知誤（向以劉長卿靈巖寺西入石路爲郎此處曾用長卿韻凡四疊丙申春駐此偶檢劉詩題乃過林麓山寺詩中復有湘水語知在楚南所作前此以其亦係西入石路遂致沿訛因作詠事詩辨訂之）蹟傳元奘昔稱靈原由西入非其路（長卿）尚自右存是此亭（元奘）院栢又經三載別（丙申東巡曾駐此）山泉仍俯一泓渟今宵小駐明朝去無暇呼僧參色形

六題靈巖八景

巢鶴巖

高士此山當日開巢居云有鶴相陪方山本異遼東境丁令知他何事來

甘露亭

小亭泉上俯石竇甘露爲名樂泌洋不涉世閒稱瑞事皇山應笑米襄陽

卓錫泉

卓錫猶傳經佛圖六神通越世閒無雖然更有欲咨者四句金剛亦識乎（謂金剛經色見聲求四句偈）

摩頂松

西枝東指是誰爲僧自歸來松豈知設以此傳元奘異質之元奘定遭嗤

鐵袈裟

鐵否石乎半信疑伽黎路畔是誰遺朗公設向澄公問一笑還成兩不知

白雲洞

牝洞偏居絶頂峯肆然小坐膝堪容攀躋早是人艱到漫倩白雲一片封

雨花巖

維摩室裏文殊問曰致曼陀落雨如有著者還無著者天花

未免涉分疏

愛山樓

七景錯羅行館外一樓迥據石墻中愛山原括其餘矣却以

憑窗靜會通

宿方山

我宿方山率有詩此來七字可無之承

歡侍笑嗟非昔抹月批風又一時勝處忘憂那能忘（去聲）箇中

宜詠信相宜歷年舊作聯新句補闕聊因勉綴詞

方山雨景

餘閒陟山頂四野暮雲披莫莫藏峯黛纖纖落雨絲濕衣看

不見蓄眼靜含思詩格於何是惟應韋氏宜

策馬

夜雨霎霎傍曉晴未成泥亦弗塵生早涼廿里輕輿度午暖

一時按轡行幼挈老扶忩瞻覲肩摩踵接遞將迎細觀愛意

勝於畀我喜爲田是此情

詣

岱廟瞻禮

前歲（丙申）維新奉祀

釐何當獨謁值今斯代

天出震惟生物行令巡南致卯寅漢柏唐槐都好在佑民福

國賴

延禧於心更復無他籲所籲屢綏賜雨時

體元堂疊丙申韻

書堂仍此駐責實愧循名本是承

歡處云何成獨行對其景如昨告我祝非誠（舊作有還申介壽誠之句）

觸緒無佳會摛詞多感情便程宿此夕啟駕定於明設論體

元義義經訓已精

過泰山十依

皇祖詩韻

六十一年君道煥

高如泰岱孰齊頭

仁心仁政恒垂永

實行（去聲）實言務去浮峻極至今存七字

鴻庥萬古被諸州不禁即境增鑽仰從實未由意遲（去聲）留

十全今果酬前願（丙申登泰山有十全有待再吟留之句今果十依皇祖元韻惟彼時作詩之意弗獲如願不堪追憶亦不忍仰瞻耳）晛弗視之祇俛頭豈謂祝

釐誠未久旋成

永別幻如浮徒因民願巡吳郡便以途遵過嶽州四字賡來

各已廿再經不擬重（去聲）詞留

四賢祠行館

逐程行館足盤旋傍有叢祠祀四賢恰喜昭蘇方孟月忽驚俯仰異當年稱其石介孔道輔應聲耳略彼孫復胡瑗異趣焉論古由來戒深索欲長善善此思旃

羊祜城

土堆沙埂半榛荆遺蹟偏牽弔古情杜預谷陵都變盡至今羊祜尚傳城

渡汶河再疊壬午舊作韻

夾岸葫青有嫩蕪方春醞釀未云都長橋猶是臥波接兩界何曾隔省殊迎蹕民情親且切鳴鞭途景直非紆西流分水各南北濟運眞資奕世膴

靈巖寺六疊前韻

東西路徑原一路南北靈巖有二靈向因劉長卿西入石路詩名與此處同曾四疊其韻丙申春駐此細檢其詩知道林麓山寺乃在楚南因作詠事詩辨正其訛遂不復疊其韻豈必長卿重賡句依然元奘尚留亭漫云逝水如其往試看石泉鎮此渟調御丈夫獨無語由他色色與形形

七題靈巖八景

巢鶴巖

隱士高僧率愛鶴蓋難屈指數上聲其蹤胎仙最是性孤介未必人朋顧屢逢

甘露亭

上方自合有靈泉甘露佳名亭額傳一字縱詮三乘義那如無字廣長宣

卓錫泉

杖錫原從天竺來適然小駐此崔嵬六通得謂神奇矣四句金剛可識哉

摩頂松

求經去實自長安松樹焉能摩頂看却笑千秋耳食輩弗如斯者轉應難

鐵袈裟

鐵鑄袈裟千百斤誰能披得七條紋可看平石擘崖路不識分疏不用勤

白雲洞

有暇無妨山路尋崇椒石洞窈而深白雲靄靄洞中出山上猶晴山下陰

雨花巖

方山巖與秣陵臺都說講經花雨來試謂天花知厭否那禁人世屢重儓

愛山樓

園牆內倚愛山樓近遠奇觀向牖投閒凭紗疏聊騁目方山七景一時收

題自寫倣王穀祥柳陰垂釣箑頭
倣王因配張行宮內有張照臨米詩帖扇其一面未畫壬午歲曾倣王穀祥柳陰垂釣意並題以補之置
此歲壬午今來逾古希一笑故人覩

朗公石
靈巖西路遠瞻東石丈魁然見朗公誰辨是一還是二設云
非色亦非空無妨雪積徹骨冷自潘邨至靈巖蹕途所經山谷閒尚有積雪未化麥苗亦菁蔥可愛不似德州一帶覺旱也識春迴滿面融雲表如聞可公語於斯疑
似可能同此石以朗公得名可公亦開山者故戲及之

宿方山
行館傍花宮林巒益致靜山遊薄暮歸篝燈夜方永定鐘近
宵聲弗霜亦含警安禪付彼僧我自娛淸省

詣
岱廟瞻禮
古紀三公貴今惟五嶽尊路經當肅謁國佑永希
恩震位尊
天德
神功生物原丙申祝
釐願默憶獨無言

體元堂再疊丙申韻
白鶴泉行館書堂有舊名體元屢君德展義以時行諸吏匽

陪謹庶民瞻就誠於斯無別好卽此可怡情摘句春窗暇觀
晝夜燭明南瞻
闕里近釋奠致寅精

四賢祠行館詠古
四賢鄉祀事非誣石介孔道輔斯誠無閒吾枘鑿何當有瑗復
方圜夫豈不程蘇從來門戶淸流禍祇爲去聲殫鄰時輩殊君
子小人近著論界明蹟愼尚思乎
昨曾著君子小人論以爲其界不可不明而其蹟不可不
愼堯舜之時未嘗分別君子小人是以庶績咸熙後世爲
上者固不能明其界而爲下者益顯其蹟以致門戶朋黨

小人之害君子不必言而君子且操室中之戈漢唐宋明
之禍延及國家是益其界太明而大不愼其蹟之所致耳
四賢如孫復在太學與胡瑗不合石介以斥夏竦致爲中
傷孔道輔坐朋黨大臣出讁益曉然於君子小人之界不
可不明而其蹟不可不愼因過四賢祠詠古並識如右

羊祜城
功名那似德名長好去聲是民心各具良杜氏谷陵今總失荒
城此日尚存羊

渡汶河三疊壬午舊作韻
二汶出由牟與萊合流入濟帶齊都漢書地理志泰山郡萊蕪縣原山汶水出西南

入濟又水經注汶出牟縣故城西南阜下俗謂爲牟汶又右合北汶水逕汶陽縣云云二水合流入濟又一統志今大清河即濟水故道云

岱宗北指嵩未了吳會南巡景不殊親切輿情三

載閲助休王政六騐紆宣防閘壩疇咨慎上年何裕城奏請於汶河之戴邨壩添建閘座因命大學士阿桂於豫工合龍後會同查勘嗣據會勘具奏戴邨壩係明臣宋禮所建所以截汶助運壩高於汶河五尺水弱時由南旺分水口蓄水濟運水旺時壩身不高即可漫入大清河歸海何裕城之意以戴邨壩水挾沙行每汶水盛漲易致淤墊與其每歲挑挖不如改建閘座以資蓄洩茲阿桂之意則以爲閘座雖隨時啟閉但沙隨水入即使建閘後南旺歲挑仍未可停況建閘後汶水由鹽河大清河入海年年開放鹽河是否能容東平各處民田是否無礙均宜逐一詳慎察看請俟東省運河隄壩各工告竣經歷汛水一兩丈後另行請旨辦理朕以爲阿桂之奏爲慎重永久起見因俞所請命姑待今秋再勘莫匪因民求善橅

以壽登八旬恭拜

二陵遂巡山東祭

岱宗

闕里是日起程長句六韻有序

年八十耄徵篤念於箕疇歲二月東禮舉巡於舜典允

臣民之請秋弧慶佇於稱觴承

祖

考之庥春露惕深於瞻

鼎敢曰報

眷貽之厚尚久持孜亹之衷矢抱蜀之宜勤邇歲期週中祀

矧升香之可即順塗便詣靈區維

嶽宗司萬物之發生而

聖撰寶百王之師表于焉修禮陋邇書封礪之夸足以體

仁驗魯論樂山之壽登福艫於濟水程印前言駐日馭

於瀛津巡經隔歲撫齊甸豐盈之豫臚羣黎瞻就之歡

昨接重吏之封章年穰穀賤甫下元辰之恩詔民足賦

蠲壽宇萬氓憑輿若拊循赤子朝家五代逗蹕亦提抱

童孫溯冒茆東國廿年愉情藹若憶執徐南巡六度愛

景依然里記車安臺登春樂月維初吉三朝過元鳥之

分初五日春分穀迺用成先日卜社公之雨初七日春社初程發

軔長句排籤

八十千支

天眷錫

二陵風雨

聖恩延何修而遇誠徼幸不息以強勉惕乾中祀一心期備

舉定例中祀惟即位一親行餘皆遣官載在會典予五十餘年親詣致祭者屢矣去歲曾諭以歸政前當舉行一週以昭重祭之義今時巡而升秩岱宗展儀闕里猶此義也

岱宗

闕里例應然書稱二月東巡日禮慶中秋庚戌年展敬自當

叩

先鼎撰良遂以發行旃甲辰風景夫何異瞥眼流陰五載還

自甲辰南巡曾過泰山祀闕里閱今五載矣

靈巖寺七疊前韻庚戌

疊韻每宗玉局法輸他落筆句稱靈道林繼放遠別域僧寺原吟一个亭向以石路由西而入因劉長卿有自道林寺西入石路之作曾四疊其韻丙申駐此細檢長卿詩中有湘江語是在楚南非齊東也已於詠事詩辨訂其訛不復疊韻東指老松仍此峙土人因元奘摩松東指驗歸之說以此當之蓋亦薌其名耳重來乳竇鎖斯渟光陰五載一睫眼作麽上聲生為色與形戲用禪語

八題靈巖八景疊甲辰韻

巢鶴巖

朗公豈是遁翁侶破戒要斯妻鶴蹤僧家無妻故戲及之我自閒情寄

巖頂胎仙飛去那期逢

甘露亭

滃然石罅吐幽泉借問聲傳是色傳甘露昔曾領眞味笑茲何事髮多宣

卓錫泉

五年隔復偶斯來不改青山雀與鬼信宿便當催轡去謂他卓錫涉多哉

摩頂松

頂自稱摩松自安底須唐史檢重看元奘西去自由長安與此寺何涉實出附會向題此松有長安辭闕求西竺摩頂松何在魯東之句佛無來去人豈易元奘試詢想答

難

鐵袈裟

一領淨衣那論斤法身披祇當絲紋以禪語通之鑄鐘想以不成廢置此半途徒費勤此處鐵袈裟蓋以形似名之諦視鐵憮宛然想係鑄鐘未成遂假為勝蹟耳辛卯即有當是鑄鐘昔未就袈裟略似故傳名之句

白雲洞

豈是張華空洞尋祕書仙籙庋藏深寫纔一縷浮巖白山下旋成鋪谷陰

雨花巖

維摩室與講經臺見名勝志都說散花天女來為甚一之豈可再

笑茲不厭重去聲為儓

愛山樓

居山更有愛山樓意氣翻嫌太相入聲投何必多因思杜老不過詩本幾篇收

再題自寫倣王穀祥柳陰垂釣箑頭不能蠅頭命董誥代書

壬午為圖題甲辰即今又閱六年春輸他恒守方山者無語柳陰垂釣人此箑偶然寄興即留行館茲重來展閱流陰瞥眼惟柳陰垂釣之閒人方能恒在茲山烟靄中也

宿方山

寺則靈巖寺山實古方山寺名同姑蘇山號如田盤（寺名與姑蘇靈巖山寺相合而田盤一名四正山亦有方山之號又與此同二處襲稱已久究竟孰眞孰假不必生分別相也）究應
屬之誰眞假辨爲難在玆合言玆趣況性所安窈深廊有容
繚曲往復還遊窮半日力大畧亦畢觀薄暮歸寢室淸宵靜
以閟向者林泉佳勿留方寸間

謁

岱廟瞻禮

來因瞻
岱宗
岱廟謁城恭（予以壽躋八旬世臻安阜恭謁　岱宗祭　闕里用申虔謝以路便先至泰安卽恭詣城中　岱廟先行瞻禮）　封禪事無我皐安祈爲（去聲）農代
天敷物育福國錫時雍九叩申虔謝八旬實罕逢

天章　岱覽首編　三　五十四　果克山房

體元堂三疊丙申韻

山陽行館在堂額丙申名不忍
初番憶卽今三度行（丙申初名是堂恭奉　慈寧至此承歡介壽自庚子甲辰及今三度經行斯地荏苒流陰感慕之情其何能已）　祇因瞻
岱懇空緬祝
釐誠
頤豫都成夢仾佪那盡情幾餘繩榻凭遺悶紙窗明設論對
時義體元勉契精

登岱雜詠

合雲亭

名山無不解生雲膚寸況經古所云設使爲霖渥三寸東郊
舉趾正興耘

蓮花洞

峯可擬蓮洞難擬洞和峯却不相離譬之太華開十丈也自
相資玉井池

壺天閣

壺天閣據路之中於是傳餐足憩躬便可輕輿徐以進未能
策馬愧於衷

天章　岱覽首編　三　五十五　果克山房

桃花峪

石棧崎嶇陟峻層幾枝灼朶倚崇崚落英不付東流水那許
入閒認武陵

迴馬嶺

天書上下腆顏爲鄙甚三呼稱不知（用漢武呼嵩事）中道弗前迴馬
返嶽靈應實愧難欺

飛來石

疊石原非土作根飛來遂致有讕言似玆屈指難爲數奚必
重儓靈隱存

朝陽洞

翠微窪處數間屋陟降入茲憩以常日觀高峯應早見底須幽洞詡朝陽

對松山

對松自是人稱謂問彼童童者豈知知惜五株永其號非榮之也實畀之

白雲洞

春雲爲喜夏爲懼可識人殊無定情喜懼之中吾老矣不曾一許頌其卿

丈人峯

高峯何有丈人稱誰向青城故事徵（蜀之青城縣有丈人山黄帝封青城山爲五嶽丈人得名知此地之丈人峯爲齊東野語也）縮地齊東蜀西號千年野語任相應

日觀峯

少海初陽擁赤霙銅鉦一照衆峯低欲觀暘谷初昇際半夜由旬里孰躋（佛家以四十里爲一由旬自山下至岱頂約四十餘里）

登封臺

登封降禪古來傳總屬夸爲可鄙旃造極至今凡六次無他祗謝愧心虔

岱廟三詠

明當發駕指泉林再叩頻申方寸忱環詠亭中聊徙倚片時萬古一般心

右環詠亭

既成圖畫復吟詩漢柏精神挪盡之碑堵却空留一面（向年過此寫漢柏圖後兩題句鐫碑石今碑右側面尚留空）待茲來補豈非奇

右漢柏

柏槐根本不相同（柏歷年久槐則不及）他植較來品又崇（較於榆柳桃杏則槐又爲經久矣）院各東西世唐漢忘年友意在其中

右唐槐

四賢祠詠事

四賢同異向曾論大約因分戶與門蹟慎固當防厥始界明所戒引其源應知皎皎非忘世可識星星致燎原幸我國家無此事績熙亦足福黎元

人君於用人之際孰不欲進君子而退小人惟不慎其跡則且啟黨同伐異之習迨至門戶既分在真爲君子者亦不能不各尚氣習初非果於忘世而小人轉相附麗相傾軋既各逞其欲遂成不可嚮邇之勢然亦因人君未慎其源有以導之耳漢唐宋明鑒戒昭然我朝百數十年紀綱整飭並無所謂孰爲君子而進之孰爲小人而退之鄉閭之間讀書求仕並無所謂結社講學務虛名而乏實濟者然亦何嘗無名臣循吏以承宣布惠俾民受福且免清流之禍哉蓋其微不可不預防其患不可不時惕惟當常慎

其跡斯國家億萬斯年之福也向著君子小人論意正爲此甲辰過斯祠感四賢之事於詩後識其大畧茲因成是什而復申其說如此

送五弟奉

命往祭闕里文廟序

雍正八年冬新修闕里文廟告成殿廡門陛黃瓦丹雘既宏既隆圭瓚俎豆尊罍之器須自上方

聖天子親書大成殿大成門匾額復命良工重摹

聖祖御製文廟碑文孝思繼述重道崇儒兼備於此既成例宜遣官祭告

皇父特重其禮

命皇五子齋居潔誠治裝減從以行余與吾弟夙夜之與俱飲食之與共講習討論之日親至于今二十年茲往千里之外能無依依繫戀而不忍舍顧思人自孩提以至於老大讀孔子之書未必能志希賢聖窮理探源以至於知孔子之道也幸而知之矣而私累之未捐精進之不勇則鮮能行之既行矣未有不心慕孔子欲登其堂而入其室者吾弟力學敦修不敢自懈于聖人之道者有年矣今奉

命往祭闕里瞻宮牆之數仞則欲得其門而入以見宗廟百官之美富也對聖貌之巍巍則思溫厲恭安如在其上而自省其躬修也遊禮樂之區想見金聲玉振之氣象是行也不謚以增其嚮往服行之心而爲有生一大快乎

皇父猶有後命吾弟祭闕里畢即往致祭岱宗吾弟往哉昔孔子嘗登泰山而小天下孟子述之蓋謂得登聖人之堂與聞聖人之精深廣大則諸子百家羣言皆小也猶之登泰山之高者得觀嶔岑峻極則㟧嵬培塿皆不足言也吾弟既登聖人之堂又登泰山之高誠敬之日積仰止之日深視瞻之廣闊胷次之豁然古文人學士所謂遊名山大川以助其文思筆力者又烏足云哉

重建泰山神廟碑文

國家秩祀之典方望實惟最重而泰山爲五嶽宗長功用顯彰爲德尤盛廟貌之在山巔者歷有年所負乎邈矣鬱攸不戒宜用鼎新粵以乾隆六年特遣專官董建靈宇殿庭廊廡門序觀闕崇閎壯麗鳥斯革翬斯飛耽耽翼翼琉璃丹碧輝映日星黼座璇題像設神御穆然其容范金惟肖山半爲香亭寶鼎中峙覆以重簷巀嶭斯甗興仰止焉鳩役庀材胥出內帑公旬不勞經費不損凡土木之工若干閱期有六旬而竣朕惟岱爲方岳仿於虞書列於禹貢紀於周官詳於春秋傳蓋河泲淮海川瀆環匯扶輿積高之氣磅礴蘊結靈淑鍾萃蔚爲神皋奠坤維而翊天綷方位屬震盛德在木得造化

生生之元故觸石出雲不崇朝而遍雨天下功至神也澤至
溥也我
列祖撫一海寓懷保烝黎一體天地大生廣生之心爲神人
主明德馨香神庥昭格予一人寅承基緒夙夜兢兢事神保
民罔不祗肅彼登封告成刻石紀號金泥玉檢往牒所誇矯
誣侈大之事繄寡昧所不敢知而乂寧方夏阜殖羣生俾庶
而富俾壽而臧尚其惠邀嘉貺錫羡介祉以篤我國家無疆
之慶則所以崇禮展敬揭虔妥靈其何敢後焉爰勒詞琬琰
昭示永永系以銘曰巖巖泰山峻極於天有虞肆覲肇祀用
虔牲幣祝號秩祀三公匪僭匪瀆曰以報功伊神之功霖雨

萬國載生載殖食我神力春也其時仁也其德體乾之元以
立坤極奕奕新廟穹峙層霄易陶以金以槩剛颸雲生桂棟
雨挾松濤依瞰榑桑日觀岩嶢雕甍珠網鋪金碱玉紫殿靚
深黼扆端穆月馭星駢林霏馥郁靈貺孔時錫兹介福降神
毓秀賢哲克生時暘時雨百穀以成陋彼陟封七十二代成
民致神往訓是佩肹蠁斯通鑒格斯在祇薦明禋於萬千載
乾隆六年歲次辛酉冬十二月既望御筆

重修岱廟碑記

泰山位長羣嶽稱宗最古表望最尊而有其秩之舉莫敢廢
所繫於正經亦最鉅逖稽詩書首紀有虞成周之世彌文懿
爍隆茂大要非巡狩述職穆穆皇皇未聞輕議展釆錯事數
典特爲嚴重陵夷汔乎霸國覬覦三五妄希受命告功其臣
猶知設詞以靳之然自七十二家之說興而昭姓攷瑞大號
顯名鋪陳極乎遷之書相如之文世世封土作碱瑑玉成牒
甚者以上山恐傷木石以遇風雨爲德未至以舉火輒應爲
得行祕祠蓋由柴望一變爲封禪由封禪再變爲神仙而汰
侈誣無等矣我朝監於成憲祇慎明禋洪惟
皇祖聖祖仁皇帝康熙二十三年甲子廷臣有援黃帝上元
封巒勒成之說爲請者
聖諭特下九卿等議駁甚盛典也甚盛心也朕寅承永懷

彝訓時式每逢時巡盛儀卽躬祀嶽廟潔蠲將事而於登封
臺紀事諸什時復長言申諭所謂便使堯舜至今存迄無可
告成功日者其義庶幾質諸古皇而不易耳夫戾經者不可
以不斥則準經者不可以不修方曲咫聞之士猥言易壇墠
而廟庭而象設疑乎踵事非制故吳澄以五嶽之麓各立一
廟謂始自唐時及攷酈道元引從征記稱岱廟有三今屹峙
南麓者實卽昔之下廟又稱廟有漢柏廟庫藏漢時神車樂
器則祀嶽於此自漢已然所從來甚遠且巡狩述職特祀也
國有令典遣官齋祝策來告常祀也是皆於廟有專饗而又
何泥古之云乃者歲庚寅爲朕六十慶辰至辛卯恭逢

聖母皇太后八旬萬壽於時九㝢臚懽百靈介祉維岱大生秉蒼精化醇之氣用克推演

鴻釐綏祚我皇極而重閉周闠歲渝弗飭靈承曷副焉爰諏將作擴而新之其歲月詳嶽頂記中以是廟為太常官縣之所因為迎神送神歌俾主者肄而落之其辭云

遙參亭兮置頓帝乘青陽兮出震會東后兮前驅標天齊兮作鎮㷄蕭兮䤈醇傳芭兮遝晉靄雲童童兮起膚寸睇肅然其神來兮肸蠁歆右迎神

何九皇兮六十四民升中頌德兮欲云云羅封坎兮菹席藉馬車兮蒲輪江茅鄗黍兮紛效珍神安格兮顧歆曰子正祀

兮鸞訢闓樽桑𩙪采兮告慶轃泰符在握兮與物為春㖃㖃乎根一而衍萬兮翊我昌辰右送神

乾隆三十五年歲在庚寅孟冬月之吉御筆

重修碧霞元君廟碑記

緣岱麓磴梯而上險盤道者五十然後狃天門捫日觀岧岧嵽嵽緯星列檻垂芒若引手可摘其地正應積高神明之隩有廟焉范金塗䕶晃𣑯慶霄稽水經注所載嶽頂上廟茲其故阯矣而神褘翟珈笄孔晬孔愉耇鮐婦豎孳䕻捧其厥角倈轃相與喁喁請命則曰碧霞元君說者以謂黃帝所遣玉女或以謂是即泰山神女往往佩背不合覈之志乘元君封號肇自有宋大中祥符間眞宗有事東封以上頂有玉女池乃易池旁石象為玉龕而祭之顧攷劉禹錫送張鍊師還東嶽詩有久事元君住翠微之句是唐以前故有元君之名不自宋始彼道藏及諸家所徵姓氏世系庸足深辯哉古者治神人和上下設教不為戾俗求其指歸亦曰禮由義起實以名章而已爾易曰乾天也故稱乎父坤地也故稱乎母漢郊祀歌於后土夫人曰富媼又曰媼神張晏云媼者老母之稱坤為地故名媼記言地秉陰竅於山川而泰山者萬物之始陰陽之交衆嶽之宗以是證之太乙青元實惟其所宜乎有生之屬齋心祇祓願揭其虔於元君而元君亦將悉其勤而

錫之羨然則國家秩祭泰山之神與億兆人奔走奉事碧霞元君之神其為翼緯元化二乎一乎在周官大宗伯有各因其方之語在魯論有祭神如在之文如在云者詎惟是肸蠁荒忽不可端倪於山僅見若堂若霍於草木僅見維天維喬之謂乎亦將因其聲容得其精爽而後著之目而成之心神人之道可接也且嶽視三公特自其秩言之今之肖象炳靈者則既韍褵秉圭矣又安知𥊽𥊽穆穆其對越乎褘翟珈笄者不誠二而一乎以是比類而推北如元冥南如祝融西如顥靈應具有其主名正位犂然食報於方望此物此志也朕荷

穹昊垂庥豐逢
國慶嘉薦普淖夙事宜周是廟自辛酉鼎新距今垂三十載因勑工官往會所司支內帑金庀材增葺閎壇完緻所以答
神貺所以祈神禧胥於是焉在其經始則已丑季春其蕆成則庚寅孟冬也
乾隆三十五年歲在庚寅孟冬月之吉御筆

臣謹案升中肇於史皇泐石始於無懷字初萌芽荒哉邈矣稽古虞舜納大麓祡岱宗紀刻亦無傳焉後王侈陳封禪雕琢曼辭不足觀也我
朝
列聖相承敷天裒對巡守望秩補助之典隆於
仁廟
聖有謨訓
帝庸作歌仰之彌高垂之無窮至今
皇帝尤廑展義之衷
壽躋耄耋尚法健行
天章
文思作述雲漢昭回被於穹巔峭壁矣臣不揣愚賤編輯岱覽恭錄康熙以來至乾隆之五十有五年
奎章
宸翰繫於喬嶽者都爲一帙冠諸簡端以正圖緯以襲
帝典俾萬世常戴巍巍而履翼翼也臣不勝抃舞悚息之至
癸丑進士分發江蘇知縣臣唐仲冕謹記

詔旨

康熙二十三年九月十九日

詔曰帝王誕膺景命統御萬邦道重觀民政先求瘼是以虞
廷肆覲肇舉省方周室懷柔式歌時邁詩書具在典制丕
昭朕仰荷
天庥纘承
祖烈撫兹兆庶期底時雍夙夜孜孜懋求至理以富以教靡
敢怠遑猶慮蔀屋艱難罔由上達故於直隸郡縣周覽巡
幸勤施補助更念山左等處土宜俗尚不加循省曷克眞

知矧歷逢甲子世際昇平聿圖泰運之恒新在措芸生於
豫大乘時命駕咨彼民依但樂利祇慰夫一方而德澤未
敷於九有朕心歉焉用是特昭公普以宏仁庶奏諴和之
盛治
一江南浙江江西湖廣省分自用兵以來供應繁苦宜
加恩卹康熙二十四年所運漕糧著免三分之一　一
自康熙十三年起至二十二年拖欠漕項錢糧著自康
熙二十三年起每年帶徵一年以免小民一時竝征之
累東巡經過地方宜俱加恩卹著將康熙二十四年應
徵丁銀盡行蠲免　一泰山經過致祭其四嶽四瀆等

祀應遣官致祭察例舉行　一凡官吏兵民人等有犯
除十惡等罪不赦外其餘自康熙二十三年九月二十
四日昧爽以前死罪軍罪以下已發覺未發覺已結正
未結正咸赦除之有以赦前事告訐者以其罪罪之　一
一直隸各省修理文廟銀兩照舊存留以供整葺　一
直隸各省解費腳價銀兩仍復存留照額支給　一祭
祀行香習儀及祈晴祈雨鄉飲酒禮等項銀兩仍復存
留以供支用　一嶽鎭四瀆廟宇傾頹者該地方官設
法修葺以昭誠敬　一內外文武官員現應議處者俱
著寬免　一內外文武大小各官除各以現在品級已

得封贈外凡授職陞級及改任者著照新銜封贈　一
各處孤貧口糧已復存留經管地方務須從實給散以
贍窮獨
於戲時臻熙皞彌隆寬卹之恩戶樂淸寧丕篤綿長之慶
布告天下咸使聞知
康熙二十三年十月十一日大學士明珠王熙奉
諭旨朕夙夜孜孜勤求至理深宮寧處軫念閭閻諏吉時巡
省觀民隱經行所至登於泰山至聖遺蹟緬然如覩一覽
衆山登眺九有洵足攬天下之勝察造化之奇援筆濡豪
書成晉照乾坤四字可於孔子小天下處建亭縣額復書

雲峯二字可於極頂處磨崖勒石其本年香稅免解該部
用以鳩工庀材處修泰山頂上各廟應行事宜爾會同該
撫確擬具奏

康熙二十八年正月

上諭朕巡歷所至再經岱麓重瞻祠宇詢其廟祝知香火荒
涼日用難給岱頂諸廟亦復如之念泰山爲五嶽之長載
在祀典有功社稷不宜使之漸就寥落合將每歲香稅錢
糧內量給數百金使上下嶽廟與元君諸祠守祀者得有
資賴曉夜盡心兼可時加修葺以壯往來觀瞻示朕崇祀
之意爾諸臣即與山東巡撫藩臬會議以聞欽此

雍正七年

上諭山東泰安州神廟奉祀東嶽泰山之神歷代相傳靈顯
昭著佑庇萬民俾國家享昇平之福者明神之功德其來
久矣遠近人民感荷默佑之恩焚香頂禮罔不虔肅其廟
宇重修於康熙十二年距今五十餘年矣茲據署巡撫費
金吾奏稱廟宇盤道有傾圮頹壞之處應加繕葺山路亦
當修整著發內帑銀兩命內務府郎中丁阜保赫達塞前
往督工敬謹修理務使廟貌輝煌工程堅固速行告竣以
副朕爲民報享之至意特諭欽此

雍正十三年十二月

上諭自古山川有能出雲雨者天子秩而祀之而五嶽之禮
尤重非有朝命不得致祠然王立大社而州黨又各有社
禜之祭則春秋禱賽庶民各就其所敬信而竭誠焉亦禮
俗之可以情假者也泰山舊有碧霞靈應宮遠近瞻禮者
軌蹟相望必先輸香稅於泰安州然後許其登山稅約歲
萬金自前明以來相沿未革朕思東方物之所生天地盛
德之氣之所發也故傳稱觸石而起膚寸而合不崇朝而
徧雨乎天下者惟泰山則春祈秋報黎庶輻輳在國家亦
宜順達其情若使力艱於輸稅而不得登山非所以從民
之欲也其富民樂施多寡任意准守祠人存貯以修葺舍

宇平治道塗有司不得干預諭到即鐫石樹祠用垂永久
特諭欽此

乾隆十二年六月

上諭朕幼頌簡編心儀
先聖一言一動無不奉
聖訓爲法程御極以來覺世牖民式型至道願學之切如見
羹牆辟雍鐘鼓躬親殷薦而未登闕里之堂觀車服禮器
心甚歉焉仰惟
皇祖聖祖仁皇帝巡幸東魯親奠孔林盛典傳於奕禩
皇考世宗憲皇帝崇聖加封重新廟貌嘗遣朕弟和親王恭

代展祀未以命朕意者其或有待歟朕寅紹丕基撫茲熙
治思以來年春孟月東巡狩因謁洙泗陟杏壇瞻仰宮牆
申景行之夙志復奉
聖母皇太后懿旨泰山靈嶽坤德資生近在魯邦宜崇報饗
朕不敢違爰遵
慈訓親奉
鑾輿秩於岱宗用答鴻貺旋蹕青齊觀風布澤以昭崇聖法
祖教孝省方鉅典有所應行典禮大學士會同該部稽考舊
章詳悉具議以聞其應預備之各衙門查察事宜先期請
旨至行在一切所需悉出公帑毋得指稱供頓儲偫絲毫

貽累閭閻羽林衛士內府人役等各該管大臣嚴行稽查
約束並令扈蹕文武臣僚嚴飭傔從毋得侵踐田疇致妨
宿麥如有騷擾地方指名需索者立即糸奏從重治罪通
行曉諭知之欽此
乾隆十二年十一月
上諭朕尊崇
先聖仰止宮牆已降旨於來歲孟春躬謁孔林嗣因東省秋
潦成災雖經賑卹恐一時民氣未復若改俟秋閒前往未
知於民情實在若何在該地方業經動帑預備遲至秋間
不免又多一番勞費踴躍望幸自屬輿情但巡幸大典所

期於閭閻實有裨益是以特召巡撫阿里袞來京面加諮
詢或春或秋何者為便據該撫奏稱東省被災州縣俱已
撫綏得所其經行道路營盤俱經預備若春月前往春麥
雖不能補種而秋田即可及時耕作以待秋成若遲至秋
閒則既誤麥收并妨秋稼即在地秋禾亦須早穫轉於民
閒歲計未便等語看此情節則改至秋閒仍不如乘春前
往為宜但正月尚寒著定於二月初四日恭奉
皇太后鑾輿起程欽此
乾隆二十二年二月
上諭朕迴鑾渡黃後由順河集至徐州閱視河工朕即由徐

州至曲阜展謁孔林途經泰安登岱拈香本日仍回大營
駐蹕可傳諭鶴年預行備辦其登山路徑但須畧為掃除
足供行走即有窄狹之處或乘馬或用山步輿即緩步徐
行亦何不可者且
皇太后鑾輿並不登山切不可搭架天橋致多竭蹶
皇太后鑾輿仍由順河集舊路先至靈巖駐蹕可一并傳諭
知之欽此
乾隆三十五年四月
上諭前以富明安面奏山左臣民情殷望幸且泰安岱廟及
碧霞祠宇俱重經修理落成明歲正屆

聖母八旬聖壽
慈意亦欲親詣拈香因允其所請並諭令富明安一切務遵
儉約斷不可稍事華飾縻費諒該撫自當體會朕意善為
經理惟入山東境內前往泰山曲阜陸程尚有數日前經
富明安奏明添設行宮數處以供頓宿因念
聖母年高瓦屋較氈廬更為安適且可省運帶行營城分之
繁姑允所請然所經不過一宿憩留但期牆宇粗完埽除
潔淨足矣斷不必點綴水石佈置亭臺徒致耗費物力再
泰山徑路陡峻縈紆將來
聖母臨幸時但詣岱麓神祠瞻禮並不遠躋崇嶽毋庸于山
頂另建行宮至朕登岱經由道路只須就現成山徑畧為
除治足資策騎總不得倣照從前搭蓋天橋重勞工作著
傳諭該撫務須遵旨撙節妥辦不得稍涉踵事增華以副
朕意欽此
乾隆三十六年二月十五日內閣奉
上諭朕俯順輿情祗奉
皇太后安輿恭詣泰岱祝
嘏延禧並登闕里之堂躬行釋奠輦路所經推恩優渥而泰
安曲阜為駐蹕之地尤宜廣敷惠澤用溥隆施著將該二
縣乾隆辛卯年應徵地丁錢糧全行蠲免該部即遵諭行

欽此
乾隆四十一年三月初六日內閣奉
上諭朕因兩金川全境蕩平祗奉
皇太后安輿恭詣泰岱祝
嘏延禧並登闕里之堂告功釋奠輦路所經加恩優渥而泰
安曲阜為駐驆之地尤宜廣敷恩澤用溥隆施著將該二
縣乾隆丙申年應徵地丁錢糧全行蠲免該部即遵諭行
欽此

順治八年四月初七日

皇帝遣都察院右都御史劉昌致祭於東嶽泰山之神曰惟神天門挺秀日觀昭靈吐納風雲育成品物朕誕膺天命祇荷神庥特遣專官用申殷薦惟神鑒焉

順治十八年八月初一日

皇帝遣翰林院侍讀學士左敬祖致祭於東嶽泰山之神曰惟神天門挺秀日觀昭靈吐納風雲育成品物朕誕膺天命祇荷神庥特遣專官用申殷薦惟神鑒焉

康熙六年八月十七日

皇帝遣內祕書院學士劉芳躅致祭於東嶽泰山之神曰惟神天門挺秀日觀昭靈德沛青陽育成品物朕躬親政務祇荷神庥特遣專官用申殷薦惟神鑒焉

康熙十五年二月初七日

皇帝遣宗人府府丞馬汝驥致祭於東嶽泰山之神曰惟神天門挺秀日觀昭靈德沛青陽育成品物朕祇荷神佑懋建元儲特遣專官用申殷薦惟神鑒焉

康熙二十一年三月初四日

皇帝遣宗人府府丞李廷松致祭於東嶽泰山之神曰惟神天門挺秀日觀昭靈德沛青陽育成品物朕祇承神佑疆宇蕩平特遣專官用申殷薦惟神鑒焉

康熙二十三年十月

皇帝躬祀東嶽泰山之神曰朕惟五嶽視三公而泰岱爲之長古帝王巡行時邁所過名山大川必案圖職方敬修祀事昭垂典禮自昔爲隆是以虞史著望秩之文周書有懷柔之頌朕荷

天眷命罔敢寧居省俗觀風勤求民隱爰以良月至於岱宗惟神屹峙東方育成庶類天齊巨鎮功開萬物之先日觀崇標尊爲百靈之府吉蠲用享虔事惟誠宣氣布和徧神

庥而沛澤始元啟泰翊景運以徵祥祇薦馨香神其歆鑒

康熙二十七年十二月十七日

皇帝遣內閣學士兼禮部侍郎李振裕致祭於東嶽泰山之神曰惟神靈昭青帝秀啟天孫庶品資生羣方仰盛朕纘承

祖宗丕基虔恭明祀茲以

皇祖妣孝莊仁宣誠憲恭懿翊天啟聖文皇后神主升祔

太廟禮成特遣專官用申秩祭惟神鑒焉

康熙三十五年正月二十七日

皇帝遣內閣學士兼禮部侍郎張榕端致祭於東嶽泰山之

神曰惟神岱嶽稱宗青陽奠位誕敷靈澤發育羣生朕勤
䘏民依永期殷阜邇年以來郡縣水旱間告年穀歉登早
夜孜孜深切軫念用是專官秩祀爲民祈福冀雨暘之時
若庶稼穡之屢豐惟神鑒焉
康熙三十六年八月初三日
皇帝遣日講官起居注侍讀學士傅伸致祭於東嶽泰山之
神曰惟神聳峙東邦品物資始靈昭德懋允合稱宗朕以
勦除狡寇三履遐荒期埽邊塵乂安中外今者祗承神佑
塞北永清用告成功專官秩祀惟神鑒焉
康熙四十二年

皇帝南巡至泰安州登岱遣內閣侍讀趙世芳致祭於東嶽
泰山之神曰惟神名著岱宗功齊青帝廣敷膏澤發育羣
生朕祇承休命統馭寰區夙夜勤勞殫思上理歷茲四十
餘載今者適屆五旬海宇昇平民生樂業見輿情之愛戴
沛下土之恩膏特遣專官虔申秩祀尚憑靈貺誕錫蕃禧
佑我國家共登仁壽神其鑒焉
康熙五十二年五月二十五日
皇帝遣吏部侍郎孫柱致祭於東嶽泰山之神曰惟神名著
岱宗位尊喬嶽發生庶類膏澤東維朕纘受鴻圖撫臨區
宇殫思上理夙夜勤求惟日孜孜不遑暇逸茲御極五十

餘年適當六旬初屆所幸四方寧謐百姓乂和稼穡歲登
風雨時若維庶徵之協應爰羣祀之備虔特遣專官式循
舊典冀諠贊雍熙之運尚永貽仁壽之庥俯鑒精誠用垂
歆格
康熙五十八年二月
皇帝遣內閣侍讀學士兼參領朱汝錩致祭於東嶽泰山之
神曰惟神秩尊羣嶽位峙東維百代增高崇朝徧澤朕纘
承
祖宗丕基虔恭明祀茲以
皇妣孝惠仁憲端懿純德順天翼聖章皇后神主升祔

太廟禮成特遣專官用申秩祭惟神鑒焉
雍正元年正月二十四日
皇帝遣宗人府府丞吳梁致祭於東嶽泰山之神曰惟神名
著岱宗位尊喬嶽發生庶類膏澤東維朕纘受丕基新承
景命竊念
皇考膺圖以來百靈效順四海從風坐享昇平六十餘載茲
當嗣位之始宜隆祀享之儀特遣專官虔申昭告惟冀時
和歲稔物阜民安淳風徧洽乎寰區厚德長敷於率土尚
其歆格鑒此精誠
雍正十三年十二月初五日

皇帝遣翰林院侍講學士伊爾敦致祭於東嶽泰山之神曰
惟神秀峙天門明昭日觀位尊五嶽澤沛羣生朕纘承大
統仰紹前徽伏念
皇考臨御以來敬禮明神肅將禋祀靈祇孚應昭受鴻庥清
晏敷安茂登上理茲當嗣位之始宜隆望秩之儀特遣專
官虔申告祭惟冀雨暘時若年穀順成萬方蒙樂育之庥
兆姓荷帡幪之德尚其歆格鑒此精誠
乾隆十四年六月初三日
皇帝遣內閣侍讀學士明德致祭於東嶽泰山之神曰惟神
上應奎婁下臨渤海震方表極萬彙資生茲以邊徼敉寧

中宮攝位
慈寧晉號慶洽神人敬遣專官用申殷薦神其鑒焉
乾隆十五年十月初一日
皇帝遣三品以上大臣歸宣光致祭於東嶽泰山之神曰惟
神上應奎婁下臨渤海震方表極萬彙資生茲以正位中
宮鴻儀懋舉
慈寧音號慶洽神人敬遣專官用申殷薦神其鑒焉
乾隆十六年正月二十七日
皇帝遣太僕寺卿伊拉齊致祭於東嶽泰山之神曰惟神作
鎮東方肇生庶類視三公而比秩長羣嶽以稱宗日觀天

門是惟神府金牀玉几實曰仙閭朕時邁江南道經齊魯
祠前漢柏想翠蓋之依然巖畔秦松仰貞枝而在目宜行
望祭用遣專官潔籩豆於司存極齊明於如在神其昭格
鑒此明禋
乾隆十七年正月十一日
皇帝遣翰林院侍讀學士洙蘭泰致祭於東嶽泰山之神曰
惟神上應奎婁下臨渤海震方表極萬彙資生茲以
慈寧萬壽懋舉鴻儀敬晉
徽稱神人慶洽爰申殷薦特遣專官神其鑒焉
乾隆二十年七月二十八日

皇帝遣內閣侍讀學士龔學海致祭於東嶽泰山之神曰惟
神挺秀天門尊臨渤海肇生品物德沛青陽茲以平定準
噶爾大功告成加上
皇太后徽號神人洽慶中外蒙庥敬遣專官用申秩祭惟神
鑒焉
乾隆二十二年正月二十五日
皇帝遣禮部左侍郎介福致祭於東嶽泰山之神曰惟神造
化鍾靈奎婁應象覽衆山而莫竝氣蓋坤維冠五嶽以稱
尊位符震始風雲吐納崇朝彰布濩之功神秀氤氲庶類
荷育成之德朕省方南土駐蹕東邦挹瑞靄於天門會登

峻極望祥光於日觀式賴洪庥用遣專官載申致祭神其
來格尚克歆承
乾隆二十四年十二月十五日
皇帝遣吏部右侍郎五福致祭於東嶽泰山之神曰惟神撰
協青陽尊臨東夏代成兩大肇品物以資生宗長四方普
行施而無外赫赫之靈威共仰巖巖之氣象同瞻茲以逆
回蕩平大功底定望天門之崔崒靈佑遙承表日觀之崇
隆鴻庥永賴敬舉告功之典用申秩祀之文式薦馨香伏
惟昭鑒
乾隆二十七年正月十二日

皇帝遣吏部右侍郎恩丕致祭於東嶽泰山之神曰惟神瑞
協青陽位崇東土山勢旁臨乎鄒嶧松濤近接乎徂徠迎
愛景以東升扶桑日出不崇朝而澤徧岱石雲生茲以
慈闈萬壽懋舉鴻儀敬晉
徽稱神人慶洽仰靈祇於泰嶽虔奉明禋奉魯望於名山聿
修懿典尚其鑒格歆此苾芬
乾隆二十七年正月二十五日
皇帝遣協辦大學士武毅謀勇公兆惠致祭於東嶽岱宗之
神曰惟神位鎮東方望隆羣嶽根盤地軸環九點之青山
氣接天門捧一輪之赤馭煥星文於日觀玉檢瑤函披翠
色於仙閭秦松漢柏是非特出雲降雨常仰神功抑亦惟
毓秀鍾靈首稱巨鎮朕省方兵會取道青齊念前此之時
巡又六年而一過稽古來之望秩剛二月之將臨特遣專
官用申虔祀神其來格式此居歆
乾隆三十年正月三十日
皇帝遣御前侍衛工部右侍郎五福致祭於東嶽岱宗之神
曰惟神位崇五嶽秩視三公星應奎婁表東方以作鎮雄
連齊魯司太昊而効靈氣接九霄照耀麗方升之日潤滋
千里絪緼流膚寸之雲仰神府之崔嵬秀鍾造化紀仙閭
之祕奧道協陰陽朕時邁南邦道經東土省方屢舉卅年

承奠麗之庥秩祀爰頒二月練陽春之吉敬陳殷薦用遣
專官神其降臨歆此芬苾
乾隆三十六年二月二十四日
皇帝遣經筵講官禮部侍郎德福致祭於東嶽泰山之神曰
惟神鍾靈震位立極坤維冠五嶽以稱尊勢雄青兗齊兩
儀而永固象應奎婁元氣絪緼庶類荷發生之德雨膏溥
渥崇朝彰敷潤之功朕祗奉
安輿言登喬嶽挹天門之瑞靄方申祝
嘏之誠瞻靈宇之崇閎正届落成之候顯位視三公之秩義
在報功時巡遵二月之文禮先方望仰高標之峻極知靈

貺之孔時特遣專官用陳明祀神其昭格鑒此馨香
乾隆三十七年正月二十五日
皇帝遣吏部右侍郎曹秀先致祭於東嶽泰山之神曰惟神
靈鍾青兗宿應奎婁榮光上燭乎天門瑞氣遥連夫蓬島
體陽春而用事茂成始物之能隆柴望以報功蔚爲羣嶽
之長兹以
慈闈萬壽懋舉鴻儀敬晉
徽稱神人慶洽仰靈祇於泰嶽日觀揚輝秩魯望於名山東
皇齊福神其來格享此苾芬
乾隆四十一年三月十五日

皇帝遣和碩莊親王永瑺致祭於東嶽泰山之神曰惟神公
珪視望震宅函靈浴溟升日出之華扶桑暾接觸石應輿
雲之候芃黍膏滋朕蕆事金川敉寧玉壘稽古而修在泮
之典遵途而經維嶽之區碧巘霞飛瞻緜亘孰云百里
金萱景絢祝蕃釐惟曰萬年敕遣專官虔將明祀神其歆格
鑒此苾芬
乾隆四十一年七月十一日
皇帝遣內閣學士汪廷璵致祭於東嶽泰山之神曰惟神奠
位東藩表雄左海瞻巖作鎮首隆五嶽之封觸石爲霖廣
沛崇朝之澤宗長之靈威無外巍峩之氣象彌尊兹以兩

金川小醜削平大功底定振郊臺之朱鷺遠荷
寵庥分躔野於蒼龍謚滋
鴻貺謁岱既申夫典禮告成再展夫明禋薦此馨香伏惟昭
鑒
乾隆四十五年正月二十六日
皇帝遣禮部右侍郎達椿致祭於東嶽泰山之神曰惟神冠
嶽形尊視公秩峻襟環瀛渤遥分長白之支宿應奎婁永
作大東之鎮合油雲於片石千里甘滋升旭日於扶桑三
霄景麗朕丕膺嘉貺式逗蕃釐溯祇事於巡方儀循四度
迨告功而展敬瞬閲五年兹時邁乎南邦用虔修夫望祀

專官是遣靈爽來歆
三月二十九日
皇帝遣內閣學士達敏致祭於東嶽泰山之神曰惟神靈鍾
木德象協台躔燭榮光而瑞啟登封沛渥澤而功神觸石
著宗盟於羣祀高邁嵩衡瞻傑觀於層霄青連齊魯兹以
朕七旬展慶九有臚歡懋舉崇儀特申昭告攷省方之典
禮既修望秩於名山仰表海之聲靈載逗蕃釐於潔薦神
其來格歆此苾芬
乾隆五十五年三月
皇帝遣內閣學士圖敏致告於東嶽泰山之神曰惟神功隆

作鎮瑞啟登封通靈氣於天門燭榮光於日觀徧羣神而
先望萬物資生卓五嶽以稱宗三公視秩地臨左海因名
山而致升中澤媲上穹不崇朝而徧天下玆以朕八旬展
慶萬國臚歡懋舉崇儀特申昭告高山是仰魯邦所詹虞
巡狩至岱宗允矣親修望秩周職方曰兗鎮於焉載逅蕃
釐潔籩豆於司存薦馨香於神在庶其昭鑒式是居歆

乾隆五十五年三月

皇上遣皇十一子成親王永瑆致祭於東嶽泰山之神曰惟
神鍾靈震位擅勝坤輿冠五嶽以稱宗勢雄青兗配兩儀
而立極象應奎婁德沛崇朝六合仰和甘之賜功昭薄海

百昌資長養之能贊元氣於鴻鈞聲靈赫濯報宏施於喬
嶽秩祀崇隆朕受籙延洪撫辰行慶春祺錫羨臚歡而典
洽時巡壽域凝釐展義則禮先方望天門日觀瞻遂宇以
告虔陰魯陽齊眷名區而受福仰高標之峻極知嘉貺之
孔時特展隆儀用陳潔薦神其歆格鑒此明禋

儀注

康熙二十三年

聖祖仁皇帝躬祀東嶽儀凡經過地方各有加
恩自親王以下宗室覺羅內大臣侍衛內務府武備院上駟
院鑾儀衛各官各旗護軍統領前鋒統領等官至各衙
門扈從官及各執事人員俱預行派出節次隨行
駕發京師日鹵簿大駕陳設如常儀隨從不隨從王以下文
武各官各跪送隨行如常儀所過鴻臚寺官先期傳知
百里以內地方官率本地鄉紳士民迎於十里之外本
地鎮守滿漢軍整隊伍迎於十里之外分文武東西候

駕至跪迎送如常儀十月壬寅至於岱宗前期太常寺用白
紙糊版黃紙鑲邊墨書祝版不書
御名太常寺官具補服捧送廟中安設祝案上其神位前陳
設禮神制帛一青色圓降眞炷香一炷黃速香一觔白磁
爵三牛一羊一豕一登一鉶二簠二簋二籩十豆十酒
一尊燭二對燈十盞陳設畢禮部太常寺堂官奏請
皇帝具禮服陞輦儀仗全設扈從王以下內大臣侍衛文武
官三品以上及地方文官知府以上武官副將以上俱
朝服陪祀其餘文武各官俱於

行宮前兩旁朝服跪送
皇帝入廟至二門降輦贊引官對引官恭導
皇帝入殿中門至拜位前立典儀唱執事官各司其事贊引
官奏就位
皇帝就拜位立典儀唱迎神贊引官恭導
皇帝詣香案前立司香官捧香盒跪進於
皇帝右贊引官奏上香
皇帝舉炷香上爐內又三上瓣香畢贊引官奏旋位
皇帝旋位立贊引官奏跪叩興
皇帝行二跪六叩頭禮陪祀王以下各官俱隨行禮興典儀

唱奠帛行初獻禮捧帛官至神位前奠帛三叩頭退次
捧爵官至神位前立獻爵畢次讀祝官至祝案前一跪
三叩頭捧祝版跪案旁祗候贊引官奏跪
皇帝跪王以下各官俱跪贊引官贊讀祝讀祝官讀祝畢捧
祝文至神位前跪安帛匣內三叩頭退贊引官奏叩興
皇帝行三叩頭禮興王以下各官俱隨行禮畢典儀唱行亞
獻禮捧爵官獻爵於左如初獻儀典儀唱行終獻禮捧
爵官獻爵於右如亞獻儀典儀唱送神贊引官奏跪叩
興
皇帝行二跪六叩頭禮王以下各官俱隨行禮興典儀唱捧

祝帛恭詣燎位捧祝帛官至神位前跪捧祝帛三叩頭
司香官跪捧炷香不叩依次捧送燎位
皇帝轉立東旁候祝帛香過還位立祝帛焚半贊引官奏禮
畢
皇帝陞輦還
行宮不陪祀文武各官俱於
行宮前排班跪迎候
駕過各退
乾隆十三年二月
皇帝躬祀岱廟儀先期太常寺官一員赴

行宮奏
皇上御龍袍補服乘輿出
行宮入廟大門至配天門降輿贊引官對引官恭導
皇上入配天門至黃幄次內少憩
皇上出幄次盥手畢贊引官對引官恭導
皇上進仁安門由殿中門入詣拜褥前立典儀官唱樂舞生
就位執事官各司其事贊引官奏就位
皇上陞拜褥上立典儀官唱迎神司香官捧香盒至香案右
旁立唱樂官唱迎神樂奏祈豐之章樂作贊引官恭導
皇上詣香案前立司香官跪贊引官奏上香

皇上立舉炷香安香鼎內次三上瓣香畢贊引官奏旋位恭
導
皇上旋位立贊引官贊跪叩興
皇上行二跪六叩禮樂止典儀官唱奠帛爵行初獻禮獻帛
爵官捧帛爵就神位前立唱樂官唱初獻樂奏華豐之
章樂作獻帛官跪獻帛於案上正中三叩頭退獻爵官
立獻於爵墊正中退讀祝官就祝案前一跪三叩頭捧
祝文至案前跪樂止贊引官奏跪
皇上跪贊讀祝讀祝官讀祝畢捧祝版至神位前跪安帛匣
內三叩頭退樂作贊引官奏叩興

皇上行三叩禮興樂止典儀官唱行亞獻禮獻爵官捧爵就
神位左旁立唱樂官唱亞獻樂奏興豐之章樂作獻爵
官立獻爵於爵墊左退樂止典儀官唱行終獻禮獻爵
官捧爵就神位右旁立唱樂官唱終獻樂奏儀豐之章
樂作獻爵官立獻爵於爵墊右退樂止典儀官唱徹饌
唱樂官唱徹饌樂奏和豐之章樂作畢典儀官唱送神
唱樂官唱送神樂奏錫豐之章樂作贊引官奏跪叩興
皇上行二跪六叩禮興樂止典儀官唱祝帛饌恭送燎位捧
祝香帛饌官至神位前跪捧香饌官不叩捧祝帛官三
叩頭各捧起依次送往燎爐時贊引官恭導

皇上轉立東旁鋪拜褥官起徹拜褥俟祝帛饌香過畢鋪拜
褥官仍鋪拜褥贊引官恭導
皇上還位立樂作數帛官數帛贊引官奏禮畢同對引官恭
導
皇上出乘輿還
行宮
順治八年題准每年恭遇
萬壽聖節遣官致祭東嶽儀　一前期禮部題請遣太常寺
堂官一員行禮今由太常寺　一祝版白紙墨書黃紙
鑲邊前期太常寺官捧送廟內安設如常儀　一陳設

禮神制帛一（青色）白磁爵三牛一羊一豕一果品五（核桃荔支
圓眼棗栗各一盤）酒一尊　一祭日陳設畢教坊司作樂贊引
官引承祭官至盥洗所盥洗畢引至殿內行禮處立典
儀唱執事官各司其事贊引官贊就位承祭官就位立
典儀唱迎神司香官捧香盒跪香爐左贊引官引承祭
官就爐前立贊上香承祭官上炷香爐內又三上塊香
畢贊引官贊復位承祭官復位立贊引官贊跪叩興承
祭官行三跪九叩頭禮興典儀唱奠帛行初獻禮捧帛
官跪獻畢三叩頭退執爵官立獻爵於案上正中退讀
祝官至祝案前一跪三叩頭捧起祝文立贊引官贊跪

承祭官及讀祝官俱跪贊讀祝讀祝官讀畢捧祝文跪
安案上捧帛官捧帛匣上三叩頭退贊引官贊叩興承
祭官行三叩頭禮典儀唱行亞獻禮執爵官獻爵如
初獻儀獻於案左退典儀唱行終獻禮執爵官獻爵如
亞獻儀獻於案右退典儀唱送神贊引官贊跪叩興承
祭官行三跪九叩頭禮典儀唱捧祝帛官恭詣燎位
捧祝帛官至案前行一跪三叩頭禮捧起祝帛司香官
跪捧不叩依次送至燎爐承祭官轉立西旁候祝帛過
仍復拜位立贊引官贊詣望燎位承祭官至燎所祝帛
焚半贊引官贊禮畢退祝文　維年歲次月日

皇帝遣官致祭於東嶽泰山之神曰茲朕誕辰惟神永遠默
佑謹以牲醴庶品之儀致祭尚饗（按國家有大典禮差官致祭俱用此儀）

頒賜　　岱覽首編七

雍正八年
御賜金九錠每錠重九錢銀九錠每錠重九兩
乾隆七年
御賜金九錠每錠重一兩銀九錠每錠重十兩
乾隆十三年
御供勅印匣一個內恭貯
聖祖仁皇帝御書普照乾坤匾式銅硯一件銅筆二枝銅筆
架一件

皇太后
皇后賜銀十錠共重八十三兩碎銀二錠又十二件共重十
兩零八分
御賜碧霞祠歡門三架金九錠每錠重一兩銀九錠每錠重
十兩
乾隆二十二年
御賜錦袍一身鏡子一面鑲嵌銅邊緞袍五身
乾隆二十四年
御賜小黃袍一身真青綠古銅鏡一面小銅鈸一副金絲旛
一對共六條（係金線織造）旛杆並座玻璃罇一件有蓋楠木

座磁香爐一座竝銅香筒香檔楠木座洋磁瓶一對楠
木座靈芝花一對楠木座磁供器五件磁花插一對磁
燭臺一對楠木座金龍點油燈一對大洋磁瓶一對小
洋磁瓶一對
乾隆二十五年
御賜金絲旛一對(金線織造)旛杆竝象旛座金鑲爐一個金花座
一個洋磁瓶一對楠木座金輪花牌一對
乾隆二十七年
御賜玉磬一件楠木架沉香獅子一對降香座女兒香盒十
個小洋磁瓶一對楠木座洋瓶一對上帶牙花葫蘆小

磁瓶一對楠木座
乾隆二十九年
御賜銀法瑯爐一個有銅香靠楠木座銀法瑯燭臺一對有
木燭一對楠木座銀法瑯瓶一對有花一對楠木座銅
鍍金滿達一個有座銅鍍金輪一對洋磁瓶一對有座
銀馬一件(七珍)銀將軍一件銀象一件銀輪一件銀男一
件銀女一件銀三寶珠一件銀蓋一件(八寶)銀魚一件銀
罐一件銀花一件銀螺一件銀腸一件銀傘一件銀輪
一件
乾隆三十三年

御賜藍玻璃香爐一件內有銅鍍金膽藍玻璃燭臺一對藍
玻璃花瓶一對銅鍍金輪一件白玻璃盞一對楠木高
座官釉錦帶瓶一對紫檀木座燒料穿珠旛一對黑漆
杆座
乾隆三十四年
御賜廣法瑯長方鼎爐一對紫檀木座亮白玻璃法盞一對
楠木高座燒料穿珠旛一對漆挑杆座
乾隆三十六年
皇太后賜鍍金滿達一個鍍金七珍八寶十五件鍍金輪一
個

御賜磁鼎爐一件磁提梁卣一對文竹四方花瓶一對(外有牙花)
琉璃旛一對旛杆連座大玉圭一件長三尺五寸寬八
寸名溫涼玉半煖半寒
乾隆三十七年
御賜銅鼎一對楠木座銅爐一個上有銅絲罩白磁瓶一對
楠木座琉璃旛一對漆挑杆座
乾隆三十八年
御賜玻璃海燈一件有罩雙耳磁瓶一對有座雙耳瑪瑙瓶
一件有座法瑯蹚爐一對燒料穿珠旛一對有杆座
乾隆三十九年

御賜九江磁輪一件洋磁蹕爐一對楠木匣九江描金磁瓶
一對有蓋楠木座燒料穿珠旛一對洋漆杆座
乾隆四十年
御賜燒料穿珠旛一對三羊座小香牌一對楠木杆座九江
藍磁瓶一對楠木座銅蹕爐一對
乾隆四十一年
御賜五彩磁供器一分隨銅靈芝花一對木雕龍蠟一對燒
料穿珠旛一對漆挑杆座緯絲香帶挂絡一對木挑杆
座翡翠磁瓶二件隨木座磁輪一件
皇太后賜法瑯八寶吉祥一分蓋魚罐花輪螺傘賜八件
頒賜

乾隆四十二年
御賜繡黃緞金龍淨十團袍三身藍田石大紅鞓帶三圍
乾隆四十三年
御賜燒料穿珠旛一對木葫蘆架座藍磁瓶一對銅鍍金輪
一件鶴鹿同春燈式香襆一對鳴鳳獻瑞四方小挑杆
一對連座
乾隆四十四年
御賜磁輪一對磁挑杆一對藍玻璃淨水瓶一對楠木座
乾隆四十五年
御賜藍磁花澆雙件連座古銅爐一件有蓋連座廣法瑯爐

瓶三設連座
乾隆四十六年
御賜鍍金藏佛塔一座磁輪一對連座洋磁瓶一對連座燒
料穿珠旛一對漆挑杆座
乾隆四十七年
御賜五彩磁罐一對連座五彩磁爐瓶三設一分連座磁鍍
金輪一對連座燒料穿珠旛一對漆挑杆座
乾隆四十八年
御賜緯絲香帶挂絡一對連杆座藍磁輪一件廣法瑯蹕爐
一對燒料穿珠旛一對漆杆座
頒賜

乾隆四十九年
御賜楠木銅鑲紫檀輪一件法瑯香匣一對穿琉璃珠扁旛
一對連杆座香襆一對緙紗扇一把
乾隆四十九年
御賜竹如意一隻玳瑁邊藤掌扇一對鶴鹿同春挑杆一對
乾隆五十年
御賜海燈一件五彩磁瓶一對連座挑杆緯絲香牌一對琉
璃旛一對黑漆杆一對象旛座一對
乾隆五十一年
御賜銅鍍金輪一個淨水盞一個香挑杆一對琉璃珠旛一

對黑漆杆座
乾隆五十二年
御賜琉璃穿珠旛一對連杆座緯絲香帶挑杆一對藍花黃
地葫蘆磁瓶一對有蓋連座藍花銅鍍金輪一件
乾隆五十三年
御賜穿琉璃珠大挑旛一對漢文鳳頭赤虎旛杆一對挑燈
一對文竹淨瓶一對內裏各注吉磬如意二件銅法瑯
把燈一件
乾隆五十四年
御賜穿琉璃珠大挑旛一對紫檀鳳頭旛杆一對紫檀雙獅

抱瓶座小桌挑燈一對小銅提爐一對文竹香筒一個
乾隆五十五年
御賜銅掐絲法瑯海燈一件青花白地磬鈴靶盌一對隨銅
罩法瑯花穿琉璃珠扁旛一對隨挑杆座小香襆一對
乾隆五十六年
御賜龍柱香筒一對法瑯爐一件隨木座挑杆小香圓燈一
對穿珠旛一對隨杆座
乾隆五十七年
御賜五彩磁輪一對紅木座磁靶盅一對銅罩法瑯花小挑
杆燈籠一對穿琉璃珠旛一對隨杆座

乾隆五十八年
御賜磁奔靶瓶一個廣法瑯香筒一對有蓋連座香挑杆一
對連杆座穿琉璃珠扁旛一對黑漆杆座
乾隆五年六月二十四日山頂碧霞祠災從煨燼拾出
十八件列後
碎金四小件共重一錢三分　銀娃八個內有鍍金娃
三個共重二十九兩七錢　銀一錠重三十九兩三錢
銀一錠重三十八兩二錢　碎銀十六錠又五件共
重二十兩四錢五分　銀一錠重三兩三錢　藏佛一
尊　銀牌一個　銀燈一件　鍍金銀鐲一對重二兩

六錢八分　銀隆一隻　銀錢二個　銀環一副　殘
鈌銀釵銀鳳銀花不全貼金銀花共重十七兩三錢
燒燬碎玉帶一包　燒燬碎玉帶版十四塊　燒燬碎
玉帶版二十四塊　破損石印一顆篆刻天仙照鑒四
字

臣伏讀
列朝詔書賚於喬嶽者
仁孝恭儉之旨光溢六幽亦旣淪膚浹髓矣其
遣祭祝告皆
國家大禮大慶大功之成與夫
時巡所過用申望秩無有私祈洵矣獻享之精交神積和之
氣塞明也昔先臣煥作令岱下於乾隆三十有五年
幸供馳道灑埽之役臣仲冕往來齊魯與童叟生儒
就瞻
雲日歌咏
頒賜

羲軒者二十餘年謹依道左文石廟中豐碑錄而登之
天章之次至於
奠享有儀著於太常供獻多品頒自
大內皆足增名山景鑠也高文典冊謹備載以垂不朽乾隆
五十有八年癸丑秋八月臣唐仲冕恭錄

岱覽卷第一

泰山書院院長陶山唐仲冕六幕輯

總覽一　卷一之卷二

岱陽全圖

岱陰全圖

原岱上　釋名　星野　脈絡　地理　沿革　高廣

山水名目　金石文　篇章　登覽　總論　賦

原岱下　詩　傳　辨　錄　記

原岱上

岱泰山也坐鎮青齊横障渤澥近毓尼防遥拱畿甸領報德之維占确功之首謂之東嶽天地之產物也雲雨之宣氣也五行之舍魄也皆於是乎始故帝王必先有事焉虞書曰岱宗禹貢曰岱周禮職方曰岱山詩周頌言喬嶽傳云喬高也高嶽岱宗也魯頌春秋傳皆曰泰山爾雅曰泰山爲東嶽疏案詩傳言四嶽之名東嶽岱此及諸經傳多云泰山爲東嶽蓋山有二名也又曰河東岱注云在東河之東又曰中有岱嶽疏云此言中國也公羊傳云觸石而出膚寸而合不崇朝而徧雨乎天下唯泰山爾戰國策云泰山不讓土壤故能成

其大五經通義云岱者代也三禮義宗云代謝之意陽春用事除故生新萬物更相生代之道故名岱也風俗通云泰山山之尊者岱始也宗長也萬物之始陰陽交代故爲五嶽之長白虎通云岱言萬物更相代於東方漢書眭宏傳云泰山岱宗之嶽王者易姓告代之處袁宏後漢紀云東方者萬物之所始山嶽者靈氣之所宅文獻通考云岱宗東嶽以其處東北居寅丑之間萬物終始之地陰陽交泰之所爲衆山之所宗主也子華子曰泰山之高非一石之積也揚子云五嶽宗山又云升東嶽而知衆山之峛崺也況介邱乎淮南子曰中央之美者有岱嶽以生五穀桑麻魚鹽出焉又云泰山之

容巍巍然高焦氏易林云嵩高岱宗峻直且神尸子曰泰山中有神房阿閣帝王錄博物志云泰山一曰天孫言爲天帝孫也博聞錄云泰山名蓬元太空洞天岳帝所居寰宇記引茅君內傳云泰山名三宮空洞之天三十六洞天之一也史記注引道書福地記云泰山下有洞天鬼神之府蓋道家者流因其靈異而神之耳蒙案爾雅言右陵泰邱蓋邱以右爲泰山以左爲泰西方成物而物豐泰由東方生物而物亨泰也高者親天故生之庳者親地故成之說者以爲天地泰和之氣發舒東方故自南正達西正得雲漢升氣自北正達東正得雲漢降氣山東當山河之會得升降之中岱爲之也此山之性也

星野於五緯爲歲星所主於列宿應蒼龍之角於十二次介降婁元枵間春秋文耀鉤云布度定記分州繫象三河雷澤東至海岱以北兗州青州屬機星史記天官書角亢氐兗州虛危青州奎婁胃徐州自婺女八度至危十六度曰元枵之次齊分野自奎五度至胃六度曰降婁之次魯分野前漢地理志曰齊地虛危之分野也南有泰山王莽傳云歲星司肅東嶽太師典致時雨後漢天文志注星經曰歲星主泰山徐州青州兗州玉衡第五星主兗州常以五辰日候之戊辰爲山陽泰山魏太史令陳卓曰泰山角六度晉書天文志州郡

躔次泰山入角十二度唐書天文志云自北河下流南距岱山爲三齊自南河下流北距岱山爲鄒魯又云自析木紀天漢而南曰大火得明堂升氣天市之都在焉其分野自鉅野岱宗西至陳留北負河濟南及淮皆和氣之所布也又云降婁元枵初須女五度中虛九度終危十二度其分野自濟北東踰濟水涉平陰至於山茌循岱嶽衆山之陰其地得娵訾之下流其象著爲天津絕雲漢之陽凡司人之星與羣臣之錄皆主虛危故岱宗爲十二諸侯受命之府奎婁降婁也初奎二度中奎一度終胃三度自蛇邱肥城南屆鉅野東達梁父循岱嶽衆山之陽奎爲大澤在娵訾下流婁胃之墟東北

負山盖中國膏腴地百穀之所阜也宋史天文志曰歲星爲東方爲春爲木主泰山禮志云案天文志角亢爲泰山之根果符上封之應望於親郊日特置周伯星位於亢宿閒文獻通考云宋中興天文志石氏云東宫青帝其精蒼龍七宿司東嶽主東方明史天文志女二度至危十二度元枵之次也泰安州虛危分蒙案星有歲差山無改易因地分天甘石之說昔人以爲迂觀西法地毬圖中夏亦一隅耳安得盡配列宿然分野詳於左氏岱宗實長東方折衷前史疑者闕焉攷泰山地平北極出地三十六度四分度之一京師偏東不及一度

山之脈形家言自崑崙來爲中幹龍所聚通典云山面西南明于慎行記云北紀諸山負地絡之陰會太行王屋東踰常山至醫巫閭而止南紀諸山負地絡之陽連桐柏熊耳入於甌越江淮河濟所由東下如建瓴矣岱宗立海上西向而揖羣山汶洸沂泗出其支麓旋之如帶以入於海若負扆然我
朝康熙中遣官航海測量得其東祖長白狀由海中皇成鼉磯諸島爲登州福山丹崖山陸行八百餘里始爲泰山
聖祖仁皇帝御製泰山龍脈論範水橅山大啟羣蒙矣禹貢李光地注云岱爲嶽宗自營州跨海而來與揚州之山左繞右衞爲九州藩蔽蓋發源遠結體崇翼抱乃大也山東通志

總論岱脈由遼左旅順口渡海入蓬萊縣境左翼爲棲霞之翠屏山至之罘海口爲之罘山右翼爲棲霞之鼇山至黃河營海口爲崆峒島其中爲正脈居東北而迤西南自丹崖山而西南入棲霞縣境爲艾山又西南爲招遠黃萊陽掖等縣諸山又南爲分水嶺分水嶺之西北則爲萊州郡城城北瀕海結爲三山島自分水嶺折而東南爲馬鞍山大澤山岱脈之所聚也又南爲明堂山自此地曠水分中隆爲脊東南至膠萊河河中有分水嶺渡河而南入膠州境爲五弩山又南爲長城嶺又西南入諸城縣境有回頭山岱脈之所迴也自此折而西爲雷石山爲馬耳山有黃草關又西南入莒州境

爲高柘山臥牛山又西入沂水縣境爲大弁山有穆陵關又西入臨朐縣境爲沂山古所謂東泰山也實爲岱脈結頂之處列爲東鎭與岱埒尊雷石山黃草關臥牛山大弁山皆長城所經又西由博山入萊蕪縣境爲原山岱脈之要樞也又西入章邱縣境爲長城嶺又西南入歷城縣界循長城而西爲梯子山領絡羣峯爲岱宗北障其西南爲長城嶺仙臺嶺爲鶴山爲孤山爲九龍岡又南爲泰山其最高處世謂之玉皇頂也岱頂以東則爲秦觀日觀獨秀峯雕窩峯東神霄山青山昇仙嶺岱頂以西則爲周觀月觀丈人峯迴雁峯西神霄山百丈崖傲來山淩漢峯岱頂以南則爲三天門二天門

一天門黃峴御帳坪紅門其羅列於岱陽者有高里山石閭山介石山亭亭山云云山徂徠山梁父山此則泰山之大結也泰山左衞自棲霞之翠屏山分支而東爲寧海文登諸山又東爲成山瀕於海自棲霞之艾山分支而東南爲大方山入海陽縣爲三巂山瀕於海又分支而西南爲小方山又南爲萊陽縣諸山又西南爲卽墨縣諸山又南爲大嶗山小嶗山瀕於海羣峯聳峙爲岱脈之東南障自諸城之迴頭山分支而南爲琅琊臺循海而西南爲日照縣安東衞境諸山又南爲筆峯山左瀕於海右入江南贛榆縣境自莒州高柘山分支而南又西南入蘭山縣爲馬陵山緜亙數百里經郯城入江南宿遷瀕於黃河自臨朐之沂山分支南入沂水縣境西南入蒙陰縣境爲蒙山有雲蒙中蒙龜蒙之異名緜亙數百里自沂河以西小汶河以東凡左衞岱嶽諸山皆由蒙山發脈分支而東南爲費縣山滕嶧諸縣山西南爲泗水縣之陪尾山鄒縣之尼山昌平山嶧山西爲新泰縣之龜山又西南爲寧陽縣之靈山又南爲九仙山聖林之所憑也自萊蕪原山分支而南折而西爲新甫山又西南爲徂徠山瀕於汶泰山右衞自膠州五弩山分支而西北爲諸城安邱濰昌樂壽光諸山瀕於海自沂山分支而西北爲益都新城諸山又自沂山分支一由北而西爲博山淄川諸山一西北入長山

縣境爲長白山連峯羅列拱護西南實爲岱嶽之後扆昔人有副嶽之目焉自章邱之長城嶺分支而北爲歷城縣東龍洞山又西北爲歷山又北爲華不注山瀕於濟自泰山北麓分支而西爲分水嶺北爲長清縣之長城嶺又西爲肥城縣之五道嶺又西爲孝堂山爲平陰縣之雲門山東阿縣之黃崖天池等山又西北爲碻磝山東平州之安民山梁山由鄆城嘉祥入金鄉縣瀕於昭陽湖自肥城五道嶺分支而西南爲牛山爲陶山入平陰縣爲紫蓋赤溝等山又南爲東平州之蘆泉山又東南爲龍山瀕於汶其以島嶼衞列沿海者岱脈自北而南自南而西捍外衞內重在東南是以循長山島而衞於右者至萊郡之芙蓉島而止而東南諸島芴拱標聯東則有沙門崆峒諸島西則有蘇山田橫諸島至於鶯遊門入江南海洋抵雲梯關爲南濟合河淮出海之處皆岱宗海外之左衞也

地理沿革斷自虞夏書稱東巡守至於岱宗未言所隸何州禹貢海岱惟青州傳云東至海北至岱地里今釋泰安州北境海岱及淮惟徐州傳云東北據海西南距岱地理今釋泰安州南境爾雅釋地齊曰營州注自岱東至海此蓋殷制周禮河東曰兗州其山鎮曰岱山注岱山在博禹貢錐指爾雅濟河間曰兗州注云自河東至濟周禮河東曰兗州而賈疏

以爲侵禹貢青徐之地者蓋以其山鎮爲岱澤藪曰大野知之殷之兗州自河東至濟與禹貢同其徐州自濟東至海亦與禹貢同而周則言河不言濟蓋其境越濟而東得岱矣岱南爲徐岱北爲青徐州曰大野既豬是知侵禹貢青徐之地也魯頌泰山巖巖魯邦所詹傳云詹至也疏云泰山在齊魯之界言所詹見其不全屬魯也王制云諸侯祭名山大川之在其地者注云魯人祭泰山晉人祭河是也是由魯境至於泰山故得望而祭之禮器云齊人將有事於泰山是齊境亦及之矣由其泰山廣長故二國皆以爲望也博物志云齊南有長城巨防陽關之險北有河濟足以爲固越海而東通於

九夷西界岱嶽配林之峻坂險之國也魯前有淮水後有岱嶽蒙羽之向洙泗之流史記云泰山之陽則魯其陰則齊又云吾適齊自太山屬之琅邪東至於海論語正義云泰山在魯封內孟子疏云魯嘗爲齊所伐故齊南有泰山太山志云秦屬齊郡史記言元狩元年濟北王獻太山及其旁邑天子以他縣償之漢書地里志注太山郡高帝置奉高有明堂在西南四里武帝元封二年造博有泰山廟岱山在西北求山下（錢大昕云求山下三字當是兗州山之譌）太平御覽稱丘淵之齊記云泰山嬴博二縣其界漢武封禪割置此縣以供祀泰山故曰奉高治嶽東北四十里後漢郡國志云奉高有明堂武帝造博有泰

山廟岱山在西北有龜山龍鄉城晉書地理志略同郭璞山海經注泰山今在泰山郡奉高縣西北藝文類聚稱太康地記云奉高者以事東嶽帝王禪代之處也故明堂在縣南四里漢武立太壇於東山以祭天示增高十六國疆域志（洪亮吉輯）後趙泰山郡領縣十奉高有泰山金輿谷博嬴南武城梁父山茌南武陽萊蕪東平鉅平皆漢舊縣前燕亦然南燕無東平寰宇記云北魏改博爲博平隋書地理志開皇六年改奉高曰岱山十六年改博平曰汶陽尋改曰博城大業時幷北齊所置岱山縣依徂徠山者廢入博城有岱山玉符山治嶽東南二十五里屬魯郡唐書地理志兗州魯郡乾封注本博

城武德五年以博城梁父嬴置東泰州幷置肥城岱二縣貞觀元年州廢省梁父嬴肥城岱入博城乾封元年更名乾封總章元年又曰博城神龍元年復曰乾封有泰山有東嶽祠有梁父山亭亭山奕奕山云云山社首山肅然山石閭山蒿里山鄭樵通志泰山一名岱山在兗州乾封縣宋史地理志魯郡奉符注本乾封開寶五年移治岱岳鎮大中祥符年改太山志云舊有岱嶽鎮使都虞候又有嶽令廟令及移治就嶽始以邑令兼攝焉其城卽今郡城矣大中祥符元年改曰奉符隸襲慶府築新城於城之東南三十里攷文獻通攷云泰山今魯郡界元豐九域志大都督府兗州魯郡泰寧軍節

度治瑕邱縣奉符在州東北一百八十里有泰山社首山龜山徂徠山亭亭山汶水未言隸襲慶也通志攷政和八年改兗州爲襲慶府岳麓升元觀石刻政和八年六月尚書省敕牒內尚云兗州泰寧軍奉符縣葢六月以後方改宣和已亥石刻則書襲慶矣禹貢蔡沈注泰山在今襲慶府奉符縣西北三十里是也舊州志云僞齊阜昌改府爲軍曰泰安金史地理志泰安州奉符注有泰山社首山龜山徂徠山亭亭山有汶水梁水太山志云大定二十三年改軍爲州屬山東西路治奉符城還岱嶽鎮復開寶之舊元史地理志泰安州奉符縣東嶽泰山在焉屬東平路明史地理志泰安州元直隸中書省洪武初來屬以州治奉符縣省入注北有泰山卽岱宗也亦曰東岳汶水出焉下流至汶上縣合大清河又東南有徂徠山南有梁父山又城西有泰安巡檢司州隸濟南府國朝因之尚書地理今釋岱宗在今山東濟南府泰安州北五里山東通志云雍正二年改爲直隸州十三年升州爲泰安府設泰安縣治焉泰安之名葢取天下之安如泰山而四維之義通志又云岱爲五嶽之宗冠諸峯而表鎮汶有四源之會斂衆水以資漕畫社分坰實靑徐之根柢設郵置堠乃南朔之樞機自虞巡周狩以來卓哉靈府在陽魯陰齊之地屹矣長城泰安府志云兼禹貢兗靑徐分春秋齊魯宋泰山

緜亙於東北汶水合流於西南太乙神明之區中原要害之地右瞰運河則千艘竝鶩旁連列郡若高屋建瓴

出郡城北門外三里至嶽麓由麓陟巔爲步五千一百二十有奇爲里十有四而強其高三百六十八丈三尺四寸周百六十里史記正義引道書福地記云泰山高四千九百丈二尺周迴二千里博聞錄謂高四千丈環一千里茅君內傳謂周迴三千里者大言也明沁水張五典衡縮上下量之法用立竿長丈刻尺寸其上端有環橫竿長亦如之二分其長而環其中繫以繩貫於立竿之環引之使可上下每得平地五尺爲一步此以量其遠近也若遇高陂則橫竿前著地後懸空卽於立竿上眂所懸至地尺寸此以量其高下也又置一冊每頁作三百六十闌量一步或平或高如干輒注一闌盡一頁爲一里其高亦卽彙所注計之故得尺寸不爽如此攷晉劉徽九章算術序云徽尋九數有重差之名凡望極高測絕深而兼知其遠者必用重差輒造重差并爲注解以究古人之意綴於勾股之下度高者重表測深者累矩孤離者三望離而又旁求者四望今泰西測量高遠之法卽重差法也視張五典按步記量更爲捷徑更爲密率矣漢官儀云從盤道屈曲而上凡五十餘盤自下至古封禪處四十里至天門古太山記亦云漢書注如淳曰泰山從南面直上步道三十

里車道百里郭璞山海經注云從山下至頂四十八里三百步唐六典徐堅初學記元好問東遊畧記皆言高四十餘里或云二十五里道藏書亦云泰山周迴百六十里畸五十步方面各四十里盇山路峻折記里當倍於平地耳伍緝之從征記云泰山於所經諸山非最高而岑崿軒舉陵跨衆阜雲霞草木藹然靈異嗚呼此岱之所以爲高與

山名以嶽爲尊詩曰崧高維嶽峻極于天傳云嶽四嶽也東岱南霍西華北恆說文繫傳云白虎通嶽确也王者巡守确功德也嶽各有七十二峯實不盡稱峯也巍然高且大者曰山極天曰頂蟠地曰盤突兀上銳曰峯肩領曰嶺屏幛曰嶂

懸而絕外巘而內屋者爲巖爲崖爲厂橫脊爲岡前後斷以續爲峽左右岑蔚而環之爲塢蒳旎通原爲坡如步曰埠如壘曰砦峻以闢者奇爲壁偶爲門嶠隘爲關方坦爲坪圓峭爲崮哆上夷下爲口臺可眺洞谽谺可入窩可棲匿石最鉅者名其山水首汶汶柰也五得其二次三谿注川曰谿注谿曰谷注谷曰溝溝梢河酒河水滙大於川兩山夾流曰澗自下而上爲泉自上而下爲瀑布兩山夾之中有林泉曰峪谷言容峪言裕也渟泓爲池瀠洄爲灣瀲灩無氐爲潭井亦泉泉通井窮凡山之屬二十有五水之屬十有三見於分覽者無慮數百而嵬瓅難名者不與焉林園亭閣觀寺橋坊郵墅

之類各隸其所盇稱名之博亦足以徵其廣大矣肖嶽者曰泰山如坐華山如立衡山如行恆山如蹲嵩山如臥文翔鳳云岱之陽汶泗爲津鄒魯其門庭岱之陰濟漯爲津東達登萊之間其幽奧處也將分筋脈顛尻罔弗彪分玔列乎則安得發石閭金篋而讀之

於乎名山之藏猶存什一亦惟賴樹石鏤金於千載之上爲治古文者廣捘而切證焉路史云倉帝史皇氏升封於介邱紀文字以昭異世無懷氏升中泰山以宗天禪云云以復鑿仂石昭示而天下諠趨於文矣管子云無懷氏封泰山刻石紀功莊子云封禪七十二代其有形兆垠堮勒石千八百餘

所書正義云韓詩外傳稱古封太山禪梁甫者萬餘人仲尼觀焉不能盡識禮器鄭注引孝經說刻石紀號疏云謂刻石爲文紀錄當代號謚桓譚新論言太山之有刻石凡千八百餘處而可識知者七十有二許慎說文序云著於竹帛謂之書書者如也以迄五帝三王之世改易殊體封於泰山者七十有二代靡有同焉劉勰云古皇紀號立石埋岳宋祁筆記孔子登岱觀七十二家字皆蔑有存矣漢藝文志春秋家秦奏事二十篇秦時大臣奏事及刻石名山文劉勰又云始皇勒岳政暴而文澤自宋以來獨稱秦篆今又亡於鬱攸漢氏有石無文若洞冥記元狩三年起陵霞觀高九十丈累白玉

爲壁以八分篆寫羲皇來封禪事所謂登壁文竝不可攷今爲嗜古家所球圖者開元銘耳祥符紀勒則趙崡已譏之矣然有唐前後碑版題名旹復獲之絕巘窮幽懸厓斷壁閒亦多可珍者何必遂古雖歐陽永叔趙德甫鄭漁仲所錄半就銷蝕而若北齊石刻之金剛般若經分書徑尺師宜之遺不可搨而可玩也唐自磨崖外有老君堂神寶寺等碑後梁小蓬萊題名宋天貺封祀朝覲諸碑种明逸詩跋蔡卞圓通經以及金元党趙遺跡迭迭爲亭林竹垞諸老先生鑒賞書雖小道抑亦茲山之寶藏也

昔者孔子作邱陵之歌曰登彼邱陵峛崺其阪仁道在邇求之若遠遂迷不復自嬰屯蹇喟然回顧題彼泰山鬱確其高梁甫回連枳棘充路陟之無緣將伐無柯患滋蔓延惟以永歎涕霣潺湲蓋傷道之不行也古樂府楚調五曲二曰泰山吟行三曰梁甫吟行其器有笙笛弄節琵琶瑟七種惟其音不惟其辭似亦非近代所能知矣自漢以來若司馬相如兒寬司馬遷應劭班固崔駰馬融張衡魏曹植晉陸機宋謝靈運唐駱賓王盧照鄰李義府蘇頲張說源乾曜李白杜甫丁春澤劉禹錫宋梅聖俞石介楊億晁迥王旦陳堯叟尹熙古种放錢伯言范致沖邵伯溫金党懷英元好問元姚燧王奕杜仁傑郝經徐世隆王惲李簡明宋濂方孝孺薛瑄李時勉

王守仁以下不可勝數或以紀封秩而通諷諭或以標名勝而抒性情登高作賦別裁僞體亦風雅之林也蒐輯者千有餘篇分錄於各覽中裒然庸成之冊宛委之函矣

蒙嘗窮笠屐按圖經諏掌故足不能至者目與耳能至之自紅門北登皆緣礀爲磴西掠傲來東望摩天羣峯拱揖雜樹紛羅中谿左右逢原不數里輒得樓閣憩坐皆可俯瞰平蕪黃現石關岱陽一大關鍵也而中阪勝境必以對松御帳爲最十八盤而上天門寥豁罡風引之飄然而趨絕頂矣三觀通周秦吳越嵩華河海之振載榑桑崦嵫日月之所出入上窮六幕下際八埏其在斯乎黃華石屋岱北奧區獨足盤亦一關鍵也夫岱陽以軒舉勝岱陰以幽異勝其大較也東南麓匯展深曠東谿之源十里河出焉摩天嶺屛風巖亦一關鍵凭高東望其城阯齊景之所謝過也其明堂阯漢武從公玉帶所作也皆在其下西南麓自黃現迤西西谿出焉水多瀵潛懸瀉山九秀削凌漢峯下百泉奔注林木蔚然名賢棲止風規可挹傲來峯芙蓉怒發仙的神竇西南一大關鍵也竹林龍池之勝自宋已然矣汶之源岱者曰石臼泮石汶出東北麓升仙嶺歸塹汶其山自九龍天燭而來連峯沓谷周明堂漢仙臺諸蹟在其間而青山谷山其關鍵也西北麓分水峪泮汶所出碧花池紅雨川稱絕勝焉青天嶺青鳳嶺前

後相望亦關鍵也其山多峭巉屴顏巨石奇麗流泉演涵松楸古木相亞白練飛鳴丁香花發令人有幽芳空谷之思長城嶺緜亙嶔崟則岱北一大關鍵也又嘗倚天柱而矚覽焉北依斗極仰瞻　神京山靈之所擁衞其下燕趙之間九河故道嘗所涉歷近則鵲華明湖弱冠時客遊地也東望汶淄諸水原蒙新甫諸山近在睂睫遠則蓬萊海島昔登東萊城恍惚遇之在嶽南者云亭梁父徂徠嶧諸山沂泗諸水歷落可數遠之非吳越之交衡廬之境乎熊湘嶽麓桑梓之邦若或有見愀然有懷鄉之感焉西則秦晉太華崑崙河源邈爲指擬近之爲靈巖爲鬱葱鳴夷諸山爲防門光里先君子之桐鄉也先慈氏之宰木也眷言顧之潸焉盈背非山之高深緜邈曷爲使子四顧徬徨而不能自已也後之覽者其亦別有懷抱哉

論曰岱出艮而峙震艮東北之卦山之質也仁之體也萬物之所成終而所成始也萬物出乎震震東方也其象爲復復者仁也東方者春春亦仁也春之初爲泰故東嶽爲泰山太昊執權以生萬物啟靜之鑰闢仁之門在易艮之彖曰艮其背韓愈以爲太山之象艮之上曰敦艮言培之厚也非深根寧極奚由有岱泰大象爲天地交九二曰包荒詁者曰包荒仁也仁育庶物岱之所以峻極於天也余登泰山得仁之方焉

〔元〕郝經〔泰山賦〕粵大荒之播氣肇天一而爲水滓浡澄而濁凝柔洞蕩而剛峙故水載乎地地載乎山柢艮苗震冠海而起爲萬物之始終藏八索之首尾堪輿之骨壯眞宰之形似人皇九頭假載於祀禹鑿益焚神力是試條而爲三別而爲九祀而爲四中維岱宗獨尊而雄盤踞萬古莫與比隆衡固阜麗瘴海極熾融飈赫赫物燬其銳華固秀拔金天肅殺一翠橫秋萬化摯㩁恆亦宏富天地闔戶元都幽府固陰冱寒粵惟兹山首出庶嶽其頂則呀突乾維其足則亙捬坤絡奄東國之全勢孕日出之鴻爝作帝孫而奕大混天胎而不鑿爲有生之司命權天地之橐籥露太初之面目慍巨靈之獰惡鼇六脊而矯首龍七襄而奮角障大海使不流俾降邱以登作拒洪河之奔湍俾回翔而北卻三州得以完厚萬民得以土著瞰臨冀魏軒輊恆趙背左燕遼夾右瀛鄗擘青徐之疆畛包兗豫之封畧壓吳頭而盍重捽楚尾而欲割拉琅邪而橫鶩控龜蒙而回躍瀹濟漯以爲襟帶汶沂以爲約豬大霈於雷夏洩厖澤於洙泗泰觀可以窺長安周觀可以窺汴洛合沓九州之半覆壓數千餘里重覺魯疆不爲齊弱豈無他山高蹈磊落劒門則擅其重閉石樓則肆其超卓天台則鬱其詭譎

太行則亙其磅礴各據地勢偃蹇岞崿如草昧之崛起據偏方而驕跋恃區區之險固徼制外之封爵孰如兹山中華正朔建極啟元衣冠禮樂天宇夷而嵲嶭王道裕而綽綽豈無羣山紛紜交錯或綫經之蛇結或垂巘之鸞啄或刀巖之櫛壘或斷壁之牙過或青蓮之天開或蒼屏之玉削如夸徒與胥民極其力而相較各氣鼓其餘勇治容盛其塗抹孰如兹山袞冕黻珽朱紘疏越純粹中正崇高溥博大哉乎聯延九重鬱如深宮歸其中峯見天子之雍容前列如御後列如劍拱捧旋蹕見百工之致恪云云亭亭衆星北辰石閭社首百鶖一鶚既熢湧而豐隆復曠豁而

縣邈扶青帝之宮觀締元臺之樓閣瀛洲邃其幽深蓬壺敞其寥廓飛仙飄兮遨遊抱日月而遂樂采玉芝之芳潤探先天之希闊御絕頂之長風眇天地於目末闞扶桑之菌蠢幻魚龍之轇轕卵長鯨於雲根巢陽烏於日腳蒼篋分其霽色鑠紅金於碧落羲和起其龍馭駭萬國以開覺者睨蓄而奕奕昭靈貯而灼灼豈徒云乎高大乃與世而落莫豈呈奇而露異等尋常之嚴壑哉若夫觸石而雲膚寸而合崇朝一雨暵旱弭虐卷舒陰陽杳不可度有如是之神儲膏溢澤蒸爲桑土衣被天下民無寒苦播爲陽春狐纊天宇發育萬物勾芒秉庶信屈起伏如嫗如煦有如

是之仁既高而大又神而仁乃於嶽麓篤生聖人續太皞之統孝奎璧之眞太極再造四時復春蘊而爲道發而爲文膏澤其民堯舜其君德與山高名與山尊六經垂天與不死者存則又與夫育蘭茝囿松椿出器車生鳳麟羨金錫之利蘊珠璧之珍者不既大矣乎宜乎唐虞盛典周漢極制巍巍堂堂殷秩緝事後王後帝崇德報施繼繼承承垂於萬世

明蘇志乾岱山賦 有序

泰山五嶽之東嶽也天帝之孫羣靈之府主召人魂魄世界貴賤修短之事又爲岱宗靈嶽之長王者膺受符命報告成功必秩而祭之七十二君嘗

有事焉日月之所隱避雲雨之所鬱蒸帝王之所升封聖哲之所鍾孕億兆之所奔走品彙萬有之所蕃滋功化宏矣勝槩具焉余以討偕緤馬山椒縱目眺覽五色炫煇四時翕備遂爲之賦以叩山靈　粵稽靈嶽峮嶫陰陽璿璣齊政角離伊疆晃煜元枵歲星位彰青徐兗鎮嵫嶂東方巖巖矗矗以臨徬徨荷天衢以拓宇恢地紘而張皇宣雝龢之瀏協靄絪縕之淳光其狀則嵬崗岁嵛𡾰𡶷敞落嶙嶒龍嵸巃巘嶋𡾰其曠洞縣邈則寥廓轇轕歘施驤騰嵌岢駊娑窈窕嶒崚亙以百六十里紆以五十餘盤譎坱圠而傑紛糾磈磡而巑岏族雲氣幻宮闕盎合膚儵霏淳染

父長白羅以爲輔濟河齊徭歕以爲臬三宮空洞帝座蓬元胚胎元命兼總羣僊府神閾鬼石室邃懸靈眞九萬峭崒四千封云云者霞蔚禪亭亭者雲聯丹房阿閣金牀玉几寶策瑛圖蟲緑蝌紫出震奠卯木德王青玉繩上顛倒景下經五祠三廟璚墄綺檽金鋪獻曜觚稜家莖蕉景福之爗閬陋靈光之歸形碧霞數駿其翬暎青帝奕翥而軒亭𡢃琛璧與塗墍翼瑞玟而瑲玎雕甍磊砢而鱗㸌朱楹熠爚以鬆彤枅櫨戢孴而璀璨楄柱杈枒而絢翰雲崢嶸以儆儻佡𥃝濞以罨藏齕甜䃫而奮嗑蹲蹊跜而骫髒於是日觀嶽峙則夜半天雞叫玉雞鳴出於暘谷浴金漾精

徵茫掣電島嶼騖矓扶桑拂景車輪紅晶蕊淵出血陽烏炎明發皇耳目披盪心神天柱昂霄碧落攢擎長劒直倚天外鼇極永藉弗傾開顥沂於參寥垂文虹於蒼垠月朏庚方觀自西成三壺縣圭八鴻縈襟瓠子帶衍滄海杯呈其山則鳳凰石閭徂徠嶽羨石馬象鹿青黃纚轉峯有丈人周泰互弁蓮花芙蓉屹屼連卷石有試劒龍蟠虎踐𪩘脂紅門碑砚屹擂崑崙不足比閬風不足戀其洞則水簾迎陽黃華窣窱其紆餘崖則僊影御帳鷭鴿嬋媛其枝旗嶺有青嵐黃峴十笏絡瑪巖峪嶆峼僊阯如如金陀椒子峛崺趦趄弄月鎖雲彌高僊閭走峭香於沓淼軋蓊蒙而

崎嶇拱臺登僊峙其隈鳳凰瞻魯踞其側天門元武之瑰琦醴泉碾駝之漻洫淙泮梳洗濺飲以砅洋藥園僊寨碁布而繡織橋步天以漱玉灣飲馬而忽雷井飛聲以渟泓㵎匯溪而汶洞大龍十八之盤詰迎天升中之徘徊瑤草琪花之爛漫奇禽怪獸之犹焞泰松漢柏之蚴蟉大夫處士之閟遐爰有棃栗棗柹櫻梅林禽中黃文冠翼翼縣陰石檑銀杏芍藥玉簪紫薇牡丹吐芳耀珍萱葵蘭蕙芬披層嶔青芝赤箭遠志長卿太一餘糧鍾乳人葠黍稷稻麥黃茂綠菁胡麻巨勝種各異名緜緜賨葛桐芽茗清石焦黃白寶藏騈臻鸞鵠鴛鷺鸛鶖鸊鷹翡翠布穀巧婦山僧

獐狪貛兔斑文凝冰探之而靡竭搜之而彌深天地帡幪其籧篨日月升沉其戶牖煙霞玩弄其几席風雨灑埽其壚藪超然而遠凝曠然周覽入無而出有挾僊飛羽浴日御風問天而搔首握震旦於彈丸吞雲夢者八九瞰青皞於獲麟之野連翠屺於辨馬之峯祥洽五雲之太甲茅開三春之丰茸北里鄗上或蓬蓬蒼麟赤鳳鰈鰈鶼鶼不求而自足不召而咸從搜河圖亦符之緯讖討玉牒石檢之元蹤頁金泥銀繩之誥籙演嶧亭云甫之登封郕有榮期之歌側無苛虎之哭何逃聲於霖雨崩山之音亦兆符於巖巖墜雲之覆稷邱濯質而煉形老父服朮而絕穀散

神樓安期之匕寶隺文赤丸之馥餐芝餌石者安道於永嘉林檎繫裙者列籍於僊旅元氣浩瀚太虛無倪虎豹九關閶闔上梯白榆析木揮手允擠玉京元闕清微弗迷蕣華菱彩蔭霞逼霓金波素舒飛壁淨奎遊河射目聚井雪題金翹紅蕊鬢鬟朝隮播景風之習習靈紫露之穰穰濛濛乎滲青龍澤皚皚乎玉馬銀獐投蜆則化玉流彩齊鶖則披錦盤光生煙漠漠滃霧雲霜泰階玉燭六氣調襄訇訇乎坤軸乾門瀇濬乎祝融參嶺硉矹乎嵩華二室溶澱乎恒藩霍屏又何八海之瀠瀷十岳之躨騁悅懺乎氣馬尻輪岑嵲乎九垓八極濫觴乎員嶠壺嶺斟酌乎神瀵水

碧魁梧長者頎晳大人白毫金粟法流化津蔚藍瑤水征僑隱淪霧光龍威煙客羽臣凌空栩栩扶搖踬踬戴勝而出尊吉量以延辰祝餘迷穀鹿蜀猼訑鸓鷩鸚鵲鵂鵯脂鸞鳥載敞玗琈陸離嬰玉瑾瑜紅光是司莫不輻輳而沓遝蠶午而充馳飄飄乎矯列缺以輕舉罠罠乎汎磅礴於雲螭此亦天下之瑋麗壯觀也爾其皇風載融帝道郅理鄂煜乎雲官緝熙乎鳥紀淌渒烽絕狠胥望已有銘鼎龔車之醇無白雲黃竹之靡八駿䮂驊騝之乘諧媚杜鄉鄒之呰屈軼生庭蓂莢挺阸蓮蒲飄搖瑞芝華起䑀騊虞循陸游沚龍盈孔沼之流鳥駢三足之踦穆穆藹藹濤

寧康泰埒造化而受功德二儀而躋大一人有慶兆民共賴皇哉皇哉猗歟休哉是泰山靡記而梁甫靡幾管仲之所不必諫長卿之所不必書者也亂曰元元黠闞廓上眞兮黼芾焜煌散澄凝兮鑾輿蓊昇展孝豁兮䡯騷遄遴終弧驂兮會心爽塏鑿形骸兮洸洸蕩蕩豁我懷兮時聖道韙盛歆涯兮

〔明〕釋慧秀〔岱宗賦〕惟大東之靈嶽跨齊魯之上疆應天星於角亢分帶礪於徐方配高明而作則司人命之短長實九垓之巨鎭稟清氣於少陽考虞巡以稱首歷周狩而彌光秩視三公位居長子佐青帝以發春御蒼龍而經始爾

其渾淪磅礴赫赫巖巖含精布化蓄寶出潛拆阯緜邈四方是詹仰絕雲漢俛窮荒裔渤澥杯浮碣石芥峙丸泥啟於函谷匹練懸於吳會雞鳴出日鳥宿沒景極宇宙之壯觀肆心神於獨騁若夫妙幻恍惚甫陰歘陽轟雷車於下界張鳥翅於崇岡霳靆則渰從膚合霡霂則潤及要荒霞明霧晦集霰飛霜紅芳脫而綠茂嚶鳴逝而鷙揚固無物而不備亦何序而不臧其上則神霄玉女日觀天門丈人君子巖嵲居尊鳳凰石馬鵰窩鶴巢思鄉分水青崑晝消三字五花傲來仙影鎖雲弄月迴雁孤挺悲愚俗之舍身念仙閭之莫拯其下則徂徠高里梁甫云亭蓮華岝崿獅

子崢嶸御幛當前馬棚侍右仙臺遠畢長城迤後飛鴉伏象貿襁懸刀呼名不一送目匪遥靡不紆青貫紫吐瑞擎霄列仙班於廡下羣拱玉以來朝石則羊闌虎阜牛心龍口大懸小懸舟屋形取若塗臙脂於落照試干將而中剖織女用以支機生公喜其肯首泉則飛鸞白鶴護駕滌塵瑶池水簾玉醴天紳碾駝周於石屋聖泉瀉於雲根泛桃李兮出谷潰雲藥兮輕身洞則白雲黃華鬼仙金母想引蛇於五丁異藏書之二酉峪則大龍小龍石經石壁問椒子於陽坡識仙人之履跡至若東西二汶虬在鷹愁投書飲馬雷鼓諠流王母之池封家之匯或下滦河或趨汶水

取仁智之能兼豈江湖之是侈爾乃夭喬竝麗飛走咸若松御秦官柏膺漢爵椿梧梓檜榆柳桑柞楸檞榕欒楊楝羣木皆土所宜取用斯綽卉則辛夷長春凌霄夜合罌粟雞冠薔薇芍藥山丹月季五色的爍紫藤黃蘐允堪饋饁果則棃栗棗柹梅李杏桃林檎石榴薁實充饒朱櫻夏熟紫柰秋搖可以黍雪可以氷調琱縋是薦辟暑蠲痟藥則青芝赤箭太乙長卿鬼見須愁王不留行車前之穗馬兜之鈴棃盧澤瀉山查地丁鴛鴦之蕊枸杞之英金石沙土載在圖經克瘳厥疾匪若眩瞑鳥則紅娘巧婦白練黃鸝鳩雀鶯鴝鴉鵲雉雞提壺布穀野鶩鸕鷀聲如唱佛種似

畫蒼鶬鶉飛翠時或有之獸則獐麂貛鹿蒼狐白狼兩足躍兔三色羵羊戴珠之狪披黃之鼠犇壑投崖晝伏夜起匪曰山珍備物迺紀谿磵之水易涸易盈游鱗不產奚貴空名穀有稷黍稻麥菽粟胡麻巨勝民用恒足豆兼黑白青黃赤綠香聞九里歲惟二穫野繭纖絲木棉遍縛有枲有麻以供常服堅氷在陰積雪在谷少暑多飆陶瓬不蓄太古之風淳樸之俗穴處巢居如豕如鹿是曰山氓迷寵就辱若夫葆光抱一噏景餐霞擁琴而留帝舉授枕而駐春華崔文賣丸安期施散皆託跡於名山豈東都之所產亦有斷言離相晏坐經行擁旃檀之海傳日月之燈心空

浩劫境現化城疎青鸞於椒軸來白馬於西京莫不志超元閟道合法程然而正智罕修詭習易啟叢鬼神稽稗史標元號於碧霞肖天孫而廟祀冠裳信其耳食估販遵其遐趾役蠢庸傾婦寺望雲封以叩心首奉高而委積靡不思靈璈之一奏鏡翠葆之乍臨羣謀僉集千里同心迺俾東皇遜烈震位避尊無懷之禪既闕軒轅之鞅不臻玉檢淼茫金泥銷縮墟秦漢之遺蹤悼登封之弗續茂陵所以興懷蠶室虛其敘錄抑未諗夫降精孕淑誕孔生顏孟表乘雲之夢曾歌雨雪之田泱泱大風巍巍雅操一聖三賢皆鍾元造發二儀之祕藏開百王之道奧窹羣昏於長野

振千秋之文教此四嶽甘心乎殿績而九山弗矜其微效者也亂曰天作高山岱惟宗只終始萬物位則崇只油雲沛雨但常豐只篤生聖賢福無窮只民之昭昭繄厥功只匪孔及孟世皆幪只七十二君道則彰只封不加尊德有常只彼泰與漢儀既詳只六師皇皇民事妨只鴻惟我明秩號當只遣告以時國運昌只我賦且歌思不忘只

國朝周藩泰山賦以措天下於泰山之安爲韻 惟嶽瀆之成形視公侯之分措水順流而朝宗山常峙而鞏固望北極之峻嶒自渾源而飛渡瞻南陸之岧嶤騶祝融其孤露削三峯於太華絕龍嶺之依附列二室於中嵩憑女几而迴顧是宜作

鎮以居方莫不效靈而緜祚若乃調元出震宰物參天疆分魯室星曜角躔冠羣嶽而稱宗扶輿鬱積䒵芸生而迭代造化司權結輪囷之福地吐奇秀於層巔扳躋則盤磴數十繞匝亦步武盈千石偃蹇而堆阜洞潺湲而流泉池一泓而清淺峪萬態之阿卷當峯迴而路轉臨絕壁於深淵甫倚雲於嶺上尋騁目於祠前久推靈府厥號蓬元爾其正位當陽升高自下仙影如迎德星不夜秦碑無字以揞撐玉女乘風而羽化狻猊卓立而揚威猛虎猙獰而恐嚇雲鎖卷舒以自成水簾滴瀝而珠瀉飛龍夭矯而虬藏翔鳳雎喈而鶴唳五花三字捫手有棱流水高山暴經無

槲時拊石以試心還避風而抵罅既凌漢而彌高亦朝陽而望鶩斯則御幛之巖壑皆奇而邀封之大夫堪詑者也他如神霄分列翠影相於顧瞻左右遍歷崎嶇探巖業之鵬窩啟遂幽於仙閭望海若之澎湃觀星宿之乘除吳門渺以闃寂洛邑化爲邱墟日甫出而曈曈雁倦飛而徐徐數三尖之默默攬獨秀而魚魚乍憑空以擂鼓思臨淵而投書將授經而卒業寧藏劒以淪胥石景賢其特立臺可止而何居彼君子兮方高蹇而邁俗有丈人者若矗起而招子爰是策藤杖卸籃輿躡遊屐飄仙裾發金絲之響陟石馬之砠怖虎飲之饕餮感猴愁而欷歔明月嶂前陰翳

桃花洞裏泥淤朗然子歸鳥有黃伯陽屬子虛亦何事向[illegible]張而問道臨黑闥以躊躇則且管窺博物鈔青小譜一靈布漫萬象專與仙茗香遠而軋茁巧婦韻清而棲廬山僧讚佛而不輟天麻滴淚而堪鋤練拖紅白而熠燿英發紫赤而常儲葠抽四葉而種别兔蹶兩足而技疎洞洞僅誌於神禹斑斑偶似夫王餘是特標奇之末節而爲他山所弗如矧槐自唐而枝茂柏從漢而條舒經風霜之剝蝕穆然想見乎古初懿夫上下交地天泰麟鳳遊車書會以時巡方春靄載青旂張翠蓋動法官鑾聲噦坐明堂恩膏沛一人慶兆民賴歌四國之是皇告三時之不害是其省

方也務使宣德達情而其望祀也不過燔柴沃酹王心無逸以作所穆穆爾容神靈申命而用休綿綿其賚夫何七十二代之君陋習相沿上封下禪徒喜功而好大曰云云與亭亭侈規橅之無外若天書與靈芝尤伎倆之狡獪聿有景行前哲仰止高山藐六合於指掌梯九仞而難扳嘆苛政而心惻望匹練而鬢斑雲飄飄而鳴咽殫子職於寬閒象巖巖以篤生看雲氣之往還懷爾音於霖雨誌吾過於郊關析春秋之奧旨堪砭訂夫愚頑若烟霞之錮疾駐大藥於朱顏或完眞而蛻故傷寂寞之維艱或留芳而表異要象數之素嫺神已遊乎方外世不類乎人閉苟傳疑

而多闕詎仙籍之可刪至若登泉以嘯者有味乎言之邱陵發興於宣聖篆籀勒石於李斯子建之才高七步張衡之韻叶四思李杜之氣體高邁陸謝之句法參差相如罥札於身後洪邁撰記於當時燕國公落墨自大回道入琢句生姿宛陵以窮考而彌工髯蘇以壯遊而恢奇銘天門而氣沖霄漢賦日觀而彩映瀛池凡夫萃美宣和之製磨崖陰字之碑罔不彪彪而炳炳信大文之在乎茲因作歌曰發岱嶽兮望長安輝

宸翰兮陋紫壇卿雲縵縵兮零溥溥山光勃發兮廟貌殊

觀紀

翠華之駐蹕兮來舞鶴與驂鸞惟明德之薦馨兮極上際而下蟠元君聿彰其丕應兮萬年厭而百福攢何高厚之不擇土壤兮占鴻雁之漸磐思戚民以致力兮懼蚑負而曠厥穹抒長言以嚮往兮靈踴躍於豪端

岱覽卷第一終

岱覽卷第二

泰山書院院長陶山唐仲冕六幕輯

總覽一

原岱下

〔漢〕張衡〔四愁詩〕一思曰我所思兮在泰山欲往從之梁父艱側身東望涕霑翰美人贈我金錯刀何以報之英瓊瑤路遠莫致倚逍遥何為懷憂心煩勞

〔魏〕曹植〔飛龍篇〕晨遊泰山雲霧窈窕忽逢二童顏色鮮好乘彼白鹿手翳芝草我知真人長跪問道西登玉堂金樓複道授我仙藥神皇所造教我服食還精補腦壽同金石永世難老

〔驅車篇〕驅車揮駑馬東到奉高城神哉彼泰山五嶽專其名隆高貫雲霓嵯峨出太清周流二六候閒置一二亭上有涌醴泉玉石揚華英東北望吳野西眺觀日精魂神所繫屬逝者感斯征王者以歸天效厥元功成歷代無不遵禮記有品程探策或長短惟德亨利貞封者七十帝軒皇元獨靈餐霞漱沆瀣毛羽被身形發舉蹈虛廓徑庭升窈冥同壽東父年曠代永長生

〔仙人篇〕仙人攬六箸對博太山隅湘娥拊琴瑟秦女吹笙竽玉樽盈桂酒河伯獻神魚四海一何局九州安所如韓終與王喬邀我於天衢萬里不足步輕舉凌太虛飛騰踰景雲高風吹

我軀迴駕觀紫微與帝合靈符閶闔自嵯峨雙闕萬丈餘玉樹扶道生白虎夾門樞驅風游四海東過王母廬俯觀五嶽閒人生如寄居潛光養羽翼進趨且徐徐不見軒轅氏乘龍出鼎湖徘徊九天上與爾長相須

〔泰山梁甫行〕八方各異氣千里殊風雨劇哉邊海民寄身於草野妻子象禽獸行止依林阻柴門何蕭條狐兔翔我宇

〔晉〕陸機〔泰山吟〕太山一何高迢迢造天庭峻極周已遠曾雲鬱冥冥梁甫亦有館蒿里亦有亭幽岑延萬鬼神房集百靈長吟太山側慷慨激楚聲

〔謝道韞〕〔登山詩〕峨峨東嶽高秀極沖青天巖中閒虛宇寂寞幽以元非工復非匠雲構發自然氣象爾何物遂令我屢遷誓將宅斯宇可以盡天年

〔宋〕謝靈運〔泰山吟〕泰山秀維岳崔崒刺雲天岞崿既嶮巇觸石輒遷緜登封瘞崇壇降禪藏肅然石閭何晻藹明堂祕靈篇

〔唐〕李白〔太山吟〕〔六首〕四月上泰山石平御道開六龍過萬壑澗谷隨縈迴馬蹟遶碧峰於今滿蒼苔飛流灑絕巘水急松聲哀北眺崿嶂奇傾崖向東摧洞門閉石扇地底興雲雷登高望蓬瀛想象金銀臺天門一長嘯萬里清風來玉女四五人飄飖下九垓含笑引素手遺我流霞杯稽首

再拜之自媿非仙才曠然小宇宙棄世何悠哉　清曉騎
白鹿直上天門山山際逢羽人方瞳好容顏捫蘿欲就語
卻掩青雲關遺我鳥跡書飄然落巖間其字乃上古讀之
了不閑感此三歎息從師方未還　平明登日觀舉首開
雲關精神四飛揚如出天地間黃河從西來窈窕入遠山
憑崖望八極目盡長空閑偶然值青童綠髮雙雲鬟歎我
晚學仙蹉跎凋朱顏躊躇忽不見浩蕩難追攀　清齋三
千日裂素寫道經吟誦有所得衆神衛我形雲行信長風
颯若羽翼生攀崖上日觀伏檻窺東溟海色動遠山天雞
已先鳴銀臺出倒景白浪翻長鯨安得不死藥高飛向蓬

瀛　日觀東南傾兩崖夾雙石海水落眼前天光搖空碧
千峯爭攢聚萬壑絕凌歷緬彼鶴上仙去無雲中蹟長松
入雲漢遠望不盈尺山花異人間五月雪中白終當遇安
期於此鍊玉液　朝飲王母池暝投天門闕獨抱綠綺琴
夜行青山月山明月露白夜靜松風歇仙人遊碧峯處處
笙歌發寂聽娛清暉玉真連翠微想象鸞鳳舞飄颻龍門
衣捫天摘匏瓜恍惚不憶歸舉手弄清淺誤攀織女機明
晨坐相失但見五雲飛

〔杜甫〕望嶽岱宗夫如何齊魯青未了造化鍾神秀陰陽割
昏曉盪胸生層雲決眥入歸鳥會當凌絕頂一覽衆山小

〔宋〕石介〔泰山〕七百里魯望北瞻何巖巖諸山知峻極五嶽
獨尊嚴寰宇登來小龜蒙視覺凡此爲羣物祖草木莫鋤
芟　〔岳色〕春近滿魯分雨餘堆汶河濃雲映不盡殘照射
來多高與天臨縣閑同月上坡特開西北戸愛此鬱嵯峨

〔蘇軾〕和子由韓太祝送游太山偶作郊原十日遊未應回
首厭籠囚但教塵土驅馳足終把雲山爛漫酬聞道逢春
思濯錦便須到處覓菟裘恨君不上東封頂夜看金輪出
九幽

〔蘇轍〕嶽下東來亦何求聊欲觀海岱海西尚千里將行勇
還退岱陰即齊疆南往曾歷塊春深草木長山暖冰雪潰

中巷無居人南畝釋耕耒車徒八方至塵坌百里內牛馬
汗淋漓綺紈聲綷縩喧闐六師合洶湧衆流匯無復問誰
何但自舍軌愛龍鸞畫車服貝玉飾冠珮驊騮蹴騰驁幡
旆飛晻曖腥羶及魚鼈瑣細或蒲菜游惰媿無齎技巧窮
殊態縱觀膠未已精意殫一醉出門青山屯邊郭遺迹昧
登封尚壇壝古觀寫旗隊戈矛認豪末舒卷分向背雍容
太平業磊落豐碑在往事半蓬蒿遺恨但悲慨回瞻最高
峯遠謝徂徠對欲將有限力一放目所迨天門四十里預
恐雙足廢三宿遂徘徊歸來欲誰懟前年道環轅直上嵩
嶺背中休强飲食莫宿時盥頮稍知天宇寬不覺人寰穢

歲時未云久筋骸老難再山林無不容疲薾坐自凝自知
俗緣深畢老守闤闠何當御清風不用車馬載〔次韻韓
宗弼太祝送遊太山〕羨君官局最優游笑我區區學問囚
今日登臨成獨往終年勤苦粗相酬春深綠野初開繡雲
解青山半脫裘回首紅塵讀書處煮茶留客小亭幽
〔金元好問登岱〕泰山天壤間屹如鬱蕭臺厥初造化手辦
此何雄哉天門一何高天險若可階積蘇與累塊分明見
九垓扶搖九萬里未可誣齊諧秦皇憺威靈茂陵亦雄才
翠華行不歸石壇滿蒼苔古今一俯仰感極令人哀是時
春夏交紅綠無邊涯奇探忘去聲登頓意愜自遲迴惜無賞

心人懽然盡餘杯夜宿玉女祠崩奔涌雲雷山靈見光恠
似喜詩人來雞鳴登日觀四望無氛霾六龍出扶桑翻動
青霞堆平生華嵩遊茲山未忘懷十年望齊魯登臨負吟
鞵孤雲拂層崖青壁落落雲開開眼前有句道不得但覺
胸次高崔嵬徂徠山頭喚李白吾欲從此觀蓬萊
〔元李簡登岱〕三峯突兀與天齊天門未到勞攀躋層層石
磴出林杪縈迴百折青雲梯盤石甃憩舒清眺澗壑風來
號萬竅水聲俄在樹梢頭疑有於菟天外嘯向曉纔登日
觀峯手披雲霧開鴻濛火輪欲上海波赤金霞翻動蒼龍
宮黃河一線幾千里吳越山川眞地底爲數齊州九點青

更將伏檻窺東溟李白不遇安期生安得羽翼飛蓬瀛
〔王奕泰山〕晨齊机魯闞天闕左右微垣列兩班大展明堂
俱翁受黃河東畔少遊山
〔張志泰山喜雨〕岱宗天下秀霖雨遍人間高臥今何在東
山似此山
〔吳萊泰山高寄陳彥正〕泰山一何高高哉極青天世人欲
上不可上層巖峭壁徒攀緣望中絕頂路一斷石穴上出
鐵鎖下絙歷趑相鉤連誰歟愛奇者步步喜若顛一心不
顧死雙手捩長煙毛羣驚迴少虎豹羽族跕墮多烏鳶浩
氣剛風搏結虛空作世界蜚龍捷鬼鑿開混沌巢神仙道

逢四五叟含笑使來前黃冠皓髮傲几榻野菜素粥鋪盤
筵自非爾願力何計此留連當知仰叩曖昧雲霄有頂處
得不俯躡嶄巖箐棧無窮淵嗟茲大凡夫行尸走肉眞腥
羶段碧思家最可惜李紳戀俗終難鐫舉頭告神人苦乏
風馬與電鞭藤蘿束縛卽縋下但見松柏橚槮數萬仞石
稜突兀橫戈鋋古來秦漢東封不到此惟問梁父拜肅然
日觀嵯峨恍在下蓬萊浩渺空樓船彼云鯨可射此謂狗
能牽安期羨門一往不復返文成五利受寵驟貴祈長年
仙人自有眞至道何由傳巡焉龍漢延康紀去授金鐺玉
佩篇

明宋濂登岱岩巃嵸泰嶽柱蒼穹萬壑千巖一徑通象緯平
臨青帝觀靈光長繞碧霞宮凌晨雲幔天涯白子夜晴搖
海日紅玉露金莖應咫尺舉頭霄漢思偏雄
方孝孺夏月登岱振衣千仞思悠悠泰岱于今愜勝遊泰
漢舊封懸碧落乾坤勝槩點浮漚海明日觀三更曉風動
天門九夏秋更上雲端頻極目紫微光電閃吳鉤集無此詩此本
岱史
曾棨茌平早行望岳我欲登泰山憑高望八極浪跡十二
年蹉跎竟難得今晨馬上忽見之屹立東南半空碧想當
洪濛時二氣相鬱蟠大塊戲黃土莫能識其端圓靈降崖

崿坤后孕峯巒一朝天地劃開闢但見千丈萬丈高巑屼
乃知造化神置此奠坤軸巨靈枕其巔六鼇戴其足愚公
不能移長房不能縮天工經營鬼斧鑿削出千數百峯青
立玉自從上古來南風吹不平日月出華彩星宿揚光晶
寒崖積氷雪陰壑馳風霆雲霞炫明晦草木發精英上浮
金銀氣下潛魑魅形巖巖魯所瞻作鎭朝百靈崑崙以爲
父四嶽以爲兄匡廬峩嵋乃其子此外培塿皆雲仍齊魯
青未了此語何足憑其上萬里天亦借茲山青秦皇漢武
巡遊遍玉檢金函重封禪風雨莓苔往日碑煙雲松柏當
時殿由來五嶽秩三公況爾巨鎭山之宗鍾靈毓秀杳莫

測磅礴下土專其雄我皇御天生有聖德廣彰仁化誕布
恩澤一舉平安南再舉清漠北車駕時巡過泰山望祭築
壇陳玉帛小臣幸此奉宸遊一見茲山愛山色雖無涓塵
補河嶽頗有詞氣塡胸臆他年載筆頌神功刻盡泰山山
上石
汪廣洋過泰山偶賦七十二神州淋漓紫氣浮天低衆山
小星拱一峯秋雲翳成龍虎嵐光薄斗牛岱宗與恆嶽引
領日東頭
徐有貞登泰山豈厭丹崖步步迎眼前靈景變陰晴馬從
萬丈松邊駐人在九重天上行朝見白雲山半起夜看紅

日海東生還知戀闕心無遠直此分明是帝京
夏寅泰山東方爲岱衆山宗萬域入心仰止同七十二君
封禪後數千年事渺茫中鯤遊北海雲長黑雞驗中宵日
已紅弱水蓬萊在何處羣仙初別大明宮
王守仁登岱四首曉望泰山道行行入煙霏陽光散巖壑
秋容澹相輝雲梯掛青壁仰見蛛絲微長風吹海色飄颻
送天衣峯頂動笙樂青童兩相依振衣將往從凌雲忽高
飛揮手若相待丹霞閃餘暉凡軀無健羽悵望不能歸
天門何崔嵬下有青雲浮泱漭絕人世迴豁高天秋暝色
從地起夜宿天上樓天雞鳴半夜日出東海頭隱約蓬壺

樹縹緲扶桑洲浩歌落青冥遺響入滄流唐虞變楚漢滅沒如風漚藐矣鶴山仙秦皇豈堪求金砂貫日月頹顏竟難留吾意在羆古冷然馭涼飈相期廣成子太虛共遨遊枯槀向巖谷黃綺不足儔　穹崖不可極飛步凌煙虹危泉瀉石道空影垂雲松千峯互攢簇掩映青芙蓉高臺倚巉削傾側臨崆峒失足隨煙霧碎骨顛崖中下懸竟難曉摧折紛相從吾方坐日觀披雲笑天風赤水問軒后蒼梧叫重瞳隱隱落天語閶闔開玲瓏去去勿復道濁世將焉窮　塵網苦羈縻富貴直露草不如騎白鹿東遊入蓬島朝登泰山望洪濤隔縹緲陽輝出海雲來作天門曉遙見

碧霞君翩翩起員嶠玉女紫鸞笙雙吹入晴昊舉首望不及下拜風浩浩擲我玉虛篇讀之殊未了傍有長髯翁一一能指道從此鍊金砂入間跡如埽　泰山高　歐生誠楚人但識廬山高廬山之高猶可計尋丈若夫泰山仰視恍惚吾不知其尚在青天之下其色直出青天上我欲倣擬試作泰山高但恐邱垤之見未能測識高大筆底難具狀扶輿磅礴元氣鍾突兀半遮天地東南衡北恆西有華俯視傴僂誰雌雄八寰茫昧乍隱見雷雨初解開鴻濛繡壁丹梯煙霏靄霱海日初湧照耀蒼翠平麓遠抱滄海灣日觀正與扶桑對聽濤聲之下瀉知百川之東會天門石扇

豁然中開幽崖邃谷聚積隱埋中有遯世之流龜潛雌伏餐霞吸秀於其間往往怪譎多仙才上有百丈之飛湍懸空絡石穿雲而直下其源疑自青天來巖頭膚寸出煙霧須臾滂沱遍九垓古來登封七十二主後來相效紛紛如雨玉檢金函無不為只今埋沒知何許但見白雲猶復起封中斷碑無字天外日日磨剛風飛塵過眼倏超忽飄蕩豈復留其蹤天空翠華遠落日辭千峯魯郊獲麟岐陽會鳳明堂旣燬閟宮興頌宣尼曳杖逍遙一去不復來幽泉鳴咽而含悲羣巒拱揖如相送俯仰宇宙千載相望嶞山喬岳尚被其光峻極配天無敢頡頏嗟予瞻眺門牆外何

能彷彿窺室堂也來攀附躡遺跡三千之下不知亦許再拜占末行吁嗟乎泰山之高其高不可極忽然回首此身不覺已在東斗傍

邊貢　登岱四首　岱宗山秀百靈屯壁立煙霄萬古存幽府化機盤地軸上清眞氣接天門霞標日觀青松麗春透龍池碧水溫薄暮振衣峯頂石蓬萊東眺海雲昏　北上天門日未斜剛風吹我度谽谺仙人洞古留丹鼎玉女祠高護碧霞深澗千年猶凍雪陰厓四月始桃花秦封漢禪俱牢落細讀穹碑感歲華　玉皇祠畔一凭闌絕頂風高夏亦寒北去塵沙通瀚海西來天地是長安青雲迴隔三千

界白日平臨十八盤似有飛仙度幽壑鳳笙聲裊珮珊珊
巖嶂崔嵬雲霧升泰山靈秀古今稱百千萬地豈重有
三十八年纔一登貝殿深春來供客松崖落日下樵僧中
天夕磬泠泠發知在煙巒第幾層
〔喬宇〕登岳二首 五岳誰爭長東皇萬物先晦明分日月呼
吸變雲煙厚脈中盤地神功上配天云亭問封禪千古竟
茫然 百靈朝拱處空籟聽琅璈地据中原勝天臨下界
高雲山雙老眼江海一秋毫欲訪蓬瀛去從誰借六鼇
〔趙鶴〕登岳二首 分明蒼秀拔雲開誰鑿當年混沌胎山壓
星辰從下看海浮天地自東迴一時岱狩雍容禮千古松

高制作材載說皇朝稱祀詔始知神哲莫三才自注云革前代瀆加封號 一上遙岑萬丈蒼天風應為襲衣裳雞鳴往往看東
日入語時時到下方雲暗鐘聲連海樹春浮花氣入山堂
四時未歇登遊興翻說崖禽喚客忙
〔李東陽〕望岳偶上奎文閣來觀泰岳峯半空翻碧浪平陸
走蒼龍紫霧沾嵐濕青憐潑黛濃長源隨迤邐高樹助蒙
茸幢節迎還送戈矛擊更衝煙霞變明晦雲雨驗豐凶混
沌天初闢精靈地所鍾分疆書禹貢肇域紀堯封挹淺臨
滄澥憑虛極華嵩行尊宜作丈名重合稱宗外斂神無迹
中涵德有容廟嚴王者象植古大夫松北闕身長繫東軺

境暫逢崖躋愁日觀谷嘯想風從聖主齋心切儒臣樂事
慵饔飧慙驛廩輿從憫官傭歲旱當憂國民勞恐病農我
方頤一笏誰共手雙筇日月蹉跎易溪湖限隔重奮飛踰
鳥翼飄泊信萍蹤濯熱思晞髮凌秋憶盪胸酒闌多爽氣
涼思晚惺鬆
〔李夢陽〕問鄭生登岱二首 昨汝登東岳何峯是絕峯有無
丈人石幾許大夫松海日低波鳥巖雷起窟龍誰言天下
小化外亦王封 俯首無齊魯東瞻海似杯斗然一峯上
不信萬山開日抱扶桑躍天橫碣石來君看秦政後仍有
漢王臺 〔仰五岳歌之一〕我所仰兮在泰山側身東望阻

齊關南有龜蒙東肅然仙人贈我綠瓊丹招我東遊扶桑
間我欲從之途路艱東望河濟涕滂滂
〔楊祜〕登岳 茲山何峻極盤礴亘百里鳥道五丁開雲標三
觀起雪磵無冬春煙嵐互蒼紫星垂崖戶外人度青天裏
陽枝睎日華陰谷飛霞綺仙靈此窟宅幽異詎能紀
〔廖道南〕望岳二首 岱宗高寵嵸羣峯凌紫穹日觀影扶桑
月嶂煙朦朧飛泉走其下宛然雙白龍上有玉女池銀河
瀉長虹玉女散天花萬朵青芙蓉仙人王子喬絳節朝上
宮遺我金檢書期我遙相從我欲從之游雲路險且重何
當謝塵鞅睎髮咸池東 咸池有僊國乃在帝座旁紫虛

懸玉牓絳闕輝琳瑯曲瓊掛綺疏晻靄搖星潢祥煙裊叢
林葳垂花樹香安期與韓衆雙騎丹鳳凰采采金光草和
彼紫霞漿朝翔天門闕夕息帝女桑俯視濁世士奔走駒
隙光願言凌飛濤遨遊東海洋
〔高誨〕登岳二首翠削芙蓉萬朶開瑞煙繚繞護仙臺瑤池
宴罷金虬去明月屏空紫鳳來雨霽歸雲棲樹杪夜深日
出見蓬萊向時未到天門上九點齊州祇浪猜　踏碎芙
蓉萬壑秋無端造物與心游斗聯西北天樞近海坼東南
地軸浮涼影月窺雲外榻寒聲風滿鴈邊樓胸中塵土都
消卻一枕清泉不斷流

〔袁袠〕夢遊泰山歌我聞泰岱五嶽之所宗巍乎高哉拔起
摩蒼穹天門日月相避隱勢壓九服何其雄扶桑碣石眇
在下安論鳧繹連龜蒙宵夢憑陵騎六龍足躡列缺驅泠
風捫參歷井上日觀飄飄直謁元君宮白榆赤桂夾御道
中有顏如桃花膚瑩玉雪綠髮皓齒十五雙金童手持靈
訣授我讀科斗奇字殊難通凡胎俗骨不可換覺來相失
滄溟東朝逢海上青鳥使邀我遠遊登岱宗開緘長跪讀
數過星文雲篆恍與夢寐同向平婚嫁未畢累長卿臥病
還書空何當白日生羽翼飛上泰岱絕頂第一之高峯
〔王世貞〕登岱六首紺宇虛無岱色邊宮甍飛磴界蒼煙峯
迴嶂壑紛相拱石坼松蘿裊自懸過雨雙龍爭玉峽劈雲
孤鶴挂青天平生故有崢嶸意識爾應從太始前　翹首
精神欲奮揚幾從開闔見陰陽千崖忽敝中原日六月長
飛使者霜在昔鈞天青帝座即今封地白雲鄉遠應五嶽
都游徧乞取安期火棗嘗　奔崖瀑落擁晴雷策石驅龍
輦道開匹練天縈吳觀出金泥日射漢封回河流挾雨俄
千帶海色搖空僅一杯莫向封壇論王氣祇應塵世有仙
才　尚憶秦松帝蹕留至今風雨未全收天門倒瀉銀河
水日觀翻懸碧海流欲轉千盤迷積氣誰從九點辯齊州
人間處處襄城轍矯首蒼茫迴自愁　幞衣吾欲臥天門

中夜憑欄起自論半割乾坤懸對抱低垂星斗亂堪捫狂
呼六博仙人箸渴問三漿玉女盆爲道崑崙更奇絕還從
博望訪河源　壁立芙蓉萬古看削成松檜隱高盤中峯
翠壓徂徠色絕頂青收碣石寒梁甫吟成還自和茂陵書
就欲誰干依微倘有吳閶在欲向秋風問羽翰
〔季攀龍〕懷泰山域內名山有岱宗側身東望一相從河流
曉挂天門樹海色秋高日觀峯金篋何人探漢策白雲千
載護秦封向來信宿藤蘿外杖底西風萬壑鍾　〔贈殷太
史正甫登太山二首〕明堂天子昔登壇御道風流擁漢官
海色迴臨三觀動春陰不散五松寒白雲忽向封中出玉

牒誰從篋裏看此日滿朝求禪草相如早晚入長安　上
宮春色自何年阿閣神房幾洞天囊裏定擕三秀草懷中
曾擬四愁篇射牛漢蹟今猶在繫馬吳門似杳然七十二
家論祀典還朝可奏聖人前　〔和魏使君扶侍游太山〕中
天詄蕩敞天門上帝樓臺拱帝孫五馬竝臨吳觀重諸峯
獨讓丈人尊秦松忽借蒼顏駐海日遙銜紫氣屯可道黃
河看似帶須知西北是崑崙
〔楊繼盛〕登〔泰山〕志欲小天下特來登泰山仰觀絕頂上猶
有白雲還
〔謝榛〕登〔岱爲親祈壽〕岱嶽初登眺泰松不可攀欲將千古

色長比二親顏心切雲相倚行遲鶴共還仙童授芝草靈
秀到庭閒
〔潘禎〕登泰山〔二首〕大翼垂雲須九萬天遊今日殆忘還千
年誰更觀滄海老腳吾方到泰山雨過春巖龍自戲松生
太古鶴常閒題詩不盡孤高意起立中峯看世寰　神仙
鶴背也超然泰岳朝騎凌紫煙山壓東溟盤大地路橫北
斗到青天手中日月誰同弄象外風光我得先一笑人間
空萬古太清聊倚興無邊
〔胡纘宗〕望〔泰山〕山下秋日正皜皜山上秋雨還冥冥夜來
巖畔挂星斗曉起澗底興雷霆陰陽變幻倏忽異天地閭

闔蒼茫靈何當結廬向山住朝朝吟對芙蓉青
〔黃哲〕登〔岱〕今年初出承明班折署從政青徐閒神州二月
新雨霽我來萬里觀名山名山泰岱連雲上鄒嶧徂徠鬱
相望晨霞彷彿見丹崖旭日瞳曨射青嶂羽服逍遙山際
行垂蘿盤石爭迴縈喬樹千章寒谷秀陰泉百道曉虹明
天都太古瑤壇在石室丹爐長不改中林迢遞躡天門五
色芙蓉輝光彩東極羣真鳴佩環招搖玉女開金闕蒼龍
飛去溟海闊黃鶴下唳清風還奎壁祥光生縹緲日觀扶
桑擘昏曉登臨今日九州同顧視寧論萬山小名岳齊天
天不知齋宮虔潔閟靈祇寶鼎椒蘭騰馥郁芝楹華蓋仰

葳蕤祠宮祝釐朝擊鼓玉童吹笙雙鳳舞尊祈泰祀變浮
雲后土精靈夜相語功成世世來登封明堂駿奔朝岱宗
翠華行處入歸鳥穆木盡亞隨飛龍微茫玉檢無人識綠
雲陰洞秋聲急但問松喬遺素書我欲因之蛻凡骨絕頂
元芝應再生神遊早願拋塵纓笑騎蒼蜺驂太乙稽首銀
臺超上清
〔董其昌〕望〔岱〕百里看山眼迢遙岱色分應爲天下雨不斷
封中雲漢簡千秋祕秦松萬壑聞何當馳匹練高揖碧霞
君
〔高拱〕登〔岱〕岱宗神嶽勢嵯峥東鎮齊封百二城雲捲洞門

時欲潤日華暘谷曉偏明虞廷首望仍今古尼父崇登著
姓名我欲御風淩絕頂手提星斗運璣衡
〔吳嶽〕登泰山嶔崟嶾嶂逼蒼穹深谷迴巖煙霧通挂壁寒
泉飛潤白拂雲秋樹入霜紅秦松化石龍鱗古漢碣沉苔
鳥篆空絕頂振衣思太始偶看朝日見鴻濛
〔尹臺〕東平道中望岳四首巨嶽盤東上高穹礙列星鴻濛
標地紀峻極抗天庭輯瑞虞巡肇刊山夏載經靈仙遺蛻
迹巖戶莫長扃　結髮懷幽尚名山思徧尋久傳梁甫曲
還憶泰山吟榮啟邱中好安期海上心九州多狹徑此地
可投簪　長風吹羽腋吾欲上天門躧履丈人石睎衣玉

女盆乾坤睨閶闔日月翫朝昏歸訪巢居子深情未可論
　岱宗千里色魯甸接膠齊海日扶桑近天風若木低東
皇衣任把北斗杓堪提舉手招仙侶碧霞聽曉雞
〔楊巍〕赴南都登東嶽二首駐馬登東嶽憑高辨四溟始知
人世小不斷此山青樓閣秋孤出川原晝杳冥將尋孫復
隱忽忘有嚴程　梁甫名仍在登封事不磨逢人尋古蹟
覽勝欲狂歌匹練吳門近豐碑漢代多還能舒老眼萬里
見滄波
〔張佳允〕登岱四首張衡曾賦四愁詩東望相從及此時翠
壁千盤隨杖轉丹梯一綫自天垂瑤函偶拾神人字絳節

高居玉女祠〔襄阜按〕圖分五嶽眞形微被地靈窺　青空
寒露滴芙蓉拄頰天門倚岱宗漢草相傳司馬筆秦官猶
寄大夫松參差三觀疲雙目巀嶭千巖藉短筇方內名山
探欲遍晚年始遇丈人峯　天雞聽罷曙將分劒倚峯頭
接斗文髮鬢白知山下水升騰紅放海東雲煙霄身擁三
千丈封禪書傳七十君怪底衣裾常五色由來嶽氣已氤
氳　日月雙從岱頂懸每依帝座挽青煙秦碑突兀青天
上仙島微茫大海前寓目好看吳苑馬頻身那辨汝陽田
山中縱失襄城駕猶勝風塵在市廛
〔王宏誨〕岱宗吟我尋青帝問眞源至人邀我登天門天門

高高在何許乃在咸池之陽岱宗之阯石磴懸紆十八盤
雲根磅礴九百里厥初渾沌誰爲鑿二儀中分列五嶽帝
遣太皞奠此方巖巖巨鎮雄寥廓洞天福地倚崔嵬層霄
萬疊芙蓉開黃河如帶渤海一杯半夜見曉日中嶺興雲
雷齊州九點蒼茫若可辨吳閶匹練指碧空而驚猜噫吁
戲泰山之高其不可極也如此使人登之飄飄乎若御泠
風而超塵埃憶昔登封七十二氏厥有虞周其名最著秦
漢以還此義微金泥玉檢紛茲瘞只今作者知何地樹亦
不能爲之留碑亦不能爲之記惟有巖前倏忽變幻之白
雲頎晷興衰千古意悠悠往事難具陳振衣聊此朝羣眞

遥見玉女池前香馥郁仙人洞裏氣氤氲霓旌絳節交繽
紛云是玉青大帝碧霞元君使人對此搖精魂齋宮祝釐
祠官秩禮嬴女吹簫馮夷擊鼓靈之來兮錫予祉望而不
見兮逍遥容與傍有青鳥使授予黃庭經覽之殊未了倏
忽還空冥躊躕勝覽意何已鞅掌塵蹤未停軌何當晞髮
長兹遊回頭看謝朗然子
于慎行登岱八首終古名山鎮大東每從雲漢望穹崇千
峯明滅天高下萬壑晴陰氣鬱葱星土盤回元化轉仙閭
繚繞百神通眞遊五岳還應徧首躡煙蘿上碧空　玉闕
朱樓萬仞端六龍輦道倚巑岏懸厓翠磴雲中轉疊嶂紅

泉樹杪看海色曈曨三觀曉秋聲蕭瑟五松寒天門只尺
君應見比似人間路更難　忽出塵寰賦壯遊試從九點
辨神州浮雲直上千峯色落日長懸萬里秋紫塞東臨滄
海斷黃河北滚大荒流秦封漢禪成邱土留與人間不盡
秋　倚杖高臨萬玉峯氤氲陸海散芙蓉寒聲半落天中
雨暝色低催澗底鐘金檢誰探秦帝策白雲猶起漢時封
君看十二侯王地能出神宮第幾重　絶頂秋高上帝宮
茫茫一氣俯寰中地盤河濟三州盡天入秦吳萬里空玉
闕光連星斗上丹峯影落海門東亦知眞宰多相藉許倚
煙霄兩劍雄　萬仞瑶壇冷夕曛斗邊三十六天分仙人

洞府懸雙闕玉女神房切五雲遊客自成梁父歎詞臣不
草茂陵文東皇舊握羣生紀海國河山翊聖君　三峯東
望亦雄哉海色遥看萬里開三島春波涵日月五城仙氣
吐樓臺酒邊影吸金銀動杖底雲飛紫翠來煙水茫茫徐
福去至今不見報書迴　上宮夜色冷漫漫月轉層霄十
二欄大地河山銀作海中天樓閣玉爲壇虛無靈境簫聲
斷縹緲秋光練影寒仙掌芙蓉看欲近轉從北斗識長安
徐中行登岱二首浩蕩天門日月開削成丹壁擁崔嵬河
宗泰嶽翻西遶山拱神京自北迴黯淡春陰收碣石霏微
佳氣接蓬萊更聞玉女三漿在願上君王萬壽杯　東嶽

崢嶸迴不羣中峯瑞靄更氤氲天門雪盡河流合日觀春
晴海色分風起秦松常似雨氣蒸漢檢欲成雲千秋霸跡
終銷歇猶說相如封禪文
龔勉登岱歌我適登太山三月春欲暮萬里來長風當空
捲雲霧須臾霧盡見山色蒼翠參天與天過層層石磴躡
雲升萬壑千厓轉奇特御道縈迴六龍翥峭壁飛泉挂瀑
布遥看一塢桃花紅卻疑又入桃源路大夫松何落落無
字碑何巍巍秦皇漢帝今安在唯有此松此碑無傾頹巑
岏怪石滿山立磨厓字久蒼苔浥蠹蹤祕跡不可窮深巖
時有蛟龍蟄振衣再陟最高峯大地山河一望中眼空不

啻小天下獨超太古窺洪濛東向蓬瀛但咫尺西顧崑崙
近可躡赤城王屋眥睫閉煙霞繚繞登山屐勝遊至此何
快哉排空大叫天門開雲端玉女兩兩下招我直上金銀
臺顧我自媿塵凡質稽首羣仙謝非及唯願投簪學向平
遍遊名山棲少室
〔李化龍〕登岱八首崔嵬岱嶽倚蒼穹百轉丹梯一線通吐
吸風雲天上下周迴日月地西東青童駕鶴歸靈府玉女
鞭龍起帝宮萬里壯遊誰復羨直從太始問鴻濛　阿閣
神房不記年由來世外有山川祥光自吐仙人掌靈液常
飛帝女泉風捲松濤千嶂雨日蒸丹洞萬峯煙凌空欲遂

安期去知在虛無第幾天　風定神鼇靜不遊振衣東望
海雲悠誰憑日馭窮三界獨倚天門見十洲波吐金銀僊
觀曉煙沈紫翠帝京秋乘風寄問無生客底是蓬壺第一
流　玉檢金泥幾劫灰尚留遺跡至今猜白雲捧日封中
出青鳥銜書海上來輦道蒼蒼秦樹晚雲屏矗矗漢宮開
徐生自是饒仙骨一入東溟更不迴　陸海春濤萬里看
泠泠清嘯五雲端飛流倒瀉三千尺峭壁中分十八盤風
細幡幢朝貝闕月明鸞鶴下星壇尋仙吾欲成長往天柱
峯頭好挂冠　中天嵐翠鬱沈沈積氣搏空冷不禁金殿
分明懸碧落銀河清淺挂瑤岑天雞夜唱扶桑曉海鶴晴

盤琪樹陰七十二君無覓處只餘冠劍影森森　千盤鳥
道轉雲蘿徙倚層霄發浩歌北走峯陰凌紫塞西來練影
落黃河諸天迴薄星辰近下界蒼茫風雨多眼底殊庭君
自見九還未就奈人何　中峯自合小殊方絕頂眞疑出
上蒼八極風沙塵漠漠五城煙霧水茫茫笙簫半入鈞天
奏杖屨平分北斗光彩筆只今于象緯擬將仙露奉君王
〔宋燾〕太山吟二首太極闢靈祕神霄此境開岩嶢薄雲漢
石磴幾紆迴捫蘿讀鳥篆摩挲古蒼苔飛瀑垂虹落九天
鶴唳哀斗衡西北指渤澥東南摧紅日焜絕頂下界起風
雷古來七十主空有登封臺玉檢今淪沒白雲自往來六

合元芥子萬物紛秭垓足踏青芙蓉河流渡一杯誓將脫
泥滓藐爾參三才餐霞吾已矣獅舉亦奇哉　濕雲封洞
窔急澗穿嵒石遠眺琪樹林霜華凝紺碧擲茲十日遊奇
僻窮閱歷絕澗跨飛橋彷彿見仙蹟層崖不可攀悠悠媿
七尺浮生擬泡影瞥眼頭顱白何日禮金仙絕粒咽靈液
〔我思〕泰山高丹壑疑仙境中多佳樹陰蓊鬱蔽白石微
風蕩靈襟幽絕罕人跡相對喃山禽興來邀夕陽一尊聊
自斟但覺市塵遠不知蘿葛深醉眠獨枕石澗底聽鳴琴
〔劉應賓〕登岱望岱青未了登岱白雲聚古雪藏深巖苔蘚
碑難句舜封已終古前代煩記注但見舊時松飛流挂瀑

澍置身霄漢中呼吸帝可通山上正夕陽半天雷雨霆晚
風吹殿猛官舍借一住雲臨月忽翳風返神來顧聞道登
岱客時遭風雨妒慈顏霽金闕殊愜中心悟曙色雞鳴開
紅輪海底露朱霞盪几席鳴潮如奏濩喜從天上看不記
塵凡路
〔鄭懷魁〕登泰山石溜淙淙下二龍盤桓猶辨大夫松天窗
有路窺疑小人趾升雲晝似重紺殿布金新禱祀明堂執
玉舊朝宗登壇待聽神雞喚看到東南第幾峯
〔彭宗孟〕登泰山高高環道挂蒼霓路入重關絶馬蹄天闕
三門通碧落地盤千里歷青齊緣崖士女披雲上綴壁人

煙雜鳥棲指點列仙靈異跡扶桑東畔閶風西
〔蕭協中〕泰山朝望曉風吹淨海雲平入戶青山更有情叢
樹遙梳仙女髻長川斜挂丈人纓鶴驚遠笛沖煙起芝傍
幽巖帶露生忽訝黃金滿空際羲和擁上火龍行
〔國朝〕〔顏光敏〕望嶽岱宗俯羣山萬彙朝蒼龍絪縕肇元化
物象含沖融雲氣朝四塞倏忽高天空天門如覆盎兩壁
來松風邦祀不敢瀆曠代無登封胡爲御道開社鼓聲逢
逢石閭覆蘿薜經春蘊青葱何時陟峻嶒目盡扶桑東
〔魏麟徵〕過泰山我昨登天門駐足起煙霧欲呼赤松子攜
我雲中去側見五大夫枝披迴輦路植節非不堅豈爲秦

官誤璧立磨崖碑千載永不仆風霆走其下氣與神靈聚
榮名安足寶瞻此磐石固
〔施閏章〕登岱四首岱宗萬仞氣蒼蒼杖策層巔盡八荒列
岫兒孫爭拱立諸天旌節鬱相望丹霞白霧分陰霽玉簡
金緘入混茫欲小神州重極目丈人峯畔一褰裳　夕嵐
夜雨萬山迷忽有天雞閶闔啼帝許登臨捫日月人從指
顧走虹霓扶桑灼爍滄溟畔太華微茫碣石西七十二君
空駐蹕何如筇杖遍丹梯　羣仙冉冉下青峯迴合虛無
紫氣重日出天門當漢畤雲深御帳失秦松雙崖石裂驚
龍鬬四月桃開積雪封輦道荒蕪民力盡相如禪草且從

容　日觀晴光傍午開茫茫東見海爲杯九州積氣峯前
合萬里浮雲杖底來鄒魯山靈眞莽蕩吳閶練影漫徘徊
崑崙不到終遺憾欲駕蒼龍首重回　〔泰山梁父吟〕山高
多烈風鬱鬱少松柏側足凌天門浮雲蔽碣石辛勤紀封
禪茫昧探玉策攘攘七十君一逝無陳迹上爲羣仙居下
爲萬鬼宅言當采芝食使我生羽翮攬裳不及餐白石何
促迫生非孔顏徒百年亦何益何況蕩陰里空埋壯士魄
〔高珩〕泰山扶輿元氣在浩劫尚濛濛獨立滄溟岸高盤青
帝宮千峯五嶽長一雨九州同漫說崑崙大窮荒故易雄
〔王士祿〕望嶽二首振策提嵩見總持背齊襟魯肅形儀氤

氤了指雲霞異虧蔽從知日月卑封闥嬴劉時冉冉觀分
秦越景離離劇憐靈境頻來往潦倒纔成望嶽詩　行子
驅車青嶽陽欲行復止心旁皇蓮花桃花總縹緲亢父梁
父皆微茫應劭舊文語最古李斯巨篆書尤蒼安得振衣
上高頂坐看海日升扶桑
王士正嶽下作嶽路清和候氤氳望不稀林園收宿雨石
瀨濺人衣班馬紅亭渡溪禽白練飛買山隨處好終日戀
晴暉
查慎行望岱山形陡然來其勢乃易量孤根雖秀拔羣岫
或爭抗泰岱四嶽宗宇宙虞臨妨大麓起沂州鱗鱗蟲巒

嶂客程窮五日日日陂陀上不知去平地已是幾千丈漸
覺所歷高縱眼快前觀昨經新泰郊突兀方示象將開意
忽會在遠神彌王霞氣舉之升隔天樹屏障龜蒙挾鳧繹
連絡走相傍徂徠亦兒孫未可儕輩行其他況培塿倚伏
同一狀今朝及山趾耳目嗒焉喪便思躡芒屩去倚扶桑
杖天門泬寥開萬里詄蕩蕩仰瞻星漢逼下埽雲海漲雞
鳴日觀峯倒影出摩盪惜哉身未到祇用窮想像秦松漢
代柏盤攫尚無恙碑憶磨崖鐫亭思駐蹕創賢君七十二
踵事規橅壯如何太史文隱躍時近謗誰陳封禪頌體格
要有當游蹤矚目記即事語敢放覽眺存古懷終期慰遐

暢
趙執信泰山下作昨行泰山東白雲蓊天門但疑霄漢近
豈謂岡巒尊今晨路南轉北面朝丈人秋風生西極萬里
開朝暾披豁盛大容擺簸雷雨痕洒然耳目前赫矣神靈
存兩觀耀日月指顧引越秦三溪鬱參差秀色相吐吞左
映萬碧瓦松柏晴猶昏右擁千尋壁瀑布懸天紳噴薄冰
玉碎騰攫蛟龍伸誰掬滄海波濯此青嶙峋匡廬抱銀河
失意空南奔渺茲嶧與蒙亭亭復云云我如蓬藁士意外
睹九閽崴嵬但睨視虎豹無輕嗔平生幾緉屐咫尺慚逡
巡終當結茅宇長與神房鄰

儲大文泰山吟岱宗東邦鎮峻極干天庭觴石迺氾濩登
嶽亮沈冥望秩虞典肇祕祠漢儀成聿開古明堂肅肅朝
萬靈
漢韓詩外傳問曰仁者何以樂夫山也曰夫山者萬民之
所瞻仰也草木生焉萬物植焉飛鳥集焉走獸休焉四方
益取與焉出雲道風從乎天地之閒天地以成國家以寧
此仁者所以樂於山也詩曰太山巖巖魯邦所瞻樂山之
謂也
國朝顧炎武魯地為古徐州辨晉書天文志所載分野全
不足信其云角亢氐鄭兗州又云太山入角十二度濟北

入亢五度按太山在春秋時爲魯境上濟北郡治盧在春秋時爲齊邑史記泰山之陽則魯其陰則齊唐書天文志岱嶽衆山之陰爲女虛危岱嶽衆山之陽爲奎婁其說甚當禹貢徐州之北青州之西南皆距岱太山郡乃古徐州之地古之兗州在濟河之閒晉志不辨而以今之兗州爲古之兗州遂以應角亢之分以合於史記天官書之記洪氏譏其不知地理信矣

宋邵伯溫聞見錄客云昔罷兗曹與一二友祠岱岳因登絶頂行四十里宿野人之廬前有藥竈地多鬼箭天麻元參之類將五鼓初各杖策而東僅一二里至太平頂叢木

中有眞宗東封壇遺阯擁褐而坐以伺日出久之星斗漸稀東望如平地天際已明其下則暗又久之明處有山數峯如臥牛車蓋之狀星斗盡不見其下尚暗初意日當自明處出又久之自大暗中日輪湧出正紅色騰起數十丈半至明處卻半有光全至明處卻全有光其下亦尚暗日漸高漸變色度五更三四點也經眞廟帳宿之地石上方柱窠甚多又經龍口泉大石有鐏如龍哆其口水自中出又經天門十八盤峯尤秀聳北眺青齊諸山可指數信天下偉觀也

金元好問東遊記畧丙申三月二十有一日冠氏趙侯將會行臺公于泰安侯以予宿尚遊觀拉之偕行凡三十日往復千里而在鞍者八日故所歷不能從容然亦愈於未嘗至焉者因畧記之以備遺忘郭巨廟在長清西南四十里所路旁小山之上齊武平中齊州胡僕射所造石室在焉所刻人物舟車馬象三壁皆滿衣冠之制絶與今世不同有如沈存中所記幞頭但不展腳耳西壁外胡僕射刻頌規制如磨崖狀字作隸書文齊梁體而苦不佳後題云居士慧朗侍從至朗能草隸書世謂朗公書者是也予意此頌必朗公所書故題字云然又有開元二十一年題字幷長清尉李皋祭文隔馬祠在長清馬山之南距縣八九

十里所大觀三年東平陳彥元廟記云盧城圮㵎中得唐中和二年義昌節度押衙國子祭酒兼御史大夫李公瞻作廟縣中時石刻載齊師爲晉所敗殺馬隘道晉師不得過謂以是得名字當爲格而今爲隔焉疑與左氏不合又謂里俗相傳景德中契丹寇兗鄆馬山之神陰障戎馬使不得南以是得名以予觀之古今祠廟不能考其所從來而妄爲立名號者多矣殺馬隘道神何預焉而祠之至於陰障戎馬則又齊東野人語也記又云知縣事晁端肅禱雨而應將以封爵請於朝今牓云豐施侯廟者豈端肅遂得所請耶靈巖寺亦長清東南百里所寺旁近有山曰雞

鳴曰明孔寺後有方山泉曰雙鶴曰錫杖寺先有宋日御書今亡矣絕景亭在方山之下絕類嵩山法王党承旨世傑寺記云寺本希有如來出世道場後魏正光初梵僧法定撥土立之定之來青蛇導前雙虎負經景德中賜今名予按大觀中石橋記云寺是正光初重建然則党承旨亦未嘗徧考耶梁縣香山寺記說寺初建時一胡僧自西域來云此地山川甚似彼方香山今人遂謂梁縣香山眞是大悲化現之所予意前所云希有道場者豈亦此類者抑党有所據而言也寺壁石刻甚多有張掞叔文蘇轍子由吳栻顧道詩餘人不能悉記太山舊說高四十三里今云

四十五里又有言二十五里者出州北門經水簾馬棚迴馬嶺御帳護駕泉而上遂登天門岳頂四峯曰秦觀曰越觀曰周觀秦觀有封禪壇壇之下有秦李斯唐宋磨崖太史公謂太山雞一鳴日出三丈而予登日觀平明見日出疑是太史公夸辭間之州人云嘗有抱雞宿山上者雞鳴而日始出蓋岱宗高出天半昏曉與平地異故山上不明而四十里之下纔昧爽間耳此語似亦有理故錄之岳祠在城中大定十九年被焚二十一年新廟成又三十年燬於貞祐之兵今惟客省及誠亭殿在耳此殿是貯御香及御署祝版之所城四周有岱岳青帝乾元升元四觀青帝

觀有唐大中歲金龍石刻大聖祖無上大道金闕元元天皇大帝之號見於此岱岳觀有漢柏柯葉甚茂東有嵓嵓亭山水自溪澗而下就兩崖爲壁如香山石樓上以亭壓之北望天門屹然如立屏而瀑流出几席之下眞太山絕勝處也州門南道左有宋封祀壇合祀五方帝及九宮貴神壇壇南有碑碑陰載獻官姓名駙馬都尉二人攝司徒司空充黑帝青帝獻官九宮貴神合祀官右諫議大夫种放其餘知名如魏庠輩又三四人近城有眞宗御製御書升篆登太山謝天書述二聖功德銘碑石堅整若三山嶄風然道旁又有宋封禪朝覲壇壇亦有頌壇西南四五里

所有高里山山坡陀地中如大冢墓石壇在其上宋禪社首碑在山下祠中宋以大中祥符元年七月二十七日封太山碑刻皆王欽若陳堯叟錢惟演楊億譔述然字畫多剝落不能完讀矣太山上書院元是周朴所居宋太山孫先生明復居之州學有曾兩先生祠堂党承旨作記兩先生者明復與徂徠先生石守道也龍泉寺在平陰東南四十里齊天統中建下寺有石刻劉豫阜昌三年皇子皇弟符攺甲乙院亦有碑又阜昌中題名最多佛像古雅皆數百年物上方大佛與龍泉觀音非晚唐人不能造也此行遊太山者五日靈巖龍泉皆一宿而去得詩凡十首云

明王思任登泰山記曾謂泰山不如林放乎兒時問先生遂結一碧痞十二歲從盱江還驢上見嶧山是矣非是而痞乃痛既以姑孰令兩附輯圭走兗道僅宿春耳終不我卽去來鞅鞅靑未了也丙辰之冬岱入夢意惡之丁巳左官齊幕開府李公酉卿修年好予還亟觴之謂泰山色且落子馬首幸以所得來而直指畢公又申之以嘉命今日無簽籌之愁明日有順風之縱少伯纔出石室得夷光而入洞庭也景日俱賀矣乃以六月廿四日至博邑寅漏飯家力汰弱獎健肩輿出登封至紅門改腰筍看泰山易與耳吾家秦望兄弟也兩記室朱儲言將毋同至一天門壑

石磴確歷斗姥殿高老橋折瀾潺潺幽雌靡定數里爲水簾洞晴捲不下而意可會也又數里爲馬棚崖言崖可屋馬也又數里爲回馬嶺蹄至此不可使爲緣也又數里爲黃現嶺名以色此泰山轉伏轉起之脈也傲來一峯嘗向人前雄誕謂不讓泰山至此羞澀稱婦子十步一休五步一徊苦甚而得快活三對岸諸峯赬紋蒼點披蔴皴戟起數折而憩玉皇閣以爲至矣舉首天絲杳杳猶然更衣亭也兩記室曰夥頤泰山之高沈沈者秦望到那許隱殷響中見紅沫者二天門乎且摩蛟龍石蜿蜒而遊也越數里飛瀑砰下高山流水子牙鼓於此乎御帳崖宋蹕之以是秦人所蔽風雨也何物臺傍松奄奄一息而猶忍大夫辱爲又數里上朝陽洞登振衣亭望傲來畏怯逡巡已甘臣隸下所謂百丈崖大小龍峪者盡夾壁天穿仙巢靈窟鐵結硍礧止許五丁削一縫與人也自十八盤以上松益瘦瘦樹堅黑苔繡或蒼或白路梯立終無橫入豈特不輿膝共頦兩相支而已距躍三百輿人不我戒級半回首幾嚇廢而目與膽大怖逢逢獵獵者卽來破肉生平雪三伏之仇亦一快事自三天門內逶迤數里如入小邨頂在股掌矣予意先謁靑帝而道士第知有元君攷元君之始黃帝封岱遣七女雲冠羽衣迎崑崙眞人元君其一也而祠前

載西牛國石氏之女得曹仙指入天空山爲碧霞君則又不知何據金壁輪奐靈爽赫然而嶽宮之圮反有遺溲者豈嶽帝似土官而元君爲置吏耶元君走四方如騖歲投金錢數萬計士女香燈丐啼唄誦雷吼谷搖有墮蹻至死者而是日僅來一二輩得饗淨游之福甚恬之日小午霧蒸蒸起道士以爲頃刻海市則又甚虞公羊氏之說乃飯罷天浣如碧得禮靑帝宮右行而登玉皇殿後有石壁廿丈明皇紀泰山銘字俱掌大八分古勁當是仿韓擇木筆有桃花泉題雨餘雲海傍卽蘇潁東封頌而林焊以忠孝廉節鑱蓋之焊家堂中物彊以詔泰山此豈可令乃祖林

放見耶遇每一巖字面鼇字何處不可堊而共欲黥泰山
爲亟去看無字碑丈許滑玉若鼎覆然絶非此山物不知
何以鞭來祖龍欲無字今儒欲有字蒲車葅稭幸不爲所
坑耳焚書有遠識哉乃上登封臺泰山之極詣呼吸通帝
座矣下視茫茫野馬也絪緼也月蠕引數灣或明或動者
涑耶泮耶汶耶而猿蹲几下者又傲來耶如鼠拱如龜伏
者梁父長白諸山耶七十二君之所封也孔顔之所語也
曹謝李杜諸老之所羨咏也此也望後嶂一闌其左肩更
矗石黃蒨翠染突而成何當吳閭石田輩來此肩一峯去
以余所目萬雉飛至青有三十餘層俱翼弱不前前日濟

南華不注一乳粽爾若此閣得付一炬吾當盤礴仰空以
天爲紙濡墨北海書一大字投筆可矣而道士又爲予言
黃華洞幽絶也則從丈八峯取徑抉荒耐怪十五里不聞
鳥聲蛇行而得亭焉萬松枝閣望其下黑翠毿毿洞即天
空山也不甚廣跡元君拇指飲其泉兩腋毛冷欲取桃峪
尚遠還經回雁峯下股不佞目矣乃少臥署中以日西莅
五花岡觀周觀酌玉女泉冽之捫李斯篆念九字昧死請
凡兩出泰詔何栗也然非天子不攷文豈得人誦泰山哉
即李斯一畫今人未曾夢見而反蕪之垣尻棘首時官學
不師古矣左行而下爲禮斗臺魯班洞而白雲洞凡幾俯

楊侍郎書雨天下三字差可人乃上月觀指點州城畝餘
方幄而穹窿之嶽字棋枰白杪而已道士言某峯火燄某
凌漢某神霄某寨天滕劉盆子俱返照中影旆不大悉歸
路暝矣沮寒入夜盡集署貝守腹背猶不支起看簷頭萬
星如斗欲滴又如目睛動閉月去宮鴟尺五也相與爇松
走日觀過漢武玉檢碑不見白雲封起但有奇鬼搏人久
之黑中一帶血融融然俄而茁踰兩時而盛人齒戰擊盡
保亭中已辨字而山半寂無雞喔祝下方漆昧正人世寢
酣時也海氣不清煜煜金盪者有物黯之雲耶山耶不可
知亦無赤丸可揆不如吾鄉越嶂旱望反得跳快道士以

爲非秋不見則日觀此來誤寒多許人矣呂叔簡之解不
道學也從望海石履仙人橋窺舍身崖有大人先生以孝
經作法律巨書於石死之人愚而挺勸之人古而迂年年
無禁者何似神道設教見夢於元君之易從乎乃別嶽歸
下南天門一瞬頓不知吾何以上輿股湣甚以予身蕩之
兩手據竿僥倖不振落耳仍觀石經峪盤似虎邱乃元人
書佛經一派活泉鋪過而明人遂刻大學一章以敵之苦
極此輩至山麓日已踰午不及看漢柏第回仰數十里壁
立萬仞又靄靄雲氣中也生中國或不能見泰山見泰山
或不能游游矣或不能盡盡矣或不能兩日之內毫無所

薇無人而獨領吾乃知嶽遊有夙緣疇昔之夢非妖也王
思任曰吾登月觀日落如車有日之觀吾登日觀月挂如
船有月之觀雖不兩得亦未兩失也泰觀入鳥吳觀無馬
則斷斷兮矣庶幾周觀之東乎泰山丑寅交代之地萬物
怒生於此首建元氣磅薄形卽壯焉宜其父崑崙而弟四
嶽焉人身七尺眼僅寸餘所見者百里而域泰山有丈目
卽可以通萬里乃其軀四千丈當如何視由旬耶維天東
柱障大海鎮中原鍾賢聖興雲物潤兆民府神鬼變化無
方奇不在一泉一石間也此不可以游賞而可以觀善觀
者觀其氣而已矣登泰山孔氏意也小天下則孟氏意也
若予之意止在泰山一片青也今而後予之腹其空洞矣
乎（案明人遊記見於何鏜名山記者纔著於各覽中此記頗雋折故備錄之）
于慎行岱畎圖經記岱宗之山周迴三千里命曰三宮空
洞之天古帝王所告成也其上有日觀之峯有玉女之壇
其阪有秦人之松有漢人之柏其麓有嶽帝之宮其陰有
黃華之洞玉女是焉修眞岱宗之北六十里爲玉符之山
上多栝柏多椒下爲朗公之谷是有金仙之宇命曰靈巖
又北百二十里爲玉函之山嘗有玉函其上漢帝啟之化
爲白鳥是爲王母所使亦曰千佛之巖其下齊州在焉中
爲湖水多荷芙蕖西爲濼水之源湧出若輪北流入於泲

水泲水之北爲金輿之山史謂之華不注孤峯亭立狀如
青蓮厥有華陽之館是爲北紀岱宗之南四十里爲徂徠
之山汶水經之又東百里爲龜蒙龜蒙之前不足百里爲
陪尾之山泗淵之水出焉泉如列星其石五色滙而西流
過五老之峯是爲尼山又西三十里逕軒轅之邱會於闕
里其別爲洙瀆又南六十里爲鄒嶧之山其山積石孔洞
狀如累丸上有白雲之宮秦人於此立石爲之書門邾婁
之國在其山陽是爲南紀岱宗之西爲仙閭之巖羽人居
之命曰三陽觀其陰多五色芝多赤箭服之已人風疾又
四十里爲傲來之山其山嶕嶢萬仞有石壁焉黑質而白
文如人東向立其名曰仙人景其下懸流百丈滙而爲淵
命曰白龍之湫出爲漆水又西三十里爲雲臺之山其壤
多黃亦曰黃山多棗栗之實有泉出其巔垂如白虹流而
入於汶水又西三十里爲金牛之山上有龍淵下有肥子
之國又西二十里爲陶山山有二崦左曰東幽右曰西幽
上多洞穴下有池水謂是種魚之陂志曰陶之朱公浮海
至齊止此居之其野皆沃民也又西南六十里爲大嶦之
山厥高千仞狀如觀闕其下狠水出焉又四十里爲雲翠
之山其巔有石焉削成而四方謂之天柱多朮黃精服之
不死其坳有玉帝之閣是爲西紀雲翠之北有洪範之淵

北流入於狠水出於穀城是爲管子之邑城北有山上多文石經曰縞羝之首北望穀城之山是也秦時老父是授留侯素書其西爲虎窟之峯下臨汶水北爲香水其上多蕨有梵帝之閣是邑也萬山環之其中有畸人焉厥氏徐徐于于巖石是棲蓬藋之田是食命曰懸解之民其處善臥其出善遊遊於岱宗之野三登日觀之峯以望滄海北至於沛南至於嶧無不周也其遊與若士爲偶左手操盃右手操管其止恆飲其醉恆歌歌聲中金石之音楮氏之子默而傳之藏諸奚氏之室是曰岱畎行吟萬歷閼逢敦牂之歲十月既望有是先生自題

岱覽卷第二終

岱覽卷第三

泰山書院院長陶山唐仲冕六幕輯

總覽二卷三之卷五

行宮圖

岱禮上　宗　巡守　柴　望　血祭　旅

國朝盛典　前代封禪　前代巡守祭告　前代望祀

遣官祭告　有司歲時之祭　總論　岱禮中　金石刻

冊牒　賦　樂章　詩　詔誥　表疏　岱禮下　奏

對　議駁　頌　贊　符命　篇論　記　跋　紀

祭告文

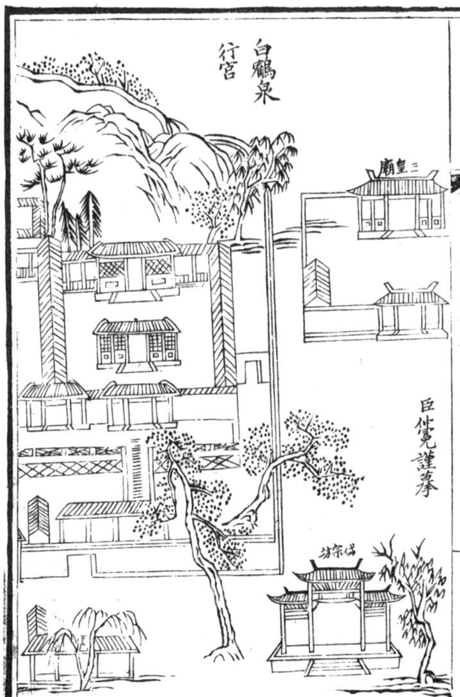

岱禮上

王者有事於泰山其典有六曰宗曰巡守曰祡曰望曰血祭曰旅而封禪不與焉

虞書禋于六宗賈逵謂日宗月宗星宗岱宗海宗河宗也春秋說魯郊祭三望魯下天子六宗祇祀其三而伏生馬融以天地四時爲六宗歐陽和伯夏侯建謂在天地四方中閒助陰陽變化之神鄭康成謂星辰司中司命飌師雨師孔安國及王肅取戴記及孔叢所載祭時寒暑日月星水旱之說劉歆以爲水火雷風山澤易六子之卦晉司馬紹統皆駁之張髦以爲三昭三穆吳商駁之虞喜別論六爲地數當是祭地漢安帝因用李郃議禮比大社劉昭遂謂禋爲埋祭不亦舛乎案黃圖載元始儀曰元始四年奏六宗日月星山川海星則北辰川卽河山岱宗爲周道郊營之外廣九步營六北辰於南門外日月海東門之外河北門之外岱宗西門之外光武卽位采用元始中郊祭故事六宗羣神皆從岱之稱宗由來尚矣

虞書歲二月東巡守至于岱宗傳謂諸侯爲天子守土故巡行之旣班瑞之明月乃順春東巡岱宗王制天子五年一巡守疏謂堯典五載一巡守唐虞之制夏殷依鄭志當六年一巡守周禮十有二歲王巡守殷國案白虎通云所以不歲巡

守何爲太煩過五年爲其太疏因天道三年一閏天道小備五歲再閏天道大備故五年一巡守以此言之夏殷六歲者取半一歲之律呂也周十二歲者象歲星一周也又謂歲二月東巡守者皆以夏之仲月律歷當得其中也至于岱宗注謂岱宗東嶽正義曰嶽之爲言桷也桷功德也必先於此岱山者萬物皆相代於東方宗者尊也岱爲五嶽之首故爲尊也覲諸侯疏謂見東方諸侯案覲禮云諸侯覲於天子爲宮方三百步四門壇十有二尋深四尺鄭注云王巡守至於方嶽之下諸侯會之亦爲此宮以見之是也覲禮又云天子乘龍載大旂拜日於東門之外反祀方明鄭注引朝事儀曰天

子冕而執鎮圭帥諸侯而朝日於東郊所以教尊尊也退而朝諸侯由此言之已祀方明乃以會同之禮見諸侯也王升立於壇上南面諸公中階之前北面諸侯東階之東西面諸伯西階之西東面諸子門東北面諸男門西北面王降階南面而見之三揖既升壇使諸侯升公拜於上等侯伯於中等子男於下等見諸侯訖若有不協更加方明於壇上諸侯俱北面戎右傳敦血以授歃者司盟主其職故司盟云掌其盟約之載及其禮儀北面詔明神於時王立無文不可與諸侯同北面當於阼階上西面此見諸侯之禮也詩時邁疏謂諸侯爲王者守土專制一國告從令行而王者垂帷端拱深居

高視一日二日庶事萬機耳目不達於遠方神明不照於幽僻或將强以陵弱恃衆以侵寡擁遏上命冤不上聞而使遠道細民受枉聖世聖王知其如是故制爲巡守之禮時自省之大司馬職云及師大合軍以行禁令以救無辜伐有辠注云師謂巡守若會同是巡守之禮有伐罪正民之事也堯典說巡守之禮協時月正日同律度量衡王制說巡守之禮陳詩納賈削地黜爵加地進律是其事也般詩疏謂注言高岳岱宗者以巡守之禮必始於東方故以岱宗言之其實理兼四岳序言巡守而祀四嶽河海是也春秋左氏傳云鄭伯請釋泰山之祀而祀周公以泰山之祊易許田三月鄭伯使宛

來歸祊不祀泰山也注謂成王營王城賜周公許田以爲魯朝宿之邑後世因而立周公别廟焉鄭桓公封鄭有助祭泰山湯沐之邑在祊鄭以天子不復巡守故欲以祊易許田各從本國所近之宜公羊傳鄭伯使宛來歸邴邴者何鄭湯沐之邑也天子有事於泰山諸侯皆從泰山之下諸侯皆有湯沐之邑焉注謂有事者巡守祭天告至之禮也當沐浴潔齋以致其敬故謂之湯沐邑所以尊待諸侯而共其費也王者所以必巡守者天下雖平自不親見猶恐遠方獨有不得其所故三年一使三公絀陟五年親自巡守亦不可國至人見爲煩擾故至四嶽足以知四方之政而已穀梁傳云許田魯

朝宿之邑邴者鄭伯之所受命而祭泰山之邑用見魯之不朝於周而鄭之不祭泰山也注謂泰山非鄭竟內從天王巡守受命而祭也王室微弱無復方岳之會諸侯驕慢亦廢朝覲之事故鄭以湯沐之邑易魯朝宿之田也孟子注謂泰山下明堂本周天子東巡守朝諸侯處尚書質疑云帝王巡守必不能一歲而至四嶽惟泰山爲天子親至餘皆不至其地泰山獨有明堂可以爲證華山恆山衡山久在晉楚境內若有明堂而爲晉楚所毁列國宜何如問罪春秋宜何如大書特書此說則近於固矣

虞書柴望秩于山川傳謂泰山爲四岳所宗燔柴祭天告至

東岳諸侯境內名山大川如其秩次望祭之謂五岳視三公四瀆視諸侯其餘視伯子男王制音義柴依字作祡正義謂所祭之天則蒼帝靈威仰也疏謂祀方明之時祭天則燔柴也天謂日也與此岱宗柴所用事別覲禮云祭天燔柴謂天子之盟也祭地瘞謂王官之伯盟也祭山邱陵升及祭川沈者是諸侯之盟也此是巡守及諸侯之盟祭也故注云升沈必就祭者也祭天柴謂祭日也祭地瘞祭月也王巡守之盟其神主日諸侯之盟其神主山川則王官之伯會諸侯而盟其神主月與今此王制所主岱宗柴者謂祭天告至而覲禮注引王制云王巡守至於岱宗柴是王巡守之盟其神主日

又以柴爲盟之所用不同者告至與盟必非一事鄭意證巡守盟時有柴故引岱宗以證之其實別也覲禮云爲宮卽言加方明經文相連鄭注云王巡守至於方嶽之下諸侯會之亦爲此宮則亦有方明但文不具耳故巡守祭天燔柴祭地瘞埋皆是祭方明也故鄭於方明設六玉之下注云上宜以蒼璧下宜以黃琮而不以者則上下之神非天地之至貴者也以此言之明天子巡守之祭有方明也郊特牲云天子適四方先柴詩序時邁巡守祭告柴望也疏謂王者代天理民亦既爲天遠行所至不可不告五岳地之貴神今既來至其旁又不可無禮是故燔柴以告天白虎通云巡守爲祭天何

本巡守爲天所告至也蒙按儀禮云祭天燔柴周禮云以實柴祀日月星辰謂燔柴爲其神主日猶可謂瘞爲其神主月則不合當以祭天告至爲正後漢書注范甯云祭山曰燔柴積柴加薪於其上而燔之也鄭康成注書云柴者考績燎也雖本孝經鉤命決封於泰山考績燔燎之語與書所言敷奏明試之義合矣

周禮小宗伯兆五帝於四郊四望四類亦如之注四望五嶽四鎭四竇疏天子四望諸侯三望境內山川先鄭云四望日月星海後鄭必知望祭中無天神者案左傳江漢睢漳楚之望爾雅梁山晉望則知望祭無天神若日月之等當入四類

之內也若然尚書云望於山川必知四望非山川是五岳四瀆以其下云兆山川邱陵之等山川既在下故知此四望是五岳之屬山川之大者也禮記五獻察疏謂祭四望山川其神既尊神靈明察通典曰其祭之嶽鎭則升血爲始次薦豆籩及爓肉爲朝踐大祭用腥則次祀用爓也時王酌盎齊以獻所謂朝踐之獻大宗伯亞獻亦以盎齊至熟王酌清酒以獻尸亞者亦清酒所謂饋食之獻通前四獻也尸食訖王又酌清酒以酳尸此五獻也公羊傳云天子有方望之事無所不通諸侯山川有不在其封內者則不祭也注方望謂郊時所望祭四方羣神日月星辰風伯雨師五嶽四瀆及餘山川

凡三十六所傳又云三望者何望祭也然則曷祭祭太山河海山川有能潤于百里者天子秩而祭之注此皆助天宣氣布功故祭天及之秩者隨其大小尊卑高下所宜禮祭天牲角繭栗社稷宗廟角握六宗五嶽四瀆角尺其餘山川視卿大夫天燎地瘞日月星辰布山縣水沈風磔雨升燎者取俎上七體與其珪寶在辨中置於柴上燒之左傳注三望分野之星國中山川皆郊祀望而祭之疏襄九年傳曰辰爲商星參爲晉星楚語云天子徧祀羣神品物諸侯二王後祀天地三辰及其土地之山川注國語者皆云三辰日月星也非二王後祀分野星辰山川也穀梁傳注鄭君曰望者祭山川之

名也謂海也岱也淮也非其疆界則不祭禹貢曰海岱及淮惟徐州徐魯地疏公羊以爲三望太山河海賈逵服虔杜預之徒注左氏者皆以爲分野星國中山川今范甯同鄭元之說取禹貢之文以爲淮海岱也陳氏禮書云望祀其兆四郊皃其位茆以辨之而植表於其中周禮所謂旁招以茆晉語所謂置茆蕝設望表是也白虎通謂以召公爲尸其言無所經見蒙按左氏曰望郊之細又曰望郊之屬也典瑞四望與山川異玉大司樂四望與山川異樂則知望重於山川矣小宗伯若軍將有事則與祭有司將事於四望大祝國將有事於四望及軍歸獻于社則前祝蓋祭告之所必先也

周禮以血祭祭社稷五祀五嶽注謂陰祀自血起貴氣臭也以貍沈祭山林川澤注謂祭山林曰埋祭川澤曰沈順其性之含藏疏謂五嶽歆神雖與社稷同用血五嶽四瀆山川之類亦當貍沈也爾雅祭山曰庪縣者或異代法耳若然庪縣既非周法而校人云凡將事於四海山川則飾黃駒注云王巡守過大山則有殺駒以祈沈禮與玉人云天子以巡守宗祝以前馬注云其祈沈以馬宗祝亦執爵以先之彼亦言祈沈者祈沈雖非周法引以況義無嫌也爾雅注郭氏曰或庪或縣置之於山李氏曰祭山以黃玉及璧庪置几上遥遥而

眂之若縣故曰庪縣孫氏曰埋於山足曰庪埋於山上曰縣蒙案周禮牧人望祀各以其方之色牲毛之肆師立大祀用牲幣所謂庪縣即貍也不必爲異代法

周禮大宗伯國有大故則旅上帝及四望注旅陳也陳其祭事以祈焉禮不如祀之備也典瑞兩圭有邸以祀地旅四望論語季氏旅於泰山注謂祭山曰旅馬曰旅祭名禮諸侯祭山川在其封內者今陪臣祭泰山非禮也包曰神不享非禮林放尚知問禮泰山之神反不如林放耶欲誣而祭之史記封禪書以爲成王之封禪則近之矣其後陪臣執政季氏旅於泰山孔子譏之漢書叙傳亦云昔在上聖昭事百神類帝

禋宗望秩山川季末大夫臚岱侯伯僭畤放誕之徒緣閒而
起正謂此也
自封禪說起虞巡周邁之典曠絕不行葢非車書一統遊豫
爲度以敘官方以䘏民隱雖肸蠁豐於介邱無當也我
朝稽古定制岱宗列於中祀
國家有大典禮及征伐奏凱河渠祈禱之事或
巡幸經過皆
命重臣致祭葢六宗四望旅陳祭告與夫周禮太祝所謂過
大山川則用事者咸秩無文洪惟
聖祖仁皇帝康熙二十有三年時

清輿一統已四十餘年矣三孽既平臺灣歸化廓清無外聲
教覃敷編修曹禾援黃帝上元甲子景運適協請封禪以告
成功而給事中王承祖請倣行虞帝之制巡幸東方察閭閻
利病設祭方嶽以祈年豐
詔以九卿詹事科道會議從承祖疏秋九月壬午
誕布德音肆赦天下蠲所過地方明年地丁銀冬十月壬寅
至於岱宗
躬祀東嶽廟祝版白紙墨書黃紙鑲邊不書
御名設禮神制帛一青色圓降眞炷香一炷黃速香一炷白
磁爵三牛一羊一豕一登一鉶一簠二簋二籩十豆十酒一

尊燭二對燈十盞
皇帝禮服三獻行二跪六叩首禮
登岱頂題普照乾坤四字勒雲峯二字於崖而虞周巡守方
望之曠典至是始臻極盛一洗數千年封巒勒成之陋二十
有八年再經岱麓重瞻祠宇
諭每歲量給香稅修岱上下祠廟四十有二年
駕南巡閱河至泰安州
登泰山於時民物恬熙海岱之閒莫不望
屬車之清塵而齊歌夏諺也
世宗憲皇帝雍正七年發帑修葺嶽廟山路爲民報享

皇上御極之始蠲除香稅歲萬金聽民禱賽乾隆十有二年
夏六月
詔以來歲法
祖省方是年東省秋潦賑䘏有加十有三年春二月奉
皇太后東巡至岱
躬祀岱廟如康熙時禮
皇上御龍袍補服迎神樂奏祈豐之章初獻奏華豐亞獻奏
興豐終獻奏儀豐徹饌奏和豐送神奏錫豐禮成還行宮
皇上奉
安輿登岱嶽祇效靈

慈壽諶羨
皇上以孝治天下子萬民而巡省之順東方生物之義布澤
行惠德至渥也十有六年夏四月
南巡回鑾過岱謁岱廟二十有二年夏四月
駕自徐州閱河回鑾至泰安謁岱廟
登岱祀碧霞元君駐蹕靈巖登玉符最高峯二十有七年三
十年亦如之三十有六年奉
皇太后東巡
詔登山道不得設浮橋初建行宮於岱陽之白鶴泉
觀民肆覲古明堂遺制也泰山圖志云依嶽爲屏天然圖畫

百雉山城萬家煙火近接几席后闇徂徠云亭諸山皆蒲伏
北向儼然辰居星拱矣宮門外設梐枑再重左右爲朝房門
內爲二宮門東西爲便門內有池環遶上有平橋橋北爲殿
御題體元堂額及詩殿後爲寢宮其西爲天章閣閣後有池
有茅亭山子畧彴垂柳古松相掩映游魚鳴鳥上下飛躍亦
優游彌性之卷阿也茶膳車輦房在大宮門東是年春二月
駐蹕行宮謁岱廟
登岱祀元君還行宮召見從臣疉吏行慶施惠後率以爲常
四十有一年因兩金川平奉
皇太后詣岱祝嘏延釐春三月至岱謁岱廟

登岱祀元君四十有五年四十有九年
南巡閱浙江海塘經幸泰安皆
躬詣遙叅亭謁岱廟凡所以爲民祈福者不憚
頻御六龍肇稱殷禮五十有五年
皇上八旬萬壽矣猶復法
天行健以是年春三月
東巡至泰安謁岱廟
登岱祀元君將行復
躬謁岱廟宴羣臣各賞賚有差康衢華封之謠徧宇內矣凡
翠華所經蠲租賜復者動以鉅萬計隨時補助史不勝書典

懋乎喬宗澤溥乎函夏然猶業業焉
持盈保泰無倦於勤
御製登岱詩有云便使堯舜至今存詎無可告成功曰皇哉
聖謨洵足紹姚軼姬垂萬年有道之洪庥矣前代厝火小康
輒紀泰山加梁父豈足道哉
封禪之說本諸郊社而神之也封近郊禪近社即燔柴瘞埋
之典第由受命而符瑞由符瑞而神仙附會經義迎合人主
之侈心顯違天命民碞嚴恭寅畏之道故其說夸誕不經而
不可信也詩時邁序箋謂巡守告祭者天子巡行邦國至於
方岳之下而封禪也疏謂封禪者惟岱宗而已餘岳不封禪

也聚土曰封除地曰墠變墠言禪神之也封禪必因巡守而巡守不必封禪何則雖未太平王者觀民風俗而可以巡守其封禪必太平功成乃告成於天非太平不可也又封禪者每一代則一封而已其巡守則唐虞五載一巡守周則十二年一巡守以爲常非直一巡而已此其所以異也封禪之見於經者周禮大宗伯云王大封則先告后土以外更無封文也禮器云因名山升中于天而鳳凰降龜龍假雖不言封亦是封禪之事故注云升上也中猶成也謂巡守至於方岳而燔柴祭天告以諸侯之成功而太平陰陽和而致象物是則功成瑞至然後可以升中明未太平必不可也若然巡守不

必封禪封禪必待太平則武王之時未封禪矣此詩述武王之事而箋云封禪者廣解巡守所爲之事言封禪者亦因巡守爲之非言武王得封禪也史記封禪書管仲唯言成王封泰山禪社首是武必不封禪其巡守則武王爲之以左傳之文參之此詩是武王巡守矣白虎通曰何以知太平乃巡守以武王不巡守至成王乃巡守其言違詩及傳所說非也王制疏亦謂封禪者必因巡守太平乃始爲之故中候準讖哲云桓公欲封禪管仲曰昔聖王功成道洽符出乃封泰山今皆不至鳳皇不臻麒麟逃遁未可以封又禮器云升中於天鳳皇降龜龍假又鉤命決云刑罰藏頌聲作鳳皇至麒麟應

封泰山禪梁甫是太平祥瑞總至乃得封禪也管子封禪篇言齊桓公既霸會諸侯於葵邱而欲封禪管仲曰古者封泰山禪梁父者七十二家而夷吾所記者十有二焉昔無懷氏封泰山禪云云虙羲封泰山禪云云神農封泰山禪云云炎帝封泰山禪云云黃帝封泰山禪亭亭顓頊封泰山禪云云帝嚳封泰山禪云云堯封泰山禪云云舜封泰山禪云云禹封泰山禪會稽湯封泰山禪云云周成王封泰山禪社首皆受命然後得封禪桓公曰寡人北伐山戎過孤竹西伐大夏涉流沙束馬懸車上卑耳之山南伐至召陵登熊耳山以望江漢兵車之會三而乘車之會六九合諸侯一匡天下諸侯

莫違我昔三代受命亦何以異乎於是管仲睹桓公不可窮以辭因設之以事曰古之封禪鄗上之黍北里之禾所以爲盛江淮之間一茅三脊所以爲藉也東海致比目之魚西海致比翼之鳥然後物有不召而自至者十有五焉今鳳皇麒麟不來嘉穀不生而蓬蒿藜莠茂鴟梟數至而欲封禪毋乃不可乎於是桓公乃止蒙按此齊桓拜上之萌妄思郊社也春秋傳所謂葵邱之會桓公振而矜之叛者九國故管仲設以事而止之然而符瑞之說由此起矣管子又云天子封禪號令天下諸侯曰諸從天子封於泰山禪於梁父者必抱菁茅一束以爲禪藉不如令者不得從此即責苞茅不入之意

也自大戴禮韓詩外傳言孔子升泰山觀易姓而王封泰山禪梁父昭姓攷瑞者七十餘氏不可得而數者萬數而俎豆之禮不章蓋難言之墨子管子竝宗其說司馬遷尤鄭重其禮其自敘云受命而王封禪之符罕用用則萬靈罔不禋祀追本諸神名山大川禮作封禪書第六以爲自古帝王受命曷嘗不封禪蓋有無其應而用事者矣未有睹符瑞見而不臻乎泰山者也雖受命而功不至至梁父矣而德不洽洽矣而日有不暇給是以卽事用希然微言冷刺世謂謗書則所謂封禪爲不死之名與夫方士祠官之議皆非太史公之所許也考周禮肆師封於大神則爲位注封謂壇大神社及方

岳鄭鍔曰封者累土增高非山川之大神則無累土爲壇以封崇之禮非常祭故爲之位此殆封禪家說之所本也而詩含神霧云五岳視三公岱宗爲之長封禪往焉河圖眞記云王者封禪易姓奉度繼典崇功者七十有二君孝經鉤命決云封乎太山考績燔燎禪乎梁甫刻石紀號煥炳巍巍教化顯著王充論衡百王太平升封泰山泰山之上封可見者七十有二漢書注服虔云封者增天之高歸功於天禪闡也廣土地也禮記盧植注曰封泰山告太平升中和之氣於天張宴曰天高不可及於泰山上立封又禪而祭之冀近神靈也之數說者猶未涉於荒怪自秦漢諸儒不能辨明封禪事又

牽於詩書古文而不得騁於是禨祥方術誣天瀆神之事日譸荒不可勝道矣

孔叢子云子思適齊與陳莊伯登泰山而觀古天子巡守之銘陳子曰我生獨不及帝王封禪之世子思曰子不欲爾今周室卑微諸侯無伯假以齊進鄰國輔文武子孫之有德者則齊桓晉文之事不足言也遂告以聖帝明王巡守黜陟之典無所謂封禪也文中子曰封禪非古也其秦漢之侈心乎斯言得之矣而自管子以來百家多言羲軒其文不雅馴迄於唐宋之世焦氏易林云黃帝出遊駕龍乘馬東上泰山南望齊魯邦國咸喜王嘉拾遺記云黃帝詔使百辟羣臣受德

教者先列珪玉於蘭蒲席上燃沈榆之香舂雜寶爲屑以沈榆之膠和之爲泥以塗地分別尊卑中外之位也注云事出封禪記所謂百家言黃帝也白虎通云三皇禪於繹繹之山五帝禪於亭亭之山三王禪於梁甫之山與管子不同孔穎達謂異人之說未知孰是而路史云禪通九是謂十有八姓紀史皇氏之通封禪者十有八姓也中皇氏封禪之帝也軒轅氏在黃帝氏之前封禪文識有軒轅氏而又有黃帝氏又葛天氏封泰山且謂莊子所稱庸成氏大庭氏柏皇氏皆封禪之君亦至荒遠無稽矣大戴禮記成王遷太公爲師周公爲傅此前有與計而後有與慮也是以封泰山而禪梁父朝

諸侯而一天下史稱成王之封禪爲近之亦不見於六籍尚書中候曰昔者聖王功成道洽符出乃封泰山漢書注孟康曰王者功成治定告成功於天封崇也助天之高也刻石紀號有金策石函金泥玉檢之封焉然其初若史記載秦儒生所議爲蒲車惡傷山之土石草木埽地而祭席用葅稭尚合古者陶匏牲犢之義晉太康地記云爲壇於泰山以祭天示增高也爲墠於梁父以祭地示增廣也祭尚元酒而俎魚墠皆廣長十二丈壇高三尺階三等猶約而易遵也自秦始皇絀諸儒除車道自泰山陽至巔立石頌德從陰道下禪於梁父其禮頗采太祝之祀雍上帝所用而封藏皆祕之㢀自明

其得封追軼七十二君而入海求神仙益侈心浩大矣二世踵而行之刻勒始皇所立石書旁以章始皇之功德近傳李斯殘篆二十有九字是也然始皇封禪後十二歲秦亡諸儒生疾秦焚詩書誅僇文學百姓怨畔皆譌曰始皇上泰山爲暴風雨所擊不得封禪焉至漢武帝得公孫卿所上申公鼎書言漢興復當黃帝之時曰漢之聖者在高祖之孫且曾孫也寶鼎出而與神通封禪封禪七十二王惟黃帝得上泰山封漢主亦當上封上封則能僊登天齊人丁公曰封禪者合不死之名也秦皇帝不得上封陛下必欲上稍上即無風雨遂上封矣先是文帝使博士諸生刺六經中作王制謀議巡

守封禪事武帝又令諸儒習射牛草封禪儀及聞方士言黃帝以上封禪皆致怪物與神通欲放黃帝以上接神僊人蓬萊高世比德於九皇而頗采儒術以文之盡罷諸儒不用漢書云司馬相如有遺書頌功德言符瑞足以封泰山上奇其書以問兒寬寬對曰陛下躬發聖德統楫羣元師古曰輯與集並同明其封泰山禪梁父昭姓考瑞帝王之盛節也然享薦之義不著於經以爲封禪告成合祛於天地神祇祇戒精專以接神明總百官之職各稱事宜而爲之節文惟聖主所繇制定其當非羣臣之所能列今將舉大事優游數年使羣臣得人

自盡終莫能成唯天子建中和之極兼綜條貫金聲而玉振之以順成天慶垂萬世之基上然之乃自制儀考寬文學治行稱於漢史乃傅會經術徇孝武侈欲如此媿汲長孺多矣史記元鼎六年三月東上泰山泰山之草木葉未生乃令人上石立之太山巔通志略云石高二丈一尺方博皆三尺今玉皇頂俗稱無字碑是也語詳分覽之一四月由海上至奉高乙卯令侍中儒者皮弁薦紳射牛行事封泰山下東方如郊祠太一之禮封廣丈二尺高九尺晉繩武案通志畧壇及墠皆廣長十二丈增高三尺其下有玉牒書書祕天子獨與侍中奉車子侯霍去病子上泰山亦有封皆禁應劭云刻石紀績也立石三丈一尺辭曰事

天以禮立身以義事親以孝育民以仁四守之內莫不爲郡縣四夷八蠻咸來貢職與天亡極人民蕃息天祿永得此古制也武帝則有縢書祕語繩武案通志略以爲始皇文漢書注於上石立之太山巓下引風俗通云石高二丈一尺事親亦作事父育民作成民四守作四海明日下陰道禪山下趾東北肅然山如祭后土禮天子皆親拜見衣上黃而盡用樂焉江淮閒一茅三脊爲神藉五色土益襍封縱遠方奇獸蜚禽及白雉諸物頗以加禮兕牛犀象之屬不用皆至泰山祭后土封禪祠其夜若有光晝有白雲起封中天子從禪還坐明堂羣臣更上壽於是制詔御史賜民百戶牛一酒十石加年八十孤寡布帛二匹復博奉高蛇邱歷城無出今年租稅有司

言以今年十月爲元封元年繩武案封禪書無出今年稅下作其大赦云云至上自遼西北邊五月反至甘泉有司言以今年爲元封元年元封五年夏四月至奉高修封從公玉帶上黃帝時明堂圖作明堂汶上及五年修封則祠太一五帝於明堂上坐令高皇帝祠坐對之祠后土於下房以二十太牢天子始拜明堂如郊禮禮畢燎堂下而上又上泰山自有祕祠其巓而泰山下祠五帝各如其方黃帝幷赤帝而有司侍祠焉山上舉火下悉應之今案明堂遺阯在岱陽之東詳分覽之三漢書云元封二年秋作明堂於泰山下五年春二月至泰山增封甲子祀高祖於明堂以配上帝因朝諸侯王列侯受郡國計夏四月詔曰朕巡荊揚輯江淮物會大

海氣巳合泰山上天見象增修封禪其赦天下所幸縣毋出今年租賦賜鰥寡孤獨帛貧窮者粟太初元年冬十月行幸泰山十一月甲子朔旦冬至祀上帝於明堂十二月禪高里三年四月修封泰山禪石閭天漢三年三月行幸泰山修封祀明堂因受計太始四年春三月行幸泰山壬午祀高祖於明堂以配上帝因受計癸未祀孝景皇帝於明堂甲申修封丙戌禪石閭征和四年三月幸泰山修封庚寅祀於明堂癸巳禪石閭帝既建漢家封禪行幸泰山者凡七修封者五使能祇昊勤黎仿古帝王巡望以從事不亦善乎乃好大喜功冀遇不死之藥使非輪臺一詔其不夷於秦政者幾希後漢

書及東觀書載光武建武三十年太尉趙熹上言陛下撥亂中興功成治定羣司禮官咸以爲宜登封岱宗詔云即位三十年百姓怨氣滿腹吾誰欺欺天乎曾謂泰山不如林放何事汙七十二代之編錄桓公欲封管仲非之若郡縣遣吏上壽盛稱虛美必髡兼令屯田三十二年正月上齋夜讀河圖會昌符曰赤劉之九會命岱宗乃詔梁松等案索河雒讖文言漢九世封禪事者梁松等列奏言登封告成爲民報德百王所同陛下輒拒絕不許臣下不敢頌功述德發河雒讖書赤漢九世當巡封泰山凡三十六事傳奏左帷陛下遂以仲月令辰遵岱嶽之正禮奉圖雒之明文以和靈瑞以爲兆民

上猶未許羣臣復奏與博士充等議以爲殷統未絕黎庶繼命高宗久勞猶爲中興武王因父受命之列據三代郊天因孔子甚美其功後世謂之聖王漢統中絕王莽盜位一民莫非其臣尺土靡不其有宗廟不祀十有八年陛下無十室之資奮振於匹夫除殘去賊興復祖宗集就天下海內治平遠方慕義功德盛於高宗武王宜封禪爲百姓祈福請親定刻石紀號文太常奏儀制詔曰許昔小白欲封夷吾難之季氏欲旅仲尼非焉蓋齊諸侯季氏大夫皆無事於泰山今予小子巡祭封禪德薄而任重一則以喜一則以懼喜於得承鴻業帝堯善及子孫之餘賞恭應圖錄當得是當懼於過差執

德不宏信道不篤爲議者所誘進後世知吾罪深矣乃求元封故事議封禪所施用有司奏用方石再累置壇中皆方五尺厚一尺用玉牒書藏方石牒厚五寸長尺三寸廣五寸有玉檢又用石檢十枚列於石旁東西各三南北各二皆長三尺廣一尺厚七寸檢中刻三處深四寸方五寸有蓋檢用金縷五周以水銀和金以爲泥玉璽二其一方寸二分其一方五寸（繩武案通志作方三寸）方石四角又有距石皆再累枚長一丈厚一尺廣二尺皆在圓壇上其下用距石十八枚皆高三尺厚一尺廣二尺如小碑環壇立之去壇三步距石下皆有石跗入地四尺又用石碑高九尺廣三尺五寸厚尺二寸立壇之

丙地去壇三丈以上以刻書帝以用石功難又欲及二月封禪欲因故封石空檢更加封而已松上書爭之以爲受命中興奉圖書之瑞尤宜顯著若因舊封竄寄玉牒故石下非重命之義遂使泰山郡及魯趣石工宜取完青石無必五色命印工刻玉牒書書祕刻方石中命容玉牒二月帝至奉高遣侍御史與蘭臺令史將工先上山刻石辛卯晨燎祭天於泰山下南方以高祖配羣神皆從祀用樂如南郊諸王王者後二公孔子後褒成君皆助祭位事也事畢將升封或曰泰山雖已後食於柴祭今親升告功宜有禮祭於是使謁者以一特牲於常祠泰山處告祠泰山如親耕貙劉先祠先農先虞

故事至食時御輦升山日中後到山上更衣早晡時即位於壇北面羣臣以次陳後西上畢位升壇尚書令奉玉牒檢皇帝以寸二分璽親封之訖太常令人發壇上石尚書令藏玉牒已復石覆訖尚書令以五寸印封石檢事畢皇帝再拜羣臣稱萬歲令人立所刻石碑乃復道下甲午禪祭地於梁陰以高后配山川羣神從如元始中北郊故事四月己卯大赦改元建武中元元年復博奉高嬴勿出元年租芻稾以吉日刻玉牒書函藏金匱璽印封之乙酉使太尉奉以告高廟藏於廟室其意覩孝武求僊意頗殊然亦以是蒙譏矣晉書禮志魏明帝時中護軍蔣濟請封禪詔曰聞蔣濟斯言使吾汗

出流足自開闢以來封禪者七十餘君爾故太史公曰雖有受命之君而功有未洽是以中閒曠遠者千有餘年近者數百載其儀闕不可得記吾何德之修敢庶茲乎濟豈謂世無管仲以吾有桓公登泰山之志乎吾不敢欺天也濟之所言華則華矣非助我者也公卿侍中尚書省之而已勿復有所議亦不須答詔也帝雖拒濟議而實使高堂隆草儀以天下未一不欲便行大禮會隆卒不行晉武帝平吳太康元年衛瓘山濤魏舒劉實張華等以混一區宇奏請登封泰山帝以爲盛德事未可議瓘等奏至再三詔報絶之宋書文帝元嘉末袁淑奏請鳴鑾中獄疾卷趙魏檢玉岱宗願上封禪書一

篇帝笑不敢當而遣使履行太山舊道詔學士山謙之草封禪儀屬魏師南適乃止孝武太明元年江夏王義恭表請封禪帝以文軌未一不從嗚呼神州陸沈方望淪徙猶欲耀功告成亦可醜已隋書文帝開皇九年平陳朝野請封禪詔曰豈可命一將軍除一小國遐邇注意便爲太平以薄德而封名山用虛言而干上帝非朕攸聞兗州刺史薛冑遣博士登泰山觀古跡撰封禪圖及儀上之帝謙讓不許十四年百官抗表固請帝命有司草儀注於是牛宏辛彥之許善心姚察虞世基等創定其禮奏之帝逡巡其事曰此事體大朕何德以堪之但當東狩因拜岱山耳蓋猶未敢侈然爲之也封禪

惟唐代爲最熾攷唐書及册府元龜太宗實倡之雖屢請屢御嘗使杜正倫行泰山上七十二帝壇迹因兩河水潦而寢十四年乃命顔師古朱子奢集議不能決房元齡魏徵楊師道奏上燔柴告至望秩羣神之禮明年將東幸彗星見乃止二十一年有來歲東巡之詔以泉州海溢停封容齋隨筆云漢光武唐太宗皆不世出盛德之主灼知封禪之非形諸詔誥可謂著明然不能幾時自爲翻覆光武惑於讖記太宗好大喜名以今觀之蓋所以累善政耳高宗麟德元年七月詔以三年正月有事於岱宗所司詳求茂典以從折衷二年十月丁卯帝發東都從駕文武兵士及儀仗法物相繼數百里

列營置幕彌五郊原突厥于闐波斯天竺罽賓烏萇崑崙倭國及新羅百濟高麗等諸番酋長各率其屬扈從穹廬氊帳及牛羊駞馬塡候道路是時頻歲豐稔斗米五錢議者以爲古來帝王封禪未有若斯之盛者也十二月至齊州丙辰發靈巖頓至於泰嶽下庚申帝御行宮牙帳以朝羣臣初議儀注封泰山爲圓壇山南四里如圜丘三壝壇上飾以青四方如其色號封祀壇玉策三以玉爲簡長一尺二寸廣一寸二分厚三分刻而金文玉匱一長一尺三寸以藏上帝之册金匱三以藏配帝之册纏以金繩五周金泥玉璽璽方一寸二分文如受命璽石䃭以方石再累皆方五尺厚一尺刻方其

中以容玉匱䃭旁施檢刻深三寸三分闊一尺當繩刻深三
分闊一寸五分石檢十枚以檢石䃭皆長三尺闊一尺厚七
分印齒三道皆深四寸當璽方五寸當繩闊一寸五分檢立
於䃭旁南方北方皆三東西各二去䃭隅皆一尺䃭纏以金
繩五周封以石泥距石十二分距䃭隅皆再累皆闊二尺長
一丈斜刻其首令與䃭隅相應又爲壇於山上廣五丈高九
尺四出陛一壝號登封壇玉牒玉檢石䃭石距玉匱石檢皆
如之爲降禪壇於社首山上八隅一成八陛如方丘三壝上
飾以黄四方如其色其餘皆如登封其議畧定而天子詔曰
古今之制文質不同今封禪以玉牒金繩而瓦尊匏爵秸席

宜改從文於是昊天上帝褥以蒼地祇褥以黄配褥皆以紫
而尊爵皆更焉乾封元年正月戊辰朔親祀昊天上帝於山
下封祀壇以高祖太宗配如圜丘禮親封玉冊置石䃭聚五
色土封之徑一丈二尺高九尺已巳升山封玉冊於登封壇
庚午祀皇地祇於社首山之降禪壇如方丘禮以太穆皇后
文德皇后配而以皇后武氏爲亞獻越國太妃燕氏爲終獻
率六宮以登羣臣多竊笑之辛未御朝覲壇以朝羣臣如元
日禮壬申大赦天下改元爲乾封詔立登封降禪朝覲之碑
名封祀壇曰舞鶴臺登封壇曰萬歲臺降禪壇曰景雲臺以
紀瑞焉先是祭皇地祇皆以公卿行事以武后表令后妃奠

獻瀆亂禮經牝鷄之晨著於此矣元宗開元十二年張說等
固請封禪乃下制以十三年有事於泰山說與徐堅等議禮
當先奠璧後燔柴祭皇地祇仍不用皇后亞獻立圓臺於山
上廣五丈高九尺又於圓臺上起方壇廣一丈二尺高九尺
其壇臺四面爲一階又積柴爲燎壇於圓臺之東南量地之
宜柴高一丈二尺方一丈開上南出戶六尺又爲圓壇於山
下三成十二階如圜丘之制又積柴於壇南爲燎壇如山上
又爲玉冊玉匱石䃭俱如高宗之制十三年十一月丙戌至
泰山去山距五里西去社首山三里繩武案通志作十里丁亥帝服袞
冕於行宮致齋於供帳前殿已丑日南至大備法駕至山下

上御馬而登侍臣從爲大次於中道止休三刻而後升帝以
靈山清潔不欲多人上召禮官學士賀知章等入講儀注乃
勑祀昊天上帝三獻皆於山上壇行事其五方帝及百神羣
臣於山下壇行事示諸臣玉牒文以明無私請庚寅祀昊天
上帝於登封臺之前壇高祖配享帝冕裘升壇奉珪璧奠獻
邠王守禮亞獻寧王憲終獻命有司享五帝諸神於山下壇
禮畢帝乃飲福酒中書令張說進稱賜皇帝太一終而復始
永綏兆民帝拜稽首山上圓臺四階謂之封祀壇臺上有方
石謂之石䃭玉牒玉冊刻玉塡金爲字各盛以玉匱緘以金
繩封以金泥皇帝以受命寶印之納玉匱二於䃭中金泥䃭

際以天下同文之印封之然後燔柴羣臣稱萬歲辛卯祀皇地祇於社首之泰折壇睿宗配享藏玉冊如封祀儀壬辰帝御朝覲壇之帳殿朝羣臣大赦天下賜酺七日御製紀泰山銘親札於山頂右壁今大觀峯磨崖碑是也張說撰封祀壇頌（繩武案張燕公集題作大唐祀封禪頌）侍中源乾曜撰社首壇頌禮部尚書蘇頲撰朝覲壇頌其卜日告天及廟社大駕所經及告至問百年朝覲皆如巡守之禮開元禮酌古御今於封禪尤備葢其儀與其文足觀矣惜乎侈心之萌終兆天寶之亂也宋世封禪啟於太宗攷宋史本紀禮志及文獻通攷太宗雍熙元年詔以十一月東封命扈蒙等定儀已而乾元文明二殿災罷之眞宗朝契丹旣通好乃用王欽若言力繼父志而以天書自愚時大中祥符元年春正月天書降大赦改元三月臣民詣闕請封禪者二萬餘人四月甲午詔以十月行事乙未以知樞密院事王欽若參知政事趙安仁爲封禪經度制置使丙申以王旦爲封禪大禮使馮拯陳堯叟分掌禮儀使（繩武案禮志云以王旦爲大禮使王欽若爲禮儀使參知政事馮拯爲儀仗使知樞密院陳堯叟爲鹵簿使趙安仁爲橋道遞頓使較本紀爲詳）六月甲午天書降於泰山醴泉北壬寅迎於含芳園九月乙酉親習封禪儀於崇德殿十月戊子御蔬食禁行禮前用樂有司奏壇壝冊檢之制與唐代畧同朝覲壇在行宮南方九丈六尺高九尺四陛陛南面兩陛餘三面各一陛

一壝二分在南一分在北其圜臺上設登歌鐘磬各一具封祀壇宮架二十虡四隅立建鼓二舞社首壇設登歌如圜壇壇下宮架二舞如封祀壇朝覲壇宮架二十虡不用熊羆十二案幣各從其方色牲牲自正坐配坐五方帝日月神州俱用犢又案開寶禮燔燎畢封冊開元故事則封䃮後燔燎今俟終獻畢皇帝升壇封玉匱䃮印訖飲福送神舉燎火次天書降次金匱降皇帝還大次俟封䃮畢皇帝再升壇省視請前祀七日遣官致祭漢書八神及歷代封禪帝皇以太牢祠泰山少牢祠社首又請登封日圜臺立黃麾仗至山下壇設爟火將行禮然炬相屬又出朱字漆牌傳付山下牌至公卿就位皇帝就望燎位山上傳呼萬歲下卽舉燎皇帝還大次解嚴又傳呼而下祀官始退社首瘞坎亦設爟火三準遣司天以漏壺先設山之上下以日晷覆校壇側擊版相應自太平頂天門黃現岱嶽觀各以長竿揭燈籠下照參候不從其節辛卯車駕發京師扶持使奉天書先道戊戌許鄆齊等州長吏赴泰山陪位丁未次奉高宮戊申齋於穆淸殿庚戌上服通天冠絳紗袍乘金輅法駕至山門幄次改服鞾袍乘步輦登山黃麾仗衞士親從卒自山阯盤道至太平頂兩步一人綵繡相閒樹當道者令勿伐路峻隘上必降輦徒步導從者或至疲頓而上辭氣益莊至迴馬嶺以天門斗絕給從官

横版親從卒推引而上（版長二尺許兩端施采帛上則施於背下則施於臆）衛士皆給釘鞵上至衞幄召近臣觀玉女泉及古碑辛亥享昊天上帝於圜臺陳天書於左以太祖太宗配上袞冕垂白珠十有二黝衣纁裳十二章升臺奠獻中書侍郎讀玉牒文命羣臣享五方帝諸神於山下封祀壇上飲福酒攝中書令王旦跪稱曰天賜皇帝太一神策周而復始永綏兆民卽日伏還奉高宮壬子禪祭皇地祇於社首如封祀儀癸丑御封禪壇上之壽昌殿受羣臣朝賀大赦天下改乾封縣曰奉符升封之日紫氣蒙壇黃光如帛繞天書匣及還行宮日重輪五色雲見改奉高宮曰會眞宮十一月丁丑還京明年五月戊午內出

御製書登泰山謝天書述二聖功德銘示宰相命內史賚付泰山刻之詔王旦撰封祀壇頌王欽若撰社首壇頌陳堯叟撰朝覲壇頌上之巡祭也往返四十七日未嘗遇雨雪祥應紛委咸以爲昭假所致而孫奭諫曰國家土木之功累年不息水旱作沴饑饉居多勞民事神神其享之乎又曰奸臣以先帝嘗欲封禪故贊陛下以繼志先帝嘗欲北平幽朔西取繼遷則未嘗獻一謀畫一策可歎恨也徽宗政和中蔡京欲東封以文太平預具金繩玉檢及他物甚備迄不行明成祖永樂十四年尚書呂震請封禪上曰四方多水旱疾疫安敢自謂太平且六經無封禪之文事不師古甚無謂也胡廣因

作御封禪頌抑自祥符以來人知封禪之非經矣然勝代中葉習於宴安巡守朝覲之禮廢卒以不振則又安可盡咎封禪也

樂奏聲詩之可攷者韓非子云黃帝合羣神於泰山上駕象車而六蛟龍畢方竝轄蚩尤居前風伯進掃雨師灑道虎狼在前鬼神在後騰蛇伏地鳳凰覆上作爲清角文獻通攷亦云黃帝於泰山作清角之音似兩鳳雙鳴二龍齊吟丹蛇繞首雄虹帶天尚書大傳云元祀代泰山貢兩伯之樂焉陽伯之樂舞侏離其歌聲比余謠名曰晳陽儀伯之樂舞鼚哉其歌聲比大謠名曰南陽皆假遠無稽矣周禮大司樂乃奏姑

洗歌南呂舞大磬以祀四望古樂云亡新聲競起倪寬所謂六律五聲神樂四合者其辭不傳古詩紀注漢明帝東巡泰山有鳥飛鳴乘輿上虎賁射中之作射鳥辭帝賜錢百萬不知於義何當也文獻通攷唐貞觀十一年議太常舊儀封禪降神樂歌竝用郊祀之辭韋安仁駁之曰夫祭天作樂本謂神聽高遠聲臭難接所以歌詠文辭依倚絃管滌蕩宣暢冀其來格今瘞玉燔柴於岱宗之下播聲昭告請降圜丘之上夫神聽聰明不可濫假如依樂聲應臨國內而泰山之下其神可得祀乎又毛詩周頌郊祀歌昊天封禪歌時邁二篇各別足是証明謂宜採周頌創新篇告精誠於上天請皇靈於

東岳於事合古唐書禮樂志開元十三年張說撰封泰山祀
天樂章十二仿函鍾爲宫黄鍾爲角大簇爲徵姑洗爲羽迎
文舞迎武舞乃用商調賀知章撰禪社首祭地祇樂章凡八
皆以和爲節宋史樂志眞宗將行封禪改酌昊天上帝禧安
之樂爲封安皇地祇禧安之樂爲禪安飲福禧安之樂爲祺
安别製天書樂章瑞文靈文二曲每親行禮用之又作醴泉
神芝慶雲靈鵲瑞木五曲並施於朝會宴享以紀瑞應此與
漢武天馬歌奚異禮慝而樂淫理固然已
然則巡守柴望祭告之禮往代遂無有行之者乎史記黄帝
披山通道未嘗寧居東至于海登丸山及岱宗竹書紀年帝

堯五年初巡守四嶽通志五帝紀堯巡守告成周流五岳存
鰥寡賑荒札通鑑前編武王十有五年巡守方岳祀百神朝
諸侯竹書紀年成王十九年王巡守侯甸方岳此三代以上
之巡守也史記秦始皇帝卽帝位三年東巡海上行禮祠八
神二曰地主祠泰山梁父二世皇帝元年東巡碣石歷泰山
皆禮祠之漢武帝元狩四年始巡郡縣寖尋於泰山元鼎六
年四月至奉高梁父禮祠地主元封元年詔曰古者天子五
載一巡守用事泰山諸侯有朝宿地其令諸侯各治邸泰山
下此名爲巡守其實封禪也後漢書光武帝建武三十年二
月幸魯過泰山太守以上過故承詔祭泰山及梁父時方

卻封禪而修省方惜乎其終惑於圖讖也中元元年二月巳
卯幸魯進幸泰山北海王興齊王石朝于東岳則爲登封來
矣章帝元和二年二月東巡守至泰山修光武山南壇兆辛
未柴祭天地羣神如故事壬申宗祀五帝於孝武所作汶水
明堂光武帝配癸酉更告祠高祖太宗世宗中宗世祖顯宗
於明堂各一太牢卒事遂覲東后饗賜王侯羣臣因行郡國
下詔大赦天下復博奉高嬴是年田租芻槀其時儒館獻歌
戎亭虛候雖冒修封之迹亦備典文之懿矣安帝延光三年
二月東巡守辛卯幸太山齊王無忌北海王普樂安王延來
朝柴告岱宗壬辰宗祀五帝於汶上明堂癸巳告祀二祖六

宗賜郡縣復作樂亦修祖宗故事然令出房闈柴望皆虛文
也晉書云魏明帝凡三東巡守所過存問高年恤疾苦或賜
穀帛有古巡守風焉冊府元龜云北魏太武帝太平眞君十
一年十一月帝南征過岱宗祀以太牢隋文帝開皇十五年
春正月壬戌車駕次齊州丙寅旅玉符山行幸兗州庚午祠
泰山次岱嶽爲壇如南郊又壝外爲柴壇飾神廟展宫懸於
庭爲埋埳二於南門外陳樂設位於青帝壇如南郊帝服衮
冕乘金輅備法駕而行禮畢遂詣青帝壇而祭三月己未至
自東巡守望祭五嶽此蓋以封禪爲鉅典抑而從巡望之事
唐開元禮云將巡守所司承制先須告于東方諸州曰皇帝

二月東巡守各修平乃守攷乃職事毋敢不敬戒國有大刑
告圜丘宗廟社稷祭所過山川至則於泰山下修圜壇燔柴
告至明日望秩山川又明日肆覲攷制度其儀甚詳宋開寶
禮亦然然皆備而不用重封禪也明典彙云成祖永樂七年
三月車駕巡守駐蹕東平望祭泰山顧侍臣曰昔舜巡狩至
泰山舉祀禮覲諸侯一正朔攷制度而已葢欲使天下同風
後來秦皇漢武皆有侈心登封泰山薦道德功以誇示後世
終不免後世之非議太祖一天下立法制五六十年國不異
政家不殊俗朕謹遵成憲此行亦惟欲親巡撫使軍民各得
其所耳明禮儀志凡遇天子巡守經過嶽瀆禮部預期奏聞

或親祭或遣官然其後竟無能行白虎通云巡者循也守者
收也爲天子循行守土收民道德太平恐遠近不同化幽隱
不得其所者故必親自行之謙敬重民之至也前代之行是
禮者其果得此義也與
望祀及遣官祭告凡嶽鎮海瀆皆有之史不勝書如魏文帝
以卽阼燎祭五嶽又祀嶽瀆瘞沈珪璧晉成帝立北郊五嶽
從祀北魏明元帝立五嶽廟於桑乾水陰準古望秩後齊方
澤夏至之日禘崑崙皇地祇其神州之神岱岳云云山亭亭
山等竝從祀宋太宗以旱祀五嶽御書祝版神宗以集賢校
理陳侗請以周建四望壇於四郊以祭五嶽四鎮四瀆高宗

以太常博士黃積厚言以四立日分祭如祭五方帝禮金章
宗以祈雨晴望祀嶽瀆又遣官望祭於北郊又雩禱報祀之
宣宗亦以旱災遣官望祭明太祖以嶽瀆諸神合祀南郊未
有專祀又享祀之所屋而不壇非尊神之道宜別爲一壇春
秋專祀以淸明霜降皇帝躬行三獻禮會典云洪武三年合
祀東嶽於山川壇此皆祭於京都非祭於嶽也漢世太山屬
侯國武帝時濟北王獻其地始領於天子之祠官宣帝有使
者持節祀嶽瀆之禮隋制行幸所過名山大川則有司致祭
嶽瀆以太牢又各依五時迎氣日遣使就其所祭之以太牢
北齊文宣帝分遣使致祭五嶽唐元宗詔嶽瀆各命郡縣逐

處設祭又以尚書省諸曹郎分往諸州祭焉又命有司擇日
就祭五嶽又以多雨命高品官祭五嶽又詔五嶽所在長官
以禮致祭以得靈符加封四瀆及上尊號皆詔所在長官致
祭五嶽又命宗正卿褒信郡王璆等分祭五嶽又以歲稔命
郡縣秋後醮祭代宗亦命所管致祭又委中書門下分使致
祭德宗詔太常卿裴郁等十人各就方鎮祭嶽瀆順宗憲宗
以冊皇太子詔五嶽委所在長吏量加祭祀穆宗受冊尊號
文宗大赦亦如之後晉高祖詔以正位差官祭告五嶽又命
使祠五嶽宋太祖遣使祈雨嶽瀆者再太宗以大雨遣使以
祈雨遣中使禱五嶽眞宗以白敏中等爲五嶽奉冊使仁宗

以春夏不雨遣使禱於嶽瀆又御大慶殿受朝命諸州長吏致祭英宗以疾未平以久雨神宗哲宗以祈雨皆遣使分禱元嶽鎮海瀆之祭使者奉璽書即其處行事曰代祀自中統二年凡十有九處分五道後乃以東嶽東海東鎮北鎮爲東道道遣使二人集賢院奏遣漢官翰林院奏遣蒙古官出璽書給驛以行中統初遣道士或副以漢官世祖加嶽瀆封號各遣官詣祠致告成宗時諸王伊爾根遣使乘驛祀五嶽命追其驛劵仍切責之明太祖洪武二年命都督孫遇仙等分祭嶽瀆上服皮弁服御奉天殿躬署御名祝文以授使者香用黃金盒牲用太牢幣各從其方色凡此亦皆統言之非專

祀東嶽者也漢書王莽授諸侯茅土於明堂曰予親設文石之平陳菁茅四色之土欽告於岱宗則適足以汚岱宗耳唯北魏獻文帝皇興二年二月以青徐既平遣中書令兼太常高允奉玉幣祀於東嶽孝文帝太和十九年四月己未行幸瑕邱遣使以太牢祀岱嶽唐元宗開元二十五年十月戊申敕禮部尚書杜暹祭東嶽天寶元年十二月乙亥命光祿卿嗣鄭王希言三載四月丙辰命太子詹事嗣許王瓘十載二月己亥遣嗣吳王祗祭東嶽後周太祖廣順二年五月親征兗州遣翰林學士竇儀祭東嶽廟宋太祖建隆元年六月平澤潞遣官祭泰山廟眞宗大中祥符元年加號太山爲仁聖

天齊王遣職方郎中沈維宗致告四年加上東嶽帝號十月戊申御朝元殿發冊使十一月戊戌加東嶽帝后號遣官祭告玉海云七年十月十九日上親製東嶽醮告文金章宗承安元年三月丁未以不雨遣使就祈於東嶽十一月癸卯遣官祈雪於東嶽太和四年二月丁酉詔祈雨東北二嶽元成宗大德四年二月乙卯遣使祀東嶽明太祖洪武十年八月以天下寧謐遣曹國公李文忠道士吳永輿鄧子方代祀泰山詔自今以後歲以仲秋詣祠致祭二十八年討龍州趙宗壽遣神樂觀道士樂本然國子監生王濟祭告泰山三十年九月以用師西南夷遣道士朱鐸如監生高翥祭告成祖永

樂四年七月師討安南遣道士嚴士安監生馬武祭告五年復遣道士復生監生張禮祭告續文獻通攷隆慶三年三月遣太常寺官祭東嶽泰山之神以洪水爲患命巡撫山東都御史姜廷頤祭東嶽泰山東鎮沂山之神蓋自宣宗以後繼統祈雨水旱災祲河決地震或遣朝官卿貳或命巡撫布政泰安知州行事幾無虛歲見於廟碑載在岱史者近而易詳也蒙案漢書載五利將軍欒大使不敢入海乃之泰山祠上使人隨驗遂誅之皇明紀畧載伶官臧賢爲武宗所眷嘗奉勑祠於泰山攝卿而行卒爲朱寧中傷杖死赫赫岱宗殆非誕妄憸邪之所得有事焉神其殛之矣

若夫有司歲時之祭史記封禪書云秦祠官所常奉名山祠一曰泰山春以脯酒爲歲祠因泮凍秋涸凍冬賽祠其牲用牛犢各一牢具珪幣各異漢書宣帝神爵元年制詔太常五嶽皆有常禮祀東嶽泰山於博使者持節侍祠惟泰山及河歲五祠餘皆三祠風俗通曰十月日合凍臘月日涸凍正月日解凍皆太守侍祠若有穢疾代行事法七十萬五千三牲燔柴上福脯三十朐縣次傳送京師明史云自魏及隋岳鎮海瀆即其地立祠有司致祭隋書晉元帝建武元年令郡國有五嶽者置宰祝三人以孟春仲冬祠之文獻通攷唐武德貞觀之制以東郊迎氣日祭東嶽岱山於兗州牲用太牢祀官以當界都督刺史充開元禮迎氣之祭其祝文曰惟某年歲次月朔日某嗣天子某謹遣某官某敢昭告於東嶽岱宗維神資養萬品作鎮一方式因春始謹以玉幣犧牲粢盛庶品朝薦於東嶽岱宗尚享通攷云宋開寶五年詔自今五嶽各以本縣令兼廟令尉兼廟丞專掌祀事縣近廟者遷治所就之宋史太宗淳化二年祕書監李至請遵舊禮祭於所隸之州長吏以次爲獻官後以立春日祀東嶽於兗州金史世宗大定四年詔以立春祭東嶽於泰安州岱史云金每歲御署祝版命守臣侍祠元史世祖至元三年定制正月祀東嶽鎮海瀆土王日祀泰山於泰安州泰山志云明以春秋二仲

月先上丁一日泰安知州行事

國朝儀同山川壇皆常祀故不具錄

論曰文中子云如有用我者當處於泰山矣注謂泰山黃帝有合宮在其下可以立明堂之制焉夫明堂者王者以巡守朝諸侯施仁政漢武所作未知於黃帝有合否然其本已失矣我

國家監于成憲陟其高山五三六經載籍之傳昭然揭日月而行謹具圖岱麓

行宮以著合宮明堂巡省式序之典因論次經傳義疏列史所載正以今之法度俾治禮議岱制者知所折衷焉

岱覽卷第三終

岱覽卷第四

泰山書院院長陶山唐仲冕六幕輯

總覽二

岱禮中

秦始皇帝刻石文曰皇帝臨位作制明法臣下修飭廿有六年初并天下罔不賓服親巡遠黎登茲泰山周覽東極從臣思迹本原事業祗誦功德治道運行諸產得宜皆有法式大義著明陲於後嗣順承勿革皇帝躬聽既平天下不懈於治夙興夜寐建設長利專隆教誨訓經宣達遠近畢禮咸承聖志貴賤分明男女體順慎遵職事昭隔內外靡不清淨施於昆嗣化及無窮遵奉遺詔永承重戒繩武云案通志畧載文曰事天以禮立身以義事父以孝成人以仁四守之內莫不郡縣四屬八蠻咸來貢職民庶蕃息天祿永得注云出晉太康郡國志與此不同四夷作四屬應是近刻之譌二世皇帝刻始皇石旁文曰皇帝曰金石刻盡始皇帝所爲也今襲號而金石刻辭不稱始皇帝其於久遠也如後嗣爲之者不稱成功盛德丞相臣斯臣去疾御史大夫臣德昧死言臣請具刻詔書金石刻因明白矣臣昧死請制曰可○史記索隱云始皇刻石銘其詞每三句爲韻凡十二韻又更記集解臣去疾徐廣曰姓馮宋歐陽修跋秦史記秦始皇帝行幸天下凡六刻石及二世立又刻詔書於其旁今皆亡矣獨泰

山頂上二世詔僅在所存數十字爾今俗傳嶧山碑者史記不載又其字體差大不類泰山存者余友江鄰幾謫官於奉符常自至泰山頂上視秦所刻石處云石頑不可鐫鑿不知當時何以刻也然而四面皆無草木而野火不及故能存此數十字比今俗傳嶧山碑本特爲眞者爾劉跂秦篆譜世傳泰山篆字可讀者惟二世詔五十許字而始皇刻辭皆謂已亡莫可復見宋丞相莒公鎮東平遣工就泰山櫟得墨本以慶歷戊子歲別刻新石親作後序止有四十八字歐陽文忠公集古錄亦云余以大觀春從二三鄉人登泰山宿絕頂首訪秦篆徘徊碑下其石埋植土中高不過四五尺形制似方而非方四面廣狹皆不等因其自然不加磨礱所謂五十許字者在南面稍平處人常所爲搨故士大夫多得見之其三面尤殘缺蔽闇人不措意余審觀之隱若有字痕刮磨垢蝕試令攈以紙墨漸若可辨自此益使加工攈之然終意其未也政和三年秋復宿嶽上親以氈椎從事校之他本始爲完善蓋四面周圍悉有刻字總二十二行行十二字字從西南起以北東南爲次西面六行北面三行東面六行南面七行其末有制曰可三字復轉在西南棱上每行字數同而每面行數乃不同如此廣狹不等居然可見其十二行是始皇辭其十行

二世辭以史記證之文意皆具計其缺處字數適同於泰山之篆遂成完篇宋歐江三公初未嘗到惟憑工匠所說無足怪人多以三公爲信故亦不復詳閱余既得墨本并得碑之形象制度以歸親舊聞之多來訪問倦於屢報乃爲此譜大凡篆字二百二十有二其可讀者尚百四十有六今亦作篆字書之其毀缺及漫滅不可見者七十有六以史記文足之注其下譜成揭壁間久幽沈晦之迹今遂歷歷然秦至無義不足論然李斯小篆古今所師經千三百有餘歲而復彰兹可尚也如親郵遠黎史作親巡遠方黎民金石刻作刻石著作休嗣作世聽作聖陲作垂體作禮

昆作後則又史家差誤皆當以碑爲正其曰御史夫夫者大夫也莊子曰且而屬之大夫衞宏曰古文一字兩名因就注之史記於瑯琊臺刻石備列從臣名氏余家所收瑯琊殘字亦有五夫字然則夫從一大故不復重出歟董逌廣川書跋泰山篆慶歷庚子歲宋莒公惜其殘剝摹石於東平郡凡四十七字江鄰幾治奉符患四方求者日至厭於供命則又刻其字於縣廨案其文秦二世詔也史記載始皇上泰山立石封祠下禪梁父刻所立石詔書其敘巡狩以時不書封禪事立石書詔非緣封禪發之疑史記自誤二世元年東行郡縣刻始皇所立石旁著大臣從者名

如此則泰山刻石始皇帝所立始皇詔書刻其三面二世詔宜在其陰今石南爲二世詔書始皇帝刻詔書乃在北西東三面盝石仆而後人起立植之以其一面稍完故立之南鄉此其故也余至泰山就視其石高纔八九尺方面二尺餘以亂石培其下昔所建立盝鑿石爲穴下寖其中歲久摧仆則後人累石固其趾以存至字則止此未可以久遠期也又曰昭陽内外或謂爲融古字相借不然則格與陽不兼用也陲爲邊陲若垂後世則當作𠂹說文甚辨慎不應爾見泰山篆字疑其字誤慎書雜以古字論檢押也元吾邱衍周秦刻石釋音本宋淳熙中楊文昺書不收

瑯琊碑以石鼓詛楚文泰山嶧山石刻共爲一卷列諸家音注書評於後焉明吳同春遊泰山記讀秦篆碑與劉跂所記稍不夯合苦三面嵌壁不能盡辨令數力士出諸壁乃知僅存劉所云云之半劉謂正面七行今止此石畔三行而其三面欲就巖安置各加鑿削俱非當時之舊矣滌洗搨摹字形隱隱莫辨第得石之眞面目與無字碑瑩澤無異已令數力士復嵌於壁恐數千年物又損壞自今也
國朝褚峻牛運震金石圖說石刻高三尺五寸圍四尺二寸字徑一寸七分在泰山頂碧霞元君宮之東廡志古者好言周秦然多翻摹轉效之爲近傳會岣嶁銅盤銘皆精

鑑之士所不敢道孰與是刻以眞秦古文處太乙神明之
巔歷千百年疾雷烈風怪雨而不摧滅爲可寶貴也〔潛研
堂金石文跋尾〕云秦篆譜既平天下句與史合金〔薤琳瑯〕
曰既天下於既字下不注闕文殊爲疎畧矣〔泰山圖志〕始
皇刻石及二世詔書本在一石鄭樵通志分而爲二明萬
歷吳同春猶云存劉跂所譜之半至
國朝顧炎武金石文字記則云僅存臣斯臣去疾以下二
十九字而已石舊在岱頂玉女池上雍正八年郎中丁皂
保移置碧霞祠東廡乾隆五年六月廟燬後重修碧霞祠
不知瘞置何所於是秦篆遂亡又宋江鄰幾有重刻四十

八字明申旝有補篆本今竝佚存者惟岱廟及泰安縣署
土地祠二十九字未知何時所摹刻也〔蒙荃〕聶劍光鈫爲
余言泰山古碑毀於修工者不知凡幾若宋錢伯言紀遊
碑元杜仁傑天門銘明王錫爵碧霞宮碑其最著者而秦
篆亦以石堅緻琢爲令辟以甃垣又言曾弃秦篆斷搨本
末刻八分書跋字差小云岱史載秦篆碑僅存此二十九
字余至泰山頂從榛莽中得之恐致湮沒因揭之壁閒以
識往古之遺跡云北平許□迺百年前物也冊後劉其旋
成城題識邑宰程志隆刻意借覽遂歸休寧矣其在岱廟
土地祠者無萬一之似金石文跋尾云此眞秦刻也視嶽

廟重刻本如優孟之見楚相矣吾子孫其永寶之〔蒙〕嘗見
蕭儒林翰賓藏本四十餘字頗勝意者其江刻歟原石雖
劖斷如果尚在垣閒安知不如石鼓重出乎然既經烈燹
又遭剷削雖復出而二十九字存者幾所石墨鐫華云漢
西嶽碑嘉靖中猶在一縣令修嶽廟石門視殿上碑題皆
當時顯者恐獲責罰以漢碑年久遂碎爲砌石秦漢閒物
往往壞於若輩可勝惜哉又岱史輯瑞集以應劭漢書注
古刻石文冠此刻文之首攷史記及劉跂譜知其誤也此
石在秦時不知立頂上何所趙明誠金石錄云眞宗東封
兗州太守模本以獻而冊府元龜有上觀玉女泉及古碑

之文則祥符時已在玉女池矣今石既佚無可附存詳志
於此以竢好古者攷焉
〔漢〕武帝鼎銘文曰登於泰山萬壽無疆四海寧謐神鼎傳
芳。〔虞荔鼎錄〕武帝封泰山鑄一鼎高四尺銅銀爲之其
形如甕有三足太始四年造文大篆書今不知所在
〔東漢〕光武帝刻石文曰維建武三十有二年二月皇帝東
巡守至於岱宗柴望秩於山川班於羣神遂覲東后從臣
太尉憙行司徒事特進高密侯禹等漢賓二王之後在位
孔子之後褒成侯序在東后蕃王十二咸來助祭河圖赤
伏符曰劉秀發兵捕不道四夷雲集龍鬬野四七之際火

爲主河圖會昌符曰赤帝九世巡省得中治平則封誠合帝道孔矩則天文靈出地祇瑞興帝劉之九會命岱宗誠善用之姦僞不萌赤漢德興九世會昌巡岱皆當天地扶九崇經之常漢大興之道在九世之王封於泰山刻石著紀禪於梁父退省攷五河圖合古篇曰帝劉之秀九名之世帝行德封刻政河圖提劉子曰九世之帝方明聖持衡矩九州平天下子（繩武案天下子後漢書作天下子攷証云子本或作子）洛書甄曜度曰赤三德昌九世會修符合帝際勉刻封孝經鉤命決曰予誰行赤劉用帝三建孝九會修專茲竭行封岱青河洛命后經讖所傳昔在帝堯聰明密微讓與舜庶後裔握

機王莽以舅后之家三司鼎足冢宰之權勢依托周公霍光輔幼歸政之義遂以篡叛僭號自立宗廟隳壞社稷喪亡不得血食十有八年揚徐青三州首亂兵革橫行延及荆州豪傑幷兼百里屯聚往往僭號北夷作寇千里無煙無雞鳴犬吠之聲皇天睠顧皇帝以匹庶受命中興年二十八載興兵起是以中次誅討十有餘年罪人則斯得黎庶得居爾田安爾宅書同文車同軌人同倫舟輿所通人跡所至靡不貢職建明堂立辟雍起靈臺設庠序同律度量衡修五禮五玉三帛二生一死贄吏各修職復于舊典在位三十有二年年六十二乾乾日昃不敢荒寧涉危歷

險親巡黎元恭肅神祇惠恤耆老理庶遵古聰允明恕皇帝唯慎河圖雒書正文是月辛卯柴登封泰山甲午禪於梁陰以承靈瑞以爲兆民永滋一宇垂於後昆百僚從臣郡守師尹咸蒙祉祐（繩武案後漢書祐作福）永永無極（○）攷後漢書此石當在山上今佚後漢書永永無極之下有秦相李斯燔詩書樂墮禮壞建武元年以前文書散正舊典不具不能明經文以章句細微相況八十一卷明者爲驗又其十卷皆不昭晰子貢欲去告朔之餼羊子曰賜也爾愛其羊我愛其禮後有聖人正失誤等語方云刻石記似與刻石文相屬莫詳其義

〔唐高宗玉牒〕文曰有唐嗣天子臣某敢昭告於昊天上帝有隋運屬顛危數窮否塞生靈塗炭鼎祚淪亡高祖仗黃鉞而救黎元錫元圭而拯沈溺太宗功宏鍊石定區宇於再屣業壯斷鼇飲滄海而一息臣忝奉餘緒恭承積慶遂得崑山寢燎炎海澄波雖乃業茂宗祧斯實降靈穹昊今謹告成東嶽歸功上元大寶先隆鴻基永固凝薰萬姓陶化八紘

〔元宗玉牒〕文曰有唐嗣天子臣某敢昭告於昊天上帝天啟李氏運興土德高祖太宗受命立極高宗升中六合殷盛中宗紹復繼體不定上帝眷祐錫臣忠武底綏內難推

戴聖父恭承大寶十有三年敬若天意四海晏然封祀東
嶽謝成於天子孫百祿蒼生受福
宋真宗登封玉冊文曰維大中祥符元年歲次戊申十月
戊子朔二十四日辛亥嗣天子臣趙恆敢昭告於昊天上
帝臣嗣膺景命昭事元穹昔太祖揖讓興邦太宗憂勤政
治廓清寰海混一車書而固抑升中猥延積慶今元符錫
祚衆寶效祥異域咸懷豐年屢應虔修封祀祈福黎元謹
以玉帛犧牲粢盛庶品備茲禋燎式薦至誠太祖啓運立
極英武聖文神德元功大孝皇帝太宗至仁應道神功聖
德文武大明廣孝皇帝侑神作主尚饗（繩武案史載玉冊文前無年月日元穹作上穹興邦作興基政治作致治寰海作寰宇固抑上無而字猥延作以延元符上無今字末太祖太宗無徽稱止云皇伯考太祖皇帝皇考太宗皇帝配神作主尚享）

玉牒文曰運啓大同惟宋
受命太祖開階功成治定太宗應圖重熙累盛粤惟沖人
丕承列聖一紀于茲四隩來暨丕貺殊尤元符章示儲慶
發祥清淨可致時和年豐羣生咸遂僉議大禮聿申昭事
躬陟喬嶽對越上元祈福逮下侑神奉先天祿無疆靈休
允迪萬葉其昌永保純錫（繩武案史載玉牒文首有宋嗣天子臣某敢告於昊天上帝開階作肇基丕承列聖下有寅恭奉天憂勤聽政二句羣生咸遂下有仰荷顧懷敢忘繼志二句大禮作大封躬涉作躬陟上元作上天下有率禮祇肅備物吉蠲以仁守位以孝奉先四句侑神奉先作侑神昭德下有惠綏黎元懋建皇極二句）
禪社首玉冊文曰嗣天子臣某敢昭告於皇地

祇無私垂祐有宋肇基命惟天啓慶賴坤儀太祖神武威
震萬寓太宗聖文德綏九土臣恭膺寶命纂承丕緒穹昊
降祥靈符下付景祚延鴻祕文昭著八表以寧五兵不試
九穀豐穰百姓親比方輿所資涼德是愧溥率同詞搢紳
協議因以時巡亦既肆類躬承典禮祇事厚載致孝祖宗
潔誠嚴配以伸大報聿修明祀本支百世黎元受祉謹以
玉帛犧牲粢盛庶品備茲禋瘞式薦至誠皇伯考太祖皇
帝皇考太宗皇帝配作神主尚饗○案宋史大中祥符元
年五月丙寅命王旦馮拯趙安仁等分撰玉牒玉冊文凡
唐宋封禪冊牒未能懸指所在故錄於此

唐王竪闕里諸生望東封賦魯國諸生欣逢聖明咸西嚮
以迎睇望東封而勒誠習禮空勞日日而徒瞻嶽色凝旒
何處年年而尙鬱人情豈不以兵偃三邊塵清萬邑欲行
登禪之事猶執勞謙之德是使想黃屋以心傾斂青襟而
目極乃相謂曰自古帝王功成業昌盡皆增博厚報穹蒼
所以山呈瑞應水出榮光國泰財阜時豐俗康固合陳俎
豆捧珪璋高踐天壇之上遙昇日觀之旁而乃闕其儀寖
其議蓋九重之鳳詔缺敷四海之鴻恩未被空令漢史願
陪檢玉之行更切孔徒渴見泥金之事莫不引領延佇凝
情盡思未遂相如之請空吟叔寶之詩夫子壇邊恐雲龍

之會晚顏生巷裏憂日月以來遲況可後示百王前觀萬姓三千徒兮今日期懸七十君兮當時稱盛潛斯山下得聞萬歲之呼每想封中獲仰千年之聖嗟夫跡居洙泗魂斷咸秦俟南面之鑾駕問西來之路人當河清海晏之時宜遵古典是率土普天之幸豈但素臣近雖下國梟鳴邊夷鼠盜既有征而無戰盡摧兇而翦暴宜允儒者之心登泰山而昭告

宋田錫泰山父老望登封賦吾皇帝厚德比於坤元至仁侔於穹昊伊岱宗之父老望皇華以外告傾心精意向天闕以虔恭頓首斂容冀綸言之布誥豈不以思深寖育惠

感生成桑榆之景方暮葵藿之心造傾檢玉高峯思覩登封之禮鳴鑾近甸佇諧延望之誠咸曰帝嗣洪圖寰區晏如納生靈於壽域侔至化於華胥北天山而南越裳爭輸職貢右流沙而左滄海正混車書莫不天意與人心交泰民情與物性相於斯乃運方契於千年德冥符於昊天雅頌謚路人之采祥經盈太史之編泳鱗翔鵠已效靈於郊藪靈茅秬黍宜薦羞於上元臣等幸以期髦之身爲太平之民生籍寄龜蒙之下先疇邇洙泗之濱七十二君古常稱於茂典三千年後今正逢於聖人願陛下采古義於前書命擇儀於良相勅宗伯修壝宫之禮詔太常建黃麾之

仗鹵簿鐘鼓圭瓚秬鬯展儀於梁甫之下禋祭於靈峯之上虞君頌瑞願諧方伯之心漢帝射牛宜慰老臣之望鶴髮兒齒精誠不已俯躬如就燥之燄注意比朝宗之水朝隮雲彩諒龍德以堪從口比山呼冀鑾車之戾止易曰先天弗違書曰肆覲羣后思古禮以猶缺鬱衆心而是候泥金報天德之高封土增坤靈之厚協探策之冥數薦如山之萬壽小臣亦能著封禪之書向皇風而拜手

唐封泰山祀天樂章一十四首降神用豫和六變款泰壇柴泰清受天命報天成竦皇心薦樂聲志上達歆下迎億上帝臨下庭騎日月陪列星嘉祝信大糦馨澹神心醉

皇靈　相百辟貢八荒九歌敘萬舞翔肅振振鏘皇皇帝欣欣福穰穰　高在上道光明物資始德難名承眷命牧蒼生寰宇謐太階平　天道無親至誠與鄰山川徧禮宫徵惟新玉帛非盛聰明會真正斯一德通乎百神　饗帝饗親維孝維聖緝熙懿德敷揚成命華夷志同笙鏞禮盛明靈降止感此誠敬　迎送皇帝用太和孝敬中發和容外彰騰華照寓如昇太陽珍璧就奠元靈垂光禮樂具舉濟濟洋洋　登歌奠玉帛用肅和奠祖配天承天享帝百靈咸秩四海來祭植我蒼璧布我元製華日徘徊神煙容裔　迎俎入用雍和俎豆布馝馨粢豐盛亦有和羹既戒

既平鼓鐘管磬肅唱和明皇皇后祖賚我思成　〔酌獻〕用
壽和烝烝我后享獻惟寅躬酌鬱鬯跪奠明神孝莫孝乎
配上帝於親敬莫敬乎教天下爲臣　〔皇帝飲福酒〕用壽
和皇祖嚴配配享皇天皇皇降嘏天子萬年　〔送文舞出
迎武舞〕用舒和六鐘翕協六變成八佾徜徉八風生樂
九韶兮人神感美七德兮天地清　〔亞獻終獻〕用凱安烈
祖順三靈文宗威四海黃鉞誅羣盜朱旗埽多罪戢兵天
下安約法人心改大哉干羽意長見風雲在　〔送神〕用豫
和禮樂終禋燎上懷靈惠結皇想歸風疾迴天爽百福來
衆神往○右中書令張説製辭

〔禪社首祭地祇樂章八首迎神〕用順和至哉含柔德萬物
資以生恆順稱厚載流謙通變盈聖心事能察增廣陳厥
誠黃祇儼如在泰折俟咸享　〔皇帝行〕用太和肅我成命
於昭黃祇裘冕而祀陟降在斯五音克備八變聿施緝熙
肆靖厥心匪離　〔登歌奠玉帛〕用肅和黃祇是祇我其夙
夜寅畏誠潔匪遑寧含禮以琮玉薦厥茅藉念茲降康胡
寧克暇　〔迎俎〕用雍和夙夜宥密不敢寧晏五齊既陳八
音在懸粢盛以絜房俎斯薦明德惟馨尚茲克徧　〔皇帝
初獻〕用壽和惟以明發有懷載殷樂盈而返禮順其禋立
清以獻薦欲是親於穆不已裒對斯臻　〔皇帝飲福〕用福

和穆穆天子告成岱宗大裘如濡執珽有馹樂以平志禮
以和容上帝臨我云胡肅邕　〔皇帝還宮〕用太和昭昭有
唐天俾萬國列祖應命四宗順則申錫無疆宗我同德曾
孫繼緒享神配極○右太常少卿賀知章製辭　〔送神〕用
靈具醉代順和靈具醉杳熙熙靈將往眇禠禠顧明德吐
正辭爛遺光流禎祺○右侍中源乾曜製辭
〔宋大中祥符封禪樂章十首山上圜臺降神〕高安巖巖泰
山配德于天奉符展采翼翼乾乾滌濯靜嘉罔有弗蠲上
帝顧諟洽風肅然　〔昊天上帝坐酌獻〕奉安皇天上帝陰
騭下民道崇廣覆化洽鴻鈞靈文誕錫寶命惟新增高欽

事式奉嚴禋　〔太祖配坐酌獻〕封安於穆聖祖肇開鴻業
我武惟揚皇威有煜四隩混同百靈震疊陟配高穹明靈
是接　〔太宗配坐酌獻〕封安祇若封祀神宗配天禮樂明
備奠獻精虔景靈來格休祥藹然於昭垂慶億萬斯年
〔亞獻〕恭安因高定位禮修物備薦鬯卜牲虔恭寅畏八音
克諧天神咸暨降福穰穰永錫爾類　〔終獻〕順安浩浩元
精無臭無聲臨下有赫得一以清備物致享薦茲至誠泰
尊奠獻夙夜齊明　〔社首壇降神〕靖安至哉坤元資生伊
始博厚稱德沈潛柔止降禪方位聿修明祀寅恭吉蠲永
錫蕃祉　〔皇地祇坐酌獻〕禪安坤德直方博厚無疆秉陰

得一靜而有常寶藏以發乃育百昌肅祇禪祭錫祉穰穰
〔太祖配坐酌獻禪安〕皇矣聖祖丕赫神武秉運宅中威
加九土德厚功崇頌聲載路陟配方祇對天之祜〔太宗
配坐酌獻禪安〕毖祀柔祇報功厚載思文太宗侑神嚴配
鐘石斯和籩豆咸在永錫坤珍賚生爲大
〔祇奉天書樂章泰山社首壇升降瑞文〕元符眷懷寶符申
錫垂露騰文粲然靈迹發祥吉圖純熙昜奕登薦欽崇式
昭天歷
〔太中祥符五嶽加帝號祭告樂章酌獻東嶽嘉安〕節彼岱
宗有嚴廟貌惟辟奉天依神設教帝典焜煌嘉薦普淖至

靈格思殊祥是效
〔紹興祀嶽鎮海瀆樂章東嶽位酌獻成安〕嚴嚴天齊自古
在昔膚寸之雲四方其澤惟時東作祀事迺飭惠我無疆
恩需動植
〔眞宗封禪鼓吹四首導引〕民康俗阜萬國樂昇平慶海晏
河清唐堯虞舜垂衣化詎比我皇明九天寶命垂丕貺雲
物效祥英星羅羽衛登喬嶽親告禪云亭　我皇垂拱惠
化洽文明盛禮慶重行登封降禪燔柴畢天仗入神京雲
雷布澤徧寰瀛遐邇振歡情巍巍聖壽南山固千載賀承
平〔六州〕良夜永玉漏正遲遲丹禁肅周廬列羽衛繞皇

闈嚴鼓動畫角聲齊金管飄雅韻遠逐輕颸薦嘉玉躬祀
神祇祈動爲黔黎升中盛禮增高益厚登封檢玉時遘合
周詩　元文錫慶雲五色相隨甘露降醴泉涌三秀發靈
芝皇猷播史冊光耀受鴻禧萬年永固丕基吾君德蕩蕩
巍巍邁堯舜文思從今寰宇休牛歸馬耕田鑿井鼓腹樂
昌期〔十二時〕聖明代海縣澄清惠化洽寰瀛時康歲足
治定功成遐邇昇平嘉壇上昭事神靈薦明誠報本禪云
亭俎豆列犧牲宸心蠲潔明德薦惟馨紀鴻名千載播天
聲　燔柴畢雲罕回仙仗慶鑾輅還京八神扈蹕四隩來
庭嘉氣覆重城殊常禮曠古難行遇文明仁恩蘇品彙沛

澤被簪纓祥符錫祚武庫永銷兵育羣生景運保千齡
〔告廟導引〕明明我后至德合高穹祇翼勵精衷上眞紫殿
回飈馭示聖冑延鴻躬承寶訓表欽崇慶澤布寰中告虔
備物朝清廟荷景福來同
〔唐明皇登封喜雪〕日觀卜先征時巡順物情風行未備禮
雲密遽飄霙委樹寒花發縈空落絮輕朝如玉已會庭似
月猶明既睹膚先合還欣尺有盈登封何以報因此謝功
成
〔盧照鄰登封大酺歌〕日觀仙雲隨鳳輦天門瑞雪照龍衣
繁筵綺席方終夜妙舞清歌歡未歸

李義府〈在雟州遥敘封禪詩〉天齊標巨鎮日觀啟崇期岩嶤臨渤海隱嶙控河沂眺迴分吴乘凌高屬漢祠建岳誠爲長升功艮在玆帝猷符廣運元範暢文思飛聲總地絡載化撫乾維瑞策開珍鳳禎圖薦寶龜創封超昔夏修禪掩前姬東后方肆覲西都導六師肅鴐移星苑揚罕馭風司沸鼓喧平陸凝蹕静通逵汶陽馳月羽蒙陰警電輜巖花飄曙輦峯葉蕩春旗石閭環藻衛金壇映黼幃仙階溢祕籙靈檢耀祥芝張樂分韶濩觀禮縱華夷佳氣浮丹谷榮光泛綠坻三始貽遐貺萬歲受重釐菲質陶恩奬趨迹奉軒墀觸網淪幽裔乘徼限明時周南昔已歎邛西今復悲

蕭楚材〈奉和展禮岱宗〉拂漢星旗轉分霄日羽明將追會昌蹟更勒岱宗銘林戈咽濟岸獸鼓震河庭葉箭凌寒矯烏弓望曉驚已降汾水作仍深迎渭情

薛克構〈奉和展禮岱宗〉龍圖冠胥六鳳駕指云亭緋烟泛濟浦緑字啟河汀畫裳晨應月文戟曙分星四田巡揖禮三驅道契經行欣奉萬歲竊抃偶千齡

〔馬異〕〈觀開元皇帝東封圖〉儼若翠華舉登封圖乍開冕旒明主立冠劍侍臣陪迹類飛仙去光同拜日來粉痕疑檢玉黛色訝生苔挂壁雲將起凌風仗若迴何年復東幸魯

總覽二　岱覽卷第四　岱禮中　十七　果克山房

叟望悠哉

韓翃〈送盧大理趙侍御祭東嶽兼寄孟兗州〉東嶽昔有事兩臣朝望歸驛亭開歲酒齋舍著新衣上客鍾大理主人陶武威仍隨御史馬山路滿光輝

〔宋〕王欽若〈登泰山〉四顧無雲道路開黄麾迎從六龍來三神合祭光千古萬旅傳呼動九垓幽鳥似通崑閬信貞松深隱棟梁材已知身世非常事曾到天門十二迴

〔元〕郝經〈太平頂讀秦碑〉岱宗太平頂磨崖與天齊左刻則天頌右列張説辭文采與書法不離近代規漢封宛在周觀東秦碑迴出絶頂西壇前圓不值中峯突兀上有始皇碑年深雨漬百裂餘析作兩峯蹲半規面陽數字仍可辨隙縫重銜苔蘚皮中閒隱約見制可完好可辨惟臣斯奏如釵股直如筋屈鐵碾玉秀且奇千年瘦勁竝飛動迴視諸家肥更癡當時風雨有餘怒豈容夸石獨在玆祇應神明愛尤物不肯轟擊常護持昔年韓文公曾賦岣嶁詩字青石赤皆傳聞漫爲咨嗟涕漣洏何如親登泰山日觀峯光怪時見絳氣纏金虹摩挲細讀秦相碑天門高咏來清風乃知山靈不相負夜宿天邊不忍去醉依雲廳重回顧

〔明〕劉孝〈秦時〉梁父東巡地青鸞翊翠華露盤縈蔓草丹竈委迤渦曉日追風騎秋空泛海槎深幽詢往迹石表半泥

總覽二　岱覽卷第四　岱禮中　十六　果克山房

沙
李攀龍泰山大東有神嶽專名爲岱宗日精攝海氣吳野
控其峯明堂朝列后金策紀元功維昔七十家軒轅此登
封雲霞自窈窕石室何青葱仙人攬玉樹須髮生清風靈
液飛潺湲芝草如蒿蓬惟帝擁靈符千載一升中願言與
問道乘龍舉太空此詩專言登封故錄於此
國朝毛奇齡奉和扈從登封應
制二首幢殿重重倚嶂開山呼相應似鳴雷九旗總向嶺
邊出
萬乘疑從天半來升氣下窺青檢合禋河西眺白龍迴

盛朝功德眞難紀勒石慙無作頌才　東方雄鎮護神京
豫日
宸遊減禁兵霜繞幔城嚴未啟花開輦路笑相迎晴看御
馬林閒度夜聽天雞海外鳴九點齊煙渾一望可知六宇
正澄清
漢武帝改元元封詔朕以眇身承至尊兢兢焉維德菲薄
不明於禮樂故用事八神遭天地況施著見景象屑然如
有聞震於怪物欲止不敢遂登封泰山至於梁父然後升
禋肅然自新嘉與士大夫更始其吕十月爲元封元年行
所巡至博奉高蛇邱歷城梁父民田租逋賦貸已除加年

七十以上孤寡帛人二匹四縣無出今年算原注自博至梁父凡五縣今云四縣奉高素以供禪非算限賜天下民爵一級女子百戶牛酒
東漢章帝元和二年東巡詔朕巡狩岱宗柴望山川告祀
明堂以章先勳其二王之後先師之裔東后蕃衛伯父伯
兄仲叔季弟幼子童孫百僚從臣宗室衆子要荒四裔沙
漠之北葱嶺之西冒耏之類跋涉懸度陵踐阻絕駿奔郊
時咸來助祭祖宗功德延及朕躬予一人空虛多疚纂承
尊明盥洗享薦慙愧祗粟詩不云乎君子如祉亂庶遄已
歷數既從靈燿著明亦欲與士大夫同心自新其大赦天
下諸犯罪不當得赦者皆除之復博奉高嬴無出今年田

租芻稾
東漢張衡東巡誥惟二月初吉帝將狩於岱嶽展義省方
觀民設教丙寅朏率羣賓備法駕以祖於東門屆于靈宮
是日也有鳳雙集於臺壬辰祀上帝於明堂帝曰咨予不
材爲天地主慄慄翹翹百僚萬幾心之謂矣孰朕之勞上
帝有靈不替朕命誕敢不祗承凡庶與祭於壇墠之位者
曰懷爾邦君實願先帝載厥大宗以左右朕躬羣臣曰帝
道橫被旁行海表一人有慶萬民賴之從巡助祭者玆惟
嘉瑞乃歌曰皇皇者鳳通元知時華於山趾與帝邀期吉
事有祥惟漢之祺帝曰朕不敢當亦不敢蔽天之吉命

唐太宗謝趙郡王孝恭等手詔省表具懐自有隋失道四海橫流百王之弊於斯爲甚朕提劍鞠旅首啟戎行扶翼興運克成鴻業遂荷慈睠恭承大寶每日昃思治弗敢康寧兢兢夕惕用忘興寢履薄馭朽不足爲喻賴三靈顯命百辟同心海外無塵遠夷慕義但流遁永久凋殘未復田疇多曠倉廩猶虛家給人足尚懐多愧豈可遽追前代取譏虛美所望恂恂濟濟叶力盡誠輔其不逮致之王道如得雅頌形於金石蔟衆同於水火反朴還淳當如來議

貞觀十五年四月辛卯朔將行封禪詔璧有蒸庶樹之司牧載籍所紀風烈猶存至於道洽品物功成宇縣天眷彰

於符瑞人事表於隆平莫不增封岱宗廣禪梁甫榮鏡六合對越三神前聖所以垂其尊名後王所以仰其休烈葢繇此也自火德既衰三光分裂金行失御九鼎沈淪諸華競逐彞倫大壞周室削平趙魏隋氏混一文軌而金革之事未戢於封疆雅頌之音弗聞於朝廷遂使至敎闕如淳風莫反齊郊絶類帝之禮日觀缺升中之儀其已久矣朕丕膺景命嗣守洪基承大亂之餘當率土之責負扆興惕納隍在慮上憑宗社之靈下資士庶之力草昧伊始援干戈以靖亂區夏既平引禮樂以緯俗尉候無警菑畬有年比屋咸保其歡含氣不違其性殊方異域盡地界而來庭應圖合牒殫天符而表瑞緬懐前載詳求諸己豈伊寡德能致此乎固乃上元所叶贊也而羣公卿士百辟庶僚固陳人祇之意請遵封禪之典推而不居至於數四文武之情彌切內外之議日聞誠請頻繁淹歷年載朕繼跡百王因心萬物上奉蒼昊義在薦功下撫黎元方祈厚福既追兹理敢不祗從猥以眇身齊美上代永言夙志凜乎增惕可以來年二月有事泰山所司宜與公卿弁諸儒士及朝臣有學業者詳定其儀博攷聖賢之旨以允古今之中務盡誠敬稱朕意焉

貞觀十五年六月丙辰停封禪詔自古皇王受天之命建

顯號於封禪揚洪名於竹帛者莫不功濟夷夏道叶人祇然後登泰山之高刊梁甫之石未有七德靡記九部寂寥而欲齊聲於聖哲垂美於篆籀者也朕承宗廟之重當區宇之責寅畏三靈憂勤萬姓雖戡翦禍亂克定遐荒而至敎猶鬱刑典未厝勝殘之化未洽於率土和平之風多慙於往烈是以覽經籍而自失想壇場而增懼亟寢縉紳之奏屢拒公卿之請逡巡大典荏苒歷載近者文武百僚州縣庶尹頻繁抗表殷勤固陳咸以爲兩儀交泰四夷賓服禮讓興行年穀豐稔蒼昊呈符於上靈符不可以久替黎獻協心於下衆欲不可以固拒朕迫兹羣議敢不敬從欲

薦功上元大報后土升中之儀已具省方之期有日今太史奏有彗星出於西方朕撫躬自省深以戰慄良繇功業之被六合猶有未著德化之覃八表尚多所闕遂使神祇垂祐警戒昭然朕畏天之威寢興靡措且曠代盛典禮數非一行途之閒勞費不少冬夏凋弊多未克復將送儀仗轉運糧儲雖存節省之義終煩黎庶之力非唯上虧天意亦恐下失人心解而更張抑有故實前以來年二月有事太山宜停庶夙夜自修遂其罪己之志勤恤匪懈申其納隍之情儻蒙靈祇迴睠宗社介福朝廷同於大道風俗歸於朴素告成之美更思其宜仍命所司泰山有前代帝王

因封禪立碑及石函玉檢之類往遭離亂被賊毀發竝修立瘞藏之

貞觀二十年十二月己丑答長孫無忌等詔朕遐觀哲王睠在方冊功既成矣咸禮備以升中道既行焉必奉符而告禪所以發揮天命昭報上靈其有建顯號以創鴻徽施尊名而騰茂烈者莫不揚輝於鏤玉絢景於塗金昭昭然麗三辰而竝運滔滔焉播四溟而極深朕誠寡德良深景慕曩者氓俗凋弊國步甫安勉致隆平日不暇給而槐卿守闕請繼美於云亭嶽牧叩閽祈踵武於梁岱自惟菲薄至道未凝抗禮𡨋穹實懷疑懼緬尋幼齒運鍾交喪忘其

家以徇天下委其體以濟寰中翊戴先皇削平諸夏出於萬死首導五横之源不顧一生光錫兆人之命越自鑪炭獲返營魂拔於鬼籙竝登仁壽竊惟天地之大德存於施生朕以徑寸之懷小心襲於造育降期體泰諒或繇茲不然者何能致於此也遂得池隍象浦苑囿龍沙置一候於鶼林同六爻於鰈水實資天睠貢以咸亨豈朕微庸而能及此今茲列辟卿士鴻生碩德各述靈徵累陳丹款既迫羣議當事敬從乃詔有司廣召縉紳先生議方石圜壇之制草封禪射牛之禮修造羽儀輦輅竝送之雒陽宮

貞觀二十一年正月丁酉將行封禪詔朕聞天高地大首

播黎方媧皇燧人肇恭元籙是知施生爲德處崇高而不言亭毒攸資委欽明以司契洎乎三正迭建五運相遷休烈存乎典墳至道流乎雅頌其有仰齊七政俯會百神察靈眷於祥符報元功於昭告莫不馨情梁岱繼踵云亭對越兩儀盡先聖之能事揚蕤三統垂曩哲之尊名懸鏡天衢罔不繇於此也自中陽絶紐堙白水於窮流宮壁紹興阻黃星於天塹永嘉東播化金馬以爲牛道武南徂飛蒼鵝以登祚周吞嶽裔逮三葉而巢傾隋抍舜後及二帝而舟覆莫不以凶易亂以暴代昏各肆巨壑之心規亭上靈之佑御行求進其可得乎繇是寂寥千祀無懷之風不嗣

泯棄七經子長之言殆絕遂使成山日觀久闕升中之儀汶上明堂疇聞類帝之義顧瞻禮樂深有可嗟朕幼踐危機愍斯窮運上同負翼下靡息肩負荷休徵投旗鞠旅肅恭儲社吟雲躍鱗順朱鳥以行誅騫丹鳳而遐舉射九烏而懸日月區品物以煦陽和練五石以造乾坤濟推角以全萌壽於是尊奉先帝凝旒於廟堂躬履兵鋒憂勤於燮輔既而仰逼威命俯順樂推越自唐侯言膺下武深惟憂責之重自勖若厲之懷遂致靈貺無涯翦旄頭而降錫遊魂削衽盡窮髮以開疆東苑蟠桃西池昧谷咸䨇正朔竝充和氣較凝禎於往代窮今古而罕聞攷光澤於前皇罄

縑緗而莫覩豈朕眇身勤勞所逮諒繇高明垂鑒祚此隆平今茲三事大夫百僚庶尹各述天人之意請躡封禪之蹤顧惟寡薄推而不有杜絕羣言至于數四中外之情尤切企佇之望逾深朕又詳思荷財成於穹昊自古賢哲竝歸功於太帝追斯至理弗獲固辭展禮上元實增悚懼可以貞觀二十有二載仲春之月式遵故實有事於太山諸內外具僚嶽牧卿士既相敦喻將事告成各罄乃心無虧政道恪居職務以協時邕所司宜與縉紳先生載筆圓冠之士詳求通典裁其折中深加嚴敬稱朕意焉

〔貞觀二十一年八月壬戌停封禪詔〕朕聞探元賾者先實而後賓體至公者本仁而末禮名歸於已往哲存而弗務德利於仁前聖徇而爲急是用範圍天地權輕重以會時宜取則陰陽適通變以從衆欲緜古之封禪無奪事機所謂奉天咸資務隙朕仰窺前志歷選哲王無懷有巢緬邈繩契之末龜文鳳紀越在俎豆之先叩寂寞以傳疑故可略而言也至如三元立統百物正名步驟之軌非遙損益之源可挹雖堯心廣運局疆域於流沙禹跡遐宣限隄封於碣石猶且先引卽敘次展玉帛之儀首創賓門方備云亭之典告成之義罔弗繇茲況朕奄有方輿闢域該於千古仰承靈貺降福超於百王巨海所環莫非臣妾長河攸

括竝入封疆日者夷夏同文禎符狎至謂可鳴鑾日觀勒牒仙閭許以來春親行告禪而今延陁一姓流竄西陲控弦萬計初歸正朔新就縶維又以公卿庶僚各陳誠請遂有翠微之役非無版築之勞旣而山谷阻深朝宗有礙重披丹懇請建玉華且復頻有興造恐致勞煩兼聞河北數州頗傷淹潦朕爲人父母思濟黎元順動升中理無兼遂其介邱之禮宜且權停其玉華宮制度務從菲薄更令卑陋庶免風雨稱朕意焉

〔明皇開元十二年閏十二月辛酉御封禪手詔〕自中朝有故國步艱難天祚我唐大命集於聖眞皇帝朕承奉丕業

十有餘年德未加於百姓化未覃於四海將何以擬洪烈
於先帝報成功於上元至若堯舜禹湯之茂躅軒后周文
之懿範非朕之能逮也其有日月之瑞風雲之祥則宗廟
社稷之餘慶也天平地成人和歲稔則羣公卿士之任職
也撫躬內省朕何有焉難爲兆庶之情未議封崇之禮
開元十二年閏十二月丁卯將行封禪詔自古受命而王
者曷嘗不封泰山禪梁父答厚德告成功三代之前率繇
斯義自魏晉已降迄至周隋帝典闕而大道隱王綱弛而
舊章缺千載寂寥封崇莫嗣物極而復天祚我唐武文二
后應圖受籙洎于高宗重光累盛承至理登介邱懷百神

震六合紹殷周之統接虞夏之風中宗宏懿鑠之休睿宗
穆粹清之道巍巍蕩蕩無得而稱者也朕昔戡多難稟畧
先朝虔奉慈旨嗣膺丕業是用創九廟以申孝敬禮二郊
以展嚴禋寶菽粟於水火捐珠玉於山谷兢兢業業非敢
追美前王日愼一日實以奉遵遺訓至於巡狩大典封禪
鴻名顧惟寡薄未遑時邁十四載於玆矣今百穀有年五
材無眚刑罰不用禮義興行和氣絪緼淳風淡泊蠻夷戎
狄殊方異類重譯而至者日月於闕庭奇獸神禽甘露醴
泉窮祥極瑞者朝夕於林籞王公卿士罄迺誠於中鴻生
碩儒獻其書於外莫不神祇合契億兆同心斯皆烈祖聖

考垂裕餘慶故朕得荷皇天之景祐賴祖廟之介福敢以
眇身而顓其讓是以敬承羣議宏此大猷以光我高祖之
丕圖以紹我太宗之鴻業永言陟配祗感載深可以開元
十三年十一月十日式遵故實有事泰山所司與公卿諸
儒詳擇典禮預爲備具勿廣勞人務存節約以稱朕意所
緣封禪儀注兵馬陪集並皆條奏布告遐邇
宋謝莊爲八座江夏王請封禪表惟皇天崇稱大道始行
揖讓迄于有晉雖聿修前緒而跡淪言廢蔑記於竹素者
焉可單書紹乾維建徽號流風聲被絲管自無懷以來可
傳而不朽者七十有四君罔仁厚而道滅鮮義澆而德宣

鍾律之先曠世綿絕難得而聞已索著明者尚有遺炳故
易稱先天弗違後天奉時葢陶唐姚姒商姬之主莫不由
斯道也是以風化大洽光熙于後炎漢二帝亦踵曩則因
百姓之心聽輿人之頌龍駕帝服鏤玉梁甫昌言明稱告
成上靈況大宋表祥唐虞受終素德山龍啟符金玉顯瑞
異采騰於軫墟紫煙藹於邦甸錫冕兆九五之徵文豹赴
天歷之會誠二祖之幽慶聖后之冥休道冠軒堯惠深亭
毒而猶執沖約未言封禪之事四海竊以惑焉臣聞惟皇
配極惟帝祀天故能上稽乾式照臨黔首協和穹昊膺玆
多福高祖武皇帝明並日月光振八區拯已溺之晉濟橫

流之世撥亂寧民應天受命鴻徽洽于海表威稜震乎沙
外太祖文皇帝體聖履仁述業興禮正樂頌作象歷明達
通於神祇元澤被乎上下仁孝命世叡武英挺遭運屯否
三才湮滅迺龍飛五洲鳳翔九江身先八百之期斷出人
鬼之表慶煙應高牙之建風耀符發迹之辰親翦凶逆躬
清昏墊天地革始夫婦更造豈與彼承業繼緒拓復禹跡
車一其軌書同異文者同年而議哉今龍麟已至鳳凰已
儀比李已實靈茅已茂雕氣降霧於宮榭珍靈呈味於禁
林嘉禾積穗於殿甍連理合幹於園籞皆耀質離宮植根
蘭圃至夫霜毫元文素翮赬羽泉河山嶽之瑞草木金石

之祥方畿懍塗之謁抗驛絕祖之奏彪炳雜沓粤不可勝
言太平之應茲焉富矣宜其從天人之誠遵先王之則備
萬乘鏊法駕修封泰山瘞玉岱趾延喬松於東序詔韓岐
於西廂麾天閽使啟關謁紫宮朝太一奏鈞天詠雲門贊
揚幽奥超聲前古豈不盛哉伏願時命宗伯具茲典度
唐趙王元景等請封禪表夫功成道合古今以爲隆乎登
封降禪聖賢謂之大典是以出震則天之后革夏變商之
君繼韶夏而施尊名崇號謚而廣符瑞顧遲遲焉羣臣區
區誠爲此也原夫大始云構生靈厥萌黎庶布乎寰壤皇
王司其右契遐哉上古以迄於茲歷選休徵未有如今日

之盛也所以敢罄窺管無懼觸鱗瀝膽披肝言亦備矣援
天引聖辭亦殫矣幸蒙亭育之澤降以聽覽之恩大賚雖
敷猶申後命未便渙汗方事逡巡懷生之徒不遑寧處伏
乞皇帝陛下則天成務應物爲心協三才之會昌乃霈然
而動色遂萬姓之延首俯凝旒而改容雖復龍圖告徵龜
書襲吉尙諮諏於四嶽建明謨於兆人欲使六合之中沃
心通於朝野八紘之內下問甲於華戎凡在人靈疇無抃
躍今茲百辟咸集九有攸同竝執玉以來庭俱式歌而且
舞遠則重譯僉議近則端笏參謀欣覩增天之高願逢加
地之厚絕域忘生而越險華髮忍死而爭趨中外之心克

諧愚智之情允睦掌故事者草登封而待期執羈勒者儼
車徒而俟命庶官率職三事夙興遠邇昌言明靈幽贊莫
不傾視俯聽希陪肆覲之禮效祉呈祥欽承告成之慶山
稱萬歲企和鑾而發奇雲浮五彩佇華蓋而交蔭兩儀之
情轉迫萬國之望愈深臣又聞之屈己從衆至人所以稱
仁絲言顯發哲王以之敷信昨奉明詔許以試之實降皇
情俯同人欲寬仁之利斯博示信之道宜宏卽日庶尹馳
心咸奉章而守闕列藩翹足各伏地以祈恩所冀天慈深
加昭察制可羣僚之奏冠以發軫之期須示普天申明絕
典使夫一時之士欣獨高於萬代八荒之酋荷周霑於再

造則臣等死日猶生之年不任誠懇之至謹與連率方牧
等奉表詣闕固請以聞
長孫無忌等請封禪表臣聞陰陽不測陶冶生靈之謂神
道德元通仁育黎元之謂聖聖也者自天之攸縱也神也
者代天之理物也是以惟天稱辟靈心作其會昌惟辟奉
天至誠表其封禪升中之道抑斯之謂歟繇是先王急焉
當仁不讓景中必襲時至則行務在告於成功故無俟於
終日伏見綸旨辭遠役之初寧緩此嘉期託俟人之逸豫
豈容前歌拔拒戢武之後辭勞拓境開疆太平之秋有勸
誠如睿慮未昭百姓之心假此空言實乖千里之應臣等

伏膺麟閣縱觀太始之初沈研烏文歷邈檜巢之上悠悠
粟陸未辨犧牲淼淼大庭孰知罇俎衮衣為飾尚報太帝
之功茹毛充薦輕展介邱之禮西敘窮乎積石東漸迫乎
滄江化未覃於九夷貢有闕於三脊猶且範圍天地幹運
羲舒揚翠旌於奉高撫朱弦於岱嶽逗百神而賓上帝契
三靈而謁大壇玉牘靈文飛英華於萬古金繩祕檢騰清
輝於八埏是知紀號垂名崇高莫加於肆類推功輯瑞廣
厚莫大於登封若乃靈貺所集人謀允洽雖固執於撝謙
諒無得而辭也伏惟皇帝陛下研精探賾神無不炤唯幾
所鑒洞出象帝之初先天成則超貫混元之際繇是大明

揚彩麗雕軒以再中景宿騰輝藻琁題以霄映奔山車而
疊軫促日馭之鳴鑾躍澤馬而相趨徵天駟之徐軔煙川
清野蓄洩於奕奕之阿薰風警途扇蕩於云云之嶠其寘
兆也如彼其顯應也若斯而陛下因事逡巡方稽大典使
尊名顯號韜光於翠碑絕異殊尤沮絢於瓊簡孰謂畏天
之命順人之欲者歟率土悽悽深所未喻臣又聞之游海
若者馮夷之宮為陋登太山者魯侯之邦慕小是知絳霄
不極九垓網絡於胷中赤縣無涯四海括囊於度內何者
升山巢睫鷦比所以懸殊朝菌靈椿長短自然相度也若
夫太樂云替封豨盜鐘大禮既湮長鯨裂冕酌撫石於無

體均天之響鬱興採掃地於無形禋宗之道逾劭則女希
慙其創制軒后歸其正名矣至若比屋見誅農夫化為京
觀稟噍無類芻牧窮於染鍔重興粒食頌栖畝之餘糧首
建驂驔詠徒行之兼乘則農皇貶於推轂羲氏退以扶輪
矣既而凝旒闡化中外禔福負扆勝殘飛沈遂性亭育侔
於宇宙就望體於雲日荷其德以難名用其功而無謝故
乃邈高辛之順義孕顓頊之疏通矣加以刑清政肅委金
科而罔施毀犴空囹設畫衣而莫犯通關梁於負服共苑
囿於黎蒸擊壤而謠傳清音於戎狄耕田而食建可封於
阜隸外戶設而不扃神獸馴而辟獬故以光融伊帝景煥

虞庭至於昇宮菲膳孝享通於鬼神大路越席致敬極於嚴配黃屋建三辰之旂垂範裕於千祀元昦垂九旒之藻設法懸於萬代小正調其玉燭應祥冥而不虧中天朗其金鏡與㒚明而同晷則文命以是伏膺元王於兹負笈矣洎乎翦商除害夷項銀災戮冀野而復皇猷誅疇華而清帝道提倚天之長劍拯塗炭於遊魂揮駐日之雕戈暢懷生於仁壽則駭文武之仍代吞高光之累葉矣詮彼數君時聞一善能兼之者實歸仁聖若乃提封海外總一寰中日域窮芳華之津月窟跨濛波之表顒顒面內竝為冠帶之倫飄飄駕風總萃王庭之會賁北辰之明月物天府以

摛光筐南州之火毛鷟旗亭而吐曜龍伯釣鼇之旅咸編列於武臣鳳洲君子之湨各委質於文吏斯乃書契之所未覩超古先而絕類矣竊惟域中三大義均一體感通繇乎影響彌綸切乎交際是知德逾厚者貺逾深功尤高者祥尤著當今皞穹儲祉浹天紘以宅心后土錫符總坤維而服化繇是百官累息萬國聳神僉發叩閽之請佇副上靈之望伏願時紆睿紱遠振天聲徵鴻儒騁鯢齒考逸義緝遺編摭秦焜之逸文採魯壁之餘蠹酌雲經而定議憲河圖而繕儀然後玉露乘春金鑣肅景五牛翻其折羽六龍輝其鏤錫鼓豐隆而警翠微振列缺而清綠野髮笳發

岫合萬歲於山言飛蓋登巒錯五松於林秀登圜壇而接武降曜魄而齊尊俾夫一代衣冠寘其名於冊府四方夷狄鑿其竅於靈宮則普天欣賴懷生再造朝聞夕死抃若登仙臣等深荷玉成不勝至願重竭愚瞽昧死以聞

宋孫奭論天書疏臣竊見朱能者姦憸小人妄言祥瑞而陛下崇信之屈至尊以迎拜歸祕殿以奉安上自朝廷下及閭巷靡不痛心疾首反脣腹非而無敢言者昔漢文成將軍以帛書飯牛陽言牛腹中有奇書殺視得之天子識其手迹又有五利將軍妄言多方不讐二人皆坐誅先帝時有侯莫陳利用者以方術暴得寵用一旦發其姦誅於

鄭州漢武可謂雄才先帝可謂英斷唐明皇得靈寶符上清護國經寶劵等皆王鉷田同秀等所爲明皇不能顯戮怵於邪說自謂德實動天神必福我夫老君聖人也儻實降語固宜不妄而唐自安史亂離乘輿播越兩都盪覆四海沸騰豈天下太平乎明皇雖僅得歸闕復爲李輔國劫遷卒以餒終豈聖壽無疆長生久視乎夫以明皇之英睿而禍患猥至曾不知者良由在位既久驕亢成性謂人莫已若謂諫不足聽心玩居常之安耳熟導諛之說內惑寵嬖外任姦回曲奉鬼神過崇妖妄今日見老君於閣上明日見老君於山中大臣尸祿以將迎端士畏威而緘默既惑

左道卽衺政經民心用離變起倉卒當是之時老君寧肯禦兵寶符安能排難邪今朱能所爲或類於此願陛下思漢武之雄材法先帝之英斷鑒明皇之召禍庶幾災害不生禍亂不作

岱覽卷第四終

總覽二

岱覽卷第五

泰山書院院長陶山唐仲冕六幕輯

總覽二

岱禮下

〔東漢〕張純請封禪奏自古受命而帝治世之隆必有封禪以告成功焉樂動聲儀曰以雅治人風成於頌有周之盛成康之閒郊配封禪皆可見也書曰歲二月東巡狩至於岱宗則封禪之義也臣伏見陛下受中興之命平海內之亂修復祖宗撫存萬姓天下曠然咸蒙更生恩德雲行惠澤雨施黎元安命夷狄慕義詩云受天之祜四方來賀今攝提之歲蒼龍甲寅德在東宮宜及嘉時遵唐帝之典繼孝武之業以二月東巡狩封于岱宗明中興勒功勳復宗統報天神禪梁父祠地祇傳祚子孫萬世之基也

〔丁鴻〕從東巡奏臣聞古之帝王統治天下五載巡狩至于岱宗柴祭于天望秩于山川協時月正日角斗斛權衡使人不爭陛下尊履蒸蒸奉承鴻業祀五帝於明堂配以光武二祖四宗咸有告祀瞻望太山嘉澤降澍柴祭之日白氣上升與燎煙合黃鵠羣翔所謂神人以和答饗之休符也

〔魏〕蔣濟請封禪奏夫帝王大禮巡狩爲先昭祖揚禰封禪

為首是以自古革命受符未有不蹈梁父登太山刊無竟之名紀天人之際者也故司馬相如謂有文以來七十二君或順所繇於前謹遺教於後太史公曰主上有聖明而不宣布有司之過也然則元功懿德不刊梁山之石無以顯帝王之功示兆庶不朽之觀也語曰當君而歎堯舜之美譬猶人子對厥親而譽他人之父今大魏乘百王之弊亂拯流遁之艱危接千載之衰緒繼百代之廢業自武文至于聖躬所以參成天地之道綱維人神之化上天報應嘉瑞顯祥以比往古無所取喻至於歷世迄今未發大禮雖志在掃盡殘盜蕩滌餘穢未遑斯事若爾三苗倔強於江海大舜當廢東巡之儀徐夷跳梁於淮泗周成當止岱嶽之禮且去歲破吳虜於江漢今茲屠蜀賊於隴右其震蕩內潰在不復淹無累於封禪之事也此議久廢非倉卒所定宜下公卿廣撰其禮卜年考時昭告上帝以副天下之望臣待罪軍旅不勝大願冒死以聞

晉衛瓘山濤等請封禪奏臣聞肇自生靈則有后辟年載之數莫之能紀立德濟世揮揚仁風以登封泰山者七十有四家其謚號可知者十有四焉沈淪寂寞曾無遺聲者不可勝記大晉之德始自重黎實佐顓頊至於夏商世序天地其在於周不失其緒金德將升世濟明聖外平蜀漢海內歸心武功之盛實繇文德至于陛下受命踐祚宏建大業羣生仰流惟獨江湖沅湘之表凶桀負固歷代不賓神謀獨斷命將出討兵威暫加數旬蕩定羈其鯨鯢赦其罪逆雲覆雨施八方來同聲教所被達於四極雖黃軒之征大禹遠略周之奕世何以尚今若夫元石素文底號前載象以數表言以事告雖古河圖雒書之徵不是過也宜宣大典禮中嶽封泰山禪梁父發德號明至尊享天休篤黎庶勤千載之表播流後之聲俾百世之下莫不興起斯帝王之盛業天人之至望也

王公有司又奏自古聖明光澤四海封禪名山著於史籍作者七十四君矣舜禹之有天下也巡狩四嶽躬行其道易著觀俗省方禮有升中於天詩頌陟其高山皆載在方策文王為西伯以服事殷周公以魯藩列於諸侯或享於岐山或有事太山徒以聖德猶得為其事自是以來功薄而僭其儀者不可勝數號謚不泯以至於今況高祖宣皇帝肇開王業海外有截世宗景皇帝濟以大功輯寧區夏太祖文皇帝受命造晉盪定蜀漢陛下應期龍興混一六合澤被羣生威震無外昔漢氏失統吳蜀鼎峙兵興以來近將百年地險俗殊人望絕塞今不羈之寇二代而平非聰明神武先天弗違孰能巍巍其成功若茲者歟臣等幸

以千載得遭運會親服大化目覩太平至公至美誰與爲
讓宜祖述先明憲章古昔勒功岱嶽登封告成宏禮樂之
制正三雍之典揚名萬世以顯祖宗是以不勝大願敢昧
死以聞請告太常具禮儀

〔宋〕謝莊〈上封禪儀注奏〉臣聞崇號極建必觀俗以樹教正
位居體必採世以立言是以重代列聖咸由厥道元勳上
烈融章未分鳴光委緒歇而罔臧若其顯謚騰軌則系綴
聲采徵畧聞聽爰洎姬漢風流尚存遺芬餘榮緜映紀緯
雖年絕世祀代革精華可得騰金緑奏玉潤鏤迹以燻今
鐫德以麗遠而四望埋禋歌之禮日觀砲修封之容豈非

神明之業難崇功基之迹易泯自兹以降訖于季末莫不
欲英宏徽位詳固洪聲豈徒深默修文淵幽馭世而已諒
以滕非虛奏書匪妄埋擊雨恕神淳㢈復樹安得紫壇肅
祇竹宮載竚散火投郊流星奔座寶緯初基厭靈命歷德
振弛維功濟淪象元浸紛流華液幽潤規存永馭思詳樹
遠太祖文皇帝以啟遘泰運景望震凝采樂調風集禮宣
度祖宗相映軌迹重輝聖上韞籙蕃河竚翔衡漢金波掩
照華耀停明運動時來躍飛風舉澄氛海岱開景中區歇
神還靈穎天重耀儲正凝位於兼明袞嶽蕃華於元列故
以祥應昌基繁發篆素重以班朝待典飾令詳儀纂綜淪

蕪接騰委逸奏玉郊宮禋珪元時景集天廟脈壤祥農節
至昕陽川邱夙禮綱威巡駐表綏中甸史流其詠民挹其
風於是涵迹視陰振聲威響歷代之渠沈於望內安侯之
長賢王入侍殊生詭氣奉俗還鄉羽族卉儀懷音革肰邊
帛絕書權光弛燭天岱發靈宗河開寶崇邱淪鼎振采泗
淵雲皇王嶽摛藻雲漢弁角卽音栖翔禁黛衮用霜昧斵
舞川肆榮泉流鏡後昭河源故以波沸外關雲蒸內澤若
其雪趾青毳元文朱綵日月郊甸擇木弄音重以榮露騰
軒蕭雲掩閣鎬穎孳萌移華淵禁山輿竚衡雲鶼竦翼海
鰈泳流江茅吐蔭校書之列仰筆以飾辭濟代之蕃獻邑

以待禮豈非神緦氣昌物瑞雲照蒲軒龜軫口泉淳芳太
宰江夏王臣義恭咀道遵英抽奇麗古該潤圖史施詳閫
載表以功懋往初德耀炎昊升文中岱登牒天關耀冠榮
名摛振聲號而道謙稱首禮以虛挹將使元祇缺觀幽瑞
乖期梁甫無盛德之容介邱靡升聞之響加窮泉之野獻
八代之駟交木之鄉莫絕金之楛肅靈重表珍符兼貺伏
惟陛下讀詳淵載衍屬休章依徵聖靈潤色聲業諏辰稽
古肅齊警列儒僚展采禮官相儀懸甤動音洪鐘竦節陽
路整衛正途清禁於是績環珮端玉藻鳴鳳竚律騰駕流
文閶綵比象之容昭明紀數之服徽焯天陣容藻神行翠

蕤懷陰羽華列照乃詔聯事掌祭賓客贊儀金支宿縣鏞石潤響命五神以相列關九闕以集靈驚衞兵而開雲先雨祇以灑路霞凝生闕煙起成宮臺冠丹光壇浮素靄爾乃臨中壇備盛禮天降祥錫壽固皇根谷動神音山傳稱響然後辨年問老陳詩觀俗歸薦告神奉遺清廟光美之盛彰乎萬古淵祥之烈溢乎無窮豈不盛歟臣等生接昌辰肅懋明世東教管闚未足言道且章志湮微代往淪絶鉤採遺文辯明訓詁□□□□遺訪鄒魯草縢書埋玉之禮具竦石繩金之儀和芝潤瑛鐫璽乾封懼弗軌屬上徽燀當王則謹奉儀注以聞

唐源乾曜張說等請封東嶽奏臣聞自古受天命居大寶者必登崇高之邱行封禪之事所以展誠敬報神祇三五迄今未之闕也是以高宗因武文之業盛岱亭之禮方冊所記虞夏同風聖移三朝年經五紀封崇之典缺而未修山川望幸屬在今日陛下靖多難尊先朝天所啟也承大統臨萬邦天所命也焉可不陟東岱禪云亭報上元之靈恩紹高宗之洪烈則天地之意宗廟之心將何以克厭哉且陛下卽位以來十有四載創九廟禮三郊大舜之孝敬也敦九族友弟兄文王之慈惠也畀宮室菲飲食夏禹之恭儉也道稽古德日新帝堯之文思也憐黔首惠蒼生成湯之深仁也化元漠風太和軒皇之至理也至如日月星辰山河草木羽毛鱗介窮祥極瑞蓋以薦至而爲常衆多而不錄正以天平地成人和歲稔可以報於神明矣鴻生碩儒上章奏而請封禪者前後千百聖情撝挹天鑒未回臣等仰考神心傍採衆望封巒展禮時不可抑陛下縱不欲以成功告天豈不可以天休報德臣等昧死上請以聞

梁許懋駁封禪議臣案舜幸岱宗是爲巡狩而鄭引孝經鉤命决云封於太山考績柴燎禪乎梁甫刻石紀號此緯書之曲說非正經之通義也依白虎通云封者言附廣也禪者言成功相傳也若以禪授爲義則禹不應傳啟至桀

十七世也湯又不應傳外丙至紂三十七世也又禮記云三皇禪奕奕謂盛德也五帝禪亭亭特立獨起於身也三王禪梁甫連延不絶父沒子繼也若謂禪奕奕爲盛德者古義以伏羲神農黃帝是爲三皇伏羲封太山禪云云黃帝封太山禪亭亭皆不禪奕奕而云盛德則無所寄矣若謂五帝禪亭亭特立獨起於身者顓頊封泰山禪云云帝嚳封泰山禪云云堯封泰山禪云云舜封泰山禪云云亦不禪亭亭若合黃帝以爲五帝者少昊卽黃帝子又非獨立之義矣若謂三王禪梁甫連延不絶父沒子繼者禹封太山禪云云周成王封太山禪社首舊書如此異乎禮說

皆道聽所得失其本文假使三王皆封太山禪梁甫者是
爲封太山則有傳世之義禪梁甫則有揖讓之懷或欲禪
位或欲傳子義既矛盾理必不然又七十二君夷吾所記
此中世數裁可得二十餘主伏羲神農女媧大庭柏皇中
央栗陸驪連赫胥尊盧混沌昊英有巢朱襄葛天陰康無
懷黃帝少昊顓頊高辛堯舜禹湯文武中間乃有共工霸
有九州非帝之數云何得有七十二君封禪之事且燧人
以前至周之世未有君臣人心淳朴不應金泥玉檢升中
刻石燧人伏羲神農三皇結繩而治書契未有作未應有
鐫文告成且無懷氏伏羲後第十六主云何得在伏羲前

封太山禪云云夷吾又曰惟受命之君然後得封禪周成
王非受命君云何得而封太山禪社首神農與炎帝是爲
一主而云神農封太山禪云云炎帝封太山禪云云分爲
二人妄亦甚矣若是聖主不須封禪若是凡主不應封禪
當是齊桓欲行此事管仲知其不可故舉怪物以屈之也
秦始皇登太山中坂風雨暴至休松樹下封爲五大夫而
事不遂漢武帝宗信方士廣召儒生皮弁搢紳射牛行事
獨與霍嬗俱上既而子侯暴卒厥足用傷至魏明使高堂
隆撰其禮儀閒隆没歎息曰天不成吾事高生捨我亡也
晉武太始中欲封禪乃至太康議猶不定竟不果行孫皓

遣兼司空董朝兼太常周處至陽羨封禪國山此朝君臣
有何功德不思古道而欲封禪皆是主好名於上臣阿旨
於下也夫封禪者不出正經惟左傳說禹會諸侯於塗山
執玉帛者萬國亦不謂爲封禪鄭元有參柴之風不能推
尋正經專信緯候之書斯爲謬矣藝禮云因名山升中于
天燔柴岱宗卽因山之謂矣舜典有歲二月東巡狩至于
岱宗夏南秋西冬北五年一周若爲封禪何其數也
北齊樊遜升中紀號對臣聞巡嶽之禮勒在虞書省方之
義著於易象往帝前王匪唯一姓封金刊玉億有餘人仲
尼之觀梁甫不能盡識夷吾之對齊桓所存未幾然盛德

之事必待太平苟非其人更貽靈譴秦皇無道致風雨之
災漢武奢淫有奉車之害及文叔受命炎精更輝四海安
流天下輯睦劍賜騎士馬駕鼓車乃用張純之文始從伯
陽之說至於魏晉雖各有君量德而處莫能擬議蔣濟上
言於前徒穢紙墨袁淮發論於後終未施行世歷三朝年
將十祀啟聖之期茲爲昌會然自水德不競函谷封塗天
馬息歌包茅絶貢我太祖收寶雞之瑞握鳳凰之書體一
德以匡朝屈三分而事主蕩此妖寇易如沃雪但昌既受
命發乃行誅雖太白出高中國宜戰置之度外望其遷善
伏惟陛下以神武之姿天然之畧馬多冀北將異山西涼

風至白露下北上太行東臨碣石方欲吞巴蜀而掎崤函
苑長洲而池江漢復恐迎風縱火芝艾共焚案此六軍未
申九伐夫周發牙璋漢馳竹使義在濟民非聞好戰至如
投鼠忌器之說蓋是常談文德懷遠之言豈識權道今三
臺令子六郡良家蓄銳須時裹糧待詔未若龍馬虎服先
收隴右之民電轉雷驚因取荆南之地昔秦舉長平金精
食昴楚攻鉅鹿枉矢背流況我威靈能無協贊但使彼之
百姓一覩六軍似見周王若逢司隸然後除其苛令與其
約法振旅而還止戈爲武標金南海勒石東山紀天地之
奇功被風聲於千載若令馬皃不死子暘尚在便欲案明

堂之圖草射牛之禮七德論功多慙往列升中告禪臣用
有疑

唐顔師古封禪議將封先祭義在告神且備款謁之儀方
展慶成之禮固當爲壇下距預申齋潔贊饗已畢然後登
封既表慎重之深兼示行事有漸今請祭於山下封於山
上四出陽壇道場通議南面入升於事爲允今請山上圓
壇廣五尺高九尺用五色土爲之四面各設一陛御位在
壇南升自南陛而就行事舊藏玉牒止用石函亦猶書盛
篋笥所以或呼爲石篋然其形大質重轉徙非易岱宗儻
無此石皆應取自他山所以不爲混成累輯而作大要在
於周固稽其縝密而近代儀注更名石碱碱非稽古之文
本無義訓可謂贏縮之間貴在折中不煩紛議更增疑惑
今請方石三枚以爲再累其十枚石檢刻方石四邊而立
之纏以金繩用備檢約凡言封者皆是積土之名利建分
封亦以班社立號謂之封禪厥義可知今且置牒壇上止
因累石不加繕築卽以爲封匪惟嚴祕之道有如簡率亦
乃名實不副理恐乖爽今請於圓壇之上安置方石封印
既訖加五色土築以爲封高一丈二尺而廣二丈金玉重
寶質性堅貞宗祀嚴禋皆充器幣豈嫌華靡實貴精確況
三神壯觀萬代鴻名禮極殷崇事資藻縟玉牒玉檢式韞

靈琦傳之無窮永存不朽至於廣袤之數足以載文辭緘
束之方務在申膠固今宜立制隨時損益豐功厚德既以
跨躡前蹤盛典宏規無勞一遵曩式今請玉牒長一尺二
寸廣厚各五寸玉檢厚二寸其印齒疎密隨印大小距石
之設意取牢固本資實用豈云巧飾今既積土厚封更無
差動天長地久寧假支持斜設横安請並弗置勒石紀號
垂裕後昆美盛德之形容闡后王之休烈其義遠矣其事
尚焉我皇聲暢九垓威横八極靈祇不愛其寶兆庶無得
而稽但當贊述希夷以攄臣下之志其祭壇之例登封之
所肆覲萬國受記百神固宜刻頌顯揚功業至如小距環

壇石闕別樹事非經據無益禮儀煩而非要請從減省神
靈璽寶而弗用由來無所施行其六璽雖以封書莫不披
於羣下受命之璽登封則用昭事上元表茲介福休徵緯
兆豈因常貫又封檢之璽分寸不同即事而言請竝更造
旣順肅虔之理永垂創制之名禪壇制度請從新禮行事
儀式亦竝依之自外委細不載於文者職在所司隨事量
定詔旨集公卿及儒生學士議登封事謹依訪聞具件如
右
李勣等請以高祖太宗俱配昊天上帝議臣聞殷薦上帝
事有明文祖宗竝列抑惟通軌雖三五以降損益不同漢

魏以還沿革殊致至於帝郊嚴配之儀尊祖敬宗之典固
以因心宏範緣情作則孝思聖敬迴冠往初茂實宏規遂
高終古伏惟高祖太祖皇帝改物創業撥亂反正受終明
三統之歷執競隆七百之基御極垂衣稱物平施隨山靜
稽天之浸授首撲燎原之災元功暢於六虛聖績覃於四
海巍巍蕩蕩無得而稱太宗文皇帝鑿乾履度括地提衡
翦修蛇於洞庭戮蚩尤於中冀戢召雨追風之孽軼斷鼇
鍊石之勤微禹之功用軫宣尼之歎曰文之德實符姬旦
之時叡智神武含宏光大深居高祀懷日月以炤臨剛健
柔明體乾坤之博厚求賢勞於宵夢拜善急於朝餐總宇

宙以彌綸運陰陽而陶鑄變澆僞於華胥之俗還淳朴於
大庭之辰九譯同文八荒順軌人神以合祥瑞畢臻巢鳳
下窺遊麟易擾山車澤馬遠服瑤池之駕醴泉甘露近充
上壽之尊優遊垂拱制禮作樂遠鏡百王獨爲稱首再造
區夏重安宸極昊天成命二帝受之升降節文不宜差別
而肅恭禋祀綴兆分位升中告禪天地別饗垂嚴父配天
之文失尊親加隆之數今歸功中嶽請以二帝竝配竊以
太穆皇后造舟備禮爰定厥祥處人倫之經居風化之始
追蹤文母播美周嫄文德皇后俔天作合曾沙表慶功侔
十亂化被二南兩聖旣已配封則二后應須配禪申宸思

淳深之極宏聖朝敬愛之旨自我作古聞之往策周制所
定夫何足云斯乃振揚休烈昭宣懿範請存乎不刊永貽
來葉
張說徐堅等先奠璧後燔柴議臣等謹案明慶年禮部尚
書許敬宗因修禮奏改燔柴在於祭前狀稱祭祀之禮必
先降神周人尚臭祭天則燔柴者臣等案禮迎神之義樂
六變而天神降八變而地祇出九變則人鬼可得而禮矣
則神降以樂周禮正文非謂燔柴以降神也案尚臭之義
不爲燔之先後假如周人尚臭祭天則燔柴則殷人尚聲
何聲可燔先迎神乎又案明慶中無忌等奏晉氏之前猶

遵古禮周魏以降妄爲損益者今案郭璞晉南郊賦及注爾雅祭後方燔又案宋志所論亦祭後方燔又檢南齊北齊及梁郊祀亦飲福酒乾燔又檢後周及隋郊祀亦先祭後燔據此周遵後燔晉不先燔無忌之言事乃相乖又案周禮大宗伯職以玉作六器以禮天地四方注云禮謂始告神時薦於神座也又文云以蒼璧禮天以黃琮禮地皆有牲幣各於其器之色又禮器云有以少爲貴者祭天特牲是知蒼璧之與蒼牲俱合奠之神座理卽不惑又云四圭有邸以祀天旅上帝卽明祀昊天上帝之時以旅五方天地明矣其青圭赤璋白琥元璜以立春立夏立秋立冬

日各於其方迎氣所用自分別矣今案明慶所改新禮以蒼璧與蒼牲幣俱用先燔蒼璧既已燔矣所以遂加四圭有邸奠之神座蒼牲既燔矣所以更加騂牲充其實俎混昊天於五帝同用四圭失特牲之明文加爲二犢深乖禮意事乃無憑

施敬本駁奏舊封禪禮其畧曰舊禮侍中跪取匜沃盥非禮也夫盥手洗爵人君將致潔而尊神故小臣爲之今侍中大臣也而沃盥於人君太祝小臣也反詔祝於天神是接天神以小臣奉人君以大臣故非禮案周禮大宗伯曰鬱人下士二人祼事則沃盥此職也漢承秦制則無鬱人之職故使近臣爲之魏晉至今因而不改然則漢禮侍中行之則可矣今以侍中爲之則非也漢侍中其始也微高帝時籍孺爲之惠帝時閎孺爲之留侯子辟彊年十五爲之至後漢樓堅以議郎拜侍中邵闓自侍中遷步兵校尉其秩千石少府卿之官屬也少府卿秩二千石丞秩千石侍中與少府丞班同魏代蘇則爲之舊侍中親省起居故謂之執獸子吉茂見則嘲之曰仕進不止執獸子是言其爲褻臣也今侍中名則古官人非昔任掌同變理寄實鹽梅非復漢魏執獸子之班異乎周禮鬱人之職行舟不息墜劍方遙驗刻而求可謂謬矣夫祝以傳命通主人之意

以薦於神明非賤職也故兩君相見則卿爲上儐況天人之際其肅恭之禮以兩君爲喻不亦大哉今太宰太祝下士也非所以重命而尊神之義也然則漢太祝是禮矣何者案周禮大宗伯曰太祝下大夫二人上士四人掌六祝之祠大宗伯爲上卿今禮部尚書太常卿比也小宗伯中大夫今侍郎少卿比也太祝下大夫今郎中太常丞比也上士四人今員外郎太常博士比也故可以處天人之際致尊極之詞矣又漢太祝令秩六百石與太常博士同班梁太祝令與南臺御史同班今太祝下士之卑而居古下大夫之職斯又刻舟之論不殊於前矣又曰舊禮謁者引

太尉升壇亞獻非禮也謁者已賤升壇已重是徵名用之
欲合於古而不知戾於古而變於今也案漢官儀尚書御
史臺官屬有謁者僕射一人秩六百石銅印青綬謁者三
十五人以郎中滿歲稱給事未滿歲稱權謁者又案漢百
官公卿表光祿勳官屬有郎中員秩比二千石有謁者掌
兵贊受事員七十人秩比六百石則古之謁者秩異等今
謁者班微以之從事可謂疎矣又曰舊禮尚書令奉玉牒
今無其官請以中書令從事又案漢武帝時張安世爲尚
書令遊宴從官以宦者一人出入帝命改爲中書謁者令
至成帝罷宦者用士人魏黄初改祕書署中書監令舊尚

書拜掌制誥既置中書官而制誥樞密皆掌焉則自魏以
來中書是漢朝尚書之職今尚書令奉玉牒是用漢禮其
官既闕故以中書令主之

〔漢〕兒寬〔東封頌〕臣聞三代改制屬象相因閒者聖統廢紀
陛下發憤合指天地祖立明堂辟雍宗祀太一六律五聲
幽贊聖意神樂四合各有方象以承嘉祀爲萬世則天下
幸甚將建大元本瑞登告岱宗發祉闓門以候景至癸亥
宗祀日宣重光上元甲子肅邕永享光輝充塞天文粲然
見象日昭報降符應臣寬奉觴再拜上千歲壽制曰敬舉
君之觴繩武案漢書止云寬上壽曰無東封頌之名太一作泰山以承作以丞允塞作充塞日昭作曰昭

〔東漢〕班固〔東巡頌〕有序　竊見巡狩岱宗柴望山虞宗祀明
堂上稽帝堯中述世宗遵奉世祖禮儀備具動自聖心是
以明神屢應休徵仍降不勝狂簡之情謹上岱宗頌一篇
曰若稽古在漢迪哲聿修厥德憲章丕烈翻六龍較五輅
齊百僚陶質素命南重以司歷厥中月之六辰備天官之
列衛盛輿服而東巡藝文類聚及古文苑載之而舊刻蔡中郎集亦載是篇

〔崔駰〕〔東巡頌〕伊漢中興三葉於皇維烈允迪厥倫矩坤度
以範物規乾則以陶鈞於是考上帝以質中總列宿於北
辰開太微敞禁庭延儒林以諮詢岱嶽之事於是典司者
考載華抱實道爾而造曰盛乎大漢既重雍而襲熙世增

其德唯斯嶽禮久而不修此神人之所望幸海内之所想
思頌有喬山之征典有徂嶽之巡時邁其邦民斯攸勤不
亦宜哉乃命太僕訓六騶嫻路馬戒師徒於是乘輿登天
靈之威路駕太一之象車升九龍之華旗建掃霓之旌旄
袁胡耇之元老賞孝行之畯農闕三軍霆激羽騎火烈天
動雷霆隱隱轔轔躬東作之上務始八正於南行一作備穀古文
兆厥倫下有續王命允漢興句民作人訓作馴騶作彎

〔馬融〕〔東巡頌〕允迪在昔紹烈陶唐殷天衷克搖光若時則
運璣衡敷六典經八成肆類乎上帝實柴乎三辰禋祀乎
六宗祗燎乎羣神遂發號羣司申戒百工卜筮稱吉著龜

襲從南征北伐馮相告祥清夷道而後行曜四國而揚光
展聖義於巡守喜圻畤而詠八荒指宗嶽以爲期因岱神
之所望散齋既畢越翼艮辰棫槱增構烈火燔燃暉光四
燭焱爛薄天蕭香肆升清煙冒雲珪璋峩峩犧牲絜純鬱
鬯宗彝明水元樽空桑孤竹咸池雲門六八匝變神祇竝
存太平御覽經八成下有變和蔚殊總領神明二句

晉司馬貞史記封禪書贊禮載升中書稱肆類古今盛典
皇王能事登封報天降禪除地飛英騰實金泥石記漢承
遺緒斯道不墜仙閭肅然揚休勒志

漢司馬相如封禪書伊上古之初肇自顥穹生民歷選列
辟以迄於秦率邇者踵武聽逖者風聲紛綸葳蕤湮滅而
不稱者不可勝數繼韶夏崇號謚略可道者七十有二君
罔若淑而不昌疇逆失而能存軒轅之前遐哉邈乎其詳
不可得聞已五三六經載籍之傳維風可觀也書曰元首
明哉股肱良哉因斯以談君莫盛於唐堯臣莫賢於后稷
后稷創業於唐公劉發跡於西戎文王改制爰周郅隆大
行越成而後陵遲衰微千載亡聲豈不善始善終哉然無
異端慎所由於前謹遺教於後耳故軌迹夷易易遵也湛
恩厖鴻易豐也憲度著明易則也垂統理順易繼也是以
業隆於襁褓而崇冠於二后揆厥所元終都攸率未有殊

尤絕跡可考於今者也然猶躡梁父登泰山建顯號施尊
名大漢之德逢涌原泉沕潏曼羨旁魄四塞雲布霧散上
暢九垓下泝八埏懷生之類霑濡浸潤協氣橫流武節猋
逝邇陿遊原迥闊泳沫首惡鬱沒晻昧昭晰昆蟲闓澤回
首面內然後囿騶虞之珍羣徼麋鹿之怪獸導一莖六穗
於庖犧雙角共柢之獸獲周餘珍放龜於岐招翠黃乘龍
於沼鬼神接靈圉賓於閒館奇物譎詭俶儻窮變欽哉符
瑞臻茲猶以爲德薄不敢道封禪蓋周躍魚隕航休之以
燎微夫此之爲符也以登介邱不亦恧乎進讓之道何其
爽歟於是大司馬進曰陛下仁育羣生義征不憓諸夏樂
貢百蠻執贄德侔往初功無與二休烈浹洽符瑞衆變期
應紹至不特創見意泰山梁父設壇場望幸蓋號以況榮
上帝垂恩儲祉將以慶成陛下嗛讓而弗發挈三神之歡
缺王道之儀羣臣恧焉或曰且天爲質闇示珍符固不可
辭若然辭之是泰山靡記而梁父罔幾也亦各竝時而榮
咸濟厥世而屈說者尚何稱於後而云七十二君哉夫修
德以錫符奉命以行事不爲進越也故聖王不替而修禮
地祇謁款天神勒功中嶽以彰至尊舒盛德發榮號受厚
福以浸黎民皇皇哉斯事天下之壯觀王者之卒業不可
貶也願陛下全之而後因雜縉紳先生之略術使獲曜日

月之末光絕炎以展寀錯事猶兼正列其義祓飾厥文作
春秋一藝將襲舊六爲七攄之無窮俾萬世得激清流揚
微波蜚英聲騰茂實前聖之所以永保鴻名而常爲稱首
者用此宜命掌故悉奏其儀而覽焉於是天子沛然改容
曰俞乎朕其試哉乃遷思回慮總公卿之議詢封禪之事
詩大澤之博廣符瑞之富遂作頌曰自我天覆雲之油油
甘露時雨厥壤可游滋液滲漉何生不育嘉穀六穗我穡
何蓄匪唯雨之又潤澤之匪唯徧之我氾布護之萬物熙
熙懷而慕思名山顯位望君之來君兮君兮侯不邁哉般
般之獸樂我君圃白質黑章其儀可嘉旼旼穆穆君子之

態蓋聞其聲今親其來厥塗靡從天瑞之徵茲爾於舜虞
氏以興濯濯之麟游彼雲時孟冬十月君徂郊祀馳我君
輿帝用享祉三代之前蓋未嘗有宛宛黃龍興德而升采
色炫燿熿炳煇煌正陽顯見覺寤黎蒸於傳載之云受命
所乘厥之有章不必諄諄依類託寓諭以封巒披藝觀之
天人之際已交上下相發允答聖王之德兢兢翼翼故曰
於興必慮衰安必思危是以湯武至尊嚴不失肅祗舜在
假典顧省闕遺此之謂也繩武案史記於昊穹下多一兮字以首句至肇字斷句○歷選
史記作歷撰○聽逖史選皆作逖聽○史漢於勝數下皆有也字綸漢書作輪○繼昭夏史作續昭夏選作繼韶夏
○蜀己史作聞也○維風史漢皆作維見○唐堯漢無唐字○厖鴻漢作浝洪史作濛涌○逢涌史作湰涌曼羨史

作漫衍○猋史作飄漢作猋○慨史作陝漢選作陿遐史作迴漢作迴○鬱史作湮晻史作闇○珍放漢選皆無珍
字史作珍收○德菥史漢皆無德字航史漢皆作杭此史漢皆作斯○何其史作其何○讁史作憓○侔漢作牟○
意史漢皆作意者○慶史作薦○弗發下史漢皆有也字○或曰史漢皆作或謂示珍符史無示下字○厥世史無厥
字君哉史作君乎○奉命史漢皆作奉符何末史無也字○黎民選作黎元史多也字○斯事選作此連下句讀卒
史作丕○寀史漢作采○祓飾史作挍飭○之所以選無之字○儀史作義○沛然選作俙然兪史作愉○偏之史
作濡之漢作偏我無之字布史作甫護史作濩○慕思漢作慕之○召兮史選皆作君乎○囿漢選作圃○嘉漢作
喜○穆史作睦態作能○親史作觀漢作硯○從史作蹤○爾史選俱作亦熿炳漢作炳炳煌史作湟○蒸史漢作
烝○翼翼下史有也字○故曰於史無於字○闕遺史漢俱作厥遺
〔唐〕駱賓王〔爲齊州父老請陪封禪文〕圓天列象紫宮通北
極之尊大帝凝圖元猷暢東巡之禮是知光隆先澤旣輯

玉於雲臺業紹禋宗必塗金於日觀伏惟皇上乘乾握紀
纂三統之重光御極登樞應千靈之累聖故得河浮五老
啟赤文於帝期海薦四神奉丹書於王會瑞開三脊祥洽
五雲旣而緝總章之舊文紹辟雍之故事非煙翼戟移玉
輦於梁陰若月承輪祕金繩於岱嶽臣等質均芻狗陰謝
桑榆幸屬堯鏡多輝昭餘光於蓮石軒圖廣運追盛禮於
摐金然而鄒魯舊邦臨淄遺俗俱沐二周之化咸稱一變
之封境接青嶹俯瞰獲麟之野山開翠屺斜連辨馬之峯
豈可使稷下遺甿頓隔陪封之禮淹中故老獨奏告成之
儀是用就日披丹仰璧輪而三舍望雲紓素叫天閽於九

重倘允微誠許陪大禮則夢瓊餘息翫仙閭以相歡就木殘魂遊岱宗而載躍

漢班固白虎通封禪篇王者易姓而起必升封泰山何報告之義也始受命之日改制應天天下太平功成封禪以告太平也所以必於泰山何萬物之始交代之處也必於其上何因高告高順其類也故升封者增高也下禪梁甫之基廣厚也皆刻石紀號者著已之功跡以自効也天以高爲尊地以厚爲德故增泰山之高以報天附梁甫之基以報地明天之所命功成事就有益於天地若高者加高厚者加厚矣或曰封者金泥銀繩或曰石泥金繩封之以印璽故孔子曰升泰山觀易姓之王可得而數者七十有餘君封者廣也言禪者明以成功相傳也梁甫者泰山旁山名正於梁甫何以三皇禪於繹繹之山明已成功而去有德者居之繹繹者無窮之意也五帝禪於亭亭之山亭亭者制度審諟道德著明也三皇禪於梁甫之山梁者信也甫者輔也信輔天地之道而行之也太平乃封知告于天必也於岱宗何明知易姓也刻石紀號知自紀於百王也燎祭天報之義也望祭山川祀羣神也詩云於皇時周陟其高山言周太平封泰山也又曰隨山喬嶽允猶翕河言望祭山川百神來歸也文後言符瑞節入齊諸

黃憲外史封禪篇齊王將進泰山問于徵君曰敝邑有封禪之山非天子不能舉也泰始以諸侯之國而舉之非僭與徵君對曰憲也聞之古者天子巡狩朝諸侯於明堂祀羣神于岱嶽觀民風以布王政未聞有封禪之舉也不經孰甚矣天子一日有萬務其勤惕也如是豈能懈其萬務率之以臣庶曠之以時月而侈心于封禪勒功德于無知之石哉自古迄于秦好爲封禪者有七十有二然茫昧而不可述大抵皆侈心之主也炎漢重離我二祖光耀前後豐功令德不能殫紀其盛然亦未嘗蹈前王之陋規而舉封禪文景紹厥休烈海內幾刑措之風固盛王素主也至于封禪則恥之及孝武卽極玩武佳兵傾海內之命運府庫之積而肆伐匈奴使百姓去家室之樂而身顯功烈之名致符瑞求神仙茂舉封禪以建榮號是以漢祚中替卒不能休隆于前也歷至于今譚封禪之事者猶昌而未熄豈非貽謀之慮與若秦之始皇又何道哉今以大王之賢而光濟王室可以跨秦而登周也誠能偃泰山之碑摧梁父之碣毀雲夢之銘修明堂之典以臨天皇而招八國之諸侯是王之顯功踰于桓文也何必慕狂秦之侈心追七十二君之陋軌哉齊王曰先生幸敎不穀美矣駿矣雅矣元矣乃命左右紀之

王充論衡道虚篇載太山之上者七十有二君皆勞情苦思憂念王事然後功成事立致治太平太平則天下和安乃升太山而封禪焉夫修道求仙與憂職勤事不同心思道則忘事憂事則害性世稱堯若腊舜若腒心愁憂苦形體羸癯使黃帝致太平乎則其形體宜如堯舜堯舜不得道黃帝升天非其實也使黃帝廢事修道則心意調和形體肥勁是與堯舜異也異則功不同矣功不同天下未太平而升封又非實也

晉司馬彪續漢書祭祀論臧文仲祀爰居而孔子以爲不知漢書郊祀志著自秦以來迄今王莽典祀或有未修而爰居之類衆焉世祖中興蠲除非常修復舊祀方之前事邈殊矣嘗聞儒言三皇無文結繩以治自五帝始有書契至于三王俗化彫文詐僞漸興始有印璽以檢姦萌然而未有金玉銀銅之器也自上皇以來封泰山者至周七十二代封者謂封七爲壇柴祭告天代興成功也禮記所謂因名山升中于天者也易姓則改封者著一代之始明不相襲也繼世之王巡狩則修封以祭而已自秦始皇孝武帝封泰山本由好僊信方士之言造爲石檢印封之事也所聞如此雖誠天道難可度知然其大較猶有本要天道質誠約而不費者也故牲有犢器用陶匏殆將無事于檢

封之閟而樂難攻之石也且唯封爲改代故曰岱宗夏康周宣由廢復興不聞改封世祖欲因孝武故封實繼祖宗之道也而梁松固爭以爲必改乃當夫既封之後未有福而松卒被誅死雖罪由身蠱亦誣神之咎也且帝王所以能大顯于後者實在其德加于民不聞其在封矣言天地者莫大于易易無六宗在中之象若信爲天地四方所宗是至大也而比太社又爲失所難以爲誠矣

袁宏後漢紀封禪論夫天地者萬物之宮府山川者雲氣之邱墟萬物之生遂則宮府之功大雲雨施其潤則邱墟之德厚故化洽天下則功配于天地澤流一國則德合于山川是以王者經略必以天地爲本諸侯述職必以山川爲主體而象之取其陶育禮而告之歸其宗本書云東巡狩至于岱宗柴傳曰郊祀后稷以祈農事夫巡狩觀化之常事祈農撫民之定業猶潔誠殷薦以告昊天況創制改物人神易聽者乎夫揖讓受終必有至德於萬物是故王者初基則有封禪之事蓋以其成功告於神明者也夫東方者萬物之所始山嶽者靈氣之所宅故求之物本必於其始取其所通必於所宅崇其壇場則謂之封明其代興則謂之禪然則封禪者王者開務之大體也德不周洽不得輒議斯事功不宏濟不得髣髴斯禮曠代一有其道至

高故自黃帝堯舜至于三代各一封禪未有中修其禮者也雖繼體之君時有功德此蓋率復舊業增修前政不得仰齊造國同符改物者也夫神道貞一其用不煩天地易簡其禮尙質故藉用白茅貴其誠素器用陶匏取其易從則封禪之禮簡易可也若夫石函玉牒非天地之性也

〔梁劉勰〕文心雕龍封禪篇夫正位北辰嚮明南面所以運天樞毓黎獻者何嘗不經道緯德以勒皇蹟者哉綠圖曰潬潬噅噅棼棼雉雉萬物盡化言至德所被也丹書曰義勝欲則從欲勝義則凶戒慎之至也則戒慎以崇其德至德以凝其化七十有二君所以封禪矣昔黃帝神靈克膺

鴻瑞勒功喬岳鑄鼎荆山大舜巡岳顯乎虞典成康封禪聞之樂緯及齊桓之霸爰窺王跡夷吾譎陳距以怪物固知玉牒金鏤專在帝皇也然則西鶼東鰈南茅北黍空談非徵勳德而已是史遷八書述封禪者固禋祀之殊禮名號之祕祝祀天之壯觀矣秦皇銘岱文自李斯法家辭氣體乏宏潤然疎而能壯亦彼時之絕采也鋪觀兩漢隆盛孝武禪號于肅然光武巡封于梁父誦德銘勳乃鴻筆耳觀相如封禪蔚爲唱首尒其表權輿序皇王炳元符鏡鴻業驅前古於當今之下騰休明於列聖之上歌之以禎瑞讚之以介邱絕筆茲文固維新之作也及光武勒碑則文

自張純首允典謨末同祝辭引鉤讖敘離亂計武功述文德事覈理舉華不足而實有餘矣凡此二家竝岱宗實跡也及揚雄劇秦班固典引事非鐫石而體因紀禪觀劇秦爲文影寫長卿詭言遯辭故兼包神怪然骨掣靡密辭貫圓通自稱極思無遺力矣典引所敘雅有懿乎歷鑒前作能執厥中其致義會文斐然餘巧故稱封禪麗而不典劇秦典而不實豈非追觀易爲明循勢易爲力歟至于邯鄲受命攀響前聲風末力寡輯韻成頌雖文理順序而不能奮飛陳思魏德假論客主問答迂緩且已千言勞深勣寡飆燄缺焉茲文爲用蓋一代之典章也構位之始宜明大

體樹骨於訓典之區選言於宏富之路使意古而不晦於深文今而不墜於淺義吐光芒辭成廉鍔則爲偉矣雖復道極數殫終然相襲而日新其采者必超前轍焉贊曰封勒帝勣對越天休逖聽高岳聲英克彪樹石九旻泥金八幽鴻律蟠采如龍如虬

〔唐林簡言〕漢武封禪論聖人以季氏旅於泰山爲僭漢武封泰山非僭歟抑聞無其位無其德爲事僭也有其位無其德爲事亦僭也又聞封泰山報成功也斯皆德稱乎位者爲之若伏羲神農者也若軒轅顓頊者也若堯舜禹湯者也漢武封禪奚慕哉秦乎伏羲乎堯舜乎秦封禪二代

而秦滅固不可慕也若以伏羲堯舜爲心亦宜行伏羲堯舜之道歟以所行之道伻之乎不伻之乎彼茅茨不翦而木不呈材豈曰伻哉彼舞干兩階而黷武窮邊豈曰伻哉彼用夔典樂而李延年進豈曰伻哉彼設謗木而捕人非者死豈曰伻哉凡所舉雖斯養之人亦知不伻矣在漢武諸宜罷去不伻行其伻者已行之則卿大夫行之卿大夫行之則國人行之夫如是雖不封禪而伏羲堯舜之德之美自至矣奈何不遵此道取司馬相如諛佞遺草內欺於方寸外欺於千古矯名竊德冒煙雲躡遠兢封泰山禪梁父好商辛夏癸之好迹伏羲堯舜之迹李氏之僭安可逃

乎昔齊桓公議封禪管夷吾用他辭以罷之以其無帝王位故也無德與無位相去幾何儻漢朝有人如管夷吾應用三脊茅以藉口不使其君與季氏等

〔宋〕李覯《禮論》曰封泰山禪梁父前世之大典也吾子以爲不經之言何如曰所謂經者二帝三王之事而孔子述之者也六籍是矣[illegible]封禪之文安在哉獨[illegible]馬遷封禪書稱古受命帝王曷嘗不封禪蓋有無其應而用事者矣未有睹符瑞見而不臻乎泰山者也於是引尚書舜歲二月東巡守至於岱宗柴似以此爲封禪事斯禮也蓋繫巡狩矣天子巡守至于方岳祭天告至爰及名山大川皆以其秩望祭之乃事鬼神之常道非封禪之謂也且舜自正月上日受終於文祖孔氏謂上日朔日也後至輯五瑞既月乃日覲四岳羣牧班瑞于羣后孔氏謂盡以正月中日日見四岳及九州牧監還其瑞歲二月東巡守至於岱宗孔氏謂既班瑞之明月乃順春東巡至于岱宗若是則舜攝帝位纔期月耳德未必遠洽於人也功未必遠濟於世也符瑞之見未必如此之速也況又未眞卽帝位則將何辭以封禪哉五載一巡守巡守而封禪則舜之在位凡幾年凡幾封禪其禮儀必有可采何以不廣記之乃獨言柴而已乎封禪之禮固不止於柴也夫贄見生死之物蓋其微者

猶列之於後矧封禪之盛乃得畧之乎其不然必矣又稱齊桓公既霸會諸侯於葵邱而欲封禪管仲曰古者封泰山禪梁父者七十一家而夷吾何記者十有二焉曰無懷氏曰伏羲曰神農曰炎帝曰黃帝曰顓頊曰帝嚳曰堯曰舜曰禹曰湯曰周成王夷吾此言亦無所證孔子修六經祖述堯舜憲章文武豈前世有封禪之言管氏聞之而孔子不得聞乎雖誠有之孔子削而不書是亦不足取也子必謂稱古帝王封禪者皆妄也未知此說根於何時至秦始皇遂舉而行之逮孝武卽位又議封禪事齊人公孫卿稱其師申公書曰封禪七十二王唯黃帝得上封又稱申

公之言曰漢主亦得上封上封則能僊登天孝武後乃登封無風雨災於是自喜幸庶幾遇神仙矣吁可怪哉文中子曰封禪之費非古也以夸天下其秦漢之侈心乎是誠知言矣

〔羅泌〕中皇氏論封禪有矣古者五載一巡狩而每姓一封禪封禪帝王易姓告代之大典也一簞之饋鞠人之養也受之於旅且猶有謝而況得天下乎然則歷世而來開山命歷握河登紀者之所以禁嵩緣岱而對越乎清極豈苟然耶固所以告成功也是故皇非創業則巡告而不展三代八十四王歷年千九百三十其行之者禹湯成王而已

他君曾未之行武宗中宗宣王亦未之行豈惟懲國度戒誣瀆哉繼世守成顧無得而謝也一自夷吾設祥瑞之說距齊君諸儒爲必俟泰平之言雖秦帝而後中材之主誤其美稱不原其本苟存華觀至一代而數封中閒妄引昌輝假稱蓂莢隱肅然除蒿里以誣瀆乎清寧者武接于中道矣孽臣蠱后穢挺嵩岱先王之禮意果安在耶咄哉末世之君不知夫禮而必欲行封拘儒議者不知夫禮而必曰勿封奚必爾耶創業之辟苟當平世講禮戢費行其所謂代一之舉則嗣君無事於襲爲矣君欲行之則盍反其本乎惟毋致羊皮雜貂裘之譏可也不然無重發陳莊伯之歎

〔胡寅〕封禪論緯書本原於五經而失之者也而尤紊於鬼神之理幽明之故夫鬼神幽明之故非知道者不能識斷國論者誠能一決以聖人之經經所以載道雖有緯書讖記屏而不用則庶乎其不謬於理矣登封之事原於柴燔而失之者也詩書紀巡狩而柴者記所謂祭天也至岱宗陟其高山云者記所謂因名山也有山則因以爲高無則於郊而壇其義類一也又有大事而告於上帝者武王克商始有天下故柴望而告也舍此則瀆矣記以饗帝於郊與升中於天爲二事則傳者之失也然則七十二君之編

錄詩書禮典畧不經見寧有是事乃天下國家之盛舉堯舜禹湯文武成康昭宣皆身致太平安得闕而弗講故前賢論登封者莫善於許懋惜乎世祖之臣智不及此陷其君於過舉而不得聞也封禪之事漢唐之君往往行之曾無一人建議明白如許懋者賢哉懋乎其學可謂正矣漢唐以來緯書行而經學弛重以鄭元博聞寡要不知折衷於聖人而惟緯書之信世無稽古之言以祛羣惑遂使有天下者於無事時肆其侈心千乘萬騎巡狩侈費登山琢石夸大功德或有祕祝以祈不死取笑當代貽譏後來彼梁武之資未必如漢光武之英也一聞懋言遂遏欲行之

意推廣其義以答請者則賢於光武遠矣使其舉措每如
此則金甌之業何缺壞之有
〔章俊卿〕封禪論以封禪爲非古者王仲淹也以封禪爲不
經者李泰伯也以封禪爲不足信者蘇子由也夫六經無
封禪之文帝王無封禪之事著是文者管仲疏其源史遷
浚其流季仲推其波張說助其瀾侈是事者祖龍噓其煙
孝武封其燼隋帝熾其膏元宗烈其燄是封禪之典惟以
肆情示誇也證之以六經之明文質之以帝王之實迹則
後世之惑滋甚且云云一山也或以爲在東山或以爲在
蒙陰亭亭一名也或以爲在平陰或以爲在鉅平社首一

地也或以爲在鉅平或以爲在博縣則服虔晉灼應劭之
論不同既曰伏羲神農禪云云又曰三皇禪繹繹既曰帝
嚳堯舜禪云云又曰五帝禪亭亭既曰禹禪會稽湯禪云
云又曰三王禪梁甫則管仲孔穎達之說爲不一紛紛異
議迄無訂證唐虞三代果有是乎七十二君果足信乎設
有是事六經遺文豈應不載吁安得仲淹泰伯子由與之
議封禪之非哉
〔明〕邱濬封禪論封禪之說詩書禮典畧不經見審有是事
乃天下國家之盛舉堯舜禹湯文武成康皆身致太平安
得闕而弗講所謂七十二君者果何代何人哉先儒有言

養生至於長生不死爲國至於祈天永命皆有是理然人
未有能爲之者縱爲之然亦不出乎身心日用之間非必
由乎服食藥物徼求鬼神而後致之也是故明君永年莫
若寡欲延國祚莫若愛民寡欲而至於全其天愛民而至
於過其歷誠有是理亦誠有是事嗚呼世主所以甘心於
不貲之費而行封禪之禮者以有祕祝之求也誠知此禮
反之於心知其必無驗之於古知其無效則自不爲矣
〔東漢〕應劭漢官馬第伯封禪儀記車駕正月二十八日發
雒陽宮二月九日到魯遣守謁者郭堅伯將徒五百人治
泰山道十日魯遣宗室諸劉及孔氏瑕邱丁氏上壽受賜

皆詣孔氏宅賜酒肉十一日發十二日宿奉高是日遣虎
賁郎將先上山三案行還益治道徒千人十五日始齋國
家居太守府舍諸王居府中諸侯在縣庭中齋諸卿校尉
將軍大夫黃門郎百官及宋公衛公褒成侯東方諸侯雒
中小侯齋城外汶水上太尉太常齋山虞馬第伯自云某
等七十人先之山虞觀登山壇及故明堂宮郎官等郊肄
處入其幕府觀治石石二枚狀博平圓九尺此壇上石也
其一石武帝時石也時用五車不能上也因置山下爲屋
號五車石四維距石長丈二廣二尺厚尺半所四枚檢石
長三尺廣六寸狀如封篋長檢十枚一紀號石高丈二尺

廣三尺厚尺二寸名曰立石一枚刻文字紀功德是朝上
山騎行往往道峻峭不騎步牽馬乍步乍騎且相半至中
觀留馬去平地二十里南向極望無不覩仰望天關如從
谷底仰觀抗峯其爲高也如視浮雲其峻也石壁窅篠如
無道徑遙望其人端如行朽兀或爲白石或雪久之白者
移過樹乃知是人也殊不可上四布僵臥石上有頃復蘇
亦賴齎酒脯處處有泉水目輒爲之明復勉强相將行到
天關自以已至也問道中人言尚十餘里其道旁山脅大
者廣八九尺狹者五六尺仰視巖石松樹鬱鬱蒼蒼若在
雲中俛視谿谷碌碌不可見丈尺遂至天門之下仰視天

門窔遼如從穴中視天直上七里賴其羊腸透迤名曰環
道往往有絙索可得而登也兩從者扶掖前人相牽後人
見前人履底前人見後人頂如畫重累人矣所謂磨胸捍
石捫天之難也初上此道行十餘步一休稍疲咽脣燋五
六步一休蹀蹀據頓地不嫌濕暗前有燥地目視而兩腳
不隨早食上晡後到天門郭使者得銅物銅物形狀如鐘
又方柄有孔莫能識疑封禪具也得之者汝南召陵人姓
楊名通東上一里餘得木甲木甲者武帝時神也東北百
餘步得封所始皇立石及闕在南方漢武在其北二十餘
步得北垂圓臺高九尺方圓三丈所有兩陛人不得從上

從東陛上臺上有壇方一丈二尺所上有方石四維有距
石四面有闕鄉壇再拜謁人多置錢物壇上亦不掃除國
家上見之則詔書所謂酢梨酸棗狼籍散錢處數百幣帛
具道是武帝封禪至泰山下未及上百官爲先上跪拜置
梨棗錢於道以求福即此也東山名曰日觀日觀者雞一
鳴時見日始欲出長三丈所秦觀者望見長安吳觀者望
見會稽周觀者望見齊西北有石室壇以南有玉盤中有
玉龜山南脅神泉飲之極清美利人日入下去行數環日
暮時頗雨不見其道一人居其前先知蹈有人乃舉足隨
之比至天門下夜人定矣　車駕十九日之山虞國家居

亭百官布野此日山上雲氣成宮闕百官並見之二十一
日夕牲時白氣廣一丈東南極望致濃厚時天清和無雲
瑞命篇岱嶽之瑞以日爲應也二十二日晨燎祭天於泰
山下晨祭也日高三丈所燔燎煙正上也　百官各以次
上郡儲輦三百爲貴臣諸公王侯卿大夫百官皆步上少
用輦　國家御首輦人輓升山至中觀休須臾復上日中
後到山上更衣須臾羣臣畢就位早晡時即位於壇國家
臺上北面虎賁陛戟臺下尚書令奉玉牒檢皇帝以寸二
分璽親封之訖騶騎二千餘人發壇上方石尚書令藏玉
牒已復石覆訖尚書令以五寸印封石檢以金爲繩以石

三檢東方西方各三檢檢中石泥及壇上色赤白黑各依如其方色禮畢羣臣稱萬歲稱萬歲音動山谷有氣屬天遥望不見山巔山巔人在氣中不知也　封畢有頃詔百官以次下國家隨後數百人維持行相逢推百官連延二十餘里道多迫小深谿高岸數百丈步從匍匐邪上起近炬火止亦絡繹步從觸擊大石石聲正讙但讙石見相應和者腸不能已口不能默夜半後到百官明日乃訖其中老者氣劣不能行臥巖石下明日早太醫令復遵問起居國家云昨上下山欲行追前欲休則後人所蹈道峻危險恐不能度國家不勞百官以下露臥水飲無一人蹉跌無

一人疾病豈非天耶泰山率多暴雨如今上直下柴望封登清宴溫和明日上壽賜百官省事事畢發暮宿奉高三十里明日發至梁父九十里夕牲二十五日禪祭地於梁陰功效如彼天應如此羣臣上壽國家不聽○右記錄自後漢書注本非完篇今分段處恐仍其舊其文義與後漢書正文相屬者錄正文而闕以別之

宋洪邁容齋隨筆應劭漢官儀載建武封禪事每稱天子爲國家其敘山勢峭嶮登陟勞困之狀極工予喜誦之其畧云是朝上山騎行往往道峻峭下騎步牽馬乍步乍騎且相半至中觀留馬仰望天闕如從谷底仰觀抗峯其爲高也如視浮雲其峻也石壁窅窱如無道徑遥望其人端如行杇兀或爲白石或如雪久之白者移過樹乃知是人也殊不可上四布偃臥石上亦賴齎酒脯處處有泉水復勉强相將行到天闕自謂已至也問道中人言尚十餘里其道旁山脅仰視巖石松樹鬱鬱蒼蒼若在雲中俛視谿谷碌碌不可見丈尺直上七里賴其羊腸逶迤名曰環道往往絙索可得而登也兩從者扶掖前人相牽後人見前人履底前人見後人頂如畫重累人初上此道行十餘步一休稍疲咽脣焦五六步一休牒牒遽頓地不避燥濕前有燥地目視而脚不隨又云封畢詔百官以次下國家隨

後明日太醫令問起居國家云昨上下山欲行迫前人欲休則後人所蹈道峻危險國家不勞又云東山名曰日觀雞一鳴時見日欲出三丈所秦觀者望見長安吳觀者望見會稽周觀者望見嵩山凡記文之工悉如此而未嘗見稱於昔賢秦吳周三觀亦無曾用之者今應劭書脫畧惟劉昭補注東漢志僅有之亦非全篇也

國朝劉其旋

東巡盛典恭紀岱宗古巡狩域虞夏周之盛未嘗不至於岱宗秦以還封禪事起從事者六君侈心一軼曠典莫舉

洪惟我

聖祖仁皇帝康熙二十三年採用科臣之議省方至岱宗
祀先師於闕里稽古攸行度越前代用使盛王巡守遺法
煌煌奕奕昭垂到今我
皇上御極十有二年遐覽遺文穆懷盛事若曰皇皇我
祖實惟弗敢暇逸以綏靖我海宇予其可怠爰詔羣僚定
典禮大戒東國將有事於時巡踰年春二月戊午
皇帝恭奉
聖母皇太后鑾輿發京師浹旬至於境東省大吏各以職
待境上有詔隨營進奏其微臣與有供役之勞各賜爵一
級遂觀風而南丁丑抵曲阜釋奠於先師禮成推恩宴四

氏子孫廣學額是時百姓正供已蠲又災賑新起撫恤紛
紜繁費
朝廷恩綸最優渥矣
皇帝曰猶未可以蘇吾民其令截漕賑貸竝飭所過地方
毋出明年租稅庚辰發曲阜後三日壬午至於岱宗翼日
將事於岱廟尋登山山路新平治不險其險處設浮梁易
登陟
皇帝騎而上諸王侍臣或騎或肩輿從過玉皇廟朝陽洞
小憩至極頂駐蹕行宮明日侍
皇太后祀山上又明日偕下凡岱廟以上廟之屬十有六

亭之屬三行宮之屬三徧題額又朝陽洞至巔勝地四竝
灑
宸翰命磨崖以紀是日射虎於山南之麓肆宴羣臣各賞
賚有差時小旱丙戌遣官致祭於白龍池旋蹕幸濟南旣
至大蒐登城北門觀明湖之勝宴羣臣於行宮壬辰遂發
守土之臣相率赴德州恭送
詔遣歸是月己亥駕還京師是役也經德恩平高茌阿東
汶滋曲寧泰歷長齊禹三州十三縣之境行宮四大營二
十尖營三十三往返四十有二日所經山川城池廟宇名
勝橋梁道路以遞宿頓供張驛站夫役飲宴祭享之所宜

纖悉備舉而閭閻不知於以丕顯
詒謀光昭古先王成烈猗▆盛哉於是巡撫臣裘鹽運使
臣渭督糧道臣克濟東道臣諾知濟南府臣德郎中臣貴
先道率屬凡厥臣工奉教令唯謹而知泰安府臣槎知泰
安縣臣任備員岱麓黽勉修平實克與觀乎典禮用敢勒
諸永久與岱亡極
〔宋〕宋熹《跋泰山秦篆譜》乾道丁亥予訪張敬夫於長沙一
日相與謁劉子駒丈閱其先世所藏法書名刻及近世諸
公往來書帖竟日不能徧因出泰山秦篆譜曰此雖墨本
然舊藏僅存此紙頃歲有欲取以入石者顧手澤所在不

忍壞遂已獨學易養性二篇乃重刻本因取以見遺予受
藏之後累年乃得篆譜新本於汪季路不知其何從得本
以刻也因後二書通爲一卷追省前事如宿昔也劉丈多
聞彊記清貧苦節少仕州縣遇熙豐故家子孫輒引避饘
粥不繼或僵臥終日而處之泰然相見時已老尙能談說
往昔袞袞不休氣貌淳古自然有前輩風度今不復有斯
人矣去歲守潭俯仰昔遊幾閱一世劉丈與敬夫逝去皆
已久而劉氏子姪無欲無咎獨能閉門忍窮謹守家法又
足令人感慨太息云明年慶元改號歲在乙卯五月丁未
病中讀養性語因記其後

北魏獻文帝遣高允祭岱岳文維皇興二年敢昭告於岱
宗之靈正趾神元作鎭東夏齊二儀以永固崇至德以配
天故能資元氣以造物協陰陽而變化若其巖嶺峭峙川
谷幽深怪神譎詭倏忽百靈吐納風雲育成萬品攝生之
所歸焉禎祥之所萃焉是以歷代帝王之崇封禪銘功以
告其成七十二君咸在茲焉自非功侔造化應同自然孰
能若此者哉自我國家肅恭禮祀懷柔百神邦域之內罔
不咸秩往以王路未平雖望祭有在今大化旣同奄有淮
岱謹薦於岳宗之靈尙饗

孝文帝遣使祭岱岳文維太和十九年敢昭告於泰山東
嶽之靈造化氛氳是生二儀元黃旣闢山川以離四流含
靈五嶽苞祇弁兼萬象出納望羲岱宗窅祟梁甫盤窟靑
邱崎嶬春阯鬱律肇生庶類啟光品物上敷神工下融靈
秩載協化文四氣以溢百王鐫成莫不茲室

岱覽卷第五終

岱覽卷第六

泰山書院院長陶山唐仲冕六幕輯

總覽三卷六之卷七

岱廟圖

岱廟上　峻極殿　淑明宮　拔亥柏　扶桑石　香井　古石幢　仁安門　配天門　三靈侯殿　炳靈宮　三茅殿　延禧殿　唐槐　環咏亭　藏經堂　雨花道院　魯般殿　遙參亭　修建始末　奉祠職掌　總論　宋金兩朝金石刻

岱廟下　元以來石刻　神辭　詩　策　論　記　祭告文

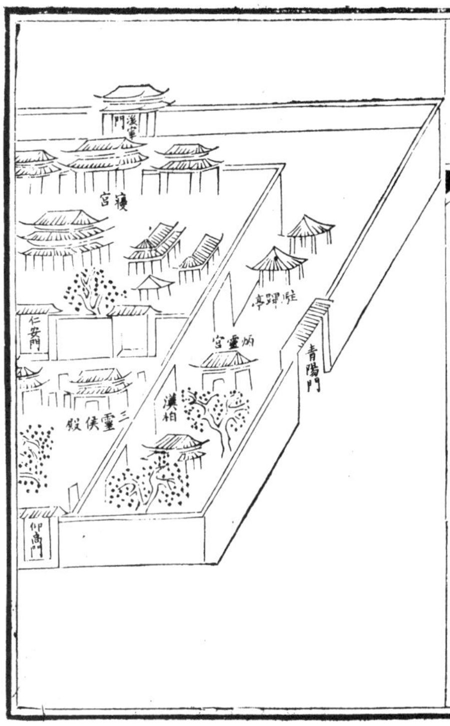

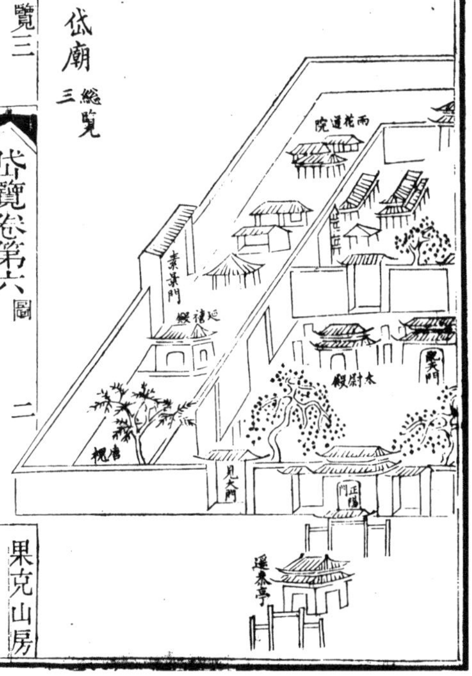

岱廟上

岱廟在郡城內西北繚以雉堞周三里高三堵凡八門南五東西北各一如宮禁之制中曰正陽左右兩掖又左爲仰高又右爲見大東華門曰青陽西華門曰素景後宰門曰魯瞻門阿及城之弦艮坤乾巽四隅皆有樓伍緝之從征記云泰山有上中下廟此葢下廟也又云門閣三重樓榭四所三層壇一所高丈餘廣八尺廟闕嚴整今特崇麗矣

巍然中宅者曰峻極殿明泰山志曰仁安殿泰山圖志云卽宋之天貺殿殿九楹廣十二筵修稍三之一四阿重簷觚棱浮思亦五門丹柱繪垣欒櫨疊聳上覆黃瓦中祠泰山之神

像設如帝者莊子云肩吾得之以處泰山龍魚河圖云泰山
神姓圓名常龍泰山君元邱目睡泰山將軍唐臣五嶽眞形
圖云姓歲名崇陶貞白眞靈位業圖云五岳君五百年而一
替泰山君秦顗字景倩道經云五嶽之神分掌世界人物各
有攸屬岱太山乃天帝之孫羣靈之府主世界人民官職生
死貴賤等事皆繆悠無稽薦紳者不道戴記云五嶽視三公
禮也冊府元龜云唐開元十三年詔封泰山神爲天齊王禮
秩加三公一等令所管崇飾祠廟宋史大中祥符元年加號
爲仁聖天齊王四年五月乙未加上東嶽爲天齊仁聖帝元
史至元二十八年加封天齊大生仁聖帝明太祖洪武三年

制曰磅礴東海之西中國之東參穹靈秀生同天地形勢巍
然古帝王登之觀滄海察地利以安民生祀曰泰山於敬則
致於禮則宜自唐始加神之封號歷代相因至今曩者元君
失馭海內鼎沸生民塗炭余起布衣承上天后土之命百神
陰佑削平暴亂正位稱職當奉天地享鬼神以依時統一人
民法當式古今寰宇旣清特修祀儀因神有歷代封號余起
寒微詳之再三畏不敢效盖神與穹壤同始靈鎭東方必受
命於上天后土爲人君者何敢預焉懼不敢加號特以東嶽
泰山名其神依時祭神
國朝因之冕旒章服如故昔郁離子觀於嶽祠歎形其神而

配以妃爲非古然洞淵集云太昊爲青帝治東嶽主萬物發
生葢卽周官五行之帝之一易曰王用享於帝王輔嗣注云
帝者生物之主興益之宗出震而齊巽者也吳雲所謂帝出
乎震人生於寅協諸於義宜從氣類自古帝王巡守方嶽躬
祠對越肹蠁是昭雖不必崇以封號絜以公尸燕寧式示具
瞻自非神而人之垂邃延而被龍卷祭神如在其將曷所憑
依考隋書開皇十四年將祠泰山令使者致石像神祠之所
宋史太祖建隆四年詔製嶽神衣冠劍履眞宗命翰林禮官
詳定冕服制度崇飾神像之禮玉冊袞冕備極崇奉金史輿
服志東嶽旗青質赤火燄腳繪神人冠七梁冠黃襴青袍綠

裳白中單素蔽膝執圭我
朝康熙二十三年
賜額曰配天作鎭雍正九年
賜額曰岱封錫福乾隆十三年
賜額曰大德曰生又牓其楹曰青社開封峙者宗山稱嶽長
蒼精降德聖惟產物與天齊乾隆三十六年
欽賜蒼玉圭長三尺五寸杼上八之一博八寸厚二寸有圻
鄂瑑山文曰乾隆年製其瑑協鎭圭其度如搢珽而强其色
則周官所謂以青圭禮東方也其玉半寒半煖名溫涼玉又
嘗

錫以錦袍黃袍龍袍鞓帶七珍八寶海蹚爐滿達尊卣瓶鼎壺盌香盒燭臺磁輪珠旛竹如意之屬及漢時金鏡以爲供道紀司謹藏之

殿北爲寢宮廣如殿九之五祀東嶽淑明后宋大中祥符四年十一月戊戌加上東嶽帝后曰淑明遣使祭告考風俗通云太守祀訖取泰山君夫人座前脯二十朐拜章傳送洛陽是東漢時己兼祀夫人矣宋加帝號故稱后若廣異記謝元卿見金光草於東嶽夫人所者妄也乾隆十三年

賜額曰權輿造化牓其楹曰震出泰亨萬物廣生推聖德雲蒸雨降八方甘澤遍崇朝

峻極殿前左右亭

御製詩碑戺下露臺再成令辟械當督一柏披衷北向曰孤衷柏一石曰扶桑石硱磳曲岪如巘如岫臺前石闌內外供石靈瓏凡九明王世懋云視其題刻皆宋元閼浮海來獻者臺左右檜柏數十從征記云廟中柏樹夾兩階大二十餘圍葢漢武所植也亦曾嘗斫一樹見血而止斧創猶存初學記亦云山南有廟漢武種柏千株此殆其孫枝與右有寄生柏綴柯垂根如巢康熙丁未修廟時植記又云樹前有大井極香冷異於凡水不知何代所掘不常浚渫而水旱不減今臺東西各一井西尤甘洌明李欽嘗爲之記又有宋時鐵桶二

容可數十石兩廊周迴圖冥司因果狀而欄之鼓樓鐘樓值其中東西相望鐘樓後舊有神器庫從征記云庫中有漢時故樂器及神車木偶皆靡密巧麗又有石勒建武十三年永貴侯張余上金馬一匹高二尺餘形制竝精今竝亡

兩廊前碑亭二東

御製重修廟碑西明洪武去封號制碑碑臺四宋天貺金修廟及祭告各碑分列焉西南臺上石幢制甚古八稜壘刻無字葢再重亦剥蝕僅存趺若礎而累者三承幢者大如車輪而穹其下傅地者穹其上大倍之其閒如臯陶皆離婁鞹鞢文斑駁可玩童童然高將二丈趺得弱半焉南爲仁安門門外祭告等碑左右笏立又南爲配天門

門東爲三靈侯殿三靈侯者周諫官唐宸葛雍周武也宋眞宗登封見於南天門因加封西爲太尉殿祀豳公杜琮見宋佐前定錄補

靈侯殿東爲炳靈宮文獻通考云炳靈公廟在泰山下後唐長興三年詔以泰山三郎爲威雄將軍宋祥符元年十月封禪畢親幸加封令兗州增葺祠宇王欽若自言嘗夢覩神又於廟北壖建亭名曰靈感肖像一男一女亭圮像移後寢宮今建祠於此考集異記貞元初李納病篤遣押衙王祐禱岱遂見山下四五人衣碧汗衫半臂路人止祐下車言此三郎

子七郎子也補搜神記引唐會要泰山有五子其三曰至聖炳靈王配永泰夫人此與干寶搜神記胡毋班爲泰山府君致書於女婿河伯列異傳記蔡支事以天帝爲泰山神之外孫魏書段承根父暉師事歐陽湯同學童子自云泰山府君子奉勅遊學乘木馬騰空皆不經之甚者

宮前漢柏六太平御覽引太山記云太山廟在山南悉種柏樹千株大者十五六圍長老傳曰漢武種階右一株節目連卷根側葡嵂竄入柏腹藤出其上大如椀與樹輪相糾西北一株爲連理雙幹拔鬱

御製圖詩勒於亭其南故柏林地也齊乘云泰山廟有柏千株金党承旨懷英云孫石兩先生講學舊館爲廟所併猶名柏林地歲分施錢爲養士之費卽此宮北舊爲迎賓堂有司候王人之所康熙間增建三茅殿乾隆庚寅改

駐蹕亭移祀三茅於延禧殿集仙傳東嶽上卿漢茅盈及弟固衷故祀之考史記注太原眞人茅盈內紀曰始皇三十一年九月庚子盈曾祖父濛乃於華山之中乘龍駕雲白日升天先是其邑謠歌曰神仙得者茅初成駕龍上升入太清時下元洲戲赤城繼世而往在我盈帝若學之臘嘉平始皇聞謠歌而問其故父老具對此仙人之謠歌勸帝求長生之術據此則盈似秦時人然其曾祖當始皇三十一年始飛昇盈

不當同時要之神仙荒怪之說亦難定其時代也野客叢書沿梁孫文韜碑以爲漢人譏其以廟諱爲名則近於固矣眞靈位業圖云司命東嶽上眞卿太元眞人茅君大茅君諱盈字叔申宋史眞宗登封九天司命上卿加號保生天尊六年改號東嶽司命上卿祐聖眞君其祀非經有其舉之不敢廢也泰山圖志云琳宇嵯峨高出林表老松古檜鬱然蒼然其中萬碑圭植九石星羅摳衣拾級如入清禁工臣於青陽門內恭建

行殿爰闢西屏以通岱廟焉

延禧殿在太尉殿西祀延禧眞人文獻通考開元時天台道士司馬承禎言今五嶽神祠是山林之神也非正眞之神也五嶽皆有洞府有上清眞人降任其職山川風雨陰陽氣序是所理焉冠冕服章佐從神仙皆有名數請別立齋祠之所上奇其說因敕五嶽各立眞君祠一所殿前中階老槐空腹皸裂喬枝炕葉蔭廣數弓明甘一驥勒題唐槐殿北舊有御香亭誠明堂久廢迤西爲環咏亭周垣嵌歷代詩刻有韓范歐梅手蹟萬歷閒桑東陽重建

國朝乾隆丁卯拓新之

御製詩三首勒亭壁北爲藏經堂又北爲雨花道院以館賓堂東爲魯般殿乾隆庚寅工竣立碑於此

配天門外銅狻猊二蹲踞階涂宋祥符宣和二豐碑對峙翠
柏茂歊上出堞堄閈廟城宏敞每當祈賽雲集布幕連肆百
劇雜陳繦譆喧闐肩摩趾錯者數月舊傳三月廿八日爲嶽
神誕辰是日尤盛宋史眞宗詔兖州長吏以天書降泰山日
詣天貺殿建道場設醮以其日爲天貺節案天書降泰山之
醴泉爲六月甲午今以三月葢不用宋天貺節也正陽門絳
閣金題內勒
宸翰副墨南有石綽楔施天裔建
綽楔南爲遙參亭原名草參疑不敬易之凡有事嶽廟必先
拜於亭自明像元君亭中始不可通輦路矣乾隆四十五年

御題額曰資生晋潤亭南亦有綽楔額亭名其前則宋眞宗
警蹕地也
攷廟祀所從來遠風俗通云岱宗廟在博縣西北三十里山
虞長守之太平御覽引太山記云廟及東西房三十餘閒并
高樓三處春秋饗祀泰山君常在此壇舊岱嶽觀有至元碑
謂嶽廟在嶽南麓岱嶽升元二觀前當爲漢阯則天改今地
或云宋改葢建徙亦靡可攷矣增置宰祝修葺積毀魏晉已
然而構飾嶕嶢則斷自開元始宋史藝祖建隆九年命修嶽
祠祥符以封禪刱天貺殿明泰山志云天貺殿在嶽頂宋眞
宗得天書建學士楊億撰碑銘殿今廢碑存嶽祠蒙繹碑文

云爰就靈區茂建清宇又云鎭阿閣神房之麓又云周爰溥
覽以屆於茲似非造於山巔者玉海云哲宗元符三年修東
嶽廟命曾肇爲碑爲殿三曰嘉寧蕃祉儲祐迨徽宗宣和而
極盛後災於金之大定戊戌再災於明之嘉靖丁未其時皆
復修建明世修廟經費恆取給香貯惟宏治發帑八千餘金
見孝宗御製碑文耳我
朝康熙六年十七年皆修治之至雍正七年己酉
命內務府郎中丁阜保赫達塞齎帑督修竝及盤道等工越
九年辛亥乃竣乾隆三十五年庚寅
頒帑十有九萬四千有奇工部侍郎劉浩董其事役不煩民

而制臻大壯儼然仙闕帝廷哉
歷代嶽祠之祀皆以太守牧宰主之漢太山太守應劭云余
承乏東嶽忝素六載數聘祈祠而開元禮云祭前一日嶽令
清埽內外又云祭日嶽令帥其屬入詣壇東陛升設嶽神座
於壇上是奉祠有專官也文獻通攷云宋開寶五年詔以本
縣令兼廟令尉兼廟丞專掌祀事常加案視務於蠲潔仍籍
其廟宇祭器之數受代交以相付本州長吏每月一詣廟察
舉今廟中器物悉付廟祝收掌守令自春秋侍祠外綜覈其
數猶前制也蒙寓藏經堂東轑小治者近一載瞻仰宗祊敬
展彝器摩挲柏石碑版詳著於篇

論曰春秋傳云周公祭太山召公爲尸白虎通義云是三公
之類也又云鳧鷖詩五章每章有公尸鄭康成以初章爲宗
廟其二爲四方百物其三爲天地其四爲社稷山川其五爲
七祀史記集解云如淳曰但祭不立尸爲乾封後世易公尸
而像設卽不得不易壇壝而廟宇矣我
皇上御製復古說明公尸之非禮謂白虎通竟云周公祭泰
山用召公石渠論謂周公祭天用太公此誠囈語不已褻瀆
神明而誣周公之大禮乎又
御製像設說云像設之義予以爲賢於公尸何言之蓋像者
金木土皆可爲之金木土則無知者也公尸以人爲之人則

有知者也以有知肖無知彼亦一知也此亦一知也如水之
與火其能合一乎以無知肖有知則其所祭有知之靈或附
於無知之像設而享其祭尚可謂之求於恍惚思慕僾聞愾
見已耳然總不如神版書位之爲得正大哉
聖人議禮之精可以質諸鬼神而無疑矣
宋天貺殿碑文曰大宋天貺殿碑銘幷序 ●翰林學士中
大夫行尚書兵部員外郎知制誥同修國史制史館事柱
國南陽郡開國侯食邑二千一百戶賜紫金魚袋臣楊億
奉勅撰翰林待詔朝散大夫國子博士同正騎都尉臣尹
熙古奉勅書幷篆額●臣聞元天之覆物也陰隲而無私

上帝之臨下也高明而有赫秉陽而健垂象於日星得一
以清成章於雲漢東壁列位主圖書之祕文魄寶淪精握
河洛之命紀三五之世德化醇茂故伏羲受龍圖以作八
卦軒轅得龜篆以朝萬靈放勛獲玉泥金繩之文帝舜曆
赤文綠錯之瑞夏商以降績用昭明故大禹夢蒼水之符
帝乙拜元玉之字西伯之赤雀止戶武王之白魚入舟皆
盛烈通於神祇茂勳格於穹厚由是奇物譎詭以效質珍
圖彪炳以告休宜純禧而奮景炎形寶訓而示靈眷斯豈
非運契於中和之極兆發乎至治之期者哉崇文廣武儀
天尊道寶應章感聖明仁孝皇帝陛下之御天下十有二

載也纂二聖之丕基暨八紘之鴻緒中道底定庶邦協和
玉燭暘明珠纏軌道頌聲載路協氣橫流皇上方端居穆
清之中獨運陶甄之表執粹精而思道宅清明而在躬極
深研幾淵默雷震金玉其度追琢而惟精雲日之表就望
而無極當其夏景長至陰魄下弦斗城靚深虎闈窈窱方
將凝神於蠖濩寧體於清閟靜慮合於希夷嘉應通於肸
蠁甫及乙夜聞乎嚴扃爍發靈光皎若白晝乃有眞靈降
乎杳極臚語示乎休徵將求衣而趨迎忽乘飆而滅迹天
子於是申以齋戒致其精明爰及獻歲發春之初祇發大
中祥符之錫九賓宿設親拜於廣廷八神前驅奉引於黃

道乃復肆眚於緜寓易號於初元惠賚浹於九畿爵秩加乎羣后均合飲之澤以尙齒推給復之典以貴農皇明誕敷純嘏均被緜是効東人之勤請攷乾封之舊章將以陟介邱禪社首奉符而行事刻號以告成揚二聖之休光爲天下之壯觀列城除道有司講儀龜筴告猶雲氣呈瑞而靈心昭荅元應昝臻以爲庶人靡常猶畢星之好雨羣小多辟或夏蟲之疑冰雖况施之殊倫輿情之□□猶復先甲而申告以儆予淸衷方將應期而紹至以彰乎絕瑞惟元年仲夏旣望之後夕上復夢神人諭以諄諄之意期以來月錫符於泰山於是濬發德音申儆執事有依類託□

之異疾置飛馳以聞惟兹巖巖之峯薦發穰穰之瑞祥光夜燭成十煇之姿卿靄朝隮結九芝之狀粤有梓匠晨詣靈液亭給斤斸之役草露□渥人跡罕至忽得黃素於灌莽之上其文有皇帝崇孝育民壽歷遐歲之言詞章震駭魂思飛越亟白引進使曹利用宣政使李神福卽共捧持以詣封禪經度制置使臣欽若臣安仁緘縢載嚴騎置來獻皇上周旋欽翼夙夜齋明醴粹內充典章兼舉命廓廟之元宰暨左右之信臣分授使前奉導靈貺驛傳云至詔蹕出迎羽衞星陳官師景從弁冕端委親拜授於苑中元圖祕文復徧示於羣下先是陰雲待族大雨濯枝霈泥治

道之是艱䨓服廢禮之爲懼是日也懸寓澄霽佳氣鬱葱五弦之風載薰九光之霞成綺神人胥悅㦸穀來同矧乃緜蕞之儀素已草具翠葆之駕乃先啟行旣備物以吉蠲俾有司而翊衞載以威輅入於應門星旆先驅金奏竝作天子方復弭鑾旂而稅龍馭撫璮案而坐帷宮穆穆皇皇以俟夫元符之至也旣而步自閶闔率先羣司納之殊庭是爲祕寶復念煒景下燭秦旣作畤珍瑞云獲漢亦起宮其後因軌迹而增崇建名稱而不朽者非可以悉數也乃詔魯郡申飭攸司爰就靈區茂建淸宇法大壯而取象會不日以克成直寒門□□之庭鎮阿閣神房之麓雲封崛

起迴對於軒檐泉流洌淸載環於階墄祇若天貺表以徽名愼擇靈辰揭之題牓及親封泥檢載揚煙燎降自陰道禪於方邱會朝明堂肆覲東后靈澤及於四海神化馳於六幽天子方撫節盤桓憑軾游豫周爰溥覽以屆於兹瞻堂構以改容臨淸流而發歎旋軫飲至天成地平因時計功金相玉振且以爲古之哲后寢紀瑞命方牘所述踵武可徵至若甘露黃龍標於年歷芝房朱鴈播於樂章或作繪以彰施或緝經以論著皆所以昭荅報降垂示將來爰詔下臣頒兹徽烈恭惟紫書祕牒薦錫於玉宸福應之大者也靈宮眞宇列峙於坰野制作之盛者也非有還雄之

博物通達崔蔡之發篇淸麗鄒枚之辨論曹王之氣質又
曷能敷陳景鑠述宣鴻明著之金石之刻流乎億萬之祀
如臣膚淺豈能演暢拜命之下燥吻惟勤伏紙怔忡將□
□□銘曰太始權輿邃古之初結繩而治斯文闕如三五
迭興受命合祛河洛開奧乃出圖書岐周發祥鳳止高岡
火流於屋魚躍於航靈眷諄諄赤文煌煌金策之賜翦殷
啟疆卯刀□誤□□□□祕圖元契曠絕靡常惟皇建極
與天合德有開必先神休叵測淸夜戒期聖容斯覿旭日
朝躋眞符云獲節彼崇巘天帝之孫刺經定議發祉闓□
惠風歭涌和景晏溫元文申錫明靈有赫雲篆騰晶氷紈

襲積殊類響答奇應山沓樵蒸禮成蓼蕭慶洽邃宇翬飛
揭牓雕楣建茲顯號式昭鴻禧□□□□翠□揚□福應
之盛輝光在茲魯邦奕奕秦觀巍巍封雲薈蔚浪井漣漪
巋然鴻構永鎮方祇●大中祥符二年十一月十七日○
右行書額篆大宋天貺殿碑碑連額高一丈廣四尺四寸
額六字二行字徑四寸五分文三十二行行八十一字字
徑八分在西廊外碑臺明刻薛瑄修廟文於碑陰轉置東
向而此文西向矣
〔加封帝號碑〕文曰大宋東嶽天齊仁聖帝碑銘幷序●翰
林學士中散大夫守尚書工部侍郎知制誥同修國史制

昭文館事護軍南安郡開國侯食邑一千五百戶食實封
貳伯戶賜紫金魚袋臣晁迥奉勑撰翰林待詔朝散大夫
守司農少卿同□上騎都尉賜紫金魚袋臣尹熙古奉勑
書幷篆額●臣聞結萃爲山麗無疆之厚載升名曰嶽表
奠服之崇邱至若根一氣以混成媲四時而首出作鎮東
夏實惟岱宗辨乎五方設位冠配天之大晝爲八卦建標
當出震之區邃深連空洞之宮翕習號神靈之府夫其魁
甲艮象握制坤軸巉嶙碕礒穹崇岧嶢天門路界於鬱蒼
日觀勢臨於杲曜列仙遯迹存棲眞之石閭永命儲休闕
與齡之金篋滋殖百卉函育庶類畜泄雷雨吐納風雲封

之所以合元符登之所以小天下近綴梁社遠矚秦吳控
壓海沂襟帶洙泗鄒人所仰魯邦是詹肇生物之化權葢
頤眞之壽域也古先哲后誕膺駿命披皇圖稽帝文告成
功申大報昭姓考瑞刻石紀號自無懷氏迄唐明皇登封
展采布在方冊者罔不於茲矣開元十三年始封神曰天
齊王禮秩加三公一等緜歷五代寂寥無聞爰曁皇朝勃
興嘉運叶百姓與能之望膺眞人革命之秋太祖皇帝總
擥英雄鞭撻宇宙勤勞四征削平多壘方混一於寰中太
宗皇帝纂隆鴻緒懋建皇極斟酌道德統和天人乃綏懷
於海外然而艱難創業緼畜貽謀勤崇奮炎將底績而未

暇開先遺大知奕世而有歸粤惟崇文廣武感天尊道應
眞佑德欽明上聖仁孝皇帝陛下承鼎定之基格盂安之
世顯仁以育物廣孝以奉先宣洽重熙財成庶政弭息戎
旅撫柔要荒乘國步之密清宅天衷於醇粹因之以豐懋
加之以阜康席慶宗廟之重游心帝王之術長轡遠御大
道坦彝天衢於是乎嘉亨德教於是乎漸被戴日戴斗聿
遵朝聘之期太平太蒙盡入車書之域垂衣在上擊壤在
下得以疇咨俊茂博訪幽隱講求典禮包舉藝文接千歲
之統可炳儀於封祀當萬物之盛宜昭告於神明然猶務
謙尊而諡光體健行而不息沖晦藏用淵默思道俄而天

休震動上帝顧懷眞籙洊臻靈心有懌總集峻命覺悟蒸
黎踰金檢玉字之文等河圖洛書之寶承是祕檢發爲蕃
釐霈澤開榮普天受賜新建元之號易通邑之名茂昭隆
祥聳動羣聽是時東土耆老輳闕廷以上書南司宰輔率
官師以抗表願循考古之道煥發升中之儀弗獲固辭乃
徇勤請且以增覆載之高厚揚祖宗之純懿也儲峙供億
悉出於縣官經啟營繕不煩於民力大中祥符元年冬十
月具儀制嚴仗衛陳屬御隮介邱齋心服形奉符行事羣
司奔走百禮修明集巉巖之巔淩顥英之氣壇壝清肅牲
器純備玉帛式敘樽彝在列奠獻克謹皦繹用張晏娭交

三神之歡陟配崇二聖之位舉爟火升高煙示瑤牘以環
觀見雲臺而特起社首之禮抑又次焉咸秩無文奉行故
事朝會赦宥涵濡盪滌采輿誦求民瘼旌前列衍徽章參
用王制著明皇績大猷克集神實幽贊故自始及末光象
日昭史氏之筆殆不停綴則有非煙紛郁太陽晏溫仙芝
無根菌蠢以含秀醴泉無源迸涌而善利靈輝休氣嘉穀
奇木鱗介之宗長翔游之品類表異駢出曠代絕倫豈非
受職修貢發祥介福之徵乎人謂是山崇冠羣嶽功侔造
化斯不誣矣國家稽虞書四巡之首原漢氏五祠之重述
宣邦典申嚴祭法奉正直聰明之德馨精虔嘉粟之誠爲

民祈福於國均慶封巒之後復增懿號曰仁聖天齊王蓋
以形容靈造舉褒崇之禮也名稱之義大矣哉化工生物
之謂仁至神妙用之謂聖登隆顯赫亦云至矣復思嚴飭
廟貌彰灼威靈責大匠之職議惟新之制於是命使屬役
協辰僝功庀卒徒給材用輿雲鍤運風斤程土物以致期
分國工而騁藝規畫盡妙樂勸忘勞踰年而成不愆於素
棟宇加宏麗之狀像設賁端莊之容凡所對越肅恭逾至
四年春舉汾陰后土之祀成天地合答之禮憲章明備上
下交感純嘏旣錫大賚施及圓首方足式歌且舞猗歟閒
歲順動焜煌景爍而皆擬聖明之述作從英茂以飛騰灼

敘慶靈奉揚殊貺紀諸盛節悉以命篇布日星之華配雲雨之潤竝刊鳳藻散時龜趺播洋溢之頌聲垂極蟠之能事而志求象罔順拜崆峒闢衆妙之門廣列眞之宇非止卜永年於郟鄏是將納雅俗於華胥者也又以太一五佐本乎天太寧五鎮本乎地其位參兩鴻名可齊特尊列嶽咸加帝號由是奉升泰山之神曰天齊仁聖帝乃命寀馳道之東偏直宸居之巽位辟地經始別建五嶽帝宮以申崇尚之禮焉御製奉神述詔中書召侍從之臣諭以制作之本意覩夫聖文之梗槩以爲岱鎮之大輔於柔祇動植之所蕃息泉源之所滋液至靈允宅陰隲攸司鍾戩穀而

有徵緊黎元之是賴舊史俱載前王式贍著冊封之典嚴祀祠之禮增奉邑之數申樵蘇之禁皆以仰不測之明威顯無方之妙迹也方今兵革偃戢華彝會同歲獲順成物無疵癘率由丕應冥助永圖固當極彼前聞進其尊稱謂乎唐虞曰帝商周曰王夫商周之王爵人臣而有素唐虞之帝奉神道而何疑況其榮衛等威冠裳制度極徽數以宿備宜名體以相符因而成之禮無違者顧延景祐普及含生至乎哉鼓動睿辭無私廣大坦然明白之理沛然利澤之德曲成司牧俾臻富壽有以見聖人之情矣遂志勸石徧立於五嶽廟庭從近臣之議也是歲冬竝命使介分

詣諸嶽定吉日飭有司皇帝被法服御朝元殿禮行樂作而臨遣之持節受冊衮冕相繼次序而出觀者如堵且嘆文物聲名之盛未嘗有也使者奉詔訖事率叶素期於穆宏觀夐超千古矣越明年詔五臣撰辭各建碑於嶽廟而臣濅濆皇澤涵泳清徽偶集鳧鴈之行遂塵龍鳳之署預承綸旨彊叩蕪音曷勝眷獎且以慶幸宣明盛禮叨奉冊於秦城潤色貞珉坫彌文於魯嶽荷輝榮之稠疊愧才學之空虛燥吻濡毫謹爲銘曰節彼泰山蟠亙大東一氣凝神五嶽推雄勢扲鼇纆秀出龜蒙崛起海表目爲天中高摩霄極俯瞰暘谷神策斯祕昌圖可卜物性鍾仁民居獲

福魯邦是常盛德在木百靈淵府三宮洞天稷邱眞隱芝童列仙白鹿方駕飛龍命篇宅其勝境幾乎大年嶽長曰宗歲交曰岱仰止巇巖奠茲持載壽域旣優神聰有賚禱祀誕隆寅威如在千載與運八紘開基武功盪定文教緝熙封禪縟典祖宗制宜逮夫聖嗣方畢宏規惟帝奉符惟神祐德茂績其凝皇猷允塞嘉應沓臻鴻禎靡測芃芃豐衍元元滋息於赫靈廟控帶名區有詔改作俾受全橅協心董役豐資庀徒技殫功被雷動星敷大廈咸新羣黎改觀崗䆄靚深崢嶸輪奐肅穆威容潔清几案欽修允宜肸蠁攸贊功懋天作澤從雲游式諧民望詔報神休殊號斯

薦前古匪儔庶安億兆豈止懷柔天帝之孫復升以帝出
乎震宮臨乎日際事固莫京理亦潛契樹此翠碑騰芳百
世●大中祥符六年歲次癸丑六月辛酉朔十四日甲戌
建●中書省玉冊官御書院祗候潘進弁謝望之刻○右
行書額篆大宋東嶽天齊仁聖帝碑碑連額高二丈一尺
廣六尺二寸額十字二行字徑五寸文三十四行行八十
字字徑寸二分在延禧殿門外南向案宋史晁迥傳由右
諫議大夫進翰林學士知審官院同修國史封泰山祀汾
陰司大常詳定儀注累遷尚書工部侍郎其判昭文館及
碑所稱奉冊奉城奉勅撰文皆史所未載也碑陰爲明萬

歷丙申十月巡撫固安張允濟巡按太原王立賢題五嶽
獨宗四大字楷書字徑二尺五寸
[种放會眞宮詩題跋]文曰胡宗回觀子義修眞書翰林學
士李宗諤曾看行書余向游西洛訪號崇眞張大師白於
嵩陽山齋愛其幽寂款留數日因語及予有泰山之遊遂
由种明逸題會眞宮詩筆一軸授予曰隱君昔書此詩留
吾山齋子其因往可爲橅石於泰山乎嘗然其請後到繹
數載慵於登涉未能副深託之意且會眞在皇上未封祀
前有太平之號至回蹕始賜今額而隱君之詩周旋氣槩
分明物象葢嘗陪祀於此得其詳矣觀其筆勢壯重辭意

脫灑實一代無儗倫耳紙尾復數君題名又可尙也它日
撫刻翠珉留藏眞館爲天下之觀耶稷山逸民韓退題後
行書李孝昌伯行觀行書集賢校理宋綬覽行書山人林
逋題眞書晏卿祕演觀寶元三年正月廿五日眞書邵餗
屢觀隸書唐異行書慶歷二年正月四日武功蘇子美觀
行書兩江方元同觀行書海岳黃有觀行書嘉靖丙午謁
岱廟得觀先文正公題墨有感濟大夫惟一識眞書錢塘
詹山覽行書玉峯王珍觀眞書古杭李奎觀眞書權監東
嶽廟濟人程正觀草書嘉靖十九年四月陳仲錄觀眞書
覽大諫詩筆因題絕句●魏閑●文如吐鳳筆如龍珍重

華牋墨尙濃清氣已銷名迹在世間誰復繼仙翁●草堂
東牖題草書古吳周同觀眞書姑蘇端□觀眞書嘉靖丁
酉春膠東李學博觀行書高平范仲淹題眞書爾詠清風
樓覽行書嘉靖元年三月七日衢方豪獲觀行書斯書
冠世入妙千古亡對所謂盡善盡美耶慶歷六年四月廿
七日越題草書杭詹山閱行書筆勢精麗眞墨寶也殊可
愛卞翁書草書皇祐元年夏王洙觀飛白書筆力勁健歎
愛無已皇祐甲午季春□識草書古杭李奎閱行書平湖
百歲翁陸卿允同濤渭兩孫閱眞書永豐歐陽修眞書嘉
祐五年三月四日莆陽蔡襄閱眞書襄復觀飛白書戊戌

孟秋琴川蘇祖蔭觀眞書程戡識行書兩泉劉一桂隸書口八江口口同觀行書蘇臺周同閱行書平度李學詩觀眞書宛陵梅堯臣覽隸書韓琦觀眞書沈遵文通觀眞書萊人藍田王父隸書越人陳仲錄覽隸書姑蘇口口覽行書宣城施閏章觀眞書吳郡張伯玉恭觀行書戊戌孟夏蘇祖蔭觀眞書廣淵嘗看眞書不疑觀篆書甫王正之行書無爲楊傑觀隸書明逸先生詩筆因進士譚逑家藏出示予作詩題於後●大梁皇甫遘●先生淸氣已朝元流落精英萬古傳習習仙風人不覺瑤華瓊草本無根行書徐端朝孫惻王仲康伏覽元符庚辰重陽日行書熙寧辛亥春蹀游長安謁李先生丕祐因與蹀論書遂出大諫种先生紀泰山會眞詩墨跡一軸俾蒙閱之卷後有鉅卿顯人親題之蹟復爲留詩甚衆愛其筆勢眞口遒麗懇借臨橅藏諸口口屢欲鑿石流置四方忽忽莫能如吾意丙辰年侍家君官邑之權首訪是宮窮覽梁壁閒獨無此詩因語主宮王君希顯且先生盛德與大名猶口口之炳太淸而爛然國史暴聞於天下者久矣固不復言也其詞翰雄逸世未多有人或罕見慮其擬本歲久湮滅玆可惜哉曰願刻石以信永永口傳於不磨也了其爲摸勒毋辭因可其請未涉月而工告畢卽龕於齋廳之西壁詎見先生樂

推君美而難乎主宮之勤顯其賢也如是讀其詩則其人之所存可知耳十年歲丁巳月丙午日壬戌廩延譚逑敘麗綬之刊眞書東海朱孝純觀篆書○玩譚逑敘知种詩幷諸跋於熙寧閒始刻石不識何時乃佚去原詩或云會眞宮後改泰山書院塑天地諸神像萬歷甲子八月柱內火作殿宇畢燼种詩石殆燬於是時也今二跋石分嵌環咏亭東西壁閒各高一尺八寸廣三尺五寸自胡宗同起至方豪獲觀爲一石韓退跋中陪祀祀字添注於旁曼卿石延年祕演則曼卿之友而僧者也自斯書冠世至朱孝純觀爲一石越蓋周越見金張天錫草書韻會蔡君謨嘗學其書书字上〻當是重可愛意寸卽才也才翁蘇舜元昔人稱蘇才翁筆法妙天下觀此良然季春口識口本名款鈐蓋圖章曰公高之裔徑寸七分而字畫爲印文所亂故不可辨廣淵者王廣淵也不疑者邵必也宋賢題跋皆未刻石以前墨蹟後與种詩同勒者自明人妄加竄雜亦云觀題則只指此跋石言矣姑循碑文錄以備覽其中如兩周同字兩姑蘇下二字及兩泉劉一桂口人江口口文戊孟夏蘇祖蔭觀等字皆有鑱削痕似欲滅其迹者又有兩處隱約雲閒口覽四字蓋非名犯當世之禁則其見譏者所刊去也

趙合煒施石柱記○元祐二年七月眞書在舊三茅殿東
記左有西頭供奉官新劍州兵馬監押趙合煒題名亦云
施行廊石柱乞保父右金吾衛大將軍衡州防禦使世朏
母壽安郡君丁氏增延福算建中靖國元年重陽日記今
竝佚
二鐵桶記文曰大宋國兖州奉符縣獻鐵桶會首李諒右
諒竊以神功默運潛持禍福之權妙用無私密握生成之
造伏見國家尊崇廟貌百物鼎新而聖帝廟前闕水桶二
隻今糺到敬神之家共結良緣具姓名如後未錄右衆會
人特發虔心謹捨淨財共成勝緣伏望聖慈俯賜照察建

中靖國元年五月吉日會首李諒等獻○右桶制各高三
尺八寸圍[illegible]一丈八尺厚寸上哆下隘如甗通體作兩層
上層橫字四段每段閒以花紋下層爲螭文繞繚夾縫處
施獅紐四俱有孔相對文竝眞書自大宋起至良緣止爲
第一段李諒等六人爲第二段周信等六人爲第三段安
成等七人爲第四段此東桶也又樊竘等四人袁德等四
人董房等七人賈助教一人迄年月亦分四段此西桶也
題名凡三十五人內有王助教妻賈氏孫向母張氏二婦
人施錢自李諒二十貫外餘俱五貫二桶計共錢一百六
十五貫萊蕪監鈅捨治李冕鑄列賈助教上案字彙補竘

音淨人名宋有劉竘篇韻與竫同靈巖辟支塔題名有傳
竘張純竘北宋人多以是字命名也助教官名攷宋史職
官志唯合班之制有諸助教之稱殆諸參軍助教也又宋
地理志襲慶府注云萊蕪監鐵冶此鈅字類銅字豈當時
亦有監銅者耶金上陽文字難工以歷年久存之
錢伯言遊覽記文曰宣和己亥九月廿四日面奉玉音至
奉符催視嶽祠後一月伯言至自兖明日具香燭以告上
旨已而罷醮於會眞宮獨登瑞雲亭早飯於行館遂同令
寇庠丞呂光問祠官曹欽承萊蕪令韓億道士蘇彥弼謁
岱岳觀留連池上復自金母洞過青帝觀觀文僖丞相遺

刻遂遊白龍潭奠御苑玉芽於水中愛其泉石之勝迺相
與策杖散步還過雞籠峯始復肩輿躬走社首山視禪壇
訪遺蹟晚入乾元觀小飯翠陰亭而歸○右行書在殿西
墀下南字大如掌碑陰有篆額曰襲慶錢守紀遊碑金石
文字記作錢伯言題名云舊在宋天書觀後人移之州城
內岳廟中墀古松下又云伯言宋史無傳此有云過青帝
觀觀文僖丞相遺刻當亦吳越王之後矣文僖嘗語人曰
吾平生不足者惟不得於黃帋上押字耳言未入中書也
此稱丞相者宋制節度使加中書門下平章事謂之使相
侍中尚書令中書令雖不恆除亦眞宰相也文禧生爲使

相沒贈侍中亦得通稱丞相矣又嘉靖二十四年鄒宏文跋方元同行書文字並佳今毀佚

〔重修泰嶽廟碑〕文曰宣和重修泰嶽廟碑●翰林學士承旨正奉大夫知制誥兼侍講修國史南陽郡開國侯食邑一千五百戶食實封一百戶臣宇文粹中奉勅撰朝散大夫充徽猷閣待制知龔慶軍事管勾神霄玉清萬壽宮兼管內勸農使兼提舉濟單州兵馬巡檢公事陳留縣開國男食邑三百戶賜紫金魚袋臣張漴奉勅書篆●宣和四年九月有司以泰嶽宮廟完成奏功制詔學士承旨宇文粹中紀其歲月臣粹中辭不獲命退而移文有司盡得營

建修崇詔旨本末與庀工鳩材因舊增新之數謹再拜稽首而言曰臣聞自昔受命而帝者咸有顯德著在天庭合四海九州之歡心以爲天地社稷百神之主故有壇場圭幣以象其物有宮室祠宇以奠其居有牲牢酒醴以薦其潔有祝冊號嘏以導其誠其漠然而意可求僾然而誠可格殆與人情無以異是以黃帝建萬國而神靈之封七千虞夏商周文質迭捄雖所尚不同而事神以保民其歸一揆故其言曰望于山川徧于羣神又曰山川鬼神亦莫不寧其詩曰懷柔百神及河喬嶽又曰隨山喬嶽允猶翕河河東曰兗州其山鎮曰岱山自開闢以來尊稱東嶽其穹

崇盤礴雖號爲一方之鎮而觸石膚寸不崇朝而利及天下是以歷代人君昭姓攷瑞盛登封之禮告祭柴望五載一巡守必以岱宗爲首而神靈烜赫光景震耀載在書史接於耳目者奕奕相屬也宋受天命建都於汴東倚神嶽遠不十驛章聖皇帝肇修封祀蓋嘗躬款祠下欽惟神靈饗荅之異念唐開元始封王爵禮加三公一等未足以對揚休應遂偕五嶽咸陞帝號自是宮廟加修薦獻加厚四方萬里士民奔湊奠享祈報者蓋日謚而歲新也皇帝聰明仁孝光於上下神動天隨德施周溥既以躋斯民於富壽迺申勅中外凡所以禮神祇崇顯祀盡志備物畢用其

至歲在辛巳迄於壬寅詔命屢降增治宮宇繚垣外周罘罳分翼歸然如清都紫極望之者知其爲神靈所宅凡爲殿寢堂閣門亭庫館樓觀廊廡合八百一十有三楹財不取於賦調役不假於追呼而屹然崇成若天造地設靈祇燕豫福應如響嗚呼眞盛德之事也惟古聖王先成民而後致力於神故奉牲以告曰博碩肥腯謂民力之普存也奉盛以告曰潔粢豐盛謂三時不害而民和年豐也奉酒醴以告曰嘉栗旨酒謂上下皆有嘉德而無違心也臣竊觀皇帝陛下臨御以來夙宵之念無一不在於民者發號施令以誠以告頒恩施惠以生以育設官擇人以長以治

制法垂憲以道以翼以訓以齊政成化字中外寧謐於是
國有暇日以修典禮民有餘力以事神祇咸秩無文周徧
羣祀自古所建上下遠邇靈祠告祝於今莫不畢舉觀是
宮廟土木文采輪奐崇麗則知郡邑之富庶帷帳熒煌袞
冕璀璨則知絲枲之盈溢牲牷充庭醪醴日御則知耕牧
之登衍簫鼓填衢歌呼滿道則知風俗之和平神之聽之
迺祇陳於上帝用降鑒錫茲祉福則社稷之安固歷數之
緜遠葢方輿而未艾也臣既書其事又再拜稽首而獻頌
曰於皇上帝監觀九有孰贊天綍山川封守帝欲富民俾
阜貨財溥潤澤之俾司風雷東方岱宗是爲天孫體仁乘

震生化之門昔在章聖崇以帝號發冊大庭五雲前導施
於子孫格是神保歲在攝提新宮載攷皇帝慈儉愛民自
衷不侮鰥寡不廢困窮神鑒其仁錫之屢豐皇帝神武赫
然外攘馴服悍戾以蕃善良神予其義助之安强仁義既
洽民有餘力還以報神神居是飭峨峨神居作鎮於東有
來畢作庶民所同惟此庶民惟皇作極丕應徯志徧爲爾
德祝皇之壽泰山同久握圖秉籙歷箕旋斗祝皇之祚泰
山等固鎮安二儀混同萬宇下逮羣黎徧敷錫之億載萬
年惟神是依匪神獨依惟天無私有謠康衢述是聲詩●
宣和六年歲次甲辰三月已酉朔十八日丙寅建●胡寧

刊○右眞書勒炳靈宮門外南向額仝題奉勅書篆書文
篆額也碑連額高一丈九尺廣六尺額八字二行字徑七
寸文二十六行行七十四字字徑二寸碑陰刻廟官姓名
二十行字徑八分前十五行宋刻後五行有東平路宣差
怯里焉赤等名目元人續刻也碑制周刻方夔鐫勒完緻
碑陰爲明萬歷戊子夏巡撫中州李戴巡按清源吳龍徵
題萬代瞻仰田東作書字大徑二尺五寸宋時又有東嶽
廟御祝文高家宰篆書見明孫克宏碑目今不存矣
〔金〕重修東嶽廟碑文曰大金重修東嶽廟碑●翰林侍講
學士少中大夫知制誥兼左諫議大夫禮部侍郎護軍宏

農郡開國侯食邑一千戶食實封一百戶賜紫金魚袋臣
楊伯仁奉勅撰中憲大夫充翰林待制同知制誥上騎都
尉江夏縣開國子食邑五百戶賜紫金魚袋臣黃久約奉
勅書承務郎應奉翰林文字同知制誥兼充國史院編修
官武騎尉賜緋魚袋臣党懷英奉勅篆額●臣聞嗜欲將
至有開必先天降時雨山川出雲明神之所以昭聖德也
隋山喬嶽允猶翕河敷天之下裒時之對聖人之所以昭
神功也豈非幽顯之感通報施之明驗歟昔我始祖景元
皇帝肇基王迹遂荒大東迄我太祖仁兵一舉殄革遼命
及我太宗繼伐徂□奄定華夏我主上亦繇東郡□纂大

統紹開中興皆符帝出乎震之義也迺啖岱宗之神秉震
秉籙寳司東方東方者萬物之始故爲羣嶽之長我國家
受命之攸在雖德自天啟亦惟神之陰相哉主上在位之
十有口年內外宴清禮樂修舉口帝於郊而百神受職民
和物豐靡有菑害凡嶽鎮海瀆名山大川率命有司崇飾
其廟貌嚴寅其祀事歲口親署祝版遣驛命守臣侍祠皆
首於岱宗大定十八年歲在戊戌春嶽廟災雖門牆儼若
而堂室蕩然主上聞之震悼不已俾治有司不戒之罪既
而歎曰神其或者以宮廟故弊欲作新者乎迺勅庀工度
材以聞明年以同知河北西路轉運使事徐偉就遷口泰

口口口領其事彰德軍節度判官王元忠佐之皆選能也
命馳驛以圖來上入受訓誡示之期約且擇尚方良工偕
往營之出內帑錢以貫計者口有口口黃金以兩計者二
百四十有六及民之願出貲以助者幾十萬千且運南都
之材以足之復詔其工役勿煩吾民給以傭直故皆悅而
忘勞矣二十一年辛丑冬告成凡殿寢門闥亭觀廊廡窗
庫雖仍舊制加壯麗焉詔謂格神之道所貴致潔其當陽
之像毋用漆塑以涿郡白玉石爲之殿楹高敞勿事口障
殿閾口口設爲儲胥俾四方士民遠致奠獻者皆遂其瞻
禱之心而無褻瀆之意廟之西園隅舊設舍館賓客往來

皆止焉郡吏時率倡樂以娛之因爲缺十字洞啟或終夜
讙譁詔以神靈靜謐之宅豈可使之汙嫚如此即其地更
置廟庫俾門禁加嚴蓋所以崇肅敬也自三觀而下十里
口于缺七字二年四月制詔翰林侍講學士楊伯仁紀其
事臣伯仁承乏禁林職在贊揚聖德豈敢以鄙陋辭謹書
詔旨之始末與其經費之多寡口口拜手稽首而作頌曰
東方曰仁萬寳資始神惟岱宗爰主張是雞鳴見日其高
巖巖兗州之鎮魯邦是詹觸石生雲合於膚寸口口口朝
天下膏潤無懷而下七十二君咸登兹山告厥成勳於皇
時金聲迹東土誕膺口口實受神祜我后中興出震應辰

禋祀上帝懷柔百神無文咸秩矧此喬嶽口口制度天子
禮樂災之所生迺在不虞舊或未捨新何以圖洪惟聖明
監此神意親授規摹選能興事宸衷簡在民願攸同不愆
於素案圖奏功臺門將將如鳥斯革廣殿巍巍增陛以級
牲酒圭幣薦羞以時敢獻善祝神之聽之聖人之德聖人
之壽泰山之高泰山之久聖人之業聖人之基泰山之固
泰山之維神居孔安口饗是格生甫及申蕃宣方國神無
不答神罔是恫於萬斯年福祿來崇○右真書額文仝題
勒東廊外碑臺西向碑連額高一丈四尺廣六尺額篆九
字三行字徑六寸五分文二十七行行六十一字字徑一

寸五分建碑年月不具文中亦缺此數字案碑文云大定十八年廟災明年興建二十一年告成缺字下有二年四月制詔楊伯仁紀其事當是大定二十二年立石亦當在是年矣金史列傳楊伯仁字安道眞定藁城人仕世宗朝由濱州刺史入爲左諫議大夫遷侍講兼禮部侍郎久在翰林文詞典麗黃久約字彌大東平須城人擢進士第調鄆城主簿累遷禮部員外郎兼翰林修撰升待制党懷英字世傑馮翊人由汝陰縣尹除國史院編修官應奉翰林文字工篆籒當時稱爲第一唯久約善書史不載今觀是碑書筆秀逸實爲金源一代金石之冠

〔供〕石題勒文曰大安元年八月二十日宣武□□泰安州奉符縣令吳術同母王氏謹獻 眞書西臺石上 扶桑石吳興沈應龍題 八分書 岱岳分奇吳晃題 篆書並在扶桑石上 層雲 眞書中臺東北石上 古皖玉峯王珍觀 眞書中臺前左石上 古皖心田王夢龍至 眞書中臺前右石上 玉山高並兩峯寒吳晃題 隸書東臺左石上 ○右十石惟中臺東南西南西北三石及東臺右石無字亦有漫滅特甚者故不錄諸題字多明人筆而王世懋以爲皆宋元閒浮海來獻今無可證以有金大安一則因並附列於此

岱覽卷第六終

岱覽卷第七

泰山書院院長陶山唐仲冕六幕輯

總覽三

岱廟下

〔元〕祀東嶽記文畧曰維嶽奠茲東土駿極于天爲國巨屏其方生氣之所在天地大德之所屬也故於時爲春於五行爲木於五常爲仁發祥效靈自昔已然膚寸而雲不崇朝而雨天下它嶽莫之與京也七十二君之事雖無從攷然而享明禋受嘉薦其來尚矣○右碑見明汪子卿泰山志云元統三年學士張起巖撰歐陽元書勒延禧殿前今不知所在元統當是中統

〔東〕平張宣慰登泰山記文曰東平府路宣慰張公登泰山記●奉高晚進王禎書篆●皇帝中統元載擢用宿儒宣撫十道公首與其選公治河東攷爲天下最上親召勞以巵酒至以字呼朝野榮之越四年上復命爲東平宣慰使嘗曰曲阜實夫子祖庭泰山爲中原神嶽皆在境內所當親祀以至元重九前三日辦嚴以行由沂州門出時天宇晦冥翼日至林廟拜三聖墓雨氣猶未艾信宿抵嶽祠明旦登西華門雲則靉陰靉暘雨則閟作閟止咫尺三觀在水墨潑染閒剎那千百其變公謂所親曰登頂之約盍不

敢定苟晴矣乃行否則恐勞而入既而五鼓將作陰爲之解駁三唱未終星爲之芒錯於是州刺史張汝霖奉符合張佺司戶王天挺及從者三百指具肩輿肇公而上已而過黃峴休於護駕泉次御帳少憩去天門猶不啻十五里路漸隘林樹四合就其罅望之天光凝碧如紺珠薄莫至絶頂由東以望見山影黝黑偃臥無際頃觀李斯碑僅得數字其餘漫不可識下自登封壇皆歷代磨崖亦復剝裂惟唐明皇御製紀泰山銘其字大如椀深幾寸泥金錯落猶有存者日沒少頃寒氣已逼人如仲冬時從者燎薪圍坐以待旦參甫中公起步自玉女池登日觀峯六合裏開

肅然纖滓待蒸焱時東方曨曨乍離乍合不移晷日露强半怳然如入無量金色界中凡在行者莫不歎詫及迴又得西影直抵昧谷若與崑崙爭長雄公輒奮髯驚則曰吾此行凡三見岱宗面目吾願足矣噫予自壬辰北渡三十餘年凡九來未嘗覩此奇事雖欲匆紀得乎古者有天人之辨謂人無所不至惟天不容僞眞知言哉公純誠人也葢無往而不協無動而不孚無禱而不應是行之異乃一節耳雖然天下之事固有邂逅相合者多矣昔衞旱伐邢師興而雨或者謂適與雨會則非也此特純歸之天烏在所謂由人乎哉至於揮劍成河變晝爲夜或有此理如韓

吏部開衡山之雲蘇端明借海藏之春皆吾輩之餘事安用詫爲因公此來書諸石以示來者濟南杜仁傑記●至元二年二月望日副宮范居正知宮王志朗棲眞大師副提點侯志崇保和大師東嶽廟副提點劉詡從崇眞明道圓融大師泰安州道門提點東嶽廟住持宗主張志偉同刺史張汝霖立石高又元刊○右眞書額篆似隸文全題碑連額高四尺廣二尺三寸額十二字三行字徑二寸八分文二十五行行三十五字字徑七分碑稱張公不書其名字以史攷之張德輝字輝卿冀寧交城人世祖在潛邸召見問對甚詳德輝得告將還陛辭陳先務七事世祖以

字呼之賜坐賜賚優渥及即位起德輝爲河東南北路宣撫使二年攷績爲十路最帝勞之遷東平路宣慰使春旱禱太山而雨至元三年秋參議中書省事碑文所稱與史傳同卽其人也葢張公登岱在至元元年九月碑立於二年二月迨三年則入爲中書參議矣舊在延禧殿今移縣署土地祠碑陰有五嶽眞形圖洪武十一年十月勒又有東嶽圖碑成化十九年王以賓撫亦由廟移祠

徐世隆詩刻文曰記夢五言●我夢天倪子同登日觀峯骨彊淸似鶴步健老猶龍方外無官府堂中有岱宗仙閭眞福地杖屨會相從●翰林集賢學士正議大夫知制誥

同修國史徐世隆書　復齋送天倪子還泰山●九十行年髮未華道人風骨飽煙霞洞天福地三千里神府仙閭弟一家牛膝藥靈斟美醞兔毫盞淨潑芳芽隱居自愛陶宏景莫作山中宰相誇○右石高一尺七寸廣一尺九寸詩凡二首共一八行行十一字字徑一寸四分共一五行行十四五字字徑八分並正書嵌環咏亭壁案泰安縣志金石不列是碑元史徐世隆傳世隆字威卿陳州西華人弱冠登金正大四年進士癸巳奉母北渡河嚴實招致東平幕府俾掌書記元世祖在潛邸召見於日月山欲留之以母老辭實子忠濟以爲東平行臺經歷中統元年擢燕

京等路宣撫使三年宣撫司罷還東平除太常卿兼提舉本路學校事至元元年遷翰林侍講學士俄兼戶部侍郎七年遷吏部尚書九年補外爲東昌路總管十四年起爲山東提刑按察使十五年移淮東十七年召爲翰林學士又召爲集賢學士皆以疾辭年八十卒此世隆歷官之始末也此碑結銜云翰林集賢學士知制誥同修國史傳無制誥國史之職而翰林集賢學士當在至元十七年雖以疾辭猶列其銜也傳不載其號復齋碑云復齋送天倪子還泰山泰安縣志錄此詩於藝文作徐世隆送天倪子歸布山則復齋爲世隆號而泰山布山又互異也以時攷之

碑刻二詩皆在至元十七年後至二十二年所作其時方辭官必就陳州家居此蓋書於其家而所稱天倪子者刻於泰山不著年月也天倪子未著其名据元遺山有皇布山天倪子眞人詩王奕和之則道士而姓張也又證以朝元觀碑知爲張志純

王惲漢柏詩刻　文曰漢柏●蒼柏無城擁漢陵闕宮遺樹鬱崢嶸雀鬼不植明堂礎造化還通嶽頂靈萬壑煙霏封傑幹半空風雨撼秋聲白頭會見東封日秀映鸞旂一色青●至元二十一年五月己酉朔中議大夫山東東西道提刑按察副大使汲郡王惲題○右眞書嵌環咏亭壁潛

研堂金石文跋尾續云按惲所歷官詳見其子公孺所撰神道碑其轉中議大夫碑亦未之載也次行之下又有數字云還一作潛字秀一作照字此後人據秋澗大全集本校其同異而附注之者

東嶽廟聖旨碑○右凡二碑一爲泰定元年一爲至正四年金石文字記云案元史泰定帝本紀有卽位一詔與此相類鄙諺之語播之王言傳之史冊貽笑後人然其曰每年燒香的上頭得來的香錢物件只教先生每收掌者則是時香錢固未嘗入官也潛研堂金石文跋尾續云文稱成吉思皇帝月古台皇帝薛禪皇帝完澤篤皇帝曲律皇

帝普賢都皇帝怯堅皇帝後題泰定元年鼠兒年十月二
十三日又一碑文稱成吉思皇帝月古台皇帝辟禪皇帝
完者都皇帝曲律皇帝普顏都皇帝格堅皇帝忽都禿皇
帝亦憐眞班皇帝後題至正四年猴兒年九月二十九日
案成吉思太祖尊號也辟禪完澤篤曲律普顏都格堅忽
都禿則世祖成宗武宗仁宗英宗明宗之謚身後所追上
也太宗寧宗未有國語謚號故稱其名泰定卽位詔書稱
英宗曰碩德八剌皇帝其時尚未有國語謚也文宗國言
曰札牙篤皇帝至正碑不及者以其與於弑逆黜之也定
宗憲宗泰定帝皆繼世之君當世敘諸帝畧不及焉太廟

七室之制則太宗亦不預重本生而輕正統禮臣亦未有
援古義以爭之者明嘉靖之議大禮實濫觴於此矣月古
台元史作窩闊台普顏都史作普顏篤忽都禿史作忽都
篤亦作護都篤亦憐眞班史作懿鄰質班又如完澤篤之
爲完者都格堅之爲怯堅兩碑亦互異葢譯音本無定字
當時播諸王言亦未盡畫一也蒙案謹遵
欽定元史國語解成吉思當爲青吉斯窩闊台當爲諤格
德依辟禪當爲色辰完澤篤當爲鄂勒哲圖曲律當爲庫
魯克普顏篤當爲布延圖格堅當爲格根又碩德八剌當
爲碩迪巴拉札牙篤當爲濟雅爾碑向在泰安府嶽廟西

偏延禧殿前近歲修廟者礱去其文爲他用泰安人聶鈫
云
賈魯登泰山詩刻文曰登泰山●賈魯●岱宗何崔嵬羣
山無與比使者久塵囂望之不勝喜無緣凌絕頂詣祠聊
致謁夫何一殿存千間暴遺圮人言遭劫火金源亂兵裏
感此廢昔年傷今未能理飛奏入彤庭經營良在邇奈何
齊魯飢百姓淯糠秕神兮願效靈穰穰多樂祀行當復故
宮金碧蕩瞻視●至正五年正月○右行書嵌環咏亭壁
間
東嶽別殿重修堂廡碑文畧曰岱宗有祠實自唐始宋大

中祥符肇建今祠大其制一如王者居其殿宇門觀長廊
迴閣總八百一十有二楹其內城西南隅有殿曰延禧有
堂曰誠明繚以迴廊別以庖湢以待天子行人銜王命以
代祀者至則奠香幣於殿退齋於堂垂思儲精卜日涓吉
乃有事於東嶽天齊大生仁聖帝宗弗敢褻也三百年來
嶽祠再廢再作金季俶擾復毁於寇唯斯殿與堂獨存我
世祖皇帝踐祚之七年創搆仁安殿以妥嶽靈其他則未
遑然歲時旣深日就摧壓堂陛廊廡咸非昔若至正丁亥
歲值覃懷范君德清來提點廟祀則曰國家爲社稷生靈
計歲遣近臣代祀其所以涓潔精誠者在是今乃摧毁弗

治可乎遂疏謁諸好禮者捐廩揮金咸樂施弗愛於是掄材召工未閱歲而殿堂廊廡燦然一新又創爲新堂五楹前軒後闥高明虛敞以待賓客西爲神庫以藏天子賜物復闢東廊設以軒檻高其陛戺以待諸官府有事嶽祠者總計若干楹噫若范君者可不謂勤於其職者哉諸好禮者姓名附載碑陰云○右長山尹杜翺撰周公貞眞書竝篆額至正十三年四月勒延禧殿前今仆毁

〔明洪武東嶽去封號文碑〕○洪武三年六月二十日文見前

〔東嶽祝文碑〕文曰朕荷上天后土之眷命蒙神之效靈以致平羣雄息禍亂主黔黎於華夏統控蠻夷於今十年中國康寧然於神之祀若以上古之君言之則君爲民而禱歲有春祈秋報之禮於斯之際有望於神而祭者有巡守於所在而燎瘞者今予自建國以來十年於茲國爲新造民爲初安是不得親臨所在而祀神也特遣開國忠臣李文忠道士吳永輿鄧子方以代予行奉犧牲玉帛於祠下以報效靈自今以後歲以仲秋詣祠致祭惟神鑒之●洪武十年八月○右眞書勒西廊外碑臺

〔重修東嶽神廟碑〕文曰東嶽泰山之神廟重修碑●賜進士通議大夫禮部左侍郎兼翰林學士致仕河東辥瑄撰文賜進士中奉大夫山東等處承宣布政司左布政繼淳李顒篆額賜進士中憲大夫前兵部職方主事濟南府知府成皐陳銓書丹●東嶽泰山之神故有廟在山之陽朝廷有大典禮大政務則遣使告焉廟屋歷年既久類多圮漏弗治先是守臣嘗奏請修建而弗克底完天順己卯泰安州復以其事達之濟南府因以上請詔允修葺於時都憲年公富方議興役而去左副都御史賈公銓繼來巡撫乃洎巡按藩臬協議既擇有幹幕職以董其役復俾濟南府知府陳銓月一往以綜理焉銓始至泰安謂修葺嶽廟固所以祗若朝命致謹大神然尤當以省民財重民力爲本財匱民勞事亦非可因詢及守廟者具言數十年所積禮神之物甚富遂遣人持市木之巨細與其他修屋之不可缺者及既合而匠役皆在官之人農氓不知有役銓既綜理有法董役者亦用其意不疾不徐工日就緒始事於天順庚辰秋七月次年辛巳夏五月訖工殿宇周廊門觀繚垣悉皆完治不陋於前不侈於後咸願刻石以紀其事山西按察使王允濟南人也因以書來求文於瑄惟孔子有曰必也正名乎蓋明則有禮樂幽則有鬼神其理一也然則事神之道其可不以正名爲先乎如嶽鎮海瀆在古帝王之世皆以名山川稱之初無封號之加蓋以其爲天

地儲形萃秀神氣流通能興雲雨以澤物能出財利以濟民古雖載在祀典而不可加以封號自前季以來道學不傳幽明之理不明於天下邪誕諂妄之說日作於是有封五嶽爲王爲帝者有封五鎮爲公者有封四海四瀆爲公爲王者而又各加以美號夫嶽鎮海瀆其形峙而流其氣神而靈古禮五嶽視三公四瀆視諸侯而乃崇其等人其神名既失正神豈顧享洪惟我太祖高皇帝定有天下之初即稽古祀神之典乃頒大明詔旨於嶽鎮海瀆諸神曰攷諸祀典知五嶽五鎮四海四瀆之封起自唐世崇名美號歷代有加瀆禮不經莫此爲甚今依古定制凡嶽鎮海

瀆並去前代所封名號止以山水本名稱其神仰惟詔旨所載隆復古制大洗前訛其所以達幽明之理定上下之分允宜表正斯世垂法將來而爲萬古不易之大典孔子所謂正名者於斯見之猗歟盛哉東嶽泰山之神爲諸嶽冠聖朝既正其名秩其祀而廟弗治又俾所司以時修葺而巡撫憲臣洎藩臬得綜理其事如銓者不竭民之財力而克底完新皆可謂祗若朝廷丕揚顯命而致謹於大神者矣遂序其事而銘之曰一理宰斡二氣互根清浮無際濁墜斯存柔行剛峙川洪嶽尊惟此泰山造化鍾萃龍從太虛磅礴厚地匪魯邦詹實衆嶽最其蓄罔測其施靡盡

元雲寸石甘雨八荒功既載溥厥報宜彰有廟在陽奉命新葺重臣是承守臣是職民不匱勞事底完集殿宇廊觀聳卓縈迴高下中度不騫不卑神氣鬱鬱流通在茲昔古山川明祀有體夫何前季封號薦起僭岳於天紊三公禮逮我聖世道復古隆斥絶僭誕率由大中嶽鎮海瀆悉正其名惟岱宗神神稱允格迄茲有役咸願刻石述理繼辭以示無極●巡撫山東監察御史康驥李勝山東布政司右布政使曾翬左參政柳春右參政李讚黃宗左參議梅森右參議賈恪山東按察司按察使王越副使張穆徐朝宗李悰僉事王琬莊昇劉進徐毅山東都司都指揮同知

朱昇陳信僉事狄瓛陳忠吳勛谷昶濟南衛指揮使劉智馬凱鹽運司運使董昱同知劉濬副使姜倫判官甯文濟南府同知楊必貴通判吳宗慶泰安州知州李琪修正殿同知馮驥修鐘鼓樓廊房判官成誼孔希昇修三門四角樓吏目張傑儒學訓導王綸李欽巡檢岳賢大使俞珏陰陽官劉澤董工經歷王政董工知事段稽董工照磨李儀董工案牘趙智董工長清縣主簿陳相●大明天順五年歲次辛巳冬月吉日濟南府推官鴈門齊魯立石濟南程春程督程恂程紀程習奉高孟昭鐫○右眞書額文全題勒宋天貺殿碑陰東向即此亦足見省財重力之一端云

凡錄明碑銜名多不具爲其近也兹以得附文淸鴻筆之末故備載以彰不朽　案李賢修廟記云經始天順四年八月廿六日落成於五年九月初一日與此畧同未詳碑所在意當時未勒石與

〔孝宗御製重修東嶽廟記〕文曰朕聞自古天子報祀鬼神之禮載在典冊自郊祀天地而下復有名山大川之祭葢名山大川兩間物形之最鉅者形鉅則氣之所鍾亦鉅而神必依之於是有雨澤之潤有財貨之生有年穀水旱之祈禱焉以利生人此報祀之所由起也惟泰山在古兗州於方爲東故稱東岳於時爲春春主生萬物之始羣嶽之

長又稱岱宗古者天子巡狩秩祭之所先而東方諸侯在其封內亦得以祭然其禮視三公葢以別於天地降及後世乃崇以美號至於帝王則與天地無別矣我聖祖高皇帝有天下之初詔定祀典始復其號曰東岳泰山之神禮嚴報祀著令至今大聖人超卓之見葢出尋常萬萬豈特朕所當恪守雖萬世子孫莫之能易也東岳之廟今徧於天下其在泰山者爲專祀歷代所重故廟之規制甲於他方香火特盛我祖宗列聖自國初以來報祀惟謹廟宇亦屢加修葺然歷歲既久風侵雨剝棟宇榱桷葢瓦級磚與夫丹艧藻繪之飾未免傾圮漫漶宏治己未冬敬承祖宗

禮神之意發內帑銀八千餘兩幷在廟積貯香錢命山東鎮巡等官葺之自壬戌冬越明年夏乃就訖自三殿而下若廊廡若門垣等凡傾者以易圮者以完漫漶者以鮮以潔金碧暉映廟貌深嚴泰岳明靈既尊且安自是而往陰佑顯相我國家之福祚一方之生靈謚有賴於無窮矣宜有述以示後爰識顛末并繫之詩曰鴻濛未判一氣渾然淸升濁降始肇乾坤賦形之大惟山與川氣隨形鍾神乃在焉巍巍泰山高入雲煙羣岳宗之靡或與肩自古天子秩祭孔虔禮視三公祀典攸傳降及唐宋緐禮相沿殊名美號謚謹謚專於惟我祖志復古先秩祀有詔功邁前編

朕承先烈精誠彌堅祀事載修廟貌增妍神心鑒悅降福緜延壽我國祚光我化甄蕩蕩平平億萬斯年○右碑宏治癸亥年勒廟中

〔正德告文碑〕○正德五年四月初一日遣戸部侍郎喬宇祭嶽神文篆書並額御告文三字在金大定碑右

〔大觀峯碑〕○右大觀峯三大字嘉靖十一年楊撫眞書在配天門外東側西向

〔觀海碑〕○右張欽眞書觀海二大字兩旁有嘉靖乙未年葉份跋在大觀碑南西向碑陰有秦篆二十九字不知誰所橅也

重修東嶽廟碑○右碑李欽撰安科員書蕭大亨篆額嘉靖四十二年六月勒仁安門內西側今佚時嘉靖丁未廟災僅存寢宮及炳靈延禧二宮越十五年壬戌始興修凡十數月告成經費皆藉香帛董其事者濟南同知翟濤岱史所具碑畧如此又有參政許天贈重修記畧言萬歷甲申廟漸圮因督修之告成於乙酉八月濟南通判張世臣州吏目蘇天壽董其役益卹黃克纘所謂小有修葺也

飛龍巖碑○右隆慶元年劉鄒眞書飛龍巖三大字在配天門外西側東向

翔鳳嶺碑○右碑仝上二碑竝大觀峯碑皆擬立山上不

果因置此

重修東嶽廟碑文曰古者有事山川皆除地爲壇嶽廟之建或曰唐人爲之然開元勒銘猶云設壇場於山下躬封燎於山上則未有廟也至宋大中祥符閒肇修封祀躬款祠下念唐封王爵未足對揚休應遂偕五嶽咸陞帝號大修廟祀宣和因之諡宏厥制明興高皇帝正五嶽之神號文皇帝却封禪之諛說大聖人作爲高出千古而嶽廟特仍其舊時遣祠官致祭壞則新之若曰泰山興雲致雨澤及蒼生廟以祀神有所舉之莫敢廢也嘉靖丁未燬於回祿猶請修於朝議者以泰山靈異四方瞻仰走珪幣而禮

神者歲收其餘利足以霑溉軍民而有司不能推神之有以新其廟宇乎於是聚材鳩工積十餘年乃復舊觀從此小有修葺不復請水衡錢矣歲己亥榷使紛出纘爲藩長始議以泰山稅錢劃一萬六千緡與中涓進之大內至今未罷而經費始詘適廟貌年久不葺將至大壞所需四千九百五十餘金有司不能辦也乃謀於參政徐君夢麟搜贖鍰濟邊之羨得一千二百兩有奇道府胥吏先侵冒今扣償者可得九百金有奇其餘取給於神貺焉爰令泰安州同知賀呂臨朐縣丞吳復金專董其役採石山麓市木河濱設埏陶甓計值召傭凡垣墻棟宇之圮者頹者蠹而

折者穿且漏者悉易而新之計所繕治爲正殿者一爲宮者三爲小殿者二爲樓者七爲亭者二爲門者十一爲城者百堞以及齋房步欄神祠客舍罔不修飾金碧耀日觚棱拂雲而廟貌燦然改觀焉經始於乙巳十月落成於丁未十二月厥費頗鉅不可不紀其始末以示將來黃克纘曰予以戊戌夏入齊嘗祗謁嶽廟登絕頂云俯仰茲山蓋以蒼天爲曠宇坤維爲厚阯峯巒爲棟梁洞壑爲門戶雲煙爲樓臺雷霆爲鐘鼓云亭梁父爲几席河濟汶泗爲溝池而其所爲神者髣髴乎降婁元枵之閒呼吸之氣通於帝座此眞神靈之所宅也若乃岱麓之廟人以己居居神

神果居之乎雖然以人事神非壯其宮室嚴其階陛丹靑以飾之鐘鼓以樂之馨香以薦之何以申報賽而昭明德哉是役也協力經營共襄厥役自巡按以下凡十七人皆有勞例得書。右碑萬歷三十六年正月黃克纘撰久佚

穆光允詩碑。右石四方南勒萬歷四十八年光允登岱七律四首東勒天啟三年黃掲七律一首五言排律一首西勒掲七律一首麻一鳳七律一首北勒一鳳七律三首暘炳星辰可摘四大字竝行書在仁安門外西側

劉元琬詩碑。右登岱七律一首行書在東廊外碑臺

漢柏圖贊碑文曰有菀者柏蟠株靈宇植之何年云自漢

武形寄靑巒魏峙崇階兄彼秦松弟乃唐槐飛潤流津函雲漏月喬柯孤引修幹高揭亭亭偃蓋葳蕤芾侯甸鎭厥東土蔭茲下民我來其下徘徊徙倚圖以攜之昕夕仰止●晉濩澤道莊陳昌言題●崇禎十五年壬午秋七月關中爠州左漆左佩玹篆。右眞書勒圖左方額篆漢柏圖贊在炳靈宮階右柏下南向郡邑志失載余與其四世從孫秉灼遊甚洽秉灼以告閱之佳因錄

國朝重修泰安州東嶽廟碑文曰禮山川之祀以望其旣祭也則以牲玉瘞而縣之於林沈於水未有升高祀者其後易壇壝爲廟而五嶽皆於山下恒山祠上曲陽遠在數百里外猶不失古望祀之義焉東嶽廟在泰安州治西北隅實嶽之南麓前三門門三塗樓峙其前神之居在五重端冕秉圭一如帝者之儀議者謂五嶽視三公然周禮有兆五帝之文宰五行配五色後益分祀五方而青帝得祀於岱章服之盛非僭也書歲二月東巡守至於岱宗爾雅釋山曰河東岱應劭曰岱始也宗長也萬物之始陰陽交代故謂五嶽之長相傳神掌死生之籍故曰齊度游四方各登泰山籙蓋自九皇六十四氏以來秩祀不改彼嵩華恒霍特廟祀一方而已神則祠宇徧天下生民之奔走威福者疑神崇標峻極是處由是山椒嶽頂各飾神祠金碧

焜煌於松栝之表至州城之廟載諸祀典祈報者或未之過焉惟朝廷有大典禮特命使臣祠告外則州之有司春秋致祭一灑掃而已廟以是久不治嗚呼抑知百神受天子職必祠官祀典所載乃其所以憑依也歟

皇帝踐祚之六年躬攬大政告於海內名山大川爰命祕書院學士宛平劉公修岱宗之祀使旋請奉命撫東土旣至檄知州事林君修治於是三司以下靡不率錢爲助采大木於江淮由運河輦於廟明年竣事城之雉堞殿之垣墉戶之棖樞土者爲臺木者爲榭鼓鐘之樓齋湢之所宋廇榱桷瓴甋罘罳莫不畢治穹碑斷碣踣者復立鬼物靑

紅夾門左右州之男女遠方之人咸來觀小大稽首爰礲
貞石以書歲月公授簡彝尊曰斯文也非子不可彝尊伏
念岱宗爲先王省方之地觀民設教於是乎在有孚顒若
惟神是依洽神人以和上下建神示以保邦國觀化之理
一也萬物出乎震妙萬物者莫如神天地之盛德仁氣備
焉神之靈爽既安百物以諧四時以序協乎先王望祀之
義將遐邇之祈報者不於彼而於此焉庶無戾於古矣乃
作詩曰萬彙之生孰秉其權陰陽相代有化必遷巖巖喬
嶽善氣所宣降婁之躔天柱左海羣山是宗莫之與等惟
神司職克配眞宰陳書於虞攷禮於周魯公三望紀於春

秋百王之祀豈其崇邱嗟世之人不稽祀典鍵此重扃纎
磴是踐神房寢地覆之苔蘚穆穆
天子既親萬幾使告於岱誕及海沂親臣代祀叩神之扉
帝有恩言爰撫青社小東大東綏此勞瘽有淑者旂有鞶
者馬乃巡於野乃舍於郊乃訊司牧爰暨庶寮浮木於江
斵石於磐公來奉符五宿山麓新門有伉四阿重屋亦有
寢宮陳其牲玉有蒼者璧帝晬其容百靈來會爾俟爾公
奕奕者廟神罔時恫鬱鬱唐槐丸丸漢柏樹以豐碑昭神
之德使山如礪報祀不忒○右碑康熙七年朱彝尊撰八
分書幷篆額在仁安門外今佚

〔重修遥參亭碑〕○右碑康熙十五年朱麟兆撰眞書在遥
參亭前
〔重修東嶽廟碑〕○右碑康熙十七年四月施天裔撰眞書
碑陰有題名在西廊外碑臺
〔御墨亭碑記〕○右碑康熙二十四年七月徐旭齡恭撰眞
書在東廊外碑臺

奉
命祭告東嶽廟碑文曰天之下穹然峙者惟岳乎五岳視
三公而泰山居東方生物之地能出雲雨以潤天下故於
五岳爲長王者膺圖受命必禋祀以告代焉虞書東巡狩

至於岱宗柴望秩於山川傳所謂因名山升中於天也周
頌時邁般二篇皆云喬岳序以爲巡狩告祭之時不過行
虞氏柴望之禮而已自管子稱封禪七十二家而遂舉成
王封泰山禪社首以實其說秦漢以後閒一行之司馬遷
作書以諷武帝事不經見明主弗爲也其春秋常祀詔領
於有司國家有大政事大典禮則特遣貴臣祭告歷代相
沿以爲永制我
皇上盛德在躬百行兼備首隆孝治格於神人其事
兩宮所以尊養而顯揚之者無不至視舜之大孝武之達
孝先後一揆焉推之以仁民愛物物靡不得其所東方生

物之氣因是以流益亭毒浹於函夏而
皇上顧崇謙讓之德嚮者
駐蹕奉高力排羣議肇稱殷禮獨見之明超軼秦漢萬萬
與虞周爭烈矣今康熙二十七年冬十月恭遇
太皇太后升祔之期
皇上恭請謚於
南郊又以其事告
宗廟社稷禮畢凡祀典所當舉者分遣臣寮奉冊祭告而
臣振裕任東方之役泰山東海沂山三致禮焉歲十二月
驅車至奉高越明年春正月癸酉始有事於泰山先期齋

戒澄心息慮省牲之夕申命有司恪恭執事罔或怠缺祭
之日廟宮肅然游氛高褰四宇清朗祝幣具列牲肥酒清
降登薦祼謹奉儀式竣事而退仰矚岱頂天門截嶪軒豁
呈露崙雲捧日祥飈蕩空翠柏蒼松粲焉可數用見我
皇上至德要道協兩儀而懷百神惟岳有靈景福肸蠁故
其徵應如此臣振裕文采固陋竊嘗攷之詩書參之今昔
蓋禮莫重於祭而聖人之德無以加於孝
皇上孝治天下而典禮所行適當首春之吉秩祀茲土則
漸民以仁育物以慈使天下熙然歌詠於虞周之世者實
見於此而神之大享默佑以佐我

聖天子好生之德固將緜億萬年而未已臣幸得備員祭
告而不克揄揚盛典非肅將
君命敬共明神之義也遂拜手稽首而為文以勒諸石。
右康熙二十八年正月李振裕撰眞書在露臺西
張鵬翮漢柏唐槐二詩碑。右竝康熙四十九年行書各
識其處
重修岳廟碑記文曰
皇上端拱萬方鎔鑄六合威靈震疊膏澤汪濊無往不賓
有來斯格如天之覆粒我烝民如日之升燭於率土蕩蕩
巍巍之德上軼唐虞赫赫濯濯之勳遠隆湯武康熙五十

二年恭逢
皇上六十萬壽之期卽億萬年
萬壽之始臣蔣陳錫仰承
簡命保釐東郊蒙
聖主股肱之寄未能上竭涓埃犬馬之誠冀得少伸萬一
恭惟泰安東嶽尊神天帝之孫羣靈之府東方為萬物之
始震位居五嶽之尊
朝廷有大禮大政則遣使告焉故崇宮勝宇自昔備極壯
觀迨歲月既深丹雘漶漫金碧剝落棟宇傾頹牆垣毀圮
甚非所以祇告

朝廷丕承休命而致謹於神人者也隨與藩臬道府各官共議修葺而鼎新之協力捐俸共襄盛事並不捐及州縣等官官亦不輕用民間一磚一瓦一木一石並嚴禁有司不得借修嶽廟之名派毫髮於閭里倘奉行不實卽飛章糾參是以官奉法民歡趨雲蒸霞蔚雷動風行乃命泰安州牧張五福鳩工庀材若殿若宇若堂若廡若舍若寮木者石者陶者鈙者丹堊而髹者百度咸集可仍仍之否則易之甚者徹而增之經始於五十一年十月畢工於五十二年三月自麓至頂莫不煥然一新計工費所需共捐俸銀四千三百八十兩零落成之日正值

皇上萬壽屆期臣謹率僚屬恭謁嶽廟虔修醮典爲
聖天子靈長之祝但覺珠宮耀彩寶像騰輝萬姓觀瞻天人歡悅靈光照矚淑氣絪緼默相陰佑雨暘時若頻年夏麥秋禾兩岐九穗遍於齊魯之郊從茲萬邦屢豐民氣和樂永保我國家無疆之慶明神之功固與天地共垂不朽矣抑臣聞之自古受命帝王曷嘗不封禪我
皇上文武聖神事天禮祇竭誠盡敬當禎祥協應休瑞紹臻猶謙讓未遑陋七十二君之儀不敢蹈封禪之跡
聖天子之超越百王眞自古所未有也歲甲午爲
皇上萬壽本命之年臣復率僚屬恭詣嶽廟建醮十有九日張牧具貞珉請余記其事以示永久乃薰沐而書之〇

右康熙五十三年三月蔣陳錫撰眞書在仁安門外碑陰有題名

[環咏亭石刻] 漢張衡四思篇之一 魏曹植飛龍篇 晉陸機泰山吟 宋謝靈運泰山吟並篆書後人補刻 明吳節泰山十四咏眞書吳雲補刻 吳江登泰山詩草書 徐仲麟泰山詩 黃恕次徐兪憲泰山韻並眞書已上景泰年 曾暉登泰山書院詩眞書天順年 張盛登泰山一首 襍咏十首 張文泰山詩及大夫松三首 楊勛登絕頂二首 王弼登岱詩 鄒文盛泰山詩二首 張岫登泰山

詩並眞書已上成化年 趙鶴齡登泰山詩二首草書 盧濬遊靈巖詩 胡瑄遊徂徠聯句 潘鑑登泰山詩並眞書 戴珊謁東嶽祠詩二首行書 周津泰山八景詩八首 王從鼎泰山詩三首並眞書 周紘登岱詩 高可升舍身臺詩並草書 繆觀登泰山詩三首行書 劉艮輔登頂詩 王守仁御帳坪詩並眞書 陳璧謁岱宗祠詩行書 王鏊登泰山及途中偶成各一首眞書已上宏治年 胡節望嶽詩草書 喬宇登岱詩二首篆書 張濬登泰山詩及五松詩二首 陳琳登嶽詩二首 柴奇登岱及竹林寺詩 趙鶴登泰山詩十首 朱寅步陳方伯登岱詩一首 戴經泰山

八景詩八首　王謳登泰山詩二首又無字碑詩　孫紀
登嶽步邊華泉韻二首　吳堂遊竹林寺詩　張寓御帳
遺跡詩並眞書已上正德年　陳鳳梧靜齋祭嶽詩行書　朱
飭登嶽次范蘇山韻　張衮謁元君詩　潘塤岱麓詩
胡伸登泰山詩三首　蕭璆秦松詩並草書　孫璋登泰山
詩　章忱登泰山詩並眞書　劉淑相快活三詩　張衍慶
登泰山詩並草書　陳子直登岱宗詩二首行書　廖自顯陟
岱紀事詩　詹寬登泰山詩二首　胡經登泰山詩觀五
松詩　許應元岱宗詩並草書　張鯤登泰山禊咏六首草
書又泰山頂詩篆書　鄭威登泰山詩二首迴馬嶺一首

周相登泰山詩　馬驧登泰嶽及御帳詩　邵經濟登岱
詩四首　喬瑞登岱詩二首　劉讟從桂峯侍御登岱阻
雪詩　陳仲錄登泰山詩及泰山吟五首　吳九經登泰
山詩二首　方元同泰山詩並草書　汪子卿同方兩江登
岱聯句二首眞書　李先芳登嶽詩又日觀峯詩　丁懋儒
登泰嶽詩三首並草書　曹金竹林寺詩　徐文通陪段侍
御登岱及岱宗詩八首並行書已上嘉靖年　李戴登日觀
峯詩　徐貞明登岱雪望及秦松詩並眞書又禊咏九首
行書　毛在環咏堂記眞書　趙志臯登岱八首又禊咏五首
董光登泰山及高里山詩並草書　魏永貞泰山禊咏五

首　李化龍登岱八首　郭棐登岱八首　郭守方泰山
諸景二首皆眞書　俞汝爲登岱八首及無字碑日觀峯詩
畢懋康登岱詩二首並行書　羅文煒望嶽懷畢使君詩
草書已上萬歷年　王應修岱廟詩古柏賦王輝集右軍聖
教序書二石合勒今佚前段天啟年　徐冠登泰山三首行
書　吳大山登岱二首草書　張衍遊靈巖三首眞書　登岱篇
草書已上無年代　國朝賀運淸登岱詩行書順治年　楊
霖岱頂聖殿記　吳雲聖殿記　孔貞瑄聖殿記並眞書
楊霖環咏堂記　吳雲環咏堂記又詩並草書　金古良遊
岱記又詩二首　施鐮跋　施其信詩　施德裕詩　施

復詩並眞書已上康熙年　方嵋書東嶽聖帝垂訓眞書　明
德望岱紀畧蔡應彪行書已上乾隆年○右併元徐世隆
王惲賈魯三刻共九十五碣合种明逸詩題跋二石並勒
亭之周垣其詩篇之佳者分載各覽
〔泰山圖贊碑〕文曰盖泰山者上應角亢之精下據青兗之
封綜萬物而交代冠五嶽以獨宗繄一元之肇始兼二氣
而成終其體磅礴其勢穹窿根崑崙以迤北跨渤澥而遂
東象葱龍其在木形夭矯以猶龍乃謂震男厥神青帝性
本乾剛心則神粹鬬蠢萌以必先含衆生之所際迎日月
之鮮華蘊風雷而蔚萃晴則廣宇被其光輝雨則寰區資

其湛濊粤古帝王克媲天地對時茂以峥嶸布春溫而識
睟指青郊而肆巡駕蒼龍以言邁景明堂之威儀欽羣后
之旂嘁遠播德音高標道誼民盡熙和物無疵癘謚君王
之遐齡宏國家之普利皆山之靈神之惠也恭惟
聖代秩祀式敦省方託於南國澂軾首於東藩倡萬邦以
履始視四嶽而居尊儆虞周而徽典辭封禪之讖文咨閭
閻之疾苦率官吏以清勤占雲物於日觀灑翰墨於天門
斯皇古所希覯豈晚近之足論孝純世忝簪纓情怡山水
昔叨西蜀之分符今守東魯之舊阯懼寵命之難膺忻名
山其在邇仰岱峯之千尋鄰嶽麓者數里排天閼其如屏

撫郡城而若几是故入廟則儼其崇隆登山則覘其焜煒
幸年歲之屢豐錫民人以繁祉既積厚以承高爰揚靈而
誌美乃作贊曰於赫東嶽嶔崎岞崿出震宣揚先天所作
青帝宅宮表海於東興雲施雨其澤鴻濛自昔天子或封
或祀玉帛斯陳降以嘉祉惟我
聖朝河廣嶽喬莫不懷柔百神孔昭矧近畿輔春巡是舉
五嶽夙臨萬物載覩洪衍龍文爛然星陳雕金鏤石郁郁
紛紛奉守東郡瞻言肆覲夙夜靖共祇
天子命實惟嶽神曰聖曰仁承天百福佑我民人貽我甘
雨茂我稷黍屢有豐年寧我邦宇山高無傾民衆無爭鄒

魯文學有駿其聲使臣稽首戴高履厚願比嵩呼
天子萬壽。右碑乾隆四十年五月知府朱孝純撰贊並
敘八分書勒配天門外西側東向碑陰有泰山圖
宋鮮于侁嶽神辭雲蓊蔚兮山之巔瞻嶽靈兮望青天嶄
巖嶠崒兮磅礴無垠巃嵸律勃兮寧一以爲仁草木雜而
羅生兮人不可名鳥獸蕃而走集兮虞不能知因高錯事
兮道此躋升登岱勒成兮胡爲而七十二君齊余心兮不
外高余冠兮甚偉擷芳杜兮爲衣掇紫芝兮作珮柏實兮
松華石髓兮蘭英蕙肴陳兮玉案明水湛兮清尊誠拳拳
兮不解寐接神兮恍若有言嵩高峻極兮生甫與申周道

將明兮宣以中興水旱不常兮蟲螟以災稼穡卒荒兮民
生流離勞來安集兮之子之功祐此下民兮寧遺神羞
明李東陽新廟告成詩五章巖巖岱嶽新廟有作爰經爰
度唯舊規是若載增載拓以光于前畧　新廟既構其煇
孔炤如輻斯輳如樾斯茂若繪若繡惟功之懋厥有加于
舊　惟天降菑釁攸是祟惟斯文之恫惟帝降命有嚴厥
工唯中丞之風監司之功　廟祀伊俶帝命孔肅曰此大
事我其可弗告豢牲冊祝予輔臣是屬臣拜稽首曷敢弗
恪　廟既新止禮既因止聖靈降監饗吉蠲止天右斯文
實亨厥屯如貞斯元如冬斯春惟國有明祀于千萬年

張鐸迎神辭雨淯淯兮風颸颸望神君兮駕赤螭魂怳怳兮遠徂馳峻坂兮陟長岐望舒爲御兮䨧爲裳豐隆前導兮電爲旗迢遥戾止山東涯蒼虬元豹何紛披神駒寶馬森相隨瓊琚絡珮聲䶇䶇鳳凰銜珠光陸離紛屢舞獻瑤巵坎坎擊鼓揚巫師願鎮坤維兮祀事孔時

送神辭雨忽散兮雲英英送神君兮駕太清天衢縹緲兮不可挹忽佗傺兮心驚龍翼輴兮駢闐虎服箱兮縱橫馳驅海岳返瑤京霓裳霞帔儼同行玻璃流光照空明玉童時龍雲和笙瓊宮寶宇寂無聲歌萬福受瑤觥陶陶嬉舞歡相迎願靈去而來兮奠此羣生

宋晁補之謁嶽祠即事澤南三百里極望橫天雲雲端色凝黛諦視初可分崢嶸介邱像頑洞元氣屯頃刻有變化慘澹殊明昏天行帝出震其位生物元不周償西北川乃東南奔寧知六鼇死竟使二山淪不有是難傾孰維大塊根嘗聞周官說實維天帝孫神靈所鎮守民物斯芘存幽明昭一理有道惟常尊不覺下馬拜僮奴亦遵循迺知正直理足使冥頑敦三王有損益商人所尊神明法或不懼夜行安得遂以此傳世教庶幾驅驚民暮宿太平驛不眠慮絲棼明朝好天色萬象開胚渾勢橫恆碣盡支壓齊魯蹲五色冒日觀一握通帝閽恢拓下雍睢青蒼上氤氳泉石競沮洳煙嵐互紛綸高巢踏風海深蟠跆火輪波濤轉堆阜一一溟渤吞棋枰視井邑匕箸藏松檜碧瓦峙雙闕紅牆繚長闉願瞻巖閟容內滌邪垢魂賜臣登絕頂一覽神秀原萬壑射窈窕三壇矗嶙峋莽不睹項領何能窮胜根稍稍指冕繹依依數亭云松列大夫爵嬴識將軍墳瑣屑淵花麗霏微崖葯薰廣大艮有以奇險安足論瑰詭有形上頹然德彌惇得無希夷子傲世逃深榛亦有黃冠士相對如麇麕此曹嚙草木語道艮未聞解榻坐中觀洗心馳大鈞形氣要得一不然隨物泯是事亦姑置幽尋聊可勤初疑無字碑瑩潔誰能文又怪玉女井高絕何由淵俯

窺鬭仙巖鳥下天壁垠側度五賢堂熊經背逡巡劒石危素履女蘿柔屢捫揮斥八極遠風來袂軒軒寥廓自無梯猶疑天可賓陰谷不可視恐落魑魅羣安得遂獨往身如黃鵠翻周流遍五嶽採掇芝英繁卽欲憩圓嶠或當止崑崙衆眞迎我語一笑顏玉溫是中差可樂子胡戀塵樊答此太遺物身閒猶事君重華迹已遠秦漢事方煩成功屬

·吾宋五禮垂後昆皇帝二載春臣備太史員紬繹自帝典頗識康哉言泥金白玉字願頌無前勲有志類韓愈無書媿文園臣髮將雪素臣心猶日暾今此在林藪跳身同攫猿徒觀衆山小愁絕下天門

〔元〕王奕漢柏詩膚剝心枯歲月深孫枝已解作龍吟烈風吹起孤高韻猶作峯頭梁甫音

〔明〕王元坤嶽廟四首地開神府自鴻濛作表羣靈控大東萬國朝宗瞻巨鎮二儀生物藉元功青旂曉轉光華麗蒼璧時陳禮制隆陟降有嚴廉陛迥滿空甘雨颯天風　飛樓層堞啟星門五岳推先品位尊帝出震隅通象緯靈昭木德奠乾坤百王秩祀崇遺典萬類瞻依肅駿奔鸞鶴去來天路近廣庭鐘鼓自朝昏　靈區虛曠枕蘭臯臺殿浮空踞六鼇鳥下琱題嵐氣濕雲披金牓日華高龍文鳳字延蒼蘚漢柏唐槐拂翠濤對越自能通肸蠁御懈千里薦溪毛　西風嶽麓動蕭森穆穆天孫洞府深背嶺臺隍延暮色偃空旂蓋下秋陰露寒古砌花仍發人去繚垣鳥自吟更欲投錢問香井隔林霞彩度青岑

〔蕭協中〕東嶽廟寰海名山尊五嶽岱主天孫帝天角春德生人冠百靈燔柴秩祀原超卓爰有神居體勢崇巍峩竦拔疑雲中高城百雉圍金碧殿閣千里臥螮蝀朱門輪奐輝金牓黃屋翬飛足宏敞兩兩廊廡翼寢宮明神赫奕昭英爽美哉香火百千年輻輳輪蹄祀事虔經聲帝號爐煙裏膜拜嵩呼玉殿前殿前松柏龍騰躍吐霧吞雲盡陰幕誰肇他山九石奇蹲獅伏豹紛拏攫我瞻廟貌神有靈肅

然祇拜神中庭願乘震德亨中土帝祉皇圖億萬齡　〔香井〕鑿石分流細芬芳濬脈長嶺梅寒漱液巖桂夜澄漿臯觀閭初異泉痕嗅自香茶鐺閒煮月應共老僧嘗

〔漢柏唐槐〕漢唐英主侈東封竝植靈柯古色濃柏葉傲霜迎翠葆槐枝結夏蔭蒼龍虛疑神物同千載自是仙根托九重安得虎頭攜絹素縱橫髣髴寫奇蹤

〔國朝〕施閏章〔漢柏〕根不必踞絕壁枝不必摩蒼天婆娑嶽廟眼前樹輪囷屈曲幾千年龍文蛇腹復猿臂鐵幹蟠空少根蒂岱宗玉女旌旗翻百靈半夜風雨會葦偃畢宏畫不得神物旁觀空歎息春暮天空鸛鶴悲陰霞繞樹沈雲黑崔嵬祠廟已頻災唐槐灰燼秦松摧武皇六龍逝不回嗟爾古柏胡爲乎在哉令我哀歌矯首心徘徊

〔沈德潛〕謁嶽祠閟殿崇東國惟神配極閒鐘沈汶源水香和泰山雲檜柏森靈氣碑銘辨古文升階肅瞻拜萬慮靜紛紜

〔嚴長明〕環咏亭林扉閉敞殿西偏春晝來過草色芊翠壁陰濃疑有雨古槐根斷忽生泉吟邊韻落錚摐鐸劫外碑橫片段煙到此可無題字在篔簹特地揀勻圓

〔謁嶽廟〕太微執斗臨紫宮元精合撰呈卑崇靈威仰尤愛所鍾職諸岱使專厥雄維帝出震開東封垂旒彷彿君雲中日章

月采昌以丰外表嚴毅中抱盅金輿山立璧雨轕蒼麟夾侍搖青髮先以大角倉精龍眂天察地横復縱歕海欱漠如長洪莫原厥始要厥終周三千里境未窮高四千丈廓有容天關上下開梯衝左日右月驚發曚太清宮碧扉則彤云亭社首衛若墉玉符琨瑞埕附崧配以太華恆衡嵩䨻聞精氣相周通象若侯甸男衛從扶輿匪特以自豐德之博者功亦隆稽古顓頊居空峒奉火爲祖金爲宗禹彊佐之殫靖共導率元武行蹥蹝窮蛇冠珥追厥蹤倚燭龍燭山曰鐘陰火灼氷氷弗融烏獸希草莫夭芃維靈頫眂憂心忡少皡于召來東蒙唐臣陸吾若不逢明威聖者天

所工負甲背虎持六稓陽門倒挂榑桑弓簸鑿大塊噓協風生氣涌出如奔虹吹萬無復夭札凶谷氣不痺林不瘥時叶光紀心維悩斥棄輿馬兼僕僮上之帝所𠹗鞫訩天庭忽荒神罔惆縮身潛喘夔魖同下奔委羽棲其躬因是六幕交和沖靈迺訢合孚若䶂魔箕舒猋畢降涷凝膏液若乳酪醺以昌萬彙綏九農奔走唱于復唱喁

天子時邁嘉迺庸高居祓飾金碧重五禮六樂罔不供奠以蒼璧妃青琮天池酒汁尃溶溶

奎章下賁光維熊煇增㲊岳麗燭空詎等封禪夸成功七十二代交洶洶滕書壇玉欺昏懵豈惟麟鳳來景慵黍禾茅亦生不叢璲余八翼慚璙瓊兹何意向天門翀挐才自媿成牛蝓含辤欲吐道弗充迴𨗍驚見貞石礐重若球貝陳三雍披唫未已淚落胸公如天柱頹中峯元神陟降應在穹帝宸左右鳴珩璁曷歸乎來牖我衷闔閭東望雲曈曨

元東平布衣趙天麟上策　臣聞天子祭天地及天下之名山大川諸侯祭社稷及名山大川之在其地者大夫祭五祀士祭宗廟庶人祭祖考於寢上得兼下下不得僭上皆有制以節之今國家稱秩元祀咸秩無文既有禮部及太常司侍儀司以備其節文又詔令所在官司歲時致祭五

嶽四瀆名山大川歷代聖帝明王忠臣節士之載在祀典者皆其宜也竊見方今小民不安常典妄事神明其類甚多不可枚舉夫東嶽者太平天子告成之地東方藩侯當祀之山今乃有倡優戲謔之徒貨殖屠沽之子每年春四方雲聚有不遠千里而來者有提挈全家而至者干越邦典渫瀆神明停廢產業耗損食貨亦已甚矣昔季氏魯國之上卿旅於泰山孔子猶欲其宰救之況小民之賤乎大人之教不以名器分之則將紊矣小民之心不以名器繩之則將慾矣況淫祀者事神之誠極寡希福之貪甚多且父慈子孝何用焚香上安下順何須楮幣不然則雖竭天

下之香纔爐而焚之罄天下之楮爲幣而爇之臣知其斷無益矣然而聖人立祀禮者報其當然之本行吾當然之義也伏望陛下申明前詔使天下郡縣官各祭名山大川聖帝明王忠臣節士之在其地者凡下民當祭之神如祖考及門庭戶竈等聽之凡非典所當祀而祀之者禁之無令妄瀆凡祈神賽社斃酒藿肉飾立神像泥金鏤木者禁之無令妄費如是則使巫風寖消抑亦富民一助

〔宋〕陳淳〈論〉泰山曰天齊仁聖帝在唐爲天齊王至本朝以東方主生加仁聖二字封帝帝只一上帝而已安有山而謂之帝合立廟儼然人形貌垂旒端冕衣裳而坐又立后

殿于其後不知又是何山可以當其配而爲夫婦耶據泰山魯封內惟魯公可以祭今隔一江一淮與南方地脈絶不相干涉而在在州縣皆立東岳行祠亦失于講明之故

〔明〕邱濬〈論〉有此天地卽有此山川有此山川卽有所以主之者是則所謂神也世俗乃以三月二十八日爲嶽神初度之辰嗚呼自天一生水凝而爲山其所以凝而成形也亦有時日耶此無稽之甚也甚者惑于釋氏地獄之說謂人死其魂皆必經嶽祠考掠而有二十四案之像其說尤爲不經乞下有司屏除毋俾得以惑世欺民

〔元〕田文舉〈代祀東嶽記〉望秩山川懷柔百神此虞周之盛典也歷代以來至於我元歲舉殷禮崇尚祀典復古之制也甲申閏二月丁卯皇上端拱九重齊明盛服敬授內八府宰相臣塔剌海臣冲眞明遠元靜眞人張德隆以名香銀盒白金壹錠錦幡一盒馳驛以至岱宗祠下是月二十七日臣塔剌海等齋沐昭告守土之官戮力協心敬趍厥職越二十九日己丑致祭于東嶽天齊大生仁聖帝焚香祝頌恪恭薦祼三獻肅雍禮成而退神之格歆不崇朝而雨田疇足潤年豐有望實神嶽之靈以應天子敬恭明神之佳兆也猗歟休哉謹記

李繡〈代祀東嶽記〉五嶽在天地閒含澤宣氣裨贊化育自

昔爲有國者所崇奉而岱宗於次爲尤尊且貴焉聖元歲一遣使致祀惟謹祝稱嗣天子敬遣某官某事可謂嚴且重矣至正十年庚寅月正元日上御正朝中書省臣奏得旨以宣政院副使臣桑哥祕書少監臣賀方代祀東嶽旣而以事不果行省臣覆奏以翰林國史院應奉臣李繡易之越十又四日巳巳臣桑哥等偕諸道代祀官十八人入見明仁殿皇上親舉香函致敬以授使臣者臣桑哥繡乃捧香帛祝自京馳八乘傳卽日就道二十有二日丁丑抵祠下翼日蕆祀牲用少牢酒果庶羞精潔備具將事之夕端倪軒豁萬象呈露小大執事罔不闓懌嗚呼神之歆此歟

祀錫羡降康以答聖天子之至誠者諒必有在將命小臣其何敢知姑識歲月以諗來者案桑哥當作僧格

明習嘉言代祀靈應記去年秋不雨冬亦不雪今春妨東作麥乃不有秋皇上憂惕四月癸卯遣近臣十有七人齎香帛禱祠嶽鎮海瀆暨錘山宸衷尤惓切焉嘉言忝遣首得代祀東嶽時馳驛詣山東者二人彼以沂山東海也比至三司率官屬遠迓香帛爲禮甚恭予語以禱祠之意議分職助禱於是憲使張君鵬偕行五月壬子宿祠下翼旦祗謁予默禱曰九旱久矣聖天子遣一介臣禱祠于神神宜有所昭荅焉退偕張君令有司召民之出大牢及蔬果

者聽自言其直給以所齎鈔人人喜出望外是日午雨乙卯雨如注丁巳又雨戊午四鼓序列祭具星月如晝既舉三獻禮仰瞻神靈若響若荅禮成雲倏以起雨大作移時方止州之父老助禱者歡呼言雨三日爲霖茲既幸見矣可多得哉遂再拜曰皇帝子我恆矜憫我既旱禱以雨我使我播種以不饑困恩德何其至哉又曰神利澤我者多矣旱而有禱輒雨矣使旱不爲災惠莫加矣又曰是雨也固宸衷感通所致良由神之克效夫靈應也顧無所於報願皇帝壽萬萬年神得禋祀於無窮也時濟郡守陳君安泰安州守施守正暨寮屬助禱者謂靈應斯臻盍屬記於

子惟神以尊冠五嶽發育羣物靈應往日者豈少耶殆未若今之捷於影響也誠足副上意而慰民望矣雖然是歲之旱奚翅一方焉得所謂不崇朝而雨天下者予尤有所冀也正統九年五月

陸瑜禱雨有感記天地之大德曰生泰山奠于東土體乾含元爲五嶽之宗有虞柴望於是歷代登封於是唐宋以來建廟加號禮極崇重行祠遍宇內聖朝酌準古制凡嶽鎮海瀆之神命所在守長祠事京師列壇於郊以隆望典有事特遣使謁告稱神去號禮從中正惟東嶽行祠在天下者獨盛景泰乙亥春二月至夏五月山東郡縣不雨麥

穀將槁先是濟兗諸郡連年被災兼以河決漕阻民役久疲上命刑部尚書括蒼薛公往臨之復值茲旱公憂形于色戒所司曰上天降災厥有攸徵循咎自予於民何辜乃齋沐擇吉禱于濟南泰山行祠是夕雨而霑被不遠公嘆曰弗虔也此去泰山百餘里盍往禱焉命瑜偕按察使劉孜等從既就道烈日爍石炎飈揚埃夾靈巖望泰山絕頂俄有片雲玉葉光潔乘風不動夜二鼓公將至州須臾頂雲布陰皷雷閃電雨意油然將下復止若逗焉者迨旦公謁祠焚香懇款退齋愈恭明旦致禱重陰蔽山雷電交作公率衆陞禮而大雨如注午及晚三陞壇皆如之觀者嘆

異是夜霶霈不止六郡霑渥百物勃然漕道以通歲臻大稔兵農安堵歌詠公德非公之精誠不足以格泰山之神非泰山之神奚致感應之速若此哉昔殷聖責躬而大雨方數千里後世值旱或禜門或瀆龍或舞巫而應或釋寃而雨若公之誠所以格乎泰山者鮮矣瑜願誌諸石以彰敬神惠民之嘉蹟庶幾將來者知所則

〔毛在重修環詠亭記〕岱廟西偏曰御香亭折而右舊有亭名環詠志古今聞人詩刻也其閎最著者如張平子曹子建韓范歐陽諸公流輝千古不可磨滅代更亭廢故阯幾夷諸石刻埋沒不可見往貳轉運今兵備天津查君志隆奉檄修岱志蒐諸名勝余輒檄所司計工度其費可百金其地南北僅數丈許廣如之周以基垣取舊制拂拭之臚列於其上中搆亭一楹仍扁環詠四視玲瓏蟲書鳥篆爭效奇焉斯亦岱下一大觀已屬所司工報竣余觀風濟上祠岱宗一探其奇覽壁閒題咏若斷若續詞調豪宕筆法殊絕低回不能去者久之余惟岱宗稱雄五岳而歷代聞人題詠亦最盛今是亭距廟西不數武乃竟陸沈於荒煙蕪莽之閒使人想識其勝而不可得況夫寰宇之內崇崖幽谷殘碣斷篇湮沒者何可勝數其廢興儻亦有數存耶因有感於中遂援筆書之以俟將來

〔宋元祐祈雨祝文〕維元祐五年歲次庚午月朔日皇帝名謹遣左朝散郎充集賢校理守尚書禮部郎中崔公度敢昭薦於東嶽天齊仁聖帝伏以君德不修天澤弗應自冬涉夏困於常暘失麥與禾何以卒歲率土之廣匪神孰依雖或政令之失宜嗟彼烝庶之何罪尚祈甘雨克昇豐年衆之所同神罔終棄尚饗

〔謝雨祝文〕維元祐五年歲次庚午月朔日皇帝名謹遣左朝散郎充集賢校理守尚書禮部郎中崔公度敢昭賽於東嶽天齊仁聖帝伏以自冬歷春雨雪弗效由近及遠麥禾可憂懼成凶年病我赤子神明昭答膏澤普加力回大旱之餘卒致有秋之喜不腆之薦誠意斯存尚饗○右二文見蘇轍欒城集

〔歐陽修祭東嶽文〕修比者獲解郡章許還里閈方巾車而卽路屬暑雨之時行輒以愚誠仰干大造蒙神之惠賜以不違吹清飈而散陰暴秋陽以洞轍遂無道路之阻得返草茅之居荷德之深不知爲報一觴之潔謹用薦衷

〔蘇轍齊州禱雨太山文〕某攝守濟南適丁旱災自秋徂冬迄此春莫菽粟不登麥不得種秋田旣耕種不入土公私匱竭食將不繼官吏震懼竝走祠望精誠不格報不時至暴風振揚雲合輒解敷敷相視知隕溝壑粤兹耆艾稽首來告曰惟此土西附岱麓蒙神之休常以有年雲興膚寸

實雨天下矧伊我邦而或棄遺神不遺我我則不告是用
祗具牲酒請命有神吏之不虔無所逃罪民知歸神神豈
棄之茲誠不妄甘雨時至迨秋有成民免於死將戴神之
功展其四支以永事神無斁尙饗
〔旹葦告岱嶽祈雨文三首去歲之旱有請于神蒙畀嘉澤
田則大稔今春河役發民二萬更迭賨送衆又倍之蓋此
齊人出者幾半迨其反室維夏之初勞費既深又違穡事
夫民數歲乃遇一稔敝之如此今二麥方苞而亢陽爲虐
吏任其咎所不敢逃惟民何辜賴神終惠能致雲雨則實
在神尙其念之敢告　惟神含德體仁鎭茲東夏興雲致

雨澤施八紘今此齊邦近在山趾方夏久旱麥苗將萎吏
思其繇奔走羣望而人微言賤不能上動頻陰復散忽已
兼旬念此疲民弊於征斂方歲之富食常不足一遇災害
必捐溝壑惟神威烈覆被羣生顧此北州宜先蒙賜豈伊
靈眷獨忍遺之是用飭遣士民布誠祠下情窮詞急冀獲
哀矜使一雨霈然則倒懸可解尙其降鑒無作神羞　維
泰山歷古至今有天下者巡狩封禪勒成告代莫不之焉
或企足動容卒莫能至實卓偉殊尤神明之地故天下宗
焉二典所記其光靈威烈焯示萬世夫豈他山可得而視
維齊魯獲仰而事粒食縷衣莫匪陰施今邦不雨自四月

以迄于茲積水之澤塵起冥冥粟將稾死蝗亦滋生雖政
或不良足以致此而百姓何罪宜蒙哀矜彼撮土之山勺
水之川尙能與民爲福錫之有年豈如泰山朝出一雲暮
澤天下其勢之易易於轉圜而比近託麗顧不能憐殆莫
之或告告或不虔夫民之生蓋亦艱矣無儲與藏重斂煩
使歲一不登多濱於死姦強無知或起乘時聚爲盜攘以
取誅夷循理安業田閭之民亦與俱亡奚可不傷葦受命
天子守藩於東敢齊以嚴告于靈宮惟神閔人之病助歲
之功霈然下雨變沴爲豐尙俾斯民以牛羊黍稷得承事
于無窮　〔又謝雨文〕臣愚行爲時之所背言爲時之所輕

寡儔少和眇眇煢煢奇於人而如此敢望信於冥冥屬東
轅而進謁託斯文而薦誠眷齊魯之舊邦依大鎭之崢嶸
若旱魃之方驕憂歲事之不登民且瘠於溝壑或椎埋而
死兵冀聰明之響荅霈膏雨之霄零言丁寧以上訴心懺
恍而潛驚顧不能以諧世將何以動夫威靈乃不知夫神
與道而爲徒雖窅默而難明其虛心也物有來而必應其
公聽也無憎愛之常情彼大雖自大小雖謂小吾與善而
已矣常一視而持平故微衷得以上徹利澤爲之旁行或
噫爲風或震爲霆隱然雷出靄然雲蒸灑甘霖以兼夕滅
災氣於無形蓋西極于甸服東屬乎滄溟八盈其望物遂

其生黍芃芃而擢秀粟薿薿而敷榮使時沴遂熄年功可成人食豐乎鍾龢神祀衍乎粢盛民相安於田里吏無用於威刑信大恩之莫報而至德之難名愚所以意激而感深者方涉世之零丁荷降監之不昧知忠信之可憑敢因辭以進謝愧拙思之匪精

〔明〕楊博爲都御史端廷赦告嶽文茫茫后土五嶽盤礴神爲之宗威靈鑠鑠上扶乾綱風雨時若下握坤軸是耕是穫恢我皇度靈長有託庇我烝人湛淵寥廓凡此神功振古如昨廷赦奉命撫茲禮當謁神謁神之初敢干神政匪誕匪私爲民請命夏澇爲災冬旱復甚陽侵陰伏實行春令二麥若槀斯民之病惟神依民惟民依食胡忍視民以至此極將神之怒撫臣之失罪在撫臣民則何愆伏望陰翊化工昭錫靈貺興雲降雪慰茲渴望如有佚罰撫臣甘之毋使斯民橫言罹之式號以呼神其聽之尚饗

〔盛楷〕告嶽文伏覩萬物發生四海仰德凡此下民至誠供獻惟恐不及而珠玉香帛金縉牛馬恆以萬億計以裨邦國以寬疲民其餘以頒羽人使給衣食是皆神之貺也凡我司委積者其或從而侵漁之攘竊之衣冠之盜有甚於穿窬之盜也嗟乎民則施之官則攘之見利忘義不過爲肥家計耳記曰君子不家于喪矧吾民之奉神者而忍攘竊乎是可忍也孰不可忍也夫竊民之供獻者近作身孽遠作子孫殃神其殛殺之無赦夫攘神明之物與竊牲牷者又何別乎楷敬爇瓣香敢與神誓如靜言庸違蚤加陰譴俾不生還鄉土以爲永戒謹告嘉靖二十五年正月

〔國朝〕施閏章祭嶽廟文惟岱爲五嶽之長惟神爲岱宗之君自古帝王祭告封禪及海內外士女重趼響臻者無算蓋萬物之權輿也閏章視學此邦日夜震恐懼不得賢才報

天子休命夫賢才者嶽之所生神之所依也其有伏而不出者豈神之靳惜與抑求之未盡其道也惟神其啟佑之俾終厥事以無墜厥職敢告

岱覽卷第七終

岱覽卷第八

泰山書院長陶山唐仲冕六幕輯

分覽一　卷八之卷十

岱頂圖

岱頂上　太平頂　玉皇頂　平頂峯　日觀峯　東天門　愛身崖　東神霄山　五花崖　岱頂中　大觀峯　德星巖　堆秀巖　蛻仙巖　岱頂下　秦觀峯　望吳峯　振衣岡　團屏峯　白雲洞　南天門　西神霄山　周觀峯　西天門　月觀峯　丈人峯　北天門　鶴山　總論

分覽一　岱覽卷第八　圖　一　果克山房

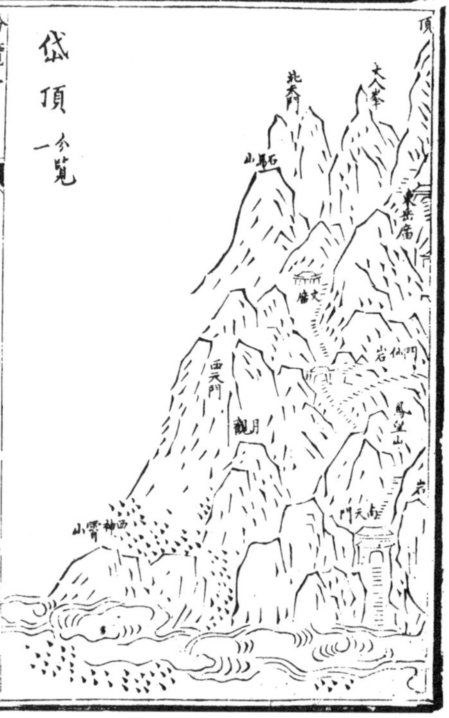

分覽一　岱覽卷第八　圖　二　果克山房

岱頂上

登者自卑升高覽者自上擥下登以足從地覽以目從山故由城北郭之岱宗坊至一天門爲初地歷二天門得程之半上三天門乃極岱頂道里記之所詳也所謂自卑升高也若夫仰山體之巍峩指衆巒之環拱居高臨下必自主峯始蓋自南天門東抵日觀西抵月觀訖北天門唐雙碑稱爲太平頂文獻通攷云宋祥符時詔改云天平嶺今通謂之岱頂全岱之主峯也其極巔曰玉皇頂

玉皇頂首出萬峯呼吸通帝座王嬰古今通論云泰山上爲天門值戸戸爲明堂聖帝受天官之宮也上有玉帝觀古稱

絶頂今名以觀故泰山圖志云卽天柱峯是也泰山小史謂天柱峯勒玉女池西偏巨石夫柱石天東品當冠絶羣倫彼人非肩吾輒敢竅宰衡之權加之般輔哉史記正義引郭璞云從泰山下至山頭百四十八里三百步頂有磐石方丈色黎黃輪囷孳突如冠切雲玉帝觀古太淸宮也舊冒其上明成化十九年中使以內帑重建濟南知府蔡晟記云易梁以棗易柱以石冶鐵爲佩戩將以垂永久也隆慶六年督河南昌萬恭遷於石北

國朝乾隆十三年

御題額曰妙運無窮牓其楹曰統馭羣靈端紫極絪緼眞宰

肇元功石右有碣題古登封臺史記集解服虔曰增天之高歸功於天張晏曰天高不可及於泰山上封祭之冀近神靈也臣瓚曰積土爲封謂負土石於泰山上爲壇而祭之攷漢官儀記秦篆刻石東北百餘步得始皇封所漢武在其北二十餘步得北垂圓臺臺上有壇當卽此史記正義引伍緝之從征記曰漢武封壇廣丈三尺高丈一尺下有玉篠書以金銀爲鏤封以璽集解引文頴曰武帝登泰山祭太一幷祭名山於泰壇西南開八通鬼道故云八神也一曰八方之神淮南子云登泰山履石封以望八荒視天都若蓋江河若帶其在斯乎觀爲殿三楹兩翼室如之門三而繚垣巔石宮其中

明高誨記云延竚四望滄溟東泝汶水湯湯只環一綫西南萬山伏地如米堆吳同春記亦云由秦觀峯登玉皇祠絫岱宗絶頂矣踞頂南視閣道垂垂下至山麓梁父蒙嶧雲亭凥邱咸作培塿唯徂來鞍牛爲山趾所掩不露頂巔東則大陵蜿蜒由長城故阯達海西則靈巖巃山至於太行若華不注長白諸嶺橫拖歷城左右環拱於北冥所謂蓬元奧區天空絶境也頂傍爲秦封臺頂石森露余卽石旁題元嶽穹巔四字是爾時殆有觀而無垣也不然者躡巔石則蔽不見尋丈何論八極此踵事增華者之過也謝肇淛云山巔縱目當令無所不屆惡用祠爲今祠朽且圮俟數年後圮盡來游洵知

游者殿東側爲迎旭亭憑軒高矚可盡東北二面稍侵西隅泰山圖志云玉皇祠艮隅去天尺五下臨無際俯瞰東北諸山橫嶺側峯龍跳虎臥洵乎淩絶頂而小衆山矣撫臣建亭其中以備

宸眺額曰浴日養雲玉海云祥符東封有黃白雲如幢蓋龍鳳狀起太平頂命輔臣登亭焚香再拜雲變五色後有雲如橋梁紫雲覆之久而不散遂名其亭曰瑞雲當在此地于愼行記云繞玉皇宮之後倚闌而顧俯見四面羣山蜲蛇蜿蟺如盤龍走蛇繞七十二峯之下其支脈首尾歷歷可指數以至於海而桃花明月石屋諸洞在岳之背列仙所紀金牀玉

几之勝若將覩焉記曰天孫岱岳周回三千里以今觀之欲碒乎三州之半矣泰山小史云岱頂剛及半畝而羣頂矗矗不下數十然皆讓高只有天在上耳舊勒曰卽天紀勝云岱嶽極頂北望羣山萬層層從拱扶或若星羅或若棊布或若連營或若聚幕鳥獸龜龍劍盾矛戟之形無不備具堪輿家謂之祖山聚講有以哉又云山上下陰晴氣候不同盛夏苦寒御夾單衣不免擁爐時微雨新霽紅日麗空殘雲滿地俯視茫茫如陸海堆絮積雪不知其幾千萬頃客指示顧余曰其下人家方陰也觀門外豐碑矗立高丈五尺五寸廣三尺六寸厚三之二蓋如幢首趺壅於土或曰石表或曰神圭石

或曰函封禪文或曰下有金書玉簡以爲鎮也史記正義引晉太康地記云樹石太山之上高三丈一尺廣三尺秦之刻石云殆非此石鄭樵通志云泰山上有秦時無字碑攷古錄云嶽頂無字碑世傳爲秦始皇立案秦碑在玉女池上李斯篆書高不過四五尺而銘文幷二世詔書咸具不當又立此大碑也攷之宋以前亦無此說因取史記反復讀之知爲漢武帝所立也史記秦始皇本紀云上泰山立石封祠祀其下云刻所立石是秦石有文字之證今李斯碑是也封禪書云東上泰山泰山之草木葉未生乃令人上石立泰山巔上遂東巡海上四月還至奉高上泰山封而不言刻石是漢石無

文字之證此碑是也後漢書祭祀志亦云上東上泰山乃上石立之泰山巔然則此無字碑明爲漢武帝所立而後之不讀史者誤以爲秦耳始皇刻石之處史記書之甚明於鄒嶧山則上云立石下云刻石頌秦德於泰山則上云立石下云刻所立石於之罘則二十八年云立石二十九年云刻石於瑯琊則云立石刻頌秦德於會稽則亦云立石刻頌秦德無不先言立後言刻者惟於碣石則云刻碣石門門自是石不須立也古人作史文字之密如此使秦皇別立此石秦史焉得不紀使漢武有文刻石漢史又安得不錄乎佐證甚辨人皆知漢武石矣然潛邱劄記云案後漢祭祀志乃上石立之

泰山巔注引風俗通曰石高二丈一尺刻曰事天以禮立身以義云云又張純傳上元封舊儀及刻石文卽事天以禮等語也且諸志謂石色堅瑩非岱産蒙摩挲久之竊謂與巔石無異意就當時石筍劃劖而成以表泰山故屹屹不可震撼古稱石表者近之明楊時喬謂居人頻見有光如飛虹掣電多在夜下當韞玉泰山小史云時見金蝦射目有大篆數字恍惚莫辨卽之則無紀勝云一巡方惡其疑天下令撤之甫動蓋雷雨驟作其說大都近誕矣

漢武帝立石〇右卽無字碑攷見前孫何碑解云管子稱無懷氏封泰山刻石紀功出自寓言宣王石鼓或曰獵碣

延陵墓表俗目為夫子十字碑其事皆不經見始皇刻石頌德亦無勒碑之說古之為碑以識日景節賓掛麗祭牲則無字碑之稱為不典矣是石在山絕頂登封壇下上微隘於下頂剔覆以石四稜稍礬折石色明淨可鑑立於何代顧氏引史書所載似有依據或云攷其廣狹長短制度與琅琊刻石相符或亦是始皇立而未刻者果是漢石何以毫釐與秦碑不爽但遥遥數千載秦歟漢歟安得起山靈而問之石西南稜下有行書一帝字其筆法在唐宋之閒未知誰所為也

〔明〕表泰山之巔碑〕署曰隆慶壬申黃河功成天子懌豫命恭若曰汝其東禋於是臣恭以八月禋泰山報成績也余乃歷巉巖踰絕險撫秦碑登日觀已乃陟山巔謁天宮忽緇衣蹁躚目瞪足踐招余言曰是泰山巔石也余異之眂其上室如錮也眂其下砌如砥也而惡知夫泰山之巔而又惡知夫泰山之巔之石余喟然嘆曰夫泰山擅四嶽之尊而茲巔石又擅泰山之尊乃從而屋之又從而夷之又從而踐履之令尊貴不揚發靈異不表見余過也亟命濟倅王之綱撤太清宮徙於後方命之曰第掘地而出巔毋刓方毋毀圓毋斲天成返泰山之真已矣倅乃撤土出之巔石博十有一尺厚十四尺有奇聳三尺戴活石焉東博

二尺五寸厚一尺三寸西博一尺八寸長八尺有五寸夫約泰山而束之巔已奇甚矣又犂頂而戴之石斯上界之絕顱青帝之元冠也余倚活石覽觀萬里俯仰八荒遠眂則扶桑之日曜其東崑崙之風吹其西近睇則秦碑若正笏叢石如羣圭而齊魯諸阜圓者似金直者似木曲者似水銳者似火方者似土枕青陽之絳闕俯元君之幽宮而六極之大觀備矣彼巔石不表見者幾千萬年矣今出之始返泰山之真而全其尊後來覽觀者尚毋刓毋毀毋斲天成務萬世合返其真而全其尊以毋得罪於泰山之神其緇衣蹁躚意乎緇衣余問何許人何所受而告余默而不答噫我知之矣蓋緇衣受之碧霞碧霞受之太君太君受之上清上清受之元始元始受之寥冥之祖○右隆慶六年南昌萬恭撰竝眞書碑陽大書泰山之巔四字文勒碑陰在頂石傍乾隆十二年佚

〔張銓詩刻〕文曰莽盪天風萬里吹玉函金檢至今疑袖攜五色如椽筆來補秦皇無字碑○右詩碑行書萬歷四十五年勒漢武立石左

〔頂南題勒〕文曰一覽眾山小 湯任八分書 天路非遥 劉廷錫眞書 無能名焉 俯視一切 擎天捧日 最上一峯 乾坤指掌 皆眞書失名 絕然高大 青雲可接 皆行書

失名天嶽同青張開東眞書
〔元〕王奕〔茂陵封禪壇〕祥符天子舊明堂秦漢豐碑宿草荒
人世已非壇尚在摩挲老淚溼斜陽
〔明〕陳沂〔登岳〕飛軒臨絶頂懸磴更岧嶢谷響松風接天空
海霧消琳宮環紫極玉節下青霄路指天門外來迎笙磬
遥
〔劉〕敕〔登岱〕巖巖一片石上與白雲齊不知高若何但覺青
天低疑爲蒼玉柱藉之支全齊安得盧其巔百年向此棲
〔梅〕守德〔登岱〕玉皇巔上倚危闌萬頃煙霞入壯觀仙樂似
聞霓羽奏天風時拂斗牛寒九霄雪護秦壇古千載苔封

漢碣殘歲暮登臨多感慨不堪回首望長安
〔仲〕言永〔玉皇頂〕危閣倚層霄山河入望遥天横關塞鴈日
抱海門潮霧露開朱旆雲霞度碧簫自然幽賞處不用社
僧招
〔鄒〕德溥〔無字碑〕絶巘植空碑古人如有意由來最上乘原
不立文字
〔陳〕効忠〔玉皇頂〕蔚藍天外最高峯累土爲封歷代同七十
二君今已矣白雲滿地玉函空
〔徐〕紳〔登泰山〕曾聞天上玉皇宫絳節星壇向此逢半夜日
光搖海色四時香霧捲天風金函玉檢通羣帝五嶽三山

第一峯回首下方城郭在不知人世幾重重
〔胡〕汝桂〔石表歌〕天門崔嵬雲縹緲翠巘重疊爭奇巧千崖
萬壑駭人目竟日看山山未了夜半舉手摩星辰高歌日
觀看日曉山巔獨有一柱石渾渾瑩潔插天表藏鋒斂鍔
若太拙震摧風雷無傾倒旁人妄説秦時碑熟視空空諡
窅窅到此胸中一字無翻見磨刻盡凝草至人從來貌若
愚安得繁藻一清埽太乙留此祕元機拄杖乾坤永不老
〔蔡〕晟〔修玉帝觀三首〕吾皇一念與天通瑞雪翔鸞滿太空
靈貺分明昭帝德小臣拜舞效華封　函香捧玉自天來
百里寧辭一騎偕陟盡巔峯凝望處五雲旋繞是蓬萊

輪奐翬飛翠靄籠玉皇臺殿倚層空登臨亦有宣尼興俯
仰乾坤一望中
〔祁〕承㸁〔登絶頂〕天觀何止盡東封六合都歸極目中呼吸
已知通帝座山河原不礙虛空鴈飛二月危崖雪鶴唳三
更絶壑風萬仞峯頭剛一枕朗然長嘯閙疎鐘
〔蕭〕協中〔登封臺〕巉巖萬仞天中起上有高臺煙霧裏歷代
相傳漢武皇燔柴秩祀崇壇遺玉簡金書不可求穹碑矗
立東山頭由來七十二君事千年冷落同山邱幾度登壇
尋遺跡縹緲孤高塵世隔豈是山靈呵護奇深藏祕檢雲
生白白雲搖曳繞壇前呼吸猶疑動九天欲效相如請封

禪君王已自卜長年〔玉皇廟〕岱宗高出蒼煙杪齊魯茫
茫靑未了上有琳宮祀玉皇倚欄呼吸通天表四顧峯巒
爭繚垣虎攫獅蹲龍夭矯突兀尊前一几横煙霞俯視徂
徠小鄒嶧嶒嶁滄海迢汶泮分流盆與沼松障雲屛屛幾
層高居絳節朝昏杳簇簇羣峯拱護齊瓊瑤納陛金櫝題
經聲梵誦紛天樂幡影爐煙日色迷紅塵不到俗情遠下
隔濁世千雲泥長生有緣帝有感蓬萊何處尋丹梯
〔國朝沈廷芳〕天柱峯次楚望兄韻五嶽羣推長平生此大
觀盪胸羅萬象縱目極三韓海日淸宵迴天風白晝寒聯
筇得康樂躡頂好同看

〔沈起元〕恭和
御製登封臺元韻秦皇漢武氣何張多以矯誣文法律二
典三謨日月懸金檢玉繩偏祕密文人有文若無識馬談
恨讓李斯筆豈知七十二君後數千餘年堯舜出
聖言一語埽紛拏封中無雲峯有日
〔成城〕登封臺絳節朝天走萬靈登封臺畔霧冥冥御嫌鳥
跡蟲書世絕頂來時不勒銘
〔郁志文〕岱頂玉皇閣巍巍高閣起崇岡岱嶽峯頭闢九閶
日月觀分丹竈色川原望合御爐香下臨萬派泉流碧俯
瞰千山葉落黃心靜杳然遺世事不知身在白雲鄉

頂南下東迤爲平頂峯冠石砥夷曠若無地峯陽乾坤亭明
掖仙宮故阯也舊勒孔子小天下處康熙甲子
聖祖仁皇帝登岱賜額普照乾坤因建亭而名之雍正十年
撫臣岳濬重修乾隆十三年
皇上繼題曰獨尊宇宙又勒
御製詩碑
兩朝宸翰上燭奎光斯峯踞乾坤絕勝矣東稍南爲日觀
〔聖祖御題匾額記碑〕文曰泰山爲五岳之宗孔子爲萬世
之師至聖臨至高周攬入遐表裏洞澈孟子曰孔子登泰
山而小天下信而有徵也我

聖祖仁皇帝聖神文武冠軼百王而道統丕承尤於先師
相符契兼綜條貫金聲而玉振之葢所感通者徵矣康熙
二十三年十月
聖祖東巡狩至於岱宗歷級而登有碑曰孔子小天下處
迺親灑
宸翰題普照乾坤四字刊成匾額建亭而懸其中大哉王
言昭示來許至三十七年亭爲雨潦匾亦損失而未復我
皇上嗣登大寶紹述
文謨追慕
聖祖遺跡修廢舉墜崇奉惟虔臣濬忝撫二東周諮境內

悉泰山
御題始末具摺奏
聞旋奉
詔旨由內府敬摹墨本
頒發御匾卽於舊阯恢基搆宇涓吉重懸蓋雍正十年十
月之朔日也伏惟聖聖傳心先後同揆牖迪後學者師道
也怙冒羣生者君道也而敬揚先烈則子道存焉溯厥本
源一以貫之而已孔子湛虛之體遇
聖祖而益彰
聖祖欽明之懷得

皇上而彌顯遂使天門倍峻日觀增輝泰山巖巖標峙終
古視夫金繩玉牒矜虛美於七十二封之後者相去何啻
霄壤哉臣濬不揣弇鄙謹拜手而爲之記○右雍正十一
年山東巡撫臣岳濬撰今佚
孔子小天下處碑顏繼祖眞書　天顏咫尺碑耿焞眞書
巍巍蕩蕩碑佛倫眞書　雄峙天東碑王國昌眞書○
已上四碑並勒亭後峯頭
亭側題勒文曰長伴白雲居王德華　我對青松雲作伴
臥龍山樵子題　東觀日本西望河源楊綵並眞書
明詹仰庇雨霽會飲掞仙宮凌霄披翠八牕開冠蓋疑從

天上來座繞山光搖劒戟雨餘霽色動樓臺還將石酒調
歌管更摘峯霞入酒杯壯觀生平今更幾坐升海日共徘
徊
王在晉孔子小天下處置身最高處扶輿開扃扆入眼旣
空明橫襟亦瀟灑山川在几席滄海入尊斝洪濛恍開闢
陰陽本陶冶浮沈看飛鳶氤氳驟野馬廣漠測地遙平明
見天瀉于焉發浩歌超然小天下
國朝程瑞祊登孔子小天下處雲霄許我同翱翔身登天
闕之廟廊帝座可通只呼吸下視九州眞茫茫洙泗自是
鍾靈地天生岱岳鎭東方渾淪綿亙蘊元氣帝出乎震物

乃昌杏壇杖履偶到此只今芳躅傳千霜秦觀越觀原在
望星辰可摘房與張萬里方輿歸眼底乾坤忽小驚羲皇
迴環周視徧八極今古不易惟三光我來登此適春半五
大夫松青且蒼封禪七十二君後亂石巉巖輦道傍
日觀峯高聳微讓絕頂而軒曠可窮三面太山記曰東巖名
日觀者雞一鳴時見日始欲出長三丈許也夜半登眺彌望
天東如鋪金者海也綠色微茫中若掣電者海島谿山相閡
也金光四射紅輪躍出如大赤瑛盤者日也聞見錄云將五
鼓初至太平頂叢木中有眞宗東封壇遺阯擁褐而坐以伺
日出久之星斗漸稀東望如平地天際已明其下則暗又久

之明處有山數峯如臥牛車蓋之狀星斗盡不見其下尙暗
初意日當自明處出又久之自大暗中日輪湧出正紅色騰
起數十丈半至明處卻半有光全至明處卻全有光其下亦
尙暗日漸高漸變色度五鼓三四點也東游畧記云太史公
謂太山雞一鳴日出三丈而予登日觀平明見日出疑是太
史公夸辭問之州人言嘗有抱雞宿山上雞鳴而日始出蓋
岱宗高出天半昏曉與平地異故山上平明而四十里之下
纔昧爽閒耳又云嶽頂四峯曰秦觀日觀越觀周觀而明王
世貞謂觀日出則爲日觀西望見秦則爲秦觀南望見越則
爲越觀王衡亦謂秦觀周觀吳觀皆在焉道里記謂卽漢官

儀及泰山記所云山頂東巖爲介邱也峯西勒古封禪壇俗
云寶藏庫以瘞金緘玉簡故于愼行云頂東里所漢之封壇
在焉石碧膩屋覆其上白雲曣嘔處也吳同春以爲宋封臺
岱史因之明喬宇記云玉皇殿中有宋眞宗石匣內藏玉檢
十六成化閒曾入御覽驗爲祀泰山后土文攷成化十八年
日觀峯下雨水衝出玉冊會中使有事東藩馳以獻命仍瘞
舊所非藏之殿中也乾隆十二年工人於峯側鑿石得玉匣
二各緘以繩檢啟視其一爲祥符玉冊共十七簡簡字一行
外用黃縵摺疊裹之其一未啟簡度悉如宋史所載巡撫阿
里袞獻於

朝則爲宋封無疑卽邵伯溫所謂眞宗東封壇阯也而道里
記據唐書禮樂志乾封立登封壇於山上旋名萬歲壇開元
於山上立圓臺又於其上起方壇以爲此葢唐時築也要之
前代登封大率在此而壇壝亡矣峯巔有亭故望海樓阯也
少陵詩云窮秋立日觀矯首望八荒朱崖著毫髮碧海吹衣
裳其在斯乎明初建日照觀嘉靖閒復置觀海亭樓在其北
今竝圮恭亭乾隆
御製詩碑焉亭北一石長二丈餘博四之一剡其首昂指東
溟如人秉笏而拜者曰探海石蒙嘗觀日出因乘輿登之如
駕黿梁將以榑桑若木爲彼岸如乘仙槎寶筏憑虛御風思

解纜而泛蓬瀛唏髮咸池也又何探之足云石脊古勒船石
巖其東爲東天門

曉日觀滄海殘刻文曰缺數字曉日觀滄海缺船口拱缺數十字石作缺丙寅下缺○右眞書勒探海石上甚古不
知何代人筆

明謝東山題名文曰皇明都御史射洪謝東山以按部至
登日觀峯觀日出嘉靖四十一年五月二十日○右眞書
在探海石脊

峯上題勒文曰天下名山第一蔡叔逵　海日奇觀吳同
春　翛然振衣處左珮玹竝眞書

唐丁春澤日觀峯賦以斜對杳冥中有見日爲韻　泰嶽東南峯開一室
傍接天路低臨曉日陰霾玉兎動霄漢之徼明曉報天雞
越氛埃之迴出初其暝色葱蘢懸崖倚空獨出清虛之外
遥分蒼莽之中隱霧猶白經天漸紅披草樹以燈亂耀波
濤而血融及夫林嶺寒消煙雲色變星河寥落以初沒峯
巒邐迤而徐見火動山巔輪移水面穿暗隟以飛鏡歷幽
窗而走電至若門宇蕭條霜空泬寥暗開曙景暖入殘宵
揚晶彩以赩赩散芒角而飄飄露灑交凝風牽影搖望極
天涯生從地表升若木以歷歷出陰山之杳杳萬壑收暝
千巖送曉消古砌之晴雪動寒庭之宿鳥遥空冷滑傷寸

晷之難留碧嶂岧嶤望孤光而漸小淩霄色麗騰空影斜
氣亂山燒光分水花絶壁孤危覺靈槎之津狹炎輝咫尺
信長安之路賒旣而背陽春以齊來泛圓靈之不礙蒙水
氣以珠暗露松陰而碧碎霞色收錦天風斂綵披雲闕以
斜視豁天門而俯對依崖乍吐威生齊魯之閒過嶺逾明
照及草茅之內由是遠挂寥落高辭絶暝萬象焜煌而畢
照六龍夭矯以無寧安得足躡登峭手扶青冥陳白晝之
苦短願陽烏之暫停　又賦以千載之統王上去入爲韻日之升也浴
海而麗天嶽之峻也切漢而臨遐登高者以致九霄之上
愛景者欲在萬人之先其所惟一其仞惟千伊風靈之有

載彼日觀之存焉夫其夜刻未終曙色猶昧彼窮高而極
遠此有進而無退未辨昏明斯分覆載屢聞鳴雁猶陰沈
而不睹忽聽晨雞卽曈曨而可愛於是漸出暘谷將離地
維巖巒旣秀草樹生姿氣則赫赩人皆仰之其望也如燭
其照也無私昔者帝王御宇立極垂統封禪及此成功巡
狩應其春仲莫不登茲絶頂遐矚大明思煦嫗之義窮造
化之精以爲日象一人之德嶽是三台之名信王侯之設
險俾裔翟之來平方今一德無爲三光有象動植昭泰神
祇肸蠁千巖瑞色思効祉以爰升萬壑春雲欲入封而空
上客有才乏羽儀心思騫翥每積聚螢之志難登望日之

處引領終夕含情達曙知照燭之有期故躊躇而不去重
曰日有觀兮絶代獨立登之望兮無遠不及何太陽之至
精莫不專於出入
明唐肅日觀賦漢征和之四年帝親耕鉅定返駕泰山封
禪旣畢還朝甘泉於是東方大夫上千萬壽已而言曰臣
等昨奉國家告成岱宗因得覽觀於巖之東臣詢其名是
曰日觀其高莫窮上薄雲漢當霄分之未幾瞰滄溟之有
爛浴初日於咸池詫人世之未旦蓋茲嶽之華精實天下
之奇玩也帝曰嘻若是則高矣極矣大矣特矣壯矣赫矣
駭矣惑矣子能抽祕思騁妍辭想像彷彿爲余賦之乎大

夫乃置觿肅衽修辭而對曰臣聞元黃肇分清濁殊位元精峙結限隔風氣山惟嶽尊嶽惟東最矧斯巖之旁出奠巽隅而特異東介邸之近連西石門之迴對眺地壇之不遥俯天關之猶墜縁絚道之百盤猶可仰而未至其爲體也嶔崟崱屴巀嶪岧嶤若鏟五丁若戴六鼇矗乾運而莫極鎮坤維而不搖畈孰料其延廣仞孰測其崇高雲煙在下羲娥可招宿星辰於廉隅吐風雨於巖敫飛猱之臂不得而陟巨鵬之翼不能以超葢將吞西華壓南衡駕中嵩軼北恆微九河其綫委小七澤其栝盈彼王屋太行終南五老岷嶓鴈蕩之秀拔天台會稽之奇峭不啻塠阜之爭雄培塿之呈巧斯俊偉以絶倫諒形容之莫表若乃夜氣正寂陰魄既淪萬籟絶響六合同昏悄漏刻之既平忽靈雞之一鳴睇東方之漸豁窺赤曜之上騰丹轂微露赬盤欲呈踆烏刷翮以習飛燭龍銜光而迅征走神丹於寶鼎擁玉帳於金鉦爾其吐暘谷拂扶桑沸鯨波蕩洪荒圖規閃爍以上下列彩絢爛而周章一沐而水府爲之震搖再頳而蛟龍爲之遁藏淪重光而諠晃滉五色而逾光赫絶璀璨曈曨昱煌勢將歷九阿以朏明越曾桑而載驤當是時也九州未明萬國猶晦羣動尙戢衆象莫會匪是山之獨高曷斯覩之爲快宜命名之有義昭靈異於紀載且臣

聞日者衆陽之宗大君之象出入以時昕夕靡爽故能燭萬物而發生齊天地而彌朗況居至高者見理於未形據太上者觀下於至深彼處庳而混濁孰先覩夫大明故臣願於國家陳焉帝聞之曰善哉大夫之辭信覽物足以知道因寓目可以契心故宣尼有小魯之歎孟軻示觀瀾之箴茍惟遊觀之是樂夫豈聖哲之所任乃喜而賦日觀之詩曰日觀穹窿太山東兮未曙而日覽陽德兮居高察畢我其幾兮由閶處側豈人極兮大夫乃賡歌曰帝出震兮東方破曾陰兮奠元蒼登日觀兮民樂康帝之德兮如陵如岡歌竟天顏悅怡聖衷攸啟悟至道之昭晰念前行之或昧乃詔郡國詢政理培一德以隆基明四聽以廣視收遠討之疲兵罷求仙之淫祀大開明堂垂拱而治

〔宋〕范致冲日觀峯岱岳東南第一觀青天高聳碧巑岏若教飛上峯頭立應見陽烏浴未乾

〔梅〕聖俞登日觀晨登日觀峯海水黃金鎔浴出車輪光隨天行無蹤正是刺我目攢集如劍鋒照耀萬物興磨滅萬物凶草木既無命必問石閒松當時一避雨安得大夫封人而苟不遇抱篋誦六龍

〔元〕段輔題李白泰山觀日出圖岱宗鬱鬱天下雄謫仙落落人中龍茲山茲人乃相從氣奪眞宰愁豐隆玉堂一任

雲霧封長嘯飛度秦皇松夜呼日出滄海東再爲斯世開
鴻濛釣天帝居深九重醉舞踏碎青芙蓉天孫玉女爲斂
容卻視五岳秋毫同長鯨一去不復逢乾坤萬里號秋蟲
當年咳唾留絕峯至今樹石生香風我欲追之杳無踪不
意邂逅會此中屋梁落月依然空
〔明〕廖道南〈詠日觀〉元化無停機陽明自周始纖纖殘月沒
炯炯曙星起宿霧沈江干朝霞覆壇畤羊胛徵東夷鶉首
占內史乾象涵眞精人文煥新美扶英散葳蕤若華紛旖
旋河伯乘元鯨山祇駕蒼兕潭影驚蛟螭林光寵蘭芷重
輪羨彤雯疊玦曕黃珥豐蔀匪所宜離烜乃其理赤手扶
羲輪丹心貫天紀願爲雙飛虬乘雲駕千里
〔于愼行〕〈日觀峯歌〉岱岳峯頭一片石天光杳杳搖空碧我
來夜埽石上雲未明看見水中日日出海東幾千里茫茫
不辨雲與水天雞啁喔海上啼東方霞氣半邊紫忽然瀲
灩玻璃翻一泓捧出赤玉盤長繩斜挽不得上半時方到
扶桑顚扶桑枝葉成五色海水明滅一線白日東雲氣如
連山日中欲識鮫人國平明日高海水乾滿天翕赩紅氣
團三山金闕流安在六鼇背骨秋霜寒憶昔秦帝東封年
欲浮海水游靈仙驅石作橋不可涉金枝翠羽空西旋幾
時得見海中出日三千丈脫屣妻子如浮煙眼前朱生信

豪士側帽大叫石上眠我亦欲取巨石塡東海揮戈且止
羲和鞭六龍不停日如矢仰天嗚嗚酒熱耳
〔程雲〕〈日觀〉聞道蓬萊不可期眼前滄海小如卮淸秋一片
桃花色玉女投丸半夜時
〔鄒德溥〕〈登日觀〉我淩千仞岡縱目乾坤外長風吹海色泠
然襲衣帶
〔文翔鳳〕〈觀日出〉乍作丹邱不善圓徘徊似待綵繩牽半輪
欲上如中卻想見初生太古前
〔蕭協中〕〈探海石〉蒼崖晴望迴一石獨崔嵬面海日初出淩
風潮欲來女媧錘未鍊秦帝鐸空催不盡乘危懼微茫首
重迴
〔國朝〕王莖〈日觀峯〉日上嶽勢尊羅列芙蓉綠羣峯紛來朝
蒼藹如膏沐引領亂峯頭抗策移晴旭藻景含林岑疊疊
春波縠餘霞正卷舒朝霏忽斷續萬壑響寒音松花落巾
幅
〔殷岳〕〈登岱〉石磴躡高危仰見日觀峯赤丸湧滄海星河淡
遙空天雞登先唱聲落野雞中俯視羣山巓風色何溟濛
〔李成鵬〕〈登日觀峯〉矗矗東岳高四溟迴一望杖策陟其巓
憑眺日觀上舉頭天可捫俯視何渾漭側身臨東海扶桑
在滉瀁忽爾波心紅閃爍不可狀腷膊雞初鳴羣宿尙環

亮誰知天樞轉羲輪已震盪願乘萬里風扶搖覩所嚮
明于慎行記一則往聞人言山以夜半觀日出訪之羽人
五六月間平明乃出五更可往也於是坐而至五鼓秉燭
披裘以登顧見山中雲氣從澗壑吐出如一縷煙稍上而
大東西聚散車馳馬奔倏然往來頃刻滅沒於是朱可大
大呼以爲平生未有從者盡讙東方作矣回而東望有山
數峯如臥牛車蓋之狀而又漸沒赤霞半天光色媚麗閒
以碧綠熠耀五色直射衣袂頃之平地湧出赤盤狀如蓮
花盪漾波面而熗煒不可名狀以爲日耶已又一赤盤大
倍於先所見側立其上若兩長繩左右汲挽食頃乃定羽

人告日升矣蓋先所見如蓮花者乃海中日影非日也且
且高春赤霞與影皆沒而下微見一綫白混瀁明滅羽人
曰海也又頃之日左黑氣隱隱一抹如連山長城可大示
予此眞六鼇所藏矣羽人曰雲也可大一噱走望海石上
取酒浮白醉而熟寐從者咸慄且呼予睨而心壯之
國朝孔貞瑄紀勝天地氛氳泬漻灇沆之氣以息相吹野
馬耶塵埃耶茫茫無所止極矣況於微風淡霧密雨濃雲
皆足障遠而欲窮千里之目迎初日觀海水其數往而不
獲一覯也則宜秋深冬初星皎雲浮夜色空濛如縠天雞
鳴微暈生凝睇久待苦日不至纔一轉睫倏露半體若月

弦就望厥色殷紅韜光不曜輪騰而上少頃日中忽如一
燈吐燄次如炬次如瓶次如罍樽次如葫蘆上黃白下紫
赤類薄蝕狀又次如葫蘆罍瓶之倒置最後如炬燈之燼
蓋其初爲海氣所蒙蟬蛻既盡然後全體昭融時芒四射
趯踊前卻若危船簸浪震盪心目神體爲之不寧日下積
霧色正黑俄而重霧之下忽出白練長可竟天與客相顧
錯愕驚歎曰是非海水耶古之人不予欺也
東天門兩崖劃闢遥接海壘浴日初昇雙扉煜爚明王衡以
爲絕勝南天門惜無階梯僅爲鼪鼯雉兔之窟巢耳又東爲
伏虎門則東天門之重鍵矣峽口陗隘下深淵不可測爲鷹

愁澗水東北會鶴山北之洗鶴灣東天門右爲空明山北俯
鷹愁南仰神霄岫穴中通空光透入照徹玲瓏故名頂東不
盡東天門而其近接絕頂者備此矣
國朝嚴長明登日觀峯觀日出歸後題詩伏虎門壁清晨
盼天門得上已昏黑古殿閉虛皇神燈黯無色齋心丙夜
目不窺倏驚窗紙紅離離空中似聞海波湓耳畔如有天
雞啼矚然走向幡竿石東望立同榣木直不知咸池去此
路幾千但覺海水羣飛入胸臆初時色漭泱有若新磨銅
須臾勢隆起一綫緣長虹咄哉長虹曷由起復止南亘魚
頭北魚尾拂天誰奮羲和鞭敲折玻璃萬條紫散成朶朶

金芙蓉貼向滄波吹不起少焉風動蓬山根播蕩溟渤如翻盆就中團出火一輪計里遠以三千論左欹南離右欹北戒大象焉藏太空焉繫何龍燭而明何麟闘而晦胡棄策而莫追胡揮戈而遠退安能御六辨指暘門郅縹蕋曳緋帑足踏紺鵶背飛上搏桑巔遠引木公袂高拍青童肩親從黃道訴眞宰一證古今叩槃捫籥之讕言狂歌未了衝飈起倏見雲來若鵬徙兩翼飛遮萬里光一時賁育咸披靡東牟道士劉孟容自言卅載居山中曾經五度見黿采皆與此夕神光同矗磯忽報更籌淺觀壯如斯志應滿歸來奮筆寫龍蛇惟見兩眼金光不停閃

其在頂東南者曰觀峯南爲愛身崖三面陡削絶無尾徑蚩氓輕生以求冥福故舊名舍身明巡撫何起鳴繚垣厲禁始碣今名然迄今投崖者歲有人焉可怪歎也紀勝云崖奇險以石投之移時及地微聞豁然之聲乃其下樹石閉常有骼齒撐拄不知何爲或曰墨氏之教也夫墨氏兼愛其流弊乃至不仁其身悲夫上頗夷曠有柱礎蹟間見錄所謂經眞廟帳宿之地石上方柱窠甚多也中石高丈所曰瞻魯臺一曰旛竿石有題鳳翔岡者有勒孝經身體髮膚數語者倚石南眺足豁遠眸旁有可止臺稍南有方正石端瑩如碑制崖西兩壁中斷者丈許三石丸博尺有咫梯絫而橋焉望之一畧彴耳然下臨絶澗非飛仙不能度也故曰仙人橋明有散髮道人者自言洛人嘗趺坐橋上苦行十五年衲衣跣足步崖閣如飛不知所終橋畔石筍南茁闊僅尺許三面深塹洞黑無底蛇行匍伏始克登覗左右頭目輒瞢騰而高曠殆埒日觀極目可至溟渤是爲觀海石其西爲寶藏嶺介五花崖碧霞宮閣上一石類狻猊故又名獅子崖其東爲東神霄山

〔宋〕鄧永年題名文曰臨川鄧永年天明登頂訪古因觀日出時政和癸巳四月二十九日□。右眞書勒崖上石坪

〔明〕瞻魯臺題勒文曰以孝經作法律王□　哀愚思道竝眞書

〔觀海石題勒〕文曰雙流翼注　林古度眞書

〔國朝〕修舍身崖牆碑文曰日觀之東有崖焉陡絶萬仞望而目眩心掉者久之俗名爲舍身崖邨鄙小民其計窮無可復之者往往甘心糜爛欲以幸來生福利其始也不知創自何人後遂沿以成習歲或一二見州同知張君愁然傷之丁酉冬君奉檄監嶽頂稅未而月以舍身告者凡三人君益慘惻不自安因築垣以阻其徑其長餘三百尺高十有五尺募山之踐更者守之有徘徊垣下及踰垣而跳者則詰其所由來爲之寬譬而遣之自是閱五歲不聞有舍身者君慮垣日久寖以頹毀守者亦因以懈怠後之人

不能繼其志也請余爲文勒諸石以垂不朽嗚呼自一命而上凡有斯民之職者其孰不當留心於民事況視無辜之民至於碎肌膚折筋骸以死而能漠然無所動其心也哉君非欲誇大其事自以爲功也然余獨怪山之神歲奔走有事者以億萬計而不能牖民以全其生豈適當其數有莫得而逃者歟然自君設是法免民於死者已歷有五年則凡杳冥荒誕之說舉不足道而有心民瘼者誠宜有事補救不得聽之適然之數也審矣後之君子其亦有慨然感於中而言以推廣張君之志於勿替也歟張君名奇逢浙之石門人。右記林之濬撰眞書勒崖上

明張衮舍身崖詩舍身崖崖深萬丈眞禍階人鬭兒女癡且愚往往投葬生前骸父母提攜豈不愛忍心割置三年懷白日羽翰既茫昧四方緣業空爾乖哀愚勒石方思道龔俗迴聰知有教民彝天理本自然曷不爲臣死忠子死孝

張位舍身崖歌人生實難胡樂死子欲報親親念子養老送終若無託大是不孝滅天理或有無聊祈後身更望蓮花佛會人富貴多憂樂是苦見身清淨更登眞萬仞身輕一鳥落骨肉爲泥魂渺漠女愧成名清風崖男非喪魄天祿閣東嶽蒼蒼德好生誰哉作俑誣神明乘雲託世轉相

誑千秋萬祀坑愚民我今作歌勸來者神人夢授語非假泰山鴻毛當自思珍重此身莫輕捨

劉應時仙人橋夾石雙懸萬仞淵千鈞一髮引青天見愁弱水無舟渡道是崑崙有棧連輕舉擬將凫作舄高飛思與鶴聯翩還須直造金銀闕祕授軒轅太史篇

國朝吴南岱仙人橋誰將數石綴虛空石斷雲連路不窮笑我一身輕似羽好風扶送過橋東

于振辨捨身崖崔嵬復崔嵬奇峯突怒青天排神崖萬仞懸空黑令人意想心膽摧況復攀躋飛墜生悲哀聖賢垂明訓登高在所慎青帝生人不殺人寧教投崖以身殉去年中秋辰某某來殞身今年上元日捐糜又一人父兮母兮偎乾就溼三年懷哺顔凋骨立所望男兒當門戶豈忍棄擲絕壑無收攝或冀愚誠感鬼神掤見蓮花半空接白額虎竈尾狠磨牙吮血充饑腸蹲踞俟汝南山旁

明于慎行記一則舍身臺一峯斗出其平處可數尺而下臨千丈以三石撐抵謂之仙橋過橋而席於臺日光西沈霞色在壁風吹冠衣聲如裂石於是與客相對大觴望見西南有千家之聚橫以大隄黕黑無際諦視之雲也蓋雲如煙火下博上銳平地視雲見其端此見其杪頃之月出羽人吹笙和以歌音醉飲良久月光熒熒星斗可拂俯視

萬壑煙雲一氣茫茫銀波玉海不可辨識所謂三宫空洞之天也

東神霄山距絶頂十里懸崖巙壑自瞻魯臺東卒翠壁青霄逼人猶守望之輒吁駭曰嚇故俗呼嚇人峯南巖東西有影翠石其下爲九龍峪納諸巖澗東南流方輿紀要云下有東溪神廟水北折繞神霄東出而過辨爲雲河雲河者水瀠漾如雲也東北注鷹愁澗北巖有清靜石屋元女冠孫清靜修眞處石洞深僻度容數几牀榻丹竈宛然中有泉涓涓澄洌幽奥絶塵清淨寧海縣人卒得道去俗呼爲仙人塲

五花崖北障寶藏嶺西帶蓮花峯鄂不四暎而危崖萬仞頂南諸峯皆遜之山絫仰視不見極巔崖蔽之也道里記云頫視盤道中人往來雜遝如蟻故俗呼望人峯其巔二石鉤連而上鋭下臨千尋之淵躡之足二分垂在外輒動揺曰試心石紀勝云常有道士鵠立其上索錢過者駴且笑謂是以命貿財者夫以命貿財豈獨一道士哉崖陽有遥觀洞頗幽曠遊者憩焉俗稱昭眞庫下有神泉卽漢官儀記南脅神泉飲之極清美利人者水南流達滌慮谿西注龍峪于愼行記云臨五花崖岡巒糾紛含谿懷谷雲樹宫宇俯在目底下視郡城蓊藹蘅藹汶洸如線環之數周川原迴合提封百萬不盈一矚自平頂峯至此皆頂之左頰也頂如顱頤大觀峯堆秀

巖蓮花峯迤南至三天門倘所謂天庭司空中正平而西南諸峯其右頰日觀月觀斯其日月角矣

［金］徐偉等題名文曰大定戊戌知泰安軍事徐偉彰德軍判官王元忠奉詔重修嶽廟辛丑冬告成得以屢游泰山歷覽古蹟於千巖萬壑間也長至後謹題○右眞書勒崖北案岱廟有大定重修廟碑戊戌爲大定十八年廟災明年以徐偉王元忠領修廟事此云戊戌奉詔葢原其始事而書之也徐偉銜在修廟碑缺數字以題名證之字數適合當是由同知河北西路轉運使遷知泰安軍事也王元忠彰德軍節度判官題名不言節度省文

岱覽卷第八終

岱覽卷第九

泰山書院院長陶山唐仲冕六幕輯

分覽一

岱頂中

大觀峯當絶頂之南上勒分書彌高亦曰彌高巖巖壁平側南向唐開元勒隸書御製紀太山銘世稱磨崖碑高二丈九尺廣丈六尺七寸額高三尺九寸廣四尺銘字徑五寸額字徑尺有九寸玉海云宋太宗時宋白知兗州召還泰山有唐元宗刻銘白摹本以獻且述承平東人望幸之意卽此碑也巖巔有大小懸鼓石以狀名碑前左東嶽廟從征記所謂太

山上廟也元張志純拓建明嘉靖閒巡撫曾銑重修今

皇上賜額資始惟元又曰上摩蒼昊廊簷東偏有明萬歷甲寅年所刻五嶽眞形圖碑右桃花洞裂天泉雲水池夾之泉甘滄異於諸泉西壁連巖曰雲峯故明林焯毀唐朝覲頌殘碑也康熙甲子恭勒

御題雲峯下方及西側摹勒今

皇上御製詩三章峯上峙一石高丈所陽勒一拳石陰勒聰明正直饞窪類眞形圖所背東嶽俗謂之眞泰山大觀峯東壁西南向宋磨崖殘碑在焉今爲德星巖

唐登封降禪朝覲頌碑○右碑乾封元年李安期撰行書在今雲峯上明州牧林焯以忠孝廉節四大字鑱毀猶存波擾五嶽塵飛深入反陷重闈動想神京結陣則浮雲未巢王元吉委鎭策而地置州縣兼神初基未遑西畧懇搆兩開玉帳楊魏竊弄神璽規亭龍霄之碧建德旌畢捷而致雙擒眇六年閒未方勞誓牧冠九天志淸八表英威迅其嘗捨於弊俗於龍英玉帛樽百字旁有嘉靖元年三月七日衢九字葢明方豪題名也今竝此亦佚矣諸志稱林焯毀蘇頲東封頌然此百字皆非頲語搨本存聶鈫則又未知頲頌誰毀也蒙案唐車鼻可汗傳高宗旣遣高侃車鼻可汗裂其地爲郡縣以酋長爲都督刺史帝封禪都督

葛邏祿叱利等二十餘人皆從至太山下已封請勒名於封禪碑會要云突厥于闐等十一蕃長扈從又高麗王高藏遣子男從封泰山又流鬼傳有儋羅者麟德中酋長來朝從封又契丹酋長邵固與諸蕃長皆從行在此碑大約敘述武功諸蕃夷當竝列名於後也

劉仁願題名文曰□□衞將軍魯城縣開國公上柱國劉仁願潁川郡夫人陳□□□出身□□二男懷瓚任宏文館學士女一人新婦實二新婦于乾封元年二月十九日□記○右眞書勒今雲峯西側上有嘉靖癸丑吳天壽題名大書掩刻致有損泐

奉勅投龍璧題名○右乾封元年二月勅桃花洞口東向字本糢糊加以右方有明嘉靖二年龍池高誨刻字掩其上僅可得其年月及職官姓名之可辨者有宮府寺丞撿校造封禪行宮門整備大使等官又有行內府主簿王知敬西臺主書王行貞後有奉勅投龍璧於介邱蓋當時從封諸臣設醮山頂有投龍瘞璧之事即所謂祭山川曰瘞沈也新唐書王友貞傳云父知敬善隸書武后時仕爲麟府少監蓋即此題名之王知敬也又職官志龍翔改中書省爲西臺其屬中書舍人下有主書四人即此西臺主書也

紀太山摩崖碑文曰紀太山銘●御製御書●朕宅帝位十有四載顧惟不德懵於至道任夫難任安夫難安茲朕未知獲戾於上下心之浩蕩若涉於大川賴上帝垂休先后儲慶宰衡庶尹交修皇極四海會同五典敷暢歲云嘉熟人用大和百辟僉謀唱予封禪謂孝莫大於嚴父謂禮莫尊於告天天符既至人望既積固請不已固辭不獲肆余與夫二三臣稽虞典繹漢制張皇六師震疊九寓旌旗有列士馬無譁肅肅邕邕翼翼溶溶以至於岱宗順也爾雅曰泰山爲東嶽周官曰兗州之鎮山實惟天帝之孫羣靈之府其方處萬物之始故稱岱焉其位居五嶽之伯故稱宗焉自昔王者受命易姓於是乎啟天地薦成功序圖籙紀氏號朕統承先王茲率厥典實欲報元天之眷命爲蒼生之祈福豈敢高視千古自比九皇哉故設壇場於山下受羣方之助祭躬封燎於山上冀一獻之通神斯亦因高崇天就增廣地之義也乃仲冬庚寅有事東嶽類於上帝配我高祖在天之神罔不畢降粵翼日禪於社首侑我聖考祀於皇祇在地之神罔不咸舉暨壬辰覲羣后上公進曰天子膺天符納介福羣臣拜稽首千萬歲慶答歡同陳誡以德大渾叶度彝倫攸敘三事百揆時乃之功萬物由庚兆人允殖列牧衆宰時乃之功一二兄弟篤行孝友

錫類萬國時惟休哉我儒制禮我史作樂天地擾順時惟休哉蠻夷戎狄重譯來貢累聖之化朕何慕焉五靈百寶日來月集會昌之運朕何感焉凡今而後儆乃在位一王度齊象法推舊章補缺政存易簡去煩苛思立人極乃見天則於戲天生蒸人惟后時乂能以美利利天下事天明矣地德載物惟后時相能以厚生生萬人事地察矣天地明察鬼神著矣惟我藝祖文考精爽在天其曰懿余幼孫克享上帝惟帝時若馨香其下丕乃曰有唐氏文武之曾孫隆基誕錫新命纘戎舊業永保天祿子孫其承之余小子敢對揚上帝之休命則亦與百執事尚綏兆人將多於

前功而毖彼後患一夫不獲萬方其罪予一心有終上天
其知我朕惟實行三德曰慈儉謙慈者覆無疆之名儉者
崇將來之訓自滿者人損自謙者天益苟如是則軌迹易
遵基構易守磨石壁刻金記後之人聽詞而見心觀本而
知末銘曰惟天生人立君以理惟君受命奉天爲子代去
不留人來無已德涼者滅道高斯起赫赫高祖明明太宗
爰革隨政奄有萬邦罄天張宇盡地開封武稱有截文表
時邕高宗稽古德施周溥茫茫九夷削平一鼓禮備封禪
功齊舜禹巖巖岱宗衎我神主中宗紹運舊邦維新睿宗
繼明天下歸仁恭已南面氤氳化醇告成之禮留諸後人

緬余小子重基五聖匪功伐高匪德矜盛欽若祀典丕承
永命至誠動天福我萬姓古封太山七十二君或禪奕奕
或禪云云其迹不見其名可聞祇遹文祖光照舊勳方士
虛誕儒生齷齪佚后求仙誣神檢玉秦災風雨漢污編錄
德未合天或承之辱道在觀政名非從欲銘心絕巖播告
羣岳・大唐開元十四年歲在景寅九月乙亥朔十二日
景戌建。右碑額同題竝八分書惟御製御書四字及年
月字眞書差小王世貞記云穹崖造天銘書若鸞鳳翔舞
於雲煙之表爲之色飛石墨鐫華云文詞雅馴而分隸遒
逸婉潤最爲得意之筆朱彝尊跋云莊周稱易姓而王封

泰山者七十二家勒石千八百餘處歷千萬禩而石碱玉
牒後莫得見其形兆果明神爲之守護邪祖龍肇始立碑
久已埽迹兩漢迄唐閒世一修時邁之典開元天子允文
武百寮之請于十三年冬十一月式遵故實有事於泰山
詔中書令張說右散騎常侍徐堅太常少卿韋縚祕書少
監康子元國子博士侯行果於集賢院撰儀注已丑日南
至法駕詣山下御馬以登行升中之禮天子製紀太山銘
親札勒於山頂之石以十四年九月景戌告成於是中書
令張說撰封祀壇頌侍中源乾曜撰社首壇頌禮部尚書
蘇頲撰朝覲壇頌趙明誠金石錄目載泰山銘側有題名

三列今已亡之而頲頌授梁昇卿書刊御製銘右明有俗
吏以忠孝廉節四大字鑱其上頌文毀去者半可憾也碑
銘典雅或是燕許手筆而御書遒勁若怒猊渴驥覊束安
閒不比孝經多肉少骨若唐隸盡如此何慚漢碑碣乎山
高四千九百丈二尺行旅出於塗者車前馬首仰視畧可
覩歲在已酉五宿茲山之麓未克叩天關陟環道手摸其
文詢之野老必架木緣絙而上然後椎拓可施又山高多
風兼慮日曝紙幅易裂若是其難也曩者先後裝界三本
悉爲好事者所奪已丑夏同里沈秀才翼能分書獲此本
於白下雖有闕文乃百年以前舊搨爰審定而書其本末

於冊尾銘書隋作隨書繹繹作奕奕有曰自今而後敵乃在位將多於前功而毖彼後患豈意天寶之亂近在目前也乎〔泰山圖志〕云碑刻舊塡金泥元時錯落猶有存者見杜仁傑記今雖歷久殘缺然每當晴朗時自南數十步外望之猶若字裏行間光彩照灼也〔武虛谷〕云舊唐書禮儀志元宗製紀泰山銘御書勒於山頂石壁之上者是也今以其文與志參校朕宅位十有四載碑作宅帝位若涉大川碑涉字下多於字宰相庶尹碑相作衡禮莫盛於告碑禮字上多謂字告字下多天字震疊九寓碑作震疊以至岱宗碑至下多于字實萬物之始碑作實惟天帝之孫羣靈之府其方處萬物之始爲蒼生而祈福碑而作之呼萬歲碑呼作千慶合歡同碑合作答迺陳誡以德碑無迺字懿爾幼孫碑爾作余刻金石碑石作記冀後人之聽詞而見心碑無冀字又作後之人衛我神主碑衛作衙中宗紹運舊邦惟新碑於此下多睿宗繼明天下歸仁二句或禪、亭亭碑亭亭作奕奕儒書不足碑不足作齷齪案文之異者容所據見或有不同若銘列祖而獨遺睿宗則下文恭已無爲正以睿宗禪位爲詞若接屬中宗義便不相屬又儒書齷齪蓋指議封禪儒生所錄故以齷齪鄙之作史者嫌其過詆儒書遂刪易以不足當之斯不達其旨矣銘後

題開元十四年敘又作十四載年載通稱互文非如天寶元年改年爲載始有專名也〔蒙案〕碑共二十五行每行五十一闌上帝字別起平上他如先后藝祖等字空六闌至三四闌不等顧炎武謂唐碑遇帝號空三格亦未盡然矣又我高祖我聖考我藝祖空格皆我字連下以其意義相屬也今世則以爲謬矣其第三行至第二十三行每行近地六七字形似小異且泐損王世貞云其下三尺許爲搨碑者冬月熇火蝕之遂不全舊濟南府志云碑下截剝落葉彬補書百八字又乾隆初邑人大學士趙國麟以舊本重摹補之然其神理則少遜矣全祖望鮚埼亭碑跋云開元紀泰山銘摩崖刻之前明俗吏更以忠孝廉節四大字鑱其上舊文爲所毀者半余求得范侍郎天一閣所藏完本豈非百朋之珍乎今案碑尚完好明俗吏鑱者非此碑謝山固未曾親至崖下耳

〔從封諸王從臣題名〕○右小字八分書在紀泰山銘西側〔武虛谷云〕題名石刻向未經人著錄故流傳絕少前明嘉靖間數妄人鐫刻大字橫貫交錯唐刻遂湮蝕僅有存矣擇其可識者有臣憲字另行有岐王臣範字下空一格有太子字依稀有業字司空邠字另行王臣洽字〻字另行有臣清字延王臣囗字另行有王臣沐字永王臣澤字太

子口口事員外字另行有正員嗣韓王訥字宗正卿員外
置同正員字另行有王臣字另行有軍嗣氵王臣字嗣口
臣字另行正卿員外置同正員嗣鄭王字另行有員外置
字傜不可見今以舊唐書傳紀證之憲睿宗長子讓皇帝
憲也岐王臣範者睿宗第四子本名隆範後避元宗連名
改單稱範睿宗踐祚進封岐王太子下空五格是業字業
睿宗第五子本名隆業後單名業睿宗卽位進封薛王開
元八年遷太子太保是空處當作太保薛王臣也司空邠
案章懷第二子名守禮神龍中遺詔進封邠王先天二年
遷司空後以開元二十九年薨是司空邠字官封雖殘未

全見知爲守禮也据元宗紀開元十三年二月丙子改豳
州爲邠州此刻於十四年作邠字從新改爲文王臣洽十
三年三月鄫王嗣眞改名洽卽其人臣清元宗第十八男
清封爲壽王也延王臣下殘字案元宗第二十男洞封爲
延王新唐書亦作洞延王本傳作泂据石刻殘字因當從
泂爲定王臣沐元宗第二十一男沐封爲盛王是王字上
缺文當作盛也永王臣澤元宗第十六男澤封爲永王皆
以十三年封金石刻所記與史合嗣韓王臣訥宗室世系
表有嗣韓王太僕卿訥嗣鄭王下缺表有小鄭王房嗣王
遂州刺史璥後於明大字題名內鑚空見一臣盧毓秀名

蒙古字內存一開國口李仁德名又有書門下口口事上
柱國臣李元口又有陸去泰劉崇熙劉大雅王敬之諸名
案李元下缺字當作紘紀於十四年四月丁巳戶部侍郎
李元紘同中書門下平章事本傳及宰相表並同今石刻
有書門下口口事字正其同中書門下事時也元紘銜已
至四月可知刻石又當後於此矣
東封朝覲壇頌碑文曰封祀之山五在中國泰嶽首之昊
穹之命再集巨唐皇帝受之臨位十四年攷虞氏歲巡之
義諷周王時邁之什十月辛酉步自有洛十一月景戌帳
殿齋於岳趾淵默以清繹思而照將紀功布度順斗承天

精享也己丑宏觀軼區宇盛儀振開闢高臨建鳳萬隊張
皇以燭山上御飛龍百神翕習以扶道國台二藩后四髦
士密侍信臣高位扈封臺列升陛不下五十以聖言沖邈
瑤牒寶書誓之旨曰朕護守丕業恐不克駿命惟上帝儲
休錫蒼生無疆之慶朕之慶也古則祕之何哉爲寒馳迅
飈露清終夕若埽若鋤晏然而已庚寅天官次籙王制協
時嚴高祖以配之嗣高宗以陟之冕裘立珪璧序潔豐俎
調鐘呂備勾於簨簴戛擊乎柷敔寶斯瑞分物焜煌空薄
霄兮音容與則纖塵不動和氣充塞日在於觀天爲之門
揚日大光謂小天下昭以抱藏見之卿靄郁郁紛紛喜氣

烟熅當芝檢引紫熏太紫洞而三辰接轇蒼搖而萬歲聞自下達上徯吾君君之來兮望如雲端兮睟聖之門至於辛卯有事於社首以泰圻如泰壇於穆我睿宗衔而作土奠獻嗚咽天子之孝也僉以金匱歸助於祖禰石礆藏美於乾坤戒咸秩則司存癸巳截大旗合大樂三陔崛以惟抗四亞鏘而軫止朝羣牧撿千官厎邦賦數庭實華蟲辨等車馬來覲罔入隨人二王之賓戎狄蠻貊萬里重驛必拱於著執贄奉璋顒顒印印麏敢怠遑乃建雞竿伐鼉鼓帝命出皇恩溥揚巽風作解雨施含之蕩滌之宥法罪除頫類頌湧洋溢周流黮霸不崇朝而偏者與此山俱疇疇

而不拔胡微而不鋪也亦既稱壽申命宗伯咨爾頌焉效古之刻石臣頲稽首再拜而言曰臣聞昔在帝堯臣惟咎繇聰明之謂聖邁種之謂德天若曰依於臣唐易姓者李王於中華崇功者唐聖之澤德之浸也我唐祚之興昌符誕膺兩儀動六葉承皇帝宣高祖四宗之景烈肇開元神武之明號廣矣大矣莫有不寧罔有不俾咸一德之輔不二心之臣羣臣抗詞曰臣聞先王因天事天因地事地因名山升中於天陛下得天之經得地之義得人之行行也者孝莫大焉兼三才以爲政政也者仁莫大焉含萬物以爲性今三才貞萬物亨六典平九功成官不慆獄不放至於刑清民有以也因斯而談清明在躬志氣如神之睿者君也四國於濟四方于宣之美者臣也有物有則君臣保乂之原所由於前設其教於後佘往歲邦危中否天討內難陛下提三尺之劒翦闈闕絕勾陳趨北軍正北辰然後翼翼乾乾尊尊親親立我烝人聖考所以付天下之公器蹈汾陽之清塵唐雖舊邦其命維新古者振兵釋旅祠土祈穀先事也我是以幸太原祭汾脽擢金甲肅邊鄙虜馬讋而不敢南向解嚴京師獲寶鼎獻宗廟戍人歸而盡務東作報福京坻於是乎爰佐五畤郊天以奉時爰祟九室祫祖而敬恩昭格遲遲神人允釐無何藉三脊盛六穗不

召斯至擁休之類如山則委曷月而祕豈非亭物降嘉司火也玄渾同度在璇也陛下姑謂之薄臣所未諭且管氏詫齊帝王凡八十九渾淪鬱沒孰若致美我高宗勒岱甲子正六十盼鑾蕨蕤故能應期我神武惟繼代奉業增高保鴻缺乎中何也即先后以權釁阻於進二宗紹復未遑厥功神閟之契不在諸子而當聖躬固不可辭者審矣帝曰俞畏德之不稱而左輔右弼維縉紳鴻碩之倫抱絕懷書蒸雲吐霧方集賢內殿講議前席以論之傳不云乎君子勤禮敬之至也易不云乎先王作樂豫以動也愼矣哉禮樂之爲用故執禮者具刪弊則質宜之自我變樂者理

去商何害謙以爲臣二者洽而三讓之制曰可始嚴鹵簿
騰七萃啟禁闢迴九重以聽乎鸞聲之雍雍匪疾匪徐物
有其容動植讚華夷觀駢闐總摶羨漫半散出戍皋踰滎
波憑滑臺眺洪河遂竝昆吾之墟倘佯乎大舜之澤瀕四
瀆二濟入於兗徑九一三齊裔於岱惟二旬有六而頓行
在莫不皤皤華皓如藿傾陽或牽以餼或捧之觴傴僂乎
康莊一似伸神武之今日一以慼乾坤之舊章迺餼歸之
觴舉之慈且惠而與之讙沸渭頡頏蒴國鄒魯家洙泗乘
汶野而圖記可知指泮林而頌聲不墜以周公之故將孔
子之後翹然希王者之屬車聖人之清蹕則久及信宿之

廌巖巖所瞻宗神曰天齊王加一等於三事戶二十供王
祀環十里禁入樵報也大禋旅之數重裒成之祿撫遺甿
賜之復帝曰吁夫艱難繫王業休咎牽人事況天監之殊
祥也殊典也不自滿而虔鞏於位朕寶臣曰乾曜洎說有
初有終時乃風欽哉汝作朕左右丞相繄汝忠讜以嘉猷
補衮之闕罔或怠遂宏天封煥天章纂介邱而旋德陽大
饗乎羣方程後代美其律聲其實墳作四而籍言七也臣
頲不敏繼伯夷之直清微太史之留滯聆金奏同百獸之
舞振木鐸採萬人之詩敢陳詩以頌曰天子聖兮天孫崇
登以封兮報以功受命再惟皇代天之賚人所載士馬山

嶫戈矛山脊禎符山雜靈響山答天與人合我鋪衍兮長
粹清太元冊兮太一精休光光我之慶成舜四朝而禹萬
國莫之我京○右碑開元十四年蘇頲撰梁昇卿行書勒
李安期碑側今悉龔治矣唐崔融傳云梁昇卿工八分書
東封朝覲碑爲時絕筆今相傳爲行書未知孰是金石文
字記稱林焞開府山東毀頌文十之三四已辨李安期碑
下至以焊爲焞以知州爲開府則文筆之小誤也
董靈寶題名文曰莫州從龍觀道士董靈寶爲國投龍設
醮開元二十三年七月一日○右眞書勒紀太山銘側左
讀

顏眞卿題名○右眞書在紀太山銘側見金石錄今佚王
世貞記云東封頌旁有顏魯公題名損於方元同詩是也
宋孫儋等題名九則文曰元符三年九月二十三日孫儋
楊景李堯臣李敏能同登泰山三頂觀歷代遺跡左讀
建中靖國元年三月二十四日楊舜賓李子儀趙公立呂
君禮同遊　郝檮年田國材許遜程康崇寧初元季春念
六日同登岱三峯左讀　王宜崇寧元年　趙子和趙君
安口口源崇寧四年乙酉季秋同登泰山三峯刻石磨崖
側　行宮至十月宣令權且停罷宜到岳高崑監修東岳
興國七年　太原王貽公口與天水趙明誠德父政和三

年閏正月八日同登　清河張大受河南褚完普昌黎韓通叟政和五年九月六日同登　廣州董堯問峯巒秀祗恐黃筌畫不成○已上九刻皆正書在紀太山銘東側爲明嘉靖年題名所毁致多殘損行宫一則尤漫滅不可讀董堯問一則後半是詩僅存末句矣

金高諡富等題名文曰盤陁挑兒高諡富呂小龐奉母聶阿稔與笙博士花小奴同登○右眞書在雲峯西巖劉仁願題名後未詳何代疑爲金源閒筆故仍圖志所載列於金代

元徐世隆題名文曰東平參議王玉汝經歷汝上張昉知

事柯亭李滋濟南杜仁傑須昌孟謙從大行臺嚴公以口已酉七月中澣禮嶽祠竟是日遂登絕頂陳人徐世隆題○右磨厓四行眞書左讀勒雲峯西側已酉爲定宗崩後之次年嚴公卽東平路行軍萬戶嚴實也

張住題名縣尹張住偕壽陽路大中登泰觀海及於古封禪所訪秦篆唐隷諸蹟中統元年九月三日記○右眞書勒雲峯側

明重修東嶽廟碑○右碑在嶽廟內嘉靖年布政使陳儒撰文見岱史今佚

翁大立題名○右題名嘉靖三十八年四月眞書勒紀太山銘側

楊祜等題名文曰明楊祜蔣瑜來○右八分書在紀太山銘首行空處

國朝施閏章題名文曰宣城施閏章重登○右眞書在紀太山銘側

高孝本題名文曰康熙丙申九月望日嘉興高孝本大立石門顧瀠汝周無錫華啟昌子輔吳江許運昌三英周振業右序龍藻漢苕陳沂震狷亭沂配文山同遊泰山留宿廟下五更登日觀峯俟日出而歸皆大立姪端質狷亭子士任侍行○右八分書勒雲峯西側

巖上題勒文曰置身霄漢李樹德眞書　至此奇絕馬一龍行書　天根雲窟　壁立萬仞　山靜泉清　一塵不染萬境皆空　青壁丹崖　雨餘雲海　躋雲捧日並眞書失名

唐李德裕太山石雞鳴日觀望遠與扶桑對滄海似鎔金衆山如點黛遙知碧峯首獨立煙嵐內此石依五松蒼蒼幾千載

明蘇佑山桃花洞雲竇雲岑玉洞新桃花紅勝武林春仙槎直泛蓬壺裏何事漁郎復問津

鄒德溥桃花洞峻壁淩穹蒼冽泉貫其趾不知天地閟清

絶更誰似
國朝沈心磨崖碑封題遥歷幾驛亭有弟遺我磨崖銘至
帝行波異結構書門挹霧含精靈岱宗位尊五岳長白雲
殿闕通天庭稽古柴望崇秩典織鳥營室古纏星明皇銜
寒馳萬騎秦漢封禪追儀型輯瑞圭璧几筵肅致虔黍稷
神明馨河海清晏雨暘若為民請命長盈寧危巖嵯峨斗
數仞矗沙礱治鳩千丁文成深刻紀功德侈心誰復規朝
廷大夫松畔掞麗藻計傳萬禩留東溟自是開元全盛際
邊徼静謐閃輜軿太真道士入禁掖霓裳法曲翻諸伶鐵
券威貽猪腹害糜服謡驗龍豩腥馬嵬雲辰爭看韈蠶叢

雨降悲淋鈴天子蒙塵急焉倚金泥玉檢何渺冥白傳興
歌重惆悵宮女閒說含愁聽理貴憂勤戒逸樂同念初政
陽光熒七十二家跡盡掃片玉高倚羣仙扃八分法妙祖
篆權綜美大爾隨飛停離奇芝英變體筆詭乖米回妨睥
釘詎若此書整且勁怒猊渴驥差堪形茅齋首夏清晝永
哉生魄後凋階蕢摩挲翠墨發幽思隔溪斜照窺疎櫺汗
編治亂鑒不遠浯溪鐫頌蒼波渟日觀峯高從想像九點
煙幻寒霞青聖賢垂則爲身佩祕殿當時寫孝經
沈德潛唐明皇泰山封禪碑有客經行泰山歸示我明皇
封禪磨崖碑高文典冊儷姚姒塗改點竄辭瑰奇鋪張五

聖佑萬禩合撰兩大周八維御書古隸體蒼勁光和吉縣
相攀追箕張昂擧勢向背龍蟠蛟走形躨跜吾聞聖王爲
民請命福宇內恭儉力行屏驕泰建極憑王心不在禎符
仰神賚有虞攝位勤東巡燔柴祀天首泰岱七十二君封
禪俱荒唐玉檢金泥付茫昧開元初改媿太宗勤政務本
光深宮詔焚珠玉定服御禁奏祥瑞書年豐而何侈心忽
萌動張說聳恩來東封汾陰已見答后土泰山直欲通元
穹百官扈蹕四夷侍萬國表賀昭豐功君道貴謙忌盈滿
天寶秕政早已覘凶終宮中王母落日留蝦蟆忽變長黃
虬雄狐腹劒稱伊周更議封禪凝天休西嶽祠火停宸遊

漁陽鼙鼓驚延秋青騾蒼黃奔益州迴望岱嶽雲悠悠升
中祕冊仍探不靈武徵兵時倥傯諸將攀龍還附鳳華夷
弁力收兩京紀功崖石煩磨礱漫郎老筆顏公書中興更
勒浯溪頌
德星巖者明汝南人翟濤權州牧奉當事僚友同遊引漢陳
荀故事自爲題名大書德星巖三字鑱蓋宋磨崖上因名故
宋真宗登泰山銘一勒此巖一勒山麓城南其在城南者所
謂陰字碑也勒巖者高二丈八尺廣丈二尺六寸銘字徑二
寸額高二尺八寸廣五尺五寸字徑八寸嘉靖間鄞人汪坦
即其上勒東安邵鳴岐等題名一則並翟濤刊毀每行約損

三四十字下截尚可讀其得字二百有奇惟額篆登泰山謝
天書述二聖功德之銘十三字完好如初東游畧記云嶽頂
封禪壇下有唐宋磨崖乃後人第知宋有陰字碑而不復知
有此碑矣蒙案文獻通攷王欽若言唐高宗元宗二碑之東
石壁南向平峭欲刊崖成碑以勒聖製上曰朕之功德固無
所紀若須撰述不過謝上天敷佑敘祖宗盛美耳命勒石北
向以答天眷玉海云祥符二年十一月壬子朔泰山太平頂
磨崖刊聖製畢三年正月丙子知樞密院陳堯叟上泰山封
禪聖製頌詔答之上又以其詞有規切之意作歌以賜戊寅
上作觀新製泰山銘紀周備書懷五言詩賜王旦等屬和觀

此則眞宗之於磨崖亦似無所推讓也孔貞瑄謂只成其額
殆未審其下殘文耳石墨鐫華云帝既侈言天書之妄復爲
太山之封而作此銘述太祖太宗以及其身語多浮夸文亦
拖沓眞書僅能方正無少鈎礫想帝亦不能辨此或王旦輩
爲之潤色而尹熙古之流握管耳碑方廣幾埒開元太山銘
字減小不能强半而文筆手腕則不啻泰山之於鄒嶧矣而
鮚埼亭題跋云眞書絕佳予得之豐城學士萬卷樓元文貞
公遺山親登岱宗顧未及見予得見之幸矣取以配唐開元
太山石本誰曰不宜然論其書法當以石墨鐫華之説爲當
〔宋〕登泰山謝天書述二聖功德銘○大中祥符元年十月

御製竝眞書篆額文詳分覽二
〔張浹〕等題名文曰青社張浹和甫開封錢愼熙咎弟悟穎
達中山劉深子容政和甲午季冬四日同登絕頂觀封禪
壇看日出步頂還邑○右眞書勒巖西今漫滅
〔王安石〕題名文曰政和七年四月十九日臨川王安石介
甫與南陽鄭居中□□同登訪□奉符尹鄭溫恭偕行○
右眞書勒巖東今漫滅
〔賈洵〕題名文曰政和八年春先公任京東西路提點刑獄
公事遊岱嶽下刻石於先祖題字旁是時洵以幹留汶上
後二十三年洵自□北移山東西路轉運副使大夫庚申

仲夏以職事至奉符登此恭覽先祖先公留題不勝感愴
但歲月攸久風雨剝落猶存髣髴耳乃摸刻竝書岱巔□
平賈洵識○右眞書勒巖西泰山金石攷云賈洵題名已
滅有舊藏拓本可攷自政和八年戊戌迄庚申凡二十三
年是爲南宋高宗紹興十年金熙宗天眷三年也
〔金〕徐鐸題名文曰石城徐鐸被符度修諸祠工費因登絕
頂周覽而還大定丙午三月十七日仝遊蒲陰趙七斤男
鄭和尚侍○右眞書在宋登太山銘西側就崖鑱石爲一
方格內題字五行行九字大小不等大者徑二寸小徑一
寸案郡城東嶽廟奉勅重建以大定二十一年落成二十

二年勅楊伯仁撰文立石而其工費則徐偉領其事王元忠佐之至是工畢乃符調徐鐸來度之也當時宣聖廟亦同勅修言諸祠者不止東嶽一廟也侍當是徐鐸之男而名之曰鄭和尚可笑方格右上角有崇寧二字左上角有項拜于三字葢宋人題名殘蝕之餘案七斤當爲齊錦

姚亭會題名文曰郡守朝請姚亭會暇日來遊男楷侍行同□縣□□事王宗儒主簿完武李术魯埽出縣尉武功沒撚木里也司候忠武蒲察㦛里哥酒政承信馬洪基大定已酉夏初一日○右眞書勒宋登太山銘西側案李术魯當爲富珠哩埽出當爲薩珠沒撚當爲穆延木里也當

爲特爾額蒲察當爲富察哥當爲格

濮國長公主題名文曰皇姑濮國大長公主□□□□同駙馬濬州防禦蒲察敬詣岱嶽焚香致禮畢明日遂登絕頂拜于玉仙祠下時明昌元年三月十二日○右正書勒宋登泰山銘西側案婦人出門禱祀非禮也況王姬乎題名巖石亦可恥矣金石文字記錄靈巖詩有元至治年忽都虎郡王太夫人八達氏詩二句云巖前松檜時時綠殿上君王歲歲春大字刻之尤堪一噱

郭俁等題名文曰濩澤郭俁絳陽李思古滕完顏從泰和八年八月二十三日仝登○右正書勒宋登太山銘西側三行行八字字徑二寸郭俁金史有傳云字伯有澤州人大定二十二年進士泰和七年遷山東安撫副使題名正爲副使時也

巖上題勒文曰超然塵表　天柱東維　並眞書失名

堆秀巖在大觀峯之南奇石璀璨秀色葳甤北倚穹巔日月觀峙其左右蓮花圍屏諸峯若列屏戟幽以霱綷明以爓朗仙靈之所憑也其陽有碧霞元君祠是爲元君上廟文獻通攷宋眞宗於玉女池得石像頗摧折詔皇城使劉承珪易以玉既成上與近臣臨觀遣使礱石爲龕奉置舊所令王欽若致祭上爲作記因建昭眞祠玉海云先是泰山有石像在岩

崖間頗多頑缺帝登封見之因命修琢易舊像置內廷祥符三年正月二十八日戊寅帝至資政殿出聖製泰山重修聖像記示輔臣又云祥符二年五月戊午對輔臣於後苑出御製泰山銘贊玉女像記示之案三年正月示觀者葢其刻成者也金爲昭眞觀洪武時重修宏治中更名靈應嘉靖朝大內施萬金拓建額曰碧霞靈佑宮萬歷年修葺又爲慈聖太后釀目眚乃鍍金爲元君像範銅殿居之號曰金闕泰山小史云中官董事制倣武當突兀凌霄輝煌映日然時值大祲白骨滿渠而錙銖以入泥沙以出諒聰明正直者不以金靈也今徙山麓社首東矣我

朝康熙閒遣官修岱上下祠宇皆新之乾隆庚申燬
命內務府員外郎江都重建庚寅重修懸棟結阿雲楶星梲
之麗擬於彤宮璇室矣祠正殿五楹中祠天仙玉女碧霞元
君範銅爲像步搖翹鳳錦帔飛龍七寶莊嚴備極崇奉葢瓦
鴟吻簷鈴之屬亦以銅高揭嶭以摩雲上歙施而麗日殿東
室曰東寶庫西室曰西寶庫皆加欄檻用儲諸混施錢葢四
方士女招梗禬禳投施金錢歲不下千數他衣物稱是漢應
劭記酢梨酸棗狼籍散錢處亦不埽除則由來尙矣明宏治
後嘗遣大臣中官致祭
國朝

仁廟賜額曰坤元叶應
憲廟曰福綏海宇
皇上曰震維靈嶽又曰贊化東皇楹帖曰碧落高居金臺傳
妙訣蒼生溥佑木德仰慈恩又曰三素雲英扶絳節九光霞
纈麗青壇自乾隆二十四年以來每遇四月十八日遣內大
臣賫香帛進謁以爲常
御賜彝器爐鼎缾璲多晶玉金磁之寶東西廡設眼光子孫
二神母像瓦皆鐵冶罳罘風也中唐有香亭卽萬歷建金闕
處謁款者拜舞於此乃投施殿室焉階前舊有銅鼓鼎及鐵
碑東廡有自玉女池移置之秦篆石以庚申廟火銅鐵融爍

爲液而秦篆石乃毀於儓罷工役之手惟玉印獨完玉印傳
自祥符時與玉像並製文篆天仙照鑒螭紐紺色從煨燼得
之一角少損今弆邑庫矣玉像則未審失於何時也東西碑
亭各一恭勒
御製重修碧霞宮文及戊辰登岱詩石瑩潤人稱玉碑先是
萬歷天啟銅碑經火不爍稱金碑故以玉碑尊之云南爲重
門舊額神秀門前臺三成棹楔三臺前左雍正七年重修碑
右雍正十三年十二月奉
旨裁革香稅碑攷香稅自明正德十三年從鎭守璫臣言始
設總巡官一人分理官三人一在遙參亭一在元武門一在

碧霞宮每進香一人納稅鏹八分通一歲解部鏹二萬有奇
而藩祿工築之取給不與焉混施錢亦解省如是者二百餘
年
皇上初政渙汗除之勒石永禁混施則郡守每年春秋親至
啟殿撿校概付廟祝供修繕貲二碑陰勒辛未後
御製登岱詩東鼓樓西鐘樓南大門舊額金闕順治時知州
曲允斌增葺歌舞樓東西各建石閣門外火池以焚楮幣漢
鹽鐵論云古者庶人魚菽之祭士一廟大夫三以時有事於
五祀無出門之祭今富者祈名嶽望山川椎牛擊鼓戲倡舞
像則出門進香之俗已自西京而有之矣第四方士女不遠

數千里祈禱報賽必先有事於元君而後及於他廟也祠東有聖水泉西有玉女池文獻通攷玉女池泉源素壅而濁宋眞宗東封先營頓置泉湍涌上徙升山其流自廣清泚可鑑毛髮味甚甘美經度制置使王欽若請浚治之存硯樓雜著引稗史漢時天齊仁聖帝前有石琢金童玉女至五代殿北石像仆至唐童泐盡女淪於池至宋眞宗封泰山還次御帳滌手池內一石人浮出水面出而滌之玉女也命有司建小祠安奉號爲聖帝之女封天仙玉女碧霞元君道里記云古玉女池屬大闕祠基掩於正殿龕座下祠西北爲後寢宮明稱神憩宮制如祠之兩廡設元君臥像

皇上額曰德溥坤輿東石閣外爲駐蹕亭

國家謁祠更衣之所岱史稱東公署總巡香稅官所居卽此其曰碧霞宮西爲西公署額仰止亭者今廢祠南爲蓮花峯數峯攢簇如綠茄翠房頗見窅窕若供養元君者紀勝云花曆寬平又絕類蓮實遊人多坐飲焉五花崖鞹鞢在其東有菡萏高潔之狀又南迤西爲蛻仙巖

〔宋玉印文〕石印方三寸五分四邊闌各闊四分每字方一寸三分半文類繆篆近符籙相傳能辟邪印者多亦漸漫漶矣

〔明修碧霞靈應宮碑〕畧曰昭眞祠在泰山絕頂世傳謂天

仙玉女碧霞元君之祠聖天子御極十有五年命太監陳喜來修祀事明年詔修是祠卽故址增飾之祠殿爲間者五以奉元君左右迴廊各三間則護從之神居焉神道有門鐘鼓有樓恐凌空壁立易爲風雨所剝蝕故陶土爲磚冶鐵爲瓦覆仰比次務爲堅確黝堊丹漆金碧交輝視昔有加焉其肖像左石右銅中以沈香爲之雕龕石座霞帔鳳冠於赫穆清而其所費一家輸財於神貯之帑藏以充其用而毫芒不取於民自經始以來綱維其事者大參文安邢表僉憲衞輝劉璋下至義士耆宿罔不奔走事事所以重上命敬神明也夫泰山雄鎭東方爲五嶽之尊歷代有封禪之典維我列聖每遇登極必遣廷臣以祀方嶽又時命中貴有事於祠或金帛朋貝以將其誠或冠帔旌幢以拂其像葢神之靈貺感人實有以致之嘗觀州誌昔有猛虎爲害禱之而遠去飛蝗爲災禱之而自死以致於民之若旱若澇祈之歷有其驗故每歲之春遠近衆庶拜瞻之頃靈風颯然知者敦其誠愚者啟其敬忠者堅其志奸者沮其謀善心以之生欲心以之窒吁休矣哉其神之惠乎○右尹龍撰今佚

〔重修碧霞宮碑〕畧曰太極判動靜生陰陽山鎭坤維體靜陰也水生天一體動陽也岱宗摩空峯巒拔起去地數千

丈絕頂出泉流注石池清泚可鑑蓋陽根陰之象泉以玉女名必有所稽地志失載記曰山林川谷邱陵能出雲爲風雨見怪物皆謂之神岱岳毓神上通乾象降靈下土坤道成女天仙玉女之號意以是與碧霞元君之稱則後世加封之典神廟在茲揖日月之峯擁層巒之秀左則岳頂之峻極右則天門之開朗歷選名勝之所無踰此境之妙意者神或受皇天后土之命俾權輿造化之機於此不然何威神顯赫如是之大殆不可以易而測也歷代遵奉已久逮我朝崇重之典尤盛有寶香異品之頒有華冠錦袍之錫歲時遣官致祭以致奔走天下豪傑及士女商賈之

類皆齋心戒誓道路閧闐歲進香帛者恒以億萬計金錢緡錢川臻雲至溢於公帑資歲用賑歲饑皆於是乎取給孔子以鬼神能使天下之人齊明盛服以承祭祀其斯之謂與嘉靖甲申都憲王公堯封奉聖天子明命來撫東藩詣神祠展謁顧瞻祠宇敝壞慨然興歎遂下營繕之令經始於嘉靖乙酉十月己未落成於嘉靖丁亥九月丙子規橅壯麗丹漆晃耀突出煙霞之上巍乎岱宗之閒斗柄之南一奇觀也而神亦寧矣夫神寧於上人安於下幽明協贊和氣熏蒸雨暘時若由是庶草蕃廡百穀用成朝廷無四顧之憂安知不自王公一念之誠有以感之哉○右嘉靖丁亥崔文奎撰碑不知所在又有劉定之記碑皆無攷而徐溥記在水簾洞者嘗亟稱劉記云

〔銅鼓記〕文曰予寅長右轄熙臺潘先生政暇嘗登斯山感獻遺之物而懼其殄也乃白諸巡撫大中丞南皋王先生鑄銅鼓四竅其心置橐籥焉以象四時鼓萬物生長收藏又爲之鼎附之瓶以達絪縕之氣其知所謂鼓之舞之以盡神者與猶未也又欲顯道神德行各識以銘其鼓文云元氣鼓萬物春差爾岱神乎神氣再鼓麗朱夏品物亨乃神化孰鼓舞秋乃收物之府神之休消而息爾鼓爾物歸根元資始其鼎文云大德曰生瓣香維誠人在洪爐左右

和平其瓶文云不平者情不私者平神馮人哉神馮人哉吁淵乎微矣可以幽贊於神明矣予故爲之記示後世有考焉已矣○右郭詔撰銅鼓一鼎一瓶二尊在碧霞祠内乾隆庚申鑠於火

〔碧霞宫祝釐碑〕○右碑爲萬歷二十一年九月大學士太倉王錫爵撰中書舍人饒陽田應璧眞書定國公鳳陽徐文璧篆額碑陰有太后妃主皇子侍臣題名在碧霞殿前爲乾隆庚寅修工所斲碑本内監呂進朝等建高丈三尺廣四尺厚一尺有奇豐堅瑩麗極其工巧亦勞費之甚者存之足爲炯戒卒與秦篆同失亦足惜也

泰安州進香題名記鐵碑〇右碑乃編修方從哲爲內侍
郝相進香撰文中書舍人湯同直書侍起居中書鮑佐篆
額萬歷甲午仲冬勒元君殿西側亦爍於火
重修碧霞靈應宮碑文曰蓋聞之孔子云質有餘者不受
飾也碧霞宮何以修也又聞之德彌盛者文彌縟中彌理
者文彌章碧霞宮何以弗修也夫太室不嘗春秋致貶華
山加繕光和見述張寵以二千祠堯史晨用王毅表聖東
溟標幟乎桓相淮源歸勛於郭守治經舉廢自昔然已岱
宗爰長諸嶽冠以帝稱廟貌崇閎雄峙州治而碧霞元君
靈宮則巍然托阯抗擢岱椒其列在集仙搜神道籙等編

未究元君之始寧襄耳食之謬惟是四嶽避峻九山推烈
碧霞於斯宮焉要之人天允叶精響合荅則下臣仿佛可
得而言無懷之所稅鞅黃帝有虞之所駐蹕三代以降迄
乎秦漢臚禪紛如廣心競設乎壇陔中貇厚集乎瑄玉瀀
壽無已煇爍若何昭代列皇重屢遣告倖福陋贊策之囧
竭禋酌刻牒之緒以故明祇惠以豐楙下土逌夫轂嗛蓋
有馬談弢其冊典寬舒戢其頌煩者矣厥有冠帶之儕布
衣之醜估販之魁帷闠之侶躃不指奉高以首路望雲峯
而滕地珩則珠松徽尾鉤鐕師比帛則春草雜翹黎單毛
毵幣則楊邁朱提鮫文白撰供則盎緹醍醐腲腇宮脂器

則雕篾黃目盎鐙椀巘樂則雲和別柎丁寧埒竿儀則金
支翠葆徽章星施熒燎絳天于喁震隧蟬靈畫轂木禺龍
駟般鱗萬狀不可勝窮百千億兆跆藉雜遝或遙攬乎榑
木之采或下瞰乎治邸之庭或依稀乎白馬之宇或隱見
乎明堂之虛羣情翕赳亦已極矣嶽靈悉穆能無應乎竊
見降瑞錫祉調風布霖膚寸澤夫遐表彌天飽其至德所
謂逌轂嗛而被豐楙則又惟一人之所暨及也元元之衆
則有疾癘覯癒愚蒙思膈年壽匄延子孫祈粿水火希遠
離睽求聚休嘉啟禱各副所懷亦有梁父云亭斂焉聽命
共驅族炊族爨之屬諡廣金銀鏈銅之用凡此有位可無

報旃覩傑構之少渝迺鳩僝而不懈藻井連茄會遵脊茅
之地飛雲麗日若開寶雞之天席葺苴稽典還嶽時子來
者可念行築者云勞迴惟畫議之先實出尊明之斷方諸
前哲今古同符則此碧霞宮者胡可以不修也胡可以不
紀也是役也合岱廟計費四千九百五十金有奇撫中丞
今晉右司馬晉江黃公名克纘主議前左布政使今撫河
南吳江沈公名季文前參政今按察使宣城徐公名夢麟
議協金迺辦而今左布政使崑山李公名同芳續用輸覈
起工歲月具岱廟記中提衡振飭則前案部侍御無錫嚴
公名一鵬後案部侍御海澄溫公名如璋今案部侍御燕

山蕭公名淳前案嵯侍御涇縣葉公名永盛今案嵯侍御內江李公名應魁若前左布政使安慶劉公名尙志今右布政使章公名邦翰督糧道參政濟山徐公名堯莘分守濟南道參政白河柴公名應乾提學道前副使晉江李公名叔元今副使尉氏靳公名於中驛傳道副使南宮韓公名策分巡濟南道前副使固始文公名球今副使穎川張公名鶴鳴武德道副使永年杜公名應濟南知府今陞副使莆田俞公名維宇今濟南府知府歸安丁公名浚皆與有先後督率勞泰安知州歙縣江君湛然以職守終始厥事例宜書州同知賀本昌臨朐縣丞吳復金承委克竣宜

附書岱廟記先撫黃公作侗以螢燭嗣光碑當有辭辭曰泰山巖巖萬物伊始帝冊帝孫儻元君是呼吸上通僅尺有咫膚寸八荒人事甚邇四嶽苞祇四流遵迆唯岱是宗靡敢抗壘先民有言神怪譎詭我儀圖之佑善殄否萬方玉帛走不停踵孰云奉高有道如矢巍然仙居棟厦宜庇疇新兹宮我撫則以靈篇載韜神司其畀發函燭霄皇乃受祉○右碑萬歷三十六年僉事臨邑邢侗撰行書勒祠內今佚

銅鐘宏濟經文曰太上老君說天仙玉女碧霞護世宏濟妙經經未錄●督修金殿等太監名未錄萬歷甲寅年造○右眞書在後寢宮銅鐘上陽文

勅建泰山金闕記銅碑○右碑爲萬歷四十三年正月大學士方從哲奉勅撰禮部郎中汪民孜書丹額題勅建泰山天仙金闕碑記碑陰亦有額曰聖孝聖誠永垂億世竝眞書在香亭左與天啟銅碑俱磨滅不可讀

靈佑宮金碑記文曰欽修泰嶽大工告成賜靈佑宮金碑記●賜進士出身陝西布政使司左布政使分守甘肅道賜一品服俸缺數字撰文賜進士出身廣西布政使司右布政使缺數字書丹賜進士出身貴州按察司分巡普靜道兵備副使李思恭篆額文未錄天啟五年歲次乙丑六

月朔日督工太監及各官未錄○右碑與前碑式畧同額云勅建泰山靈佑宮記碑陰額曰聖德神功永垂億載竝眞書在香亭右俗謂二碑磨錢佩之可御病故下截剜損特甚泰山金石攷云家藏舊墨本尙可讀然所錄亦多缺文

祠前題勒文曰萬代瞻仰　爲善如登竝眞書失名

明龔勉玉女池山池水碧澄可照芙蓉面玉女時往來彩雲飛片片

程拱辰玉女歌英英白雲端神女駕紫鸞素姿淨浴天池水扶桑日閃玉容丹朝餐明霞暮吸露芙蓉製服電爲冠

我聞黃帝女修眞生羽翰載傳漢玉葉石屋鍊金丸西向瑤池禮王母鳴璫雜佩聲珊珊白日飛挾曹仙去空留丹竈鎮蒼巒黃花古洞眞人跡女指纖纖印蒼石更有一片雨花牀千年指作蒲團席銀燈懸斗旁燦若七星奕爐煙繞岩廊裊裊吐霧碧天花不捲水珠簾甘泉迸出白玉液乍聞萬壑松籟鳴疑是經聲喧喈喈曾頌李白句飄飄下九垓載閱宋眞宗東封紫觀開寶磬聲落天空外玉簫吹集鳳凰臺鄭雲絢爛扶輿下朱旛五朵駕山來巍巍岱宗奠東土赫赫元君何神哉惟山有神增靈異寰區千古仰崔嵬我也生前懷仰止今日東山著屐齒十八盤石參

差萬丈雲梯空中視乘風上天門振衣躡星紀僊樂雲中迎身如霄漢裏金蓮頂上紫氣騰稽首風前薦香芷素手授我硃砂杯須臾餌以白石髓揖予更上日觀峯天雞初叫朱曦起西望崑崙雪花明玉池直接天河水夜夢石函玉虛篇傍有羽衣親點指從此覓卻紫芝依碧霞人世浮名一埽如風靡

〔蕭協中〕〔玉女池〕琳宮高揭碧山岑祠畔靈池歲月深藻色綠縈元女髮鏡光淸澈道人心翻疑借液銀河近眞信涵虛玉露浸恍惚水雲飛白篆泠泠淸況起長吟　〔金殿〕八寶世所珍五金神不貴玉女自濤爐安用重耗費歲祲殍溝渠蓬蓬亂如卉朘民築金樓聖慈何所慰

〔劉策〕〔碧霞宮〕一嶂淩霄漢中藏玉女家仙旛搖碧落寶殿擁朱霞映日裁雲錦隨風散雨花登臨多少客不惜路途賒

〔國朝〕〔高珩〕〔朝岱〕歲云暮矣當豐年香火逐羣禮泰山半夜鳴金催社侶踏星靡靡霜花班千聲一佛潮音吼甲馬咸云神掖走閣中嚴厲戒腥葷梵宇琳宮徧稽首上山竭蹶下山輕三百靑蚨沽一斗歸遺兒女買銅鉦千里秦松猶在手泰山滿腹誇鄉人鞭聲霹靂天門神

〔唐人小說〕吳女盈盈善歌舞姿容都冶一夕夢紅裳美人手一紙曰玉女命汝掌奏牘及覺泣以白母曰兒不能久居人間矣異日當訪我碧霞峯頭其日竟卒後詩客王山聞之登岱絕頂徘徊玉女池畔爲二詩以弔之既歸夢二女奴召至一溪洞更有碧衣短鬟者迎入宮殿上有女子玉冠絳衣擁雲幢寶扇山不敢仰視俄女使持一簡授山上書一詩曰絳闕琳宮鎖亂霞長生未晚棄年華斷無方朔人間信遠阻麻姑洞裏家歷劫遂翻滄海水濃香難謝碧桃花紫毫樹隱瑤池闊鳳懶龍嬌日又斜詩寤明日追尋不得其處

〔國朝〕〔顧炎武〕〔攷古錄〕泰山碧霞元君宋眞宗所封世人多

以爲泰山之女後之文人知其說之不經而撰爲黃帝遣玉女之事以附會之不知當日所以褒封固眞以爲泰山之女也今攷封號雖自宋時而泰山女之說則晉時已有之張華博物志文王以太公爲灌壇令期年風不鳴條文王夢見有一婦人當道而哭問其故曰我東海泰山神女嫁爲西海婦欲東歸灌壇令當吾道太公有德吾不敢以暴風驟雨過也文王夢覺明日召太公三日三夕果有疾風驟雨自西來也文王乃拜太公爲大司馬此一事也干寶搜神記後漢胡母班嘗至泰山之側爲泰山府君所召令致書於女婿河伯云至河中流叩舟呼青衣當自有取

書者果得達復爲河伯致書府君此二事也列異傳記蔡支事又以天帝爲泰山神之外孫自漢以來不明乎天神地祇人鬼之別一以人道事之於是封嶽神爲王則立寢殿爲王夫人有夫人則有女而女有婿又有外孫矣唐宋之時但言靈應卽加封號不如今之君子必求其人以實之也又攷泰山不惟有女亦又有兒魏書段承根傳父暉師事歐陽湯有一童子與暉同學後二年辭歸從暉請馬暉戲作木馬與之童子甚悅謝暉曰吾泰山府君子奉勅游學今將歸煩子厚贈無以報德子後至常伯封侯非報也且以爲好言訖乘馬騰虛而去集異記言貞元初李納

病篤遣押衙王祐禱岱嶽遥見山上有四五人衣碧汗衫半臂路人止祐下車言此三郎子七郎子也文獻通攷後唐長興三年詔以泰山三郎爲雄威將軍宋大中祥符元年十月封禪畢親幸加封炳靈公夫封其子爲將軍爲公則封其女爲君正一時之事爾又攷元劉遵魯漢島記曰廟中神妃相傳爲東海廣德王第七女夫海有女則山亦有女曷足怪乎

韓錫胙元君記統古今天下神祇首東嶽而東嶽祀事之盛首碧霞元君元君者泰山玉女元君其封號也廟在泰山頂自京師以南河淮以北男婦日千萬人奉牲牢香幣

喃喃泥首階下前代設官徵稅充度支陶允宜詩云自是神人同愛國歲輸百萬助昇平我

皇上御極詔永免其稅於是遐邇來禮元君者風雨相續其衆多什伯前時云夫玉女何神也道藏云金虹太乙定父女也葢東嶽爲天孫天官書織女亦爲天孫因其名曰孫遂撰金虹以爲之父因織女天孫爲女竝東嶽亦牽合而爲女也瑤池編云黃帝會西崑崙眞人遣女七人雲冠羽衣往泰山迓之玉女乃七人中一人彼六人者又何往乎玉女卷云玉女姓金名玉葉西牛國孫寧府奉符縣石守道妻也漢明帝中元七年四月十八日生年十四入天

空山黃華洞修道天空山卽泰山也攷秦李斯從始皇發封出玉女於岱宗之巔因祀之稱爲神州老姥是玉女早見於秦時何有漢明帝時降生事況中華無西牛國或卽浮屠家所云四大部洲之西牛賀洲者果爾亦當在身毒國西相距不知幾千萬里無論西牛國無郡縣之制泰山郡無孫寧之號而强以彼地天空山指爲中華泰山且謂玉女有夫也瀆亦甚矣文獻通攷云泰山頂有玉女池池水苦濁則山已有玉女名宋眞宗登封命王欽若先行頓置池中清泉涌出詔易池旁石刻女像以玉奉以石龕而祭之則前此山固有玉女像唐劉禹錫送女道士張鍊師

歸東嶽詩云久事元君住翠微則唐以前已有元君神號而明楊時喬乃謂宋眞宗授天書特假元君名俾五方易於信從胡臆斷若此歟近世佞佛者云觀世音千百億化身在南爲海神天后封碧霞元君在北爲泰山玉女亦封碧霞元君皆一人也首楞嚴詆十種仙爲鼻華嚴舉山林晝夜諸神悉屬諸護法聽經之列顧豔玉女天后二神之靈而胥實以觀世音又有刻洞賓集者載洞賓與梓潼俱授記佛前俚鄙誕幻無稽不經不足辨也然則元君何神也泰山在魯境魯賜天子禮樂得郊禘郊該社郊圜丘上帝社方澤地祇也齊桓公九合諸侯自以爲帝王受命不

過此欲並魯用郊禘然方以尊周室爲名因託言欲封禪封禪郊社之變名也管仲知不可窮以辭亦託言符瑞未臻以阻之故郊社一歧而封禪封禪再歧而符瑞符瑞又歧而神仙也祭義圜丘稱泰壇方澤稱泰圻說者云泰壇魯郊泰圻魯社皆在泰山左右也泰壇事上帝以人像之則冕旒王者泰圻事地祇以人像之則翟褘后夫人又漢時祭泰圻亦以后夫人主祀從其類而格之也又漢武封禪禪石閭當時以爲仙人之閭禮如祀后土卽後世所附會黃華洞石屋也然則元君地祇也且夫父嚴而母慈胞孕乳哺出於母而其出之者母不自知之天尊而地親五

材百貨產於地而其產之者地不自明之所謂神也今千萬男婦欲祈年免病求嗣保壽日躋崇巒猿攀蟻接泥首元君前皆入世吉祥應有之事而神卽如其意佑之非若金泥玉檢冀長生不死爲人世不應有之事神不能違天以予之也孔子曰祭神如神在則必洞乎如見其形焉欬乎如聞其聲焉以情推之朝日夕月其所謂如在者將如日之圓而烈月之盈而虧乎祭門巷竈中霤其如在者亦將如門之闔闢如巷之逶迤如竈之曲突與夫中霤之滴瀝乎抑别有冠裳坐立之容似以脟臠而陟降者乎易泰圻而宮室之貌地祇而珈佩之是靈爽之集百福之綜也

謂非天下之正神乎敬以告後之君子俾有所取信焉
蛻仙巖在遥觀洞南石壁嵂律疑有白玉棺存焉下有王老石屋可容几榻岱史云翰林王從之跏趺化此攷從之名若虛槀城人金源學士金亡蓋挂冠修眞云泰山紀事云王老者郈居慕道有老道士造之留月餘忽徧體瘡瘍謂王老得酒數斛浸之卽愈王如命道士坐酒甕中三日出鬚髮皆黑顏如童子謂王老飲此可仙去王全家飲之皆醉忽風動雲蒸同時超舉未知孰是稍東爲滌慮谿水瀆渭西南流中有突秀峯泰山小史云碧霞祠火池南一逕逶迤下臨深壑數里許始得坦途約自嶽頂西南七八里忽開一石平如砥可

十畝中突一石筍筍三成高七十尺其巔一松挺蓋枝葉橫盤水環石流四壁藏雲獻媚鬖鬡離奇眞壺天之別境也今松無存石筍卽突秀峯也頂南諸峯如簪花戴勝翩翩欲飛舞而勢稍西馳寖尋於南天門矣

岱覽卷第九終

岱覽卷第十

泰山書院院長陶山唐仲冕六幕輯

分覽一

岱頂下

頂南迤西爲秦觀峯漢官儀云東南名秦觀秦觀者望見長安東游畧記云秦觀有封禪壇壇下有秦李斯唐宋磨崖殆謂絕頂也蕭協中詩云西瞻紫氣滿函關百二山河指顧閒得其狀矣青帝宮在其陽通志云山高四十餘里凡十八盤由南天門歷東西二天門至絕頂其祠曰青帝顧炎武謂卽月令其帝太皥史記封禪書秦宣公作密畤於渭南祭青帝

唐書王璵傳請置春壇祀青帝於國東郊者也若鄭康成述春秋緯說蒼帝靈威仰赤帝赤熛怒黃帝含樞紐白帝白招拒黑帝叶光紀則王子雍所排駁後世雖存五帝之祀亦不遵用其名矣明巡撫李戴重修今
皇上額曰慈天廣祐東有碧天泉泂門外巨石踣臥曰獨石
又西南爲望吳峯

〔明〕張天祚〈登岱詩碑〉○右行書勒青帝宮中

〔王之綱〕〈泰山記〉文曰泰山東嶽山也是爲岱宗爾雅邱右陵曰泰郡志萬物交代故稱岱羣嶽之長故稱宗焉天應角躔地分魯域宋元前隸兖東平路今隸濟南泰安郡道

藏書云泰山週迴一百六十里奇五十步方面各四十里郭璞云從泰山自下至頂四十八里三百步漢官儀云盤道屈曲而上凡五十餘盤茅君傳云泰山週迴三千餘里博聞錄云泰山名蓬元高四千丈環一千里福地記云泰山洞天週迴三千里其言高廣遠邈固人人異以今攷之由岱宗坊而左週迴至其坊下凡一百七十里百九十七步其稱一百六十里奇五十步者近是自郡城登嶽坊三里至一天門而上𥗋砢陀坂循谿入谷度高老橋水簾洞迴馬嶺黃現嶺二天門小龍峪九龍峪十八盤三天門至嶽頂四十五里其稱四十八里者是也至其峯山嶺峪洞石巖崖亭臺觀宇支麓蜿蜒不可殫紀葢嘗卽其著者而言最高爲嶽頂古登封臺今表其巔爲玉帝太清宮宮前秦無字碑碑前秦觀峯可望長安下爲青帝宮碧霞宮東嶽廟頂以北由丈人峯石馬山而上爲堯觀臺臺之北爲拗山磨山仙臺嶺黃伯陽洞金絲洞蓮花峯佛寺峪卽谷山寺寺址卽周明堂中有峪泉下爲天津河山谷聯屬嶽頂葢四十里臺之東北爲鳳皇池會仙菴肅然山臺之南爲鶴山玉女山山半有黃華洞洞卽後石屋玉女修眞處下有飲虎池大燭山小燭山仙鶴灣天井灣西轉爲明月嶂臺之西北有北拱臺南拱臺北天門獅子峯船石分金

石石後山方正石土嶺頭老鴨尖懶張石屋黑闥石屋清天嶺自老鴨尖西下爲上石屋卽雲臺菴下石屋卽桂師菴青龍宮黃石崖直至𨺅山思鄉嶺長城嶺鐵佛寺傅老菴桃花洞自𨺅山南而突起者爲鵰窩峯猴愁峪西風門峪桃花峪黃山中有白練石屋皆屬嶽之北近之爲歷山爲長白遠之非燕趙太行之閒乎嶽頂以北由太平頂漢登封臺而左爲日觀峯日觀峯雞鳴時見日出於海高三丈漢登封臺或云宋者非云禪者誤俗名寶藏庫峯之東爲鵰窩峯獨秀峯東神霄山望海石伏虎門鵓鴿崖峯之南爲舍身崖可止臺東天門旛杆石婁子洞崖西下有遥觀洞卽昭眞庫蛻仙巖卽王老石屋水仙寨朗然子洞藥園千戶廳中嶺山水牛埠艾窩觀星峪東南十八里爲漢明堂旁有謝過城夾谷會後齊人歸魯龜陰田以謝過處嶽東南地曰谷里卽夾谷皆屬嶽之東者近之爲汶陽之田汶河淄河諸水遠之非青登蓬萊海島之閒乎嶽頂以南由玉女池德星巖而前爲周觀峯周觀峯可望洛邑峯之東爲仙人橋試心石東影翠石獅子崖五花崖崖西有避風崖虎頭崖白雲洞鎖雲巖三靈侯廟南天門卽三天門門左有上清界坊彌高巖朝陽洞卽古迎陽洞洞上有半山亭宋眞宗曬袍松龍泉峯九龍峪小龍峪飛龍巖洞

下爲攔住山御帳坪坪上有秦封五大夫松始皇眞宗嘗駐此又下爲望駕石護駕石快活山蛟龍石黃峴嶺迴馬嶺中有玉皇廟登仙臺十峯嶺翔鳳嶺古雲巖歇馬崖三字崖淩漢寨雲頭埠白羊坊水簾洞大藏嶺炮高嶺石經峪中有石經臺高山流水亭萬兩溪公石壁記水簾崖曝經石下爲楊老塢分水嶺東溪山箭杆峪峪東升仙嶺青山南擒虎山東岱道菴西巖巖亭虬在灣飲馬菴玉母池飛鸞泉滌塵泉呂公洞后土殿老君堂卽古岱嶽觀中有漢柏唐鴛鴦碑下爲三皇廟酆都廟轉北爲一天門坊孔子登臨坊天階坊飛雲閣中溪山斗母殿而轉西爲人祖殿升元觀白鶴泉酆都峪眼光殿青帝觀岱麓書院又轉而南爲鳳凰臺漢宣帝時鳳皇集處郡城中爲岱嶽廟中有唐槐古柏西爲長春觀東爲先師廟南爲會眞宮魯兩先生祠城外南有升中古蹟陰字碑亭西爲天書觀醴泉亭高里山鬼仙洞社首壇中有環翠亭再轉而南爲宋封祀壇朝覲壇舞鶴臺皆屬嶽之南者近之爲云亭梁父徂徠嶧諸山沂泗諸水遠之非吳越之交衡廬之勝乎嶽頂以西爲吳觀峯吳觀峯可望吳門孔子望吳閶門指示顏子處下爲君子峯右爲越觀峯越觀峯可望會稽一名月觀謂與日觀相對云峯之東爲仙閭巖西影翠石峯之西

爲西天門延至青巖嶺兩峯巖西神霄山三尖山以南九女寨回雁峯卽雁飛嶺火焰山仙人掌傲來山劉盆子寨天勝寨雞籠懸刀芙蓉飛雅淩漢諸峯下連馬蹄峪觀音洞白鶴洞鳳皇山竹林寺西北百丈崖天紳泉仙影崖白龍池西溪山元圭石忽雷灣耀星灣鑼鼓灣普照寺周樸菴今仰德堂三陽菴胡安定公投書澗孫泰山公讀書授經諸臺石徂徠公侍立景賢諸石南下大峪口又有大石匣小石匣藏劍匣試劍石三元石擂鼓石皆屬嶽之西者近之爲靈巖爲長城鉅防遠之非秦晉河源崑崙太華之勝乎以此而言則其稱至四千里者殆又不足以盡之大抵傳記所載未必悉合或極夫蟠互而侈言之或卽夫祡望之地而約言之不越以紀其形勝耳及攷其當時巡守則唐虞天子五載一巡守歲二月東巡守至於岱宗夏后氏因之周制十二年一巡守歲二月東巡守至岱宗覲諸侯於明堂自是而漢之光武孝章孝安魏之明帝隋之文帝唐之高宗亦莫不因焉望祭則王制歲二月東巡守祡望祀山川周禮小宗伯四望五嶽魯世家周公封魯伯禽爲魯侯遂得主泰山之祀自是魯僖公宣公之猶三望漢宣帝之歲五祀章帝之幸祀泰山魏文帝晉成帝後魏景穆帝唐高祖太宗德宗宋祖金元亦皆有望封禪則無懷

氏封泰山禪云云伏羲神農並因之黃帝禪亭亭顓頊帝嚳帝堯帝舜復禪云云禹禪會稽湯復禪云云其所封皆於泰山焉周成王封泰山禪社首秦始皇封泰山禪梁父漢武帝封泰山禪肅然光武封泰山禪梁父唐高宗元宗宋眞宗皆封泰山禪社首若乃登覽則孔子遊泰山嘆苛政猛於虎顔淵從孔子辨繫練於吳門曾參歌梁山以力耕孟軻感覆雲以彰瑞伯牙善音於霖雨之操延陵合禮於嬴博之封孫明復嘆春秋之微石守道篤侍師之敬胡瑗寘書而投澗許衡寓魯以名齋雲遊則安期生授少君神樓之劑稷邱君識漢武升高之危巨和著安道之名純

陽呂憩洞之跡張仙繫林檎以示異長春演眞教以稱仙張志純悟道於天倪徐世隆辨才於三子王從之化跏趺而仙巖蛻故成興公通元祕而泰頂完眞讚述則刻石銘篆諸李斯封禪書遺諸相如磨崖碑勒於唐元宗險字碑書於宋眞宗張說頌舞鶴之臺晁迥銘天齊之號王欽若有社首頌陳堯叟有朝覲文王旦頌於封祀壇楊億序於天貺殿洪邁記于泰山楊柏仁紀夫岱廟宇文子有宣和之製杜翺有延禧之述徐炎記萃美之亭党懷英譔谷山之刻題詠則仲尼邱陵之歌張衡四思之什曹植有飛龍之篇陸機有泰山之咏謝靈運李白之吟泰山張養浩李

簡之咏登岱王奕王惲有漢柏之句范致沖王旭有竹林之作杜甫之望嶽盧照鄰之登封劉禹錫遺詩錬師蕭楚材賡和展禮丁春澤爲日觀賦杜仁傑爲天門銘王欽若紀登泰山李義府遙敘封禪梅聖俞之登岱嶽蘇軾之游靈巖洞賓揮句於金母池張志純覽勝於桃花峪凡夫省方而答貺覽勝以窮奇宣幽而發祕者亦萃於是焉是皆不可以無紀者內史氏綱曰余讀魯頌泰山巖巖魯邦所詹及孟子云孔子登泰山而小天下未嘗不嘆其形之勝也至讀舜典封山之文戴記升中之語則又未嘗不嘆此之足以爲民病也追讀文中子有曰舜一歲巡五嶽國不

費而民不勞者兵衛少而徵求寡也後世少兵衛則不足以防窺伺之奸寡徵求則不足以備羈靮之用然後知封告之非能以病民而時有不可舉之適足以爲民病也國朝名山大川但因本稱而未有封號歲時遣祭不廢卒未嘗舉封狩之典說者以爲度越千古其在兹也豈不信哉豈不信哉矧其制作之盛如聖祖泰山高之賦列聖遣祭之文昭回天地而文臣賢士羽客騷人若薛瑄王守仁李夢陽李東陽輩品題不輟又有以備一代之文章固有不待封而祟者矣登覽者豈獨以其形之勝已哉是用記之以告來者萬歷九年癸酉歲春王月之吉。右記眞書勒

張天祚詩刻碑陰

望吳峯勒孔子崖漢官儀云吳觀者望見會稽韓詩外傳孔子與顏子望吳門顏子以爲白練孔子曰馬也相傳登此峯因以名崖攷春秋傳魯東門曰雩門雩吳音近或者其魯東門與然論衡日知錄則已辨之詳矣泰山小史云孔子崖廟在岳頂玉皇廟西下半里孔子小天下處或此地也有朱晦翁石跡明建過化亭圮嘉靖間朱尚書衡創議建孔子廟萬歷閒郝推官大猷修正殿三楹繚垣南爲門譚侍御耀毛侍御在查運使志隆奉至聖銅像及四配像如學宮制增修兩廡置廟祝焉後知州秦懋約以非禮撤去康熙十五年吳雲楊霖重建礱石爲像乾隆三十五年改建舊基之南皇上額曰因高喻大前有坊李樹德題望吳聖蹟泰山志云越觀峯下爲孔子崖王士性云越觀以望吳門匹練然則吳也越也皆可攬之兹峯耶廟西崇岡兀兀可凭傳爲呂純陽仙之所登也曰登仙臺稍東南爲闞仙巖

國朝重建岳頂聖廟碑文曰岱宗聖廟厥蹟最古見於岱史及碑碣可攷者在日觀越觀諸峯間屢遷旋圮神罔攸憩楊公玉峯近自轉運遷秩駐節泰安禮岱訪聖蹟而慨之尋入京其同里吳君舫翁時爲公之長子師謀復聖廟馳書於公公曰予志也遂專力成之余同舫翁及公子登

岳相地卜基於德星之巖與岳廟鄰定基三楹刻期完工聿觀厥成焉竊惟岱宗禋祀奔走天下盛矣然士大夫修遊觀之樂愚夫亦且竭終歲之奉期得歆格天若將有所饗答於厥躬今於風奔雲馳之餘忽覩所謂聖人者曰是綱常之宗名教之準也君臣父子夫婦朋友兄弟之倫不外知能行習惡逆之故捷於影響庶幾憬然有所感發而返求於乃心是亦振蒙覺感之功有大助於人心者也豈但補岱祀之典哉小子忝末裔竊微祿於兹土快覩公之能振於吾道也於是乎記。右孔貞瑄撰今佚

孔子崖題勒文曰泰山喬嶽 吳謙　嵩河一覽華嶽遙瞻 劉若水

過化亭 因杜俱眞書

明杜文同登仙臺危磴上緣雲漢高臺迴絕塵囂夜半月明青嶂疑聞笙鶴山椒

國朝趙國麟岱頂孔子廟落成志喜兼呈州司馬石門張公岱宗鎮青方長男出乎帝胡爲崇陰祀楮幣走海內或云軒轅女荒誕誤後世詎知岳降靈實爲聖賢地巖巖魯邦瞻尼父獨登莅夐絕天下小練馬顏淵侍千秋欽過化人與兹山配有識謀禋亭孔吳稱同志石像創舫翁本朝岱頂建殿始於豫章吳舫翁闕里孔璧六兩先生懇懇不朽計憶余少年時匍匐拜階砌殿廡尚肅整門扉嚴啟閉頹圮二十春風雨不能蔽

觸目傷心神太息繼流涕檇李來張公吾道重有係經營聖人居下土勞瘏痳一年新泮宮三載復廟制隆棟聳層霄丹碧映蒼翠拾級儼升天登堂立雲際廟貌雖已新禋奠禮未備大聖坐廡下四配紛委棄瞻拜喜復悲對之不忍視更恐剛風烈摧毀亦甚易再拜禱太山盛事願有繼石固不得崩木堅不得脆人存道自興繩繩千萬歲

〔漢〕王充論衡書虛篇傳書或言顏淵與孔子俱上魯太山孔子東南望吳閶門外有繫白馬引顏淵指以示之曰若見吳閶門乎顏淵曰見之孔子曰門外何有曰有如繫練之狀孔子撫其目而正之因與俱下下而顏淵髮白齒落遂

以病死蓋以精神不能若孔子彊力自極精華竭盡故早夭死世俗聞之皆以爲然如實論之殆虛言也案論語之文不見此言攷六經之傳亦無此語夫顏淵能見千里之外與聖人同孔子諸子何諱不言蓋人目之所見不過十里過此不見非所明察遠也傳曰太山之高巍然去之百里不見蜾螺遠也案魯去吳千有餘里使離朱望之終不能見況使顏淵何能審之如果庶幾者明目異於人則世宜稱亞聖不宜言離朱人目之視也物大者易察小者難審使顏淵處閶門之外望太山之形終不能見況從太山之上察白馬之色色不能見明矣非顏淵不能見孔子亦不能見也何以驗之耳目之用均也目不能百里則耳亦不能聞也陸賈曰離婁之明不能察帷薄之內師曠之聰不能聞百里之外閶門之與太山非直帷薄之內百里之外也秦武王與孟說舉鼎不任絕脈而死舉鼎用力力由筋脈筋脈不堪絕傷而死道理宜也今顏淵用目望遠目睛不任宜盲眇髮白齒落非其致也髮白齒落用精於學勤力不休氣力竭盡故至於死伯奇放流首髮早白詩云惟憂用老伯奇用憂而顏淵用睛暫望倉卒安能致此

〔明〕查志隆岱頂修建孔廟議竊以聖之有孔子猶山之有泰岳也豈惟誕育降自岳神迺其里居尤爲密邇想轍環

之日師弟子相從登高覽勝者屢矣故孟子則云孔子登太山而小天下禮記檀弓則云孔子過太山側聞婦人之哭而嘆苛政猛於虎列子則云孔子遊於太山問榮啟期之三樂而善其能自寬韓詩外傳則云顏子從孔子上太山望吳閶門之繫白馬而顏子對以有如繫練孝實錄則云曾子耕太山下思其父母而作梁山歌凡此故實鑿鑿可據若孟子生時則其母夢神人乘雲自太山來覆於其居而宋儒稱之曰泰山巖巖氣象其言豈無稽哉由斯以觀則太山勝蹟孔子稱首而顏曾孟三賢皆踵其芳躅者也夫何時世變遷蹤跡泯滅惟孔子崖銅像僅存殘毁者

半而顏曾孟杳然無可攷見夫老佛之宫廣袤山谷燦爛丹青固無庸論卽宋儒孫明復石守道兩先生猶然俎豆泰岳之麓而聖如孔子賢如顏如曾如孟生平固其涉歷之地沒後獨無棲神之所臨風弔古寧不慼悽案岳頂玉帝觀之西有空殿三間葢先任濟南府推官郝大猷創議營構原爲崇奉孔子繼以遷任未竟始謀當因其舊貫加以繕修於殿內設孔子神座神主正中南向而東西配以顏曾孟併入子思各神座神主東西相向一如學宫之制春秋丁祭每歲管香稅官備辦祭品照州縣釋菜果肴各神座前一桌其特牲則總供猪一口羊一口本宫如期致

奠仍於殿旁構道房三間責令本山道士二名常住看守報名在官以便稽查及孔子崖銅像亭宇一併修整仍於舊址供奉則聖賢遺跡足慰萬世之瞻仰矣以此紀載闕編不亦輝奕也哉

〔國朝〕顧炎武譎觚來札孔子雖聖亦人耳何能泰巔一千八百里外觀吳門之馬足下未深思故有此疑曲阜城有吳門直吳如蘇州北門曰齊門之類是也鄙著無此一事今之曲阜並無吳門古之魯城亦不載有此李君何以知之且此事本出王充論衡云書或言顏淵與孔子俱上魯泰山孔子東南望吳閶門外有繫白馬引顏淵指以示之曰若見吳閶門乎顏曰見之孔子曰門外何有曰有如繫練之狀孔子撫其目而正之因與俱下下而顏淵髮白齒落遂以病死今詳其文於泰山則系以魯於閶門則系以吳古人之文不苟如此安得謂是魯城之門又云人目見不過十里魯去吳千有餘里使離朱望之終不能見況使顏淵何能審之此又論衡之言而非僕之言也

〔明〕毛在岳頂至聖廟春秋上丁祝文維聖天縱惟岳降神大哉孔子優聖絕倫乾坤化育帝王經綸岱宗仰止振衣登臨一時過化萬載洪鈞肅瞻廟貌吾道常新涓茲春秋仲敬薦明禋

振衣岡故鬭仙巖也多宋元題名明人大書振衣岡三字鐫蝕過半吁林焯之毀唐頌翟濤之毀宋碑明人好夸大務名求葢古人大率類此巖上有魯班洞稍北有北斗壇萬歷時築其下門四達上平臺設文石二云輔弼星葢取泰山北斗之義又東危石高聳蒼然若鼎彝上勒天柱峯亦明人名之語辨玉皇頂東北崖石罅涓滴如貫珠曰珍珠泉一晝夜可得斛所味殊淡永又西南爲鳳皇山有長離拂羽之狀舊有蓬元坊名山洞天福地記第二洞東嶽泰山周迴一千里名蓬元太空洞天故明人題此坊今圮南爲象山亦以狀名其陽有白雲洞鳳皇山迆東爲圍屏峯

宋馬熙題名文曰新兗守尚書外郎馬熙自仙源來謁帝祠是日登嶽遍遊東西絶頂新宿州掌嶽掾林會從大宋熙寧八年二月二十四日○右眞書勒天柱峯石上高廣二尺許分七行字徑二寸左讀

劉袞題名文曰兗海守劉袞奉詔祈雪次謁玉女祠率巡山劉孟邑令林會登二絶頂臨四觀遍覽勝槩元祐丁卯孟春三日○右眞書勒崖縱廣二尺橫廣三尺凡八行字徑三寸與馬熙題名同一石案宋史哲宗元祐元年十二月戊申詔以冬溫無雪決繫囚是以二年正月三日有兗守祈雪太山之詔也林會前爲掌嶽掾越十二年乃爲邑令殆即奉符縣令也

上官均題名文曰京兆上官均以使事抵奉高同靖恭楊昇遊岳頂觀日出覽歷代遺蹟紹聖二年十月七日○右眞書勒鬬仙巖凡五行字徑寸五分宋史上官均邵武人紹聖初拜右正言以章惇怒遷工部員外尋提點京東淮東刑獄此云使事當是提點刑獄唯云京兆與史不合

趙令緋題名文曰開封趙令緋紹聖改元濟南從事罷官敬謁帝祠時窮冬不能遊岱宗快悵而去明年爲東魯別駕復得以職事思造祠下遂登絶頂東望日出遍觀古跡巡山張佖邑尉劉迹同行紹聖三年四月朔○右眞書勒鬬仙巖凡十行字徑寸五分

張佖等題名文曰開封張佖宛陵梅昌術同登太平頂介卞老虞侍丙子四月十七日○右眞書勒鬬仙巖上五行左讀字徑二寸丙子卽紹聖三年也

元商挺題名文曰歲在己酉三月二十八日與上谷劉詡原武精口煒同登曹南商挺題并書○右眞書勒鬬仙巖側

巖贊禮嶽祠記○右刻己酉七月杜仁傑撰文商挺眞書在鬬仙巖爲振衣岡三大字所掩

劉詢等題名二則文曰長樂劉詢鄱陽程振程邁同登太

平頂觀日出時元口壬辰四月左讀　歲己酉十一月初五日泰安州刺史張郁建立大行臺嚴公磨崖二碑摸勒鄉貢進士王天定吏目梁弼徐昇王坦石匠高政男高源楚太周仙王成監修司候判官范元謹題○右二則並眞書勒鬬仙巖側前則五行在上段後則八行在下段前則時元口壬辰四月七字旁注觀日出之下攷歲己酉爲蒙古定宗之四年壬辰當在其前爲金哀宗天興元年元下或是年字或元字似天字未可臆決姑並列於元初

圍屛峯志稱懸石峯舊有老君堂圮東偏爲虎頭崖巨后狀臥虎也南迤東爲避風崖石丆深覩向陽宋人題刻殆遍東

北有萬壽殿阯亦曰御香亭萬歷四十二年建祀九蓮菩薩造大銅鐘上有御製鐘讚崇禎十四年增祀智上菩薩殿圮移像青帝宫置鐘後石屋矣蓋兩朝太后祔廟時先後以菩薩建祀岱巔竝祀山麓天書觀語詳分覽四中

〔宋〕晁補之等題名文曰補之及之貫道自絶頂迴歇此巖下○右眞書勒避風崖東補之卽晁无咎也

張進等題名六則文曰饒陽鎮田完仝史賽李千遊岱頂庚子三月六日記張進口　磁州左口揚式王立楊玟曹渙宣和次歲三月口日遊此　保順軍安立同妻牟氏幷男口奴外生魏琦宣和次歲三月六日登頂遊此記　千

乘縣十河店陳文鉅宣和二年遊頂記　沂州沂水縣張買奴遊頂宣和二年三月十日記嚴青口　鉅野薄文叔劉子口張恭文遊頂迴宣和庚子三月十五日○右六則竝眞書勒避風崖西爲天街廬市所掩宣和二年歲在庚子張進題名雖未書宣和玩其詞筆自是同時所勒

〔明〕金紹裕詩刻文曰丹崖翠壁接晴空萬里湖山入望中回首扶桑天咫尺滿身香霧立空濛○右行書勒避風崖上

〔案〕上題勒文曰日近雲低崔應騏眞書

白雲洞在象山南崖又爲鎖雲崖又曰雲窩漢書武帝封禪祠其夜若有光晝有白雲起封中洞在封禪臺南下雲從洞出郁紛上騰望之自封中起也明王衡記云洞巉巖多竅雲出如線蓊匌滿山四馳而縷結爲一卽爲雨媒泰山小史云由蓬元坊南行數武石磴陡絶近百級洞勢深窈人不能到居民占雲以卜晴雨洞頂東北夷曠明巡撫李戴建白雲軒上有坊亦顏白雲今竝圮

皇上御製白雲洞詩勒壁洞南深谷陡削或稱百丈崖水西南流入石壁峪折而東爲砧子石迤西爲南天門

〔明〕白雲軒碑文曰今歲夏余祗奉上命塡撫東土時苦旱魃爲災未及受代輒禱於泰山之神爲元元乞一旦之命

竊私念公羊傳所稱不崇朝而雨天下者泰山之雲也今安得爲雲爲雨卽符所禱哉已而見白雲裊裊布濩山谷自白雲洞中出也因往躡之則在鳳凰山之陽石磴陡絶而下洞高丈許廣亦稱是中有石竅廣二尺深僅尺許而洞之下陡峻深谷不可測所謂百丈崖者是也洞中石竅四時水常溢注其來無形不知所自夏月愈盛沛然旁達故相傳爲龍洞甘霖又曰雲根雨脈云余於此益信雨天下之言不誣也圖所以標其勝宜無如斯言者一日以語鹽臺譚惺堂侍御則手筆雨天下三字勒石洞門余檄有司樹之坊坊稍北構亭一楹亭稍北構軒三楹而軒之宅

勝最奇背負石壁如屛左右如翼獨開一面甚闊曠憑檻俯視大小龍峪如蒼龍噴水而山麓行人摩肩接踵雜遝如蟻近眺則徂來當其左傲來當其右遠眺則云云亭亭尼邱梁父環列星羅畢獻奇偉噫斯天下之大觀陟斯洞憩斯軒者寧無霖雨天下之思乎哉奚但選勝擘秀云爾有司謁余記之是舉也前案臺韓西元侍御與其議今案臺毛文源侍御會其成其餘有司執事勒之碑陰。右記萬歷十四年巡撫李戴撰並書今與軒俱佚

張壽朋題識文曰臥雲萬歷戊子臘南昌張壽朋書於白雲洞之石梁。右臥雲二大字並後小字皆八分書勒洞

内

三峯題識文曰姬周墨客羽化三峯同公題三峯舊主述。右行書勒洞外左壁泰山金石攷云三峯卽遼東張君實號三丰者未知是否刻無年代語亦俶詭姑錄於此

崖上題勒文曰五嶽獨宗 張元濟　雨天下 譚耀　山河一覽 失名俱眞書

洞内題勒文曰白雲深處　鎖雲 俱眞書失名

唐高宇白雲起封中賦 以皇漢施德告成爲韻 客有遭逢漢昌從武帝而登岱覩白雲之効祥曰此葢非常不飄不揚初起封中方都都以呈象稍浮山上乍英英而有光原初出之義也告成我皇我皇德以靜人威以平難廓淸諸夏光啟大漢俗旣和兮攷時巡禮旣備兮登日觀惟天輔聖無雨則其明徵惟岳通元出雲所以幽贊不然者山有四岳胡獨興於此地有四極胡不普而施觀耀質以流彩若無心而有知無心者何隨車而動息有知者何表聖之功德帝穆淸以修祠雲故淸其容帝貞白以爲心雲故白其色豈徒然也君爲萬國所仰岳乃衆雲所屆其垂思儲精登封俯拜亦庶乎明神斯答景福攸介故夫是雲也乘元氣而出冠靈壇而浮不漠漠以四散直亭亭於上頭祥光內朗瑞色旁流旣表慶於茲日復增華於介丘此可以見其無

疆之休者也且夫刻石者所以紀號泥金者所以昭告必元德之已升乃茲山之可造若齊桓僭侈秦帝驕暴縱傾國以修封豈嘉祥之云報美矣哉晝日斯淸瑞雲孔明絪縕蕭索下應一人之感髣髴影響旁聞萬歲之聲彼入房彰於殷帝浮河表於周成豈可與茲而名哉

唐呂溫白雲起封中 封開白雲起漢帝坐齋宮望在泥金上疑生祕玉中攢柯初繚繞布葉漸蒙籠日觀祥光合天門瑞氣通無心還出岫有勢欲淩風倘遺成膏澤從茲遍太空

李正辭白雲起封中 千年泰山頂雲起漢皇封不作奇峯

狀寧分觸石容爲霖雖易得表聖自難逢冉冉排空上依
依蠱影重素光非曳練靈貺是從龍豈學無心出東西任
所從
國朝趙國麟白雲洞出洞本無心入洞亦無意洞中貯白
雲崇朝滿天地不過膚寸耳寧知莫思議雨徧天下歸白
雲仍此寄
南天門卽三天門距絕頂五里登頂者必由焉漢官儀記云
早食上晡後到天門郭使者得銅物狀如鐘方柄有孔疑封
禪具卽此地聞見錄云經天門十八盤峯尤聳北眺青齊諸
山可指數信天下偉觀也泰山小史云三天門在十八盤上

高插霄漢兩山對峙萬仞中鳥道百折危級千盤松聲雲氣
迷離耳目衣袂之間俯視下界則山伏若龜河環如蚓天空
地闊無可名狀泰山圖志云磴道盤空一關獨啟而朝天有
路矣上有閣曰摩空門內舊祀三靈侯通志云宋眞宗見三
神人於天門因加封建祀後改置鳳皇山今圮移鳳皇山之
關帝廟於此
皇上額曰乾坤正氣廟東北舊有石坊題升中圮東爲天街
廬而市者餘三十家東接避風崖道里記謂卽應劭所云東
上一里得木甲地也木甲漢武時神迣北爲
御題雲巢行宮乾隆十三年建今改建山麓白鶴泉故址爲

唐蘇源明讀書處杜甫詩武功少也孤徒步客徐兗讀書東
嶽中十載攷墳典舊有五賢堂祀孟楷揚王韓五子又有眉
吾軒石林館皆灌漠無攷矣西爲萬福泉石穴中甘泉如瀵
萬歷時建萬壽宮泉從石罅湧出中官汲以羞上賜是名遊
人多掬以滌目稍北爲避人厂幽僻可棲其西爲西神霄山
元天門銘文曰泰山天門無室宇尙矣布山張鍊師爲之
經構界歲乃成可謂破天荒者也齊人杜仁傑於是乎銘
之・元氣裂兩儀具五嶽峙眞形露惟岱宗儼箕踞仰彌
高屹天柱浩千劫窒來去誰爲鑿起天慮匪斤斧及祝詛
一竅開達底處十八盤盤千步躋初吐抱闉樹日車仄慘

曦馭六龍頹莽迴顧踖此往嘉無數無懷下兵刑措七十
君接鑾輅聖道息彝倫斁揖讓歇篡奪屢忽焉闢梗無路
象緯森敕呵護朝百靈由茲戶金璀璨朱閎布九虎蹲萬
夫怖我欲叩閽者怒闞何時坦如故對旻旒獲控愬豁蒙
蔽泄塵霧刮政疵剔民蠹上得情下安作額血殫帝聰悟
崖不靡蒼壁豎刻我銘期孔固垂萬世正王度・東平路
總管嚴忠範書中統五年正月望日泰安州刺史張汝霖
勒石淵靜大師岱嶽觀主劉德源昭眞觀主翟慶眞同立
高又元刊・東萊藍田至○右本泰山金石攷云三天門
外西側東向有自然碑高六尺三寸闊四尺八寸厚七寸

堅潤色淡赭形制天然不加磨礱勒天門銘字十八行行二十一字字徑二寸銘辭古雅楷法端嚴一佳刻也東萊下五字篆於右方之上今即其地築臺而是碑遂損且壅矣幸存有拓本可證

〔明〕陳沂〔南天門〕望入天門十二重敻然飛舞半虛空千尋不假鉤梯上一竅惟容箭筈通風氣蕩摩鵬翮外日光搖漾海波中欲求閶闔無人問但擬彤雲是帝宮

李學道〔登天門〕石磴層層破紫氛半空飛翠洒衣裙煙迷下界羣仙渺虹跨寒霄兩壁分無數琳宮依絕巘有時元鶴傍輕雲蓬萊高處風微動隱隱鐘聲天外聞

〔袁宗泗〕〔三天門〕攀蘿經御帳駐馬憩秦松直劈峯雙立斜盤級萬重山腰驚雨過峪口亂雲從自此天閽叩方知第一峯

〔蕭協中〕〔萬福泉〕新祠開萬壽地脈細流通斟酌饒璚液芬馨福閟宮竈觚烹石白花逕劚泉紅蠲疾非關橘傳香或隱龍鄉罌勞驛置調鼎契宸衷賜額來雲外祥光徹澗中涓涓邀錫祉瀲瀲兆年豐澌咽僊韶竝甘醇沆瀣同玉盤澄霽月溪縠皺輕風元貺酬難竭重湫濬不窮琳腴山獻瑞石罅鬼輸工倚杖流連久壓緣一洗空　〔三天門〕十八盤中仰碧嶤隱通金闕峙元霄雲橫鳥道松聲沸日轉天門殿影搖斷鐵千尋遊屐滑捫天尺五俗氛消大觀世界渾無極衣惹香飄風送遙

〔國朝〕戚城〔南天門〕山勢兩崖立天門一線通手攀危磴上人在亂雲中杳藹空諸界艱危攝寸衷平生搔首意今日叩高穹

西神霄山雙巒峭拔或謂之兩峯巖與東神霄山相望峽口有臥馬峯狀以石峽水南流至對松山東注龍峪方輿紀要云下有西溪神廟今圮頂之在西南隅者較東南尤縈青繚白外與天際由是而西以北差避隱詘奧鬱矣

頂迤西爲周觀峯太山記所謂望見齊者也又西爲石馬山

在避人厂西北遊岱陰黃華洞道也明呂坤題其巖曰迴車云自丈人峯東趾下陂陵五六里猶可車至亂石溝獨足盤則懸崖巉嵯大石崚嶒足令王陽動色又西爲西天門

西天門石自門焉兩壁如削象魏天成廣容乘車二个高四廣一上橫石如楣而北斷明林古度勒曰西闕其下爲上桃峪西北麓桃花峪源也中一石卓立爲君子峯其南爲月觀

〔明〕鍾惺〔題識〕文曰立石如扉下視槎枒忽憶白帝城望江中滟澦石時也鍾惺○右眞書勒西天門右南向

月觀峯西天門之南南天門之西也泰山小史云與日觀對峙而危聳更甚以月朏庚方故名訛曰越觀因秦觀吳觀而

稱之西偏怪石硆磍道里記謂卽泰山記所云山頂西巖爲仙人石閭也未知是否月覇於是乎載營意者其月嵋歟

〔明〕鍾惺等題識文曰楚鍾惺歙吳惟明𨈆孫勗念閩林古度萬歷丙辰十月五日至西天門煙定風歸目恬新霽古度復題西闕二字。右眞書勒峯西北近西天門

頂西稍北爲丈人峯峭石勒峯名色如涷梨狀如台背酉陽雜俎云元宗封禪泰山張說爲封禪使女壻鄭鎰本九品官封禪後因說就遷五品兼賜緋服元宗見鎰官位騰耀怪而問之黃旛綽曰此泰山之力也俗稱外舅曰泰山曰丈人本諸此元黃氏筆記云俗呼婦翁曰泰山說者以爲泰山有丈

人峯然古者通謂尊長曰丈人非特婦翁也或又引張說東封事其說尤鑿案漢郊祀志大山川有嶽山小山川有嶽壻山嶽而有壻則嶽可謂之婦翁矣世俗稱謂當以是或又因東嶽有丈人峯而專指泰山耳蒙案丈人峯在頂畔諸峯中爲最高下視層嶺壘嶂皆如兒孫羅列諸峯雲起上騰抑於剛風垂而廣被彌綸所極羣峭盡失都成巨海丈人獨出雲表此峯之所以尊也上勒

皇上御製詩下有碾陀泉天將雨泉乃沸峯北迆東爲北天門

〔峯壁題勒〕文曰東柱 中天獨立 凌霄峻極 天下第

一山並眞書失名

〔明〕劉應時〔丈人峯〕丈人石上望羣山吳越周秦指顧閒過去青牛追不極飛來白鶴杳難攀東皇細削芙蓉闕玉女深居虎豹關咫尺蓬萊天路隔尋仙不遇只空還

〔杜文同〕丈人峯遠勢巑岏几案諸峯羅列兒孫丈人挺挺獨立欲排閶闔天門

〔蕭協中〕丈人峯試問此丈人岱宗何所起脈出崑崙巓泉通滄海底造化毓陰陽死生在蒿里玉檢總難憑金書未足侈虞封猶可馨秦禪能無滓國步有天司功德非山紀豈其七十君可已而不已願破千古疑爾我證元始

北天門迴車巖北舊有石坊額元武門設香稅分理官稅由陰道登謁者今並廢北天門南天門倚坤乾之位非坎離分戶蓋山勢西馳也

其在頂東北者惟鶴山距頂七里高差亞頂松數崖畔胎禽巢焉有蹬然足音斯驚翼摩空高嘄雲表矣自絶頂以西而北山勢懸斷峯巒頽疎若更噞於前茅則後勁之奇也要其拔地倚天大都皆出絶頂下矣

〔明〕蕭協中〔鶴山〕疎泉白石樹濤幽來往靈禽最上頭聲徹嶽雲宵警露飛淩海月羽橫秋王喬一去仙蹤遠華表重歸世路悠爭似此山棲啄穩夢魂何必遶丹邱

論曰太平御覽引漢官儀及太山記云泰山盤道屈曲而上凡五十餘盤經小天門大天門仰視天門如從穴中視天窗矣自下至古封禪處凡四十里山頂西巖爲仙人石閭東巖名日觀者雞一鳴見日出又東南名秦觀秦觀者望見長安吳觀者望見會稽周觀者望見齊黃河去泰山二百餘里於祠所瞻黃河如帶若在山南亦足以狀茲山之峻且遠矣少陵詩云齊魯青未了又曰一覽衆山小非置身嶕嶢之上烏足以知之

明陳璉登泰山賦

巍乎高哉岱宗之爲山也嶔岑磅礴峻極高崇爲齊魯之巨鎮奠后土之龐鴻蓄扶輿清淑之氣至此凝而不散乾坤闔闢之機由此蘊而無窮此其紀名載籍爲羣山之宗者乎宜乎廣也無朋高也無匹東蒙遜其森秀徂來讓其紆鬱夾以梁父輔以長白巍巍之高四萬餘尺齊州九點視猶螘垤陰陽轇轕日月出沒煙霞嵐靄吞吐鬱勃神奇靈異變化莫測揆耳目之聽觀曾不究其萬一所以表七十二君封禪之壇爲三千餘里鬼神之宅也時余典司桂籍旋旆瑤京行尋洙泗思訪祖庭招白雲而徑進乘飈輪而迅征既載臨於社首遂弭節乎巖扃於焉披榛莽陟崢嶸雖一目於垂堂償夙願於平生信飛步之自然履嶮巇而如平喜上躋於天門紛鸞鶴之來迎遂登絕頂以縱大觀東臨日觀之峯西眺月華之巒肅瞻岱宗之主行尋封禪之壇玉牒何在金泥已乾望仙山兮延佇撫秦松兮盤桓振塵衣兮巖際舒長嘯兮雲端維時季秋金氣始肅天風號寒響振林木倏陽光之熹微漸華星之熻煜嬉遊已契乎夙心棲息喜安乎幽獨爰假榻於洞房喜清夢之方熟儼羣真之下臨來麾幢之聯屬驂以青鸞導以白鹿招我乎瓊臺宴我乎瑤屋擘麟脯以薦霞觴歌洞章而鳴絲竹從而遺以元圃之芝贈以崑崙之玉語以象外之言授以長生之籙嘉會未終歸興何速倏焉壁月西流天雞咿喔琪林飛鳥玉闕控鶴悵仙馭之迢迢

夢蘧蘧而如覺是知仙可遇而不可求道可悟而不可學孰能違正理越天常而超冥漠也邪爰念岱宗鍾靈厚地望祭之名始於虞氏歷代因之禮有常祀夫何封禪之名盛於秦漢諸帝燦珪璧之有光紛壇墠之有制玉檢金書期存永世豈知時有盛衰運有隆替覩遺迹之荒涼悼流光之易逝壇壝荒兮綠草積碑碣老兮紫苔翳因登山兮弔古增余心兮歔欷

宋査道登岱

淩空疊嶂絕凡埃青帝高居絳節開捧出海天紅日近逼將蓬島碧霞來石閭閃爍迎陽洞玉闕光華封禪臺一自祥符禋祀後太平頂上最崔巍

〔元〕張養浩〔登泰山〕風雲一舉到天關快意平生有此觀萬古齊州煙九點五更滄海日三竿向來井處方知隘今後巢居亦覺寬笑拍洪厓咏新作滿空笙鶴下高寒

〔郝經〕乙卯秋月十九日登太平頂窮秋老雨四十日坤軸欲斕陰霾纏我來方作泰山遊玉虹一夜收雲煙山靈奕奕生喜色突兀擘裂青羅天輕裾飄飄過黃峴乘輿直到三峯前霜餘灌木出秋色萬疊紅錦幪椒巔泓澄寒酒浸太古翠壁紅瀉珠璣圓當時秦漢極侈麗未必如此皆天然天門中斷兩屹立箭筈一磴蛇蜿蜒凌層絕頂肆崇峻佇立矯首望八埏長天沈沈入西極九州卻在東海邊衝

風慘淡萬里來海窟勁刮鯤鯨涎須臾白雲生嶽麓腳底泱漭無山川秦壇周觀覺浮動滿地覆冒兜羅緜忽疑山移入海中白浪四洶虛濤掀山陰瑰詭光怪出赤氣翠暈相鉤連下從谷底上碧落寶塔萬級高蟠旋遂登日觀叱日馭六龍倒著珊瑚鞭玉鱗剝落金甲坼九芒迸綺生血鮮三山搖落海水沸蓬壺縹緲來飛仙爲言此色與此界君自固有非塵緣恍然記悟復無語把手一笑三千年

〔明〕曹大同〔登岱嶽〕磴盤空高造天翻從下界見雲煙登封漢蹕餘風景表記秦碑空歲年絳節香飄龍虎馭元壇寒切斗牛躔微茫八表浮元氣較似身遊太古前

〔謝肇淛〕〔登岱四首〕獨立蒼茫黯自愁天邊落木正逢秋片雲長自依孤闕一氣誰能辨九州馬向吳門搖匹練蜃從滄海起層樓山河指點東南盡咫尺應同萬里遊

中天飛閣俯崔嵬吳越諸峯面面開錯落山形皆北拱微茫海氣自東來秦皇驅石原無字漢代祈靈漫有臺七十二君多勝事只今泉石照蒼苔

紺殿朱宮敞碧霞樓臺縹緲玉真家鸞驂夜繞三珠樹羽葢朝迎七寶車天外金門馴虎豹雲中絳節動龍蛇朝元歸去瑤池冷落盡氷桃萬樹花

半空星斗落前楹月色霜華千里平四壁煙嵐寒枕簟幾家燈火隱山城封中白見秋雲起海底紅看夜日生

自分身如王子晉平峯頂上坐吹笙

〔王在晉〕〔登岱二首〕上帝高居接大羅百靈呵護日鳴珂璚文賸有秦人筆古柏猶存漢武柯一自神峯連海嶠卻疑支石瀉銀河相從欲挂盧敖杖丹竈雲煙冷碧阿

攀蘿絕磴望三齊洞口雲深去路迷海角日痕千尺線天門曉刻一聲雞露盤仙掌鶱銅柱月窟靈根駕彩霓五色文成聊展翰峯頭的爍照青藜

〔牛沖紫〕〔登岱〕老年最愛丈人峯倔强來登不拄笻將陟三千餘仞上偏探七十二家封瀑飛絕巘無非練松拂層雲宛似龍四顧河山天浩渺擁青疊翠識朝宗

鍾惺登岱頂朝登泰嶽望蓬萊晚帶斜陽興未回一路草香都是藥千林樹老盡生苔浮雲似水流將去怪石如人立起來不是此生君國有探奇直上捨身臺

王元坤嶽頂紀游雨歇丹梯轉翠微殘虹明滅亂泉飛池邊玉女驂鸞過橋畔仙人駕鶴歸上界靈光搖絕壁中原秋色澹斜暉吳門練影憑誰見滿路天香拂客衣

國朝施閏章岱巔夜雨寒星看掌上暮雨忽尊前積氣無巖壑秋聲劃海天萬松飛瀑裏三觀亂雲邊恍惚身何在眞從象緯眠

劉倓登太山絕頂青天亂插玉芙蓉何處雲迷舊漢封石磴入來遥似鳥丹崖松老總如龍還隨潦倒平生意復上東南若個峯萬里茫茫周一氣吳門欲辨更無從

孫廷銓登岱騐宕天門立岱宗碧霄秋淨洗芙蓉石壇金節虛難問雷壑霜鐘晚欲從到海山情終讓嶽起封雲氣自飛龍夕陽礀戶清陰滿誰辨秦官舊五松

張元登泰山岱嶽之山何巑岏千峯萬峯羅當前恒華嵩霍邗足數峻嶒突兀撐空天我昔望見失登陟自時懊惱憐緣慳彈指流光二十載於今始得窮追攀仰見南天門縹緲有無閒雲遮霧擁侵空際頗疑超越惟飛仙何年造物起靈閟銅崖鐵壁勞鐫剜雷鳴山破劃崩豁纔容一線

通人寰我來躡雲磴雲磴何盤盤前行更逆折横斷復鉤連梯空架危三千丈然後飛身直上萬仞之層巔雲茫茫兮滅沒風浩浩兮高寒躊躇四顧中心茫然我聞古者登封七十有二代金泥玉檢留空山又聞少昊玉女列仙班神房阿閣鎖蒼煙願言尋之愁無緣但見重巒複嶺互鉤帶蒼然一氣爭迴旋練挂吳門白日湧海波翻鄒嶧若錐淪培塿黃河如帶蟠蜿蜒自非造化鍾神秀何由五嶽尊獨專世人見小不見大如蟻緣塊驚巖巒到來絕頂期汗漫始知浩蕩開心顏逝將結茅屋寄跡臨天關科頭蔭長松舉手挹飛泉等閒獨立雲霄外笑看日月跳雙丸

張遺登岱汶河如帶繞山根一索爲男氣自尊每以兒孫視梟繹遥傳伯仲有崑崙澄懷但覺天無際放眼時窺海一痕漢帝乾坤秦帝雨高臺突兀自黃昏

沈廷芳登泰山歌五嶽巨鎮推岱宗插天萬仞青芙蓉蕩空層雲浩如海夜半日躍扶桑紅初經迴馬嶺路轉山腹行虛空旋過水簾洞倒懸雪練噴長風石磴盤盤歷盡十八曲始覺捫參撫井呼吸上與天關通左招碧霞君右卬青帝宮羽衣金節飄飄下半空邀我遊戲秦吳兩觀東西峯其閒秦松漢柏雷雨已摧朽焉辨七十二代玉簡金泥封攫身絕頂高攀雲松摩崖剔古篆剝蝕如爛銅獨有無

字碑屹立寒雲中我欲大書補其闕恐驚山鬼驅蚪龍還
詩祖龍避雨地更訪天寶盤遊蹤祈天符命理無據矧以
縱欲希神功粵稽重華事柴望肆覲羣后昭協同周王時
邁陟喬嶽明堂敷對來球共東巡自古有典禮詎徇封山
刻石跨豪雄吾聞泰山之雲膚寸合氤氳倏歘瀰蒼穹化
爲霖雨澤萬國神靈酬秩宜三公默贊我后劝燮理永禳
旱潦銷兵戎和平作頌覲神聽多黍多稌歌年豐
〔韓錫胙〕偕周子靜函登岱之作圓穹無停輪往古去不已
誰立空濛外浩浩閱終始恭惟岱岳尊上應青帝紀高凝
河漢流深根地軸底祟龍冠八極柴類延百氏賢聖與神

仙恍惚隨所指夙昔訪石林暴雨卻遊屐遙青馬首來十
載空仰止結伴晨雞唱取道巖關啟合公餽輿夫況復壯
我趾程蘊山明府送山轎漢碣直如笏秦松枯未死天梯垂巍巍石
磴壘齒齒攀崖蠏仄行移肩龍掉尾回顧身浮空吾生寧
有幾帝闕豁閶闔絶頂耀丹紫上下俱蒼蒼焉能辨聚米
目力君如何匹練何方是鸞鶴倘可乘蓬瀛近在咫羽八
請信宿曉日蕩天水長歌歸路迷袖中白雲起
〔桑調元〕登泰山絶頂二首盤盤磴道鏇歘歘高下亭臺映
石林直上天門與天語側聞龍洞有龍吟泥金事杳籠青
氣觀日峯高照赤心忽聽傳聲動巖壑秋空長嘯快登臨

秋晴日出氣葱龍
御墨高鐫第一峯碧落天開青帝宅白茅人誤漢皇封傍
巖松憩千年鶴迎輦雲成五色龍當代
聖明超萬古虞周典禮繼前蹤
〔宋弼〕登泰山羣山盡迴伏巍然見岱宗蒼茫元氣合積厚
極高穹夙昔懷名嶽願言入仙峯靈祇扈
鑾御輦路懸長虹晨興命杖屐颯颯淩天風俯視信所慓
仰眺彌難窮齊魯昔建國茲焉亙其中陰陽分向背作鎮
豈須封巡守覲方岳明堂鄘有容至今懷古客不問秦五
松奇絶御帳崖千仞削芙蓉懸流下素練碧澗相激衝龍

蛇棲絶壁封禪何王蹤紀載七十二誕夸非所崇躋險氣
愈厲仄足行相從迴出萬松上遂與天門通徂徠已邱垤
何況繹與蒙壘壘赴滄海目力窮天東昔人一登眺六宇
成樊籠信茲非虛語萬古拓心胸夜宿星辰大宵瞰海日
紅天雞鳴喔喔夢寐方曈曨羨門將安期明發或可逢逝
乞金丹術葆此塵世躬他時重陟歷濟勝將無同質言紀
遊跡聊以明吾衷千秋李杜在稱詩誰能雄
〔嚴長明〕登岱頂酌蠡者不可以測海坐井者不可以觀天
半生學鳩鷃搶在枋榆閒一朝飛上大鵬背始信盧敖鄒
衍非狂言前身禽夏誇輕矯記向蓬元事幽討初由金闕

望吳閶繼轉瑶臺拾仙草風雨驚從足下生方州頓向眥
閒小進步力加猛四顧神飛揚淩虛但一氣正色同蒼蒼
欲知大地形何似九點煙環一杯水遥空更復舉頭看一
圓笠覆雙跳丸右傾西北左闕東南六鼇之足尚堅硬五
色之石猶徧爛因思靈門當日奏奇績原從此度輪廣規
方圓道人引我升元圃禮罷心同一銖黍前有千秋兮後
萬古往不可聞兮來不可覿中閒歲月能幾時更沒黃塵
復何補吁嗟乎人與溟涬非同科春風恨少秋霜多舉手
便是北斗柄何因作我金叵羅金叵羅酌桂酒誓與兹山
長不朽拍茅許之吟肩啟張劉之笑口歌成一曲隨東風

天上人閒兩回首

〔明〕王世貞〈登泰山記〉余自戊午己未閒有事於泰山者三
而其稍可紀者第二遊也其初遊爲正月晦自清源謁臺
返與海道宋丈大武偕夜浴於使院三鼓起啟堂之北扉
而望若曳匹練者自山阯上至絶頂又似聚螢數萬斛囊
中光熠燿不定問之乃以兹時士女禮元君燈魚貫而上
者也其頌祝亦隱隱可聽云以黎明入山卽陰晦浮雲出
沒背際十步外不辨物第覺輿人之後趾高而余前僂而
已卽絶頂亦無所覩見且寒甚宋丈迫欲返還憩鄷都宮
趣觴舉者數而後膚不粟也甚悔之至六月朔偕御史段

君案部泰安段君約以三日登而諸道從者衆度不任輿
馬余乃與參議徐君文通請以二日先段君許之至夕而
大雨其次日雨止出泰安可二里所卽入山時禾麥甫熟
黃綠閒錯如繡拂拂作餅餌香樹杪濃陰暈之意甚適而
至無掌故可詢者自是皆詰曲逶迤而上峯勢巉嶭若相
噬而旁多溪澗泉流硍磪閧作悲鳴與笳吹相應久之至
迴馬嶺乃卻肩輿改從腰箯又四里抵御帳巖一曰御仗
宋永定陵東封止仗衞處其前爲巨澗澗底白石砥平如
玉色而巖陡上廟其嶺頗寬嘉樹蔭之好鳥喈喈可愛又
行可三里抵黃峴黃峴者不知其所繇名有松五郎所謂

五大夫者也以厄於石不能茂而稍具虯虺狀當是二三
百餘年物亡何爲百丈崖崖凹深如屋旁有石洞槎口而
下黑其究叵測已度石壁峪爲十八盤應砌所謂兩從者
扶掖前人相牽後人見前人履底前人見後人頂如畫重
累者非此地也耶而今道諠飾治且有异者所謂五六步
一休蹀蹀遽頓地不避燥溼前有燥地目視而兩腳不隨
且幸免矣自是爲十八盤者三而穿中竇曰天門旣上罡
風蓬蓬然吹帽欲墮道士衣羽奉樂而迎出沒雲氣中亦
一奇觀也行可里許爲元君祠元君者不知其所由始或
曰卽華山玉女也天下之祝釐祈福者趣焉祠宇頗瑰偉

而歲所入香緡以萬計用供縣官匱頒其右爲御史所棲後一石三尺許刻李斯篆二行一石池縱廣及深俱二尺許亦曰玉女洗頭盆也自是左折而上里許曰岳帝祠陋不能勝香火其後峭壁造天左爲開元帝紀泰山銘唐隸徑可二寸而贏勢若飛動惜其下三尺許爲搨碑者冬月搆火蝕之遂不全右爲蘇頲東封頌字形頗秀媚尚可辨而損於閩人林焯忠孝廉節四大字又有顏魯公題名損於方元煥詩固不若苔土埋翳之尚可洗而有也自是益北上數百武爲絕頂曰玉皇祠祠之前有石柱方而色黃理亦細可丈許所謂秦皇無字碑也其石非山所有或曰

中有碑石冒之案李太宰裕記云石埋植土中似方非方四面廣狹不等細觀之總十二行行各十二字多不可識今殊不然然李公以爲在開元銘東十數步則非此石明矣恨曩時不於其地一訪搨使先跡泯泯也復折而東稍一百步復上百步石室冠之高如玉皇祠中有黎色石葢方丈瑩潤可鑒云漢武帝所藏金泥玉檢地也傳云白雲起封中者是已其前地稍闢卽所稱日觀秦觀越觀諸峯者葢五鼓而起觀日出則爲日觀西望而見秦則爲秦觀南望而見越則爲越觀耳其後人所指某峯某峯皆妄也時霧氣重不可久憩又亡所覩見如春時怏怏而下適徐

君至呼酒談詩甚樂三鼓而寢約以五鼓起觀日出然其寢皆以甘甚醒則高舂矣意恍恍不自得強與徐君扶杖而尋昨所遊時天初霽日益弄色其東南盡目力微白而晃漾者以爲海耶直北而西隱隱一抹蒼碧若長城之堞者則意以爲大行恒嶽之類耳至稍遠而淄澠濟泗千流纍帶近而諸山皆若培塿獨徂徠稍尊居然一衡几瞪眺久之因與徐君語傳所稱吳門白馬固未敢信卽小天下豈欺我哉俄而諸山各出白雲一縷若冢中起稍上大如席凡數百道則狂馳而遇輒合其起無盡其狂馳而遇亦如之頃刻遂徧成白玉地而仰視則空青瑩然上下異色

呼酒與徐君酌自以爲生平之創目所謂野馬絪緼信也俄而報段君至從行者參政張丈希舉副使李君萬僉事王君遴張君師价因置酒於其署移席三皇祠南柏樹下記云漢武所種千株大者十五六圍今不能十之一而小疑卽其孫枝也酒小閒散步至舍身崖其缺處可三尺而下臨杳藹數千仞張丈足縮不敢前而王君席閒慷慨談兵事乃亦縮弗前張丈顧而曰君扼腕而談兵毋敢抗者乃亦弗前耶余笑曰此自兵法諸君弗察耳夫無進生而有退生此王君所以弗前也王君亦大笑乃別段君約以次日緣尋山諸勝乃下五鼓復大雨雨連日夕不休余始

與徐君同舍而張丈王君舍圮漏乃移就余而舍中水亦將二尺因布長几置枕簟其上小吏裸而行酒炙所劇談六合內外張丈又時時以雅謔雜之凡四日雨始小息夜臥倦甚王君苦吟若寒蟬又時時提余耳告以所得句余不勝䠠強起顧視天碧淨如浣而大星百餘巨於杯歷歷簷角殆可仰而摘也質明復大雨州供業已盡乃行辭段君與諸君偕發時寒甚衣䌷素至五重不解亦有乞道士木綿裘者下天門雨止日出每十八盤竟輒去一衣至御障巖衣去且盡時巖旁飛瀑爭下凡二十餘丈濤飜雪濆若鬬龍吐蟄玉鱗四飛珠沫羣唾余興發不可遏跣立盤石流泉中呼酒數大白輒醻長歌振林樾諸君皆壯之有和者有就取飲者移時而報段君至相與之酆都宮爲小宴別其明年之四月朔以行部道出萊蕪會家大人有邊事事甫定乃乞靈於太嶽以聞登焉將五鼓杖策日觀峯頂之東方色微辨而顧余及從者衣洞赤已覩石室及諸碑碣盡赤乃見一線赤從東黯霮中起顧山之背則猶昏然雞盎三喔也又頃之日輪徐上雲君霓師金支翠旂彷彿扈從於是諸峯城郭盡現而山之觀與世同矣余三登而始畢其勝然目境耳其峯之爲回鴈爲雞籠爲蓮花爲明月爲丈人爲獨秀爲東西神霄崖之爲百丈爲馬棚爲

鵜鴣峪之爲石經爲桃花爲馬蹄石之爲牛心爲龍口爲試劍爲龍紋虎阜洞之爲呂公爲白雲爲遥觀泉之爲白鶴爲水簾爲白龍諸用怪偉稱者固未及一二探也夫以封禪告成之主凡七十二而結繩者半之天地之人文鬱而後世之博識者不能舉其畧辭之不可以已也如此哉去余兹役十有七年矣而所經睹若夙夕會至自太和有所撰述因倂記之

岱覽卷第十終

岱覽卷第十一

泰山書院院長陶山唐仲冕六幕輯

分覽二卷十一之卷十三

岱陽圖

岱陽上石壁峪　大龍口　大龍峪　對松山　朝陽洞　攔住山　小天門　御帳坪　小龍峪　快活三　黃現嶺　回馬嶺　歇馬崖　水簾洞　經石峪　龍泉峯　桃源峪　小洞天　紅門　一天門　岱陽中王母池　白鶴泉　金山　岱宗坊　岱陽下岱嶽鎮　朱封祀壇阯　唐封祀壇阯　總論

岱陽

岱陽上

岱以西南爲襟而登岱者道出其南故先詳岱陽焉自南天門而下其南爲石壁峪兩峯插天攙削壁立東曰飛龍巖西曰翔鳳嶺中通一線石磴鱗次爲十八盤遠望如梯懸倚山罅漢官儀記云羊腸逶迤名曰環道往往有絙索可得而登今盤皆甃級每磴高及腓而僅容足之半凡數十若百餘磴始得平地數武仰眎天光凝碧罡風逢逢襲人其下巖谷千尋游目輒惴栗如縋一髮旁綴鐵鏁爲欄不可扳引應劭所云摩胸捫石捫天之難今猶昔也

皇上御製詩三章勒飛龍巖其下東峽處有昇仙坊

巖壁題勒文曰首出萬山脫鎬眞書至此愈奇馬一龍

天門長嘯失名二竝行書天地交泰何有炳眞書

明祁承爜十八盤拔地五千丈沖霄十八盤徑從窮處見天向隙中觀重累行如畫孤懸峻若竿生平饒勝具此日骨猶寒

何鑑登天門小龍口大龍口萬丈懸崖如壁陡世人只道天門不可登那知雲路分明有

國朝釋元玉石壁峪層巖對峙夾蒼煙絕處金繩象外懸到此已觀雲是地淩空肯藉管窺天香侵衫袖松風滿霧擁籃輿瀑雨連是險是夷人共歷復誰幽興勝前賢

徐恕昇仙坊絕似登山兩腳僧千層萬級走崚嶒已知仙路原非遠不信天階亦可升嶺外黑風驚伏虎雲中白霧起飛鵬懸崖未敢辭辛苦一宿丹寮一盞燈

飛龍巖稍東爲大龍口闢見錄所謂大石有罅如龍哆其口水自口出也有泉滃然歕雲飲霧其南爲雁翎峯峭銳如翎蓮花峯下趾也峯東南爲新盤口明藩參呂坤叔簡因進香入衆舊盤難容闢火池以西爲新石盤令登頂者上從東而下從西以免擠踏有度天橋今竝圮紀勝云東上入新盤俯視羣山錯疊如綺歷雁刀五老諸峯上臻于崖度天橋皆幽折可盤薄嘗謂舊盤似直臣新盤似韻士一則磊落光大嚴峻不可屈撓是冠裳入朝氣象一則縣邈蕭疎蘊藉風流隱逸君子之所珍也盤盡仰望宮殿嵯峨不知入閶天上

元王惲大龍口峯巒重疊水潺湲石磴縈回不易攀獨倚長空頻縱目始知身在白雲閒

翔鳳嶺南巖爲雞冠峯片石懸峙若絳幘然東南爲大龍峪承石壁峪之下衆水歸峽飛泉若瀉南經飛瀑巖小龍峪西注黃西河舊有龍王廟上有金母殿阯峪西有坊舊額峪名今曰龍門近游草云下天門同人不知大龍峪處至第三十八盤下盤東石崖萬仞渾如鐵甕近澗底橫裂一線長止尺津津外潤旱不竭雨不溢予指之曰此龍口涎也南迤西爲

對松山

峪上題勒文曰上上天梯李建功眞書

明張位大龍峪浮雲萬里結秋陰飛瀑千尋度遠林每怪登臨風雨驟芙蓉匣裏作龍吟

對松山亦曰萬松山兩峯翼徑敷巖被壑無雜樹唯虬髯龍甲對舞交吟於風濤雲海之中不知其幾千萬重也記傳山頂柏樹漢武所種千株大數十圍今則童矣獨此蒼崖翠粒增喬嶽之奇秀南天門外第一佳勝也松在棧齴求高名之麗者不及焉故望若拱把近睇之皆可合抱符子云登乎泰山下臨千仞之淵上蔭百仞之松蕭蕭然神王乎一邱矣紀

勝云圓雨行對松山雲塡澗谷皆平眼前斜飛若輕縠積棉
推挽可動仰覩兩山黑雲壓頂上與松樹融結神合無閒忽
悟松樹乃雲苗所種感泉石之氣而生也風動微露鬐鬣若
怪龍藏雲霧中瞰人欲搏左有聖水橋東崖勒
皇上御製詩二首稍北舊有大悲殿
皇上額曰蓮界慈航西有乾坤樓明洪朝選建圮近改新盤
於橋西高阜上或謂之雲門山前跨道有坊額對松山南下
四里爲朝陽洞
〔山巖題勒〕文曰千葉石蓮宋炳奎　至此又奇馬一龍
風濤雲壑伊介夫　月明松翠趙綸　盪胷生層雲李樹

德　蒼松翠靄　松風泉韻　振衣千仞　石面迸出水
松頭穹破雲四茲失名已上俱行書
〔國朝〕〔朱渾珏〕〔對松山〕數里聞松濤兩崖屹相向春雲護藥
苗靈禽棲其上
〔喻成龍〕〔萬松山歌〕鬱葱葱青濛濛千株萬株插芙蓉芙蓉
直上九千仞披襟長嘯吹天風晴光蕩漾搖碧空仙姿肯
傍塵埃中以此可愛不可近鬱鬱恥受秦皇封屈鐵參天
浮黛色倒影下映龍池黑發秀鍾靈自有神孤高得氣本
正直虬幹霜皮宛然在鶴來鶴去知何代幽意豈獨擅容
谷蒼翠猶能化聾聵昨夜繩牀泠如鐵空濤萬壑流雲結

起視氷翼燭天白口吃新詩吟不得回首遙憶青琅玕我
心明月含淸光懷人稠疊復落莫身凝江海思茫茫他年
終覬結茅宇銜杯箕踞歌粱父泉石以爲友苓實可充脯
對之能使心神淸食之又令顏色古胡不任達永棲託卻
向寰中歎辛苦
〔田同之〕〔對松山〕寒松韻空山千株萬株奇對峙綠雲停搖
曳蚪鱗墜飛泉下峯頂遙光破蒼翠
〔戚城〕〔對松山〕鬱鬱巖閒松終古不盈丈其旁無叢木其下
無片壤枝撐翠壁幽勢逼青冥上稍成虬龍形忽作笙筑
響輿人怯攀躋至此首頻仰顧盼誰能窮雙崖互爭長秀

氣沾我衣仙鏡落我掌恍從逞佺遊飄然動遐想
朝陽洞窈窱如廈而南闢舊名迎陽亦曰雲陽明朱衡更今
名泰山小史云深如巨屋可容二十人旁樹扶疎近塑元君
像於內紀勝云洞中澄泉甘洌硼上滴露如懸珠道士以器
承之命曰石乳西偏石屛硍礨有奇致萬歷已未米待詔萬
鍾勒篆雲根絕佳今毀東北爲御風巖勒
皇上御製朝陽洞詩字徑三尺因名萬丈碑又
御製詩二首勒洞東石壁洞北舊有處士松以秦封五大夫
者在其下故署處士別異之明鍾宇淳云此翁蒼顏素髮傲
睨氷雪崖石閒無論不辱秦即處士於翁何有亮哉乃方元

同題曰獨立大夫劉宗岱云余自嘉靖己酉始登泰山見秦
所封五大夫松聳而立又北里許一松偃蹇如蓋曰處士松
隆慶戊辰再登泰山五大夫已亡其三而處士松依然無恙
不知誰氏改處士爲獨立大夫疑若曾受秦封者嗚呼五大
夫之存亡不足惜余獨惜夫處士何不幸而多斯名也噫泰
山小史云萬歷三十一年一夕風雨失其樹惟碣存焉洞南
爲元君殿
皇上額曰靈府慈光又西爲駐蹕亭
御題勝覽方輿迤東爲淩虛閣阯別構望松亭尋亦圮朝陽
洞坊在其西南又西南爲攔住山又南爲小天門

〈明〉塗澤民題〈刻〉文曰松不在五大夫中乃其虬屈蒼勁有
君子中立不倚之操書此以表孤節嘉靖歲在壬戌廣漢
任齋塗澤民題翟濤立石。右眞書勒處士松側後方元
同改題獨立大夫四字
〈牟〉志夔等題〈名〉文曰明萬歷乙卯鹺使安溪牟志夔憲副
吳文顯同遊。右隸書勒朝陽洞西崖南向
〈處〉士松側題〈勒〉文曰松雲絕壑 卞三畏 仙闕靈府 聳
壑昂霄 失名俱眞書
〈朝〉陽洞側題〈勒〉文曰樂葵 失名 維天東柱 法敏竝眞書
〈明〉王在晉〈朝陽洞〉雲根鑿一竅石罅通萬靈白雲任去來

洞門常不扃
〈祁〉承㸁〈處〉士〈松〉處自稱遠志出則爲小草青青澗上松肯
被浮名擾
攔住山橫抵朝陽洞下爲盤道一重一掩其上弄月巖有半
山亭故址泰山小史云山腰橫聳一巒似懸似繫構亭其上
顏曰半山左有大夫松淩淩風表右則蒼石若削壁立千仞
每登臨則耳畔風生梵音鐘韻交從天下葢稍上爲古蘭若
汶水襟其前明滅練光大豁塵眼又云亭下有李斯小篆人
爭摩搨今不可攷矣下爲潛龍澗水西南流入黃西河
〈明〉米萬鍾〈憩半山亭〉遙轉闢煙關高亭得半山不須淩巘

外已自出入閒青靄相上下白雲時往還岱巔憑側望憩
此復躋攀
小天門故誠意門明王衡記云上小天門羣峭巀嶭界相附
高相摩四周無所不際而左壑磈礧受水蕩皆作雲母綠玉
色山面缺決漭當其前令人叫絕今坊額五大夫松五大夫
松秦始皇之所從蔽風雨也史紀秦始皇本紀上泰山立石
封祠祀下風雨暴至休於樹下因封其樹爲五大夫漢書始
皇之上泰山中阪遇暴風雨休於大樹下諸儒旣黜不得與
封禪聞始皇遇風雨則譏之皆云樹不云松也獨異志秦始
皇二十八年登泰山至半忽大風雨雷電路旁有松蔭翳數

敵乃封爲五大夫聞松上有人言曰無道德無仁無禮而得
天下妄受帝命何以封左右咸聞始皇不樂而歸初學記引
漢官儀及泰山記云小天門有秦時五大夫松現在蓋漢人
實見其松也泰山紀事云松舊有二株蒼秀參天四圍碧石
欄根無土蟠於石上萬歷三十年泰山起蛟遂失所在以爲
化龍去泰山小史云舊傳松有五今止遺一株拳曲蒼古有
老龍欲飛之勢范宗吳勒石表之攷五大夫秦第九爵昔人
辨之詳矣然唐陸贄已有不羡五株封之句則傳訛已久今
補植者不知凡幾輩矣以五云坊側飛來石泰山小史云五
松御帳之閒片石坦焉而瀑布倒瀉若河萬歷癸卯一夕風

雨有石如丸大可數屋飛墮於此泰山原無此石其五丁挾
而置之耶有柯紹皋題識西崖勒
皇上御製飛來石詩岱史云誠意門西爲公署東爲五松亭
又名憩客亭明人重建題御帳遺蹟今俱亡其東有石如人
拱立曰望駕石五松北故明單仙亭址亭名猶篆崖上兩崖
夾徑勒
御製五大夫松詩其東爲老人砦虬松附石攫拏舞雲望之
如廉將軍馬伏波披甲據鞍時下有朗然子洞元初劉道士
朗然修眞於此故名洞容可二十八下爲三叉溝會雙溝而
西南流小天門南爲御帳坪

〔明〕王聞修〔五大夫松〕若箇庭中言鹿馬何人境上識魚書
當時不負君王意只有山頭五大夫
〔陳萬言〕小天門值雨武帝登封舊有臺靈湫時見白龍迴
天風倒捲簾泉水猶有游人冒雨來
〔吳節〕五大夫松曾與秦皇托舊恩昂霄聳壑露盤根可憐
二世空塵土不及寒松有子孫
〔姚奎〕五松歌二首黑龍潭中蛇毋山霜鱗剝落腥雲溼瘮
瘮長髯十兩針挺挺直骨三千尺神靈呵護元氣鍾驅霆
戰雨搖蒼空堅剛節操振今古濫爵肯受秦王封波濤滿
地陰風起萬籟颼颼成律呂材堪柱國苦弗試蕭然遺棄

空山裏青青顏色無秋冬吞冰吐雪經磨礲工師一日如
相逢終當獻入蓬萊宮　蒙恬大將扶蘇子萬里策勳封
不與御將官爵授五松祖龍顛倒乃如此咸陽一火二世
亡五松留得摩穹蒼貞宗六龍昔巡幸亦名御帳揚休光
猗歟松兮遇知己傷哉處世多奇士負才抗節竟沈淪不
及寒松反多矣我來幾度坐清影綠陰滿地蒼煙冷撫摩
長顧發哀歌空山落日愁奈何
〔鄒德溥〕五大夫松爾本抱勁節秦官何及之乘風發長嘯
如羡商山芝
〔蕭協中〕飛來石松亭亭石矻矻偃蓋萬古青堅確千年歷

故乘風雨夜飛來不是秦皇鞭策激
〔宋許觀東齋紀事〕秦始皇下泰山風雨暴至休大樹下因
封其樹爲五大夫初不言其爲何樹也後漢應劭作漢官
儀始言爲松蓋松在泰山小天門至劭時猶存故知其爲
松也五大夫蓋秦爵第九級如曹參賜爵七大夫遷爲五
大夫是也後人不解遂爲松之封大夫者五唐人松詩有
不羨五株封之句蓋循習不攷之過也紹興上虞縣有郵
市曰五夫故老云有焦氏墓於此後五子皆位至大夫因
而得名近世好事者或異其說曰此秦封松爲五大夫之
地也紹興閒王十朋爲郡幕官采訪所聞作會稽風俗賦

得此遂以爲然故賦有松挺千丈爵封五夫之句疏於下
云上虞有地名五夫始皇封松爲五大夫處蓋越人但知
始皇嘗上會稽刻石頌德不知封松乃在泰山時非在會
稽時也
〔國朝孔貞瑄泰山紀勝〕始皇東巡五大夫以捍衛受封不
知後祖龍幾年而沒或者非甘棠遺愛士人不復擁護之
幸後王寬仁不奪其爵迄今十八公猶襲名號未詳是其
苗裔否其別族有獨立大夫亦就衰朽矣
〔趙國麟記一則〕檢弇州遊記讀之所謂有松五具虬虺狀
當是二三百餘年物今惟枯幹一株屹立石上又檢臥遊

道人岱宗圖說云嶂前雙松老榦拳曲勢欲飛舞道人圖
說出萬歷之季去弇州時不數十年已失其三何況今日
惟是記中所云百丈崖凹深如屋旁有石洞槎口而下黑
其究叵測今洞外有屋而無崖下亦砥平如出地上此則
人爲之斲天巧非若植物之出於氣數也
御帳坪在五大夫松稍東石夷衍可張數幄有柱礎蹟爲宋
永定陵登封帳宿行在所李裕所謂嘉木榱榱繁陰布地前
卽深澗黛蓄膏渟水光映天巉石錯襍如斷齶也坪南懸崖
飛瀑銀濤雪浪上應松風過之輒有汗漫九垓之想午夜煙
水月色相衝激波光迸落聲叶竽籟恍如汎查銀漢聞仙樂

也古稱百丈崖今曰飛瀑巖曰護駕泉亦曰銀河
仁廟御製百丈崖觀瀑詩蓋曾邀
睿賞矣瀑右爲三磴崖其下爲雪花橋瀑所經橋名以瀑狀
蒙登岱數矣嘗自謂沆瀣塵滓不宜輒詣神靈之府幸於此
倚雁齒聽飛濤蕩滌耳目澡雪胷胃使其渣滓銷融豁然與
造物者游而後可以躡天門謁玉闕而上青冥此殆山靈換
骨洗心丹也其南爲小龍峪
〔金張憫施砌題識〕文曰憫伏見此御帳之下回轉窄隘登
陟艱難同妻劉氏辦心命工纍砌庶得易爲上下者天眷
元年八月十五日寄居泰安軍新街張憫謹施砌○右眞

書勅御帳巖西今沕
〔明〕〔禱雨靈應歌刻〕○右歌參政東浙徐用檢撰竝眞書萬
歷戊子六月爲督漕査璧星頌勒三磴崖石上東北向
〔飛瀑巖題勒〕文曰御帳巖　呼吸帝座　直與天齊 三竝
失名　雲衢 周祚　銀河落九天 王安舜　太古清音 準
泰　月色泉聲 方攸績　洗心 李口已上皆眞書　快活天
泉響雲飛 二竝失名　絶巘飛流 吳同春　至此始奇
馬一龍已上皆行書
〔明〕〔陳鳳梧〕〔百丈崖〕百丈崖高鎖翠煙半空垂下玉龍涎天
晴六月長飛雨風靜三更自奏弦蒼水佩懸雲片片珠簾

洞織月娟娟晚山倒著肩輿下迴首斜陽景更妍
〔査約〕〔御帳坪〕宋皇臨御日此地足遊觀花下停雙輦松閒
拜百官雲常依寶座月自照瑶壇寂寞仙橋路惟餘古木
寒
〔吳節〕〔御帳坪〕幾度天書降紫清宋皇曾此駐龍旌野花啼
鳥年年換猶有人傳御帳坪
〔邊貢〕〔御帳坪〕白日天門近靑雲御帳空亭虛從眺覽樹古
自登封過鳥曆霄上鳴泉萬壑中翠華春不返惆悵昔人
踪
〔蕭協中〕〔御帳崖〕片石雲中出蒼崖俯大觀旌旗餘草綠帳

幄染楓丹鶴唳山風泠湍流夜月寒只今憑弔問松影露
溥溥
〔國朝〕〔施閏章〕〔五松下看流泉〕我尋古松樹愛此巖下泉橫
瀉珠簾靜斜飛瀑布懸積寒生石髮落日動山煙輦道餘
荒草長悲封禪年
〔趙國麟〕〔御帳坪〕絶壁臨大壑飛流千尺下松濤與水濤喧
寂不相假石色漾月影寒飈滌炎夏坐久風雨來松花任
飄灑
小龍峪在攔住山東南石峽飛流東崖兩石呀張清泉渟滀
曰小龍口石泰山小史云峪爲泉水所歸而飛泉噴瀉若自

龍口出者其前有小龍峪坊圮南爲迴龍橋又南跨虹橋龍
文石在其北石理蝬畧甃綫一曰蛟龍石其西舊有迎天坊
圮有增福廟爲元君殿
〔兩崖題勒〕文曰人閑天上 稽瓚　龍躍雲津 陸濤　造化
鍾神秀 趙之均　踈松隔水奏笙簧　若登天然 二竝失
名已上皆眞書
跨虹橋南爲快活三路凡三里差不磊确爲登者快也或刻
快活山於巖明吳同春曰此平處三里其北又復嶔崎呼三
爲是旁有玉液泉石穴迸水可掬其南爲倒三盤明王衡記
云由回馬至黃峴輿人前距高而余僂就之苦跉踔甚至此

頗寬坦而樹與壑更奇余始得納手於袖掉頭吟嘯而有之眞一快事紀勝云北陡雙廟西眺扇子崖如相拱揖倒盤而下路皆平闊野花與草樹襍發點綴茅舍竹籬閒絕似平楚邨落無復巖巖氣象譬如接嚴賓之後忽遇好友坦懷笑語遙望對松山另開一幅圖畫矣倒三盤南上爲二虎廟神祠黑虎旁有虎伏石蹲踞類虎其南有坊頒二天門則登岱之半也泰山小史云淩雲穿洞上有玉皇閣俯仰上下景隨步轉竟與人世兩界也而雲橫煙鎖山危水瀉之狀至此領畧大半又南爲黃現

〔國朝〕陶山居士詩〔刻〕文曰左縈環水分黃現前引松陰入

翠微從此雲衢堪快步跨虹橋畔彩霞飛・癸卯小春題二天門陶山居士○右八分書勒倒三盤東崖

〔明〕袁天〔泗〕二天門再上天門望煙雲滿素衣陡崖三面削峭壁一泉飛排戟峯巒通天路轉微涼風吹傲骨五月凛寒威

〔蕭協中〕二天門危梯百磴入旻蒼宮闕雀巍俯大荒雲鎖洞門飄細細煙生壁水起茫茫山情似欲呈人媚客袂偏宜襲草香展轉縱觀忘世慮不知杖屐到何方

〔李學詩〕快活三入情輕便易世路重艱難不走巉巖路誰知快活三

〔國朝〕劉〔傚〕至快活三里坐樹下回望西峯西峯迤邐鬱藍開空翠沈沈撲面來若遇虎頭應畫我看山人傍一株槐

〔釋元玉〕快活三嶺嶺徑崔嵬峯峯路崒嵂險極勢欲旋坦道從危得從危得坦道其意復如何仍向層霄步雲中乃笑歌

黃現嶺土黃頳異它山泰山小史云衆山聳立危磴之險甚於他處土色亦他處所無過此則徑平坦樹木森列縱觀諸山如在洞中一名中谿山泰山圖志云山迤東谷水涌流爲中谿發源南流經迴馬嶺西會水簾洞石經峪諸水至王母池爲梳洗河東南遶郡城又南經封祀壇東伏流出木頭溝

入泮歸汶舊有黃峴嶺坊圮案黃峴見文獻通攷宋眞宗登封自太平頂天門黃現岱嶽觀皆以長竿揭籠燈明人始稱黃峴攷謝靈運嶺溪行迢遞陟陘峴注嶺小高也韻會云峴本作現一統志有南現在沭州集韻云山小而險一曰嶺上平也今仍宋名南下爲十二蓮盤步天橋在其西南東折爲三大士殿金星亭又南爲迴馬嶺

〔明〕蕭協中〔黃現嶺〕戟劍鋒攢山亂頭層層丹磴挾雲浮翠林轉入平如砥一曲鳴禽韻更幽

迴馬嶺一曰瑞仙巖重巒疊嶂舊名石關漢官儀記所謂天關也唐樂環記云各攜茶果徂候于迴馬嶺蓋登者至此不

得不解鐵鏁而扶青猿矣明李裕記云自山麓抵迴馬嶺十餘里羣峯對峙巀嶭崢嶸勢相噬齧中央溪流轉騰潎洌騙崖石激推埼其聲澎湃灂灂泓泓縈迂數里又有巨石大者如輪小者如甕硉矹硍磳偃臥路逕難以數計策馬單行崎嶇至嶺下是嶺岌嶪陡絶車騎不可前馳少憩石上飲茗易肩輿穿深林躡大石而行

皇上御製詩三首東西勒崖迤西爲九峯山折而東爲十峯嶺峯巒重沓不可枚數望若夏雲之多奇也泰山志稱古雲巖下爲鷹石溝旁一石狀鷹立鞲水南流至石經峪紀勝云山迴路轉屐齒甫通突而重山横亙轉仄向東南梯雲御風

而上蓋山腹中脈絡盤紆至此又一大折云嶺陽爲玉皇殿

御額紫垣凝命其前元君殿

御額瓊霄珠照南有閣跨道矗立明嘉靖昇仙閣故阯乾隆丁卯拓建

御題壺天閣又

御製詩三首勒東北崖閣西偏爲倚山亭南有聖水泉又南爲歇馬崖

（明）邊貢迴馬嶺迴馬嶺前春日西澗花巖草鬱萋萋上方鐘落不知處惟見白雲巖畔棲

（國朝）趙國麟玉皇廟劫後新亭倚半山松杉猶自護雲關當年幾度休遊屐曾擁笙歌聽小鑾

（明）謝肇淛記一則入山漸深但覺白雲黃葉左右飛積至高老橋水沍且涸卽水簾洞亦涓涓如蹄涔無奇也由水簾洞折而東又折而北道始峻削難行吾游山多矣雖絶地插天亦必迤邐紆迴而上或輿或步咸得袖手騁目獨泰山不然其坦不能十武輒就石磴磴皆懸空斗削高者百餘級小以十數輿中五管在上胷膝相摩手挽足抵頭岑岑也加以狹崖夾障耳目塗塞如道委衖中意甚苦之至玉皇閣下輿迴望始見徂徠一峯獨當南面扼塞汶水縈若衣帶爲注目移時又上爲迴馬嶺顧從者自高老橋

時騎已不前

歇馬崖故名馬棚崖言崖可屋馬也亦曰三字崖言呂仙墨書三畫風雨不滅也今崖傾岸落非其舊矣明吳維嶽勒歇馬崖三字厪存南下迤西爲登仙橋水簾洞

（明）陸濤題識文曰賢母智頂眞仙生天石幢己亥清明日平湖陸濤字壽□同弟□肩陸□奉先□□人像進香感□□勒石○右刻作兩層上層横書賢母下十字下層字差小則己亥以下題識也並眞書勒崖北石上西向

（明）蕭協中馬棚崖禮嶽登山路幾盤穹然棚石倚雲攢不堪俊驥藏虛壁自有蒼霓掛碧湍鐵筆勒崖仙跡異墨痕

翻袖閶風寒，只今攬勝神遊遠，嶺霧橫披態未闌

〔國朝〕趙國麟〔歌馬崖〕一澗空中落雙崖勢欲連巨靈不惜力勒石使之縣何年倦遊者盤礴一周旋嗒焉天地小長歌起暮煙

水簾洞有坊在登仙橋南其水自西北天紳巖際檻泉觱沸蔽崖壁千仞而下絶壑如銀蒜方垂湘紋未捲曰水簾泉洞口藏簾中水網時隱約可見鍾惺銘其側曰晴雨所覆白雲之上冬夏其原厥流斯養石窨其中候時而響岱實爲之勸登宏奬水東南注中溪距巖里許石梁跨澗爲佳水流橋洞東舊有巖巖亭明成化時參政張盛自飛虬嶺移建於此今廢折而東爲砲高嶺有漱玉橋圮其東爲經石峪

〔宋〕劉仲平〔題名〕文曰元祐六年劉仲平遊岱嶽觀主張舜民同來二月七日。右眞書勒水簾洞側

〔金巖巖亭碑〕畧曰夫觀遊大率有二或嗜之以快佚樂之心或托之以寓超邁之意快心者未免損於人人避損則憚隨之寓意者必將諡於民民望諡則欣奉之賢不賢之分損諡而已也泰山巖巖魯邦所詹卽山之陽距軍城三里有觀曰岱嶽觀之東淩危跨險百步而近有亭曰巖巖舊矣正隆之季盜賊蠭起附近者剽取材具厥亭毁焉大定十有九禩岱祠告災明天子恤神無居亟爲興復疇咨

可屬者廟堂僉以徐公爲能上俞所舉俾之就守是邦公下車後政通人和越明年廟功鳩僝規橅宏麗倍百於昔其餘廢者具興仆者畢振或有一遺朝夕思念懔如也因訪所謂巖巖亭故迹委知觀道士田信言新之於是傭夫召匠指畫經構伐惡木薙奥草基甎柱礎壁石詹雲畢能事於浹旬閎虛深亢爽不户不牖豁然上視泰山尊巖廣固垂藍散黛於莽蒼之間左右諸山峯巒繚繞不召而俱至卻立延望則幽蹊曲徑樵擔僧錫去往斷續歷歷可指數至於數百里之景髣髴溟濛杳靄外舉目盡得西溪之泉噴霜噀雪冷冷然鏘環佩聲其清涼淋漂雖三伏際不知蘊隆蟲蟲者爲炎酷也凡客游觀於天下者有不屈伏退讓以推高是亭乎適以重五日公率僚吏落之建榮獲預末坐因語道士曰今之境界向之境界也而景物異矣山葩野卉紅妝紫潤奇石森然爭出而効技乃前日蒼煙白露之荆棘也高甍巨桷翬飛縈映雲容日景浮光而上下乃前日頹垣壞址之荒墟也佳辰令節州人士女嘯歌絃管乃前日風雨晦冥鼯鳥之乖音也今其美哉大爲君子之壯觀偶然耶抑有時耶不然何其一廢二十年而不早謀振起之乎。右記姚建榮撰見泰山志今與亭俱佚

〔明遊泰山記碑〕。右成化年倘綱識勒巖巖亭嘉靖九年

棠陵子題其旁曰方豪由泰山絕頂迴觀尙少參遊記山
川如故英烈何存快哉傷哉後十五年方子之友見之則
又如方子之悲尙子也今亭廢碑並佚
重修碧霞靈應宮碑○右碑大學士東海徐溥撰文吏部
尙書致仕濟南尹旻眞書並篆額宏治十年十月勒水簾
洞左今佚
洞石題勒文曰入山深處 王之艮眞書
鍾惺題名文見前○眞書勒水簾洞側
明李時勉巖巖亭送陳參政歸山岱宗磅礴不可擬翠色
横秋幾千里峭石巉巖倚天外孤亭屹立當山趾亭前芳

草沒路岐古砌荒凉苔蘚滋幽花拂檻無人採獨鳥時鳴
聽者稀晨霞浴日千峯紫一杯遥見滄溟水升元觀裏曉
鐘聞岱嶽祠前白雲起聖賢大道誰不由乾坤闔闢同周
流泰山氣象難爲喻誰遣名亭獨此留君去薇垣有閒日
隨處登臨訪遺跡想得憑闌一望餘懷古清吟興何極
王元坤水簾洞百丈雙崖分巨壑泉引天紳向空落洞門
長日耀珠花披拂靈風護煙幕沈沈玉蝀挂飛流洞古簾
垂映月鉤鹿飲澗邊秋草溼鶴鳴簾外水雲浮水凈山空
深洞杳影共銀河墮林杪忽驚洞裏玉妃還波紋不捲東
峯曉

蕭協中水簾洞尋眞欲問碧雲宮竹杖芒鞋好御風洞裏
有仙疑睡穩故將珠水挂簾櫳
國朝趙國麟水簾洞銀河西瀉散珠房東澗鐫經滿石梁
遥憶匡廬千尺瀑何人爲築讀書堂
經石峪宋時稱石經谷石經者鐫隸體金剛經於石坡字大
如斗隨石所之經盡而止石仰負天頂踵於泉泉枕履之便
其腹以受經明人呼爲經臺峪紀勝云澗東有乳山倒垂銳
若茁筍左峯肱抱中石陂斜平如掌方數畝許偏鐫梵經相
傳爲曬經石上有小瀑布横闊若短簾浸蝕經字半剝落矣
案石經舊傳右軍書道里記云北齊武平時梁父令王子椿

好內典嘗於徂來山刻石經二俱隸書字法古勁與此如出
一手是經當亦子椿書明人或刻大學聖經於上端康熙閒
猶有存者今佚峪西石壁劃然中分曰仙峽石亦曰試劍石
倚巖白石亭明萬恭建顏以高山流水亭北有聽泉枕石西
上爲聽雨軒阯明鍾宇淳云西巖古梅數株疎影横斜今特
雜樹野卉羅羅清疎而已峪水來龍泉峯後上接三叉溝繞
峯而出西南注中谿吳同春記云窮泉之源北行里許石滑
不任足而泉自亂石中泠泠出巨細相閒時作笙簧音林木
深茂鳥雀喧呼令人會心龍泉峯一名栲栳崮在峪東
北齊金剛經石刻○右八分書在石坪上縱横數十畝作

碁局紋字大方尺許波磔古宕氣體雄奇浸淫乎漢氏矣
明華亭孫克宏古今石刻碑帖目云泰岳之陽刻金剛經
大尺許相傳爲王右軍書今攷其筆法實與鄒縣北齊韋
子深刻經同出一手其亦爲韋氏作無疑明王世懋紀遊
云此書不能定唐宋元人筆耳然觀陳國瑞題名則北宋
人已歎贊爲神益其結搆氣味必非宋元人所能到孫克
宏以爲韋子深聶鈫以爲王子椿雖皆比擬之詞聶說近
之唯石面爲泉所瀉漸靡之久剝蝕殊多今存字不滿二
百過此以往未之或知也
〔宋〕陳國瑞題名文曰莆陽陳國瑞子玉校學奉高遊石經

谷熟視筆畫字徑尺餘非人所能歷千百年曾不磨滅豈
非神力護持以遺觀者政和丁酉春餘一日題承議郎知
縣事鄭溫恭勒石○右眞書勒石經峪今漫滅
〔明〕般頌詩跋刻文曰泰山之麓平石從衡數十丈刻佛家
語呼爲經石余爲書詩般一章刻之案虞書舜典歲二月
東巡守至於岱宗柴望五月至於南嶽八月至於西嶽十
有一月至於北嶽王制天子五年一巡守二月東巡守至
於岱宗柴而望其至於南於西於北其時皆如舜典則謂
是詩爲登岱而頌無不可而刻之於此固無不宜則夫經
石之名其有稱也夫○右般頌一章較金剛經字差小跋

字尤小並眞書勒石經左上跋末題壬戌之秋七月既望
而無朝代名氏縣志云汪玉文論其子坦書楷法整飭與
此實出一手且年月相符止距十數日意此亦坦書也
〔汪玉文論刻〕文未錄・默休居士汪玉著不肖男坦書孫
禮約摹勒登石明嘉靖壬戌歲仲秋朔日○右並眞書勒
經石峪左右坪上
〔高山流水亭記刻〕文曰余既表泰山之巓掠泰麓而南下
則憩曬經之石石廣可數畝遍刻梵經皆八分書大如斗
不知何代所爲近有好奇者則刻大學聖經於上端以勝
之余乃大書橥經石字皆博可六七尺刻深三寸垂不磨

以助其勝北聳石巖皆斬截而成澗泉漫石而下以懸於
空巖若垂萬珠焉余輒大書水簾字深刻之水澌澌字
上字隱隱匿水中斯泰山之至奇觀也已乃穿澗水而西
得石壁高約十五尺廣約四十尺夷出天成下擁石基余
東向而立則水簾之泉泠泠出其左而桃柳數十株蔚蔚
繞其右余遂倚石壁爲之亭亭悉以石石柱四直入石基
其深尺有咫上覆以石版令永久登泰山者得憩息萬禩
焉余嗜鼓琴輒顧從者曰夫是倚泰麓之壁也斯不亦高
山乎夫是臨水簾之泉也斯不亦流水乎爲予援琴而弦
之邀泰山之神聆廣陵之散若將巍巍乎志在高山也又

洋洋乎志在流水也是謂神品亦謂神解從者悅遂命之曰高山流水之亭○右隆慶六年冬督河南昌萬恭撰額曰高山流水竝眞書李逢暘勒亭西石壁

崔應麒詩刻文曰曬經石上水簾泉誰挽銀河落半天殘月控鉤朝挂玉長風吹浪夜凝煙梵音濺沫高還下曲澗流雲斷復連遐勝具觴忝幽賞題詩愧乏筆如椽○右萬歷辛卯崔應麒撰草書勒石壁萬恭記左

于可久題名文曰山之勝全在石經峪與黃華洞曠遠清幽各極其至觀者多低回不能去雖余五斗吏俗冗作苦無濟勝之具而時從諸名人一欣賞當不令山靈笑否●

天啟乙丑季春州刺史晉人于可久題○右八分書勒亭東北巨石南向

石經峪題勒文曰水簾　暴經石萬恭擘窠書　枕流漱石　源頭活水二竝失名　泠然清韻孔聞詩　萬顆明珠連標　清磬于徐子　跳珠濺玉何起瑞　銘心滌慮釋守訓　經正李邦珍　人不點頭空設法石能暴腹也傳經張有光　聽泉枕王嶒　濯纓處姜鏡已上竝眞書

明李養正暴經石卽景二首大石突如雲小石平如掌不見人行跡但聽泉流響　一箇白石亭團團如玉闕待我夜來時獨坐看新月

于愼行暴經石朝下天門闕夕憩暴經石此石自何年斜倚萬仞壁轟嶂灑飛流匹練千餘尺水底玉篆分了然成鳥跡其文乃上古讀之茫不識誰參雪竇禪未示金仙迹綠池低寶樹宛見祥河出兀坐聽潮音洗耳心方寂

劉勑曬經石暴經自何年經文蝕欲半拂苔聊一讀苔痕不可辨把酒坐其間片片曇華亂苦海漫無涯何時識彼岸

蕭協中石經峪石面何年鑿漫山盡梵經煙迷荒蘚積雲逐亂流停說法嫌多事無生託有形三車雖載去留以施山靈

杜文同石經峪貝葉翻來石上天花雨自雲中妙解無言可解無言乃見眞空

國朝丁耀亢石經峪石腹濯寒溪劃然青裂帛隨地展方稜高下界玉格黝然無字初勢已成鳥跡方圓有異相圭埏雜殳戟鑽鑿古人心精神動仙釋苔痕潑墨瀋平如布經席靈蛟拳禿尾鐵鷹刷健翮鉤分亂石皴影落寒潭碧呵護有天龍山鬼皆辟易漱齒讀金經泠然竦魂魄

趙國麟經石峪坐高山流水亭酌山泉好事鑿山腹金經字如斗何人刻聖訓角勝冠厥首吁嗟嗜奇者建亭謀不朽援琴鼓成連怡情對花柳我來訪遺跡濯濯無所有水

剝石上字分隸成蝌蚪變滅感今昔金石寧云壽（余二十時遊此見大學字徑三寸餘尚可讀今無一畫矣）烹茶汲水泉嘅想魯中叟

〔黃鏷〕經石峪泉聲應看此最深岱宗直下數千尋誰題梵字深溪裏故使溪聲作梵音

龍泉峯下有龍泉在水簾洞南三里上有高老橋盤道所經其水從西北山峽過此東注中谿橋名識剏始人也重修者明嘉靖三十九年副使高捷亦其姓也泰山小史云橋接兩崖下鳴澗水四旁雜以櫻桃諸樹上有懸崖百丈飛瀑千尋稍紆徑而旁則茂竹滿山合圍古木不知其幾矣南有坊題橋名橋北山勢突起明置人祖殿今改三官廟攷古錄云泰山上有人祖廟不知何取三秦記驪山巓有人祖廟不齋戒而往卽風雨迷道長安志曰卽秦始皇祠葢本史記所云祖龍者人之先也今臨潼志以始皇不應祀典改爲三皇廟噫虐政至中阪爲暴風雨所擊不得上封百世下淫昏之鬼反能風雨迷人耶改祠三官雖符籙繆悠之神猶無害義矣坊南有斗姥宮古龍泉觀也明嘉靖時德藩重建中谿逕其東軒又南爲順治時所建蘊亭故阯又南爲桃源峪

〔明〕重修斗姥宮碑〇右記嘉靖二十一年濟南陳輞撰眞書勒斗姥宮內

〔明〕蕭協中〔高老橋〕瀉崖噴壑響沖瀜琪樹朱桃綠閒紅高

老無由稽故跡雲端千古見長虹

〔國朝〕徐起〔高老橋〕浮嵐暖翠聳層霄躡屐人過高老橋兩岸溪聲流鶴澗一峯嶂影瀉鮫綃飛雲夜宿仙人石野鳥晴穿羽客寮依約龍泉水西北中谿東注雨蕭蕭

〔先〕公石嶺先生〔遊岱雜記〕泰山石經峪西有三官廟故人祖殿也岱記人祖卽祖龍謂秦始皇宮里邨又有漢武廟秦皇漢武而有祠淫矣今秦皇廟既改道觀而漢武廟猶頻修兒子仲冕輯邑志因命列其祠寺觀中盡刊其碑記不錄且於金石卷末著其義焉閱居易錄所引會稽舊記秦政與大禹仝廟王朗除之又楚州祠孫皓蔡州祠吳元濟常山狄道祠董卓杭州祠秦檜朗州祠梁松鄴祠石虎華容祠朱泚無爲和祠魏武又澧州有驩兜廟石室存焉噫何其多也凶人之所怵者身後耳亂賊殘忍之鬼而不餒是生而蠹民沒猶美報人心不澌滅殆盡哉作俑剏建者其皆草澤劇賊乎乃攷孫皓祠實宋孝宗乾道四年敕封亦謬甚矣狄梁公移項羽檄柳柳州毀鼻亭記高常侍適毀賊臣董卓廟議眞文之足翼教化者居易錄又云某郡有盜跖廟今泰山下有廟不知何神相傳以爲蹠也余每至岱城觀和聖祠濯圮頹落狼藉苔通未嘗不泣然流涕

桃源峪一名桃花澗明鍾宇淳云二三月時巖谷開著花如綺遊者疑爲武陵桃源澗水縈紆匯爲碧泉夾澗多櫻桃萊竹曰櫻桃園每當清泉冽朱櫻然翠篁攢白袷四五人攜榼而來席草而坐揮觴劇飲彌日不倦夾岸雜樹蔚然竹籬雞犬成小聚落山頭落英繽紛如紅雨自十八盤而下對松山以幽峻勝御帳飛瀑以奇麗勝水簾洞石經峪以奧雋勝然皆巉巖淵谷若眼前脚底芳菲雜綴水石參差亦復清絶斯稱桃源峪矣南爲萬仙樓道出其下舊稱望仙明萬歷四十八年建上祀王母列仙中祀元君

皇上額曰景會羣真下有隱真洞紀勝云一天門歷萬仙樓

山折澗繞樹木葱然望之如重堂邃閣上通瑤府雖萬仞初步知其蘊藉獨深也峪南稍東爲黑石埠草木岑蔚中谿逕其西小洞天闕焉

唐王大使等題名文曰大歷八年王大使因拜岳與韓補闕前建安□太守同遊張鍊師房道士卜□□記時十月十□日○右眞書勒桃源峪北石厓上左讀宋人從其右之空處題名連及左方遂爲所掩然細審之則泐者僅四字耳泰安縣志泰山圖志皆云張鍊師題名者以劉禹錫有送東嶽張鍊師詩時代相符當卽其人故特表而出之玩其文義自當以王大使爲主

宋張邦茂等題名六則文曰朝奉郎張邦茂宣德郎張權道觀主劉子諒宗紹聖二年十二月十三日同遊劉太和書眞書 劉康叟紹聖丙子五月二十八日觀眞書 □孺具酒約文叔端夫子方應之□回甄甫辛卯季夏十二日同遊眞書 趙茂實曹世隆徒步到此政和甲午季夏十一日眞書 長清董元康政和甲午仲秋日訪泉石因攜家飲此質贇賁侍行行書左讀 董元康遊甲午仲秋日眞書左讀 ○右題名竝勒桃源峪東壁惟□孺具酒及董元康二則字稍大辛卯蓋徽宗改元政和之年也

元楊世瑛題名文曰大元至正十八年二月初八日因爲

紅巾占據泰安州調遣淮南府□元帥楊世瑛統兵一十七府□□萬戶張田玉等將至□名山□□遊觀到於泰山嵓内泉石之下古蹟可人□□筆姓名於石萬戶張田玉李諒萬戶李玉□知事胡長孫方回張榮祖○右眞書勒桃源峪東壁

明胡一龍詩碑○右碑崇禎元年草書碑陽碑陰各勒泰山絶頂詩一首在萬仙樓下右側

峪石題勒文曰漸入佳境韓鎬 中流砥柱陳甘雨二竝眞書

國朝趙國麟萬仙樓二首櫻桃正熟時蕭鼓喧濤晝遊人

集萬仙山靈若馳驟仙人厭繁囂隱約樓巖實泠泠石上
淙終古彈清奏　丹樓倚山椒云是仙居處澗水通瑤池
青鳥自來去

小洞天者泰山小史云西崖十丈爲遊人必經之路凡欲臨
此必循徑而下一壑曲繞茂林澗草森森蔓蔓仰視崖上人
趨走終日不輟眞別有洞天矣谿內片石如几明甘應甲勒
小洞天三字其下有柳條灣飲馬灣石峽灣皆流水之蓄爲
淵也東爲箭竿峪水南流逕虎山北又東南繞明尚書蕭大
亨先塋側匯爲石馬灣過岱道郵呂仙橋入梳洗河郵中有
呂仙祠明萬歷時羽人心元子所建也心元韓姓棄家學道

結茆於此司訓胡光宇更修侍御宋燾記焉小洞天西南爲
大藏嶺其巔簾宸可屋故名其東趾亦有如之嶺陽爲紅門

〔明〕蕭協中〔小洞天〕未闢兜率至不見蘂珠來水石絲簧奏
茵花錦繡開空中浮殿閣物外淨煙霾此卽眞蓬苑低徊
俗念灰

紅門在萬仙樓南卽大藏嶺之丹崖南闢者也由南天門下
一折爲小天門再折爲二天門三折而爲天闕四折而爲紅
門皆相距數里若十餘里其中迴互無數殿宇林巒相望也
至紅門而南則尤花團錦簇旄旆飛揚矣然卽蒼翠中雙觀
雙立糊頳壤以飛文迴顧天門之上雲中宮闕層出際天赫

然形庭丹陛哉拾遺記云魏明帝初泰山下有連理文石高
十二丈狀如柏樹其文色彪發似雕鏤自上及下皆合而中
開廣六尺父老云秦末二石相去百餘步蕪沒無徑及魏帝
之始稍覺相近如雙闕也殆謂是與泰山小史云岱之南阯
蒼翠層疊中有片石其形似門而色赤歷世不磨迤西爲垂
刀山通志云宋大中祥符元年六月乙未泰山西南垂刀山
上有紅紫雲氣漸成華蓋至地而散其日得天書於醴泉亭
北在天書觀右垂刀以山石峭厲名西南鄷都峪俗名鬼兒
峪元窅幽森朝曦罕到水南流逕金山北又西南入渿河其
源委詳岱陽之西紅門東南爲一天門

〔元〕李簡〔鄷都峪〕石洞荒涼樹影孤州人相語是鄷都古碑
猶說韓擒虎爲問於今尙有無

〔明〕蕭協中〔紅門〕睠彼岱之陽奇蹟棼其麓怪石翳薜苔赭
霞凝戶牖豈其祕寶函或以封仙籙勝地洵神房幢旆紛
相逐願得此門開浮生無碌碌

〔國朝〕趙國麟〔紅門〕三首出郭四五里岳雲當面來一水出
巨壑雙峯豁然開西峯懸丹戶石洞扃雲隈定有餐霞人
長年臥絲苔　凌晨登紅門霽色明朝旭俯視萬家煙平
疇盡新綠　雨後青山入眼明晨光乍啓翠微生半人濟
勝拋筇杖腰笱初登郭索行

沈德潛紅門到頂五十盤紅門起初步回看下方人已在雲中住

一天門者自紅門迤東爲觀音閣舊名飛雲閣，今亭在其南。觀音閣南爲元君廟，道里記，有上中下廟，此其中廟也。旁有且止亭，明天啟六年僧興旺拓建。康熙間建紅門坊，額曰瞻巖初步。廟南爲天階坊，明巡按高應芳題。又南一坊，羅洪先題孔子登臨處。其西爲合雲亭，雍正三年知州吳曙建。

皇上賜題曰普門圓應。其東爲彌勒院，故更衣亭也。士夫登岱至此易袍展焉。

皇上賜亭額。又南爲一天門坊，明參政龍光題，康熙丁酉巡撫李樹德重建。

盤道發軔所也。爲坊跨道者四，爲亭者二，爲閣者一，爲廟院者各一，皆夾門左右。嚴關峻扃，飛甍畫棟，下擁丹麓，上挹重霄，如遊鈞天閶闔，不待歷甲第堂皇而已瞬眙於金鋪玉戺閒也。明王在晉記云：上一天門，迴眸下盼，甃綠成畦，田分軀背，半空雲盪，萬井煙蒙，山根牛馬皆成黑子矣。稍下道西爲關帝廟。

皇上額曰神威巨鎮。廟東偏有憩亭及露井。登者乘筍輿，始此。輿如竹兜，長僅六尺許，穹其坐處若弓，柎置絡兩柎間，坐之舁夫以韋懸兩把，負韋握把，側足橫行磴上，乘者無俛仰之苦。雖蹣跚飃颭，登且疾於徒手；下則如飛矣。由一天門南下折而東爲王母池，池北有小蓬萊，亦勝境也。

明第一山碑。○右眞書「第一山」三大字，旁云：巡按山東監察御史李復初，偕參政吳章、張臬副使張意、吳道南僉事崔三畏登岱嶽之巔，書在一天門右，南向。泰山金石攷云：復初嘉靖閒洪洞人，書法得顏柳之祕，碑陰入雲有路四字，隆慶時張□書，蓋雲篆也，近怪。

重建一天門碧霞元君行宮碑。○右碑于可久撰文，洪邦基眞書，范廣篆額，天啟六年三月勒，元君殿東。

一天門側題勒文曰：天下奇觀。楊可大　登高必自。翟□

二並眞書

明袁□泗一天門　一入紅門界，青崖杳靄中。輕輿人倒輓，絕磴路懸空。直上山疑盡，縈迴岫不窮。巖巖頻在望，今日始天通。

蕭協中一天門　天門初步路，非遥城郭人民似可招。自是登仙無委巷，野袍山屐任翛翛。

岱覽卷第十一終

岱覽卷第十二

泰山書院院長陶山唐仲冕六幕輯

分覽二

岱陽中

王母池在飛虬嶺下自盤道東牆口入歷后土殿老君堂羣
玉庵而抵焉后土殿門外有井曰滌塵泉其前爲施方伯天
裔祖塋老君堂在其東古岱嶽觀之一隅也從征記曰中廟
去下廟五里屋宇又崇麗於下廟廟東西夾澗是岱嶽觀即
東嶽中廟也杜光庭靈驗記云天皇東封鶴集其壇使諸州
爲老氏築宮號以白鶴此蓋仍舊觀而增飾之自高宗以下

六帝一后修齋建醮皆於此有雙碑在焉今僅小殿三楹祠
老子前有銀杏一株迤南瞑基敞衍皆觀故地水經注云古
帝升封設舍所跨處石竅尚存今觀南阯猶可髣髴岱史云
觀內古松柏十餘樹趙孟頫題勒漢柏二字則與樹俱亡矣
東羣玉庵祠王母西箱爲藥王殿東箱爲觀瀾亭闢東牖梳
洗河潺湲其下庵前有旛竿石上有宋人題名重門外石彴
丈所下臨方塘一鑑中蓄紫鱗唫喁荇藻庵前有飛鸞泉東
跨澗古有王母橋今廢東崖爲呂公洞唐韋洪謂之發生洞
宋錢伯言謂之金母洞方廣容十許人內有呂仙石像以紹
聖政和年仙嘗題詩於此故洞上舊有松亭今亭廢松尚適

然東上爲飛虬嶺泰山紀事云昔呂公題詩石壁有虬常對
詩頂禮一昔呂公復至揮筆點其額遂化龍飛去嶺上舊有
巖巖亭金大定十九年修東游畧記云山水自溪澗而下就
兩崖爲壁如香山石樓上以亭壓之北望天門屹然如立屏
而清流出几席之下眞太山絕勝處明時移置水簾洞呂公
洞北爲虬在灣深廣可勝小艇即王母池一曰瑤池水經注
古者帝王升封咸憩此水雙碑亦有拜訪瑤池之語由來已
久宋李諤有瑤池記碑今佚明李裕記云瀵沸潾灦不竭不
溢取水禜雨頻驗泰山志云當澗截谷設爲池館今爲王母
樓俗稱梳洗樓其水爲中谿所逕名梳洗河詳黃現嶺下虬

在灣北石丆森陰谿水澮瀯環遶所謂小蓬萊也醞檀集已
有識小蓬萊之作道里記謂名自紀勝者誤至紀勝所云澗
東淸湍迅激巖石若傾盎盛夏布几中流壘石蹲坐浮觴避
暑下有寒潭引谿風作颸飀聲頓覺轉炎爲涼誠會心者近
頗爲攻石者所毀跛道人曰歇馬崖傾天之數小蓬萊毀人
之過飛虬嶺東爲虎山上有東眼光殿雍正八年建
唐顯慶造像記文曰顯慶六年二月廿二日勅使東岳先
生郭行眞弟子陳蘭茂杜知古馬知止奉爲皇帝皇后七
日行道并造素像一軀二眞人夾侍○老君堂前有碑二
高六尺所各方二尺上施石蓋合而東之俗呼鴛鴦碑其

字每面作四五層每層文一首或二首皆真書此記在西
碑北面第一層
〔儀鳳畫像記〕文曰儀鳳三年三月三日大洞三景法師葉
法善等奉勅於此東嶽修齋設河圖大醮所有鎮綵等物
敬造壁畫元始天尊萬福天尊兩鋪功德既畢勒石紀年
祇承官朝散郎行兖州都督府參軍事攝功曹房希聖祇
承官登仕郎行兖州都督府錄事劉懷□。右記在西碑
北面第二層
〔僞周天授造像記〕文曰大周𠀑𥠢二𠡦歲次辛卯二(丙)癸
卯朔十(乙)壬子金臺觀主中岳先生馬元貞將弟子楊景

〔函〕郭希元内品官楊君尚歐陽智琮奉聖神皇帝勅緣大
周革命令元貞往五岳四瀆投龍作功德元貞於此東嶽
行道章醮投龍作功德一十二(乙)夜又奉勅敬造石元始
天尊像一鋪并二真人夾侍永此岱岳觀中供養祗承官
宣德郎行兖州都督府倉曹參軍事李叔度。右記在東
碑北面第一層
〔萬歲通天造像記〕文曰大周萬歲通𠀑貳𠡦歲次丁酉東
明觀三洞道士孫文儁奉𠀑冊金輪𨲭神皇帝肆(丙)伍(乙)
勅將侍者姚欽元詣此岳觀祈請行道事畢敬造石𠀑尊
像壹軀并貳真人夾侍庶茲景福永集𨲭躬聊紀其年用

傳不朽專檢校博城縣主簿關彥博錄事張則上護軍涂
雨鈞。右記在西碑北面第一層
〔聖曆造像記〕文曰大周𨲭曆元𠡦歲次戊戌臘(丙)癸巳朔
貳(乙)甲午大宏道觀主桓道彥弟子晁自揣奉勅於此東
岳設金籙寶齋河圖大醮漆(乙)行道兩度投龍遂感慶雲
叁見口齋醮物奉爲𠀑冊金輪𨲭神皇帝敬造等身老君
像壹軀并貳真人夾侍兖州團練使都虞候銀青光祿大
夫試衛尉卿上柱國高晃兖州團練使押牙忠武將軍守
左武衛大將軍上柱國趙俊專當官博城縣尉李嘉應。
右記在西碑南面第一層兖州團練以下左讀金石文字

記云碑字凡大周年者天作𠀑地作埊人作𤯔聖作𨲭年
作𠡦月作(丙)亦作𠥱日作(乙)星作〇。正作𠙺授作𥠢初作
𡔈凡數字作壹貳叁肆捌玖等字皆武后所改及自制字
其云大醮漆(乙)桼古七字太元經元攡曰運諸桼政元梘
曰梘擬之二桼方言曰吳有桼娥之臺王莽候鉦銘候鉦
重五十桼斤是也後人不知妄於左旁添鑿三點淺而大
又稍偏知非一筆
〔久視齋醮記〕文曰久視二𠡦太歲辛丑正𠥱乙卯朔二(乙)
丙辰神都青元觀主麻慈力親承𨲭旨內賷龍璧御詞繒
帛及香等物詣此觀中齋醮功畢伏願我皇萬福寶業恒

隆敬勅昌齡冀同礪而無朽侍者道士㕑宏倩○右記在
西碑北面第二層
〔馬友麀詩刻〕文曰早春陪勅使㕑先生祭岳●行博城縣
令馬友麀●我皇盛文物道化而埊先鞭撻走神鬼玉帛
禮山川忽下元洲使來遊紫洞前青陽得處所白鶴怪時
𡕀虔懇飛龍記昭彰化鳥鶯巖風半山水罏氣揔雲煙光
抱昇中囸霞明五色而山橫翠微外室在綠潭邊緹幕灰
壓暖焚林火欲然𡕀光著草樹春色換山泉伊水來何日
嵩巖去幾千山疑小天下𤯔是會神仙葉令乘鳧入浮丘
駕鶴旋㕑姑幾𡕀歲三見海成田○右詩在東碑側第一

層題上有五言二字朱彝尊跋云馬令詩其名剝蝕題曰
勅使㕑先生者卽久視二年記文稱神都青元觀主㕑慈
力也神都卽東都故有伊水嵩巖之句庋葢金輪十三字
之一音義未詳亡友顧炎武寧人吳任臣志伊均疑爲應
字想當然矣繩武案曝書亭集庋字作庋ノ下從丨從支不從皮案詩中無庋字而
友麀名亦尚可辨跋語葢未審也
〔長安造像記〕文曰長安元𡕀歲次辛丑十二𠥱已亥朔廿
三囸辛酉道士金臺觀主趙敬同侍者道士劉守眞王懷
亮等奉十一𠥱七囸勅於此太山岱岳觀靈壇修金籙寶
齋三囸三夜又於觀側靈場之所設五岳一百廿槃醮禮

金龍玉璧並投山訖又用鎭綵紋繒敬造東方玉寶皇上
而尊一鋪幷二眞𤯔仙童玉女等夾侍□□□供養其
囸祥風颸息瑞雪便停香煙氤氳囸𠥱明朗神靈降祉吉
祥事畢故刻石記時勒石題囸都檢校官承議郎兖州□
都督府戶曹參軍王杲專當官宣義郎行博城縣丞公孫
杲專當齋幷檢校像官博城縣主簿登仕郎董仁智○右
記在東碑北面第二層長安上書一舛字官名後書一詹
字未知何謂
〔公孫杲詩刻〕文曰贈諸法師●宣義郎行博城縣丞公孫
杲●駕鶴排□霧乘鸞入紫煙淩晨味譚菊薄暮玩峯蓮

玉葉低梁下金飈列窗前嘯傲雲霞際留情觧羽年○右
詩在西碑側第四層題上有五言二字譚疑潭字之訛
〔長安齋醮記〕文曰大周長安四𡕀歲次甲辰玖𠥱甲申朔
捌囸辛卯勅使內供奉襄州神武縣雲表觀主元都大洞
叄景弟子中岳先生周元度幷將弟子貳𤯔金州西城縣
元宮觀道士梁悟元奉叄𠥱貳拾玖囸勅令自於名山太
川投龍璧修无上高元金元玉淸九轉金房度命齋叄囸
叄夜行道陳設醮禮用能而埊淸和風雲靜默神靈効祉
表壁壽之無窮者也專當官朝散郎行參軍燉煌張浚幷
書專當官文林郎守博城縣主簿韓仁忠專當官宣德郎

行□□□劉元機○右記在西碑南面第二層
長安造像寫經記文曰大周長安四𠡦歲次甲辰十一𠥱癸未朔十五㘉丁酉大宏道觀威儀師邢虛應法師阮孝波承議郎行宮□丞劉懷悊邵□□等奉勅於東岳岱岳觀中建金籙大齋卌九㘉行道設醮奏章投龍薦璧以本命鎮綵物奉爲皇帝敬造石玉寶皇上𠀑尊一鋪十事幷壁畫𠀑尊一鋪十三事敬寫本際經一部度𤯔經十卷以玆功德奉福𨲢躬其𠥱四㘉已前行道之時忽見㘉彩揚光加以抱戴俄頃之際雲色稍殊遂有紫霞間起黃雲頓輿遍覆壇場竝成輿蓋覩斯嘉瑞敢不書之齋醮既終勒

文於石專當官宣德郎行兗州都督府參軍事王處廣專當官岳令劉元機專當官文林郎守博城縣主簿韓仁忠岱岳觀主倫虛白○右記在西碑北面第三層
唐神龍造像記文曰大唐神龍元年歲次乙巳三月庚辰朔廿八日丁未大宏道觀法師阮孝波道士劉思禮品官楊嘉福李立本等奉勅於岱岳觀建金籙寶齋卌九人九日九夜行道幷設醮投龍功德既畢以本命鎮綵等物奉爲皇帝皇后敬造石元眞萬福天尊像一鋪給事郎試太子中允劉秀良書○右記在東碑北面第三層
景龍造像記幷頌文曰大唐景龍二年歲在戊申二月甲子朔十二日乙亥大龍興觀□□□□□奉勅往東岳陳章醮薦龍璧以其月廿七日辛卯於岱岳觀幷□□□□設金籙行道九日九夜燒香然燈□□幷設五岳名山河圖等醮□三座□功德事畢奉用本命紋繒及餘鎮綵敬造鎮國□□□鋪□□皇猷永固與靈岳而恒安國祚長隆等元都而自久朝議郎行兗州□□□軍事王幹朝散郎行兗州都督府參軍□□上柱國兼直安樂公主府□□□□乾封縣令上柱國張懷貞儒林郎行乾封縣主簿騎都尉韓仁忠等恭承睿旨沐浴身心虔拜靈壇勤亦至矣稽首无上而爲之頌曰太山巖巖兮淩紫氛中有羣

仙兮乘白雲陳金薦璧兮□□□○右記在東碑北面第四層
景龍齋醮記文曰大唐景龍三年歲次己酉三月戊午朔十九日景子奉勅令豨州龍興觀主杜太素蒲州丹崖觀監齋呂皓仙京景龍觀大德曹正一等三人於此太山岱岳觀建金籙大齋報賽前恩追濟兗等州大德卌九人七日七夜轉經行道設河圖大醮更祈後福以申告請七日之中遂呈四瑞白鶴騰輝拂霞莊而矯色黃雲覆彩暎巖穴以通光絲雨飛禎家示九年之蓄烏曦抱戴壽延千載之君紀時日於青郊勤奇工於翠□夾紵像一鋪十一事

二聖本命鎮彩脩造戸曹盧延口縣令張懷貞主簿韓仁
忠○右記在東碑北面第一層
〔景雲遣道士供養岳靈文〕文曰景雲二年六月二十三日
皇帝敬憑太清觀道士楊太希於名山所燒香供養惟靈
蘊祕凝真含幽綜妙類高旻之亭毒同厚載之陶鈞蓄洩
煙雲敲虧日月五芝標秀八桂流芳翠嶺万尋青溪千刃
蜺裳戾止恒當碧落之庭鶴駕來遊即是玉京之域百祥
覃於遠邇五福被於黎元往帝所以馳心前王由其載想
朕恭膺寶位嗣守昌圖恐百姓之不寧慮八方之未泰式
陳香薦用表深衷實冀明靈降茲祉福所願從今以後浹

寓常安朕躬男女六姻永保如山之壽國朝官寮萬姓長
符擊壤之歡魚鳥遂性於飛沈夷狄歸心於邊徼實希靈
鑒用副翹誠今因練師遣此眾恣○右文在東碑南面第
二層金石文字記云刃當作仞
〔景雲齋醮記〕文曰大唐景雲二年歲次辛亥八月癸卯朔
十四日景辰蒲州丹崖觀上坐呂皓仙奉今年閏六月十
九日勅往東岳及萊州東海投龍并道次靈跡脩功德將
弟子二人蒲州靈仙觀道士杜含光丹崖觀道士王元度
道士孫藏暉於此三日三夜卅九人金籙行道設齋醮并
投龍口口口朝議郎行倉曹參軍陸大鵜朝議郎行兵曹

參軍高岋通直郎行參軍袁幹時宣義郎行瑕邱縣丞裴
遇等奉都督齊國公崔處分令此起居呂尊師時屬仲秋
謹題斯記○右記在西碑南面第三層案西碑側第三層
有戸曹參軍魏嘉禮撿挍齋觀主趙元監齋許林王瑤王
希嶠似與上文相屬又有㸚字張寰字齊字散置其末書
一㸚字蓋指字行錯亂也解張寰三字又與宋人題名內
渤海高暉等筆法相類附識於此
〔開元興造記〕文曰歲口月我皇有意於神仙勅使正議大
夫內給事梁思陀寺伯俱元明等與道士任无名於東嶽
泰山投龍合練寵以紫綍送以紺錢皇皇焉濟濟焉乘傳

而來矣都督韋君仰祗帝命遠挹使車妥擇幹明式經構
葺朝議郎行功曹蓋寡疑宣德郎行參軍李烈恭行郡命
屆岱嶺因太山之木用近土之人鑿碧巖壘丹竈列星柱
亘虹梁匠無宿舂農不下壟嘗未浹日厥功已成棟宇已
來莫籌其速乾封主簿趙杳持劇務以應諾揔羣事而趨
走恪勤匪懈不遑自寧息徒庀工刻詞貞石于時開元八
年歲次庚申七月壬子朔廿日辛未畢此功也瑕邱尉攝
此縣盧昊○右記在東碑南面第三層此開元盛時也猶
復爲此蓋唐氏崇信老子習使然耳記首云我皇有意於
神仙殆托諷與

〔開元修齋記〕文曰開元十九年十一月都大宏道觀主張
遊霧京県龍觀大德楊琬建立眞君於此修齋三日三夜
專當官朝散郎曲阜主簿上官賓登仕郎乾封縣尉王去
非。右記在東碑南面第二層
〔勑使胡寂等題名〕文曰開元廿年二月口日勑使內侍省
內謁者監胡寂判官掖庭局監作甯君愛口上騎都尉王
元湛專知官登仕郎行乾封縣尉王去非。右記左讀在
東碑南面第四層
〔大歷齋醮記〕文曰大唐大歷七年太歲壬子正月癸未朔
廿三日乙巳奉勅於岱岳觀修金籙齋醮及於瑤池投告

事畢故題記修功德中使內侍魏成信判官文林郎守內
府丞劉元載判官掖庭局丞楊彥瓌小使掖庭局丞魏貴
珍使內供奉道士申昇元使翰林供奉道士王端靜山人
王昌字弟子道士李曰榮駱眞運大叔法澄行官陳口同
勾當官朝議郎行乾封縣尉郭璆專知齋醮撿挍官朝議
郎行兗府參軍王楚典李口晟張守珪行官郭元光劉仙
蜺·大歷七年正月廿三日撿口文乘記。右記在西碑
南面第四層後十四字轉入碑側山人王昌宇大叔法澄
九字筆法小異
〔劉難陁等題名〕文曰乾封縣令劉難口守鄆州盧縣丞權

知岱嶽令畢從勸羊希俊天師下行官邊阿秀張友朝大
道弟子鄭仙芝岱嶽觀主道士趙昌元使下行劉伯川石
口潽仙觀萬歲觀主道士口口口上清元都大洞三景弟
子口口潋眞君廟院主撿挍道門道士卜皓然岱嶽觀三
洞法師尹澹口。右題名在西碑側第五層似與前記相
屬陁字缺以下造碑記知之縣志及泰山圖志作拖字誤
〔大歷造碑記〕文曰大歷八年歲次癸丑九月癸酉朔廿八
日庚子修功德中使正議大夫守內侍口內侍員外同正
員上柱國魏誠信判官文林郎守內府丞劉元信小使文
林郎守掖庭丞魏貴珍內供奉道士申昇元翰林供奉道

士王端靜等奉八年六月口日勅於東岳修金籙行道七
日七夜及缺九字高宗元宗修封紀號口口并造碑樓六
所並因此記專知官昭武校尉左金吾衛口口口專知撿
校醮祭官文林郎兗州瑕邱縣尉口口同撿挍官宣義郎
行乾封縣尉口口口叅奉郎守乾封縣令劉難陁上柱國
口口口山人劉曰濟山人王昌宇隨使修碑口口口。右
記左讀在西碑北面第四層
〔王圓等題名〕文曰淄州刺史王圓口口口馮珦山人王昌
宇大歷十四年二月廿七日同登泰嶽時眞君道士卜皓
然萬歲道士郭紫微各攜茶菓社候于迴馬嶺因憩於工

母池登臨之興無所不至駈使官樂瓌題記○右記在東
碑南面第四層金石文字記云凡唐人紀遊題名皆就舊
碑之陰及兩旁書之前人已題後人即於空處插入大小
高下俱無定準宋初亦然自大中祥符以後題名者乃別
求一石刻之字體始得舒縱亦不與舊文相亂然石小易
於搬取故題名愈多而存者愈少今之溝渠礎磨之間皆
是物矣又案荼蒣之荼與荼苦之荼本是一字古時未分
麻韻荼蒣字亦只讀爲徒東漢以下乃音宅加反而加字
音居何反猶在歌戈韻梁以下始有今音又妄減一畫爲
茶字此碑兩見荼字皆從艸從余可見唐時字體尚未變

爾雅檟苦荼廣韻有荼字又有茶字注曰俗是也
敬饗等題名文曰平盧淄青度支判官中大夫撿挍尚書
工部郎中兼侍御史敬饗節度押牙中大夫試殿中監馮
珣文林郎守兖府兵曹參軍田浩朝散大夫行任城縣令
權知乾封縣令楊序節度駈使官朝散郎試光祿寺主簿
明幹文林郎任城縣尉高鍠山人呂滔唐建中元年二月
廿九日登岱岳因訪瑤池故志之○右記在東碑側第二
層
建中祭岳題名文曰鴻臚□□偃□祭岳使駈使官左
□率府兵曹參軍□門下令□□奭節度逐要官太□事

舍人郭□山人王昌寓左金吾兵曹參軍□□太常卿李
□超祭岳使給□□□亞獻觀察□□□終獻禮部□□
□侍御史兖州刺史□□節度押牙殿中侍□□節度都
遊奕使□□事□□濟□□□兖州司馬高蕭團練判官
前章□□建中元年缺數字○右題名在西碑南面及東
碑南面第五層文多剝落
貞元祭岳題名文曰撿挍尚書駕部郎中使持節都督兖
州諸軍事兼兖州刺史侍御史充本州團練使任要貞元
十四年正月十一日立春祭嶽遂登太平頂宿其年十二
月廿一日立春再來致祭荼宴於兹同遊詩客京兆韋洪

押牙王遷運乾封縣令王怦尉邵程嶽令元寘造車十將
程日昇後到續題○右題名左讀在東碑北面第三層攷
唐制以東郊迎氣日祭岱山於兖州此則刺史親來致祭
也云荼宴者朱彝尊云唐時祭畢猶不用酒故宴以荼也
任要韋洪詩刻文曰臘月中與韋戶曹遊發生洞徘徊之
際見雙白蝙蝠三飛洞門時多異之同爲口号·任要·
山翠纍靈洞洞深元想微一雙白蝙蝠三度向明□雖言
有兩翅了自無毛衣若非飽石髓那得淩□□偶見歸甚
說殊勝不見歸　同前·韋洪·欲驗發生洞先開氷雪
行窺臨見二翼色素飛無聲狀類白蝙蝠幽感騰化精應

知五馬來啟蟄遊春榮露冕口之久鳴騶還慰情。右詩左讀在東碑北面第四層景龍造像記後朱彝尊跋云張嘉貞任要韋洪公孫杲詩俱刻於岱嶽觀碑側而編岱史者不録任韋公孫三人新舊唐書無攷案碑中無張嘉貞有張懷貞亦無詩雖有頌三句未專指爲懷貞作反遺馬友麾詩殆未詳閱也金石文字記云此碑凡二十餘則書法不一惟中二側面無字唐碑存於泰山者唯此及元宗紀泰山銘蘇頲朝覲頌二文皆磨崖刻於山上而此碑在山下以小而雙束故不仆書非名筆故摹拓者少而獨完至今因漢唐時六帝一后修齋建醮凡二十許共此一碑

亦異乎近代之每歲一碑以勞人而災石者矣但不知趙德甫金石録何以不收恐古人碑記失傳者正多耳碑下爲積土所壅予來游數四最後募人發地二尺下而觀之乃得其全文泰山圖志云書非名筆趙德甫金石録不收自屬有見郇亭林金石記亦祇存名目蒙案德甫距此碑時頗未遠故別裁不録猶今人之遴明刻也今已千二百年矣官名事蹟多可採不及此時録之恐日謚剝蝕非徒貴遠賤近耳好古者於宋人題識猶摩挲不置而反棄此何也

〔後梁〕龔四能等題名六則文曰運局龔四能巡山李元英

主簿顏志道縣尉陳聖徵同觀辛未改元後二日題 眞書左讀 ●巡山李元英鉅鹿簿張伯揚濟陽掾張君猷同觀主張義之遊此 眞書 ●壬申秋社日主簿顏志道尉揚子章同觀主張義之到是峪水聲寒玉山色迷靄深得仁智之趣覩夕陽忘歸是日濟北王仲文題 眞書左讀 ●巡山孫明叔法掾揚子平弟尉子章同觀瀑泿癸酉六月十三日顏志道題 八分書左讀 ●蘭陵東元伯與江子正蘭思道馬濟叔韓公權張義之同遊甲戌孟秋望日題 眞書左讀 ●泰山江子正口邱翟公肅口口七月晦日 眞書 ○已上六則竝勒小蓬萊石崖東向案題名皆有甲子而無年

號攷宋金元無辛未改元者惟朱梁太祖開平五年辛未改元乾化王仲文已下皆相繼而書故并録於此甲戌則末帝乾化四年也

〔宋〕宋禧題名文曰轉運使尚書工部郎中宋禧因巡歷遊岱嶽觀皇祐四年三月二十有二日題時奉符宰殿省丞張周偕行。右眞書勒老君堂雙碑蓋北面宋禧詳青帝觀

〔李陟〕題名文曰州從事李陟因幹事至邑率巡山供奉何懷智前巡山侍禁李安龔邱簿胡稷臣符離進士張珹屢遊時皇祐壬辰歲仲夏月十有一日陟題石觀主王歸德

道正李若清○右眞書勒雙碑葢東面
李若清等題名文曰道正賜紫李若清前觀主賜紫高歸道觀主賜紫王歸德上座賜紫李茂之掌文籍賜紫蔣茂周掌文籍賜紫龎顯蒙大宋皇祐五年歲次癸巳四月一日庚午記○右眞書左讀勒石在羣玉庵重門之右泰安縣志誤爲右讀故云龎歸蒙等題名也
重修王母殿題識文曰元祐八年岱嶽觀重修王母殿及砌壘山子剏置花園一所○右眞書與李若清等題名並刻一石無姓名
回回翁詩刻文曰昔日曾遊此如今九十春紅塵多少客誰是識予人回回翁題●紹聖戊寅三月二十一日留題口口口上　昔年留字識曾來事滿華夷遍九垓無賴蛟虬知我字故留踪跡不沈埋回公再書●政和丙申六月十八日題於王母池北○右碑高二尺七寸廣一尺七寸半勒呂公洞壁碑分上下二方前段上方眞書後段下方行書再書二字類押狀末綴大定二十一年六字甚小岱史云回翁卽呂喦好事者摹其眞蹟於會眞宮乃行草書今在郡治南關帝廟內此殆從會眞宮重摹者也
劉晦叔等題名○右元符三年眞書在小蓬萊石上
郭異等題名文曰郭異世英奉使京東口按部過此劉朋

無黨同遊男左侍行崇寧壬午十一月晦日書○右眞書勒虬在灣北石上今佚
范致君題名文曰武夷范致君久慕仙風自楚之齊遂登泰山以望八極之表有宋大觀元年正月廿三日記於是碑●后土聖母殿缺七字上石○右石高廣尺五寸眞書七行六字字徑二寸勒后土殿壁閒末有后土聖母殿五字差小碑下截刓毁不完
平原人等題名○右大觀口年眞書在小蓬萊石上殘缺
景禧等題名○右政和改元十一月眞書在小蓬萊石上殘缺
董元康題名文曰長清董元康權宰奉高受代將歸同王彥文遊政和甲午重九日崇道繼至○右眞書左讀在雙碑西側第一層金石文字記云余旣讀唐碑往返數四道士謂予曰昨發地得石刻二請觀之其文亦可采葢一又爲董元康石刻一爲盛勛石刻皆政和戊戌年又云戊戌乃政和八年其年十一月改元重和其曰決獄者讞而決之古無仲夏決囚之事也今二石俱佚
高季艮等題名文曰徂徠山人高季艮岱嶽山人王寓渤海高暉岱嶽觀上座董太虛岱嶽寺主艮素○右眞書在雙碑西側第二層與董元康題名相類附此

〔無咎〕等題名文曰無咎顥達侍親遊此政和乙未孟冬十六日。右眞書勒吕公洞北案無咎顥達見德星巖張抉等題名

〔安隆〕等題名文曰保義郎前辰州□安隆同巡檢韓□先受差使任滿得替謹發□躬詣祠下拜祝果□□大宋政和戊戌□月二日謹題。右眞書勒王母殿前旛竿石上又有慶歷六年及崇寧年鐫刻不可讀

〔元〕王母池禁約刻文曰該奉州官臺旨禁約諸人無得於池上下作穢如違決杖八十當職准此合行牓諭禁約至元二十九年九月日。右勒王母池上今沕

〔宋〕沱致沖〈吕公洞〉朝遊北海暮瀛州仙佩何年到此遊安得相從問丹訣春風同醉岳陽樓

〔明〕劉應時〈王母池〉西母誰迎到此巔軒皇親遣碧霞仙娲來星宿河中水瀉作蓬元洞口泉白鶴尙棲梳洗側飛鸞自舞玉環前平生賸有雲霄意便欲乘槎上九天

李養正〈飲王母池二首〉攜榼踏秋遍瑶池景更幽水澄清似玉松老曲如虬乍冷依山足高眠枕石頭忽聞青鳥喚彷彿到崑邱　酒醉猶能酌日斜故不歸已拚塵世棄漸覺足音稀風靜魚爭出秋深蟹正肥蘚蘿山盡老晉欲翦爲衣

〔杜文〕〈同吕公洞〉古洞嶺岈白石衡門䍡歷青苔黃鶴仙人已去碧桃花爲誰開

〔蕭協中〕〈梳洗河〉蕊宮原不珥明璫樓殿波澄映夕陽輕抹霧煙迎岱色嫩縈河芷帶天香瑶池沁液風生暈嶽麓分泉月浸涼欲借雙成問王母恐隨時局亦新妝〔虬在灣〕澄澄注一灣知有虬龍在得遇題詩翁相攜去無礙擾擾路傍人昏昏雲鬟鬟虬去池空存波光凊于黛

〔林守芳〕遊王母池吕公〈洞〉幾年飛夢向瑶池此日何緣得一躋屐到仙橋無犬吠雲侵丹洞有鶯啼松閒炊黍眠初覺石上看棋日未低望裏塵寰歸路杳居然不異武陵迷

〔國朝〕〈畢海珖〉〈遊王母池二首〉一逕螺髻旋懸崖得樓閣不有此中人何處尋邱壑　荷葉媚清池鳴蟬動高柳人語磬聲中稽首西王母

〔蕭儒林〕〈王母池〉風吹閬苑水漣漪座飲瑶臺綠一卮青鳥書迴波鏡徹碧桃花暖洞春遲石欄月上殘鐘後竹砌風來細雨時誰鍊丹砂消世界靈虬飛處更題詩

一天門南下一里爲白鶴泉宋郱郡城疏泉遶隍北開水道經岱廟東南流折而西南爲渠可汎舟今城内尙有運舟街水至城西南出會滐入泮歸汶明嘉靖時封尙章領鄉薦建別墅於泉側引水爲池一時軒蓋盛集比習池焉尙章物故

其家厭苦之乃以巨釜封泉立閣其上而池醮泉壅矣明一統志云懸崖瀉出宛如垂練岱史云泉冽味甘以他泉秤較之輕重亦迥異自泉壅後州中科目漸衰形家輒以爲言宋熹繹田倡濬治不果大雨時猶砰訇若雷西南有泉一泓頗清美蓋其支流耳萬歷八年建玉皇閣臨道有坊額閣名乾隆年知縣馮光宿樹白鶴泉坊西偏一亭知縣程志隆拓建記畧曰閣西偏源泉一泓清冽而甘相傳昔有數白鶴止於泉畔遂名泉故有亭久廢惟存老屋三間制甚湫隘名蹟靈區幾至湮沒地當登岱始基朝謁者無虛日苟遊踪初憩問所謂亭而漠乎無有不幾與柳州鐵鑪之步同一寄慨乎於

其舊地建亭一所構榭五楹亭成千峯屛蔽於後九陌棋布於前城郭井里歷歷在目而徂來高里諸山遙列几案并可時挹其空翠焉西爲北斗殿隆慶間建亦有人祖殿近改痘神祠北爲金龍四大王廟康熙初祠河神祠前有像設獰惡者或曰盜跖也莊子云孔子往見盜跖盜跖乃方休卒徒太山之陽膾人肝而餔之蓋魯人設祠以爲禬禳如祭蚩尤及方相之意玉皇閣東爲升元觀縣志云自岱宗坊西徙建者故名建封院宋政和賜今額元至元年張志純重修名朝元神祀東華帝君道家謂之東岳福神今案重修碑文但云爲羣臣之賀正不言所祀爲東華帝君也碑又云朝元之建未

詳始於何代似改額朝元亦不自此時始也明嘉靖間重修仍額升元觀南爲三皇廟配八蜡先醫有明宏治遣中官致祭祝文碑今爲郡人蜡祭所閣西稍北爲金山

〔宋〕賜升元觀牒〔碑〕文曰尚書省牒泰寧軍奉符縣升元觀・泰寧軍狀據兖州儀曹掾兼兵曹婁寅亮狀稱契勘兖州奉符縣泰山之下有古洞天周三十里名曰三宮空洞之天載在圖經是實卽目宮觀並無名額卻有建封院一所逼連嶽廟之後殿屋完備田產頗多只一邨僧占據住持任從民間安攢邱墓穢惡不蠲深慮觸瀆眞仙不便欲乞備申朝廷改爲道觀州司看詳本院委合改充前件洞

天道觀伏候指揮・牒奉勅宜賜升元觀爲額牒至准勅故牒・政和八年六月十四日牒・起復大中大夫守左丞王丏特進少宰丏起復少保太宰匠太師魯國公不押・政和八年閏九月廿一日襲慶府管內都道正兼權措置知升元觀事洞元大師賜紫道士李沖寂立石○右碑連額高四尺六寸五分闊二尺字大小八行每行長短不齊額曰升元觀勅柳葉篆字徑三寸牒奉勅以下十六字行書字徑四寸許書頗道勁不知何人筆餘並眞書首尚書省牒一行字扁而闊三寸許泰寧軍狀以下字徑六分年月官銜及押字徑一寸金石文字記云攷宋史婁寅亮

傳但云政和二年進士爲上虞丞不言歷官兗州亦可以此碑補史之闕其曰太師魯國公則蔡京也泰山縣志云特進少宰者劉正夫也起復少保太宰者鄭居中也金石文跋尾云起復大中大夫守左丞王者王黼也特進少宰者余深也又云徽宗以政和八年十一月改元重和故六月閏九月仍稱政和又案徽宗紀是年八月乙亥升兗州爲襲慶府故牒前稱兗州後稱襲慶府矣又云陸游老學庵筆記自唐至本朝中書門下出勅其勅字皆平正渾厚元豐後勅出尚書省亦然崇寧間蔡京臨平寺額作險勁體來長而力短省吏始效之相誇尚謂之司空勅亦曰蔡

家勅蓋妖言也京敗言者數其朝京退送及公主改帝姬之類偶不及蔡家勅故至今勅字蔡體尚在此碑勅字正所謂蔡體也案此碑自舊觀移置今觀中南向尚完整備錄之以見當日牒狀之式

〔元〕重修朝元觀〔碑〕文曰嶽陽重修朝元觀記・翰林集賢學士正議大夫知制誥同修國史徐世隆譔古口劉惟一篆郡人高又元鐫・岱宗者何衆嶽之長也嶽陽者何四方之南也朝元者何兩儀資生萬物居泰羣臣之賀正也故道家取象名其觀曰朝元朝元之建未詳始於何代東平嚴公南征愷還之日徑趨泰山祠焉禮也蓋昔者諸侯得祭境內山川將登絶頂遥望古殿檐楹損壞棟宇摧仆遣人視之果如所見命道侶住持剋期修理會公薨逝嗣相踵行其事資緣掌教洞明眞人屬天倪子張志純志純元名志偉遇聖上知識遂改今名天倪子以嶽廟事重辭焉眞人乃下拜不起天倪承命遂鳩工掄材雖時經凶年亦勉力成之其費皆出會眞常住嶽頂香資掌教所助淨財支用殆盡嗚呼俚語云與人不足勸人爲屋剏棟粱之材丹雘之工物也邪雖然泰山者蓬元之洞天洞天三十六福地七十二卽其一也故其門曰天門其觀曰日觀其風也來萬里其雨也徧九州其星曰歲星其帝曰青帝旣

爲衆山之長又爲萬物之宗其興與廢必有靈祇司之豈有不爲神物所護持者哉廢而興之宜矣雖然古人爲命裨諶草刱世叔討論子羽修飾子産潤色區區一辭命之微尚經四賢而能之若此祠也先公倡之嗣相繼之眞人助之天倪終之豈有不興者乎翰林集賢學士又爲之記且敘之以詩云嚴公南伐愷歌歸曾過朝元古殿基已立城池從衆守未完宫觀擇師爲丹青繪出神仙像玉石鐫成仁聖姿紀德歌功翰林事步虚正要七言詞・大元至元二十二年歲乙酉三月十有七日知觀門事泰安州都目高淵從事郎泰安州推官張翔承務郎同知泰安州事

徐汝嘉武德將軍泰安州知州兼諸軍奥魯粘合瑋武德將軍泰安州達魯花赤兼諸軍奥魯八合禿宣授沖虛至德通元大師東嶽監修提點充東平路道門提點張志純重修魯國武惠公嗣孫奉訓大夫沂州知州兼諸軍奥魯嚴度立石○右碑連額高八尺五寸廣三尺額文今題八字二行字徑三寸半籀文文二十行行四十六字字徑寸二分小篆書在今升元觀內西向志純原名志偉號天倪子東平嚴公者名實字武叔長清人初宋取諠都以實爲濟南治中實知宋不足恃乃謁穆呼哩於軍門甲午朝太宗於和林授東平路行軍萬戶此所謂東平嚴公也庚子

年卒中統二年追封實爲魯國公謚武惠其子孫之見於史傳者子曰忠貞忠濟忠嗣忠範忠傑忠裕忠祐孫曰瑜乃忠濟之子此碑云魯國武惠公嗣孫嚴度當是金紫光祿大夫忠貞之子也達魯花赤當爲達嚕噶齊

〔國朝〕建金龍四大王廟碑○右王紀撰曲允斌眞書趙宏文篆額康熙元年十一月勒廟內

〔白鶴亭記〕○右知縣程志隆撰行書乾隆三十七年八月勒亭西壁閒

〔明〕〔蕭協中〕〔封家池〕山翁頫醉習池頭此地名園亦勝遊賴有靈泉通浩蕩且鄰白鶴倍淸幽一泓勢可傾千里百折期將到十洲歌管每邀巖際月芙渠紛集水中鷗游人耐可酬嘉賞地主無端厭拍浮消歇繁華寧物理搜尋遺跡待人謀可堪舍築憑然諾暗惜雷聲隱洑流願得深心似余切不妨疏鑿自悠悠

金山與虎山對峙上有西眼光殿故宋高眞院也泰山小史云山路漸高望之煙雲迷離而距城稍近遊人不苦於登眺也殿西有眼光泉病目者趨焉南爲青帝觀隋書禮樂志開皇十五年春行幸兗州遂次岱岳爲壇如南郊又陳樂設位於青帝壇如南郊帝服袞冕乘金輅備法駕行禮畢遂詣青帝壇祭焉時猶壇而不屋也觀刱始無攷文獻通攷大中祥

符元年加青帝懿號爲廣生帝君重修神宇因名曰廣生殿泰山小史謂基阯高聳殿廷宏麗儼若帝居禱祠者輒應云觀內東南隅爲宋淸靜軒故阯金山東南爲岱宗坊

〔唐〕造太一眞武二像碑文曰使朝請大夫行內謁者監上柱國□□□敬造太一天尊（缺數字）·泰水之陽汶水之北中有（缺）應南（缺）蒿里（缺）是（缺）大（缺）上（缺）故（缺）圓（缺）證四（缺）上昇□□氣□存致果於無（缺）合家並同霑此福（缺）·天寶六載歲次丁亥四月景午朔□日景午建立○右眞書勒碑下方上方寁石爲二龕內像隆起與碑面平太一天尊居左立蓮花上眞武居右坐重臺足屈右垂左皆有

圓光其上皆有寶葢碑兩側各上下二像左則上像合掌垂足坐下持蓮花拱立上題夫人供養下題傔人趙進超一心供養右側上像籠手垂足坐下亦拱立上題父供養下題傔人劉令仙一心供養有宋政和題名鐫葢其上碑蹕觀內垣閉隙壞泥落聶鈫見其碑陰有宋宋禧題名發出讀之乃唐時物也招余往觀雖闒瑠所作不足取然像刻工緻書亦方整堪與鴛鴦碑竝存惜記文多刓蝕耳同時出者宋廣生帝君讚殘碑明俞俊古栝詩竝詳後時乙巳歲穀雨日也鈫命工共舁一臺樹之觀重門內左側西向蒙有贈鈫詩云劍光老人金石癖氈椎常隨幾兩屐年望榮期目幾告岱下碑版手不釋泰山神君憐其勤來獻千載上物供蒐擇高眞院下樹崢嶸淸靜軒旁屋偪窄那知短垣瓴甓間久藏盛唐題勒迹忽然得見同琛球急令拭滌出礎碣上猊太一端拱元武坐一冠切雲一界額華葢童童綴珠瓔羽衣翩翩化䜛積下識天寶丁亥建記文刓損吁可惜但看剞劂殊巧緻何妨謁監等臧獲其側四眞夾侍傔人供後來誰誌居中效安石因從摩挲辨毫髮竝詳制度紀寸尺磨崖銘外僅雙碑得此更足備攷覈碑陰還有宋題名殘碣別收御祝冊一時堙晦盡顯彰爲叟好古賚探索我旅山麓垂十年鉛槧重負子雲宅仙閭掌

故互檢訂賴存什一於千百知叟甘餐紫石英笑我痛飲青田核叟以網羅放佚作葚裘局脚玉牀應可席秦篆如存雖斷劖猶當復出還勝會稽嶧

〔金龍石刻〕○東游畧記云猶有大聖祖無上大道金闕元元天皇大帝之號及大中年等事今石久佚不可攷矣

〔宋青帝讚碑文〕曰青帝廣生帝君讚并序•御製御書并篆額•若夫典治喬嶽表正靈祇司生發於東方佐聰明於上帝宜乎名冠仙籍德被烝民饗祀典於蕭薌鏤徽稱於金石者也屬以虔修封禮恭答神休薦顯號以致誠述斯文而頌美讚曰節彼岱宗奠茲東土生育之地靈仙之府爰有高眞允司明命至神不測虔誠斯應茂實克昭儲祥是繫式奉嘉名用伸精意•大中祥符元年十月二十七日御書院摸勒刻石○右碑見金石文字記自乾隆丁卯年碑石糜碎無存乙巳春聶鈫於青帝觀內道院隙地得其一角僅存青帝廣生帝君御製若夫典治上帝共十四字碑陰存克舉上三字葢御祝文也竝眞書顧寧人不載碑陰祝文豈畧之耶

〔青帝告文〕文曰惟大中祥符元年歲次戊申十一月戊午朔四日辛酉崇文廣武聖明仁孝皇帝謹遣尚書兵部員外郎邵曄告於青帝廣生帝君伏以峻功丕顯誕彰陰隲

之仁神化無方實主發生之宇惟高眞之攸館乃喬嶽之
靈區屬以祇奉元符躬陳大報仰繄景貺克舉上儀式彰
昭代之稱以表欽崇之禮合伸致告用達虔誠謹告○右
眞書勒青帝讚碑陰
加青帝懿號詔碑文曰勑中書門下名嶽配天乃衆山之
雄長盛德在木實萬物之資生惟眞宰之斯存蓋靈篇之
攸紀青帝眞君職司煦育道叶沖虛贊元化於高明庇羣
生於溥率眞祠夙建方志可徵屬嚴駕以時巡爰祕封之
成禮式瞻神館冀沐宜休祗舉典章載揚懿美奉蕭鄉而
昭薦旌至德於無方用表欽崇永綏福祉宜尊懿號曰青

帝廣生帝君觀宇特加脩飾故茲詔示想宜知悉○右大
中祥符元年十月御製御書勒青帝觀中今佚
宋禧詩刻文曰巡歷屬部遊青帝觀留題●轉運使尚書
工部郎中宋禧●按部到天孫因過清靜軒山尖覆雲蓋
石罅迸松根危磴關河路遠林桑柘郵閒邀羽人話洞究
五千言●皇祐四年三月二十二日題●青帝觀主賜紫
道士郭永昌朝奉郎守殿中丞知縣兼兵馬都監及管勾
宮廟公事賜緋魚袋張周同至立石朱演刊○右額云詩
石竝眞書勒唐太一眞武二像碑陰攷宋史禧以慶歷八
年二月同知諫院五月出爲轉運使蓋由荆湖北路轉京

東路皇祐四年距慶歷八年五年也禧有宋羅江之目其
人不足稱矣
居中題名文曰居中效安石游政和丁酉四月二十一日
○右題名二行前六字字徑二寸後十字字徑寸鐫蓋唐
造像碑右側像上案居中即鄭居中安石即王安石政和
丁酉即政和七年與德星巖題名相同詳分覽之一
青帝觀眞君殿碑文曰東嶽青帝觀眞君殿之記●總鎮
居士周顯靈撰補口校正御前文籍口口入張振書丹口
林郎李保存篆●於戲魁乎偉乎舉六合於太虛之內者
元氣之力也包總晦明維持終古而不復墜者至神之功

也神無方而有方者賴焉神無名而有名者口焉神也者
妙萬物而爲言聖也者大而化之之稱至精者爲至粗者
所歸至妙者爲至顯者所持凡囿於名教之域莫不皆神
之所主聖人郊禋澤瘞各從其類致其禮彰其用歲暮臘
蜡合萬物而索享之無一物之精不求而報其主物之功
然時有用舍名有高下而神之所口又有貴賤剛柔之別
五行之尊者在天爲五帝在地爲五嶽在人爲五常在身
爲五藏在物爲五事未嘗不各從其類而有所主火爲文
見於離明之方而帝與萬物相見於是乎在水爲武潛於
幽朔之位萬物至是而堅凝伏藏惟其堅凝是以毅然不

可犯可得而犯者所恃焉惟其伏藏是以出而應物則天下無敵龍爲五蟲水類之長水之至精所生焉其伏乎混茫潛於纖芥其質也極天下之至微其氣也曰天下之至妙其神也游天下之至幽及其風雲既會出而布四海之澤則雷雨之動盈於九區其體之廣其氣之雄彌塞宇宙矣此水德沈潛之效也乾爲八卦之君處西北至陽闔闢之方其六爻□致則成亢龍於象爻爲寒冷此水德剛健之功也水爲五行之祖與土同王於坎宫四象萬物資之以始生故元武之狀具金木二體而水火之色存焉乃四象所會而歸根抱元以守其宗惟其能以至柔□□□之

至剛使不能有所犯是以四象歸之以稟其生以全其養若嬰孺之懷二親也非大道至眞何以及此坎之中有陽□焉以一陽□乎羣陰之中使昭昭之論由此以成始成終非不怒而威不戰而服何以及此我北方作聖眞武靈應眞君僞金闕眞尊之聖撫有倫孩慕之誠統元天無鞅之猛獲億相包育之羣十極內外人姦魑魅凡爲幽顯害者莫不懾懼□光聞風震駭□□竝仰溥濟無涯久沐德庇獲蒙師禮密簡學徒之列積有年矣平生于□宗之道□淪警悟披拂迷□皆睿意所感而遂通之晚□於修眞久視之理溥造淵奧多古今簡籍之所罕載隱淪之所未

覩者舉自會心默而識之非智德洞徹於靈府無以與於斯也今且飭身鍊行崇建三聖之教總會一眞之境仰荅宏貺往年祈斗中七元君上達帝聰願以護師之稱冒干□□已而聖威告以允旨今以寃魔所戾屯坎萬狀正擬攄誠瀝懇以俟哀援俾聖導所能遽成實績屬大梁□□李□□捐貲購工獨刱眞祠于泰嶽青帝觀後金山之端託以記文庶傳永久殿爲南北五架東西四楹重簷羽揭綺觀翬飛丹□□拱勢糺雲漢中凝睟儼靈衞肅然香燭華實之奉藻荇薦燎之供悉李氏具焉仰瞻岱宗之峻極俯鎮萬壑之深注所以來沖馭而駐倒景恍乎其儀泠乎

分覽二 岱覽卷第十二 岱陽中 圭 果克山房

其應將以崇國祚濟億兆於千萬斯年其慶李氏之耄□釋意外之愆尤俾流於世世者方馬□毫之力爾若夫甦□□於困蒙成眞仙修鍊之業實亦寤寐不忘於大旱布雲霓惟洪造鑒而矜之殿始治於宣和壬寅五月□□日落成於六月十八日奉安於七月十八日稽首再拜作頌三章章八句曰滄波浩渺惟水之明雄威淵默惟□之靈靜滋衆彙動應八瀛我眞潛妙我武振亨於皇紫極實爲辰樞乾闢是斡坤□是扶陽虛焰熾陰厄靖紓至剛莫犯至柔所憮桓桓無上滔滔至精破萬魔膺滅千妖形□□□□禦□之勍儼茲烰宇永護四生・大宋宣和五年歲

次癸卯十二月口日立石缺監修道士呂善缺尙修殿同
知觀李賜紫道士張缺觀道士李○右碑高三尺四寸廣
尺七寸篆額青帝觀眞君殿之記八字四行字徑三寸文
三十二行行五十二字字徑五分眞書在青帝觀重門內
西牆門
〔明〕俞俊詩刻七律一首前缺八字末云右青帝觀古栝俞
俊和時宏治癸亥孟春之吉也橫石草書絕佳云和必有
唱者或石尙闕疊垣者斷其大半未可知也勒處見前
〔明〕吳嶽遊青帝觀洞門梵宇秋雲細青帝離宮煙樹齊虛
谷入聲飄翠壁寒空雁影落丹梯窮探仙蹟荒壇隱深入

禪林野徑迷淸賞不違幽興遠欲尋石室伴僧棲
〔蕭協中〕高眞觀香林棲碧宇曠古事高眞嵐翠空中色曇
華象外身徑危懸石細松老得枝新城市仍非遠寧辭蠟
屐頻
岱宗坊在玉皇閣南登岱始此道里記云岱宗坊四里至一
天門又五里至高老橋又三里至水簾洞又七里至迴馬嶺
五里至二天門得平處三里至御帳坪又五里至對松山又
四里至龍門又五里歷十八盤至南天門凡四十餘里從舊
說非如張五典所量也坊刱明隆慶閒巡撫姜廷頤雍正八
年郎中丁皁保重建篆坊額坊東爲酆都廟神稱酆都大帝

配以冥府十王
皇上額曰現因果法墀下古柏寄生檜曰飛來柏廟始於明
宏治十四年太監李瑾嘉靖末重修坊西舊爲升元觀阯乾
隆三十五年撫臣富明安恭建白鶴泉
行宮詳總覽之二四十五年
頒銅釋迦文殊觀音三像皆袒立者供設
行殿四十七年
頒藏蘭亭流觴曲水圖刻岱宗坊西南爲鳳凰臺漢書宣帝
元康元年鳳凰集泰山後因其地爲臺覆以亭廢猶存邱阜
石柱遺跡今悉平治矣又西南爲白雲觀近城西北隅明萬

歷時周藩奉國將軍勤鯤建祀王母後增祀元君今爲樓三
各三重飛閣雕闌稱梳妝院其東爲乾隆三十五年
駐蹕亭岱宗坊南下一里爲郡城
〔明〕重修酆都廟碑文曰嘗稽道經所載酆都者陰氣之主
九地之樞機攷罰罪鬼死魂之所也十王之中其七曰泰
山故陸機泰山吟有曰蒿里亦有亭幽岑集萬鬼蓋蒿里
去泰山僅數百武耳白樂天詩亦曰東嶽前後魂北邙新
舊骨誠如是則酆都之爲廟夫豈嶽麓之所可少者哉雖
然俗傳收捕追逮出入死生之說固儒者所不道也然昔
吳道子畫地獄變相於成都民咸懼罪市之屠沽魚肉者

不集而況祟之以殿陛列之以案牘肖之以神鬼嚴之以剉燒舂磨之刑使人入則肅然凜然出則悚然將自知去惡以求免刑戮之弗遑其神道設教之意顧有復善於此者哉廟剏於宏治時歷歲既久漸就傾圮嘉靖壬戌春濟南守安陽翟公濤以兩臺委督嶽廟大工既獲底績乃復以檄請重修此廟卜日興事貲費取給於香稅而於農民秋毫無所干擾經始於癸亥秋七月訖工於冬十月殿宇周廊門觀繚垣悉皆完治鬼神像皆重涅塑赫然一新余惟天以春生萬物止之以秋聖人法天以政養萬民肅之以刑故曰父母之於子鞠育而遂字之仁也鞭扑而告戒

之亦仁也上之於民也政教以撫綏之仁也刑罰以聳勵之亦仁也岱嶽於方爲東於時爲春興致雲雨發育萬物而北陰酆都之府所司者秋殺之權也公來本以嶽廟爲事而其餘力又有及於斯者無乃所以警勸下愚而啟其遷善敏德之機耶公兩視郡篆其爲政也寬嚴並濟恩威宏施春生秋殺兼而有之則於二廟之神固有一理之相爲感通者矣是用書之以垂不朽云○右李欽撰眞書時年九十嘉靖四十二年十月勒廟門右碑陰錄助工人姓氏

〔白雲觀新建王母閣碑〕○右碑額曰周府碑記題曰河南周府命長史周國庠謹撰新建王母閣碑記萬歷三十七年眞書勒梳妝樓東

〔明〕蕭協中〔鳳凰臺〕臺上曾聞集鳳凰時和應自兆禎祥漢臣不似宋臣媚浪擷靈芝奏未央〔酆都廟〕森嚴廟貌晝長陰風雨遙聞笞扑音莫道遊人爭卻步滿堦密樹斷鳴禽

〔漢〕元康元年三月詔迺者鳳皇集泰山陳留甘露降未央宮朕未能章先帝休烈協寧百姓承天順地調序四時獲蒙嘉瑞賜茲祉福夙夜兢兢靡有驕色內省匪懈永惟罔極書不云乎鳳皇來儀庶尹允諧其赦天下徒賜勤事吏

中二千石以下至六百石爵自中郎吏至五大夫佐史以上二級民一級女子百戶牛酒加賜鰥寡孤獨三老孝弟力田帛所振貸勿收

岱覽卷第十二終

岱覽卷第十三

泰山書院院長陶山唐仲冕六幕輯

分覽二

岱陽下

岱嶽鎮卽泰安府城也宋開寶時始遷治就嶽廟金大定時刱此城語詳總覽之一城在明嘉靖時始爲石墉周七里有奇凡四門東曰靜封今名迎暄西曰望封今名嶽晏南曰乾封今名泰安北曰登封今名仰聖岱廟在治乾方舊登封門內別爲總覽三矣岱廟東南爲冥福寺唐開元時刱建後唐釋智順後晉志隆相繼增修僞齊時海巖重建改名崇法金

邑人党文獻懷英斷碑云舊爲嶽祠奥區釋迦佛像主伴凡五位竝遷置於賜書閣之廢基有鄉老趙璠以正殿曠久始就緒重新之其曰賜書閣則藏歷代勅牒及御書經文典誥處今悉灌瀼矣又東南爲關帝廟故會眞宮也卽古奉高宮攷宋史眞宗東封齊於奉高宮之穆清殿享昊天上帝於山上圜臺慶雲繞壇月有黃輝禪祭皇地祇於社首天宇澄霽紫氣蒙壇法駕還奉高宮日重輪五色雲見鼓吹振作觀者塞路讙呼動天地詔以奉高宮爲會眞宮以燕羣臣父老宮有玉皇殿成化十八年重修任式記云宮創建不可攷觀宋祥符閒有頌二聖功德碑在宮南百步許朝覲碑在宮南里

許傳者謂眞宗封泰山駐蹕於此金大定閒從奉符縣爲泰安州故宮居州城之巽隅興替靡常所存者僅玉皇殿三閒壖基卑下上遣中使進香帛於方嶽行贍是祠從衆望幷以嶽頂昭眞祠上聞欲更新之上可其奏卽下命所司時歲在庚子也辛丑昭眞觀旣作壬寅玉皇殿告成泰山徂來相映前後奇花吐而玉座芬芳白雲飛而瑤壇空靜亦一時鼎新矣萬歷二十二年八月七日燬於火後改祠關帝爲今武廟內附張仙祠張仙者不知何許人開元中與李某同至泰山學道久之李辭歸仕至大理丞屬安祿山亂攜家襄陽尋奉使揚州途覯張邀同宿門庭壯麗儐從璀璨李覩女妓中有

持箏者酷似其妻及罷張呼持箏者以林檎繫裙帶上各散去明日李復至門館茂穢無人跡詢鄰人曰此劉道元宅已十餘年無居者尋還襄陽索其妻裙帶果得林檎問其故云一夕夢五六人追云張仙喚擫箏臨別以林檎繫裙上於是知張已得仙矣南爲魯兩先生祠祠孫明復石守道兩賢初金大定十九年建祠於嶽廟大門之左後爲廟所併元改建嶽麓後廢爲寺明初附祠州學成化二十三年州牧胡瑄言於巡撫而請於朝得禮部議建此祠每歲仲春祀以羊一豕一秩爲常典復選二氏裔孫入學充弟子員奉祠天啓元年州牧侯應瑜

國朝順治十年學道施閏章皆重修今名二賢祠西北爲和聖祠明萬歷四十五年侯應瑜建國朝順治三年少參畢振姬乾隆十九年縣令馮光宿重修二祠有司皆以春秋致祭而和聖祠敝漏與渫不能任奠獻亦守土者之過也和聖柳下惠邑境有柳里邨又有柳下季壟因祠岱廟西北爲長春觀元初州牧張郁建金鄉女冠訾守愼嗣法於燕京長春國師後修眞於此賜號妙眞長春國師者邱處機也今圯城中祠宇林立之數者重關岱故詳

唐李白詩刻泰山吟六首送范山人歸泰山詩一首○岱史云碑四面皆古篆在會眞宮內後與宮俱災

後唐冥福院地土牒碑文曰勅中書門下宣賜冥福禪院產業地土・第一段在岳廟東共地南至街北至馬司徒東至姜二郎李子薗爲隔東南至槐樹東北至張中舍・第二段西斛㪷市近北街東面東北東北至卞二郎北至卞二郎南至官省房西至街・第三段淸酒務西南至街西南二至靈派侯廟西至滐河岸北至路東北二至街東至酒務界牆內有翟二口郎王廟令臨街有稅地相至霍二郎宅南至本院地東至大鄆州街南自至西至小鄆州街・第四段寨西門裏有街南裏畏角地一闕・第五段大寨內有地藏院所居地基幷拐子地計三畝捌分叁釐

叁毫幷係冥福禪院地基・第六段大寨裏本院東菜園一座計地玖畝大・第七段寨城東東北路菜園一坐計地三畝大路南拐子地一角計地壹畝大東至翟家南至道西至成家北至南宮地・第八段本院莊上菜園一坐計地五畝大四面自至・第九段宣賜冥福禪院稅戶口在昭告亭東有莊計地壹拾貳頃大東至沙河南至張中舍西至王官人北至成三郎內有短頭地身在北邊西北角東北角至韓五郎趙二伯莊南一段肆拾肆畝大東至張八郎南自至西至張二郎北自至雍家莊後有地一段南至張教書西至古道北至東北角二自至・第十段泰山下本院所止地基南北長陸拾叁步闊伍拾陸步陸分及殿後拐子地東西長肆拾壹步口分闊伍步陸分約地壹拾伍畝大並係賜到院地基・右付冥福禪院准此長興四年九月二十三日月日上鈐蓋印一樞密使撿挍太傅平章事駙馬都尉趙有押蓋印樞密使撿挍太傅平章事范有押蓋印樞密使撿挍太傅平章事范空封有印三蓋郵筒也中書門下牒冥福禪院印二印文曰中書門下之印卽通行大篆文賜紫法僧實相主僧智順監院從幽

○右碑在冥福寺正殿西墀下南向高五尺二寸廣二尺八寸碑凡上下兩層此牒在其上層額曰特賜冥福禪院

地土之記眞書字徑二寸牒文共二十二行眞行大小相閒勅中書門下行書宣賜冥福禪院產業地土眞書字皆徑一寸地十段字十四行眞書字徑五分右付冥福禪院准此長興四年九月二十三日一行眞書字徑六分銜姓三行眞書字徑一寸中書門下牒行書冥福禪院眞書皆字徑一寸印徑二寸賜紫以下皆眞書字徑五分牒中樞密使趙爲趙延壽范爲范延光金石文字記云二人無押葢爲印文所亂視未審耳金石文跋尾云長興牒趙范兩銜字大於首行范銜樞密字高二格者延光先入樞密故也牒外之封識獨以班首一人列銜當時文書之式畧可

見矣方是時馮道李愚劉昫官同中書門下平章事乃眞宰相之職延光延壽特以樞密使加平章事耳此牒出於中書門下而押行者惟范趙二人道等皆不與葢五代之際政由樞密其居相位者無過頑鈍伴食之流朝政不由己出雖尋常文書亦不復關白名爲宰輔實同庶僚李愚所謂吾君延訪鮮及吾輩者是也五代史范延光傳遼史趙延壽傳俱不云爲撿挍太傅平章事畧之也牒署九月二十三日又明日延壽罷樞密至十月延光亦去二人方握政柄故懼家難之作而乞出鎮以避之如馮道輩雖在政府絕不奉行文書何避之有然千載而下非見此牒烏

能知當時情事石刻之有裨於知人論世如此下層爲僞齊時奉符縣給崇法院僧海巖公據其時冥福已易名崇法矣然至今猶稱冥福院泰山金石攷云是碑當爲阜昌時僧海巖摸勒公據因取長興牒勒之上方也公據別錄於後

後晉金剛經幢○右石幢在冥福寺天王殿東南向高六尺餘座埋土中幢上下兩段各八面面闊六寸五分字各九行眞書下段卻是經首周環讀之猶未盡也一刻金剛經題天福二年三月姓氏殘闕一刻婆羅門僧云云題天福六年歲次辛丑正月辛酉朔二十五日乙酉撿挍太保

使持節密州諸軍事行密州刺史兼御史大夫上柱國淸河郡開國侯缺反在上段葢因舊幢斷仆後復攢甃致倒置耳

青州臨淄縣□生幢○右幢眞書在冥福寺天王殿西文甚殘缺有天福七年等字

冥福禪院新寫藏經碑文曰東嶽冥福禪院新寫藏經之碑・朝議大夫行殿中侍御史柱國周元休撰・述夫元黃判而淸濁分三才敘而萬彙育散乎元素簡易之體猶存降□中庸澆□之風諠扇雖羣分類聚上智下愚靡不惡其死而愛其生□其得而□乎喪緬維盤古爰及當今

咸欲致身于常樂之鄉立名于無疆之域而嗜慾瑩性好尚由心□苦海而□迴蹈迷途而繼踵竟致惡而必得愛而必忘浩浩洋洋猶百川之滔滔過者莫可得而言也至於用慈儉□□□體沖虛而爲質駕□□鸞之侶俯仰八紘浛□御氣之流逍遥六合或丹邱暫別或羽化俄歸亦不能忘情於生死之源絕跡于□夷之境降茲以往何足道哉洎乎西域誕靈耀列星而應瑞漢廷入夢挺金質以呈祥法被寰中□超象外遠究天人之際廣開方便之門現無生而不死之□□有相□無形之域修正眞之□□□□能□□□□之至明闇室皆曉觸類斯長無幽不通

元化普洽而不窮虛谷有聲而必應□矣哉總萬法而爲方卽絕跡出塵無如佛者夫□道也大慈廣運宏濟無方闢□□□□元關□啟導一乘之教覺路難登寂滅虛空眞如綿邈窈冥莫測識智難量是知翥長空者必假以羽翰濟巨浪者須資於舟楫將欲以言觀法以法觀心窺解脫之門究□□□□□是者卽眞□乎經夫其要也始則□以一音次則偈於四句變卷石爲千峯之秀導勺水爲萬流之源于是貝葉緹紬流行斯廣龍宮寶藏□□攸繁莫不指示迷方津梁□□使□□珠者必求罔象涉麗水者果獲祥金披文則萬象皆呈得意則一言以蔽能宏是

者其維釋門之達士哉卽今經藏主隱公是其人也公生于鎭州靈壽縣俗姓裴氏法名志隱出家于奉恩寺受戒于光化初幼無童心長有佛性名山勝境靡不經遊先止于岨崍山光化寺修行二十餘載剃度三十餘人遠邇傾依緇俗瞻仰是院先有主者僧順公本貫定州深澤縣人也俗姓李氏法名智順出家於本州開元寺受業於法華院後因巡禮遂至山門與先院主僧道言相繼住持六十餘載剃度二十餘人條崇院寺□德佛事竝已周圓濮陽化召得施主李彥章等特建鐘樓經藏雖斤斧丹青煥乎畢備而經文典誥咸且闕諸遂乃堅請主持假其緣化既

從請託遂果歲時莫不募修信心資乎敏手堅比移山之志勤同覆匱之功僅越十年始就前願凡寫藏內經律論及聖賢傳記等共五千四百八十卷竝新紙墨咸得精詳永用緘藏是圖悠久今院主僧行□供養主僧行感典座僧行隱竝禪林擢秀□水澄波護戒珠而如握靈虵傳祖印而非闕隨鵠三千世界不染六塵八萬法門皆歸一念身居五濁蓮花生于淤泥心燃百燈太陽入于闇室住持□境炳煥釋宗況方嶽之中岱宗爲首地臨齊魯境壓淮沂玉几金牀宛留勝跡天門日觀下瞰長空爰屬盛明卽期封禪方今千年啟運四境無塵緇徒雖蔭于法門野老

咸知其帝力府□太師相公勳高社稷□列山河下車而
比戶咸蘇出令而連營盡肅論兵玉帳謀深起藭之流禮
士金臺價重鄒枚之遊故得時康俗阜氣淑年和成此莊
嚴□□風敎遂釋子歸依之願契如來付屬之言得不備
以良因記之貞石元休功虧力學敏謝生知幸見託于斯
□實懷□於染翰□揚功德迺述銘云浩浩浮生茫茫曠
劫惡積禍胎福生善業覺路難尋愛河易涉瞻彼波瀾□
□舟楫爰昔大士百億化身戒珠不纇□鏡□塵演茲妙
法□□蒸民門闢覺路指示迷津妙旨幽深微言祕奧窅
窅靈源茫茫元造孰究眞宗孰探法寶欲究欲探必賁經

詰猗歟經典列聖徽猷一音□□百□斯流雕金鏤玉貝
葉緹紬將來佛性捨此何求偉哉達士成此至功□乎寶
藏宛若龍宮生雖有岸法本無□天長地久永播眞風●
大晉天福八年歲次癸卯五月戊寅朔十五日壬辰建●
興邦佐命忠亮功臣泰寧軍節度兖沂密等州觀察處置
等使撿挍太師同中書門下平章事使持節都督兖州諸
軍事行兖州刺史武威郡開國公食邑□□戶食實封三
百戶□□審信節度行軍司馬銀靑光祿大夫撿挍戶部
尚書兼御史大夫輕車都尉田文進節度副使金紫光祿
大夫撿挍尚書左僕射兼御史大夫上柱國冀從實節度

判官朝議郎撿挍尚書金部郎中兼侍御史賜紫金魚袋
王瑄觀察判官將仕郎撿挍尚書職方員外郎兼侍御史
賜紫金魚袋劉彥融節度掌書記將仕郎試大理司直兼
侍御史賜緋魚袋申光遜觀察支使將仕郎試大理評事
兼監察御史朱谿節度推官將仕郎試大理評事李光□
觀察推官將仕郎試祕書省校書郎閻翥節度巡官儒林
郎試大理評事兼監察御史李□□登仕郎前守太子通
事舍人守錄事參軍張□將仕郎守戶曹參軍于用章將
仕郎守法曹參軍李汎文林郎試大理評事守乾封縣令
張□修職郎守乾封縣主簿賈全翼前泰寧軍節度副使

光祿大夫撿挍司空兼御史大夫上柱國安定縣開國子
食邑五百戶席全威●院主僧行仙師翁元起置院和尙
法號從幽俗姓刁氏藏經功德主僧志隱先師本貫鎭州
靈壽縣人本州奉恩寺主僧道恭藏經周備刊石標題同
學行□等二十餘人前攝龔邱縣主簿張□□●都料作
頭白景男知信知遠○右眞書額全題在冥福寺天王殿
東偏南向碑連額高九尺二寸廣三尺二寸額字徑二寸
文二十九行行七十餘字字徑六分此爲寫藏經數千卷
立碑列官纍纍可見佞佛之盛官名亦足備攷席以前節
度副使列主簿後又前攝主簿列僧人後自是爾時風氣

碑陰更有題名悉漫漶金石文跋尾云周元休撰文騈麗可誦在五代時足稱作者其以買賫爲買賈與虞伯施孔子廟堂碑同碑末列銜者十餘人安審信者金全之從子也五代史不爲立傳又未附見於金全傳惟晉本紀天福八年泰寧軍節度使安審信捕蝗於中都卽立碑之年也唐本紀清泰三年先鋒指揮使安審信叛降於石敬塘通鑑亦云張敬達奏西北先鋒馬軍都指揮使安審信叛奔晉陽此興邦佐命功臣之號所由賜歟五代之際名爵冗濫藩鎭加公師宰相銜者多矣史家不能悉載王溥會要載晉出帝朝使相二十八人審信居其一此碑署銜云同中書門下平章事正與會要合其稱檢校太師則他書所未言也

晉安社刻經幢。右眞書在冥福寺殿西文多缺上截存社人一百三十三名無年號可稽以與前後經幢相類並識於此

佛頂尊勝陀羅尼經幢。右幢高八尺八寸四石直接每石八面面闊尺一寸四分字各九行行十三字字徑寸眞書類柳誠懸經文從第一石南面起至第四石東南面止頂高六尺所座高四尺與寫經碑對峙緣無年代姓名姑附五季之末

僞齊崇法院公據碑文曰縣戶案據崇法院主僧海巖狀於去年二月內有羣賊李僅等入縣浩蕩了本院坊郭岱岳保兩戶方田文賬并宣降勅牒出公據尋行勘會并召保去後召到保劉皓公弼并取到鄰人等姜寶張珉翟慶狀供本院浩蕩了本院坊田文賬等文字下項須至指揮有蓋印一●一坊郭地三段●第一段東至姜三郎李子園西至岳廟東至街北至張中舍●第二段西斛㪷市近北街東面東北至卞二郎北至卞二郎南至官口西至街●第三段東至酒務界牆南至街西至滦河北至大街●一岱岳保●第一段東至沙河東北角至韓五郎西南南至戍家●第二段東至張八郎西至張七郎南至道北至雍家●第三段西至古道南至翟官人北至王官人東自至●第四段寨城東菜園一座約二畝半大并路南拐子地約一畝大東至翟家南至道西至戍家北至南宮地二三段有印一●一宣降勅牒●一後唐長興四年九月廿三日有趙樞密使檢校太傅平章事駙馬都尉及范樞密使檢校太傅平章事等押付到特賜田產物業勅牒一道●一祖師實相大師住持勅宣牒一道●一童行看掌御書閣勅牒一道●右給公據付崇法禪院收執照會准此阜昌二年二月初一日給月日上鈐蓋印一印文曰奉符

縣印・文林郎簽書判官廳公事兼縣事劉缺修職郎主簿專一管勾勸農事高尸承信郎縣尉專一管勾勸農事張丆・院主僧海巖住持賜紫僧寶□踵繼撥賜受業僧海瓌僧紹臻僧惠寬○右刻後唐冥福院地土牒碑下層眞書三十一行字徑五六七分不等縣戶案三字最大文內左讀者二十六行長短不齊印識者三處印徑一寸五分

金魯兩先生祠碑文曰魯兩先生祠記・党懷英撰并書篆額衔同大定修嶽廟碑文畧曰魯兩先生曰孫明復石守道氏宋祥符天聖閒以仁義忠孝之道發於文章爲諸

儒倡當世大儒如文忠歐陽公文正王公皆尊禮之故其沒也歐陽公爲誌其墓蓋比之孟軻韓愈之流其羽翼聖道立朝行己治行始終偉如也初兩先生築室泰山下以爲學館屬大闢嶽祠壖基甫迫乃北徙山麓而以舊館爲柏林地歲分施錢爲養士之費學者至今賴之而鄉人指以爲上書院者則其所徙地也大定閒嶽祠火越明年有詔營建乃命更新廟學已而諸生相與言曰昔兩先生宣學汶上汶學祀之不衰吾儕居其鄉食其德乃可遂已乎於是兩先生諸孫聞其言更出所有作爲祠堂於大門之左以成學者之意石先生之孫震使其姪翊走京師屬其門壻党懷英書其本末將刻諸石懷英曰兩先生之道垂於後世炳如日星奚患無傳雖然有一言焉方孫先生以春秋之學教於魯石先生盡師事之時給事孔公道輔聞其名自兖來謁孫先生旣出應客而石先生執杖屨侍其左右升降拜伏皆扶之其往謝也亦然繇是魯人始識師弟子之禮士風爲之一變近世士尙剽竊以從師親友爲耻忠厚之道不著久矣國家尊經養士將使人人爲鄒魯固當師承鴻碩因文以入道德之奧而後遊兩先生祠下而食其餘庇可以無媿矣・大定二十三年歲在癸卯十月之吉○右隸書勒祠中祠廢碑亦佚泰山金石攷云邑

人金枚仲家藏舊搨有碑陰竝可珍玩

補塑釋迦佛舊像斷碑○右碑僅存上截連額高四尺廣二尺四寸額篆新補塑釋迦佛舊像記九字字徑三寸分三行文十七行行存二十三四字字徑寸八分書舊勒冥福寺今移嵌縣署土地祠西壁猶存字二百七十有三有党懷英銜名及泰和六年四月十四日爲立碑年月尙可辨也

道士谷山詩刻文曰道士谷山春日登覽・淡蕩春風暖暄和曉日遲褰裳登詰屈絕頂慨幽奇北海洪濤闊南山大澤危東峯青鳥下西嶺白雲垂眼界空濛極煙光縹緲

隨精神何灑落道德自扶持鬖鬅丹霄外參差碧漢涯那須朶芝術直赴上仙期・泰和丁卯中秋後刊・長春子書○右刻在故長春觀今移縣治高七尺六寸廣三尺四寸詩六行行二十字字徑三寸許眞書

〔元長春觀碑〕文曰長春觀記・壽陽路大中書丹篆額□陽高政刊・竊以教非道不立人非教不修凡以道爲宗以神爲教者豈徒然哉蓋有以也莫不剖瞶抉聾拯沈照昏躋人於長生之域嗚呼世或有聞而未悟者然聞而悟者是旦暮一遇之幸也近代幸我師祖設教七眞開天性相近習相遠而上智下愚咸使知之道與貌天與形男修

女學悉爲證矣全眞之道杳然難言哉其教也微妙元通廣大悉備在人賢者識其大不賢者識其小大抵絕貪去欲返樸還淳屈己從人懋功崇德則爲遊藩之漸若乃遊心於淡合氣於漠不以是非好惡內傷其生可以探其堂奧矣嘗□以修學論之性性相拘惑之以爲異達之道通爲一所以壯棟宇嚴像設利物接人者有之致虛極守靜篤順□□□者□□□學今學先覺後覺以其蛻形□滓男簪仙果去者比比其人而女冠嚮神人易遷者亦不滅墉城所載神道設教□□□□□□眞人七眞之一也道充德□□用無方門徒越中分魯唯圓明之師偏得圓明

之上足有妙眞大師訾守愼族氏出金鄉乃女冠耆宿度門弟子甚衆大朝癸未秋聞長春國師應詔迴故誠懇道迎數舍自爾置觀住於燕每得親炙師度省心元訓師敬承特旨歲丙申有鎭撫王友省差傅乂奉先行臺公命許此令妙眞住持況岱宗乃神仙之府奉高實仁義之邦□□以□使張郁宣差阿里兒及州之諸官共爲功德外護遂自興焉與居爲之使□腫鞅掌十餘指時趙守淵主觀事王守志□□□□一唱一和積累修緝寒暑饑渴極其作務歲月既久始成倫敘前有殿以祀聖眞後有堂以振禮誦左有寮以酬接待右有室以供庖廚沈沈洞洞輪奐

一新足以肅晨香昏燈上祝聖壽無疆下薦士民之福不其韙歟是觀自經始至落成前後凡二十餘年豈其妙眞維持有□亦惟趙守淵王守志輔翼之勤也强圉大荒落之上春余自梁父迴過忘年蕭然子於東華承介□以文碑之余自愧螗螂之才弗克當拒轍之任請□□□□□者也彼囑之愈切弗獲已則曰妙眞修學無閒然矣儻來不爲得儻去不爲失不悅生不惡死沖而用之厥心不震則天地晦冥而朗日自照霰雪交集而陽春自舒此得性之功也動與陽同波靜與陰同德寢無夢覺無憂虛而待也其生乃全聽之於心沖氣以爲和息之以踵谷神而自

不死此保命之效也予景仰久矣今幸覩芝眉年已長而色若孺子聞所言如聞天籟於隱几使予之意也消以此而論不唯識得修學之効如彼抑知立營建之功如此故宜書之用刊翠口庶壽其傳是月下弦後三日元和子謹述中統二年七月十五日建●東平路府判兼權榷課稅所官張郁○右碑連額高五尺五寸廣二尺四寸額篆長春觀記四字二行字徑四寸文二十三行行五十字字徑八分眞書碑陰題名盡漫滅在觀故址南向碑云大朝癸未者乃太祖建國之十八年歲丙申則太宗嗣位之八年強圉大荒落者丁巳歲憲宗嗣位之七年其時未有國號

紀元至立碑之年始紀元為中統之二年也泰山金石攷云長春觀舊有邱神仙牒及成吉思皇帝勅旨碑金石文字記有元丁亥年碑今俱佚邱神仙即邱處機成吉思當作靑吉斯元太祖尊號也丁亥則至元二十四年矣

〔聖旨焚燬諸路偽道藏經碑〕○右碑為唐方楊文郁王構趙與票李謙閻復李濤李槃王磐九人奉勅撰粘合瑋正書八合禿篆額至元二十二年五月勒冥福殿前西偏南向案粘合瑋當為鈕祜祿瑋八合禿當為巴哈圖

〔冥福院鐘題識〕○右大德九年眞書陽文有皇帝萬歲太子千秋等字在冥福寺

〔張志純遺世頌刻〕文曰宣授東嶽提點監修官張君壽期九十六歲四月廿五日降誕八月十二日昇霞乃作遺世頌曰脫下娘生皮袋此際樂然輕快百尺竿頭進步蓬元洞府去來去來前世宿德醫僧今作道門小才山野拙頌啓上奉高賢者●保眞大師會眞宮提舉王若禎敬立二石大元延祐四年二月二十九日郡人張貞書　萬曆甲午秋會眞宮災刻無所附余因楊道士請移置關帝廟壁云乙巳夏郡人吳希孔識○右石縱廣尺四寸橫二尺一寸頌款共十四行行八字字徑寸許並眞書明吳希孔題字二行差小在關帝廟大門右壁闕北向然碑云王若禎

敬立二石當必更有一石今佚矣

〔明建魯兩先生祠碑〕文曰魯兩先生者為宋太山先生孫公明復徂來先生石公守道也祠始建於今泰安州治之西而鄰於嶽廟金源時遂為廟併元改建於嶽麓已而復為浮屠氏據入國朝乃附祠於州學而規制狹隘祀事簡率無以慰魯人之思至是州守前進士德清胡君瑄言於巡撫山東左副都御史無錫盛公公謂其事係於風化慨然奏請於朝事下禮部議從之仍俾有司每歲仲春祀以羊一豕一秩為常典於是胡公復請於藩臬諸公擇地得於州治之東南以成化十三年八月建祠焉工未畢盛公

以請老去而眗山吳公來代言重其事趣成之他日胡君以書來請記於予大人君子所以能使人人追崇者非區區末學所知顧請之之意堅不可已也惟兩先生生宋盛時太山來自平陽而寓於魯其學長於春秋著尊王發微簡易公平多得經之本義一時名公賢士高其學行至妻以女或就見之范公富公交薦其賢始授官官止殿中丞徂來則生於魯者嘗孫公退居太山之時實師事之其爲人好善嫉惡嘗著怪說中國論及唐鑑以爲世戒而慶歷聖德詩尤爲人所傳頌常以經術教授於鄉後在太學言以師道自居太學自此而興初舉進士甲科官止太子中

允蓋兩先生平生見於歐陽文忠公墓誌而國史取以爲傳者其大畧如此案其言論世信其爲大賢君子卓然出乎流俗而表爲一方之望者也故在當時並爲人所尊仰至卽其所居山稱之以配其德可謂至矣太山雖嘗被薦而人亦嫉之不得盡其用若徂徠之剛直既沒而禍忽作幾不能保其遺骸而庇其妻子蓋小人之不相容亦勢之所必至者也今去之六百年雖天下知有兩先生而魯爲所寓所產之地道德之風藹然猶存宜人尤尊仰之祠象煥焉而不至於卒廢人心之公不能自已如此而歐陽公所謂發先生之光者今則愈久而愈光矣兩先生葬處守

臣又推朝廷尊賢之意既加護封唯謹且二氏幸皆有後而石差緐復選其人入學充弟子員魯人之思庶幾慰之因併載其事俾刻之祠下云。右碑左庶子長洲吳寬撰吏部郎中永嘉姜立綱眞書中書舍人豫章王璡篆額成化二十三年八月勒祠門西南東向碑陰勒祭兩先生文末有管工義官二人名

〔重修冥福寺碑〕。右任文獻撰王龍眞書正德十三年三月勒大雄殿墀下

〔重修關王廟碑〕。右張壽朋撰眞書萬歷十七年三月勒廟門東碑陰有題名

〔吳道子關帝行像贊〕文曰扶炎漢之鼎挫吳魏之鋒英聲義勇亮節孤忠三分割據志業未終夫是以靈爽言昭於異代人心嚮慕於無窮豈曰威武之容。右淩志魁眞書范廣摸刊萬歷三十三年七月勒關帝廟壁

〔重修魯兩先生祠碑〕畧曰祠在州治西南隅公署東偏露臺之上碑記尚存摩洗讀之似借神宇以崇祀者前爲殿後爲寢各三楹頹廢不蔽風雨春秋秩祀設於草莽之間而二先生遺像儼然且與荊棘伍矣不佞愀然動念涓吉重修榱桷之缺者補之埏埴之廢者增之丹堊之漶者飾之又爲祭庫神廚者三各二楹左右翼之自庚申三月至

明年辛酉五月厥工告竣嗟夫二先生明正學崇師弟之
禮而士風爲之一變今之學者能不睹廟貌而興起一化
忮懻傲惰之習乎然則祠之修也獨新耳目之觀已哉○
右知州侯應瑜撰戊午舉人范廣眞書趙宏文篆額天啟
元年五月勒祠前
〔國朝重修魯兩先生祠碑〕文曰往讀歐陽氏所謂孫明復
石守道兩先生墓誌銘偉其文嗟異其人久之過泰安州
有兩先生祠知爲先生游息講業之所因爲文以祭之入
其祠頹檐漏瓦門垣不飭几筵不具而兩先生像獨存其
儒衣冠上坐者孫先生也侍坐者石先生也孫先生晉州

平陽人舉進士不第退居泰山之陽魯人石先生輒師事
之杖屨必侍登降必扶執弟子禮甚恭魯人觀者皆嘆息
興起今觀其像如生時余不覺流涕夫兩先生學成行立
傳於後世無可哀者余獨念兩先生躬耕力行居泰山徂
徠之間雖嘗官於朝而不久其位不大伸其志卒爲姦人
所嫉謗石先生作慶歷詩褒譏大臣尤中奇禍至困踣身
死幾不免發棺可謂阨矣然當時魯人尊之太學諸生從
之宰相卿大夫折節下之以薦於天子天子加禮藎行修
於身而不可掩也自宋迄今六百餘年祠祀春秋不廢魯
人無賢不肖皆稱曰泰山孫先生徂徠石先生而不敢名

泰山徂徠兩山遂若爲兩先生所獨有而向之姦人乘權
嫉謗者影響俱泯且不得與草木等太史公云富貴而名
磨滅不可勝紀惟倜儻非常之人稱焉後之有志於道者
其毋味於利而怯於義毋競刀錐之末而失邱山之重亦
可以自壯矣而吾儕承先生之訓遊聖賢之鄉不敢爲不
肖而竊恐其未逮不免與草木同腐此後人之所以可哀
也既撤祭召先生之裔爲存恤惟石氏有奉祀生承基問
其遺書已不存會理問蘇君署州事予出四十緡俾新其
祠侍御趙公宏文倡爲之助蘇君既謀始而州守曲君允
斌至又踵治之屬武舉張子所存董其成乃訖工夫聞先

生之風者思見其人謁祠而見其像如生俎豆肅然感興
者必衆況泰安壤接闕里尤近聖人之居者哉乃刻石告
諸生且將以自勵焉○右施閏章撰眞書順治十年勒祠
內今佚
〔修柳下大夫祠碑〕○右戴京曾撰陳熿跋並行書順治十
三年五月勒和聖祠壁
〔吳南岱泰山雜詠詩刻〕凡十四首草書順治十七年十一
月勒和聖祠壁
〔重修兩先生祠碑〕○右劉謙吉撰石維巖眞書康熙三十
九年九月勒祠門東南

重修和聖祠碑。右馮光宿撰眞書乾隆十九年四月勒祠內壁間

元王奕二賢祠師生高占一山名千載誰云道義輕岳府柏林風雨夜琅然猶帶讀書聲

明蕭協中魯兩先生祠徂徠高矗泰山南迭起名賢列具瞻萬古春秋心共契千年廟貌德同龢椒漿薦留雲暖松柏陰森繫日酣蕭拜登階聊一問近來祠位可容三

國朝施閏章祭和聖祠文泰山巖巖汶水湯湯蜿蜒蟠鬱不知其幾千里而作鎮乎魯國之傍聖哲於焉挺生亘古今而相望伊展大夫之令德依隱玩世而以和自將當臧孫之竊位謂申椒曰不芳乃弗黨同而伐異甘逍遙以相羊羌直道而自處雖三黜其何傷夫固終其身徘徊於父母之國未嘗歷九州以翺翔胡大名之垂宇宙遂齊聲乎莘野與首陽當其生也蒙恥救民片言卻強齊之侵疆及其歿也賢愚同哀顯謚不妨出乎帷房行人爲之嘆息樵採過而悲涼夫何一死士之壟而靈爽或過乎生王斯固孟子所謂聖人百世之師而聞者莫不興起而傍徨夫是以採谿蓀而陳醴敬薦乎先生之祠堂

城南門外迤東爲宋封祀壇故趾有王旦所撰封祀壇碑東游畧記云宋封祀壇合祀五方帝壇南有碑碑陰載獻官姓

名駙馬都尉二人攝司徒司空充昊帝青帝獻官九宮貴神合祀宮右諫議大夫种放其餘知名如魏庠輩又三四人惜今漫蝕殆盡矣又有九宮貴神壇久廢九宮貴神者太乙攝提軒轅招搖天符青龍咸池太陰天一見方輿勝覽壇西北近城壕上有碑曰陰字碑宋登泰山銘也玉海云祥符二年五月戊午對輔臣於後苑出御製御書登泰山謝天書述二聖功德銘示之六月丙午內臣言聖製太山銘已刻石於太平頂別刊於會眞宮又進封祀社首朝覲三頌立石之所具圖以聞十月丙午遣內侍以御製泰山銘贊九軸賜丁謂等尋分賜近臣十二月辛卯出聖製會眞宮碑示王旦等晏殊作東封聖製頌碑以五石合列若屏額及趺蓋兩旁皆琢雲龍字畫與德星巖殘碑無异以圜壇在山頂故碑字北向岱史云或曰金字碑謂當時飾字以金或曰禋祀以精意享祀言也攷碑橫當會眞宮陽而鐫其陰俗稱陰字爲是但今中隔以城故鮮有知者紀勝謂之雁字碑特狀其形制耳東軒筆錄云呂升卿爲京東察訪游泰山題名於眞宗御製封禪碑之陰刊刻搨本傳於四方後二年升卿判國子監會蔡承禧爲御史言其題名事以爲大不恭遂罷升卿判監陰謂碑背無字處實碑陽也其題名想尋磨治矣明吳從憲篆其上曰泰陰碑字徑三尺六寸篆法頗偉而泰陰之義未安泰山

紀事識之艮然從憲又於碑北築亭濬沼揭其亭曰昭事上
帝門曰升中古蹟竝圮陰字碑南為宋朝覲壇故址壇上舊
有壽昌殿眞宗所以朝百官也又有御香亭今為山川壇
〔宋登泰山銘碑〕文曰登泰山謝天書述二聖功德之銘●
御製御書幷篆額●朕聞一區宇而恢德教安品物而致
昇平此邦家之大業也攷茂典而薦至誠登喬嶽而答純
錫此王者之昭事也結繩而往茫茫而莫知方冊所存章
章而可辨罔不開先流福累洽儲休長發其祥永錫爾類
故能禋祀上帝肆覲羣后追八九之遐躅徇億兆之歡心
是以武王勤獨夫集大統而成王以之東巡高帝平三猾

啟天祿而武帝以之上封曩以五代陵夷四方分裂嗷嗷
九域顧影而求存喁喁萬民籲天而仰訴不有神武多難
何以戡不有文明至治何以復恭惟太祖啟運立極英武
聖文神德元功大孝皇帝積慶自始受命無疆歷試於艱
難終陟於元后威靈震疊元澤汪翔無往不賓有來斯應
濟民於塗炭登物於春臺俾乂萬邦成湯之甚盛咸宣九
德文王之有聲啟運於前垂裕於後太宗至仁應道神功
聖德文武大明廣孝皇帝洪基載紹景貺誕膺如日之升
燭於率土如天之廣覆於羣生人文化成神道設教尊賢
尙德下武後刑金石之音明靈是格玉帛之禮蠻貊來同

書軌畢臻典儀無闕上元降鑒虞舜之溫恭庶民不知唐
堯之於變重熙之盛冠絕於古先增高之文已頌乎成命
逡巡其事謙莫大焉肆余沖人獲守丕構其德不類其志
不明弗克嗣興罔識攸濟屬以陽春屆節靈文錫慶由是
濟河耆老鄒魯諸生啟予以神休邀余以封祀不遠千里
來至闕庭朕惕然而莫當彼確乎而莫止俄而王公藩牧
卿士列校獻封者五上伏閣者萬餘以為景命維新珍符
紛委不可辭者天意不可拒者羣心天意苟違何以謂之
順道羣心苟鬱何以謂之從人是宜登介邱成大禮敦諭
雖至勤請彌固竊念乾坤垂祐宗社儲祉導揚嘉氣僅洽

小康俾夫疆埸以寧干戈以息風雨以順稼穡以登無震
無驚既庶既富皆天之賜也豈朕之功歟雖則告成功紀
徽號非涼德之克堪也然而序圖籙答殊禎非渺躬之敢
讓也天孫日觀梁甫仙閭五嶽之宗萬物之始升中燔燎
舊章斯在繼繩先志懿範遵已定之規祗事圜壇嚴配肅
因心之孝於是詔輔臣以經置命羣儒而講習給祠祀者
罔有不至供朕身者無必求豐故玉幣犧牲朕之所勤也
羽儀服御朕之所簡也精意篤志夙興夕惕誠明洞達顯
應還彰自天垂恩正眞親臨於雲馭奉符行事子育敢怠
於攷經粤以暮秋之初恭享清廟告以陟配孟冬之吉虔

登岱宗伸乎對越奉寶籙於座左升祖宗以竝侑禮之正
也孝之始也乃禪社首厥制咸若於時天神畢降地祇畢
登肹蠁可期眞獻如睹其薦也雖慙乎明德其感也實在
乎至誠亦復酌酆宮之前聞進甘泉之受計百辟委佩五
等奉璋肆眚施仁舉善勸治稽攷制度採摭風謠文物聲
明所以揚二聖之洪烈歡娛慶賜所以慰百姓之來思葢
又兩儀之純嘏七廟之餘慶邦家之盛美烝黎之介福豈
予寡昧所可致焉惟當寤寐寅畏夙夜惕勵不自滿假不
自逸豫寵綏庶國茂育羣倫以答穹昊之眷命焉勒銘山
阿用垂永世銘曰節彼岱嶽巋然東方庶物伊始元感其

彰自昔授命反始穹蒼燔柴於此七十六王顧惟寡薄恭
嗣洪猷乾乾慄慄雖休勿休元符昭錫餘慶遐流羣情所
迫盛則爰修前王丕顯是曰告成伊予沖眇無德而名永
懷眷佑祇答景靈聿崇嚴祀用達精誠殊祥疊委寓縣奔
馳禮無違者神實格思藏封石界刻字山嵎烝民永泰緐
祉常垂●大中祥符元年十月二十七日●御書院摹勒
○右陰字碑幷眞書額篆全題碑以五石合成通廣二丈
三尺二寸高九尺第一石廣三尺字八行第二石廣四尺
五寸字十二行第三石廣五尺一寸字十四行第四石廣
四尺五寸字十二行第五石廣三尺字八行共字五十四

行行二十八字字徑二寸額覆第三石之上高二尺八寸
廣四尺八寸字徑八寸
〔封祀壇頌碑〕文曰大宋封祀壇頌幷序●天書儀衛使封
禪大禮使推忠協謀同德佐理功臣金紫光祿大夫中書
侍郎兼刑部尚書同中書門下平章事集賢殿大學士監
修國史上柱國太原郡開國公食邑四千七百戶食實封
貳千壹伯戶　臣王旦奉勅撰●臣聞天地之文著明含章
焜燿於庶物禮樂之用象功崇德昭格於至神王者宣淳
耀之烈建中和之極於是錫天瑞出坤珍覺悟於蒸民鮮
不登泰山躡梁父聿崇於明德葢天地之文閟下民何以

法象乎禮樂之興廢後世所以祖述焉是知勒皇績騰茂
實交三神之歡著一王之法述符命繼昭夏申乎大報示
於無窮極典章之備物眞帝王之盛節者也粤自遂初始
造書契增高謚厚載九皇之德樸畧而難名時邁省方□
六經之文紬繹而可舉沿襲之規寖廣巡守之儀□□五
載際於虞典一紀因乎周制所以彰善癉惡觀民設教者
矣自後道非下濟德異升聞或緘祕祝之辭或黜諸儒之
議先治兵而釋旅乃肆缺五字順缺四字行殊爲民祈福
之義光武紀號□石磩于故封開元陳信□玉牒之不祕
典章斯在風烈可觀□□難行禮從茲絕洎四方之假擾

屬五代之陵夷但恣詩戈不遑置器俎豆之事埽地將盡
塗炭之俗顲天無辜陰騭下民誕缺十六字聖光啟丕運
皇宋三葉在□天下五十載矣太祖啟運立極英武聖文
神德元功大孝皇帝之創鴻業也名膺帝籙運契天飛徵
軹道之降鄗牧野之誓以帝軒之神武□漢缺九字號陟
元后集大勳望風而海外駿奔端扆而天下寧晏太宗至
仁應道神功聖德文武大明廣孝皇帝之恢寶圖也天縱
多能體膺上聖徇齊濬哲居貿以成德文明中正開物以
成務凝神缺六字及策賢艮率土致覆盂之安丕基成磐
石之固崇文廣武儀天尊道寶應章感聖明仁孝皇帝聖

道日躋大明繼照尹京邑也神明之政四方是則踐承華
也元良之德萬國以貞圖□□理訟□咸格遵顧命而主
神器極孺慕而纂宗祊守缺六字冠於百王熙庶政敘彝
倫智周於萬物□爵出祿褒德念功若臨照之代明法雲
雷之作解繼志述事樹經久之規弛禁省官布寬大之令
□張文理薦視學於上庠振舉武經缺五字甸厚時風而
敦世教訓戒昭而數軍實爾者邊吏致告時巡缺七字機
猋□揚大聲秉武節惇缺四字民繼好一介交聘靡宣金
革之威六師不陳還於衽席之上緩帶噎哺而式和民則
弢弓□刃而止嚴武備於是修隆典緝遺文命秩宗講三

王之禮訓奉常攷六代之樂渴讜議則下周爰□詔□□
□則申缺六字獄訟申飭理官簡孚而用平刑□□而行
輕典敦敘公族竝建戚藩犬牙之制是崇麟趾之詠斯洽
設獮狩之禮止於從時修宴射之儀于以觀德勞身焦思
有文命之憂勤革履弋綈邁漢文之恭儉卜郊定位案歷
上陵□□極之□□久廢之禮易脂澤而哀慟入石室而
涕洟至性感於人神元德格於上下紫宸議政勵精於日
昃金華侍講不寐於宵分校正蘭臺之書增建石渠之閣
規模廣於麗正典籍備於宣明深味道腴以資治本帝堯
稽古虞舜好問以聲身而爲律度執規矩以定缺六字推

恩而逮下萬方有罪引咎而在予德教被於無垠皇明燭
於有截兵偃刑措道茂化醇百嘉阜昌庶萌樂育獨運陶
甄之上丕闡鴻鈞之祚訪崆峒之道採康衢之謠夷夏大
和天人交感必彰嘉應以□元通門號承天節臨獻歲貞
官奉其丕□□以先期祕撿煥於靈文降□淸旭受釐宣
室躬□丹書錫無疆之休諭大中之理繇是覃如春之澤
易紀年之號且斯文未作伏羲氏觀象以畫八卦有神馬
負圖之瑞洪水方割夏后氏厎績以導百川受元夷使者
之命比□相慶異代同符缺五字氓謳謠於外鴻筆麗藻
之彥頌美於內於是東土耆艾闕里諸生連袂而來抗章

以請洎思皇之士卽序之戎藩嶽大臣緇黃衆品伏閤叩首請封禪者無虛日矣僉以爲祥瑞雜沓天意也中外傾矚入事也牂牁越巂朱崖象郡之地俱入於提封矣□□東縣江□鄗黍之類悉從於班貢矣羣情悃愊式佇於慶成上帝顧懷不可以謙拒書上者至於五上不得已而僉之誕告庶邦載形明詔將以奉揚先烈非謂告厥成功申命輔弼之臣諭以簡易之道經始勿亟無擾於民且山爲嶽鎮之宗地□□禮之國周孔垂教乃始封載誕之邦陰陽相代是育粹炳靈之府當僝工之際蔵事之初明誠以孚元鑒先答應龍有翼蜿蜒而下垂醴泉無源瀵沸而自

涌芝含三秀而地而羅生日麗九華得天而絢采鱗介之細草木之微□異效奇紛綸蟲委而□□心粹清凝思元牝乃因華胥之夢再覿姑射之神告以玉書降於神房之麓著之黃素得於季夏之初揆日奉迎備禮祗若爰疇咨於封祀固將合於穹旻亟命□司草定大典採摭清議討論舊章卽事用希其禮多闕酌義訓以革正參制度以折衷古文逸禮之靡記議郎博士之未達上資元覽洞析於精微無望清光悉臻於體要穆卜涓日掌鼓奏儀申必告之誠躬祠清廟以就盈之月有事介邱先齋紫宸載止禁籞屛簫韶之備樂以極靜專卻大官之常膳以御菲薄清

畿式道雲會星□□□蹕之啟行奉天書以先路備設儀衛增置官屬極恭肅而遵天貺也采章之盛藻縟原隰武衛之雄震疊區寓八方述職萬旅騰裝讓途而行外廬不閉奔走會同之際端肅而無譁威發栗烈之時融和而可愛民絶札瘥之患物有蕃廡之詠供帳不移而□儲供不戒而備歷東郡之屬邑抵澶淵之□□軍國異名修文事而有武備士誦夾侍掌方志而道地圖風伯清塵招搖參乘周覽臨濮少留汶陽戒誓庶官申嚴執事靖恭爾位恪謹攸司羽衛具陳乘輿乃出垂翠緌而鳴寒玉載瓊□而擁雲罕天□畢從禁旅前驅八神齊奔萬物咸覩卿雲待

分覽二 岱覽卷第十三 岱陽下 圭 果克山房

族仙禽成侶俯法從而交蔭覽德輝而翔澤□光下燭抱□騰芒觀雲式瞻奏牘狎至溢簡編而不可載攷圖牒而未始聞下詔肅祇崇望而告至儲精蘉濩淵默而齋居祀前一日未質明備法駕至於山趾更衣於帷殿上乃乘輕輿陟絶巘躋日觀出天門築圜臺於山上度地宜而循古制也升山之前夕層雲蔚興嚴飇暴起達曙振野而未已有司失職而是憂洎寶籙先登華蓋徐至焚輪止息寥泬清霽若胚渾之初判狀羣靈之先置辛亥祀昊天上帝設天書位于左次登歌樂作奉迎就位顯奉符而錯事也二聖嚴配定位側向以申恭事表繼志而奉天也亞獻終獻

作之樂章以爲禮節一其儀而申昭事也祝史正辭祕刻勿用黎元蒙福孚祐是祈克其己而厚勤卹也袞冕俯僂金石鏗越捧珪幣奠犧象絡金繩而斯畢飛紫燎而上達舒遲暨禮陟降盡恭明德之馨至誠之感苾芬以薦肸蠁如答通帝鄉之岑寂接雲漢之昭回協氣上浮纖羅不動神策錫靈長之祚日卿奏殊尤之瑞垂紳委佩蹈舞齋室之前鼇抃山呼聲振層霄之外山下設壇四成如圜丘之制乃命茂親以承大祭祟□□□以斯□潔粢豐盛而在列萬靈咸秩四隩來同九宮貴神實司水旱吾民是以動繫慘舒厥職尤重命築壇於山下封祀壇東率禮吉蠲詔

大僚以尸其事壬子祀皇地祇於社首百司承戒慎之至也三獻盡誠禮無違者翼日朝覲壇覲羣后輯五瑞千品成列萬國胥洎英莖韶夏以徧作儣侏兜離而次設風行赦令雷動歡聲祝網之仁普霑蓼蕭之澤遐被大明之照徧燭於蔀家崇朝之潤周濟於天下昭示聖作以志元封日星炳其天章鸞龍奮其仙翰感祚德之元貺遂光表之鴻猷金玉其相與典墳而並鶩神靈是保揭日月以長新復有道濟生民名在祀典功德兼茂跡用尤著者煥乎睿文特形贊□刊於翠□貽厥方來而乃祀喬嶽之靈幸列眞之宇俾加賁飾用極褒崇養老申合飲之私勞□推□

復之惠命市納賈採詩觀風聘有道而省高年平權衡而攷制度官克用乂黜幽之典靡行化洽可封歸厚之民咸若惸嫠攸恤幽隱咸達乃翠華之旋軫臨曲阜之故墟升講肄之堂屈順風之拜徘徊設奠眷想遺風襃聖之禮有加卹後之恩彌溥以經缺四字載缺四字邦周公且啟眞王之封太公望進昭烈之號咸建廟貌傾於祠官案節迴鑾式閭表墓徧走羣望罔不遺靈河濟之區海岱之壤南暨淮漢北際常趙梯航萬國冠帶諸酋四遠雲來千里星屬聽淸蹕缺五字得隮仁壽之□□覲覩作□□事扶老缺六字六龍迴御七萃解嚴太史撰辰近臣奉祀藏侑神

之金匱上加謚之寶冊舉歸格藝祖之禮親饗太宮攷飲至策勳之典惠綏列辟盡聖人之能事成天下之壯觀前□所記纔十二□□儀斯廢僅三百載缺四字天命缺四字實惟其時烈祖造新邦臻大定經制而未遑神宗求至理致升平業成而中罷遺玆景鑠屬在欽明丕顯詒謀奉成先□□□大號永□□名□□昭姓攷瑞□大統也勒石垂□昭茂功也人神以和禮□□備盛德也□□定位祖考嚴配大孝也報本穹昊歸功宗祏謙尊而從衆欲禮畢而受釐稱克讓之風高視於前古矣下尺一之詔嚴禁止之□□□行葦靡□□□好生之德□於羣心矣服純

衣而在□御□□□數□則別謝□□致美黻冕減乘輿服御之物罷周廬次舍之制則維新禮器增飾壇壝故翼翼之心精意以享有典有則必躬必親寅恭夫至也既如彼蒼蒼之意惟德缺五字事□□瑞報況神速也□□此宜乎擁鴻休介繁祉後天而老象日之升垂萬世之耿光爲百王之稱首者也臣位冠台衡親逢旦暮承上公之乏相盛德之事與夫茂陵草遺忠之奏周南興留滯之歎非可同年而語矣矧又恭膺缺五字獲當□述茲所以紹帝皇之墳素表金石之篆刻嗣丕天之大律□□世之鴻範者也寡韋平之經術無燕許之才筆大懼檮昧不能發

揮徒鄭躅於燥吻實僶俛而塞詔賡謌舜德曷繼於臯陶紀頌漢巡有媿於亭伯貽之來裔以闡丕□其辭曰增高益厚王者上儀制禮作樂莫大於斯應運接統垂鴻逆釐茲事體大惟聖難之岱宗炳靈巖巖峻峙和鑾響絕牲瑄禮弛缺其神懽邈踰星紀乃聖挺生乘時斯起惟宋肇興受天顧諟盡黜苛政式敘彝倫以洗汚俗乃弔匪民革其不譓被以至仁威靈有赫軌跡易遵與民更始其命惟新寶歷日隆神武不測厥角獻琛水讋陸□惠澤滂流皇猷允塞陰騭下民懋建皇極照彼陸幽化行蠻貊累盛重光乾乾翼翼展義省方觀風耀德偃伯靈臺躋民壽域寶鼎

增重永協大同正符薦錫告厥成功論乎至理廸彼元風保邦清淨錫祚□□化洽無外道惟大中百度以貞六符斯正傾輸羣心稱述瑞命僉議勒封以期升侑休烈日彰神策天授徇民從欲展采告成屬車時邁法從天行濟濟鵷序噦噦鸞聲星言浹上雲會岱亭穹崇絕巘密邇圓靈躬陟上封聿申昭事祖考來格禮樂明備感以至誠享其精意款謁歸功謙謙益至嚴配克誠蒸蒸不匱柔祇昭報毖祀聿修二儀訢合百神懷柔帝容載穆靈貺殊尤肆覲輯瑞端冕凝旒萬國以朝四夷接武行葦之仁兮敦洽蓼蕭之澤兮周溥茂遂羣生浸漬萬寓慶集丕圖風還遂古

騰茂飛英超三邁五赫赫顯號穰穰鴻禧百祿是荷萬壽無期遂及黎庶永洽淳熙法昊穹兮剛健不息踵黃軒兮清淨無爲自天之錫百世承之・大中祥符二年七月十五日立・翰林待詔朝散大夫國子博士同正騎都尉臣裴瑀奉勅書并篆額○右碑連額高一丈一尺廣四尺四寸額篆全題額六字二行字徑四寸文行書共四十三行行一百字字徑八分勒壇故阯南向天書儀衛使宋史作天書儀仗使太原郡開國公傳亦不載潛邱劄記云序稱烈祖造新邦神宗求至理是以宋太祖爲烈祖太宗爲神宗亦古人之通稱也

朝覲壇頌碑文曰大宋封禪朝覲壇頌并序 ● 封禪鹵簿
使推忠協謀佐理功臣金紫光祿大夫行尚書左丞知樞
密院事修國史兼羣牧制置使上柱國潁川郡開國公食
邑二千三百戶食實封八百戶臣陳堯叟奉勑撰 ● 臣聞
配侑尊嚴王者所以教其孝也朝宗覲遇聖人所以明其
禮也又若因名山而遂封𤇆先業而跡著踵七十二君之
遐武永萬八千歲之丕□□輯五玉壇賓諸侯巍巍煌煌
事之大者非命夫通博之士繹蓬缺五字之學缺六字重
九經之思又安可藻潤功德流播緻懿臣顓蒙寡聞黔淺
無取稟詔滌慮拜手而颺言曰宋受天命帝六合子萬姓

以聖繼聖垂五十載稽神道而設教感民生之歸厚烈祖
神考耀武振德馨乾維而張宇盡坤倪而畫野夷暴削蠱
黜僭盪僞懷生胥□滋液元化上帝降鑒昌大洪緒崇文
廣武儀天尊道寶應章感聖明仁孝皇帝之御天下也三
業嗣統重離繼明恭敏而克仁徇齊而允迪青宮主鬯承
天序而寅畏黃屋正位奉先志而夕惕若乃敷乎要道刑
于率土始則謹色養□□賈缺八字孝之至也□□郊邱
者三竭精□□□獻朝□□□者一鬱悽感於霜露祀之
大也六御宸陛精較□□振滯淹於韋布馨逌潛於巖穴
文教之隆也再駕革輅觀省朔野貞師律以威亮□戎八

以禮樂武經之著缺十二字絳軌物缺四字實情達幽仄
欽恤之深也體元功之藏用為而勿有推赤心而與物坦
然無閒誠明之廣也友于天族敦乎教也惠綏耆年勉夫
養也斲雕復樸必始于宮室劭農桑□率先乎稼穡昭夫
儉也黃□一缺七字勖編□□室務得□而□□□謹乎
授也六職交乂百揆時序猶復訪古無怠論學彌亹遜覽
乎九皇之道畢講乎三代之訓□厖黎獻勤恁方轂蒸蒸
之德既格于神明生生之仁終達於䴠卵太和遂布于景
氣靈臺遠偃於師節混一文□敉載疆埸缺五字易戰□
□□措兵者也於是河海夷晏嚴廓穆宣瑩元覽□宅衷

操斗極而播憲□天帝立民經清淨之鄉御乃六氣之辯
富壽之域隆乎三登之祥四隩納誠五緯遵軌日星薦祉
而訢合草木効靈而始見千品萬類□綸缺七字矜缺六
字天意若曰振古絕德覽無與讓軼世靈契允宜曰答繇
是眞介來儀寶命申錫抒三篇淵默之訓啟萬禩緜長之
兆普天馨世靡不欣戴惟蒼旻登□之祐乃□而垂鴻之
慶流烏之祥秖載其異雨□□睍何缺四字斯缺四字自
天之祕實獲御邦之緼於是洙泗諸生鼀蒙羣彥發詠歎
於庠塾□謳吟於衢路裿裳連蠻波屬鱗萃既而宰衡幃
幄之輔熊羆羔鴈之列追于千夫長百夫長黃冠緇衣台

背皃齒相與不約而信不謀而同伏覲缺五字封缺六字
陛下系纂聖統光闡丕業立隆以爲極執契而司會□斯
成矣□□平矣□□和矣昆蟲草木罔不孚矣所宜鋪鴻
藻而熙帝載飛英蕤而振絕禮遵昊天之成命慰東魯之
徯后覲風□□□之業展□□□侯之□允謂□德缺四
字錫符奉符以行事□□之請不爲進越皇帝虔鞏敦諭
四讓不獲既而垂旒深念前席而言曰惟我二聖付以大
寶海内海外悉主悉治□懷錫羨之慶丕冒詒翼之教一
變□□朕何有焉又敢款介□□告成功缺五字揚耿光
奉遺懿宣景鑠報嘉瑞斯事□體乃朕之志且夫無懷已

降夷吾所記迨建武之儀開元之制緜蕝草具宜刪其靡
無煩民無黷神恭朕之禮罔憚薄奉禋之容姑務豐大□
□有□□錫厥職繇是缺十四字之說紬漢室優游之議
順以創制閱嘉言於既往侈而不典黜空文之無謂既歷
古而肄習乃折衷於睿聖輔臣先事而祗命崇嶽騈日而
薦瑞醴泉毖湧神龍倏見靈芝三秀而絡野嘉穀合穎而
充畞星弁□掖忽恍缺十一字寥泬之書再降既告廟而
成禮缺四字戒吉鄉雲先後而觸布遼鶴翩翻而旅集元
晛謚重坤珍愈出月孟冬日辛卯皇帝乃闢宸居清康衢
儼金輿璁衡之御肅寢兕彌龍之制都人山立而辰抃缺

七字神檢先路眞士前道九旍之蓋𢿱寥廓以徘徊十極
之音含正始而容與俄而常伯陪乘大丙弭節千官扈蹕
而旱拱九龍効駕而飈舉萬騎雜沓洶洶兮海運九旂繽
紛烈烈兮雲布歷河沂榮光湛乎百丈扆嶽趾爰□□乎
四摯猛士缺六字元髦轇轕而彌縣周廬徼道植鍛懸敵
既□闢齋宮之靖冥滌清衷於蠖濩雲罕儀路鉤陳榑壑
奉寶符而先置儀宸仗而延屬大風示異當□石而遽止
寒谷應感將裂膚而俄燠倏忽之變陰陽不測皇帝於是
登喬嶽歷天□□玉輦步巖隥俯曜靈於渤澥觀衆山之
培塿崇臺冠空而崛屴翠旌周阿而捷獵辛亥昒爽卽事

靈闕登太祖以配天奉太宗而侑饗大圓軒豁懸寓澄爽
列宿昭爛於浮景盛禮登降於缺四字肅缺七字音諧而
大樂六變百神降而元酒三獻蕭□□用爟火高舉圭璧
之序嚴紫霄而有容金石之文凝絳煙而無際秩衆靈而
在下命羣官而分饗備物之盛實列萬國錫年之祥乃過
億世既卽次而燎幣旋復□而撿玉肸鋻缺七字于鴻明
之報白雲起封始氛氳於膚寸神光□熾實炳蔚而五色
翼日迴鳴鑾禪社首禮遂畢於登降誠乃格於上下復本
反始二儀之氣斯和執圭奉璋肆覲之禮攸舉且夫壇壝
三成崇大□小之制侯氏□□□君勞臣□□繇是□□

口次掌舍設梐司儀辯等車馬具禮始眡館而穆穆伐觀
旂而濟濟皇帝乃登淸壇驂雲芝負斧扆明章施臚句口
口而交達琛賮述職而口平九儀櫛比萬口礱至航海告
傳圭之符毛口慶干呂之瑞魏缺五字穹隆口口口虎之
缺五字業雞竿竚施籥歌以詠德佾舞而象事禮憲備成
訖無遺者旣而王公庶尹岳牧羣長胥進而言曰夫祚德
者天合符者聖陛下以大業鉅封對越景命區域竦化人
祇協慶禮物具八方之產祀口口千口口盛口何山郭缺
四字獻海鰈之充貢哉父天母地之孝于以之備君臨子
事之義於是乎盡洋洋乎蕩蕩乎民無得而稱焉謹伏壇

口上千萬壽帝曰昇口豆籩靜嘉器之文也牲牷肥腯祭
之飭也非朕所以請上上帝臨下民之意也惟朕口薦薦
于口口口神之口享于惟馨庶乎盡物首義用缶納口口
旨無以昇矣又曰咨爾有方之衆明聽予誥先王克謹天
戒臣人克有常憲肆朕祇畏荷口貺施爾其愼厥終一乃
心弼予夙夜之治口口元元之命罔忽厥口口速于戾缺
四字九垓口潤旣禮止而樂闋遽雷作而雨解渙汗兮大
號丕休兮茂典冝擧聿空囹犴斯弛繫縶者濯居窮者遂
在逸者復處幽者賁圓首方足悉已口口蠕動翾飛罔不
口跂遂祥禽於空闊遂珍獸於遐口集百靈而受職與口

口而更始所謂缺四字景福雲行雨施不崇朝而徧天下
者也覲之明日撫彝章口先古太常陳詩而觀俗典禮同
律而攷度正班爵之上下閱市器之良窳勵守牂以口口
章教條而咸舉旣而振皇儀而旋軫訪儒宮而口口浸仁
澤於遺口合凱口於下國歡聲口口溢口口口載揚嘉氣
鬱葱擁宸輿兮歸格策勳飲至霈口樂胥昭德垂休邈乎
無極皇帝於是敷睿藻紀雲闕始則推口口口純錫終則
讓祖宗之顯烈羲畫增麗堯文濬發口天經而昭布表日
口而高揚至於口口口之口口口祀典之淸芬上則教尊
於世爻而功施於民形裒議而流永增徽稱而謚振煥乎

宸製鏤之貞珉信闕典而咸秩垂聖範而缺四字哉懷庭
之道曠而復屬盤維之基亘而彌遠口乎人和年登而神
降口告倪寬所謂帝王之盛節抑亦天下之壯觀聖作物
覩不其偉乎太史臣曰圭口有聖明而不宣布有司之過
也臣虔奉咫尺參侍缺四字揭厲竊謂萬一雖不足究宣
駿德光大隆業蓋口尊口口辭炳灼於無窮缺五字敢謹
爲頌曰於穆我宋受天明命烈祖造邦神宗繼聖靈旗指
麾洪基保定神教誕敷民德丕正明明我后集慶口口稽
古立訓惟儉是宜羣方允迪庶彙緝熙天縱至聖日用焉
知上天降鑒缺四字雙輅恭缺五字周伯口口老人効靈

乾符坤珍溢於祥經上德不德謙而謚光寅奉祖考肅祇
元黄天迪其德盛歷洪長眞介薦至元符屢彰濟濟多士
蚩蚩蒸民塡衢溢郛集于紫宸□啟伊□武功至仁□□
伊何缺五字讓不獲元章□□□命有位蒧事岱宗虞巡
効駕周邁宣風八極四海雲蒸霞從巖巖詹詹高軼乾宇
旣祓旣登以禋以旅二聖克配三辰攸處六變成文□靈
□□蒼璧元酒□□齋栗肸蠁禋燎飄飄鐘律翼日降□
皇祇是出允猶翕河百神咸秩禪之明日乃嚴壇壝於是
肆覲焈以陳儀梐梱載列虡業攸施儼爾珪組翼乎熊羆
王公庶尹再拜稽首磬□□□上千萬壽□□欽哉一德

斯懋元首股肱惟爾佐佑慶澤遂敷宥民赦獄渙汗涵濡
滋液滲漉洗滌頗纇□揮亭毒施及夭胎罔不生育乃程
律度乃齊日時升擺方穀黴艾不祇凡百有位以悅以隨
大禮克舉缺五字乎哉登靈封兮報元功禪厚地兮薦清
衷揭方明兮車服以庸覃慶澤兮衆網遂空惟聖宋之光
宅兮與黄比崇宜乎金聲之玉振之萬斯年兮無窮●大
中祥符二年七月十五日立●翰林待詔朝散大夫國子
博士同正騎都尉臣尹熙古奉勅書幷篆額○右碑連額
高一丈一尺廣四尺四寸額篆全題八字二行字徑四寸
碑文行書共三十八行行五十四字字徑一寸勒壇基前

南向碑斷踣已久乾隆癸酉邑令馮光宿復植之孝廉李
成鵬跋其碑陰案陳堯叟結銜有潁川郡開國公宋史不
見於本傳尹熙古銜與裴瑀同書法如出一手
〔明〕泰陰碑題名〕文曰欽差總理河道提督軍務兵部左侍
郎兼都察院右僉都御史萬恭欽差巡撫山東等處地方
兼督理營田都察院右僉都御史傅希摯巡按山東監察
御史吳從憲題●山東布政使司左布政使施篤臣左參
政劉孝龍光左參議蔡應暘右布政使曹科右參政鮑承
蔭潘允瑞右參議佘立山東按察司按察使秦紡副使李
汶劉庠郭文和王宗舜何子壽徐節袁尊尼僉事謝東暘

郭艮劉世賞栗在庭濟南府知府平康裕同知許際可通
判王之綱推官謝廷宋泰安州知州李逢暘刻石●隆慶
六年孟冬吉旦○右眞書勒陰字碑南面吳從憲題以上
在泰陰碑三大篆之左餘俱在其右監司參僉至數十八
亦足見明代設官之宂吳從憲又有泰陰亭記碑今與亭
俱佚
〔元〕李簡〔朝覲壇〕朝覲當年築此壇旌旗影裏簇仙班只今
惟有青山在日暮孤雲自往還
〔明〕蕭協中〔會眞宮〕建禮棲眞境君王一駐驂帳烟凝岱色
殿曉拂晴嵐翰墨留蝌蚪宸遊叩鬱藍如何漸消歇仙路

沓重探
〔宋〕晏殊〈東封聖製頌序〉皇帝御極之十二載受〈靈貺〉對休
命龍鸞麗藻封勒於寶文黼黻作繪彰施於翠玉日中麗
乎王宇天下布乎堯言眞聖明之述作也有司稽銘嶽之
典講勒成之彝寅威寶命不顯祖烈於是有登泰山謝天
書述二聖功德之銘神靈之府肇建福庭發生之宇增閟
嚴祀於是有九天司命青帝廣生之贊爵贈爲羣嶽之長
禹跡播千里之潤加隆徽號彰明祀秩於是有天齊王靈
源之贊旌霸王之輔疇制作之功於是有昭烈武成文憲
王之贊懷柔百神登秩羣望於是有玉女泉石像之記幾

深極乎繫象訓誥示乎軌範垂之日月以宣景耀刻於金
石以爲表經紹復仙毫炳蔚鴻筆輝潤風雲動色造化爲
工溫珉華玉鏤若飛之翰石壁金記垂不朽之制所爲躬
列辟之能事矣古者滕書祕語紀號專美而陛下順命昭
孝古者金僉玉策迎年採壽而陛下祈福庇民彼西弇紀
名之累刻頌風聲遜聽不其恧歟
山川壇東南爲唐封祀壇故址卽唐乾封元年封太山爲圜
壇於山南四里號封祀壇旋名舞鶴臺開元時亦壇於此壇
北舊有白騾冢開天傳信記上將登封泰山益州進白騾潔
朗豐潤權奇偉異上遂親乘之柔習安便不知登降之倦也

告成禮畢復乘而下纔下山坳休息未久而有司言白騾無
疾而漬上歎異之謚曰白騾將軍命有司具櫕櫝壘石爲墓
在封祀壇北一里許於今存焉泰山小史謂在嶽陽碑記冢
蹟尚存舊縣志云今在紅門東然道里記云紅門東有豐碑
斷踣趺下磨滅無字惟碑額稜上有垂拱元年月廿五造二
年五月十二字碑側猶存宋人題識當日東封安在哉茫茫
今古泯塵埃字句可讀覆視碑底有行書字影差小隱隱莫
辨意卽金石錄所云高宗登封紀號文行書小字立碑山下
者其曰垂拱或又武后補刻然斷非白騾冢記也未審蕭協
中所指卽此碑不要以傳信記證之白騾冢當在城東南失

其處矣城東南三里爲奉符故城
〔唐〕〈祀封禪頌碑〉文曰皇帝六葉開元神武皇帝再受命致
太平乃封岱宗禪社首鑿石紀號天文煥發儒臣志美立
碣祠壇曰厥初生人俶有君臣其道茫昧其風朴畧因時
而歘起與運而紛落泯泯沒沒無聞焉爾後代聖人取法
象立名位衣裳以等之甲兵以怛之於是禮樂出而書記
存矣反其源致敬乎天地報其本致美乎鬼神則封禪者
帝王受天命告成功之爲也聞曩聖之與訓攷列辟之通
術疇若天而不成曷背道而靡失由此推之封禪之義有
三帝王之畧有七七者何傳不云道德仁義禮智信乎順

之稱聖哲逆之號狂悖三者一位當五行圖籙之序二時
會四海昇平之運三德具欽明文思之美是謂與天合符
名不死矣有一不足而云封禪人且未許其如天何言舊
史者君莫道於陶唐虞舜臣莫德於臯陶稷禼三臣降德
皆有天下仲尼敘帝王之書繫周秦之誓明魯祀周公用
王禮秦承伯諡接周統孔聖微旨不其效歟然秦定天下
之功高亭天祿之日淺天而未忘庭堅之德也故大命復
集於皇家天之贊唐不惟舊哉其興之也元靈啓迪黃祗
顧懷應歸運以義舉撫來蘇以利見湯也無放夏之慙武
也無伐殷之戰高祖創業四宗重光德有格天漏泉蒸雲

濡露菌蠢滋育氤氳涵煦若天地之覆載日月之照臨溥
有形而歸景馨無外而宅心百有八年於茲矣皇帝攘內
難而啓新命戴睿宗而纘舊服宇宙更闢朝廷始位葢羲
軒氏之造皇圖也九族敦序百姓昭明萬邦咸和黎人於
變立土圭以步歷革銅渾以正天葢唐虞氏之張帝道也
天地四時六官著禮井田三壤五圻成賦廣九廟以尊祖
定六律以和神葢三代之設王制也武緯之文經之聖謨
之神化之然猶戰戰兢兢日慎一日納規誨以進德遂忠
艮以代工講習乎無爲之書討論乎集賢之殿寵勇爵貴
經明翼乎鵷鸞之列在廷穀乎貔豹之師居鄗人和旁感

神寶沓至乾符坤珍千品萬類超圖溢牒未始聞記我后
以人瑞爲心不以物瑞爲意王公卿士儼然進曰休哉陛
下孝至於天政合乎道前年祈后土人獲天穰間歲祀圓
丘日不奄朔感祥以祈聖因事以觀天天人交合其則不
遠意者喬邱墠路望翠華之來上帝儲恩俟蒼璧之禮久
矣焉可專讓而廢舊勛羣臣固言至於再至於三帝乃挹
之曰欽崇天道俯率嘉話恐德不類敢憚於勤其撰巡狩
之儀求封禪之故既而禮官不戒而備軍政不謀而輯天
姥練日雨師灑道六甲案隊八陣警蹕孟冬仲旬乘輿乃
出千旗雲引萬戟林行霍濩燐爛飛焰揚精原野爲之震

動草木爲之風生歷郡縣省謠俗問百年舉百祀興墜典
葺闕政佽徂之人室家相慶萬方縱觀千里如堵城邑連
歡邱陵聚舞其中垂白之老樂過以泣不圖蒿里之魂復
見乾封之事堯雲往舜日還神華靈鬱爛漫乎穹壤之間
是月來至於岱祇祓齋宮滌濯精室凝神元覽將款泰一
議夫泰山者聖帝受天官之宮天孫總人靈之符自昔立
國莫知萬數克升中而建號惟七十而有五我高宗六之
而今七矣非夫尊位盛時明德曠代邈闊難并之甚哉先
時將臻夫大封也界封疆於高岡築泰壇於陽趾夫其天
壇三襲辰陛十二咸秩衆靈列坐有次崇牙樹羽管磬鏞

鼓宮縣於重壝之內干戚鈠殳鉤戟戣戳周位於四門之外伐國重器傳代絶瑞旅之於中庭玉輅金轂翠冒黃屋夾之於端路庶官百辟羌彝蠻貊袞戍之後讓王之客序立於禮神之場髦頭弩牙鐵馬金旌介胄如雲旗幟如火遠而於淸禁之野於是乎以天正上元法駕徐進屯千乘於平路留羣臣於谷口皇帝御六龍陟萬仞獨與一二元老執事之人出天門臨日觀炎流瀣宿巉巖赤霄可接白雲在下庚寅祀高祖於上封以配上帝命衆官於下位以享衆神皇帝冕袞登壇奠獻俯僂叶金奏佾羽舞撞黃鐘歌大呂開閶闔與天語淸將信公奉斗布度懋建皇極勤

恤蒼生昭假乎未兆禳災乎未萌上下傳節而禮成樂遍福壽同歸而帝賜神策乃撿玉牒於中頂揚柴燎於高天庶忠誠之上達若憑焰而駕煙日轡方旋神心餘眷五色雲起拂馬以隨人萬歲山呼從天而至地越翼日尊睿宗侑地祇而禮社首遂張大樂覲東后國風惟舊無黜幽削爵之誅王澤惟新有眚災大賚之慶不浹日至化洽於人心不崇朝景福遍於天下然後藏金匱於祏室迴玉鑾於上都煌煌乎眞聖朝之能事而高代之盛節者也於斯之時華戎殊俗異音同歎曰兵合多雨山峻多雲豈有大舉百萬之師尅期千里之外及行事之日則天無點翳地無

纖塵嚴冬變爲韶景寒風鬱爲和氣非至德其孰能動天如此其順者乎昔人云自西自東自南自北無思不服今信知聖人作而萬物覩其心服之之謂矣或曰祭泰折主先后非禮歟曰是禮也非宜也王者父事天母事地侑神崇孝無嫌可也且夫柴瘞外事帝王主之蒸嘗內事后妃助之是開元正人倫革弊禮起百王之法也故令千載戢末光聆絶韻咀甘實漱芳潤爍元妙之至精流不已之淑聲臣說作頌告於神明四皇墳而六帝典雖吉甫以莫能名徒採彼輿人之詩曰大矣哉維天爲大惟皇則之率我萬國受天之祺子孫百代人神共保綏之云爾而已矣○

開元十四年張說撰岱史云在城南四里舞鶴臺今佚

國朝王士正奉符故城我行奉符城不見崑崙迹何處仙人閣靑山繞長陌惟聞党竹谿髣髴南郵宅

論曰蒙嘗步循環道下諦泉源玩巖壁諸勝觀小龍峪以北水皆入黃西河而中谿梳洗河且匯東南麓之堰嶺河知岱固枕艮而履坤矣下黃現中谿乃夾道左右助林巒奇儁讀山海經環水出泰山下南流入江水經注環水出太山南谿南流歷中廟兩階間中谿蓋環水也今城東郊中谿經流有環水橋爲明孝廉張虎所建云

明張鯤登山雜詩四首巖巖亭上聊容與崖岫光搖楚客

袍何處仙人吹鐵笛隔溪童子薦櫻桃　世上天桃開二
月出門爭道看花遲白雲洞口桃花樹晚節開花人不知
玉虛宮殿元孤秀夜半探奇獨自行元鶴遙聞乘月度
白雲近見與沙平　山靈近帶千峯雨海水遙分萬里風
將向海門觀海市竟辭仙碣下仙宮
〔姚奎〕泰山雪後曉天紅日放高晴小坐山輿踏雪行凍樹
裏花春有迹寒谿結玉水無聲煙銷絕頂羣峯露風度虛
巖萬籟生老衲雲深知我過數聲清磬出松迎
〔于慎行〕泰山道中地僻塵蹤少山深石路斜雨中過佛院
雲裏見人家雊雉飛春麥啼鶯繞落花流亡今欲盡幾處

有桑麻
〔劉勅〕下岱不淺登臨興千峯任意攀黃花明古戍紅樹點
秋山野色供詩料郎沽破客顏莫言行李盡滿載岱雲還
〔譚性教〕泰山道中曉行燈火照山扃雲霞朝岱靈河纏梁
父白月落丈人青煙井迷春樹水澌亂曉星鐘聲佛寺遠
猶喜隔林聽
〔國朝〕〔趙執信〕晚晴過岱下煙披嶽麓翠帷張雨浥春疇細
草香人帶斷霞過小渡鳥銜飛絮入斜陽襍綵帽影垂垂
遠日觀天門望長嶺半桃花隴頭麥冐輸物色與江鄉
自注時將之江南　〔泰山道中遇雨〕餘寒和曉色客路轉氛氲五

汶入春雨千山行岱雲塵消容馬健綠淨向天分未擬成
歸夢今宵遮莫聞
〔施閏章〕雲中望岱碧海煙歸盡晴峯雪半殘冰泉懸衆壑
雲路鬱千盤影落燕齊白光連天地寒秦碑凌絕壑杖策
好誰看
〔吳象弼〕泰安道中膚寸瞻何處蒼茫合暮煙秋聲秦爵樹
沙路魯歸田聞說徂徠宅猶存慶曆年停車正東望憑弔
一流連
〔唐芳第〕過岱石棱犖确車欲傾黃頭奴子扶輪行綠樹叢
中殘月落青山缺處朝曦生一片白雲恣蕩漾須臾巖壑

呈萬狀當年浪指出封中山靈大笑層霄上神房遠插絳
節朝靈風一度松蕭蕭我支短筇臨絕頂霞空縹緲間仙
璈今來驅車使東去山憐我老留莫住紅桂花繁不寄書
青娥玉女歸何處荒邈空傳七十君眼前登陟徒紛紛白
頭未上東封頌秋雨銷沈碧筒文
〔馮溥〕曾登嶽麓一首曾登嶽麓識天門縹緲霓裳醒夢魂
跨鶴仙人傳玉笙驂鸞侍女奉金根秦松龍蛻鱗含雨漢
碣苔封篆有痕欲溯滄桑尋往事海波澎湃湧朝暾
〔朱彝尊〕泰安道中曉霧苦霧滴成雨平林翳作峯不知巖
際寺恰送馬頭鐘汶水已爭渡泰山猶未逢忽驚初日躍

遠近碧芙蓉

沈德潛望嶽大造愛奇崛產茲東海間五方羣長岱九字總無山青帝靈難接天門路可攀何須淩絕頂胷已隘塵寰

吳雯岱路中作入山不五里景色淒以繁泉繞漢祠外雪明秦樹根涼颼曉藤落斜日溪禽喧悠悠游子心對之轉忘言時序既以殊寧不感鄉園馬上重歎息帶嗔投孤郵

孔傳樅泰安道中東風拂面柳枝低宛轉溪山路欲迷十里桃花新遇雨夕陽遥映魯門西

岱覽卷第十三終

岱覽卷第十四

泰山書院院長陶山唐仲冕六幕輯

分覽三卷十四

岱陽之東圖

岱陽之東 松巖 延坡嶺 摩天嶺 小津口 謝過城 明堂泉 鶺鴒崖 故縣郚 總論

岱陽之東 分覽三

岱陽之東

岱可分乎曰不可此何以分綜陰陽四隅而劃爲六也自南天門而南既分爲岱陽矣其東之分何始乎爾曰自松巖始曷爲自松巖始嶽勢上銳下博對松山而北無分支松巖者對松山之東嶺也老松盤鬱峎嵂臨絕壑西北有婁子洞危險深僻婁子者何傳爲漢脫輓輅之婁敬隱是泰山小史又有婁敬洞云在嶽頂西百里蓋傳述之異也南爲馬鞍山兩峯翹起如鞍祝雞砦在其西南西與岱陽老人砦接石嶂從衡六七里古有祝雞老人棲此蓋不滅尸鄉翁矣砦巔窪處如鑿泉瀵沸而出旋折而下奔瀉數十丈曰懸淙南流入雙溝其南五里巨石紫潤曰肝華石又南爲石練陁碕盤曲磴上有飛湍下則雙溝夾之南流偶扶榔栗來坐盤陁令人憶中泠南畔也雙溝者東谿之澨觴也東南爲東谿山

〔明〕蕭協中《婁敬洞》西都定鼎君謀遠公主和親漢策非卻喜封侯身便隱洞門雲去鶴同歸

東谿山一名延坡嶺延坡者何橫倚如案曲阿曼延延坡則何以嶺名土迤而勢峻也管子形勢篇云太山山之高者雖有小隈無以爲深又曰太山之隈奚有於深故坡而亦嶺也曷爲謂之東谿雙溝挾嶺北諸谷水東南流注艾峪又注栗子峪相距四五里至栗子峪乃南流與堰嶺河入中谿者別

嶺南爲楊老隝岱史稱楊老園嶺崖岌嶪而上衍沃可圃醞檀集詩所云山徑仄石欹荒圃晴煙曙也楊老不知何許人昔嘗避地于此又南爲摩天嶺

摩天嶺何以名自松巖逶迤而下獨屜展竦立迴淩碧穹雲葉分飛騰霄赴壑勢無停機故一名爭雲峯又南爲屏風巖參差排比望之如屏嶺巖之閒橫溝涌流東導南折逕淩漢砦西曰堰嶺河河腹雙泉潰泓匯爲金牛灣東南至鳳皇邨東青龍泉自北會之又西南入中谿梳洗河府志云其地水泉甚多惟青龍泉有石刻三字可紀巖西有四陽庵一名潛仙舊阯在其西南明萬歷初蕭尚書大亨爲道士柴慧庵移

建於此庵南石竅滴乳曰福泉泰山小史云山勢嶒崚石情陡削與三陽庵相峙萊蒙諸峯一盼可收紀勝云岱麓左腋幽靜蕭瑟爲黃冠燒煉之所遊覽者佥旃弗顧僻故也惟僻故勝南望徂徠若几案可憑式庶幾竹溪六君子之遺風猶有存焉又南爲迴龍峪水東南流迴繞筆架石逕岱道郁入堰嶺河宋燾記云矗嶂環列一水縈曲大有武陵風景筆架石者狀如屋班故名自松巖至此皆以次而南矣

〔明〕蕭協中〔四陽庵〕萊蒙遥望覆青霞萬井千巒點暮鴉雖無林樾糚生色蘚綠苔蒼徧地花

堰嶺河非東谿而列東麓何水注中谿山峙其岨也然則東

谿之注栗子峪者何所匯曰南逕小津口東西兩椒山夾之記所謂兩山之閒必有川焉水東南流入蠶滋峪又南至沙溝入汶延坡嶺之東南分者自是訖於明堂泉也距椒山東八里爲杏山滿山花發爛如赤城故有餐霞洞下爲王老峪土阜高曠又西南爲水泉峪入沙溝椒山西南爲椒子峪有杏園艾栗椒杏所在多有何以名周禮邱陵植物宜覈兹以所宜草木名也其南爲傅家邨旁有巨石上浮如舫曰石舟較白龍池之石舟更爲完具又南爲謝過城故阯

〔明〕蕭協中〔石舟〕火裏開金蓮巖前駐石舫藏壑事更奇叩舷發深想鼓浪鼉崩沙停橈聳宿莽千載誰揚舲我欲附攸往泛覽周五湖青冥忽滉瀁乘風歸去來飄然謝塵鞅

謝過城者何宋劉敞云頰谷之會聖人相之齊人震懼歸地謝過城名葢本此則未知其爲魯所築與齊所築與杜預云齊人服義而歸魯田家鉉翁云春秋書取不言歸以其伐大國而得歸如取濟西取汶陽是也書歸不言來歸以其請之而後得如歸濟西歸讙及闡是也惟鄆讙龜陰之歸書齊人來歸言自以故地來歸非假兵力智計而得之聖人道化所感彊暴爲之革心有莫知其然而然者左氏所載兹無還之對陋矣趙匡黃仲炎輩皆極辨萊人兵劫無還揖盟之誣以爲非綏動神化氣象夫聖人化暴爲仁焉用築城以章鄰過

意者齊景深悔侵伐力敦信睦而藉委土爲師保乎今雉堞全隳臺隍無跡過其虛者雖樵牧皆能言之葢聖人德化千載如一日矣然則歸田安在曰鄆讙稍緬龜陰伊近今郡城東南二十二里有横步類靈巋曰龜陰埠曷爲謂之龜陰水經注博縣北有龜山山北卽龜陰之田是也孔子龜山操云我欲望魯兮龜山蔽之手無斧柯奈龜山何葢痛季氏之擅魯也今此山直部婁耳亦濯濯矣不見蔽虧之勢西南石浮屠五級曰聖塔葢遇旱乾水溢禱輒應金明昌時邨人李德元等建博縣者何漢所置邑非魯哀公會吳伐齊所克之博也龜山南三里有城基相傳漢博縣故城漢書地里志博有

泰山廟岱山在西北後漢郡國志博有龜山左傳定十年齊歸龜陰之田杜預曰田在西北春秋大事表云杜注闡謹龜陰皆汶陽田泰山博縣北有龜山案博爲今之泰安府龜山在新泰縣之西南泗水縣之東北與泰安府境相接其東有天封寺舊號郭頭寺宋祥符始額天封金大定時重修夾谷卽今萊蕪夾谷峪名勝志以爲齊魯所會竝附識以備攷謝過城迎東里所爲漢明堂有明堂泉

〔金〕重修天封寺碑文曰泰安東南三十里得故廢縣曰古博城在唐爲乾封宋開寳閒移治嶽祠下居民從之而縣廢爲城西南隅有寺號郭頭地故沮濕諸僧乘其閒曠而

遷之今地祥符有事泰山更以天封爲額季末喪亂毀撤蕩然僅存其殿像皇朝旣定山東寺僧曰道先始還其下結茅數楹以奉香火埽除而修舊起廢之力未給也皁統賜度而先之徒受具者凡七人其名法越者則先之上足也先旣老迺以寺事付越主之越幼樂事佛父母不能奪聽其出家能攻苦食淡以莊嚴作佛事衣盂之資一錢無所蓄自其斯時日營月葺積所得材以爲講堂爲僧居爲廚庫與夫夏臘朝夕器用之宜有者悉具又以前殿規橅故狹不足以稱迺更度爲高廣盡撤其舊并與像設皆新之越旣以淳質精苦爲鄉人信嚮凡杖錫所至魔皆爲檀

瓌章鉅材無不樂施有貲者助財有力者致功更捨所有不遠而至者相屬也於是回簷四合不日崇起落成於明年越屬余婦翁石震抵書京師求文以爲記余昔家徂徠之下而游於所謂天封者舊矣蓋嘗下第歸過而託宿焉醉臥僧榻上夜半若有人掖余者三且言曰前路通矣何爲醉且眠殆夢也寤而甚異之是時獨一老僧宿東廡下詰旦告以其故老僧笑曰是伽藍神也異時神甚靈寺之僧童有不力者神必以疾痛苦之至悔謝迺已閒亦警人以來事子其或者爲神警乎審如神言子固非久滯者行矣勉之余亦漠然未之信也其後余登科第始記神言有

徵欲書其事於石以答神意蓋久而不果今幸得以附見於記其尙何辭故書以遺之又并告之曰凡有爲之法其廢興成壞固自有數然其興而成之則必在人今越之於茲緣用心旣專致力旣勤故能廢者復興而壞者復成蓋專則一勤則精精一而可以入道況其餘乎誠進而不已於其道未可量也後之人能如是之專且勤守其已成而無使弊壞則善矣不然其不爲神所苦者幸焉況其道乎嗚呼佛之所以爲佛亦曰精進而已哉殿之役始於大定十七年夏而成於十八年之秋像之工則復七年而後畢焉助緣口力者鄉人李元王桐王法景云越族徐氏蓋其

里人也二十四年冬十有一月初三日記○右碑爲党懷
英撰并八分書勒舊縣郵天封寺中
石塔記文曰古傳城北三里許有橫阜隆隆亙於東南狀
類龜伏而禾隆周之傳稱龜陰之田卽此上建小塔五級
人曰聖塔由來莫攷葢必前民旱乾水溢祈而輒應之所
也塔舊造以瓦今甃以石工費之貲悉出於合鄉之解橐
破囊者人心好施無非聖塔之靈感繼自今而往凡荷鋤
負耒播種於斯阜者庶咸知勿翦而勿敗云時明昌三年
三月十有六日泰山三谿逸人安升卿記○右眞書勒石
塔壁閒記後有建塔人李德元等姓名

唐韓愈龜山操龜之氣兮不能爲雨龜之枿兮不中梁柱
龜之大兮秖以奄魯知將隳兮哀莫予在周公有鬼兮嗟
余歸輔
明蕭協中汶陽田賜履分茅事可稽何緣歸魯復歸齊紛
紛予奪迷蕉鹿此日平疇雨一犂
泉曷爲以明堂名艾峪水自北來匯漢明堂遺阯側西折而
南流因名曷爲謂之漢明堂別於周明堂也漢書地里志奉
高有明堂在西南四里武帝元封二年造史記太山東北阯
古時有明堂處嶮不敞上欲治明堂於奉高旁未曉其制濟
南人公玉帶上黃帝時明堂圖圖中一殿四面無壁以茅葢

之通水環宮垣爲復道上有樓從西南入名曰昆侖天子從
之入以拜祀上帝焉於是上令奉高作明堂於汶水如帶圖
及五年修封則祠太一五帝於明堂上坐令高皇帝坐對之
祠后土於下房以二十太牢天子從昆侖道入拜明堂如郊
禮禮畢燎堂下而上又上泰山自有祕祠其巓而泰山下祠
五帝各如其方黃帝并赤帝而有司侍祠焉山上舉火下悉
應之其後二歲十一月甲子朔旦冬至推歷者以本統天子
親至泰山以十一月甲子朔旦冬至日祠上帝明堂毋修封
禪其贊饗曰天增授皇帝太元神策周而復始皇帝敬拜太
一後漢書章帝元和二年東巡至泰山宗祀五帝於汶上明

堂光武帝配明日告祠二祖四宗於明堂各一太牢安帝延
光三年亦如之皆在於此案呂氏春秋曰周明堂茅茨蒿柱
土階三等以見儉節也蔡邕明堂篇曰水環四周言王者動
作法天地德廣及四海方此水也東京賦云復廟重屋八達
九房薛綜注云八達謂室有八窗堂後有九室所以異於周
制王隆漢官篇曰是古者淸廟茅屋胡廣曰古之淸廟以茅
葢屋所以示儉也今之明堂茅葢之乃加瓦其上不忘古也
然則帶所上圖亦猶行古之道與宋章俊卿論云漢武時公
玉帶所上明堂圖楊氏祭禮明堂篇以其不經見而削之然
其所言茅葢通水與大戴禮所記畧同又攷工記所言夏后

世室殷人重屋周人明堂其制大槪由質而趨於文由狹而趨於廣也由是推之黃帝時無明堂則已苟有之則一殿無壁蓋之以茅正太古儉朴之制又案武帝欲求仙延年方士之謬誕者多假設黃帝之事以售其說如所謂修五城十二樓封名山棲萬靈於明廷釆首山銅鑄鼎之類皆矯誣夸大以迎合時主之侈心獨公玉帶所上明堂之制乃簡朴如此雖不經見然亦可以稽千門萬戶之失固未可以其言之竝出於封禪求仙時而例黜之也漢距今數千年矣遺跡猶有存焉者乎曰有水經注云古引水爲壁雍處基瀆存焉岱史云其地舒衍突起石岡巔平高四丈許周約三畮後枕嶽麓支山如展障左右如衛從谿水瀠洄南會於汶遙望徂來諸山如列屛案當時朝會之規宛在元人題刻明堂故基四字今佚乾隆辛卯

御製漢明堂詩勒碑其上明堂泉奚所注曰經流爲十里河總名東谿由泮歸汶泉之所注也

〔明〕蕭協中〔漢明堂〕漢室東巡帝明堂肇有虞天開新禮樂地擅勝規橅玉砌風雲壯雕梁日月扶萬方徵瑞合四海綴鳬趨魯俗臨軒問華封借岱呼豈知窮歲月爭惜漸榛蕪絕壑水空碧荒壇石蔓枯重來已千載遺構記雄圖

〔東谿〕閒看罨畫水澄溪嶽色西傾樹影低流出前邨幽賞足一灣春曉碧琉璃

〔唐〕孔穎達〔明堂議〕臣伏尋前勅依禮部尙書劉伯莊等議以爲從崑崙道上層祭天又尋後勅云爲左右閣道登樓設祭臣檢六藝羣書百家諸史皆未聞臺觀重樓之上而有堂名孝經云宗祀文王於明堂不云明樓明觀其宜一也又明堂法天聖王示儉或有翦蒿爲柱葺茅作蓋雖復古今興制不可恒然猶依大典徵於朴素是以席惟藳秸器上陶匏用繭栗以貴誠服大裘以訓儉今若飛樓架迴綺閣淩雲考古之文實堪疑慮案郊祀志漢武明堂之制四面無壁上覆以茅祀五帝於上座祀后土於下房臣以上座正謂臺上下房惟是臺下卽云無四壁未審伯莊如何上層祭神下有五室且漢武所爲多用方士之說違經背正不可師祖又盧寬等議云上層祭天下堂布政欲使人神位別事不相干臣以古者敬重大事與接神相似以朝覲祭祀皆在廟堂豈有樓上祭祖樓下視朝閣道昇樓路便窄隘乘輦相儀接神不敬步往則勞曳聖躬侍衛在傍有司供奉求之典誥全無此理臣非敢固執愚見以求己長伏以國之大典不可不愼乞以臣言下羣臣詳議

〔魏徵〕〔明堂議〕明堂之作其所由來遠矣爰自軒唐逮乎秦漢有損有益或異或同記述參差莫能詳究今稽諸詁訓

參以舊圖其上圓下方複廟重屋百慮一致異軫同歸洎當塗曆籙未遑斯禮典午聿興無所取則裴頠以諸儒持論異端鋒起是非舛互靡所適從遂乃以人廢言止爲一殿宋齊即仍其舊梁陳遵而不改雖嚴配有所祭享不匱求之典則道實未宏何者夏禹哲王致美於祭服周公大孝備物於宗祀聖人之教夫豈徒哉然則身處畀宮神居重屋斯豈苟求壯麗崇飾華侈固亦致之尊親之道因高事大之義求其遠趣非無深旨蓋以神本虛元無聲無臭視之不見聽之不聞既杳冥而莫測故廣袤之度罔知夫孝因心生禮緣情立心不可極故備物以表其誠情無以

盡故飾宮以擴其敬宣尼美意其在茲乎自五帝迄今代有損益宮室制度每越舊章重屋規橅獨虧前典文祖過土階之儉世室踰畀宮之陋配天致極理必未安伏惟陛下以上聖之英靈承皇天之眷命一六合而光宅得萬國之懽心九譯之貢既陳明堂之位仍闕永言殷薦誠感自中臣等親奉德音令參大議思竭塵露微增山海凡聖人有作義重隨時萬物斯覩事資通變若據蔡邕之說則至理失於文繁若依裴頠所爲則大體又傷於質略求之情理未允厥中今之所議非無用捨請爲五室重屋上圓下方既體有則象又事多故實下室備布政之居上堂爲祭

天之所人神不雜禮亦宜之其高下廣袤之規几筵尺丈之制則並隨時立法因事制宜自我而作何必師古廓千載之疑議爲百王之懿範不使泰山之下惟聞黃帝之法汶水之上獨稱漢武之圖則通乎神明庶幾可俟子來經始成之不日謹議

〔顏師古明堂議〕明堂之制爰自古昔求之簡牘全文莫覩肇起黃帝降及有虞彌歷夏殷迄於周代各立名號別創規摹衆說舛駮互執所見巨儒碩學莫有詳通斐然成章不知裁斷究其指要實布政之宮徒以戰國縱衡典籍廢棄暴秦酷烈經禮湮亡今之所存傳記雜說用爲準的實

亦無昧然周書之敘明堂紀其四面則有應門雉門據此一塗固是王者之常居耳其青陽總章元堂太廟及左个右个與四時之次相用則路寢之義足爲明證文王居明堂篇帶以弓韣禮於高禖九門磔攘以禦疾疫置梁除道以利農夫令國有酒以合三族凡一事等皆合月令之文觀其所爲皆在路寢者也戴禮昔周公朝諸侯於明堂之位天子負斧扆南嚮而立明堂者明諸侯之尊卑也周官又云周人明堂度九尺之筵東西九筵堂一筵據其制度即大寢也亦曰黃帝曰合宮有虞氏曰總章殷曰陽館周曰明堂斯皆路寢之徵知非別處大戴所說初有近郊之

言復稱文王之廟進退無據自爲矛盾厥失負扆受朝常居出入既在皋庫之內亦何云於鄉野哉孝經傳云在國之陽又無里數漢武有懷創造詢於搢紳言論紛然終無定據乃立於汶水之上而宗祀焉明其不拘遠近亦無方面孝成之代表行城南雖有其文厥功靡立平帝元始四年大議營創孔牢等乃以爲明堂辟雍太學其實一也而有三名金袁等又稱經傳無文不能分別同異中興之後蔡邕作論復云明堂太廟一物二名鄭元則在國之陽三里之外七里之內景巳之地潁容釋例亦云明堂太廟凡有八名其體一也苟立同異竟爲巧說並出乎胷懷曾無

師祖審夫功成作樂治定制禮草創從宜質文遞變旌旗冠冕今古不同律度權衡前後不一隨時之義斷可知矣假如周公舊章猶當擇其可否宣尼彝則尚或補其闕漏況鄭氏臆說淳于謏聞匪異守株何殊膠柱愚謂不出墉雉邇接宮闈實允事宜諒無所惑但當上遵天旨祗奉德音作皇代之明堂永貽範於來葉區區碎議皆略而不論

東谿何不與中谿合曰摩天嶺界之也摩天嶺東四里爲鵲鴿崖峭壁多巢野鴿翩飛無怖若在佛頂清現光中其南爲臥龍峪一名五龍峪言峪水深曲也又東峽口怒風曰風門又東中陵山又東有步類烏犍曰水牛埠皆相距二里東北

卽小津口邨也東南爲淩漢砦西臨迴龍峪礐硞入雲又東爲繡綵灣其水紆折有綺縎繡錯之文東南流經白家河入十里河河東四里有紅亭遺阯紅亭者何春秋昭公八年大蒐於紅杜注紅魯地郡國志紅亭在奉高縣西北王阮亭詩所謂班馬紅亭渡也向有土邱今訛稱紅廟邨矣其地高原廣野茸毋綠雉子肥歌艾如張想見當年艾蘭爲防置旃爲轅之規制云

紅亭東南遂無足覽者乎曰有有則何以不書曰地多魁陵墳衍自漢明堂東北二十七里有城阯今稱故縣邨則未知其爲博與奉高與後漢郡國志奉高有明堂注云前書曰在

縣西南四里左傳大蒐于紅至于商衞紅亭在縣西北晉太康地記云奉高者有事岱嶽帝王禪祀之處故有明堂在縣西南漢武立大壇於東山以祭天示增高也水經注奉高縣漢元封元年立以奉太山郡治漢光武紀注云嬴博梁父奉高四縣屬太山郡故城在今兖州博城縣界道里記序云古奉高在今泰安石汶東故古登封入奉高境西行度環水而北至天門歷盡環道躋岱巔迺得封所殆奉高城與其東南八里臺頭邨又有古城遺阯葢春秋時齊之博邑也東北七里北禪邨旁有大冢則未知誰氏墓也檀弓延陵季子適齊於其反也其長子死葬於嬴博之閒孔子曰延陵季子吳之

習於禮者也往而觀其葬焉水經注云縣北嶅季札子墓在汶水南曲中從征記云嬴縣西六十里有季札兒冢冢圓其高可隱也前有石銘一所漢末奉高令所立無所述敘標誌而已碑石糜碎惟趺存焉今銘趺俱佚而嬴邑故城在萊蕪境惟方輿紀要謂嬴城在州東南五十里北魏始改置於嬴萊蕪城即今萊蕪縣治是冢東距嬴故城數十里或即札所葬兒乎陵谷靡常傳聞異說宜多踳駁不合也奉高城旁有大雲禪寺舊名古雲臺寺金重建有大定四年閏十一月牒明宏治五年重修

〔東魏胡元方等造像記〕。右眞書刻在大雲寺西壖下石

柱上四面佛像文已剝蝕僅存有大魏字興字二字庚申字當爲東魏興和二年庚申歲也餘惟胡元方等數人名可識

〔金華藏世界海圖幷勅牒碑〕。右碑大定五年九月立在大雲寺殿東壖碑陽刻圖幷序碑陰刻敕牒連額高六尺廣二尺四寸圖額橫題依大華嚴經錄華藏世介海圖篆書介即界字中繪小佛像列二十層上平下銳銳處佛像一至平頂列象二十漸減而下至底以大蓮座承之左右各有題字碑陰額題大雲禪寺敕黃碑記篆書八字橫列於上下爲敕牒公據再下爲當寺諸僧名文繁不具錄案

泰安縣志載此碑祗云敕牒而不及碑陽之華藏世界海圖則志之畧也此圖刻鏤極工不獨爲山左諸碑所僅有即問諸釋氏亦多爲聞見所未及者圖下有法圓序記本作於宋元祐八年至大定五年寺僧慧宗模刻葢給賜敕牒在大定四年而立石在明年也此圖在元祐時爲駙馬都尉李瑋刻於東京覺嚴禪院李瑋者宋章懿皇太后弟李用和之子尚兖國公主也此碑大約從覺嚴禪院搨本重摹然覺嚴石刻亦不見於金石著錄則以釋氏之言每爲人所畧也空名敕牒從禮部頒發各路轉運司塡名發賣有官管勾謂之發賣所每貫一牒給錢三百貫文省他

寺敕牒公據皆未詳其制獨此碑可見金時寺額給牒之法金時以軍興需費賣額牒文公據皆稱諡都府定慧禪院者諡都府官賣名額故也下鐫度僧名數第一代海定度僧二十一名第二代慧宗度僧十四名案金史百官志凡設僧尼道女冠三年一次限度八十人試之經卷皆以誦成句依音釋中選者試官給據以名報有司其額限如此此碑爲刻給據故幷度僧名列之也序及牒文竝眞書

〔大覺寺牒碑〕。右碑在古城邨大覺寺大定十四年十月王慶眞書額篆大覺寺牒四字

〔明蕭協中〕〔嬴城憩望〕芊緜綠草平輕車遙過聽鶯聲延陵

馬鬛知何處不是嬴城是博城

論曰孟子云一戰勝齊遂有南陽趙岐注山南曰陽岱山之南謂之南陽也閻若璩謂必齊之地深插入魯界中者今案春秋嬴博龜陰之田皆有遺阯又後漢郡國志博有龍鄉城注云左傳成二年齊圍龍杜預曰在縣西南史記作隆其地殆亦相近也斯其所謂南陽與

岱覽卷第十四終

岱覽卷第十五

泰山書院院長陶山唐仲冕六幕輯

分覽四 卷十五之卷十六

岱陽之西圖

岱陽之西上 五陀巖 仙趾峪 竹林西河 雲頭埠 淩漢峯 投書澗 全真巖 傲來峯 仙人巖 百丈巖 白龍池

岱陽之西下 大峪 元泰安王神道 汶陽橋 靈芝街 青巖書院 渿河橋 大埠嶺 嶅山 總論

岱陽之西上

岱莫暢於南麓亦莫奧於西谿自對松山而西南爲五陀巖圓椒錯落如星而五稍西爲紅葉嶺嶺多烏桕望秋先紅嶺巖之間爲硤石溝水入西谿又西南爲石後山距對松山四里岱史云山前多鉅石故名道里記後作緱蒙案山如斥候當爲石候此西谿山也西谿上納龍峪之水經黃現西因名黃西河其西爲九女砦奇石攢簇若花跗上有廢壘岱史云昔有九女避兵於此紀勝云孤峯絕磵深藤密菁廢宇封塵空庭落葉明月清風自作來往鼠翻丹竈蠹蝕祕詮忽聞松柏謖謖怳疑空谷足音地多石英白者如晶有淡紫者瑩澈

五棱魏書景初元年增崇宮殿鑿泰山之石英殆謂此也又西爲三尖山天外三峯銳如卓筆西脅有石丫下爲轆轤岡岡專而長若置井轆然黃西河遶其南仙趾峪之水自東北來會之

明蕭協中九女寨千峯攢峭接青雲虛寨曾迴九女裙不獨避兵還避世花香草綠自氛氳

仙趾峪在迴馬嶺右九峯山之西有仙人蒯屝跡長尺所故名羽客遊蹤幾同李廣射虎之鏃居易錄所譏逞逞而有也又有馬跰窪徑五寸名馬蹄峪攷漢武紀獲汗血馬注稱汗血一日千里踏石有跡又帝嘗於緱氏城觀大人跡意者茂

陵修封曾乘天馬經此而所謂仙者固不獨示獪於緱氏耶蹄涔耳而得二異跡亦好奇者所豔稱矣西南爲鷄塒嶺東與祝雞砦相望羣石錯雜大小昂伏咸類德禽其南爲丹穴嶺黃壤赭石上頗舒衍西下爲八里溝水南流入西谿又南爲鳳皇山望若九苞翔於千仞桐花十里映帶丹山其西南有馬蹄灣以馬蹄峪水匯此名黃西河遶丹穴嶺東鳳皇山北受八里溝亦匯於此而遶竹林寺西爲竹林西河矣

竹林西河名以竹林寺寺在百丈崖北自唐迄今屢興替元元貞初固陵僧法海重修明永樂間高麗僧滿空拓建泰山小史云小徑沿山清流夾道朱櫻滿地四木參天傳古寺在

石壁洞前寺遭回祿佛入石洞門閉不可尋煙雨中猶遥見舊日樓臺異哉紀勝云雨後曣昷覆寺日彩溥之寺影輒懸雲中如蜃樓又云誦唐詩殷勤竹林寺又得幾回過悵然增感寺旣廢尚多栝筱又二銀杏大數十圍今竝爲有勢力者所戕伐與寺俱蕩然矣

〔元〕竹林寶峯寺碑文曰重修竹林寶峯禪寺之記●前翰林侍講學士朝請大夫知制誥同修國史野齋李謙撰外護都功德主忠顯校尉泰安州達魯花赤兼諸軍奥魯事哈剌不花篆額圓融雙照大師講諸經疏傳法嗣祖沙門福門書●泰山竹林禪寺者名冠天下詢諸萌肇莫知其所由自唐迄金屢經興替詎可云哉及兵息之後有先受業僧珍公都綱欽公闍黎鑑公僧錄廷公僧判監公主事連公講主等而相謂曰有先師所居竹林舊基木場故阯我儕等力不能贍今聞東原海公菩薩聲名葢代數處建立精舍何無禮請其人住持修葺永遠剃度光顯吾門不亦可乎衆皆云然於時敬修書疏及以施狀恭請海公上人維持修葺師雖允悅謙而謂曰窊隆有數非力能然師諱法海姓于氏光州固陵人也祖嘗任光化軍節度使祖父昆季咸居貴顯家貲巨萬值大兵而離散師年弱冠遁跡於魏博閭至館陶東北舍餘地得招提故基曰白佛堂

榛莽蒙蔽師迺芟而除之結茅而處得念佛三昧晝夜寒暑不爲變易歲在甲辰二月□遇師披剃始蒙出世如寶珠出泥光溢衆目於是緇俗聽信志力是顯相與住持踰六十晦中起演法之堂齋僧之室方丈海會香積庫囷以次俱新揭其額曰淨土院時中書右丞嚴公總管東平迺具書疏請詣本府之四禪寺徒衆雲聚亦復如是乃創爲繪塑大雄薩埵護法神將百有餘尊光燦具足迄今顯然歲次丁未僧錄雲公同衆比邱請住持在城大開元寺自是法緣洪振衆悉歸依人人咸以菩薩稱之居無幾何東振齊魯北抵幽燕西踰趙魏南距大河莫不聞風趍赴其送施者朝暮不絶以貲賄衣物積如邱阜於是乃重修雷音堂文殊殿方丈寮舍鐘樓廊廡百有餘間四方下院三百餘處剃度小師千有餘人俗素豪士受持三歸者莫知其數前後齋僧幾千百萬給繒纊以賑單貧設糜粥以飼飢餒慈悲方便靡所不至國師海雲聞師道價特賜號曰明慧大師一日宴居語諸徒曰所施下院三百餘區吾欲韜光待終宜何而處有近侍僧亶志成通從容而作對曰有泰山竹林之古所誠甲於餘地山水佳麗入境幽僻可以作終焉之計師聞之告密而竊記異日弗辭隻影曳杖獨跨寶峯達斯古礎折草爲廬苟避風雨宴坐習禪方遂

雅懷於時嵓花爭秀野鳥聲喈雲山以之變色幽谷爲之生春未及旬日門徒緇素躡踵相覔願奉衣缽者繼日不輟從茲奉高一郡誰不歸崇居之未久雲徒旣衆欲廣其厦奄示維庥召諸弟子付以衣盂而告之曰吾緣盡矣樹此蘭若功輸爾輩勿忘我囑言訖移時溘然而逝春秋三十有九僧夏一十有七荼毗迄終者僧俗億萬指無不哀慟爾隨起塔於靈臺立眞堂於數處仍遵梵儀大事終矣是後小師志成志通志從嫡孫定峯定廣定玉定果定聚重孫正元正演正順等於斯竹林相繼住持排肩勠力幾五世矣方始見成能仁有殿祖眞有堂雲賓有舍庖食有

廚三門挾庫及下院木場所宜用者悉皆備以餘力樹喬松而塞戶植修竹以封窗又抉以川流縈紆而通諸庭宇滄浪而貫諸階除漱石砌汲烹餟饌灌蔬圃生□菜茹淀歸大壑復入湍流瀑作水簾崖懸百丈滙集龍池湛碧千尋過之則毛寒過之則膽戰眞所爲遁世之桃源棲心之福地矣茲有住持小師定玉正元正順等緬想諸公歷歷勤苦恐後世湮沒無聞欲立石傳之久遠特狀其始末託還公僧判不遠而來求予以文予因而謂曰泰山之尊天下孰不望之竹林之名率土孰不聞之菩薩之化方今孰不遵之復何假以辭飾隨命孺子代筆勉拙來情從其狀

而書爲記焉●外護功德主照□校尉泰安州達魯花赤兼諸軍奧魯勸農事忽都外護功德主奉議大夫泰安州知州兼諸軍奧魯勸農事杜天祿外護功德主從仕郎泰安州判官唐世英承務郎同知泰安州事兼諸軍奧魯勸農張師謨外護功德主泰安州僧判旺吉祥承事郎奉符縣尹郜汝舟進義校尉奉符縣達花赤忙古歹●元貞元年歲次乙未九月下弦日完福大師泰安州僧判定玉提點正元正演山主正順福就福秀立石周順男周瓊刊○右碑連額高五尺六寸廣二尺八寸額篆仝題十字五行字徑二寸文三十行行五十五字字徑六分眞書在寺故

阯末書各官姓名及年月僧衆俱左讀案達魯花赤當爲達嚕噶齊奧魯當爲鄂囉哈剌不花當爲哈喇布哈忙古歹當爲蒙古岱

〔明〕重修竹林寺碑○右記新安吳維城撰竝眞書篆額萬歷三十年季冬勒寺中

〔宋〕范致沖〔竹林寺〕竹林深處有招提靜掩禪關過客稀薝蔔花開春欲暮泠泠鐘磬白雲低

〔元〕王旭〔竹林寺〕石逕俯雲壑竹林開幽境寺古僧徒稀山深嵐氣冷閒遊未終興紅日忽倒影曳杖投暝煙長歌下前嶺

〔明〕李傑泰山竹林寺與陳大參楊僉憲同遊陟險千萬盤
未識寺門處一澗委蛇來齒齒亂石聚飛梁忽橫亙清泉
下奔注其閒有靈湫蛟龍所蟠據時經不測谿心動髮毛
豎肩輿尺寸進僕夫汗如雨我欲飛步登厓傾足難駐青
鞵與布襪惜不擲此具貪奇不知止竟忘垂堂慮緬懷得
一樂未足償千懼峯回見林薄飄然發佳趣古殿三兩楹
滿庭蔭高樹百果經秋霜甘美皆可茹同行得二妙把酒
勸酬屢酒酣陟巑岏冀與仙靈遇高寒覺衣單俯視飛鳥
去白雲出巖阿英英若春絮登臨興無限日暮歸何遽摹
寫詎能窮率爾成短句

〔宋〕蕭竹林寺二絕句多時不訪竹林僧茅逕荒蕪亂野藤
此日探奇來坐久一龕香雨對青燈　野叟山邨太古風
山樵鬢插野花紅樹陰歇擔說山鬼笑指峯門有路通
〔明〕蕭協中竹林寺一步一流連無生覓老禪攢峯陰覆地
喬木勢參天鐘磬猶堪賞幻泡何可傳只今雨煙日棖㮰
影中懸
〔國朝〕田同之竹林寺竹林何窈窱招提占絕境鳥鳴林壑
幽泉溜雲霞冷雨後更奇絕半天懸寺影
〔孫寶侗〕竹林寺山意靜如此竹林古寺幽嘉樹葉冥冥客
爲清陰留澗道左右流水石相環周陽阿猶炎蒸不知風

物秋我心欲靜觀羣動紛未收起視日亭午佇立還夷猶
〔徐祖望〕遊竹林寺誰將一幅李營邱引我來從畫裏遊紅
葉沒崖和雪積白雲帶石過溪流馬蹄欲滑苔痕凍樵逕
將開草色愁僧老寺荒人不到探奇偶爾一尋幽
〔孫岳頒〕過竹林寺西河中峯留偈處精舍竹閒遮半夜滴
山雨一籬開槿花葉垂知鳥立草動見蛇斜欲共深公語
禪心隔水涯
〔陸峻〕竹林西河暝色連芳草荊扉晚暫開夕陽林外盡澗
水竹邊來牧豎驅羊返山僧洗缽回吟餘幽興愜日暮更
遲徊

仙趾峪南爲雲頭阜在迴馬嶺西北巑岏堆衆皺雲氣結構
中人立虎蹲難備狀其南多白楊曰白楊坊石丫幽靄頷白
楊洞供石彌勒中有洑池水谽潗西南流過淩漢峯陰匯諸
山澗爲碧油灣水碧於油俗呼香油灣入竹林西河又南爲
淩漢峯
淩漢峯有泉如金一名金泉峯李相國光地詩所謂岱宗天
下望峯有號金泉也丹嶂淩空勢欲孤騫淩漢砦在其北容
可數百人峯南振鐸嶺竹樹森蔚未風先鳴時聞雲中鈴鐸
或曰禪宗語也有黑虎峪水南下匯爲新泉西折過子午橋
而注橋北普照寺蓋古刹金大定間奉敕重建賜今額寺藏

深埡沓嶺遮邏明永樂時僧滿空
國朝康熙初僧元玉先後卓錫於此佛殿後倚山爲閣閣旁
禪房花木皆郡守朱孝純修閣煙蘿澗竹中清磬縹緲一時
步屧尋幽覺明漪絶底淡不可收泰山小史云兩山環抱一
澗低流密塢櫻桃紅珠綴綠每初夏時遊人載酒環聚如蟻
雖繼日賞之會無厭態寺中古松童童稱六朝松寺東有元
玉別構石堂人稱荷花蕩紀勝云溪壑幽勝排澗流而注之
僧祖珍築室其衝巖阿種菊皆徧命曰菊圃導流南注爲石
塘九曲蒔荷焉輔以芙蒲清夜孤𨗈臨池取月坐石邀風不
知僧之非我我之非僧也祖珍即元玉有菊圃百詠中有秋

水半潭涵瘦影疎香一圃宕寒煙之句其人可想旁有元玉
塔寺西南有滿空塔塔北爲明魯相田時耕墓西北有臥象
石又西北爲投書澗
〔金〕普照寺牒碑〔〕○右碑高二尺廣三尺四寸大定五年五
月眞書勒寺殿壁右南向
〔元〕普照寺經幢〔〕○右中統二年四月眞書勒寺大殿前
〔明〕龍溪田先生墓碑〔〕○右碑鄭豸撰文並眞書嘉靖二十
九年二月勒墓前碑畧言先生諱時耕字舜夫以廩士任
西江茂邑丞擢魯藩相至贛而卒
〔國朝〕釋元玉述懷偈跋刻〔〕○右元玉撰眞書康熙九年勒

普照寺西崖
〔石堂銘〕○右元玉撰眞書康熙十年勒石堂東南石上又
有十二景曰石堂飛來𠂆眺遠臺翠屏石友松石水雲洞
梯雲盤慈航石滌硯溪白蓮池玲瓏巖振鐸嶺各題句又
咏竹三首皆勒石堂旁
〔八散人記刻〕文曰八散人者三釋五儒祖珍師也象乾岳
止徒也俱石堂主人州廣文孔君字壁六縉紳范君字靖
亦文學張君字方平淮叟江君字山民越叟趙君字臨若
此五君每相聚談及石堂則足栩栩然動不計日之蚤莫
輒同𨗈訪至則剝芋煨棗烹雪煮雲或坐竹陰或立松畔

或咿吾於菊圃之側或逍遥於蓮池之上遠望之不啻畫
圖中神仙焉雖商山四皓竹林七賢何以過此○右張四
教撰眞書勒寺殿壁
〔釋元玉塔銘〕○右塔銘并序翰林編修唐夢賚撰眞書康
熙五十二年勒塔旁
〔明〕李傑〔〕九日遊普照寺感懷〔〕半林殘日映崔嵬上有孫公
舊講臺竹帛銷沈書院廢鼓鐘鞺鞳梵宮開酒傾秋露浮
盃滿曲送春聲入座來清景留人歸路晚碧雲紅葉擁山
隈
〔邵賢〕步前韻〔〕招提隱隱倚崔嵬紺宇周環般若臺斜日短

笻山徑曲石橋流水寺門開浮屠證果眞成幻儒道淵源
有自來千載清風仰孫石獨遺堂阯向巖隈
國朝釋奚林普照寺門前幾曲流水寺後千尋碧峯鳥語
溪聲斷續山光雲影玲瓏
釋元玉秋坐東溪磐石歲月值殘暮庭中風露清巖棲寡
生計曳杖東溪行薜徑依花入蟬林蒼靄盈轉步向高柳
嚶嚶草蟲鳴溪頭多磐石坦如几榻平下映寒泉水潺潺
流有聲偶從石上坐蕭然寡所營野景怡幽意浩歌抒素
情樵人不我顧伐木遠丁丁日夕攜笻返雲根影與并
秋日閒居夕以笻爲伴逍遥晻靄中路同幽鳥入心竝暮

雲空野岸蘆花白山邨薜荔紅韶光嗟去易翻笑昔飄蓬
趙國麟小春望前三日趣園邀同人遊普照石堂因尋胡
安定公投書澗遺蹟小春布暄和冬氣仍駘蕩有客攜蠟
屐巖壑招同往出郭眺寒林心寄層巒上路轉入招提山
空松籟響野竹沿溪青枯藤絡石長摩挲苔蘚字前哲結
遐想勝蹟探不厭書澗指接壤振衣受經臺萬象資俯仰
慶歷有三賢芳徽景吾黨草没侍立碑高望多慨慷夕陽
不忍歸長歌度林莽
趙元昌普照寺松風橋畔舊山僧猶記新詩說上乘三笑
溪頭人去後石堂踪跡一遺燈

徐祖望同趙仁圃遊石堂我欲尋良友君還邀勝遊雞聲
纔報午落葉尙鳴秋石乳茶三碗松花飯一甌清談應不
厭逸興兩人幽
孫岳獻題普照禪林刈茅覆淺屋編竹護頹簷清磬度流
水寒山空夕陽莓苔紛古色花鳥悅清光盡日僧無事安
禪坐晝長
投書澗宋趙善璙自警篇云安定胡侍講布衣時與孫明復
石守道讀書泰山攻苦食淡終夜不寢十年不歸得家問見
上有平安二字卽投之澗中不復展讀澗上潘允端題碣曰
宋胡安定先生投書處澗水南下東受新泉西南入香水峪

澗西爲泰山上書院孫石學館自嶽祠徙此者也元好問曰
上書院唐詩人周朴所居宋孫明復居之案周朴卽唐四僧
之一曰清塞後返初服者也明嘉靖時僉事盧問之建仰德
堂祠兩先生後又合祀安定爲三賢祠有司以春秋仲致祭
國朝康熙庚寅年學使黃叔琳重建乾隆己未郡守蔣尙思
重修祠前攢柏二叢各十數株明蔡汝楠詩云影接馨香近
聲摇戶牖清祠後石臺高可數丈方坦亦數十笏明鄒善題
授經臺上有老藤冒古松又有石題講書臺景賢石侍立石
流風餘韻雖泉石亦賴以傳每當清和時桐芭初拂紫藤花
數百本爛熳崿谷尤足清賞乾隆癸卯周學博桐倡建亭澗

上余爲顏以考槃東偏故友竹亭明高士徐竹牕讀書之所今廢縣志云竹牕莫識其名舊有墓在白鶴泉南半里許碣題竹牕徐先生葢其門人所署也今壙已夷碣亦佚矣宋纛青巖草有燕山送徐竹牕文學南還詩攷其同時有二徐一爲教授來聘字楚和曾跋纛集一爲孝廉柟皆殉流寇難竹牕豈其別號歟抑別一人歟要之必佳士矣迴西爲香水峪上接投書澗諸水西南流會西谿

宋泰山書院記自周以上觀之賢人之達者臯陶傅說伊尹呂望召公畢公是也自周以下觀之賢人之窮者孟子楊子文中子吏部是也然較其功業德行窮不必易達吏

部後三百年賢人之窮者又有泰山先生孟子楊子文中子吏部皆以其道授弟子既授弟子復傳之於書其書大行其道大耀先生亦以其道授弟子既授之弟子又將傳之於書將使其書大行其道大耀乃於泰山之陽起學舍講堂聚先聖之書滿屋與羣弟子居之當時從游之貴者孟子則有梁惠王齊宣王滕文公之屬楊子則亦有劉歆桓譚之屬文中子則有越公之屬吏部則有裴晉公鄭相國張僕射之屬門人之高弟者孟則有樂克萬章公孫丑之徒楊則有侯芭劉棻之徒文中子則有董常程元薛收李靖杜如晦房魏之徒吏部則有李觀李翱李漢張籍皇

甫湜之徒今先生遊從之貴者故王沂公蔡貳卿李泰州孔中丞今李丞相范經畧明子京張安道士熙道祖擇之門人之高弟者石介劉牧姜潛張洞李緼足以相望於千百年之閒矣孰謂先生窮乎大哉聖賢之道無屯泰孟子楊子文中子吏部皆屯於無位與小官而孟子泰於七篇楊子泰於法言太元文中子泰於續經中說吏部泰於原道論佛骨表十餘萬言先生嘗以爲盡孔子之心者大易盡孔子之用者春秋是二大經聖人之極筆也治世之大法也故作易說六十四篇春秋尊王發微十七卷疑四凶之不法十六相之不舉故作堯權防後世之簒奪諸侯之

僭逼故作舜制辯注家之誤正世子之名故作正名解美出處之得明傳嗣之嫡故作四皓論先生述作上宗周孔下擬韓孟是亦爲泰先生孰少之哉介樂先生之道大先生之爲請以此說刊之石陷於講堂之西壁康定元年七月十八日記○右石介撰見徂來集碑佚

國朝重建三賢祠碑○右學使黃叔琳撰並眞書康熙五十一年三月勒祠東

三賢祠詩刻韓伯端詩眞書 徐肇顯詩 王玜詩 任宏業詩 徐祖望詩 鮑鈴詩並行書 趙國治詩隸書 李朴詩 胡楷詩 徐欽祉詩 趙國安詩 趙國麟詩並行

書張鏐贊（眞書已上皆勒石祠壁）

重修三賢祠碑。右記宋弼撰眞書乾隆二十四年勒祠門垣間

洞石題勒文曰山高水長（陳昌言八分書）千秋道岸（李雨霑眞書）胡安定公讀書處（李果八分書）

明宋燾過孫石二先生讀書處尋幽度危嶺遠眺出青林上有孫石臺芳草一何深晴煙披鮮壁流水若彈琴清泠聽不厭悠悠契我心當年青紫客身世已銷沈御羨深山者獨留太古音

蕭協中讀書臺度壑尋遺跡臺平蘚多古人讀書處吾

輩漫相過斷角雲來續長吟鳥和歌窮經地日事世道正嵯峨

國朝李克敬三賢祠詩為崑圃黃先生作泰山孫先生求志非隱淪麟經窮搜討千載契聖眞糠秕視衆論不屑苟同人曠代得元賞獨有唐陸淳尊王以發微岱宗並嶙峋韓范薦其學李相願結姻就家寫所著裝池藏玉宸居官雖不久位詘而道伸守道何慷慨風教卓然樹炳炳唐鑑文足使亂賊懼作詩論詔書禍福非所顧力葬七十喪五世免暴露一時諸士人景從紛如霧乃為孫明復奉冊執杖屨高義薄層雲吾道之砥柱千古推師範海陵胡太常勵士以行誼又授之文章天子取其法懸式示膠庠雖與孫直講太學暫乖張古人適不合不肯苟毀方及其水乳融芝蘭謝馨香歎息斯人往斯道久蒼茫耿耿三賢人相去各千里慕義成盍簪光照東嶽阯魯儒欽其德一堂合禋祀廟貌久傾頹今復輪奐美借問修者誰燕山黃夫子夫子時名賢來校齊魯士泰州之教法泰山之經旨直毅如徂來臭味總相似是以三賢祠不忍聽摧圮我作四賢詩來者思芳軌

王吉武重修三賢祠二首執義山難動精心石不泯狂瀾眞可挽謗焰獨何人師道追洙泗儒宗啟洛閩流風餘講

院忍見委荊榛　岳色軒楹外雲嵐几席邊採風過齊魯覽古空山川輭熟嗟時俗峻嶒慕昔賢靈祠芬俎豆已足起衰顚

孔尚炘重修三賢祠東嶽之麓古祠堂三賢離立若三光石公原家徂來旁躬耕自葬七十喪以易教授於其鄉學者魚魚來四方明復孫公產平陽來隱泰山著尊王春秋一編自研詳徂來嶽嶽魯鄉望一見執經侍門牆師道微滅自此昌經師人師誰並行復有海陵胡太常湖州師範天下良太學左右僦舍房三賢同德喜相將魯人合祀蘋蘩芳歲久廟貌委榛荒誰其修之學使黃我公今古兩頡

頑名與三賢無低昂
〔畢海珖〔投書澗〕石上蒼松影倒垂流雲帶雨灑清池懸崖
幾點飄紅葉好撥青苔讀斷碑
淩漢峯之右肩爲全眞崖由三賢祠北上與雲頭埠仙趾峪
相次也崖左有三陽觀以羽士王三陽得名石級斗絕而上
曰天外祠元君東南有木末亭東有石丫曰三陽洞一名勝
禪紀勝云菴與普照寺共一羅城乳峯雙絡投書澗爲之限
帶由書院螺旋而上五里許抵山門青松落陰雲物冷冷層
巒斷壁積翠欲流殿宇數十楹各有攸祀其左殿龕下龍口
吐泉承以曲池潛行出香積手掬注釜煮粳蔬皆香冽殊常

緣丹梯轉上界多煉坐幽洞道人往往解蟬蛻者蒙謂邇嶽
陽而高曠者全眞爲最山多松楸槲橡風聲雲影蕭槭陸離
時聞幽鳥相呼令人有落落元宗之想西北爲傲來山
〔明〕建立三陽菴碑〕。右記隆慶四年仲春郡人蕭大亨撰
萬歷元年仲春錢唐張天祚眞書勒菴內玉帝閣東側南
向碑陰有德府承奉典寶典膳典服及諸內官名
〔重修三陽觀碑〕文曰岱宗之陽有淩漢峯其下曰香水峪
山坳平壤壇衍如砥俯臨谿谷雜樹蓊蔚泉石縈滀崟嶽
之奧區也而僻在嶔岑岩嶨之間遊客居人無能至者嘉
靖辛亥東平道士三陽王公舉陰雲山晉公輩周爰相度

得是地而樂之伐木雉草鑿石爲窟以居德藩二三常侍
嘉其苦行捐貲相助稍稍營葺廬居莊嚴神宇未竣而雲
山承之廣結衆緣大興締造彌歷三紀結瑤構瓊輝映巖
壑四方道俗香火醮祀歲無虛月萬歷壬辰予嘗從二三
客子躡屐東遊降自嶽麓由孫石書臺之後陟峻嶺三里
轉而北行遂至觀下入門三重得磴道而上有殿有閣又
左爲客寮四楹以待遊鑣階下有泉匯而爲池羽人飲焉
閣後有洞方廣丈許命曰朝元皆公居之由閣左上磴道
數曲茅亭三五碁置松間葱蒨欑槮不秋而慄峯之半壁
孤亭出焉顏曰木末登是而望忽若飄撇上騰以臨雲霓

神霄芙蓉諸峯環之如扆青入天俔南俯川陸勢盡數百
里徂徠梁父拱挹左右以朝於嶽汶水出其下茫茫如練
蒸爲浮煙長天平野混以返照丹翠異色裒眞嘯歌暮不
得下頃之月出東峯風林颯颯憑闌上下浩氣迴合如泛
銀海肌骨悚慄不可以留信乎仙聖之祕境寰宇之大觀
也嗟夫以是地之名勝列在三宮空洞之天歷數千百年
莫有知者而雲山之流乃能得其奇而出之使荒榛灌莽
之墟化爲丹臺紫府肸蠁四方豈山川之蹟亦待人而興
與吾曹逐逐利名汨沒白草進而羈於風塵退而牽於家
累曾不能探奇選異自卜菟裘於煙霞窈窕之境徒遊而

心慕之視雲山之流其亦可愧也夫泰山下阯故多列眞之跡如傳所稱稷邱君安期生尤其著者雲山之流豈嘗受其寶訣而有所得與三陽名陽輝雲山名復明觀舊以菴名予爲更之俾重修山門以恢厥制復度其徒張守香爲東道主若將從而棲焉姑因其請而記之萬歷二十三年仲秋禮部尚書于愼行撰郡人王應星書。右眞書勒觀內眞武殿前南向

于愼行詩刻。右詩凡九首竝行書勒觀內壁間

觀前石上題勒文曰救苦臺　龍脈高居　竝眞書失名

明劉勅三陽菴日暮下山去還過道士家肩輿黃草沒石

磴白雲斜遥見千峯樹恍疑二月花天台不可覓向此臥煙霞

于愼行下泰山遊三陽觀半嶺通仙界縈迴嶽麓西已看三觀迴猶覺萬峯低暮雨瑤華落春雲玉洞迷遊情渾未減縹緲望丹梯　飲三陽觀絕頂對月孤亭堪倚嘯一醉斗牛邊瘦拍千峯月鶴飛萬樹煙花前鸞吹度海上鶴書傳借問三宮路今當幾洞天

國朝趙元昌三陽庵道院行廚淨玉鐘照人山色話偏濃斜陽未有尋歸徑更上青山天外峯

傲來峯脈與丹穴嶺接磔卓瘦削凌轢兀𡶶有寶鍔瑩鵷鋒棱四射之狀芙蓉劍名故一名芙蓉峯路自竹林寺西南入臨谷入必單行攀蘿附葛而上有石竇可通曰砦門山巔石池沸渭雖盛暵沍寒不竭曰歸雲洞西旁一洞曰三透天中有三罅可窺天也俗呼玉皇洞南爲天勝砦夷闊可容千人井竈樵汲甚便寨前中斷撤去浮梁則人不可渡岱史云漢劉盆子等聚兵於上猶有演武場張旗石及柱窩碓磑遺跡泰山紀事云攷琅琊人樊崇起兵於莒轉入泰山後兵數十萬鼓行而西乃議立漢宗室劉盆子則盆子固未嘗據此特以崇歸盆子部下名耳泰山小史云寨巔蒼松數圍危然物表元初恩州僧行全建蘭若焉山尖東北獅子峯狀若奔猊

上有懸石通明行全弟子德友曾居此北有若葛黨出房者曰懸刀峯東如便面以青牋爲承尊者曰扇子崖一曰仙人掌皆名其狀也道里記云明季州舉人王無欲築室崖巔復結茅其下曰西山別業其時櫻桃夾徑松槲盤紆今濯濯矣僅存石廟曰無梁殿供玉皇下爲石閣閣洞四虛上供元始天尊竝無欲建碑在焉東有仙桃石巨石嵌空如桃東南有會仙庵圮澗水東注百丈崖扇子崖北舊多青桐水循崖東流入竹林西河者曰青桐澗紀勝云由竹林踰谿陟西山荆棘蒙茸險澀無徑撥茅尋樵子履踪取道轉突崖懸棧達玉皇洞闢犬吠雲中雞鳴天半滃然色喜案行劉盆子營壘寬

平宜寺旋登二嶺始抵崖前列嶂皆犀利棘矜傲岸不俯似
欲抗衡岱宗而力不逮者遂號傲來西南峯底洞藏巨蛇常
就道上丐食忘機不驚青桐澗北爲壺瓶崖危崖凸出兀若
鼎彝上方而下圓外石而中空意海中壺嶠無異狀也其陽
有劉盆子洞上下懸絶石門南向若有揵杜者紀勝云傲來
山陰洞極闊容數百人中有碾磑几榻可以避世盆子嘗竊
踞其上俗呼牛王洞殆牛劉聲誤耳西北有火燄山赤若禿
鬜爊若柴櫕南崖一洞顚幽邃曰觀音洞俗稱魔王洞下爲
石屛峪西有水音砦亦平廣容千人水西南逕岱陰西麓黃
金口別入泮不與竹林西河合壺瓶崖界之也崖東南爲仙

影崖
〔金〕修山題名文曰公府東至大灘寨部領人夫勾當使委
差修完山貞祐三年七月日○右眞書勒天勝砦北岡
〔明〕劉應時傲來峯獨秀西南數傲來天門洞宇鎭蒿萊竹
林曲抱青峯出月嶂高懸碧澗開石壁峪中雲散去仙人
掌上鶴飛迴登臨不盡平生興對景慚無作賦才
〔蕭〕協中天勝寨絶壑危峯磴石荒天開雉堞儼金湯旌旗
據勝空稱漢符命興劉業有王歌盡霸圖雲封黠尙留餘
恨月昏黃只今殘鐵山樵覓風雨蝕枝洗翠蒼
〔國朝〕孫寶侗扇子崖劍峯怒刺天積鐵拔千仞陰崖鬭斷

粤欲側恐重僨俯臨鬼谷幽旁倚丈人峻望來方骨驚棲
者先足振石屋依崖懸斷壁垂綆進造物旣設幻斯人亦
好遯何年尋猿棲此日欲鵬運矯首望青冥浩然已神奮
仙影崖本名飛鵶峯在扇子崖東石色如鵶南崖有仙人影
黑質白文若兩人端拱相對鬚眉宛然顏恰深衣飄飄有淩
雲之意西影衣白故顯東影衣赭頗微然卽之則皆杳矣孔
貞瑄銘曰天地闢寅會昌萬八百形影張神生象化流光去
不息顯若藏造物功妙難量若有人山之陽薜蘿衣雲霞裳
發西極淩東荒立岱阿指扶桑丹藥成形凋傷賴影在劫不
戕人間世日促忙嗟終古自徜徉迤北而東爲百丈崖

〔明〕蕭協中仙影崖面壁禪宮異仙崖鏡石瑩不勞人拂拭
瞥睹影分明衣染古煙碧神凝秋水淸何時肎握手崖際
試班荆
百丈崖有東西二崖東飛瀑若垂綏曰天紳泉泉水由岳頂
西溪流至崖巓倒瀉下注黑龍潭綠沈陰閟湛瀏無底蓋神
物所蟠窟也淮南子云犧牛粹毛宜於宗廟於此致雨不若
黑蜧故雩禱者多捷應焉四壁如鬼斧劈劃臨之悚息毛髮
痒竪韓詩泉紳拖修白石劍攢高青如寫此狀稍西南爲忽
雷灣天將雨雷霆迅發砰訇頓起若嚴鼓奔輪又西爲西百
丈崖與東崖相去約三百步高殆十倍過之懸流鋪練若湘

紋亦曰水簾泉東崖南向西崖東向紀勝云西丈崖由會仙庵過仙人影峻若建瓴而北丈崖如懸修囊噴萬斛珠璣望之似雙龍下飲澗水奔躍來會崖東上爲招軍嶺因天勝寨而名也舊有石䲭庵又有萃美亭金知州姚建榮建元奉符尹王悟重修今圮崖水南下注白龍池

元重修萃美亭碑文畧曰泰山勝境窈然而深蔚然而秀者西溪而已溪居岱宗之右麓延袤數十里樹林陰翳磴道崎嶇清泉奇石瑰瑋萬狀行愈遠而山愈奇境愈勝極溪之所窮巔崖百丈懸流下擲望若垂練天紳泉也天紳之西有巨壑焉一水自天勝巖落爲盤石所散漫瀉於壑

之上簷若建瓴然水簾洞也而又芙蓉懸刀飛鵶獅子諸峯削翠其上黑螟白龍神潭水府潛珍其下雲煙吐吞晦明變滅跳珠濺沫轟雷掣電顧接有所不暇眞山水之窟宅天壤之奧區也金大定間泰安太守姚公面水簾而瞰天紳創構一亭樽俎不移而諸景咸會因榜之曰萃美坡詩有云江山雖有餘亭榭著難穩登臨不得要萬象各偃蹇吾不知世間得登臨之要有如此亭者乎。右廉訪使徐掞撰貞書亭廢記石移置文廟今亦佚

國朝周亮工百丈崖雷昕石骨劈嶕嶢波詭雲騰百丈高競道春飛花五色那堪雪綻玉千條支分泰岱山容闊勢接蓬萊海氣驕白日增寒人影肅空巖木葉響蕭蕭

趙國治百丈崖峭壁誰傾萬斛珠探奇人到但狂呼空傳廬嶽千尋練得與飛濤仿佛無

孫寶侗黑龍潭龍池幽且清上潭更奇麗我來日暮時凜然風雨勢峽口委懸溜蒼厓盡雨際其中爲深潭尋丈難意計空碧衆象涵蕩漾清光逝流沫上噌吰潛形中搖曳清泠綠波沈蜿蜒白痕細山氣靄蒼茫谷風振颼颼恍若神物騰猛氣難自制霓旌閒雲車駕馭遲青帝

白龍池碧湫皚石瑩潔澹溶池北有石曰元圭午貫水坻頗似巨艇岱史謂之石舟攷古錄云懸崖絕壑殆非人境石壁

平廣廿餘丈旁多宋人題名池東爲三元石前爲淵濟公祠岱史云宋元豐五年封白龍神爲淵濟公始建祠今圮方壇存焉白龍神泰山紀事云古傳白龍化美丈夫爲岱南田家傭且贅爲倩善灌園每夜田畦皆滿絕不聞轆轤聲鄰人異之從垣隙窺覘乃見白龍長數丈銀鱗萬點寒光奪目入井吸水吐盈數畦其人驚仆龍知事泄乃辭去語其室曰家在徼來峯百丈崖下今白龍池是也泰山小史云萬歷癸卯一夕大水漂溺數百家池爲沙石所塞水亦隨涸今則濬發如故乾隆十三年

車駕東巡時小旱遣官祭池即雨紀勝云禱雨輒應歲有常

爨白石燦爛沙水澄鮮石鱗魚産焉池上有元祐建閘遺跡池南爲鑼鼓灣水石激搏窾坎鏜鞈如鉦鼓聲岱史謂獨中元夜聞之以志怪又南爲耀星灣水光瀲灩與珠斗相輝映西崖平削勒弄水巖旁有數人名不可辨識又南一石嶷立勒雞籠峯又南爲大峪道里記云天勝砦西南爲弄水巖雙峯矗起又南爲雞籠峯圓垂如籠卽宋錢伯言紀遊所指處其下有罅泉水自傲來山西飛瀑而下中有石鼓東南流入泮

宋李舜舉等題名三十一則文曰内供奉官李舜舉被命禱祀帝嶽奉香勝槃於壽聖節日先款青帝宫亥詣白龍

潭治平四年題書吏李恭侍行勒元圭石原錄●府管稽景華邑尉安中立同遊白龍池熙寧甲寅三月二十一日題左讀勒三元石續錄●兖守劉袞奉詔祈雪於岱宗登絶頂翼日謁白龍之祠大宋元祐丁卯孟春初四日奉符令林會題勒元圭石原錄●貫道建欄於此以便遊者元祐丁卯正月八日勒元圭石原錄●元祐二年孟春之初晁補之及之觀岱宗遺跡謁白龍祠俄頃山市變幻奇遇也故志之勒三元石續錄●山陽龔無黨被漕檄權宰奉高因率兒姪輩遊此元祐庚午仲冬十一日仝上●汴陽无求居士任紹承祖朝嶽罷同青帝觀主楊若沖遊太平頂回瞻視白龍池勝跡時大宋紹聖三年二月十五日謹記仝上●范陽正輔遊岱宗訪此時丁丑正月旣望題仝上●范陽正輔再遊同魯國景元至丁丑三月廿六日勒元圭石原錄●德充忠玉國寶文仲紹聖丁丑三月左讀勒三元石續錄●元符庚辰七月晦趙習之徐安國弟居仁孫正中同遊左讀勒元圭石原錄●韓存中點檢嶽祠修造同王濟之一遊庚辰十月二十七日左讀勒三元石續錄●元符三年十月一日奉高人石匠呂全周道同遊勒三元石後錄●古豐任艮孫嵩同□古沛邵禮同遊建中靖國元年季春仲旬日勒三元石續錄●皇甫偁徐端

朝孫節同遊建中靖國元年三月廿六日題左讀勒元圭石原錄●奉符令李珪因捕蝗恭謁白龍祠男彙侍行崇寧壬午孟秋初七日仝上●長淸董元康弟元發元濟元肅男質友人李勝之同遊崇寧元年壬午季春旦日新監海門稅董直書勒三元石續錄●淸邑劉純叔同李無悔崇寧癸未四月二十五日遊此仝上●誠中君實德升崇寧二年八月廿六日自王母池來訪此左讀勒元圭石原錄●政和甲午仲秋七日東明劉子晉鄄城李沖季遊白龍潭觀百丈崖還憩於此左讀勒三元石續錄●董元康政和甲午重九日攜家來遊質贇賁侍行勒元圭石原錄

●政和乙未季春十八日遊白龍池上偕普侯□始范顯道南陽鄧公序臨安錢無咎馮翊党子山平昌世達中山劉子容山人劉和仲宋正之張子祥張子明閻傑之鹿珍郝伯洪勒三元石續錄●政和乙未□□十七日來遊白龍池上偕普濟范顯道鄧公序錢無咎孟世夫党子山劉子榮劉和仲宋正之張子祥張子明閻傑之郝伯洪仝上●長清董自恭謁白龍之祠罷酌泉石上時乙未孟冬中澣日左讀勒三元石續錄●自恭觀元康兄留字政和乙未孟冬二十日左讀勒元圭石原錄●莆陽陳國瑞子玉恭謁白龍池祠俯洞酌泉小憩而邁政和丁酉夏前二日仝上●姜子正子方李晉道劉言可刁文叔同來庚子四月左讀仝上●李顯道張公美王仲與張去塵庚子孟夏十九日同遊池上左讀仝上●鄄城李價弟俊姪贇隨侍遊此癸卯季春廿八日仝上●米芾觀勒三元石續錄無年月●弡子觀水於池十三年春三月左讀勒元圭石原錄○右題名三十一則俱眞書惟弡子題名篆書金石文字記云劉原父弡仲匜銘釋弡爲張以爲張仲之器歐陽永叔從之趙明誠疑之黃長睿東觀餘論則云弡仲匆反非張字攷之玉篇信然此云弡子則爲張子無疑葢宋人之好奇者據原父永叔所定之字而用之耳宣和博古圖亦有周弡伯匜又云宋朝紀年無至十三年者若曰金元又不合一代全無題名止此一人也又曰宋人題名錄之得十五首自治平迄宣和六十年閒人名字亦可以想見當日太平之盛而金元之際洊遭兵火名山奥區委之榛莽無復有題名者矣蒙案顧氏原錄所未及又續錄十五則又後錄一則竝次其年月著之

淵濟公廟碑文畧曰泰岳西南隅有靈泉曰白龍池岸古石峻淵然罔窮大頂巍然而作聲髻大峪環然而爲郛郭峩峩而蔚者懸刀秀於上湍湍而鳴者百丈溢於中秋朝夏暮靄呈波面而爲瑞異花靈草豔羅岸徑以爭香縈流天轉涵漾峯迴乃一方雄勝之地登而蒞之者無不嘉而駭焉自漢唐已來至於我宋每歲投金龍玉簡御香爲之禱矣葢龍克雲克雨浹洽萬彙阜成元元近者春夏不雨驕陽頗僁賢宰大夫楊繆躬率縣吏民庶祈雨於白龍之神幸龍之明德不越夕而甘雨降應如影響稼穡以之而興縣境自是而蘇焉邑民霍直等白於大夫曰今衆庶感龍之惠願各持寶貨葺龍堂一所以答神休乃遴材飭工約而中度麗而不奢經之營之不踰月而歡樂成之大夫特牒上司敷奏天庭乞賜嘉號庶旌龍之效矣○右趙合撰元豐五年勒祠中今佚

分覽四　岱覽卷第十五　岱陽之西　兲　果克山房

分覽四　岱覽卷第十五　岱陽之西　旡　果克山房

元墳池靈異記刻文畧曰淵濟公之號始於宋其廟於兵亂間爲金東莒公燕寧所毁不數月而寧卒歲在丙戌元帥萊蕪劉瑀權知泰安州事守天勝以久旱禱雨於龍池之側時有小白蛇出戲於香鼎上劉以爲神龍所變再拜祝之曰三日之內有雨則我將爲神修廟卜之吉一軍歡呼羅拜經數日無雨劉怒曰神許我雨今既無雨則無神矣命諸隸卒揭西崖之石塡之池將滿雷雨暴至如傾雹大如雞卵衆惶怖驚走既晴視之池中石盡爲湍流衝出皆駭異拜謝服罪卽今廟貌劉帥爲創始此事土人往往有親見之者權府張侯談之甚詳倂爲之記。右王天挺

撰竝眞書勒祠中今佚曰歲在丙戌者至元二十三年也

張天諲題名文曰淸河張天諲嘗謁嚴公於此。右眞書勒白龍池石上

感澤記碑。右至元二十五年六月爲監郡任重太守路希尹禱雨獲應勒石祠中今漫漶

謝雨文碑。右州倅李簡撰延祐七年二月勒祠中今佚

明感雨記碑。夏靖撰竝書景泰甲戌年勒石祠中今佚

賈宣詩刻文曰昔人曾作此闌干今日何妨取次看百丈懸崖春草綠白龍身臥碧潭寒●二月二日予忝東作將興偕僚屬謁白龍祠禮成後見石上有闌干舊蹟葢元祐年所作以便觀覽者也有感賦此記歲月云時在斯者同知富平王翰州判涇陽魏楨寶應鄭壽吏目金山黃泰學正慈谿任式訓導海寧楊安汝州許亭也成化壬寅泰安州知州封邱賈宣識。右眞書勒白龍池石壁

白龍池贊刻文曰時萬歷七年七月不雨予憂之祈雨於潭次日雨三日後又大雨龍之爲靈昭昭也故贊以鐫石用彰神龍之功當永祀云●白龍之潭淵淵莫測有禱則應沛降甘澤粒食生民四境既宅靈承神休永祀功德●知泰安州荆人袁稔識。右眞書勒元圭石

白龍池題勤文曰元圭石 楊撫 霖源 黃釐 霖雨蒼生

雲生處 失名皆眞書

明李養正聞安季子話白龍池之勝傳聞池上好秋水白泠泠紆曲穿山谷縱橫照日星雨晴黿曝背風軟鶴梳翎吾欲尋珠去白龍醒未醒

王元坤白龍池儌來山下泉千尺灑落平池貯澄碧池中當日白龍遊風來倂捲池中石龍去池空幾夕曛惟餘古廟安龍君須臾四野飛霖雨還自池頭一片雲

蕭協中白龍池白龍有池龍自靈池塞龍去蜇冥冥澄潭不復鷗鷺下崩岸祇有蛟涎腥縱橫亂石臨空碧蒙茸蔓草淨煙青靈脈涓涓蔓潤去神祠落落淩晨扃蛙聲不卜

水與旱馬鬣徒歎風兼雹由來地勝賴人傑可使龍神但
聽經
國朝蕭儒林龍池飛瀑溪來百丈瀑空懸挂出氷綃媚遠
天練鎖秋深銀鶴舞雷驚石破玉龍旋白榆倒影殘星碎
丹桂浮香皓魄圓雨後遥看渾不厭明霞幾縷送樵煙
徐欽祉遊白龍池傲來東下秀且奇丹崖翠嶂色迷離況
有古澗飛流澌銀河倒落濺珠璣聲響如雷影朐欹下而
匯作白龍池白龍曾作白衣兒坦腹東牀聘異姿旱魃爲
虐民苦饑潤澤生民神所司我來遊此喜如痴欲拜神龍
獻一巵深潭變動不敢窺頓看波浪起如堆作霖作雨世
所期或潛或見誰能推龍乎龍乎繫我思我思雲從天上
時
趙國治遊白龍池知君行雨未歸山餘此靈池瀑一灣我
到長歌還寄問乘雲爭似臥雲閒

岱覽卷第十五終

岱覽卷第十六

泰山書院院長陶山唐仲冕六幕輯

分覽四

岱陽之西下

大峪者自黃西河爲竹林西河挾百丈崖經龍潭龍池至此
爲西谿總匯谷口西有石如方函相傳函中三尺水一昔風
雨爲仙挈去者劍匣石也前有巨石中劈若劍制半仆地者
試劍石也旁一石瑩滑有人影冠巾杖劍伸一足而坐者仙
影石也或云劍仙取匣中龍淵斷石如泥乃箕踞而坐留影
跡焉又南有大石峽小石峽以峽口廣隘分西谿自此涘闢
東折逕元泰安武穆王神道北稱滦河
元王旭西谿我愛西谿好披雲屢往來一川煙景合三面
畫屏開薄俗無高隱淸時有逸才近巖多隙地松竹更須
裁
明蕭協中仙影石仙服翛翛坐翠微𩨷緱時逐野雲飛祇
今氛燄銷難盡肯借魚腸振遠威　劍匣石誰人刻琢石
函方中有青蛇夜吐光一自神仙攜去後至今風雨邊瀟
湘
國朝釋元玉由大峪入西谿朝折雲中柳爲掃雲中露獨
往尋芳草影入雲深處時當三月際桃李花滿樹鶯啼燕

更語春光教莫負聽之使心惻歲月不我駐徘徊清谿曲
花落誰親悟舊屐印蒼苔又向層巖步移筇轉幽逕行到
峯頂佳懷人心易遠途長悲日暮

元泰安王神道在郡治西北三里許故校場南泰安王者莽
果博爾驩也有豐碑螭首龜趺穹高屹立碑北里許有大冢
俗稱土公土母墳府縣志皆謂博羅驩墓攷碑文云公以大
德庚子五月二十有二日薨於臨安寓舍以其年七月八日
葬檀州西北太行山此地安得有墓墓好事者爲之也大冢
西有擂鼓石漆水折而南流東受廣生泉泉出廣生殿側故
名自是遶郡城西逕古汶陽橋而南下矣

元莽果博爾驩神道碑文曰聖元故光祿大夫二上柱國江
制等處行中書省平章政事忙兀公彰德表勳碑銘并序
●中奉夫二江西等處行中書省參知政事姚燧撰並書
●當大德癸卯燧持憲節使江之東三年光祿大夫上柱
國江制行省平章政事公之三子內□□太宮宿衛渾都
與江東建康道肅政廉訪副使伯都及行河省參知政事
埜仙帖穆而譜其系狀其事以請曰先公三宿墳莽矣其
忠以事國孝以繩家光大而雄偉者不及今焉鑱之金石
將日遠日忘奚以示遺胄於無窮敢屬筆子燧以與憲副
聯事此道義不可辭乃序之曰公忙兀氏諱博羅驩畀答

而公之曾孫蘸木曷公之孫瑣魯大都公之子始畀答而
與兄畀翼俱事太祖時太疇盛彊畀翼謀往歸之畀答而
苦之曰帝何負汝而爲是竟去追又不復雪泣而歸請獨
宣力帝貳之曰汝兄與衆皆往獨留何爲無以自明乃折
矢誓曰所不忠事帝者有如此矢帝感其誠易名蔑屢約
爲按答蓋明炳幾先與友同死生之稱帝後與王罕陳於
曷剌眞彼衆我寡剌兀魯一軍先發其將兀徹帶玩鞭馬
鬣不應蔑屢請曰戰猶鑿也匪斧不入我先爲鑿請君斧
繼顧帝訣曰臣萬一不還三黃頭兒將彰聖慮者辰入疾
戰大敗其軍晡猶逐北勅使止之乃旋師免胄爲殿腦中

流矢帝傷之曰朕戒卿早休兵竟創而歸親爲傅藥寢與
同帳踰月而卒帝曰曩只里吉爲敵將實禦蔑屢其以只
里吉民百戶屬蔑屢子世世歲賜勿絕其族散亡者收完
之郎封北方萬家太宗以其子忙各爲郡王又俾貴臣忽
都忽大料漢民分城邑以封功臣劃泰安州民萬家封郡
王歸奏帝問忙兀之民何如是少對曰臣今差次惟視太
祖之舊舊多亦多舊少亦少帝曰不然舊民少而戰績則
多其增封爲二萬與十功臣同爲諸侯者民异其編兀魯
爭之忙兀舊兵不及臣半今封固多於臣帝曰汝忘而先
玩鞭馬鬣事邪後諸侯王與十功臣既有土地人民凡事

干其城者各遣斷事官自司聽直于朝公年十六為斷事
官世祖正宸極以從征叛王阿里不哥功賜其軍騄馬四
百匹金銀幣帛稱是尋詔入宿衛曉近臣曰是勳閥諸孫
從其出入禁闥無輒誰何李璮反詔將忙兀一軍圍濟南
鈔謚都萊州賊平決獄燕南人稱明允賜衣一襲雲南王
虎各赤為其省臣寶合丁輩毒殺事聞勅中書擇可治其
獄者凡四奏八皆不當旨丞相先眞舉公且言敗事臣請
從坐帝曰之人則可公辭臣不愛死第年少目不知書帝
曰朕方恃卿求皇子死尚書別帖兀而知書惟可使之簿
責其事是否一委自卿明日愼無歸咎輔行也且聞卿不

善飲彼地多瘴宜少飲敵之未至四五驛所寶合丁遣人
負金六籯來逗公曰雲南去朝廷邃邈省臣握兵不安其
心將懼而變乃好為語遣之既至盡以金歸省而竟其獄
得置毒情殺之而還奏可顧先眞曰卿舉得人賜兼金為
兩五十武備寺奏令凡忙兀事無大細如札刺而事統丞
相安童者悉統於博羅驩八年受昭勇大將軍右衛軍都
指揮使虎符大都則專右衛上都則三衛兼總十一年授
金吾衛上將軍中書右丞太師南伐分軍為兩制曰其右
授丞相伯顏阿朮節度左悉委卿指一犯法臣曰如別急
烈遜失朕不責也俄授兼淮東都元帥軍于下邳公策諸

將曰清河居宋北鄙城小而固與泗州昭信淮安實相犄
角當水陸衝未易卒拔可頓大兵為疑海州東海石湫違
此數百里其守必懈吾將輕兵倍程而東其守臣可襲虜
也師至海州丁安撫果下石湫東海隨下清河史安撫聞
之亦下不一月而下四城宋主既降而淮東諸州猶城守
故太傅伯顏入覲還密詔以公進兵拔淮安南堡戰白馬
湖及寶應棄高郵不攻由西小河達漕河據灣頭堡斷通
泰援竟投揚州斬其制師李庭芝淮東諸州悉下賜西域
藥及蒲萄酒介胄弓矢鞍勒會分江南諸州隸諸侯王及
十功臣又謚封桂陽州十四年遣平叛王只里斡帶於應

昌賜以鞶帶幣帛與博羅同署樞密院事未久授北京右
丞既至召還會南土多反者詔募民能從大軍進討者俾
自為軍其百夫千夫惟聽其萬夫長節度不役他軍制命
符節一與正同已行矣公疾不能自陳令董司徒文忠入
言今者日所出入勝兵何啻百萬何假此曹無賴僥倖之
徒以壯軍威臣恐一踐南土肆為貪虐斬伐平民妻其婦
女橐其貨財民畏且仇反將滋衆非便召輿疾入帝視其
色瘁然賜坐與語重陳董奏可之適常德入愬唐兀帶一
軍殘暴其境如公所策勅斬以徇諸是軍皆罷之十六年
曷刺斯博羅斯幹羅漢薛連干皆彊宗也勢不相一求遺

大臣來莅詔令公往凡居是二年十八年以右丞行省甘
肅時大軍駐西北仰哺省者十數萬人自陝西隴右河湟
皆不可舟惟車輦而畜負之塗費之餘十石不能致一米
石至百緡公經畫得方供億不乏賊不敢窺邊者二年廿
有一年授龍虎衞上將軍御史大夫江南諸道行御史臺
事黃華反徽內地戍兵進討未能平賊多奴良民以歸公
令監察御史提刑按察司隨在糾覈皆止還之以疾歸會
諸侯王乃顏反帝欲自將征之公曰始太祖分東封諸侯
王及侯其地與戶臣如知之以二十率之彼得其九忙兀
兀魯札剌而宏吉烈亦其烈斯五諸侯得其十一彼力滋

多吾力滋多吾有衰耗彼亦衰耗然要其歸五侯之力終
多彼二惟責徵兵五侯自足當之何煩乘輿臣昔疾今愈
請事東征制可賜介胄弓矢鞍勒命公董是五諸侯兵以
行與乃牙接戰屢摧其鋒再與其黨一王塔不帶戰霆雨
不止軍以乏食求卻公曰兩陣之間勿作事先已而彼軍
先動公悉衆乘之逐北二日身中三矢禽塔不帶斬忽倫
輩後與月列魯太師合力始誅之賜銀爲兩四百五十幣
帛九百不再月其党一王哈丹復叛公再請往詔與諸侯
王乃馬帶討之公狃於屢勝一日不虞賊遊兵卒至止從
三騎返走有絕壑前廣二丈深加廣半追兵且及獨公策

馬能越三人後者皆見殺人以爲天相忠義後逐北極於
東海之壖哈丹自引茨獲其二妃斬其子老底於陳凡戰
四年所俘金銀悉散將士以故人致死力賊平敕一妃賜
乃馬帶一妃賜公陳金銀器延春閣召東征諸侯王及公
至將分賜之問公卿家是器幾何輦帶有無公曰以陛下
威德奉身之物亦畢備矣帝曰朕出此本以疇卿曹之勞
在人則伐其能以幸多取朕問猶曰既有可謂謙挹不眩
于貨者豈令其徒手歸姑賜是器五百兩二十八年改河
南宣慰司爲行中書省求可首是省平章者凡三奏皆不
允末乃及公則可授榮祿大夫平章政事淮鹽爲引歲六

十五萬前政多逋至公如額而集賜異幣一開封監縣帖
兀而告廉訪使胡某不戢其民昏集曙散縣簿陳勣置巡
屋器械於邸又周劉光店爲牆四其門扃鐍司夜出入詔
公案之皆誣杖而徙戍南邊河水遷流無常民訟退灘連
歲不絕或以其地投獻諸侯王求爲田民自蔽公奏正之
仍著爲令河後泛濫隄埽橫潰歸德睢州汴梁水及城下
漭爲巨浸公親行水督有司捍完之皇上元貞二年遷公
平章陝西未行而改復爲河南入覲奏忙兀一軍戍北歲
久衣率故弊請以臣泰安州五戶歲入絲一斤積四千斤
盡輸內帑易爲匹帛分賚諸軍上以爲宜敕遞車送達軍

中賜銀爲兩百五十幣帛三陛辭之日上諭之曰卿今白
須世祖德音實足聽聞事更加愼中書平刺眞宣政院使
大食鑾合奏始者伐宋始祖分軍爲兩右則屬之伯顔阿
朮左屬之博羅驩今伯顔阿朮皆有田民而博羅驩獨不
可後上曰何久不言豈彼恥自白邪其於淮東所嘗戰地
高郵已籍之民賜五百戸以上中下率之上一而中下各
二及圈背銀倚比再至汴踰年凡流外官久滯不銓旅食
道宮者旬月皆出之大德之元叛王岳朮忽而兀魯速不
華來歸公遣使驛聞始是諸王叛由其父是輩小弱若無
與知今焉求歸宜棄前惡以勸未至上曰是奏深契朕衷

改平章湖廣賜金鞍勒至汝寧合福建省于江浙授公光
祿大夫上柱國江浙等處行中書省平章政事賜玉帶夏
大旱隨禱而雨杭之豪民十家入賂于官大爲釀務高其
佑而專其利酒日漓惡公變其法改省四憑其害蓄淩轢
府縣肆爲姦利自刻木牌與交鈔雜行民閒實侵貨幣與
國爭利又盜隄海之石牆其私居公欲斬之而中書刑曹
當以杖然亦由是大姓始知重足立矣以大德庚子五月
二十有二日薨於臨安寓舍年六十有三以其年七月八
日葬於檀州西北太行山不封最其平生典兵則右衛都
指揮使都元帥樞密院風紀則御史大夫宰相則三爲右

丞四爲平章與夫四十七年馬足所及西南雲南西北金
山東北海隅東高句驪東南吳閩再討叛臣四征叛王其
間事平而疾聞變請行惟以有國艱虞爲憂視轉鬭乎萬
里之遠歷歲之久若堂奥之朝夕焉雖風雪皸瘃其膚鋒
矢交集其躬飲食饑渴不時其口體皆不遑恤必致寇首
戲下歸報終事而止眞凜凜有曾考風上尤眷重之若世
祖身御櫜鞬弓矢皆萬世傳寶不以賜臣下者惟以賜公
海東青鶻雛先朝多或十賜至白鶻黃爪玉如聖語曉曰
是禽惟朕及鷹師所韝以卿世臣諸孫宣力之多日桑榆
矣無以娛心河南治地平衍而遠且多陂澤鵝鸛所集時

出縱之使民得見昭代春秋蒐田之盛不敢萌啟邪心皆
殊錫也夫人兀怯烈氏口案檀氏口札剌而皆前公卒今
夫人札剌而氏王氏案檀氏宏吉烈氏男口人太宮憲副
參政博羅公於庭臣居家最名有法夜分不寐諸子列侍
其前聽談祖宗故實毋敢或歸私室燕奉樽俎迭歌舞以
娛賓亦無有酒失者女六長適國戚卜伯次適薛徹干平
章子僉書樞密院事完者次適國王弟孛蘭肹次適月赤
察而太師弟怯烈出次適山東宣慰使必宰亨幼在室男
女孫如干銘曰皇矣太祖肇造方夏右之左之惟十臣者
公之曾考展一其中折矢瀝告帝視友同敵陳來加挺戈

而出大崩其軍免胄而入五兵之長無矢不仁曰賊叩輪
懋功是創帝惻其心百伻償死顧成嘉止旣王其子逺分
茅土帝自等差國以泰安一萬其家公祖王季勤勩克類
再傳而公世祖之事勳閥遺苗帝植以培而獨於公嘗譽
其材聽於禁闥無止入出翼翼其心彌謹自律隨遇而安
利患靡干承命卽往奚逺奚難東北海邦西南南詔甌閩
炎瘴金山遐徼聞有艱虞必請赴邀大獄叛渙無一漏誅
入臣憲憲曰名臺院平章大夫有密鈞踐先聖今聖賚予
優優良駟天閑豪隼御鞲櫜鞬介胄鞍帶衣裘黃白之金
委家如邱皇矣太祖于疆于理惟公曾考實成其始遺厥

大艱昇之神孫神孫世祖闢乾翕坤攻其皇輿南北猶判
孰是浙右嬴鬼歆祼大興師征巀嶪百城罔不簞壺竭蹷
義聲傳其國都孱王銜璧蔑爾淮東諸州猶壁詔公進攻
邁殲渠克九域攸同公爲成終將天之意悠悠或至成始
之孫宜際斯會謚封桂陽江嶺外內於乃先烈克光以大
嘗聞古先誓侯功臣泰山如礪國以永存嗟公王孫國泰
山下權輿礪如其自今也。延祐四年四月廿日男翰林
學士承旨開府儀同三司知制誥事修國史埜仙帖穆而
建。右碑連額高一丈六尺六寸廣五尺六寸額篆大元
太師泰安武穆王神道之碑銘十四字字徑六尺大元二

字橫列於項太師以下十二字三行列於下文起碑陽轉
碑陰兩面各三十七行行九十九字字徑八分八分書燧
元代能文者蘇天爵元文類載燧是篇與碑文率相同案
事祖廣記晉宋之世始有神道碑天子及諸侯皆有之其
初由立之於葬兆之東南地理家言以東南爲神道故以
名碑金石例云後漢中山簡王薨詔爲之修冢塋開神道
注云墓前開道建石柱以爲標謂之神道是則神道之名
自漢已有之晉宋始易以碑刻也墓銘舉例云神道碑其
題有二有碑額之題有碑文之題碑額之題簡碑文之題
詳此碑文額異題文中未言爵謚補題於額第額題神道

合在墓左是以縣志以墓爲眞而疑其遷葬然與碑文不
合且無桃拔辟邪大昕案忤兀氏分地在泰安故立碑於此以紀勳惠碑銘云嗟公王孫國泰山
下正指分地而言非有遷葬之事也或謂此卽古先德昭先等碑意爾時其
子若孫旣國於岱必建寢廟而碑其前今廟圮碑存大冢
類陵阜殆營建時之積土耳然潘蒼崖云先塋先德昭先
等碑與神道墓表不同亦未見其當立廟前況廟固無據
乎錢宮詹大昕云承詢及博羅驩神道碑事古人立碑神
道本以表墓而名後來立碑則有不必拘者寒家所藏南
宋石刻有曾文節公三聘神道碑在廣西省城之龍隱巖
三聘墓本在江西其子宏正任廣西轉運判官時鑱之崖

石三聘嘗除廣西提刑未赴任亦不聞有立祠粵西事度宋元以後似此者必多不獨泰安武穆一人也元時諸王功臣有分地者不過收其戶稅初未嘗就封於此史亦未見有立寢廟之證或說誠未足據謹以奉復案銘內由賊叩輪與上句無矢不仁叶韻自當於下句懋功是創倒互泰安縣志載此文已改正今仍碑文之舊而辨其誤於此

博羅驩及其曾祖畏答而元史皆有傳碑與傳大致皆同所不同者碑作畏答而史作畏答兒碑云易名扂壓約爲按答葢明炳幾先與友同生死之稱史云更名薛禪約爲按達薛禪者聰明之謂也按達者定交不易之謂也碑云曷刺眞史作哈刺眞碑云兀徹帶史作朮徹台碑云只里吉史作只里吉實碑云忙各史作忙哥碑云博羅驩史作博羅歡碑云阿里不各史作阿里不哥碑云賜騋馬四百匹史作四十匹碑云虎各赤史作愛哥赤碑云先眞史作線眞碑云別帖兀而史作別帖朮兒碑云石湫史作石秋碑云謚封桂陽州史云謚封桂陽德慶二萬一千戶碑云只里斡帶史云只里斡台碑云應昌史作德昌碑云曷刺斯博羅斯斡羅罕薛連干史作哈刺斯博羅思斡羅罕而無薛連干碑云月列魯史作月魯那演碑云老底史作老的碑云岳朮忽而史作藥朮忽兒又史載公累贈推忠宣

力贊運功臣太師開府儀同三司上柱國加封泰安王謚武穆而碑悉畧而不書碑中男口人泰安志則云四人然以碑與史中前後文核之只渾都伯都埜仙帖穆而三人非四人恐志誤也公以大德庚子薨於臨安寓舍卽以其年七月葬檀州太行山庚子是大德四年姚燧作墓誌在癸卯歲是大德七年其立碑在延祐四年距公之葬又十五年矣意者當時埜仙帖穆而以其先人封泰安郡王故立碑於泰山下以顯揚其功烈於封號之地也謹案

欽定元史國語解忙兀當爲莽果博羅驩爲博爾歡渾都當爲昆都伯都當爲巴圖埜仙帖穆而當爲額森特穆爾畏答而當爲鄂約達勒雛木曷當爲察木哈克瑣魯火都當爲蘇嚕克圖畏翼當爲烏頁太疇當爲岱酬薛禪當爲色辰按答當爲諳達曷刺眞當爲哈喇沁兀魯當爲烏嚕朮徹台當爲珠魯卜齊岱只里吉實當爲濟勒濟沙忙各當爲孟克忽都忽當爲呼圖克阿里不各當爲額呼布格虎各赤當爲呼格齊寶合丁當爲保赫鼎先眞當爲烏珍別帖兀而當爲拜特穆爾札刺而當爲薩喇爾安童當爲安圖伯顏當爲巴延阿朮當爲阿珠別急烈迷失當爲錫奇里密實只里斡帶當爲珠爾噶帶唐兀帶當爲唐古特曷刺斯當爲海拉蘇博羅斯當爲布爾噶蘇斡羅漢當爲

鄂喇昆乃顏當爲納延宏吉烈當爲鴻吉哩亦其烈斯當爲伊奇喇斯塔不帶當爲塔布岱忽倫當爲和掄月魯那演當爲伊嚕諾延哈丹當爲哈坦乃馬帶當爲柰曼岱老底當爲羅丹兀怯烈當爲奇𠯋按檀當爲阿勒坦岳木忽而當爲永和爾兀魯速不華當爲烏嚕斯布哈薛徹干當爲色徹胃完者當爲諤勒哲孛蘭肹當爲布呼齊月赤察而當爲伊徹察喇必宰牙當爲賓咱雅

汶陽橋西谿漆水所經西山險峻水勢悍猛橋以約之創建無攷橋北爲天書觀舊名乾元門閣三重殿廡三所宋史禮志大中祥符元年眞宗將封禪王欽若言木工董祚於靈液

亭北見黃素書曳林木之上有字不能識言於皇城使[illegible]正居正觀上有御名馳告欽若遂迎至官舍授中使捧詣闕因於得天書處建此觀天書云汝崇孝奉吾（繩武案宋史無吾字）育民廣福錫爾嘉瑞黎庶咸知祕守斯言善解吾意國祚延永壽歷遐歲見三朝符瑞志至庸妄語也爾時君臣矯誣亦已甚矣靈液亭者文獻通攷云乾封縣民王用田中有童兒掊土得小青錢數十爭取之錢墜石罅因發石有涌泉二十四眼味極甘美又枯石河有涌泉二十五眼又一眼出層阜之上信宿勢加倍又別引數派雙魚躍其中有果實流出似李而小味甚甘及古今錢百餘封禪經度制置使王欽若貯水馳驛以獻分賜近臣詔設欄路謹護之六月詔建亭以靈液爲額今觀大門內有井勒醴泉舊有亭久圮宋燾云余童時猶見觀內泉出石崖下注有垂楊數株大二十圍蓋祥符時所植今樹旣烏有而泉又鑿深爲池非其舊矣攷爾雅甘露時降萬物以嘉謂之醴泉醴泉卽甘露也漢儒記禮有地出醴泉之文王充嘗非之使從地出爾雅何不列釋水章乃居四時章乎據此則甘泉非祥而勒石者未審耳法苑珠林云泰山之東有醴泉焉其形如井本體皆石欲取飲者皆洗心跪而挹之則泉出如流若或汙慢則泉縮焉蓋有神明以宰之也泉側鐵浮圖十三級明嘉靖十二年造正德間卽其中爲

元君殿嘗遣中官致祭殿後爲九蓮殿萬歷間孝定皇太后祔廟尊爲九蓮菩薩命中使建改觀額爲聖慈天慶宮詳岱頂天啟五年金碑又後爲智上殿崇禎末追崇孝純皇太后爲智上菩薩詳副使左佩玹碑記像設皆範銅爲之乾隆十一年觀大門樓災其西有宋翠陰亭故址漆水自橋南行至靈芝街西南爲漆河橋

明御製碧霞元君告文碑。右碑眞書正德二年閏正月勒觀內元君殿東壁

碧霞元君造像記碑。右碑周府永寧王撰並正書嘉靖十二年十月勒天書觀內元君殿西壁

勅建智上菩薩寶刹碑。右記按察使闗中左佩玹撰知州朱萬欽篆額舉人徐柟眞書崇禎十七年三月勒智上殿前東側南向碑陰有義輸贍田記亦珮玹撰文萬欽篆額宋之尤書丹

明蕭協中天書觀絳節迴風玉陛遥竭來瞻對憶前朝人多妄想邀靈異天有何書下泬寥千載法幢雲篆古一泓仙醴曌花嬌聖慈寵錫懸新榜添得名藍擅勝標　醴泉宋德何堪紀琳宮湧醴泉自緣臣獻媚卻使瑞空傳昧不煩筵設清還倩缶煎天書同一轍青史笑千年

國朝顧炎武聖慈天慶宮記泰山之西南麓有宋天書觀大中祥符年間建後廢爲碧霞元君之宮前一殿奉元君萬歷中尊孝定皇太后爲九蓮菩薩構一殿於元君之後奉之崇禎中尊孝純皇太后爲智上菩薩復構一殿於後奉之乃更名曰聖慈天慶宮而按察使左珮玹爲之碑宮成於十七年之三月神京淪喪卽此月也竊惟經傳之言曰爲之宗廟以鬼享之又曰爲天子父尊之至也孔子論政必也正名昔自明太祖皇帝之有天下也命嶽瀆神祇竝革前代之封正其稱號而及其末世至以天子之母太后之尊若不足重而必假西域菩薩之號以爲崇豈非所謂國將亡而聽於神者邪以其事爲國史之所不及載故

序而論之俾後之人有以覽焉

靈芝街在城西門外之南宋史大中祥符元年十月丁未法駕入乾封縣奉高宮戊申王欽若等獻泰山芝草三萬八千餘本符瑞志云有竝五竝三連理五色重暈如意寶蓋上下相連帶瓦石草木五穀如寶山神仙靈禽瑞獸之象者六百四十二詔令封禪日列於天書輦前泰山紀事云街名本此燦燦紫芝與蕭艾蒿萊等又足貴哉先公解組後羇於岱麓僦屋街西日遊林壑歸則蒔花種竹觴咏自如年餘乃返故里經今廿載曳杖已悲蒙偶經過追尋手澤但見頹垣荒榛寒煙寂歷爲之踟躕爲之欷歔矣街東有青巖書院故址

先公石嶺先生栽竹石嶺先生性愛竹到處尋栽傍牆屋紅黃滿砌叱不錄此君品格別凡族風朝月夕新薰沐悠然妙韻融沕穆十載京邸驅柴轂黃來埽我愁萬斛籜龍解籜猗猗綠臥吟其下詩滿軸榆山城外前賢躅菁菁一似蒼篔谷半移衙偏雜花木歲長千竿數更僕都昌鹻墳如霜鏃四野棗棘只矐目鬱陶思君困西塾冀君化龍泰嶽麓余亦化雲上下逐繫此屢月屑榆粥爲君留連輒信宿老奴導余過平陸步屧扶杖路轉曲逢君山隈溪逕鷺努力拔取十五六旬日赫赫曦陽暴默禱天公降余福一夜涼風吹霡霂晨起循視其葉沃私心對君喜不顧新梢

亂吐生意足竚予俟之青郁郁瞬眼嚴寒不局縮惟我知
君耐雌伏與君終古盟幽獨　〔盡日〕盡日無一事呼奴鋤
花畦瓦盆貰三五實以新紅泥邨鄰有佳菊許我頻頻移
竹籬綴疎密石砌隨高低海棠與秋蘿雜蒔以間之朝暮
釁灌漑出入成徑蹊覓花不必遠種花不必奇奚爲向深
山僕僕掇丹黄少倦臥石牀放意無差池用此過駒隙悠
然忘筌蹄　子夜夢中得霓散滿天霞之句意雨後晴占
也因續成之幾日霏霏雨新晴映落花巖吞千丈霧霓散
滿天霞放眼窮無際傾觴破有涯乾坤隨地闊憐殺夜啼
鴉

青巖書院舊爲青巖社明宋燾岱倪甫講學地也康熙中趙
國麟仁圃甫繼興巡撫蔣陳錫檄知州石鏈增葺易名書院
乾隆二十九年郡守姚立德改置汶陽橋西名泰山書院四
十六年蒙爲主講講院故有三賢祠因增祀宋趙兩先生示
不忘所自也堂後有齋命曰東理取荀卿修身篇安燕而血
氣不惰爲東理之義齋庭虛曠梧竹箾槮與諸生游息其中
者三年矣友人何星田贈以詩云嶂抱青巖路山齋鸛護扉
紅鱗驚客影綠筍礙人衣芳徑嚶鳴合塵闠轍跡稀攤書吟
邵子演易瓣香微又云午喚雙鳩雨雲陰暗竹房絮飛沾蕙
帶花入點琴囊杯醮青螺重亭生白恰涼晩晴鉤露幔岱色

滿斜陽爾時酬唱成帙偶記二詩錄之以志友朋之好
〔國朝青巖書院宋先生祠堂碑〕○右記趙國麟撰並眞書
康熙五十□年勒書院今堂壞碣亦佚
〔重修青巖書院碑〕○右知府王一夔撰眞書乾隆六年五
月勒舊講堂前
〔重修泰山書院碑〕○右知縣程志隆撰李品鎬眞書乾隆
三十年七月勒今書院大門內
〔明宋燾青巖居四首〕僻性躭閒曠依山啟靜扉方知塵事
遠況與世情違月白煙蘿逕風清薜荔衣短牆垂柳綠常
蔭釣魚磯　岩棲誰借買山錢滿逕蓬蒿此地偏投粟虛

庭看鬭雀脫巾深樹聽吟蟬年來已自成書癖醉後從人
喚酒仙爲愛溪聲冷襟抱石牀移向水亭眠　編籬種豆
綠萋萋人似桃源路不迷日暮酒醒新月上扶筇又過畫
橋西　昨宵溪水長潮痕煙雨霏霏晝掩門隔岸幾家芳
樹綠分明城市有江邨
渿河橋在靈芝街南渿水引城濠水西受金星泉逕橋下南
流入泮汶攷古錄云蒿里山左有渿河橋世傳人死魂不得
過而曰奈何此如漢高帝云柏人者迫於人也靈派侯廟在
橋側後晉天福六年建舊稱渿河將軍又曰通泉侯宋眞宗
東封泉已涸俄有清流湧發賜封靈派元至正間重修三谿

以渿爲巨浸昔年漲溢壞民田廬無算爰備述其源委庶職是水者省焉

後晉渿河將軍廟堂碑文曰太嶽渿河將軍廟堂石記銘●鄉貢進士劉光度撰岳祝史福如書●詩云太山巖巖惟魯所瞻標羣嶽之首隱衆靈之府靈者神也神生於無神之神陰陽不測而爲神日月照耀而爲明無神之神者至道也道德經云杳杳冥冥於中有精恍恍忽忽於中有物此之謂也天福六年三月十七日新澶州岳社頭郭肇等皆以金門貢藝玉署呈才風雲雅作於二龍奮躍素高於雙驥副社頭郭肇□清涵珠海鑒澈冰潭貯茂異以盈懷抱才實而鑠志因乘暇豫同慕勝遊面彼南原共觀臺舸飲酒酣暢而相與言胡不聞賈誼云生之也若浮生死之也若休莊周云生之也道行死之也物化人修短分定豈不在乎神明哉遂乃拱志修崇歸心祀享結集岳社化彼邑人不暮月間總四十戶至天福元年三月十日社衆西自新州東之太岳遠備牢醴克置羞薦無愧叨僭惟竭至誠但有遺曠庶幾增建竊見宮宇怲愌峯巒迴合尊神衆列侍者星繁唯柰河□元非靈廟是以歷覽林藪履蹈河壖東望則天之壇西臨鬼仙之洞疊障重巖倚其後飛雲流水枕其前得此一方實爲殊勝是以壁畫砂礫□□

分覽四　岱覽卷第十六　岱陽之西　廿　果克山房

□□任便裁基隨宜刱跡召公輸於魯甸招匠石於郢郊截岨崍之花松斷新甫之挺柏奇材異石窮神役思以蘊崇碧瓦銅塼盡心畢力以駢集□運斤秉斫爭工不異于雷震劇不飛繩競巧可同于電捷天福三年五月十日建就堂一所三間四下椽週迴行牆二十四堵門樓一所丞以粉飾藻繪秀麗精華取金碧於十洲運丹青三島香實綺井返植蓮苛畫棟凋梁高横蝃蝀翠欄朱網亭亭而日麗九光復道重階落落而露凝五色天福五年三月九日迎入將軍夫人真形兩座厮兒妮子兩人夜义一對郭肇等命以巫者告厥成功釃酒焚香虔誠啟仰忻然應變但覺酡顏迴風遶壇實謂神降此則天意人事聖道合符體乎元元不可窮紀光度學輸鍾會才謝邱遲堅讓不從輒敢承請是以凝元叩寂□簡□豪力課短懷用旌刊飾銘曰瞻彼柰河泉瀉清清噫彼逝人魂飛冥冥善惡斯作禍福隨情應業受分靡跡厥靈將軍英靈祠堂奇絛一氣散化萬神應兆事有克彰物無不照輔贊天孫宗室岳峭優游高士放曠清人預攜陰德思振芳塵物畏代謝事跡相仍成此廟貌永司其津●天福六年歲次辛丑三月辛酉朔十七日己丑●謹具錄元立社糺首及頭副樣勾當人姓名●天福元年充糺首石徽趙勲次充頭副樣陶凝趙

分覽四　岱覽卷第十六　岱陽之西　廿一　果克山房

勳次充頭副樣王光庭程罕李訓李嗣次充頭副樣張翰傅贇趙勳聶召次充頭副樣郭召邵超奇賓邵規□□人趙勳顏溫李近嗣邵進劉鐸聶召王進孟景張翰張素畢佺韓勳王朗王韜趙作楊捷朱安許儒程罕宋顒馬唐李溫李暉□召聶銖胡瓊王豐劉祚劉馴孫罕傅贇石徽王廷□劉□尙遂聶進張太王勳李訓勾當副樣邵規奇賓□□副樣郭肇邵超陶凝陳唐馬溫宋美成贇王福王知訓岳規●都料匠尉遲練夏侯知遠鐫范彥釗李□同造

○右碑高四尺九寸廣一尺六寸額曰澶州建柰河將軍廟堂記額字徑二寸記文二十四行行五十五字字徑七分竝眞書在靈派侯廟堂前南向全祖望鮚埼亭題跋云濟南七十二泉皆發於太山之麓獨未聞所云柰河者石晉天福二年有泰山柰河將軍碑鄉貢進士劉元之之文也其文不工書亦拙柰河之神而曰將軍又有夫人眞不典之祀也以五代石墨之希故存之朱文藻云碑中字多別體靈作霻冥作寡炳煥作怲㷀畢力作畢力役作役迎作迎嗣作嗣翰作翰皆隨意增減不合六書王韜應是王韜楊捷應是楊挺劉馴應是劉訓或以形似致僞其生若浮其死若休語出莊子今引賈誼語而浮字下衍生字不眷月閒依文義當是眷月之譌返植蓮苛似卽蓮荷謂香

寶綺井周刻翻覆蓮也漢書酈食其傳握齱好荷禮是以荷爲苛此則以苛爲荷蓮丹靑三島丹靑下當有於字應業受分碑實是分字聶氏金石攷釋作受劉似未確也碑稱立社糺首糺同糾謂歛錢之首也同預會建廟爲同社郭肇是社首也頭副樣勾當人是當時在廟經理之名目猶言正副也其名兩見此碑額題澶州建柰何將軍廟堂又稱新澶州五代周時曹州謂之澶州此廟在泰安而云澶州建所未詳也廟稱將軍不詳爲何神所掌何事今據碑序首言生死陰陽之理而銘詞又有輔贊天孫之語博物志云泰山一曰天孫言爲天帝之孫也將軍殆亦輔佐泰山之神與高里神祠相爲左右今釋氏功德畫有過柰河橋之事其源殆出於此至其眞形有夫人有廝兒妮子有夜叉一對後世神廟像設之盛亦濫觴於此矣

宋王紳題名文曰再謁靈派神祠請雨故也熙寧甲寅秋八月右璫王紳袞儀父題○右眞書勒廟堂記碑陰方廣尺許共五行五字字徑寸半文言再謁當已曾來甲寅爲熙寧七年宋史載是年旱蝗九月戊戌以時雨降勸民趍耕碑云八月再謁請雨則以前之來禱可知

重修靈派侯廟木帳碑文曰東嶽靈派侯廟重修木帳記

●岱宗鎭東方爲嶽之伯其山實萬物之始而其神主生

氣天子告祭柴望以禮而庶人奔走饗獻以誠故災沴不作休祉來應然所主者岱宗之神而左右附於神者司掌不一所以各建其祠而存夫像也山麓之右有水派而南者耆老相傳曰渿河河濱之東有祠焉表以將軍之號見於舊碣昔嘗聞道微大師索文湛曰祥符初章聖東巡法駕順動侍臣衛士洎鑾輅來朝者無慮百餘萬人皆泊于山下須水以供飲濯方患河之已涸而轉盼之間淵泉復溥源源不竭由是蠲渴滌垒上下獲濟此皆尸河者之靈應也升中禮畢天子嘉其功封以侯爵爾後言利及四方之民無窮近歲邑人篤於信神者多夢渿河之神警以禍福俾其人避惡而趨善示神之化也噫神之至幽所職或遷而於禍福之權有所兼固不可致詰而嚴其祠事以答靈貺宜矣祠堂中有木帳久而蠹弊不足以護神像邑人王文知神之不可不欽而欽之之誠無以至遂首出錢十五緡又得樂從者共力以資助乃命良工購楩楠易而新之亦見其欽神之誠至也書曰至誠感神然事神者以誠之至而不祈其報孰謂不獲其報者哉方飭材之初於祠之內外植柏七十株培壅灌溉以致悅茂冀其永久也功休求爲之記或以邑人之志書云時●大宋元豐八年歲次乙丑六月四日前進士王彧撰泰山魏實書歷山王補之

篆呂□刻石。右碑高三尺六寸廣一尺七寸凡十八行行三十二字眞書字徑五分額篆重修靈派侯木帳記八字四行字徑寸七分碑已斷嵌廟內火池壁東面

元重修靈派侯廟碑文曰泰安重修靈派侯廟記●州教授王禎撰並書篆●泰山有三谿獨西谿雄祕莫測蓋其源來自上方下爲瀑布直注山根洄洑龍湫而出高深委折淵而復流者至郡城之西百舉武而近居民飲濯之而呼曰渿渿之東湄地形若穹窿然廟其上曰靈派侯者宋眞宗大中祥符元年有事泰山駐蹕於此始患水泉涸絕俄而涌漲嘉其神異而封建之也興作始末文石具在每歲春遠近獻薌駢肩累跡不可勝數郡民云丐諸神者每對所禱亦嘗有所憑託而宣其威烈故祈謝之徒刲羊豕而焚楮鏹者畧無虛日一日泰安監司暾撒州尹孫公民獻暨僚屬同謁祠下憫其殿像摧壓頹蕾興修之志已而廟壖爲奔流所齧祝之水復折而西二公耳神之靈既孰而又目覩其驗遂親董其役更其廟而新之以崇其祀凡土木瓴甓繪塑之須一出本廟香火之費皆二公規度之力也落成之日囑僕爲記竊聞之山林川谷有能利於人者則秩而祀之惟岱爲鎭嶽實發生之所膚寸興雲不崇朝而雨者其流澤又能滋於民物復及萬乘功用顯白神

而祀之宜矣其有慼於死生膠於向背徼福而逃禍求利而避害皆非神之所職玆因及之以懲後之諂妄者云乃作迎送神之詞俾歌之以侑其祭詞曰我侯兮何在山之麓兮水唯淶山幽兮水鳴具我侯兮形聲侯之游兮委蛇風爲馭兮雲爲衣馮夷兮擊鼓水妃兮歌舞侯之樂兮來止徒御雝雝兮赤舄几几我民承事兮旣多受祉侯之去兮悠哉忽慘變兮隱靁來或去兮叵測千秋萬歲兮愈欽靈德●武德將軍泰安州達魯花赤兼諸軍奧魯哦撒奉議大夫泰安州知州兼諸軍奧魯孫民獻承務郎同知泰安州事扞鐵治同提舉儲企范從仕郎泰安州判官郭敏

●大元至元十三年歲次丙子十月二十五日泰安州知房趙侑中都目陳瑀貫祐立石。右碑連額高三尺七寸半廣尺七寸半額篆重修靈派侯廟之記八字四行字徑二寸半文二十行行三十七字字徑半寸眞書在靈派侯廟二門東壁南向

〔明〕蕭協中〈淶河〉溪水南流駛晴煙水面浮逗巖深浴鷺濬脈遠通舟古渡蘋花冷橫津蔓草幽翛然歸汶上此去總悠悠

傲來山西爲大埠嶺有大佛寺範銅爲象高丈餘又西爲天平山蟠龍山跨虎山其南爲寶金山中有雙龍峪西爲羽父山有雲溪觀金牛山有雲泉庵赤犢岩金牛洞泰山小史云金牛山在治西南三十餘里脈出泰山環擁遥護徂徠兩山之外挺立雄飛惟金牛者含煙凝翠映日飄黃則又諸山所不逮其東南有龍山荆山山勢拱揖松檜纓帶西北爲玉皇山自大埠嶺以下皆在數十里若百里內外其勢與傲來相屬也

〔元〕〈雲溪觀碑〉。右記李述祖撰張志純眞書至元二十四年二月勒羽父山雲溪觀中

國朝〈大佛寺捐田施茶碑〉。右趙國麟撰並眞書康熙五十一年勒大埠嶺大佛寺中

傲來山西南五十里有嶅山孱顏峭削其顛稍平東岩石壘天成峽口涌流曰渠水遶注山陽北岩石罅流泉不竭南岩有朝陽洞會仙洞磴道陡上爲玉帝觀東偏有嶅陽寨故阯今爲下張寨金貞祐之變元鎭國大將軍右副元帥李儀守太山天勝寨立嶅陽爲保障元世設巡檢明廢又西南爲望魯山毗連肥城扆魯山爲入東平陰道又西南爲玉女山有精禮寺寺側溫涼二泉南流入汶

論曰西南麓岱之右臂也又當結襘之閒如曲肱迴抱高者傑立環峙爭爲奇橫下者蔚然其林滃然其泉無不俠獻交引攣有餘情龍文鳳采之賢恣其涵泳矣泰山書院與上書

院前後相望數里蒙旣偕講席時得從四三友人攜壺觴訪泉石輒至西山往往綆黃亂色月影徘徊乃歸懸澗斷巖昃窮目習斯語焉而詳矣然念授經投書諸名蹟芳型宛在過之未嘗不汗浹也

〔國朝〕李嵩〈西山紀遊〉西山深處奇不知何年闢孤峯插天際突兀閱今昔策馬入蒼峽曲曲小徑窄俄驚飛濤落崖高丈許百遙指曾仙庵疑比藐姑射下馬憩竹林喜悟彌天釋須臾渡河西亂藤縈水磧著屐踏白雲崎嶇路轉僻行入傲來門坐踞仙桃石乃見扇子崖猶存巨靈擘峭壁不可上虎牙險且劇懸梯升絕頂廣平似安宅北臨青桐澗幽渺深千尺西望仙人洞長鎖煙霞碧石魚噴靈氣野鹿遺仙跡別壽小茅屋清閒坐羽客開窗巒作障欹枕雲鋪席巖前花馥馥溪泮鳥嘖嘖採芝茹金莖酌泉飲瓊液任彼滄桑變曠然樂朝夕但得山中趣名利俱可擲

岱覽卷第十六終

岱覽卷第十七

泰山書院院長陶山唐仲冕六幕輯

分覽五　卷十七

岱陰圖

岱陰　摩雲嶺　雙鳳嶺　獨足盤　天空山　九龍岡

明月嶂　冰牢峪　總論

岱陰

陰道以北天門爲隘其北爲摩雲嶺穹嶂入雲蒼蒼隱天嶺東有八仙洞危若鶻棲道里記謂卽馬第伯所云石室也明鍾惺記云石壁百仞松腋之左左而半上得八仙洞紀勝云鳥道一線松阿結茅屋數椽點塵不到若或有隱君子焉亂石溝在其下水南流過避塵橋東折逕鶴山北又東匯爲洗鶴灣夾岸斗絕蒼松欹臥如梁水瀠漩東北注達谿里峪峪在天燭山下詳岱陰之東洗鶴灣北爲雙鳳嶺

亂石溝題勒文曰空翠難强名 鍾惺眞書

雙鳳嶺兩峯團矗舊稱大小牛心石亦曰大小蠟燭峯吳同春記云嶺在兩山閒直上五里而兩峯回翔若鳳問山人無名余大書雙鳳嶺於崖崖西南爲獨足盤

獨足盤岱陰環道也棧磴甚險陟遊者幾躄而後行明萬歷時閩林古度題勒黃花棧北崖崖環列若埤堄其上松石相支亞鍾惺記云對而壁者有若廟若寢若垣若林者焉數折視之皆石也茂之奇題曰筍城中闕有壑石萬其峯錯以松松聚則濤不以風也其中煙霏所蕩層巒聽之偃仰牽拂不能自止飛流自日觀下者望齊冰雪大要泉被於崖曰被於泉松被於日風被於松仰日觀諸峯如坐朝陽洞時也度其處又當爲岱之半矣其北爲天空山

明朱孔章等題名文曰朱孔章張少菴缺萬歷二十四年三月廿五日書故城縣缺○右眞書勒黃花棧壁

鍾惺題名文曰岱不無松松至此始濤焉泉壑映蔚奇爲幽豁悅秀巒響意滿難名取水經語靑松飾崖四字示吳康虞林茂之遂以勒石有明萬歷丙辰七月六日鍾伯敬記○右眞書勒黃花棧東向

獨足盤題勒文曰松籟雲壑 李元鼎行書 亙古丹邱 莫棟

岱嶽鍾靈 任璣並眞書

天空山一名玉女山頂洞修潔若藐姑射之嬌首塵冥外也左右雲髻煙鬟迴如修蛾濃黛皆不作人閒上淸山陽有元

君廟內有萬松亭後改彌勒殿東上爲蔚然閣下祀呂仙明隆慶六年肨城輔國將軍睦㮛建有禁約碑州人徐霧哉王平子讀書於此明馮時可記云登蔚然閣三面皆萬仞削壁色如積鐵重重相抱絕頂諸峯森峙於左夕陽掩映紫翠相閒泰山幽勝無逾於此山顛夷曠宜臺爲𡏖觀臺泰山小史云玉女山頂平坦若臺堯封禪時登此臺前黃華洞在蔚然閣旁以環洞多黃花故名洞高可拂冠廣容一几石罅汎出成溪曰來鶴泉淸邃絕塵相傳玉女修眞處東一洞石芽瓣瓣倒苗如菡萏出水懸霤沃流積水如玉柱洞曰蓮花泉曰石乳所謂後石屋也列仙眞人傳云岱宗石室上下懸絕重

巖深隱去地千餘丈其中金牀玉几乃人跡所不能至
皇上御製蓮花洞詩勒壁鐘亭下別有石屋由地道可通蔚然閣有元君墓吾聞天仙不蛻今有墓何也自黃花棧至此爲松雲最深處後石隖所由名與或曰隖當爲屋以石屋名也或曰由南天門下陰道几十五里爲後十五也紀勝云石屋與八仙洞相連然無徑可通澗石如贔屓攀藤附葛而下行五六里始達雲路透折緣山跨澗嵐氣與松風相激薄沾染襟袖眉宇爲之浸綠旣至峭壁圍空率千百仞皆神工削成展若列屏曲若卷纛松生巖阿閒撐雲蔽日上不見天澗下松棚如積霧蔀屋亦不見地轉側入黃華蓮花二洞掬泉

水飲之覺惠泉中泠猶是人閒褻味也此爲岱陰第一洞天徘徊彌日喟然觀止蒙嘗從先公夜遊於此諸天在藤蘿之外孤月逐筇屐而生樹石變形猿鶴鬭響谷神元牝意在斯乎其東高阜有萬歷大鐘自岱頂御香殿徙置者北爲三官殿阯又北爲坳山嶂圓秀拔微見㟏岈下爲仙人砦廣可容千人

（明）御製銅鐘贊文曰御製泰山金頂御香寶殿銅鐘讚文●天地定位陰陽協和星辰順度日月昭明寒暑應候雨暘以時山川靖謐河海澄淸草木蕃庶魚鼈咸若家和戶寧衣食充足禮讓興行敎化修明風俗敦厚刑法不用華

夏歸仁四夷賓服邦國鞏固宗社奠安萬壽隆長本支億世災異不生禎祥備至●大明皇帝建極中和仁義禮樂治物齊民宇內乂安華夷永定神人胥慶海嶽效靈五嶽名山國家正祀東嶽泰山實爲嶽宗遣官致祭歲報神庥聖孝聖誠尊養聖母慈躬遑和祈神保泰借壽代災懇輸孝悃應祈萬安昭答神貺差官修理泰山工程金頂大工玉皇寶殿天仙寶殿神憩宮殿靑帝寶殿東嶽寶殿南天門等上下盤路八處牌坊修工就緒恭於天仙宮西修理御香寶殿萬壽寶殿以供御香宣布聖誠祭器有庫誦經有堂欽造銅鐘神鼓特建鐘樓鼓樓恭懸神樂以諧神人

協和上下迎祥消災永傳太和之音昭揚明治之盛萬載鳴宣天人共仰●萬歷甲寅年七月吉日造○右銅鐘高五尺圍八尺許其式鐘乳上爲一層天地以下爲御讃大明以下蓋頌語也乳下爲一層督工太監各官及道士姓名至年月訖各姓名未錄每層各分四段竝眞書金文難佳錄以備攷

龍拂父題名文曰缺古淄龍拂父題●天啟丁巳夏仝徐霸哉口純王口期慶缺○右眞書勒元君廟山門外垣間

後石隖題勒文曰岱嶽奧區 吳同春 叢翠 吳獻臺 雲根靈液 古蓮花洞 竝失名 雪巘雲凝 武廷适 作出

世想 趙倫 靈山玉柱 蔣陳錫已上皆眞書

明劉勅黃花洞蒼松鬱草閣十里岱山陰蘿逕穿雲杳蒼巖俯洞深月明雙鶴舞風細老龍吟久欲凌虛去煙霞怏此心

祁承爜黃花洞洞門深鎖苔痕碧玉露泠泠琪樹濕眞人蛻骨是何年滿徑閒雲堆白日 石屋仙源路深邃閒寂無人跡攀崖臨險湍取逕履巖隙泠泠澗底泉齒齒石中屐境界旣迴殊煩襟亦洗滌自笑風塵人乃得煙霞息願言招王喬相與坐盤石

鍾惺降自孔子崖循黃華洞止焉山有挾而勝不專在高寒粲粲黃華洞聲光夕陽閃萬松裏泉石往復多其端泉不壁而瀑松不風而濤層巒或漾之偃仰生微瀾巖壁不自主煙日靜而安蘿石相磴棧屈曲自紆蟠雖無人上下其勢若牽攀以其處山半末力厥維艱遊者曰登岱遂不復降觀

蕭協中玉女山碧蘿翳丹磴千盤不可數元猿援樹啼蒼鶴伴崖舞一徑小門通別入神仙府靈液瀉雲根飲之清肺腑偃蓋橫山腰結之驚風雨人傳蓬苑奇此或堪匹伍優游忘身世俛仰懷今古玉女能修道追日效夸父願得假長年從容振六羽

國朝周在建後石隖丈八峯下過青翠萬山迷仄磴泉流滑輕陰鳥語低山深無客至石古有人題坐愛蓮花洞歸雲好共栖

田同之後石屋四圍峭壁空何來一石屋轉側入黃華古洞藏深竹巒影薄松風肖宇淨寒綠

張元遊黃華洞二首昨日已登泰岱巔今朝更訪黃華洞縋險百折轉山陰連峯東去摩虛空懸崖一綫盤秋毫攀援頗訝容猿猱努力杖策事登頓捫蘿躑躅緣岩嶢振衣颯颯天風冷倏忽已造清虛境靈扃一叩雙扉開入門瀟灑珠宮靜丹甍碧瓦架巑岏玲瓏窈窕森高寒仙人一去

丹爐渺至今崖竅藏靈泉琮琤滴瀝珠源瀋清磬冷泠雜幽韻一掬天漿淨客[illegible]茫茫塵世何須問獨來四顧轉傍徨嵐光滅沒黏衣裳龍鱗虎牙交參錯冥濛一氣迴青蒼須臾晻靄頹羲馭仙源無分空歸去金庭徙望無尋處一塢白雲如堆絮　黃華古洞倚巑岏為叩幽扃取次看仙闕玲瓏開妙麗靈泉淅瀝滴清寒千峯雲影移琳館萬壑松枝埽石壇複嶺層巒嵐翠合振衣天際獨憑欄

〔趙國麟〕後石塢岱嶽之奇在天門萬仞壁立一線捫岱嶽之奇在日觀火珠三涌合復散蒼巖雲島鍾此塢靈境更屬神仙府絕頂北折繞澗行削壁懸崖似廊廡一路蒼松

萬壑濤盤礡石罅無寸土干霄直欲與山齊嶺顛更有虬龍舞洞名黃花洌清泉六月寒冰堅玉柱疑是石髓自空流倒瀉巖穴成石乳我來探奇今已三茲行更值沐新雨東南幾峯青芙蓉插空翠黛將軒舉山靈忽欲幻遊人煙耶雲耶失其處少焉微見兩三峯轉瞬上下成洪濛身世不知寄何所變亂恍惚心恍恍人生百年行霧裏清明片刻見山松玉女修真形莫測吳門練馬空歎息古人所至如春風山川反為增顏色同人此遊悟者誰飛昇妄意無終極安期妙藥渺難求御風仙術不可惑收盡山前萬壑雲天門歸路始可得

〔任俠〕遊黃華洞青遮黛擁煙巒衆紫逗紅迎霜葉動路轉松陰絕壁開白雲送入黃華洞水沈香盡博山開玉笙縹緲聲如夢洞邊乞取石田耕我來試覓胡麻種

〔蕭儒林〕石塢松濤石塢松圍萬頃陰紆迴鶴徑入蕭森凌晨海霧平青澗向夜江濤捲碧岑脂落懸崖收圃藥響連幽洞聽鳴琴耳根何幸塵緣洗謖謖猶聞太古音

〔明姚奎〕遊石屋記泰山東數里許有石屋世傳碧霞元君煉真之所予公暇欲往觀焉從者曰徑隘不可輿迺易服帽以葦帶結腰短策芒鞋命道士劉教宏為前導行三四里無復蹊徑披蒙茸攀巉巖傴僂而上愈進愈險下瞰巔

崖驚汗浹背又三里盤旋轉一岡而石屋在望矣有羽士四人矐然而逗予青松絕壑間前牽後擁迺獲濟焉瞠目縱眺上有削鐵奇峯千朶前有夷地可半畝入其中窈然而深朗而虛明石竇涓涓凝結玉柱大十圍高丈餘晶瑩可鑒崖有元君手印玉指宛然後有石牀則元君偃息處左偏一竅透絕頂頂有石樓可坐三四人冰滑不能升躋攀數磴而下力疲臥石牀毛骨洒洒旁有聖水池清洌而甘不盈不涸下有石曰牛心甚奇怪又下有洗鶴灣深不可測一鶴鳴於上似與人聲相應實真仙境界與塵寰迴絕人之遊泰山者每以道左日窮為畫於斯罕到孰知石

屋之多奇迺爾哉石屋於予惜乎遇之晚也嗟夫世之豪傑士固有終身未之遇者遇矣而晚奚病焉

蕭協中玉女山小記山在嶽頂東北十里許傳爲玉女修眞處卽舊黃華洞也曲徑委蛇圭門淸閟松挂懸崖泉飛古洞更有岑樓淩漢石磴穿霄風聲鶴唳俗骨渾忘斷緣佳此安得不仙崖下一竅冷水涓涓飲之心肺自涼題曰雲根靈液

天空山東爲九龍岡其體隱其數九其狀龍也上有鑑池淸泚可析毫末爲玉女洗頭盆與華山名同東下爲旋螺峪深圜而下廣北爲鳳皇池東北爲飲虎池皆以水勝岡東北爲

磨山距天空山八里有五女圈石岱史云夜聞邪許相力之聲詰朝巨石壘成圈葢五仙女爲之旁有張遠砦自雙鳳嶺至此勢盡東馳夾亂石溝而北者其明月嶂乎

明月嶂羣峯秀列若屏舊有采芝庵宋政和間道士張景巖於嶂上得紫芝一本以名其庵紀事云景巖湌松咽芩逍遥塵外類有道者旁有焉支石以色名懶張石屋在嶂北明張三丰煉眞處三丰名君實金遼東人力能移塔人稱張拉塔或云邋遢嘗修煉於岱至明尙存見明史其西南一峯崝嶸特起者曰孤山空諸依傍不雲而陰山背諸峯此爲竦傑

明蕭協中懶張石屋懶張道人椽數楹爭傳此室摶六羽

鉛龍汞虎無處尋草色鶯聲相媚嫵

明月嶂東北爲冰牢峪距嶂五里曰小冰牢峪幽邃層冰固陰沍寒盛夏有未解者曰淩冰洞一曰天牢泰山小史云四山高險中邃陰暗爲天日所不經之地水東北流入天井灣北爲眺平臺舊宜移木天地運度經太山北有桂樹七十株其實赤如橘也西里許爲揚子峪崖岸深陡又西十里所爲半邊山仄崖橫削似有巨靈擘去其半者眺平臺西北六里爲大冰牢峪四山竦立石窪深廣曰冰穽視冰洞尤危險水東北流會冰洞入天井天井卽鴈嶺河詳岱陰之東

論曰列子云伯牙遊於泰山之陰卒逢暴雨止於巖下援琴

而鼓之爲霖雨之音更造崩山之音曲每奏鍾子期輒窮其趣伯牙乃舍琴而歎曰善哉子之聽也非惟絕響幽通抑亦冰崖雪竇發其奇鬱然世無子期雖奏幼眇於空山誰能聽之

明王若之偶得岱陰一石置於池竹之間奇石鍾靈自可珍片峯岱削獨嶙峋移來近使臨秋水看去偏宜映綠筠半似風翔鸞翼鳥渾如玉立謫仙人高齋神秀歡相對下拜頻頻肅笏紳

國朝趙國麟泰山紀遊并引辛卯四月十一日同金子枚仲韓子公度門人侯長麓張漢張黃子壯黃健庵登岱宿

登封臺十二日徧遊岱頂下後石隖十三日登九龍岡至大燭山仍宿後石隖十四日由伏虎門下仙鶴灣至艾窩而歸作詩百韻紀事　我家泰山下賦性耽巖谷晨夕對不厭春秋時往復茲晨值首夏高興倍疇昔童冠六七人登臨豈辭數髯翁同子癖加以長顧陸枚中作圖退之偕籍喜能詩兼撰錄公度作記長麓漢張作詩倡和江夏大小阮子壯健菴爲從父子攜琴致不俗杖履發青巖後先步趑趄列嶂懸青霄錦屏映晴旭層閣登山腰丹扉帶支麓出郭向陂陀入雲自茲俶回睇見徂徠羅羅指邊幅過訪白騾冢流覽萬仙閣茅茨高下安櫻桃參差熟迤邐度水簾紆折歷雲壑遙望白石亭

金經鑴山腹欲遊經石峪不果何人歇馬崖長風撼古木憩足登仙臺玉虛宮殿肅路轉踰黃峴一屏障全嶽芙蓉插雲端始見眞面目峯雲互吐吞松石爭盤礴怪祕呈形樵移步換頭角或若髻旋螺或若笠覆箬或若巾岸幘或若冠鐵幞或奮若翼張或怒若爪攫靜或若獅蹲動或若龍躍翩或若鴻驚叢或若蝟縮或離而欲奔或聚而欲觸升者雲爲階墜者雲爲絡立者雲爲帶臥者雲爲幄奇幻勞應接徘徊忽傾晷振衣彌高巖豈風吹謖謖一線通天門何年巨靈鑿雙巖蔽日月仰窺天一束崔嵬疊壁壘巉峭森劍鍔斧劈與刀皴披麻連解索寸膚不著土萬仞皆刀斫其

陽盛瑤葩其陰積冰雹倏忽異氣候烈日不能虐鐵鎖雲中垂猿攀額頰顱前趾後目覩後冠前履蹴望邇行彌遠身進足反御屏氣愼登陟忽若出囊橐直凌登封臺浩歌震列宿詩追太白篇是夜共得宿登封臺詩五首圖仿叔明軸枚仲作水簾洞迴馬嶺二圖豪飲吸川鯨高談炙車轂醉看月蟾沈臥聽天雞喔曉起失萬山空濛雨霢霂須臾土囊來蕩漾雲霧廓東登日觀峯扶桑逗光昱海水映遠岫晶盤盛碧琭南上仙人橋三石鬼工斲衆山勢洶湧翠浪長空泊西到西天門立石無倚著雲氣成苔蘚飛白鴻都墨北立玉皇巔羣峯總臣僕此山帝王尊萬乘紛馳逐摩挲無字碑歎息開元

作銘德竝紀功函泥更緘玉金石志綢繆風雨半殘剝更陟吳觀峯練馬終渺邈彌殷仰止情倚杖思孔卓舉頭已天外萬古胸懷拓淩虛與倒景神仙焉可學探幽且盡奇莫使山靈噱陰洞名黃花靈區富蘊蓄緣澗挹空翠滿路聞異馥到門鐘磬靜依山樓閣簇石竇滴瓊漿羽冠獻芝粥雲收皓魄迴天空流瀣濯枯桐鼓杳淼靈籟答肅穆玉皇頂風高不得鼓琴是夜雲收月皎公度松下一彈再鼓萬山俱靜眞移我情夜色沈幽夢晨光換新局蔚藍浸青葱翠微染黛綠千松與萬松小燭共大燭照天松作熖插地山爲托既覽九龍勝更尋雙鳳巢蒼髯張偃蓋九龍岡松下飲酒繪圖珠蕊結瓔珞大燭山丁香盛開各采插滿頭作散花之

戲山川供品題是日校仲作後石鳥圖天地任嘯諕曠懷古今空遐
覽麘世促一宿使神凝再宿使神足何時結雲棲長此蠲
榮辱歸興買餘勇桃源問津錯欲下艾窩問道者云由南澗遂入險途遇石洞有水
流出校仲題爲桃源洞而健菴自此迷道相失匍匐踰伏虎戰兢過仙鶴上登愁
跛牂下度懼猱玃亂山鳥獸寂深澗峯巒矗攀崖擲琪草
異花不知名者甚多各采滿把至伏虎門皆棄擲不暇惜失路冒叢樸季後心徬徨阮
迷行彳亍樵子度蜀道健菴迷道由伏虎門踰亂山先至艾窩使樵子來迎予牽衣猿附始
得度仙鶴灣同人會淇澳宗人子文英如皆在艾窩相候艾窩多水竹故云搜奇四日
遊詎比謝公躅吁嗟歸路難頗似昌黎哭高步防傾危悲
樂恆倚伏乃知造物心所忌暢吾欲向平志雖賖茲遊亦

陵鑠回首望寵從煙霞染佩服稱宗鎮青方鄉土信所獨
到爐意拳拳賦詩酒重酌忽夢九天遊閶闔聞仙樂齊州
幾點煙俯視不盈握豈惟天下小泰山止一粟啟戶瞻巖
巖恍然似有覺

岱覽卷第十七終

岱覽卷第十八

泰山書院院長陶山唐仲冕六幕輯

分覽六卷十八

岱陰之東圖

岱陰之東天燭山 蝹𥗊峪 周明堂阯 谷山 佛峪 仙臺嶺 青山 仙源嶺 雨金山 祝山 九阪嶺 輕汶河 總論

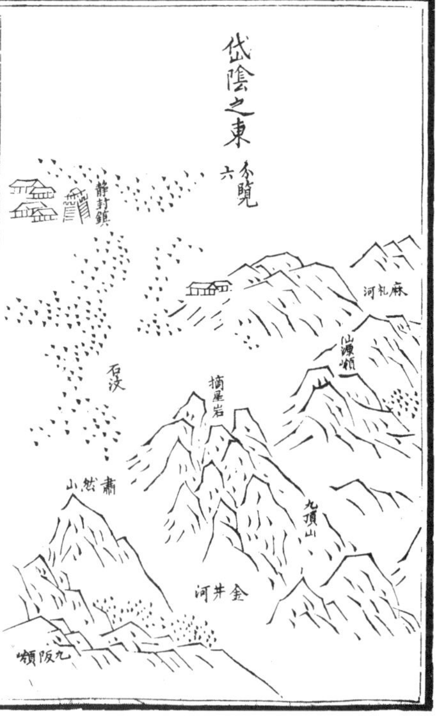

岱陰之東

東天門迤北爲天燭山在九龍岡東兩峯色𧹞鬱攸若燭龍含炬而對燿吳同春記云山高數百仞泰山左介邱右石閭此卽所謂介邱者也坐山半望周明堂及山以東諸峯巒如在几席南下深穴檻泉爲谿里峪鷹愁澗洗鶴灣之所匯也又名風魔峪東南流入埽帚峪山東爲分水嶺嶺南有埽帚峪李家泉諸水嶺北有旋螺峪氷牢峪諸水皆循嶺分流又東爲觀星嶺言冢崒可測象緯也李家泉出其下之東北南流入栗子峪詳岱陽之東又東爲嵺碌峪

嵺碌峪石泉迸發潒爲澗谿中有邨曰大津口產櫨栗東北多嶰林土人謂之山靈廠北五里爲竹子園潘岳笙賦鄒魯之珍有汶陽之孤篠焉而古詩亦云冉冉孤生竹托根泰山阿今岱實罕竹自竹林寺蕩廢存者僅此耳其西則周明堂故基也

周明堂阯阜東敞林木蓊蔚羣峯環拱天津河瀠繞交流蓋周天子巡守朝諸侯之所卽田齊所欲毀者孟子曰夫明堂者王者之堂也王欲行王政則勿毀之矣疏案禮記明堂位云明堂者明諸侯之尊卑昔殷紂亂天下周公相武王伐紂武王崩成王幼弱周公踐天子之位六年朝諸侯於明堂七年致政於成王成王封周公於曲阜令魯世世祀周公以天

子之禮樂然則泰山下明堂卽周公朝諸侯之處蓋魯封內有泰山後常爲齊所伐故地里志云齊南有泰山案周制明堂云周人明堂度九尺之筵東西九筵南北七筵堂崇一筵五室凡室二筵賈釋云明堂者明政教之堂又夏度以步殷度以尋周度以筵是王者明政也周堂高九尺殷三尺以一相參之數而卑宮室則夏堂高一尺矣又上注云堂上爲五室象五行以宗廟制如明堂明堂中有五天帝五人神之座皆法五行以五行先起於東方故東北之堂爲木其實兼水矣東南火室矣兼木西南金室兼火西北水室兼金以中央太室有四堂四角之室亦皆有堂乃知義然也賈釋太史閏

月下義云明堂路寢及宗廟皆有五室十二堂門是也四角
之堂皆於太室外接四角爲之則五室南北止有二筵東西
各二筵有六尺乃得其度若聽朝皆於時之堂不於木火等
室居若閏月則闔門左扉立其中而聽朔焉尸子云黃帝曰
合宮虞曰總章商曰陽館周曰明堂孝經援神契曰明堂上
圓下方八窗四達布政之宮在國之陽晏子春秋曰明堂之
制下之溫濕不能及也上之寒暑不能入也木工不鏤示民
知節也新論曰天稱明故命曰明堂上圓法天下方法地八
窗法八風四達法四時九室法九州十二坐法十二月三十
六戶法三十六雨七十二牖法七十二風蔡邕明堂篇曰其

制度數各有所法堂方百四十四尺坤之策也屋圓屋徑二
百一十六尺乾之策也太廟明堂方三十六丈通天屋徑九
丈陰陽九六之變且圓蓋方載六九之道也八闥以象八卦
九室以象九州十二宮以應辰三十六戶七十二牖以四戶
八牖乘九室之數也戶皆外設而不閉示天下不藏也通天
屋高八十一尺黃鐘九九之實也二十八柱列於四方亦七
宿之象也堂高三丈亦應三統四鄉五色者象五行外廣二
十四丈應一歲二十四氣四周以水象四海王者之大禮也
意當時制亦宜爾今遺阯猶曠如也史記漢武封泰山降坐
明堂於山之東北阯又云泰山東北阯古時有明堂處處險

不敞漢書注臣瓚曰郊祀志初天子封太山太山東北阯有
古明堂則此所坐者也明年秋乃作明堂今案周明堂基旁
有廢阯殆漢武降坐之所人稱明家灘語音之轉耳党懷英
記云天津河環地餘百頃山勢四圍葢漢之明堂在山之東
北阯此其地也道左二里許耕墾之餘瓦礫被之與沈存中
說高麗制度瓦皆有紋者合亦與漢武降坐者言若所令奉
高作明堂於汶水如公玉帶圖者在岱東南去此且三十里
矣天津河即石汶白天井灣納諸谷水東南流遶周明堂側
又東南右會旋螺峪水遶竹子園南右會谿里峪水又東南
逕大津口郵北而東流明堂南爲大峴山西南爲黑山党懷

英所謂泰山南嚮而東鶩緣東迤北曰大小峴也西北爲谷
山

唐李白明堂賦并序 昔在天皇告成岱宗改元乾封經始
明堂年紀總章時締搆之未輯痛威靈之遐邁天后繼作
中宗成之因兆人之子來崇萬祀之丕業葢天皇先天中
宗奉天累聖纂就鴻勳克宣臣白美頌恭惟述焉其辭曰

伊皇唐之革天創元也我高祖乃仗大順赫然雷發以
首之於是橫八荒漂九陽埽叛渙開混茫景星耀而太階
平虹蜺滅而日月張欽若太宗繼明重光廓區宇以立極
綴蒼昊之頹綱淳風汤穆鴻恩滂洋武義烜赫於有截仁

聲駁沓乎無疆若乃高宗紹興拓統錫羨神休傍臻瑞物咸薦元符剖兮地珍見既應天以順人遂登封而降禪將欲放有洛崇明堂惟厥功之未緝兮乘白雲於帝鄉天后勤勞輔政兮中宗以欽明克昌遵先軌以繼作兮揚列聖之耿光則使軒轅草圖羲和練日經之營之不彩不質因子來於四方人一作壹殫稅於萬室乃準水臬攢雲梁磬玉石於隴坂窒瓌材於瀟湘巧奪神鬼高窮昊蒼聽天語之察察擬帝居之鏘鏘雖暫勞而永固兮貽聖謨於我皇觀夫明堂之宏壯也則突兀曈曨乍明乍蒙像大古元氣之結空蘢蓯頹沓若鬼若業似天闔地門之開闔爾乃劃岸

客以嶽立郁穹崇而鴻紛冠百王而垂勳燭萬象而騰文寥恍惚以洞豁呼嵌嵓而旁分又比乎崑山之天柱矗九霄而垂雲於是乎結構乎黃道岧嶤乎紫微絡勾陳以繚垣闢閶闔而啟扉崢嶸嶒嶢粲宇宙之光耀崔嵬赫奕張天地之神威夫其背泓黃河垠漱清洛太行卻立通谷前廓遠則標熊耳以作揭豁龍門以開關點翠彩於洪荒洞清陰乎羣山及乎煙雲卷舒忽出乍沒岌嵩噴伊倚日溥月雷霆之所鼓蕩星斗之所伾扢拏金龍之蟠蜿挂天珠之硉矹勢拔五嶽形張四維軋地軸以盤根摩天倪而創規樓臺崛岉以奔附城闕嶔崟而巀嶭珍樹翠草含華揚

甤目瑤井之熒熒拖玉繩之離離掞華蓋以儻漭仰太微之參差擁以禁扃橫以武庫獻房心而開鑿睹少陽而舉措採殷制酌夏步雜以代室重屋之名括以辰次火木之數壯不及奢麗不及素層簷屹其霞矯廣廈鬱以雲布掩日道遏風路陽烏轉影而翻飛大鵬橫霄而側度近則萬木森下千宮對出熠乎光碧之堂炅乎瓊華之室錦爛霞駮星錯波沏颯蕭寥以颼飀窅陰鬱以櫛密含佳氣之青葱吐祥煙之鬱律九室窈窕五闈聯緜飛楹磊砢走栱夤緣雲楣立岌以橫綺彩桷攢欒而仰天皓壁晝朗朱甍晴鮮植欄各落偃蹇霄漢翠楹迴合蟬聯汗漫杳蒼穹之絕

垠跨皇居之太半遠而望之赫煌煌以輝輝忽天旋而雲昏迫而察之粲炳煥以照爛倏山訛而晷換跨蓬壺之海樓吞岱宗之日觀猛虎夾道潛虬登梯經通天而直上俯長河而下低玉女攀星於綱戶金娥納月於璇題藻井綵錯以舒蓮天牕施翼而銜霓扶標川而岡足擬跟絓而罷蹐要離欻矐而外喪精視冰背而中迷亙以複道接乎宮掖登入西樓實爲崑崙前承後疑正儀躅以出入九夷五狄順方面而來奔其左右也則丹陛崿崿彤庭煌煌列寶鼎敞金光流辟雍之滔滔象環海之湯湯闢青陽而啟總章廓明臺而布元堂儼以太廟處乎中央發號施令采時

順方其闔闕也三十六戶七十二牖度筵列位西八東九白虎列序而躨跜靑龍承隅而蚴蟉其深沈奧密也則赤熛掌火招拒司金靈威制陽叶光推陰坤斗主土據乎其心若乃熠燿五色張皇萬殊人物禽獸奇形異𢡟勢若飛動瞪眄睢盱明君暗主忠臣烈夫威政興滅表賢示愚於是天正孟月朝陽發曦天子乃施蒼玉鑾蒼螭臨乎靑陽左个方御瑤瑟而彈鳴絲展乎國容輝乎皇儀傍瞻神臺順觀雲之軌俯對淸廟崇配天之規欽若肸蠁惟淸緝熙崇牙樹羽熒煌葳蕤納六服之貢受萬邦之籍張龍旗與虹旌攢金戟與玉戚延五更進百辟奉珪瓚獻琛帛蹈卬俯僂儼容壘跡乃潔俎醢修粢盛奠三犧薦五牲享于神靈太祝正辭庶官精誠鼓大武之隱轔張鈞天之鏗訇孤竹合奏空桑和鳴盡六變齊九成羣神來兮降明庭蓋聖主之所以孝治天下而享祀窅冥也然後臨辟雍宴羣后陰陽爲庖造化爲宰餐元氣酌太和千里鼓舞百寮賡歌于斯之時雲油雨霈恩鴻溶兮澤汪濊四海歸兮八荒會呲喢乎區寓駢闐乎闕外羣臣醉德揖讓而退而聖主猶夕惕若厲懼人未安乃目極于天耳下于泉飛聰馳明無遠不察攷鬼神之奧推陰陽之荒下明詔班舊章振窮乏散敖倉毀玉沈珠卑宮頹牆使山澤無閒往來相望帝躬

乎天田后親於郊桑棄末兮反本人和兮時康建翠華兮萋萋鳴玉鑾之鉠鉠遊於昇平之圃憩乎穆淸之堂天欣欣兮瑞穰穰巡陵於鶉首之野講武於驪山之旁封岱宗而祀后土兮掩栗陸而包陶唐遨遊乎崆峒之上汾水之陽渴飲沆瀣之元精黜滋味之馨香貴理國其若夢遊華胥之故鄉於是元元澹然不知所在若羣雲從龍衆水奔海此眞所謂我大君登明堂之政化也豈比夫秦趙吳楚爭高競奢結阿房與叢臺建姑蘇及章華非享祀與嚴配徒掩月而淩霞由此觀之不足稱也況瑤臺之巨麗復安可以語哉敢揚國美遂作辭曰穹崇明堂倚天開兮龍從鴻濛搆瓌材兮偃蹇坱圠邈崔嵬兮周流辟雍岌靈臺兮赫奕日星噴風雷宗祀肸蠁王化恢鎭八極兮通九垓四門啟兮萬國來攷休徵兮進賢才儼皇居而作固窮千祀兮悠哉

明畢瑜明堂

黍離詩自咏東周翠輦無因此地遊朝聘不聞來東帛會盟誰識有諸侯聖賢述作光千古王霸興亡付一邱莫向高臺尋舊跡斷碑殘礫不勝愁

國朝林杭學明堂故址

城南城北草緜芊周漢明堂盡野田扆障青山猶此地鑾輿黃屋已當年葢茅通水軒皇後檢玉泥金虞帝先欲覓舊圖王會遠只今惟有遶溪泉

漢蔡邕明堂論明堂者天子太廟所以崇禮其祖以配上帝者也夏后氏曰世室殷人曰重屋周人曰明堂東曰青陽南曰明堂西曰總章北曰元堂中曰太室易曰離也者明也南方之卦也聖人南面而聽天下嚮明而治人君之位莫正於此焉故雖有五名而主以明堂也其正中焉皆曰太廟謹承天隨時之令昭令德宗祀之禮明前功百辟之勞起尊老敬長之義顯教幼誨稚之學朝諸侯選造士於其中以制度生者乘其能而至死者論其功而祭故為大教之宮而四學具焉官司備焉譬如北辰居其所而衆星拱之萬象翼之教之所由生專受作之所自來明一統

也故言明堂事之大義之深也取其宗祀之清貌則曰清廟取其正室之貌則曰太廟取其尊崇矣則曰太室取其堂則曰明堂取其四門之學則曰太學取其四面周水圜如璧則曰辟雍異名而同事其實一也春秋因魯取宋之姦賂則顯之太廟以明聖王建清廟明堂之義經曰取郜大鼎于宋納于太廟傳曰非禮也君人者將昭德塞違故昭令德以示子孫是以清廟茅屋昭其儉也夫德儉而有度升降有數文物以紀之聲明以發之以照臨百官百官於是戒懼而不敢易紀律所以大明教也以周清廟論曰魯太廟皆明堂也魯禘祀周公於太廟明堂猶周宗祀文王於清廟明堂也禮記檀弓曰王齊禘於清廟明堂也孝經曰宗祀文王於明堂禮記明堂位曰太廟天子曰明堂又曰成王幼弱周公踐天子位以治天下朝諸侯於明堂制禮作樂頒度量而天下大服成王以周公為有勳勞於天下命魯公世世禘祀周公於太廟以天子禮樂升歌清廟下管象舞所以異魯於天下取周清廟之歌歌於魯太廟明堂魯之廟猶周清廟也皆所以昭文王周公之德以示子孫者也易傳太初篇曰太子旦入東學晝入南學暮入西學在中央曰太學天子之所自學也禮記保傳篇曰帝入東學上親而貴仁入西學上賢而貴德入南學上齒

而貴信入北學上貴而尊爵承師而問道與易傳同魏文侯孝經傳曰太學者中學明堂之位也禮記古大明堂之禮曰膳夫是相禮日中出南闈見九侯門子日側出西闈視五國之事日闇出北闈視帝節猶爾雅曰宮中之門謂之闈王居明堂之禮又别陰陽門南門稱門西門稱闈故周官有門闈之學師氏教以三德守王門保氏教以六藝守王闈然則師氏居東門南門保氏居西門北門也知掌教國子與易傳保傳王居明堂之禮參相發明為四學焉文王世子篇曰凡大合樂則遂養老天子至乃命有司行事興秩節祭先師先聖焉始之養也適東序釋奠於先老

遂設三老位焉春夏學干戈秋冬學羽籥皆於東序凡祭與養老乞言合語之禮皆小樂正詔之於東序又曰大司成論說在東序然則詔學皆在東序東序東之堂也學者詔焉故稱太學仲夏之月令祀百辟卿士之有德於民者禮記太學志曰禮士大夫學於聖人善人祭於明堂其無位者祭於太學禮記昭穆篇曰祀先賢于西學所以教諸侯之德也卽所以顯行國禮之處也太學明堂之東序也皆在明堂辟雍之內月令記曰明堂者所以明天氣統萬物明堂上通於天象日辰故下十二宮象日辰水環四周言王者動作法天地德廣及四海方此水也名曰辟雍王

制曰天子出征執有罪反舍奠於學以訊馘告樂記曰武王伐殷爲俘馘於京太室詩魯頌云矯矯虎臣在泮獻馘京鎬京也太室辟雍之中明堂太室也與諸侯泮宮俱獻馘焉卽王制所謂以訊馘告者也禮記曰祀乎明堂所以教諸侯之孝也孝經曰孝悌之至通於神明光於四海無所不通詩云自西自東自南自北無思不服言行孝者則曰明堂行悌者則曰太學故孝經合以爲一義而稱鎬京之詩以明之凡此皆明堂太室辟雍太學事通合之義也

谷山菖萃冠諸峯秀骨蒼容不借林泉以爲雋其顚孤松特茂虬枝橫出直指離明俗名定南鍼顚西南一洞石門如黔

曰黑闥石屋或曰劉黑闥嘗居之西北有金礦洞二其右懸崖上下二穴水自崖頂下注左一穴最黤黮泉涓涓流入不能入洞外石紋十裂結紫石英卽岱史金絲洞也元初邱處機嘗焚煉於此東北爲蓮花峯西北爲恩谷嶺兩山對峙峽水涌流爲鴈嶺河東流匯爲天井灣卽天津河源也兩山之北爲佛峪

〔金〕安升卿題名文曰曲阜孔端肅與徂來石德潤王賡謁岱嶽觀遂登太平頂歷介邱巖仙閣巖次到谷山下觀天津河盤旋古明堂基達於汶明昌三年九月晦泰山三谿居士安升卿記○右眞書勒谷山絕壁

佛峪亦曰佛谷土人得阿羅漢像於石隩故名上有精藍額谷山玉泉禪寺金時僧善寧建內有平仲樹大幾百圍本而十七穴每穴如屋足容數人寺東古井水紫黑渟涵党懷英分書題碣曰玉泉東北上爲七佛閣元僧普謹建久圮吳同春云寺在深山中路不險仄境則幽絕有大壑雨過則飛瀆作聲晴則諸泉亦泠泠出石罅間差與黃華等又北爲返倒山山勢逆行水爲靑岡峪東南流入天井又北爲仙臺嶺

〔金〕谷山寺碑文曰谷山寺記●前翰林學士承旨中大夫知制誥上護軍馮翊郡開國侯食邑一千戶食實封一百戶致仕党懷英撰并書篆額●佛法自西方來天下名山

勝境化爲道場興廢因緣自有時運嘗讀元魏高僧傳得僧意勝跡之詳而異之意之寂也以天地之召及期遂行此其餘緣當有復興之日矣泰山南嚮而東鶩由東迤北曰大小峴其下曰天津河環地百有餘頃山勢四圍蓋漢之明堂在山之東北阯此其地也道左二里許耕墾之餘瓦礫被之與沈存中之說高麗制度瓦皆有紋者合又西北行六七里山光叢叢高下隱見一峯嶷然秀拔而下圜曰谷山也沿澗少北今寺基矣嘗有獵人行獵蓮花峯側遇羅漢像而終日無所獲每遇之必然獵夫怒積薪將焚之明日還坐於高險薪燎不可及獵夫愕而悔謝是夕山下老稺三四同夢異僧久隱蓮花峯有獵者之厄或問爲誰蓋曰意云耆老十餘輩更相誘率凡一再行當石掩奥處果訪得之乃扶輿而下至今所忽重不可動而峯嶺重複掩抱可興寺場衆悟遂止焉粤自兵亂荒山重澤殘擾殆徧廢置始末不可詳究惟土人名之曰佛谷者舊矣蓋意之逝也有靈感之異土人以是命名繼有僧善寧遠涉荒梗首至谷山舊阯破屋廢圮獨山色如舊出沒起伏謚遠而謚秀善寧獨喜雅契宿心於是日趨山下包菽粟擕火具結茅而休焉往來山坂無難色暇日畚築谿澗勤苦作勞而無怠意短褐芒屩從事如初自是澗隈山㟁稍可

種藝植栗數千株迨於今充歲用焉齋粥所須日謚辦具凡卅餘年則谷山初祖也天眷二年四月間詣官言寺之舊地東至於黑山分水嶺南至於恩谷嶺西至於張遠寨稍北至於返倒山嶺有司可其請其後僧法朗繼之鋤理荒險不避寒暑經營成就復卅餘年則谷山第二祖矣今崇公寺緣契合四方有識翕然歸向工役趨作日盈百數殿基琢石高踰數丈若是者三四焉綵塑圖飾不與也州城之東隅曰柴水院惟許存上院積貯之物其餘住持攝度申理徒弟皆不許也崇公經畫作勞能繼二祖此寺當興時矣蓋意之去來也皆異則其成也必閎其久也必振今谷山寺尚仍舊名計其歲月蓋七百有餘歲矣是復興之數云嗚呼異哉泰和元年五月九日記●勸緣住持沙門崇智立石度僧九人廣琳廣靖廣瑋廣寶廣顯廣興廣純廣敏廣彬各辦化緣執役寺事宣祕大德等故法兄三人智恩智源智照度僧八人祖顯祖正祖了廣佐廣深廣安祖義廣珍古任李紳刻。右碑高六尺二寸廣三尺四寸額篆谷山寺記四字二行字徑四寸文十八行行五十一字字徑八分八分書勒谷山寺內西偏南向

〔谷山寺記碑陰〕文曰玉泉禪寺勤跡檀那記●都功德主銜同碑陽竹谿老人党纂額●爲報四恩普導檀那求生

淨土應辨化緣建置修造進納所費同計點常住庫司事副寺僧廣顯路□下勤跡檀那如後姓名未錄都勸緣建置修造進納承買□牒并寺額改古谷山寺作玉泉禪寺第三代住持沙門智崇泰和七年十一月初五日立石泰安東海郡蔣經書丹歷山賈祐刻。右碑陰額文仝題字徑寸半篆書題名正書四十四行行九十字姓名千餘人中稱某翁某婆某公某母某姥某伯某叔某伯母某老耶某老娘某姑某姨某姑夫某姨夫某舅某兄某哥某嫂某郎某姐某先生某官人某善友某解元某孔目某都料某評事某內奉又有都監郎君校尉郎君軍人船戶某居士

某道人某和尚家各色俱備其以親屬相呼蓋各勸緣者所書沙門即連屬勒石也其書名者不過數人內有夾古二官人夾古四官人夾古七官人夾古姓史作夾谷今當作瓜勒佳

谷山寺牒碑文曰尚書禮部封部封二字闕空封下鈐印一尚書禮部下有洪百廿五號左偏鈐印右偏泰安州奉符縣第一鄉泰山佛峪谷山寺受業第三代住持勤僧尊□僧智崇自辨於沂州納米准錢承買到洪字第一百廿五號寺額一道乞書填作玉泉禪寺者內鈐印八牒奉勅可特賜玉泉禪寺牒至准勅故牒●泰和六年十一月日令史丁价桂主事韓玠內鈐印四承德郎守員外郎兼左補闕孫空朝散大夫郎中兼國子監丞王空承德郎試禮部侍郎兼□□□祕書少監喬空中奉大夫禮部尚書兼翰林學士知制誥同修國史□□□□□張比寺額付僧智崇僧智問鈐印一。右碑高五尺六寸廣二尺九寸分二層上層刻此牒字二十四行大小不一牒文行書字徑五分銜真書字徑寸許張銜獨扁而有押首尚書銜二列及牒奉勅以下十六字字徑二寸許真行相兼遒麗特異印徑二寸二分文曰尚書禮部之印即通行大篆文尚書禮部封五字蓋封皮也

香巖寺牒碑文曰尚書禮部封仝上尚書禮部下有院額日六十一號偏左印偏右泰安州奉符縣佛峪谷山玉泉禪寺住持僧智崇於大安元年三月內赴泰安州倉納訖白米貳拾叁碩壹斛貳升肆合承買到日字第六十一號院額壹道今將本寺在城常住柴水下院其地東至城大巷西至街南至李官人北至劉善友乞書填作香巖禪院名額者內鈐印八牒奉勅可特賜香巖禪院牒至准勅故牒。大安元年三月日令史王□主事崔昌言內鈐印四奉直大夫翰林修撰同知制誥權員外郎趙空朝議大夫禮部員外郎納蘭空中憲大夫禮部郎中兼國子監丞王

空翰林學士□□□□知制誥□□□同修國史□□□
□張氏皇弟開府儀同三司判禮部尚書韓王空付僧邱
智崇 邱字上鈐印一 ○右勒前碑下層牒式同前舊在谷
山寺大門內今移置佛殿壁左南向案金石文字記採岱
下牒文凡四冥福寺升元觀普照寺長春觀是也獨遺此
二牒蓋搜訪未及也備錄之以資博覽
元谷山寺碑畧曰凡選樹道場必去人境遠者爲勝必依
山之名而尊者爲勝然山水面南觀雖拔地倚天其氣翠
變態終不至奇邃必之於其陰又絕勝也是剎焉乃在泰
山之北及訊諸居者曰殊不類塵世吁異哉可謂具此三

美者焉非有大福惠孰能選是非有大智力孰能繼而樹
是初寺之未基也維意以荒之既基矣維寧以廬之既廬
矣維朗增而廣之既廣矣維崇又文而宏之厥後以拏兵
日久主者不□其心而稍復灌莽之天惜哉今僧謹夏臈
不滿三旬許嶷嶷然逈出倫輩誠法中龍象人天之具瞻
也居無幾疏海日以泉可飯可溉室坤漏以園可蔬可果
或天險以田可辦可禾度其工疑有神物陰佐其役不然
則胡人能勝其天也如此哉後之來者有能如謹興廢繼
絕葺舊闢新即是谷山第一祖也又何必重以老少先後
次第分別爲一日謹來拉予以遊所謂谷山寺者至則悅

連兜率不盈尺閬風元圃蓋不數也嘗謂世之爲浮屠者
例置精舍於城府闤闠政使上乘居之幾何其不淆爲
下愚反首迷途者哉如欲立超三界一到谷山便知喧靜
移人淹速之度何如也若夫山川之光怪寺緣之隆替有
竹溪翁之文石具在故不復云○右記杜仁傑撰見泰山
志碑不知所在文頗佳故錄之
七佛閣記碑文曰藥師七佛閣記●太子左諭德李謙書
翰林學士承旨中奉大夫知制誥兼修國史領集賢院事
王磐題額泰安州教授時震摹勒●天有七曜而四時行
地有七澤而九土寧人有七情而善惡生惟金輪氏立教

洞貫三才包括萬類所謂藥師七佛象數之妙得無契於
是乎案經之所載法界凡七界居一佛其光明徧照惠澤
普及在浮圖法中猶元天之有日星焉百川之有江湖焉
故爲其屬者奉之惟謹岱宗之陰曰谷山道場巖巒回抱
林樹蔚薉蓋雲山之都會煙霞之堀宅也謹公上人興滯
補敝於刦火廢墜之餘疏鑿而泉種蓺而園甃堛而田齋
庖之衆無慮數百指既殿中央以居大雄法象謂七佛之
壇不可不嚴於是闢層崖而閣焉一日上人赴京師杖錫
踵門請爲是閣作記問諸興造之蹟曰吾因山以爲基故
不假礱貲而高伐木以爲材故不煩市易而足以願力爲

役故不鼙鼓而集問閣之大小及爲役幾何時曰揭櫓爲三列楹爲五其高九仞有奇經始於至元十七年春落成於今年之秋又問谷山興置始末曰自元魏高僧意師現化之後曰寧曰朗曰崇曰靖凡四傳而寺緣訖大竹谿党公文石具在也復謂上人曰惟閣之役若寺之緣既聞命矣敢問谷山之陽自歷劫以來有無上寶閣以連峯爲楹以蟠岡爲礎以雲虹爲飛棟以煙霞爲浮藻以萬象爲法身眎今所作爲何如也上人曰不然吾聞天地之外復有覆載陰陽之外復有造化故自其大者而觀之須彌一芥子也大千一棗葉也曾何泰山之足云自其細者而觀之

大空之一塵恒河之一沙中間自有佛國在仁者無用妄生分别且爲我作七佛閣記予曰卽如上問答語予爲若作記已竟請歸而摹諸石上人曰唯唯時至元癸未十一月二日也上人魚臺人俗姓蔡氏從瑋師祝髮此寺壯歲遊方始參陶山仁公再禮紫蓋暉公卒得法於普照鑑公行業爲衆所推錄泰安僧司事凡數十年與當世名士杜徵君仲梁輩從遊甚款其好賢樂善蓋有本云翰林集賢侍講學士中順大夫知制誥閻復記嘉議大夫中書禮部尚書劉果實贊成之●至元二十一年歲次甲申正月望日承事郎前建康道宣慰司都事宇敬祖立石●都勸緣

住持嗣祖沙門英悟大禪師普謹同立石●泰安州都料匠郭安仁構石匠作頭周順高成刊○右碑連額高六尺二寸廣三尺二寸額篆藥師七佛閣記六字三行字徑四寸文二十三行行四十一字字徑寸八分書在谷山寺中東偏南向閻復自弱冠能文卽爲元好問所選與李謙等齊名謙隸書亦健而整碑陰有杜仁傑佛峪寺疏文二閻復七佛閣疏文一竝時震眞書

仙臺嶺卽長城嶺詳岱陰之西嶺上石臺二曰南拱北拱皆天然三成遥相望山東通志謂漢武帝於此望祀蓬萊故云踰嶺而北爲玉皇嶺則歷城長淸界靈巖琨瑞東西分峙矣

嶺南下有馬跑泉又名莎草泉水南流逕牛欄口西又南入天津河泰山紀事云萬歷辛卯余與劉文學斌以里選赴省會我兩人雅好探奇聞泰山後有山徑景趣幽僻策藜偕往所經掃帚峪牛欄口玉皇嶺終日不逢一人但聞山鳥亂啼澗流潺潺響出石罅中危橋斷岸疊嶂青林山花蒙密都礙人行東十里有隰皋曰藥園岱史云昔有修眞之士種藥於此又有千戶廳見王之綱記東三里爲龍門山雙壁列峙溝水出其中東南流入廝搭河東北爲鹿町山距龍門山五里山腰有平曠地爲町疃鹿場山陽一洞傳戰國時黃伯陽隱此因名自[illegible][illegible]峪至此皆在分水嶺北靑山而往則漸東矣

明蕭協中黃伯陽洞古洞煙霞迴高人嗜隱偏厭時矜舌辨獨此契元詮黃鶴寧同姓蒼崖共紀年悠悠行路者冐

為憩吟鞭

青山距大津口五里積翠上侵蔚藍絶頂巨石如冠漢書昭帝元鳳三年正月太山大石起立高丈五尺有白烏數千集其旁卽此南為望仙臺岱史云漢武帝築山石峭削而上平可登高可見海茂陵欲接神仙蓬萊七至岱從方士言樓殿土木窮高極侈岱史所云非誣也東南有皇姑庵皇明紀畧云長城堡有皇姑寺姑姓呂氏正統間宛平縣西黃邨保明寺民諫阻土木之行不聽及還轅復辟念之建寺賜額人稱

為皇姑寺嘉靖卅八年碑記尚存𦭵搭河在山北天津河由大津口北匯北四里有仁育庵又東流左納龍門溝水東北會津拱河青山東四里升仙嶺東南為石汶天津諸河所匯

青山東北為仙源嶺

仙源嶺與鹿町山相望中為津拱河劉氏類山云陡岸深凹晉張忠所鑿石釜也今尚存每驟雨如聞轑釜聲忠中山人永嘉之難隱於泰山常穴居清虛服氣後以苻堅強徵至長安辭還山至華山而卒諡安道見崔鴻秦書津拱河東北流左會巖洸河又東而南入石汶東北門家墅在津拱河北八里有會仙觀故址元道士孟養浩重建旁有方井其中四穴淵泓莫測北為雨金山

元會仙觀碑文曰巖巖泰山形勢雄厚位諸嶽之宗資生成之始含元精而祕神靈之奧府均造化而隱仙眞之洞天所以古之帝王例皆焚柴望秩行封禪之禮告厥成功者自兹山始山之東北四十餘里有聚落曰門家墅繚以羣山若無路之可入匯以雙谿雖久旱而不竭又有崇岡峻坂映帶左右叢菅灌莽蔽虧無罅其地形蜿蜒若睡龍然龍之首平而可居者僅數畝西南而望岱宗諸峯如指立千鬟萬髻秀峙於風塵之表眞絶觀也間有識者嘗至而謂曰是豈凡民所可家焉直使得道者宅之為稱耳及

訊諸耆艾曰此葢會仙觀故基也歲壬辰有道士孟養浩韓抱一王若虛李道誠四人者因游歷過此遂慨然有卜居終隱之志且承居者段德輩懇留乃駐錫焉自是誅硼茀刊山木經始數歲乃有土木金碧之漸泰安刺史張侯一日政隙撫視農民信馬過此方解鞍少憩聞養浩輩語其向之耆艾所謂會仙興廢之由侯喜而謂曰諸公果有意乎我為公倡之四子曰唯於是卜日揆地鳩工庀材百役具舉凡所缺乏者侯皆裨助之由是鄉鄰遠邇莫不響應富者以財貧者以力日構月締年不逾紀三清有殿七眞有堂齋有廚貯有庫客有寮至於蔬圃井磑無一不備

輿議以謂非文石無以壽其傳養浩以歲月經營之始末
謁予於徂來以記見託予謂興廢係乎數勤惰在乎人雖
然純歸之數則是猶不耕不種望年之豐古今寧有是理
耶是故歸於數者輕責於人者重斯可矣天下之事勤而
不成者有矣夫未有惰而能成者也傳有之二人同心其
利斷金誠知言哉而況四子者謀則一心言則一口力則
一手加之外護有郡侯多助有居民嗚呼人衆乃能勝天
明口觀甫成抱一若虛道誠相繼仙去獨養浩守之亹亹
然左補右苴如故自今以始凡隸而爲黃冠束手仰成張
頤待哺者聞四子之風盍亦興起云○右碑鹿森撰王天

挺眞書并篆額至元五年正月勒觀中
雨金山傳昔大雨衝巖得金丱焉上有伏金石東北六里爲
大盧山東南三里爲小盧山皆黔石紺嵒巖洸河逕其中西
南流入津拱河西北十三里爲轉山山形旋折回顧有石隝
砦王少農度范進士惟粹故居也其下有黃坂郇虔字平子
恤刑江南多所平反累官倉場總督致仕惟粹字完白宰江
西新城有賢聲東北爲槲埠嶺距盧山三十里迫長城嶺槲
林尤茂又東北爲摘星巖下有青陽谷巖洸河源也小盧山
東八里爲祝山
祝山單椒圓麓趙侍御宏文墓在焉宏文字樸菴明末進士

甲申流寇據城倡義誅僞官
國朝召爲廣東道御史山東五里爲狠虎谷五代史黃巢死
於泰山狠虎谷聞見後錄巢爲尙讓所急陷泰山狠虎谷乃
自髡爲僧因得脫谷水南流入石汶祝山東北三里爲九頂
山南有大冢俗稱黃巢墓金井河遶山東南折而西南流西
涘曰西金井人或淘金於此東金井在東涘萊蕪境山海經
云泰山上多玉下多金岱史又載嶽西桃花峪常有人採白
金丱今則無矣河水又西南逕汶里郇東入石汶其東爲肅
然山詳附覽之一九頂山東有楊邱山其東有小陵舒暢崛
起地名王許保屬萊蕪治其北爲九阪嶺

九阪嶺在祝山東北二十里迴巒複嶺奧嶮如九折阪水亦
磬折從之故其下爲九曲峪西流逕雨砧崖有石如砧又會
淥池南折至九頂山後東匯金井灣東南爲旁山旻衍而昂
其脊谿水浚深上有數穴若朵頤亦名石窟山或稱肅然者
誤其水會金井河入石汶歸塹汶河
塹汶河古靜封鎭亦曰靜安鎭書經地理今釋汶水合流於
泰安州之靜安鎭謂之大汶其經流發源萊蕪縣原山之陽
漢書地理志萊蕪原山甾水所出東至博昌入泲幽州寖又
禹貢汶水出西南入泲汶水桑欽所言後漢郡國志荏侯國
萊蕪有原山淄水出杜預曰汶水出水經注從征記云汶水

八萊蕪谷夾路連山百數里也西流逕泰安梭郚至故奉高城東西南流右合石汶石汶由升仙嶺東南南流逕崖下郚東有育英書院明州人李鄉賢汝桂講學處又南有汝桂墓汝桂字少崖欽之子也欽字北崖飭躬範俗稱一代文獻汝桂益刻苦敦行繼其學篤孝純誠深契艮知愼獨之旨從之者嘗數百人時稱海岱儒宗仕獻縣教諭輒以養辭歸父子皆年近期頤石汶又南逕山口郚東抵古奉高西自天井灣至此委折九十餘里合大汶過古博邑城北西南流會諸澗泉爲塹汶河餘詳附覽之二

論曰岱東北麓爲河者六爲峪爲谷者數十皆自北而東南流歸塹汶遠出岱陽敍山則自近頂者漸極東北而循委而討源攷訂水經岱志諸書益其詳哉拾遺記云岱輿山東有員淵十里夏月水騰沸以金石投之爛如土冬月稍焦涸中有黃色煙從地中出起數丈煙色萬變山人掘之入地數尺得焦石如炭今巖洸金井諸河水頗闊相傳有探石礦而遇火者王子年所言固海外東嶽也茲何絕相似也

岱覽卷第十八終

岱覽卷第十九

泰山書院院長陶山唐仲冕六嘉輯

分覽七卷十九

岱陰之西圖

岱陰之西　上桃峪　淸風嶺　靑天嶺　長城嶺　河上林　秋千山　桃花峪　十字峯　靑嵐嶺　透明山　龍山　猴愁峪　拔山　五峯頂　西橫嶺　三䋺山　總論

岱陰之西

西天門下爲上桃峪北汶源也其北爲船石在避入丁西北層崖平闊若萬斛舟又西北爲看月巖以與月觀相屬名其下深池爲沐龜溝西北流經李子溝至老虎窩入桃峪巖北地坦衍亦曰快活三有雲臺庵故阯其後石丁谽嵥西關曰夕陽洞所謂上石屋也船石北爲頭陀巖桃峪水逕其南折而西北爲混元池周岸石皆黧色中央獨白如月印澂潭圜靈水鏡又西北流三汊澗白西來入之西北爲鷹窩崖石壁峻絕征鳥聚而巢焉桃峪逕其西其北爲清風嶺

清風嶺延亙突兀鑿磴磊錯下爲老虎窩石穴深暗中有泉其東石棚最淵敞有隙可通旁有元都觀圮西北爲龍灣水縈繚中有巒阜如島嶼其下碧花池翠石碧紋天然池甃又西北爲黃石崖桃峪逕其南道里記云稍西林木帀里許中有野人之廬又西北爲映霞峯舊有傅老庵下爲香泉桃峪自黃石崖折而北三里至是西北流香泉南流注之又西北爲闞虎溝在重嶺之下桃峪逕焉旁有花園又西北爲青天嶺

青天嶺橫峙西北其東北則長城嶺兩嶺夾澗澗水一源兩分卽水經注所云分水谿也一西北流由青天嶺西南至長清界首過濟川橋折而西北其經流曰中川循長城鋪達峒

山左納靈巖諸谷水而注一東南流遶青天嶺東麓南折左會闞虎溝水過海眼桃花峪再折而東南其經流曰北汶與中川分流各半故名泮河泰山紀事謂遶州黌而名泮府志謂從桃花峪始分流皆失實

〔明〕蕭協中泮河

泮溪春水綠于苔曾向漁郎渡口來水面桃花紅片片令人翹首憶天台

長城嶺俗呼大嶺古長城所經戰國策所謂齊有長城巨防也史記六國年表齊威王十一年趙取我長城楚世家還蓋長城以爲防正義引太山郡記云太山西北有長城緣河徑太山千餘里至琅琊臺入海又齊記云齊宣王乘山嶺之上

築長城東至海西至濟州千餘里以備楚今太山郡記齊記皆不可見而竹書紀年謂周顯王十八年齊築防以爲長城其時蓋齊威王之二十八年然管子云長城之陽魯也長城之陰齊也則春秋時已有長城矣水經注京相璠曰平陰齊地在濟北盧縣故城西南十里南有長城東至海西至濟括地志云長城西北起濟州平陰縣緣河歷泰山北岡上經齊州淄川東至密州琅邪臺入海元和志云故長城首起平陰北二十九里通典云盧縣有長城東至海寰宇記云諸城縣南四十里有長城東南自海迤邐上大朱山盡州南界二百五十里今案齊長城横絶泰山縣亙千餘里起平陰之防門即巨防也東歷肥城縣北長清縣南泰安縣西北六十里即此嶺也又東經萊蕪縣北淄川縣南沂水縣北九十五里臨朐縣南莒州北諸城縣南七十里皆有故阯琅邪臺在諸城縣東南百四十里琅邪山上大朱山在膠州海中南距琅邪臺六十里長城至此始竟說本禹貢錐指

〔魏〕酈道元水經注汶水出朱虛縣泰山山上有長城西接岱東達琅邪巨海千有餘里蓋田氏之所造也竹書紀年梁惠成王二十年齊築防以爲長城竹書又云晉烈公十二年王命韓景子趙烈侯及我師伐齊入長城史記所謂齊威王越趙侵伐我長城者也。泰山東泰山也亦名小

泰山在臨朐縣南百里朱虛故城在縣東

闞虎溝南爲河上林邨木多桃峪水又西南曲中有石嶆深莫測曰大海眼白草峪水自西注之吳同春記云至海眼投石水中聲殷殷不絶西南爲幞頭巖在白草峪南狀如岸幘又西南爲老鴰峯山若翼飛色深積鐵俗名老鴰尖東南舊有碧峯寺圮又西南爲秋千山

〔明〕重修碧峯寺碑。右記孫緒撰並眞書隆慶五年勒寺中

秋千山下爲秋千峪有桂師庵故阯吳同春記云至桂師庵萬松連雲奧踞巖半且行且飲下觀虎穴題岱西佳處於巖西崖一洞深窅志稱白雲洞所謂下石屋也黿灣在其南桃峪所匯南達小海眼灣中長石如梁欹倚午貫曰石艃博雅艃艍舟也又西南爲西神庫巨石朗潤含輝磴礀若韞櫝之稠穀或云中有寶藏其南桃花峪

桃花峪在中軍坪南坪有巨石平廣文采蔚然桃峪至此南注大小養魚池迤西爲襁負山以大山負小山若襁子狀俗呼降福山山半有鏡兒石徑丈餘瑩削如鑑東南有地夷衍近百弓俗呼臺子地爲古雲臺庵明正德閒釋道轉重建三教堂今廢西南爲元君廟內有玉皇殿及鐵佛殿鐵佛移自碧峯寺魚池南爲紅雨川即桃花峪匯諸澗谷舊多桃花丹

英飾淵碧鏡飛霞幽奥之區獨饒濤綺

皇上御製桃花峪詩勒北崖水西南出峪口再折而東徑新莊達二十里鋪又東南逕高里山南又東至城南西谿渿水南流注之又至城東中谿環水西南注之又東南至夏邮南東谿十里河亦西南注之又東南逕全標店東總名泮河自分水谿而來傾折八十餘里上納三谿之水合於大汶其由頭陀巖迤西而北而西南至降福山皆桃峪右岸由十字峯西北而南左接傲來西界肥邑則其左岸矣

元張志純桃花峪流水來天洞人閒一脈通桃源知不遠流出落花紅

明吳同春桃花峪桃樹千重帶水涯靈巖百折倚山斜秋高瑶圃日爲實雨過天門浪作花方朔頻須貽漢主漁郎何處覓仙家我來不及春風晚杖履翩翩度彩霞

祁承爣桃花峪曲曲雲梯步步斜爲尋西崦問仙家方來姑射餐瓊雪一夕春風萬樹花

蕭協中𥨊山眞假何須辨形似尚可名石山如有意骨肉忍無情　桃花峪一逕透迤絶世喧紅霞燦爛迎朝暾迴環疑别一乾坤玉洞天桃千樹繁春來妖冶迷香魂花飛或是武陵源卜居得住此山邨看花更得對芳樽頹然醉枕花影翻醒來何羨過高軒天倪眞人古道存相傳漢代

留侯孫高隱山中布衲温閒摘桃實當朝餐因兹悟徹五千言超忽白日登天門我來久憩覓仙痕龍變鶴馭難攀援倘得眞人有後昆晤言一解心憂煩

十字峯與右鷹窩崖對峙西北有大倒溝東流入桃峪溝西爲青龍宫故址西北爲青嵐嶺

青嵐嶺山色嵐光常作空現佛頭青西爲丁香峪花結枝埶紅碧交比如入薝蔔林中又西北爲思鄉嶺岱史云人死魂歸於此而思鄉語近誕小倒溝在其西稍北亦東流入桃峪又西北爲南頂在小倒溝北峯巒突起頂西南爲胡桃園南爲梯子山如雲梯百級其下石棚溝溝西有玲瓏石溝言懸丁石言嵌空也其西南爲透明山

透明山峭崒穿岫北拱老鴰峯宛如几案南有摩耳石吳同春云自姜倪寨數里由摩耳石至鐵佛寺酒數行曠然樂其幽峻摩耳石接𥨊眞山中隔小海眼耳東南爲東神庫與西神庫相望石若垂簾蘚痕不上亦時見光采閃爍云其東爲龍山

龍山巔爲姜倪寨南一石若人疑立曰眞人峯吳同春云至桃花峪雨旁皆山人行峪中復從東北行數里至姜倪寨絳山導吾左傲山翼吾右雲臺石棚如拱如揖招余而前唯中軍坪與吾輿相背而馳路曲谿水透迤如蚓如螺絳山崟𡸣

降福山岱史謂之䃾山也西南爲黃石巖與在龍灣西北者絶相似巖南有白姑庵南爲車道巖北有雙澥如鞦故名其西爲筆架山五峯排列崖崿倒垂鶻隼多巢其上卽岱史雕窩山也瑟颯西風養成健翮亦地所宜矣山北爲羊闌坡李斯所謂泰山之高百仞而跛羊牧其上也岱史謂仙人牧地巨石周遭頗類羝羺跪乳諸狀安得邀黃初平叱而起之山南多燕支爲燕支坡靑嵐嶺以下皆循桃峪左岸再折至此其南崖有峪曰猴愁

猴愁峪最深闃難度越猶山海經所謂猨翼也西爲白練石屋白練者鳥如野鵲尾長而白若拖白練王阮亭詩云溪禽

白練飛其尾紅者曰拖紅練西南爲水闉石屋洞闢如屋水出其門其南爲拔山

國朝孫鯤化白練石屋絶壁何人啟石扉曾聞羣鳥此忘機相逢偏是雲生候不見巖前白練飛

拔山視諸峯差高岱史謂之鴈飛嶺鴻雁南翔多集於此云東一石削出如圭曰回鴈峯東北一石砢然爲甌臾曰燕窩石又南爲水鈴山水激石聲如鈴也烏龍潭湛澂集潤泉在其東南壇子潤在其西拔山西爲五峯頂

五峯頂中邊各一峯東巖蒼松叢鬱俗呼松樓東北有黃姑庵古樂府東飛伯勞西飛燕黃姑織女時相見黃姑河鼓轉音卽牽牛然織女天孫岱宗亦天帝之孫不祀織女而祀牽牛何也拔山五峯之間曰風門深谷畏佳直扶搖廣莫之閶闔矣其南爲迎風嶺吳同春云由迎風嶺經雲臺路益峻絶又十里達頂其下有枯石河東流經龍潭南折過大隼嶺東入泮又南爲西横嶺

西横嶺盤亙二十餘里西自桃花峪東迄烏龍潭嶺西上爲黃金口岱陽之西石屏峪水逕此入枯石河西北有峪多垂絲海棠高三四赤夏日卽開曰海棠峪臍子溝在其西南流谿泉旋遶秀石中突爲臍子峯西爲刺楸山宜刺楸又西爲土縣山四巖垠堮而巔獨曠衍得黑墳十八畝西南爲駱駝

嶺狀如封駝有藏峯寺其東有蘘草泉南流入泮䅇谷其西澗也禾不實謂之䅇西爲三縮山

元藏峯寺碑文曰創建藏峯寺碑記●泰山下所建招提無慮以十數如佛峪之玉泉竹林之寶峯靈巖之十方禪寺皆名刹也山之西有聚落曰新莊新莊之北十里有奇藏峯寺亦其一焉寺之周圍岳巒叢秀林木茂密中有隙地十餘畝竝有泉泓澄雖大旱不涸初鄉先生耿公定遠之姪曰偁曰佺闢此以避兵厄逮皇元撫有天下偁等復安舊業恒謂地脈之奇他日必有人建名刹以遺乎後一日寶峯寺僧定祿過所居偁與語曰吾有茲地煙霞窟也

爾能駐錫於此否祿環昕喜曰眞福田也捨此焉往爰卜日結庵而居意欲作廣大緣未幾病歿嗣守者偷安惰窳荆榛蕪沒大德癸卯秋定遠公之孫士恭壻王衡嘆曰寺地吾家所施荒廢日甚興復豈伊無人與鄉老謀之爰敦請僧福岩主焉岩本泉州惠遠縣人年二十始學浮屠來居泰山竹林寺操守淸愼雅爲遠邇鄉信旣受請來棲嘗愀然曰我輩辭親出家幸依名山朝廷隆優復之典檀越普敬信之施乃茅茨僅足以庇身莊嚴無足以供佛將何以祈遐福而祝我君父勇以興建自任日率三兩人持刀執斧先於叢莽之擁蔽者伐而刈之復嫌地基迫隘恢擴

其阯鑿石堙谷剗高壘窪啟其私橐構佛殿於上殿之左右翼以兩配又東爲香積西爲雲堂寮舍庫廐碓磑蔬圃罔不悉備更置田三十五畝以贍徒衆士恭歷覽欣然而謂余曰二十年來福岩經營締造克就厥緒若斯匪文諸石無以傳後余曰噫嘻竺乾之道流於東土剃除鬚髮而爲沙門者比比皆是其克宏宣聖敎崇構祠宇者曾不一二覯如福岩其人內有所參外無所求身處深山窮谷而甘心創立永爲焚修較彼燃臂灼頂朝乞暮丐至老死而不能豎一椽覆一瓦者又奚若哉自兹斷愛滅欲覺性常圓是不必九年面壁而已早證如來上乘者也士恭與岩

鄉余稽手曰敬聞敎請以斯語勒諸石●元延祐六年六月二日○右碑爲劉紱撰并眞書在藏峯寺內

〔明〕重修藏峯寺碑○右記張璡撰竝眞書成化十五年勒寺中

三縮山距駱駝嶺二十餘里三峯岀峙有龍駒寺明時重建寺前古木參天有泉曰甘霤東流入泮又西爲黃山距三縮十二里沈泉泌瀄古有延慶院宋海定禪師重建元明皆重修之額亦曰雲臺寺州人周冕記焉岱畎圖經記云雲臺之山其壤多黃有泉發其巔垂如白虹流而入於汶水

論曰人自京省來岱者道出岱西北抵店臺東南行趨桃花

峪上下山阪者十數至焉又四十里達項路省山前三之一特犖确甚人率山前往亦山前返鮮閒行者豪嘗躡西天門望迤西諸峯歷落馳矗羣水走峽自北遶出其南未嘗不思一搜擽之三縮黃山西南山皆冠石橫壓其尾注而首蟠者則肥城之陶山慈氏兆域在焉別錄篇終以志岱覽之所由作云

〔明〕傳國〕行泰山谷中宿山腰人家泰山谷千樹栗林深路迷不見人秋風果落聲瑟瑟日暮無糧稚子飢摘食一顆甜如密行行漸至桃花東一綫斗然馬不通兩人度我入虛空不高不下足憑憑一舉如凌萬壑風鳥霏霏兮在下

日杳杳兮岩叢漸聞溪聲來足底滿谷噴薄雷風起浪花滾滾吹過頭松濤細細清入髓須臾天黑溪路窮鐵鏁漠漠石壘壘一攢雲樹鬱半天人家住在半天裏正對雙標明月峯直挂一道銀河水明月朝朝含飛鏁銀河夜夜雜風雨不知甲子今幾更但云居此已三祖叟身常寄虎豹羣一壺慣作白雲主春秋時集槲葉衣兒女半戴黃精羽不解拋裳與種田風氣深深猶太古繫余半世風塵客到此驚嗟一動魄頫視人閒但蒼蒼自憐吾得生羽翮此夜盤礴象緯閒不脫衣裳臥雲席一襟清風空馭寒萬里高秋玉露白垂足一洗天漢波俯身欲拾支機石蒼茫之閒見羣峯天然七十二芙蓉秦封漢檢俱冥漠恠石沖天亦形惡不知玉策付何人青鳥不來金字落我欲撥之豁心愁念此有無轉蕭索興酣大叫蛟龍吼羣帝興衰我何有黯澹忽如天地迴狂風怒驅山石走叱咤一時百靈奔滄海瀠渟一杯酒平生壯遊此其最溯流巧與高歌會明朝更排九重關直跨飛龍出天外

岱覽卷第十九終

岱覽卷第二十

泰山書院院長陶山唐仲冕六幕輯

附覽一　卷二十

岱麓圖

岱麓諸山　社首山　高里山　介石山　石閭山　亭亭山　梁父山　云云山　肅然山　長山　布山

總論

岱麓諸山 一 附覽

岱麓

岱之覽備矣其支麓起伏若耳孫之環鼻祖不可殫述惟經前代禪祀及稱名勝者岱陽三里爲社首山迤西爲高里山又南四十里爲介石山又二里爲石閭山又三里爲亭亭山其南五十里爲梁父山又十五里爲云云山岱東北七十里爲肅然山郡城東南百八十里爲長山西南八十里爲布山凡九山爲一覽大汶口亦在岱南五汶之經流也徂來在岱東南新甫在岱東長清之靈巖歷城之琨瑞在岱陰皆名山也各爲一覽疏其源委及其巖壑之美以著岱之廣大焉

社首山西聯高里庳若部婁史記周成王封泰山禪社首漢書注應劭曰山名在博縣晉灼曰在鉅平南十二里師古曰晉說是也通鑑地理通釋云在奉符縣西北二十六里南燕錄云德遂北登社首山冊府元龜云唐貞觀二十一年房元齡等議云梁甫社首二山並是古昔禪祭之所去十五年議奏請禪梁甫今更奉詔詳議梁甫去泰山七十里又在東南至於行事未爲穩便社首去泰山五里是周家禪處臣等詳參請禪社首詔從之唐書高宗乾封元年先爲降禪壇於社首山上八隅一成八陛如方丘三壝上飾以黃四方如其色正月庚午祀皇地祇於降禪壇如方丘禮以太穆皇后文德皇后配而以皇后武氏爲亞獻越國太妃燕氏爲終獻率六

宮以登羣臣多竊笑之壬申改名降禪壇爲景雲臺元宗開元十三年十一月辛卯祀地祇於社首之泰折壇睿宗配享藏玉冊如封祀儀命侍中源乾曜撰社首壇頌宋史眞宗大中祥符元年十月壬子禪社首如封祀儀詔王欽若撰社首壇頌先是太平興國中有得唐元宗禪社首玉冊蒼璧至是令瘞於舊所二年五月知兗州朱巽上言太山修封畢社首壇增高丈六尺廣五十尺詔獎之玉海云二年六月詔社首壇頌立石更衣所府志云明洪武初居民於山中得玉匣內有玉簡十六有司獻於朝驗其刻乃宋眞宗祀后土文也祀武案廣輿記山中作高里誤顧炎武云社首高僅四五丈於嶽旁諸山最卑

小意者封於高欲其近天禪於下欲其近地且山卑而附嶽
阯便於將事初陟高山之後不欲更勞民力耶上立相公廟
神稱高里爲東嶽輔相泰山紀事云趙韓王祠或是宋人所
爲東爲辭香嶺明張邦紀云四方朝山士庶無不至此辭香
者舊有天仙祠元君下廟也明萬歷三十九年奉勅拓建賜
額靈應宮前後殿廡崇麗迴廊周密中爲崇臺下門四達上
設銅樓亦萬歷時造號金闕棟宇欄楯象設皆范銅鍍金爲
之自岱頂移遥參亭後遷此西北爲對岱亭明李戴毛在建
泰山小史云一峯突起平如棊局構亭其上與嶽相對泰山
諸景色映襟裾城郭井戶鱗集在望今廢西南有環翠亭故

阯近改閻羅殿下有石晉時石幢泰山小史云登亭四眺泰
山屏其後金牛徂徠諸山列其前山嵐翠靄相接亭下有石
柱俗名望鄉臺四面如削上刻佛像高可丈餘

〔唐禪社首壇頌碑〕○右頌爲開元十四年源乾曜撰勒社
首山上今佚

〔後晉總持咒幢〕○右幢八稜高六尺五寸頂高四尺趺高
五尺勒總持咒爲天福九年僧歸仁眞書字多磨滅府志
云楷類歐陽率更書法後書東京同力會人某某鄆州同
力會人某某兗州同力會人某某濮州同力會人某某內
有天平軍節度押衙前齊州都商稅使銀青光祿大夫撿
撿校太子賓客殿中侍御史雲騎尉韓知訓泰寧軍押衙銀
青光祿大夫撿校太子賓客兼殿中侍御史武騎尉劉□
□節度押衙前岱嶽鎭使□□節度副使前察固鎭副兵
馬使充岱嶽鎭都虞候王訓滑州別駕孫近瀛前亳州別
駕劉崇友前攝齊州司馬趙宏嗣又無官名者數十人官
名漫漶不可辨識者數人

〔宋社首壇頌碑〕文曰禪社首壇頌并序●天書儀衛副使
封禪禮儀經度制置等使推忠協謀佐理功臣金紫光祿
大夫禮部尚書知樞密院事修國史上柱國太原郡開國
公食邑三千五百戶食實封一千四百戶臣王欽若奉勅

撰●涒灘御歲應鍾旅月國家建號之四十九禩皇帝紹
統之十有二載燔柴喬嶽成禮於勒封迴蹕方邱薦誠於
厚載人神交感祿祉來宜爰命下臣式揚嘉頌粵自聖明
御極寰宇大和民知教而措刑俗致理而偃武熙熙庶彙
如陟於春臺惕惕宸心若臨於秋駕元德上達乾文下垂
方純嘏以誕膺故至神而合贊見於乙夜同日星之揚輝
告以先期若寒暑之不忒履端之月戊魄之辰晝漏初傳
朝暾未耀仰蒼龍之內闕覩黃素之奇文豈必元龜負圖
而出洛何須赤雀銜書以及豐上沖厲內增寅恭外積克
勤精意仰答靈心感應宜符禎祥不絕雲成五色表嘉瑞

於太平星見離方薦殊徵於萬壽由是索前王之令躅秩祀典之無文思大饗於季秋用昭告于上帝荅爾之詔將戒於有司徯予之謠爰興於東土鄒魯之士海岱之民竭乃一心若律呂之相召來於千里如符契之不忒述盛禮於元封獻露草於魏闕以爲有唐之季天步艱難朱梁已還寓縣離析蒸黎塗炭兵甲日尋薦紳無仁義之談鈇鉞肆虔劉之患上天悔禍肇啟於昌期百姓與能勃興於明主太祖啟運立極英武聖文神德元功大孝皇帝炎靈應統綠錯膺圖奉唐侯之固辭避陽城而罔獲克安九服成不戰之功祇事百靈受無疆之福太宗至仁應道神功聖

德文武大明廣孝皇帝大明繼世至德在人文告以懷柔武威而震讋憲章號令俯洽於殊方文物聲明仰踰於往古崇文廣武儀天尊道寶應章感聖明仁孝皇帝稟粹二儀鍾靈五運紹成基於累盛荷景貺於重熙通於神明錫類之孝格於上下廣覆之仁若乃弋綈爲裘書囊爲帳恭儉之至也泣辜於市扇暍於塗慈惠之隆也仄席掄才反支受訟聽政之勤也齋居議刑弛懸決獄慎罰之深也至若恭默思道勵翼求賢振恤惸嫠諮詢讜直昚徽五典昭明百官禮無大而不揚情無小而不達道彌高而思彌下業愈盛而志愈微故得鳥獸可鏡水火不奪萬民以治五

教在寬天降之祥物安其所所謂集元黃之景祜攬步騶之上儀者也夫登岱宗禪梁甫對越天地嚴配祖宗撥玉以禮神刻石而紀號千八百后其道皆同七十六君其蹟可覩矧夫盛德大業巍乎若斯天瑞人謀昭然如彼誠宜答三靈之祐順九域之心故時日於歷官詢制度於宗伯肆覲羣后懷柔百神蒼璧以祀天黝犢以祭地發維新之大號受不已之厖禠豈獨一方區區之誠實亦六合□□之望上於是臨法座而延見命謁者而諭旨嘉其將順之心示以惕厲之意以爲禎祥申錫但荷於洪庥封禪告成難居於盛美故當徐議無復過談莫不贍珠旒伏文石期

於得請然後□從克讓之詔雖行敦執之言謚固於是鈞衡之元輔帷幄之碩儒三臺之具臣五營之列校郡國之上計庠序之橫經班白緇黃之儔椎髻文身之衆相與集閶闔趨鈎陳述庶民徯后之談敘歷代不刊之訓且曰天高地下大禮生其中君令臣行百度遵其治罔蹈道而無福罔失政而無禍道莫大於奉明神政莫隆於興茂典故遂古而下方冊所標未有長發眞源永孚休命歷數在已美利及人而不宗祀昊穹昭配祖禰奉符東岱展采仙閭者也而況巡狩之文毛舉於虞典登封之義囊括於周詩六經著其讜言百王以爲盛則衰世思之而罔克治世遵

之而不能□□武隋文其讓也正世祖元宗其修也宜陛
下高邁羲農俯覩舜禹天鑒厥德亦伏之符旣膺后來其
蘇東人之念方積觀民展義今也其時錯事增高辟之豈
獲雖復輿情可卻宸慮難迴其如三神之眷命何二聖之
盛烈何優詔不許者四封章固請者五於是答元穹之顧
諟循黔首之勤求俯而從之蓋不獲已乃頒明命戒有司
曰自天之休旣鍾於列聖纍洽之慶復屬於冲人若乃登
名山朝萬國雖盛德之事其何以當而率土之情復無以
拒蓋將申於大報敢云告厥成功咨爾有位之臣暨于蔵
役之□犧牲玉帛禮於神則極其□□輅旂常奉於吾則

從其儉委樞近之佐以先置密授其成謀聚文儒之士以
撰儀洞稽乎舊制其令也至當故下無以干其工也不繁
故衆思自勵德音一發民望如春誠感上通神心若契至
乎聖賢之祖述禮樂之沿襲或有舊史失傳精意莫續羣
臣極慮靡究其端睿旨發□□盡其理凡所刊正二十餘
條於是奉常遵爲彝訓又若祕牒有一信冊有六燔瘞俯
□追琢難成將以貞珉代乎瑥玉雖復有司固請俞詔勉
從在乎宸心惕然罔措果於內府訪得其眞蓋往日之所
營僅朞月而乃就取之琢刻用於神祇克集厥功靡愆於
素足以見先聖有開□□吾君善繼之孝者也且夫天之

臨也不貳天之鑒也至明聽之□聲吉凶見乎象數而降
命善惡基乎人盛德之輿巍巍乎其莫述鴻休之至紛紛
乎其無窮當夫揆日有期鳩工在始地不愛寶吐素液以
流甘龍飛在天膺卿雲而絢彩神葩焜燿挺秀而朝敷瑞
氣□□揚輝而晨映眈目鷙獸匿蹟空山螯手毒蟲潛形
蟄戶在井之鮒粲百鍊以成鱗繞樹之禽凝六出而挺質
沃日漲海旣遏其驚波航葦巨河復遵其故道九穗兩岐
之秀四犢一角之奇或駢實而共枝或先秋而告稔斑虎
衮丈之龝靈雲共蔕之瓜元鶴羣臻騶坐鏞而自若慈烏
獨□□畚鍤而有常瀼瀼沆瀣以如飴趯趯明視而呈素

中天之月露煥發之重輪曲沼之泉澄相鮮之麗色一封
使者告慶交馳六藝書生頌美載路蓋已無德而喻也矧
又有甚於斯焉昔者五老告期但聞一至兩騎愛職豈復
重來未有眷佑彌昭殊休再降巍然岱嶽密邇甘泉頌綠
字之文述蒼元之意於是備時乘之駕迎寶命之符是月
大雨霶霈密雲蔥鬱潤甫田而雖洽治馳道以方勤及乎
瑞牒爰來乘輿將出則煩陰竝散杲曜徐昇紫氣覆於離
宮白雲映乎廣殿時億之福豈易測乎於萬斯年必可保
也瞻言南域舊產靈茅方志雖存郡人罕識及夫詔書採
擷耆老嘗求絕世之珍故蕃殖而久廢不貢之責方寤寐

以爲憂遠生三脊之奇用賫五天之藉夷吾曩記斯實同□開元舊文諒多愧色既而協艮日薦虔誠寅奉靈文祇見祖廟謝會昌之純錫告配侑之祟名于時人集八方塵飛九陌齋明之夕澍雨以淸皇衢祼鬯之辰矞雲以覆世室井煙燭野瑞日流空肅肅金飆襲星罕而徐轉翩翩玉羽扈河圖而羣嬉二后在天降鑒於至治百世觀德協慶於無垠猶謂斯禮不行其來已久雖盛蒐於闕典慮未盡於至誠乃復屈黃屋之崇高習泰壇之薦享恭畏之色罔異於奉祠闕疑之文竝從於折衷官師聳勵神鑒訢歆既而令旦戒辰鳴鑾遵路百工承式七萃啓行八校止齋聞

蕭蕭之鳴馬九斿時動見習習之祥風鼓吹不喧率由舊則金石咸寢肇自聖謀至若念封禮之方陳矜嚴是務慮有司之弗給簡易爲先乃損屬車別鳴鑾虛大輅以安祕籙見奉天之誠御步輦以出國都形愛民之志連甍感抃接壤歌謠四望則衣袂成帷中塗□壺漿若市豈資諫諍已罷乎從畋何待討論動歸乎至蹟葷茹咸卻誠玉食以齋心草木不傷法蒲車而育物若乃次舍所設菲薄攸安棟宇之基未嘗改作閈閎之勢罔或增新唯元幕以環周或下□而躬處頌祇之庭在邇接神之冊儲靈屬夜漏之未央視榮光之欻見瑞踰沈璧祥協超□至乃命庶官走

羣望專卬后土別祀九宮禮瀕海之諸神饗射牛之列帝所謂闡皇猷於寰宇昭上德於億年者也曁夫屆廣魯臨岱宗庶民奉迎罔不率舞東后來覲靡有後期八表之民駿奔競至未名之寶櫛比咸臻壇壝以陳簠簋以具申誠于百執必信而必誠昭感乎萬靈有嚴而有翼越以孟冬之月庚戌之朝望秦之高峯昧爽而陟比黃之大典次日而修其或俯層崖履危隥慮人之勞也乃降輦焉及乎款雲封望齋室想神之在也亦躧步焉徒御繼登罔逢乎騤雨羽衞成列俄息乎終風平視太虛下觀旭景靜將地接動與天偕澄宸慮以杳冥望法象而髣髴於是被元袞搢

大圭神六變而來思色三獻而彌厲侑以宗祖煥乎天經丹書載陳表儲休於上帝玉牒不祕示無私於下民而又饗彼羣神于玆山下凖圜□之式伸徧祀之心謹晷度以合時望煙燎而交影衣冠在列笙磬同音是夕也天門之巔士虞載渴甘醴忽湧無源自澄侁侁奉宸飲之而不竭日觀之上人莫能升明神斯臨有儀可象濟濟在列觀之而相目此又感召之章灼休嘉之殊尤也翼日禮皇祇禪社首方澤之形泰折廣樂之音八成象其色則黃牲昭乎絜則元酒岳鎮海瀆靡不格思墳衍郵畷罔不咸在眘乃坤元之德配乎柔克之尊生植羣倫包函方夏廣大博厚

所以養材流謙居貞於焉載物仲玆大報在乎至虔肅若
奠獻之儀祇率穹昊之制勤恭勵翼盛典由是無違雜遝
紛綸柔靈以之薦祉淸蹕將至倏振驚飆冕服纔升俄爲
霽景爟火之影邈在雲霄登歌之聲散於坰野唯誠明而
是竭忘陟降之爲勞於是昭仁心從物性楚夏所貢羽毛
之衆莫不出於苑囿放之郊原次復詔秩宗修勤禮三帛
二牲執贄以見右賢左戚辨等而居元冠蒼佩者充庭魚
甲貝胄者列侍宸顔穆若安可望其淸煇能事巍乎徒得
觀於洪烈既而布大令均渥恩禮高年修墜典幽蟄咸振
密網並蠲霈慶賜而春行覃徽鑠而日麗采詩察俗遠協

於夏書納貫觀風式遵於王制興廉舉孝崇德報功鰥寡
惸獨之流罔不咸恤律度量衡之法由是得中復除之恩
浹於四極酺醵之惠際於九圍當其御郡樓宴鄉老有在
沼之介族附遊童之衣裾色奪金英狀微榆莢壽蓋踰於
千載祥實冠於四靈昔者聞韶而鳳來拊石而獸舞言其
善應豈復殊塗罷萊蕪之鐵官貰龜陰之曠土襁負相屬
菑畬盡開至於邈想古賢緬懷神道增文憲昭烈之稱謂
伸仁聖炳靈之封崇以爲列上淸而監觀者真仙故加保
生廣生之號育艮材而利用者蠱嶂故修靈巖廣禪之祠
惠洽於人雖小不捨新玉女之像是也福流於物雖大必

營創會真之宮是也猶且枉星旆降玉軑幸闕里祀孔堂
琬□之刊載揚芬德璽綬之薦用諡褒名祓飾廟廷增修
禮器出幣帛以賜宗黨頒經史以聚學徒下自諸生咸膺
其進爵上暨先正肇荷其追封好賢之心周於百世尊儒
之道形於萬方豈止序門人以陪祀蠲齊盱而給役也昔
天寶以治平在運崇五廟之洪名大中以恢復成功加二
宗之尊謚而皇上孝思不匱至德潛符展禮太宮歸尊偉
號始以寶冊親授三公拜手而遣肅祇之至也復以蕭薌
躬謝六室涕洟而進追慕之積也足以薦乾坤之佑增宗
祏之美慰昊天罔極之感伸明發不寐之懷既而王公協

辭夷夏同志遵順美之前訓增可久之徽稱始固守而不
從旋曲成而俯受懿夫法乾剛而覆下是謂儀天用元默
以居中故爲尊道叶吉而圖書開奥寶應攸昭上封而河
嶽效祥章感斯著典禮備舉簡冊載光軒曰徇齊彼何尚
也湯云聖武玆豈遠而猶復紀錫符之辰建覃慶之節郡
國淸醼以答於明威士庶縱遊用樂乎神運生成則禁乎
屠宰隱惻則止乎刑辟古今之盛節殫矣皇王之休聲備
矣臣學乎舊史偶乎昌辰敢商搉於前修竢揄揚於景鑠
竊再拜而言曰在昔帝嬀其臣有五夏興於禹商始於卨
宗周建邦本於后稷有唐命氏肇于庭堅而伯謚既典朕

虞亦佐禹績奏德不競天祿未窮故我聖朝集茲大統宜乎比隆於三代垂裕於萬齡者焉洪惟陛下纂承寶圖建用皇極含道德之甘實具慈儉之馨香煦然發榮可得而述昔者河流載湛里社方鳴列緯集於降婁三統在乎單閼暨夫再歲果誕眞人菡奎爲魯分之星乃司文物泰實兗州之鎭爰主發生豈非運屬文明化符生育法從臨於洙泗祀典修於云亭之應乎此蓋受命之殊貺也御辨之初維藩之域綠龜薦瑞元輔矢謨以爲至柔者毛至剛者介今則以至柔之物附至剛之姿天何言哉民胥效矣必將武事休偃文德懷柔是時也戈甲方馳封疆尙聳既而

玉帛繼好書軌大同罷尉候之官成建櫜之治此又嗣統之丕祥也夫感人心而致和平莫先於孝興王道而致雅頌無尙於仁昔者主器震方辟宮臣之常禮則成帝之避馳道也宅憂倚廬終三年之通制則高宗之在諒闇也案元辰之歷行哭而朝陵則顯宗之伸永慕也覽後庭之籍動容而出嬪則文皇之召至和也寬一成附重之刑制三流惟輕之典則高帝之約法也升北辰魄寶之座創先蠶壽星之祭則孝文之重祀也修前代之園寢訪功臣之子孫則武王下車之事也絕番禺之藥矢毀尙方之獵具則成湯祝網之心也再駕戎輅則周宣之治兵也三郊吉土

則虞舜之肆類也順時令閱車徒因三時之閒習五申之法神武之用也臨便座幸上庠較藝以掄才談經以興學時文之化也蓬閣翬飛牙籤雲矗寶南風之聖作聚東壁之羣書聿修之美也親視箕簸躬聽笙竽新甲令以募工師製升歌以詠詒訓述作之大也絕域之民留滯未返惻然軫慮豐給而遣仁及於懷土也司貨之吏掊克爲能渙乎出令寬政爲先道濟於溥天也紀祥符之寶歷元狩之故事也新儀衞之庶僚太微之彝制也明照於前古觀其失而不揚德之盛也辭高於往代有其善而不伐謙之至也孝德著矣仁聲洽矣積是純懿發爲茂功則巨禮之行

殊禎之應由天意也非人力也矧復兩漢而來建都於雍五嶽之地皆在於東居既異於辨方理且殊於師古今國家宅梁宋之域當穹壤之中禮得其宜事歸於正故可以仰遵五典高繼九皇抑又嬴秦上登僅至中路天有所不佑也漢武祕祝不示羣臣道有所未廣也光武欲其速成將竊封於玉檢力有所未豐也高宗黷茲巨典接神以椒房禮有所不肅也元宗建議在初輔臣殊志出爵伊始庶尹興言人有所未允也若乃篤天祐迓神釐遠邇協心上下交泰唯精唯一盡善盡美未若今日之備也又不以功成而自大治定而自矜炳乾文號神嶽仰懷天貺不敢以

愈遑俯述世功用歸乎德美此實歷代之所未有上聖之所獨臻也下臣不佞恭獻頌云惟天祐聖惟聖奉天寶命隆兮惟辟治民惟民戴辟萬國同兮祖武宗文重規疊矩建大中兮奉符錯事登封降禪告成功兮報本反始爲民祈福示至公兮洪猷盛德高視古昔垂無窮兮。右碑在相公廟左神廐中碑高五尺九寸廣二尺五寸字五十一行行百十一字字徑五分額曰大宋禪社首壇之頌字徑八寸並眞書文凡四千六百餘言尚完整蓋無人橅拓故也碑尾別無年月以玉海攷之當與封祀朝覲二碑同爲祥符二年六月以後立也但無書人姓名耳金石文跋尾云王欽若銜稱天書儀衛副使封禪禮儀經度制置等使禮部尚書知樞密院事與宋史本傳合其封太原郡開國公傳所未載也碑文首云涒灘御歲應鍾旅月國家建號之四十九禩皇帝肇統之十有二載眞宗以至道三年丁酉卽位至大中祥符元年戊申實十二歲上距太祖建隆元年庚申蓋四十九歲矣又云履端之月戍魄之辰仰蒼龍之內闕覩黃素之奇文謂是年正月三日天書降左承天門也又云巍然岱嶽密邇炁泉頒綠字之文述蒼元之意謂六月乙未天書再降於泰山醴泉北也又云升北辰魄寶之座創先蠶壽星之祭案本傳欽若嘗請置先蠶幷

壽星祠升天皇北極帝坐於郊壇第一龕故述其事於碑刻也

相公廟建竿碑文曰東嶽高里山相公廟新剏長腳竿記●兖之奉高北有岱山焉迺天下之巨鎮也尊之曰東嶽神卽天齊仁聖帝也自秦漢而下沿巨唐逮我本朝封禪之禮備焉廟貌威崇殿宇顯敞一如上方制度俾至者加其恭肅噫聰明正直神之德也福善禍淫神之職也幽而罔測顯而有靈則四方之民咸歸仰之在帝廟之西有高里山之祠卽聖帝輔相之神也其廟貌本漢封爵也領袖羣司掌判陰籍光載祀典靈威不泯今有古沛張平者卽長河之舟賈也迺集社聚緡歲賽於祠下覩其神像虔啟願心立長竿於廟庭由是遐梓木以爲之材礱翠□以爲之硤聳而上直表著其壇功畢告成故書其始刻之於石以永其傳●時大宋元豐三年庚申歲三月●泗州船戶糺首王政男欽徐州沛縣留城鎮都糺首張平立石丁●東平進士胡元賓撰徐民裴聳書將仕郎守東嶽令□守德篆額張希白刻。右眞書額仝題在廟大門左壁西向碑高四尺二寸廣一尺九寸分上下二層上層刻記文十八行行二十字字徑五分額字徑二寸三分猶篆下方刻修齋建醮之記多徐州等處船戶姓名字小殘缺不可讀

明重修靈應宮碑文曰重修泰山靈應宮碑記●右贊善
古燕張邦紀撰太常寺少卿成紀胡忻書英國公古瀛張
惟賢篆記未錄萬歷三十九年歲次辛亥孟夏十八日立
○右眞書額文同題在靈應宮殿前南向縣志云字體頗
類歐虞
許應元同蔡行人登環翠亭沓騎青林駐登臺翠甸新雲
山存吏隱詞藻待王臣花日初停午鬫標欲麗春憐君竹
溪興竟夕對淸眞
蔡汝楠同許泰安環翠亭萬里亭元勝風花春載柔還陪
仙吏躅得共白雲遊仗劍道華淨傳杯竹葉浮如何葛洪

宅星座俯芝邱
蕭協中對岱亭峯頂平如棊局方危亭相對嶽蒼蒼草裀
醉雨千畦綠麥浪翻風四月黃 環翠亭孤亭高沓倚中
天不斷羣山檻外連樹列翠屛環漢堙煙橫靑嶂度齊川
香臺颯沓疑風撼法柱靈威伴月懸勿問幽冥增幻想一
尊淸嘯草芊芊
國朝沈廷芳銅樓歌泰安城外古道院殿宇插漢何淸幽
入門老樹互撐拄中有突兀縹緲之飛樓樓高丈餘廣袤
稱軒窗欄楯工雕鎪上作元君道眞相銖衣瓔珞垂蕤旒
童男姹女傍雙鶴楣牓楹帖蟠蛟虬是皆櫝谷銅所鑄工

緻與古六氏侔騰光耀采射烈日觀者莫敢張兩眸不知
何代始製此羣言勝國宮掖祈神庥初安太淸宮穹碑並
列巍峯頭繼遭兵燹禍遠自山頂舁至城西阪邪許費盡
萬人力移置高壘如崇邱我來登臨覽四周摩挲銅狄嘅
嘆五百秋昔聞夏氏鑄鼎象物怪始用貢金遍九州前王
制度利民用施用定可成嘉猷後世作事恆遲欲仙階邀
福徒營求金人十二肇秦始佛塔應眞創自錢遵留卽如
明初武當殿滇南鸜鵒堪匹儔方其盛時尙過舉矧在中
葉末造無遠謀我欲鎔之瓶泉府重是舊物還夷猶作詩
書壁示炯鑒日斜風緊旌旆愁吁嗟乎金泥玉簡典禮盡

虛幻茲樓微物曷足重懷千古憂
高里山爲鮮爲蜀狀如蚰蟠龜伏史記集解伏儼曰高里山
名在泰山下泰山紀事云漢書太初元年十二月甲午朔武
帝親禪高里祠后土師古注曰此高字自作高下之高而死
人之里謂之蒿里字爲蓬蒿之蒿或者見泰山神靈之府而
高里山又在其旁故誤以高里爲蒿里陸士衡尙不免況餘
人乎今流俗漢書本有作蒿字者妄增耳岱史云一名亭禪
山案後漢郡國志鉅平侯國有亭禪山卽古所禪亭亭者也
殆非高里高里社首之閒爲高里山神祠額曰森羅殿史記
正義引道書福地記云泰山有地獄六曰鬼神之府從西上

下有洞天周迴三千里鬼神攷謫之府紀事云自古登封多禪社首以祭地祇則地府之靈實萃於此人死體魄歸於地此處疑卽其總司乃當時建祠之意而攷古錄謂自昔陸機泰山吟始以梁父蒿里並列而後之言鬼者因之遂令古昔帝王降禪之壇一變而爲閻王鬼伯之祠亦已固矣蓋蒿里見於古挽歌不言其地漢書武五子傳蒿里召兮郭門閲師古曰蒿里死人里此不得與高里混同爲一至泰山鬼錄見於博物志而陸機所云幽岑延萬鬼者相傳必久故白居易判云雖有遊岱之魂焉能事鬼老學庵筆記楊文公云豈期遊岱之魂遂協生桑之夢則治鬼之祠誠如紀事所云其創

建殆非近代事也元至元閒重修明萬歷時奉勅重建山陽有玉仙石片石瑩潔陰有鬼仙洞泰山小史云洞深暗往余同好奇友窮之籠火種入始尚寬稍入則隘乃得一竇如胷井而淺躍身下路亦寬且隘如是者再則四壁皆山洞若突廈可容三十餘人石牀一石磴二登床捫其頂亦一竇巨石塞之旁無所通雖陰森襲人然微有氛氲氣風濤聲不知何來或水由地中行耶

元重修高里山祠碑文曰重修東嶽蒿里山神祠記●翰林集賢學士正議大夫知制誥同修國史徐世隆撰承務郎同知泰安州事徐汝嘉書丹濟寧路儒學教授楊桓篆額●蒿里者古之挽章之名出於田橫門人感而成歌漢李延年分爲二曲薤露送王公貴人蒿里送士大夫庶人後代以爲人死精魂歸於蒿里其山有神主之因立七十五司以爲追逮收捕出入死生之所也故張華博物志陸機泰山序皆云人死其魂拘於蒿里白樂天詩曰東嶽前後魂北邙新舊骨樊殿直修廟記亦言人生受命於蒿里其卒歸於社首今東嶽山有地府府各有官官各有局皆所以追死注生冥冥之中豈無所宰而然耶其祠距泰嶽廟之西南五里許建於社首壇之左自唐至宋香火不絕望之者入則肅然近則威然出則怖然若有追之者豈非

世人如見眞鬼神而然歟吳道子畫地獄變相後成都人來觀咸懼罪修福田兩市屠沽魚肉不集況此祠司局之多鬼神之衆囹圄之深幽其不寒心而駭目者鮮矣金季兵烽四起玉焚石燼向之所謂像教者又墮之劫灰矣行臺嚴武惠公治東平民懷吏畏政如神明特敬天倪子提點道教張志偉張初名志偉後遭遇上知賜名曰志純議起廟像如初未完而公薨嗣相能爵天倪子鳩工者又數年旣申省部始許修理聖上卽位懷柔百神無文咸秩詔海內名山大川嶽瀆諸祠聽所在修完遊會元門掌教宗師管領諸路道教洞明眞人祁志誠與天倪子意契遂竭

力以成舊祠百二十楹近已完繕次第落成其塑像輝耀比舊有加焉余待罪翰林方作泰山廟碑未竟天倪子曰岱宗碑成此特碑之一事耳若不足勞執事執事文如流出第令門生執筆代書則足矣余謂蒿里者社首之禪阯猶在亦唐代受釐之地使老夫不腆之文得挂名其上固所願也非所敢望也故附語而爲之記若夫無懷氏封禪之君有虞氏巡守之代畧而不書尊泰山也●宣授沖虛至德通元大師東嶽提點監修官兼東平路道教都提點張志純同建太師國王嗣孫大中大夫東平路達魯花赤兼本路諸軍奧魯總管土卜申立石●大元至元二十一

年歲次甲申十月乙巳朔十五日己未岱麓高又元刋○右碑高六尺一寸廣三尺額高尺八寸廣尺篆額如題字徑二寸七分文二十行行四十六字字徑寸眞書在森羅殿後西偏南向

高里七十五司碑○右碑至元二十一年眞書在高里山神祠後殿西碑高四尺二寸廣二尺八寸分上下二層上層二十四行題云蒿里七十五司信士姓名于左奉訓大夫沂州尹嚴慶管官員司汶上縣尹武瑛同吏李簡管天曹地府二司東原録事司宗法祖管□□□投生風雨四司楊讚善管僧道勾原醫藥三司軒圓貴管舉意水府四生三司陳氏管看經土地速報三司冀州信都縣獾獐寨曹斌管舉善司王元安管長壽法汗走獸三司白福玉管平等山神注福三司本州周祐妻顧氏男瑞童管水造像趙成管子孫注生二司尹果信管□□□神二司邢□□管燒香照證二司王氏管注祿五道二司李熙□管還魂忠孝二司張永善管城隍司劉□管孝順司齊二姐管齋戒司□妙謙管修廟司□妙眞管山林司張福正管殺生司梁棟妻賈氏管推問司張宅徐氏管六道司本州馬縣尉名國寶□塑土開州僕陽縣晉陽鄉土井邨李□誠妻張廟善爾張玉童管陳狀司伏以靈像威嚴神房敘列

判人間之禍福注塵世之吉凶伏願信士之家長幼平□□□淸吉上願皇基永固聖壽延長云云至元二十一年歲次□申下闕其下層分三項在廟姓名前一項□侍人員十三人分五列後一項在廟灑埽戶姓氏十五人首一人曰廟長又十六人首一人曰廟典分四列竝眞書案泰安縣志不載此碑其立碑之年與徐世隆撰重修高里山神祠碑同則此碑因重修神祠時募塑七十五司神像遂記其姓氏也神有七十五司碑立其數只四十二司餘未見其名目所列各司皆主吉凶禍福分理冥府之事葢東嶽輔相所驅使之神也

高里七十五司神房誌碑○右碑在高里神祠後殿西連
額高七尺廣三尺八寸篆額題東嶽蒿里山參司六案七
十五司神房誌十六字徑三寸五分分四行碑分六層竝
眞書右碑總敘二行有云天網恢恢疎而不□積善降之
百祥積不善降之百殃爲善降祥爲惡降殃善惡之報其
在斯焉第一層三行曰判所隸司判磨勘司判都察司是
爲三司第二層六行曰判閱衆案判苦楚案判□□案判
係刑案判功德案判注生案是爲六案以下四層分列七
十五司曰判孤魂司姓□氏□州人判地獄司姓□氏□
州人判疾病司姓□氏漢州人判昧心司姓□氏楚州人

判土地司姓□氏同州人判財帛司姓柴氏亳州人判□
□司姓宋氏沁州人判□□司姓□氏楚州人判□□司
姓□氏磁州人判天□司姓□氏□州人判□□司姓□
氏□州人判□□司姓□氏□州人判速報司姓包氏閬
州人判□□司姓何氏□州人判□□司姓任氏金州人
判□□司姓□氏□州人判□□司姓錢氏□州人判注
死司姓楊氏□州人判惡報司姓□氏池州人判法仗司
姓□氏□州人判四生司姓□氏陳州人判□淫司姓尹
氏□州人判曹吏司姓田氏新州人判長壽司姓文氏唐
州人判齋戒司姓宋氏徐州人判注祿司姓王氏華州人

判官員司姓成氏蔡州人判子孫司姓李氏鄭州人判風
雨司姓左氏路州人判鬼魅司姓張氏耿州人判枉死司
姓楚氏肇州人判陳狀司姓都氏鄧州人判索命司姓秦
氏滑州人判□問司姓□氏相州人判平等司姓宋氏金
州人判□□司姓侯氏汲州人判走獸司姓繁氏湖州人
判□□司姓□氏□州人判校量司姓雷氏開州人判勾
願司姓勾氏□州人判功德司姓□氏田州人判醫藥司
姓范氏泗州人判燒香司姓柳氏海州人判五穀司姓張
氏萊州人判放生司姓朱氏兆州人判看經司姓牟氏秦
州人判水府司姓郝氏單州人判注福司姓薛氏棣州人

判貴賤司姓張氏龍州人判掠剩司姓李氏均州人判水
怪司姓曹氏石州人判山神司姓邱氏宣州人判促壽司
姓張氏代州人判照證司姓宋氏金州人判毒藥司姓張
氏定州人判姦邪司姓張氏皇州人判注禍司姓金氏耀
州人判失魂司姓何氏易州人判山林司姓杜氏定州人
判孝順司姓王氏新州人判修廟司姓王氏信州人判殺
生司姓張氏渭州人判六道司姓陳氏盧州人判還魂司
姓史氏光州人判忠直司姓王氏齊州人判驛客司姓馬
氏延州人判飛禽司姓宋氏衞州人判精怪司姓李氏青
州人判墮胎司姓東氏祈州人判盜賊司姓馬氏陝州人

判寃枉司姓鄭氏許州人判減福司姓閔氏建州人判送
病司姓闞氏宜州人其第六層中間空處有曰生爲上柱
國死作閻羅王年直使者月直使者日直使者時直使者
左邊題云大元至元二十年歲次乙酉甲戌朔上元後六
日□廟王致堅盍立石年月也案泰安縣志不載此碑殆
以其出於不經無足錄也陶貞白眞靈位業圖云鬼官有
七十五職名顯者凡百一十九人殆即七十五司之緣起
又生爲上柱國死作閻羅王二語出隋書韓擒虎傳至善
惡慶殃之説大率寓勸懲之旨以警蚩氓因詳述之
明重修高里山神祠碑文曰大明重修蒿里山神祠記●

禮部左侍郎致仕東魯許彬道中撰文左布政使陽城原
傑子英書丹按察使豫章李裕賁德篆記未錄巡按展毓
李諠朱皚賈奭右布政使李讚雷復參政葉冕陳雲鵬參
議江玭呂鐸周豪茂彪副使張穆李琮莊歙僉事莊昇徐
毅王輅濟南府知府楊必貴同知王璟通判陳瓚推官齊
魯泰安州知州李琪同知戴紹判官許棠●成化三年歲
次丙戌夏五月朔日立石董工官泰安州判官安詳○右
眞書額同題在森羅殿後亭中南向碑瑩潤如鏡俗呼透
明碑
方豪題名文曰嘉靖元年三月初八日刑部員外郎方豪

奉命審録山東罪囚道經蒿里一叩森羅殿余刑于明爾
刑于幽余有偏私爾其鑒諸時泰安同知劉霽判官盧會
吏目陳大輅新泰知縣施恩侍行早飯于環翠亭乃指長
清而發○右眞書勒許彬碑陰上方下方勒蔡汝楠同許
使君馬明府登蒿里詩草書
祀泰山高里祠碑○右碑劉大武撰劉衍洛眞書萬歷十
一年三月勒祠前
重修高里山神祠碑○右碑李邦珍撰安科眞書萬歷十
九年勒祠前
供祀泰山高里祠碑○右碑朱之蕃撰竝眞書萬歷三十

一年勒祠前已上各碑高里皆仍譌作蒿里
介石山屹然孤標石爲之介岱史宋眞宗祥符元年禪此未
知何據方輿紀要作介邱山
明蕭協中介石山明須明如鏡堅須堅於石石堅不可轉
鏡明不可翳庸主愛祥禧態臣爭諂媚瑞氣產靈芝安能
百千蔕初請旨不兪而爾未工計要之以厭兵片言事已
濟嗟哉不可期變幻無涯際愛爾屹屹山貞確閱運世
石閭山史記云在太山下阯南方方士多言此仙人之閭也
太初三年武帝修封泰山禪石閭太始四年征和四年修封
皆禪焉後漢書云石閭在南岩下山陽有尋眞洞幽曠可宅

倘所謂閻耶
亭亭山名以狀封禪書黄帝封泰山禪亭亭白虎通云五帝禪於亭亭者制度審諟德著明也史記注徐廣曰亭亭山在鉅平駰案服虔曰亭亭山在牟陰索隱曰應劭云在鉅平北十餘里伏虔謂在牟陰非也正義曰括地志云亭亭山在兖州博城縣西南三十里也漢書地理志泰山郡鉅平注有亭亭山祠水經注汶水又西南逕亭亭山東山上有石門舊分水下溉處也元豐九域志奉符有亭亭山山有神廟宋眞宗祥符元年封山神爲廣禪侯元知州張郁知縣張佺重修鉅平漢縣晉武帝以封羊祜爲侯水經注汶水南逕鉅平縣故城東而西南流城東有魯道詩所謂魯道有蕩齊子由歸者也汶上夾水有文姜臺宋王應麟詩經地里攷鉅平省入兖州博城今襲慶府奉符縣案故城基無存以諸書攷之當在汶西亭亭東南矣

〔宋〕封祭廣禪侯勅祝碑文曰封號勅●勅亭亭山廟惟彼靈祠載於祀典導長源而倍利聳峻缺六字上封禮崇咸秩俾疏榮於侯爵用介祉於烝民可封廣禪侯　祭告文●維大中祥符元年歲次戊申十一月戊午越四日辛酉皇帝遣祕書丞直史館姜嶼致祭於廣禪侯朕奉若元符升中喬嶽惟神爵職幽贊成功特加封爵之美稱用答儲祥之休應仍令致奠以達深誠尚饗○右並行書勒祠大門右東向額損壞泰山金石攷云碑高二尺許闊尺九寸字與天貺殿碑銘筆法無異或亦尹熙古書耶
〔元〕廣禪侯祠碑○右碑在祠中知州張郁撰並眞書
〔明〕重修廣禪侯祠碑○右碑州同知無錫蒲禎撰並眞書嘉靖九年十月勒祠內南向
梁父山隆起平皋微見突兀泰山下一小山也漢地里志泰山郡梁父師古曰以山名縣也後漢郡國志梁甫侯國有菟裘聚括地志云梁父山在兖州泗水縣北八十里元和郡縣志云在泗水縣北八十里西接徂徠山一統志云在府南一

百十里新泰縣西四十里泰安府志云徂來西南距城九十餘里泰安縣志云在縣東南九十里汶水之陽水經注云梁父縣北有梁父山今漢故城阯猶在山陽也白虎通云三王禪於梁甫之山者梁信也甫輔也輔天地之道而行之也又曰增泰山之高以放天附梁父之基以報地攷古談封禪者皆以泰山梁父並稱管仲曰古之封泰山禪梁父者七十有二家而夷吾所記者十有二焉然稱禪云云者九禪亭亭者一禪會稽者一禪社首者一無禪梁父者又秦始皇從陰道下禪於梁父此山不在岱陰也泰安縣志謂梁父雖有專山亦岱下小山之總名孔子邱陵歌所謂梁父迴連是也新泰

縣志稱云云山亦曰梁父殆以是與或謂之梁山水經注云濟水北逕梁山東袁宏北征賦背梁山截汶波即此處也劉澂之引是山以證梁父爲不近情矣山上舊有地主祠史記八神二曰地主祠泰山梁父蓋天好陰祠之必於高山之下小山之上命曰時說文天地五帝所基址祭地也索隱注時止也神靈之所依止也漢書師古注如種韭畦之形於畦中各爲一土封祠之必於高山之下是則凡土高處皆曰時也史記集解瓚曰古者聖王封泰山禪亭亭或梁父皆泰山下小山除地爲墠祭於梁父後改墠曰禪漢書武帝元封元年上至梁父禮祠地主後漢書光武建武中元元年二月二十

五日甲午禪祭地於梁陰以高后配山川羣神從如元始中北郊故事文獻通攷云唐貞觀十一年房元齡等議梁甫是謂梁陰近代設禮壇於山上乃乖處陰之義今定壇位於山北埊其時壝皆無存也遁甲開山圖云太山在左亢父在右亢父主生梁甫主死蜀志諸葛孔明幼從父珪爲梁父尉尋遷泰山郡丞父卒徙居南陽好爲梁父吟陳武傳武字國本休屠人常騎驢牧羊諸家牧豎數十人或有知歌謠者武遂學泰山梁父吟之屬漢魏樂府音節不傳杰作相承雖非專賦此山亦當附見山下爲石都寨梁父山東爲張仙山俗稱邋遢張示異處又東爲臥牛山相距遠矣

漢諸葛亮梁父吟步出齊城門遥望蕩陰里里中有三墳纍纍正相似問是誰家墳田疆古冶子力能排南山文能絕地紀一朝被讒言二桃殺三士誰能爲此謀相國齊晏子

晉陸機梁甫吟玉衡既已驂羲和若飛淩四運循環轉寒暑自相承冉冉年時暮迢迢天路徵招搖東北指天漢西南升悲風無絕響元雲互相仍豐水憑川結霜露彌天凝年命時相逝慶雲鮮克乘履信多愆期思順焉足憑慷慨臨川響非此孰爲興哀吟梁父巔慷慨獨撫膺

梁沈約梁父吟龍駕有馳策日御不停陰星籥極迴變氣

化坐盈侵寒光稍眇眇秋塞日沈沈高窗仄餘火傾河駕騰參飆風折暮草驚䨓隕層林時雲靄空遠淵水結清深奔樞豈易紐殊庭不可臨懷仁每多意履順孰能禁露清一唯促緩志且移心高歌步梁父歎絕有遺音

陳陸瓊梁甫吟臨淄佳麗地年少習名倡似笑唇朱動非愁眉翠揚掩抑隨竽轉和柔會瑟張輕扇屢迴指飛塵亟繞梁寄言諸葛相此曲作難忘

唐李白梁甫吟長嘯梁甫吟何時見陽春君不見朝歌屠叟辭棘津八十西來釣渭濱寧羞白髮照清水逢時吐氣思經綸廣張三千六百鈞風期暗與文王親大賢虎變愚

不測當年頗似尋常人。君不見高陽酒徒起草中，長揖山東隆準公。入門不拜騁雄辯，兩女輟洗如趨風。東下齊城七十二，指揮楚漢如旋蓬。狂客落魄尚如此，何況壯士當羣雄。我欲攀龍見明主，雷公砰訇震天鼓。帝傍投壺多玉女，三時大笑開電光。倏爍晦冥起風雨，閶闔九門不可通。以額叩關閽者怒，白日不照吾精誠。杞國無事憂天傾，猰貐磨牙競人肉。騶虞不折生草莖，手接飛猱搏雕虎。側足焦原未言苦，智者可卷愚者豪。世人見我輕鴻毛，力排南山三壯士。齊相殺之費二桃，吳楚弄兵無劇孟。亞夫咍爾為徒勞，梁甫吟，聲正悲。張公兩龍劍，神物合有時。風雲感會起屠釣，大人峴屼當安之。

〔明〕何景明《梁甫吟》

君不見泰山高高梁甫在其半，古來封壇禪地無宮館。崖崩壁坼鐵鎖斷，秦碑漢碣何人看。自從生人開九州，九十六帝行權謀。虎豹啖食龍蛇憂，朝翻暮覆作雲雨，立談坐笑生戈矛。君不見田疆論功爭二桃，齊門三坵壅野蒿。又不見魯連辭賞輕千金，卻秦救趙何雄豪。眼前無人辨曲直，身後聲名更何益。拂袖空憐蹈海心，護車枉負排山力。梁生五噫歌莫哀，東絕梁甫觀蓬萊。千年雲開錦繡壁，五色日抱金銀臺。瀛洲方丈列仙占，文成五利何能驗。徐生入島竟不回，博士儒生盡坑塹。我吟梁

父君振衣，世俗崎嶇多是非。琅玕芝草海岱曲，釣竿拄杖從今歸。

〔明〕張綱孫《石都寨》

南走千餘里，始登梁父山。高下溪谷深，石角向我攢。往往路絕蹤，竟日斷炊煙。但逢逃亡人，徒走流水閒。瘦妻前拄杖，枯柳相攀牽。弱女布裹頭，兩足赤不纏。見客生羞澀，忽露桃花顏。小兒臥竹筐，其父高挑肩。行李蘆葉席，寒暖不棄捐。既無糗糧備，又苦木皮乾。前後跡踵至，倦坐依沙灘。告我秋大水，國課不得完。縣令日鞭責，誰惜行路難。去住總塡壑，此夕偷苟安。我聞黯然悲，行淚如泉目。慘石都寨，腸斷小西關。居者八九家，積牆無門闌。招我入土室，版扉坐已穿。食我夏麥粥，未及久熬煎。豆芽代蕨薇，荒茅當屋椽。雖為困苦劇，腹飽亦便便。衆人頹倚睡，我獨聽潺湲。反覆思所遇，不得終晏眠。

〔國朝〕沈德潛《梁父吟》有序

曾子耕泰山之下，值天大雨雪，不得歸，思念其母，作梁父吟以見志。今樂苑載其事，亡其辭。予欲傳孝子心也，擬古辭以補之，共五解。

力農於野，泰山之側。雪閉川原，欲歸不得。一解

眷歸不得，欲念我母。我母念我，悵望隴畝。誠通境隔，中心何有。二解

祿養由命，色養由人。豈因貧賤，莫侍饔飧。三解

小鳥反哺，往來深樹。嗟我人兮，而不如微羽。四解

昊天明明乎，其知我心傷乎。

五解

云云山在古柴城東圓伏如高里而小史記自無懷氏以下禪此者九李奇注山在梁父東漢書注服虔曰云云在梁父東山名也晉灼曰云云山在蒙陰縣故城東此下有云云亭史記正義括地志云云云山在兖州博城縣西南二十里也舊有云云亭圮俗稱五雲山其北有羽林坡甘露邨意皆自昔時封禪得名者西下一石勒賈氏書院傳爲元賈進士讀書處失其名東南有白石山石多晶瑩可玩

元宋珪題名。右大德四年三月眞書勒云云山石壁其南沈於邨有大德四年二月朱珪先塋記碑陳應奎撰竝眞書

肅然山漢武所禪也山勢嶄絶望之肅然今稱宿巖山史記正義云括地志肅然山在博城縣東六十里晉太康地志肅然泰山趾東北山名也通鑑輯覽注肅然泰山東麓今山東泰安府萊蕪縣東北攷古錄云史記武帝禪泰山下阯東北肅然山注服虔云肅然山在梁父案梁父縣舊在兖州府泗水縣境是泰山之南與本文不合酉陽雜俎云長白山古肅然也亦非案史記帝以乙卯封泰山明日下陰道丙辰禪泰山下阯東北肅然山明日卽丙辰也本日下山本日行禮必在三五十里之內不當遠至長白山也魏書崔光傳弟敬友嘗置逆旅於肅然山南大路之北設食以供行者今泰安州東關往北七十里地名王許保其北有山碑云古宿巖山恐卽肅然山也又案光武以二月二十二日辛卯封泰山夜下山明日百官上壽暮宿奉高三十里明日發至梁父九十里二十五日甲午禪梁父則謂肅然在梁父者亦非

長山在泰安縣東南崇禮鄉放城鎭之北岡阜緜延下爲先賢林放故里宋封長山侯以此鎭曰放城鄉曰崇禮皆所以志賢躅也林放問禮之本子曰大哉問禮與其奢也寧儉季氏旅於泰山子曰嗚呼曾謂泰山不如林放乎使後世封禪諸君深省此義亦何至以荒誕詒譏哉

國朝顏希深林放故里攷孔子弟子見於家語史記者皆無林放姓名惟蜀禮殿圖有之王應麟以爲文翁所記如林放蘧伯玉申棖申堂皆後人增益不可攷然自成都畫壁而後唐開元二十七年追贈放淸河伯宋大中祥符元年追封長山侯竝從祀孔子廟廷所從來久遠明嘉靖九年輔臣張璁言林放雖嘗問禮然家語史記邢昺注疏朱子集注俱不載諸弟子之列乞祀放於魯附祭本處鄉賢祠仍其舊爵至 本朝雍正二年禮臣議以林放問禮之本子曰大哉問應請復祀詔從之此其封爵從祀之大畧也而所稱祀於魯者則魯

地闊遠不能確指其鄉之所在以經傳注疏及國語史記水經注括地志諸書證之大約東至沂水費縣西極魚臺嘉祥南盡鄒嶧北抵泰山廣袤數百里皆在魯封域之內今闕里志但言放字子邱魯人山東通志因之兗州志幷佚其姓名不可謂非遺憾攷泰安崇禮鄉之放城集相傳為林放故里舊志及它書皆不載予獨謂其可信者三宋眞宗命廷臣撰孔子弟子贊主客郎中刁衎贊林放云東岳稱美長山表封一記其所生之地一記其所封之地其可信者一也論語曾謂泰山不如林放乎意孔子並時列國名卿大夫及魯多君子知禮者蓋不乏人何獨取例於放當時必就其近者言之耳其可信者二也乾隆己卯秋土人掘地得古碑字畫俱已磨滅惟隱隱見林放及唐太和二年數字此則千年以上之物尤可據以為信予恐後人不察妄生疑議謂放魯人不必定隸泰安境者則請更從而求其鄉之所在焉可矣

布山在玉泉山西二十里許人稱布金山亦曰埠山岑林翳蔚稱幽棲焉唐王山人隱此元張志純習黃白術仙去志純布山人號天倪子後常居會眞宮郡人王天挺贊云冰霜外潔日星內炳山上有大雲禪寺創於唐重修於金元明山南為布上店有爺孃廟蓋古剎也乾隆庚子冬余以事旅於山邨友人何星田亦以事赴東平之安民山過留數日安民距布金二日程既別吟瓢往復帀三月至今不忘故書之

〔元重修三皇廟碑〕文曰重修伏羲聖祖之廟記・竹林後人畢子麟天祥撰門弟張仲寬濟卿書丹幷篆額・古之於今聖明之主忠正之臣載於文典祭於殿堂者耳聞目見豈能盡言哉普天之下環海之中京府州縣山邨埜店人居之處佛寺道觀峻宇彫梁金碧晃耀粧飾之盛費用之大不啻萬金猶能興成必假衆人之財之力而能為之也今岱嶽之西有山曰布金山之南有店曰埠上店之南街之北有前人所興祈福之地一方約伍分其地之中正北面南右曰伏羲聖祖之廟左曰觀音之堂正東面西中曰南嶽昭惠靈顯眞君右曰劉十八郎左曰法汗司正西面東曰義勇武安王廟以觀音之堂與東西二廟壯麗新鮮除香火祭祀之餘別無用意惟伏羲聖祖之一廟歷年深遠雨漬風吹材木朽爛牆壁傾斜人見之不無修補之心思其費用之大莫之能為徒瞻兾自惜而已異日有本鄉社長張安德思之有父母之遺命欲行修葺不果而下世哀慟其心如神所使特口敬心禮備香酒祭祀廟前再拜而誓之曰以安德之身為人微淺誠意重修恐獨力難辦願神加祐焉即日歸家置辦筵饌酒果請問親舊老長

伯叔弟兄朋友好事之人不限遠近多寡與安德同志肎付於會見面是幸鄉人聞之遞相勸勉忻喜雲集或材木磚石工匠人力飲食破用一問而足不同而成欲立斯石記其姓名於碑之陰固請子麟爲文辭之不免以己之所聞所見而言之也世俗謂之爺孃廟者古任之東南有山曰爺娘山山下有廟曰爺娘廟至今存焉易之序卦云有天地然後有萬物有萬物然後有男女有男女然後有夫婦有夫婦然後有父子有父子然後有君臣有君臣然後有上下有上下然後禮義有所錯爺娘之爲稱者是有夫婦父子人倫之道也書序曰古者伏羲氏之王天下也造

書契以代結繩之政由是文籍生焉以伏羲之爲尊號者見於尚書序者也又易繫辭曰昔者包犧氏之王天下也仰則觀象於天俯則觀法於地觀鳥獸之文與地之宜近取諸身遠取諸物於是始作八卦以通神明之德以類萬物之情作結繩而爲網罟以佃以漁蓋取諸離書曰伏羲易曰包犧然字異義同也自五帝之上號曰三皇又曰軒轅神農之上號曰伏羲聖祖尊之至也後之君子見其殿宇纖毫隳廢早爲修理何難之有斯立石之意也不亦宜乎記曰伏羲聖祖道化流傳居五帝上在三皇先始畫八卦觀象於天代結繩政文籍生焉作爲網罟以漁以佃其

誰立廟布金山前埠上古店地秀人賢張氏之子罕與齊肩父亡母化志繼心專會合衆力時再新鮮斯石之立期於萬年●天聖寨元帥兗州節度使鎮國上將軍張　男修武校尉張士表安録府判官張士彧洪沌萬戶顯武將軍張斌宣授沖虛至德通元大師東嶽提點監修官兼東平等路道門都提點張志純重修補塑維那張青●昔大元至大三年孟春下旬□□張安德弟張安仁同立石●奉高王端福姪王忠幹○右碑連額高六尺五寸廣二尺二寸額作蒙古篆二行行徑二寸文二十二行行五十五字字徑寸眞書在埠上店三皇廟中即爺孃廟也

〔唐〕李白〈送王山人歸布山〉王子析道論微言破秋毫還歸布山隱興入天雲高爾去安可遲瑤草恐衰歇我心亦懷歸屢夢松上月傲然遂獨往長嘯開巖扉林壑久已蕪石道生薔薇願言弄笙鶴歲晚來相依

〔金〕元好問〈送天倪子歸布山〉太白詩筆布山頭布襪青鞋欠一遊擬欲高人參藥鏡卻嫌凡骨比丹邱雲閒茅屋雞犬靜物外煙霞風露秋後日天門重登覽蛻仙巖下幸遲留繩武案此詩不見本集此本岱史

〔元〕王奕〈和元遺山呈泰山天倪布山張眞人〉江右書生枉白頭杖藜始得此山遊手摩紅日登三觀袖拂黃埃看九

州
國朝蕭令柳北仇邨道中望布金山迢迢煙邨邨外路違
不十里卽名山春星秋月何匆蒼驅車曾未一躋攀俄從
驢背北翹首翻來晴翠撲眉閉東聯羽父西望魯中峯杳
藹表塵寰上聳餐芝馴鶴之閬苑下闢鍊魔習靜之禪關
銀杏蒼松參差鹿場多馥郁危巖絶壑崎嶇鳥道幾彎環
君不見淩空無碍雲趺岩穿磵有聲波潺湲又不聞丹霞
墳前石碣砢謫仙碑上字斕斑何時蠟我遊屐遊其中得
遇天倪話幽閒探奇選勝三五朝鬢霜定變好容顏吁嗟
煩囂一避便是人生長年術寧需爐火丹九還

論曰潛確類書云羅浮括蒼爲佐命蒙山東山爲佐理王士
正詩岱宗趨肅然自注云吾鄉長白卽史記所謂禪泰山下
阯東北肅然山亦曰副嶽說本酉陽雜俎雖顧炎武曾辨其
非肅然而長白之爲副嶽自昔已云夫羅浮括蒼固遼絶難
紀若蒙山東山長白以及尼防鄒嶧岱脈所屬南不盡云亭
北不盡靈巖琨瑞也獨志此數者以其近岱而名也漢書郊
祀志云公玉帶曰黃帝時雖封泰山然風后封鉅岐伯令黃
帝封東泰山禪凡山合符然後不死武帝旣令設祠具至東
泰山東泰山卑小不稱其聲迺令祠官禮之而不封焉冊府
元龜注云東泰山在琅琊朱虛界中有小泰山是凡山在朱
虛縣寰宇記凡山在青之益都白虎通云三皇禪於繹繹之
山莫知所在或者其嶧山乎後漢書云梁松等議記曰齊將
有事泰山先有事配林蓋諸侯之禮也河嶽視公侯王者祭
焉宜無卽事之漸不祭配林盧植注曰配林小山林麓配泰
山者也謂諸侯不郊天泰山巡省所致五嶽之宗故有事將
祀之先卽其漸天子則否風俗通云林樹木之所聚生也配
林在泰山西南五六里子前臨郡因侍祀之行故往觀之樹
木蓋不足言由七八百載閒有衰索乎今以其地致之殆卽
社首高里閒歟自古帝王降禪必於岱下小山是以介邱石
閭亭亭梁父云云肅然連類而書要爲禮之變而非經故正

之以長山而以夙會遊寓之布山附焉

岱覽卷第二十終

岱覽卷第二十一

泰山書院院長陶山唐仲冕六幕輯

附覽二 卷二十一

大汶圖 附諸泉

汶水 岱山諸水 大汶口 大汶 石汶 牟汶 嬴汶

汶 北汶 柴汶 大汶磵 泉源六十七所 總論

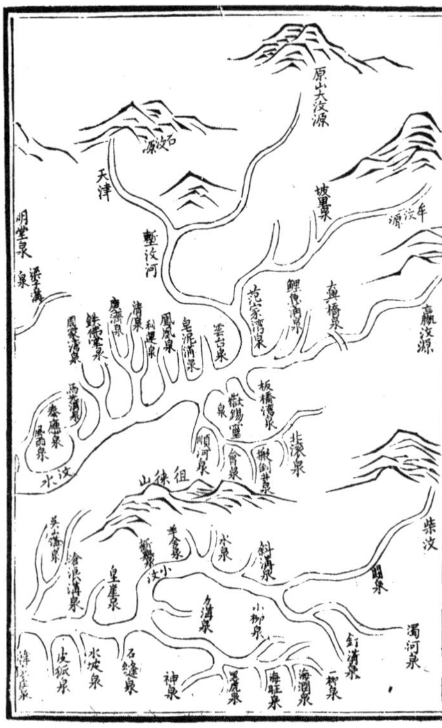

五汶圖 附覽二

汶水

岱之水依山而見而汶著於禹貢春秋詳於水經不可以不紀也述征記云泰山郡水皆名曰汶今案岱頂有神泉玉女池珍珠泉裂天泉雲水池碧天泉萬福泉礓砣泉滌慮谿百丈崖臥馬峽岱陽有大龍口大龍峪三叉溝潛龍潤飛瀑巖小龍峪玉液泉聖水泉中為中谿則有水簾泉石經峪鷹石溝龍泉柳條灣飲馬灣石峽灣箭竿峪堰嶺河金牛灣青龍泉迴龍峪福泉飛龍泉匯為梳洗河岱東南為東谿則有懸淙泉雙溝艾峪栗子峪小津口蠶滋峪沙溝水泉峪繡彩灣明堂泉匯為十里河岱西南為西谿則有仙趾峪馬蹄灣八

里溝竹林西河洑池碧油灣新泉投書澗香水峪青桐澗黑龍潭忽雷灣東西兩百丈崖白龍池鑼鼓灣耀星灣大峪酆都峪廣生泉金星泉匯爲滐河岱麓又有白鶴泉眼光泉滌塵泉蟀泉醴泉岱陰爲九龍峪則有雲河鷹愁澗亂石溝洗鶴灣來鶴泉黃華洞石乳泉鑑池旋螺峪鳳皇池飲虎池大小冰牢峪天井灣谿里峪埽帚峪嶇磔谷大津口匯而東爲天津河則有佛峪馬跑泉玉泉青崗峪麻搭河津拱河青陽谷巖洗河狼虎谷金井河歸於塹汶河岱陰西爲桃花峪則有沐龜溝李子溝混元池龍灣香泉鬬虎溝分水谿中川虎溝大小海眼白草峪養魚池三汊澗大小倒溝石丫溝烏龍潭壇子澗枯石河石屏峪黃金口臍子溝蓑草泉稍谷甘霤泉沈泉匯爲泮河皆詳於分覽中其泉或涸或溢其爲河則皆入於汶矣

大汶口在岱南六十里五汶合流處也五汶者水經注有牟汶北汶石汶柴汶寰宇記引述征記云五汶爲北汶嬴汶牟汶柴汶浯汶皆原別而流同元和郡縣志亦云禹貢錐指云汶水有五北汶嬴汶柴汶牟汶其一則經流也今案水無浯汶而有石汶與牟嬴北柴爲五大汶獨爲經流矣方輿紀要云汶水州南六十里源出嶽北仙臺嶺合諸溪谷之水經州東四十里謂之塹汶又西南經徂來山北復南會別源諸水南流三十里至靜封鎮而萊蕪縣境之汶水分二源而四注經徂來山南至此合流所謂大汶口也書經地里今釋云汶水合流於泰安之靜安鎮謂之大汶

大汶發源於萊蕪縣原山之陽漢書注云泰山郡汶水出萊毋西入濟又云萊蕪原山甾水所出東至博昌入泲幽州寖又禹貢汶水出萊蕪入泲汶水桑欽所言今案原山在縣東北七十里與淄川接界一名馬耳山舊有馬耳山關亦曰馬耳谷魏收曰嬴縣有馬耳山汶水出焉萊蕪志謂之北汶以其橫行縣北非水經注之北汶爲岱之泮河也從征記云汶水出縣西南流入萊蕪谷夾路連山百數里元和郡縣志云

汶水源出乾封縣東北原山西南流經縣理南去縣三里攻萊蕪漢縣本魯萊柞後魏改置嬴縣唐長安四年廢嬴置萊蕪元和十五年并入乾封太和初復置汶水挾萊蕪之大舟山長城嶺諸水泉西流合新興泉入泰安境過梭邨北逕臺頭邨史家莊至谷家莊折西南逕北禪邨西汶曲中有季札子冢又逕故縣東而西南流右合石汶

石汶出泰山東北天井灣上接仙臺嶺下之鴈嶺河諸谷東南流遶周明堂側曰天津河東過青山北曰麻搭河津拱河西南流注之又南介祝陽邨山口集閆巖洗河西南流注之東南至南北兩石汶邨又南逕故縣西至岔河入大汶范家

灣鯉魚溝諸泉西南流注之萊蕪志謂之柴汶不知柴汶乃
小汶也泰山道里記云自天井灣至此逶折九十餘里左受
萊蕪原山之水過古博邑城北合爲塹汶西南流左與萊蕪
之牟嬴二汶會
牟汶有二泰安府志云一自萊蕪縣東南寨子邨海眼泉發
源合湖眼蓮花等泉西流逕顏莊至盤龍莊一出萊蕪縣東
二十里古牟城西南水經注云汶出牟縣故城西南阜下胡
盧堆俗謂是水爲牟汶也萊蕪志云自彎水灣發源會鵬山
趙家諸泉西南流至盤龍莊二水合流又西有孝義河入之
又西至瀘馬河合於嬴汶禹貢錐指云近志指寨子邨水爲

浯汶據漢志瑯琊靈門縣有高柔山浯水所出東北入濰許
氏說文水出靈門山世謂之浯汶在今莒州界與萊蕪無涉
嬴汶亦有二泰安府志云一自萊蕪縣南宮山之陰石漏河
發源北流逕安仙寺至瀘馬河會牟汶又西逕縣城南坡草
窪至嘶馬河一自萊蕪縣東北大小龍灣發源西流合西北
諸泉南流入嘶馬河泰安縣志云嘶馬河出萊蕪東北大屋
山西流南折至是匯四汶挾諸泉西流入泰安境至嵎峪北
嶽錫靈泉自東南注之東會河挾順河北滾諸泉自西南注
之板橋灣泉自北來至沙際伏流地中汶水又西流四十餘
里逕焦家林南至塹汶河邨入大汶古靜封鎮也又西南合

流逕崔家莊北徂來東西兩桃河自南而西注之又南逕逯
家莊又西南逕顏張邨清泉鐵佛堂等泉自北注之又西南
逕博縣故城南水經注云南逕博縣故城東卽今舊縣鎮也
水自谿而東濬彼注壑東南流逕龜陰之田右合北汶
北汶卽泮河自泰山西北分水谿分流至桃花峪水經注云
北汶水出分水谿源與中川分禹貢錐指云北汶卽泮水源
出泰山分水嶺非萊蕪志所云北汶也今案分水谿一源兩
分西南流者逕界首通西橋入長清縣之中川達於清河東
南流者由桃花峪口逕新莊東北火樓莊粥店至高里山南
又逕舊鎮南又東至城南西谿淙河南流注之又東至城東

中谿環水西南流注之又東南至夏邨南東谿諸水亦西南
注之又東南逕全標店東入大汶又西南合流東逕南北望
邨徂來西麓諸泉注之又南抵陽關城西水經注云鉅平縣
之陽關亭春秋傳逆臧紇自陽關陽虎據之以叛伐之虎焚
萊門而奔齊者也又西南流右合柴汶
柴汶一名小汶卽水經注之淄水也水經注云淄水出太山
梁父縣東西南流逕菟裘城北又逕梁父縣故城南又西南
逕柴縣故城北世謂之柴汶矣柴汶源出新泰縣龍堂山西
南流方輿紀要云小汶河在縣東北三十里源出東北龍池
在龍亭山下西南流百里入於汶東河泥河廣平河皆入焉

柴汶又西南至泰安安駕莊逕古岱山城寰宇記岱山縣北齊置在乾封縣東南六十里依徂徠山隋大業二年廢入博城今鎮里郈尙有城阯柴汶至此左受濁河諸泉水如滬菅故名淄水淮南子云淄水出飴山方輿紀要謂卽原山別名也文獻通攷云淄水杜云出泰山梁父縣西入汶案梁父今隸兖州奉符班云出萊蕪縣原山東至博昌入濟案博昌今青州博興桑欽云出萊蕪原山東北入海當以杜說爲正齊乘云太山南亦有淄水卽此禹貢備遺增注云禹貢之淄入海不入濟攷左傳昭公二十六年成人伐齊師之飲馬於淄者杜預注云出泰山梁父縣此乃淄汶鄭樵誤會其文遂據

此謂潍淄之淄爲入汶不入海固爲牽合蔡傳云淄水東入濟亦不知通淄水之閼乃漢時事有河渠書可證也禹貢錐指謂柴汶在泰安州東三十五里俗名司馬河以地形攷之司馬河卽斷馬河乃嬴汶非柴汶也柴汶又西逕羊祜城南柴城西北羊祜城古南城晉羊太傅封邑金於城內建大覺禪院有大定三年三月勑牒碑城西有郈曰羊舍俗以爲羊氏鵝鴨廠也柴汶循徂徠南麓納諸谿又西南逕梁父郈水經注所謂梁父縣故城北有梁父山也又逕龍鄉故城南入大汶西南合流爲大汶口水經注云南逕鉅平縣故城東今城基在大汶口東北矣

魏酈道元水經注淄水出泰山萊蕪縣原山　淄水出縣西南山下世謂之原泉地理志曰原山淄水所出故經有原山之論矣淮南子曰水出自飴山蓋山別名也東北流經萊蕪谷屈而西北流經其縣故城南從征記曰城在萊蕪谷當路岨絕兩山閒道由南北門漢末有范史雲爲萊蕪令言萊蕪在齊非魯所得引舊說云齊靈公滅萊萊民播流此谷邑落荒蕪故曰萊蕪禹貢所謂萊夷也夾谷之會齊侯使萊人以兵劫魯侯宣尼稱夷不亂華是也余案太無萊柞竝山名也郡縣取目焉漢高祖置左傳曰與之無山及萊柞是也應劭十三州記曰太山萊蕪縣魯之萊

柞邑淄水又西北轉逕城西又東北流與一水合水出縣東南俗謂之家桑谷水從征記名曰聖水列仙傳曰鹿皮公者淄川人也少爲府小吏才巧舉手成器岑山上有神象人不能到小吏白府君請木工斤斧三十人作轉輪造縣閣意思橫生數十日梯道成上其巔作祠屋留止其旁其二間以自固食芝草飲神泉七十餘年淄水來山下呼宗族得六十餘人命上山半水出盡漂一郡沒者萬計小吏辭遣家室令下山著鹿皮衣升閣而去後百餘年下賣藥齊市也其水西北流注淄水淄水又北出山謂之萊蕪口東北流者也

大汶口有鉅橋爲南北通衢殆魯道也水經注之文姜臺當在此汶水又西南流逕汶陽城南磚舍集水經注云魯國汶陽縣王莽之汶亭也春秋公會杞侯莒子於曲池杜預曰魯國汶陽縣北有曲水亭漢章帝元和三年東巡太山立行宫於汶陽執金吾耿恭屯城門於汶水基壍存焉世謂之闕陵城也汶水逕汶陽縣故城北而注泰山道里記云郡城西南七十里有蛇邱故城今樓上邨是也有匯河卽左傳所謂蛇淵囿水經注之濁須水又西南三十里許城上邨卽汶陽故城樓上匯河之門有土邱傳爲曲水亭阯汶水逕汶陽城南不在其北也城上邨南七里爲闕陵故城後人立元君廟圮

蒙案道里記謂汶水逕汶陽縣故城南所謂水以北爲陽也山東通志以汶陽闕陵爲一城幷曲池載入寧陽則又與水經注所云蛇水出太山西南流逕汶陽之田自汶之北平暘極目之說大相矛盾何齟齬若是哉蓋古今水道變遷湮壍堙防歷數十年而茫如況千載上乎至謂晉時水亭之阯至今尙存尤爲難據汶水西南抵高淤邨南右納西匯河諸泉又西南過堽城壩橋石溝河卽小西會河合諸泉南流注之又西逕張侯欒任南會肥城之沙河至道溝入東平境逕坎河之戴邨壩西北與大清河會此汶水故道也濟汶合流於此文獻通攷云汶水出萊蕪縣西南經濟北至東平壽張縣入濟是也其經流折而西南至汶上縣南旺湖分流入運河

蒙案運河故會通河元時開自安民山至臨清共二百五十里爲會通河其自任城至安民山共一百五十里則初開之濟州河也明時重加疏浚始統以會通目之而自臨清至德州之衞河口自李家口至南陽閘之新河自黃林莊至李家口之泇河亦皆謂之運河矣汶水舊由寧陽堽城壩流至東平會坎河入大清河明永樂中開會通河始築戴邨壩於西過汶南流過官橋龐橋橋在東平城東五十里相傳宋時東封輦路也由是而南逕汶上城北西流入於南旺湖而歸運河其入大清河者自戴邨壩而西北流逕陽穀東阿爲今鹽

河者也大清河卽濟水故曰汶水故道

明喬宇渡大汶記文曰季夏三日冒雨南行十里嵐氣切衣又五十里至大汶口中央有峻石巍峙水落顯露始敢以渡時河水泛漲懷冒因留宿小寺依依古樹環接墟野遂留詩於壁汶河之源有二一發於泰山旁仙臺嶺暨萊蕪原山之陽棊子邨至州靜封鎭合焉名曰壍汶河西南注流入濟奔放湍急南北岸相距一里明日循水滸而東一里許登筏乘上流順而西下其筏縛八木爲之繫大口甕合二於四隅四方又綴胡盧各四枚以浮筏上荆編藉焉壇席肆焉設椅坐余於上用水工善浮者八人各腰葫盧

肩負而過中流傾濤駛波洶涌而來筏大搖動余頗有戒心南望曲阜九峯偃伏於前回顧泰山聳拔於後又復怏悵登岸飯於歇馬嶺暮至泗水仍以筏而渡○右喬宇撰幷眞書立石大汶口今佚

國朝重修汶河隄工碑文曰汶水之源自新泰來者爲小汶河自萊蕪挾岱麓東北諸泉來者爲大汶河兩河環抱徂來而匯於大汶口如燕尾自大汶口西流數十里而濁河又匯之於是岱麓西北及南面諸泉無不畢收汶之流至是謚大西注東平之戴邨壩截流而南出分水口入漕河以濟運總計州境東自黃莊西迄欒任縣亙二百餘里

每值夏秋之交河水驟發洪濤奔齧浩漫沸騰瀕河之民所恃以無恐者舊有隄一道可資捍禦迄今年久殘缺隄身卑薄汛小則水自循軌漲發則陸可沈舟庚戌夏霪雨浹旬河流怒漲隄口半衝決近水邨莊一望無際等版圖於澤國易禾黍爲泥沙室鮮宿舂而野有菜色幸賴皇恩賜蠲賜賑截漕米發倉穀減價以糶得不擠於溝壑然害弗永除不數載或復以墊溺告惴惴然阽危是虞膺撫御之責者寧無恫焉惟大中丞岳公念切痌瘝具其情形入奏乞發帑量給食米俾重建河隄垂諸無窮旣得俞旨於是委員查勘及早興修統計新修隄五千一百六十丈六尺土方六萬五千三百八十六方四分共用八夫十九萬六千一百五十九工內折給食米錢凡九萬二千三百六十九工共用銀一千三百四十一兩四錢二釐俱於司庫存公項下領給夫以本處之民力修本處之隄工保其邨廬護其田畝孰不子來趨事而復加以格外之宏恩旣無枵腹供役之苦又得泰山盤石之安宜其互相勸勉爭先恐後也第恐斯民玩愒成風不思隨時補葺以致貽將來之害爰捐薄俸勒石河干以垂永久自今偶有坍塌卽依立定界址分段修築務使高者倍高堅者倍堅庶桑田永無滄海之虞閭閻常享含哺之慶而

國家維正之供胥裕於此矣○右記知州紀邁宜撰眞書雍正九年勒大汶口

宋文天祥過汶河　中原方萬里明日是重陽桑棗人家近蓬蒿客路長引弓虛射鴈失馬爲尋獐見說今年旱青青麥又秧

汶陽路遇雨　積雨不肯霽行路如涉川青氈繚我後白氈覆我前我欲正衣冠兩手如糾纏飛沫流被面代我泣涕漣鴻鴈分南翔遊子入北燕平楚渺四極雪風迷遠天昔聞濟上軍又說汶陽田我今履其地弔古蒼蒼煙男兒欲了事長虹射寒泉

明喬宇大汶口　九峯南望碧嵳峩汶水平添一丈波渡口

客來休便過北溪山雨正滂沱
〔戴經〕汶河古渡五汶縈洄一脈深巡崖轉壑下千尋飛流畫鷁波光動界道長虹草色侵曲水亭邊雲漠漠文姜臺畔雨冥冥渡頭憑弔當年事卻羨漁舟傍綠潯
〔國朝〕〔高珩〕〔曉渡汶河神祠小憩〕白髮抽簪起每遲宵征又喜見朝曦蔚田水路通樵徑野墅雲深失酒旗細雨黃壚三日醉微風青柳萬條絲神祠回首人惆悵四十年前駐馬時
〔孫寶侗〕〔汶水〕汶水河邊沙雪白沙水連天天一色兩岸纔辨牛馬形日射波明絕目力憶昔神禹披河圖導汶下與清濟俱青州之牧作方貢萬里朝宗來冀都即今陵谷幾遷改此水更作官漕須南合洸泗入南旺歲漕鉅萬充天儲今年大旱幾千里百川斷流漕道枯都水尚書馳上奏章下切責臣言誣爰遣牲帛禱神嶽特詔六部蠲全租帝德好生天立應雷雨作解宏霑濡百川下灌漕道滿萬艘鱗次捷飛梟即看國計慶豐豫六軍宿飽騰貔貅我來七月潦已落微風增波沙漠漠遠勢欲吞徂來根平沙如帶寧陽郭到來一上水邊亭水上羣山無數青攬轡欲成班史志案圖先索酈元經
〔王苹〕〔大汶口〕沙岸行人少長橋斷壑東一行寒鷺白半嶺

夕陽紅負米年華裏為儒道路中那能驅款段臨水已成翁
〔程雲〕〔過汶水有感〕二十八泉入汶流清波西去日悠悠平沙曲岸參差出黃葉青苔次第浮客路斷橋前夜雨人家返照舊時秋祇今風景看無異江北江南迥自愁
〔張元〕〔大汶口〕晚抵大汶口停鞭愁獨看危橋通斷岸怪石插驚湍漠漠平沙遠荒荒落日寒浦風搖落葉隨地撲征鞍
〔渡汶河〕薄暮臨荒渡滔滔汶水流平沙遲落鴈細雨送行舟楓葉千林暗蘆花兩岸秋南來重回首天際岱雲浮
〔晚抵汶河同梅溪佑存月下小酌〕明月下長川移尊斷岸邊遠邨微見火極浦淡浮煙何處疎鐘起悠然到客前臨風取薄醉惆悵未能還
汶以山泉匯流而大泉之在岱下者方輿紀要云鐵佛寺泉泰安州東二十五里又龍灣泉在州南八里張家泉在州西南五里州境凡二十八泉多由平地上石中湧出俱入汶水達於運河又州西境有謝過城等五泉萬歷中新導之泉流也蒙案自明泇河既開汶水濟運泰山為川泉之藪特加疏導凡六十七泉設官理之置泉夫一百二十名濬治之攷課屬之通判縣丞亦綦重矣余為諸泉之產於岱而歸於汶即紀山川者所不得遺也因錄方志所載以備覽焉

坡里泉郡城東北六十里長二十八步南入大汶　雲臺泉城東五十里長二里南入大汶　阜泥溝泉城東四十里長三里南入大汶　鳳皇泉城東四十里長一里南入大汶　清泉城東三十里長十五里南入大汶　利運泉廣濟泉城東三十里長半里入清泉　鐵佛堂泉城東二十五里長二十里由會河南入大汶　周家灣泉城東二十五里長十里由會河入大汶　風雨泉城東南二十五里長三里南入大汶　馬兒溝泉城東南二十五里長十里南入大汶　黍應泉城東南二十五里長一里入馬兒溝。右十二泉皆在郡城之東大汶之北

明堂泉城東十五里長三十里西南流入泮　梁子溝泉城南二十里長三里入明堂泉　木頭溝泉城南十五里長七里南入泮。右三泉在郡城東南夏邨入泮歸大汶

廣生泉城西北二里長十二里爲西谿下源南流入泮　金星泉城西長一里南流合廣生泉　張家泉城南五里長三里東北流入泮　龍灣泉城東南十八里長三里東流入泮。右四泉由泮至全標店東南歸大汶

梁家泉城東南三十里長八里獨流東南入大汶

上泉城西南五十里長二十里西入匯河　靈應泉城西南五十里長五十步西南入匯河　馬蹄泉城西南五十里長

二里南入匯河　臭泉城西南五十里長三里南入匯河　溯港溝泉城西南五十五里長二里南入匯河　狗跑泉城西南五十里長十四里南入匯河　報恩泉在城西四十五里報恩寺下長十五步逕狗跑泉入匯河　陷灣泉城西南五十里長一里入狗跑泉　水磨泉城西南五十里長十五里西南入匯河　新泉城南五十里長六步入上泉。右十泉由匯河至西李家店河汶口入大汶

馬黃溝泉城西南九十里長二十里南逕三汶口獨流入大汶

龍王泉城西南九十五里長十五里東南入小會河　坤溫泉城西南百二十里長三里東南入小會河　涼泉與坤溫同。右三泉由小會河西南流入大汶

大興橋泉城東六十里上源萊蕪下源自泰安縣境起長二十里西流入大汶　鯉魚溝泉城東五十里長二百步由大興橋入大汶　范家灣泉城東五十里長八里由大興橋入大汶　板橋灣泉城東六十里長八里西北入大汶　北滚泉城東六十里長五里西北由東會河入大汶　搬倒井泉城東南六十里長十五步西北由東會河入大汶　會泉城東南六十里長二里西北由東會河入大汶　順河泉城東六十里長二里西北由東會河入大汶。右八泉在縣東大

汶之東南
嶽錫蠹泉城東六十里泉坡郜東長二里獨北流入大汶
吳山溝泉城東南四十里長十里西南入大汶　滄浪溝泉
城東南四十五里長十里西南入大汶。右二泉出徂來西
麓
斜溝泉城東南百里長三里西南入小汶　水泉城東南九
十里長三里南入小汶　羊舍泉城東南九十里出羊祐故
城長五里南入小汶　新興泉城東南九十里長三里南入
小汶　白土崖泉城東南七十里長十里西南入小汶　龍
堂泉城東南六十里長十里西南入小汶　鄉城泉城東南

七十里古龍鄉城長半里西南入小汶。右七泉在小汶之
北大汶口之東
濁河泉卽淄水城東南百里長十里西北入小汶　鬬泉城
東南百里長一里入濁河　鹹溝泉城東南百里長一里入
濁河　力溝泉城東南八十五里長十三里西南入小汶
二柳泉城東南百里卽柳谿長十里西北入小汶　黑虎泉
神泉　海潤泉　海旺泉　小柳泉俱北匯二柳泉入小
汶　石縫泉城東南百里長一里北入小汶　水泊泉城東
南百里長八里北流西折入小汶　皮狐泉城東南百里長
八里西北入小汶　韓家莊泉城東南百里長六里北入小

汶　梁父泉城東南九十里長五十步北入小汶。右十五
泉在小汶之南大汶口之東南
明常居敬查理漕河疏一濬泉源以資灌注會通河南北
千里盡賴十八州縣百八十餘泉之流分爲五派至於新
泰萊蕪平陰汶上蒙陰寧陽等九州縣入南旺者爲分水
派泗水曲阜等四縣入濟寧者爲天井派最大其所需尤
甚切也夫藉泉以資運則涓滴當惜必使源流充溢庶於
漕渠有濟若養身者氣血周流無滯始無壅遏之患也乃
平昔之疏濬既疎天時之亢旱又久是以泉政多弛通流
無幾近據新濬出泰安州謝過城等六泉新泰縣劉官莊

等五泉萊蕪縣韓家莊等五泉東平州源頭泉一處曲阜
縣新跑泉一處發源頗盛導入汶河堪以接濟則自此之
外安知無湮沒於沙礫而散漫於草莽者乎但濬泉雖易
治汶實難葢河廣沙深屈曲之流不足以潤久渴之吻臣
等親見龍灣等泉源源而來至汶則一吸而盡猶無泉也
必督令撈淺等夫擇其積沙淤漫者濬爲河泓俾深五尺
闊一丈則水得所歸而趨壑亦易矣
論曰齊有三汶曰塹汶徐汶靑汶塹汶入濟禹貢云浮于汶
達于濟又濟東北會于汶論語必在汶上書傳謂之北汶卽
今大淸河其經流爲大汶也徐汶入沂水經注所謂㚖崮水

東經蒙陰縣注桑泉水又東北流入於沂者也青汶入濰淮
南子汶出弗其高誘注云弗其山在朱虛縣東漢地里志琅
邪郡朱虛縣東泰山汶水所出東至安邱入維是也三汶以
淸河爲大以其發源太山故耳學者但知有汶皆在齊疆或
牽混而不能辨漢書注師古曰前言汶水出萊蕪入濟今此
又言出朱虛入維將桑欽所說有異或者有二汶水乎師古
且然況餘人乎入濟之汶又有五而浯爲入濰之汶不知者
亦謂與牟嬴諸水源別而流同也蒙修泰安縣志以水道爲
州郡之要傾泝流討源覩前志爲得實唯詳於縣境而畧於
他邑則方志之體也然大汶經流總匯五汶合諸河泉東自

梭郈西至欒任逕六百餘里皆在縣境卽因岱而述汶亦寧
有加焉
魏酈道元水經注汶水　汶水出太山萊蕪縣原山西南過
嬴縣南　萊蕪縣在齊城西南原山又在縣西南六十許
里地理志汶水與淄水俱出原山西南入泲故不得過其
縣南也從征記曰汶水出縣西南流又言自入萊蕪谷夾
路連山百數里水隍多行石澗中出草藥饒松柏林藿緜
濛崖壁相望或傾岑阻徑或迴巖絶谷淸風鳴條山壑俱
響淩高降深兼惴慄之懼危蹊絶徑過縣度之艱未出谷
十餘里有別谷在孤山谷有淸泉泉上數丈有石穴二口

容入行入穴丈餘高九尺許廣四五丈言是昔人居山之
處薪爨煙墨猶存谷中林木緻密行人尠有能至矣又有
少許山田引灌之蹤尚存出谷有平邱面山旁水土人悉
以種麥云此邱不宜殖黍稷而宜麥齊人相承以殖之意
謂麥邱所栖愚公谷也何其深沈幽翳可以託業怡生如
此也余時逕此爲之踟躕爲之屢眷矣余案麥邱愚公在
齊不在魯川谷猶傳其名蓋誌者之謬耳汶水又西南逕
嬴縣故城南春秋左傳桓公三年公會齊侯於嬴成婚於
齊也　又東南過奉高縣北　奉高縣漢武帝元封元年
立以奉太山郡治也縣北有吳季札子墓在汶水南曲中

季札之聘上國也喪子於嬴博之閒卽此處也從征記曰
嬴縣西六十里有季札兒冢冢圓其高可隱也前有石銘
一所漢末奉高令所立無所述敘標誌而已自昔恒蠲民
戶灑埽之今不能然碑石糜碎靡有遺矣唯趺存焉　屈
從縣西南流　汶出牟縣故城西南阜下俗謂之胡盧堆
淮南子曰汶出弗其高誘曰山名也或斯阜也牟縣故城
在東北古牟國也春秋時牟人朝魯故應劭曰魯附庸也
俗謂是水爲牟汶也又西南逕奉高縣故城而西南流注
於汶汶水又南右合北汶水出分水谿源與中川分水東
南流逕太山東右天門下谿水水出太山天門下谷東流

古者帝王升封咸憩此水水上往往有石竅存焉蓋古設
舍所跨處也馬第伯書云光武封太山第伯從登山去平
地二十里南向極望無不覩其爲高也如視浮雲其峻當有也字
石壁窅窱仰視巖石松樹鬱鬱蒼蒼如在雲中俯視谿
谷碌碌不可丈尺直上七十里天門仰視天門如從穴中
視天矣今封禪儀記曰不可丈尺遂至天門之下仰視天門窔遼如從穴中視天直上七里賴其羊腸逶迤名曰環道往往有絙索可得而登也應劭漢官儀云太山東南山頂名曰日
觀者雞一鳴時見日始欲出長三丈許故以名焉其水自
谿而東濬波注壑東南流逕龜陰之田龜山在博縣北一
十五里昔夫子傷政道之陵遲故望山而懷操故琴操有

龜山操焉山北卽龜陰之田也春秋定公十年齊人來歸
龜陰之田是也又合環水水出太山南谿南流歷中階兩
廟閒從征記曰太山有下中上三廟牆闕嚴整廟中柏樹
夾兩階大二十餘圍蓋漢武所植也赤眉嘗斫一樹見血
而止今斧創猶存門閣三重樓榭四所三層壇一所高丈
餘廣八尺樹前有大井極香冷異於凡水不知何代所掘
不常浚渫而水旱不減庫中有漢時故樂器及神車木偶
皆靡密巧麗又有石勒建武十三年永貴侯張余上金馬
一匹高二尺餘形制甚精中廟去下廟五里屋宇又崇麗
於下廟廟東西夾澗上廟在山頂卽封禪處也其水又屈

而東流入於汶水又東南流逕南明堂下漢武帝元封元
年封太山降坐明堂於山之東北阯武帝以古處險狹而
不顯也欲治明堂於奉高旁而未曉其制濟南人公玉帶
上黃帝時明堂圖圖中有一殿四面無壁以茅蓋之通水
圜宮垣爲複道上有樓從西南入名曰崑崙天子從之入
以拜祀上帝焉於是上合奉高作明堂於汶水如帶圖也
古引水爲壁雍處基瀆存焉世謂此水爲石汶山海經曰
環水出泰山東流注於江卽此水也環水又左入於汶水
汶水又西南流逕徂來山西山多松柏詩所謂徂來之松
也廣雅曰道梓松也抱朴子稱玉策記曰千歲之松中有

物或如青牛或如青犬或如人皆壽萬歲又稱天陵有偃
蓋之松也所謂樓松也魯連子曰松樅高千仞而無枝非
憂王室之無柱也爾雅曰松葉柏身曰樅鄒山記曰徂崃
山在梁甫奉高博三縣界猶有美松亦曰尤崃之山也赤
眉渠帥樊崇所壁也故崇自號尤崃三老矣山東巢父廟
山高十里山下有陂水方百許步三道流注一水東北沿
谿而下屈逕縣南西北流入於汶一水北流歷澗西流入
於汶一水南流逕陽關亭南春秋襄公十七年逆臧紇自
陽關者也又西流入於汶水也　過博縣西北　汶水南
逕博縣故城東春秋哀公十一年會吳伐博者也灌嬰破

田橫於城下屈從其城南西流不在西北也汶水又西南逕龍鄉故城南春秋成公二年齊侯圍龍龍囚頃公嬖人盧蒲就（左傳作盧蒲就魁）殺而膊諸城上齊侯親鼓取龍者也漢高帝八年封謁者陳署為侯國汶水又西南逕亭亭山東黃帝所禪也山有神廟水上有石門舊分水下溉處也汶水又西南逕陽關故城西本鉅平縣之陽關亭矣春秋襄公十七年逆臧紇自陽關者矣陽虎據之（舊本作居之）以叛伐之虎焚萊門而奔齊者也汶水又南左會淄水水出太山梁父縣東西南流逕菟裘城北春秋隱公十一年營之公謂羽父曰吾將歸老焉故郡國志曰梁父有菟裘聚淄水又逕梁父縣故城南縣北有梁父山開山圖曰太山在左亢父在右亢父知生梁甫主死王者封太山禪梁甫故縣取名焉淄水又西南逕柴縣故城北地理志曰太山之屬縣也世謂之柴汶矣淄水又逕郕北漢高帝六年封董渫為侯國春秋齊師圍郕郕人伐齊飲馬於斯水也昔孔子行於郕之野遇榮啟期於是衣鹿裘被髮琴歌三樂之懽夫子善其能寬矣（列子榮啟期曰天生萬物惟人為貴吾得為人一樂也男女之別男尊女卑吾得為男二樂也人生有不見日月不免襁褓者吾行年九十矣是三樂也）淄水又西逕陽關城南西流注於汶水汶水又南逕鉅平縣故城東而西南流城東有魯道詩所謂魯道有蕩齊子由歸者也今汶上夾

水有文姜臺汶水又西南流詩云汶水滔滔矣淮南子曰貉渡汶則死天地之性倚伏難尋固不可以情理窮也汶水又西南逕魯國汶陽縣北王莽之汶亭也縣北有曲水池亭春秋桓公十二年經書公會杞侯莒子於曲池左傳曰平杞莒也故杜預曰魯國汶陽縣北有曲水亭漢章帝元和三年東巡太山立行宮於汶陽執金吾耿恭屯城門於汶上基塹存焉世謂之闕陵城也汶水又西逕汶陽縣故城北而注　又西南過蛇邱縣南　汶水又西洸水注焉又西逕蛇邱縣南縣治鑄鄉故城春秋左傳宣叔娶於鑄者也杜預曰濟北蛇邱縣所治鑄鄉城者也　又西南過剛縣北　地理志鄉故闡也王莽更之曰柔也應劭曰春秋經書齊人取讙及闡亭是也杜預春秋釋地曰闡在剛縣北剛城東有一小亭今剛縣治俗人又謂之闞亭京相璠曰剛縣西四十里有闡亭未知孰是汶水又西蛇水注之水出縣東北太山西南流逕汶陽之田齊所侵也自汶之北平暘極目僖公以賜季友蛇水又西南逕鑄城西左傳所謂蛇淵囿也故京相璠曰今濟北有蛇邱城城下有水魯囿也俗謂之濁須水非矣蛇水又西南逕夏暉城南經書公會齊侯於下讙是也今俗謂之夏暉城蓋春秋左傳桓公三年公子翬如齊齊侯送姜氏於下讙非禮是

也世有夏暉之名矣虵水又西南入汶汶水又西溝水注
之水出東北馬山西南流逕棘亭南春秋成公三年經書
秋叔孫僑如帥師圍棘左傳曰取汶陽之田棘不服圍之
南去汶水八十里又西南逕遂城東地理志曰虵邱隧鄉
故隧國也春秋莊公十三年齊滅遂而戍之者也京相璠
曰隧在虵邱東北十里杜預亦以爲然然縣東北無城以
擬之今城在虵邱西北蓋杜預傳疑之非也又西逕下讙
城西而入汶水汶水又西逕春亭北攷古無春名唯平陸
縣有崇陽亭然是東去剛城四十里進推一作璠所注則符
竝所未詳也　又西南過平章縣南　地理志曰東平國

故梁也景帝中和六年別爲濟東國武帝元鼎元年爲大
河郡宣帝甘露二年爲東平國王莽之有鹽城也章縣案
世本任姓之國也齊人降章者也故在無鹽城東北五十
里汶水又西南有泌水注之水出肥縣東北自源西南流
逕肥城縣故城南樂正子春謂其弟子曰子適齊過肥肥
有君子焉左逕句窳亭北章帝元和二年鳳皇集肥城句
窳亭復其租而巡太山卽是亭也泌水又西南逕富城縣
故城西王莽之成富也舊本作城富　其水又西南流注於汶汶
水又西南逕桃鄉縣故城西王莽之鄣亭也世以此爲鄣
城非蓋因巨新之故目耳　又西南過無鹽縣南又西南

過壽張縣北又西南至安民亭入於濟　汶水自桃鄉四
分當其派別之處謂之四汶口其左二水雙流西南至無
鹽縣之郈鄉城南魯叔孫昭伯之故邑也禍及鬬雞矣春
秋左傳定公十二年叔孫氏墮郈今其城無南面汶水又
西南逕東平陸縣故城北應劭曰古厥也今有厥亭汶水
又西逕危山南世謂之龍山也漢書五行志曰哀帝時無
鹽危山土自起覆草如馳道狀又瓠山石轉立晉灼曰漢
注作報山山脅石一丈漢書作一枚轉側起立高九尺六寸旁
行一丈高漢書作廣四尺東平王雲及后謁自之石所祭治石
象報山立石束倍草幷祠之建平三年息夫躬告之王自

殺后謁棄市國除漢書石立宣帝起之象也汶水又西合
爲一水西南入茂都澱澱陂水之異名也澱水西南出謂
之巨野溝又西南逕致密城南郡國志曰須昌縣有致密
城古中都城卽夫子所宰之邑也制養生送死之節長幼
男女之禮路不拾遺器不雕僞矣巨野溝又西南入桓公
河北水西出澱謂之巨巨一作良水西南逕致密城北西南
流注洪瀆次一汶西逕郈亭北又西至壽張故城東遂爲
澤渚初平三年曹公擊黃巾於壽張東鮑信戰死於此其
右一汶西流逕無鹽縣之故城南舊宿國也齊宣后之故
邑所謂無鹽醜女也漢武帝元朔四年封城陽共王子劉

慮爲東平侯卽此邑也王莽更名之曰有鹽亭汶水又西逕洽鄉城南地里志曰所謂無鹽有洽鄉者也汶水西南流逕壽張縣故城北春秋之良縣也縣有壽聚漢曰壽良應劭曰世祖叔母名良故光武改曰壽張也建武十五年世祖封樊宏爲侯國汶水又西南長直溝水注之水出須昌城東北穀陽山南逕須昌城東又南漆溝水注焉水出無鹽城東北五里阜山下西逕無鹽縣故城北水側有東平憲王蒼冢碑闕存焉元和三年章帝幸東平祀以太牢親拜祠坐賜御劒於陵前其水又西流注長直溝溝水奇分爲二一水西逕須昌城南入浦一水南流注於汶汶水又西流入浦故淮南子曰汶出弗其西流合浦（今淮南子云汶出弗其流合於濟）高誘云弗其山名在朱虛縣東余案誘說是乃東汶非經所謂入泲者也蓋其誤證耳

明顧祖禹讀史方輿紀要汶水出濟南府泰安州萊蕪縣東北七十二里原山之南水經所謂北汶也又有汶水出縣東南寨子邨俱流經州東南徂來山陽又一源出嶽北仙臺嶺會諸山谷之水經州東四十里曰輊汶西南流經徂來山之陰又南流三十里曰大汶口而與萊蕪之汶水合流（又有小汶水在新泰縣東北三十里出泰山之龍池西南流百餘里亦合于汶水）自州西南流經寧陽縣北堽城壩分二流其正流西經平陰縣南過

東平州界又西南流至汶上縣東北合白馬湖鵝湖諸水凡八十里入南旺湖南北分流爲分水閘卽今會通河也支流爲洸河自寧陽縣西南流達兗州府城西合沂泗二水凡百餘里至濟寧州南天井閘東合于分水南流之汶亦運道所經也運河記汶水自泰安州經寧陽汶上縣界又西至東平州注濟水此故道也元憲宗七年濟倅畢輔國始於汶陰堽城之左作斗門一遏汶南流至任城合泗水以餉宿蘄戍邊之衆謂之引汶入泗而汶始南通于泗至元二十年以江淮水運不通自任城開渠達于須城安山爲一牐于奉符（卽堽城牐時寧陽縣廢其地屬奉符縣也）以導汶入洸爲一牐于兗州（今府城東金口牐是也）以導泗沂會洸合而至會源牐南北分流二十六年又用壽張尹韓仲暉等言復自安山西開河由壽張西北至臨淸直屬衛漳謂之引汶絕濟而汶始北通于漳國朝永樂九年時以北京爲行在濟寧州同知潘叔正言故會通河四百五十餘里其汙者三之一可濬之以通漕乃命廷臣宋禮等往治築壩于東平州之戴邨橫亙五里遏汶水西南流合盡出於南旺（見汶上縣）至分水龍王廟分爲二支四分南流以接徐沛六分北流以接臨淸益運河之源委全藉汶河也禹貢浮于汶達于濟詩汶水洋洋史記河渠書泰山下引汶水穿渠溉田萬餘頃汶

水之爲大川由來舊矣

岱覽卷第二十一終

岱覽卷第二十二

泰山書院院長陶山唐仲冕六幕輯

附覽三 卷二十二

徂徠山圖

徂徠山 太平頂 萬松嶺 貴人峯 礤石峪 清風嶺 三嶺嵎 風門口 蓮山 暎佛巖 竹谿 懸珠山 佗山 芍藥峪 紫源池 長春嶺 中軍嶂 玲瓏山 角山 攢石崮 嶁峋山 總論

徂徠山

徂來山在泰山東南四十里一名尤崍水經注引鄒山記云山在梁父奉高博三縣界亦猶渠帥樊崇所保故崇自號尤崍三老後漢書桓帝延熹四年博尤來山判解山專屬博後魏地形志太山郡梁父縣有徂來山在北輿地廣記唐省梁父入博城元和郡國志云在兗州乾封縣元豐九域志兗州奉符縣有徂來山元明屬泰安州今隸泰安縣其東北稍聯萊蕪東接新泰耳紀勝云徂來居羣山之中祖泰岱昆新甫金斗青雲石門九仙子孫儼列鳳仙筆峯東蒙金牛迭爲賓主雙汶絡其面背匯於西南如帶結於嶺峯巒嵯峨星體俱備四面開嶂砂水相繆龍脈自泰山傲來而下爲金牛龍山蜿蜒東注由水音堂踰汶盤結於此周百六十里由奡掠震過女智峒入蘇石峪進若卷荷退若剝蕉踰西溪溯流而北山形始暢另闢洞天由山腹趨二聖宫澗壑嶙峋不通屐齒或壘石表其往來之向跨三嶺峒而北下深谷而西出二聖宫之背如穎脫囊底外有轉珠山當谷口闕闌嚴密閟然風迴水渟矣距太平頂三十里爲徂來絕巔西南十六峪從太平頂落脈正對汶水與東北趙州菴據山之坤艮爲兩別谷蒙案縣志云脈當自泰山左衞絡繹而來爲萊蕪之原山新泰之新甫冠山西折入泰安境而爲徂來大小汶夾之西流

至西麓交會山水脈絡顯然可見安有山自西而東水反自東而西者乎與孔說左盭本之山東通志也或曰山名有往來之義孔說爲長精形家言者必能辨之兹特臚列山頂及陰陽四隅如紀岱之例而從畧焉以明主臣之分云爾

徂來極巔亦曰太平頂兩巖相嶔西巔頗平上故有感應侯祠金明昌元年封山神爲護國感應侯今祠基無存徂來廣袤如一太平頂居中獨高四山環之水經注所云山高十里也西巖紫霞洞貫受夕陽攢紅散紫下爲李源砦泉流泚沸曰自來泉

元王野人詩刻文曰徂來山下是吾家吸露噓風臥紫霞

幾百年來無箇事朝朝坐對老松花●翠滿竹溪雲滿山
晨鐘暮皷疊煙鬟天光一線開丹嶂獨坐松篁杳靄閒●
王野人筆●至正二十五年八月十四日留題感應侯祠
○泰山金石攷云感應祠故址巨石屹立隱隱有字形爲
苔蘚所蔽刮滌斑垢行書甚古致殆王希夷筆也至正下
十七字楷書差小徑蹊危絶遊人罕有至者故不顯案希
夷唐隱士詳後楚人洞此葢卟筆
〔明〕聶貞題名文曰永樂十五年仲冬徂陰聶貞覽○右貞
書勒詩刻旁
項南爲萬松嶺距項十里詩所謂徂來之松也然亦屢有存

者不能萬也下有石屋中洌甘泉又南八里爲澹崖羊公河
出焉河逶折西南流逕羊祜廳北又西南注於小汶
項東南爲貴人峯卓然雲表有秉圭執璧之容秀骨天成諸
峯若爲環衛望而知爲非凡品也泰山之丈人徂來之貴人
皆以人視山而德分攸分矣其西有于仙葬衣冠冢于仙者
明汶上道士于蜺虛也紀事云萬歷閒闢室隱仙觀棲神元
默壽八十尸解後一月有路某遇之汶上赤一足攜一履云
將往南京先是寧陽徐夢覺徐斐然十餘人自南海歸路由
金陵見蜺虛市中與語移時及旋里聾蜺虛已卒計在南京
之日卽遇於汶上之次日也峯南二里有隱仙觀礤石峪皆

在小普陀巖
〔國朝〕趙國麟〔記〕一則遙望貴人峯孤秀刺天上下如削西
剡其首有同半圭戲謂諸子曰此貴人乃王欽若戴側注
冠閉門修齋者也不然胡不吾儒是孕毓而乃鍾靈琳宮
仙侶耶衆爲大笑及抵峯下雲端一柱幾欲擎天定有仙
人瓊館設青精石乳以待但不能化作猱玃騰身直上耳
小普陀巖東爲礤石峪其南爲隱仙觀圓椒秀岑中藏精舍
水經注山東有巢父廟其隱仙所由名乎今祀呂純陽迤東
爲玉帝閣石闌出樹杪北爲三清殿觀門外竹木夾徑春宜
桃杏丁香夏宜朱櫻安榴秋宜石遷木瓜冬宜蠟梅冬青莫

不饒產觀東側懸室倚崖枕流錯石澗泉繞出其南跨澗爲
橋曰隔塵紀勝所謂殿宇隱松楸之中溪流藏藤葛之下也
西南二里爲桃花峪谿流春汎落英繽紛迤南爲升仙臺崎
嶇拱觀觀東爲陳摶睡處其北爲煉丹石屋皆天生石洞石
門石牀石枕石灶石鼎石爐雲徒羽客往往棲心託跡矣礤
石峪在石屋東石陂廣數畝懸巖飛瀑濺沫跳珠據全山之
勝景紀勝云林木葱鬱溪水淙潨因勢導爲魚沼蓮塘灌園
種竹隨處皆宜過者有桃源元圃之目水西南流至觀南與
西澗合流繞天平前砦又西南注羊公河
〔元〕王天定題識〔文〕曰磐溪●徂陽□□曠□有貴人峯青

風頂石室桃花峪諸奇雙流交會大書曰磐溪□絕觀□
昔□□己酉五月壬天定識○右竝眞書勒磔石峪壁間
今殘缺舊以己酉爲至大二年當是定宗崩後之次年也
國朝徂來磔石峪贍田碑○右趙國麟撰書康熙五十三
年勒隱仙觀前襍篆隸眞三體
遊徂來山記碑○右成城撰眞書乾隆二十四年十月勒
隔壁橋北
隱仙觀題勒文曰徂來第一　桃源深處　趙國麟竝眞書
石屋題勒文曰煉丹爐　趙國麟眞書
國朝徐德謙磔石峪蒼黃巒叢樹殿閣出崢嶸仰面孤峯

插回頭嶂轟更馬登巖徑險入到石梁平山犬當關起唁
唁吠屨聲宿隱仙觀西堂行李投巖畔雲根追近牀四
山寒葉響一枕急流涼客思淸如許秋宵永不妨雞聲驚
曉夢歷歷出松篁
國朝趙國麟記一則出觀門外西溪流水從大石下引過
門左穿竹根浸灌畦圃由圃東上嶺遊陳摶酣睡處側身
而入爲門直身而上爲洞鞠身而登爲樓轉身而臨爲臺
聳身而上直淩其頂爲峯皆大石磊磊自相倚著疑有巨
靈負而疊之循嶺北半里許爲煉丹爐石更大於陳摶睡
處夏屋軒廣中有天然丹竈東南諸峯軒軒霞舉皆具飛

昇之勢惜未攜葫蘆來由醉鄉入睡鄉一嘗希夷黑甜滋
味作半日洞中仙當不知人間世黃粱幾熟矣
隱仙觀南二里爲淸風嶺高可御暑下爲臥石山近遊草謂
之叱羊山奇石絡繹自巔及趾如羊數百羣西三里爲天平
前砦赤眉所壁卽此地極暘衍絫石爲臺基阯猶存
天平前砦西南爲三嶺峒一名三台山突兀鼎峙黔麗入雲
若勒水軍橫截谷口皆元常元旗黑甲烏羽之繒望之如墨
北巖曰獨秀峯奇巒孤標函三爲一上爲九龍宮中爲玉皇
廟明崇禎間重修其下亦有感應侯祠圮松柏存焉東六里
爲女智崮一峯銳削黝黯稽天亦無爲軍藍本也而羣山四

斷突絕徂陽直如先驅奮勇奪勢堅不可撼
唐李白題崖文曰獨秀峯○右眞書勒三嶺峒北相傳爲
李靑蓮筆
金石震題名文曰徂來居士石震過獨秀峯覽太白遺刻
有感題識於後堦党懷英偕行庚寅長至日○右眞書勒
獨秀峯北崖庚寅葢大定十年也
明蕭協中獨秀峯徂來山翠鬱迴盤望裏孤峯秀可餐迴
出斷煙撐日月高標淸漢插闌干亭亭每作芙蓉態挺挺
時將拄笏看到此遊人偏著眼漫題名姓附巖巒
貫人峯東四里爲風門口雙崖爲門水出其間曰西別谷東

南里許有釣魚臺玉梁灣石可垂釣水有横杠也東南三里
爲崨山連延崨礏其南朱櫻夾岸曰櫻桃園東二里爲演馬
嶺廣可馳騎下有飛湍東别谷出焉西南流五里與西别谷
合南注小汶嶺上舊有趙州庵僅存呂仙閣中爲北斗殿俗
呼團瓢下爲三皇廟人稱徂來七十二觀寺此其尤者而野
樹疎蘿荒亭頹剎徒增今昔之感南五里爲砦山峭石爲藩
巖棲者之險固也
蘿山在砦山東八里下爲藍谿水如柳汁東南流過鎮里郈
西南入小汶其上有光化禪寺創於元魏宋祥符年賜號崇
慶元初時節度珍重修成城記云寺當山奥左右兩峯如抱

前望諸山如翠屏遥列寺後有泉由山徑引入庭院潨潨循
除鳴東南里許石巨如數屋南壁有北齊王子椿隸書大般
若經字徑五寸東壁亦有字蘿山東北有大悲庵在圓瓦崖
〔北齊大般若經石刻〕。右刻八分書文多剝蝕僅存曰空
有無十餘字隱隱可辨後書冠軍將軍梁父縣令王子椿
餘猶有數道字及僧眞造諸字
〔佛號石刻〕。右刻八分書在般若經石刻東面其彌勒佛
阿彌陀佛觀世音菩薩大空王佛字尚完好後有中正胡
賓武平元年八字武平改元北齊後主緯之天統六年庚
寅歲也

〔元重修光化寺碑文〕曰重修光化禪寺之記●宣差東平
路萬戶總管府掌書記益津高翶書丹并篆額●徂徠光
化寺者其來遠矣始創基於後魏至隋朝而有光化之名
唐有天下三百餘年衣鉢相傳宗派不泯繼以五代之亂
寺從而廢趙宋開國迨及祥符七年復賜號崇慶而與明
孔山之靈巖相爲甲乙無何貞祐之變殿宇堂廡盡爲灰
燼靡有孑遺嗚呼名山勝槩福田善境何難成易壞也如
此蓋廢者興之本盛者衰之因此物理之常自然之道也
我左副元帥前泰定軍節度使時侯當紛拏之際卜寨天
保以忠誠義氣力戡大難保完老幼事甫底定又以凶荒

餓饉爲先備之計務勸課農桑使民力本積勞累功衣食
粗足時侯意謂向時大兵之下我一方生齒不冒矢石不
入湯火不轉溝壑豈非吾鄉中有善人大君子素積德行
有以感之者邪不然何皇天眷佑如此之重也若不革心
惕慮力行忠信誠慤焉能應之眷我光化名剎眞種福香
火之宫不得具眼目人殆難勸善宏教遂敦請暉公長老
住持載振瀚音行緣未盡以老退堂方法嗣高弟味口重
繼祖鐙公以謙退避遊沂水久而不還時侯虚法席使爲
善者老士庶無所歸依復遣人致書遠迎公不能拒振錫
而來遂夷荒剗穢支傾起廢意在興崇襲爵節度使時侯

政暇之日命僕來訪方丈參禮之餘四顧寺基周覽形勢又見作新法堂僧衆謹嚴顧謂僕曰大人元帥節使致仕休閒堂下受戒經營此地無一日暫忘金碧之像力猶未到倘冀年登民有餘力以爲後圖大人之心與吠公之心一也又語僕曰父有德子不述非孝也人有善外不稱非忠也敢屈雅意序其行事可乎僕恭諾承命謹採摭始終之跡刻諸琬□用勸來者大矣哉如來之教徧滿三千大千世界乃散在一切諸有含生之類如來閔念衆生皆有本來之性爲閻浮洲中有大黠巨姦六賊往來縱恣誑誕衆生造諸妄緣亂想使迷執不歸如來是故喻之以善惡

明之以因果恐未悟復誘以天堂曉以地獄爲善必升爲惡必墮諄諄切切唯恐一物之失乃至劫火焚燒非法雨無以息業風苦海沈溺非慈航不能濟駭浪噫嘻非如來大慈悲功德不可思議尙誰能極於此力乎其無生之理唯了心見性者得之僕以固陋無學安敢以胷臆妄論之矣歲次丙午夏四月有六日前進士諡津高詡記●武畧將軍都巡檢段欽軍民副彈壓提控薛寰武畧將軍總領軍民都彈壓夏進詳議官鄭居常宣武將軍兵馬都總領兗州觀察判官時遇鎭國上將軍承襲泰安軍節度使時宥立石楚太刊○右碑連額高六尺廣二尺八寸額篆仝

題八字四行字徑四寸文二十行行五十字字徑八分八分書在寺內壁閒東南向攷元史地理志兗州金改泰定軍元初復爲兗州節度使之官元初已易此碑時宥猶仍金制自是蒙古草創之時丙午爲定宗卽位之元年其時尙未建國號年號故但書甲子也

國朝成城宿光化寺山近失濃翠精廬返照明到門千樹合過澗一僧迎水石澄寒色松風起梵聲此時塵鞅客心跡亦雙淸

映佛巖在圓瓦崖東南三里壁高丈餘勒隷書般若波羅密經冠軍將軍梁父縣令王子椿十七字下方寬平若臺勒經

文字徑尺及七八寸不等蓋因石爲之東一里爲黑山松山在黑山東五里層松茂柏傾岑蔭渚有松巖洞東南一里爲靄蒙山常有興雲作雨之勢其山兩穴可通曰靄蒙洞又南里許爲兩埠山兩山對峙如岸

北齊般若波羅蜜經石刻文可識者文殊師利曰佛言世尊何故名般若波羅蜜佛言般若波羅密無□無□無名無相非□□無皈依無洲□無□無福無□無□如凡界無古今□亦無缺三十二字曾憶武平元年僧齋大衆造

後有四字類押狀不可識

頁西南爲竹谿在乳山下豐巒聳突林薈緜蒙舊饒竹谿水

遶出山陽而西注金安升卿勒竹谿佳境於巖字徑尺其下
二聖宮即六逸遺址也六逸者唐開寶閒孔巢父李白韓準
裴政陶沔張叔明隱此號竹谿六逸二聖堂祀孔子老聃刱
於元初時珍後增建玉皇閣王母殿三清殿今堂圮三清殿
側貧樂巖元人鹿善森茂之以儒隱於黃冠之所由巖折而
北爲演易齋許衡避世居此得王輔嗣易演之扁其室曰魯
齋後人識其芳躅焉稍西北石洞南闢僅容五六人趙國麟
顏曰簞瓢乳山西二里舊有毛姑庵元初毛女冠居此修持
旣化時宥爲表其墓因稱其地爲毛媼谷曰毛老谷誤也乳
山北爲嚮水河匯諸谷水澎湃西導曰日新池南達毛媼谷

過茆荄邨南西入大汶水經注云山下有陂水方百許步三
道流注蓋謂此也
元二聖堂碑文曰貧樂巖二聖碑記●宣聖五十一世孫
襲封衍聖公孔元措篆額宣差東平路萬戶總管府掌書
記謚津高翿書丹●蓋聞大道混冥老氏□以啟其□異
端□□孔子□以行其說迺立言垂訓廣大悉備包含萬
類一以貫之爲無窮不朽之教永作成法大矣哉非二聖
人者出其孰能興之故老氏以道德□□□□有三究元
氣之祖者則曰有物渾成先天地生寂兮寥兮獨立而不
□□行而不殆可以□天下母又曰道生一一生二二生

三三□□□□焉□□□□之術者則曰道常無爲而無不
爲□□□□守萬物將自化又曰我無爲而民自化我無
事而民自富我好靜而民自正我無欲而民自□立修身
之旨者則曰明道若昧進□□□爲道日損知足不辱知
止不殆戒以剛强守之柔弱此道德發用之餘蘊而元妙
之大無有□□□萬世無老氏道幾于息矣夫孔子之道
堯舜禹湯文武周公之道也故祖述憲章發明盛德大業
流風善政美化嘉澤至□□美□試□□□□□□□于六
經之中燦然靡所不載是知孔子之德爲人倫之標準作
王道之紀綱用之久治□之□□誠百王不易之道世□

□□□□□□道天地也日月也無得而名焉嗚呼三代
而下亂國相繼正道不行是猶天地不能無否忽泰則□
日月不能無晦忽開則明聖人之道□□□□□□則亨
故老子之教塞于周秦而見於漢之文景崇于兩晉盛于
有唐孔子之道厄于□□□□于大漢又昏于魏晉久息
于宋齊梁陳隋□□□唐則大振吾二聖人之教俱伸于
此時一謚帝號一冊王爵天下萬世之公論定焉愚故曰
爲無窮不朽之教者此其效歟厥後遊聖人之門宗□其
道者世有其人今我鹿公先生近之矣公北鄙襄谿人諱
森其名茂之其字也素業儒書尤深于易僕□向日從事

環慶得識徜宇兵亂之後垂十五餘載今□復與公相會公語僕曰善森先師同里鐵李眞人師事□□□□子郭鳳仙幾三十年得訣了悟眞人未嘗讀書經史之言問無不知或□□□時數處應請一日善森與二三友人講易於劉氏宅眞人忽至□謂衆人曰大易神變不測豈庸俗能探賾幽□乎□□元旨一坐傾聽從來未之聞也復謂善森曰以爾學道若不屏聰蔽明黜華□□□□□于今之世矣因感悟斯言它日斷髪毀形敬□師前叩頭請敎乃錫旨訓曰戒之戒之道以德爲本德以孝爲基爾終親□□□□善森□□毋以壽終老雖屢涉艱險常惕□□

不忘初□歲在癸巳來寓鉅平後改部徂徠不悔入道之晩務在力行語旣僕服膺此言以□其事公□□□指語默動靜無非道也公□□孔子□□□□老氏之敎又謂昔者孔子適周問禮于老氏以尊先進因立二像于一堂□□□□並坐□□友徒□□□□贍禮可謂不負所學而知所□□□嘗讀後漢文見孔文舉幼謁李膺之言而曰先君孔子與君之先人李老君同□□義而相師友融與□累世通家焉□子□□又知孔老以聖接聖同時行敎其名雖殊理則一也此公之作堂本意豈私也哉泰定軍節度使時侯父子崇信敎□□□下□德望□若公之志

行宜其見重僕忝與公有舊因拜聖容禮成而後不能無言謹取公始終出入之義及公□□行跡□□之言以序而□之用刻貞珉□之久遠休哉風化之行使爲儒爲道者皆敦朴忠信之人公之力也其尊師重道護持名敎爲牧民司事之本者又見時侯賢父子之功德宏大默膺蔭祐諒不淺矣前進士益津高詡記●歲次丙午夏四月庚申朔四日癸亥鎭國上將軍左副元帥前泰安軍節度使兼兗州管內觀察使隴西郡開國侯食邑一千戶致仕時珍襲爵男時宥立石○右碑連額高六尺廣二尺八寸額篆貧樂巖二聖堂之記字徑三寸文二十四行行五十五

字字徑九分八分書勒巖前南向泰山金石攷云孔元措在蒙古太宗時襲封丙午乃定宗貴由元年諸志皆云大德十年誤

王天定題識文曰許魯齋讀書處●歲已酉夏五泰山後學王天定謹識○右並眞書勒乳山下

貧樂巖銘○右中統元年七月杜仁傑撰嚴忠範眞書勒巖上文多缺損

山巖題勒文曰貧樂巖篆勒巖石演易齋篆勒貧樂巖左山下皆失名

唐李白送韓準裴政孔巢父還山獵客張兕罝不能挂龍

虎所以青雲入高歌在巖戶韓生信英彥裴子含清眞孔侯復秀出俱與雲霞親峻節淩遠松同衾臥盤石斧冰漱寒泉三子同二屐時時或乘興往往雲無心出山揖牧伯長嘯輕衣簪昨宵夢裏還云弄竹谿月今晨魯東門帳飲與君別雪崖滑去馬蘿逕迷歸人相思若煙草歷亂無冬春

〔明〕邱瓊題竹谿六逸圖　徂來之山竹滿谿谿中流水清漪漪昔人已往不可見至今陳迹猶依稀酣歌狂飲者六子就中最豪孔與李爲龍爲蛇誰豫知白也逃生巢父死

〔國朝〕尹樂孔竹谿懷古　徂來山色好蒼秀滿林邱勁節寒柯聳澄心碧浪流眼中空海岱天外寄蜉蝣六逸草堂在高風千古畱

〔趙國麟〕記一則　由毛老谷小谿而北兩山漸狹大石障其前幾無所見從石東轉上忽現一境青松紅樹參差上下依山爲閣茅屋數椽叢篁繞之門前石梁横互流水潺湲其上一幅王摩詰董北苑圖畫昔見其似今覩其眞渡石梁至閣下遙瞻閣上兩像並坐東爲老子西爲孔子此二聖宮所由名也坐老聃於左豈惑於史遷問禮之說歟抑尊神道尚右之說與吾姑未暇辨謹拜於西偏以明惟知有吾孔子而已矣由閣東拾級而上爲三清殿其下貧樂

巖爲元鹿茂之隱居處杜仁傑譔銘碑碎爲十餘段道士作亂石砌屋壁殘剝不可讀人生非金石安得長壽攷此碑才四百年已如此彼杜元凱峴山之上大江之下眞癡想耳然則金石亦不足恃而人固有壽於金石者所謂不藉器而存不隨形而盡此固吾夫子所不言而老氏道德五千言之宗旨也隱士當年其有見於此不

乳山　西十里爲懸珠山有石圓廣數丈倚綴東嵓牽藤絡葛望之恒有落勢康熙閒高臥雲沙居此立臥雲庵圮山之枝峯蠱鄗蜿蟺騰拏曰九龍嶺其下爲八道溝衆流分塢雲木冥緬釃爲十六峪或云石澑峪匯爲漿池隨地涌波如鶩漿也南流會響水河懸珠山西三里爲藥山林馨泉盎有聚泉庵俗稱大庵西五里爲北項亦有仁祠明宏治閒僧文原重建州人徐鑑記之又西爲廣長嶺爲團山

團山　在廣長嶺西五里峉咢四圍棋踩紆折其巔有古四禪寺北齊河清二年建金大定二年奉勅重建賜額法雲僧法潤福燈相繼住持元至元閒高峯禪師重修乾隆三十四年七月四日大雨山裂泉横溢寺基蕩然山南爲上峪水西流曰滄浪溝中一石屹特曰曬纓臺又西南入大汶西南里所爲望山言望而難卽也有石屋曰老君洞

〔金〕四禪寺牒記碑　上層文曰尚書禮部牒●尚書禮部牒

●泰安軍奉符縣天封寺僧法潤東平府普照寺受業僧
普汶太平鎮慶成院受業僧義政狀告見住本□□□□
□□□四禪庵本庵房屋係五十間已上自來別無名額
依奉上畔已經本軍軍資庫納訖合有錢數乞立寺額須
至給賜者●牒奉敕可特賜法雲禪寺牒至准敕故牒●
大定二年二月□□令史向昇押主事安押中憲大夫行
員外郎李無押宣威將軍郎中耶律無押侍郎●正奉大
夫禮部尚書兼翰林學士承旨知制誥修國史王押　下
層文曰徂徠山之西路有寺基相傳曰古四禪寺數代老
宿結庵居之僅就緒矣大定二年冬有住持法潤等經官
納錢賜額法雲缺五字檀越乃命福燈缺五字竊見形勢
峻側山水衝注難以修葢缺十字故阯瓦礫猶在因欲與
見遂具狀告官許令移徙今所建之地缺十七字恐後缺
三字不知其由謹將寺敕勒諸貞石爲遠久之傳云時大
定歲次壬辰庚戌月甲午日紀●南王邨維那首韓□耿
法林蔣法瑩韓友韓適蔣竹楊宥皇明常●西朱邨維那
首張明寬高法元畢政王琮張清任成□仙●東萊馬□
書●勸緣住持沙門福燈立石●西王□木匠王眞石匠
王永模刊○右碑高二尺七寸廣二尺四寸作二層上層
敕牒有禮部銜二列一眞書字徑二寸一行書微小敕牒

三列行書字徑二寸惟奉敕字獨大泰安軍一段及年月
下姓名皆眞書字徑五分其用印處有三印徑二寸篆文
曰尚書禮部之印後三銜字徑一寸五分末行字闊二寸
四分甚扁下層記文三十行行十一字字徑五分皆眞書
碑立寺中今與寺俱佚矣此從舊拓本錄之
望山南五里爲他山斷而復起碕岸前橫白蓮泉發源其西
南有穀積山圓銳若堆粟泉遶其南西南流其經流曰順河
入大汶泉源北羊欄邨有法雲禪寺僧福燈建其南曰獨山
一峯特起迴拱梵宇泉泠泠然濬爲池葢巖巒交蔭潤鬱懷
煙浮響亦祇洹之幽境矣

金重修法雲寺碑文曰重修法雲禪寺之記●徂徠山南
羊欄邨有四禪寺廢基石佛斷碑尚存創建於北齊河清
二年今有僧福燈者兗州曲阜人也俗姓屈氏爰從妙齡
慕善出家爲童行時雲游濟南投開元寺普賢院安居日
久禮僧賜紫眞教大師善慧爲門人受業披剃厥後出入
起居事師之禮□罔不循一日語福燈曰人能宏道非道
宏人佛道至妙苟非我輩孰能闡揚汝其念之當擇有緣
之地以回勝事他日福燈飛錫北來故照此所有大因緣
與僧法潤等結庵上峪或迎送約束或求化僧儲往來維
行斯地觀其四禪古跡未嘗不惻然動懷屢見檀越高年

碩德具說修建之意翕然喜從有西朱郡華嚴經藏主張
明寬南王郡韓法圓俱受五戒自後酒肉葷腥特不濡脣
二公同志悅清淨慕山林凡百正己惠貧放物仁義兼行
爲里人所重舉事推誠住持僧福燈堅請明寬等爲□首
雖義不獲已退省畢抑不惟不敢自擅亦嘆獨力不暇給
也遂專見衆郡耆艾說其修建緣事靡不允合即約同陪
入山臨四禪古基之次□偟周覽少頃燈公謂諸公曰此
廢敗之地不可薦修寺宇當別卜善地而興刱之僉曰然
于是去古基北數百步閒選地數畝形勢爽塏宜建佛宮
之地當年二月差收穀且闢荒榛起磐石修□阯人皆不

憚服勤之勞新□既成遂乃鳩工集役遴選材木㠯經㠯
營富者輸財貧者効力修成法堂方丈僧房各五楹八椽
寢堂三楹八椽棟宇雄壯簷殿高揭窗牖疏明經始於大
定辛卯仲春慶成於丙申孟秋其笆瓦材木皆砌石局工
師日食之費約用錢伍千餘貫蒙檀越厚助俾衣鉢有資
既而堂宇功畢燈公與衆糾首共□幸遇昭代聖□復起
□大定之初天下鴻寧釋教大興□□□住菴僧潤公等
與善知識數□□大發□意裒集錢叁百貫依奉上畔經
本軍軍資庫納訖錢數乞示寺額伏蒙朝廷特賜法雲禪
寺噫寺之名額尙矣堂殿佛像廊廡次焉若不刻於石永

爲廢毀之憂命莘夫以紀歲月垂諸不朽梵刹之側諸山
環拱屹然而起者東曰他山西曰穀積山也蔚然而秀者
南曰獨山也潺潺乎瀉于兩峯之間者方丈之後谿也三
門之前泠然清濬注焉而不盈酌焉而不竭者白蓮泉也
其餘林木谿壑尤美不勝言異日老宿大德若聞而知之
接袂連馭自他方而來棲遲於此間也愚雖顓蒙竊聞法
雲禪寺檀越四遠鄉郡繁阜風俗協和禮義相睦純質而
厚簡約而廉貧居豪室慕善之心□皆有之每當春冬農
隙之時或於精藍或就私第舉蓮社廣齋供延僧流讚誦
梵音講究貝書瞻禮聖像□興缺五字勤是知佛教不可

思議住持僧福燈自天德二年貞元元年兩次經本軍陳
□□乞存留餘□公據二本帶請到遶三山欄地土缺五
字南至穀積山缺六字西至□山高家峒缺十二字內據
稱除出石柵闊硜砲□焦砂磧外合輸□□□至大定八
年又經本縣告狀出給公據令福燈毀坼翻移□□□□
屋宇材木磚瓦一□修建施行是爲可書自度膚淺故不
敢述文姑遮其實以誌之大定丙申仲秋晦日故濟州司
錄孫張莘夫謹記●田茂刊●勸緣住持福燈立石○右
碑亦分上下二層上層刻勅牒與四禪寺牒文皆同惟牒
文見住本下軍奉符縣羊欄郡七字未損及拾貳月與四

禪寺牒云二月者稍異耳此碑高四尺四寸廣二尺五寸上層字較彼碑差小下層記文二十八行行四十五字字徑五分竝眞書在寺中殿前南向

頂北爲芍藥峪距頂二里春葵花發如翦刻彤雲敷被岩澗而遊玩者希眞空谷麗人芳艷自賞矣又北爲無鹽山汶水逕其西北俗呼爲無影山又北爲鐵牛山山伏天寶寨地中露脊如鐵山上有廣生殿人呼鐵牛廟頂東北四里爲紫源池一曰紫硯一曰紫灔波石相輝如茜水最淵闊産菖蒲及玲瓏草芍藥峪匯此東北流逕天平後砦東至沙溝河北折過西莊西北入大汶池北爲長春嶺

長春嶺黃壤秀異周延約十里宋石介卜築其下多從遊者世謂之徂來書院今遺阯猶稱講書堂介字守道奉符人勇於行義師事泰山孫明復力舉七十喪以薦起官終太子中允學者稱爲徂來先生著有徂來文集明歸有光采入諸子彙函謂之長春子旁有姜潛別墅曰讀易堂石介在蜀寄潛詩連雲棧外四千里讀易堂中一卷書潛字至之石門高弟爲陳留令以不行新法罷歸北爲天平後砦亦樊崇嘯聚之所有演武場柱窩遺跡砦東有龍谿東北有燕子石屋水逕其側峻陵飛湍下注迴淵曰躍龍灣崖上凸起三畫宛若蠖蚔故云北導西折爲四里河遶徂來北麓又西南流入大汶

鳳鳴山在天平砦東北若歸昌昂首張咮然下爲黃峪東西兩仙霞鴟蔚起崖崿又東爲虎穴山爲牛山皆以狀受名有峪極靜深曰大藏西有下庵

頂西北五里爲中軍幛當徂來中壘石班部如營落去天平後砦頗近樊崇嘗竊據之康熙間建三清殿前有地道深杳西爲招軍石周多春臼旁有塢旺泉遂谷涌流下注大峪西流入鷹愁澗南二里爲花坡東南距芍藥峪二里幛東二里爲金魚石相傳岩石中藏神魚一昔風雨石自剖裂而踣其半魚乃躍去今壁上橫坳爲半魚狀長數赤丁丙鱗鬣畢具金屑燦然踣石仰臥亦有坳具半體長短廣狹可符合也又有石高數十仞其上傳一劍僅露鐔首莖長四寸可握拔之見臘之鏽者二寸許堅不可出矣或謂劍仙劃石而取金魚留此以示獪也其信然耶水經注所載日南王范文鱧魚化石冶刀斫嶂之事此與畧同抑亦奇矣

〔元〕時震題識文曰觀濤●大德四年歲在庚子仲冬之初泰安州儒學教授時震題并書○右眞書勒鴟旺泉石壁

〔明〕許應元題識文曰金魚石●泰山封尙章張虎有徂徠之遊至中軍帳忽雷雨大作東□□峭崖□□欹臥□□兩石魚痕如一赤黃瑩然意者石□化龍去題曰金魚石聊以紀異云爾昔嘉靖十二年六月三日也□□許應元

□□。右眞書勒金魚石上

中軍幛北五里爲玲瓏山隱岬漏日窮岫泄雲黃綺之儔於焉偃息有埜人洞唐王希夷嘗隱此希夷徐州人好道居徂來山中與道士劉元博爲棲遁之友元宗東巡勅州縣以禮徵至駕前年九十六上訪以道義甚悅制以處士王希夷爲朝散大夫守國子博士聽致仕還山州縣春秋致束帛酒肉尋壽終

〔金〕孔端肅題名文曰明昌三年秋孔端肅自闕里之徂來訪石君德潤山齋遊覽名勝歷萬松嶺登絕巔禮神祠北下林壑更幽一山岣嶁特異名曰玲瓏巖古洞深敞傳唐

王希夷嘗棲此書之以識遺蹟云。右行書勒埜人洞壁

中軍幛西四里爲角山兩峯尖峭若繭栗上有三石支撐若衣桁曰秋千架其西崔嵬上正爲大砦□迤東斗岸幽壑則鷹愁澗也水北流經石匣溝匯爲白鶴灣又東北會四里河大砦□西北三里爲攢石嶇

〔元〕杜仁傑題名文曰長清杜仁傑與嚴忠範遊徂來觀水于白鶴灣松崖臨壑高深難量□□鶴回翔□□昔中統元年七月也。右眞書勒白鶴灣東崖

攢石崮峭石星羅亂若抽筍嵲若注炙北崖篆刻竹谿二字葢党承旨懷英筆谿水西北流夾岸支竹叢生雜以楸桐北有竹谿庵懷英讀書處西北有轉山水遶其下匯曲水河入大汶懷英字世傑官終翰林學士承旨謚文獻博洽善屬文尤工篆籀時人以東平趙渢配之號曰党趙著有竹谿集行世庵久廢康熙間建玉帝閣北爲屏風巖石橫崖壁爲竹谿北障上有題名

〔金〕安升卿題名文曰岱下安升卿與徂陽王賡姜孝儀遊徂來探古跡谿谷磷磷松柏森森御冠軍石經于佛谷訪竹谿六逸于乳山遂登絕頂拜慼應侯祠憩于紫霞洞次臨紫灩池白鶴灣過徂來書院至竹谿庵小飲躋北巖而望岱宗心遊天外也明昌壬子孟夏記。右眞書勒屏風

巖石上

〔元〕竹谿庵碑文曰竹谿庵記●泰安州儒學教授時震撰泰安州儒學教授劉紱書●竹谿舊爲名區也尙矣粤自隋唐遼宋賢士大夫欣慕謌詠之作所以誌其盛者不爲不備及乎名姓刻列于碑陰世失其舊剝落而不存者多金□□党公一時修建猶多□滅不能完復可勝歎哉其興廢之由固有關必無□□不可數計亦由夫宏繼者或非其人安措失宜張而復弛卒無成效者有耳此得庵主□道源□□□李之高弟李公嘗以賓道□重其能道源洎進徒劉進童踵成其事二師皆性行修潔志務勤苦已

不□□難强入深爲遠邇敬信故當初弊難祈更興□積數年閒雖未能復還舊基而殿廊齋舍抑次第而合時完矣其不墜徂徠芳遊者夫豈偶然哉越大德戊戌歲□□劉公學而愛敬之由上攷來爲奉符尹公久于國政克勤吏職受任伊始量時敷治境內賴安一時行旅過此追憶是庵爲移時之留因□二師輔□□軍居此晨夕起奉香火凡耗減無一不復焉即其所恢拓書社振起文明爲此境鎮缺七字且告以成敗之由毅然爲之倡首從而助之者皆不憚□□劉公喜而和之愈璧已焉□□匠會未閱月工已告厥成矣而□于是擇吉日會鄉老升堂共治成之二師既感其誠不吝有所樂施者衆苟非刻石以誌將毋以助施□遂徵文于僕任□□職義難固辭乃總其始末幷編次助施姓名庸紀是歲月云·大德四年十月己卯日。右碑文與額及碑陰幷眞書漫漶過半在今玉帝閣旁

〔宋〕石介訪竹谿呈孟節有懷熙道到頭泉石是吾家坐石聽泉日已斜一片靑衫非富貴千竿綠竹好生涯君曾攬照頭皆雪我試看書眼亦花更好結爲山伴侶敎他變謡佐勳華

轉山西爲嶁峋山山巓有傴僂之狀不能儗衡嶽也又西爲

吳山峯巒特秀澗水西南流入大汶其北三里爲宋石氏塋域守道先生墓在其西元遺山續夷堅志云太和中墓崩諸孫具棺葬骸骨獨其心如合兩手已化爲石此殆其遷葬與北歸志云徂來有石守道故居地曰北王郕祠墓尙在有司春秋祀焉石氏於金源末造最豪强石珪父子乘變握兵爲方鄉雄時人爲之語曰先有石家林後有徂徠山若得石氏敗山倒汶河乾蓋以諷也而守道先生之遺澤亦稍陵遲矣

〔宋〕石氏先塋墓表文曰石氏之先出於衛康叔之後康叔文王之子周公之母弟然則石姬姓矣案本記云衛靜伯生公叔公叔生顯伯顯伯孫摯生何爲石氏春秋左氏傳隱三年有石碏碏子厚莊十二年有石祁子成二年有石稷襄十七年十九年有石買二十七年二十八年有石惡襄二十八年哀十七年有石圃哀十三年有石曼姑哀十五年有石乞十七年有石魋禮記檀弓注有石駘仲莊八年又有齊小臣石之紛如十九年又有周士石速僖三十年又有鄭大夫石甲父文十七年有石楚成十年有石首襄十一年十三年有太宰石㚟昭三十二年周又有石張定十四年又有天子之士石尙定十年又有宋卿石彄六國時有石奢嘗相楚國漢有萬石君父子晉有石苞石統石喬石崇石樸又有石鑒唐有石抱忠則天朝爲天官侍

郎石雄爲將石演芳著忠義□□六世祖自滄洲樂陵縣遷焉令爲兖州人也吾祖初遷而南得邑曰乾封（後改奉符）鄉曰梁甫里曰云亭邨曰商王負太山挾徂徠有二大山之鎮且汶水注其後經其西遂築居焉仁者樂山智者樂水吾祖其近仁智者歟吾祖之初來旣鮮兄弟亦無族姻有田百畝事以農爲業久之始生高祖遠高祖乃生曾祖七人石氏於是遂蕃長曾祖性嚴毅善於治家每晨起令諸子弟畢先趨田畝羣子弟無敢後者故石氏富於衆且當五代兵寇之時中原用兵諸祖又皆敏有材力習戰尚勇騎射格鬬豪於鄉里趙將軍者鉅盜也衆數千人張旗鳴

鼓攻掠郡縣其鋒甚盛嘗過吾里中不敢爲寇遣使乞具一飯諸祖諾之行人更其辭賊憤乃來戰遂陣於南門之外我不素備猶殺賊數百人方戰時遇力疲則憩於門內蘇而後戰賊勢已削將引去未得尚酣戰三曾祖鞋係斷投門門內有姦閉門不納遂敗是以長曾祖七曾祖大祖父二祖父四祖父七祖父皆沒於陣三曾祖善戰旣敗賊入門升堂階又斬賊副（□□□□花頭）乃攀堂檐而□□出里餘息於栗林西數十步渴就溝水飲眼皆血出滴水上苦戰如此然竟免嗚呼石氏之遷其當唐季乎戰之歲在晉開運三年也後五年慕容氏反兖州即□□祖廣順四年也

賊□□二年石氏乃分曾祖第六房無嗣與第五房合爲一院凡六院後第四房嗣亦絕爲五院今第一院分六院第二院分三院第五院分四院第七院分二院□十六院然皆出於七曾祖□敘其略第一院曾祖諱路堅娶顏張單生大祖父二祖父大祖父娶秦氏無子女二人長適西王張氏次適南顏張丁讓二祖父娶侯邨鄭氏生長伯父明二伯父□長伯父娶陽關朱氏無嗣一女適劉聚湘筠其甥也（伯父□□鄉里□通傳）二伯父娶淳于桑氏生六男曰用曰誠曰元吉曰政曰峯曰宣三女長適舊縣陳隱次適下邨張氏次適下邨趙氏用二男曰巒曰福一女適聶氏福生

圭巒生先福哥先生大眼誠一男曰澡三女適寇氏郝氏韓氏澡生翁兒元吉一男曰淵一女適夏氏淵生王兒政一男曰簡二女適周氏李氏簡生□□□□三男曰友諒曰友直曰友□三女皆適張氏宣三男曰全曰師恭曰師讓二女長適富氏次在室弟二院曾祖諱路釗娶劉氏生四祖父洪十一祖父瓌一女適李氏□□□□□□□□□□□伯父□五伯父娶李氏二男曰坦曰榮一女適□氏坦生師睦師和師厚一女適晏氏師睦生課兒榮生師哲師敏（四祖父嘗爲桑令公驄頭故鄉人呼牽籠）十一祖父娶西張載氏生四伯父匀二女適劉氏張氏四伯父娶神氏生寬寬生修己

黑牛一女適成氏修已生楊七弟三院曾祖諱路賓娶乾
封黃氏生九祖父文杲十四祖父九祖父娶屈溝□氏生
八叔父謙二女適耿氏葛氏八叔父娶下邨馬氏一男曰
亭二女適丁氏劉九臯十四祖父無子弟四院曾祖諱路
嚴娶趙氏事安太師趙侍慕容相公索太保天福七年補
御前子弟九年補獵務□□三年補中□獵射務都頭乾
祐三年廣順三年爲討擊副無嗣一女適戚澄弟五院曾
祖諱路眞娶柏子趙氏生十二祖父欽一女適太子中舍
劉閱十二祖父娶南王王氏生我烈考及仲父□□仲父
㞙季父居化二女適西朱劉氏百子趙氏我曾祖篤勤農

樂田野終身不遊市郭然喜衣冠嘗囑我烈考於鄉先生
願授以經因語□□□□□□□□鄉□□儒名吾
家吾老死足矣烈考果登弟列東宮官如其志先是鄉人以曾祖行
呼吾家祖父鄉里稱長者鄉人乏必貸之果知其不能償卽
取劵焚之善處鄉黨恂恂然無競今吾院視他院稍誼二
祖之德也我烈考諱丙娶郭夫人馬夫人劉夫人楊夫人
後劉夫人專三家春秋學大中祥符五年眞宗章聖皇祖
御前擢第仕至太子中舍生我兄□□及介企曾合與吾
姊吾姊適舉子孫周吾兄生師愚師通師勗師晦師默女
三人長適進士姜潛次適進士高樞三在室介生彭哥□

哥徠哥女□人俱幼企生師廉女三人俱未嫁會與合未
娶師愚生鼎孫女一人方四歲二仲父娶顏謝段氏生出
懷玉懷德女一人適舉子郭師顏出二女懷玉生師格師
賢一女懷德生師果師毅師□伯借二女三叔娶陽關薛
氏女二人長適伸邨姜文次適進士盧淑姜甥鑑錫社
哥女二人一適士孫廓一在室二婿擅文□甥宿學不爲
無後四叔父娶申邨姜氏□高唐氏生僉女二人長適王
氏次適任氏弟六院曾祖諱□娶楊氏無嗣女二人長適
西張鞠乂次適大吳劉乂弟七院曾祖諱□娶戚氏生八
祖父文密十祖父文秀十三祖父女二人長適石固王氏

次適顏謝南氏八祖父娶□氏生五伯父遂九叔父慶十
二叔父十三叔父十四叔父五伯父娶乾封寇氏生□□
□□四女適王氏楊氏馬氏杜氏九叔父娶大吳吳氏生
士元十二叔父娶劉氏二女適張氏王氏高祖之五女長
適顏張許氏次適乾封張氏次適上高郭氏次適侯邨□
氏次適□□翁氏石氏始祖一人高祖一人曾祖七人王
父十人諸考十四人吾輩二十一人自我而下詵詵未見
其止也若作厥室始祖基之高祖堂之曾祖構之王父□
之諸考落成之吾輩歌於下飲食於下子子如也然不敢
怠逸謹保堂構而已吾諸子若孫旣材而孝其必能大石

氏基斯厚矣堂斯峻矣構斯崇矣石氏斯傳萬世矣嗚呼石氏食此田百有五十年矣葬此地九十有年矣自始祖至圭八世能不失故田能奉祭祀今與曾王父而降爲三十二墳用康定二年辛巳八月丁丑八日甲申歸于大塋以附始祖高祖曾祖歲時則與十六院大合祭焉詩曰孝子不匱又曰無忝爾祖語曰死葬之以禮祭之以禮石氏子孫其庶幾矣乎塋域南北長四百八尺東西廣三百六十尺合一十七畝大口一百三十株槲樹一千七百五十株合一千八百八十株石氏子孫賢也塋闕固焉宅兆安焉樹植茂焉祭祀時焉苟不肖也何所不至戒哉○右石

氏先塋記石介撰士建中眞書孔彥輔篆額康定二年八月立墓前墓在汶河南岸案徂徠先生集中有拜掃堂記云石高五尺廣二尺三寸厚一尺列辭二千三百六十八字今堂已圮碑文多缺其始祖以下三十二墳皆有石碣亦㢘有存者矣金石文跋尾云歐陽公撰介墓表稱父丙官至太常博士而此表云仕至太子中舍與歐表異歐表介有子師訥此云介生彭哥川哥徠哥葢各舉其小字未審誰爲師訥也孫明復寄范天章書云今有大名府魏縣校書郞士建中南京留守推官石介二人者其能知舜禹文武周公孔子之道者也非止知之又能揭而行之者也

執事若上言於天子次言於執政必能恢張舜禹周公孔子之道以左右執事敎育國子丕變於今之世矣建中學行與介齊名當亦奇士而學於明復者仕至兵部員外郞史不爲立傳後世無述焉驗其書法亦自不俗

（明）建徂徠先生神道碑文曰宋太子中允徂徠石先生神道●明山西太原府平定州州判宋燾題○右碑在汶水南岸道旁近遊草云此宋繹田先生劾閹黨被黜時也殆感慶歷聖德軼事而題此碑乎噫薰蕕不同器忠佞不同朝屈於一時伸於千古曠代相感先後同揆其兩先生之謂與

（宋）歐陽修徂徠先生墓志銘徂徠先生姓石氏名介字守道兗州奉符人也徂徠魯東山而先生非隱者也其仕嘗位於朝矣魯之人不稱其官而稱其德以爲徂徠魯之望先生魯人之所尊故因其所居之山以配其有德之稱曰徂徠先生者魯人之志也先生貌厚而氣充學篤而志大雖在畎畝不忘天下之憂以爲時無不可爲爲之無不至不在其位則行其言吾言用功利施於天下不必出乎己吾言不用雖獲禍咎至死而不悔其遇事發憤作爲文章極陳古今治亂成敗以指切當世賢愚善惡是是非非無所諱忌世俗頗駭其言由是謗議喧然而小人尤嫉惡之

相與出力必擠之死先生安然不惑不變曰吾道固如是吾勇過孟軻矣不幸遇疾以卒既卒而姦人有欲以奇禍中傷大臣者猶指先生以起事謂其詐死而北走契丹矣請發棺以驗賴天子仁聖察其誣得不發棺而保全其妻子先生世爲農家父諱丙始以仕進官至太常博士先生年二十六舉進士甲科爲鄆州觀察推官南京留守推官御史臺辟主簿未至以上書論赦罷不召秩滿遷某軍節度掌書記代其父官於蜀爲嘉州軍事判官丁內外艱去官垢面跣足躬耕徂徠之下葬其五世未葬者七十喪服除召入國子監直講是時兵討元昊久無功海內重困天

子奮然思欲振起威德而進退二三大臣增置諫官御史所以求治之意甚銳先生躍然喜曰此盛事也雅頌吾職其可已乎乃作慶歷聖德詩以褒貶大臣分別邪正累數百言詩出泰山孫明復曰子禍始於此矣明復先生之師友也其後所謂姦人作奇禍者乃詩之所斥也先生自閑居徂徠後官於南京常以經術教授及在太學益以師道自居門人弟子從之者甚衆太學之興自先生始其所爲文章曰某集者若干卷其斥佛老時文則有怪說中國論曰去此三者然後可以有爲其戒姦臣宦女則有唐鑑曰吾非爲一時鑑也其餘喜怒哀樂必見於文其辭博辯雄偉而憂思深遠其爲言曰學者學爲仁義也惟忠能忘其身而篤於自信者乃可以力行也以是行於已亦以是教於人所謂堯舜禹湯文武周公孔子孟軻楊雄韓愈氏者未嘗一日不誦於口思與天下之士皆爲周孔之徒以致其君爲堯舜之君民爲堯舜之民亦未嘗一日少忘於心至其違世驚衆人或笑之則曰吾非狂痴者也是以君子察其行而信其言推其用心而哀其志先生直講歲餘杜祁公薦之天子拜太子中允今丞相韓公又薦之乃直集賢院又歲餘始去太學通判濮州方待次於徂徠以慶歷五年七月某日卒於家享年四十有一友人廬陵歐陽修

哭之以詩以謂待彼謗焰熄然後先生之道明矣先生既沒妻子凍餒不自勝今丞相韓公與河陽富公分俸買田以活之後二十一年其家始克葬先生於某所將葬其子師訥與其門人姜潛杜默徐遁等來告曰謗焰熄矣可以發先生之光矣敢請銘某曰吾詩不云乎子道自能久也何必吾銘遁等曰雖然魯人之欲也乃爲之銘曰徂徠之巖巖與子之德兮魯人之所瞻汶水之湯湯與子之道兮邈遠而彌長道之難行兮孔孟遑遑一世之屯兮萬世之光曰吾不有命兮安在乎桓魋與臧倉自古聖賢皆然兮噫子雖毀其何傷。右歐陽修撰見廬陵集

論曰徂來山郵民呼為駝來山名不雅馴而狀則近似及遊其中山色水光奧折蘊藉往者忘歸泰山如世室明堂祖社市朝巘巘奕奕令人不可褻視徂來則如曲亭迴榭花檻竹塿引人入勝矣山南有筆架山堯山爲山遠案函山影山大鹿山金雞山雲頭山白馬山相距數十里皆在山東南登太平頂歷落可數爲其遠故不詳

〔宋〕石介徂徠山齋熟寢家童報征西府從事田集賢元均張著作叔文趙推官庶明書至開緘讀之因題書後滿徑蓬蒿懶自鋤何人日午叩茅廬徂徠山下一枕睡經略府中三紙書言求貴勝縱橫出海鳥忘機飲啄餘唯有淮夷雅宜作文章兼不讓黃初

〔郵居〕幽居一畝枕溪棱階下松杉纏古藤常愛園林深似隱不嫌門戶冷如僧麥宜過社猶催種山近經秋卻懶登已把壯心閒頓置少年莫要苦相憎

〔國朝〕王士祿望徂徠山晚步石橋上南眺徂徠山委蛇露蒼蔚翛然眉睫間餘雪一以映宛如好女顏緬昔孔裴輩偕弄竹溪月嘯咏樵漁釣風俗亦清絕又聞石先生讀書山之陽父老尙能言餘韻何洋洋余既辭世網雅思侶猿鶴逝將營一椽於茲永棲託睠言野躑躅遠煙生漠漠

〔王士正〕徂徠山雲陰移徂徠影覆汶河水下有賢人居清

風被田里一抔詎能容千秋今廟祀

〔徂徠懷古二首〕徂徠林壑美復愛竹谿清應有雲霞侶幽居遠世情釣竿想巢父酒態憶長庚寂寞空山道寥寥千載名 當年石守道卜築亦于斯時際昇平日人傳慶歷詩子孫留伏臘水石映茅茨直道今誰繼淒然汶水湄

〔徂徠山下田家〕行行空翠裏明晦更多姿碧樹通郵落青山向嶽祠林深雞犬靜雨足隴苗滋他日龜陰稼躬耕亦不遲

〔程雲〕徂徠不爭岱嶽尊所隔猶尺咫面面成一方百有六十里五汶夾之流不然滔天起孫石讀書堂岩嶴不容趾至今竹谿存千載思高軌矧其對衡門朝夕互青紫或言采昌陽可以延年紀飲酒不暇仙終焉聊復爾

〔趙執端〕徂徠道中萬壘峯巒裏猶存守道祠清風半山竹遺跡斷橋碑雲與泰山接泉臨汶水湄逝將棄塵俗來此構茅茨

〔查慎行〕入兗州境望徂徠山青山雅淡如故人何可經時不相見我行久與故人別轉向青山增眷戀來從燕趙歷齊邦千里平沙黃一片眼前俗物壓勃塞物外心期失惹襟朝來雙眼豁然開已報汶流通魯甸日高螺髻矗諸峯天遠修眉浮半面含姿獻態各自媚一老峩峩聳冠弁茲山洵屬魯之望指點兒童悉能辨猶傳有道石先生六一

垂名抵佳傳聖人已遠道僅存此事終應賴狂狷昃行竝作高山仰恍惚風流覿前彥白楊風急不少留片帆忽過東阿縣

戍城已卯重陽前一日程蘊山明府邀同顏太守遊徂徠山信宿而歸泰山之下難爲山惟有徂徠𡸣兀堪追攀翠微一帶東南際令我隔城遥望開心顏程侯妙解山水趣農事方登少機務開筵峯頂作重陽鄭重前期戒供具太守風流澹蕩人翩翩五馬出郊闉軟輿絡繹不知數蓮花幕裏來嘉賓賓朋盡是江南客我亦生平愛泉石悠悠泮汶渡行人斜日一鞭山影碧山中有寺名光華橫峯側嶺

紛相遮不知泉聲活活出何許但見丹黃照眼秋葉濃於花明日來過𥖁石峪步步看山看不足誰能脫巾高坐雲濤堆靜對西風相與埽塵俗茲遊乘興爲淸娛崎嶇歷落任人扶芒鞋到處遊仙圖一宿再宿戍須臾我聞徂徠七十有二寺梵刹荒凉半委棄又聞竹谿名與唐賢著六逸高蹤無覓處世間萬事浮雲駛紅樹青山屬阿誰徂徠先生不可作茫茫俛仰空懷思掉頭一笑趁歸路奚囊懶就登高賦我將獨上泰山縹緲之峯頭阿閣神房千秋萬歲住

國朝趙國麟遊徂徠山記徂徠列太山前猶老人几太山坐而憑之倚偃其背若將俯焉以故藐徂徠者殊衆然松徑竹谿名藉甚典冊中心竊疑其必有異每欲邀同人遊荏苒幾十五年不克遂康熙癸巳九月徂徠道者邱師以木瓜三枚餽大倍常品色深黃幽馥內蘊問所由產曰樹生𥖁石峪石罅中歲可得數十枚予曰異哉因與邱師約二十二日丙寅同內兄黃子徵野門人張子漢張金子與參往遊焉行三十里小頓於團瓢至汶河沙平水淺一望無際隔岸諸峯翠黛撲人眉宇渡河數百武道旁豐碑大書宋太子中允徂徠石先生神道乃太史宋繹田先生所建者緣山西行數里一峯峆岈崒嵂勢欲飛墜邱曰此攢

石崮也竹谿六逸堂在其下又數里山隈叢樹森鬱殿宇廊舍若人冠巾幘襍立其中邱曰此四禪寺也又十餘里至茅茨薄暮矣山巔野燒明滅如雲月隱現邱指山半紺碧相間若樹若石者曰其中爲十六峪轉而東行五六里至山陽高子靜遠家叩門登堂菊英遶屋亭軒甚幽主人篝燈放酒縱談徂徠之勝以二聖宮𥖁石峪爲最廿三日飯於高子孟兄希程家高子昆仲具肴榼以葫蘆盛酒使小奚肩之出邨未半里東北一峯鬱確上銳張左右翼中權奮勇爭先渴驥奔猊勢不可犯峯前去巔不數咫殿閣皆露鴟吻蒼松數與石色相亂高子曰土人名此峯爲三

嶺崮其東北爲䃴石峪其西北爲二聖宮請先從西北入予曰諾行二三里甫入山道上怪石星羅棊布支麓起伏皆作峯巒迴環映帶步移形換沿溪行里許西北一山端嚴靜正三泉出山趾匯而爲池清鑑毛髮渡大谿北望諸山層巒疊嶂相爭相讓而出其最高者爲太平頂其西爲桃花峪其南爲毛老谷又循小谿而北依山爲閣閣上兩像並坐東爲老子西爲孔子此二聖宮所由名也由閣東拾級而上爲三清殿其下貧樂巖爲元人鹿茂之隱居處鹿以儒隱於黃冠杜仁傑譔銘碑殘剝不可讀由貧樂巖轉而北爲演易齋大刻篆書三字於石稍南草堂三楹爲

希程讀書小齋啟西牕千巖萬壑奔赴窻下夕陽繪影衆山皆紫希程又引穿竹攀崖而上有大石方廣數丈如岸磧投地南向爲洞俯而入中可坐五六人希程請題名予顔曰簞瓢所以繼隱士之志也希程設酒脯小酌問䃴石峪於道者曰踰東嶺可十餘里騎不得上由前山逵頗坦殊遠因亟命僕同邱師持襆被驅騎出山期見星而會予與徵野等各持藜杖倩山中樵子作鄉導登東山樵子指道中狼跡大寸許同人皆有戒心轉而南忽見一峯突兀傲岸迎面而出卽之甚邇似乘墉相鬬者樵子曰此三嶺崮背面也踰嶺望之卻在天際其東嶺如人如獸如列几

筵如陳簠簋如建幢如樹幟肖形賦物不一而足東行至一嶺石皆蛙形俯仰向背跳躍聚散大小數百頭下嶺北行至風門口曛黑無所見忽聞羣狼嗥鳴悲慘激烈顛髮上指樵子大聲疾呼同人叱咤繼之響震巖壑過風門口東下又聽犬聲四起與人聲狼聲伊啞叫嘯嗷嘈喧豗山鳴谷應樵子曰將至矣稍前人聲漸近道童來迎予左手拍道童肩右手扶藜杖行落葉中索索有聲屐滑將仆者數下視澗中樹石查牙虎豹蹲踞虬龍怒拏羅刹變相倏忽萬端險不可測將下嶺樹中火光熠燿道人持燎相迎從樹下度溪到院中惝恍夢幻似不從人間來也煉師解

純一鄒平人深情古貌少習黃石家言設山中蔬果飯客言開山于仙尸解事娓娓可聽久之邱師來秉燭引同人從屋後緣古藤梯石而上木瓜竹樹叢生石中石巔倚崖爲茅屋屋東上爲純陽閣閣東南上又爲玉帝閣閣前砌石爲欄火光中見諸樹杪盡出閣下閣東曲室解師丹榻也予曰今晚當借蒲團一片地矣就寢夢中猶陟危峯不得上數驚覺殘月入牕狼聲遠來枕上淒清欲絕披衣起坐視牕外月光漸白昧爽啟戶閱昨夜諸境恍如隔世事所寢曲室在懸崖絕壁之上古柏之巔乃知身臥鶴巢猿窟中也從院中遥望貴人峯孤秀刺天上下如削出門外

由閘東上嶺遊陳摶酣睡處循嶺北半里許爲煉丹爐石更大於陳摶睡處下嶺到澗中老樹怪石觸目皆東坡藍本登南山小普陀巖正拱貴人峯下巖過小澗登西山山中田父攜雞酒來助道人供客同人遊興愈豪飯後登純陽閣轉而西觀于仙葬衣冠處下大小石梁遥大石倚崖環坐四望峪中曠如奥如兼擅其勝浮大白話山中雞犬桑麻大類桃源人說避秦事不復知外閒尙有魏晉同人皆神怡心曠樂而忘返解曰立夏三日則櫻桃熟赤珠映日火齊萬樹百鳥飛鳴聲中簫管坐磐石餐丹砂吸寒露沁入心脾爾時先生盍來遊乎予曰來解曰深秋巖壑盡

變楓林霞烘雲染丹朱萬狀猩血浸人袍袖眩目醉心爾時先生盍來遊乎予曰來解曰峪東爲光化寺又東爲大悲庵西北爲中軍幛又西爲紫源池皆徂徠幽境也先生盍遍遊乎予曰總俟櫻桃紅葉時當辦幾量屐踏盡徂徠萬壑雲耳時日已暮希程靜遠同田父俱去予與諸子復留山中晚登西嶺尋來時路問諸峯名於解師爲作遊記張本廿五日辭解師出山過遥瞻門渡隔塵橋行兩山閒奇石絡繹令人應接不暇將出谷口西偏一山自巔及趾如羊數千頭立者臥者跪者觸者齧者乳者舐者負者奔者登者墜者大者如羝小者如羔予謂徵野曰此君家初

平叱餘之石也稍南爲女智崮轉西行二三里至天保莊遂乘騎經三嶺崮前麓山川映發標新領異無一來時舊境廿六日别高氏昆仲一路望徂徠諸峯如逢故人矣三十里至汶河南岸拜徂徠先生墓觀先生所作先塋墓表爲孔彥輔書惜堂已圮石已泐字已闕且始祖以下三十二墳碑多湮沒存者僅碑額數字而已予讀徂徠集孔孟仁義之言未嘗離口其文嶙峋硉矹磥砢歷落而浩然之氣布濩行閒直具體子輿氏之氣象者夫山之奇以石泰山巖巖藏萬仞之石而不以石顯徂徠峨峨分泰山一支而遂以石著此泰山與徂徠之分即大聖大賢與賢人之

分也低徊不忍去者久之歸而爲之記

岱覽卷第二十二終

岱覽卷第二十三　泰山書院院長陶山唐仲冕六幕輯

附覽四卷二十三

新甫山圖

新甫山　小泰山　雲衢岫　靈寶山　麻塔峒　朱霞嶺　義山　興雲洞　望仙臺　總論

新甫圖　附覽四

新甫山

新甫山在泰山東百三十里隸新泰縣縣本魯平陽漢東平陽屬太山郡後漢省水經注云春秋宣公八年冬城平陽杜預謂今泰山平陽縣是也河東有平陽故此加東矣晉武帝元康九年改爲新泰縣也晉太康地志云泰始中鎮南將軍羊祜以縣人表改置新泰縣仍屬太山郡晉惠帝割屬東安郡後魏屬東太山郡隋屬瑯邪郡唐武德中改屬莒州貞觀八年仍屬沂州金改屬泰安州今州升爲府縣仍屬之山在縣西北四十里連萊蕪界詩曰新甫之柏王伯厚困學紀聞云傳注不言所在惟後魏地形志魯郡汶陽縣有新甫山通

典漢汶陽故城在兗州泗水縣東南改新泰名縣以新甫泰山得名北魏汶陽非漢汶陽也兹山爲新甫無疑山東通志云嬴汶北流梁莊羊流等河西流明譚性教記云泰山東百餘里傑峙若左輔者爲新甫山新甫南扆新泰北屏萊蕪府志云高峯插天盤結百餘里爲泰山左翼舊名小泰山蒙案今名宮山蓋以爾雅大山宮小山亦猶廬山有宮亭之稱不必一由宮室也宋常魯記云漢武帝易小泰山爲宮山封三峯爲義山未知何據爾雅釋山注宮謂圍繞之禮記曰君爲廬宮之是也九峯如蓮俗又呼蓮花山

新甫絕頂爲九峯之主峯曰小泰山奇峯淩漢羣嶂倚霄蒼翠若畫屏百里外望之空青縹緲層疊不盡上有古柏九株輪囷蟠裂蓋所謂魯侯之柏說者謂其數應九峯也峯端因石爲基構大士殿雕題斲桷有飛雲捲雨之勢祈禱者趾相錯也觀音白衣兩巖雄傑夭矯有天然石屏風爲之閉廁若東西分陝八峯如八索坎高離明震下空而兌上缺四隅參差錯落各肖卦體又如八陣圖風雲魚鳥箕翕翼舒疑有天工位置非直鬼斧開通主峯端嚴不倚羣峯向背有情即西南一峯若欲離而去者行不數里即迴睇轉抱東北諸峯杈枒馳驟若不相能皆如蘭錡排列萬馬奔赴一塵不驚此宮山之所以爲宮也

中峯有岫曰雲衢雲氣往來時有車馬旌旆之狀翠柏蒼松相掩映最爲奇觀其前爲南天門登頂者由懸逕轉上界斷橋絕壍迴隔塵寰旁有鐵練牽引猿跳雀躍而後可過而升也府志漢武帝以甘露降建甘露廟於南天門今改建縣城東

中峯左爲靈寶山右爲天臺山崢嶸峭岃翠色可餐皆迴巧獻秀於中峯張相漢記所云拱揖環抱皈禮大士也

中峯迤西爲嘛塔崓高亞於頂而嶮隘過之有道人結茅舍爲白雲庵其上有老虎窩其下有水寨谿谿水渟泓由五雲澗出蒸氣如雲西北爲挂斗巖斗杓東指橫斜天半有人祖廟祀三皇廟西有白雲洞上有池爲天河水源藏雲根瀉若銀漢下有曲沼承之注而不傾其下有千仞淵深廣不可測中峯迤東爲朱霞嶺丹崖紺壁中有洞曰朝陽虛受暾旭隆冬不寒其下有春榜溝溝上削壁如橫膀苔蘚春深若有文字其東南有仙人洞洞中石榻瓦枕及几案烓鬲之屬皆備焉由春榜溝而來路甚險奥仙人橋天然兩石橫架絕壑間非定靜者怴瞶眙而不能上也崖間有上中下三圈懸流飛瀑直達春榜溝鬭春榜溝諸洞天嵌空玲瓏俯見流泉仰見日月亂時人多入之近如武陵之迷徑矣其前有末子坊雲衢岫北三峯爲義山嵯峨削成得天地巖凝之氣又北爲

黃嶺荆關畫本也其下有蟠龍洞深窅無底東北有師曠墓
師曠墓畫像石刻○右刻四面無年月作車輪蛇龍之狀最奇古在山麓師曠墓前縣志云有籀文十三行奇奥不可讀
國朝新建師曠墓表文曰新泰縣治東北二十里許南師店有曠墓碑表無復存者旁有廢土基並石臺高二尺許別無可得攷諸傳志曠字子野魯平陽人爲晉樂師後爲平公少傅其所論述志載之詳故不暇深論攷周封禽父於魯錫之禮樂較諸他國稱大備焉生兹土者其於樂咸能明其精意而紹其微傳如師摯師襄輩其興雅正樂之

功千古莫及是皆與宣聖同時案左氏傳而師曠之生又前於宣聖其論備出君則在成公十四年余初疑曠既爲魯國之良何不用魯而用晉或者三桓僭樂成襄之世已兆其端曠早見及寧以身托異國必不甘首屈私庭其卽師摯適齊師襄入海之意而行諸未然之先歟且曠之心尤有千世未經發明者周室既東齊晉更霸而齊非同姓晉實宗邦故曰周之東遷晉鄭是依以晉平之賢尊士樂道固可與有爲是曠之去魯適晉者不止以去魯者存魯而并以仕晉者宗周其用意深微正與春秋之旨有合至其始終不忍忘魯之心於其歸葬兹土而諡見雖首邱之

義古人所重然曠之仕晉得君不爲不盛汾陽安邑之墟詎無抔土瘞其遺骨奈何戀戀故土求歸葬之爲安耶明乎生之用晉者非不欲爲魯用正恐魯不能用而反爲三家用死之葬魯者終以身爲魯有固不獨三家不能有而並晉亦不得有余於曠生仕死葬之際而識從古聖賢用意忠厚其不爲人所測者往往如此也○右盧紘撰眞書勒墓前

雲衢岫南爲興雲洞外狹中闊可布几席夏秋雲從洞出滴露如雨便成小渠引之沙石間濺濺有聲又南爲長生池上下兩塘潛通暗注中間相距百弓下塘游鱗或泆行出上塘

往來响沫鬐鬣可數又南爲漢五丈夫松虬枝螭榦支離鬱盤不羨五株封也新甫又不僅以柏名矣又南爲蓮花砰石磴平廣萬石攢簇東崖有石梁飛瀑漱玉濺珠巖輝川媚橫腰如帶既束復解挂壁若簾半捲半垂蓋清曠不及御帳崖而峭奥有加焉其下亦爲快活三登山者得平下下山者得上登皆可節勞而改觀故快活也又南爲初天門兩崖中豁雲爲之關其下有毬杖壑流水縈洄雜樹葱蒨致爲幽勝山東西有兩候城故堞存焉方輿紀要云兩候城東西相接漢武所築逕岡俠巘塽垷周環層巒疊翠包裹嚴密九峯在望蓮蕊中攢外則荷茄紛披遊者屢進不窮如剝蕉筍及上天

門乃登芙蓉之國菡萏之鄉又如五城十二樓中直造珠宮貝闕也初至候城忿不到此山之最有含蓄者所謂宮也候城西下有漢武帝廟漢書武帝巡狩所幸郡國凡四十九皆立廟此殆其一也今廢殘碑尚在

〔宋〕修漢武帝廟碑○縣志云漢武帝碑在宮山西陸地聲類磬爲樵牧石子所擊遍成圓凹深闊皆三寸許字無一存惟額上有漢武皇帝之碑六字志又云漢武帝廟在新甫山今廢蒙案碑文眞書碑連額高六尺廣二尺字徑七分文漫滅行字皆不可計唯碑下段每行存二三字者十六行中有元豐二字可識蓋宋刻也

山陽爲望仙臺有古招提曰雲孤寺志云秦始皇封禪東巡駐蹕於此漢武帝亦幸此山見仙人跡石上因建離宮築望仙臺世以爲宮山之所由名也臺旁有石秋千架雙柱如琢苔蘚斑駁傳自漢時至今存焉其下爲張莊原

〔晉〕任城羊太守妻孫氏墓碑文曰晉任城太守夫人孫氏之碑●夫人濟南孫氏之中女也實曰□姬其□與齊同姓□别閭族遂以爲氏父列卿光祿大夫建德亭侯以儒雅稱世濟其休夫人少有淑質純靜不□寬仁足以容衆明敏足以辯物九歲喪母少爲父所見慈撫終喪哀毀坐不易位□有隱括傅母之訓罔以加焉父時未有繼室長

沙人桓伯序有寡妻伏氏魏文帝以用妻之伏氏柔少有國色然非所好而顧違尊命莫之能定夫人謂父曰何不以嘗同寮辭之父意乃寤文帝詔報之曰生敬其人死辭其室追遠敬終違而得道者也父悅入謂之曰昔臧武仲先犯齊壯不令與己邑今我不犯尊而蒙優詔同歸殊途介其□代伯序爲侍中父爲侍郎此爲同寮故夫人□□父爲渤海太守十餘年政化大行孤宣缺五字意時夫人□□在家止□令□而謂之□□威而退雖天之□然事君不懟□能□儉閨□□□爲吏部尚書多用老成先帝舊臣舉□□從必不忘君□而□舉爲侍中夫人□而□

過窮理盡情爲父所異皆此類也夫人在羊氏次第有□度承上接下衆皆悅之任城非夫□□□夫人由此相帥孝□加之謙勤戰戰臨深唯恐不逮是以舅姑嘉其淑婉娣姒宗其德音□□入爲婦卅餘載言無□過□無怨惡故也□□且感慈缺五字下惟詩人刑于之言瞻前□後率由弗違以御于家邦終始以孝聞□□夫人之缺七字二□小子宏明宏哲皆□□不幸早亡子孫皆仁厚振振有麟止之化皆是義形缺十一字八年□月庚寅□十二月甲申□嗣子迅哀懷永絕□□罔極追惟缺九字力不肅之訓□□歎曰古者鐘鼎制銘所以章君父之令德也

又有號謚缺九字我先妣立言立德同之不朽可沒而無稱哉于是乃追而紀□爲之辭曰奐乎文母于我夫人潛神內識罔不彌綸和樂色養缺十字是勤昧旦□□□問日新喪難宏多仍罹□□翼翼小心惟憂用老缺十一字惟缺四字忉忉遺孤辟踊靡及曰古缺六字何以缺四字告哀□□○右碑隸額隸書在新甫山麓張莊原上高七尺廣三尺圭首額下有穿額文同題十一字作三行字大四寸碑文共二十行行卅七字字大寸二三分筆勢謹嚴文詞古雅猶存兩漢遺意武億曰案魏志列傳桓階字伯緒長沙臨湘人碑以緒爲序字本相通階傳言劉表辟爲

從事祭酒欲妻以妻妹蔡氏階自陳已結婚拒而不受因辭疾告退是當爲階元配此碑載伏氏年少似是其繼室也階身沒而遺事可見又如此碑言伯序爲侍中父爲侍郎此爲同寮案階傳魏國初建爲虎賁中郎將侍中而夫人之父官侍郎亦同其時其後父歷官侍郎渤海太守吏部尚書侍郎則位亦顯矣然史不爲立傳碑亦不書名案盧毓傳文帝以毓爲吏部尚書使毓自選代爲舉阮武孫邕帝於是用邕案碑言父爲吏部尚書其時正與相近疑其父爲孫邕也碑云夫人在羊氏案羊氏當晉時泰山南城門閥最著任城太守爲羊氏之族今惜碑不見其名殆

莫可稽也晉書職官志王國改太守爲內史以宗室傳證之景王陵泰始三年轉封任城王之國然則任城爲王國不宜稱太守蓋當云內史而淆亂往往相易不可遽數如桓彝見於武帝紀稱宣城內史及案桓溫傳則亦稱太守皆此類也桂馥曰案魏志管寧傳侍中孫邕薦寧邕歷官與碑同疑卽夫人之父魏文帝典論光和中北海王和平亦好道術自以當仙濟南孫邕少事之據此則邕爲濟南人詎可證鮑勛傳帝屯陳留郡界太守孫邕見案碑言渤海太守不及陳留或邕歷二郡碑但舉其一爾碑又云長沙人桓伯序魏志桓階傳作伯緒案階陛也序東西廧也

當爲序碑又云昔臧武仲先犯齊壯不令與己邑攻左氏傳齊莊公將爲武仲田與之言伐晉武仲以鼠爲喻遂不與田碑指此事謚法武而不遂曰莊此莊字本作壯晉時左傳本尚作壯後改爲莊漢趙充國蜀漢關羽魏曹休桓階許褚龐德徐晃文聘州泰並謚壯侯可證也朱文藻曰案碑不見年號碑中有年月可辨者惟八年十二月甲申等字八年上漫漶莫辨夫人父仕魏文帝朝其時夫人年初長自文帝初元迄元帝禪晉共在位四十六年夫人當已六旬則入晉歷年不久終西晉之世有八年者惟武帝之太始太康惠帝之元康元康八年距晉初已三十六年

計夫人有九十餘歲碑文無一語頌及高年斷不逮此今
以資治通鑑目錄追攷之元康八年十二月戊戌朔則甲
申在十一月其非元康八年無疑矣太康八年十二月壬
寅朔甲申亦在十一月十二日其非太康八年亦無疑矣
惟太始八年十二月庚午朔甲申是十五日遂定此碑爲
太始八年然則夫人之壽垂七十矣又案甲申下闕一字
庚寅下闕一字庚寅上有月字月字上闕微存一似係十
字此上乃有八年字碑似云八年十月庚寅卒十二月甲
申葬也

國朝施閏章望仙臺崔嵬新甫山蜿蜒百餘里連峯障日
寒翠柏參天起窅窅巖洞深津津流石髓遥見羽衣人青
霞隨玉趾借問此爲誰云是洪崖子漢武非仙才登望亦
徒爾覿面不相識延頸睇海水千載鬱蕭條荒臺蔓葛藟

論曰徂來新甫竝著魯頌人豔徂來而遺新甫以其距岱稍
遠而遊蹤鮮經故也查慎行詩疑其小而不稱但指路旁山
口立崵小阜而言其於蓮花諸峯直眯而未之見耳新甫東
五十里許有具山敖山左氏所謂先君獻武廢二山是也敖
山在宋宣和二年以禱雨輒應勅祀廟額曰孚澤封溥靈侯
一名青雲山與泰岱靈巖五峯蓮花稱五山禱祀最盛今亦
不見記載矣五峯在敖山之北蓮花卽新甫也

明王應脩新甫山懷古新甫傳聞久登臨始見奇懸崖高
巀嵲斷石迴參差空翠羃峯濕微茫一徑危攀藤雲拂袖
藉草露沾肌斤盡魯侯柏苔殘漢武碑山僧聊共話谷鳥
暗相窺壁古龍蛇剝林深麋鹿馳汲泉供茗椀敲火爇松
枝寂寞探元意淒涼弔古詩滄桑不可問邱壑有餘思

趙希抃春日登新甫山春山春望鬱葱葱嶠首層巒切太
空問俗久傳秦禪地逢人爭道漢離宮三峯時吐嵯峨月
萬木長交澹蕩風最是憑淩情不厭尊前青眼更誰同

譚其志晴望宮山苔老石翻潤雲荒峯自奇平疇遥可辨
危徑到還疑天地知何意山川産若私江南追所歷靈幻
未如斯

張綱孫新甫雄關夜出見山火煜煜石闇岡急走新泰邑
漢之東平陽迢迢隅泗水霜坂五里長雖然水澤涸其流
還湯湯逾波經古道衰柳淒成行蕭蕭悲風生冢墓吹白
楊石虎與石馬跡是尚書郎始經新甫關蹀躞崔家莊人
烟濕頹壁饑鳥竄空梁崖腳苦不高潭水濺我裳何以慰
行路仰視天蒼蒼（路有兵部尚書王長公墓）

孫述登新甫滿谷西風滿目秋登臨勝槩白雲留秦皇舊
蹟煙霞鎖漢帝遺宮草木愁綠水嗚弦隨澗曲碧峯排戟
插天幽深山深處無過此未審征徭可避不

楊繼芳宮山懷古秋色滿山巖行雲濕古樹相喚谷鳥鳴聞聲藏其羽深洞有龍蟠巖光若帶雨夕陽隱西峯寒煙流復聚離宮何日廢荒草埋石路歸屐印莓苔轉盼生餘慕

國朝王士禛新甫山徂徠既瑰瑋新甫亦鬱秀蒼蒼百里間與岱相輻輳拄頰望嶔崟複沓森蹴驟朱霞耀晨嶺白雲滃夕岫輾轉無定姿晦明相蕩潏定有靈異棲或是仙人囿漢武此築宮未必方士謬我行快瞻矚恨不躡巖竇爲詠閟宮詩遙集破儒陋

程雲登新甫窈窕攀林杪空濛極望收野泉偏受雨喬木易知秋近擁青徐出高憑岱嶽游廿年邱壑志今日一滄洲

查慎行過西嶺數里許土岡微起道傍新立木榜署古新甫山五年前經此未嘗有也南眺東蒙峯北瞻泰岱巔相望三百里徂徠處其間新甫特土壤居然亦名山石老松不生荒榛互緜延文人好夸大後世事或然曼碩告寢成煌煌郊廟篇移風繼周頌孔子經手刪不應閟宮什失實載簡編魯邦岩岫多高峙爭孱顏今闢非昔指彼此揣度懸年往事易訛況加附會牽我欲正此謬詩成恐難傳

周韡偕友人遊蓮花山我懷古新甫涉彼汶水湄行行盡

南陌山谷何逶迤遵路漸深入前望多嶮巇升降須臾間我馬亦已疲休轡巉巖側梯霞相追隨不覺致身遠但見羣山卑大風拔雲根神悸心轉危手扶兩僕夫木彊足難移俯臨萬仞下鳥道空如絲攀緣更數峯燦然豁支提莊嚴奉醫王丹青閒衆圖歷階偏瞻仰長跪禮大慈忽逢羽衣人捧袂前致詞謂予良辛苦蹈險窮幽奇是山稱蓮華葉葉交撐持洞府祕靈妙天作仙人居潛真總度世知名獨安期當年漢武皇訪道親來斯至今西崦上猶是離宮基聞此長太息恨不生同時向讀方士傳往往參信疑或云燕齊俗怪迂恒相師豈知踐神境異蹟還彝彝陋哉彼夏蟲語冰徒見嗤

葉方恒春日同友人游新甫山嶽東古新甫其形作蓮花俗因以之名齊魯相矜誇立石插穹昊葉葉紛交加迴環結奧區中有神仙家憑虛敞南望平野耕桑麻緜延漢時宮曾映朱明斜莊嚴起梵宇奔走來窮遐安期不可見石洞流春霞

孔貞瑄遊新甫山記一名宮山又名蓮花山漢武東巡其雄心闊目固將傾洩四海踔蹋五嶽乃獨睠睠於此建離宮何居曰彼有取爾也新甫志於魯頌以離宮故更今名九峯如蓮因號焉世祀大士香火極盛士大夫遊者輪蹄顧寘名山

湮鬱如跅弛之士不遇知己使孤標自賞不亦惜乎山東西有兩候城逕岡複嶺蜿蜒遠山環衛勢如登機北眺九峯攢翠蓮蕊半吐如天水蔚藍精華在隱見之間及山麓諸勝皆斂不露轉訝亢直不愜所望陟天門忽開異境始知大美中涵層巒曲澗百折不窮過快活三登蓮花砑觀石梁飛瀑歎爲奇絕蓋山腹結穴要地彷彿御帳崖而深險過之及漢五丈夫松虬枝螭榦龍鬐蛟鬣若欲與秦松爭衡者長生池上下兩塘瀦相灌注下塘金鯽或洑行出上塘頗有禹門登龍之意其上興雲洞外狹中闊可布几席夏秋雲從洞出滴露如雨開小渠引洞外澈流有

聲觀音白衣兩巖萬嶂插天離奇夭矯有天然石屏隔座如同宮異院其腰絡突峯如鼻如腭如臍如龜如鱗如鳳峙如龍蹲皆錦纍繡錯有層次而雲溪風隧中怪沙帶水枝腳橫生如獶牙如噬嗑如錐如戟如梗如榷如虹飲澗如鼠尋穴如柄投鑿如枘入臼皆棘矜趺宕作鉤距閃撲之形蓋其山皆抱胎水知巒源立則有懷去乃不驟所謂直而不倨曲而不僂極窈窕貴矜之至矣西北天河水源藏雲根曲沼承之若淨瓶白雲洞入祖殿挂斗巖縹緲天半由懸邐轉上界斷橋深塹隔絕塵緣牽鐵綆猿跳而過達新甫絕頂峯類鸚鵡百里外望之空青不盡杜詩齊魯

青未了豈獨望岳云爾乎山四週有朝陽洞仙人橋仙人洞老虎窩𦦨塔峒白雲庵春榜溝末子坊三圈懸流之勝粲離宮在山之陽秋千石柱猶存雨後或得遺鈿諦觀新甫宛肖岱宗非比肩之兄弟定繼體之宗子但泰山古穆新甫秀麗品其骨相蓋具體而微者歟

岱覽卷第二十三終

岱覽卷第二十四

泰山書院院長陶山唐仲冕六幕輯

附覽五卷二十四之卷二十六

靈巖圖

靈巖上 功德頂 白雲洞 石𠂆 絕景亭 甘露泉 鐵袈裟亭 仙人巖 靈巖寺 虎谿橋

靈巖中 魯班洞 卓錫泉 雙雀泉 御書閣 辟支塔 飲馬溝

靈巖下 佛日巖 巢鶴巖 香霏巖 神寶泉 寶山 靈鷲峯 朗公山 如來頂 明孔山 雨花巖 黃茅岡 黃峴山 雞鳴山 總論

靈巖 附覽五

靈巖上

靈巖古方山也在岱西北四十餘里水經注謂之玉符山齊乘謂之十里松以山饒松檜也東晉竺僧朗事佛圖澄碩學淵通降錫琨瑞山嘗往來於此說法猛獸降伏頑石點頭人以告朗朗曰此山靈也因名靈巖舊屬泰山郡唐隸齊州山茌縣山茌廢爲豐濟鎮歸長清屬濟州長清故城在今縣東南三十里宋至道二年始移今治元屬泰安州明隸濟南府今爲長清縣境在縣東南九十里山自泰山西北仙臺嶺長城嶺經西碁子嶺又西而北爲朗公山東天門蜿蜒而入北倚南向左右如環雉堞周迴六十里宋張公亮記云泰山西

北阯羣山擁翼連屬百餘里摩空干雲秀拔萬狀曲如列屏削如立壁矗如攢劍銳如植圭煒焜掩映城堡環遶虎兕奔突龍蛇盤曲嶜為巖谷岈為洞穴斷為谿澗引為林麓峯卓嶺聳巒跳巘疊翠木蔭蔚飛泉激越中有川焉厥土衍沃齊魯通道出于其間山阿叢林為宋四大剎之一自北魏孝文帝太和三年起靈泉殿思遠佛寺於方山遂屢幸焉正光初法定禪師復興拓建曰靈巖寺舊阯在甘露泉西今寺東南唐貞觀時徙於西南麓宋熙甯閒始移建今寺歷代修葺加隆層栢飾崖剎靈之圖既壯仙陀轉法曇雲之教彌尊故靈巖寺之名甲於齊州其曰靈巖川者以諸泉匯中川達清濟

也金石文字記云山距府九十里南接泰山北帶龍洞齊乘以為疑即水經注之玉符山而魏書所云朗公谷者在其東南自前代稱為勝境宋金元人題字最多山巔為功德頂迤南為白雲洞小石丁絕景亭甘露泉鐵袈裟亭仙人巖魯班洞梟錫泉雙鶴泉辟支塔飲馬溝寺在溝北自功德頂西分者拂日巖巢鶴巖香霏巖稍北為神寶泉寶山由白雲洞而東南則有靈鷲峯朗公山如來頂明孔山由飲馬溝而西南則有黃茅岡淩霄峯雨花巖山口則右黃現左雞鳴對峙為門戶遊軒必由焉此靈巖之梗概也

功德頂青壁四削如印上平如砥如方罫方山所由名也其陽天然龕座為證明龕龕內釋迦偏袒跏坐高丈餘旁有四行者像皆因石為之史稱北魏孝文帝太和三年於方山起文石室五年建永固石室於山上立碑於石室之庭八年幸方山石窟寺蓋謂此也攷古錄云昔時帝王巡守東嶽大氐自兗州而東惟唐高宗自齊州而南舊唐書本紀麟德二年十二月丙辰發靈巖頓三年正月戊辰至泰山是也然建寺臨幸則自元魏始矣今

皇上六龍時巡雲罕蜺旌屢邀焜耀霞章奎翰疊賜昭回此誠曠代之龍光也倚龕南眺岡嶺四合周如城郭獅王為綱領臥象巢鶴蹲踞鑲鐘東山屏顏若

毘盧帽若應眞錫若韋馱杵西山若金幢寶旛童童導引下視巖麓祗陀林佛日慈雲映徹圓滿眞無量金色瑠璃界龕西為懸星巖巨石磊落星光熒煌唐宋題刻約畧可辨

唐長慶題名○右眞書在石龕佛座上字盡漫滅有長慶元年四字可識

修證明功德記刻文曰修方山證明功德記●鄉貢進士牟瓀撰●此山前面有石龕龕有石像從彌勒佛并侍衛菩薩至神獸等計九軀案寺記云唐初有一童兒名善子十歲已下自相魏閒來於此山捨身決求無上正眞之理□啟首□四體遂墮未及半虛五雲封之西去其音樂□

□天風錯□里寺緇白無不瞻聽乃鑿此山成龕立像旌之曰證明功德暨乎會昌五年毁去佛□天下大同凡有額寺五千餘所蘭若三萬餘所麗名僧尼廿六萬七百餘人所奉驅除畧無遺孑惟此龕佛像儼□微有□殘大中五年奉旨許於舊蹤再啟精舍寺主僧從心聞於州縣起立此寺有杭州鹽官縣人僧子儒俗姓董氏不遠江湖訪尋名跡至六年五月七日得度既果前言□□懇誠金采裝飾方山證明功德兼□□□神及師子各二隻□金彩色手功價□□□五十貫文施主二百餘人□□一鐫姓名□□左其山龕在寺之艮直上可四里下思人□井以

□處星端旁際□滄溟有同蓬島□龕石□有泉不□來源從細竇泄□石盆缺六字而已玉液金漿莫得□其甘美□□香山□□質乎香□子儒公明山巒之□□□固敬石之像長牢冀賢劫盡而同盡自□□外胡可傾移哉●大唐大中八年四月八日鐫記　寺主僧從惠大中五年奉皇恩遠降許令漆飾舊基先度僧玫□主持□月廿八日經長清縣陳狀四月十三日門缺六字來□六月廿日□□□度獨缺七字祝□心□後□工北臨聖堂□是此等缺六字一畢界夜至三更先見二僧一僧面西而立一僧面東而缺四字亡妣□身缺十三字先□□□集隨

月而缺六字去來□□有五□四□□赤□大袖□衣頭上冠笄□執笏中有一女身缺九字頭□雙鬟手中執□□老□□去缺六字餘□忽然不見明□□至齊州□□此□祥瑞□□七月廿八日呈上刺史劉將軍遂喚入見問其由八月一日得度九月一日八缺四字尙住會□□度使缺四字侍□□官缺十七字上聞明勅所□□宜依□●大中八年四月廿日記○右刻二則在石龕佛座下正面石縱廣一尺五寸横廣九尺中刻小佛像前後刻記小字楷書前一則後有寺僧及施人姓氏不具錄內有鹿繼宗李可言鐫等字雜乎其中記刻之上多爲宋人

題名所毁然唐時佛龕廢興之由亦畧可覩矣

後唐僧智璋等題名○右清泰三年眞書勒石龕佛座上

宋王揆等題名文曰元祐三年戊辰長清王揆●蘇永叔李行父庚祐之三人題左讀●永叔曾遊●丁巳三年十月潁水李顏廬山李憲●丙子仲春十四日齊幕仲○右竝眞書在修證明記刻上凡五則筆法竝是宋人題刻由戊辰逆推之丁巳當是熙寧十年由戊辰順數之丙子當是紹聖三年中間相距二十年也

周忠範等題名○右天禧五年眞書勒石龕佛座上

張勵題記文曰靈巖觀音道場●靈巖山觀音菩薩昔所

化現天□之□跡維時四大□政和歲在丁酉首春甲午
朝請□□充右文殿修□□樂張勵來守濟南爲題峯□
著□名以彰其實○右勒懸星巖上高一丈廣五尺前六
字字大徑二尺許記三行行徑一尺竝眞書多漫漶
何亭玉等題名二則○右竝眞書石龕上前一則四行僅
存封十蘊資遊觀三月二十三日十二字後一則三行云
何亭玉唐□儀來遊宣和元年三月廿五日左讀餘不可
辨
趙邦美等題名二則文曰長清宰趙邦美子相□拉楊叔
應李充道同遊金僊靖康丁未正月廿二日●禮同恭拜

缺曹積李流瞳□□王斌□昌□遊記二年二月三十日
○右題名二則皆眞書前則四行後則分上下二截上截
僅存禮同恭拜四字下截姓名泐者四字在石龕內皆似
舊有磨崖而掩刻之
明楊博題勒文曰象嶺獅峯●隆慶□年缺楊博缺○右
竝眞書勒證盟龕
國朝韓章證盟龕洞與當陽護翠松許人攀仰繼高蹤證
明得至無無無盡即是千巖最上峯
白雲洞豁闢向陽由證盟龕南下過轉山東折至焉洞如窔
窴修百弓廣九之一入其中則東北隅有門甚黯僅容一人

行秉燭而入登降者數有巨塹深數丈風濤震盪痒瘵不可
下矣
皇上御題白雲洞額
御製詩四首勒洞壁旁有駐蹕亭
洞西崖題勒文曰最上　日觀近可攀二竝失名蓬萊葉
夢熊竝眞書
小石丆在白雲洞下東南峭壁如削崖畔天然石榻二成上
廣六赤下倍之曰可公牀明釋眞可入定處
皇上御製登玉符山詩二首勒壁東爲大石丆容可數十人
登之若倚層臺通望周博一名半室厓

宋朗公傳刻○右磨崖在可公牀壁上縱四尺橫一丈五
尺文四十行行九字至十二字不等字徑三寸許竝行書
前書東晉朗公傳本梁慧皎撰文不具錄末題戊子歲秋
七月廿七日僧如曉謹書無年號如曉宋僧故係於宋
小石丆西壁題勒文曰留雲　拂石巖二竝失名更上石
九奏皆行書
小石丆題勒文曰靈山一派　靑壁千尋陶欽皋竝眞書
大石丆題勒文曰名山石室眞書失名
絶景亭在小石丆南下一名抱靈亭宋釋仁欽建竹柏飾乎
層鄣繡薄叢於芳泉遠混邇延畢集亭畔東游畧記云亭在

泰山之下絕類嵩山法王前爲
行宮乾隆二十一年建中有愛山樓
御書巡方攬秀額其西崖搆觀花亭與抱靈對列
行宮大門內迤西舊有石龜泉泂其地爲金陳壽愷元杜仁
傑隱處卽志所載觀音朝元達摩各殿故阯壽愷濟南人志
高尚精內典卜居於此三十年不出山壽九十有五仁傑字
仲梁長淸人德行文章稱於時以翰林承旨徵不起遊靈巖
五峯閒以終老武宗追謚曰文穆崖閒古木盤鬱多老檀磊
砢若虬龍志稱千歲檀云
甘露泉出絕景亭東崖趾明熊相記云泠然有聲如絃磬掬

以烹茗色味類金焦西流繞甘露亭北又西過
御河橋下北折入
御花園匯魚池洑行而南靈巖第一名泉也蒼崖碧蘚中觸
處逢源涓涓數泓渟演爲池白石淸泉與虬松翠粒相映蔭
皇上御題甘露泉三字勒崖復摹上石建亭
御製詩四首勒碑陰側及額
泉上題勒文曰活水源頭彭黯 靈巖第一泉失名俱眞書
明劉亮采甘露泉甘露泉頭石偏宜月上憑雲歸山一色
水落澗多層幽壑棲靈物長林散佛燈吾生有結習每欲
作詩僧

鐵袈裟在甘露泉南高六尺所闊納其一背僂而磥砢襟方
坳爲水田紋若級縷襞積其上旅白肩貫胸隆起若摺痕者
三傳法定時自地涌出明人篆勒鐵袈裟三字其上舊在甘
露泉之達摩殿移置於此覆以亭乾隆丁丑
御題鐵袈裟三字於石旁有印池水出函雲洞遶亭西注又
北洑行會彩泉泉在接引佛殿阯東北谿源也西流入飲馬
溝
明龍藏二大字刻○右萬歷中聊城九歲童子傅爾庚眞
書在袈裟亭西
宋張舜鐵袈裟綫蹊鍼孔費摻摻鐵作袈裟信不凡大庾

嶺頭提不起豈知千古付靈巖
國朝楊涵咏鐵袈裟紅爐不記是何辰長短誰能量此身
莫怪至今披不起祇求豈得脊梁人
仙人巖在印池西南石壁峭特上有亭明嘉靖中隱士李松
勒巖名石上然禪棲道場似未宜禖以黃冠名目意者其善
眼仙乎巖東故有白衣殿星月樓及維摩菴竝圮菴爲明劉
亮采讀書地顏其室曰面壁齋亮采子公巖濟南進士官戶
部主事告歸愛靈巖泉石因齋於此詩酒自愉以終
明達摩面壁像刻○右碑前後刻達摩背像面像各一萬
歷中劉亮采畫勒面壁齋阯

（明）張鶴鳴（靈巖過）公巖面壁齋（公巖遺）（入）供酒壁挂素琴
為一再鼓爰賦二律寄興（面壁齋頭峯影高山中卜宅遠
塵囂丹禽自遠千株樹碧澗遙分幾石橋洞裏清泉堪煑
茗松間明月待吹簫主人不到空乘興一曲瀟湘酒一瓢
壁上瑤琴牀上書劉郎眞箇愛山居紙窗迸竹雲初碎
石屋鳴泉玉不如為羨靈巖增勝地願分甘露結吾廬隨
君也著登臨屐千樹梅花手自鋤

靈巖寺在仙人巖西廣袤三里宋張公亮記云蒼巖下紺殿
崛起峻增貫雲寶樓結瑤高門嵯峨長廊連延遠望若畫圖
中物案圖經本希有佛出現之地後魏正光元年法定師始

置寺有青蛇白兔雙鶴二虎之異我朝景德中方錫今額先
是舊制質略率意締構因地任材行列不交景祐中主僧瓊
環者卽眾堂東架殿兩層龜首四出南向安觀音像文櫨藻
栱頗極精麗設廣刻鯨以警昏曉後主事者復植殿之兩楹
闢正門壘石塡澗為迴廊庭除顯敞乃為大壯東遊畧記云
党承旨世傑記寺為元魏梵僧法定撥土立之蒙案大觀中
石橋記云正光初重建然則党承旨亦未嘗徧攷耳蓋寺之
由來尚矣攷古錄云金史侯摯傳摯行省事於東平權本路
兵馬都總管請駐兵於長清之靈巖寺有屋三百餘間且連
接泰安之天勝寨元史嚴實傳泰安張汝楫據靈巖遣別將
攻長清實破走之則又亟經兵燹也今山川奠寧士民以其
餘力為布金園視宋明尤恢拓翼棘參差騫翥鬼粤可謂緵
山帶阜矣乾隆丁丑已來每遇
東巡輒邀
車駕臨幸
御製靈巖禮佛詩五首恭勒大門外東崖

（唐）靈巖寺頌（其斷文曰靈昌郡太守邕以法有因福□□
得眞僧戾止神人告祥宜或眞空以悟聖或密□以接凡
□謂之靈巖允矣眞晉宋之際有法定禪師者景城郡人
也嘗行蘭若若是者歷年禪師□勞一人逝將辭去忽有

二居士建立僧坊宏宣佛法識者以為山神耳因夫山者
土之至厚谷者墟之至深水者因定而清林貝葉之經衡
廓蓮花之獨入存法立事著名揚空矧乎辟支佛牙灰骨
起塔海龍王意貿金仍舊昔者州將厚貝邑吏孔威廣□
支係多借器物而送之仍施絹五十匹□若武□阿閣儀
鳳堵波光堂大悲之修舍利之□□身之造禪祖之崇山
□□增□□□□也雲霞炳煥于丹霄卽而察之日月照
明□□□二□□客植之不生汎于草間穢于壠上職由
律住持入慧之境□繁文字□筆杪于連章□廣閑遺刻
上座僧元景都惟那僧□詳□主安禪或上首□空或出

等永言悟入大啟津梁咸高梯有口勝公自照仍依俗諦
天長其詞曰偉彼上人魏乎曾嶺冥立福地神宮歲寺建
置今古齊同磴道邐迤霞閣昤曨其二岳寺台之國岱之
北阜蒲之要陘是人依法口事聯聲哉傳覺以極斯萬其
五大唐天寶元年亥任下缺。右頌李邕撰并行書見金
石錄今佚錢唐黃易小松有藏舊本亦多殘闕不可讀姑
仍其裝冊而錄之於右筆法奇宕當是北海得意書
〔宋〕王皥飯僧記碑文曰王皥被旨特許因職事到濟南營
治亡妣喪事小祥前八日恭詣靈巖道場觀世音預設僧
供請如老壁座飯畢出山劉材韓洵夏侯不羣同行政和

八年六月廿有七日。右刻高尺五寸廣二尺記十一行
行八字字徑寸許行書在寺內壁閒如老當即宋齊古施
羅漢記中住持淨如也
〔海會碑塔〕文曰有魏正光迄今聖宋緜歷年餘八百寺號
之更遷人物之臧否以致隆窳不可悉數逮夫規式嚮然
緇侶雲委土木備舉殿閣一新無如今日堂頭妙空禪師
唱導之閒獨念當山從來先亡後化積骨遺骸有力則壘
石累塋星分壠畝孤窮者暴露坑澗灰燼狼藉殊無以表
叢林義聚之義宣和癸卯寒食師躬率眾饗祭祖師窣堵
之左忽惻然爲懷即日芟草定基揆作海會之塔庶幾聚

其散殯以合爲一且便後來順寂有歸於是舉眾驩然嘆
喜師勇於有爲而作利益事乃僉請醵金請助其費六月
初一基土爲穴作壙壙分爲三中安住持東安僧徒西安
童行七月十五告成預令報諭徒季收斂棄擲二十日營
辦供食嚴持香燭與合寺之眾作種種佛事迎而葬之已
往者既獲安其地後來者亦乃均其利舉家靡不相慶曰
吾儕像教獨善其身爲目前計者倒指皆是今堂上老師
作利益事以垂永久非願力廣大悲智圓融何以能此咸
請書其歲月監寺比邱祖英謹題。右刻石縱尺五寸橫
三尺許文二十八行行十三字眞書明孫克宏碑目有靈

巖寺普同塔銘疑即此碑
〔金〕康淵詩刻文曰贈靈巖西堂堅公禪師•武安康淵•
縈迴綠水遶春山蝶舞鶯啼白晝閒誰似西堂知解脫不
教憂色到朱顏•伏覩甲兄都運觀察贈西堂禪師佳什
言超物外奇逸清高如閒淡煙雲縈巖映岫自生光彩耳
謹命工刊諸琬口用久其傳皇統戊辰五月初十日住持
法雲立石。右刻詩七行行八字字徑寸跋四行字徑五
分竝眞書在靈巖寺攷武安是冀州之稱跋云都運觀察
蓋淵嘗爲廣運使證之寶公塔銘亦稱運公是也
〔元〕壽公施財修寺記碑。右碑高二尺四寸廣祗一尺存

字十行行二十五字字徑八分眞書在靈巖寺壁僅露後半言壽公施中統寶鈔叁阡緡修大殿又施寶鈔壹千伍百緡修西三門可謂不私己財者矣泰定三年歲丙寅三月立石

畢公提點施財記碑文曰畢公提點懲績施財記●清亭李克堅刊●閏隆替有數賢鄙在人中興上祖叢林全賴出倫釋子恭惟畢公提點者祝髮於足庵門下施功於方嶺會中散一襟之和氣與物爲春澄千頃之洪波於人無間三欽皇恩特旨驚外道以魂飛一奉潛邸綸言斥邪宗而膽喪既得田園周備諸處建立莊嚴博飯種田栽桑接

菓栨建眞堂方丈重修香積庫司前殿觀音粧塑後堂大像粧塑施爲立落動止非常受帝師法旨護持奉總所公文加號由是悟六塵無我知五蘊是空布施齊僧看經禮懺謹以典買到四項地土計中統鈔柒阡兩正施常住永遠爲主開坐如後　一姚家前典到活業南北畛帶桑地一段約十五畝該鈔貳阡壹伯肆拾兩　一買到莊西王馬駒帶桑菜園壹所鈔壹阡壹伯伍拾兩　一買吉二帶桑菜園壹所鈔貳阡貳伯兩　一買劉三帶桑菜園壹所鈔陸伯兩　用報四恩永資三有餘希法輪恒轉祖道興隆歲稔時豐遠安邇肅旹天歷二年歲次己巳正月下旬

吉日當山住持古淵野衲智久記●提點思讓監寺思川提點子貞官門覺文維那子廉副寺妙酬典座覺直歲惟勝首座思泉書記恒勇教讀思亨藏主思岑知客覺道錢帛思檀外庫惟緣殿主思虔上石○右碑高三尺六寸廣二尺四寸文二十二行行二十七字眞書徑九分案此碑乃靈巖寺提點智畢施鈔買地充寺產而住持智久爲之撰記刻石也中統鈔七千兩買地四所中統鈔每兩不知比今所直幾何而以其典姚家前活業一段計之地約十五畝該鈔二千一百四十兩是每畝價直百四十兩有奇矣以今之南北地價較之大約中產每畝十餘金是中統

鈔祗直今十之一耳然尚是活業若買到者又不知增直幾何也

天靈巖寺碑○右碑高七尺廣二尺二寸中幅題大靈巖寺四字眞書徑一尺七寸右題銜名一行云奉直大夫山東東西道肅政廉訪副使文書訥雙泉書左題年月一行云至正四年四月十有九日立並眞書徑一寸案文書訥史志皆不詳其人筆法整嚴神采秀勁可以想見其爲人碑北向山門其陽有運使僧嘉努跋本作家奴

李傑詩刻文曰宿靈巖寺●一榻借禪房窗虛風露涼詩魔催夢醒王事促行忙人鬧東西戶僧房上下方山中無

刻漏倍覺此宵長●翰林李傑書●當山住持妙恭立石
○右刻在大門外詩九行行六字字徑八分行書
明千崖萬壑二碑○右嘉靖時張欽大書在山門外左右
唐司空曙遊靈巖寺春山古寺遶煙波石磴盤空鳥道過
百丈金身開翠壁萬龕燈燄隔煙蘿雲生客到侵衣濕花
落僧禪覆地多不與方袍同結足下歸塵世竟如何
宋孔舜遊靈巖寺忽從平地出塵籠親到諸天釋梵宮卻
悟宂官長役物爭如大士日談空山横青壁千屏合泉迸
丹崖一線通幽鳥靜嘅人外境疎鐘不墜世間風目無可
欲猿猱伏心絕微塵水鑑融自恨無緣陪晏坐他生願效

種松翁
元趙文昌遊靈巖題壁路入藤陰石徑涼馬頭遥認贊公
房兜羅天近雲煙濕婆律風清草木香紅鶴飛來山隱隱
元猿嘯罷月蒼蒼窮探自是平生病拄杖眞須到上方
李岳遊靈巖寺上方重閣喜登臨山氣霏微向夕陰棲鳥
伴雲歸寶塔落花隨雨散香林清泉脈脈流名古蒼柏森
森閱歲深一叩禪關觀衆妙更須何地豁幽襟
明徐毅遊靈巖寺二首山靄霏微石徑斜上方臺殿寂無
譁春深尚有殘紅跡知是優曇第幾華　四面山開翡翠
屏碧梧修竹雨亭亭老僧定起推窗坐自啟琅函誦貝經

王守仁靈巖寺和蘇穎濱韻客途亦幽尋窅篠穿谷底壓
土塡胸臆到此乃一洗仰視劍戟鋒巑岏顙如泚俯窺蛟
龍窟匍伏首若稽異境固靈祕茲遊實天啟梵宇過巖壑
簷牙相角觝山僧出延客經營設酒醴導引入雲霧峻陟
歷堂陛石田惟種椒晚炊乃有米臨燈坐小軒矮榻便倦
體清幽感疇昔陳李兩兄弟侵晨訪遺跡碑碣多荒薺
王應鵬別靈巖寺落日青天迴登樓面壁峯片雲飜絕壁
疎雨過深松墖自空中突泉於樹杪重吾師如惠遠脫屣
即相從
徐中行遊靈巖寺列岫圍丹壑諸天出翠微雲霞明客路

薜荔暗禪扉御墨金爲榜神僧鐵作衣墖窺青漢上鐘裊
白雲飛揮麈深元理忘筌學息機乍如逢慧遠日暮憺忘
歸
傳國宿靈巖寺二首祇林全失日鷲嶺暗生雲珠翠春常
在香花午不分風搖金墖影雨繡鐵袈紋不用愁供給松
閒墜露芬　燈寒開貝葉夜靜掩松扉清磬聞林杪幽人
語翠微餅飧婆利淨茶挹露華霏坐久諸天冷香雲落客
衣
寺大門内凡三橋中曰聚善東曰虎谿西曰接引明嘉靖中
重建寺内外諸水皆匯橋下西注飲馬溝今竝堙水由寺外

入溝矣東西爲鐘鼓樓其南爲天王殿
宋靈巖千佛殿碑文曰齊州靈巖寺千佛殿記●朝散大
夫尚書工部郎中提舉管勾兖州仙源縣景靈宮太極觀
公事護軍賜紫金魚袋王逵撰京兆府普淨禪院賜紫沙
門神俊書幷題額●釋典謂昔有金人生西方同名號者
踰乎千百萬億則了性悟空以成道者非不廣矣自白馬
來東土建寺院者幾乎百千萬所則示形出相以化人者
非不多矣其閒烜赫中夏輝映諸藍得四絶之偉者則有
荆之玉泉潤之栖霞台之國清洎兹靈巖是也案地志後
魏正光中有僧瀼定者倡首揆土以興焉炎宋景德歲始

賜此額𥗃絶之夥且有四種義不越乎高倚青山俯臨寒
泉茂林修竹厭㥲戶牖奇花異石羅列庭楹或景趣果如
是則爲地望之絶也豈忝矣至若黃金塗像碧瓦淩空迴
廊大殿瑩然塵外層樓峻塔倬彼霄際黛縮構果如是則
爲莊嚴之絶也不誣矣又若千里輻輳羣類子來珍貨希
寶□向喜捨香頂艾臂男女日至耐誘掖果如是則爲供
施之絶也誠醴矣設若劃慈父母脫躧□拏貌慚心頓相
本生滅表動內寂洞澈正覺篤行願果如是則爲精進之
絶也眞奇矣矧其左有泰山岣峋與天爲鄰生物則灑天
下之雨告瑞則吐封中之雲持陽和啟蟄之柄膺覆燾司

命之神如先帝泥金檢玉者七□二□□右則有洪河輝
輝厚地偕奔葱嶺馬頰雷驚電飛迴貫銀漢之浪險經禹
鑿之門遇本朝□年□淸者有上中下源其前則有鄒魯
大國洙泗鉅防闕君臣父子之教闡仁義禮樂之鄉循之
者昌悖之者亡其後則燕趙二禦山川四馳限爾戎翟壯
斯藩離自甲胄干戈之息俾士庶羊馬之肥歡好爰結恩
威□綏□其雄重也則旣如此談其封略也復如彼則千
佛中處膺大雄氏不其宜矣加之野有良田可以封萬戶
□有華屋可以蔭萬夫帑有羨貲可以蘇萬民僧有方便
可以化萬心不甚盛與仁宗皇帝章聖皇帝悉以御書爲

錫命焉皇帝陛下降以御篆飛白以嗣之厥後有僧瓌環
者次第以輪奐焉其如土木之華繪塑之美泉石之麗草
木之秀森森然碁布前後遠者咸以耳聞之近者咸以目
擊之于千佛之旨何啻乎形影之外譬喻其□邈也善相
萬萬明矣故畧而不述也僕被詔司泰寧軍宮觀下車伊
邇有住持賜紫僧重淨貽書請識因用直書以塞其韻也
時庚子年春王三月望日記●嘉祐六年辛丑歲六月望
日景德靈巖寺住持講經賜紫沙門重淨建立眞定府郭
慶郭庠鐫字○右碑高七尺二寸廣三尺五寸文二十三
行行四十二字字徑寸二分額文全題字徑六寸並眞書

在橋西東向

千佛殿碑陰題名文曰相餞將行叙別寺下親過此尋季成中美魏國王摭粹公侍元祐戊辰九月廿三日　陳畱趙令佳邦美窐長清口漕檄走四郡因行靈巖徧遊勝景息口口同來靖康丁未正月廿二日書延平缺五字楊膺叔應繼而至。碑陰列嘉祐六年施錢姓名幷有職掌僧衆共字二十七行行五十餘字字徑六分右題名二則在其上空處竝眞書

靈巖寺勅牒碑文曰勅賜十方靈巖寺牒碑●中書門下牒●開封府奏先准中書劄子京東轉運司奏據齊州申

准開封府牒據僧永義狀經府披訴情願下缺送供人施利至多諸處浮浪聚集兼本寺莊田不少全藉有心力僧人住持主管今訪聞得僧下缺切辨認覺察止絕浮浪之人不得彼處聚集去訖伏乞朝廷下左右街僧司別選差有德行心下缺寺院住持勾當所貴同心協力住得山門伏候敕旨奉聖旨依奏劄付開封府尋劄付左下缺僧司結罪保明申府迴據左右街僧錄智林等狀申智林等依前項府劄子內中書劄子內下缺當住持乃取到本院主鑒文保明行詳有行止稍有心力卽日別無過犯委是得人詣實結罪下缺得上命指揮差本僧訖卻令指摘別具狀申上次乞指揮府司尋出給公據付僧行詳收執仰下缺掌事依十方寺院住持勾當具寺院法名申僧司令申府仍立便起發前去至齊州住持靈巖下缺去充本寺掌事具寺院法名申府便發遣僧行詳等起發前去往彼住持齊州靈巖至今左下缺詳近蒙僧錄司選定依准錄降聖旨指揮保明住持齊州靈巖寺行詳屬以衰老多病已下缺據僧錄司保明定差令指摘掌事僧五七人前去行詳既承上命敦遣固亦不敢辭避輒有誠下缺綱紀今旣再煩聖旨選差則與州郡差請特異伏見潤州金山寺每差住持人竝從朝廷特下缺去所貴有以彈服遠人廢寺

易爲興葺積集功德上贊聖祚行詳竊聞靈巖寺舊是甲下缺乙住持創新降敕改爲十方勅語內明言院中受業徒弟竝不得作知事勾當欲乞據此體例下缺七次住持不得雖今來許令指摘掌事僧五七人亦慮難爲照顧行詳欲乞持度隨身童行十下缺●牒奉敕行詳依奏宜差充齊州缺不得差作知事勾當所乞度缺勅故牒●熙寧缺●右諫議大夫參知政事王㕦吏部侍郎參知政事韓假○右碑在天王殿內左方西向下截爲神座掩瘞猶存上截高三尺六寸廣三尺七寸有額高二尺廣一尺三寸半額文仝題眞書牒文皆眞書字徑一寸凡十五行惟中

書門下牒及牒奉勑至勑故牒六行行楷相兼字徑三四寸不等末二銜字甚扁有年號而無歲月攷宋史宰輔表王安石以熙寧二年二月庚子自翰林學士工部侍郎兼侍講除右諫議大夫參知政事韓絳以三年四月己卯自樞密副使除兼參知政事至是年十二月二人皆同平章事此碑當立於熙寧三年四月以後十二月以前惟韓於治平四年自吏部侍郎除樞密副使熙寧三年以樞副兼參政非吏侍也碑與表有異同自當以碑爲正

〔金請滌公開堂疏碑文曰山門知客僧宗秀道璘立石僧義瑄書●左平章政事今請滌公長老住持濟南府十方靈巖禪寺爲國焚修開堂演法祝延聖壽者□□達摩不西來孰能薦祖盧公旣南度始見分枝雖無毫髮示人要在乘風取證例開法施各踞名坊厥有濟南靈巖佛寺利洽鄒齊襟吞兗魯一百年叢林浩浩三千里香火憧憧飛閣蓮宮粹容金界不期偉匠焉振宏綱伏惟滌公長老守文三代接武四禪應歷下之機緣續方山之勝蹈遂使白蓮眞跡無根而鬱鬱騰芳靑社餘光不鏡而緜緜照世正好高提祖印獨步大方祝吾皇萬載之昌圖繼古佛一乘之慧壽謹疏●大定二十三年九月日疏●金紫光祿大夫平章政事宗國公蒲察通○右碑在橋西東向連額高

六尺二寸廣三尺額篆開堂疏三字徑五寸橫列於上文十三行行三十一字眞書徑一寸五分粲皇統九年寶公開堂疏請者爲濟南府尹此疏獨爲左平章政事所請則其禮愈隆矣月日中閒有平章政事之印篆文方二寸五分他碑所無也末行署金紫光祿大夫平章政事蒲察通平章上不加左字與首行異金史蒲察通傳大定十七年拜尙書右丞轉左丞閱三歲進平章政事封任國公與此碑宗國公不同而平章上亦無左字百官志尙書省尙書令一員左丞相右丞相各一員平章政事二員亦不加左右字案金史百官志封號小國三十內有萊云舊爲宗以避諱改据是則通封宗國其後避睿宗諱易號任國耳前題左平章政事者左丞異名也左丞爲宰相之貳故當時亦云左平章政事也始請滌公或在二十三年之前及疏文立石實爲二十三年九月故前有左字後無左字其官序可案如此蒲察當爲富察

〔靈巖寺田園記碑文曰十方靈巖禪寺田園記●鄉貢進士周馳撰承務郎守祕書丞兼尙書禮部員外郎驍騎尉賜緋魚袋趙渢書翰林學士朝散大夫兼同修國史護軍馮翊郡開國侯食邑一千戶食實封壹伯戶賜紫金魚袋党懷英篆額●濟南靈巖自法定禪師肇建道場于今幾

千載矣峯巒奇秀祠宇雄麗號天下四絕之一比邱恒二
百餘眾雖四方布施者源源而來然其衣食之用出於寺
之田園者葢三之二其地實亡宋□德間所賜也逮天聖
初稍爲人侵冒主持者不克申理但刻石以紀其當時所
得頃畝界畔而已其後紹聖間掌事者稍怠左右□□遂
伺隙而取之時長老妙空者雖訟於有司其地未之能歸
也至發齊時始徵天聖石記悉歸所侵地然石記字畫已
皆駁缺寺僧□其歲久愈不可攷因請於所司□令主首
故老與夫近鄰共立界至迄今阜昌碑石存焉聖朝天德
間復有指寺之山欄爲東嶽火路地者既而省部委官驗

視攷之阜昌碑文不得遂其詐因符移府司府司迺印署
文帖給付焉大定六年朝廷推恩弛天下山澤以賜貧民
由是諸山林舊所固護者莫敢爲主樵者薪之匠者材焉
凡森鬱叢茂之處皆濯濯如也惟靈巖山林以其有得地
之本末故獨保完明昌三年提刑司援他山例許民採伐
由是長老廣琛訴於部於省才得地之十一二也五年琛
復走京師詣登聞院陳詞蒙奏斷用阜昌天德所給文字
爲準盡付舊地省符既下於是□事僧悟寶陳於府再給
公帖矣將復刻石以爲後人之信遂丐文歷下周馳乃爲
序其終始之實而書之或曰世人所以不能脫世網而逃

死生者以其貪愛爲病也如來有藥爲之對治止於一捨
而已故深於道者視軀命猶視外物況外物乎見眾生飢
餓雖刲割支體了無靳惜今琛公以土地之故至取必於
朝廷而後已斯無乃□於其教歟愚應之曰不然夫刲割
支體以啖眾生則可矣若刲割眾生支體以啖眾生豈理
也哉抑嘗聞客有捐萬□□□以遺累者葢初無難色及
有人託守斗粟則不敢縱鳥雀耗□一龠何則自爲爲他
之理異也且夫寺之常住所以贍養十方□□□也渠葢
不得已而爲眾主持□爾非所私有也如覩其湮沒而弗
與保護因而絕大眾日用之資乃曰吾能以捨爲心然則

所捨者□誰物耶知是理則知琛公之□□違佛教矣或
者釋然因併書其言以告來者使謹守焉●明昌六年十
月二十有三日記●首座僧悟倫書記僧普遷智藏僧廣
藏智閣僧蘊奧殿主僧宗堅監寺僧宗徵副寺僧廣仲維
那僧悟寶典座僧正演直歲僧志巧庫頭僧覺允當山住
持傳法嗣祖沙門廣琛立石○右碑在橋東南向連額高
六尺五寸廣二尺八寸篆額題靈巖寺田園記六字徑四
寸分三行文二十六行行五十一字真書徑六分案周馳
見中州集云字仲才濟南人大定中仕太學屢以策論魁
天下私試亦頻中監元貞祐之兵濟南陷不肎降擄二孫

赴井死鄉人葬之宅後之壽樂堂遼東人吳子英嘗從仲
才學能記其所著亞父撞玉斗賦及他文數篇今得此田
園記叉於仲才遺文獲其一矣碑書驍字右旁堯字缺筆
應是避諱
靈巖寺記碑文曰十方靈巖寺記●翰林學士朝散大夫
知制誥兼同修國史上護軍馮翊郡開國侯食邑一千戶
食實封壹伯戶賜紫金魚袋党懷英撰并書篆●名山勝
境天地所以儲靈蓄秀非福力淺薄者所能棲止必待偃
佛異人建大功德以爲衆生無量福田泰山爲諸嶽之宗
其峯巒拱揖谿麓回抱神秀之氣尤鍾於西北而西北之

勝莫勝於方山昔人相傳以爲希有如來於此成道今靈
巖是其處也後魏正光初有梵僧曰法定杖錫而至經營
基構始建道場定之至也益有青蛇前導兩虎負經四衆
驚異檀施雲集于是空崖絕谷化爲寶坊歷隨至宋土木
丹繪之功日增月葺莊嚴爲天下之冠四方禮謁委金帛
以祈福者歲無慮千萬人佛事口興而居者益衆分而爲
院者凡卅有六趣嚮既異遂生分別主僧永義律行孤介
以接物應務爲勞力辭寺事時開封僧行口方以圜覺密
理講示後學衆共推舉可以住持乃更命詳實來代義仍
改甲乙以居十方之衆實熙寧庚戌歲也越三年癸丑仰

天元公禪師以雲門之宗始來唱道自是禪學興行叢林
改觀是爲靈巖初祖爾後法席或虛則請名德以主之而
不專口宗暨今琛公禪師廿代矣其傳則臨際裔也師至
之日屬山門魔起規奪寺田四垣之外皆爲魔境大衆不
安其居師爲道力猛卒以道力摧伏羣魔山門之舊一旦
還復衆遂安焉師以書屬懷英曰吾寺之名著於諸方舊
矣繇希有至於定公則不口計其歲月繇定至於今幾七
百年中更衰叔歷朝刊紀斷泐磨滅蕩然無餘而佛祖之
因地建置之本末與夫禪律之改口口派之承傳後來者
鮮或知之念無以起信心鎮魔事雖然佛法堅固與虛空

等而魔者如浮雲浮雲彈指變滅而虛空無有口盡何有
乎魔事惟是著述銘勒佛事門中舊所不廢子無以有爲
譙我幸爲我一言余報之曰諾已乃敘師之所欲言者書
口遺之若夫山川光怪靈蹟示現山中老宿皆能指其所
而詳之此不復道也明昌七年秋九月十有九日記●首
座僧卽敏書記僧普賞知藏僧蘊興知客僧宗徹知閣僧
廣仲殿主僧宗堅監寺僧法敘副寺僧普遷維那僧悟寶
典座僧普守直歲僧志巧庫頭僧覺允●明昌七年十月
十四日當山住持傳法嗣祖沙門廣琛立石●歷山賈德
摸幷刊○右碑在橋西南向連額高七尺五寸廣三尺二

寸額篆十方靈巖寺記六字字徑五寸分三行文十九行
行四十八字字徑寸八分書文中以臨濟爲臨際者避衛
紹王允濟諱也
〔靈巖寺記碑陰〕文曰遊靈巖留題●天下三巖自古傳靈
巖的是梵王天𡾟峯環寺連叢柏雙鶴盤空湧二泉此日
登臨驚絶景當年經構仰良緣停雲爲憶參休子好伴眞
遊方公禪師社白蓮●丙辰冬至日蓬山劉德淵識●監寺淨
善維那淨悅典座正寧直歲善全住持淸安野叟提點行
實都綱普謹命工刊　冠氏帥趙侯濟河帥劉侯率將佐
來游好問與焉丙申三月廿五日題○右碑陰劉詩幷立

石僧名共十行行十一字眞書雜古篆字徑二寸冠氏帥
以下五行行書字徑二寸當是元好問題名書法勁逸案
丙申爲蒙古太宗之七年於時金亡三年矣趙侯者案遺
山集冠氏趙侯先塋碑稱冠氏帥趙天錫字受之今爲東
平左副元帥兼分治大名府路同知兵馬都總管事宣授
將軍十戸者卽此題趙侯也遺山嘗客冠氏又與趙侯銘
其先人宜其陪此勝遊耳
〔元聖旨執照碑〕文曰皇帝聖旨裏泰安州長淸縣承奉泰
安使州指揮來申據靈巖禪寺僧人陳思讓當官告稱累
累被前煽煉人等於本寺山場內搔擾不安誠恐已後引

惹事端告乞施行得此縣司參詳如蒙出榜禁治誠爲便
益申乞照詳事得此照得先據靈巖禪寺僧人陳思讓狀
告本寺卽係與國家祝延祈福大禪寺經今千有餘年全
憑本寺地土山場四至內諸樹修理殿宇房廊養贍僧家
已有累降聖旨事意四至碑文爲驗皇慶元年三月初二
日本寺欽受御寶聖旨節該泰安州長淸縣有的靈巖禪
寺爲頭寺裏住持的桂菴長老提點監寺爲頭的和尙每
根底執把著行的聖旨與了也這的每寺院裏房舍裏使
臣休安下者鋪馬祗應休拏者商稅地稅休與者寺院裏
休斷入者官糧休頓放者不揀是誰占著的田地交回付

與者但屬寺家的幷下院田地水土薗林碾磨竹子山場
解典庫浴房店鋪不揀甚麽他的揀的是誰休倚奪要者
這和尙每道有聖旨麽道無體例勾當休做者欽此除欽
遵外於延祐二年二月初一日有長淸縣賫到文字壹紙
令本寺僧人前去中鴎店聽讀聖旨思讓與本寺長老大
小人等前到本店有內史府差來官李忠顯等向思讓言
道俺賫擎御寶聖旨前來開讀訖除欽遵外其本官對思
讓等言道爲您這寺九曲峪內有銀鐵洞冶起立銀鐵冶
便要吐退准伏文狀思讓回道元奉聖旨交您無違礙地
內這九曲峪是俺寺家四至地內贍寺常住山場地土自

來爲土不曾有人侵奪道罷本官前去長清縣令本縣官司行發信牌將思讓等勾擾不安告乞施行得此爲恐不實行據本縣申照得除外遵依移牒本縣主簿札木赤進義不妨本職親詣靈巖寺九曲峪照勘踏覷前項銀鐵洞冶是否本寺山場四至內地土明白保結牒來去後回准牒該備奉泰安州指揮爲靈巖寺陳思讓告地土請不妨本職親詣九曲峪踏覷前項銀鐵洞冶不見是否山場四至內地土爲此喚到剜底保見役社長魯進狀結年七十三歲係本保生長人氏自記事以來知得靈巖寺山場東至仙臺嶺南至青尖山并大峪分水河曲屈爲界西至老

婆山北至方山碁子嶺日今九曲峪興煽銀洞冶委是靈巖寺山場四至內地土外別不知其餘事因如官已後體究得銀洞冶卻不係本寺山場四至內地土進情願甘當誣官罪犯無詞得此又喚到聶提領轉委頭目段昌狀稱即與魯進詞理相同文狀在官卻行前到靈巖寺抄錄到明昌五年鐫鑿碑陰界至照勘得亦與魯進所責無異及喚到本寺監寺陳思讓彩畫到四至圖本粘連保結牒來請照驗事准此縣司今將彩畫到四至圖本鈔錄到碑陰界至保結申乞照驗事得此申奉到中書兵部仰已經備關內史府照勘依例施行奉此行下本縣依上施行去訖

今據見申使州除外合下仰照欽驗依累降聖旨事意依上禁治施行奉此除外合行出給執照付靈巖寺收執欽依施行須至出給者●執照●右付靈巖禪寺收執准此●延祐貳年玖月印日○右碑連額高八尺廣二尺八寸篆額題宣賜靈巖聖旨之碑八字徑三寸分二行文二十六行行六十字內惟延祐年月日字扁闊一寸五分餘俱方徑七分月日中間方印一顆方一寸八分蒙古篆文此行直下有二押碑陰額題泰安州申准執照之碑九字眞書徑三寸橫列於上下分三層上層刻延祐五年三月執照十九行行二十二字眞書徑八分中層刻至順元年十

附覽五　岱覽卷第二十四　靈巖上　亖　果克山房

一月執照十五行行十四字眞書徑六分下層刻至順元年十二月執照二十五行行十字眞書徑七分俱有印押延祐五年者寺產爲侯得山占據告狀斷回因給執照至順元年者寺僧貞提點買得官地官給二照一爲泰安州所給一爲奉符縣所給遂合刻於碑陰大指如此文不具錄當時買官地須由社長陳請官壕塛打量然後繳價給照元制於此可見照有云以一分六釐地而價直中統鈔十定則地價重而鈔直輕矣碑在橋西南向碑側有至正四年察罕普華書唵嘛呢巴彌吽漢字一行蒙古字一行長二尺許廣八寸

明聖旨碑。右碑凡五二在橋東三在橋西
重建五花殿記碑文曰靈巖寺重建五花殿記●賜進士
出身中順大夫山東等處提刑按察司副使前監察御史
臨川王裕撰昭勇將軍山東都指揮使司都指揮僉事雲
中李進書儒林郎行在翰林院修譔同修國史東魯許彬
篆記末錄正統五年龍集庚申秋九月望日沙門至昂立
石。右眞書額文同題碑陰有題名在橋東攷永樂遷都
北平百官皆署行在示不忘南都也成化已後不復稱矣
靈巖寺感應記碑。右德府紀善艾俊撰按察使周晟眞
書參政唐虞篆額成化十年正月碑陰列山場界至及僧

衆名勒橋西
泰山進香記碑靈巖寺。右焦竑撰文吳繼爵篆額劉世
隆眞書萬歷廿一年四月太監張祿等立石在橋東案焦
弱侯雅擅文章而記中宮婁云云鄙俚實甚至所載吳繼
爵雖官至宮保恭順侯猶武將也乃劉世隆誥勅舍人字
極陋劣不可耐題額亦舛繆葢皆羣璫羣禿嫁名者也
佛岫仙峯碑。右四大字眞書失名在天王殿前
橋北爲大雄殿本宋獻堂今殿七楹供觀音文殊普賢明正
德閒魯藩增置乾隆丁丑
御賜額曰卓錫名藍牓其楹曰奇松爾日猶回向詭石何心

忽點頭兩翼齋廡東爲韋馱殿西爲觀音堂由甘露泉遷此
韋馱殿東爲轉輪藏明德藩修建內爲孔雀佛殿阯近改行
署又東達摩殿亦遷自甘露泉
宋韋驤等題名文曰祕書丞韋驤著作佐郎張諤衢州判
官楊于從諫院舍人鄧公察訪東州便道遊靈巖過夜遂
宿熙寧六年十月中休。右題名在韋馱殿石柱上行書
分五行字徑二寸案韋驤本名讓避濮王諱改名驤錢唐
人皇祐五年登第元符初罷官知四明其官祕書丞則無
攷鄧公當是鄧潤甫宋史潤甫字溫伯建昌人熙寧中除
集賢校理直舍人院改知諫院又神宗本紀熙寧五年閏

七月遣中書檢正官章惇察訪荆湖北路鄧公察訪之使
雖未載當亦同此差遣中休葢卽中澣之變文澣本休沐
之義若張衡賦所云過鍾山而中休則與過宿意複殆非
引用衡賦也
金觀音託相聖跡序碑文曰濟南府靈巖寺祖師觀音菩
薩託相聖跡序●雲公禪師住持靈巖寺未越三歲宗風
大振嚮風而遠近歸之一日謂濟濱老人陳壽愷曰夫靈
巖大刹昔自祖師觀音菩薩託相梵僧曰法定禪師于後
魏正光元年始建道場與梵宮居天下四絕境中稱最而
世鮮知其由我祖師其始西來欲興道場於茲也前有二

虎負經青蛇引路捫蘿策杖窮絕壁而不可登乃徘徊於南山之巔面石之久感日射巔峯成穴透紅光於數里師乃躡光而下美其山林秀蔚可居千衆道遇郵人亦異人也顧師而言曰師豈有意于兹患其無水耶回指東向不數里閒可得之矣師既徐行則有黃猴顧步白兔前躍俄驚雙鶴飛鳴其下涓涓果得二泉又擊山泐隨錫杖飛瀑迸涌遂興寺宇逮今八百餘載凡祈求應感而福生民莫可勝紀然爲我祖師發揚顯聖跡之狀蔑聞其人良可太息乃命工敬圖其像而刊諸石庶廣其傳普勸遐邇永同供養皇統七年孟秋旦日濟濱老人陳壽愷序幷書•住持傳法沙門法雲募工立石•洛陽雍脩書•魯人胡寧鐫。右碑上截有法定禪師像右手持錫左右各一虎背有鶺上有雙鶴飛鳴狀前有蛇引路一猿捧果回顧有樵翁對立東指畚插置地下截爲序文凡二十七行行十四字字徑四分並眞書序中稱觀音託跡即法定禪師也在觀音堂僧舍西壁東向金石文字記又有皇統七年雲公禪師像刻今不知所在

大雄殿北爲五花閣上供三大士下供圓通菩薩閣四面各五楹門四曲廊遶之宋嘉祐中瓊環長老建瓊環重淨號也明正德中至珍重修

國朝乾隆十一年性端重建西有古柏一株幹枯如鐵其東由蘗蔸茂護以石欄

皇上御題摩頂松三大字碑陰勒

御製詩又一碑勒

御製圖詩並建亭大唐新話元奘法師西域取經手摩靈巖寺松曰吾西去汝可西向若歸即東向及去果西向一年枝忽向東弟子曰吾師歸矣果然號摩頂松今則柏也

御製圖詩辨之詳矣其西爲彌勒巖

明張邦教詩刻。右詩凡六首眞書嘉靖十五年八月勒摩頂松臺北向

史國珍玉皇像記碑。右記後附詩三首並眞書在摩頂松臺南向

蘇演詩刻。右絕句五首萬歷壬午年草書導駕廳敎二首萬歷十五年三月眞書碑末劉勑詩一首萬歷丁亥春眞書在摩頂松臺南向

徐琳等詩刻。右詩凡四人各一首徐琳周道南朱明時光盧也萬歷庚寅正月周道南行書碑缺首行末有萬歷乙未清源汪大年游十字在摩頂松臺北向

沈正宗詩刻。右崇禎十一年季春草書在摩頂松臺南向

摩頂松臺題勒文曰珠樹蓮臺 名山勝水張鵬竝嘉靖時眞書

岱覽卷第二十四終

岱覽卷第二十五

泰山書院院長陶山唐仲冕六幕輯

附覽五

靈巖中

魯班洞在彌勒殿西窟穴㠊冥一曰巨和洞巨和子東晉隱士張忠也水經注稱其好穴居云明王世懋記曰洞上緣傾崖周甃以石而成二石門內揵不可入似爲開山僧埋骨地靈巖志謂郎朗公墓幽室無識非所詳也洞上有十王殿

宋五百羅漢記碑文曰施五百羅漢記·承節郎張克卞書·梵語阿羅漢此云應受世間妙供養益具六神通得八解脫善超諸有嚴淨毗尼眞可以受世間之妙供矣矧茲五百大阿羅漢者親受佛戒荷護法輪拔濟未來不入滅度誠苦海之津梁暗塗之燈炬也惟應眞示化靈跡至多故貌像莊嚴崇信愈衆濟南京東大都也靈巖巨刹佛事最勝而五百羅漢之像未覩其傑齊古竊有志於是久矣政和之初得官閩中閩俗伎巧甲於諸路而造像之工尤爲精緻于是隨月所入㽞食用外盡以付工人洎乎終更而五百之像成矣端嚴妙嚴奇厖古怪㩳笑觀聽俯仰動靜無一不盡其態自閩而北歷水陸幾五千里而後至於齊之靈巖齊人作禮歎未曾有噫豈無因相生信因信

生悟者耶齊古自少游學及竊祿仕蹤跡萍梗幾半天下投老倦游將欲屏跡閭里爲終焉之計筇杖芒鞋一巾一鉢可以日奉香火澡滌妄緣普及見聞同超覺路此予之夙志也雖然如是內辨其質莫非雕木外觀其飾盡是明金然則五百尊者今在甚處若也迷口口數顯是徒勞苟爲捨像求眞御成孤負離此二塗如何則是不見道金雞解銜一粒粟供養十方羅漢僧●奉議郎賜緋魚袋宋齊古謹施●宣和六年中秋住持妙空大師淨如上石○右碑高三尺寬二尺九寸凡二十三行行十九字字徑寸竝眞書惟書人姓名極小在十王殿大門外北向齊古史傳

無攷而以官閩塑像遠致靈巖其奉佛可謂勤矣

卓錫泉在五花閣東北蒼崖之陽一名錫杖泉世傳佛圖澄至此卓錫涌泉泉西流三四步匯爲鏡池亦曰功德池苾眾汲飲之所紀勝云佛堂中鑿池得源砌以文石泓然淵瑩中懸琉璃燈映之洞見九淵掬飲肌骨皆冷心塵頓盡亭前引爲曲水分注時有松蕊流出

皇上御題卓錫泉三大字

御製詩二章勒崖舊有龍王廟今改卓錫亭迤西南爲彌勒殿舊基乾隆二十一年建

駐蹕亭內有古柏盤鬱明王之士碣曰漢柏周垣列前人題咏如岱廟環咏亭

宋蘇軾黃茅岡詩刻○右係後人補刻仿坡公草書在駐蹕亭西垣東向金石文字記云子瞻徐州一歌誤刻於此

吳拭詩刻文曰余赴治歷下謹拜香於靈巖道場靈巖固東州勝絶處余聞之舊矣然不知與武夷昇眞洞天相若也余既幸供佛飯僧又經行宴坐之地了了然如家山閒住山仁欽師初不與余接問之葢鄉人也因作三小詩以志其事●丹峯翠壑一重重香火因緣古寺鐘若有金龍隨玉簡武夷溪上幔亭峯　一麾邂逅得東秦憶別家山六度春何意眼看毛竹洞主人仍是故鄉人　大士分身石罅開輕煙微雨證明臺灑然一覺鄉關夢換骨巖高好在哉●崇寧五年丙戌夏四月甲戌建安吳拭顧道題○右眞書凡十六行序以十二字爲一行詩以十六字爲一行字徑寸各界方格最爲秀整在亭垣之西碑末有明嘉靖戊子正月胡纘宗高奎題名

宋濟道詩刻文曰二年僂遣向東州見盡東州水石幽不把尋常費心眼靈巖消得少遲留右一東州山水亦堪遊及至靈嵒分外幽會有定師能指示直須行到寶峯頭右二●宣和五年二月初九日朱濟道偶書呈如公妙空禪師●口魏瀛定禪師乃觀音化身初居靈嵒口口神寶峯

作釋迦石像良有深旨。右竝篆書碑高二尺二寸廣四尺詩款共十四行行六字字徑三寸末二十九字字徑一寸在西垣

〔明〕邵賢詩刻。右詩凡五首行書宏治己未九月四日勒南垣西北向

〔王〕應鵬詩刻。右詩四首行書在西垣

張鶴鳴面壁齋詩刻。右詩二首行書萬歷己酉王之士立石在門東南垣北向詩采入面壁齋後

胡一龍和仁欽十二景詩刻。右郗大成行書崇禎元年二月勒西垣

〔國朝〕施閏章靈巖行詩刻。右草書順治己亥勒南垣東北向詩采入覽後

〔宋〕蔡安持錫杖泉畏塗暑溽汗揮流暫記靈巖物外遊山遶禪扃泉漱玉新秋氣候似窮秋

雙鶴泉在卓錫泉迤東二井相通陳壽愷記云法定建寺患其無水忽雙鶴飛鳴其下涓涓果得二泉今一泉眢矣齊乘謂之立鶴泉水入卓錫

鏡池西北爲千佛殿殿七楹中供毘盧佛槊藤爲之配藥師彌陀皆銅像左右小佛千餘卽唐貞觀中僧慧崇所移建者宋拓修之明嘉靖間重建萬歷時德藩

國朝康熙時僧淨意皆重修

〔宋〕妙空禪師頌讚碑文曰拙頌奉別知事頭首兼雲堂諸禪衆・住山淨如拜呈・七年林下冷相依自媿鉛刀利用微聚散莫云千里遠輪天一月共同暉　慈書記寫予眞求讚謾書此以塞來意・稍不修疎頭突兀鼻疊垂兮顴無骨長憐百醜兼且訥慈禪慈禪不我拙名兮邈兮水裏月咄・宣和五年八月初三方山老拙書　妙空老師嗣法薦福英和尚出於大宗師門下兩坐道場僅四十載凡示徒貴機用唯棒喝可語言知客道德獲此二頌囊之久矣卽今示冢命工摹石誌傳不朽皇統三年中秋日監

寺僧義由謹記。右碑高二尺廣一尺八寸頌讚共十一行行十三字字徑寸跋三行字徑五六分竝行書在殿東南向

〔金〕請寶公開堂疏碑文曰濟南府今請靈巖禪寺寶公長老開堂演法爲國焚修祝延聖壽者・竊以丈室駐錫便知祖道之興諸天雨花喜遇禪林之伯判殺訛之公案舉最上之因緣不有能仁難安勝境伏惟寶公堂頭和尚早具鍛金之爐鞴妙傳出世之津粱枯木寒灰宴坐於千峯影裏騰蛟起鳳進步于百尺竿頭茲緣緇素之依歸有請省廷而允可唱少林之曲調踞靈巖之道場信堂堂龍象

之姿赴肅肅人天之會白雲堆裏不妨依舊徑行碧眼胡邊無惜斬新拈出永洪睿算廣震潮音謹疏●皇統九年八月有印日疏●特進行濟南府尹上柱國肇國公完顏篤化叔安遠大將軍同知濟南尹事南陽縣開國伯食邑七伯戶韓爲殷宣威將軍濟南府少尹完顏沒良虎府判官闕承事郎濟南府推官權判官李德恭●徵事郎濟南府錄事夏綽書山門監寺僧宗安立石○右碑連額高五尺二寸廣二尺八寸額曰開堂疏三字字徑五寸橫列於上文共十八行行二十八字字徑寸二分並眞書印文篆濟南府印特進以下列官皆左讀徵事郎以下在首行空

處勒殿外東壁南向案大定年寶公塔銘下截缺損不能攷寶公之上一字塔銘云師姓武氏相州里人靈巖虛席府尹韓公爲殷運使康公淵保申行省卽此疏所云有請省廷而允可也

元國師法旨碑文曰皇帝聖旨裏管著兒咸藏大元國師法旨裏軍官每根底軍人每根底斷事官每根底來往使臣每根底管城子達魯花赤官人每根底本面官人每根底來往收檢和尚俗人百姓每根底省諭的法旨泰安州長淸縣大靈巖寺住坐的僧人定巖長老端與上位祝延聖壽依體例裏住坐者在前但屬寺家的田地水土園林

碾磨店鋪解典庫浴堂人口頭疋等物不揀是誰休倚力氣奪要者休謾昧欺付者休推是故取問要東西者交他安穩住坐者執把行的法旨與了也見了法旨別了呵依著聖旨體例裏㤼不怕那是麽道的每有法旨麽道無體例的勾當休做者蛇兒年三月二十三日高良河大護國仁王寺裏有時分寫來○右碑額篆大元國師法旨碑高四尺四寸廣二尺三寸碑分上下二層上層刻西僧梵書凡十二例橫讀字如鉤絲下垂下層刻法旨二十五行行十四字眞書徑六分卽上層西僧書而以漢文譯之案泰山道里記稱靈巖寺千佛殿前後壁勒宋元明碑有元蛇

兒年國師法旨碑蒙古字今驗此碑是西僧梵書云蒙古字者非也碑云大靈巖寺住坐的僧人定巖長老据提點貞公塔銘是定巖撰其碑立於至正元年則定巖之住持靈巖自屬至正元年以前之事又舉公提點塔銘亦定巖書已稱當代住持其碑立於後至元二年則是時定巖已住持矣文稱舉公於大德丁未詣朝廷陳告欽賫聖旨還民占僧田回付本寺又奉皇太子令旨帝師法旨護持山門云云似卽此碑所刻之聖旨法旨也但大德丁未非蛇年或陳告在大德丁未賫領法旨又在巳年又或國師法旨舊文是蛇年所發當舉公陳告時國師卽取已前法旨

寫付之皆未可知在殿外東壁西向

明尹淳詩刻○右詩三首行書成化壬辰春勒殿外北壁南向

袁鎬詩刻○右詩二首郭瑄重書成化丙申正月廿六勒殿前西壁南向

靈巖寺造像記碑○右儒士綸陽李夔遠撰並行書成化十一年六月僧理然上石在殿後東壁西向

遊靈巖寺記碑○右熊相撰行書正德庚辰五月黃昭道立石在殿後東壁西向

喬瑞劉燾詩刻○右詩各二首行書嘉靖辛丑六月八日

在殿北壁南向

重修千佛殿碑○右御史傅光宅撰太僕少卿于鯨篆額員外郎潘子雲眞書萬歷十八年十月十七日勒殿前南向

千佛殿東北崖上有御書閣靈巖志云唐貞觀三年陳元奘譯經於此文皇賜以手敕因建閣以奉之至宋太宗眞宗仁宗徽宗皆賜有御書金貞祐中寺遭兵燹書盡燬惟空閣存焉明萬歷中寺僧塑大悲像於內崇禎時改塑玉皇額爲宋大觀時仁欽篆萬歷閒重刊云貞觀御筆者誤也北上有超然亭圮今爲方丈

宋杜堯臣詩刻○右天聖□年眞書在御書閣前多漫漶盛陶詩敍刻文曰陶啓京師之別忽忽歲晏懷思道論何待言悉遞中得書知以衆請住靈巖山林之跡一日振發既不爲朝廷勘破又得賢太守眼目瞭然聚徒三百竦動一方甚善甚善陶一官塞上絕少知識思與吾暗叟元康會公漢東時道論終日所不可得也時寒自重自重陶啓上●靈巖長老確公大師●奉寄靈巖長老大師東里盛陶上●適見隨州住誰教復在齊君看歷山北何似善光西（確公舊住隨州仙城山善光寺）傳法仙城後流名上國高游方緣漸契無亦太忉忉靈巖山下草今古幾回春不有開堂客焉知卷

席人●元豐元年十月廿五日高陽郡齋書●呂如海撫康永新刊○右眞書秀挺類玉局一流在閣北壁北向

李公顏題名文曰治平中家君判官還□永嘉道過錢唐僧惠從來告曰盧舍金像成矣欲歸齊之靈巖而未有託也願附舟而北家君從之後十五年余□其寺徘徊瞻仰因識其事元豐庚申孟冬李公顏才甫題○右碑高一尺五寸廣二尺其前爲李公顏題名眞書七行其後爲明嘉靖元年三月五日刑部員外郎方豪題行書九行住持刊字題名於末在閣洞內西壁東向

蔡安持詩刻文曰四絕之中處最先山圍宮殿鎖雲煙當

年鶴馭歸何處世上猶傳錫杖泉●元祐壬申十月中澣
睢陽蔡安持貧中題　北安劉德亨安禮攜家之泗水住
飯僧於此正隆二年三月十有七日書○右碑高三尺五
寸廣二尺詩三行在右年月姓名三行在左竝行楷字徑
三寸年月三行之上空處爲劉德亨題名碑在閣前壁南
向
圓通經并楞嚴偈刻文曰圓通經文未錄元符二年十二
月十三日莆陽蔡卞書凝寒筆凍殊不能工也●楞嚴偈
未錄建中靖國元年冬十一月五日池陽慧日院南軒續
此偈皆行書崇寧元年十一月鄱陽齊迅施刻於靈巖寺

住持傳法淨照大師賜紫仁欽立石匠人牛誠刊眞書
嘉靖元年三月六日棠陵方豪再觀嗚呼君子可以人廢
書乎行書淸源張振采觀眞書胡纘宗高奎觀　明石九
奏觀并行書○右刻共四石各高一尺四寸廣五寸經占
三石四分石之一偈跋在其後嵌閣前左右壁南向方豪
題名在經後空處其餘觀者刻偈跋空處卞入宋史姦臣
傳元符二年方爲尚書左丞史稱專託紹述中傷善類之
時也建中靖國元年十一月乃貶少府少監分司池州之
時逾年改元崇寧至十一月則已知樞密院矣卞所書經
偈與此山無涉仁欽刻石恭山僧鄙俗藉以爲榮而字畫

完善至今豈眞不以人廢書乎靈巖志誤爲蔡京書
朝詢三人題記○右政和□年眞書在閣東壁漫漶難讀
陳恬詩刻文曰奉送南禪和尚承詔旨東遷靈巖●西水
陳恬●萬方刹境一珠輝稽首如空無所依汝浦共瞻雲
獨往靈巖遙佇錫東飛煙霞隱見靑蓮峙龍象歡呼白拂
揮多謝禪者來訪我雙林風月靜相違余時旅寓爾勒○
右行書絶類南宮一派恭宋人筆也碑後似有斷缺在閣
洞內東壁西向
金王珩路伯達詩刻文曰巡按詣靈巖名刹禮佛焚香憩
坐於超然亭覽堂頭琛公佳製謾繼嚴韻山東路提刑王

珩●鍾山英秀草堂靈林下相逢話愈淸問道謀身宜勇
退得閒何必待功成●明昌五年十月十五日十方靈巖
禪寺住持傳法沙門廣琛立石●濟南梁宗誠同李堅摸
刊　琛公堂頭和尚有題超然亭頌因次其韻冀州節使
路伯達●六合空明現此亭本來無垢物華淸客來便與
團圞坐萬偈何妨信手成●明昌五年二月十五日十方
靈巖禪寺住持傳法沙門廣琛立石●濟南梁宗誠同李
堅摸刊○右刻在閣洞內西壁東向縱一尺三寸横二尺
八寸詩二首分刻左右四周以花紋界隔之前詩九行眞
書後書七行行書竝徑寸許廣琛立石一行眞書徑四分

摸刊一行眞書徑二分前後竝同案明昌六年周馳撰靈巖寺田園記云明昌三年提刑司援他山例許民採伐由是長老廣琛訴於部省五年琛復走京師詣登聞院陳詞蒙奏斷用阜昌天德所給文字爲準盡付舊地云云据此則琛公自明昌三年以迨六年皆住持靈巖也當明昌三年時許民採伐之提刑不知何人假使卽此和詩之王珩則不應縱民採伐致琛公有奔告跋涉之苦矣若王珩是別一提刑亦當爲琛公理其直也二詩一刻於明昌五年二月十五日一爲十月十五日不知琛公走京師又在何月琛公原倡亦無攷矣路伯達見中州集云仲顯字伯達

冀州人正隆五年進士明昌初授武安軍節度使鄉人榮之据金史本傳伯達字仲顯與中州集稱字伯達者異今碑刻爲自題不宜署字是名伯達無疑本傳稱改鎮安武宋朝事實冀州慶歷八年陞安武軍節度金葢依其舊名而中州集作武安爲倒訛也伯達詩爲遺山所采

元山門五莊記碑文曰自元貞年間於塔寳峪口選吉地剏建新莊一所曰北莊也建佛殿三間內塑自在觀音一堂全珈口堂一所內塑關王全西口房三間穿井一眼遶莊開荒地數頃有餘盡在寺家山場界至內遂作一偈出示諸人偈曰置罷南莊置北莊春秋曾請好開荒休辜壯志琛公老祖父田園要主張獨鶴泉宜開舊地曰中莊也水屋頭開地栽桑曰東莊也覆井坡可葢新房曰南莊中隖店西曰西莊也已上這五莊只在靈巖產業界至內起建永遠贍濟常住供給衆僧不爲無諡以示來者他日百千年後使諸人共知山門外有五莊在●大元皇慶二年歲次癸丑季冬望日當山傳法住持嗣祖桂庵野衲記●守座思敎書記思圓知藏智正敎讀思亨錢帛思海提點智舉提點思宗監寺思讓前監寺思川官門思角維那智運副寺思班典座子謙直歲思粟殿主思子副寺思宣直歲惟鑾直歲思酉直歲子巖殿主洪望外庫思柳知客惟

香東莊主思癸南莊主惟堅西莊主惟山北莊主子吉中莊主子諡圓頭思圃侍者德慧●山門衆知事同立石●錦川夏中興門人王庭玉刋○右碑連額高二尺四寸廣三尺二寸額篆靈巖山門五莊之記字徑二寸半橫列於上文二十四行行十五字字徑寸眞書在御書閣內碑文中野衲之下記字之上有篆文覺達二字名印他碑所無

張淑詩刻文曰奉贈讓公上人 詩未錄 慶約張淑書●至順癸酉仲春末旬七日沙門義讓立石 絕頂松風灑醉顏潘輿鶴髮憶平安十年留得題名在淚濕秋雲不忍看●復遊於寺至元廿四年冬至二日文昌隨淚書●子愛

是詩故錄於此息庵上石。右竝行書在閣西壁西向
傅亭詩刻文曰至正乙未秋九月因公赴山東遊靈巖禪寺●秋晚登臨上岱宗扶筇來此謁崆峒閑雲送雨過深洞老鶴將雛度遠空白石清泉心未了黃花紅葉思無窮攜雲歸隱知何日坐想青山入夢中　靈巖山房詩同年長清縣尹張君德昭不遇●慈恩塔上題名後京國分攜十四年夢想故人詩句裏坐看黃葉酒杯邊停雲藹藹秋容澹落葉蕭蕭客恨偏獨倚禪房重搔首又鞭歸騎過前川　丙申春三月海嶽降香回重遊靈巖次趙明叔詩韻●石徑穿雲雨意涼乘軺重過老僧房門前古柏凝新翠

巖畔幽花散異香鶴舞雙泉春水淥龍歸深洞暮山蒼禪心久矣無拘礙笑我狂遊去遠方●前進士應奉翰林文字承事郎同知制誥兼國史院編修官傅亭題時弟諲男文炳侍行云。右刻在閣中二十六行行十二字字徑六分眞書
明陳豫詩刻。右眞書天順四年三月六日僧至瑄上石案豫官鎮守臨清節制山東平江侯詩內徽宗御書俱擡頭意僧誤在閣前壁南向
孫瑜詩刻。右詩凡十二首眞書成化十三年七月廿四日勒閣洞內東壁西向

黃道張元忭題名文曰江陰黃道山陰張元忭自濟寧登陸過曲阜薦溪毛於孔林酌清泉於顏巷乃涉洙泗登泰山排御帳叩天門振衣絕頂悵海日之雲迷慨秦碑之苔沒徘徊四望乾坤何小已而下循山麓踰長城嶺遊于靈巖探白雲之洞窮證盟之龕觀覽旣周幽懷交暢黃子南旋張子北上臨岐書此以紀勝遊時隆慶庚午三月三十日。右行書末有張繼業跋辛未十月望日亦行書在閣洞西壁東向
張元忭詩刻。右草書萬曆元年九月廿五勒閣洞內東壁西向

丁致祥詩刻。右詩三首末書夫椒山人丁致祥書癸酉八月勒閣西壁南向頗漫漶未審何時筆也
黃景象詩刻。右詩二首草書萬歷己亥勒閣後壁東北向詩咏抱龍臺今未知臺所在也
邵□詩刻。右行書甚佳末云癸巳暮過靈巖寺贈山僧一元邵□□在閣東路臥
汪應蛟詩刻。右眞書萬歷癸巳九月勒閣後壁西北向
王安舜詩刻。右詩二首行書壬子年勒閣北壁北向
宋曾鞏題靈巖方丈法定禪房臨峭谷辟支靈塔冠層巒軒窗勢聳雲林合鐘磬聲高鳥道盤白鶴已飛泉自漫青

龍無迹洞常寒更聞雷遠相從樂性道塵囂豈可干
御書閣東爲后土殿宋時重建明嘉靖時釋洪霓重修又東
爲定公殿阯北爲玉皇殿
〔郭聖澤題名〕文曰郭聖澤因設水陸到此丙申孟冬十七
日題男口侍行。右眞書左讀石在后土殿東廒牆內字
兼行體分三行大徑寸筆法類宋人因無年號姑錄於此
〔元釋圓照詩刻〕文曰中統二年六月旦日重遊方山少林
復庵圓照敬題●再到靈巖古道場儼然喬木蔽雲房十
分山色四時好一味松風六月涼老樹挂藤侵石壁落花
隨水入池塘主人乞與禪牀臥夢裏如聞天上香　復庵

老衲遊山漫興謹賦拙偈至元十八年清明后十日題●
年來乘興一閒遊直擬尋山山盡頭之字水從斜磵出羊
腸路到斷崖休古藤依倚巖前樹老木侵欹㵎下流唬鳥
催歸日將暮林陰撲翠濕衣裘●至元三十一年孟冬下
旬三日桂庵野衲覺達立石●錦川夏中興刊。右眞書
在后土殿東踣
〔明塑粃祖師記碑〕。右眞書嘉靖乙卯仲春望日翼城王
四好書有印方四寸曰翼城王章押辭僧悟重立石在定
公殿阯踣
〔東遊記碑〕。右王宗沐撰眞書隆慶五年八月中秋在后

土殿前南向
御書閣西爲般舟殿釋祖居重修周垣嵌歷代石刻
〔宋張掞詩刻〕文曰留題靈巖寺●龍圖閣直學士尚書兵
部郎中充眞定府路都部署兼安撫使知成德軍府事張
掞●再見祗園樹流光二十年依然山水地況是雪霜天
閣影移寒日鐘聲出暝煙粗官奔走苦一宿亦前緣●嘉
祐六年辛丑歲七月一日齊州靈巖寺主講賜紫沙門重
淨上石●京兆府普淨賜紫沙門神俊書眞定府郭慶刊
字。右碑高二尺八寸廣一尺五寸詩字徑二寸前後題
銜款識字徑五分並眞書端整有法題下空處有膠東李

學詩來六字行書在殿大門內
〔朝官送詳禪師詩刻〕文曰詩送靈巖法師●安石●靈巖
開闢自何年草木神奇鳥獸仙一路紫苔通窅窱千崖青
靄落潺湲山祇嘯聚荒禪室象衆低摧想法筵雪足莫辭
重跰往東人香火有因緣　詩送靈巖法師●充●戰士
長歌赴荔原謀臣獻冊廟堂閒吾師倜儻浮屠隱不事王
侯事經論兩街推許住靈巖百鳥銜花待師信清風一振
海潮音曠劫曾蒙祖師印窮秋別我欲何言珍重詳師指
一彈　詩送詳禪師住靈巖●尚書司封員外郎直史館
同修起居注直舍人院兼同知審官東院蔡延慶●靈巖

川上白雲深十里青松晝自陰遠寺幽佳傳已古名山勝絶冠於今羣峯環翠凝秋色危壁飛泉瀉暮音此景去爲風月主五湖應不起歸心　詩送靈巖道光大師●尚書祠部郎中新知饒州蔡冠卿●僧讀儒書舉世稀惟師精學出塵機上都香火安禪久東國林泉徇衆歸道在莫從形相索身閒都覺利名非靈巖到日秋應晚還寫新詩遍翠微●熙寧庚戌仲秋十六日元輔　清晨叩缺翛然振缺縈帶生缺不待春缺安隱誰缺師得向缺莫鏁溪雲缺奉送缺清晨門外缺程自說缺度衆生缺痿羸似缺北山它日缺○右碑額題宋朝賢贈行詩六字眞書分三行字

徑三寸碑連額高三尺二寸廣一尺九寸分三層凡四詩每二詩爲一層眞行兼之下層殘缺每行存三四字不可讀上層安石充皆不書銜姓以其時攷之安石當是荆公方爲參政充當是俞公達官都水丞宋史稱茂州羌寇邊充上禦戎十策盖言兵事者故詩有戰士長戈謀臣獻冊之語當卽其人兩街者釋氏有左街右街猶言東序西序也中層冠卿詩稱道光當卽詳公之字詩後一行題年月署元輔當亦卽冠卿之字也碑在殿大門壁北向

李迪遊靈巖詩刻文曰大丞相文定公遊靈巖詩●靈巖山勢異金地景難窮塔影遮層漢鐘聲落半空千尋羅雉堞（山如城壁之狀）萬仞聳屏風飛鶴來清寶（有雙鶴泉）劍魚挂古桐名留參四絶封合亞三公（在泰山後）勢徹河壖遠形差嶽鎮雄仙閭鄰峻極日觀伴穹崇遂洞連蓬島重巒鑿梵宮（山面有證明功德龕）望應銷俗慮登嘗出塵籠獻詩嵩衡並分茅海岱同艮方標出震午位對升中嵐滴晴煙碧崖鋪夕照紅巍峩齊太華奇勝敵崆峒鍊句供詩客摸眞怯畫工天孫分怪狀神化結全功昑賞慵回首雲泉興愈隆　先丞相天聖閒嘗留詩寺壁後主僧刻石遂今歲久字畫刓缺因命工再刊於石紹聖五年三月中澣日姪曾孫新滑州白馬縣主簿李侃敬書●正監寺講經論沙門口口口○右並眞書

勒殿大門壁外南向大丞相以下分十八行行十字字徑一寸二分先丞相以下四行行十五六字字徑七分金石文字記云迪謚文定前後三知兖州其再任乃仁宗天聖中也又云宋刻年月苂序以此爲首今案跋稱補刊自當列爲紹聖時刻

五苦頌碑文曰竊觀三界之內唯有五種苦事世人罕知輒書此頌奉勉幸希省覺住靈巖釋仁欽述●生來從四大假合依六塵妄識投胎殼執情爲我身幾回勞父母恩愛强分親出沒河時了誰知自苦辛（甡）●心欲行千里區區不到頭祇隨聲色轉怎肯向身邊面皺眉如雪貧塵倘

勿休可憐無智者一似戀枝猴老苦●結託空勞力追陪枉用心一朝牀枕上苦痛自呻吟滿目妻兒女空生煩惱深此時難替代惟獨自孤衾病苦●閉眼從神識魂靈往那方目前如闇室背後沒星光縱有堆金玉尋思何處藏孤然無伴侶恐怖自惶惶死苦●杳杳隨長夜悽悽實可傷平生寃枉事酬對直須償唯有修心好前程果自昌勸君早回首免此五般殃苦●大觀四年八月朔日當寺比邱海補立石●侍者道巖書●濟南徐儀刊○右碑高四尺二寸廣二尺凡十二行首行三十三字餘二十五字為一行眞書徑寸頌上橫書五苦之頌四字字徑二寸並眞書在殿

內南壁東向金石文字記載仁欽有大觀三年篆心經大觀四年十二時歌政和元年十二景詩今並佚

曹韓氏題名文曰太寧夫人韓氏朝拜東嶽回遊靈巖觀音道場四絶之所崇峯列翠宛若屏圍而北主峯嶷然五里之登兩肩有殿號曰證明謂其如來化跡祈應如響於是發精確志不懼巘嶮乘興而步其上仰瞻紺像欣敬不已及觀巖麓木怪石奇異與世別眺寓移時頓忘塵慮若非聖力所加從心之年焉能至此於內自省尤為之幸仍知名山勝槩傳不誣矣時政和改元季春廿五日孫男左侍禁曹洙三班奉職深右班殿直涇侍行使女意奴孫倩

奴喬缺數字張意奴祝美奴楊蕊奴朱朵奴薛珍奴張望奴董從行洙奉命題紀岩石徐儀刊○右碑高二尺二寸廣尺八寸記十二行行十八字字徑寸許行書在殿大門西南向

淨照和尚誡小師詩刻文曰住靈巖淨照和尚誡小師●吾來住此不覺十載為國焚修稍成次第今為年老衰邁精力勞倦難以久居又忽見秋風落葉意思闌散孤月寥天寒蕭索感懷情動頓起休心欲慕退閒偷安養拙不免與諸子別離古者云父子雖親其路各別自此以往汝等諸人各自努力進修切莫虛度時光一刹那間便是它

生異世懃持行業慕道為心報答四恩三有出家之子義聚沙門但且上和下穆兄恭弟順一師之下百歲同條若以逆諍相違自然不能安處順吾言者是吾弟子背吾言者非吾弟子臨行相別聊書此偈付汝安懷各紙委悉●物外翛然獲自由慇懃諸子送他州白雲暫駐無方所明月相隨到處優巖谷乍拖終勿思林泉幽景豈迴眸吾今此去聊相別汝且和光混眾流●政和元年孟秋月十有八日寄●濟郡東禪西軒書付誡小師○右碑高三尺五寸廣二尺凡十七行行三十字行書後列諸徒五十九人名同立石諸徒皆以道字為行輩惟首一人曰海潤末有

徐儀刋三字在殿南壁西北向案淨昭節仁欽時已退居濟州之東禪寺矣

趙子明謝雨記碑文曰政和乙未經春不雨百姓咨嗟思欲禱於法定聖像誠心一啟甘澤隨降遂涓吉辰詣靈光致謝因覽諸泉經日而還向子千涓同至•縣令趙子明•孟夏二十一日監寺僧昭戒立石○右行書碑高二尺廣三尺許記十一行行六字字徑二寸在殿大門外壁西南向

王淵題名文曰方渠王淵幾道緣職事訪如師和尚遍觀靈巖聖跡當日迴歷下宣和乙巳六月十二日書○右行

書勒殿內東南壁北向末有明人題名二則一云明參政胡纘宗郎中高奎記驛吏蘇恩侍草書一云明蘇臺小池周同錢唐珠山李奎雪湖詹山偕覽行書

金傳大士十勸并梵相碑○右碑高二尺一寸廣一尺三寸分上下二層上有像道冠籠髮露響導長髭髯披袈裟叉手跏坐胡牀雙履置踏櫈前有高几爐香裊煙後有童背胡盧捧冊下題云婺州雙林傳大士十勸及梵相十勸偈不具錄末云皇統歲次丙寅八月中秋日濟南十方靈巖禪寺住持嗣祖沙門法雲募工刻石山門書記僧義由書洛陽雍簡畫會人胡寧鐫凡十四行行二十四字字徑五分行楷兼之在殿大門外西壁西向案傅大士名翕梁時人居金華義烏縣之雲橫山金華即婺州也觀所畫疑是居士相不盡是梵相也

達摩面壁像記碑文曰禪之始祖圓覺老師始自天竺來居嵩高少林道場蓋面壁者九年大祖禪師斷臂立雪世舉知之而昧其處自少林行殿而西林篁蔭鬱千步而近度密越阻羣山四臨前則少室諸峯峪嵷連屬後則五乳萃兀擁掩如舉手內向中峯之下乃其故處有泉洽然始至無水以杖劍刺地隨舉而涌引而東出世因號以錫杖而叢榛族棘荒穢翳塞兔蹊雉域蛇虺所舍樵牧避焉元

祐二年留守爾翼張公求而得之始往過焉使作亭以識其處除地得趾層甓宛然後十有餘年知登封縣樓君异復往過之謂長老清江襄棘開道使有人聲馬跡再至則治矣盍復其故對曰下南山之木出西谷之竹伐薪以陶率少而役可立具其所乏者財爾异請任之于時衆治泰陵休于次异敬以請自監司與百局之執事及羣縣之令丞佐尉下逮工賈庶役不挽而同于是智者謀仁者施壯効其力工獻其伎爲堂爲室圖像陳焉守衛有次門廡有列蓋一朝而具既月以成而林出芝十有二本華各異色莖如漆飾甘露雨於泉池夜有光氣四起屬天合爲大練

東西數十里嗚呼其輿可量也耶夫道一而今之教者三
三家之役相與詆訾益世異則教異教異則説異盡已之
道則人之道可盡究其説則他説亦究其相訾也固宜三
聖之道非異其傳與不傳也耶子孔氏之門顔閔冉皆無
傳仲弓之後則有荀卿曾輿之後則有孟軻端木貢之後
則有莊休而荀孟莊之後無傳焉李氏之傳關尹尹之傳
復無聞焉釋自能仁二十八世而爲初祖初祖之東六世
而爲曹溪曹溪至于今又十有五世矣而儒老子之徒欲
與校其源委誤矣嗚呼道之傳蓋始於此歷歲千百逮今
而輿豈有待於異耶建中靖國元年九月十八日居士陳

師道撰●大金皇統七年歲次丁卯十二月晦日濟南府
十方靈巖禪寺住持傳法沙門法雲募工重立石●山門
維那僧宗安書●兗人胡寧刊○右碑上有達摩面壁像
一頭陀合掌其後下爲記文凡二十四行行二十八字字
徑五分眞書在殿内南壁北向

雙林坐像記碑○右皇統□年眞書在般舟殿壁文多缺
蝕

靈巖山場界至圖記碑文曰昨岳廟妄爭山場蒙尚書戶
部准法斷還□寺今將紀畧古碑幷阜昌公據四至照驗
畫圖刻石庶使後人若觀諸掌然山門皆十方僧兼住持

長老去留不定其界至稍遠少有到者凡差直歲當一巡
之以爲常例不可忽焉天德叁年冬至日十方靈巖禪寺
傳法住持圓悟佛日大師裕顯書○右碑縱二尺橫二尺
八寸上橫題靈巖山場界至之圖八字眞書中繪山川屋
宇圖中有云碁子嶺至仙臺嶺次至燕子山南大嶺各分
水爲界下段記文小字眞書在殿東南壁北向

遊靈巖記碑文曰余素好林泉之清勝久聞靈巖名山迺
自昔祖師之道場也所嫌塵緣袞袞未獲游覽比雖守官
汶上鄰封咫尺亦無由一到兹因被檄賞勞徐宿邳州屯
守軍兵還登岱宗故不憚迂遠行役之勞惠然而來周覽

上方勝槩峯巒峭拔殿閣壯古森天喬木是處流泉憩於
秀嵓絕景之亭清風時至了不知暑惟聞啼鳥之聲幽邃
清奇迥出囂凡信四絕之一也頓息塵慮以消平昔景仰
之意□□忘歸憶唐李涉詩有云因過竹院逢僧話又得
浮生半日閑正此之謂也時攜家偕遊正隆丙子歲仲夏
初七日同知東平總尹遼陽張汝爲仲宣題●監寺沙門
法告立石●東平張誠刊○右刻記十八行行十二字字
徑寸行書立石刊石二行字徑五分眞書在門外東牆南
向攷此記金石文字記載其目而靈巖志道里記俱遺之
蓋嵌牆内而爲聖壇所掩故也蒙遊此見隙壞處隱隱有

字刮而讀之筆札頗佳因具錄之武虛谷云金史張浩傳·子汝爲卽其人浩籍遼陽渤海故汝爲云遼陽舉其郡名也中州集稱爲河北東路轉運使未知其曾爲東平總尹也地里志東平府以府尹兼總管今稱總尹者併二官爲一名也蒙案汝爲更有陶山幽棲寺題名具詳緣覽

〔釋迦宗派圖碑〕。右碑在殿垣內高三尺六寸廣一尺八寸五分額題釋迦宗派圖五字八分書橫列於上次總敘宗派列說於上層次列宗派世系始自衆集置大轉輪王一傳爲大須彌小轉輪王再傳爲眞生粟散王三傳爲茅草王四傳爲甘蔗王五傳爲別成王六傳爲拘盧王七傳

爲瞿拘盧八傳爲師子頞王九傳爲淨飯王十傳爲悉達多十一傳爲釋迦牟尼世系止於是下層正中畫牟尼佛象正立兩足下各承蓮花佛左手下垂右手掬胸胸有卍字兩肩佛光上覆火焰繞光而上刻畫皆完好右邊一行云西京嵩嶽少室山少林禪寺洒埽比邱惠初宣和二年九月晦編集左邊一行云正隆元年八月旦日濟南府長清縣十方靈巖禪寺住持傳法沙門法琛立石蓋此宗派圖爲宋宣和年少林惠初據本行經所編集而靈巖法琛刻以傳世者也

〔釋惠才山居吟刻〕文曰方山野人因樂道自興作山居吟示諸禪者當山監寺首座焚香禮求上石余不能伏筆·靈巖方丈惠才書·山僧樂道無拘束破衣壞衲臨溪谷或歌或詠任情足僻愛林泉伴麋鹿水泠泠兮漱寒玉風淸淸兮動疎竹閑身悅唱無生曲石鼎微煙香馥郁幽居免被繁華逐贏得蕭條與林麓大道無涯光溢目大用無私鬼神伏知音與我同相續免落塵寰受榮辱浮生夢覺黃粱熟何得驅驅重名祿·大定十八年六月旦日當山監寺僧祖童首座僧宗元立石。右刻詩十二行行書字徑寸許末立石一行眞書字徑七分在殿大門內西壁西向

〔元管勾平公勤跡銘〕文曰靈巖平公管勾勤跡之銘·本寺書記思圓書·當山前住持嗣祖沙門桂庵野衲覺達撰·夫深山裏钁頭邊經營產業開拓山門輔弼叢林護惜常住運先覺覺後之心行自利利他之行者其孰能究歟唯管勾名體相稱耳公諱淨平濟南鄒平縣九湖里馬氏之子長年十有九歲不甘處俗聞止菴老人道價崢嶸名振山東徑造靈巖丈室始爲落髮習經業之後受具戒已來公心貞性古言無糚飾所稟天性也自此閒暇之際發上品忠心施功向前三門之左鑿石開路使車馬直徹院庭人皆翕然更栽接梨柿諸雜果樹伍伯餘株遶寺諸

處及梨峪栽竹壘石牆遮護看守忠心爲最時有鞍山月
泉作詩上壽贊云管勾多年苦用心栽培松竹出雲青老
僧無可爲添壽只指松筠作壽齡知人之鑒良可爲證不
可掩人之德以示來者使後進發見賢思齊之志不爲無
益不負平公開山路壘石牆栽接之初心焉余錄公之實
跡信筆而書使後世播無窮之苦行耶仍惠之以銘其銘
曰靈巖勤跡厚施功獨占先心貞兼志壯德性自天然何
時嘗出寺甚日下平川鑿石開大路車馬徹庭前接成梨
柿樹栽竹更心堅梨柿并竹子年年貨賣錢高低石牆起
可羨老平禪行滿功成處廣種福無邊止庵門下子昆仲

少齊肩苦行千年播佳名萬古傳●大德十年三月二十
七日山門監寺思川立石●當山傳法住持嗣祖沙門古
巖野衲福就勸緣●清亭方茂典刊○右碑高二尺四寸
廣二尺六寸文二十五行行二十四字字徑八分眞書管
勾者僧職也猶道觀之提點在殿大門內南壁西北向

何約張鵬霄詩刻文曰天下名藍稱四絶方山雄與岱宗
連古淵堂上凭闌處似在棲霞太華邊●泰定五年正月
中憲大夫前山東東西道肅政廉訪副使河東何約留題
　承直郎前江東等道肅政廉訪司經歷張鵬霄同來留
題●靈巖古佛刹雄峽泰山巔環抱嵐光裏沈涵月照邊

禪房森木蔭梵宇衆星聯一到絶塵俗幽棲信有緣●當
山住持沙門古淵提點思讓監寺思川同立石書記恒勇
書李克堅刊○右碑高尺六寸廣三尺三寸共十七行行
十一字字徑寸眞書在殿西壁東向

塑像題名碑文曰管粧塑聖像施主花名如後●管塑當
陽釋迦如來施主待詔僧子工●仝管粧鑾當陽聖像一
堂施主提點智舉●管塑文殊普賢二大士施主提點思
讓●管週圍粧塑三十二尊羅漢施主院主思善●管供
牀鏡面油漆施主監寺思川●管背坐粧塑觀音聖像施
主副寺子貞●管三面大鏡施主書記恒勇●大元致和

元年八月望日當山傳法住持嗣祖沙門智久謹誌○右
碑高三尺四寸廣一尺八寸題名十行眞書徑一寸案碑
立於致和元年八月是年二月泰定帝始改元致和七月
泰定帝崩九月壬申文宗即位改元天歷碑立於八月望
日故仍稱致和也寺中塑象居中爲釋迦如來左右爲文
殊普賢又有聖象一堂不計位數當在殿之左右列與如
來俱南向故謂之當陽也羅漢有十六尊者有十尊者此
是三十二尊必左右列東西相向也觀音聖象在佛殿之
後背坐者北向也三面大鏡必是如來文殊普賢之佛光
供牀即佛前供案也施主皆寺中僧職有所謂待詔僧者

搿見此碑聖象一堂不曰糚塑而曰糚鑾所未詳也泰山道里記云大雄殿七間祀觀音文殊普賢此殿卽宋之獻堂及山門本無象設皆明正德間魯藩所增置也今以此碑攷之則元時已有象設魯藩特更新而增易之耳標題花名二字他碑未見

（明）絶俗持戒二刻。右隆慶年李復初眞書嵌門外東西壁

（國朝）重修般舟殿碑。右順治中施閏章撰眞書在殿西東向

辟支墖在御書閣西南九級每級門四牕六磚石爲之唐天

寶中建宋嘉祐重修元明相繼修之西偏爲藏經殿乾隆十四年燬其後爲倚翠亭西北爲松風閣靈巖志云臥佛堂在塔北崖上頗幽雅不亞甘泉之勝堂前小閣守道王紀遊此愛之題曰松風稍西爲朝元殿由甘露泉移此南下爲關帝廟寺中殿閣樓亭浮圖精舍與山高下凡數十所悉列如右名泉嘉樹並志焉

（宋）尊勝經幢。右幢凡二皆眞書一爲景德四年在藏經殿前一爲天聖三年在塔院中

（宋）建辟支墖題名十石。右十石各高一尺八寸五分廣二尺二寸字徑五分並眞書嘉祐二年三月在墖上牆間朱

文藻曰辟支者釋氏要覽云梵云辟勒支底迦唐言獨行也翻譯名義集作畢勒支底迦辟與畢聲近而異也其以辟支名佛者見水經注云于闐國刹利寺有石鞾石上有辟支佛足跡又酉陽雜俎亦云于闐國贊摩寺有辟支佛鞾此以辟支名墖者殆塔上供辟支佛也靈巖寺辟支塔稽之長清縣志不詳其興建之由卽宋張亮重修寺記亦祇云辟支塔從古制而不言建自何年以臆度之蓋亦魏正光中法定禪師所建也宋景祐中主僧瓊環修寺而不修塔至嘉祐二年乃合衆力爲修塔之舉而因有此題名也題名十石所載男婦子女約三千人其州縣鄉邨寨社

之名可備志乘攷證所載各社有社頭社官社長社政社司社錄社副錄社舉副社舉點檢勾當知客都排副都排諸名目而散者爲社人不知此等是在官者抑是私舉者因憶昔讀三朝北盟會編於靖康年間頗有山東寨主結連鄉兵各保本社抵禦金兵者要皆社官等之後效也當時行疏勸緣遠連郡縣有所謂十人頭百人頭千人頭者碑載三千人皆自勸錢修塔姓名不詳所助若干獨夏津縣李若沖夫婦各施石二尺大書特書碑爲修塔而刻而亦兼及鑄鐵人鐵鉒之事玉篇鉒送死人之具也此鐵鉒不知是何器而與鐵人同鑄又值修塔之時或卽塔前供

用之器然不詳其重若干計碑中載施鐵之數則趙金捨鐵五斤趙政施鐵三十斤陳元施鐵五斤凡鐵四十五斤不知八事之重祗此抑或尚有施鐵人而不備書耶又不可解者修塔助緣皆屬河北山東而捨鐵鑄器獨遠及於淮南楚州寶應人何也助緣之人市戶最多想是市易之行戶居官者惟靖順之一人登仕郎官封州司理參軍也又有鄉貢進士一人鄉貢學究一人處士一人其稱謂之別者有男弟子女弟子有名其子爲菩薩留將軍留者名其女爲哥爲兒者書其父名爲十郎者稱其母爲大娘又有稱三母者又今俗稱祖母爲婆外祖母爲外婆妻母爲

丈母師之妻爲師母竝見此碑其姓之少見者則有司逯咸皇扈似封商索劇苑曲閻夾鳳葺刑蹇栗竹俗榮東靖其稱謂之異文則女婿爲女妋外甥爲夥甠孫女爲大嫏子三嫏子

[金]任瀛詩刻文曰濟南府推任公詩●詩呈堂頭雲禪師●瀛上●放開塵眼頓超凡便覺棲眞悟泐潭碧嶂排空千仞矗清泉漱頰十分甘五花殿裏師因果百法堂中問指南若道爲官太拘束三年三得到精藍●皇統丁卯三月二十八日監寺比邱子方上石兗人胡寧刊○右詩十行行書年月二行眞書在松風閣南壁北向

[元]勑建龍藏殿記碑文曰大元泰山靈巖禪寺勑建龍藏之記●正奉大夫侍御史燕南河北道肅政廉訪使張起巖撰并篆額中奉大夫嶺北等處行中書省參知政事張蒙古台書●天下佛宇以巖名者則泰山靈巖爲之冠以境屬中土占岱宗右腋面勢環抱當秀絶處前乎此未有識其勝槩以據有者殆天造地設神靈珍藏以待夫雄尊崇大者處之然後爲稱也耶蓋巖之巔東如列屏如窣堵波巘奇騈秀矗乎雲表北如連城截然展拓高出千仞俯臨眞境若嚮若護東巖南引而左拱與北巖子午相直其上有穴洞明望之若月元魏正光閒法定禪師駐錫於此

睹其形勝兀坐獨處德風所扇慧照所加靈怪斂避虎獸馴伏復有泉涌于寶泓而爲池土俗目其神異爲構丈室延居其中演教授徒是爲開山初祖歷隋暨唐殿堂齋寮日新以盛宋太平興國天禧景德徧以其號錫宇內寺院故寺嘗號景德寺之千佛五花殿構于其時石刻具在迄今廣宇周廊遺制尙存皇元崇奉釋教視前代爲有加泰安分土王邸于是寺外護尊禮尤切注意至元二十四年丁亥第三十代住持寶峯順禪師以爲名山大刹大衆雲集受學之人必資講誦我佛之教其言傳于世者爲經歷代高識發揚翼成者曰律曰論曰疏增衍廣大至五千餘

卷今版本在江浙在閩于是專普覺大師提點廣往購至杭則普寧寺已具經律論完本遂購而航致之浮江絶淮踰河抵郡之陰河鎮以二十六年三月十八日具法師作禮迎致權置寺之五花殿後四十五年當至元後元乙亥息庵讓禪師圖建外三門方具材庀役俄受少林之請佛智明悟通理大禪師定嚴慧公嗣主法席乃相舊輪藏之基規橅故在也謂宜起廢庶琅函寶笈貯閣有所諮於廣智大師提點川明德大師監寺貞等度爲藏殿三楹輟三門材爲之寺之耆德法屬聞是語已欣然出衣盂資以助以倡鄰郡濟南達官善士之樂施者相繼也經始於至元

後二年冬十月畢工於六年夏四月安敞虛靜位置崇整扁其額曰龍藏中爲龕帳以庥象設以覆藏函供張器皿殿所宜有種種備具金碧絢爛薌燈芬灼裝嚴佛界觀者起敬總其所用爲楮泉二萬三千餘緡師偕提點貞監寺揮等來請記于予予惟大雄氏之教肇自東漢流傳震旦其爲言說普令一切世間識原達本發無上妙心如良藥療衆疾如慈航濟苦海如慧燭破幽暗以之開迷惑顛倒以之釋貪著愛欲人之求其法者舍是經何以哉知有是經而不能讀讀而不能思思而不能從是與未嘗見聞者無以異也夫採藥療疾取米救飢而藥與米究竟有盡惟

是經也取而讀誦思惟其義開覺發悟深造自得利已利人普蒙福惠於是經也復無所損義詮明暢如清淨水洗滌塵垢水亦還潔如大寶月照徹昏闇月自明朗然則學者舍此弗究可乎師張姓世爲保定完州人居州之南檀山年八歲禮古唐甘露禪院詮公爲師得法於靈巖桂庵達禪師至元後丙子得錫今號是爲住山四十代師云至正元年二月望日記●山門提點子貞提點子廉監寺子揮監寺子洪修造思柳維那維智副寺思靄典座子時副寺子泰子可維寬覺喜淨心直歲子路覺昌覺宗覺千●耆宿首座思讓首座子英書記思岑藏主思周知客子全

倉主子敞錢帛子慶庫主覺初浴主思洪外庫覺增侍者戒信殿主子延等●十方靈巖禪寺住持傳法嗣祖沙門佛智明悟通理大禪師定嚴野衲德慧立石●石工張克讓蘇亨刊○右碑連額高八尺五寸廣三尺五寸篆額題大元泰山靈巖禪寺龍藏殿記十二字徑三寸分三行文二十四行行五十五字字徑九分竝眞書碑陰刻施鈔人名二十六行字徑八分案杭州普寧寺印經一大藏係世祖至元二十六年事詳見廣公提點壽碑至是順帝至元元年始建龍藏殿蓋越四十七年矣碑文爲張起巖撰起巖之官中臺侍御史轉燕南廉訪使史不詳其何年以此

碑證之則至正元年二月而碑陰在是年十月蓋刻文在
畢工之初碑陰則俟施鈔之數已定而後刻也碑陰列諸
寺職有所謂鑄瀉者不知所職何事識以俟攷在藏經殿
故基前東向
〔明〕彭夢祖詩刻〇右詩二首丙戌初冬行書在松風閣南
壁北向詩采入覽後
〔李遜學詩刻〕〇右詩二首眞書正德四年五月僧悟悅立
石在閣南壁北向
張鶴鳴詩刻〇右詩一首行書在閣南壁北向
寺門外端南爲方山神祠東南有伽藍殿明宏治時僧慧海

重修西南爲地藏庵東南爲藥師佛殿思議佛殿並圮
〔宋〕張掞詩刻文曰詩送新靈巖寺主義公上人●龍圖閣
直學士尚書工部侍郎羣牧使張掞上●峩峩日觀出雲
層西麓靈庵寄佛乘金地闕人安大衆玉京選士得高僧
霜刀斷腕羣魔伏錮軸存心奥義增顧我舊山泉石美湔
除諸惡賴賢能●熙寧二年己酉歲中元日　詩送勑差
靈巖寺主大師詳公赴寺●朝散大夫尚書戶部侍郎致
仕張掞上●黃紙除書下九天岱宗西麓鎭金田鷲峯肅
肅臻多士蘭杜熙熙撫衆賢像室光華輝曉日禪心淸淨
擢秋蓮山泉自此增高潔雲集十方結勝緣●熙寧三年

白虎直歲九月十三日〇右並眞書在方山祠南壁南向
元遺山濟南行記峋山道南有宋龍圖張侍郎掞讀書堂
讀書堂三字東坡所書掞字叔文有文譽蒙案宋史掞傳
掞舉進士知謚都縣明道中知掖縣通判永興軍爲集賢
校理四遷爲龍圖閣直學士知成德軍入判太常司農寺
累官戶部侍郎致仕熙寧七年卒年八十前詩再見祇園
樹流光二十年當是知掖縣時一至靈巖知成德軍時再
至也此詩則二年尚居官三年已致仕其年七十五六矣
而工部侍郎羣牧使傳所未載碑中尙字是守尙二字白
虎直歲攷其年爲庚戌蓋以庚爲白虎也

〔李堯文題名〕文曰山陽李堯文自汝以事至東武由奉高
祠嶽過靈巖瞻禮觀音象登證明龕盡得遊覽之勝政和
六年閏正月十九日〇右行書六行字徑寸半在伽藍殿
外西牆西向
〔蘇轍詩刻〕文曰靈巖寺●蘇轍●靑山何重重行盡土囊
底巖高日氣薄秀色如新洗入門塵慮息盥漱得淸泚升
堂見眞人不覺手自稽祖師古禪伯荆棘昔親啟人跡尙
蕭條豺狼夜相觝白鶴導淸泉甘芳勝醇醴聲鳴靑龍口
光照白石陛尙可滿畦塍豈惟濯蔬米居僧三百人飲食
安四體一念但淸涼四方盡兄弟何言庇華屋食苦當如

齋●轍昔在濟南以事至太山下過靈巖寺爲此詩寺僧不知也其後見轉運使中山鮮于公於南都公嘗作此詩幷使轍書舊篇以付寺僧元豐二年正月五日題　蘇子由從事於齊日有題靈巖詩鮮于子駿後漕京東刊石頃失之妙空被命而來寺之敝陋更新盡以諸公題榭此于中間兩壁恨亡蘇詩也靖康初偶得墨本於茌平李時陞家再摸石空明居士跋○右詩眞書跋行書差小在祠南壁南向

元張士明詩刻文曰至正癸巳三月吉日夢遊山寺是歲七月到任九月勸農至此恍然如夢中所見因賦鄙語錄呈靈巖方丈●前進士紫金山張士明題●清亭忝民牧倏爾兩月餘懇惻理辭訟倉皇行簡書深秋勸農事東馳岱宗途有山忽北轉宛然梵王居雲蘿隔煙樹經閣參浮圖林巒類拱抱澗壑如交趨松風振巖谷石泉溜庖廚峭壁龍蛇窟懸崖虎豹區野猿啼町畽海鶴舞庭除僧閒看貝葉客至翦新蔬勝景躋壽域禪房列周廬山前迴首望一夢恍相符●至正十五年正月當山住持嗣祖沙門靈泉野衲謹書立石○右眞書二十行行十字字徑八分在祠東壁

明滕季達詩刻○右詩爲和宋諫議滕涉原韻萬歷十一

年十月望日後有沈自邠屠隆徐應雷范允臨鄭林跋語五則並李承貧眞書乙酉上元勒石在祠前壁東向

飲馬溝卽北谿在方山神祠西南靈巖志云宋徽宗幸靈巖御馬見溝中流水啣勒驕嘶控者解鞍卸轡以飲之馬方入水則見水中一青蝸鼓鬣而遊識者以爲馬之精狀云案徽宗幸靈巖不見史書上有新石橋明天啟中釋圓桂建東納彩泉諸水經三空橋下淤沮伏流至此復見屈而西南黃龍泉自南來入之又西過雨花巖大小橫溝之水雙抵谷閒各從北來入之其下曰滌思峪又西與南谿交流小橫溝自飲虎池來至飲馬溝西有明空橋俗呼小石橋明時重建橋東有龜背石大橫溝自北峪來至小石橋西有崇興橋俗呼大石橋宋大觀時釋仁欽修明嘉靖年重修更名通靈橋

宋靈巖道場碑文曰靈巖道場●元豐庚申尚書兵部郎中直昭文館知軍州事上柱國王臨氈筆○右靈巖道場四大字飛白書徑二尺年號銜名在其左眞行書宋史王臨字大觀大名成安人起進士元豐初自皐城使擢兵部郎中直昭文館知齊州庚申爲元豐三年正官齊州時也案飛白書起於蔡邕見堊筆成字此云氈筆者摭言云李紆放舉人榜未及塡禮部貢院字值令使醉以氈筆染不能加墨迨明方覺濃淡相閒反致其姸臨蓋謙言不敢自

謂飛白也碑勒崇興橋西大觀時刻橋記於碑陰轉置南
向而此字乃北向矣
崇興橋碑文曰齊州靈巖崇興橋記●朝奉郎新差權通判岷州軍州管勾學事兼管內勸農事兼管勾給地牧馬事雲騎都尉賜緋魚袋河陽郭思撰承議郎知南外都水丞公事專切提舉廣武雄武埽濟南王高篆●靈巖勝境仙聖所居金石可見自後魏正光中法定師復興是寺迄今已六百年至吾宋熙寧始正名爲十方以容召天下大名德大長老爲住持主而中間去來化滅寺主數易權攝非人緇旅既來多失所望四方瞻禮因亦衰滅下逮于山

租田課僧用佛供寺屋皆荒落稱是今上嗣位齊州衆求海內高德得建州淨照大師仁欽以聞之朝即有詔以仁欽爲靈巖住持主欽公至寺之一年寺境清二年學人來三年佛法明四年天下四方知靈巖有人而歲時香火供事遂再盛欽公曰靈門宗旨雖以寂滅爲究而象教住世亦必以莊嚴爲助于是起獻堂以處供士建後閣以護禪席□□泉軒以燕見善知識完絕景亭以憩適游觀再新證明功德殿以快四方禮謁爲供養□惟是山門大路十六七里達寺庭正西□賓旅所由而中路有大溪橫道霪雨暴水歲費修塞人甚厭苦訪之耆舊皆曰石橋峪而

石橋名峪名存跡滅欽公曰橋於此□所宜古之名豈虛得哉日者寺務百施況此橋梁之外先是欽公構獻殿四方信悅布施雲委今橋以獻殿羨餘支其費丈尺□訪橋材即於旁崖良石取足於是諸檀越樂公勸化競相資助橋用以給橋議遂定庫司所備工人哺啜而已于是欽公曰國家設道場廣利益一以增闡善因二以資佑國福方今欽崇祖宗以本仁孝吾知國恩者也願吾橋成以崇興爲名即以大觀改元十月起役役至次年九月橋遂成橋長六十二尺闊二十五尺自溪底出溪上高三十五尺上施屋五楹旁闢欄楯編石架空如硐如谿翠巖之前綠陰

之下虹蜿蚪屈若競若孳童不歲勞客不時病行不履跕道不涉迂以善利濟人以直路指人以不謝之功施人以不朽之事遺人欽公於勝境結勝緣如此哉余被恩倅岷南以是月頂禮菩薩至橋下欽公一見謂如平生聞其一言半偈即便醒然心眼開大諦觀此一日之悟乃深信公長年之益其能主持名山明暢大教固宜屬令書橋成歲月橋費金錢以緡計者千有奇石以條段計者千有奇人匠以工計者九千有奇管勾董設僧道傳造作橋在明孔山西靈光亭北於戲欽公指迷說幻將大悟人于正路以爲大導師況此一路徑事乎救患拔殃廣度人于苦海以

爲大法橋況此一溪澗事乎春秋新一門一廡聖人必謹書之以見舉措之當否此橋利益安得無辭于是退而書之命小子升卿書丹以寄大觀二年歲次戊子九月壬子晦●齊州靈巖禪寺淨照大師住持傳法釋仁欽立石●守本州助教楊若拙并妻劉氏同發心施錢叁拾阡乞保家眷平安增延福壽●長清縣蕉大夫宅楊氏皃謹施錢伍拾阡充買橋亭上柱一十二根所求利益伏爲自身與合家眷屬保慶平安增延祿壽●監寺賜紫僧道口副寺僧寶月維那賜紫僧慧敷典座僧智恢庫主僧惠旻直歲僧道通首座賜紫僧道舉知客僧元素經堂主僧淨泉侍者僧道岩開基監造僧道傳監作行者僧道彬緣化頭陁劉道儲●歷下牛誠徐儀摸刻○右碑連額高七尺五寸寬三尺六寸字二十八行行五十字字徑八分行書額篆崇興橋記字徑三寸許自第二行至十三行每行下缺一字餘詳前碑

〔明〕重修通靈橋碑○右林瓊撰行書嘉靖年勒橋西

〔飲〕馬溝北崖題勒文曰十里松劉亮采行書

岱覽卷第二十五終

岱覽卷第二十六

泰山書院院長陶山唐仲冕六幕輯

附覽五

靈巖下

佛日巖在功德頂西兩峯夾陘如雄關一名小西天北有飲虎池西北流中匯方泉東崖有虎窩池池水西逕積翠巖南又西南流小横溝源也

巢鶴巖在佛日巖南石坪軒豁俗呼晾經臺

皇上御書巢鶴巖三大字

御製詩四書竝勒一碑建亭靈巖志云一名蹲獅巖道里記云前爲蹲獅巖或曰盤石也東谷曰有雲窩其南懸厓有觀音洞三門相通內有應眞象棧朽不可卽東南多宋人題名漫漶又東南平岡延袤數畝四圍翳薈而此獨童阜曰無生地釋以無生爲上乘故名紀勝云靈巖峯巒作百獸率舞其最肖者臥象行獅天鍾之奇象作朝應獅爲主山厥形左顧首尾鬐鬣逌然生動令人怪歎化工之巧獅口銜蘭若下臨石棚鳥雀皆馴老僧撥飯食之百鳥喧爭飛集肩背始知李白居徂來山中鳥雀皆可呼而弄之於掌非虛也

〔宋〕皇沂等題名○右大觀三年眞書在觀音洞壁

〔開〕封人等題名○右大觀口年眞書在觀音洞壁

沈邦傑等題名八則文曰杜綰裴秀回劉永施經里仲壽
沈邦傑僧廣先智思登證明回惕道傍政和癸巳季秋十
九日邦傑書左讀●東平朱安中同張遠來遊覽山景□
季春下旬●大名朱元宜張應之庚子同登●潁州□奇
號琮遊●博州高唐劉生同妻索氏遊頂回●宣和二年
三月十九日稅戶孫東元左讀●□邑縣□安同宋□江
南歙州程□濟州□□□爲亡妣存□如□●□峭壁屛
□屛□至道□郎前守棣州厭次□州蔡禮題○右題名
眞書大小不一在巢鶴巖下盤路石壁政和癸巳盎三年
也其無年月者玩其筆法自是先後同時其左與牟瓃修

方山功德記相接
翟大防等題名三則文曰博州崔大防周君度同登證明
□到遊漢仙洞時政和丁酉歲三月十四日題左讀●博
州楊昇同楊善到此政和七年缺●汶陽梁西均挈家同
遊適潛女悟通侍行政和丁酉孟夏旦左讀○右崔大防
題名四行其右有字不能辨後二則各二行並眞書在觀
音洞壁
李唐臣等題名文曰淸平李唐臣范庭□鄭伯溫王秀姬
田汝霖遊此宣和四年四月三日○右題名三行眞書左
讀在觀音洞石壁

盤石題勒文曰別是乾坤魯海春眞書巢崔蹲師八分書
失名
國朝于紹舜巢鶴巖靈蹤長是羨飛鴻巢鶴巖巔恰御風
十里松陰晴亦雨下重煙霧色還空列屛山似居連舍放
眼人如鳥脫籠不用憑虛更搔首恐貽詩句負青葱　獅
山獅峯雄踞出崔嵬鳥弋誰將繡地來怒吼松濤驅虎豹
閑排雲陣鼓風雷西歸欲逼星河去東望疑從泰岱迴聞
說空王降怪獸狰獰亦上雨花臺
香霏巖在巢鶴巖西俗呼繡毬山迤南有唐天寶僧慧崇塔
及宋以來諸宰堵西北里許北峪之水南流經朝元洞圓光

洞東而注大橫溝源也北峪北有石丁中一峭如井
宋珣公塔銘文曰靈巖寺禪師珣公塔銘●夫日中則昃
月□乃虧喻生滅之不停等輪迴之無定是知數有蹇足
天無阜白一眞之境未臻四天之軀何息卽有殁而不朽
者其茲謂與上人俗姓張氏法諱延珣家自全齊生□歷
下幼而迴異長而復英意捨□□□□□空慧依靈巖山
寺主僧志雅以爲親教方袍圓頂稟戒持心而後遷入郡
城別居蓮宇爲佛地之棟梁作金田之綱紀□徒作德士
庶欽風轉□□經一□誦維摩經一千卷課金剛經五萬
卷由是廣神慶讚大集人天勝善克敷良緣是植享年六

十六非□□疾而奄□矣門人瓊因等師資義重法乳情
深念訓誨以有成在孝思之無替建茲卯塔使靈骨以有
歸述彼嘉猷表華門之不墜刊此貞珉之石□不昧於千
齡旌其咸德之名冀揚芳于天□時大宋咸平二年歲次
已亥九月庚辰朔十八日建寺主講上生經本寺大雲寺
主僧開元八□主僧小師念法華□。右眞書在香霏巖
南峪

〔金妙空墖銘〕。右碑僅存半截凡二十七行行存十九字
字徑八分眞書額題妙空禪師塔銘六字蝌蚪篆每字徑
五寸分三行文内一行有云皇統元年六月二十八日管

勾濟南府十方靈巖末行又有皇統二等字此碑當立於
皇統二年也文之可攷者有云師諱淨如俗姓陳氏福州
侯官人餘詳千佛殿中頌讚合刻碑

〔定光墖銘〕文曰濟南府十方靈巖禪寺第九代定光禪師
塔銘・濮陽李魯撰濟南高鯉書儒林郎行臺大理寺丞
韓淦篆額・皇統壬戌中秋定兒侍者走書於魯曰先師
頃自普照來住靈巖道場鋤墾荒蕪爰立規矩不幸席未
暖遽示寂滅智月忝出門下荷潤特深報効蔑聞彌增惕
懼遂躬率諸門人營建梵□□功告成銘誌未備共念先
師疇昔交契之厚誰如公者今輒以呂黎韓淘通仕所敘

行狀請銘於公能無意乎魯始錯愕顧陋學無以表其高
風既而曰樂道人之善聖人之訓也尚何讓□□道詢俗
姓周揚州天長義城人也世爲鄉里大姓產業雄一方歲
入不貲幼孤事祖母以孝聞及長性豪邁姿貌偉喜施與
好鷹犬馳騁田獵割鮮染輪不忘旦旦鄉人畏愛以任俠
處□□無何臂鷹牽黃過故人家見讀方冊師挺前奪取
欲視故人曰是豈公所能知師氣懾徐更讀之乃智望禪
師十二時謌也閱未竟面熱汗下嘆曰報應若此可奈何
故人曰審如是早是□□師茫然謝歸放黜鷹犬游獵之
具杜門飯脫粟布衣芒屩體膚餓悴而祝髮之念萌芽胸

府矣家人以爲狂初加訶禁師志謚堅竟禮本縣興教寺
常住院首座僧德安爲師納戒於本州實政和改元之歲
也師在衆持頭陁行精嚴齋戒平治心地其師召謂之曰
懷與安實敗名汝器識遠大未可量也盍游方以廣學問
師卽詣本州建隆寺依住因禪師爲侍者未幾參□□室
頗領元妙建隆語師曰汝將騰趠萬里詎可於此久淹當
務遍參以卒遠業師稟命至龜山見慈禪師坐禪次聞靜
版有省以頌投龜山深蒙印可遂入舒州見甘露卓禪師
卓識師根□□常謂曰法華言禪師爲一時郢匠盍往謁
焉師忻然領命及一見師資道契駐錫四稔舉作座元因

爲師小參舉二祖覓心了不可得馬祖卽心是佛機緣於
是徹證傳心之旨太湖眞乘□□人諸禪舉師名德郡委
縣令齋牒勸請師謝曰吾始捨緣私自爲盟不願住持剏
茲末法祖道榛棘宜得吾門龍象提宗印以振衰墜庶幾
有謚詎可妄欲以此事付田家子是猶資越□□甫計亦
左矣因固辭令請謚堅師計窮碎牒投諸地令駭曰斯異
也柰法何衆以師厲志純一本無慢心禱令得不白州聽
舉自代者因得遁去師以名迹爲衆指目乃歸義城距祖
第數□□得佳泉石處曰冶山搆精舍號定光庵將終老
焉鄉里子弟執侍瓶錫願度爲弟子者五千餘人建炎二

年大軍渡淮尋陷天長師處倉卒無撓色太尉薛公巽之
入白統軍迎置軍中□□□養且下令曰爾等當善護持
勿致失所洎旋軍至沂聽師自便名士劉郊子機雅聞其
名虛懷接納一叩眞機定交方外尋於泗水靈光山卜築
自晦阜昌六年濟南普照虛席府帥劉□□□嗣事者衆
以師應選乃給帖馳疏敦請師確守前誓專使薦來勢不
獲已以五月十三日到寺首請惟素禪師爲座元希蹤□
丈一切以清規從事晨參夕講鐘鼓一新其於誨導尤示
慈□□子仰之爲指南既暇卽徐視殿宇圮毀者改建完
葺修不踰舊儉而中禮道力所攝人自樂施皇統元年住

靈巖妙空淨如禪師示寂府帥都運劉公謂一時尊宿德
行純備無如師者爲□□府屬寄居士夫僧正綱維詣寺
勸請師謂靈巖巨刹未易遽治府帥曰師負重名當暫屈
一往不勞指顧衆自悅服師猶形謙讓府帥懇請久乃應
命以九月五日開堂演法漸欲樹立□□□於府曰常住
撥賜田土親力播殖所得僅足飽耕夫又供僧歲費無慮
三千萬丐依舊例原免科役庶獲飯僧福田上報國恩實
遠久之大利謚也府可其請師乃推擇十方勤舊□□事
喻之曰世閒萬事欲一一如法卽無有是處至於叢林
掌常住錢穀要當先自潔已錙銖不欺非惟目下明白抑

亦過後得力衆化其德無不盡心師元學淵深勤於接物
初機請□□□忘倦於是四方翕然謂獲宗匠學者嚮慕
道風踵至籌室自兵火以來未之有也明年春師至府求
退且曰昔黃龍心禪師云馬祖百丈已前無住持事道人
相求於空閒寂寞之濱其□□□住持皆王臣尊禮爲人
天師今則不然挂名官府遂同編氓是豈久寓之地耶援
引至理詞義切當府帥喻之曰非意相干可以理遣師當
還坐道場勿恤也又時迫近結制師乃强留□□□曰汝
等勉之吾將逝矣因日爲衆普說入室勤劬不替者彌月
衆亦莫測俄有野蜂集於寢堂鵶鵲百數悲鳴下上識者

異焉夏六月二十三日粥罷顧謂侍者收鉢置方丈卽令
擿鼓□□□座垂語詞旨哀切特異常日旣下座示有疾
衆咸怖惴而師神色恬然屢欲趺坐衆悲泣救藥不克如
志有問疾來者但目視之豈非葉落歸根來時無□獨提
全提之旨者乎第後學□□□之領也二十四日右脇而
化時暑氣炎猛居六日如始逝二十九日以遺命荼毗得
五色舍利百餘粒翼日瘞靈骨於當山後興塔之右卽其
上示窣堵焉閱世五十七坐夏三十二門□□□有餘人
·傳道於四方以名著者十餘人有示衆廣語游方勘辯頌
古偈贊流通於世師先在淮甸嘗膺椹服之賜及師名禪

定泊北來絶卪不言唯號定光庵主自臨濟義元禪師凡
十□□□出黃龍慧南南出照覺常總總出廣鑒行瑛瑛
出舒州法華證道禪寺住持永言言卽師嗣法師也師常
歎今時傳法紹嗣者往往開堂有橫費及居普照因上堂
便爲法華和尙拈香□□□飯堂衆酬法乳而已性不積
財住靈巖纔十月所得書付常住爲供僧用特喜賓客一
時名卿巨公慕其道行莫不願爲友至千里走介問安否
師侍人以誠不視貴賤高下其心恤□□□動推惻隱數
於道路解衣以遺寒者噤凍而歸又好儲諸良藥拯救患
難見有疾苦如出諸己於是感恩懷惠與其參學問法者

相半所至交口稱譽出於自然聞者勸喜願居門下奔□
□□唯恐其後可謂道重一時名高四遠者矣趣寂之日
遠邇莫不哀歎師故人孫力智彥周聞師示滅亟走諸山
宿中道夢師若平生來告曰山僧兩來靈巖矣卽指其臧
骨所在驚寤見□□□光粲然移時方滅旣抵寺僧或告
寺有故延珣禪師塔其銘文有意捨浮華情耽定慧之語
良符彥周之夢是知師應跡世間豈偶然哉銘曰●飢鷹
摩空得肉乃飽韓盧待嗾志厲霜草追飛逐走聊以自娛
陷心潰腦衣袖爲朱定光老人少年如此猛勇悔悟是眞
佛子一缾一鉢誓堅志願石頭路滑請諡無倦傳心得妙

爲衆□□□跡空谷人不我遺兩坐道場接物利生事有
固然逃名得名衆仰其德罔不自厲歷以至誠不嚴而治
優游請退從吾所好使君眷厚竟莫之報死生常事戲劇
有情於我何有擺手便□□□萬仞靈塔百尺山低塔高
不俟他日●淄州崇勝禪院住持嗣法小師慶悟徂徠崇
慶禪寺住持嗣法小師惟□●皇統二年歲次壬戌十月
庚申朔初十日己巳起復昭武大將軍陝西諸路轉運使
劉諡立石●歷山任升刊。右碑連額高六尺二寸廣三
尺四寸額篆定公塔銘字徑五寸橫列於上文三十四行
行七十三字字徑七分並眞書下截近趺處每行缺二三

字李魯高鯉名不著而文體贍達書法遒上寺中住刻也
雲禪師塔銘文曰濟南府靈巖山省差住持傳法第十代
雲禪師塔銘●雲巢比邱正觀撰文無聞比邱□□書丹
括蒼比邱義詔篆額●師諱法雲字巨濟世居泉州同安
縣西林林氏之子氏族甲於泉南其祖諱諠宋元豐間天
子知其人以諫議大夫除任下闕率相繼惟師自襁褓中
聞鐘磬聲則合掌抵額或問以善言則應對無滯皆與經
語暗合至□六歲屢請於父母欲出家下闕釋氏教受業
於當縣化度禪院禮尊宿德新以爲師不喜羣居卜庵於
院之側榜其庵曰寂照晏坐自如修習禪定德璿下闕神

駒爾左提右挈朝夕警誨千里之行始於此也後至大倫
山梵天禪寺孜禪師會下孜□見而奇之遂許入室叩請
甚下闕者甚衆不知師出何語惟聞孜大笑厲聲曰子到
不疑之地正要保任師掩耳而出自兹囊錐穎露雲水之
士皆願從之下闕嗣大相國寺智海禪院清禪師清嗣雲
居祐禪師祐嗣黃龍□禪師師每與同參論道相約曰雖
然佛法只者是然名山下闕不訪遂率諸道友遍歷祖席
航海而至密州密人扶老攜幼相迎於途者無慮數千人
日加尊敬擇幽隱以處之時兖州下闕公聞師之名嚮師
之道請居普照六年大闡禪關俾一方之衆知有此道者

師之化也後靈巖虛席朝廷遴選其人主之而謝轡公移
守濟南公採摭輿論以師名申省三請而後從紹□□□
□邇悅慕當途公下闕轉運使康公尤爲知遇凡事之有
諠於常住者興之事之有損於常住者革之居四年而殿
宇□□□然以新忽語其徒下闕可以久居意欲脫然高
應而有事於遠游也衆雖疑之而不知其所以然爾前八
月十六日師密遣人詣府陳狀求下闕遂止越十有四日
告疾衆召醫治之師曰因緣至此醫者奚用爲在疾五日
書頌以別衆曰秋八月兮船回波頭日卓下闕有何無倒
騎鐵馬兮何賓何主撒手清風滿四維凝眸皓月超千古

頌畢焚香端坐不言不□不餌至閏八月初八日跏下闕
有志於退休未幾而示寂豈不自知當然者耶議者惜其
未盡所蘊而天厄其壽悲夫立塔於寺之西北隅祖塔之
側壽下闕子十有一人皆質直守道無聞於時師有同參
僧祖習自師出世輔之翼之使師之道行於世者習與有
力焉習執師行下闕蒙師之奬激感習之高義而不敢辭
乃爲之銘曰●授法溫陵播道東齊維兹爰始引導羣迷
宗門聖箭釋氏神駒一音演唱下闕禪侶輻輳是則是儀
解粘去縛爲世大醫嗟乎蘊奥未盡施爲臨行一句下闕
跏趺□滅拂袖西歸方山之側窣堵巍巍仰懷其德祗敬

其師式示來者下闕●皇統已巳五月初一日宣武將軍知山東東路轉運使上輕車都尉京兆縣開國伯食邑七百戶闕下。右碑闕下截數字額篆寂照禪師塔銘六字三行字徑五寸文二十四行行存四十六字字徑八分眞書結銜當是立石人姓名闕不可知文中稱運使康公尤爲知遇則所闕者當卽康淵也

寶禪師塔銘。右碑額題寶公禪師塔銘六字篆書徑四寸橫列於上文二十六行下截爲土所沒行存三十八字字徑八分眞書大定十四年七月相州林慮縣仙巖梅軒居士翟炳撰文忠顯校尉眞定府醋同監閻崧書丹攻金

史百官志稅醋使司設都監同監各一員此稱醋同監卽是職也

才禪師塔銘右碑額篆才公禪師塔銘六字字徑四寸橫列於上文二十九行行存三十五字字徑八分眞書下截沒土者半無從得才公之事蹟才公之名碑已不見以山居吟詩刻證之乃惠才也詩刻於大定十八年其時惠才正居方丈自號方山野人至是二十七年乃示寂於興化矣才公住靈巖爲第十七代見此碑首行碑有云皇統壬戌恩賚普度壬戌爲皇統二年稽之熙宗本紀不書度僧之事

元淸安禪師塔銘。右碑連額高五尺許廣三尺額篆淸安禪師方公塔銘八字四行字徑四寸半文三十行行存四十二字下截闕數字文有云天兵南牧數歲干戈當是太祖卽位稱帝之十餘年閱丁丑以來數歲其時方公初出家至至元辛巳示疾淸安距出家五十餘年銘詞云七十餘年者正謂方公世壽也末行云至元十有九年歲次壬午六月十下闕此是立碑年月

福禪師塔銘。右碑連額高五尺許廣二尺八寸額曰福公禪師塔銘六字三行字徑四寸文二十三行行存三十五字字徑寸竝眞書下截缺數字末題至元十有九年歲次壬午十月日是立碑年月

新禪師塔銘。右碑連額高六尺廣三尺額篆新公禪師塔銘六字徑三寸五分分三行文三十行行存六十二字眞書徑五分尙闕數字撰文者進士雷復亨書丹篆額者嘉議大夫山東東西道提刑按察使漆水耶律希逸文云師諱新全字仲諠月泉其號也姓郭氏父曰雙明居士代爲燕之奉先神寧太平里人其生平事蹟不獨禪行精深卽詩法鍊句亦多新穎元之詩僧如公者亦無幾家惟氣宇衡霄大丈夫句頗覺粗豪葢其時年少氣盛詩法佛法皆初入門未免以血氣用事者也耶律希逸碑稱相門世

胄也左丞相薨于京公奔喪去師遂示寂實至元二十二
年五月一日案元史列傳希逸爲中書令耶律楚材之孫
左丞相耶律鑄之子故云相門世胄傳載鑄卒於至元二
十二年而不言何月以此碑證之知在五月以前也傳稱
希逸官淮東宣慰使盖是最後所居之官不載山東東西
道提刑按察使者史文從畧也碑末云至元二十二年歲
次乙酉十二月二十六日是立石歲月

肅禪師道行碑文曰靈巖足庵肅公禪師道行碑・大都
報恩禪寺傳法住持嗣祖林泉老衲從倫撰并書丹篆額
・靑州法祖渡江已來至朔方居萬壽立曹洞一宗與聖

安竹林晦堂佛日而鼎峙焉故三派淵源於今愈盛靑州
之下四傳而得萬松光暎叢林聲傳四海天下指爲祖道
中興復嗣雪庭裕裕嗣足庵肅其餘龍象碩大光明表表
可紀觀肅之學業道德亦四科十哲之一數爾公名淨肅
號足庵金臺永平張家里孫氏子祖居滿城之西以隴雲
耕月而立其家經四世而生公其父見異常童有出塵之
格攜歸唐縣禮香山明公落髮給侍之餘令閱梵文目擊
千言娓娓成誦後聞雲峯亨公走依座右日復一日於槌
拂之下發明大事雖祕傳密授不滿初心深自韜晦遍參
名宿謁三陽廣仰山通報恩資皆蒙許可後雪庭掌天下

僧權而主萬壽才學博贍道德豐盈遐邇宗臻慨然輻輳
公亦袖香迴造其室一見心奇之鍼芥之緣不差毫忽遂
以衣法而併付之詰旦捲衣去依趙好乳峯禪伯稟受外
典未及食新果造幽微復參東山徹九峯信命嗣續東
山之道公掉臂弗受遁燕之萬安寄傲南窗閉關卻掃杜
絕人跡當是時嵩少闕人就命開法於萬壽之堂越明年
宣授河南府僧尼都提領居九祀革故鼎新未嘗少息刱
建方丈二十四楹古未之有也當修營之際輦土般石必
先其力上下悚然莫不服膺爭先爲之次主靈巖八載廣
閣大厦椽梠差脫人不堪其憂公爲之一新其餘僧舍增

新者百有餘間自來修營締構無出其右會萬壽虛席命
補其處一到增修廊廡翕然稱善此公居三巨刹立叢林
宏祖道興福之大槩也偶四大違和退居香山壽聖故刹
壽及耳順而歸寂焉闍維後收靈骨而歸塔矣小師智錦
不遠千里求銘於予予以叔姪之義不辭鄙陋而爲銘曰
・曹溪淘湧幾多年洪波浩渺知無邊餌雲鉤月咸爭先
龍門一跳勝飛仙三居大刹光先賢行藏取舍通精研墨
華現瑞非無緣壺天美景恒非遷包容萬象攄雲牋雄雄
氣象摩靑天遍參名宿機盤旋縱橫妙用鑽彌堅涅槃心
印實堪傳足庵承受忘其年根深蒂固榮恩田枝枝葉葉

鬱茂祈聯緜•至元三十年歲次癸巳重陽小師監寺智
錦等立石靈巖傳法住持嗣祖桂庵覺達同立•錦川匠
人夏中興刊。右碑連額高六尺七寸廣三尺五寸額篆
肅公禪師道行之碑八字字徑寸半横列於上文二十三
行行四十五字字徑九分眞書碑有云闍維者茶毗也釋
以身後火化爲茶毗
廣提點壽碑文曰普覺禪師廣公提點壽碑•將仕佐郎
棣州儒學教授南宮左思忠撰靈巖傳法住持嗣祖沙門
桂庵野衲覺達書丹幷題額•夫達理山禪通方野衲或
院居受業或錫挂諸方扶持法道法道興行輔弼叢林叢
林茂盛經祁寒暑雨忘重苦大勞護法不避喪軀安僧那
知有已將無作有補短絶長一僧之寒猶已之寒一僧之
餒猶已之餒赤心似舊白頭如新寺僧獲優足之宜常住
享豐榮之慶如斯之德今誰有乎僕於普覺大禪師見之
矣師姓夏氏名正廣字濟川揚州江都縣人也年十歲天
兵南下國破家亡身無定在有輔國上將軍樞密副使合
坦官人引至江北之清平乃師先祖之故鄉聊爲住坐當
時是也見師好善心慕佛乘年十四送入靈巖投爲出家
拜住持淸安老人爲師披剃之後登壇受具日往月來委
當院門一了百當其爲人權變如此會至元四年八月二

十八日榮受宣命保護院門總統諸師知師多能給付副
身俾爲本寺東西兩架都提點又賜普覺大禪師之號語
云量材受職其在玆乎師嘗自警曰天下三巖靈巖爲最
寺僧雖有藏教殊無其如法衆看念何其如雲侶檢閱何
至二十六年與住持寶峯長老幷衆知事商畧曰道離文
字者禪不離文字者教奈教自禪來禪從教入使失者得
而迷者悟遂領本寺數人前往杭州南山普寧寺印經一
大藏渡江而北龕於靈巖雖元奘重來只是這箇師又念
曰哀哀父母生我劬勞欲報之德昊天罔極隨挈祖父母
父母靈骨抵於泰安之長淸既月乃日植松楸立墳隴重
新棺槨再整衣衾營葬於縣之南一鄉靜默峪春秋祭祀
以時思之其爲僧孝親之心於玆可見度落髮小師伯餘
人其高弟一人曰思金等蒙師之恩報師之德建壽塔立
壽碑不遠千里出示始末求文於余刻諸貞石傳無窮之
名播無窮之美余不愧辭荒筆謬識短才疏因而爲銘其
銘曰•靈巖名刹古道場叢林人物皆諸方出類拔萃誰
非常阿師頭角獨軒昂聖朝平土收封疆慕羶隨蟻歸吾
皇靈巖薙髮十歲强淸安門下蘭生香天書一札受十行
院門威護增威光東西兩架僧主張有條不紊歸權綱大
師普覺心淸涼寒灰枯木爲肝腸取經一藏從蘇杭衆心

閒靜師心忙祖先靈骨俱攜將歸來卜葬南一鄉功成名
遂難掩藏建碑立塔爲昭彰思金求文來我旁恨無健筆
爲發揚願師壽算等無量名與方山同久長・至元三十
一年仲夏重午日門人庵主思金等立石・當山傳法住
持嗣祖沙門桂庵野衲覺達勸緣・錦川族人石匠夏友
夏明刊。右碑連額高七尺五寸廣三尺二寸額題廣公
提點壽碑六字眞書徑四寸分三行文二十四行行五十
字眞書徑九分案碑不詳廣公世壽幾何据銘序云年十
歲天兵南下國破家亡乃指甲午年金亡之事其時揚州
雖屬宋而爲李全所攻干戈擾攘廣公是以身無定在也

今碑立於至元三十一年甲午歲是可知廣公壽七十矣
碑云當時是也當作當是時也乃書碑時偶倒互耳
達禪師道行碑文曰靈巖禪寺第三十一代桂庵達公禪
師道行之碑・將仕佐郎廣平路永年縣主簿圓通居士
南宮左思忠撰・本寺正閑□・有道山僧無塵野衲家
風冷淡活計淸貧紙襖麻衣芒鞋竹杖坐則寒灰枯木行
則野鶴孤雲灑落心目寬洪眼界脚根點地鼻孔撩天把
住放行只由自己□□縱去不借他人心似挂臺之鏡明
皎皎然性如走盤之珠活碌碌地超今越古視死如生傲
富貴若浮雲輕功名如草芥先覺覺後自利利他如斯識

量今□□□僕於桂庵和尚見之矣師諱覺達字彥通桂
庵其自號也生爲汴梁尉氏縣七里店李氏子幼而穎悟
長而端嚴□不茹羶葷心不思榮貴每聞誦□□諦聽而
喜形於色父母相謂曰此子終非在家子爲出家兒則可
也遂許爲佛子年甫十二三禮龍門山寶應寺崧岩和尚
爲師披剃之後登壇受具□□□氣有老成心遂於本師
告香入室其師授以本色鉗鎚似有入路其聰明有如是
乎師嘗勸謂曰男子生世不遠走高飛天涯海角參師訪
道終是自家□□□外尋覓如管中窺豹時見一斑耳遂
辭師雲遊講肆聞南京溫公講主明唯識海義遂師聽學

一通百了遂得法師之名非爲妄說師嘗自警曰道離□
□□禪不離文字者教今既學道可不離文字而入道乎
羅籠不住呼喚不迴遂爲復參聞琚山和尚名傳天下聲
動人聞始爲參叩未幾聞邢州資戒大會□□□陽問本
師崧巖曰赴會之餘其行藏云何其依止云何崧巖曰創
髮在洞下之前成名於曹山之後他宗異派不可外尋又
聞燕京遂後有資戒大會□□□和尚住持萬壽爲曹洞
宗師舍是而他參猶之秦而適齊矣其依止不可勝用也
遂造燕京之萬壽復庵一見待若故人遂授以衣鉢掌之
三五年閒求□□□句之教復庵退離萬壽隨至齊河之

西庵因緣未至時節未來復還燕京參林泉大和尚心淸
目冷室奥門深屏退紅塵消殘白日百煅千煉刮垢磨□
□□露影林泉付以衣頌始爲罷參會至元二十二年有
奉聖州椵谷山龍巖禪寺書疏禮請出世開堂師於是日
開大□談禪拈寶香祝壽雖復庵林泉只是這箇爾復整
頓叢林寺僧得優足之宜常住亨豐榮之慶住持四載師
自念曰急流終勇退打鬧處抽身方是衲僧退爲退院復
還燕□□□林泉請住藥師小刹乃衣鉢所也粥魚有序
齋鼓依時寒谷生春燼灰發焰慨然一曲唱起還鄉其省
親之心於玆可見布衣芒鞋腰包頂笠杖挑明月袖□□

□徑造汴梁之尉氏秉行之際憩於齊河之西庵靈巖諸
師聞師到此請看轉藏經其留連如此日來月往寶峯退
院靈巖虛席遽疏禮請師辭讓再三諸師□□□粥飯因
緣行藏時節不可逃遯師知不獲免灰心住持慇懃六載
常住事產無者有之舊者新之破者完之地土窄隘者寬
闊之薗林所伐者告綸言護持之師遂退院渡河而南至
於法王暫爲小隱有洛京龍潭小刹古道聞師在此請爲
永遠剃度住持當是時有香山普門禪寺虛席乃大悲□
□□□大小知事雲集法侶遽疏禮請復爲住持與前代
住持海公禪師從舊至新勳無二跡先聖後聖其揆則一

其此之謂歟靈巖舊住落髮小師固有數□□□□曰思
巖等想師道業念師功行若不刻銘立石使後世百千年
以來十數輩之後幾於無聞乃持狀出示始末託興公不
遠千里求文於余況桂庵□□□□死生之契義不可辭
摭其實以次序之因而爲銘其銘曰・桂庵我許爲和尚
枯木寒灰爲兩樣腳根鼻孔高下分點地撩天不虛誑半
生過教與參禪頭角軒昂一龍象勞神焦思叩禪關始得
禪門了宗匠林泉林下立功名三派宗風獨自唱開堂出
世椵谷山往往羣邪俱掃蕩歸來都下住藥師不起狂波
與風浪道人活計一鉢囊明月長擔在肩上幡然退爲省

親行尉氏汴梁爲去向何期靈巖請住持三載閱窮經一
藏天涯海角衲僧家又住香山得名望大悲要分正手眼
一喝瞎爲根本相揚名後世是思巖千里求文遠相訪師
徒烜赫兩生光耀古騰今長萬丈・大德五年三月旦日
小師思捨思遵思訓等住持靈巖禪寺月庵長老福海勸
緣・錦川匠人夏中興○右碑連額高七尺二寸廣三尺
二寸額篆達公禪師道行之碑八字四行字徑四寸文二
十七行行六十三字字徑八分並眞書
海禪師道行碑文曰十方大靈巖禪寺第三十二代曾耀
月庵海公禪師道行碑并序・觀物道人懌齋孫榮叟撰

大靈巖禪寺傳法住持嗣祖桂庵覺達書丹并篆額●集
賢大學士陳榮祿鄰於京城萬壽寺予由是亦往來其間
方靈峯禪師退夾山席棄究於此予每見讀洪覺範林間
錄其書閒引用儒之經史子文體彬蔚瀏亮良鮮儔匹而
□□求虛無叩寂寞責有窮音抑又一覺範出惜乎不爲
陋學所知及典法萬壽由東川銘予始受知靈峯皇慶癸
丑夏四月甲子詰旦靈峯偕比邱數輩攜普耀法嗣思然
至大二年□□十二日行實於愚爲普耀請銘愚遂曰東
川銘序不通句讀碌碌之誚幸息於包羞其可再靈峯曰
伯陽父不云乎下士聞道大笑之不笑不足以爲道果復

有韓柳二蔡王官俩□□出則當趨走下風鏡中塵烏能
爲明害辭不獲已勉閱理其狀師號普耀諱福海自稱月
庵翼城楊氏季子生而異光照室稚而性好浮圖里開寺
曰香雲每戲往則累日忘歸處□□室父母二兄忖其志
不可奪至丙午僅五稔乃爲行童於香雲講主成公誦讀
不再閱無遺忘歲戊午披剃受具戒聲獲成公平昔之業
有龍象稱乃納履而西入安西伯達禪師□□究無懈久
之伯達訝其聰敏以趙州柏樹子撿量師機鋒勁捷辭理
明皙蒙記莂云他日祖道必賴此子宏揚常自度云雖達
毗盧界宣修普賢行聞寶應嵩巖禪師與復庵重足□□

器量沈雅禪風大振存誠敬謁遂入嵩巖室參訪之暇思
留翰墨重九有賴有黃花封獄頂又添紅葉壯嵩陽之句
嵩巖聞之云海維那異日當爲嵩山法主至元丙子聞復
庵受□□萬壽寺疏遂北上入復庵室以師雖不若楊岐
會從遊久見其穎悟特達卽以衣頌付之及復庵退席居
齊河以書召之俾應嵩山法王請果符嵩巖之兆至元庚
辰開演於法□□綱頹載振紐絕復維叢席規矩之餘臺
門堂殿一切所須詹宇無不具者尚冀瞻盼壯麗乃鑿西
堂堧垣後崖廣基以起海會延十方雲侶金碧燦爛奐然
一新實嵩陽之勝跡也□□丙戌夏龍門寶應汝陽香山

二疏交至師去龍門就香山者欽綸命也師自指門登座
至大德丁酉凡一十二臘其創者四圍石寺基正門丈室
二湧路水擊來甃之具厥三所焉寺處山顛唯雨水是賴
師以己貲僦運給用十二臘始終如一□□僧室弊者補
闕者增功與法王等傳誦不怠度苾蒭千餘指大德戊戌
領疏移席於靈巖禪寺師至則曰危哉巖乎名非妄得遽
命遼師鑿礱廣平隆殿堂於久替新丈室三十餘□□棟
宇無一不備大德壬寅以己貲飯僧萬起退席念率爾受
疏挂錫南陽丹霞山古跡戍燼府北叢竹廣衮三頃常住
也比邱衆野處其中師傾囊鳩功作塹深廣成尋以禦諸

畜口口魚鼋釜於瓦礫之餘手足胼胝不辭勞苦竹利遂
歸日用諺曰師之身餒虎欲得而食之師亦捨之矣大德
癸卯香山比邱衆退思久積勤舊畢至泣哭以請丹霞烏
能伉儷哉師口口果拒返錫香山未及朞大德甲辰大都
萬壽禪寺具疏懇請冬十月庚寅登座當是供費事見東
川碑大德乙巳欽蒙勅賜元寶萬五千緡王公通施亦二
萬緡以之作儭櫃納質贏羨計焉東廡等三十餘楹創爲
西廡偶駔驗列肆之增繁文則近俚至大己酉春正月戊
戌以疾示寂荼毗靈骨口白壽始餘分於靈巖香山法王
丹霞者皆壽塔焉嗣法者二十餘比邱度出時輩者三百

壽六十有八爲僧五十一臘其於無上正等正覺之道確
乎其不可拔於文殊普賢觀音門口口聲色而偏動用觀
始終之際則可知已書不云乎知人則哲惟帝其難而欲
尠淺深於滄海窮涯際於太虛況視聽之所不暨四容之
所庵昧不生不滅者哉以是知摩竭提寂滅道口毗耶離
不二法門形乎彼岸矣夫彼岸者名言不可得隨迎不可
見師豈不得其蘊乎是其可銘也已詞曰乾乾梵師乃眷
中土緊西四七實爲東祖道本於一離而乃五派分世異
昭牒著譜青州崛起用彰曹洞巍乎萬松當代紀統爰及
午月纂復衣領大覺冥契詎乖妙用五啟元關返錫者一

修普賢行厥功克卽六通洞徹樞機固必語及有無默究
愈慫唯此靈區敢侔名字桁梧上璺榱桷下頹高甍嶫嶫
周原膴膴氣聳泰顛勢起梁父憑軒廣陸極目沃流離朱
至精莫測迴修去彼祇樹來此少留其徒僉曰師實罕儔
刊銘貞石永揚厥休・大元皇慶二年歲次癸丑八月日
日小師思軋等同立石大靈巖禪寺傳法住持嗣祖沙門
桂庵覺達勸緣・青亭蘇克珉等刊○右碑連額高八尺
廣三尺二寸額篆海公禪師道行之碑八字四行字徑三
寸半文二十八行行七十字字徑寸眞書
就禪師道行碑文曰靈巖禪寺第三十三代古巖就公禪

師道行之碑・靈巖禪寺傳法住持嗣祖沙門桂庵野老
覺達撰書丹・西乾四七東口口三莫不名高天下蓋爲
根深蔕固源遠流長心心相印祖祖相傳故曹洞淵源於
今愈盛青州之口萬松建立叢林光揚祖道聲傳四海天
下指爲祖道中興復嗣口口裕裕嗣足庵肅肅嗣古巖就
觀就之學業道口腳根點地鼻孔遼天諸方敬仰豈虛言
哉古巖禪師名實相符矣公諱曾就古巖其晚年自號也
眞定在城劉氏子幼口食茹葷長年十有五歲厭俗境好
慕空門徑往封龍山禪房山禮讚公山主爲師落髮親炙
博通經業令登壇受具聞口禪師道行超邁誨人不倦卽

往依棲次謁林裳寶積雲峯禪伯體妙窮元南詢之興日諡加矣又聞鵲里崇孝淸安老口前一口大事因緣爲汝日復一日槌拂之下發明此事雖祕傳密授不滿初心深自韜光遍參徧謁靈巖足庵肅朝口頭然依棲八載迨至元十三年赴順德大都兩處登壇受具蒙賜度牒及至元十八年當是時萬壽虛席命足庵住持公亦憚驅馳結絶不了的公案幸遇本分鉗鎚百鍛千鍊故口無窒礙矣遂以衣頌而付之曰質朴眞純有古風將來足可振吾宗若逢才器須傳受歷代相承繼後蹤復還寶積閑口十年詣於靈巖充座元位大德六年月庵海公退堂卽時本寺具

疏請開堂住持大德丁未欽受皇太子令旨又受聖旨護持山門產業前後一新蒙總統所賜妙嚴宏法大禪師之號日往月來匡持七載大刹不可久居退隱靈棲庵守道口龍山禪房之命住持二載皇慶元年仲冬復還靈棲庵此時祖庭少林闕人本寺知事持疏不遠千里而來謹請接口續佛慧命接物利生平足矣靈巖受業小師數十餘輩其一人曰子貞等想師道業念師口行若不刻銘立石口年以來十數輩之後幾於無聞乃持師行狀出示始末求文於余余不愧辭荒筆謬摭其實而爲銘曰・達磨面壁自離西天余提正令密付單傳靑州之下四傳萬松中

興祖道大口口口雪庭親孫足庵嫡嗣質朴眞純常行二利大哉古巖面目嚴冷接物利生提口口口靈巖影裏幸受皇宣功成名遂絶後光先靈棲寓舍不可潛身禪房莫住歎少林春三花口口五乳峯前末後一著心月孤口門資衆等不辭勞苦樹此豐碑銘傳萬古・大元延祐元年歲次甲寅九月望日小師子彬子謙等當山傳法住持嗣祖沙門桂庵野老覺達勸緣。右碑連額高六尺許廣三尺二寸額篆就公禪師道行之碑八字四行字徑三寸文二十七行行四十六字字徑九分眞書

舉提點壽塔銘文曰諸路釋教都總統所照得泰安州靈

巖禪寺監寺僧智舉勝心廣運院務繁興容衆尊賢上和下睦具斯美德宜贈佳名可曰圓明廣照大師・南陽香山住持桂庵野衲爲靈巖舉公監寺荷負叢林領署常住積有年矣乃足庵門資旣稱智舉可字彥高遂作俚語以爲贈之・頭角崢嶸接九臯襟懷灑落絶纖毫扶持大刹寧辭倦輔翼叢林不憚勞心固厚志堅牢足庵門下最英豪而今戢退姦邪輩不負靈巖舉彥高・大元延祐元年季秋望日小師子津等同立石。右碑連額高三尺六寸廣一尺六寸額題舉公提點壽塔六字眞書徑二寸許分三行文十一行行十九字眞書徑一寸案此碑乃靈巖寺

提點舉公自造壽塔立石塔前碑額之上刻呪語上唵麽
抳鉢訥銘吽七字以護持之前刻都總統加號語後刻桂
庵贈字彥高贊頌語而以鷓鴣天詞一闋綴於末
泉首座壽塔銘文曰大靈巖禪寺泉公首座懃績記・書
記海昌書首座子周口昭文館大學士榮祿大夫萬山司
徒佳號・慈濟大禪師諱思泉姓何氏象元人早喪父母
年十六歲禮寶峯順和尚爲師志氣不凡習學經業隨問
隨答大愜師意四方外禮首謁燕京報恩林泉老師燒香
數載又往萬壽東川總統室內依棲二載機緣不契別行
一路博通醫書大都上都依經作法捨施妙藥盤桓數拾

捻厭京事充直詣山東靈巖充首座職遍山栽樹到處施
功廣種杏桃栁修蔨菓不悋囊貲依元施藥小師惟德惟
河等疊壽塔請銘偈曰・頭角崢嶸慈濟泉報恩萬壽曾
參元爲思方領宜修道直造靈巖結善緣栽蔨菓種福田
四方設藥施無偏而今壽塔小師疊延永谷城劫石堅・
昔大元至順二年歲次辛未季夏上旬吉日當山住持沙
門智久記・李克堅刊。右碑連額高三尺四寸廣二尺
額題泉公首座壽塔六字眞書徑一寸案碑稱思泉首座
號慈濟大禪師爲萬山司徒所佳號佳卽加也元僧加號
或請於朝廷或出於國師而此乃出於達官是又一例也

亨首座壽塔記碑文曰大靈巖禪寺亨公首座道行懃績
壽塔記・小師惟通惟中等立・首座諱思亨姓趙愛淩
人蚤喪父母容貌魁偉意氣豪邁周遊僧寺年十六歲禮
寶峯順公和尚爲師受具披度後擔簦負笈游學講肄博
通諸經又以其餘力兼讀儒典廣韻悅大藏經諸路釋教
都總統所讚道高貌古德厚人欽明三藏而徹底窮源講
五經而精通要妙佳號圓明慈覺大師又昭文館大學士
榮祿大夫佳號明宗廣教大師遍遊諸大禪會首造燕京
萬壽充教讀僧衆美愛觀音院請爲宗師立功立事通元
闕結識檀越成美成仁從長捨短僧俗敬仰燕都事充詣

山東大靈巖寺充教讀又充首座扶宗立法樹正摧邪塑
佛齋僧粧嚴花菓等事無不捨施年高施陪堂鈔壹仟貫
又全管僧堂捨鈔肆拾餘錠移壽塔布施鈔肆拾錠與常
住作長生供通前施鈔伍仟貫種種捨施垂裕後昆見賢
思齊不可無言以俚語鷓鴣天・氣象軒昂忠政多輕財
重事無如他僧堂全管數千貫移塔捨錢念百過無縫鏬
妙禪和佳聲浩浩占高科旌明行業人稱讚延永芥城拂
劫波・昔大元至順二年歲次辛未孟秋當山住持古淵
野衲智久記。右碑連額高三尺六寸廣一尺八寸額題
亨公首座壽塔六字眞書徑二寸五分横列於上文十七

行行二十八字眞書徑七分碑文義甚俚俗以其爲元刻既録出聊存之

慧禪師塔銘文曰靈巖禪寺第三十四代慧公禪師壽碑塔銘•嵩山法王禪寺西堂無庵長老覺亮撰當山住持傳法嗣祖古淵長老智久勸緣書記恒勇•師諱智慧道號涌泉袁州人出於大姓李氏宿有善緣既長年十六恥爲世俗之所埋沒遂决志□家禮泰安州長清方山靈巖禪寺住持足庵肅公長老爲師落髮受具爲大比丘於是隨衆習□五大部經告香請益禪宗奥典雜勘公案其間徹省足庵退席至元二十年復請安山月泉和尚住持師

巾瓶三載隨衆參學二十二年直月泉圓寂於二十三年遂請寶峯順公長老接續住□師亦乃隨衆參叩一日室中過三祖大師信心銘至言語道斷非去來今處豁然穎脫遂成一偈曰言詞盡淨絶機關凡聖情忘造者難木馬穿雲消息斷依前緑水對青山寶峯忻然稱賞遂卽爲□道之偈遂以衣頌付之令續佛慧命永傳不朽乃爲淸安嫡孫寶峯之子既了大事了畢奮然興□淘汰諸方名師宿德無不參叩皆蒙許可師秉性聰敏博覽羣書所以人皆稱賞由是一日有昭□明具疏敬請開堂出世住持濟寧路泗水安山禪院爲國焚修祝延聖壽至大元年嚴侯七衙公子具書疏敦請住持鵲里崇孝禪寺數載值靈巖桂庵退席衆知事□□疏敦請接踵住持靈巖禪師數載師厭住持事煩名山大刹不可久居遂退居雲臺養道爲終身□計未幾至順元年有肥城縣空杏禪寺宗主賢公具疏敦請住持本寺師凡據五處名藍皆有勤□可觀享壽七十餘年僧臘五十有五尚健無恙於是有小師住持東平普濟惟昌庵主狀師實行□禮乞求壽碑塔銘用傳百年之後不朽之計辭不獲已老拙然不敏嘉其孝道之心謹依來狀乃□壽碑塔銘銘曰•開法安山名出塵寰高提祖印大振禪關次主崇孝嚴侯祖林七衙公子禮無

不欽遷住靈巖與迷指南咸歸正道令悟元談退居雲臺山境奇哉四海禪侶嚮化而來老歸空杏賢宰願心鼎新革故永作禪林小師惟昌碑塔報恩揚名後世千載常存•旹大元至順二年歲次辛未孟冬上旬有五日小師惟闓惟俊惟功等立石•淸亭李克堅□•提點思讓監寺思川提點子貞官門覺文維那子廉副寺子揮典座子時直歲惟端首座思亨書記恒勇藏主思泉教讀思岑知客思靄錢帛惟山修造思抑侍者子英等助□。右碑連額高三尺六寸廣三尺二寸額題慧公禪師碑銘六字眞書徑三寸五分黑文凸起分三行文二十五行行三十九字

眞書徑七分案碑文爲嵩山僧覺亮撰慧公袁州人其投靈巖寺禮足庵肅公落髮時年僅十六肅公之住靈巖在至元二十年以前則慧公之生年當在世祖嗣位之初其時袁州尚屬宋疆不知慧公以十六歲之弱齡何能閒關數千里徑得入靈巖也要必有攜挈之因緣碑未能詳及耳嚴侯七衙公子者不知何許人必是世家閥閱之子孫觀其寺名崇孝而銘詞內又稱爲嚴侯祖林則是建香火院於嚴氏之祖塋額題崇孝而請慧公住持也其嚴氏之孝必有可紀者碑乃不詳而徒誇張其稱曰七衙公子以爲慧公榮庸僧涉筆爲文不知體要類如此

舉提點塔銘○右碑下截闕失上截存者連額高三尺三寸廣二尺四寸額題舉公提點塔銘六字眞書徑三寸分三行文二十六行行存二十五字眞書徑七分標云圓明廣照大師舉公提點勤績塔銘前住持傳法沙門古淵撰當代住持嗣祖沙門靈巖書文云公諱智舉字彥高姓胡氏晉太平人蚤喪父母秉性英拔落髮習肄經書遂參月庵海公不憚寒暑意融心會名山巨刹無不參謁後還靈巖首充典座次充官門後充監寺口張店鋪典解典庫莊院六所隨處殿宇聖象一新大德丁未詣朝廷陳告欽賚聖旨還民占僧田回付本寺又奉皇太子令旨帝師法旨護持山門時諸路釋教都總統所佳其德業敬賜圓明廣照大師號報齡六十有九僧臘五十有五子津子揮子聰子儆等三十餘人俗受戒門徒四人奉靈骨歸祖口至元二年歲次丙子孟夏望文之可見者如此

容禪師塔銘○右碑連額高六尺許廣三尺二寸篆額題無爲容公禪師塔銘八字徑四寸分四行文三十二行行存四十五字竝眞書徑九分下截闕失讀無全文案碑立於至元戊寅元代有兩至元皆有戊寅据文云後至元丁丑則戊寅爲順帝至元四年無疑且容公住持在至治二年有勸請疏文石刻且知事諸人又皆爲至正二年龍藏

殿碑中所有皆可證也其云季春姑朔日甚不可解或是姑洗之省文文稱容公主名刹之多謂爲天下之法將未免措辭近於夸大雍度作雄度其嚮作其響則書碑之誤也

揮提點塔銘○右碑祇見上半截連額高二尺三寸廣二尺四寸篆額題揮公提點塔記六字徑三寸橫列於上文二十三行行存十八九字竝眞書徑八分碑首行云通宗英德大師輔成堂提點揮公碑記末云至元戊寅仲夏月朔餘皆讀無全文戊寅爲順帝後至元四年至正元年龍藏殿記碑陰子揮施鈔二千四百兩其時僧職爲監守此

碑則職提點也
讓禪師道行碑文曰靈巖禪寺第三十九代息庵讓公禪
師道行之碑●日本國山陰道但州正法禪師住持沙門
印元撰幷書中奉大夫前管領大開元一宗諸□都宗攝
圓照普門光顯大禪師諡吉祥篆額●大萬松兩國師下
有□□總統三世而繼其燈者息庵也師眞定人諱義讓
姓李氏生而穎異志氣不羣丱歲禮本府華□□□闍棃
爲師薙落受□□□徧於講肆聽習華嚴而深造毗盧□
海厥後遂周遊燕趙之閒徧參宗匠末後往風龍山扣古
巖□□之室古巖一見甚稱□□未幾老□應靈巖之舉

師乃侍往皇慶中古巖卻少林之請師又邃之巾侍數載
晨昏參請機緣□□乃密付衣缺十字書記復遊南陽領
紀綱於香巖司記室於香山又歸嵩陽首衆於法王至治
年閒開堂□□之天慶次遷缺八字之靈巖凡所住之處
皆革故鼎新百廢俱舉至元丙子秋適嵩之少林虛席本
山知事□□□請主率五缺九字學徒雲臻師傳道揚化
之餘以莊嚴法□爲心故□丹青粧鑾殿宇祖剎爲之改
觀加之□□廊廡倉庫幷莊園水磨所有□宇悉皆修整
倉庫之畜十倍於常苟非栖殖之力焉有如此盛者歟庚
辰之夏遘疾彌留乃□□人曰斯疾不可起也□往必矣

急須營塔至五月十二日窣堵畢功其日師召知事門人
等付□於後事遂索筆書偈曰來時本靜去亦□□虛作
舞□意乃優游至十四日闍維門人分靈骨重塔於靈巖
世壽五十七僧臘三十六門弟□□有餘人嗣法者一十
三人□□七月參學小師勝安攜師行實不遠千里來乞
文於我而我乃日本之產又非陳良去楚而□□周孔之
道也然不獲厥中華之魯參公再三辭不得已而諾之以
應乎實於說他日有荆舒而我之以膺者子如何哉雖文
□□蓋□耳也亦不甚難而須次第之實且息庵師乃大
宗匠而道價超倫之人也以至□自脫俗師相公後錫飛

寰海學歷名□□之續達□□後之燈以之契吾祖不傳
之旨正偏兼舉了惟自縱橫黑白未分也許誰得妙由是
論之師平昔梳風鏤月斲□□金乃其續□□何奇特焉
師平日貴乎灑落爲道而自在不拘凡游戲三昧而縱放
取捨隨流穩當雖不拘於文字而亦不□□偏枯然所居
之處存亡進退而不乖於其時又非得失而動於其心也
自我萬松大宗師去後天下禪林而道風鼓舞二□□者
惟師也於是師之生世幼而至於壯壯而至於老皆道豐
時盛而得遂其志以至嫡嗣古巖大和尚而天下禪老誰
能出□□右乎主於靈巖天下名剎誰聞而不仰其風歟

終於少林天下宗風誰敢不偃於其草歟今分塔於茲靈巖可謂至矣覺□□甲終焉之計矣吁雖我拙而弗敢作之文故盥滌焚香稽首輟染短翰繫之銘銘曰●新豐一曲迴□追尋格外元□空逢知音雪庭閒出續焰少林五乳峯下鳳翔龍吟近代相繼以心傳心惟息庵師耀古騰今吹無□□彈沒絃琴妙旨回互暗度金鍼四尸望刹接物隨宜舉唱定□不落□時末後一著不勞佇思踏翻□□趯倒須彌劫石可碎泰華可夷師道師德萬世不衰●至正元年仲冬之新復日小師覺宗覺際覺遷覺彰覺猷覺棟等立石●淸亭石匠張克讓等鐫○右碑連額高六

尺廣二尺四寸篆額題息庵禪師道行碑記八字徑二寸分四行文二十六行行四十九字行書徑八分文爲日本僧印元撰書中奉大夫圓照普門光顯大禪師諡吉祥篆額中奉大夫乃文散官從二品階僧職之有官階者僅見此碑日本在宋時屢以僧來通貢元世祖至元閒嘗遣使持國書往諷其來朝不應加之以兵喪師而還成宗大德三年遣僧寧一山者加妙慈宏濟大師附商舶往使日本而日本人竟不至史傳所紀止此則是終元之世未嘗有日本僧來也自大德三年至至正元年越四十三年矣此印元僧或自慕中華釋教之盛附舶訪道而來非奉國王使命也然旣駐錫中土自必上聞於朝史何以不書其事葢無關國典之重不登於記載則後之作史者無從攷稽矣印元之住山陰道但州正法禪寺自係日本之舊刹其在中國不知住何刹宇文不自敘其所住之處但云小師勝安不遠千里乞文大約不出大都燕京諸處也海夷方外不必論文字之工拙書倘流動有法仲冬新復日葢冬至也

貞提點塔銘○右碑連額高五尺許廣二尺四寸篆額題明德大師貞公塔銘八字徑二寸分四行文二十五行行存三十七字行書徑七分下截闕失讀無全文首題明德

大師輔成堂提點貞吉祥碑記十方大靈巖寺僧法住持嗣祖沙門定巖撰前靈巖禪寺記室福廣野雲書文云公博陵荘山十寨土俗郭姓大族之家明德號吉甫之字也末云至正元年仲冬月新復之日小師覺山覺善覺昌覺才覺尚等立石案此碑與讓公道行碑同爲至正元年仲冬新復日所立彼碑爲日本沙門印元書此碑爲福廣野雲書兩碑筆蹟如出一手且貞公與讓公同爲古巖就公付法受具之弟子立石之小師又皆覺字同輩兩碑文氣又頗相同疑皆兩公之小師彼此商畧而爲之然則彼碑之稱印元撰書者或皆託名也文云近年順德路大開元

宗攝所損庵大和尚似卽讓公篆額之中奉大夫前管領
大開元一宗諸口都宗攝圓照普門光顯大禪師諡吉祥
也諡吉祥署階中奉大夫此碑稱北溪長老爲大司空又
云以大司空銀印號公豈當時僭制有官有印耶損庵稱
諡吉祥此碑標題稱貞吉祥子貞其名也吉甫其字也云
貞吉祥者何居恐與諡公之吉祥又屬釋氏之佳號矣
〔慧禪師道行碑〕○右碑連額高六尺許廣二尺八寸額題
慧公禪師道行之碑八字眞書徑三寸黑文凸起分四行
文二十九行行存六十字下趺缺失讀之不全眞書徑八
分首題皇元泰安州十方靈巖禪寺第四十代住持佛智

明悟通理大禪師定巖慧公道行之碑大都大竹林寺前
住持英悟正印宗慧大禪師雪澗法禎撰末云大元至正
十一年歲次辛卯十月十五日當山傳法住持佛性圓通
妙應大禪師方山野衲思鑒書丹題額并勸緣案碑文紀
慧公之道行而歷敘其所至之功業於炫爛之中得平淡
之旨如曰吾出家本以生死事大今拖犂曳耙與俗人能
置家者無異是可爲究竟耶此語非見道有得者不能言
也住山而謂之視篆與後世居官攝印者同稱豈當時住
持亦有印信相授受耶主報恩手段異諸方手段二字拁
見此碑

神寶泉在石丌西北二里山石閒近小寺莊志云十八盤井
不得水於泉源開池瀦蓄遇秋泉旺則溢成溪下爲漬米峪
言水僅可淅也北流西折注中川中川詳岱陰之西北魏正
光初定公建神瑤寺於泉東上今廢金石文跋尾續云本沙
門明公駐錫之所唐時改今名以寺北有寶山東有神峪故
也
〔唐神寶寺碑〕題云大唐齊州神寶寺記●缺子寰龜兼書
●觀夫三皇五帝氏王夏殷周漢氏作淳源竭而不流澆
俗紛其方扇雖口門將聖老氏谷神遊龍之道德西浮歎
鳳之詩書東口竟不能庇交喪拯口遠驅彼柕俗登茲仁

壽徒存紫氣之言終絕素王之筆曷若金口口跡超十地
而孤尊寶樹應期乘四輪而廣運大雄有已見郡生溺之
苦海於是虖橫寶筏而濟之大雄有已見諸子迷之朽宅
於是虖駕舟航而出之視之以五蘊皆空明之以諸漏以
盡洎玉毫騰彩現賢力之象位金儀入口現神通之日月
經傳白馬眇闍崛以移來剎起青龍口閻浮而錯峙遂令
有國有家者得其道而四海以寧元元口口者得其門而
六塵高謝豈與夫向時之三教同日而言焉神寶寺者寶
山口面岱宗北陰岡巒口口而石壁萬尋林藪蒙蘢而口
口千仞貔豹躑躅人絕登臨虺蟒縱橫鳥道飛路粵有沙

門諱朗不知何許人也禪師德隆四輩名優六通僧徒具
歸郡生宗仰晨□棘□四念經□夜宿榛□六時禮敬貔
豹枕膝禪心宋而不驚虺蟒縈身戒定澄而不亂水瓶朝
滿羽仗夜來事跡非凡故非凡測親題□記自敘因由曰
明以正光元年象運仲秋於時振錫登臨思同鷲嶺徘徊
引望想若雞□欻彈指法聲此為福地遂表請國主馳策
人神立此伽藍以靜□為號自梁齊已來不易題牓屬隋
季經綸生人版蕩革鼎推變眞俗各虗今之所存殆將半
矣至我大唐御宇重遷九鼎再修二儀四海廓淸萬邦壹
統用光正道建三寶以傳燈化洽垂衣統□生於壽域迺

格命天下有因廢伽藍先有額者竝使屯修于時有鄉人
王□應答州縣申聞以此寺北有寶山東有神谷因改為
神寶寺爾其寺也望魯開基臨齊作鎮堂宇宏壯樓閣岧
嶢砌□□璜階塗金碧□容有晬揣相無違發妙彩於天
金馨奇遺於龍石手輪含字臨□綴而披綱猶宇舒毫鑒
璧璫而上月寺內有石浮圖兩所各十一級舍利塔一所
衆寶莊嚴胡門洞啟石戶交暉返宇鏘鏘飛檐巘巘半天
鵬起遙遙煙霧之容一地龍盤宛宛丹靑之色挹朝霞之
昈昈濯夜月之湛湛風雨則寶鐸鎗鎗日照則花盆皛皛
迢迢亭亭鬱鬱靑靑皓皓旰旰煥煥爛爛遠而望之炳若

初日照灼皎扶桑近而察之曰似素雲靄靄度夕陽方之
鴈塔有似飛來辟以化城還疑踊出實瞻仰之形勝是歸
依之福田寺內先代大德僧明𣕽提智惠燈被無明闇僧
彥休護惜浮囊微塵不犯僧元質積行勤苦軌範僧倫僧
神解□樹論幢摧諸憍子僧宏哲持經得驗舍利猶存僧
惠沖殷念西方期心安□所造功德觸類滋多僧景淳禪
戶綱宗元門樞紐僧貞固□心宏護結志修營僧法將齠
齓出家童顏落彩三齊負笈獨標麟角之先九洛□□迴
出牛毛之外竝共沐聖恩僉成道器忽鶴□風急鹿苑霜
飛早謝傳燈空歸錫影現在諸大德寺主僧慧珍戒珠□

月道骨含星提忍作衣法空成座六時禮命肠不至牀一
食摽□□不再歃是慈悲父是良福田廣濟蒼生普心供
養前□維那僧惠沿摽松千仞崖岸萬重吐□雲於脣吻
納山岳於心胸縱橫道門□達無礙上座僧塵外戒香紛
馥有賓頭盧之軌儀都維那僧敬祥惠劍如霜維舍利佛
之談說僧敬崇柰苑良材横愛河而濟羣溺僧智山祇園
杞梓敞法宇而庇蒼生竝騰麟俊藪矯鳳□□飾厚柱於
春臺撫定輪於秋駕□煙飛□來遊歡喜之園宴坐經行
實名和合之衆故同鐫寶碣高旌福門大唐開元神武皇
帝陛下朝宗萬國□頓八宏金鏡含七曜之暉玉燭和四

時之氣慶雲澄彩瑞日呈祥仁動上元力侔大造瀚海天山之地盡入隄封龍庭烏穴之鄉咸霑口化封金岱嶺刻玉偃閭藻鏡乾坤光華日月刺史盧諱全口門有卿相家襲銀璜強幹則不發私書淸肅則遽然官燭矜孤恤寡愛士崇賢故得詠入來口歌登至晚山茌縣口令梁曰大受幹局貞口神情警悟風琴寫韻則瑞雉爭馴冰鏡澄淸則祥鸞自舞誠梵王之福地眞釋帝之名區𦨴其澗戶深沈山庭窈窱玉牀靄乳問抱朴而猶疑石壁鏨經訪嚴遵而不識奇卉怪木如窺須達之園瑞藥僊苗似入提伽之院象王獻菓下甘露於珠盤鳳女持花拂靈香於寶帳迦陵

頻伽之鳥百囀閑關優曇缽羅之花九光淩亂漢皋遊女對玉洞巨傾心季梁賢臣仰瓊堂而頓首庶使文殊過去憶妙說之淸塵彌勒再生見神功於貞石式鐫寶碣而爲頌云●大雄降跡悉山本元口有三界非無二門不生不滅若亡若存遍看郡有無如我尊●鴈門惠遠罽賓羅什明公繼茲伽藍此立俗戶易窺眞門難入道口龍象前後相及●大唐受命當宇握鏡化洽萬邦功齊七政綠圖舒卷紫雲迴暎惠日再暉薰風在詠●門庭華敞房宇輪奐蓮臺畫閣危樓飛觀竹韻宮商花然灼爛僧衆虔仰士女稱歎●亭亭妙刹灼灼精廬雕盤瞰墅鏤檻淩虛珠懸日

淨峯迴風口口甍栖鳳到井銜蕖●峩峩寶碣落落神軒邪山巀峀苦海澄源錦雲霞烈綬霧風翻此中何地給孤獨園●開元廿四年歲次景子十月丁未朔五日辛亥樹刻工畢●缺僧普解僧法海僧惠深僧口口僧法口●右大德等竝名繼此寺口口遷神勒之在銘紀於來代○右八分書額篆大唐齊州神寶寺之碣勒寺阯倚壁南向高六尺五寸廣四尺記文分三十五行行五十四字字徑寸額九字三行字三寸文體鍊雅篆法方古隸亦嚴勁絶似漢衡方魯峻等碑石頗殘缺當勒碑時原未細加礱錯遇璺損處輒空一字又文內大唐上空六字聖恩上空三字

宴坐經行四字縮入三闌每頌一首空三字加以班駁斷裂辨識維艱初稾亦僅存其目歲乙巳僑岱廟竟日兀兀聶劍光作泰山金石攷以副本見示閱之疑其舛訛乃取墨搨詳校稍爲釐正如篆額碣字人多作碑字讀之類然撰書人姓名尙難辨子寰寰字頗似褭字褭卽懷未知孰是又羣生羣有作郡字涌作踴將將作鏘鏘八紘作八宏提封作隄封皆可疑花盆二字亦未審若黎作秎乎作虖寂作宋瑚作胡譬作辟飲作歛慧作惠法作瀍倒作到則猶存漢法也碑東側勒佛說蜜多心經行書亦唐宋閒名筆惜無時代款識且漫滅幾半矣顧寧人載靈巖寺碑刻

頗詳云得唐一宋金各四十餘元以後不能悉數唐刻爲天寶十一載造舍利函記文不工不足錄乃遺此碑蓋地幽僻未及搜閱也若所云造舍利函記今又未知何在金石文跋尾續云右齊州神寶寺碑李寰篡兼書李字上半漫漶或疑是子字其上更有缺文則其姓也古人書丹於石遇石缺陷處則空而不書此碑及景龍道德經石刻皆然又云碑側刻佛說蜜多心經一卷行書似懷仁聖教序末一行殘缺不得書人姓名

〔元〕靈巖寺下院聖旨碑文曰皇帝聖旨裏•書記思圓書•清亭方茂典刊•帝師下諸路釋教都總統所據泰安

州靈巖寺監寺僧思川狀告有長清縣南一鄉淨然神寶寺係靈巖寺下院時常有一等不畏公法僧俗人等往往于寺家山場內置立炭窯斫伐樹木損壞常住產業久而荒廢搔擾僧衆有碍念經告天祝延聖壽祈福等事乞詳狀禁治事得此會驗欽奉聖旨節該寺院房舍裏使臣休安下者鋪馬祗應休著者稅糧商稅休要者但有屬寺院底地土園林碾磨店鋪解典庫不揀甚麽休奪要者欽此今據見告總所合行出榜省諭諸人欽依聖旨事意如有違犯之人仰所在官司就便痛行治罪施行須議榜示者•大德十年歲次丙午四月八日十方靈巖禪寺山門監寺思川等立石○右碑連額高三尺二寸廣一尺七寸額云皇帝聖旨四字眞書横列於上文亦眞書十五行行二十五字字徑八分末行八日二字相距四寸所有印方三寸內方減十分之一印文如回字繆纏三行殆蒙古篆也下有三押在神寶寺舊基南向

寶山在神寶泉北上立玉皇廟東谷口曰神谷又北二里爲黃尖山對壁如黃鵠暨翮中有仄徑可階俗呼梯子崖亦曰雙峯其陽石竅韞泉甘冷充漾曰醴泌泉過雙峯西折而東北爲石隖峪層巒吐霧淸渚含煙至爲幽邃又東北如巢輿或稱栖佛河

〔明〕重修玉皇廟碑○右高奎撰幷眞書嘉靖年勒廟內

靈關峯在白雲洞南三里獅尾峯之南崴嵬峭拔秀冠羣峯志稱靈山也東峽僅通一線卽小天門亦曰東天門東二里有華巖泉北流入黃家峪西折注於中川北爲華巖寺圯北五里爲野老郵晉張忠隱此

朗公山在靈關峯南一名朗公砦朗嘗於此說法西巖有朗公石石高二丈許望之酷類老僧鎮頷傴背倚杖而立若從闇思修入者殆與生公說法頑石點頭事同迤南有九曲峪朗公泉出焉匯而北流東折南下三里注靈帶河

〔國朝〕于紹舜出靈巖遇雨望朗公山雲靈巖西出雨漫漫

誰使陰雲護法壇洞爲人歸掩簾幕山因客至擁衣冠重
巒積翠濃於酒遠樹含青秀可餐回首朗公呼不應只今
擬作畫圖看

如來頂在朗公石西南蔚葱上際譪如頗顲波羅結中示青
現也又西南爲快活巖當寺東南遊者至此可憩故名又有
嶺類象臥曰臥象嶺山澗之水入埜溝嶺南爲珠山有埜溝
會納支水南谿源也珠山東有東西磨山在九曲峪西南兩
峯盤旋如磨中央蘆溝水東流南折會棋子嶺西曲溝水曰
三叉口又西至武家郮南北接靈帶河南納紅蒿峪匯爲一
河西過長城鋪北注中川

明孔山在臥象嶺西南山腰一穴大於輪南北相望如戶牖
雨中雲氣往來如梭晴日貫注矚之若金在鎔也星牖月窗
方玆蔑矣由北勃窣而入內有石佛再入一嶍甚深山巔有
靈光亭今廢

明胡一龍明孔山山精若箇逞玲瓏空裏生明明裏空參
到白毫光滿處閻浮大地此些同

國朝韓章明孔山何年鑿闢見神工嘉兆分明應朗公寶
剎既成人已去猶留滿月照山中

陳應詔明孔山崒屼高峯翠接天遙看雲竇一輪圓方袍
衲子能知否卽是心頭默照禪

雨花巖在大石橋西南本名滴水巖乾隆丁丑年
御賜今名前後
臨幸御製詩四首竝勒一碑建亭崖泉激灑如雨下匯飲馬
溝西南上里所有水屋泉溢其中流注石池溢而北注上水
石澂泥如石自具邱壑泉石精華所凝聚也蒙嘗冬月往觀
緣崖滴水皆成冰柱挂丫柱石排次如笋又如十二玉闌干
倒懸翠壁流泉澮洄寒澈倒影一鑑如見水晶宮闕矣淩霄
峯在巖東南鄣壁橫空拒雲槩日故亦名拂日巖

國朝于紹舜滴水崖懸崖滴滴絕喧塵杖履何辭遠問津
石竇飛泉寒漱玉谿花落水淡含春斜攀曲徑松爲蓋倦

枕清流草作茵自是桃源仙隱地可憐身世日因循

黃茅岡在雨花巖東蒙嘗礐碏一小阜耳以東坡登徐州雲
龍山詩內有醉中走上黃茆岡之句因易其題爲奉命下齊
州祀東嶽至靈巖而刻於石建亭岡上攷公年譜竝無奉命
祀嶽事好事者第知引重東坡而不知附會可笑也南溪之
水循岡東導折而南會憩象泉而西注至滌思峪西南匯北
谿諸水爲大谿又西石隝泉自南來入之又西北注沙河卽
水經所謂中川也又西北過長清城東北歸大清河

黃現山在黃茅岡西以色名有崖曰虎窩西北跨道爲坊額
靈巖勝境乾隆辛巳年建又西爲塔寶峪立石如浮圖而中

空又西北爲宋靳八公故里曰靳莊八公棄家仙去其妻哭追之公題號咷歸別去結綵變飛雲乙丑年三月二十八日熙慶留題其字蜿蜒離奇土人刻之石明成化丙申移置遲賢亭遲賢亭距寺十八里旁有八公墓仙去也而復有墓亦已誕矣

雞鳴山在黃現山西南距寺十里志稱昔有羣盜夜過此山忽聞雞鳴犇迴夜尚未分行而復迴如是者三悟爲山靈警覺皆回心向善故名山巔巨石如冠旁多竅穴囊土望若蜂房其下有臺有洞西巖曰㡭衣洞元李堅所棲隱也東北過大谿抵雙槐樹爲入靈巖路之會紀勝云岱西有長城鉅防

婁敬洞遶岱百餘里兩山夾道一水中流濼洄百折異鳥奇芳足入耳目中靈巖谷虛中如瓠路盤旋若磨曲道斷澗怪石齒齒似欲齧絶塵世輪蹄者有石梁可渡緣陲邨落彷彿輞川蒙訾自是經柳里莊遙望蒼松翠柏敷被岩麓如恒河沙數幽秀逼人而紺宇雜綴隱見天然黃鶴石田畫幀矣證明龕孤懸碧落雲靄歘移影落馬首爲之神抃

論曰靈巖舊志詳矣然記寺獨繁而置寺殿名於宋末述所在默照堂問竹堂寶月樓俱遺之今其存者尙無慮數百楹葢當宋元時禪風最熾而山若曾城故布金塡谷也山在泰安濟南二郡之間由泰安府城西北遶山西麓入九十里逕長淸之灣堆邨東北至雞鳴山由濟南府境東南入逕靳莊至黃現山皆循兩石橋入寺蒙於癸卯之歲自岱下遄遊由灣堆路入時值隆冬幸無淒風苦雨作劇搜奇攬勝得未曾有其明年爲乾隆四十九年

車駕東巡之期有司預繕廨闢埽苔蘚以待非復荒岑頹刹故其詳可珥筆紀也

宋齊州景德靈巖寺記刻文畧曰一山峙起曰雞鳴緣北麓絶澗循谷口上東北走二十里險盡地平山勢圍抱四面峭絶如堵牆蒼巖之下爲寺有石三門千佛殿般舟殿辟支塔皆古刹塔西長松狀若偃葢背有一峯聳起百丈

北望正方靑壁削成如碧玉中有石龕金容儼然西尖峯可登下覗深谷千仞前有洞東西南三門相通西南望一山壁穴如車輪午達晴日在南飛光透澈講堂東石壁下一泉曰錫杖又東五步二泉曰白鶴一見一伏又東北二百步一泉曰甘露寺門西百步一泉曰黃龍皆爲絶景太宗章聖曾賜御書琅函鳳篆暉映巖谷皇上復降御篆飛白爲賜天文炳煥雲日相昭寺之殿堂廊廡廚庫僧房閒總五百四十僧百行童百有五十舉全數也每歲孟春迄首夏四向千里居民老幼匍匐而來散財施寶惟恐不及歲入數千緡齋粥之餘羡盈積多以至計司競権外臺督

責寺僧紛擾應接不暇慶歷皇祐間薦飢舊供者千百無一二至僧徒解散僅有存焉職是官禁亦弛雖財貨所殖非復曩時之盛而方袍圓頂得以宴坐𥦆天其或者俾釋氏徒復其本歟老氏謂禍兮福所倚斯可見矣東北崖上土平處古堂殿基宛然石柱礎鐵像下體尚存葢法定始置於此為後來者遷之也今其屋尚在僧之辟穀者講習者居之以遠喧襍川中有一易之田十夫屋千楹歲租月儆以足經費唐相李吉甫纂十道圖以潤之棲霞台之國清荆之玉泉合茲寺為四絕慶歷三年予為長清尉寺居封內周覽絕景不知屬饜爾後十二年之官道復過寺主

僧重淨以記見假他日因具道山水奇偉經始肎構盛衰本末附勒於石或摸之遠方俾未遊者見之一覽如目擊且使知靈跡巨麗信為一絕得以校雄勝於三者云○右張公亮撰記云勒石今不知所在

遊靈巖記刻文曰齊有靈巖寺居天下四絕之一海岱間山水之秀無出其右者僕為郡從事被檄屢到焉長廊大廈其制甚雄擊石鳴金其徒甚衆斷基壞阯古殿石闕五季之遺跡往往具在山僧引導而悉觀之涉溪之東雙峯插天巍然對峙穹窿似可通行山僧指之曰此東天門也天門之西一峯特高其平如席寺之基阯正居其下山僧指之曰此方山也有證明象焉具杖屨而徧登之羊腸鳥道縈紆盤曲且進且卻攀緣而上者不知其幾千仞也既升絕頂三巒之形盡可俯瞰若斷若續若駐若馳屏列櫛比周環四合珍禽異獸古木怪石千類萬狀靡不睹焉心目恍然殊不知居天地塵埃之間而已之有軀也山僧又指曰東有朗公石西南有明孔雞鳴二山但能引望非人迹可到者耳由山之西宛轉而下至半巖得泉於石竇間味甘如醴停杯而漱之清韻琳琅珠璣亂迸坐待久之醒入毛骨山僧曰此甘露泉也下有錫杖白鶴二泉畢類此矣顧謂同行者取酒藉石以竟日幽禽噪晚煙靄四合巖

月亭亭松雲索索山僧曰可以還舍矣山腰巖腹幽亭奇榭徑從而盡覽焉其樂何可既耶於乎智者勞心愚者勞形勞心者殆勞形者疲曾不如雲霞棲心息形自在地也僕方袞袞於簿書間不能同苾蒭衆誦貝葉文優游周旋於此良可愧怍解後有期心遊目賞殊未厭之不知異日之來又何時也將出山礱石而志之庶幾使勞形勞心者見此一悟云爾○右卞育撰記云礱石志之今不知所在

案金石文字記有唐造舍利函記葢郎王在晉所云唐開元梁昇卿碑剝泐不可辨者也又有宋田稹滕涉祖無擇孔舜張合宗鮮于侁冤亭卞杜欽況等詩刻大小不一又

靖康康年高直臣題名今竝佚矣

〔唐〕李白〔題靈巖寺〕泉池客來花雨際秋水落金池片石含青錦疎松挂綠絲高僧拂玉柄童子獻雙梨惜去愛佳景煙蘿欲暝時

〔錢起〕〔題靈巖諸峯〕向山看霽色步步豁幽性返照亂流明寒空千嶂淨石棚有餘好霞殘月色映上詣朗公廬孤峯懸一徑雲裏隔窗火松間下石磬客到兩忘言猿心與禪定

〔宋〕滕涉〔道出靈巖過題五言排律十韻〕山半舊招提捫蘿躡石梯住名標四絶勝境出三齊殿古煙霞窟庭深檜柏

蹊嶽靈分地界雲險接天霓香篆清風裊松廊翠巘低飛塵無路入幽鳥隔巖唬破梦泉聲急飄涼竹韻淒微陽生頂上殘月落峯西暫到猶塵慮長居信覺迷致君功業就向此卜幽棲

〔鮮于頡〕〔遊靈巖〕松門十里蒼山曲宮殿參差倚巖腹盤盤一逕入雲中又登絶頂最高峯石壁蒼然起秋色遠谿深處時聞鐘磴道崎危達巖下幾派清泉在澗瀉月色朦朧出遠山忽驚星斗在簷前勸客游來不知返清光皎皎巖霜寒一出禪林復回顧白雲已滿山頭路

〔鮮于侁〕〔留題靈巖寺〕馬煩箠策車馳轂終歲塵勞常碌碌

喜聞巖寺竝山中路轉清溪入幽谷乍行山口疑洞天窮身一上翻平田千層臺殿隱林木四面石壁生雲煙山僧迎門笑相揖爲語祖師存往迹屈指於今八百年已在西來達摩前鶴鳴飛止黃金地錫杖涌起清涼泉境稱四絶名天下天台石橋乃其亞千峯不改歲寒時一水最憐秋月夜半生遊學頗艱辛且向空山老此身也知方丈安禪處解笑東西南北人

〔宋〕逸〔登覽靈巖〕抖擻塵衣訪古蹤捫蘿陟嶮徹靈峯寒堆泰嶽千層雪清遶方山十里松泉頂客回聞法鼓雲堂僧起動齋鐘如來元現因明處直上人天第一重

〔金勞堪〕〔次鮮于頡韻〕靈巖突兀方山曲古殿般舟枕巖腹石磴層盤林莽中芙蓉面面羅青峯菩提花散諸天雨簷蔔風傳萬壑鐘元煙一鶴蹁躚下巖自點頭泉自瀉袈裟金藏不知年飛錫猶在西來前披襟向月聊放歌聲澈明河東壁寒閒雲紛落如相顧我欲乘之入天路

〔郝經〕〔遊靈巖寺〕岱宗西北馳倒卷碧玉環岳靈祕雄麗勢欲藏三山初從谷口入兩崦爭孱顔漸疑下地底細路深屈盤仰覰覺天窄石井攢峯巒陸海沙劫開突兀仁王壇桐鯨吼西風棟宇橫高寒石龍噴清泉洒落几案閒修竹掃山色瑩綠穿雲根丹鳳飢不來寂寞青琅玕上方在天

上下視無塵寰空霏鎖霜樹翠錦蒙朱殷西日迴清暉輕金滿煙寰何時脫世網挂錫高盤桓靜境求初心滯慮驅萬端向晚蒼煙合更欲窮躋攀路斷不得前矯首重一看

明許彬留題靈巖二首古剎幽深有路通四圍山擁繡芙蓉曇花尚逐駝經席靈雨常隨聽法龍東澗水流西澗月上方僧定下方鐘五花新殿淩霄漢畫拱雕甍幾百重

面面峯巒紫翠連白雲深處有人煙落花泛泛流雙澗古塔巍巍出半天勝地連山三百里名師卓錫幾千年壯遊不盡登臨興揮筆成詩付大顛

薛瑄靈巖道上路入山門景便幽高風不斷石林秋照人霜葉紅於燒拂袖嵐光翠欲流幾過野橋橫絕磵遙從古剎見高樓北峯直與天相接更擬攀蘿到上頭

宿靈巖梵宇深沈夜景遲僧房禪榻更幽期竹鳴虛籟風過處霜落寒巖月上時紙帳燭光團白玉石爐香燼靄青絲紅塵馬首明朝別只恐山靈解勒移

徐有貞靈巖行靈巖奇絕聞天下我欲遊之久無暇年來治水功已成導山過此聊停駕手託天書登上方上方金碧生輝光回旋珥節衹樹傍問誰建此古道場後踞獅子前象王文殊普賢相頡頏山開由法定松偃自元裝繩武案元奘奘字從大莊去聲無平聲此作裝疑誤法定安在哉況彼希有之如來既不

見兩虎馱經去又不見雙鶴隨錫回但見白雲千萬堆欲動不動空徘徊金色界中多寶塔青蓮社裏九層臺九層多寶塔曾經幾塵劫黃龍蟠伏缽盂水碧苔繡盡袈裟鐵嚶鳴有鳥似頻伽步步香生薝蔔花雨紅風翠飛滿路路迷誤入山人家泉斟明月和流霞茶烹蒙頂先春芽中分三十六禪院最好無如五花殿圖畫天開當四面面面奇觀觀不徧屬茲清和節春物方駘蕩復多繡衣人相從共清賞主僧名至瑄精進如惠朗殷勤供香積招邀到方丈陰陰閟修竹稱我酒酣來此宿西峯夜聽天雞唱東崦朝窺海烏浴可憐清賞殊未足無柰塵緣苦羈束何當了卻公家忙來與松子同翱翔飢飡紫玉英渴飲甘露漿後天不老凋三光卽此便是無何鄉何必泛海求扶桑

陳鳳梧登靈巖玉符千載記方山傳得圖澄卓錫緣佛日巖光初霽雨辟支塔勢欲參天緊松十里風濤靜立鶴孤泉月影妍北望少林仝寶地滿山空翠鎖雲煙

王世貞再遊靈巖十二韻爲捨祇園竹名山結願偏登臨恍初地從倚更諸天不改芙蓉色微添薜荔煙松雲移疊嶂花落助鳴泉芒屩青從引苔衣碧任穿井猶雙鶴浴瀑似片虹懸磬發僧歸定燈餘客借傳新茶收月供淨氎割霞眠未叩無生理聊追有漏緣空聞飛錫杖不見布金田

盡劫終成幻降心邁離禪祇應何所住一缽付流年
李化龍重遊靈巖攬秀山全勝探奇客再尋慈雲開覺路
佛日上初林淨域三天曉空門十里陰忘機僧化石種福
地生金高閣看人代方池閱古今鐵衣留幻相巖寶見禪
心峯合鏡天小臺高貯月深清泉雙鶴舞老檜萬龍吟聞
寂消塵慮清虛愜素襟皈依欣有地慚愧未抽簪
畢懋康靈巖行危峯直削五千尺中有一人當洞立青苔
作衣雲作笠今古不愁風雨濕千巖萬壑曠中藏奇詭嶮
奧安可詳出穴蟲蛇蟠白鹿登山魍魎騎青羊我有防身
一寶劍欲往斬之俱不見仰空慷慨發高歌不覺清空起

雷電
彭夢祖遊靈巖二絕野草西風石路幽半巖紅樹與雲浮
偶來繫馬招提境花裏經聲何處樓　四面岧嶢鎖上方
飄來黃葉繞衣裳空山擊皷鶴飛去惟有泉聲到竹房
國朝施閏章靈巖行靈巖開鑿巨靈苦萬仞丹梯作環堵
己留天穴爛明星更遺甘露瀉石乳重林深翠來風雨鐵
崖澗出袈裟古土花錯落鏤金斑水田細繡天爲補丹臺
飛嵌層巖巔削成石屋居無椽杖履直上八千尺手撫白
鶴淩紫煙朗公卓錫呼不應龍眉十丈拱我前偏視人閒
悲浩劫誰知梵宇亦桑田般舟寶殿金銀摧世尊塵埃龍

象哀唐碑宋碣紛斷折存者欹側埋荒苔靈跡摩挲恨未
了倦遊一宿良草草安能高枕臥空山飽飯青精顏色好
明王在晉遊靈巖記方山南接岱宗北帶龍洞山圍繚亙
嵯峨偉拔聳岑對峙巒巘周環圍如垣墉堅如營壘削如
峭壁麗如錦屏龍蜒盤曲獅象蹲伏壑中一路土囊擨壞
坱圠通明商飈未可漂山谷風不能乘條蓋廣莫之委巷
而崑岫之層城也佛圖澄飛錫之地辟支塔存焉塔高特
孤騫破雲標霞豐隆軒其霆震列缺掖其照夜龍昂鼇抃
泰山絕頂相與澄暉迴景覺天路之匪隔矣嶺之阿有殿
崇奉鐵袈裟生鐵爲衣高五尺縫紋如織法定禪師興構

剎宇袈裟自地涌出或曰達摩西來面壁九年道成而去
棄袈裟於此循嶺而上訪六泉曰石龜曰獨孤曰黃龍曰
卓錫曰雙鶴曰甘露在靈巖寺東北泉至甘水從石龍口
流遶各僧廚由山門西溝出蓋是山爲岱宗之析支迴龍
結局風氣周密景色閎都而寒泉湛澈渟泓噴玉瀠碧有
引池分席之勝班荊列坐流觴於窮石堆埼閍斜照崦嵫
山鳥傍人尋宿而歸雲融泄容容霄崿宵露湛瀼沾衣
袂於是牽薜荔以下樵嶢掩柴扉而對荒月蕭然一榻於
問竹亭之精舍東方篔簹絕罕而是山有竹新笋迎風解
籜石傍高下參差有此君相伴可與其良宵夜半月移竹

影透入綺疏風亂松濤淅颯枕簟消客愁而淸塵夢一片
野心任白雲而飄泊矣侵晨遶佛堂訪絕景亭無可覓亭
爲宋僧仁欽所修以寓觀覽景有四曰羣峯獻秀曰甘泉
漱玉曰松舟挺翠曰巖花啼鳥今廢矣王元美云靈巖是
泰山背最幽勝處遊泰山不靈巖不成遊也信哉

岱覽卷第二十六終

岱覽卷第二十七　泰山書院院長陶山唐仲冕六幕輯

附覽六卷二十七

琨瑞山圖

琨瑞山金爐山　四門塔　龍洞泉　朗公塔　千佛巖　黑風峕　海螺峪　錦陽川　湧泉　屛風山　琴泉　靈鷲山　氷泉　瓦子嶺　梨峪　柏崖　扶山　都泉　錦雲川　圓通山　康王山　中宮鎭　錦繡川　臥虎山　黃山　渴馬崖　總論

琨瑞山

琨瑞山在泰山東北四十五里舊名金輿山（輿或作楡）又名崑崙（云崙者誤）歷城志曰金盧山從土人名也水經注云苻秦時竺僧朗居之因名朗公谷玉水環之故名琨瑞谿方輿紀要云方山東南有琨瑞谷亦曰朗公谷釋慧皎高僧傳云崑崙山峯岫高嶮水石宏壯谷中舊多虎災人多執仗結羣而行及朗立精舍於此猛獸歸伏晨行夜往道路無滯奉高人至今猶呼金輿谷爲朗公谷也山自歷山玉函來面西南周六十里隸歷城縣縣爲濟南府治本齊歷下邑晉永嘉初自東平陵移治者也山東通志云岱脈由章邱黑牛嶺入歷城縣界循長城而西爲梯子山領絡羣峯爲岱宗北障錦繡川西北流川南則有屏風山金盧山龍集山平頭山龍門山瓦子嶺川北則康王山迤至大佛頂諸山道里記云自泰安郡城東北踰長城嶺經玉皇嶺至百里自歷城縣東南經柳埠邨至八十五里蒙案山名著水經明季滄溟諸君子嘗遊咏焉然卒不甚顯正如幽人空谷不以鶴書爲榮也聶鈫躡屩綴經以求之故記載特詳茲用采而輯之俾知擁護震嶽者其枝峯蔓壑皆非庸境矣

金盧山爲琨瑞主峯秀拔蟠亙雙流如帶西陽雜俎名金驢山其東有金驢洞志稱黑風洞齊乘稱西龍洞山其西北有

神通寺舊稱朗公寺隋開皇三年文帝以通徵屢感賜號神通唐三寶感通錄云西晉泰山金輿谷朗公寺者昔中原値亂永嘉失馭有沙門釋僧朗者姓李冀人西遊東返與湛意兩僧俱入東岳卜西北巖以爲終焉之地常有雲蔭士俗咸異其禎感聲振殊國端居卒業於是天下無主英雄負圖秦宋燕趙莫不致書崇敬割縣租稅以崇福焉故有高麗相國胡國女國吳國崑崙北代七國所送金銅象朗供事盡禮每陳祥瑞合居一堂門扉常開鳥雀莫踐咸敬而異之其寺至今三百五十許歲寺塔基構如其本焉今制門閣兩重北爲大雄殿東伽藍西達摩又北爲千佛殿圮北爲方丈東爲

禪堂又北爲法堂齋廊兩翼齊乘云神通寺有汝泉攷今歷城縣志寺内本無泉惟方丈西有白龍池或即汝泉與然又堙於僧舍下東廊下有朗公所浚神異井涸寺西故藏經堂轉輪藏鐘鼓樓阯也

元雲禪師碑銘文曰通理妙明禪師淳愚長老雲公碑銘并序●前曹州教授智京撰金輿海月圓明長老智澄巨源書丹歷山進士姚仁篆額序銘未錄大德十年歲舍丙午孟夏初吉下列門人名○右眞書額全題在大殿後東向碑陰僧衆題名

興禪師道德碑文曰勅賜神通寺祖師興公菩薩道德碑

●承事郎河閒路臨邑縣尹兼管本縣諸軍奥魯勸農事邢天佑撰將仕郎□□平陽路稅務大使杜良書丹篆額記未錄至治二年歲次壬戌仲冬吉旦住持法孫德敬立石●中奉大夫山東東西道肅政廉訪使闊里不花護持功德□□者方茂實李惠誠王彬○右眞書額全題在大殿西墀下東向碑陰上截云護持功德主□□大將軍濟南路總管府達魯花赤兼管本路諸軍奥魯管内勸農事藺禧進義副尉濟南路歷城縣達魯花赤兼管諸軍奥魯勸農事昝吉蘭承務郎濟南路歷城縣尹兼管諸軍奥魯勸農事靳郁將仕郎歷城縣主簿胡仲昇濟南路歷城縣中宫鎭巡檢宋瑞歷城縣典史邵溫護持功德奉訓大夫管領隨路諸色等戶總管府達魯花赤薛徹禿承直郎管領隨路諸色等戶達魯花赤總管府總管高不顔帖木兒管領隨路諸色等戶達魯花赤總管府治中陳文眞書左讀下截皆僧衆譜系題宗枝派衍之圖案達魯花赤當爲達嚕噶齊

明神通寺外護記碑○右成化十年十一月僧太初撰眞書壯深篆額在大殿後西向碑陰有僧衆施主題名

重建伽藍殿碑○右成化十四年九月安成戴旻希全撰眞書在伽藍殿前西向碑陰僧衆題名

重建祖師殿碑○右成化十四年九月谷昶撰眞書在寺前四天王殿後西向碑陰僧衆題名

重建七佛神通寺碑○右宇二十一層皆歷代佛祖宗派其上兩旁有字八行在僧院中北向碑陰勒證圓禪師牧牛詩圖成化二十年九月僧文勤眞書

重修神通寺碑○右宏治十年秋張天瑞撰朱世準眞書王敕篆額正德四年秋勒大殿東墀下西向碑陰有題名

重修千佛殿碑○右嘉靖四年十二月大雲寺後學落魄子撰維那自修眞書并額在僧院中北向碑陰僧衆題名

李齊芳詩刻○右嘉靖三十九年春劉汝桂刻石眞書在

僧院中南向後有陶棟詩二首劉汝桂詩二首又聯句一首何九思詩一首

趙公去思碑。右詩十首并序萬歷二年三月劉汝桂眞書劉允裕篆額在僧院南向攷歷城志云趙以莊字敬齋河內人歷城主簿萬歷初署知縣事有惠政嘗入南山詢民疾苦遷山西縣丞南山民思之爲詩紀其事勒石神通寺中

神通寺重修配殿碑。右萬歷三十年冬劉學經眞書後有題名十三列在伽藍殿前西向

創建藏經堂碑。右碑末云萬歷歲次閼逢大荒落中呂林鍾中澣浮屠祖堂撰僧圓淸眞書在故堂壁南向案爾雅閼逢甲大荒落巳碑必有誤禮記中呂孟夏林鍾季夏竝舉亦不可解

國朝重修達摩祖師堂碑。右乾隆十九年嘉平月姚光舜撰俞龍池眞書在達摩殿前東向有碑陰

明許邦才神通寺二首百里泰山陰千年號寶林諸天聞說法初地問安心古殿松聲合長廊月色深夢酣禪榻寂淸磬下雲岑　寤寐東南勝深秋更一過靑山過橋盡黃葉擁川多丈室因巖穴經臺上蔦蘿同遊仍抱病試與問如何

李攀龍和殿卿神通寺見貽之作花宮留妙唱綵筆徧高僧說法從初地談詩出上乘五言爭刻燭一字了傳燈元度前身是風流詎可憑　神通寺相傳精舍朗公開千載金牛去不迴初地花開藏洞壑諸天樹杪出樓臺月高淸梵西峯落霜淨疎鐘下界來豈謂投簪能避俗將因臥病白雲隈

四門塔在寺西南白石爲之凡七級四門八窗皓曜玲瓏前有古柏一株蒼森九頂傳云漢植釋道宣續高僧傳云仁壽置塔勅令法瓚送舍利於齊州泰山神通寺卽南燕主慕容德爲朗禪師之所立也燕主以三縣民調用給於朗竝散營寺上下諸院十有餘所長廊延袤千有餘間三度廢教無敢撤欲有犯者朗輒現形以錫杖撝之病困垂死求悔先過還差如初井深五尺由來不減女人臨之卽爲枯竭燒香懺求還復如故寺立以來四百餘載佛象鮮榮色如新造衆禽不踐於今儼然古號朗公寺以其感應卽日故天下崇焉開皇三年文帝以通徵屢感故曰神通也初至寺內卽放圓光乍赤乍白時沈時舉或如流星入衆同見井水涌溢酌而用之下後還復又感羣鹿自然至塔雖鼓吹衆鬧馴附無恐又感鷄一隻從四月三日終于八日恒來犨前立聽梵讚恰至埋訖迹絕不來斯之感致罕聞於古讚具以聞其東靑龍峽有

三墰寺窣堵波因石鑿成又東有染池泉
東魏楊顯叔造象記文曰武定二年□□乙卯朔十四日戊辰冠軍將軍司空府西閣祭酒齊州驃騎大府長流參軍楊顯叔仰為亡考忌十四日敬造石象四區願令亡者生常值佛○右眞書勒四門塔上筆法清挺可觀
唐神通寺僧无畏造象記○右眞書勒四門塔上
宋三墰寺窣堵波銘文曰齊州歷城縣三墰寺阿彌陀佛窣堵波銘并序●神通寺住持福勝寶山玉福玉祿玉禎玉俊●補陀子潘卞撰應鄉貢進士馮睿書●阿彌陀佛窣堵波者比邱福林為父母所造也福林俗姓鄭父諱朝

宗素學儒經稱為長者元豐五年六月二十四日卒於俗舍年七十五時當溽暑及歛浹旬顏色如生蠅蚊不近良福善之所感也母畢氏持齋事佛布施勤約元祐六年前八月初四日卒於俗舍年七十六老染微疴雖修懺悔良順生所報也福林姊福燈頭陀苦行大戒卯齋茶毗其骨負置於福林受業齊州歷城縣神通三墰寺俾近四門石塔東北隅三十餘步就山鑿石成瘞坎以藏之運磐石以覆之起七級窣堵波以表之龕阿彌陀佛以事之求舍利以鎮之始於紹聖三年六月初三日第三級功畢成其年月日皆忝賫薦考妣以求冥助也補陀子潘卞尉于茲邑

福林者適當營建之將成哀懇求銘并序始末既素與善之又義其孝思獨力成辦乃為作銘銘於塔曰西方有佛號無量壽四十八願普度羣有罪滅□途樂貧無垢福林建塔上為父母一善從心千佛授手劫火難焚此塔不朽●大宋紹聖五年二月初十日上石李道刊○右眞書在石塔座上南向凡二十九行行十五字字徑一寸
明晏璧染池柳子當年記染溪別分一派出東齊憶從濯錦江邊過風漾晴瀾五色迷
龍洞泉在寺東洞門半掩石龍半露水自中出經青龍岡逼聖橋西注玉水

明重建通聖橋碑○右嘉靖三十六年四月金城撰魏希佐眞書韓一右篆額在橋下南向碑陰有題名
新建眞武廟碑○右萬曆四年長至前五日于達眞撰子芳眞書在橋上南向碑陰有題名
朗公塔在寺西北隅地勢幽曠塔制最古元僧窣堵林立其篆銘頗有可採者不能盡錄也
元進禪師塔銘○右額題故進公之塔旁書唵麼呢鉢納銘叶中統二年三月初十日姪男部重一立
希禪師塔銘○右額題希公之塔右方書兒劉百戶男李重左方書南無阿彌陀佛中統三年九月初六日案諸塔

稱男姪者多俗姓名意當時義僧爲父者也此塔乃有稱
兄者亦异
定闇黎塔銘○右額題定公闇黎之塔至元五年二月十
八日小口智頭建
元禪師塔銘○右額題元公法師之塔至元五年二月三
十日建以上並眞書
寶禪師墖銘○右額篆普嚴大師寶公墖銘文眞書僧智
澄撰智寛立大德十一年九月案諸塔皆近朗公塔惟此
與興公塔在寺東北隅
雲禪師塔銘○右額仝前碑銘篆書在寺北上

暉講主壽墖銘○右額題奉旨神通寺住持明照大師講
經主暉公壽塔皇慶二年八月二十日門人智明立並眞
書
敏監寺壽塔記碑文曰勅賜神通寺住持金輿長老智澄
撰丼書丹●塔以旌名顯德由來尚矣敘其所以吾宗其
明昔我□□□無上天人師圓寂之後寶塔是興或以澡
瓶錫杖□□則諠伽黎頂骨齒牙爪髮舍利降生成道轉
鴻輪降魔外□神變般涅盤如是處所皆樹立之厥後釋
子倣于上而效于下各居一方碁布星列遍滿眞丹或以
師事慈乃敏公監寺壽塔也姓張氏濟南西郭人幼抛塵

累樂慕釋門禮神通寺住持淳愚長老雲公爲師法號智
敏課習經訓已而爲發笈遊履講肆歸來事師荷衆冏少
懈倦大德四年欽受聖旨護持山門爲監寺之目歷數稔
主宰華嚴院暨任歷城縣都綱之職恬然安靜既護善代
釋教督總統所授以廣德大師之號又復住持呆石山大
聖院周急飯衆今年過耳順安居祖庭由是慧川率諸昆
季立壽塔于祖塋以記爲請予嘉崇師報本之義來告畧
迹見聞事跡姑塞來命云耳●將仕佐郎謚都路滕州鄒
縣尉孫男張玘●大元延祐六年歲次己未仲冬吉旦門
人慧川慧巖慧苑慧峙慧讀慧冀□□等立●清亭方茂

貫刊○右刻高二尺七寸五分四面各寛尺五寸七分自
南面有篆額者起東面爲記文記末題名復轉在南面稜
上記字十五行行二十三字字徑七分八分書額篆故敏
公監寺壽塔記字徑三寸許
湛講主塔銘○右額題扶宗興教大師湛公講主之塔金
輿長老澄篆書至治改元□月立
興禪師定慧塔銘○右至治二年冬僧智澄篆德敬等立
凡八面其一面篆大神通寺祖師興公菩薩定慧塔銘餘
七面刻佛頂尊勝陀羅尼神咒後列僧衆名眞書
寛都綱塔銘○右泰定二年十月門人慧裕等立今踣

存庫主塔銘○右額題元故存公庫主之塔泰定二年門
人從勤立眞書
敬山主塔銘○右額題淸惠明德大師敬公山主壽塔泰
定三年智澄揆并篆門人侯智政等立東面眞書陀羅尼
咒
憑監寺塔銘○右額題故憑監寺之塔元統二年孟冬望
日立男慧昭監寺智室
涌庫主塔銘○右額題故湧庫主之塔元統二年孟冬望
日
恩院主塔銘○右額題故恩院主之塔元統二年孟冬望

日已上竝眞書
千佛巖在朗公塔西崖壁隱霄高廣絕塵上鐫石佛大小千
龕望之眞如諸天神人側塞空中而威儀齊整器鉢無聲也
攷其始建葢魏齊及唐人所爲矣
唐造像記二十刻文曰缺虔供缺有鄰禪桑門僧沙楝缺
響莫異缺在缺国書傳記缺大唐武德缺厥年七十缺哉
陟之缺恩　大唐貞觀□八年僧缺德知風燭難停熾缺
追越竭衣鉢淨缺石像兩軀上報缺識瞻顏禮缺罪名至
心歎缺業報恐缺處缺變缺石記缺銘缺於後　顯慶二
年南平長公主爲太宗文皇帝敬艁像一軀　大唐顯慶

二年九月十五日齊州刺史上柱国駙馬都尉渝國公劉
元意敬造像供養　大唐顯慶三年行靑州刺史淸信佛
弟子趙王福爲太宗文皇帝敬造彌陀像一軀願四夷順
命家国安寧法界衆生普登佛道　永淳二年六月爲天
災涆側缺諸邨史同王万元百餘人等于明缺遂蒙甘澤
設齋造像　文明元年四月日趙盱妻羅爲父母敬造石
佛一軀　陵感敬造彌陀像一軀　像主前振師上騎都
尉劉君操供養　像主劉操亡妹順妃供養　像主王元
亮彼蠱魅得差艁像設齋願合宅平安法界衆生咸同斯
福　像主淸信女段婆爲父母敬艁一軀　高道□爲比

邱尼眞□沙彌感師敬艁像一鋪普及法界衆生咸同斯
福　李樹生敬艁像一軀缺子缺　□毛德供養德妻田
供養　像主周世軌爲父母敬缺　□主陶□建爲亡兒
敬造像一軀　恭禮聖像張直方題　僧慈蔭爲母缺元
年記　缺月廿二日缺是觀爲缺道場缺洞缺四禪寺登
奉同弟天粹缺濟南院君王平原缺○右竝眞書勒崖上
字體方整類顏平原法歷城縣志云記凡二十則疑皆唐
時刻也其有年號者武德一貞觀一顯慶三永淳一文明
一餘無年號俱勒巖上佛像側而懸崖最高處尙有題名
惜未得盡搨金石文跋尾云攷唐書公主傳太宗女南平

公主下嫁主敬直以累斥嶺南更嫁劉元意又劉政會傳子元意襲爵尚南平公主與石刻合唐制帝姊稱長公主南平蓋長於高宗矣史稱元意高宗時爲汝州刺史不知其嘗刺齊州也又云造之爲舫從古文也国字玉篇集韻諸書皆無之讀此刻知以國爲国唐初已然矣

〔宋〕鄭秉德等題名文曰平原鄭秉德濟南沈君正同弟天粹自四禪寺登奉春巖洞詣靈巖道場處天門東口是口大觀庚寅三月廿三日。右題名縱八寸橫一尺二寸字九行行五字字徑寸眞書左讀其右尚有一行殘蝕不能辨石在崖上上平而下有斧鑿痕左右圓斜向內居中尖

起二寸似器物蓋頂題字在上平橫列尖者各分其半也

黑風砦在千佛巖西北地危險又西北爲紅鶴崖峭壁淩雲洞心駴目又西北爲季兒砦有泉子峪青牛砦有通天峪兩砦之間巨石懸臥如椎曰仙人橋

海螺峪在青龍岡東三里匯錫杖泉西流注於玉水泉側有須彌塔宋宣和間建

〔宋〕劉宗題名文曰濟南府長清縣天花中管和平鄉税戶劉宗妻么氏男助教新婦大娘王氏孫男小哥新婦三娘耿氏次男小二哥合宅再修塔須彌座伏保合宅吉慶眷愛平安上祝皇王聖壽帝基永固住持管勾僧淨義宣和三年四月十五日畢匠人劉素馬友劉江。右眞書刻海螺峪郵西北甎塔石座上南向

錦陽川卽玉水道里記云水東南三十里爲長城嶺嶺南北水皆分流西陽雜俎謂之分流山迤北爲梯子山谷水更多東有仙人洞雲梯澗西爲仙龍潭玉水源也玉水以玉符山得名見水經及注歷城志稱錦陽川納諸水逶迤西北流左會獺洞灘水又西北經桃科嶺東左會枯泉之水又西北逕平頭山東迤東爲龍集山上有玉泉寺下爲風門嶺爲壁山又西北左爲龍門峪水又西北逕齊王砦南又西逕琨瑞山南曰琨瑞峪

〔明〕李攀龍龍集寺雙林窺壑險一徑入雲愁峯落青蓮色燈懸白日幽香臺高枕出澗水閉門流聞道羣龍集明珠自可求

涌泉在寺西里許記云梯子山西爲天麻峯獨孤泉北流又西爲松峯下有龍池亦玉水發源處水西北流逕窩鋪峪有永興觀又北過雙鏁山紅山口西右會三岔水又西過金驢山南又北與琨瑞峪合流總名玉水也左納涌泉之水有涌泉橋明萬歷間建西偏爲涌泉菴千章古木百尺飛流隋開皇時已重修矣

〔明〕重修涌泉庵碑。右嘉靖十五年九月段雄撰文額皆

眞書在庵中東墀下西向碑陰有題名

建造涌泉橋碑。右萬歷六年冬郭邦雲撰郭東齊眞書

在橋東南向碑陰有題名

明李攀龍涌泉庵 錦陽川上女僧家紅樹蕭蕭白日斜弟

子如雲人不見可憐秋老玉蓮花

屛風山在涌泉西丹碧錯落與雲霞亂采宛若繡屛石梯百

十六級上有天齊廟中有黃巢廟後人惡其亢也以盤磴掩

之玉水西流逕其南又西逕柳埠邨南中有紫微觀圯

明重修東嶽廟碑。右宏治甲子秋韓相撰劉璟篆額陳

恭眞書在天齊廟中

琴泉齊乘謂泉甲天下韻琴筑而味肪醴也記云松峯西北

爲交戰峯山勢突兀頂有數穴深不測曰雲洞東爲陡峪多

丹楓西爲雲谷下有響泉又西北爲蚖洪峪中有苦苣泉爲

苦洪峪爲琴泉

靈鷲山雲谷諸水西北流逕其西有九塔寺一塔九頂唐天

寶大歷閒重修內有觀音殿明正德嘉靖時重修馬雄記云

歷山之南泰嶽之北於錦陽川左岐川曰齊城鄉曰仙臺麓

埜之閒有寺曰觀音唐代宗時肇建此刹主山曰靈鷲面山

曰鼎尖東有神通西有靈巖北近柳鋪店南近仙臺山左立

觀音碑右建九頂塔前有聖水泉後有石佛龕青松檜柏古

墓猶存其山秀聳而景最於羣山矣聖水泉會雲谷諸水又

北逕回龍山西入玉水

明重修觀音寺碑。右正德八年孟冬朔日右中允滹沱

馬雄撰副都御史歷山張鼐篆額前冀州教諭蘇彪眞書

在殿東墀下南向碑陰有題名

重修九頂觀音寺碑。右嘉靖四十一年冬許邦才撰李

攀龍眞書在殿西墀下南向碑陰有題名

九頂寺記碑。右萬歷二十七年二月邑人周繼立眞書

在大殿壁南向又刻神通寺張天瑞碑側

明李攀龍九塔寺觀許右史碑 名山諧夙好況復近吾廬

嵐影浮斜照玆川錦不如空林雙樹老寒塔九華疎一片

頭陀石新文六代餘

冰泉在長城嶺北秋千臺下陰寒多積冰經夏始解其泉北

經龍峽入印度泉

瓦子嶺在秋千臺西玉皇嶺北遍山瓦礫縣志云故秦皇離

宮也北爲齊城峪茶臼河出焉中有試茶泉懸津飛瀉經康

泉右會勺泉峪水又北過白石崖西左會避暑泉水又東北

經虎頭崖西右會段華泉水入玉水

梨峪在瓦子嶺西有潮音洞上接印度泉水經閻家河北流

右會石灰灘水又東北右會礫池水又北經三角河東又北

右會石丫谷水又北經青岡嶺東入玉水
柏崖在靑岡嶺西玉水西流經其北上有透明洞下爲柏水
灣又西右會石闌峪水
扶山在柏崖西玉水經其北有子房洞深里許池河伏流金
黃冠張元陽念一之所入以擬之留侯故名東五里有子房
庵竅斗泉東北流
〔金〕元陽子坐化記碑文曰泰山元陽子張先生坐化記記
未錄天眷元年歲次戊午仲冬上弦日門生朱守默李□
蟻記・山主門生孟八郎妻□氏□□書□眞子李□立
石輩□刊。右眞書在子房庵東下墓西南向文內稱其

名字皆漫缺元陽其號也
〔明〕白雲洞題名碑。右嘉靖四十五年十月勒子房洞門
外西上南向
洞門題勒文曰子房東隱仙洞・隆慶辛未孟春道人謝
眞清題 眞書
〔明〕楊衍祚子房洞 野棠開處洞門開俯瞰中原指顧閒雲
鎖瑤函黃石去鶴鳴琪樹赤松還沖開碧落崖千尺截斷
紅塵水一灣回首咸陽新日月何如濟上舊雲山
都泉在子房庵北六里溪抱郕流爲岱北諸泉之總故名其
上舊立皇姑庵有石塔隱約勒開元字葢建塔年代也水西

注會水簾又西逕三尖峯南峯之西曰木梨砦曰龍洞峪玉
水又西北逕總度口南接錦雲川
錦雲川一名南川發源於玉皇嶺之蔚溝西南爲拔山爲五
女石山溝水西北流經東西棋子二嶺中峽會西棋子嶺水
曰出山溝又曰出泉溝達於黑山砦北有下安寺故阯屈從
東北流左會百花泉水又北左會雙泉水又西北經楊廣砦
東其西爲火燄山天麻砦道溝峪出焉林壑無際內產朱櫻
又北爲魏花砦宋指揮魏花故居也
圓通山在天麻砦北有普門寺元時建明成化崇禎閒重修
門外亦有聖水池旁爲雲水庵圯又北爲方山砦有白雲寺

又北爲九女砦三石削立宛如鞸髻繡袿立雲中北爲滂泉
嶺爲滂泉峪嶺西爲隱士峪有葫蘆崖卽志所稱瓢峯也中
有法雲寺唐永徽初建久廢南川至此入玉水
康王山傳卽太甲陵歷城志引皇覽云陵在歷山豈此山亦
通得歷之名歟玉水西流逕其南爲黑水灣山之西巨石偃
立曰老人峯有醴泉寺一名四合元至正閒重修
中宫鎭齊乘稱中宫元設巡檢見輿公道德碑陰東有懸泉
柳泉東泉皆入玉水東半里有洪福寺玉水又西逕鎭南北
接北川
〔明〕重修眞君廟碑。右碑題云重修昭惠靈顯眞君廟碑

成化二十年三月陳金張雄立高通貢書并篆額在洪福寺大門外東南向

重修洪福寺碑。右宏治十二年冬丈俊撰王棠貢書陳文篆額在寺東墀下西向

明晏壁柳泉杏花開遍柳垂絲柳下清泉漾碧漪莫折柔條留繫馬綠陰深處聽黃鸝　懸泉百尺深泉石上懸龍歸洞口散晴煙曾從五老觀飛瀑倒挽銀河落九天

錦繡川一名北川發源於梯子山雲梯澗西北流左會紅泉峪水又北右會石鴟峪水又東北左會燕支泉水又東北右會藕池水又北經黃櫨泉禽寇峪會雲河水又北經黃砦南

右會天井峪水又西為大澗嶺有龍灣西南流又西經桃花嶺南有桃源洞右會大黑谷水嶺東有南泉寺又北經青石崖東又北左會白雲泉水又西經林泉觀南觀在弔枝山唐建明嘉靖時修又西逕現瑞山北左會狻子峪水有朱老庵又西左納馬蹄峪水有華嚴寺元時建又西北逕香菰山南又西逕大佛寺納寶姑泉水又西南左納稻池水入玉水志云錦繡川延袤六十餘里泉石之勝層現疊出劉天民函山集強半咏北川風物也

明重修南泉寺碑文曰南泉寺在省會南四十五里中宮之東山陰之半寺迤南三四泓冬夏不涸故名其昉蓋久而不可詳但南崖巔有石刻至元重修字乃知不始自元矣至我朝正德間重修已磨石未刻而其人已不可攷及萬歷戊寅予以老病火馳求就陰之地以息乃市寺僧房地一分相度經營之宜則殿宇頹敞象設汙殘長太息者久之因語寺僧曰是任將安諉哉於是命工鳩材埏埴既稟次第修葺至己卯春正月告成而寺視前改觀矣寺僧湛徹等募緣遠近善信多所施助具有名氏恐久而磨滅先於南崖得石請紀歲月及歲之三月來山邨齋居因為敘述而綴數語於左方詞曰東岱艮趾列剎相望寺以泉名其源蓋長始自王屋匯為清濟經河伏地紆迴千里乃

於是中瀉為泉泌自南暨北七十有二曰都曰醴曰勞曰糠在彼南山實為濫觴寺有廢興泉無絕續因泉名寺實有攸旨爰惟此役有其口之我來匪暮殆俟厥時元度前身安知無自似於今日了未了事。右萬歷七年許邦才撰今佚

明劉湔步入林泉觀到此繁華息山圍若法城嶙峋千嶂落清泠一津橫龍去雲無際經翻瀨有聲轉思王子晉何處自調笙

李攀龍同許右史遊南泉有天井寺古寺馬蹄前荒山斷復連階危孤石倒崖響亂泉懸喬木堪知午迴峯半隱天

不因許元度那得此攀緣
許邦才同于鱗遊諸山初宿天井寺千峯寒色照霜裘歲暮還堪載酒遊初宿南巖天井寺便聽一夜石泉流
臥虎山在中宮鎮西其東有罇口嶺月牙嶺玉水西北流皆逕其南志云岱北諸谷之水至臥虎山下始合論形勝者以爲三川之鎖鑰云
黃山在瓢峯西北桀戟排連周如城郭玉水逕其北方輿紀要云岱陰諸谷水奔流至此西匯爲池周數畝不溢而伏流道里記云疑卽水經注之玉符山也錦陽川經此故曰玉水齊乘謂靈巖與方山相連疑卽玉符山攷靈巖前後之水源

流與朗公谷水無與則非玉符可知矣今皆以靈巖爲玉符蓋因齊乘而誤云
渴馬崖卽梯子崖在臥虎山西北方輿紀要云石固寨居其閒頗爲險固玉水至崖南則泊然而止洑流而東發趵突泉又北曰濼水又東曰小淸然西北流者至長淸縣㰳山北復見又西北逕獵山北又西北經齊河縣界入大淸河水經注謂之濟水會歸矣
論曰酈道元云玉水導源太山朗公谷舊名琨瑞谿竺僧朗碩學淵通尤明氣緯隱於此谷因謂之朗公谷故車頻秦書云苻堅時竺僧朗嘗從隱士張巨和遊巨和常穴居而朗居琨瑞山大起殿舍連樓疊閣雖素飾不同竝以靜外致稱卽此谷也水亦謂之琨瑞水也其水西北流逕玉符山又曰玉水又西北逕獵山東又西北枕祝阿縣故城東野井亭西北流注於濟道里記援酈說加之蒐訪於錦陽錦雲錦繡三川源流悉辨至謂玉符非靈巖亦少固矣夫靈巖在琨瑞西北玉水實西北流未嘗不遙逕此山也又云靈巖琨瑞於泰山猶兩背然志岱者槩置弗載則泰山全體不備矣桐城姚鼐爲之序云往昔在濟南秋霽登千佛山望岱巓諸峯遙相接屬謂歷城以南諸山皆泰山後人多爲之名耳蒙弱冠時客歷下闞舜井探趵突泉誦曾子固趙子昂詩一再和之泛

蓮子湖則水經注所謂左右楸桐負日俯仰目對魚鳥極水木明瑟濠梁之性物我無違者悠然有會登佛慧山邊華泉施愚山諸作琅然巖壁其靑崖翠發望同點黛者則單椒秀澤之華不注矣羣峯桀峙濟濼濬源非皆岱之尻乎今案琨瑞北有禹登山所謂東龍洞也東城有大書勅龍洞壽聖院六字頗濱有禱雨文趙子昂邊李諸子皆有作其西爲玉函山嘗有玉函其上漢武啟之化爲白鳥是爲王母所使亦曰千佛巖元遺山濟南行記函山長二十里有九十谷泰山之北麓也泰山去城百里而近特爲函山所礙天晴登北渚亭則隱隱見之桃花嶺北有鮑山有叔牙城其東則東坡所云

行到龍山馬足輕也佛慧山在禹登西北又西北爲歷山舜耕之所或云即靡笄斷而復起爲華不注在濟南城東北十五里其西北曰鵲山華山匡山鵲以扁鵲墓峯即齊晉戰所匡則太白讀書處也齊乘名泉碑載歷下七十二泉其見於琨瑞者曰汝曰龍門曰染池曰懸曰都曰柳曰車曰苦苣曰熨斗曰醴又有曰獨孤者見靈巖其最著者爆流即趵突金線珍珠諸泉交之大率環歷城而匯濼口曾子固云皆岱陰諸谷水洑流所發于欽詩云羣山尾岱東走海鵲華落星青照湖以余所見證所聞姚君之說信有徵矣遠岱既遠又各自有志亦猶岱陽之蒙嶧連延不容盡錄姑舉其槩以明岱陰諸山不自琨瑞止

岱覽卷第二十七終

岱覽卷第二十八

泰山書院院長陶山唐仲冕六幕輯

博覽一 卷二十八

岳牧 守令 諸官 征戰 禮俗 總論

尙書傳云四岳即羲和之四子分掌四岳之諸侯疏云上列羲和所掌嵎夷朔方言四子居治四方主於外事岳者四方之大山今王朝大臣皆號稱四岳是與羲和所掌其事爲一舜典稱巡狩至於岱宗肆覲東后周官說巡狩之禮云諸侯各朝於方岳之下是四方諸侯分屬四岳也書曰肇十有二州封十有二山疏云如周禮兗州岱山爲鎭之類蓋十有二

牧分牧十二州所謂内有四岳外有州牧也國語云申呂雖衰齊許猶在史記云周公封伯禽於魯使主泰山之祀蓋齊四岳之裔南有太山魯北枕太山爲兗州之牧伯敘太山之岳牧當自齊魯始而其見於春秋史記者不可勝書爰錄漢以來守令之設鉅人長德足爲名山主者及其政教禮俗兵刑爲一書以備掌故式具瞻焉

攷之史傳漢宣帝時九江嚴望傳朱雲學爲博士後至太山太守有能名成帝時蘭陵蕭望之子育字次君爲太山太守剛正有父風時京兆尹王章泰山鉅平人以忠直爲王鳳所陷妻子流合浦會鳳死育疏請其妻子歸故郡贖還其田宅

朝論體之薛廣德事王式以博士論石渠授龔舍舍字君倩與龔勝友爲楚兩龔哀帝遣使者即楚拜舍爲太山太守此與嚴望皆以經學顯者也建武中陳俊南陽曲鄂人爲太山太守行大將軍事張步結連太山郡盜與俊戰於嬴俊大破之追至濟南克復諸縣一郡悉平順帝時李固字子堅南鄭人爲太山太守盜賊屯聚郡兵不能制固悉罷兵歸農以恩信招綏之羣盜悉解散杜喬巡察兗州表固政爲天下第一桓帝時皇甫規字威明安定朝那人爲太山太守大盜叔孫無忌侵擾郡縣中郎將宗資討之未服規至廣設方略寇患悉平苑康字仲眞渤海重合人爲泰山太守郡內豪猾多不

法聞康至莫敢干犯先所奪人田宅皆遽還之山陽守張儉殺中常侍侯覽母幷按其宗黨賓客或有逃匿泰山界者康皆收捕覽因遷怒誣奏康詐上賊降坐徙日南泰山羊陟等詣闕訟之得還本郡孔宙魯人以泰山民多不靖由元城令擢爲泰山都尉旬月之閒皆解甲服罪抗徐字伯徐丹陽人爲泰山都尉時公孫舉等嘯聚泰山徐悉討平之靈帝時韓韶潁川舞陽人少仕郡辟司徒府時泰山賊公孫舉僞號歷年守令莫能制多坐法尙書選三府掾能理劇者乃以韶爲嬴長賊相戒不入境餘縣被寇其流入縣界求衣糧者甚衆韶開倉賑之主者爭謂不可韶曰長活溝壑之人而以此伏

罪含笑入地矣太守素知韶誠德竟無所坐獻帝時應劭字仲遠汝南南頓人爲太山太守初平二年黃巾三十萬衆入郡界劭糾率文武連與賊戰前後斬首數千級獲老弱萬餘人輜重三十兩賊皆退卻境內以安周乘字子居汝南安城人陳仲舉以爲治國之器爲太山太守甚有惠政見汝南先賢傳然風俗通謂其治無異稱也漢時太守尙有魯人朱望金鄉丁元陽城杜密張舉渤海任峻封子衡四從子曼慈都尉尙有韋賢玄子宏侯章梁國蒙人夏恭又有郡丞陽都人諸葛珪或臨郡未久或無治績故不傳耳

漢泰山都尉孔宙碑文曰君諱宙字季將孔子十九世之

孫也天姿醇嘏齊聖達道省習家訓治嚴氏春秋緝熙之業既就而閨閾之行允恭德音孔昭遂舉孝廉除郎中都昌長祗傳五教尊賢養老躬忠恕以及人兼禹湯之罪己故能興朴素於彫敝濟宏功於易簡三載攷績遷元城令是時東嶽黔首猾夏不靖釁鼓戢兵遺畔未寧乃擢君典戎以文修之旬月之閒莫不解甲服罪載芟載耨田畯喜於荒圃商旅交乎險路會鹿鳴於樂崩復長幼於酬酢□□□□□會遭篤病告困致休得從所好年六十一延熹六年正月乙未遂卒貴速朽之反眞慕寧儉之遺則窀穸不華明器不設凡百卬高德音靡述於是故吏門人乃共陟

名山采嘉石勒銘示後俾有夷式其辭曰於顯我君懿德
惟光紹聖作儒身立名彰貢登王室閶闔是更夙夜匪懈
在公明明乃綏二縣黎儀以康於天時雝撫茲岱方蔥彼
凶人覆俾□□南畝孔饁山有夷行豐年多黍稱彼兕觥
帝賴其勳民斯是皇疾疢不復乃委其榮忠告殷懃屢省
乃聽恭儉自終簠簋不陳生播高譽沒垂令名永矢不刊
億載揚聲。右碑在曲阜孔廟未知何人撰書
三國時魏有薛悌字孝威東郡人爲泰山太守練事爲吏表
涼茂昌邑人泰山郡中多盜民率流亡茂爲太守旬月襁負
而至者千餘家呂虔任城人仕魏爲太山太守時郭祖等保

山爲寇虔到郡開示恩信祖等皆降簡其彊者補戰士泰山
由是遂有精兵濟南黃巾徐和等攻劫城邑虔引兵擊破之
胡烈爲太山太守以奇兵五千襲吳將朱異於都陸焚異資
糧異不能戰麋竺東海朐人時泰山郡界廣遠舊多輕悍乃
分五縣爲嬴郡以竺領嬴郡太守撫慰吏民曹公表其素履
忠貞文武昭烈又有涿郡盧珽溫人常時琅邪諸葛緒鄆人
唐臺晉有徐龕阮抗琅邪諸葛攸太山羊邁陽武毛泰劉和
晉蕭承之南宋有申宣皆太山太守惟慕容雋以賈堅爲太
山太守爲民立小學興教化晉將荀羨攻郡堅逆戰死之宋
申恬元嘉中泰山太守都督魯東平濟北三郡軍事威惠並

著北魏裴叔義河東聞喜人爲太守政尚清靜吏民安之若
崔輯劉研繆幕房三謚劉世雄姑臧陰周達武功蘇祐竇瑗
彭穆魏伯成畢聞慰亦皆太山太守之可攷者羊侃於魏以
東道行臺領太山太守因爾朱榮殺害朝士率衆歸梁北齊
梁父縣令王子椿則僅見於刻石案隋書地理志博城注舊
曰博置太山郡後齊改郡曰東平開皇初郡廢東平郡不治
太山故凡東平太守不錄焉
唐書太山屬乾封不爲郡治故亦不著太守刺史以上吏令
丞簿尉之存其名者博城令馬麑劉元機乾封令張懷貞劉
難拖王怦博城丞公孫杲乾封尉韋安石李至遠劉如睿王

去非郭璆博城主簿關彥董仁智韓仁忠乾封主簿趙脊博
城尉李嘉應大都得之刻石惟韋安石以政平操潔稱焉
五代無稽宋奉符令江休復馬寺丞張周林會李珪鄭溫恭
董元康寇庠亦見題名江休復爲有治行馬寺丞字永伯爲
令李縕字仲淵爲尉皆師事孫復爲石介所稱馬伸字時中
東平人受業伊川先生嘗爲奉符丞攝令事方歲歉朝廷行
茶引伸以病民力持不可太守劾之民爭赴愬達臺省事乃
解又嘗掌市易倅強以百緡令售之伸曰予不敢以詐估官
直須伸去乃可可謂能守道者又有奉符尉呂光問餘無聞
焉

宋石介與奉符知縣書子游爲武城宰孔子曰子得人焉爾乎曰有澹臺滅明者行不由徑非公事未嘗至於偃之室至哉子羽之慎賢哉子游之容由今言之爲慎易爲容難慎以遠嫌容以避謗嫌遠謗不至安身之道也是爲易夫粹是國之田食是國之穀爲是國之民征賦教命皆出是國是國之君則不覲不謁在禮近於傲與慢容之爲難介爲奉符民前奉符大夫馬君永伯下車逾月先就見介於徂徠草廬中介懼得傲與慢之罪不敢蹈子羽之節因一謝馬大夫於縣馬曰吾治君邑吾聞君賢且與君爲天聖八年同門生民之病政之疵君以告予病予疵予是君以若病與疵遺我也自兹屢牽介過縣然介不能守子羽之節豈不知足及公門而嫌與謗輒隨之凡四五招勉强一往焉且以謂政雖出大夫而及於吾民病雖在於民苟有養民之心者皆病政之疵民之病不敢不告雖然未及於私焉有山陽道德之老孫明復先生世不我用退居草茅闔扉著書不接人事馬大夫尊之以師弟子禮求傳其道焉太平鎮進士姜潛倜儻有奇節馬大夫重之時引在坐與講論古今治亂得失及馬大夫陷於籠網苛致其罪怒馬者以爲介三人嘗與馬公事具以惡名加焉噫不能行子羽之節時以足踐公門宜乎以爲嫌也宜乎被惡名

也詩曰心苟無瑕胡恤乎人言雖然不可不慎也執事臨縣介因欲遂蹈子羽之節不惟懼得傲與慢之罪且詩人桑梓之敬不可忘也一拜執事於縣之庭得禮而退然後願守子羽之節終焉惟執事容之

金爲泰安州奉符縣知泰安軍則冀城楊伯淵有惠政哈薩喇（舊作和速嘉）安禮守城殉難刺史則圖克坦繹（舊作徒單繹）以廉績著奉符令則青城董積躬有古循吏風若泰安軍節度使布薩歡塔（舊作僕散渾坦）完顏畀可孫邦佑王福權李元輔徐文副使完顏維鎔[illegible]史姚建榮州同知張佺張郁司判遼東龐鑄張汝楫徐昇奉符令吳術姓名猶可述

元時猶有燕人趙玉爲奉符令有善政爲民所思他如泰安州等處行軍千戶之張斌泰安州知州張汝霖達嚕噶齊（舊作達魯花赤）之巴哈圖（舊作八合禿）鈕祜祿璋（舊作粘合璋）泰安州管內鄂囉（舊作奧魯）長官之張鄰達嚕噶齊之瞰撒知州之孫民獻馬驤張允恭達嚕噶齊之額森布哈（舊作也先不花）額森呼圖（舊作也先忽都）葉里布哈知州之靳文用達嚕噶齊之任重太安努知州之周公貞杜天祿路希尹達嚕噶齊之哈喇布哈呼圖（舊作哈剌不花忽都）州同知之儲企范徐汝嘉索珠（舊作鎖住）伊捏特穆爾（舊作帖木兒）歡沙張師諤州判官之張翔張亮孔之嚴徐昇郭敏暗都刺唐世

英李儔泰安州都目之高淵陳瑀劉德謙賈祐尚撝司獄之
牛麟尹義先奉符縣尹之張佺鄭宗尚張鳳舉郜汝舟孫元
獻達嚕噶齊之伯努脫歡蒙古岱（舊作忙古歹）特穆爾布哈
（舊作帖木兒不花）大筆且齊（舊作大必闍赤）之高翿程知柔
奉符縣丞之張彧主簿之靳思誠陳琪張繼張義縣尉之哈
的特穆爾王文美奉符巡檢之董祐典史之楊德明焦信其
名尚存安可湮沒至於州教授之時震王天挺王禎尚毓德
顏之道徐堅張從仁教諭之宋好德田文舉孔希邉學正之
張仲良姬榮亦古文學博士有其存之不必廢也
明世最近泰安爲直隸州設官有知州同知判官吏目巡檢

州學有學正訓導詳載志乘擇其賢者錄之湘潭陳文祐洪
武初由泰安同知擢知州公勤廉慎靖安熊以淵知泰安州
廉靜寬平暢宣洪熙中知州以母憂去民頌於副使鄺埜以
聞宣德改元宣服闋上特命還任以孚民望蘭州李銳由兗
州知泰安休寧施以正由州判領知州宛平陳以忠知泰安
皆有實政及民而民思之華亭葛鈇任州同知廉而愛民卒
無以歛州民悲慟聞於臺省遣官護其喪歸北京錦衣衛高
嶼正德中知泰安時劇盜劉六劉七楊虎齊彥明等各有衆
數千所過殘破者十六七先是三月一日賊破泰安城縱火
州長貳以罪去四月嶼莅政於殘破之餘飭士卒設守禦士

城已圮倉卒修繕未完賊復奄至擁衆攻城嶼督兵臨禦有
驍賊號破城王率衆登城兵少卻嶼怒罵曰平時養爾輩何
爲予先死職引刀自剄衆抱持之願效死力鄧鳳等奮激賈
勇殺破城王餘醜怖懾乘勝擊走之八月賊至塹汶河嶼發
兵擊之追至玉兒莊斬首七十賊不敢復至嶼當寇至躬擐
甲冑裁決機宜籌畫若素定無疾言遽色賊退招流亡視民
如子民賴以生全嘉興戴經知泰安不攜妻孥武廟將南巡
倅貳請歛民以備經不可被劾左遷其莅郡時裝有二篋歸
亦如之無所加錢唐許應元知泰安以文雅飾吏事修泰山
書院諸生連舉科目有豪右不法賂顯官請託不聽竟杖殺

之曲沃常秉彝爲泰安訓導善課士寒畯婚嫁則賙之泰州
王棟師事陽明先生之門人王心齋爲泰安訓導惜諸生泥
於詞章出所著古大學解及一菴會語十二卷命諸生昕夕
體驗久之皆悅服邢臺侯師顏知泰安飲人以和斷獄有神
明之稱懷遠袁稽知泰安豪右屏跡審戶均田豪無漏隱郡
有孳養種馬四百匹民苦重累稽請於當道奏除之捐俸買
牛三百餘開荒田七十八頃剏立官莊數十所招撫流移一
千八百餘戶設法積貯其善政養民類如此萬歷間又有解
州劉從仁長治任宏烈杞縣侯應瑜皆知泰安有宦蹟天啟
三年聞香教賊據鄒滕應瑜偵之設方畧擒賊黨劉三才誅

之詳郡邑志惟湖州王蒙字叔明洪武初官泰安知州能詩文以岱宗密雪圖見稱亦足知其儁於爲政矣

凡此諸君或帥先以廉平或緣飾以儒雅或捍寇而除害或厚生以正德澤流汶泮庸勒嚴巒固遊覽者所樂道也

且夫嬴博岱汶之區古爭戰場也莊子云天子之劒以齊岱爲鍔戚繼光紀效新書云襟帶濟河控擁魏博舟車四達屹爲要津方輿紀要云泰安北阻泰山南臨汶水介齊魯之閒爲中樞之地山東形勝莫若泰山泰山之形勝萃於泰安由此縱横四出埽定三齊豈非建瓴之勢哉方今海宇清平深山窮谷無煩刁斗又何險之足云稽往籍所載爭據

征伐之事亦可以知天下之勢在德不在險也

春秋左傳桓三年公會齊侯于嬴哀十一年公會吳子伐齊克博及嬴十五年公孫宿以其兵甲入于嬴國語吳王使公孫苟去周曰遵汶伐博

史記漢三年韓信襲破齊田橫走博陽胡氏曰謂博縣之陽也漢書作田横走博又傅寬擊破齊歷下軍擊田解屬相國參殘博又灌嬰敗田横之師於嬴追横至博武帝天漢二年泰山琅邪羣盜徐勃等阻山攻城道路不通遣直指使者暴勝之等衣繡杖斧分部逐捕刺史郡守以下皆伏誅

後漢書陳俊討張步步結連太山羣盜與俊戰於嬴又赤眉渠帥樊崇保徂來山自號尤峽三老桓帝永興二年冬太山琅邪賊公孫舉等反叛殺長史永壽元年秋七月初置太山琅邪都尉官注引漢官儀云秦郡有尉一人典兵禁捕盜賊景帝更名都尉建武七年省惟邊郡往往置都尉今二郡盜賊不息故置二年秋七月太山賊公孫舉等寇青兗徐三州遣中郎將段熲討破斬之延熹三年九月太山琅邪賊勞丙等復叛寇掠百姓遣御史中丞趙某持節督州郡討之冬十一月太山賊叔孫無忌攻殺都尉侯章十二月遣中郎將宗資討破之八年夏五月罷太山都尉官獻帝初平二年冬十一月青州黄巾寇太山太山太守應劭擊破之

（明）汪子卿泰山志天勝寨在岳頂西南傲來山前可容萬人劉盆子赤眉所聚之地其後賊叔孫無忌亦據此上有招軍嶺張旗石碓磑之類

（國朝）顧炎武泰山都尉攷後漢書桓帝永興二年泰山琅邪賊公孫舉等反殺長史永壽元年七月初置泰山琅邪都尉官延熹五年八月己卯罷琅邪都尉官八年五月壬申罷泰山都尉官金石録載泰山都尉孔宙碑云宙以延熹四年卒蓋卒後四年官遂廢矣然泰山都尉實不始此光武時曾置之文苑傳夏恭光武時拜郎中再遷泰山都尉又案光武紀建武六年初罷郡國都尉官恭之遷蓋在

此年前也又云泰山自公孫舉東郭竇勞丙叔孫無忌相繼叛亂以是置都尉之官以後官雖不設而郡兵領於太守其力素厚故何進使府掾泰山王匡東發其郡強弩而應劭夏侯淵亦以之破黃巾可見漢代不廢郡兵之效而建安中曹公表曰泰山郡界曠遠舊多輕悍權時之宜可分五縣爲嬴郡則其時之習俗又可知矣

晉書元帝太興二年太山太守徐龕以郡叛降於石勒四年又率衆來降永昌元年石虎攻陷太山執守將徐龕穆帝升平三年泰山太守諸葛攸將水陸二萬擊燕入自石門屯于河渚孝武帝太元十一年太山太守張願叛以郡降于翟遼十五年劉牢之與張願戰于泰山王師敗績王通元經云劉牢之及翟釗戰于太山走之晉書又云苻堅將張遇遣兵擊破金鄉圍太山太守羊邁

通鑑張願屯祝阿之甕口慕容垂遣慕容德等擊之至斗城張願脫身保三布口燕人進軍至歷城案圖經三布口在肥城縣東與泰山相近

晉地理志云慕容德以兗州刺史鎮梁父載記燕元年德以慕容法爲兗州刺史鎮梁父太上二年慕容超遣王凝等攻法法奔魏

南燕錄慕容德建平四年妖賊王始聚衆於太山萊蕪谷自稱太平皇帝慕容鎮討斬之德遂北登社首又云太上二年超遣慕容凝韓範攻梁父凝謀殺韓範將襲廣固範知而攻之凝奔梁父範并其衆攻梁父克之凝自梁父奔姚興

通鑑宋泰始三年王整桓忻等守肥城魏慕容白曜拔無鹽將攻肥城司馬酈範曰肥城雖小攻之引日彼見無鹽之破飛書喻之不降即散矣白曜從之肥城果潰

隋書張須陁爲齊郡丞王薄聚衆寇掠須陁躡之及于岱山之下薄衆大潰

唐書黃巢陷京師王處存勤王舉義遷檢校司空復出兵三千屬大將張公慶會諸軍捕巢太山滅之又云中和四年巢

衆僅千人走保太山六月時溥遣將陳景瑜與尚讓追戰狼虎谷

續資治通鑑宋開寶二年帝征晉陽命密州防禦使馬仁瑀率衆巡邊明年羣盜周弼等起兗州詔仁瑀掩擊仁瑀領仗下十數人入泰山禽弼盡獲其黨

金史烏延胡里改哈蘭舊作曷懶路星顯水人也嘗討泰山羣盜平之毀其營柵又云崇慶元年泰安劉二祖兵起寇掠淄沂二州貞祐三年正月山東安撫使布薩安貞等討平之又云興定元年濟南泰安滕兗等州土賊並起侯摯遣棣州防禦使完顏霆率兵討之詔遣摯行省於河北摯言曰臣擬

駐兵於長清之靈巖寺有屋三百餘間且連泰安之天聖寨介於東平章都之間萬一兵來足相應援

元史石珪新泰人金貞祐南渡兵戈四起珪與滕陽陳敬宗聚兵山東破張都統李霸王兵於龜蒙山方輿紀要云元初泰安張汝楫據靈巖以拒蒙古之兵縣志嚴謹率鄉民守徂徠之天平砦黃山羣盜來攻謹討而殲之充山東招撫守傲來天勝砦爲宋于江所攻迄明季鼎革前後二十餘年寇盜充斥遂爲巖疆我

朝廓清以來休養生息百有餘年措天下於泰山之安俗所稱泰安神州者蓋至今日而始見矣

國朝王度僞官據城記明闖賊李自成陷燕京明亡僭稱大順永昌元年知州朱萬欽封印官庫遠歸去四月初僞知州史可保至士民伏道遠迎越數日僞防禦使至牌示道前大書軍至軍妻軍去民妻八字州人大懼繼而檄州逮大行樸庵趙公等下獄將以新作非刑拷餉僞知州未可但羈縻州庫中尋釋還家俾各輸餉原任遊擊高桂鄉民許來春糾搶手百餘人伏南城外平旦奪門突入僞署高桂當先眾吶喊齊進僞防禦驚避刺中其臂并其黨數十人執赴遙參亭前聲其罪而斬之從者皆誅僞知州俯伏待罪紳士釋之次日有郭僞將自南而北聞僞防禦見誅攻陷州城布衣馮魁軒聚其妻及子女於一室闔家自焚死賊肆行殺戮死者不知其數許來春碎屍尤慘遊擊高桂死之復執趙蕭二公俘獻趙忠貞自矢引刀自刎血沾背守者奪其刃終不屈蕭亦大苦縲絏及聞闖賊兵敗西歸乃克生還先是余在京師三月十八日寇陷京城五月初旬

大清定鼎闖賊西遁僞知州史可保竄去過肥城爲土兵所殺余始南歸以前事訪於樸菴趙公公云甲申之禍四月二十九日是役也始於防禦使藉名捐助酷烈百端人人飲恨未及發也高桂武弁素負血性於此賊遂甘心焉

又恐發難後悔懼禍潛逃遂多方慰之相與共守南門蕭啟濬則分汛西門者分派甫畢賊郭昇自兗州府而北矣次日有數十騎至南關居人韓宏教等爭殺之未幾大隊至約三千餘騎四面環攻未破高桂已射傷城頭自巳至申賊爲飛礮矢石所中者約五百餘人方議撤圍去俄而城內譁遂失守時罵賊死於城頭者舉人徐栴也生員與賊巷戰爲羣賊射殺者王德昌也引頸就戮者房伯龍黃應瑞劉孔訓蕭獻吉也三日與賊怒相爭分辯是非死者楊應薦胡會隆也是日弟聖文猶多方駕馭羣賊始知原任治中蕭協中暨生員國鉉以投井死至初四日余與聖

文械繫而東聖文乃罵不絕口至舂牛廟以東遂遇害其
不見者不敢列焉蓋當日情景如此遂爲之記
王度歷年城守記城者禦暴保民之所乃鈞是城也樂毅
下齊七十餘城而彈丸卽墨乃能轉敗爲功唐安祿山之
亂大河以北無堅城而顏眞卿乃能以平原一隅扼其吭
守之義大矣哉泰安依岱作城巖險素著自故明正德辛
未流寇劉六等殘破之後鈴柝不事者百有餘歲逮崇禎
末饑饉薦臻盜賊蠭起至辛巳彌甚三月土寇閻松亭糾
衆數千攻城越三日弗克四月史東明以衆十餘萬分立
營寨四面環攻守道左珮弦暨鄉紳士民堅守十晝夜各

關廂分遣鄉勇殺賊甚衆馳檄總鎮劉澤清援兵至乃解
圍去先是儞鄉民有膽力者寵以事權分汎防禦名曰義
勇若輩狼子野心貪橫無忌十月內田得茂等二十餘人
自城叛出號召伏莽萬餘攻東門將陷韓守備兵至擊走
之猶勝國事也歲甲申
大清定鼎山左首入版圖威靈覃敷守土者怠於設備順
治四年十二月內警報狎至知州宋誌猶延賓夜飲馬賊
勝天鳳等百餘騎三鼓至城下架雲梯自東北隅登大開
東門率衆入州衙殺其賓於當筵宋亦面中刀傷遂肆行
殺戮百有餘人前博平教諭徐來聘被執不屈遂遇害賊

直入囹圄取其家口放獄囚劫倉庫掠民財焚公堂及民
房百有餘閒達旦飽颺而去莫知其向逾歲戊子十月土
寇孫玉吾窺城北郊無人率衆數千攻時知州周承吉公
出州人倉皇守禦賊箭如雨發城將陷適余長子無欲甫
領鄉薦先一日自省歸聞急登城當先力禦手執大石拋
擊當者立仆又用火礮燒死賊數十人奪雲梯十二架賊
乃知夜遁去鼎革前後二十年閒被寇者凡六次而城之
失守實緣與守者之輕忽非賊寇之强有力而衆之難爲
守也至闖寇郭僞弁之變其禍甚大其事更慘余於僞官
據城紀事中詳厥顛末茲不復述云

由此觀之左氏所謂四嶽爲九州之險此其尤鉅者矣長民
者修其政德以靖兵刑而後名山大川敦龐純固之風愈積
而愈厚風俗通載河南尹太山羊翩祖在家平原相封子衡
葬母子衡故臨太山數十日時翩祖去河南矣子衡四從子
曼慈復爲太山士大夫用此行者數百人皆齊衰絰帶時與
太尉府自劾歸家故侍御史胡母季皮獨過相候求欲作衰
謂君不爲子衡作吏何制服曰衆人若此不可獨否又謂足
下徑行自可今反相歷令子失禮僕豫從古者弔服可依其
制因爲裁縞冠幘袍單衣定大爲同作所非然潁川有識陳
元方韓元長綦毋廣明咸嘉是焉謹案禮爲舊君齊衰三月

謂策名委質爲臣使者也子衡臨郡日淺無他功惠又非其身嗣祖位則亞卿雅有令稱義當綱紀人倫爲之節文而首倡導犯禮違制使東嶽一郡矇矇焉豈不慤哉由成人失兄子梟爲之衰雖失於子衡歸於曼慈者矣蒙案此一節雖行禮而過亦足見岱郡禮俗之厚未可厚非也

論曰戴記孔子過泰山側有婦人哭於墓者而哀孔子式而聽之使子路問之曰子之哭也壹似重有憂者而曰然昔者吾舅死於虎吾夫又死焉今吾子又死焉曰何爲不去也曰無苛政孔子曰小子識之苛政猛於虎也詩曰節彼南山維石巖巖赫赫師尹民具爾瞻位居岳牧者瞻巖巖以瞻民爲

山之麟無爲山之虎其廣生徧雨之功不且與山齊量哉

岱覽卷第二十八終

岱覽卷第二十九

泰山書院院長陶山唐仲冕六幕輯

博覽二卷二十九

文獻聖賢　經學　名臣　理學　隱逸　僑寓　仙釋　記志　圖畫　總論

金篋玉策赤文綠字與日月煙霞崖花澗草相掩映泰山之文也皇古以來七十二代神聖接踵而至泰山之獻也然荒遠難稽學者疑焉夫登高作賦可以爲大夫未足以言文獻也天降時雨山川出雲維嶽降神生甫及申文獻之崛起於當時而昭垂於後世者豈偶然哉山東通志云泰山之脈與

濟水相應濟自西南來至曹郡之雙河口分南北流南流由江南安東縣入海北流由東省利津縣入海泰山從丹崖起脈蜿蜒西南而行左右壘衛會於金鄉魚臺之間齊魯諸山無一非南北濟之所包裹濟流順趨岱脈逆迴山澤通氣陰陽互根以之保合太和發育萬物帝出乎震是豈羣嶽之所得而躋焉者哉夫其扶輿磅礴鬱積之氣感而發之於人亦必非大賢以下之所克當也嘗攷泰山左衞自蒙山分支而西南連岡通阜入泗水縣爲陪尾西入曲阜爲防山西南入鄒縣爲尼山昌平山嶧山其自新泰龜山西南入寧陽縣者又南爲九僊山則聖林之所憑矣麐紱肇祥經天緯地羣賢

景從牛毓龜蒙凫繹閒岱靈所鍾大文彌耀高山仰止景行
行止非至聖其孰能當之
列子云孔子遊於泰山見榮啟期行年九十鹿裘帶索鼓琴
而歌問曰先生所以爲樂者何也對曰吾樂甚多天生萬物
惟人爲貴吾得爲人一樂也男尊女卑吾得爲男二樂也人
生有不見日月不免襁褓者吾既行年九十矣是三樂也貧
者士之常死者人之終處常得終尚何憂哉孔子曰善乎能
自寬者也
北周庾信榮期三樂贊榮期三樂惟人與年夫子相遇郎
以爲賢性靈造化風雲自然雅琴雖古獨有鳴弦

唐吳筠高士詠榮期信知止帶索無所求外物非我尙琴
歌自優游三樂通至道一言醉尼邱居常以待終嘯傲夫
何憂
孔叢子云哀公使以幣如衛迎孔子而不能賞孔子作邱陵
歌一作邱公陵歌琴操云季桓子受齊女樂孔子欲諫不得
退而望魯龜山作龜山操以喻季氏之蔽魯也及其疾且卒
也歌曰泰山其頹乎子貢聞之則曰吾將安仰聖人固千古
之泰岱也
琴操又云曾子耕泰山下天雨雪凍旬日不得歸思其父母
作梁山吟聖蹟賢踪遺文逸義猶令人讀而思思而戚且泣

也其後孟子生母夢神人自泰山來止於嶧毋凝視久之忽
片雲墜而寤時閭巷皆見五色雲覆孟氏之居詳見三遷志
謚信巖巖氣象實青岳所孕毓矣
說者曰山之落脈長結體峻則其搏聚必遠發越始盛故岱
誠鍾靈聖喆然皆在百里已外而岱下虛無人焉是亦不然
其前乎孔子者爲柳下惠魯公族展氏名獲字季禽食邑柳
下謚惠春秋左傳曰齊孝公伐我北鄙公使展喜犒師使受
命於展禽呂氏春秋曰齊攻魯求岑鼎魯君載他鼎以往齊
侯弗信而反之爲非使人告魯侯曰柳下季以爲是請因受
之魯君請柳下季答曰君之賂以欲岑鼎也以免國也臣亦

有國於此破臣之國以免君之國此臣之所難也於是魯君
乃以眞岑鼎往春秋繁露曰昔者魯君問於柳下惠曰我欲
攻齊何如柳下惠對曰不可退而有憂色曰吾聞之也謀伐
國者不問於仁人也此何爲至於我符子曰鄭人謂展禽曰
魯聘夫子夫子三黜無憂何也禽曰春風鼓百草敷蔚吾不
知其茂秋霜降百草零落吾不知其枯枯茂非四時之悲欣
榮辱豈吾心之憂喜列女傳曰柳下既死門人將誄之妻曰
將誄夫子之德邪則二三子不如妾知之也乃誄曰夫子之
不伐兮夫子之不謁兮夫子之信誠而與人無害兮屈柔從
容不彊察兮蒙耻救民德彌大兮雖遇三黜終不蔽兮愷悌

君子永能厲兮嗟呼惜哉乃下世兮庶幾遐年今遂逝兮嗚呼哀哉魂神泄兮夫子之謚宜爲惠兮門人從之以爲誄舊泰安州志云柳下卽治東南柳里郵有墓在焉其高如陵戰國策云秦伐齊令有敢去柳下季壟五十步而樵採者死無赦卽此冢墓在汶河北郭家莊西北一里方形共四十步墓中高連頂六步距墓六里爲汶南西柳莊有和聖祠碑曰和聖故里一曰柳下書堂祠南一里有和聖橋墓西南十八里有展氏先塋

（元）展氏先塋碑文曰展氏先塋之記●濟南路錄事司儒學教諭鹿思固撰●夫展氏魯大夫無駭之後春秋隱公八年□□□請謚與族族氏□也公以無駭出於公子展遂命爲展氏禮法諸侯以字故也公子展旺逮其遠裔也世居魯地徂徠之陽汶水之陰曰王家莊枝蔓派分世革時異力田爲業世數顯跡自高祖以上不能道曾祖諱開曾祖妣封氏孫氏三子長曰泰配寇氏次曰海配田氏次曰聚娶孟氏女五人長適管軍百戶時公次適賈文卿泰卽公之攷也性剛勇有膽畧束髮從軍爲千夫長天保時侯□將適天兵取宋隨侯攻擊襄樊眠食坐作左右恒在以牌相屬甚見親信蓋亦忠勤所致也屢權其職享年七十八歲某年某月某日以疾卒於缺泰配寇氏先卒二子長曰興配楊氏男三子女三人長世忠娶薛氏次世明娶張氏次世和娶楊氏長適徐辛次適楊四次適薛三次卽公也女四人長適柴城李溫次適趙進次適劉三次適張全質純性孝治家勤儉親生則盡其敬養終則盡其哀感晨昏啟覲醮祭追思某年某月某日將二親藁殯合葬於先□□域躬負土爲墳臺而高之手胼肩赬驢虞也或有憐而助其力者不聽輒其膚顚屋而櫌焉非爲故勤於□乃盡其孝心而已嗟夫後世不爲溝渠道路所侵權豪勢力所奪者於此見矣其慮深長甚有理旺配□氏□子名世賢孝友儉勤宛有父風娶王氏女三人長適力里李忠

次適延東裴湜三適本郵朱提於某年某月某日四十三而卒繼室鮑氏一子名世英娶封氏女一人招配王整公懲居田畝不讀書祖宗世數不能知名諱不能記子孫賢否豈能必慮恐將來亦猶今日也臺墳垂成礱石以記之庶或傳遠俾後世子孫識而不忘子適送弟贅于朱氏介前來屬予美其雖居田畝不□□能盡養生送死之道又垂範於其子孫能子能父誠可嘉尚敬爲之書公年六十有五矣○延祐五年九月日嗣子展旺立清亭李克公書丹題額清亭石匠李克公高世在刊○右碑高四尺八寸廣二尺一寸文二十行行四十一字眞書碑陰書展氏

宗派字模糊不可辨僅有嗣子展旺四字可識

〔明〕蕭協中柳下惠墓薄宦甘三黜高名百世芳佳城何處是零落野煙荒蘊藻徵者碩褒崇缺典章會須有優孟和聖德難忘

其爲孔子弟子者有若魯人少孔子十三歲孔子既沒弟子思慕有若狀似孔子弟子相與竝立爲師師之如夫子時也唐贈卞伯宋追封平陰侯墓在肥城乾隆五十年得宋時墓碣五十三年始以肥城七十二代孫有守業爲五經博士承襲肥城故平陰境宋之封爵皆昔賢所生之地

公肩定字子中魯人春秋繁露云仲尼之作春秋也子貢閔子公肩子言其切而爲國家資也唐贈新田伯宋追封梁父侯

林放字子邱魯人故里在今泰安縣東南放城集語詳附覽一

〔宋〕〔眞宗〕〔先〕賢林放贊子邱明哲道洽素風問禮之本爲儒所宗東岳稱美長山表封云亭告畢慶澤薦隆

〔高宗〕〔先〕賢林放贊禮之有本子能啟問大哉斯言光昭明訓德輝泰山誕祭莫奮崇兹祀典盍云令聞

漢世傳經見於漢書者有毛莫如字少路官常山太守受田王孫易於琅琊魯伯栗豐官刺史自韓生嬰以詩授受四傳至豐冥都官丞相史初胡毋生治公羊春秋授東平嬴公嬴授貢禹禹授堂谿惠惠授都都復與琅琊筦路同受學於顏安樂名爲筦冥之學毛栗冥皆泰山人也

其以節行著者風俗通云吳文章泰山人陳留太守少孤遭亂與兄伯武相失別二十年後會下邳市爭計共鬬伯武毆之文章欲報心惻愴手不能舉投杖於地觀者咸唾笑還相問乃眞兄弟也漢書王章字仲卿泰山鉅平人官京兆尹以剛直爲王鳳所陷後漢書羊陟字嗣祖泰山梁父人清直有學行拜河南尹豪右憚之羊續字興祖泰山平陽人以忠臣子孫拜郎中四遷爲廬江太守破黄巾賊後爲南陽太守擊

叛者趙慈斬之班宣政令候民病利百姓歡服府丞獻生魚受而懸於庭靈帝欲以爲太尉不輸東園禮錢乃徵爲太常未及行卒敕太山守賻其家王匡字公節泰山人以任俠爲河内太守罹董卓之難

漢名士錄云胡母班字季友泰山人名在八廚謝承書云班王匡之妹夫匡受袁紹旨收班繫獄欲殺以徇軍班與匡書畧曰足下拘僕於獄欲以釁鼓此何悖暴無道之甚者也僕與董卓何親戚義豈同惡足下張虎狼之口吐長蛇之毒恚卓遷怒何其酷哉死者人之所難然耻爲狂夫所害若亡者有靈當訴足下於皇天夫婚姻者禍福之幾今日著矣曩爲

一體今爲血讐亡人二女則君之甥身歿之後愼勿合見尸骸匡得書抱班二子哭班遂死於獄

魏鮑信泰山平陽人子勛字叔業皆以廉儉死節高堂隆字升平泰山平陽人高堂生後泰山太守薛悌命爲督郵郡督軍與悌爭論名悌而呵之隆案劍叱曰昔魯定見侮仲尼歷階趙彈秦筝相如進缶臨臣名君義之所討也督軍失色悌驚起止之後仕魏爲散騎常侍賜爵關內侯青龍中大治殿舍及崇華殿災星孛淫雨之變隆皆據引經典上疏切諫遷光祿勳與撰封禪禮儀未成而卒臧霸字宣高泰山華人少救父亡命東海以勇壯聞後討黃巾戰孫權累立功封良成侯孫觀字仲臺泰山人與臧霸俱起平羣盜以功封呂都亭侯

晉羊祜字叔子續之孫九世以清德聞武帝受禪以鉅平子進爵爲侯都督荊州諸軍事官終征南大將軍開府儀同三司卒襄陽百姓於峴山建碑望之流涕因名曰墮淚碑胡母輔之字彥國泰山奉高人高祖班漢執金吾父原練習兵馬山濤舉爲太尉長史輔之少擅高名有知人鑒性嗜酒後節酒自勵甚有能名元帝時揚武將軍湘州刺史假節到州羊琇字稚舒官至中護軍散騎常侍羊曼字延祖加前將軍死蘇峻之難羊鑒字景明討蘇峻有功封豐城縣侯羊曇亦知名士皆祜族也

晉書羊祜傳贊史臣曰泰始之際神祇呈貺羊公起平吳之策其見天地之心焉昔齊有黔夫燕人祭北門之鬼趙有李牧秦王罷東幷之勢桑枝不競瓜潤空慚垂大信於南服傾吳人於漢渚江衢如砥襁袂同歸而在乎成功弗居幅巾窮巷落落焉其有風飈者也

六朝時宋有羊欣字敬元泰山南城人工書官除中散大夫羊元保亦南城人善奕補宣城太守廉素寡欲頻授名郡終散騎常侍特進羊璿之字曜璠泰山人終臨川內史程邕之泰山人素依邊榮榮爲張敬兒所執邕之與之同死人稱義士

北魏羊祉字靈祐泰山鉅平人琇六世孫襲爵鉅平子後爲光祿大夫加平北將軍羊深字文淵祉第二子以忠烈著爲齊州刺史爲東魏軍所破死之羊靈引祉弟死京兆王愉之難子敦字元禮爲廣平太守清儉有能名劉業與泰山人四世同居

梁羊侃字祖忻泰山梁父人隨父祉在魏以平羌功遣使持節征東大將軍東道行臺領太山太守進爵鉅平侯因其父有南歸之志至建業授徐州刺史封高昌縣侯後拒侯景加侍中軍師將軍子鵾字子鵬誅侯景封昌國縣公後使持節

信武將軍東晉州刺史卒爲侯瑱所害羊鴉仁字孝穆泰山鉅平人自魏歸國封廣晉縣侯爲侯景所敗晉之三年出奔江陵遇害史臣曰羊侃臨危不撓鴉仁守義隕命可謂志等松筠心均鐵石

北齊羊烈字信卿泰山鉅平人祉弟㙛字靈珍之子爲平陽太守有能名蝗不入境除驃騎將軍義州刺史尋以老疾還鄉弟修官尚書左丞泰山羊氏爲甲族今新泰縣有羊流店爲羊叔子故里至唐有羊士諤泰山梁父人以監察御史論李吉甫出爲資州刺史有詩集行於世士諤以後無聞焉

岱山形勢巀嶭漢晉以來文章氣節功名之士可謂多矣惟隋姚義師事文中子篤信好義不忍捨道而干祿文中子曰確哉義也難進而易退庶幾能行古之道者歟

其後孟子數百年而崛然有志學聖人之道者爲宋徂來先生石介時祟尚浮屠氏朝臣多選輭學士生儒爲文章俳比聲律相習成風先生以道自任與世齟齬窮且死不悔著易解五卷易經口義十卷先朝政範一卷唐鑑一卷徂徠集二十卷歐陽文忠銘之備矣語具徂徠附覽中

〔宋〕歐陽修〔讀徂徠集〕徂徠東魯山石子居山阿魯人之所瞻子與山嵯峩今子其死矣東山復誰過精魄已埋沒文章豈能磨壽命雖不長所得固已多舊稾偶自錄滄溟之一贏其餘誰付與散失存幾何存之警後世古鑑照妖魔子生誠多難憂患靡不羅宦學三十年六經老研摩問胡所專心仁義邱與軻楊雄韓愈氏此外豈知他尤勇攻佛老奮筆如揮戈不量敵衆寡膽大身么麽往年遭母喪泣血走岷峨垢面跣雙足鋤犂事田坡至今鄉里化孝悌勤蠶禾昨者來太學青衫踏朝靴陳詩頌聖德厥聲續猗那羔雁聘黃晞晞驚走鄰家施爲可怪駭世俗安委蛇謗口由此起中之若飛梭上賴天子明不挂網者羅憶在太學年大雪如翻波生徒日盈門饑坐列雁鵝絃誦聒鄰里唐虞賡詠謌常續最高弟騫游各名科豈止學者師謂宜國

之皤夭壽反仁鄙誰尸此偏頗不知詉詉者又忍加詆訶聖賢要久遠毀譽暫諠譁生爲舉世疾死也魯人嗟作詩遺魯社祠子以爲歌〔重讀徂徠集〕我欲哭石子夜開徂徠編開編未及讀涕泗已連漣勉進三四章收淚輒忻懽切切善惡戒丁寧仁義言如聞子談論疑子立我前乃知長在世謂已沈重泉昔也人事乖相從常苦艱今而每思子開卷子在顏我欲貴子文刻以金玉聯金可爍而銷玉可碎非堅不若書以紙六經皆紙傳但當書百本傳百以爲千或落于四夷或藏在深山待彼謗焰熄放此光芒懸人生一世中長短無百年無窮在其後萬事在其先得長

多幾何得短未足憐惟彼不可朽名聲文行然讒誣不須辨亦止百年間百年後來者憎愛不相緣公議然後出自然見媸妍孔孟困一生毀逐遭百端後世苟不公至今無聖賢所以忠義士恃此死不難當子病方革謗辭正騰喧衆人皆欲殺聖主獨保全己埋猶不信僅免斲其棺此事古未有每思輒長嘆我欲犯衆怒爲子記此冤下紓冥冥忿仰叫昭昭天書於蒼翠石立彼崔嵬巔詢求子世家恨子兒女頑經歲不見報有辭未能詮忽開子遺文使我心已寬子道自能久吾言豈須鐫

〔國朝〕徐肇顯刻徂徠先生集序　余少時閱盧陵集至奉符

石先生墓誌稱其學篤志大憂思深遠指切當世賢愚善惡無所諱忌竊慨然慕其爲人思讀其遺書而不可得既而筮仕中州踰十數載而遷牧奉符始獲攜屐徂徠訪先生之故阯憑而弔之繼又遇其十九代孫維嚴來謁出所藏舊集兩卷示予予觀其文慷慨激直理達氣充以仁義忠信自勉即以仁義忠信勉人雖其功不見於世而擇之既精語之復詳所爲立德立言卓乎無愧者也予既喜是集之獲心而又惜其湮沒不彰無壽之梨棗者因命長子祖望攷校次弟正其魯魚亥豕之譌錽而存之以示來學余思先生當五季紛爭聖道榛蕪之後獨能尋墜緒闢異

端以聖賢爲可學而至志不在子輿氏下矣乃言不諧俗行思矯世一時衆口嫉善謠詠其後視之如寇仇棄之如土梗進不容其列於朝退不容其息於野生不容其達於時死不容其安於土雖以杜韓歐陽諸君子力爲推刻而卒抑鬱以終其身何其甚也然而公論在人歷久自定謗焰蔽天忽與螢火俱滅七百年來自學士大夫以至田夫野老莫不挹其風傳其姓氏津津齒頰欲使之齊泰嶽而光日月此固權貴之所不能抑好事之所不能誣僉夫宵小之所不能媒蘖而中傷之者也嗟夫存或抑之歿或揚之道或晦之言或彰之後之覽斯集者其亦可以慨然而

興矣

〔石鍵〕刻徂徠先生全集序　士生於鄉而道德足以振一時之風化文章足以關一世之運會雖功業未[illegible]建豎而行方學正使天下仰如泰山喬岳祥麟威鳳至於指其所居之山川爵里以爲號而不敢斥其名傳之數百世後皆尊信無異辭此子輿氏所謂浩然之氣塞天地配道義終古而不毀者也豈一時名位之崇卑所得榮辱顯晦者哉徂徠先生當宋仁廟閒正君子小人互爲消長之時挺然以斯道爲己任師事孫明復先生受經侍立執弟子禮維謹一時魯人駸駸然知師儒德義之尊者先生風化之力爲

多至作爲文章皇皇炎炎尊孔孟闢異端闡仁義明目張膽掉臂游行於范韓富歐之間爲濂洛關閩諸儒嚆矢而慶歷一詩分別忠佞指斥當時判若黑白幾貽身後之禍其功何其偉其識何其精其氣何其壯與迄今誦其詩讀其書灝灝落落如黃河之發源崐崘而一瀉千里也煇煇燿燿如三辰列宿經緯四維而光景常新也其憂時憫俗扶世敎正人心勤勤懇懇之懷如君臣師友謨誥訓誡於一堂而不憚其丁寧反覆也非秉天地之正氣卓然自命爲聖賢之徒者烏克臻此哉鍵忝爲先生宗裔來守是邦登堂瞻象慨焉景慕未幾先生十九世奉祀孫維巖捧前守徐公所刻徂徠詩文二冊進見且言有全集二十卷得之漁洋書庫者徐公方謀剞劂會內遷遂不果予亟索觀較徐刻數倍之眞可覩先生之全而發先生之光矣因割俸授梓以廣其傳且進維巖而告之曰嗚呼賢愚無兩心古今無二道時不同而地同人不同而理同方先生師明復時孫爲布衣先生爲進士退然俯首下之不爲屈此豈有勢位名爵在其意中哉望道之念切而外有所忘也乃當時之人亦皆不以爲妄而愚者化其梗賢者致其誠此秉彝之所同觸之而易動感之而卽應者也由斯以觀先生自處於善卽與人以善豈非成己成物之功哉今之爲

士者甫採一芹卽傲然自足謂世無孔子不當在弟子之列及攷其言行不齒於鄉黨宗族者比比是也人遂以爲士虛聲無實甚且賤而惡之此固兩失之道亦士不自克爲善有以招致之也今子爲先生嫡裔而余爲茲土司牧願以先生爲法交勉其難使天下之讀斯集者不致議我兩人爲僅能刻先生之集者斯幸矣因不辭僭踰而爲之序

四庫全書總目 徂徠集二十卷 宋石介撰介字守道兗州奉符人天聖八年進士及第初授嘉州判官後以直集賢院出通判濮州事跡具宋史本傳初介嘗躬耕徂徠山下人以徂徠先生稱之因以名集介深惡五季以後文格卑靡故集中極推柳開之功而復作怪說以排楊億其文章宗旨可以想見雖主持太過抑揚皆不得其平要亦戛然自爲者王士禎池北偶談稱其倔強勁質有唐人風較勝柳穆二家而終未脫草昧之氣亦篤論也歐陽修作介墓誌稱所爲文章曰某集者若干卷又曰某集者若干卷凡重言之似原集當分爲二部此本統名徂徠集殆後人所合編歟第四卷內寄元均叔仁讀易堂永軒暫憩四詩有錄無書則傳寫脫佚亦非盡其舊矣介傳孫復之學毅然以天下是非爲已任然客氣太深名心太重不免流於詭

激王偁東都事畧記仁宗時罷呂夷簡夏竦而進章得象晏殊賈昌朝杜衍范仲淹韓琦富弼王素歐陽修余靖諸人介時爲國子直講因作慶歷聖德詩以褒貶忠佞其詩今載集中蓋仿韓愈元和聖德詩體然唐憲宗削平淮蔡功在社稷愈仿雅頌以紀功是其職也至於賢姦黜陟權在朝廷非儒官所應議且其人見在非蓋棺論定之時迹涉嫌疑尤不當播諸簡牘以分恩怨厥後歐陽修司馬光朋黨之禍屢興蘇軾黃庭堅文字之獄迭起實介有以先導其波又若太學諸生挾持朝局北宋之末或至於臠割中使南宋之末或至於驅逐宰執由來者漸亦介有以倡

之史稱孫復見詩有子禍始此之語是猶爲一人言之未及慮其大且遠者也雖當時以此詩得名而其事實不可以訓故仍舊本存之而附論其失如右

當是時師道廢經學蕪雜徂徠先生出泰山先生孫復自晉州平陽來安定先生胡瑗自泰州如皋來相與師友切劘極一時之盛復字明復舉進士不第退居泰山學春秋著尊王發微十二卷春秋總論三卷徂徠師事之爲執杖屨侍左右既爲學官薦之於朝官歷國子監直講邇英殿說書終殿中丞著睢陽子集十卷今雜文十九篇詩三篇聶鈫梓行之瑗字翼之在太學講經義頗與明復不合瑗治經不如明復而教育諸生過之歐陽文忠稱其爲法嚴而信爲教久而遵故岱人念三先生之教澤至今尸祝俎豆之勿衰

〔宋〕石介〈贈孫先生詩〉世無伯樂不識馬眼看騏驥如駑駘先生今年四十四才似皋夔胡爲哉泰山山下水照石溪聲濺濺白雲堆我居其間構茅屋先生先生歸去來

〈南山篇贈孫先生詩〉我來南山興感悲萬物紜紜宰者誰衆材叢昇無奇姿直輮曲輪皆所宜大木磊磊節幹奇撐巖拄谷無處施我願天子修明堂坐朝諸侯會四夷柱要十圍棟百尺日責匠石捘訪之千人用斧萬人拽大根斫斷山崩欹五州追牛十縣丁載送上都天子怡般輸駭汗工

倕走有目未省會覷鏡黃帝合宮堯衢室周制九筵虞總期聽政朝夕有攸處闔門左右咸以時天子拱手四輔立坐致四海爲雍熙不用直棄用卽大短輮曲輪爾胡爲

〔梅聖俞〕〈哭孫明復詩〉舊業居東岱中年謁紫庭要途無往跡至死守殘經

〔宋〕歐陽修〈國子監直講青州千乘縣主簿孫復可大理評事制〉勑具官孫復昔聖人之作春秋也患乎空文之不足爲故著之於行事以爲萬世之法然學而執其經者豈可徒誦其言哉惟爾復行足以爲人師學足以明人性不徒誦其說而必欲施於事吾將見吾國子蔚然而有成宜有

嘉褒以爲學者之寵可〔孫復可祕書省校書郎國子監
直講制朕勤治體喜賢俊嘗慮四方遺逸之善有不吾聞
者間屬近列屢騰薦章以爾孫復深經術茂德行躬耕田
畝以給歲時東州士人皆師尊之吾命汝校文於書省講
藝於胄序不由鄉舉不俟科選汝姑直屛雜說純道粹經
使搢紳子弟聞仁義忠孝之樂此吾所以待汝意往欽哉
可〔舉張問孫復狀〕右臣伏覩赦書節文一應天下隱逸
之士或淹下位或滯草萊委逐處具事由聞奏臣觀國家
居安思危搜羅賢俊以充庶位使民受賜此安邦之正體
也臣竊見試將作監主簿張問文學履行有名於時前應

茂材異等科再攷中式以父喪不得就試近上封事始霑
國恩職不稱才衆知沈落臣又見兗州仙源縣寄居孫復
元是開封府進士曾到御前素負詞業經術今退隱太山
著書不仕心通聖奧跡在窮谷伏望朝廷依赦文採擢張
問乞除一陝西藩鎮職事官孫復乞賜召試特加甄奬庶
幾聖朝渙汗被於幽滯
〔宋魏安行春秋尊王發微後序〕六經皆先聖筆削而志獨
在於春秋者賞善罰惡尊天子而已矣柰何傳注愈多而
聖人之意愈不明平陽孫明復先生奧學遠識屛置百家
自得褒貶之意立爲訓傳名曰尊王發微其辭簡其義明

惜流傳既久訛舛益多安行假守滁陽公餘獲與同僚校
讎正謬誤凡一百一十九釋文二百一十四命工鏤版以
授學官若先生操履學問則有范文正公薦章歐陽文忠
公墓誌銘載之詳矣此不復敘紹興辛未五月日鄱陽魏
安行書於卷末
〔國朝納喇性德〕孫太山春秋尊王發微序宋晉州孫明復
先生慶歷間隱居太山學春秋著尊王發微十二篇以教
授弟子范文正富文忠兩公言先生道德經術宜在朝廷
召拜校書郎國子監直講後官至殿中丞而卒方先生臥
病時天子從韓忠獻之言命其門人祖無擇就家錄其書

藏於祕閣案唐以前諸爲春秋說者多本三傳至陸淳始
別出新義柳子厚所謂明章大中登露公器者也先生之
書因淳意而多與先儒異故當時楊安國謂其說戾先儒
而常秩亦言其失之刻石林葉氏謂其不達經例又不深
禮學議者殊紛紜雖然羣言異同必質諸大儒而論定歐
陽子言先生治春秋不惑傳註不爲曲說以亂經其言簡
易於諸侯大夫功罪以攷時之盛衰而推見王道之治亂
得經之義爲多而朱子亦謂近時言春秋者如陸淳孫明
復推言治道凜凜可畏終是得聖人意繹二子之言以讀
先生是書則春秋大義諸家所不及者先生獨得之又豈

可以說之異同而妄議之也哉

四庫全書總目春秋尊王發微十二卷宋孫復撰復字明復平陽人事蹟詳宋史儒林傳案李燾續通鑑長編曰中丞國子監直講孫復治春秋不惑傳注其言簡易得經之本義既被疾樞密使韓琦言於上選書史給紙札命其門人祖無擇即復家錄之得書十五卷藏祕閣然此書實十二卷攷中興書目別有復春秋總論三卷蓋合之共爲十五卷爾今總論已佚惟此書尚存復之論上祖陸淳而下開胡安國謂春秋有貶無褒大抵以深刻爲主晁公武讀書志載常秩之言曰明復爲春秋猶商鞅之法棄灰於道者有刑步過六尺者有誅蓋篤論也而宋代諸儒喜爲苛議顧相與推之沿波不返遂使孔庭筆削變爲羅織之經夫知春秋者莫如孟子不過曰春秋成而亂臣賊子懼耳使二百四十年中無人非亂臣賊子則復之說當矣如不盡亂臣賊子則聖人亦必有所節取亦何至由天王以及諸侯大夫無一人一事不加誅絕者乎過於深求而反失春秋之本旨者實自復始雖其閒辨名分別嫌疑於興亡治亂之機亦時有所發明統而核之究所謂功不補患者也以後來說春秋者深文鍛鍊之學大抵用此書爲根柢故特錄存之以著履霜之漸而具論其得失如右程端學

稱其尊王發微總論二書外又有三傳辨失解朱彝尊經義攷因之然其書史不著錄諸儒亦罕所稱引攷宋史藝文志及中興書目均有王日休所撰春秋孫復解三傳辨失四卷或即日休之書端學誤以爲復作歟然則是駁復之書非復所撰也

孫明復小集一卷宋孫復撰復有春秋尊王發微已著錄案文獻通攷孫復睢陽子集十卷宋史藝文志亦同此本出自泰安趙國麟家僅文十九篇詩三篇附以歐陽修所作墓誌一篇蓋從宋文鑑宋文選諸書鈔撮而成十不存一然復集久佚得此猶見其梗概蘇轍歐陽修墓碑載修謂於文得尹師魯孫明復而意猶不足蓋宋初承五代之弊文體卑靡穆修柳開始追古格復與尹洙繼之風氣初開菁華未盛故修之言云爾然復之文根柢經術謹嚴峭潔卓然爲儒者之言與歐蘇曾王千變萬化務極文章之能事者又別爲一格修之所言似未可概執也至於揚雄過爲溢美謂其太元之作非以準易乃以嫉莽則白圭之玷亦不必爲復諱矣

及泰山徂徠之門者張續李常姜潛杜默其尤也續字禹功常字遵道皆濮人徂徠先生嘗曰禹功藏用於神得天下之幾遵道直道而行明天下之治幾近易治近春秋潛字至之從孫復學春秋嘗爲國子監直講神宗訪以治道對曰有堯

舜二典在顧陛下致之之道何如耳餘竝詳徂徠附覽中默字師雄詩文踔厲英發有集一卷二子俱奉符人也

〔宋〕石介〔三豪詩〕曼卿豪於詩社壇高數層永叔豪於辭舉世絕儔朋師雄歌亦豪三人宜同稱曼卿苦汩沒老死殿中丞身雖埋黃泉詩名長如冰永叔亦連蹇病鸞方騫騰四海讓獨步三館最後登師雄二十三筆距獰如鷹才格自天來辭華非學能迴顧李賀輩麤俗良可憎玉川月蝕詩猶欲相憑凌曼卿苟不死其才堪股肱永叔氣甚闊用之王道興師雄子勉旃勿便生驕矜

〔歐陽修〕〔贈徂徠先生門人杜默詩〕南山有鳴鳳其音和且

淸鳴於有道國出則天下平杜默東土秀能吟鳳凰聲作詩幾百篇長歌仍短行攜之入京邑欲使衆耳驚來時上師堂再拜辭先生先生頷首遺教以勿驕矜贈之三豪篇而我濫一名杜子來訪我欲求相和鳴顧我文字卑未足當豪英豈如子之辭鏗鍠聞鏞笙淫哇俗所樂百鳥徒嚶嚶杜子卷舌去歸衫翩以輕京東聚羣盜河北點新兵饑荒與愁苦道路日以盈子盍引其吭發聲通下情上聞天子聰次使宰相聽何必九苞禽始能瑞堯庭子詩何時作我耳久已傾願以白玉琴寫之朱絲繩　〔讀張李二公文贈徂徠先生〕先生三十年東魯能使魯人皆好學其間張

續與李常剖琢珉石得天璞大圭雖不假雕琢但未磨礱去圭角二生固是天下寶豈與先生私褚橐先生示我何矜誇手攜文編謂新作得之數日未暇讀意欲百事先屛卻夜歸獨坐南窗下寒燭靑熒如熠爚病眸昏澀乍開緘燦若日星明錯落辭嚴義正質非俚古味雖淡醇不薄千年佛老賊中國禍福依憑羣黨惡拔根掘窟期必盡有勇無前力何𡚒乃知二子果可用非獨詞堅由志確朝廷淸明天子聖陽德彙進羣陰剝大烹養賢有列鼎豈久師門共藜藿予慙職諫未能薦有酒且與先生酌

宋又有奉符姜嶼姜鎬皆有文章政事嶼終度支員外郞鎬

終守尙書屯田郞中李穆歷官尙書司勳郞姜潛稱其三建使者節四治劇郡名臣交章薦之寶盂乾封人合居五六世有節行大中祥符初東封泰山降詔褒美優賜粟帛李亙字可大乾封人尙書郞官建炎末爲劉豫所害謚愍忠

〔宋〕〔故李侍郞墓表 幷序〕文曰天子以士大夫之賢繇通籍於朝之上其先不及以祿養又不得序官列爵於位者偕因國家有事於天地宗廟咸追賜以官又累而上之於高顯朝廷禮士大夫可爲厚矣欲使爲人後者深思先世所以教養之德大君所以寵錫之命以感激臣子忠孝之心也如此太山有篤行君子曰李公焉以其子貴追贈厥官

界之至於尚書兵部侍郎公之嗣穆具其行諜誌實而來請於潛曰先子雖以嘉祐丁酉既克葬於奉高有銘已納於壙中兹見於後世又思得子之言賁之以文表顯於墓道然後爲不朽以穆嘗學經於君之先大夫知先子之行宜孰潛聞而嘉之夫士人之孝生而能養志沒而能盡禮又能徒步起家有位於朝使其先君獲受美官既已爲之誌而猶爲未足以光昭令德復欲著懿實以表之然則君之事親兹亦至矣謹案公諱忠信字景山七世之祖嘗家於營邱後又從事於兖又爲兖人所居皆以望族稱越三世庭生評評生公公實諱庭之孫而諱評之子也公姿質

樸茂襟量閎博性敦而行潔氣完而節固行已治家動可儀法通五經尤長於詩禮州郡再貢試於禮部不中遂晦迹含光耽樂畎畝親執耕耨於太山之陽有良田百畝歲入豐羨供伏臘外悉以周族人之不能自存與其鄰里鄉黨之匱乏者至於竭盡曾不之顧魯人尤以此義之公既老遂付家事於子孫日惟放意於琹碁杯酒閒怡然得林泉逍遙物外之趣而君子所謂自足者也以天聖三年七月二十九日感疾終於家享年七十有一夫人魏氏後公五年而亡生四男六女皆得令族以歸男之長曰程次曰稹次曰惟慶季則曰穆也穆以明經取高第用材業進所

至稱治當世名臣以吏能薦諸朝者凡四十人三建使者節四治劇郡今爲尚書司勳郎中孫十一人文逸文奭宗諒宗詠偕惟慶之子也宿宏壽師彥公彥敦彥宗彥偕穆之子也宿宏早世宏嘗爲試校書郎矣壽前任江陰軍判官師彥公彥爲太廟齋郎悉用司勳君之世賞也曰子若孫循守公之法度孝謹善繼知者以謂李氏之後其未可量也古人有言曰善惡之報不在其身則在子孫豈李公之謂邪公之善慶固知其遠矣姑立表以遲焉乃爲之辭曰玉之在石兮含華蘊光木之秀林兮懷材抱良君子積行兮不及發揚身雖弗遇兮後世克昌有子承孜兮貴而

爲郎孫之衆多兮芝蘭益芳漏泉之澤兮有德以當佳城永閟兮千古所藏貴名之起兮孰可較量太山之高兮汶水之長願言來裔兮繼之勿忘次詩以實兮表之墓傍大宋熙寧五年歲次壬子八月丁丑朔丙戌日建承奉郎守大理寺丞前知開封府陳留縣事姜潛撰。右表眞書題曰宋故李公侍郎墓表在岱城之西南鄉

金党懷英馮翊人父純睦官泰安軍錄事參軍不能歸因家爲懷英能屬文工篆籀官翰林學士承旨卒謚文獻著竹谿集三十卷

元有石珪徂徠先生裔孫金貞祐南渡引兵棄妻子歸穆呼

哩舊作木華黎承制授金紫光祿大夫卒以陷金死節子天祿襲爵東平路元帥有戰功時珍字國寶徂徠人金末盜起珍率少壯守天保寨卒歸嚴實以功授左副元帥鎮兗州封隴西郡開國侯子宥孫楝以次襲封朱珪字輔之徂陽人亦以父玉能守鄉里給劄付後爲縣尹有廉聲此數人者皆遭遇時變以材勇取爵封亦一時之雄也

明蕭大亨字夏卿母夢嶽神入室而生總督宣大山西三鎮威信服邊庭人稱福神官終少保兵刑兩部尚書著有今古文鈔文章正宗從祀鄉賢子二和中太僕少卿亦祀鄉賢協中字公黼以治中致仕崇禎末殉流寇難著有綠遠樓賦醞櫝集泰山小史入忠義祠

明李維楨醞櫝集序數歲前任邱邢仲子示余以蕭公黼綠遠樓賦鉅麗妍藻類漢晉人手筆余不知爲何氏意必老於文學者已而知爲泰山人年財十有八耳心竊異之數歲後見公黼名已登籍又閱從坊刻得其詩文讀之掩卷嘆曰異哉公黼何遂升作者之堂耶繁縟之采深沈之思軒舉之槩流利之致詞林耆宿無不駭服昔濟南終子雲少辨博能屬文聞於郡中年十八爲博士弟子作白麟奇木對又請使匈奴不果行已使南越功垂成而敗蓋少年不勝伎倆急於自騁今公黼年少而且以文章顯一意修文其行事依倣繩尺斂鋒銳而歸之雅馴是非山東年少可例論也其猶子應仕曰叔氏雅慕公公所期望後日者不淺進於大道請以是言敘其集

繼三賢而講學者明還璞先生李汝桂青巖先生宋壽皆潛心性命爲海岱儒宗還璞家泰山之崖下郵卒年八十六著有還璞心聲教言講餘錄其徒王嘉賓爲廣寧教授治春秋禮記多所發明宋先生字繹田萬歷閒巡按應天時劉天緒搆亂事覺捕治先生上言自採權議興民不堪命一夫振呼而從者響應宜及時發內帑之金停無藝之稅克詰戎兵儆練將帥則內治順而外防固矣時相朱賡不協清議先生上

言大僚多缺百職不熙閹豎鴟張於內邊將憑陵於外四方盜賊水旱道殣相望而九閽轉隔天聽益高賢才鱗集者不用斥逐者不起使其壯者老老者死士氣奄奄殆盡矣又言憸邪之輩習於結納以輭熟繞指爲鎮靜其言侵擊輔臣攻賡者繼起賡乞罷帝優詔慰留賡先生因移疾乞歸途中疏捄姜士昌落職乃築室泰山之麓曰青巖社訓迪後進卒祀鄉賢著有理學淵源時習要錄幽洞元言泰山紀事巖居漫談青巖居草落花全韻又百年趙仁圃國麟復講學青巖書院從游者嘗數十百人後官至大學士著書院口授講義大學困知錄小園雜記雲月硯軒藏稾拙菴近稾近游草等書

國朝方苞趙贈君墓志銘贈君諱良字維林浙江紹興府
瀝海所人吾友趙國麟之父臨若公之子也生有明崇禎
丁丑時寇賊交閧未成童陷賊匿舟底三日勺飲不入既
脫歸廬舍已空　國初東南未靖人民流離多餬口於北
方遂棄儒學醫至幽燕東遊齊魯遇族父於泰安州以醫
自活因廬旅焉淮陰江翁亦寓岱下以女妻之而臨若公
倦遊無所合困而歸聞其子既立室家附舟北上至則國
麟之生已數月矣時康熙癸丑年也臨若公入抱孫出則
與石堂諸散人遊贈君既左右無違而江夫人力致魚菽
瓜蔬以忠養久而安焉雖居窮巷遠方畸人老宿多造門

豫章吳舫翁嘗嘆曰臨若之室僅容膝可旋身而入其中
則曠如也臨若公以康熙三十一年卒於泰安贈君及江
夫人相繼歿國麟貧不能葬豫章戴君知地理得吉兆以
告且探囊篋助營窀穸又三十餘年國麟巡撫安徽入謁
世宗憲皇帝山陵請假歸里祭告因葬故有缺以書抵余
求補誌銘以列祠堂觀國麟所述贈君自定家於岱父歸
就養一室之中父父子子夫夫婦婦者凡二十年富貴不
足道國麟之得列於君子之林也豈偶然哉臨若公二弟
卒於南中老不能奔喪命贈君歸葬獨身以往冒風雪而
歸其治疾者如疾在身無貧富貴賤必竭心力享年五十

有六以乾隆元年
覃恩誥贈安徽巡撫都察院右副都御史江氏爲夫人夫
人先贈君一年卒子二人次國經太學生女四人以康熙
乙亥九月十一日葬於州西天平山銘曰族以亂而散家
以旅而行成以艱而篤志以歿而亨岱畎有碑瀝海有田
恩綸孔赫世祀其緜有開自天其必先
自和聖而下道脈相承宗仰斯在或歷階綸扉或終老蓬戶
要以振衣千仞道足爲名嶽重故也非然者顯達若王楫杜
英王育之在明王度施天裔之在
本朝政績著於史乘何可殫述王度著有恤刑題稾侍御趙

宏文著有樸庵詩稾其文亦足觀也其他若孝子悌弟好義
獨行之士與夫淑媛貞婦皆分巖巖一石之奇爲其詳於方
志閭史故弗備錄
若夫山林隱逸之士則貧士傳云楚之交子魯之周子齊之
狂子曰覩王綱之數思欲絕景雲表濯志溟涬相與居泰山
之陽處環堵之室蓽戶不扉蓋茨不翦而高歌不輟君子謂
可方之倪缺云
〔明〕黃姬水春秋三子贊殊方三子同道一心蜩視姬邦鳳
遠泰岑作幾舉色含和抱眞豈謂陋棲廢厥高吟
隋書徐鴻客泰山人李密取黎陽倉鴻客獻書以爲大衆久

聚恐米盡人散師老厭戰難以成功勸密乘進取之機因士馬之銳直指江都執取獨夫號令天下密壯其言以書招之竟不出莫知所之

唐有范山人見李太白集泰山老人見張文昌集

李白送范山人歸泰山詩曾客抱白鶴別余往泰山初行若片雲杳在青崖間高高至天門日觀近可攀雲山望不及此去何時還

張籍泰山老人詩曰觀東邊幽客住葛巾藤帶亦逢迎暗修黃籙無人見深種胡麻共犬行洞裏仙家常獨往壺中靈藥自爲名春泉四面遶茅屋日日惟聞杵臼聲

舊唐書王希夷滕縣人居兗州徂來山中好讀易及老子刺史盧齊卿訪以字人之術希夷曰孔子稱己所不欲勿施於人可以終身行之矣及元宗東巡勅以禮徵召至駕前年已九十六上令中書令張說訪以道義宦官扶入宮中與語甚悅以朝議大夫致仕還山

唐開元十四年制處士王希夷絕學棄智抱一居貞久謝囂塵獨往林壑朕爲封巒展禮側席旌賢賁然來思克應嘉召雖紆綺季之跡已過伏生之年宜命秩以尊儒俾全高於尙齒可朝散大夫守國子博士聽致仕還山

宋史秦辨泰山隱士大中祥符三年四月賜號貞素先生放還山辨自言百三十歲帝召至京與語多言五代事亦無他奇但能服食至長年耳

金史王若虛字從之藁城人官直學士崔立之變翟奕召若虛作功德碑以死爭之金亡微服北歸與渾源劉郁東遊泰山至黃峴峯憩萃美亭顧謂同游曰汨沒塵土中一生不意晚年乃造僊府誠得終老此山志願畢矣乃令子忠先歸遺子恕同行視夷險因垂足坐大石上良久瞑目而逝年七十

案若虛所坐大石至今猶曰蛻僊巖也

嗚呼致身青雲之上浮游塵埃之外士各有志何代無賢賦小山之叢桂何必作北山之移文乎然而隱居求志行義達

道吾聞其語未見其人正未易與先賢林子後賢還璞先生差肩也

不寧惟是茍其爲名賢也卽偶爾迟迟亦足千古孫明復胡翼之兩先生外前則唐孔巢父字弱翁少力學隱徂來山後遊江東卻永王璘之聘德宗時李懷光叛欲屈巢父死之贈尚書左僕射諡曰忠著有徂來集杜甫稱之曰泰山冥冥崒以高後則元許衡字仲平河內人徂來演易齋其遺跡也教人以小學爲先篤行爲要學者宗之卒贈司徒諡文正至若漢宜城王子山嘗之泰山從鮑子眞學筭徐岳數術記遺云於泰山見劉會稽博識多聞深於數術余因受業會稽言其

術得之天目山中隱者攷後漢志注引袁山松書曰劉洪泰山蒙陰人延熹中以校尉應太史徵拜郎中後爲會稽東郡都尉遷丹陽太守卽其人也又陳留蔡邕往來依泰山羊氏者十二年唐隴西李白與張叔明輩沈飲竹溪武功蘇源明讀書東嶽十載元濟南杜仁傑隱靈巖關中鹿森避居徂來國朝淮陰江天嶼上虞趙瑗曲阜孔貞瑄與石堂釋祖珍相結大抵文人高士亦足稱也

國朝方苞趙處士墓表　處士姓趙氏諱瑗字臨若其先江南山陽人也明洪武時以軍功顯高祖清始遷浙江之瀝海所地分會稽上虞二縣家世儒書處士生萬歷末年弱

冠騰文譽崇禎之季山賊海寇蠭起田宅蕩然鼎革後聚教蒙童於墟里閒及老獨身行遊四方有子廢學以醫方流寓泰安州處士倦遊乃就養焉學佛者元玉淮安通州人也開圃太山之麓名曰石堂與其儕二人及州之老生四人遊聞處士至願與爲友暇則聚石堂課灌溉蒔瓜蔬終日危坐講誦經史野人樵牧過者望見皆肅恭四方耆舊多傾嚮焉而處士居常忽忽念墳墓懼松楸之毀傷其子方促促治饔飧終不得返先人居年七十有八竟死岱下葬州西三十里天平山妻徐氏久附祖塋不敢還葬禮也處士學識過人能辨賢姦知事勢數變以後之利害入

皆徵驗而未嘗爲書先卒之二年疾篤作遺訓以示子孫皆家人語也閒爲詩歌不以示人惟手錄春秋內外傳史記漢書及宋唐八家文各數十篇授其孫國麟曰北方艱購書守此文義可粗明愼行其身毋忘瀝海而已其後國麟舉於鄉及將仕再歸瀝海展墓以寧其祖妣雍正五年擢福建布政使至京師與余造次相遇於鄭御史宅述祖德請撰外碑國麟與余會試同榜至是始覿面而其學行治法在閭見中爲可計數人遂不辭而爲之表且系以辭曰國麟與余相見年近五十矣起縣令至監司而言語氣象尙似講學於深山野外者叩其師友淵源所漸泫然曰

吾祖至岱之歲麟始生家窘空保抱攜持數歲卽隨臥起授章句未嘗有師也迨少從先君子後見三楚吳越耆儒多抱獨以銷其聲又其次乃好議論著氣節爲文章尙矣哉其風教之所積乎○右表立天平山墓前

嘗讀唐書安金藏傳有誣皇嗣異謀者武后使來俊臣問狀金藏大呼曰公不信我言請剖心以明皇嗣弗反也引佩刀自剚腹中腸出被地眩而仆武后大驚輿至禁中命醫之閱夕而蘇景雲時明皇屬其事於史官詔鑱其名於泰華二山咸以爲榮人不必產於岱而名垂於岱嗚呼榮哉

然吾嘗疑五嶽以岱爲宗岱宗之靈盤鬱百千里外神聖英

賢相望而棲其麓者顧寥寥數人耳昌黎云意必有魁奇忠信才德之人生其間無乃迷惑溺没於佛老之學而不出耶若然則物外畸人脫屣軒冕正可於神房阿閣求之

方佛法之未入中國也史記云華山首山太室泰山東萊此五山黃帝之所常游與神會抱朴子案仙經可以精思合作藥者有泰華霍恒嵩等山皆是正神在其山中其中或有地仙之人上皆生芝艸神仙傳云泰山老父者莫知姓字漢武帝東巡狩見老翁鉏於道旁頭上白光高數尺而有童子色帝問有何道術對曰臣遇有道者教臣絕穀但服术飲水并作神枕枕中有三十二物其三十二物中有二十四物以當

二十四氣八毒以應八風臣行之轉老爲少日行三百里臣今一百八十歲矣帝受其方賜玉帛後入岱山中每十年五年時還鄉里後三百餘年乃不復還又沛人劉馮學道穆王子服石桂英三百歲容轉少後入泰山列仙傳云稷邱君泰山下道士漢武東封冠章甫衣黃衣擁琴迎拜止帝勿上上必傷足果然上還爲立祠安期生在泰山遇李少君採藥病困與神樓散一七而愈崔文子泰山人作黃散赤丸賣藥都市會大疫擁朱旛以黃散濟人飲者立愈所活萬計馬明靈臨淄人姓和名君實爲吏捕賊被傷瀕死太眞夫人與藥一丸如小豆服之卽愈自號馬明生隨入岱山石室試以虎怪不懼挑以美女不動夫人曰可教命安期生授以丹經白日昇舉

（明）蕭協中泰山老父詩丹砂餌後駐童顏偶踏紅塵到泰山縱使漢皇勤問道不留名姓在人閒

自元魏時竺僧朗隱於琨瑞靈巖與道士張忠遊張常穴居而朗大起殿舍雖素飾不同竝以靜外致稱而泰山巖谷閒始竝爲緇黃藪矣

晉書張忠字巨和中山人永嘉之亂隱於泰山淸虛服氣餐芝餌石年在期頤而視聽無爽苻堅徵至長安以野服見堅曰先生獨善之美有餘兼濟之功未也故遠屈先生將任齊

尙父忠曰昔因喪亂避地泰山與鳥獸爲侶尙父之況非敢竊擬乞還餘齒歸死岱宗堅以安車送之及關而死諡曰安道先生後之學老者則有隋之北海李淸爲兒醫多奇效唐之劉道合爲高宗東封馳傳先行泰山祈祓禳雨輒霽後作丹劑成而蛻去又有焦煉師女冠張鍊師宋之密州張景巖結茅於明月嶂元之棲霞邱處機天倪張志純處機爲道家北宗王嘉七弟子之一居太山南阯賜號無爲演道大宗師志純居會眞宮道行超羣賜號崇眞保德大師與天倪遊者翰林學士徐世隆元季變姓名居嶽祠三穉子從學一教習泗水超距一授漢書其一曰王圭授舉子業久之別去後授

漢書者目盲賴說書以生習泗者遇濟南灌城之厄以泗解危以超距脫死致爵賞圭登科致爵位明天順間世隆復至泰山惟升元觀一老道士識之容貌猶如兒時所見云又有成興公劉朗然張三丰女冠孫清靜毛仙姑竝署見前覽明之徂來于蚖虛東平王陽輝崑山柴慧庵各有遺跡國朝吉安吴雲施愚山集云少為安成名士明末自髡為僧嘗從青原藥禪師遊石室集云雲字舫翁號三堂居士以黃冠讀書嶽麓與闕里孔貞瑄建嶽頂聖廟著有學舫此與徐世隆蓋皆有託而逃者也

唐王維贈東嶽焦鍊師先生千載餘五嶽遍曾居遥識齊

侯鼎新過王母廬不能師孔墨何事問長沮玉管時來鳳銅盤即釣魚竦身空裏語明目夜中書自有還丹術時論太素初頻蒙露版詔特降欵輪車山静泉逾響松高枝轉疎支頤問樵客世上復何如

明蕭協中咏張志純桃花源水武陵同中有仙翁御閬風徵露天倪窺妙道至今人指會眞宫

十六國春秋云竺朗京兆人少事佛圖澄碩學淵通尤明氣緯隱於泰山東北之琨瑞谷往來靈巖說法元魏太祖遣使致書贈以素旃罽銀鉢為禮秦苻堅欽其德行後燕慕容垂遺以書曰皇帝敬問泰山朗和尚澄神靈緒慈蔭百國凡在含生莫不蒙潤燕容德師事之居給兩縣租稅谷中舊多虎朗居谷虎患遂絕同時學釋者則有元魏之法定詳靈巖僧意住朗公谷每登座講說輒天花下散志湛住泰山北人頭山銜草寺終時誌公謂梁武曰北方銜草寺須陀洹聖僧今日滅度既葬發看惟舌如故立塔鳥獸不敢踐陵見續高僧傳云與朗公同侶法苑珠林云銜草寺宋求那跋摩之所立也隋之法安鶉觚人開皇中駕幸泰山遇渴每以刀刺石引水給帝後住神通寺與晉王入谷見一僧敝衣乘白驢來王問何人安曰此朗公也終年九十八齊州法瓚隱泰岳文帝省方訪其清曠延入京唐之大行入泰山草衣木食行法華

三昧感普賢現身後入宮賜號常精進菩薩授開國公乃示疾右脇而終開元中泰山靈巖寺有降魔師大興禪教務於不寐又不夕食皆許其飲茶人自懷挾到處煮飲從此轉相倣傚遂成風俗元之海印泰安州人示幻於鄒縣之大明禪院固陵東原海公開竹林寶峯禪寺清河行全卓錫天勝布山壽還鄉徒德友亦能抱節有道明之高麗僧滿空建竹林普照寺叩頭僧棲靈派祠叩頭勸善我

朝元玉字祖珍廣陵崇川人康熙中息影禪廬聚經典數千卷澄思密探透悟眞如嶽色谿聲之間翛然自遠孔貞瑄云澤以煙霞鍊以風雨濟以月露其邋沆瀣之氣溢而為詞

皆旨深而意遠著石堂集十卷石堂近稾一卷菊詠百八首
及華嚴頌語錄等書余聞珍公與人言必依於孝弟禮讓讀
其文忠孝仁義之言不絕於口其釋名而儒行者子
凡此諸子粟視江河幻遊震旦參方訪道固不必岱貫也要
皆絕類離倫者矣使其返而求之六經賢聖之學知必有大
過人者惜乎踸踔於二氏耳夫金玉沙石皆有以發巖巒之
光魚龍蛟蜃皆有以壯波濤之氣以陽魯陰齊文學天性之
區猶僂指諸子爲祟邱邑說苑云泰山之高非一石之積也
累卑然後高也此之謂也
夫有德者必有言往往勒成一書藏之名山然非盡太山之

掌故也許愼五經異義論明堂稱戴記禮說盛德記卽明堂
篇魏書李謐傳隋書牛宏傳俱稱盛德篇或稱泰山盛德記
亦非紀岱之說其在漢時有太山記太山郡記不見全書藝
文志有古封禪羣祀二十二篇武帝時封禪議對十九篇漢
封禪羣祀三十六篇封禪方說十八篇亦僅存其目史記司
馬相如病且死天子使人求其遺書得封禪書一篇上大奇
之漢書枚皋作賦善於東方朔從封泰山又云朔之文辭自
客難非有先生論外有封泰山等篇劉向所錄後漢書張純
爲司徒奏帝宜封禪中元元年上元封舊儀及刻石文肅宗
巡守方岳崔駰上四巡頌辭甚典美帝嗟歎之安帝東巡岱

宗馬融上東巡頌帝奇其文召拜郎中文具總覽二中玉海
云漢章帝元和二年二月東巡守鳳皇黃龍竝集揚終贊頌
嘉瑞上述祖宗洪業十五章上之魏高堂隆宋山謙之皆草
封禪儀事旣寢書亦佚北史魏收傳收試爲封禪書下筆便
就文將千言未著於集隋書藝文志有封禪儀六卷海岱志
二十卷齊崔蔚祖撰輿駕東行記一卷薛泰撰又薛冑爲兗
州刺史以天下太平登封告禪帝王盛烈遂遣博士登泰山
觀古跡撰封禪圖及儀上之舊唐書經籍志又有封禪錄十
卷孟利貞撰皇帝封禪儀六卷令狐德棻撰神岳封禪儀注
十卷裴守貞撰皇太子方岳亞獻儀二卷新唐書畧同有洞

元靈寶五岳朝儀經通志藝文畧名山洞府內載五嶽諸山
記一卷文獻通攷注陳氏曰無名氏多鄙誕不經玉海載唐
顏師古傳師古奏臣撰定封禪儀注諸儒謂爲適中謝偃傳
偃爲宏文館直學士撰玉牒眞紀以勸封禪開元十三年詔
康子元注解東封儀注以進韋述傳從封泰山奏東封記又
志一卷儀注類宋祥符元年十二月壬辰龍圖閣待制陳彭
年請自天書降至封禪畢編錄藏之祕府詔李宗諤丁謂彭
年等纂錄至三年十月書成凡五十卷皆先爲記事次列儀
注御製冊祝樂章步虛詞御札詔勅德音表狀頌碑銘記贊
分門載之帝爲製序又錢易東封上殊祥錄又王欽若著五

嶽廣聞記熙寧四年右諫議沈立上名山記一百卷政和五年十一月李陞進登封告成錄一百卷大抵封禪文飾之書率多缺有閒矣其軼乃時見於他書惟東漢應劭漢官儀記袁稽蒐玉集汪子卿泰山志查志隆岱史劉勅岱史宋燾太山紀事蕭協中泰山小史林杭學輯瑞集李興祖靈巖志孔貞瑄泰山紀勝徐祖望岱宗小史劉其旋泰山紀畧

御路古蹟成城泰山勝概朱孝純泰山圖志聶鈫泰山道里記泰山金石攷專述岱故者凡十數種或成於里居之記載或出於輶軒之蒐采所謂文獻足徵者也況經史子集可雜剌而左證者難偏以疏舉乎

〔南唐〕徐鍇說文繫傳碑豎石紀功悳從石卑聲臣鍇案古宗廟立碑以繫牲耳非石也後人因於其上紀功悳則此石從卑字秦以來製也或難臣曰古七十二家封禪勒石便應有碑何以言秦以來有碑臣應之曰古雖七十二家封禪勒石不言碑七十二家之言起於管仲不言碑穆天子傳曰天子乃爲名迹于弇兹石上亦不言碑又難曰劉熙釋名何以言起于縣棺之碑臣對曰起于縣棺者葢今之神道碑而銘勒功悳當始于宗廟麗牲之碑也

〔明〕洪章泰山志序泰山志四卷明白野汪仲蘇氏譔仲蘇氏名子卿歙產也勬游天目錢唐之間以文學行誼顯吳

越吳越故材藝藪澤咸帖帖推轂然數奇射策有司屢進屢報詘仲蘇氏孜孜自樹不少衰聲問謚踔厲藉甚既以經行爲督學使臣所獻赴上都發揚粵泝淮泗卬孔林登泰山淩日觀摩穹蒼棲巉巖探泉溜捫縣崖蒐殘碑抉晦蝕稽故牒蹤跡文字以來帝王聖哲瑰奇幽異壇壝臺殿樓觀亭障府寺鳥獸蟲魚藥草木石上下數千百年亡間微顯存不鴻𢇁罔不畢志斯以詳矣洪厓子章嘗涉泰山之郊顧瞻周回神爽飛越及得志讀之喟然嘆曰大哉巍巍乎其天下之具瞻而兩間之巨鎮乎夫灝氣挺靈嵩曦凝質五嶽攸宗萬物伊始其諸岱宗之所由名乎是故王者欽崇邦家望秩上聖降神名賢彙集方物呈奇幽明受職宜也雖然古有登之小天下者矣夫以泰山絜天下天下非小也然而登之以小天下其諸日躋高明則我大而物小者乎復有稱其非能有趾而不能無趾者矣夫積趾爲麓積麓爲阜積阜爲陵積陵爲岑積岑爲嵩積嵩爲嶽不讓土壤不辭拳石以成其崇以極其峻其諸君子以順德積小以高大者乎未也泰山高矣泰山而上不屬泰山則畔援俱忘拾級竝廢小大皆空崇高無極將與太虛者游而造物者一茫不知其所由來杳莫測其所際噫其至矣其至矣

于慎行岱史序岱史者何志岱宗也志何以爲史岱者萬物始生五嶽之長古帝王之所受命告成而東諸侯主焉志之而曰史以尊岱也岱故無志乎有而繫諸州且不備也侍御嶺南譚公巡行攷覽謀諸鹽政大夫査公以爲州不得有乎岱故別而爲史也爲史柰何革舊而爲新因畧以致詳旁搜遐攷以備人文而標名勝作者之志也夫圖經者觀察之符契也恢而弁之以爲綱紀故作圖攷天之精曰星地之精曰山嶽其大者也降婁元枵之次歲星位焉其應廣矣作星野攷岱者中條之所底也河濟不得無以障靑兗不得無以鎭畿輔不得無以屛故曰齊得十二

焉作形勝攷記曰岱宗周迴三千里東方之山皆其裔也然而緜亙二州不可勝識惟是七十二峯巖壑泉石神怪儵詭化工備矣作山水表在古錫魯其後隸齊更姓易制畫野分疆躔分綺錯名實相參而岱猶故岱也作疆域表省方之后迺修玉帛暨乎明堂王政攸布安所云七十二家之封而以奉秦皇漢武爲乎其失至我明然後一洒之此亦古今得失之林也作狩典紀然自聖祖開基釐正嶽號國有大慶使使奉璧告焉亦柴望之遺矣作望典紀介邱之勝久矣城邑壇墠或爲墟莽探奇懷古之士有所感慨而踟躕焉作遺蹟紀夫山之守爲神三宮空洞之天百

靈之府也神房阿閣可謂侈麗矣作靈宇紀遊屐之所登臨星軺之所陟降有廬舍焉作宮室志夫岱君子於是觀土德也芝草玉石冥棲之侶耽焉作物產志夫自燕秦河洛之閒奔走奉祠絡繹殷賑其麗不億洋洋乎神之爲德也有司稽其名數以備不常又以當他賦焉作香稅志夫岱者一州之鎭也然而吉凶之應於國有關焉作災祥志操觚之倫原本山川極命草木於遊得之渢渢乎可以觀也作登覽志總之十有七卷旁該寥廓苞舉珍瑰繽紛浩侈洞心濊目閎哉博矣故曰革舊而爲新因畧以致詳旁搜遐攷以備人文而標名勝作者之志也於戲天下之以

山名者衆矣至於劖削刻畫之趣嶔崟窈窕之觀或具體於穹崇若鍾技於妙巧亦皆標奇史諜侈美聲詩矣況夫秩視三公功侔造化風雲之所吐納萬品之所育成者哉何其宜有史而久未有也岱得侍御公與大夫而後尊於史岱尊於史而公與大夫之名得以不朽於岱此宜金簡玉策之藏而縣寓之鉅觀矣不亦盛哉大夫博雅有文故爲武林世家以丙戌季夏月受書於侍御公纂述鉤校不數月而告成事斯已勤矣行不佞家於岱畎蓋嘗有意斯舉而力不能及今也嘉侍御公與大夫之志而幸嶽之有以尊也爲敘諸簡端如此

劉勅岱史自序岱以史名所以别於志也志取備物已耳史有褒貶之義焉夫岱爲五嶽之長史爲傳岱之書烏所容其褒貶也噫嘻蓋有之矣岱爲天之東柱以發生萬物爲德故寸雲膚雨時吐靈異而世顧貌以入形加以神號稱帝稱王恐山之靈弗耀也岱本聰明正直不享非禮之祭故壇炙陶匏祀有定制而世顧崇以雲臺奉以瑤牘檢金繩玉恐岱之神弗善也岱爲空洞之府羣仙所棲故阿閣神房杳然幽邃而世顧踐以壺觴塗以翰墨恐岱之色弗光也且世主懷侈大之心媚臣獻封禪之說六龍駕於祠壇萬騎帀於凊野而勞民病國又莫此爲甚矣曩嶺南譚侍御耀暨查䃴丞志隆光孝廉之爲史也分星野表形勝紀靈跡與夫賦稅災祥以及祭告遊覽之文豈不纚纚然備哉其於歷代封禪之得失漫無短長得不令龍門氏地下咲人乎而後之勞民病國行且階之俾赫赫靑靈反爲民厲則又載筆者之罪也故星野形勝人物災祥舊史所載者惟稍稍攷證而特爲之解岱宗辨嶽神明祀典斥累代之非辨前人之妄表我朝之盛美以垂百王之法戒至若帝王卿相之祭告游[illegible]士之題咏亦不過補其缺漏剟其繁蕪已耳自丁卯[illegible]受事以來開館列曹分門别類越一載而始竣是役也姑蘇呂謚公司馬實首事檄下

州刺史于君貞遠式余廬而請而二三門士李生聯壁趙生鏊徐生萬化編次攷訂焉書成王素公司徒遂敘而梓之

宋壽泰山紀事自序昔太史公足跡半天下始有成書上下數千百年總括悉備猶不敢自比於作者曰余所謂整齊其世傳非作也矧吾曹生泰山蓬蒿中見囿方隅識同井蛙詢及枌榆之故蹟業已茫然莫知况六合内外又何如矣維我岱宗自古號爲名郡無論守土之吏扞牧拊循有光竹素者代不乏人以至博雅清正之儒葆眞含和之士抱芳完潔之貞皆秀鍾於山靈行高於閭里若彼緇黃者流棲嶽麓以全眞茹岱芝而自飽徜徉方外蟬蛻風塵雖吾儒所不道亦探奇者所必稽也余乃遡覽古牒近參聞見彙成一編雖挂漏之誚在所不免而千百什一之僅存倘前事之不忘後事之師耶若曰會其大全而要於至當敬俟之博雅君子

國朝宋孝純泰山圖志自序孝純重被

恩命來守泰安泰安古東魯地泰山在其封内詩所稱泰山巖巖魯邦所詹者也顧惟庸虛謬典名郡實主七邑早夜兢兢思所以仰佐

聖天子理明治幽事萬分之一幸賴臺府諸大吏仁賢而

僚屬六七君子之交修而罔棄也政洽人和晏以無事攷
圖數典乃喟然曰是其所以爲泰山者與岱爲嶽宗神曰
青帝帝出乎震有長子之義焉地居東方大明生於東又
下上之所照臨也出雲降雨旣已仁體造化而其雄威又
足以驅役萬靈奔走一世非第如四嶽之靜鎮一方而已
天地定位山澤通氣此是何等氣象作者猥欲以丸泥封
函谷人知其傎矣蓋府縣舊各有志語泰山事都不詳號
專門者則有明人查志隆岱史孔貞瑄泰山紀事等書又
率踳駁不中史法以故泰山之面目終不顯夫揚搉古今
使封內名山不蝕簡蠹此眞太守事也爰求亡書聘名士

同官協心分曹授簡悉力搜剔薈萃文者之研摩編削凡
閱歲餘而始蕆厥事勒爲一書命曰泰山圖志是役也非
敢遂儗諸紀泰山之牒與赤文綠字相焜燿然以觀於上
下四十餘里中隱轔鬱律延屬施靡星之繁然井之劃然
雖於岱宗大體勢其一段超鴻濛混希夷朝暉夕陰渾淪
闢闔氣象仍是天地元氣不許漏洩而其閒覶縷根角纍
纍如貫眞可使萬物皆相見乎離詩魯頌閟宮曰孔曼且
碩萬民是若先之以奚斯所作斯志之成豈徒以徼神貺
惟望秩之典隆於庿享而董正治官設以方之奚斯竊亦
未肎多讓抑孝純曩在蜀嘗遊峨眉矣峨眉高且倍泰山

時當冰橫雪暗獨拔千尋之地將倚尺五之天頗自詡冠
奇絕今志泰山彌復慓然蓋峨眉之高逸而孤者也孤則
絕物故惟道場占焉泰山之高廓其有容者也有容斯能
養人嘻此泰山之大所以爲羣生託命而發揚昭明特邁
諸嶽永跱亙古乃至
萬乘降尊百僚備列玉瓚黃流豐融肸蠁蒼帝之精實蒼
生之福也猗與盛哉
四庫全書總目泰山紀事三卷明宋燾字繹田泰安州人
萬歷辛丑進士官翰林院編修此書一卷曰天集記天神
事二卷曰地集記古跡三卷曰人集記名宦人物所言神

鬼冥報已涉荒誕至泰山太守泰安知州爲守土之官柳
下惠王章羊祜諸人亦不過生長其鄉竝未嚴棲谷汲乃
概行摭入不知於岱宗故事何涉也　泰山紀勝一卷
國朝孔貞瑄撰貞瑄有大成樂律已著錄是編乃其初官
泰安教諭時紀所遊歷而作也大畧仿岱史之舊自萬仙
樓以下五十餘則每景各序其勝其餘諸山脈絡與岱宗
相屬者如尼山防山龜蒙鳧嶧之類亦咸入紀載其捨身
崖社首蒿里封禪數條持論頗不詭於正然於封禪舊典
引據未能詳洽大抵議論多而攷據少其文格亦尙沿竟
陵末派云　泰山道里記一卷　國朝聶鈫撰鈫字劒光

泰安人是編前有自序稱生長泰山下少爲府胥性嗜山水每攀幽躋險探稽往躅因讀劉其旋泰山紀畧成城泰山勝概其中有一地兩稱或名同地異岩谷深阻題刻爲苔蘚所蔽者間遺而未錄近乃架梯刮磨垢蝕而求之雖風雨寒暑弗憚其勞又質之野老參攷羣書竭半生精力彙成一編提挈道里爲綱領分之爲五合之爲一曰泰山道里記未有其從孫學文跋稱其蒐討金石之文閱二十餘年凡諸記載所未詳者如石經峪刻金剛經據徂徠刻石辨爲北齊王冠軍書唐紀泰山銘下截剝落葉彬補書百八字宋述功德銘磨勒岱巔鑱毀原碑字猶存介邱岩

分水谿及古明堂均失覈蓄疑又肅然山奉高城季札子墓與白騾冢俱誤指其地汶泮三谿諸水皆牽混源流岱背琨瑞靈巖諸山因隸他縣而未錄併逐加攷驗辨訛補闕葢以土居之人竭平生之力以攷一山之跡自與傳聞者異矣

抑周官地圖與地志埒重而後之九杇一罷者必藉名山水供臥遊則圖宜攷也宋史藝文志有岳瀆福地圖一卷五嶽眞形圖一卷五嶽眞形論一卷通攷亦有五嶽圖一卷五嶽記一卷攷漢武內傳西王母與上元夫人降漢武帝帝覩其巾器中有小書乞覽母曰此五嶽眞形圖也乃三天太上所出豈汝所宜佩乎帝乞不已與之藏柏梁臺洞冥記云李充馮翊人自言三百歲荷艸畚負五嶽眞形而至帝禮待之號負圖先生抱朴子云凡修道之士棲隱山谷須得此圖佩之則鬼魅蟲虎一切妖毒皆莫能近又云或佩之渡江海入山谷或夜行宿凶房邪魔螭魅罔兩悉皆隱遁處供居地必獲禎祥今其圖具存莫識所由異而抱朴子謂其峯巒起伏筆端殆難測也岱史云類古符篆必有所自又有東嶽圖不知何人作明成化時王以賓並眞形圖重摹上石舊立岱廟今移置縣土地祠萬歷甲寅又刻石今在岱頂青帝宮東廊其圖小異未審卽宋史所載否

岱廟五嶽眞形圖

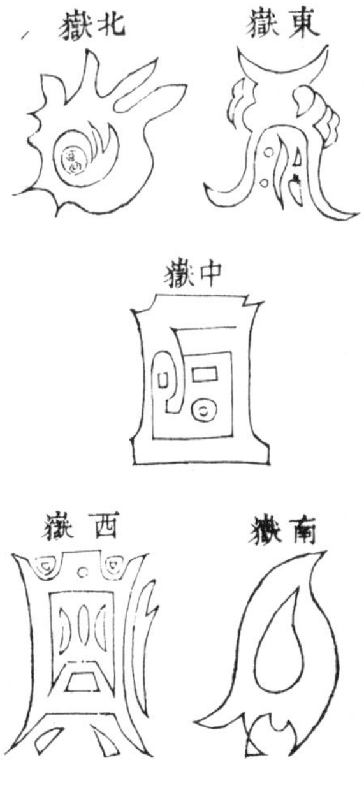

右圖勒元張宣慰遊泰山記碑陰

岱頂五嶽眞形圖

右圖爲明萬歷甲寅刻石與岱史小異案岱史作於萬歷丁亥在此碑之前二十八年所繪眞形圖傳世已久而此碑摹勒必非無據因並繪縮本以資互證

國朝施閏章五嶽眞形圖歌五嶽足跡誰能徧五嶽眞形誰所見岱宗山下嶽祠東鐫瑶刻玉窮鬼工紫泥搨就珊瑚色高堂日射扶桑紅璇宮銀闕森髣髴羣仙玉女紛相從禹鼎沈淪多不若山林佩此百神卻丹竈思尋勾漏砂靈巖定採天台藥陟嶽尋仙思漢武茂陵寂寥一抔土倘許吾曹有仙骨君現眞形與君語

封禪妄言圖讖故今亦不傳史記稱徐偃周霸屬圖封禪事上黜不用又云濟南人公玉帶上黃帝時明堂圖今不可見然所云蓋茅通水馬端臨以爲近古也漢書注公玉姓帶名呂氏春秋齊有公玉丹此蓋其舊族而說者讀公玉爲㑹非也單姓玉者後漢司徒玉況自音宿耳玉海云劉禹錫爲裴相公進東封圖表臣謹案開元十三年元宗以天下太平登封東岳聲明文物振耀古今伏唯陛下丕承景光再闡鴻業祖宗盛事紹復有期臣所以編成此圖輒敢上獻至於繪畫躬自指揮證史氏之文纂禮容之要山川氣象悉擬眞形羽衛威儀咸稽故實蒙案此與韓公紀泰山之封鏤白玉之牒皆因是時河朔阻命勸成恢復與從諛者有異至於大中祥符初夏侯晟上漢武封禪圖繪金匱玉匱石𥖱石距之狀咸有注釋及封禪日張知白請以泰山瑞繪圖祕府傳示不朽祥符二年三月辛酉王欽若上泰山花卉圖凡二十種請

送昭應宮繪壁從之十二月辛丑三司使丁謂翰林學士李宗諤等上太山登封社首降禪朝覲壇圖三祥瑞圖百五十二昭宣使劉承珪又上天書儀仗圖一列於滋福殿三年正月丁丑内出封禪三壇及祥瑞圖於朝堂示百官則如小兒作劇乃欲躋之大訓天球不亦誣乎

艮齋倦槀云黃鶴山樵王蒙叔明洪武初牧泰安廳事後有樓面泰山蒙張素絹於壁興至捉筆三年圖成有陳汝言者夙善畫一日過訪方展圖雪大作欲改雪景而難於設色汝思久之爲小弓夾粉筆張滿彈之如飛舞蒙遂叫絕曰岱宗密雪圖蓋不可得矣繩武案陳汝言字惟允時爲濟南經歷都元敬談纂内述有此事

明姚綬岱宗密雪圖賦犄與泰岱維嶽之宗軼溟涬超鴻濛走崑崙奔龜蒙干乾元而直上奠坤維於大東肆燔柴以致望因吉土而升中克禋嚴乎周禮登禪卑乎漢封旣天下之爲小豈齊魯之班隆伊何參其崔嵬抑孰擅其尊崇曷徵求於岣嶁匪幻惑於崆峒谷風扇而春綠海日生而潮紅澗壑紛乎其爭流巃嵷䗫乎其相通披豐草之委翳藹嘉木之菁葱故於景也宜有密雪雲同一色霰集維結欻爾飄揚霏微零亂激烈顛崖撲簌流泉明滅僕夫旋其役車室人塞其傍穴爾乃牛羊下來飛鳥迴絶迺岡迺巘高平瑩潔迺紀迺堂迂遠昭晰皎長風之玉樹凝大塊之瓊屑若夫廟貌孔碩朱甍飛翬晃素光之玲瓏蕩淸景之依稀羌若墮梨花於夜徑沾柳絮於春衣金城澹而失色銀海眩而生輝於斯時也剡曲之舟未返洛陽之枕方安又豈知岱宗地位之若是其寬歟盤旋起伏崒嵂巑岏仰止是圖行止斯千嗟攀躋之罔由托繪事以縱觀在昔黃鶴山樵爲州郎官高古意趣付之筆端閱九寒暑始克告完由點染之神妙度布置之艱難前保有者宛邱後人什襲愛護縑墨如新洞物情之靡常齊理數之屈信慨楚弓之得失擴襟抱於無垠粵維雲東仙館所峙其中虛明儲古圖史壬寅卯月爰記得此崮而作賦貂續先士爲岱

宗以敷陳壽作者於不死烏乎維嶽降靈生周申甫屛翰於國煒煜於古篤生賢哲世步其武如樵隱淪研穎是伍發祕藏於庖犧首履歷於神禹追輞川之逸駕鬭北苑之藝圃故予覩天機之流動惜良工之心苦盜將自游藝而充廣收造化之眾府

國朝有金枚仲者爲趙仁圃宗伯作岱宗邱壑圖十八幀仁圃凡三題之其後朱孝純亦有泰山圖勒石岱廟語詳總覽之三

國朝趙國麟題金枚仲全嶽圖鶴髮老翁同余好千巖萬壑藏懷抱長臂移來七二峯矗立窗東靑浩浩下蟠坤軸鎭地維上拂羲馭映晴昊西走崑崙勢欲連東趨溟渤影如倒九龍飛舞天門左丈人獨立吳觀表崖松不濤六月寒洞雲未雨瀑垂縞黃現西迴鳳翔下石經亭子水雲島呂公王母會瑤池飛泉亂落水淼淼傲來插天仙掌露蔽虧西麓招提繞當前古樹抱樓臺山椒曲磴登山道我昔垂髫捧杖時追隨陟降酬尼禱漸長漸成山水癖時結同人事幽討穿雲醉踏靑芙蓉冒雨登峯拾瑤草北窗坐對快怡神貧兒暴富飢腸飽十年不睹故人面夢中猶自記了了斗人久乏濟勝具揆奇遊券亟如掃一旦牀前可臥遊何當縮地逞神巧金子金子公不愚拍手大笑移山老

顔肇維題泰安趙相國泰山全圖元化宰天地混沌既已分扶疎孕靈氣四嶽代為尊德至則封禪七十有二君虞巡與周狩大禮明堂陳我昔壯年日振衣升其巔鐵鎖懸仄徑雲流手可捫破石開瀑布白界青松痕日觀小天下雞鳴扶桑暾東皇抱我宿沆瀣相吐吞東溟化朱海萬里金波掀俯視辨汶泗回瞰魯北門吳練渺何許秦石猶復存相傳桐柏頂不及茲山根故知挾土壤豈恃形嶙峋自與梁父別奄忽四十春年來宦京邑獲接蓮府賓相公宋室冑世為南城人結廬山之陽致君精魯論夙望瑚璉器共推社稷臣請君六合雨未過膚寸雲倘閒出山日鄭重別南郵畫山呼枚仲下筆如有神丹青十八葉十年功始完從此逐几杖密於平生親載之過瀚海載之歷八閩載之居皖江載之上平津衡華不敢擬龜蒙盡兒孫冉冉孤生竹其節何巑岏每當休沐出時復懷故園短歌以攄意持示頗殷勤何物輭大石卷縮不盈端昔遊未得半今乃觀其全始知神靈宅眞遇誠為難中有仙人橋彷彿石梁懸中有仙人影髣髴石室顔乞身倘更至投策龍池邊青冥四萬丈懼非衰朽干公為泰山主高風邈三賢我亦從之去勿怪其癡頑

論曰符子云登乎泰山下臨千仞之淵上蔭百丈之松蕭蕭然神王一邱矣言不出乎耒耜心不過乎俗人其猶木犬守戶瓦雞司晨也陳季方云譬如桂樹生太山之阿上有萬仞之高下有不測之深上為甘露所霑下為淵泉所潤當斯之時桂樹焉知泰山之高淵泉之深況夫遊息瞻矚於其閒固宜以道德文章著者如前所述也不然居高而識卑將如符子所譏矣

岱覽卷第二十九終

岱覽卷第三十

泰山書院院長陶山唐仲冕六幕輯

博覽三卷三十

虞衡金石 材木 蔬果 藥草 花卉 鳥獸 蟲魚 總論

山海經禹曰天下名山經五千三百七十山六萬四千五十六里居地也言其五藏葢其餘小山甚衆不足記也天地之東西二萬八千里南北二萬六千里出水之山者八千里受水者八千里出銅之山四百六十七出鐵之山三千六百九十此天地之所分壤樹穀也戈矛之所發也刀鎩之所起也能者有餘拙者不足封於太山禪於梁父七十二家得失之數皆在此内是謂國用傳云山林之木衡鹿守之澤之萑蒲舟鮫守之藪之薪蒸虞候守之泰山廣袤百餘里絡靈巖徂來且數百里濟漯汶瀾繚其閒非所謂高山大藪廣川能生良材者哉禹貢曰岱畎絲枲鈆松怪石孔穎達云岱山之谷有此五者美於他方故貢之也陸德明云怪石碔砆之屬林氏曰怪石可爲器用之飾非玩好也爾雅云中有岱嶽與其五穀魚鹽生焉注云泰山有魚鹽之饒疏言五穀黍稷麻麥豆也泰山東近海禹貢海岱惟青州厥貢鹽絺海物惟錯言其饒多非一種道書福地記曰泰山多芝草玉石長津甘泉

信乎寶藏貨殖之區也乃自今觀之石山鮮茂林剛風罕宿羽寒窟無羣獸危巖深澗詎復有良玉仙芝葢在查志隆時已云然矣即王弇州記玉皇頂宋繹田記白鶴宮皆有柏數百株今悉童濯此其故何哉周禮山虞掌山林之禁令物爲之厲而爲之守禁澤虞林衡亦如之至於迹人丱人掌勵掌葛雖至纖悉必有限制故曰山不槎蘖澤不伐夭魚禁鯤鮞獸長麑麇鳥翼鷇卵蟲舍蚳蝝蕃庶物也他處且然況泰山乎秦儒議封禪猶云惡傷山之草木土石始皇燀虐除車道甚且赭其山漢以下多爲五嶽禁芻牧採樵史稱唐開元十三年去泰山十里禁樵採後晉天福二年詔斷嶽鎮樵蘇宋祥符元年詔泰山四面七里并社首徂來俱禁樵採從征記云苑囿神奇故無螫蟲猛獸而漢武宋眞皆縱遠方所獻珍禽奇獸雖其事或不可訓亦足以明峻極發育之隆也故漢有山虞長五代有岱嶽鎮使都虞候宋有巡山侍禁巡山供奉等職見於記籍碑銘金章宗時山東多盜潛匿泰山巖穴閒按察司請刋除林木統軍使曰岱宗王者受命封禪告代國家雖不行其事山亦不可赭也議遂寢自是後經兵燹重以利民戕伐工役鑱毀寖失其舊職虞衡之官廢故耳然以土會之灋辨五地之物生雖今昔異宜猶有可案籍稽者一曰金石二曰材木三曰蔬果四曰藥草五曰華卉六曰鳥獸

七曰蟲魚

山海經云泰山其上多玉其下多石又云環水下多水玉漢書云泰山見黃金魏志高堂隆傳云鑿泰山之石英太平御覽云紫石英自大峴至泰山皆有泰山所出尤瓌瑋名醫別錄云白石脂赤石脂逐石竝生泰山陰白石英大如指長二三寸六面如削白澈有光政和本草圖經云兗州雲母一名雲珠色多赤一名雲華五色具一名雲英色多青一名雲液色多白一名雲砂色青黃一名磷石色正白生太山山谷又云太乙餘糧石龍芮石鍾乳石硫黃滑石長石絡石竝產岱元石生泰山之陽山陰有銅白者雌元者雄池北偶談云張

華東公延登崇禎丁丑三月遊泰山宿大汶口偶行飯至水濆見水中光芒特異出之則一石可尺許背負一小蝠一蠶腹下蝠近百飛者伏者肉羽如生蠶右天然有小凹可以受水下方正受墨因製爲硯名曰多福硯而銘之爾雅蝙蝠服翼郭璞注齊人呼爲蟙䘃故又名蟙䘃硯公門人劉文正理順馬文忠世奇夏攷功允彝諸公皆有銘贊亦奇物也歷城志云羊肝石產仙臺山可以磨鏡磨鍼石出交戰峯上水石出袁洪峪及涌泉庵有甘子土出搭山及苦洪峪可以和錫攷古錄云漢時濟南爲產鐵之地後漢志言東平陵有鐵歷城有鐵又韓稜傳肅宗賜陳寵寶劍曰濟南椎成注椎直追反漢官作鍛成是不惟產鐵又出名劍今靈巖寺之鐵袈裟其精英發見於地上者也靈巖志云雨花巖產上水石道里記云金井河可採白金而東坡集云徂來珠子煤自然有龍麝氣以水調勻以刀圭服能已鬲氣除痰飲專用此一味阿膠和之擣數萬杵卽爲妙墨不俟餘法也陳公弼在汶上作此墨謂之黑龍髓此皆金石之特產者也

(明)張延登蟙䘃硯銘文曰泰山所鍾汶水所浴堅勁似鐵溫瑩如玉化而爲蝠生百族不假雕飾天然古綠用以作硯龍尾繼躅文字之祥自求多福。右銘硯今未知所在

國朝(趙國麟)請開煤窰疏竊以民生衣食之源無事不上

廑

宸衷凡可以遂民之生利民之用者多方籌畫逐一舉行而臣下一得之愚苟有裨益於民用者亦悉蒙

採納臣以爲民非水火不生活百錢之米卽需數十錢之薪是薪米二者相表裏而爲養命之源者也東南多山林之區柴薪尚屬易得北方旱田全藉菽米之稭爲炊苟或旱潦不齊秫稭少收其價卽與五穀而竝貴是民閒旣艱於食又艱於爨也若煤固天地自然之利有不盡之藏資生民無窮之用大江以北所在多有卽臣籍泰安萊蕪寧

陽諸郡縣悉皆產煤此臣所素知者特以上無明示地方有司恐聚衆滋擾相沿禁採遂使萬民坐失其利臣竊見京師百萬戶皆仰給於西山之煤數百年於茲未嘗有匱乏之虞聚衆生事之處何獨不可行於各省乎臣請勅下直省督撫行令各地方官查勘凡產煤之處無關城池龍脈及古昔帝王聖賢陵墓並無礙隄岸通衢處所悉聽民閒自行開採以供炊爨照例完稅地方官嚴加稽查如有豪強霸佔地棍阻擾悉置於法將見煤禁一弛貴值少取用宏民之獲受利益永永無窮矣爲此具摺奏請伏

祈

皇上睿鑒施行

木以松爲長詩徂來之松新甫之柏博物志云松本石氣石裂而受沙卽產松松三千年更化爲石泰山多松亦以多石耳又云松脂淪入地中千歲爲茯苓泰山有之水經注云詩謂徂來之松廣雅曰道梓松也抱朴子稱玉策記曰千歲之松中有物或如青牛或如青犬或如人皆壽萬歲又稱天陵有偃蓋之松所謂樓松也魯連子曰松樅高千仞而無枝非憂王室之無柱也爾雅曰松葉柏身曰樅鄒山記曰徂崍山猶有美松泰山圖志云十八盤兩峽口各有松數百株蒼翠相掩里人名爲對松自峪以上松益老他樹殊不相敵蓋至

此則元雲宿霧孤寒不受春花矣從征記云泰山廟中柏皆二十餘圍夾兩階赤眉嘗斫一樹見血而止今斧創猶在後漢書云蔡邕行泰山見爨桐聞爆聲曰此良木也取而爲琴又山海經云泰山多貞木一名冬青埤雅云柘宜山石柘之從石義取此齊景公爲弓稱泰山烏號之柘岱畝圖經記云岱宗之阪有秦人之松漢人之柏又云玉符之山上多栝柏多椒攷古錄云樂毅報燕惠王書薊邱之植植於汶篁潘岳笙賦鄒魯之珍有汶陽之孤篠焉而古詩亦云冉冉孤生竹結根泰山阿靈巖志云靈巖多千歲檀此並材木之足採者也

明程大約徂徠之松賦惟靈山之崒嵂挺貞松之蹇產傲冱寒之雪霜淩排空之崿巘貫四運以不雕歷千年而長衍條盤結而益密枝紛披而彌遠形如鸞鳳勢若虯龍象亭雲之靄靄類偃蓋之童童抽纖莖以森竦布芳穎之青葱迎輕飇而發響儼靜夜之絲桐上有翠實素髓離離馥馥偓佺食而養性永籍名於仙籙下有青牛紫苓靈藥異獸探玉策之祕記延萬齡之長壽然彼蒼煙以代漆書陋魏臺之石墨超漢室之隃麋

果之美者則酉陽雜俎云濟南郡東南分流山上多杏大如梨黃如橘土人謂之漢帝杏亦曰金杏岱史云山果有梨栗

棗棶梅杏桃李柰石榴銀杏櫻桃林檎核桃蒲萄羊棗文官
果無花果諸品多植於嶽阯園林其在嶽者多野生曰山榴
獮桃野棠岱畝圖經記云黃山多棗橡之實近游草云野人
獻木瓜色香殊倫詢之產自徂來蔬之蒔於畦圃者弗志岱
史云野生曰薺茶藜藿蘧芹枸杞椿楝榕欒芽俱可葅香美
竝異八櫛樹芽和糜粥亦佳曰枸骨芽曰蒡春土人甘之又
云茶薄產巖谷閒山僧閒有之而城市則無也山人採青桐
芽曰女兒茶泉崖陰阯茁如波稜者曰仙人茶皆清香異南
茗黃芩芽時爲茶亦佳本草圖經云石蕊生泰山石上如花
蕊葢苔衣之屬也其味如茶王隱晉書唐褒入泰山食木實

餌石蕊以代茗遂得長年泰山紀事云宋政和中趙鼎臣等
遇張景巖景巖袖中出茯苓松葉佐酒此皆林巒之品味也
若乃藥草之著於圖經者遠志天門冬千歲虆徐長卿草龍
骨松肪柏實茯苓丹參茵陳茵芋女萎狼毒連翹藜蘆澤漆
瞿麥香附子元胡索天麻一名赤箭舊傳竹林寺老僧種參
化爲天麻故生竹林者尤良又景天一名愼火或盆養置於
屋上可以辟火聞見錄云宿野人之廬前有藥竈地多鬼箭
天麻元參之類于愼行亦云岱宗之西多五色芝多赤箭服
之已人風疾國策云求桔梗柴胡於睪黍梁父之陰則郤車
而載紀勝云徂來生九節菖蒲特異他產刀圭效靈懸壺者

必求焉
花卉則岱史所錄牡丹芍藥紫薇淩霄夜合辛夷長春梔子
玉簪萱葵臘梅薔薇雞冠鶯粟山丹月季蘭蕙茨菰石竹菊
百餘種蔓生於樹曰藤花可蔬鹿葱花別名曰黃花菜味美
雖皆恒有足供賞翫
鳥獸博育於山谷書史所詳則山海經云泰山有獸狀如豚
而有珠名曰狪狪其名自訆玉篇云泰山獸名㺂如牛一角
別錄云英雞常食碎石英故名人服之最補取英之功也岱
史云鳥多野鴿巢巖穴及嶽祠榱題多鳩雀有鸒鵅鷹鸇鴉
鵲惟嶽祠無鴉曰山僧聲如念佛曰紅娘子色如胭脂曰拖

紅練拖白練皆以尾色名有雉雞山雞野雞鴜鶬黃鸝鶺鴒
翡翠布穀晝鶬有翠羽褐衣如晝鶬者沒有鴛鴦鷺鷥鸕鷀
鶻鵃野鶩獸有麏麞玃兔兔有兩其足者不能走每跳一二
丈許曰跳兔有黃鼠蒼狐白狼在深山窮谷而登封之地無
之此其可攷者也
晉郭璞狪狪贊蚌則含珠獸胡不可狪狪如豚被褐懷禍
患難無繇招之自我
圖經云蛞蝓一名蝸牛生泰山池澤又云石蜜多在泰山石
窟中有經一二年者氣味醇厚入藥良別錄云伏翼卽蝙蝠
生泰山川谷食諸乳石精汁皆千歲純白如雪縣志云山蠶

出泰山東北麓石鱗魚生石澗中長四五寸許色似銀多脂而骨柔善驚匿釣者常以暮夜又有赤黑色者石蟹大於當三錢雜溪石間絶多此又蟲魚之可珍者也

論曰周易是類謀云泰山失金雞注金雞泰山之精則莫知爲何物而宋眞宗封禪還作樂章紀五瑞一曰醴泉二曰神芝三曰慶雲四曰靈鶴五曰瑞木則槩由傅會然不特此也郎紀錄諸産案圖索驥詎可盡致乎我

朝詔除香稅後每春秋祈賽麕至太守輒置一佐僚彈壓泰山以牒上之監司而殿最之亦古虞候意也使誠修其職皇財蕃物俾古人所謂山東富饒甲天下利賴於泰山者信而有徵非周官九職任萬民之大端哉

岱覽卷第三十終

岱覽卷第三十一

泰山書院院長陶山唐仲冕六幕輯

博覽四卷三十一

齊諧 祥祲 神異 物怪 總論

和聖有言山林川谷丘陵能出雲雨見怪物載於祀典者謂之神孔子亦曰山川之神足以紀綱天下者其守爲神管仲曰沈有履竈有髻戶內之煩壤雷霆處之東北方之下者倍阿蛙蠪躍之西北方之下者則泆陽處之水有罔象丘有峷山有夔野有彷徨澤有委蛇由斯以談宇宙閒氣化流行眞精聚散兆而爲吉凶幻而爲鬼物皆其誠之不可掩而足與人事修悖相感通非探之杳而索之冥也任昉述異記俗說盤古氏頭爲東岳史記天官書望氣經云渤海碣岱之閒雲氣正黑色世之巫史稗官者流好爲揎攘大言以蹈語怪之戒而跼蹐尋尺者至於皇極庶徵之符鑄鼎備姦之用亦疑爲虛迂不敢道蒙以爲二者皆非也夫古稱望祀徧及山川成周震疊百神受職是知凡巨瀆名喬莫不分司上帝鎭攝生靈況泰山爲四嶽宗長超鴻濛混希夷妙變化而宏長育者乎謹備述歷史所載休咎之文諸家所記冥感之蹟物類之奇切於岱故者俾攷覽者得以採擇焉

其徵爲祥祲者竹書紀年云夏帝發之七年泰山震是年桀

立述異記云桀時太山山走石泣先儒說桀之將亡泰山三日泣今泰山石遠望之若人泣葢是也周武王謂周公曰桀爲不道走山泣石拾遺記成王卽位四年旃塗國獻鳳雛載以瑤華之車駕赤象至京師育於靈禽之苑及成王封太山禪社首文彩炳燿中國飛走之類不復喧鳴咸服神禽之遠六年燃邱之國獻比翼鳥雌雄各一以玉爲樊使者皆拳頭尖鼻衣雲霞之布如今朝霞歷百餘國十五年乃至成王封泰山禪社首比翼鳥多力狀如鵲銜南海之丹泥巢崑岑之元木遇聖則來集以表周公輔聖之祥異也子華子云周公作成周定鼎於郟鄏修和周郊於是吾之宗君薦其所以爲

祥者曰太山之器車也禮運山出器車注謂若銀甕丹甑也禮緯斗威儀其政太平山車垂鉤注云山車自然之車垂鉤不揉治而自圓曲家語注象車也孝經援神契德至山則山出木根車應載萬物漢武紀太始二年三月詔有司議曰往者朕郊見上帝西登隴首獲白麟渥洼水出天馬泰山見黃金宜改故名今更黃金爲麟趾裹蹏以協瑞焉漢書郊祀志有星孛於東井後十餘日有星孛於三能望氣王朔言後獨見塡星出如瓜食頃復入有司皆言陛下建漢家封禪天其報德星云魏相傳云元鼎二年平原渤海太山東郡溥被災害風俗通云孝武皇帝封廣丈二尺高九尺其亭曰皇帝敬

拜泰靈其夜有光如流星柳宗元貞符云漢用大度克懷於有氓兹其爲符也妄臣上引天光增以騶虞神鼎俾東之泰山石閭作大號謂之封禪漢眭宏傳孝昭元鳳三年春正月泰山萊蕪山南匈匈有數千人聲民視之有大石自立高丈五尺大四十八圍入地深八尺三石爲足石立後有白烏數千下集其旁劉向封事云冠石立於泰山而孝宣帝卽位臣瓚曰三石爲足一石在上故曰冠石也漢書又云宣帝元康元年三月鳳皇集泰山三年春神爵集泰山賜諸侯王丞相將軍列侯二千石等帛有差賜吏爵二級民一級女子百戶牛酒鰥寡孤獨高年帛成帝河平元年泰山山桑谷有鳶焚

其巢郡人孫通等聞山中羣鳥鳶鵲聲往視見巢爇盡墮地中有三鳶鷇焚死樹大四圍巢去地五丈五尺易曰鳥焚其巢旅人先笑後號咷京房易傳云人主暴虐鳥焚其巢其後飛燕專寵後宮有子者殺之竝殺其母帝崩后坐誅此焚巢殺子後號咷之應也許皇后傳云五月庚子鳥焚其巢太山之域王者處民上如鳥之處巢百姓畔而去之若鳥之自焚也後漢書光武建武中元元年泰山雲氣成宮闕時方封禪漢官儀云世祖封禪有白氣一丈東南極望正直壇所有青氣上與天屬遥望不見此瑞命之符也章帝元和二年二月己未鳳凰集肥城辛未幸泰山柴告岱宗有黃鵠三十從西

南來經祠壇上東北過於齋宮翱翔升降至桓帝延熹四年六月庚子岱山及博尤來山竝頹裂未幾而漢亡矣拾遺記云魏明帝太山下有連理文石高十二丈狀如柏上下合而中開望若真樹也父老言秦末二石相去百步蕪沒無有蹊徑及魏帝之始相近如雙闕土主陰類魏為土德斯為靈徵晉書五行志武帝泰始四年七月泰山崩墜三里京房易傳云自上下者為崩泰山之石顛而下厥應人君辱聖人受命太康二年六月泰山大水蕩析三百餘家溺死六十餘人繩武案晉書通志皆作流三百餘家殺六十餘人獨通攷作六千餘人以太始七年河洛伊沁溢流居人四千餘家殺二百餘人例之自當以六十為是時平吳後王濬為元功而詆劾妄加荀賈為無謀而竝蒙重賞收吳姬三千納之後宮此其應也成帝咸康八年有石然於泰山八日而滅時趙石虎建武八年後虎旋敗宋孝武帝大明元年白雀見泰山魏書靈徵志云延昌三年八月辛巳兗州上言泰山崩頹石涌水十七處泰山帝王告成封禪之所也而山崩泉涌陽黜而陰盛岱又齊地也天意若曰當有繼齊而興受禪讓者齊代魏之徵也武定六年四月泰山甘露降凡祥異禨見皆暑與時事相徵隋書五行志後齊天統初泰山封禪壇玉璧自出近白祥也岱為王者易姓告代之所玉璧所用之幣而自出將有易姓王者用幣之象其後齊亡地入於周及隋文受周禪天下一統焚柴泰

山告祠之應也然開皇十四年將祀泰山令使者致石像神祠未至數里野火欻起燒像碎如小塊時帝頗信讒言猜毀骨肉滕王瓚失志而死創業功臣多被夷滅故天見變而帝不悟其後太子勇竟被廢戮唐書高宗永徽二年七月泰山大水元宗開元十三年封禪先是車駕至岳西來蘇頓有大風從東北來自午至夕裂幕折柱衆恐張說倡言曰此必海神來迎也十一月戊子雄雉馴飛泰山齋宮冊府元龜云有雄野鷄飛入齋宮馴而不去久之飛入仗衛忽不見邠王守禮等賀曰臣謹案舊典雌來者伯雄來者王又聖誕酉年雞主於酉斯蓋王道遐被天命休禎臣請宣付史館以昭靈貺從之夫封禪以告成功祀事無重於此者而野鳥馴飛不忌禁衛不祥實甚天寶之亂其基此矣寰宇記云元宗登封之夕凝氛昏晦迅風激烈皇帝出齋宮露立以請及明清霽旂常不搖事畢至山下日光重戴明曜五色千官稱賀其日大赦以靈嶽昭感封泰山神為天齊王則符應之說也宋史五行志藝祖乾德二年七月泰山水壞民廬舍數百區牛畜死者甚衆玉海云真宗大中祥符元年五月王欽若奏泰山醴泉出丁丑王母池水變紅紫色六月乙未天書見醴泉北冬十月戊申王欽若獻泰山芝草三萬八千五百本十一月丁酉內出泰山封祀上尊酒及玉女白龍王母池新醴泉賜輔

臣三年正月壬戌內出泰山芝草賜輔臣人十本四年以泰
山芝草裝寶山二百每山十一本六年十月泰山興工有鳥
狀烏嘴趾皆赤役夫稍憩卽飛鳴作起之聲衆工見其來畚
鍤爭進將晡而去日以爲常目爲催工鳥宋史云時羣臣數
奏祥瑞龍圖閣待制孫奭上疏曰五載巡狩虞書常典觀民
設教羲易明文何須紫氣黃雲始能封嶽嘉禾異草然後省
方今野鵰山鹿竝形奏牘秋旱冬雷率皆稱賀將以欺上天
則上天不可欺將以愚下民則下民不可愚將以欺後世則
後世必不信腹誹竊笑有識盡然上玷聖明不爲細也惟仁
宗嘉祐三年七月泰山上瑞麥五百本一本凡五岐以視祥

符時博設瑞物以文飾太平者何如也元世祖至元九年九
月泰山淫雨河水溢成宗元貞元年六月泰山大水武宗至
大元年九月亦如之仁宗延祐元年三月泰山大雨雪三日
隕霜殺桑六月大水害稼文宗天歷元年順帝元統元年皆
大水至正六年二月泰山地震七日明宣宗宣德三年三月
泰山廟火憲宗成化二十一年春泰山屢震王鏊震澤紀聞
云成化中梁芳韋興等言於昭德勸上易儲會泰山震內臺
奏曰泰山東岱應在東朝得喜乃解上曰彼亦應天象乎曰
陛下卽上帝東朝上帝之子也何謂無應上首肯始詔爲東
朝選妃不復易太子矣武宗正德十六年三月岱廟東廊火

世宗嘉靖十六年六月泰山水漂溺數百人二十九年十二
月岱廟火三十年六月泰山大水御帳坪決神宗萬歷十四
年四月碧霞宮內香衆踐踏死者六十一人二十五年六月
泰山崩三十年六月水自大小龍口發御帳衝毀五大夫松
仆崖石崩盤道盡爲阻塞民死以千計四十八年正月初九
日岱廟配天門青龍神口噴火自焚巡撫王在晉具災異疏
夫五行志事相感召昔人言之詳矣前代之可驗於岱宗者
歷歷也詎得謂天道遠哉
〔明〕王在晉陳岱廟青龍神口噴火自焚疏其畧曰夫神高
二丈則非人力可攀躋法象莊嚴則非人情敢戲豫巡邏

警密則非人踪可潛匿火從何來乃炎炎忽從口出可怪
孰甚焉青濟之墟泰山爲鎭以山川宣洩之祕靈爲海岱
休咎之先見凡物情所格政治所通有響輒應以今觀齊
事之艱難如火之益熱矣衝棚在野而傳烽守堞之無人
彫服從戎而鳴鏑流磻之未息是焚林之災也閭閻括窮
土之毛加編至再笞杖流凶年之血疊比無休是炊骨之
征也奪牛而存焦土田畯罷耕截流以繫行舟長年屏跡
是燃眉之急也焚將及幕而不知其危爇且加薪而不虞
其燎是厝火之危也被髮以捄鄉鄰不辭昏夜閉戶以踈
同室未見纓冠是焦頭爛額之情形也且西方毘盧之佛

金碧輝煌東方青帝之宫錙銖抽索鋮頭削鐵誅求及衆施之金錢佛面刮金饑兵藉十方之香火官僚之供應於斯軍民之衣食於斯凡典禮工費等項靡不取給於斯而又科餉以爲地方之衞也神不能分身以應不難捨其身付之烈燄以息無已之求意者神明有怫然欲吐之衷勃然不平之憤乃披露於口以令人之悟乎青龍爲震方之神神火爲離明之燄山曰岱宗門曰配天所關詎尠少哉火主鬱鬱而不宣洩則醞釀以至於焚今朝政之鬱何如欸欽點之閣員遷延數月行取之科道淹滯八年九卿六垣之印信半置塵封連章累牘之奏聞諠高天聽泉石多

沈淪之侶廟廊懸虚曠之銜在内之人情鬱甚矣九邊之兵馬半抽而折衝上下之魚書踵至四海之芻糧再倍而中澤哀鳴之鴻雁無歸輓蹄盡而無可望之菑畬丁壯空而無可徵之庸調在外之人情鬱甚矣肅殺盛庚辛之氣荒蕪抛戊己之屯珠犀充甲乙之帳介胄爲癸庚之呼於是少舒其鬱於丙丁豺虎潛伏於深山長蛇吐氣於巨澤羽林之佽飛不練而勾陳之備虚北門之鎖鑰猶懸而元武之權失於是先示其變於青龍自古國不用賢則火焚庠序歲有饑荒則火焚庫廩師衆莫捄則火焚軍壘神之吐火其必有以感之矣誠能敬天以勤民用人以圖治散財以得民以此告之泰山之靈定脈脈爲之昭格焉赫赫大威萬無以爲尋常之災異而第責臣工青衣角帶之修省也

漢班固白虎通義封禪篇天下太平符瑞所以來至者以爲王者承天統理調和陰陽陰陽和萬物序休氣充塞符瑞並臻皆應德而至德至天則斗極明日月光甘露降德至地則嘉禾生蓂莢起秬鬯出太平感德至文表則景星見五緯順軌德至草木朱草生木連理德至鳥獸則鳳凰翔鸞鳥舞麒麟臻白虎到狐九尾白雉降白鹿見白鳥下德至山陵則景雲出芝實茂陵出黑丹阜出蓮甫山出器

車澤出神鼎德至淵泉則黄龍見醴泉涌河出龍圖洛出龜書江出大貝海出明珠德至八方則祥風至佳氣時喜鍾律調音度施四夷化越裳貢孝道至則萐蒲生庖廚萐蒲者樹名也其葉大于門扇不搖自扇于飲食清凉助供養也繼嗣平則賓連生于房户賓連者木名其狀連葉相承故生于房户象繼嗣也日歷得其分度則蓂莢生于階閒蓂莢樹名也月一日生一莢十五日畢至十六日一莢去故莢而階生以日月也賢不肖位不相踰則平露生于庭平露者樹名也官位得其人則生失其人則死狐九尾何狐死邱首不忘本也明安不忘危也必九尾者何九妃

得其所子孫繁息也于尾者何子孫常盈也景星者大星也月或不見景星常見可以夜作有益于人民也甘露者美露也降則物無不盛者也朱草者赤草也可以染絳別尊卑也醴泉者美泉也狀若醴酒可以養老嘉禾者大禾成王時有三苗異畝而生同爲一穟大幾盈車長幾充箱民有得而上之者成王訪周公而問之公曰三苗爲一穟天下當和爲一乎後果有越裳氏重九譯而來矣

應劭風俗通義正失篇俗說岱宗上有金篋玉策能知人年壽修短武帝探策得十八因讀曰八十其後果用耆長武帝出璽印石裁有兆眹奉車子侯卽沒其印乃止武帝

畏惡亦殺去之封禪書說黃帝升封太山於是有龍垂鬍髯下迎黃帝黃帝上騎羣臣後宮從者七十餘人小臣獨不得上乃悉持龍髯拔墮黃帝之弓小臣百姓仰望黃帝不能復乃抱其弓而號故後世因曰烏號弓孝武皇帝時齊人公孫卿言漢之聖者在高祖之孫今歷正値黃帝之日聖主亦當上封則能神仙矣　謹案尚書禮天子巡守歲二月至于岱宗孔子稱封泰山禪梁父可得而數七十有二葢王受命易姓改制應天天下太平功成封禪以告平也所以必于岱宗者長萬物之宗陰陽交代觸石而出膚寸而合不崇朝徧雨天下唯泰山乎封者立石高一丈二尺刻之曰事天以禮立身以義事父以孝成名以仁四守之內莫不爲郡縣四夷八蠻咸來貢職與天下無極人民蕃息天祿永得祭上元尊而俎生魚壇廣十二丈高三尺階三等必于其上示增高也刻石紀號著己績也或曰金泥銀繩印之璽下禪梁父禮祠地主去事之殺示增廣也禪爲壇墠當有所與也三皇禪于繹繹明已功成而去德者居之繹繹者無所指斥也五帝禪于亭亭亭德不及于皇亭亭名山其身禪于聖人三王禪于梁父者信父者子言父子相信與也孝武皇帝封廣丈二尺高九尺其下有玉牒書祕書江淮閒一茅三脊爲神藉五色土益雜封縱

遠方奇獸飛禽及白雉加祠兕牛犀象之屬其亭曰天增授皇帝泰元神策周而復始皇帝敬拜泰靈其夜有光如流星晝有白雲起封中于是作明堂汶上令諸侯各治邸車駕前後五至祠以元鼎六年告封改爲元封武帝已年四十七矣何緣反更十八也就若所云明神禍福必有徵應權時倒讀安能誑招期乎奉車子侯驂乘上下臣不預封事何因操印沒石乃止暴病而死悼傷無已又言武帝與仙人對博棊沒石中馬蹄跡處于今尚存虛妄若此非一事也予以空僞承乏東嶽忝素六載數聘祈祠咨問長老賢通上泰山者云謂璽處刻石文昧難知也殊無有金

篋玉牒探籌之事春秋以爲傳聞不如親見見之人斯爲審矣傳曰五帝聖焉死三王仁焉死五伯智焉死其隕落崩薨之日不能咸至百年詩云三后在天論語曰古皆沒太史記黃帝葬于橋山騎龍升天豈不怪乎烏號弓者柘桑之林枝條暢茂烏登其上下垂著地烏適飛去後從撥殺取以爲弓因名烏號耳

其驚爲神異者亦有足爲愚頑之棒喝奸慝之鈇鉞篤道信志之旗章者矣唐書天文志岱宗爲十二諸侯受命之府道書福地記云泰山多仙人室攷古錄曰左氏國語未有封禪之文是知三代以上無仙論也史記漢書未有攷鬼之說是

知元成以上無鬼論也博物志始云泰山爲天帝孫主召人魂知人生命短長後漢書方術傳許峻自云嘗篤病三年不愈乃謁泰山請命烏桓傳死者神靈歸赤山赤山在遼東西北數千里如中國人死者魂神歸泰山也三國志管輅謂其弟辰曰但恐至泰山治鬼不得治生人而古辭怨詩行云齊度遊四方各繫泰山錄人間樂未央忽然歸東岳陳思王驅車篇云魂神所繫屬逝者感斯征劉楨贈五官中郎將詩曰常恐遊岱宗不復見故人應璩百一詩云年命在桑榆東嶽與我期然則鬼論之興其在東漢之世乎蒿虞初諸皋之說爭衒其奇或且不衷諸道矣博物志云齊景公伐宋過泰山

夢二人怒公謂泰山之神晏子謂宋祖湯與伊尹也琴操云聶政父爲韓王冶劍過期不成王殺之時政未生壯問母知之乃上泰山遇仙人學鼓琴七年琴成漆身爲厲吞炭變音以刀納琴中刺韓王此則或以諷君或以報父雖譎與俠猶爲近理若漢武內傳云西王母謂東方朔昔爲太山上仙官令擅弄雷電遂謫人間劉氏類山云漢武時有人騎白牛蹊人田田父訶之曰我北海使也將觀天子登封遂乘牛上山田父尋之惟見牛跡遺糞皆銀果何爲乎至甄異傳云沛國張伯遠年十歲暴卒至泰山下見有十餘小兒共推一大車遂亦推之俄風大起揚塵伯遠被吹賴桑枝而止聞家呼聲

遂蘇鬢中尚有沙塵後年長過泰山猶識桑如暴死時所見列異傳云蔣濟字子通楚國平阿人仕魏爲領軍將軍其婦夢亡兒泣曰在地下爲泰山伍伯所苦今太廟西謳士孫阿見召爲泰山令願母爲白侯屬阿令轉我得樂處且言明日日中當發具道阿形狀母寤以白濟濟遣人詣太廟下推問孫阿果得之悉如兒言因語其事阿曰若如節下言阿之願也不知賢子欲得何職濟曰隨地下樂者與之至日中阿果亡後月餘兒復來語母曰已得轉爲錄事矣搜神記云桓哲字明期居豫章時梅元龍爲太守病哲往省之語梅曰吾昨夜忽夢作卒迎卿來作泰山府君梅聞之愕然曰吾亦如君

夢經數日復夢協云某日當拜先一日晡時桓遽亡次日梅卒魏志云程昱少時夢上泰山兩手捧日昱私異之以語荀彧及兗州反賴昱得完三城於是彧以昱夢白操操曰卿當終爲吾腹心昱本名立操乃加日於立上更名昱也太平廣記云兗州張審通爲太山府君召爲詞申天曹乃取一耳安於額上既寤額涌一耳更聰曰三耳秀才侯鯖錄云梅詢嘗從眞宗東封因卜命於嶽神夢三牛鬬於庭有稱相公通謁者雖異之而不曉其兆既而得濠梁守有三石牛之數者亦幾誕矣裴松之注三國志於袁紹傳引搜神記胡母班見太山府君及河伯事於蔣濟傳引列異傳孫阿事識者譏其鑿

空語怪非史法也而古史苑所載宋馬默字處厚單州城武人知登州先是沙門島罪人舊額給官糧者三百人每溢額則取其人投之海中默建言朝廷既貸其生矣又驅之死地非恤刑本意乞選年深至配所不作過人移登州神宗深然之詔可著爲令一夕默獨坐假寐夢一人從空降如世所畫符使挾男女各一至前授默大呼曰我自東嶽來聖帝有命奉天符馬默本無嗣以移沙門島罪人事上帝特命賜汝子女言畢乘雲去後果生一男一女府志云李欽平陰人性至孝蚤失父奉母勉供甘旨母病醫藥不效欽乃竭誠禱神隆冬單衣輿母祈安於岱既歸母夢白衣人至其榻瀝水於身

比覺沈疴頓釋泰山紀事云杜運副使者杜汝標明經之父也未仕時夢謁郡守其長官趨迎登堂以上客禮之既出見階下一女子披髮裸體背受釘公驚問且意釋之曰此花奴也罪亦將滿命二役除釘拽出之越二載宴於萊蕪主人呼妓侑觴一妓私覷公與同輩刺刺語有夢中此君救我之言公聆之頓憶前夢曰前年夢中相遇背上穿釘者非爾耶妓遂泣謝蓋二年前此妓背疽斃而復甦夢中遇公救之公生平志潔行高感通神明如此廣平府杜和齋賡原任南京西城兵馬正直忠厚人多稱爲杜佛萬歷四十年七月廿七日有二衣白者到門請接詔時公不病也急出庭前跽聽一人

持白紙一幅高聲讀岱宗皇帝命曰作善降祥天賞不忒曰失暨濫衡鑑非人茲福善司主者遷吝爾廣平府杜賡植性溫良絕情濫殺命爾爲福善司使務察兆民之隱慈用示三等之昭報勿失良士勿濫庸情其以八月初一日任遲乃降罰讀畢公卽呼其弟前山東武德道副使名廉者同觀之詢以白衣之故曰取善人例如是言訖不見至期果卒冥詔猶存其家湖海搜奇云長州市民苻某皈心道門萬歷丙申六月夢郡隸入曰我東嶽使者屈公爲某司祭酒令且下先遣某爲通數日又見吏卒告舊官來請出迎一白衣貴人乘肩輿至揖入坐定言某久爲祭酒秩滿遷主天曹知公心平才

贍舉以相代幸卽赴任無負天朝寵錫也符曰某目不識丁何以任官治事幸公哀之別選能者貴人曰吾昔爲前官舉用亦不識字治事久之豁然通靈曹司吏典甚多無用勞擾耤公坐鎭雅俗耳本司文簿及一鷹一犬皆以交付符問鷹犬何用曰察人善惡日行千里不可少也語畢命吏卒上參貴人告去居數日沐浴更衣無疾而逝說儲云蔣濟爲泰山伯荀顗爲泰山君劉聰須遮國王韓擒虎蔡襄並閻羅王皆死而知後身者蒙按此則與羊叔子兒時能探金環於前生之家蕭夏卿爲嶽神降誕皆所謂生有自來沒有所爲者也特利被有廣狹其精爽至於神明者亦因爲差等理固然也

若其傳爲物怪者亦有之物理小識云泰山之市因霧而成或月一見嘗於霧中見城闕旌旗聞絃吹聲甚奇山海經云泰山有獸狀如牛白首一目蛇尾名曰蜚所經枯竭甚於鴆厲見則天下大疫陶宏景古今刀劍錄周昭王瑕在位五十一年以二年歲次壬午鑄五劍各投五嶽銘曰鎭嶽尙方古文篆書長五尺漢武帝徹在位五十四年以元光五年歲次乙巳鑄八劍長三尺六寸銘曰八服小篆書嵩恒霍華太山五岳皆埋之洞冥記云帝封泰山從者皆賜冰谷素葉之瓜帝解鳴鴻之刀以賜朔刀長三尺朔曰此刀黃帝采首山之銅鑄之雄已飛去雌者猶存帝欲銷之刀已手中化爲鵲亦

色飛去雲中列異傳云仙人王方平降陳節方家以刀名泰山寶環者與節方曰持此獨臥可使無鬼入軍不傷開天傳信記云上封泰山進次滎陽旃然河上見黑龍命弧矢射之矢發龍潛滅自爾旃然伏流於今百餘年矣旃然卽濟神也酉陽雜俎云濟南郡有方山相傳有奐生得仙於此南有明鏡崖石方三丈魑魅行狀了了然在鏡中南燕時鏡上遂使漆焉俗言山神惡其照物遂漆之又云僧朗住金榆山及卒所乘驢上山失之時有人見者乃金驢矣樵者往往聽其鳴響土人言金驢一鳴天下太平夢溪筆談云大駕玉輅自唐顯慶中傳之號顯慶輅迄今凡三至泰山登封其他巡幸尤

多乘之猶安若山嶽措杯水其上而不搖慶歷中嘗別造玉輅極天下良工爲之乘之搖動不安竟廢不用元豐中復造一輅尤極工巧未經進御方陳於大廷車屋適壞遂壓而碎只用唐輅其穩利堅久歷世不能窺其法世傳有神物護之若行諸輅之後則隱然有聲集異記云兗州徂來山寺有習儒業者堅心栖焉夏日忽逢白衣美女情款甚密及去以白玉指環遺之目送白衣行計百步許奄然不見乃識其處詩見百合苗一枝白花絕偉因斸之啟其重跗指環宛在其內泰山紀事云姜潛從石先生讀書去家百里每歸省隨意登途不問朝莫一日夜半乘馬佩弓矢一童前導睹林薄燈燭

熒煌悚怖不敢進姜曰鬼物耳策馬追視乃數人披髮席地博簺引弓一發皆弃散遺一碧石盆瑩然可愛遂取之又云山中之精如人長九尺衣裘戴笠其名金累遇之即死玉堂閒話云岱嶽觀樓殿咸古制年代寖遠一夕大風有聲轟然響震山谷及旦視即經樓之陊也樓屋徘徊之中雜骨盈車有老蛛在焉形如矮腹五升之茶鼎展其足則周數尺之地矣先是側近寺觀或民家亡失小兒不計其數蓋悉罹其陷食也多有網於其上或遭其粘縻絆不能自解而脫去必遭其害矣于是觀主命薪以焚之臭聞十餘里泰山小史云州署舊川堂東壁一日雲霧微生有物如鰌鱓飛出至半空雷

電轟掣霖雨如注太守因表其處曰龍窩府志云順治二年三月泰山之麓有獸茹草食田禾狀如豕毛色似鹿獵者莫知其名土人謂之野猪蓋即山海經之狪狪也惜當時無識者說郛云凡陽宅衝處率樹小碣曰泰山石敢當石敢乃五代時勇士先是晉高祖自鎮州朝京師適愍帝出奔止傳舍敢袖鐵錐侍高祖遇變遂與左右格鬬而死稽宅經須避方煞故取石敢當耳其曰泰山則又鎮宅之義也蒙按是說新奇而文義不屬仍以泰山石連讀爲是此碣大河以北在在皆然亦不知始於何時人謀鬼謀百姓與能魑魅罔兩莫能逢之殆亦方書星辰門圖鬱壘之遺意也乎

論曰風俗通義引孝經云聖不獨立智不獨治神不過天地同靈造虛由立五嶽設三台泰山長嶽配天所以神也然其神在於出雲道風長育羣生非符瑞以爲徵幻怪以爲異也聖人在上風雨節寒暑時民無札瘥物無菑厲斯即岱宗之神靈應而嘉祥備矣詩所謂懷柔百神及河喬嶽者詎不亮歟

岱覽卷第三十一終

岱覽卷第三十二

泰山書院院長陶山唐仲冕六幕輯

敘覽一　卷三十二

陶山圖

陶山　鵰夷山　東崦　報恩巖　西崦　幽棲寺　望湖巖　泌水　澗北莊　翔鸞驛　長沙唐氏新阡

自敘

陶山

陶山在岱西百二十里自泰山而傲來峯而分水嶺入肥城爲五道嶺分支而西南爲牛山由牛山中斷而崛起者爲陶山冠石壘雲方棱四削負陰抱陽堂皇洞敞左右環列如屏幛其下澗谿溝塍果林牧地皆沃壤平楚暢衍極目史記稱范蠡浮海出齊變姓名爲鴟夷子皮又懷其重寶閒行以去止於陶父子耕畜廢居候時轉物致貲累巨萬范蠡三徙成名於天下卒老死於陶故世傳曰陶朱公正義曰括地志云陶山在濟州平陰縣東三十五里止此山之陽也今山南五里猶有朱公冢路史國名紀陶唐氏後陶高辛封之范蠡變

姓名閒行止陶今鄆之平陰有陶山攷漢地里志泰山郡肥城應劭曰肥子國後漢郡國志濟北國盧有平陰城元和郡縣志河南道鄆州平陰縣西南至州二十里本漢肥城縣地陶山在縣東三十五里范蠡葬處元豐九域志縣平陰在鄆州東北一百二十里有鬱葱山鴟夷山方輿紀要云金牛山一名鬱葱山宋眞宗賜名太平御覽云齊地記范蠡浮海出齊變姓名自號鴟夷子閒行止於陶山因號陶朱公後改曰鴟夷山在今平陰縣東蒙按肥成漢縣屬太山郡東漢屬濟北國壽省入盧縣劉宋時爲濟北郡治後魏復置肥城縣孝昌三年置東濟北郡治焉後齊郡廢後周置肥城郡隋郡廢

縣屬濟州唐武德五年以縣屬東泰州貞觀元年省入博城五代時爲乾封縣地宋改入平陰金曰辛鎭寨元至元十二年於寨置肥城縣屬濟寧路明屬濟南府今屬泰安府陶山在今肥城縣西三十里今平陰縣東四十里屬肥城之北申社山高五里有奇周圍九十里有二崦三十六峯七十二洞爲道書七十二福地之一案龜山白玉上經謂陶山在溫州瑞安縣陶貞白修藥處而金趙渢碑記指此山且范少伯因山而號陶公山名著於周末靈異顯灼必非因貞白而得名者所可擬也

正中曰陶山一曰鴟夷山爾雅再成爲陶丘山有重累之勢故名陶范蠡止此故稱陶公蠡號鴟夷子皮故又名山爲鴟夷也山頂爲翔鸞臺其體方峻其勢軒翥陶山狀若鸞停兩崦如舒左右翼此翔鸞鄉之所由名也府志云漢章帝時有鸞鳥來集攷漢章帝紀元和二年鳳皇集肥城詔又云乃者鳳皇黃龍鸞鳥比集七郡或一郡再見府志蓋本此孫柔之瑞圖曰鸞鳥者赤神之精鳳皇之佐雞身赤尾色亦被五彩鳴中五音上有天池一名陶山洞見肥城縣志臺東爲春暉巖有迎日洞又有黃華洞在懸厓峭壁閒樵者倒縋乃得入洞口金花爛開洞中深窈不可窮有佛象刻石壁若隱若現有石牀石几之屬巖下望之時有神人出入臺西爲明月嶂

有夕陽洞臺北爲瓔珞岡俗呼鷹落岡有盤鶻洞又北接引巖有元武洞象鼻洞又北臥牛峽有飯牛洞臺南爲師子巖有菩薩洞一名菩薩巖相傳隋開皇時文殊大士現化巖端久之祥雲冉冉入幽棲寺萬衆咸覩泰安府志云山前七十二洞其最著者菩薩洞蝙蝠洞西施洞肥城縣志云菩薩洞一名快哉洞居山之半高廣數尺人跡罕至左有飛泉洞一名三尖洞洞泉常涌右有金草洞丹砂洞又左爲丹屏峯赭石壁立如屛有慈雲洞每亢暘望洞中雲出卽雨矣下有鍾乳洞又右爲車蓋峯有歸雲洞與夕陽洞相接突起一石爲望鄉臺有紡車洞在獅子巖西南其南爲伏虎岡有蟋蟀洞

師子巖南爲挂燈巖慈氏之兆在焉其下爲壘石山右有巨石曰印峯曰卓筆峯丹扉峯南下爲蝸首峯圓椒戴土下有積水洞壘石山東南爲鼓臺下圓而上平有響鼓洞壘石山南下爲乳羊坪坪南爲青梯關登山者必由之有石屋洞坪西南爲展旗岡陂陀曼延凡山坳稍平山民皆𤰝爲田有燕泥洞淡竹葉洞上水石洞鼓臺南爲囷峯形勢圓峭下有猫兒洞展旗岡南爲黃山有白藏洞金蛇洞又有牧羊洞青梯關南爲乳羅山有水洞四皆挾陶陽諸壑之水南出分流而匯於潤肥城縣志云陶朱泉在陶山下山嶺閒向未開浚即此

東峪白接引巖迤東爲青霞峽有青霞洞蝙蝠洞肥城縣志云在菩薩洞之東門西向深邃遠透東岩無止極處中有蝙蝠盈萬大者如鳥水經注引元中注云蝙蝠百歲者倒懸得而服之使人神仙今洞中飛鳴亦如丹水石穴也又東稍北爲横石嶂又東爲攢洞嶺其下有通樵洞可通人行舞鶴洞木公洞皆有石象團圞洞東三尖洞皆形似又東爲柿子岡有丹水洞又東爲鳳咮峯有丹穴洞其下有墨濤洞洞中有水水中有石皆黝而柔良硯材也采者鑿洞口巖石就淺水剔取之出水便剛鞕以爲硯不減端溪洞南爲團瓢谷有柏坡其南有天王萬歲寺佛殿有大石柱四皆明宏治十年邨民所施刻有姓名年月製粗而字劣不足錄也寺宇三重古柏數株今稱東幽寺岱畝圖經記陶山有二㟝左曰東幽右曰西幽由來舊矣

元重修天王寺碑文曰重興天王萬歲寺記●前堂邑縣醫學教諭李承杜篆額并書●皇元德化遠被而奄有天下儒老道大行而佛道爲尤甚以爲佛能福國家壽人主遂精構佛居蔓曼廣袤由東漢而下迄宋金舊寺與今新建者蓋將經緯焉佛道張大蔑以加矣然寺古僧老用是蕪廢者班班有之若天王萬歲寺者其一也寺在濟寧肥城之北申里面原而背岡左右俱山嵐氣朝暮可掬實古

者方外遁世脫俗之地也殿舍傾壞不可措手佛象亦已圮毀所餘之舍僅禦風日其僧卒無有能自振者元統間有僧曰惠祥暨住持圓果慨然有興舊之志乃於邑中與夫田閒願成佛事者鳩其金既積而富迺召工人以圖其事首建法堂一區佛象稱是又爲西僧舍凡十楹廚舍處其東凡六楹又爲馬明王二浪關王共爲一堂神皆有象三門一座迫寺之田人遂不惜而願爲寺有俾墾之以供佛用種植諸木錯綜千有餘本而凡在寺者百廢皆興若然其亦佛之靈蔭有以相之歟夫事有巨細而人有勤怠勤者事無巨細而克襄厥功怠者事雖至細未有能成之

者今天王萬歲寺覆敗幾盡人皆以爲興之難不久而見殿宇佛象煥然一新若惠祥幷圓果者可謂勤而有功者矣古今寺不可勝算而殿宇佛象之需必有其人爲之左右使發廪庫給穀布然後得以終其功今惠祥圓果興廢起舊曾無一毫資於上而若有資於上者是葢能爲其衆人所不能爲者已然卽其大小論之此寺視諸地名寺固不無孟季之閒而地之遐僻又不與諸名寺密而所以爲國家延福祈壽則未始有大小遠近之別也功德主王宗道言□以其事宜書於石請余誌之故爲之記以塞來命●前鄉貢進士寧晉伯顏記又從而歌之其辭曰大河之陽肥城之垌巍巍煥然圯寺薦興寶殿華廊次第而成孰其能之惠祥之僧佛氏有靈克壽國家天道不息地道永寧祝我皇元天地常經●旹大元至正三禩季冬末旬吉日立石住持僧圓果監寺圓輝監寺圓進授帝師法旨管領濟寧路寺提點圓鏡工匠頭董德林男董上董志門人杜榮門人王從政刋搬載碑石杜信同周福王遵禮圓沼待詔胡榮祖○右碑在佛殿東階下西向高五尺五寸廣二尺額篆全題文俱行書碑首雕龍龜趺製甚堅緻碑陰橫題谷山佛峪寺下院下書僧派系寺四至及施人姓名案碑文雖非佳製以其爲元碑也錄之碑中圓果字多被

鑱削葢亦非良僧也伯顏當作巴延

〔明〕重修天王萬歲寺碑○右碑云古肥陶陽三齋居易人鄉進士張一鵬撰刻字匠傅讓幷書正德元年丙寅季春吉日立在佛殿西階下南向眞書額篆重修天王萬歲寺記文未錄

〔國朝〕重修東幽寺碑○右碑云刑部四川司郎中張嗣宗撰幷書乾隆十八年癸酉四月立在元至正碑南行書額篆重修東幽寺碑記文未錄

鳳味峯迤南爲報恩巖巖北有白姑洞黃姑洞南有柏香洞其下有關帝廟廟南爲報恩宮奉元君宮內古柏皆數百年物黃冠多植花木予於乙未年修墓寓焉門前溪澗縈迴澗南有亭亭左有泉甚清洌或曰東泉洞宮西石壑廣數丈瀑布飛瀉東崦之水於此南下出陶山南會諸山溪西南流爲大澗宮東南有十二重樓明末鎭守太監所築爲母后祈福旋經兵燹僅存四重四壁屹立至今人猶稱十二重樓也樓東有淅米洞報恩巖東南爲小日觀上有二洞不知其名又南爲小泰山岑崿絶類岱頂上有石廟祠元君每年六月六日遠近邨民祈賽於此其陰亦有元君洞下有碧雲洞其東北巖有金牛洞與牛山洞相通可二十里昔有樵人自牛山洞持獾膏炬匍窣行穿金牛洞而出下有逐狼洞小泰山南

下有五福觀觀內古柏二株大數抱供洪範五福象觀門外古柏四株小橋流水致爲清邃觀東有鹿遊洞九芝洞洞西北有精舍一區倚山爲樓甲午之夏予從先公營葬事假館鳩工葢李氏别墅也今亦易主矣

西崦自臥牛峽而北爲仙人巖有西施洞肥城縣志高近絶頂非梯攀不能至相傳西施同陶朱公隱此又北有牛女嶂有織女牽牛二石下有羅漢洞又下有采石洞其上有石柱峯其石中楝楹之用洞中石可作碑碣又北迤西爲寶藏岡其下有黃金洞黑金洞有人於洞中得礦穴然偶爾得之繼而求之弗得也其上有彌勒洞又西爲五湖山有西三尖洞下有包山洞又西爲幽棲巖林木蒼翠南有竹林寺俗呼無影寺寺有石室三楹在懸岩數仞間薛磴層級蘿葛延緣旁有井泉曰無影洞右有瀑布崖崖壁有宋宣和刻字頗剝蝕下有藏眞洞

（宋）宣和竹林寺磨崖碑文曰夫東平府者平陰之界翔鸞之鄉缺山之景缺堂院三代之孫楊缺名之義積之功煉磨眞性通達妙缺彌勒之缺勸化一方之善缺菩提缺路陶山幽棲寺廣缺衆仙缺嶺上高僧出嵒崖嶮峻步缺行缺堂雲集完砌好缺文三門遠望懸空裏鐘樓經閣耳聲缺竹林一寺水澄清滴缺青龍洞府神仙隱日光弁缺現紅缺生騏獅子動缺山高峻嶺步難行羅漢洞中壬癸缺裏面賢聖念經聲缺祥現毫光萬道照天門窗缺閃灼缺蓮花盆裏行彌勒缺三代阿僧救萬民累劫缺率內院結良因指一大缺化現眞身三八同缺遠化他方共四鄰發願捨缺樑柱錢缺米絹珍●缺寧缺宣缺謹捨淨財鑴佛缺施袈裟一套後葢大殿淸吉家眷平安各報生身缺亡缺報三缺遍缺法界衆缺將來缺定超三缺長生求雨文竹林求雨缺林泉缺物滋榮缺聖賢雨露洒成淸缺無不感神天旱後孛然苗缺冬蒼缺暖缺太平年龍隱深潭煙缺忽覩黑氣吐白缺告來缺下萬餘缺宮爲寺相公朝罷萬民懽感謝皇恩缺宣改缺表缺德名額掛高遷德士缺見三缺同缺安寧永作太平年願皇帝萬歲缺臣千秋缺宜常居祿位●宣和二年庚子歲仲冬己酉日缺安撰缺書記石匠張全○右記勒崖壁東向記上橫勒竹林寺磨崖碑彌勒口口修大口之圖供口記十八字記中近上有方闌畫彌勒佛象記文環其前後及圖下前八行圖下八半行後亦八行行字多寡無定圖記外作一大闌似加刻舊記之上者其前尚餘數行可辨云佛道汪洋錄之缺永超生死方缺悟眞心然時屬末缺荒迷缺衆缺德力缺薄二缺繼缺良缺籍精缺衆缺以傳缺不捨施缺石缺殿牆

基諸餘緣事缺當請超法師缺叙子缺官力施缺悟法師叙子一隻缺又有一行隱約施錢姓氏有博士行者等稱案此記當在宣和之前因無年月可攷竝識於此原闕三尺八寸圖記占三之二高三尺

國朝重修竹林寺碑○右碑云會首劉坤男傳世名世廩膳生員劉傳世撰文府學生員劉祖堯書丹乾隆三十一年歲次丙戌二月立在石室前西向眞書記文未錄

竹林寺南里許爲幽棲寺俗呼西幽寺本陶公幽棲寺爲范少伯立也唐時供佛而祠少伯於其右有貞觀石碣廣明石幢宋眞宗嘗駐蹕焉金大定時重修殿奉如來文殊普賢十

八應眞棟宇崇麗象設精嚴殿有六稜石柱凡八雕鏤花紋題刻姓名甚工整勝東幽寺多矣佛殿前有十王殿後有戒壇亦花紋石柱但無刻字今竝頹廢僅存中殿山門猶巋然古刹也肥城縣志云寺有鐘聲聞百里少伯祠在佛殿西祠以木主屋三楹繚垣爲門頗有槐榆古木 國初邑令史廷桂所葺祠北半里爲少伯墓墓前有碑不著立人姓名詳見史廷桂詩碣

唐貞觀佛象記碑其殘文曰缺二千迴缺了七覺缺南此大方便者其有缺葺平曾植博隨任德缺錄事參軍中庸布德請缺歸位廉愼爲心寬平缺倍功效可尚聲著聞天缺遂改授壽州前塘縣令缺性恭儉爲人簡約務前缺翦冀長淳和當官歎缺暮之迩謝職恨攀轅缺祖信唐貞觀元年缺七日吏部授廬州孝感缺九毗百里撫贊一同合缺威恩閭里缺其仁和缺唐授上騎都尉缺擅干戈橫行靜缺我直踢掃還城之缺命賞剋著疇庸缺爰有佛弟子趙懷相缺遠照覺鏡員明缺之餘保想慈顏之缺○右碑在韋馱殿南牆下高二尺五寸闊三尺二寸上半刻三佛象殘缺不完案碑文義似敘其祖父官勳立碑年月無攷土人以有貞觀字呼爲貞觀碑今仍之

陶公墓碣○右碣高三尺五寸廣二尺陽刻佛象下刻觀

世音經佛象上橫刻篆書忠以事君智以保身千載而下誰可比倫唐貞觀元年四月二十日補刻佛象右側刻秦李斯晉題及青松子唉讚并劉宋時盜墓事陰刻霸業朽忠名在此堆土黃金塊傳萬古人人愛綱常維宇宙賴二十四字案此碑錯雜無論書亦近俗以有貞觀年號姑識於此

陁羅尼經幢文曰佛頂尊勝陁羅尼經序經文未錄●幽棲寺住持僧道堅僧缺僧缺●申家疃缺男重順重建男十二女弟子邵氏女弟子李氏女四娘子新婦劉氏新婦李氏孫男缺申家疃當疃後蓋此寺或有所施缺無不缺

其利施主馮良進楊元李皋馮立徐宗徐乂徐幹曹缺●汪缺劉圓缺邵元缺樊亮侯寬樊慶盧缺張元信王君則宋素潘元遂李武侯君則張忠周張敎張忠爾張君慶楊元陟奉缺於天王堂內缺西方缺●母尹氏弟元拱兒元賞元贍元實元敎長兒新婦賈氏次新婦馬氏侯氏新婦李氏姪男從章從缺從景從周從儒男佛留菩薩留缺●沙門貞一沙門繼崇沙門行悟沙門缺紫蓋缺汾水處塵讚鐫石幢子缺吳宏章●廣明二年歲次辛丑二月已卯朔十五日癸巳建立○右幢八棱立於殿前階臺之東高五尺二寸有蓋有座俱鏤花紋

〔金張汝爲題名〕文曰同知東平府尹遼陽張汝爲仲宣緣相驗規措場務道經陶山暨平陰令汶上郭好問辯道陽穀丞厭次張禋子誠宿於幽棲寺聞山主福超不憚辛勤用心化辦興修一新深可嘉尚因以書之庶激後來住持者正隆改元歲次丙子閏十月廿有六日●正隆二年仲春二十五日住持僧惠演立石○右碑在殿前階臺西側南向高二尺五寸廣三尺六寸行書

〔石柱題名〕文曰本縣安樂鄉黑渦邨進義校尉張定妻焦氏男張平張明張和新婦杜氏李氏王氏李氏孫張琛張進張福張勍張彬張全潤兒喜兒新婦孫氏韓氏劉氏鄧

氏許氏翟氏重孫張成拾得狗兒韓黑兒馬兒合家四十口施石柱一條願家門清吉大定十七年二月日●榆城鄉胡家屯李順幷妻趙氏女二姐次女六姐合家施花錦石柱一條願合家隨心如意吉祥者大定十七年二月日記里人張彥刊●本縣安樂鄉趙家寨進義校尉朱平同男朱免次男朱乂新婦孟氏周氏孫男六兒八兒三兒十兒孫女三十七姑郝奴合家共施花錦石柱一條願保合家清吉大定十七年二月日記●本縣安樂鄉故縣邨石用幷姐姐石氏姊夫焦端洎妻孫氏男九兒女田女宜女共施石柱一條願保家門清吉者大定十七年二月日記

●本縣大留邨劉政幷妻張氏女大姐姐劉氏合家共施花錦石柱一條保合家清吉●大留邨霍友幷妻周氏同當邨龐家門下靖氏共施石柱一條各家門清吉●大留邨進義校尉趙乂幷妻劉氏男趙珪次男趙和新婦吳氏苗氏孫男僧兒六十二□□馬兒□□六兒七兒重孫宜春□□新婦徐氏共管柱一條合家淸吉●北申邨黃靚幷妻董氏男定僧洎男大犍小犍女喜娘壻柴寧外生董娘蕭兒翼兒劉僧合家共施花錦石柱一條保家門清吉○右八柱柱皆六方題名皆眞書各在一方佛龕前四柱題名皆東西向後四柱皆南向後四柱雖無年月自是一

時竝立者
〔重修幽棲寺大殿碑〕文曰陶山幽棲寺重修大殿記・將仕郎新授涿州軍事判官趙渢撰保義校尉前守徐州酯務同監郭大輿書并篆額・自佛法入中國天下名山大川梵刹所居者十八九至於千百載相傳不絕嘗觀自古貴爲王侯富可埒國第宅過制者往往氣燄自取顛仆或一傳或再傳蕩析無餘其理安在盍因爲梵宇者以道得之富貴者以力取之固不可同日語也昔世尊捨淨飯國王之貴逃於空山無人之境備諸苦行累年而後道成唯以慈悲爲本於衆生若有利謚雖頭目髓腦亦皆捨棄視

其身爲何物安有自奉也及其道著故天下之人唯恐奉之不至此乃心悅誠服匪由力取非以其道得之者安能如是哉吾鄉陶山幽棲寺其來遠矣因陶朱公昔嘗隱其中由是得名其寺廢興載於前記其山號爲洞天一福地奇蹤異跡徧滿巖谷是宜靈仙神龍之所居臺洞池泉皆有仙聖之號歲時水旱鄉人祈禱輒應而文殊大士似經過去劫於此山有大因緣時現種種元相驚人耳目由是人謚信向奔走靈承之不暇而寺宇制度甚古往往土木朽腐前人久欲更新而未果也大定四年惠沂上人嗣住持事覩其室宇卑陋輒欲更刱而復念工費浩博未易輕

議姑累小成大補弊增新爰自三門廊廡夾室講位祖師眞堂洎大法厦積歲累月無不完緝唯大殿尚仍舊貫迺集其侶別議更始上下聞之翕然樂從四方檀越亦皆願施方議擇木於原隰采石於澗壑涓剛辰庀工徒斤築雷動響振崖谷不日告成舊基才三尺今則增而倍之向來卑陋今則崇大矣向來黝暗今則顯敞矣向來鄙樸今則無遺巧矣迴視舊製如椎輪之於五輅也於是中設聖象金碧光耀恍若天成所費無慮巨萬人皆樂施自非沂上人行業信於鄉國智略妙於經畫未易辦此寺之始終洎更刱之故雖已敘述復有一轉語敢告諸衆如來遠離世

閒一切諸有而於無所住生心豈以一室美惡易其道哉雖然弗藉於此無以開一切信向之門爲其徒者宜觀田夫田婦攻苦食堅茅屋不庇風雨而我以佛力故居則崇基峻宇食則香積妙饌夏處清涼冬居溫密受人天妙供何以報佛恩德荅檀越信施哉然彼以財施而我以法施財施者旣盡心則法施者若非戒律堅持通悟法眼未易副彼所希利謚之心耳敢以此告仍繫以銘辭曰煒煒煌煌法中之王具慈運悲廕覆十方深愍有情苦海茫茫誰爲拯濟賴我法航炎炎口宅羣子痴狂方便誘掖俾就清涼三車取喻牛鹿洎羊爲其徒者心宜自量蒙彼慈廕得

大吉祥願報佛恩烏可口忘戒律精持勇猛堅剛因戒生定發智慧光財施法施利益交相刻辭貞石千載流芳。大定二十二年歲次壬寅十月戊戌朔十五日壬子東平府管內僧錄判知教門事崇業大德定德立石。右碑在佛殿前西墀東向額篆幽棲寺重修大殿之記碑文行書碑高六尺二寸廣三尺八寸螭首龜趺碑陰載施人姓名錢數

〔明增塑十王朝地藏碑〕。右碑云登甲午鄉進士前知山西壽陽縣承事郎古肥趙縉譔文儒學廩膳生員周旋書丹生員周忠題額大明宏治龍飛十三年歲在庚申小春

下浣六日吉時立石本縣知縣慶雲張希達縣丞錢安主簿郝文典史李信儒學教諭林賢訓導張璽王德威並眞書額篆幽棲寺增塑十王朝地藏碑記在東墀下記文未錄

〔幽棲寺重修大殿碑〕。右碑云正德十年歲次乙亥孟冬月吉旦日泰安州僧無瑕撰牛山寺僧興謙書知縣唐卿縣丞毛玘主簿姜備典史劉廷章並眞書額篆幽棲寺重修大殿記在西墀下記文未錄

〔幽棲寺重塑佛象碑〕。右碑云前邑庠生唫齋張良輔譔聽選官劉岱書丹大明嘉靖六年歲次丁亥仲冬吉立肥城縣知縣進[illegible]俏縣丞李應暘主簿缺典史缺千戶所掌印千戶胡衞並行書額篆肥城縣幽棲寺重新裝塑佛像之記在東墀下記文未錄

〔幽棲寺重修山門碑〕。右碑云邑人省庵居士黃順卿譔文聽選官劉岱書幷篆大明嘉靖十三年歲次甲午孟冬望日立肥城縣知縣田助縣丞李遇時主簿楊滋典史江鯨千禦千戶所胡衞助緣施主胡思貴助德施主劉景並行書額篆幽棲寺重修山門之記在東墀下記文未錄

〔重修幽棲寺十王殿碑〕。右碑云萬歷十一年九月吉旦四川六番招討使司經歷前德府審理副東山張繼業謹

撰浙江東越山陰冀樓王文炳謹書肥城縣知縣李思問縣丞周有人主簿鄒學詩並眞書額篆重修陶山幽棲寺十王殿碑記在西墀下記文未錄

〔重修幽棲寺地藏殿碑〕。右碑云賜進士出身承德郎任戶部河南山西淸吏司主事奉勅總理宣撫鎭糧儲以中官參劾落職陶南逸民張梧頓首拜撰崇禎九年歲次丙子仲春吉日立文林郎知肥城縣事朱光林主簿饒九卿典史白光文儒官張桐生員張灼如□張滔如鼎朱延修書楊名世並眞書額篆重修陶山幽棲寺大佛殿西配地藏殿落成記在西墀下記文未錄

國朝重建陶公幽棲祠詩刻（幷記）文曰憶昔扁舟去千年何所之那知窮谷裏長此臥鴟夷問山陶是姓訪洞則名施桑棗屯湖水纜船裝欲歃神通僧夢幻古佛繡巖碑三唉歌存漢青松再子皮雖云留白字金穴總傳疑禪岱逖經蹕幽棲寺占祠野棠寒食路落日照蕪蘼古蹟無人到藤花走鹿麋我來瞻拜起四顧立遲遲樵牧先申禁檥檻訪故基工鳩因俗豫昭儉翦雲荚十日成三舍馨香卜盛粢越人奠齊酒對此長相思緣夢稽山暗公應記舊時功成不居霸富以散而奇金鑄空餘想寒嵐鎖獨知胥江濤亦冷湖舫月漣漪爲謝炎炎客毋來此祝尸●案公自霸越後扁舟至齊止於陶號陶朱公卽今肥之陶山是也山內有纜船椿山前有湖屯諸處相傳爲古昔山面湖之故基而山麓公墓在焉舊有祠創於秦在公之舊居處名陶公幽棲祠有篆碑曰忠以事君智以保身千載而下誰可比倫後則繫以斯從上封泰山還聞蠡墓在此弔書斯者丞相李斯也至漢於祠前建佛殿去陶公二字改爲幽棲寺卽於寺內立祠祀公一日有老人自稱青松子對塚三唉三點額旣而手指塚口誦八言曰霸業朽忠名在此堆土黃金塊傳萬古人人愛綱常維宇宙賴誦畢化爲香風不見遂刻其語爲漢讚隋時則移祠於塚右以秦碣有忠

智字名曰忠智幽棲祠卽今之遺阯是也然秦碑漢讚皆殘斷剝蝕無復完好至唐貞觀元年四月二十日有好事者重刻於石幷鐫鴟夷歌於額立之塚上隨有一寺僧夢公語之云爾於我塚上泯其名僧寤遂刻佛象佛經於碑陰易面而立以混其跡今則依然以佛象佛經爲碑碣也塚不甚高聞劉裕時有盜見碑讚黃金二字夜開塚視內有斗大四白字曰某人不可其人見之驚走終於塚南旦視四大字傍有梟終塚南四小字視所終者卽其人也嗣是人無敢犯此事頗怪得之破碣伏莽中宋眞宗封泰山駐蹕肥之金牛山返而過此瞻弔公墓差稱盛舉自後迄今山僧野老間有修葺佛寺而終無妥我神居者矣余於順治乙未春來令茲土當兵燹之餘古蹟雖存山寺並圮狐兎荆蓁荒涼特甚謁公墓而爲之惻然延至戊戌山僧保性修理佛寺募余首事寺工旣竣漢額重新余因得訪隋時遺阯構寺三楹迴從秦額曰陶公幽棲祠以祀公寺與祠聯圜牆廊舍亢立空山且封墓而高大之敢謂此千百年僅事而樵夫牧豎則謂公爲越相而余以越人故私之抑知余之所以感慕乎公者自有在也祀之日賦有短章幷蒐其逸事以付之石適邑文學田見龍會拜祠下遂書以鐫之●順治十六年九月中浣之吉浙湘書巖史廷

桂識○右碑眞書在少伯祠簷東壁橫長二尺高一尺

〔重建陶朱墓讚碑〕文曰陶山之陽幽棲之側一塚屹然千秋獨立傳爲越臣於焉遺跡緬想當年爲越良弼敗於會稽困於石室雖在顛沛臣節不失知足忠完脫君險阨念載圖復寢不安席終能沼吳霸業顯赫功成者退日中則昃長頸鳥喙早焉心惻扁舟五湖飄然遐逝鴟夷子皮變名自匿更號陶朱致富敵國忠以事主知以自庇千載而下誰可與匹霸業雖朽忠名不斁口口黃金此土是惜綱常既維宇宙扶掖乃至於今滄桑幾易秦篆既杳漢讚誰識積然荆榛一片孤石蘚食文字久莫可索第見樵夫牧豎躑躅而歎於其側曰此非越大夫之墓與何碑字之模糊覺今之非昔時維乙未春日熙熙招侶攜朋於茲一適憑今弔古晨遊竟夕謁公之祠尋公之蹟覩茲湮沒心焉惻惻千秋芳躅可聽泯滅興廢補弊何惜千百爰命匠石創爲再勒非謂公之霸業於茲謚著庶幾青松子三笑三點額指塚口誦之八言不致於遂熄●肥城縣生員王琯撰文平陰縣監生張嗣宗書丹平陰縣歲貢張嶽齡重建大清康熙五十四年歲次乙未四月吉旦○右碑行書在少伯墓南案碑云爰命匠石創爲再勒蓋墓前碑所稱眞觀補刻者此時又重刊也

〔重修陶山幽棲寺碑〕○右碑云乾隆四年歲次己未蕤月上浣之吉肥城縣廪膳生員張景運撰文儒學生員馬振宗書丹並眞書在佛殿東墀下記文未錄

〔金〕劉仲傑〔登陶山寺〕遺跡千年事恐誣幽棲誰信爲陶朱不知古寺東山洞曾與西施共隱無

〔明〕李蓘〔春日同王春元遊幽棲寺〕連朝城郭染紛華覺路追尋豈厭賒擬向夜深還對月獨憐春早未逢花倘來軒冕原無意到處溪山浪作家更喜吹笙偕子晉不妨歷覽入煙霞

幽棲巖西爲望湖巖下爲大谿在幽棲寺左有流泉洞泛舟洞旁有神魚洞西崦之水逕此南流而下匯於澗流泉洞泉流數泓禱雨輒應望湖巖前有巨石爲峯曰纜船樁土人言周時山坳卽湖今則深谷爲陵耳上有青松洞虬枝橫出山色俱蒼或云卽讚墓之青松子所居又西稍南爲忠智巖有鑄金洞其下卽少伯墓又西南爲曼陀巖有朝陽洞洞門南向方可容車廣如堂室爲朝陽初洞又登二十級亦如之爲朝陽中洞又登二十級深廣倍於前洞爲朝陽上洞三洞四壁皆刻諸佛法相入洞陰黯定睛視之生動莊嚴洞心驟目夏月皆寒噤起粟冬則溫和如春煦矣初洞之右有竅穴上通上洞旁入無底疑有神物往來元明之季居民多避兵於

此明李攀龍肥城城碑記云在昔陶山之役動勤王師余猶及見之葢一崦天然石墉外峻內奥諸洞皆可受多人固嘗有負山為砠者矣又西南有梳粧臺其西北又有西施洞洞內有石樓高峭不能上又南為嘯猘谷有白猿洞又南為孝福嶺二山相連或云孝福即嘯猘音相似也上有穿雲洞又南為莽牛山有百泉洞洞水常流崖石間如匹練也又南為小華山東有蓮花洞石瓣攢簇如蓮西岩有西王母洞羣鴉棲洞口短樹道者以為青鳥矣

陶山南為泌水山下有大澗發源於東崦西南流橫過山前山中及西崦之水皆會焉入於肥水西南匯為白銀河歸東平運河水經注汶水又西南有泌水注之水出肥縣東北自源西南流逕肥城縣故城南樂正子春謂其弟子曰子適齊過肥肥有君子焉左逕句窳亭北章帝元和二年鳳皇集肥城句窳亭復其租而巡太山即是亭也其水又西南流注於汶蒙案肥水即蛇水水經注蛇水出蛇邱縣東北大山西南注於汶今肥水出五道嶺下逕肥城東而西南流者為康王河會黃山下水為肥河陶山南有衡魚河即泌水也匯九泉東西流皆入於汶以濟運

當陶陽為澗北莊在澗之北聚三四百戶石廬葺籬炊煙相接田雖磽而人勤耕牧歲有薄收無千金之家亦無凍餒之

人年七八十以上者往往不識冠葢莊西有三官堂古天和觀也又南為曬書臺府志云相傳孔子經遊處上有大成書院

元天和觀碑文曰眞大道天和觀記●賜紫淸眞大師教門知書趙淸琳撰崇教沖和大師前知書吳淸順篆額浙右儒生教門徒弟周正誼書丹●汲肥城之北申有觀曰天和乃大道五祖太元眞人門弟悟眞大師薛德悟之所成厥功也是觀羣峯環立四野平疇東牛山而西孝福北陶山而南乳羅可以息羽流之棲隱可以味道腴於畊桑園圃豐秀以供盤飧倉庫足食以資口給殿堂廚舍小有可觀者矣夫大道元門之始祖無憂子劉公乃滄州樂陵人也志氣不凡劣而博學誦道德至於虛心實腹之句穎然大悟捨絕萬緣深造幽元之理大德既備感得太上親降授以正法於燕齊之閒聞者莫不敬仰教門徒以淸淨為本以耕桑為務斷其五辛去其六慾救人疾苦則不施鍼艾不賴符藥禱於虛空無不痊愈粱子榮有大風癩求治三日獲安趙大郎為妖狐所纏誅之千數然則神異多方葢亦不可勝數也大抵大道之教無為淸淨濟生度死本分農桑而供口體使之可免饑寒然後習聖人之大道以樂天眞將拯斯民皆不墮於淪溺矣惜乎師有其身乃

有大患於大定庚子歲三月有七日以法傳於大通子陳
君爲二代初祖於是月十五日坐脫登眞二祖闡行大敎
一十五年立觀度人允同初祖復有三祖純陽張君繼之
於四祖元陽毛君五祖太元廣慧眞人酈君代代傑出無
非天推見一授一傳源源不已六祖通元眞人孫君大闡
敎風譽振朝野七祖頤眞體道眞人繼承宗敎終始不違
前師後師其揆一也已上七業俱已棄世卽今崇元廣化
眞人岳君掌敎有東平路樂師沖和大師杜德順敬詣塋
下告曰立石以紀其事用顯敎風乃奉命於元師囑予爲
文不獲拒辭因爲次第之葢天和者必有所自來矣純陽

體乾乾者天也天乃道也人之率性授於天也率性謂道
道者氣也氣乃和也人之養氣出於和也出類拔萃是也
語云君子和而不同小人同而不和禮之用和爲貴先王
之道斯爲美小大由之知和而和大學云中也者天下之
本也和也者天下之達道也致中和天地位焉萬物育焉
至於修身齊家治國平天下則左右逢其原何莫由斯道
也故孟子有地利人和之旨元師有人和神睦之戒道是
道者可不以恬淡而樂天眞純素而養天和也哉至元二
十三年臘月吉日立石人薛德悟●賜紫元眞大師濟寧
路曹州眞大道都道判袁淸志賜紫元寂大師濟寧曹州

等處眞大道都道錄孫德足●忠翊校尉肥城縣達魯花
赤兼管諸軍奥魯名缺承事郎肥城縣尹兼管本縣諸軍
奥魯孟顯祖將仕佐郎肥城縣主簿張缺肥城縣尉李缺
●本縣匠人張信同本邨匠人吳德興鐫○右碑眞書額
篆眞大道天和觀六字碑高六尺廣三尺二寸螭首龜趺
在觀前階左達魯花赤當爲達嚕噶齊忠翊校尉以下四
官係由左書右惟記首沒字未詳
明重修天和觀碑○右碑云本郡教讀崔珪撰并書明宏
治歲次甲寅孟夏立右並眞書記文未錄
重修天和觀碑○右碑云本郡庠生王龍撰并書肥城縣

知縣缺縣丞李應暘主簿缺典史張排嘉靖歲次丁亥仲
秋立並眞書記文未錄
創修諸品佛碑○右碑云本郡耆儒王龍書撰明嘉靖歲
次壬子仲春立並眞書記文未錄
天和觀重修碑○右碑云濟南歷下七十三歲處士許應
元題明崇禎七年歲次甲戌孟夏立並眞書記文未錄以
上四碑俱立觀前階右
山南大道爲翔鸞驛宋史大中祥符元年十月壬辰車駕駐
蹕鄆州知制誥朱巽言奉玉冊至翔鸞驛有神光起玉冊上
丙午次翔鸞驛驛葢因翔鸞鄉而得名鸞或曰鑾初眞宗東

封法駕改用小駕儀仗名曰鸞駕山西南有鳳皇山下有鳳山社卽句窳亭遺阯漢章帝元和二年東觀記云鳳皇見肥城句窳亭楊樹上是也陶山左壁傲來右塹防門長城屛其北汶泌襟其南冉子故里先賢冉伯牛之所居也孝堂山漢孝子郭巨之所葬母也皆在山前後相距二三十里氣脈聯注而形體弗屬故不書

長沙唐氏新阡在陶山之陽立於乾隆之三十有九年謹案唐氏之先與陶同姓在夏爲御龍在商爲豕韋范氏亦其族也吾祖系出晉陽唐初爲莒國公儉宋爲質肅公介南宋遷於豐城明客長沙於善化長樂鄉有田盧萬歷時始墓於鄉

之師子山入善化戶世有隱德家饒於財好施與爲閭里望至先大父上舍棕舟公尤稱長者始好學屬先公石嶺府君於鄉賢李朗軒先生之門窮研性理致實行先公乃深求三代爲學之要格物致知忠恕一貫之指歸患漢宋以來煩言碎辭支離穿鑿隨聲是非其高明者以抃禦開悟逃儒入墨於是揭循禮體道契性達天切近漸積之功於制義中深發明之以爲時文者士子束髮從事先入爲主故其爲文精括軒豁使讀之者可以通經可以入道每一義出時論翕然所著詩古文詞必衷諸道晚年客於岱麓嘗作遊泰山記云孔子登泰山而小天下喻道也而躡屐而登亦復不易予登泰

山者數矣點籍混施錢閱視祠宇程作皆奔奏在公安得言遊遊乃自今日始是時也簪組既謝風日正佳體便攀躋輿涉超雋乃卻輿撰杖攜兒子仲冕及兩僕行出北郭遇一黃冠自勞山來鬚眉盡綠問之云崇禎七年生避亂入山今始出遊類有道者步趾如飛追之弗及余迺歷天門班萬仙樓酌護駕泉觀七十二君輦道憩五大夫松與兒子論巡望封禪事且論且行至十八盤陡絕如應劭所記勃窣蹣跚不能縱步然余行輒在兒子兩僕前經數盤輒小住以待度南天門探白雲洞遂陟太平頂凭養雲軒四顧夐豁羣山伏藏上與造化者遊而河海形勢瞭然在目因一一指示仲冕使徧

識焉道士進青精飯日下舂矣闢役石隖特幽奧卽謁丈人峯轉西天門下從北天門犖确入天空山世所稱元君得道處也怪石冷泉靈蹤詭異疑有虎豹守關猿鶴舞座庵荒徑僻凜乎不可久留乘月踏雲仍返穹巔至則夜分矣五更起上日觀立東天門觀日出回禮孔子崖向早坐呼仲冕而告之曰汝登山汝亦知學山乎泰山巖巖樹汝風骨山之邃邈宏汝器宇山之廣博廓汝識量曉日初昇汝養平旦膚雲乍合汝作霖雨積之以自卑資之以深造毋躁汝氣毋隳汝志則至於山且至泰岱矣不然是大山之麓止而不能升也小子勉之仲冕拜受而興歸途紆道經石峪石坪夷曠泉瀑數

流石刻北齊分書金剛經字大如斗上有明人刻大學百九十六言仲冕素業古本大學進而問曰大學節邪抑殘缺邪余慨然曰此宋儒所謂經也格致補傳與古本專責誠意者異夫物有軌範知當擴充誠意者格致之內功格致者誠意之實踐卽如余年六十有四一日之閒登岱四十里往返後石隖亦三十里而筋力不憊者遊興暢洽故也誠意也周覽椒麓則格致也不寧惟是山亦有然其起伏向背者格致之情狀其扶輿清淑磅礴鬱積者誠意之端倪故曰不誠無物此小子所宜沈潛偶於登山焉發之因書之以爲記居無何還湘西老屋乃注今文尙書古本大學中庸論語孟子年八

十猶手自錄訂注儀禮未成以屬其子仲冕仲冕幼稍通敏父兄教之經皆成誦壯遊四方學殖將落自惟孱昧不克續成前書別爲儀禮蒙求十四篇雖義本過庭而辭入里耳矣先公以乾隆辛酉舉於鄉戊子除平陰宰平陰者水經注云春秋襄公十八年晉侯濟河會於魯濟尋湨梁之盟同伐齊齊侯禦諸平陰者也京相璠曰平陰齊地在濟北盧縣故城西南十里平陰城南有長城東至海西至濟河道所由名防門去平陰三里齊侯塹防門卽此今防門北有光里齊人言廣音與光同卽春秋所謂守之廣里者也又云巫山在平陰東北昔齊侯登望晉軍畏衆而歸今巫山之上有石室世謂

之孝子堂也平陰居萬山中地嶮隘草竊伏匿爲居民苦先公至則窮其根株痛繩以法三月而外戶不閉與民言慈孝友恭之誼訟者感泣自毀其牒進子弟之秀異者親爲講授邑有雲門山石中階礙泰山將作儆採之先公以累民力爭得寢民至今謳思之邑城久壞修繕完固民忘其勞及甲午王倫之警恃以無恐先公於庚寅臈月移官昌邑而先母氏譚卒於平陰官舍先是先公自邑之郡輒經陶山相其陰陽指爲瑕丘後二年罷官益貧不克歸母櫬先公曰齊人愛我如父母乃命殯於此山之陽母氏事先大母彭最孝大母性嚴肅侍養者屏息不敢出聲母氏獨能得其歡心臨終謂先

公曰事親如汝婦可謂孝矣母氏勤儉雍睦族黨式之教子以義方無姑息之愛至官舍日率婦婢紡績不輟其葬也平陰肥城兩邑士民相率助庸穿壙負土成墳壙在山上山至嶮峭不可炊汲從麓至壙詰屈四五里壙又石槨天成堅整無罅斤鑿所入僅得分寸工徒登降傳餐日夕胼胝無怨色槨當前和開一洞穴紺砂中滿舉鍤除砂適足容棺推棺入穴仍以鑿石扃合如故棺初上山頗以攀陟爲危乃舁轝執紼者數百人齊歌蒿里蜂擁蟻附登躋如雲無少軒輊非先公惠政先母氏懿淑所感曷由至此而風俗敦龐鄰里[illegible]爲人子者能無雪涕稽顙於數百人之前乎此甲午年夏四

月事也其秋仲冕舉京兆竊自悲歎生無毛義捧檄之榮殁無郤詵輿柩之力徒懐蔡順圜冢之泣媿乏林攢作闕之祥昔孔僖卒葬臨晉其子長彥季彥皆十餘歲曰載柩而歸則違父命舍墓而去於心何忍遂留華陰仲冕願附二稚之義因以陶山爲氏歲在辛丑守合生儒延主泰山講院乃得以束脩所入當潤北天和觀之東置宅一區祭田三十六畝葺茅屋三間爲白雲丙舍直挂燈巖之南啓北窗則望見兆域矣然先公年七十餘猶教授里門乃閱歲一歸省甞甘旨至歲己酉卽世遺命若曰漢袁賀早失母其父伯楚病困敕使留葬侍衞先公愼無迎取汝母喪柩如亡者有知往來不難

如其無知祇爲煩耳昔人以爲淸高兒曹識之因葬故鄉之柳朮塘齊楚相違三千里雖合葬非古而展墓有期致多乖隔祖宗祠墓所在兄若弟若諸子任之仲冕當率妻子躬耕陶山之陽以終身焉癸丑春成進士釋褐除令將之吳中懼由是拜埽之疏曠也假道於肥攀條設祭記曰父母既沒必求仁者之粟以禮之此之謂禮終他日霑祿稍買山田便當返吾初服棲遲岱畎守墳墓蒔松柏與田更野叟追話先公遺愛岱下諸生復相從講學述先人之志業於願足矣迺作陶山賦以見志其詞曰維濟北之東郡乃岱西之南支越三布之崩岃循五道之逶迤鬱蔥度金牛之穴句蘇橫威鳳之

枝倚孝堂於郭巨闢幽洞於鴟夷蓋縣本肥而始建山以陶爲最奇也昔范少伯佐越句踐沼吳計成相齊名顯變姓閒行挈家重趼謂地擁乎肥河將物饒於岱畎于焉治生足資富產養魚有池牧羊有棧致貲百萬能聚能散固計硏之餘術實林澤之沃衍是山也歸然特起峙於平陸學岱宗之巖巖環羣峯之矗矗小山爲宮大山爲蜀其上平天而冠整其下蟠地而鐘伏石削成以橫巓土埴墳而附麓七十二洞簾窗繚曲玉几金牀可凭可宿東崦則十二重樓夷光之糚臺築焉西崦則幽棲古寺朱公之佳城卜焉泌水發其源淵泉遶其足濟北貫而渝漣汶南襟而波屬山峻川平縱橫極目

嘉禾遂生豈惟畜牧木則白楡翠柏果則文杏緋桃栜垂垂而葉赤棗纍纍而香飄春原肥苜蓿秋架蔓葡萄慈烏鶺鴒將翔將翱仙禽時集惡鳥無號蝙蝠飛於巖穴絡緯鳴於堂坳匪徵異於物產亦䅣毓於土膏左通橫嶺右控楡山長城爲障防門爲關自盧阿而達郡恒經過而仰觀曰吾先君之宰平陰也戢貪暴卹煢矜鋤稂莠培芝蘭雉雊於野犬氂於閑寢工作於雲石靖繇役於墉垣望茲山之旁魄隱有合於形家之言於後金豈乍凋銅綬亦解歸櫬無貲表阡有待大人乃謂牛眠可卜馬鬣斯在邑之士民聞之咸願率錢負土助我貧宰破石得椁起墳成塊惟予兄弟深抱譽阜千里窀

穸終身泣灑越今二十年矣終天復痛於椿庭合葬難返於湘水往來齊魯之郊卻畧荆楚之里愧夏畦之有依傷春暉之長已守邱壟以難期指松楸而至止山崴嵬而風高洞邃邃而雲起雷連絶壑緬懷前軌未嘗不歎范子浮家徒爲智士郭君葬母乃眞孝子也重曰陶山之脈祖泰岱兮名白陶朱善舉廢兮家世儒素躬負耒兮幽穸是營愁褦襶兮石室天成異金穴兮繼世牽絲守冰雪兮展墓愴懷辭鄙拙兮少游有志題截臯兮

仲冕自徙跣葬母以來往來岱下前後餘廿年主泰山講席者三年其時泰安黃大令鈐屬修邑志名山大川邑之望也

因與郡中學士大夫諏訪前喆遺文祕籍圖冊典章證三觀七十二峯之名狀溯環汶泮三谿及大小汶之分合下至云亭梁父社首徂徠諸山岡巒延屬疏其根節頗爲詳密志既成深惜蒐采之勤與登覽之周未能徧錄支山之在他邑者弗入焉蓋志邑體例宜爾也憶兒時屢夢登一大山與熊湘閒山絶不類後隨先公榆山任泰山在其東百八十里未能至或望見之歲在癸巳先公解組遊岱得携杖屨侍行屐齒所涉迴如宿遊一凌絶頂宛然髫齡目中故物也及居山齋嶽色近接窗几興至輒登凡山之椒麓背腹陰陽闔闢支絡斷續往往縋躡幽嶮以求之獲昔人所未經是不可以無傳

也且慈氏窀穸之山實惟岱之右麓邃絶鄉闈恒懼失墜張憑作誄崔寔勒銘顧惟檮昧不任表章庶幾寄名岳爲附庸分曰觀之餘照林巒旣顯阡壟亦存雖然經山脈水邱索遺文裔宗鬱采雅頌揚休蒙也於古作者無能爲役惟是徵夢童齔永懷明發目所周覽手爲追摹記見證聞命之曰覽敢云名山著作哉揚子雲云泰山之高不嶕嶢則不能浡滃雲而散歊蒸且夫闞井牖者不足以窮象緯履庬敦者不足以瀕方州岱爲時邁所先

帝者之上儀豈鯫生所能測竊念臣爲刺草典重苞茅雖不克臚擊壤隨屬車猶得重趼躋攀翹首

雲日之表幸排盲眯彌切就瞻謹錄

天章及

詔告儀物之昭垂者冠於首編以志庶民近光之忱

大觀在上眾山皆小煌煌乎

作覩之鴻烈而非區區遊覽之美談也說文覽觀也從見監聲徐鍇曰監臨也義取諸憑高而視下也於是輯原岱岱禮岱廟爲總覽三輯岱頂岱陽岱陰爲分覽七輯岱麓降禪諸山大汶及徂來新甫靈巖琨瑞爲附覽六輯岳牧文獻虞衡齊諧爲博覽四終之以陶山自敘爲敘覽一皆溯源竟委自上下下旁及枝附因以曼衍而要其歸於陶且敘所以編纂

之次曰
跨海而來巖峙北戒羣山稱宗萬物相代陽魯陰齊汶襟濟
背峯嵎參差周羅無外中阪鬱盤絶頂雄邁東南遼邈西北
附隘金石千圭詩章百輩乾端坤倪宣於泰岱作總覽一
逭昔虞巡燔柴肆覲成周懷柔薄言遠震於皇我
朝重熙廣運有卷者阿與山齊峻吁惟秦漢典禮淆紊開元
祥符匪驕則吝越數千年
皇極是訓攷度求章宣昭義問作總覽二
禮視三公德孚五帝立廟負山重闉釦砌
欽賜青圭累膺告祭淑明爲宮炳靈其裔扶桑崢嶸披袞茂

翳柏漢槐唐列左右衞遺參前榮環咏別第詎比靈光漫誇
瓌麗作總覽三
天柱峯高石如搢珽日觀月觀左右差等碧霞靈幽白雲溟
涬愛身崎峨望吳清迴篆失李斯文殘蘇頲漢碣唐碑蟠螭
列鼎石馬南馳丈人北挺環四天門曰太平頂作分覽一
南天門下飛龍翔鳳歷對松山望朝陽洞御帳飛泉煙深雲
凍壺天足憑石經可諷維彼紅門雲程初衽嶺看虬飛泉招
鶴控山城百雉迴殊市闤南郊墠壇經唐閱宋作分覽二
松巖迤東延坡橫倚東谿發源勢分梳洗摩天屏風鄣巒特
起堰嶺西流艾峪東駛歸田謝過緬懷前軌漢作明堂荒煙

遺阯澗渚環匯河名十里紅亭奉高逭蹟堪紀作分覽三
水出石後竹林西河上接三尖丹穴之阿下竦淩漢青嶂絲
莎投書香水遺韻冲和傲來附粲扇子嵯峨龍池瀑練偃影
煙蘿石峽暘流橋喚柰何林磬明瑟清景獨多作分覽四
北門阨塞曰獨足盤嶺翔雙鳳臺誌堯觀黃華蓮花玉女瑤
壇筍城雲暗石屋松寒洗頭盆上虎躍龍蟠懶張何在明月
團欒大小冰峪終古巑岏幽人逸士宜此盤桓作分覽五
天燭雙炳分水兩歧惟周明堂天津遺之谷山玉泉黑閭金
絲仙臺長城橫亙北陲青山翠積黃阪星馳石釜有底金井
無潛津拱巖洸塹汶之陂古靜封鎮著於豐碑作分覽六

桃峪溢觴其汶曰泮分爲中川東流得半紅雨紛紛碧花粲
粲清風嶺旁問元都觀襁負姜倪雁行魚貫雲臺若拱筆架
如案峻嶺西橫長城北扞翹首白雲墟墓生歎作分覽七
禪祭小山高里社首介邱石閭恭承緬酒亭亭廣禪石門水
口梁父梁陰壇畤之藪柴有云云禪代凡九肅然安在東北
大阜長山有賢典禮是守我客布山緬懷良友作附覽一
汶源有五其義曰桑牟嬴北柴合爲大汶舊由堈城坎河流
順明開會通戴邨置汛遏而南流旺湖濟運入大清河故道
可問山下出泉利宜疏濬汶因岱傳弗及旁郡作附覽二
尨來幽岨祖泰昆新竹谿鳳尾松嶺龍鱗峪稱礫石峯號貫

入映佛懸乳隱仙隔塵薤山光化經石粼粼六逸遺躅清風樂貧講書讀易千古長春惟党承旨與石嶙峋作附覽三新甫爲宮花攢道薄雨巖若屏三峯似削上雲衢岫下毬杖蹵天門額敞石梁胥絡孤寺柏橫雙塘魚躍春榜淵涵秋千索莫望仙有臺茂陵所作何如閟宮萬民是若作附覽四方山上平曰證明龕獅峯象嶺窣堵名藍泉因卓錫靈紀瞿曇松曾摩頂石尚點頷雨花暮靄佛日晴嵐水田金縷長傍茆庵明孔山北神寶寺南幽勝何似月映寒潭作附覽五現瑞金輿蒼椒翠麓環錦陽川稱朗公谷寺表神通浮圖精矗玉水琴泉味醴聲筑峪涌海螺山分靈鷲錦繡錦雲帶繞

山腹至瀉馬崖瀐汋洄洑爲濼爲濟岱之隈隩作附覽六堯讓四岳許由避辭舜世八伯曰陽曰儀魯南齊北枕履分治李固韓詔守令之師都尉雖罷營壘猶遺侯擊扼嶮高嶼定危唯包孝肅以令立祠除而未泯至今民思作博覽一維岳降神首鍾和聖長山林子知禮定命越石徂來學宗孔孟師孫友胡後先輝暎還樸清醇青巖持正亦有隱淪墨名儒行文獻昭垂於斯爲盛右史左圖竝資攷證作博覽二岱畝絲枲鉛松怪石卝玉侗珠空存載籍墨龍堪寶硯蝠誰擘所可紀者秦松漢柏藥自充籠花應遶宅白練紅娘山饒羽翮珍奇不貴牣滿林澤聊注魚蟲用勞採擇作博覽三

岱爲東鎮實叶休祥石徵興廢火兆陰陽卽有神異福善其常府君祭酒斷屬賢良出雲見怪浩難測量自古有之萍實羵羊蜚狪匿跡刀鏡潛光允矣靈府變化無方作博覽四昔在弱冠葬母陶山先公德感父老涕潛助成孤壟近接層巒雲封在望風木徒攀亭瞻集鳳驛接翔鸞墓門還往講席纂編書傳喬嶽志切荒阡於黃巳晚汗青多殘作敍覽一

凡岱覽尊

聖製紀秩宗弁諸簡高有融乃胎良藏神震育上自巔下至麓陽闔溫陰翕肅隅周四體合六妃顯位縢支川擁閟頌贊梵禪麗者峻美斯傳稽肆覩備惇史靈獨鍾物難紀德揚詡

詞儗詭詞儗詭意婉約述終篇感旁魄篇之終始所託草創於壬寅歲之日南至人事蹉跎記載粗畧迄癸丑秋仲歲一周矣迺復依遲丙舍緝校闕譌獵微蒐博謹次首編七目錄四覽二十有一圖十有九分綴金石刻七百七十六通昔賢藝文七百六十五首皆胥鈔而不敢作呂氏春秋云伯牙鼓琴志在泰山鍾子期曰巍巍乎若泰山蒙竊有志而未能似也弆之篋衍以俟中區元覽君子要刪焉

岱覽卷第三十二終

男　簽鑑鍈　校字

跋

山有專書見始六代唐宋以降譔述遂多慧遠之紀廬山頗傷簡畧沖昭之錄南嶽微具規橅自變制于守約赤松志而體例謚哤自取法于子正寰宇記而藝文始濫原其爲弊約有兩端或形原塊阜而意逞邳張或地居奧府而才謝淹𢔁夫紵絮三千無挾纊之用金臺十二非目巧所成前者有百人輿瓢之譏後者乃一卦塞江之見等百代之副墨類二失之莫逃桂林嘗受吾師陶山先生所著岱覽讀之其鈐鍵衆有也如海涵百瀆而原委區分其灌鑄一氣也如星總萬族而鴻濛獨運竊歎爲文字以來開闢

未有焉請申其說可得而詳夫廚廏亦營舍所需而與寢廟並列則瀆祭互亦禮器所數而與簠簋同陳則蔵乃歷校前矩尠覩良規挈領要則如環無端判門目則顜若畫一甚至有主奪于客喧本傷于末大者茲則總覽以表其統分覽以周其勝附覽以該其屬博覽以存其徵終以敍覽原厥初志綱維既顯巨細不淆又其全書貫串而歷稽于目則脈絡維明羣藝浩繁而分綴于篇則詞理互映其建于例者精也且夫棘下非一紘之奏華衮非隻色之功夫以登封七十二君垠堮可識石刻千八百處竹素所夸籍非茂先卅乘載書世叔五行並讀正恐臚列未徧漏佚

方多茲則徵引經籍六百五十五種錄次金石七百七十六通冢刻山鑱或往哲所未覯酈文茂記多舊乘所未聞其酌于材者富也然而鈞天方奏兼舞沐猴無當于廣樂矣大饗方行忽登蜜喞難詩爲備物矣故大昌雍錄失求石墨之鐫景升黃海並述真仙之鑑持平以絜其過適均茲則恢之彌廣擇其尤雅凡諸碑碣亦有等差或已佚仍題或見存弗載盡斟酌之善比酈魏而更審寓品別之權視歐趙而尤核若岳牧文獻屬之博覽如鳴鳳之作桂故輔桂勝以行異繹田之編人集與地集並峙至錄及齊諧參以斷制則史官有事固隋志所稱訂鬼名篇與王充同

意其裁於法者嚴也蓋先生往來岱下積有年所環道磨崖之路曾奉籃輿鱣堂都講之秋屢懷鉛槧丹崖碧澗援葛幽尋雲客林徒坐苔勤訪爰暨癸亥焚黃之歲更窮七十二洞之奇而訖甲子殺青之年已閱二十四載之久此豈善長說南中諸水揣測于一隅令舉撰北山數篇探討于兩月者所可望乎且也年方綺歲夢接神鄉爲四海共仰之人有五嶽羅胷之氣故能狀起伏于襟懷文吐萬牒寫煙雲于寤寐字直百金覺程昱傍捧日之祥厥應猶小思任詫游嶽之兆其符甚微矣又況成此鴻篇皆根孝性則岱西之麓實賢母之阡先生服官以來戀慕無已望親

舍之白雲不停于洵涕薦魂樓之民剅粥或閉于屐霜于是
祓飾一藝孤衷藉申將使桓表千秋喬山同壽巖層岫衍
逐寫其哀情霜辛露酸如聞其慨息固非泛作繡鞶之業
虛談蠟屐之豪焉然桂林竊謂先生因陶述岱其旨甚遠
以岱傳陶其辭實遜先生處爲儒者之宗出爲蒼生之望
自必山以人傳人爲山重揚名顯親莫此爲大其視郤詵
輿柩顏烏廬墓一節之行夐乎尚矣而先生純摯之性耿
結于內烏犍紅杏丙舍摹圖紺質蒼顏慈雲供石至情鬱
發大文蔚起讀至終篇低徊壟樹依依晢墓之辭瞻望戀
㘞勤勤蹶耒之願未有不傫然神愴油然心動者也桂林
受知既深聞教有素猵諳屬筆之緣猥荷抽毫之命比于
芨料搜此蓬心竊幸附丹鉛之末光爲瓦石之在後焉抑
桂林尤有冀者往歲
國家排四部之書采百家之策山川一目其著錄于
文淵閣者七部一百十三卷而岱闕焉夫以我
朝
列聖時巡鑾輿
睿藻頻頒洋洋上儀烺烺
天翰金繩玉檢上不效夫無懷木甲銅鐘下無取乎有漢
所宜鋪張鴻業昭示來許編諸寶牒賁我喬嶽而岱覽成

書適當其會意天特留岱以昌先生之文亦特待先生以
光岱之典異日者案崇文之目訪其闕遺用陳農爲使求
于天下其可以備
天府之琳琅傳岱宗之掌故者非岱覽誰屬哉受業許桂
林謹識

岱覽附錄

詩

元和褚廷璋 筠心

昔我經行過齊魯嚴巖泰望雲中覩征塵催客不暫登空映遥青眉色舞兹晨開帙愜素願寫象如淩天尺五當前突兀卅六盤絶頂何人俯寰宇杖頭日月早延佇裏底煙霞頻攬取興酣五字鬱奇氣怙恃情悰傳覼縷著書十載當屐笻決眥分明少陵甫君家風雅推湘南淵源境籍供研覃當時名區幾游駐緣慳跡左虛朋簪余前于役楚南四載未獲借交自慚老去滯鄉國丹鉛友教徒呫喃緇衣好賢逢地主緘縢勝境憑高探悵無腰脚踏層嶂點筆已似馳風驂夢回晴午臥遊便荒齋濤韻秦松添

嘉定錢大昕 竹汀

東岱寰中秀圖經手自編羣山收一覽五嶽獨居先指點寅賓日心依丙舍田吳門天咫尺白馬望依然

憶昔乘軺日鴻泥倏卅秋唐碑曾暗讀酈注亦旁搜鬢髮驚非昨雲煙不少留盪胸豪氣在讓爾畫圖收

一覽居然小衆山泰松漢柏有無閒只今匹練吳門路猶似神霄策馬還

絶頂曾摩漢代碑余於乙酉秋奉使浙中道經泰安曾登岱頂衰年重到恐無期

臥遊倘仿宗生例便借斯編當一鴟

善化張雋思 羅湖

泰山巍巍羣山雄五嶽宗長誰與同兒時快讀子輿語小天下處拓雙瞳長年鎮守子雲宅遊不里門足不百豈知胷羅文章人果然足徧山水客唐子髫齡意氣奇弱冠聲名齊魯知趨庭桑梓席未暖飄然八載岱顛垂歸來示我書顑顑岱覽誰知勝目覽孝先腹笥舊已便謝客屐齒遊亦敢雞鳴日觀俯羣峯三天門與上清通碧霞仙人相接引白雲桃花次第窮瀼溪更復攜笻策徂來玉符恣探陟書成義例絶分明狀逾丹青好筆墨山經水注爲綱縷體裁直與班范伍荒唐疑誤必檢繩紋論述贊非旁午總分附後四篇賡笑他桂海志虞衡肩吾得子眞良史欲教前人避昔名吁嗟乎吾人半生邱壑雕蟲敝羨爾名山儲盛事老病將期抵臥遊龍鍾誰復希編次願子蓄爾不羈之奇懷殫爾不世之宏材更從六千餘年上下右他日彤廷高文典册非君孰與鎮僂培

山陰邵無恙 夢餘

赤日躍海危巒紅九土色破青濛濛活雲如蚪踏雙足嘯聲吹墮松風中碧天飛下白仙鶴化爲淥髮青玉童爲言洪厓在絶頂手攜靈笈還崆峒域内名山五千座茲岳如海稱朝

宗獅蹲虎伏不可數牛眠鵲起多幽宮山川圖經久縻蝕幾
人筆力開鴻濛廿年冥想結崇巘君夢所見將毋同豁然頓
悟振衣處卽此萬仞蒼崿從一支七尺披雲筇雙兩不借踏
雲櫻淩霞醉拂日觀峰裹閒攜滿青芙蓉釋山自號陶山子
況近先壟悲楸松著書聊寫倚廬志作圖尙感前游蹤惜我
五嶽未登一正思開拓層雲胷名山入手照兩眼逕欲吹竹
騎蒼龍三十六盤雲幾重天門浩浩來天風乞君奇書秦樹
東手披或有僊人逢

奉賢陳廷慶古華

千秋杜拾遺爭芒詩句裏一覽小衆山突兀圖中起先生承

前徽政教舉罔圯餘事寄郵箋不寘投函水憶從攬岱巔匹
練極吳淞趨庭比南樓鳴琴懷治理負土報春暉居廬絕塵
軌志山卽志墓掌故贍墳史孝行接曾閔道緒緜孔李茲來
宰青林簿領埽塡委今人可與居古人以律已登岱夫如何
觀海近是矣翻悵汗漫遊未上云亭壘廷慶于己酉秋典試山左徒殷佇止之想
何時五嶽裝振衣霞散綺

寧鄉何奐星田

笠分海色紅衣擁秦樹綠獨立俯平楚莒薛渺如粟每遊輒
招余詩郵寄簡牘時陶山講學泰山余亦客岱客窻閱岱雲著書傍樗竹
萬壑吟墨濤秋聲滿林谷螺痕生指掌緜亙無遺矚齊魯未

丁青煙雨落尺幅予歸至潭西阜羅養昏目訪舊泊松陵豁
然見圖軸如曾過眼書十年忽重讀如攜夢中屐空翠落巾
服知登大羅天來茲一延躅故人憶鄉關待賦懷湘曲
烏嘑肥子城鴈回離騷國親舍亙東南雲端寄呼噏渺渺唫
孤懷滄波爲之立家住湘以西傳經富緗篋手澤蔭庭槐故
壟通食息惟茲陶山巓寒煙斷襟北脈絡連岱趾點圖歸金
笈袖書立天門一覽空蒼邑非徒注山經欲補南陔什矯首
隴阡頭杏花春雨濕舊繪陶山望杏圖餘紅滿墓田僕耕松楸域他
日賦遂初築舍青巒側孤鶴下華表掠髩風颯颯
陶山岱覽一書凡三十卷山之經緯始於岱宗終於肥城之陶山志山卽以志墓也書成於岱下癸卯之歲圖繪於

松陵乙卯之秋孺慕之思久而彌篤詩雖拙陋聊述其顚末云爾

寧鄉王人作秇峁

平生壯遊願突兀當華霍岱宗長東方發越何浩博蒼莽千
里盤積壓坤軸弱遼風吹海僵飛沫濺石腳七十二君庭秦
漢同寂寞生逢輯瑞日留滯傷淪落茂宰富考徵圖書紛排
錯截山分面面編帙述不作請君著書志指趣終何託曰予
有母氏陶山昔安厝授徒當負米置田致儼恪十年依戀私
尋源竟脈絡攬古延遐矚遇物悉詳畧紀載遂以繁必親匪
臆度牽絲來江南陟屺夢如昨吳生筆擅場揮翰費追索圖
中覽岱人振衣凌岩崿將書志永懷披圖想卓躒肩拍天門

仙意健秋空鶴何時從子去一覽天宇廓

松江戚灝元

幾輩談岱宗知有杜甫詩一覽小衆山孰與分疏之先生起湘潭俎豆離騷辭一朝訾東游别出文字奇閎網酈注鈌隱抱陟屺悲縹囊三十軸燦爛芙蓉披事往委雲煙念至圖㕹羲颯然謝天風吹送高崔嵬手攀秦時松口誦唐年碑天鷄中夜鳴金鴉浴咸池飛光將片心早挂啼烏枝浩歌答四山彷彿聞酸嘶淺夫駭壯觀悠悠寧所思

華亭程師羲

絲筆挾縱橫天門絶頂行長風扶鶴翅清嘯作鸞聲一目盡元氣萬山無主名圖經閒點檢三十卷書成

婁縣張興鏞遠香

三變飈流祖楚音騷人爲令韻於琴蘭征詩繼皇華什（先生近著蘭征集）岱覽書傳孝子心講學舊躭黄石隱思親彌望白雲深興時展省重登處華表依依隔杏林（先生有陶山望杏圖）

奏賦行廬記昔年塵蹤未歷泰山巔（庚戌春鏞留泰安浹旬時届召試未遑登覽）從知寰宇無雙境合讓蓬萊第一仙日觀鷄聲千嶂曉春壇松色萬家煙卽今宦跡移峯泖總在吳門匹練邊

湘陰周錫渭

崢嶸意氣小寰區却說當年陟屺圖若木曉光明翠巘枯荄秋影落墳隅焚黄久駐林前騎助祭時聞樹杪烏乘輿偶攜煙九點望雲還復此踟躕

眼底名山夙願乖試憑清夢到崔嵬仙人石室春雲閉地主祠壇夕照開萬里河流縈作帶一泓海水瀉如杯牽絲莫道吳門遠白馬當年入望來

新陽石文煃（楞緑）

學山至山本難摹作史作志尤易誣欲以志體狀山嵎匪病耳食口卽噣而況岱宗雄九區巖巖大東稱遂幠上應奎婁擎天樞下蟠汶濟絡海艫中跨齊魯青糢糊旁涵日月景馳驅德配青帝爵公孤議禮云亭

帝曰俞往往神物示珍符百靈守護萬怪趨聶誌荒畧何爲乎蘇文殘缺久矣夫苟非典覈窮雕鏤焉能景爍耤揚鋪先生行與曾閔徒先生筆比燕許逾自言家世依蒼梧橐筆趨庭客於榆魯恭方留棠蔭娛阜魚忽感春暉徂傚來峯前血泪枯挂燈巖畔白楊蕪屬壙負土口嗟吁號風攀柏意踟躕新情舊夢紛鬱紆著書名山託簡觚足繭萬穴不辭痡手輯邑乘日忘晡廼出全力規宏模要使全岱供清矑坐擁臯比仿鵞湖甲乙分次丹黄塗攝提赤奮歲紀渝勤獵如譬過隙駒

天章

宸藻蟠龍趺超盤越鼎冠
聖謨下黜秦漢尊姬虞搜剔金石凝鴻都且止行行陟坂途
自上下下歷崎嶇天門下俯方瀛壺日觀平接周秦吳椒麓
面背左右隅橋梁洞穴坡澗濵五十餘盤記松株七十二阯
洊谷呼寺蹟廢興詳粢櫨官制沿革稽郡邨汶紊泮半水經
諏闓陽肅陰明堂敷賢宰隱士及浮屠金雞石馬或仙姝奔
歷毬仗上雲衢旁徼巾玉兼裥珠人靈物產爭獻輸攬觚縋
鑿無遺遁右爲史兮左爲圖畫如聚米如辨竽而其大筆所
染濡終歸徵旨念勞劬平陰故城近於盧郭巨新堂隷於巫
有屋三楹誅茆蒲有田卅畆刈秫菰要令慈烏傍曦烏非闕

陶穴近陶朱自古登陟戒僕夫將友麋鹿[illegible]麏鼯尋一邱壑
陋倪迂蠟幾兩屐笑阮孚孰若性情自冶鑪原本經術味道
腴裔皇典貴重璉瑚汪洋浩汧湧岷瀘以將忠愛非導諛以
抒孝思非用愚以備揚攉非墟拘以核箋釋非疏麤即今宰
吳更牧朐已凜宣尼苛政無他日霖雨洽羗禺庭訓匪遥指
寸膚我瞻岱嶽峯岊齬岑嵩靈異疑神扶我讀岱覽情怡愉
如登絕頂竦輕軀顧乃執卷慚罷駑述作不敢附泗洙命名
曰覽意睢盱自儕越吟與吳歈元覽不欲契曇瞿流覽何必
任牧芻不韋呂覽秦鉅儒公意無乃舍是姑我知作者懷抱
殊一覽山小少陵俱

嘉興王士端 端思

我昔登西嶽芙蓉紛駭愕突兀淩蒼穹黃河遶山腳河聲嶽
色盪心胷俯瞰潼津如尺幅何爲再經泰岱間欲踐心期屢
負約今朝展卷豁塵襟盤道屈曲堪領略先生著作才煙霞
供揮霍至性本天成悽然感風木牛眠卜吉陶山陽岡巒起
伏窮搜索有時吟嘯上絕頂望雲天半渺孤鶴三十卷書當
卧遊何時臨風細讀開心目

吳縣吳信中 閬甫

曾經走馬萬重山日觀天門不可攀開帙煙雲生衷底盪胷
意氣小入閒卅年舊夢勞瞻望數卷新書細討刪他日高吟

陟梁父長空匹練認吳關

四川何人鶴 鳴九

憶昔登太山放眼秋光附奉母壺天閣遊覽萬仙省母老望
西川家園越鳳嶺歸逢歲在酉悽然風木靜君時居岱麓天
門躡孤影海日出九幽雲濤沸萬頃天池變墨池浸漬管城
穎痛寫蓼莪詩染碧陶山境於今思往昔年光換甲丙余與君甲辰冬分手岱麓今年丙辰會於吳江舊事徒能說如綆汲故井先塚在天涯同
此心耿耿展君岱覽圖令我魂獨冷不材何所似隴麥一遺
秉思歸未得歸雲棧極天永

太原武廷選 蘭圃

歸從萬里羅施外飽看西南邱壑奇余初自黔中歸舊雨乍欣聽鼓
共層雲忽覺盪胷披小住海州官舍得讀岱覽釋山才大闢文境誓墓情
哀本孝思若向千秋論著述酈中尉後得公遲

海州許喬林石華

早歲侍籃輿曾捫天門腳喬林於丁巳春從先大夫登岱頂偶求聶鈫記文
核惜少畧此史之支流體尊酈邱索山經與水注落落成絶
學著録有專家各詡靈蛇握驕筆强鬼騃史法究蹐駁吾師
陶山公志岱迹兼作初桄原孝思元覽極鴻博以山之起伏
爲文之脈絡萬畜經訓深程度史裁卓名山傳世業寧藉喬
嶽託況當全盛時坤珍啟靈橐講堂瞻
雲罕親見東入樂乃以冠古才載筆揚景鑠篇終誦清芬人
足重林壑煌煌瀧岡表翠壘好鐫琢依依誓墓文莫便理煙
屬棠陰遺澤存賫志待公拓勤攓岳頂雲斟酌天瓢渥輇材
預校字過眼驚向若因之思故棊遊跡感芻魄平生五嶽心
觸機動芒角

序

湘潭張世法鶴泉

自古之尊泰山者斷自詩與孟子止詩曰泰山巖巖魯邦所
詹孟子曰登泰山而小天下皆言之善者也然爲其瞻也率
不如爲其登爲其登也又率不如爲其覽瞻從於遠登從于

高覽則並陰陽分合而更窮其變態吾讀唐子岱覽一書而
又歎爲天下之善學泰山者不但此一二言止也噫造物之
無盡藏也久矣鹵莽而往之則亦鹵莽而應之其于學也何
有焉岱爲天下之大宗其地帝王封禪神仙陟降鬼物出没
精靈盤結孔老釋佛翰林子墨藏修憩迹之所後之遊者問
徂來之松新甫之柏攷秦皇漢武之碑搜蟲鳥之遺形掘蛟
鼉之斷足幾于感憤欷嘘摩挲欲絶及與縱觀海日風濤野
馬匹練飛岩瀑布追想伯牙子期露雨崩山之音則又心夷
神愉若英爽萃在咫尺而皆於覽焉外得之唐子生有夙緣
自少隨其尊甫侍任榆山繼又葬其母太夫人于陶山之穴
不數載復客岱主泰安之講院執杖屨營窀穸據皋比忠孝
文章發于性情觸于吟咏宜其于岱飽聞而飫見也岱覽一
書其深于學者乎不然天下亦大矣五岳之在神州岱其一
也環海之外復有九州神州又其一也唐子豈能到處裹糧
而從執筆而爲之者哉吾于讀詩與孟子後悅唐子之善爲
其學也故序之

評

長沙余廷燦存吾

體例極正大一洗志書沿習之陋尤愛其每篇叙次處提頓
轉摺與山勢爲起伏讀之如躡屐登臨心目俱迴應仲遠漢

官儀記此其嗣響矣

長洲王芑孫惕甫

此書體大物博極有酈道元筆意雖作者謙以岱覽名篇若不過自託於遊記之列而實則山經地志八索九邱之支史之餘體也較之昔賢洞霄諸志小小自名者遠過之無不及矣